Dictionnaire économique et financier

Ont participé à l'élaboration des différentes éditions :

Dominique Lewandowski,
Gaston Banderier, Christian Bégin,
Jean-Louis Bodin, François Colli, Annick Drillet,
Jean-Marie Littardi, Michel Prada,
Paul Reverdy, Jacqueline Simon,
Jacques Simon, Thierry Walrafen

Dictionnaire économique et financier

Yves Bernard / Jean-Claude Colli

Inspecteurs généraux des Finances

SIXIÈME ÉDITION
MISE À JOUR ET ENRICHIE PAR
YVES BERNARD ET JEAN-CLAUDE COLLI

AVEC LES TERMINOLOGIES
ANGLAISE, ALLEMANDE ET ESPAGNOLE

ÉDITIONS DU SEUIL
27, rue Jacob, Paris VIe

ISBN 2-02-030086-9
(ISBN 1re édition 2-02-002817-4)

A Dominique Lewandowski,
ouvrier de la première heure,
conseiller attentif et rigoureux,
sous le signe de l'amitié.

Avertissement

Ce dictionnaire a été conçu pour être un ouvrage de référence facile à consulter et permettant de préciser les notions essentielles de la vie économique, sociale et financière.

D'une manière générale, il doit aider à la compréhension des ouvrages et des articles de presse qui utilisent des vocables du domaine économique ou financier.

Il sera particulièrement utile au chef d'entreprise, au cadre, au fonctionnaire, au journaliste, à tous ceux qui sont engagés dans la vie professionnelle.

Il permettra à l'étudiant une remise au point de notions déjà abordées, ou une initiation rapide à des concepts nouveaux.

C'est un dictionnaire de la **vie** *économique, sociale et financière, prise dans son sens le plus large. Aussi les notions dont il rend compte touchent-elles à de nombreuses rubriques : économie politique, économie financière, politique économique, technique bancaire, technique boursière, comptabilité nationale, comptabilité publique, comptabilité privée, droit commercial, droit social, problèmes sociaux (travail et sécurité sociale), techniques statistiques, fiscalité, commerce extérieur, principales doctrines économiques et sociales. Il fait une certaine part aux exemples étrangers.*

Ce dictionnaire est plus qu'un vocabulaire – dont le contenu explicatif est nécessairement limité – et n'est pas pour autant une encyclopédie. Ce choix est délibéré. Les auteurs ont visé avant tout à la clarté et à la maniabilité.

C'est pourquoi les développements biographiques ou doxologiques sont exclus. Seules les principales doctrines économiques font l'objet d'articles distincts ; quant aux économistes, aucun article du dictionnaire ne leur est consacré. L'objectif de simplicité et le souci de contribuer à la défense de notre langue conduisent à ne pas abuser du vocabulaire « franglais ». Les mots anglo-saxons fréquemment utilisés dans le langage économique figurent au dictionnaire, mais ils renvoient à leur équivalent en français lorsque celui-ci existe.

Chaque article se signale avant tout – objectif prioritaire des auteurs – par un effort de définition*. Celle-ci vise à être claire, simple* *et commode. Cela exige la rigueur dans l'expression et exclut la juxtaposition de plusieurs définitions pour un même mot, comme il est fréquent dans les ouvrages de science économique.*

Les articles ne comportent pas de référence bibliographique, mais des astérisques (*) signalent les renvois, lorsqu'ils sont utiles. En effet, la compréhension d'une notion implique souvent la consultation de plusieurs articles complémentaires les uns des autres.

Depuis la première édition il a été tiré du Dictionnaire *un* Vocabulaire *au texte allégé, dont plusieurs versions adaptées ont été réalisées à l'étranger, en espagnol, en portugais, en allemand, en italien, en arabe, en anglais-américain, en slovaque, en roumain, en polonais. Le dictionnaire est paru en espagnol, puis en russe. Le prochain vocabulaire sera brésilien.*

*C'est pourquoi, dans ce contexte, il a paru intéressant de faire figurer dans cette édition, pour la plupart des mots, leur équivalent en anglais, en allemand et en espagnol, les exceptions concernant des termes d'usage strictement national (***a** : *anglais ;* **d** : *allemand ;* **e** : *espagnol).*

Trois lexiques présentent, en fin d'ouvrage, les entrées correspondantes.

Si ce nouvel instrument mis à jour et enrichi contribue à simplifier et à préciser les termes usuels du vocabulaire économique et financier, et si, par là, il aide à une meilleure communication, il aura rempli sa mission.

Abattement

a : *Tax allowance* – **d** : *Steuerfreibetrag* – **e** : *Importe exento*

Minoration conventionnelle apportée à l'assiette d'un impôt.

Exemple : en matière de *revenu fiscal imposable à l'impôt sur le revenu, l'« abattement à la base », pratiqué dans le cadre de la progressivité, permet de faire échapper à la taxation — c'est-à-dire exclut de l'*assiette imposable — une fraction du revenu considérée comme correspondant à la couverture des besoins élémentaires. Cette opération permet d'alléger corrélativement la charge du *contribuable à hauteur de ce montant.

Abondance

a : *Abundance* – **d** : *Überfluss* – **e** : *Abundancia*

*Fait, pour un *bien économique, d'exister en grande quantité ; s'oppose à la *rareté.*

Prise à la lettre, cette définition ne concernerait que des biens échappant à l'économie marchande, puisque l'existence d'un *prix, c'est-à-dire d'une valeur d'échange, est liée à la rareté d'un bien. La réalité est en fait plus complexe. Certains biens peuvent paraître abondants, car ils sont gratuits, alors qu'en fait ils deviennent rares : par exemple, les places de stationnement dans les villes où le parking payant n'a pas encore été instauré.

On peut dire que si un bien a un prix, il n'est pas abondant, au sens strict du terme. Mais la réciproque n'est pas toujours vérifiée.

Le développement de la production de masse a pu conduire des économistes à penser que l'humanité, ou au moins certaines économies étaient entrées au XXe siècle dans l'ère d'abondance ou encore d'opulence. Ils trouvaient dans les crises de « surproduction » une justification de leur thèse : le système traditionnel des échanges onéreux ne leur paraissait en effet plus apte à assurer l'écoulement des produits. Les « abondancistes » ont été ainsi conduits à préconiser le recours à des procédés distributifs assurant la répartition des biens selon les besoins. Cette théorie négligeait de prendre en compte le compartimentage des marchés et les autres facteurs annexes (tel, par exemple, le comportement malthusien des producteurs) qui expliquent la naissance de *crises de « sous-consommation » et non de surproduction.

Abonnement

a : *Lump-sum taxation* – **d** : *Pauschalbesteuerung* – **e** : *Imposición global*

Fiscalité : Contrat par lequel l'administration accepte le paiement par l'assujetti d'une contribution globale ou forfaitaire et par avance, au lieu de procéder à sa liquidation et à son recouvrement dans les formes habituelles.

L'abonnement est un procédé applicable dans quelques cas particuliers prévus par le Code général des impôts. Il permet d'éviter le contrôle permanent de l'administration sur certaines activités.
Exemple : l'impôt sur les spectacles est calculé forfaitairement sur la base de la fréquentation moyenne de chaque salle et non sur le décompte quotidien des spectateurs, lequel serait difficile à vérifier.

Voir également Décote, Déduction.

ABSA

Voir Action avec bon de souscription d'action.

Absentéisme

a : *Absenteeism* – **d** : *Absentismus* – **e** : *Absentismo*

Taux d'absence au travail du personnel d'une entreprise, mesuré par l'ensemble des heures non travaillées, par référence à la durée de travail offerte.

Voir Durée du travail, Chômage, Emploi.

Absorption

a : *Merger/Takeover* – **d** : *Übernahme* – **e** : *Absorción*

Forme de fusion où seule l'une des sociétés, la société absorbante, conserve sa personnalité juridique, la société absorbée étant dissoute.

L'absorption s'analyse comme un apport en nature fait à la société absorbante de l'ensemble des biens, créances et dettes de la société absorbée.
La société absorbante procède alors à une augmentation de capital, dont le montant correspond à l'évaluation de l'* actif net de la société absorbée ; les actions nouvelles sont attribuées à due concurrence aux actionnaires de la société absorbée.

Voir Fusion.

Abstinence

a : *Abstinence* – **d** : *Abstinenz* – **e** : *Abstinencia*

Terme utilisé par certains économistes du XIXᵉ *siècle pour désigner le phénomène d'*épargne, qui est une « abstention » de consommation délibérée.*

L'insistance mise à attribuer au phénomène une motivation d'ordre éthique permettait à ses auteurs de conférer un fondement moral au * profit, rémunération de l'abstinence.

Accaparement

a : *Buy up* – **d** : *Spekulativer Aufkauf/Corner* – **e** : *Acaparamiento*

Mise en œuvre, par une ou plusieurs personnes, de procédés tendant à contrôler l'écoulement d'un produit et à aggraver ou à provoquer sa pénurie à des fins spéculatives.

L'accaparement est essentiellement fondé sur le contrôle physique des produits, de préférence ceux dont la consommation est la plus nécessaire au plus grand nombre de personnes. Technique de restriction — voire d'extinction complète — de l'offre en face d'une demande inchangée, il a pour effet de faire monter les prix offerts pour le produit, au bénéfice des accapareurs qui remettent alors progressivement sur le marché les

biens ainsi stockés, de telle sorte que les cours ne retrouvent pas leur niveau antérieur.
Ces caractères montrent que cette forme de spéculation ne peut s'opérer aisément que dans une économie relativement élémentaire, aux circuits aisément contrôlables et où les possibilités de substitution au produit accaparé sont pratiquement nulles. Aussi les exemples du procédé concernent-ils surtout : 1) les économies anciennes, de l'Antiquité au XVIIIe siècle ; 2) les économies où l'offre est inélastique : pays en voie de développement, pays en état de guerre ou de reconstruction (loi contre les accapareurs de juillet 1793, « marché noir » de la France occupée). Le domaine d'élection de l'accaparement est généralement celui des denrées de première nécessité, notamment alimentaires (les grains, dans les exemples historiques). Toutefois, la période de développement industriel au XIXe siècle a fourni également des exemples d'accaparement célèbres, notamment de métaux précieux aux États-Unis (*voir* Corner). Les économies développées ne présentent qu'exceptionnellement des exemples d'accaparement dans des circonstances normales. Des formes plus élaborées et plus nuancées de spéculation ou de stratégie en tiennent lieu, tels les *monopoles, les *ententes ou les *cartels.

Accélérateur

a : *Accelerator* – **d** : *Akzelerator* – **e** : *Acelerador*

Voir Accélération.

Accélération (principe d')

a : *Acceleration principle* – **d** : *Akzelerationsprinzip/Akzelerator* – **e** : *Principio de aceleración*

---

*Phénomène économique traduisant le fait que la demande de *biens d'équipement varie avec une amplitude plus forte que la demande finale dont elle dérive.*

• Mis en évidence en 1913 par l'économiste français Aftalion *(Les Crises périodiques de surproduction)*, puis en 1917 par l'économiste américain J. M. Clark, le principe d'accélération a tenu une grande place dans les études entreprises au cours des cinquante dernières années sur le phénomène des *crises.

Le tableau ci-dessous illustre ce phénomène.
(*N. B. :* les calculs ont été faits dans la double hypothèse d'un *coefficient de capital égal à 4 et d'une durée de vie du stock de biens en capital égale à 10 ans.)

Périodes	**Demande finale**	**Stock de capital fixe requis**	**Demande de capital fixe nouveau**	**Demande de rempla-cement**	**Demande totale de capital fixe**
1	100	400	–	40	40
2	104	416	+16	40	56
3	110	440	+24	40	64
4	112	448	+ 8	40	48
5	112	448	–	40	40
6	110	440	– 8	40	32
7	115	460	+20	40	60

Traduit en coefficients de variation pour les périodes 2 à 7, ce tableau se résume de la façon suivante :

Périodes	**Coefficients de variation**	
	de la demande finale	**de la demande totale de capital**
2	+4 %	+40 %
3	+6 %	+14 %
4	+2 %	– 25 %
5	–	– 17 %
6	– 2 %	– 20 %
7	+5 %	+88 %

L'examen de ces deux tableaux montre que :
– un simple *accroissement* de la *demande finale entraîne une variation de forte amplitude de la demande totale de capital nouveau (périodes 2 et 3) ;
– le simple *ralentissement* du rythme d'expansion constaté au cours de la période 4 entraîne une forte baisse de la demande de capital, baisse qui se poursuit au cours des périodes 5 et 6 ;
– une *réduction* de la demande finale (période 6) ramène la demande totale de capital (32) à un *niveau inférieur à la demande de remplacement* (40) ; (*voir* Amortissement) ;
– la *reprise de l'expansion* après une période de stagnation entraîne une très forte augmentation de la demande totale de capital.
Au total, l'exemple montre à la fois qu'une augmentation de la demande finale exerce un effet plus que proportionnel sur la demande de biens de production et qu'une décélération dans l'accroissement de la demande finale entraîne une diminution de la demande de biens de production,

autrement dit que celle-ci varie en fait selon le rythme de modification de la demande finale.
Il est facile de se rendre compte que le degré d'amplification de la demande dérivée dépend à la fois :

– du *coefficient de capital : l'effet d'amplification est d'autant plus fort que le coefficient est plus élevé ;

– de la demande de remplacement : l'effet d'amplification est d'autant plus faible que la durée de vie du capital est plus courte.

La formulation mathématique du principe d'accélération peut s'écrire ainsi :

$$\Delta K = a(Y_t - Y_{t-1}) + bK$$

ΔK	demande de biens de production sur la période
Y_t	production finale en fin de période
Y_{t-1}	production finale en début de période
a	rapport capital-produit
K	stock de capital
b	paramètre exprimant l'amortissement du capital

• La *portée* du principe d'accélération doit être appréciée de façon nuancée. Ce principe permet de comprendre pourquoi les industries qui fabriquent des biens d'équipement ou des biens de consommation durable subissent des fluctuations plus fortes que les industries de biens de consommation.

Il ne constitue toutefois qu'une analyse partielle des facteurs de l'investissement :

– Au plan micro-économique, ce phénomène ne s'exerce pas, en fait, de façon mécanique : son ampleur est en effet dépendante de l'état d'emploi, des capacités de production existantes, de la validité des *anticipations des chefs d'entreprise sur l'évolution de la demande, des possibilités techniques et financières d'adapter le capital à ces anticipations...

– Au plan macro-économique, l'ampleur du phénomène est naturellement affectée par la diversité des rapports capital-production entre les *branches, par la portée des variations de la demande finale (qui peuvent être globales ou limitées à une ou plusieurs branches) et, naturellement, par la traduction, au plan global, des facteurs qui s'exercent au niveau micro-économique.

En fait, les mesures statistiques auxquelles on a pu procéder conduisent à ne reconnaître au phénomène qu'une portée de principe, dans la mesure où il révèle une tendance qualitative à des fluctuations plus marquées au niveau des biens de production.

Combiné avec le phénomène du *multiplicateur, le principe d'accélération contribue cependant à éclairer l'analyse des *cycles économiques en révélant le rôle moteur de l'investissement dans les fluctuations de l'économie.

Acceptation

a : *Acceptance* – **d** : *Akzept* – **e** : *Aceptación*

*Acte par lequel le tiré d'une *lettre de change s'engage expressément à payer le montant d'un effet à son échéance.*

Dans la lettre de change, une personne (tireur) donne l'ordre à une autre personne (tiré) de payer une somme d'argent au profit d'un tiers (bénéficiaire ou porteur). L'acceptation de l'effet consiste pour ce tiré à se reconnaître débiteur et à s'engager à observer l'échéance. Il *accepte* ainsi les clauses de l'effet. Dès lors, le porteur d'un effet accepté voit sa créance garantie par deux débiteurs solidairement responsables, puisque l'acceptation par le tiré s'ajoute à l'engagement du tireur. Les caractères et les effets de l'acceptation en font une technique de *crédit.

Le crédit par acceptation

Principe : Sous sa forme la plus simple, l'opération de crédit par acceptation consiste, pour un banquier, à engager sa signature au profit de son client, pour un montant déterminé, en acceptant une traite tirée sur lui-même. Le client tire sur le banquier une traite. Le banquier l'accepte en apposant sur l'effet la mention *lu et accepté* suivie de sa signature. Le client négocie ensuite l'effet à son profit. A l'échéance, le banquier paie l'effet à l'aide des fonds que son client a mis à sa disposition, pour ce faire, quelques jours auparavant.
En principe, donc, le banquier n'a pas à supporter une sortie de numéraire. Dans cette mesure, le crédit par acceptation n'est pas un crédit d'espèces mais un *crédit de signature* (si le banquier n'a pas été couvert par son client au moment de l'échéance, il devra évidemment honorer l'effet par un décaissement de ses propres fonds : il s'agira alors d'un *découvert pur et simple).

Applications : Ce sont les opérations de *commerce international* qui ont, à l'origine, rendu nécessaire la technique du crédit par acceptation. Si, en effet, un étranger vend à un Français une marchandise payable par traites, il trouvera d'autant plus aisément à escompter ses traites dans son pays que la signature de l'acheteur français sera mieux connue. Le meilleur moyen de donner à cette traite une signature connue et digne de crédit, est d'y apposer celle d'une banque française. Par l'acceptation, celle-ci « patronne » son client et se substitue à lui pour le paiement à l'échéance. Le développement des affaires et des besoins de crédit a entraîné l'*extension du crédit par acceptation* à d'autres opérations que les importations. Il est devenu un moyen de mobilisation et une technique de crédit s'appliquant à des opérations très diverses. On peut citer deux

illustrations particulières de mobilisation systématique des créances détenues par des particuliers sur l'État.
Les *acceptations de la Caisse nationale des marchés de l'État* (organisme aujourd'hui supprimé) permettaient à un fournisseur de l'État ou d'une collectivité publique de mobiliser une créance reconnue sur ces collectivités. Le titulaire du marché tirait sur la Caisse des traites représentant au maximum 90 % de ses droits à paiement. Acceptées par la Caisse, elles étaient dès lors escomptables auprès d'une banque et réescomptables à la Banque de France. Parallèlement, la Caisse prenait le marché en *nantissement et percevait à la place du fournisseur les sommes dues par l'administration, à concurrence du montant des traites tirées. La Caisse pouvait aussi ouvrir au fournisseur de l'État un crédit d'acceptation dans la limite duquel il tirait des traites sur la Caisse au fur et à mesure de l'exécution des tranches du marché. Ces acceptations de la Caisse ont connu une extension considérable. Les *acceptations du Crédit national* se sont ajoutées depuis 1940 à celles de la Caisse des marchés (une loi du 22 octobre 1940 avait en effet décidé que les fournisseurs de l'État titulaires de créances supérieures à 100 000 francs seraient payés moitié en espèces, moitié en traites à un an d'échéance tirées sur le Crédit national et acceptées par lui).

Négociation des acceptations de banque

L'effet accepté peut être négocié selon diverses méthodes.

– Il peut l'être auprès d'un autre banquier que le banquier acceptant ; le banquier nouveau, après avoir apprécié l'étendue de ses risques, escompte l'effet.

– Le banquier acceptant peut escompter lui-même ses propres acceptations, mais cette procédure doit demeurer exceptionnelle : la banque qui possède en portefeuille ses propres acceptations ne peut normalement les réescompter.

– Lorsque deux ou plusieurs banques ouvrent un crédit à un même client, celui-ci tire sur chaque banque des traites correspondant au crédit qu'elle lui consent, et chaque banque escompte les acceptations données par les autres banques de ce consortium. C'est le procédé du *croisement de signatures.*

– Les banques étant fréquemment amenées à se voir présenter à l'*escompte des effets acceptés par elles-mêmes, elles ont cherché à conclure avec d'autres des accords de réciprocité aux termes desquels elles s'escomptent mutuellement leurs effets. Ce procédé est en fait assimilable à la technique de croisement de signatures.

Intérêt et risques de l'acceptation

Dans sa forme la plus simple, l'acceptation permet au client d'escompter son effet et donc de se procurer des ressources immédiates, à la banque acceptante, moyennant rémunération, de donner satisfaction à son client et d'exploiter sa réputation sans affecter sa trésorerie par une sortie de fonds. Pour ces raisons, le crédit d'acceptation est un facteur important de *mobilisation des créances et confère plus de souplesse au mouvement des affaires.
Cependant, outre qu'il ne convient qu'à des opérations importantes, le crédit par acceptation comporte pour la banque acceptante un risque spécifique en contrepartie de l'économie de trésorerie qu'il permet. A la différence d'un crédit consenti par découvert (où la créance de la banque est immédiate), celle d'un crédit par acceptation ne surgit qu'au jour de l'échéance de la traite acceptée. Entre l'acceptation et l'échéance, le banquier ne dispose donc d'aucun moyen juridique à l'encontre de son client.

Accise

a : *Excise tax* – **d** : *Akzise/Verbrauchssteuer* – **e** : *Impuesto sobre el consumo*

Fiscalité : Impôt frappant la fabrication ou la vente de produits déterminés.

Ce terme est plus employé à l'étranger qu'en France : il correspond dans le système fiscal français aux contributions indirectes proprement dites. En Grande-Bretagne, ce sont les *excise duties.* Accise (du verbe latin : *accidere,* couper, tailler) et excise auraient une origine voisine de celle qui a donné son nom au vieil impôt de la taille.
Droits frappant la consommation de certains produits seulement, selon des régimes souvent particuliers à chacun d'eux, les accises s'opposent à l'impôt général sur la dépense ou taxe sur le chiffre d'affaires. Mais frappant en principe les produits de fabrication nationale comme les produits d'origine étrangère, ils se distinguent des droits de *douane perçus lors de l'importation ; leur régime et les modes d'assiette et de perception les en rapprochent cependant ; en Grande-Bretagne, les produits, selon leur origine, sont frappés soit par les droits de douane, soit par les accises ayant le même objet fiscal ; dans plusieurs pays, la même administration est chargée des uns et des autres (Grande-Bretagne, Allemagne, Belgique...). C'est cette compétence administrative qui souvent fixe les limites des droits d'accise, assez variables selon les législations nationales.
Ils sont divers et souvent nombreux ; il s'agit parfois de droits de licence frappant l'exercice de certaines activités, mais plus souvent de droits de

consommation, généralement à caractère spécifique : tels les droits sur les boissons et spiritueux, sur les tabacs dans les pays où il n'existe pas de *monopole, sur le sucre, le thé, les huiles, sur les produits pétroliers... Aux États-Unis, en l'absence d'un impôt général sur la dépense, les droits d'accise ont un développement particulier : selon le stade de perception, on distingue l'accise des détaillants et celle des fabricants ; l'accise frappe aussi des catégories de matériels élaborés et très diversifiés (autos, appareils de radio et de photo, appareils électroménagers) et prend alors la forme d'un droit **ad valorem*.
Différenciés selon les produits qu'ils frappent, ils peuvent avoir un objet économique en même temps qu'un objet fiscal, ils exercent un effet d'orientation sur la consommation et, de ce fait, sont à l'origine de *distorsions à l'intérieur de la Communauté économique européenne : certains États membres ont d'ailleurs transformé en droits d'accise intérieurs les droits de douane à caractère fiscal dont le traité de Rome provoquait la suppression. Les droits d'accise peuvent constituer une protection indirecte en faveur des produits de remplacement : cet effet apparaît nettement lorsque l'imposition frappe un produit qui ne fait pas l'objet d'une production nationale, tel le vin dans les pays producteurs de bière. Cette protection peut s'exercer même s'il existe une production nationale : la taxation de la margarine, quelle que soit son origine, protège la production de beurre ou d'huile d'olive. L'harmonisation des droits d'accise constitue une condition de l'instauration d'un marché intérieur unifié.

Accord de classement

Accord de mobilisation donné par la Banque de France à une banque qui envisage de consentir un crédit destiné, en principe, au financement des besoins d'une entreprise non financière. Le coût du crédit mobilisable est théoriquement inférieur au taux applicable aux crédits non mobilisables.

L'évolution du qualificatif attribué à cet accord doit être rapprochée des tentatives visant à modifier le rôle de la Banque de France pour assurer le refinancement.
Avant 1971, le réescompte auprès de l'Institut d'émission constituait le moyen habituellement utilisé par le système bancaire pour le refinancement des actifs représentatifs de créances sur les entreprises.
Dès 1971, à la suite du rapport Marjolin, Sadrin et Wormser — qui visait à attribuer au marché monétaire le rôle prioritaire pour fournir les liquidités au système bancaire —, l'accord de réescompte est devenu « accord de mobilisation ». Les effets devaient donc être essentiellement

négociés sur le marché monétaire, le réescompte devenant occasionnel. Dans les faits, le développement des crédits à moyen terme à l'exportation des biens d'équipement devait contrarier cette tentative de réforme. Dans la mesure où ce type de créances bénéficiait d'un réescompte à taux privilégié auprès de l'Institut d'émission, le canal du marché monétaire est demeuré secondaire par rapport au réescompte. Depuis 1979, afin de marquer l'intention de renforcer son pouvoir de contrôle du marché des liquidités, la Banque de France a décidé que l'accord de mobilisation devait être remplacé par l'accord de classement dont le libellé exprimait clairement l'intention de dissocier l'opération de crédit pour l'entreprise et l'opération de refinancement éventuel.
Précisons que l'accord de classement permet aux banques de constituer un portefeuille de créances considéré, au regard du coefficient de liquidité, comme un actif liquide.

Accord de libre-échange nord-américain (ALENA)

a : *North American Free Trade Agreement (NAFTA)* – **d** : *Nordamerikanisches Freihandelsabkommen* – **e** : *Acuerdo Norteamericano de Librecambio*

Accord de libre-échange conclu en 1993 entre les États-Unis, le Canada et le Mexique.

L'accord concerne principalement :
– l'agriculture : les conventions de libre-échange entre les États-Unis et le Canada restent en vigueur. Les États-Unis et le Mexique conviennent de supprimer tarifs, quotas et licences d'importation sur quinze ans ;
– les textiles et vêtements : s'agissant des relations entre USA et Canada, les tarifs continueront à être réduits selon le rythme prévu par l'accord de libre-échange appliqué par les deux pays depuis 1989. Les tarifs entre Mexique et Canada seront éliminés en huit ans pour les textiles, en dix ans pour les vêtements ;
– l'automobile où il est prévu une progression des importations nord-américaines jusqu'à 62,5 % et une suppression des tarifs d'ici à l'an 2003 ;
– l'énergie où l'on retient une extension des règles du * GATT, avec toutefois des réserves au profit du Mexique dans le domaine des hydrocarbures ;
– le transport terrestre où l'on convient d'une liberté de circulation sur les marchandises internationales ;
– les investissements auxquels s'appliquera le principe de la * nation la plus favorisée ;

– les services financiers où l'accord prévoit le droit d'établissement dans les états parties au traité.
Les États-Unis rêvent d'étendre l'accord à tout le continent américain (ALEA : accord de libre-échange américain). Le Chili y a adhéré fin 1994.

Accord de paiement

Voir Clearing.

Accord général sur les tarifs douaniers et le commerce

Voir General Agreement on Tariffs and Trade (GATT).

Accord monétaire européen

a : *European Monetary Agreement (EMA)* – **d** : *Europäisches Währungsabkommen (EWA)* – **e** : *Acuerdo Monetario Europeo (AME)*

*Accord de paiement conclu entre les pays membres de l'*Union européenne des paiements (UEP) et contenant les dispositions relatives aux règlements et aux crédits réciproques.*

L'Accord monétaire européen (AME), signé en juillet 1955, avait été conçu comme un substitut de l'UEP qui était appelée à disparaître avec le retour à la *convertibilité des principales monnaies européennes : il est donc entré en vigueur au début de l'année 1959.
Les stipulations de l'Accord monétaire européen ont eu, en pratique, une portée plus faible que celles de l'Union européenne des paiements, le contexte ayant profondément changé.
Les pays membres reconnurent la nécessité de maintenir un mécanisme de crédit mutuel pour pallier les déficits temporaires et instituèrent à cet effet un « Fonds européen », doté de 600 millions de dollars. Ces ressources furent constituées, à concurrence d'environ 270 millions de dollars, par l'attribution du capital de l'UEP dissoute et, pour le solde, par des contributions nouvelles des membres. Mais, à la différence des dispositions adoptées pour l'UEP, l'octroi des crédits ne pouvait jamais être automatique. Des divergences de vues sur la nature des déficits qui

pouvaient être couverts par les crédits du Fonds étaient en particulier apparues : il s'agissait de déterminer si le Fonds pourrait intervenir en cas de *déficit global* d'un pays membre vis-à-vis du reste du monde ou seulement *en cas de déséquilibre partiel* vis-à-vis de ses partenaires dans l'accord. Le compromis adopté fut de permettre l'octroi de crédits en cas de déficit *global,* mais seulement si une telle situation menaçait la liberté des échanges entre les pays européens.
De toute manière, la relative faiblesse des ressources du Fonds le cantonnait dans un rôle relativement limité.
L'apport principal de l'Union européenne des paiements avait été le rétablissement d'un système multilatéral de règlements. A l'origine, toutes les transactions entre les membres étaient apportées à la compensation mensuelle. L'assouplissement de la réglementation des changes, l'instauration de la *transférabilité des principales monnaies européennes, la restauration de l'arbitrage sur devises avaient déjà soustrait de nombreuses opérations au système de l'UEP. La proclamation de la convertibilité totale ne pouvait que parachever l'évolution, en laissant aux opérateurs, sur les marchés des changes redevenus libres, le soin de régler toutes les transactions.
Néanmoins, à l'époque (1955) où l'accord fut négocié, on ne pouvait tenir pour acquis le retour *simultané* de tous les pays membres à la convertibilité, dont l'avènement devait entraîner la dissolution de l'UEP. Il paraissait donc essentiel de maintenir un système quelconque de compensation des dettes et créances bilatérales pour faire face à une situation où toutes les monnaies ne seraient pas redevenues convertibles.
L'Accord monétaire européen contenait des stipulations complexes, dérivées de celles de l'Union européenne des paiements, mais nettement moins ambitieuses. En pratique, le mécanisme prévu par l'AME ne pouvait jouer qu'un rôle second par rapport à celui des marchés des changes, comme la suite des événements l'a montré.
L'accord a juridiquement pris fin en 1972.

Voir Système monétaire européen.

Accord préalable

a : *Approval* – **d** : *Erlaubnis* – **e** : *Acuerdo previo*

Procédure administrative subordonnant une opération à l'accord explicite de l'administration, avant la réalisation de cette opération.

Cette procédure s'emploie dans divers domaines où l'application d'un régime administratif est subordonnée au respect d'un certain nombre de conditions dont la constatation relève de l'appréciation de l'administration. Elle permet ainsi, par l'accord explicite et préalable de celle-ci, de

limiter les risques du bénéficiaire de se voir éventuellement refuser le bénéfice du régime visé.
Exemple : par l'accord préalable, l'acheteur potentiel d'une parcelle obtient de l'administration une indication positive sur ses chances de se voir délivrer le permis de construire pour un immeuble projeté.
La procédure de l'accord préalable est également employée en matière de Sécurité sociale (accord préalable sur certaines prestations), de régime des *prix (barèmes de prix), de commerce extérieur (*licences).

Account

a : *Account* – **d** : *Laufende Rechnung* – **e** : *Cuenta corriente*

Mot anglais signifiant compte (accounting : *comptabilité*).

Le terme désigne également une forme de vente particulièrement répandue aux États-Unis et qui comporte l'ouverture chez un commerçant d'un compte individuel réglé périodiquement par le client (généralement en fin de mois) et sur lequel sont imputés ses achats. Une forme perfectionnée de l'account s'applique à des chaînes de magasins à succursales multiples. Le client ne possède qu'un compte, mais peut faire ses achats dans plusieurs établissements de la chaîne. Le compte peut également être ouvert auprès d'un organisme spécialisé qui prend lui-même des accords avec des commerçants, restaurateurs, etc. (exemple : la vente en compte (ou account) utilise le plus souvent le support matériel d'une *carte de crédit. Celle-ci permet d'une part de simplifier les transactions, d'autre part d'imputer les achats au titulaire identifié d'un compte).

Accréditif

a : *Commercial letter of credit (L/C)* – **d** : *Akkreditiv* – **e** : *Acreditativo*

---

*Document par lequel une *banque ouvre à un tiers un *crédit d'un montant et pour une durée déterminés auprès d'une agence ou d'un correspondant.*

L'accréditif n'est pas un moyen de crédit mais un moyen de transmission des fonds ou un procédé de règlement. Il suppose donc normalement que le compte du client à la banque qui émet l'accréditif est provisionné. Par l'accréditif, la banque avise directement la banque ou l'agence auprès desquelles elle accrédite son client que celui-ci est autorisé à prélever chez elles telle somme pendant tel délai. A la différence du régime de

la *lettre de crédit, la procédure de l'accréditif ne comporte aucune remise matérielle de titre (lettre, écrit) au client accrédité et diminue d'autant les risques de fraude. Elle a, en outre, l'avantage de faciliter les règlements d'une société commerciale sur plusieurs places tout en lui évitant de multiplier ses correspondants bancaires. Aussi l'accréditif est-il largement employé pour les règlements commerciaux (alors que la lettre de crédit s'applique essentiellement aux besoins privés).
L'accréditif peut revêtir deux formes.

L'accréditif simple : Il est consenti pour une somme prédéterminée et demeure valable jusqu'à épuisement de cette somme, sous réserve parfois de la fixation d'une durée limite de validité.

L'accréditif périodique (ou permanent) : Il autorise plusieurs prélèvements successifs portant sur des montants et des périodes déterminés dont le renouvellement est automatique pour l'ensemble de la période de validité prévue. Il s'analyse comme une série d'accréditifs simples juxtaposés, mais non confondus, car les parts de crédit non utilisées durant une période ne sont pas reportables sur la période suivante (jour, semaine ou mois).

Accroissement

a : *Population growth* – **d** : *Bevölkerungswachstum* – **e** : *Expansión demográfica*

Démographie : Taux annuel d'augmentation d'une population.

Cette mesure étant peu significative de l'évolution démographique d'une population, on lui préfère généralement celle du taux de *reproduction qui rend mieux compte de la capacité de remplacement des générations successives.

Accumulation

a : *Accumulation* – **d** : *Akkumulation* – **e** : *Acumulación*

---

*Investissement net, c'est-à-dire part de l'*investissement qui excède l'*amortissement.*

La notion d'accumulation est générale à toutes les économies, mais le terme est en usage surtout dans la littérature marxiste (*voir* Capital, Capitalisme, Marxisme). Il exprime de façon imagée comment le processus d'investissement aboutit à augmenter progressivement le *capital technique.

L'accumulation implique un prélèvement de biens et services sur l'ensemble des ressources disponibles. Dans les pays à économie de marché, l'investissement est théoriquement laissé à l'initiative de l'entreprise. Celle-ci, stimulée par l'*innovation et par la perspective de profits ultérieurs plus grands, apprécie l'opportunité d'accumuler en fonction de ses facultés d'*autofinancement et du coût des emprunts. En pratique, l'existence d'un secteur public et l'intervention de l'État dans la régulation de la croissance font aussi de la puissance publique, dans le cadre d'une planification plus ou moins souple, un des principaux centres de décision en matière d'accumulation, sinon le principal investisseur.
Il allait naturellement ainsi, et de façon plus systématique, dans les *pays d'économie collectiviste* où les budgets de l'État et des autres collectivités territoriales servaient de cadre à la constitution des fonds d'accumulation. Les unités productives ont cependant toujours eu la possibilité d'alimenter avec les ressources tirées de leur activité leurs propres fonds d'accumulation. Cette faculté s'est trouvée élargie avec la réforme de l'organisation de la production, mise en œuvre à partir des années 1960, qui favorisait une certaine autonomie des entreprises en réhabilitant la notion de rentabilité financière.

Achalandage

a : *Occasional customers* – **d** : *Laufkundschaft* – **e** : *Clientes ocasionales/Parroquia*

---

*Ensemble des personnes (chalands) qui entrent occasionnellement dans un magasin pour y effectuer des *achats.*

L'achalandage est un des éléments constitutifs essentiels du fonds de commerce. Au sens strict, il est distinct de la clientèle qui est constituée par l'ensemble des acheteurs qui ont l'habitude de se fournir chez un commerçant et qui ne sont pas des « chalands ». Cette distinction permet de faire une différence entre les clients habituels (pratiques) qui sont attirés par la qualité du service rendu et les clients occasionnels (passagers) qui peuvent être attirés par l'emplacement du magasin ou son aspect accueillant.
Mais le sens de « chaland » étant lui-même mal défini, achalandage et clientèle ont fini par avoir la même signification et sont souvent employés pour désigner indistinctement l'ensemble des clients.
Par un abus du langage populaire, « achalandage » est parfois employé pour désigner l'équipement ou l'approvisionnement d'un magasin et l'éventail ou la qualité des produits qu'il offre (un magasin « bien achalandé »). Cette acception est incorrecte.

Achat

a : *Purchase* – **d** : *Kauf* – **e** : *Compra*

Acte par lequel un agent économique entre en possession d'un bien (ou d'un service) moyennant le paiement d'un prix.

Dans une économie monétaire, l'achat est le principal moyen d'entrer en possession d'un bien nécessaire à la satisfaction des *besoins d'un individu ou d'une entreprise. L'entrée en possession peut être immédiate (achat au comptant ou achat à *crédit) ou différée (achat à *terme). Le paiement peut également être immédiat (comptant) ou différé (crédit et terme). L'échange (troc) n'est pratiquement plus pratiqué que dans les économies sous-développées : les phénomènes d'*autoconsommation sont limités à des secteurs bien définis et n'ont qu'une application partielle (alimentation dans l'agriculture, jouissance du logement qu'on possède...) en raison de l'extrême diversification des besoins et de la production. Enfin, l'extension de l'appropriation des biens naturels réduit à peu de chose le domaine des satisfactions gratuites (air).
L'achat ou la perspective d'achat est le fondement même de la *demande et constitue la base de toute activité économique de production ou de distribution, c'est-à-dire de l'*offre.

L'achat individuel : C'en est la forme la plus élémentaire et en même temps la plus imparfaite, puisque l'acheteur y est généralement isolé, inorganisé, atomistique, et ne bénéficie qu'exceptionnellement d'excellentes conditions d'information et de rationalité dans la décision. La *publicité, qui incite à l'achat, peut constituer en effet pour l'acheteur isolé une source de confusion autant que d'information. Même lorsque ce n'est pas le cas et si l'on prend en compte les bienfaits de la *concurrence dans le domaine de l'information et des prix, l'incitation générale à l'achat est si puissante que la faculté d'abstention, et donc la liberté d'achat, s'en trouve réduite (économie de marché moderne).

L'achat par une collectivité ou une entreprise : Il constitue le premier élément de son processus d'activité, que celle-ci soit industrielle ou commerciale. La combinaison des notions de *prix et d'*utilité du bien qu'elle acquiert confère à l'acte d'achat une importance fondamentale pour elle, car son profit (et son succès) seront finalement mesurés par la différence positive entre les produits qu'elle aura tirés de ses ventes et les charges qu'elle aura supportées pour acquérir les moyens de produire ou de distribuer.
Durant une période relativement longue, la fonction d'achat a été considérée comme secondaire au regard des fonctions de production et de vente. Dans une concurrence d'une certaine âpreté, où la notion de *coût est devenue essentielle, un bon achat assure dès le départ un élément de rentabilité. Aussi la technique des achats s'est-elle perfectionnée dans l'industrie et le commerce.

Dans l'industrie : L'utilité est le critère majeur de l'achat. Le bien acheté devant être utilisé ou transformé dans l'entreprise, celle-ci est la mieux placée pour en apprécier l'utilité par rapport à ses besoins, en faisant, le cas échéant, appel à la recherche opérationnelle (jeu complexe de possibilités).
1) Lorsqu'il s'agit de biens semblables, on peut schématiquement déterminer le meilleur achat par le quotient utilité/prix le moins élevé (en fait, la variété des commodités d'emplois nuance toujours un tel schéma).
2) Lorsqu'il s'agit de biens non semblables, des comparaisons approfondies doivent être faites par simulations successives de l'utilisation des biens en concurrence, compte tenu de leurs coût et rendement, de leur durée, de leurs services, de leur solidité, etc. Un *bilan actualisé est toujours nécessaire à cette fin.

Dans le commerce : Le critère majeur doit être la valeur subjective présumée des biens pour le consommateur, condition essentielle de l'écoulement de la marchandise. Cependant, d'autres critères peuvent être considérés comme aussi importants :
- la sécurité des délais de livraison, tout à fait fondamentale pour « fournir » la demande à l'instant prévu ;
- l'homogénéité de la qualité, gage de confiance chez la clientèle ;
- la capacité au stockage de la marchandise achetée ; il s'agit de manutention plus que de stationnement, une entreprise commerciale et dynamique s'efforçant de limiter ses stocks au minimum ;
- le prix et les conditions de paiement, dont l'importance est évidemment très grande au regard de la concurrence.

Ces éléments expliquent l'importance des services d'achat de l'approvisionnement dans les entreprises industrielles et commerciales. Ces services doivent être techniquement bien armés, disposer de laboratoires d'essais, se tenir de façon permanente au fait des derniers développements technologiques, être parfaitement informés sur les mœurs commerciales et la santé financière de leurs fournisseurs actuels ou éventuels. Les éléments actifs de ces services (les acheteurs) doivent avoir pour qualités essentielles la probité, la rigueur et la curiosité.

Acompte

a : *Down payment* – **d** : *Anzahlung* – **e** : *Pago inicial (a cuenta)*

---

*Paiement anticipé et partiel imputé sur le montant d'une *dette.*

• *Commerce :* Dans le cadre d'une *vente commerciale, l'acompte est le versement par l'acheteur au vendeur d'une fraction du prix du marché, après conclusion définitive et parfois exécution partielle de la vente : l'acheteur ne peut se délier de ses autres engagements en abandonnant au vendeur l'acompte versé ; l'acompte diffère en cela des *arrhes.

• *Fiscalité : Les acomptes provisionnels sont des versements exigés du contribuable avant le calcul définitif de l'impôt et déductibles du montant total de celui-ci.* Le paiement par acomptes est utilisé pour l'impôt sur le revenu (impôt sur le revenu des personnes physiques et taxe complémentaire), pour l'impôt sur les sociétés et pour les taxes sur le chiffre d'affaires.

– Le versement de deux acomptes provisionnels est exigé de *tous les contribuables à l'impôt sur le revenu* dont la cotisation de l'année précédente excédait un certain montant (400 francs en 1974). Les deux acomptes sont exigibles le 31 janvier et le 30 avril ; le défaut de paiement entraîne une majoration de 10 % des sommes dues à partir du 16 février et du 16 mai. Ils sont calculés sur la base du tiers de l'impôt du contribuable au titre de l'année antérieure : d'où leur appellation traditionnelle de « tiers provisionnel ». Le montant des acomptes est précisé par un *avertissement envoyé au contribuable. Il est toujours possible à celui-ci de réduire ou de suspendre le paiement de ses acomptes s'il peut justifier d'une réduction suffisante de son revenu imposable. Le montant versé sous forme d'acomptes au Trésor est déduit de la contribution totale qui est calculée au titre de l'impôt sur le revenu au cours du second semestre de l'année.

– *Les sociétés doivent verser quatre acomptes* sur leur imposition de l'année en cours, en février, mai, août et novembre. Chacun d'entre eux est égal au cinquième de l'impôt sur le bénéfice du dernier exercice clos. Le calcul est effectué par le contribuable.
A la clôture de l'exercice courant, le montant de l'imposition définitive est liquidé. Si celui-ci excède le total des quatre acomptes versés, le complément est immédiatement exigible. Dans le cas contraire, la société dispose d'un avoir auprès du Trésor qui est affecté aux contributions de l'exercice suivant, ou qui est remboursé à la société si l'activité de celle-ci est déficitaire depuis deux exercices consécutifs.

– *Pour le règlement des taxes sur le chiffre d'affaires,* des acomptes peuvent également être versés. Le redevable s'acquitte mensuellement pour un montant calculé sur la base du douzième de la taxation de l'année antérieure et trimestriellement si son imposition n'excède pas 500 francs par mois. Le règlement définitif de la taxe s'effectue en fin d'année suivant des modalités analogues à celles qui ont été décrites plus haut pour l'impôt sur les sociétés.

ACP

a : *ACP* – **d** : *ACP* – **e** : *ACP*

Pays en voie de développement de l'Asie, de la Zone Caraïbe, et du Pacifique.

Acquisition

a : *Acquisition* – **d** : *Erwerb* – **e** : *Adquisición*

Fait de devenir propriétaire de biens, services, ou droits.

A la différence de l'*achat, l'acquisition peut se faire non seulement à titre onéreux mais aussi à titre gratuit. Le Code civil énumère les modalités d'acquisition de la propriété (art. 711 et 712) : succession, donation, effet des conventions, accession, incorporation, prescription...

Acquit

a : *Receipt* – **d** : *Zahlungsbestätigung* – **e** : *Recibo*

Acte écrit par lequel le créancier donne au débiteur décharge de son engagement.

Paiement par *chèque : le décret-loi du 30 octobre 1935, qui régit l'usage du chèque, stipule que la reconnaissance écrite du paiement n'est pas obligatoire : elle peut seulement être exigée du porteur par le tiré. L'acquit ne comporte d'ailleurs aucune formule définie. Il résulte de l'apposition sur le chèque, par la personne qui reçoit le paiement, de sa signature. La pratique bancaire tend cependant à généraliser l'usage de la formule *pour acquit, lieu, date, signature.*
L'apposition de l'acquit présente un double intérêt ; elle permet au tiré de fournir une preuve du paiement ; elle exclut toute possibilité ultérieure d'*endossement.

Acquit-à-caution

a : *Bond note* – **d** : *Zollbegleitschein/Bürgschaftsschein* – **e** : *Guía de tránsito*

---

*Titre devant accompagner les mouvements de certaines marchandises, comportant une déclaration détaillée de celles-ci et l'engagement souscrit par le redevable, contresigné par une *caution solidaire, de s'acquitter — dans les délais fixés et sous les peines de droit — des obligations concernant ces marchandises.*

Réglementation douanière (Code des douanes, art. 120 *sq.*) : L'acquit-à-caution permet à l'administration des Douanes de contrôler la destination de marchandises importées qui ne font que traverser le territoire national, ou n'y séjournent que momentanément, et sont placées sous un régime suspensif des droits, taxes ou prohibitions normalement applicables aux importations (marchandises « sous douane »).

Réglementation fiscale (Code général des impôts, art. 557, 615-624) : L'acquit-à-caution permet aux agents des impôts de prendre en charge des marchandises qui doivent être placées en entrepôt, ou de s'assurer du paiement des droits lorsque ceux-ci sont dus à l'arrivée des marchandises, ou encore de contrôler les mouvements de marchandises soumises à contrôle de circulation pour des motifs d'intérêt fiscal ou public (exemple : l'absinthe).
En matière douanière comme en matière fiscale, l'engagement du principal obligé et de la caution est annulé, et les sommes éventuellement consignées sont remboursées, au vu du *certificat de décharge* donné par les agents de douanes ou des impôts. Celui-ci établit que les obligations relatives aux marchandises ont été satisfaites (réexportation, paiement des droits, placement en compte d'entrepôt, déclaration d'arrivée établie par le destinataire à la réception du chargement).

Acte unique européen

a : *Single European Act* – **d** : *Einheitliche europäische Akte* – **e** : *Acto único europeo*

Accord signé par les États membres de la Communauté économique européenne en décembre 1985 par lequel ceux-ci s'engagent à réaliser d'ici au 1er janvier 1993 un marché unique sans aucune frontière.

En fait, cet accord comprend un programme de travail, à concrétiser par des décisions prises lors des conseils européens pour réaliser :
– la suppression des diverses frontières

– l'élargissement de la coopération technologique
– la réalisation de l'union monétaire
– la cohésion économique et sociale entre les régions
– une politique commune de l'environnement
– une harmonisation des politiques sociales.

Actif

a : *Assets* – **d** : *Aktiva/Aktiven* – **e** : *Activo*

Ensemble des biens et créances appartenant au sujet économique.

Dans l'entreprise, sujet économique par excellence, l'actif, qui figure à gauche du *bilan, comprend, aux termes du plan comptable révisé de 1982 :

– l'actif immobilisé (*immobilisations incorporelles, corporelles, financières),
– l'actif circulant (*stocks et encours, *créances, *disponibilités),
– les comptes de régularisation (charges constatées d'avance).

Dans le plan comptable antérieur (1957), la présentation de l'actif était la suivante :

– les *frais d'établissement,
– les *immobilisations,
– les autres *valeurs immobilisées,
– les *valeurs d'exploitation,
– les *valeurs réalisables à court terme,
– les *valeurs disponibles.

Il représente donc notamment ce que l'entreprise a construit, les machines qu'elle a acquises, les stocks qu'elle a constitués, de même que les sommes qui sont soit dues par les clients (créances), soit détenues par elle dans sa propre caisse ou en dépôt (banque, compte courant postal...).

L'actif net (ou situation nette) : Il représente l'ensemble des capitaux qui appartiennent en propre à l'entreprise.

• Sur le plan comptable, il s'obtient en soustrayant de la somme des éléments de l'actif (déduction faite des amortissements et provisions pour dépréciation) l'ensemble du passif à long et court terme, y compris celles des provisions qui ont un caractère d'exigibilité. On doit en principe y retrouver : le capital, les réserves, les provisions non exigibles, les résultats (moins la partie à distribuer), enfin le report à nouveau.

• En réalité, l'évaluation concrète de l'actif net d'une entreprise (c'est-à-dire le montant de monnaie qu'on en retirerait en la vendant) doit tenir compte également de l'estimation des plus-values ou moins-values des éléments de l'actif. Il va de soi que la valeur de l'actif net ainsi rectifiée est fonction de l'usage qu'on veut en faire. Exemple : des bâtiments ou outillages industriels seront comptés pour beaucoup moins si l'on doit liquider l'entreprise (valeur liquidative) que si ceux-ci sont destinés à continuer leur fonction productive (valeur de cession ou d'apport).

Comptabilité nationale (France) : Créances figurant en emplois du compte financier de chaque agent. Ces emplois correspondent, selon qu'il s'agit d'une comptabilité de flux ou de stock, à la variation des actifs financiers de l'agent considéré au cours de la période de référence (année), ou à l'encours de ces actifs.
Les actifs sont classés en plusieurs catégories, fondées sur la combinaison de plusieurs critères (caractère juridique, échéance, relations entre le débiteur et le créancier...). On distingue ainsi : la *monnaie et les *dépôts à vue ; les autres dépôts ; les *titres à court terme ; les *obligations ; les *actions ; les *crédits à court terme ; les crédits à moyen terme ; les crédits à long terme ; les opérations à court terme sur l'*or et les *devises ; les opérations à court terme entre les *intermédiaires financiers (bons et avances, notamment entre le Trésor et les autres intermédiaires financiers).

Action

a : *Share* – **d** : *Aktie* – **e** : *Acción*

Titre délivré au détenteur d'une fraction du capital d'une société pour constater ses droits d'associé.

Le *capital d'une *société devant être souscrit par plusieurs personnes, ce capital est divisé en *fractions égales* destinées à permettre à chacune d'y souscrire selon ses moyens ou ses désirs. Les actions peuvent être introduites en *Bourse. Elles y sont alors *cotées selon l'offre et la demande auxquelles elles donnent lieu.

Différentes catégories d'actions

Les actions peuvent se différencier selon les critères suivants :

Selon la forme et le mode de transmission de l'action :

• L'*action au porteur* n'indique pas le titulaire des droits qu'elle confère. Elle peut donc être transmise par simple « tradition », c'est-à-dire passer de main en main sans autre procédure.
• L'*action nominative,* au contraire, porte le nom, le domicile et la profession de son propriétaire et ne peut être transmise que par « transfert » enregistré sur les livres de la société. Un porteur peut

toujours demander à la société la délivrance d'un *certificat nominatif constatant ses droits sur le capital de celle-ci.

Selon les droits qu'elle confère sur les bénéfices :

• L'*action ordinaire* donne un droit au *dividende (sur les résultats nets de l'entreprise), un droit sur l'éventuel *boni de liquidation ainsi qu'un droit de vote à l'assemblée générale des actionnaires.

• L'*action de priorité (ou de préférence, ou privilégiée)* bénéficie de droits particuliers : notamment, priorité sur l'attribution des bénéfices ou de l'actif social (au moment de la liquidation de la société), majoration de la part provenant du boni de liquidation.

Selon les droits à intérêt statutaire :

• L'*action de capital* bénéficie de l'*intérêt statutaire que la société a décidé d'attribuer en rémunération de la participation au capital.

• Dans certains cas, la société peut utiliser ses réserves pour rembourser partiellement ou totalement aux actionnaires le capital qu'ils ont apporté. L'action est dite alors « amortie » (elle l'est complètement lorsqu'elle a été remboursée à hauteur de sa valeur nominale) et prend le nom d'*action de jouissance.* Le dividende correspondant est réduit à l'intérêt statutaire.

Selon la nature des apports qu'elle représente :

• L'*action de numéraire* représente la contribution en moyens de paiement de l'actionnaire. C'est la forme de loin la plus répandue.

• L'*action d'*apport* est délivrée en échange de biens apportés. A la différence de l'action en numéraire, elle est automatiquement *libérée* (voir ci-après) à la création de la société. Pour éviter qu'éventuellement les fondateurs apporteurs se désintéressent trop tôt du sort de la société qu'ils ont créée, l'action d'apport n'est pas négociable avant un délai de deux ans.

Émission des actions

L'émission d'actions est soumise à un certain nombre de procédures administratives et fiscales dont les principales sont, pour une création de capital :

– le dépôt du statut de la société au greffe du tribunal de commerce et, pour les émissions dans le public, l'autorisation préalable ou l'affectation de la date d'émission par le ministère des Finances ;

– la souscription intégrale du capital social (contre remise de bulletin de souscription) et le versement, par chaque actionnaire, d'un quart au moins du montant des actions souscrites par lui ;

– la déclaration notariée constatant la réalisation des deux précédentes formalités. Ce n'est qu'après cette dernière formalité que l'action nouvelle existe pratiquement. Lorsqu'une action est émise et que les souscripteurs n'ont pas versé la totalité du prix d'émission, l'action est dite *non libérée.* Elle est alors obligatoirement nominative, mais peut être négociée néanmoins en Bourse.

Voir également Capital social (création, augmentation), Cotation. Pouvoirs de l'actionnaire : *voir* Société.

Comptabilité nationale (France)

Les actions sont définies comme des *titres représentatifs de parts sociales :* actions proprement dites, parts de SARL, parts des caisses de crédit agricole mutuel...
Dans le * tableau d'opérations financières en flux, le poste actions, à l'actif, retrace le solde des mouvements du portefeuille détenu par chaque agent, lorsqu'ils ont une contrepartie en espèces. Au passif figurent :
– pour les agents résidents, les variations du capital-action émis contre espèces, compté au prix d'émission ;
– pour l'* extérieur, la variation du stock d'actions étrangères détenu par les résidents.

Action avec bon de souscription d'action (ABSA)

a : *Share with share warrant* – **d :** *Aktie mit Aktienoptionen* – **e :** *Acción con derecho de subscripción sobre una acción*

Action assortie d'un bon de souscription, chacun de ces éléments donnant lieu à une cotation distincte.

C'est une action ordinaire à laquelle est attaché, lors de son émission, un bon permettant à son détenteur d'acquérir des actions supplémentaires de l'entreprise à un prix fixé dès l'émission de l'ABSA elle-même. Le bon est détaché peu après et donne lieu à une cotation distincte.

Action préférentielle perpétuelle

Titre négociable comportant un dividende spécifique (supérieur au dividende ordinaire).

Le versement du coupon est subordonné à l'existence d'un résultat distribuable.
Il peut être de ce fait suspendu, mais reste acquis, en étant simplement différé.

Action spécifique

a : *Golden share* – **d** : *Golden share* – **e** : *Golden share*

---

*Action détenue par l'État dans une entreprise publique ou une société d'économie mixte faisant l'objet d'une *privatisation totale ou partielle, conférant à celui-ci des droits particuliers et impliquant par son contenu des dispositions statutaires spéciales.*

Cette action, créée pour une période temporaire ou une durée indéterminée, entraîne au profit de la puissance publique le maintien de droits particuliers qui peuvent varier d'un cas à l'autre et qui concernent tout ou partie des principales applications suivantes :

– autorisation préalable pour les franchissements de certains seuils dans la détention du capital, avec possibilité ou non de veto ;

– limitation des droits de participation des nationaux ;

– limitation des droits de participation des étrangers ;

– limitation ou interdiction d'une modification dans la structure du capital impliquant plusieurs sortes d'actions avec des droits de vote différents ;

– désignation d'un ou plusieurs représentants de la puissance publique ou conseil d'administration, avec ou sans droit de vote ;

– obligation pour les membres du conseil et leur président d'être des nationaux ;

– interdiction de cession de certains actifs considérés comme d'intérêt stratégique.

Empruntée à la pratique anglo-saxonne, l'action spécifique est censée préserver, sous le contrôle de la puissance publique qui conserve un droit d'information et d'intervention, l'entreprise considérée contre toute prise de contrôle considérée *a priori* comme dangereuse.

Procédure exorbitante du droit commun, elle ne paraît pas constituer une garantie absolue car elle ne peut dans la pratique s'opposer à des alliances d'actionnaires discrètes, c'est-à-dire ne prenant pas la forme d'une action officielle de concert, et susceptibles d'entraîner une prise de contrôle effective de l'entreprise.

Cette technique a été utilisée en France, notamment dans certaines privatisations des années 1986 à 1988 ainsi que pour celles engagées à partir de 1993.

Actionnaire

a : *Shareholder* – **d** : *Aktionär* – **e** : *Accionista*

Détenteur d'une action représentative d'une fraction du capital d'une société.

L'actionnaire n'est responsable des dettes de la société qu'à concurrence de son apport.
En sa qualité d'associé, l'actionnaire :
– participe à la gestion de la société en exerçant, à l'occasion des assemblées générales, le droit de vote attaché à chacune de ses actions ;
– est rémunéré par des *dividendes, dont l'existence et le montant sont liés aux bénéfices de la société ;
– en cas d'augmentation de capital (par apports nouveaux ou par incorporation de réserves avec création d'actions nouvelles), bénéficie d'un droit préférentiel de souscription ou d'un droit d'attribution sur les titres émis (*voir* Capital social) ;
– en cas de *liquidation de la société, est remboursé, proportionnellement à ses apports, sur l'actif éventuellement subsistant après désintéressement des créanciers.

Activation

a : *Activation* – **d** : *Aktivierung* – **e** : *Activación*

Mise en œuvre d'une procédure organisée à l'avance.

Par exemple : l'activation des *droits de tirage spéciaux du Fonds monétaire international.

Activité économique

a : *Economic activity* – **d** : *Wirtschaftstätigkeit* – **e** : *Actividad económica*

---

*Ensemble des actes par lesquels les hommes satisfont leurs *besoins par la production et l'échange de *biens et de *services.*

La définition de l'activité économique est étroitement liée à celle de l'économie elle-même. Les biens et les services ne sont économiques que dans la mesure où ils sont utiles et rares (*voir* Utilité *et* Rareté). Une activité devient économique, dès lors qu'elle a pour but ou pour effet

de produire ou d'échanger des biens ou des services reconnus à la fois comme utiles et comme rares.
Le développement de l'économie s'accompagne d'une spécialisation sans cesse croissante des activités. Parallèlement, poussés par des besoins naturels ou professionnels, les hommes exerçant une même activité ou un même type d'activité ont tendance à se rapprocher et à se grouper. Cette évolution explique que le mot « activité » soit le plus souvent utilisé dans un sens sectoriel. A l'heure actuelle, lorsque l'on parle d'« activité économique », on évoque en général une catégorie donnée et limitée d'activités : activités agricoles, activités minières, activités artisanales, activités industrielles, activités commerciales, activités importatrices, activités exportatrices, activités libérales, etc.
La science économique regroupe ces catégories multiples d'activités en trois grands *secteurs : activités primaires, activités secondaires, activités tertiaires.
Mais le mot « activité » est également utilisé dans un sens global. Il sert alors à qualifier le rythme et le volume de l'ensemble de la vie économique pendant une période donnée et au sein d'une collectivité territoriale donnée. L'activité est mesurée alors par des *agrégats tels que le *produit national brut, le *produit intérieur brut, le *produit social matériel.
Le niveau de cette activité et son évolution à court terme constituent ce qu'on appelle la *conjoncture. L'étude de la conjoncture est devenue un des aspects les plus importants de l'information économique. Elle explique le développement actuel des moyens d'observation et de contrôle statistique (*indices, *coefficients de variation, *clignotants, etc.).

Actualisation

a : *Net present value method* – **d** : *Kapitalwertmethode* – **e** : *Actualización*

Méthode de calcul économique consistant à ramener l'avenir à sa valeur actuelle.

Cette méthode est généralement employée pour fonder la décision d'*investissement. Elle permet, d'une part, d'arbitrer sur le principe de l'investissement lui-même, d'autre part, de discriminer entre deux ou plusieurs options d'investissements dont le coût initial et les rendements futurs sont différents. Elle trouve sa meilleure application dans la technique du bilan économique actualisé.

Intérêt du bilan économique actualisé

Le choix le plus élémentaire entre deux investissements alternatifs est une opération délicate, comme le montrent les deux exemples simples suivants.

Comparaison entre deux investissements d'un coût initial égal : La comparaison peut être faite sous forme graphique, en portant en abscisses le temps, en ordonnées le revenu *net* tiré de chaque investissement de période en période. Le revenu *net* est négatif au départ puisque l'investissement commence par coûter sans rapporter. Il tend ensuite vers zéro au fur et à mesure que son produit balance son coût, augmenté des charges d'exploitation. Il devient enfin positif quand, l'investissement une fois complètement réalisé, le produit n'est plus diminué que des charges d'exploitation et de l'amortissement.

Comparaison entre deux investissements d'un coût initial différent : C'est le cas le plus général dans la réalité des faits. Par exemple, l'investissement I-2 est plus coûteux, plus « capitalistique » que I-1. En revanche, son revenu net devient rapidement supérieur et peut suivre une courbe plus ascendante.
Pour pouvoir effectuer un choix éclairé entre ces deux investissements, il convient de disposer d'une méthode qui prenne en considération *le facteur temps et permette d'en ramener les valeurs successives à un moment donné,* par exemple, au moment de la décision (T_0). La notion d'actualisation répond à ce besoin.

Méthode du bilan économique actualisé

Par cette méthode, on calculera, pour chaque investissement et pour sa durée totale (constitution et utilisation), la valeur algébrique actualisée, période par période, du *revenu net,* et l'on fera la somme de ces valeurs actualisées. L'investissement le plus rentable sera celui dont le bénéfice net total actualisé sera maximal. Il est d'ailleurs évident que si le bénéfice net total actualisé d'un investissement est affecté d'un signe négatif, cet investissement ne devrait pas, du point de vue strictement économique, être réalisé.
La formule du calcul de la valeur du bénéfice net total actualisé est la suivante :

$$B = R_0 + \frac{R_1}{1 + i_1} + \frac{R_2}{(1 + i_1)(1 + i_2)} + \dots + \frac{R_n}{(1 + i_1)(1 + i_2)\dots(1 + i_n)}$$

Dans cette formule : B = le bénéfice total actualisé : R_0, R_1, R_2... R_n = le revenu net de périodes de temps successives T_0, T_1, T_2... T_n (ce R ou revenu net est naturellement le solde des recettes et des dépenses prévues pour chaque période de temps, en général l'exercice ou l'année) ; i_1, i_2..., i_n les taux d'actualisation pour les périodes de temps T_1, T_2..., T_n.

Il apparaît donc que la valeur d'un revenu futur décroît avec le temps et cela d'autant plus que sa réalisation est éloignée et que le taux d'actualisation est élevé.
La formule précédente peut être simplifiée si l'on décide d'adopter un taux d'actualisation unique pour toute la durée de l'investissement. Elle devient alors, par contraction :

$$B = R_0 + \frac{R_1}{1+i} + \frac{R_2}{(1+i)^2} + \frac{R_3}{(1+i)^3} + \ldots + \frac{R_n}{(1+i)^n}$$

Cette formule est d'un maniement plus aisé, car les tables actuarielles fournissent, pour toutes les valeurs usuelles du taux de l'intérêt, les valeurs de $(1 + i)^n$ sous la rubrique « montant de 1 franc après *n* années », et cela sur une période de cent ans. On appelle « taux de rentabilité » la valeur du taux d'actualisation pour laquelle l'opération se solde sans perte ni profit (plus ce taux est élevé, plus la rentabilité est élevée).

Choix du taux d'actualisation

Au niveau de l'entreprise, le taux d'actualisation peut être choisi égal à celui du taux de l'*intérêt sur le marché, mais à titre de première approche : en effet, un tel choix suppose que, pour tous les investissements dont le bénéfice est nul à ce taux (ce taux est alors celui de rentabilité), la décision d'investir peut être prise. Or, il est peu probable que l'entreprise puisse obtenir au taux d'intérêt normal une quantité illimitée de ressources financières sur le marché pour financer tous les investissements en cause. En outre, il ne suffit pas à l'entreprise de réaliser un minimum de rentabilité, mais de porter son effort sur les opérations *les plus rentables.* La méthode lui permet donc de *classer les projets* par hiérarchie décroissante de « bénéfices actualisés unitaires » (rapport entre le bénéfice actualisé et la dépense totale d'investissement) afin de choisir les meilleurs d'entre eux.
Au niveau de la collectivité, la fixation d'un taux d'actualisation doit tenir compte de son rôle économique, qui est de permettre la répartition la meilleure, au niveau collectif, entre la consommation finale et l'investissement productif.
C'est sur ce principe qu'a été fondée la détermination du taux d'actualisation national par le Commissariat général au plan : le taux d'actualisation est celui qui assurerait, s'il n'était retenu que les projets de rentabilité supérieure ou égale à ce taux, un volume d'investissement de la collectivité équilibrant les ressources globales d'épargne. Sa mesure précise nécessite l'utilisation d'un modèle numérique de croissance permettant de comparer divers scénarios de développement économique à moyen et long terme.
Cette méthode n'a été mise en œuvre qu'à partir du VIe Plan.

Pour le IXe Plan, divers taux ont été utilisés pour des études de base, mais aucun taux général n'a été explicitement retenu.
Pour les investissements collectifs, ce principe peut être nuancé (voir ci-après). Pour les investissements industriels, ce taux doit constituer, au contraire, un minimum absolu, et le choix des investissements doit bien entendu se porter par priorité sur ceux dont le taux de rentabilité est le plus important (15 %, 12 %...).
Si le taux d'actualisation national s'applique effectivement au secteur public, c'est-à-dire aux investissements des administrations et des entreprises publiques (avec les correctifs indiqués ci-après), il ne s'impose pas aux *entreprises privées*. Celles-ci déterminent leur taux d'actualisation en fonction du coût et de la disponibilité de ressources financières externes et internes et en particulier du taux d'intérêt. Le fait que ce dernier soit, en termes réels (c'est-à-dire déflaté de la hausse des prix), sensiblement inférieur au taux du Plan ne doit pas conduire à penser que les entreprises privées se fixent un seuil de rentabilité beaucoup plus bas que celui retenu pour le secteur public. La prise en compte des autres éléments de l'environnement des entreprises (fiscalité, risque, inflation) montre que celles-ci sont conduites à retenir des seuils de rentabilité nettement supérieurs au coût de l'argent et que le taux d'actualisation du Plan constitue en fin de compte un bon instrument de répartition des investissements dans l'économie nationale.

Valeur de la méthode

La méthode de l'actualisation est cohérente, logique, et constitue un instrument particulièrement précieux pour la préparation du choix des investissements, au niveau de l'entreprise comme à celui de la collectivité. Elle permet de poser avec fruit des problèmes complexes dont les résultats font intervenir la notion d'évolution, de temps et de coût. Toutefois : 1) elle repose sur une série d'hypothèses – raisonnables, mais approchées –, notamment sur la possibilité de prévoir recettes, dépenses et taux de l'intérêt sur une période donnée ; 2) elle ne vise qu'à effectuer des choix sous l'angle de la rentabilité financière ; 3) dans cette mesure, elle ne constitue que l'un des éléments de la position d'un problème d'options économiques. Dans le cas d'un investissement public, elle ne rend pas compte notamment des aspects sociaux, politiques, d'harmonie quantitative ou géographique du développement de l'économie, de véhicule du bien-être général et d'autres facteurs non quantifiables de la décision.

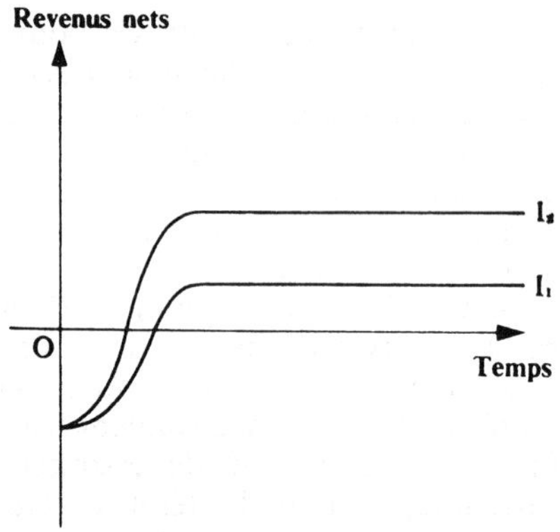

FIGURE 1 : Investissements de coût initial égal et de revenus nets constants

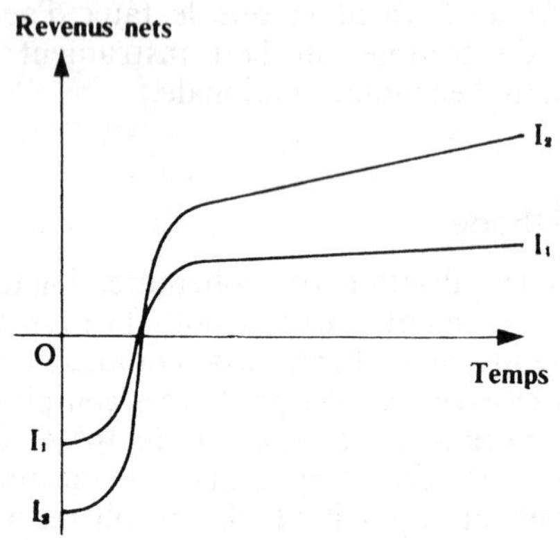

FIGURE 2 : Investissements de coût initial différent et de revenus nets en évolution divergente

Actuariat

a : *Actuarial theory/Insurance mathematics* – **d** : *Finanzmathematik/Versicherungsmathematik* – **e** : *Actuarial*

Technique de l'application de la statistique et du calcul des probabilités à l'assurance et aux opérations financières.

La science actuarielle est née de l'étude des lois de mortalité. En construisant des mécanismes financiers qui s'y ajustent, elle a permis de définir les règles applicables à la technique de la *capitalisation et elle a été ainsi à l'origine du développement de l'assurance sur la vie.
Elle s'est orientée ensuite vers les problèmes soulevés par l'emploi de la technique de la *répartition, soit dans les assurances à court terme, où ces problèmes sont surtout relatifs à la répartition des risques en groupes homogènes, soit dans les assurances à long terme, notamment dans les régimes de retraite dont elle s'emploie à définir les conditions d'équilibre démographique et financier.
Les mathématiques financières relèvent également de la science actuarielle. Elle trouve un domaine d'application classique dans la théorie et la pratique des emprunts obligataires : détermination des conditions d'un emprunt, calcul de sa charge pour l'emprunteur, de son rendement pour le prêteur, comparaison des titres existant sur le marché en fonction de leurs caractéristiques et de leurs taux de rendement.
Elle est aussi utilisée dans la conduite de toutes les opérations financières dans lesquelles le choix à effectuer repose sur un calcul de probabilité : politiques d'achat et de vente sur le marché des valeurs à revenu variable, arbitrages entre les emplois de trésorerie, et même choix des investissements chaque fois qu'ils reposent sur l'*actualisation des résultats.

Actuariel (taux)

a : *Yield* – **d** : *Effektive Rendite* – **e** : *Tasa actuarial*

Taux exprimant, en valeur actualisée, et pour une période donnée, le rapport du coût effectif d'un emprunt (ou du rendement effectif d'un prêt) avec le montant du capital.

Appelé aussi taux d'intérêt actuariel (ou effectif), ce taux est calculé à partir du taux d'intérêt nominal de l'emprunt (taux convenu dans le contrat), mais en tenant compte du mode de calcul et de paiement des intérêts, des décalages de valeur et du montant du capital effectivement disponible. Ce taux est généralement exprimé en termes annuels.

- Le *taux actuariel brut* ne tient pas compte de l'incidence fiscale, qui est variable selon les options et la situation de chaque contribuable.
- Le *taux actuariel net* (ou net d'impôt) tient compte de l'incidence fiscale.

Toutes les entreprises collectant des ressources auprès du public sont tenues d'exprimer le rendement de leurs emprunts en taux de rendement actuariel brut annuel.

Voir Actualisation.

Adjonctions budgétaires

Dispositions législatives, sans caractère financier, soumises au Parlement à l'occasion de la discussion du projet de loi de finances.

La pratique des adjonctions budgétaires répond au désir de leurs auteurs de bénéficier de la procédure plus rapide du vote du budget pour faire aboutir certaines réformes.
En France, l'usage abusif de ces adjonctions sous la IIIe République en avait fait limiter le recours par la constitution de 1946, qui précisait que « la loi du budget ne pourra comprendre que les dispositions strictement financières ».
La constitution de 1958 est muette sur ce point, mais l'ordonnance portant loi organique relative aux lois de finances en date du 2 janvier 1959 définit, dans son article premier, de façon restrictive, l'objet des lois budgétaires : nature, montant et affectation des ressources et des charges de l'État : dispositions destinées à organiser l'information et le contrôle du Parlement sur la gestion des finances publiques ou à imposer aux agents des services publics des responsabilités pécuniaires ; dispositions relatives à l'assiette, au taux et aux modalités de recouvrement des impositions de toute nature.
Si la loi organique limite ainsi au seul domaine financier la portée de l'intervention du législateur, elle en restreint en outre l'initiative en prescrivant dans son article 42 : « Aucun article additionnel, aucun amendement à un projet de loi de finances ne peut être présenté, sauf s'il tend à supprimer ou à réduire effectivement une dépense, à créer ou à accroître une recette ou à assurer le contrôle des dépenses publiques. »

Adjudication (d'effets)

Procédure de refinancement du système bancaire auprès de la Banque de France, consistant en un achat ferme à un, deux ou trois mois d'effets de première et, éventuellement, de deuxième catégorie.

La procédure d'adjudication se décompose en trois temps : 1. la Banque de France lance périodiquement un appel d'offres d'achat ; 2. selon leurs besoins, les banques font des propositions en montant et en taux par échéance, par l'intermédiaire des maisons de réescompte et des *courtiers ; 3. la Banque de France opère un choix entre ces diverses propositions, en éliminant les taux extrêmes ou, éventuellement, les échéances à terme éloigné.
La Banque de France, qui est prêteur structurel sur le *marché monétaire, peut influencer ainsi, par son comportement, l'évolution du taux de ce marché.

Voir Refinancement, Effets.

Administrateur

a : *Director* – **d** : *Ratsmitglied* – **e** : *Administrador*

Membre du conseil d'administration d'une société anonyme.

Les administrateurs sont nommés, à l'origine de la société, soit par les statuts, soit par l'assemblée générale constitutive, ensuite par l'assemblée générale ordinaire des actionnaires.
L'administrateur peut être une personne physique ou une personne morale (une société peut être administrateur de sa *filiale avec un représentant permanent siégeant en son nom). L'administrateur doit être actionnaire et posséder un nombre d'actions au moins égal à celui exigé au titre des actions de garantie. Les actions des membres du conseil d'administration garantissent leur gestion ; elles sont inaliénables et doivent être nominatives ou, à défaut, être déposées en banque.
La durée du mandat des administrateurs est déterminée par les statuts mais ne peut excéder six ans (trois ans pour les administrateurs statutaires) ; ils sont rééligibles. Un administrateur ne peut, en principe, faire partie de plus de huit conseils de sociétés anonymes ayant leur siège en France métropolitaine, mais cette limitation ne s'applique pas aux représentants permanents des personnes morales.
Les administrateurs sont civilement et pénalement responsables de la gestion de la société, notamment s'ils commettent des infractions correctionnelles (présentation de mauvaise foi de comptes inexacts, distribution de *dividendes fictifs, utilisation à des fins personnelles des biens ou du crédit de la société au détriment de cette dernière). Les administrateurs sont révocables par décision de l'assemblée ordinaire, à toute époque et discrétionnairement.
La rémunération des administrateurs, fixée par l'assemblée générale, est constituée des *jetons de présence et des *tantièmes.

Administrateur délégué

a : *Managing director* – **d** : *Delegierter des Verwaltungsrates/Geschäftsführendes Verwaltungsratsmitglied* – **e** : *Administrador delegado*

Administrateur chargé, par délégation, des fonctions de président de société anonyme en cas d'empêchement ou de décès de ce dernier.

Si l'empêchement du président est temporaire, la délégation est donnée pour une durée limitée, et renouvelable ; s'il y a décès du président, la délégation vaut jusqu'à la nomination du nouveau président.
Comme le président lui-même, l'administrateur délégué est révocable à tout moment. Sa rémunération est déterminée par le conseil d'administration.

Administrateur judiciaire

a : *Bankruptcy trustee* – **d** : *Konkursverwalter/Liquidator* – **e** : *Síndico*

Personne physique désignée par le tribunal de commerce pour assurer la gestion d'une société ayant déposé son bilan, jusqu'à ce que ses actifs soient liquidés et distribués aux divers créanciers suivant les règles de répartition arrêtées par le tribunal.

Voir Cessation de paiement, Liquidation de biens.

Administration

a : *Office* – **d** : *Verwaltung* – **e** : *Administración*

Organisme accomplissant des tâches d'intérêt général dans un but non lucratif.
Cette définition générale est celle du sens commun ; commode, et reçue, elle peut cependant prêter à ambiguïté, dans la mesure même où elle paraît définir des critères sûrs de classement.
En fait, la notion d'administration n'échappe pas à un énoncé précis des organismes qu'on y rattache.
C'est ce à quoi s'attache, de façon évolutive d'ailleurs, la comptabilité nationale.
La comptabilité nationale française, dans le nouveau système en vigueur, donne au concept d'administration une acception qui, pour correspondre sensiblement à cette définition générale, s'en écarte dans son champ

d'extension. Elle considère comme des « administrations » un ensemble de personnes morales ou d'entités comptables privées aussi bien que publiques, qui procurent à la collectivité et aux individus, sans but lucratif, des services qui ne font pas individuellement l'objet d'un échange.

Le *secteur institutionnel « administrations publiques »

Il regroupe en effet les *unités institutionnelles résidentes dont la fonction économique principale est de produire au profit de la collectivité et des individus des *services non marchands, et (ou) d'effectuer des opérations de répartition du revenu et des richesses nationales. Ces unités tirent à titre principal leurs ressources des *versements obligatoires. Le critère retenu en matière économique est donc la nature des opérations et des ressources de l'organisme. Ainsi, le service des P et T est rangé dans les entreprises, car les redevances postales, téléphoniques ou télégraphiques correspondent à une prestation de service.
Les organismes faisant partie des « administrations publiques » sont classés en trois sous-secteurs.

L'administration publique centrale : Ce sous-secteur regroupe l'État et divers organes d'administration centrale dont l'activité spécialisée s'exerce à l'échelon national.
L'État est défini comme l'administration publique française dominante à compétence générale sur le plan fonctionnel et sur le plan territorial.
L'État qui constitue une seule unité institutionnelle rassemble les services dont les dépenses et les recettes sont retracées dans différentes entités comptables.
La principale est le budget général.
A côté, on y trouve également les *budgets annexes (sauf celui des P et T) et les *comptes spéciaux du Trésor.
Les « organes divers d'administration centrale » comprennent des organismes disposant tous de l'autonomie financière, mais dotés de régimes juridiques variés.
Certains constituent, en fait, au plan comptable, des démembrements du budget général. Ainsi en va-t-il notamment :
– de la Caisse autonome de reconstruction, ou CAREC : établissement public qui reprend dans sa comptabilité l'ensemble des opérations relatives aux dommages de guerre réalisées par l'État et le Crédit national ;
– du FIDES, du FIDOM et du FAC : le FIDES (Fonds d'investissement et de développement économique et social), le FIDOM (Fonds d'investissement pour les départements d'outre-mer) et le *FAC (Fonds d'aide et de coopération) ont pour objet de promouvoir le développement économique de la zone franc et d'élever le niveau de vie des populations locales. Ces fonds sont gérés par la Caisse centrale de coopération économique (CCCE), et leurs ressources proviennent principalement du

budget général dont ils ne constituent en fait que des démembrements. D'autres sont, pour la plupart, des établissements publics, des sociétés d'économie mixte exerçant leur activité dans des domaines particuliers tels que l'enseignement (universités, lycées, grandes écoles), la recherche (CNRS), la culture, l'économie (*ONIC, Office national de la navigation...), l'emploi (Agence nationale pour l'emploi).

Les administrations publiques locales : Elles regroupent les collectivités locales au sens strict et les organes divers d'administration locale.
Les collectivités locales sont des administrations publiques métropolitaines, à compétence fonctionnelle générale, mais à compétence territoriale limitée, et placées sous la tutelle de l'État.
Sous cette rubrique sont regroupés les comptes des départements, des communes, des groupements intercommunaux et interdépartementaux associant un service public, ainsi que des services industriels et commerciaux dont la comptabilité est intégrée à celle des collectivités précédentes (exemple : régies commerciales, autres que les plus importantes régies de transport).
Cette définition exclut en revanche un certain nombre d'organismes autonomes, rattachés aux collectivités locales mais ne répondant pas aux critères généraux des administrations. Il s'agit des offices d'HLM, des hôpitaux, des hospices, dont les opérations sont retracées dans les comptes des entreprises non financières.
Dans les organes divers d'administration locale, tous dotés de la personnalité juridique, on trouve notamment les chambres de commerce et d'agriculture, les chambres de métiers, les sociétés d'aménagement foncier et d'établissement rural, les établissements publics d'aménagement urbain...

Les administrations de sécurité sociale : Elles forment un ensemble d'administrations publiques ou privées subordonnées ou non aux autres administrations, dont l'objet principal est le versement de prestations sociales et dont les ressources principales sont constituées par des cotisations sociales. La comptabilité nationale en distingue six groupes :
– le régime général, qui réunit les organismes chargés de verser les prestations aux membres des professions industrielles, commerciales et libérales qui ne bénéficient pas d'un régime particulier. C'est le régime de droit commun ;
– le régime agricole, qui englobe les organismes servant des prestations aux membres des professions agricoles et assimilées (assurances sociales, prestations familiales et régime vieillesse). Ces opérations sont retenues dans le budget annexe des prestations sociales agricoles ;
– les régimes spéciaux, qui assurent aux salariés de certaines entreprises la couverture de l'ensemble ou d'une partie des risques sociaux (SNCF, RATP, EDF, GDF) ;
– les caisses de retraites qui versent soit le principal des retraites des salariés bénéficiant des régimes particuliers, soit des retraites complémentaires ;

– les mutuelles qui servent à leurs cotisants, à titre non obligatoire, des prestations complémentaires, autres que les retraites ;

– enfin, un certain nombre de fonds qui sont soit de simples comptes de passage (exemple : Fonds national de solidarité), soit des comptes de compensation.

Le secteur institutionnel « administrations privées »

Il regroupe des unités institutionnelles résidentes constituées par des organismes privés sans but lucratif qui produisent des services non marchands destinés aux ménages et dont les ressources principales proviennent de contributions volontaires de ces derniers et de revenus patrimoniaux.

Les principales catégories d'administrations privées sont les suivantes :

– les organisations cultuelles ;

– les établissements d'enseignement privés (externats ; les internats étant classés comme entreprises) ;

– les organismes économiques de droit privé dont les ressources sont constituées par des taxes parafiscales (Institut français du pétrole...) ;

– les sociétés de courses, de chasse, de pêche, les associations sportives ;

– les syndicats patronaux, ouvriers, les partis politiques ;

– les organismes de bienfaisance, d'hygiène, les mouvements de jeunesse et les colonies de vacances.

Si l'essentiel des activités des administrations intéresse la sphère de l'économie non marchande, on notera qu'accessoirement celles-ci peuvent se livrer à des opérations de caractère marchand (exemples : cas de revenus patrimoniaux dans le budget général, des opérations inscrites à certains comptes spéciaux du Trésor...). Il reste au regard des critères de classement de la comptabilité nationale que ces opérations ont une importance économique relativement faible, ou que leur production est cédée pour l'essentiel à d'autres administrations publiques.

Le nouveau système de comptabilité nationale ne range pas dans les unités résidentes les administrations étrangères et internationales, que le critère de l'extra-territorialité fait ranger dans le « reste du monde ».

Il en allait différemment dans l'ancien système, qui en outre ne reconnaissait pas la qualité de producteur aux administrations, comme ceci reste le cas dans le système de comptabilité nationale en vigueur dans les pays socialistes.

Dans la comptabilité nationale française, les administrations, ainsi, produisent, consomment, transfèrent, investissent, prêtent ou empruntent. Leur production est évaluée à son coût.

Admission temporaire

a : *Temporary admission* – **d** : *Vorübergehende Einfuhr* – **e** : *Admisión temporal*

**Régime douanier permettant l'introduction en suspension de droits et pour un temps limité de marchandises destinées à être réexportées après transformation ou utilisation conforme.*

Comme les autres régimes suspensifs de droits de *douane, l'admission temporaire a pour effet d'exonérer des marchandises sous certaines conditions dont la réalisation est jugée profitable à l'intérêt national.

Mécanisme

L'entrée de la marchandise : Elle donne lieu à la rédaction d'un *acquit-à-caution par lequel l'importateur et sa caution s'engagent solidairement à réexporter les marchandises ou à les placer en entrepôt à l'expiration du délai d'admission temporaire (qui ne peut excéder six mois).

Le service des douanes vérifie la marchandise : Il en prélève généralement un échantillon ou la marque d'un signe de reconnaissance afin d'être en mesure de l'identifier lors de la réexportation ultérieure.

La condition de réexportation : Elle peut être réalisée de plusieurs façons.
1) Exceptionnellement, la réexportation peut ne pas avoir lieu (contrat non rempli, modifications dans les conditions commerciales, internationales, achat définitif après essai...). Dans ce cas, la marchandise paie les droits jusqu'alors suspendus.
2) Lorsqu'elles sont réexportées en l'état, les marchandises sont identifiées par le service des douanes.
3) Lorsqu'elles ont été incorporées dans un produit fini et complexe lui-même, le Service des douanes vérifie la teneur de celui-ci en matière réexportée compte tenu des ratios et règles de fabrication (cette vérification est souvent très délicate).

Applications et rôle

Avantages : L'admission temporaire présente pour l'importateur des avantages supérieurs à ceux de deux régimes analogues.
1) Elle est plus souple et plus simple que le *drawback qui entraîne des complications comptables et budgétaires.
2) Elle a un champ d'application plus large que l'*entrepôt qui limite le maniement et le traitement de la marchandise. Le régime de l'admission temporaire permet en effet de faire subir à la marchandise des traitements industriels qui peuvent la modifier ou la mélanger à d'autres. Il rend

également possible son *utilisation* dans l'enceinte d'une entreprise ou d'un atelier et lève temporairement la surveillance du service des douanes. L'étendue même de son champ d'application confère quelques *dangers* à ce système : tentation de profiter de la réexportation d'un produit complexe pour conserver à usage intérieur une partie de la marchandise importée hors douane... Aussi les contrôles revêtent-ils dans ce domaine une importance capitale, ainsi que les conditions mises à l'admission temporaire.

Rôle : Le rôle de l'admission temporaire doit être en effet lié à la politique économique suivie par le gouvernement.
1) Ce régime peut favoriser largement les industries qui travaillent pour l'exportation mais, pour ne pas pénaliser les autres, il doit se borner à leur procurer des matières premières qui ne sont pas fournies sur le territoire national.
2) S'il est particulièrement adapté pour les travaux à façon et permet à des entreprises de se spécialiser dans ces traitements intermédiaires.
3) S'il s'applique à des produits fabriqués par les industries nationales, il peut servir à faire pression sur des prix de revient trop élevés qui condamneraient en tout état de cause l'exportation.
4) D'une manière générale, il permet de faciliter la circulation et l'exploitation de marchandises et de prototypes étrangers ou leur « location hors douane », à l'essai. Le commerce extérieur étant fondé sur la réciprocité, l'assouplissement que ce régime apporte aux importations donne aux relations commerciales un caractère ouvert dont les exportations nationales peuvent à leur tour tirer profit.
5) Le régime de l'admission temporaire a inspiré la procédure *Imex dont le but était de relancer les exportations françaises après la Seconde Guerre mondiale.

Adulte (population)

a : *Adult (population)* – **d** : *Erwachsene (Bevölkerung)* – **e** : *Adulta (población)*

---

*Synonyme de *population active.*

Ad valorem

a : *Ad valorem* – **d** : *Ad valorem* – **e** : *Ad valorem*

Locution qualifiant les impôts et droits assis sur la valeur des biens.

Les droits *ad valorem* s'opposent aux *droits spécifiques, calculés sur la base de la mesure physique d'une grandeur caractéristique du produit.

La taxation *ad valorem* est la règle aujourd'hui, tant pour les impôts que pour les droits de douane. Les droits spécifiques sont l'exception ; ils sont supprimés progressivement.
Il faut noter que la taxation *ad valorem,* du fait même qu'elle porte sur la valeur des produits mesurée par un *prix, intègre du même coup dans son *assiette l'accroissement de ces prix dû, par exemple, à l'*inflation (exemple : la *TVA) et a de ce fait une certaine action équilibrante sur le budget de l'État (l'évolution des recettes fiscales suit l'évolution des prix).

AELE

Association européenne de libre-échange. Voir Zone de libre-échange.

AFB

Voir Association française des banques.

AFEC

Voir Association française des établissements de crédit.

Affacturage

a : *Forfaiting* – **d** : *Forfaitierung* – **e** : *Compra de letras de cambio sin recurso (Negocios « à forfait »)*

Opération ou technique de gestion financière par laquelle, dans le cadre d'une convention, un organisme spécialisé gère les comptes « clients » d'entreprises en acquérant leurs créances, en assurant le recouvrement pour son propre compte, et en supportant les pertes éventuelles sur des débiteurs insolvables.

Ce service, qui permet aux entreprises qui y recourent d'améliorer leur trésorerie et de réduire leurs frais de gestion, est rémunéré par une commission sur le montant des factures.

Voir Factoring.

Contenu de l'affacturage

Tel qu'il s'est développé aux États-Unis et étendu en Europe, il se caractérise par les éléments suivants.

• Les *moyens techniques* mis en œuvre sont importants et variés : centres de traitement des comptabilités, cabinets d'études juridiques, financières et d'informations commerciales à la disposition de l'entreprise cliente.

• Par sa spécialisation dans les opérations ayant trait à la *clientèle* de l'entreprise (comptabilité clients, fichiers de clientèle, recouvrement, contentieux), l'affactureur libère le fournisseur des nombreuses opérations de gestion de son compte « clients » et lui permet de concentrer l'énergie de l'entreprise sur les fonctions de production et de vente.

• L'affactureur remplit une fonction d'**assurance-crédit*. Sa bonne connaissance des milieux commerciaux et sa spécialisation dans la comptabilité « clients » de plusieurs entreprises lui permettent de mettre éventuellement en garde son entreprise cliente contre le risque d'insolvabilité des acheteurs. Progressivement, l'affactureur en est venu à *assurer* l'entreprise contre le risque d'insolvabilité en se subrogeant à ses créances. L'entreprise se voit ainsi assurée de l'absolue ponctualité des règlements et ses créances « affacturées » présentent au bilan un caractère de parfaite liquidité.
L'affactureur se rapproche ainsi de l'assurance-crédit par un double caractère : le contrat d'affacturage — comme celui d'assurance — porte sur *la totalité des opérations* effectuées en un temps donné ; il couvre, moyennant commission, le *risque de non-paiement.* Mais il s'en distingue par le fait qu'il garantit *l'intégralité de la créance,* alors que l'assureur n'en couvre généralement que 70 à 90 %. En outre, l'affactureur prend à sa charge la créance *avant l'échéance,* tandis que l'assureur indemnise *a posteriori* et lorsque les moyens de recours ont été épuisés.
L'intervention de l'affactureur peut être particulièrement précieuse en matière de *commerce extérieur,* car il peut renseigner son client exportateur sur le marché à conquérir, les habitudes d'achat de la clientèle étrangère, l'existence et la qualité des agents et correspondants possibles.

• La *mobilisation des créances de l'entreprise* est facilitée en effet par l'affacturage.
Pour l'entreprise, la prise en charge des créances par l'affactureur revient à mobiliser immédiatement son portefeuille « clients ». Elle la décharge ainsi d'un grand nombre d'activités et de risques, permet d'alléger ses services financiers et améliore la disponibilité de capitaux et de trésorerie.
Pour le banquier de l'entreprise, l'affacturage présente également un avantage de sécurité, surtout dans les pays (anglo-saxons notamment) où ne fonctionne pas le système de l'escompte. N'ayant pas de faculté de mobilisation aisée de sa créance sur le vendeur (l'entreprise), il ne peut, en cas de difficulté à la recouvrer, que se retourner contre elle. Il a donc intérêt à ce que l'entreprise soit elle-même garantie contre l'insolvabilité de ses propres débiteurs. Ces avantages expliquent que la

plupart des firmes d'affacturage soient financées par des groupes de banques ou d'institutions financières.
Par son aspect d'opération de crédit facilitant la mobilisation des créances commerciales, l'affacturage s'apparente à l'*escompte. Dans les deux techniques, en effet, on retrouve un crédit accordé par avance de fonds contre production d'une créance à terme. Mais il présente avec l'escompte trois différences spécifiques :

– alors que la créance présentée à l'escompte doit être généralement incluse dans un *effet de commerce, cette formalité n'est pas exigée par l'affactureur ;

– pour fixer son plafond d'escompte, le banquier se fonde sur la solvabilité du tireur (le vendeur). C'est au contraire à la solvabilité de l'acheteur (le tiré, dans l'escompte) que fait référence l'affactureur ;

– il en résulte une différence de comportement en cas de non-paiement : le banquier conserve un recours contre le *remettant* de la créance (le vendeur) alors que l'affactureur y a renoncé à l'avance.

Coût de l'affacturage

La multiplicité et l'importance des services rendus par l'affactureur entraînent naturellement un coût élevé. Celui-ci, selon la nature des contrats, peut varier entre 1 % et 3 % du chiffre des affaires traitées. On remarquera cependant que, sur le plan de la structure des coûts, l'appel d'une entreprise à l'affacturage a un effet particulier sur la gestion : celui de substituer à due concurrence des charges proportionnelles à des *frais fixes ou aléatoires (frais de gestion des services correspondants).

L'affacturage à forfait

L'affacturage à forfait (en anglais : *forfaiting*) est une technique de financement de plus en plus volontiers pratiquée dans les relations commerciales entre l'Est et l'Ouest.
Les opérations d'exportation traitées à forfait ont pris de l'importance à partir de 1970 avec le développement rapide du commerce Est-Ouest. L'importateur d'un pays d'Europe orientale demandait fréquemment de trois à cinq ans de crédit pour l'achat de biens d'équipement, durée supérieure aux possibilités qu'offraient, à l'exportateur occidental, soit ses ressources propres, soit le financement bancaire traditionnel. En outre, ni l'exportateur ni son banquier n'étaient volontiers disposés à prendre un risque sur le crédit du pays importateur, notamment pour les sommes importantes que mettent souvent en jeu les contrats de livraison de biens d'équipement. De ce fait, on a vu se développer un marché des effets représentatifs de crédits à l'exportation à moyen terme qui ne faisait pas intervenir l'exportateur. Quand il conclut un contrat de nature commerciale (fixant notamment les conditions de crédit) avec l'importateur d'Europe orientale, l'exportateur s'assure que son partenaire émettra des billets à ordre pour chacune des échéances de remboursement du crédit.

Les parties conviennent communément de dix remboursements semestriels, le premier intervenant six mois après l'émission des billets, ce qui porte à cinq ans l'échéance totale.
Deux conditions préalables doivent être remplies pour qu'une série de billets puisse prendre rang dans le papier « à forfait » acceptable par le marché : 1) chaque effet doit porter une signature de banque mondialement connue ; 2) il est essentiel que les obligations de paiement de l'importateur ne soient pas liées aux conditions d'exécution du contrat par l'exportateur ni à la livraison de la marchandise. L'acquéreur des billets pouvant n'avoir que peu de relations avec l'exportateur, il est pour lui d'une importance capitale que, au cas de défaut de paiement par l'importateur, la promesse de payer soit inconditionnelle. A titre de sauvegarde supplémentaire pour l'acheteur, le papier « à forfait » représente normalement de 80 à 90 % seulement de la valeur de l'opération d'exportation, les 10 à 20 % restant pouvant être retenus par l'importateur à titre de garantie d'exécution du contrat de vente.
Ces exigences satisfaites, l'exportateur peut vendre le papier à une banque. Dans le cas, occasionnel, où la banque s'engage à escompter l'ensemble des effets, il y a perception d'une commission (de l'ordre de 1 % par an). Enfin, le taux d'intérêt est majoré pour dédommager la banque des variations de taux pouvant intervenir dans un sens défavorable entre la date de l'engagement bancaire et celle de l'engagement du papier.
Si le marché « à forfait » demeure généralement lié dans une large mesure (de 60 à 70 % suivant des estimations de caractère privé) aux importations effectuées par les pays d'Europe orientale, il existe de petits marchés correspondant aux achats de biens étrangers par l'Europe occidentale, le Moyen-Orient et l'Amérique latine.

Affaiblissement

a : *Debasement* – **d** : *Münzverschlechterung* – **e** : *Deterioración de las monedas*

Monnaie : Diminution du poids, ou du titre d'une monnaie.

Voir Monnaie *et* Dévaluation.

Affectation

a : *Earmarking* – **d** : *Zweckbindung* – **e** : *Afectación*

Décision donnant à certains moyens ou ressources un emploi déterminé.

C'est un acte normal de gestion ; mais cette relation entre les moyens et leur utilisation, tout particulièrement entre les ressources et les emplois, peut être établie *a priori,* de telle sorte que les ressources sont réservées à un emploi déterminé avant leur utilisation effective.

• L'affectation *a priori* de certaines ressources à des dépenses déterminées peut intervenir à titre de précaution ; elle sera exigée, soit pour justifier la création de ressources nouvelles obtenues en vue d'un emploi précis, soit pour garantir le remboursement d'une dette.
Elle peut avoir une origine contractuelle, à l'occasion d'une opération de prêt, provenir de la volonté du donateur, comme il en est lors de l'attribution des subventions, naître d'une décision législative, ou bien enfin résulter d'une décision libre et unilatérale de l'autorité qualifiée pour donner un emploi à des biens, des ressources ou des crédits.
La réalisation des affectations est organisée par la mise en œuvre de procédures comptables appropriées, tant dans la comptabilité publique que dans la comptabilité privée, complétées le cas échéant de procédures de contrôle externe, afin d'établir et de garantir le lien spécial entre ressources et emplois déterminés.
En matière de crédit, l'affectation d'un bien, d'une créance, d'un revenu à l'apurement d'une dette se réalise par les procédures de l'*hypothèque, du *nantissement, de la *délégation, de l'*endossement.
En matière budgétaire, l'affectation est une dérogation aux principes de l'unité et de l'universalité budgétaires, selon lesquels toutes les recettes et dépenses d'une collectivité, tel l'État, sont réunies en un seul document, sans qu'il y ait attribution de certaines recettes à certaines dépenses, compensation ou contraction.
Ces dérogations sont justifiées :

– soit par le souci de dégager les résultats de la gestion de certains services : ainsi des budgets annexes rattachés, pour ordre, au budget général, en particulier lorsque ces services ont des activités de production de biens et services, tels les *budgets annexes des Postes et Télécommunications, des Poudres et Essences. Il en est de même des comptes de commerce, relatifs à des opérations de caractère industriel et commercial réalisées par les services publics et dont il convient de déterminer le solde en trésorerie (*voir* Comptes spéciaux du Trésor) ;

– soit par le besoin de justifier de l'emploi d'une ressource créée pour couvrir une dépense déterminée ; c'est le cas des comptes d'affectation spéciale parmi les comptes spéciaux du Trésor et, dans le passé, des budgets extraordinaires alimentés par des ressources exceptionnelles d'emprunt ou de trésorerie (armement, grands travaux) ;

– soit en raison de l'origine même de ressources accordées à titre de participation à une dépense déterminée : il en est ainsi des *fonds de concours.

La tendance des services dépensiers comme celle du Parlement va au développement des affectations, soit à l'intérieur des comptes de l'État par l'une des procédures précédentes, soit par le démembrement même

de l'État et la création de personnes morales distinctes avec leur budget et leurs comptes propres ; le lien naturel entre les ressources affectées et l'emploi auquel elles sont réservées disparaît, ainsi qu'il en est souvent de la *parafiscalité. Une réaction périodique est nécessaire pour mettre fin à ce morcellement qui cristallise la structure du budget ; ainsi en a-t-il été en 1959 où le titre VIII du budget, constitué de chapitres proprement budgétaires dotés de ressources affectées, a été supprimé.
Les affectations sont très développées dans les *budgets des collectivités locales ;* elles s'accroissent avec le développement des sources extérieures de financement, prêts et subventions ; elles sont souhaitées aussi pour la détermination des résultats de services industriels et commerciaux.
Dans la gestion des crédits d'investissement, l'*affectation d'*autorisations de programme* est un acte de l'*ordonnateur auquel sont ouverts des crédits, décidant l'attribution d'une partie d'entre eux au profit d'une opération déterminée ; elle entraîne le blocage des crédits à due concurrence et précède l'engagement qui fait naître des obligations à l'égard d'un tiers.

● L'affectation peut être, d'autre part, le *simple résultat d'une décision d'emploi.*

– *En matière comptable,* l'affectation à un compte n'est autre chose que l'imputation ; c'est la constatation des opérations à un compte déterminé, soit lors de leur réalisation, soit au moment où les résultats doivent être dégagés.

– *En comptabilité nationale, la notion d'affectation a été modifiée dans le cadre du changement de système intervenu en 1976.*
Dans l'ancien système, le compte d'affectation d'un agent décrivait les opérations de *répartition secondaire qui le concernaient, ainsi que l'utilisation qu'il faisait de son revenu disponible : consommation de biens et de services, épargne ; tout compte d'affectation dégageait pour solde une épargne brute reprise en ressource dans le compte de capital de l'agent où étaient enregistrées les variations de son patrimoine physique.
Le *nouveau système* remplace, dans un souci de clarté supplémentaire, le compte d'affectation par deux comptes : un compte de revenu, et un compte d'utilisation du revenu.
Le compte de revenu retrace les opérations de répartition proprement dites.
Le compte d'utilisation du revenu décrit son affectation au sens strict. D'un contenu évidemment variable selon les *secteurs institutionnels, le compte de revenu enregistre en ressources ou en emplois les subventions, les revenus de la propriété et de l'entreprise (intérêts, dividendes...), les opérations d'assurance-dommages, les impôts sur le revenu et le patrimoine, les cotisations et prestations sociales. Son solde constitue le *revenu disponible brut, viré en ressource au compte d'utilisation du revenu.

Le compte d'utilisation du revenu en ventile l'affectation entre la *consommation finale et l'*épargne brute.

• En matière de *gestion du domaine public,* l'affectation est l'acte en vertu duquel un immeuble dépendant du domaine privé de l'État ou détenu en jouissance par celui-ci, est mis à la disposition d'un département ministériel pour lui permettre d'assurer le fonctionnement du service public dont il a la charge (Code du domaine de l'État, art. R. 81 à R. 91). Définitive ou provisoire, elle est en général consentie à titre gratuit, mais comporte obligation de l'utiliser conformément à l'objet prévu dans l'acte qui la prononce. Elle est décidée par arrêté conjoint du ministre des Finances et du ministre sous l'autorité duquel est placé le service bénéficiaire, après instruction confiée au Service des domaines et avis de la Commission centrale de contrôle des opérations immobilières.

Affidavit

a : *Affidavit* – **d** : *Affidavit* – **e** : *Affidavit*

---

*Déclaration fiscale faite, sous la foi du serment, par un porteur de *valeurs mobilières étrangères résidant à l'étranger, afin d'éviter la double imposition des revenus de coupons mis en paiement en France. (En latin : il affirma.)*

Les revenus de valeurs mobilières étrangères non soumises au régime de l'*abonnement donnent lieu à retenue à la source opérée par le banquier lors du paiement. Toutefois, les étrangers et les Français domiciliés et résidant à l'étranger depuis plus de cinq ans peuvent obtenir le versement, sans retenue à la source, de l'intégralité des revenus de coupons, sur production d'une déclaration comportant des « affirmations » relatives à leurs nationalité, domicile, résidence, profession et qualité de propriétaire ou usufruitier des titres dont les coupons ont été détachés, et à la régularité de leur situation fiscale dans leur pays de résidence au regard des revenus en cause.

La procédure de l'affidavit ne s'applique que si le pays de résidence est lié avec la France par une convention visant à éviter la double imposition des revenus (c'est le cas, par exemple, de la République fédérale d'Allemagne, de la Belgique, du Danemark, du Royaume-Uni, etc.).

Age

a : *Age* – **d** : *Alter* – **e** : *Edad*

Temps écoulé depuis l'origine ou la naissance.

Démographie. L'âge est un *caractère qui se prête à de multiples mesures statistiques. C'est ainsi qu'on définira :

– l'âge moyen d'une *population comme le rapport entre la somme des âges de ses individus et leur nombre ;

– le groupe d'âge comme l'ensemble des individus d'une population dont l'âge est compris entre deux limites données ;

– la pyramide des âges d'une population comme l'*histogramme représentant graphiquement la distribution par âge (et par sexe) des individus la constituant.

Agent de change

a : *Stockbroker* – **d** : *Börsenmakler/Börsenagent* – **e** : *Agente de cambio y bolsa*

---

*Dénomination, jusqu'au 31 décembre 1987, de l'officier ministériel nommé par décret, exerçant le courtage des opérations de *bourse dans le cadre d'un monopole.*

Jusqu'au 31 décembre 1987, les agents de change étaient les intermédiaires professionnels qui jouissaient du monopole de courtage des opérations portant sur des valeurs inscrites ou non inscrites à la *cote.

Dotés du statut d'officiers ministériels, les agents de change étaient nommés par décret sur présentation de leur prédécesseur (ou des ayants droit de celui-ci), après avis de leur chambre syndicale. Ils élisaient chaque année une *chambre syndicale* composée d'un syndic et d'adjoints dont le nombre était variable selon le nombre des agents de change. Cette chambre syndicale :

– exerçait le pouvoir disciplinaire sur ses membres,

– représentait collectivement ses membres pour faire valoir leurs droits, privilèges et intérêts communs,

– donnait son avis sur l'admission et la radiation des valeurs mobilières à la cote officielle,

– publiait après chaque bourse la cote des cours arrêtée et certifiée par le syndic,

– administrait enfin la caisse commune des agents de change, qui était alimentée par des prélèvements sur les courtages, des contributions diverses (fonds de réserve ou dépôts de garantie). Cette caisse assurait la solidarité des agents de change dans le cadre de leur responsabilité pécuniaire et de leur obligation de cautionnement.

Voir Société de bourse.

Agent économique

a : *Economic unit* – **d** : *Wirtschaftseinheit/Wirtschaftssubjekt/Wirtschaftsteilnehmer* – **e** : *Unidad económica*

Ancienne comptabilité nationale : Individus, groupes d'individus ou organismes qui constituent du point de vue des mouvements économiques retracés par la comptabilité nationale des centres de décision et d'action élémentaires.

L'ancien système de comptabilité nationale français étudiant principalement les opérations effectuées sur le territoire métropolitain pour les agents économiques présents sur ce territoire retraçait les comptes des agents économiques intérieurs (ou territoriaux).
La définition des agents économiques intérieurs faisait intervenir deux sortes de distinctions, une selon le statut, une autre selon la fonction des agents économiques.
La *distinction selon le statut* reposait sur des critères subtils.
– Parmi les agents économiques présents sur le territoire métropolitain, certains n'y résident pas de manière habituelle. On convenait de les appeler agents non résidents. Inversement, des agents économiques résidant habituellement sur le territoire métropolitain peuvent être absents du territoire pendant l'année considérée ou une partie de l'année. Seuls étaient pris en compte les agents présents sur le territoire durant la période considérée (même non résidents).
– De même, certains des agents présents sur le territoire sont rattachés de façon durable à l'économie nationale, ce sont les agents nationaux. Ceux qui, tout en étant présents, ne sont pas rattachés durablement à l'économie étaient appelés non nationaux.
– Ces distinctions entre agents nationaux et non nationaux, entre résidents et non résidents ne correspondaient pas toujours aux distinctions établies par le droit (nationaux) et les règlements du contrôle des changes (résidents).
– A titre d'exemple, les agents intérieurs non nationaux étaient les suivants :
1) les ménages non nationaux : ménages non nationaux résidents (travailleurs temporaires de l'étranger) ; ménages non nationaux non résidents (touristes, travailleurs frontaliers ou saisonniers étrangers, fonctionnaires et diplomates étrangers en poste en France) ;
2) les administrations non nationales : organismes internationaux civils et militaires dont l'établissement principal est en France ; représentations diplomatiques étrangères en France ; forces alliées stationnées en France.
Les entreprises non nationales, c'est-à-dire les entreprises étrangères exécutant sous contrat des travaux temporaires à l'intérieur du territoire sans y avoir de bureau ou d'installation permanente, n'étaient pas prises en compte.

– En revanche, les agents extérieurs nationaux comprenaient :
1) les entreprises nationales extérieures : les activités non recensées par la comptabilité nationale concernant les opérations effectuées par une entreprise française exécutant sous contrat des travaux temporaires à l'extérieur du territoire sans y avoir de bureau ni d'installation permanente (ces entreprises ayant une filiale ou un établissement permanent à l'extérieur étaient considérées comme non nationales à raison de cette fraction de leur activité) ;
2) les ménages nationaux extérieurs : ménages nationaux extérieurs résidents (touristes français à l'étranger, travailleurs français frontaliers et saisonniers à l'étranger, fonctionnaires et militaires français à l'étranger) ; ménages nationaux extérieurs non résidents (travailleurs français temporaires à l'étranger) ;
3) les administrations nationales extérieures : représentations diplomatiques françaises à l'étranger ; forces françaises stationnées à l'étranger ; administrations françaises civiles et militaires dans les pays d'outre-mer.
La *distinction selon la fonction* des agents économiques intérieurs conduisait à les regrouper en quatre catégories : les *entreprises non financières, les *ménages, les *administrations et les *institutions financières.

*Le nouveau système de comptabilité nationale, dit *système élargi de comptabilité nationale qui s'est substitué à l'ancien en 1976, continue de se fonder sur une conception territoriale.*

Il remplace le concept d'agent par la notion voisine d'*unité économique. Celle-ci est soit une *unité de production homogène, c'est-à-dire exerçant une activité exclusive sur un produit ou un groupe de produits (pour la description des flux intéressant le processus de production), soit une *unité institutionnelle, c'est-à-dire disposant d'une comptabilité complète et de l'autonomie de décision dans l'accomplissement de sa fonction principale (pour la description des flux liés aux opérations de *répartition et aux *opérations financières).
Au regroupement d'agents, le nouveau système substitue celui d'unités, toujours en vertu de leur fonction principale : un ensemble d'unités ayant un comportement économique homogène constitue un *secteur institutionnel.
Les unités dont les opérations sont retracées en totalité dans la comptabilité nationale sont les unités résidentes, c'est-à-dire celles qui ont un centre d'intérêt sur le territoire économique de la France. Le centre d'intérêt se définit par l'exercice d'activités sur le territoire pendant un an ou plus. Le territoire économique comprend le territoire géographique métropolitain à l'exclusion des enclaves extra-territoriales en France (utilisées par des administrations d'autres pays ou par des organismes internationaux) et les enclaves territoriales utilisées par des organismes français à l'extérieur.
La classification des secteurs institutionnels est différente de celle des agents. Elle distingue : les *sociétés et quasi-sociétés non financières ; les

*institutions de crédit ; les *entreprises d'assurance ; les *administrations publiques ; les *administrations privées ; les *ménages ; le reste du monde.

Voir Secteur institutionnel (le tableau).

Agglomération

a : *Agglomeration* – **d** : *Siedlung* – **e** : *Aglomeración*

Démographie : Groupe d'habitations voisines dont aucune n'est séparée de la plus proche de plus de 200 mètres et où vivent au moins 50 personnes (définition adoptée par la Conférence des statisticiens européens, organisme spécialisé de l'ONU).

Deux groupes de ce genre ne sont pas considérés comme distincts s'ils sont séparés par un espace inférieur à 200 mètres. Les terrains servant à des buts publics tels que parcs, aérodromes, routes, cimetières et constructions publiques, ceux servant à des buts commerciaux ou industriels tels qu'usines, magasins, édifices commerciaux, voies ferrées, parcs de stationnement, ainsi que les cours d'eau avec des ponts, sont exclus lors de la détermination de la distance entre les habitations.

On définit ainsi dans chaque commune, sauf, le cas échéant, dans les moins peuplées d'entre elles, une ou plusieurs agglomérations de population. Celle qui comprend la mairie de la commune est dite *agglomération du chef-lieu de la commune* et sa population s'appelle *population agglomérée au chef-lieu.* La population qui n'est pas agglomérée au chef-lieu est dite *population éparse,* cette population pouvant, le cas échéant, comprendre celle des *agglomérations secondaires* de la commune.

Le périmètre de l'agglomération du chef-lieu et la population agglomérée sont pris en compte pour l'application d'un certain nombre de textes législatifs ou réglementaires, notamment ceux concernant les *patentes.

Le chiffre de la population agglomérée au chef-lieu de chaque commune est révisé à la suite de chaque *recensement général de la population.

Il peut arriver qu'une agglomération de population au sens défini ci-dessus s'étende sur le territoire de plusieurs communes : elle est dite dans ce cas *agglomération multicommunale.*

Agio

a : *Agio/Premium* – **d** : *Agio/Aufschlag* – **e** : *Agio*

Différence entre la valeur nominale et la valeur réelle d'échange d'une monnaie ou d'un effet.

Cette définition générale de l'agio rend compte des diverses acceptions du mot, qui s'applique soit au domaine monétaire proprement dit, soit à celui de la banque, soit à celui de la spéculation sur les effets et les valeurs (*voir* Agiotage). Dans les trois cas, il désigne une différence entre les valeurs qu'on détient et la quantité de pouvoir d'achat qu'on peut en retirer.
Le terme est ancien et moins employé de nos jours, sauf dans son acception purement bancaire. D'Aguesseau, dans son *Mémoire sur le commerce des actions de la Compagnie des Indes* (1720), le définit comme « ce qui se donne à un courtier ou à un agent de commerce ou à un banquier, pour le change ou pour sa peine et son industrie, ou pour l'escompte d'une lettre de change qu'il se charge de négocier ».

Acception monétaire

L'agio peut désigner trois types de différences.

Les variations de taux de change entre les monnaies de différents pays : Si un pays A est endetté vis-à-vis d'un pays B, par exemple à cause d'une balance commerciale déficitaire, les transferts de monnaie de A à B se feront de préférence au moyen d'effets que l'on négociera sur le marché moyennant une certaine prime, l'agio, qui correspondra en fait à une dépréciation momentanée de la monnaie de A.

Les différences de change entre deux monnaies concurrentes en circulation dans un même pays : En régime de *bimétallisme par exemple, on a pu remarquer que l'or bénéficiait d'un agio par rapport à l'argent. De même, dans un système de papier-monnaie rattaché à l'*étalon-or, les paiements en or ont fréquemment bénéficié d'une prime (ou agio) par rapport à la valeur en or que les billets étaient censés représenter.

La différence entre le taux de change officiel d'une monnaie et le taux auquel cette monnaie est acceptée à l'étranger : Si 5 francs permettent d'obtenir 1 dollar au taux officiel par exemple, mais que l'ensemble des agents étrangers considèrent que la véritable contre-valeur du dollar est de 6 francs, le dollar bénéficie d'un agio d'un franc. L'agio mesure alors le taux de surévaluation d'une monnaie par rapport à une autre.

Acception bancaire

Agio est synonyme de commission ou de rémunération du banquier. En cas d'escompte d'un effet, il coïncide avec la *différence* entre la valeur nominale de l'effet et son montant net, c'est-à-dire la quantité de monnaie que donnera immédiatement le banquier escompteur en échange de l'effet.

Acception boursière et spéculative

Le terme d'agio a été employé, surtout au XIXe siècle, pour désigner toute différence au profit du porteur d'un effet entre le prix auquel il s'était rendu possesseur de l'effet et celui auquel il réussissait à le vendre, que ce bénéfice fût le résultat d'une hausse normale ou de mouvements provoqués par des manœuvres d'*agiotage.

Agiotage

a : *Agiotage* – **d** : *Agiotage* – **e** : *Agiotaje*

Ensemble de manœuvres destinées à provoquer en vue d'un profit des hausses et des baisses artificielles de valeurs ou de marchandises.

A l'origine, le terme d'agiotage était synonyme de spéculation et désignait la manière de « gagner par l'agio », c'est-à-dire l'art de prévoir les fluctuations en hausse ou en baisse des valeurs et d'en tirer profit par des prévisions heureuses.
Non plus que le terme de spéculation, le terme d'agiotage n'avait aucune nuance péjorative.
Mais il apparut rapidement aux agioteurs que le meilleur moyen de confirmer les prévisions en hausse ou en baisse était de provoquer ces variations. Dès lors (XVIIIe siècle), le terme d'agiotage était appliqué à ces manœuvres tandis que celui de spéculation demeurait réservé à la prévision honnête. Plus tard (XIXe siècle), agiotage et spéculation désignèrent sensiblement les mêmes agissements. Aujourd'hui le terme de spéculation a remplacé celui d'agiotage, qui n'est pratiquement plus utilisé.

Technique de l'agiotage

Les spéculateurs « agiotent » un papier (généralement une action en bourse) en en gonflant artificiellement les cours après l'avoir acheté à bas prix. Ce gonflement des cours est provoqué par les moyens les plus divers : fausses informations, fausses statistiques qui tendent à faire croire que l'affaire est meilleure qu'elle n'est. L'expansion de la presse au XIXe siècle apporta une contribution décisive aux moyens d'action des agioteurs sur l'opinion. Le succès de l'agiotage suppose en effet l'existence d'une demande potentielle importante de titres, de préférence de la part d'épargnants nombreux, peu armés et mal éclairés. Il suppose aussi que les agioteurs bénéficient de complicités solides et généralement puissantes.
L'exemple le plus connu d'agiotage est lié à l'*expérience de John Law* de 1716 à 1720. Après avoir créé la Banque générale en 1716, celui-ci s'assure le privilège de l'exploitation de la Louisiane et crée la Compagnie d'Occident au capital de 100 millions de livres. Mais la mise en valeur de la Louisiane se heurtant à de nombreuses difficultés, la Compagnie d'Occident prend en 1719 le nom de Compagnie des Indes dont la banque

de Law détient une partie des titres. La Louisiane étant lointaine et les moyens d'information réservés à quelques-uns, des bruits sont facilement provoqués et entretenus sur la prétendue prospérité de la Compagnie et les résultats qu'elle obtient. La fièvre de la spéculation s'entretient elle-même rue Quincampoix où se trouvent les officines des courtiers. En 1720, les actions émises à 500 livres approchent de 20 000 livres. C'est à ce moment qu'un certain nombre de gros porteurs réalisent leurs titres. Dès lors, les actions s'écroulent (et avec elles les billets de la banque de Law). Les acheteurs des actions sont les victimes de l'opération.

Près d'un siècle plus tôt, en Hollande, la *tulipomanie* peut être considérée comme la première occasion d'agiotage généralisé. En 1634, une campagne fut déclenchée qui mettait l'accent sur la valeur, l'avenir et la rareté des tulipes. La recherche des oignons de tulipes prit une vigueur surprenante, mise à profit par des agioteurs astucieux. On alla jusqu'à donner, en échange d'un oignon d'une certaine variété, un « carrosse neuf, des chevaux gris et leurs harnais ». Mais bientôt les oignons retrouvèrent leur vraie valeur pour la ruine des acheteurs.

Au XIXe siècle, l'apparition des chemins de fer a donné lieu à plusieurs spéculations retentissantes facilitées par les journaux et par la crédulité de la masse des petits épargnants. *L'Almanach de la bourse* (1856) donne un exemple des techniques d'agiotage employées alors : « La société étant formée, les fondateurs se réservent le plus grand nombre d'actions. Celles qui sont délivrées aux souscripteurs ne doivent servir qu'à faire connaître le titre sur la place. Les moyens de publicité sont cependant disposés comme s'il s'agissait de placer d'abord tout le capital... C'est ce qu'on appelle lancer l'affaire... » Les fondateurs, constitués en syndicat, mettent à part les actions qu'ils se réservent et distribuent les actions au prorata des demandes, mais en nombre inférieur à celles-ci pour faire augmenter les cours. Ils adressent aux souscripteurs, pour les informer du nombre d'actions mises à leur disposition, des « promesses d'actions ». Ces promesses sont elles-mêmes négociées et les fondateurs en rachètent une partie pour les faire monter davantage. Lors de l'émission des actions, des ventes et des achats faits à propos sur ces titres, qui sont encore en petit nombre, en élèvent encore les cours. « Les fondateurs s'empressent alors de réaliser les actions réservées par petites parties, par des ventes au comptant. » L'art consiste à transférer progressivement des actions surcotées ou « agiotées » et à maintenir encore une certaine régularité des cours pour reculer la date de l'apparition de leur cours véritable.

De nos jours, les possibilités d'agiotage (ou de spéculation) sont en principe limitées par le développement et la qualité de l'information, les actions menées par les pouvoirs publics pour « moraliser » les transactions et l'importance grandissante des formules collectives de placements (investisseurs institutionnels, compagnies d'assurances, Caisse des dépôts, portefeuilles collectifs et *sociétés d'investissements).

Agrégat

a : *Aggregate* – **d** : *Aggregat, volkswirtschaftliches* – **e** : *Agregado*

Comptabilité nationale : Grandeur caractéristique de l'activité économique d'une société donnée, obtenue par sommation d'opérations élémentaires effectuées par les divers acteurs de l'économie.

Les agrégats sont établis en totalisant les résultats des comptes retracés dans la *comptabilité nationale. Ils constituent des ensembles statistiques caractérisant la situation globale de l'économie.

Bien entendu, la nature des agrégats varie avec le système de comptabilité nationale. Ainsi, s'agissant de la production, peut-on distinguer la *production intérieure brute (ancien système français), le *produit intérieur brut (nouveau système français, système européen et système de l'ONU), le *produit social matériel (système des pays socialistes). Les principaux agrégats généraux de la comptabilité nationale française sont le *produit intérieur brut, le *revenu national, le *revenu national disponible net, l'*épargne nette, le *revenu national des facteurs. Le passage de l'un à l'autre s'opère de la façon suivante.

Produit intérieur brut (aux prix du marché) = somme des valeurs ajoutées des unités institutionnelles résidentes
— amortissements
= produit intérieur net (aux prix du marché)

Produit intérieur net
± rémunérations des salariés, reçues (versées) du (au) reste du monde
± revenus de la propriété et de l'entreprise reçus (versés) du (au) reste du monde
— consommation de capital fixe

= *Revenu national (aux prix du marché) = Produit national*
\+ impôts liés à la production et à l'importation, subventions d'exploitation, opérations d'assurance-dommages et autres transferts courants (impôts sur le revenu et le patrimoine, cotisations et prestations sociales...) reçus (versés) du (au) reste du monde

= *Revenu national disponible net*
— consommation finale nationale

= *Épargne nationale nette*

Revenu national (aux prix du marché)
— impôts liés à la production et à l'importation versés par des unités résidentes
\+ subventions d'exploitation reçues par des unités résidentes

= *Revenu national des facteurs : rémunérations des salariés résidents*
± revenus tirés de la propriété et de l'entreprise
(excédents nets d'exploitation réalisés par les unités résidentes)
± revenus de la propriété et de l'entreprise reçus (versés) du (au) reste du monde.

Calcul des agrégats : On ne prend généralement en considération que les biens et services dont la valeur est exprimée en monnaie. C'est ainsi que les agrégats excluent les services ménagers (valeur du travail de la ménagère) et ceux que l'individu se rend à lui-même. Mais ils incluent la valeur des biens autoconsommés, les paiements en nature, les revenus des immeubles habités par leurs propriétaires, grandeurs non exprimées en monnaie, mais cependant évaluables par analogie, ainsi que les services rendus par les administrations qui sont évalués sur la base des frais de gestion. Pour obtenir une valeur finale des biens et services et éviter cependant les doubles emplois, seule la valeur ajoutée est prise en compte à chaque stade de la production. La référence au prix du marché est source d'approximation, en raison du caractère variable des prix eux-mêmes. L'intégration de l'amortissement nécessaire pour calculer le produit intérieur net est vouée à diverses conventions rendues nécessaires par l'ignorance où l'on est des véritables taux d'amortissement retenus dans chaque cas particulier. L'ensemble des difficultés d'évaluation des agrégats rend nécessaire l'utilisation des correctifs dénommés *ajustements.

Agrément

a : *Agreement/Approval* – **d** : *Erlaubnis* – **e** : *Autorización*

Autorisation de faire, accordée par l'administration.

La notion d'agrément implique que l'administration dispose d'un pouvoir discrétionnaire pour autoriser l'acte ou l'opération que le requérant se propose d'accomplir.

Mais ce pouvoir est en fait limité de deux façons : le principe de l'agrément doit être défini dans un texte législatif ou réglementaire, qui en précise d'ailleurs les conditions d'octroi. L'exercice du pouvoir afférent à la délivrance d'un agrément s'exerce sous le contrôle du juge administratif.

La procédure de l'agrément s'est peu à peu étendue à la faveur du développement des compétences et des interventions économiques de l'État, notamment en matière d'investissement dans le cadre de l'aménagement du territoire, dans les domaines du crédit (*lettre d'agrément), du marché financier (émissions obligataires et augmentations de capital au-delà d'un certain plafond, investissements étrangers), ainsi que des prix (dérogations au blocage).

Dans de nombreux cas, l'octroi de l'agrément comporte aussi celui d'aides financières ou d'avantages fiscaux (notamment en matière d'*aménagement du territoire).

Le développement de la pratique de l'agrément apparaît ainsi lié à celui de la « personnalisation » des interventions de l'État, pour des opérations au coup par coup.

Agrément fiscal

a : *Tax benefit* – **d** : *Steuererleichterung* – **e** : *Privilegio fiscal*

Décision accordant des allégements fiscaux à certaines entreprises en vue de les inciter à certains comportements.

Les principaux agréments fiscaux visent à favoriser l'adaptation des structures industrielles et commerciales, faciliter le développement régional ou celui de la recherche scientifique et technique ou la conservation du patrimoine artistique national.

Voir Incitation.

Agrograd

a : *Agrograd* – **d** : *Agrograd* – **e** : *Agrograd*

En URSS, agglomération rurale regroupant habitations collectives et exploitations kolkhoziennes (voir Kolkhoz). *En russe,* agrograd *signifie approximativement : ville rurale. En français, on utilise aussi le mot* agroville, *calqué sur le mot russe.*

La tentative d'implantation d'agrovilles, dont la paternité est attribuée à N. Khrouchtchev, répondait au souci de réorganiser les cadres de vie ruraux en essayant de les rapprocher des normes urbaines. On en attendait une amélioration du bien-être et indirectement des conditions de production.
En fait, cette expérience amorcée à partir de 1949 n'a pas été développée, par suite des problèmes financiers qu'elle soulevait, et sans doute en raison aussi du faible enthousiasme qu'elle a suscité dans les milieux kolkhoziens. Le gouvernement a préféré poursuivre sur la voie de la réorganisation des *kolkhoz (regroupement, dévolution des biens des stations de machines et tracteurs), en renonçant à « transporter la ville à la campagne ».

AID

a : *International Development Association (IDA)* – **d** : *Internationale Entwicklungsorganisation (IDA)* – **e** : *Asociación Internacional para el Desarrollo (AID)*

Voir Association internationale de développement.

Aide (internationale au développement)

a : *Development aid* – **d** : *Entwicklungshilfe* – **e** : *Ayuda internacional al desarrollo*

---

*Concours apportés par l'étranger aux pays en voie de *développement pour faciliter le *décollage de leurs économies.*

L'insuffisance de l'*épargne et le *besoin de financement de la nation qui en résulte étant une caractéristique du *sous-développement et, selon la majorité des analyses, l'un des principaux facteurs de sa permanence, la nécessité s'est imposée au cours des années 50 de recourir à l'aide étrangère — dont le *plan Marshall venait de démontrer l'efficacité — pour la surmonter. Depuis lors, l'aide au développement n'a cessé d'être une préoccupation majeure pour l'ensemble de la communauté internationale.

Modalités de l'aide

Dès lors qu'il s'agit de mettre à la disposition des bénéficiaires des biens et services qu'ils ne pourraient acquérir avec leurs propres ressources, l'aide peut consister en *prêts* ou en *dons.* Toutefois, la distinction entre ces deux modalités de l'aide est moins nette qu'il n'y paraît. Pour qu'il soit véritablement considéré comme une aide, le prêt doit être consenti à des conditions plus favorables que celles du marché (taux d'intérêt plus faible, durée plus longue, amortissement différé). Tout se passe alors comme si le bénéficiaire recevait, pendant toute la période au cours de laquelle s'étend le service de la dette, des dons équivalents à la différence entre la charge d'intérêt qu'il supporte effectivement et le coût qu'il aurait eu à supporter s'il s'était agi d'un emprunt ordinaire. Au prix de certaines conventions, portant notamment sur la définition de la situation de référence, la part de don que comporte un prêt à des conditions de faveur peut donc être calculée, et l'usage s'est établi de mesurer l'« élément de libéralité » d'un tel prêt en pourcentage de son montant (un don pur et simple s'assimile alors à un prêt dont le taux de libéralité serait égal à 100 %).

• L'aide peut être constituée d'*apports directs en nature.* C'est le cas notamment de l'aide alimentaire, mais aussi de la coopération technique lorsqu'elle se traduit par la prise en charge, partielle ou totale, de la rémunération des personnels mis à la disposition des bénéficiaires. Elle peut être *financière,* mais la différence avec l'aide en nature s'estompe au fur et à mesure que se réduit le degré de liberté laissé au bénéficiaire dans l'usage des fonds reçus. Bien que de fortes pressions soient exercées pour la réduire, la fraction de l'aide qui ne peut être employée qu'à des achats dans le pays donneur qui l'a accordée reste trop élevée. Cette pratique de l'*aide liée,* caractéristique d'une organisation des rapports internationaux encore largement dominée par le *bilatéralisme, présente l'inconvénient majeur de ne pas permettre que le pays receveur tire parti de la *concurrence entre producteurs de diverses nationalités pour obtenir le meilleur service au meilleur prix.

• Pour garantir que ses concours serviront effectivement à promouvoir le développement dans le pays d'accueil, le donneur peut imposer leur utilisation au financement de projets bien déterminés. L'*aide projet* associe le donneur et le bénéficiaire non seulement dans le choix du projet, mais aussi dans sa réalisation ; et le bénéficiaire est donc assuré que l'assistance technique du donneur ne lui fera pas défaut. Il reste que celle-ci ne peut être mise en œuvre aussi rapidement que les aides budgétaires en espèces ou les aides à la balance des paiements. Lorsqu'il s'agit de secours d'urgence, pour faire face immédiatement à des difficultés dont la persistance mettrait gravement en péril les chances de développement économique du pays touché, l'*aide hors-projet* offre l'avantage de la souplesse.

Donneurs

Jusqu'à la hausse des prix du pétrole de 1973-1974, la quasi-totalité de l'aide internationale au développement était le fait des pays occidentaux, qui en assuraient encore les 8/10 en 1978, par l'intermédiaire de leur secteur public (les dons émanant d'organismes privés représentent moins de 10 % de l'aide publique). Au sein de l'*OCDE, où ils se retrouvent, ces pays ont créé le *Comité d'aide au développement* (CAD), où sont confrontées les expériences et où les politiques d'aide de chacun sont examinées et discutées. Le rapport annuel du CAD constitue la principale source d'information sur l'évolution de l'effort international en faveur du développement.

• Outre leur action bilatérale, les pays membres du CAD contribuent au financement du réseau d'institutions internationales qui apportent une assistance aux pays en voie de développement. La souscription au capital de la *Banque mondiale et l'apport de ressources à sa filiale, l'*AID, le financement des divers programmes des Nations unies (et notamment le programme des Nations unies pour le développement — PNUD — et le programme alimentaire mondial PAM), la contribution aux banques régionales de développement sont les principaux canaux par lesquels sont mobilisés les fonds pour l'aide multilatérale. Au sein de la *CE, les accords d'association avec les pays d'outre-mer organisent un effort commun des pays membres. Au total, la part de l'aide publique au développement des pays du CAD qui transite par des institutions multilatérales semble stabilisée autour de 30 % depuis plusieurs années.

• La hausse spectaculaire des revenus des pays pétroliers de 1974 à 1984 leur a permis de devenir d'importants bailleurs de fonds pour leurs voisins du *Tiers Monde. Certains États de la péninsule arabique, peu peuplés mais très riches en pétrole, ont pu y consacrer des sommes considérables et, au total, la contribution de l'OPEP de 1975 à 1978 a atteint en moyenne près de 20 % de l'aide publique au développement, mais avant les nouvelles hausses des prix du pétrole de 1979, cette proportion était tombée à 15 % en 1978. Même si, à l'échelle globale, elle ne représente que des montants symboliques, l'aide consentie par quelques autres pays en voie de développement à revenus moyens mérite d'être soulignée, tout comme la faiblesse de l'effort des pays à économie planifiée, qui ne compte que pour un très faible pourcentage dans le total.

Les bénéficiaires

Quoique certains pays méditerranéens d'Europe, parfois même membres de l'*OCDE, reçoivent une aide au développement de leurs partenaires privilégiés, l'essentiel de l'aide internationale s'adresse aux pays du Tiers Monde. Les pays ou organisations dispensateurs de l'aide exercent une influence décisive dans le choix des pays bénéficiaires. Les liens historiques et les zones de solidarité naturelle pèsent considérablement sur l'orientation géographique des flux bilatéraux. Les États-Unis sont traditionnellement tournés vers l'Amérique latine, le Japon et l'Australie, la Nouvelle-Zélande vers l'Asie du Sud-Est, le Royaume-Uni vers le Commonwealth, la France vers la *zone franc, la CE vers les pays associés dans le cadre des conventions successives de Yaoundé puis de Lomé, les pays arabes producteurs de pétrole vers le monde arabe ou plus généralement islamique... Pourtant, le classement des bénéficiaires éventuels par catégories déterminées en fonction de critères économiques objectifs est un souci croissant, et permettrait de mieux adapter aux besoins le volume et les conditions financières de l'aide. Une classification se heurte cependant à de nombreux obstacles, l'imprécision des mesures du PNB crée une marge d'incertitude autour des seuils qui sont retenus ; surtout, les pays donneurs craignent les entraves à leur liberté de choisir leurs partenaires en fonction de critères propres, historiques, géographiques, politiques ; de leur côté, les pays du Tiers Monde refusent, au sein des organisations internationales — notamment dans le système des Nations unies —, toute différenciation entre eux ; ils y voient une tentative des pays industrialisés pour les diviser et affaiblir la force politique qu'ils fondent sur une solidarité que leurs divergences internes rendent déjà assez précaire. Seule une liste des pays les moins avancés, ou les plus pauvres, a pu jusqu'à ce jour être établie et reconnue internationalement.

Problèmes

Les apports de concours financiers reçus par les pays en voie de développement dépassent de beaucoup le seul produit de l'aide publique. Les flux de capitaux privés, notamment par les opérations en *eurodevises, ou crédits commerciaux — aux conditions du marché —

atteignent des volumes considérables. Leur part relative s'est sensiblement accrue depuis quelques années ; en 1970, l'aide publique au développement représentait la moitié du total des ressources nettes mises à la disposition du Tiers Monde, elle n'atteignait plus en 1978 que 25 à 30 %. Dans le même temps, les difficultés accrues de *balance des paiements que connaissent, du fait de la *crise, les pays en développement non producteurs de pétrole les ont conduits à recourir de plus en plus largement au financement extérieur. Au total, le monde sous-développé a donc considérablement accru le volume d'un endettement dont le coût moyen s'est élevé : la charge de la dette est de plus en plus lourde et la capacité de certains à y faire face paraît compromise alors même que de nouveaux apports restent nécessaires pour leur éviter la sévérité de politiques de *déflation douloureuses à court terme et préjudiciables au développement futur.
Plus que par une réduction des apports de capitaux privés, c'est par un accroissement et un redéploiement de l'effort d'aide publique qu'une solution doit être recherchée. Que certains pays en voie de développement soient en mesure d'attirer des volumes importants de fonds privés ne fait que témoigner de la confiance des investisseurs et de l'efficacité des marchés. Mais le souci de rentabilité et de solvabilité des prêteurs conduit à orienter ces ressources vers les pays les plus avancés, dont la capacité de remboursement paraît mieux assurée. Dès lors, l'aide publique devrait être orientée davantage vers les pays les plus défavorisés dont les besoins sont d'autant plus pressants qu'ils ne peuvent recourir aux sources de financement privé.
La persistance du sous-développement, la lenteur et l'insuffisance des progrès réalisés vers le *décollage sont souvent imputées à l'inadaptation de l'aide. Pour les pays industriels donneurs, le mauvais usage des concours étrangers détournés vers les consommations somptuaires et les investissements de prestige, l'encouragement apporté à une croissance économique factice ne profitant qu'à un petit nombre d'individus privilégiés, tandis que la masse paysanne reste abandonnée à la misère — pour ceux au moins qui ne sont pas poussés vers les bidonvilles dont la prolifération est spectaculaire — doivent cesser. Une doctrine nouvelle tend ainsi à s'affirmer qui souhaiterait voir réserver l'aide à des opérations effectivement conçues pour satisfaire les « besoins essentiels » du plus grand nombre. De leur côté, les pays du Tiers Monde ne manquent pas de critiquer la pratique actuelle de l'aide. Ils réclament un transfert massif de ressources. Cet effort consenti par les pays industriels ne devrait pas être considéré comme une assistance bénévole, mais reconnu comme un droit dont la légitimité serait fondée sur la réparation du préjudice causé par le *colonialisme et l'*impérialisme occidental et aussi sur une exigence de justice élémentaire qui suppose une redistribution mondiale des richesses. Par ailleurs, ils accusent les pays occidentaux de vouloir perpétuer, à travers l'aide, leur position dominante dans l'économie mondiale et d'imposer leur propre modèle de développement — à cet

égard, force est d'ailleurs de reconnaître que les pays industrialisés n'échappent pas à la règle commune et tendent à limiter leurs exportations, qu'il s'agisse de biens, de techniques ou de conseils, donnés, prêtés ou vendus, à ce qu'ils savent déjà faire.
Au fond, cette remise en cause de l'aide ne fait que refléter le malaise ressenti face au sous-développement. Faute d'être éclairés par une connaissance scientifique rigoureuse, les choix sur lesquels reposent les politiques de développement, auxquelles l'aide concourt, apparaissent mal assurés, voire arbitraires. Dès lors, la tentation est forte de masquer par des procès d'intention l'incertitude qui empêche qu'un consensus puisse être spontanément obtenu sur les voies et moyens d'une politique de croissance réussie. Pourtant, au-delà des soupçons et reproches réciproques qui opposent pays industriels et Tiers Monde, la coopération internationale reste un impératif et le dialogue qui se poursuit montre que chacun en est conscient.

Airain (loi d')

a : *Subsistence theory of labor supply* – **d** : *Ehernes Lohngesetz* – **e** : *Ley de bronce de salarios*

Loi selon laquelle le salaire moyen est limité au taux indispensable, compte tenu des habitudes d'une nation donnée, pour assurer l'existence et la reproduction de l'ouvrier.

Cette loi a été énoncée par Ferdinand Lassalle, sous le nom exact de « loi d'airain économique » *(das eherne ökonomische Gesetz)*. Elle est plus connue sous le nom de « loi d'airain des salaires » ou de loi d'airain.

• Elle s'inscrit dans le courant de pensée des économistes classiques pour qui la valeur des biens est déterminée par leur coût de production. Ce coût est lui-même réduit à deux éléments simples : le capital et le travail. Le coût de production du travail est la somme dont l'ouvrier doit disposer pour maintenir intacte sa force de travail. Une étude analytique de ce revenu souhaitable montre qu'il doit comprendre nécessairement : les dépenses de nourriture, d'habillement, de logement, les sommes nécessaires à l'entretien des enfants en bas âge destinés à remplacer l'ouvrier. Selon Lassalle, le salaire journalier réel gravite autour de ce montant sans qu'il puisse être longtemps supérieur ou inférieur : 1) il ne peut lui être longtemps supérieur, car « autrement la situation plus facile et meilleure faite au travailleur entraînerait un accroissement de la population ouvrière, donc de l'offre de bras qui ramènerait le salaire à son taux primitif ou même à un taux inférieur » ; 2) il ne peut non plus lui être longtemps inférieur car « alors séviraient l'émigration, le célibat, l'abstention dans la procréation et, finalement, une diminution du nombre des ouvriers ; l'offre de bras étant alors diminuée, le salaire réatteindrait son taux antérieur ».

• Il est à peine utile de signaler les insuffisances de cette « loi » : 1) l'évolution des salaires à la fin du XIXe siècle (et surtout depuis) a montré que ceux-ci ont largement dépassé le niveau juste nécessaire à la subsistance ; 2) la « loi » de Lassalle ne permet pas de rendre compte des différences entre les divers salaires, dues à la variété des qualifications. Ceux-ci ne peuvent donc logiquement être tous alignés sur le « minimum vital » ; 3) elle encourt d'une manière générale les critiques qu'on peut adresser à l'économie classique du XIXe siècle : mécanisme, schématisme et abstraction (on a notamment démontré que le rythme de procréation est tout à fait indépendant du niveau de vie et que, s'il y a une loi de proportionnalité, elle est de sens inverse pour les niveaux de vie très bas) ; 4) elle a cependant une incontestable portée *politique,* que son succès a attestée et qui était liée aux excès commis par le « capitalisme dur » des premières années du XIXe siècle et les conditions misérables faites aux ouvriers à cette époque.

Ajustement

a : *Adjustment* – **d** : *Berichtigung/Bereinigung/Adjustierung* – **e** : *Ajuste*

Correction d'une grandeur économique.

Cette acception, valable dans le domaine économique, qui procède elle-même par extension de la définition littérale (« action d'adapter une chose à sa destination »), recouvre en fait des emplois assez divers du terme.

Action économique : L'ajustement désigne ici une modification délibérée d'une grandeur ou valeur ; par exemple, on parlera d'un ajustement des prix ou des tarifs. La modification en cause a pour objet, dans ce cas particulier, d'adapter le prix ou le tarif au coût du service rendu.

Comptabilité économique : Dans les comptes économiques, qu'il s'agisse de la comptabilité nationale ou de comptes particuliers (budget social, balance des paiements...), l'ajustement consiste à ajouter aux données comptabilisées une ligne correspondant à des opérations non recensées, ou aux erreurs de comptabilisation, pour équilibrer le compte considéré.
C'est ainsi, par exemple, qu'en comptabilité nationale un ajustement est nécessaire pour raccorder les comptes proprement économiques (comptes de production, d'exploitation, de revenu, d'utilisation du revenu et de

capital) aux comptes financiers, la base statistique étant différente dans les deux séries de comptes, et les comptes financiers ne reprenant que les opérations effectivement recensées.
Dans cette acception, l'ajustement correspond au *balancing item* anglo-saxon.

Statistique : L'ajustement consiste à traduire un ensemble d'observations par une représentation (ou modèle) approchée mais valable, en cherchant à éliminer la part des erreurs d'observation et des cas aberrants. Par exemple, on dira que la croissance démographique de tel groupe humain peut être *ajustée* sur une croissance exponentielle ou linéaire.

Aléa

a : *Random event* – **d** : *Zufall* – **e** : *Casualidad*

Événement imprévisible venant perturber un programme ou une prévision.

Le mot est utilisé en économie dans la même acception qu'au sens courant (exemples : les aléas de la conjoncture internationale perturbent la croissance de l'économie interne).
On peut néanmoins intégrer certains aléas dans une projection, soit en leur affectant une probabilité, soit en construisant des variantes qui en tiennent compte. La technique des budgets économiques, notamment, utilise ainsi des « variantes d'aléas ».

Aléatoire

a : *Random/aleatory* – **d** : *Zufällig* – **e** : *Casual*

Lié à un aléa.

Mathématique : Calcul des probabilités : une *variable, ou grandeur aléatoire, est une variable obéissant à une loi de probabilité ; cela signifie qu'on peut attacher une probabilité à chaque valeur possible de la variable. Une « fonction aléatoire » est caractérisée par une variable aléatoire dont la loi de probabilité est elle-même fonction du temps.

La science statistique distingue : Le **sondage aléatoire,* fondé sur l'application du calcul des probabilités à la détermination de l'*échantillon ; le *nombre aléatoire,* dont chaque chiffre est obtenu par tirage au sort, qui sert à désigner les unités élémentaires constitutives de l'échantillon ; l'*erreur aléatoire,* qui est la part de l'erreur d'échantillonnage qu'on peut réduire en multipliant les tirages au sort de l'échantillon.

Alignement

a : *Matching* – **d** : *Angleichung* – **e** : *Ajuste*

Dans le vocabulaire du commerce extérieur et, plus particulièrement, de l'assurance-crédit, ce mot désigne un alignement sur les conditions de la concurrence en matière de crédit.

Aller et retour (bourse)

Pratique boursière d'achat et de revente successifs d'un même titre, en vue de réaliser un bénéfice sur courte période, généralement entre deux liquidations.

Voir Spéculation.

Allotissement

a : *Allotment* – **d** : *Assortierung* – **e** : *Reparto*

Opération qui consiste à entreposer des marchandises, par exemple à leur arrivée sur un aéroport, dans un ordre qui facilite leur reconnaissance par leur propriétaire et leur enlèvement, une fois faites les formalités douanières.

Aloi

a : *Fineness* – **d** : *Feingehalt* – **e** : *Ley*

Terme ancien désignant la proportion de métal précieux entrant dans la composition d'une monnaie.

A côté du poids et de la valeur de compte, l'aloi constituait le troisième élément servant à définir une *monnaie. Il était approximativement synonyme de « titre », exprimé en unités de métal fin (carats pour l'or, « denier de loi » pour l'argent).

Aménagement du territoire

a : *Urban and regional policy* – **d** : *Raumordnungspolitik* – **e** : *Política reglamentaria de zonas*

Ensemble de mesures destinées à assurer un développement équilibré des régions par une meilleure répartition des populations et des activités.

Apparition et développement

Bien qu'ayant des sources plus anciennes (l'aménagement de la vallée du Tennessee aux États-Unis à partir de 1933, la conquête des polders hollandais), la volonté d'assurer un développement équilibré des régions d'un pays, et tout d'abord de lutter contre les tendances naturelles à la *concentration géographique des activités, s'est développée au lendemain de la Seconde Guerre mondiale : la politique des zones à développer *(development areas)* et des villes nouvelles en Grande-Bretagne, la création de la Caisse du Mezzogiorno pour susciter le développement économique du sud de l'Italie en sont des exemples, de même que s'y rattache la création d'une nouvelle capitale destinée à déplacer le pôle de développement du Brésil (Brasilia).

Toutes ces politiques ont pour trait commun une constatation : la *croissance est à l'origine de déséquilibres, de développements inégaux, voire de régressions de certaines régions : cette évolution, socialement défavorable par les disparités de revenus et les migrations qu'elle engendre, peut comporter en outre sur le plan économique un mauvais emploi des facteurs de production et des équipements existants, tandis qu'une concentration excessive ailleurs est source de coûts majorés. C'est cette évolution qu'il s'agit de corriger.

En France, la politique d'aménagement du territoire peut être datée de 1950 : les réflexions qui sont à son origine ont trouvé alors leur expression dans l'ouvrage de J.-F. Gravier, *Paris et le Désert français.* La politique d'aménagement du territoire se trouve rattachée jusqu'à 1963 au ministère de la Reconstruction. La Direction de l'aménagement du territoire y était chargée de l'urbanisme et un Fonds national d'aménagement du territoire (FNAT, créé en 1950 sous forme de *compte spécial du Trésor) consentait des avances à court terme pour les opérations foncières d'aménagement urbain et le préfinancement des zones industrielles.

Dominée par des préoccupations de plein *emploi, en fonction notamment de la diminution des emplois agricoles, cette politique déborde l'urbanisme proprement dit. C'est une organisation globale de l'espace, qui comporte l'introduction de la géographie dans la planification.

Aussi la responsabilité en a-t-elle été transférée à la Délégation à l'aménagement du territoire et à l'action régionale (DATAR), placée auprès du Premier ministre, par le décret du 14 janvier 1963 : son action par rapport aux autres administrations s'exerce par voie d'incitations et de coordination. La Délégation dispose de moyens financiers propres inscrits au Fonds d'investissement de l'aménagement du territoire (FIAT) dont les dotations servent à amorcer certaines opérations urgentes. Le rattachement de la DATAR a évolué dans le temps : dévolue en 1974 au ministère de l'Intérieur, la responsabilité de l'aménagement du territoire est confiée en 1981 au ministère du Plan, puis de nouveau au Premier ministre en 1983.

Contenu d'une politique d'aménagement

Il s'agit de créer un état d'esprit qui doit orienter toutes les formes d'action relatives à la croissance et d'« aménager l'action de l'État sur tout le territoire ». Il ne suffit plus de faire des programmes distincts dans cette perspective (plan national : programmes d'action régionale de 1955), mais d'introduire l'aménagement du territoire dans le Plan de développement lui-même, qui est décomposé en tranches régionales, et dans le budget annuel accompagné désormais d'une présentation régionalisée des crédits. Il ne s'agit ni d'une technique propre ni d'une action aux limites définies ; c'est l'introduction d'un souci de cohésion dans la distribution géographique d'un Plan, lui-même économiquement cohérent sur le plan national.

A la base, se trouvent des études pluridisciplinaires sur l'évolution à long terme (prospective à horizon éloigné), sur la structuration des régions par un réseau de villes remplissant des fonctions de divers niveaux, sur le développement des métropoles d'équilibre.

Les moyens spécifiques de la politique d'aménagement du territoire comportent des dispositions négatives (refus opposé au développement d'activités dans la région parisienne par exemple) et des mesures d'encouragement, notamment à la décentralisation industrielle. Les deux principaux aspects complémentaires de cette politique consistent en : 1) *une action volontaire sur la localisation* d'activités industrielles ou tertiaires, privées ou administratives, comprenant des mesures réglementaires et des incitations ou pénalisations de nature financière qui conditionnent les investissements privés (*primes, prêts de caractéristiques spéciales, *agréments fiscaux ; agréments et redevances dans la région parisienne : tarification de l'électricité et des transports) ;
2) *une action tendant à créer des structures d'accueil* et un cadre de développement pour les activités et pour les hommes : l'organisation du réseau des communications, l'aménagement des villes, mais aussi celui du territoire rural, et l'infrastructure des activités touristiques, l'enseignement et la formation professionnelle, l'équipement commercial. La réalisation des investissements de couverture, leur répartition et leur localisation constituent la responsabilité propre des collectivités publiques.

La vie régionale doit être réanimée par des centres de décision économique

autonomes, aujourd'hui trop concentrés à Paris ; cela conduit à poser le problème des centres de décision politiques et administratifs, dont la régionalisation doit être envisagée.
Les structures administratives de cette politique sont encore incertaines à l'échelon central : plus qu'avec les administrations chargées des politiques sectorielles, les interférences sont à craindre entre les fonctions respectives du Commissariat général au Plan et de la DATAR, tandis que la juxtaposition de la DATAR et des institutions de la région de Paris maintient la rivalité traditionnelle de la capitale et de la province.

Perspectives

L'intégration européenne pose en termes nouveaux l'aménagement du territoire :

– en fonction de la place de la France et de chaque grande région dans le nouvel espace économique : la France est dans l'ensemble une zone de basse pression démographique : l'aménagement du territoire doit préparer l'amortissement des conséquences de l'introduction de la libre circulation des travailleurs et des capitaux dans la communauté ;

– du fait que cette politique se définira un jour à l'échelon européen : les études ont commencé en ce sens et les premiers instruments existent avec la Banque européenne d'investissements et la section « orientation » du FEOGA.

– les mutations industrielles, qui sont à l'origine de la politique d'aménagement du territoire, s'analysent dans les États membres en termes voisins : déclin des sources d'énergie et des industries traditionnelles affectant certaines régions : dissociation géographique des matières premières et de l'énergie d'une part, des industries d'autre part ; localisation industrielle fondée sur les débouchés dans une économie où la considération des besoins l'emporte sur celle des ressources.

Mais l'ouverture des frontières fait aussi apparaître plus nettement les dangers que peut comporter la politique d'aménagement du territoire, du fait de l'ambiguïté de ses fins, à la fois sociales et économiques. Le coût collectif ne se mesure pas au seul effort budgétaire qu'elle implique à la charge de l'État et des autres collectivités publiques : la rationalité des choix des entreprises s'en trouve affectée, dans des conditions qui, à terme et dans les conditions futures d'un marché unique, peuvent mettre en danger leur compétitivité. Sur le plan économique seul, l'aménagement du territoire ne trouve sa justification que lorsque les interventions volontaristes se traduisent par un solde entre rendement et coût égal ou supérieur à celui qui résulterait d'une localisation spontanée, soit dans l'immédiat, soit à terme et sur l'ensemble d'une période dont on établit le bilan actualisé, économique et social.

Amendement (droit d'amendement)

a : *Right of amendment* – **d** : *Abänderungsrecht* – **e** : *Derecho de modificación*

Dans la procédure législative, droit pour le Parlement de voter des dispositions différentes de celles qui lui sont proposées par le gouvernement : ce droit fait l'objet de limitations particulières lorsque son usage peut avoir des conséquences sur l'équilibre budgétaire.

Le contrôle parlementaire lors du vote du budget ne peut se concevoir sans la possibilité pour les Assemblées de refuser les crédits demandés. Mais des initiatives en sens inverse entraînant une majoration des dépenses sans contrepartie risquent, sous l'empire de considérations particulières, voire démagogiques, de remettre en cause les éléments de l'équilibre global. Le danger s'en trouve accru avec le développement du domaine de l'intervention de l'État et la multiplication des intérêts en cause, qui trouvent des défenseurs au sein du Parlement.

Aussi des limites ont-elles été apportées en France au droit d'amender les projets du gouvernement : le Parlement s'est vu retirer tout droit d'initiative susceptible de compromettre l'équilibre général, droit d'initiative qu'en matière de dépenses le Parlement anglais se refuse en vertu d'une longue tradition.

En dehors des règles privant le Sénat de l'initiative des dépenses sous la IIIe République comme dans la constitution de 1946, c'est dans le règlement intérieur de la Chambre des députés que les premières tentatives de limitation aux propositions d'augmentation de dépenses ou de réduction de recettes sont apparues après 1918.

La constitution de 1946 (art. 17) reconnaissait aux députés l'initiative des dépenses. « Toutefois, aucune proposition tendant à augmenter les dépenses prévues ou à en créer de nouvelles ne pourra être présentée lors de la discussion du budget, des crédits provisionnels ou supplémentaires. » La loi des *maxima, puis le décret du 19 juin 1956 (art. 10 et 58) ont précisé ces restrictions, étendues à toute initiative qui, même présentée en cours d'année et en dehors de la loi de finances, pourrait avoir des conséquences financières sans contrepartie.

La constitution de 1958 (art. 40) établit de manière générale : « Les propositions et amendements formulés par les membres du Parlement ne sont pas recevables lorsque leur adoption aurait pour conséquence, soit une diminution des ressources publiques, soit la création ou l'aggravation d'une charge publique. » Dans la procédure propre aux lois de finances, la limitation du droit d'amendement se présente aujourd'hui de la manière suivante (ordonnance organique de 1959 art. 42) : « Aucun article additionnel, aucun amendement à un projet de loi de finances ne peut être présenté, sauf s'il tend à supprimer ou à réduire effectivement une dépense, à créer ou à accroître une recette ou à assurer le contrôle des dépenses publiques... » Dans la pratique, les moyens d'action du Parlement se trouvent indirectement et partiellement rétablis par l'usage des *lettres rectificatives où le gouvernement prend l'initiative d'amender son projet conformément aux désirs du Parlement pour éviter le rejet de l'ensemble du budget. En fait, la pratique constitutionnelle constante sous la Ve République a multiplié les limitations à l'initiative parlementaire (prééminence du président de la République, procédure du vote bloqué) et, notamment, de son droit d'amendement.

American deposit receipt

a : *American deposit receipt* – **d** : *American deposit receipt* – **e** : *American deposit receipt*

Titre négociable aux États-Unis mais non coté, émis par la Banque de New-York, représentatif d'une action (ou d'une fraction d'action) d'une société non américaine, consignée dans un compte ouvert à son nom dans un établissement financier.

Les États-Unis ignorant la dématérialisation des actions, cette disposition donne une base physique aux émissions de titres des sociétés étrangères dont le siège est situé dans un pays où les actions ne sont pas matérialisées.

American deposit share

a : *American deposit share* – **d** : *American deposit share* – **e** : *American deposit share*

Titre coté à la bourse de New-York représentatif d'une action (ou d'une fraction d'action) d'une société non américaine, consignée dans un compte ouvert auprès d'un établissement financier au nom de la Banque de New-York, émettrice.

Les États-Unis ignorant la dématérialisation des actions, cette disposition donne une base physique aux émissions de titres des sociétés étrangères dont le siège est situé dans un pays où les actions ne sont pas matérialisées.

American selling price (prix de vente américain)

a : *American selling price* – **d** : *American selling price* – **e** : *American selling price*

---

*Méthode d'estimation de la *valeur en douane des produits importés aux États-Unis.*

La règle de l'*American selling price* est l'une de celles, nombreuses, qu'a utilisées la *douane américaine pour déterminer l'assiette des droits perçus à l'entrée aux États-Unis de produits étrangers.
Elle était appliquée essentiellement aux produits chimiques et à certains produits textiles. En ce cas, le droit de douane — **ad valorem* — était calculé non pas en retenant la valeur du produit telle qu'elle ressort de la facture, ou des coûts de production du fabricant, mais en appliquant aux quantités importées le *prix de vente aux États-Unis* de ces produits. L'usage de ce procédé, qui aboutissait à un relèvement sensible du montant des droits perçus, et donc à une protection accrue, a été combattu par les partenaires commerciaux des États-Unis. Lors de la signature de l'accord qui, en conclusion du Kennedy Round, a abouti dans le cadre du *GATT à des concessions tarifaires mutuelles entre les pays membres, les États-Unis se sont engagés à renoncer à cette règle. Depuis lors, et malgré les pressions des Européens qui ont menacé leur partenaire de mesures de *rétorsion, l'administration américaine s'est révélée incapable d'obtenir du Congrès un vote favorable à cette suppression. Cette mauvaise volonté du législateur témoignait d'ailleurs de l'importance de ce genre de techniques paratarifaires dans l'arsenal du *protectionnisme américain et révèle l'influence du mouvement hostile à la libération des échanges qui s'est renforcé dans ce pays à la fin des années 60.
Il convient de noter que des manipulations de ce type, exceptionnelles dans les pays occidentaux développés, et inexistantes chez les signataires de la convention de Bruxelles sur la valeur en douane, ont été en revanche caractéristiques du système de protection des pays de l'Est, au temps où ils connaissaient des régimes communistes. Les États-Unis ont fini par abandonner cette règle à la suite du * *Tokyo round*.

Amétallique (système)

a : *Non-metallic standard* – **d** : *Nichtmetallwährung* – **e** : *Sistema ametálico*

Système monétaire dans lequel aucun métal ne joue le rôle d'étalon.

Le qualificatif « amétallique » est parfois employé pour désigner un système où la valeur de la monnaie n'est pas directement rattachée à celle d'un métal qui joue le rôle d'*étalon monétaire.
L'« amétallisme » caractérise les systèmes monétaires actuels de la quasi-totalité des pays du monde qui ont adopté le papier-monnaie inconvertible. Le régime monétaire international est lui-même amétallique dans la mesure où sa référence à l'or n'est qu'accessoire et ne constitue pas une relation de monnaie à étalon (*Gold exchange standard ou *étalon de change-or).
Le caractère amétallique d'un système monétaire ne signifie pas qu'aucun signe monétaire métallique n'est en circulation. Les « pièces de monnaie » (ou monnaie de *billon) sont confectionnées en divers alliages de valeur variable pour des raisons de solidité et de commodité, mais la valeur intrinsèque des alliages ne fonde en aucune façon celle de la monnaie.

Amortissement

a : *Depreciation* – **d** : *Abschreibung* – **e** : *Amortización*

Échelonnement d'une charge dans le temps jusqu'à disparition de celle-ci. (De « mort ». Littéralement : « action de rendre comme mort ».)

Cette définition très générale tend à recouvrir l'ensemble des concepts d'amortissement. Ce terme est en effet employé dans un grand nombre de domaines pour chacun desquels les concepts précis d'amortissement ont des contenus différents. Quelle qu'en soit l'application, la notion d'amortissement contient cependant toujours un certain nombre d'éléments :

– l'objet de l'amortissement est une *charge,* exprimée en valeur ;

– la notion de *durée* est inséparable de l'amortissement : celui-ci porte en effet sur des charges durables (dettes, immobilisations...), liées à des objets durables pouvant eux-mêmes se déprécier avec le temps (machines, constructions...) ;

– le but de l'amortissement est d'*atténuer* une charge née en un instant donné par fractionnement de celle-ci en charges successives (égales ou inégales) et généralement calculées sur des périodes données (l'exercice, l'année, le mois...). On cherche, par l'amortissement, à compenser complètement la charge à la fin de la période globale choisie.

La variété des significations du terme d'amortissement tient à la fois aux domaines dans lesquels il est utilisé et aux conceptions qu'il traduit (conceptions comptable, financière, fiscale, économique). Le point d'application le plus général et le mieux adapté à la notion fondamentale de l'amortissement est cependant constitué par les *immobilisations ou le *capital fixe (amortissement industriel).

Applications diverses du terme d'amortissement

Amortissement du capital social : C'est le fait pour une société de rembourser chaque année par anticipation aux porteurs de ses actions la valeur nominale de leurs titres. Par ce moyen, la société facilite sa liquidation éventuelle en « amortissant » ses actions. Les actionnaires qui ont été remboursés ne quittent pas la société mais reçoivent, en remplacement de leurs actions en capital, des **actions de jouissance* qui n'ouvrent pas pour leurs porteurs le droit à l'intérêt statutaire ni, évidemment, au remboursement ultérieur de l'action.
L'amortissement du capital social n'a aucune influence sur le montant de ce capital. Il ne fait que traduire de la part de la société le souci de réduire progressivement les risques de demandes massives de remboursement.

Amortissement des frais de premier établissement : Il s'agit d'un amortissement purement conventionnel, toléré par l'administration fiscale pour faciliter le démarrage d'une entreprise. Au moment de sa création, une entreprise engage en effet des frais très importants qui devraient normalement être comptabilisés au titre du premier exercice. Il en résulterait un déficit très élevé. Pour éviter ces conséquences défavorables au crédit de l'entreprise, on admet que l'entreprise pourra échelonner ces frais sur un certain nombre d'années (généralement cinq). Cet échelonnement ayant pour effet de diminuer d'autant le bénéfice imposable durant ces cinq années, l'administration fiscale veille à ce que les frais ainsi « amortis » aient un caractère exceptionnel et n'entraînent pas un accroissement d'actif.

Amortissement des pertes et charges : C'est une extension du type d'amortissement précédent à toute perte ou charge exceptionnelle enregistrée lors d'un exercice. Ainsi les grosses réparations peuvent donner lieu à constitutions de provisions et être réparties sur plusieurs exercices ; les pertes d'exploitation exceptionnelles peuvent être *reportées* d'un exercice déficitaire aux exercices bénéficiaires qui suivent dans la limite de cinq ans.

Amortissement des créances : Il consiste, pour une entreprise, à annuler partiellement ou totalement une créance qui figure dans ses comptes lorsque le débiteur est défaillant et qu'on juge onéreux d'engager des procédures de recouvrement. Dans ce cas, « amortir » ne signifie pas autre chose que renoncer à une créance, c'est-à-dire à assumer une charge correspondante non prévue à l'origine.

Amortissement des actifs défectibles : Ces actifs sont ceux qui sont destinés à faire *défaut* à l'entreprise, c'est-à-dire à sortir de son

patrimoine. C'est notamment le cas lorsqu'une partie du domaine public est mise à la disposition d'une entreprise concessionnaire. Les installations que l'entreprise y a réalisées sont destinées à revenir à la collectivité publique concédante à l'expiration du contrat de concession. L'entreprise doit alors pratiquer l'amortissement de ces actifs dans un délai qui lui permette d'en posséder l'équivalent en valeur lorsqu'elle devra les rétrocéder à la collectivité.
Toutes ces applications du terme d'amortissement tendent à réduire sa signification à une simple méthode d'échelonnement des imputations de charges ou même parfois à une imputation échelonnée et volontaire (amortissement des créances). La *notion centrale d'amortissement se trouve en réalité dans deux applications principales :* l'amortissement des emprunts ou amortissement financier ; l'amortissement du capital fixe, également appelé amortissement industriel.

Amortissement financier des emprunts

C'est une opération d'échelonnement du remboursement d'un emprunt devant aboutir à l'extinction de la créance et dont les échéances et les conditions sont généralement définies au moment où l'emprunt est contracté.
L'emprunteur reçoit le montant global du prêt à un moment donné et voit du même coup se créer pour lui la *charge* de le rembourser. Les conditions du remboursement sont définies dans le contrat, notamment en ce qui concerne la durée du remboursement (5 ans, 10 ans, 20 ans...). Les modalités du remboursement sont variables et concernent les parts d'*intérêt et de capital représentées par chaque échéance de remboursement (annuité, mensualité...). Seul le versement correspondant au remboursement du capital constitue l'amortissement au sens strict. Le contrat peut également comporter des *différés* d'amortissement. La plupart de ces notions sont d'ailleurs analogues à celles qui affectent l'amortissement du capital fixe, qui constitue le concept de base de l'amortissement. L'amortissement de la **dette publique* est inscrit au budget de l'État. Pendant un certain nombre d'années, un organisme a été spécialisé dans cette opération (Caisse autonome d'amortissement).

Amortissement économique ou industriel du capital fixe (ou amortissement des immobilisations)

C'est l'opération qui consiste à échelonner sur plusieurs exercices, et pendant une période adaptée à son objet, les charges qui résulteront pour une entreprise de la constatation de la dépréciation progressive d'une immobilisation et de la nécessité d'être en mesure de la renouveler lorsque cette immobilisation sera devenue inapte à remplir son office.
On voit que la pratique de l'amortissement traduit chez l'agent économique la recherche de la permanence, de la sécurité et de la

modernisation. La constatation de la dépréciation d'un matériel découle du caractère limité de sa durée. L'entreprise décide de le renouveler lorsqu'il sera devenu inutilisable. Pour ce faire, elle réserve par avance au fil des années une série de valeurs qui allégeront sa charge.
L'amortissement traduit en somme de la part d'un agent économique le désir d'assurer à son entreprise une vie plus longue que celle du matériel qu'elle emploie dans des conditions de sécurité convenables.
L'amortissement du capital fixe répond à des préoccupations diverses qui peuvent être regroupées autour de deux principales : comptable et économique.

Du point de vue comptable : Le plan comptable général définit l'amortissement comme « la constatation comptable de la perte subie sur la valeur d'actif des immobilisations qui se déprécient avec le temps ». Cette définition est à rapprocher de celle retenue par la comptabilité nationale française (voir ci-après).
Dans cette optique, l'agent économique, constatant, avec le temps, la dépréciation de ses immobilisations, impute la valeur de cette dépréciation à chaque exercice et au prorata de la dépréciation. Cette imputation de charge conserve au bilan son caractère sincère. Dans cette mesure, elle est obligatoire et les tribunaux veillent au respect de cette obligation. Mais la difficulté réside dans la connaissance précise de la dépréciation au cours des années. Celle-ci ne pourrait réellement être connue qu'en fin de période, car la dépréciation peut provenir de divers facteurs dont l'incidence est mal connue (usure, obsolescence, cadence d'emploi, degré d'entretien). Aussi la notion de constatation comptable est-elle en partie conventionnelle. Les taux et les rythmes d'amortissements sont en fait largement déterminés par des méthodes forfaitaires élaborées *ex ante.*

Comptabilité nationale : Amortissement technique du *capital fixe. Il correspond à la dépréciation annuelle résultant de l'usure ou de l'*obsolescence. Le calcul de l'amortissement, variable d'ailleurs selon les agents considérés, procède davantage de l'estimation que d'une analyse directe des comptabilités.
L'amortissement financier est désigné par les termes de remboursement ou de recouvrement selon que l'on se place du point de vue du débiteur ou de celui du créancier.

Du point de vue économique : La notion d'amortissement met l'accent sur le renouvellement de l'immobilisation, nécessaire pour que la valeur initiale du capital soit conservée et que l'entreprise ne subisse pas une perte de substance. Aussi se fonde-t-on de plus en plus sur la *valeur de remplacement de l'immobilisation* qu'on peut définir comme « le prix que coûterait à la fin de chaque exercice la reconstitution des immobilisations considérées dans leur état au moment de leur entrée dans l'actif ». Le rythme de renouvellement des matériels et outillages dépend évidemment de leur nature et de leur durée de vie et d'utilisation. Mais la fixation de ce rythme est elle-même étroitement fonction de considérations économiques tenant à l'entreprise elle-même, à son environnement et à sa politique. C'est ainsi qu'on peut distinguer, pour un même matériel :

– *l'amortissement traditionnel :* (au sens comptable) qui correspond à la *durée de vie* du matériel (période au bout de laquelle son usure le rend inutilisable) ;

– *l'amortissement dit « industriel »,* correspondant à la période — inférieure à la précédente — au terme de laquelle les détériorations et la fréquence des *pannes* du matériel entravent le maintien d'un « rythme industriel » dans l'entreprise et sa *productivité par rapport à ses concurrents ;

– *l'amortissement dit « technologique »* — le plus rapide — qui prend en compte l'accélération de l'*obsolescence du matériel due à l'évolution technologique générale. Dans cette optique, le matériel devrait pouvoir être amorti dès que ses performances ne lui permettent plus de soutenir la concurrence de matériels nouveaux, bénéficiant de perfectionnements technologiques déterminants. Le maniement et l'application de l'amortissement relèvent donc de la politique générale de l'entreprise. La modulation de cette politique relèvera d'un certain nombre de choix tenant à :
1) l'évolution anticipée de la dépréciation des biens durables compte tenu des facteurs internes et externes et de la concurrence ;
2) la durée sur laquelle on répartira les annuités d'amortissement ;
3) en fait et surtout, aux bénéfices de l'entreprise, qui permettront ou interdiront selon les cas une politique de renouvellement ;
4) mais les considérations fiscales interviennent aussi pour une large part dans la marge de choix laissée à l'entrepreneur.

Politique fiscale de l'amortissement

L'utilisation de la technique de l'amortissement peut influer considérablement sur les résultats des entreprises. Une entreprise qui n'amortira pas assez verra se gonfler artificiellement ses bénéfices et paraîtra être en meilleure santé qu'elle n'est. En revanche, une entreprise qui amortira beaucoup diminuera ses bénéfices et du même coup le prélèvement fiscal correspondant. Aussi est-il apparu nécessaire de réglementer la pratique de l'amortissement.

Champ d'application des amortissements :

– Les amortissements ne peuvent être appliqués qu'aux *immobilisations, c'est-à-dire aux biens et valeurs qui sont destinés à rester durablement sous la même forme dans l'entreprise.

– Ces immobilisations doivent concourir à l'objet de l'entreprise et figurer à l'actif de son bilan.

– Les immobilisations soumises à amortissement se déprécient avec le temps. C'est le cas des bâtiments, de l'outillage, du matériel, des véhicules, etc. Les brevets d'invention sont amortissables dans la mesure où l'évolution technologique les déprécie. Corollairement, ne sont pas amortissables les terrains nus (sauf s'il s'agit de carrières, de sablières), les clientèles, marques de fabrique (éléments *incorporels* du *fonds de commerce), les valeurs en portefeuille... Quelques exceptions concernent les dépréciations survenues à cause de circonstances exceptionnelles (exemple : un terrain déprécié par suite de l'installation à proximité d'un établissement insalubre).

Régime fiscal des amortissements : Les amortissements venant en déduction du bénéfice imposable, le régime fiscal des amortissements a une incidence directe sur le montant de l'imposition fiscale.
En France, la déduction des amortissements est subordonnée au fait qu'ils figurent dans la comptabilité de l'entreprise. Du strict point de vue fiscal, les amortissements ne sont pas obligatoires. Par exemple, des pertes inférieures au montant normal des amortissements d'une entreprise peuvent être reportées pendant une période supérieure à 5 ans (amortissements différés). Une entreprise en difficulté peut également déduire de son résultat fiscal des amortissements qu'elle n'imputera en comptabilité qu'au moment de son redressement. (Sur ce point, la législation française est plus libérale que les législations étrangères.) Enfin, le droit fiscal ne réglemente pas l'affectation des sommes réservées pour l'amortissement. Elles peuvent être immédiatement utilisées, par exemple, pour l'achat d'autres machines que celles qui font l'objet de l'amortissement. Dans cette mesure, l'amortissement contribue à l'**autofinancement.*

Modalités de l'amortissement

Pour les biens dont la dépréciation peut être mesurée au fur et à mesure, l'amortissement est égal au montant de la dépréciation constatée. En fait les exemples en sont rares et les méthodes utilisées sont en grande partie conventionnelles.
L'amortissement est généralement déterminé de façon forfaitaire d'après le prix de revient du bien à amortir et sa durée probable d'utilisation. Le *prix de revient* comprend le prix d'achat augmenté de tous les frais d'installation, mais diminué, le cas échéant, des subventions ou avantages fiscaux consentis à l'occasion de l'achat (exemple : déduction de TVA). La *durée probable d'utilisation* se détermine d'après « les usages de chaque nature d'industrie, de commerce ou d'exploitation » (art. 39 du Code général des impôts) et compte tenu des conditions particulières à chaque entreprise (rythme d'utilisation du bien, par exemple). Les principales modalités d'amortissement utilisées sont les suivantes.

L'amortissement linéaire : Il a été longtemps le seul employé.
1) Son principe est simple : le taux d'amortissement est constant. Il est le quotient de la valeur de l'immobilisation par sa durée. Exemple : un immeuble d'habitation d'une valeur de 100 réputé durer 50 ans est amorti au taux de 2 % par an durant 50 ans. Des bâtiments industriels, à 5 % (20 ans) ; des matériels et outillages, à 10 % (10 ans) ; des véhicules, à 20 % (5 ans), etc.

2) Mais le système a des défauts graves ; notamment il ne tient pas compte de la dépréciation immédiate des biens mis en service, ni de la dépréciation monétaire, technologique, etc.

Les amortissements accélérés : Ils sont venus corriger la rigidité de l'amortissement linéaire. Exemples : les matériels et outillages neufs de production ou de transport d'une durée supérieure à 5 ans peuvent donner lieu à une annuité d'amortissement double la première année (loi de 1951). Pour encourager l'exportation, les entreprises peuvent pratiquer des amortissements complémentaires qui sont fonction de leur chiffre d'affaires à l'exportation (décisions de 1957, 1958, 1959...). De même, pour les entreprises sidérurgiques et minières, les annuités peuvent être calculées sur leur chiffre d'affaires et être supérieures aux annuités normales (octobre 1952). Pour encourager la modernisation des entreprises, une somme égale à 10 % du prix de revient de l'immobilisation peut être déduite des bénéfices, en plus des amortissements normaux (15 janvier 1955, 27 novembre 1959). Les investissements en matériels et outillages destinés à la recherche scientifique peuvent donner lieu à un amortissement exceptionnel de 50 % la première année...
La législation a même étendu ces facilités à des « amortissements » de parts ou actions de certaines sociétés qui sont jugées dignes d'être aidées. Exemples : amortissement de 50 % pour la souscription de parts du capital d'organismes de recherche scientifique ou technique bénéficiant d'un agrément ministériel (13 août 1960) (il est déduit du prix de souscription figurant au bilan et sera réintégré dans le bénéfice imposable lors de la vente ultérieure de ces parts) ; amortissement de 50 % dans des conditions analogues pour les sociétés commerciales conventionnées pour l'adaptation des entreprises du marché commun (4 février 1959). La méthode de l'amortissement dégressif permet d'obtenir des résultats comparables à ceux visés par ces régimes spéciaux.

L'amortissement dégressif : La méthode peut s'appliquer à l'ensemble des entreprises industrielles et commerciales. Elle peut être étendue aux professions libérales et aux agriculteurs.
L'application de cette méthode se justifie par la considération de la dépréciation importante du matériel pendant les premières années. Elle vise également à harmoniser le système français avec d'autres systèmes dégressifs des pays du Marché commun (notamment la RFA).
Ce système permet de constater en comptabilité une dépréciation plus rapide des matériels au début qu'à la fin de leur période d'utilisation. Le mécanisme est le suivant : le taux est déterminé en multipliant le taux de l'amortissement linéaire par un coefficient plus élevé.
L'amortissement dégressif s'applique à tout le matériel de production, de transport, de manutention, de bureau, à la double condition qu'il soit neuf et que sa durée d'utilisation excède 3 ans ; les bâtiments industriels légers et les bâtiments hôteliers y sont inclus (durée théorique : 15 ans au maximum).

On voit que ce système permet d'amortir davantage pendant les premiers exercices. L'entreprise qui se modernise par l'acquisition de matériels neufs voit ainsi, par le jeu de l'amortissement dégressif, ses impôts allégés durant les premières années.
Ce régime d'amortissement dégressif remplace les régimes spéciaux d'amortissements accélérés pratiqués antérieurement. Pour les biens d'équipement acquis entre le 1er janvier 1960 et le 1er janvier 1965, l'amortissement dégressif est facultatif ; à partir du 1er janvier 1965, le système dégressif constitue le régime de droit commun.

L'amortissement différé : Si l'exercice est déficitaire dans une entreprise, l'amortissement pourra être différé et reporté sur les premiers exercices bénéficiaires suivants sans limitation de temps. Dans certains contrats d'emprunt, l'amortissement de la dette (c'est-à-dire son remboursement) peut également faire l'objet d'une période de *différé* de nature conventionnelle (période pendant laquelle le remboursement est suspendu).

Valeur sur laquelle est calculé l'amortissement : Dans la mesure où l'une des fonctions de l'amortissement est de permettre le renouvellement des immobilisations, cette fonction est convenablement remplie en période de stabilité monétaire. Il en va autrement en période de hausse de prix où une conception statique peut constituer une entrave au renouvellement du matériel des entreprises. Deux remèdes ont été apportés à cette situation :
1) pendant la Seconde Guerre mondiale, les entreprises ont été autorisées à constituer en franchise d'impôt des *provisions pour le renouvellement du matériel qui étaient en fait des suppléments d'amortissements ; 2) par la suite, les éléments d'actif ont pu être réévalués selon des méthodes destinées à rapprocher la valeur d'actif immobilisé de sa valeur de remplacement (réévaluation des bilans).

Place et rôle économique de l'amortissement

En France, la place de l'amortissement se mesure aux grandeurs globales suivantes : en année moyenne, les entreprises affectent aux amortissements des sommes égales à 8 % environ du *produit national brut. Les investissements productifs des entreprises (formation brute du capital fixe) sont financés à raison de 60 % environ par les amortissements.
Ce phénomène est aisément explicable par la liberté d'affectation dont jouissent les fonds dégagés pour l'amortissement. L'entreprise peut donc utiliser les disponibilités correspondantes pour procéder à de nouveaux investissements donnant lieu à de nouveaux amortissements. Ce phénomène est particulièrement important dans les entreprises dont la durée d'utilisation effective des immobilisations est supérieure à la durée d'amortissement autorisée.

Son incidence est augmentée par les mesures qui ont été prises en France à partir de 1960 pour accélérer les amortissements. Cette accélération améliore en effet la trésorerie de l'entreprise et lui permet des initiatives plus importantes. Ces avantages se trouvent réduits en fin de période où les annuités sont faibles, mais les entreprises ont alors intérêt à relayer ces faibles annuités par des premières annuités importantes, portant sur de nouveaux investissements.

Exemples étrangers

En Grande-Bretagne, les entreprises sont autorisées à déduire la première année de leurs bénéfices imposables et, en supplément des amortissements usuels, les sommes allant de 15 à 30 % de leurs constructions industrielles ou de leurs acquisitions de matériel neuf. Les amortissements sont ainsi majorés et portent sur 115 à 130 % de la valeur des immobilisations. Une telle pratique peut s'analyser à la fois comme :
1) une subvention aux entreprises, 2) une réduction du coût des investissements effectués par les investisseurs étrangers. Dans cette mesure, cette pratique ressortit à la politique de la *balance des paiements.
Aux États-Unis, les entreprises bénéficient sous certaines conditions d'un régime analogue : un dégrèvement de 7 % la première année leur est consenti, par exemple, sur leurs achats de matériels.

Analyse « coûts-avantages »

a : *Cost-benefit analysis* – **d** : *Kosten-Nutzen-Analyse* – **e** : *Análisis « coste-beneficios »*

Méthode d'évaluation qui apprécie une décision en fonction de la somme de tous ses effets monétarisés.

Fondée sur la théorie du surplus micro-économique, l'analyse coûts-avantages généralise le critère classique du profit financier en considérant aussi bien les effets marchands que non marchands de la décision et en tenant compte des effets sur tous les groupes concernés et non sur le seul décideur.
L'analyse coûts-avantages consiste à valoriser en termes monétaires tous les effets prévisibles d'une décision et à agréger ces effets monétarisés, par simple sommation, d'abord en bilans partiels par groupes concernés, puis en un bilan global pour la collectivité.
Pour un groupe concerné donné, on définit, pour chaque période de temps, les effets prévisibles de la décision. Ces effets seront alors monétarisés, les coûts représentant les effets monétarisés négativement et les avantages les effets monétarisés positivement. Coûts et avantages

d'une période sont ensuite sommés en un bilan par période, puis on calcule le bilan du groupe concerné en faisant la somme actualisée des bilans par période (*voir* Actualisation).

Les effets sont de différente nature et plus ou moins faciles à monétariser.

• Les effets marchands correspondent à des biens et services produits ou consommés par un groupe concerné et négociables sur un marché. Ils sont généralement monétarisés en leur affectant leur prix de marché.

• Les effets non marchands que subit un groupe concerné correspondent soit à des biens et services non négociables sur un marché (espaces verts pour un promeneur), soit à des conséquences qui ne sont pas réductibles à des biens et services (temps gagné par un usager). Ils sont généralement monétarisés en définissant une « valeur monétaire de l'unité d'effet quantifié » pour ce groupe concerné.

• Les effets collectifs sont subis simultanément par tous les groupes concernés et ne sont pas divisibles, qu'il s'agisse de services collectifs (justice, police, défense) ou de conséquences macro-économiques (modification de la balance commerciale, du taux d'inflation, du taux de chômage). Ils sont souvent monétarisés en déterminant une « valeur tutélaire » que leur accorde l'État, le bilan global pouvant éventuellement être ventilé entre les groupes concernés (utilité égale pour tous ou proportionnelle au revenu, par exemple).

Un bilan étant défini pour chaque groupe concerné, on calcule le bilan pour la collectivité en faisant une simple somme des bilans partiels. Cette agrégation par simple sommation peut se justifier par l'un ou l'autre des deux arguments suivants :

• Le « principe de compensation » indique que, si une décision a un surplus collectif positif, il est toujours possible, par un système de transferts monétaires compensatoires entre groupes concernés, de rééquilibrer les bilans partiels de façon à ce que, après transferts, ces bilans soient tous positifs : encore faut-il supposer que le coût de ces transferts est nul.

• L'« hypothèse de répartition optimale des revenus » postule que, si les effets supportés par les différents groupes concernés sont marginaux par rapport à leurs revenus supposés répartis équitablement par ailleurs, la collectivité est indifférente à qui supporte ces effets pourvu que leur bilan global soit positif ; cette hypothèse revient de façon équivalente, à supposer que l'utilité marginale pour l'État d'un franc supplémentaire est la même pour tous les agents.

La méthode coûts-avantages se heurte à plusieurs difficultés dont la principale tient à l'impossibilité effective de monétariser l'ensemble des effets d'une décision. C'est pourquoi on préfère dans certains cas se limiter à des méthodes allant moins loin dans la valorisation comme les méthodes coût-efficacité ou multicritères.

Voir RCB.

Analyse des données

a : *Data analysis* – **d** : *Datenanalyse* – **e** : *Análisis de datos*

*Branche de la *statistique descriptive permettant de dégager les structures sous-jacentes dans un ensemble de données multidimensionnelles sans faire intervenir d'hypothèses probabilistes ni de modèles* a priori.

Les techniques plus classiques de la statistique inductive face au problème de l'analyse des données multidimensionnelles (régression multivariate) ne sont pas très adéquates dans la phase exploratoire des recherches lorsqu'il ne s'agit pas encore d'*estimation des paramètres ou de *test des hypothèses, mais simplement d'examiner les faits et leurs dépendances sans idée préconçue. De plus, elles sont insuffisantes pour l'étude des phénomènes qui font intervenir des variables qualitatives et non plus quantitatives.
La plus connue des techniques d'analyse des données est l'*analyse en composantes principales* qui concerne principalement le cas où les grandeurs observées sont mesurées par des nombres pouvant varier de façon continue. Si x désigne la valeur prise par la grandeur i dans l'observation t, on peut distinguer la $t^{ième}$ observation comme représentée par un point de l'espace à n dimensions ($i = 1, 2, ..., n$) ; l'ensemble de l'échantillon est alors représenté par un nuage de points dans cet espace. La méthode consiste à examiner la projection de ce nuage sur des *plans* de cet espace et à retenir le plan dans lequel la projection est la plus dispersée possible, de manière que la projection fasse perdre le moins d'information possible. Ce plan est défini par les deux premiers *axes factoriels* du nuage ; l'analyse consiste alors à rechercher la signification de ces axes et à étudier visuellement la forme de la projection du nuage sur ce plan.

Analyse économique

a : *Economic analysis* – **d** : *Wirtschaftsanalyse* – **e** : *Análisis económico*

Application à la réalité économique de la méthode scientifique de décomposition en éléments plus aisément appréhendables que le tout, en vue de les insérer dans un schéma explicatif.

L'analyse est présente à chaque étape du développement de la science économique : elle sous-tend ou illustre chacune des grandes théories, soit au moment de son élaboration, soit en vue de sa justification :
– dans la phase initiale, l'analyse peut n'être que qualitative ; elle se confond alors avec une description logique détaillée, de type littéraire ;

– normalement, l'analyse économique tend vers l'expression quantifiée et la formulation mathématique : cette seconde forme complète la précédente.
L'analyse a été d'abord essentiellement appliquée aux phénomènes et aux actions individuelles ou *micro-économiques ; elle a porté beaucoup plus depuis Keynes sur les quantités globales (*macro-économie).
Comme dans toute science, l'analyse économique est la démarche initiale fondamentale, pourvu qu'elle soit dirigée par une hypothèse ou qu'elle la suscite. Il y a ainsi dialogue, et non opposition, entre analyse et *doctrine d'une part, analyse et *théorie d'autre part.

Anarchisme

a : *Anarchism* – **d** : *Anarchismus* – **e** : *Anarquismo*

Doctrine d'exaltation inconditionnelle de la liberté et de l'égalité des individus aboutissant à la négation de toute contrainte et, notamment, des institutions et de l'État.

Origines

L'origine lointaine du courant de pensée anarchiste peut être trouvée dans les affirmations de Jean-Jacques Rousseau sur la liberté naturelle de l'homme, corrompue comme lui par la société.
Proudhon a mérité le surnom de « Père de l'anarchie » par l'ensemble de ses critiques de la plupart des bases sur lesquelles la société reposait. Parmi ses affirmations les plus connues, on peut rappeler :
1) « la propriété, c'est le vol » (c'est-à-dire le moyen de voler) ; elle permet de s'emparer d'une partie des résultats du travail d'autrui ; l'anarchisme y substitue la « possession » par chacun d'un bien utile à sa subsistance, intransmissible et non susceptible d'être concédé ;
2) la suppression des *classes sociales sera obtenue naturellement par ce système ; dans une société d'égalité absolue, l'existence d'un gouvernement ne sera plus nécessaire ;
3) ce système se maintiendra par sa vertu propre puisque, alors, les hommes seront redevenus naturellement bons.

Développement et portée

La branche russe de l'anarchisme : Elle est représentée au XIXe siècle par Bakounine et Kropotkine qui exaltent les droits de l'individu et combattent toute forme d'autorité et de discipline : « Ma liberté, écrit Bakounine, ou — ce qui revient au même — ma dignité d'homme, consiste à n'obéir à aucun autre homme, à ne déterminer mes actes que conformément à mes convictions propres » ; et Kropotkine : « L'État est la somme des négations des libertés individuelles de tous ses membres. »

La branche française : Elle a été animée par Jean Grave et par le géographe Élisée Reclus, qui déclare : « Toute obéissance est une abdication. »

Les uns comme les autres : 1) prônent une « fédération de libres associations » (fédérations de producteurs, de communes fonctionnant sans contrainte) ; 2) estiment que les « incorrections manquant absolument de logique apparente » (Grave) qui viendraient à troubler le système seront corrigées par la réprobation naturelle des hommes contre les éventuels asociaux et que, en tout état de cause, elles seront très rares, puisque les hommes auront été débarrassés de toute influence corruptrice ; 3) ils font confiance à la science pour permettre aux hommes de subvenir à leurs besoins au prix d'une faible quantité de travail ; 4) à la différence de Proudhon, ils recommandent d'assurer par la violence le passage de l'état actuel à l'état désirable de la société : « La génération actuelle doit détruire tout ce qui existe sans distinction et aveuglément avec cette seule pensée : le plus possible et le plus vite possible. »

Le courant anarchiste connut un certain succès à la fin du XIXe siècle, notamment auprès de ceux qui avaient quelques raisons de se plaindre de la société et des abus du capitalisme. Il n'est pas étranger notamment au développement du *socialisme révolutionnaire et du « gauchisme » des années 1970. Généreuse mais irréaliste, cette pensée peut difficilement se développer sur le plan politique et économique. Elle tire en effet sa vigueur de son inapplication même (que fera de ses anarchistes la société anarchiste ?). Dans cette mesure, elle est condamnée à être plus une tentation qu'une doctrine.

Anciennes contributions

Voir Taxes directes locales.

Annexe

Document comptable rassemblant les informations nécessaires à l'étude approfondie de la situation d'une entreprise.

L'annexe est, avec le *bilan et le compte de *résultat, l'un des trois documents de synthèse dont le plan comptable de 1982 prévoit la publication annuelle par l'entreprise. Elle fournit divers éclaircissements et précisions relatifs à la *Comptabilité de l'entreprise et permet une meilleure compréhension du bilan et du compte de résultat. Grâce à l'annexe,

la comptabilité peut donner une image véritablement fidèle de la situation de l'entreprise. Les renseignements fournis par l'annexe rendent par ailleurs possible la construction de nombreuses *ratios et, associés à ceux du bilan, ils sont à la base du calcul du *fonds de roulement net.
L'annexe comprend plusieurs catégories d'informations :

– *règles et méthodes comptables :* y sont mentionnées les hypothèses ayant servi à l'établissement de la comptabilité et, le cas échéant, la modification de ces hypothèses en cours d'*exercice — ainsi que l'utilisation de méthodes particulières, par exemple pour l'évaluation des *immobilisations ou des *stocks ;

– *compléments d'informations relatifs au bilan et au compte de résultat :* il s'agit essentiellement de la présentation, sous forme de tableaux, d'informations détaillées sur les *immobilisations, les *amortissements, les *provisions et l'*endettement de l'entreprise. Les tableaux concernant les immobilisations, les amortissements et les provisions ont la même structure. Ils décrivent les augmentations ou diminutions de ces postes au cours de l'exercice. La distinction entre *dettes à long terme et dettes à court terme n'apparaît pas au bilan d'après le plan comptable de 1982, il a paru en outre nécessaire de ventiler celles-ci en fonction de leur degré d'exigibilité. C'est l'objet du document indiquant l'état des échéances des *créances et des dettes à la clôture de l'exercice qui présente une balance des dettes, réparties entre dettes à moins d'un an et dettes à plus d'un an ou plus de cinq ans, et des créances de l'entreprise ;

– *autres éléments d'information :* par exemple : tableau des résultats de la société au cours des cinq derniers exercices ; inventaire du portefeuille de *valeurs mobilières ; montant global, pour chaque catégorie, des rémunérations versées...

Annualité

a : *Annuality* – **d** : *Jährlichkeit* – **e** : *Anualidad*

---

*Principe de droit budgétaire assignant le cadre d'une année aux autorisations de dépenses, aux prévisions de recettes et à l'exécution d'un budget. En vertu de ce principe classique, les crédits, ouverts dès le début de la période intéressée, correspondent aux besoins de douze mois pour toutes les collectivités publiques (État, collectivités locales et établissements publics). Il n'est cependant pas nécessaire que l'année budgétaire, ou *exercice, corresponde à l'année légale ; il importe seulement que la période soit limitée de telle sorte qu'un contrôle de l'autorité qualifiée pour décider de l'impôt, accorder les moyens d'action, juger à travers ceux-ci d'une politique, puisse s'exercer à un rythme raisonnable. Aussi la naissance de cette règle est-elle historiquement liée à l'apparition du contrôle parlementaire.*
La règle suppose qu'à une année financière correspond un budget et un seul.

Ce budget prévoit et autorise les recettes et les dépenses d'une seule année ; l'exécution en est limitée à la durée de cette même année ; à son expiration, les autorisations deviennent caduques et les résultats comptables sont établis et soumis à l'examen de l'autorité qui a approuvé le budget.

Des dérogations de plus en plus nombreuses ont été apportées à l'application de ce principe jusqu'à remettre en cause son bien-fondé.

1) *En ce qui concerne le vote annuel unique :* des nécessités pratiques conduisent à ouvrir des crédits pour une période inférieure à douze mois, soit qu'il s'agisse de *douzièmes provisoires avant l'adoption du budget de l'année (la constitution de la Ve République leur a enlevé toute raison d'être), soit que des mesures nouvelles et des crédits supplémentaires se révèlent nécessaires en cours d'année (*collectifs ou lois de finances rectificatives ; budget supplémentaire des collectivités locales).

2) *En ce qui concerne le cadre d'exécution :* le système de l'*exercice permet d'en prolonger l'exécution au-delà de l'année budgétaire, tout au moins dans la limite d'une *période complémentaire. Le retour au système de la *gestion restitue cependant au principe sa valeur en tant que règle comptable.

3) *C'est en ce qui concerne le champ annuel des prévisions que les infractions au principe se multiplient :* les autorisations de dépenses, en particulier pour les dépenses d'investissement, peuvent aller au-delà de l'exercice et engager les exercices suivants. Les crédits inemployés à la fin de l'exercice peuvent faire l'objet d'un report, qui est automatique pour les crédits d'investissement ; les *autorisations de programme sont assorties d'un calendrier prévisionnel de crédits de paiement dont les tranches pèsent sur les exercices suivants ; les *lois de programme prévoient les autorisations de programme à ouvrir sur plusieurs exercices. Enfin, la procédure des *services votés aboutit à faire échapper à la révision annuelle la plus grande partie des dépenses de fonctionnement. Le *plan de développement comporte des éléments qui s'imposent aux budgets à venir et, d'ores et déjà, appellent l'élaboration de prévisions budgétaires pluriannuelles globales. Le cadre du budget est même contesté dans sa définition annuelle : on a proposé de lui donner une portée plus longue, celle d'un budget biennal, par exemple, pour alléger les travaux de préparation et de vote, et en améliorer l'efficacité.

Annuité

a : *Annuity* – **d** : *Annuität* – **e** : *Anualidad*

---

*Charge annuelle d'*amortissement d'une charge ou de remboursement d'un *emprunt.*

Voir Amortissement, Emprunt.

Antagonismes (théorie des)

a : *Theory of antagonism* – **d** : *Antagonismustheorie* – **e** : *Teoría de los antagonismos*

Théorie en vertu de laquelle la répartition des revenus oppose de façon irréductible les entrepreneurs privés et les travailleurs salariés.

Cette thèse qui apparaît de façon très explicite chez Ricardo a été développée et approfondie par la doctrine *marxiste dans le cadre de l'analyse du phénomène de la *lutte des classes.

Anticipation

a : *Anticipation* – **d** : *Antizipation* – **e** : *Anticipación*

Au sens littéral, fait d'exécuter ou d'imaginer une chose d'avance.

Économie politique : Les anticipations des agents économiques sont les hypothèses — pessimistes ou optimistes — sur lesquelles ils fondent leurs prévisions, voire leurs calculs pour aboutir à une décision.

Économie financière : « Crédits d'anticipation ». Expression parfois utilisée pour désigner les investissements engagés en période de crise pour relancer l'économie, dans la mesure où on les considère comme financés par anticipation sur les excédents budgétaires de la prochaine phase de prospérité.

Commerce : Vente par anticipation (ou **lay-away*). Système de vente couramment pratiqué aux États-Unis et récemment introduit en Europe, qui consiste pour l'acheteur à verser en une ou plusieurs fois le prix partiel ou total d'un bien avant que celui-ci ne lui soit remis. Ce système est généralement associé à la vente à *tempérament, notamment dans le commerce de l'automobile et des appareils électroménagers.

Application

a : *Marrying* – **d** : *Applikation* – **e** : *Aplicación*

---

*Bourse : *Opération d'achat ou de vente de titres exécutée aux conditions du marché, mais hors de son enceinte.*

La négociation d'ensembles importants ou « paquets » de titres est matériellement difficile dans l'enceinte de la *Bourse des valeurs. Les

cessions de titres peuvent alors se faire hors du marché, mais à un cours de bourse et sous le contrôle de la chambre syndicale des *agents de change.
Celle-ci exige, dans la plupart des cas, que le « cours d'application » soit coté en Bourse le jour même où a lieu l'opération, afin de maintenir l'homogénéité d'évaluation des titres.
Cette procédure permet le transfert d'importants paquets d'actions sans perturbation grave des *cotations.

Voir Blocs de contrôle.

Apport

a : *Contribution* – **d** : *Einlage* – **e** : *Imposición*

**Contribution à la création ou à l'augmentation des moyens d'activité d'une société donnant droit à une participation à son capital ou à ses bénéfices.*

Des personnes physiques ou morales peuvent contribuer à la création ou à l'augmentation du capital d'une société par trois catégories d'*apports :*
1) des apports en *numéraire* (versements en espèces) ;
2) des apports en *nature* (terrains, bâtiments, outillages, créances...).
Ces deux premières catégories d'apports sont intégrées dans le *capital social de la société et peuvent se définir comme la contribution d'un associé à la création ou à l'augmentation du capital social d'une société ;
3) des apports en *industrie* (travail, connaissances techniques, professionnelles, informations...) qui ne font pas partie du capital social et sont matérialisés par des *parts de fondateurs (ou parts bénéficiaires).

Apports en numéraire

Ils constituent la catégorie la plus généralement employée pour la création ou l'augmentation du capital social.

Pour la création du capital social : Dans les sociétés anonymes par actions (majorité des cas), les apports sont représentés par des *actions négociables dont le montant détenu par chaque associé marque la limite de sa responsabilité. Ces apports sont recherchés soit auprès d'un petit nombre d'associés connus, soit par émissions d'actions dans le public (avec ou sans intermédiaire d'un *syndicat financier). L'actionnaire doit verser immédiatement en numéraire le quart au moins du montant de chacune des actions qu'il souscrit. (Le versement des trois autres quarts doit intervenir dans un délai de cinq ans après la constitution de la société.)

Dans les autres types de sociétés :
1) dans la **société en nom collectif,* où le nombre des associés est généralement restreint, les parts d'*intérêts ou parts sociales représentatives des apports ne sont ni cessibles ni transmissibles. Les associés y sont personnellement, indéfiniment et solidairement responsables sur leur patrimoine de toutes les dettes sociales, quel que soit le montant de leurs apports ;
2) dans les *sociétés en *commandite par actions,* les commandités ont un régime de responsabilité également illimité. Les commanditaires, détenteurs d'actions représentatives des apports, sont dans une situation analogue à celle des actionnaires d'une *société anonyme ;
3) dans les *sociétés à responsabilité limitée (SARL),* les associés apporteurs ne sont responsables qu'à hauteur de leurs apports, qui doivent être entièrement versés à la constitution de la société (« libérés ») et supérieurs à un certain montant. La cession des « parts sociales » est libre entre les associés, mais soumise, lorsqu'elle se fait à des tiers, à l'autorisation de la majorité des associés représentant au moins les trois quarts du capital social.

Pour l'augmentation du capital social :

– dans les sociétés anonymes et après autorisation par une assemblée générale extraordinaire des actionnaires, il est procédé généralement à une émission d'actions nouvelles repésentatives des apports nouveaux, assortie éventuellement de création d'actions de préférence ou de parts bénéficiaires ;
– dans les autres types de sociétés, les techniques relatives aux apports complémentaires sont analogues à celles utilisées pour la création du capital social sauf en ce qui concerne les apports représentés par des actions, dont le traitement est comparable à celui indiqué ci-avant (commandite par actions).

Apports en nature

Ils donnent lieu à des évaluations monétaires et sont représentés par des titres qui, dans les diverses catégories de sociétés, suivent le même régime que celui des versements en numéraire. Ils s'en distinguent cependant :
– par des formalités spécifiques :
1) signature d'un *contrat d'apport* qui fixe la valeur des apports et le nombre d'actions affectées à chaque apporteur ;
2) nomination, par une assemblée générale des actionnaires, de *commissaires aux apports* qui évaluent ces derniers et fixent éventuellement les avantages particuliers qui leur sont conférés (lorsque l'apport ne peut être évalué de façon certaine, il peut donner lieu à la création de parts bénéficiaires) ;

3) approbation par une *assemblée générale* du rapport des commissaires ;

– par la possibilité de créer une catégorie spéciale d'actions, les *actions d'apport,* repésentatives d'apports en nature. Entièrement libérées à leur émission, elles ne sont librement négociables qu'après un délai de deux ans ;

– par le procédé de *l'apport partiel d'actif,* qui est un apport en nature fait par une société à une autre, nouvelle ou précédente. Cet apport est représenté par l'attribution d'actions (accompagnées parfois de parts bénéficiaires) par la société bénéficiaire à la société apporteuse. Cette procédure donne également lieu à un contrat d'apport. La société apporteuse peut, soit conserver ces titres en portefeuille, soit les redistribuer totalement ou partiellement à ses propres actionnaires. Dans ce dernier cas, l'opération est à rapprocher des opérations de *fusion ou de *scission.

Apports en industrie

Ils sont souvent malaisés à évaluer dans la mesure où ils consistent en services d'ordres très divers tels que conseils, démarches, contacts, études... Aussi sont-ils représentés par des titres sans valeur nominale, les **parts de fondateur* (ou parts bénéficiaires), qui ne confèrent à leurs détenteurs qu'un droit sur les bénéfices ou éventuellement sur le *boni de liquidation sans les faire participer au capital ni leur donner un droit de vote à l'assemblée générale.

Apport partiel d'actif

a : *Apport* – **d** : *Sacheinlagen* – **e** : *Imposición*

**Apport en nature d'une société à une autre société.*

L'apport partiel d'actif est opéré par une société apporteuse à une société préexistante ou nouvelle. Il n'entraîne pas la dissolution de la société apporteuse, qui fait un apport en nature à la société bénéficiaire, en contrepartie d'attributions d'*actions (et le cas échéant de *parts bénéficiaires). Aussi ces titres représentatifs des apports sont-ils attribués à la société apporteuse elle-même dont ils enrichissent le portefeuille. L'opération terminée, elle peut cependant distribuer à son tour à ses actionnaires les nouveaux titres obtenus.

Appréciation

a : *Appreciation* – **d** : *Kursavance* – **e** : *Apreciación*

Hausse de valeur.

De façon spécifique, le terme d'appréciation n'est utilisé dans le langage économique que pour désigner la variation en hausse des *cours d'une monnaie sur les marchés des *changes. C'est donc l'inverse de la *dépréciation. Elle se distingue de la *réévaluation qui résulte d'une décision de l'autorité émettrice et se traduit par une nouvelle définition du *taux de change officiel.

Appropriation

a : *Appropriation* – **d** : *Aneignung* – **e** : *Apropriación*

Fait de se rendre propriétaire.

L'usage a établi une nuance importante entre ce terme et celui d'*acquisition. L'acquisition désigne le fait d'acquérir par les voies définies par le Code civil. L'appropriation implique une substitution d'un nouveau propriétaire (ou possesseur) au propriétaire (ou possesseur) original par des voies généralement coercitives ; on parlera ainsi d'appropriation par voie d'*expropriation ou de *nationalisation.

Arbitrage

a : *Arbitrage* – **d** : *Arbitrage* – **e** : *Arbitraje*

Finance : Opération combinée d'achat et de vente de valeurs ou de biens, fondée sur l'appréciation de leurs écarts de cours présents ou à venir.

Dans le domaine de la **banque*, l'arbitrage consiste à acheter des valeurs sur certaines places où leur *cours est avantageux pour les revendre sur d'autres en profitant de la différence de cours. Ce procédé de *compensation entre les cours des diverses places est largement utilisé par les banquiers. Les arbitrages se font sur (ou « contre ») les monnaies, les matières d'or et d'argent, les fonds publics, les actions, les obligations, etc. Ce procédé permet d'établir une intercommunication de marchés distincts et peut contribuer à harmoniser les cours.
Dans le domaine de la **bourse*, l'arbitrage consiste à vendre une valeur

pour la remplacer par une autre présentant des avantages analogues mais à un cours moins élevé. Cette technique est principalement utilisée dans le *marché à terme.

Finance internationale : Opération consistant à substituer à une créance utilisable dans une devise et sous certaines conditions, une créance utilisable dans une autre devise et sous certaines autres conditions.

Argumentaire

a : *Argumentation* – **d** : *Verkaüfermerkblatt/Argumentarium* – **e** : *Argumentario*

Documentation mise à la disposition des vendeurs d'un bien ou d'un service et contenant l'ensemble des arguments de nature à provoquer l'achat de ce produit ou de ce service, ainsi que les réponses aux objections susceptibles d'être soulevées par l'acheteur éventuel.

L'argumentaire a pour but d'armer le vendeur dans son effort de conquête du marché et de suppléer le cas échéant à ses défaillances de négociateur ou de technicien. Préparé généralement par les services de la direction commerciale sur consultation de l'ensemble des services de l'entreprise (et, notamment, des services techniques), il se présente sous la forme d'un guide ou d'un manuel adapté aux caractéristiques du produit vendu et de la clientèle prospectée ; il est périodiquement enrichi des enseignements tirés de l'expérience des vendeurs et des problèmes qu'ils ont rencontrés.
Ce document a une extension plus ou moins grande. Il peut notamment comporter :

– les arguments positifs considérés comme les plus persuasifs à l'égard de l'acheteur éventuel : intérêt du produit, rendement, solidité, originalité, mérites techniques... ;

– les réponses aux objections possibles présentées, soit point par point, soit sous forme synthétique insistant sur les avantages généraux qui contrebalancent certaines faiblesses particulières du produit ;

– généralement, des éléments de solution à toutes les difficultés qui peuvent être rencontrées : inadaptation de l'attitude du vendeur au caractère de son client, insuffisante organisation de son travail personnel, particularismes régionaux, etc.

La bonne adaptation d'un argumentaire à son objet ne réside pas seulement dans sa clarté, sa maniabilité et la solidité de ses arguments, mais aussi et souvent surtout dans la prise en compte des observations de vendeurs confirmés et de renseignements qui peuvent être fournis par des questionnaires, des « gallups », des enquêtes, des études de motivation ou de *marché.

Arrérages

a : *Annuity/Retirement pension* – **d** : *Renten/Pensionen* – **e** : *Pensión*

Versements effectués périodiquement par une personne morale ou physique dite débirentier au titulaire d'une rente viagère ou d'une pension.

Voir Dette.

Arrhes

a : *Earnest money* – **d** : *Angeld* – **e** : *Arra/Señal*

Somme d'argent remise par l'acheteur au vendeur en garantie du marché lors de la commande. (En latin : arra, arrabo ; *en grec :* αρραβων, *gages.)*

Le terme d'arrhes est indifféremment employé avec celui d'*acompte pour désigner une somme versée d'avance lors d'une vente ou d'une promesse de vente. Les arrhes se distinguent cependant de l'acompte.
Les arrhes ont un double intérêt juridique :

– *elles font la preuve de la convention de vente* et matérialisent l'accord entre les parties. La date de la convention, même régularisée ultérieurement, sera celle du versement du premier acompte — ou des arrhes (Code du commerce, art. 1589) ;

– *elles constituent un moyen de dédit :* en cas de défaillance de l'acheteur, elles restent acquises au vendeur ; en cas de défaillance du vendeur, celui-ci doit en restituer le double à l'acheteur (Code du commerce, art. 1590).
Les arrhes une fois versées ne sont pas la propriété du vendeur, car celui-ci n'a pas encore rempli ses obligations. Pour la plupart des ventes mobilières, une loi du 5 décembre 1951 stipule même que les arrhes sont productives d'intérêts qui courent à l'expiration d'un délai de trois mois à compter du versement d'avance et jusqu'à la réalisation de la vente (ou à la restitution des arrhes).

Artel

a : *Artel* – **d** : *Artel* – **e** : *Artel*

Mot russe : Type de société coopérative de producteurs, en URSS, en usage jusqu'en 1960.

L'artel a été utilisé en URSS, à partir de la fin des années 1920, pour organiser collectivement l'activité du secteur artisanal. Il était administré

par l'assemblée de ses membres. L'artel était soumis à la tutelle et au contrôle du conseil local des coopératives, formé par les coopératives de la province, notamment en matière de plans de production et de prix. Les membres de l'artel étaient rémunérés par un salaire auquel s'ajoutaient des primes, après l'affectation réglementaire d'une part des profits au Fonds d'investissement de la coopérative et au Fonds général de crédit mutuel des coopératives.
Jusqu'en 1956, les conseils de coopératives provinciaux étaient représentés par un organisme central au niveau de l'Union. A cette date, celui-ci fut remplacé par des conseils de républiques. A la même époque, une première mesure de nationalisation, concernant les grands ateliers coopératifs, a réduit le nombre des artels de 1,8 à 1,7 million. L'ensemble du secteur a été nationalisé en 1960.

Article

a : *Main budgetary item* – **d** : *Haushaltshaupttitel* – **e** : *Artículo (presupuestario)*

Principale subdivision d'un chapitre budgétaire.

Voir Budget.

Artisan

a : *Craftsman* – **d** : *Handwerker* – **e** : *Artesano*

Agent économique indépendant produisant pour le marché en apportant lui-même son capital et son travail, et avec l'aide de membres de sa famille ou d'un nombre restreint de compagnons.

Caractères généraux de l'exploitation artisanale

Les définitions de l'artisan sont nombreuses et peuvent varier suivant les pays, les domaines dans lesquels la notion d'artisan est utilisée (exemple : « artisan fiscal ») ou ceux dans lesquels il exercera son activité (exemple : on réserve généralement le terme d'artisan au domaine des « métiers » de l'industrie et du commerce, en excluant le domaine agricole). Sous réserve de ces diverses limitations, les principaux traits caractéristiques de l'artisan sont les suivants :

– l'entreprise qu'il dirige est personnelle et non sociétaire. L'artisan est chef de son entreprise et est pratiquement toujours propriétaire du capital investi ; dans cette mesure, il est indépendant ;

– il participe personnellement à l'élaboration des biens et services qu'il produit. Il peut travailler seul, se faire aider de membres de sa famille, de compagnons ou d'apprentis. Le nombre de personnes employées dans l'entreprise artisanale est généralement faible. Il est réglementé dans la législation française (*voir plus bas* Code de l'artisanat, *définition*) ;

– l'artisan cède sa production sur le marché. C'est ce qui le distingue du façonnier ou du travailleur à domicile qui fabrique des objets avec la matière première qui lui est remise et moyennant un salaire qui est le prix de sa force de travail. De même, l'artisan court un risque d'entrepreneur, puisqu'il est soumis aux conséquences de la loi de l'offre et de la demande. Dans une large mesure, l'artisan obéit dans sa production à des critères plus qualitatifs que quantitatifs : il s'applique à fabriquer des objets de qualité (objets d'art, par exemple) plus qu'à les multiplier. Le commerçant cherche à créer un contact particulier avec sa clientèle. L'artisan cherche, normalement, plus à augmenter sa réputation que ses profits. Il ne considère pas la productivité comme un élément central de ses principes d'exploitation.

Définitions particulières de l'artisan

France :

– *Définition professionnelle de l'artisan :* elle a fait l'objet de plusieurs textes depuis une première loi du 26 juillet 1925. Pour le Code de l'artisanat, l'artisan est la personne qui : 1) exerce pour son propre compte un métier manuel, assure la direction de son entreprise et prend personnellement et habituellement part à l'exécution de son travail ; 2) justifie d'une qualification professionnelle (diplôme ou stage constaté par certificat de la chambre des métiers) ; 3) ne travaille qu'avec les membres de sa famille (au sens large), ses apprentis et 5 compagnons au maximum, sauf dérogations provisoires ou exceptionnelles. Le Code n'exige pas en revanche que l'artisan se borne à vendre les produits de son travail ni qu'il limite son emploi de force motrice ou d'outillage mécanique. Il peut également utiliser des matières premières fournies par autrui et même des magasins et des enseignes qui ne lui appartiennent pas.
Ces critères définissent le statut général de l'artisan, auquel sont attachés un certain nombre de régimes particuliers (*Sécurité sociale, retraites, accès aux prêts de la Caisse de crédit hôtelier, des banques populaires et du *FDES, etc.).

– *L'artisan fiscal :* la définition fiscale de l'artisan est très étroite. Les conditions énumérées à l'article 1649 du Code général des impôts sont les suivantes : 1) exercer une profession *manuelle* artisanale ; 2) travailler seul, ou avec les membres de sa famille, un compagnon et un apprenti de moins de vingt ans. Toutefois, un second apprenti peut également être employé à titre provisoire (quatre-vingt-dix jours par an) ; 3) vendre principalement les produits de son travail, ce qui entraîne deux conséquences : l'utilisation de la force motrice ou de l'outillage mécanique

par l'artisan ne doit pas faire disparaître l'intervention manuelle de l'artisan. Si l'artisan combine plusieurs activités (par exemple : location et réparation de machines ou objets), il doit retirer la majorité de ses revenus de celle qui nécessite son travail (exemple : réparation).
Le statut fiscal de l'artisan présente un certain nombre d'exonérations favorables : exonération de taxe d'apprentissage et réduction ou exonération de taxe professionnelle notamment.

États-Unis : La notion d'artisanat proprement dit n'est pas distinguée de celle de « petite entreprise ». L'importance de ces petites entreprises n'est pas négligeable puisqu'elles assurent un chiffre d'affaires de l'ordre du quart du chiffre d'affaires global. Compte tenu de la structure économique américaine, ces « petites entreprises » ont une activité plus liée à celle des grandes affaires dont elles sont les auxiliaires précieux. Plus des 70 % du *small business* travaillent en qualité de sous-traitants de ces firmes importantes. Pour les protéger, un organisme fédéral a été créé, la « Small Business Administration ». Un pourcentage des marchés de l'État leur est réservé, et la « Small Business Administration » leur consent des prêts avantageux sur crédits budgétaires. De même, un certain nombre de formules de contrats types ont été mises au point pour régir les rapports entre les donneurs d'ordre et les sous-traitants.

Allemagne fédérale : Les entreprises artisanales occupent une place apparemment plus importante qu'en France relativement à la population globale, bien que le nombre des entreprises y soit moins élevé. En effet, plus du quart d'entre elles occupent plus de 5 salariés. Ce phénomène tient aux différences entre les définitions française et allemande de l'artisan. En Allemagne, en effet, la définition de l'artisan ne comporte aucune limitation numérique. Les trois conditions sont : 1) inscription au registre de la chambre des métiers (à compétence géographique) ; 2) appartenance à une « fédération professionnelle » des 124 métiers ou activités autorisés à bénéficier du statut de l'artisanat ; 3) possession d'un brevet de maîtrise. Aussi les unités de production peuvent-elles être plus importantes et la mécanisation plus poussée, la qualité d'exploitation artisanale tenant plus à la qualification du maître et de ses produits qu'à la structure de son exploitation.

Italie : Le nombre des entreprises artisanales est en progression rapide. La définition de l'artisanat est confondue avec celle de la petite industrie. Sont considérées comme entrant dans cette catégorie : 1) l'entreprise qui se consacre à des productions de caractère artistique ou traditionnel (y compris les vêtements sur mesure) sans limitation du nombre des ouvriers, mais avec un maximum de 10 apprentis ; 2) l'entreprise qui n'effectue pas de production de série et qui n'occupe pas plus de 10 ouvriers (y compris les membres de la famille) avec un maximum de 10 apprentis ; 3) l'entreprise qui, tout en produisant en série, ne possède pas un outil de production entièrement mécanisé, n'occupe pas plus de 5 personnes (y compris les membres de la famille) et n'emploie pas plus de 5 apprentis.

L'artisan, ou le petit industriel italien bénéficie de régimes fiscaux particulièrement favorables.

Rôle et valeur de l'artisanat

Rôle historique : Le développement de l'artisanat en Europe occidentale tient notamment à la disparition de l'esclavage et à l'accroissement de besoins diversifiés dus à l'apparition d'une économie urbaine à côté de l'économie rurale traditionnelle. Aux Xe et XIe siècles, l'artisan est encore souvent un simple ouvrier à domicile, façonnant les matières premières apportées par le client. Il deviendra progressivement un producteur indépendant travaillant pour son compte. Pendant le Moyen Age et l'Ancien Régime, l'exploitation artisanale sera même le principal organe de production et d'échange de biens. Son développement est attesté par la puissance que prennent les corporations. Aux XVIIIe et XIXe siècles, son importance commence à régresser devant l'apparition dans de nombreux secteurs de l'entreprise capitaliste qui entraîne la *prolétarisation d'un grand nombre de ses représentants. Marx avait prévu sa disparition complète mais l'évolution devait lui donner tort sur ce point. L'artisanat présente en effet un intérêt non seulement dans les économies sous-développées, mais dans les économies développées elles-mêmes.

Valeur de l'artisanat dans les économies sous-développées : Dans ces pays, l'exploitation artisanale demeure l'unité de production la mieux adaptée à la structure sociale et économique des centres urbains : 1) sous forme d'artisanat traditionnel, il continue à satisfaire les besoins locaux ; 2) sous forme d'artisanat « moderne », il contribue à assurer le passage de la production traditionnelle à une production plus élaborée, sans rompre les équilibres sociaux du pays (mécanisation limitée et progressive, intégration des familles dans une économie industrielle...). Il prépare et préfigure l'entreprise.
Mais le développement et la transition progressive, assurée par l'artisanat, sont entravés par la sévère concurrence que font aux produits artisanaux locaux les produits importés des grandes industries étrangères.

Place et valeur de l'artisanat dans les économies développées : L'intérêt du maintien de l'artisanat et de la petite entreprise en général dans les économies développées est attesté par la sollicitude que leur manifestent les législations nationales.
La place relativement importante qu'il occupe a des causes diverses. Dans le commerce, la facilité d'une profession qui demande peu de capitaux, le sentiment d'indépendance qu'il donne à ceux qui veulent fuir la condition de salarié ; l'intérêt, en période d'inflation, de posséder des marchandises et d'avoir un revenu qui est lié à la hausse des prix (*voir* Distribution). Dans l'industrie, aux raisons qui tiennent à l'indépendance et à la modicité des capitaux à investir s'ajoute l'amour d'un métier souvent artistique, et où l'on a le sentiment de réaliser

soi-même tout le processus de production d'un objet. En outre, la protection légale et fiscale dont jouit l'artisanat à cause de la valeur sociale et économique qu'on lui reconnaît.

L'artisanat présente en effet de multiples avantages pour la collectivité : 1) il est un facteur de promotion sociale pour l'ancien ouvrier ou salarié qui a l'esprit d'entreprise ; 2) il peut être un stimulant pour l'amélioration de la qualité des produits de consommation et permet de couvrir les besoins locaux ou spécialisés ; 3) il est auxiliaire indispensable des firmes importantes (exemple américain) qui lui sous-traitent des productions particulières ; 4) il contribue à individualiser les produits d'une nation et à leur donner un atout supplémentaire à l'exportation ; 5) il permet un apprentissage complet qui sauvegarde l'attachement au métier et à la qualité ; 6) il est un élément d'équilibre régional dans la mesure où il prépare, dans des zones déprimées, l'expansion d'une activité industrielle.

Dans le commerce : on assiste cependant à une mutation progressive de son rôle, l'artisanat étant destiné, semble-t-il, à se limiter progressivement aux commerces de luxe, aux commerces spéciaux et à certaines branches nouvelles.

Dans l'industrie : les réparateurs et installateurs sont destinés à se multiplier, soit parce qu'ils n'entrent pas en concurrence avec la grande entreprise (tailleurs, coiffeurs, couturiers...), soit parce qu'ils en sont les auxiliaires (artisans du bâtiment, réparateurs de radio et de télévision, photographes...). Ils profitent de la diversification des besoins et de la nécessité pour les consommateurs d'entretenir les biens de consommation durable qu'ils acquièrent de plus en plus ; les artisans producteurs traditionnels sont en revanche en régression à cause de la concurrence de la grande entreprise et semblent ne devoir subsister que dans la partie de la branche de production qui concerne les objets de haut luxe ou de qualité exceptionnelle (bijoux, maroquinerie, meubles d'art, reliure...). En même temps, ils sont peu à peu conduits à combiner avec leur activité de production une activité de vente de produits fabriqués par des entreprises ; à ces petits producteurs traditionnels se substituent soit des producteurs mieux organisés, mais fabriquant des objets de qualité ou artistiques (Allemagne), soit surtout des sous-traitants de grandes industries (États-Unis) qui passent ainsi dans le secteur de la « petite entreprise de production », distincte dans la définition française de l'artisanat proprement dit.

En France, dans les années 90, les « entreprises occupant en principe de 0 à 10 salariés et appartenant au secteur des métiers », étaient au nombre d'environ 800 000 (dont 42 % n'occupant aucun salarié et 58 % employant au total 840 000 salariés).

Les principaux secteurs représentés dans ce total de 800 000 étaient : le bâtiment et les travaux publics (33 % des entreprises), l'alimentation (15 %), la coiffure (7,8 %), l'habillement (5 %) et la production-réparation de matériels divers (autos, cycles, appareils électriques, horlogerie... 14 %).

Assiette

a : *Basis of assessment* – **d** : *Bemessungsgrundlage* – **e** : *Base imponible*

Fiscalité : Identification et évaluation de la matière imposable.

Trois opérations sont nécessaires pour percevoir impôts, droits et taxes : l'assiette, la *liquidation et le *recouvrement. L'assiette est la première tâche de l'administration fiscale dans l'ordre chronologique. Elle comprend la constatation de l'existence d'une créance fiscale et l'évaluation de la *base d'imposition.

La créance fiscale exige tout d'abord l'existence d'une matière imposable. Celle-ci est très diverse : c'est la personne pour l'impôt de capitation, le revenu pour l'impôt sur le revenu, le bénéfice pour l'impôt sur les sociétés, le capital pour les droits de succession, la dépense pour les taxes sur le chiffre d'affaires par exemple. Cependant, pour que la créance fiscale apparaisse juridiquement, il ne suffit pas que la matière imposable existe ; il faut qu'elle soit qualifiée ou précisée par un événement, le fait générateur de l'impôt. Celui-ci est prévu par la loi : ce peut être un acte juridique comme une succession ou une livraison de marchandises, une simple situation comme l'occupation d'un local meublé ou une activité comme le transport de boissons alcoolisées ou le passage d'une frontière.

L'administration, lorsqu'elle a établi que la créance fiscale existe, doit évaluer la matière imposable : c'est le problème de la détermination de la *base d'imposition qui exige le dénombrement des unités physiques imposables ou l'estimation de leur valeur par diverses techiques d'évaluation.

Assignat

a : *Assignat* – **d** : *Assignat* – **e** : *Asignado*

Titre d'emprunt créé en 1776, transformé postérieurement en papier-monnaie en 1796.

Louis XIV avait largement usé de l'émission d'« assignations » sur la Caisse du roi, qui étaient des titres d'emprunts convertibles en monnaie. Sous le règne de Louis XVI, la Caisse d'escompte fut créée par Turgot en 1776 et émit des billets également convertibles. La convertibilité fut momentanément suspendue en 1783 à la suite d'un mouvement de demandes de remboursement par les porteurs provoqué par un prêt de la Caisse au roi, mais elle fut bientôt rétablie jusqu'en 1788. A cette date, un nouveau prêt au roi entraîna un nouveau cours forcé des billets. L'Assemblée nationale

eut recours à la Caisse d'escompte pour se procurer des ressources, et Necker confirma le cours forcé des billets en décembre 1789. Malgré une nouvelle avance de 80 millions de livres, ces remèdes furent insuffisants. L'Assemblée créa alors une « Caisse de vente des biens de la couronne et du clergé » évalués à 400 millions. La « Caisse de l'extraordinaire » reçut l'autorisation d'émettre 400 millions d'assignats gagés sur les biens, d'une valeur unitaire de 100 livres et portant intérêt à 5 %.
Ces titres devaient être remboursés par la vente des biens à raison de 120 millions en 1791, 100 millions en 1792, 80 millions en 1793 et 1794, et du solde en 1795. Ils eurent un grand succès auprès des épargnants. En 1790, l'intérêt des assignats est ramené à 3 %. Le cours forcé des assignats est décrété en septembre. Une deuxième émission de 800 millions est décidée, puis le plafond est porté à 1 200 millions. Ces nouveaux assignats ne portent pas intérêt et constituent un *véritable papier-monnaie.* Malgré les engagements solennels pris en 1790, des émissions se succèdent en 1793, portant successivement le plafond à 2 400, 3 100, 4 600, 7 000 millions. Dès lors, la fuite devant les assignats s'accélère, et les prix connaissent des hausses rapides. Le gouvernement prend des mesures draconiennes pour enrayer ce mouvement inflationniste, mais en agissant sur les effets et non sur les causes : peines de six ans de prison à toute personne échangeant des assignats contre une moindre quantité d'espèces ; vingt ans pour ceux qui stipulent des prix différents pour les marchandises selon que le paiement est effectué en assignats ou en espèces ; la mort pour ces mêmes personnes le 10 mai 1794 (mesure rapportée après la chute de Robespierre). Parallèlement, la loi du « maximum » impose des prix officiels à un certain nombre de marchandises, mais ne réussit pas à enrayer une hausse effrénée.
En août 1793, Cambon crée le grand livre de la dette publique pour encourager la conversion des assignats en rentes et réduire la circulation de papier. Il démonétise les assignats émis sous Louis XVI qui jouissaient d'une prime de 8 à 15 % par rapport aux assignats républicains. Mais à cette époque 2 500 millions d'assignats seulement, sur les 8 milliards en circulation, ont regagné le Trésor et ont été détruits. La confiance est définitivement perdue à l'égard de ce papier-monnaie.
Après la chute de Robespierre, la Convention abroge la loi du maximum (1795) et l'interdiction du commerce en numéraire. Mais elle abuse à nouveau de l'émission des assignats et, en 1796, 45,5 milliards sont en circulation. A cette époque, l'assignat ne vaut plus que le millième de sa valeur nominale. Divers paiements effectués par le Trésor ramènent à 24 milliards de livres le montant des assignats.
Ils sont alors convertis en mandats territoriaux à raison de 30 contre 1. Ces mandats permettent l'acquisition aux enchères de biens nationaux évalués selon un coefficient appliqué à leur revenu de 1790. Malgré cela, ils sont dépréciés de 82 % au moment même de leur émission. Après une vie de six mois, le cours forcé des mandats est levé en février 1797 et ils ne sont reçus dans les caisses de l'État qu'à la 70e partie de leur valeur, puis à la 100e.

Association européenne de libre-échange (AELE)

a : *European Free Trade Association (EFTA)* – **d** : *Europäische Freihandelszone (EFTA)* – **e** : *Asociación Europea de Librecambio (AELC)*

Voir Zone de libre-échange.

Association française des banques (AFB)

a : *French Association of Banks (AFB)* – **d** : *Französische Bankenvereinigung (AFB)* – **e** : *Asociación Francesa de Banca (AFB)*

Syndicat unique et obligatoire des banques françaises ou étrangères exerçant une activité en France, à l'exception d'organismes dotés d'un statut particulier (Crédit agricole, Crédit populaire, banques du secteur public).

Sous la dénomination « Association professionnelle des banques », l'AFB, dans le cadre de la loi bancaire de 1984, assume deux missions principales :

– Organe d'exécution, elle est chargée de transmettre et de faire appliquer par ses membres les décisions de la Commission bancaire ainsi que les règlements concernant les banques ;

– Organe consultatif et représentatif de la profession auprès des pouvoirs publics, elle effectue des travaux et émet des suggestions dans divers domaines ; elle peut intervenir en justice dans tous les cas où l'ensemble de la profession est concerné par la mise en cause d'une banque. Elle peut enfin jouer le rôle d'arbitre amiable dans les conflits opposant certains de ses membres.

Association française des établissements de crédit (AFEC)

a : *French Association of Banks and Financial Companies (AFEC)* – **d** : *Französische Vereinigung der Banken und Finanzgesellschaften (AFEC)* – **e** : *Asociación Francesa de Bancos y Sociedades Financieras (AFEC)*

---

*Syndicat unique et obligatoire des entreprises et des établissements financiers inscrits auprès du *Conseil national du crédit à titre principal.*

Faisant suite à l'AEECF (Association des entreprises et établissements de crédit créée en 1941), l'AFEC est l'organe fédérateur rassemblant l'ensemble des établissements financiers ou leurs associations. Elle est à la fois (comme l'Association française des banques, l'Association française des sociétés financières...) instance d'exécution chargée de faire appliquer la réglementation publique concernant les décisions de la *Commission bancaire et instance de consultation et de représentation de la profession auprès des pouvoirs publics.

Association française des sociétés financières (AFSF)

a : *French Association of the financial Companies* – **d** : *Französische Vereinigung der finanziellen Gesellschaften* – **e** : *Asociación Francesa de las Sociedades Financieras*

Syndicat unique et obligatoire des établissements financiers non bancaires (du type sociétés de crédit-bail, Sicomi, Sociétés de crédit différé).

Associé passif (ou associé non actif)

a : *Dormant partner/Sleeping partner* – **d** : *Stiller Gesellschafter/Stiller Teilhaber* – **e** : *Socio pasivo/Socio non activo*

Participant au capital d'une entreprise qui, soit implicitement, soit par contrat, dénommé en France « accord de comportement », accepte que la direction de celle-ci soit assurée par un autre participant.

Assurance

a : *Insurance* – **d** : *Versicherung* – **e** : *Seguro*

Fonction économique dont la finalité est de permettre l'indemnisation des dommages survenus aux biens ou aux personnes, grâce à la prise en charge d'un ensemble de risques et à leur compensation. Par extension : Secteur regroupant les entreprises assurant cette fonction.

Le droit à l'indemnisation résulte d'un contrat entre l'assureur et l'assuré. Il est acquis grâce au paiement d'une prime ou cotisation. Il peut l'être au bénéfice de l'assuré ou d'un tiers.

Les premières opérations d'assurance connues : Elles remontent au Moyen Age et intéressent le commerce maritime. Au XVe siècle, l'assurance maritime est déjà une activité organisée et florissante. L'assurance-incendie ne se crée que deux siècles plus tard, après le grand incendie de Londres en 1666. En France, c'est de la Restauration que date véritablement le développement de l'assurance, et certaines des plus importantes sociétés actuelles, opérant en vie et en incendie, datent de cette époque leur création. L'assurance contre les accidents apparaît plus tardivement, avec l'essor de l'industrie. Elle a surtout pour objet de garantir les responsabilités encourues à raison des accidents causés aux tiers, et l'évolution du droit relatif aux accidents du travail en fait rapidement une branche importante.
Au XXe siècle, le progrès du niveau de vie, l'accumulation du capital, le perfectionnement du droit de la responsabilité favorisent l'essor d'une activité caractéristique du secteur tertiaire. Le rythme d'accroissement de son chiffre d'affaires est dans tous les pays développés très régulièrement supérieur à celui de la production intérieure brute. La branche automobile passe progressivement au premier rang des opérations pratiquées. En même temps, l'assurance des risques sociaux se détache du domaine des assurances privées, et cette évolution trouve son aboutissement dans l'institution des différents régimes de Sécurité sociale. Enfin, presque tous les États instituent progressivement dans l'intérêt des assurés un contrôle du fonctionnement des sociétés d'assurance. En France, ce contrôle est généralisé en 1938.

C'est un secteur économique en croissance rapide : Au cours des quarante dernières années, le chiffre d'affaires mondial a progressé de plus de 11 % par an en moyenne. Il dépasse maintenant 2 000 milliards de dollars. Les États-Unis représentent 55 % de ce marché, l'Europe 27 % et le reste du monde 18 %. En Europe, les marchés allemand, britannique et français sont à peu près comparables. Ce dernier représentait 500, 276 et 207 milliards de francs en 1992. L'assurance française y compris les filiales étrangères et la réassurance, avec 670 milliards de francs de cotisations en 1991, a le 5e rang dans le monde (avec 5,7 % du total du chiffre d'affaires).
Les deux premières décennies d'après guerre avaient vu l'émergence de nouvelles sociétés, souvent de forme mutualiste, pratiquant sur leur territoire national la distribution directe auprès d'une clientèle captive. Ce mouvement paraît maintenant être arrivé à maturité. Il en est de même, semble-t-il, de la création de sociétés étatiques dans les pays en voie de développement. La période la plus récente se caractérise par une vague de fusions et d'absorptions parmi les sociétés de type capitaliste. Ce mouvement est particulièrement net en Europe.
Les sociétés d'assurance figurent parmi les plus puissants des investisseurs institutionnels, et leur activité est étroitement imbriquée avec celle des marchés financiers.

La réglementation européenne prévoit la liberté d'établissement et la libre prestation de services : La nécessaire harmonisation des conditions de fonctionnement a été limitée à la définition d'une marge de *solvabilité européenne. Les réglementations nationales continueront de s'appliquer en ce qui concerne des domaines aussi importants que le mode de calcul des provisions, la constitution des actifs, le contrôle au brut ou au net des opérations de *réassurance, et les dispositions d'ordre comptable. La liberté d'établissement en vigueur depuis les années 70 ne s'est pas traduite par des bouleversements du marché, la plupart des sociétés étant déjà établies. La libre prestation des services, surtout si elle est couplée avec une entière liberté des mouvements de capitaux, aura des conséquences plus importantes.

En France, l'assurance occupait en 1995 200 000 personnes. 120 000 sont salariées des sociétés d'assurance. Les autres appartiennent au réseau de distribution qui est constitué essentiellement des mandataires (agents et courtiers d'assurance) rémunérés à la commission et de leurs salariés.

Les encaissements en assurance directe se répartissaient ainsi entre les branches les plus importantes :

Vie et capitalisation	55 %
Automobile	15 %
Maladie et accident	9 %
Incendie et divers	21 %

Longtemps sous-représentée en France, l'assurance-vie connaît depuis le début des années 80 un fort taux d'accroissement qui lui a permis de devenir la branche la plus importante, devançant l'automobile. Les primes d'assurance-vie représentent maintenant environ 3,5 % du PNB, ce qui est comparable à ce que l'on observe en Allemagne notamment.

Trois catégories d'entreprises opèrent concurremment. Celles du secteur public réalisaient 34 % des affaires en 1992, le secteur privé représentait 35 % du marché et le secteur mutualiste 26 % ; les sociétés étrangères souscrivent 5 % des affaires, un chiffre légèrement en baisse car plusieurs établissements de sociétés étrangères sont devenus des sociétés de droit français.

Dans la perspective d'une future privatisation, les structures juridiques des sociétés nationalisées ont été modifiées en 1987.

En 1992, les sociétés d'assurances géraient *1 700 milliards de francs de capitaux,* investis dans les secteurs suivants :

Titres à revenus fixes et prêts	58 %
Immobilier	13 %
Actions	22 %
Créances hypothécaires	4 %
Autres	3 %

Assurance-crédit

a : *Credit insurance* – **d** : *Kreditversicherung* – **e** : *Seguro de crédito*

Garantie d'un créancier contre le risque d'insolvabilité de ses débiteurs, couru à l'occasion d'actes de commerce, notamment internationaux.

L'assurance-crédit permet à un créancier de recouvrer le capital qu'il a engagé sous forme de *crédit-fournisseur en cas d'insolvabilité de son client. L'assurance-crédit, qui ne garantit que la perte définitive, ne s'applique jamais à l'intégralité du crédit consenti, le vendeur conservant une participation aux risques. Par ailleurs, cette formule d'assurance exclut le risque isolé et s'applique toujours à l'ensemble des opérations commerciales traitées par une entreprise. Sont cependant exclues les affaires traitées avec les particuliers, les administrations et les collectivités publiques.
L'assureur fixe une limite au crédit consenti à un seul client. Les primes sont calculées sur l'ensemble du chiffre d'affaires réalisé par le fournisseur et leur taux est généralement faible (de 0,4 à 0,8 %). L'indemnisation ne couvre généralement pas plus de 75 % d'une créance irrecouvrable et est souvent limitée au multiple convenu de la prime payée annuellement. En France, la principale société d'assurance-crédit, la Société française d'assurances pour favoriser le crédit, filiale commune de plusieurs compagnies d'assurances françaises, existe depuis 1927 et couvre les risques en métropole et dans les territoires et départements d'outre-mer. Certaines professions ont mis en place leur propre système d'assurance-crédit (entreprises de confection françaises avec la « Centrale du prêt-à-porter »).
L'assurance-crédit à l'exportation constitue un domaine spécifique géré selon des formules appropriées.

Voir COFACE, Caution.

Assurance sociale

a : *Social insurance* – **d** : *Sozialversicherung* – **e** : *Seguridad social*

*Assurance des risques contre lesquels le législateur a estimé nécessaire de réaliser la protection obligatoire des travailleurs et pour lesquels il a organisé un régime légal de répartition de la charge financière et de détermination des *prestations.*

Les trois éléments : caractère obligatoire de l'assurance, existence d'une relation avec le travail (salarié ou non salarié) et existence d'un régime financier légal, doivent être réunis pour qu'il s'agisse d'assurance sociale et non d'assurance privée.
En effet, certaines assurances privées sont obligatoires (notamment

l'assurance contre la responsabilité des accidents d'automobiles). Certains risques, tels que décès, invalidité et vieillesse, sont assurés dans le cadre de l'assurance privée, en général en complément des assurances sociales, en application du contrat de travail et avec la participation de l'employeur. Mais, dans l'assurance privée, l'équilibre financier est établi contractuellement, et non légalement, et il repose sur l'appréciation du coût du risque et non sur le désir de réaliser une répartition sociale des charges.

Historiquement, l'institution des assurances sociales est née de la nécessité de garantir une protection minimale aux travailleurs salariés de l'industrie, spécialement vulnérables en raison de l'insuffisance de leurs moyens d'existence et de l'insécurité de leur condition.

Le premier régime complet d'assurances sociales a été institué en Allemagne de 1883 à 1889, en application du programme social de Bismarck. Il comportait une garantie contre les accidents du travail, la maladie, l'invalidité et la vieillesse. Les cotisations étaient à la charge des employeurs et des salariés.

En Grande-Bretagne, le « National Insurance Act » de 1911 instituait, outre l'assurance-maladie et invalidité, l'assurance du risque de chômage.

En France, la première loi générale sur les assurances sociales est celle du 5 avril 1928. Certaines garanties partielles avaient déjà été organisées au profit des marins, des fonctionnaires, des mineurs, des ouvriers des arsenaux, des cheminots. Depuis 1898, les accidents du travail étaient garantis, en fait, par l'existence d'une présomption de responsabilité pesant sur l'employeur. Enfin, la loi du 5 avril 1910 avait en principe institué « les retraites ouvrières et paysannes », mais elle n'avait pratiquement pas été appliquée.

La loi du 5 avril 1928, celle du 30 avril qui a créé un régime spécial pour les agriculteurs, deux décrets-lois de 1935 et la loi du 14 mars 1941 ont constitué la base légale du système français d'assurances sociales jusqu'à son insertion en 1945 dans le système plus large de la *Sécurité sociale.

Les assurances sociales ne couvraient alors que les risques de maladie, d'invalidité et de vieillesse. Les charges familiales faisaient l'objet d'une législation particulière, ainsi que les accidents du travail. Le risque de chômage n'était pas garanti.

Le système était très complexe, en raison de la multiplicité des régimes spéciaux constitués avant 1928, et maintenus, et de la liberté d'organisation qui conduisaient à la multiplication des organismes gestionnaires. La prestation dépendait étroitement de l'exécution de leurs obligations (versement des cotisations) par l'employeur et l'assuré. Les garanties ne bénéficiaient qu'aux salariés.

Depuis 1945 font partie des assurances sociales : à l'intérieur du régime général de la *Sécurité sociale institué au profit des salariés de l'industrie et du commerce (et des adhérents volontaires ainsi que d'autres catégories plus restreintes), l'assurance contre la maladie, la maternité, l'invalidité, la vieillesse, le décès, les accidents du travail et les maladies professionnelles ; en dehors du régime général, les diverses assurances organisées dans le cadre des régimes spéciaux (fonctionnaires de l'État, des collectivités, marins, mineurs, etc.), les assurances sociales des salariés agricoles, celles des exploitants agricoles et celles des travailleurs indépendants (travailleurs non salariés des professions non agricoles).

Atomicité

a : *Atomistic* – **d** : *Atomistisch* – **e** : *Atomización*

---

*Caractère d'un *marché composé de nombreux acheteurs et vendeurs dont aucun n'est prépondérant.*

• L'atomicité d'un marché se reconnaît à ce que l'offre et la demande sont composées chacune d'un grand nombre d'éléments « infiniment petits » et de valeurs équivalentes, tels les atomes dans la matière. Pour que l'atomicité soit réalisée, il convient donc que :
1) les vendeurs et les acheteurs soient en nombre suffisant pour constituer deux *ensembles* d'offreurs et de demandeurs ;
2) ces ensembles soient assez *homogènes,* c'est-à-dire qu'aucun parmi les acheteurs ou les vendeurs ne possède une importance ou une puissance de négociation telles qu'il puisse faire fluctuer l'*offre ou la *demande globales en modifiant son offre ou sa demande individuelles.

• L'atomicité est l'une des conditions essentielles (avec la *fluidité), de la réalisation de la *concurrence parfaite. Aussi cette notion, comme celle de concurrence parfaite, doit-elle être considérée comme une notion de référence théorique. La vie économique ne présente en effet que des exemples de *concurrence imparfaite où l'atomicité ne peut être appréciée qu'en termes relatifs.
Sur le plan théorique, la réalisation de la seule atomicité dans un marché déterminerait une situation de concurrence « pure » mais non parfaite.

Au-dessous de la ligne, au-dessus de la ligne

a : *Above and below the line* – **d** : *Ordentlicher und ausserordentlicher Haushalt* – **e** : *Presupuesto ordinario y extraordinario*

---

*Division opérée à l'intérieur du *budget, tant du côté des recettes que du côté des dépenses, pour dégager des résultats partiels et corriger la signification qui pourrait être attribuée au niveau de l'équilibre d'ensemble.*

Cette distinction est traditionnelle en *Grande-Bretagne* où, depuis la fin du XIXe siècle, les documents budgétaires présentent au Parlement les dépenses et les recettes en deux groupes :

– au-dessus de la ligne *(above the line)*, sont rassemblés les postes ressortissant au budget ordinaire ;

– au-dessous de la ligne *(below the line)* apparaissent les dépenses d'investissement principalement constituées depuis 1945 des prêts aux collectivités locales et aux entreprises publiques.

Il importe de faire ressortir en prévisions comme en résultats un excédent des recettes sur les dépenses au-dessus de la ligne ; c'est à ces seules opérations que le principe financier d'équilibre budgétaire doit être rigoureusement appliqué : le surplus couvre une partie des opérations au-dessous de la ligne. Bien que cette distinction soit jugée dépassée par les experts, elle reste maintenue afin qu'il n'apparaisse pas uniquement que, depuis la guerre, tous les budgets ont été votés avec un solde déficitaire.

En France, ces termes sont employés depuis qu'une nouvelle présentation a été donnée à la loi de finances, à partir de 1959 :

– sont dites « au-dessus de la ligne » les opérations à caractère définitif figurant au budget général, dans les budgets annexes et dans certains comptes spéciaux (comptes d'affectation spéciale) ;

– sont « au-dessous de la ligne » les opérations à caractère temporaire : avances et prêts en dépenses et remboursements en recettes ; elles sont exécutées au titre des comptes spéciaux d'avances et de prêts, mais aussi de certains comptes d'affectation spéciale ; elles comprennent aussi le solde provisoire d'opérations de nature commerciale ou financière dont les résultats ne peuvent être dégagés au cours d'un exercice, et qui sont enregistrées dans les autres catégories de comptes spéciaux du *Trésor. Comme en Grande-Bretagne, l'équilibre minimal s'applique aux seules opérations « au-dessus de la ligne » ; les opérations « au-dessous de la ligne », dans la mesure où elles sont couvertes par des ressources de trésorerie, font ressortir l'activité bancaire du Trésor et notamment sa fonction de transformation des ressources à court terme en emplois à long terme. Une interprétation plus nuancée de la signification du découvert de la loi de finances et de son *impasse résulte de cette analyse.

Autarcie

a : *Autarky/Self-sufficiency* – **d** : *Autarkie* – **e** : *Autarquía*

Régime économique d'un pays se suffisant à lui-même et n'effectuant avec les autres aucun échange.

La réalisation de l'autarcie a constitué une tentation chez un certain nombre d'esprits pour qui l'indépendance et l'isolement sont synonymes.

Le philosophe allemand Fichte en a fait l'élément central de son ouvrage *L'État commercial fermé,* paru en 1800.

Principaux caractères : L'autarcie se caractérise par une organisation telle, au sein d'un espace économique donné, que les échanges commerciaux sont totalement supprimés entre cet espace et l'extérieur. Sur le plan international, elle s'analyse donc comme la volonté d'une politique commerciale nulle.
Pour aboutir à ce résultat, l'organisation économique interne entraîne une mobilisation de l'ensemble des ressources, une réglementation rigoureuse du marché et la recherche systématique de la couverture des besoins par les seuls moyens fournis par le pays. Sur le plan technique, elle encourage presque fatalement la production de produits de synthèse. Sur le plan international, elle s'accompagne généralement de la mise en place de structures *dirigistes ou totalitaires : contrôle de la production et de l'utilisation des matières premières, *contingentement, contrôle des changes, etc.
En fait, et compte tenu de l'extrême variété des besoins de l'économie moderne et de la dispersion des ressources en matières premières, l'autarcie revêt le plus souvent des formes élargies (autarcie coloniale) ou ne s'applique qu'à une partie des secteurs économiques. On peut donc parler plus souvent de politiques autarciques que d'autarcies véritables.
Enfin, les politiques autarciques traduisent généralement un état pathologique de l'économie :
– soit que l'organisation autarcique de l'économie provienne d'une politique inspirée uniquement par un patriotisme exacerbé ou un complexe obsidional à l'échelle nationale ;
– soit qu'elle traduise la crainte d'une guerre ou d'une crise (ou la préparation d'une guerre) et la volonté d'éviter que l'économie nationale ne soit tributaire de l'économie internationale.

Formes de la politique autarcique : Deux sortes de distinctions sont généralement adoptées, selon la zone géographique où est circonscrite l'autarcie ou selon la politique qu'elle sert :
– au titre du premier critère, on distingue l'*autarcie nationale,* qui se circonscrit à une métropole, de l'*autarcie impériale* (ou coloniale) qui s'étend à une zone d'influence politique ou économique ;
– au titre du second critère, l'économiste français F. Perroux a proposé une distinction entre l'autarcie de *repliement* dans laquelle le pays réduit ses besoins au niveau de ses ressources et l'autarcie d'*expansion* dans laquelle le pays cherche à obtenir par la conquête, et non par le commerce, les ressources nécessaires à la satisfaction de ses besoins.
Ces deux distinctions apparemment voisines ne se recouvrent pas exactement. Exemples : les politiques autarciques nationales menées avant 1939 par l'Allemagne et l'Italie n'étaient pas des politiques de repliement. Inversement, les politiques autarciques menées au sein de leur empire par la France et le Royaume-Uni à partir de 1930 (après la crise de 1929)

participaient d'un réflexe de repliement malgré leur extension géographique.

Exemples connus de politiques autarciques :

1) L'Allemagne hitlérienne et l'Italie fasciste ont lancé le mot d'ordre de l'autarcie dans le souci de mobiliser les énergies nationales et de libérer leurs économies des fournisseurs étrangers. Dans la période d'immédiate préparation à la guerre, elles ont encouragé les succédanés (« ersatz ») et les produits de synthèse, supprimé les importations, contrôlé les changes et mené une politique de plein emploi systématique. Cette politique a été menée dans le cadre national. Puis est venue la doctrine de « l'espace vital » destinée à justifier la conquête de territoires contenant des ressources supplémentaires en matières premières, en potentiel industriel et en main-d'œuvre. Les pays conquis par l'Allemagne ont été intégrés dans un vaste « espace allemand » à caractère autarcique.
2) L'Union soviétique, après s'être isolée du monde pour construire son économie socialiste, a appliqué, à partir de 1945 et durant la période stalinienne, une autarcie d'expansion en organisant un « espace socialiste », au sein duquel la division des tâches a été soigneusement organisée et qui avait peu de contacts commerciaux avec le monde extérieur. Cette tendance a pris fin dans les années 1960 et on assiste depuis, au contraire, à une ouverture progressive, mais croissante, sur le monde extérieur.
3) Les politiques menées après la crise de 1929 par les grandes nations coloniales qu'étaient la France et la Grande-Bretagne ont consisté à couvrir au maximum les besoins des diverses régions de leur espace colonial ou impérial par les ressources de ce même espace. Une tentation autarcique plus ou moins avouée a inspiré la politique française de *protectionnisme des années 30 et la politique britannique de *préférence impériale menée après les accords d'Ottawa (1932).
4) Après la Seconde Guerre mondiale, certains partisans du plein *emploi (notamment le Britannique Thomas Balogh) ont préconisé la création de blocs économiques organisant systématiquement ce plein emploi à l'intérieur de leurs frontières mais pratiquement hermétiques les uns aux autres, sauf échanges occasionnels de biens et de services entre ces blocs, constituant des « soupapes » et correspondant aux imperfections irréductibles de l'organisation des blocs.

Autoconsommation

a : *In-house consumption* – **d** : *Eigenverbrauch* – **e** : *Autoconsumo*

---

*Consommation finale de *biens et services par leur producteur.*

Économie : L'importance du phénomène d'autoconsommation est fonction du degré de développement de l'économie.

Une forte autoconsommation caractérise une économie agraire traditionnelle. La spécialisation croissante des producteurs, liée au développement des échanges, tend à en réduire progressivement l'ampleur.
L'exploitant agricole prélève une partie de sa production de denrées alimentaires pour se nourrir lui-même ainsi que sa famille. Il est généralement convenu de réserver à cette pratique le terme d'autoconsommation, en excluant l'utilisation par l'agriculteur d'une partie de sa récolte pour la fabrication de nouveaux produits (exemples : les semences qui servent à replanter, les fourrages qui alimentent le bétail). Ce dernier phénomène se rapproche en effet beaucoup plus d'une technique d'« intégration ».
Bien qu'il soit difficile d'évaluer exactement le taux d'autoconsommation, on peut cependant observer que :

– l'autoconsommation est la plus forte dans les exploitations de modeste dimension et de vocation polyvalente ;

– la diminution du taux d'autoconsommation agricole est liée à la modernisation des structures rurales sous l'effet de plusieurs facteurs : agrandissement, spécialisation et rationalisation des exploitations ; développement des moyens d'information, générateurs de besoins de consommation diversifiés ; alignement des besoins des agriculteurs sur ceux des citadins lié à l'augmentation du niveau de vie des agriculteurs.

Comptabilité nationale : Les systèmes de *comptabilité nationale sont avant tout fondés sur la prise en compte des biens produits pour le marché, l'autoconsommation agricole en raison de son importance étant l'exception principale à cette règle.
L'extension progressive de la notion d'autoconsommation à d'autres secteurs que l'agriculture retient l'attention des comptables nationaux, soucieux de prendre en compte l'ensemble des biens et services effectivement produits par la collectivité. C'est ainsi qu'on comptabilise le loyer fictif des immeubles occupés par leur propriétaire (qui autoconsomment ainsi le service qu'ils se procurent). Certains économistes, tel Colin Clark, ont également proposé de comptabiliser les services rendus par les ménagères dans leur foyer, dont la valeur échappe au marché. Au cas particulier, les difficultés d'évaluation ont, jusqu'à présent, empêché l'intégration de ces services dans la production.
La comptabilité nationale française ne retient pratiquement que trois éléments d'autoconsommation : celle des agriculteurs et des exploitants de « *jardins familiaux », celle des propriétaires occupant leur logement et les travaux d'amélioration et d'entretien faits par les ménages dans leur logement. En revanche, elle n'intègre pas les prélèvements faits sur les produits de leur exploitation par les entrepreneurs individuels non agricoles, non plus que les prélèvements personnels pratiqués par les commerçants sur leurs stocks.
L'évaluation du service que les propriétaires se rendent est fondée sur le loyer fictif du logement, estimé par référence au loyer réel d'un

logement comparable : l'autoconsommation alimentaire est estimée au prix de la production marchande : lorsque les produits agricoles faisant l'objet de l'autoconsommation sont transformés par les ménages, ou à l'intérieur de l'exploitation agricole, on n'inscrit pas en général de valeur ajoutée correspondant à cette transformation, sauf pour le vin, classé dans la nomenclature française comme produit agricole primaire. La valeur de l'autoconsommation est estimée à partir de diverses sources (pour l'essentiel, enquêtes du ministère de l'Agriculture et des services d'assiette de la Direction générale des impôts).

Auto-équipement

a : *Services rendered for own account* – **d** : *Eigenleistungen* – **e** : *Autoequipamiento*

Comptabilité nationale : Travaux d'équipement et de gros entretien effectués par une entreprise pour elle-même.

Autofinancement

a : *Internal financing* – **d** : *Innenfinanzierung* – **e** : *Autofinanciación*

---

*Financement par un *agent économique de ses *investissements à l'aide de ses propres ressources.*

Dans le financement de l'*entreprise, il est employé par opposition à l'appel aux ressources extérieures (*emprunt, *crédit, augmentation de *capital...). En effet, les ressources nécessaires au financement de l'investissement ne sont pas recherchées auprès de prêteurs (capitalistes, marché financier, banques...), mais tirées des produits de l'exploitation de l'unité économique elle-même (généralement l'entreprise).
L'autofinancement peut être également pratiqué par les collectivités publiques : utilisation de l'excédent des ressources courantes (impôts, produits des services) sur les dépenses de fonctionnement.

Notion et mécanisme de l'autofinancement

La notion d'autofinancement possède un contenu à la fois vaste et relativement imprécis. A la différence de la formation des réserves légales ou facultatives, l'accumulation des moyens de l'autofinancement n'est pas toujours visible dans les bilans et revêt des formes diverses. Les recettes réalisées par une entreprise lui permettent d'abord de couvrir

ses charges d'exploitation (frais de personnel, de matériel, achats de matières premières, etc.). L'excédent qui subsiste lui permet de couvrir les *amortissements et de constituer un certain nombre de *provisions pour risques ou dépréciations réels. Au terme de ces opérations, l'excédent éventuel constitue le bénéfice, qui est en général en partie distribué (aux actionnaires, administrateurs...), en partie conservé par l'entreprise sous forme de *réserves. Les moyens d'autofinancement sont précisément constitués par ces capitaux conservés par l'entreprise et provenant d'elle-même : *amortissements, provisions et réserves, i.e.* le *profit non distribué.
Les moyens d'autofinancement sont donc la somme des amortissements et des profits non distribués représentés comptablement par :
1) des *réserves visibles* dans le bilan ;
2) des *réserves occultes* sous forme de provisions ou de sous-évaluations de l'actif qui font que l'entreprise dispose en réalité de plus de richesses qu'elle n'en avoue ;
3) des *amortissements accélérés ou spéciaux* qui permettent à l'entreprise de conserver des fonds importants ;
4) le *produit de fraudes fiscales éventuelles et de dissimulation de bénéfices* ou de non-transfert et de non-comptabilisation de bénéfices réalisés par des filiales ;
5) les *provisions légales pour amortissements.* Selon la conception stricte de l'autofinancement, ces ressources en sont exclues puisqu'elles ne permettent à l'entreprise que de maintenir en état son appareil de production (*voir également* Cash flow).
Comptabilité nationale française : Elle définit usuellement le taux d'autofinancement comme le rapport : épargne des sociétés + part de l'épargne des entrepreneurs individuels affectée à l'investissement + indemnités d'assurance sur les dommages en capital/*formation brute du capital fixe +, éventuellement, variation des stocks.
En théorie, *le moment de la décision* d'autofinancement peut être antérieur ou postérieur aux résultats d'un exercice.
1) **Ex post,* il est décidé à la fin d'un exercice financier, sur des profits réalisés et dont une partie n'a pas été distribuée.
2) **Ex ante,* il peut être obtenu, par exemple, par une majoration des prix de vente qui rend l'excédent de profits certain. Ce procédé n'est évidemment possible que si l'entreprise est dominante sur le marché et peut d'une certaine façon dicter son prix. Encore faut-il que la demande de son produit soit inélastique, sinon elle s'exposerait par cette pratique à un risque de mévente.

Mesure du phénomène

Une mesure statistique exacte du phénomène d'autofinancement est rendue difficile par son caractère polymorphe et par le « secret des affaires » qui couvre la majeure partie des comptes des entreprises :
– la place de l'autofinancement dans le financement des investissements a pu néanmoins être évaluée globalement dans divers pays. En France,

environ 60 % de la formation brute du capital métropolitain sont financés ainsi ; aux États-Unis les installations nouvelles sont financées pour la quasi-totalité par des bénéfices non répartis et par des amortissements ;

– entre le début et la moitié du XXe siècle, les pourcentages d'autofinancement ont été selon les pays multipliés par 2 à 4.

La pratique de l'autofinancement tend à devenir très générale et à faire passer au second plan la distribution des *bénéfices, contrairement aux schémas développés par la théorie économique classique.

Contexte économique et financier de l'autofinancement

Ce phénomène est à ce point lié à l'économie moderne qu'il est difficile d'en distinguer les causes des conséquences. Un certain nombre d'éléments du contexte économique général sont en revanche dans un rapport direct avec l'expansion de l'autofinancement.

L'évolution du rôle de l'épargne : Le rôle de l'*épargne a sensiblement diminué dans l'accumulation du capital, encore qu'on appelle « épargne » l'autofinancement lui-même. Cette évolution tient à de multiples causes telles que : la préférence croissante des épargnants éventuels pour la liquidité et l'attrait de la consommation ; le développement des « épargnes institutionnelles » (assurances, prévoyance sociale) qui ne mettent pas l'essentiel de leurs ressources à la disposition des entreprises : la pénalisation de fait, généralement fiscale, du recours de sociétés au marché des capitaux pour le financement des investissements ; l'importance grandissante de l'État qui contrôle une portion importante du crédit ; le souci des entreprises de se soustraire aux risques d'un endettement extérieur et notamment aux fluctuations de la Bourse ; le faible rendement des actions et la menace de l'érosion monétaire sur la valeur et le revenu des obligations ; le coût des ressources d'emprunt, dont le taux d'intérêt mesure le seuil minimal du rendement des investissements financés.

L'évolution de la fiscalité :

– *son importance :* établi tout d'abord à des taux modestes, l'impôt sur les bénéfices des sociétés a été rapidement aggravé. Son taux est aujourd'hui de l'ordre de 50 % dans les pays développés, sans préjudice d'autres impositions qui peuvent venir s'y ajouter (taxation sur les réserves ou sur la mise en réserve des profits, *patentes, etc.) ;

– la *double imposition* des profits distribués (prélèvement de l'impôt sur les sociétés à titre de bénéfices, puis à celui de l'impôt sur le revenu des personnes physiques lorsqu'ils entrent dans le patrimoine de l'actionnaire) a pu encourager les entreprises à diminuer leurs distributions de bénéfices. Des techniques d'allègement fiscal sont venues compenser — et au-delà — cette relative surimposition (*voir* Avoir fiscal) ;

– enfin et surtout, on doit signaler les mesures fiscales destinées à favoriser les *amortissements accélérés ou exceptionnels pour des raisons économiques générales. En France, par exemple, les entreprises avaient été autorisées dès avant la dernière guerre à constituer des provisions pour renouvellement déductible de leurs bénéfices imposables. Les dispositions concernant les révisions des *bilans et les plus-values sur *stocks avantageaient les entreprises qui avaient emprunté pour constituer leurs immobilisations. L'extension des régimes d'amortissements accélérés a permis aux entreprises de dégager des ressources propres.

La structure des entreprises et du marché modernes : *L'existence d'entreprises dominantes* (*voir* Domination) et d'un marché *oligopolistique est un élément fondamental du contexte de l'autofinancement.
Pendant longtemps, d'importants bénéfices ont été réalisés et investis grâce aux bas prix imposés aux produits coloniaux (matières premières...) par les économies (et les entreprises) dominantes.
Aujourd'hui, les groupes les plus puissants, parce qu'ils obtiennent de meilleures conditions de crédit sur le marché financier, peuvent effectuer plusieurs investissements à meilleur compte, amortir sur la base de ces investissements, réaliser des bénéfices qui sont autant de moyens de relayer cet endettement par un autofinancement (« rente financière »).
La structure des groupes industriels leur permet de nouer des relations entre sociétés mères et filiales pour dégager des marges d'autofinancement (bénéfices des filiales, dissimulations, etc.).
La position dominante d'un groupe le met à même de maintenir les prix à un taux tel qu'il incorpore la valeur d'autofinancement décidée *ex ante* (rentes de marché ou bénéfices de monopole).
Le groupe industriel peut se transformer en groupe de pression et influer sur les décisions fiscales de l'État (notamment en ce qui concerne les amortissements exceptionnels).
L'autofinancement est à son tour un moyen de recherche de la domination. Grâce à lui, l'entreprise est exempte d'insécurité et de dépendance. Elle échappe aux mouvements de la Bourse, au contrôle du banquier.
A l'intérieur de l'entreprise elle-même, la tendance à l'autofinancement est le fait des dirigeants de l'entreprise, attachés à sa réussite et à la conquête du pouvoir économique. Dans une certaine mesure, l'extension de l'autofinancement s'explique par l'affaiblissement de la position des actionnaires en face des « directeurs », et en même temps renforce la position de ces derniers.
Il est lié à une nouvelle définition du choix des investissements.
Le développement des procédés d'autofinancement fait perdre à la notion d'*intérêt le rôle primordial que lui ont dévolu les économistes. En effet, l'entreprise qui s'autofinance peut se permettre de faire passer d'autres considérations avant la comparaison de la rentabilité de celui-ci avec le taux de l'argent sur le marché, dans la mesure où elle dispose déjà des ressources nécessaires.
Décidé la plupart du temps au sein d'un « groupe » d'entreprises,

l'investissement autofinancé peut répondre à un besoin de domination ou même de prestige et échapper par conséquent aux critères classiques de « rationalité » économique.
Dès lors, l'autofinancement peut être cause de « suréquipements sectoriels », le groupe dominant un secteur pouvant s'autofinancer largement. Il peut même donner lieu à des gaspillages d'autant plus regrettables que d'autres secteurs connaissent des besoins et que le marché financier ne peut arbitrer la distribution de ces investissements.
Enfin, l'autofinancement peut mesurer l'impuissance de l'État à orienter la répartition des investissements entre les diverses branches de l'économie. Les branches qui s'autofinancent gagnent en effet une autonomie qui se renforce elle-même au fil des opérations sur lesquelles les mesures publiques d'orientation du crédit n'ont que de faibles incidences.

Valeur de l'autofinancement

L'autofinancement a été certainement l'*une des notions les plus controversées*.
En France, après avoir été déploré durant les années 50, il a été ensuite mis au premier plan de la politique du financement de l'économie. Il reste considéré par certains comme un mal en soi, en raison des *dangers* qui y sont attachés (domination, suréquipement, autonomie par rapport aux pouvoirs publics, *inflation). Apparemment néfaste dans ses effets, il semble de ce point de vue condamnable dans ses moyens. Les fonds utilisés sont en effet dégagés aux dépens soit des actionnaires (dividendes non distribués), soit des consommateurs (prix de monopole), soit du personnel employé (salaires trop bas), soit de l'État lui-même (exemptions ou fraudes fiscales).
Il n'est pas davantage un bien en soi, mais présente un certain nombre d'*avantages,* sous l'angle de la politique économique elle-même : dans une large mesure, c'est l'État lui-même qui encourage l'autofinancement, soit indirectement (pression fiscale), soit directement par les possibilités qu'il ouvre aux amortissements exceptionnels destinés précisément à encourager certaines branches industrielles menacées. Dans le Ve Plan, l'accroissement du taux d'autofinancement des entreprises était mis au nombre des objectifs majeurs de la programmation en valeur. En revanche, les plans suivants ne retenaient pas le taux d'autofinancement comme une norme ; si les inconvénients les plus graves sont liés au caractère oligopolistique du marché, l'autofinancement, en partie responsable de leur aggravation, ne l'est pas de son existence ; la marge d'autofinancement constitue un facteur de sécurité ou de rationalisation de l'outillage pour suivre un progrès technologique subitement accéléré, lancement (souvent coûteux) de produits ou de formules nouveaux, absorption d'une augmentation soudaine des coûts sans répercussion immédiate sur les prix.
Manifestation de la *tendance de l'entreprise à persévérer dans son être,* il n'a pas à être jugé en soi mais constaté et maintenu par des pouvoirs

publics dans les proportions les meilleures, compte tenu des structures et de la conjoncture économique et financière (degré de puissance souhaité pour les entreprises, état du marché financier, ressources du système bancaire, etc.). Il peut illustrer l'indépendance ou l'anarchie, le dynamisme ou la domination, la modernisation ou le gaspillage, les résultats de la politique ou de la fraude fiscales. La définition de ces seuils — variables selon les secteurs — relève d'une meilleure information et d'une action sélective de l'État, responsable de l'équilibre économique général.
La notion d'autofinancement, très importante en *économie capitaliste,* conserve sa valeur en *économie socialiste :* dans les pays à planification impérative centralisée, l'autofinancement est planifié. Dans les pays à planification souple et à structures de décisions décentralisées ou déconcentrées, les entreprises sont généralement tenues d'assurer une part minimale du financement de leurs investissements sur leurs ressources propres.

Autogestion

a : *Self-management* – **d** : *Selbstverwaltung* – **e** : *Autogestión*

Régime d'organisation et de fonctionnement d'une structure d'entreprise dans lequel la gestion est assurée par l'ensemble des travailleurs.

• L'autogestion est une *formule d'organisation des rapports sociaux* dans l'*entreprise qui dissocie le pouvoir de décision de la propriété. En cela elle s'oppose naturellement au régime d'organisation des entreprises capitalistes dans lesquelles le pouvoir de décision est fondé sur la propriété privée des moyens de production et où la direction émane directement ou indirectement des propriétaires du capital. Mais elle se distingue également du régime d'organisation des entreprises publiques des régimes socialistes étatiques, où la collectivisation des moyens de production est conçue comme un transfert à l'État du pouvoir de gestion, qu'il délègue à une direction nommée par lui.
L'autogestion vise à réaliser ainsi la démocratie économique dans l'entreprise en transférant les pouvoirs de gestion à ceux qui mettent effectivement en œuvre les moyens de production. Elle dissout la notion de pouvoir patronal.

• Bien entendu, les *modalités d'application* de l'autogestion peuvent se concevoir assez diversement selon le type d'entreprise, et la nature et l'importance des niveaux de décision, qui peuvent conduire à des dosages différents de l'exercice direct du pouvoir de décision ou de la délégation. Dans tous les cas où il y a délégation de pouvoir, celle-ci doit procéder de l'élection, qui peut être elle-même directe ou indirecte. En principe

également la délégation de pouvoir est donnée pour un temps et doit être révocable.
Pratiquée depuis longtemps dans certaines entreprises telles que les coopératives de production, l'autogestion n'a fait l'objet d'une expérience étendue que dans un seul pays, la Yougoslavie socialiste. L'expérience yougoslave, controversée, a bien illustré les problèmes que pose l'autogestion généralisée :

– au niveau de l'entreprise, l'autogestion exige par définition une participation active des travailleurs, qui suppose un niveau de culture et de conscience élevé, ainsi qu'un sens actif des responsabilités : faute de quoi des rapports de type patronal risquent de se reconstituer entre les responsables et ceux qui les investissent ; ou encore la prospérité de l'entreprise, qui implique une répartition adéquate entre l'accumulation du capital et la rémunération des travailleurs, risque d'être sacrifiée aux appétits immédiats de ces derniers ;

– au niveau de la communauté sociale dans son ensemble se pose le problème des rapports entre les organisations autogérées. La démocratie économique dans l'entreprise sera vite illusoire, si les relations entre organisations autogérées ne sont pas équilibrées et deviennent de simples rapports de force. Un rôle de contrôle et de régulation incombe aux structures politiques locales, régionales ou nationales, dans le cadre d'une planification souple recourant plus aux moyens indirects d'incitation, de dissuasion qu'à la réglementation impérative.

Naturellement, l'équilibre des pouvoirs au sein de l'entreprise et au niveau des communautés territoriales est difficile à établir et le régime yougoslave a bien manifesté à cet égard qu'il s'agissait d'une expérience progressive et évolutive. Celle-ci a été remise en cause par la dislocation de la fédération en 1991 et le retour de certaines républiques à une économie de marché fondée sur la prédominance de l'entreprise privée.

Il reste que le projet autogestionnaire a cristallisé des aspirations profondes, si l'on considère que des organisations syndicales ou politiques d'inspiration socialiste, dans les pays occidentaux notamment, l'ont inscrit comme ambition à long terme, sinon comme voie d'expérience ou comme modèle immédiat d'une société socialiste.

Certaines, comme le syndicat CFDT, le parti socialiste en France, ont prôné un temps l'autogestion comme système d'organisation à vocation générale, en envisageant son extension, en dehors de la production, à l'organisation de la vie collective (gestion des équipements collectifs par les usagers, décentralisation des fonctions municipales...).

Voir Entreprise, Participation, Cogestion.

Automation

a : *Automation* – **d** : *Automation* – **e** : *Automación*

Initialement : Abréviation d'automatisation. Actuellement : Ensemble des connaissances et des techniques concernant les systèmes automatiques.

Le mot fut proposé en 1947 aux États-Unis pour caractériser l'automatisation complète d'un processus de production industrielle.
Par extension, il s'appliqua successivement :
- aux machines automatiques,
- aux machines à système de contrôle autonome,
- aux ensembles de calcul électronique.

Par ordre de complexité croissante, l'automation comporte :
- l'exécution automatique en « boucle ouverte »,
- le contrôle par *feed-back* ou retour d'information,
- le contrôle à auto-adaptation,
- le contrôle par calculateur.

Les schémas logiques développés dans la théorie de l'automation trouvent une application aux systèmes économiques simples ou complexes. En particulier, les notions d'asservissement, d'autorégulation, de délai de réponse peuvent être transposées directement à la vie économique.

Automatismes

a : *Automatisms* – **d** : *Automatismus* – **e** : *Automatismos*

Mécanismes autorégulateurs de l'économie résultant des comportements des agents économiques pris individuellement, en l'absence d'intervention d'opérateurs extérieurs.

L'existence d'automatismes constitue l'un des postulats fondamentaux de l'école libérale classique, qui considère que les phénomènes économiques sont régis par des lois naturelles ; les milieux d'affaires anglo-saxons issus de la bourgeoisie protestante ont même été tentés de voir dans ces mécanismes l'effet d'un ordre divin.
La notion d'automatisme a été invoquée pour justifier l'abstentionnisme de l'État devant les dérèglements de l'économie. L'existence de corrections automatiques devrait assurer les équilibres de la production et de la consommation, de l'offre et de la demande de travail, et des échanges internationaux.
L'observation des phénomènes économiques des cinquante dernières années et les progrès de l'analyse font douter, en fait, de l'existence de

véritables automatismes. Tout au plus peut-on parler à propos de certains phénomènes économiques de *mécanismes internes tendant à une certaine autorégulation. Mais l'intervention croissante de l'État, même dans les économies de marché, pour assurer les conditions de la croissance et remédier aux déséquilibres globaux ou sectoriels manifeste que ces tendances autorégulatrices n'ont qu'une portée partielle et une efficacité aléatoire.

Autonomie financière

a : *Financial autonomy* – **d** : *Finanzielle Unabhängigkeit* – **e** : *Autonomía financiera*

Économie d'entreprise : Aptitude d'une entreprise à faire face à ses dettes exigibles par des financements normaux.

Dans cette optique, peuvent être considérés comme « normaux » les financements accroissant la dépendance de l'entreprise. Exemples : allongement du *crédit-fournisseurs ; augmentation des crédits bancaires, qui exposent l'entreprise aux décisions unilatérales de ses bailleurs de fonds ; apports en capital en numéraire ou par *consolidation des dettes à court terme, qui peuvent modifier la répartition du capital aux dépens des dirigeants.

Autoproduction

a : *Production for own use* – **d** : *Eigenfertigung* – **e** : *Autoproducción*

Production par des entreprises ou des particuliers de biens ou de services à laquelle ils n'ont pas normalement vocation.

Cette notion a été mise en lumière pour désigner les pratiques encouragées par la pénurie, la sclérose du marché et le taux excessif des impôts indirects. Cette situation peut également se renconter en période d'*inflation grave où l'on assiste à une fuite devant la monnaie et à une méfiance du marché. Les entreprises s'efforcent alors de subvenir le plus possible à leurs propres besoins par des moyens de fortune, et même les particuliers demandent au bricolage ce qu'ils se procuraient normalement sur le marché. Ce phénomène est symétrique de l'*autoconsommation : alors que, par cette dernière, les agents économiques couvrent une partie de leurs besoins par leurs produits, ils s'efforcent de produire, dans l'« autoproduction », les biens et services dont ils ont besoin. C'est en quelque sorte une recherche de l'*autarcie au niveau de l'agent économique.

Autorisation de programme

a : *Program approval* – **d** : *Programmerlaubnis* – **e** : *Autorización de programa*

Procédure du droit budgétaire français se traduisant par l'inscription, au cours d'un exercice donné, et sans recette correspondante, d'un crédit d'engagement donnant lieu à paiements échelonnés sur plusieurs exercices.

Créée pour permettre de concilier la règle de l'*annualité budgétaire avec la nature pluriannuelle des dépenses d'investissement, l'autorisation de programme est une autorisation donnée à l'*ordonnateur d'engager, au fur et à mesure des besoins — et dès le départ s'il l'estime nécessaire —, la totalité du coût d'une opération donnée, même si cette opération doit être réalisée en plusieurs années.

Fonctionnement

Techniquement, le système des autorisations de programme, jumelé avec celui des *crédits de paiement, fonctionne de la façon suivante :

Première phase : vote de l'autorisation de programme : Ce vote se traduit par l'inscription, au budget du ministère intéressé, d'une autorisation de programme d'un montant déterminé.
Dans la plupart des cas, cette autorisation de programme est globale : elle recouvre toute une série d'opérations relevant d'une même catégorie. Aussi vote-t-on chaque année *x* millions de francs d'autorisations de programme pour le financement des constructions scolaires du premier degré, *y* millions de francs pour le financement des constructions du second degré, *z* millions de francs pour le financement des constructions hospitalières, etc.

Deuxième phase : affectation de l'autorisation de programme : Cette opération consiste à prélever sur l'autorisation de programme globale, votée au titre d'une rubrique budgétaire donnée, la fraction d'autorisation de programme destinée au financement d'une opération nommément désignée.
Exemple : le ministère de l'Éducation nationale a fait inscrire en 1974 au *chapitre 56-33 de son budget (enseignement du second degré) 268 000 000 de francs d'autorisations de programme. Il en *affecte* 2 millions à la construction du lycée *x*.
Cette affectation a deux effets :
1) elle individualise et immobilise l'autorisation de programme ainsi affectée : les 2 millions affectés à la construction du lycée *x* ne pourront être utilisés pour celle du lycée *y* que s'ils ont été préalablement désaffectés de leur objet primitif ;

2) elle détermine le plafond des *engagements que l'ordonnateur pourra passer au titre de l'opération dont il s'agit. Si le lycée *x* coûte 2 100 000 francs, l'ordonnateur ne pourra engager les derniers 100 000 francs que s'il prélève au préalable la somme correspondante sur l'autorisation de programme globale inscrite au chapitre considéré pour l'affecter à la construction du lycée *x*, en complément de l'autorisation de programme de 2 millions déjà affectée.
L'autorisation de programme affectée à une opération doit correspondre au coût total de l'opération. Le découpage en tranches est toutefois admis pour les opérations très importantes, à condition que chaque tranche soit « fonctionnelle », c'est-à-dire qu'elle constitue un ensemble cohérent susceptible d'être utilisé isolément dans le cas où les tranches ultérieures ne pourraient pas être financées.

Troisième phase : engagement de la dépense : Dès qu'une opération se trouve dotée en autorisation de programme, l'ordonnateur peut engager la dépense (c'est-à-dire passer les marchés ou les commandes, signer les conventions, etc.) dans la limite maximale du montant de l'autorisation de programme affectée à l'opération.

Quatrième phase : paiement de la dépense : L'autorisation de programme n'est qu'un *crédit d'engagement.* Pour que la dépense puisse être payée, il faut que l'ordonnateur dispose d'un crédit d'une nature différente, corollaire obligatoire de l'autorisation de programme, et qu'on appelle *crédit de paiement.*
A la différence de l'autorisation de programme, les crédits de paiement sont annuels. Ils sont votés au fur et à mesure de l'avancement des travaux, en fonction des paiements prévisibles à assurer.
Le tableau ci-dessous retrace, sur l'exemple d'une opération coûtant initialement 2 000 000 de francs puis réévaluée ultérieurement à 2 100 000 francs, le calendrier type des différentes inscriptions budgétaires :

Années de vote des crédits	Autorisations de programme	Crédits de paiement
1975	2 000 000	400 000
1976	—	800 000
1977	—	700 000
1978	100 000	200 000
	2 100 000	2 100 000

Signification et portée du système des autorisations de programme

Lorsqu'on entreprend une opération d'investissement, deux solutions sont possibles :

– ou bien réaliser et immobiliser le financement au préalable ;
– ou bien ne réaliser le financement qu'au fur et à mesure des besoins et de l'avancement du chantier.
La première solution est sans doute la plus orthodoxe et la plus prudente. Mais elle présente une très grande rigidité, difficilement conciliable avec la réalisation d'un programme important et complexe de grands travaux d'investissement étalés sur une longue période.
Le système des autorisations de programme et des crédits de paiement, qui permet d'engager une opération et de ne réaliser le financement qu'au fur et à mesure des besoins, présente l'avantage d'une beaucoup plus grande souplesse. Il exige en revanche d'être attentivement maîtrisé sur le plan de la trésorerie (*voir* Loi de programme).

Aval

a : *Bill guarantee* – **d** : *Aval/Wechselbürgschaft* – **e** : *Aval*

Acte par lequel un tiers, distinct du tiré, du tireur et des endosseurs, garantit le paiement à l'échéance d'un effet de commerce.

Principes et intérêt de l'aval

Un effet de commerce a d'autant plus de valeur, pour être mobilisé, qu'il est revêtu d'un plus grand nombre de signatures qui en garantissent le paiement. Or, un aval sur un effet de commerce ajoute la garantie du donneur d'aval à celles du tiré, du tireur (et éventuellement des endosseurs). L'aval a donc un triple intérêt : pour le tireur-porteur, il consolide l'effet qu'il détient et lui permet de le mobiliser plus aisément ; au tiré (débiteur), il permet par voie de conséquence de faire appel au crédit des banques dans de meilleures conditions, puisque l'effet tiré sur lui et avalisé permet à la banque de rentrer dans ses fonds par *mobilisation ; pour le donneur d'aval, il est un engagement par signature qui n'entraîne pas pour lui de sorties de fonds (sauf en cas de non-paiement à l'échéance).
La pratique de l'aval est encouragée par les banques, qui préfèrent que la signature du tireur soit avalisée sur les effets qu'elles prennent à l'escompte. Le donneur d'aval a généralement un intérêt indirect à intervenir, même s'il ne retire personnellement aucune rémunération de cette opération : il peut s'agir par exemple de gérants d'une SARL qui avalisent les traites de la société (personne morale distincte). Il s'agit aussi d'organismes publics qui facilitent l'obtention de crédits par les fournisseurs de l'État ou les exportateurs, dont l'État a intérêt à encourager l'activité.

Aval en pension

a : *Loan against pledged bill* – **d** : *Wechselpension* – **e** : *Aval en prenda*

Acte par lequel un emprunteur donne en gage à son banquier des effets de commerce dont il garantit le paiement par un endossement.

Voir Gage.

Avance

a : *Advance* – **d** : *Vorschuss* – **e** : *Anticipo*

---

*Crédit accordé à titre de facilité de *trésorerie.*

L'emploi du mot pour des opérations de nature diverse n'est pas très précis ; il marque une idée d'anticipation sur des recettes définies ou un terme bref. En français, le terme s'emploie surtout au pluriel.

• Les avances peuvent être accordées à son créancier par toute personne publique ou privée dont la dette n'est pas encore exigible ou liquidée : le crédit consenti se dénouera dans l'opération même de règlement ultérieur de cette dette. Ainsi des avances sur salaires, sur commandes, sur marchés publics (avances sur approvisionnements).

• Lorsqu'il s'agit d'*opérations bancaires,* on appelle avances des opérations de *crédit à court terme qui doivent se dénouer sur le produit de règlements commerciaux ou par d'autres opérations attendues, lorsqu'il ne s'agit pas de crédits réalisés par voie de cessions de créances (escompte).

Ces avances peuvent être garanties ou non : les avances en compte ne sont qu'une autre définition des *découverts.

Le terme d'avances, suivi de l'indication de la sûreté dont elles sont assorties, est employé pour diverses catégories de crédits garantis : avances sur titres, avances sur marchandises (*voir* Warrant), avances sur marchés publics.

En Grande-Bretagne, il couvre l'ensemble des crédits bancaires qui ne sont pas accordés par voie d'escompte : c'est aujourd'hui l'essentiel des crédits des clearing banks aux entreprises ; les avances sont réalisées sous forme de découverts *(overdrafts)* ou de prêts *(loans)* portés au débit de comptes ouverts à cet effet.

• *Sur le marché monétaire* entre la banque centrale, les banques et le Trésor, l'emploi fréquent du terme d'avances indique le caractère commun des opérations techniques permettant l'échange de liquidités et l'augmentation de leur volume par l'intervention de la banque centrale ; il ne préjuge pas la forme qu'elles prennent ; elles relèvent toutes de la gestion de la trésorerie.

Ainsi, la banque centrale fournit des liquidités aux banques sous la forme d'avances qui peuvent être réalisées selon des techniques diverses (achats de titres, escompte d'effets, prise en pension, nantissement de titres).

• La banque centrale fournit aussi des moyens de trésorerie au *Trésor public :* parce qu'il s'agit de faire face aux fluctuations saisonnières de la situation du Trésor ou à des circonstances exceptionnelles, les prêts au Trésor sont qualifiés d'avances (*voir* Banque centrale).
Les avances au Trésor constituent la contrepartie du privilège d'émission de la banque centrale ; en raison de leur caractère inflationniste, elles sont généralement plafonnées par la loi.
Les avances consenties par la Banque de France au Trésor se sont diversifiées à l'occasion des crises de trésorerie : à l'avance permanente se sont ajoutées des avances provisoires. Elles ont été regroupées en application de la convention du 29 octobre 1959, de telle sorte que n'apparaissent plus que deux lignes au bilan de la Banque de France :

– les prêts à l'État correspondant aux plafonds d'avance totalement utilisés (*voir* Banque de France).

– les avances à l'État dont le plafond est régulièrement abaissé par affectation de certaines recettes : le solde débiteur de ce compte représente à tout moment la position du Trésor, car le compte courant du Trésor où sont enregistrées toutes les opérations des comptables publics est quotidiennement nivelé par transport de son solde créditeur en atténuation de l'avance ou par l'opération inverse. Mais le compte d'avances ne reflète pas tous les concours accordés par la Banque au Trésor : ces concours peuvent résulter de l'escompte d'obligations cautionnées, entrées dans le portefeuille des comptables publics, ou des opérations faites avec les correspondants du Trésor en vue de leur permettre d'accroître leurs placements auprès du Trésor (effets à moyen terme ou bons du Trésor).

• *Le Trésor consent lui-même des avances,* généralement au profit d'autres collectivités publiques ou d'organismes parapublics. Dans le vocabulaire de la comptabilité publique, le terme d'avances est réservé aux prêts d'une durée de deux ans qui, par renouvellement, peut être portée à quatre ans au plus : ils sont comptabilisés dans une catégorie particulière de *comptes spéciaux du Trésor intitulée comptes d'avances.

• *En matière budgétaire, les crédits d'avances* sont des crédits ouverts en anticipation sur leur autorisation régulière qui doit être accordée par une loi de finances. La législation budgétaire prévoit la procédure des décrets d'avances ouvrant des crédits supplémentaires en cas d'urgence dans trois cas où la ratification parlementaire doit être demandée dans la plus prochaine loi de finances :

– en matière de crédits provisionnels dont les dépenses sont engagées en vertu d'une loi ou d'un règlement ;

– en matière de crédits limitatifs, s'il est établi que l'équilibre financier prévu à la dernière loi de finances n'est pas affecté ;

– en cas de nécessité impérieuse d'intérêt national : le décret d'avances est alors pris en Conseil des ministres et le projet de loi de finances portant ratification doit être déposé immédiatement ou à l'ouverture de la plus prochaine session du Parlement (ordonnance 59-2 du 2 janvier 1959, art. 10 et 11).

Avance en compte courant

a : *Overdraft/Current account credit* – **d** : *Kontokorrentkredit* – **e** : *Crédito en cuenta corriente*

---

*Inscription, par un banquier, d'un crédit ou d'un *découvert à un compte courant sur lequel le client peut prélever à concurrence du montant du découvert.*

Avance en devises

a : *Advance in foreign exchange* – **d** : *Devisenvorschuss* – **e** : *Anticipo en divisas*

---

*Prêt à court terme en *devises, consenti par une banque à une entreprise, pour le financement de marchés précisés.*

Ces avances permettent aux importateurs de régler le montant de leurs importations, ou aux exportateurs d'anticiper sur les paiements par leurs acheteurs étrangers.

Avance aux importateurs : Consentie à taux et à terme fixes (trois mois au maximum, six mois dans certains cas), l'avance est directement affectée par le banquier au règlement du fournisseur étranger, et ajustée à l'échéance de la créance. Elle ne peut donc se cumuler avec le *crédit fournisseur, mais seulement le prolonger éventuellement.

A l'échéance du prêt, l'entreprise achète les devises sur le marché des changes, au cours en vigueur au jour de l'échéance, et supporte le risque de change.

Avance aux exportateurs : Consentie jusqu'au règlement de l'exportation prévu au contrat, elle est réservée à l'exportateur qui n'a pas recours, auprès des banques françaises, au crédit de mobilisation de créances nées sur l'étranger. Elle est subordonnée au passage en douane des marchandises facturées. Le contrat d'avance est dénoué le jour du règlement de l'exportateur par son client étranger. Les devises reçues sont alors cédées sur le marché des *changes, et d'autres devises sont achetées sur le marché pour rembourser l'avance. Si la monnaie de la facture est la même que celle de l'avance, la cession et le rachat de devises se traitent au même cours. Dans le cas inverse, il subsiste un risque de change.

Avance sur marchandises, avances sur titres

a : *Lombard loan (R.-U.)/Collateral loan (É-U.)* – **d** : *Lombardkredit* – **e** : *Crédito pignoraticio*

---

*Crédit ouvert par un banquier et garanti par un droit de *gage sur des marchandises ou des titres (valeurs mobilières) appartenant au client.*

Avertissement

a : *Notice of tax assessment* – **d** : *Steuerbescheid* – **e** : *Notificación fiscal*

Document envoyé au contribuable par l'administration fiscale pour lui notifier le montant et les conditions d'exigibilité de ses contributions.

Un avertissement est émis pour le recouvrement des *anciennes contributions, de l'*impôt sur le revenu et, s'il y a lieu, pour ce dernier, des deux *acomptes provisionnels.
L'avertissement précise le montant total de la contribution à verser et indique quelques éléments du calcul de celle-ci. Pour les impositions perçues au profit des collectivités publiques, il donne en outre les parts respectives de la commune et du département bénéficiaires, voire de certains organismes professionnels tels que les chambres de commerce ou de métiers.
L'avertissement notifie également la date de mise en recouvrement de l'impôt, c'est-à-dire celle à laquelle le *rôle devient opposable au contribuable, la date d'exigibilité — un mois plus tard – et la date à laquelle une majoration de 10 % sera appliquée sur la cotisation non payée, soit quinze jours après la date d'exigibilité.
L'avertissement comporte, en outre, divers renseignements pratiques : poste comptable auquel doit être effectué le versement, numéro du compte du contribuable, inspection des contributions pouvant fournir tout renseignement sur les bases et le calcul de l'impôt.
L'avertissement doit être joint à toute réclamation auprès du directeur départemental des impôts.

Avertisseur

a : *Indicator* – **d** : *Indikator* – **e** : *Indicador*

**Indice chiffré retraçant l'évolution d'une grandeur économique ou financière particulièrement significative pour la conduite de la politique économique générale et l'appréciation de ses résultats.*

• La plupart des *indices peuvent en fait être considérés comme des avertisseurs, dans la mesure où leur interprétation est objective et effectuée avec le souci de l'action. De même, il y a autant d'ensembles (ou de « batteries ») d'avertisseurs que de secteurs où l'on désire analyser le comportement de l'économie et les résultats de la politique menée.

• Les avertisseurs, souvent dénommés aussi indicateurs avancés, se distinguent en revanche des *indicateurs d'alerte (ou clignotants) en ce qu'ils sont censés caractériser la conjoncture sans référence à un objectif de politique économique.

• Sans que l'énumération soit exhaustive, on peut considérer, par exemple, comme des avertisseurs significatifs les indices illustrant l'évolution des grandeurs suivantes :
– la production industrielle ;
– le niveau général des prix de gros et de détail ;
– le niveau des salaires ;
– la consommation d'énergie ;
– le volume des wagons chargés ;
– l'activité des industries des papiers et cartons ;
– les avoirs en or et devises ;
– la *masse monétaire ;
– les taux de l'argent, le taux de rendement des valeurs à revenu variable, le taux de capitalisation des valeurs à revenu fixe... ;
– l'indice des valeurs cotées ;
– la vitesse de circulation des dépôts bancaires.

Avis de prélèvement

a : *Debit advice* – **d** : *Lastschriftanzeige* – **e** : *Aviso de adeúdo*

Document constituant un support de recouvrement et tendant à faciliter le recouvrement de créances non commerciales.

L'avis de prélèvement s'applique essentiellement dans le domaine du crédit à la *consommation.
Le débiteur autorise son créancier à émettre des avis de prélèvement sur son compte à due concurrence.
Pour les avis à montant constant (crédit à la consommation), l'autorisation prend fin à l'extinction de la dette.
Pour les avis à montants variables (quittances d'électricité et de gaz, de téléphone...), le créancier avise préalablement le débiteur du montant et de la date de prélèvement, pour lui permettre de le refuser ou de constituer provision. A pris une grande extension dans les recouvrements de masse, s'adressant à une multitude de clients.

Avis d'imposition

a : *Notice of tax assessment* – **d** : *Steuerbescheid* – **e** : *Notificación fiscal*

---

*Autre dénomination de l'*avertissement.*

Avitaillement

a : *Catering* – **d** : *Catering* – **e** : *Avituallamiento*

Approvisionnement des navires et des aéronefs en matières consommables à bord.

Les vivres et produits divers — carburants notamment — destinés à être consommés à bord des navires et des aéronefs sont dispensés du paiement des droits et taxes perçus à l'entrée et à la sortie du territoire. Le bénéfice de ce *régime douanier particulier est accordé à toutes les marchandises destinées à l'avitaillement pourvu que leurs quantités soient proportionnelles aux besoins normaux du navire (importance de l'équipage et des passagers...) et qu'elles ne soient pas reversées à la consommation intérieure. Exclus du « commerce spécial » dans la statistique douanière (*voir* Balance commerciale), ces mouvements sont cependant retenus dans la comptabilité nationale pour le calcul des exportations et des importations lorsqu'ils entraînent des transactions entre *résidents et non-résidents (avitaillement de navires français en produits étrangers ou de navires étrangers en produits français).

Avoir

a : *Credit balance/Refund credit* – **d** : *Guthaben/Gutschrift/Haben* – **e** : *Haber*

Ce que possède une personne. Par extension : Rubrique de comptabilité sous laquelle ses biens, ses recettes ou ses créances sont enregistrés.

Dans son sens général, le terme désigne principalement les liquidités ou valeurs possédées (exemples : avoir à l'étranger d'un particulier, avoir en or et en devises d'un État...).
Dans les usages commerciaux, l'« avoir », consenti par un vendeur à un acheteur lors de la restitution d'un objet acquis antérieurement, est la créance correspondante reconnue au client et ne pouvant servir qu'à un nouvel achat. L'avoir annule donc le transfert matériel mais non les relations commerciales.

En comptabilité, ce terme, qui n'est plus guère employé, remonte à la comptabilité *alla veneziana* (XIIe siècle). Il s'applique essentiellement aux comptes des clients ou des correspondants de l'*entreprise qui tient la comptabilité.
Sous la colonne « avoir », est normalement consigné ce que le correspondant a avancé ou ce qui lui est dû. Sous la colonne « doit », ce qu'il doit à l'entreprise qui tient le compte. *Pour l'entreprise,* l'avoir correspond donc à des dettes, le doit à des créances. Ce paradoxe apparent tient à ce que le compte de correspondant est en quelque sorte tenu *à sa place* par l'entreprise. L'ambiguïté des termes a cependant conduit à leur préférer ceux de débit (doit) et de crédit (avoir) qui ne les recouvrent d'ailleurs pas exactement. En effet, le sens de ces termes est différent selon les comptes auxquels ils s'appliquent et une écriture en débit est toujours compensée, en comptabilité à partie double, par l'inscription d'un crédit correspondant.
Le système doit/avoir avait amorcé ce phénomène en donnant un sens différent aux rubriques selon qu'elles s'appliquaient à un compte de correspondant ou à un compte de règlement.

Compte du correspondant X		**Compte caisse de l'entreprise X**	
Avoir	*Doit*	*Avoir*	*Doit*
	10 000[1]	—	—
5 000[2]		5 000	

1. X doit 10 000. — 2. X paie 5 000.

Avoir fiscal

a : *Tax credit* – **d** : *Steuerguthaben* – **e** : *Haber fiscal*

Crédit d'impôt ouvert à tout contribuable (société ou personne physique) percevant des dividendes distribués par des sociétés françaises ayant supporté l'impôt sur les sociétés.

Le but de l'avoir fiscal est de réduire l'incidence de la double imposition des dividendes frappés une première fois par l'impôt sur les bénéfices de la société et une seconde fois par l'impôt sur le revenu.
La technique de l'avoir fiscal consiste à restituer au bénéficiaire de dividendes une partie de l'impôt sur les sociétés ayant frappé ces dividendes. Cette restitution, égale à 50 % des dividendes versés, prend la forme d'une créance sur l'État utilisée pour acquitter tout ou partie

de l'impôt sur le revenu dû au Trésor par le bénéficiaire. L'excédent éventuel de l'avoir fiscal sur l'impôt est remboursé au contribuable. S'agissant d'un revenu additionnel, dont la seule particularité est d'être retenu à la source par l'État, l'avoir fiscal s'ajoute aux revenus perçus pour la détermination des bases de l'impôt sur le revenu.

Bail

a : *Tenancy agreement/Rental contract* – **d** : *Mietvertrag* – **e** : *Arrendatario*

Contrat par lequel le propriétaire d'un immeuble (le bailleur) en concède la jouissance à un tiers (le preneur), pour une durée et un prix déterminés.

Le terme de bail désigne également le *document* représentatif du contrat (ce document peut être sous seing privé ou notarié). Il doit généralement être enregistré (sauf, depuis le 1er janvier 1970, pour les baux d'habitations urbaines). Le prix payé par le preneur est un *loyer*.

• Les baux ont longtemps été régis par les règles du Code civil (art. 1709 à 1713) relatives au louage d'immeuble. Mais le caractère de plus en plus dense du marché des locaux, la diversification de leurs affectations spécifiques possibles, l'apparition de droits particuliers attachés à certaines activités exercées dans les immeubles et la prise en compte progressive dans le droit de nécessités économiques et sociales ont conduit à édicter diverses règles s'appliquant à chaque type de bail et dérogatoires au droit commun, généralement favorables au preneur. Les premières dispositions de ce genre apparurent dans la loi du 30 juin 1926 relative aux baux commerciaux, puis furent modifiées et complétées notamment en 1939-1945 et par un décret du 30 septembre 1953.

• Dans tous les cas où des dispositions particulières ne sont pas en vigueur, les règles applicables sont celles du droit commun découlant du Code civil. Dans ce droit commun, le bail est un contrat conférant au preneur un droit personnel d'usage et de jouissance, qui s'analyse comme une créance sur le bailleur mais non comme un droit réel sur l'immeuble. Voici les applications les plus répandues et les plus connues de la formule du bail.

Le bail commercial

Il concerne un immeuble ou local affecté à l'usage d'un *commerce.

• Aux termes du décret du 30 septembre 1953, le locataire commerçant jouit notamment du *droit au renouvellement* de son bail à l'expiration de celui-ci (notion de propriété commerciale). Ce droit au bail est matérialisé par le versement d'un « pas-de-porte » par le nouveau

preneur au profit de l'ancien, en cas de changement de commerçant (ou au profit du propriétaire si celui-ci a créé le fonds ou le détenait). Afin de permettre au commerçant de céder son bail en même temps que son **fonds de commerce,* toute clause interdisant cette cession liée est nulle (décret de 1953), mais l'agrément à la cession doit être demandé au bailleur. Le bailleur dispose, en revanche, d'un *droit de reprise* dans un certain nombre de cas limités (et progressivement réduits depuis la loi de 1926) : reprise pour habitation personnelle, cessation du bail en cas d'insalubrité de l'immeuble nécessitant démolition (avec priorité à l'ancien preneur sur l'immeuble reconstruit)... Selon les cas d'espèces, le bailleur peut avoir à payer au preneur des *indemnités* (d'éviction, de plus-value, liées aux travaux d'amélioration éventuellement faits par le preneur, de déménagement et d'emménagement, etc.).
La législation des baux commerciaux a permis d'adapter leur régime juridique à l'évolution des données immobilières et économiques de l'activité et de la propriété commerciales. Cette évolution de la législation, cependant, n'est pas étrangère à l'accroissement sensible des prix des fonds de commerce (ayant fait place depuis quelques années à une baisse relative), à une notable extension de la spéculation et à une certaine rigidité du marché des locaux commerciaux.

• Le *régime de concession immobilière,* créé par la loi d'orientation foncière du 30 décembre 1967, a pour but de favoriser l'abandon de la propriété commerciale, en liaison notamment avec l'occupation de locaux commerciaux. La concession se définit comme un contrat, placé sous un régime juridique particulier, par lequel le propriétaire d'un immeuble en confère la jouissance à un tiers pour une longue durée moyennant le paiement d'une redevance annuelle. Dans le cas d'un local commercial, ce régime exclut la propriété commerciale, la spécialisation de l'utilisation et le versement de pas-de-porte. Les parties qui se placent sous ce régime (réservé aux immeubles achevés après la promulgation de la loi) passent un contrat par lequel le propriétaire confie au concessionnaire la jouissance d'un bien immobilier pour vingt ans au moins (sauf accord des parties sur une résiliation anticipée).

– Le *concessionnaire* jouit de divers avantages ou protections : possibilité de résiliation unilatérale pendant les six premières années ; droit de donner toute destination au local concédé (« déspécialisation ») ; droit de céder son droit à un tiers ou de concéder son fonds en location-gérance ; droit d'apporter tous aménagements ou de réaliser toutes constructions sans que le propriétaire puisse s'y opposer sans motifs légitimes ; remboursement au concessionnaire quittant les lieux en fin de concession du coût des ouvrages faits dans la limite de l'augmentation apportée à la valeur de l'immeuble ; interdiction au propriétaire refusant le renouvellement de la concession d'exercer ou de faire exercer la même activité, sauf nécessité reconnue par le tribunal.

– La contrepartie pour le *propriétaire* réside dans la durée du contrat et dans le niveau de la redevance annuelle stipulée. Cette redevance est révisable dans les conditions prévues au contrat. Elle exclut tout versement ou prestation en nature, notamment à la conclusion du contrat (c'est-à-dire le « pas-de-porte »).

Le bail d'habitation

Il concerne un local affecté exclusivement à l'habitation du preneur et de sa famille. Cette catégorie de bail est régie par la loi du 1er septembre 1948 (également dénommée « législation sur les loyers ») qui a été motivée par la pénurie de logements et qui renforce elle aussi la position du preneur.

Prenant en compte le « contact » de fait de l'occupant avec l'immeuble et son besoin de demeurer logé, cette loi a édicté les principales règles suivantes, dérogatoires au droit commun :

- droit au *maintien dans les lieux* du locataire, même après l'expiration du bail et contre la volonté du propriétaire (art. 4 *sq.*) ;
- droit de *reprise* du propriétaire dans un certain nombre de cas (pour habitation personnelle, pour démolition...) ;
- interdiction au locataire principal de *céder* le bail ou de sous-louer la totalité des locaux ;
- normes de fixation automatique du *montant des loyers* selon la catégorie et les équipements de l'immeuble (art. 26 *sq.*) s'appliquant aux immeubles construits avant 1948.

Variantes ou applications particulières

Deux sortes de baux constituent des variantes ou des applications particulières des deux principales catégories précédentes :

- le *bail professionnel* est le bail d'un local affecté exclusivement à l'exercice d'une profession non commerciale (médecin, avocat, architecte...). Il peut également être « mixte » lorsqu'il est affecté à la fois à des usages professionnel et d'habitation. Aux termes de la loi du 1er septembre 1948, lui sont applicables un certain nombre de règles dérogatoires au droit commun et des normes particulières de fixation des loyers (plus élevés) ;
- le *bail « administratif »,* lorsque l'État est bailleur ou preneur dans un bail de catégorie quelconque. Ce bail librement débattu entre les parties est passé au nom de l'État par le ministre des Finances ou les autorités du Service des domaines selon l'importance et la durée du bail. Dans cette catégorie de bail, le loyer dû par l'État est toujours payé à terme échu.

Le bail à construction

Régi par une loi du 16 décembre 1964, c'est un contrat par lequel le preneur s'engage à édifier les constructions sur le terrain du bailleur et

à les conserver en bon état d'entretien pendant toute la durée du bail. Le preneur y est tenu de toutes les charges relatives aux constructions et au terrain. Le bail à construction est conclu pour une durée de dix-huit à soixante-dix ans. Sauf convention contraire, le bailleur est propriétaire des constructions en fin de bail.
Ce régime, qui peut consister en une remise d'immeubles ou de titres donnant droit à la jouissance d'immeubles, confère un droit réel immobilier au titulaire du bail (qu'il peut utiliser comme *gage d'une hypothèque). La loi de 1964 prévoyait, notamment, son utilisation dans le cas d'une concession (voir ci-avant) accordée pour des constructions à usage locatif par une société civile de propriétaires constituée pour la réalisation d'un programme général d'utilisation des terrains à la suite d'une déclaration d'utilité publique.

Les baux ruraux

Ils constituent une application particulièrement importante et diversifiée de la formule générale du bail. Ils sont définis comme *les baux d'une terre affectée à la culture.*

• Le *bail emphytéotique* peut trouver son application dans d'autres domaines (bail urbain pour terrain à bâtir) mais est très généralement répandu dans le secteur agricole. D'origine romano-byzantine, il est régi en France par une loi de 1902 (art. 927 *sq.* du Code rural). C'est un bail de longue durée (entre dix-huit et quatre-vingt-dix-neuf ans) par lequel le preneur acquiert un droit réel d'usage et de jouissance qui lui confère une liberté très étendue dans l'utilisation et l'exploitation du bien immeuble. Le preneur (ou emphytéote) verse une redevance généralement modique mais il est tenu de faire des améliorations ou constructions destinées à augmenter la valeur du fonds au profit du propriétaire.

• Le **fermage* est un contrat par lequel le propriétaire cède l'usage du sol à un locataire (le fermier) ; le fermier s'engage à payer chaque année au propriétaire un loyer fixe établi à l'avance et indépendant des résultats de la gestion.

• Le **métayage* est le bail par lequel le propriétaire foncier cède l'usage de sa terre à un locataire ou métayer moyennant une rétribution représentant un certain pourcentage des produits obtenus dans l'exploitation.

Baissier

a : *Bear* – **d** : *Baissier* – **e** : *Bajista*

Opérateur boursier qui joue à la baisse.

Balance

a : *List of balances* – **d** : *Saldenlisten* – **e** : *Balanza*

État récapitulatif et périodique regroupant à un moment donné les totaux et les soldes de comptes créditeurs et débiteurs pour permettre l'appréciation synthétique de leurs résultats.

Ce terme désigne les documents comptables dont l'objectif est de faire ressortir la notion d'équilibre entre les *débits et les *crédits (ou des *soldes débiteurs ou créditeurs, ou entre les recettes et les dépenses, ou les créances et les dettes). D'une manière générale, la balance est inséparable de la *comptabilité (publique ou privée) dont elle permet de faire le point par son double caractère récapitulatif et périodique. Dans son acception la plus courante, la *balance* d'une entreprise désigne la récapitulation des totaux et des soldes inscrits au grand livre, obtenue par décalque du *journal et où toutes les opérations enregistrées quotidiennement sont suivies et classées selon leur nature, avec inscription simultanée de l'écriture en débit et en crédit selon la règle de la comptabilité en partie double. Comme, aux termes des mêmes règles, aucun débit n'a été inscrit sans crédit correspondant et que la balance regroupe l'ensemble des comptes, les totaux des soldes débiteurs et créditeurs sont égaux par hypothèse, d'où le nom du document. Le *bilan (de même origine étymologique) en est un exemple particulier.
Au niveau national, la balance la plus connue est la *balance des paiements. Dans les relations monétaires internationales, ce terme est également employé (« *balances sterling », « balances dollars ») pour distinguer à un moment donné la situation débitrice ou créditrice d'un pays vis-à-vis de ses partenaires dans une devise donnée.

Balance commerciale

a : *Trade balance* – **d** : *Handelsbilanz* – **e** : *Balanza comercial*

*Compte statistique récapitulant les *importations et *exportations d'un pays au cours d'une période donnée pour en faire apparaître le solde.*

Parmi les indicateurs de la situation économique d'un pays, l'un des plus souvent évoqués est la balance commerciale. L'importance attachée notamment aux notions d'excédent (solde — exportations moins importations — positif) ou au contraire de déficit (solde — exportations moins importations — négatif) justifie qu'un effort soit consenti pour préciser les différentes mesures disponibles de la balance commerciale, lesquelles sont plus ou moins bien adaptées aux différents objectifs poursuivis dans les études la concernant.

Statistiques douanières

Le plus fréquemment, lorsque l'intérêt se concentre sur le commerce extérieur en tant que tel, c'est aux *statistiques issues de la *douane* qu'il est fait référence. Elles résultent de comptages effectués lors du passage des marchandises aux frontières — ou plus exactement lors des opérations de douane (lesquelles, avec la multiplication des bureaux de douane intérieurs, ne sont plus obligatoirement effectuées aux frontières physiques du territoire) — et font apparaître des chiffres en monnaie nationale établis conformément aux règles fixées pour la détermination de la valeur taxable. Les données douanières présentent donc une assez grande fiabilité. Pourtant leur précision ne doit pas être exagérée ; surtout, leur utilisation suppose une bonne connaissance de leurs particularités et de leurs faiblesses.

• Il convient d'abord de préciser la *nature du commerce* pris en compte. Le plus souvent, les statistiques recensent le commerce « spécial » qui comprend pour l'essentiel les marchandises entrant sur le territoire pour y être mises à la consommation et, à l'exportation, celles qui sortent définitivement, plus quelques-uns des mouvements de marchandises soumis à des *régimes économiques (*admission temporaire, et certains régimes d'*entrepôt). Parallèlement, il arrive que le commerce « général » soit comptabilisé ; aux opérations composant le commerce spécial, on ajoute alors l'ensemble des trafics d'entrepôt. Le *transit est exclu dans les deux définitions. Pour les pays ayant hérité de leur passé colonial une fonction de redistribution des matières premières en provenance des régions sous-développées, comme pour ceux qui, du fait de leur position géographique, ou plus sûrement de leur influence politique et économique, se sont assuré un rôle de plaque tournante dans le commerce international, la différence entre les deux types de séries, qui recouvre essentiellement les mouvements d'entrepôt de stockage, n'est pas négligeable (les États-Unis et la Grande-Bretagne, notamment, publient régulièrement leurs résultats suivant ces deux définitions ; la France, en revanche, se limite aux données du commerce spécial).

• Autre particularité des statistiques douanières, la détermination de *la valeur des importations et des exportations n'est pas homogène,* ce qui limite bien sûr la qualité des balances commerciales qui en découlent. A des exportations recensées pour leur valeur *FAB (ou pour les transports terrestres à la frontière du pays d'origine) s'opposent en effet des importations présentées *CAF le plus souvent (à la frontière du pays de destination) et dont, par ailleurs, la valeur déclarée est étroitement contrôlée par la douane qui n'hésite pas à lui faire subir des redressements parfois importants. Le problème posé par la confrontation d'exportations FAB à des importations CAF (seuls ou presque les États-Unis l'ignorent, qui comptabilisent les importations FAB) a été partiellement résolu en France, pour la détermination des résultats tous produits et toutes zones, en faisant subir aux importations CAF une correction forfaitaire qui élimine la part des services (transports et assurances essentiellement) inclus à tort dans la valeur des marchandises. Il est ainsi possible de mesurer une balance FAB-FAB dont l'équilibre est effectivement retracé approximativement par un solde nul. Il reste qu'une telle correction ne peut être opérée sur les statistiques ventilées par produits ou par pays et que par conséquent la décomposition en balances partielles de la balance totale ne peut être effectuée que dans des définitions CAF-FAB. Par ailleurs, les redressements opérés sur les valeurs déclarées des seules importations ne sont pas affectés par cette correction et continuent à fausser les évaluations des soldes.

• La dernière difficulté qui survient dans l'utilisation des statistiques douanières pour l'analyse des balances commerciales provient, lorsqu'il s'agit de balances par pays (et non de balances « toutes zones »), de la médiocre qualité des informations recueillies par la douane sur *l'origine et la destination des marchandises.* Sauf dans les cas où l'origine est un élément nécessaire pour la détermination des droits applicables, le contrôle des déclarations est peu précis, ce qui amène de fréquentes confusions entre origine et provenance, ou entre destination finale et première destination, et provoque de nombreuses erreurs d'imputation dans les balances par pays. En plus de la comptabilisation CAF/FAB, ces erreurs expliquent la non-concordance toujours constatée des balances commerciales bilatérales (commerce entre un pays A et un pays B) suivant qu'elles sont issues des sources fournies par la douane de l'un ou l'autre des partenaires.

• Cela étant, la *statistique douanière est la source essentielle pour une analyse des évolutions* de la balance commerciale.

Elle fournit des informations fréquentes et rapides ; les résultats mensuels sont connus moins d'un mois après la fin de la période étudiée dans les principaux pays développés.

Elle permet une décomposition dans le détail souhaité par produits des variations enregistrées au total, et donc l'étude des balances par grandes catégories de biens indispensables pour apprécier la signification de l'évolution d'ensemble.

Pour utiliser au mieux les renseignements ainsi obtenus sur l'aptitude d'un pays à compenser par ses exportations les achats qu'il effectue à l'extérieur, plutôt que de s'intéresser au solde de la balance, dont l'évaluation est sujette à caution comme cela vient d'être souligné, il est toutefois préférable de suivre les fluctuations du *taux de couverture* des importations par les exportations. Généralement exprimé en pourcentage, ce rapport (des exportations aux importations) présente l'avantage de ne pas voir sa signification affectée, au même degré que celle du solde, par l'imperfection des mesures : il est plus facile d'admettre la réalisation de l'« équilibre » des échanges pour un taux de couverture différent de 100 % que d'accepter la constatation d'un déficit de la balance retraçant une situation « réelle » d'équilibre ou d'excédent. Surtout, le taux de couverture permet de suivre l'évolution relative des deux flux composant le commerce extérieur sans être, comme un solde, sensible aux variations absolues de leur masse. Dès lors, peuvent être évitées les erreurs d'interprétation fréquentes où l'augmentation d'un solde positif est assimilée à une croissance des exportations plus rapide que celle des importations alors qu'elle peut très bien recouvrir une évolution exactement contraire masquée par un fort développement des masses en présence (le problème est symétrique lorsqu'il s'agit d'un déficit).

Dans la comptabilité nationale

Lorsque les échanges commerciaux ne sont plus étudiés isolément, et qu'ils sont *replacés dans le contexte de l'économie nationale,* le solde reprend toute son importance. Introduite dans la *comptabilité nationale, la balance commerciale permet de faire ressortir très nettement le rôle du commerce extérieur dans la réalisation de l'équilibre entre emplois et ressources de biens et services. Suivant que le solde des échanges avec le reste du monde dégagera un excédent ou un déficit, la simple lecture des égalités comptables fera constater que la *production nationale a été supérieure, ou au contraire inférieure, à la *demande finale émanant des *agents économiques nationaux. Là encore, des précautions doivent être prises pour bien apprécier la nature des informations retracées, variables suivant les systèmes de comptabilité nationale.

• En dehors des pays socialistes qui ne considèrent que les biens matériels, les comptes économiques décrivent la production de biens et services, c'est donc une « balance des biens et services » avec le reste du monde qui doit intervenir pour assurer l'équilibre emplois-ressources (les « services » étant définis à partir des *nomenclatures utilisées pour déterminer le champ de la production et peuvent donc être limités aux services « marchands » ou s'étendre au contraire aux fruits non marchands de l'activité des administrations notamment) ; à la balance commerciale *stricto sensu,* qui ne recouvre que les échanges de marchandises, s'ajoute donc le solde des transactions sur un certain nombre de services (transports, travaux publics, télécommunications...). Par une déviation fréquente du langage, l'appellation de balance commerciale est souvent maintenue, ce qui peut provoquer des confusions.

Quelle que soit la définition utilisée en pratique, la réalité économique demeure. Or, replacée dans le contexte de l'économie nationale, la balance commerciale peut prendre une signification nouvelle. A la tendance traditionnelle, héritée du *mercantilisme, qui fait considérer comme « favorable » un excédent du commerce extérieur (ou « défavorable », un déficit), l'analyse des comptes nationaux apporte quelques nuances en soulignant qu'un solde commercial positif équivaut à un prélèvement sur les ressources, créées par l'appareil productif national, destiné à satisfaire les besoins des agents extérieurs au détriment des emplois qui auraient pu être faits par les nationaux. Symétriquement le déficit commercial, tant redouté, permet d'ajouter aux seuls produits de l'activité intérieure des ressources en provenance de l'étranger et mises à la disposition de la demande d'origine nationale.

• Pourtant, si les pays attachent tant d'intérêt à la réalisation d'un solde commercial excédentaire, c'est que, le plus souvent, il est, comme composante de la *balance des paiements, l'objet d'une attention particulière. Même lorsqu'il s'agit d'un pays hautement industrialisé, entretenant des relations extrêmement complexes avec le reste du monde, la balance commerciale reste un élément déterminant du solde global des paiements et constitue en tout cas la plus grande partie de la *balance des opérations courantes. Les efforts entrepris depuis la Seconde Guerre mondiale par les pays occidentaux pour établir avec le maximum de rigueur des balances des paiements, encouragés par l'action du *FMI pour harmoniser la présentation de ces documents suivant un schéma type au contenu bien précisé, n'ont cependant pas fait disparaître toutes les difficultés de lecture et d'interprétation.

• S'il est bien entendu que la balance commerciale résulte de l'ensemble des échanges de marchandises, le *champ couvert* par cette notion reste variable. Deux types d'opérations notamment font l'objet de traitements alternatifs, inclus parfois dans les échanges commerciaux, exclus dans d'autres présentations et recensés isolément, il s'agit des importations et exportations d'*or industriel (l'or monétaire étant en tout état de cause compris dans les mouvements monétaires de la balance) et des recettes et dépenses de courtage international (achat et vente de marchandises étrangères qui ne sont pas introduites sur le territoire national mais négociées à l'extérieur). Une difficulté supplémentaire se rencontre dans le cas des pays dont le territoire national comprend juridiquement des dépendances outre-mer, les balances pouvant ou non inclure dans les nationaux les *résidents de ces territoires.

• Une source de distorsion encore plus importante découle des différentes *méthodes utilisées pour recenser* les opérations commerciales. La pratique française traditionnelle, recourant aux relevés de paiements bancaires, fournit des données concernant les règlements commerciaux effectués au cours de la période sous revue. Les balances normalisées, conformément au schéma défini par le FMI, reprennent au contraire les transactions sur marchandises effectivement réalisées, évaluées au prix de quelques corrections de champ, à partir des statistiques douanières qui retracent les passages en douane. Aux mouvements physiques de biens qui, comme dans les comptes nationaux, sont enregistrés dans les balances type FMI, s'ajoutent dans les balances en règlement les variations des termes de paiement au sens large. Ceux-ci comprennent, outre les crédits commerciaux consentis ou reçus, les modifications des délais de règlement et de rapatriement, les « avances et retards » dans les paiements, qui peuvent être particulièrement importants en période de spéculation monétaire, car ils constituent un procédé, simple et peu sensible au contrôle des changes, pour déplacer des capitaux à court terme (*voir* Termaillage).

Le développement du phénomène de « *hot money » rend particulièrement nécessaire l'isolement des différents éléments composant les règlements commerciaux, et donc la constitution de balance en termes de transactions. Ce n'est que récemment pourtant qu'en France les travaux ont été entrepris par les services compétents, l'insuffisance des informations disponibles pour évaluer les crédits commerciaux, et donc pour décomposer la différence entre transactions et règlements, ayant longtemps constitué un obstacle infranchissable ; les balances en transactions ainsi calculées pour la France conservent un caractère approximatif, tandis que la décomposition en balances bilatérales ne peut être établie que pour les balances en règlements.

Interprétation des résultats

Une fois clairement établies la nature et la signification des données utilisées pour déterminer l'état de la balance commerciale d'un pays, il reste à les interpréter. Le plus généralement, c'est par référence à la situation d'ensemble des paiements que se fait cette appréciation. En effet, si dans certains cas très particuliers de pays à économie très développée, et le plus souvent d'ailleurs de petits pays, un déficit commercial permanent est compensé par des recettes invisibles pour assurer l'équilibre de la balance des opérations courantes, dans la majorité des pays, c'est sur l'équilibre, voire sur l'excédent, commercial que repose celui des paiements.
Les mesures de politique économique visant à rétablir l'équilibre externe en agissant sur les échanges de marchandises sont bien connues. Outre les réglementations qui limitent, temporairement ou durablement, les importations en renforçant le *protectionnisme et les incitations aux exportations dont la pratique est d'ailleurs moins aisée en régime de changes fixes, les changements de *parité de la monnaie nationale sont d'un usage assez fréquent pour redresser le déséquilibre du commerce extérieur. Pourtant, qu'il s'agisse de *dévaluation ou de *réévaluation, les expériences récentes semblent montrer que les mécanismes à travers lesquels les modifications de taux de change sont supposées agir sur les mouvements de marchandises sont assez difficiles à maîtriser et en tout cas ne produisent leurs effets qu'avec des décalages importants. Dès lors, compte tenu des perturbations du commerce mondial que risquent toujours de provoquer les mesures limitées aux échanges extérieurs, la prudence conseillerait de rechercher l'équilibre commercial à travers une politique économique intérieure adaptée. Maintenir les prix des produits nationaux à des niveaux relatifs qui assurent leur capacité à affronter la concurrence étrangère, et contenir les utilisations intérieures de biens dans les limites qu'imposent les possibilités de l'appareil productif, supposent toutefois une discipline que sans contrainte puissante les États ont parfois du mal à accepter. Le rôle du système monétaire international est, notamment, de faire peser cette contrainte ; l'histoire récente de

l'économie occidentale prouve cependant que l'efficacité dans ce domaine n'est pas toujours atteinte. A l'inverse, l'expérience des changes flottants généralisée depuis quelques années n'a pas encore démontré que les fluctuations des taux de change parvenaient à assurer plus aisément une évolution harmonieuse des balances commerciales.

Balance des biens et services

a : *Balance of goods and services* – **d** : *Waren- und Dienstleistungsbilanz* – **e** : *Balanza de bienes y servicios*

Compte statistique récapitulant l'ensemble des échanges de marchandises et de services intervenus au cours d'une période donnée entre un pays et le reste du monde.

En plus des mouvements de marchandises retracés par la *balance commerciale, la balance des biens et services retrace les échanges de service.

• Ce sont d'abord les frais de transport, notamment maritime et aérien, liés le plus souvent au commerce extérieur (comptabilisé en données *FOB dans les balances des paiements), mais aussi l'ensemble des frais accessoires (assurances, manutention...) occasionnés par la circulation des marchandises.

• Les résultats de l'activité des institutions financières — commissions bancaires ou primes d'assurance — sont d'une importance variable ; pour le Royaume-Uni, il s'agit d'une source de recettes non négligeables ; pour la France, où ce secteur fut longtemps soumis à une réglementation stricte marquée par une tradition protectionniste, les flux constatés sont plus faibles.

• La circulation internationale des moyens de production provoque en retour celle des revenus de facteurs. Les déplacements de la main-d'œuvre, frontaliers, saisonniers ou travailleurs permanents, entraînent des transferts de salaires. Les mouvements de capitaux appellent le paiement d'intérêts ou de dividendes.

• L'utilisation des techniques importées suppose l'achat de brevets étrangers ou le versement de redevances. Bien que généralement interprétés comme le signe d'une insuffisance de l'*innovation pour le pays déficitaire, il est vraisemblable que, souvent, les paiements au titre de la « propriété intellectuelle » ne sont que le reflet de la dépendance en capital qui lie l'entreprise utilisatrice à une société étrangère. La perception de redevances présente en effet pour la société mère de nombreux avantages ; indépendante des résultats de l'exercice, elle est assurée d'une régularité à laquelle le partage des bénéfices ne saurait prétendre ; elle permet, d'autre part, d'éviter le risque de double imposition — les redevances sont pour le débiteur un élément des frais généraux — et, dans les cas où le *contrôle des changes limite, voire interdit, le rapatriement des bénéfices, elle permet de continuer à recevoir des revenus en provenance des filiales étrangères tout en respectant la réglementation.

Enfin, le tourisme est recensé dans les services, ainsi que les dépenses courantes des gouvernements à l'étranger — pour l'entretien des missions diplomatiques notamment. Au total donc, l'ensemble rassemblé sous la rubrique « services » est d'une grande hétérogénéité. Compte intermédiaire entre la *balance commerciale, qui ne retrace que les échanges de marchandises, et la *balance des paiements courants qui récapitule tous les mouvements non financiers, la balance des biens et services est surtout utile pour les analyses faites à partir de la *comptabilité nationale. Replacé dans l'équilibre des emplois et ressources, son solde fait ressortir un aspect essentiel du rôle joué par les échanges avec le reste du monde au cours de la période étudiée. Un déficit apparaît comme un supplément net de ressources s'ajoutant à un revenu national insuffisant pour répondre à la demande ; inversement, l'excédent révèle l'exportation nette d'une fraction de la production nationale soustraite ainsi aux usages intérieurs.

Balance des opérations courantes

a : *Current account* – **d** : *Ertragsbilanz/Leistungsbilanz* – **e** : *Balanza de operaciones corrientes*

Compte statistique récapitulant les échanges de biens et services et les transferts intervenus au cours d'une période donnée entre un pays et le reste du monde.

La balance des opérations courantes, ou des paiements courants, reprend, en plus des échanges retracés dans la *balance des biens et services, les paiements de transferts effectués entre résidents et non-résidents.

Appelés encore « dons et transactions unilatérales », les transferts sont traditionnellement divisés en deux groupes : les opérations du secteur public et celles du secteur privé. Ces dernières sont le plus souvent limitées, tandis que les transferts publics, dans le cadre notamment de l'aide aux pays en voie de développement, peuvent être importants. D'un point de vue comptable, il est intéressant de noter que ce type d'opérations peut naturellement servir de contrepartie à une variation des avoirs liquides quand il s'agit de subventions ; mais, pour les dons en nature ou l'assistance technique, c'est dans les marchandises ou dans les services que sont enregistrés les mouvements qu'il a fallu compenser par une inscription au compte des transferts.

Le solde des paiements courants est l'objet d'une attention particulière dans la mesure où il fait ressortir l'équilibre, ou le déséquilibre, qui s'établit au cours d'une période assez brève entre les dépenses et les recettes extérieures liées directement à l'activité économique habituelle d'un pays. Les limites rencontrées par les États dans leur recherche de crédit international justifient cette attitude. Il faut toutefois se garder de simplifications excessives ; un déficit des paiements courants n'est pas forcément à rejeter dans la mesure où il ne devient pas permanent et où il peut être financé sans difficultés excessives par des entrées de capitaux. Symétriquement, l'excédent de la balance des paiements courants n'est pas un bien à rechercher, quelles que soient les circonstances ; il suppose en contrepartie des sorties de capitaux dont l'emploi pourrait être judicieusement trouvé dans le pays. Un jugement pondéré sur le solde des opérations courantes ne peut donc résulter que d'une vue d'ensemble de la situation économique et de ses exigences ; il passe par une analyse complémentaire de la *balance des opérations en capital dont le solde compense exactement, par construction, celui des paiements courants.

Balance des opérations en capital

a : *Balance of capital transactions/Capital account* – **d** : *Kapitalverkehrsbilanz* – **e** : *Balanza de operaciones de capital*

---

*Compte statistique récapitulant les mouvements d'*actifs et de *passifs intervenus au cours d'une période donnée entre un pays et le reste du monde.*

La présentation retenue dans la balance des paiements repose sur une décomposition des mouvements de capitaux suivant la nature des fonds d'une part, suivant la qualité des détenteurs d'autre part. Les conventions retenues par les différents pays sont voisines sans être rigoureusement identiques, la balance des paiements française en donne un exemple. Une distinction fondamentale sépare les capitaux à long terme des capitaux à court terme.

• Les *capitaux à long terme* sont eux-mêmes répartis en trois groupes. Les opérations du secteur privé non bancaire tout d'abord, qui comprennent les investissements directs, les placements de portefeuille — acquisition ou cession d'*actions et d'*obligations ; dans le cas des actions, c'est la part du capital social acquise qui détermine la nature de l'opération, investissement direct au-delà d'un certain pourcentage supposé représenter le minimum nécessaire pour accéder au contrôle de l'entreprise, placement en deçà de ce seuil —, les prêts à long terme et les crédits commerciaux enfin. Pour l'ensemble de ces mouvements, des comptabilisations distinctes sont établies pour enregistrer les déplacements de capitaux de *résidents — acquisitions d'actifs à l'étranger ou liquidation d'un patrimoine préalablement constitué — et, d'autre part, ceux que détiennent les non-résidents — entrée de capitaux nouveaux ou retrait des fonds investis.

Regroupés dans les opérations du secteur bancaire, se trouvent les mouvements de capitaux des banques résidentes, ventilés dans une nomenclature qui isole, comme pour le secteur privé, investissement direct, portefeuille et prêts auxquels s'ajoutent les crédits commerciaux — il s'agit dans ce cas des *crédits acheteurs consentis directement par le système bancaire aux partenaires étrangers des exportateurs nationaux ; une dernière ligne retrace enfin les placements de capitaux de non-résidents dans les banques résidentes — emprunts à long terme de ces banques auprès d'étrangers.

Le troisième groupe d'opérations à long terme concerne le secteur public : y sont enregistrés outre les investissements publics à l'étranger, d'ailleurs limités, les prêts gouvernementaux, c'est-à-dire pour l'essentiel les capitaux qu'au titre de l'aide au développement les pouvoirs publics des pays industriels mettent à la disposition de leurs partenaires du Tiers Monde directement ou à travers les nombreux organismes multilatéraux spécialisés.

• Les *mouvements de capitaux à court terme* sont classés, comme les capitaux longs, en fonction de la qualité du détenteur. La balance des paiements ne retraçant pas les stocks eux-mêmes, il s'agit uniquement de variations d'encours — crédits accordés ou reçus — ou d'avoirs — disponibilités ou engagements. Pour les résidents privés, secteur bancaire exclu, les variations des créances et des engagements sont distinguées ; et, à l'intérieur de ces deux rubriques, sont isolés les prêts et avances, ainsi que les crédits commerciaux. Les opérations du secteur bancaire — il s'agit de banques résidentes — sont également séparées en variation des créances et variation des engagements, les avoirs ou dettes en cause faisant par ailleurs l'objet d'une décomposition suivant qu'ils sont en devises ou en francs. Les mouvements de capitaux à court terme et à vue du secteur public retracent d'abord les variations des *réserves publiques, de *change en or et devises ; s'y ajoutent les modifications de la position à l'égard du FMI ainsi que les autres opérations de la banque centrale et du *Trésor, notamment celles qui portent sur les droits de tirage spéciaux (*DTS) ou les *swaps avec les banques centrales étrangères.

L'étude des mouvements de capitaux est essentielle pour une juste appréciation de la balance des paiements. Les placements à l'extérieur sont d'une utilité très variable suivant leur nature. La constitution de *réserves de change, notamment sous forme d'or, ne se justifie que dans la mesure où il s'agit d'un comportement de précaution dans la perspective de déficits futurs des paiements courants. De même, les investissements directs à l'extérieur ne sont vraiment à rechercher que s'ils s'intègrent dans le cadre d'une stratégie globale du développement international de la firme ou du pays. Il ne saurait y avoir à cet égard de normes abstraites et rigides. La même analyse prudente s'impose pour les capitaux reçus ; les risques de dépendance, directe ou indirecte, à l'égard des créanciers ou investisseurs étrangers ne doivent pas être négligés. Le coût de l'endettement vis-à-vis de l'extérieur ne doit pas être sous-estimé : certains pays en font l'expérience qui doivent faire face à une charge de la dette qui absorbe une fraction importante de leurs recettes au titre des paiements courants.

Balance des paiements

a : *Balance of payments* – **d** : *Zahlungsbilanz* – **e** : *Balanza de pagos*

Compte statistique retraçant l'ensemble des opérations intervenues au cours d'une période donnée, entre un pays et l'extérieur.

Annuelle ou trimestrielle, la balance des paiements enregistre les opérations qui se sont déroulées entre *résidents (dont l'ensemble constitue le pays, au sens économique du terme) et non-résidents. Ceux-ci peuvent éventuellement être distingués par pays d'appartenance pour établir des balances bilatérales ou par zones. Conçu à l'origine comme un simple compte de caisse où apparaissaient les paiements et recettes en *or et *devises effectués par la *banque centrale chargée d'assurer la *convertibilité de la monnaie, ce document s'est profondément modifié afin de s'adapter aux nécessités de l'analyse économique. L'importance des difficultés de paiements extérieurs et les efforts de coopération internationale — depuis les accords de Bretton Woods — ont rendu pressant le besoin d'une meilleure connaissance des relations entre un pays et l'étranger. Ainsi a été entreprise l'élaboration de tableaux qui, conformément aux principes de la *comptabilité en partie double,* décrivent, à partir des statistiques disponibles, les opérations économiques à l'origine des règlements constatés. Encouragés par le *FMI qui en a défini les règles de construction — il publie un manuel de la balance des paiements, sorte de plan comptable international en cette matière —, les pays se sont tous engagés dans l'établissement de balances des paiements, selon un schéma à peu près homogène.

Méthodes de comptabilisation

Dans le détail, la définition et l'application d'une *nomenclature des opérations suscitent un certain nombre de difficultés ; outre la nécessité d'utiliser un cadre bien adapté à la situation des relations extérieures du pays considéré, les besoins des comparaisons internationales ou ceux de la cohérence avec les statistiques relatives à l'activité intérieure peuvent imposer des contraintes. Cela explique notamment que la balance des paiements, conçue exclusivement en fonction des exigences de l'analyse des flux entre la France et l'extérieur, s'établisse selon une classification sensiblement différente de celle du compte du reste du monde qui doit compléter, dans le *tableau économique d'ensemble, la description des opérations réalisée par les agents de la comptabilité nationale. Mais les problèmes de concepts ou de définition restent secondaires par rapport à ceux que posent le choix des sources statistiques à utiliser pour élaborer ces comptes, sauf, bien sûr, dans les pays à l'économie centralisée où la gestion des devises est assurée rigoureusement par les pouvoirs publics permettant ainsi l'établissement d'une comptabilité véritable. De façon simplifiée, on peut considérer que les informations peuvent être recueillies de deux façons.

• Une *première méthode* consiste à utiliser les comptes rendus de paiements que les banques doivent adresser aux pouvoirs publics pour toute opération avec des non-résidents. Cette obligation, issue du contrôle des changes, mais maintenue en France même lorsque celui-ci a eu disparu, fournit des renseignements utiles mais qui ne sont pas sans inconvénients. La subordination des sources statistiques à des objectifs réglementaires n'est jamais propice à la qualité des informations. Dans le cas des opérations extérieures, les données émanant des banques ne sont convenables que dans la mesure où la réglementation les impose comme intermédiaires agréés pour tout paiement entre un résident et un non-résident, les paiements directs et notamment les paiements par compensation ne sont en effet pas recensés par cette voie. Surtout, la balance des paiements ainsi établie retrace les *règlements* intervenus au cours de la période sous revue, elle ne rend donc qu'imparfaitement compte des opérations ; la confusion entre la transaction et son paiement dissimule en effet la majorité des mouvements de capitaux à court terme. L'exemple des échanges commerciaux met en relief la portée d'une telle lacune : lors de la livraison d'une marchandise, son paiement devient exigible ; pourtant, il n'intervient généralement pas tout de suite ; un certain délai s'écoule pendant lequel le vendeur détient une créance — matérialisée ou non par une *traite — sur son acheteur. Dans le cas d'une exportation, la réalité se décompose en deux opérations bien distinctes dans le temps : à la livraison, l'exportation réalisée a pour contrepartie l'apparition d'une créance sur un non-résident ; lors du paiement, il y a transformation d'une créance en avoir liquide. L'enregistrement du seul paiement, supposant la simultanéité de la transaction commerciale et de son règlement, fait disparaître l'ensemble des crédits commerciaux, à long ou à court terme, qui sont pourtant des opérations en capital dont la connaissance est d'un intérêt évident. C'est en effet en modifiant les délais de paiement, dans la mesure où

la réglementation le permet, qu'exportateurs et importateurs font varier leurs avoirs et engagements en telle ou telle devise, et l'expérience a montré que ce jeu des avances et retards dans les paiements (*termaillage) était le procédé le plus employé dans les périodes de spéculation pour déplacer le *hot money. L'impossibilité d'isoler de tels mouvements dans les balances établies sur la base des règlements conduit donc à rechercher des sources mieux adaptées.
Déjà, à côté des comptes rendus de paiement des intermédiaires agréés, certains renseignements complémentaires sont souvent utilisés afin de compléter et surtout de contrôler la qualité des informations ; mais pour décrire séparément la transaction et son paiement, il faut multiplier les sources.

• Une *deuxième technique* consiste donc à élaborer la balance des paiements à partir d'informations diversifiées et autonomes. La statistique douanière fournit, partout, des indications sur le commerce extérieur de biens ; des enquêtes ou des données émanant des organisations professionnelles peuvent par ailleurs être utilisées pour évaluer les services ; mais la décomposition, suivant les divers types de mouvements de capitaux notamment, des écarts constatés entre les opérations et leur règlement, peut être difficile. Le cas du commerce de marchandise permet, là encore, d'illustrer la complexité des renseignements dont il faut disposer pour en venir à bout.
Dans le cas d'une importation, par exemple, la marchandise, lors de son passage à la frontière, est enregistrée par la douane à sa valeur CAF, or le règlement ultérieur, auquel il sera en général procédé, sera dans la mesure du possible recensé sur la base du prix FAB, de façon à isoler le coût du produit des frais provoqués par l'acheminement vers son destinataire ; par ailleurs, c'est le prix fixé au contrat, valeur de facturation, qui sera relevé lors du paiement, tandis que la *valeur en douane, retenue pour l'assiette des droits comme pour l'établissement des statistiques, fait parfois l'objet de redressements de la part de l'administration. Supposant les données douanières corrigées de façon à permettre leur comparaison directe avec les informations obtenues sur les règlements, il reste à déterminer le type d'engagements à l'égard de l'étranger dont seront redevables les importateurs nationaux après réception des marchandises, suivant qu'ils auront bénéficié de crédits à long terme ou à court terme ou que tout simplement ils jouissent provisoirement des facilités de paiement habituellement consenties par les usages commerciaux.
L'élaboration de balances des paiements sur la base des transactions, pour qu'elle soit effectivement un progrès, doit donc faire appel à un nombre varié de sources.
Construites à partir des seuls comptes rendus de paiements, les balances en termes de règlement sont déjà d'une qualité douteuse ; c'est le cas de la majorité des statistiques obtenues comme sous-produit d'une activité

administrative. Outre la fraude, les mauvaises imputations sont nombreuses qui expliquent l'imprécision des résultats obenus pour les différents postes de la balance et surtout l'existence d'une ligne d'*ajustement où sont reprises les erreurs et omissions, constatées par solde.
Dans les balances « en transactions », l'absence d'homogénéité des sources qu'il faut utiliser, les corrections à opérer accroissent encore l'incertitude des résultats et aussi l'importance du poste d'ajustement. Malgré ces inconvénients, la France a, depuis 1971, entrepris de préparer des documents de ce type en plus des balances traditionnelles en termes de règlement seules publiées jusqu'alors. Limité à la description des relations de la France avec l'ensemble de ses partenaires, cet effort n'a pu être étendu aux balances bilatérales qui retracent les relations avec un seul pays ; conforme aux souhaits du FMI, il présente l'avantage de faciliter le lien avec les données de la comptabilité nationale — où le compte du reste du monde est établi à partir d'une nomenclature différente, mais de la même manière, sur la base des transactions effectives — et de permettre une meilleure analyse économique.

Interprétation des résultats

Rassemblant des données statistiques, portant sur l'ensemble des relations économiques d'un pays présentées dans un cadre comptable respectant le principe de l'inscription en partie double, la balance des paiements est nécessairement équilibrée. Dans son utilisation, aux fins de l'analyse économique, il est cependant pratique de considérer qu'elle est constituée de plusieurs comptes distincts. Chacune des balances partielles, qui peuvent ainsi être isolées, doit alors être équilibrée par un solde ; le solde de l'une de ces balances étant exactement compensé par le solde de même montant et de signe contraire que fait apparaître l'ensemble agrégé des autres comptes de la balance des paiements. Le fractionnement de la balance des paiements en plusieurs comptes peut être effectué pour répondre à deux types de besoin : certains comptes sont destinés à l'étude d'opérations ou de catégories d'opérations particulières (*balance commerciale, *balance des biens et services...), d'autres cherchent à faire apparaître un solde unique qui résume la situation de la balance et permet de la juger. Ce dernier solde est obtenu en décomposant la balance en deux parties, à partir d'une ligne arbitraire — c'est précisément le choix de cette ligne qui déterminera la signification du solde —, les opérations « au-dessus de la ligne » dégageant l'excédent ou le déficit que compenseront les opérations « en dessous de la ligne ».

Balances partielles

Il existe de nombreux regroupements possibles des opérations en balances partielles. Suivant les nécessités de l'étude, c'est-à-dire suivant les pays et les époques, le nombre et le contenu de ces comptes varient. La terminologie utilisée pour définir ces balances, ou leur solde, est particulièrement floue : selon les auteurs, une même appellation recouvre des réalités tout à fait différentes. Faute de pouvoir entreprendre un inventaire de tous les termes rencontrés et de leurs multiples acceptions, seules les principales balances habituellement utilisées ont été décrites séparément : *balance commerciale ; *balance des biens et services ; *balance des opérations courantes ; *balance des opérations en capital.

Le solde de la balance des paiements

Lorsqu'il s'agit de résumer la situation des relations extérieures du pays en décomposant sa balance des paiements en deux parties, plusieurs découpages sont possibles dont les qualités sont variables. En tout état de cause, il convient cependant de traiter avec prudence le solde unique, qui apparaît ainsi ; il ne peut donner qu'une vue très grossière de l'état réel des opérations avec l'extérieur, et son interprétation impose le recours à des informations complémentaires plus détaillées sur la balance des paiements, mais aussi sur la situation économique interne.

– En France, l'usage le plus courant est de considérer que le solde général de la balance des paiements est celui que font apparaître les *variations des avoirs et engagements à court terme* (vis-à-vis des non-résidents) du secteur bancaire et du secteur public. Cela revient à grouper les opérations retracées par la balance en deux catégories : « au-dessus de la ligne », toutes les opérations « non monétaires », c'est-à-dire tout ce qui n'est pas mouvements de capitaux à court terme avec l'extérieur des banques et du secteur public ; au-dessous, les opérations considérées comme monétaires dont le solde indique la variation des avoirs de change nets contrôlés par les autorités monétaires nationales. Certes, les seuls avoirs nets du secteur public peuvent être considérés comme des réserves directement utilisables par la banque centrale pour soutenir la parité de la monnaie dont elle a la charge, mais la mobilisation par les pouvoirs publics des réserves bancaires est chose suffisamment aisée, compte tenu de la tutelle et de la réglementation imposées aux banques, pour que leur montant soit ajouté aux réserves officielles pour déterminer la masse des liquidités disponibles pour garantir la convertibilité de la monnaie. Cependant, pour mieux mesurer les contraintes directes qui pèsent sur les autorités monétaires, il est fréquent que soit isolée la variation des réserves publiques de change équilibrant l'ensemble des autres opérations de la balance, y compris les opérations à court terme du secteur bancaire.

– Pour faciliter le jugement sur la situation des paiements extérieurs, et les comparaisons internationales, il arrive souvent que référence soit faite à la notion de *« balance de base »*. Celle-ci reflète une conception normative dans la mesure où elle repose sur la distinction entre opérations normales et opérations exceptionnelles. Le principal intérêt de cette séparation est de ne retenir au-dessus de la ligne que les opérations correspondant à des motivations économiques traditionnelles, en rejetant au-dessous de la ligne l'ensemble des mouvements de capitaux à court terme. Ainsi, le solde de la balance ne se trouve plus affecté par l'incidence des spéculations monétaires : seuls sont pris en compte les opérations courantes et les déplacements de capitaux à long terme. Toutefois, il se révèle très difficile de parvenir à un consensus sur la définition des opérations exceptionnelles ; dans certains cas, les remboursements anticipés de la dette publique ou des règlements de fournitures militaires sont en effet exclus de la balance de base. Cette absence d'une définition précise et acceptée par tous constitue la limitation la plus grave du concept de balance de base dont l'utilité est d'autant plus évidente que, depuis le milieu des années 60, la multiplication des crises monétaires et les mouvements de hot money qui les accompagnent compliquent singulièrement l'analyse des balances des paiements.

– Étant donné le rôle du *dollar dans le système monétaire international depuis la fin de la Seconde Guerre mondiale, la *situation des paiements extérieurs des États-Unis* est particulièrement importante ; pourtant, bien que deux modes de calcul soient habituellement utilisés par les services officiels, aucun ne peut être considéré comme pleinement satisfaisant. Dans la balance sur la base des *liquidités,* qui vise à mesurer la variation de la position liquide des États-Unis vis-à-vis de l'extérieur, sont rassemblés au-dessous de la ligne, outre les réserves brutes officielles (avoirs en or et devises et créances sur le FMI), les engagements à court terme — vis-à-vis des non-résidents — du système bancaire et du Trésor américain. Le défaut de cette présentation — qui, dans son principe, se rapproche de la notion de variation des avoirs monétaires retenue en France — est de ne pas compter les créances sur des non-résidents détenues par le système bancaire américain, dans la position extérieure des États-Unis qui apparaît ainsi largement faussée.
La balance des *règlements officiels* considère que seuls sont intéressants les engagements des autorités monétaires nationales à qui incombe la défense du taux de change de la monnaie. Cela conduit à ne retenir au-dessous de la ligne que les réserves officielles brutes et les engagements vis-à-vis des banques centrales étrangères. Cette conception — bien que dans son principe elle puisse là encore être rapprochée de la notion utilisée en France de solde de la position monétaire extérieure du secteur public — est extrêmement contestable dans la mesure où elle distingue, dans les dettes à court terme à l'égard du reste du monde, les dollars détenus par les autorités monétaires étrangères de ceux que possèdent les non-résidents privés. Cette dichotomie est manifestement sans fondement puisque, à tout moment, le passage de ces créances entre détenteurs privés et détenteurs officiels est possible — et depuis 1965 les exemples de ces transferts n'ont pas manqué — et il y a peu de logique à faire dépendre l'évolution du solde de la balance des paiements des États-Unis des échanges de dollars qui interviennent dans le reste du

monde entre autorités monétaires et agents privés. Il est vrai que, dans la mesure où les périodes de vive défiance à l'égard de la monnaie américaine s'accompagnent de cessions massives de dollars aux banques centrales étrangères qui soutiennent le cours de leur propre monnaie, la balance sur la base des règlements officiels présente l'avantage de faire apparaître ce phénomène dans le solde qu'elle dégage.
Bien qu'il s'agisse de problèmes techniques et à ce titre susceptibles de solution, les difficultés rencontrées dans l'établissement des balances de paiements et plus encore dans la définition de leur solde, c'est-à-dire d'un élément objectif permettant de fonder l'appréciation qui doit être portée par les autorités politiques sur la situation des paiements extérieurs — équilibre ou non, excédent ou déficit —, expliquent pour une large part les faibles progrès de la concertation internationale en matière de mécanismes d'ajustement. Dès lors que ces mécanismes ont pour objet de permettre la correction des déséquilibres de paiements constatés, l'absence d'un accord général sur la notion de déséquilibre et sa mesure est d'une gravité considérable.

Balances matières

a : *Materials input-output statement* – **d** : *Materialbilanz* – **e** : *Balanza de materiales*

Comptes d'emplois et de ressources des biens, établis en unités physiques (et non monétaires).

La technique des balances matières est utilisée notamment dans la planification soviétique pour établir les programmes d'allocation des ressources en fonction des objectifs de production. Elle est fondée sur l'établissement de tableaux *input-output (produits bruts-produits finis) mettant en évidence des *coefficients techniques reliant la *consommation intermédiaire de produits incorporés et la *production finale (exemple : la quantité d'acier nécessaire à la production d'une automobile).
L'application efficace de cette technique à la prévision, en dépit des progrès accomplis par les planificateurs soviétiques, se heurte en fait à de nombreuses difficultés :
– elle implique une définition très précise des produits et une nomenclature retenant soit les produits de base essentiels, soit des agrégats homogènes et significatifs de produits du même ordre ;
– elle suppose un réseau extrêmement fin de renseignements statistiques, notamment pour apprécier les relations entre les divers secteurs ;
– la projection sur l'avenir doit tenir compte de l'évolution des coefficients techniques. Cette dernière contrainte n'est d'ailleurs pas

propre aux balances matières (*voir* Tableau d'échanges interindustriels *et* Tableau des entrées-sorties) ;

– enfin, cette technique se prête mal à la comparaison des différents choix possibles dans l'affectation des matériaux.

C'est pourquoi les planificateurs soviétiques se sont mis à utiliser également des tableaux d'échanges interindustriels retraçant en termes monétaires les réseaux d'input-output.

Balances sterling

a : *Sterling balances* – **d** : *Sterlingbilanzen* – **e** : *Balanzas en esterlinas*

Avoirs liquides en livres sterling détenus par des non-résidents.

Les balances sterling, dont l'existence remonte au XIXe siècle, sont indissociables du rôle international de la *livre. Depuis la Seconde Guerre mondiale, elles n'ont pas cessé d'être un sujet de préoccupation pour les autorités britanniques. Mais ce n'était là que le reflet des difficultés que celles-ci rencontrèrent dans la poursuite d'une politique visant à maintenir le statut international de leur monnaie. Progressivement, au cours des années 60, un changement radical d'orientation a été amorcé dans ce domaine. Dès lors, bien que les balances sterling n'aient pas disparu, des arrangements ont pu être trouvés qui ont enlevé toute acuité au problème qu'elles posent.

● Schématiquement, on peut considérer que les balances sterling se divisent en *deux catégories* distinctes, correspondant aux deux fonctions essentielles de la livre. *Monnaie de règlement* dans les transactions privées internationales, le sterling est détenu par les entreprises (et accessoirement les particuliers) qui y participent et ressentent donc la nécessité d'un fonds de roulement dans cette *devise ; ce sont les *balances privées. Monnaie de réserve,* la livre est conservée par les autorités monétaires des pays qui, de façon coutumière à l'origine, puis contractuellement dans le cadre de la *zone sterling, se constituent ainsi des *balances officielles.* La puissance de l'économie britannique, la domination qu'elle exerçait sur le commerce international entretenaient le besoin de livres, tout en assurant la sécurité des placements que renforçait l'importance des *réserves d'*or de la Grande-Bretagne ; la surface financière de la « City » permettait de surcroît d'offrir des possibilités de rémunération intéressantes et variées.

● La *Seconde Guerre mondiale* devait modifier profondément les données de la situation. Affaiblie par le conflit et ses conséquences, d'autant plus que les États-Unis, au contraire, avaient vu leur potentiel économique singulièrement renforcé, la Grande-Bretagne victorieuse se refusa néanmoins à tirer les conclusions monétaires de son déclin, c'est-à-dire à envisager un renoncement progressif au rôle international de la livre. Cette politique apparut clairement lorsque, à l'initiative des Américains, fut pour la première fois soulevé le problème des balances sterling. Celles-ci s'étaient en effet accrues au cours des années de lutte, au profit notamment des pays où avait porté l'effort militaire (empire des Indes, Égypte) : les dépenses considérables qui avaient été engagées par la métropole pour assurer la défense commune avaient incontestablement le caractère de dettes de guerre. Ayant à faire face aux nécessités de sa propre reconstruction, ses réserves ayant décliné, le Royaume-Uni risquait de se heurter à de graves difficultés si les détenteurs de ces balances — dont par ailleurs les liens politiques avec l'Empire se relâchaient et qui se devaient d'acquérir pour leur développement des produits industriels à l'étranger — entreprenaient de les utiliser (pour des achats en Grande-Bretagne ou, après conversion, aux États-Unis). Pourtant, malgré la pression américaine, les Britanniques refusèrent d'envisager la négociation d'accords de *consolidation. L'accepter eût été ternir leur réputation de banquiers, reconnaître leur incapacité à honorer leurs engagements. C'était irrémédiablement, pensaient-ils, détruire la confiance dans la livre, fondement de son rôle international. Ce pari impérial — car, avec la livre, c'était l'ensemble d'influences politiques et économiques hérité de l'empire et réaménagé dans le *Commonwealth qu'il s'agissait de sauvegarder —, les gouvernements britanniques ne purent le gagner. Pendant de nombreuses années cependant, ils parvinrent à ne pas renoncer. Réglementant les changes, ce qui limitait les possibilités réelles de *convertibilité de certains types de balances, subordonnant largement leur politique conjoncturelle aux nécessités de l'équilibre des paiements extérieurs de la zone, fixant les taux d'intérêt en vue notamment d'éviter les retraits des balances privées, jusqu'à la fin des années 50, ils surent s'en tenir à la ligne choisie. Le niveau à peu près constant, au cours de cette période, des balances officielles permettait même de croire à un certain succès. Alors que les principaux détenteurs des années de guerre avaient à peu près totalement liquidé leurs avoirs, les membres de la zone sterling, fournisseurs de matières premières, avaient en effet accumulé les excédents de *balances des paiements et donc, par leur participation au *pool de devises, augmenté sensiblement leurs balances sterling, compensant cette réduction.

• Le *retour à la convertibilité des monnaies européennes* au début des années 60 apportait rapidement la preuve de l'échec. Une lente maturation s'entamait alors, à travers les crises, qui devait aboutir à l'abandon du rêve. Ce sont les fluctuations importantes et brutales des balances privées, mais aussi officielles, qui, de façon spectaculaire, soulignèrent à plusieurs reprises que le sterling n'avait pas retrouvé son prestige de jadis. A ces mouvements de capitaux « fébriles » (« *hot money »), rendus possibles par l'expansion de la convertibilité, fut parfois attribuée la responsabilité des difficultés de la livre. Ils ne faisaient en fait que refléter un manque de confiance généralisé : le poids économique de la Grande-Bretagne, sans être négligeable, s'était réduit ; la cohésion du *Commonwealth était relâchée du fait de l'attirance exercée par les États-Unis et même, dans une beaucoup plus faible mesure, par l'Europe ou le Japon ; la croissance interne restait médiocre (conséquence, pour partie au moins, de la politique économique suivie depuis la guerre, qui souvent avait sacrifié l'expansion à l'équilibre des paiements extérieurs). Dans ces conditions, auxquelles il convient d'ajouter la faiblesse des réserves de la Grande-Bretagne comparée à ses engagements à court terme (les balances sterling précisément), les brusques accès de méfiance — voire de panique — ne pouvaient évidemment être évités.

• Il ne pouvait cependant être envisagé de régler le problème des balances sterling, ni même d'ailleurs celui de la livre, isolément. La décision du repli militaire à l'ouest de Suez, la recherche d'une adhésion à la CE, la dévaluation de la livre, qui ont marqué l'année 1967, participent toutes d'une même démarche, et témoignent du *changement d'orientation du Royaume-Uni.* Acceptant de reconnaître sa situation de puissance moyenne, la Grande-Bretagne reconnaissait enfin que la charge d'une monnaie clé était trop lourde, et d'ailleurs largement dépourvue d'intérêt pour elle hors d'un contexte impérial.

Par l'*accord de Bâle en 1968,* les principaux pays industrialisés mettaient à la disposition de la Grande-Bretagne des lignes de crédit permettant de faire face à d'éventuelles demandes de conversion des balances officielles. Ce dispositif, destiné à geler provisoirement les problèmes posés par les avoirs officiels des pays membres de la zone sterling, a échoué. Loin d'assurer une résorption progressive de ces créances, il en a encouragé le développement. Fort du soutien reçu, le Royaume-Uni avait en effet accordé, à la suite de l'accord de Bâle, des garanties de change (or, ou, le plus souvent, dollar) aux détenteurs de balances officielles s'engageant en contrepartie à maintenir une certaine fraction de leurs réserves en sterling. Cette garantie et le niveau élevé des taux d'intérêts britanniques rendaient les placements en livres d'autant plus attrayants que bientôt se généralisait le flottement des monnaies. La hausse des prix du pétrole et des avoirs des pays producteurs membres de la zone sterling accéléra la croissance des balances officielles jusqu'à la fin de 1974 où le non-renouvellement de la garantie de change provoqua un changement de tendance rapide. La réduction par à-coups successifs des balances officielles a pesé lourdement sur l'autonomie et l'efficacité de la politique économique britannique tout au long de 1975 et de 1976.

Le *nouvel accord de Bâle en janvier 1977* a retenu les leçons de l'expérience. La ligne de crédit ouverte par plusieurs pays industrialisés (pas plus que la première fois la France ne participe) ne pouvait être utilisée que pour faire face à des retraits qui feraient baisser les balances officielles au-dessous du niveau atteint à la fin de 1976. Par ailleurs, la Grande-Bretagne offrait aux détenteurs d'avoirs officiels en sterling des titres à moyen terme libellés en devises qui permettront de consolider une partie de la dette. La réduction des balances consécutive à ces conversions n'était pas prise en compte pour déterminer l'ouverture du droit de tirage sur la ligne de crédit exceptionnelle.

Bancable

a : *Discountable* – **d** : *Diskontfähig* – **e** : *Bancable*

---

*Se dit d'un *effet qui remplit les conditions pour être réescompté par une banque auprès de la Banque de France.*

L'opération de *réescompte n'était possible que pour des effets dits bancables, c'est-à-dire remplissant traditionnellement un certain nombre de conditions. Ils devaient :

– être libellés en francs,

– être revêtus de trois signatures (tireur, tiré acceptant et banquier escompteur),

– n'avoir pas plus de 90 jours à courir,

– être payables sur une place où la Banque de France possède une agence,

– ne contenir aucune mention restrictive des droits du porteur.

D'une manière générale, est dit *bancable* tout effet qui peut être admis par la Banque de France pour être mobilisé, c'est-à-dire répondant aux conditions qu'elle met elle-même à l'admission de ce papier.

Par extension, on appelle également « bancable » une **place* où la Banque de France possède une agence. Un effet qui revêt tous les autres caractères de l'effet bancable mais qui n'est pas tiré sur une place bancable est dit « *effet déplacé ». Il est dès lors escompté à des conditions moins avantageuses pour le cédant.

Bank Charter Act

a : *Bank Charter Act* – **d** : *Bank Charter Act* – **e** : *Bank Charter Act*

Loi votée en 1844 à l'initiative de Sir Robert Peel et réglementant l'émission des billets par la Banque d'Angleterre (dite aussi « Peel's Act »).

Le Bank Charter Act de 1844 traduit le point de vue de la *currency school sur la monnaie et répond aux inquiétudes suscitées alors par la

faiblesse des réserves métalliques de la Banque d'Angleterre et l'insuffisance des moyens de contrôle sur son activité.
Aux termes de cette loi, la banque est divisée en un département d'émission et un département bancaire. En outre :
– elle reçoit une autorisation d'émission fiduciaire de 14 millions (gagée par des valeurs d'État — *Government securities*). Au-delà de ce montant, tous les billets (*notes*) doivent être couverts par de l'or ou de l'argent, ce dernier ne devant pas excéder un cinquième du total ;
– l'émission de billets est destinée à la fois à couvrir les besoins du public et à servir de réserves au département bancaire ;
– en même temps, des efforts sont faits pour réserver progressivement le privilège d'émission à la Banque d'Angleterre.
Corrélativement :
– aucune nouvelle autorisation d'émission n'est accordée à d'autres banques ;
– pour celles qui existent déjà, l'émission est limitée au montant de leurs billets en circulation durant le trimestre précédant la loi ;
– toute banque qui vient à cesser d'émettre ou à fusionner avec d'autres, doit abandonner ses droits, qui sont repris par la Banque d'Angleterre à concurrence des deux tiers du volume d'émission de la banque.
A la suite de cette mesure, les émissions des banques provinciales diminuèrent rapidement et dès 1860 environ elles pouvaient être considérées comme négligeables. Il fallut cependant attendre 1921 pour que la dernière banque provinciale cessât d'émettre des billets. Le Bank Charter Act ne suffit pas à rétablir totalement la confiance à l'égard de la Banque d'Angleterre. En effet, la loi de Peel dut être suspendue à plusieurs reprises au cours du XIXe siècle, tant que la *Banque d'Angleterre ne fut pas considérée comme une véritable *banque centrale assumant la responsabilité de la monnaie (crises de 1847, 1857, 1866). La confiance ne fut vraiment rétablie que lorsque diverses dispositions assortirent de sanctions le dépassement par la Banque d'Angleterre de son plafond d'émission, en même temps qu'elles donnaient plus de souplesse à sa définition (*voir* Émission).

Banking school, banking principle

a : *« Banking school »* – **d** : *« Banking school » (« Bankschule »)* – **e** : *« Escuela de banco »*

---

*École de banque, principe de banque : Théorie de l'*émission selon laquelle les banques ont pour rôle de répondre à la demande de moyens de paiement et voient leurs émissions de billets convertibles limitées par une loi automatique.*

La « banking school », représentée principalement par Tooke et Fullarton, s'est opposée à la « *currency school » représentée par Ricardo au cours d'une controverse célèbre sur l'émission de monnaie qui prit place en Angleterre entre 1810 et 1844.

• L'inspirateur de la « banking school » est principalement Adam Smith, pour qui les banques ne peuvent créer des billets à volonté, mais sont entièrement soumises à la demande de monnaie du public, laquelle subit elle-même une régulation automatique. Adam Smith écrivait en effet que la masse totale de papier-monnaie de toute espèce qui circule dans un pays ne peut jamais excéder la valeur de la monnaie d'or ou d'argent dont le papier-monnaie tient lieu et qui circulerait si les billets n'existaient pas. « S'il arrivait en effet que le papier en circulation excédât ce montant... il reviendrait immédiatement aux banques pour y être rechangé en or ou en argent. »

• Cette théorie comporte deux éléments principaux.

– Les billets ne sont émis qu'à la demande de ceux qui les préfèrent à l'or pour des raisons de commodité, mais les billets représentent toujours de l'or (*convertibilité), « la quantité des billets est donc un *effet* et non une cause de la demande de billets » (Tooke). Cette demande de billets est elle-même fonction des « besoins de l'industrie et du commerce », puisqu'elle est liée aux opérations d'escompte des effets de commerce eux-mêmes.

– La circulation des billets obéit à une autorégulation : dans la mesure où le billet de banque est convertible et représente du métal, il constitue une sorte d'avance qui est destinée à être remboursée. La banque ne peut donc pas émettre un volume exagéré de billets sous peine de ne pouvoir faire face à ces remboursements à venir.

• Bien que la banking school ait conclu à la nécessité d'attribuer le monopole d'émission à une banque unique (la Banque d'Angleterre) pour des raisons de confiance, elle ne rend pas compte de la complexité des phénomènes monétaires. 1) Elle considère la convertibilité comme une garantie suffisante et n'estime pas que la circulation de papier-monnaie, même convertible, aboutit à augmenter les instruments de paiement. 2) Elle prend place, il est vrai, à une époque où les banques d'émission n'émettaient du papier-monnaie que dans trois cas : en contrepartie des dépôts de métal des particuliers à titre de « reçus » délivrés à ces particuliers ; en escomptant des effets de commerce ou en réescomptant des effets déjà escomptés par les banques de dépôt ; en achetant des titres sur le marché monétaire (opérations d'*open market). 3) Contrairement aux conclusions de la banking school, l'expérience a montré que l'émission de *monnaie ne pouvait être abandonnée au jeu de prétendus mécanismes naturels.

Banque

a : *Bank* – **d** : *Bank* – **e** : *Banco*

Entreprise qui fait profession habituelle de recevoir du public, sous forme de dépôts ou autrement, des fonds qu'elle emploie pour son propre compte en opérations d'escompte, en opérations de crédit ou en opérations financières.

Cette définition juridique, empruntée à la loi du 13 juin 1941, a pour mérite de mettre l'accent sur la *conjonction de deux types d'opérations, la gestion des *dépôts et l'octroi des *crédits.* Leur lien caractérise l'activité bancaire, qui comporte en outre :

– la possibilité pour les banques de créer de la monnaie scripturale par les crédits consentis, qui sont eux-mêmes générateurs d'un supplément de dépôts ;

– leur faculté de mettre en œuvre divers moyens pour l'octroi de crédits : la création de monnaie, la transformation de dépôts à vue ou d'épargne liquide.

Dans l'ensemble des *institutions financières qualifiées de « banques », quelques établissements ne répondent pas exactement à cette définition : la banque d'émission ou *banque centrale ne reçoit pas, par exemple, de fonds du public, ni même des banques, d'une manière générale.

Activités des banques

Les activités des banques comportent participation directe ou fonction d'intermédiaire dans toutes les opérations de nature financière. Elles sont nombreuses et variées, mais généralement complémentaires les unes des autres. L'étendue de la gamme des services proposés à la clientèle des banques constitue en effet l'un des attraits sur lesquels peut s'appuyer leur action de publicité. Les dépôts de fonds facilitent à la clientèle ses opérations de règlement et sont d'autre part le moyen de consentir des crédits. Dans la mesure où l'on définit la fonction bancaire par la création de *monnaie, la réception des dépôts et l'octroi des crédits constituent les deux faces d'une seule activité.

En retenant l'exemple des banques de dépôts (dont l'activité est la plus large) les principales activités d'une banque peuvent se résumer comme suit :

• L'*octroi des crédits* constitue sa source essentielle de profits et la forme unique de ses risques d'exploitation. Les crédits bancaires sont consentis sous forme de *découverts ou avances en comptes, par *escompte d'effets représentatifs de créances commerciales (effets commerciaux) ou de prêts (effets financiers), par contrats de *prêts, enfin par voie de signature (*voir* Aval).

• Les *services rendus* à la clientèle portent d'abord sur les *opérations de règlement.* Ils comprennent le « service de caisse » (c'est-à-dire la

gestion des comptes de dépôts), le règlement et l'encaissement des *chèques, le recouvrement des *effets de commerce et des factures, l'exécution des ordres de *virement.
Pour les règlements avec l'étranger s'y ajoutent les opérations de *change à vue ou à terme. Une extension récente de ces facilités de règlement résulte de l'utilisation des *cartes de crédit.
Ces opérations soit sont exécutées gratuitement (et notamment en France pour le service de caisse qui est la contrepartie des dépôts de fonds non rémunérés), soit donnent lieu à perception de commissions (opérations de recouvrement, de change...).

• Au profit de la *clientèle privée et moyennant commissions,* la banque assure la conservation des *titres, l'exécution des opérations de gestion courante des titres en dépôt (l'encaissement des *coupons, par exemple), l'exécution des ordres de *bourse, la location de coffres-forts. Dans la gestion de son portefeuille, elle peut assister le client par des informations et des conseils, ou même se substituer à lui en prenant des décisions sur le choix des *placements. Cela a conduit les banques à provoquer la constitution de sociétés d'*investissement en vue de faire assumer collectivement la gestion de portefeuilles modestes.

• Étant en contact avec la clientèle des porteurs de titres et des déposants, la banque peut *intervenir au profit des émetteurs de *valeurs mobilières* du secteur public ou du secteur privé, nationaux ou étrangers. Elle met à leur disposition ses guichets et ses services de démarche pour le paiement des emprunts obligataires, la souscription aux augmentations de *capital, mais aussi pour le paiement des coupons et le remboursement des titres amortis, la réalisation des attributions gratuites d'*actions, la gestion des titres nominatifs, la recherche des pouvoirs des actionnaires en vue de constituer une majorité et d'atteindre le quorum exigé pour la tenue des assemblées générales...
Dans ce domaine, les banques vont au-delà de la simple prestation de services d'un intermédiaire et prennent des risques lorsqu'elles garantissent la réussite des opérations d'*émission (*syndicat de garantie, prises fermes).
Lorsqu'elles participent durablement aux risques de l'entreprise par la voie de participations leur donnant droit d'intervention directe dans la gestion, elles sortent du rôle normalement reconnu à une banque commerciale ou banque de dépôts : c'est la vocation des « banques d'affaires ».

• Les banques exécutent des *services pour le compte de l'État lui-même.* Ceux qui résultent du placement des emprunts et des *bons du Trésor, du paiement des coupons, du règlement de dépenses publiques ne sont pas de nature différente des services rendus à la clientèle privée. Mais dans certains cas, des délégations sont accordées aux banques pour l'autorisation et le contrôle des opérations de la clientèle privée au nom de l'administration des Finances. Telle est la situation des « intermédiaires agréés » dans le régime de contrôle des changes.

• En dehors des opérations faites avec la clientèle ou pour son compte mais en fonction des mouvements de dépôts et des crédits, les banques ont à gérer leur *trésorerie,* comme toute entreprise. Mais contrairement aux entreprises non bancaires, cette gestion les conduit à employer leurs *disponibilités et à chercher des *liquidités sur le *marché monétaire et, pour une part, dans certains pays, sur le *marché financier. Elle peut les mettre dans la dépendance de la banque centrale qui exerce ainsi à leur égard son rôle de régulation monétaire.

Structure financière des banques

Les ressources des banques : Elles comprennent, dans l'ordre d'exigibilité croissante de leur classement au passif du *bilan :
– les ressources propres (capital et *réserves),
– les emprunts à long terme contractés sous forme d'obligations,
– les *dépôts de la clientèle classés selon leur exigibilité.
Comptes à échéance, à préavis et bons de caisse constituent les *exigibilités à terme.* Les *exigibilités à vue* comprennent : les *dépôts à vue,* les comptes de chèques, les comptes courants créditeurs des entreprises et diverses catégories de comptes créditeurs, dont les comptes courants créditeurs des autres banques et correspondants.

Les emplois des banques (à leur actif) : Ils sont constitués dans l'ordre de liquidité croissante par :
– des *valeurs immobilisées* (*immobilisations sous forme d'immeubles et d'équipements mais aussi participations) ;
– des *crédits non mobilisables* (dont en France la part la plus importante est constituée d'avances en comptes courants débiteurs) ;
– des *crédits mobilisables* classés en fonction de leur durée, de leur nature, des conditions de leur mobilisation (les bons du Trésor souscrits jadis au titre du « plancher », aujourd'hui au titre d'emplois de trésorerie, sont confondus dans les bilans avec les crédits mobilisables dans le poste appelé « portefeuille ») ;
– des *disponibilités* sous la forme de numéraire, d'avoirs à la Banque de France, aux comptes chèques postaux et chez d'autres banques nationales ou étrangères (aujourd'hui une part des comptes courants créditeurs à la *Banque de France est en fait immobilisée au titre des réserves obligatoires).

Hors bilan : Sont comptabilisés les *engagements* résultant de la signature de la banque c'est-à-dire :
– les effets privés circulant sous *endos de la banque à la suite de la cession d'éléments de son portefeuille ;
– les *cautionnements et *avals accordés, qui résultent d'octroi de crédits par signatures (tandis que les effets revêtus de l'*acceptation de la banque sont inscrits dans son bilan pour une valeur identique à l'actif et au passif) ;

– les ouvertures de crédits confirmés comportent engagement ferme de faire face à des demandes de crédits.

Le compte d'exploitation d'une banque : Il fait naturellement apparaître la différence entre les produits et les charges et révèle par sa composition les éléments caractéristiques de l'activité bancaire ;

– *au crédit* (recettes) figurent les **intérêts créditeurs* et **agios* résultant des crédits consentis tels qu'ils peuvent être imputés à la période de temps pour laquelle est établi le compte (intérêts débiteurs des comptes courants, agios prélevés lors de l'escompte, intérêts des bons du Trésor) ;

– *au débit* (dépenses) s'inscrit le coût des ressources mises en œuvre (intérêts servis aux divers types de dépôts, coût des opérations de réescompte et mise en *pension) ;

– les produits nets, complétés des commissions sur opérations diverses non liées à des crédits (telles qu'opérations sur gestion de titres) ni au produit du portefeuille de titres, assurent la couverture des frais généraux, des *amortissements, et des *provisions pour risques constitués par certaines formes de crédit. Pour le solde, ils déterminent éventuellement le bénéfice d'exploitation.

Spécialisation des banques

La description des banques en fonction de leur spécialisation est rendue complexe par la superposition d'éléments techniques et d'éléments d'ordre juridique tenant à leur statut et à la nature de la tutelle dont elles relèvent. Ces éléments statutaires conduisent à distinguer deux grandes catégories de banques en France : les banques du régime général soumises aux disciplines édictées par le Conseil national du crédit et au statut général des banques ; les établissements relevant d'un statut légal spécial.

Les banques relevant du Conseil national du crédit : Elles ne constituent qu'une partie des établissements soumis à sa tutelle : le terme de « banque » étant réservé aux établissements autorisés à recevoir des dépôts du public, les autres établissements sont dénommés établissements financiers depuis la loi du 14 juin 1941.

• Les « *établissements financiers* », au nombre d'environ 500, travaillent avec leurs ressources propres et les moyens de financement qui leur sont accordés par les banques. Dans cette catégorie sont recensés : les établissements de financement des ventes à *tempérament, les maisons de titres, les sociétés financières, les établissements de crédit immobilier, les établissements de *crédit-bail.

• Les « *banques inscrites* » (au nombre d'environ 400, dont 150 étrangères) sont réparties en trois catégories (en dehors des banques étrangères et d'outre-mer), selon leurs emplois et les ressources qu'elles sont autorisées à collecter auprès du public.

– Les *banques de dépôts,* au nombre d'environ 200, ont pour principale vocation de consentir des crédits de courte durée à l'aide des dépôts à vue et à court terme qu'elles reçoivent. Cela entraîne des limitations dans les ressources et les emplois : mais l'extension prise par les crédits à moyen terme et le souci de faciliter la transformation de ressources courtes en crédits longs ont conduit à lever les restrictions prohibant la réception de dépôts d'un terme supérieur à deux ans (1966). La sécurité des dépôts interdit qu'ils soient réemployés en participations : celles-ci ne peuvent sauf dérogation dépasser 75 % des ressources propres des banques de dépôts (10 % jusqu'en 1966) qui d'autre part ne peuvent détenir plus de 20 % du capital d'une entreprise industrielle ou commerciale. Pour la même raison ces banques sont, d'autre part, dans le choix de leurs emprunts astreintes au respect d'une ratio de *liquidité.

– Les *banques d'affaires* au nombre d'une trentaine ont pour activité principale la prise de participation dans des entreprises existantes ou en formation ; elles offrent, d'autre part, à celles-ci la gamme complète des crédits et services qui peuvent leur être nécessaires. Cette absence de limitation particulière de leurs emplois entraînait traditionnellement de sévères restrictions dans le droit de recevoir des dépôts à vue ou à moins de deux ans d'échéance. Elles ont été levées par le décret du 25 janvier 1966 qui permet aux banques d'affaires de recevoir toutes catégories de dépôts, place désormais les banques d'affaires et les banques de dépôts sous un régime identique du point de vue de la collecte des ressources, et conduit à étendre aux premières la règle de la ratio de liquidité.

– Enfin les *banques de crédit à long et moyen termes* (au nombre d'une vingtaine) ont pour vocation de consentir des prêts à l'aide du produit des *bons* et *obligations* qu'elles émettent ; elles ne peuvent recevoir du public des dépôts à moins de deux ans et de ce fait leur développement s'est trouvé limité : leur intervention apparaît souvent en complément de celle des grandes banques de dépôts qui ont provoqué leur création.

Les établissements à statut légal spécial du secteur bancaire : Ils sont soumis à la tutelle de la direction du Trésor. Leur situation, qui est souvent fonction de circonstances historiques, est indépendante :

• de leur *nature juridique :* on y trouve des sociétés anonymes (banques populaires. Crédit national et Crédit foncier, Banque française du commerce extérieur), des sociétés mutualistes (Crédit agricole), des établissements publics (Caisse des dépôts, Caisse nationale de crédit agricole) et même de simples services de l'État (service des chèques postaux), tandis que les banques de dépôts nationalisées sont soumises au régime général des banques inscrites ;

• de *leur position concurrentielle* ou non par rapport aux autres banques.

– Deux catégories d'établissements sont en concurrence avec les banques de dépôts, tant pour la collecte des ressources que pour la distribution de certains crédits :

a) les *banques populaires,* de compétence régionale, avec leurs organismes centraux de discipline (Chambre syndicale) et de compensation (Caisse centrale). Elles ont pour mission, grâce à la décentralisation, de distribuer des crédits à court terme et moyen terme aux petites et moyennes entreprises. Si ce n'est par leur statut, elles ne se distinguent plus des banques de dépôts, ni par leur activité, ni par la réglementation applicable à leurs opérations ;

b) les *caisses de crédit agricole mutuel,* avec une structure à trois degrés (caisses locales, caisses régionales et caisse nationale), mettent en œuvre au bénéfice des activités agricoles des techniques propres de crédit et des moyens financiers fournis par le Trésor ou bonifiés par ses soins. Le secteur du crédit social comprend encore les caisses de crédit agricole mutuel non affiliées à la Caisse nationale, les caisses de crédit mutuel à vocation générale, le crédit maritime, le crédit coopératif, les caisses de crédit municipal.

– D'autres établissements sont en concurrence avec les banques inscrites pour la seule collecte des dépôts : c'est le cas des *caisses d'épargne* qui ne reçoivent que certaines catégories de dépôts (dépôts sur livret et comptes d'épargne-logement). C'est aussi le cas de l'État qui collecte à son profit les dépôts en comptes de chèques faits auprès du service des chèques postaux ou des services extérieurs du Trésor (dépôts au Trésor).

– Une quatrième catégorie comprend les *établissements de crédit à long terme* qui pourvoient à des besoins de capitaux mal satisfaits par les banques inscrites : la Caisse des dépôts et consignations assure la transformation des dépôts reçus dans les caisses d'épargne, le Crédit foncier, le Crédit national, la Caisse centrale de crédit hôtelier, mettant en œuvre des ressources d'emprunt fournies par le marché financier ou par le Trésor. Ce sont là des intermédiaires financiers mais non plus des banques.

– Enfin, la cinquième catégorie comprend des *établissements facilitant l'octroi de concours par les banques inscrites :* tel est le cas de la *Banque française du commerce extérieur et de la Caisse nationale des marchés de l'État, lorsqu'elles interviennent sous la forme de crédits par signature. Si l'on retient le volume des ressources provenant des dépôts à vue ou à terme reçus du secteur non bancaire, la part des divers groupes peut être estimée approximativement de la manière suivante :

Banques inscrites	40 %
Établissements à statut légal spécial (Crédit agricole, Crédit populaire, caisses d'épargne)	40 %
Trésor (chèques postaux, bons du Trésor)	20 %

Contrôle des pouvoirs publics

Il s'exerce sur les banques en fonction de deux objectifs distincts qui correspondent en France à la création de deux institutions différentes.

• Au *Conseil national du crédit* appartient la mise en œuvre d'une politique du *crédit correspondant à la fois à la préoccupation d'équilibre monétaire, à la réalisation du plan de développement et à la satisfaction des besoins du Trésor.

Il réunit, sous la présidence du ministre des Finances ou du gouverneur de la Banque de France vice-président de droit, des représentants des diverses activités économiques (11), des syndicats (8), des banques (8), des établissements de crédit du secteur public (8), des administrations économiques et financières (8).
Il intervient par voie réglementaire (décisions générales) pour réglementer la profession et la technique bancaires et prend les décisions individuelles concernant l'inscription ou la radiation des banques ; il participe d'autre part à l'élaboration de la politique de la monnaie et du crédit, tant par la voie d'avis que par le biais des mesures techniques qui relèvent de son pouvoir réglementaire.

• A la *Commission bancaire,* il revient d'assurer la régularité des opérations et la protection du public qui fait appel aux services des banques et leur confie des dépôts. La Commission réunit, sous la présidence du gouverneur de la Banque de France, un représentant des banques, un représentant de leur personnel, le directeur du Trésor et le président de la Section des finances au Conseil d'État.
Elle détermine les règles de l'activité des banques, fixe en particulier les ratios qui doivent être maintenues entre les éléments de leur bilan (*voir notamment* Liquidité, Solvabilité), contrôle leur application et dispose d'un pouvoir disciplinaire.
La Banque de France participe à ce contrôle au-delà de la seule participation de son gouverneur à la présidence de ces deux organismes. L'institut d'émission est encore l'exécutif de chacun d'eux, recevant d'eux délégation pour prendre les décisions d'application (règlements pour les affaires qui sont du ressort du Conseil national du crédit), surveillant et contrôlant leur application. C'est un des caractères qui font aujourd'hui de l'institut d'émission une *banque centrale.

• A la suite des *nationalisations* de 1981-1982, le contrôle traditionnel des pouvoirs publics a pris le caractère d'une véritable prise de contrôle par l'État du système bancaire.

• Le changement de majorité parlementaire en 1986 a entraîné la *privatisation* de la plupart de ces banques, ainsi que de la Société générale.

Banque centrale

a : *Central bank* – **d** : *Zentralbank* – **e** : *Banco central*

Banque investie des fonctions d'émission de la monnaie et de modulation directe ou indirecte de la quantité et du coût du crédit dans le cadre national.

Ce terme s'emploie aujourd'hui de préférence à celui de banque (ou institut) d'émission.

La mission essentielle de la banque centrale est d'assurer la stabilité monétaire et de veiller à sa compatibilité avec l'expansion économique. Élément « central » du système bancaire, elle en règle la *liquidité, elle en organise les règlements par *compensation entre les banques et joue le rôle de correspondant avec les banques centrales étrangères.

Origines et évolution de l'institution

L'institution des banques centrales tire son origine de la création de la *Banque d'Angleterre en 1694. Les caractères des diverses banques centrales portent néanmoins la marque des conditions particulières dans lesquelles chacune d'elles a été créée et a fonctionné. Leurs domaines d'action et leurs règles de fonctionnement varient sensiblement (*voir* Banque de France, Federal Reserve System [États-Unis]).

Toutefois, un certain nombre de tendances communes se dégagent de leur évolution, et notamment :

- L'*accroissement de leur rôle dans l'expansion économique.* Ce phénomène a été particulièrement marqué à la suite des bouleversements dus à la crise de 1929. A partir de cette époque, on considère qu'il convient d'élargir la portée de leurs interventions et de ne plus les limiter, comme auparavant, à la simple surveillance de la quantité de billets émis et à la sauvegarde de leur convertibilité en or à un taux stable. L'accent est mis, dès lors, sur leurs possibilités de participer activement à la politique du *crédit.
- Parallèlement, les banques centrales ne constituent plus qu'un outil parmi d'autres dans la *conduite de la politique économique et monétaire.* Les gouvernements utilisent en effet concurremment les instruments de politique fiscale, le contrôle des changes ou la modulation des dépenses publiques.
- Pendant et après la Seconde Guerre mondiale, l'importance des problèmes posés par la conduite de la guerre d'abord, par la reconversion des économies nationales ensuite, entraîne une *intervention de plus en plus grande des gouvernements* dans la politique financière et monétaire des banques centrales ainsi qu'une très grande diversification des moyens qu'elles sont chargées de mettre en œuvre pour la modulation quantitative et qualitative des possibilités de *crédit à l'économie.
- Depuis cette période, le rôle essentiel des banques centrales consiste à *essayer de concilier* un haut niveau de production et d'emploi dans l'économie avec la stabilité des prix, la sauvegarde de l'équilibre de la *balance des paiements avec l'étranger, le maintien de la valeur de la *monnaie nationale sur les marchés internationaux des changes. En outre, l'État peut confier à la banque centrale l'exécution de diverses décisions financières ou lui en déléguer la responsabilité (autorisation d'émission des *valeurs mobilières, contrôle des changes, recouvrements fiscaux, gestion de la *dette publique...).

La politique d'émission

Dans le domaine particulier de l'émission et de la régulation de la monnaie, qui est le moyen d'action privilégié de la banque centrale, une évolution considérable s'est également produite :

• *Au XIXe siècle et au début du XXe siècle,* le régime était celui de l'automatisme de l'émission. La banque centrale émettait des billets soit contre du métal (régime d'*étalon métallique), soit en escomptant ou réescomptant des effets, soit en achetant des titres sur le marché monétaire (*open market). Dans un tel système, l'émission de monnaie était automatique à l'intérieur d'un certain plafond (*voir* Émission).

• *Depuis 1931* et l'abandon par la Grande-Bretagne de l'étalon-or, tous les pays ont successivement suspendu la *convertibilité en or de leurs monnaies et établi le cours forcé. Dès lors, la politique d'émission des banques centrales revêt d'autres caractères ;

– *l'encaisse-or* n'a plus de relation directe avec la circulation monétaire intérieure et constitue essentiellement une masse de réserve destinée à assurer les paiements internationaux lorsque les devises étrangères viennent à manquer ;

– la modulation de l'émission de monnaie cède le pas à la politique de la **masse monétaire,* qui prend comme référence les proportions souhaitables entre les *flux monétaires et les flux réels dans l'économie, compte tenu des objectifs de plein emploi, d'expansion et de stabilité recherchés ;

– enfin, l'importance donnée au *rôle de l'émission de monnaie* est très variable selon les pays et selon les politiques économiques appliquées par les gouvernements. L'influence du *keynésianisme a conduit un certain nombre de pays à subordonner la limitation de l'émission de monnaie à des objectifs jugés plus importants (plein emploi, optimum de production : Europe continentale après la Seconde Guerre mondiale). Certains excès ont ensuite engagé un certain nombre d'entre eux à redonner aux considérations monétaires une place de choix.

Principales opérations effectuées par les banques centrales

L'action des banques centrales sur le volume de la monnaie et du crédit peut s'effectuer suivant des modalités diverses et est dans une certaine mesure fonction de leur statut. Les principales opérations sont les suivantes.

Opérations d'*open market : Elles consistent essentiellement en achat et vente de titres négociables. Des ventes de titres sur le marché drainant les disponibilités des banques engagent celles-ci à emprunter auprès de la banque centrale par voie d'escompte et, si le *taux d'escompte est élevé, les forcent à réduire leurs crédits à l'économie.
Inversement, les achats de titres par la banque centrale injectent de la monnaie dans l'économie et détendent le marché. Ces opérations n'ont

leur plein effet de régulation monétaire que dans les pays dotés de marchés monétaires importants.
Les opérations d'open market peuvent également être utilisées pour stabiliser le cours des valeurs d'État et faciliter à celui-ci la gestion de la dette publique.

Crédits aux banques (escompte ou réescompte) : Ces crédits, sous forme *d'*escompte,* de **réescompte* ou de *mise en pension,* consistent en avances à court terme consenties aux banques pour leur permettre de faire face à leurs besoins saisonniers ou temporaires et accordées en échange d'effets commerciaux ou de valeurs d'État. La fonction d'escompte constitue l'un des éléments essentiels des moyens d'action des banques centrales. Aussi le niveau du taux de l'escompte, fixé par la banque centrale, est-il d'une importance primordiale. Un taux d'escompte bas encouragera les banques à emprunter à la banque centrale, un taux d'escompte élevé pénalisera leur recours à ce genre de crédit et limitera, par voie de conséquence, leurs possibilités de crédit à leurs clients. Le maniement du taux de l'escompte peut ainsi contribuer tour à tour à élargir ou à resserrer le crédit et donc à accélérer ou ralentir l'activité économique. Cette manipulation a longtemps été considérée comme le moyen privilégié d'intervention des banques centrales. Elle tend à être combinée avec d'autres actions ; ses effets induits se sont révélés moins simples que ne le pensaient les économistes et les monétaristes classiques.

Autres formes de crédits : La banque centrale peut *prêter directement à l'État.* Dans ce cas, ces avances sont généralement soumises à des conditions très strictes.
Quelques banques centrales peuvent également consentir des *crédits à des clients privés.* Elles agissent alors comme des banques ordinaires. Cette activité n'est plus aujourd'hui qu'exceptionnelle.

Achat et vente d'or et de devises : Les banques centrales effectuent des opérations d'achat et de vente d'or et de devises pour stabiliser les cours de la monnaie nationale ou se procurer des réserves de moyens de paiements internationaux.
Ces opérations étaient limitées jusqu'aux environs de 1930. Elles ont depuis lors été largement autorisées pour permettre une adaptation plus souple soit aux fluctuations des besoins intérieurs de monnaie, soit aux besoins de devises pour les paiements extérieurs.

Autres interventions dans le contrôle du crédit

La plupart des banques centrales ont qualité pour fixer et moduler, à l'intérieur de certaines limites, le pourcentage de liquidités que les banques doivent conserver par rapport au volume de leurs dépôts (ratio de liquidité) ; le Federal Reserve System américain fut le premier à disposer de ce moyen d'action (1935) mais la plupart des banques centrales l'ont obtenu depuis (*voir* Réserves obligatoires). Depuis la Seconde Guerre mondiale, les banques centrales ont également été habilitées à moduler les conditions de crédit selon les secteurs ou les types de crédit dans le cadre d'une politique sélective. Ces discriminations sont en général étroitement liées à l'orientation de la politique menée par le gouvernement.

Relations avec les gouvernements

La tendance générale à l'accroissement des interventions publiques s'est traduite par une collaboration de plus en plus étroite des banques centrales à la politique économique et financière des gouvernements et par la nationalisation d'un grand nombre d'entre elles.
Cependant, et même lorsqu'elles sont des organismes publics, les banques centrales jouissent d'une très large autonomie, respectée et souvent désirée par les gouvernements eux-mêmes. Ceux-ci sont en effet soumis à des pressions dans le sens de l'accroissement des dépenses. Ils jugent donc préférable que la banque centrale, gardienne de la stabilité de la monnaie, y échappe statutairement et puisse y résister mieux qu'eux-mêmes.

Banque centrale des États de l'Afrique de l'Ouest (BCEAO)

a : *Central Bank of the Westafrica States* – **d** : *Zentralbank der Staaten von Westafrika* – **e** : *Banco Central de los Estados de Africa del Oeste*

Établissement public international dont la zone d'émission comprend actuellement la Côte-d'Ivoire, le Bénin, le Burkina Faso, le Mali, la Mauritanie, le Niger, le Sénégal et le Togo. Créée en 1955, la banque a obtenu le statut d'établissement public international par le traité instituant une union monétaire ouest-africaine en date du 14 novembre 1973.

La banque est gérée par un conseil d'administration comprenant douze représentants des États de l'Union et deux administrateurs français. Elle tient les écritures des comptes d'opérations et des comptes droits de tirage dont disposent les États membres. Des comités monétaires nationaux assurent sous son contrôle, dans chacun des États, la surveillance de la distribution du crédit. La banque, qui exerce le privilège d'émission, a en outre la possibilité d'accorder aux Trésors nationaux des avances dont la durée, limitée en principe à deux cent quarante jours par an, peut être prorogée jusqu'au premier jour ouvrable de l'année suivante, et dont le montant est plafonné à 10 % des recettes fiscales nationales.
La banque est chargée d'appliquer des mesures de sauvegarde si la situation des avoirs extérieurs des pays membres se détériore. En particulier, le relèvement du taux d'escompte et la réduction des plafonds

de réescompte sont automatiques si le solde du compte d'opérations devient débiteur, sauf avis contraire des trois quarts des membres du conseil d'administration.

Banque centrale européenne (BCE)

a : *Central European Bank* – **d** : *Europäische Zentralbank* – **e** : *Banco Central Europeo*

Banque centrale de l' Union européenne.*

Cet organisme, appelé à jouer au plan de l'* Union économique et monétaire le rôle de banque centrale, doit être mis en place dans la dernière phase du processus défini par le * Traité de Maastricht.

Banque d'Angleterre

a : *Bank of England* – **d** : *Bank von England* – **e** : *Banco de Inglaterra*

---

*Banque d'émission ayant en Grande-Bretagne les fonctions de *banque centrale à l'égard du système bancaire et de la Trésorerie.*

Histoire

La Banque d'Angleterre a été fondée par la *Charte royale de 1694* qui en faisait la première société anonyme *(public bank)* et la première banque assumant à la fois les fonctions de banque de dépôts et de banque d'émission. Depuis cette date, son statut et son rôle ont été profondément modifiés.

• Elle n'est plus une institution juridiquement indépendante de l'État, depuis la loi du 14 février 1946. Celle-ci en a prononcé la nationalisation et transféré le capital à la Trésorerie. Les actionnaires ont été indemnisés par remise d'obligations d'un montant calculé pour leur assurer un rendement égal au dividende moyen distribué au cours des vingt années précédentes.

• Elle n'est plus une banque commerciale : l'*escompte a disparu dans le commerce intérieur, et la banque ne dispose que d'un réseau limité. Ses opérations commerciales ordinaires occupent de moins en moins de place dans ses activités.

• Elle n'est plus qu'accessoirement une banque d'*émission, fonction dont le monopole en Angleterre ne lui a été complètement attribué qu'en 1921. La part des billets dans la masse monétaire a diminué fortement, et ceux-ci ne représentent plus que le quart des dépôts dans les banques ; tout lien entre l'émission et la couverture-or a disparu avec la suspension de la convertibilité de la livre en 1931. Enfin, le stock de réserves publiques d'or a été transféré à la Trésorerie en 1939.

• Ne subsiste de la réglementation ancienne de l'émission qu'une présentation assez archaïque du bilan de la Banque dont la division en deux départements n'a plus qu'une valeur comptable. A l'actif du *département de l'émission (Issuing Department),* figure un stock d'or insignifiant. Le montant des billets en circulation figurant au passif est donc gagé presque exclusivement par des valeurs d'État. Au *département de banque (Banking Department),* le passif contient le capital de la banque et les dépôts faits auprès d'elle par les autres banques, la Trésorerie, divers organismes publics et les banques centrales étrangères. Il les emploie principalement en valeurs d'État et autres valeurs achetées sur le marché (actif) et conserve aussi à l'actif une réserve de billets qu'il obtient du département de l'émission en échange de valeurs d'État.

Statut

Il traduit le triple caractère de l'établissement.

• L'acte de nationalisation a confirmé *le caractère public* de la Banque tel qu'il s'était affirmé au cours de son développement et de son évolution. Elle est dirigée aujourd'hui par un conseil d'administration de 18 membres *(Court of Directors)* tous nommés par le gouvernement : le gouverneur et le sous-gouverneur le sont pour cinq ans, les 16 *directors* pour quatre ans.

• *C'est la banque des banques :* elle assure pour les banques l'exécution de leurs opérations de trésorerie. Elle approvisionne les banques en liquidités par l'escompte mais plus encore par ses opérations sur le marché monétaire lui-même (*open market). Elle intervient par l'intermédiaire des discount houses auxquelles elle achète ou vend des titres.

• *C'est la banque du gouvernement.* Dès l'origine, elle a été destinée à apporter son concours à la Trésorerie, puisque son capital initial devait être affecté à un prêt au gouvernement pour la poursuite de la guerre. Aujourd'hui les avances directes à l'État *(ways and means)* ne sont plus qu'un appoint correspondant à une insuffisance momentanée des ressources que la Trésorerie demande aux banques lors des adjudications hebdomadaires de bons du Trésor. La Banque d'Angleterre fait cependant entrer en portefeuille des bons de catégorie spéciale (bons *on tap*) en contrepartie de l'émission de billets.

Banque de données

a : *Database system* – **d** : *Datenbanksystem* – **e** : *Sistema banco de información*

Ensemble de données, textuelles ou numériques, organisées et stockées dans une mémoire à accès direct d'un ordinateur de façon à être instantanément accessible à une personne située à distance et désireuse de consulter ou d'utiliser une partie de ces données.

L'accès aux banques de données se fait à partir de logiciels de consultation. On distingue couramment quatre types de banques de données :

– *les bases de références bibliographiques ou documentaires* permettant d'accéder à des références d'ouvrages, d'articles, etc., et à un résumé du contenu de cet ouvrage ou de cet article ; ces systèmes ont automatisé les méthodes de recherche manuelle dans les fichiers de bibliothèques ;

– *les banques de texte intégral* qui donnent accès non seulement aux références, mais au texte complet ; le coût fortement décroissant des mémoires de stockage a permis le développement de ce type de banques, que l'on rencontre surtout dans le domaine administratif (droits et démarches de l'usager) ou juridique ;

– *les répertoires* qui donnent accès à des listes d'entreprises, d'administrations, de produits, etc., et à quelques renseignements sur ces organismes ;

– *les banques de données numériques* qui contiennent des données chiffrées ; ce type de banques se rencontre surtout dans le domaine économique et social.

Aucun secteur de la vie économique et sociale ne peut aujourd'hui se passer de l'utilisation de banques de données : ces outils sont, par exemple, utilisés aussi bien pour la recherche scientifique et technique que pour s'informer sur l'évolution du contexte administratif et juridique, ou pour la prévision économique. Les ménages eux-mêmes ont désormais accès à ce type d'outils grâce à la mise en service par les PTT de terminaux très bon marché.

Les banques de données, dont le développement a été rendu possible par les progrès foudroyants de la télématique et de la micro-informatique, constituent aujourd'hui un marché dont la croissance annuelle reste exceptionnellement forte (de l'ordre de 30 % par an) malgré la crise économique. La France, comme les autres pays européens, est toutefois très en retard dans ce domaine sur l'Amérique du Nord : le chiffre d'affaires des serveurs nord-américains de banques de données était en effet estimé en 1983 à 2 milliards de dollars contre un chiffre d'affaires des serveurs français de moins de 500 millions de francs ; en outre, le type de services et de banques offertes est très différent dans les deux continents, les banques numériques et les services d'assistance et de conseil constituant la part principale du marché outre-Atlantique.

Un tel retard pose des problèmes, non seulement sur le plan économique, mais aussi — et peut-être même surtout — sur le plan politique et culturel.

Le IXe Plan de développement économique, social et culturel, qui a justement mis l'accent sur la « nécessité de développer en France un réseau intégré de banques de données utilisant les techniques informatiques les plus avancées », devrait être l'occasion de rattraper ce retard.

Banque de France

a : *Bank of France* – **d** : *Bank von Frankreich* – **e** : *Banco de Francia*

**Banque centrale de la France.*

Évolution de l'institution

• Créée par un décret des consuls du 18 janvier 1800 sous la forme de *banque privée,* la Banque de France a vu son *rôle public* progressivement affirmé dans ses institutions. L'intention de Napoléon était à l'origine que « la banque soit entre les mains de l'État, sans l'être trop ». Depuis 1806, la présidence de l'organe délibérant (comité central, désigné par le Conseil de régence) et l'exécution de ses décisions sont confiées au gouverneur. Celui-ci, comme les deux sous-gouverneurs qui l'assistent et n'agissent que par délégation, est nommé par décret en Conseil des ministres sans limitation de durée et révocable par lui.

• C'est principalement dans la modification de la composition de l'*organe délibératif* qu'apparaît la transformation du statut de la Banque de France. Depuis la Restauration, le Conseil de régence était élu par les deux cents plus gros actionnaires. Les quinze régents représentaient en fait les intérêts des milieux d'affaires. La loi du 24 juillet 1936 a supprimé le privilège des plus forts actionnaires en donnant à chaque actionnaire une voix à l'assemblée générale, quel que soit le nombre de ses actions. Elle a réduit, d'autre part, à deux le nombre de leurs sièges au Conseil général (ex-Conseil de régence) qui comprenait auparavant 15 régents (actionnaires) et 3 censeurs ; il comprit alors 20 « conseillers » dont 9 représentaient l'État, 9 les intérêts économiques et sociaux de la nation, et 2 représentants des actionnaires seulement. Une loi du 24 novembre 1940 a fixé le nombre des conseillers à 11 et celui des censeurs à 4.

• La loi du 2 décembre 1945 a achevé cette évolution en prononçant la **nationalisation* de la banque. Le transfert du capital à l'État a éliminé la représentation des actionnaires privés. Le Conseil général, outre les membres du gouvernement de la banque, comprenait les représentants des quatre principaux établissements de crédit spécialisé du secteur public (Caisse des dépôts, Crédit foncier, Crédit national, Caisse nationale de crédit agricole), sept représentants des intérêts économiques et un représentant élu du personnel de la banque. Au total, 12 membres désignés ou élus. Il se réunissait tous les jeudis.

Une loi du 3 janvier 1973 codifie l'ensemble des textes régissant la Banque de France et met à jour un certain nombre d'entre eux. Elle apporte quelques modifications de détail à la composition des *organes dirigeants,* dans le sens d'une subordination plus étroite au ministère des Finances : le nombre des « conseillers » (ou membres du Conseil) passe de 12 à 10 ; 9 d'entre eux sont nommés par décret sur proposition du ministre des Finances « parmi les personnalités ayant une compétence monétaire, financière ou économique ». Le 10e conseiller est élu comme précédemment par le personnel de la banque parmi ses membres. Le ministre des Finances nomme d'autre part un censeur (et son suppléant) qui peuvent faire opposition aux décisions du Conseil général (dans ce cas, le gouverneur provoque une nouvelle délibération).
Le texte de 1973 rajeunit et élague, par ailleurs, la partie technique des anciens statuts concernant les *modes d'intervention de la banque.* Les articles 24 et 28 de la loi, qui constituent désormais des fondements légaux des interventions de la banque sur les marchés de l'argent, et notamment des opérations d'*open market, laissent la banque libre d'« escompter, acquérir, vendre ou prendre en gage des créances sur l'État, les entreprises et les particuliers, dans les conditions qu'elle juge nécessaires ». Créée à l'origine pour pratiquer l'*escompte, recevoir des *dépôts, émettre des billets au porteur ou à ordre, la Banque de France a vu ses pouvoirs évoluer : ses opérations bancaires avec la clientèle privée ne sont plus qu'une survivance (tenue de comptes de dépôts sans intérêt), l'*émission de billets dont la banque a le monopole depuis 1848 est réalisée au profit des banques qui peuvent satisfaire ainsi les besoins de billets du public.

Rôle de la banque

• *Banquier des banques,* la Banque de France leur offre des instruments de règlement des créances que les unes ont sur les autres en faisant fonctionner des chambres de *compensation auprès de chacun de ses sièges et en exécutant les virements entre comptes que chaque banque entretient sur ses livres.

• *Banquier du Trésor,* la Banque de France l'est d'abord par le moyen de ses *avances ; le montant des avances directes (aujourd'hui distinguées en prêts d'État de montant effectif constant et avances de montant variable) est limité par la loi. Ce moyen peut être complété par les concours indirects qui prennent la forme de l'escompte des *obligations cautionnées constituant le portefeuille propre du Trésor, le réescompte d'effets à moyen terme provenant du portefeuille de la Caisse des dépôts et consignations et l'achat de *bons du Trésor provenant du portefeuille des banques qui recrée chez celles-ci des possibilités de souscription. Elle met à la disposition du Trésor ses guichets largement dispersés pour l'exécution des règlements et l'organisation du mouvement des fonds assuré par le jeu du compte courant unique du Trésor à la Banque de France.

• *Autorité monétaire,* la banque assure la défense de la valeur de la monnaie sur le plan externe comme sur le plan interne.
Son bilan porte la trace de cette responsabilité internationale : la banque inscrit à *l'actif* de son bilan les réserves officielles d'or et de devises étrangères (figurant, quelle que soit leur nature, dans les deux postes : « encaisse-or de montant invariable » et « disponibilités à vue à l'étranger »).
Elle gère le Fonds de stabilisation des changes (dont les relations avec la banque sont retracées à son actif et à son passif).
Elle a hérité des attributions de l'Office des changes en 1959 en ce qui concerne la surveillance des mouvements de capitaux et l'octroi des autorisations préalables en régime de contrôle des changes.
Elle collabore avec les autorités monétaires étrangères.

<table>
<tr><th colspan="2">BILAN DE LA BANQUE DE FRANCE</th></tr>
<tr><th>Actif (emplois)</th><th>Passif (ressources)</th></tr>
<tr><td>1. Opérations avec l'étranger
• Encaisse-or.
• Disponibilités à vue avec l'étranger.
• Avances au Fonds de stabilisation des changes (concours au *Fonds monétaire international, acquisition de *droits de tirage spéciaux).
• Annuités de prêts de la *Banque internationale de reconstruction et de développement et de l'Export-Import Bank.

2. Concours à l'État
Monnaies divisionnaires. CCP, prêts à l'État, *obligations cautionnées, mobilisation d'effets représentatifs de prêts spéciaux à la construction.

3. Concours au système bancaire
• Concours à taux fixes (*escomptes de créances sur la France et sur l'étranger, à court terme et à moyen terme).
• Concours à taux variables (prises de *pension au jour le jour, opérations d'*open market.</td><td>• Capital.
• Réserve (immobilière).
• Billets en circulation.
• Comptes courants des établissements bancaires soumis à constitution de réserves (voir Crédit, Réserves obligatoires).
• Autres comptes créditeurs auprès de la banque (compte courant du Trésor public, des banques françaises et étrangères, du Fonds de stabilisation des changes, autres comptes courants et comptes de dépôt).
• Plus-value de réévaluation (éventuelle). En cas de dévaluation du franc, les avoirs propres de la Banque (par exemple encaisse-or) sont réévalués et dégagent une plus-value nominale en francs. Elle est enregistrée ici.</td></tr>
</table>

Sur le plan interne, elle règle le volume et le taux du crédit tant par ses interventions directes (taux de l'*escompte, volume du *réescompte, *open market) que par son action d'organe de préparation et d'exécution des décisions du *Conseil national du crédit (*encadrement du crédit, *réserves obligatoires).

Banque des États de l'Afrique centrale (BEAC)

a : *Central Bank of the Central Africa States* – **d** : *Bank der Staaten von Zentralafrika* – **e** : *Banco de los estados de Africa central*

Établissement créé en 1955, dont la zone d'émission comprend actuellement le Congo, le Centrafrique, le Tchad, le Gabon, le Cameroun, et la Guinée équatoriale. Émet le franc CFA (franc de la coopération financière en Afrique centrale).

Le traité et les accords du 12 mai 1962 en ont fait un établissement public international dans le cadre de l'Union monétaire ouest-africaine.
La banque est gérée par un conseil d'administration paritaire, composé pour moitié d'administrateurs des États membres et d'administrateurs français. Elle tient les écritures des *comptes d'opérations et des comptes « *droits de tirage » dont disposent les États membres. Comme pour la *BCEAO, des comités nationaux assurent, sous son contrôle, la distribution locale du crédit. La banque, outre son privilège d'émission, peut accorder des avances aux Trésors nationaux : celles-ci sont limitées en durée à deux cent quarante jours par année civile et ne peuvent dépasser un montant de 20 % des recettes fiscales nationales. Le conseil restant paritaire, aucune clause de sauvegarde analogue à celles prévues dans le cadre de la BCEAO ne fait obligation à la banque d'intervenir automatiquement en cas de dégradation du solde des comptes d'opérations.

Banque des règlements internationaux (BRI)

a : *Bank for International Settlements (BIS)* – **d** : *Bank für Internationalen Zahlungsausgleich (BIZ)* – **e** : *Banco de Pagos Internacionales (BPI)*

Établissement financier international.

• Le « *plan Young* », proposant à l'Allemagne et à ses créanciers un accord destiné à faciliter le règlement des réparations stipulées par le traité de Versailles, est à l'origine de la création de la BRI. L'adoption de ce plan par les participants de la conférence de La Haye (1930) entraînait celle des statuts de la banque qui figuraient en annexe. Cet organisme était constitué comme mandataire chargé de percevoir les annuités de réparation versées par les vaincus pour les répartir entre les créanciers et de gérer les emprunts internationaux « Dawes » (1924) et « Young » (1930) émis pour permettre une mobilisation partielle de cette dette. La banque devait par ailleurs favoriser la collaboration entre banques centrales. C'est aujourd'hui sa principale fonction. Avec une faculté d'adaptation remarquable, la BRI a su utiliser toutes les possibilités qui se sont offertes pour encourager la *coopération monétaire internationale.*

• Société anonyme, installée en territoire suisse à Bâle, la BRI est une *institution internationale.* Toutes les banques centrales européennes ont souscrit à son capital — sauf celle de l'Union soviétique — et le gouvernement de la Confédération helvétique lui a accordé immunités et privilèges. Ses statuts établissent une discrimination entre les actionnaires. Seules les banques centrales disposent du droit de vote à l'assemblée générale. Les détenteurs privés, dont la participation limitée à 18 % du capital à l'origine s'est réduite depuis, sont soumis à des obligations particulières : actions nominatives, transfert des actions soumis à accord. Entre banques centrales actionnaires elles-mêmes, des différences existent. Celles des cinq pays « fondateurs » (Allemagne, Belgique, Grande-Bretagne, France, Italie) ont deux représentants chacune au conseil d'administration (le gouverneur de la banque centrale et une personnalité de même nationalité qu'il désigne). Les autres élisent ensemble les trois derniers administrateurs.

• Comme cela est naturel, les *services bancaires et financiers* représentent une partie importante des activités de la banque. Outre son rôle, qui aujourd'hui appartient largement à l'histoire, comme mandataire pour les emprunts Dawes et Young ainsi que pour l'emprunt international de l'Autriche (1930), la BRI assume les fonctions de tiers convenu pour emprunts de la CECA (émis entre 1954 et 1961). Parallèlement, et depuis l'origine, le département bancaire de l'organisation reçoit les dépôts, émanant essentiellement des banques centrales actionnaires, mais aussi, quoique dans des proportions très faibles, d'institutions internationales et exceptionnellement des banques commerciales. Les fonds ainsi recueillis sont utilisés à des placements sur les divers marchés. La spéculation sur l'*or, la disparition du *pool de l'or qu'elle a provoquée ont sensiblement réduit l'importance relative des opérations sur le métal. Les dépôts et placements en *devises se sont développés rapidement jusqu'à occuper, en 1979, près de 95 %.

• De façon souvent informelle, la banque occupe *une place centrale dans le dispositif empirique de coopération entre les autorités monétaires.* Les réunions mensuelles de son conseil d'administration sont le prétexte à des échanges de vue très larges puisque les États-Unis, le Japon et le Canada ont pris l'habitude d'envoyer un représentant à Bâle au moment où se tiennent ces réunions. Des réunions d'experts sont organisées pour examiner les questions d'un intérêt particulier. Ainsi, s'est développé un véritable *Club de Bâle* de l'initiative duquel sont issus nombre d'accords importants. Les accords de Bâle, en 1961, ont mis en place un réseau de *swaps entre les instituts d'émission destinés à venir en aide à la livre sterling menacée. C'est ce modèle que suivirent peu après les autorités monétaires américaines lorsqu'elles organisèrent, par des accords de swaps avec les banques centrales d'Europe et du Japon (et aussi avec la BRI elle-même), l'assistance mutuelle nécessaire pour consolider l'équilibre fragile du système monétaire international.

• Plus spécifiquement, la banque a joué le rôle d'*agent* de l'*OECE, puis de l'*OCDE, chargé de l'exécution des opérations financières effectuées au titre de l'*Union européenne des paiements puis de l'*Accord monétaire européen. Depuis la disparition de ces accords, elle continue d'être associée aux travaux de l'OCDE, notamment à ceux du groupe de travail nº 3 du Comité de politique économique.
Elle apporte son concours à la *CE. Elle assure depuis 1964 le secrétariat du Comité des gouverneurs des banques centrales et, depuis 1973, du conseil d'administration du *Fonds européen de coopération monétaire (FECOM) dont elle est l'agent technique.
A l'initiative du **groupe des Dix,* auquel elle est étroitement liée depuis qu'il s'est créé, elle exerce également d'importantes *fonctions statistiques.* Elle rassemble et communique aux diverses instances intéressées les données relatives aux situations des comptes extérieurs et à leur financement, au marché de l'or et au marché des euromonnaies.

• Grâce à sa longue habitude de la coopération avec les banques centrales, dont elle a su gagner et conserver la confiance, la BRI a acquis une connaissance remarquable du système monétaire international. Cette compétence suffit à expliquer l'intérêt porté à son *rapport annuel* où est rendue publique, chaque année en juin, l'analyse qu'elle fait de l'évolution récente des relations économiques et financières internationales.
Voir Eurodevises.

Banque européenne de reconstruction et développement (BERD)

a : *European Bank for Reconstruction and Development* – **d :** *Europäische Bank für Wiederaufbau und Entwicklung* – **e :** *Banco Europeo de Reconstrucción y Desarrollo*

Institution financière internationale, créée effectivement en 1991 pour concourir au financement de projets destinés à aider les pays d'Europe centrale et orientale dans leur transition vers l'économie de marché.

La banque créée en vertu d'un accord signé en 1990 et installée à Londres est au capital de 10 milliards d'écus, dont 3 sont libérés sur plus de quatre ans, le solde étant sujet à appel par emprunt sur les marchés internationaux. En 1994, l'institution comportait 60 actionnaires, soit 58 pays, plus l'* Union européenne et la * Banque européenne d'investissement. Elle associe les fonctions d'une banque d'affaires à celles d'une banque de développement ; elle doit consacrer au moins 60 % de ses engagements financiers à des projets du secteur privé. La banque offre des prêts (à dix au maximum pour les entreprises et quinze pour les projets d'infrastructure), au taux du marché (* Pibor en général) majoré d'une marge, des prises de participation, des garanties d'emprunt et des garanties de souscription d'obligations et d'actions. Elle intervient en coopération avec les établissements financiers privés ou publics.
Son démarrage a été assez lent. A titre d'exemple, en 1992 la banque a approuvé 42 projets de prêt (pour un montant total de près d'1,5 milliard d'écus) et 12 projets de prise de participation (pour un montant global d'environ 160 millions d'écus).

Banque européenne d'investissement (BEI)

a : *European Investment Bank (EIB)* – **d** : *Europäische Investitionsbank (EIB)* – **e** : *Banco Europeo de Inversiones (BEI)*

Institution de la Communauté économique européenne chargée de favoriser, par l'octroi de prêts d'investissement, le développement, l'intégration et la coopération.

● Le *traité de Rome* a prévu que la banque, dont il décidait la création, pourrait intervenir en faveur de projets d'investissement soit par voie de *garantie,* soit par voie de *prêt.* Seul ce dernier mode d'action a été effectivement retenu. Ses prêts sont consentis à un taux uniforme (qui assure l'équilibre de la gestion, c'est-à-dire la rémunération de ses ressources d'emprunt), mais pour des durées adaptées au caractère de l'opération. Ils complètent les moyens de financement publics ou privés obtenus par l'emprunteur, lui-même personne publique ou privée. Ils sont destinés à la mise en valeur de régions moins développées (sud de l'Italie, Bretagne, régions périphériques de la Communauté), à des projets d'intérêt commun (tels que la création d'un réseau ferré et autoroutier à l'échelle du Marché commun), à la modernisation et à la conversion d'entreprises ou à la création d'activités nouvelles. Ainsi la banque peut contribuer au développement équilibré du Marché commun en facilitant l'intégration, en aidant à corriger les inégalités et à remédier à certaines des conséquences de ce développement.

Le champ d'activité de la banque a été progressivement étendu aux pays associés à la Communauté au fil des accords conclus par celle-ci avec la Turquie (1963), les États associés d'Afrique (1964). Il s'étend aujourd'hui aux soixante États d'Afrique, des Caraïbes et du Pacifique associés à la Communauté dans le cadre des conventions de Lomé (la quatrième entrée en vigueur en 1993) et à de nombreux pays méditerranéens ainsi qu'aux pays de l'Est européen (à partir de 1990).

• Les ressources de la Banque sont directement liées à son capital. Entièrement souscrit par les dix États membres de la CE, celui-ci s'élève après les augmentations successives à 14,4 milliards d'écus (fin 1981). L'Allemagne, la France et le Royaume-Uni en détiennent 21,875 % chacun ; l'Italie, 17,5 %. Seule une faible fraction du capital est effectivement appelée et payée (à peine plus de 10 % en moyenne), le reste sert de garantie qui pourrait être appelée pour faire face aux obligations contractées par la banque vis-à-vis de ses prêteurs. Éventuellement, les États peuvent être conduits à fournir des ressources complémentaires à la banque sous forme de « prêts spéciaux », s'il est reconnu que la banque ne peut se procurer sur le marché, à des conditions convenables, les ressources nécessaires au financement de ses activités. Pour l'essentiel, c'est donc par les emprunts qu'elle réalise sur les marchés financiers, intérieurs et extérieurs à la Communauté, que la Banque rassemble des ressources ; ainsi est affirmé son caractère de banque par rapport aux « fonds » créés par le traité de Rome, qui sont alimentés par des contributions gouvernementales. Elle joue à l'échelle communautaire le même rôle que certaines institutions nationales telles que, en France, le Crédit national et parfois même le Trésor, dont la signature permet de mobiliser des ressources dans les meilleures conditions au bénéfice d'autres collectivités ou entreprises.

FINANCEMENTS DE LA BEI (EN MILLIONS D'ÉCUS)					
	1988	**1989**	**1990**	**1991**	**1992**
Dans la Communauté	9 474,8	11 643,2	12 680,5	14 422,8	16 139,7
A l'extérieur de la Communauté	700,2	611,9	712,9	916,0	892,8
TOTAL	10 175,0	12 246,1	13 393,4	15 338,8	17 032,5

• Contrairement aux autres fonds communautaires, *la banque a une personnalité juridique propre,* mais son caractère public est marqué et ses statuts réalisent un compromis entre la fonction bancaire et le régime communautaire. Ils prévoient l'intervention de trois instances hiérarchisées dans sa gestion.

Le Conseil des gouverneurs : Constitué par les ministres des Finances des dix États membres, il arrête des directives générales relatives à l'action de la banque, approuve ses comptes annuels, décide du recours aux « prêts spéciaux ».

Le Conseil d'administration : Il comprend dix-sept personnalités désignées par les États membres et un administrateur désigné par la commission : il décide des emprunts et de l'octroi des crédits. Il contrôle l'activité de la banque du point de vue de la conformité de la gestion par rapport aux statuts annexés au traité de Rome et aux directives des gouverneurs. Comme celles des gouverneurs, ses décisions, selon les cas, sont prises à la majorité simple, à la majorité qualifiée, à l'unanimité ; ce dernier cas est celui des prêts pour lesquels la Commission de la Communauté aurait exprimé un avis négatif. En effet, la Commission doit formuler un avis sur toute demande de prêt, de même que l'État membre intéressé lorsque la demande n'est pas présentée par son intermédiaire.

Le Comité de direction : Il instruit les projets, donne au Conseil un avis sur ceux-ci, assure la gestion courante de l'institution, comprend trois membres nommés par le Conseil des gouverneurs sur proposition du Conseil d'administration pour six années.

Banque française du commerce extérieur (BFCE)

a : *French Bank of Foreign Commerce* – **d** : *Französische Aussenhandelsbank* – **e** : *Banco Francés del Comercio Exterior*

---

*Banque créée par l'État français et chargée de faciliter le financement des opérations de commerce extérieur, devenue filiale de droit commun du *Crédit national depuis 1996.*

Le crédit au commerce extérieur n'est qu'une forme particulière du crédit en général. Dans cette mesure, tout établissement bancaire peut assister son client dans ce type d'opérations. Cependant, les problèmes spécifiques posés par les opérations internationales ont conduit les gouvernements à instituer des organismes de crédit spécialisés. Ils ont également créé dans le même domaine des organismes d'assurance (*assurance-crédit).

Statut et rôle de la BFCE, auxiliaire des pouvoirs publics jusqu'en 1995

• La BFCE faisait suite à la BNFCE (Banque nationale française pour le commerce extérieur) qui avait été créée en 1919 dans le même but ; société privée placée sous le contrôle de l'État, elle bénéficiait d'avances ou de subventions publiques. Toutefois, son statut de banque de dépôts la contraignait à remployer à court terme les ressources à vue

dont elle disposait. Aussi éprouva-t-elle quelques difficultés à remplir convenablement son rôle, surtout lorsque la crise de 1929 survint et perturba l'ensemble des échanges internationaux.
La BFCE a été créée par un décret du 1er juin 1946, pris en application de la loi du 2 décembre 1945 prescrivant une réforme du crédit et de l'assurance-crédit au commerce extérieur. Ses statuts ont été fixés par des décrets du 30 août 1947 et du 22 février 1950.

• *La BFCE était un organisme semi-public.* Soumise à la législation générale sur les sociétés anonymes, elle bénéficiait cependant d'un certain nombre de dispositions particulières. En outre, le capital de la banque a été entièrement souscrit par la Banque de France, la Caisse des dépôts et consignations, la Caisse nationale de crédit agricole, le Crédit national et les banques nationalisées.
Son directeur général était nommé par le ministre des Finances et elle était soumise au contrôle de l'État, exercé par deux commissaires du gouvernement.

• Le domaine d'action de la BFCE peut s'étendre à toutes les *opérations de financement des importations et des exportations.* Elle traite en francs et en devises toutes les opérations concernant les relations de ses clients directs avec l'étranger (*escompte, avances en *compte courant, *crédit d'acceptation, *crédits documentaires, *cautionnements, *avals, opérations de change). Mais elle n'a pas le monopole de ces opérations. Celles-ci peuvent toujours être traitées en effet par les banques ordinaires. Dans tous les domaines où ces dernières peuvent intervenir, elle est assimilable à l'une d'elles (crédit à l'importation et à l'exportation notamment).

• *Mais elle est un auxiliaire indispensable des banques dans toutes les opérations qui comportent des engagements à moyen terme.*
C'est ainsi qu'elle assure un certain nombre d'opérations d'aval, les unes comportant partage des risques avec le banquier intervenant, les autres ne conférant qu'une simple facilité de mobilisation des crédits auprès de la Banque de France.

• La BFCE avait enfin *le privilège de pouvoir faire garantir certains risques* qu'elle assume par la *Compagnie française d'assurance pour le commerce extérieur (COFACE) avec laquelle elle collabore étroitement.

Mécanismes d'intervention de la BFCE dans le crédit à l'exportation

Le préfinancement des exportations : Un bon moyen d'encourager les exportations est d'assurer à un entrepreneur une possibilité de crédit dès que celui-ci envisage de vendre à l'étranger ou qu'il a reçu des commandes pour lesquelles il lui faut réaliser des investissements supplémentaires. Pour favoriser l'octroi de ces crédits aux meilleures conditions, il convient d'organiser leur *mobilisation. C'est ce que permet l'intervention de la BFCE, par octroi de son *aval.

La mobilisation des créances sur l'étranger : Pour demeurer concurrentiels les exportateurs sont obligés de consentir des délais de paiements à leurs acheteurs étrangers. Ils ne peuvent cependant le faire qu'à condition de pouvoir mobiliser leurs créances afin de s'assurer à leur tour du crédit.

Depuis 1950, la BFCE présentait ces effets à l'escompte du Crédit national avec qui elle collabore dans ce domaine. Le Crédit national peut à son tour présenter le papier au réescompte de la Banque de France. Ce réescompte se fait au taux privilégié.

– *Les crédits à long terme* (au-delà de sept ans) étaient exceptionnels en matière d'exportations, et peu pratiqués jusqu'en 1960. Depuis cette date, l'intervention de la BFCE est analogue à celle qu'elle effectue dans le domaine du moyen terme, sous réserve d'une procédure particulière : le Crédit national gérait un fonds destiné à faciliter l'exportation de biens d'équipements pour les échéances excédant le terme de sept ans après livraison. Ce fonds peut bénéficier d'avances du Trésor public. Chaque affaire, pour être admise, doit bénéficier d'une autorisation du ministre des Finances.

Banque internationale de coopération économique (BICE)

a : *International Bank for Economic Cooperation (IBEC)* – **d** : *Internationale Bank für Wirtschaftliche Zusammenarbeit (IBWZ)* – **e** : *Banco Internacional de Cooperación Económica (BICE)*

---

*Institution financière internationale créée en 1963 par les pays membres du *Conseil d'aide économique mutuelle.*

La BICE exerçait deux fonctions principales :

– Elle était l'organisme de règlement multilatéral des opérations effectuées entre les pays membres.

– La BICE était habilitée à octroyer aux pays membres les crédits qui apparaissaient comme le complément des opérations de règlement. Avec la dissolution du CAEM, la banque a cessé de fonctionner en 1991.

Banque internationale d'investissements (BII)

a : *International Investment Bank (IIB)* – **d** : *Internationale Investitionsbank (IIB)* – **e** : *Banco Internacional de Inversiones (BII)*

---

*Institution financière internationale créée en 1971 par les pays membres du *CAEM.*

La Banque internationale d'investissements, spécialisée dans le financement des projets de coopération entre les pays membres du *CAEM, a été instituée dans le cadre de la relance du processus d'intégration des économies socialistes engagé à partir des années 70.
Sa fonction essentielle, en effet, a été de favoriser par l'octroi de crédits à moyen et long terme le financement des opérations liées à la « division internationale socialiste du travail », à la coopération et à la spécialisation au sein du CAEM, au développement de productions présentant un intérêt commun. Accessoirement, la BII pouvait contribuer au financement de projets de développement nationaux.
Le capital de la Banque avait été fixé à un milliard de roubles transférables dont 30 % fournis en devises convertibles, la contribution de chaque pays membre étant fonction de sa part dans les exportations internes au CAEM.
En dehors du capital, versé progressivement, la Banque pouvait se procurer d'autres ressources en émettant des emprunts et en recevant des dépôts (en monnaies nationales, roubles-devises ou devises convertibles).
La Banque a interrompu ses activités en 1991 avec la dissolution du *CAEM.

Banque mondiale

a : *World Bank* – **d** : *Weltbank* – **e** : *Banco Mundial*

Elle comprend :

la Banque internationale pour la reconstruction et le développement (BIRD)

a : International Bank for Reconstruction and Development (IBRD) – d : Internationale Bank für Wiederaufbau und Entwicklung (IBRD) – e : Banco Internacional para la Reconstrucción y el Fomento (BIRF)

Institution financière internationale.

• Les *accords de Bretton Woods* en 1944 définissaient le *système monétaire international de l'après-guerre et créaient deux organismes pour en assurer le bon fonctionnement. Au *FMI était dévolue la charge du soutien à court terme pour faire face à des difficultés de *balances des paiements ; la BIRD devait apporter une assistance financière à long terme aux pays ayant subi d'importantes destructions au cours du conflit, mais aussi, au-delà de la reconstruction, soutenir les efforts de développement de ses membres. Aujourd'hui, avec les filiales qu'elle a été amenée à créer, elle joue un rôle important dans le dispositif d'aide au *Tiers Monde et reste, malgré ses difficultés, l'exemple des possibilités offertes par le *multilatéralisme en ce domaine.

• L'*organisation* de la Banque est très voisine de celle du FMI. Le Conseil des gouverneurs est l'organe suprême, chaque pays membre y a un représentant et dispose d'un nombre de voix qui reflète celui des actions qu'il a souscrites. Il tient au moins une session ordinaire chaque année. Les gouverneurs nomment ou élisent des administrateurs permanents ; le président, élu par le conseil des administrateurs, en assure la présidence et dirige les services de la Banque.

• Les *ressources* de la Banque sont liées à son capital détenu par les 178 pays membres (en 1995), tous également membres du FMI. La part effectivement versée ne constitue qu'une fraction du capital souscrit, inférieure à 10 % en moyenne. Le capital non appelé sert de garantie aux emprunts de la Banque sur les marchés mondiaux de capitaux, dont l'encours atteignait 105 milliards de dollars en juin 1995. La nature de ses ressources se reflète dans les conditions de prêts. A long terme, jusqu'à 20 ans, avec un différé d'amortissement, de 5 ans généralement, les prêts consentis par la BIRD portent intérêt à un taux calculé en fonction du coût de ses emprunts.

l'Association internationale de développement (AID)

a : International Development Association (IDA) – d : Internationale Entwicklungs Organization (IDA) – e : Asociación Internacional de Fomento (AIF)

Institution financière internationale.

Créée en 1960, elle a précisément pour objet de permettre des conditions de prêt plus favorables. Les contributions des États membres les plus favorisés l'alimentent. Des transferts du revenu net de la BIRD s'y ajoutent. Avec de telles ressources, les conditions des concours de l'AID sont très avantageuses. Les prêts sont amortissables en 50 ans, dont 10 ans de différé, et ne portent pas intérêt ; seule une commission infime est payée par le bénéficiaire. L'accès à ces prêts est réservé aux pays membres les plus pauvres, dont le PNB annuel par habitant est inférieur à un certain seuil (696 dollars valeur 1993).
Juridiquement distincte de la BIRD, l'AID a le caractère d'un fonds autonome plus que d'une filiale ; la gestion est assurée par le même personnel avec une même structure administrative ; un rapport annuel unique est présenté où l'expression « Banque mondiale » est systématiquement employée pour désigner l'ensemble que forment les deux institutions.

la Société financière internationale (SFI)

a : International Finance Corporation (IFC) – d : International Finanz Corporation (IFC) – e : Corporación Financiera Internacional (CFI)

Institution financière internationale.

Constituée en 1956, elle est une filiale de la BIRD. Elle a pour objet de contribuer au développement de l'entreprise privée. Ses propres fonds lui servent à mobiliser des capitaux privés, à l'intérieur ou à l'extérieur des pays où elle intervient, soit directement en syndiquant les prêts qu'elle consent, soit indirectement en attirant des financements parallèles. Contrairement à la Banque mondiale qui ne peut prêter qu'à des gouvernements ou avec la garantie de ceux-ci, la SFI peut prendre des participations au capital des entreprises et octroie des prêts non garantis par l'État. Disposant d'un capital propre, la SFI a aussi un personnel propre ; la Banque mondiale lui apporte toutefois le concours de son personnel administratif ; et les deux organismes travaillent en étroite collaboration.

La *destination sectorielle des prêts* de la Banque mondiale s'est modifiée avec la prise de conscience des nécessités du développement. Les investissements destinés à améliorer directement le bien-être des populations, pour leur permettre une participation plus active et plus productive au développement, ont vu leur part s'accroître. Les conséquences sévères pour les pays importateurs des hausses du prix du pétrole ont conduit à renforcer et à diversifier l'effort dans le secteur énergétique. Résultat de ces réorientations, l'agriculture et le développement rural, et l'énergie sont les premiers bénéficiaires des prêts de la Banque mondiale, absorbant, depuis le début des années 80, 45 % des concours (au cours de l'exercice 1995, la Banque mondiale a approuvé 22,5 milliards de dollars de nouveaux prêts, dont 5,7 au titre de l'AID).

L'accroissement du volume des fonds que la Banque mondiale met à la disposition de ses membres, la diversification géographique de ses opérations, où l'Afrique notamment occupe une place plus raisonnable à la suite des efforts entrepris dans les années 70, l'extension progressive de son champ d'activités, pour couvrir tous les aspects du sous-développement (contrôle des naissances, nutrition, éducation, urbanisation...), témoignent du dynamisme de l'institution. Profitant de la compétence acquise, la Banque prolonge son action purement financière en accordant une assistance technique importante aux pays qu'elle aide. Elle contribue, dans ses publications et ses rapports aux assemblées des gouverneurs, à rappeler aux pays industrialisés l'urgente nécessité des efforts qu'ils doivent consentir pour aider leurs voisins moins favorisés.
Les obstacles qu'elle doit surmonter restent considérables :

– La tentation du *bilatéralisme est fortement ressentie par les pays donneurs. Prompts à critiquer la Banque qu'ils accusent de gaspillage ou de laxisme, ils se montrent réticents quand il s'agit de lui apporter des ressources, notamment par de nouvelles contributions de l'AID.

– Les difficultés économiques de ses bénéficiaires, liées à l'accroissement rapide de leur dette extérieure et aux conséquences de la récession mondiale, ont conduit la Banque à venir en aide aux programmes visant à corriger les déséquilibres structurels de balance des paiements. Depuis 1980, elle accorde des *prêts d'ajustement structurel.* Le plan d'action, que les pays bénéficiaires s'engagent à mettre en œuvre, implique des réformes souvent profondes de leur politique économique, notamment dans tous ses aspects touchant à la structure des prix (subventions, droits de douane, tarifs publics, fiscalité...). Cette conditionnalité est différente de celle du Fonds monétaire par son contenu ; elle s'attache plus aux conditions de formation de l'offre qu'à la régulation de la demande et repose sur la définition de moyens plutôt que sur des objectifs quantifiés à atteindre ; mais elle n'est pas moins contraignante ni plus facile à accepter. Elle ne suffit pas cependant à calmer les inquiétudes de plusieurs pays industriels. Ceux-ci auraient souhaité que la Banque mondiale reste fidèle à sa vocation d'origine et continue à consacrer ses ressources exclusivement au financement de projets spécifiques d'investissement.

Banqueroute

a : *Bankruptcy* – **d** : *Bankrott/Konkurs* – **e** : *Bancarrota*

Situation de cessation de paiements résultant de fautes du débiteur et déclarée par les tribunaux.

La notion de banqueroute

• La définition ci-dessus est la définition stricte de la banqueroute en droit commercial français. La banqueroute y est une aggravation de la situation de *règlement judiciaire, qui sanctionne un état de cessation de paiements sans qu'un jugement soit porté sur *l'attitude du débiteur.* La banqueroute entraîne automatiquement pour celui-ci la *faillite personnelle, avec les conséquences qui y sont rattachées.

• Le terme de banqueroute a fréquemment été employé pour désigner un état de cessation de paiements ayant pour résultat le non-respect de dettes publiques ou privées. Les exemples les plus connus sont :
1) La banqueroute de Law, le 1er novembre 1720. Les gros porteurs de billets de la Compagnie des Indes commençant à réaliser leurs créances peu avant cette date, les actions de la Compagnie s'effondrent et entraînent dans leur chute les billets de la « Banque générale ». Law, ne pouvant faire face aux paiements, les suspend le 1er novembre 1720. Les billets ne sont plus acceptés en paiement. C'est la « banqueroute » (*voir* Agiotage).
2) Les réductions autoritaires de nombre ou de valeur des *assignats s'analysent également comme une banqueroute partielle dans la mesure ou l'État ne reconnaissait plus qu'une partie de sa dette.
Le 30 septembre 1797, le Directoire, pour assainir la situation financière, est contraint de réduire autoritairement la dette. Il déclare la « banqueroute des deux tiers », le tiers reconnu prenant le nom de « tiers consolidé ».

• On peut considérer généralement que *l'insolvabilité* est *l'impossibilité de fait* de payer ses dettes ; la *faillite* résulte du *constat judiciaire* de cet échec ; la *banqueroute,* du *jugement judiciaire* que l'échec est imputable aux *erreurs ou aux fraudes* du failli.

Régime de la banqueroute

Le régime de la banqueroute est décrit dans le Code de commerce (art. 614-4 à 614-26) et le Code pénal (art. 402 à 404). Celle-ci peut être demandée par le syndic ou les créanciers d'un débiteur faisant l'objet d'un règlement judiciaire. Deux sortes de banqueroutes sont distinguées selon la gravité des fautes commises par le failli.

La banqueroute simple : Elle est déclarée contre le débiteur qui s'est rendu coupable de légèreté, d'inconséquence ou de mauvaise gestion. Les principaux chefs de banqueroute sont les suivants : 1) Dépense de fortes sommes au jeu, dans des opérations spéculatives ou pour des besoins familiaux excessifs. 2) Emprunts ruineux, tirages désordonnés et autres expédients pour retarder la faillite. 3) Deux faillites successives clôturées pour insuffisance d'actif. 4) Exercice illégal d'une profession. 5) Défaut de comptabilité. 6) Prise d'engagements excessifs dans l'intérêt d'autrui. 7) Faillite survenant après un *concordat dont les obligations n'ont pas été respectées. 8) Défaut de déclaration de cessation de paiements, non-présentation au syndic ou au juge dans les délais prescrits pour la faillite.
La banqueroute simple est punie d'un mois à deux ans d'emprisonnement.

La banqueroute frauduleuse : Elle est déclarée contre le débiteur qui a volontairement commis des fraudes destinées à tromper ses créanciers.
Elle est constituée par l'une des pratiques suivantes : 1) Soustraction de comptabilité. 2) Dissimulation d'une partie du passif. 3) Fausse augmentation délibérée et préméditée du passif.
La banqueroute frauduleuse a pour effet de convertir automatiquement, s'il y a lieu, le règlement judiciaire en faillite. Autrefois crime puni des travaux forcés, la banqueroute frauduleuse est depuis 1958 un délit puni d'un à cinq ans d'emprisonnement.
Les peines de la banqueroute frauduleuse peuvent être appliquées à d'autres personnes que le débiteur, mais qui ont commis l'une des infractions suivantes : 1) Dissimulation ou soustraction de biens du débiteur dans l'intérêt de celui-ci et spontanément ; s'il y a entente avec le failli, les tiers seraient condamnés comme complices. 2) Production, au règlement judiciaire, de « créances supposées ». 3) Actes constitutifs de banqueroute frauduleuse, mais sous un nom supposé.
En raison de leurs responsabilités importantes dans les opérations de *bourse, les **agents de change* sont passibles, en cas de banqueroute, de peines aggravées : peines prévues pour la banqueroute frauduleuse s'ils sont reconnus coupables de banqueroute simple ; deux à dix ans d'emprisonnement s'ils sont coupables de banqueroute frauduleuse.

Banques populaires

a : *Mutual Banks* – **d** : *Volksbanken* – **e** : *Bancos populares*

Banques de dépôts à statut légal spécial distribuant les crédits à court et à moyen terme aux petites et moyennes entreprises.

Voir Banque, Crédit populaire.

Barème (de crédits)

a : *Short term banking list* – **d** : *Bankenliste* – **e** : *Baremo de créditos*

Tableau des banques participant aux crédits à court terme consentis à une société.

Une banque figure au barème de crédits d'une société lorsqu'elle participe à un ou plusieurs crédits dont bénéficie la société. C'est le cas dans la formule de crédit *cartellaire.

Barème financier

a : *Financial list* – **d** : *Finanzliste* – **e** : *Baremo financiero*

Tableau des banques intervenant dans les opérations financières d'une société.

Une banque figure au barème financier d'une société lorsqu'elle participe aux syndicats de placement ou de garantie constitués pour des opérations financières de la société.

Voir Syndicat financier.

Baromètre

a : *Economic barometer* – **d** : *Konjunkturbarometer* – **e** : *Barómetro coyuntural*

---

*Indicateur de la *conjoncture économique.*

Les indices établis selon des périodicités variables par les services statistiques pour suivre l'évolution de grandeurs économiques (prix, production, emploi...) sont autant de baromètres de la conjoncture.

Voir Indice, Indicateur d'alerte, Clignotant, Avertisseur.

Barrement, chèque barré

a : *Crossed check (É.-U.), cheque (R.-U.)* – **d** : *Gekreuzter Scheck* – **e** : *Cheque cruzado*

Voir Chèque.

Base

a : *Base* – **d** : *Basis* – **e** : *Base*

---

*Comptabilité nationale : Ensemble des *comptes d'une année de référence utilisés pour l'établissement d'une série temporelle de comptes.*

Une base se définit ainsi à la fois par un cadre conceptuel et par un système d'évaluation.

Les comptes de l'année de base sont établis à partir d'évaluations directes. Pour les comptes des autres années, deux procédures sont utilisées : certaines *opérations sont mesurées directement (exemple : les comptes de l'État). Les autres opérations, qui ne se prêtent que difficilement à une appréhension annuelle directe, sont évaluées par référence aux grandeurs de l'année de base. Ainsi, en matière d'emplois et ressources de *biens et *services, par exemple, les valeurs d'une année donnée sont établies à partir d'une estimation de l'évolution des volumes et des prix appliquée aux grandeurs de l'année de référence.

La qualité des comptes de l'année de base, fondée essentiellement sur la validité des estimations en valeur absolue, est donc primordiale. Ces comptes caractérisent en effet le système général de pondération des comptes nationaux et, en particulier, ils servent de point de départ aux calculs à prix constants.

Un changement de base peut affecter le seul système d'évaluation (par incorporation d'améliorations dans le réseau statistique) ou comporter également des modifications conceptuelles.

Ainsi la base en vigueur en France en 1975 était celle fournie par les comptes de l'année 1962. Par rapport à la base antérieure, de 1959, elle avait surtout comporté des améliorations dans les évaluations. La base 1971, en revanche, en vigueur depuis 1976, a été directement liée à l'adoption du nouveau système de comptabilité nationale (dit *système élargi de comptabilité nationale) : elle matérialise, par définition, les novations apportées au cadre conceptuel, tout en faisant profiter la comptabilité nationale de l'enrichissement des informations statistiques (réforme de la comptabilité publique, enquête annuelle dans l'industrie...).

Base d'imposition

a : *Basis of taxation* – **d** : *Besteuerungsgrundlage* – **e** : *Base imponible*

Quantité de matière imposable.

Déterminer la « base imposable », c'est dénombrer les éléments taxables. Ceux-ci sont de deux types. Le plus souvent, il s'agit d'une *valeur monétaire :* les droits sont **ad valorem ;* dans ce cas, la détermination de la base d'imposition est un problème d'évaluation. Lorsque les droits sont *spécifiques au contraire, la matière imposable doit être reconnue et mesurée en *unités physiques :* la base de la taxe sur la viande est le poids de viande abattue puisque son taux est fixé en francs par kilogramme ; de la même façon, la base des droits de circulation sur les alcools est le nombre de litres transportés.

BCEAO

Voir Banque centrale des États de l'Afrique de l'Ouest.

BEAC

Voir Banque des États de l'Afrique centrale.

Bedaux (système)

a : *Bedaux system* – **d** : *Bedauxsystem* – **e** : *Sistema Bedaux*

Système de rémunération du travail fondé sur une unité de travail-minute.

Ce système a été mis au point par l'ingénieur français Charles Bedaux (1888-1944), dont la carrière se déroula aux États-Unis. Il est fondé sur une décomposition analytique du travail et se traduit par un système de primes indexées sur la quantité de travail fourni par un ouvrier.
La base du système est constituée par le calcul d'un *point-minute* ou *point Bedaux* qui représente « la rémunération d'une fraction de minute de travail et d'une fraction complémentaire de repos ». La quantité de travail prise comme référence est celle fournie par un travailleur « ayant un rendement satisfaisant ».

Les points *Bedaux* et leur rémunération varient selon la nature du travail accompli à l'aide d'un index de référence qui permet notamment d'établir des équivalences entre tâches de production et tâches administratives. Son application correcte suppose évidemment une évaluation très précise des « normes » de l'entreprise et un contrôle fréquent de ces dernières.

Béhaviourisme

a : *Behaviourism* – **d** : *Behaviorismus* – **e** : *Behaviorismo*

École de pensée préconisant l'étude des phénomènes économiques en tant que phénomènes de comportement (en anglais : behaviour*), par analogie avec la position des écoles béhaviouristes en psychologie et en sociologie.*

• C'est en *psychologie* que le terme de *behaviourism* a été mis pour la première fois en honneur par John B. Watson (1913). Par réaction contre la psychologie traditionnelle, qui se définissait par l'étude de la conscience (notamment par le moyen de l'introspection), il propose comme objet à la psychologie l'étude des actions objectivement observables de l'homme. L'organisme est saisi comme répondant aux « stimuli » qui proviennent soit de l'environnement, soit de processus biologiques internes.
Cette méthode d'étude de « l'homme comme comportement » devait avoir un retentissement en *sociologie.* A côté de l'école biologique donnant le pas à l'intérêt, de l'école « collective » insistant sur les effets du groupe sur l'individu, de l'école psychanalytique (freudienne), de l'école gestaltiste qui met l'accent sur les structures (et la dynamique) des groupes, l'école béhaviouriste se donne pour thème d'étude les activités objectives observables de l'organisme humain. Son élément de base est « l'acte social » ou le comportement social à partir duquel peuvent être dégagés le jeu des réactions interindividuelles, la symbolique sociale, etc.

• En *économie,* l'école béhaviouriste ne fait qu'appliquer, en les adaptant, ces principes de pensée et ces méthodes d'étude. Elle traite les phénomènes économiques comme des faits scientifiques, à la manière de Watson qui prétendait faire de la psychologie une « branche des sciences naturelles ». Par analogie avec la chimie (où « behaviour » signifie les actions et réactions des corps), elle cherche à isoler ces réactions. Dans la mesure où elle considère que les phénomènes économiques sont des comportements en réponse à des stimuli, elle s'attache à faire l'analyse de ces derniers. A l'étude du *sujet* économique (« *Homo œconomicus »), elle substitue celle de ses réponses aux stimulations qu'il subit. Le béhaviourisme (ou béhaviorisme, selon l'orthographe américaine) continue d'avoir un grand retentissement aux États-Unis (Mitchell, Kaldor). Il met très justement l'accent sur l'influence réciproque de l'homme et du milieu *(inter-behavior)* et rompt heureusement avec une image rationnelle et isolée de l'« Homo œconomicus ». Bien qu'on puisse lui reprocher d'en venir parfois à ne définir le sujet économique que comme un être passif ballotté au milieu de stimuli divers, on doit reconnaître que cette position rend assez bien compte de la *conduite* du sujet économique qui est largement *déterminée.* Ce déterminisme provient soit de son environnement (catégorie sociale, région, publicité, propagande, journaux), soit de sa complexion (caractère, éducation, *anticipations, passions, besoin de *démonstration...).

BEI

Voir Banque européenne d'investissements.

Bénéfice

a : *Profit* – **d** : *Gewinn* – **e** : *Beneficio*

Produit net d'une entreprise au terme d'un exercice, déduction faite de ses frais généraux, de ses charges ainsi que de tous amortissements de l'actif social et de toutes provisions pour risques commerciaux et industriels.

Cette définition du bénéfice correspond à ce qu'on appelle également « bénéfice net ». Le terme de « bénéfice brut » est souvent employé pour désigner l'excédent global des ventes sur les achats. Du point de vue du compte de résultat, le bénéfice (net) constitue donc l'excédent de produits qui subsiste une fois prises toutes les précautions nécessaires à l'apurement des charges nées (exploitation) ou éventuelles (provisions). Le bénéfice ainsi déterminé peut donner lieu à diverses affectations. Le bénéfice apparaît au bilan de l'entreprise comme le terme d'ajustement du *passif à un *actif supérieur. Il s'inscrit à la ligne « résultat net de l'exercice (avec le signe *plus*), toujours au passif depuis le plan comptable de 1982 :

Actif		Passif	
Immeubles	24	Capital social	20
Matériel	20	Réserves	4
Stocks	20	Résultat net de l'exercice	16
Créances	22	Dettes	36
Caisse	14	Provisions diverses	24
	100		100

Affectation du bénéfice

Ses règles sont différentes selon la forme juridique de l'entreprise.

Dans l'entreprise individuelle : Le bénéfice est à la disposition de l'entrepreneur dont il constitue le *revenu.

Dans les sociétés de personnes : L'affectation ou la distribution du bénéfice est réglée par le pacte social ou, s'il est muet sur ce point, par une décision unanime des associés. Dans le cas particulier de la SARL, la loi prescrit le prélèvement préalable d'un vingtième au moins des bénéfices, pour la constitution d'un fonds de réserve tant que celui-ci n'atteint pas le dixième au moins du capital social.

Dans les *sociétés par actions (et notamment la société anonyme) : La loi pose comme règles que :
– un prélèvement de 5 % sur les bénéfices nets est effectué par priorité pour constituer une réserve légale d'un montant égal au dixième du *capital social (souci de sécurité) ;
– la rémunération des administrateurs par des « **tantièmes* de bénéfice » ne doit pas excéder 10 % du bénéfice net après déductions diverses (souci de ne pas favoriser exagérément les administrateurs aux dépens des actionnaires).
Les statuts peuvent imposer d'autres règles, par exemple :
– la constitution d'une réserve statutaire plus forte que la réserve légale ; l'affectation à cette réserve est alors obligatoire et préalable,
– le versement d'un *intérêt fixe aux actionnaires,
– la rémunération des *parts de fondateur lorsqu'elles existent.
A ces dispositions s'ajoutent, depuis les textes de 1967 et de 1970 (régissant la participation), celles qui font obligation aux entreprises répondant à certaines conditions d'assurer un **intéressement* de leurs salariés à leurs résultats.
Les conditions remplies, l'assemblée générale est libre de l'affectation de ses bénéfices. Après constitution des réserves et paiement de l'intérêt fixe aux actionnaires, intéressement des salariés et fixation des tantièmes aux administrateurs, le reliquat éventuel d'une gestion prospère peut donner lieu à attribution d'un « super-dividende » aux actionnaires, être affecté à la constitution d'une réserve supplémentaire, ou faire l'objet d'un *report à nouveau dont la masse constitue une garantie contre les imprévus de l'exercice à venir.

Valeur du bénéfice

Une vue traditionnelle et élémentaire de la notion de bénéfice fait de celui-ci l'indice significatif et pratiquement unique du succès d'une entreprise et de sa bonne gestion. Divers éléments conduisent cependant à nuancer sérieusement cette opinion : 1) une entreprise dynamique qui investit supporte en effet des charges fixes accrues qui pèsent sur ses résultats ultérieurs ;

2) la complexité des arbitrages entre les nombreuses parties prenantes et leurs intérêts (direction générale, administration générale, administrations, salariés, actionnaires...) a des conséquences variables sur l'apparition du bénéfice et son montant ; 3) la lourdeur de l'impôt sur les sociétés encourage les entreprises à limiter le bénéfice et à se constituer, dans toute la mesure du possible, des réserves et provisions — explicites ou occultes — qui échappent à la fiscalité ; 4) le régime fiscal lui-même, enfin, dans son souci d'encourager les investissements par des déductions diverses contribue au rétrécissement du bénéfice, assiette de l'impôt sur les sociétés.
Compte tenu de cet ensemble de facteurs, la détermination est souvent moins la traduction d'une simple constatation que le résultat de régimes et de décisions complexes, dont, parfois, l'effort de l'entreprise pour limiter la part des fruits de sa gestion qu'elle accepte de soumettre au prélèvement fiscal de la collectivité.
La notion de bénéfice tend ainsi à devenir principalement d'ordre fiscal, comme l'illustre par exemple le cas particulier du bénéfice agricole (ci-après).

Bénéfice de l'exploitation agricole

a : *Income from agriculture and forestry* – **d** : *Einkünfte aus Land-und Forstwirtschaft* – **e** : *Beneficio de la explotación agrícola*

Fiscalité : Bénéfice de l'exploitation agricole retenu pour l'assiette de l'impôt sur le revenu.

Parmi les bases de l'impôt sur le revenu des personnes physiques figurent les bénéfices provenant de l'exploitation agricole ou forestière réalisés par les propriétaires exploitant eux-mêmes, les fermiers ou les métayers (*voir* Bail). Quant aux revenus procurés à un propriétaire foncier par ses terres en louage, ils sont imposés au titre des revenus fonciers.

Revenus imposables au titre de l'exploitation agricole : Sont considérés comme bénéfices de l'exploitation agricole les revenus provenant de l'exploitation de la terre, des forêts et des élevages de toute sorte : apiculture, aviculture, pisciculture et ostréiculture en particulier.

Modes d'imposition : En général, l'évaluation des revenus est forfaitaire. Elle peut être effectuée également en termes réels.
– Le *forfait* est calculé sur la base d'un bénéfice à l'hectare, fixé à l'échelon départemental par discussion entre les représentants de l'administration d'une part, les propriétaires et preneurs de baux ruraux d'autre part, réunis au sein de la Commission départementale des impôts directs et taxes sur le chiffre d'affaires.

Ce bénéfice forfaitaire unitaire est fixé en fonction de la récolte de l'année et des frais engagés pour l'exploitation. Il varie suivant la richesse des exploitations, classées en catégories. Il est établi pour la polyculture et pour les cultures particulières de chacune des régions. Il est évalué en francs par hectare ou, exceptionnellement, en unités physiques (hectolitres de vin, par exemple). Les bénéfices forfaitaires sont publiés, chaque année, au *Journal officiel*. Le bénéfice imposable est calculé en multipliant la surface de l'exploitation par le bénéfice forfaitaire unitaire de sa catégorie. Dans le cas du propriétaire exploitant, il est majoré pour tenir compte de l'absence de fermage, en sorte que le revenu foncier et le revenu d'exploitation sont imposés en même temps.
Le régime du bénéfice forfaitaire est applicable de plein droit aux exploitants agricoles dont les recettes annuelles n'excèdent pas au cours de deux années consécutives une moyenne de 500 000 F et n'ayant pas opté pour une imposition d'après le bénéfice réel.

– L'imposition *d'après le bénéfice réel* s'applique selon un régime simplifié pour les exploitants agricoles dont la moyenne des recettes annuelles sur deux années consécutives est comprise entre 500 000 F et 1 000 000 F ; selon le régime normal dans les autres cas.
Les passages d'un régime d'imposition à un autre font l'objet de dispositions particulières.
Le bénéfice réel est égal à la différence entre, d'une part, les recettes d'exploitation auxquelles s'ajoutent l'*autoconsommation du contribuable et l'augmentation des *stocks et, d'autre part, les dépenses annuelles qui comprennent les frais de tous ordres, les fermages le cas échéant et les *amortissements.
Le régime *normal* d'imposition d'après le bénéfice réel exige la tenue d'une comptabilité complète, et la détermination du résultat d'exploitation est fondée sur les créances acquises et les charges engagées au cours de l'exercice.
Le régime *simplifié* d'imposition n'exige qu'une comptabilité limitée enregistrant les encaissements et les paiements intervenus au cours de l'exercice — le résultat d'exploitation est alors établi sur la base des recettes encaissées et des dépenses payées au lieu et place des créances et dettes. En ordre de grandeur : pour 100 contribuables à l'impôt sur le revenu (15 millions environ), 2 seulement déclarent des bénéfices agricoles, soit environ 1 contribuable pour 8 exploitations en activité. Le montant taxé est de l'ordre de 1,2 % du total des revenus imposables. L'agriculture et les activités annexes sont donc faiblement frappées par l'imposition personnelle sur le revenu.

Bénéfice forfaitaire

a : *Lump-sum gain* – **d** : *Pauschalgewinn* – **e** : *Beneficio global*

Base d'imposition utilisée pour l'imposition au forfait.

Le bénéfice forfaitaire correspond en principe au bénéfice que l'entreprise peut produire normalement, pertes et profits exceptionnels exclus. Les entreprises individuelles, ainsi que les sociétés de personnes dont le chiffre d'affaires n'excède pas certaines limites, peuvent opter pour l'imposition sur cette base. Le bénéfice forfaitaire est déterminé par l'administration fiscale tous les deux ans.

Voir Bénéfices industriels et commerciaux.

Bénéfices des professions non commerciales (BNC)

a : *Income from independent personal services* – **d** : *Einkünfte aus selbständiger Arbeit* – **e** : *Beneficios de profesiones no comerciales*

Fiscalité : Bénéfices des professions non commerciales imposables au titre de l'impôt sur le revenu.

Sont considérés comme BNC les revenus des professions libérales, des charges et offices et des activités diverses ; il en est ainsi des droits d'auteur, des redevances de brevets d'invention ou des honoraires d'ingénieur-conseil, par exemple. Plus généralement, les BNC sont les revenus personnels qui ne sont ni des traitements, salaires, pensions ou rémunérations régulières, ni des produits du capital foncier ou mobilier ou de l'exploitation agricole, industrielle, commerciale ou artisanale. Tous les revenus d'origines diverses sont donc imposables suivant les modalités définies ci-dessous et applicables aux BNC.

Bénéfices imposables : Est imposable l'excédent annuel des recettes sur les dépenses directement liées à l'exercice de la profession ou de l'activité considérée. Cependant, l'imposition des revenus de la propriété littéraire, scientifique ou artistique peut être calculée à la demande du contribuable sur la moyenne des recettes et dépenses des trois dernières années. Une telle option est définitive et irrévocable.
Les produits de la cession des charges, offices et clientèles, sont imposables comme les BNC annuels.

Modes d'imposition : Les contribuables sont placés soit sous le régime de la déclaration contrôlée, soit sous le régime de l'évaluation administrative.

– La déclaration contrôlée exige la tenue d'une comptabilité susceptible d'être vérifiée par l'administration. Ce régime s'applique à titre obligatoire aux contribuables dont les recettes excèdent le chiffre de 175 000 F et, quel que soit le montant de leurs recettes, aux officiers publics ou ministériels tels que les huissiers et les notaires.

– L'évaluation administrative constitue le droit commun pour les autres contribuables, qui peuvent néanmoins opter pour le régime de la déclaration contrôlée. Elle n'exige du contribuable qu'une déclaration annuelle sommaire de recettes et d'informations sur l'activité et le train de vie. L'administration, sur ces bases et à l'aide des éléments généraux en sa possession (par exemple, les relevés d'honoraires établis par la Sécurité sociale pour les professions médicales), évalue le bénéfice imposable.

Dans les deux cas, le contribuable peut présenter des observations à l'inspecteur chargé de l'assiette de l'impôt sur le revenu ; une discussion peut s'instaurer sur le montant retenu pour base d'imposition. En cas de désaccord persistant, la commission départementale des impôts directs et des taxes sur le chiffre d'affaires fixe le bénéfice imposable.

Place des BNC dans le régime fiscal français : Sur l'ensemble des contribuables à l'impôt sur le revenu, 30 % environ déclarent des bénéfices non commerciaux. Ceux-ci sont évalués par l'administration pour 80 % d'entre eux. Les déclarations contrôlées (20 % en nombre) représentent le tiers des bénéfices non commerciaux. Au total, les BNC constituent environ de 4 à 5 % des revenus personnels imposables.

Bénéfices industriels et commerciaux (BIC)

a : *Income from trade or business* – **d** : *Einkünfte aus Gewerbebetrieb* – **e** : *Beneficios industriales y comerciales*

Fiscalité : Bénéfices industriels et commerciaux imposables au titre de l'impôt sur le revenu.

Les bénéfices provenant de l'activité industrielle ou commerciale sont imposables :

– soit au titre de l'impôt sur le revenu, lorsque l'entreprise est la propriété d'une personne ou d'une société de personnes qui a choisi ce mode d'imposition ;

– soit au titre de l'impôt sur les *sociétés, lorsqu'il s'agit d'une société de capitaux.

Sont appelés, dans le langage fiscal, bénéfices industriels et commerciaux (BIC) les seuls bénéfices de la première catégorie qui sont taxés au titre de l'impôt personnel sur le revenu. Leur définition, leur mode d'imposition et leur importance dans le système fiscal français sont les suivants.

Bénéfices retenus comme base d'imposition à l'impôt sur le revenu : Sont considérés comme BIC tous les bénéfices industriels, commerciaux et artisanaux provenant de la production, de la vente et de la prestation commerciale de *services. Des activités comme la vente de titres de sociétés immobilières par un agent professionnel, la cession de fonds de commerce ou la location de meublés ou de locaux industriels et commerciaux donnent naissance également à des BIC. Les bénéfices imposables au titre d'une année donnée sont ceux qui ont été réalisés au cours de l'année antérieure ou au cours de l'exercice clos dans cette année, lorsque cet exercice ne coïncide pas avec l'année civile.

Contribuables assujettis : Sont imposables au titre des BIC les entrepreneurs individuels, les porteurs de *parts des sociétés en nom collectif, les commandités des sociétés en *commandite simple et certains membres des associations en *participation.

Mode d'imposition : Les bénéfices retenus résultent des documents comptables de l'entreprise (bénéfices réels) ou d'une évaluation forfaitaire.

– *Imposition au bénéfice réel.* Ce mode d'imposition n'est pas le plus général : les entrepreneurs et commerçants d'une part, les prestataires de services d'autre part, dont le chiffre d'affaires excède un certain montant annuel (500 000 francs pour les premiers et 150 000 francs pour les seconds) y sont obligatoirement soumis ; il en est de même pour les sociétés de personnes qui n'ont pas opté pour l'impôt sur les sociétés et pour les contribuables qui n'ont pas rempli les formalités exigées pour être imposés forfaitairement. Peuvent également opter pour l'imposition au bénéfice réel tous les contribuables qui tiennent une *comptabilité analytique détaillée. Celle-ci peut être vérifiée par l'administration fiscale pour contrôler l'exactitude des déclarations annuelles des contribuables. En cas de défaut de déclaration, la base d'imposition est fixée d'office par l'administration.

– *Imposition au forfait.* C'est le mode d'imposition le plus fréquent. L'inspecteur des impôts évalue sur la base d'informations succinctes fournies chaque année par le contribuable le bénéfice que l'entreprise peut produire normalement, pertes et *profits exceptionnels exclus. L'évaluation est valable pour deux ans et peut être reconduite tacitement par périodes biennales.

Dans les deux régimes d'imposition le contribuable peut faire appel des décisions de l'administration devant la commission départementale des impôts directs et des taxes sur le chiffre d'affaires.

Importance des BIC dans le système fiscal français : Les bénéfices industriels et commerciaux globaux sont imposés en moyenne pour 56 % en montant au titre des BIC et pour 44 % au titre de l'impôt sur les sociétés. 15 % environ du total des contribuables à l'impôt sur le revenu déclarent des bénéfices industriels et commerciaux. Les revenus de 85 % d'entre eux sont évalués forfaitairement. Les BIC réels des entreprises restantes représentent à eux seuls la moitié du total des BIC imposés. Au total, les BIC constituent un peu moins de 20 % des revenus personnels imposables.

Bénéficiaire (capacité)

a : *Earning capacity/Earning power* – **d** : *Ertragskraft* – **e** : *Capacidad de beneficio*

Ensemble des indices permettant, à un moment donné, d'estimer par anticipation le niveau des bénéfices d'une entreprise.

La capacité bénéficiaire d'une entreprise est exprimée en termes monétaires, mais est fonction d'éléments très divers : capacité de négociation de conditions d'emprunts, position commerciale, acquis technologique, qualités de gestion, *survaleur, etc.

Benelux

a : *Benelux* – **d** : *Benelux* – **e** : *Benelux*

De BElgique, NEderland, LUXembourg : Union douanière réunissant la Belgique, les Pays-Bas et le Luxembourg.

• Dès le 25 juillet 1921, la Belgique et le Luxembourg avaient conclu une union économique et douanière par laquelle les deux pays se consentaient de mutuels avantages, notamment en matière d'agriculture et de produits métallurgiques. Au lendemain de la Seconde Guerre mondiale, les Pays-Bas se joignirent aux deux pays pour négocier une union douanière qui devait déboucher sur une véritable association économique. Le traité fut signé à Londres le 5 septembre 1944 et révisé par le protocole de La Haye du 14 mars 1947. L'Union entra en fonctionnement le 1er janvier 1948.

• Le traité du Benelux a prévu une union économique qui devait se réaliser en quatre étapes essentielles : 1) Suppression du tarif douanier intérieur. 2) Adoption d'un tarif extérieur commun. 3) Harmonisation des législations fiscales indirectes. 4) Harmonisation des politiques financières intérieures. Ces divers objectifs du programme ont été inégalement réalisés.

L'harmonisation des *politiques fiscales* n'a pas paru la plus urgente, car elle se heurtait à des problèmes trop complexes pour être abordés en priorité. Les *politiques économiques intérieures* en matière de prix, de salaires ou de subventions ont été l'objet d'harmonisations progressives, mais qui demeurent partielles en raison des conséquences économiques et sociales de réformes trop rapides dans ces domaines. Les *politiques financières* ont été marquées en 1954 par l'instauration aux Pays-Bas de la liberté des mouvements de capitaux en harmonisation avec le régime déjà en vigueur en Belgique (cette mesure fut facilitée par la position créditrice des Pays-Bas au sein de l'*Union européenne des paiements à cette époque).
Mais c'est en matière de *commerce extérieur* que les mesures les plus déterminantes ont été prises.
Dès l'entrée en vigueur du traité, un tarif extérieur commun a été créé qui se situait à mi-chemin entre les tarifs néerlandais et les tarifs belgo-luxembourgeois, généralement plus élevés. La suppression des contingents et des quotas d'importation s'est faite plus progressivement et, notamment, à partir de 1950 dans le cadre de la politique européenne de libération des échanges. Depuis 1954, la liberté de circulation des marchandises est pratiquement complète, à l'exception de certaines denrées agricoles pour lesquelles ont subsisté des protections particulières. La création du Benelux a eu pour effet d'augmenter légèrement les tarifs douaniers des Pays-Bas par le mécanisme du tarif extérieur commun, ce qui a suscité les critiques de la Grande-Bretagne et de certains pays sous-développés, vendeurs de produits bruts. Mais le niveau modéré des tarifs de l'Union belgo-luxembourgeoise elle-même a permis de conserver au Benelux les tarifs les plus bas du *Marché commun dont il a inspiré la constitution et dont il est devenu partie intégrante.

Besoin

a : *Need* – **d** : *Bedürfnis* – **e** : *Necesidad*

*Manque ressenti par l'individu ou la collectivité. Dans le domaine économique, le manque a un objet précis, *bien ou *service.*

C'est la finalité même de l'activité économique que de tendre à la satisfaction des besoins. C'est le mode de satisfaction des besoins qui constitue une des caractéristiques principales d'un *régime économique. C'est sur l'organisation des moyens propres à réaliser cette finalité que divergent notamment les *doctrines économiques.

• La *notion de besoin* est en elle-même relative, car elle est chargée d'un contenu subjectif important. On peut être tenté de distinguer entre les besoins essentiels à la vie (dits « besoins primaires » : la nourriture, le logement...) et les besoins non essentiels, impliqués par la recherche d'un niveau de vie supérieur (dits alors « besoins secondaires » : le confort, les loisirs...). Mais on voit bien que la frontière entre les deux catégories est relative au niveau de civilisation.
C'est une constatation évidente que le progrès tend à multiplier les besoins, et qu'inversement leur différenciation est un facteur important de l'*innovation et de la *croissance économique. Si extensibles qu'ils soient en nombre, ils ne le sont pas autant en intensité : la satisfaction d'un besoin tend à l'affaiblir : plus précisément, il existe pour chacun un niveau de saturation, d'ailleurs variable selon son objet.
La multiplicité et la complexité des tendances qui animent un individu comme une collectivité et les contraintes qui pèsent sur leur satisfaction expliquent que certains besoins apparaissent complémentaires et d'autres concurrents.

• Dès lors peut se poser un problème de *substitution* et de *hiérarchisation des besoins,* auquel l'organisation de l'économie a pour but d'apporter une solution.
La *doctrine libérale* (*voir* Libéralisme), fondée sur une notion rigoureusement subjective et individualiste du besoin, considère que la hiérarchie optimale des besoins s'établit par le jeu des choix individuels dans le cadre de l'économie de marché. Cette conception aboutit à ne prendre en considération que la *demande solvable, c'est-à-dire les besoins qui s'expriment sur le marché, et dont la hiérarchie est en fait déterminée par la répartition des revenus.
Inversement, la **doctrine marxiste,* telle qu'elle s'incarne dans les régimes socialistes, privilégie une définition « objective » des besoins et de leur hiérarchie. Le problème des structures et des procédures permettant des choix adaptés (pour les objectifs à atteindre et les moyens à mettre en œuvre) est alors essentiel. Car une hiérarchisation des besoins définie de façon autoritaire et centralisée peut ne pas répondre à la demande réelle correspondant aux besoins effectivement ressentis par la population.
En fait, dans tout pays, quel qu'en soit le régime économique, l'évolution actuelle est marquée par un effort croissant pour appréhender les besoins réels, c'est-à-dire la demande virtuelle, et pour établir une hiérarchie qui privilégie au moins les besoins primaires. La puissance publique joue un rôle éminent dans cette évolution, dans la mesure où elle peut imposer une hiérarchie qui tienne compte, non seulement des besoins individuels, mais aussi des besoins collectifs dont la satisfaction est indispensable au bien-être de la société. La *planification est un des moyens par lesquels s'exprime cet effort.

• La notion de besoin, subjective au départ, *tend donc à s'objectiver, à se socialiser.* Ce processus est évidemment plus ou moins marqué selon les pays. Dans les États à économie de marché, il entre en concurrence avec la permanence de la motivation du *profit qui pousse les producteurs à multiplier, voire à susciter des besoins individuels solvables (par la mode, la publicité, le crédit à la consommation...). Dans les pays socialistes, où la socialisation des besoins est un principe institutionnel, un effort est en cours pour démocratiser la procédure de choix et pour utiliser la demande solvable comme guide des objectifs de planification et instrument d'adaptation du système de production. Dans les pays en voie de développement, la hiérarchie des besoins est généralement facile à définir, car il faut d'abord satisfaire les besoins vitaux, mais le choix d'un régime économique propre à permettre d'atteindre ce résultat reste un problème fondamental.

Besoin (droit commercial)

a : *Trustee* – **d** : *Bedarf/Bedürfnis* – **e** : *Fiador*

---

*Personne désignée, avec son accord, par le *tireur d'une *lettre de change (ou par un endosseur, ou encore par un avaliseur), qui accepte d'honorer, éventuellement, la dette à l'échéance.*

La lettre de change, en cas de non-paiement par le tiré, doit être présentée au « besoin » avant qu'il puisse être dressé protêt.

Besoin de financement

a : *Financing deficit* – **d** : *Finanzierungsdefizit* – **e** : *Necesidad de financiación*

Comptabilité nationale : Appellation donnée au solde du compte de capital d'un agent lorsqu'il apparaît en ressource de ce compte (c'est-à-dire au passif).

Si l'on fait abstraction des erreurs ou des omissions, le besoin de financement d'un agent correspond à l'excédent des *dépenses* non financières effectuées au cours d'une période donnée (l'année pour les comptes habituels) sur le montant des *ressources* non financières acquises par cet agent au cours de la même période. Il caractérise une situation où l'*épargne brute d'un agent, augmentée de ressources annexes telles que des subventions d'équipement, est inférieure à ses investissements et aux dépenses engendrées par la constitution de stocks additionnels.

Corrélativement, le besoin de financement *ex post s'analyse comme le montant net des ressources qu'un agent se procure par l'intermédiaire d'*opérations financières auprès des autres agents.
Normalement, le besoin de financement d'un agent devrait être égal au solde de ses *créances et de ses *dettes. En fait, les erreurs et les lacunes des mesures statistiques introduisent une différence qui rend nécessaire l'intervention d'un *ajustement. Certains agents présentent structurellement un besoin de financement régulier : il en va ainsi de l'ensemble des entreprises. D'autres peuvent présenter tantôt un besoin, tantôt une capacité de financement : c'est le cas notamment, pour la France, de l'État.

Voir Capacité de financement.

Besoin en fonds de roulement

a : *Need of operating fund* – **d** : *Betriebsfondsbedürfnis* – **e** : *Necesidad de fondos de circulación*

Besoin de financement d'exploitation d'une entreprise non financière.

En terme de comptabilité privée, le besoin en fonds de roulement exprime le solde entre les stocks et les créances diminués des dettes à l'égard des fournisseurs.

BFCE

Voir Banque française du commerce extérieur.

Biais

a : *Bias* – **d** : *Fehler, Systematischer Bias* – **e** : *Error sistemático*

Statistique : Distorsion entre la mesure d'une variable statistique et la valeur réelle de la grandeur à apprécier.

L'introduction d'un biais dans le calcul *statistique peut être liée soit à la défectuosité ou à la déformation de l'échantillon qui sert de base à l'estimation, soit à la méthode d'évaluation elle-même.
Exemple du premier cas : le biais affectant l'estimation de l'évolution des effectifs à partir de l'enquête du ministère du Travail : cette enquête,

en effet, ne prend en compte que les effectifs des entreprises de plus de dix salariés et ne repose pas sur un échantillon constant.
Exemple du second cas : le biais relatif à l'appréciation de l'évolution des dépenses d'investissement à partir des enquêtes périodiques de l'INSEE auprès des chefs d'entreprise : ces enquêtes consistent à interroger les chefs d'entreprise, notamment sur leurs prévisions de variations de dépenses pour une période $n + 1$ et sur les variations de leurs dépenses effectives au cours de la période n. La comparaison des réponses tend à montrer une tendance globale des chefs d'entreprise à sous-estimer l'évolution de leurs dépenses.
Mathématiquement, le biais s'analyse comme écart entre l'*espérance mathématique d'un *estimateur et la valeur vraie du paramètre que cet estimateur doit permettre d'apprécier.

BICE

Voir Banque internationale de coopération économique.

Bien

a : *Good* – **d** : *Gut* – **e** : *Bien*

Produit matériel de l'activité économique.

Un bien peut être objet de *consommation (finale ou intermédiaire) ou moyen de production (*capital fixe).
Selon que son affectation à la satisfaction d'un besoin passe par le marché (moyennant le paiement d'un *prix) ou non, on parlera de biens marchands ou non marchands.

Bien collectif

a : *Collective good* – **d** : *Öffentliches Gut* – **e** : *Bien colectivo*

Bien dont la jouissance n'est pas privative pour autrui.

Bien dont l'usage ne peut être, ou n'est pas, réservé à quelques-uns. Un jardin public, une route, un immeuble administratif sont autant de biens collectifs, du moins dans l'acception générale du terme. On notera toutefois que l'usage de tels biens peut être entravé par leur haut degré de fréquentation. Si bien qu'au *sens strict,* le bien collectif par excellence est celui qui peut accepter un nombre infini d'usagers (exemple : émissions de radio ou de télévision, dont le captage ne nuit pas aux autres usagers).

Biens et services

a : *Goods and services* – **d** : *Güter und Dienstleistungen* – **e** : *Bienes y servicios*

Produits de l'activité économique, éléments constitutifs de la production.

Les systèmes de comptabilité nationale diffèrent principalement par le champ d'extension qu'ils donnent à la notion de biens et services. Le système international de l'ONU, le système européen (*SEC) et le nouveau système français (SECN) retiennent une définition extensive, en y incluant, par exemple, les services administratifs et domestiques (le système français en vigueur jusqu'en 1976 ne retenait dans les services enregistrés au titre de l'activité productrice que ceux qui étaient fournis ou étaient susceptibles de l'être contre le paiement d'un prix). Les systèmes socialistes ne retiennent en principe dans la production que les biens matériels. Ils n'y incluent les services que lorsqu'ils sont l'accessoire d'une opération de production d'un bien matériel (services de transport, par exemple).

Voir Bien, Services. Comptabilité nationale.

Bilan

a : *Balance sheet* – **d** : *Bilanz* – **e** : *Balance*

Inventaire, établi périodiquement et sous forme de balance, de tout ce qu'une entreprise possède (actif) et de tout ce qu'elle doit (passif).

Composition

L'*actif, inscrit à gauche du bilan, comprend schématiquement les constructions, les machines, les stocks, les sommes dues à l'entreprise par ses clients, les sommes qu'elle possède en banque et en caisse. Il indique ainsi l'*emploi* des fonds qui ont été mis à sa disposition.
Le *passif, inscrit à droite, regroupe son patrimoine net (capital social et réserves supposés remboursables si l'entreprise vient à cesser son

activité) et son passif exigible, c'est-à-dire l'ensemble de ses dettes. Il indique ainsi l'*origine* des fonds utilisés par l'entreprise.
Le bilan étant une *balance, les totaux de l'actif et du passif sont égaux. Mais pour aboutir à cet équilibre, un terme d'ajustement est nécessaire : le résultat net de l'exercice (bénéfice ou perte), inscrit au passif et affecté, selon les cas, des signes positif ou négatif.

Valeur

Compte tenu du caractère global des résultats qu'il regroupe, le bilan constitue une véritable photographie de la structure financière de l'entreprise. De là vient notamment qu'il est obligatoirement publié par les entreprises dont les *titres sont cotés en bourse.
Il est établi au moins une fois par an à la clôture de chaque exercice, et éventuellement plus souvent (semestre, trimestre) au gré de l'entreprise. Mais son intérêt essentiel réside dans les analyses qu'on peut opérer à partir des renseignements qu'il contient, ainsi que son *annexe.

• Pour être significative, l'analyse doit porter en fait sur plusieurs bilans successifs, à l'aide de tableaux comparatifs qui en précisent le contenu. Notamment :

– en retirant de l'actif les non-valeurs ou pertes qui n'y apparaissent pas (immobilisation dépréciée, créance en fait irrécouvrable...) ;

– en classant avec les capitaux propres les provisions sans objet réel (imprévus exagérés, ou de dépréciations fictives) souvent constituées pour des raisons fiscales.

Cette comparaison dans le temps permet d'apprécier la politique de l'entreprise et principalement la gestion de ses *provisions, de ses *amortissements et de ses *stocks.

• Les pertes du bilan constituent les éléments fondamentaux d'appréciation de la valeur de l'entreprise par la méthode des *ratios, qui rapproche les grandeurs caractéristiques de la gestion pour en tirer des rapports significatifs.
C'est notamment du bilan que sont tirés des éléments tels que *capitaux permanents, *capitaux circulants, *fonds de roulement, *situation nette, et à partir de lui que peuvent être établis les coefficients de *liquidité générale, de *trésorerie, d'*endettement.

Bilan consolidé (ou intégré, ou développé)

Dans de nombreux cas, il est nécessaire, pour assurer une appréciation valable, de considérer non le bilan d'une entreprise isolée, mais celui de l'ensemble du groupe auquel elle appartient, perçu dans ce cas comme une seule et même entité.
La consolidation consiste à fusionner les bilans et les comptes de résultats des entreprises du groupe de façon à obtenir un seul document synthétique. Cela suppose notamment :

– l'annulation des comptes courants réciproques (doubles emplois) ;
– l'annulation de la partie de profit réalisée par les sociétés du groupe et comprise dans la valeur des stocks des autres sociétés qui ont reçu ces produits (qui sont censés alors être fournis à leur prix de revient comme entre les services d'une même entreprise) ;
– l'élimination, dans le bilan de la société mère, de la valeur comptable des titres de participation de chacune des filiales (remplacés par les actifs et passifs de ces filiales) ;
– la ventilation des capitaux propres et des profits réalisés par chaque filiale pour faire apparaître la part revenant à la société mère (fonction de la fraction de capital détenue par elle dans la filiale), en la distinguant de celle qui revient aux divers actionnaires (minoritaires) de chacune des filiales.

STRUCTURE DU BILAN

PLAN COMPTABLE DE 1982

Actif (l'emploi des ressources par l'entreprise)	**Passif** (les ressources dont dispose l'entreprise)
Valeurs immobilisées nettes	Capitaux propres
Actif circulant stocks et encours créances disponibilités *moins* provisions pour dépréciation	Provisions pour pertes et charges Dettes (capitaux empruntés)

PLAN COMPTABLE DE 1957

Actif (l'emploi des ressources par l'entreprise)	**Passif** (les ressources dont dispose l'entreprise)
Valeurs immobilisées nettes	Capitaux permanents capitaux propres capitaux dont elle dispose sous conditions
Capitaux circulants valeurs d'exploitation valeurs réalisables à court terme valeurs disponibles *moins* provisions pour dépréciation	Dettes à court terme (capitaux dont elle dispose de façon précaire)

Bilan actualisé

Voir Actualisation.

Bilatéralisme

a : *Bilateralism* – **d** : *Bilateralismus* – **e** : *Bilateralismo*

Organisation des échanges internationaux fondée sur des accords directs entre les États pris deux à deux.

Historiquement, le bilatéralisme a joué un rôle important en permettant, notamment dans le domaine des échanges commerciaux, de dépasser les politiques nationales discrétionnaires et autonomes. L'évolution vers le *multilatéralisme — où les accords recueillent l'adhésion d'un groupe de pays qui appliquent des règles communes sans *discrimination, favorisant ainsi la circulation à l'intérieur de l'ensemble — a été cependant très rapide depuis la fin de la Seconde Guerre mondiale. Aujourd'hui, les accords bilatéraux ne jouent plus qu'un rôle réduit en matière de commerce et de monnaie, ils conservent cependant une nette prééminence dans les politiques d'aide aux pays en voie de développement.

• Dès la *fin du Moyen Age,* la reprise du commerce international, dominé par les initiatives des cités italiennes, démontre l'utilité des accords de commerce entre États. Les *traités du XIXe siècle* puis du XXe siècle confirmèrent le rôle des négociations et conventions bilatérales pour permettre la limitation et le recul du *protectionnisme. L'efficacité de la procédure s'accroît considérablement au fur et à mesure que se généralise le recours à la *clause de la nation la plus favorisée qui, conditionnelle ou non, entraînait l'extension des progrès du *libre-échange.
La reconstitution du réseau des relations économiques internationales *après la Seconde Guerre mondiale,* grâce à la coopération au sein de l'*OECE ou du *GATT, si elle avait pour objectif de permettre le *développement des échanges commerciaux* dans un cadre multilatéral, se fonda très largement sur l'utilisation des possibilités offertes par les accords bilatéraux. Jusqu'à la négociation entamée en 1964 en réponse à une initiative du président des États-Unis (d'où le nom de « Kennedy Round » sous lequel elle est habituellement connue) et qui dura plus de trois ans, les nombreuses conférences tarifaires qui se déroulèrent entre les parties contractantes à l'Accord général sur les tarifs et le commerce s'organisaient en discussion pays par pays et produit par produit. Les principaux intéressés aux échanges portant sur une marchandise donnée, producteurs ou utilisateurs, y décidaient des concessions réciproques dont l'extension était assurée par application de la clause de la nation la plus favorisée que les signataires du GATT se sont engagés à respecter. Lors du Kennedy Round, enfin, après plus de quinze ans d'efforts vers le libre-échange, le caractère multilatéral des négociations tarifaires s'affirme pour la première fois sans détour, les discussions portant sur des

réductions générales de la protection intéressant l'ensemble des membres et la totalité des produits.
Indispensable pour que se poursuivent les progrès déjà réalisés, la généralisation du multilatéralisme est cependant limitée aux relations entre pays développés du monde occidental. Les pays à commerce d'État, comme les pays en voie d'industrialisation tenus à exercer un strict contrôle de leur commerce extérieur afin d'assurer une utilisation optimale des ressources de change limitées, fondent encore largement leur politique commerciale sur des accords bilatéraux. Pourtant, ceux-ci présentent des inconvénients : ils introduisent une rigidité dans les courants d'échange et en freinent l'expansion ; surtout, ils peuvent par une mauvaise adaptation des *contingents réciproques que se consentent les partenaires conduire à des blocages, d'ailleurs d'autant plus difficiles à surmonter que les accords de commerce s'accompagnent d'accords de paiement.

● La dislocation du *système monétaire international accompagnée de graves difficultés de paiements pour la grande majorité des pays qui, à la suite de la *crise, a marqué la période des années 30, puis la guerre et la phase de reconstruction qui lui succéda, avait provoqué la multiplication des **accords de paiements bilatéraux*. Conçus afin d'éviter ou de limiter les règlements en *devises convertibles ou transférables, ils allaient des accords de crédits réciproques ouvrant la possibilité de *swaps libellés en monnaies des partenaires aux accords organisant pratiquement le *troc entre *importations et *exportations de marchandises. L'exemple de la politique allemande au cours de cette période illustre parfaitement les inconvénients de ce type de pratiques. Le contrôle des changes très strict instauré par l'Allemagne en 1932 amena la conclusion par ce pays de très nombreux accords de *clearing (les paiements entre les deux partenaires ne peuvent se faire que par compensation sans aucun transfert monétaire). Ces accords conduisirent à la réorientation du commerce extérieur allemand. La surévaluation du mark qu'ils permettaient limitait les débouchés des produits allemands dans les pays industrialisés et freinait en retour les ventes à l'Allemagne des producteurs de ces pays. En moins de dix ans, les échanges entre l'Allemagne et les pays développés se sont réduits des deux tiers. L'autre conséquence essentielle de ce réseau d'accords bilatéraux mis en place par l'Allemagne fut la perte sensible d'autonomie qui en résulta pour plusieurs des partenaires « privilégiés » du Reich.
Il est rare en effet que les parties à ce type d'accords soient de puissance comparable ; dès lors, le plus puissant, offrant des débouchés et, le cas échéant, des prix favorables à son partenaire plus faible, crée des circuits commerciaux qui installent le petit pays dans une situation de dépendance, à laquelle les pressions purement politiques peuvent aisément s'ajouter. Les risques de domination que comportent inévitablement de tels rapports entre États à potentiel économique inégal n'empêchent pas

qu'ils aient pu apparaître comme un moindre mal, soit qu'il ait fallu aménager une période de transition — ce fut le cas après la guerre —, soit que les difficultés de paiement ou la logique des choix faits dans l'organisation de l'économie interne les aient imposés. Cela explique que l'abandon de ces pratiques par les pays développés, commencé dès le milieu des années 50, n'ait pu être généralisé — bien que les statuts du *FMI le commandent.
Les rapports des pays en voie de développement avec les pays de l'Est ou de ces groupes de pays entre eux restent en effet très largement soumis à des accords bilatéraux. Une certaine dose de multilatéralisme subsiste cependant dans ce cas, les conditions de transférabilité, voire de *convertibilité des soldes, sont souvent aménagées pour introduire une certaine souplesse. Les études menées à l'intérieur du *Comecon sur les conditions dans lesquelles le *rouble transférable pourrait être rendu convertible par rapport aux monnaies des États membres, et leurs prolongements envisagés, montrent que cette nécessité est de plus en plus profondément ressentie ; surtout l'utilisation des prix pratiqués sur le marché mondial pour déterminer le prix des échanges confirme la supériorité du multilatéralisme, ne serait-ce qu'à titre de référence.

• C'est finalement dans le domaine de l'*aide internationale au développement* que le bilatéralisme semble le plus difficile à réduire. Certes, en même temps que se répandait la prise de conscience du retard accumulé dans l'évolution économique de la plus grande partie du monde, les efforts de solidarité internationale ont été entrepris par la *BIRD et ses filiales notamment et aussi par les autres institutions spécialisées de l'ONU : FAO, BIT, Organisation des Nations unies pour le développement industriel (ONUDI). Mais l'aide directe des pays riches atteint encore neuf dixièmes du total des concours publics accordés au Tiers Monde.
Les principaux *inconvénients de l'aide bilatérale* sont pourtant évidents : fondée sur la bonne volonté du donateur, elle est sujette à de nombreuses interférences politiques — la place que tiennent les anciennes métropoles coloniales européennes parmi les dispensateurs d'aide, même si une évolution sensible dans leurs rapports avec les pays assistés a été marquée, témoigne de l'influence des considérations diplomatiques apparentes jusque dans l'origine historique de cette générosité, tout comme le changement d'attitude des États-Unis qui ont progressivement été amenés à faire porter l'accent sur les nécessités stratégiques au détriment des motivations humanitaires mises en avant en 1949 lorsque fut lancé le programme d'aide américain ; par ailleurs, le manque de coordination des interventions provoque doubles emplois et gaspillage.
Pourtant les pesanteurs qui favorisent le maintien de procédures bilatérales ne peuvent être ignorées. Quel que soit son niveau de richesse, l'opinion publique nationale supporte assez mal les largesses extérieures quand elle est constamment sollicitée par les carences des équipements

publics, la lourdeur du prélèvement fiscal, voire l'insuffisante augmentation du niveau de vie qu'elle constate à l'intérieur des frontières ; aussi est-elle plus facilement convaincue lorsque, au désintéressement de l'action multilatérale, sont opposées les contreparties que permet d'obtenir l'intervention directe, qu'elles soient politiques ou économiques — approvisionnement en matières premières ou ouverture de débouchés aux produits nationaux lorsqu'il s'agit d'aide liée.

Plus puissantes encore sont les réticences fondées sur les aspects parfois contestables des activités des organisations internationales. La rationalité de leurs efforts n'apparaît pas forcément à tous les participants, qu'il s'agisse de répartition géographique ou de modalités. La capacité de négociation insuffisante d'institutions qui ne sont pas soutenues par une volonté politique affirmée et sont donc conduites à une complaisance trop grande à l'égard des bénéficiaires est aussi invoquée ; dans le même temps, et bien que cela soit contradictoire avec le point de vue précédent, l'influence excessive des États-Unis d'Amérique au sein des organisations est souvent dénoncée, qui conduit à une politique trop manifestement favorable aux intérêts de ce pays dominant.

Cependant, c'est sans doute à travers l'*extension des mécanismes régionaux* qui permettent d'échapper tout à la fois aux faiblesses de procédures mondiales trop diluées et aux pressions de politiques bilatérales trop intéressées que les progrès les plus sensibles pourront être réalisés. Déjà, la création depuis la fin des années 50 de nombreux organismes à vocation régionale montre les possibilités offertes dans cette voie. Cette forme de coopération présente en effet l'avantage d'assurer la cohésion de l'effort des donateurs tout en favorisant la collaboration entre bénéficiaires voisins : le *plan Marshall, en son temps, qui exigeait cette concertation des pays aidés a prouvé combien elle pouvait contribuer à l'efficacité de l'aide.

Les difficultés mêmes que connaissent les pays en voie de développement favorisent les progrès du multilatéralisme. Nombre de ces pays, recevant des concours sous forme de prêts, se trouvent, en effet, lorsque les remboursements doivent intervenir, dans l'impossibilité de faire face aux échéances qui leur incombent. L'accroissement très considérable de l'endettement extérieur des pays en voie de développement — la part des prêts dans l'aide totale croît constamment — constitue un problème très grave ; les charges imposées par le service de la dette suffisent souvent à compromettre la situation déjà précaire des débiteurs. Pourtant, cela contribue parfois à forcer la concertation entre pays donateurs. Les consortiums d'aide réunissant les organismes internationaux et les États participant aux efforts entrepris en faveur d'un pays, et même les clubs de consolidation constitués entre les créanciers pour organiser les concours inévitables à des débiteurs devenus insolvables sont des initiatives qui marquent une tendance vers l'institutionnalisation d'une coopération multilatérale.

Billet à ordre

a : *Promissory note* – **d** : *Solawechsel/Eigenwechsel* – **e** : *Pagaré*

Écrit par lequel le souscripteur s'engage à payer à un bénéficiaire ou à son ordre une somme d'argent déterminée à une échéance définie.

L'émetteur (appelé souscripteur) du billet à ordre se reconnaît ainsi débiteur à terme du bénéficiaire mentionné sur le billet. Il s'engage à payer lui-même, à la différence du tireur d'une *lettre de change (ou *traite) qui invite une autre personne à payer. Le billet à ordre prend place parmi les *effets de commerce qui permettent de mobiliser les créances. (*Voir* Traité.)

Formes : On distingue généralement deux sortes de billets à ordre :
1) *les billets commerciaux* qui ont trait à une opération commerciale. Exemple : un acheteur de marchandises qui bénéficie d'un crédit à échéance s'engage par un billet à ordre à payer la somme fixée à cette échéance ;
2) *les billets financiers* qui sont relatifs à des opérations bancaires. Exemple : un banquier qui consent un crédit à son client mobilise ce crédit en faisant souscrire un billet à ordre par celui-ci. Une forme particulière de billet à ordre est le *warrant.

Caractéristiques : Le billet à ordre comprend sept mentions essentielles :
1) la clause « à ordre »,
2) la promesse de payer une somme déterminée,
3) l'indication de l'échéance,
4) l'indication du lieu du paiement,
5) le nom du bénéficiaire,
6) la date et le lieu où est souscrit le billet,
7) la signature de celui qui émet le titre.
Les règles juridiques définies par le Code de commerce pour la *lettre de change sont également applicables au billet à ordre.

Billet de trésorerie

a : *Treasury note* – **d** : *Liquiditätseigenwechsel* – **e** : *Pagaré de tesorería*

Titre négociable émis par une personne morale afin de se procurer un financement à court/moyen terme.

Instrument de financement créé en France par la loi du 14 décembre 1985, le billet de trésorerie se présente sous la forme d'un titre au porteur

d'un montant minimal d'un million de francs. Il permet à l'émetteur la collecte de ressources auprès d'agents bancaires ou non bancaires pour une période de 10 jours à 7 ans. Dans la pratique, la durée moyenne des billets excède rarement 2 mois. Le billet de trésorerie étant un titre négociable, il peut être cédé avant l'échéance par son acquéreur sur un marché secondaire.
Sont autorisées à émettre des billets de trésorerie les personnes morales, autres que les établissements de crédit, ayant plus de 2 ans d'existence. Tout émetteur est soumis à une obligation d'information périodique sur sa situation financière.
L'émetteur peut en outre demander à un établissement de crédit de lui accorder un engagement de crédit de substitution. Celui-ci est destiné à garantir le remboursement, non pas en cas de défaillance de l'émetteur, mais en cas de turbulence grave affectant l'ensemble du marché et ne permettant pas à l'emprunteur de renouveler les billets arrivés à terme.
L'avantage de ce monde de financement pour l'émetteur est un coût bien moindre que celui d'un crédit de trésorerie bancaire classique. En favorisant la procédure de *face à face entre l'emprunteur et le prêteur, il supprime en effet partiellement le coût de l'intermédiation bancaire.

Billon

a : *Low-value coin* – **d** : *Scheidemünze* – **e** : *Moneda divisionaria/Vellón*

Alliage à usage monétaire composé en majeure partie ou en totalité de métaux non précieux. (De bille, *bloc de bois.)*

Monnaie de billon : monnaie divisionnaire métallique de faible valeur intrinsèque.
A l'origine, le billon était constitué essentiellement de cuivre allié à une petite quantité d'argent. C'est sous cette forme qu'il est apparu dans les premières petites monnaies divisionnaires connues (monnaies égyptiennes). Les premières monnaies françaises de billon furent frappées à l'effigie de Philippe Auguste.
Par la suite, le terme « monnaie de billon » est devenu synonyme de monnaie divisionnaire métallique frappée dans un alliage de valeur intrinsèque inférieure à la valeur faciale de la pièce et comportant une proportion très variable (mais souvent très faible ou nulle) de métal précieux. Peuvent entrer en effet dans la composition du billon, outre l'argent (pièces françaises de 0,50 franc, 1 franc, 5 francs et 10 francs), le nickel, le cuivre, l'aluminium, les aciers, le zinc, etc.
En France, la valeur nominale globale des monnaies divisionnaires en circulation représente environ de 1 à 2 % du total de la *masse monétaire au sens strict (dépôts à terme exclus).

Bimétallisme

a : *Bimetallism* – **d** : *Bimetallismus* – **e** : *Bimetalismo*

---

*Système monétaire où deux métaux jouent concurremment le rôle d'*étalon.*

Selon la définition traditionnelle, un système bimétalliste suppose au moins : 1) la frappe libre de deux métaux (*or et argent), c'est-à-dire la possibilité pour les particuliers de porter des lingots de métaux aux hôtels des monnaies et d'obtenir en contrepartie des pièces pour une somme équivalant à la valeur légale des lingots ; 2) un rapport légal fixe entre les valeurs de l'or et de l'argent ou « pair bimétallique » ; 3) la reconnaissance du pouvoir libératoire illimité à l'or et à l'argent.
Le bimétallisme s'oppose au *monométallisme où un seul métal joue le rôle d'étalon monétaire. Défini à l'origine en termes nationaux (par H. Cernuschi, l'inventeur du terme en 1869), le bimétallisme revêtit progressivement un aspect international. Les difficultés rencontrées dans son fonctionnement amenèrent cependant sa quasi-disparition au début du XXe siècle.

Origine

Dès le XVIIIe siècle, plusieurs pays étaient sous un régime de bimétallisme de fait, dont la France (depuis l'arrêt du 15 janvier 1726), où le rapport entre l'or et l'argent fut successivement de 14,5 et de 15,5 ; le bimétallisme légal est établi aux États-Unis en 1792 (Act du 2 avril), en France en 1803 (loi monétaire du 7 germinal an XI ; le franc correspond à 5 g d'argent ou à 0,3225 g d'or fin ; rapport : 15,5) ; la Belgique, la Suisse, l'Italie et la Grèce adoptent des régimes analogues. Mais, rapidement, divers facteurs vont révéler les difficultés de fonctionnement du bimétallisme.

Difficultés de fonctionnement du système

Les découvertes de mines d'or en Californie (1848) et en Australie (1851) entraînèrent un afflux d'or sur le marché. Celui-ci est dès lors déprécié par rapport à l'argent, sans que les rapports légaux soient modifiés. Or le taux français (15,5) permet de convertir l'or et l'argent à meilleur compte que le taux américain, où l'or est légèrement surévalué (rapport 16 depuis une loi de 1834).
Dès lors, les pays monométallistes-or (notamment l'Angleterre) ont intérêt à changer leur or à Paris pour payer leurs dettes à des pays monométallistes-argent (Russie, Espagne, Indes). Le change et les mouvements de ces métaux étant libres ainsi que leur frappe, l'or afflue en France et en chasse l'argent selon la loi de *Gresham (« la mauvaise

monnaie chasse la bonne »). Un processus analogue se développe à l'intérieur des États-Unis après 1834 où l'argent, défavorisé par le taux légal, est chassé par l'or.
Inversement, à partir de 1870, d'importantes mines d'argent sont découvertes dans les États américains du Pacifique, l'afflux de ce métal en altère la réputation. Plusieurs pays — dont l'Allemagne — démonétisent l'argent. La position européenne de ce pays après sa victoire sur la France (1871) confère à cette mesure un retentissement notable. Dès lors, en Europe comme aux États-Unis, l'argent chasse l'or à son tour.

Le bimétallisme limité ou « bimétallisme boiteux » (« limping standard »)

L'extrême sensibilité du système bimétalliste aux fluctuations des productions d'or et d'argent et aux plus légères distorsions entre les parités bimétalliques a rapidement conduit les autorités monétaires à limiter le libre jeu du bimétallisme pur en supprimant la frappe libre de l'argent.

L'Union monétaire latine (23 décembre 1865) : Elle groupait, autour de la France, la Belgique, l'Italie, la Suisse, et la Grèce à partir de 1868. A l'époque de la rareté de l'argent, elle décide d'abaisser le titre des pièces d'argent (sauf de la pièce de 5 francs) de 900 à 835 millièmes, de supprimer la frappe libre et le pouvoir libératoire illimité des pièces d'argent, d'envisager enfin le remplacement progressif de la pièce d'argent par une pièce d'or.

Aux États-Unis : La loi de 1853 limite la frappe de l'argent. Mais le « nouveau code monétaire » de 1873 érige le dollar d'or en étalon monétaire officiel. Le « Gold Standard Currency Bill » (14 mars 1900) dispose enfin que tous les remboursements de valeurs et de billets seront effectués en or et qu'il ne sera plus frappé de dollars d'argent. Cependant, les dollars d'argent conservent le cours légal et la Trésorerie américaine est tenue d'effectuer des achats mensuels d'argent (*Bland Allison Act de 1878 et Sherman Act de 1890) pour atténuer la chute des cours.

Les vicissitudes du bimétallisme au XIXe siècle : Elles montrent que le système est sensible aux découvertes et aux fluctuations des productions des deux métaux étalons dans la mesure où il comporte la circulation concurrente de ces deux monnaies. Il repose sur l'observance stricte de « règles du jeu » internationales définies avec précision, notamment en ce qui concerne les fixations de parités bimétalliques. Comme tout système monétaire, il débouche sur un système de *change qui suppose des accords monétaires internationaux.

La propagande bimétalliste entre les deux guerres

Le rétablissement du bimétallisme a servi à plusieurs reprises de programme à certains théoriciens mais surtout aux représentants des

producteurs américains d'argent, dans la mesure où ce métal est le partenaire désigné de l'or dans un tel système. Déjà les partis démocrate et populiste avaient fait campagne avec W. J. Bryan en faveur de la remonétisation de l'argent en 1890 et 1896.
La chute des cours de l'argent métal à partir de 1920 créa une certaine agitation, et la dépression, suivie de la crise de 1929, donna matière aux partisans de l'argent à réclamer sa remonétisation.
Par une déclaration présidentielle de décembre 1933, le gouvernement américain s'engageait à acquérir désormais tout l'argent extrait des mines américaines à un prix supérieur au prix du marché. Par le Silver Purchase Act (19 juin 1934) il s'engageait à acquérir de l'argent, sans condition de provenance, à concurrence du quart du stock monétaire global (or et argent) et dans la limite d'un prix de frappe (1,29 $ l'once). Ces mesures entraînèrent des mouvements spéculatifs sur l'argent qui le condamnèrent comme étalon. Et, avec lui, le bimétallisme comme système.

Binomiale (loi)

a : *Binomial distribution/Bernoulli distribution* – **d** : *Binomialverteilung/Bernoulli-Verteilung* – **e** : *Ley binomial*

Loi de distribution statistique à deux paramètres, applicable à un événement repéré par épreuves de taille définie.

Définition mathématique : La variable x, discrète, suit la loi binomiale de paramètres n et p lorsque sa *fréquence est donnée par :

$$f = C_n^x p^x (1-p)^{n-x}$$

$$n > 1 \text{ entier} ; 0 < p < 1.$$

Caractéristiques de la distribution :
– elle est dissymétrique, sauf pour $p = 1/2$ ou n infini,
– elle présente une ou deux valeurs modales selon que $p\,(1 + n)$ est ou non entier,
– la moyenne est égale au produit np des paramètres,
– le moment factoriel d'ordre k est égal à $\dfrac{n\,!}{(n-k)\,!}\,p^k$.

Conditions de validité et sens des paramètres : Pour des échantillons de n épreuves indépendantes, la probabilité d'apparition d'un événement de probabilité individuelle p suit la loi binomiale en n et p.

Intérêt de la notion : Les cas d'application de la loi binomiale sont très nombreux :
– pièces défectueuses contenues dans des échantillons quelconques,
– sondages de population divisée en deux catégories,
– lois héréditaires à deux caractères, etc.

BIRD

Voir Banque internationale pour la reconstruction et le développement.

Black Friday

a : *Black Friday* – **d** : *Schwarzer Freitag* – **e** : *Viernes negro*

Voir Vendredi noir.

Blanc (budgétaire)

*Document annexé au projet de *loi de finances présentant les opérations d'un ministère sous forme de *budget de programmes.*

Bland Allison Act

a : *Bland Allison Act* – **d** : *Bland Allison Gesetz* – **e** : *Ley de Bland Allison*

Loi américaine du 28 février 1878, aux termes de laquelle les dollars d'argent reprenaient un cours légal concurremment à la monnaie d'or et jouissaient à nouveau du pouvoir libératoire illimité.

Parallèlement, la trésorerie des États-Unis était tenue d'effectuer des achats mensuels d'argent pour atténuer la chute des cours.
Cette loi rétablissait aux États-Unis un « *bimétallisme boiteux » consécutif à la campagne de remonétisation de l'argent qui avait été menée avec l'appui des classes endettées, favorables à un accroissement des signes monétaires en circulation. En pratique, la Trésorerie, tout en achetant chaque mois les quantités d'argent prescrites (4 millions de dollars), évita de remettre en circulation des pièces d'argent et fit circuler à leur place des « certificats d'argent » gagés à 100 %.

Bleus

Documents budgétaires, présentés sous couverture bleue, qui constituent les annexes au projet de loi de finances, et détaillent les modifications de crédits demandées.

Les « bleus » constituent le développement du projet de loi de finances et sont la base de la discussion des crédits par les commissions parlementaires et le Parlement lui-même : ce sont des fascicules, distincts par ministère, détaillant par chapitre les modifications de crédits demandées par rapport au budget voté de l'exercice précédent. Les « mesures acquises » soumises à approbation selon la procédure applicable aux « *services votés » y sont présentées avant les « mesures nouvelles », tout au moins pour les dépenses ordinaires.
Les décisions parlementaires permettront d'intégrer ces modifications dans le budget voté de l'exercice précédent pour le transformer en budget voté de l'exercice considéré. Les fascicules correspondant au budget voté, sous couverture verte, sont distribués au début de l'année et servent de base à la préparation et à la discussion du budget suivant.

Bloc de contrôle

a : *Controlling block* – **d** : *Mehrheit* – **e** : *Bloque de control*

---

*Bourse : Somme de *titres dont l'importance peut permettre de prendre le contrôle d'une société.*

La négociation de blocs de contrôle est une « application dont la portée est appréciée par la Chambre syndicale des agents de change. La procédure de négociation de blocs de contrôle est réglementée par la *Commission des opérations de bourse et est soumise à diverses formalités et obligations. Le jour de la transaction, la Chambre syndicale publie un avis qui mentionne : l'identité de l'acheteur et du vendeur, le nombre de titres objets de la transaction, le cours auquel la transaction a été réalisée, la durée pendant laquelle l'acheteur se portera acquéreur en bourse.
L'acheteur a l'obligation de se porter acquéreur de toutes quantités de titres qui pourraient être offertes, pendant au moins quinze séances de bourse, à partir de la publication de l'avis de cession du bloc.

Voir Filiale.

« Blue chip »

a : *Blue chip* – **d** : *Blue chip* – **e** : *Blue chip*

Valeur de père de famille.

Ce terme anglo-saxon, emprunté au jeu de poker, désigne, sur les bourses de valeurs mobilières américaines ou britanniques, les titres émis par des entreprises de bonne notoriété et de surface financière importante, qui ont produit des résultats bénéficiaires stables et ont distribué des dividendes consistants au cours d'une période estimée suffisamment longue sur le marché. Le « Blue chip » (ou, en français, la « valeur de père de famille ») présente ainsi toutes les garanties de sécurité et de rendement pour son détenteur.

Bon de caisse

a : *Bank issued medium-term note* – **d** : *Kassenobligation/Kassenschein* – **e** : *Bono de caja*

Effet portant engagement par l'émetteur de payer une certaine somme à échéance déterminée en remboursement d'un prêt à court terme productif d'intérêt.

Les bons de caisse sont utilisés par les entreprises et les banques pour se procurer (fréquemment les unes auprès des autres) des fonds à court terme. Certains d'entre eux (auxquels il est préférable de donner le simple nom de « bons ») sont de véritables *obligations à court terme et sont cotés en bourse.
Quant aux bons de caisse au sens strict (« bons réglementés »), ils diffèrent principalement de l'obligation par leur terme plus court, et par le fait qu'ils ne font pas partie d'un ensemble émis à la même date, en coupures et avec des échéances homogènes, mais qu'ils peuvent être émis à tout moment.

Régime juridique : Les bons de caisse sont régis par les décrets-lois du 25 août 1937 et du 14 juin 1938 ainsi que, sur le plan fiscal, par la loi du 25 juillet 1953. Il faut noter cependant que les entreprises peuvent toujours émettre des bons de caisse ne répondant pas exactement aux conditions réglementaires et appelés « bons non réglementés ».

– Les bons peuvent être au porteur ou à ordre, par émissions publiques (bons réglementés) ou privées (bons non réglementés). Ils peuvent être également nominatifs (bons non réglementés).

– Ils sont transmissibles : par simple tradition (bons au porteur), par transfert ou selon les modalités de cession du droit civil (bons nominatifs), par *endossement (bons à ordre).

– Les entreprises émettrices doivent avoir établi au moins le bilan de leur 3e exercice social. Les exploitants individuels ont droit d'émettre au même titre que les sociétés. Cependant, une société par action dont le capital n'est pas entièrement libéré ne peut en tout état de cause émettre des bons (même non réglementés) ; une SARL ne peut procéder à une émission publique ;

– L'échéance des bons de caisse réglementés est limitée à cinq années.

Régime fiscal : Il est analogue à celui applicable aux obligations (retenue à la source, crédit d'impôt), à condition :

– que ces bons soient représentés par des écrits sous seing privé délivrés par le débiteur ;

– qu'ils soient émis en contrepartie d'un prêt et servent de titre à ce prêt. Cela exclut les bons qui ne sont créés que pour faciliter le recouvrement ou la mobilisation d'un prêt ayant fait l'objet d'un contrat préalable (arrêté du 19 juillet 1958) ;

– que les intérêts soient stipulés sur le bon et ne soient pas payables au moyen de coupons détachables ;

– que les bons soient émis par une société ou une entreprise ayant son siège, ou au moins un établissement, en France.

Bon du Trésor

a : *Treasury note/Treasury bill* – **d** : *Schatzanweisung/Schatzschein/Schatzwechsel* – **e** : *Bono del tesoro*

Effet émis par l'État en représentation d'une dette à court terme contractée par lui.

Les termes de bon du Trésor, certificat du Trésor, certificat de Trésorerie, bon du Trésor public ou bon d'État désignent, dans la plupart des pays modernes, les effets publics représentatifs d'emprunts à terme court contractés auprès du public ou du système bancaire, parfois auprès de gouvernements étrangers ou d'organismes internationaux (bon *Roosa). Ces effets publics ont pris une importance croissante depuis 1914 dans le fonctionnement des systèmes monétaires internes, notamment pour les raisons suivantes : accroissement général du volume des besoins publics au sein de l'économie ; nécessité de disposer d'un mécanisme adapté à la flexibilité des besoins des États en trésorerie ; intérêt représenté pour les créanciers (les banques), notamment sur la sécurité du titre, sa liquidité, la diversité de ses échéances...

Origines historiques

En France, les premiers effets publics de ce genre sont apparus en 1824, sous la Restauration, et portaient le nom de « bons royaux ». Ils permettaient la compensation en Trésorerie entre les premiers mois de l'année, chargés en dépenses, et les derniers, fournis en recettes (notamment fiscales). En 1914-1918 le gouvernement, au lieu de financer la guerre par un emprunt localisé, opte pour une politique d'emprunt à guichets ouverts par émission permanente de « *bons de la défense nationale* » de montant nominal limité pour en permettre la souscription par un éventail aussi large que possible d'épargnants.

La période postérieure à la *Première Guerre mondiale* ayant été marquée par une crise de confiance à l'égard de la *dette publique à court terme, l'émission d'effets à court terme a été limitée autant qu'il a été possible. Mais à partir de 1936, les difficultés de financement public ont rendu à nouveau indispensable le recours à cette catégorie de ressources (*voir* Franc). En 1939, la campagne d'émission des « *bons d'armement* » reprenait la technique de celle des bons de la défense nationale de la guerre précédente.

Après la *Seconde Guerre mondiale,* les gouvernements, au lieu d'entreprendre l'*amortissement de la dette de guerre, ont décidé d'utiliser la technique des bons du Trésor pour financer leurs besoins normaux de trésorerie.

Catégories et utilisation des bons du Trésor

En France, les bons du Trésor se présentent sous deux formes.

Les bons sur formule : Ils se caractérisent par les éléments suivants :

– ils sont émis à guichets ouverts, c'est-à-dire qu'on peut se les procurer auprès de tous les organismes financiers ouverts au public de façon permanente. Ces bons, généralement souscrits par une clientèle moyenne ou modeste, sont placés à raison d'environ 60 % par l'intermédiaire des comptables publics, de 15 % par les guichets des grandes banques (correspondants directs du Trésor), de 20 % par des banques groupées par la Banque de France. Les bons actuellement en circulation sont des bons à terme fixe, d'une durée de un, deux ou trois-cinq ans (option ouverte au souscripteur d'être remboursé après trois ans ou après cinq ans à son choix). Ces bons ont été créés en 1961 et ont remplacé peu à peu les bons à intérêt progressif (créés en 1951), d'une durée de trois mois au minimum et de trois ans au maximum, qui pouvaient être remboursés à tout moment et représentaient donc, pendant la période correspondante, une véritable dette à vue. L'émission de ces bons a été supprimée en 1964 ;

– ils assurent l'anonymat à leurs détenteurs et l'intérêt qu'ils portent est justiciable d'une imposition forfaitaire de 25 % à l'impôt sur le revenu des personnes physiques (les bons sont en fait exonérés de l'impôt sur les successions du fait de l'anonymat du porteur) ;

– ils sont généralement d'une grande simplicité de présentation. Ils ne comportent en effet pas de *coupons et le revenu du créancier détenteur est assuré par la différence entre le prix de souscription et le prix de remboursement du bon.

Les bons en compte courant (ou certificats de trésorerie) : Institués par une ordonnance du 11 avril 1945, ils sont essentiellement destinés aux *banques et aux autres *institutions financières qui souscrivent des bons en *remploi des disponibilités qu'ils collectent (mais ils peuvent également être détenus par des particuliers et des entreprises). La même

ordonnance a fait obligation à ces organismes de déposer leurs bons dans des *comptes courants tenus pour le compte du Trésor par la Banque de France. Cette obligation répondait à un double souci de souplesse (possibilités de *virements) et de contrôle des emplois bancaires. Depuis 1948, les banques ont été astreintes à détenir à tout instant un pourcentage fixe de leurs *dépôts en bons du Trésor, en compte courant, *i.e.* en fait de contribuer pour une certaine part à la couverture des besoins de trésorerie de l'État (c'est la formule du *plancher* d'effets publics).
Ce plancher de bons a été progressivement abaissé puis supprimé en 1967, après expérimentation de formules plus souples à partir de 1963 (émission à taux libres et adjudication : tous les jours, le Trésor offrait aux banques un contingent de bons à 1 an et acceptait les souscriptions dans l'ordre croissant des taux proposés jusqu'à ce que le plafond du contingent soit atteint). Les bons en compte courant le plus fréquemment employés sont actuellement les bons à 2 ans (*voir aussi* Dette publique). Les bons du Trésor constituent un des instruments principaux des opérations de régulation du marché monétaire (*voir* Open market).

Boni de liquidation

a : *Winding-up profit* – **d** : *Liquidationsgewinn* – **e** : *Superavit de liquidación*

---

*Différence positive constatée, dans le bilan de liquidation d'une entreprise, entre le produit de la réalisation de l'*actif d'une part, et le remboursement de toutes les *dettes et du *capital social d'autre part.*

Sauf clauses statutaires particulières, le boni est la propriété des actionnaires, entre lesquels il est réparti.

Bonification d'intérêt

a : *Interest rate subsidy* – **d** : *Zinszuschuss* – **e** : *Bonificación de interés*

Subvention versée par l'État à un organisme financier permettant à celui-ci de réduire le taux d'intérêt des prêts qu'il consent à certains emprunteurs.

Technique d'*incitation des pouvoirs publics dans le domaine économique, la bonification d'intérêt s'analyse bien comme une *subvention, mais revêt un caractère indirect en empruntant les circuits de financement du crédit. Elle ne comporte pas une négociation entre l'État et le bénéficiaire, et vise plus généralement à encourager des secteurs, des catégories d'équipements, de comportements ou d'activités.

Les *sociétés de développement régional, le Crédit foncier, la Caisse nationale de crédit agricole et plusieurs autres organismes peuvent, par exemple, consentir des prêts bonifiés.

Voir Incitation.

Bon matière

a : *Delivering slip* – **d** : *Materialbezugsschein* – **e** : *Vale de material*

Document en échange duquel sont délivrées dans une entreprise les matières nécessaires à une fabrication.

Le magasinier d'une entreprise ne délivre une matière à un agent des services utilisateurs que contre ce document, qui constitue la pièce justificative de sortie dans sa *comptabilité. Ce document permet en même temps de localiser la provenance et la responsabilité de la demande ainsi que la tâche ou la commande auxquelles est affectée la matière délivrée.

Book building

Voir Livre d'ordres.

Boom

a : *Boom* – **d** : *Boom* – **e** : *Boom*

---

*Augmentation brutale du volume des transactions provoquée par une intensification soudaine de la *demande.*

Le « boom » peut affecter l'ensemble de l'économie. On dit alors qu'il y a un « boom des affaires ». Il peut au contraire se limiter à certains secteurs : « boom » sur les pétroles ; « boom » sur les matières plastiques... L'origine d'un « boom » peut être très diverse. Le phénomène résulte, selon les cas :

– soit de l'injection dans l'économie de moyens monétaires supplémentaires permettant un accroissement de la demande sur l'ensemble des marchés ;

– soit de l'apparition d'un produit nouveau donnant naissance à un besoin qui n'était pas antérieurement ressenti, et qui prend soudain un caractère impératif : « boom » sur les postes de télévision ;

– soit d'un concours d'* anticipations favorables faites en même temps et dans le même sens par un ensemble d'agents économiques qui escomptent des bénéfices importants dans tel ou tel secteur de l'économie : « boom » sur les actions pétrolières ;

– soit de circonstances internationales accidentelles : « boom » sur les matières premières dans de nombreux pays au moment de la guerre de Corée ;

– soit de phénomènes saisonniers : « boom » de printemps, « boom » des vacances ;

– soit d'une augmentation de l'* offre permettant d'accroître artificiellement et rapidement la demande : « boom » sur les soldes dans tel ou tel magasin.

Boule de neige (vente à la)

a : *Snowball sales system* – **d** : *Schneeballsystem* – **e** : *Venta en forma de bola de nieve*

Procédé frauduleux de vente publicitaire consistant à lier la livraison d'une marchandise à un acheteur au placement par celui-ci d'une série de bons auprès d'autres personnes et à l'achat d'une marchandise semblable par chacune de ces personnes aux mêmes conditions.

Apparemment avantageuse pour l'acheteur, cette technique de la vente s'analyse en définitive comme une escroquerie ; le dénouement complet de l'opération est en effet nécessairement chimérique pour une partie des personnes qui constituent les maillons de la « chaîne ».

Mécanisme :

1) Le vendeur offre à un client un article contre versement d'une somme faible mais moyennant l'achat par celui-ci d'une série de bons. Exemple : le vendeur offre une montre d'une valeur de 100 francs contre 40 francs et fournit à l'acheteur quatre coupons de 10 francs, chacun. 2) L'acheteur doit placer ces quatre coupons à leur prix. Il se rembourse ainsi de ses 40 francs. 3) Chacun des possesseurs des quatre bons demande à son tour un carnet nouveau pour 40 francs. Le premier acheteur reçoit alors la marchandise. 4) Chacun des quatre nouveaux acheteurs de carnet cherche à se rembourser de son carnet par le placement des bons qu'il contient selon le même procédé.

Développement :

1) Le 1er acheteur obtiendra gratuitement une montre de 100 francs. Les acheteurs suivants obtiendront une montre pour 10 francs s'ils placent leurs coupons. 2) Mais les acheteurs progressent géométriquement et des calculs montrent qu'au 12e échelon de la chaîne le vendeur devrait

pouvoir livrer plus de 11 millions de montres, des bons étant placés auprès d'une population sensiblement équivalente à la population française. 3) Pour l'organisateur de la chaîne, la 1re montre livrée correspond à 160 francs de recettes (achat de quatre carnets), les 4 montres livrées au 2e échelon (valeur 400 francs) correspondent à l'achat de 16 carnets (640 francs), la livraison de 16 montres au 3e échelon (1 600 francs) est subordonnée à l'achat de 64 carnets (2 560 francs), etc.
L'organisateur de la boule de neige tirera profit à la fois de cette progression de recettes et de l'essoufflement inévitable dans le placement des coupons qui lui assurera des *recettes sans livraison en contrepartie.*
Les garanties accessoires offertes par certains vendeurs (livraison de marchandises de valeur proportionnelle aux correspondants n'ayant pu placer qu'un nombre de coupons inférieur à quatre) atténuent mais ne suppriment pas les effets de ce procédé.
Le caractère illusoire de la réalisation de tels contrats les fait tomber sous le coup de l'article 405 du Code pénal (qui vise l'escroquerie). L'utilisation des procédés de la boule de neige a été interdite par une loi promulguée en février 1953.

Bourse de commerce

a : *Mercantile exchange* – **d** : *Handelsbörse* – **e** : *Bolsa de comercio*

---

*Institution créée pour le fonctionnement organisé de *marchés de biens et services.*

Aux termes de l'article 71 du Code de commerce, c'est « la réunion qui a lieu, sous l'autorité du gouvernement, des commerçants, capitaines, agents de change et courtiers ».
Les négociations qui s'opèrent à la bourse de commerce déterminent les cours d'échange des marchandises, des assurances, des frets, des prix de transport par terre et par eau, et plus généralement les cours de toutes choses susceptibles d'être cotées, c'est-à-dire homogènes (art. 72). Ces cours doivent être constatés par les agents de change et les courtiers (art. 73).
Les bourses de commerce constituent un lieu de contact et de confrontation très utile des demandeurs et des offreurs de biens et services dans un espace géographique donné. Cependant, une *réglementation de ces marchés* s'est révélée nécessaire pour éviter les dérèglements dus à d'éventuelles manœuvres spéculatives. En France, la création ou la suppression de bourses de commerce est du seul ressort du gouvernement. L'administration de celles-ci est confiée à la chambre de commerce locale qui en établit le règlement. La police des bourses est du ressort du maire de la commune où elles sont situées.
Les marchés passés dans les bourses de commerce sont de trois ordres :

1) des opérations au comptant, dans lesquelles la livraison de la marchandise traitée est immédiate ; 2) des opérations à terme, dans lesquelles la marchandise vendue est à livrer au bout d'un certain délai ; 3) des opérations à terme propres aux bourses. Appelées « marché réglementé », ces opérations peuvent donner lieu soit à une exécution effective, soit au paiement de la différence constatée entre le cours du jour de l'opération et celui du jour du terme (*voir notamment* Filière). La France compte environ 70 bourses de commerce situées dans les principales villes à vie économique active. Ces bourses comportent des marchés réglementés : le marché de la laine à Roubaix-Tourcoing, le marché du café au Havre, un marché de denrées alimentaires et de céréales (notamment sucre et maïs) à Paris..., etc.

Bourse des valeurs

a : *Stock exchange* – **d** : *Wertpapierbörse* – **e** : *Bolsa de valores*

*Marché public organisé et spécialisé où sont effectuées les opérations d'achat et de vente des *valeurs mobilières introduites par leurs émetteurs ou proposées par leurs détenteurs.*

L'évolution économique a conduit les entreprises privées et les collectivités publiques à se procurer les capitaux dont elles ont besoin par l'émission et le placement de valeurs mobilières (*actions, *obligations, *rentes...). Le grand nombre et la variété de ces valeurs, l'intérêt d'en regrouper la négociation dans des marchés localisés facilitant le contact avec les détenteurs d'épargne, la nécessité de garantir la sécurité et l'homogénéité des transactions ont rendu indispensable l'organisation de marchés spécialisés ou bourses de valeurs.

Historique

Ces bourses sont apparues en Europe avec l'accession de l'économie au stade du commerce et de l'échange, facilitée par l'apparition et la mise en œuvre des documents représentatifs de valeurs ou *effets (fin du Moyen Age). En France, les premières négociations de métaux précieux et de lettres de change s'effectuaient sur un pont de Paris appelé pour cette raison Pont-au-Change. L'activité se transporta au XVIIIe siècle rue Quincampoix (*voir* Agiotage) puis dans divers autres lieux (hôtel de Soissons, hôtel Mazarin, Palais-Royal) avant de se fixer dans le palais de la Bourse construit pour cet usage en 1826. Sept autres bourses, de caractère régional, existent à Bordeaux, Lille, Lyon, Marseille, Nancy, Nantes et Toulouse. Depuis 1961 a été instituée « l'unicité des cotations » sur toutes ces bourses. La création ou la suppression d'une bourse des valeurs est subordonnée à un décret pris sur le rapport du ministère des Finances. Les principales places nationales abritant des bourses des valeurs ont coïncidé ou coïncident avec les métropoles économiques : en Europe, Londres (Stock Exchange), Milan, Francfort, Munich, Vienne (au XIXe siècle), aux États-Unis, New York (les deux bourses de Wall Street).

Organisation et fonctionnement

L'organisation et le fonctionnement des bourses de valeurs sont variables suivant les pays mais obéissent généralement à des principes analogues. En ce qui concerne la Bourse des valeurs de Paris, les grands traits en sont les suivants :

– les transactions portent sur les titres admis à la *cote,

– elles sont assurées par des intermédiaires professionnels, officiers ministériels appelés *agents de change qui sont groupés en une chambre syndicale. (Dans les pays anglo-saxons, les opérations sont effectuées par des professionnels appelés *jobbers [qui travaillent pour leur propre compte] ou *brokers [courtiers].)

Les conditions générales de l'organisation et du fonctionnement sont réglées et contrôlées par une *Commission des opérations de bourse en France et sous la tutelle du ministre des Finances. (A Londres, les boursiers s'auto-administrent sans tutelle. A New York, le contrôle est assuré par la « Securities and Exchange Commission » créée par Roosevelt dans le cadre du *New Deal.)

Les opérations de bourse : Elles sont effectuées sur ordre (ordre de bourse) des opérateurs qui offrent ou demandent sur le marché. Les plus importants d'entre eux sont les « **investisseurs institutionnels* » (compagnies d'assurances, *sociétés d'investissement). Ces opérations peuvent se regrouper en deux catégories principales.

– Les opérations au **comptant* qui comportent un règlement et une livraison des titres immédiatement ou dans un court délai. (Les transactions de ce type ont représenté 56 % des transactions globales à Paris en 1968.)

– Les opérations à **terme*, dans lesquelles le règlement et la livraison des titres sont reportés à une date ultérieure et préfixée, la *liquidation. Compte tenu du risque qu'elles comportent, elles donnent généralement lieu à un dépôt préalable de *couverture. Les opérations à terme (qui représentent 45 % des transactions en moyenne) sont d'une grande variété, mais elles peuvent à leur tour se regrouper en deux rubriques : les *opérations à terme fermes,* que l'opérateur a l'obligation de dénouer le jour de la liquidation suivante ; les *opérations à terme conditionnelles,* dont les principales sont appelées à *prime car, le jour de la liquidation, l'acheteur a la faculté soit d'exécuter le contrat, soit de le résilier en payant au vendeur un dédit ou « prime ». D'autres formes d'opérations conditionnelles sont plus complexes (*marché à option) ou peu usitées (*stellage, option du double...).

Toutes ces opérations s'effectuent à certains *cours, déterminés notamment par le jeu combiné de l'offre et de la demande de titres, et traduits par la *cotation. Ces cours sont regroupés, après chaque séance de bourse, dans un document récapitulatif, la cote officielle de la Compagnie des agents de change, dont l'examen successif permet d'apprécier l'évolution soit d'une valeur ou d'un groupe de valeurs, soit de l'ensemble des valeurs cotées.

Place et rôle

– La **capitalisation boursière,* c'est-à-dire la somme des valeurs cotées à une date donnée, mesure la place de ce marché (la capitalisation de la Bourse de Paris est en moyenne du quart de celle de Londres et du douzième de celle de New York) ; le *montant des transactions* annuelles opérées sur le marché mesure son activité (Londres : 10 fois Paris, New York : 35 fois Paris) ; l'*évolution des *cours* mesure l'opinion que les milieux boursiers se font des diverses valeurs qui leur sont offertes.
A vrai dire, la bourse des valeurs constitue essentiellement un lieu de *confrontation* des valeurs mobilières émises. C'est un *marché secondaire* où sont négociés des titres déjà détenus et que, pour diverses raisons, leurs détenteurs désirent échanger contre d'autres titres ou de l'argent. Les valeurs « classées » (*i.e.* détenues durablement) y échappent, et y viennent, notamment de la part des investisseurs institutionnels, celles qu'ils ont pu souscrire provisoirement (*voir* Syndicat financier) et qu'ils désirent replacer. L'ajustement demande/offre s'opère par cette confrontation.

– Celle-ci est d'autant plus significative que *le marché est plus large* (c'est-à-dire qu'il comporte un plus grand éventail de valeurs), *plus sincère* (c'est-à-dire que son organisation est telle que ses résultats sont le reflet des opinions confrontées) et *plus « rationnel »* (c'est-à-dire peu influencé par des manœuvres spéculatives). A cet égard, l'intervention croissante en France des investisseurs institutionnels est un facteur important de régularisation des cours, déploré par certains (qui les appellent les « gendarmes »).
Toutefois, la référence à la bourse comme *indicateur de l'évolution économique et financière ne peut être opérée que sous certaines précautions, justifiées par sa spécificité même : la bourse ne peut être considérée comme le principal indicateur de *conjoncture, car on la mesure mieux par ailleurs. Elle ne peut être tenue comme le principal indicateur des *anticipations des agents économiques, mieux révélées par des enquêtes et sondages (évolution des carnets de commandes, des stocks...). Elle traduit en revanche assez bien, par sa tenue générale, l'opinion des milieux d'affaires sur le comportement des entreprises d'un secteur ou d'un pays (bourses étrangères) et sur la politique économique d'un gouvernement. Son rôle amplificateur constitue dans cette mesure un indice non négligeable dans les économies capitalistes.

Boutique-choc

a : *Babyshark* – **d** : *Babyshark* – **e** : *Babyshark*

Établissement de dimension restreinte (120 à 200 m²), généralement situé en ville, vendant des produits alimentaires et des articles divers de première nécessité, pratiquant un horaire largement ouvert, et caractérisé, d'une façon générale, par une politique commerciale dynamique (ou « agressive »).

Boycott (boycotter, boycottage)

a : *Boycott* – **d** : *Boycott (boykottieren)* – **e** : *Boicot (boicotear)*

Attitude collective de refus systématique d'entretenir des relations économiques avec une personne ou un groupe de personnes dans le dessein d'exercer sur elles une pression ou des représailles.

La pratique tire son nom de celui du capitaine Charles Cunningham Boycott, régisseur d'un grand domaine agricole en Irlande. Pour n'avoir pas accepté, en 1880, les loyers des fermiers aux prix proposés par eux, il fut l'objet d'une série de mesures concertées de la part de ceux-ci : menace de mort, débauchage de ses employés, sabotage des clôtures, interception de son courrier et de ses approvisionnements, etc. Le boycott (ou boycottage) fut une des armes employées par les nationalistes irlandais pour faire aboutir leurs revendications.

C'est dans ses applications *commerciales* que le boycott offre le plus d'exemples. Il consiste en une mise en quarantaine concertée des produits d'une firme ou d'une nation dont l'achat est systématiquement évité. Il est difficilement attaquable en justice car il consiste en une abstention d'un acte libre et non en une action formelle et isolable, et résulte généralement d'une entente non écrite. En fait, il est rare que le boycott puisse être maintenu dans ces limites strictes car il suppose une remarquable discipline, une volonté constante de ne pas utiliser l'agression, et la certitude que l'objet du boycott en sera la seule victime.

Sur le plan intérieur, les boycotts sont généralement trop limités pour constituer un grave danger. Assimilables par quelque aspect à des pratiques restrictives ou à des ententes (exemple : mise en quarantaine par les entreprises dominantes des fournisseurs d'un nouveau concurrent), ils sont généralement réprimés dans le cadre de la législation sur les *ententes.

Dans les relations internationales, ce sont surtout les États qui en prennent l'initiative ; les actions spontanées — les syndicats de dockers notamment s'y essaient régulièrement — se révèlent le plus souvent d'une portée réduite. Le boycott devient ainsi un instrument de la politique étrangère. Les États-Unis l'ont utilisé contre la Chine communiste après 1949, puis contre Cuba. La Ligue arabe, en plus de la *prohibition du commerce avec Israël, impose à ses membres le boycott des produits de firmes ayant des relations privilégiées avec ce pays. Un bureau *ad hoc,* installé à Damas, tient à jour et communique aux États membres une « liste noire » des entreprises ayant réalisé des investissements productifs en Israël et contribué ainsi à son développement économique. L'application stricte du principe se révèle pourtant difficile ; les besoins propres à certains États peuvent les amener à ignorer le boycott dans les cas qui les arrangent ; les ramifications des firmes multinationales sont assez complexes pour limiter les conséquences d'une décision qui ne touche qu'une entreprise du groupe. Les risques sont, d'autre part, certains ; les institutions financières arabes l'ont éprouvé ; elles avaient refusé de participer au côté de banques figurant sur la liste noire à des syndicats d'émission d'emprunts internationaux ; en retour, elles ont été écartées de nombreuses opérations dès que la situation du marché eut rendu leur concours moins nécessaire. L'ONU, pour sa part, a recouru au boycott, comme sanction — contre la Rhodésie, notamment —, mais le succès n'a pas été non plus total. Quelques pays, membres ou non de l'organisation mondiale, ont refusé d'appliquer la décision, ce qui a suffi à en amoindrir l'efficacité.

Branche

a : *Branch of business/Sector of industry* – **d** : *Branche* – **e** : *Rama de actividad*

---

*Comptabilité nationale : Ensemble des *unités de production homogène créant une même catégorie de produits de la nomenclature.*

La branche utilise naturellement, le cas échéant, d'autres produits de cette nomenclature, au titre de la *consommation intermédiaire.
Dans la comptabilité nationale française, il y a autant de branches que de produits, plus une, celle du commerce. Selon le niveau d'agrégation, on compte 90, 40 ou 16 branches (correspondant à 89, 39 ou 15 produits). Les branches regroupent donc des entreprises entières ou des fractions d'entreprises (établissements), lorsque celles-ci produisent plusieurs produits. C'est en cela notamment que la branche se distingue du *secteur, qui regroupe les entreprises de production ayant la même activité principale. Cette distinction n'est pas toujours opérée par le langage courant, qui donne généralement le pas à l'unité de production. Les flux productifs qui relient les activités des branches les unes aux autres sont retracés dans le *tableau des entrées-sorties.

Voir Unité de production homogène, Unité institutionnelle.

Brevet

a : *Patent* – **d** : *Patent* – **e** : *Patente*

Titre délivré par un gouvernement à un inventeur ou à ses ayants droit en vue de conférer et de protéger les droits de propriété relatifs à une invention nouvelle ayant un caractère industriel, et à son exploitation.

La réglementation française des brevets, née de la loi du 5 juillet 1844, a été réformée par la loi du 2 janvier 1968 qui, en bouleversant profondément le système français, a introduit de nouvelles notions inspirées de législations étrangères et concernant, notamment, les conditions de « brevetabilité ».

• La loi définit, en premier lieu, l'*invention* de manière très large : toute « création » par l'homme est invention, la loi excluant toutefois de la brevetabilité les inventions contraires à l'ordre public et aux bonnes mœurs. Pour être brevetable, l'invention doit satisfaire à trois conditions :
– être nouvelle (cette nouveauté devant être absolue, sous réserve d'un « délai de sécurité » visant à faire échec à une divulgation frauduleuse),
– avoir un caractère industriel (servir à la production de biens de toute nature, que les moyens soient artisanaux ou mécaniques),
– impliquer une activité inventive. Cette notion nouvelle vise à établir une liaison nécessaire entre l'invention et un certain travail intellectuel de son auteur. Elle a donné lieu à critique dans la mesure où sa définition n'était pas précise et nécessitait une jurisprudence qui risque de demeurer quelque temps incertaine.

• La loi de 1968 vise à donner au brevet français une *valeur internationale accrue.* Elle crée, dans cette perspective, trois sortes de titres de propriété industrielle :
– le certificat d'utilité, « petit » brevet valable six ans, dispensé de l'examen préalable de nouveauté, qui devrait être en principe réservé aux inventions mineures ;
– le brevet d'invention, d'une durée de vingt ans, soumis à un examen sur la nouveauté ;
– le certificat d'addition, rattaché à un brevet, de même durée que lui et délivré dans les mêmes conditions.

La délivrance des brevets est effectuée par arrêté ministériel sur la base des « revendications » rédigées par les inventeurs, qui définissent la nature exacte de l'invention. L'administration procède aux contrôles de régularité de la demande, à l'examen de la nouveauté, et établit un « avis documentaire » qui précède la publication, réalisée par l'Institut national de la propriété industrielle, dans le *Bulletin officiel de la propriété industrielle.*

● La possession du brevet confère à l'inventeur certains droits et impose aux tiers certaines interdictions concernant l'exploitation de l'invention. Les droits de l'inventeur sont de deux ordres : droit moral, économique, attaché à l'exploitation du brevet. La loi stipule à cet égard que le brevet confère au titulaire ou à ses ayants droit le droit exclusif d'exploiter, le brevet étant attribué au premier déposant — qui peut seul décider la cession éventuelle du droit d'exploiter (licence d'exploitation).
La protection des droits du déposant est assurée par la loi, qui définit le *délit de contrefaçon,* et prévoit les sanctions éventuellement appliquées à la suite des poursuites engagées par lui-même ou par le titulaire d'une licence exclusive d'exploitation.
Il n'est que *quatre exceptions* pour lesquelles l'exploitation puisse être autorisée d'office (licence d'office) par l'administration, contre la volonté du déposant : 1) les brevets de perfectionnement, dépendant d'un brevet antérieur dont ils améliorent considérablement le contenu ; 2) les brevets de médicaments ; 3) les brevets d'intérêt général ; 4) les brevets intéressant la défense nationale (dans ce domaine, la publication même des brevets peut être contrôlée par la puissance publique).

● Les brevets n'ayant de valeur que *sur le territoire des États qui les délivrent,* la plupart des États industrialisés ont dû résoudre par convention internationale les problèmes posés par la reconnaissance du droit de propriété des inventions. Le principal accord est la convention d'union, signée à Paris en 1883 par onze pays. Le principe essentiel en est l'assimilation dans chaque pays membre des étrangers aux nationaux.
La convention signée le 28 novembre 1963 entre les États membres du Conseil de l'Europe en vue de la création d'un brevet européen n'a été ratifiée par aucun État. Des discussions serrées se déroulent également entre pays du Marché commun, comme au sein de l'*AELE.
L'intégration européenne et la mise en commun des efforts de recherche dans le domaine scientifique seraient facilitées par la création d'un droit européen de brevets.

● La *généralisation de la protection internationale des droits des inventeurs* s'est traduite par le développement des échanges internationaux portant sur les ventes, les achats de brevets, et les licences d'exploitation. Ces échanges revêtent aujourd'hui un double intérêt : ils traduisent, pour un pays considéré, l'importance et la valeur de leur recherche scientifique et technique ; ils entrent pour une part non négligeable dans la réalisation de l'équilibre des échanges extérieurs.
Dans les comptes extérieurs français, ils apparaissent, pour l'essentiel, parmi les services privés, à la rubrique « Produits de la recherche scientifique et technique et de la propriété intellectuelle » (*voir* Balance des paiements). Les résultats des années récentes se caractérisent par un solde excédentaire des achats et ventes de brevets et par un solde lourdement déficitaire des redevances de licences d'exploitation. Cette

situation traduit les difficultés de mise en exploitation des découvertes au plan industriel, la faiblesse relative de la recherche de développement par rapport à la recherche fondamentale, l'aptitude plus grande de certains pays étrangers (États-Unis principalement) à exploiter les inventions françaises et à vendre en France leur « savoir-faire » industriel.

BRI

Voir Banque des règlements internationaux.

Broker

a : *Broker* – **d** : *Broker* – **e** : *Agente de bolsa*

*Correspondant anglais du mot français « *courtier ».*

Le terme de *bill-broker* est le plus connu. Il désigne un « courtier de change », c'est-à-dire un courtier qui négocie des *lettres de change et pratique notamment l'escompte sur les effets. Lorsqu'ils vendent des lettres de change pour le compte d'un tiers, ils sont simplement courtiers (*brokers*). C'est le cas le plus rare. Lorsqu'ils achètent et vendent des effets, ils sont considérés comme marchands d'effets (*bill-merchants*). On parle également de *share-broker* (courtier d'actions), *stock-broker* (agent de change), *ship-broker* (courtier maritime).

Bill-brokers et discount houses

En Grande-Bretagne, les bill-brokers sont des petites sociétés familiales, les discount houses sont des sociétés anonymes, spécialisées les unes et les autres dans l'*escompte des effets de commerce.
Les ressources de ces établissements sont constituées par leur capital, les dépôts du public (discount houses) et surtout les prêts au jour le jour que leur accordent les joint stock banks et les private banks.
A l'aide de ces ressources, les bill-brokers et discount houses escomptent les effets que leur apportent leurs clients. Ils en revendent une partie aux banques de dépôts (réescompte) à un taux légèrement inférieur. Ils agissent vis-à-vis des banques de dépôts comme les banques françaises vis-à-vis de la Banque de France.
Une rapide comparaison avec le système français montre que les bill-brokers et discount houses sont les interlocuteurs normaux des industriels et commerçants qui portent leurs effets à l'escompte (en France ce sont les banques). Les banques britanniques, à leur tour, ne prennent

à l'escompte qu'un certain volume d'effets sélectionnés aux discount houses (sorte de réescompte) et prêtent à ces mêmes discount houses (ce qui n'est pas le cas en France où cet échelon intermédiaire n'existe pas). Ces différences tendent actuellement à s'amenuiser car les banques britanniques de dépôts entrent de plus en plus fréquemment en rapport direct avec les porteurs d'effets à escompter tandis que l'importance relative des bill-brokers et discount houses diminue progressivement.

Stock-brokers

Depuis le « big-bang » d'octobre 1986 à la bourse de Londres, la distinction traditionnelle entre *brokers* (opérant pour le compte de leurs clients dont ils sont les mandataires) et les *jobbers* (ne traitant qu'avec les *brokers*) a été supprimée. Chaque établissement peut maintenant exercer les deux activités. L'autre innovation marquante apportée par la réforme a été le passage d'un système de commissions de courtage fixées à des commissions négociées, renforçant ainsi largement la compétitivité du marché de Londres.

Voir Courtier, Société de bourse, Remisier.

Budget

a : *Budget* – **d** : *Budget (Haushalt)* – **e** : *Presupuesto*

État prévisionnel et limitatif, sanctionné par une décision le rendant exécutoire et l'assortissant de force contraignante, des dépenses et des recettes à réaliser au cours d'une période donnée par un individu ou par une collectivité.

Instrument essentiel d'organisation et d'encadrement de l'avenir, le budget est le résultat d'une décision librement prise, consistant, pour un individu ou pour une collectivité :
- à s'obliger par avance à faire des choix,
- à s'astreindre, une fois ces choix faits, à les respecter.

La valeur d'un budget dépend de la précision et de l'exactitude des évaluations qui ont présidé aux choix opérés. Sa signification résulte de la façon dont ces choix sont faits. Sa portée réside dans la rigueur avec laquelle ils sont appliqués.

Les évaluations budgétaires

Les choix ne peuvent être faits clairement que si les différentes catégories de dépenses et de recettes susceptibles d'être inscrites au budget sont correctement évaluées. La valeur d'un budget dépend donc d'abord de

la façon dont ces évaluations sont faites. Les défauts d'évaluation peuvent être soit objectifs, soit subjectifs.
Les défauts d'évaluation peuvent être considérés comme *objectifs* lorsqu'ils reposent sur une omission ou sur une erreur involontaire résultant d'une simple déficience de l'appareil administratif et comptable chargé de ces évaluations. Ces défauts sont normalement relativement faciles à corriger. Plus graves et plus dangereux sont les défauts d'origine *subjective* qui traduisent, pour les postes budgétaires comportant une part d'aléa, une tendance, soit à sous-évaluer les recettes et à surévaluer les dépenses, soit à surévaluer les recettes et à sous-évaluer les dépenses. Dans le premier cas, on aboutit à des budgets suréquilibrés débouchant sur une *thésaurisation improductive. Dans le second cas, l'équilibre apparent cache un déséquilibre réel qui ôte leur sens aux choix que l'on a cru faire, et qui oblige, en cours d'exécution, à les remettre en cause (*voir* Collectif).

Les choix budgétaires

L'obligation de faire des choix résulte de la rareté des ressources et du caractère virtuellement illimité des besoins. L'établissement d'un budget répond au souci de faire ces choix à l'avance dans l'ordre et la cohérence. La notion de budget est donc étroitement liée à celle de choix : un individu ou une collectivité qui disposeraient de ressources illimitées n'auraient bien entendu pas à faire de budget. Un budget est d'autant plus difficile à établir qu'il y a une disproportion plus grande entre les ressources disponibles et les besoins à satisfaire.
La nature des choix est indéfinie, comme celle des besoins : choix entre la consommation et l'investissement, choix entre les différentes catégories d'investissement, choix entre les différentes catégories de recettes, etc.
Les options prises traduisent des intentions et définissent une politique : qu'il s'agisse de l'État, d'une collectivité publique ou privée, ou d'un individu, le budget est l'acte politique par excellence qui engage les actions essentielles au cours de la période budgétaire. Ainsi parle-t-on selon les cas d'un budget d'austérité, d'un budget social, d'un budget de grands travaux, d'un budget de guerre... Ces qualificatifs résument les intentions essentielles auxquelles ont obéi les auteurs du budget dans les différents choix qu'ils ont faits.

La discipline budgétaire

Un budget n'a de sens que s'il est appliqué. Un simple état prévisionnel des dépenses et des recettes n'aurait pas de valeur budgétaire s'il n'était assorti de force contraignante. Cette force contraignante prend des formes différentes selon qu'il s'agit de collectivités publiques, d'entreprises privées ou de ménages.
Pour les *collectivités publiques,* la contrainte budgétaire résulte d'une part du caractère législatif de la loi de finances, d'autre part des règles de la

*comptabilité publique et des nombreux contrôles qu'elle comporte : contrôle du comptable sur l'ordonnateur, jugement des comptes par la *Cour des comptes, *Cour de discipline budgétaire.
Pour les **entreprises privées,* qui, de plus en plus, font des budgets, la discipline budgétaire résulte essentiellement de l'importance que le chef de firme attache à l'acte budgétaire, et de l'autorité qu'il délègue au service chargé du contrôle budgétaire.
Pour un *individu* ou un *ménage,* la force contraignante ne résulte que de la discipline qu'il décide et qu'il est capable de s'imposer à lui-même.

Composition du budget

Le budget peut se borner à fixer les grandes masses de dépenses et de recettes. Il peut au contraire préciser dans le détail comment se décomposeront chacune des dépenses et chacune des recettes.
En principe le terme de « budget » s'applique à l'ensemble des opérations réalisées en dépenses et en recettes au cours d'une période donnée par la personne physique ou morale intéressée par ce budget. Mais ce terme est également employé pour définir une fraction seulement de ces opérations. Au sein du budget de l'État, on parle ainsi du « budget de la Justice », du « budget de l'Intérieur », du « budget des Affaires étrangères » qui ne sont que des fractions du budget de l'État (*voir* tableau 1). De même les entreprises privées ont-elles un « budget de personnel », un « budget de publicité ». (*Voir* Section comptable.) De même encore parle-t-on pour les ménages d'un « budget nourriture », d'un « budget logement », d'un « budget habillement ». Il arrive même que la prévision budgétaire ne s'applique qu'à une catégorie, limitée dans le temps, de recettes et de dépenses : budget d'un voyage, budget d'une exposition, budget d'une réception. (Pour le budget de l'État, *voir* Budget fonctionnel.)
Le degré de *spécialité budgétaire et les possibilités de virement d'une ligne à une autre dépendent des règles que la personne concernée par le budget s'est fixées à elle-même. Pour les collectivités publiques, ces règles résultent de textes législatifs ou réglementaires qui fixent de façon précise les cas dans lesquels les *virements exigent une loi, un décret, ou un simple arrêté. (*Voir* Affectation, Annualité, Fascicule budgétaire, Loi de finances, Loi de règlement, Services votés.)
La *distinction par nature* de dépenses correspond à la division en *titres :* titre I Dette publique ; II Pouvoirs publics ; III Moyens des services ; IV Interventions publiques ; V Investissements exécutés par l'État ; VI Investissements exécutés avec le concours de l'État (subdivisé en VIa, subventions et participations, et VIb, prêts et avances) ; VII Réparations et dommages de guerre : VIII Dépenses sur ressources affectées. Les titres I à IV correspondent à des dépenses de fonctionnement.
La répartition *au-dessous et au-dessus de la ligne traduit la distinction entre dépenses définitives et dépenses temporaires (*voir* tableau 2).

Durée de l'exercice budgétaire

Habituellement le budget est annuel. Il peut bien entendu être découpé en tranches plus courtes. Il arrive fréquemment que les ménages établissent pour leur propre compte des budgets mensuels, voire hebdomadaires.
Lorsque la prévision budgétaire s'applique à une catégorie donnée de dépenses et de recettes limitées dans le temps, la durée de l'exercice budgétaire correspond à la période pendant laquelle les dépenses et les recettes sont exécutées.
De plus en plus les besoins et les perfectionnements de la prévision exigent que cet effort d'encadrement de l'avenir que traduit l'acte budgétaire s'intègre dans une perspective à moyen, voire à long terme. Ce problème met en cause les relations entre le budget et le plan. (*Voir* Budget de programmes.)

Le budget et le plan

Visant un but identique — la maîtrise de l'avenir —, le budget et le plan national, qui s'appuient sur des méthodes différentes, tendent progressivement à s'imprégner mutuellement de leurs cohérences, mais conservent cependant leurs caractères propres.
Les différences de méthode résultent des difficultés qu'il y a à asseoir sur les mêmes bases la prévision du court terme et celle du moyen terme. Ces difficultés expliquent que le budget reste très supérieur au plan par la rigueur de la formulation comptable et par la solidité de sa force contraignante. Le *plan, par contre, permet de mettre en lumière des cohérences à plus long terme, dont il n'est plus possible à l'autorité budgétaire de faire abstraction.
Aussi bien ces deux sortes de prévisions ont-elles tendance à se rapprocher. Le budget se dégage progressivement, en matière d'investissement, de la rigueur trop étroite du cadre annuel par le biais des *autorisations de programme. Le plan s'efforce à la fois de rendre ses prévisions plus rigoureuses, plus précises, et plus contraignantes, et de les décomposer en tranches annuelles. La *comptabilité nationale est de plus en plus la base de référence commune des deux sortes de *prévisions.
Dans la difficile conciliation du souhaitable et du possible, le budget et le plan répondent à deux nécessités complémentaires, qui donnent à chacun sa physionomie propre. Dans ce dialogue, c'est à l'autorité budgétaire qu'il appartient de prendre conscience des contraintes immédiates et de faire respecter les grands équilibres financiers. La responsabilité croissante de l'État transforme toutefois progressivement les données de la politique budgétaire, dans laquelle s'incarne sans cesse davantage l'ensemble de la politique de l'État : économique, sociale, démographique, énergétique, militaire, diplomatique...

1. CRÉDITS OUVERTS PAR MINISTÈRES (budget 1993)

I. Budgets civils	**en millions de francs**
Affaires étrangères	14 925
Affaires sociales et emploi	125 695
I. Section commune	*2 254*
II. Affaires sociales	*50 643*
III. Emploi	*72 798*
Agriculture	39 786
Anciens combattants	27 610
Coopération	8 070
Culture et communication	13 822
Départements et territoires d'outre-mer	2 392
Économie, finances et privatisation	
I. Charges communes [1]	*287 508*
II. Services financiers	*43 123*
III. Commerce et artisanat	*645*
Éducation nationale	
I. Enseignement scolaire	*242 250*
II. Recherche et enseignement supérieur	*73 958*
1. Recherche	*34 446*
2. Enseignement supérieur	*39 512*
Équipement, logement, aménagement du territoire et transports	126 705
I. Urbanisme, logement et services communs	*57 692*
II. Routes et sécurité routière	*9 061*
III. Aménagement du territoire	*1 898*
IV. Transports	*56 440*
1. Aviation civile	*2 627*
2. Transports terrestres	*40 531*
3. Météorologie	*1 282*
V. Environnement	*1 614*
Industrie et tourisme	19 793
I. Industrie	*19 362*
II. Tourisme	*431*
Intérieur	73 008
Justice	20 392
Mer	6 011
Ponts et télécommunications	2 461
Services du Premier ministre	
I. Services généraux	*4 495*
II. Secrétariat général de la défense nationale	*227*
III. Conseil économique et social	*156*
IV. Plan	*171*
V. Jeunesse et sports	*3 089*
Total	**1 124 292**
II. Défense	**295 642**
TOTAL (I + II)	**1 369 934**

1. Hors remboursements et dégrèvements fiscaux.

2. STRUCTURE DES DÉPENSES DÉFINITIVES DU BUDGET GÉNÉRAL PAR NATURE

(en pourcentage des dépenses globales)

	1975	1988	1993
I. Dépenses ordinaires			
Dette publique	4,2	9,3	13,0
Pouvoirs publics	0,2	0,3	0,3
Rémunérations et charges sociales	29,2	28	28,3
Pensions	8,6	8,9	8,9
Subventions de fonctionnement	2,9	2,7	3,3
Matériel, entretien et charges diverses de fonctionnement	5,8	5,3	4,9
Interventions économiques	8,3	8,5	7,3
Interventions sociales	16,4	14,3	12,2
Autres interventions	5,3	7,6	7,8
Total	**80,9**	**85,3**	**86,0**
II. Dépenses en capital			
Investissements civils directs	3,9	1,5	1,4
Subventions d'investissements civils	8,5	4,8	5,1
Réparations des dommages de guerre	NS[1]	–	–
Équipement militaire	6,7	8,4	7,4
Total	**19,1**	**14,7**	**14**
Total du budget général	**100**	**100**	**100**

1. NS : non significatif

3. ÉVOLUTION DES DÉPENSES DÉFINITIVES DE L'ÉTAT PAR RAPPORT AU PIB

	1913	1930	1970	1988	1993
Dépenses définitives du budget de l'État[1] (en millions de francs courants)	5 067	55 700	164 236	952 436	1 402 079
Dépenses définitives du budget de l'État rapportées au PIB	9 %	12 %	21,0 %	24,4 %[2]	22,2 %[2]

De 5 milliards en 1913, les dépenses budgétaires ont franchi les 100 milliards en 1939, les 500 milliards en 1946, les mille milliards en 1949, les 5 000 milliards en 1957. Les 50 000 milliards (de centimes = 500 milliards de francs) ont été franchis en 1980. Les mille milliards de nouveaux francs sont dépassés en 1985.

1. Résultats d'exécution.
2. Prévisions.

La politique budgétaire de l'État

Pendant longtemps, l'État n'a eu d'autre rôle que d'assurer la paix et l'ordre et de faire fonctionner un certain nombre de services publics. L'équilibre de son budget ne se posait qu'en termes de finances publiques. Le problème essentiel restait celui du montant et des modalités de la contribution fiscale à faire accepter par les représentants du peuple. La promotion progressive de l'État au rôle d'arbitre, puis de promoteur de l'économie, a modifié profondément les données de la politique budgétaire. Cette transformation, qui prend son origine doctrinale dans les théories keynésiennes et post-keynésiennes, résulte à la fois de l'accroissement considérable du montant des dépenses publiques, et de la prise de conscience des répercussions de plus en plus grandes que peuvent avoir sur l'économie les grands choix budgétaires de l'État (*voir* tableau 3). Volume du budget, montant de l'*impasse, part réservée aux investissements, choix des investissements, choix des mesures fiscales sont autant d'options susceptibles d'influencer de façon décisive la marche de l'économie. Aussi l'élaboration du budget de l'État n'est-elle plus seulement la recherche d'un équilibre financier à court terme. Elle est le point de rencontre de l'ensemble des contraintes qui s'imposent au pays tout entier.

Budget annexe

a : *Special budget* – **d** : *Zusatzbudget/Sonderhaushalt* – **e** : *Presupuesto anejo*

Élément caractéristique d'un régime donnant un certain degré d'individualité financière à des services publics qui n'ont pas été dotés de la personnalité morale.

● Le souci de prévoir et de contrôler *l'équilibre d'exploitation de certains services, sans leur attribuer la personnalité morale* et le statut d'établissement public, a conduit à faire en leur faveur une entorse au principe de l'unité budgétaire ou de *non-affectation des recettes aux dépenses. Les recettes et les dépenses de ces services sont distraites de l'ensemble du budget de l'État et mises les unes en face des autres dans un budget distinct. Ce régime convient particulièrement aux opérations financières de « services dont l'activité tend essentiellement à produire des biens ou à rendre des services donnant lieu à paiement d'un prix », soit qu'ils fournissent des prestations au secteur privé (budget annexe des Postes et Télécommunications), soit qu'ils fassent des cessions à d'autres services publics (budget annexe des essences), soit enfin que leur activité se traduise par des cessions tant au profit du secteur privé que du secteur public (budgets annexes de l'Imprimerie nationale, des Monnaies et Médailles et jusqu'en 1970 des Poudres).

L'attribution de ce régime à des activités non commerciales (prestations sociales agricoles, ou Légion d'honneur) apparaît moins justifiée, les ressources de ces budgets annexes provenant pour l'essentiel de taxes parafiscales ou de subventions du budget général.
En 1970 la loi de finances comprenait huit budgets annexes, chacun d'eux faisant l'objet d'un vote distinct, intervenant dans les mêmes conditions et avec la même signification que le vote du budget général ; mais des assouplissements particuliers sont apportés au caractère limitatif des crédits dont sont dotés les divers chapitres des sections d'exploitation et d'investissement : les crédits peuvent être majorés par simple arrêté du ministre des Finances s'il est établi que l'équilibre financier et les charges des années suivantes n'en sont pas affectés, c'est-à-dire en fonction d'une réévaluation des recettes.

• *Les opérations du budget annexe sont exécutées comme celles du budget général :* le ministre intéressé en est normalement l'*ordonnateur, un comptable spécial exécute ou centralise cependant les opérations de recettes et de dépenses.
La comptabilité est organisée de manière à assurer à la fois le contrôle des opérations budgétaires et la connaissance des résultats et de la situation patrimoniale : tenue d'après le plan comptable général, elle permet de présenter un *compte d'exploitation et un *bilan ; elle est doublée par une comptabilité analytique d'exploitation qui doit faire ressortir les prix de revient et permettre l'application de méthodes de gestion budgétaire prévisionnelle à l'intérieur du service.
Les principes du plan comptable général conduisent à des dérogations aux règles de l'*annualité budgétaire qui peuvent se manifester par la création de fonds d'approvisionnement, d'amortissement, de réserve et de provision.
Un budget annexe est lié au budget général : au stade de l'autorisation parce que des crédits du budget général sont destinés à verser des subventions ou à régler des prestations au profit du budget annexe ; au stade de l'exécution par la réalisation des cessions entre budgets ; au stade des résultats parce que les bénéfices de l'exploitation sont reversés au budget général, lorsqu'ils ne sont pas portés au fonds de réserve.
Compris dans un sens moderne, le budget annexe se rapproche du compte de commerce, catégorie des comptes spéciaux du *Trésor « retraçant des opérations de caractère industriel ou commercial, effectuées à titre accessoire par les services publics de l'État » ; l'activité industrielle des constructions navales et des ateliers des armements terrestres est aujourd'hui placée sous le régime du compte de commerce (après avoir connu pour les seconds le régime du budget annexe). Exécuté dans les mêmes conditions que le budget général, suivi selon le plan comptable général, le compte de commerce est dégagé des contraintes de nature budgétaire : crédits limitatifs et nomenclature de dépenses.
Des budgets annexes pour l'exploitation de certains services peuvent être également isolés dans les budgets des collectivités locales.

Budget de programmes

a : *Program budget* – **d** : *Programmbudget* – **e** : *Presupuesto de programa*

---

*Document joint au projet de *loi de finances décrivant pour un ministère les objectifs retenus, les programmes correspondants et les moyens qui lui sont affectés.*

Le budget de programmes se situe, dans la démarche *RCB, à la jonction entre les études analytiques et la modernisation de la gestion. Il s'inscrit directement dans la perspective de la décision budgétaire. A travers des documents synthétiques, il cherche à décrire les relations entre, d'une part, les objectifs et les activités d'une administration donnée, et, d'autre part, chacune des activités et l'ensemble des moyens nécessaires à sa réalisation. Le budget de programmes repose sur une analyse de l'activité administrative en termes de fonction de production. S'efforçant de respecter certains principes généraux tels que exhaustivité et permanence, il contribue à l'amélioration de la préparation, de l'exécution et du contrôle de la décision publique, et complète, par la fourniture d'informations supplémentaires, les autres documents de cette décision.

Principes

Le budget de programmes décompose l'activité administrative en un certain nombre d'éléments organisés selon une structure hiérarchique : c'est la structure de programmes. Les niveaux les plus détaillés de la structure, éléments de programmes, sous-programmes et programmes, cherchent à se conformer à une analyse de l'activité appropriée aux besoins de la gestion des services. Les niveaux agrégés, domaines et groupes de programmes, sont plus proches quant à eux de la décision politique et accordent une place privilégiée aux missions et aux orientations de l'activité définies par rapport à l'environnement socio-économique. Le passage d'un niveau à l'autre s'effectue par agrégation, au moyen de critères tels que communauté d'objectifs, objectifs relatifs à une même partie de l'environnement...
Chaque élément de la structure, ou programme, est décrit comme un ensemble d'activités transformant des moyens en résultats ou effets. Cette description est réalisée à l'aide d'un modèle, la plupart du temps non formalisé, fondé sur :

- des indicateurs caractéristiques du programme, c'est-à-dire les variables du modèle, représentatifs des moyens, des résultats, de l'impact et de l'influence de l'environnement ;
- des relations entre les variables décrivant le fonctionnement interne du programme ainsi que les interactions entre le programme et son environnement.

Le budget de programmes prend en compte la totalité de l'activité d'un organisme et l'intégralité de son budget. Il cherche à donner, régulièrement, dans un cadre permanent et sur un nombre suffisant de périodes consécutives, une image complète de cette activité, sous ses aspects tant administratifs que sociaux et économiques.

Objectifs généraux

Le budget de programmes est un instrument d'information mis en place dans le but d'améliorer la décision publique. Il doit pouvoir être utilisé dans les trois phases — préparation, exécution et contrôle — de la décision portant sur les moyens, les objectifs ou les modalités de l'activité administrative.

Dans le cadre de la préparation de la décision, le budget de programmes, par la structure et les concepts qu'il propose, permet déjà un dialogue plus facile entre les divers responsables concernés, même lorsque ceux-ci sont placés au sein d'établissements publics ou d'autres établissements sous tutelle de l'État. Il permet également de définir des solutions alternatives cohérentes aux problèmes posés et de les comparer en tenant compte à la fois des coûts, des effets, du calendrier de mise en œuvre, de l'inertie propre des programmes et de l'influence du milieu extérieur.

Le budget de programmes contribue à l'exécution des décisions en présentant de façon complète, claire et assimilable les axes prioritaires retenus et les objectifs poursuivis. De la sorte, les décideurs de niveau opérationnel, voire même les agents non administratifs, sont en mesure d'adapter leur décision et leur comportement en fonction des orientations qui sont ainsi portées à leur connaissance.

Le budget de programmes rend possibles la description des conséquences des choix passés, le rapprochement des prévisions initiales et des réalisations correspondantes, ainsi que l'analyse des écarts entre activités de même type exercées dans des conditions différentes d'espace et de temps. Par là, il est à même d'améliorer le contrôle *a posteriori* de la pertinence des choix et de la qualité de leur mise en œuvre.

Grâce à la présentation des divers aspects de l'activité administrative et de leur cohérence, le budget de programmes peut apporter une aide aux décisions modifiant un ou plusieurs paramètres de cette activité. Il indique alors les répercussions de ces modifications sur les autres paramètres :

- variation d'effet due à une décision — allocation budgétaire — portant sur les moyens ;
- variation des moyens résultant d'une modification de politique, donc d'un changement d'objectif ;
- variation de l'effet à moyens inchangés, ou de moyens à effet inchangé, après un remaniement réglementaire ou législatif des modalités de fonctionnement d'un programme ou de liaison avec son environnement.

Les limites

Il ne suffit pas de décrire de façon très large, donc floue, le domaine d'application du budget de programmes. Encore convient-il de préciser quelles sont ses véritables opportunités d'utilisation. Tout d'abord, conformément à l'ambition initiale et du fait du niveau de généralité de l'information qu'il contient, le budget de programmes se prête bien plus à l'éclairage et au suivi des décisions de portée moyenne, prises en administration centrale, qu'à la fixation d'orientations globales (par exemple économiques) et qu'à la conduite de l'activité dans les services opérationnels (pour la gestion du personnel d'un établissement, par exemple). En outre et pour l'instant, en raison de la meilleure accessibilité des éléments concernant les moyens et l'activité par rapport à ceux qui décrivent l'impact et l'environnement, le budget de programmes est mieux à même de renseigner les décisions intervenant sur la partie administrative des programmes plutôt que sur leur relation avec l'extérieur de l'administration.

Liaison avec les autres outils de la décision

L'administration a de longue date mis au point des procédures d'information destinées exclusivement ou non à éclairer son action : système statistique, comptes nationaux, comptabilité de l'État, etc. Ces instruments contiennent des renseignements concernant d'une façon plus ou moins directe et à des degrés de généralité divers l'activité administrative. Le domaine propre de chacun d'entre eux est en conséquence recoupé, en partie ou en totalité, par celui du budget de programmes auquel on a donné, *a priori,* une extension maximale.

Dans ces conditions, et pour éviter à la fois une duplication des dispositifs de production de l'information et l'existence de présentations divergentes d'une même réalité, l'articulation entre le budget de programmes et ces instruments est recherchée. Cette articulation prend principalement deux formes : harmonisation des concepts utilisés, notamment les nomenclatures, et transfert régulier d'information dans un sens ou dans un autre (la première forme est, dans une certaine mesure, un préalable de la seconde). Le budget de programmes n'a vocation à susciter la création de nouveaux dispositifs d'information qu'en tant qu'ils correspondent à des lacunes du système existant. Il se présente donc plus comme un organe de rassemblement et de synthèse de données de base, en vue de faire ressortir les liaisons caractéristiques de la cohérence des divers aspects de l'action administrative, que comme un créateur de cette information. De ce fait, il dépend presque entièrement, pour certaines catégories de ses renseignements, de sources autonomes sur lesquelles il agit surtout au niveau de la définition des concepts.

Situation actuelle

Schématiquement, l'opération budget de programmes dans l'administration donne lieu à trois types de « produits » :

– la présentation du budget des départements ministériels sous forme de budget de programmes ;

– la confection d'outils spécifiques aux services d'administration centrale ;

– le montage de comptes de programmes.

• La présentation du budget d'un ministère sous forme de budget de programmes est réalisée dans un document public de couverture blanche (d'où son appellation de « blanc ») annexé au projet de loi de finances. Pour 1988, par exemple, 22 documents de ce type concernant une vingtaine de ministères ou secrétariats d'État, soit à peu près 80 % du budget de l'État, ont été réalisés. La plupart ont été communiqués aux Assemblées juste avant le vote des lois de finances correspondantes. Ensemble, ils totalisent un peu plus de 3 000 pages d'information sur l'administration, analysée en 384 groupes de programmes donnant lieu chacun à une présentation détaillée, un tableau d'indicateurs et une fiche financière. Des améliorations sont en cours, en vue notamment d'une relation plus claire avec le projet de loi de finances.

• Les outils spécifiques réalisés dans le cadre des services d'administration centrale sont beaucoup moins homogènes et couvrent un champ plus réduit. Ils prennent en effet des formes diverses : plan d'action, budget de programmes d'une direction, structure d'objectifs-programmes, etc., et sont plus ou moins articulés avec le « blanc » correspondant. Ils concernent seulement quelques dizaines de services.

• Les comptes de programmes perfectionnent le budget de programmes en lui permettant, d'une part, de suivre les programmes en exécution et, d'autre part, en l'associant à la gestion propre des services extérieurs. Un groupe de travail interministériel s'attache à définir la structure de ces comptes et à en réaliser les premières expérimentations.

Voir RCB.

Budget économique

a : *Economic forecast* – **d** : *Wirtschaftsprognose* – **e** : *Presupuesto económico*

---

*Ensemble de comptes décrivant, pour une période en cours ou à venir (l'année en général), les prévisions afférentes aux opérations des *unités économiques, dans un cadre territorial donné (en général la nation ou son territoire métropolitain).*

Le budget économique apparaît comme un instrument de prévision des conditions de l'équilibre économique général pour la période considérée. Il sert à la fois à orienter et à préparer les décisions de politique économique, et à en apprécier éventuellement les effets.
La technique des budgets économiques, qui a pris sa source dans les travaux des comptables nationaux anglo-saxons, hollandais et français, est actuellement largement répandue dans le monde, même dans les pays qui ne font pas à proprement parler de *planification. Elle n'atteint pas cependant partout le même stade de développement.
Le budget économique est, par définition, prévisionnel. Son horizon peut être ou annuel (cas général), ou trimestriel (dans quelques pays). En règle générale le budget économique est établi dans les mêmes cadres comptables que les comptes du passé, et fondé sur l'application des nomenclatures et des règles de la *comptabilité nationale. Le budget économique décrit des *flux et non des encours ou des patrimoines. La technique du budget économique fait un appel variable selon les pays à l'utilisation de *modèles et à la mécanisation du processus de prévision. Cette technique date en France d'une quinzaine d'années.

Principes généraux

Les budgets économiques sont établis (pour l'instant) dans le seul cadre annuel ; en principe, quatre budgets sont bâtis pour une année donnée : en mai de l'année $n - 1$, un (ou plusieurs) budget(s) dit(s) « exploratoire(s) » ; en octobre de l'année $n - 1$, un budget prévisionnel ; en mai de l'année *n,* un deuxième budget prévisionnel ; en octobre de l'année *n,* un troisième budget qui est déjà un compte prévisionnel (le terme « compte », *stricto sensu,* étant plutôt réservé au passé). Les budgets sont établis dans les mêmes cadres comptables que les comptes rétrospectifs et peuvent donc se comparer à eux. Tous les budgets sont présentés à la Commission des comptes et des budgets économiques de la nation ; ceux d'octobre sont publiés en annexe au rapport économique et financier présenté par le ministre de l'Économie et des Finances à l'appui du projet de loi de finances.

Organisation

Les budgets sont établis par la Direction de la prévision du ministère de l'Économie et des Finances avec la collaboration de l'Institut national de la statistique et des études économiques. L'organisation du travail est fondée sur l'existence d'une cellule de synthèse, qui dirige les travaux et recueille les informations fournies par des cellules d'analyse spécialisées par *agent économique (ménages, entreprises...) ou par type d'*opérations, pour en faire ensuite la synthèse. Le processus d'établissement des budgets fait naturellement intervenir de multiples liaisons avec les autres directions du ministère et avec les correspondants des autres départements ministériels.

Technique des budgets économiques

Elle diffère selon qu'il s'agit du budget exploratoire ou des budgets prévisionnels.

Le budget exploratoire : Il est établi avant l'élaboration du projet de loi de finances relatif à l'année projetée : on dispose pour l'établir des données du passé, des éléments du budget de l'année en cours et de la conjoncture, d'informations souvent seulement tendancielles sur les intentions de politique économique, ainsi que des indications inscrites dans la programmation à *moyen terme, c'est-à-dire le Plan. L'intérêt de la phase exploratoire étant d'éclairer le gouvernement sur les problèmes et les solutions possibles, le budget exploratoire comportera en fait une série de comptes s'organisant comme *variantes autour du budget central. Ces variantes seront aussi bien des variantes d'*aléa, liées à la réalisation d'un risque ou d'un ensemble de risques particuliers (récolte, conjoncture internationale), que des variantes de politique économique, liées à telle réponse devant tel type de problèmes ou à des réformes envisagées dans tel ou tel domaine (réforme fiscale par exemple). L'élaboration du budget exploratoire repose sur une procédure relativement centralisée fondée sur le recours à un *modèle économétrique global.
Le modèle, conçu pour être programmé sur ordinateur, autorise évidemment une exploration plus rapide et plus riche des scénarios envisageables. Certes, sa fiabilité est relative, et son utilisation ne saurait être mécanique. Le recours à un modèle permet cependant des analyses de sensibilité, révélant l'importance relative des hypothèses principales retenues dans la variante considérée. L'introduction de variables d'*écart donne assez de souplesse à la structure du modèle pour étudier les inflexions envisagées pour tel type d'aléa ou tel type de politique économique.

Les budgets prévisionnels : Ils sont établis dans des conditions sensiblement différentes : les services disposent en effet, dans ce cas, du projet de loi de finances (ou de la loi votée s'il s'agit du 3e ou du 4e budget) et d'une information conjoncturelle plus riche et plus proche, qui comporte déjà des indications statistiques sur l'année considérée lorsqu'il s'agit des 3e ou 4e budgets économiques ; la technique d'élaboration va être dans ces conditions plus décentralisée, et plus détaillée, et ne comportera pas de recours à un modèle économétrique. Elle se développe en trois phases.
1) Une *phase d'orientation* où la cellule de synthèse élabore un compte préparatoire à partir du dernier budget, modifié de façon globale en fonction de la conjoncture ou des dernières mesures de politique économique susceptibles d'affecter les équilibres. Ce compte est diffusé auprès des cellules d'analyse avec une note d'orientation signalant notamment les problèmes nouveaux apparus depuis la dernière projection.

Il est complété par un tableau d'opérations financières (établi à partir des *besoins ou *capacités de financement ainsi que d'informations et de prévisions financières spécifiques) qui peut conduire dans certains cas à remettre en cause certaines hypothèses de la projection proprement économique.

2) Une *phase d'analyse :* les cellules d'analyse désagrègent les données du compte préparatoire pour vérifier si la cohérence globale est compatible avec les projections décomposées (par branche, produit...) et tester ces projections plus fines auprès des informateurs de base (notamment les directions techniques des divers ministères). Ce travail d'analyse débouche sur la confection de deux *tableaux des entrées-sorties (en volume et en valeur) à partir desquels on peut établir les comptes de secteurs.

3) Une *phase de synthèse* permettant, après arbitrage, de regrouper dans un *tableau économique d'ensemble les projections partielles non financières résultant de la phase analytique. A cette occasion, on apprécie dans quelle mesure les corrections apportées dans cette phase modifient l'orientation du compte préparatoire, on teste la cohérence du compte prévisionnel au stade final et on y intègre une nouvelle projection des opérations financières.

Voies d'amélioration

Les processus ainsi décrits représentent évidemment une technique qui évolue d'année en année.

Au cours des récentes années, l'amélioration de la technique des budgets économiques s'est inscrite dans trois voies : d'abord recherche de liaisons entre les *indicateurs statistiques courants (exemple : indice de production industrielle) et les prévisions correspondantes du budget économique afin de contrôler constamment la validité des projections et de prévoir l'évolution en cours d'année de ces indicateurs ; ensuite, perfectionnement et diversification des modèles économétriques, par l'intégration des opérations financières, et la mise au point de modèles trimestriels ; corollairement, établissement de budgets trimestriels permettant de mieux raccorder l'évolution conjoncturelle aux projections annuelles. Le budget économique ne se réduit pas à une projection de la conjoncture dans la mesure où il intègre les éléments de politique économique propres à l'infléchir. Mais il ne doit pas non plus apparaître comme la simple traduction annuelle du Plan, dans la mesure où la combinaison des mouvements conjoncturels et de la politique économique peut impliquer un écart par rapport au « cheminement » indicatif tracé par la programmation à moyen terme.

Budget fonctionnel

*Document annexé au projet de *loi de finances ventilant les *crédits inscrits entre les principaux domaines d'intervention de l'État.*

En France, ce document distingue neuf fonctions (telles que éducation et culture, défense, santé, emploi...) et une rubrique où sont regroupés les crédits non ventilés.

Budget social

a : *Social budget* – **d** : *Sozialhaushalt* – **e** : *Presupuesto social*

*Ensemble de tableaux retraçant les différentes opérations de *transfert qui, en dehors de la rémunération directe du travail, tendent à améliorer la condition des ménages.*

Ces comptes présentent les dépenses courantes : Ils en exceptent donc les dépenses d'équipement, qui ont pour objet de couvrir, totalement ou partiellement, les charges pesant sur les ménages du fait :
– de la maladie ;
– de l'invalidité, de la vieillesse, du décès d'un membre de la famille ;
– de la maternité et du nombre d'enfants de la famille ;
– du logement ;
– de la formation professionnelle et du chômage ;
– des accidents de travail et des maladies professionnelles ;
– des événements politiques et des calamités naturelles (pensions et allocations aux anciens combattants et victimes de guerre, prestations sociales aux rapatriés, secours aux personnes victimes de calamités naturelles, etc.).

Ces dépenses, qui incluent les *prestations sociales et une partie des *transferts (lorsque ceux-ci ont un but social et non pas économique), prennent les *formes* suivantes :
– indemnités en espèces (indemnités journalières de la Sécurité sociale, par exemple) ;
– remboursements en espèces de biens et services achetés par les ménages (ces remboursements sont appelés « prestations en nature », terminologie usuelle, mais inadéquate) ;
– contre-valeur de biens et services fournis en nature aux ménages par l'État et les collectivités locales ;
– prestations non obligatoires constituées par l'action sanitaire et sociale.

Le budget social retrace aussi les recettes : Elles comprennent les cotisations légales et extra-légales versées tant par les bénéficiaires (par exemple, la part dite « ouvrière » des cotisations des salariés ou les cotisations qu'acquittent pour eux-mêmes les non-salariés) que par les employeurs (part dite « patronale ») ou les personnes physiques ou morales qui en tiennent lieu, les contributions et subventions versées par l'État et les collectivités locales, les ressources affectées et notamment les taxes fiscales ou parafiscales, ainsi que les recettes diverses.

Ces opérations sont, enfin, ventilées suivant les agents : Ceux-ci les mettent en œuvre (régime général et régimes spéciaux de Sécurité sociale, État et collectivités locales, régimes de retraites complémentaires, régime interprofessionnel d'allocations en cas de chômage, etc.). Le budget social est élaboré, dans un cadre annuel, en annexe à la loi de finances pour l'année $n + 1$: il présente les prévisions pour l'année n, les résultats provisoires de l'année $n - 1$ et les résultats définitifs de l'année $n - 2$.

Bullionisme

a : *Bullionism* – **d** : *Bullionismus* – **e** : *Bullionismo*

Système monétaire dans lequel la monnaie de papier est gagée par une encaisse métallique.
Doctrine qui préconise l'application de ce système.

Le mot anglais « bullion » signifie *lingot.* L'apparition du terme bullionisme coïncide avec les problèmes posés dans la première moitié du XIXᵉ siècle par l'élévation inquiétante du prix des lingots dans un régime de cours forcé de papier-monnaie. C'est alors que fut nommé au Royaume-Uni un Bullion Committee (1809) chargé d'enquêter sur ce phénomène et dont le rapport (Bullion Report) parut en 1810. Parallèlement, l'économiste Ricardo faisait paraître son opuscule *The High Price of Bullion* (1810) dans lequel il préconisait une restriction de la circulation (*currency*) du papier-monnaie, et sa régulation sur le montant de l'encaisse métallique détenue.
Cette « *currency school » a inspiré les politiques d'émission jusqu'à la fin du premier tiers du XXᵉ siècle, ère de l'*étalon-or. Toutefois, la substitution progressive à l'étalon-or pur d'un *Gold Bullion Standard traduisit le déclin de l'étalon-or lui-même et des principes qui le régissaient.

CAEM

Voir Conseil d'aide économique mutuelle.

CAF (coût, assurance, fret)

a : *CIF (cost, insurance, freight)* – **d** : *CIF (cost, insurance, freight)* – **e** : *CSF (coste, seguro, flete)*

Abréviation utilisée dans les contrats de commerce maritime international et stipulant que le coût de la marchandise couvre son prix, les frais d'assurance et le fret — y compris les frais de transport jusqu'au navire, les frais de déchargement et l'assurance d'usage.

Dans les contrats CAF, l'*exportateur* prend à sa charge l'ensemble des frais et assurances ayant trait à la mise à bord et au transport de la marchandise à destination.

Voir FAB.

Caisse

a : *Cash-box* – **d** : *Kasse* – **e** : *Caja*

Lieu où sont détenues les espèces (billets et monnaies divisionnaires). Comptabilité : Compte retraçant les opérations effectuées en espèces (ou numéraire).

Dans la plupart des organismes effectuant des opérations financières, les opérations « par caisse » — autrefois symbole même de la recette ou de la dépense — ne constituent plus qu'une exception pour une série de raisons : problèmes de sécurité présentés par la conservation des encaisses, nombreux risques d'erreur des caissiers, lourdeur des opérations matérielles, etc. Aussi les règlements en numéraire ont-ils fait place, dans la vie industrielle et commerciale, aux techniques scripturales telles que le *chèque, les *cartes de crédit, les comptes bancaires et postaux, les *virements. Toutefois, les opérations par caisse demeurent importantes dans un certain nombre de cas : opérations de guichet avec le public (banques, comptables du Trésor), paie des salariés ne disposant pas d'un compte bancaire ou d'un CCP (notamment les ouvriers des entreprises) et, d'une manière générale, toutes les opérations de faible montant unitaire s'adressant à des personnes nombreuses et ne disposant pas d'une *domiciliation financière.

Caisse centrale de coopération économique (CCCE)

Voir Caisse française de développement.

Caisse centrale de crédit hôtelier commercial et industriel

**Établissement financier à statut légal spécial assurant le financement à long terme des petites et moyennes entreprises industrielles et commerciales.*

Créée en 1923, à l'origine pour financer l'hôtellerie, la Caisse centrale intervient aujourd'hui, au sein du *Crédit populaire, pour assurer les financements à long terme des entreprises qui y ressortissent. Elle met en œuvre des ressources d'emprunt fournies par le *marché financier ou par le *Trésor. Elle traite les opérations à moyen terme des *banques populaires, accorde des prêts directs à long terme, finance des ventes à *tempérament par sa filiale, la Caisse mobilière commerciale et industrielle. Elle participe à la création et à la gestion des sociétés de *caution mutuelle.

Caisse des dépôts et consignations

a : *Deposit and Consignation Institute* – **d** : *Hinterlegungs- und Konsignationskasse* – **e** : *Caja de Depósitos y Consignaciones*

Établissement public autonome créé par la loi du 28 avril 1816 pour gérer des fonds placés en dépôt ou en consignation.

La Caisse, fondée à l'origine pour un objet spécifique, a vu peu à peu se développer et ses ressources et ses activités, au point qu'elle peut être considérée comme la plus grande « banque d'affaires » de France. Dirigée par un directeur général nommé par décret pris en Conseil des ministres, elle est placée sous le contrôle d'une commission de surveillance composée de fonctionnaires et de parlementaires à laquelle elle rend compte. Le directeur général ne peut être révoqué sans l'agrément de cette commission.

Ressources et activités de la Caisse

***Dépôts et consignations** : Conformément à son objet initial, la Caisse reçoit et gère certains dépôts de fonds et de *valeurs mobilières, provenant notamment :

– des consignations judiciaires et administratives (avoirs provenant de successions, *cautionnements provisoires...) ;

– des disponibilités des notaires (dépôt obligatoire des sommes détenues pour le compte de tiers depuis plus de trois mois) ;

– des avoirs reçus par les greffiers, les administrateurs-séquestres et autres mandataires de justice.

La Caisse ouvre en outre des comptes de dépôts de fonds et de titres aux établissements publics ou d'utilité publique, ainsi qu'à divers organismes de retraite et de prévoyance : en particulier, elle centralise le produit des cotisations sociales et gère les disponibilités d'un certain nombre de caisses de *Sécurité sociale ; de même elle gère les avoirs des sociétés mutualistes (*voir* Mutualité) et les dépôts des caisses d'épargne ordinaires, qui constituent d'ailleurs sa ressource la plus importante.

Services gérés : La Caisse assure la gestion complète d'un certain nombre d'organismes qui bénéficient ainsi de son personnel et de son équipement. On peut citer notamment : la Caisse nationale de prévoyance, société d'assurances chargée de la gestion d'institutions de retraites ; la Caisse nationale d'épargne ; la Caisse des dépôts et consignations d'Alsace-Lorraine.

Activités diverses et filiales : La Caisse gère pour le compte de l'État un certain nombre d'organismes ou d'institutions tels que le Fonds de soutien des rentes ou la Caisse de consolidation et de mobilisation des crédits à moyen terme ; elle a été appelée à participer à la constitution de diverses sociétés, comme la *société d'investissement à capital variable France-obligations ou la Société nationale de financement des recherches de pétrole. La Caisse, enfin, contrôle un certain nombre de filiales techniques qu'elle a regroupées dans la *Caisse des dépôts-développement* (C 3 D) (anciennes SCET, SCIC, SEDES) ainsi qu'une filiale financière, la *Caisse des dépôts-participation*.

La Caisse et le marché des capitaux

Emplois et ressources : Les emplois de fonds de la Caisse, en progression régulière, illustrent son activité. Ses ressources sont fournies à plus de 60 % par les *caisses d'épargne.* Le caractère aléatoire des prévisions sur les dépôts d'épargne conduit la Caisse à fonder sa politique d'emploi sur le maintien de liquidités suffisantes et sur l'accroissement des ressources certaines, c'est-à-dire essentiellement celles qui proviennent de la gestion de son *portefeuille de *placements.*

Des règles d'emploi précises fondent le cadre légal des interventions de la Caisse sur le marché : 6 % des fonds gérés sont pratiquement indisponibles dans la mesure où ils sont versés obligatoirement en compte courant au Trésor (cotisations de Sécurité sociale, fonds de majoration des rentes...) ; les dépôts, consignations et réserves inscrits à son compte particulier, soit environ 13 % des fonds, peuvent être employés librement ; 81 % des fonds gérés sont obligatoirement placés dans les conditions définies par le code des Caisses d'épargne (ainsi que par l'article 30 de la loi du 6 février 1933 concernant les fonds de la Caisse nationale de prévoyance). En fait, ces prescriptions ménagent une gamme très large de possibilités d'emploi à la Caisse, qui reste de toute façon, en raison de son autonomie, libre de sa politique dans le cadre légal ainsi défini.

La ratio de *liquidité de la Caisse est en principe de 20 %.

En dehors des fonds déposés au Trésor, les emplois liquides de la Caisse sont constitués essentiellement par les effets représentatifs de crédits à moyen terme.

L'intervention de la Caisse sur le marché des capitaux : Elle peut être présentée sous ces trois formes principales :

– des **prêts* intéressant l'équipement économique et social, accordés soit aux maîtres d'œuvre (collectivités locales, entreprises), soit aux établissements financiers. Ces prêts se développent régulièrement, en raison des besoins croissants des collectivités locales et de la politique de « débudgétisation » de l'État ;

– des placements sur le marché des **obligations.* Le volume des opérations traité par la Caisse représente environ 20 % des émissions pour les obligations du secteur public et 10 % pour celles du secteur privé ;

– des placements sur le marché des **actions,* dictés aussi bien par des motifs d'intérêt national que par le souci de ses intérêts propres et de ceux des déposants et assurés. Pour importants qu'ils soient en valeur absolue, ces placements sur le marché des valeurs à revenu variable ne représentent que 1 % de l'ensemble des actifs gérés par la Caisse.

Un intermédiaire financier aux fonctions multiples :

Ainsi la vocation de la Caisse comme les règles de gestion auxquelles elle obéit font d'elle :

– un des principaux animateurs du marché financier ;

– un des agents principaux du *marché monétaire, par l'importance du portefeuille de bons du Trésor qu'elle détient et gère, et par le rôle qu'elle joue dans la mobilisation des crédits bancaires à moyen terme à l'équipement et des prêts à la construction ;

– le plus important *transformateur de l'épargne liquide ; et son rôle à cet égard ne fait que croître dans la mesure où le Trésor s'est déchargé sur elle d'une partie de ses opérations de prêts (notamment en matière de logement social).

Caisse française de développement (CFD)

(anciennement Caisse centrale de coopération économique)

a : *French Bank for Development* – **d** : *Französiche Kasse für Entwicklung* – **e** : *Caja francesa por el desarrollo*

Établissement public créé en 1946 pour servir d'instrument financier à l'aide française aux pays en voie de développement.

Les ressources de la Caisse sont constituées essentiellement, en dehors de sa dotation, par des prêts du Trésor. Ses fonctions sont variées. Elle joue le rôle d'une *banque d'investissements* dans les États africains et à Madagascar dans le cadre de ses « opérations propres », effectuées à ses risques sous forme de prêts, d'avances ou de prises de participation. Elle assure l'*émission monétaire* dans le territoire de Saint-Pierre-et-Miquelon et gère matériellement l'Institut d'émission des départements d'outre-mer, ainsi que l'Institut d'émission d'outre-mer créé en 1967 pour les territoires du Pacifique. La Caisse est *gestionnaire de fonds* à caractère budgétaire tels que le FAC (* Fonds d'aide et de coopération), le FIDOM (Fonds d'investissement des départements d'outre-mer). Elle sert plus généralement d'intermédiaire du Trésor pour l'octroi de *concours financiers* à divers pays en voie de développement (États du Maghreb ou d'Indochine), et intervient dans les diverses procédures administratives mises en place pour matérialiser l'aide aux États du Tiers Monde (assurance-crédit, garantie de l'État...). La Caisse a la responsabilité de l'application du *contrôle des changes* dans les départements et les territoires d'outre-mer. La Caisse sert enfin d'agent payeur au * Fonds européen de développement.

Caisse mobilière commerciale et industrielle

---

*Filiale de la *Caisse centrale de crédit hôtelier, commercial et industriel, spécialisée dans le financement des ventes à *tempérament.*

Calcul économique

a : *Economic mathematics* – **d** : *Wirtschaftsmathematik* – **e** : *Cálculo económico*

Ensemble des techniques utilisées pour formaliser les choix économiques.

L'expression, très générale, de calcul économique est encore marquée par son domaine initial d'application privilégiée : les théories *marginalistes et la recherche de l'*optimum.

Sous quelques hypothèses générales, même si elles sont très contraignantes — concernant essentiellement les conditions de production et de consommation des biens et services et la répartition des revenus —, on démontre qu'il est possible de définir et de déterminer rationnellement un *choix optimal* conduisant à l'équilibre, c'est-à-dire au seuil de conciliation entre des objectifs parfois antinomiques. La méthode vise, au niveau national, à la recherche de « l'économie de bien-être ».

Les *limitations* d'une telle optique sont évidentes : caractère statique, négligence de nombreuses motivations dans les comportements, etc. Mais elles doivent être dépassées pour expliquer l'extension du calcul à l'ensemble des travaux économiques actuels :

– extension dans son *champ d'application :* le calcul est présent à chaque niveau de l'approche économique, depuis la firme jusqu'aux échanges internationaux en passant par le *secteur et l'entité nationale ;

– transformation dans son *esprit :* même s'il reste marqué par ses origines « micro-économiques », le calcul trouve sa valeur dans l'aptitude à faciliter la modélisation (*voir* Modèle) et la *simulation et à permettre ainsi d'éprouver **ex ante* diverses hypothèses d'actions envisagées ;

– le développement de ses *techniques :* toujours d'origine mathématique, celles-ci se diversifient dans la programmation, les théories de la décision, les jeux probabilistes, etc.

Cette tendance très marquée à une approche systématiquement inspirée des derniers progrès mathématiques est caractéristique du développement des méthodes de management et de « *rationalisation des décisions », originellement abordées par la recherche opérationnelle dans des domaines précis. Corrélativement, l'économétrie s'attache à mesurer et à traduire en termes quantitatifs des phénomènes économiques.

Call of more

Voir Option du double.

Cambiste

a : *Forex-dealer* – **d** : *Devisenhändler* – **e** : *Cambista*

*Agent d'un établissement bancaire, spécialisé dans le commerce des *devises.*

Dans les banques importantes, ou celles spécialisées dans le commerce extérieur, les cambistes travaillent autour d'une « table des changes » munie de lignes téléphoniques et de télex.
Au cours d'une journée, ils commencent par traiter les différentes devises sur la base des cours de clôture de la veille en Europe, et en tenant compte du marché de New York (avec le décalage horaire, les échanges y sont poursuivis cinq heures après la fermeture des marchés européens).
Ils s'efforcent ensuite, à la lumière des événements politiques et économiques mondiaux, d'acheter des devises aux meilleurs cours possible pour les revendre plus cher. Cette activité de *spéculation au jour le jour permet à la banque de rentabiliser sa trésorerie grâce au placement à court terme à l'étranger (sans risque de change) des fonds qu'elle emprunte sur d'autres places.
Ces opérations des cambistes se font soit au profit de la banque elle-même, soit pour le compte de sa clientèle et sur son ordre.

Cambridge (équation de)

a : *Cambridge equation* – **d** : *Cambridge-Gleichung* – **e** : *Ecuación de Cambridge*

Formulation mathématique d'une égalité nécessaire, dans une économie donnée, entre le volume de monnaie d'une part, et l'ensemble formé par le niveau des prix des biens de consommation, la demande d'encaisses du public et la ration de réserve des banques de dépôts d'autre part.

Cette équation est également connue sous le nom d'« équation de Keynes », du nom du célèbre économiste britannique qui l'a formulée. Elle s'inscrit dans la ligne des essais de réduction à une formule simple des rapports complexes qui lient le volume de *monnaie en circulation et le niveau des prix (*voir* Fisher — équation de, *et* Théorie quantitative de la monnaie).

Formulation : Elle se présente sous la forme $N = P (K + RK')$ dans laquelle : N = le volume global de monnaie (monnaie-billets et monnaie scripturale) fourni à l'économie.
P = le niveau des prix des biens de consommation représenté par un *indice calculé sur un échantillon représentatif de ces biens (type « indice du coût de la vie » ou « panier de la ménagère »).
K = la demande de monnaie-billets exprimée en unités d'échantillon de consommation ci-dessus. K est donc égal à la quantité d'échantillons (ou de « paniers ») achetés à un moment donné à l'aide de billets.
K' = une grandeur calculée de manière analogue, mais concernant les achats effectués en monnaie scripturale, notamment à l'aide des dépôts en banque (chèques).

R = la *ratio de réserve des banques de dépôts. Les banques maintiennent en effet une certaine proportion entre la monnaie qu'elles conservent pour garantir leurs dépôts et le montant de ces dépôts eux-mêmes. Pour acheter K', la monnaie utilisée n'est donc pas égale au total de la monnaie scripturale dont PK' doit être affecté de cette ratio de réserve R (*voir* Trésorerie — coefficient de).

Interprétation : La formule signifie que le volume global de monnaie peut se mesurer en potentiel d'achat d'unités de consommation (unité-échantillons), compte tenu du prix de ces unités et des proportions observées d'une part par les particuliers entre leurs paiements en billets et leurs paiements par chèques, d'autre part par les banques entre leurs dépôts et leurs réserves.
Elle sous-entend que le facteur P ou niveau des prix est le résultat du jeu des autres facteurs, autrement dit que $P = \dfrac{N}{K + RK'}$

Valeur : La formule de Keynes met l'accent sur quelques éléments qui n'avaient pas été discernés par d'autres économistes, notamment la politique de *liquidité des banques et l'indice du coût de la vie exprimé en biens de consommation.
Mais elle donne à la masse monétaire une valeur causale qui est exagérée. Elle fait bon marché du volume total de *biens produits* et se limite volontairement à certains facteurs privilégiés de l'économie. Dans cette mesure, elle est d'application limitée et ne peut que servir d'étape à un raisonnement théorique.

Campagne (crédit de)

a : *Seasonal credit* – **d** : *Saisonkredit* – **e** : *Crédito de campaña*

Crédit accordé pour une opération déterminée et pendant un temps limité, correspondant au cycle d'accomplissement de celle-ci (industrie, commerce, agriculture).

Voir Découvert.

Cantonnement

a : *Defeasance* – **d** : *Defeasance* – **e** : *Defeasance*

Technique financière consistant pour une entreprise à loger des créances dans une filiale créée à cet effet.

Cette technique permet à une société mère d'éviter de constituer des provisions si ces créances deviennent douteuses et, si c'est déjà le cas, de « purger » son bilan des provisions afférant à ces créances par leur transfert, conjugué en général avec leur étalement dans le temps.

Capacité d'emprunt

a : *Loan ratio* – **d** : *Darlehenfaktor* – **e** : *Capacidad de empréstito*

Économie d'entreprise : Possibilité pour une entreprise de faire appel à l'emprunt compte tenu de sa structure financière.

La capacité d'emprunt d'une entreprise varie naturellement selon une foule de données, notamment sa taille, la conjoncture du secteur dans lequel elle exerce son activité, sa compétitivité technologique ou commerciale, etc. Au plan strict de l'analyse financière, on convient généralement qu'une entreprise dont la ratio $\frac{\text{capitaux propres}}{\text{capitaux permanents}}$ est inférieure à 0,5 se trouve à la limite de sa capacité d'emprunt. D'autres ratios, telles que $\frac{\text{capitaux propres}}{\text{endettement à long et moyen terme}}$, $\frac{\text{capitaux propres}}{\text{endettement total}}$ et $\frac{\text{actif total}}{\text{endettement total}}$ sont utilisées pour mesurer la capacité d'emprunt d'une entreprise. Sous cet angle, la capacité d'emprunt est, en fait, en raison inverse des coefficients d'*endettement.

Capacité de financement

a : *Financing surplus* – **d** : *Finanzierungsüberschuss* – **e** : *Capacidad de financiación*

---

*Comptabilité nationale : Appellation donnée au solde du compte de *capital d'un agent lorsqu'il apparaît en emploi de ce compte (c'est-à-dire à l'*actif).*

Sous réserve des erreurs ou omissions, la capacité de financement d'un agent correspond à l'excédent des ressources dites non financières (tirées des opérations sur *biens et *services et des opérations de répartition) acquises par lui au cours d'une période donnée (l'année pour les comptes habituels) sur le montant des dépenses non financières effectuées au cours de la même période.

Par voie de conséquence, la capacité de financement *ex post* d'un agent s'analyse comme le montant net des ressources qu'il met à la disposition d'autres agents, par l'intermédiaire des opérations financières.
Logiquement, la capacité de financement d'un agent devrait être égale au solde de la variation de ces *créances et *dettes. En fait, les erreurs et les lacunes dans les mesures statistiques introduisent une différence qui correspond au poste « ajustement ».

Voir Besoin de financement.

Capacité de remboursement

a : *Repayment ratio* – **d** : *Rückzahlungsfaktor* – **e** : *Capacidad de reembolso*

Gestion d'entreprise : Aptitude d'une entreprise à faire face aux échéances des emprunts qu'elle a contractés.

La capacité de remboursement permet de compléter l'appréciation de la capacité d'emprunt.
On mesure la capacité de remboursement d'une entreprise par le rapport $= \frac{\text{marge brute d'autofinancement}}{\text{endettement à moyen et long terme}}$. On admet généralement que si sa valeur est inférieure à 1/3, la capacité de remboursement est médiocre. Une valeur supérieure à 1/3 correspond à une bonne capacité. Les banques se réfèrent à la capacité de remboursement ainsi définie lorsqu'elles peuvent craindre que des crédits de fonctionnement à court terme soient utilisés pour couvrir des remboursements de dettes à moyen et long terme.

Capital

a : *Principal/Capital* – **d** : *Kapital* – **e** : *Capital*

---

*Originellement : Élément principal d'une dette, par opposition aux *intérêts. Par extension : Patrimoine possédé susceptible de rapporter un revenu.*

Toutes les acceptions particulières du terme dérivent de ces deux sens fondamentaux. Voir ci-après.

Capital appelé

a : *Legal capital* – **d** : *Statutarisches Grundkapital* – **e** : *Capital designado*

---

*Montant du capital fixé par les statuts lors de la constitution d'une *société.*

Ce montant appelé n'est cependant pas toujours versé en entier par les souscripteurs de parts ou d'actions dès la constitution de la société ; une partie peut en être libérée progressivement, dans des délais fixés par la loi.

Voir Capital social, Libération du capital.

Capital avancé

a : *Advanced capital* – **d** : *Vorschiessenes Kapital* – **e** : *Capital anticipado*

Analyse marxiste : Valeur des éléments de production engagés dans le processus de production.

La valeur de ces éléments est constituée par la part du *Capital constant dépensée dans le processus (valeur des consommations intermédiaires et valeur de l'usure des moyens de production) et par le *capital variable dépensé en force de travail.
La différence entre la valeur créée et le capital avancé constitue la *plus-value qui concrétise la valorisation du capital avancé.

Capital circulant

a : *Current assets* – **d** : *Umlaufvermögen* – **e** : *Capital circulante*

---

*Éléments du capital technique qui disparaissent dans le *cycle de production.*

Cette disparition signifie qu'ils sont consommés (énergie) ou transformés (matières premières).
La notion de capital circulant s'oppose à celle de *capital fixe, regroupant les éléments du capital technique qui sont utilisés pour plusieurs cycles de production. Par extension, la notion de capital circulant s'étend aux travaux en cours et aux stocks de produits finis non vendus.

Voir Capitaux circulants.

Capital constant

a : *Constant (or non variable) capital* – **d** : *Konstantkapital* – **e** : *Capital constante*

---

*Analyse marxiste : Ensemble des quantités d'inputs de production qui ne voient pas leur valeur modifiée dans le processus de production (matières premières, équipement pour la fraction de sa valeur « consommée »). S'oppose au *capital variable.*

Capital d'exploitation

a : *Operating capital* – **d** : *Betriebsergebniskapital* – **e** : *Capital de explotación*

**Capital technique, à l'exclusion du sol et des bâtiments, utilisé pour la production agricole.*

Il correspond au cheptel dans une exploitation d'élevage.

Capital différé (assurance à)

a : *Endowment insurance* – **d** : *Kapitalversicherung auf den Erlebensfall* – **e** : *Seguro de capital diferido*

---

*Mode d'*assurance et de prévoyance dans laquelle l'assureur s'engage à verser à l'assuré vivant, ou à un tiers désigné, à une date fixée, un capital déterminé, moyennant le versement d'une prime, généralement périodique.*

En principe, les primes restent acquises à l'assureur si l'assuré vient à décéder avant le terme fixé au contrat. Cependant, il est possible à ce dernier, par une contre-assurance ou moyennant une prime supplémentaire, de faire rembourser à ses ayants droit en cas de décès les primes versées.

Capital engagé

a : *Invested capital* – **d** : *Angelegenes Kapital* – **e** : *Capital invertido*

---

*Biens constitutifs de l'*actif d'une entreprise sociétaire.*

Le capital engagé ne se confond pas avec le *capital social, qui correspond aux fonds et valeurs engagés par les associés, enregistrés comme tels au passif du bilan. Le capital engagé doit normalement être supérieur au capital social.

Capital financier

a : *Financial assets* – **d** : *Finanzvermögen* – **e** : *Capital financiero*

---

*Valeur monétaire des titres représentatifs de la propriété des *capitaux techniques d'une entreprise.*

Lorsqu'il s'agit d'actions cotées en bourse, le capital financier correspond à la *capitalisation boursière. Par extension, groupes financiers qui, grâce à la détention de ces titres ou d'autres créances (notamment pour les banques), sont en mesure de s'assurer le contrôle des entreprises.

Capital fixe

a : *Non-current assets* – **d** : *Anlagevermögen* – **e** : *Inmovilizados*

---

*Éléments du *capital technique qui concourent à plusieurs cycles de production.*

Le capital fixe s'oppose au *capital circulant qui disparaît au cours du cycle de production. Le capital fixe se détruit par *usure ou *obsolescence. Cette destruction progressive justifie son *amortissement.

Comptabilité nationale : Le capital fixe est constitué par les biens d'équipement. La notion retenue exclut la terre et le sous-sol.

Voir Formation brute de capital fixe, Formation nette de capital fixe.

Capital monétaire

a : *Monetary capital* – **d** : *Geldkapital* – **e** : *Capital monetario*

---

*Valeur monétaire des éléments constitutifs du *capital technique. Également : Fonds monétaires disponibles (on parle dans ce cas des « capitaux »).*

Théoriquement, le capital monétaire devrait être égal à la valeur comptable des *actifs correspondants d'une entreprise. En fait, il peut y avoir une différence, résultant de l'érosion monétaire ou de l'écart séparant l'*amortissement comptable de la dépréciation réelle du capital technique. Les opérations de réévaluation des *bilans ont précisément pour objet de réduire ces différences.

Capital national

a : *National wealth* – **d** : *Volksvermögen* – **e** : *Capital nacional*

Comptabilité nationale : Ensemble des actifs nets des agents économiques nationaux.

Il n'y a pas encore en France de mesures satisfaisantes de cette grandeur.

Capital risque (société de)

a : *Venture capital financing company* – **d** : *Wagniskapitalgesellschaft* – **e** : *Sociedad de capital riesgo*

Société de capital s'associant avec une entreprise innovatrice en vue d'en financer l'innovation.

Les sociétés de *venture-capital* sont nées aux USA, au lendemain de la Seconde Guerre mondiale, pour assurer le financement de l'*innovation sous forme de prises de *participation dans les entreprises innovatrices. Celles-ci n'ont pas toujours, en effet, le capital ou les garanties suffisantes pour obtenir des prêts à long terme. Il n'est pas sain, en outre, de financer les innovations principalement sur des ressources d'emprunts, à cause des risques spécifiques qu'elles comportent.
En France, les sociétés de financement de l'*innovation constituent l'illustration de cette technique d'intervention.

Capital social

a : *Capital stock/Share capital* – **d** : *Grundkapital* – **e** : *Capital social*

Ensemble des sommes mises de façon permanente à la disposition d'une société par les propriétaires ou associés sous forme d'apports.

Le capital social est constitué par les apports des associés. Une fois réuni, il peut subir un certain nombre de modifications qui s'opèrent de manière différente selon la nature juridique de la société.

Constitution du capital social

Dans une *société anonyme par actions : La constitution du capital social peut s'opérer par apports en nature ou par apports en numéraire.

– Généralement, les **apports en nature* ne concernent qu'une partie du capital constitué. Les apports peuvent consister en terrains, immeubles, matériels, installations, brevets, etc. Cette constitution fait l'objet d'un contrat d'apport.

– Les *apports en numéraire* sont l'instrument le plus répandu de constitution de la société anonyme : le capital social à constituer est divisé en **actions* qui sont souscrites par les apporteurs de capitaux. La *souscription* des actions est susceptible de plusieurs modalités : le capital peut être immédiatement souscrit dans sa totalité par un petit nombre d'actionnaires, notamment lorsque ces actionnaires sont eux-mêmes des sociétés qui en créent ensemble une nouvelle. Il peut également être souscrit par des *syndicats bancaires soit en totalité (prise ferme), soit en partie (garantie) ou par l'intermédiaire de syndicats bancaires pour leur totalité (syndicat de placement) ou pour partie (syndicat de garantie). Il peut enfin être souscrit par émission d'actions dans le public après autorisation préalable ou approbation de la date d'émission par le ministre des Finances. La souscription d'une action, en règle générale, entraîne le versement immédiat en espèces par chaque actionnaire du quart au moins de chacune des actions qu'il souscrit. Les trois quarts restants peuvent ensuite être réclamés à tout moment par la société et doivent être versés en tout cas dans les cinq ans qui suivent sa constitution (la partie non encore versée est dite « non encore libérée »). En contrepartie de son apport, l'actionnaire obtient généralement un droit de vote à l'assemblée générale. Les *parts de fondateurs et les parts bénéficiaires, bien qu'elles ne soient pas délivrées par la société en contrepartie d'un financement, mais généralement de services rendus, peuvent toutefois contribuer indirectement au financement de la société. Ces parts, qui donnent droit à une certaine partie des bénéfices, peuvent en effet être offertes aux souscriptions d'augmentation de capital et constituer ainsi un attrait supplémentaire.

Dans les autres types de sociétés : La constitution du capital social obéit à des règles diverses.

– les *parts sociales du capital social d'une *société en nom collectif* représentent également une portion du capital souscrit, mais elles ne sont ni cessibles ni transmissibles (à la différence des actions) ;

– les parts sociales d'une *société en commandite simple* sont de deux sortes : celles des commandités, inscrites au poste capital, mettent ceux-ci dans une position analogue à celle des associés en nom collectif. Celles des commanditaires, également non cessibles et non transmissibles, ne les rendent solidaires des dettes de la société qu'à concurrence de leurs apports (comme les actionnaires d'une société anonyme) ;

– dans la *société en commandite par actions,* les commandités possèdent des parts sociales à régime identique à celui décrit ci-dessus. En revanche, les commanditaires reçoivent des actions librement cessibles et transmissibles ;

– dans la *société à responsabilité limitée* (SARL), le capital (qui doit être entièrement libéré à la constitution de la société) est représenté également par des parts sociales dont la cession est libre entre associés mais cessibles à l'extérieur seulement avec l'approbation des détenteurs des 3/4 du capital. En revanche, les associés ne sont tenus des dettes sociales que pour le montant de leurs apports ;

– lorsqu'une société le désire, elle peut prendre la forme de *société à capital variable* dont le capital peut augmenter ou diminuer de façon normale par addition ou soustraction d'apports, qui sont toujours représentés par des actions nominatives. Deux applications particulières de ce principe d'association sont : les *sociétés coopératives* où le rôle du capital social est secondaire par rapport au concours en industrie des associés ; les **sociétés d'investissement* à capital variable dont le rôle est précisément de gérer leur portefeuille de valeurs mobilières qui matérialise la participation au financement du capital d'autres sociétés. Les développements ci-après consacrés aux procédures d'augmentation ou de réduction du capital ne s'appliquent donc pas à ces sociétés ;

– à noter enfin que des sociétés, ou plus exactement des associations, peuvent se constituer sans capital social, notamment les associations en *participation et les sociétés de *gestion.

Augmentation du capital social

L'augmentation du capital social peut s'opérer de plusieurs façons.

Par des apports en numéraire : L'augmentation, dont le principe et les modalités sont décidés par une assemblée générale extraordinaire des actionnaires, s'opère de façon analogue à la constitution du capital. Il faut noter toutefois que les actionnaires anciens ont un droit préférentiel de souscription (qu'ils peuvent d'ailleurs négocier à un certain prix) et que, les anciennes actions ayant généralement un cours supérieur à leur valeur nominale, les actions nouvelles peuvent être émises à un prix supérieur au pair ; la différence constituant la « prime d'émission ». Sur le plan de la structure financière de l'entreprise, l'apport en numéraire a pour effet d'augmenter les capitaux propres (passif) et parallèlement les valeurs disponibles (actif). Dans un premier temps, l'aisance de l'entreprise s'en trouve améliorée et son *fonds de roulement net accru.

Par des apports en nature : *Voir* Apport.

Par incorporation de réserves et de bénéfices : *Voir* Incorporation.

Par *conversion de dettes en actions : Les créanciers de la société deviennent alors actionnaires. Ces créances peuvent être considérées comme des apports en nature et suivent leur régime (cas général). Cette conversion s'opère parfois sous forme d'augmentation en numéraire, la libération des actions nouvelles étant imputée sur les créances et à leur prorata. Cette conversion ou *consolidation a pour effet de transformer en associés les anciens partenaires (ou adversaires) créanciers, qui n'ont été ni assez puissants ni assez sceptiques sur l'avenir de l'entreprise pour la placer sous tutelle d'une société de gestion. L'association de créanciers à long terme augmente les capitaux propres de l'entreprise par diminution de ses dettes à long terme et sa structure financière globale est inchangée. L'association des créanciers à court terme augmente également les capitaux propres, mais par diminution des dettes à court terme, ce qui améliore sa structure financière et notamment son *fonds de roulement net.

Parts de fondateurs ou parts bénéficiaires : Dans les sociétés qui en comportent, elles entraînent un certain nombre de difficultés lors d'une augmentation du capital et peuvent notamment peser sur la valeur des actions. Aussi les sociétés de ces formes qui envisagent une augmentation de capital procèdent-elles fréquemment au rachat ou à la conversion en actions de ces *parts.

Augmentation de capital des sociétés par d'autres sociétés : Celles-ci y prennent des intérêts ou les contrôlent. Ces techniques, auxquelles il faut faire une place à part, concourent à un phénomène économique fondamental, le processus de *concentration, qui n'augmente pas le capital social de l'ensemble des sociétés en cause, mais contribue à mieux organiser l'emploi et la rentabilité des moyens de production. Ces opérations peuvent être réalisées par trois techniques : *apport partiel d'actif, *fusion, *scission.

Réduction du capital social

Elle traduit une contraction de la société qui consent à une perte de substance (ou de financement) par suite de la constatation que le capital est trop important eu égard à l'activité de la société ou par suite de résultats déficitaires.

Dans les sociétés par actions, deux procédés de réduction répondent à ces deux cas.

La réduction par remboursement des actionnaires ou rachat en bourse : Le remboursement aux actionnaires d'une partie de leurs actions aboutit à une diminution du capital (*passif) et à une diminution équivalente des valeurs disponibles (*actif). Ce procédé est rare car le capital sert de gage aux créanciers de l'entreprise et ceux-ci peuvent exiger que leur gage soit maintenu, en se retournant même, le cas échéant, contre les actionnaires qui auraient bénéficié d'un remboursement. Le rachat en bourse au cours des actions peut être également avantageux pour la société. Lorsque le titre n'est pas coté en bourse, le rachat est dit « de gré à gré » et doit être accompagné d'une publicité suffisante car des opérations occultes peuvent léser les droits des actionnaires.

La réduction par déduction de pertes : Elle intervient lorsqu'une société a subi une perte de substance et a besoin d'assainir sa structure. Cette réduction peut être le prélude à une augmentation ultérieure sur les bases nouvelles que les souscripteurs éventuels exigent pour éviter de perdre leur part des pertes antérieures. Lorsque la société ne fait que traduire dans ses comptes une contraction durable et que les pertes sont définitives, elle peut employer trois procédés : la réduction de la valeur nominale des actions (dans la limite d'un minimum légal) ; la réduction du nombre des actions par échange des actions existantes contre un nombre moindre d'actions nouvelles ; la combinaison de ces deux systèmes.

Amortissement du capital social

Une société peut décider, à condition que ses statuts le lui permettent, d'*amortir son capital social, c'est-à-dire de désintéresser progressivement ses actionnaires. Cette pratique a pour effet de rendre l'entreprise complètement indépendante ; elle est surtout utilisée dans les cas de *concession de service public limitée dans le temps où l'actif de la société concessionnaire doit faire retour à l'autorité concédante au terme du contrat et doit donc être entièrement à la disposition de la société. Cet amortissement peut s'opérer selon deux méthodes, analogues à celles de la réduction.

Par remboursement direct aux actionnaires : Au moyen des bénéfices et des réserves. Autrefois opéré par tirage au sort, il est aujourd'hui pratiqué progressivement à égalité pour chacun des actionnaires. Une action dont le nominal a été remboursé prend le nom d'action de *jouissance.

Par rachat en bourse ou de gré à gré : Le rachat en bourse est peu pratiqué car une société qui amortit son capital voit normalement ses

actions cotées au-dessus du pair et il n'est pas intéressant pour elle de les racheter. De même, le rachat de gré à gré (avec une publication suffisante) ne peut se faire qu'à des cours élevés.
D'une manière générale, une société qui possède assez de réserves pour amortir son capital n'a donc pas intérêt à racheter ses actions mais à les rembourser.

Capital technique

a : *Non-financial assets* – **d** : *Sachvermögen* – **e** : *Capital técnico*

Biens de production.

Termes synonymes : capital réel, biens capitaux, biens indirects, moyens de production.
Le capital technique comprend les *capitaux fixes et les *capitaux circulants : les premiers concourent à plusieurs *cycles de production, tandis que les seconds sont ou consommés ou transformés dans un cycle de production ou de distribution. La frontière entre les uns et les autres peut d'ailleurs varier selon l'activité économique considérée, ou le niveau d'analyse (micro-ou macro-économique). La distinction reste fondamentale, cependant, dans la gestion de l'entreprise, dont la prospérité dépend évidemment de la bonne utilisation du capital technique : la rentabilité des capitaux circulants dépend de leur rotation, celle des capitaux fixes de leur taux d'utilisation. L'évolution économique moderne se caractérise par un emploi croissant des seconds, ce qui constitue un facteur de rigidité compte tenu de la faible *liquidité de ces capitaux.
Au bilan d'une entreprise le capital technique est ventilé à l'actif aux postes : *immobilisations, *valeurs d'exploitation et *valeurs réalisables à court terme ou disponibles.

Capital variable

a : *Variable capital* – **d** : *Variables Kapital* – **e** : *Capital variable*

---

*Analyse marxiste : Facteur travail intervenant dans le processus de production. Il est qualifié de variable, car la force de travail au cours de ce processus reproduit son équivalent, plus un excédent, la *plus-value.*

Voir Capital constant.

Capitalisation (assurance)

a : *Capitalization (insurance)* – **d** : *Kapitalisierung (Versicherung)* – **e** : *Capitalización (seguro)*

*Technique utilisée en *assurance sur la vie dans laquelle le capital garanti à l'échéance est directement relié aux versements faits par l'assuré ou pour son compte par un tiers (l'employeur en général).*

La relation établie fait intervenir la mortalité (les bénéficiaires étant toujours en définitive moins nombreux que les cotisants) et le rendement des sommes placées jusqu'à l'échéance (la « capitalisation » de ces sommes).

Le calcul des *primes, du capital garanti et des *provisions techniques que la société d'assurances a à constituer pendant la durée du contrat est effectué sur la base de tables de mortalité générale et d'un taux de rendement réglementairement fixé à 3,5 % (4 % et 5 % dans certains types de contrats). Mais les divers systèmes de participations aux bénéfices permettent de distribuer les « bénéfices d'intérêt » qui résultent de l'écart entre le taux d'intérêt réglementaire et le rendement réellement obtenu par la société d'assurances.

La capitalisation est une *technique efficace dans les périodes de stabilité monétaire* et même dans les périodes d'inflation légère. Il suffit que le taux de rendement effectif de l'argent reste supérieur à celui de la dépréciation monétaire. Le problème est alors celui du choix de leurs placements financiers par les compagnies d'assurances (choix limité par la réglementation), celui de l'établissement d'une bonne liaison entre l'évaluation des actifs et celle des engagements, et celui de l'adaptation des primes périodiques versées à l'évolution de la valeur de la monnaie (réalisée en France dans les contrats dits « indexés »).

Mais elle se révèle *inefficace dans les périodes de dépréciation rapide de la monnaie.* En ce cas, les capitaux garantis en valeur nominale se déprécient en valeur réelle au même rythme que la monnaie. D'autre part, le patrimoine des sociétés d'assurances lui-même composé essentiellement de *valeurs à revenu fixe subit une dépréciation équivalente et la gestion financière devient impuissante à compenser l'écart apparu entre les valeurs nominales et les valeurs réelles.

La capitalisation est utilisée dans les pays à monnaie stable non seulement dans les opérations d'assurance, mais également dans la gestion des régimes de retraite. Elle a l'avantage, du point de vue économique, de donner lieu à la constitution de capitaux importants, puisque, à tout moment, les engagements souscrits doivent pouvoir être satisfaits grâce aux provisions constituées.

En France, la capitalisation est la seule technique autorisée pour les opérations d'assurance. La souscription de contrats individuels ne saurait d'ailleurs en utiliser d'autre. Au contraire, les régimes de retraite complémentaires du régime général de la *Sécurité sociale ou les régimes facultatifs reposent, en général, sur l'utilisation de la technique de la *répartition.

Capitalisation (société de)

a : *Capitalization company* – **d** : *Kapitalisierungsgesellschaft* – **e** : *Sociedad de capitalización*

---

*Société plaçant dans le public des titres remboursables soit à échéance fixe, soit par tirage au sort, et payés, en règle générale, au moyen de *primes périodiques très fractionnées.*

La capitalisation combine une opération d'épargne et une loterie. Elle ne comporte aucun élément d'*assurance. Cependant, les entreprises qui la pratiquent font partie de groupes de sociétés d'assurances. Elles sont soumises à une réglementation très voisine de celle des sociétés d'assurances. En particulier, la capitalisation des primes versées se fait à un taux réglementaire, comme en assurance sur la vie.
La capitalisation n'existe guère que dans les pays latins. En France, elle est pratiquée par dix entreprises, dont trois appartiennent au secteur nationalisé, six au secteur privé et une au secteur mutualiste. Les entreprises nationalisées réalisent près de 90 % des opérations. Les primes émises sont en progrès constants. Les actifs des sociétés sont placés dans les mêmes conditions que ceux des sociétés d'assurances.

Capitalisation boursière (ou valeur boursière)

a : *Market capitalization* – **d** : *Börsenkapitalisierung* – **e** : *Capitalización bursátil*

---

*Valeur d'un titre ou d'un ensemble de titres telle qu'elle résulte de leur *cotation à la *bourse des valeurs.*

Le terme de capitalisation boursière (auquel on peut préférer ceux de valeur ou d'évaluation boursière) s'applique aux titres cotés en bourse. Cette notion peut s'analyser comme impliquant *la quantité de capital (monétaire) qu'il serait nécessaire de fournir pour acquérir un titre ou un ensemble de titres à la bourse des valeurs à un moment donné.*
– La valeur (ou capitalisation) boursière d'une *action est celle qui est donnée, pour cette action, par la *cote de la bourse.

– La valeur (ou capitalisation) boursière d'une entreprise est égale au produit de la valeur cotée des actions de cette entreprise par le nombre d'actions qui composent son capital social. (Il est prudent, pour calculer la valeur boursière d'une entreprise, de prendre comme base de calcul des cours de ses actions, des cours moyens plutôt que des cours exceptionnels.)

– La capitalisation des valeurs cotées à une bourse est la somme des cours de ces valeurs à un moment donné. La comparaison de plusieurs capitalisations successives d'ensembles ou de sous-ensembles de valeurs permet d'illustrer l'évolution et les tendances soit d'un marché global, soit de compartiments ou de secteurs d'activités dont les valeurs y sont cotées.

Voir Bourse des valeurs.

Capitalisme

a : *Capitalism* – **d** : *Kapitalismus* – **e** : *Capitalismo*

**Système d'économie d'échange caractérisé par le développement important du *capital technique (moyens de production) mis en œuvre dans le cadre du régime capitaliste.*
*Par extension : *Régime capitaliste lui-même, fondé sur la dissociation entre les propriétaires des moyens de production, qui les utilisent en vue de la réalisation d'un *profit, et les travailleurs, qui les mettent effectivement en œuvre moyennant le versement d'un salaire, rémunérant leur offre de travail.*

• Le système capitaliste a *fortement évolué depuis son apparition* au cours du XVIIe siècle.
A l'origine, essentiellement commercial, il a d'abord fonctionné dans le cadre d'une réglementation étatique souvent très stricte (*voir* Mercantilisme).
A partir du XVIIIe siècle apparaît un capitalisme industriel qui se développe progressivement dans une perspective *libérale caractérisée par l'initiative individuelle et la liberté du marché. Ce capitalisme *classique correspondant à une structure de l'économie décentralisée où l'équilibre de la production et de la consommation est réalisé sur un marché concurrentiel mettant en présence une multiplicité d'entreprises petites ou moyennes et la masse des consommateurs individuels, l'État n'intervenant que pour définir les « règles du jeu » et en contrôler le respect.
En fait, ce régime n'a jamais tout à fait fonctionné selon le schéma pur défini par les économistes libéraux. Son évolution a été marquée par des

*crises, un *interventionnisme plus ou moins accusé de l'État (notamment à des fins protectionnistes) et par une rapide transformation des structures de production, qui s'est accélérée à partir de la fin du XIXe siècle.

● Au capitalisme « atomistique » a succédé progressivement le *capitalisme de groupe.* La nécessité de réunir des moyens de plus en plus importants a entraîné d'abord le passage de l'entreprise individuelle à l'entreprise sociétaire. Puis le double souci de maximiser le profit et de réduire les risques a conduit peu à peu les entreprises à nouer des *ententes en vue de limiter les effets de la concurrence, et à s'engager dans un processus de *concentration pour s'assurer des positions *dominantes sur le marché (*voir* Oligopole, Monopole). En même temps, l'importance croissante des capitaux techniques a contribué à accroître les besoins de financement des entreprises et par voie de conséquence à augmenter la puissance des groupes financiers (*voir* Capital financier), pourvoyeurs de fonds des entreprises. Le processus de concentration a atteint une dimension internationale avec le développement des firmes multinationales. A l'intérieur des entreprises, la technicité croissante des tâches de gestion a conduit parallèlement à démultiplier les fonctions de direction et à dissocier à certains égards le capitaliste, propriétaire, des dirigeants de l'entreprise : le fondement juridique de leur pouvoir n'en reste pas moins la délégation des propriétaires du capital.

● Le processus de concentration s'est accompagné plus récemment, à partir du début du XXe siècle, d'une évolution du rôle de l'État dans les sociétés capitalistes.
Ainsi les nouvelles et croissantes responsabilités reconnues à la puissance publique à l'égard de l'équilibre et de la croissance économiques ont amené l'État à contrôler le fonctionnement des marchés et l'organisation des structures de production (ententes), voire à instituer, à côté du secteur privé, un secteur public constituant l'amorce d'un « capitalisme d'État ». En même temps, l'État a mis en œuvre, avec plus ou moins de bonheur, une politique visant à éviter l'apparition de crises, à concerter les décisions des agents économiques en vue de la réalisation d'objectifs de croissance (*voir* Planification) et à corriger par la *redistribution des revenus les inégalités résultant de leur répartition primaire au niveau du marché. Les économies de marché mêlent ainsi désormais au régime capitaliste, selon une proportion variable, mais progressivement croissante, des éléments partiels d'étatisation et de socialisation.
Dans cette évolution, plusieurs facteurs ont joué un rôle, indépendamment de la logique propre au développement du système lui-même : on peut citer notamment l'analyse critique apportée par la doctrine marxiste, la « concurrence » idéologique des *régimes socialistes auxquels elle a donné naissance, l'évolution propre des théories économiques classiques

(*voir* Théorie keynésienne) et le développement de puissantes organisations collectives de salariés.
Cette évolution fait d'ailleurs l'objet d'analyses théoriques différentes : pour les uns, il s'agit de l'apparition d'un régime mixte différencié où la puissance publique arbitre, et introduit des facteurs de correction au jeu des forces aveugles du marché. Pour d'autres, en particulier dans l'analyse faite par les communistes, il s'agit d'une phase d'adaptation du système où le concours de l'État, sous toutes ses formes, devient nécessaire pour assurer le maintien de la rentabilité du capitalisme privé sous sa forme la plus concentrée. C'est la thèse du *capitalisme monopoliste d'État.*

• L'évolution récente du capitalisme illustre à la fois les traits permanents du système et les nouvelles données qui le caractérisent : aptitude élevée à la plasticité dans les réponses aux nouvelles situations économiques, notamment dans les domaines de la production et de l'*innovation ; problèmes posés par l'imbrication puissance publique-secteur privé dans la maîtrise de certains équilibres dont témoignent les tendances à l'aggravation simultanée du sous-emploi et de l'inflation ; intercommunication croissante des espaces économiques ; puissance des firmes multinationales, à l'égard desquelles les contrepoids nationaux ou internationaux demeurent insuffisants.

Capitaliste

a : *Capitalist* – **d** : *Kapitalist* – **e** : *Capitalista*

Substantif : Apporteur de capitaux (sous forme physique ou monétaire) à une entreprise ; propriétaire des moyens de production mis en œuvre par d'autres ; dirigeant d'une société ou quasi-société ; possesseur de valeurs mobilières.
Adjectif : Qui se caractérise par la dissociation entre la mise en œuvre et la propriété des moyens de production ; qui appartient à un capitaliste.

Capitalistique

a : *Capitalistic* – **d** : *Kapitalistisch* – **e** : *Capitalistico*

**Caractère d'une activité ou d'une *branche de production dans laquelle le *coefficient de capital est élevé.*

Capitaux circulants (ou tournants)

a : *Current assets* – **d** : *Umlaufvermögen* – **e** : *Capital circulante*

---

*Ensemble des éléments de l'actif en rotation permanente dans l'entreprise, constitué par les *valeurs d'exploitation, réalisables et disponibles au net des provisions pour dépréciation.*

Schématiquement, on peut diviser l'*actif de l'entreprise (c'est-à-dire le tableau d'emploi des capitaux) en *valeurs immobilisées nettes (ou actif stable, ou capitaux fixes) et en capitaux circulants.
La notion de capitaux circulants, par référence au plan comptable de 1957, recouvrait sous ce vocable l'ensemble des groupes de l'actif : « **valeurs d'exploitation* », *valeurs réalisables à* « **court terme* » *et* « **valeurs disponibles* » *déduction faite des provisions pour dépréciation.*
Cet ensemble d'actifs est parfois appelé par les banquiers « actif circulant » ou « valeurs de roulement » ou « actif de roulement » ou « partie mobile de l'actif ».
L'adoption du plan comptable de 1982 a contribué à fixer le vocabulaire. En effet, la dénomination d'**actif circulant* y désigne l'ensemble formé par les stocks et encours, les avances et acomptes, les créances, les valeurs mobilières de placement et les disponibilités.

Place des capitaux (ou de l'actif) circulants : Le cycle des capitaux circulants recouvre pratiquement l'activité ou l'objet de l'entreprise (achats de matières, paiement des salaires, vente des produits, etc.). Il est donc normal qu'il constitue les disponibilités nécessaires au remboursement des dettes nées de ces opérations, qui relèvent du *court terme.* En fait, et pour tenir compte de circonstances qui peuvent ralentir la vitesse de ce cycle (et donc la rotation de certains de ces capitaux), il est souvent considéré comme souhaitable que *le montant des capitaux circulants excède le montant des *dettes à court terme qu'ils sont chargés de couvrir.* Cette sorte de « suréquilibre » permet en effet d'éviter que le rythme des échéances des dettes à court terme ne vienne à être plus rapide que le rythme de reconstitution des capitaux circulants eux-mêmes, ralenti par divers aléas. Alors l'entreprise ne serait pas en mesure de faire face à ses échéances.
C'est cette marge de sécurité qui constitue le fonds de roulement net. Les capitaux circulants sont donc financés par les crédits à court terme et une partie des *capitaux permanents. Cette partie des capitaux permanents (cette marge de sécurité) mesure donc leur différence d'avec le fonds de roulement net (l'autre partie des capitaux permanents finance les valeurs immobilisées nettes).

Capitaux fébriles

a : *Hot money* – **d** : *Hot money/Heisses Geld* – **e** : *Dinero caliente/Capitales febriles*

---

*Capitaux à court terme se déplaçant d'un pays à un autre, et donc d'une *devise à une autre, à des fins spéculatives.*

• Normalement nécessaires pour assurer le règlement des opérations entre *résidents et non-résidents, les mouvements internationaux de capitaux à court terme sont aussi provoqués par les écarts de taux d'intérêts entre les différentes places financières. Les détenteurs d'avoirs à court terme à la recherche du meilleur rendement sont amenés à déterminer, et à faire varier, la composition de leur portefeuille en fonction des conditions de placement qui leur sont offertes sur les divers marchés auxquels ils peuvent accéder. Ces deux séries de motivations, règlement des soldes de *balance des paiements, rentabilité des placements à court terme, ne suffisent cependant pas à exprimer les déplacements massifs et rapides de capitaux courts qui perturbent les marchés des *changes et sont liés aux crises répétées du système monétaire international constatées dès le XIXe siècle, mais particulièrement fréquentes entre les deux guerres mondiales, puis à nouveau depuis le début des années 60. L'extrême brutalité de ces mouvements, les obstacles rencontrés pour déterminer avec précision les facteurs rationnels qui les provoquent — surmontés le plus souvent en définissant comme spéculation un ensemble complexe de mobiles — amènent à les considérer comme un phénomène particulier, le **hot money*, ou capitaux fébriles, dont la maîtrise apparaît souhaitable sans que les moyens propres à y parvenir aient été éprouvés.

• Les mouvements internationaux de capitaux à court terme sont susceptibles de prendre des *formes* variées, à l'initiative d'opérateurs très nombreux, sans que l'analyse de ces deux éléments puisse être utilisée pour isoler de l'ensemble les déplacements de capitaux flottants.
Déposer des avoirs en devises dans des banques non résidentes, acquérir des créances à court terme sur des non-résidents sont les moyens les plus apparents pour exporter des capitaux à court terme ; mais ce ne sont pas les seuls.
L'acquisition de valeurs mobilières — titres à long terme juridiquement, et dont la circulation entre résidents et non-résidents est bien recensée dans les chapitres consacrés aux capitaux à long terme de la balance des paiements —, négociables à tout instant sur les marchés financiers, peut constituer un moyen détourné de placer ses disponibilités dans une devise recherchée. Enfin, le jeu du *termaillage permet des déplacements massifs de fonds et explique que les mouvements de capitaux fébriles

soient particulièrement difficiles à distinguer de ceux de l'ensemble des capitaux à court terme recensés dans la *balance des opérations en capital.
Souvent, dans leurs déclarations publiques, les gouvernements des pays, dont la monnaie est menacée par des arrivées ou des départs massifs de capitaux liquides, en attribuent la responsabilité à certaines catégories d'opérateurs. Les États producteurs de pétrole et détenteurs de *réserves importantes, les *firmes multinationales gérant des établissements dans plusieurs pays et contrôlant dès lors une trésorerie répartie entre diverses monnaies, peuvent évidemment décider de mouvements internationaux de capitaux ; sans doute y sont-ils particulièrement portés par la nécessité où ils sont de détenir des avoirs en devises importants ; pour autant, ils ne sont pas seuls à disposer de cette faculté. Particuliers, entreprises, institutions financières et États, dès lors qu'ils participent aux échanges internationaux, sont amenés à surveiller la composition de leur portefeuille en devises, et tout changement apporté à cette composition se traduit par des *conversions de capitaux liquides.

• Il ne reste plus dès lors que les *mobiles* pour délimiter les capitaux flottants. Seraient des mouvements de capitaux à court terme « normaux » ceux qui sont nécessaires pour le règlement des opérations économiques internationales, ceux aussi qui, répondant aux différences constatées entre les taux d'intérêts — ou entre les possibilités de placements à court terme d'une place financière à l'autre —, correspondent au souci des agents de gérer habilement leur portefeuille d'avoirs liquides. La spéculation, en revanche, caractériserait le hot money.
Les mouvements de capitaux flottants sont effectivement très sensibles à la confiance des opérateurs en telle ou telle monnaie. Confiance ou méfiance à l'égard d'une monnaie sont la résultante de facteurs nombreux dont l'analyse relève plus souvent d'une recherche psychologique et sociale que de l'inventaire d'éléments considérés *a priori* comme économiquement rationnels. Les perspectives de balance des paiements, et donc l'évolution du taux de change, en sont un déterminant. Mais, au-delà de la situation des paiements extérieurs, c'est le jugement porté sur l'ensemble de la politique économique, voire sur la stabilité politique du pays, qui influera sur les mouvements de capitaux — une législation fiscale nouvelle inquiétant les détenteurs de capitaux, les craintes d'une crise sociale ou politique grave, ou encore le cas extrême d'un conflit international en perspective, sont souvent à l'origine des fuites de ces capitaux.

• Les capitaux susceptibles de devenir fébriles en période d'incertitude sur le marché des changes représentent une *masse considérable.* Ils comprennent bien sûr les avoirs liquides et à court terme détenus par des non-résidents dans les principales monnaies ayant un rôle international (*dollar, *mark, *livre — *voir* Balances sterling —, *franc...) et déposés auprès du système bancaire du pays d'émission, ainsi que les *eurodevises qui circulent sur les marchés internationaux. Mais il faut aussi y inclure tout ou partie des créances et dettes de toute nature, dont le montant ne peut être déterminé, qui lient les agents engagés dans des transactions internationales et se créent ou disparaissent en même temps que se nouent ou se dénouent les opérations de commerce extérieur, ou les échanges de services.

● Dès lors, les mouvements de capitaux fébriles sont d'autant plus nocifs qu'ils contribuent à *accentuer les déséquilibres de balances des paiements,* lorsqu'ils ne les créent pas.

– En régime de *changes fixes,* le schéma traditionnel, inspiré des mécanismes de l'*étalon-or, voudrait que le déficit de la balance des paiements (considéré dans ce cas comme étant celui de la balance de base) se traduise par une diminution des réserves qui, contractant la masse monétaire, exerce une action déflationniste favorable au rétablissement de l'équilibre de la balance, et provoquant une hausse des taux d'intérêt, encourage les entrées de capitaux à court terme et atténue la charge pesant sur les réserves officielles. Ce modèle — et son symétrique qui s'applique aux cas d'excédents — ignore le rôle déterminant des anticipations. La réduction des *réserves de change ou le déficit de la balance qui la laisse présager amènent les opérateurs à douter de la capacité de la *banque centrale à maintenir la *parité de la monnaie. La rémunération des capitaux placés, quelque élevés que soient les taux d'intérêts, apparaît dérisoire en face des perspectives de gain en capital réalisables si une *dévaluation devait intervenir. Les capitaux à court terme ont alors tendance à venir s'ajouter aux sorties de devises nécessaires pour couvrir le déficit de la balance. Ils accélèrent alors la dégradation des réserves officielles au-delà de ce que justifiait le déséquilibre initial. Lorsqu'ils sont provoqués par des considérations politiques et sociales, les mouvements du hot money peuvent même se faire en sens contraire de celui que suggérait la situation des paiements provoquant des crises qui, à cet égard, paraissent artificielles.

– En régime de *changes flottants,* l'influence des transferts de capitaux fébriles se fait sentir directement sur le taux de change. Là encore, ils amplifient, au-delà de ce que justifierait la situation de la balance de base, les variations de cours sur les marchés des changes — parfois même elles provoquent des évolutions contraires — et en contrarient par là le rôle stabilisateur.

● Amplifiant les difficultés de balances de paiements, les capitaux fébriles font peser une contrainte sur les politiques économique et monétaire nationales, et sont une source de préoccupation croissante pour les gouvernements qui n'ont cependant pas encore trouvé les moyens d'y parer.

– Les *concours mobilisables* par les banques centrales (*réserves, *swaps, tirages sur le *FMI...) sont vite insuffisants pour une intervention décisive sur le marché des changes, face à la masse de la spéculation lorsque celle-ci est vraiment engagée (le nombre des spéculations s'accroît au fur et à mesure que dure la crise, la crainte d'une perte de change incitant les opérateurs les plus réservés à des placements de précaution).

– La manipulation des *taux d'intérêt,* outre son efficacité incertaine démontrée par l'histoire de ces trente dernières années, présente l'inconvénient majeur de subordonner la politique monétaire interne à des préoccupations extérieures.

– Le *contrôle des changes* reste lui aussi d'une efficacité limitée. Dans les cas extrêmes de crise de défiance aiguë, la fraude ne peut plus être contenue, pas même sous la forme spectaculaire des transferts physiques de billets de banque. Par ailleurs, les liens étroits qui existent entre mouvements de capitaux à court terme et règlements des opérations internationales amènent à rechercher des compromis douteux entre la volonté des pouvoirs publics de restreindre au minimum les entraves aux échanges économiquement ou politiquement sains (commerce, échanges de services, tourisme...) et leur lutte contre les entrées et sorties de capitaux spéculatifs. Draconien, le contrôle nuit aux relations internationales ; souple, il laisse subsister des possibilités de fuites que la spéculation exploite avec succès.

● Ainsi, sauf à remettre en cause la *convertibilité et la *libération des échanges, les gouvernements sont mal armés pour limiter les mouvements du hot money qui reste un phénomène essentiel dans les relations économiques internationales. Son importance est révélatrice de la crise du système monétaire occidental. Tant que celui-ci reposera sur le dollar, dont le rôle monétaire est disproportionné par rapport à la puissance économique relative des États-Unis, la confiance manquera. La reconstruction d'un *système monétaire international stable pourrait seule faire disparaître les comportements de spéculation — ou de précaution — dont dépendent les capitaux à court terme. Elle suppose sans doute que, face à la domination excessive de la monnaie américaine, des contrepoids s'organisent. A cet égard, le *SME constitue une tentative dont le succès, s'il se confirmait, pourrait constituer un premier pas.

Capitaux flottants

*Synonyme de *capitaux fébriles.*

Souvent employé pour désigner la masse des capitaux liquides susceptibles de se déplacer rapidement d'une *devise à une autre, le terme de capitaux flottants reflète mal le contexte de crise caractéristique le plus souvent des *conversions brutales et massives que décident les opérateurs en période d'incertitude monétaire. Aussi l'appellation de capitaux fébriles est-elle mieux adaptée.

Capitaux mobiliers

a : *Movable assets/Movable property* – **d** : *Bewegliche Vermögenswerte* – **e** : *Capitales mobiliarios*

Titres négociables représentatifs d'une créance en capital.

Voir le sens premier du mot Capital. Exemples : *action, *obligation, *créances hypothécaires. Synonyme de *valeurs mobilières.

Capitaux permanents

a : *Necessary operating capital* – **d** : *Betriebsnotwendiges Kapital* – **e** : *Capital permanente*

Fonds à la disposition de l'entreprise de façon permanente ou durable.

Schématiquement, les capitaux mis à la disposition de l'entreprise comprennent, d'une part, les capitaux permanents, d'autre part, les dettes à court terme (tous inscrits au passif). Les capitaux permanents se composent, d'une part, des capitaux appartenant en propre à l'entreprise, d'autre part, de ceux qu'elle est destinée à rembourser dans un certain délai (emprunts à long et moyen terme) ainsi que certaines provisions et des subventions d'équipements reçues par l'entreprise.
Les capitaux permanents sont également appelés « ressources permanentes » ou « ressources ».

Composition

Les capitaux permanents comprennent :

Les *capitaux propres : Déduction faite (éventuellement) :
1) des frais d'établissement (qui doivent être amortis aussitôt que possible et donc comptés pour zéro) ;
2) du report à nouveau déficitaire ;
3) de la perte de l'exercice ;
4) des autres pertes ou non-valeurs figurant à l'actif.

Les *dettes à long et moyen terme : Les dettes à moyen terme s'intègrent normalement dans les capitaux « permanents », car elles servent généralement à financer des équipements productifs qui doivent être renouvelés.
A ces deux éléments fondamentaux s'ajoutent :

Les *provisions pour pertes et charges : Elles ont un caractère renouvelable.

Les *subventions d'équipement : Éventuellement reçues par l'entreprise.
On voit que la notion de capitaux permanents recouvre d'une part les capitaux que l'entreprise est dite posséder en propre, d'autre part les capitaux dont elle dispose de façon durable mais sous certaines conditions. Ces capitaux durables sont « conditionnels » en ce qu'ils doivent être remboursés à terme (dettes), en ce qu'ils devront couvrir des charges probables (provisions) ou en ce que leur emploi n'est pas totalement libre (subventions d'équipement).

Montant des capitaux permanents

D'une manière générale, on peut dire que les capitaux permanents doivent permettre de financer *toutes les valeurs immobilisées et doivent permettre, en outre, de constituer un *fonds de roulement suffisant.* On conçoit que, dans une entreprise en période de démarrage, les capitaux permanents doivent également couvrir les frais propres à cette période tels que frais exceptionnels, recherche de clientèle, frais de mise en fonctionnement de divers services, etc.
La recherche de leur niveau optimal obéit à des règles particulières à chaque type d'entreprise, mais doit tenir compte des éléments suivants.

Une insuffisance des capitaux permanents : C'est-à-dire une situation où les capitaux ne couvrent pas au moins les valeurs immobilisées et un fonds de roulement suffisant peut rendre l'entreprise fragile, obnubilée par les problèmes de trésorerie et de crédit, avec les dangers de dépendance que cette situation comporte, notamment à cause de sa sensibilité à la conjoncture (et donc au chiffre d'affaires escompté).

Une surabondance de capitaux permanents : Cela correspondrait à une situation (à vrai dire assez théorique) où ceux-ci couvriraient, en plus des immobilisations, tous les besoins de fonctionnement de l'entreprise. (Ils seraient dans ce cas au moins égaux au moment le plus élevé des *capitaux circulants enregistrés dans l'exercice.) Dès lors, soit l'entreprise serait tentée de se suréquiper en faisant des investissements marginaux ou de prestige (voire inutiles) que ses moyens lui permettent de financer (l'opulence émousse l'acuité de jugement), soit elle conserverait des disponibilités inemployées et une trésorerie pléthorique. Si une partie de ces capitaux était empruntée à moyen ou long terme, elle paierait, en outre, des intérêts pour des fonds inutilisés. En tout cas, elle risquerait de payer son opulence apparente par une diminution de rentabilité.

Emploi des capitaux permanents

Compte tenu de ce que les capitaux permanents se composent essentiellement des capitaux propres et des capitaux empruntés à terme, quels doivent être le dosage et l'affectation de chacune de ces deux grandes catégories ?

Ils sont évidemment très variables selon les espèces et selon les politiques d'entreprises. Les hypothèses qui suivent relèvent d'une optique purement comptable, mais méritent d'être citées en raison de leur vertu analytique.

Les capitaux propres : Ils couvrent l'implantation de l'entreprise ainsi que ses risques et ses paris, c'est-à-dire les investissements dont la rentabilité n'est pas directe, ou pas certaine.
On considère généralement que *les terrains et les constructions* doivent être financés par les capitaux propres. Ils constituent l'assiette de l'entreprise et l'infrastructure sur laquelle viendront s'implanter les investissements directement rentables. Les risques sont soit ceux de l'activité de l'entreprise elle-même, lorsqu'elle agit dans un secteur fluctuant, soit ceux qui tiennent à des investissements nécessaires mais dont la rentabilité n'est pas certaine (volume, date d'apparition de la rentabilité). A plus forte raison *les paris* faits sur le lancement d'un produit nouveau et les investissements qui en découlent devraient être financés au moins en grande partie par l'entreprise.
A la vérité, l'observance de ces règles *est pratiquement imposée par les organismes de crédit* qui refusent généralement de prêter pour couvrir des investissements dont la rentabilité attendue n'est pas démontrée.

Les emprunts à terme : Ils sont remboursés par le fruit de leur utilisation.

• On convient qu'un emprunt à *long terme* doit être remboursé au moyen des *bénéfices futurs. On tolère que, si ceux-ci sont insuffisants, les *amortissements industriels contribuent également à le rembourser. Ce principe traditionnel aboutit à définir une sorte d'« autonomie financière » de l'investissement rentable réalisé par l'emprunt. On remarquera toutefois :

– que par le jeu de la dépréciation monétaire — phénomène fréquemment constaté — les charges de l'emprunt sont allégées dans le temps et que l'équation envisagée ci-dessus peut en être affectée ;

– que la rentabilité de chaque investissement ne peut pas toujours être isolée de l'ensemble, et que la solidité et la rentabilité globales de l'entreprise constituent souvent pour le prêteur des éléments fondamentaux de la décision.

• Les emprunts à *moyen terme* (environ 5 ans) financent normalement des *investissements d'une durée d'utilisation du même ordre et d'une rentabilité suffisante escomptée sur cette période. On doit noter, toutefois, que les emprunts à moyen terme peuvent servir de relais à des emprunts à long terme attendus, et couvrir ainsi des investissements de longue durée en raison des difficultés souvent éprouvées par les entreprises à obtenir rapidement les emprunts à long terme ; qu'inversement des emprunts à long terme peuvent couvrir des investissements de durée moyenne à condition que leur rentabilité soit suffisante pour en couvrir les *intérêts.
D'une manière générale, les banques essaient de faire correspondre la durée de leurs prêts avec la durée des investissements qu'elles doivent financer.

Les capitaux propres doivent gager les capitaux empruntés : On peut considérer en effet que l'endettement à long et moyen terme ne doit pas excéder le montant des capitaux propres, qui constituent le gage de la personnalité et de l'indépendance de l'entreprise. Certains pays étrangers (par exemple, l'Allemagne) ont même consacré cette règle par une disposition légale.

• L'illustration de cette règle est que le *rapport des capitaux permanents à l'endettement à long terme et moyen terme* doit être égal ou supérieur à 2.

Ce rapport s'écrit : $\dfrac{\text{capitaux permanents}}{\text{emprunts à long et moyen terme}} \geqslant 2$

• Cela dit, les proportions entre capitaux propres et capitaux empruntés sont souvent le fruit de circonstances extérieures plus que d'une volonté délibérée. Exemples : les détenteurs de capitaux peuvent, selon les cas, préférer participer au *capital social (capitaux propres) ou prêter des fonds. Sur le marché financier, l'entreprise à la recherche de capitaux peut, de même, trouver des dispositions plus ou moins favorables de celui-ci pour l'*action (augmentation des capitaux propres pour l'entreprise) ou pour l'*obligation (emprunts à long terme). Son choix peut être dicté par son besoin d'indépendance accrue (capitaux propres) ou par le fait qu'elle peut disposer de garanties intéressantes (*cautions d'autres sociétés...), utilisables pour obtenir un emprunt, etc. On voit que les règles et distinctions énumérées ci-avant admettent, pour la plupart, de nombreuses exceptions ou modifications selon la structure de l'entreprise, son crédit, sa rentabilité globale, l'état du marché financier et les dispositions des organismes de crédit notamment. L'appréciation de la dynamique globale de l'entreprise reste le meilleur moyen de juger de sa santé.

Capitaux propres

a : *Stockholder's equity/Shareholder's equity* – **d** : *Eigenkapital/Eigene Mittel* – **e** : *Capitales propios/Fondos propios*

Ensemble des capitaux appartenant en propre à une entreprise.

On dit aussi : fonds propres.

On est convenu de donner le nom de capitaux propres à l'ensemble des ressources figurant au *passif du bilan qui ont un caractère permanent (*voir* Capitaux permanents) et qui ne proviennent pas de l'emprunt. Selon la présentation du plan comptable de 1957, la composition de cet ensemble est :

– le *capital social,

– les « primes d'émission d'actions » (excédent du prix d'émission sur la valeur nominale des actions à l'occasion d'une augmentation de capital),

– le groupe des *réserves.

Mais *il est normal d'ajouter* à ces trois groupes, pour aboutir à une évaluation plus réelle des capitaux propres :

– « le *report à nouveau » lorsqu'il est positif, c'est-à-dire la partie des résultats bénéficiaires de l'exercice qui n'est pas mise en distribution,

– la partie du groupe des *provisions pour pertes et charges qui ne correspond pas à un objet réel (qui est ainsi assimilable à une réserve).

En revanche, *un certain nombre de déductions* doivent éventuellement être opérées sur ce total. Elles concernent les frais d'établissement non encore amortis, le report à nouveau lorsqu'il est négatif (pertes antérieures), la perte éventuelle de l'exercice ainsi que les autres pertes ou non-valeurs qui pourraient être dissimulées dans l'actif apparent.

La rubrique des « capitaux propres » recouvre en fait les apports en capitaux du ou des propriétaires, y compris les bénéfices qu'ils n'ont pas prélevés sur les résultats de l'entreprise. Dans les *entreprises* ou *sociétés nationales,* les capitaux propres sont alimentés par les dotations en capital octroyées par l'État de manière régulière ou intermittente.

Dans le *plan comptable révisé* de 1982, les capitaux propres comprennent : *capital, primes d'émission d'actions, *réserves, *report à nouveau (solde créditeur ou débiteur), résultat net de l'exercice, subventions d'investissement, provisions réglementées.

Capitaux tournants

Voir Capitaux circulants.

Caractère

a : *Characteristic* – **d** : *Merkmal* – **e** : *Carácter*

Statistique : Grandeur ou signe contribuant à l'identification.

La description d'une *population statistique — terme générique hérité de la démographie mais s'appliquant à tout ensemble d'unités distinctes — se fait par l'énumération ordonnée de certaines caractéristiques, ou caractères, de ladite population. Ainsi, l'âge, le sexe et la qualification pour les membres d'une collectivité, à un instant donné ; le *bénéfice, l'effectif moyen et le montant des *amortissements annuels pour une entreprise, sur une période définie, sont des « *caractères* ». Chaque caractère peut présenter deux ou plusieurs *modalités,* selon la situation

effective de chaque variable. Ainsi, l'état matrimonial d'un individu peut être précisé par les modalités suivantes : célibataire, marié, veuf, divorcé, remarié, etc.
Si les modalités ne sont ni mesurables, ni repérables, le caractère est dit qualitatif. La description consiste alors à ranger chaque individu dans une rubrique d'une nomenclature établie de telle façon que chacun figure dans une et une seule des rubriques. Un exemple classique est fourni par la classification *socioprofessionnelle de l'INSEE.
Le caractère est quantitatif si les diverses modalités en sont mesurables ou au moins repérables, c'est-à-dire qu'à chaque modalité peut être attachée une valeur numérique. Celle-ci est appelée *variable statistique.

Carte de crédit

a : *Credit card* – **d** : *Kreditkarte* – **e** : *Tarjeta de crédito*

Procédé de règlement par les particuliers de leurs achats de biens et services, fondé sur la présentation d'une carte, établie au nom du débiteur par un organisme qui se charge du règlement pour le compte de celui-ci.

Une communauté de paiements

Cette nouvelle technique de règlement, née aux États-Unis vers 1950, peut se substituer au *chèque. Comme celui-ci, elle est fondée sur l'emploi de la « monnaie de banque » constituée par les dépôts des particuliers. Elle peut être utilisée à l'intérieur d'une communauté de paiements comprenant trois parties.

Les particuliers titulaires d'une carte : Ils présentent celle-ci et apposent leur signature sur la facture lors de leurs achats ; ce procédé de règlement est pour eux plus simple que l'établissement d'un chèque ; les relevés mensuels d'achat, appuyés de factures, facilitent la tenue de leurs comptes et la justification de leurs dépenses professionnelles.
La carte « de paiement » peut comporter bénéfice d'un crédit : certaines cartes n'entraînent qu'un différé de paiement (reporté à la fin du mois) ; d'autres formules constituent un véritable instrument de *crédit personnel offert par le banquier qui se charge du règlement des achats. La carte peut enfin servir dans certains cas d'instrument de retrait (retrait d'espèces ou même obtention de devises dans un réseau international).

Les commerçants adhérents au réseau : Outre l'augmentation de leur activité liée à l'offre de cette nouvelle facilité pour la clientèle, ils voient leurs opérations allégées lors de la vente (pas de règlement en espèces ni mise à l'encaissement de chèques) et dans la tenue de la comptabilité appuyée sur les relevés des organismes émetteurs de cartes. La carte peut comporter un avantage accessoire si l'établissement émetteur garantit les paiements (certains systèmes comportent cette garantie dans la limite d'un plafond par achat).

L'organisme émetteur de cartes : C'était à l'origine une chaîne d'organismes de distribution ou un organisme spécialisé constituant un réseau de commerçants (*voir* Account). L'extension du réseau résulte surtout de l'émission de cartes par une grande banque, mieux encore par un groupe de banques, qui y voient la possibilité de développer les dépôts en habituant les particuliers à *domicilier en banque leurs dépenses courantes, un élément de publicité auprès de la clientèle des particuliers comme des commerçants, enfin le support d'un développement du crédit personnel, source de profits.

Les frais du système

Les avantages du système doivent être tels que chacun accepte d'en supporter les *frais* qui sont :

Pour les banques : Des frais de lancement (prospection des commerçants et des particuliers, publicité, organisation) avec pour contrepartie les commissions encaissées ;

Pour les particuliers : Des frais fixes perçus lors de la délivrance de la carte (20 F par an par exemple), en dehors des frais variables selon le crédit qui leur est effectivement consenti ;

Pour les commerçants : Une commission en pourcentage des ventes réglées par ce procédé (2 à 6 % du chiffre d'affaires) et, parfois, une commission fixe par facture ; un certain décalage dans leurs encaissements reportés à fin de mois.

Généralisation

Les premières cartes (Diner's club, American Express) étaient réservées à une clientèle sélectionnée par le revenu et utilisables à des fins limitées (dépenses de luxe, de loisirs et voyages). Avec la participation des banques, la multiplication des commerçants et des particuliers adhérant au réseau, la carte de crédit, utilisée pour le règlement de dépenses courantes, a pris un *caractère de généralité.*
Aux États-Unis, la carte de la Bank of America créée en 1959 est utilisable auprès de 60 000 commerçants par 2 millions de titulaires ; celle de la Barclay's Bank en Grande-Bretagne par un million de titulaires pouvant s'adresser à 40 000 commerçants. En France, la « carte bleue » a été créée en 1967 par les cinq principales banques de dépôts et réunit l'essentiel des banques.
Associée à l'emploi de moyens électroniques et dispersés, la carte de crédit peut devenir un moyen de *réduire l'usage du chèque* dont le traitement

pose aujourd'hui aux banques les problèmes d'une gestion matérielle dont le coût est mal couvert par le droit d'employer des dépôts à vue non rémunérés : un réseau de machines intercommunicantes, entre le centre du réseau, les comptes des clients et les commerçants participants doit accélérer et alléger le traitement d'un nombre considérable de règlements courants.
Elle est à la base du développement d'un *crédit personnel* prenant en considération la seule existence du revenu du titulaire de carte : aujourd'hui l'emploi de la carte suppose l'existence d'un revenu régulier minimum et peut comporter un crédit « revolving » d'un montant défini ; parfois même la carte ne supprime pas l'emploi du chèque mais ouvre droit seulement à un crédit amortissable sur dix mois (« intercarte » des banques populaires).

Carte d'exportateur

Carte délivrée par les pouvoirs publics français aux entreprises exportatrices et à laquelle sont attachés divers avantages.

L'institution de la carte d'exportateur s'est inscrite dans les efforts des gouvernements pour encourager le développement des *exportations. La carte d'exportateur, par les avantages qu'elle impliquait, permettait ainsi de récompenser les entreprises qui réalisaient les ventes à l'étranger et contribuaient à créer une « mentalité exportatrice » chez les producteurs nationaux. La carte d'exportateur a été instituée par un décret du 10 août 1957 et son régime a été complété par des mesures ultérieures.

Bénéficiaires

La carte d'exportateur était *délivrée par une « commission des exportations »* créée à cet effet. Les entreprises qui en faisaient la demande en bénéficiaient à condition d'avoir réalisé un volume d'exportations minimal exprimé en pourcentage du chiffre d'affaires total et variable suivant les types d'activités — producteur, négociant, commissionnaire ducroire.

Avantages attachés à la carte d'exportateur

Les titulaires pouvaient soumettre leurs problèmes techniques et financiers à une Commission des exportations. Celle-ci les examinait en liaison avec l'ensemble des services compétents et apportait son aide technique aux exportateurs. Ils bénéficiaient également d'avantages automatiques, d'ordre financier notamment :

• Augmentation de la quotité garantie accordée au titre de l'assurance-foire et de l'assurance-prospection par la *COFACE.

Dispense de caution pour les achats effectués en franchise de *TVA au-delà du contingent exporté l'année précédente et servant de référence à cette procédure.
Assouplissement des régimes de transferts à des filiales situées à l'étranger (lorsque ceux-ci étaient en vigueur les titulaires de la carte d'exportateur bénéficiaient de l'octroi d'un supplément de 3 % au titre de leurs comptes *EFAC).

• Les avantages matériels et financiers accordés aux titulaires de la carte d'exportateur étaient *limités* car des privilèges et des dégrèvements plus importants pouvaient tomber sous le coup des interdictions édictées par l'Accord général sur les tarifs et le commerce (*GATT) et le traité de la *Communauté économique européenne. Aussi a-t-elle constitué essentiellement un « *diplôme de bon exportateur* », à valeur surtout psychologique et traduisant des relations suivies de l'entreprise avec l'administration du commerce extérieur.

Cartel

a : *Cartel* – **d** : *Kartell* – **e** : *Cártel*

**Entente réalisée entre des entreprises indépendantes les unes des autres en vue de limiter ou de supprimer les risques de concurrence. (Du latin :* charta, *charte.)*

Le cartel se distingue : du *trust, et de l'association en participation, car les entreprises constitutives restent indépendantes ; du simple accord entre entreprises, dans la mesure où il comporte souvent l'organisation de services d'exécution communs.

• Les accords de cartels peuvent porter sur des *objets variés :* répartition de la production, partage des débouchés, politique des prix... Dans les cartels perfectionnés, on relève en général l'existence d'un comptoir de vente central qui constitue l'écran intermédiaire entre les entreprises membres de l'entente et les consommateurs.

• La *constitution d'un cartel* n'est possible qu'entre entreprises importantes et de puissance relativement comparable, fabriquant les mêmes produits ou un groupe de produits homogène, et représentant une part importante, sinon prépondérante, dans la production de la branche considérée.

• La *motivation* du cartel est avant tout la sécurité du *profit, mais la tentation est évidemment grande de viser l'asservissement du marché et d'organiser celui-ci sur une base monopolistique (*voir* Monopole). Pour cette raison, dans la plupart des économies de marché, des dispositions législatives sont venues interdire ou réglementer de façon restrictive la constitution des cartels. Leur efficacité dépend en fait de la réalité du contrôle dont cette législation prévoit l'organisation et de la portée des sanctions inscrites dans la loi.

• Les cartels peuvent être organisés dans un *cadre national :* c'est ainsi le cas de l'Allemagne qui les a vus fleurir entre les deux guerres, notamment sous la forme de *konzern. Ils peuvent aussi être institués à l'*échelle internationale :* ainsi en est-il, par exemple, du cartel des sociétés productrices de pétrole qui existe depuis cinquante ans.

Voir Corner, Entente, Konzern, Trust.

Cartellaire (crédit)

a : *Syndicated loan* – **d** : *Konsortialkredit* – **e** : *Crédito cartelario*

Crédit à court ou moyen terme consenti à une même entreprise par plusieurs banquiers constitués en association ou cartel bancaire.

Dans cette formule d'intervention, chacune des banques assure un certain pourcentage du crédit, conformément à la part qu'elle a prise dans le *barème, ou tableau de répartition des crédits par banque. Le montage du crédit est assuré par celle des banques qui assume les fonctions de *chef de file, lequel négocie avec le client les conditions de crédit qui sont appliquées par l'ensemble des banques du cartel.

Cartogramme

a : *Cartogram* – **d** : *Kartogramm* – **e** : *Cartograma*

---

*Description graphique d'unités statistiques à deux dimensions suivant un *caractère (ou, rarement, plusieurs).*

Le cas de loin le plus fréquent est celui d'unités géographiques, par exemple les 95 départements ou les 22 régions en France.

Caractéristiques : A chaque unité sont associées une ou deux grandeurs à représenter, qui peuvent être une intensité (densité, taux divers...) ou une quantité (population, production...). La technique de représentation porte sur le choix du procédé utilisé : hachure, couleur, semis de points, cercles ou carrés de taille variable, surface des unités, et leur combinaison, ainsi que sur la détermination des classes associées à chaque procédé.

Utilisation : Dans chaque cas, le choix est guidé par l'objectif vers lequel est orienté le cartogramme : ce procédé vise la clarté avant la précision ou l'exhaustivité.

Le cartogramme à hachures ou à gamme de couleurs convient particulièrement pour figurer la répartition d'un caractère variable sur l'étendue d'un territoire ; par contre, un effet frappant mettant en lumière les quantités est obtenu en proportionnant les surfaces mêmes aux grandeurs à représenter.

Cash flow

a : *Cash flow* – **d** : *Cash flow* – **e** : *Cash flow*

(En anglais, littéralement : « flux d'argent liquide ».)

Voir Marge brute d'autofinancement.

Catégorie socioprofessionnelle

a : *Socioprofessional group* – **d** : *Sozial und Berufsgruppe* – **e** : *Categoría socioprofesional*

Voir Socioprofessionnel.

Caution, cautionnement

a : *Guarantee* – **d** : *Bürgschaft* – **e** : *Caución*

Engagement pris par une personne de satisfaire à une obligation souscrite par une autre personne en cas de défaillance de celle-ci. (Du latin cavere, *prendre garde.)*

Le bénéficiaire de la caution s'appelle généralement *débiteur principal.* Celui qui cautionne prend le nom de *caution, répondant* ou *garantie* (ce dernier mot pouvant à la fois s'appliquer aux personnes et aux choses, alors que les deux premiers s'appliquent aux personnes seules).
Garantie personnelle, la *caution* a pour effet de rendre le répondant responsable sur tout son patrimoine en cas de défaut du débiteur principal. Si le terme s'applique en principe à toute obligation, il concerne en effet principalement des créances d'argent et la pratique de la caution est très utilisée en matière de *crédit.
Le terme de *cautionnement* est cependant parfois employé pour désigner une somme d'argent ou une valeur déposée en garantie d'une obligation

contractée (par exemple, en matière de marchés publics). Il s'agit en réalité dans ce cas d'un *gage plus que d'une caution. (C'est une chose et non une personne qui « répond » du débiteur.)

La caution en matière de crédit

La caution peut garantir un prêt demandé par un client à son banquier qui veut assurer la sécurité de l'opération. Le banquier peut également servir lui-même de caution à son client pour un emprunt ou un engagement contracté vis-à-vis d'un tiers.

La caution demandée par une banque :

• La caution se matérialise par un *acte écrit* qui définit exactement le montant maximal de l'engagement pris par le tiers garant et la durée de l'obligation. Elle peut être à durée limitée s'il s'agit de garantir une opération déterminée, avec clause de tacite reconduction. Elle peut être donnée sans limitation de durée et valable jusqu'à révocation mais, dans ce cas, les sommes dues par le débiteur principal au moment de la révocation demeurent garanties par la caution (cette garantie est « acquise » au banquier).

• Elle permet au banquier de *poursuivre le remboursement de sa créance* sur le patrimoine entier de la caution et lui fournit ainsi la garantie de deux patrimoines au lieu d'un. En fait, cette garantie est subordonnée à la certitude pour le banquier de la **solvabilité* de la caution et de la surveillance de sa situation financière pendant toute la durée du crédit.

• C'est pourquoi le champ d'application de la caution est *limité à un certain nombre de crédits,* notamment : les crédits accordés à des sociétés ayant un petit capital mais dont les associés ou les administrateurs sont notoirement solvables et peuvent servir de caution (SARL, par exemple) ; ceux accordés à des petites sociétés dont la caution peut être demandée à des sociétés importantes qui les contrôlent ou pour qui elles travaillent (sous-traitants, manufacturiers) ; les prêts accordés par les caisses de crédit agricole aux agriculteurs qui demandent la caution d'exploitants agricoles importants...

La caution donnée par une banque : En donnant sa caution à un client, le banquier évite à celui-ci des sorties de fonds (paiement au comptant ou obligation de déposer un cautionnement en espèces) et lui permet de faire face à des charges éventuelles (réclamations, amendes...). En revanche, l'opération ne se traduit pas pour le banquier par un décaissement. C'est un *engagement par signature,* dans lequel le banquier prête son crédit.
La rémunération de la caution est faible puisqu'elle est de l'ordre de 1 à 2 % par an du montant de l'obligation.

• Le *champ d'application* des cautions est très varié. Le banquier peut donner sa caution à un client pour une opération commerciale avec un autre commerçant. Mais il s'agit généralement d'affaires complexes, importantes et dont le dénouement est long. Comme par ailleurs la rémunération en est faible, les banques ne l'accordent qu'après une étude approfondie des dossiers et généralement aux clients qu'elles connaissent bien et qui ont avec elles des relations très suivies (la caution trouve notamment à s'appliquer à des compagnies de navigation, en faveur d'importateurs, pour garantir l'absence d'un document maritime — *connaissement, police d'assurance —, à la SNCF en faveur de transporteurs pour garantir le paiement des taxes d'enlèvement des marchandises...).

• Plus fréquemment il donne caution à son client à l'*égard d'une autre banque* auprès de laquelle le client sollicite un prêt. Exemple : une entreprise qui sollicite pour une opération à l'étranger un crédit d'une banque étrangère peut demander à son banquier une caution pour la bonne fin de ce crédit. La caution d'un banquier peut être donnée à un exportateur à l'égard de la *Banque française du commerce extérieur ou du *Crédit national pour garantir les prêts de ces organismes aux clients présentés par le banquier.

• Enfin le banquier cautionne son client *à l'égard de l'État,* essentiellement dans deux domaines.

– *En matière fiscale.* En matière d'*impôts directs, le contribuable qui conteste son imposition peut surseoir au paiement, jusqu'à ce qu'on ait statué sur son cas, en fournissant une caution bancaire. En matière d'impôts indirects et de taxes sur le chiffre d'affaires, les redevables peuvent s'acquitter de leurs impositions à l'aide d'effets à quatre mois (au taux d'intérêt de 3,5 %). En matière d'enregistrement, les cautions peuvent permettre d'accorder des délais de paiement de droits dus, mais dont le montant reste à préciser. Exemples : paiement différé des droits de succession, paiement d'impôt sur les valeurs mobilières par des sociétés étrangères. En matière de *douanes, les cautions peuvent permettre le paiement par obligation des droits dus par les importateurs (obligations cautionnées).

– *En matière de marchés publics.* Les adjudicataires de marchés publics contractant vis-à-vis de l'État une obligation doivent lui fournir une garantie qui puisse être utilisée en cas de défaillance de leur part. Cette garantie est de plus en plus constituée par une caution « personnelle et solidaire » fournie par une banque à l'adjudication et qui peut jouer à tous les stades du marché (« cautionnement définitif »).

Les sociétés de caution mutuelle : Ce sont des sociétés commerciales à capital variable qui ont pour objet de garantir, moyennant une légère commission, les crédits accordés à leurs membres. Selon leur statut juridique, elles se répartissent en trois catégories : *les sociétés coopératives* de caution mutuelle (SCM, cas le plus général) constituées sous le régime de la loi du 13 mars 1917 et soumises à la tutelle de la chambre syndicale des banques populaires ; les sociétés constituées en *SARL* ou en *sociétés anonymes* (loi du 28 juillet 1967) ; les *sociétés interprofessionnelles* (loi du 17 novembre 1943) dont le capital est souscrit par les chambres de métiers (établissements publics) et qui sont soumises au contrôle d'un commissaire du gouvernement.

Aux termes de ses statuts (art. 8 de la loi du 19 juin 1936), la Caisse nationale des marchés de l'État peut consentir des crédits à moyen terme par l'intermédiaire de ces organismes de caution mutuelle. Ces sociétés sont constituées dans le cadre de secteurs professionnels dont elles font spécialité de garantir les crédits. Dix secteurs sont distingués par la Banque de France : énergie-carburants ; métallurgie-mécanique ; bâtiment-travaux publics ; professions commerciales, etc.
Les SCM opèrent une sélection de leurs adhérents à partir des demandes de crédits, le plus souvent présentées par les banques. Chaque adhérent verse à un fonds de garantie une quote-part (de 2 à 5 %) du prêt qu'il a pu obtenir grâce à la SCM. Celle-ci peut lui être remboursée, en général un ou deux ans après l'échéance finale de son prêt. En contrepartie de sa caution, la SCM exige des garanties de l'adhérent (le plus souvent un *nantissement de matériel).
Les sociétés de caution mutuelle relèvent du secteur du *crédit populaire, mais elles peuvent garantir les crédits consentis par tous types d'organismes prêteurs.

Le cautionnement des comptables publics

Les règles de la *comptabilité publique rendent les comptables publics pécuniairement responsables de tous les déficits qui viendraient à apparaître dans leur caisse. Les intérêts de l'État sont sauvegardés par des garanties prises par lui sur le patrimoine du comptable et par un *cautionnement* en espèces ou en valeurs que celui-ci doit déposer comme gage de sa responsabilité.
Dans la lettre du principe, le comptable devrait donc disposer de capitaux importants pour proportionner son cautionnement à l'étendue des risques qu'il court. Cela était concevable au temps où les comptables étaient des notables qui avaient du bien au soleil. Aujourd'hui, on a dû faire appel à une formule qui soit compatible à la fois avec le volume de leurs responsabilités et la modicité de leurs revenus. L'État admet à titre de cautionnement l'inscription du comptable à l'*association française de cautionnement mutuel* qui, moyennant une cotisation annuelle calculée sur le volume des fonds maniés, s'engage à couvrir le *débet (sous certaines conditions énumérées au contrat) dans la limite maximale de 80 % des sommes dues par le comptable à l'État. On admet même que s'ajoute à cette précaution la souscription par le comptable d'une assurance (contre les erreurs de caisse, par exemple) qui couvrira une partie de la dette subsistante. (Pour conserver une part de la responsabilité à la charge du comptable, on n'admet pas que le jeu de ces deux garanties aboutisse à couvrir plus de 90 % du *débet prononcé.)
Dans un tel régime, la société de caution mutuelle joue sur la relative improbabilité d'une dette du comptable, à la manière d'une société d'assurances. Cet exemple illustre bien l'imprécision qui caractérise parfois les frontières entre la caution et l'assurance.

La caution et l'*assurance-crédit

Ce problème n'est pas un simple débat conceptuel. Des conflits vigoureux ont parfois mis aux prises la profession bancaire et les compagnies d'assurances auxquelles les banques reprochaient d'étendre exagérément leur champ d'action en donnant les cautions aux sociétés industrielles et commerciales et de faire ainsi une concurrence illégitime à la profession bancaire. On peut faire remarquer à ce propos que :

• La caution n'est qu'une forme de *crédit* accessoire puisqu'elle n'entraîne pour le garant qu'une sortie éventuelle de fonds. Dans cette mesure elle peut être assimilée à une assurance. Mais, tandis que la caution est généralement donnée à une personne déjà tenue par une obligation, l'assurance concerne qui *risque* seulement de l'être. En d'autres termes, la caution porte sur l'éventualité de la défaillance du débiteur, l'assurance sur l'éventualité de sa dette. Dans la pratique, la solvabilité d'une personne assurée n'est pas prise en considération. Pour la compagnie d'assurances, l'apparition d'une dette entraîne décaissement de fonds (dans les conditions du contrat). Pour le banquier, les risques de paiements se rapportent à la *solidité* de la personne cautionnée. L'assureur joue donc sur le talent et la chance de l'assuré, la caution aussi sur sa solvabilité (qui est d'ailleurs liée aux deux premiers éléments).

• Sans pousser plus loin les comparaisons, il apparaît que :

– les cautions sont du domaine du crédit lorsque le cautionné est débiteur au moment de la caution ou lorsque celle-ci lui permet d'obtenir un *crédit* d'un tiers (par lequel il devient débiteur) ;

– elles sont du domaine de l'assurance lorsque la personne garantie n'est pas un débiteur, mais un créancier qui veut se couvrir d'un risque (« assurance-caution »). L'*assurance-crédit est la garantie contre cette insolvabilité des débiteurs, en commerce intérieur, mais surtout extérieur.

Cavalerie (effet de)

Voir Effet, Escompte.

CCCE

Voir Caisse centrale de coopération économique.

CE

Voir Communauté européenne.

Cédule

Catégorie de revenus soumis à un régime d'imposition particulier.

L'*impôt cédulaire s'oppose à l'impôt général qui frappe le revenu global ; les premiers impôts sur le revenu étaient des impôts cédulaires (le « vingtième » portait sur quatre cédules). Dans les formes modernes de l'impôt sur le revenu, il y a eu d'abord superposition d'impôts cédulaires propres à chaque catégorie de revenus et d'un impôt général portant sur l'addition des revenus de toutes catégories.

• Ainsi dans le *régime établi en France en 1917,* outre l'impôt général, étaient institués des impôts cédulaires au nombre de six :
– l'impôt foncier qui frappait le revenu des immeubles bâtis ou non bâtis ;
– l'impôt sur le revenu des valeurs et capitaux mobiliers ;
– l'impôt sur les *bénéfices industriels et commerciaux réalisés par les entreprises individuelles et les sociétés ;
– l'impôt sur les *bénéfices de l'exploitation agricole ;
– l'impôt sur les traitements, salaires, pensions et rentes viagères ;
– l'impôt sur les bénéfices des professions non commerciales qui frappait tous les revenus non compris dans les autres cédules.
A chaque cédule correspondait un régime particulier d'évaluation des revenus, un mode de taxation distinct comportant application de taux différents (les revenus du capital étant plus lourdement imposés que les revenus mixtes du capital et du travail — BIC, BNC — qui eux-mêmes étaient taxés plus fortement que les traitements et salaires), éventuellement un mode de recouvrement particulier (retenue à la source de l'impôt sur le revenu des valeurs mobilières).

• Frappant une source particulière de revenu, l'impôt cédulaire ne peut être que *faiblement personnalisé :* des abattements à la base sont possibles pour certaines cédules ; la *progressivité* de l'impôt ne peut être appliquée que de manière limitée.
Les impôts cédulaires ont été supprimés à compter du 1er janvier 1949 en France et remplacés par l'impôt général sur le revenu des personnes physiques et l'impôt sur les sociétés. Mais le premier est resté pendant une dizaine d'années constitué de deux éléments : taxe proportionnelle et surtaxe progressive. La distinction des cédules s'est maintenue jusqu'en 1972, avec la taxe complémentaire et la diversification des régimes d'abattement selon les catégories de revenus.
En Grande-Bretagne, la législation conserve le principe de superposition d'impôts cédulaires *(income tax)* et d'un impôt général *(surtax)*, mais l'unification des régimes applicables aux cinq cédules *(schedules)*, en particulier l'unité de taux d'imposition à l'Income tax, s'est réalisée plus tôt qu'en France.

CEI

Voir Communauté des États indépendants.

Censeur

*Membre d'un conseil d'administration n'ayant pas le titre d'*administrateur et participant aux travaux sans voix délibérative.*

L'institution de censeurs permet de faire participer à des conseils des personnalités au-delà des douze administrateurs autorisés par la loi du 24 juillet 1966.

Voir Société.

Centrale de bilans

a : *Balances sheets surveillance* – **d** : *Bilanzenzentrale* – **e** : *Central de balances*

Organisme collectant les principaux documents comptables des entreprises aux fins de réunir un ensemble homogène d'informations de nature à fonder les études et appréciations.

Les centrales de bilans contribuent à éclairer les décisions de politique économique (*macro-économie) ainsi que les politiques de crédit.
En France, parmi les principales centrales de bilans : celles de la Banque de France, du *Crédit national, de la *Caisse des dépôts et de la SEDES, de l'INSEE et de la Direction générale des impôts.
La *Centrale de bilans de la Banque de France,* notamment, fournit aux entreprises qui lui communiquent informations et documents les données statistiques relatives à leur secteur. L'ensemble des informations ainsi recueillies fait l'objet de publications annuelles de fascicules par secteurs professionnels. La confrontation, par chaque entreprise, de ses documents et de ses *ratios avec ceux publiés lui fournit d'utiles références pour sa gestion et sa stratégie.

Centrale des risques

a : *Central credit surveillance* – **d** : *Kreditüberwachungszentrale* – **e** : *Central de riesgos*

Service de banque tenant à jour, client par client, et pour chaque catégorie de crédits, le montant des crédits utilisés comparé aux autorisations accordées.

Lors de l'arrêté mensuel de la situation transmise à la *Banque de France, ce service transmet à la Centrale des risques de cet établissement le montant des crédits autorisés et utilisés par chaque client dont le montant des encours est supérieur à 200 000 F. La Banque de France traite l'ensemble de ces données et communique à chaque banque le montant total des crédits dont bénéficient ses clients, le montant des prêts à long terme consentis par d'autres établissements (Crédit national, Caisse centrale de crédit hôtelier), les opérations de *crédit-bail, l'endettement anormal auprès des organismes sociaux et autres renseignements complémentaires. Cette centralisation des risques permet aux banques d'avoir une vue de l'ensemble des concours qui sont consentis à leur client et de la part qu'elles y occupent elles-mêmes.
Cette centralisation d'informations alimente par ailleurs des statistiques globales, qui fondent l'appréciation par la Banque de France et le *Conseil national du crédit de l'évolution de la distribution du crédit par secteur économique et par période.

Voir Banque.

Centre

a : *Centre (R.-U.)/Center (É.-U.)* – **d** : *Zentrum* – **e** : *Centro*

Point de convergence d'un certain nombre d'activités.

Ce sens général est à l'origine des acceptions variables et particulières du mot dans le domaine économique.

Point de concentration d'activités économiques : Centre boursier, financier (on dit aussi *place). Agglomération réalisant cette convergence : centre agricole.

Centre de décision : Organisme, ou niveau collectif où se prennent des décisions économiques ; organisme : l'*entreprise est un centre de décision élémentaire (en matière de production, d'investissements productifs, de salaires...) ; niveau : la région constitue un centre de décision d'importance croissante (en matière d'investissements collectifs, par exemple). Les agents de la comptabilité nationale sont des agrégats de centres de décision.

Centre commercial : Ensemble d'établissements commerciaux conçu comme un tout. Orientée originellement vers la *distribution de détail, la formule se rencontre aussi pour le commerce de gros.
En règle générale, la création d'un centre commercial ne résulte pas de la convergence d'initiatives prises par des commerçants individuels, mais d'une entreprise conduite par une société, propriétaire du terrain, qui

l'aménage et propose les installations en location ou location-vente à des commerçants. En général situé à la périphérie d'une agglomération ou dans les zones d'urbanisation nouvelles, il doit proposer des facilités de stationnement permettant un accès aisé aux consommateurs. Le développement des centres commerciaux est en effet lié à la fois à l'extension des *agglomérations urbaines (qui les rend nécessaires) et à la multiplication des moyens de transport individuels (qui les rend possibles).
L'importance des centres commerciaux est très variable selon le volume de la clientèle potentielle à laquelle ils sont destinés. On peut schématiquement distinguer trois types de centres : les centres primaires, regroupant surtout des boutiques de type traditionnel ; les centres diversifiés, comportant en outre des *supermarchés et *succursales de grands magasins ; les centres polyvalents qui offrent en plus les diverses prestations de services répondant aux besoins de la clientèle (bars, coiffeurs, teinturiers, banques, assurances, établissements de soins...).
La formule, née aux États-Unis après la Seconde Guerre mondiale, s'est peu à peu répandue dans les pays industrialisés. En France, son développement date des années 1960.
L'essor des centres commerciaux est en principe un facteur d'abaissement des coûts de la distribution (par la diminution des charges fixes liée essentiellement à de nouvelles formules de propriété commerciale, l'augmentation de la clientèle par point de vente, la suppression des frais de livraison à domicile, l'introduction de nouvelles méthodes de vente...). Toutefois, dans la phase qui précède leur généralisation, les prix pratiqués dans ces centres ont tendance à s'aligner sur ceux des points de vente traditionnels, permettant de prolonger la survie de ceux-ci et assurant aux premiers une *rente de commodité.

Centre distributeur : Établissement commercial de vente au détail proposant les produits au prix de gros ou avec d'importants rabais sur les marges commerciales habituelles : exemple, en France, les centres « Leclerc ».

Centre commercial

a : *Shopping centre* – **d** : *Einkaufszentrum* – **e** : *Centro comercial*

Grande surface de vente rassemblant plusieurs commerces et comprenant un parc de stationnement. Voir ci-dessus.

Centre d'analyse

Comptabilité analytique : Compartiment comptable dans lequel sont regroupés, préalablement à leur imputation aux comptes de coûts et prix de revient intéressés, les éléments de charges qui ne peuvent être directement affectés à ces comptes.

Certaines charges, dites « charges indirectes », ne peuvent être directement imputées au coût d'un produit déterminé. Leur imputation nécessite un traitement préalable réalisé à l'aide de centres d'analyse, entre lesquels sont répartis les divers éléments de coût. Les centres d'analyse utilisés en comptabilité analytique reflètent en général l'organigramme de structure de l'entreprise (*voir* Frais, Coût).
A titre d'exemple, le plan comptable fournit un modèle possible de classement en *onze centres d'analyse :* administration générale, financement, gestion du personnel, gestion des bâtiments, gestion du matériel, prestations annexes, approvisionnement, étude technique et recherche, production, distribution, autres frais à couvrir.
Les centres d'analyse sont souvent constitués de plusieurs *centres de travail, eux-mêmes divisés en *sections.

Centre de travail

a : *Cost centre* – **d** : *Kostenstelle* – **e** : *Centro de costes*

*Comptabilité analytique : Subdivision d'un *centre d'analyse correspondant à un niveau de décision déterminé au sein de l'entreprise.*

La notion de centre de travail permet une analyse très détaillée de la formation des coûts dans l'entreprise. La division d'un *centre d'analyse en plusieurs centres de travail permet de rendre compte de l'existence de multiples lieux de décision correspondant à une fonction économique donnée de l'entreprise.
Exemple : d'après le plan comptable, les fonctions du centre d'analyse « Étude technique et recherche » peuvent être assumées par les centres de travail suivants : centres ou laboratoires de recherche ; bureaux d'étude ; services de tirage de plans ; centre de calcul scientifique.
On distingue généralement, du point de vue comptable, les centres de travail en « centres opérationnels » et « centres de structure ». Les centres opérationnels peuvent eux-mêmes être distingués en « centres principaux » (dont les frais peuvent être normalement imputés aux comptes de coûts et de prix de revient) et « centres auxiliaires » (dont les frais doivent être répartis entre centres de travail utilisateurs de leurs prestations). Par ailleurs, les centres de travail peuvent comprendre plusieurs *sections.

Centre français du commerce extérieur (CFCE)

a : *French Foreign Trade Centre* – **d** : *Französisches Aussenhandelszentrum* – **e** : *Centro Francés del Comercio Exterior*

Établissement public chargé de stimuler le développement des exportations.

Créé en 1943, réformé en 1960, le CFCE (anciennement CNCE) est l'un des instruments de la politique des pouvoirs publics français en faveur de l'exportation. Privé des moyens financiers — crédit, assurance... — dont il n'est pas maître, il exerce essentiellement une *fonction d'information.*

• Il s'efforce en premier lieu de *renseigner les entreprises* tant sur la réglementation du commerce extérieur et sur les divers problèmes posés par les opérations d'exportation, que sur les marchés étrangers et les possibilités qu'ils offrent. En sens inverse, il joue un *rôle de liaison* entre les exportateurs et les pouvoirs publics, faisant connaître à ces derniers les obstacles le plus souvent rencontrés par les entreprises pour vendre à l'extérieur. Enfin, il entreprend, par des actions de propagande, de susciter chez les hommes d'affaires français une vocation exportatrice.

• Malgré les efforts pour améliorer l'efficacité de son action, par exemple, pour s'extraire de son cadre parisien en installant des correspondants dans les principales villes de province, le *CFCE reste contesté.* Jouissant d'une certaine autonomie grâce à son statut d'établissement public, il n'en est pas moins soumis aux directives du ministre chargé du commerce extérieur (en général, le ministre de l'Économie et des Finances) avec lequel d'ailleurs il partage ses compétences ; les conseillers commerciaux à l'étranger, notamment, dépendent directement du département ministériel et non du CFCE. Pour beaucoup, les déficiences de cette organisation administrative expliquent les résultats, qu'ils jugent médiocres, de l'action du Centre.
Certes, une réforme de l'appareil administratif utilisé par le gouvernement pour mener à bien sa politique de soutien aux exportations peut avoir des effets salutaires. Il n'en reste pas moins que, certains mécanismes financiers mis à part, l'action de l'État dans ce domaine se heurte très rapidement à des limites. C'est des entreprises elles-mêmes que dépend le développement des exportations. Que les milieux professionnels accordent une telle importance aux critiques qu'ils font des insuffisances du CFCE ne manque pas d'inquiéter. Rien ne peut être plus préjudiciable au succès d'une politique d'exportation que la croyance en une responsabilité première des pouvoirs publics, fût-ce par CFCE interposé.

Certificat de dépôt négociable

a : *Negociable depositbond* – **d** : *Verkaufbar Depositenzertifikat* – **e** : *Certificado de depósitos negociable*

Titre représentatif d'un dépôt rémunéré dans un établissement de crédit.

Catégorie de titre apparue en France en mars 1985, le certificat matérialise un dépôt d'une durée de 10 jours à 7 ans et d'un montant minimum d'un million de francs effectué auprès d'un établissement de crédit. Le dépôt donne lieu à rémunération puisque la banque a la certitude de disposer des fonds pendant la durée fixée initialement (échéance fixe). En comparaison avec le *dépôt à terme simple, le recours au certificat de dépôt présente pour l'agent placeur de liquidités l'avantage de pouvoir récupérer ses fonds avant l'échéance fixée sans pénalité. Pour ce faire, il lui suffit de céder son certificat à un tiers sur le marché secondaire (« négociable »).
On notera la similitude entre le certificat de dépôt et le *billet de trésorerie, qui marque la volonté du législateur de rapprocher les conditions d'appel direct au marché par les entreprises (désintermédiation) de celles des banques.

Certificat d'investissement

a : *Non voting share* – **d** : *Investitionzertifikat* – **e** : *Certificado de inversión*

---

*Titre procurant un revenu au moins égal à celui d'une *action, sans offrir de droit de vote aux assemblées générales.*

Le certificat d'investissement correspond en quelque sorte au démembrement d'une action. Il résulte d'un fractionnement des droits qui y sont attachés, et correspond aux seuls droits pécuniaires. Ceux-ci recouvrent le droit aux dividendes, aux réserves et au boni de liquidation. Dans la majorité des cas, le certificat offre néanmoins un rendement minimal garanti, à la différence de l'action. Les certificats de ce type, appelés certificats d'investissement privilégiés (CIP), procurent en effet une rémunération composée d'un dividende privilégié exprimé en pourcentage du nominal, auquel s'ajoute un dividende complémentaire évoluant en fonction des résultats de l'émetteur.
Le certificat d'investissement ne bénéficie pas des autres droits attachés à l'action, principalement le droit de vote, représenté par un certificat de droit de vote. Lors de chaque émission, les certificats de droit de vote doivent être créés en nombre égal à celui des certificats d'investissement.

Institués par la loi du 3 janvier 1983 afin de permettre aux entreprises du secteur public de se procurer des fonds sans diluer la participation de l'État au capital, ces titres ont également été utilisés par des entreprises privées désireuses de ne pas modifier le contrôle de leur capital. Dans tous les cas, les certificats d'investissement en circulation ne doivent cependant pas représenter plus du quart du capital social.
Les certificats d'investissement peuvent faire l'objet d'une cotation à la Bourse. Depuis 1988, il existe également un marché des certificats de droit de vote. Seuls les détenteurs de certificats ordinaires ou privilégiés peuvent s'y porter acheteurs. La réunion des deux titres donne lieu à une transformation immédiate en action.

Voir Certificat pétrolier.

Certificat d'investissement privilégié (CIP)

a : *Preferred non voting share* – **d** : *Bevorrechtete Investitionzertifikat* – **e** : *Certificado de inversión con derecho preferente*

Titre émis par une société française du secteur public, en démembrement d'une action, dont l'acquisition donne droit à un dividende, sans droit de vote.

La rémunération comporte en fait un dividende privilégié exprimé en pourcentage du nominal, auquel s'ajoute un complément variable selon le résultat net de la société.

Voir Certificat d'investissement.

Certificat d'origine

a : *Certificate of origin* – **d** : *Ursprungszeugnis* – **e** : *Certificado de origen*

Document émanant d'une autorité qualifiée et attestant l'origine d'une marchandise.

Ce type de document est surtout utilisé en matière de *commerce extérieur.*
La production d'un certificat d'origine est en principe obligatoire chaque fois qu'un régime privilégié est attaché à l'*origine* déclarée en douane (exonérations, abattements, etc.). En fait, le certificat n'est exigé par le pays importateur que pour les marchandises qui ont subi une transformation en pays tiers.
Le certificat présente également un intérêt lorsqu'il s'agit pour le pays exportateur de veiller à la sauvegarde de la *qualité* d'un produit de prestige

(en France, la réglementation exige, par exemple, un certificat pour l'exportation des vins de Champagne).
Ce document émane d'une autorité qualifiée du lieu d'expédition (chambre syndicale, chambre de commerce...). En fait, et pour éviter la multiplication de formalités gênantes, le certificat n'est exigé que pour un nombre limité de produits et la douane se charge le plus souvent de vérifier l'origine des produits par ses propres moyens.

Certificat nominatif

a : *Registered security* – **d** : *Namenszertifikat* – **e** : *Certificado nominativo*

---

*Document délivré au titulaire d'un *titre nominatif pour lui permettre de faire preuve de ses droits.*

Les « titres nominatifs » sont en réalité constitués par une inscription sur un registre tenu par l'organisme émetteur des titres et qui se nomme *registre des transferts.* L'immatriculation elle-même est le titre du propriétaire, et des mutations de titre se traduisent par des modifications d'inscriptions sur le registre. Le certificat nominatif a pour but de matérialiser dans les mains du titulaire la créance qui est inscrite à son nom dans le registre, mais il ne remplace pas l'inscription. Ce sont toujours les mentions au registre qui font foi.

Certificat pétrolier

a : *Oil certificate* – **d** : *Erdölzertifikat* – **e** : *Certificado petrolero*

Certificat négociable en représentation des droits attachés aux actions de sociétés de recherche, d'exploitation et de transformation d'hydrocarbures, à l'exclusion du droit de vote dans les assemblées générales.

Cette définition est celle figurant dans la loi du 26 juin 1957 qui autorise l'émission de tels titres. Seuls l'État ou d'autres personnes morales spécialement habilitées par décret peuvent émettre des certificats pétroliers. Bien qu'ils ne le soient pas en droit, les certificats pétroliers s'analysent en fait comme des *actions sans droit de vote (*non voting shares* anglo-saxonnes ou *certificats d'investissement). En effet :
– l'État (ou la personne morale autorisée) reste seul actionnaire de la société de pétrole ;

– cependant, pour les actions en représentation desquelles il a créé les certificats, il ne conserve que le droit de vote dans les assemblées générales de la société. Le souscripteur (ou le porteur) des certificats jouit de tous les autres droits, notamment : droits au *dividende et au *boni de liquidation : en cas d'augmentation de *capital, droit de souscrire des actions nouvelles ou des *obligations convertibles en actions.
Bien que les porteurs de certificats possèdent tous les droits de l'associé à l'exception du droit de vote, ils ne sont pas de véritables associés puisqu'ils ne peuvent, ni en droit ni en fait, faire entendre leur voix à propos d'options importantes touchant la société (affectation des bénéfices par exemple). A vrai dire, cette situation ne se distingue guère de celle d'un petit actionnaire de société importante qui n'assiste jamais aux assemblées générales.

Certifié (chèque)

Voir Chèque.

Cessation de paiement

a : *Suspension of payments* – **d** : *Zahlungseinstellung* – **e** : *Suspensión de pagos*

Situation d'une personne ou d'une entreprise qui, faute de moyens de paiement, ne peut plus faire face à ses dettes.

Les responsables sont tenus de faire déclaration de la cessation de paiement auprès du tribunal (de commerce si le débiteur est commerçant, d'instance dans les autres cas) *(dépôt de bilan)*. La procédure ainsi engagée aboutit soit au *règlement judiciaire, soit à la *liquidation des biens. La procédure peut également être ouverte sur l'assignation d'un créancier ou sur saisine d'office du tribunal. Ce dernier fixe la date de la cessation de paiement, qui peut être rétroactive s'il y a eu tentative de dissimulation. Le commerçant en état de cessation de paiement est dessaisi de son patrimoine (dessaisissement), qui est affecté au règlement des créanciers. La cessation de paiement, situation d'incapacité immédiate à faire face aux dettes exigibles (par insuffisance de *valeurs disponibles et de *valeurs réalisables), se distingue de l'*insolvabilité,* situation dans laquelle la réalisation de la *totalité* de l'actif ne permettrait pas de couvrir l'endettement global.

Voir Solvabilité.

Cession-bail

a : *Sale-leaseback* – **d** : *Sale-leaseback* – **e** : *Cesión-arrendamiento*

Technique de crédit dans laquelle l'emprunteur transfère au prêteur, dès le départ, la propriété d'un bien que l'emprunteur rachète progressivement, suivant une formule de location assortie d'une promesse unilatérale de vente.

Voir Crédit-bail.

Cession interne (prix de)

a : *Internal transfer price/Intercompany transfer price* – **d** : *Innerbetrieblicher Verrechnungspreis* – **e** : *Precio de cesión interna*

Prix auquel sont facturées les cessions de produits ou services entre divisions d'une même entreprise, ou entre établissements d'un même groupe.

La cession interne peut ne pas être enregistrée en comptabilité, mais elle peut aussi donner lieu à facturation. Dans ce cas, le prix de cession interne est souvent le *prix de revient.
Cependant, le maniement du prix de cession interne entre établissements peut alimenter une stratégie ou une tactique par référence à des considérations fiscales ou de change.
La majoration du prix déplace ainsi les profits vers la société-fournisseurs. Sa minoration transfère le profit à la société-receveur de biens ou de services. Cette manipulation au sein d'un *groupe par la translation de bénéfices et de trésorerie qu'elle comporte constitue un clavier de répartition des charges fiscales ou de transfert de fait de devises (cas des *multinationales).

CFCE

Voir Centre français du commerce extérieur.

Chaîne volontaire

a : *Voluntary retail buying chain* – **d** : *Freiwillige Ketten* – **e** : *Cadena voluntaria*

Voir Distribution.

Chambre régionale des comptes

a : *Regional chamber of accounts* – **d** : *Regionale Kammer der Konten* – **e** : *Cámara regional de cuentas*

Juridiction financière de l'ordre administratif chargée du contrôle des comptes des collectivités locales.

La loi de décentralisation du 2 mars 1982 a institué 24 chambres régionales des comptes. Elles sont chargées, dans la zone géographique de leur ressort, de veiller à la légalité et à la régularité des budgets des collectivités locales et des établissements publics qui leur sont rattachés. Les jugements rendus peuvent faire l'objet d'un appel devant la Cour des comptes et relèvent en cassation du Conseil d'État.
Dans le cas particulier d'un budget établi en déficit, la chambre régionale des comptes, saisie par le commissaire de la République, propose aux instances locales les mesures nécessaires au retour à l'équilibre.
Ces juridictions sont composées de magistrats recrutés parmi les anciens élèves de l'ENA. Ils sont inamovibles, astreints au secret professionnel, et doivent prêter serment avant d'entrer en fonctions.

Change

a : *Exchange* – **d** : *Geldumtausch/Geldwechsel* – **e** : *Cambio*

Transformation d'un avoir ou d'une monnaie en une autre monnaie. Négociation par laquelle on cède à un tiers des fonds que l'on possède dans un endroit autre que celui où se fait la négociation (vieilli).

La définition ancienne du *Littré* nous rappelle l'époque où les règlements de ville à ville à l'intérieur d'un même pays nécessitaient l'usage de traites portées à l'escompte, faute d'une compensation bancaire généralisée. On peut dire qu'« un louis » disponible à Paris ne valait pas exactement un louis disponible à Lille. Elle demeure intéressante en ce qu'elle préfigure le trait essentiel du change, c'est-à-dire la conversion entre eux de signes monétaires utilisés dans des zones différentes.
Une *monnaie n'a de pouvoir libératoire que dans l'aire de souveraineté de l'autorité qui l'émet : on ne peut pas en général régler un créancier étranger en lui remettant sa propre monnaie. L'intermédiaire nécessaire est constitué par les systèmes bancaires des deux pays. Ces derniers assurent d'abord — par leurs succursales ou par des organismes satellites — l'opération d'échange des monnaies fiduciaires (billets), dite *change manuel.* Ces transactions, quoique plus familières au grand public, ne représentent pourtant qu'une infime partie des opérations de change.

L'émission monétaire étant un privilège de l'État souverain, celui-ci détermine dans quelles conditions s'exerce la *convertibilité de sa monnaie en *devises. Par le contrôle des changes, il impose des limites à cette liberté, plus ou moins étroites suivant qu'il s'agit seulement de préserver l'équilibre de la *balance des paiements contre les mouvements de *capitaux fébriles ou d'instaurer, par une emprise administrative sur l'ensemble des relations commerciales et financières avec l'extérieur, un véritable rationnement des ressources en devises.

La responsabilité assumée par chaque État vis-à-vis du *taux de change de sa monnaie varie avec le régime de change adopté. Telles qu'elles résultaient des accords de Bretton Woods instaurant le *gold exchange standard, les règles du *FMI supposaient la définition d'un *pair par chaque pays membre et lui imposaient l'obligation d'assurer que l'échange de sa monnaie contre une autre devise se fasse à la *parité en utilisant ses *réserves de change pour maintenir l'équilibre entre l'offre et la demande. C'était le régime des *taux de change fixes.* Depuis 1973, les *taux de change flottants* se sont généralisés, et c'est par la variation des *cours de change que l'offre et la demande s'équilibrent. En fait, l'opposition des deux régimes est moins nette qu'il n'y paraît. La valeur d'une monnaie ne peut se décider arbitrairement ; elle reflète la situation des échanges extérieurs et le rapport des forces économiques ; dès lors, la parité d'une monnaie ne peut être défendue en toute circonstance et les *dévaluations ou *réévaluations permettent, en régime de changes fixes, de corriger les variations relatives du pouvoir d'achat d'une monnaie vis-à-vis des autres devises.

En revanche, il ne saurait être question, sous prétexte de respecter l'orthodoxie d'un régime de libre flottement, de soumettre le taux de change aux variations souvent erratiques de l'offre et de la demande. Les interventions sur les marchés sont donc fréquentes, qui visent à maintenir les cours au voisinage du taux de change considéré comme raisonnable par les pouvoirs publics et à éviter une *appréciation — ou une *dépréciation — de la monnaie en contradiction avec les objectifs de la politique économique. Aussi des régimes intermédiaires sont-ils recherchés, qui allieraient les avantages des changes fixes — conférant une certaine sécurité aux *anticipations — et ceux des changes flottants — permettant une adaptation continue aux modifications des conditions économiques des échanges extérieurs. Les parités à *crémaillère ont été imaginées mais jamais mises en application ; en revanche, le *SME, dans la mesure où les changements des taux pivots sont dès l'origine prévus comme liés à son fonctionnement normal, peut être considéré comme une expérience de changes fixes « mais ajustables ».

Change (position de)

a : *Foreign exchange position* – **d** : *Devisenposition* – **e** : *Posición de divisas*

Différence, positive ou négative, entre les créances et les dettes d'une entreprise ou d'une banque libellées dans chacune des devises dans lesquelles elle effectue des opérations.

Des avoirs supérieurs aux dettes constituent une position « longue » (*spéculation à la hausse de la devise). Des dettes supérieures aux avoirs font une position « courte » (spéculation à la baisse de la devise). Une position de change, même de courte durée (plusieurs jours), fait courir à la firme un *risque de change.

Change (risque de)

a : *Exchange risk* – **d** : *Wechselkursrisiko* – **e** : *Riesgo de cambio*

---

*Risque encouru par une entreprise ou une banque sur la valeur à terme de sa trésorerie du fait de l'incertitude sur l'évolution future des cours des *devises et du *taux de change.*

Une entreprise qui se trouve en *position de change, dans une ou plusieurs devises, court naturellement le risque de voir sa trésorerie diminuée si le cours de telle devise qu'elle détient en quantité vient à baisser. Les pertes et gains de change constituent ainsi des éléments d'incertitude. Pour s'en prémunir, l'entreprise peut :

– chercher à obtenir de son fournisseur ou de son client que le contrat soit *libellé en francs français,* ce qui n'est pas toujours possible pour des raisons commerciales ;

– *se couvrir à terme.* Exemple : un exportateur devant recouvrer 100 000 dollars à trois mois se porte vendeur à terme de cette somme de devises, à la même échéance et à un cours convenu. L'importateur achètera à terme dans une opération symétrique (*voir* les mécanismes du *terme) ;

– *financer ses créances en devises,* soit par des *avances en devises (court terme), soit par des *crédits par roulement ou **roll over* (moyen terme).

Chapitre

a : *Category of budget* – **d** : *Haushaltskapital* – **e** : *Capítulo presupuestario*

---

*Unité regroupant les crédits ouverts par la *loi de finances, qui correspondent aux dépenses d'un ministère ayant même nature ou même destination.*

Voir Budget.

Charges

a : *Expenses* – **d** : *Aufwendungen* – **e** : *Gastos*

Dépenses effectives ou virtuelles affectant l'exploitation ou la structure financière de l'entreprise.

La notion générale de charge englobe, mais excède, celle de dépense, laquelle est strictement réservée aux décaissements effectifs de moyens de paiement. La charge traduit aussi, en effet, la *constatation* (ou la prise en compte) du fait générateur d'une dépense à venir, d'une dette contractée, d'une perte de valeur devant donner lieu à couverture. Littéralement, les charges sont donc l'ensemble des mouvements financiers qui *pèsent* sur l'exploitation ou la structure de l'entreprise.

Charges d'exploitation : Ensemble des *achats et *frais qui se rapportent à l'exploitation et à l'*exercice en cours, ainsi que des dotations aux comptes d'*amortissement et de *provisions, à l'exception de celles qui ne concernent pas l'exploitation courante.
Les charges d'exploitation au sens large apparaissent au débit du compte de *résultat. Elles sont réparties en « charges d'exploitation » (autres que financières) et en « charges financières ». Le classement est complété par d'autres ventilations aux fins d'analyse financière et de gestion :
– selon leur *destination fonctionnelle,* on distingue les charges de production, les charges administratives, commerciales... ;
– selon leur *incidence financière,* on distingue, d'une part, les charges donnant lieu à décaissement immédiat ou à très court terme et, d'autre part, celles se traduisant par des *dotations aux *amortissements ou aux *provisions. Parmi ces distinctions, les plus usitées sont :

Les charges directes ou indirectes : Les premières concernent en totalité un seul des coûts et peuvent lui être directement affectées. Les secondes concernent plusieurs coûts (ou prix de revient) et doivent faire l'objet d'une répartition entre *centres d'analyse. (*Voir* Coût.)

Les charges fixes ou variables : Elles sont désignées parfois aussi par les expressions synonymes : **Frais fixes et variables, Charges de structure et coûts proportionnels :*
– Les premières (« fixes » ou « de structure ») se définissent comme indépendantes du niveau d'activité, pour une période et une capacité données (exemples : assurances, loyers, intérêts des emprunts...).
– Les secondes (« variables » ou « proportionnelles ») sont liées au niveau d'activité et varient avec lui (coût des matières premières incorporées, de l'énergie consommée).
Cette distinction fixe/variable est très commode pour l'analyse et l'appréciation, mais n'a naturellement qu'une portée relative. En effet, quand l'entreprise, du fait de son volume d'activité croissant, franchit

un seuil de développement, sa structure et donc ses charges correspondantes se modifient. Sur le long terme, il est, de même, compréhensible que la structure de l'entreprise est tout entière variable, en tout cas évolutive. La distinction n'est donc opératoire que pour des périodes et des données d'activité bien déterminées.

Charges sociales

a : *Social welfare expenditure* – **d** : *Sozialkosten* – **e** : *Cargas sociales*

Ensemble des versements en espèces ou en nature des entreprises, des ménages et des administrations, qui sont liés aux salaires mais ne constituent pas la contrepartie directe d'un travail fourni.

Ces versements sont faits soit directement aux salariés, soit aux organismes de Sécurité sociale, à des organismes divers ou à l'État. Ils ont un caractère soit obligatoire et légal, soit conventionnel ou bénévole. On distingue ainsi :

– les rémunérations au titre des congés payés et jours fériés ;

– les *cotisations sociales obligatoires au titre de l'assurance-maladie, maternité, décès, de l'assurance-vieillesse, des indemnisations des accidents du travail et des prestations familiales ;

– les cotisations sociales conventionnelles au titre des *prestations de chômage, des retraites complémentaires ;

– les autres versements faits directement aux salariés (maintien du salaire en cas de maladie, suppléments de prestations familiales, suppléments exceptionnels à caractère d'aide sociale) ou à des organismes divers (colonies de vacances, comités d'entreprise) ;

– les impôts (taxe d'apprentissage, taxe de formation professionnelle continue, contribution patronale à l'investissement dans la construction) ou les sommes consacrées par les entreprises en vue de la formation ou de la construction qui viennent en déduction de ces taxes.

En 1987, ces charges représentaient près de 40 % de la masse des salaires des entreprises non financières non agricoles.

Charte de La Havane

a : *Havana charter* – **d** : *Havanacharta* – **e** : *Carta de la Habana*

Charte élaborée lors d'une conférence internationale tenue à La Havane en 1948 et portant sur les règles générales et l'organisation du commerce international.

Circonstances historiques

L'un des principaux objectifs de l'Organisation des Nations unies était la réorganisation de l'économie mondiale et notamment l'établissement d'une charte internationale de commerce. Déjà la Société des nations avait tenté un effort analogue en réunissant en 1927 une conférence internationale sur le commerce, mais sans succès. Il semble que le fait que l'ONU, à la différence de la SDN, ait pu parvenir assez rapidement à un ensemble d'accords de principe soit dû principalement à *deux facteurs*.

• L'existence d'un certain nombre d'accords antérieurs conclus durant la Seconde Guerre mondiale et constituant un contexte de collaboration multilatérale (charte de l'Atlantique, 1941 ; accords de prêt-bail, 1942-1945 ; charte des Nations unies, 1945, et surtout le statut de Bretton Woods, 1944).

• Le rôle actif des États-Unis. Ceux-ci avaient déjà passé un certain nombre d'accords, notamment avec la France en novembre-décembre 1945 et mai 1946. En outre et surtout, les États-Unis publièrent en 1945 un livre blanc suggérant une réorganisation du commerce mondial : leur économie constituait une référence et une réserve de puissance qui permettait d'étayer les nouvelles réalisations, notamment sur le plan financier.

L'élaboration et le sort de la charte

• Par une *résolution du 18 février 1946*, le Conseil économique et social des Nations unies décide de convoquer une conférence internationale sur le commerce et l'emploi, en vue de « favoriser le développement de la production, des échanges et de la consommation des marchandises ». La conférence s'est réunie à La Havane du 21 novembre 1947 au 24 mars 1948. Elle a établi le texte de la charte qui : 1) pose un certain nombre de principes généraux à observer dans le commerce international ; 2) institue une organisation internationale du commerce dont le but est triple : mettre en œuvre la charte, étudier les problèmes du commerce international, arbitrer les différends entre les États membres.

• *Mais les États-Unis*, qui avaient été à l'origine de la charte, furent également à l'origine de son échec : le 6 décembre 1950, le gouvernement américain décidait de ne pas soumettre la charte au Congrès. L'organisation internationale du commerce était dès lors condamnée à ne jamais voir le jour. *Mais les principes réunis dans la charte elle-même* constituèrent la base et la référence de la politique internationale des échanges. Ils ont notamment été appliqués par le Conseil économique et social de l'ONU et inspirèrent directement le *GATT.

Les principes énoncés par la charte

C'est dans la partie d'énoncé des principes du commerce international que la charte a constitué un apport essentiel et qu'elle a inauguré une nouvelle tendance dans les négociations économiques mondiales. Les principes les plus importants qui y sont contenus sont les suivants.

Le principe de la non-discrimination : L'article 16 de la charte pose le principe de l'application de la *clause de la nation la plus favorisée, générale, immédiate et inconditionnelle. La charte reconnaît cependant la nécessité de certaines exceptions à ce principe général : 1) pour les régimes préférentiels des zones d'influence économique et politique : Commonwealth, Union française, empires coloniaux belge et portugais ; 2) pour les régimes que peuvent s'accorder réciproquement des pays sous-développés (Proche-Orient) ; 3) dans le cas d'unions douanières dont la définition et les conditions de formations sont données (art. 40) ; 4) pour les importations en provenance d'un pays à monnaie déclarée « rare » par le *FMI.

Le principe de la réduction des tarifs douaniers : L'article 17 prévoit des négociations tendant à réduire substantiellement le niveau général des tarifs « sur une base de réciprocité et d'avantages éventuels » et tend à éliminer les *préférences douanières.

La condamnation du protectionnisme : Notamment sous son aspect *quantitatif.* Exemples : 1) L'article 20 élimine les prohibitions ou restrictions autres que les droits de douane dont le caractère de moyen de protection normal et traditionnel est ainsi implicitement reconnu (*voir* Contingent). 2) L'article 21 statue sur les restrictions destinées à protéger la balance des paiements en mettant l'accent sur l'interdépendance des économies nationales et sur la nécessité d'une consultation préalable des services de l'organisation internationale. 3) L'article 22 abolit les mesures discriminatoires en matière de restrictions quantitatives. 4) L'article 18 établit le principe du traitement national en matière d'impositions et de réglementations intérieures et cherche à éliminer les mesures de protectionnisme indirect qui peuvent résulter d'une application sévère de certains règlements intérieurs aux produits importés.

Le principe de la normalisation des échanges et de la sincérité des prix à l'exportation :

1) La sincérité des prix et la normalisation des exportations sont notamment abordées par les articles 25 et suivants qui traitent des primes à l'exportation et prévoient des consultations entre pays intéressés. L'article 29 stipule que les entreprises d'État ne doivent pas bénéficier de privilèges discriminatoires. L'article 34 définit le *dumping, le condamne et prévoit les conditions d'application des mesures antidumping.

2) La normalisation générale des échanges commerciaux est recherchée dans l'application de divers principes : la liberté du transit (art. 33), la normalisation de la valeur en *douane (art. 35), la simplification des formalités et du *protectionnisme administratifs (art. 36), la communication et la normalisation des statistiques relatives au commerce extérieur (art. 39).

La condamnation des *cartels internationaux privés : L'article 46 dispose que l'organisation internationale du commerce devra réprimer « les pratiques qui entravent la concurrence, restreignent l'accès aux marchés ou favorisent le contrôle à caractère de *monopole, dans tous les cas où ces pratiques produisent des effets nuisibles sur le développement de la production ou du commerce ».

L'organisation internationale du commerce

Les cadres de l'organisation sont décrits dans les articles 73 et suivants de la charte. L'organisation comporte une conférence, un conseil exécutif, des commissions, un directeur général et un secrétariat.
La conférence se compose de tous les membres de l'organisation. Elle détient les pouvoirs et les attributions que la charte confère à l'organisation et peut confier certains pouvoirs ou attributions au conseil exécutif.
Le conseil exécutif (composé de 18 membres) est chargé d'appliquer la politique générale de l'organisation.
Les commissions, constituées par le conseil exécutif, exercent les attributions qui leur sont dévolues par la conférence.
Le directeur général, assisté du secrétariat, assure la direction administrative de l'organisation. *Cette structure n'a jamais été mise en place.* Les organismes permanents du GATT sont les seuls à jouer un rôle (partiel) dans le domaine qui avait été dévolu à l'OIC (en anglais : ITO).

Chef de file (banquier) (dans l'intérêt commun)

a : *Lead manager* – **d** : *Federführende Bank* – **e** : *Banco directivo de créditos sindicados*

Établissement bancaire assurant les relations entre une entreprise cliente et les autres banquiers de celle-ci, et agissant vis-à-vis des tiers.

On distingue le chef de file bancaire et le chef de file financier, selon la nature des opérations en cause.
Les crédits *cartellaires créent la fonction de chef de file bancaire. C'est généralement, mais non obligatoirement, l'établissement qui a la part principale dans les crédits. Il prépare les demandes de crédit, les présente

aux organismes financiers spécialisés, assure la liaison avec la Banque de France. Le chef de file propose aux banquiers qui constituent le pool bancaire la participation aux nouveaux crédits et surveille pour leur compte la situation financière de l'emprunteur.
Le chef de file financier prépare les opérations financières de l'entreprise (augmentations de capital, emprunts obligataires, offres publiques d'achat ou d'échange) dont il assure le service financier. Il assure les relations avec les autres banques figurant au *barème financier et les autres institutions ou organismes intervenant dans ces opérations.

Chèque

a : *Cheque (R.-U)/check (É.-U.)* – **d** : *Scheck/Check* – **e** : *Cheque*

Formule écrite par laquelle le propriétaire de fonds déposés dans une banque ou un organisme similaire donne l'ordre à son banquier de payer à vue une certaine somme au profit d'un tiers, ou du donneur d'ordre lui-même.

C'est le moyen essentiel de mobilisation des *dépôts. Il permet en effet le retrait des fonds par le déposant, le transfert des dépôts au bénéfice d'un tiers et leur transfert de place à place. C'est, avec le *virement, un instrument de circulation de la monnaie scripturale pour l'extinction des dettes contractées. Son extension provient des avantages qu'il présente, notamment : *pour les particuliers,* à qui il permet d'effectuer des paiements et des transferts sans maniement ou transport d'espèces avec les risques qu'ils comportent (perte, vol, destruction, etc.) ; *pour la collectivité,* il contribue à diminuer la circulation des billets, ramène le maximum de disponibilités dans la caisse des organismes de crédit et facilite par là la politique monétaire de l'État (*voir* Monnaie).

Origine

En 1742, le gouvernement britannique interdit aux banques d'émettre des billets payables à vue à leur caisse. Celles-ci autorisèrent alors leurs clients qui détenaient des avoirs chez elles à créer des formules de paiement qu'elles honoreraient à leur présentation par le bénéficiaire. Ces formules (ou mandats) prirent le nom de « checks ». En France, le chèque fut introduit à l'époque de la création des grandes banques de dépôts par la loi du 14 juin 1865.

Principes juridiques

Les principes et le régime juridiques du chèque ont été définis dans la convention internationale de Genève du 19 mars 1931, sur l'unification du droit en matière de chèque. En France, le statut du chèque est régi par le décret-loi du 30 octobre 1935 « unifiant le droit en matière de chèque » dont les principales dispositions concernent :

La capacité pour tirer un chèque : Le tireur doit satisfaire aux conditions de capacité civile, avoir un compte ouvert dans une banque ou dans un organisme habilité. Le tireur doit enfin posséder à ce compte une provision suffisante.

Les conditions de forme du chèque : La formule de chèque doit porter l'énoncé de la somme à payer en chiffres et en lettres, l'indication du lieu et de la date d'émission, du lieu de paiement, du nom du tiré et du nom du bénéficiaire (sauf s'il s'agit de chèque au porteur) ; elle doit porter enfin la signature du tireur.

La transmission du chèque : Elle entraîne pour le porteur le droit à la provision. Cela signifie que le bénéficiaire du chèque peut exiger le paiement de la somme indiquée auprès du tireur (débiteur) ou du tiré (banquier), à condition que la provision ait existé au moment de la création du chèque. S'il est émis sans provision, le tireur (et les *endosseurs) resteront seuls tenus par la dette.

Les exceptions : Elles sont inopposables au chèque comme à la *lettre de change.

Absence de novation : L'émission du chèque ne libère pas le tireur de sa dette jusqu'à ce que le chèque ait été effectivement payé.
Au total, le chèque est un *effet de commerce mais aussi une lettre de change présentant deux particularités : 1) il est payable à vue ; 2) il est tiré sur une banque (ou établissement habilité).

Paiement du chèque

Il est immédiat : Dès qu'il est émis, le chèque peut être présenté au paiement, même s'il est postdaté.

Il est juridiquement sûr : Sa sécurité est garantie par quatre types de dispositions principales.

- La répression de l'émission de chèque sans provision qui est susceptible de modalités diverses, selon que la bonne foi est ou non reconnue : assimilation à l'escroquerie en cas de mauvaise foi, amende de 60 % du montant en cas de bonne foi, etc.
- La transmission de la provision a pour effet de priver les créanciers du tireur de la faculté d'opposition entre les mains du tiré.
- En cas de non-paiement du chèque, le porteur doit faire dresser protêt pour sauvegarder tous ses droits. Un décret du 20 mai 1955 a institué un système de centralisation des informations en matière de refus de paiement qui permet aux banquiers de connaître les mauvais débiteurs (le banquier qui refuse un paiement doit en

aviser la Banque de France dans les quatre jours). Aux termes de l'ordonnance du 28 septembre 1967, « la Banque de France informe le procureur de la République de tout refus de paiement d'un chèque, motivé par une absence ou une insuffisance de provision ». Depuis 1974, le système bancaire est chargé de renforcer cette surveillance et investi d'un pouvoir accru de sanction (retrait du chéquier pour l'émetteur de chèques sans provision).

• Responsabilité du banquier. En cas de vol ou de falsification de chèques, la responsabilité du banquier peut être engagée s'il n'a pas vérifié l'identité du présentateur. Dans chaque cas, en fait, les tribunaux apprécient les parts de responsabilité qui incombent au tireur, au banquier, au porteur légitime.

Formes du chèque

Le chèque est généralement établi sur des vignettes fournies gratuitement par les banques à leurs clients à qui elles interdisent d'utiliser un autre papier, pour éviter les « *chèques de casino* » écrits sur des papiers libres (exemple du joueur malchanceux). Il peut être établi :

Au profit du porteur : Tout porteur du chèque peut être payé mais les risques de perte ou de vol sont graves.

Sous forme à ordre : Le chèque est payable à une personne dénommée ou, à son ordre, à une autre personne (*endossement). Elle est la plus couramment employée.
En outre, le chèque peut se présenter sous les formes suivantes.

Chèque barré : Le barrement s'effectue par apposition de deux barres parallèles au travers du recto du chèque. Il a pour effet d'imposer la présentation du chèque au paiement par l'intermédiaire d'un banquier. Le barrement peut être *général :* le chèque peut être présenté au paiement par une banque quelconque à laquelle le porteur l'aura endossé ; *spécial :* l'indication d'un banquier figure entre les barres. Seul ce banquier peut le présenter au paiement. Dans les deux cas, le chèque barré est obligatoirement porté à un compte. Le barrement fait du chèque une véritable « monnaie de banque ».

Chèque certifié : Si le bénéficiaire craint que la provision n'existe pas ou vienne à disparaître, il peut demander au tireur de le faire certifier par le banquier tiré. La provision correspondante est alors bloquée et affectée au paiement jusqu'au terme du délai légal de présentation.

Chèque tiré ou chèque de banque : Chèque émis par un banquier sur ses succursales ou ses correspondants à la demande d'un de ses clients qui le lui achète. Ce moyen évite au client de transporter des fonds importants et lui permet de toucher son chèque à son arrivée. Pour éviter les escroqueries, le banquier émetteur avise son correspondant du tirage.

Chèque visé : Chèque tiré par un client sur la caisse d'un établissement où il possède un compte et annoté à cette caisse pour le rendre payable à une autre caisse du même établissement. Le bénéficiaire n'a pas ainsi à payer de frais d'encaissement d'une place sur l'autre. Le banquier a les mêmes garanties que pour le chèque de banque grâce à l'avis de tirage préalable.

L'extension du paiement par chèque

Le chèque est apparu en même temps que s'est fait sentir le besoin d'effectuer des règlements de plus en plus fréquents et de plus en plus importants pour répondre à l'augmentation et à la diversification des opérations dues à la révolution industrielle du XIXe siècle. Parallèlement, l'expansion du système bancaire et l'apparition des problèmes nationaux de politique monétaire ont engagé à rechercher les moyens de mobiliser les dépôts et d'augmenter la part de circulation monétaire passant par des circuits contrôlables (monnaie scripturale). Le chèque constitue l'un des moyens d'atteindre ces objectifs.

A l'origine, la loi de 1865 en France chercha à favoriser et à développer l'habitude des dépôts en banque et l'usage de titres dispensant de l'emploi d'espèces en réduisant à un droit fixe pour les chèques le droit de timbre proportionnel qui frappait les lettres de change jusqu'alors utilisées. En 1943, les chèques ont été dispensés en France de tout droit de timbre. Diverses dispositions législatives ont ensuite rendu obligatoire l'acceptation du chèque pour certains paiements (lois du 22 octobre 1940 et du 2 août 1957 en France). Notamment : les règlements des *traitements ou salaires* supérieurs à 1 000 francs par mois (par chèque bancaire, chèque postal ou virement en banque) ; les règlements des *produits des titres nominatifs* émis par des collectivités publiques ou des sociétés excédant 1 000 francs par certificat et par échéance ; les règlements en *paiement* de loyers, transports, services, fournitures, travaux ou achats dépassant 1 000 francs. Ces limites sont élevées à 2 000 francs pour les règlements effectués entre les mains des notaires.

Mais le développement même de l'usage du chèque a posé de nouveaux problèmes : la manipulation par les banques d'un volume de chèques toujours accru est source de frais considérables. L'*emploi possible de dépôts plus nombreux ne suffit pas à les couvrir, d'autant que la multiplication des comptes de dépôts des particuliers se traduit par l'adjonction de comptes présentant un solde moyen de plus en plus faible et par l'émission de chèques de montant moyen décroissant.

Les premiers efforts ont tendu à réduire le coût du traitement des chèques par l'usage de l'automation (chèques magnétisés lus directement par des machines électroniques). On s'est orienté en outre vers la substitution au chèque de nouvelles techniques de transferts de fonds dont la *carte de crédit constitue un exemple. Associée à l'emploi de l'électronique, elle peut servir de base à un système de règlement automatique des transactions.

Chiffre d'affaires

a : *Turnover* – **d** : *Umsatz* – **e** : *Cifra de negocios*

Montant global, au cours d'une période donnée, des ventes de biens et de services effectuées par un agent économique et mesurées par leur prix de cession.

Le chiffre d'affaires recouvre les *ventes* de produits, c'est-à-dire les transferts de propriété contre paiement d'un prix, mais également les cessions de droits ou les louages d'objets, etc. (prestations de services). Pour les activités financières et les activités d'intermédiaires, il se définit par le montant des *agios et commissions, des *primes d'assurance ou des courtages encaissés. En comptabilité, il figure au crédit du compte d'exploitation de l'agent ou de l'entreprise. Le chiffre d'affaires peut être exprimé hors taxes ou taxes comprises, comme les prix (d'une manière générale, il est préférable d'en exclure la part des taxes dont l'évolution est sans rapport direct avec la gestion de l'entreprise).
La notion de chiffre d'affaires sert à mesurer le volume et l'évolution de l'*activité commerciale* d'un agent économique.
Ventilé par produit, par secteur, par région ou par client, le chiffre d'affaires permet d'obtenir un tableau significatif de la structure d'une activité industrielle et commerciale, et de son évolution. Exemples : proportion du chiffre d'affaires réalisé avec un groupe, à l'exportation (*voir* Carte d'exportateur). Rapport de l'investissement au chiffre d'affaires (exemple : en France, en 1970, l'industrie dans son ensemble investit environ 7 % de son chiffre d'affaires. Les activités très capitalistiques ont un rapport beaucoup plus élevé : EDF, 50 %), etc. Témoin de l'activité commerciale générale, il constitue l'assiette fiscale des impôts **ad valorem* sur la consommation (*impôts sur la dépense ou sur le chiffre d'affaires, *TVA, *accises...).

Chirographaire (créancier)

a : *Preferential creditor* – **d** : *Bevorrechtiger Konkursgläubiger* – **e** : *Acreedor privilegiado*

Créancier ne bénéficiant d'aucune sûreté particulière en garantie de sa créance.

En cas de *règlement judiciaire, le créancier chirographaire n'est payé qu'après les créanciers privilégiés ou garantis par une sûreté conventionnelle. Aucun droit de préférence ne jouant entre créanciers chirographaires, les actifs des débiteurs sont partagés entre eux au prorata des montants de leurs créances.

Chômage

a : *Unemployment* – **d** : *Arbeitslosigkeit* – **e** : *Paro*

---

*Arrêt involontaire et prolongé du travail dû à l'impossibilité de trouver un *emploi, faisant généralement suite à la rupture de contrat de travail entre le salarié et son employeur.*

Les formes de chômage

• On distingue généralement les formes de chômage suivantes :

Le chômage frictionnel : Il résulte d'une insuffisante mobilité ou d'une insuffisante qualification de la main-d'œuvre.

Le chômage structurel ou technologique : Il résulte des modifications dans les structures économiques (exemple : régression charbonnière).

Le chômage cyclique : Il résulte des grandes *crises économiques.

Une forme de chômage « volontaire » : Elle apparaît dans certains pays où les indemnités de chômage sont suffisamment importantes pour permettre de choisir l'inactivité.

• Du chômage proprement dit, ou chômage total, doivent être rapprochées *certaines formes de sous-emploi* qui ne supposent pas la rupture du lien entre le salarié et son entreprise. Citons-en les deux exemples suivants :

Du chômage partiel : Il se produit lorsque le fléchissement de l'activité d'une entreprise oblige celle-ci à réduire anormalement le temps de travail et les salaires : le chômage partiel doit être distingué de l'absentéisme.

Du chômage saisonnier : Il touche périodiquement certaines branches professionnelles comme, par exemple, le bâtiment pendant l'hiver.

• Deux extensions plus récentes, en France, sont relatives :
– *à la population disponible à la recherche d'un emploi* (PDRE) qui regroupe l'ensemble des personnes qui, lors du recensement de la population, se déclarent en situation forcée d'inactivité et indiquent donc qu'elles recherchent un emploi. Ce concept plus large que le chômage proprement dit englobe entre autres les jeunes à la recherche d'un premier emploi, les femmes souhaitant travailler pour compléter les revenus du ménage ou les personnes bénéficiant d'une retraite et voulant prendre une nouvelle activité ;
– *à la population marginale disponible à la recherche d'un emploi* (PMDRE) qui concerne, elle, les personnes qui, bien que s'étant déclarées étudiant, élève ou femme au foyer ou sans occupation professionnelle, indiquent au cours de l'enquête rechercher un emploi.

• On notera que le *Bureau international du travail dispose également d'une définition du chômage, quelque peu différente de ces concepts. Elle concerne toutes les personnes involontairement sans emploi au cours de la semaine de référence, satisfaisant à un certain nombre de critères — recherche d'un emploi salarié, disponibilité, démarches —, soit la PSERE (population sans emploi à la recherche d'un emploi), à laquelle s'ajoutent les personnes ayant trouvé un emploi commençant ultérieurement et les personnes en chômage technique.

La mesure du chômage

Compte tenu de la diversité des réalités qu'il recouvre et des problèmes de recensement statistique, cette mesure est très délicate. En France, indépendamment de la population disponible à la recherche d'un emploi et de la population marginale disponible à la recherche d'un emploi, appréciées lors des recensements démographiques et des enquêtes annuelles, on évalue, mensuellement, les demandes d'emploi en fin de mois (DEFM) antérieurement appelées demandes d'emploi non satisfaites (DENS) qui sont recensées par les services du travail (et, depuis 1970, par l'Agence nationale pour l'emploi), les chômeurs secourus et ceux qui bénéficient des indemnités des ASSEDIC (Association pour l'emploi dans l'industrie et le commerce).

Voir Emploi.

Chronogramme

a : *Chronogram* – **d** : *Chronogramm* – **e** : *Cronograma*

**Diagramme permettant de représenter l'évolution d'une série chronologique.*

Chronologique (série)

a : *Time series* – **d** : *Zeitreihe* – **e** : *Serie cronológica*

Statistique : Suite d'observations d'une grandeur statistique évoluant avec le temps.

C'est donc une série statistique où l'un des *caractères quantitatifs de la *variable décrite est sa situation dans le temps. On parle aussi de série *temporelle.*

On décompose habituellement une série chronologique en une *tendance, dont le déroulement est régulier et harmonieux, un mouvement *saisonnier dont la valeur est liée à la saison et des variations accidentelles qui viennent perturber l'observation de la série. La tendance peut elle-même résulter d'un *trend, évolution à long terme de la série, et d'un *cycle, variation dont la période peut aller de quelques années à plusieurs dizaines d'années (par exemple, le cycle du porc est bien connu des économistes en matière agricole).

Chrysohédonisme

a : *Chrysohedonism* – **d** : *Chrysohedonismus* – **e** : *Crisohedonismo*

Doctrine économique fondant la richesse des nations sur l'accumulation de métal précieux (de l'or en particulier).

Voir Mercantilisme.

Circuit

Voir Trésor.

Classe sociale

a : *Social class* – **d** : *Gesellschaftsschicht* – **e** : *Clase social*

Groupe d'individus ayant dans la société une situation fonctionnelle et une position comparables, et liés par une communauté d'intérêts et de comportements.

Rarement concept a donné matière à autant d'exégèses. Proposer une définition traduit même une position dans la mesure où cela implique généralement qu'on reconnaît la réalité du concept, alors qu'on n'a pas hésité à soutenir que la notion n'était qu'une simple construction idéologique sans base objective. En fait, les définitions sont multiples, aucune n'apparaît vraiment satisfaisante, et la seule formulation d'une définition est liée à l'importance relative qu'on assigne soi-même au rôle des classes dans l'organisation et l'évolution des sociétés humaines.

• Cette *multiplicité des définitions* et des *conceptions* a donné lieu à des études pour essayer de classer les théories relatives aux classes sociales. On a ainsi proposé de distinguer : les théories *nationalistes* (qui nient les faits de classe), *solidaristes* (qui admettent la réalité des classes mais les transcendent), *réalistes* (qui essaient d'isoler des comportements de classe et d'en apprécier les interactions), *socialistes* (qui fondent sur l'antagonisme de classes l'analyse des rapports sociaux et de leur évolution) ; ou encore des théories *psychologiques* ou *radicales* qui n'attribuent aux classes que le caractère d'un mythe idéologique, des théories *économistes* qui les fondent sur la base objective de la répartition de la propriété et des revenus, et des théories *sociologiques* qui les traitent comme des sous-ensembles complexes et composites de la société, eux-mêmes fédérateurs d'autres groupements internes...
La classe paraît, au total, se définir par deux éléments principaux.

Une base objective : Elle est liée au mode d'insertion des individus qui la composent dans la société formée par les communautés ethnique ou nationale.

Une base subjective : Elle lui correspond : c'est la conscience plus ou moins explicite d'une solidarité.
Ces deux éléments paraissent inséparables : une communauté d'intérêts et de conceptions peut fonder des groupements divers (religieux, politiques, économiques...), mais pas une classe. De même une identité de situation objective, sans conscience collective claire et agissante, n'aboutit pas à la « classe ».

• De nos jours, le concept et, pour ceux qui l'admettent, la réalité des classes sociales sont *au centre du débat et du défi réciproques* entre les systèmes économiques et sociaux qui se partagent le monde.

Les idéologues des pays capitalistes : Ils ont cessé pour la plupart de nier la réalité du concept, mais lui confèrent une portée limitée, soit en refusant d'admettre la lutte des classes, soit en essayant de la transcender. On insiste alors sur le fait que les classes ne sont pas fermées : qu'une mobilité sociale autorise du moins des transferts ; qu'un processus de différenciation interne peut s'y observer ; que de nouvelles classes apparaissent, et que, par exemple, l'essor des classes moyennes, dans les pays développés, frappe d'anachronisme l'articulation schématique du corps social en deux classes antagonistes, chère à la dialectique marxiste. On admet en même temps aujourd'hui que la stratification en classes est inévitable, qu'il est utopique d'imaginer qu'on puisse la supprimer et qu'il importe seulement de dépassionner le problème.
Les mouvements sociaux, qui revêtent parfois le caractère de violents affrontements, tempèrent cependant cet optimisme. Ils tendent à prouver que les efforts plus ou moins marqués pour favoriser la promotion personnelle et la mobilité sociale, pour humaniser les rapports sociaux

et pour démocratiser le capitalisme restent limités dans un système qui ne borne pas la propriété privée et lui confère une position privilégiée dans la dévolution du pouvoir et sa transmission.

Les pays communistes : Ils se recommandent précisément de la doctrine marxiste, et la lutte des classes n'est évidemment pas niée. On admet même qu'elle marque de façon déterminante la phase d'édification d'une société socialiste. En théorie, elle se traduit par l'antagonisme entre les classes ouvrière et paysanne détentrices du pouvoir et les anciennes couches dirigeantes, privées de leur suprématie. On considère en même temps que la socialisation de l'économie jette les bases de la *société sans classes,* qui reste l'objectif du système.
De fait, on a pu s'interroger sur les conséquences lointaines du maintien d'une stratification catégorielle, fondée sur la répartition des revenus, mais aussi sur les effets pervers du système de pouvoir. D'aucuns ont dénoncé les indices d'une évolution de la société « socialiste », où une « classe » bureaucratique affirmait sa prééminence. La mobilité recherchée par la démocratisation du système éducatif et l'organisation de la promotion professionnelle ont pu ne pas suffire, avec les garde-fous économiques, à éviter les déviations. Un pays, la Chine communiste, a cherché un temps, à travers une remise en cause radicale (la « révolution culturelle »), à extirper les germes d'une restructuration en classes. Les essais qui y ont été faits pour atténuer la distinction entre travail manuel et travail intellectuel, et pour diminuer l'importance de la sphère marchande de l'économie ont illustré cette préoccupation, qui a fait place, dans les années 80, à une réhabilitation partielle des « mécanismes » du marché.

Voir Lutte des classes, Marxisme, Communisme, Socialisme.

Classée (valeur)

a : *Investment security* – **d** : *Anlagewertpapier* – **e** : *Clasificado (valor)*

---

*Se dit d'une *valeur mobilière lorsqu'elle est détenue par un porteur ayant l'intention de la conserver en portefeuille pour en tirer un revenu.*

Lorsqu'une société émet des valeurs (pour créer ou augmenter son *capital social), celles-ci donnent généralement lieu à un ensemble de transactions effectuées par des opérateurs qui les négocient pour en tirer profit. Ce n'est parfois qu'après une assez longue période de spéculation, d'observation ou d'ajustements que les valeurs rejoignent enfin les portefeuilles des porteurs qui les considèrent comme un placement durable en fonction du revenu qu'ils en attendent. La valeur est alors dite « classée ». Le « classement » plus ou moins tardif et plus ou moins stable d'une valeur a des conséquences directes sur la solidité du titre et la qualité de son marché.

Classique

a : *Classical/Classic* – **d** : *Klassisch/Klassiker* – **e** : *Clásica*

Adjectif : Caractéristique de l'école libérale. Substantif : Tenant de la doctrine libérale.

Le terme s'applique à la doctrine libérale telle qu'elle a été formulée dans sa présentation originelle par les économistes de la fin du XVIIIe siècle et du XIXe siècle.
Dans la conception classique, la science économique est celle des lois naturelles garantes de l'équilibre économique si rien ne vient entraver leur libre cours.

Voir Libéralisme.

Clause de la nation la plus favorisée

a : *Most-favoured-nation clause* – **d** : *Meistbegünstigungsklausel* – **e** : *Cláusula de nación más favorecida*

Clause des traités de commerce par laquelle les pays contractants s'engagent à étendre à leurs échanges réciproques les avantages douaniers qu'ils accorderaient ultérieurement à un pays tiers.

Les pays contractants reçoivent, du fait de cette clause, l'assurance que les droits de douane frappant leurs exportations seront automatiquement alignés sur les droits moins élevés qui seraient ultérieurement accordés à un autre pays. En d'autres termes, les réductions de droits et tous autres avantages accordés à la nation qui se trouve être la plus favorisée sont étendus à tous les pays signataires d'un traité prévoyant cette extension.

• La clause, destinée à prévenir toute discrimination, peut être inconditionnelle ou conditionnelle, illimitée ou limitée.
Inconditionnelle, elle entraîne de plein droit l'extension aux pays bénéficiaires des concessions tarifaires faites à un pays tiers, sans que ces pays aient à consentir de leur côté une compensation quelconque. *Conditionnelle,* elle comporte cette extension, soit sans contrepartie si tel a été le cas avec le pays tiers, soit en échange d'avantages équivalents de ceux accordés par le pays tiers. *Illimitée,* elle s'étend à l'ensemble des avantages concédés. *Limitée,* elle ne s'applique qu'à certains articles du *tarif douanier.

• La clause qui figurait avant 1914, à titre inconditionnel, dans la plupart des traités de commerce, à l'époque bilatéraux, a contribué à l'*extension du libre-échange* au XIXe siècle, mais elle a aussi parfois permis celle du *protectionnisme. Par exemple, la France, soucieuse de protéger son industrie de la concurrence allemande tout en respectant la clause que lui imposait le traité de Francfort, fut obligée d'étendre aux autres pays les hausses des droits frappant les exportations allemandes.

Un pays peut craindre d'accorder dans un traité bilatéral une concession tarifaire si elle doit ensuite être automatiquement étendue, en vertu de la clause, à tous les autres pays. De même, un pays s'abstiendra d'accorder des réductions tarifaires afin d'en obtenir en échange, s'il sait qu'il bénéficiera de toute manière des réductions accordées aux autres pays. Les États non parties à un traité *multilatéral peuvent se prévaloir de la clause inscrite dans les accords bilatéraux (*voir* Bilatéralisme), lorsqu'elle est inconditionnelle, pour réclamer sans contrepartie les avantages résultant du traité multilatéral.

Aussi, entre les deux guerres, la clause était-elle devenue le plus souvent conditionnelle : sa portée était en outre très réduite du fait du contingentement.

Ces difficultés ont été surmontées depuis la Seconde Guerre grâce au *GATT. Les concessions tarifaires bilatérales sont reprises dans cet accord multilatéral et sont étendues à tous les signataires par application de la clause de la nation la plus favorisée. Dès lors, il n'est plus aujourd'hui nécessaire de faire figurer celle-ci dans les accords bilatéraux.

Clause-or

a : *Gold clause* – **d** : *Goldklausel/Goldwertklausel* – **e** : *Cláusula oro*

---

*Clause d'*indexation d'une *créance ou d'une *obligation sur la valeur de l'or.*

La clause-or est interdite, sauf exceptions notables : emprunts Pinay de 1952 et 1958 (indexés sur le napoléon), emprunt Giscard d'Estaing 1973 (indexé sur le prix de l'or).

Clause de réserve de propriété

Disposition légale (loi du 12 mai 1980, no 335) selon laquelle il n'y a pas de transfert de propriété tant que la marchandise n'a pas été payée.

Ce principe s'oppose donc au principe traditionnel de la propriété qui considère que « possession vaut titre » (de propriété).

Clearing (accords de)

a : *Offsetting agreements* – **d** : *Kompensationsabkommen* – **e** : *Acuerdos de clearing*

Traduction française proposée : Accords de compensation.

Accords de commerce en vertu desquels le produit des exportations est affecté au règlement des importations de manière à atteindre l'équilibre des échanges entre les contractants.

• Le *contrôle des changes* dans sa forme la plus rigoureuse, en limitant le plus possible les sorties d'or et de devises, provoque la diminution des échanges commerciaux : si faute de moyens de règlement un pays restreint ses achats à un partenaire étranger, celui-ci à son tour s'adresse à d'autres fournisseurs. Aussi, lorsque la *balance commerciale des deux pays est normalement proche de l'équilibre, mais que, par suite de l'institution du contrôle des changes dans l'un au moins de ces deux pays, le règlement des échanges commerciaux soulève des difficultés, les deux pays ont-ils intérêt à compenser *(to clear)* l'ensemble de leurs exportations et de leurs importations.
Dans un tel régime de *troc élargi à l'ensemble des produits, le commerce extérieur et les changes sont complètement dissociés, puisque les importations n'entraînent pas de sortie d'or ou de devises. Dans chaque pays, les règlements sont effectués par les importateurs en monnaie nationale auprès d'un office de compensation, géré le plus souvent par la banque centrale, et celle-ci règle, en monnaie nationale également, les exportateurs.

• Les accords de clearing, presque toujours bilatéraux, sont *apparus au lendemain de la crise de 1929.* Ils ont permis de mettre fin aux mesures de *contingentement unilatéral et assuré sur une base, il est vrai réduite, le maintien du commerce international. L'Allemagne notamment a conclu des accords de clearing avec la France, la Grande-Bretagne, la Suisse et les pays des Balkans.

• Mais ces accords *présentent de graves inconvénients :* l'égalité de la valeur totale des importations et des exportations entre les deux pays, nécessaire à leur compensation intégrale, n'est presque jamais atteinte. En effet, les exportateurs du pays qui est en mesure d'exporter le plus, assurés d'être payés sans difficulté en vertu de l'accord, accroissent leurs ventes. Il en résulte l'apparition, au bénéfice ou plutôt au détriment de ce pays, d'un *arriéré de clearing :* la banque centrale a plus à verser à ses exportateurs qu'elle ne reçoit de ses importateurs. Dès lors, ou bien ce pays accepte le maintien de cet arriéré et accorde par là un crédit forcé et sans intérêt à son partenaire — aussi l'accord de clearing se prolonge-t-il généralement par un accord de paiement destiné notamment à fixer un plafond à l'arriéré de clearing —, ou bien, pour apurer cet arriéré, le pays créditeur est amené à accepter des importations non indispensables.

D'autre part, les accords de clearing sont généralement passés *sur la base des taux de change officiels,* qui peuvent être très différents de ceux qui s'établiraient sur des marchés libres : le pays dont le taux est surévalué est favorisé par l'accord. L'Allemagne a ainsi pu « exploiter » avant la guerre les pays balkaniques qui étaient dans sa dépendance pour leurs échanges extérieurs.

Les accords de clearing franco-allemands illustrent ces difficultés. La France avait signé le premier en 1932 dans l'espoir de développer ses exportations et de sauvegarder les intérêts des porteurs des emprunts Dawes et Young. Une fraction de 15 % des recettes en francs de l'Office français de compensation, c'est-à-dire du paiement des importations de l'Allemagne, était affectée en paiement des intérêts des emprunts Dawes et Young : l'Allemagne, par là, assurait partiellement le service d'une dette née des réparations de guerre. Le reste était affecté au règlement des exportations françaises. A partir de 1934, l'Allemagne, intensifiant les achats de matières premières nécessaires à son réarmement, a importé beaucoup plus de France qu'elle n'y a exporté et l'arriéré de clearing s'est accumulé au détriment de la France : l'accord dut être interrompu en 1936. Son renouvellement fut imposé par l'Allemagne en novembre 1940. L'Allemagne en guerre a acheté de 1940 à 1945 à la France beaucoup plus qu'elle ne lui a vendu, sur la base d'un taux de change arbitraire. L'arriéré de clearing, intégralement financé par le Trésor français, fut annulé en 1944.

Les accords de clearing bilatéraux ont été abandonnés *après 1945* en Europe occidentale au profit d'une compensation multilatérale des échanges et des paiements (« accords de paiement »), instituée dans le cadre de l'*OECE et de l'*UEP, qui a permis de revenir par étapes à la liberté des échanges et à la *convertibilité au moins externe des monnaies. Ils continuent cependant à jouer un rôle important dans les relations extérieures des pays socialistes et en voie de développement. Leur extension tend toutefois à se réduire ; en 1963, le *COMECON a organisé entre ses membres le clearing multilatéral, tandis que le *FMI ne manque jamais une occasion pour convaincre les pays sous-développés de l'intérêt qu'ils ont à renoncer à cette pratique.

Clientèle

a : *Regular customers* – **d** : *Stammkunden* – **e** : *Clientes habituales/ Clientela*

Ensemble de personnes qui ont l'habitude de se fournir chez un commerçant. Par extension : Ensemble de personnes qui se fournissent auprès d'une entreprise industrielle ou commerciale.

La clientèle est l'élément constitutif essentiel du *fonds de commerce sans lequel le fonds est inexistant. Au sens strict, la clientèle se distingue de l'*achalandage qui est constitué par les acheteurs occasionnels, mais le terme est généralement employé pour désigner l'ensemble des acheteurs ou l'ensemble des personnes qui sont en relation avec l'entreprise.
L'importance de la clientèle dépend naturellement d'un grand nombre de facteurs, parmi lesquels notamment les qualités professionnelles du commerçant ou de ses employés, la qualité et la variété des produits vendus ou des services rendus, la situation et l'emplacement du fonds de commerce, la concurrence, les prix pratiqués, la mode, la publicité, le snobisme, etc.

Clignotant

a : *Indicator* – **d** : *Indikator* – **e** : *Indicador*

---

*Expression faisant image et désignant les *indicateurs d'alerte de l'économie.*

Au sens strict, dans la conception en usage en France au moment du Ve plan, ceux-ci ne devenaient « clignotants » que lorsqu'ils franchissaient les seuils au-delà desquels il était reconnu nécessaire par le gouvernement de reconsidérer sa politique économique.

Voir Avertisseur.

Club ou Cercle d'investissement

a : *Investment club* – **d** : *Investmentclub* – **e** : *Club (o círculo) de inversiones*

---

*Groupe de personnes physiques constitué pour pratiquer des achats et des ventes de *valeurs mobilières en commun.*

Cette formule permet aux membres (quinze au maximum) du club de se familiariser avec la *bourse et de réunir progressivement un portefeuille de titres. Les formalités juridiques de constitution d'un club d'investissement sont réduites ; le club peut adopter la forme de la *société civile à capital variable (*SICAV) ou de l'indivision. Chaque club tient des réunions mensuelles et reçoit de ses membres une mensualité fixée par les statuts et affectée à l'achat de valeurs.

Club des Dix

Voir Groupe des Dix.

CNCE

Voir Centre français du commerce extérieur.

Coalition

Voir Grève, Entente.

Coefficient « bêta »

Voir Volatilité.

Coefficient de capital

a : *Capital coefficient* – **d** : *Kapitalskoeffizient* – **e** : *Coeficiente de capital*

*Rapport entre le stock de *capital fixe et la *production.*

Cette ratio n'est pas, bien entendu, un rapport entre données physiques, mais entre des volumes ou, si l'on préfère, entre des valeurs à prix constants.

Elle vise cependant à exprimer une relation structurelle technique entre l'ensemble des moyens de production et le volume de la production que leur utilisation permet d'obtenir.
Le coefficient de capital est utilisé pour caractériser des fonctions de production. Il a reçu une certaine application dans l'étude du développement planifié de l'économie, notamment dans les pays du Tiers Monde. Mais l'expérience suggère que le recours à un coefficient global constitue un mode d'approche grossier et dangereux. Les coefficients de capital varient en effet largement selon les *branches et ils évoluent dans le temps.

Voir Accélération.

Coefficient de capitalisation des résultats (CCR)

a : *Price-earnings ratio (PER)* – **d** : *Kurs-Gewinn-Verhältnis (KGV)/Price-Earnings Ratio (PER)* – **e** : *Coeficiente de capitalización de los resultados (CCR)*

---

*Coefficient par lequel il convient de multiplier le bénéfice par *action pour retrouver le cours coté.*

Voir Capitalisation boursière.

Coefficient de distribution

a : *Input-output coefficient* – **d** : *Verteilungskoeffizient* – **e** : *Coeficiente de distribución*

---

*Comptabilité nationale : Part (en valeur monétaire) de la production d'une *branche ou des ressources totales dans un produit de la nomenclature qui est consommée par une autre branche.*

Exemple : la production de la branche « boissons, alcools » en 1962 était consommée à raison de près de 26,6 % par la branche « hôtels, cafés, restaurants ».
Les coefficients de distribution sont établis dans le cadre des *tableaux d'échanges interindustriels. Ils expriment ainsi la façon dont la production ou les ressources (production + importations) sont distribuées entre les diverses branches consommatrices.
On peut les utiliser à diverses fins prévisionnelles : calcul de la *valeur ajoutée à partir d'une hypothèse de production, ou inversement ; à partir

d'hypothèses particulières, étude des variations de prix relatives en fonction des variations de valeur ajoutée. On a recours pour cela au calcul matriciel, comme dans le cas des coefficients techniques (voir ci-après).

Voir Tableau d'échanges interindustriels, Tableau des entrées-sorties, Programmation linéaire.

Coefficient de marge sur coût variable

Voir Point mort.

Coefficient technique

a : *Technical coefficient* – **d** : *Technischer Koeffizient* – **e** : *Coeficiente técnico*

Comptabilité nationale : Quantité d'un produit x_1 (exprimée en unités monétaires) nécessaire pour produire une unité (exprimée en monnaie) d'un bien x_2.

Exemple : pour produire une unité de « produit sidérurgique », il fallait, en 1962, 0,07 unité de minerai de fer.
Les coefficients techniques sont établis à partir des *tableaux d'échanges interindustriels en divisant chaque *consommation intermédiaire de chaque *branche par sa production.
Les coefficients techniques relevés sur des séries passées peuvent être utilisés dans le cadre des *projections pour déterminer, soit les consommations intermédiaires et la demande finale, à partir d'une hypothèse de production, soit la production et les consommations intermédiaires, à partir d'une hypothèse sur la demande finale. Pour effectuer ces prévisions, on a recours au calcul matriciel auquel se prête particulièrement bien la notion de coefficient technique (processus schématisé par le tableau page suivante). La validité des prévisions que l'on peut ainsi effectuer dépend évidemment de la stabilité dans le temps des coefficients techniques, qui sont affectés par le progrès et par des variations relatives de prix.

FORMULATION ARTIFICIELLE D'UN TABLEAU D'ÉCHANGES INTERINDUSTRIELS					
	Branche 1	**Branche 2**	**Branche 3**	**Emplois finals**	**Total**
Produit 1	$c_{11}x^1$	$c_{12}x^2$	$c_{13}x^3$	d_1	x_1
Produit 2	$c_{21}x_1$	$c_{22}x_2$	$c_{23}x_3$	d_2	x_2
Produit 3	$c_{31}x_1$	$c_{32}x_2$	$c_{33}x_3$	d_3	x_3
Production	x_1	x_2	x_3		

Soit un système de trois équations :

$$c_{11}x_1 + c_{12}x_2 + c_{13}x_3 + d_1 = x_1$$
$$c_{21}x_1 + c_{22}x_2 + c_{23}x_3 + d_2 = x_2$$
$$c_{31}x_1 + c_{32}x_2 + c_{33}x_3 + d_3 = x_3$$

La formulation matricielle de ce système sera alors :

$$\begin{vmatrix} c_{11} & c_{12} & c_{13} \\ c_{21} & c_{22} & c_{23} \\ c_{31} & c_{32} & c_{33} \end{vmatrix} = |C|$$

$$|C|X + d = X$$
$$|I - C|X = d$$

dont la solution en X est X.

Voir Coefficient de distribution, Tableau d'échanges interindustriels, Tableau des entrées-sorties, Programmation linéaire.

COFACE

Voir Compagnie française d'assurance pour le commerce extérieur.

Cogestion

a : *Codetermination* – **d** : *Mitbestimmung* – **e** : *Cogestión*

*Forme de *participation des salariés à la gestion des entreprises.*

La notion de cogestion s'applique à toute structure d'organisation de l'*entreprise qui, sans porter atteinte aux prérogatives de la direction, associe les salariés à tout ou partie des décisions relatives à la gestion. Pour qu'il y ait effectivement cogestion, il faut cependant que cette participation aille au-delà du droit d'information et du droit de consultation. Elle implique un pouvoir effectif d'intervention dans la décision.

Les expériences de cogestion sont en fait rares et discutées. En France, l'institution des *comités d'entreprise, compte tenu de leurs attributions réelles, ne peut, sans abus de mot, être présentée comme relevant de la cogestion. Celle-ci peut être évoquée, en revanche, à propos des entreprises nationales, où les conseils d'administration comportent une représentation du personnel : mais la cogestion reste plus théorique que réelle, dans la mesure même où cette représentation et les pouvoirs du conseil sont en fait limités.
L'exemple de la République fédérale d'Allemagne est souvent cité pour illustrer l'expérience de la cogestion ; la *loi allemande de 1952* sur la constitution de l'entreprise a institué différents organes représentatifs des salariés au sein de l'entreprise : parmi eux, deux, le conseil d'établissement (comparable au conseil d'administration) et la commission économique, interviennent obligatoirement pour les décisions touchant au personnel (transformation ou conversion des activités et des méthodes, réduction des effectifs...). En cas de désaccord avec le chef d'entreprise, la question controversée est soumise à une procédure d'arbitrage. Dans les secteurs industriels des mines et de la sidérurgie, la représentation du personnel au conseil de surveillance (*voir* Société) n'est pas négligeable, et un « directeur du travail », désigné par les salariés, participe aux décisions du directoire pour les questions touchant au personnel et aux conditions de travail. Relativement efficace dans la mesure où elle renforce les garanties des salariés, la cogestion allemande demeure pour beaucoup une expérience hybride où le souci d'organiser une participation est très influencé par la recherche d'une intégration au système.

Dans le cadre des expériences réalisées, une mention particulière doit être faite à titre historique du cas de la « Yougoslavie ». Celle-ci s'écartant de l'exemple soviétique a développé, à partir de 1950, une cogestion effective, puis a dépassé ce stade à partir de 1960 pour s'orienter vers une expérience partielle et spécifique d'* autogestion.

Voir Entreprise, Participation.

Colbertisme

a : *Colbertism* – **d** : *Colbertismus* – **e** : *Colbertismo*

Nom donné à la politique mercantiliste menée par Jean-Baptiste Colbert (1619-1683), contrôleur général des Finances de Louis XIV.

Le **mercantilisme* a pris des formes diverses selon les pays où ses principes ont été appliqués et selon les contextes sociopolitiques au sein desquels la doctrine s'est développée. Dans une certaine mesure, le colbertisme est la version française du mercantilisme, exposée par Montchrestien et mise en œuvre par Colbert sous sa forme la plus accomplie.

Le colbertisme se réfère à deux idées centrales du mercantilisme : Celle de *nation,* dont il faut rechercher la puissance, la prospérité et la richesse, les plus grandes possibles : l'idée que la richesse d'une nation se mesure à la quantité *d'or et de métaux précieux* que la nation aura réussi à amasser et à stocker (dans cette mesure, le colbertisme n'est pas exempt d'un certain *chrysohédonisme ou croyance dans le fait que tout le bien économique vient de l'or).

Mais il revêt d'autre part trois caractères spécifiques :

– Il instaure un *protectionnisme douanier rigoureux mais distribué au mieux des intérêts réels de la production nationale. Ainsi, Colbert permet l'entrée en franchise des matières premières mais frappe durement l'importation de produits manufacturés. Il encourage en revanche l'exportation des produits industriels nationaux et entrave celle des matières premières (les « denrées crues », c'est-à-dire comportant une faible part de *valeur ajoutée).

– Il cherche à moderniser et à stimuler la production de toutes les branches de l'économie nationale par divers procédés : contrôle étroit des corporations, sélection des meilleurs procédés de fabrication et obligation de les employer, contrôle des prix et de la qualité des produits, des salaires industriels, création des manufactures royales et subvention aux manufactures privées les plus compétitives.

– Enfin, le colbertisme réalise cette mobilisation économique par un *dirigisme modulé. L'intervention de l'État est en effet décisive et se fait parfois lourdement sentir, mais les actions sont soigneusement appliquées à divers domaines : elles tendent à susciter une expansion harmonieuse et équilibrée des diverses branches de la production : l'intervention de l'État ne s'exerce pas seulement pour étatiser ou « nationaliser » certaines activités (manufactures royales), mais aussi pour libéraliser et restaurer la concurrence (contrôle des corporations), et pour encourager l'initiative privée (subventions, commandes). L'État intervient ainsi largement comme un arbitre au nom de l'intérêt général qui est défini dans le cadre national.

Collage

*Situation dans laquelle se trouve une banque qui devient titulaire d'obligations non souscrites qu'elle s'est engagée — avant l'émission et à l'égard du *syndicat de placement — à prendre en charge dans son portefeuille.*

Collectif

a : *Bill of supply* – **d** : *Haushaltsmittel* – **e** : *Colectivo*

Ensemble de dispositions financières présentées en cours d'année dans une loi de finances rectificative qui corrigent et complètent les prévisions, les ouvertures de crédit et les mesures inscrites dans le budget voté.

Si l'*annualité budgétaire comporte vote d'un seul *budget pour l'exercice et avant son début, les erreurs de prévision, les besoins nouveaux et les modifications de la conjoncture entraînent nécessité de proposer en cours d'année au Parlement des dispositions nouvelles et des rectifications de crédits. La pratique a conduit à les grouper en un ou plusieurs moments de l'année, ce qui permet de définir à cette occasion le sens général des modifications, les conséquences de ces dispositions diverses sur l'équilibre global du budget, enfin d'offrir la possibilité d'un débat d'ensemble sur la politique économique et financière du gouvernement.
L'ordonnance 59-2 du 2 janvier 1959 a institutionnalisé cette pratique et soumis les « lois de finances rectificatives », dénomination nouvelle des collectifs, à la même procédure législative que la loi de finances initiale. Si, depuis lors, certains exercices ont vu le vote de trois ou quatre collectifs, on s'est efforcé généralement d'en réduire le nombre à deux : le collectif présenté à la session de printemps, qui corrige et complète en fonction de la conjoncture les éléments primitifs, fondés sur des estimations datant du milieu de l'année précédente ; le collectif de fin d'année qui peut modifier les dotations en fonction des besoins réels.

Collective reserve unit (CRU)

*Nouvel instrument de réserve, déduit de l'or, créé par décision collective et circulant entre les pays participants, dans l'un des projets tendant à la création de nouveaux instruments de *réserve.*

Le CRU a été proposé et présenté par les experts français en 1964 lorsque le *groupe des Dix a étudié la création de nouveaux instruments de réserve, pour accroître les *liquidités internationales dans la mesure où elles seraient reconnues insuffisantes.
Le CRU est une monnaie conventionnelle qui s'échangerait seulement entre les États membres du système : elle serait créée pour un certain montant par une décision collective, en fonction des besoins de liquidités internationales reconnus ; ce montant serait réparti lors de la création en proportion du stock d'or détenu par chacun des participants ; elle serait utilisée par les États détenteurs pour le règlement du solde de leurs

opérations et acceptée par leurs partenaires concurremment avec l'or et dans un rapport déterminé avec lui.
Comme l'or, les CRU distribués feraient partie des réserves possédées et leur détenteur pourrait en disposer sans que ses partenaires en subordonnent l'emploi à des mesures tendant au redressement de la balance des paiements.
La création du CRU eût signifié un relèvement déguisé du prix de l'or en accroissant pratiquement la valeur du stock d'or monétaire existant dans les banques centrales et de l'or utilisé dans les règlements entre celles-ci.
Mais par rapport à un relèvement du prix de l'or, elle pouvait présenter divers avantages : en effet, cette formule ne récompense pas la spéculation privée, puisque l'or thésaurisé ne fait l'objet d'aucune revalorisation ; elle ne bénéficie pas aux pays producteurs — dont les principaux sont l'Afrique du Sud et l'URSS : elle peut fonctionner dans un cadre restreint, comme celui du groupe des Dix ; enfin, elle devait être accompagnée d'une résorption des avoirs en monnaie de réserve et d'un recul du *gold exchange standard. Cependant, plus qu'un relèvement du prix de l'or, la création de réserves par distribution de CRU devait présenter un danger d'arbitraire dans le choix du niveau.
Les objections qui ont conduit à préférer au CRU la création de *droits de tirage spéciaux (*voir* Système monétaire international) tiennent au nombre restreint des pays qui en auraient profité (tandis que la distribution des DTS, à partir des *quotas du *Fonds monétaire international et dans le cadre de celui-ci, associe un nombre de pays plus grand) et à l'inégalité qui eût été établie entre les bénéficiaires selon qu'ils conservaient sous forme d'or une partie plus ou moins importante de leurs réserves : les pays ayant conservé des dollars eussent été défavorisés.

Collectivisation

a : *Collectivization* – **d** : *Kollektivierung* – **e** : *Colectivización*

Appropriation collective de moyens de production.

La collectivisation de moyens de production peut être un élément d'une politique « *dirigiste ». Elle a été à la base de la plupart des expériences de construction d'une société *socialiste, par rupture avec un *capitalisme fondé, lui, sur l'appropriation privée. On observera que cette collectivisation n'a jamais été totale, à ce jour, dans les pays socialistes de l'Est européen et que, en particulier, elle épargne souvent l'agriculture et qu'elle est même remise en cause dans son extension. Dans de nombreux pays, socialistes et communistes, dans leur programme, limitent cette collectivisation aux moyens de production concentrés dans les *groupes dominants.

La collectivisation réalise un transfert juridique de propriété qui peut prendre diverses formes selon la nature de cette opération et les modalités de dévolution du pouvoir de décision dans les entreprises collectivisées. On peut à cet égard distinguer :

– la forme *coopérative : deux cas peuvent être ici considérés selon que les coopérateurs sont collectivement propriétaires ou ne disposent que d'une jouissance indéfinie des moyens de production ;

– la forme étatique où la propriété est transférée à la nation. La *nationalisation peut correspondre à une simple étatisation ou viser davantage une socialisation, si la gestion fait un large appel à la participation des travailleurs ;

– la forme autogérée (*voir* Autogestion) participe à certains égards des deux formes précédentes. L'autogestion peut reposer sur la propriété coopérative ou sur la jouissance de biens nationalisés. L'originalité de la formule réside dans le principe d'organisation des pouvoirs associant décentralisation et autonomie des organismes autogérés, et démocratisation de leur gestion.

Collectivisme

a : *Collectivism* – **d** : *Kollektivismus* – **e** : *Colectivismo*

---

*Régime économique caractérisé par la propriété collective du *capital technique.*

Le collectivisme se caractérise ainsi par la *collectivisation généralisée des moyens de production.

Comme tel, il a été à la base de la construction des systèmes d'économie *socialiste d'inspiration communiste.

Colonialisme

a : *Colonialism* – **d** : *Kolonialismus* – **e** : *Colonialismo*

Attitude idéologique justifiant et prônant la colonisation de territoires.

Si la *colonisation est un fait, le colonialisme participe de la *doctrine. Il correspond à la superstructure idéologique par laquelle le colonisateur tend à légitimer la pratique de la colonisation. (*Voir* Impérialisme.)

Par extension, le terme s'est appliqué à la politique de colonisation envisagée dans ses motivations, ses principes et ses modalités.

Les *faits de colonisation* sont naturellement antérieurs au colonialisme au sens strict. Pourtant, dès l'Antiquité, les migrations aboutissant à l'implantation sur des territoires « étrangers » et à leur prise de contrôle, dès lors qu'elles impliquaient une volonté délibérée de l'autorité politique, se sont inscrites dans le cadre d'un colonialisme visant à justifier la conquête par les besoins objectifs de la métropole (d'ordre économique ou démographique essentiellement) et à sublimer cet expansionnisme dans l'évocation d'une mission civilisatrice auprès du monde « barbare ». Après les grands mouvements de colonisation de l'Antiquité (avec pour foyers essentiels la Méditerranée et la Chine), l'expansion des peuples européens à partir du XVIe siècle, avec les entreprises ibériques, puis anglaises, françaises et néerlandaises aux XVIIe et XVIIIe siècles, et la généralisation de l'expansionnisme colonial au XIXe siècle, s'est toujours inscrite dans un contexte idéologique où la recherche d'avantages pour la métropole était légitimée, sinon masquée par une profession de foi civilisatrice. Le prosélytisme religieux a donné un contenu moral à ce qui était pour les uns une ambition réelle, et pour d'autres un alibi nécessaire à un expansionnisme débouchant sur un véritable *impérialisme. S'appuyant sur les missions, les entreprises commerciales et l'expédition militaire, le colonialisme avait abouti à couvrir le globe au début du XXe siècle d'« empires » européens où l'on pouvait distinguer, selon l'importance de l'implantation démographique métropolitaine et les modalités d'administration, des colonies de peuplement et des colonies d'exploitation. Le déroulement du XXe siècle a vu l'émancipation progressive des premières et de la plupart des secondes. Les liens entre les métropoles et les anciens territoires dépendants ne se sont pas pour autant totalement relâchés. Les problèmes et les faiblesses hérités d'une indépendance inscrite dans l'ancien découpage territorial colonial, la prolongation de relations « préférentielles » avec l'ancienne métropole, et surtout le maintien d'une implantation économique souvent prédominante, ont même créé parfois des conditions favorables à l'apparition d'un « néo-colonialisme » matérialisant la persistance, au-delà des mutations politiques, de rapports de domination objectifs entre les États industrialisés et leurs anciennes possessions. La quête du développement fait souvent accepter aux pays émancipés, en effet, à défaut de l'austérité d'une expérience socialiste, les facilités du libéralisme. Le recours au capital étranger y constitue, de ce point de vue, à la fois une condition et une menace.

Colonisation

a : *Colonization* – **d** : *Kolonisierung* – **e** : *Colonización*

Action consistant, pour les membres d'une collectivité, à acquérir de façon systématique des droits de propriété ou de contrôle sur des biens situés dans un territoire étranger, en vue de les exploiter et de les mettre en valeur.

Dans la plupart des cas, la colonisation trouve son origine dans le déséquilibre qui existe entre la puissance démographique et économique du colonisateur et celle du colonisé.
La colonisation a ses défenseurs et ses adversaires. Les premiers estiment que l'action colonisatrice s'exerce non seulement au profit du colonisateur, mais également à celui du colonisé, ce dernier bénéficiant, grâce à elle, d'une mise en valeur plus rationnelle de son territoire et de ses ressources naturelles.
Les adversaires de la politique coloniale n'admettent pas cette thèse. Selon eux, la colonisation ne se réalise qu'au profit du colonisateur et au détriment du colonisé. Ils lui contestent de ce fait toute justification, tant morale que politique. C'est une contestation qu'exprime le terme de **colonialisme*, employé par eux pour désigner la politique coloniale et pour en récuser le principe.
Acte économique, la colonisation a besoin le plus souvent de s'appuyer sur l'autorité du *pouvoir politique.*
Cette autorité peut prendre la forme d'une occupation militaire du territoire colonisé par la puissance colonisatrice. Tel a été le cas notamment pour les colonies créées depuis le XVIIIe siècle par la Grande-Bretagne, la France, l'Espagne et le Portugal en Afrique ou en Asie.
Elle peut se manifester par des moyens plus indirects, sous la forme d'une pression diplomatique et politique exercée sur le gouvernement du pays colonisé. Ainsi on dit que les pays d'Amérique du Sud sont colonisés par les grandes sociétés privées des États-Unis d'Amérique.
Dans le passé, la colonisation a généralement suivi l'intervention politique et militaire et en a été la conséquence. De plus en plus, c'est l'inverse qui a tendance à se produire : les déséquilibres énormes qui se creusent dans le monde moderne entre la puissance économique de quelques très grands pays et le retard des États plus petits, plus pauvres, ou moins bien équipés, donnent naissance à une colonisation plus ou moins occulte, mais grandissante, des premiers sur les seconds. Bien que cette colonisation ne soit pas exclusive dans certains cas d'avantages immédiats ou à court terme pour les collectivités colonisées, elle comporte à plus long terme pour celles-ci le risque d'une aliénation de leur souveraineté qui les pousse à essayer, par tous les moyens, de s'en défendre.

Combinat

a : *Combinat* – **d** : *Kombinat* – **e** : *Combinat*

---

*Groupement d'entreprises réalisant un processus de *concentration verticale, en URSS et dans les autres pays socialistes.*

Exemple : combinat réunissant l'exploitation du fer de l'Oural et de la houille du Karaganda.
Le combinat doit être distingué du « *trust » qui, dans ces pays, réalise une intégration horizontale.
Par extension, dans les pays d'économie de marché capitaliste : *complexe industriel réunissant des entreprises complémentaires.*

Voir Concentration.

COMECON

Voir Conseil d'aide économique mutuelle.

Comité d'aide au développement

a : *Development aid committee* – **d** : *Entwicklungshilfegruppe* – **e** : *Grupo para la ayuda al desarrollo*

Organe de consultation d'aide au développement institué en 1960 par onze pays (huit nations européennes, les USA, le Japon et le Canada).

A l'origine, il s'intitulait Groupe d'aide au développement. Cet organe permet aux adhérents de se consulter et de procéder à des échanges d'expériences.

Comité d'entreprise

a : *Employees' council/Workers' council* – **d** : *Betriebsrat* – **e** : *Comité de empresa*

Organisme de représentation du personnel au sein d'une entreprise.

L'institution des comités d'entreprise, qui ne remonte pas au-delà du XXe siècle, se retrouve dans la plupart des démocraties occidentales. En France, l'ordonnance du 22 février 1945 et la loi du 16 mai 1946 en ont défini les bases juridiques et de fonctionnement. Ils doivent exister dans toutes les entreprises occupant au moins 50 salariés. Présidé par le chef d'entreprise, le comité comprend des représentants des différentes catégories de personnel élus à partir des listes proposées par les organisations syndicales les plus représentatives. Le cas échéant, des comités d'établissement ou des comités interentreprises peuvent être constitués.

Si ses attributions sont relativement étendues, ses pouvoirs sont limités. Du point de vue *économique,* le comité d'entreprise est obligatoirement informé et consulté sur les suggestions techniques de l'entreprise visant à améliorer la production et la productivité ainsi que sur les questions intéressant l'organisation, la gestion et la marche de l'entreprise. En particulier, il doit être saisi des projets sur les compressions d'effectifs, qu'il s'agisse de licenciements collectifs ou individuels. Il dispose enfin d'un droit de regard sur les comptes et la gestion financière de l'entreprise. Du point de vue *professionnel,* il coopère avec la direction à l'amélioration des conditions collectives d'emploi et de travail (règlements d'atelier, fixation des périodes de congés, actions de formation professionnelle, etc.). Ainsi le comité peut compléter l'action des délégués du personnel. Enfin, sur le plan *social,* le comité d'entreprise gère les œuvres sociales de l'entreprise (cantine, colonies de vacances, etc.).
En fait, en dehors du domaine social, la compétence du comité d'entreprise reste strictement *consultative.* Les aménagements apportés depuis à leurs attributions n'ont pas, à cet égard, modifié significativement cette situation.
Si l'institution permet à certains égards, au plan économique, l'exercice d'un droit d'information et d'avis, elle ne réalise pas une *participation effective des salariés à la gestion de l'entreprise.

Comité des bourses de valeurs

a : *Stock exchange committee* – **d** : *Börsenausschuss* – **e** : *Comisión de actividades de bolsa*

---

*Organe de décision compétent pour régler l'organisation et le fonctionnement des *bourses de valeurs en France (jusqu'au 31 décembre 1987).*

Le Comité des bourses de valeurs était composé des membres suivants :
– le gouverneur de la Banque de France ou un sous-gouverneur, président ;
– le syndic de la Compagnie des agents de change près la Bourse de Paris, vice-président ;
– sept membres désignés par le ministre des Finances : le syndic d'une bourse autre que celle de Paris, un agent de change de Paris, deux représentants des banques ou établissements financiers, deux représentants des organismes d'investissement ou des porteurs français de valeurs mobilières, un représentant du personnel de la Compagnie des agents de change de Paris.
Le directeur du Trésor au ministère des Finances exerçait les fonctions de commissaire du gouvernement.

Pour les questions intéressant directement les *remisiers ou les gérants de portefeuilles, un représentant de ces professions désigné par le ministre des Finances pouvait assister au Comité avec voix consultative.
Le Comité des bourses de valeurs avait vocation à régler toutes les questions de caractère général concernant les bourses dc valcurs, ct notamment :
– il contrôlait le fonctionnement des diverses bourses de valeurs ;
– il décidait, après avis de la chambre syndicale des agents de change, de l'admission et de la radiation de valeurs mobilières à la *cote ;
– il fixait le montant et la composition des couvertures exigés pour les opérations à terme.
Depuis 1988 ce comité a fait place à un *Conseil des bourses de valeurs.

Voir Société de bourse.

Commandite

a : *Limited partnership* – **d** : *Kommanditgesellschaft* – **e** : *Comandita*

Fait pour un détenteur de capitaux (commanditaire) de fournir à un entrepreneur (commandité) les fonds nécessaires à l'exploitation d'une société moyennant une part des profits mais sans contracter soi-même aucune obligation commerciale et sans encourir de responsabilité au-delà de ses apports. (*De* commander, *au sens de* confier.)

• Dès le XVIe siècle, dans le commerce maritime, le « contrat de *commande* » consistait pour un capitaliste à fournir à un marin divers moyens (argent, navire, fret) pour lui permettre de mener à bien une entreprise moyennant une part des bénéfices pour le bailleur de fonds. Ces procédés de participation connurent un grand succès car ils permettaient aux nobles (à qui le commerce et l'industrie étaient interdits) de s'intéresser à diverses affaires de bon rapport.

• La commandite est la forme élémentaire d'association entre un agent qui fournit son travail et son esprit d'entreprise (mais dépourvu de capitaux) et un bailleur de fonds qui lui apporte les capitaux nécessaires à la mise en œuvre de ses projets. (Cette formule est fréquemment recherchée par un inventeur pour exploiter son invention.)
Une société en commandite comprend deux catégories d'associés.

Le commandité ou les commandités : Ce sont des associés en nom collectif responsables des dettes sociales de la société sur tout leur patrimoine. Ils sont les gérants de la société et les véritables entrepreneurs.

Les commanditaires : Ils ne sont responsables des dettes sociales qu'à concurrence de leurs apports et ne participent en principe pas à l'exploitation de la société.

• Il existe deux formes de sociétés en commandite.

La société en commandite simple : C'est une société de personnes. Elle peut être limitée à un commandité et un commanditaire. Les apports des commanditaires sont représentés par des *parts sociales incessibles.

La société en commandite par *actions : C'est une société par actions. Trois commanditaires au moins y sont requis. Leurs apports sont représentés par des actions qui sont négociables.
Les sociétés en commandite ont connu un essor spectaculaire à la fin du XVIIIe siècle et durant tout le XIXe siècle (au cours duquel on parla de « fièvre des commandites »), époque où l'expérience isolée était quasiment la règle dans le commerce et l'industrie et où la disparité des fortunes permettait à des capitalistes de lancer plusieurs affaires avec des risques limités, mais avec l'espoir d'un profit à partager entre quelques-uns. En outre, jusqu'en 1867, les commandites par actions n'étaient pas soumises à l'autorisation préalable car le fait que les commandités étaient responsables sur tout leur patrimoine inspirait confiance aux épargnants. Cette faveur est aujourd'hui passée. En effet, la différenciation et la multiplication de formules de sociétés plus souples (sociétés anonymes en 1867 pour les entreprises importantes, SARL en 1925 pour les petites entreprises) ont fait perdre de son intérêt à la commandite (13 000 commandites en 1950, 228 en 1959).

• Le *déclin des commandites* est à ce point évident que le gouvernement avait songé, à l'occasion de la préparation de la loi de 1966 sur les sociétés, à exclure pour l'avenir la création de commandites. Leur maintien néanmoins décidé peut s'expliquer :
– pour les commandites simples, parce qu'elles restent bien adaptées dans certains cas spécifiques : invention, domaine artistique ou artisanal...
– pour les commandites par actions, parce que la stabilité institutionnelle du gérant statutaire y est plus grande que celle de l'administrateur dans les sociétés anonymes et que cela permet à une entreprise familiale de faire appel à des capitaux tiers tout en préservant la prépondérance de la famille dans la direction (c'est le cas de quelques banques d'affaires françaises).

Commerce, commerçant

a : *Trade, trader* – **d** : *Handel, Händler* – **e** : *Comercio, comerciante*

---

*Activité consistant à acheter des *biens, *services ou des valeurs pour les revendre (après transformation ou non), pour les louer ou pour en céder l'usage ou l'avantage contre un prix. Personne exerçant cette activité.*

Aspect juridique

La notion d'acte de commerce, définie par les articles 632 et 633 du Code de commerce, fait intervenir des éléments juridiques complexes tenant au fait que l'état du droit — ne reconnaissant primitivement comme commerciales que des opérations portant sur des denrées — a dû s'adapter progressivement à la diversification des activités de type commercial. Quant au *commerçant,* il est juridiquement défini comme *« celui qui exerce des actes de commerce et en fait sa profession habituelle ».* Cela le distingue de l'agent qui exerce occasionnellement des actes de commerce, de celui qui est salarié (cas du gérant salarié d'une succursale, qui n'a pas cette qualité) de l'*artisan (qui vit principalement de son travail manuel de production ou de création).

La qualité de commerçant, maintenant liée à l'inscription de l'agent au registre du commerce (livres tenus à Paris et en province par l'Institut national de la propriété industrielle et par les greffiers des tribunaux de commerce ou civils), entraîne un certain nombre de régimes particuliers : application du droit du travail et de la Sécurité sociale, fiscalité spécifique (impôts sur les *bénéfices industriels et commerciaux, *taxes sur le chiffre d'affaires), application des règles de la *comptabilité commerciale, législation sur les *fonds de commerce et les *taux commerciaux, application de la législation concernant le *crédit.

Aspect économique et social

On applique généralement le terme de commerce (et de commerçants) aux activités de *distribution et à ceux qui les exercent en vue d'un bénéfice (coopératives exclues). A ces commerçants *distributeurs* s'ajoutent tous ceux qui font des actes de commerce économiquement proches mais ne répondant pas exactement à la définition de la distribution : entreprises commerciales des transports, de l'hôtellerie, des débits de boissons et restaurants, du secteur des services tertiaires (agences de voyage, de publicité, etc.). Au total, sur 2 millions environ d'établissements industriels et commerciaux en France, on compte environ 800 000 établissements industriels, 400 000 établissements prestataires de *services et 700 000 établissements strictement « commerciaux » au sens économique, c'est-à-dire distribuant des produits préalablement achetés, dont 600 000 spécialisés dans le commerce de détail.

L'évolution du secteur du commerce se caractérise par une intégration croissante des structures (formes modernes de distribution) et une diminution corrélative du nombre des établissements.

En 1936, 3 millions de personnes vivaient du commerce contre 2,5 millions en 1970 (dont 1,6 million de salariés) ; mais dans les

années 80, les réductions d'emplois dans l'industrie et l'agriculture et le développement des grandes surfaces ont fait remonter l'effectif à plus de 3 millions, soit 15 à 20 % de la population active.
Le sort des « petits commerçants » (65 % des établissements de détail emploient moins de 3 personnes), menacés par l'évolution actuelle de la distribution, est compliqué par divers facteurs : âge relativement élevé de nombre d'entre eux (la moitié ont plus de cinquante-cinq ans) rendant difficile leur reconversion, difficulté d'information, concurrence parfois très meurtrière des grandes surfaces de vente, complexité des comptabilités due à l'application de la *TVA au détail, problèmes d'intégration des commerçants à la *Sécurité sociale.

Organisation professionnelle et syndicale du commerce en France

Le secteur économique du commerce est doté d'organismes représentatifs officiels aux niveaux local et national.
Au niveau local, les chambres de commerce constituent le lien naturel de rencontre, de concertation et de défense des intérêts des commerçants. Mais de plus en plus, ces organismes se consacrent à la gestion de services industriels et commerciaux (aéroports, ports...) et deviennent dans une large mesure des entreprises communes plutôt que des organes représentatifs. Au niveau national, le Conseil supérieur du commerce, créé par un décret du 15 août 1953, a pour mission de faire des études et de donner des avis sur la structure et les circuits du commerce, la formation professionnelle des commerçants et l'éducation du consommateur. Il est composé de 35 membres représentant l'administration, les chambres de commerce, les syndicats de cadres et employés du commerce, les entreprises commerciales, et de personnalités choisies pour leurs compétences. Son rôle est en fait très effacé.
Au total, le secteur du commerce souffre d'un problème de *représentation* à l'égard de ses partenaires sociaux et des pouvoirs publics. Cela est dû essentiellement à la dispersion de ses membres, à l'extrême diversité de leurs caractères et de leurs intérêts et, sans doute aussi, à l'individualisme de la plupart d'entre eux. Le fait que la politique française ait eu, pendant plusieurs années, une tournure plus financière et technique qu'économique et sociale n'est pas non plus étranger à cette situation. Ce sont les raisons pour lesquelles la partie la plus désarmée du commerce (les petits commerçants) résiste mal à la tentation de se faire entendre par des moyens parfois illégaux et violents.

Commissaire aux apports

a : *Special auditor for company formation* – **d** : *Gründungsprüfer* – **e** : *Comisario de aportaciones*

---

*Personne chargée d'évaluer des *apports lors de la modification du *capital social d'une *société.*

Le commissaire aux apports évalue, sous sa responsabilité et sur mandat de l'assemblée générale, la valeur des apports en nature réalisés à l'occasion de la constitution d'une société. De même, il vérifie les apports réalisés à l'occasion d'une augmentation de capital, d'une *fusion, d'une *scission ou d'un *apport partiel d'actif. Il fixe éventuellement les avantages qui peuvent être conférés à certains de ces apports.
Cette procédure vise à éviter des abus (surévaluation des apports en nature) qui seraient préjudiciables aux actionnaires apporteurs d'espèces.
Dans les *sociétés par actions,* les commissaires aux apports sont désignés par le président du tribunal de commerce parmi les *commissaires aux comptes inscrits sur la liste prévue à l'article 219 de la loi sur les sociétés commerciales, ou parmi les experts inscrits sur l'une des listes établies par les cours et tribunaux.

Commissaire aux comptes

a : *Auditor/Chartered accountant/Certified public accountant* – **d** : *Rechnungsprüfer/Wirtschaftsprüfer* – **e** : *Comisario de cuentas*

---

*Personne investie d'une mission générale de contrôle comptable et financier d'une *société et, par voie de conséquence, d'une mission d'information des associés et dirigeants de cette société.*

• La loi de 1867 sur les sociétés avait institué les commissaires en vue d'assister l'assemblée générale des actionnaires dans sa tâche annuelle d'approbation des comptes. Elle en faisait les mandataires des actionnaires. L'évolution historique (et notamment les décrets-lois de 1935 et 1937 et la loi du 24 juillet 1966) a traduit un effort constant d'affirmation de l'indépendance des commissaires aux comptes à l'égard des sociétés contrôlées, d'organisation de leur profession et d'extension de leur domaine d'intervention qui, outre les *sociétés anonymes, englobe aujourd'hui les sociétés en commandite par actions et les sociétés à responsabilité limitée.

• Les commissaires aux comptes sont nommés pour six exercices (société par actions) ou pour trois exercices (SARL) par l'assemblée générale des actionnaires (sociétés par actions) ou par les associés (SARL) ou, à défaut et dans des circonstances particulières, par l'autorité judiciaire (la durée du mandat est en ce cas variable). Depuis la loi du 24 juillet 1966, nul ne peut être commissaire aux comptes s'il n'est inscrit sur une liste officielle.

• Les commissaires aux comptes disposent d'un pouvoir général de contrôle et de vérification sur place des documents, registres, livres comptables, pièces justificatives détenus par la société. Ce pouvoir peut s'exercer à toute époque de l'année. Il comporte en contrepartie l'obligation de respect du secret professionnel.

• Les commissaires ont *pour mission :*

– de vérifier les écritures, la caisse, le portefeuille et les valeurs de la société,

– de contrôler et de certifier la régularité et la sincérité des comptes sociaux,

– d'établir des rapports à caractère obligatoire ou facultatif en vue d'informer actionnaires, associés ou dirigeants,

– de dénoncer au procureur de la République les faits délictueux relevés par eux dans la gestion de la société.

• Dans l'exercice de leurs fonctions, les commissaires aux comptes *encourent une double responsabilité individuelle :*

– civile : à l'égard des actionnaires et associés dont ils demeurent les mandataires salariés ;

– pénale : par exercice illégal de leurs fonctions, fourniture volontaire de renseignements inexacts, non-dénonciation de faits délictueux qu'ils connaissent.

Commission bancaire

a : *Banking committee* – **d** : *Bankenausschuss* – **e** : *Comisión bancaria*

Organe de contrôle de la profession bancaire.

La Commission bancaire, instituée par la loi du 24 janvier 1984, est présidée par le gouverneur de la Banque de France.
Elle a pour mission de contrôler le respect par les établissements de crédit des dispositions législatives et réglementaires qui leur sont applicables.

Commission des opérations de bourse

a : *Stock exchange committee* – **d** : *Börsenausschuss* – **e** : *Comisión de actividades de bolsa*

---

*Commission nommée par le gouvernement et chargée de contrôler la bonne information des porteurs de valeurs mobilières et du public sur les valeurs cotées en *bourse et sur les *sociétés qui les émettent.*

Créée par une ordonnance du 20 septembre 1967, la Commission des opérations de bourse a pour mission de veiller à la qualité et à la sincérité de l'information des souscripteurs actuels ou éventuels.

- Elle s'assure que les publications prévues pour les sociétés dont les valeurs sont cotées sont bien effectuées ; que les informations publiées sont sincères ; que ces informations sont complètes. Elle peut éventuellement prendre l'initiative de publier elle-même des informations complémentaires ou des rectifications à des informations déjà publiées.
- Elle est en même temps un organisme de recours et de défense pour le porteur isolé : elle est habilitée à recevoir des réclamations, plaintes ou pétitions et à veiller aux remèdes à apporter aux manquements constatés.
- Elle peut enfin formuler des propositions de modifications des lois et règlements qui concernent l'information des porteurs, le fonctionnement des bourses de valeurs et le statut des *sociétés de bourse.

Pour accomplir sa mission, la Commission, dirigeant un établissement public administratif, dispose de moyens d'investigation très étendus auprès des sociétés, des intermédiaires financiers qui interviennent dans les opérations boursières (banques, agents de change, gérants de portefeuille...). Ses agents peuvent en effet requérir de ces personnes ou établissements communication de « toutes les pièces qu'ils estiment utiles à l'accomplissement de leur mission, et notamment tous contrats, livres, documents comptables et registres de procès-verbaux ».

Commission de vérification des comptes des entreprises publiques

---

Institution chargée de vérifier les comptes des établissements publics nationaux de caractère industriel et commercial et des entreprises déterminées par les textes et où l'État ou d'autres collectivités publiques possèdent une participation.

Les *nationalisations et les prises de participation des collectivités publiques dans des entreprises qui conservent une gestion industrielle et commerciale ont rendu nécessaire un contrôle public de leur comptabilité. Le caractère de ces entreprises les faisant échapper à la compétence de la *Cour des comptes, la Commission de vérification a été créée dans ce but par la loi du 6 janvier 1948 (complétée par des décrets de 1950 et de 1958).

Composition : Présidée par un président de chambre à la Cour des comptes, la Commission de vérification comprend principalement des magistrats de cette Cour et des représentants de l'administration des Finances. Elle est assistée d'un rapporteur général et de rapporteurs particuliers choisis à la Cour ou dans l'administration.

Compétence : La Commission a compétence sur les établissements publics nationaux de caractère industriel et commercial, les entreprises nationalisées, les sociétés où l'État et les collectivités publiques détiennent la majorité du capital, lorsque ces sociétés bénéficient du concours financier de l'État, ainsi que sur diverses sociétés déterminées par les textes.

Pouvoirs : La Commission de vérification exerce essentiellement un contrôle administratif. Les sections de la Commission adressent au ministre de tutelle des établissements leurs rapports appréciant la gestion de ceux-ci. Les décisions appartiennent au ministre de tutelle ou, pour des établissements publics, à la Cour des comptes.
D'ailleurs, ses attributions ont été reprises par la Cour des comptes en 1977.

Commonwealth

a : *Commonwealth* – **d** : *Commonwealth* – **e** : *Commonwealth*

Association réunissant le Royaume-Uni et une majorité des États souverains issus de l'Empire britannique ainsi que les territoires qui en dépendent. (Terme anglais signifiant communauté.)

Héritier de l'Empire britannique, le Commonwealth est un ensemble original regroupant des pays disséminés sur tous les continents, qui entretiennent avec l'ancienne métropole des relations privilégiées.

• L'originalité de cette association réside d'abord dans sa très *grande faculté d'adaptation.* La seule évolution de son nom, au fur et à mesure que les circonstances historiques et le nombre de ses membres se modifiaient, en témoigne. « Commonwealth impérial » quand il fut pour la première fois évoqué en 1917, il ne comptait, outre l'empire lui-même, que cinq nations autonomes (Canada, Australie, Nouvelle-Zélande,

Afrique du Sud et Terre-Neuve) ou dominions. Devenu par la suite « Communauté britannique des Nations », quand dans l'entre-deux-guerres il s'organisa, l'Irlande (Eire) devenue indépendante venant s'y ajouter, il a perdu depuis la conférence des Premiers ministres de 1949 son qualificatif de britannique pour n'être plus que la « Communauté des nations » *(Commonwealth of nations)*. Sa composition était alors sensiblement élargie et devait par la suite varier au gré des accessions à l'indépendance des membres de l'empire, nombreux étant ceux qui choisissaient d'y adhérer, tandis que, pour des raisons diverses, quelques retraits étaient enregistrés, celui de l'Irlande d'abord en 1949, puis de l'Afrique du Sud en 1961. Il compte aujourd'hui près de trente États indépendants, plus une trentaine de territoires ou mandats. Avec les trois dominions fondateurs qui subsistent (Canada, Australie, Nouvelle-Zélande), les pays membres les plus importants sont ceux de l'ancien empire des Indes, indépendants depuis 1947 (Inde, Pakistan, Sri Lanka), la Malaisie et Singapour (1957), les anciennes colonies d'Afrique (Ghana, Nigeria, pays d'Afrique de l'Est) à qui l'indépendance fut accordée au début des années 60, s'y ajoutent de nombreux États plus petits, quelquefois minuscules, dans les Caraïbes (Jamaïque, Trinidad...), dans l'océan Indien (île Maurice), voire en Méditerranée (Malte).

• La seconde particularité de cet ensemble est l'*impossibilité de préciser avec rigueur ce qui est caractéristique des relations* entre les membres. Les institutions sont presque inexistantes. Les « conférences impériales », devenues depuis 1944 « conférences des Premiers ministres », ne sont que des réunions informelles, à périodicité variable (elles se réunissent tous les dix-huit mois environ). Il n'existe un secrétariat du Commonwealth, d'ailleurs réduit, que depuis 1964. Seul trait permanent, la représentation diplomatique entre membres n'est pas assurée par des ambassadeurs mais par des hauts-commissaires.

– Le relâchement des *liens politiques* est ancien. Le souverain britannique reste à la tête de la Communauté, mais celle-ci rassemble nombre de républiques, et le parlementarisme d'origine importé de Grande-Bretagne a pu disparaître ici et là sans que l'appartenance au groupe ait été remise en cause. Quant à la politique étrangère ou à la défense, elles n'ont pas d'unité. Dès la Seconde Guerre mondiale, l'Afrique du Sud n'acceptait d'entrer en guerre aux côtés de la Grande-Bretagne qu'avec retard, l'Irlande restant neutre. Depuis lors, le nombre des membres s'accroissant, la diversité de leur situation et de leurs intérêts a définitivement éloigné toute perspective de convergence durable des politiques extérieures. Cas extrêmes : on trouve des conflits entre pays membres (Inde-Pakistan) comme des alliances militaires (Canada-Grande-Bretagne participant à l'OTAN ; Australie, Nouvelle-Zélande et Grande-Bretagne à l'ANZUS) ; mais c'est surtout la difficulté de parvenir à une unité de vues entre pays développés occidentaux et pays moins développés tentés par le neutralisme qui domine l'ensemble.

– Dès lors, c'est dans les *relations économiques et commerciales* que la cohésion et la spécificité du Commonwealth sont recherchées. La coïncidence du mouvement qui poussait à l'éclatement politique de l'empire et de celui qui à travers la crise des années 30 amenait un regain de *protectionnisme ont fait concevoir le Commonwealth, dès sa création, non seulement comme le cadre où pourrait se prolonger, après la rupture du lien colonial, une certaine concertation politique, mais surtout comme un espace économique privilégié. L'appartenance à cet espace économique se caractérise par l'utilisation de la *livre sterling comme monnaie commune, et par la *préférence impériale qui permettait de sauvegarder le commerce interne en évitant les effets de la protection douanière établie à l'encontre des pays extérieurs.

L'*utilisation de la livre* pour le règlement des opérations entre États ou territoires ne peut cependant être considérée comme une pratique propre au Commonwealth. Jusqu'à la guerre, qui en 1939 a conduit le Royaume-Uni à établir un contrôle des changes, le « bloc sterling » comprenait, en effet, outre les membres de l'empire ou du Commonwealth, un certain nombre de pays extérieurs (notamment les scandinaves) qui, après la dévaluation du dollar en 1933, avaient décidé de rattacher leur monnaie à la livre. En outre, après que la *zone sterling eut pris sa forme définitive (contrôle des changes commun, *pool de devises, règlements internes en livres), elle n'a jamais été limitée aux membres du Commonwealth. Plusieurs membres de l'empire devenus indépendants ont refusé d'entrer dans le Commonwealth mais ont continué à appartenir à la zone sterling, la Birmanie, par exemple, qui, indépendante en 1947, ne quitte la zone qu'en 1967, tandis que l'Afrique du Sud se retirant de la Communauté en 1961 restait fidèle à la zone. Certains États enfin ont été rattachés à la zone sans jamais avoir eu de liens directs avec l'empire ou le Commonwealth : parmi ceux-ci on compte quelques pays du Moyen-Orient où la Grande-Bretagne exerça sa tutelle sous mandat de la Société des Nations, mais aussi l'Islande ou la Libye qui n'eurent jamais de liens politiques directs avec le Royaume-Uni. L'un des attraits principaux de l'appartenance au Commonwealth est, dans le cadre de la zone sterling, la liberté des transferts qui permet aux pays membres de recevoir en provenance de Grande-Bretagne d'importants capitaux utiles à leur développement. L'importance croissante des relations avec la *zone dollar, et notamment avec les États-Unis, les difficultés constantes du Royaume-Uni ont cependant considérablement atténué cet avantage. L'instauration d'un contrôle des changes vis-à-vis des autres membres de la zone que les autorités britanniques ont dû décider en 1972, en même temps que le flottement de la livre, l'a virtuellement supprimé.

Quant à la *préférence impériale,* second fondement économique du Commonwealth, elle n'est plus aujourd'hui qu'une survivance historique dont la portée est extrêmement faible. Instaurée unilatéralement comme une dérogation aux *tarifs protectionnistes dont chacun se dota dès la fin du XIXe siècle, puis dans les années qui suivirent la Première Guerre mondiale, elle fut confirmée par les accords d'Ottawa en 1932. Avec le mouvement de retour au libre-échange qui a suivi, sous la pression des États-Unis en partie, la Seconde Guerre mondiale, la préférence impériale a été progressivement limitée. Certes, l'Accord général sur les tarifs et le commerce (*GATT) avait accepté la consolidation des préférences existantes, tout en réclamant des participants qu'ils s'engagent à les éliminer à terme. Mais le déclin relatif très marqué du Royaume-Uni comme puissance commerciale limitait l'intérêt du système, d'autant plus que là où elle était importante, c'est-à-dire pour les produits industriels, la préférence a dû être réduite à la demande des entreprises britanniques menacées. Avec les pays développés de la Communauté, des accords de réduction ont été négociés, tandis que des ententes directes entre professionnels ont institué une limitation des exportations vers le Royaume-Uni des produits industriels (tissus et habillement essentiellement) en provenance des pays à bas salaires. Au bout du compte lorsque, en 1970, pour la troisième fois la Grande-Bretagne s'engagea dans la négociation avec la CE qui devait conduire à son adhésion, l'hostilité manifestée par les membres du Commonwealth au début des années 60 avait disparu. La perte de contenu de la préférence impériale était telle que les problèmes qu'elle posait étaient extrêmement réduits et furent résolus facilement. Les préférences généralisées que les pays industriels — et notamment la CE — concèdent unilatéralement en application des résolutions de la CNUCED aux pays en voie de développement ont porté le dernier coup à la préférence impériale, tant la taille du marché anglais paraît réduite face aux débouchés potentiels qu'offre la CE.

• Qu'un *contenu tangible* ne puisse plus être trouvé à l'ensemble d'États disparates — on y trouve toutes les tailles, toutes les religions, tous les systèmes politiques ou presque, tous les stades du développement — et dispersés sur les cinq continents qu'est le Commonwealth ne signifie pas qu'il n'existe plus. Certes, nul ne se risquerait aujourd'hui, comme du temps de l'empire et même comme au début des années 50, à additionner population, production ou richesses minérales et énergétiques potentielles de chacun des pays membres pour illustrer la puissance d'un groupe qui n'a plus la cohésion nécessaire pour conserver leur signification à de tels agrégats. Le retour à la convertibilité des monnaies européennes, la libération des échanges, et surtout le déclin de la Grande-Bretagne ont distendu les liens qui subsistaient dans les domaines monétaire et commercial. Il reste une langue — officielle au moins — commune, des habitudes et un passé qui se traduisent par l'existence d'un très grand nombre d'associations privées, ou parapubliques, et contribuent à entretenir des liens culturels et techniques, mais aussi commerciaux et financiers dont la formalisation et la quantification ne sont plus possibles mais qui n'en constituent pas moins une réalité économique encore importante.

Communauté des États indépendants

(en russe « sodroujestvo niézavissimikh gossoudarstv »)

a : *Community of the Independent States* – **d** : *Gemeinschaft der Unabhängigen Staaten* – **e** : *Comunidad de los Estados Independientes*

Communauté formée en 1991 par douze républiques de l'ex-URSS (Russie, Ukraine, Biélorussie, Moldavie, Kazakhstan, Ouzbékistan, Turkménistan, Kirghizistan (ou Kirghizie), Tadjikistan, Azerbaïdjan, Arménie, Géorgie).

Cette communauté repose sur l'organisation d'une coopération assez souple, en principe, sur le plan de la défense, de la technologie et de l'économie.
Elle s'est concrétisée en 1993 par la constitution d'une * Union économique qui s'est dotée en 1994 d'un comité intergouvernemental permanent pour développer des éléments d'intégration et de libre-échange.

Communauté économique africaine (CEA)

a : *African Economic Community (AEC)* – **b** : *Afrikanische Wirtschaftsgemeinschaft (AWG)* – **c** : *Comunidad Económica Africana*

---

*Communauté des pays africains de la * zone franc.*

Créée en 1993 lors du 5e sommet de la francophonie, elle regroupe les 14 pays africains utilisant comme monnaie le * franc CFA.
Elle vise à réaliser entre les États membres une harmonisation du droit des affaires. Elle dispose d'un secrétariat permanent, et en dehors des réunions périodiques des ministres des finances, d'un Conseil des ministres formé par les gardes des Sceaux. Elle comporte également une Cour communautaire d'arbitrage.

Communauté économique européenne (CEE)

Voir Communauté européenne.

Communauté européenne (CE)

a : *European Community (EC)* – **d** : *Europäische Gemeinschaft (EG)* – **e** : *Comunidad Europea (CE)*

Zone d'union douanière et d'intégration économique créée par la Belgique, la France, l'Italie, le Luxembourg, les Pays-Bas et la République fédérale d'Allemagne dans le cadre du traité de Rome du 25 mars 1957.

Originellement dénommée Communauté économique européenne, elle est devenue simplement Communauté européenne (CE) depuis le * Traité de Maastricht. Ouverte, la CE s'est élargie depuis l'origine. Y sont entrés la Grande-Bretagne, le Danemark et l'Irlande (1973), la Grèce (1981), l'Espagne et le Portugal (1985). Depuis la ratification du * Traité de Maastricht, la Communauté est devenue l'un des fondements de l'* Union européenne avec pour mission « par l'établissement d'un marché commun et d'une union économique et monétaire, et par la mise en œuvre des politiques ou des actions communes... de promouvoir le développement harmonieux et équilibré des actions économiques... » dans ses limites territoriales. Celle-ci s'est élargie en janvier 1995 à quinze membres du fait de l'adhésion de l'Autriche, de la Finlande et de la Suède. D'autres États sont candidats comme la Turquie, le Maroc, mais aussi les pays de l'Est européen.
La constitution de la Communauté économique européenne a été l'aboutissement des efforts entrepris à partir de la fin de la Seconde Guerre mondiale pour orienter l'Europe occidentale dans un processus d'unification, processus jalonné par la constitution du *Benelux en 1948, celle de la Communauté européenne du charbon et de l'acier (CECA) en 1951-1952 et par l'avortement du projet d'institution d'une Communauté européenne de défense, en 1954. Relancée en 1955 par un mémorandum du Benelux, l'idée européenne se précisait dans un rapport d'experts, dit rapport « Spaak », en 1956, qui allait servir de base à la négociation de Bruxelles, d'où sortait le traité de 1957 qui entrait en vigueur le 1er janvier 1958.

Objectifs

Les objectifs ambitieux énoncés dans le traité s'expliquent par la convergence paradoxale, parmi ses artisans, de deux courants d'idées, procédant en fait de deux points de vue très différents, et dans une certaine mesure antagonistes : ceux qui voyaient dans la constitution d'un marché commun le moyen d'engager un processus conduisant à long terme à une unification politique souhaitaient naturellement aller au-delà d'une simple union douanière ; et ceux qui, peu soucieux d'objectifs politiques, songeaient avant tout à favoriser, pour des raisons économiques, l'organisation d'un marché élargi étaient conduits, pour assurer le succès

de l'union douanière, à rechercher dans l'intégration économique les moyens de garantir des conditions optimales de concurrence.
De ce fait, le traité s'est fixé deux objectifs généraux, conçus de façon complémentaire :
- la création d'une union douanière ;
- l'organisation d'une union économique.
L'institution d'une union douanière est fondée sur un double dispositif prévoyant : l'élimination au cours d'une période transitoire de douze à quinze ans, articulée en trois étapes, des contingentements et des droits de douane entre les États membres ; la mise en place selon un rythme adapté à celui de la réduction des obstacles aux échanges d'un tarif extérieur commun opposable aux pays tiers (*voir* Préférence).
L'organisation d'une union économique s'appuie sur des dispositions prévoyant une harmonisation progressive des conditions de concurrence et de mise en œuvre des facteurs de production (législation sociale, réglementation des ententes, circulation des hommes et des capitaux, coordination des transports, fiscalité), la mise en place d'une politique agricole commune, une coordination et une concertation en matière de politique conjoncturelle (coordination de la politique monétaire, concours mutuel en cas de déficit prolongé des échanges extérieurs), enfin, l'amorce d'une politique d'aide commune aux pays en voie de développement.
La conférence des chefs d'État de La Haye, en 1969 et celles qui ont suivi ont élargi et approfondi les perspectives de construction de la Communauté européenne en précisant les objectifs de l'union économique et monétaire.

Institutions et procédures

Pour mettre en œuvre le Marché commun, le traité a prévu des institutions permanentes.

La Commission : Composée de 9 membres à l'origine, aujourd'hui de 20, nommés pour quatre ans par accord unanime des gouvernements, c'est l'organe central de la Communauté. Statuant à la majorité simple, elle représente celle-ci à l'Assemblée, devant qui elle est responsable, dans les relations et négociations internationales, et elle la représente en justice ; elle assure la surveillance de l'exécution du traité et à ce titre peut formuler des recommandations et des avis ; elle dispose d'un pouvoir de décision propre, notamment pour les mesures prises en application directe de dispositions fixées dans le traité ; elle peut présenter des propositions dans les matières et pour les décisions qui sont de la compétence du Conseil des ministres.

Le Conseil européen (communément appelé Conseil des ministres), qui réunit les chefs d'États ou de gouvernement des États membres et le président de la Commission, est compétent pour les décisions les plus importantes, qu'il s'agisse de la mise en œuvre du traité, de la définition des orientations politiques générales, de la coordination des politiques économiques des pays membres dans le cadre de la Communauté. S'il

statue, la plupart du temps, sur proposition de la Commission, il peut remettre en cause les décisions dont la compétence incombe normalement à cette dernière.
Selon les cas, le Conseil se prononce à l'unanimité ou à la majorité qualifiée. En pratique, depuis la crise institutionnelle de 1965, l'accord unanime est généralement recherché. A partir de 1974, les cas de décisions prises à la majorité sont devenus plus fréquents. Une décision à la majorité ne peut qu'entériner intégralement une proposition de la Commission, sans amendement ; le poids de la Commission s'en trouve donc accru. Avec le sujet traité, les membres du gouvernement qui représentent leurs pays au Conseil des ministres changent (Agriculture, Finances, Industrie, Transports...). Pour la préparation des travaux du Conseil, le Comité des représentants permanents composé des ambassadeurs des pays membres auprès des Communautés se réunit très fréquemment à Bruxelles, et son rôle est essentiel.

Le Parlement représente l'amorce d'un corps législatif face à cet exécutif bipolaire. Longtemps délégués choisis par les Parlements nationaux, ses membres sont aujourd'hui élus au suffrage universel, comme l'avait prévu le Traité de Rome. La première élection s'est déroulée en juin 1969. Habilité à poser des questions écrites et orales à la Commission, le Parlement peut également renverser celle-ci par un vote de censure. Ses pouvoirs budgétaires se sont progressivement étendus ; il dispose aujourd'hui du dernier mot pour les dépenses qui ne découlent pas automatiquement de la législation communautaire, soit environ le cinquième du total. Il peut par ailleurs rejeter en bloc le budget, droit dont il a usé (par exemple en 1979). Depuis le Traité de Maastricht, il investit la Commission. La représentation des catégories socioprofessionnelles est assurée par un *Comité économique et social* qui a compétence consultative auprès de la Commission : les membres du Comité sont désignés par le Conseil.

La Cour de justice : 7 membres à l'origine, 11 aujourd'hui, nommés conjointement par les gouvernements des États membres, pour un mandat de six ans. Elle assure le respect du droit du traité.

Depuis 1977, une **Cour des comptes** dont la création a été mise en place par un amendement de 1975 au Traité de Rome est chargée de l'examen des comptes de la Communauté et de ses institutions. Ses 10 membres sont nommés par désignation unanime du Conseil après consultation du Parlement.
La création d'un système institutionnel permanent illustre bien la volonté de constituer une communauté économique, cependant que la structure même du système mis en place manifeste les limites apportées à l'introduction du principe de la supranationalité.
Mais aussi importantes que les institutions elles-mêmes, les procédures prévues au traité attestent du caractère original de l'entreprise qui se

place délibérément dans une perspective évolutive. Le traité définit plus en effet un processus de construction progressif de la Communauté qu'il n'en arrête les modalités.

La mise en application du traité

Si l'institution de l'union douanière, dont les étapes étaient déterminées avec précision dans le traité, a pu en fait être réalisée plus vite que prévu, en revanche, la construction d'une union économique, esquissée à grands traits dans l'accord initial, s'est révélée beaucoup plus laborieuse que ses promoteurs ne pouvaient le penser.

• Le traité définissait des étapes précises pour la construction de l'*union douanière* tout en prévoyant la possibilité soit de les allonger, soit de les réduire. C'est en fait cette dernière éventualité qui s'est réalisée. S'agissant de la suppression des barrières douanières internes, elle a été réalisée en moins de dix ans entre les six États membres de l'origine (première baisse des droits le 1er janvier 1959, achèvement le 1er juillet 1968), la procédure ayant été accélérée par deux fois (janvier 1961, juillet 1962).

L'alignement progressif des barèmes nationaux opposables aux pays tiers sur le tarif extérieur commun s'est effectué parallèlement. Depuis le 1er juillet 1968, le même tarif s'applique, en principe, dans les relations entre les États membres et l'extérieur.

Le maintien des relations privilégiées des États membres avec leurs territoires d'outre-mer et leurs anciennes possessions coloniales a fait l'objet de conventions d'association. Depuis la convention de Yaoundé (1963) qui prenait en compte les liens des pays membres fondateurs de la CE avec 18 pays d'Afrique, plusieurs accords se sont succédé, dont en 1975 celui de Lomé qui accueillait les pays en voie de développement liés historiquement au Royaume-Uni. La deuxième convention de Lomé (1979) a étendu et renouvelé cette forme originale de coopération dont bénéficient 61 pays d'Afrique, des Caraïbes et du Pacifique (ACP). Sans obligation de réciprocité, la quasi-totalité des produits venant des pays ACP entre librement dans la CE. Un système de stabilisation des recettes d'exportations (STABEX) a été mis au point pour atténuer les conséquences des fluctuations de cours des produits primaires sur les économies des pays en développement associés. Une *aide financière est accordée aux pays ACP dont le montant a été fixé à 5,7 milliards d'Écus, pour la durée d'application de la Convention (1980-1985), dont 4,7 milliards à travers le *Fonds européen de développement (FED). Au reste des pays en voie de développement, la Communauté a accordé depuis 1971 un traitement préférentiel conformément aux principes de l'accord international sur les *préférences généralisées dont elle avait elle-même lancé l'idée dès 1963. Enfin des accords d'association ont été conclus avec les pays méditerranéens et ceux de l'*AELE qui sont restés à l'écart de la CE. Accomplie en principe, l'union douanière n'a pas éliminé tous les freins qui subsistent à la liberté de circulation des marchandises. Elle a cependant eu le mérite d'en approfondir la connaissance : les réglementations techniques, le système fiscal, le droit commercial, les politiques sectorielles — politique industrielle, système d'aide à l'exportation —, voire la politique économique et monétaire, restent de la compétence nationale de chaque État et introduisent des différences, voire des divergences, dans les conditions de fonctionnement des entreprises commerciales et industrielles d'un pays à l'autre. Pourtant l'union douanière constitue le véritable pilier de la construction européenne. C'est grâce à elle que l'identité communautaire s'affirme dans les négociations commerciales vis-à-vis des pays tiers. Elle contribue à faire prendre conscience de la nécessité de l'union économique qui assure l'égalité des conditions de la concurrence, indispensable pour que la libre circulation des marchandises soit totalement assurée et prenne toute sa signification.

● Pour la constitution d'une véritable *communauté économique,* le traité avait prévu selon les cas des procédures d'harmonisation ou de concertation, ou encore le renvoi à des négociations ultérieures dans le cadre des institutions communautaires.
Le processus d'intégration économique a été en fait inégalement amorcé et engagé. Il se poursuit avec des fortunes diverses selon les domaines.

• L'harmonisation des conditions de la **concurrence,* directement liée à la création d'un marché commun, est encore limitée ; la libre circulation des hommes et des capitaux reste entravée ; l'optique libérale qui préside au contrôle des ententes et des positions dominantes en réduit singulièrement la portée pratique ; l'harmonisation de la réglementation du travail et des salaires est encore embryonnaire et le rôle du *Fonds social européen reste modeste, sinon marginal ; l'effort majeur a, en fait, jusqu'à présent surtout porté sur l'harmonisation de la fiscalité indirecte, avec la généralisation du régime de la TVA, mais l'aménagement des taux reste du ressort des gouvernements.

• La définition et la mise en œuvre d'une **politique industrielle* commune ont peu progressé.
S'agissant de l'énergie, l'harmonisation des objectifs bute sur les préoccupations contradictoires du coût et de la sécurité, sur des contraintes sociales (mineurs) et politiques (divergence à l'égard de la pénétration nord-américaine, exclusion du domaine pétrolier du champ communautaire). En dehors de la mise en place d'un système d'aide et de compensation multilatérale pour le charbon, chaque pays pratique sa propre politique, tandis que l'intégration de l'effort de recherche en matière nucléaire marque le pas. Dans le domaine des transports, les recommandations formulées par la Commission en 1960, puis en 1962, pour organiser un système de transports coordonnés, excluant les pratiques discriminatoires, ménageant un développement répondant à la croissance des besoins, et visant à assurer les tarifs les plus économiques, n'ont guère été suivies. Un

programme limité a été adopté en 1967, puis mis en pratique, à partir du 1er juillet 1968 en ce qui concerne le transport routier.

• L'intervention de la Communauté en faveur d'un **aménagement rationnel du territoire* européen est restée limitée, faute d'une planification indicative des investissements, et en raison de la relative faiblesse des moyens dont dispose la Banque européenne d'investissement. La mise en place d'une véritable politique régionale à l'échelon européen reste à l'ordre du jour.

• Conformément aux dispositions inscrites dans le traité, c'est en fait la *politique agricole commune* qui, à ce jour, a sollicité les efforts d'intégration les plus soutenus. Les principes de la politique agricole commune se sont largement inspirés du système français d'organisation des marchés fondé sur une régulation et une orientation par les prix. Cette politique repose en effet :

– sur la libre circulation des produits à l'intérieur de la Communauté, associée à une politique commerciale avec l'extérieur fondée sur la préférence communautaire ;

– sur une organisation communautaire des marchés tendant non seulement à en régulariser le fonctionnement, mais encore à concourir à l'orientation des productions la plus propice à favoriser la progression du niveau de vie des agriculteurs. Pour chaque produit, la détermination d'un prix indicatif de campagne commun (exprimé en unités de compte) sert de base à la fixation de prix d'intervention (plancher et plafond) définissant les limites de fluctuation des cours du marché dont le franchissement, en baisse ou en hausse, déclenche le fonctionnement des mécanismes de régulation : intervention (grâce à un stock régulateur) de fonds nationaux agissant pour le compte du *Fonds européen d'orientation et de garantie agricole (FEOGA) ;

– corollairement, sur un financement communautaire des charges de soutien des marchés et des aides à l'exportation assuré par les *prélèvements compensateurs perçus sur les importations en provenance de pays extérieurs à la CE (lorsque le prix d'achat est inférieur au seuil d'intervention) et par des contributions budgétaires.

Si l'adoption de ces principes par le Conseil des ministres a été acquise en janvier 1962, la mise au point de leurs modalités d'application et leur mise en œuvre progressive ne se sont pas faites sans difficultés. Après l'intervention du premier règlement d'application, en 1962, pour les céréales, il a fallu attendre décembre 1963 pour voir adopter les règlements relatifs à l'organisation des marchés de la viande de bœuf, du lait et des produits laitiers. Un an plus tard, les Six s'entendaient sur la fixation de prix communs pour les céréales (premier plan Mansholt), mais, fin juin 1965, les négociations qu'ils menaient depuis de longs mois sur le financement de la politique agricole commune étaient rompues. Elles ne devaient reprendre qu'en janvier 1966 pour aboutir, en mai de la même année, à un accord sur le règlement financier applicable jusqu'au 31 décembre 1969. Peu après, étaient adoptés les règlements relatifs à l'organisation des marchés des fruits et légumes, du sucre, des matières grasse, et fixés des prix communs pour l'ensemble des produits faisant l'objet de règlements. Le 1er janvier 1968, les dernières restrictions aux échanges de produits agricoles ont été supprimées. L'extension de la politique agricole commune au marché du vin est intervenue en 1970 tandis qu'entrait en vigueur cette même année le nouveau règlement financier, dit « définitif », adopté en décembre 1969 à la conférence de La Haye. Cependant, entre-temps, la dévaluation du franc avait conduit à « décrocher », au moins provisoirement, les prix agricoles français des prix européens. Cette première entorse a été suivie d'autres, à l'occasion des changements de parité liés à la crise du système monétaire international. Un système de *montants compensatoires monétaires a dû être institué pour certains pays puis généralisé lorsque la plupart des pays membres ont placé leur monnaie sous le régime des changes flottants. La mise en œuvre du *système monétaire européen en 1979 devait conduire à leur suppression progressive.

En fait, les lenteurs et les difficultés qui ont marqué la mise en œuvre laborieuse de la politique agricole commune illustrent et manifestent une inquiétude fondamentale sur l'orientation même de cette politique.

Fondée essentiellement sur une intervention par les prix, elle a entraîné des charges croissantes, mal supportées par certains États membres, telles la RFA et l'Italie, qui ont un temps considéré la France comme seule véritable bénéficiaire du système. Et elle ne contribue pas pour autant à orienter convenablement la production dans un sens à la fois favorable à une meilleure adaptation de l'offre aux besoins (il y a une tendance à la surproduction de céréales, betteraves et surtout de produits laitiers, et au contraire insuffisance en viande) et à une amélioration réelle de la situation des agriculteurs (caractérisée en fait par de très grandes disparités selon les régions et les types d'exploitation).

Mais, par ailleurs, l'orientation vers une politique des structures, dont la manifestation la plus significative a été la publication du plan Mansholt, en décembre 1968, visant à conjuguer une réduction progressive des actions de soutien des marchés avec une accélération de l'exode rural et du regroupement des exploitations, s'est heurtée à de nombreux obstacles politiques et financiers. La politique agricole commune a été redéfinie, en 1992, sur de nouvelles bases. Elle retient désormais un mode de soutien de l'agriculture qui combine un contrôle de l'offre (par des quotas, voire pour certaines spéculations par le retour à la pratique des jachères) et des aides directes tout en réduisant forcément la stabilisation par les prix.

• La *nécessité d'un processus d'intégration globale* a été très vite ressentie, sinon par les gouvernements des États membres, du moins par les services communautaires, dont l'activité et les initiatives ont fortement contribué à introduire de nouveaux jalons sur la voie de l'intégration, même si les mesures concrètes prises à cet égard restent encore de portée limitée et s'inscrivent généralement dans des processus dont le déroulement est envisagé, dans ses principes, sur une longue période.

On peut citer à cet égard :

L'organisation d'un système d'information économique européen : L'élément principal en est sans doute la mise au point, en 1968, d'un *système européen de comptabilité nationale (SEC) pour servir de cadre aux travaux de prévision économique de la Communauté.

Un effort de concertation en matière de politique *conjoncturelle : S'il s'appuie essentiellement, pour le moment, sur des échanges d'informations, sur un système assez élaboré de confrontation des prévisions à court terme nationales et communautaires et sur une procédure de recommandations d'une efficacité encore relative, il prépare progressivement les esprits à une intégration plus étroite.

L'engagement dans la voie d'une coopération monétaire : Il a dépassé le stade de la consultation pour déboucher à partir de 1970 sur un processus d'intégration dont les premiers éléments (rétrécissement des marges de fluctuation des monnaies européennes, concours mutuel à court terme en cas de difficultés de balances de paiements...) sont restés encore d'une portée limitée, compte tenu notamment de l'incidence de la crise du système monétaire international. Le maintien d'une zone de taux de change fixes, dans le cadre du *serpent européen, n'a pas résisté aux déséquilibres des balances de paiements et s'est trouvé réduit à un petit noyau, autour de la RFA. Une relance de l'union monétaire a été opérée en 1979, avec la mise en place du *SME qui, à partir des leçons des expériences précédentes, a tendu à établir en Europe une zone de stabilité dans ce domaine.
Le Traité de Maastricht a franchi une étape supplémentaire en organisant la marche vers une monnaie unique.

Une *planification indicative européenne : Son amorce est encore timide, avec la mise au point, à partir de 1967, de programmes de politique économique à moyen terme.

• Une *évolution des structures institutionnelles* de la CE, en particulier dans ses éléments proprement communautaires, a accompagné la mise en œuvre progressive des principes inscrits dans le traité et des décisions prises pour son application.
En avril 1965, un « traité de *fusion » a prévu la réunion en un seul des exécutifs de la CE, de la CECA et de l'Euratom. La mise en place d'une Commission unique des Communautés européennes a été réalisée en juillet 1967 ; composée de 14 membres à titre transitoire, la Commission unique a été ramenée à 9 membres en 1970, puis élargie à 13 en 1973, à 14 en 1981, 16 en 1986 et aujourd'hui à 20.
Parallèlement à cette évolution se multipliaient auprès du Conseil des ministres et de la Commission des comités consultatifs liés au processus d'intégration économique (notamment les comités de politique conjoncturelle, budgétaire, de politique à moyen terme, monétaire — les trois premiers étant fusionnés en 1974 dans un comité de politique

économique —, et, depuis 1972, le groupe de coordination des politiques économiques) tandis que s'étoffaient les services administratifs de la Communauté qui occupent à l'heure actuelle environ 6 000 personnes, dont la majeure partie travaille à Bruxelles, capitale de la CE.

Résultats et avenir

Œuvre de longue haleine, la construction de la Communauté européenne est par définition encore en gestation.

QUELQUES DONNÉES CHIFFRÉES SUR LA CE

Variation du PIB en volume	1958-1968	5,3 %	à 12	
(moyenne annuelle)	1968-1978	3,6 %	1986-1990	3,3 %
		1958	**1986 (à 12)**	**1991 (à 12)**
Part des échanges de la CE dans le commerce mondial (%)	**exportations**	21,2	36,9	39,0
	importations	22,7	34,8	32,7
Part des échanges intracommunautaires dans le total des échanges de la CE (%)	**exportations**	29,8	56,9	47,7
	importations	29,6	57,8	57,0
				1992
Part des échanges avec la CE dans le commerce extérieur français (%)	**exportations**	22,2	59,3	62,1
	importations	21,9	64,5	59,6

• D'ores et déjà, l'évolution de l'économie de la Communauté, depuis 1958, fait ressortir des *résultats* dont certains éléments paraissent de toute évidence imputables au Marché commun.
Les données précitées attestent que la mise en œuvre du Marché commun n'a pas nui à la croissance des États membres, qu'elle a entraîné un développement considérable de leurs échanges et qu'elle a fortement accru leur interdépendance, notamment pour ce qui concerne la France, dont les liens commerciaux avec ses partenaires se sont singulièrement renforcés.

• Les résultats positifs de l'organisation d'un marché commun expliquent l'*intérêt manifesté par d'autres pays* pour une association, voire une intégration à cet ensemble.
Des accords d'association comportant l'organisation de liens commerciaux privilégiés, assortis d'un mécanisme d'aide, ont été signés avec la Grèce (1962), la Turquie (1964), le Maroc, la Tunisie.
Dès 1961, par ailleurs, la Grande-Bretagne demandait l'ouverture de pourparlers avec les Six en vue d'une adhésion au Marché commun. Le refus opposé par la France en 1963 a mis fin à cette première tentative, reprise en mai 1967 sous la forme d'une demande officielle d'adhésion à laquelle s'associaient l'Irlande, le Danemark et la Norvège. Après un

nouveau refus de la France en décembre 1967, il a fallu attendre la conférence de La Haye en décembre 1969 pour que les Six se mettent d'accord sur l'engagement de pourparlers avec la Grande-Bretagne et les autres candidats. Ceux-ci ont d'abord abouti pour les trois premiers qui font officiellement partie de la Communauté depuis le 1er janvier 1973. Un processus de négociation a été engagé ensuite pour l'adhésion de la Grèce, qui est devenue un État membre le 1er janvier 1981, ainsi que pour le Portugal et l'Espagne, admis en 1985, puis pour l'Autriche, la Finlande et la Suède qui ont rejoint en 1995.

• Le développement même de l'intégration, au fur et à mesure qu'il s'est accompli, a mis en relief *des problèmes* dont la solution impliquait soit une intégration encore plus poussée, soit le renoncement à terme au principe de l'union douanière.

Le renforcement des liens objectifs d'interdépendance des économies (échanges commerciaux, concentration multinationale de firmes, effets de contagion) a réduit les marges de manœuvre des responsables nationaux de la politique économique sans que se développe parallèlement un centre de régulation communautaire. La concertation et l'échange d'informations ne sauraient durablement dispenser de doter les organes communautaires de compétences supranationales.

De ce point de vue, l'élection au suffrage universel du Parlement européen, intervenue en 1979, a constitué un pas dans ce sens, ce qui ne va pas sans soulever d'ailleurs des inquiétudes.

Les résistances au déroulement de ce processus logique n'ont pas manqué même si elles ont été progressivement surmontées : externes, celle des États-Unis, peu soucieux pendant longtemps de voir une Europe unie menacer éventuellement le règne du dollar, qui s'est toutefois atténuée ; celle de l'ex-URSS peu favorable pendant longtemps aussi à la constitution d'une deuxième superpuissance capitaliste au contact des États de l'Est européen, que le virus fédérateur pourrait un jour gagner ; internes aussi, celles de certains gouvernements ou d'une partie des opinions publiques, pour qui l'Europe des patries a encore une signification.

De ce point de vue, le développement effectif du processus d'élargissement du Marché commun a commandé en fait, de façon déterminante, l'évolution de la Communauté confrontée à un choix : poursuite d'un processus d'intégration menant à la constitution d'une entité politique, ou dénaturation de l'entreprise dans l'orientation vers une zone de libre-échange plus atlantique qu'européenne. La relance de la concentration européenne par l'*Acte unique prévoyant un processus d'unification économique pour le 1er janvier 1993 a marqué en principe une préférence pour la première voie. Cela s'est confirmé avec la conclusion du * Traité de Maastricht, ratifié après diverses péripéties, par l'ensemble des États membres (avec quelques dispositions spécifiques pour certains d'entre eux) en 1993. Le problème aujourd'hui est de concilier approfondissement et élargissement, avec en corollaire une adaptation des institutions dans le cadre d'un renforcement de la démocratie inhérente à l'éthique politique de * l'Union européenne.

Voir Union européenne, Traité de Maastricht.

Communautés européennes

a : *European Communities* – **d** : *Europäische Gemeinschaften* – **e** : *Comunidades Europeas*

---

*Communautés (en l'espèce * Communauté du charbon et de l'acier (CECA), * Communauté européenne de l'énergie atomique (EURATOM), * Communauté européenne) qui constituent le fondement de l'* Union européenne.*

Voir aussi Traité de Maastricht.

Communisme

a : *Communism* – **d** : *Kommunismus* – **e** : *Comunismo*

Régime économique caractérisé par l'absence de propriété privée, et, partant, par la mise en commun de tous les biens et services. Par extension : Doctrine préconisant l'instauration d'un système fondé sur ce régime ; et ensemble des partisans de cette doctrine.

Le communisme va au-delà du simple collectivisme, qui borne l'appropriation collective aux moyens de production. Il correspond à un stade suprême de socialisation.
En tant que doctrine, le communisme est apparu dès l'Antiquité. Il a inspiré la philosophie platonicienne et dans une certaine mesure les conceptions et les règles de vie des premières communautés chrétiennes. Référence épisodique dans certains écrits du Moyen Age et de la Renaissance, l'idéal communiste inspire certains penseurs du XVIIIe tels que Morelly et Babeuf, puis de nombreux philosophes du XIXe comme Owen en Grande-Bretagne, Cabet, Fourier et Saint-Simon en France ; réagissant contre ces divers courants d'un socialisme qu'ils jugent « utopique », Engels et Marx révisent la doctrine communiste en la fondant sur le matérialisme dialectique. Ils la résument dans le slogan : « De chacun selon ses capacités, à chacun selon ses besoins. »
En tant que régime économique et social, le communisme n'est réalisé

nulle part. Les systèmes instaurés par les communistes adeptes d'une conception primaire de la doctrine marxiste ont été fondés sur un régime « socialiste » (en fait, un « socialisme d'État » entre les mains de la « nomenklatura » du PC) considéré comme une étape transitoire vers la société communiste ; ils se sont défaits pour la plupart dans les dernières années. En Chine populaire, toutefois, une tentative a été engagée pour accélérer le passage du socialisme au communisme, par l'expérience des « communes populaires » : mais celle-ci n'a pas survécu à l'ère « maoïste » et, depuis quelques années, le maintien d'un régime politique dictatorial se conjugue avec une libéralisation économique, visant à « prendre ce qu'il y a de meilleur dans le capitalisme ».

Voir Collectivisme, Marxisme, Socialisme.

Communiste

a : *Communist* – **d** : *Kommunist* – **e** : *Comunista*

Adepte de la doctrine communiste. Adjectif : Caractéristique du régime en système socialiste.

Compagnie française d'assurance pour le commerce extérieur (COFACE)

a : *French Foreign Trade Insurance Company (COFACE)* – **d** : *Französische Aussenhandelsversicherung (COFACE)* – **e** : *Compañía Francesa de Seguros para el Comercio exterior (COFACE)*

Société nationale constituée sous la forme d'une société par actions et spécialisée dans l'assurance-crédit pour le commerce extérieur.

Statut et rôle

Créée par un décret du 1er juin 1946, la COFACE est une société par actions dont le capital a été souscrit en majeure partie par des organismes publics de crédit (Crédit national, Caisse des dépôts et consignations, Banque française du commerce extérieur), des compagnies d'assurances et des banques nationalisées. Les membres de son conseil d'administration sont nommés par arrêté ministériel.

• Elle agit tantôt pour le compte de l'État, tantôt pour son propre compte sous le contrôle de l'État. Dans le premier cas, elle ne fait qu'instruire les dossiers, la décision appartenant à la « Commission des garanties et du crédit au commerce extérieur ». Dans le second, elle agit comme un organisme autonome, mais son autonomie est limitée à la couverture des risques commerciaux ordinaires. *Pour le compte de l'État,* elle assure la gestion du service public de l'assurance-crédit qui couvre les risques politiques, catastrophiques et monétaires ainsi que les risques commerciaux extraordinaires propres aux opérations de commerce extérieur. *Pour son propre compte,* elle assure les risques commerciaux ordinaires sous contrôle de l'État et avec, éventuellement, son concours financier.

• Le *champ d'application* de l'assurance-crédit est limité par deux éléments : elle ne joue pratiquement qu'à l'exportation. Elle ne garantit que les risques qui concernent les pays extérieurs à la zone Franc, la Tunisie et le Maroc.

• L'assurance-crédit fonctionne selon des modalités assez différentes selon qu'il s'agit d'opérations à court terme ou à moyen terme. La COFACE gère en outre d'autres garanties particulières au commerce extérieur telles l'assurance-prospection et l'assurance-foire.

L'assurance-crédit à court terme

• Cette assurance couvre les risques des *exportations courantes* dont l'échéance n'excède pas un an (exceptionnellement deux ans). Il s'agit généralement des exportations de biens de consommation et de certains matériels pour lesquels les délais de paiement consentis sont de l'ordre de 120 jours après l'expédition. Les biens d'équipement dont les termes de paiement sont échelonnés sur deux ans au maximum peuvent également être garantis.

• La garantie porte essentiellement sur le *risque commercial d'insolvabilité* des clients étrangers, à condition que celle-ci soit sanctionnée par un arrangement ou une procédure opposable aux créanciers (faillite, transaction). La COFACE accepte toutefois d'indemniser l'exportateur un an après la défaillance du client, même si l'insolvabilité de celui-ci n'est pas constatée par un acte judiciaire. Les exportateurs peuvent être, en outre, garantis contre les risques politiques et catastrophiques susceptibles d'entraîner le non-paiement de leurs créances ou contre les risques de non-transfert des sommes versées par leurs clients (voir ci-après).

• Le principe de base est en effet que le risque commercial ne peut être couvert que dans le cadre d'une *« police globale »* portant sur l'ensemble du chiffre d'affaires à l'exportation de l'assuré. Cette formule, qui diminue l'étendue des risques pour la COFACE, lui permet de consentir aux exportateurs des primes relativement intéressantes.

• Les *indemnités* versées à raison du risque commercial d'insolvabilité représentent en général 80 à 85 % des pertes suivant les pays de destination. La couverture facultative des risques politiques et catastrophiques et de non-transfert peut être de 80 à 90 %.

• La COFACE se réserve la possibilité de laisser à l'exportateur une *part plus forte du risque* sur certains marchés. Pour lutter contre la tendance à l'allongement de la durée des crédits, elle a fixé des taux de primes progressifs selon les échéances (à titre indicatif, ces primes varient, pour le risque commercial de 0,3 à 1,5 %, pour le risque politique de 0,12 à 0,6 % environ du chiffre d'affaires déclaré mensuellement par l'assuré). Son intervention facilite le financement bancaire par les garanties qu'elle apporte, mais les polices à court terme ne couvrent cependant qu'une part relativement faible des exportations françaises : 15 % environ.

L'assurance-crédit à moyen terme et à long terme

• Dans ce cadre, la COFACE couvre, *pour le compte de l'État,* des opérations portant généralement sur des *biens d'équipement* ou la réalisation à l'étranger de grands ensembles industriels ou de grands travaux, lorsqu'elles comportent des paiements échelonnés sur plusieurs années (jusqu'à dix ans).
Dans ce domaine, la liaison entre le financement et l'assurance est très étroite. En effet, les banques refusent généralement le financement des crédits supérieurs à deux ans qui ne sont pas garantis par la COFACE. La COFACE et la Banque française du commerce extérieur interviennent généralement conjointement pour ces affaires, l'une apportant l'assurance, l'autre le crédit.

• A la différence des garanties à court terme, les garanties à moyen terme font l'objet de polices individuelles, c'est-à-dire concernant un marché déterminé.
Ces polices peuvent couvrir les risques suivants.

– Le *risque de non-paiement :* ce risque se distingue de celui dû à l'insolvabilité d'une firme privée. La COFACE ne garantit en effet que les opérations traitées avec les administrations publiques étrangères ou des organismes assimilés (« acheteurs publics ») ou avec les acheteurs privés dont les engagements de paiement sont garantis par l'un de ces organismes. Dans cette mesure, le non-paiement par l'acheteur (à condition qu'il ne soit pas dû à l'inexécution d'une clause par le vendeur français) constitue un risque politique.

– Le *risque politique :* il est réalisé lorsque l'acheteur étranger ne s'est pas acquitté de sa dette pour cause de guerre, révolution, émeute, moratoire général ou autres événements survenus dans le pays de l'acheteur et ayant trait à son régime ou à son gouvernement.

– Le *risque catastrophique :* la garantie couvre les défaillances du débiteur qui peuvent être dues à des cataclysmes ou à des fléaux naturels (séismes, inondations, éruptions volcaniques, typhons, etc.).

– Le *risque de non-transfert :* la garantie joue lorsque le transfert des fonds versés par le client a été empêché ou retardé par des événements politiques, des difficultés économiques ou la législation du pays de résidence de ce client.

– Le *risque de perte* consécutive à l'*interruption du marché* et les risques de change. Ces risques peuvent également, sous certaines conditions, être couverts par la COFACE.

• Le *taux de couverture* de ces risques extraordinaires est plus élevé que celui appliqué à court terme et pour les risques commerciaux ordinaires. Il est généralement compris entre 85 et 90 % (100 % pour le risque de change). Le montant de la prime d'assurance varie de 2,25 % à 4,50 % l'an environ pour un crédit à 5 ans, qui est le cas le plus fréquent.

Autres formes d'assurance-crédit pratiquées par la COFACE

La garantie des risques de fabrication : Cette procédure, créée en 1948 et appelée alors « garantie de prix », a été transformée en 1960 en un système d'assurance gérée par la COFACE pour le compte de l'État. Elle permet aux entreprises qui produisent pour l'exportation des matériels nécessitant de longs délais de fabrication de se garantir contre les risques de hausse des prix de revient qui peuvent survenir pendant la période d'exécution des commandes, à condition que ces risques proviennent de l'évolution de la conjoncture intérieure.

L'assurance-prospection : Créée en 1950, elle couvre partiellement les exportateurs contre les risques de pertes qui peuvent résulter des dépenses qu'ils engagent pour prospecter les marchés étrangers (publicité, voyages d'affaires, créations de bureaux ou d'agences de représentation, envois de matériels de démonstration, d'échantillons, etc.). L'assurance couvre donc les risques de non-amortissement total ou partiel de ces frais qui peut résulter de l'insuffisance du chiffre d'affaires ultérieurement réalisé sur le marché prospecté en comparaison des frais de prospection engagés. Le risque est couvert à concurrence de 50 % (ou de 60 % si l'assuré est titulaire de la carte d'exportateur) du déficit enregistré au terme du contrat passé entre l'exportateur et la COFACE. L'assurance n'est accordée qu'aux entreprises dont les efforts de prospection sont importants et soutenus. Ces contrats sont généralement conclus pour trois ans minimum, mais pratiquement les comptes sont arrêtés annuellement et l'assuré peut percevoir une indemnité provisionnelle qui facilite le financement de sa campagne de prospection.

L'assurance-foire : Ce type d'assurance a été créé en 1958 par la COFACE et par le Comité permanent des foires et manifestations économiques à l'étranger pour encourager les producteurs français à y exposer leurs marchandises. Cette assurance est obtenue par versement de primes par l'entreprise à la COFACE. Le prix de l'assurance est modéré mais son application, en revanche, n'est pas générale. Les pouvoirs publics déterminent eux-mêmes les foires et manifestations ainsi que les secteurs d'activités pour lesquels l'assurance peut être contractée. L'assurance couvre l'entreprise d'une partie des risques de non-amortissement des frais engagés, comme dans le cas de l'assurance-prospection proprement dite (frais de location et d'aménagement des stands, de publicité, de transport de marchandises, de voyages...). Dans les 2 ou 3 mois suivant la clôture de l'exposition, l'entreprise perçoit une indemnité provisionnelle de 50 % des frais engagés (60 % si elle est titulaire de la carte d'exportateur). Si aucune commande n'est enregistrée, la totalité de la prime lui est acquise. Si des commandes sont enregistrées dans les quelques mois qui suivent la manifestation, l'entreprise effectue des reversements à la COFACE au prorata des commandes obtenues qui peuvent égaler la totalité de l'indemnité.

La garantie des crédits acheteurs : Elle s'apparente à une assurance mais elle est d'application plus limitée et elle s'adresse aux banques et non aux exportateurs. En bénéficient les banquiers qui consentent des prêts à des acheteurs étrangers pour leur permettre de régler au comptant en France l'achat de biens et services. Dans ce schéma, la charge du risque est supportée par les banques et non par le fournisseur français. Ce type d'opération, appelé *crédit financier,* peut être couvert par la COFACE à 95 %, après examen approfondi par les commissions administratives compétentes (Commission des garanties et Comité long terme exportation).

Compensation

a : *Clearing* – **d** : *Aufrechnung/Clearing/Verrechnung* – **e** : *Compensación*

Procédé de règlement comptable entre deux ou plusieurs parties qui sont débitrices et créditrices les unes vis-à-vis des autres et qui permet de limiter l'utilisation des moyens de paiement au règlement du solde net de ces relations.

Principe et applications

• Si deux parties A et B sont en relations commerciales suivies, les dettes et créances attachées à chacune de leurs opérations réciproques durant une période donnée peuvent se croiser. On peut avoir par exemple : A doit à B 500 + 100 + 800 + 200 ; B doit à A : 300 + 150 + 450. La compensation consiste à remplacer ces sept règlements par le *seul règlement du solde* de ces relations, les autres dettes et créances se *compensant* en donnant lieu à une simple passation d'écritures. Dans l'exemple choisi, A doit en tout à B : 1 600, B doit en tout à A : 900. Le solde débiteur de A est donc de 700 et c'est lui qui donnera lieu à règlement.
On aura ainsi utilisé 700 de monnaie au lieu de 2 500.

Ce procédé : 1) permet d'assurer plus de rapidité et de sécurité au règlement d'opérations complexes car il évite les transferts de fonds. 2) Il suppose que les parties intéressées par la compensation soient en relations nombreuses et suivies car c'est de sa vertu de simplification qu'il tire son intérêt. 3) Il pcut s'appliquer entre deux ou plusieurs parties (compensation bilatérale ou multilatérale).

• Les deux principaux domaines d'application de la compensation sont :
1) Le domaine des règlements internationaux, où la compensation est appelée plus volontiers *clearing ou *accord de paiement. Facteur d'amélioration de la liquidité internationale, la *compensation s'est d'abord effectuée par accords individuels entre États puis également par l'intermédiaire d'organismes internationaux comme la *Banque des règlements internationaux (BRI) ou le *Fonds monétaire international.
2) Le domaine bancaire où, par l'intermédiaire des chambres de compensation situées sur diverses places, les banquiers se présentent les uns aux autres quotidiennement l'ensemble des créances ou des dettes qu'ils ont les uns vis-à-vis des autres. Celles-ci sont représentées par des *chèques, mandats, *acceptations, *avals, etc. Les soldes sont ensuite réglés par virement ou versement. La technique bancaire du *découvert en compte courant constitue, de même, une application de ce principe général entre le banquier et son client.

Les chambres de compensation

(Clearing houses dans les pays anglo-saxons.)

Histoire : C'est à Londres que fut fondée la première véritable clearing house bancaire en 1773, mais le système de la compensation s'effectuait déjà sur des foires et des marchés d'Europe (Lyon, Florence...) dès le Moyen Age. La Clearing House de New York date de 1853. Les membres de ces Clearing Houses sont moins nombreux à Londres (11) et à New York (12) qu'à Paris, mais les sous-participants et agences y tiennent une large place et les Clearing Houses de province y ont un volume d'activité plus important. A la Clearing House de New York, 80 % des effets présentés sont réglés par compensation.
En France, la Chambre de compensation des banquiers de Paris (rue des Italiens) effectue la grande majorité des opérations nationales de compensation. Une soixantaine d'établissements de crédit y sont représentés, dont la Banque de France. Ces établissements traitent non seulement pour eux-mêmes, mais aussi pour un grand nombre de sous-participants qui leur sont rattachés (250 environ). En province, les compensations sont généralement effectuées au siège de la succursale de la Banque de France qui tient lieu de chambre. On compte 240 chambres de compensation provinciales.

Mécanisme : Chaque jour ouvrable, les banquiers de la place se réunissent pour compenser leurs titres, sous la surveillance d'un inspecteur. Les banquiers sont représentés à la compensation par un *receveur* qui reçoit les titres tirés sur son établissement, et un *distributeur* qui remet aux receveurs des autres banques les titres apportés par la sienne.
Lors du règlement définitif, chaque banque établit la balance entre ces débits et ces crédits. Si cette balance est créditrice au profit de la chambre, la banque lui remet un virement (de couleur rose) sur son compte à la Banque de France. Si elle est débitrice, la banque reçoit un virement rose de la chambre. C'est donc par l'intermédiaire de leurs comptes à la Banque de France que les banques effectuent en définitive la compensation, le compte de la chambre de compensation jouant le rôle de « plaque tournante ».
Trois séances ont lieu chaque jour à la chambre de compensation de Paris, chacune consacrée à des catégories particulières de compensation selon le caractère des effets traités.

Rôle et valeur

• L'*économie de règlements* procurée par le procédé de compensation se mesure à ce qu'en moyenne plus de 70 % des effets présentés sont réglés par le jeu comptable, les 30 % restants donnant seuls lieu à des règlements par mandats.
• L'analyse rapide du *volume des compensations* effectuées permet d'utiles observations sur le rythme et la structure des activités économiques notamment sur deux points : 1) La part relative des compensations à Paris et en province traduit bien le caractère centralisé des activités commerciales. L'ensemble des effets présentés à la compensation en province n'est pas supérieur à 20 % du total de ceux présentés à Paris. 2) Le volume des compensations a pratiquement triplé en 10 ans, ce qui est dû en partie à la dépréciation monétaire qui majore les montants en francs courants, mais aussi à l'accroissement de l'activité économique et à la généralisation de l'utilisation des procédés bancaires de règlement (notamment en agriculture).

Compensation (cours de)

a : *Clearing price* – **d** : *Aufrechnungskurs* – **e** : *Curso de compensación*

---

*En bourse : *Cours fictif proche du cours coté le jour de la *liquidation, auquel un acheteur à découvert vend sa position d'acheteur en la rachetant immédiatement pour la liquidation suivante à un cours supérieur.*

La différence généralement faible entre ces cours correspond à l'intérêt de l'argent prêté pendant un mois.

Comptabilité

a : *Accounting* – **d** : *Buchführung/Buchhaltung* – **e** : *Contabilidad*

Technique de constatation et d'enregistrement, dans un langage quantitatif homogène, des signes traduisant une activité pour en conserver la mémoire, en exprimer l'évolution et les résultats, et en permettre le contrôle.

La comptabilité constitue un instrument fondamental de la connaissance des phénomènes économiques. Selon les phénomènes traités, la composition des ensembles ou sous-ensembles considérés et les objectifs visés, la comptabilité peut revêtir diverses formes et utiliser des méthodes variables mais elle répond toujours à l'essentiel de la définition générale.
Elle est *une technique,* c'est-à-dire une manière de faire, et non un « art » ou une « science ». Elle *constate* et *enregistre* des signes, c'est-à-dire qu'elle « photographie » objectivement les indices considérés comme significatifs de l'activité, et qu'elle les rassemble sur un « registre » ou ce qui en tient lieu (documents, listings, « mémoires » d'ordinateurs). Elle a besoin, pour regrouper logiquement les signes de réalités diverses, de ramener cette diversité à une unité de *langage* (le langage comptable) fondée sur la notion de *quantité* ou de *chiffrage* (unités d'objets, de marchandises, de valeurs...).
Sa fonction d'enregistrement permet naturellement à la comptabilité de servir de *mémoire,* c'est-à-dire de constituer des documents durables conservant la trace de phénomènes transitoires (l'activité). La consommation des signes permet de dégager des *résultats,* et le rapprochement dans le temps des signes et des résultats dégage l'*évolution* de l'activité prise en compte. Cet ensemble de renseignements objectifs, ainsi regroupés, rend possible le *contrôle* de l'activité et de la gestion, à son double sens d'appréciation de l'opportunité des décisions (politique menée) et de la régularité des opérations (honnêteté des opérateurs).

Évolution et mécanisme de la comptabilité commerciale

L'origine du premier « acte comptable » ne peut naturellement être datée et remonte au premier signe exécuté et conservé par l'homme pour symboliser un acte (exemple : pièces de gibier tuées, matérialisées par une entaille, un nœud, un pieu...). L'évolution des méthodes, en revanche, est jalonnée par les principales étapes suivantes.

La comptabilité simple : C'est-à-dire l'enregistrement chronologique des recettes et dépenses en termes de monnaie : c'est la règle générale dans l'Antiquité et au Moyen Age ; elle se perfectionne progressivement par la diversification des rubriques utilisées (recettes/dépenses, puis denrées, objets, salaires, etc.).
Elle est encore utilisée pour des activités élémentaires (comptabilité de la ménagère...).

La comptabilité en partie double : Elle apparaît à partir de 1200-1250 en Italie, puis dans le reste de l'Europe. De nouveaux besoins se font sentir. En effet :
1) Il faut prendre en compte non seulement les recettes et les dépenses mais aussi les opérations de *crédit, qui se développent, et intégrer ainsi en comptabilité la notion de *créance et de *dette ; c'est-à-dire de patrimoine. 2) Cette nouvelle catégorie d'opérations entraîne à son tour la nécessité de tenir des comptes par personnes avec lesquelles on est en relation d'affaires, c'est-à-dire des correspondants ou tiers : la colonne *doit enregistre ce que le tiers doit, la colonne *avoir ce qu'on lui doit (comptes « alla Veneziana »). 3) Les transferts de dettes et de créances entre les tiers, devenus usuels, entraînent la passation de *deux écritures* de sens contraire dans chacun de leurs comptes retraçant les créances et les dettes de chacun vis-à-vis du commerçant qui tient sa comptabilité. En revanche, le remboursement de la dette fait intervenir deux écritures de même sens au compte du tiers (avoir ou crédit) et au compte caisse du commerçant (recette ou crédit). 4) Pour éviter cette anomalie, on est alors convenu d'*inverser* les signes du compte caisse (ou compte de règlement) et d'inscrire en *crédit les dépenses et en *débit les recettes. 5) La fécondité de la découverte de cette méthode homogène conduit à généraliser le principe aux diverses *valeurs* ou éléments de patrimoine possédés, et à traiter les diverses rubriques du patrimoine comme des comptes de tiers. Exemple : lorsque l'entreprise achète une matière, la dépense se traduit par un *crédit* du compte caisse, balancé par un *débit* du compte matières qui est ainsi débité des entrées de valeurs. De même, lorsqu'un tiers reçoit de l'argent de l'entreprise cela lui crée une dette ou diminue sa créance. 6) Pour compléter l'ensemble ainsi constitué, il faut pouvoir procéder dans tous les cas à l'*ajustement des divers comptes mis en œuvre. Or les quantités de matières qui sortent des comptes de valeurs peuvent être affectées de *prix différents* de leurs prix d'entrée. La prise en compte de ces différences (en plus ou en moins) entraîne alors la création du compte de *profits et pertes, qui fonctionne « à l'endroit » (débit pour les pertes, crédit pour les profits).
Ces étapes successives de constitution de la comptabilité en partie double se déroulent sur une centaine d'années (« livre des Massari », Gênes 1340). Elles servent à en expliquer les principes et le mécanisme : enregistrer toutes les valeurs constituant le patrimoine d'une entreprise dans des comptes obéissant à des règles homogènes et parmi lesquels ceux des tiers doivent pouvoir être lus sans difficulté par les intéressés (c'est-à-dire avec débit pour dettes et crédit pour créances).

Compléments et perfectionnements : Ils permettent des analyses plus fines.

• La *comptabilité matières* enregistre les mouvements d'objets et de marchandises détenus en magasin en prenant en compte l'unité matérielle et non la valeur (comptabilité en *deniers). La comptabilité des *stocks opère une fonction analogue, mais en valeur.

• Les mouvements liés à l'activité courante, ainsi que ceux résultant d'opérations accidentelles ou exceptionnelles, sont retracés dans le **Compte de résultat* (Plan comptable de 1982, anciens comptes d'*exploitation générale et de *pertes et profits).

• Afin de rendre compte de variations de valeurs qui ne donnent lieu à aucun décaissement immédiat mais qui traduisent des charges réelles ou probables pour l'entreprise, les risques et les **amortissements* (dépréciations) sont comptabilisés et donnent lieu à des dotations ou **provisions* destinées à les couvrir. On notera qu'il existe à cet égard une norme internationale, facultative, et depuis 1995 une norme américaine, très stricte, qui tend à s'imposer aux grandes sociétés internationales.

• Les relevés des comptes donnent lieu à l'établissement de **balances* qui confrontent les débits, les crédits et les *soldes significatifs des résultats comptables.

• La balance finale, qui rend compte de l'ensemble des résultats exprimés en termes de créances ou de dettes, est le **bilan,* divisé en *actif (à gauche) et en *passif (à droite). Le bilan comme les balances intègrent les soldes (c'est-à-dire des différences) dans une égalité générale (exemple : le solde d'exploitation).

• Afin de mieux analyser les composantes de l'activité de l'entreprise, et notamment ses *coûts, une « comptabilité analytique d'exploitation » est mise en œuvre aujourd'hui. Cette comptabilité utilise les éléments de la comptabilité générale mais est distincte et indépendante de celle-ci. Les charges et les produits n'y sont plus classés par nature mais par objets, matières ou produits. Aussi dit-on parfois que cette comptabilité « réfléchit » la comptabilité générale.

• Les éléments caractéristiques du compte de résultat et du bilan peuvent être rapprochés pour fonder une appréciation de la structure et de l'évolution de l'entreprise plus nuancée que celle qui résultait traditionnellement de la considération des *bénéfices ou du *chiffre d'affaires. Ces confrontations et rapprochements donnent lieu à l'établissement de *coefficients et de *ratios.

La comptabilité utilise des moyens et des méthodes harmonisés ou normalisés :

• *Des moyens :* l'unité élémentaire de la comptabilité, « l'écriture », est regroupée avec d'autres sous une unité logique de base, le « compte » ou « classe d'unité de valeurs ». Ces écritures et ces comptes sont rassemblés dans les documents dont les principaux sont :

– le *« grand-livre »* qui regroupe tous les comptes (comptes de patrimoine et comptes de profits et pertes regroupés logiquement, chaque compte du patrimoine correspondant à une rubrique homogène : marchandises, créances, etc.) ;

– le *« *journal »* qui, comme l'indique son nom, enregistre au jour le jour et dans l'ordre chronologique toutes les opérations de recettes et de dépenses et toutes les opérations de débit et de crédit des comptes du grand-livre ;
– compte tenu de l'énormité du contenu du journal, celui-ci est transformé en « *journal centralisateur* » ou « journal général », résumant les écritures réparties, pour des raisons de commodité, en journaux « *divisionnaires* » ou « spécialisés » qui réunissent chacun un nombre entier de comptes du grand-livre ;
– on notera que ces termes ne désignent plus forcément, bien entendu, des « livres » ou des « registres » mais des ensembles de documents qui sont aujourd'hui produits par la mécanographie et l'informatique en partie ou en totalité.

• *Des méthodes :* un effort international de normalisation des méthodes comptables a été mené depuis le début du XXe siècle, pour assurer l'homogénéité des présentations et permettre leur comparaison et leur regroupement : « standards » comptables imposés aux services publics américains par la Federal Trade Commission en 1906, congrès international de comptabilité à Barcelone en 1929, unification internationale des comptabilités d'assurances en 1939, plans comptables (modèle de présentation des comptabilités) adoptés depuis par divers pays. En France, le *plan comptable de 1947* (révisé en 1957) a été immédiatement imposé aux entreprises publiques ou semi-publiques et peu à peu étendu à toutes les sociétés d'une certaine importance (loi du 28 décembre 1959). En 1978, la « IVe directive » des Communautés européennes a recommandé aux États membres l'adoption d'harmonisations complémentaires de leurs plans comptables. D'où, en France, le *plan comptable révisé de 1982* (PCR) dont l'application est devenue obligatoire à partir de l'exercice 1984.

Aux termes de ce plan de 1982, le classement des comptes est le suivant :

– *Les comptes de bilan* (immatriculés de 1 à 5) sont tous les comptes dont les soldes figurent au bilan, c'est-à-dire les comptes de *patrimoine, de *capital et de *réserves, ainsi que les comptes de tiers et comptes financiers.
Classe 1 : comptes de capitaux. Ex. : *capital et *réserves (10), *report à nouveau (11), *provisions pour risques et charges (15)...
Classe 2 : comptes d'*immobilisations. Ex. : immobilisations incorporelles (20), immobilisations corporelles (21)...
Classe 3 : comptes de *stocks et d'encours. Ex. : stock approvisonnements (31/32), stocks de produits (35)...
Classe 4 : comptes de tiers. Ex. : fournisseurs (40), clients (41), personnel (42), État et autres collectivités publiques (44)...
Classe 5 : comptes financiers. Ex. : valeurs mobilières de placement (50), banques, établissements financiers et assimilés (51), caisse (53)...

– *Les comptes de gestion* (6 et 7).
Classe 6 : comptes de charges. Ex. : *achats et variations des stocks (60), impôts, taxes et versements assimilés (63), charges exceptionnelles (67)...
Classe 7 : comptes de produits. Ex. : ventes de produits fabriqués, prestations de services, marchandises (70), produits exceptionnels (77)...
– *Les comptes spéciaux* (8). Ex. : engagements hors bilan (80), biens et prestations de services échangés entre établissements (charges 86, produits 87)...
– *Les comptes analytiques d'exploitation* (9). Ex. : comptes réfléchis (90), stocks (94)...

Classement des comptes dans le plan comptable de 1957 (rappel) :
– *Les comptes de bilan* (immatriculés de 1 à 5) sont tous les comptes dont les soldes figurent au bilan (sauf profits et pertes), c'est-à-dire les comptes de patrimoine, de *capital et de *réserves, et de tiers.
Classe 1 : comptes de *capitaux permanents. Ex. : *capital social (10), *réserves (11), *report à nouveau (12), *provisions pour risques (15)...
Classe 2 : comptes de valeurs immobilisées. Ex. : *frais d'établissement (20), *immobilisations (21 à 24)...
Classe 3 : *comptes de stocks. Ex. : marchandises (30), produits finis (35)...
Classe 4 : comptes de tiers. Ex. : fournisseurs (40), clients (41), personnel (42), État (43)...
Classe 5 : comptes financiers. Ex. : emprunts à moins d'un an (50), chèques et coupons à encaisser (54), avoirs en banque ou en CCP (56), en caisse (57), etc.
– *Les comptes de gestion* (6 et 7).
Classe 6 : charges par nature. Ex. : *achats (60), frais de personnel (61), impôts et taxes (62)...
Classe 7 : produits par nature. Ex. : ventes de marchandises et de produits finis (70), produits financiers (77)...
– *Les comptes de résultats* (8). Ex. : *exploitation générale (80), *pertes et profits (87), *bilan (89).
– *Les comptes analytiques d'exploitation* (9). Ex. : comptes des *coûts et prix de revient (93), comptes d'inventaire permanent (94)...

Applications de la comptabilité

La comptabilité de type commercial : Elle permet, grâce à l'image qu'elle donne de l'entreprise, à la direction générale d'en vérifier l'évolution, au banquier d'en apprécier la solvabilité et aux actionnaires d'en contrôler la gestion (*voir* Commissaire aux comptes).

La *comptabilité publique : C'est la comptabilité des opérations de l'État et des collectivités publiques — établissements publics, départements, communes... (voir ci-après).

La *comptabilité nationale : Elle fait l'analyse et la synthèse des *opérations effectuées par l'ensemble des *agents économiques agissant dans l'espace national y compris celles réalisées avec l'*extérieur pour éclairer les décisions des autorités chargées de la politique économique (voir ci-après).

Comptabilité nationale

a : *Social accounting (R.-U.)/National accounting (É.-U.)* – **d** : *Volkswirtschaftliche Gesamtrechnung* – **e** : *Contabilidad nacional*

Système comptable permettant une représentation quantitative simplifiée de l'économie.

On dit aussi parfois : comptabilité économique.

Historique

C'est à 1758, avec le *Tableau économique* de Quesnay, qu'il faut remonter pour trouver le premier essai visant à présenter une vue d'ensemble des faits économiques. Après cette tentative isolée et partielle, plus d'un siècle et demi s'est écoulé avant que la comptabilité nationale ne se formalise et n'acquière vraiment droit de cité. Son développement, à partir de la fin de la Première Guerre mondiale, s'explique par la conjonction de plusieurs facteurs : progrès de la science et des équipements statistiques ; naissance et développement de la planification ; influence des théories de Keynes, qui ont fourni le soubassement théorique du schéma comptable dans les systèmes occidentaux ; d'une façon générale, développement des besoins de représentations globales, liés à l'extension des prérogatives de la puissance publique, gardienne de l'ordre économique, puis responsable de l'expansion.

Les divers systèmes

Actuellement, la plupart des États disposent d'un système de comptabilité nationale. Dans ce domaine, le rôle des institutions internationales ou des pays leaders a été déterminant pour limiter la diversification des systèmes en usage. On peut regrouper ceux-ci en quelques catégories.

• Le système soviétique et ses variantes, appliqué dans les pays socialistes.

• L'ancien système français du SEEF (Service des études économiques et financières, devenu depuis 1965 la Direction de la prévision) en usage en France jusqu'en 1976, et sous une forme adaptée en Afrique francophone, au Maghreb, et dans quelques autres pays (Égypte, Cuba).

• Le système normalisé de comptabilité (SNC) établi sous les auspices de l'ONU, appliqué avec des variantes dans les autres pays et dans les organisations internationales. Ce système a fait l'objet d'une vaste procédure de révision, qui a abouti en 1968.

• La Communauté économique européenne a élaboré un *système européen de comptabilité nationale (SEC), inspiré à la fois par le système français et le SNC révisé. Son application doit permettre l'établissement de comptes homogènes au sein de la Communauté. Sa variante française, le *système élargi de comptabilité nationale, est le système en vigueur dans notre pays depuis 1976.

Caractéristiques communes

Derrière la variété des systèmes de comptabilité nationale en usage, certains traits communs se dégagent.

• La comptabilité nationale, au stade actuel de son développement, n'est généralement pas établie en termes de bilan. Elle ne décrit pas la situation à un moment donné, mais les variations de cette situation entre deux intervalles de temps, durée du plan, année civile, ou même trimestre. Autrement dit, c'est une comptabilité de *flux et non de patrimoine. Le système européen et sa variante française définissent cependant des cadres comptables qui doivent permettre d'établir aussi désormais des comptes de patrimoine.

• Si l'on excepte les *balances matières des pays socialistes, les systèmes de comptabilité nationale enregistrent les opérations économiques en termes monétaires. Le nouveau système français fait cependant place à des recensements de grandeurs physiques notamment dans les *comptes satellites.

• Sur le plan technique, la comptabilité nationale est une comptabilité en partie simple où chaque opération donne lieu cependant à deux écritures, mais dans la mesure où elle intéresse deux agents différents (exemple : salaires en emploi du compte d'exploitation des entreprises et en ressources du compte d'affectation des ménages).

• Tous les systèmes sont fondés sur l'utilisation d'*agrégats plus ou moins emboîtés regroupant les opérations et les agents économiques. La représentation simplifiée du réseau des opérations économiques reliant chaque catégorie d'agents à toutes les autres utilise le plus souvent la technique des *comptes-écrans.

• La comptabilité nationale mesure les faits économiques dans un espace privilégié, délimité par des frontières précises : c'est très généralement le territoire national. Cela commence à être aussi la région.

• La comptabilité nationale sert non seulement de cadre à la description des faits passés, mais aussi de base de prévisions de l'avenir. Son objectif principal est en effet d'éclairer les pouvoirs publics sur la politique économique à suivre, qu'il s'agisse de l'avenir à court terme, dans le cadre des *budgets économiques, ou de l'horizon à moyen terme dans le cadre des *plans.

Limites

C'est en fonction même de cet objectif que la comptabilité nationale, au stade actuel de son développement, présente certaines insuffisances qui limitent la portée de sa contribution à l'analyse des faits économiques et à l'orientation de la politique des pouvoirs publics : les principales de ces insuffisances peuvent être résumées comme suit.

• Si les systèmes actuels de comptabilité nationale fournissent un cadre utile pour les projections physiques de la production, ils conviennent moins bien à la planification en valeur.

• Relativement pauvres en données sur les revenus, ils se prêtent assez mal à une analyse synthétique des relations production-prix-revenus-investissements au niveau des centres de décision.

• Encore trop centrés sur les phénomènes d'économie marchande malgré les progrès récents, les systèmes actuels rendent mal compte des services collectifs, des nuisances, des avantages collectifs.

• Les systèmes actuels livrent de l'économie des images statiques trop agrégées pour permettre une analyse précise des structures.

• Conçus dans une optique macro-économique à un niveau d'agrégation élevé, les systèmes de comptabilité nationale fournissent un meilleur cadre pour l'étude des aspects généraux de la politique économique que pour l'orientation des décisions d'intervention publique dans des domaines spécifiques (logement, santé, recherche).

On notera cependant que, par rapport à ces insuffisances, le nouveau système français (*SECN) introduit, au moins au niveau des cadres conceptuels, des progrès certains.

Comptabilité nationale française

Mis au point après la Seconde Guerre mondiale, le système de comptabilité nationale française a été modifié en 1976, dans le cadre des dispositions d'harmonisation prises à l'échelon de la Communauté économique européenne. Le *système élargi de comptabilité nationale comprend un système central, des *systèmes intermédiaires permettant le passage entre le cadre comptable central et les comptabilités particulières, et des *comptes satellites regroupant à côté des grandeurs de la comptabilité nationale d'autres données quantitatives.

Le système central qui constitue la variante française du système européen se caractérise par les points suivants :

• C'est une comptabilité qui, comme l'ancienne, retrace des flux, mais comporte aussi des cadres comptables spécifiques permettant de bâtir des *comptes de patrimoine. En tant que comptabilité de flux, elle décrit des phénomènes relevant de l'*économie non marchande, dans la mesure où ils peuvent être appréhendés.

• Par voie de conséquence, et à la différence de l'ancien système, cette comptabilité nationale n'est plus seulement fondée sur une analyse restrictive de la production ; elle reconnaît aussi la qualité de producteur aux administrations et aux institutions financières tant pour leurs activités marchandes que non marchandes. Au concept de *production intérieure brute fait place celui, plus large, de *produit intérieur brut.

• Au concept ancien d'*agent économique défini à partir de l'exercice d'une fonction principale (pour les entreprises, produire, par exemple) fait place celui d'*unité institutionnelle (les unités étant regroupées en *secteurs) fondé sur la conjonction d'une unité de patrimoine et d'un centre autonome de décision dans l'exercice d'une fonction principale. Ainsi les opérations des entrepreneurs individuels sont retracées désormais dans le compte des ménages, leur comportement en tant qu'entrepreneurs n'étant pas considéré comme autonome par rapport à leur comportement domestique.

Au regroupement ancien en six grandes catégories d'agents (entreprises non financières, ménages, institutions financières, administrations, étranger et POM) fait place une agrégation en sept *secteurs institutionnels : sociétés et quasi-sociétés non financières, institutions de crédit, entreprises d'assurance, administrations publiques, administrations privées, ménages, reste du monde.

• La sphère de l'économie nationale n'est plus fondée sur le critère de la présence sur le territoire métropolitain, mais sur celui de la résidence sur le territoire économique (qui comprend les enclaves à l'extérieur — ambassades françaises, par exemple —, mais exclut les enclaves extra-territoriales en France : ambassades, organismes internationaux).

• Les règles de comptabilisation sont quelque peu modifiées : l'ancienne séquence (*comptes de production, d'exploitation, d'affectation, de capital et financier) est allongée par l'éclatement du compte d'affectation en un compte de revenu et un compte d'utilisation du revenu. Le traitement de certaines opérations est modifié (taxe sur la valeur ajoutée, par exemple : le produit intérieur est ainsi calculé hors taxes déductibles). S'agissant des opérations financières, la *distribution est distinguée du *refinancement. Enfin, les opérations des administrations font l'objet d'une ventilation fonctionnelle.

• Le système central de comptabilité nationale présente un ensemble de comptes intégrés et emboîtés les uns dans les autres, constituant en quelque sorte une pyramide homogène. Dans leur décontraction usuelle, les *opérations sont agrégées en 214 catégories (biens et services : 45 ; opérations de répartition : 94 ; opérations financières : 39 ; soldes et agrégats : 36) et les secteurs institutionnels en 71 catégories (sociétés et quasi-sociétés : 14 ; ménages : 26 ; administrations : 5 ; institutions financières : 7 ; sociétés d'assurances : 10 ; reste du monde : 9). Des niveaux successifs d'agrégation sont ménagés pour synthétiser les comptes : ainsi les *tableaux des entrées-sorties peuvent-ils être établis en 90, 40, ou 16 *branches.

Comptabilité publique

a : *Public accounting* – **d** : *Öffentliche Buchführung* – **e** : *Contabilidad pública*

Ensemble des procédures gouvernant l'exécution financière et la constatation des opérations de l'État et des autres collectivités publiques.

Les règles en ont été en France définies sous la Restauration (ordonnance du 14 septembre 1822) et codifiées par un décret du 31 mai 1862 ; modifié et complété par de nombreux textes, il a été remplacé cent ans après par le décret du 29 décembre 1962 qui traduit l'évolution intervenue dans la conception de la comptabilité publique.
Le décret de 1862 partait du souci du contrôle de caisse et se fondait sur une notion de deniers publics qui conduisait à définir le régime et les responsabilités des fonctionnaires autorisés à les manier.
Le développement des opérations qui n'entraînent pas de mouvements de numéraire, les transformations survenues dans les conditions d'exécution des dépenses et le souci d'en assurer le contrôle dès le stade de leur engagement ont conduit à mettre l'accent sur les positions respectives des *ordonnateurs et des comptables : c'est ce qu'ont fait les décrets du 9 août et du 30 septembre 1953 ; ce dernier établit que « les règles de la comptabilité publique ont pour objet de déterminer les obligations et les responsabilités des ordonnateurs des dépenses publiques, des ordonnateurs des recettes publiques et des comptables publics ».

Les principaux caractères de la comptabilité publique sont en France :

• L'existence d'un réseau de comptables publics hiérarchisés placés sous l'autorité du ministre des Finances, chargés de l'exécution effective des opérations et de la présentation des comptes correspondants : à l'étranger il est fait plus largement appel au concours du système bancaire pour l'exécution des recettes et des dépenses budgétaires.

• L'unité du système dans un but d'économie dans la gestion de la trésorerie et de meilleur contrôle : les comptables extérieurs du Trésor sont chargés de l'exécution des budgets des collectivités locales. Cependant, le recouvrement des contributions indirectes, des droits de douane et des droits d'enregistrement est assuré par des réseaux comptables distincts appartenant aux régies fiscales intéressées.

• La séparation des ordonnateurs et des comptables, qui entraîne incompatibilité entre ces deux fonctions.

• Le contrôle du comptable sur l'ordonnateur quant à la régularité des opérations de recette et de dépense dont il prend en charge l'exécution, en vue d'assurer le respect des dispositions budgétaires.

• Le contrôle juridictionnel des comptables assuré par la *Cour des comptes qui, à travers les comptes, juge la gestion des comptables : ceux-ci sont personnellement et pécuniairement responsables de la conservation des fonds et des valeurs, du fonctionnement des comptes de disponibilités, de la justification de leurs opérations, de l'encaissement des recettes, de la régularité des dépenses et de l'exécution des paiements correspondants.

C'est par ce statut propre des comptables garantissant leur indépendance au sein de l'administration et par l'organisation des contrôles et des descriptions comptables en fonction des prévisions impératives des budgets, que les règles de la comptabilité publique diffèrent des règles de la comptabilité privée dont les principes tendent à dégager *a posteriori* les résultats d'exploitation, l'évolution du patrimoine, les prix de revient.

Les orientations nouvelles de la comptabilité publique comportent :

• accélération et simplification de la constatation des opérations et de la production des résultats grâce à l'application de la mécanisation au niveau des divers services ;

• rapprochement avec les techniques de la comptabilité privée : en dehors de la comptabilité d'exécution du budget, il importe de disposer d'une comptabilité patrimoniale et d'une comptabilité de prix de revient : c'est chez les collectivités locales, dans leurs services productifs de recettes et dans les établissements publics que les techniques nouvelles peuvent être tout d'abord mises en œuvre ;

• effort pour que les résultats comptables traduisent non seulement les conditions d'exécution des budgets mais aussi celles du plan, en particulier par mise en œuvre d'une comptabilité d'exécution des tranches régionales par l'État et les collectivités locales, et puissent être intégrés dans les comptes de la nation ;

• application de principes comptables adaptés aux besoins du secteur périphérique qui s'est développé notamment pour échapper aux contraintes de la comptabilité publique.

La Direction de la comptabilité publique : C'est une administration centrale appartenant au ministère des Finances : elle est chargée de définir les règles applicables aux opérations des collectivités publiques, de centraliser les comptes de l'État et d'administrer les services extérieurs du Trésor sur lesquels elle a autorité directe. Créée en 1827 (elle fut Direction de la comptabilité générale jusqu'en 1863), elle était alors également chargée de la préparation du budget ; c'est en 1929 qu'elle a trouvé sa forme actuelle.

Comptant (opération au)

a : *Spot transaction* – **d** : *Kassageschäft/Komptantgeschäft* – **e** : *Operación al contado*

Opération comportant un règlement immédiat du prix de l'objet acquis.

• *En matière industrielle et commerciale,* l'achat au comptant s'oppose à l'achat à crédit ou à *tempérament pour lesquels le paiement du prix est différé ou échelonné.

• *Sur le *marché des changes* et des marchandises (*voir* Bourse de commerce), l'opération au comptant comporte une livraison des *devises ou des marchandises immédiate ou à très bref délai (par opposition à l'achat à *terme).

• *A la *bourse* des valeurs : la même opposition se retrouve sur le marché des *valeurs mobilières. Le mécanisme est le suivant : les opérations au comptant sont des opérations comportant un règlement et une livraison des titres immédiats ou à très bref délai.

Les ordres de bourse au comptant :

– Ils désignent avec précision la *valeur à négocier* telle qu'elle figure à la *cote : dénomination du titre et éventuellement série, catégorie (au porteur ou en *SICOVAM, etc.) : *actions de capital ou de *jouissance, ordinaires ou privilégiées, anciennes ou nouvelles, actions ou *parts ; taux, année d'émission et jouissance des *obligations ; droits d'attribution ou de souscription, numéro du *coupon représentatif du droit.

– Ils indiquent le *cours* auquel la négociation doit être réalisée. 1) L'ordre *au mieux* ne comporte pas d'indication de cours. Il est exécuté dès sa réception, généralement « au premier cours ». 2) L'ordre « au premier cours » est exécuté au 1er cours coté ou, s'il parvient pendant la bourse, seulement si le cours est aussi avantageux que le 1er cours coté (à la différence de l'ordre au mieux qui est exécuté dès réception), généralement « au premier cours ». 3) L'ordre à cours limité est un cours maximal (pour un achat), minimal (pour une vente). Il n'est exécuté que si le cours est conforme aux limites fixées par l'opérateur. 4) L'ordre à cours limité avec mention *stop* (*stop loss :* limitez la perte) : dès que le cours limite (fixé par l'opérateur) est atteint, l'opération est exécutée.

Ils peuvent être assortis de mentions particulières : Mention *tout ou rien :* l'opérateur veut voir son ordre exécuté pour sa totalité, sinon il préfère s'abstenir (cas où la contrepartie intégrale n'est pas trouvée sur le marché). Mention *comptant ou terme :* l'opérateur demande qu'on exécute l'ordre à celui des cours des deux marchés (terme ou comptant) le plus avantageux pour lui. Mention *N... titres par bourse :* l'opérateur fixe le nombre de titres sur lesquels doit porter l'opération *(maximum N..., minimum N...),* compte tenu du volume des titres traités sur le marché. Mention *N... titres en N... bourses :* l'opérateur fixe une date pour l'accomplissement de l'ordre, celui-ci pouvant être exécuté en plusieurs fois selon les dispositions du marché. Mention *à soigner :* même formule que ci-dessus, mais où l'opérateur laisse à l'intermédiaire le *soin* d'exécuter l'ordre dans les conditions les plus avantageuses.

Ordres liés : l'opérateur lie un ordre d'achat et un ordre de vente à exécuter dans la même séance, en fixant éventuellement l'écart (bénéfice ou perte) accepté entre le cours d'achat et le cours de vente. *Ordre d'abord et ensuite :* l'opérateur lie également les ordres, mais subordonne l'un à l'exécution de l'autre. *Ordre employer en... :* l'opérateur fixe une somme (frais compris ou frais non compris) à consacrer à la négociation de titres dont le nombre n'est pas précisé. Seule l'enveloppe globale de l'opération est fixée.

Les ordres ne sont valables que pour une durée limitée : Généralement, les ordres au comptant sont valables un mois et tombent après la dernière bourse du mois, sauf :

– lorsque le délai de validité est précisé (un jour, une semaine...) ;

– lorsqu'il s'agit d'ordres au « 1er cours » (valables pour la 1re séance de bourse qui les suit immédiatement) ;

– lorsque les ordres concernent les droits de souscription (ils ne sont généralement valables que pendant la période de la souscription).

Le schéma précédent recouvre la quasi-totalité des techniques employées pour donner des ordres de bourse au comptant. Il ne suffit pas à rendre compte cependant de l'ensemble des conditions de *réalisation effective* des opérations visées. L'état du marché, ses dispositions, son évolution peuvent déterminer, bien entendu, des modifications diverses. A la Bourse de Paris, les opérations au comptant représentent en moyenne la moitié du total des transactions annuelles (l'autre moitié étant à terme), cette ligne de partage évolue d'ailleurs selon les années, principalement en fonction des perspectives ouvertes par les cours des divers compartiments traités.

Voir Terme.

Compte

a : *Account* – **d** : *Konto* – **e** : *Cuenta*

---

*Comptabilité nationale : Cadre comptable retraçant pour un ensemble d'*unités économiques, dans un intervalle de temps ou à une date donnée, leurs *opérations ou leur situation patrimoniale.*

Compte de flux : *Cadre comptable défini par des ressources et des emplois (ou un passif et un actif) dans lequel sont décrites pour une période donnée (l'année, par exemple) les variations en volume ou en valeur relatives à un ou plusieurs types d'*opérations d'un ou de plusieurs *secteurs institutionnels, et des *branches.*

Les comptes de flux d'une période donnée retracent ainsi la création des biens et services et leur affectation, la formation, la répartition et l'emploi

COMPTES DES SECTEURS INSTITUTIONNELS

Emplois	**Ressources**
COMPTE DE PRODUCTION	
Consommation intermédiaire Valeur ajoutée brute	Production
COMPTE D'EXPLOITATION	
Rémunération des salariés Impôts liés à la production (hors TVA) Excédent brut d'exploitation	Valeur ajoutée brute Subventions d'exploitation (reçues)
COMPTE DE REVENU	
Subventions d'exploitation (versées) Revenus de la propriété et de l'entreprise (intérêts, dividendes... versés) Opérations d'assurance-dommages Autres transferts courants (impôts sur le revenu, cotisations sociales, prestations sociales... versées) Revenu brut disponible	Excédent brut d'exploitation Rémunération des salariés Impôts liés à la production et à l'importation (reçus) Revenus de la propriété et de l'entreprise (intérêts, dividendes... reçus) Opérations d'assurance-dommages Autres transferts courants (impôts sur le revenu, cotisations sociales, prestations sociales... reçus)
COMPTE D'UTILISATION DU REVENU	
Consommation finale Épargne brute	Revenu brut disponible
COMPTE DE CAPITAL	
Formation brute de capital fixe Variation des stocks Acquisitions nettes de terrains et d'actifs incorporels Transferts en capital (versés) Capacité en (+) ou besoin (—) de financement	Épargne brute Transferts en capital (aides à l'investissement, impôts en capital... reçus)

COMPTE FINANCIER

Flux nets de créances		**Flux nets de dettes**
	Moyens de paiements internationaux Monnaie et dépôts non monétaires Bons négociables, obligations, actions et autres participations Crédits Réserves techniques d'assurance	
	Solde des créances et dettes	

Source : *Économie et Statistique,* n° 75, février 1976.

du revenu, les variations des créances et dettes des diverses unités composant l'économie nationale.
On distingue en France, dans le système en vigueur depuis 1976, six types de compte.

Le compte de production : Il retrace la décomposition de la production de biens et services du secteur institutionnel (ou des *branches) entre les *consommations intermédiaires et la *valeur ajoutée brute.

Le compte d'exploitation : Établi par secteur institutionnel et par branche, il décrit les opérations de répartition primaire de la valeur ajoutée liées aux activités courantes de production. La valeur ajoutée brute (ressources) correspond à des emplois comprenant des salaires bruts, cotisations sociales des employeurs, intérêts, impôts indirects... Le solde constitue le *résultat brut d'exploitation.

Le compte de revenu : Il retrace par secteur et sous-secteur la formation du revenu disponible ; aux opérations de répartition primaire des revenus (excédent d'exploitation, rémunération des salariés) s'ajoutent algébriquement les flux de revenus de la propriété, puis les opérations de redistribution (impôts, certaines subventions, cotisations et prestations sociales) ainsi que les opérations d'assurance. Le solde est constitué par le revenu disponible.
Par rapport à l'ancien système, on doit relever quelques modifications de concept ou de traitement : la notion de rémunération des salariés est envisagée dans un sens large, elle comprend l'ensemble des cotisations sociales, y compris celles qui sont à la charge des employeurs ; le traitement des opérations d'*assurance est modifié ; l'activité des entreprises d'assurance est assimilée à une production de services au profit des assurés. Si aucune opération d'assurance-vie n'apparaît dans le compte de revenu, celui-ci retrace les indemnités d'assurance-dommage et les primes nettes de ces indemnités. Enfin, la taxe à la valeur ajoutée est imputée dans le nouveau système aux utilisateurs des biens et services qui la supportent.

Le compte d'utilisation du revenu : Ce compte qui n'a pratiquement de sens que pour les ménages retrace à partir du revenu disponible l'arbitrage entre la *consommation finale et l'épargne.

Le compte de capital : Il décrit la structure que l'agent a donnée à la variation de son patrimoine. L'épargne et les transferts en capital (ressources) servent à financer la formation brute de *capital fixe, les variations de stocks, les acquisitions d'immobilisations et les transferts en capital. Le solde représente, s'il est excédentaire, la capacité de *financement de l'agent, s'il est déficitaire, son *besoin de financement.

Le compte financier : Il retrace les variations des créances et des dettes de l'agent considéré.

Compte de patrimoine : *Cadre comptable décrivant les relations entre les évaluations successives du patrimoine des *unités économiques.*

Les comptes de patrimoine, tels qu'ils sont définis conceptuellement dans le système de comptabilité nationale, se présentent sous la forme d'un bilan dont l'actif enregistre la valeur des biens — et des créances — dont l'unité (ou l'ensemble d'unités) est propriétaire — ou détentrice —, et le passif des dettes qu'elle a contractées. Le solde entre la valeur de l'actif et du passif constitue la valeur nette du patrimoine.

Voir Comptabilité nationale (qui utilise diverses sortes de comptes, selon leur degré de détail).

Compte chèques, compte de dépôts, compte en banque

a : *Current account (R.-U.)/Checking account (É-U.)* – **d** : *Scheck-konto* – **e** : *Cuenta de cheque*

Voir Compte courant, Dépôt.

Compte consolidé

a : *Consolidated account* – **d** : *Konsolidiertes Konto* – **e** : *Cuenta consolidada*

Comptabilité nationale, comptabilité commerciale : Compte retraçant l'activité de plusieurs agents, en annulant les opérations qu'ils effectuent entre eux.

Voir Comptes complémentaires, Comptes développés, Comptes simplifiés.

Compte courant

a : *Current account* – **d** : *Kontokorrent* – **e** : *Cuenta corriente*

Contrat passé entre deux parties qui effectuent entre elles des opérations de règlements, et disposant que toutes ces opérations, en débit comme en crédit, seront confondues au sein d'un même compte durant un certain délai.

Le compte courant peut lier deux particuliers qui sont en relation d'affaires suivies. Le terme est cependant généralement employé pour désigner une méthode de liaison comptable entre un client et son banquier. Le compte courant concerne essentiellement des *dépôts qui représentent le disponible ou l'insuffisance sur le fonds de roulement d'un commerçant ou d'une société, à la différence du compte chèques. Il revêt un double caractère :

– en tant que compte, il fonctionne selon les mécanismes généraux du compte bancaire ;

– en tant que contrat, il régit les rapports du client et du banquier selon des règles propres, différentes du compte chèques ordinaire.

Le fonctionnement du compte

C'est le mécanisme général de fonctionnement du compte bancaire.

***Crédits ou *débits** : Ce sont les opérations qui affectent le compte. Les *crédits* correspondent à des recettes pour le client. Ils peuvent provenir de versements directs au guichet ou de versements effectués par la banque pour le compte de son client : produits de ventes de titres, encaissements d'effets de commerce, virements bancaires au profit du client... Les *débits* correspondent à des dépenses pour le client : retraits au guichet, achats de titres, souscriptions, règlement d'effets échus, virements au profit d'un tiers...

Le solde : C'est la différence entre les débits et les crédits, créditeur lorsque les crédits l'emportent sur les débits, débiteur dans le cas inverse. Le compte dont le solde est débiteur est dit « à découvert », le *découvert étant le montant du solde débiteur (dans le 1er cas, le compte traduit un *dépôt du titulaire du compte, dans le 2e cas, un prêt du banquier).

Un *journal : Il reçoit au fur et à mesure l'inscription des débits et des crédits. Le service de la comptabilité reporte ensuite toutes ces écritures au compte du client et calcule, d'après le solde, les intérêts débiteurs ou créditeurs du compte.

Une tenue des comptes en position : Elle peut compléter cette tenue des comptes. Par comparaison avec les finances publiques, on peut dire que les comptes de position correspondent à la comptabilité des *engagements, les comptes de comptabilité à la comptabilité des règlements. La « position » permet au banquier de distinguer à tout moment le « disponible » (liquide) du « différé » (à terme).

Un relevé de compte : Il est envoyé périodiquement au client qui peut le rapprocher de sa propre comptabilité. Un arrêté de compte est établi toutes les fois qu'un événement important affecte le client (opposition par un tiers sur le solde du compte, *faillite, etc.). Cet arrêté ne fait pas cesser le fonctionnement du compte, mais en fait ressortir le solde global.

La clôture du compte : C'est un arrêté définitif du compte. Le solde créditeur final donne lieu à versement de fonds par la banque, le solde débiteur éventuel à versement par le client.

Le régime du compte courant

Le contrat de compte courant régit les rapports entre le client et le banquier. Ils se matérialisent par les « remises », c'est-à-dire les opérations par lesquelles des choses évaluables en argent sont transmises de l'un à l'autre (du « remettant » au « récepteur »). Il ressort du régime du compte courant plusieurs points caractéristiques.
Les « *remises* » (créances et dettes) passées au compte deviennent de simples articles de ce compte. Cela a pour effet de détacher de chaque créance ou dette les garanties individuelles dont elle pouvait être assortie et, éventuellement, de les couvrir par une garantie générale affectée au compte.
Aucune des opérations du compte *ne peut être distinguée de l'ensemble* et faire l'objet de poursuites particulières. Exemple : une saisie-arrêt faite en cours d'exercice par un créancier du client ne peut s'appliquer au solde provisoire du compte mais seulement au solde de clôture, car le solde seul exprime une créance ou une dette.
La faculté consentie par le banquier au titulaire d'un compte courant de rendre celui-ci débiteur (dans les limites convenues) comporte paiement d'**intérêts,* car cette faculté s'analyse comme un prêt (c'est un découvert en compte courant).
Le compte courant dure jusqu'au terme préalablement fixé par les deux parties et aucune ne peut généralement y mettre fin de manière unilatérale. Toutefois, la mort du client, ou sa « mort commerciale » (*faillite, liquidation, interdiction...), entraîne en principe la clôture du compte. A la clôture, la créance ou la dette nettes sont calculées ainsi que les intérêts. Toutefois, la créance ou la dette du banquier et du client n'apparaissent qu'après dénouement de toutes les opérations en cours au moment où la clôture a été décidée.

Utilité du compte courant

La pratique du compte courant permet une *grande souplesse* aux relations entre les commerçants et les banques. Les comptes courants ne traduisent pas entre les parties de simples rapports de déposant à dépositaire ou de caissier à gestionnaire mais de véritables relations d'affaires. Ils sont fréquemment les véhicules d'avances à court terme confondues dans le compte (avances en compte courant, *voir* Découvert) et consenties par le banquier.
C'est pourquoi le banquier demande à tout client qui désire l'ouverture d'un compte courant la signature d'une « lettre de commercialisation » par laquelle il s'engage. Lorsqu'un effet remis par un client (et donc passé

à son crédit) se révèle impayé à l'échéance, le banquier ne recourt pas contre le signataire (avec les risques de procédure, de faillite...) mais *contrepasse* l'écriture, c'est-à-dire qu'il annule le premier crédit et « efface » la remise. Le fait que les effets soient ainsi réunis « sauf encaissement » ou « sauf bonne fin » (SBF) évite au banquier de couvrir les risques de son client.
Le compte courant est la règle dans les professions industrielles et commerciales en raison de la souplesse qu'il permet et il représente traditionnellement *près de la moitié des dépôts à vue dans les banques.*
Au niveau des *emplois à court terme des établissements bancaires, les avances ou découverts en comptes courants débiteurs représentent environ un quart du total, contre les trois quarts pour les *escomptes.

Compte de réconciliation

*Comptabilité nationale : Compte faisant ressortir les différences entre le patrimoine d'ouverture et le patrimoine de clôture d'une *unité économique ou d'un groupe d'unités, qui sont étrangères aux opérations de *flux.*

Ces différences peuvent résulter de la consommation de *capital fixe, de plus ou moins-values en capital virtuelles ou réalisées (dans ce cas, on parle de réévaluation), de modifications enfin dans la structure des *unités, des *secteurs institutionnels, dans la classification des actifs et des passifs (dans ce cas, on parle d'*ajustement).

Compte d'opérations

*Compte ouvert dans les écritures du Trésor français pour recevoir en dépôt les avoirs extérieurs de certains instituts d'émission de la *zone franc et pour retracer éventuellement les avances faites par le *Trésor français à ces instituts.*

• Techniquement, ces comptes fonctionnent de la manière suivante :
– L'institut d'émission s'engage à conserver en francs français la totalité de ses avoirs extérieurs, quelle que soit leur origine, et à les déposer au compte d'opérations ; il n'est fait exception à cette règle que pour les disponibilités nécessaires à la trésorerie courante, qui restent à des comptes bancaires et dont le montant est quotidiennement nivelé, et pour certaines créances sur des institutions internationales (souscriptions au *FMI pour le compte des États, bons de la *BIRD).

– En contrepartie, le Trésor français accepte que ce compte puisse devenir débiteur sans limitation ni accord préalable : ainsi, lorsque ses avoirs extérieurs sont épuisés, l'institut peut obtenir automatiquement du Trésor français les avances en francs nécessaires à l'exécution des règlements qu'il a à effectuer.
On notera que :
– lorsqu'ils sont créditeurs, ces comptes sont rémunérés par référence au taux d'escompte de la Banque de France, avec un plancher de 2,5 % ; depuis quelques années une rémunération complémentaire, liée aux taux du marché monétaire, leur est également servie ;
– lorsqu'ils sont débiteurs, ils portent intérêt au profit du Trésor français à un taux fixé également par référence au taux d'escompte de la Banque de France.
Les opérations qui donnent lieu aux versements et aux tirages des instituts d'émission sur le compte sont effectuées à l'initiative :
– des banques qui ont à effectuer des transferts à destination ou en provenance des pays appartenant à la zone d'émission de l'institut ;
– du Trésor français qui effectue des transferts analogues à destination ou en provenance de ses comptables ;
– et pour une fraction infime, de l'institut lui-même, pour le règlement de ses dépenses administratives.
Conformément aux accords conclus avec les pays dont l'institut est doté d'un compte d'opérations, les transferts à destination ou en provenance de la France ne sont soumis à aucune limitation ; ceux qui sont destinés à l'acquisition ou qui résultent de la cession de devises étrangères sur le marché de Paris sont régis par la réglementation des changes commune à la France et à ces pays, et par les décisions des offices nationaux des changes.

• Le système des comptes d'opérations est donc l'instrument technique qui permet le maintien de la liberté des transferts prévue par les accords précités. Il assure la *convertibilité entre les monnaies émises par de tels instituts et le franc français et, par l'intermédiaire de celui-ci et sous réserve de la réglementation des changes, la convertibilité entre ces monnaies et les devises étrangères. Il libère les pays intéressés du souci d'équilibrer leur *balance des paiements.
En raison tant de la gestion prudente des instituts d'émission que de l'existence même du système, qui justifie la confiance des détenteurs des monnaies émises par les instituts, les comptes d'opérations sont rarement débiteurs.
Les instituts d'émission ayant conclu une convention de compte d'opérations avec le Trésor français sont : la Banque centrale des États de l'Afrique de l'Ouest, la Banque centrale des États de l'Afrique équatoriale et du Cameroun, la Banque centrale du Mali, l'Institut d'émission malgache (jusqu'en 1973).

Le même système s'applique dans les relations entre le Trésor et :
- l'Institut d'émission des départements d'outre-mer ;
- l'Institut d'émission d'outre-mer (compétent pour les territoires du Pacifique) ;
- la Banque de Madagascar et des Comores (qui détient le privilège d'émission aux Comores) ;
- la Caisse centrale de coopération économique (en sa qualité d'institut d'émission de Saint-Pierre-et-Miquelon).

Compte-écran

*Comptabilité nationale : Compte d'opérations permettant d'établir une représentation simplifiée des liaisons entre les *secteurs institutionnels, en dressant une sorte d'écran entre eux.*

Soit, par exemple, une opération 0 (vente de biens) qui met en jeu trois secteurs vendeurs (ou receveurs) et trois secteurs acheteurs (ou verseurs). Si l'on veut faire apparaître distinctement les liaisons caractérisées par leur sens, par le secteur vendeur (ou receveur) et par le secteur acquéreur (ou verseur), on obtiendra un schéma comptable avec neuf liaisons (et donc neuf enregistrements comptables).

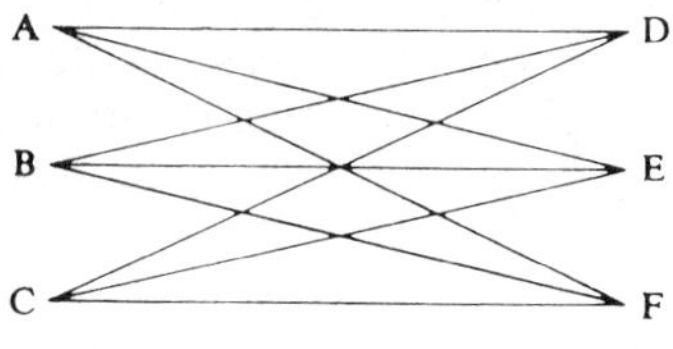

L'intervention d'un compte d'opération 0 va permettre de réduire le nombre de liaisons en traitant de la même façon, par exemple, toutes celles où A est fournisseur (ou receveur), même lorsque plusieurs secteurs sont acheteurs (ou verseurs).

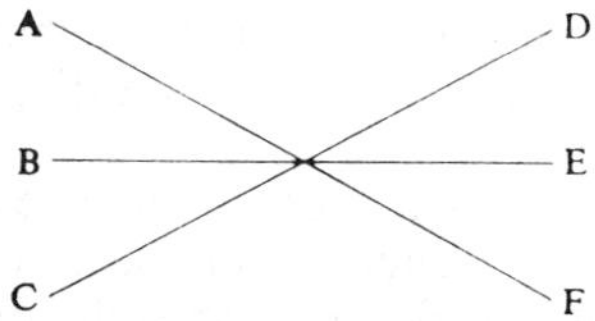

Au cas particulier, on aura seulement six liaisons et donc six enregistrements comptables. On voit qu'avec ce système le nombre des liaisons croît en proportion du nombre de secteurs (et non plus du carré de ce nombre).
La technique des comptes-écrans a donc pour principal intérêt de réduire le nombre des écritures comptables en supprimant l'enregistrement des liaisons directes entre les secteurs.
Le système français de *comptabilité nationale est fondé largement sur l'utilisation de comptes-écrans.

EXEMPLE DE COMPTE-ÉCRAN
IMPÔTS COURANTS SUR LE REVENU ET LE PATRIMOINE

Emplois							**Total**	**Ressources**[1]	
Stés et entrep. indiv.	Instit. de crédit	Organ. d'assu-rance	Admin. publ.	Admin. privées	Ménages	Reste du monde		Admin. publ. centrales	Admin. publ. locales
62 353	24 829	3 027	2 188	310	232 252	390	**325 349**	276 649	45 700

1. Millions de francs.
Source : INSEE. *Rapport sur les comptes de la nation,* 1982.

Compte intermédiaire

Voir Système intermédiaire.

Compte satellite

Comptabilité nationale : Cadre comptable d'information synthétique sur les domaines d'action des pouvoirs publics.

La création au sein du *système élargi de comptabilité nationale de comptes dits « satellites » répond au besoin de mieux analyser certains domaines d'intervention de la puissance publique, au-delà des données globales et partielles qu'enregistre à cet égard le système central de comptabilité nationale. Il s'agit en effet de rassembler des données quantifiées qui permettent, dans des domaines tels que la santé, l'éducation, la recherche, le logement... d'appréhender les liaisons entre objectifs, moyens et résultats. S'agissant de données dont une partie est exprimée en termes monétaires mais une autre en termes physiques, il est possible à partir des concepts globaux de la comptabilité nationale de définir des cadres et nomenclatures détaillés, adaptés au domaine considéré, permettant de rassembler une information plus riche, en l'accordant au but recherché qui est, à cet égard, autant sinon plus l'étude et l'appréciation des politiques conduites que l'observation comptable des faits.

C'est à cet objectif que visent à répondre les comptes satellites qui comprennent divers cadres rassemblant des informations exprimées tant en termes physiques que monétaires autorisant une analyse détaillée et orientée relative aux opérations, aux agents, aux résultats... intéressant le domaine considéré. A titre d'exemple, le compte satellite de la santé comprend une analyse détaillée de la demande de soins sociaux par catégorie socioprofessionnelle et aussi selon une ventilation spécifique suivant le mode de couverture des risques, le profil sanitaire, les types de maladie... Réalisés déjà pour ce qui concerne la protection sociale, dans le cadre d'ailleurs international des travaux de l'Office statistique des Communautés européennes, les comptes satellites sont en cours de mise au point pour la santé, l'éducation, la recherche, le logement, l'action culturelle et l'environnement.

Comptes complémentaires

*Comptabilité nationale : Comptes précisant de façon plus détaillée les flux retracés dans les *comptes développés.*

Ils peuvent être établis et publiés annuellement (tableau détaillé des *opérations financières, tableaux permettant de passer du concept « intérieur » au concept « résident ») ou selon une périodicité plus irrégulière (*tableaux d'échanges interindustriels, comptes des entreprises par *secteur, comptes des ménages par catégorie *socioprofessionnelle).

Comptes de la nation

a : *National accounts (É.-U.)/Social accounts (R.-U.)* – **d** : *Volkswirtschaftskonten* – **e** : *Cuentas nacionales*

*Comptes présentés en annexe au projet de *loi de finances de l'année, présentant les données chiffrées de l'activité économique nationale au cours des années précédentes.*

Voir Comptabilité nationale.

Comptes développés

a : *Developed accounts* – **d** : *Entwickelten Konten* – **e** : *Cuentas desarrolladas*

---

*Comptabilité nationale : Comptes détaillés des agents et des opérations, par opposition aux *comptes simplifiés, qui sont synthétisés dans le *tableau économique d'ensemble.*

Comptes simplifiés

a : *Simplified accounts* – **d** : *Einfachen Konten* – **e** : *Cuentas simplificadas*

Comptabilité nationale : Comptes d'agents et d'opérations sous la forme la plus agrégée de leur présentation.

L'ensemble des comptes simplifiés est synthétisé dans le *tableau économique d'ensemble.

Comptes spéciaux du Trésor

a : *Special Treasury accounts* – **d** : *Sonderkonten der Staatskasse* – **e** : *Cuentas de orden y especiales*

---

*Comptes ouverts dans les écritures du *Trésor pour retracer les opérations de recettes et de dépenses des services de l'État faites en exécution de la loi de finances, mais hors du *budget.*

• L'*extension* des interventions financières de l'État et les circonstances, depuis 1914, ont multiplié le nombre et le volume des opérations réalisées hors du cadre budgétaire et en infraction avec les principes traditionnels d'universalité budgétaire et de non-affectation des recettes publiques : l'urgence ou la nature particulière des opérations ont conduit à les inscrire dans les comptes dits « spéciaux » par opposition aux comptes de trésorerie ordinaires ouverts normalement dans la comptabilité publique pour enregistrer les mouvements des disponibilités, la position des tiers, les opérations d'ordre et les opérations internes.
Ce développement s'est fait en marge du droit budgétaire : chaque compte était géré en fonction du texte qui l'instituait, mais la réglementation apparaissait insuffisante. Leurs résultats, qui alourdissaient considérablement les charges de la trésorerie, n'apparaissaient pas clairement et des

déficits étaient reportés indéfiniment. Le contrôle du ministre des Finances n'était pas organisé et celui du Parlement n'était pas assuré.

• Un effort de *remise en ordre,* après des tentatives infructueuses d'unification de leur statut depuis 1921, a été entrepris en 1948 (loi du 6 janvier 1948). Cette remise en ordre a comporté :

– la réduction de leur nombre, ramené de 400 à 80 environ : liquidation de ceux dont la raison d'être a disparu, réintégration des recettes et dépenses au budget général dans toute la mesure du possible (ainsi des dépenses d'investissements). Désormais, un compte spécial du Trésor ne peut plus être ouvert que par la loi de finances. Il est en principe interdit d'y porter des dépenses de rémunérations ;

– l'application des règles budgétaires normales à la prévision, l'autorisation et l'exécution des opérations de ces comptes sous réserve de dispositions particulières sont définies par un texte général et sont communes aux comptes d'une même catégorie : elles comportent limitation des charges (dépenses brutes ou charges nettes des recettes) : les résultats sont incorporés dans la loi de finances de chaque année, bien que leur solde fasse l'objet d'un report dans la comptabilité publique pour exprimer la continuité de leurs opérations.

Cette procédure permet de dégager des équilibres partiels ou provisoires et de suivre l'apurement d'opérations temporaires, sans recourir à la création de services distincts (budgets annexes sans personnalité civile et établissements publics). En 1995, on dénombrait 42 comptes spéciaux.

• L'ordonnance 59-2 du 2 janvier 1959 portant loi organique relative aux lois de finances définit *six catégories de comptes spéciaux,* avec les règles générales de leur fonctionnement. On peut, en fait, les grouper ainsi :

• Les *comptes d'*affectation spéciale (16)* retracent des opérations de dépenses, par nature identiques aux dépenses budgétaires, mais financées au moyen de ressources particulières en application d'une loi de finances. Ceci entraîne un assouplissement et une restriction par rapport aux crédits budgétaires : les prévisions de dépenses ont la forme de crédits limitatifs, mais un arrêté du ministre des Finances suffit à majorer ceux-ci dans la limite de l'excédent de recettes qui peut apparaître en cours d'année. Les dépenses engagées ne peuvent excéder le total des recettes, sauf pendant les trois premiers mois de la création du compte. Ces comptes concernent notamment des dépenses financées sur taxes parafiscales (Fonds forestier national, Fonds de soutien aux hydrocarbures, Fonds spécial d'investissement routier) ; on y trouve encore le service financier de la Loterie nationale.

Les recettes affectées peuvent être complétées par une subvention du budget général, mais dans une limite fixée à 20 % des prévisions de dépenses totales.

Les opérations de ces comptes comprennent des dépenses ordinaires, des dépenses en capital, exceptionnellement des opérations de caractère temporaire (prêts du Fonds forestier national).

• Les *comptes de commerce (11)* retracent des opérations de caractère industriel et commercial effectuées par les services de l'État à titre accessoire : seul leur solde, bénéficiaire ou déficitaire, a une incidence sur les résultats du budget ; mais le décalage entre recettes et dépenses peut peser sur la trésorerie. Aussi la loi de finances fixe-t-elle pour chacun d'eux un découvert de caractère limitatif ; les prévisions de dépenses ne peuvent avoir qu'un caractère estimatif.

On y trouve des organismes d'achat ou de fabrication pour le compte de divers services (groupement d'achat de matériels de l'Éducation nationale ; fonds d'approvisionnement du service des constructions navales ou de la direction technique de l'air ; subsistances militaires ; opérations commerciales des domaines...), des opérations de compensation sur produits ou services (assurances contre risques exceptionnels), des fonds de régularisation des cours (marché des oléagineux fluides alimentaires).

Le Fonds national d'aménagement foncier et d'urbanisme (FNAFU), bien qu'institué pour l'octroi d'avances aux collectivités locales ou à leurs concessionnaires, a été inscrit dans cette catégorie parce que ces avances doivent être remboursées sur le produit d'opérations commerciales de rétrocession de terrains après leur aménagement.

• Les *comptes monétaires* décrivent certaines opérations résultant des relations monétaires internationales. La loi de finances ne comporte pas, en ce qui les concerne, une prévision des recettes et des dépenses, mais fixe pour chacun d'eux un découvert de caractère limitatif : ils sont de deux catégories :

– les *comptes de règlement avec les gouvernements étrangers (2)* qui retracent des opérations faites en application d'accords internationaux approuvés par la loi (exemples : contributions des nations signataires du Pacte atlantique au financement de diverses dépenses d'intérêt militaire : consolidation des dettes commerciales de pays étrangers) ;

– les *comptes d'opérations monétaires diverses (4) :* tels les pertes et bénéfices de change, les opérations avec le Fonds monétaire international.

• Les *comptes d'avances (5)* et les *comptes de prêts (4)* enregistrent les opérations de caractère temporaire faites par le Trésor dans la limite des crédits ouverts par la loi de finances. Les crédits de paiement sont indépendants des remboursements qui s'imputent aux mêmes comptes.

Ces deux catégories de comptes se distinguent par la durée des crédits :

– les *avances* ne peuvent être accordées que pour une durée de deux ans éventuellement renouvelée une seule fois : elles vont à certains services autonomes, ou budgets annexes, aux collectivités locales, à la Sécurité sociale ;

– les *prêts* sont d'une durée supérieure à quatre ans ; certains d'entre eux sont le résultat de la *consolidation d'avances. Le principal compte de prêts est le *Fonds de développement économique et social (FDES).
En fonction de leur nature, les opérations des comptes spéciaux du Trésor apparaissent dans les documents budgétaires, soit en recettes et dépenses, soit pour leur solde : elles figurent *au-dessus de la ligne lorsqu'il s'agit d'opérations définitives, c'est-à-dire pour la majeure partie des comptes d'affectation spéciale.

Comptoir des entrepreneurs

Établissement financier spécialisé dans les financements immobiliers.

Le Comptoir des entrepreneurs peut accorder ses concours aux promoteurs et acquéreurs de logements et de locaux à usage professionnel. Il intervient tant dans le financement de la promotion immobilière que dans celui des prêts aux particuliers. Par ailleurs, il assure, pendant toute leur durée, la gestion des prêts aidés pour l'accession à la propriété consentis par le Crédit foncier de France dans le secteur groupé (intervention d'un promoteur) hors HLM.
Pour le financement de ses prêts, le Comptoir des entrepreneurs a recours essentiellement au marché hypothécaire — soit sur le compartiment classique, soit auprès de la Caisse de refinancement hypothécaire —, à des emprunts obligataires, et au marché monétaire.

Concentration

a : *Concentration* – **d** : *Konzentration* – **e** : *Concentración*

*Au sens général : Réunion de facteurs de *production autour d'un *centre.*

• *Concentration géographique : Tendance des entreprises à s'établir et à se développer dans des lieux où se trouvent déjà d'autres entreprises.*
Le mouvement de concentration géographique des entreprises a été jusqu'à une période relativement récente un phénomène inhérent au processus de développement industriel ; la recherche d'un taux de rentabilité élevé, donc d'une diminution des coûts, conduisait en effet à rechercher une localisation :
– proche des facteurs de production : matières premières, sources d'énergie, demi-produits fabriqués par des entreprises déjà implantées, main-d'œuvre ;

– favorable du point de vue des débouchés : présence d'un marché de consommation, branchement aisé sur un axe de communication.
Ces facteurs n'ont plus aujourd'hui la même portée : les progrès intervenus sur le plan des transports (en termes techniques de rapidité et de sécurité, et économiques de coût) rendent les entreprises moins tributaires, dans leur localisation, des sources d'énergie et des matières premières, ou même des débouchés.
En outre, le phénomène de concentration urbaine qui a accompagné naturellement celui d'un développement concentré des entreprises industrielles entraîne pour la collectivité des charges (équipements collectifs) et des inconvénients (dépérissement de certaines régions) tels que les gouvernements s'emploient à freiner le processus de concentration géographique, et même à favoriser la *décentralisation industrielle.

• *Concentration économique : Tendance à l'accroissement de la dimension des entreprises.*
Le processus de concentration économique des entreprises paraît largement indépendant, dans son principe, du régime économique et social, dans la mesure où il est lié à la recherche d'une amélioration de la rentabilité par la diminution des coûts, qui conduit naturellement à accroître la capacité de production des entreprises pour obtenir des gains de productivité. Cependant, les formes, les modalités et la finalité du processus peuvent sensiblement varier selon les régimes économiques et sociaux.

Dans les pays à régime capitaliste : Le processus est lié à la recherche du profit maximal, c'est-à-dire de la rentabilité appréciée du strict point de vue des dirigeants de l'entreprise. Il se réalise soit par l'extension propre de l'entreprise, par agrandissement ou multiplication de ses *établissements, soit par *intégration plus ou moins étendue d'autres entreprises (*voir* Participation — prise de, Entente, Fusion). Les entreprises concentrées peuvent revêtir différentes formes : *trusts, *cartels, *konzerns, *holdings, *conglomérats... Dans le domaine agricole, le processus se traduit essentiellement par l'agrandissement des exploitations, réalisé spontanément ou dans le cadre d'une intervention publique (actions de remembrement). La concentration des structures agricoles est d'ailleurs contrariée par les pressions issues des milieux ruraux exercées en faveur de la protection des petites exploitations familiales.
Le processus de concentration, variable selon les secteurs et selon les pays, n'est pas indéfini. Il rencontre d'abord une limite technique : dans un marché donné, la combinaison rationnelle des facteurs de production implique une dimension optimale au-delà de laquelle l'augmentation de la dimension de l'entreprise est génératrice d'une diminution de la

rentabilité, par l'apparition et le développement de phénomènes négatifs (gaspillages, défauts de coordination, alourdissement des structures administratives...). En outre, les gouvernements peuvent être amenés à enrayer ou à limiter le processus de concentration dans la mesure où il s'accompagne naturellement de tendances monopolistiques (*voir* Monopole). La recherche du profit maximal conduit en effet les entreprises à tirer parti du marché, mais aussi, à un certain stade du processus de concentration, à le dominer en réduisant les effets de la concurrence, sinon en l'éliminant. D'où l'existence de législations antitrusts, appliquées d'ailleurs avec plus ou moins de conviction et d'efficacité.

Dans les pays de la sphère capitaliste, le processus de concentration a pris une dimension internationale aboutissant à la constitution de groupes sans frontières dénommés en général aujourd'hui sociétés multinationales : les trusts pétroliers en sont un exemple particulièrement spectaculaire.

Dans les pays à régime socialiste : La concentration des entreprises est liée à la recherche d'une rentabilité optimale du point de vue de la collectivité. Ce principe général a été en fait jusqu'à présent appliqué de façon partielle en raison du primat souvent conféré en pratique à la croissance de la production sur la recherche de la rentabilité (auquel s'ajoutent d'autres raisons objectives : héritage de structures antérieures au changement de régime, coexistence d'un secteur « privé » et d'un secteur collectivisé, difficultés techniques pour apprécier la rentabilité collective), et dans le cadre d'une procédure centralisée (*planification impérative par le haut). L'évolution récente des pays socialistes les conduit progressivement à accorder à la productivité une importance au moins égale à celle de la production et parallèlement à essayer de concilier les objectifs de la planification globale avec l'autonomie de gestion des unités de production.

Dans cette perspective, le processus de concentration des entreprises est appelé à se développer de façon à la fois plus souple et plus systématique, en privilégiant les modalités d'extension spontanée et d'entente technique des unités de production.

On observera que le processus de concentration, dans les pays socialistes, a affecté également parfois le secteur agricole ; c'est le cas notamment de l'URSS où une vaste opération de concentration des *kolkhoz a été entreprise à partir de 1955.

Quel que soit le régime envisagé : Le processus de concentration peut revêtir *deux modalités techniques :*

– concentration horizontale, réunissant des entreprises participant au même stade d'un processus de production donné ;

– concentration verticale, groupant des entreprises intervenant à différents stades du processus de production, ou exerçant des activités différentes mais complémentaires.

Concordat

a : *Composition* – **d** : *Vergleich* – **e** : *Convenio*

Contrat collectif passé sous contrôle de l'autorité judiciaire entre le débiteur et la masse des créanciers dans le cadre d'une procédure de règlement judiciaire et visant à aménager les conditions d'apurement des dettes de l'entreprise sans compromettre les chances de redressement de son exploitation.

Mécanisme

Le règlement judiciaire, en constatant l'état de cessation de paiement d'un débiteur (commerçant, entreprise), vise à rechercher un *règlement* satisfaisant de la situation créée. Le concordat, accord entre le débiteur et ses créanciers, est la première des formules habituellement recherchées. Le concordat implique les opérations suivantes.

• Le débiteur, assisté du syndic, dépose au greffe du tribunal, après établissement de l'état des créances, ses « *offres concordataires* » qui peuvent consister en :
– un engagement de remboursement à terme (demande de délais de paiement ou « concordat d'atermoiement »),
– une demande de remise partielle de la dette,
– une proposition d'abandon d'actif, total ou partiel.

• L'assemblée des créanciers exprime par son vote (à la majorité simple des créanciers votants et des deux tiers du montant total des créances des votants) l'*acceptation de ces offres.* Le concordat doit être alors homologué par le tribunal et cette homologation entraîne *clôture du règlement judiciaire.* Le débiteur revient à la tête de ses affaires et le syndic cesse de l'assister. Le débiteur peut alors reprendre seul l'exploitation et doit remplir les obligations prévues sous peine de voir le tribunal prononcer la résolution du concordat, la reprise de la procédure de règlement ou la conversion du règlement en liquidation des biens.

Voir Règlement judiciaire.

Concordat préventif

L'ordonnance du 23 septembre 1967, tendant à faciliter le redressement économique et financier de certaines entreprises, donne un cadre légal à la procédure jusqu'alors empirique du moratoire en organisant une procédure nouvelle. C'est le « concordat préventif ». Le recours à cette nouvelle institution n'est possible que sous trois conditions :
– l'entreprise doit présenter un intérêt économique évident,
– la situation doit être susceptible de redressement,
– l'intérêt des créanciers ne devra pas être lésé par le recours au concordat préventif. Dans ce cas :

• Saisi par le débiteur ou les créanciers, le tribunal peut prononcer la suspension des poursuites individuelles (à l'exception de celles qui sont effectuées au profit des salariés) et interdire au débiteur le règlement de toute créance née antérieurement à cette décision de suspension.

• Le débiteur doit alors élaborer, avec l'assistance d'un curateur, un plan de redressement économique et financier, assorti d'un plan collectif d'apurement du *passif, dont le délai de réalisation ne peut excéder 3 ans. Le plan doit être homologué par le tribunal. Celui-ci peut subordonner l'homologation au remplacement du ou des dirigeants jugés responsables des difficultés de l'entreprise. Il est ainsi conduit à se préoccuper des aspects économiques et financiers, et des problèmes de gestion, autant que des aspects purement juridiques. Pendant la période d'exécution du plan, le débiteur reste sous contrôle du tribunal qui peut toujours résilier le plan et prononcer le règlement judiciaire ou la liquidation des biens si le débiteur ne remplit pas les obligations prévues.

• Cette procédure est particulièrement intéressante, dans la mesure où elle vise à *remédier aux difficultés de l'entreprise* plus qu'à les sanctionner, et comble une lacune de la législation qui ne prévoyait aucun moyen d'organiser la période précédant la cessation des paiements. Son caractère contractuel est cependant atténué par le faible rôle des créanciers qui n'approuvent pas le plan (comme ils approuvent le concordat classique), mais peuvent seulement intervenir à l'instance d'homologation et interjeter appel de la décision du tribunal.

Concurrence

a : *Competition* – **d** : *Konkurrenz/Wettbewerb* – **e** : *Concurrencia/Competencia*

---

*Situation de référence où s'exerce une confrontation libre, complète et véridique de tous les agents économiques au niveau de l'*offre comme de la *demande de biens et services, de biens de production et de capitaux.*

Autant la notion et le terme de concurrence sont fondamentaux dans une économie de *marché, autant il est difficile d'en donner une définition qui soit à la fois fidèle et réaliste. En effet, la concurrence sur laquelle s'est fondée toute la théorie économique classique repose sur des situations mécanistes et utopiques ; elle a cependant valeur pédagogique. En revanche, la concurrence telle qu'on peut l'observer dans la vie économique moderne fournit plus d'exemples d'exceptions, de déformations ou de pathologies que d'illustrations positives ; mais elle rend compte des réalités économiques.

Théories classiques et modernes

Dès les premiers ouvrages synthétiques sur l'économie, les références implicites ou explicites à la notion de concurrence sont nombreuses sans que la notion soit elle-même définie. *Adam Smith,* par exemple, se borne à dénoncer les *monopoles coloniaux ou le *corporatisme qui étouffent la libre concurrence. *Léon Walras,* en étudiant un « marché parfait » dans une « économie pure », constate que la concurrence est un concept théorique qui permet « l'obtention du maximum d'*utilité dans le maximum de liberté ».
Les économistes modernes ne parlent plus de libre concurrence, mais de concurrence parfaite, imparfaite, monopolistique ou pure selon les cas. *J.E. Meade* définit la concurrence parfaite comme une situation où :

– aucune restriction artificielle n'empêche les facteurs de production à la recherche de la rémunération maximale de passer d'un agent à l'autre ;

– aucune unité isolée agissant comme acheteur ou vendeur ne peut, par son action propre, affecter le prix de l'objet acheté ou vendu. C'est en somme une situation économique de liberté et d'égalité. *Schumpeter* a contesté les avantages présumés de la concurrence idéale en doutant qu'un tel régime — si jamais il existe — puisse avoir un rendement collectif supérieur aux situations dites imparfaites constatées. Enfin, les *néo-libéraux* ont contesté le lien systématique traditionnellement affirmé entre le régime de concurrence et l'absence totale d'intervention (*laissez-passer) dans une économie moderne (Allais).
La pensée économique est ainsi progressivement passée à une *conception très relative et très nuancée* de la concurrence, motivée par l'observation de la vie économique et de son évolution. En fait, la notion de concurrence ne peut être circonscrite qu'à partir de ses conditions et de ses caractères.

Conditions et caractères de la concurrence

La concurrence pure : Premier schéma de référence de la notion de concurrence, elle se définit par trois traits principaux :

– l'*atomicité du marché, qui garantit une certaine égalité de puissance entre les unités économiques ;

– l'homogénéité des produits, qui rend pratiquement indifférent le choix de l'acheteur et assure la *fluidité ;

– la liberté d'entrée dans l'activité productive. Quiconque désire produire ou commercialiser ne se heurte à aucune *entente, aucun *corporatisme, aucun *protectionnisme des agents économiques en place. Cette concurrence est « pure » de tout élément de restriction ou de monopole.

La concurrence parfaite : Elle est caractérisée par ces trois mêmes éléments auxquels s'en ajoutent deux autres :

– la transparence du marché, fondée sur la connaissance complète qu'ont tous les participants au marché de ses composantes et de ses facteurs ;

– la mobilité des facteurs de production d'une industrie à une autre, qui garantit la souplesse d'adaptation du secteur productif aux modifications de structures et de proportions.

Dans ces schémas théoriques de concurrence, la formation du *prix obéit à des mécanismes quasi automatiques : le prix se forme naturellement au point de rencontre de l'offre et de la demande, et constitue la somme du coût et de la recette *marginaux. En longue période, les entreprises font donc des profits « normaux », c'est-à-dire sans *rente économique. En effet, chaque fois que menacent des prix « anormaux », la liberté d'entrée dans l'industrie permet théoriquement d'accroître la production et d'abaisser les prix. Les pouvoirs économiques sont équilibrés, la production est souple, la distribution fluide, la demande rationnelle... Naturellement, ce schéma ne fournit qu'une référence commode qui permet de mettre en lumière des « éléments réducteurs de concurrence ».

Les réducteurs de concurrence : Ils sont de plusieurs ordres dans la réalité.

• La **concentration* économique, la constitution de grandes unités de production, de groupes, de *holdings et l'accroissement de leur taille réduisent en fait le jeu de la concurrence à un nombre restreint de participants (réduction de « l'atomicité »).

• Les *méthodes modernes* de commercialisation, de *distribution et de *publicité recherchent — et obtiennent — une extrême diversification des produits et des besoins qui contredisent l'objectif d'« homogénéité » du marché requis par la concurrence idéale.

• La *liberté d'entrée* dans le secteur productif n'a plus qu'un caractère théorique pour une série de raisons : difficultés à réunir indéfiniment des capitaux à cause des limites de l'*épargne, capacité des entreprises en place à bénéficier de *subventions et aides publiques qui prolongent artificiellement leur présence et rendent le succès des nouvelles entreprises plus difficile, situations de rente économique protectrices, difficulté de rentabiliser immédiatement l'*innovation..., enfin et surtout, existence d'*ententes formelles ou tacites entre les firmes déjà présentes sur le marché.

• Les *éléments de « perfection »* inclus dans les schémas de concurrence pure ou parfaite ne correspondent pas à la réalité de la vie économique. Un tel système supposerait en effet une sorte de passivité générale, chacun étant à l'*optimum, de même que l'économie. Cette situation mettrait immédiatement en danger l'économie tout entière qui perdrait son dynamisme et sa productivité. Les économies socialistes centralisées elles-mêmes, dont le système de planification implique — pour d'autres raisons — une distribution complète des tâches, ont été contraintes de recréer artificiellement une *émulation* économique et de mettre en œuvre diverses *incitations dans ce but.

En fait, aucune situation économique n'est ni pure ni complète, ni la concurrence ni la négation de la concurrence ou *monopole.

La « part de concurrence »

C'est pourquoi on ne peut parler que de degré, de dose ou de *part de concurrence* qu'incluent une situation ou une économie données. Cette part est naturellement toujours inférieure au schéma de référence, mais on constate également que les situations rigides ou protégées fournissent toujours à la concurrence une marge de jeu potentiel.

• Le marché est toujours affecté d'un certain degré de *monopole, *monopsone, *duopole... et autres situations restrictives. La concurrence est donc « *monopolistique* », c'est-à-dire réduite, mais jamais complètement annulée.

• La concurrence s'exercera sur un nombre croissant d'éléments et pas seulement sur les prix : qualité, distribution, image de marque, innovations, *clientèle, etc. ; la publicité permet précisément aussi d'en élargir le terrain au niveau de la consommation.

• La confrontation des entreprises s'exerce en outre sur un grand nombre de points, qui n'ont pas été pris en compte par la théorie classique : méthodes de gestion, politique des salaires, atmosphère sociale à l'intérieur de l'entreprise, capacité profonde d'adaptation et d'*innovation... Tous ces facteurs ont des conséquences très directes sur le résultat et le produit.

• Enfin, dans une économie ouverte, la pression de la concurrence internationale ajoute une catégorie de risques et de chances pour les agents économiques présents dans la collectivité. La capacité aux *exportations, la perméabilité ou la résistance aux importations, la diversité des échanges sont autant d'occasions d'assouplir les situations.

Cette part de concurrence qui résulte de cet ensemble de données d'expérience mesure et traduit l'émulation naturelle entre les agents à la recherche du *profit ou du succès, dont l'action est permise par des institutions économiques suffisamment équitables pour permettre le maintien d'un minimum de « règles du jeu ». Ce maintien n'est possible que par une suffisante vigilance des pouvoirs publics à l'égard des ententes, monopoles, pratiques restrictives et puissances privées ainsi que par l'indépendance des gouvernements et du législateur à l'égard de ces puissances.

Toute cette analyse fait essentiellement référence à une économie de marché de type capitaliste. Mais on notera que le développement récent des économies socialistes s'accompagne d'un recours croissant à des techniques d'émulation ou de concurrence entre les unités économiques. Corrélativement, la *planification s'assouplit pour tirer parti des opportunités offertes par l'économie de marché.

Confiance (intervalle de)

Voir Estimation (théorie de l').

Confirmé (crédit)

Voir Crédit documentaire.

Congé

*Fiscalité : Titre devant accompagner les mouvements de certaines marchandises et attestant que le paiement des *droits a été effectué à l'enlèvement.*

Ce « titre de mouvement » permet l'exercice du contrôle en cours de transport pour certains produits soumis à droit de consommation ou de circulation (boissons, alcools) ou à réglementation économique (céréales). Il accompagne en général les marchandises lorsque les droits ont été payés. C'est-à-dire pour les boissons après sortie des caves des marchands en gros ; il constitue reçu des droits, même lorsque le redevable bénéficie d'un *crédit pour leur règlement.
Contrairement à l'*acquit-à-caution utilisé pour les transports avant le paiement des droits, le transport sous congé ne comporte à l'arrivée ni obligation de déclaration ni formalités de prise en charge ; mais les commerçants doivent être en mesure de justifier par la représentation des congés que les boissons qu'ils détiennent ont donné lieu au paiement des droits.
Les expéditeurs peuvent être autorisés à établir eux-mêmes les titres nécessaires à l'enlèvement, sur les registres d'expéditions qui leur sont remis à cette fin par l'administration. Des facilités supplémentaires sont données aux expéditeurs, avec la possibilité d'utiliser les factures-congés, factures commerciales comportant une vignette et complétées de mentions d'ordre fiscal, et pour les vins celle d'utiliser la capsule-congé.
Dans la législation douanière, le congé est un document, délivré pour un an par le service des douanes du port d'attache, qui doit accompagner tout navire français qui prend la mer et être déposé au bureau de douane durant le séjour dans le port ; il atteste que le navire a satisfait aux obligations de toutes natures, comme l'atteste le passeport pour un navire étranger quittant un port français.

Conglomérat

a : *Conglomerate* – **d** : *Mischkonzern* – **e** : *Conglomerado*

---

*Dans les économies capitalistes, forme nouvelle de la *concentration des entreprises, comportant diversification des activités, réalisée par achats d'autres entreprises suivis de fusion.*

• La croissance des entreprises se réalisait généralement par concentration verticale ou horizontale : elle portait sur une activité unique ou bien s'étendait à des activités complémentaires. Dans les années 1960, les États-Unis ont connu le développement d'opérations d'achat ou fusion tendant à la constitution d'entreprises ou de groupes d'entreprises aux activités diversifiées, sans rapport les unes avec les autres du point de vue industriel ou commercial ; les quatre cinquièmes des concentrations des années récentes concernent des conglomérats ; leur constitution s'est réalisée par la multiplication des offres publiques d'achat (*OPA) et particulièrement des offres d'échange de titres contre des *obligations convertibles. L'International Telephone and Telegraph (ITT), dont le chiffre d'affaires a été multiplié par cinq en dix ans, en constitue l'exemple classique : aux activités traditionnelles du groupe se sont ajoutées une chaîne d'hôtels, une entreprise de location de voitures, la construction de maisons individuelles...

• L'objectif des conglomérats apparaît surtout financier : meilleure rentabilité des capitaux dans la mesure où ils sont moins affectés par les aléas de la conjoncture propre à une branche ; espérance de plus-values lors de la rétrocession d'un des éléments du conglomérat. Mais leur essor paraît lié aussi à l'explosion technologique qui remet en cause rapidement les données d'une activité et au développement des techniques de gestion et d'administration (*marketing, management) qui peuvent trouver une commune application dans les divers éléments du conglomérat et constituent l'instrument moderne de la vassalisation.

• L'instabilité naturelle des conglomérats, leurs objectifs financiers, l'obscurité de leurs comptes et de leurs résultats, où se mélangent des activités sans lien entre elles, la tentation de réaliser des « coups » au détriment de la gestion, l'inquiétude engendrée par le climat d'instabilité tenant au risque permanent d'OPA appellent des réserves à l'égard de cette formule et de son développement excessif ; sur le plan national, l'émission de titres pour régler les acquisitions contribue à l'inflation, et la bourse peut être sérieusement affectée lorsque s'effondrent les illusions données par certains conglomérats. Aussi les autorités compétentes aux États-Unis s'efforcent-elles de les freiner en supprimant les dispositions fiscales qui les ont favorisés et en leur étendant les dispositions de la législation antitrust que la formation de conglomérats avait permis de tourner ; le conglomérat avait été aussi utilisé pour tourner, grâce à la création d'un *holding comprenant une banque (« one bank holding »), la législation bancaire qui interdit aux banques de dépôts l'exercice d'une autre activité.

Conjoncture

a : *Conjoncture* – **d** : *Konjunktur* – **e** : *Coyuntura*

Éléments constitutifs de la situation économique d'un secteur, d'une branche, d'une région ou d'un pays à un moment donné.
Par extension : Technique permettant de recueillir et d'apprécier les divers éléments constitutifs d'une situation globale et d'en tirer des prévisions à court terme.

L'observation et l'étude scientifique des phénomènes économiques ont été d'abord entreprises pour étayer des spéculations théoriques ou pour rationaliser le comportement de certains agents économiques (spéculateurs boursiers notamment).
L'étude de la conjoncture à partir de la Première Guerre mondiale et son développement ininterrompu depuis lors sont liés à la rationalisation progressive de la politique économique et aux exigences de prévision qu'elle implique. La généralisation de la technique des « *budgets économiques » qui visent à prévoir l'ensemble des principales composantes de la vie économique dans le cadre conceptuel de la *comptabilité nationale a fortement contribué à orienter les méthodes d'observation de la conjoncture et les techniques conjoncturelles d'une façon générale.

● En tant qu'ensemble des éléments constitutifs de la situation économique, la conjoncture peut s'analyser à *partir de l'exploitation de matériaux statistiques et d'enquêtes périodiques* portant sur des faits ou des opinions (des chefs d'entreprises par exemple). Cette exploitation se matérialise par la confection de courbes ou d'*indices dont l'évolution fait l'objet d'analyses interprétatives. La validité de ces analyses dépend bien évidemment de la qualité des indicateurs ainsi confectionnés. Mais la principale difficulté d'une bonne exploitation de l'analyse conjoncturelle est en fait liée aux délais nécessaires à l'obtention des indicateurs recherchés. Le développement des techniques de mécanisation de l'information doit permettre de réduire progressivement ces délais et de rapprocher ainsi le fait mesuré ou observé du moment où l'on a à en tirer une signification.

● La conjoncture — dans les deux sens du terme — n'a d'intérêt que dans la mesure où *elle informe* non seulement sur le passé récent ou sur le présent, mais aussi sur l'avenir proche. A cet égard, les techniciens de la prévision procèdent le plus généralement par extrapolation, c'est-à-dire prolongation des tendances observées, en tenant compte, éventuellement, des inflexions périodiques des mouvements conjoncturels qui peuvent avoir été remarqués. La principale difficulté de la prévision, dans ce domaine, est d'éclairer rapidement l'ampleur des retournements conjoncturels, qui sont naturellement au centre des préoccupations des responsables de la politique économique. (*Voir* Indice, Clignotant, Avertisseur.) On notera aussi qu'à partir du moment où la conjoncture est connue, et où la prévision conjoncturelle est elle-même portée à la connaissance des agents économiques, l'évolution réelle de la vie économique peut se trouver affectée par cette connaissance. Il revient précisément à la prévision d'intégrer les modifications de comportement résultant de la diffusion même des informations sur l'évolution conjoncturelle.

• *En France,* l'observation et l'analyse de la conjoncture sont assurées par l'Institut national de la statistique et des études économiques, qui dispose, en dehors de ses services centraux, de directions régionales spécialement équipées à cet effet. En outre, l'INSEE centralise les travaux de conjoncture qui peuvent être effectués par d'autres services administratifs, à vocation spécialisée (directions du ministère de l'Économie et des Finances, du ministère des Affaires sociales...).

Voir Budget économique.

Connaissement

a : *Bill of lading* – **d** : *Konnossement* – **e** : *Conocimiento de embarque*

Document par lequel le capitaine d'un navire reconnaît avoir reçu un chargement et s'engage à le transporter à destination et à le tenir à la disposition de toute personne qui lui présentera ce connaissement.

Ce document qui constitue le titre de propriété d'une cargaison joue un rôle important en matière de transport maritime et pour le jeu du *crédit documentaire. Le connaissement peut également être un contrat de transport fluvial ou aérien. Pour les transports terrestres, les correspondants du connaissement sont la lettre de voiture internationale ou le récépissé postal.

Le connaissement peut être :
– au porteur, cas très rare en raison des risques de perte ou de vol ;
– à personne dénommée, ce qui le rend incessible ;
– à ordre. C'est la formule la plus répandue qui évite à la fois les dangers de la forme au porteur et la rigidité de la forme « à personne dénommée ». Le connaissement peut être transmis par voie d'endossement (dans le cas du crédit documentaire, il est endossé à l'ordre du banquier à qui se trouve ainsi transféré le droit de propriété sur les marchandises).
Il est établi en quatre exemplaires : un pour le vendeur, un pour le capitaine, un pour l'armateur et un pour le destinataire qui sera propriétaire de la marchandise.

Il est accompagné d'une police d'assurance de la cargaison qui, en cas de sinistre ou de perte de cette dernière, permettra à l'acheteur d'être remboursé de tout ou partie de la valeur de la cargaison perdue (en cas de crédit documentaire, le banquier exige cette police endossée à son ordre comme substitut de la créance matérialisée par le connaissement). Divers documents accessoires au connaissement peuvent l'accompagner : liste de colisage pour les expéditions groupées, récépissé d'entrepôt délivré par les magasins étrangers à l'occasion d'une *admission temporaire, reçu de bord...

Delivery order : Le connaissement étant un titre global que ne peut affecter aucune modification présente parfois un obstacle à d'éventuelles transactions portant sur une partie des marchandises qu'il matérialise et pouvant être envisagées avant le débarquement de la cargaison. Aussi le besoin s'est-il fait sentir de disposer d'un document qui soit un « sous-multiple » du connaissement et puisse n'en représenter qu'une fraction. C'est le *delivery order,* lettre émanant du porteur du connaissement et invitant le capitaine du navire à *délivrer* à l'ordre d'une personne désignée une partie déterminée de la marchandise qui fait l'objet du connaissement.

Conseil d'aide économique mutuelle

(CAEM ou encore COMECON)

a : *Council for Mutual Economic Aid (COMECON)* – **d** : *Rat für gegenseitige Wirtschaftshilfe (COMECON/RGW)* – **e** : *Consejo de Ayuda Económica Mutual (CAEM)*

Organisme de coopération d'un certain nombre de pays socialistes de 1949 à 1990. Créé à l'instigation de l'URSS, il comprenait à l'origine six pays : l'URSS, la Pologne, la Tchécoslovaquie, la Roumanie, la Hongrie, la Bulgarie. (En russe : SEV : Sovietskaïa ekonomitcheskaïa vzaïmnopomochtch.)

L'Albanie qui s'est jointe à l'Association dès 1949 s'en est retirée en 1961. Y ont adhéré, depuis la fondation, l'ex-République démocratique allemande (1950), la Mongolie (1952) et Cuba (1972), le Vietnam en 1978. A côté des États membres, on a relevé la présence de pays observateurs (la Mongolie devenue État membre à part entière, et, jusqu'en 1961, la Chine, la Corée du Nord) et d'États associés (l'ex-Yougoslavie, observateur un moment, et associée après 1965, et la Finlande, après 1973). Les objectifs du CAEM, définis par sa charte initiale, étaient d'organiser l'échange des expériences acquises dans le domaine économique, scientifique et technique, et de favoriser le développement des échanges entre les pays membres. En 1960, la révision de la charte a conduit à

préciser ces objectifs en spécifiant que les buts de l'organisation étaient de « contribuer, par l'union des efforts des pays membres du Conseil, au développement planifié de l'économie nationale, à l'accélération du progrès économique et technique de ces pays, à l'élévation du niveau d'industrialisation des pays les moins développés dans ce domaine, à l'accroissement continu de la productivité ainsi qu'à l'élévation du niveau de vie des pays membres ». Implicitement, le développement des échanges est devenu un corollaire de la « division internationale socialiste » du travail, c'est-à-dire de la spécialisation. Les nouveaux statuts publiés en 1975, qui faisaient référence à l'égalisation des niveaux de développement, indiquaient explicitement que la réalisation des objectifs généraux de l'organisation impliquaient un processus d'intégration économique.
Le CAEM n'a pas survécu aux révolutions intervenues dans les années quatre-vingt huit et quatre-vingt dix dans les pays de l'ex-bloc « socialiste », à sa dislocation et à l'orientation des pays de l'Europe de l'Est, de la Baltique et de la Communauté des États indépendants, héritière partielle de l'ex-URSS, vers un régime d'économie de marché libérale.

Conseil de surveillance

a : *Supervisory board* – **d** : *Aufsichtsrat* – **e** : *Consejo de vigilancia*

Organe collectif chargé du contrôle du directoire dans les sociétés anonymes de forme prévue par la loi du 24 juillet 1966.

Le Conseil de surveillance n'a aucun pouvoir de gestion, mais des pouvoirs de contrôle :
– il commente, pour l'assemblée générale, le rapport de gestion du directoire ;
– il donne certaines autorisations (par exemple en matière d'octroi de *cautions, d'*avals et de garanties) ;
– il nomme les membres du directoire, propose éventuellement leur révocation à l'assemblée générale, fixe leur rémunération ;
– il désigne le président du directoire.
Les membres du conseil de surveillance, trois au moins et douze au plus, sont désignés pour six ans par l'assemblée constitutive ou l'assemblée générale ordinaire, et ne peuvent faire partie du directoire.
S'il s'agit d'une société ne faisant pas appel public à l'épargne, ils sont désignés dans les statuts. Ils doivent être choisis parmi les actionnaires, mais peuvent être aussi bien des personnes morales que des personnes physiques. Ils sont rémunérés et responsables de leurs fautes de contrôle dans les mêmes conditions que les *administrateurs des sociétés

anonymes de type traditionnel. Le conseil de surveillance délibère valablement lorsque la majorité au moins de ses membres est présente. Il prend ses décisions à la majorité de ses membres présents ou représentés.

Voir Société.

Conseil des bourses de valeurs

a : *Securities and investment board* – **d** : *Rat für die Wertpapierbörsen* – **e** : *Superintendencia de Bolsas*

Voir Société de bourse.

Conseil national du crédit

a : *National Commission for Credit and Bank Supervision* – **d** : *Kredit- und Bankübenwachungsausschuss* – **e** : *Consejo Nacional del Crédito*

---

*Conseil représentatif des activités économiques, financières et bancaires qui, sous la présidence du ministère de l'Économie, prend par voie de décision les mesures réglementaires qui s'imposent aux banques et contribuent à orienter la politique du *crédit.*

Conseil supérieur du commerce

---

*Conseil chargé d'effectuer des études et de donner des avis aux pouvoirs publics sur la structure et les circuits du *commerce, la formation professionnelle des commerçants et l'éducation du consommateur.*

Consignation (de marchandises)

a : *Consignation* – **d** : *Konsignation* – **e** : *Consignación (de mercancías)*

Dépôt de marchandises, par un fournisseur chez un client, demeurant la propriété du fournisseur.

En règle générale, le client a la responsabilité de la gestion du stock des marchandises qui sont en dépôt chez lui et règle son fournisseur au fur et à mesure qu'il vend lui-même les marchandises.

Consolidation

a : *Consolidation* – **d** : *Konsolidierung* – **e** : *Consolidación*

Accroissement du pouvoir et de l'indépendance d'une personne ou d'une collectivité, ou du crédit dont elle dispose, grâce au développement de ses moyens propres, à la diminution de son endettement ou au recul des échéances qui pèsent sur sa trésorerie en compromettant sa liberté d'action.

Ce terme comporte une utilisation très large en raison de l'image favorable qu'il peut donner d'une mesure, d'une situation. On constate la consolidation d'une *monnaie lorsqu'elle est à l'abri des attaques de la spéculation, lorsqu'elle prend une valeur plus affirmée du fait de l'établissement d'un rapport légal avec un métal précieux (consolidation du franc en 1928 lors du retour à la convertibilité en or).
La présentation ainsi donnée peut dissimuler une situation moins heureuse : la « consolidation du tiers », sous le Directoire, est la confirmation par l'État du tiers de sa dette ; l'annulation du surplus donne à l'opération le caractère de banqueroute.
L'emploi de ce terme prend une signification plus technique en matière de crédit, dans le domaine des finances publiques, et dans le vocabulaire comptable.

Consolidation d'un *crédit

C'est l'opération consistant à remplacer un crédit à court terme par un financement plus stable, un crédit de plus longue durée, voire la transformation d'une avance ou d'une créance en participation au capital.
Il en est ainsi dans le domaine des prêts du Trésor : les avances du Trésor ne peuvent après renouvellement dépasser une durée de quatre ans ; celles qui n'ont pu être remboursées dans ce délai peuvent être consolidées, c'est-à-dire transportées dans une autre catégorie de comptes spéciaux du Trésor, celle des comptes de prêts.
La consolidation des crédits peut être prévue dès l'origine : ainsi en est-il en matière de prêts spéciaux à la construction consolidables, institués par la loi du 21 juillet 1950. Un financement de type bancaire ayant couvert la phase de construction doit être remplacé, dans la limite d'une durée totale de vingt ans, par un prêt hypothécaire du Crédit foncier que cet établissement s'est engagé dès l'origine à attribuer, au plus tard à l'expiration de la période du moyen terme. La consolidation est ici le fait d'un prêteur juridiquement différent du premier.
Pour assurer le financement de ces opérations de consolidation, la Caisse de consolidation et de mobilisation des crédits à moyen terme (CACOM) a été instituée par la loi du 30 décembre 1957 et le décret du 28 janvier 1958 : elle vient compléter les ressources que se procure directement par voie d'emprunt le Crédit foncier en lui consentant des avances à

la hauteur des engagements de consolidation auxquels il doit faire face. Les ressources de cette Caisse gérée par la *Caisse des dépôts sont constituées d'emprunts (notamment auprès de la Caisse des dépôts), de la contrevaleur d'emprunts extérieurs contractés par le Trésor (en 1958) et de prêts du Trésor inscrits dans un compte spécial du Trésor.

Consolidation de la dette publique

En matière de finances publiques, la consolidation est la transformation d'une partie de la dette en une autre dette comportant une échéance plus éloignée en vue d'éliminer les dangers que des demandes de remboursement massives font peser sur le Trésor et sur la monnaie. Elle intéresse donc particulièrement la *dette flottante : faute de ressources suffisantes pour son remboursement, le Trésor s'efforce d'allonger la durée des bons lors de leur renouvellement et de transformer directement ou non les bons à court terme en titres d'emprunts amortissables ou en rentes perpétuelles. La consolidation étant complète dans ce dernier cas, puisque le remboursement dépend de l'emprunteur seul, on parle de « fonds consolidés ». La gestion des bons de la Défense nationale confiée en 1926 à la Caisse autonome d'amortissement fournit l'exemple d'une consolidation progressive utilisant diverses techniques grâce au retour de la confiance :

– émission de rentes ou d'obligations à la souscription desquelles sont admis les bons ; le produit des souscriptions en numéraire a pu, d'autre part, être affecté au remboursement de bons non renouvelés ;

– allongement de la durée des bons en circulation par création de bons à deux ans et suppression progressive des souscriptions de bons à plus courte échéance de telle sorte que les bons à trois mois et moins avaient tous disparu en avril 1927 et que tous les bons étaient à échéance de deux ans en juin 1928. En trois ans, le montant des bons de la Défense nationale en circulation était ramené de 49 à 28 milliards.

Plus récemment, la suppression des bons à intérêt progressif, dont l'émission a cessé en 1964, et la création de bons du Trésor à 3 ou 5 ans ont marqué un effort de consolidation de la dette flottante, par élimination des bons dont le remboursement pouvait être demandé dès la fin du troisième mois suivant leur souscription.

En Grande-Bretagne, la consolidation est un acte législatif par lequel certaines catégories de dépenses sont rendues indépendantes de la discussion budgétaire annuelle : il en est ainsi de la liste civile de la Couronne, des traitements des magistrats, des pensions et surtout des intérêts et fonds d'amortissement de la dette publique : les « consolidated fund services », ou chapitres de dépenses consolidées, s'opposent aux « supply services » dont la dotation est remise en cause lors du vote de chaque budget.

Consolidation d'un compte ou d'un bilan

Le compte consolidé d'un groupe d'entreprises ou d'un ensemble d'agents décrit leur activité et leur patrimoine en annulant les opérations qu'ils effectuent entre eux. Ainsi, dans la comptabilité nationale, les comptes distincts des divers groupes d'administrations (État, collectivités locales, organismes semi-publics, Sécurité sociale, administrations privées, administrations étrangères) peuvent être regroupés en un compte consolidé des administrations d'où sont exclus les mouvements entre ces administrations et notamment les subventions qu'elles se sont consenties.
Dans un groupe d'entreprises où s'exerce une direction commune, peuvent être établis un bilan consolidé d'où sont éliminés les avoirs et les dettes (capital, prêts à long terme, avances) des unes sur les autres, et un compte d'exploitation consolidé d'où sont exclus les échanges de biens et services à l'intérieur du groupe.
Sur le plan fiscal, la consolidation des bilans en vue de la détermination des résultats imposables, largement admise à l'étranger, n'est reconnue en France qu'à titre expérimental, depuis la loi du 12 janvier 1965 portant réforme de l'imposition des entreprises (art. 22) : le régime du bénéfice consolidé permet aux sociétés spécialement agréées d'ajouter, à leur bénéfice et aux bénéfices de leurs établissements étrangers, la part leur revenant dans les bénéfices de leurs filiales françaises et étrangères ; il assure une compensation des profits et des pertes et par ces modalités peut réaliser la suppression de doubles taxations résiduelles, la réduction de l'assiette fiscale et l'élargissement des distributions en franchise de précompte.

Consommaction

a : *Consumerism* – **d** : *Konsumerismus* – **e** : *Consumerismo*

Action des consommateurs, notamment au moyen d'associations et d'organisations, en vue de faire prendre leurs points de vue en considération par les pouvoirs publics et par les professionnels.

On a proposé également, pour la traduction du mot anglais : « consommatisme ». Cette notion doit se distinguer de celle de *consommatique* qui désigne les études et recherches en matière de consommation.

Consommateur

a : *Consumer* – **d** : *Konsument/Verbraucher* – **e** : *Consumidor*

Celui qui consomme, c'est-à-dire qui emploie un bien ou service pour satisfaire un besoin.
*En comptabilité nationale : *Unité(s) économique(s) considérée(s) en tant qu'elle(s) se livre(nt) à une opération de consommation.*

Tous les agents ont naturellement une activité de consommation. Mais un agrégat particulier regroupe les agents individuels et les groupes dont la fonction principale est précisément de consommer : ce sont les ménages.

Consommation

a : *Consumption* – **d** : *Konsum* – **e** : *Consumo*

*Emploi d'un bien ou service à la satisfaction d'un *besoin, impliquant la destruction de ce bien ou de ce service.*

Consommation finale

Comptabilité nationale : Valeur des biens et services utilisés à la satisfaction directe des besoins individuels et collectifs.

En pratique, la comptabilité nationale ne tient pas compte de l'usure et assimile l'acquisition à la consommation. Elle n'enregistre pas, par voie de conséquence, les échanges de biens d'occasion, considérés comme détruits lors de leur première acquisition.
Dans les comptes français, la consommation finale (ou consommation) est la somme de la consommation finale des ménages, des administrations, des institutions de crédit et des entreprises d'assurance.

Consommation intermédiaire

*Comptabilité nationale : Valeur des biens, autres que de *capital fixe et des services marchands consommés pour une période donnée dans le processus de production.*

Ainsi la consommation intermédiaire d'un bien ou d'un service aboutit soit à son incorporation dans des produits plus élaborés, soit à sa destruction au cours du processus de production. De même, la consommation intermédiaire d'un agent producteur est mesurée par la valeur des biens détruits par cet agent au cours de la période, dans le cadre de son activité productrice. Elle exclut donc l'usure et la dépréciation de l'équipement durable. La consommation intermédiaire s'oppose à la consommation finale par sa destination (production et non satisfaction directe d'un besoin).

Consommation (crédit à la)

a : *Consumer credit* – **d** : *Konsumkredit* – **e** : *Crédito al consumo*

**Crédit consenti aux particuliers acquéreurs des biens de consommation pour leur permettre de régler au comptant le prix de ces biens.*

Voir Tempérament.

Consommatique

a : *Consumer research* – **d** : *Konsumforschung* – **e** : *Consumática*

Champ d'investigation économique intéressant les études et recherches en matière de consommation.

Voir Consommaction, Consumerism *et* Consommation.

Consortium bancaire (crédit consortial)

a : *Consortium* – **d** : *Bankenkonsortium/Syndikat* – **e** : *Consorcio bancario*

---

*Groupement non institutionnel de *banques qui se partagent la réalisation d'un crédit au profit d'une opération ou d'un client déterminés.*

On emploie plus souvent le terme de « pool bancaire » pour qualifier le groupement, mais les crédits ainsi partagés sont appelés crédits consortiaux. Le groupement comporte un chef de file qui centralise partie des opérations administratives pour compte commun. La mobilisation du crédit peut être assurée par endos de billets croisés entre les banquiers participants, chacun d'eux escomptant pour sa part un billet à ordre endossé préalablement par une autre banque du groupe, afin de réunir les trois signatures nécessaires.

Consumerism

Voir Consommatique, Consommaction.

Contingence

a : *Contingency* – **d** : *Kontingenz* – **e** : *Contingencia*

*En statistique : Corrélation entre deux *caractères qualitatifs ou quantitatifs.*

La science statistique peut établir ainsi des tableaux de contingence faisant ressortir, pour une *population donnée, la *distribution d'un caractère x correspondant à la distribution d'un autre caractère y, et réciproquement.
Ces tableaux permettent d'établir des coefficients de contingence mesurant ainsi la *corrélation entre deux caractères.
Exemple de tableau de contingence : distribution croisée des ménages en fonction du nombre d'enfants et du nombre de pièces.

Contingent

a : *Quota* – **d** : *Kontingent* – **e** : *Contingente*

Limite quantitative fixée par la puissance publique à l'exercice d'un droit, ou montant de la participation à une charge, dans le cadre d'une allocation autoritaire des ressources ou des contributions.

Le recours au contingentement, qui permet de déterminer *a priori* le volume maximum de certaines opérations, ou au contraire le montant des contributions à attendre des redevables, est assez courant.

En matière fiscale : Dans les systèmes d'impôts dits « de répartition » qui n'occupent plus aujourd'hui qu'une place réduite, les sommes à acquitter par chaque collectivité, puis, à l'intérieur de ces groupes, par chaque individu, sont calculées comme une fraction du total des recettes à percevoir, qui a été fixé à partir des besoins à financer.
L'assimilation du *service militaire* à un impôt en nature rappelle d'ailleurs cette technique fiscale : chaque classe d'âge devant fournir à la nation un certain effectif. Le terme de contingent qui est encore utilisé pour qualifier l'ensemble des recrues, bien qu'il ne corresponde plus à la réalité, le service étant devenu universel, rappelle cette origine historique.

Bien qu'ils puissent être appliqués aux domaines les plus variés de l'activité économique, les contingents sont surtout utilisés, dans les économies non centralisées, pour régulariser le commerce extérieur. Ils connaissent une extension plus grande dans les périodes de pénurie, et particulièrement de guerre, qui imposent un contrôle strict des consommations, de produits alimentaires notamment, reposant sur la détermination de « rations » individuelles, véritables contingents.

L'établissement de restrictions quantitatives à l'*importation : C'est en effet l'un des instruments habituels du *protectionnisme. Outre la nécessité de limiter les achats à l'étranger pour ne pas dépasser les possibilités de paiements, l'instauration de contingents d'importation peut répondre au souci d'assurer une protection plus sûre dans certains secteurs. Le recul du *libre-échange au cours de l'entre-deux-guerres et la désorganisation du système des paiements internationaux avaient conduit à la généralisation de cette méthode de contrôle des importations qui seule permettait de réserver à l'acquisition des produits indispensables des moyens de paiements extérieurs limités. D'usage encore répandu dans les pays en voie de développement, le système des contingents a été très largement abandonné dans les relations entre pays industriels. En tout cas, il ne s'agit plus aujourd'hui de répartir les *devises disponibles en fonction des besoins les plus pressants, mais bien de protéger, dans un petit nombre de cas et contre certains concurrents étrangers, une industrie nationale que des *tarifs douaniers réduits — et non discriminatoires — ne sauvegarderaient pas.

Outre la condamnation des restrictions quantitatives aux échanges décidée lors de la signature de l'Accord général sur les tarifs douaniers et le commerce (*GATT), les difficultés de manipulation des contingents dans des économies de marché expliquent leur *abandon progressif.* Qu'il s'agisse de contingents multilatéraux — s'appliquant à une catégorie de produits quelle que soit leur origine — ou bilatéraux — ne concernant que certains pays d'origine —, la fixation du montant des contingents, comme leur répartition entre les utilisateurs — et pour les contingents multilatéraux entre les producteurs —, est malaisée à fonder rationnellement, en l'absence d'informations précises sur la réalité des marchés qui n'existe que dans les économies centralisées. Aux mécanismes habituels du marché, se substituent alors des négociations entre la puissance publique et les agents économiques où rapports de force et pressions jouent un rôle déterminant. A cet inconvénient majeur s'ajoutent les rigidités qu'introduit un tel système et notamment les *rentes de situation offertes aux importateurs, bénéficiaires de la pénurie artificielle créée. Il reste que l'efficacité certaine des barrières contingentaires, tant qu'elles sont maintenues comme instrument de protection de l'industrie nationale, prévient leur disparition totale.

• Parallèlement aux contingents absolus, déterminant les volumes maximaux d'importations autorisées, existent aussi des *contingents tarifaires.* Dans ce cas, les importations réalisées à l'intérieur du contingent sont passibles d'un taux de droit de *douane inférieur à celui applicable aux achats intervenant au-delà de la limite fixée. Ces contingents à droits réduits ou nuls sont un instrument fréquent des *préférences, c'est notamment la technique qu'a utilisée la CE dans son système de préférences généralisées en faveur des pays en voie de développement.

• Le contingentement ne se limite pas toutefois aux importations. De façon souvent plus souple, il est utilisé parfois lorsque le contrôle exercé par la puissance publique sur *certaines activités* l'est dans le but d'en limiter ou d'en régler le développement. Les contingents peuvent s'appliquer par exemple aux *exportations,* qu'il s'agisse de produits que le gouvernement souhaite voir utiliser avec parcimonie, ou qu'il s'agisse, et cela est une réalité plus récente, de l'initiative des exportateurs eux-mêmes soucieux de ne pas provoquer des mesures de défense de la part des pays clients dont l'industrie est menacée : au cours des années 60, les Européens et surtout les Japonais ont été ainsi obligés de s'imposer des restrictions volontaires de leurs exportations vers les États-Unis dans certains secteurs où la situation des producteurs américains était particulièrement peu favorable.

• Enfin, les contingents sont un élément essentiel des tentatives *d'organisation des marchés* qui se sont multipliées pour certains produits dans un cadre national ou international. La politique agricole des États-Unis repose ainsi largement sur des limitations de quantités produites et surtout sur la fixation de quotas pour lesquels les pouvoirs publics garantissent les débouchés à un certain prix. De la même manière, c'est sur la base de contingents d'échanges, se répercutant sur les productions, que sont conclus les accords internationaux organisant la stabilité des prix de certains produits primaires. Le nombre limité de ces accords et les difficultés constantes rencontrées pour leur application ou leur renouvellement montrent cependant que la conciliation des intérêts contradictoires des partenaires est malaisée à établir. Malgré les incertitudes et son aveuglement, le marché reste préféré, tant que chacun continue à en espérer une évolution qui lui soit favorable.

Les « *quotas au Fonds monétaire international » : Comme toutes les organisations internationales, le Fonds monétaire doit, pour constituer son capital, faire appel aux contributions des États membres. L'originalité du système mis en place tient au parallélisme établi entre le montant de l'apport effectué par un pays et les contingents qui lui sont appliqués lorsqu'il est amené à faire appel aux secours du Fonds. Les formalités et contraintes auxquelles sont soumis les tirages sur le Fonds sont en effet variables en fonction du niveau des engagements réciproques qui lient chaque pays membre à l'organisation. Déterminés comme une certaine fraction — « quote-part » — du capital, lequel varie d'ailleurs quand de nouveaux membres adhèrent, les versements des participants au Fonds, effectués pour partie en or (de 10 à 25 % du contingent total), et pour le reste en monnaie nationale, donnent à ceux-ci la possibilité de mobiliser, pour une durée limitée, de façon presque discrétionnaire, une somme en devises équivalant à la tranche-or versée. Au-delà de ce premier contingent de crédit automatique, les concours du fonds ne sont accordés qu'après négociation et en contrepartie d'engagements précis sur une politique de redressement, leur montant total ne pouvant de toute façon dépasser, sauf cas tout à fait exceptionnel, deux fois le quota du demandeur.

De plus, contrairement aux règles qui s'appliquent dans la majorité des organisations internationales, les voix dans les organes de délibération et de décision du Fonds ne sont pas attribuées égalitairement à raison d'une par État membre ; chacun des pays participants dispose d'un nombre de voix, fonction de l'importance de son quota. Aussi le calcul de ces quotes-parts a-t-il une incidence directe sur les conditions de fonctionnement du Fonds. Pourtant, les règles de détermination restent floues. Lors de la constitution de cette organisation, le capital à réunir a été réparti entre les fondateurs, de façon à assurer aux États-Unis la prééminence absolue qu'ils souhaitaient et que justifiait leur position économique et financière à la fin de la guerre, tout en assurant aux autres signataires une place qui tienne compte plus ou moins des ambitions et des possibilités relatives. Plusieurs pays critiquèrent sévèrement cette répartition, qu'ils acceptèrent cependant. Depuis, lors de l'admission d'un nouveau membre, les négociations préalables entre le Fonds et le postulant portent notamment sur le quota à fixer. Par ailleurs, des révisions périodiques, tous les cinq ans, ou des réajustements exceptionnels ont été prévus qui peuvent amener à décider des relèvements généraux de l'ensemble des quotas, ou des réappréciations sélectives limitées aux contingents de quelques pays dont la situation s'est modifiée. En 1959, puis en 1965, des augmentations générales des quotas furent acceptées, tandis qu'à l'occasion de ces modifications d'ensemble, ou par des révisions individuelles — dont l'initiative revient au pays membre intéressé —, les contingents attribués à plusieurs pays membres furent relevés ; on note un cas exceptionnel de baisse. Ces accroissements spéciaux ont permis de faire varier le poids relatif des différents membres en fonction de l'évolution des économies. C'est ainsi que la République fédérale d'Allemagne s'est progressivement hissée, jusqu'à faire partie des cinq « grands », qui, disposant des quotas les plus élevés, nomment de droit chacun un administrateur. Le Japon et le Canada ont aussi amélioré sensiblement leur position relative, tandis que la France, refusant les augmentations sélectives proposées en même temps que les relèvements généraux de 1959 à 1965, s'est laissé dépasser par la RFA. Cependant, le recul de la Chine (Formose) conservait à la France sa quatrième place, tout en faisant perdre à ce pays sa situation privilégiée puisqu'il cessait d'appartenir au groupe des cinq « grands ».

Contrat à terme de taux d'intérêt

a : *Future contract on interest rate* – **d** : *Terminabkommen über Zinssatz* – **e** : *Contrato a plazo en tipo de interés*

Voir Marché à terme international de France (MATIF).

Contrepartie

a : *Counter demand/Counter offer* – **d** : *Gegenangebot* – **e** : *Contrapartida*

Bourse : Offre correspondant à une demande déterminée ou inversement.

Un intermédiaire en bourse se porte contrepartie lorsqu'il achète pour son propre compte des titres correspondant à un ordre de vente déterminé. Ces titres seront soit conservés en portefeuille, soit revendus ensuite à ses clients.
A cette « contrepartie à l'achat » correspond, dans le cas contraire, la position de « contrepartie à la vente ».
La fonction de contrepartie permet l'échange de titres en dehors des séances de bourse, et assure donc un fonctionnement continu du marché. Les transactions sont toutefois dénouées en bourse ultérieurement : elles sont faites au dernier *cours coté de la séance suivante (*voir* Application).
Depuis 1973, la fonction de contrepartie peut être exercée par les intermédiaires sur les bourses de valeurs françaises.
Par extension : Sur les marchés monétaire et financier : *partenaire d'une transaction.*

Voir Cotation.

Contreparties (de la masse monétaire)

a : *Contra entries of money supply* – **d** : *Gegenposten (Geldmenge)* – **e** : *Contrapartidas de la masa monetaria*

---

*Emplois correspondant aux ressources qui apparaissent au passif du *système bancaire (au sens du Conseil national du crédit).*

Les contreparties se regroupent en quatre catégories :
– l'*or et les *devises ;
– les créances sur le *Trésor (créances du *système bancaire, des entreprises et des ménages, pour les CCP et les dépôts chez les comptables publics) ;

– les « crédits à l'économie » : ceux-ci, dans les statistiques du CNC, ne concernent que les crédits à court, moyen et long terme portés par le système bancaire (donc, en principe et en majeure partie, financés sur ressources monétaires). Ils excluent donc les crédits à court, moyen et long terme financés par les institutions financières spécialisées (*Caisse des dépôts, Crédit national, par exemple) ;
– les « divers ».
Les crédits à l'économie figurant dans les contreparties représentent plus de 50 % des crédits dont disposent effectivement les agents économiques.
Cette ventilation est naturellement liée aux définitions retenues par le CNC et plus particulièrement au contenu de la notion de *masse monétaire. Elle prête à la critique dans la mesure où la masse monétaire comprend des éléments d'*épargne liquide, mais seulement une part d'entre eux (ceux déposés dans les « banques »), et où, du côté des emplois, le système bancaire a étendu ses concours au moyen terme, puis, depuis 1967, au long terme.
Il est probable que le Conseil national du crédit sera tôt ou tard conduit à réformer à nouveau les concepts qui servent de base aux statistiques actuelles, dans le cadre d'une harmonisation plus étroite avec ceux de la comptabilité nationale, et plus précisément avec le nouveau système dont l'emploi s'est généralisé à partir de 1976.

Voir Système élargi de comptabilité nationale.

Contribuable

a : *Bearer of tax liability* – **d** : *Steuerpflichtiger* – **e** : *Contribuyente*

Personne assujettie au paiement d'un impôt direct.

Le terme s'applique à toute personne tenue de verser une *contribution ; tel est le cas des personnes imposables aux *anciennes contributions directes.
Par extension, il est utilisé dans tous les cas où l'impôt est perçu par voie de *rôles ; il met en évidence le caractère personnel de la contribution mise à sa charge.

Contribution

a : *Tax* – **d** : *Steuer* – **e** : *Contribución/Impuesto*

Impôt.

L'Assemblée constituante de 1791 avait proscrit le terme d'impôt, auquel elle préférait celui de contribution qui met mieux en valeur la solidarité de tous les citoyens devant les charges publiques. En pratique, l'emploi de chacun de ces mots (impôt ou contribution) résulte de l'appellation retenue par le législateur pour qualifier l'impôt qu'il établit.

Contribution foncière

Voir Taxe foncière des propriétés bâties *et* Taxe foncière des propriétés non bâties.

Contrôle

a : *Majority interest/Controlling interest* – **d** : *Mehrheitsbeteiligung* – **e** : *Control*

Pouvoir de domination d'une société sur une autre.

D'une manière générale, une société en *contrôle* une autre lorsqu'elle détient plus de 50 % du *capital social de celle-ci, qui est alors sa *filiale. Mais il existe d'autres moyens, indirects, de contrôle : des *minorités de blocage ou des participations plus limitées peuvent permettre d'obtenir la majorité des voix lors des scrutins grâce à l'indifférence, l'absentéisme d'une partie des actionnaires. Surtout si le capital est dispersé auprès de petits porteurs. De même, la détention de *licences ou *brevets, la stratégie de contrats commerciaux peuvent aboutir à un pouvoir d'orientation et de contrôle de fait. La notion de contrôle laisse donc une large marge d'appréciation.
La *Commission des opérations de bourse charge la Société des bourses françaises d'apprécier souverainement si une société A contrôle une société B, à l'occasion des négociations de *blocs de contrôle, de *ramassage en bourse, d'*offre publique d'achat ou d'échange.

Voir Groupe, Participation, Holding.

Contrôle des changes

Voir Change.

Contrôle d'État

a : *State supervision* – **d** : *Staatsaufsicht* – **e** : *Control del Estado*

Corps de fonctionnaires dépendant des ministères de l'Économie et du Budget chargé d'assurer le contrôle économique et financier des entreprises publiques en cours de gestion.

Ce contrôle s'exerce par la participation aux instances dirigeantes des entreprises. Pratiqué sous forme d'avis et de conseils, il comporte aussi l'approbation des budgets prévisionnels, des comptes, des marchés importants et peut aller jusqu'à l'exercice d'un droit de veto suspensif. Dans les entreprises publiques importantes et dans les secteurs couvrant plusieurs entreprises, le contrôle d'État est organisé en mission de contrôle.

Contrôleur financier

Voir Engagement.

Convention collective

a : *Collective agreement* – **d** : *Tarifvertrag* – **e** : *Convenio colectivo*

Accord relatif aux conditions de travail conclu entre organisations syndicales de travailleurs et d'employeurs (extrait du Code du travail).

Il est souscrit entre une ou plusieurs organisations syndicales représentatives de travailleurs, d'une part, une ou plusieurs organisations représentatives d'employeurs ou un ou plusieurs employeurs pris individuellement, d'autre part.
Procédures juridiques assez récentes, les conventions collectives trouvent en fait leur origine dans des pratiques assez anciennes.
En France, par exemple, on peut en déceler les premiers éléments dans les « contrats collectifs » du début de la Révolution qui furent prescrits par la fameuse loi Le Chapelier, en 1791. Ce n'est en fait qu'à partir des lois sociales du second Empire (1864 : droit de coalition ; 1884 : licéité des syndicats) qu'on voit naître de véritables conventions, dépourvues cependant de valeur juridique jusqu'à ce que la jurisprudence, au début du XXe siècle, leur confère cette valeur. Il a fallu attendre cependant 1919 pour voir officialiser dans un texte législatif la pratique et la portée des conventions. Les lois de 1936, puis de 1946, ont jalonné

une évolution tendant à conférer un caractère de droit public à l'institution, dont la base juridique est formée aujourd'hui par la loi du 11 février 1950. Ce texte, reprenant les principes généraux déjà acquis, définit les critères de la représentativité syndicale, prévoit les règles d'extension des contrats qui rentrent dans le cadre de la loi et institue une Commission supérieure des conventions collectives. Celle-ci donne son avis sur les extensions, sur les problèmes d'application de la loi et participe à la procédure de fixation du *SMIG (puis du *SMIC).
Des législations relatives aux conventions collectives se sont développées dans la plupart des pays, surtout depuis les années 30.
Les conventions collectives sont appliquées au plan national, régional ou local ; elles peuvent concerner une branche ou être étendues à plusieurs branches d'activités.
Elles portent notamment sur :
– les conditions de travail proprement dites (congés payés, heures supplémentaires, travaux par roulement, travaux de nuit, travaux des jours fériés) ;
– les conditions générales de la rémunération (*salaire minimum, rémunération mensuelle ou horaire sur la base de la durée « légale », régime des heures supplémentaires, primes d'ancienneté, de rendement, d'assiduité) ;
– les conditions d'avancement (coefficients hiérarchiques) ;
– les avantages sociaux (régimes complémentaires de retraites, d'assurance-maladie, d'assurance-chômage, suppléments familiaux, etc.) ;
– les procédures conventionnelles d'arbitrage en cas de conflit du travail.

Conversion

a : *Conversion* – **d** : *Konversion* – **e** : *Conversión*

Échange réalisé dans le cadre d'une gestion de patrimoine, par opposition aux opérations courantes d'échange correspondant à des actes de production ou de commerce : il porte sur des biens, et plus souvent des valeurs, transformés en biens et valeurs d'une autre nature ou présentant d'autres caractéristiques.

Lorsqu'elle porte sur une créance, elle est réalisée à l'initiative du créancier, mais parfois à celle du débiteur.

● La conversion décidée par un créancier est l'*usage de la convertibilité* attachée au titre qu'il détient : ainsi de la conversion en *or ou en autres *devises des liquidités détenues par un particulier, un établissement financier ou un État. Elle est inspirée par des préoccupations de rentabilité, de sécurité ou de spéculation.

Elle peut être faite en accord avec le débiteur et même prévue dès l'origine comme c'est le cas des obligations convertibles en actions, au gré du porteur.

• *Dans la gestion de la dette publique,* la conversion est une opération financière organisée par l'emprunteur qui consiste à remplacer une dette antérieure par une dette constituée à des conditions différentes en ce qui concerne l'échéance, le taux d'intérêt, les garanties ou avantages fiscaux, le montant unitaire des titres ou parfois même la personne du débiteur. L'État qui n'a pu choisir le meilleur moment pour emprunter tente de profiter ultérieurement des conditions du marché devenues meilleures et de l'amélioration de son crédit. Traditionnellement utilisée afin de réaliser des économies sur le montant des charges annuelles, la conversion a constitué tout au long du XIXe siècle une pratique régulière et une politique constante tant en Grande-Bretagne (6 conversions successives de 1822 à 1854) qu'en France (conversions de 1852 et 1862 ; puis conversions de 1883, 1887, 1894 et 1902), afin de supprimer la prime d'assurance qu'il avait fallu inscrire dans le taux d'intérêt initial durant les périodes difficiles et, notamment, durant les guerres achevées en 1815. Par la politique de conversion l'on s'est efforcé de ramener en France par étapes les arrérages des rentes de 5 % à 3 % avant 1870, puis à nouveau entre 1871 et 1914 après le règlement des indemnités de guerre. Cette politique a été reprise dans les deux pays après 1918 de manière moins systématique en raison des difficultés financières et de l'importance prise par la dette flottante : en France, la conversion de divers emprunts (émis à 5 % ou plus et devenus convertibles) en 4,5 % amortissables en soixante-quinze ans, a été réalisée en 1932.
La conversion peut être aussi un moyen de *consolidation de la dette lorsqu'elle comporte un allongement de son terme ; mais, en sens inverse, certaines conversions comportent offre de remplacement de rentes perpétuelles par des titres amortissables (1932) ou des rentes viagères. Elle peut tendre à supprimer des avantages exceptionnels dont il avait fallu assortir les emprunts en période de crise (conversion durant la guerre des emprunts émis en 1925 et en 1937 avec garantie de change en dollars ou en livres).
Elle peut encore se limiter à la réalisation d'une simplification technique : assurer une unité de gestion en remplaçant divers fonds présentant des caractéristiques différentes, par un seul fonds.
La conversion peut exceptionnellement tendre encore à procurer des ressources supplémentaires à l'emprunteur sans augmentation proportionnelle du service de la dette publique : la conversion, assortie du versement d'une soulte par le créancier, assure un nouvel apport d'argent frais ; la soulte demandée se justifie par la différence entre le rendement de la valeur offerte en échange et le rendement effectif moindre qui résulte sur le marché au même moment du cours supérieur au pair d'un titre comportant le même taux d'intérêt.

La conversion forcée, modification unilatéralement apportée aux droits du créancier, est un manquement aux engagements pris. Hors de ce cas, la conversion peut normalement être réalisée sous deux formes.

• Sous forme obligatoire, l'ancien emprunt devant disparaître : l'alternative est ouverte aux porteurs d'accepter l'échange proposé ou de se faire immédiatement rembourser le titre qu'ils possèdent. Elle n'est licite que si l'État a le droit d'imposer le remboursement : or les conditions d'emprunt prévoient généralement que le remboursement n'est pas possible durant une certaine période (appelée période de non-convertibilité). Son succès, qui se traduit par la faible proportion des remboursements demandés par rapport aux échanges acceptés, n'est assuré que si le rendement des emprunts convertis est supérieur au taux de l'argent sur le marché lors de la conversion, si l'emprunt offert présente un intérêt au moins égal à ce taux du marché, et si garantie est donnée qu'aucune conversion nouvelle ne sera proposée au porteur pendant un certain nombre d'années (clauses d'inconvertibilité).

• Sous forme facultative : l'option proposée au porteur est alors l'échange ou la conservation de son titre ancien avec ou sans maintien de tous les avantages antérieurs ; elle a généralement pour objet la consolidation de la dette. Elle peut aussi être proposée accessoirement à l'émission d'un nouvel emprunt ; ainsi dans un souci d'équité les porteurs peuvent être admis à la souscription ultérieure d'emprunts plus avantageux (il en a été ainsi lors des émissions faites par l'État depuis 1944, tandis qu'aux souscripteurs de certains emprunts l'emprunteur accordait à l'avance le droit de souscrire aux emprunts ultérieurs qui pourraient être assortis de conditions meilleures).

Convertibilité (d'une monnaie)

a : *Convertibility* – **d** : *Konvertibilität/Konvertierbarkeit* – **e** : *Convertibilidad*

---

*Possibilité pour le détenteur d'une monnaie de l'échanger légalement contre de l'*or ou contre toute autre *devise.*

L'étendue de cette faculté a varié selon les époques et selon les pays. La convertibilité, telle qu'elle était entendue à la fin du XIXe siècle, consistait en la possibilité laissée à tout détenteur de *monnaie fiduciaire de demander à la banque centrale émettrice de l'échanger sans restrictions d'aucune sorte contre une quantité d'or déterminée et invariable dans le temps. Cette propriété commune aux principales monnaies nationales faisait qu'elles étaient librement échangeables entre elles.

La possibilité laissée jadis à tous les détenteurs de billets de les convertir en or a pratiquement disparu. Dans son acception actuelle, la convertibilité ne joue plus que dans les relations monétaires internationales.

Les transactions de toute nature (ventes de marchandises, de services, de valeurs mobilières, etc.) entre des agents économiques appartenant à des pays dotés de monnaies différentes se dénouent par la cession au créancier d'un avoir libellé, soit dans la monnaie du débiteur, soit dans celle du créancier, soit dans une autre devise. Cet avoir prend la forme d'une inscription dans les livres d'une banque du pays du débiteur au crédit d'un compte ouvert au nom du vendeur étranger, ou, plus fréquemment, de la banque de ce dernier.

La monnaie dans laquelle cet avoir est libellé est dite « convertible » lorsqu'il est possible d'en transférer la propriété à un tiers résidant dans un pays différent, le bénéficiaire de ce transfert pouvant l'utiliser à son tour pour régler une dette exprimée dans ladite monnaie.

En considérant, non plus une transaction isolée, mais l'ensemble de celles qui se nouent entre agents économiques appartenant à deux pays différents, la convertibilité a pour objet de permettre l'utilisation du solde créditeur d'un pays B sur un pays A pour éteindre les dettes que B peut avoir vis-à-vis de pays tiers.

La convertibilité est donc un mécanisme de *compensation, un peu semblable dans ses effets à celui qui permet aux banques d'une même place de substituer aux multiples créances ou dettes bilatérales résultant des chèques tirés sur elles une créance ou une dette unique, somme algébrique des précédentes. La convertibilité des monnaies est un élément essentiel du système des règlements internationaux, car elle permet aux États de ne plus se préoccuper de l'équilibre de leurs *balances des paiements pays par pays ; seul compte l'équilibre global de leurs transactions avec l'étranger.

Dans le domaine des échanges de marchandises, en particulier, elle rend inutiles les discriminations en faveur ou à l'encontre des importations de telle ou telle provenance.

Les discriminations peuvent se justifier à l'encontre de pays pratiquant le *dumping, mais, en ce cas, leur motivation est la protection contre une concurrence déloyale, et non pas la recherche de l'équilibre de la balance des paiements.

Pièce importante du *système monétaire international, la convertibilité subit les contrecoups qui l'affectent. Elle a connu et connaît des restrictions diverses qui sont allées dans le passé jusqu'à la vider de tout contenu. Au lendemain de la Seconde Guerre mondiale, les principales monnaies des pays occidentaux, à l'exception du dollar des États-Unis, étaient inconvertibles. Les échanges commerciaux étaient réglementés et se faisaient en général sur la base d'accords bilatéraux.

Les États signataires des accords de Bretton Woods (*voir* FMI) s'étaient assigné pour objectif le retour à la convertibilité externe et à la liberté des transactions courantes. Plus de dix années furent nécessaires pour revenir à une véritable convertibilité des principales devises. Les restrictions pratiquées alors, et d'ailleurs remises en vigueur à l'occasion par les pays en déficit, peuvent être de trois types.

Limitation de la convertibilité aux avoirs des non-résidents : La convertibilité totale ayant disparu, une forme atténuée, pratiquée par les pays européens après la Seconde Guerre mondiale, a consisté à autoriser les non-résidents à échanger entre eux leurs avoirs dans la monnaie du pays. Au contraire, toutes les transactions entre nationaux et étrangers étaient soumises à autorisation. Lorsque cette faculté de cession ne bénéficiait qu'à des non-résidents de certains États, groupés au sein d'une zone monétaire (zone sterling par exemple), elle prenait le nom de « transférabilité ».

Convertibilité bénéficiant à certaines catégories de détenteurs : Un sort spécial peut être fait aux avoirs des instituts d'émission étrangers. Ainsi, dans le *gold exchange standard, les autorités monétaires américaines qui ne peuvent en règle générale échanger des dollars contre de l'or, étaient tenues de faire une exception au profit des banques centrales étrangères, dont les avoirs en dollars étaient convertibles en or au cours officiel. Cette possibilité a été suspendue en 1971.

L'origine de l'avoir : Un des avantages essentiels de la convertibilité est de favoriser le développement des échanges internationaux de biens et de services en supprimant, au moins au plan des relations monétaires, l'intérêt des discriminations selon l'origine. Toutefois, son existence même facilite les mouvements de capitaux qui peuvent déséquilibrer les balances des paiements. Aussi les statuts du FMI (art. 8) admettent-ils qu'un pays ayant déclaré la convertibilité de sa monnaie puisse néanmoins en réserver le bénéfice aux avoirs résultant d'« opérations courantes », à l'exclusion de ceux nés des mouvements de capitaux.
En définitive, convertibilité et liberté des changes et des échanges sont distinctes, mais fortement liées. On peut entendre la convertibilité comme un phénomène purement monétaire, mais ce dernier favorise la libération des échanges commerciaux, car il permet de placer sur un pied d'égalité les importations en provenance du reste du monde. Sans exclure une certaine protection des producteurs nationaux, la convertibilité permet donc la *concurrence sur les marchés d'exportation et le développement du commerce international.

Cooke (ratio)

a : *Cooke ratio* – **d** : *Cooke ratio* – **e** : *Relación de Cooke*

---

*Ratio de *solvabilité applicable aux établissements de crédit et stipulant un rapport de 8 % entre les fonds propres et les actifs pondérés en fonction des risques qui leur sont attachés.*

Coopérative

a : *Cooperative society* – **d** : *Genossenschaft* – **e** : *Cooperativa*

Association de personnes conduisant une entreprise commune, gérée par elles-mêmes, et à leurs risques, sur la base de l'égalité de leurs droits et obligations.

Voir Société, Entreprise.

Copartnership

a : *Copartnership* – **d** : *Mitbeteiligung* – **e** : *Interesar/Copartnership*

Mot anglais signifiant association *et désignant diverses formules visant à intéresser les employés d'une entreprise à ses résultats par le moyen de distributions gratuites ou de cessions avantageuses de parts de l'entreprise à ses employés.*

Le copartnership suppose que la participation aux bénéfices s'effectue au moyen de parts du capital de l'entreprise. Il est donc une forme de *profit sharing* qui désigne généralement la *participation des employés aux bénéfices, que cette participation soit ou non assurée par la distribution de parts.

Voir Intéressement.

Corbeille

a : *Ring* – **d** : *Ring/Börsenring* – **e** : *Bolsa*

*Bourse : Lieu de la Bourse où les représentants des *sociétés de bourse se réunissent pour procéder à la *cotation des principales valeurs de la *cote officielle sur le marché à terme. Par extension : Bourse des valeurs.*

Corner

a : *Corner* – **d** : *Corner* – **e** : *Acaparamiento*

Fait, pour un ou plusieurs agents économiques, de manipuler le marché d'une denrée ou d'une valeur pour s'en assurer le contrôle et en apprécier les cours à leur profit.

Les équivalents les plus proches en français de ce terme employé aux États-Unis sont les mots accaparer et **accaparement.*
La pratique la plus répandue de corner s'opère *en bourse* où, lorsque des « baissiers » se portent vendeurs d'un certain type d'actions en grand nombre, un accaparement peut s'organiser de la part d'un groupe qui les stocke pour en faire monter le cours. Durant la période d'étalon monétaire *métallique,* le banquier Gould s'est rendu célèbre par une opération de corner sur l'or en 1869 (*voir* Vendredi noir). Des essais de spéculation sur *stocks de blé* ont également été tentés aux États-Unis au XIXe siècle.
D'une manière générale, les structures contemporaines du capitalisme américain interdisent à de telles pratiques de prendre une extension comparable à celle qu'elles ont connue au XIXe siècle et au début du XXe siècle.
Par extension, sur les marchés financiers : absence totale ou quasi totale d'offre d'un titre sur un marché, alors que la demande s'en développe.

Corporatisme

a : *Corporatism* – **d** : *Ständestaat* – **e** : *Corporativismo*

Système conférant un rôle dirigiste et un pouvoir réglementaire à des syndicats uniques (patronaux ou ouvriers) constitués par profession.

Voir Dirigisme.

Correction, corrigé (indice)

Voir Indice, Saisonnier (mouvement).

Corrélation

a : *Correlation* – **d** : *Korrelation* – **e** : *Correlación*

---

*Statistique : Relation entre deux ou plusieurs grandeurs (ou *variables) telle qu'à la variation de l'une, ou des unes, correspond une variation de l'autre, ou des autres, de même sens ou de sens opposé.*

Dans le premier cas (même sens), on parlera de corrélation positive, dans le second, de corrélation négative. Simple lorsqu'il s'agit des relations entre deux grandeurs ou variables (exemple : entre consommation et

revenu), la corrélation sera multiple si elle intéresse trois ou plusieurs variables (exemple : consommation, revenu et prix). Une corrélation partielle définira la relation entre deux variables lorsqu'on choisit une valeur donnée pour une tierce variable (exemple : corrélation entre consommation et revenu pour une classe d'âge donnée d'individus).
La corrélation entre deux ou plusieurs phénomènes faisant l'objet d'une mesure statistique peut être elle-même quantifiée. Parmi les indices utilisés à cet égard, le plus fréquent et le plus significatif est le coefficient de corrélation (r^2) calculé à partir d'un ajustement linéaire entre les variables considérées. La corrélation sera d'autant plus forte que le coefficient sera proche de + 1 (positive) ou de – 1 (négative). Un coefficient proche de zéro sera l'indice d'une absence de corrélation entre les valeurs des variables des séries rapprochées.
On notera qu'une corrélation n'établit pas en elle-même un lien de causalité entre les variables considérées.
La recherche des corrélations entre phénomènes est l'un des objets de l'économétrie. Les *modèles de prévision économique comportent un ensemble de relations dont certaines, et souvent les plus importantes (notamment les relations dites « de comportement »), expriment une corrélation entre deux ou plusieurs variables.
Exemple de relation de ce type (extraite du modèle français de prévision à court terme STAR) :

$$\Delta p\mathrm{D} = 1{,}61\ \Delta \mathrm{R}d - 1{,}05\ \Delta \left(\frac{\mathrm{R}d^{\,2}}{\mathrm{PIB}}\right) + 0{,}67\ \Delta\ \mathrm{VNP} + 12{,}55$$

$$R^2 = 0{,}996$$
$$DW = 1{,}8$$

pD dépenses des ménages en valeur
Rd revenu disponible des ménages (corrigé du FFCEI)
VNP variation nette du passif des ménages

Voir Moindres carrés.

Cotation (bourse)

a : *Official quotation (Stock exchange)* – **d** : *Notierung (Börse)* – **e** : *Cotización (bolsa)*

Inscription à la cote du cours constaté pour une valeur mobilière admise à la bourse des valeurs.

La détermination du *cours d'une *valeur mobilière est fonction d'un ensemble d'éléments liés à l'offre et à la demande de cette valeur sur le marché financier. La cotation est l'opération qui permet, par des techniques diverses, de traduire les résultats de ces mécanismes en un cours exprimé en monnaie et significatif de la valeur d'échange du titre. Les méthodes de cotation sont au nombre de quatre.

La cotation à la criée : Elle consiste à réunir, avant le début de la séance, les représentants (commis) des *sociétés de bourse qui confrontent à « main levée » leurs ordres d'achat et de vente donnés soit « au mieux » (c'est-à-dire au cours le moins élevé pour l'acheteur, le plus élevé pour le vendeur, *voir* Comptant), soit à des cours déterminés. On commence par reprendre le dernier cours de la veille, pour lequel se manifestent x ordres à l'achat, y ordres à la vente. Si x est plus grand que y, il faut monter les cours ; si x est plus petit que y, il faut les baisser, jusqu'à ce que x et y soient égaux ou très peu différents l'un de l'autre. Le nouveau cours coté sera donc la valeur pour laquelle (x — y) passe par un minimum, et si possible par zéro. A noter que le « réglage » du cours ne peut se faire que de manière discontinue, la variation du cours de chaque valeur ne pouvant s'effectuer que par sauts égaux à un minimum défini ou à un multiple de celui-ci. Le seuil minimal de variation est différent selon les catégories de *titres : par exemple = 0,05 F pour les valeurs inférieures à 100 F, 10 F pour les valeurs supérieures à 5 000 F.

La cotation par opposition : Elle consiste à regrouper sur un cahier spécial ouvert pour chaque valeur les divers cours limités pour lesquels ont été enregistrés des ordres (achat et vente). Il est tenu par un *coteur* (employé de la *Société des bourses françaises). La cotation de la valeur est effectuée par un « *spécialiste* » (préposé d'un agent de change).
Le coteur établit le cahier d'après les *fiches d'opposition* qui lui sont communiquées chaque matin par les agents de change. Ces « oppositions » signifient que les agents de change, qui ont reçu des ordres limités aux cours qu'ils indiquent, s'opposeraient à des cotations qui ne leur permettraient pas de trouver la **contrepartie* de leurs ordres d'achat ou de vente. Les contreparties aux ordres « au mieux » sont également recherchées avant le début de la séance. (La cotation par opposition est employée depuis 1968 pour déterminer le cours de la barre d'or.)
Ensuite, le spécialiste reçoit l'ensemble des ordres concernant la valeur dont il a la charge et cherche à appliquer les unes aux autres les demandes et les offres au mieux (il « débrouille » sa *cote). Cette opération laissant généralement subsister un solde (acheteur ou vendeur), le spécialiste fait alors le point des ordres limités avec les teneurs de carnets et ajuste son cours de manière à faire coïncider x et y comme précédemment, en prenant soin de ne laisser subsister sur le cahier que des limites d'*achat* inférieures ou égales au cours coté et des limites de *vente* supérieures ou égales à celui-ci.

La cotation par boîte : Elle est utilisée exceptionnellement lorsque le marché d'une valeur déterminée est particulièrement chargé en ordres d'opérations. Tous ces ordres (offres et demandes) sont alors déposés dans une boîte. Recueillis et confrontés par la Société des bourses françaises, elles servent alors à celle-ci à déterminer les cours.

Toutes ces opérations se font sous la surveillance de la Société des bourses françaises, qui veille notamment à limiter les variations trop fortes de cours d'une séance à l'autre telles qu'elles résulteraient de l'application mécanique des systèmes de cotation. Cette précaution est prise pour éviter de surprendre les opérateurs « au mieux » par des à-coups trop brusques et pour amortir ainsi les accidents dans l'évolution de la valeur. Pour ce faire, elle réduira, en cas de hausse ou de baisse trop forte, les ordres d'achat ou les ordres de vente (au mieux ou limités à un cours supérieur au cours coté dans le premier cas, inférieur à ce cours dans le second cas). Le cours est dit alors coté « demandes réduites » ou « offres réduites ». Si, même ainsi, une formule d'ajustement ne peut être trouvée, il n'y a pas de cotation proprement dite, mais simplement information, à titre *indicatif,* d'un cours « offert » ou d'un cours « demandé ».

La cotation en continu : (entre 10 et 17 h), automatisée, qui se développe rapidement.

Cote (bourse)

a : *Official list of quotations (Stock exchange)* – **d** : *Amtlicher Kurszettel* – **e** : *Listín de bolsa*

---

*Document public de référence faisant apparaître le cours officiel des valeurs qui y sont inscrites tel qu'il résulte de la *cotation.*

A la * Bourse de Paris, la cote officielle est établie par les * sociétés de bourse après chaque séance. La Société des bourses françaises publie, sous la responsabilité du syndic, un bulletin qui en reproduit les éléments. Ce document contient l'ensemble des renseignements sur les * titres inscrits à la cote. Il est composé comme suit :

Cours au comptant

Valeurs françaises :
- Fonds d'État.
- Obligations et valeurs assimilées des secteurs public et semi-public.
- Actions et parts. *a)* assurances-banques, etc., *b)* agriculture-commerce et industrie.
- Obligations et bons des sociétés françaises.
- Autres valeurs de la zone franc.

Valeurs étrangères :
- Organismes internationaux.
- Fonds d'État.
- Actions et parts.
- Obligations.

Renseignements divers :
- Séance complémentaire à terme (valeurs étrangères).
- Cote des droits.
- Regroupements en cours.
- Cote des changes.
- Cours du marché libre de l'or.
- Coupons et tirages annoncés.
- Avis divers.
- Indices de cours.
- Tarif du droit de courtage.
- Liste des agents de change.

Cours à terme

- Valeurs françaises.
- Valeurs de la zone franc.
- Valeurs étrangères.

Options

En annexe à ce document : relevé des valeurs non admises à la cote officielle de Paris ; actions et obligations françaises ; zone franc ; valeurs étrangères ; bourses de province (actions et obligations).

Cotisation sociale

a : *Social security contribution* – **d** : *Sozialversicherungsbeitrag* – **e** : *Cotización social*

---

*Versement à caractère obligatoire effectué au profit des organismes de *Sécurité sociale ou de l'État, en contrepartie des droits à *prestations sociales.*

Les cotisations sociales sont versées par les seuls assurés, lorsqu'il s'agit de travailleurs indépendants, et par les assurés et leurs employeurs, lorsqu'il s'agit d'assurés salariés.
En France, la répartition des cotisations entre les salariés et les employeurs s'analyse comme suit (base 1984) :
– allocations familiales : 9 % du salaire, dans la limite du plafond, à la charge de l'employeur ;
– assurance-maladie : 13,45 % du salaire, dont 5,45 % sans plafond, à la charge de l'employeur ; 5,5 % du salaire à la charge du salarié ;
– assurance-vieillesse : 8,2 % du salaire, dans la limite du plafond, à la charge de l'employeur, 5,7 % à la charge du salarié, + 0,10 % au titre de l'assurance-veuvage ;
– contribution au remboursement de la dette sociale (*CRDS) : 0,5 % à la charge du salarié ;

– accidents du travail : 3,7 % en moyenne du salaire dans la limite du plafond, à la charge des employeurs.
Si l'on met à part la couverture de ce dernier risque, l'ensemble des cotisations assises sur les salaires atteint 63,11 %, dont 39,79 % à la charge de l'employeur (5,45 % sans plafond) et 23,32 % à la charge du salarié.
Les cotisations versées par les exploitants agricoles sont déterminées en fonction du revenu cadastral. Les non-salariés non agricoles sont répartis en plusieurs classes en fonction du revenu déclaré, une cotisation forfaitaire étant fixée pour chaque classe.
En 1982, l'ensemble des cotisations sociales représentait environ 19 % du produit intérieur brut total.

Cotisation sociale généralisée (CSG)

a : *Generalized social security contribution* – **d** : *Allgemeiner Sozialversicherungsbeitrag* – **e** : *Cotización social generalizada*

Taxe sociale frappant les revenus.

La CSG créée en 1990, pour contribuer au financement des prestations sociales, a été d'abord établie sur les salaires et revenus assimilés au taux de 0,5 % sur 95 % de la base soumise à prélèvement. Ce taux a depuis été augmenté et il est en 1996 de 2,4 %.

Coup de bélier

a : *Liquidity squeeze* – **d** : *Liquiditätsengpass* – **e** : *Contracción de liquidez*

---

*Économie d'entreprise : Restriction passagère de trésorerie provoquée par un renversement de *conjoncture.*

Schéma : un ralentissement de l'expansion provoque un gonflement des *stocks de l'entreprise ; celle-ci, pour résorber les stocks excédentaires, allonge la durée du crédit accordé aux clients (crédit commercial) ; de ce fait, elle réduit encore la *liquidité des actifs déjà affectée par le phénomène de stockage dû à la mévente. Si, pour adapter l'entreprise au ralentissement conjoncturel, on diminue les stocks en ralentissant la production (donc les achats de matières et de fournitures), on réduit la dette de l'entreprise vis-à-vis des fournisseurs et, du même coup, la souplesse de trésorerie de l'entreprise.

Coupon

a : *Coupon* – **d** : *Kupon* – **e** : *Cupón*

*Partie détachable d'un *titre représentant le droit de son propriétaire à encaisser une somme correspondant au revenu de ce titre.*

Le coupon représente les intérêts d'une *obligation, le *dividende d'une *action ou le droit de souscription ou d'attribution à une augmentation de *capital.

Cour de discipline budgétaire et financière

*Tribunal institué pour connaître des infractions aux règles du droit financier commises par les *ordonnateurs de l'État et des collectivités publiques.*

Contrairement aux comptables publics, dont la responsabilité pénale, disciplinaire et civile est engagée (*voir* Comptabilité publique), les *ordonnateurs sont rarement inquiétés pour les fautes qu'ils commettent dans l'exécution des opérations financières, car leur action suppose toujours une large part d'appréciation. La création de la Cour de discipline budgétaire a tenté de remédier à cette situation (loi du 25 septembre 1948 modifiée par celle du 31 juillet 1963).

Organisation : Présidée par le premier président de la *Cour des comptes, elle comprend des membres du Conseil d'État et de la Cour des comptes (6 au total). Les fonctions de ministère public sont assurées par le procureur général près la Cour des comptes.

Compétence : Sont justiciables de la Cour tout fonctionnaire civil ou militaire, tout membre du cabinet d'un ministre, tout agent nommé du gouvernement, des établissements publics nationaux, des sociétés où l'État possède la majorité du capital, des collectivités et établissements locaux, des organismes de Sécurité sociale et des organismes dont les ressources proviennent pour moitié de collectivités publiques.
Sont punissables les faits suivants : infractions relatives à l'*engagement des dépenses publiques, à l'exécution des recettes et des dépenses, prévarications.
Les infractions sont dénoncées au procureur général par les ministres intéressés, les présidents des assemblées législatives, la Cour des comptes ou la Commission de vérification des comptes des entreprises publiques.

Sanctions et rôle : La Cour peut prononcer des amendes (au maximum le traitement brut annuel de l'agent condamné). Depuis sa création, la Cour n'a eu à connaître que d'une cinquantaine d'affaires dont la moitié a été abandonnée. Le caractère modeste de cette activité est sans doute dû au fait que le rôle de la Cour n'est pas clairement défini et que son action se surajoute aux actions civile, disciplinaire ou pénale sans les remplacer.

Cour des comptes

a : *National audit office* – **d** : *Rechnungshof* – **e** : *Tribunal de cuentas*

Juridiction assurant le contrôle a posteriori *de la gestion financière des collectivités publiques.*

L'exécution des opérations financières prévues et autorisées par les assemblées délibérantes des collectivités publiques est assurée en France par deux catégories d'agents : les **ordonnateurs* et les *comptables.*
La sanction des obligations professionnelles des comptables est leur responsabilité pécuniaire personnelle à l'égard de la collectivité publique pour tout manquant constaté dans les fonds et valeurs dont ils ont la garde et toute irrégularité dans l'exécution des opérations financières dont ils sont chargés. La nature de cette responsabilité explique que l'appréciation en ait été remise à un juge indépendant. Mais cette indépendance a permis d'attribuer au juge des fonctions de contrôle de caractère non juridictionnel sur les services relevant du pouvoir exécutif.
Contrairement à celui de beaucoup d'institutions étrangères analogues, le contrôle juridictionnel et administratif de la Cour des comptes se fait après exécution des opérations financières ; les contrôles préventifs sont exercés par des fonctionnaires du ministère des Finances.

Historique

La Cour des comptes est un des plus anciens corps de l'État. Elle existe comme organe distinct, sous le nom de Chambre des comptes, depuis le début du XIVe siècle. Supprimée lors de la Révolution, et remplacée par des corps de contrôle administratif, elle a été rétablie sous Napoléon Ier par la loi du 16 septembre 1807, toujours en vigueur. Ses attributions ont été depuis plusieurs fois étendues, notamment à partir de 1935.

Organisation

La Cour se compose d'un premier président, de 6 présidents de chambre, d'une cinquantaine de conseillers-maîtres, d'une centaine de conseillers référendaires et d'une cinquantaine d'auditeurs. Elle est

assistée d'un procureur général, représentant le gouvernement, secondé par deux avocats généraux, choisis parmi les conseillers référendaires. Les membres de la Cour sont des magistrats inamovibles, à l'exception du procureur général et des avocats généraux, ces derniers en cette seule qualité.
La Cour se divise en chambres. Certaines affaires importantes sont soumises à la Chambre du conseil, formée de tous les présidents et maîtres, ou aux chambres réunies, formées d'une délégation de chaque chambre, sous la présidence du premier président.

Contrôle juridictionnel

Compétence : La Cour a depuis 1935 une compétence générale à l'égard de tous les *comptables de deniers publics,* c'est-à-dire de toutes les personnes qui détiennent des fonds ou valeurs appartenant à des collectivités publiques : État, départements, communes, établissements publics, nationaux ou locaux. Elle est également appelée à contrôler la gestion des fonds privés déposés par leurs propriétaires dans les caisses publiques (deniers réglementés).
En revanche, elle n'a pas de juridiction sur la gestion des fonds purement privés, ni sur les matières, même lorsqu'elles appartiennent aux collectivités publiques.
Le contrôle juridictionnel exercé par la Cour porte sur la responsabilité pécuniaire personnelle des comptables, c'est-à-dire qu'il s'agit d'une juridiction civile. Les juges des comptes n'ont pas le droit d'annuler les actes de l'administration, comme peuvent le faire les juges administratifs, et ils n'apprécient leur régularité qu'autant qu'il est nécessaire pour statuer sur la situation pécuniaire du comptable. Ils ne peuvent en aucun cas prononcer de condamnation contre les collectivités publiques ; leurs seuls justiciables sont les comptables, pris personnellement.
Il lui appartient, d'une part, de prendre des arrêtés de « débet » à l'égard des comptables en faute, sans préjudice de la décision finale, réservée aux juges et, d'autre part, d'accorder aux comptables « décharge » de leur responsabilité dans les cas de force majeure. La Cour, en effet, n'apprécie la responsabilité du comptable que d'après les faits qui sont portés en compte, sans se préoccuper des circonstances extérieures : c'est le sens de l'adage : « La Cour juge les comptes et non les comptables. »
La Cour des comptes ne pouvant à elle seule juger les comptes de toutes les personnes publiques, l'apurement des comptes de la plupart des collectivités locales est fait sur place par le trésorier-payeur général, comptable supérieur en résidence dans chaque département.

Procédure d'apurement des comptes : Les comptes publics sont obligatoirement présentés à la Cour chaque année, sous peine d'amende pour les comptables défaillants ou retardataires. Comme les comptables publics sont très nombreux, que leurs opérations sont très nombreuses, elles sont regroupées dans les écritures d'un certain nombre d'entre eux, les comptables secondaires qui leur sont rattachés. Aux comptes sont jointes les pièces justificatives des diverses opérations.

Les comptes sont distribués à un rapporteur (conseiller référendaire ou auditeur) qui procède à l'instruction, d'abord par l'examen des pièces justificatives, puis par des questions écrites adressées au comptable ou à d'autres fonctionnaires, enfin, éventuellement, par une enquête sur place. Le rapporteur rédige un rapport où sont consignées toutes les irrégularités découvertes et sur lequel le procureur général donne ses conclusions.

Le rapport est ensuite soumis à la chambre compétente, qui rend un *arrêt provisoire,* dans lequel elle fait connaître au comptable les irrégularités relevées, et lui enjoint de les réparer dans les deux mois. Après ce délai, elle rend un arrêt *définitif* par lequel elle *décharge* le comptable lorsqu'elle juge que la gestion a été régulière, le déclare en *avance* si sa situation présente un excédent en caisse ou en portefeuille, ou le met en *débet* si la caisse ou le portefeuille présentent un déficit ou si les irrégularités commises ou tolérées n'ont pas été réparées en exécution de l'arrêt provisoire.

L'arrêt de débet constitue un titre exécutoire qui permet la confiscation du *cautionnement du comptable, et, s'il est nécessaire, la saisie de ses biens ou de ceux de ses cautions ou ayants droit.

Lorsque le comptable est sorti de fonctions après une gestion irréprochable, la Cour le déclare définitivement libéré par un arrêt de *quitus,* qui permet la levée des sûretés qui garantissent sa gestion (cautionnement, privilège, hypothèque légale).

Attributions juridictionnelles particulières :

• **Gestions de fait.* La compétence du juge des comptes a un caractère matériel, c'est-à-dire qu'elle s'attache à une activité, le maniement des deniers publics, quelle que soit la personne qui l'accomplit. La Cour a donc juridiction non seulement sur les comptables publics, mais aussi sur les *comptables de fait,* c'est-à-dire toutes les personnes qui, sans autorisation légale, se sont immiscées dans le recouvrement, la détention ou l'utilisation des deniers publics. Les comptables de fait sont tenus de soumettre leurs opérations aux juges des comptes et encourent la même responsabilité pécuniaire que les comptables publics. Ils peuvent en outre être condamnés à une amende.

• *Amendes.* La Cour des comptes peut prononcer des amendes civiles, soit contre les comptables en défaut ou en retard de rendre leurs comptes ou de répondre aux injonctions contenues dans les arrêts provisoires, soit contre les personnes qui se sont immiscées sans autorisation légale dans le maniement des deniers publics.

• *Pourvois.* Les arrêts rendus par les trésoriers-payeurs généraux (et par les conseils du contentieux outre-mer) sur les comptes qui leur sont soumis sont susceptibles de pourvoi devant la Cour des comptes qui peut les annuler ou les réformer.

Voies de recours : Les arrêts définitifs rendus par la Cour des comptes ne peuvent être attaqués que par deux voies.

• Le recours en *révision,* porté devant la Cour elle-même, en cas d'erreur de fait découverte postérieurement à l'arrêt.

• Le recours en *cassation,* porté devant le Conseil d'État, pour incompétence, vice de forme ou violation de la loi.

Décentralisation

Depuis 1982, dans le cadre d'une loi de décentralisation supprimant les contrôles a priori de l'État sur le secteur local, mais visant en contrepartie à renforcer le contrôle budgétaire *a posteriori*, de nouvelles juridictions « filles de la Cour des comptes » ont été créées à cette fin : les * chambres régionales : vingt-deux pour la métropole, deux pour l'outre-mer, une territoriale pour la Nouvelle-Calédonie :

– elles exercent un contrôle budgétaire des collectivités locales de leur zone de compétence, et jugent les comptes des comptables de leur ressort (à l'exception, depuis 1988, des comptes des petites collectivités où le contrôle échoit au trésorier-payeur général, elles communiquent leurs observations aux assemblées délibérantes) ;

– elles sont habilitées à procéder à des enquêtes générales (par exemple sur la gestion de la trésorerie, de la dette, du réseau autoroutier, de la politique d'investissement des collectivités) ;

– depuis 1992 elles peuvent, de manière préventive, à la demande des préfets ou des élus rendre, après examen, un avis sur les marchés en instance de passation, les délégations de service public...

Contrôle administratif

La Cour des comptes étant appelée à voir, dans les écritures et les pièces qui lui sont soumises, la quasi-totalité des activités administratives, et se trouvant, par l'inamovibilité de ses membres, entièrement indépendante du pouvoir exécutif, on lui a confié un nombre croissant d'attributions de contrôle dans l'exercice desquelles elle n'a pas d'arrêt à rendre, comme dans le contrôle juridictionnel, mais se borne à dénoncer à l'autorité compétente les irrégularités constatées.

Contrôle sur les ordonnateurs : La Cour n'a pas de juridiction sur les ordonnateurs (sauf s'ils deviennent comptables de fait) et ne peut annuler leurs actes. Mais lorsque, en examinant les pièces qui lui sont soumises, elle vient à découvrir des irrégularités, elle doit en faire part au supérieur hiérarchique de l'agent fautif, ou à l'autorité de surveillance s'il s'agit des représentants ou agents d'une collectivité secondaire. Si les

irrégularités constituent des infractions pénales, elle doit en saisir le ministre de la Justice.
Ce contrôle s'est beaucoup développé après 1936, date depuis laquelle les pièces justificatives des opérations financières de l'État sont transmises périodiquement à la Cour, ce qui permet une vérification moins lente de la régularité des opérations.
Pour les collectivités secondaires, ce contrôle est concomitant à l'instruction sur les comptes rendus par le comptable.
La vérification sur pièces peut être complétée par l'audition de témoins et par des enquêtes sur place. Les irrégularités relevées sont dénoncées par diverses voies, suivant leur gravité.

- Les *lettres du procureur général* sont envoyées par ce magistrat pour attirer l'attention des autorités administratives sur des irrégularités isolées ou d'importance relativement faible ; elles sont surtout adressées aux fonctionnaires chargés de la surveillance sur les collectivités locales.
- Les *référés* aux ministres, signés par le premier président, dénoncent les irrégularités assez graves ou fréquentes pour justifier une réorganisation du service, une réforme de la réglementation ou de la législation.
- Le *rapport public,* présenté au chef de l'État et aux assemblées législatives, est publié au *Journal officiel.* Il contient une analyse des principales irrégularités dans l'exécution des opérations financières des collectivités publiques et l'exposé des réformes qui, de l'avis de la Cour des comptes, sont nécessaires pour y remédier. La presse assure en général à ce rapport une assez grande diffusion dans l'opinion publique.

La Cour se tient également en relation directe avec les commissions des assemblées législatives qu'elle informe des conditions dans lesquelles s'exécute le budget. Enfin, la concordance des opérations prescrites par les ordonnateurs avec celles qu'ont exécutées les comptables est constatée chaque année par une *déclaration générale de conformité* dans laquelle sont mentionnées les divergences éventuellement relevées.

Autres contrôles administratifs : Les comptables des communes sont tenus d'adresser à la Cour des comptes les délibérations créant ou modifiant les taxes municipales ; lorsque ces délibérations sont illégales, l'annulation en est prononcée par l'autorité de surveillance.
Les personnes et collectivités privées qui bénéficient de **subventions* accordées sur fonds publics ou de **taxes parafiscales* recouvrées pour leur compte par l'administration sont tenues de se soumettre aux vérifications que peut opérer la Cour des comptes afin de s'assurer que l'utilisation de ces subventions et taxes est bien conforme au but pour la réalisation duquel elles ont été accordées.
Enfin, une loi de 1949 a soumis les organismes de **Sécurité sociale,* pour la plupart groupements de droit privé, aux investigations des magistrats de la Cour des comptes. Cette surveillance a été complétée en 1961 par l'institution de comités départementaux placés sous le contrôle de la Cour.

Organismes associés

Depuis une quarantaine d'années, divers organismes, où des fonctionnaires administratifs sont associés aux magistrats de la Cour des comptes, ont été créés pour l'exercice d'attributions que cette compagnie relativement peu nombreuse n'était pas en état d'assurer seule.
Ce sont : la *Commission de vérification des comptes des entreprises publiques dont les compétences ont été depuis reprises par la Cour ; la Cour de discipline budgétaire et financière et le Comité d'enquête sur le coût et le rendement des services publics.

Courbe

a : *Curve* – **d** : *Kurve* – **e** : *Curva*

Statistique : Série de points représentatifs de la relation entre deux ou plusieurs variables.

Parmi les courbes les plus souvent utilisées en statistique descriptive et en calcul des probabilités, on citera, par exemple, la courbe chronologique (avec en abscisse une échelle du temps, et en ordonnée les valeurs successives de la *variable étudiée), la courbe cumulative (courbe chronologique où chaque intervalle de temps est inscrit en ordonnée et où l'on note en abscisse la somme cumulée des valeurs de la variable étudiée depuis l'origine de l'échelle temporelle), la courbe de fréquence (représentative de la *distribution de la fréquence de la valeur d'une variable statistique en fonction d'un critère donné ; exemple : courbe de la fréquence des décès suivant l'âge).

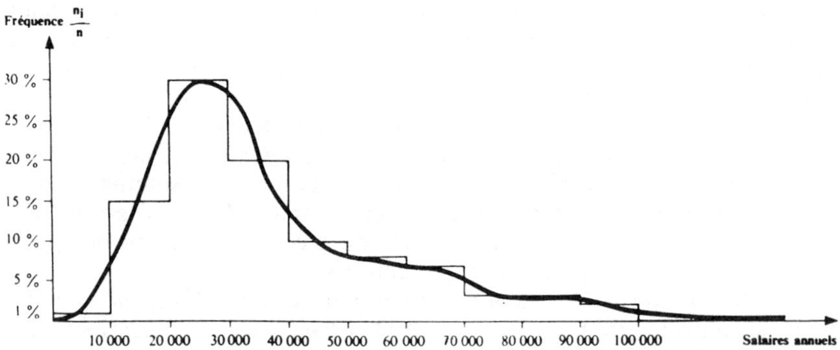

COURBE DE FRÉQUENCE (HISTOGRAMME)

Indépendamment de leur contribution à l'étude des *corrélations entre phénomènes ou de leur évolution, les courbes sont utilisées pour visualiser ces relations et ces variations (exemple : en analyse conjoncturelle).

Courrier (crédit de)

**Découvert consenti par un banquier pour le compte de ses correspondants étrangers en attendant l'arrivée de la couverture.*

Cours

a : *Rate/Quotation* – **d** : *Kurs* – **e** : *Curso/Cotización*

*Prix unitaire, susceptible de varier dans le temps, auquel les opérateurs sur un *marché conviennent d'échanger des biens ou des valeurs.*

Le terme de cours s'emploie de préférence pour les biens ou valeurs qui sont susceptibles d'échanges très nombreux entre un grand nombre d'opérateurs et dont l'utilité est particulièrement polyvalente. C'est le cas de marchandises *fongibles (matières premières, denrées agricoles de base) et naturellement des *titres ou valeurs (*devises, *valeurs mobilières, pièces d'or ou d'argent...).
Dans cette mesure, la notion de marché (liée aux fluctuations de l'offre et de la demande) l'emporte largement sur celle d'affectation à la production, d'où il vient que le prix est susceptible de variations fréquentes, dans le temps et dans l'espace (écarts de cours entre diverses « *places »). Cette structure de marché est favorable aux *arbitrages et à la spéculation. Les applications les plus importantes de la notion de cours se trouvent dans quatre domaines principaux.

Les marchés de devises, ou monnaies

Voir Change.

Les marchés des produits agricoles de base

Soit locaux, soit nationaux (blé, sucre, café, cacao, caoutchouc, coton...).

Les marchés internationaux de matières premières

Par exemple, ceux du cuivre, du plomb, de l'aluminium, du zinc, de l'étain...

Ces marchés internationaux des produits de base (agricoles ou miniers) sont souvent caractérisés par des fluctuations de cours particulièrement importantes, liées à la **conjoncture* économique ou politique (matières alimentaires ou stratégiques) et en partie également à la *structure* de ces marchés : la plupart de ces matières sont en effet produites par des pays sous-développés dont la puissance (ou l'union) était traditionnellement insuffisante à contrebalancer l'action des pays industriels consommateurs ou les interventions des capitalistes internationaux. Les ajustements survenus en 1973-1974 (pétrole, certaines matières premières) ont montré qu'une bonne *entente entre les pays producteurs permet de redresser les cours et d'égaliser les puissances de négociation sur les marchés.

Les marchés de *valeurs mobilières ou *bourses de valeurs

Le mécanisme de détermination des cours à la bourse est des plus complexes, mais peut servir, dans ses principes, d'illustration à l'ensemble du phénomène : la formation des cours est le fruit, d'une part, de la confrontation quotidienne des masses de capitaux disposés à s'investir avec le rendement des valeurs mobilières susceptibles d'être vendues, d'autre part, d'un ensemble d'éléments d'appréciation qui influent sur les décisions des opérateurs.

La confrontation des capitaux et des valeurs : Cette confrontation détermine la « tendance du marché ». Lorsque les capitaux sont nombreux et qu'ainsi l'apurement de la demande et de l'offre tend à entraîner une hausse des cours, on dit que la bourse est « ferme ». Lorsque la tendance est inverse, on dit que le marché est « lourd ». L'offre des capitaux est fonction de divers éléments dont les principaux sont :

• Le *niveau de l'*épargne,* lui-même lié à l'évolution et à la hiérarchie des revenus, à la part consacrée à la consommation, à la *politique fiscale, etc. La concurrence des autres emplois possibles pour les capitaux : selon la conjoncture, le *placement en valeurs mobilières peut présenter soit plus soit moins d'avantages immédiats ou à terme (anticipation) que les achats d'or, les placements immobiliers, les achats de denrées spéculatives, la *thésaurisation d'encaisses. Les mouvements internationaux de capitaux, provoqués par les politiques monétaires, fiscales, économiques ou sociales des divers États (*voir* Balance des paiements, Hot money). L'évolution du crédit, notamment les facilités ménagées aux opérateurs boursiers eux-mêmes (*taux des reports, *couverture exigée pour les opérations à terme) mais aussi la politique du crédit menée par les pouvoirs publics, la *banque centrale, le système bancaire.

• Le *revenu des valeurs mobilières,* quant à lui, évolue en fonction :

– de la tendance générale des affaires : croissance de la production, écoulement de celle-ci à des prix rémunérateurs à l'intérieur et à l'extérieur, expansion, stabilité sociale (éléments favorables) ; blocages des prix, instabilité des prix, troubles sociaux, aggravation des impôts, défaut de compétitivité avec l'étranger (éléments défavorables) ;

– de l'activité d'un ou de quelques secteurs déterminés. Exemples : une invention ou une découverte de ressources (entreprises minières, pétrole) peuvent faire augurer une expansion rapide du secteur correspondant et déprimer les cours des valeurs directement concurrentes (exemple : textiles artificiels et traditionnels) ; la perspective d'une crise politique internationale peut favoriser les industries à caractère stratégique (électronique, chimie, métaux non ferreux...) ;

– de la situation monétaire : la stabilité monétaire partage les investisseurs entre les valeurs à revenu fixe, de rendement plus élevé (*voir* Obligations) et les valeurs à revenu variable (* actions) ; l'inflation les détourne des valeurs à revenu fixe, voire du marché national (exportations de capitaux) ;

– de la polititique fiscale : en France, par exemple, outre les droits de timbre sur les opérations de bourse, qui ont un effet direct sur le coût des transactions et le rendement des valeurs, l'existence et la partie des droits spécifiques sur les transactions boursières (simple droit d'enregistrement ou taxation des plus-values au capital), les modalités d'assiette de l'imposition des revenus dénombrés, au niveau des entreprises comme à celui des particuliers, exercent naturellement des effets directs et indirects sur le rendement des valeurs (*voir* Avoir fiscal).

Un ensemble d'autres éléments influent également sur les appréciations des opérateurs concernant une valeur déterminée et sur le comportement général de la bourse.

Les décisions des opérateurs : Elles sont fonction, en effet :

• de la rentabilité de la valeur appréciée par rapport au taux actuel de l'argent, surtout pour les valeurs à revenu fixe, et, également, pour les valeurs à revenu variable, du point de vue des perspectives des revenus futurs (dividendes espérés) ;

• de l'importance des réserves d'une société, qui peuvent constituer une garantie de stabilité du dividende ou donner l'espoir d'une augmentation de capital (par incorporation de réserves) ;

• des opérations financières effectuées par la société, qui ont une influence directe sur l'attrait de ses actions, notamment : augmentation de capital (*voir* Capital social), échange de * parts de fondateur contre des actions, émission d'obligations par la société (indices d'expansion et de crédit).

Le comportement général de la bourse : Il est affecté :

• par la dimension du marché : le marché peut être étroit (peu de transactions) ou large ; le premier type de marché reflète des cours naturellement plus sensibles aux transactions importantes que le second. De même, les valeurs d'une ou de plusieurs sociétés sont susceptibles d'être conservées (valeurs * classées) par leurs détenteurs actuels ou au contraire de faire l'objet d'échanges nombreux. Le cours est normalement plus stable dans le premier cas ;

• par le poids et le comportement des investisseurs institutionnels. Des institutions détentrices de capitaux très importants peuvent intervenir sur le marché (en France : *Caisse des dépôts, *compagnies d'assurances...). Lorsqu'elles sont de caractère public, elles contribuent à imprimer au marché la tendance désirée par les autorités. En général, cette intervention va dans le sens de la stabilité (d'où le nom de « gendarmes » qu'on leur donne dans les milieux boursiers). Inversement, les institutions de placement privées peuvent avoir des méthodes de gestion du portefeuille qui, en visant la sécurité et les rendements globaux, peuvent accentuer les retournements de tendances (ventes massives au début d'une baisse, achats massifs au début d'une hausse). *Voir* Société.

• par l'importance et le sens des positions à *terme, qui agissent dans le même sens puisque celles-ci s'analysent comme des achats ou des ventes en puissance ;

• enfin, par la « psychologie » générale de la bourse qui peut introduire dans les cours des fluctuations relativement importantes ne devant rien au facteur rationnel : par exemple, la tendance parfois enregistrée à exagérer et à amplifier les conséquences d'un événement (commercial, industriel ou politique) ; la sensibilité aux bruits de couloir, aux « tuyaux », aux informations incontrôlées ; le snobisme ou la mode ; la nervosité ou le sang-froid, tous éléments qui peuvent n'avoir que des liens très lâches avec la réalité des situations.

Cours forcé

a : *Forced currency* – **d** : *Gezwungene Währung* – **e** : *Circulación forzada (de la moneda)*

Régime monétaire d'inconvertibilité de la monnaie en or.

Voir Monnaie, Convertibilité, Étalon monétaire.

Courtage

a : *Brokerage* – **d** : *Courtage/Maklergebühr* – **e** : *Corretaje*

Rémunération d'un courtier ou d'un commissionnaire.

Ce terme de courtage est normalement réservé, en langage strict, aux rémunérations des services des *courtiers tels qu'ils sont définis par le Code de commerce. Il s'applique aussi néanmoins à celles des commissionnaires en bourse que sont les *agents de change, catégorie dans laquelle ont d'ailleurs été intégrés, depuis 1962, les anciens *courtiers en valeurs mobilières.

Courtier

a : *Broker* – **d** : *Makler* – **e** : *Corredor*

Intermédiaire offrant, contre rémunération, des informations, des conseils et le réseau de relations dont il dispose au sein du marché.

Les courtiers renseignent leurs clients sur les conditions du marché et facilitent la conclusion de leurs contrats, auxquels cependant ils ne sont pas partie. La profession de courtier est en principe libre, mais cette liberté de courtage souffre un certain nombre d'exceptions : les *courtiers maritimes* bénéficient d'un régime de *monopole. Ce sont des courtiers d'assurances : les *courtiers de transports maritimes* ne peuvent exercer que s'ils sont inscrits à la chambre syndicale (loi du 22 mars 1941) ; les *courtiers de fret terrestre* doivent être munis d'une licence (décret du 19 décembre 1952) ; les *courtiers en vins* ou *courtiers de champagne* qui mettent en rapport les producteurs et les négociants en vins doivent posséder une carte d'identité professionnelle (lois du 31 décembre 1949 et du 26 septembre 1951).
L'article 77 du Code de commerce distingue quatre catégories de courtiers : les courtiers de marchandises, les courtiers d'assurances, les courtiers interprètes et conducteurs de navires, les courtiers de transport par terre et par eau. A vrai dire, la complexité et la diversité croissantes de la vie économique ont entraîné une multiplication des formes de commerce et des besoins d'informations et de contacts favorables à la prolifération des activités de courtage (courtiers en publicité, courtiers en immeubles, courtiers en automobiles, etc.).

Coût

a : *Cost* – **d** : *Kosten* – **e** : *Cost*

Montant, exprimé généralement en monnaie, des charges nécessaires à l'acquisition ou à la production d'un bien ou d'un service.

Le perfectionnement des calculs de coût et leur utilisation généralisée présentent un intérêt essentiel pour la conduite des entreprises industrielles et commerciales et notamment pour l'appréciation de leur compétitivité. Ils permettent en effet :

– de fixer les prix de vente des produits pour assurer l'équilibre financier de l'entreprise ;

– d'éclairer et de déterminer les choix entre les solutions alternatives portant sur les produits à fabriquer ou les implantations à décider ;

– de déterminer le volume de production optimal en courte période (coût marginal) ;

– d'apprécier la productivité de l'entreprise et de fonder une politique d'abaissement des coûts.

L'utilisation de la notion de coût permet ainsi d'affirmer l'analyse des *prix de revient et d'éclairer le jugement sur le rendement des unités économiques (*voir notamment* Rendement). Les principales acceptions de la notion de coût sont les suivantes.

Coût unitaire moyen pondéré

Lors de l'établissement du *bilan, l'inventaire des stocks et leur évaluation permettent de dégager le coût pour les marchandises achetées ou les biens produits par l'entreprise.

– Pour les marchandises, il est égal au quotient suivant :

$$\frac{\text{Valeur du stock à l'entrée de l'exercice + coût des achats durant l'exercice}}{\text{Quantités en stock à l'entrée + quantités achetées durant l'exercice}}$$

Le coût d'achat moyen pondéré est à rapprocher de la valeur réelle des marchandises au jour de l'inventaire (c'est-à-dire du prix auquel on pourrait les aliéner). Si le coût moyen s'avère supérieur à cette valeur, l'entreprise doit normalement couvrir cette différence par une *provision pour dépréciation.

– Pour les produits semi-ouvrés et finis, le coût à prendre en considération est le coût de production moyen pondéré ; il est égal au quotient suivant :

$$\frac{\text{Valeur du stock d'entrée + coût des productions de l'exercice}}{\text{Quantités en stock à l'entrée + quantités produites durant l'exercice}}$$

(Le rapprochement de ce coût avec la valeur du stock peut donner lieu aux mêmes opérations comptables que ci-dessus, avec provision pour dépréciation éventuelle.)

Coût historique ou coût à l'origine

C'est le coût constaté du bien au moment où il entre dans la comptabilité (coût d'achat ou coût de production). Ce coût peut évidemment ne plus représenter le coût réel du bien au bout de plusieurs années pour une série de raisons : usure, obsolescence, dépréciation de la monnaie, vieillissement, etc.

Coût direct

Cette notion désigne l'ensemble des frais qui peuvent être directement imputés à un produit déterminé, que ces frais soient fixes (exemple :

location de locaux ou de machines) ou variables (consommation d'énergie ou de matière première). (*Voir* Frais fixes, Frais variables.)

Coûts proportionnels

Voir Frais variables.

Coût variable

Cette méthode de calcul de coût ne prend en considération que les frais variables liés directement ou indirectement à la fabrication d'un produit. Elle permet donc de mesurer et de comparer les revenus marginaux de différents produits et par là de mieux fonder la stratégie de production et de vente de l'entreprise.

Exemple	Unités produites	Prix de vente unitaire	Frais variables par unité	Revenu marginal unitaire	Revenu marginal total
Produit A	10 000	3 000	1 000	2 000	20 millions
Produit B	2 000	5 000	4 000	1 000	2 millions
					22 millions

Frais fixes (non ventilés) = 20 millions.

Le produit A couvre donc à lui seul les frais fixes, et les 2 millions de revenus du produit B correspondent à un bénéfice. Si, au point où en est A, son marché est inélastique, la production de B devra être poursuivie même si elle est moins rentable.
Or, une méthode (traditionnelle) qui consisterait à imputer les frais fixes à chaque produit au prorata des frais variables ferait apparaître :
– pour A, des frais globaux d'environ 21 millions pour une vente de 30 millions (soit un bénéfice de 9 millions) ;
– pour B, un prix de revient global d'environ 17 millions pour une vente de 10 millions (soit une perte de 7 millions).
Elle risquerait d'engager ainsi à tort l'entreprise à cesser la fabrication de B. Or, à court terme et dans un contexte de marché concurrentiel, cette solution n'est pas forcément indiquée.

Coût marginal

Cette notion de coût correspond à la variation d'un montant total des coûts liée à la variation du volume de l'activité. Elle permet d'arbitrer sur l'opportunité d'augmenter la production.

Exemple : Le produit A coûte, pour 10 000 unités produites, 21 millions. Si l'on veut passer à 11 000 unités, il peut être nécessaire de franchir un seuil partiel de frais fixes (exemple : location d'une machine nouvelle pour 1 million). Par ailleurs, le coût variable *unitaire* peut rester inchangé. Le coût *marginal* sera alors :

1 million (frais fixes) + 1 000 × 1 000 (frais variables) = 2 millions (les ventes de ces 1 000 produits supplémentaires donneront 3 000 × 1 000 = 3 millions, soit un bénéfice additionnel de 1 million).

Le revenu marginal unitaire ressortira à $\frac{1 \text{ million}}{1\,000} = 1\,000$ francs.

La notion de coût marginal est particulièrement précieuse pour l'appréciation des *rythmes* d'évolution d'une entreprise ou d'une activité. Selon les situations étudiées, on emploie les termes de coût (marginal), de développement ou de régression.

La notion de coût collectif

Lorsqu'il s'agit soit d'apprécier l'opportunité d'investissements publics, soit d'évaluer, pour la *collectivité,* l'intérêt d'un investissement quelconque, il est nécessaire de prendre en compte une notion de coût de compréhension beaucoup plus vaste et d'évaluation au reste plus délicate : celle de coût collectif.

En effet, un profit pour une entreprise peut être contrebalancé, et au-delà, par les *nuisances qu'entraîne son activité pour la collectivité, ou les investissements publics supplémentaires qu'entraîne l'investissement privé, etc. On est contraint dès lors de représenter l'intérêt et le coût pour la collectivité par une « fonction d'utilité collective » qui dépend notamment des satisfactions de l'ensemble des individus constituant la collectivité, ces satisfactions dépendant elles-mêmes des consommations individuelles de biens privatifs et de services collectifs. Un investissement public sera approuvé lorsque la variation d'utilité collective sera positive de son fait.

Cet élément positif pour la collectivité, qui est appelé *surplus, est constitué de l'ensemble des gains nets *actualisés ressentis par tous les *agents intéressés par l'opération (consommateurs, producteurs, État, collectivités locales), l'évaluation de ces gains est dans une large mesure conventionnelle, car ceux-ci tiennent non seulement à des biens et services marchands, mais aussi à des services collectifs (défense, justice, enseignement, santé...). En outre, doivent être intégrés dans le calcul les effets externes de l'opération, tels qu'effet d'entraînement, nuisances, etc., et les avantages non marchands (économie de temps pour les autoroutes, amélioration de la santé ou du niveau de vie, effet sur la « pénibilité » de l'existence quotidienne, etc.).

Une telle analyse doit bien entendu se garder des excès de quantification et des scléroses de jugement qui en résultent. On remarquera cependant que l'effort d'analyse des coûts collectifs permet d'appliquer davantage la notion du *coût* lui-même à l'appréciation des investissements publics et de tempérer heureusement, dans leurs modalités de choix, les éléments qui peuvent être liés à une conception arbitraire de la politique publique.

Couverture

a : *Collateral* – **d** : *Deckung* – **e** : *Cobertura*

Bourse : Montant d'une transaction consignée en garantie en attendant le dénouement ultérieur de celle-ci.

Dans le domaine financier et boursier, les achats ou ventes de *titres ou *valeurs à terme sont caractérisés par une dissociation dans le temps entre l'engagement de l'opération et son dénouement (c'est notamment le cas pour les opérations boursières et les opérations sur *devises). Pour éviter que les opérateurs ne s'engagent par des ordres téméraires (rendus possibles notamment par le fait qu'on peut, dans ce type de marché, se porter vendeur de valeurs qu'on ne possède pas encore), le dépôt par eux de provision à titre de *gage ou *couverture* est généralement requis pour garantir l'intermédiaire professionnel (agent de change à la bourse) contre les risques de perte de son client. Il est obligatoire à la *Bourse de Paris pour toute opération à terme.
La couverture peut être constituée en espèces, ou partiellement en titres et partiellement en espèces. Le taux des couvertures (par rapport au risque couru) est fixé par la chambre syndicale des agents de change en fonction de raisons techniques. En cas de défaillance du client, opérateur à terme, l'agent de change peut, sans mise en demeure préalable, liquider immédiatement la « position » de celui-ci (c'est-à-dire son « *découvert » en bourse) et procéder à la vente partielle ou totale de la couverture déposée.

*Réassurance (et, dans les pays anglophones, réassurance et *assurance) : Note de couverture délivrée par le réassureur (le cas échéant l'assureur) ou pour son compte, attestant que la garantie de réassurance (ou d'assurance) est accordée, provisoirement ou pour une durée limitée, avant l'établissement du contrat. Par extension : Se dit également pour le traité de réassurance (ou d'assurance) lui-même.*

Covariance

a : *Covariance* – **d** : *Kovarianz* – **e** : *Covarianza*

---

*Statistique : Expression numérique dont la valeur est représentative de l'hétérogénéité d'un mélange de deux *distributions à deux *caractères.*

La covariance généralise la notion de *variance, applicable à un mélange de sous-populations décrites selon un *caractère.

Définition mathématique : Si l'on appelle X et Y deux variables statistiques prenant des valeurs x_i et y_j de moyennes $\bar{\bar{x}}$ et $\bar{\bar{y}}$, selon la fréquence f_{ij}, la covariance est l'expression :

$$\text{Cov (XY)} = \sum_{i=1}^{k} \sum_{j=1}^{p} f_{ij} (y_j - \bar{\bar{y}})(x_i - \bar{\bar{x}}).$$

Propriétés :

– La covariance (X, X) est égale à la variance en X.
– La covariance d'un mélange est égale à la moyenne des covariances augmentée de la covariance des moyennes (même propriété que pour la variance d'un mélange ou le moment d'inertie d'un corps par rapport à un axe).
La covariance est utilisée dans la détermination des coefficients de *corrélation entre grandeurs.

Créance

a : *Account receivable/Receivable* – **d** : *Forderung* – **e** : *Crédito*

Droit à obtenir à son profit l'exécution d'une prestation en nature ou en espèces.

Étymologiquement, on trouve à l'origine du mot une idée de confiance, en quoi il s'apparente au mot *crédit ; mais si toute créance doit avoir une cause, sans quoi son exécution ne peut être poursuivie, cette cause n'est pas toujours l'exécution antérieure d'une prestation en sens inverse, l'octroi d'un crédit ; ainsi les créances fiscales et parafiscales naissent seulement d'une obligation légale.
Les créances sont la contrepartie des *dettes à la charge de celui qui est tenu d'exécuter la prestation : comme les dettes, les créances s'analysent en fonction de leur échéance, c'est-à-dire de la date à laquelle l'exécution de la prestation pourra être exigée.
Dans la comptabilité du créancier, elles s'inscrivent au débit des comptes de tiers et apparaissent à l'actif du bilan ; lorsqu'un doute apparaît sur la valeur de certaines créances et la tenue des engagements contractés par les débiteurs, des *provisions sont constituées à concurrence de la perte possible.
Du point de vue de la sécurité des créances, on distingue les créances chirographaires et les créances privilégiées. Un créancier a pour gage l'ensemble des biens immobiliers ou mobiliers, les droits réels ou non

qui constituent le patrimoine du débiteur, mais vient en concurrence avec les autres créanciers en cas d'insolvabilité ; il peut cependant disposer d'une priorité sur l'ensemble du patrimoine du débiteur (privilège général) ou sur le produit d'un élément immobilier ou mobilier du fait des caractères de sa créance ou des sûretés particulières dont elle a été assortie (hypothèque, nantissement, etc.).

Les créances sont *cessibles* à des tiers (ou cessionnaires) auxquels le créancier (ou cédant) transmet son droit sur le débiteur (ou cédé) avec les sûretés dont il est assorti. La cession de créance n'est opposable au débiteur que si elle est signifiée au cédé ou acceptée par lui. Mais s'il s'agit de créances incorporées dans un titre négociable, la simple transmission du titre rend inutile toute autre formalité que celle prévue à raison de la forme même de ce titre (*endossement des titres à ordre, transfert des titres nominatifs, simple transmission des titres au porteur, transmission des factures par remise d'un deuxième exemplaire).

Les créances qu'il détient peuvent être constituées en gage de ses propres dettes par le créancier : c'est le **nantissement* de créances qui comporte remise du titre de créance au bénéficiaire du gage : les formalités sont les mêmes que dans le cas de cession de créance ; on notera l'endossement pignoratif des titres à ordre, ou mention de leur remise en gage, et les formalités particulières au nantissement des marchés publics (remise d'un « exemplaire unique » ; envoi de l'acte de nantissement au comptable assignataire).

En *comptabilité nationale, les créances et plus précisément leurs variations font partie des *opérations financières, par opposition aux opérations en biens et services et aux *opérations de répartition.

En *comptabilité d'entreprise, les *créances* sont regroupées, sous cette dénomination, à l'*actif du bilan, en un poste qui comprend : les créances résultant de ventes ou de prestations de services, les créances diverses, le capital souscrit et appelé mais non versé.

Crédit

a : *Credit* – **d** : *Kredit* – **e** : *Crédito*

Acte de confiance comportant l'échange de deux prestations dissociées dans le temps ; biens ou moyens de paiement contre promesse ou perspective de paiement ou de remboursement.

Pour engager leurs entreprises, financer leurs investissements ou leur consommation, développer leurs échanges, les *agents économiques disposent rarement en propre de tous les capitaux ou de tous les moyens de paiement nécessaires, et au moment voulu. Le crédit est le principal moyen d'ajuster ces moyens avec ces besoins, ces anticipations ou ces

décisions. Le crédit est en effet l'échange, dans le temps, d'un bien sous condition d'une contrepartie future. Il implique donc une confiance fondamentale dans la réalisation de cette contrepartie, ou dans les « règles du jeu » qui la garantissent. D'où son nom, provenant directement du latin *credere* (croire, se fier à).
Né de pratiques commerciales, le crédit était à l'origine consenti par des particuliers et des commerçants à l'aide de leurs disponibilités propres. Mais l'octroi des crédits est devenu progressivement une activité autonome mettant indirectement en rapport des disponibilités en quête ou en attente d'emplois et des emprunteurs ; cette activité faisant appel à des techniques et à des instruments diversifiés est mise en œuvre par des entreprises spécialisées qui sont les établissements bancaires au sens large.
Aussi nombre de celles-ci utilisent-elles le terme de *crédit* dans leur raison sociale, qu'il s'agisse de *banques commerciales à vocation générale (Crédit lyonnais, Crédit industriel), de groupes d'institutions spécialisées (Crédit agricole, *Crédit populaire), d'institutions bancaires publiques (*Crédit national, *Crédit foncier).

Analyse du crédit

L'acte de crédit peut revêtir diverses formes. Consentir un crédit, en effet, ce peut être :

- *accorder un délai* pour le paiement d'une prestation réalisée immédiatement ; il est alors accordé par le vendeur, qui peut lui-même rechercher la *mobilisation de la créance qu'il détient en la cédant à un prêteur (*crédit commercial ou crédit fournisseur, crédit à la *consommation) ;
- *prêter des fonds* à ceux qui en ont besoin pour régler au comptant des prestations : le crédit est alors consenti par un particulier mais, plus souvent, par un établissement spécialisé ;
- *promettre la réalisation d'un prêt* lorsque l'emprunteur demandera l'exécution de cet engagement (ouverture de crédit) ;
- *substituer son crédit* à celui d'un emprunteur vis-à-vis d'un prêteur ou des prêteurs qui se succèdent dans un processus de circulation des titres de créance : c'est le crédit par signature, engagement qui ne se réalise qu'en cas de défaillance de l'emprunteur.

Ainsi défini, le crédit comporte une rémunération qui couvre ses deux éléments principaux : *le temps et le risque,* le loyer de l'argent en fonction de la durée du prêt couvre le service correspondant à une indisponibilité des fonds pour le prêteur. D'autre part, un risque d'insolvabilité de l'emprunteur, croissant au fur et à mesure de la durée du prêt, justifie une sorte de prime qui s'ajoute au loyer de l'argent, en fonction de la personnalité de l'emprunteur et des garanties dont le crédit est assorti.
On appelle également « crédit » d'une collectivité publique ou privée, ou d'un particulier, le potentiel des crédits qu'il est susceptible d'obtenir

d'autrui ; il mesure la possibilité d'obtenir des prêts ou des délais de paiement ; c'est l'expression de la confiance dont cet emprunteur jouit en fonction de son patrimoine, de ses revenus, mais aussi de ses aptitudes professionnelles, des conditions de sa gestion, de sa valeur morale. Le crédit d'une banque lui permet d'attirer les dépôts du public et de conserver une part de ceux qu'il crée.

Les diverses catégories de crédits

Les crédits se définissent selon leur durée, leur objet, les garanties dont ils sont assortis, leur liquidité pour le prêteur.

Selon leur durée : Entre les formes traditionnelles de crédit à court terme et de crédit à long terme, s'est développé pour répondre à des besoins nouveaux le crédit à moyen terme.

• *Le *crédit à court terme* se définit par sa durée normalement inférieure à deux ans mais aussi par son objet ; il doit normalement trouver son dénouement dans le règlement de l'opération qu'il a permise, qu'il s'agisse d'une opération de commercialisation ou de production : approvisionnement préalable, opération de production, stocks, prêts à la vente, délais de paiement consentis aux acheteurs. Il se réalise soit par l'intermédiaire du compte courant du bénéficiaire (*facilités de caisse, *découvert autorisé), soit par prêt, soit par cession de créances (*escompte, *mobilisation de créances commerciales, *factoring) dont le produit est porté au crédit du compte du bénéficiaire.

• *Le *crédit à long terme* est destiné à satisfaire des besoins permanents et à financer des *immobilisations amortissables sur une longue période, supérieure à 10 ans. Il comporte un engagement de nature différente : aussi, traditionnellement, ne peut-il être consenti que sur des ressources stables : ressources propres des établissements prêteurs, produit d'émissions obligataires, épargnes semi-liquides. Il est normalement consenti par des établissements spécialisés et, si les banques y participent, les techniques mises en œuvre ne sont plus celles du crédit bancaire. Il sort même du domaine du crédit lorsqu'il est recherché auprès du public sur le marché financier (*voir* Obligations).

• Le *crédit à moyen terme* s'est développé en France pour répondre à des besoins nouveaux mais aussi pour pallier l'insuffisance des ressources alimentant le crédit à long terme. L'allongement des cycles de fabrication et des cycles commerciaux d'une part, la nature des immobilisations industrielles et agricoles dont l'amortissement doit être réalisé — pour des raisons techniques — en moins de dix ans, appelaient des crédits de durée intermédiaire. L'insuffisance des ressources du marché financier et les possibilités d'*autofinancement limitées conduisaient, d'autre part, à faire appel aux ressources du marché monétaire pour financer les investissements.
Ces deux causes qui se recoupent partiellement ont conduit en France au développement d'un crédit à moyen terme faisant appel à une technique nouvelle à partir de la décision du conseil général de la Banque

de France (11 mai 1944) ouvrant la porte du *réescompte au *papier à moyen terme remplissant certaines conditions : durée du crédit limitée à 5 ans (et 7 ans depuis 1965) ; nombre de signatures élevé à quatre au lieu de trois (*voir* Aval).
Bien que, en *RFA,* il n'existe pas de procédure pour la mobilisation des crédits à moyen terme, cette catégorie de crédits est isolée ; elle réunit les crédits de 6 mois à 4 ans. Aux *États-Unis,* la notion de crédit à moyen terme n'est pas utilisée.

Selon leur objet : A la distinction traditionnelle des *crédits commerciaux* et des *crédits d'équipement,* correspondant à des besoins de durée différente, s'ajoutent des distinctions nouvelles dues à la spécialisation croissante des crédits.

• Le *crédit immobilier* couvre toutes les catégories de crédits facilitant la construction d'immeubles, leur acquisition, leur modernisation. Ceux-ci sont accordés soit aux promoteurs, soit aux acquéreurs et, suivant l'état de l'opération et sa nature, sont de durée variable. Ce crédit ne coïncide que partiellement avec le domaine du *crédit foncier dont la technique repose sur la garantie hypothécaire et dont l'objet s'étend à l'acquisition de tous immeubles y compris les terrains non bâtis à destination agricole, mais ne porte que sur des *immeubles existants* et correspond normalement à un crédit à long terme.

• Le *crédit à la *consommation* est le crédit consenti aux ménages pour leurs besoins courants et surtout pour l'acquisition de biens semi-durables (*voir* Durabilité) (automobile, équipement ménager). Dans la terminologie courante, il est souvent confondu avec le financement des ventes à *tempérament assuré par les vendeurs eux-mêmes, par des établissements financiers spécialisés, ou par les banques ; mais ses techniques sont employées aussi pour financer la vente d'équipements professionnels (véhicules industriels) ;

• Le *crédit à l'exportation* (*voir* Banque française du commerce extérieur, Assurance-crédit) finance soit la production de biens destinés à l'exportation (*préfinancement), soit les délais de paiement consentis par le vendeur à l'acheteur étranger (crédit de mobilisation de créances nées à court, moyen et long terme), soit les prêts directement consentis à l'acheteur étranger pour lui permettre de régler le montant de ses achats (crédits acheteurs par opposition aux crédits fournisseurs).

En fonction des garanties dont ils sont assortis : On distingue les crédits en blanc (ou crédits non garantis ou crédits personnels) reposant sur la confiance dans la *solvabilité du client et son aptitude à tenir l'ensemble de ses engagements, et les crédits assortis de sûretés ou *gages.

• Les *sûretés réelles* comportent affectation au profit du banquier de certains éléments de l'*actif et notamment de ceux dont l'acquisition est l'objet même du crédit ; mais ces sûretés peuvent être prises aussi, même lorsqu'il s'agit de crédits par caisse sans affectation déterminée à tel objet. Parmi ces sûretés figurent l'hypothèque des immeubles, utilisée aussi bien dans les crédits immobiliers que dans toutes les catégories de crédits aux entreprises ; le *nantissement des matériels d'équipement et des fonds de commerce ; le nantissement de titres ou de marchandises ; le *warrantage des stocks ; la subrogation dans le privilège du vendeur.

• Les *garanties personnelles* comportent le *cautionnement et l'*aval, ce dernier étant une forme de cautionnement réservée à la garantie d'effets de commerce. Le cautionnement peut être organisé dans le cadre d'un système de solidarité collective et réciproque. L'assurance-crédit ne s'est autant développée qu'avec la garantie de l'État dans le domaine du crédit à l'exportation : l'assurance-vie est souvent exigée pour les prêts immobiliers à moyen ou long terme.

En fonction de leur *liquidité pour le prêteur : Les crédits consentis sont dits mobilisables ou non. Le prêteur (et notamment le banquier désireux de consentir de nouveaux crédits ou de faire face à un retrait des dépôts) peut souhaiter non seulement récupérer les fonds avancés à l'échéance convenue, mais en retrouver aussi la disposition à tout moment.
Afin de céder ou de mettre en nantissement sa créance en cas de besoin, il en obtient la matérialisation dans un titre négociable (*effet de commerce ou effet financier). Pour les crédits à court ou moyen terme, il peut s'assurer au préalable d'un accord de mobilisation.
Le problème de liquidité ne se pose pas pour les « crédits par signature ». Là, une complète association est réalisée entre la manifestation de confiance dans la solvabilité de l'emprunteur exprimée dans la signature du banquier, et l'octroi des fonds ou des délais de paiement. Celui qui donne sa signature sous forme d'aval ou d'*acceptation d'un effet, ou en qualité de *caution substitue vis-à-vis d'un tiers — banquier ou non — sa signature à celle de son client et le crédit accordé ne se traduira par un décaissement qu'en cas de **défaillance* de ce client.

Le rôle du crédit

Le volume, le prix et les conditions du crédit en font un élément déterminant du niveau de l'activité économique et de la valeur de la monnaie. L'essor des économies modernes, en régime capitaliste, est lié étroitement au développement d'organismes spécialisés qui ont groupé les *épargnes en volume suffisant pour faire face aux besoins d'*investissements et au financement des échanges. Tout crédit mobilise en fait un pouvoir d'achat qui serait inutilisé. Il remplace donc une *demande potentielle par une demande active qui se porte effectivement sur le marché.

• La nature même des banques qui reçoivent des *dépôts à vue et consentent des crédits sur les ressources ainsi collectées permet à ces banques de créer par leur activité un pouvoir d'achat supplémentaire. Elles créent de la monnaie parce que les crédits qu'elles consentent à l'aide de dépôts sont eux-mêmes créateurs de dépôts, conformément à l'adage « *loans make deposits* » (les prêts font les dépôts).
Ce phénomène apparaît clairement lorsque le crédit est consenti par voie

d'escompte (pratique française) ou par voie de prêt (pratique anglo-saxonne). Tandis que le déposant conserve la disposition du pouvoir d'achat qu'il peut utiliser par voie de *chèque, le bénéficiaire du crédit reçoit un pouvoir d'achat nouveau à raison du montant de l'escompte ou du prêt que l'établissement bancaire porte au crédit de son compte. L'actif (par le crédit consenti) et le passif (par l'inscription du produit du crédit) sont également majorés dans le bilan de la banque qui a ainsi créé ses propres ressources.

Que le bénéficiaire du crédit, par ses dépenses, transfère à un autre la monnaie ainsi créée ne la fait pas disparaître si le règlement est fait entre comptes bancaires. La diminution du dépôt a pour contrepartie l'accroissement d'un autre compte de dépôt ouvert dans la même banque ou dans une autre banque. Mais, dans les deux cas, *le volume des dépôts dans l'ensemble du système bancaire en est augmenté.*

Ainsi les banques créent des moyens de règlement, appelés *monnaie scripturale, à concurrence des dépôts qu'elles consentent mais dans la mesure où tous acceptent un règlement par virement ou chèque.

• La possibilité de créer des dépôts et de consentir des crédits connaît cependant des *limites,* en dehors de celles qui tiennent à la demande de crédit, qui est fonction de son coût. Ces limites résultent de l'évasion des dépôts hors du système bancaire, laquelle peut s'opérer de trois façons principales :

– par transformation en billets de banque d'une partie des dépôts à l'initiative des déposants (la banque d'émission peut toutefois compenser cette perte) ;

– par transfert d'une partie de ce pouvoir d'achat au Trésor public (souscription de *bons du Trésor, emprunts publics...) ;

– par transfert de ce pouvoir d'achat à l'étranger (exportations de capitaux ou financement des *importations).

Le contrôle du crédit

Le contrôle de la distribution du crédit par les banques s'est développé en fonction d'objectifs multiples : lutte contre les pressions *inflationnistes, réalisation des objectifs de *croissance du Plan, maintien ou rétablissement du plein*emploi, alimentation prioritaire du Trésor public et toutes autres actions visant à une régulation de la *conjoncture ou à une certaine *planification de l'économie et de son équilibre.

Du fait de ces objectifs multiples et souvent difficiles à concilier, les moyens de contrôle du crédit se sont diversifiés : moyens globaux portant sur le volume du crédit, sur son prix : moyens sélectifs portant sur la réglementation et les interventions de la banque centrale.

• *Contrôles quantitatifs sur le volume du crédit.* Des techniques multiples comportant soit la mise en œuvre de *règles obligatoires, soit l'intervention* de la banque centrale sur le marché monétaire permettent de contrôler le volume des crédits que les banques peuvent accorder.

Une limitation de la croissance des crédits peut être recherchée par le plafonnement des possibilités de réescompte (exemple de la France, où les banques sont largement engagées vis-à-vis de l'institut d'émission). Le même objectif peut être visé par l'affectation obligatoire d'une partie des dépôts bancaires qui sont stérilisés auprès de l'institut d'émission sous forme de *réserves* productives d'intérêt ou non ; le système des *réserves obligatoires* institué aux États-Unis en 1913 pour assurer la sécurité des dépôts peut ainsi servir d'instrument de politique monétaire (*voir* Federal Reserve System).

Il a été adopté par la France en 1967 qui a même créé des réserves obligatoires sur les crédits.

Enfin il peut y avoir limitation du volume même des crédits : l'**encadrement du crédit* est une limitation au taux de progression annuelle ou mensuelle (ainsi en France en 1957, 1963, 1968 et depuis 1973).

• **Interventions sur le prix du crédit.* Traditionnellement, on agit sur les *taux directeurs. Le taux des opérations de l'institut d'émission influe indirectement sur le coût des opérations de refinancement, mais peut aussi déterminer plus directement le coût des crédits consentis par les banques aux entreprises et aux particuliers.

En Grande-Bretagne, le « bank rate » détermine le prix de l'argent au jour le jour sur le marché monétaire, le coût des avances et le niveau de rémunération des dépôts bancaires.

En France, le taux des crédits s'établit maintenant à partir d'un taux de base distinct du taux de l'*escompte, variant généralement dans le même sens que lui mais avec une moindre amplitude. Des conditions minimales ou maximales peuvent être imposées aux banques pour décourager les demandes de crédit ou agir sur le volume des dépôts auxquels elles chercheront un emploi.

• Le contrôle du crédit comporte à la fois une action sur les *interventions de la banque centrale* sur le marché monétaire et la mise en œuvre de *mesures d'ordre réglementaire.* Des pouvoirs réglementaires peuvent être délégués à la banque centrale. Mais l'ensemble de ces moyens conduisant à une action coordonnée vis-à-vis de la conjoncture, il importe de déterminer ce qui relève en fin de compte du contrôle du crédit de la banque centrale ou du gouvernement, c'est-à-dire du ministère des Finances. Auprès de ce dernier, peuvent prévaloir d'autres considérations que le seul maintien de la stabilité monétaire : plein emploi, expansion, et surtout les intérêts du Trésor emprunteur sur le marché monétaire. Dans tous les pays où le statut de la banque centrale lui confère une certaine indépendance, un conflit entre ces deux autorités monétaires peut apparaître. Le conflit entre la Trésorerie et le Federal Reserve Board aux États-Unis a pris un caractère aigu jusqu'à l'accord de 1951 qui subordonne la politique de la dette publique à la politique monétaire.

• En France, la politique du crédit incombe au *Conseil national du crédit,* sous la présidence du ministre des Finances et, en son absence, du gouverneur de la Banque de France, vice-président.

Il comprend 44 membres : 12 représentants des diverses branches de l'activité économique, 8 représentants des organisations ouvrières les plus représentatives, 8 représentants des administrations publiques, 8 conseillers nommés par le ministre des Finances en raison de leur compétence financière ou bancaire, 8 membres ayant exercé ou exerçant des fonctions de direction dans un établissement public ou semi-public de crédit.
Le Conseil a distribué son travail en plusieurs comités spécialisés : banques et établissements financiers ; dépôts ; crédit à court terme ; crédit à moyen et long terme ; commerce extérieur ; départements et territoires d'outre-mer.
Le secrétariat du CNC est assuré par la Banque de France.
Le Conseil national du crédit prend par voie de décisions les mesures réglementaires qui s'imposent aux banques, tandis que le conseil général de la banque demeure compétent pour la fixation des conditions d'intervention de la banque centrale (conditions du réescompte et de l'*open market).

Crédit (comptabilité commerciale)

a : *Credit (accounting)* – **d** : *Haben (Buchführung)* – **e** : *Crédito (contabilidad)*

En comptabilité en partie double : Colonne de droite d'un compte dans lequel sont portées les opérations de constatation d'une créance née au profit d'un tiers, d'une sortie de biens ou de valeurs provenant du patrimoine de l'entreprise ou de l'agent, ou d'un produit acquis à cet agent.

Un crédit et un débit d'égal montant constituent, en comptabilité en partie double, les deux éléments de la description d'une opération à deux comptes distincts.
De ce principe (exposé dans les développements consacrés au mot *débit) et de la convention selon laquelle s'inscrit au crédit du compte d'un tiers toute créance qui lui est reconnue, il résulte qu'une écriture portée au crédit d'un compte peut représenter aussi :

– la constatation d'une sortie de valeurs ;

– la constatation de recettes provenant de la vente de produits, de la fourniture de services dont la contrepartie habituelle est portée au débit d'un compte de tiers ou d'un compte de valeurs.

Lors de l'établissement d'une balance des comptes, les soldes créditeurs des comptes sont destinés à constituer soit le *passif du bilan, soit le recensement des produits selon que ces soldes concernent des comptes de tiers, y compris les propriétaires de l'entreprise eux-mêmes, ou des comptes de produits.

Crédit (fiscalité)

a : *Tax deferral* – **d** : *Steuerstundung* – **e** : *Moratoria fiscal*

---

*Délais accordés par la législation fiscale ou douanière aux *redevables, pour le règlement de certains *droits ou *taxes normalement payables au comptant.*

La législation des contributions indirectes, comme la législation douanière, distingue le crédit d'enlèvement et le crédit des droits proprement dit.

Le crédit d'enlèvement : C'est une facilité pratique, portant sur quelques jours seulement, qui permet au redevable d'enlever les marchandises avant l'accomplissement de toutes les opérations aboutissant à la liquidation des droits et taxes payables au comptant. Il est gratuit, sauf remise et frais de caution.
En matière douanière, l'enlèvement des marchandises peut être fait au fur et à mesure des vérifications et avant liquidation des droits : le bénéficiaire doit présenter une soumission cautionnée et payer une remise d'un pour mille.
En matière de contributions indirectes, l'enlèvement des marchandises entraîne perception de droits au comptant : mais, à condition d'avoir présenté une caution spéciale, les marchands de vins en gros et les distillateurs peuvent bénéficier d'un régime comportant arrêté des comptes tous les dix jours seulement et paiement des droits dans le délai d'un mois à partir de l'arrêté.

Le crédit des droits : Il constitue un véritable crédit accordé par le Trésor pour le règlement des taxes sur le chiffre d'affaires, des contributions indirectes, des droits de douane et même de certaines taxes perçues par l'Enregistrement.
Sa durée est de deux, trois ou quatre mois, au choix du redevable, pour les taxes sur le chiffre d'affaires, uniformément de quatre mois pour les contributions indirectes et les droits de douane ; elle s'ajoute à la durée du crédit d'enlèvement.
Les redevables peuvent s'acquitter des droits et taxes dus en présentant des *obligations cautionnées,* portant intérêt au bénéfice du Trésor ; le taux d'intérêt est fixé généralement à un taux voisin du taux d'escompte de la Banque de France ; il s'y ajoute une remise d'un pour mille, indépendante de la durée du crédit, qui est partagée entre le Trésor et les comptables publics ; pour le redevable, le coût de ce crédit comprend aussi les frais de constitution de la caution, le plus souvent fournie par une banque ou une société de caution mutuelle.
Cet avantage se justifie dans la mesure où les droits payés ne peuvent être récupérés par les importateurs, les fabricants et les commerçants qu'après certains délais correspondant à la rotation de leurs stocks et

aux crédits qu'ils accordent à leurs clients : cette idée s'était imposée dans le régime ancien qui, jusqu'en 1875, assurait un crédit des droits gratuit et, par mesure d'équité, une bonification d'escompte en cas de paiement au comptant.
Aujourd'hui, le crédit des droits, qui porte effectivement sur plus du cinquième des droits susceptibles de bénéficier de ce régime, représente un avantage aveugle en raison de son taux avantageux et de sa durée indépendante des conditions de commercialisation ; il apparaît comme une brèche dans le contrôle du crédit. Pour le Trésor il constitue une charge : toutefois, lorsque les obligations sont parvenues à 90 jours de leur échéance, le Trésor peut les mobiliser auprès de la Banque de France ; le portefeuille d'obligations cautionnées constitue un des éléments de gestion quotidienne de la Trésorerie.

Le crédit d'impôt : Il a une signification tout à fait différente en matière d'impôt sur le revenu : c'est un crédit au sens comptable d'*avoir dont dispose le contribuable, du fait d'un impôt déjà payé, avoir qui peut lui servir au règlement d'un autre impôt, ou exceptionnellement lui être remboursé.
Il peut avoir pour origine la *retenue à la source opérée lors de la distribution des revenus des valeurs mobilières. Celle-ci ne s'applique plus qu'aux revenus des obligations et des bons de caisse et seulement lorsque le contribuable n'a pas opté pour le prélèvement forfaitaire de 25 % (ou de 33 %) qui libère les revenus de toute imposition à l'IR ; la retenue à la source constitue une perception fiscale anticipée ou crédit d'impôt : son montant doit être ajouté au revenu net perçu pour la détermination du revenu imposable ; ce montant s'impute ensuite sur la cotisation due à l'IR, dans les mêmes conditions que l'*avoir fiscal qui procède des *dividendes distribués aux porteurs d'actions.

Crédit acheteur

a : *Export customer credit* – **d** : *Exportkundenkredit* – **e** : *Crédito al comprador*

---

*Technique particulière du crédit à l'*exportation dans laquelle le crédit, au lieu d'être consenti à l'exportateur qui accorde des délais de paiement à son client, est attribué directement à l'acheteur étranger par les banques et organismes spécialisés du pays exportateur.*

Dans sa forme habituelle, le *crédit à l'exportation est un crédit fournisseur : l'exportateur reçoit le crédit du *système bancaire de son pays et assure le financement des délais de paiement qu'il consent à son client. C'est en 1960 que le crédit acheteur est apparu dans les relations économiques internationales mais il n'a été introduit en France qu'en

1970. Réservé aux opérations à long terme, il a pour but de soulager les entreprises exportatrices des charges et des risques du financement des opérations d'une importance particulière (en principe supérieure à 25 millions de francs) et de longue durée (en principe supérieure à 8 ans). Il prend la forme d'un prêt direct des banques françaises à l'acheteur étranger, ce dernier réglant son fournisseur français.
Ces crédits qui ne peuvent être consentis qu'à des acheteurs privés (ou dans le cas d'acheteurs publics, à la condition expresse qu'il s'agisse d'un investissement industriel et commercial) font appel pour le financement et la garantie à la participation des organismes officiels qui interviennent traditionnellement dans ce genre d'affaires, *COFACE et *BFCE notamment.
Intéressante pour l'exportateur qui est déchargé des soucis du financement, cette formule présente également des avantages pour le client étranger. Le coût des fournitures étant clairement dissocié de celui du crédit, elle permet, en effet, un meilleur contrôle des conditions de prix du contrat commercial. Dès lors, elle a connu depuis sa création un développement rapide et plus du quart des crédits privés garantis à long terme, consentis par la France, font l'objet de ce type de financement.
Bien que de création récente, le crédit acheteur a déjà évolué. Des dérogations ont pu être consenties aux règles de montant et de durée — dans certains cas, des exportations de biens de consommation ont même bénéficié de cette procédure. Des améliorations ont également été apportées, notamment par l'institution de crédits-relais, analogues au crédit de *préfinancement, qui complètent le crédit acheteur et assurent le financement de l'opération au cours de la période qui sépare les livraisons de la mise en route (comme il s'agit le plus souvent d'investissements importants, les livraisons sont en général échelonnées et les fournisseurs peuvent être nombreux, or le point de départ du crédit acheteur lui-même est fixé à la date de la mise en route de l'équipement considéré). Le recours de plus en plus fréquent à cette technique fait d'ailleurs présager que des modifications ultérieures interviendront dans la pratique au fur et à mesure qu'apparaîtront les problèmes qu'elle suscite.

Crédit-bail

a : *Leasing* – **d** : *Leasing* – **e** : *Crédito-Arrendamiento*

Technique de crédit professionnel comportant contrat de louage d'équipements mobiliers et immobiliers, assorti d'une promesse de vente au profit du locataire.

Cette technique, d'abord réservée aux équipements industriels, et connue dans les pays anglo-saxons sous le nom de « leasing », a été introduite vers 1950 aux États-Unis. Son extension à l'Europe est plus récente. En

France, les premières sociétés spécialisées dans le crédit-bail sont apparues en 1962.
Leur réglementation a été précisée par la loi du 2 juillet 1966 qui donne une définition des opérations de crédit-bail portant sur des biens immobiliers et accorde un régime de transparence fiscale aux « sociétés immobilières pour le commerce et l'industrie » (SICOMI) qui ont pour objet exclusif la location d'immeubles à usage professionnel. On compte une trentaine d'entreprises spécialisées dans cette technique, avec des possibilités d'intervention correspondant à environ 1 % des investissements des entreprises françaises.
Dans cette formule, le locataire qui, généralement, choisit les équipements que le bailleur acquiert et dont il assure l'entretien, s'acquitte d'un loyer pendant la période de location qui coïncide le plus souvent avec la durée de l'*amortissement fiscal. A son issue, il peut, soit profiter de la promesse de vente en achetant les biens loués par un versement de fonds complémentaire, soit reprendre les biens en location, cette fois révocable, soit ne pas renouveler le contrat.

• Le crédit-bail se différencie de la *location* pure et simple assortie de services (« renting » ou « rental » dans les pays anglo-saxons) ; de la *location-vente* qui se résout automatiquement par une vente à l'issue du bail, de *la vente à *tempérament* qui comporte un transfert de propriété initial assorti d'un paiement à crédit ; et enfin du *lease-back,* opération par laquelle une entreprise vend tout ou partie de ses équipements à une société de crédit-bail pour en disposer ensuite dans le cadre d'un contrat de location.

• Pour le locataire futur acquéreur, le crédit-bail présente l'avantage de permettre un *financement simple et rapide* de la totalité des investissements. La possibilité de ne pas renouveler le contrat constitue en outre pour lui une sorte d'assurance contre l'*obsolescence ; enfin, cette technique lui permet de passer en frais généraux le coût de la location alors que certaines dépenses exposées à l'occasion d'un investissement direct ne seraient pas déductibles du bénéfice et donc de l'assiette de l'*impôt.* En revanche, le crédit-bail est lui-même d'un *coût élevé,* très supérieur à celui du crédit bancaire à moyen terme.
Il y a là un facteur susceptible de limiter l'extension du recours à cette institution, au moins pour les secteurs qui ne sont pas en expansion rapide. Un autre frein est naturellement constitué par l'attachement de l'entrepreneur à la propriété de ses moyens de production.

• *D'un point de vue plus général,* le crédit-bail apparaît comme une technique de financement souple, mais elle est très sensible à la conjoncture ; elle peut favoriser un certain suréquipement et elle apparaît de nature à encourager un endettement occulte des sociétés locataires. De ces inconvénients résulte, en France, l'intervention de dispositions visant à placer sous la tutelle des autorités financières les établissements se livrant à l'activité de loueurs d'équipements. Le développement de cette technique dépend en définitive des ressources dont pourront se doter les sociétés de crédit-bail.

Crédit cartellaire

a : *Syndicated loan* – **d** : *Konsortialkredit* – **e** : *Crédito cartelario*

Voir Cartellaire (crédit).

Crédit commercial (ou crédit fournisseur)

a : *Commercial credit (or supplier credit)* – **d** : *Warenkredit (oder Lieferantenkredit)* – **e** : *Crédito comercial (o crédito de proveedor)*

Délais de paiement accordés par un fournisseur de marchandises ou de services à son client commerçant.

Cette forme de *crédit, qui consiste à consentir à son débiteur un délai de paiement, est pratiquée entre personnes ayant la qualité de *commerçants. Variable selon les professions, le délai de paiement correspond au cycle de valorisation ou de vente des marchandises par le client.
En France, le support matériel du crédit commercial est constitué par les *effets de commerce, eux-mêmes exigibles au crédit d'*escompte commercial dont peut bénéficier le fournisseur auprès de ses banquiers. Au stade du *réescompte auprès de la Banque de France, les conditions de délais, variables par professions ou nature d'opérations, fondent les règles d'*usances.
Dans les finances de l'entreprise, le crédit commercial est l'ensemble constitué par les postes « fournisseurs » et « effets à payer fournisseurs » figurant au bilan, dans la nomenclature du plan comptable de 1957. Plus précisément, il convient de déduire du poste « fournisseurs » figurant au passif du bilan le montant du poste « fournisseurs » figurant à l'actif et correspondant aux avances et aux acomptes perçus des fournisseurs. Dans le plan comptable de 1982, les postes correspondants sont les « avances et acomptes » du compte *clients créditeurs.* L'entreprise bénéficie ainsi d'un crédit permanent renouvelé à mesure de ses achats. Elle en consent naturellement à son tour à ses clients, mais le solde de ces créances et dettes peut être à son avantage. C'est notamment le cas de commerces de *distribution au détail (où le crédit aux clients est plus rare), pour lesquels le crédit fournisseur peut, à la limite, constituer le *fonds de roulement.

Crédit croisé

a : *Swap* – **d** : *Swap* – **e** : *Crédito cruzado*

*Échange de *devises pour une courte durée entre institutions monétaires. (En anglais : swap, mot familier pour troc.)*

Pratiqué surtout entre banques centrales, le swap permet d'accroître momentanément les réserves de change d'un pays menacé par la spéculation sans faire peser de risque de change sur celui qui lui vient en aide. La banque centrale demanderesse obtient en effet pour une durée limitée, et moyennant le paiement d'un certain intérêt, la disposition d'une somme en devises en contrepartie de laquelle elle livre à son partenaire un montant équivalent en sa monnaie nationale. Le dénouement de l'opération s'effectue par la restitution, c'est-à-dire l'annulation, des dépôts croisés qui avaient été constitués. Les banques centrales des pays occidentaux sont liées entre elles par un réseau permanent d'accords de swap qui leur permet de mettre rapidement en place les concours nécessaires, sans perdre de temps en négociations préalables.

Crédit de mobilisation de créances commerciales (CMCC)

a : *Advance on receivables* – **d** : *Forderungsbevorschussung* – **e** : *Crédito para la movilización de saldos comerciales*

*Technique de *crédit à court terme consenti par une banque à un industriel ou à un commerçant en contrepartie des créances figurant dans le compte « clients » de l'emprunteur.*

Cette nouvelle technique de crédit (CMCC) a été introduite en France en 1967 pour accroître la variété des types de crédit à court terme à la disposition des entreprises et notamment pour leur fournir un crédit moins cher que le *découvert et d'un mécanisme moins lourd que l'*escompte de chaque créance individuelle. A ce moment, en effet, les banques, prenant en considération les frais de traitement des effets escomptés, relevaient les frais fixes perçus lors de l'opération d'escompte.

Mécanisme

Il s'agit en réalité d'une variété d'escompte qu'on pourrait appeler l'escompte collectif. En effet, la banque, dans ce système, escompte un *billet à ordre souscrit par l'emprunteur en représentation d'un certain nombre de créances qu'il a sur ses clients et dont les échéances sont à

10 jours au plus. Le caractère certain de ces créances est matérialisé par les factures émises. Le CMCC répond au même objet que l'escompte (mobilisation de créances) mais, à la différence de celui-ci, il dissocie le support du crédit et le moyen de recouvrement ; de nouvelles techniques de recouvrement doivent donc être employées à cette fin (*chèque, *virement, *facture protestable [créée par ordonnance du 18-9-67], avis de prélèvement, effet de recouvrement...).
Le CMCC peut être accordé selon deux modalités.

• Dans le CMCC « garanti », le billet doit être justifié par l'énumération détaillée et référence des factures qu'il recouvre, voire par leur production, sous forme protestable (c'est-à-dire assorties d'un protêt). S'il est de nature à alléger la tâche du banquier, ce système entraîne en revanche un alourdissement de celle de l'emprunteur, si bien qu'il ne présente sous ce rapport aucun avantage appréciable sur l'escompte. Il sert cependant à accoutumer les clients à la technique du CMCC et à préparer le développement du CMCC non garanti.

• Le CMCC « non garanti », en effet, est d'un maniement plus souple et constitue la forme accomplie du CMCC. Dans cette variété, en effet, le banquier s'en remet à l'emprunteur pour la réalité de l'existence de ces créances et pour leur recouvrement. Il n'exige pas de communication de la liste des factures couvertes par le billet (et encore moins la délégation de celles-ci). Il s'agit donc d'un crédit largement personnel.

Valeur de cette formule de crédit

Le CMCC est moins onéreux que le *découvert par caisse. Il présente en effet une meilleure garantie pour le banquier, car il a une cause et un dénouement déterminés (il est pratiquement « autoliquidant »).
En outre, et surtout, il est mobilisable, la Banque de France étant autorisée depuis l'ordonnance du 28 septembre 1967 à accepter des effets revêtus de deux signatures seulement. Elle donne un accord valant autorisation de réescompte lorsqu'elle est assurée de l'engagement par lequel le client renonce à recourir au financement par escompte commercial. Elle peut s'assurer par sondages du bien-fondé des crédits qu'elle mobilise et refuser, en revanche, à une entreprise le bénéfice de ce régime. Par rapport à l'escompte, il présente notamment les avantages suivants : il n'est pas soumis comme lui aux délais et aux problèmes matériels qui tiennent à la confection de plusieurs *traites, et surtout à leur *acceptation ; il peut également couvrir des transactions ne donnant pas lieu à traite, telles les transactions dites « au comptant », mais dont le règlement se fait après un certain délai ; il peut être fait à tout moment, et pas seulement au moment des relevés mensuels que l'entreprise fait de ses livraisons pour établir ses traites, etc. Enfin, il sera moins onéreux que l'escompte lorsque celui-ci sera facturé à son juste prix, qui est élevé.
En revanche, l'emprunteur est obligé de tenir une comptabilité de clientèle très détaillée faisant ressortir les échéances et la partie des livraisons qui

ne sont pas encore payées, car il lui est interdit d'utiliser dans ce cas des effets de commerce à échéance. Il revient aux banques, pour contrebalancer ces frais de gestion chez leurs emprunteurs, de leur proposer des procédés rapides de recouvrement.

Crédit de paiement

Dotation destinée à couvrir la dépense annuelle correspondant à l'exécution d'un investissement.

Voir Crédits budgétaires.

Crédit différé

a : *Deferred credit* – **d** : *Aufgeschobener Kredit* – **e** : *Crédito diferido*

*Formule de *crédit dans laquelle l'octroi du prêt est subordonné à la constitution préalable d'une épargne au cours d'une période d'attente.*

La formule repose sur la multiplication des possibilités individuelles résultant d'une concentration des efforts d'épargne dont l'efficacité serait moindre s'ils demeuraient isolés : un épargnant voulant disposer de 10 000 francs pour tel achat ne pourra réaliser celui-ci qu'au bout de 10 ans s'il ne peut épargner chaque année qu'une somme de 1 000 F. Mais les épargnes annuelles de dix personnes animées d'un même désir représentent dès la première année une somme de 10 000 francs et permettent de satisfaire l'une d'elles ; il en est de même au cours de chacune des années suivantes : en moyenne, les épargnants obtiendront donc satisfaction plus tôt que s'ils avaient poursuivi leur effort d'épargne dans un cadre individuel. C'est le schéma d'un groupe fermé d'inspiration mutualiste.

Dans le cadre d'un organisme de crédit différé de type « ouvert » à effectif d'adhérents variable, ce mécanisme s'appliquera par le moyen de contrats prévoyant des engagements d'épargnes mises à la disposition de l'organisme qui ultérieurement remboursera les avances ainsi faites en les complétant d'un prêt sur les épargnes apportées par d'autres souscripteurs de contrats.

En dehors de la malhonnêteté, toujours possible, des gestionnaires de l'organisme collectif dont les frais généraux peuvent amputer les possibilités de prêts aux adhérents, le système appliqué dans un cadre commercial comporte des *risques graves :* il suppose un apport continu de contrats nouveaux, donc d'épargnes nouvelles, pour satisfaire les engagements de prêts : lorsque le délai d'attente a été fixé dans le contrat

initial, toute interruption des souscriptions met en cause le respect des engagements de prêts. Et plus ce délai est court afin d'attirer les souscripteurs, plus le rythme des souscriptions devrait s'accélérer, conformément au mécanisme de la « boule de neige ». Les mêmes dangers peuvent apparaître s'il n'y a pas de délai d'attente déterminé : l'allongement des délais réels décourage les nouvelles souscriptions et conduit à un retard toujours croissant dans l'octroi des prêts.
L'application de ce système est de nature à *faciliter le financement* des opérations des particuliers qui concernent leurs besoins de logement ; il encourage l'épargne individuelle et réduit la durée de la période d'épargne préalable.

En Grande-Bretagne : C'est là qu'apparaît en 1781 la première institution de ce type, groupant des personnes désireuses d'acquérir un terrain et de construire en commun pour leurs propres besoins. Des *building societies* se sont ensuite créées sur ce modèle : mais elles sont progressivement devenues de simples caisses d'épargne accordant des prêts hypothécaires.

En Allemagne : Après 1918, des caisses d'épargne-construction *(Bausparkassen)* ont été instituées. Le mécanisme des contrats qu'elles proposent aux épargnants est le suivant.

• Des contrats fixent des engagements précis en ce qui concerne la constitution de l'épargne préalable par versements périodiques ; les versements faits à ces caisses bénéficient du régime général des encouragements aux engagements d'épargne à long terme qui comportent octroi de primes importantes bonifiant les versements, ou bien déduction de ceux-ci dans la détermination des revenus imposables.

• Les prêts différés pouvant avoir tout objet en relation avec le logement peuvent être assortis d'une hypothèque de deuxième rang, ce qui permet de les utiliser pour compléter les prêts principaux souvent accordés par les caisses d'épargne ordinaire avec lesquelles les caisses d'épargne-construction peuvent avoir d'étroites relations. S'il existe un délai minimum d'attente (18 mois), la date d'octroi des prêts n'est pas fixée dans le contrat, mais résulte du classement des candidats en fonction du montant et de la durée de l'épargne, de telle sorte que la *liquidité du système ne puisse être compromise.

• Toutefois, le système tend à perdre ses caractères initiaux avec l'octroi par les caisses de prêts intérimaires, réduisant le délai d'attente, ou de prêts immédiats sans effort d'épargne préalable.

En France : Les besoins de logement après 1945 ont provoqué l'apparition d'organismes de crédit différé : divers accidents, dont le plus grave fut celui du Crédit mutuel du bâtiment, ont déterminé le législateur à intervenir pour protéger les souscripteurs de contrats. La loi du 24 mars 1952 a réglementé les sociétés de crédit différé (capital minimum, agrément préalable, surveillance exercée par la Direction des assurances)

et les contrats proposés aux souscripteurs. L'intervention de concours financiers extérieurs est, d'autre part, nécessaire pour limiter les dangers d'un ralentissement des souscriptions de contrats nouveaux.
A la suite de cette loi, divers organismes nouveaux ont été créés, sous l'égide de banques traitant des opérations de crédit immobilier et désireuses d'élargir la gamme des prêts offerts à leur clientèle : Compagnie française d'épargne et de crédit en 1954, Compagnie générale de financement immobilier (COGEFIMO) en 1960, Crédit immobilier européen en 1965... Appuyés sur les banques, ces établissements peuvent disposer de concours assurant qu'ils seront en mesure de faire face à leurs engagements. Mais ils offrent surtout l'avantage de proposer *des contrats de crédit différé jumelés avec des prêts d'anticipation* financés sur crédits bancaires, qui suppriment tout délai d'attente et toute période d'épargne préalable avant de disposer des fonds.
Au cours de la période d'attente limitée à la durée du prêt d'anticipation, l'emprunteur consent un effort régulier d'épargne qui couvre les engagements relatifs à ce premier prêt (intérêts et amortissement partiel) et va s'imputer pour le surplus au crédit de son contrat de crédit différé : l'épargne ainsi constituée jointe au prêt de l'organisme de crédit différé permettra de rembourser le solde du prêt bancaire au début de la deuxième période où les versements du souscripteur ne serviront plus qu'au remboursement du crédit différé. Ce système permet de tourner la limitation à cinq ou sept ans des crédits à moyen terme mobilisables et de doubler la durée effective de remboursement de ces crédits.
Le système du crédit différé simple a d'autre part inspiré le régime de l'*épargne-logement* institué avec la garantie du Trésor et l'encouragement de primes : cette formule, réglementaire plus que contractuelle, est mise en œuvre par les caisses d'épargne et les banques avec des conditions très souples de constitution d'épargne et de réalisation du prêt à l'initiative de l'épargnant.

Crédit documentaire

a : *Documentary credit* – **d** : *Dokumentenakkreditiv* – **e** : *Crédito documentario*

Technique de règlement d'une opération commerciale dans le déroulement de laquelle l'intervention d'un banquier mandataire de l'importateur et la transmission de documents représentatifs de la propriété des marchandises apportent la sécurité aux deux parties.

Le crédit documentaire est une technique imaginée par les banquiers pour introduire la confiance indispensable dans la réalisation d'une opération commerciale entre deux parties qui, du fait de la distance, sont imparfaitement renseignées l'une sur l'autre. Le vendeur n'acceptera, en effet, de se dessaisir des marchandises que s'il est assuré du paiement lors de leur embarquement. L'acheteur n'acceptera le règlement que s'il a la certitude d'une livraison conforme à sa commande.

Mécanisme

Le mécanisme du crédit documentaire fait intervenir quatre personnes : l'*importateur,* l'*exportateur* — qui sont en relation commerciale — et deux banquiers : le *banquier de l'importateur* qui met au service de ce dernier sa notoriété pour servir de garantie vis-à-vis de l'exportateur et un *banquier du pays de l'exportateur* qui est le correspondant du banquier de l'importateur et contribue, pour le compte de celui-ci, à la réalisation matérielle de l'opération. Il ajoute le cas échéant la garantie de sa propre signature, mieux appréciée sur son marché national.

La sécurité des quatre parties sera assurée par la transmission, à chaque stade de l'opération de règlement, des documents représentatifs des marchandises qui servent de *gage tant aux banquiers intermédiaires qu'à l'acheteur. Ces documents sont :

– le **connaissement* établi à ordre et endossé en blanc : si l'expédition est faite autrement que par la voie maritime, il est remplacé par un récépissé d'expédition par fer, une lettre de voiture, une lettre de transport aérien ;

– la *police d'assurance ;*

– les *documents accessoires :* facture commerciale dont le montant correspond à celui de l'ouverture du crédit ; les pièces certifiant l'origine (*certificat d'origine, facture consulaire) ; les pièces certifiant le volume et la qualité de l'expédition (note de poids, certificat sanitaire).

Exécution

L'exécution de l'opération comporte les phases suivantes.

L'ouverture du crédit documentaire pour l'exécution du contrat commercial :

• L'acheteur ou donneur d'ordre demande à son banquier l'ouverture du crédit en lui donnant par écrit les instructions précises sur les conditions de l'intervention demandée et sur celles qui devront être réunies pour que soit opéré le règlement ;

• Le banquier émetteur adresse l'ouverture de crédit à son correspondant étranger, en reproduisant exactement les instructions reçues. Il précise si le crédit est *révocable* ou *irrévocable* de sa part ; irrévocable le plus souvent, il ne peut être annulé ou modifié avant son utilisation ;

• Le correspondant notifie au vendeur le crédit dont celui-ci devient

alors le bénéficiaire : il indique si le crédit est ou non *confirmé.* La confirmation ou engagement de régler pris par le correspondant, c'est-à-dire par le banquier de son propre pays, constitue pour le vendeur une garantie supplémentaire.
Le bénéficiaire du crédit peut alors entreprendre l'exécution de son contrat, c'est-à-dire l'expédition qui donne lieu à la création des documents.

Le règlement des opérations commerciales : Les documents correspondant à l'expédition réalisée circulent alors en sens inverse pour dénouer l'opération. A chaque étape, on vérifie soigneusement la parfaite conformité des documents réunis avec les conditions fixées par les instructions.

- Le correspondant étranger règle au vendeur le montant de l'expédition à la remise des documents d'expédition, après vérification de leur conformité. Et il envoie au banquier émetteur du crédit les documents contre remboursement ;
- le banquier émetteur remet les documents à l'acheteur en se remboursant sur la provision constituée, ou contre remboursement par l'acheteur.

Utilité

Utilisé dans les conditions précédentes comme mode de règlement, le crédit documentaire peut être le *support d'un crédit au bénéfice de l'importateur.* Ce peut être un crédit très bref couvrant le délai qui sépare la remise des documents par le vendeur et leur réception par l'acheteur. Ce peut être un crédit plus long consenti par le banquier émetteur, en attendant la réception des marchandises et leur commercialisation. Ce crédit est garanti par les documents.
Un crédit peut être également accordé par le vendeur lorsqu'il consent un délai de paiement à l'acheteur. Dans ce cas, la remise des documents donnera lieu non au paiement immédiat, mais à l'acceptation d'une traite à échéance. L'acceptation du banquier, se substituant à l'acheteur, permettra au vendeur de la mobiliser aisément.

Crédit évaluatif (budget de l'État)

Crédit servant à acquitter les dettes de l'État résultant de dispositions législatives spéciales ou de conventions permanentes approuvées par la loi.

C'est le cas, par exemple, pour les charges de la *dette publique ou les frais de justice. Comme l'État doit payer de telles dépenses dès qu'elles se présentent et quel qu'en soit le montant, les chiffres de crédits correspondants inscrits dans la loi de finances n'ont pas, comme c'est le cas d'ordinaire, le caractère d'un plafond mais d'une simple évaluation pouvant être dépassée sans autorisation préalable du législateur.

Voir Crédits budgétaires.

Crédit foncier

a : *Land mortgage bank/Real estate credit institution* – **d** : *Bodenkreditbanken* – **e** : *Crédito hipotecario*

Dénomination d'établissements spécialisés dans la réalisation de prêts hypothécaires et dotés d'un statut offrant aux prêteurs des garanties particulières.

Pour réagir contre les conditions usuraires des *crédits à long terme consentis entre particuliers, des institutions de cette nature ont été créées en Allemagne dès le XVIIIe siècle ; à la garantie hypothécaire des prêts s'ajoute une division des risques par l'institution d'un organisme dont les membres sont engagés solidairement et mettent en commun leurs gages. A l'émission de titres représentant le gage commun, titres directement négociés par l'emprunteur, s'est progressivement substitué l'octroi de prêts sur émission d'obligations garanties par le gage collectif. C'est ce système qui a été introduit en France par le décret-loi du 28 février 1852 ; l'unité du système a été réalisée dès 1854 avec un seul établissement placé sous le contrôle de l'État ; son succès a été notamment assuré par un régime particulier de réalisation des gages hypothécaires ; organisés au bénéfice des propriétaires agricoles, les mécanismes ont pu être mis au service de la propriété foncière urbaine. Sous forme d'établissements d'État ou de sociétés privées, constitué d'un ou de plusieurs établissements, le crédit foncier s'est développé dans la plupart des pays du continent : en Allemagne aujourd'hui fonctionnent concurremment des établissements de crédit foncier de statut public et des banques privées de crédit hypothécaire ; dans des conditions voisines, ils consentent des prêts hypothécaires à long terme sur le produit d'émissions obligataires.

Le Crédit foncier de France : C'est un établissement de crédit agréé en qualité d'institution financière spécialisée et, à ce titre, chargé par l'État d'une mission permanente d'intérêt public. Il est constitué sous la forme d'une société par actions, dont le capital est réparti dans le public ; il est administré par un conseil d'administration élu par les actionnaires ; mais la présidence de ce conseil et la direction de la société sont assurées par un gouverneur, nommé par décret, comme le sont les deux sous-gouverneurs. Ses opérations sont exécutées dans le cadre fixé par la loi, ses statuts, approuvés par décret en Conseil d'État, et, le cas échéant, les conventions passées entre l'État et l'établissement.

Sa fonction traditionnelle comporte l'octroi de prêts à long terme sur les ressources qu'il se procure par voie d'émission d'obligations ; ces prêts sont de deux natures :

• prêts hypothécaires consentis sur première hypothèque et limités à 60 % de la valeur du gage (des garanties complémentaires permettent dans certains cas de dépasser cette limite) ; les créances provenant de ces prêts, avec leur garantie, sont affectées, par privilège, à la garantie des obligations hypothécaires émises ;

• prêts aux collectivités publiques : cette activité a cependant été limitée par le développement des prêts aidés à la construction et au logement ; le Crédit foncier consent également quelques prêts à la navigation, garantis par des hypothèques.

Depuis la loi du 21 juillet 1950, son activité essentielle a été la distribution de prêts spéciaux à la construction puis, après la réforme de 1977, des prêts aidés pour l'accession à la propriété (PAP). Ces prêts, consentis à taux fixes ou (depuis 1984) à taux révisables, sont garantis par une hypothèque ; toutefois, la garantie de l'État permet au Crédit foncier de prêter au-delà de 60 % de la valeur du gage.

Depuis la suppression des PAP en octobre 1995 qui a privé l'institution de près de la moitié de son chiffre d'affaires, le Crédit foncier est entré en phase de restructuration.

Celle-ci se fonde sur les nouvelles données du Crédit au logement, du secteur immobilier et du système bancaire. Son évolution s'oriente donc vers un redimensionnement à la baisse, une division plus claire par métiers et une banalisation de son statut.

La réforme de 1982 a conduit à redéfinir le rôle du Comptoir des entrepreneurs qui, désormais, gère sur toute leur durée les PAP du secteur « groupé » (intervention d'un promoteur) — sauf le secteur HLM. Le Crédit foncier, qui gère les prêts du secteur diffus et consentis aux HLM, intervient dans tous les secteurs, en qualité de prêteur unique. Il finance ces prêts par emprunts obligataires publics, mais aussi par l'émission de « bons des institutions et sociétés financières » (moyen terme), par emprunts sur les marchés internationaux...

Dans le cadre du régime d'aide au logement, le Crédit foncier consent aussi des prêts locatifs aidés (PLA), la Caisse des dépôts distribuant cependant la plus grande partie de ces prêts (secteur HLM).

Du fait de la position centrale qu'il occupait dans le financement de la construction et de sa qualité d'institution financière spécialisée, le Crédit foncier a reçu de l'État des fonctions diverses : il participe à la définition de la réglementation applicable aux prêts conventionnés et contrôle son respect, définit les caractères des créances négociables et agrée les participants au marché hypothécaire, assure la gestion des primes de l'Agence nationale pour l'amélioration de l'habitat...

Cependant, le Crédit foncier a développé et diversifié ses activités dans le secteur concurrentiel, soit directement, soit par l'intermédiaire de filiales spécialisées.

Crédit fournisseur

Voir Crédit commercial.

Crédit national

Établissement de crédit à moyen et long terme doté d'un statut semi-public, intervenant principalement pour l'équipement des entreprises industrielles.

Créé par la loi du 10 octobre 1919, le Crédit national est une société anonyme dont les actions sont pour une part dans le public et dont la majeure partie du capital est détenue par l'État et des organismes publics de crédit. Son conseil d'administration est élu par l'assemblée générale des actionnaires ; mais son président-directeur général, de même que ses deux directeurs, sont nommés par décret ; et ses opérations s'inscrivent dans un cadre strict défini par la loi, par ses statuts et par les conventions passées avec l'État.

Il met sa signature et ses moyens techniques à la disposition du gouvernement pour résoudre des problèmes de financement intéressant les entreprises ou l'État lui-même.

Il peut prêter sur des ressources obtenues sur sa propre signature, principalement par la voie d'émissions obligataires.

• C'est ainsi qu'il a été créé « pour faciliter la réparation des dommages de guerre ». Il a été alors chargé de payer les indemnités correspondantes pour le compte de l'État sur le produit d'emprunts garantis par les annuités que l'État s'était engagé à lui servir au titre de ces dommages de guerre. Il intervient encore aujourd'hui dans les règlements de dommages de guerre comme agent d'exécution.

• Dès l'origine, il devait fournir un crédit industriel et commercial à moyen et long terme, et c'est devenu son activité principale ; il recueille des ressources par émission d'*obligations ou auprès d'autres établissements en vue de consentir des prêts pour l'équipement des entreprises selon des conditions assez strictes quant à la durée (amortissement en 20 ans au plus), aux garanties réelles et à leur plafond.

Son expérience des crédits aux entreprises industrielles du secteur privé a conduit à lui confier de *nouvelles fonctions,* particulièrement :

• Dans le domaine du crédit à moyen terme mobilisable, distribué par les banques pour l'équipement des entreprises ; la modification de ses statuts en 1943 lui a permis d'escompter ou de prendre en *pension les effets représentatifs de crédit à moyen terme consentis pour une durée de 5 ans à l'origine. Il assurait le filtrage des demandes qui pouvaient justifier de sa part un accord de *mobilisation, il donnait la troisième signature nécessaire à cette mobilisation et nourrissait éventuellement une faible part des effets à titre d'emploi de trésorerie.

• Dans le domaine du crédit à long terme, il assurait la répartition et parfois seulement la gestion de prêts provenant des ressources du *Fonds de développement économique et social, ou d'autres comptes de prêts du Trésor (avances à l'industrie cinématographique ; exportation de biens d'équipement).

• Pendant la guerre et jusqu'en 1954, il donnait sa signature à la place de l'État pour l'acceptation des traites émises en règlement de dépenses publiques dont le paiement était partiellement différé.

• Depuis les années 90, les activités du Crédit national sont complétement banalisées, de même que son statut. Depuis 1995, il assure les activités de Crédit à l'exportation, après son absorption de la *BFCE.

Crédit ponctuel – Crédit spot

a : *Bridging loan* – **d** : *Überbrückungskredit* – **e** : *Crédito para superar dificultades transitorias spot*

Crédit de un à trois mois consenti par un banquier à son client, à titre exceptionnel et pour faire face à des besoins momentanés de celui-ci.

Ce type de crédit implique une mise en place très rapide, et ses taux sont généralement indexés sur le taux du *marché monétaire. Compte tenu de leurs caractères et des risques qu'ils comportent pour la banque, ils sont essentiellement réservés à de grandes entreprises.

Crédit populaire

a : *Credit cooperative/Credit union* – **d** : *Kreditgenossenschaft* – **e** : *Crédito popular*

Institution financière finançant les petites et moyennes entreprises et consentant des prêts aux particuliers.

Les organismes de base :

Les *banques populaires régionales* (37 établissements) sont constituées en sociétés *coopératives de crédit à capital variable et dotées d'une personnalité juridique distincte. Elles octroient à leurs adhérents et sociétaires, en général de petites et moyennes entreprises industrielles et commerciales, des crédits à court terme.

Les banques populaires ne sont pas inscrites auprès du Conseil national du crédit, mais relèvent d'un statut spécial. (*Voir* Banque.) Leur réseau d'agences (environ 1 800) couvre l'ensemble du territoire et assure la collecte d'un important volume de ressources qui les situe globalement dans les premiers groupes bancaires en France. Les sociétés de *caution mutuelle ne distribuent pas de crédits, mais garantissent ceux accordés par les banques (populaires ou non) à leurs adhérents.

Les caisses centrales :

– La *Caisse centrale des banques populaires* est l'organisme central bancaire et financier qui fédère les banques populaires et leur sert d'organisme de *compensation.
Elle gère leurs excédents de trésorerie ; elle assure la *mobilisation de certains crédits ; elle administre une série de services techniques communs (notamment spécialisés dans les opérations bancaires liées au commerce extérieur).
– La *Caisse centrale de crédit hôtelier, commercial et industriel* traite notamment les opérations de crédit à moyen terme des banques populaires.

La chambre syndicale des banques populaires :
Elle exerce son autorité sur l'ensemble des établissements du crédit populaire. Elle représente collectivement les banques populaires et exerce sur elles un contrôle administratif, financier et technique ; elle prend toutes mesures utiles à leur bon fonctionnement.

Crédits budgétaires

a : *Appropriated budget funds* – **d** : *Zugeteilte Hauhaltsmittel* – **e** : *Presupuesto atribuido*

---

*Dotations inscrites au budget d'une collectivité et déterminant la limite des dépenses qu'un *ordonnateur est autorisé à faire pendant une année donnée et pour un objet déterminé.*

Dans le budget de l'État les crédits sont spécialisés par ministère, par titre (unité de vote), par chapitre, par article (*voir* Spécialité). L'ordonnance n° 59-2 du 2 janvier 1959 portant loi organique relative aux lois de finances, dans ses articles 7 à 14, définit les règles applicables à l'ouverture et à la gestion des crédits.
Les crédits d'un chapitre sont *limitatifs* à l'exception des chapitres figurant sur deux listes annexes à la loi de finances pour lesquels les crédits sont évaluatifs ou provisionnels. Les dépenses auxquelles s'appliquent les crédits *évaluatifs* peuvent s'imputer au-delà de leur dotation : ces chapitres concernent les dettes de l'État. Les dépenses sur crédits *provisionnels* ne peuvent être ordonnancées que dans la limite des crédits ouverts ; mais les crédits pouvant être insuffisants pour couvrir le montant de dépenses engagées en vertu d'une loi ou d'un règlement, des crédits supplémentaires peuvent être ouverts par décrets d'avances, sous réserve que la ratification en soit demandée au Parlement dans un projet de loi de finances rectificative.
Des *transferts* ou *virements* de chapitre peuvent, sans l'intervention du Parlement, modifier la répartition des dotations entre les chapitres dans

certaines limites ; le virement, autorisé par décret, modifie la nature de la dépense ; il ne peut intervenir qu'entre chapitres figurant dans le même titre du budget d'un même ministère, ne peut réduire ou augmenter de plus du dixième la dotation des chapitres intéressés, ne peut s'opérer par prélèvement sur une dotation évaluative ou provisionnelle au profit d'une dotation limitative. Le transfert, autorisé par simple arrêté du ministre des Finances, ne doit pas modifier la nature de la dépense, mais seulement le service chargé de son exécution.

Traditionnellement, l'ouverture de crédits comporte à la fois et pour le même montant autorisation d'*engagement et autorisation de *paiement ; il en est toujours ainsi pour les dépenses ordinaires.

Les délais allant jusqu'à plusieurs années qui séparent l'engagement du paiement pour les investissements de l'État et les subventions d'équipement qu'il attribue ont conduit à dissocier l'autorisation d'engager de celle de payer. Deux séries de crédits distincts sont prévues au budget de l'État pour les dépenses en capital : des crédits d'engagement ou *autorisations de programme n'autorisent que l'engagement des dépenses, c'est-à-dire la passation de marchés, la promesse de subventions ; les *ordonnancements et les paiements correspondants ne peuvent être faits que sur des crédits de paiement ouverts pour partie dans le budget du même exercice, pour le reste par les budgets suivants en fonction d'un échéancier prévisionnel des paiements.

La gestion des crédits donne lieu aux actes et opérations suivants : *délégation donnée pour l'emploi d'une fraction d'entre eux par un ordonnateur principal à un ordonnateur secondaire ; *affectation lorsqu'il s'agit d'autorisations de programme ; blocage ; *engagement, *liquidation, *ordonnancement ou *mandatement et *paiement des dépenses ; rétablissement à la suite de reversement de fonds, annulation ou report des crédits non employés en fin d'exercice.

Le report des crédits est soumis à des dispositions restrictives, sauf pour les dépenses en capital où il est autorisé sans limitation, conformément aux pratiques nouvelles qui tendent à faire échapper cette catégorie de dépenses aux conséquences du principe de l'*annualité budgétaire : l'importance des reports de crédits dans les budgets de certains ministères est l'indice d'erreurs de prévision, mais plus souvent de paralysie dans l'exécution.

Crémaillère (parité à)

a : *Crawling peg* – **d** : *Crawling Peg-System* – **e** : *Paridad de cremallera*

Régime dans lequel les parités de change sont susceptibles d'être révisées par une succession de modifications de faible amplitude.

Voir Parité, Change.

Crise (économique)

a : *Economic crisis* – **d** : *Wirtschaftskrise* – **e** : *Crisis económica*

---

*Rupture d'*équilibre entre l'offre et la demande de biens et services, génératrice d'un processus dépressif de la *conjoncture économique. Par extension : État de conjoncture déprimée, général ou propre à une branche, ou encore à une région.*

En son sens strict, la crise correspond au processus de retournement brutal de la conjoncture faisant succéder, dans un *cycle économique, une phase de *dépression à une phase d'*expansion.

Évolution

Les crises économiques ne constituent pas un phénomène propre à la période contemporaine. Elles ont en fait jalonné toute l'histoire des sociétés humaines. Cependant, le développement du système *capitaliste confère des caractères précis à leur évolution :

– leur fréquence s'est accrue avec l'essor de l'industrie et des échanges internationaux : c'est ainsi qu'on a pu en dénombrer près d'une quinzaine de 1780 à 1950 (1787-1788 ; 1826 ; 1836 ; 1847-1848 ; 1857 ; 1864-1866 ; 1873-1877 ; 1882-1884 ; 1890-1893 ; 1900-1904 ; 1907 ; 1913 ; 1920-1922 ; 1929-1932) ;

– au départ crises de sous-production agricole comme dans les périodes historiques antérieures, elles sont devenues à partir du milieu du XIXᵉ siècle des crises de sous-consommation globale, liée à un déséquilibre entre la production industrielle et la demande solvable ;

– limitées d'abord à un, deux ou trois pays, elles ont pris progressivement une dimension internationale, le développement des échanges créant, à travers les liens de complémentarité et les relations de concurrence, des conditions favorables à leur extension. Le démarrage de la crise est resté cependant généralement le fait d'un pays (1900 : Russie ; 1920 : Japon ; 1922 : États-Unis), à partir de certaines activités (transports ferroviaires en 1873 ; secteurs bancaire et boursier en 1890-1893 ; cuivre en 1907).

La crise se manifeste par un retournement brutal de la conjoncture se traduisant très vite par le fléchissement de la production, l'augmentation du chômage, la multiplication des faillites, un mouvement éventuel de baisse des prix constituant alors un facteur d'amplification. Le processus initial, généralement soudain, s'amplifie de lui-même (à travers l'enchaînement prix-revenus-consommation-production) et se prolonge au cours d'une phase plus ou moins étendue de dépression jusqu'au moment où l'économie s'engage à nouveau et progressivement dans une phase ascendante.

Problématique

L'explication des crises est un des principaux objets des *théories économiques. Dans la variété des théories relatives à ce thème, on peut distinguer trois grands courants qui ont toujours leurs adeptes.

L'école libérale classique : Elle voit dans la crise un accident aberrant résultant de comportements humains faussant le libre jeu des *mécanismes naturels d'autorégulation de l'économie. Ces comportements critiqués sont soit le fait des agents individuels (anticipations erronées, erreurs de prévision), soit, plus souvent encore, celui de la puissance publique ; l'intervention de l'État dans la vie économique, à travers la fiscalité, le crédit, la politique monétaire... est considérée comme le facteur principal de dérèglement des mécanismes économiques. Les théories qui se rattachent à cette école procèdent en fait d'une conception de l'« *Homo œconomicus », dont l'existence même des crises manifeste le caractère utopique. Fondées en outre sur une conception statique des équilibres économiques, et ignorant de ce fait la dynamique du système capitaliste, elles apparaissent en définitive davantage comme une tentative de justification de la valeur de ce système que comme une contribution à l'analyse objective du processus des crises. On notera enfin que l'évolution des économies occidentales depuis la dernière grande crise, tout à la fois marquée, jusqu'à la fin de la décennie 60, par l'absence de perturbations majeures et par le rôle toujours plus décisif de l'État dans la régulation de la croissance, vide de bien-fondé la condamnation systématique de l'interventionnisme public.

L'école néo-libérale : Elle regroupe des théories qui, à partir d'une analyse dynamique de la vie économique, rattachent la genèse des crises à l'existence de facteurs objectifs de déséquilibre liés à des phénomènes de décalages — par exemple : décalage temporel entre les décisions de production, fonction des anticipations, et l'augmentation objective de l'offre, liée à l'allongement du processus de production ; décalage dans la rapidité d'adaptation des prix de revient, à l'évolution relativement rigide, et celle des prix de vente, très sensible à la conjoncture instantanée, générateur de fluctuations rapides et brutales des profits... Si chacune de ces théories a tendu au départ à privilégier plus ou moins un facteur explicatif, les éléments d'analyse ainsi proposés ont été progressivement intégrés dans l'étude des cycles. Le repérage de facteurs générateurs des différentes phases des cycles économiques a conduit naturellement à définir ce que peuvent être les stratégies d'une politique contracyclique. Sous l'influence de Keynes et de ses disciples, l'analyse des crises a ainsi débouché sur une réhabilitation de l'intervention de l'État dans la régulation de l'économie.

L'analyse marxiste : Bien qu'elle soit antérieure à l'approche néo-libérale dans ses énoncés fondamentaux, elle s'est enrichie progressivement, au fur et à mesure que l'évolution de la société capitaliste conduisait à nuancer les formulations trop systématiques issues d'une approche qui se veut avant tout une méthode scientifique d'analyse, fondée sur l'application des principes de la causalité dialectique.

Marx a opposé aux crises précapitalistes de sous-production les crises capitalistes de *surproduction des valeurs d'échange » (E. Mandel) ; celles-ci sont provoquées par le déphasage entre le développement objectif de l'appareil productif, lié à l'*accumulation capitaliste, et la demande qui se manifeste sur le marché, liée elle-même à la répartition des revenus (et notamment au partage entre les revenus salariaux et le profit) ainsi qu'à l'évolution du taux moyen de profit. L'évolution économique contemporaine de son temps a conduit Marx à prédire une aggravation croissante des crises, en tant que manifestation explosive des contradictions internes du système capitaliste, jusqu'à une crise finale créant les conditions objectives d'une révolution socialiste.

En fait, la dynamique du système a engendré des antidotes qui ont conduit les marxistes à revenir sur cette extrapolation trop mécanique. Lénine a souligné, par exemple, que l'*impérialisme, visant tout à la fois la conquête de nouveaux débouchés et l'exploitation à bon compte des richesses naturelles, constituait un exutoire, au moins provisoire, aux contradictions du système.

De nos jours, trois facteurs principaux paraissent, dans l'optique marxiste, avoir rendu compte jusqu'aux années 60 de la résistance des structures capitalistes aux contradictions qui leur sont inhérentes, selon elle.

- Les *rapports entre pays industrialisés et pays en voie de développement* qui tendent à reporter sur ces derniers le poids des fluctuations cycliques de périodicité moyenne (*voir* Cycle).
- La *coexistence de pays capitalistes et de pays socialistes* qui exerce un double effet : dans les phases de « guerre froide » ou de conflit localisé ouvert, l'accélération de l'effort d'armement, facteur de demande autonome, entretient un climat artificiel d'expansion ; dans les phases de détente, le « défi » économique jeté par les pays socialistes oblige les États capitalistes à intervenir plus activement dans la régulation de l'économie, ce qui développe d'ailleurs des contradictions nouvelles entre un secteur privé traditionnel et un secteur public aux moyens d'action croissants.
- Enfin, troisième facteur lié aux deux premiers, le *développement des politiques contracycliques,* qui tend à déplacer les ondes de dépression sur d'autres pays ou à régulariser la croissance par une modification de la répartition des revenus, génératrice d'ailleurs de nouvelles contradictions.

Politique de lutte contre les crises

C'est un fait que les crises de la fin du XIXe et du XXe siècle ont conduit les gouvernements à rechercher les moyens d'en limiter les effets, puis de les prévenir.

L'action curative a consisté soit à développer une demande autonome, facteur de reprise (par une politique de grands travaux, par la course aux armements...), soit, et le plus souvent en même temps, à organiser un repli autarcique sur le territoire national (cas notamment des pays européens à partir de 1930).

Les actions préventives sont liées à l'analyse et à la prévision des cycles. Elles consistent à organiser et à mettre en œuvre des dispositifs contracycliques (visant à moduler le volume respectif de la consommation et de l'investissement) fondés principalement sur le maniement du crédit et des *finances publiques, dans le cadre des éléments de régulation déjà signalés. L'analyse de l'évolution des économies occidentales depuis une vingtaine d'années tend à montrer que le choix d'une expansion rapide débouche alors sur le recours implicite à l'*inflation comme facteur périodique d'ajustement, et que le choix d'une expansion dans la stabilité monétaire conduit à des alternances de « stop and go » dans le cadre d'une croissance très ralentie.

C'est précisément l'altération de la portée des politiques contracycliques, dans un contexte d'internationalisation croissante des économies, comme les modifications dans les rapports entre les pays développés et les pays du Tiers Monde, qui confèrent des caractéristiques particulières à la crise qui se développe depuis la fin des années 60.

La crise contemporaine

Bien qu'elle revête un caractère tout différent de celle de 1929, on ne peut manquer de faire référence à la crise contemporaine dont les développements les plus marquants se sont déroulés depuis 1974, à la suite du premier « choc pétrolier », caractérisé par le quadruplement du prix du brut.

Ce mouvement sur l'énergie s'est étendu à d'autres matières premières, mais de manière plus heurtée.

Dès lors un processus complexe s'est engagé. Avec des nuances selon les pays, un engrenage de récession s'est développé, à partir des pays industrialisés, résultant du jeu de plusieurs réactions :

– l'incidence mécanique du transfert de pouvoir d'achat vers l'extérieur sur la demande, compte tenu de l'exacerbation de la lutte pour le partage du produit social, et de l'incapacité des pays bénéficiaires à affecter l'ensemble de leurs ressources financières à des importations ;

– la tendance des pays industrialisés à essayer de reprendre une partie du pouvoir d'achat transféré par la hausse de leurs exportations, au-delà même de celle de leurs coûts, phénomène qui entretient l'inflation mondiale et place les pays du Tiers Monde relativement démunis d'énergie dans une situation de plus en plus difficile ;

– corrélativement, dans les mêmes pays industrialisés, le développement de politiques restrictives, pour lutter contre le déséquilibre de la balance des paiements et pour maîtriser l'inflation.

Si un certain rééquilibrage va d'abord s'opérer, compte tenu du recyclage des pétrodollars, la politique des pays producteurs va entraîner en 1979-1980 un nouveau choc pétrolier (doublement du prix). La mise en œuvre, dans les principaux pays occidentaux, de politiques très libérales d'inspiration néo-monétariste va sans doute conduire à museler l'inflation dans un certain nombre d'entre eux ; pour autant, le climat de stagnation va persister, voire s'accentuer, le désordre monétaire international contribuant à aggraver les déséquilibres de balance des paiements.

Au total, ce qu'il est convenu d'appeler cette « crise », car elle présente les traits d'un processus durable, correspond à un enchaînement des phénomènes dans un monde marqué par de profondes mutations ;

– en donnée sous-jacente, l'explosion démographique qui va accroître de 50 % la population mondiale entre 1980 et 2000 ;

– la poursuite d'une évolution technologique rapide, qui contribue à modifier l'équilibre capital-travail ;

– l'apparition de nouveaux rapports de force entre les pays, avec l'émergence d'exportateurs industrialisés parmi les pays en développement, notamment en Extrême-Orient, et chez les pays producteurs d'énergie et de matières premières, le mouvement de fond tendant à substituer des prix rémunérateurs à l'aide octroyée.

La lutte pour le partage du produit mondial s'exacerbe, cependant que la poursuite des politiques de surarmement, et l'absence d'un véritable ordre monétaire international contribuent à entretenir une instabilité générale. Dans la dernière moitié de la décennie 90, les variations erratiques des taux de change accompagnent une régression du prix des hydrocarbures et des évolutions désordonnées sur les cours des matières premières.

Croissance

a : *Growth* – **d** : *Wachstum* – **e** : *Crecimiento*

Processus complexe d'évolution en longue durée, qui se manifeste par un accroissement des dimensions caractéristiques de l'économie et par une transformation des structures de la société.

La croissance est l'objectif final de toutes les économies, quelle que soit leur nature. La priorité donnée à cet objectif répond au double souci de faire face à la montée des besoins individuels et collectifs (élévation du niveau de vie) et d'affronter dans les meilleures conditions possibles la concurrence internationale.

La croissance ne peut s'analyser qu'en longue période. C'est le mouvement profond d'une économie tout entière après élimination des mouvements saisonniers ou cycliques.

Mesure de la croissance

La notion de croissance ne prend un sens précis que s'il est possible d'en mesurer quantitativement les données. A défaut d'un instrument statistique suffisant, les phénomènes de croissance peuvent sans doute donner lieu à la prise de conscience plus ou moins vague d'un certain développement de l'économie, lié à l'accroissement de la production et à l'élévation du niveau de vie. Mais il n'y a de politique concertée de croissance que sur la base d'une information exacte et étendue sur le comportement des agents économiques. C'est le but de la *comptabilité nationale.
L'indicateur le plus couramment utilisé pour mesurer la croissance est le **produit intérieur brut* ou le **produit national brut.* En vue d'éliminer l'effet des variations de prix, ce produit est exprimé en termes réels, c'est-à-dire en **prix constants.*

Analyse de la notion de croissance

Indispensables pour mesurer de façon correcte la croissance, les indicateurs chiffrés ne fournissent toutefois qu'une vue purement quantitative, insuffisante pour rendre compte à elle seule de l'ensemble de ce phénomène complexe.
Toute croissance implique en effet une transformation des structures de la société, non seulement sur le plan économique, mais aussi sur le plan social, sur celui des institutions, et même sur celui de la mentalité des citoyens.
L'exemple des pays peu développés montre qu'une croissance quantitative n'a de sens et n'est possible que si les obstacles structurels ont été, au préalable, vaincus.
Toute croissance comporte un coût et des profits. Elle n'atteint son but que si ce coût et ces profits sont répartis entre les membres de la collectivité de façon aussi équitable que possible.
Aussi bien l'idée de croissance est-elle étroitement liée à l'idée de progrès. Celui-ci n'est pas seulement un enrichissement en biens et en monnaie. Il exige l'épanouissement équilibré de l'ensemble des membres de la collectivité.

Courbes de croissance

La croissance d'une économie peut s'effectuer de différentes manières. La courbe est *linéaire* lorsque la variable s'accroît d'une année sur l'autre d'une quantité constante. Elle est *exponentielle* lorsque la variable croît à un taux constant (la courbe est alors de même type que celle des intérêts composés). Elle est *logistique* lorsque, à partir d'un certain point appelé point d'inflexion ou point critique, la croissance se trouve freinée et tend de manière asymptotique vers un niveau de saturation. Jusqu'à présent, ce niveau de saturation n'a jamais été que provisoire. Il s'est toujours trouvé, tôt ou tard, relevé, soit par des innovations techniques, soit par la découverte de nouvelles sources d'approvisionnements, soit par l'apparition de nouvelles formes de concurrence.

Phases de la croissance

Processus d'évolution en longue période, la croissance a donné lieu à d'innombrables analyses destinées à mettre en lumière ses phases caractéristiques.
En dépit des difficultés qu'il y a à découvrir les lois de cette évolution, il semble que l'on puisse, dans l'état actuel des recherches, distinguer trois phases principales : la phase de *préparation* au cours de laquelle se produisent, de façon lente et progressive, un certain nombre de transformations structurelles permettant à la société d'affronter dans de bonnes conditions l'épreuve de croissance ; la phase de **décollage* (« take off period »), phase relativement rapide (30 à 40 ans) au cours de laquelle, sous l'effet notamment d'un investissement accéléré, l'économie franchit le seuil du développement ; la phase de *croissance soutenue et cumulative,* au cours de laquelle, en dépit de fluctuations plus ou moins fortes, l'économie se maintient, avec un taux de croissance sans doute plus faible que pendant la période précédente, à un niveau d'activité sans cesse plus élevé.

Politique de croissance

Les facteurs principaux de la croissance sont la *population, l'*investissement, l'*innovation et le développement des échanges. La recherche de l'équilibre le plus souhaitable entre ces différents facteurs et les conditions de leur mise en œuvre échappe de plus en plus à la seule initiative des agents économiques et devient l'objet d'une politique concertée menée au niveau des États, dans le cadre d'une prévision à moyen terme dont l'instrument, pour un certain nombre de pays, et notamment pour la France, est le **plan.*
Le choix du taux de croissance est une des options fondamentales de toute planification. C'est par cette option, et par les conséquences qu'elle a sur les grands équilibres économiques, budgétaires et monétaires, que s'expriment les choix politiques essentiels qui sont à la base de toute *planification.
Si la volonté de croissance est universelle au niveau des gouvernements, une double contestation s'est développée dans la période récente :

– l'une s'interroge sur les possibilités de poursuivre la voie d'une croissance forte, par référence à l'hypothèse d'une raréfaction des ressources naturelles ;

– l'autre considère que la croissance n'est plus associable à l'idée de progrès, en faisant référence à sa pénibilité, à la pollution et à la détérioration des conditions de vie.

Au-delà de certaines outrances, cette double contestation alimente une réflexion salutaire sur la recherche d'un mode de croissance plus économique des ressources naturelles et plus orienté vers la qualité de la vie.

Voir Environnement, Écologie.

CRU

Voir Collective reserve unit.

Cumulatif

a : *Cumulative* – **d** : *Kumulativ* – **e** : *Acumulativo*

Statistique : Caractère d'une grandeur qui croît par simple addition sur elle-même.

Exemple : on peut ainsi parler du processus cumulatif de croissance des intérêts d'une somme placée en caisse d'épargne.
Dans la description de l'ensemble des valeurs que peut prendre une *variable statistique, la *fonction cumulative* indique la proportion de celles qui sont inférieures à un niveau donné. Cette fonction est, bien entendu, monotone non décroissante (elle peut stagner dans les intervalles ne contenant pas de valeurs de variables) ; elle varie de 0 (pour les valeurs inférieures à la plus petite valeur possible) à 1 (pour les valeurs dépassant la plus grande possible).
La représentation correspondante, qui est un *diagramme intégral, tout comme l'*histogramme est un diagramme différentiel, possède une propriété intéressante : les surfaces y sont proportionnelles aux pourcentages des « *populations » concernées.

Cumulative guaranted preference shares

Aux États-Unis, actions préférentielles à dividende cumulatif.

Ces titres sont à durée indéfinie. La notion de dividende cumulatif signifie qu'une rémunération minimale est prévue et acquise, et que si la société ne distribue pas une année donnée de dividence aux actions ordinaires, cette rémunération est reportée automatiquement.

Cumulée (fréquence)

a : *Cumulative distribution function/Distribution function* – **d** : *Verteilungsfunktion* – **e** : *Función de distribución*

---

*Proportion des individus d'une certaine *population statistique dont le caractère quantitatif étudié est inférieur à une certaine valeur.*

La représentation graphique de la série des fréquences cumulées est la courbe *cumulative de même que la représentation graphique de la série des *fréquences est *l'histogramme.

Currency and Bank Notes Acts

a : *Currency and Bank Notes Acts* – **d** : *Currency and Bank Notes Acts* – **e** : *Currency and Bank Notes Acts*

---

*Lois votées à plusieurs reprises en Grande-Bretagne et tendant à élever le plafond d'émission de la Banque d'Angleterre au-delà des strictes limites définies par le *currency principle et édictées par le *Bank Charter Act.*

Malgré le vote du *Bank Charter Act, en 1844, qui limitait l'émission fiduciaire de la Banque d'Angleterre, la confiance n'avait été que partiellement restaurée jusqu'à la publication d'une « lettre du gouvernement » déclarant que tout dépassement par la Banque de son plafond statutaire d'émission déclencherait le dépôt par le gouvernement devant le Parlement d'un projet de loi d'indemnisation.

• Les premiers Currency and Bank Notes Acts de 1914-1915 instituent un système à la fois plus souple et plus efficace : aux termes de ces lois, la Banque d'Angleterre peut accroître sa circulation fiduciaire avec l'accord du Trésor (Treasury) et en payant une taxe (ou indemnité) proportionnelle au montant qui excède le plafond d'émission. Pendant la guerre de 1914-1918, le Trésor émit lui-même des billets, appelés « currency notes », qui viennent augmenter la part de monnaie fiduciaire déjà mise en circulation par la Banque d'Angleterre (bank notes).

• Le Currency and Bank Notes Act de 1928 confirme ce régime et organise le retrait progressif des treasury notes ou « currency notes » pour ne plus laisser en circulation que les billets de la Banque. Le plafond d'émission fiduciaire de la Banque est élevé à 260 millions et peut être dépassé avec l'accord du Trésor pour des périodes de six mois.

• En 1939, un premier Act tire les conséquences d'importantes sorties d'or en élevant le plafond d'émission fiduciaire à 400 millions. Peu après, un nouvel Act autorise la Banque d'Angleterre à réévaluer son stock d'or au prix courant du métal sur le marché. Comme cette réévaluation permet d'accroître la valeur du métal gageant les émissions du billet de £ 100 millions à £ 226 millions et donc de diminuer d'une centaine de millions le plafond d'émission fiduciaire, l'Act fixe définitivement ce plafond à £ 300 millions (au lieu des 260 de l'Act de 1928), tout en confirmant à la Banque ses droits antérieurs au dépassement temporaire du plafond.

• A la fin de la Seconde Guerre mondiale, le plafond d'émission fiduciaire de la Banque d'Angleterre passe de £ 300 millions à £ 1 350 millions pour faire face à l'accroissement de la demande de monnaie. En fait, la distinction entre l'émission de billets gagés par les réserves d'or, d'une part, et celle d'une monnaie purement fiduciaire, d'autre part, sur laquelle reposaient aussi bien le Bank Charter Act que les Currency and Bank Notes Acts, a perdu son intérêt depuis 1931, date à laquelle la livre est devenue *inconvertible sur le plan interne. Les modifications des plafonds d'émission en Grande-Bretagne font surtout référence depuis cette date à l'équilibre général de l'économie et des moyens de paiement à la disposition de celle-ci.

Currency principle, currency school

a : *Currency school* – **d** : *Currency school (Geldumlaufschule)* – **e** : *Currency school (Escuela de circulación monetaria)*

---

*Théorie de l'*émission selon laquelle chaque billet émis par la banque doit avoir une contrepartie en métal.* (*De l'anglais :* principe de circulation, école de circulation.)

La « currency school » s'est opposée en Grande-Bretagne à la « *banking school » lors d'une controverse qui a opposé les experts britanniques entre 1810 et 1844. Alors que cette dernière défend la liberté pour la Banque d'émettre des billets en se fondant sur une sorte de loi d'autorégulation de la circulation du papier-monnaie convertible, la currency school, essentiellement représentée par Ricardo, estime qu'il revient à l'État de limiter le montant de l'émission du papier-monnaie à la valeur de métal-étalon dont dispose le pays. C'est lui qui est en quelque sorte le garant du gage métallique des billets.
L'Angleterre vivant depuis 1797 sous le régime du cours forcé et l'or s'appréciant par rapport à la livre depuis quelques années, une enquête est demandée en 1810 par le Parlement sur les raisons de cette hausse de l'or (« Bullion Committee »). En 1810, Ricardo publie une brochure sur *Le Haut Prix des lingots* dans laquelle il écrit : « Il est aisé de remarquer que, pour donner une valeur au papier-monnaie, il n'est pas

besoin qu'il soit payable à vue en espèces monnayées. Il suffit pour cela que la quantité de ce papier soit réglée sur la valeur du métal qui est reconnu comme mesure commune. » Ricardo développera également son point de vue dans ses *Propositions en faveur d'une monnaie sûre et économique* (1816) et dans son *Plan d'une banque nationale* publié après sa mort (1824).

Principaux éléments du « currency principle » :

• Le volume des billets en circulation doit être limité par leur convertibilité. Chaque billet émis devra avoir sa contrepartie dans l'encaisse métallique de la banque. Toute augmentation de la circulation doit être subordonnée à un apport supplémentaire d'or qui gage ce papier-monnaie. Dès lors, la valeur de la monnaie est garantie par la limitation apportée à son volume par la nécessité de sa convertibilité.

• L'État est le seul émetteur de papier-monnaie. Les billets sont émis par le Trésor.

• Le Trésor peut émettre des billets à hauteur de l'encaisse métallique dont il dispose. On peut admettre pour des raisons conjoncturelles l'émission d'une quantité de monnaie en excédent de cette couverture-or (monnaie fiduciaire), mais sur autorisation particulière et à condition que cet excédent soit fixe, de faible montant et garanti par des valeurs d'État.

Cette conception inspirera la structure de la Banque d'Angleterre :
Elle est instituée par l'Act de Peel (Bank Charter Act) de 1844, sous la réserve que c'est à la Banque (étroitement contrôlée) qu'est confié le privilège d'émission. Elle sera divisée en un département de banque (Banking Department) et un département d'émission (Issue Department) ; le département de banque demande au département d'émission les billets dont il a besoin pour ses opérations. Les billets lui sont fournis automatiquement dans la limite de l'encaisse. Au-delà, les billets ne sont créés qu'en échange d'un montant égal en monnaie métallique.
Cette doctrine, plus sévère et, dans une certaine mesure, plus réaliste que celle de la « banking school » qui fait référence à des « automatismes naturels », a dominé les structures et les politiques d'*émission suivies par les États et les banques centrales durant la seconde moitié du XIXe siècle et une grande partie du XXe ; elle est également appelée *bullionisme. Mais dans la mesure où elle s'inscrit dans un régime d'*étalon-or et où elle détermine des mécanismes automatiques d'émission, elle s'est révélée peu adaptée aux réalités nouvelles de l'économie. D'autres critères ont remplacé depuis la référence à l'encaisse métallique.

Voir mot précédent.

Cycle

a : *Cycle* – **d** : *Zyklus* – **e** : *Ciclo*

*Fluctuation de grande amplitude de l'*activité économique.*

La notion de cycle s'est dégagée progressivement, dans les économies de marché, de l'analyse des *crises économiques.

Morphologie

Le cycle correspond à une fluctuation marquée par quatre phases essentielles : une phase d'**expansion* développant progressivement des tensions qui engendrent une seconde phase, la *crise,* caractérisée par un retournement plus ou moins brutal de la *conjoncture ; la phase suivante procède des effets de la crise et se manifeste par une **récession* (ou une stagnation) qui se prolonge jusqu'au moment où les facteurs d'expansion peuvent jouer en faveur d'un nouveau retournement de la conjoncture, caractéristique d'une *reprise* qui clôt le cycle et amorce le suivant.

Périodicité des cycles

L'analyse des fluctuations économiques a conduit certains économistes à distinguer quatre sortes de cycles en fonction de leur périodicité.

Les cycles de longue durée ou cycles Kondratiev : Ils s'étendraient sur une période de l'ordre de quarante-cinq à cinquante ans, marquée successivement par une phase de hausse, puis par une phase de baisse tendancielle des prix, de durée sensiblement égale. Quatre cycles de ce type ont été décelés depuis 1790 ; le dernier, contemporain, aurait commencé vers 1940 et les pays de la sphère capitaliste aborderaient ainsi la phase tendanciellement dépressive de cette fluctuation. Si les économistes des pays à économie de marché s'accordent plus ou moins sur la reconnaissance de ces cycles et sur leur datation, ils divergent profondément sur l'analyse des facteurs explicatifs. Les tendances actuelles de la théorie économique retiennent l'influence combinée de divers facteurs causals tels que les guerres, les *innovations techniques, les fluctuations des rapports entre économies *dominantes et économies dominées... En fait, la distinction des causes et des effets n'est pas claire et la notion même de cycle de longue durée, c'est-à-dire de fluctuation renouvelée selon le même processus, n'apparaît pas vérifiée de façon convaincante.

Les hypercycles du bâtiment : Ils ont une durée de quinze à vingt ans, et certains économistes ont cru les déceler dans les économies anglo-saxonnes ; ils s'expliqueraient par les fluctuations spontanées de grande amplitude des programmes de construction. La réalité de ces cycles semble remise en cause dès lors qu'une certaine planification préside au développement de ce secteur d'activité.

Les cycles majeurs ou cycles Juglar : Ils sont d'une périodicité moyenne de huit ans et d'une durée effective pouvant aller de six à dix ans. Ils correspondent à l'intervalle séparant deux crises caractérisées successives. Si la réalité de ces cycles est à peu près unanimement reconnue, leur analyse a donné lieu aux théories les plus contradictoires, selon les facteurs causals que leurs auteurs étaient conduits à privilégier. L'évolution récente des réflexions sur ce problème livre cependant les indices d'une relative convergence entre les analyses des socialistes et celles des néo-libéraux, dans la mesure où les uns et les autres, quoique de façon différente, mettent l'accent sur l'influence déterminante de la répartition des revenus. Les premiers, partant d'une analyse du phénomène de la *plus-value, expliquent le processus de déclenchement des crises par le décalage structurel entre la valeur des biens offerts sur le marché et la demande solvable inhérent au système capitaliste ; les seconds font ressortir la disparité qui s'établit, en période d'expansion, entre la progression de la consommation et celle des investissements, cette dernière étant génératrice d'un accroissement de l'offre qui, confronté à une demande relativement moins forte, provoque à terme le déclenchement de la crise. Les deux types d'analyse mettent en cause, en définitive, le partage et l'affectation de la *valeur ajoutée. Mais alors que les socialistes estiment qu'il est dans la nature du système d'engendrer les crises, les libéraux admettent la possibilité de régulariser l'amplitude des fluctuations observées.

Les cycles mineurs ou cycles Kitchine : Ils sont d'une durée moyenne de quarante mois, et d'amplitude modérée, s'intercalant dans l'intervalle de deux crises caractérisées. Ces cycles, auxquels les économistes occidentaux contemporains accordent une importance particulière, eu égard au rôle qu'ils joueraient dans le déroulement des cycles majeurs et le processus des crises, paraissent s'expliquer par les décalages périodiques entre l'offre et la demande, liés eux-mêmes au déphasage des anticipations par rapport à la conjoncture réelle.

Politique économique et cycles

L'ambition de limiter l'amplitude des fluctuations cycliques (au niveau des cycles majeurs principalement) a inspiré l'étude, voire la mise en œuvre, de politiques régulatrices ou contracycliques, prônées, sinon par les tenants de l'école libérale classique, hostiles à l'intervention de l'État et confiants dans l'existence de mécanismes naturels autorégulateurs, du moins par les néo-libéraux interventionnistes, dont Keynes a été le chef de file. Aux politiques curatives pratiquées à la suite de la crise de 1929 (fondées essentiellement sur des mesures de sauvegarde au niveau des échanges extérieurs et une action sur la répartition des revenus par le canal de la politique des salaires, de la fiscalité et des dépenses publiques) ont succédé, depuis la fin de la Seconde Guerre mondiale, des tentatives inégales mais progressivement plus systématiques pour prévenir le retour de fluctuations trop amples. Le développement d'un capitalisme d'État fondé sur la nationalisation de secteurs clés, l'adaptation des finances publiques à une action anticyclique, l'organisation de procédures de redistribution des revenus, la mise en place d'une planification souple sont autant d'éléments qui s'inscrivent dans cette stratégie.

Les pays développés à économie de marché, « condamnés » à l'expansion par l'aspiration des populations au mieux-être, ont pu donner l'impression d'avoir réussi dans cette entreprise au moins jusqu'à la fin des années 60. (*Voir* Keynésiennes — théories.)

Si les fluctuations cycliques n'ont pas disparu (voir les crises, surtout financières, et parfois localisées, de 1948-1949, de 1956-1959, de 1967-1969), elles n'ont pas conduit à un retour d'une crise de l'ampleur de celle de 1929. Mais on peut cependant se demander dans quelle mesure ce résultat n'est pas également imputable, en dehors des actions signalées, aux conflits militaires (guerres coloniales) qui ont, objectivement, contribué à soutenir le processus d'expansion, ainsi qu'aux rapports prévalant entre les pays industrialisés et les pays sous-développés qui avaient pour effet de transférer indirectement aux seconds le poids des fluctuations cycliques, au travers des variations de prix sur les marchés mondiaux.

Au reste, les conditions dans lesquelles les économies capitalistes essaient d'assurer les interventions régulatrices de l'expansion ne laissent pas de présenter des éléments multiples de contradiction, qui ont eu tendance à s'accentuer : contradiction entre la nécessité d'une intervention de l'État et la pression des secteurs capitalistes traditionnels en faveur du *laissez-faire, qui pensent trouver dans l'absence de crise majeure un argument supplémentaire ; contradiction entre la nécessité d'une régulation et ses difficultés croissantes, dans la mesure où les succès obtenus dans la course à l'expansion ont élargi considérablement les échanges internationaux, et où ceux-ci sont, de ce fait, un facteur puissant de transmission, d'un pays à l'autre, des fluctuations économiques et des perturbations monétaires ; contradiction corollaire entre la nécessité d'une concertation des politiques économiques et les réactions nationales suscitées par le développement de la concurrence et les tentatives des pays industriels européens pour résister à l'emprise de l'économie dominante (États-Unis).

Depuis la fin des années 60, les facteurs de tension internes aux économies développées, et entre celles-ci et les pays en voie de développement, se sont aggravés. La récession de 1974-1975 consécutive au renchérissement de l'énergie et des autres matières premières a revêtu une ampleur inusitée.

Si les pays occidentaux ont pu éviter en général, jusqu'à présent, un enchaînement dépressif prolongé, ils sont pour la plupart et progressivement conduits à pratiquer des politiques de « stop and go » qui correspondent à une certaine maîtrise mais aussi à l'acceptation d'un cycle inévitable où la prévention d'une crise caractérisée s'accompagne d'un ralentissement sensible du taux d'expansion, en moyenne période.

Voir Crise.

Débet

*Arrêt rendu par la *Cour des comptes constatant un déficit imputable aux fautes du comptable.*

Il permet la confiscation du *cautionnement du comptable et, si nécessaire, la saisie de ses biens ou de ceux de ses cautions ou ayants droit.

Débit (comptabilité)

a : *Debit (accounting)* – **d** : *Soll (Buchführung)* – **e** : *Debe (contabilidad)*

*En *comptabilité en partie double : Colonne de gauche d'un compte dans laquelle sont portées les opérations comportant constatation d'une dette née à la charge d'un tiers, d'une entrée de biens ou valeurs dans le patrimoine de l'entreprise ou de l'agent, ou d'une charge supportée par cet agent.*

Les notions de débit et de *crédit procèdent du principe de la comptabilité en partie double, qui est celui de la contrepartie : toute opération est enregistrée en comptabilité par le moyen de deux écritures de sens inverse, mais de montant égal, affectant deux comptes différents, l'une s'inscrivant au débit d'un compte, l'autre au crédit d'un autre compte. L'existence d'une symétrie parfaite donne aux concepts de débit et de crédit un caractère largement conventionnel.
La convention qui détermine le sens des écritures porte sur la manière dont la comptabilité fait apparaître les *dettes et les *créances des tiers à l'égard de la personne ou de l'entreprise intéressée ; débit et crédit ne signifient pas naissance d'une dette ou d'une créance vis-à-vis d'un tiers pour l'agent dont la comptabilité exprime la situation, mais dette ou créance du tiers par rapport à cet agent : c'est par rapport à ce tiers que le compte intéressé est tenu ; de ce fait, au débit du compte d'un tiers sera portée la dette constatée à sa charge (ou bien la diminution de sa créance), au crédit du compte d'un tiers la créance constatée à son profit (ou bien la diminution de sa dette).
De cette convention résulte le sens donné aux autres opérations.

• Au débit sera portée l'acquisition d'un bien (qu'il s'agisse d'un bien en capital ou d'un bien de consommation courante) ou d'un service, parce que cette acquisition a pour contrepartie l'apparition d'une créance au profit d'un tiers au crédit du compte ouvert au nom de celui-ci.

• Au débit sera portée la constatation d'une entrée de *numéraire au compte caisse, parce qu'elle est la contrepartie d'une diminution de la dette d'un tiers ou de la cession d'un bien ; il en est de même des autres valeurs qui sont des titres de créance, c'est-à-dire des dettes des tiers. Au crédit du compte intéressé s'inscrira, en sens inverse, la cession d'un bien, la fourniture d'un service, la sortie de numéraire ou de valeurs...

• Au débit s'inscrira aussi la charge fictive (c'est-à-dire l'écriture d'ordre sans opération effective avec l'extérieur) constituée par la dotation à un compte d'*amortissement d'immobilisations (classe 6), dont la contrepartie apparaîtra au crédit du compte enregistrant les amortissements pratiqués (classe 2) ; par contraction, il sera possible de faire ultérieurement apparaître ces amortissements en déduction de la valeur des immobilisations figurant à l'actif.

L'arrêté des comptes à une date déterminée fait apparaître, par contraction du total des opérations de débit et de crédit portées à un compte particulier, un solde qui peut être débiteur ou créditeur, selon qu'il y a excédent des débits sur les crédits, ou excédent des crédits sur les débits. C'est le relevé de ces soldes ou **balance*, dans lequel le total des soldes débiteurs est par nature égal au total des soldes créditeurs, qui permet l'établissement du bilan et du compte d'exploitation.

A l'actif du **bilan* s'inscrivent les soldes débiteurs des comptes de classes 1 à 5 du plan comptable ; au passif, les soldes créditeurs des comptes appartenant aux mêmes classes.

• Présentent toujours un *solde débiteur* les comptes enregistrant l'existence de biens ou de droits, c'est-à-dire les comptes de valeurs immobilisées (classe 2), déduction faite des amortissements portés au crédit, les comptes de stocks (classe 3), les comptes de caisse ou autres valeurs (dans la classe 5).

• Les comptes de tiers et les comptes financiers (classes 4 et 5), qui retracent les relations de l'entreprise avec des clients, des fournisseurs, ou les banques, l'État, le personnel... et enregistrent au débit les dettes des tiers et au crédit les créances des tiers, peuvent être *soit débiteurs, soit créditeurs* selon la position relative des créances et des dettes.

• Les comptes de capitaux permanents (classe 1) présentent toujours un *solde créditeur,* soit qu'il s'agisse de dettes à long terme à l'égard de tiers, soit qu'il fasse apparaître les apports de capitaux des propriétaires de l'entreprise ou les bénéfices antérieurs laissés par ceux-ci dans l'entreprise.

• Le compte de résultat, qui assure l'égalité des deux colonnes du bilan, est *créditeur* dans celui-ci s'il y a bénéfice, *débiteur* s'il y a perte. Compte tenu de l'équilibre de la balance à partir de laquelle les soldes des divers comptes sont répartis entre bilan et compte d'exploitation, le compte de résultat sert en sens inverse à assurer l'équilibre du compte d'exploitation.

• Les comptes de charges (classe 6), qui enregistrent au débit les achats de biens et services nécessaires à l'exploitation et les frais accessoires qui correspondent à celle-ci pendant une période de temps donnée, présentent un solde débiteur qui est porté au débit du *compte d'exploitation* (colonne de gauche de celui-ci), tandis que les soldes créditeurs des comptes de produits d'exploitation (classe 7) sont portés au crédit du compte d'exploitation (colonne de droite de celui-ci).

Décentralisation

a : *Decentralization* – **d** : *Dezentralisation* – **e** : *Descentralización*

---

*Action coordonnée visant à éviter le groupement des *centres de décision en un seul lieu géographique ou à un seul échelon de responsabilité.*

Voir Aménagement du territoire.

Décollage

a : *Takeoff* – **d** : *Entwicklungsschwelle* – **e** : *Despegue*

---

*Phase de développement d'une économie marquée par l'apparition d'automatismes de *croissance.*

Cette notion, qui a été mise en lumière par l'économiste américain Rostow, ne peut être traduite en formules, quantités ou proportions définies, mais signifie par une image expressive le seuil de mutation d'un pays en voie de développement. En effet, le décollage d'un appareil s'effectue au moment où la vitesse (imprimée par des moyens artificiels) est suffisante pour que les ailes jouent leur rôle dans le phénomène de *portance,* qui est provoqué mais naturel. L'appareil passe alors de l'état de véhicule terrestre à l'état d'aéronef grâce à l'entrée en jeu d'une nouvelle série de phénomènes auto-entretenus.

● Transposé au plan du développement économique, le décollage correspond à l'affranchissement de ce qu'on a appelé le « cercle vicieux du sous-développement ». Le *sous-développement* est caractérisé par les principaux éléments suivants :

• quant à la structure de l'économie :
– prédominance des *secteurs primaire et tertiaire ;
– faible productivité de l'économie ;
– pénurie et cherté des capitaux ;
– sous-emploi ;

• quant à la structure de la société :

– bas niveau de vie (revenu annuel par tête égal ou inférieur à 200 $ contre 1 500 en France et 3 000 aux États-Unis) ;

– démographie en forte expansion (2 à 3 % d'augmentation annuelle de la population contre 1 % dans les pays développés) ;

– faiblesse relative de la population active par rapport à la population inactive (moins de vingt ans et plus de soixante-quatre ans) ;

– archaïsme des structures sociales (structures agraires périmées, inégalité des fortunes, mentalité préindustrielle, particularismes régionaux ou tribaux).

Ces éléments constituent un ensemble organique qui s'entretient (cercle vicieux), généralement selon les processus suivants :

– la faiblesse des revenus est principalement liée à l'insuffisance de la production, laquelle provient surtout de l'insuffisance des facteurs mis en œuvre ; soit le travail (insuffisance de rémunération donc de revenus, ou insuffisante mobilisation due à la faiblesse des structures), soit le capital (insuffisance de l'épargne due à la faiblesse des revenus) ;

– cette faiblesse des revenus est en outre le résultat de la pression démographique, laquelle est liée à une insuffisante évolution individuelle pérennisée par l'insuffisance des revenus individuels et collectifs (défaut d'instruction...).

• Les *conditions du décollage* sont réunies lorsque l'évolution de l'ensemble de ces éléments rapproche leur résultante de la neutralité (affaiblissement des freins). Généralement, il suffit alors qu'un seul de ces éléments connaisse une évolution suffisamment positive et suffisamment durable pour que l'équilibre soit modifié (décollage) et que les répercussions soient conservées puis amplifiées par le circuit. Des études économiques ont permis de dater approximativement le décollage des économies aujourd'hui développées : Grande-Bretagne : 1773-1802, France : 1830-1860, Japon : 1878-1900, Russie : 1890-1914, États-Unis : 1843-1860, Allemagne : 1850-1873, Suède : 1868-1890.

Ces décollages sont, on le voit, contemporains de l'avènement de l'ère industrielle et correspondent notamment à une évolution des mentalités (rationalisation, échanges internationaux, intégration politique) ; à une accélération des découvertes techniques (machine à vapeur, textile, électricité, métallurgie) ; à une plus grande application des épargnes à la production. Les conditions étant ainsi réunies pour une meilleure productivité, le capital investi dans l'industrie est affecté d'un meilleur rendement et est créateur de revenus, qui s'investissent à leur tour. Les premiers résultats économiques encouragent la poursuite de l'évolution des mentalités et des mœurs, qui accélèrent la productivité de l'ensemble.

Pour un pays *actuellement sous-développé,* le décollage est rendu plus difficile, notamment par deux raisons : certains « blocages » sont plus forts (religion, dotations naturelles, défaut de cohésion...) et expliquent sans doute le retard actuellement constaté ; ce retard relatif s'accroît et rend le décollage plus difficile. En effet, les pays développés accélèrent eux-mêmes leur développement et accentuent le retard. Par *colonialisme ou *impérialisme, ils ont maintenu ou maintiennent ce retard. En outre, les *cours mondiaux de matières premières (dont les pays sous-développés sont les principaux producteurs) sont insuffisamment rémunérateurs pour eux ; le pays en retard connaît des phénomènes d'humiliation ou de découragement dus au spectacle de la facilité économique des pays développés ; son décollage ne peut se faire qu'avec des apports extérieurs, qui — lorsqu'ils existent — ne sont pas toujours dirigés au mieux de ses intérêts, etc. Au total, les conditions du décollage semblent pouvoir être le mieux réunies par :

– une amélioration progressive et concomitante des éléments de mentalité et de mœurs : instruction, démographie ;

– une politique d'atténuation des disparités internes : meilleure égalisation des fortunes, organisation sociale plus rigoureuse, socialisation de certaines activités ;

– l'aménagement de la production et la création d'un véritable *marché, mise en place de circuits de débouchés, amélioration de la production agricole et *artisanale, puis industrielle, mobilisation accrue du capital humain dégageant une épargne collective ;

– l'appel à des capitaux d'origines diverses pour financer ce développement industriel (capitaux privés, prêts de la Banque internationale de reconstruction et de développement..., aides nationales ou régionales, *voir* FAC, FED) relayés par l'épargne nationale.

Généralement, le phénomène de décollage s'accompagne d'une modification dans la structure de la *balance des paiements du pays considéré ;

– au sein de la *balance commerciale, la part des exportations de matières premières diminue (le pays utilise lui-même une partie de ses ressources) de même que la part des importations de produits fabriqués (production indigène) ;

– accessoirement, les sorties dues aux revenus des capitaux se ralentissent (réinvestissements sur place) de même que les sorties de capitaux eux-mêmes (freinage des rapatriements et des « désinvestissements »).

Décote

a : *Discount* – **d** : *Abschlag/Disagio* – **e** : *Reducción*

Abattement opéré par rapport à l'expression monétaire nominale de la valeur d'un bien pour la rapprocher de sa valeur considérée comme réelle.

La notion de décote, dont les applications sont diverses, implique à la fois :

– un abattement sur une valeur pour déterminer une valeur inférieure ;

– le fait que cet abattement permet de rendre la valeur considérée plus « normale » (à l'égard de ce qui est considéré comme la justice économique ou la réalité d'un marché) ;
– le fait que, généralement, la valeur « décotée » fait l'objet d'une *cote ou d'une évaluation officielle, normative et reconnue.
Les applications les plus connues de la notion de décote concernent le marché des changes et des titres, et la fiscalité.

Applications financières

– Une *devise ayant un *cours officiel donné peut subir, sur certains marchés où elle est cotée, une décote qui provient de l'érosion de la confiance qu'elle inspire (ou de la spéculation). Exemple : monnaie dont le pays a établi un contrôle des changes (la décote mesure, d'une part, la limitation de la convertibilité de la monnaie, d'autre part les risques de *dévaluation qu'elle court).

– Les *obligations subissent souvent une décote à leur introduction en bourse, pour des raisons objectives ou spéculatives. Exemple : les obligations de certaines grandes entreprises publiques sont décotées à leur introduction, car elles ne bénéficient plus de leur prime de souscription (réservée au premier souscripteur) ; cette décote peut également provenir d'un défaut de confiance (dans la gestion, dans la monnaie) ou de manœuvres de spéculation (titres de sociétés d'investissement). Dans les exemples boursiers, la « décote » revient à une cotation inférieure à la valeur nominale de référence.

Applications fiscales

– En matière d'*impôt sur le revenu des personnes physiques, la décote est en réalité une remise partielle de la cotisation due par le contribuable (alors que l'*abattement s'applique à l'assiette). Exemple : lorsque le montant de la cotisation virtuellement due par un contribuable est inférieur à un certain seuil, la cotisation n'est pas perçue. Lorsqu'il est compris entre ce seuil et un autre seuil supérieur, la cotisation est calculée sous déduction d'une décote égale à la moitié de la différence entre le seuil supérieur et ledit montant. La décote joue alors le rôle de mécanisme « amortisseur ».

– L'application la plus connue de cette notion concerne la « décote sur stocks », autorisée en France durant la période de dépréciation monétaire. Dans ce cas, en effet, le prix de vente d'une marchandise en stock dans une entreprise peut se révéler, au moment où la vente est réalisée, inférieur au prix d'achat de la marchandise similaire par laquelle on la remplacera. Dès lors, la marge bénéficiaire résultant de la vente du stock est artificielle. Dans la plupart des cas, elle ne fera au mieux que compenser la hausse de prix à supporter pour la reconstitution du stock.

Concrètement, la législation fiscale française a cherché à saisir la réalité du coût du renouvellement en évitant d'imposer ce bénéfice purement comptable.
L'entreprise était autorisée à déduire, dans le calcul de son bénéfice imposable, la différence entre la valeur de remplacement et la valeur d'origine de son *stock-outil ; cette décote pour « maintien du stock indispensable au fonctionnement de l'entreprise » se traduisait soit par une réduction du montant du stock à l'actif, soit par une addition au passif (« réserves de renouvellement des stocks »).
Depuis la fin de 1959, ce régime a été supprimé. Toutefois, une formule de « provision » pour hausse des prix lui a été substituée, qui permet de tenir compte d'éventuelles fluctuations monétaires excédant un certain seuil.

Voir Déduction.

Découvert

a : *Uncovered* – **d** : *Kontoüberziechung* – **e** : *Descubierto*

*Montant d'une *dette ou d'une dépense qui excède les disponibilités du débiteur.*

Le terme de découvert s'applique généralement à toutes les situations où la « *couverture » d'un risque ou d'une dépense est inférieure au montant de ce risque ou de cette dépense. Il désigne la part dépourvue de contrepartie. Exemple : opérer à découvert en *bourse consiste à opérer sur des valeurs qu'on ne possède pas. En matière d'*assurance, le découvert est la partie d'une chose qui n'est pas assurée, mais le terme s'applique surtout à la *trésorerie et désigne la part de dépenses d'un sujet économique qui excède ses ressources. C'est en d'autres termes le solde débiteur, correspondant généralement à une situation temporaire (pour le budget de l'État, *voir* Déficit, Impasse).

Le découvert de caisse

Dans le domaine bancaire, le découvert de caisse constitue la principale technique de *crédit par caisse.
C'est l'opération de crédit par laquelle une banque autorise son client à prélever sur son compte des fonds pour un montant supérieur à ses disponibilités propres, pour un temps et moyennant un taux déterminés d'avance.
Les découverts sont généralement consentis sous forme d'avances « en blanc » (sur la seule signature du débiteur) ou en « compte courant » (qui enregistre les opérations au fur et à mesure des dépenses effectives

et permet un ajustement souple du solde débiteur). A la différence du crédit de caisse sous forme de prêt d'argent, l'avance en compte courant ne met pas d'un coup à la charge de l'emprunteur la totalité de la somme empruntée, mais ne joue qu'à concurrence de ses besoins et permet ainsi de moduler sur eux les intérêts de prêt.

Formes du découvert de caisse

La facilité de caisse : C'est la tolérance d'un solde débiteur, souvent tacite, de la part d'un banquier chez un client qui attend les crédits et qui doit faire face à une échéance particulièrement lourde.

L'ouverture de crédit : C'est une convention par laquelle le banquier s'engage à consentir un découvert à son client. Elle donne lieu à l'inscription du crédit à un compte courant spécial (compte courant sur ouverture de crédit) sur lequel le client peut puiser à concurrence du montant du crédit sans qu'il soit pour autant engagé à l'utiliser, en totalité ou en partie.

Le crédit de courrier : C'est le découvert consenti par un banquier pour le compte de ses correspondants étrangers en attendant l'arrivée de la couverture.

Le crédit de campagne : Il est accordé pour une opération déterminée et pendant un temps limite. Exemple : dans l'industrie et le commerce, à des entrepreneurs qui, ne pouvant s'approvisionner qu'à une période déterminée de l'année, ont à régler leur « campagne d'achats » alors que leur « campagne de ventes » n'est pas encore commencée ; dans l'agriculture, où les échéances sont cycliques et dépassent fréquemment les disponibilités temporaires de l'exploitant.

Modalités du découvert

Ouverture du crédit : Le découvert bancaire ne signifie pas forcément décaissement pour le banquier mais, celui-ci étant engagé à l'égard du client dès l'accord donné — verbal ou écrit —, cet accord doit être considéré par lui comme une charge éventuelle pour sa trésorerie (*voir* Risque).

Les conditions de fond : Ce sont celles du crédit en général (adaptation du crédit à un objet compatible avec le crédit bancaire ; garanties offertes par l'emprunteur, fixation par le banquier d'un montant maximal et d'un délai de remboursement, ces dernières conditions étant relativement souples dans le domaine du crédit par caisse).

Rémunération : Le découvert entraîne l'application d'un intérêt, comme les autres formes de crédit. Il s'y ajoute cependant en général une « commission de découvert » calculée sur les soldes débiteurs enregistrés au cours de la période considérée.

Utilisation du découvert

D'une manière générale, le découvert consenti par le banquier a pour objet de compléter un fonds de roulement momentanément insuffisant. Et il doit pouvoir être remboursé par le client au moyen du dénouement même des opérations pour lesquelles le découvert a été consenti. Un découvert est dit « liquide » lorsque le client débiteur est en mesure de le rembourser par les moyens normaux de sa trésorerie et dans les délais prévus.

Le champ d'application du découvert : Il s'est notablement étendu après la Seconde Guerre mondiale à des opérations plus importantes et de dénouement plus long. Exemple : découverts aux organismes d'achat ou d'importation ; crédits de stockage (denrées alimentaires) ; crédits de relais ou d'attente de financements à moyen ou long termes. Ces crédits prennent généralement la forme de crédits consortiaux (*voir* Consortium).
L'extension de la technique des découverts a engagé les banquiers à rechercher *les moyens de les mobiliser,* c'est-à-dire d'avoir la possibilité de rentrer dans leurs fonds en attendant d'être remboursés par leur client. Ils demandent pour cela à leur client débiteur de signer un *billet à ordre à leur profit, avalisé par un tiers (*voir* Aval).
Le découvert, dont l'ouverture peut être très rapide et le fonctionnement très souple, directement par caisse ou en compte courant, implique connaissance, confiance et relations suivies entre le banquier et son client. Dans cette mesure, il peut être considéré comme la forme élémentaire du crédit.

Pour l'application du terme aux finances publiques, *voir* Déficit, Impasse.

Découvert (budgétaire)

a : *Budget deficit* – **d** : *Haushalts-defizit/Fehlbetrag* – **e** : *Déficit presupuestario*

---

*Insuffisance des ressources définitives par rapport aux charges totales prévues dans la *loi de finances de l'année au titre du *budget général et des *comptes spéciaux du Trésor.*

• Le terme de découvert a été substitué depuis 1959 à celui d'*impasse. Cette notion, dépourvue de tout contenu émotionnel, correspond à l'addition algébrique du solde des opérations définitives (au-dessus de la ligne) et des opérations à caractère temporaire (*au-dessous de la ligne). Sans doute le pari porte-t-il sur les conditions de couverture du découvert, mais cette couverture sera fonction du solde d'exécution, ou découvert réel, qui peut être largement différent du découvert prévisionnel, du fait des plus-values de recettes fiscales ou des retards dans la consommation des crédits, ainsi que des modifications qu'en cours d'année les « *collectifs » apportent aux prévisions de la loi de finances initiale.

• La notion de découvert revêt encore une valeur relative du fait du caractère incertain des éléments que l'on y fait entrer : la réduction du découvert au cours de la période 1964-1973 a moins tenu à la réduction des charges qu'au transfert de certaines d'entre elles, en particulier les investissements des entreprises nationales, à d'autres intermédiaires financiers. En contrepartie, le Trésor a réduit son recours au marché monétaire et au marché financier en laissant aux intermédiaires financiers le soin de répondre directement aux demandes de crédit des entreprises publiques ou privées. La débudgétisation des investissements permettant la réduction du découvert a été notamment recherchée en faisant relayer le Trésor par le système bancaire et les établissements de crédit du secteur public dans la fonction de *transformation.

• Le découvert, qui avait dépassé (en francs courants) 10 milliards dans les résultats d'exécution des budgets de 1956 et 1957, a été ramené dans les budgets des années suivantes au niveau de 7 milliards, plafond qui était supposé correspondre aux moyens de trésorerie normaux susceptibles d'assurer sa couverture. Grâce aux plus-values de recettes fiscales par rapport à des prévisions prudentes, le découvert réel a été inférieur au découvert prévisionnel en 1960 et 1961. Le plan de *stabilisation a conduit à la réduction du découvert dans le budget primitif 1964, puis à sa suppression dans les lois de finances initiales pour 1965, 1966, et 1967 ; à moins de 500 millions près, en plus ou en moins, les résultats d'exécution ont fait ressortir un équilibre en 1964 et 1965. Mais les efforts pour relancer l'expansion, et notamment le recours à l'emprunt à long terme réalisé par l'État au profit d'entreprises publiques ou privées, ont conduit à la renaissance du découvert dans les collectifs 1966 et 1967, et les comptes de ces deux exercices se sont soldés par un découvert respectivement de 4,6 et 6,4 milliards. Enfin, au fur et à mesure de trois collectifs successifs, le découvert de l'exercice 1968 a été porté de 2 à 14 milliards. D'une manière générale, la politique suivie en France dans les années 70 a traduit la préoccupation constante de comprimer le découvert ou, à tout le moins, son expression telle qu'elle ressort de la présentation des documents du budget. Car le principe de l'équilibre des recettes et dépenses budgétaires a pris valeur de mythe dans une large partie de l'opinion publique.
Entretenu de la manière la plus officielle, ce mythe repose sur l'idée *a priori* qu'un équilibre de l'ensemble des opérations inscrites dans la loi de finances témoignerait de la neutralité de l'État dans le processus inflationniste. Cette thèse simpliste ne repose en fait sur aucune démonstration probante : on voit mal pourquoi, par exemple, le fait de ne pas autofinancer à 100 % l'investissement serait anodin pour les entreprises, ou pour les collectivités locales, alors qu'il exposerait l'État à alimenter l'inflation ; *a fortiori,* on ne voit pas du tout pourquoi l'État devrait financer sur ressources définitives ses opérations de prêt. Vide de sens sur le plan théorique, la thèse a de surcroît reçu dans les faits

les démentis les plus flagrants : la République fédérale d'Allemagne qui a su le mieux maîtriser les tensions inflationnistes connaît des découverts budgétaires très importants.
Aussi bien, le mythe n'a pu survivre aux développements de la crise des économies développées entraînée par la hausse du prix des matières premières et de l'énergie. Si un excédent est encore dégagé en 1974, on a enregistré depuis que des découverts.
Pour apprécier la signification du découvert, il convient, en plus des conditions de sa couverture, d'en rapprocher le montant du produit national et d'en corriger l'estimation en fonction de l'évolution de l'unité monétaire : si le découvert effectif a été pendant longtemps inférieur à 2 % du *PIB marchand, il a progressé ensuite au point de dépasser en 1994 le taux de 4 %.

Décret d'avances

a : *Supplementary credit* – **d** : *Nachtragskredit* – **e** : *Crédito adicional*

Décret pris par le gouvernement en cas d'urgence pour augmenter les crédits ouverts par la loi de finances.

Le décret d'avances doit être soumis à la ratification du Parlement.

Déduction (fiscalité)

a : *Tax deduction* – **d** : *Steuerabzug* – **e** : *Deducción fiscal*

---

*Élément que la législation fiscale permet de prendre en considération pour réduire le montant de l'*assiette ou de l'*impôt lui-même.*

La déduction intervient très fréquemment dans le mode de calcul des différents impôts.
La distinction entre la déduction « base sur base » et la déduction « taxe sur taxe » peut être illustrée par les règles relatives d'une part à l'imposition des revenus, d'autre part aux taxes sur le chiffre d'affaires.

• Dans le régime *d'imposition des revenus*, les contribuables peuvent déduire de leurs revenus bruts les charges qui ont été supportées pour les acquérir.
Ainsi les particuliers peuvent déduire de leurs salaires les frais professionnels, de leurs revenus fonciers ou de leur revenu global les intérêts qu'ils paient.

Certaines de ces déductions sont établies d'après les charges réelles dont les contribuables doivent apporter la justification ; d'autres sont forfaitaires et calculées en pourcentage du revenu brut.
La législation peut favoriser certaines catégories de contribuables, certaines affectations données au revenu, en ouvrant des possibilités de déduction (déduction des primes d'assurances et des sommes placées dans le cadre de plans à long terme pour favoriser l'épargne).
L'imposition des bénéfices des activités industrielles et commerciales (à l'IR ou à l'impôt sur les sociétés) comporte la possibilité de déduire les charges effectivement supportées (consommation de matières premières, achats, frais de personnel, intérêts payés, frais généraux...) ; des charges conventionnelles (amortissements correspondant à la dépréciation des biens immobilisés, provisions qui n'ont pas de contrepartie directe mais qui doivent être prises en considération pour le calcul de la variation de l'actif net qui est la base juridique de l'impôt).
La réglementation du droit d'opérer des déductions est ici aussi un moyen d'encourager certaines activités.
C'est sur l'assiette établie après imputation de toutes les déductions admises que le taux ou le barème de l'impôt est appliqué.

• Le régime des *taxes sur le chiffre d'affaires,* perçues à chaque stade de la production et de la commercialisation, peut comporter un mécanisme de déduction : il est à la base des systèmes de taxe à paiement fractionné tel celui de la taxe à la valeur ajoutée.
La déduction est opérée « taxe sur taxe », c'est-à-dire que du montant des taxes frappant les ventes sont déduites les taxes supportées par l'entreprise lors de l'achat de biens et services. La taxe payée à chaque stade est ainsi répercutée de proche en proche jusqu'au consommateur en sorte que celui-ci supporte un montant d'impôt qui est indépendant de la longueur du circuit de production et de consommation.

Voir Abattement, Décote.

Défaillance

a : *Nonfulfilment* – **d** : *Nichterfüllung* – **e** : *Incumplimiento*

Terme générique employé pour rendre compte de l'ensemble des interruptions ou cessations d'activités industrielles et commerciales.

Dans les statistiques générales, sont notamment regroupés les *cessations de paiement, *règlements judiciaires, *liquidations de biens et *faillites.

Déficit

a : *Deficit* – **d** : *Defizit* – **e** : *Déficit*

Solde faisant ressortir une insuffisance des produits par rapport aux charges, ou des ressources par rapport aux besoins, au cours d'une période donnée.

S'il est le résultat de la comptabilité tenue pendant cette période, il ne retient que les opérations s'imputant au compte d'exploitation. Sa signification, comme celle de l'*excédent qui représente normalement le solde de caractère inverse, ne peut être appréciée qu'en fonction des éléments qui ont été pris en considération et de leur mode de calcul. Il en est ainsi dans un certain nombre de cas.

• Dans les *résultats d'exploitation d'une entreprise :* le déficit dépend des dotations faites aux comptes de provisions et d'amortissements et plus généralement de l'évaluation faite des éléments portés tant à l'actif qu'au passif du bilan. Il correspond à une amputation du patrimoine de l'entreprise, c'est-à-dire de ses ressources propres : il peut être toutefois reporté pour couverture sur les bénéfices à venir, sauf si les pertes cumulées atteignent les trois quarts du capital social : la législation fiscale admet le report des déficits durant cinq années.

• Dans la présentation (et dans l'exécution) du *budget d'une collectivité publique :* la signification du déficit prévisionnel, tel qu'il ressort du document approuvant ce budget, dépend du contenu de celui-ci, tant en ce qui concerne le réalisme des prévisions de recettes et des ouvertures de crédit, qu'en considération de la nature des charges qui y sont inscrites. Ainsi, dans la conception étroite correspondant au contenu d'un compte d'exploitation, le déficit du budget de l'État ne devrait apparaître que si les recettes définitives sont inférieures aux dépenses ordinaires du budget général, sans que soient prises en considération les dépenses définitives en capital (qui, dans le passé, ont été isolées dans un budget extraordinaire) et les charges temporaires compensées par des créances (en général, inscrites dans des comptes spéciaux du *Trésor).
Le flux continu des dépenses en capital, l'absence d'amortissements des immobilisations appartenant à l'État, la part de ces dépenses réalisées par octroi de subventions conduisent toutefois à retenir aujourd'hui dans la définition du déficit l'ensemble des dépenses définitives, classées « *au-dessus de la ligne ».
Les charges auxquelles le Trésor doit trouver une contrepartie naissent pour une large part des opérations temporaires, elles aussi autorisées par la loi de finances : le résultat d'ensemble comprenant opérations définitives et opérations temporaires, pour le distinguer du déficit et marquer qu'il n'est pas nécessairement le signe d'une gestion dangereuse, a été appelé

« *impasse », puis, lorsqu'une présentation plus rationnelle a été utilisée à partir de 1959, « découvert de la loi de finances ».

• Dans les *échanges internationaux,* le déficit correspond à un solde négatif de la *balance commerciale ou de la *balance des paiements courants. Les conséquences monétaires du déficit de la collectivité nationale sont variables selon la conjoncture. Il suffit de constater que le déficit budgétaire, lorsque sa couverture entraîne création de monnaie et lorsque la demande supplémentaire qu'il provoque ne peut être couverte par un accroissement de l'offre de biens et services, présente un caractère inflationniste ; le déficit des échanges extérieurs, qui accroît l'offre à l'intérieur ou traduit une diminution de la demande de l'étranger, présente un caractère déflationniste, mais trouve sa limite dans le niveau des réserves de change et les inquiétudes qu'il provoque à l'égard de la valeur de la monnaie.

Déflation

a : *Deflation policy* – **d** : *Deflationspolitik* – **e** : *Deflación*

Politique de restriction de la demande visant à freiner la hausse ou à provoquer la baisse des prix.

La déflation est le procédé le plus brutal de lutte contre l'*inflation et ses effets. Économiquement, elle repose entièrement sur une conception quantitativiste du jeu des flux monétaires.
Socialement, elle privilégie les impératifs de fonctionnement de l'économie monétaire et de marché sur les exigences de protection de certaines catégories socio-économiques.
Techniquement, elle suppose que l'ensemble des mécanismes de *répercussion et de comportement qui provoquent et entretiennent l'inflation sont réversibles.
Dans une certaine mesure, les techniques déflationnistes cherchent à constituer le contretype des phénomènes d'inflation tels que les analyse la *théorie quantitative.

Techniques de déflation

Toutes les politiques déflationnistes reviennent à restreindre autoritairement les *flux monétaires de l'économie :

• par la ponction monétaire au sens strict : destruction matérielle des billets retirés de la circulation et échangés contre de nouvelles coupures en moindre quantité : blocage des *dépôts des banques (échange des billets de 5 000 F, France, 1945 — blocage des billets et des comptes en banque, Belgique, 1944 — Rentenmark, Allemagne, 1926 — conversion des Reichmarks en Deutschmarks, Allemagne, 1948...) ;

• par la restriction des moyens de financement à la disposition de l'économie (déflation financière) ; désendettement du *Trésor vis-à-vis du système bancaire, restriction des possibilités de *crédit par mesures particulières ou par hausse du taux de l'*escompte, émission d'*emprunts publics destinés à éponger les moyens de paiement disponibles dans l'économie ;

• par une politique budgétaire et fiscale donnant le pas aux efforts de recettes sur les actions de dépenses publiques : ponction fiscale sur la consommation et l'investissement, notamment par l'impôt sur le revenu ; politique d'équilibre ou d'excédents budgétaires (restriction des dépenses publiques de fonctionnement ou d'investissement, maintien de recettes fiscales relativement élevées) ;

• par diverses mesures de *dirigisme ou de police économique : blocage ou réduction autoritaire des prix, voire des salaires, restriction de certains avantages sociaux (sécurité sociale), organisation de la production et coordination des politiques d'entreprises (*ententes)...

En économie socialiste centralisée, la déflation n'entraîne pas spontanément une baisse de la production (puisque celle-ci est déterminée par le Plan), mais une accumulation des *stocks. Elle provient fréquemment de la tendance des responsables d'usines à surestimer leurs besoins en biens nécessaires à la production (pour se ménager une marge de sécurité) ou d'une planification des salaires à un niveau insuffisant. Comme dans les économies de marché, les tendances les plus spontanées sont inflationnistes (évolution insuffisante de la productivité globale, disharmonies localisées ou générales entre l'évolution des salaires et celle de la production).

Dans ce contexte, la politique anti-inflationniste est toujours plus ou moins une politique de déflation :

– surveillance sévère et restrictions visant l'évolution des plans de salaires ;

– stratégie fiscale sur la *consommation tendant à éponger par l'impôt la partie du revenu disponible global après financement de la production des biens de consommation et constitution des épargnes individuelles et d'entreprises. L'impôt utilisé est l'impôt sur la consommation ;

– emprunt d'État destiné à éponger le supplément éventuellement disponible.

Exemples de mesures déflationnistes

Les mesures les plus caractéristiques de politique déflationniste ont été prises dans les pays industrialisés durant l'entre-deux-guerres et immédiatement après la Seconde Guerre mondiale. Voici les principales.

Surplus budgétaires et restrictions des dépenses publiques : La Grande-Bretagne, en 1920, diminue sévèrement les dépenses publiques, ce qui entraîne une baisse d'activité générale... et une diminution des recettes fiscales.

L'Allemagne, en 1931, et la France, en 1935 (déflation Laval), adoptent une politique semblable, assortie d'une diminution du traitement des fonctionnaires (– 20 % en Allemagne, – 10 % en France) et d'un freinage des travaux publics, avec des résultats analogues.

Réduction des coûts : Durant la même période 1920-1930, les politiques déflationnistes ont cherché à réduire les coûts en pesant sur les salaires et donc, selon eux, sur les prix : recommandations de restrictions de salaires de la part des gouvernements britannique, allemand (– 20 %) et français (– 10 %) ; réduction du nombre des bénéficiaires de l'assurance-chômage en Allemagne ; intervention de Jacques Rueff en 1925 pour la suppression de l'allocation de chômage en France ; blocage ou encadrement des prix dans ces trois pays jusqu'en 1935-1936.
Toutes ces politiques ont abouti effectivement à une baisse de salaires, à un accroissement du chômage et à une stagnation économique, mais l'objectif annoncé n'a pas été atteint : les *prix ont moins baissé que les salaires, les *profits ont largement échappé au phénomène général de dégonflement recherché.

Hausse du prix de l'argent : On attend de cette mesure un découragement de la spéculation (constitution de stocks, exportations de capitaux) et la limitation des investissements. Le taux d'escompte passe en Grande-Bretagne de 3,5 à 5 % entre 1923 et 1926 ; en Allemagne, de 7 à 15 % au cours de l'été 1931 ; aux États-Unis, de 3 à 5 % entre 1928 et 1929.

Fonctions monétaires et financières : Outre les conversions de billets et de monnaie pratiquées en période de crise ouverte (Allemagne, 1926 et 1948, France, 1945), on peut citer : les emprunts forcés, prélevés autoritairement au moment de la formation des revenus et alimentant des comptes à terme bloqués ou de rentes d'État (Grande-Bretagne, Italie, Allemagne) ; les emprunts sur le capital ou l'enrichissement (emprunt de la Libération, France, 1945) ; les prélèvements fiscaux exceptionnels (impôt de solidarité, France, 1946, excess profit tax, Grande-Bretagne, 1945-1952) ; les limitations réglementaires des *dividendes distribués par les sociétés (Allemagne, 1934, 1937, 1941 ; Italie, 1935, 1936, 1940 ; France, 1941). Selon les cas, les ponctions fiscales ou parafiscales combinent les objectifs monétaires avec la politique sociale (les revenus les plus forts ou les plus spéculatifs sont touchés) ou évitent au contraire les hauts revenus, au motif qu'ils sont naturellement plus consacrés à l'épargne (États-Unis, 1953 — Allemagne, 1954).

Valeur de la déflation

Une politique de déflation caractérisée est incontestablement l'application la plus mécaniste et la plus claire des théories économiques classiques sur la conduite de l'économie et la lutte anti-inflationniste. Faisant implicitement ou explicitement référence aux lois de l'hydraulique transposées à l'économie, elle donne l'impression de pouvoir régulariser les circuits d'*offre et de *demande de *biens et de *monnaie. Mais cette technique de robinets est sommaire, parfois cruelle, souvent inefficace. En effet, et pour s'en tenir à l'essentiel :

• elle fait bon marché de tous les phénomènes d'*anticipation, des effets induits des mesures prises et des réactions des agents économiques ;

• en traitant les phénomènes sociaux comme des choses, elle peut déclencher des drames individuels qui ne sont jamais excusables, même au nom d'une politique économique ; les diminutions de salaires et la pression qui s'exerce sur eux (et qu'en fait l'on attend du *chômage) relèvent du conservatisme le plus discutable et le plus dangereux ;

• généralement, les politiques déflationnistes ont toujours paru attendre que le freinage des prix vienne surtout d'une baisse des salaires, en affectant d'ignorer les possibilités de récupération des titulaires de *profits au sein de l'économie ; naïveté ou hypocrisie, les résultats en ont toujours été décevants et le seul effet certain a été la régression sociale. Toute action véritablement déflationniste, parce qu'elle vise à réaliser l'*équilibre par un alignement sur le minimum, aboutit généralement à la *stagnation ou à la *récession. C'est la raison pour laquelle on tend à lui préférer des politiques de *stabilisation, fondées sur les mêmes remèdes, mais administrés selon un dosage plus léger, qui visent à maîtriser la surchauffe sans casser l'expansion.

Dégrèvement

a : *Forgiveness of tax* – **d** : *Steuererlass* – **e** : *Desgravación*

Suppression ou atténuation de l'impôt prononcée ou accordée par la voie contentieuse (décharge ou réduction) ou par la voie gracieuse (remise ou modération).

Délai de reprise (fiscalité)

a : *Period for assessment reconciliation* – **d** : *Berichtigungsfrist (Steuern)* – **e** : *Prórroga de rectificación*

Droit de l'administration, limité dans le temps, de rectifier les déclarations lorsqu'elle relève, en exerçant son contrôle, des insuffisances, des omissions ou des dissimulations dans les éléments servant de base au calcul des impôts.

Délégation de crédits

*Décision prise par l'autorité à laquelle sont ouverts les *crédits au bénéfice d'un fonctionnaire qui lui est subordonné, pour lui transférer le pouvoir de prendre les décisions individuelles relatives à l'emploi d'une fraction déterminée du montant de ces crédits.*

C'est au ministre que les crédits sont ouverts dans la loi de finances et qu'il appartient d'en assurer l'emploi par des décisions d'*engagement de dépenses et d'*ordonnancement ; dans la pratique, les décisions sont prises pour une large part par des chefs de service, en particulier les chefs de services départementaux et régionaux auxquels sont transférées des fractions des crédits dont dispose le ministre.
L'ordonnateur primaire engage donc et ordonnance lui-même ou bien délègue des crédits déterminés à des ordonnateurs secondaires par la voie d'ordonnances de délégation qui limitent à due concurrence le montant des crédits qu'il se réserve d'administrer. La délégation des crédits, applicable aussi bien aux *autorisations de programme qu'aux crédits de paiement, est subordonnée au visa préalable du contrôleur financier qui constate leur disponibilité et en bloque le montant dans sa comptabilité ; elle comporte notification à un comptable assignataire déterminé qui sera en mesure de vérifier la disponibilité des crédits lors du visa des paiements.
Elle se distingue de la délégation de signature donnée par un ordonnateur primaire ou par un ordonnateur secondaire à un ou plusieurs de ses collaborateurs, nommément désignés, qui reçoivent droit permanent de signer à sa place tout ou partie des décisions d'emploi des crédits dont l'autorité qui délègue a la gestion. Comme toute autre délégation de signature en matière administrative, elle ne prive pas celui qui la donne d'exercer lui-même ses pouvoirs ; elle ne porte pas sur une fraction particulière des crédits.

Delivery order

Voir Connaissement.

Delphi (méthode)

Voir Méthode Delphi.

Demande

a : *Demand* – **d** : *Nachfrage* – **e** : *Demanda*

Quantité d'un bien ou d'un service qui peut être achetée pour un prix défini, pendant une unité de temps donnée, sur un marché.

La demande est une notion fondamentale dans toute l'économie de marché. Elle correspond au phénomène de l'échange considéré du point de vue de ses participants et plus précisément, dans l'économie monétaire, du point de vue de celui ou de ceux qui offrent de la *monnaie pour acquérir des *biens ou des *services. *Ex ante,* la demande est une *anticipation, *ex post,* elle devient une donnée.

Dans les économies libérales, la demande a toujours occupé une position centrale dans la réflexion économique et les constructions théoriques qui en ont procédé. Elle constitue un des deux pôles de la confrontation des agents économiques, qui, dans le cadre de la « loi de l'offre et de la demande », constitue le mécanisme fondamental de détermination des *prix.

S'agissant de son *fondement,* la demande est souvent présentée comme procédant de l'unité. L'école *marginaliste a pu même préciser qu'elle était liée, dans son expression quantitative, à l'*utilité marginale des biens ou services qui en sont l'objet, cette utilité marginale correspondant pour les biens de consommation à la satisfaction que procure la dernière unité consommée et, pour les biens de production, à la productivité du dernier moyen de production acquis. Mais l'utilité, dans une économie marchande, est inséparable de la désutilité qui s'attache à l'aliénation de ce qu'il faut offrir, ou sacrifier, pour se procurer un bien ou un service. Utilité et désutilité, dans une économie marchande, sont elles-mêmes liées aux prix et aux *revenus.

La théorie de la demande ne prend ainsi un réel contenu que si on la considère *en tant que fonction.* On vérifie généralement que la demande est une fonction décroissante du prix, présentant donc une *élasticité négative ; généralement, car pour certains biens de grande consommation l'élasticité peut cesser de jouer à partir d'un certain seuil de hausse des prix (pour les biens indispensables, par exemple), de même que, pour des biens qui présentent un caractère luxueux ou sur lesquels la mode polarise l'attention, il pourra arriver que la demande soit indépendante du prix, ou même qu'elle croisse avec lui. Compte tenu des possibilités de substitution, la demande d'un bien ou d'un service dépendra en fait du prix de l'ensemble des biens et services pour lesquels un lien de substitution peut précisément être établi. Cette possibilité de substitution, et donc d'arbitrage, est liée non seulement au rapport entre les biens et les services et le type de la « satisfaction » qu'on en attend, mais également au revenu qui détermine en quelque sorte l'enveloppe globale à l'intérieur de laquelle s'effectuent les choix. Fonction généralement décroissante du prix, la demande sera également le plus souvent fonction croissante du revenu. Et de même qu'on parlera d'élasticité de la demande par rapport au prix, on considérera son élasticité par rapport au revenu. Déterminants fondamentaux de la demande, prix et revenus n'en sont pas les facteurs exclusifs.

La demande dépendra également de la nature du bien, dans ses rapports notamment avec des biens substituables ou, aussi, complémentaires : il y aura ainsi dans le premier cas demandes plus ou moins substituables, fonctions pour chaque bien des prix des biens « concurrents », et dans le second des demandes plus ou moins conjointes (exemple : la demande de pneus liée à celle des automobiles). On pourra dans les deux cas déterminer des élasticités réciproques de la demande.

Celle-ci dépend enfin des conditions du marché (concurrentiel, oligopolistique, monopolistique) envisagées du côté tant des vendeurs que des acheteurs. La plus ou moins grande concentration des vendeurs, par exemple dans la mesure où elle affecte le comportement d'offre et le rôle de la concurrence dans la formation des prix, exerce une influence sur le niveau de la demande. Par ailleurs, la fonction de demande est également en rapport avec le nombre des demandeurs.

Pour un consommateur isolé ou un petit groupe de consommateurs, la fonction de demande peut être discontinue, c'est-à-dire caractérisée par des paliers. Plus le nombre des acheteurs est grand, plus cette fonction tend à être continue.

La fonction de demande, par rapport au prix ou au revenu, ainsi analysée, peut naturellement être représentée par une courbe qui sera notamment caractérisée par sa pente (exprimant le rapport entre les variations absolues des grandeurs considérées) et par son élasticité (traduisant le rapport entre les variations relatives des mêmes grandeurs).

Si la demande peut être considérée d'un point de vue *micro-économique, pour le marché d'un bien ou d'un service donné, au niveau de l'individu ou du groupe, elle peut l'être aussi au plan *macro-économique. Elle regroupe alors l'ensemble des demandes portant sur une catégorie de biens et services (par exemple, les objets de consommation, ou les biens de production) ou concernant un agent économique (on parlera de demande des ménages, des administrations...). La demande globale, envisagée dans son champ de compréhension exhaustif, recouvrira l'ensemble des demandes portant sur des objets de consommation et des biens de production.

La notion de demande, prise sous l'angle de vue macro-économique, joue un rôle fondamental dans la réflexion théorique qui s'applique à rendre compte des mécanismes économiques à l'échelon de la société, dans les techniques de prévision (et notamment dans la construction de *modèles), et naturellement dans l'étude et la mise au point de la politique économique. De ce dernier point de vue, la modulation de la demande est un des éléments fondamentaux de la régulation conjoncturelle. S'agissant, par exemple, de la demande de consommation des ménages, dont on peut apprécier l'élasticité par rapport au revenu ou aux prix, la politique économique s'emploiera, par des mesures budgétaires, fiscales ou financières, à la stimuler en phase de ralentissement, ou au contraire à la restreindre en conjoncture de surchauffe inflationniste. C'est toute la difficulté de la politique économique à court terme que d'introduire à temps, à partir d'un diagnostic assuré, des mesures adéquates pour atteindre un effet déterminé, à travers l'action sur les comportements collectifs.

Demande finale

a : *Final demand* – **d** : *Endnachfrage/Gesamtnachfrage* – **e** : *Demanda final*

---

*Comptabilité nationale : Différence entre les *emplois finals et les importations.*

La demande finale comprend ainsi la *consommation, la formation brute de *capital fixe, les variations de *stocks et le solde des échanges extérieurs de biens et services.
Pour l'ensemble de l'économie, le volume de la demande finale est égal à celui du *produit intérieur brut.

Demande gracieuse (fiscalité)

a : *Request for exemption* – **d** : *Ausserstreitiger Antrag (Steuerwesen)* – **e** : *Desgravación (de gracia)*

Demande sollicitant la bienveillance de l'administration, en vue de lui faire atténuer, dans certains cas prévus par la loi, la charge fiscale, aux motifs de gêne ou d'indigence des contribuables notamment.

Démographie

a : *Demography* – **d** : *Demographie* – **e** : *Demografía*

Science ayant pour objet l'étude des populations humaines.

Parmi toutes les sciences et les techniques ayant pour objet l'étude des phénomènes économiques ou sociaux, la démographie occupe une place particulière. Les phénomènes démographiques étant affectés d'une inertie considérable, la connaissance des structures et la prévision à très long terme jouent un rôle spécialement important. Par ailleurs, les études démographiques et les perspectives de *population se situent en amont de celles que l'on peut faire dans le domaine économique puisque, à l'origine de tout fait économique, il y a l'homme. Enfin, la démographie bénéficie d'une expérience et de séries statistiques souvent plus que centenaires.

Cette extrême étendue du champ d'application de la démographie dans le temps et dans l'espace a longtemps éloigné d'elle les responsables de la politique économique et sociale, plus préoccupés d'actualité (les mouvements démographiques ont des effets insensibles à court terme). En outre, elle fut négligée par la plupart des économistes libéraux qui estimaient que la société n'avait pas besoin de se connaître puisque son économie était fondée sur des mécanismes naturels autorégulateurs qu'il fallait surtout se garder d'empêcher de fonctionner librement.

Depuis quelques dizaines d'années, sous la pression des événements (démographie « galopante » dans les pays du Tiers Monde, chute des taux de *natalité dans les pays occidentaux et les pays socialistes), on prend au contraire conscience de l'importance des phénomènes démographiques. Les querelles qui se déroulent, aux États-Unis notamment, autour de la notion d'« optimum de population », la primauté que certains pays accordent aux problèmes de régulation des naissances et de « planning » familial, sont des preuves de la nouvelle vitalité de cette science séculaire. Celle-ci peut se subdiviser en fait en trois grandes branches.

La démographie quantitative : Elle met l'accent sur l'aspect numérique des phénomènes étudiés, que ce soit d'un point de vue purement descriptif (statistiques démographiques recueillies, par exemple, à l'occasion d'un *recensement de population) ou, au contraire, d'un point de vue plus théorique. Les méthodes de l'*analyse démographique* permettent de faire le lien entre les deux points de vue en introduisant des indicateurs de *mortalité, la notion d'*espérance de vie, des indicateurs de *natalité ou de *fécondité, la notion de taux de *reproduction ou encore des indicateurs de *nuptialité.

La démographie économique et sociale : Elle a pour objet l'étude des relations entre les phénomènes démographiques et les phénomènes économiques et sociaux. L'*écologie humaine,* qui étudie les communautés du point de vue de leur répartition territoriale et de leur organisation, en est elle-même une des branches.

L'étude des lois démographiques : Celles-ci sont mises en évidence par les observateurs et les chercheurs, et cette étude a pour but d'expliquer et de prévoir l'évolution des phénomènes démographiques et leurs éventuelles conséquences, ce qui peut servir de base à l'élaboration d'une *politique démographique.* Ce dernier terme désigne généralement l'ensemble des moyens qui se trouvent à la disposition des gouvernements pour assurer le contrôle des mouvements de la *population, qu'il s'agisse de son mouvement naturel ou de ceux provenant des *migrations, et pour permettre ainsi de fixer son effectif et sa croissance aux niveaux jugés souhaitables.

Démonstration (effet de)

a : *Imitation effect* – **d** : *Imitationseffekt* – **e** : *Efecto de demostración*

Effet de contagion exercé par le niveau de vie d'un groupe social sur un autre groupe social.

L'effet de démonstration s'exerce au niveau des besoins ressentis. Il affecte moins l'ensemble des composantes du niveau de vie que certains de ses éléments, qui sont plus visibles que les autres : par exemple, la possession d'un appareil de radio à transistors, d'une automobile...
L'effet de démonstration joue un rôle très important dans les économies contemporaines. A l'intérieur des sociétés développées, il est un des plus puissants véhicules de la consommation de masse, les groupes sociaux ayant par ce fait tendance à aligner leur mode de vie — sous son aspect extérieur au moins — sur celui des groupes à revenus plus élevés.
L'effet s'exerce aussi entre les communautés plus importantes que constituent les États. Ainsi en est-il de celui que les économies industrielles développées exercent sur les sociétés du Tiers Monde, et à un moindre titre sur celles des pays socialistes dont le niveau de consommation est actuellement encore inférieur à celui atteint dans certains pays occidentaux.

Denier

a : *Denier* – **d** : *Denier* – **e** : *Denario*

Pièce d'argent de faible poids qui a eu cours en Europe entre les IXe et XIIIe siècles.
*Comptabilité deniers : *Comptabilité retraçant les opérations en monnaie (par opposition à la comptabilité matières).*

Dépense nationale

a : *Domestic demand* – **d** : *Inlandsnachfrage* – **e** : *Demanda nacional*

Comptabilité nationale : Agrégat normalisé de la comptabilité économique internationale.

Emplois finals de biens et services des résidents. Elle comprend la consommation privée, la consommation publique et la formation brute de capital.
DN nette : DN brute diminuée des *amortissements économiques.
Le passage de la dépense nationale au *produit national s'effectue en ajoutant à celle-ci les exportations de biens et services et les revenus de *facteurs reçus du reste du monde et en en retranchant les importations de biens et services et les revenus de facteurs versés au reste du monde.

Déplacé (effet)

a : *Out-of-town bill* – **d** : *Distanzwechsel* – **e** : *Efecto desplazado*

---

*Effet de commerce (*chèque, *lettre de change, etc.) payable dans un lieu différent de celui où il est négocié.*

Tout effet donne lieu à encaissement en un lieu (« place ») déterminé. L'effet « déplacé », par opposition à l'effet « sur place », se trouve dans un lieu différent de son lieu d'encaissement. (On notera que cela ne l'empêche pas d'être « *bancable » s'il est payable sur une place où la Banque de France a un comptoir.)
L'encaissement de l'effet déplacé exigeant des opérations matérielles particulières, sa négociation peut entraîner perception d'une commission dite « de change » représentative des frais généraux engagés pour son encaissement.

Déport

a : *Discount (É.-U.)/Backwardation (R.-U.)* – **d** : *Deport* – **e** : *Rebaja*

---

*Inverse du *report dans plusieurs des sens de ce mot intéressant les opérations à terme :*
– différence entre le cours au comptant et le cours à terme d'une même valeur ou devise sur une même place lorsque le cours à terme est le plus bas ;
– sur le marché des valeurs, rémunération consentie par les vendeurs à terme aux détenteurs de titres qui leur apportent leur concours dans une opération de report si la position d'une valeur fait apparaître un excédent des ventes reportées sur les achats.

● Sur le *marché des changes à terme,* le déport est exprimé en pourcentage du cours au comptant pour un an ; il représente la *décote de la devise à terme par rapport à son cours au comptant, ou « disagio » (*voir* Agio).

Comme le report qui exprime la situation inverse, il correspond au coût de l'opération à terme, c'est-à-dire au prix que l'opérateur accepte de payer pour que le prix soit immédiatement fixé en francs comme en devises : le cours effectif à terme sera le cours au comptant, diminué du déport ramené à la durée du contrat de change à terme.
Un déport d'une devise sur le marché de Paris a pour contrepartie un report du franc sur la place étrangère correspondante.

• A la **bourse des valeurs,* la cotation d'un déport pour une valeur correspond à une situation moins fréquente que celle d'un report : en effet, la spéculation est généralement orientée vers la hausse et le nombre des titres à faire reporter lors de la liquidation mensuelle (titres non levés par les acheteurs) est de ce fait généralement supérieur au nombre de titres reportés (titres non livrés par les vendeurs) ; la position nette acheteur donne lieu à versement d'un intérêt de report. Mais lorsque les titres reportés sont plus nombreux que les titres à reporter, la compensation ne se fait pas en totalité et les vendeurs à terme doivent rechercher des détenteurs de titres acceptant de les leur prêter pour un mois contre une rémunération afin d'exécuter leur contrat et en même temps de proroger leur position jusqu'à la liquidation suivante ; les vendeurs paient un déport que reçoivent les prêteurs de titres.

Dépôt de bilan

Voir Cessation de paiement.

Dépôts

a : *Bank deposits* – **d** : *Bankeinlagen/Depositen* – **e** : *Depósitos*

*Fonds reçus par une *banque à la demande d'une personne (déposant) avec ou sans stipulation d'intérêt, avec le droit pour la banque d'en disposer pour les besoins de son activité, mais sous la charge d'assurer au déposant un service de caisse.*

Caractéristiques

Aux termes de la loi du 13 juin 1941 qui contient la première définition complète des dépôts, le *service de caisse* consiste notamment, pour la banque :
– à payer, à concurrence des fonds se trouvant en dépôt, tous les ordres de disposition donnés par le déposant en sa faveur ou en faveur d'un tiers ;

– à recevoir, pour les joindre au dépôt, toutes les sommes qu'elle aura encaissées pour le compte du déposant.

On remarquera que cette définition ne concerne que les *dépôts de fonds.* A vrai dire, un client peut également effectuer à sa banque un *dépôt de titres* (valeurs *mobilières, par exemple), mais cette opération n'est pas spécifique de l'activité bancaire et constitue un dépôt régulier de l'article 1915 du Code civil. Le banquier rend alors un service de conservation des titres qui se double souvent d'une fonction de gestion matérielle ressortissant au régime juridique du mandat : il détache les coupons, en perçoit le montant et le porte au crédit du client, etc. Le dépôt de titres implique d'ailleurs l'existence préalable d'un dépôt d'espèces et l'existence d'un compte au nom du client.

Les dépôts peuvent être reçus par d'autres *intermédiaires financiers que les banques (à l'exclusion des établissements financiers). C'est notamment le cas du Trésor (comptes de fonds particuliers auprès des trésoriers généraux, comptes chèques postaux) et des caisses d'épargne.

Les dépôts d'espèces représentent le principal instrument de travail des banques dites « de dépôts », dont une grande partie de l'activité consiste à réaliser le *remploi des dépôts, compte tenu de diverses règles d'équilibre financier. Dans cette masse de fonds déposés, on distingue les dépôts à vue des dépôts à terme.

Les dépôts à vue : Ce sont des dépôts dont le propriétaire a la libre disposition à tout moment. Ils constituent la majorité des dépôts en général et proviennent soit de particuliers (salariés, professions libérales...) qui les destinent à la consommation et à l'épargne, soit de commerçants ou de sociétés qui déposent en banque leur *trésorerie. Dans cette mesure, ils sont sujets à des fluctuations beaucoup plus importantes. On conçoit dès lors qu'ils soient justiciables de deux types différents de comptes (du point de vue juridique) : le compte de dépôts pour les uns, le compte courant pour les autres.

– Le *compte de dépôts* est un simple mode de présentation comptable qui récapitule les opérations de versements et de retraits intervenant entre le banquier et le client. Le compte enregistre les opérations au jour le jour sur la fiche de compte (ou fiche de dépôt) du client en individualisant chaque opération. Un tel compte est normalement créditeur. Les soldes débiteurs de ce compte ne doivent avoir qu'un caractère exceptionnel et accidentel (*voir* Découvert).

– Le **compte courant* en revanche est une convention, un contrat passé entre le banquier et le client. Aux termes de ce contrat, les parties conviennent de confondre toutes les opérations qui interviendront entre elles pendant un certain délai qui est la durée du compte courant. Ce compte peut être débiteur dans la limite du découvert autorisé. On peut également convenir de solidariser plusieurs comptes ouverts au même nom tout en leur conservant leur individualité comptable (il y a alors lettre de fusion).

En échange des services matériels importants qu'elle rend au client et des risques qu'elle court du fait de leur *liquidité, la banque se *rémunère* par des intérêts et commissions. En outre, la banque « remploie » ses dépôts pour consentir des crédits à des clients emprunteurs et les fait « travailler » à son profit. En effet, les frais de gestion des comptes de chèques représentent un montant équivalent à un intérêt de 2 % environ.

– La rémunération par le banquier des dépôts à vue a été supprimée en 1966. En revanche, le taux des intérêts débiteurs perçus par lui se subdivise lui-même en taux d'*intérêt (prix du crédit) et en commission « de mouvement » pour les découverts consentis.

– Le banquier joue également sur la valeur qui lui permet de faire « travailler » l'argent. La pratique de la valeur consiste à reculer de 24 ou de 48 heures le point de départ des crédits de la clientèle, tout en donnant un effet immédiat à toute opération de débit. Ce sont autant de « jours de valeur » sur lesquels le banquier peut compter. Le bénéfice du procédé n'est pas négligeable, car il porte sur des masses de fonds considérables.

– Enfin, pour augmenter la masse des dépôts qui leur sont confiés, les banquiers proposent à leurs déposants divers services ou avantages accessoires (exemples : assurance-décès, prélèvement automatique des impôts, des notes de gaz, de téléphone, formule de la carte bleue).

– Les *moyens de mobilisation des dépôts à vue.* Les fonds déposés en banque par les clients doivent pouvoir être utilisés facilement par ceux-ci. Les procédés les plus simples sont évidemment le retrait manuel au guichet, ou le versement d'espèces à ce même guichet ou par mandat postal.

La véritable mobilisation concerne la possibilité de transférer les fonds de manière rapide et sûre et de les faire circuler en France ou à l'étranger.

Les procédés bancaires de mobilisation des dépôts sont le *chèque, le *virement, la *lettre de crédit, l'*accréditif, auxquels s'ajoutent les opérations de *change lorsqu'une place étrangère est concernée.

Les dépôts à terme et les autres types de dépôts en banque : Comme leur nom l'indique, les dépôts à terme sont des fonds remis par un client qui s'interdit de les réclamer avant un certain délai. Ils peuvent s'analyser comme un prêt que le client fait à son banquier. Ces dépôts présentent pour la banque l'avantage de ne pas faire peser sur elle le risque de retrait imprévisible que présentent les dépôts à vue. Aussi les rémunère-t-elle. L'intérêt de ces dépôts a amené les banques à en imaginer plusieurs variantes dont les principales sont les suivantes :

– Les *dépôts à échéance fixe (ou à terme)* sont immobilisés par le client durant un délai déterminé et précisé à l'avance.

– Les *dépôts à préavis* sont débloqués à l'initiative du client mais après un délai convenu entre la décision de retrait et le retrait lui-même.

– Les *dépôts à affectation spéciale* sont remis au banquier pour servir à une opération déterminée, par exemple par une société pour payer les dividendes de ses actionnaires. Certains s'analysent comme des dépôts à terme si la possibilité d'affectation n'est pas réalisée au moment du dépôt.

– Les **bons de caisse,* enfin, constituent une méthode pour créer des dépôts à terme. Ce sont des bons à échéance fixe que les banques émettent en les assortissant d'un taux d'intérêt. Le souscripteur d'un bon de caisse effectue ainsi un dépôt dont le terme est représenté par l'échéance du bon (à noter que les *bons du Trésor jouent le même rôle que des bons de caisse pour le Trésor public).

– Il faut y ajouter les *comptes sur livrets,* employés pour matérialiser les dépôts d'épargne, lesquels peuvent être débités légalement à vue, mais ne peuvent être utilisés directement au règlement de dettes en monnaie scripturale (la somme correspondante doit être au préalable retirée du compte sous forme de numéraire). Ces dépôts, qui sont rémunérés, peuvent depuis 1957 être ouverts par les banques (ils étaient antérieurement réservés à des institutions d'épargne, *caisses d'épargne, par exemple).

Rôle et place des dépôts

Les dépôts auprès des établissements spécialisés constituent la *monnaie scripturale dans la mesure où ils peuvent sans changer de forme servir de moyens de règlement (comptes de chèques, comptes courants) même s'ils sont constitués auprès d'organismes non bancaires (Trésor, service des chèques postaux). Ce n'est pas le cas des dépôts d'épargne (qui ne sont pas utilisables pour l'extinction des dettes), ni des dépôts à terme qui constituent seulement ce qu'on appelle de la « quasi-monnaie ».
Une bonne stratégie bancaire implique que l'établissement dispose d'un nombre aussi élevé que possible de dépôts, qui mesurent sa facilité d'intervention sur le marché, grâce à la masse de manœuvre qu'ils constituent. (La concurrence parfois très vive qui oppose à cet égard les banques et les autres *intermédiaires financiers a d'ailleurs conduit les autorités monétaires notamment à plafonner les taux d'intérêts créditeurs servis par les banques.)
L'intérêt des établissements bancaires est de développer surtout les dépôts stables qui correspondent à une quasi-monnaie. Ce faisant, ils évitent les fuites de monnaie au profit des intermédiaires non bancaires et consolident leur indépendance. Ils s'assurent de même une « matière première » pour la *transformation des dépôts en remplois à long terme comme le font les banques étrangères qui disposent d'une proportion plus importante de dépôts d'épargne liquide et les institutions spécialisées dans la collecte de cette épargne (caisses d'épargne).
La place des dépôts dans l'économie monétaire se mesure aux principales grandeurs suivantes :

– en France, la *masse globale* des dépôts à vue se répartit approximativement de la manière suivante (années 80) = plus de 80 % dans les banques et de 17 à 18 % aux chèques postaux, le reste correspondant aux fonds particuliers déposés au Trésor et aux comptes privés auprès de la Banque de France ;

– l'ensemble des *dépôts* monétaires et « quasi monétaires » dans les établissements bancaires se répartissent ainsi par types de dépôts : *a*) dépôts à vue : 51 % ; *b*) dépôts à terme, bons de caisse et comptes sur livrets : 49 %.

– Dans l'ensemble des **disponibilités monétaires et quasi monétaires,* les dépôts représentent 77 % parmi lesquels 43 % de dépôts à vue et 34 % de dépôts à terme.

On notera que ces proportions sont aux États-Unis d'environ 90 % (dont 50 à vue et 40 à terme environ), en Grande-Bretagne d'environ 75 % (dont 43 et 32), en RFA de l'ordre de 75 % également (dont 45 et 30).

Dépréciation

a : *Depreciation* – **d** : *Verringerung des Werts* – **e** : *Depreciación*

Diminution de valeur.

Dans la *comptabilité d'entreprise,* la dépréciation s'entend de la diminution de valeur, en termes monétaires, d'un élément d'*actif. Cette dépréciation peut être liée à l'usure, à l'*obsolescence ou simplement aux variations de prix sur le marché du bien considéré. La loi peut autoriser la constitution de provisions pour dépréciation permettant d'imputer sur les bénéfices la perte encourue (par exemple, pour les stocks, les immobilisations amortissables, les titres de participation...).

La notion de dépréciation s'applique aussi à l'*unité monétaire.* En période d'*inflation, son pouvoir d'achat interne se réduit en proportion inverse de la hausse du niveau général des prix. Vis-à-vis de l'extérieur, la dépréciation d'une *monnaie désigne la perte de valeur qui résulte de la baisse des cours constatés sur les marchés des changes. En régime de *change fixe, elle ne concerne que les cours constatés sur les marchés libres ; mais, si elle est durable, elle est généralement le signe avant-coureur d'une *dévaluation à laquelle les autorités monétaires seront contraintes. Les taux de change sur le marché officiel et sur les marchés libres extérieurs étant éloignés de la *parité, il en résulte en effet des fuites de *capitaux fébriles et, par conséquent, des pertes de *réserves de change qui deviennent vite intolérables.

Dépression

a : *Depression* – **d** : *Depression* – **e** : *Depresión*

---

*Phase du *cycle économique, caractéristique des économies capitalistes, marquée par le fléchissement de la production, une tendance à la baisse des prix et la montée du chômage.*

Le terme, au sens strict, s'applique au développement de la *crise économique, caractérisé par un processus cumulatif où le fléchissement de la *demande (investissements, consommation) entraîne une baisse de la production, génératrice d'une diminution des ressources distribuées, qui contribue elle-même à entretenir la baisse de la demande. Ce processus, dont les premières victimes sont les salariés, du fait de la réduction des horaires et de l'accroissement du chômage, se développe jusqu'au moment où la désorganisation de l'appareil de production et la baisse du loyer de l'argent incitent des entreprises à engager de nouveaux investissements, générateurs de la phase de reprise, ou bien jusqu'au moment où l'intervention correctrice de l'État (par le canal de la dépense publique) favorise une relance de la demande.
Depuis la grande crise de 1929, on n'a plus en effet jusqu'à ce jour enregistré de véritable dépression, le développement des techniques de prévision et la mise au point de mécanismes d'intervention — généralement publique — ayant permis jusqu'à présent d'écrêter l'amplitude des *fluctuations économiques et de limiter l'enchaînement du processus de dépression à de simples *récessions.
Cet énoncé reste vrai pour la période récente. La hausse des prix des matières premières, et singulièrement de l'énergie intervenue en 1974, a provoqué dans les économies occidentales un processus de récession qui a pu être contenu dans son ampleur et dans sa durée. Au reste, dans la plupart des pays, ce processus s'est accompagné, au moins pour un temps, d'une accélération de l'inflation. Il en a été de même lors de l'augmentation intervenue en 1979.

Voir Crise, Fluctuation.

Désépargne

a : *Dissaving* – **d** : *Entsparen* – **e** : *Desahorro*

---

*Fait de transformer une *épargne en *consommation.*

Ce néologisme — de plus en plus usité — s'applique en fait à l'évolution de l'épargne conservée sous forme de *créances financières, c'est-à-dire de placements, par un groupe d'agents donnés. On parlera ainsi de

désépargne des *ménages, si l'encours des *placements financiers des ménages diminue en valeur absolue.
Très fréquente à l'échelle individuelle, car il est dans la finalité de l'épargne d'être, un jour ou l'autre, affectée à la consommation, le phénomène de désépargne est exceptionnel à l'échelon des groupes. Dans la plupart des cas, les mouvements observés, qui affectent l'accroissement des encours et non le niveau d'encours initial de la période de référence, sont en fait des mouvements de « sous-épargne » relative, c'est-à-dire de moindre progression de l'épargne par rapport, par exemple, au taux observé sur longue période.

Dette

a : *Debt* – **d** : *Schuld* – **e** : *Deuda*

---

*Obligation contractée à l'égard d'un tiers, ayant pour contrepartie du point de vue de ce dernier une *créance. Née soit d'un acte bilatéral, soit d'une disposition législative. Éteinte par l'exécution complète de l'obligation.*

En comptabilité, les dettes monétaires sont constatées au crédit de comptes ouverts en fonction soit de la nature de la dette, soit de la personne du créancier. Elles s'inscrivent au *passif du bilan où apparaissent d'autre part les capitaux propres.

Entreprise

Au sein du passif : suivant le plan comptable de 1957, les dettes sont classées dans l'ordre d'exigibilité croissante. On distingue ainsi principalement les dettes à plus d'un an (ou dettes à long terme) et les dettes à moins d'un an (ou dettes à court terme).

– Les *dettes à long et moyen terme* comprennent les *obligations et bons à plus d'un an, et les *emprunts contractés par l'entreprise à échéance de plus d'un an.

– Les *dettes à court terme* se composent généralement de quatre groupes principaux : la *dette-fournisseur,* classée dans les postes « fournisseurs » et « effets à payer » (*voir* Crédit fournisseur) ; les *dettes bancaires* (rubriques « banque » et « effets à payer ») dont principalement les *crédits de trésorerie ou *découverts consentis par les banquiers, et les *mobilisations des créances commerciales à l'exportation (*voir* Crédit) ; les *autres dettes à court terme* induites par l'exploitation de l'entreprise (dettes vis-à-vis de l'État, de la Sécurité sociale, du personnel, des actionnaires... *voir* Capitaux circulants) ; la *part des dettes à long et moyen terme* dont l'échéance est à moins d'un an.

Suivant le *plan comptable de 1982,* le poste « dettes » du passif ne classe plus celles-ci par catégories temporelles mais par catégories d'engagements, au nombre de neuf : emprunts obligataires convertibles, autres emprunts obligataires, emprunts auprès d'établissements de crédit, emprunts et dettes financières divers, avances et acomptes reçus sur commandes en cours, dettes sur achats ou prestations de services (et comptes rattachés), dettes fiscales et sociales, dettes sur immobilisations (et comptes rattachés), dettes diverses.

Finances publiques

• Le classement des dettes est fait en fonction de leur terme (dette perpétuelle, dette viagère, dette à long terme, à moyen terme, à court terme, à vue ; dette exigible ou non), éventuellement en fonction du créancier, des garanties dont elles sont assorties, ou des titres dans lesquels sont matérialisés les engagements.

La dette publique : Elle comprend l'ensemble des engagements contractés par l'État ; diverses distinctions sont utilisées pour l'analyse de son montant.

La dette viagère : Constituée surtout de pensions (retraites des fonctionnaires, anciens combattants et victimes de la guerre et leurs ayants droit), elle ne peut faire l'objet d'une évaluation en capital ; si les charges annuelles des pensions liquidées sont connues, le nombre d'annuités est incertain ; et des droits à pension acquis n'entraînent pas encore droit à jouissance. Aussi ne figure-t-elle pas dans les tableaux de la dette publique.

• Ces tableaux analysent la dette résultant d'emprunts contractés en fonction de sa durée, de son exigibilité (la dette exigible comprend tous les engagements à vue ou arrivés à échéance) et de son effet sur la balance des paiements (la dette extérieure pose un problème de devises en même temps qu'un problème de trésorerie).

• Du point de vue de sa durée, la *dette intérieure* comprend en France plusieurs catégories.

La dette perpétuelle : Le débiteur n'est jamais tenu d'en rembourser le capital ; la charge est réduite au paiement des intérêts ou rentes ; c'est en montant de rentes à servir chaque année que la dette était traditionnellement exprimée. Instrument de prédilection des grands États européens jusqu'en 1914, utilisé dans les périodes de crise, les rentes pouvaient faire l'objet de *conversions lorsque la situation du marché permettait d'obtenir un abaissement des charges annuelles. Aujourd'hui, la dette perpétuelle ne figure plus dans la dette publique française que pour le vieux fonds 3 % et le fonds 5 % 1949, qui ne représentent plus que 2 % du volume de la dette amortissable au lieu de la moitié en 1949.

La dette amortissable : C'est une dette remboursable à terme fixe ou par annuités qui comprend les emprunts obligataires d'une durée de dix ans au moins, les emprunts à long terme et les emprunts à moyen terme. On y inscrit aussi les engagements contractés par l'État qui comportent un règlement par annuités. L'essentiel en est aujourd'hui constitué des emprunts placés dans le public depuis 1952 ou auprès des établissements financiers du secteur public.

La dette flottante : Elle comprend les *bons du Trésor et les certificats de trésorerie. Elle se caractérise non seulement par la courte échéance des titres qui la composent, mais aussi par le caractère continuel des opérations d'émission et de remboursement ; de ce fait, son volume varie constamment et de manière imprévisible en fonction de la différence quotidienne entre les souscriptions et les remboursements. Aussi des risques de remboursement massif font-ils peser en permanence un risque sur le Trésor : le développement de la dette flottante pendant les périodes de difficultés financières appelait donc une action de *consolidation par allongement des échéances et refinancement grâce à des emprunts à long terme.
Depuis la guerre, cependant, du fait que les banques détenaient plus du tiers des bons du Trésor et étaient tenues d'en conserver la plus grande part au titre des planchers et coefficients de trésorerie, le risque était atténué. En outre, la suppression des bons à intérêt progressif a fait disparaître la part de la dette flottante qui dès le troisième mois était portée dans la dette exigible.

La dette envers l'institut d'émission : Elle comprend les prêts et les avances directement consentis au Trésor par la Banque de France en application de conventions ; certains sont représentés par des bons du Trésor de nature spéciale. N'y figurent pas les bons ordinaires que l'institut d'émission peut acquérir des établissements bancaires dans le cadre de sa politique monétaire, les obligations cautionnées souscrites par les redevables d'impôt et mobilisées par le Trésor, les opérations des correspondants faites en vue d'accroître leurs dépôts au Trésor.

Les dépôts des correspondants du Trésor auprès de celui-ci. Bien que ne figurant pas sur les états relatifs à la dette publique, ces dépôts constituent une part importante de ses engagements ; ces engagements sont généralement à vue, mais la nature de ces correspondants met ces dépôts dans une certaine mesure à l'abri de réactions psychologiques. Les correspondants, que l'on peut souvent considérer comme des auxiliaires du Trésor, sont des collectivités locales, des budgets annexes (celui des Postes et Télécommunications apporte le solde des dépôts en compte courant postal), des établissements publics et notamment des établissements bancaires (Caisse de dépôts et consignations).

• La *dette extérieure de l'État* qui représentait, en 1949, 25 % de son endettement total et 13 % à la fin de 1958 est pratiquement éteinte à la suite des amortissements, des remboursements anticipés et des cessions de dettes à des établissements de crédit du secteur public. Au solde des emprunts à long terme obtenus des États-Unis et de la BIRD au lendemain de la guerre, s'ajoutent les engagements contractés à l'égard du *Fonds monétaire international contre remise de bons du Trésor pour la part du quota qui n'est pas fournie en or.

• La *dette inscrite* comprend toutes les dettes qui, par leur nature, peuvent faire l'objet d'une inscription sur le « grand-livre de la dette publique » dont l'origine remonte à l'an II de la Révolution : ce sont les emprunts perpétuels, les emprunts amortissables et les pensions. Le grand-livre a disparu avec le développement des titres au porteur.

• Le *service de la dette* comprend toutes les charges afférentes à l'exécution des obligations contractées, c'est-à-dire le remboursement et l'amortissement des emprunts d'une part, le paiement des intérêts et des primes d'autre part. Dans la comptabilité de l'État, le règlement des intérêts s'inscrit dans les comptes budgétaires en charges définitives au budget des charges communes, tandis que le remboursement et l'amortissement figurent parmi les charges de la trésorerie.

Dévaluation

a : *Devaluation* – **d** : *Abwertung* – **e** : *Devaluación*

---

*Modification volontaire de la *parité d'une monnaie.*

Distincte des *mutations monétaires, consistant à modifier la définition de l'unité monétaire, et de la *dépréciation qui est une simple constatation d'une perte de valeur, la dévaluation, par laquelle on diminue la valeur-or de l'unité monétaire et corollairement la valeur de change avec les autres monnaies, a fait véritablement son apparition au XXe siècle avec les opérations de ce type réalisées en France en 1926 et en Grande-Bretagne en 1931.

Si, techniquement, les dévaluations se ramènent toujours à la manipulation ci-dessus définie, économiquement, on peut en distinguer plusieurs catégories en fonction de la situation dans laquelle elles interviennent et des préoccupations qui conduisent les gouvernements à y recourir. On opposera ainsi :

• *la dévaluation-constat,* destinée à consacrer une dépréciation acquise provoquée soit par l'*inflation interne, soit par le déficit de la *balance des paiements (et le plus souvent par les deux à la fois), et à permettre une opération de stabilisation ;

• *la dévaluation « défensive »,* par laquelle un pays « suit » la dévaluation pratiquée par un autre, pour protéger ses échanges commerciaux et l'expansion de son économie ;

• *la dévaluation « offensive »,* envisagée comme un moyen de stimuler les exportations et par là de favoriser une reprise de l'expansion (exemple : dévaluation du dollar en 1933) ou sa poursuite.

Bien évidemment, ces distinctions sont dans la pratique beaucoup moins accusées (cas des dévaluations sud-américaines, par exemple). Au reste, quelles que soient les caractéristiques de l'opération, le problème fondamental, pour les gouvernements qui s'y livrent, est de la réussir, c'est-à-dire de créer ou de recréer les conditions d'une expansion sur des bases assainies. Les effets d'une dévaluation dépendent en fait tout à la fois de son taux, de la situation qui la provoque, de l'importance des échanges extérieurs dans l'économie considérée.

A priori, la dévaluation renchérit et donc réduit les importations, et inversement rétablit un rapport de prix favorable au développement des exportations. La difficulté ici est de déterminer un taux suffisant mais assez court pour obtenir un effet notable sur le commerce extérieur et pour garder les partenaires les plus exposés de suivre le mouvement. En même temps, il convient d'éviter que ces avantages potentiels ne soient rapidement annulés par la hausse des prix à laquelle l'accroissement du coût des produits importés contribue mécaniquement.

C'est dire que la réussite de l'opération suppose une politique d'accompagnement tendant à favoriser un transfert des facteurs internes de la croissance vers les facteurs externes, et prémunissant l'économie contre une fuite en avant dans l'inflation (par une action conjuguée sur les revenus, le crédit, voire les prix et la réglementation des changes). De ce point de vue le choix du moment est également un élément important : une conjoncture interne déjà en voie de stabilisation et une conjoncture externe expansionniste constitueront *a priori* un contexte favorable au succès de l'opération.

Les principes de comportement imposés par le FMI à ses membres avaient fait de la dévaluation une opération de type chirurgical, qui devait être motivée par un grave et durable déséquilibre de l'économie, et notamment de la balance des paiements. En principe, les pays membres devaient solliciter l'accord du Fonds pour y recourir.

Le maintien de cette position de principe restrictive, justifiée par le souci de prévenir le retour à des comportements de « guerre monétaire », n'a pas empêché, en pratique, le gouvernement d'utiliser cette technique qui selon son maniement procède de l'expédient ou de la sage politique, et c'est une dévaluation, celle du dollar en 1971, qui a consacré la rupture du *système monétaire international édifié en 1946. Devenue sans objet dans un régime de parités flottantes où les taux de change évoluent au jour le jour sur les marchés, la dévaluation reste un procédé d'ajustement dont aucun gouvernement n'acceptera de se passer si un système de taux de changes stables était rétabli. Ce procédé continue d'être utilisé au sein du *SME à travers les modifications périodiques des taux pivots.

Développement

a : *Development* – **d** : *Entwicklung* – **e** : *Desarrollo*

---

*Processus de transformation des structures d'une société lié à la *croissance.*

La confusion est fréquente de la croissance avec le simple accroissement de la production et du niveau de vie, mesuré par l'évolution du *PNB, qui n'en est qu'un indicateur. Le terme de développement est donc souvent préféré pour mieux marquer qu'il s'agit d'un processus de longue période, s'appliquant à l'ensemble des structures économiques et sociales. Pourtant, il ne saurait y avoir de développement sans croissance, et la croissance ne saurait durer sans développement. Reste qu'en insistant sur l'ampleur des changements introduits dans une société dont aucun aspect n'est préservé, l'usage du mot développement rappelle qu'au-delà de constatations objectives, c'est aussi à un jugement de valeur qu'il faut se livrer avant de pouvoir assimiler croissance et progrès.

Devise

a : *Foreign exchange* – **d** : *Devise* – **e** : *Divisa*

Monnaie envisagée par référence à d'autres (terme de technique bancaire popularisé par les réglementations des changes). Au pluriel : Moyens de paiement (billets, chèques de voyage, dépôts bancaires, etc.) libellés dans une monnaie étrangère.

Exemples d'emploi dans le premier sens : « Le franc suisse est considéré comme une devise forte. » « Spéculer contre sa propre devise. » « Les devises inconvertibles. »

Si le mot « monnaie » peut toujours être substitué à celui de « devise », l'inverse n'est pas vrai, preuve que l'usage de ce terme est réservé aux affaires de *change.

Dans le second sens on dira, par exemple : « Les devises acquises par les exportateurs devront être rapatriées et cédées sur le marché des changes. »

Voir Convertibilité.

Diagramme

a : *Diagram* – **d** : *Diagram* – **e** : *Diagrama*

Graphique permettant de représenter un phénomène déterminé.

Direct costing

**Méthode des coûts variables.*

Voir Coût.

Directives

a : *Guidelines* – **d** : *Richtlinien* – **e** : *Directrices*

Recommandations générales, pouvant comporter des indications chiffrées.

Directoire

a : *Management* – **d** : *Vorstand* – **e** : *Directorio*

Organe collectif chargé de la direction d'une société anonyme.

Dans les types de *sociétés prévues en France par la loi de 1966, les membres du directoire, obligatoirement des personnes physiques, sont nommés par le *conseil de surveillance qui désigne également son président. Ils peuvent être de un à sept au maximum. Dans les sociétés anonymes dont le capital est inférieur à 1 000 000 F, les fonctions dévolues au directoire peuvent être exercées par une seule personne appelée *directeur général unique.*

Le directoire est investi, comme le *conseil d'administration des sociétés traditionnelles, et dans les mêmes conditions, de pouvoirs étendus pour agir au nom de la société. Ces pouvoirs lui appartiennent en tant qu'organe collectif, ce qui n'exclut pas que ses membres, avec l'accord du conseil de surveillance, se répartissent entre eux les tâches de direction.

Le directoire est nommé pour une durée de deux à six ans. Sa révocation éventuelle doit émaner de l'*assemblée générale, sur proposition du conseil de surveillance. La rémunération de chacun de ses membres est fixée par le conseil de surveillance.

Les membres du directoire, comme les administrateurs des sociétés traditionnelles, engagent leurs responsabilités civile et pénale en cas de faute de gestion.

Dirigisme

a : *Government-controlled economy* – **d** : *Dirigismus/Gelenkte Wirtschaft* – **e** : *Dirigismo*

Politique économique conférant à l'État, garant de l'intérêt général, un rôle prééminent dans les décisions économiques.

Le dirigisme (ou « économie dirigée ») est principalement né des circonstances créées à la suite de la grande *crise de 1929 dans les économies de marché capitalistes : désorganisation des structures économiques, exemple d'une défaillance tragique dans le fonctionnement du système capitaliste inspirant une certaine défiance vis-à-vis du *libéralisme, conscience de la nécessité d'une réorganisation et d'une « reprise en main » des économies par l'État, seule autorité générale pouvant constituer une unité de commandement.
Ce mouvement vers le dirigisme a été renforcé à l'origine notamment par trois éléments : 1) le désir de ménager dans la vie économique une meilleure place pour les considérations sociales (ce qui ne paraissait pas se produire spontanément) ; 2) l'exemple du fonctionnement d'un *collectivisme en Union soviétique ; 3) la rencontre des moyens de commandement économique offerts par le dirigisme avec certaines ambitions autoritaires (fascisme, nazisme). Au cours et au lendemain de la Seconde Guerre mondiale, l'économie de guerre, la pénurie et les nécessités d'une reconstruction rapide ont naturellement redonné vigueur aux pratiques dirigistes.

Aspects dirigistes de certaines théories

Certains théoriciens avaient prôné dès le début du XIXe siècle des programmes d'économie dirigée, notamment les saint-simoniens et l'économiste allemand Rodbertus, pour des raisons surtout morales et doctrinales.
Pour Saint-Simon, le meilleur moyen de tirer parti des immenses avantages de la société industrielle est de *l'organiser,* pour éviter les incohérences et les injustices auxquelles donnerait lieu une totale subordination à ses forces spontanées. Après lui, Enfantin et Bazard développent le schéma d'organisation de la société en mettant tout d'abord en accusation la propriété privée (*voir* Socialisme, Anarchisme) qui entraîne notamment l'exploitation de l'homme par l'homme et engendre l'anarchie. Ils proposent une organisation où tout remonte à l'État, héritier de tous les biens privés et dispensateur de toutes les directives et de tous les moyens, et dont l'action obéit à deux règles fondamentales : 1) « à chacun selon ses capacités » (... sont remis les moyens de production dont il sera responsable) ; 2) « à chaque capacité selon ses œuvres » (... sont remis les produits du travail) ; les garants

suprêmes du bon fonctionnement de l'organisation selon les règles seront des « hommes généreux » choisis pour leur sens élevé de l'intérêt général, inspirés par leur instinct naturel et la religion d'obéissance imprégnant l'ensemble du système. Pour Rodbertus, la société libérale montre que la production s'adapte moins aux besoins véritables qu'à la demande solvable, c'est-à-dire gagée par des moyens de paiement, et que la répartition des revenus entre les producteurs s'opère injustement : les produits qui « ne coûtent que du travail » ne rapportent pas seulement aux travailleurs (*voir* Plus-value, Marxisme). Pour remédier à cette situation, il propose que l'État évalue chaque année la production totale en valeur-travail et redistribue cette production au prorata des bons de salaires attribués à chacun des agents économiques.
De nombreux autres auteurs ont développé des théories comparables avec des variantes sur les schémas d'organisation proposés. Ils ont cependant en commun : 1) de constater que le jeu spontané des forces économiques (libéralisme) est condamnable parce que ses lois sont inhumaines, son fonctionnement dangereux (crises) et ses résultats injustes ; 2) de rechercher la solution alternative dans une économie dirigée, pour moraliser ce jeu, par un État considéré comme le plus sûr garant de l'utilisation optimale des moyens de production et de la répartition la meilleure de ses fruits ; 3) de proposer une organisation répondant à cet objectif. Ils diffèrent cependant sur les moyens d'application préconisés, les uns recommandant des solutions collectivistes, les autres ayant le souci de sauvegarder l'essentiel de la dynamique liée à la propriété et à l'initiative individuelles, conciliable avec la prééminence de l'intérêt général.
Ces théories, qui ont souvent un caractère excessif et utopique, comportent une direction de l'économie mais ne peuvent être tenues pour inspiratrices du dirigisme. Celui-ci est lié en revanche à plusieurs expériences de politique économique concrète réalisées dans des économies de marché.

Applications

La direction de l'économie s'opère essentiellement par la mise en place de structures : réglementations économiques élaborées destinées à encadrer l'activité économique ; ministères ou services économiques très denses, comportant des cellules de politique économique ; réglementation et répartition des moyens de production (y compris le crédit) ; *nationalisation de certaines industries clés ou du crédit qui permettent d'orienter des secteurs entiers de l'économie ; efforts pour discipliner les *ententes ou *cartels en luttant contre ceux qui sont incontrôlés et en en organisant sous le contrôle de l'État. Exemples :

L'organisation corporatiste italienne, 1926-1939 : Des lois de 1926, adoptées par le régime fasciste, confèrent un pouvoir réglementaire dans le domaine du travail à des syndicats uniques (patronaux et ouvriers) constitués par profession. Un ministère des Corporations (créé en 1926) assisté d'un Conseil des corporations (créé en 1930) « a la fonction d'un organe suprême de réglementation du travail, de contrôle et d'aide pour la coordination et l'organisation de la production ». Cette structure est réorganisée en 1934 pour répondre aux besoins de l'économie de guerre instaurée en Italie. Les pouvoirs des 22 corporations sont étendus et précisés : 1) elles édictent des normes destinées à assurer la discipline professionnelle (contrats de travail, répartition des commandes, réorganisation des secteurs) ; 2) elles passent entre elles les accords de production ; 3) elles fixent les tarifs et prix. En 1936, la réforme bancaire place l'ensemble du secteur du crédit sous le contrôle de l'État, et l'IRI (Institut de reconstruction industrielle) créé en 1931 prend une place prépondérante dans la politique industrielle italienne qu'il a conservée en grande partie aujourd'hui.

L'organisation économique de l'Allemagne nazie : Le gouvernement républicain allemand a déjà pris en 1931 quelques mesures tendant à faire face aux conséquences de la grande crise : contrôle des changes, création du « curatorium » des banques surveillant leur activité, regroupements autoritaires d'entreprises industrielles et contrôle des cartels. Après l'avènement de Hitler, une loi de 1933 crée une « corporation de l'alimentation » coordonnant les activités agricoles et alimentaires ; une loi de la même année donne à l'État le droit de constituer des cartels obligatoires et une loi de 1934 met en place l'organisation industrielle et commerciale : 1) une structure horizontale géographique (chambres économiques) est combinée avec une structure verticale par « groupes » (artisanat, industrie, commerce), eux-mêmes composés de subdivisions et dont les chefs sont nommés par l'État ; 2) la charte du « Front du travail » place un chef (Führer) à la tête de chaque entreprise assisté d'un « conseil de confiance » représentant les employés et de « commissaires au travail » désignés par l'État ; 3) une loi de 1936 donne la prééminence aux « groupes » (Wirtschaftgruppen), organismes publics, sur les cartels antérieurement constitués (et qui demeuraient des associations privées), de manière à veiller à la compatibilité de la politique de ces derniers (prix, salaires, programmes de production, associations) avec les directives générales de la politique économique de l'État.

Les « Codes industriels » aux États-Unis, 1933-1936 : Devant la désorganisation de l'économie consécutive à la crise de 1929, le président Roosevelt (élu en 1932) fait adopter le 16 juin 1933 le National Industrial Recovery Act et crée le NRA (National Recovery Administration) dans le cadre de sa politique de « *New Deal ». Les industriels sont requis d'élaborer, en collaboration avec les pouvoirs publics, des codes particuliers à chaque branche professionnelle édictant des règles obligatoires portant notamment sur les taux de salaires et les niveaux de prix à pratiquer, les horaires de travail, les accords interentreprises, etc.

Progressivement, ces règles corporatives furent réduites à des dispositions purement sociales et le régime des codes fut supprimé en 1936 (invalidation par la Cour suprême).

Les « Comités d'organisation » en France, 1936-1946 : Le projet de loi dit « Flandin-Marchandeau » visait en 1935 à la cartellisation obligatoire de l'industrie avec un système collectif de décision (à la majorité qualifiée des ressortissants : 2/3 des entreprises représentant les 3/4 des moyens de production). Ce projet fut repoussé par le Sénat, mais un ensemble de mesures contribua à créer une structure générale d'économie dirigée dont les principaux éléments sont :

– l'obligation faite aux ressortissants d'une branche industrielle d'adhérer à des accords préexistants dans la profession et estimés opportuns par les pouvoirs publics (loi de mars 1936, industrie de la chaussure) ;

– l'encouragement à la constitution de groupements d'importateurs assortie de privilèges fiscaux (décrets-lois de 1938 et 1939) ;

– la création de comités professionnels ayant le pouvoir, sous le contrôle de l'État, de prendre des règlements obligatoires pour la profession (décrets de 1938 et 1939) ;

– la création de « comités d'organisation » (loi du 16 août 1940) pour chaque branche industrielle et commerciale, composés de membres de la profession désignés par décret et comportant un commissaire du gouvernement, fonctionnaire représentant les pouvoirs publics. La mission des comités d'organisation consistait principalement à recenser l'ensemble des entreprises et des moyens de production de la branche, à déterminer les programmes de fabrication et à les répartir, à coordonner la répartition des matières premières, à proposer ou à prendre toutes mesures de nature à améliorer le fonctionnement de la branche.

Cette structure, en partie justifiée par l'état de guerre et de pénurie, donna des résultats peu satisfaisants au plan de l'intérêt général et de l'utilisation optimale des ressources disponibles. Aussi fut-elle remplacée en 1944 par des « *offices professionnels* » investis de pouvoirs analogues, mais composés en majorité de fonctionnaires et assortis de « comités exécutifs paritaires » (employeurs-salariés). Rapidement impopulaires, ils furent à leur tour supprimés en 1946.

Portée du dirigisme

Le mot même de dirigisme est affecté d'une nuance péjorative et il n'est généralement prononcé que par ceux qui se plaignent d'une direction économique considérée comme autoritaire et aveugle. Deux remarques doivent être formulées à ce propos : 1) les méthodes dites « dirigistes » sont généralement appliquées ou encouragées par les pouvoirs publics et revêtent alors un caractère institutionnel très apparent, mais l'attitude dirigiste est sous-jacente à la plupart des stratégies d'entreprises

dominantes, dans leur branche d'activité ; 2) l'accusation de dirigisme comporte très souvent l'affirmation que les orientations prises sont inadéquates ; aussi est-elle naturellement le fait des agents qui se trouvent en état de minorité dans la structure constituée (industriels face à l'État, petits entrepreneurs face aux entreprises dominantes...). (*Voir* Domination.) Le dirigisme constitue l'un des moyens envisagés par les responsables de l'économie nationale de réaliser des objectifs déterminés en mobilisant l'économie pour y atteindre plus rapidement. Ces objectifs peuvent être très divers : organisation d'une économie en guerre, effort de reconstruction, d'expansion ou de plein emploi. Ce peut être également l'objectif de conciliation entre la dynamique liée à l'initiative privée, au profit et à la structure capitalistes et le désir de voir cette activité tenir un juste compte de l'intérêt général et profiter équitablement à l'ensemble des agents économiques.
Cet effort commence naturellement par une œuvre de « mobilisation » économique qui codifie les coutumes industrielles et commerciales et tend à faire respecter une déontologie économique et sociale :

– il suppose une action sur les *décisions* économiques, qui n'est possible que par la mise en place d'une *organisation* sous la tutelle ou le contrôle des pouvoirs publics. Il recourt, selon les cas, à des mesures globales ou sélectives (qui vont souvent au-delà de l'*incitation) et implique généralement la participation des agents à l'élaboration des décisions (dans un cadre plus rigide que celui de l'*économie concertée) ;

– faisant référence à une ligne directrice de politique économique, il peut s'accompagner de la *planification, mais il se distingue de l'*interventionnisme qui comporte souvent des actions isolées ;

– il ne postule pas le *socialisme (ni même forcément les nationalisations — cf. Allemagne nazie) et souvent il l'exclut, puisqu'il cherche à obtenir certains résultats de celui-ci (homogénéité des décisions économiques, justice sociale) en faisant l'économie d'une révolution des structures ;

– il se heurte naturellement à la *double difficulté* de former les producteurs à la notion de l'intérêt général, et les représentants fonctionnaires de l'État à la mentalité industrielle et commerciale. Selon les cas, il peut risquer d'aboutir soit à la colonisation de l'État par les principaux intérêts privés, soit à la bureaucratisation de la vie économique sans bénéfice pour la productivité nationale. Dans une certaine mesure, l'aspect souvent lourd et mal supporté des structures dirigistes est lié à l'incertitude sur les puissances relatives des pouvoirs publics et des intérêts privés dans les économies de marché (caractère éphémère du dirigisme aux États-Unis). Dans les économies socialistes, les frictions entre les organes producteurs et les administrateurs dues à des excès de dirigisme ont été à l'origine d'une libéralisation plus ou moins marquée du régime économique (URSS, Pologne, Hongrie et Yougoslavie).

Discount

a : *Discount* – **d** : *Abschlag/Disagio* – **e** : *Reducción*

Littéralement : Escompte, remise, rabais. Par extension : Établissement de distribution spécialisé dans l'écoulement de produits dépareillés incluant une forte remise à l'acheteur.

L'organisation moderne de la *distribution en grandes quantités et par grandes surfaces, la variété et l'importance de la production des biens de consommation, la nécessité d'une rapide rotation des *stocks chez les producteurs comme chez les distributeurs sont les principales causes du développement du discount et des « discounts ».
Primitivement, le discount est la remise qu'un magasin consent à ses clients sur des articles de fin de série, démodés, dépareillés ou défraîchis (soldes). Le sacrifice consenti sur le taux de marque est largement compensé par l'économie obtenue sur les frais de stockage indéfini des invendus éventuels. Mais le succès remporté par ces techniques d'écoulement a progressivement amené certains distributeurs à se *spécialiser,* notamment au sein des grandes concentrations urbaines, dans la vente au discount. Ces établissements spécialisés, ou discounts, pratiquent une politique d'achats occasionnels de produits de séries peu importantes et discontinues auprès de producteurs ou d'autres magasins, à des conditions naturellement très avantageuses. Ils écoulent ces articles « non suivis » avec des remises spectaculaires qui leur laissent une faible marge. Mais le jeu combiné du volume des ventes et de l'extrême rusticité des installations et des frais généraux leur permet une rentabilité souvent élevée.
Le succès du discount, moderne débarras de la distribution, repose essentiellement sur un choix judicieux des points de vente, une modicité des frais d'exploitation et, surtout, sur une bonne politique d'*achat. Les principales activités des discounts s'enregistrent généralement dans les secteurs des appareils de photo et de reproduction sonore, des accessoires pour automobiles, des jouets, des articles de sport et fournitures similaires.

Discount house

Voir Minimarge.

Discrimination

a : *Discrimination* – **d** : *Diskriminierung* – **e** : *Discriminación*

Action de l'État, ou d'un agent économique, introduisant une différence de traitement entre ses partenaires, faussant ainsi les conditions dans lesquelles s'exerce entre eux la concurrence.

Il est facile de percevoir dès l'abord ce que la notion de discrimination peut avoir d'imprécis. Que l'on se situe à l'intérieur de l'espace économique national, où l'intervention de l'État s'est partout développée, avec pour objets avoués d'apporter à certaines activités ou à certaines catégories d'agents des faveurs en imposant à d'autres des charges épargnées à l'ensemble ; que l'on considère l'économie internationale, où l'existence même d'États nationaux suppose, et impose, effectivement, que les ressortissants d'un pays donné bénéficient, pour l'exercice de leurs activités, de privilèges refusés aux étrangers, tandis que la pratique du bilatéralisme ou d'un multilatéralisme, limité dans un cadre géographique restreint, introduit nécessairement dans les négociations internationales et les accords qui en sont issus une différence de traitement entre les pays étrangers, suivant qu'ils y ont ou non participé ; la vie économique offre à tous instants des exemples si nombreux de discrimination qu'il semblerait presque que l'une ne peut se concevoir sans l'autre.
Fort heureusement, il est possible, concrètement, de déterminer les domaines où le recours à cette notion est courant et donc de mieux cerner son champ d'application, les raisons qui poussent à la condamner, les procédés utilisés pour s'y opposer.

Commerce intérieur

Sous des formes et à des degrés divers, l'action de l'État dans la mesure où elle cherche à exercer une influence sur la vie économique du pays comporte presque toujours un aspect discriminatoire : c'est le cas, à l'évidence, des *aides de l'État, mais aussi, de façon plus subtile et peut-être moins délibérée, de certains aspects de la politique fiscale, et enfin de toutes les actions dites sélectives que les pouvoirs publics entreprennent. Pourtant, cette situation étant très généralement acceptée dans son principe, ne crée ni problème ni difficultés particulières. Mais ce qu'ils pratiquent eux-mêmes au nom, et dans l'intérêt, de la collectivité, les gouvernements ne sauraient le tolérer de la part des entreprises.
Il y a longtemps déjà que la *concurrence parfaite n'est plus qu'un modèle d'école. Il est apparu clairement que le jeu spontané des mécanismes économiques, loin de créer et de renforcer la concurrence, provoquait le plus souvent la mise en place d'*ententes et le développement de pratiques dont le but évident était précisément de limiter la concurrence et de permettre ainsi des rentes de situation dont l'intérêt pour les bénéficiaires est aussi manifeste que la nocivité d'un point de vue général.
A un degré ou à un autre, toutes les entraves à la concurrence incorporent une certaine dose de discrimination. Pourtant, dans la législation visant à réprimer les ententes et pratiques restrictives et discriminatoires, c'est plus particulièrement la politique des prix et des conditions de vente des

entreprises qui est visée dans les paragraphes interdisant la discrimination, les autres aspects de la politique commerciale — contrat d'exclusivité, refus de vente... — étant examinés, et le cas échéant réglementés, par ailleurs. Dans presque tous les pays occidentaux — et notamment en France —, il est interdit aux entreprises, et cela vaut surtout au niveau de la production et du commerce de gros — de telles difficultés ne se présentant généralement pas dans les relations entre détaillants et consommateurs —, de pratiquer des tarifs de prix ou des conditions de ventes discriminatoires. Sans que l'application d'un prix uniforme pour un produit déterminé soit exigée, le principe généralement adopté est que les différences de prix de vente doivent être justifiées par des différences effectives de coût de production ; s'il s'agit de vente à des commerçants, leur participation aux frais de distribution — publicité, service après vente, stockage... — peut également être prise en considération. Certes, dans la mesure où la régularité des marchés, l'importance des quantités à livrer se répercutent sur les conditions et donc le coût de la production, il est logique que les prix de vente reflètent ces variations, mais il est des cas où, sans que des baisses de coûts aient été constatées, les firmes peuvent être amenées à consentir des remises justifiées. D'un point de vue économique, vendre à des marges réduites, ou même à perte, peut être légitime, par exemple pour maintenir dans certaines circonstances un niveau d'activité suffisant, ou pour lutter contre une concurrence particulièrement vive dans certaines régions ou pour certains produits. De plus, il est bien évident que le coût, et donc le prix, d'une transaction ne peut être apprécié *in abstracto,* les conditions de vente et le prix sont inséparables — et d'ailleurs la réglementation les confond dans sa condamnation des pratiques discriminatoires —, mais, de façon plus générale, le contexte dans lequel elle s'insère ne peut être ignoré : suivant les secteurs ou les époques, un producteur peut être amené à favoriser les revendeurs qui assurent la sécurité de ses débouchés ou ceux dont le dynamisme commercial est un facteur d'expansion. Déjà difficile à déterminer de façon théorique, la discrimination, nuisible économiquement et juridiquement condamnable, est souvent difficile à détecter en pratique. Aussi les règles varient-elles souvent et se fondent-elles largement sur l'interprétation jurisprudentielle des différentes situations qui pourront être observées. Indissociable de celui de la concurrence dont il n'est qu'une partie, le contentieux de la discrimination occupe d'ailleurs dans les pays « libéraux », où il a fallu y recourir, une place particulière, qui pourrait un jour mener à l'institution de véritables magistratures économiques.

Relations internationales

Dans le cadre des efforts entrepris pour supprimer les entraves à la liberté des échanges, la constitution d'un espace économique mondial où les mécanismes économiques puissent jouer normalement, la lutte contre les formes nombreuses de discrimination qui caractérisent les relations économiques internationales restent une préoccupation constante des gouvernements et des organisations internationales. C'est le sens de tous les efforts entrepris depuis la Seconde Guerre mondiale pour promouvoir l'organisation sur la base multilatérale du système monétaire et commercial international.

C'est d'abord l'égalité de *traitement tarifaire* des différents pays qui a été recherchée, et le *GATT a permis d'atteindre assez vite des résultats satisfaisants dans ce domaine, posant comme principe l'extension de la *clause de la nation la plus favorisée à tous les pays signataires de l'accord. Il n'en reste pas moins que les possibilités de dérogations ont été prévues qui permettent de mener à bien les entreprises régionales de libération des échanges (*zone de libre-échange, *unions douanières) ou de laisser subsister les réseaux privilégiés qui ont pu se constituer au fil de l'histoire (*Commonwealth, *zone franc).

D'ailleurs, aujourd'hui, ce sont moins les *tarifs douaniers que les *politiques commerciales,* largement fondées sur le bilatéralisme, qui permettent aux États de distinguer entre les différents types de pays partenaires, notamment en permettant une modulation des restrictions quantitatives aux échanges suivant le degré de protection recherché. En outre, le rôle des obstacles non tarifaires à la liberté des échanges est caractéristique des méthodes du *protectionnisme moderne. Aussi l'une des orientations actuelles de la lutte contre la discrimination vise-t-elle à supprimer les distorsions qui subsistent encore dans les règles applicables aux marchandises nationales et aux marchandises étrangères régulièrement importées et dédouanées.

C'est plus particulièrement la politique des achats publics qui introduit des différences de traitement entre producteurs nationaux et étrangers, et dans le cadre de l'OCDE les gouvernements s'attachent, non sans difficultés, à faire disparaître ces pratiques discriminatoires. Le problème posé est évidemment important dans la mesure où l'État, les services publics, les collectivités locales jouent un rôle considérable et croissant dans la vie économique des pays développés. Il est aussi tout spécialement significatif des difficultés rencontrées dans la lutte contre les discriminations.

– Il faut d'abord apprécier l'ampleur des pratiques discriminatoires et très vite il se révèle que les procédures employées jouent un rôle aussi grand que les préférences avouées en faveur des produits nationaux. Rares, en effet, sont les pays qui comme les États-Unis ont établi un système de préférences formelles ; une loi de 1933, toujours en vigueur (*Buy American act*), y impose en effet à toutes les collectivités publiques l'achat de produits américains, sauf exceptions limitées. Dans la plupart des autres pays, c'est par l'utilisation des règles de passation des marchés, et notamment par le recours aux marchés de gré à gré ou par les techniques imposées aux matériels commandés, qu'est introduite la discrimination à l'encontre des fournisseurs étrangers.

– Cette première étape terminée, de nouvelles difficultés apparaissent quant à la définition des principes à retenir pour éliminer ces pratiques ; il est en effet clair qu'en l'état actuel d'organisation de la société internationale les gouvernements ne peuvent renoncer à la possibilité de dérogations. En dehors des préoccupations de défense nationale, les responsabilités étatiques en matière économique peuvent amener les pouvoirs publics à utiliser les marchés publics comme instrument d'une politique de plein emploi ou d'équilibre de la *balance commerciale et, dès lors, il convient de s'interroger sur la légitimité de tels motifs pour justifier des exceptions à la règle de non-discrimination. Par ailleurs, la nature même des matériels commandés par les collectivités publiques suppose souvent que des contrats à long terme soient signés où l'acheteur participe aux frais de recherche, souvent élevés, que le fabricant devra engager ; il y a là un instrument d'une politique sectorielle à l'usage duquel les gouvernements ont peu de raison de renoncer et il paraît normal, quitte à participer au développement de l'entreprise contractante, qu'ils puissent choisir de préférence une entreprise nationale.

– Enfin, les formes de discrimination connues, les principes à respecter en la matière définis, il faut encore déterminer les modalités d'application d'un accord éventuel et cela ne manque pas de poser des problèmes difficiles, quant à la définition exacte du secteur public qui sera touché, quant aux contrôles du fonctionnement de l'accord, quant aux recours possibles au cas où des litiges surviendraient. Ainsi s'expliquent la lenteur des progrès réalisés et la longueur des discussions nécessaires — et en cours — pour parvenir à un premier accord.

Mais le principe de non-discrimination ne prend toute son ampleur que dans le cadre des unions régionales que tentent de construire de nombreux pays du monde. Dans le traité de *Marché commun, par exemple, il réapparaît constamment, s'appliquant aux questions les plus diverses, l'objectif étant de permettre à tout ressortissant de l'un des États membres d'exercer toutes les formes d'activité économique dans les mêmes conditions que ses concurrents sur tout le territoire de la communauté. Depuis 1958, les pays membres de la Communauté européenne ont élaboré de nombreux textes nécessaires pour la mise en œuvre du traité. C'est ainsi que le problème des achats gouvernementaux évoqués a pu être réglé pour les produits d'origine communautaire, s'il reste entier pour les marchés de services (travaux publics, concessions...). Toutes les différences de traitement entre travailleurs des pays membres dans l'un quelconque de ces pays ont également été abolies pour permettre la libre circulation des travailleurs. En matière fiscale, pour le droit d'établissement, pour les capitaux, des mesures ont été prises ou devront l'être. Au bout du compte, lorsque l'union sera véritablement réalisée, aucune différence ne subsistera dans un État membre entre ses ressortissants — et leurs activités — et ceux des autres pays voisins.

Il est bien évident que cette situation limite, aboutissement logique et partant inévitable du principe de non-discrimination, ne sera pas aisément atteinte. Pendant de nombreuses années encore, l'action des organes dirigeants de la Communauté européenne sera consacrée en grande partie à l'élimination progressive de toutes les causes de discrimination existantes et dont on voit mal comment elles pourront disparaître sans qu'ait été profondément modifiée la réalité économique et politique que représente encore la nation.

Dispatching

Ce mot, qui dérive du verbe anglais to dispatch *(expédier), tend à se répandre en français avec des acceptions assez diverses. Selon les cas, on pourrait lui substituer les mots :* répartition, ventilation, distribution, diffusion.

Dispersion (indicateur de)

a : *Deviation* – **d** : *Streuungsindikator* – **e** : *Indicador de dispersión*

*Quantité permettant de porter un jugement sur l'homogénéité, par rapport à un indicateur de tendance centrale, d'une série de mesures d'un *caractère quantitatif faites sur des individus appartenant à une certaine *population statistique.*

Le plus utilisé des indicateurs de dispersion est la *variance, carré de l'*écart type.

Disponibilités

a : *Treasury* – **d** : *Liquiditäten* – **e** : *Tesorería*

*Ensemble des *actifs du bilan dont l'entreprise peut disposer immédiatement ou à bref délai.*

Dans le plan comptable de 1982, le poste « disponibilités », inscrit à l'actif du bilan, regroupe principalement les chèques et effets à encaisser, les comptes courants (en francs ou en devises) créditeurs auprès des banques ou des correspondants financiers (agents de change, établissements publics), les montants en caisse, les régies d'avances et accréditifs.

Voir Valeurs disponibles.

Disponibilités monétaires

a : *Money supply* – **d** : *Geldmenge* – **e** : *Masa monetaria (o disponibilidades monetarias)*

Ensemble des moyens de paiement qui, à un moment donné et dans un cadre géographique donné (la nation), sont mis à la disposition des agents économiques (individus, collectivités privées ou publiques).

● Les disponibilités monétaires constituent un *sous-ensemble hétérogène de la *masse monétaire.* Elles comprennent :

– la monnaie métallique (*or et *billon) ;

– la monnaie fiduciaire (billets de banque) ;

– la monnaie scripturale (monnaie de banque ou des centres de chèques postaux : *voir* Dépôts). Celle-ci représente une part prépondérante et croissante dans les disponibilités monétaires des pays industrialisés (ex. : États-Unis, plus de 80 % ; Grande-Bretagne, 75 % ; France, 65 %).

Statistiquement, toutefois, les mesures des disponibilités monétaires ne retiennent que les éléments circulants, ce qui conduit à exclure l'or (détenu par la banque centrale ou sous forme de pièces ou de lingots par les particuliers) et les dépôts d'épargne ou à terme.

En France, les disponibilités monétaires, selon l'actuelle définition du *Conseil national du crédit, comprennent la monnaie divisionnaire (émise par le Trésor), les billets de banque (émis par la Banque de France), les dépôts à vue auprès du *système bancaire (banques inscrites, banques populaires, Banque française du commerce extérieur, caisses de crédit agricole) ou auprès des services du Trésor (comptes courants postaux et comptes de dépôts à vue chez les comptables du Trésor).

● Les disponibilités monétaires sont soumises à des *variations conjoncturelles* diverses :

– facteurs exogènes : un excédent de la balance des paiements entraîne un accroissement de la masse monétaire (inversement pour une sortie nette de devises) ;

– facteurs internes : politique économique (principalement celle du crédit), mouvements saisonniers (gonflement de fins de mois, de périodes de fêtes...).

● La *répartition entre les diverses formes de monnaie* a cessé d'obéir pratiquement à des facteurs techniques, ou des règles institutionnelles, pour dépendre en fait des besoins exprimés par les agents économiques. La monnaie métallique ne sert plus que de monnaie d'appoint, tandis que la monnaie fiduciaire est concurrencée dans les règlements courants par la monnaie scripturale. Celle-ci peut en effet être accrue rapidement et facilement. Mais sa souplesse trouve une limite sérieuse dans l'extension plus ou moins grande de sa sphère d'utilisation : dans la plupart des

pays, l'utilisation du chèque s'arrête au commerce de détail, et certaines catégories socioprofessionnelles restent réticentes devant l'usage du chèque (agriculteurs, artisans).
On observe cependant une tendance générale au développement de la part de la monnaie scripturale dans l'ensemble des disponibilités monétaires.

Politique économique et financière

Les disponibilités monétaires — et la *masse monétaire au sens large — constituent une variable de la politique économique et financière dans la mesure où l'on tient pour établie une relation entre la quantité de monnaie, d'une part, et l'activité économique et l'évolution des prix, d'autre part, et où l'on tente d'utiliser le contrôle de l'émission monétaire à des fins de régulation économique.
Il ne se trouve guère aujourd'hui de théoriciens, et encore moins de praticiens, pour accorder un crédit total à la *théorie quantitative de la monnaie (*voir* Monnaie) fondant un lien de causalité mécanique entre la production (Y), le niveau des prix (P), d'une part, et la masse monétaire (M) et la vitesse de circulation de la monnaie (V), d'autre part. Si *ex post* on peut toujours écrire que $MV = YP$ (en ajustant sur V) et si l'on peut admettre qu'une relation existe entre la quantité des moyens de paiement et l'évolution des prix, pour une production donnée, il n'apparaît pas, à l'expérience, qu'il s'agisse là d'un effet de causalité prépondérant et automatique. Les comportements qui affectent ces quatre variables peuvent en effet ne pas être et synchrones et complémentaires : ainsi, par exemple, dans un climat d'expansion, une action gouvernementale pour freiner la tendance à la hausse des prix par une limitation de la quantité de monnaie peut être contrariée par un comportement des agents économiques augmentant la vitesse de circulation des moyens de paiement.
Il reste que les politiques stabilisatrices recourent souvent aux instruments monétaires pour corriger les tensions inflationnistes. Mais comme il n'est guère possible, en régime de pluralité d'émetteurs, et compte tenu du caractère flou de la frontière qui sépare la monnaie des autres instruments de placements, d'agir sur la monnaie elle-même, c'est par le contrôle du crédit que la politique monétaire tend à limiter les liquidités de l'économie. Mais s'il peut s'ensuivre un ralentissement dans l'augmentation de la masse monétaire, ceci n'apparaît le plus souvent que comme un simple résultat, et l'efficacité éventuelle d'une politique de crédit restrictive dans la correction de tensions inflationnistes tient en fait au ralentissement de la croissance qu'elle peut entraîner et, par voie de conséquence, à la moindre progression des revenus distribués.

Voir Masse monétaire, Monnaie, Contreparties.

Disponibilités monétaires et quasi monétaires

*Ancienne dénomination de l'ensemble des créances constituant actuellement la *masse monétaire.*

Distorsion

a : *Distortion* – **d** : *Verzerrung* – **e** : *Distorsión*

Déformation d'une structure.
Économie : Décalage dans les variations entre des grandeurs économiques dont l'évolution respective doit satisfaire à un certain rapport.

La distorsion est une notion relative dans la mesure où elle se refère à un déséquilibre par rapport à une structure souhaitée. Ainsi, par exemple, lorsque l'on parle de distorsion entre le développement de l'agriculture et celui de l'industrie, on se réfère implicitement à une certaine structure économique comportant une répartition donnée des facteurs de production entre les *secteurs primaire et secondaire, dont on constate la déformation. De même, parler de distorsion de l'évolution des prix et des salaires, c'est estimer que leur hausse respective altère — dans un sens ou dans l'autre — une évolution souhaitée du pouvoir d'achat.
Relatifs à un point de vue, les phénomènes de distorsion n'en ont pas moins une base objective, qui est précisément le décalage dans l'évolution relative de deux ou plusieurs grandeurs économiques. Ils sont inhérents au caractère *dynamique des phénomènes économiques.

Statistique : Effet affectant la validité représentative d'un résultat statistique.

Exemple : l'utilisation d'une série de coefficients de variation saisonnière trop ancienne pour redresser les données brutes d'une *variable statistique peut introduire des distorsions privant la série corrigée de sa valeur significative.
La distorsion apparaît ici comme un écart entre la réalité et sa représentation statistique.

Distribution

a : *Distribution* – **d** : *Vertrieb/Absatz* – **e** : *Distribución*

Ensemble des opérations visant à mettre les produits à la portée des consommateurs.

Notion et fonction

Une autre définition, proposée en 1949 par la Chambre de commerce internationale, précise que « la distribution est le stade qui suit celui de la *production des biens à partir du moment où ils sont commercialisés jusqu'à leur prise en livraison par le consommateur final ».
Elle comprend les diverses activités et opérations qui assurent la mise à la disposition des acheteurs — qu'ils soient transformateurs ou consommateurs — des marchandises ou services en leur en facilitant le choix, l'acquisition et l'usage.

• La *fonction de distribution* est donc un ensemble *d'opérations matérielles et économiques intermédiaires* entre le producteur et le consommateur impliquant un *achat par le distributeur, puis un achat par le consommateur. Dans cette mesure, elle a un rôle d'ajustement ou d'« embrayage » entre plusieurs fonctions.

• Ce rôle d'ajustement a lui-même *trois points d'application :*

– l'un, spatial, qui consiste à transporter et à ventiler les produits sur le territoire pour les rapprocher de l'acheteur ;

– le deuxième, fonctionnel, consiste à ajuster les exigences de quantité et de qualité des producteurs et des consommateurs, qui ne sont pas identiques, c'est-à-dire l'*offre et la *demande. Exemple : les producteurs désirent vendre en grandes quantités pour des raisons de rentabilité, alors que les consommateurs individuels achètent en quantités limitées ; de même, la production souhaite naturellement une homogénéité aussi grande que possible, alors que le grand nombre de consommateurs détermine une grande variété de besoins ;

– le troisième, d'ordre temporel, consiste à adapter les dates et les rythmes de mise à disposition des produits à la fois aux rythmes de la production et à ceux de la demande. La fonction de distribution doit, en outre, s'exercer dans les délais les plus brefs possibles pour éviter de constituer un élément retardateur.

• La fonction de distribution comporte des *responsabilités économiques.*
C'est d'abord la responsabilité liée à la fonction d'*achat des produits par le distributeur, qui prend un risque sur la réalisation de l'ajustement évoqué ci-avant (problème des *stocks à la distribution).
Ensuite, une responsabilité en matière de prix. Spécialiste de la demande, le distributeur doit calculer sa marge bénéficiaire de telle sorte à la fois qu'elle le rémunère de son risque et qu'elle n'aggrave pas le niveau final des prix au point de diminuer la demande. Dans ce domaine des prix, le distributeur, lui-même client du fournisseur, doit s'efforcer de faire pression sur les prix à la production s'il veut s'assurer un chiffre d'affaires important à la vente.
Enfin, une responsabilité en matière de *crédit à la consommation. Autrefois, les petits commerçants faisaient usuellement crédit à leurs clients et la distribution au détail prenait facilement l'allure d'un

abonnement de clientèle. Aujourd'hui, cette fonction est essentiellement assurée dans deux catégories de cas : pour la vente aux particuliers de produits élaborés (automobiles, appareils ménagers, télévisions...) pour lesquels le crédit est assuré par des organismes spécialisés constitués par des banques, souvent associées aux producteurs eux-mêmes ; pour la vente des distributeurs à des clients eux-mêmes industriels et commerçants. Ce crédit, qui est un crédit fournisseur, est refinancé par *découverts en compte courant et par *escompte commercial.

• La fonction de distribution est intimement liée à la *fonction de choix.* Le distributeur subit — mais aussi oriente — le choix du consommateur. Corrélativement, il éclaire le producteur et contribue à orienter sa production, car il lui transmet le reflet du *marché (*marketing, fonction commerciale).

On notera cependant que le choix du consommateur subit lui-même des limitations importantes dans les formes contemporaines de distribution. Cette notion ayant souvent pris le pas sur celle traditionnelle de négoce, de *commerce d'échanges et de relations (commerçant traditionnel), s'exerce en effet à l'échelle industrielle et urbaine. Dans les économies socialistes, les impératifs de la production ont encore le pas sur les besoins du consommateur. Celui-ci s'approvisionne auprès des magasins distributeurs. Ses goûts, lorsqu'ils sont pris en compte, sont largement conjecturés par les services de distribution d'État. En régime capitaliste avancé, la distribution l'emporte sur le commerce dans les grandes surfaces de vente pratiquant le « self-service ». Quant aux goûts et aux besoins du consommateur, ils sont au centre des préoccupations commerciales ; mais l'agression publicitaire d'envergure dont le consommateur est l'objet fait qu'ils sont de plus en plus mis en condition.

Formes

La distribution inclut le *commerce et la fonction commerciale, mais ne se réduit pas à ces activités.

Toutes les techniques de répartition de produits (notamment industriels) relèvent de la distribution sans qu'il y ait négociation ou acte de commerce caractérisé. C'est le cas des formules de répartition en économie de guerre ou en économie autoritaire (*voir* Bon matière) et au sein d'ensembles constituant la même entreprise économique (exemple : distribution des matières aux ateliers d'une même entreprise, répartition de produits ou de matières au sein d'un même *groupe, etc.).

Dans le domaine des biens de consommation : On distingue traditionnellement deux niveaux principaux de distribution de type commercial.

• Le commerce de gros, qui consiste à acheter des marchandises d'une façon *continue et par quantités importantes, à les stocker et à assurer l'approvisionnement régulier d'utilisateurs professionnels,* à l'exclusion de toute vente à des acheteurs particuliers.

• Le commerce de détail consiste à *s'approvisionner en marchandises pour les revendre au consommateur dans l'état où elles seront employées au dernier usage.*
On voit que le premier niveau est de caractère plus industriel, plus rationnel et comporte des relations entre professionnels. Le second, au contraire, constitue le lien entre des professionnels et les consommateurs, vis-à-vis desquels le talent de vendeur revêt plus d'importance.
C'est pour ce dernier stade que sont mises en œuvre les techniques de *marketing, de *merchandising, de publicité et de promotion des ventes. Mais, à vrai dire, l'intégration croissante des fonctions de distribution contribue à estomper les frontières ainsi distinguées par l'analyse, surtout avec l'apparition et le développement des grandes surfaces de vente.

Au sein de l'appareil de distribution : On peut distinguer, en effet, en France :

1) *au stade du gros,* une centaine de milliers d'entreprises spécialisées dans cette fonction et dans le conditionnement (dont la moitié pour le secteur alimentaire) ;

2) *au stade du détail,* 600 000 entreprises environ, ayant 700 000 établissements et employant 1,6 million de salariés. La concentration est encore très faible dans notre pays puisque près de 50 % de ces entreprises n'occupent aucun salarié (petits commerçants), 40 % emploient de un à cinq salariés et 10 % seulement emploient plus de cinq salariés. Corrélativement, la densité du commerce de détail est élevée en France puisqu'on compte un établissement de cette catégorie pour 70 habitants. Le classement de cet ensemble d'établissements peut être présenté comme suit :

• Le *commerce isolé,* composé de petites boutiques employant au plus quelques personnes, spécialisé ou non, achetant isolément au grossiste ou au demi-grossiste (environ 420 000 établissements, effectuant la moitié du chiffre d'affaires total). Cette forme de commerce est d'ailleurs en régression.

• Le *commerce associé,* composé de commerçants qui, tout en conservant leur indépendance, ont adhéré à des groupements de détaillants ou à des *chaînes volontaires* (associations groupant les achats et fournissant aux associés un certain nombre de services communs : conseils en implantation et en organisation, publicité et promotion, assistance technique pour le commerce, etc.). Environ 90 000 établissements, effectuant le quart du chiffre d'affaires total (contre 13 % en 1962).

• Le *commerce intégré,* groupant également 90 000 établissements environ et effectuant un autre quart du chiffre d'affaires (contre 17 % en 1962). Cette catégorie de commerce de distribution fait elle-même appel à plusieurs formules :

– Les organismes de *vente par correspondance,* en développement, mais moins importants cependant qu'en République fédérale d'Allemagne ou aux États-Unis. Ces organismes bénéficient d'une grande puissance d'achat et pratiquent l'action directe à domicile auprès du consommateur par voie de catalogues (Manufacture d'armes et cycles de Saint-Étienne, la Redoute de Roubaix...).

– Les *grands magasins classiques* (vendeuses et rayons, assortiment très large, Printemps, Galeries Lafayette, Bon Marché, etc.) qui restent un commerce de niveau élevé, mais qui commencent à éprouver des difficultés face à la multiplicité de leurs concurrents.

– Les *magasins populaires* (Prisunic, Monoprix, Uniprix) aux choix et aux prix réduits, utilisant des vendeuses ou de simples débitrices.

– Les *libres-services,* de dimensions variables : *hypermarchés, *supermarchés (plus de 400 m^2 de surface de vente), *supérettes, petites unités de moins de 100 m^2 (« convenience stores » aux États-Unis, ouverts tard le soir et très bien distribués sur les territoires urbains pour permettre à la ménagère de compléter ses approvisionnements à la dernière minute).

– Les **discounts.*

– Les *succursales* et *succursalistes,* commerçants liés à des centrales d'achats contrôlées par des groupes importants (grands magasins ou producteurs), adoptant ensemble la même dénomination ou raison sociale, étant approvisionnés exclusivement par ces centrales, se conformant à un certain nombre de normes communes (présentation, agencement, service) mais conservant la responsabilité économique de la gestion de leur établissement. Cette formule est surtout employée dans l'alimentation et la chaussure (environ 30 000 succursales en France).

– Enfin, les *coopératives qui peuvent être assimilées à la distribution intégrée, mais qui ne font pas d'actes de *commerce* au sens strict du terme. Ce sont en effet des associations de personnes dont les membres poursuivent la satisfaction de leurs besoins personnels, familiaux ou professionnels au moyen d'une entreprise commune (organisme de type *mutualiste). Cette entreprise est gérée par eux-mêmes, à leur avantage et à leurs risques, sur la base de l'égalité de leurs droits et obligations. Leurs services sont *réservés* aux coopérateurs inscrits ; ceux-ci ont la double qualité d'usagers et d'entrepreneurs ; le bénéfice est réparti au prorata de l'usage fait par le coopérateur de la coopérative, et non des capitaux apportés ou de tout autre élément : les coopératives sont, à ces titres, des entreprises *économiques* mais non commerciales (12 000 en France environ).

Économie de la distribution

● Les exemples étrangers montrent que plusieurs *partis économiques* peuvent être adoptés pour assurer la fonction de distribution. Pour ne s'en tenir qu'aux exemples extrêmes :

L'ex-URSS avait mis en place une sorte de circuit de *répartition* caractérisé par la planification quasi intégrale et centralisée de l'économie de distribution. Les « intermédiaires » du commerce étaient exclus ; les quantités de produits déterminées par le plan du commerce étaient écoulées à travers un réseau de magasins d'État (fonction de gros + denrées de première nécessité), des magasins dirigés à l'échelon régional par des TORGS (grands magasins autonomes et boutiques), enfin des magasins « libres », en nombre limité (marchés kolkhoziens recevant une partie de la production des paysans, magasins de « commission » (marché de l'occasion) et magasins de luxe).

Aux États-Unis, en revanche, c'est d'un réseau de *diffusion* qu'il s'agit plutôt. Avec une densité d'établissements commerciaux deux fois moindre que celle de la France, la distribution américaine emploie trois à cinq fois plus de personnel par établissement de détail. La part du commerce intégré y est de 40 % du chiffre d'affaires global (25 % en France) et celle du commerce indépendant (isolé et associé) de 60 % (75 % en France). Les supermarchés foisonnent, mais l'économie d'échelle qu'ils peuvent permettre est largement compensée par le poids important de la publicité. C'est ainsi que le coût de la distribution s'accroît : 50 ou 60 % du prix final est imputable à la seule distribution.

• Le *coût de la distribution* est en effet un problème très controversé et souvent mal perçu. Ce coût peut être défini comme l'ensemble des dépenses nécessaires pour assurer les opérations de distribution dont le produit est l'objet, y compris la rémunération et le profit de ceux qui prennent la responsabilité des opérations.
Une vue superficielle tend en effet à confondre dans le terme réprobateur d'« intermédiaire » tous les agents qui jouent ce rôle économique essentiel, assorti de risques certains. Le grossiste, par exemple, assure une fonction financière (il assure le producteur en achetant ferme), économique (il régularise les flux) et commerciale (il prospecte) vis-à-vis du producteur ; vis-à-vis du détaillant, il assure un approvisionnement régulier et garanti.
Que ce stade soit ou non intégré, il ne doit pas normalement peser sur le prix final, car il doit tirer sa rémunération des stades antérieur et postérieur auxquels il rend des services. La moralisation de ces mécanismes relève de la politique des *prix.
Globalement, la distribution en France majore les prix à la production d'environ 50 % (100 % aux États-Unis). Dans le coût de la distribution lui-même, les composantes principales tiennent à cinq éléments : l'emballage et le conditionnement ; le transport ; les charges de personnel (40 % du total) ; les impôts ; enfin, la marge de distribution qui couvre elle-même : l'intérêt des fonds immobilisés, les dépenses de gestion générale, les dépenses de publicité, le profit du distributeur.

Distribution (statistique)

a : *Distribution (social accounting, R.-U./national accounting, É.-U.)* – **d** : *Verteilung (Volkswirtschaftliche Gesamtrechnung)* – **e** : *Distribución (contabilidad nacional)*

---

*Répartition en probabilité des valeurs d'une *variable statistique.*

Dans la description et la compréhension d'un phénomène observé à travers un grand nombre de valeurs numériques, l'utilisation de la notion de distribution statistique est un outil essentiel de formalisation et donc de simplification ; elle permet d'appliquer au réel des modèles élaborés à partir de la théorie des *probabilités et d'en tirer des enseignements sur des liens possibles de causalité ou de *corrélation avec l'environnement.

Exemple : le nombre de quadruplés nés annuellement en France de 1946 à 1962 suit avec une très bonne approximation une loi de distribution dite de *Poisson. Cette constatation incite à penser que les causes — inconnues — qui entraînent cette particularité sont restées stables, et permet de prévoir — en probabilité — le nombre annuel moyen de quadruplés.

On distingue les distributions, selon le nombre des variables prises en compte (distribution à un, deux, plus rarement trois *caractères).

Dans les distributions à deux caractères, dont la représentation classique est le tableau de chiffres à double entrée, la série des populations regroupées selon les modalités d'un caractère, sans tenir compte de l'autre (addition par ligne ou par colonne), constitue la distribution marginale selon ce caractère ; à l'intérieur de chaque ligne ou colonne, on trouve de même la distribution conditionnelle liée par une modalité.

Liaison fonctionnelle, indépendance et corrélation entre deux variables se traduisent très simplement dans les distributions marginales et conditionnelles.

Dividende

a : *Dividend* – **d** : *Dividende* – **e** : *Dividendo*

---

*Part des *bénéfices d'une *société de capitaux attribuée à chaque actionnaire.*

Le terme de dividende est souvent employé, à cause de sa commodité, pour désigner indistinctement la part de bénéfices sociaux revenant, dans une société, à la personne détentrice d'un titre à y participer (*voir* Part d'intérêt, Part de fondateur...). Il est préférable cependant de réserver

ce terme à la part liée à la possession d'une **action* de capital (*société anonyme, société en *commandite par actions).
L'assemblée générale fixe le montant du dividende après avoir approuvé les comptes de l'exercice et constaté l'existence de sommes distribuables. Le schéma de principe est que le dividende (comme l'indique son nom) est le résultat de la division du bénéfice distribué par la part de chaque action dans le *capital de la société. L'action est ainsi rémunérée au prorata de ce qu'elle représente dans ce capital. Cependant, l'application de ce calcul théorique est affectée par les limitations suivantes :

– les actions de *jouissance* reçoivent en général un dividende moins élevé que celui donné aux actions ordinaires. Celles-ci ont souvent un double coupon : l'un dit d'intérêt, l'autre de dividende ;

– les actions de *préférence* peuvent, suivant les conditions de l'émission, recevoir un dividende avant les autres ou un dividende supérieur.

Droit de l'actionnaire au dividende

Le dividende doit, pour un exercice social, être payé en une seule fois. Son montant est fixé par l'assemblée générale. A partir de la décision de répartition par l'assemblée générale, chaque actionnaire est considéré comme « créancier du dividende » qui est provisoirement porté aux dettes à court terme de l'entreprise, avant sa distribution effective. L'actionnaire, créancier de la société, peut donc « produire à la *faillite pour le montant du dividende », c'est-à-dire prétendre à être partie prenante dans la liquidation de la société. Il peut même, à compter du jour de la mise en paiement, faire courir les intérêts moratoires à mesure du retard mis à lui rembourser sa créance.
Le dividende constitue finalement le revenu de l'action, celui-ci traduisant les résultats de la gestion de l'entreprise et de sa politique de distribution, alors que la valeur à revenu fixe bénéficie d'un revenu *mécaniquement* déterminé et calculé à partir de son montant nominal (*voir* Valeur mobilière, Obligation).

Formes particulières de dividende

Premier dividende statutaire : Les statuts peuvent prévoir que les actionnaires, ou certains d'entre eux, recevront sur les sommes distribuables un premier dividende, d'un intérêt calculé sur le montant libéré et non remboursé de leurs actions (art. 349, loi du 24 juillet 1966). L'action est dans ce cas assortie de deux coupons : l'un est coupon d'intérêt, l'autre coupon de dividende. Comme le premier correspond lui-même au paiement d'un dividende, le second paiement est appelé quelquefois improprement *superdividende.*

Dividende fictif : Le dividende est dit fictif quand il ne correspond pas à un bénéfice réellement dégagé par la société. Cette irrégularité est sanctionnée pénalement. Les dirigeants qui procèdent à une distribution

de dividendes fictifs tombent sous le coup de l'article 437-1° de la loi du 1966 (délit de distribution de dividendes fictifs).
Sous sa forme traditionnelle, le délit de distribution de dividendes fictifs suppose un dividende prélevé sur le capital augmenté de la *réserve légale qui est un gage *intangible* des créanciers sociaux. Cette technique de surrémunération de l'actionnaire peut s'appuyer sur une dissimulation d'éléments du *passif, une minoration des *amortissements, une inscription à l'actif de profits non réalisés et, d'une manière générale, sur tout procédé aboutissant à « parer » les résultats de l'entreprise par majoration artificielle des produits ou minoration artificielle des charges.
La distribution de dividendes, même prélevés sur les autres réserves de la société, en l'absence de véritable bénéfice, est aussi considérée comme un délit par la jurisprudence.

Régime fiscal du dividende

Le dividende, constituant un revenu pour l'actionnaire, fait partie de l'assiette imposable pour la détermination de l'*impôt sur le revenu (IR). Toutefois, et pour tenir compte des risques de double imposition du bénéfice distribué (frappé d'abord par l'impôt sur les sociétés au niveau de l'entreprise, puis par l'IR au niveau de l'actionnaire), divers pays ont adopté des mesures fiscales destinées à annuler les effets de cette duplication.
En France, le régime adopté par la loi du 12 juillet 1965 est relativement complexe et comporte une large part de privilège fiscal visant à encourager l'épargne à s'investir en actions : par le système dit de l'*avoir fiscal, en effet, le titulaire du dividende se voit, d'une part, allouer un revenu supplémentaire (l'avoir) égal à la moitié de son dividende strict (et subissant comme lui l'IR), d'autre part, un droit à déduire le montant de ce même avoir de la cotisation fiscale qu'il a à verser au Trésor au titre de son impôt global sur le revenu.

Doctrine (économique)

a : *Economic doctrine* – **d** : *Wirtschaftslehre* – **e** : *Doctrina económica*

---

*Ensemble des postulats philosophiques qui servent de fondement à une *théorie économique.*

Le langage courant mêle fréquemment les notions apparemment synonymes de doctrine et de théorie. C'est un fait que la doctrine, appliquée à l'économie, débouche normalement sur une théorie explicative, et que, symétriquement, une théorie économique comporte

nécessairement une base doctrinale. Si les deux notions sont étroitement liées, elles restent distinctes.
La notion de doctrine se rapporte en effet aux fondements dogmatiques à partir desquels on peut proposer une explication des phénomènes économiques, et donc une analyse des *mécanismes économiques. Ainsi, par exemple, la doctrine *libérale classique s'applique au postulat philosophique d'un ordre naturel des choses dont le respect doit assurer aux hommes les meilleures conditions d'épanouissement. De même, la doctrine *marxiste est constituée par l'ensemble des postulats qui caractérisent le matérialisme dialectique.
A partir de ses fondements doctrinaux, la théorie développe un système logique explicatif tendant à dégager les lois qui règlent l'apparition et l'enchaînement des phénomènes. Ainsi la théorie libérale propose-t-elle une description des mécanismes économiques à partir de la libre confrontation des initiatives individuelles. En revanche, la théorie marxiste rend compte de l'enchaînement des phénomènes économiques par le développement d'un processus dialectique inhérent à la contradiction entre les forces productives et les rapports de production. On observera que si une théorie quelconque comporte toujours un soubassement doctrinal, au moins implicite, une doctrine philosophique n'a pas nécessairement un prolongement sur le plan de la théorie économique : il en va ainsi, par exemple, des doctrines chrétiennes.
Si la doctrine implique l'adhésion, et si la théorie sollicite le raisonnement, si la première, donc, repose sur la foi, et si la seconde débouche sur la science, il serait erroné d'en conclure alors qu'en définitive elles s'opposent. La doctrine manifeste le choix nécessaire d'un corps de principes fondamentaux à partir desquels peut se développer une théorie explicative, dont la validité scientifique dépend alors des confirmations qu'elle trouve dans l'expérience.

Doit

a : *Debit* – **d** : *Soll* – **e** : *Débito*

Ce que doit une personne. Rubrique de comptabilité en partie simple sous laquelle sont enregistrées ses dettes ou ses dépenses.

La rubrique symétrique du « doit » est l'« *avoir ».
En comptabilité en partie double, où les opérations concernant les tiers sont enregistrées en prenant en considération leur effet du point de vue de ceux-ci, le « doit » de l'agent qui tient le compte correspond à un *crédit inscrit au compte des tiers.

Dollar

a : *Dollar* – **d** : *Dollar* – **e** : *Dólar*

Unité monétaire des États-Unis et d'un certain nombre d'autres pays (Canada, Australie, Malaisie, etc.) divisée en 100 cents. (*De l'allemand* Thaler.)

L'histoire du dollar américain de l'Indépendance à la Seconde Guerre mondiale a été ponctuée par une série de crises dues à l'imperfection des institutions monétaires, crises que la vigueur de l'expansion économique a toujours permis de surmonter. Depuis 1945, le dollar s'est imposé comme monnaie de réserve et fondement du système international. Crise du dollar et crise du système sont aujourd'hui confondues.
Les États-Unis ont connu la monnaie de papier avant la monnaie métallique. A l'époque coloniale, en effet, les autorités locales émettaient fréquemment des billets à ordre pour pallier l'insuffisance de monnaie métallique. Par la suite, les banques privées ont eu pendant longtemps la liberté d'émettre des billets en dehors de tout contrôle. Il en résulta de nombreuses crises, dont la plus grave fut celle de 1837 : plus de six cents banques, incapables de rembourser en pièces les billets par elles émis, firent banqueroute. La Banque nationale qui disparut à la même date n'avait guère plus de pouvoir qu'une banque privée et ne jouait pas le rôle d'une *banque centrale. Comme certains de ses actionnaires étaient étrangers, elle était souvent accusée « de vendre la souveraineté des États-Unis au capitalisme international ». La contrepartie nécessaire de l'émission bancaire (or et argent, hypothèques, valeurs d'État, etc.) fut ensuite mieux définie et respectée, mais c'est seulement en 1913 que devait être institué le « système fédéral de réserve ».
En dépit de ces crises, la valeur du dollar en or est restée inchangée pendant cent quarante-deux ans, mis à part un léger ajustement en 1834 au taux de 20,67 dollars l'once d'or fin.
En 1795, les États-Unis avaient adopté le *bimétallisme et lui sont longtemps restés fidèles. Il en est résulté des convulsions monétaires chaque fois que le taux de change légal entre l'or et l'argent s'écartait du taux effectif du marché. Jusqu'en 1848, l'argent était trop abondant, la « mauvaise » monnaie chassait la bonne (loi de *Gresham), et les pièces d'or disparaissaient de la circulation. Après 1848, par suite de la ruée sur l'or californien, ce fut parfois l'inverse. En dépit de l'énorme production d'or, l'argent ne fut pas abandonné afin de satisfaire les intérêts miniers. Les États-Unis n'ont renoncé qu'en 1900 au bimétallisme.
Le papier-monnaie émis par l'État (les « *greenbacks ») est apparu pour la première fois pendant la guerre de Sécession. L'inflation résultant de la guerre put être résorbée après trente ans d'efforts, grâce à l'accroissement de la production, lié à l'expansion démographique et à

l'ampleur des investissements étrangers. Les greenbacks devinrent finalement convertibles en or, au taux antérieur.
Le dollar a été dévalué pour la première fois, de 41 %, en 1933 à la suite de la grande dépression, dans l'espoir de provoquer une reprise économique et de mettre fin au chômage, qui atteignait treize millions de personnes. Sa nouvelle parité a été alors définie à 35 dollars l'once. mais il fallut attendre la Seconde Guerre mondiale pour que cet objectif fût réellement atteint. En même temps, l'or était nationalisé, la détention par les particuliers étant corollairement interdite.
A partir de 1945, dans le cadre du nouveau système monétaire international mis en place par les accords de Bretton Woods (*voir* Gold exchange standard), et à la faveur de la sujétion de fait dans laquelle l'économie dominante des États-Unis tenait les économies européennes, désorganisées par la guerre, le dollar s'est imposé comme monnaie de réserve. Support de l'aide américaine, il est devenu à partir des années 1958-1960 (où l'achèvement de la période de reconstruction en Europe a permis le retour à la convertibilité externe des monnaies et une libération des mouvements de capitaux) le véhicule d'un expansionnisme économique et financier qui s'appuyait principalement sur les investissements directs. A la pénurie de dollars (*dollar gap) des années 1950 a succédé une pléthore alimentée par le déficit chronique de la balance des paiements américaine. A partir de 1960, les balances dollars détenues par les créanciers des États-Unis ont dépassé le stock d'or détenu par le système fédéral de réserve ; à la fin de 1970, celui-ci n'était plus que d'environ 10 milliards de dollars alors que les créances dollars atteignaient environ 50 milliards. Cette évolution n'a pas été sans provoquer des remous, qui ont dégénéré après 1958-1960 en crise chronique. Certains pays, telle la France de 1960 à 1968, ont préconisé une revalorisation de l'or et ont tenté d'exercer une pression dans ce sens en convertissant en métal une partie de leurs réserves officielles. Ces velléités sont restées longtemps inopérantes devant la détermination des États-Unis de ne pas dévaluer leur monnaie. Qui mieux est, ceux-ci, malgré tout préoccupés de voir leur stock de métal diminuer, ont limité à partir de 1968 les possibilités de conversion du dollar en or (la Banque fédérale de réserve du *Federal Reserve System achetait de l'or à 35 dollars, mais n'en cédait à ce prix que sous certaines conditions, et au seul profit des banques centrales ou internationales), tout en acceptant de laisser désormais fluctuer la valeur dollar de l'or sur les marchés libres du métal.
S'engageant dans un processus de « démonétisation » de l'or, les États-Unis ont suspendu totalement la convertibilité du dollar en or en août 1971 ; changeant de position, puisqu'ils ont dévalué le dollar en 1971, puis en 1973, les États-Unis ont tendu à maintenir le dollar comme monnaie de réserve, sinon de référence, tout en s'affranchissant des contraintes inhérentes à cette responsabilité monétaire. Les autres pays n'ont d'autre alternative que défendre une parité avec le dollar, avec les difficultés et les risques que cela comporte, ou de flotter par rapport au

dollar, dans des conditions où toute dépréciation est un facteur d'inflation importée et où une appréciation peut constituer une gêne pour les échanges. Jusqu'à présent, la rupture du système monétaire international n'a pas entraîné de cataclysme économique. Mais la masse croissante des liquidités en dollars, dans un contexte marqué à la fois par le détachement apparemment serein des autorités fédérales, l'absence de réelle coordination des politiques monétaires et le respect du principe de la liberté des mouvements de capitaux, expose le monde occidental à l'éclatement d'une crise majeure qui laisserait les gouvernements sans prise sur l'événement. L'évolution du rapport de force entre les pays producteurs de matières premières et de pétrole, et les pays industrialisés, manifeste à partir notamment de 1973, a modifié les données du problème, tout en les aggravant.

En effet, les modifications de prix relatifs ont entraîné une évolution divergente des parités à travers la distorsion des balances des paiements, dans un contexte de flottement plus ou moins généralisé. En même temps, sans recréer à proprement parler un « *dollar gap », elles ont posé avec une nouvelle ampleur le problème de la répartition des liquidités internationales et plus précisément celui du recyclage des pétrodollars.

Voir Système monétaire international, Eurodollars.

Dollar gap

a : *Dollar gap* – **d** : *Dollar gap* – **e** : *Dollar gap*

---

*Expression américaine désignant la pénurie de dollars enregistrée dans les *liquidités internationales au lendemain de la Seconde Guerre mondiale. (De l'anglais : « trou en dollars », pénurie de dollars.)*

Après la Seconde Guerre mondiale, les États-Unis ont bénéficié d'une position dominante sur les marchés mondiaux. Leur économie, lancée par l'effort de guerre sans en avoir subi les destructions, avait une capacité exportatrice considérable. Leur monnaie, appuyée sur cette solidité économique, faisait figure de moyen de paiement international privilégié, en face de monnaies européennes durement éprouvées par la guerre (livre, franc, mark) et d'une monnaie soviétique volontairement absente des marchés internationaux (*voir* Rouble). Le phénomène du dollar gap peut être considéré comme un exemple des accidents de fonctionnement du système monétaire international.

Explication du phénomène

L'évolution de la balance des paiements américains explique le phénomène. De 1946 à 1948, en effet, les États-Unis ont vendu à l'étranger

pour 51,5 milliards de dollars alors qu'ils n'achetaient que pour 24,1 milliards. Ils devaient donc recevoir plus de dollars qu'ils n'en mettaient sur le marché. Le déficit des *balances des paiements de leurs partenaires a été couvert en partie par des dons et prêts des gouvernements américains (15,7 milliards de dollars) et par des décaissements du *FMI et de la *BIRD. Les transferts privés et les sorties de capitaux américains durant ces trois ans (11,7 milliards de dollars) n'ont pas suffi à équilibrer la balance qui présentait en 1948 un excédent global d'environ 7 milliards de dollars.
Cet excédent a été comblé en partie par des ventes d'or des pays étrangers aux États-Unis (5 milliards de dollars). Le solde, soit environ 2 milliards de dollars, traduit l'appauvrissement des autres pays en dollars qu'ils avaient en réserve.
De 1949 à 1951, les ventes des États-Unis ont atteint 48,3 milliards de dollars et leurs achats 34,2 milliards de dollars. Les 14,1 milliards d'excédents ont été principalement comblés par les prêts et dons américains (12,2 milliards de dollars) et par les fonds dépensés par les organisations internationales ou transférés par des personnes publiques ou privées américaines. Les transferts de capitaux américains ont même fait apparaître un excédent de 3,8 milliards de dollars au profit des pays étrangers qui leur permit de refaire une partie du chemin perdu de 1946 à 1948, notamment à l'occasion de la préparation de la guerre de Corée (1950-1951).
Durant cette période, le « dollar gap » a donc été essentiellement déterminé par l'excédent de la balance commerciale américaine. Les dollars se raréfiant et les mouvements privés de capitaux (sorties de capitaux américains) demeurant modestes (100 millions de dollars par an en moyenne), l'alimentation en dollars des économies étrangères a été pratiquement tout entière due à l'aide américaine à l'étranger. Les États-Unis donnaient ou prêtaient par ce moyen à leurs partenaires (et notamment à l'Europe) les dollars nécessaires à leurs achats aux États-Unis ou dans d'autres pays, tous friands de dollars. Les diverses formes d'aide américaine ont en effet atteint le montant cumulé de 28,1 milliards de dollars entre 1946 et 1951. Par ces moyens, les États-Unis cherchaient, notamment en Europe, à relancer les économies nationales qui pourraient ainsi recommencer à exporter, gagner éventuellement des dollars et redonner à leurs monnaies un « standing international ».

Appréciation du phénomène

Les avoirs en dollars des pays étrangers aux États-Unis : De 6,9 milliards de dollars en 1945, ils sont tombés en 1947 à 4,8 milliards de dollars pour n'atteindre le niveau (faible) de 1945 qu'en 1950 et ne le dépasser qu'en 1951 (7,6 milliards de dollars). Les *réserves d'or* de ces mêmes pays ont été pratiquement voisines durant cette période de ce qu'elles étaient en 1938 (12,3 milliards de dollars). *Au total,* les avoirs des pays étrangers demeurèrent compris entre 15 et 14 milliards de dollars pendant cette période. Toutes les zones souffrirent du dollar gap, sauf le Canada qui réussit à se constituer des réserves grâce à sa symbiose industrielle avec son puissant voisin.

Les réserves d'or et de dollars des États-Unis : Elles passaient, en revanche, de 20 milliards de dollars en 1945 à 23 en 1947, à 24,6 en 1949 pour revenir à 23 en 1951. En conséquence :

• Divers efforts furent faits pour *encourager les exportations* vers la zone dollar. Dollar drive en Grande-Bretagne, procédures diverses en France et notamment régimes privilégiés des comptes *EFAC.

• Malgré cela, une crise généralisée des paiements ne put être évitée en 1947. La solution provisoire fut fournie par l'aide américaine et notamment le **plan Marshall* en Europe. De 1952 à 1957 environ, le dollar gap a ainsi continué d'être en partie masqué par l'aide américaine, mais peu à peu comblé également par le réveil des économies européennes. Le redressement de celles-ci détermina même à partir de 1958-1960 un accroissement spectaculaire d'investissements américains à l'étranger qui ont renversé le courant. Le problème des années 1970 est au contraire celui des dollars surabondants, liés au déficit persistant et également disproportionné de la balance des paiements des États-Unis, et au mécanisme multiplicateur des *eurodollars.

• Le dollar gap et, aujourd'hui, la pléthore d'eurodollars illustrent les *dangers d'une économie et d'une monnaie dominantes à l'excès,* qui ne peuvent être enrayés que par la constitution, face à l'économie américaine, de pôles formant contrepoids.

Dollars pétroliers

a : *Petrodollars* – **d** : *Petrodollars* – **e** : *Petrodólares*

Dollars dont les déposants primaires, ne résidant pas aux États-Unis, sont des possesseurs de revenus pétroliers.

Voir Eurodollars.

Domiciliation

a : *Domicile clause* – **d** : *Domizilierung/Domizilvermerk* – **e** : *Domiciliación*

Opération par laquelle une personne ayant un compte en banque fait régler par cette banque les effets tirés sur elle-même.

Fondements

Le lieu où le paiement d'un effet de commerce s'effectue est normalement le *domicile* du tiré aux termes des principes du droit commercial. Des raisons d'opportunité et de sécurité ont cependant conduit les commerçants à « élire domicile » dans les banques dont ils sont clients. La pratique de la domiciliation présente en effet plusieurs avantages : 1) pour le porteur : il aime mieux avoir affaire à une banque qu'au domicile d'un particulier, il bénéficie de conditions fiscales plus favorables (droit fixe modique au lieu d'un droit de timbre proportionnel) et il obtient de meilleures conditions d'escompte ; 2) pour le tiré, qui a déposé ses fonds à la banque et n'a pas besoin de les en retirer pour assurer le paiement ; 3) pour le banquier, qui voit les formalités de recouvrement simplifiées et qui a une meilleure connaissance des affaires de ses clients ; 4) pour l'ensemble du système économique enfin, dans la mesure où la domiciliation diminue les paiements en espèces, facilite les paiements par compensation et fait rentrer ces opérations dans le circuit bancaire.

Modalités

La domiciliation s'effectue par une mention apposée sur l'effet soit par le tireur, soit par le tiré lorsqu'il accepte l'effet (*payable à la banque X...,* on remarquera que le chèque porte cette mention imprimée sur la vignette fournie par la banque). Elle doit toujours faire l'objet d'un avis de domiciliation adressé à la banque qui peut ainsi vérifier l'existence des instructions de payer.
La domiciliation n'est qu'une modalité de paiement et n'a pas pour effet de transformer en tiré le banquier domiciliataire. Le banquier dont le nom figure sur l'effet n'est aucunement responsable du paiement (sauf sa responsabilité d'erreur de caisse s'il y a paiement en espèces, comme il est normal). Il agit à titre de simple représentant ou mandataire du débiteur principal qui est le tiré.
Dans le domaine du commerce extérieur, la domiciliation des opérateurs commerciaux auprès d'« intermédiaires agréés » (banques) fournit, outre les facilités matérielles, des moyens de contrôle et une garantie d'identification des interlocuteurs économiques.

Évolution

Les commodités et les avantages de la domiciliation chez un banquier ou dans un établissement de crédit assimilé (simplification et contrôle notamment) ont conduit le législateur à la rendre obligatoire (loi du 4 septembre 1947). Mais cette disposition causait une gêne aux acheteurs à *tempérament (qui n'ont souvent pas de compte en banque) et pouvait passer pour une mesure autoritaire aux dépens de ces consommateurs. C'est pourquoi elle a été abrogée par une loi du 20 juillet 1949. On notera que le développement des *chèques, *cartes de crédit et autres moyens scripturaux de paiement revient à une extension continue de la domiciliation, qui est liée à l'intervention d'institutions financières spécialisées.

Domination

a : *Domination/Control* – **d** : *Beherrschung* – **e** : *Dominio*

Fait pour une unité économique d'exercer sur une autre une influence unilatérale et irréversible.

La notion d'effet de domination, mise en évidence notamment par F. Perroux, rend compte des conséquences attachées à l'inégalité objective des situations des unités économiques, génératrice d'une dynamique contraignante. Contrairement au schéma classique qui met en présence des unités économiques élémentaires de force virtuellement égale, dans un cadre de *concurrence pure, l'expérience montre que la vie économique confronte des centres de décision de dimension très variable, à des niveaux très différents, et dans un contexte où les rapports de force sont l'élément déterminant.
Les effets de domination peuvent être en effet appréhendés au niveau des unités économiques élémentaires (individu, entreprise), mais aussi au niveau d'unités complexes (groupe de firmes, secteur, nation, zone...).
La situation dominante d'une unité est liée avant tout à sa dimension et à la nature de ses activités, qui déterminent son importance sur le « marché » considéré et son pouvoir de « négociation » dans la confrontation avec les partenaires. L'irréversibilité de la position dominante est rarement totale, car le progrès technique et l'innovation offrent la possibilité, au moins théorique, d'une mutation des centres dominants.
Le système capitaliste, dans son développement contemporain, fonde la *croissance sur une « dynamique de la domination » où la recherche du profit est inséparable de la volonté de puissance. Les tentatives d'instaurer une législation antimonopolistique apparaissent beaucoup plus comme destinées à organiser le cadre des effets de domination légaux (pour éviter leur orientation *malthusienne, notamment) que comme inspirées par le souci de les entraver.
Ces effets, au niveau des firmes, se traduisent par le contrôle du marché, notamment dans la formation des prix, les *ententes imposées, et, à un stade ultime du processus, par l'absorption des entreprises soumises à sujétion. Dans la période contemporaine, le développement des firmes multinationales a donné une nouvelle dimension aux effets de domination.
Au plan international le fonctionnement des économies de marché du monde occidental est marqué par la suprématie des États-Unis et accessoirement par les effets de domination que les pays industrialisés exercent encore sur ceux du Tiers Monde.

Dans les pays « socialistes », l'existence d'une *planification centralisée et impérative faisait en principe obstacle à l'exercice des effets de domination entre les firmes. L'État était alors l'unité dominante. Cependant, l'assouplissement, jusqu'en 1990, de la planification de la production et des prix, qui s'accompagnait du développement de l'autonomie des entreprises, a pu autoriser la résurgence de rapports de ce type entre les unités productives. Ce risque justifiait le maintien, sous une autre forme, d'un appareil régulateur au niveau central.
Si les rapports entre pays « socialistes » étaient fondés sur les notions d'égalité et d'avantages mutuels, ce principe a reflété davantage une ambition qu'une réalité objective. L'histoire économique des pays « socialistes » a porté trace, en effet, jusqu'aux changements de régime, de l'inégal rapport des forces entre l'ex-URSS et les pays européens « socialistes » notamment.

Douane

a : *Customs* – **d** : *Zollbehörden* – **e** : *Aduana*

Administration chargée de contrôler le passage des biens et des capitaux à travers les frontières.

Dès l'Antiquité, la perception d'impôts à l'occasion du passage des marchandises, en certains points du territoire, était une pratique répandue. Elle ne s'est jamais interrompue. Limitée aujourd'hui au commerce extérieur, elle reste la première fonction de la douane. Les préoccupations économiques des gouvernements se développant, cette administration a cependant été amenée à élargir sa conception du rôle qui lui revient dans l'ensemble de la politique commerciale d'un État moderne.

• Veiller au respect de la réglementation applicable aux échanges avec l'étranger et percevoir les droits et taxes dont sont passibles les importations est la *mission principale* de l'administration des douanes. C'est d'ailleurs cette origine fiscale qui justifie son rattachement en France, mais aussi dans de nombreux autres pays, au ministère des Finances. Outre les droits de douane proprement dits tels qu'ils résultent du *tarif et les autres taxes assimilées, les prélèvements fiscaux sur les *importations comprennent les droits indirects perçus à l'occasion des transactions sur les marchandises intérieures — c'est le cas en France, et dans les pays de la CE qui l'ont adoptée, de la *TVA que doivent acquitter les produits importés avant leur mise à la consommation — et aussi un certain nombre de taxes spécifiques sur certains produits — notamment, en France, la taxe de consommation sur les produits pétroliers. Le renouveau du *libre-échange a considérablement réduit dans les pays industriels l'importance des recettes provenant des droits d'entrée, en revanche les autres perceptions effectuées par les douanes continuent à représenter des ressources importantes. A l'*exportation, la disparition des droits de sortie modifie quelque peu le rôle de la douane chargée dans ce cas d'établir les droits à restitution de la TVA perçue antérieurement aux divers stades de la fabrication. Plus généralement et vis-à-vis de l'ensemble des mouvements de biens avec le reste du monde, la douane exerce une mission de police, s'assurant que sont respectées tant les réglementations relatives au contrôle du commerce extérieur (*prohibitions, restrictions quantitatives — *contingents —, règlements sanitaires...) que celles instituant un contrôle des changes (domiciliation des paiements et transfert des fonds réglés, détention et négociation des devises, restrictions aux mouvements de capitaux). La lutte contre la fraude, dont la contrebande est la forme extrême, occupe ainsi une place importante dans les préoccupations des douaniers qui ont été amenés à développer considérablement leurs moyens techniques pour assurer la surveillance tout le long des frontières. Malgré ces efforts et les privilèges dont jouit la douane (droit de suite en dehors des eaux territoriales, contrôle des voyageurs et des véhicules non seulement aux frontières mais aussi à l'intérieur du territoire...), l'efficacité de la dissuasion résultant de l'action préventive ou répressive de la douane est douteuse. Cela s'explique par les changements assez fréquents des objets de fraude en fonction des circonstances économiques — notamment celles qui touchent aux variations de change —, mais aussi par l'absence de collaboration véritable entre services douaniers des différents pays (malgré l'existence d'accords bilatéraux dont rares sont ceux qui ont donné des résultats). Dans certains cas, les bénéfices que peuvent espérer les fraudeurs sont tels que de véritables organisations se sont créées, spécialisées dans le trafic international. Les exemples de prohibition engendrant ces circuits parallèles illégaux ne sont pas rares : celui du commerce de la drogue, devenu un souci majeur pour les gouvernements occidentaux au début des années 70, en témoigne. Certains succès obtenus par l'administration des douanes dans ce domaine ne doivent cependant pas faire oublier que le seul résultat enregistré pour l'instant est le renchérissement sensible du prix des stupéfiants vendus au détail aux États-Unis et en Europe, sans que pour autant leur usage et leur circulation aient, comme le voudrait la loi, disparu.

• Dans le prolongement de cette activité fondamentale de la douane, l'ouverture croissante des économies industrielles modernes a rendu nécessaire l'*adaptation de cette administration aux exigences de la politique économique.* Celle-ci se traduit d'abord par le développement des services rendus dans le domaine statistique. Dès lors que le contrôle du commerce extérieur impose que tout mouvement de marchandises avec l'étranger fasse l'objet d'une déclaration remise à la douane, tandis que, pour déterminer l'assiette des droits, l'espèce, définie conformément à la nomenclature douanière, l'*origine et la *valeur des produits échangés doivent être clairement précisées, les informations existent qui peuvent être utilisées pour éclairer la politique économique. L'exploitation de ces données de base s'est beaucoup développée, non seulement parce que dans l'optique du *protectionnisme traditionnel elles permettent de mesurer la pénétration des produits étrangers et fournissent les éléments de fait nécessaires aux négociations internationales ; mais, plus généralement, présentées de façon plus agrégée et publiées régulièrement, les statistiques douanières sont largement utilisées pour étudier l'évolution du commerce extérieur et de la *balance commerciale dont l'importance pour l'analyse économique d'un pays moderne est considérable. Encore convient-il de ne pas sous-estimer les limitations de qualité qu'impose à la statistique douanière son origine fiscale. Outre les répercussions fatales de la fraude sur la précision des statistiques, ces dernières souffrent notamment d'être établies à partir des déclarations utilisées pour déterminer l'assiette des droits à percevoir. Les conséquences de cet état de fait sont particulièrement sensibles dans le domaine des évaluations de prix. Celles-ci sont en effet différentes à l'importation et à l'exportation : les droits de sortie ayant pratiquement disparu dans la législation des pays développés, la douane n'exerce de contrôle sérieux sur les prix déclarés, et ne veille attentivement à l'application des règles de détermination de la *valeur, que dans le cas des importations — celui où les incidences fiscales sont sensibles —, ce qui se traduit par les redressements des déclarations introduisant une disparité entre valeurs importées et exportées. D'autre part, les statistiques de valeurs unitaires ne sont disponibles que pour les produits faisant l'objet de spécification dans la nomenclature douanière et, malgré le grand niveau de détail des positions élémentaires, l'homogénéité des produits au sein de l'une de ces positions est loin d'être assurée. Il en résulte que les indices de valeurs moyennes établis à partir des sources douanières — qui sont le plus souvent l'indicateur unique des prix du commerce extérieur — sont d'une qualité douteuse puisqu'ils reflètent non l'évolution d'un prix, mais celle d'une valeur douanière dont la signification est essentiellement fiscale, et que de plus ils prennent en compte les modifications intervenant dans la composition des marchandises échangées à l'intérieur d'une même rubrique de la nomenclature. Ces réserves sur la qualité de la statistique douanière, si elles doivent inciter à une certaine prudence lors de son utilisation — et plus particulièrement lorsqu'il s'agit d'indices de valeurs moyennes, ou des indices de *termes de l'échange qui en sont dérivés —, ne suffisent pas à faire oublier l'importance du travail réalisé par les douanes en ce domaine où elles apportent une contribution essentielle à l'information économique.

Par ailleurs, les progrès de la libération des échanges ayant souvent privé les pouvoirs publics de la partie essentielle de l'arsenal protectionniste qui leur permettait de lutter contre l'entrée des produits étrangers, leur souci essentiel en cette matière est devenu la recherche des moyens propres à favoriser les exportations et plus généralement à faciliter la

participation des entrepreneurs nationaux aux opérations du commerce international. Dans ce cadre, les contacts avec la douane, inévitables lors des transactions sur marchandises avec l'étranger, peuvent constituer, avec la lourdeur et la minutie des formalités administratives imposées par peur des risques de fraude, un obstacle à un développement harmonieux des échanges extérieurs. Aussi les efforts, quelquefois anciens, de l'administration des douanes pour limiter la gêne des utilisateurs se sont-ils sensiblement accrus. Outre le perfectionnement et la modernisation des *régimes douaniers particuliers — dits souvent régimes économiques —, l'organisation des contacts avec les professionnels, en liaison avec le *CFCE pour l'étude des difficultés provoquées par certains aspects des procédures en vigueur, témoigne de cette nouvelle attitude. La multiplication des bureaux de douane à l'intérieur du territoire, qui s'est opérée en France ces dernières années afin de faciliter les opérations de dédouanement des importations et la mise en douane des exportations, et de limiter les inconvénients de la survivance des frontières dont le caractère physique est ainsi atténué, procèdent de la même démarche. Enfin, en même temps que ces améliorations de leur réglementation et de leur pratique, les douanes des principaux pays commerçants ont depuis plusieurs années entrepris d'harmoniser et de rationaliser d'un commun accord certaines de leurs pratiques. Dès la fin de la guerre, les contacts noués depuis plusieurs années étaient repris entre Européens ; ils devaient aboutir à un certain nombre de conventions internationales d'une importance certaine. Outre l'institution d'une nomenclature tarifaire internationale (NDB) et l'adoption d'une définition commune du prix « normal » à retenir pour déterminer la valeur en douane, ces conventions instituaient un Conseil de coopération douanière (décembre 1950). Il s'agit d'une organisation internationale permanente et spécialisée ayant vocation pour l'étude de tous les problèmes de technique douanière. Outre les travaux de ses comités chargés de compléter les conventions sur la nomenclature et la valeur (par la préparation et la mise à jour de notes explicatives et d'avis d'interprétation), un « comité technique permanent » est chargé d'aborder toutes les questions qui peuvent être liées à la coopérative douanière. Des recommandations sont émises et de nouvelles conventions ont pu être établies proposant notamment des régimes particuliers pour les mouvements temporaires d'échantillons ou de marchandises destinés à être exposés à l'occasion des foires et autres manifestations commerciales. Limitée à l'Europe à ses débuts, cette forme de coopération entre administrations douanières s'est largement étendue, puisque les membres du CCD dépassent la cinquantaine, tandis que plus de 70 États ont adopté la NDB ; il est vrai que le petit nombre des signataires de la convention sur la valeur, une vingtaine environ, montre que les progrès, en cette matière, restent lents et difficiles.
Souvent malgré les améliorations et les efforts qui viennent d'être rappelés, la douane, expression administrative et concrète de la survivance des frontières et des États nationaux, est mal comprise et mal acceptée

par les *agents économiques. C'est la perspective de son élimination qui explique en partie la faveur, voire l'enthousiasme, avec lesquels ont été accueillis ici et là les divers projets d'*union douanière. Certes, la disparition de toutes formalités douanières, depuis le début de 1972, pour les marchandises circulant à l'intérieur du Benelux, illustre les possibilités ouvertes à terme. Il ne faut cependant pas se leurrer, il s'agit d'un cas extrême qui conservera sans doute longtemps sa valeur exemplaire. Au sein de la CE, *a fortiori* au sein de la CE élargie où l'union douanière n'a commencé à se réaliser qu'à partir de 1973, l'échéance est encore lointaine où douanes et frontières intérieures auront disparu. D'ici là, les résultats sont enregistrés au fur et à mesure, la création du régime de *libre pratique et celle du *transit communautaire sont de ceux-là, qui sont le fruit de la patience et de l'ingéniosité, même s'ils doivent parfois paraître insuffisants ou trop attendus.

Douzièmes provisoires

a : *Right of provisional expenditure* – **d** : *Provisorische Ausgabenermächtigung* – **e** : *Autorización provisional de gastos*

---

*Autorisations budgétaires données par le Parlement qui comportent ouverture des *crédits provisoires assurant le fonctionnement des services publics pendant un ou plusieurs mois, par douzièmes des crédits de l'année précédente.*

Leur ouverture constitue un palliatif aux effets d'un retard dans le vote du *budget ; ils étaient devenus d'usage courant sous la IIIe comme sous la IVe République. L'autorisation valait pour la perception des impôts sur la base des tarifs en vigueur, ce qui avait pour conséquence de retarder la mise en application des réformes fiscales proposées par le gouvernement. Les crédits ouverts étaient calculés sur la base des crédits de l'année précédente, affectés seulement des réductions figurant dans le projet du gouvernement ; les mesures nouvelles étaient ainsi différées et les conditions du nouvel équilibre se réalisaient ultérieurement d'autant moins bien que leur incidence n'intéressait plus qu'une période sensiblement raccourcie. Dans la procédure organisée par la constitution de 1958, les douzièmes provisoires n'ont plus de raison d'être : l'article 47 permet au gouvernement de mettre en vigueur par voie d'ordonnance les dispositions du projet de loi de finances, si le Parlement ne s'est pas prononcé dans le délai de soixante-dix jours suivant le dépôt de celui-ci, ou bien d'ouvrir par décrets la totalité des crédits correspondant aux *services votés si le projet de loi n'a pu être déposé en temps utile pour que la loi puisse être promulguée avant le début de l'exercice.

En Grande-Bretagne, où traditionnellement le *budget speech* n'est prononcé qu'au mois de mars, des acomptes sont votés globalement pour permettre la marche des services à partir du 1er avril et pendant que se déroule la discussion budgétaire.

Drawback

Mot anglais signifiant « remise ».

Voir Rembours.

Droit (bourse)

a : *Right (Stock exchange)* – **d** : *Anrecht/Bezugsrecht* – **e** : *Derecho de suscripción (bolsa)*

*Valeur, matérialisée par un titre ou un *coupon, représentative de la faculté ouverte à un actionnaire d'une société de recevoir des actions supplémentaires de celle-ci en vertu d'un droit d'attribution ou de souscription.*

L'apparition d'un tel « droit » est liée à l'augmentation du capital d'une société. Si cette augmentation se fait en numéraire, il s'agit d'un droit de souscription. Si elle se fait par incorporation de réserves, il s'agit d'un droit d'attribution.

Le droit de souscription : Il est lié à une augmentation de capital en numéraire. Les actionnaires de la société ont un droit préférentiel de souscription, qui a une valeur vénale, car l'action nouvelle est généralement émise à un prix inférieur au cours de l'action ancienne. Ce droit peut être aliéné, et sa valeur réelle sera fonction de l'importance relative de l'offre et de la demande le concernant.
Mais une valeur théorique du droit de souscription peut être calculée *a priori :* si C est le cours de l'action ancienne, E le prix d'émission donnant droit à un nombre entier n d'actions nouvelles, l'actionnaire possédant N actions anciennes est propriétaire de $N + n$ actions valant théoriquement :

$$NC + n\,E, \text{ soit } = \frac{NC + n\,E}{N + n}$$

pour chaque action « moyenne » (nouvelles + anciennes), la valeur V du droit de souscription est donc :

$$V = C - \frac{NC + n\,E}{N + n} = (C - E)\,\frac{n}{N + n}.$$

Si l'action ancienne a encore droit à un dividende net D, V devient alors :

$$(C - D - E)\frac{n}{N + n}.$$

L'action ancienne dont le droit est détaché s'appelle « action ex droit » et son cours (comme le cours du droit détaché) suit en réalité la loi de l'offre et de la demande. En général, l'action ancienne droit détaché se traite à un cours supérieur au prix de revient de l'action nouvelle (qui suit le cours du droit), car la première peut immédiatement être revendue et est donc immédiatement liquide.

Le droit d'attribution : Il est lié à une augmentation de capital par incorporation de réserves. Cette opération peut se traduire, soit par une augmentation de la valeur nominale des actions existantes, soit par une distribution gratuite d'actions nouvelles. Dans ce dernier cas, le droit d'attribution est conventionnellement représenté par un coupon dont le numéro est indiqué. Ce droit est coté comme l'action et peut être négocié dès la mise en répartition des actions gratuites.
Valeur théorique du droit d'attribution : soit C le cours de l'action avant l'opération, N le nombre entier d'actions anciennes donnant droit à un nombre entier n' d'actions nouvelles, l'actionnaire possédant N actions anciennes est propriétaire de N + n actions qui valent NC,

$$\text{soit } \frac{NC}{N + n'} \text{ par action.}$$

La formule est en fait la même que celle qui sert à calculer la valeur du droit de souscription, mais en supposant que E = O (puisque l'action gratuite est une action nouvelle à prix d'émission nul), la valeur v' est alors :

$$C\frac{n'}{N + n'}$$

et (si l'on tient compte du dividende D de l'action ancienne) :

$$(C - D)\frac{n'}{N + n'}.$$

Le cours théorique V de l'action, toutes opérations terminées, est alors :

$$V = \frac{NC + nE}{N + n + n'},$$

la valeur du droit de souscription détaché est :

$$v = (V - E)\frac{n'}{N},$$

la valeur du droit d'attribution est :

$$v' = V\frac{n'}{N}.$$

Drugstore

a : *Drugstore* – **d** : *Drugstore* – **e** : *Drugstore*

Établissement pratiquant le commerce de détail, ouvert tous les jours, suivant un très large horaire (18 à 20 heures sur 24). (En anglais : drugstore, *pharmacie, puis magasin-bazar.)*

Il est composé :
– d'un restaurant ou d'un bar ;
– de stands vendant soit des produits de première nécessité (journaux, tabac, pharmacie), soit des cadeaux (librairie, disques, jouets, parfums, articles de luxe, alcools, confiserie), et souvent les deux ;
– de services : toilettes, téléphone, agence de voyage, etc.
Le décor est généralement recherché, pour environner le visiteur d'une atmosphère de luxe et de facilité, censée affaiblir sa résistance à la consommation et à l'achat.

DTS (droits de tirage spéciaux)

a : *SDR (Special drawing rights)* – **d** : *SZR (Sonderziehungsrecht)* – **e** : *DEG (Derechos especiales de giro)*

---

*Instrument de réserve mis à la disposition des États membres par le *Fonds monétaire international. Unité de compte.*

En 1969, après des années de discussion au sein du FMI et du *groupe des Dix, face à la crainte d'une insuffisance des *liquidités internationales, les statuts du Fonds monétaire international étaient modifiés (1er amendement) et autorisaient la création de droits de tirage spéciaux. Avec l'entrée en vigueur, en 1978, du deuxième amendement, faire du DTS l'instrument de réserve principal du système monétaire international est devenu l'un des objectifs assignés à l'organisation. En 1981, a été supprimée l'obligation faite jusqu'alors à tout pays membre de conserver en moyenne une fraction minimale des DTS qui lui avaient été alloués ; ainsi était affirmé le caractère d'avoir de réserve librement et intégralement utilisable. La conception restrictive de ceux qui, à l'origine, ne voulaient voir dans ce nouvel instrument qu'une facilité de crédit remboursable n'a pas résisté à la pratique ; seul le nom, inutilement long et compliqué, porte la trace de leurs réticences. Au même titre que l'*or et les *devises, les avoirs en DTS se comptent dans les *réserves de change des pays détenteurs auxquels le Fonds a distribué successivement 9,3 milliards de DTS de 1970 à 1972 puis 12 milliards de 1979 à 1981. Ces montants ont été répartis entre les pays membres en fonction de leur *quote-part

à la veille de chacune des deux allocations. Réclamée par de nombreux pays, notamment ceux du *Tiers Monde qui souffrent d'un manque de liquidités, une troisième allocation n'avait toujours pas pu être proposée à la fin de 1983 du fait de l'opposition des États-Unis.
La *valeur* du DTS était à l'origine déterminée par un poids d'or équivalant à celui contenu dans un *dollar des États-Unis (35 DTS pour une once d'or fin). En juillet 1974, il a été défini à partir d'un panier de monnaies des 16 pays membres principaux exportateurs. La liste de ces pays et le poids attribué à leur monnaie, établis à partir des exportations de biens et services des cinq années antérieures, ont été modifiés en 1978 pour tenir compte des résultats du commerce mondial des années 1972-1976. Dans un souci de simplicité et pour accroître l'attrait du DTS, une nouvelle définition est retenue depuis le début de 1981 à partir des cinq principales monnaies auxquelles ont été attribuées les *pondérations suivantes : dollar des États-Unis, 42 % ; mark, 19 % ; franc français, livre sterling, yen japonais, 13 % chacun. La valeur du DTS en dollars est calculée chaque jour par le FMI à partir des taux de change observés sur le marché pour les monnaies qui le composent.
Quoique lentement, l'usage du DTS tend à se répandre. En plus du FMI et des pays membres, un nombre croissant d'institutions monétaires et financières internationales ont été autorisées par le Fonds à détenir des DTS et à les utiliser dans leurs transactions. Par ailleurs, le DTS est l'*unité de compte du Fonds* lui-même et a aussi été retenu dans de nombreuses conventions internationales ; il s'étend même dans les opérations financières privées. Enfin, certains pays (14 en 1983) ont décidé de fixer leur *parité en DTS, lui assignant ainsi une fonction d'*étalon monétaire.

Ducroire

a : *Guarantee* – **d** : *Garantie* – **e** : *Garantía*

*Convention par laquelle une personne intervient pour garantir un vendeur contre le *risque de l'insolvabilité de l'acheteur.*

Cette technique de crédit par signature, qui se pratique essentiellement en matière de commerce extérieur, a pour objet d'assurer la créance d'un vendeur par l'apport de la garantie d'une banque.

Principes

Les fondements du crédit de ducroire sont identiques à ceux du crédit par *acceptation, mais les modalités en diffèrent sur un certain nombre de points.

• Le vendeur ouvre un crédit à son acheteur, mais demande la garantie d'une banque du pays de l'acheteur (sans qu'il y ait interposition de ce banquier dans les règlements, comme pour le crédit par acceptation). Le vendeur tire, non sur le banquier, mais sur son client, en demandant la garantie de bonne fin de la traite ;

• le vendeur présente la traite à l'*escompte du banquier qui a ouvert le crédit de ducroire. Celui-ci décompte la traite à forfait après avoir obtenu l'acceptation de l'acheteur ;

• à l'échéance de l'effet, le banquier porteur de l'effet le présente à l'acheteur (tiré) pour encaissement. En cas d'insolvabilité de ce dernier, il supporte la charge de l'impayé et ne peut se retourner contre le vendeur tireur de la traite. Cette opération peut donc s'analyser comme une assurance contre l'insolvabilité du débiteur (acheteur) consentie par le banquier. Par l'escompte à forfait, le banquier renonce en effet au droit de recours généralement ouvert au porteur d'un effet contre le tireur de celui-ci. Il prélève en revanche une commission plus élevée, justifiée par les risques qu'il court et qui constitue le prix de cette « assurance-insolvabilité » (*voir également* Caution).

Applications

La technique du ducroire reçoit des applications diverses.

• Dans la mesure où il constitue une technique de crédit, ce sont naturellement les banquiers qui l'utilisent le plus fréquemment (voir ci-avant). Ils s'efforcent cependant d'en limiter l'application aux opérations d'*importation,* car, si leur garantie est donnée au vendeur (étranger), le risque d'insolvabilité qu'ils couvrent relève de l'acheteur français (les garanties de ducroire ne sont données qu'avec prudence sur des clients particulièrement bien connus du banquier) ;

• dans le domaine de l'import-export, il est fréquent que les ventes, en raison de leur complexité ou de leur caractère particulier, soient effectuées non par le producteur lui-même, mais par un agent ou une officine spécialisés. Cet agent peut être un simple *courtier ou un commissionnaire, qui n'entre pas en possession de la marchandise mais se borne à la négocier. Il peut cependant être également « commissionnaire-ducroire » lorsqu'il s'engage, vis-à-vis, par exemple, de l'exportateur (vendeur), à lui payer un certain pourcentage de la valeur de son exportation au cas où l'acheteur étranger serait défaillant. Lorsqu'il se porte garant de la totalité du prix, il est dit « commissionnaire-ducroire à 100 % ».

On notera que toutes les opérations dites d'« *assurance-crédit » s'analysent en définitive comme les opérations de ducroire à l'*exportation.* Ici, la notion d'assurance prend le pas sur la notion de crédit car la solvabilité d'un étranger n'est pas toujours aussi bien connue de l'assureur-crédit que le serait celle d'un débiteur français (importation ducroire du banquier). L'organisme belge d'assurance-crédit correspondant à la *COFACE en France se nomme d'ailleurs « Office national de ducroire ».

Dumping

a : *Dumping* – **d** : *Dumping* – **e** : *Dumping*

Ensemble de pratiques et de mesures destinées à abaisser les prix des biens exportés de façon qu'ils concurrencent efficacement les autres biens analogues offerts sur un ou plusieurs marchés étrangers. (De l'anglais to dump, *inonder — le marché. Le terme de *gâchage — international — peut être proposé comme correspondant en français.)*

La notion

Le mot « dumping » est fréquemment employé dans le vocabulaire international comme synonyme de *concurrence déloyale. L'usage qui en est fait a conduit à un élargissement progressif de la notion qui demeure mal définie. On peut cependant la circonscrire par quelques éléments fondamentaux.

Le dumping s'analyse essentiellement comme une *action sur les prix* à l'exportation.

A l'origine, le dumping était strictement défini comme le fait que, pour un produit donné, le prix de vente à l'intérieur du pays producteur était supérieur au prix de vente à l'étranger.

D'autres références ont également été proposées : prix de vente à l'étranger inférieur à celui auquel les concurrents dans un pays importateur sont en mesure d'offrir les marchandises.

Cette action est généralement menée *par l'État ou avec son appui.*

La notion de dumping a été progressivement étendue à toutes les mesures prises par l'État pour avantager directement ou indirectement les exportations (voir plus bas).

Le dumping peut également être le fait d'un groupe d'entreprises (généralement *cartellisées qui profitent de leur situation de monopole ou de rente (avec la complicité de l'État) pour financer par des prix élevés à l'intérieur la perte qu'ils consentent sur leurs prix à l'exportation). Le dumping est une *forme de concurrence déloyale* sur le marché international et peut être rapproché des pratiques constatées sur les marchés intérieurs. Dans cette mesure, il faut qu'il comporte :

1) une part de *volonté* délibérée de faire pression sur les prix,

2) une part de *mesures artificielles* dans les moyens qui sont employés pour parvenir à ce but, c'est-à-dire d'allégements du prix qui ne doivent rien à la productivité des moyens de production.

3) Enfin, on ne saurait négliger l'aspect *subjectif* de la notion de dumping. Les concurrents malheureux d'un produit meilleur marché que le leur sont prompts à prononcer le terme, même si l'ensemble des conditions qui l'expliquent ne participent pas d'une « conspiration » (voir ci-après « dumping social »). Inversement, les États accusés de dumping s'étonnent généralement de cette accusation.

Objectifs du dumping

– L'objectif essentiel du dumping est évidemment la conquête d'un ou de plusieurs marchés étrangers que l'on veut inonder de produits nationaux. Cette conquête entraîne normalement l'élimination des concurrents et assure ensuite au pays « agresseur » et à ses ressortissants une situation de monopole. A vrai dire, les pays « attaqués » disposent de plusieurs moyens d'enrayer des dangers, dont diverses mesures *protectionnistes de représailles. Aussi est-il rare de voir se dérouler complètement ce schéma théorique du dumping et de ses conséquences. Le dumping est généralement employé de façon modérée pour relancer ou soutenir des courants d'exportation peu actifs.

– Des objectifs monétaires peuvent être assignés à une politique de dumping. Un pays qui a un urgent besoin de devises étrangères peut tenter de développer à tout prix ses exportations pour les acquérir. Les sacrifices qu'il fait en monnaie nationale pour subventionner ses exportations sont compensés pour lui par la valeur qui s'attache aux devises qu'il obtient grâce à ces sacrifices. Exemples : la politique de l'Allemagne nazie avant la Seconde Guerre mondiale, de l'URSS et, dans une certaine mesure, les politiques d'encouragement aux exportations vers la zone dollar menées après la Seconde Guerre mondiale par les pays européens (dollar drive).

– Le dumping peut également servir des objectifs politiques. Concentré sur quelques pays faibles par une grande puissance économique, il peut aboutir à briser la concurrence des producteurs nationaux de ces pays et à assurer progressivement le contrôle économique du pays. Ce fut la politique menée par l'Allemagne nazie à l'égard des pays danubiens entre 1934 et 1940, en combinaison avec celle du *clearing en déficit systématique.

Formes classiques de dumping

Le dumping dit « de *monopole » : C'est celui pratiqué par une entreprise ou un groupe d'entreprises jouissant d'une situation de monopole dans son pays qui vend à l'étranger l'excédent de sa production à des prix inférieurs à ceux qu'elle pratique sur son propre marché. Sa situation de monopole lui permet, en effet, de fixer les prix intérieurs à un niveau qui couvre les frais globaux de sa production et de pratiquer à l'exportation un prix inférieur au prix de revient unitaire du produit. Cette forme de dumping n'est en réalité qu'un cas extrême de l'adage des exportateurs selon lequel « on n'exporte pas ses frais généraux ». Une illustration en est fournie par la politique menée par le cartel allemand de l'acier qui, avant la Première Guerre mondiale, vendait en Grande-Bretagne son produit à un prix deux fois moindre que celui qu'il pratiquait en Allemagne, faisant ainsi subventionner ses exportations par le consommateur allemand.

On voit cependant que de telles politiques supposent que le marché national soit lui-même protégé pour éviter que le produit vendu cher sur le territoire national ne soit évincé par des produits importés et offerts à un prix normal. Sous sa forme la plus virulente, le dumping de monopole ne peut donc être pratiqué qu'avec la double complicité de l'État (acceptation de la création de la situation de monopole elle-même et protectionnisme contre l'importation de produits concurrents).

Un encouragement à l'exportation : Toute forme de dumping revient donc plus ou moins à un ensemble de mesures mises en œuvre par l'État pour encourager les exportations nationales. Aussi peut-on ou non baptiser mesures de dumping la quasi-totalité des mesures d'aide à l'exportation lorsqu'on en est soi-même victime, car la frontière entre la mesure d'aide et le procédé de dumping est généralement une question de degré. Voici les principales mesures de ce type.

• Les détaxes fiscales, destinées à exonérer le produit de taxes intérieures qui n'auraient pas d'équivalents dans le pays où l'on veut exporter. Cette mesure, parfaitement légitime, peut donner lieu à des manœuvres de dumping lorsque le taux de l'exonération excède la charge différentielle qu'on veut supprimer (*rembours).

• Les remboursements de charges sociales, lorsqu'ils vont au-delà du taux nécessaire à la stricte égalisation des charges effectives supportées dans le pays exportateur et dans le pays importateur.

• Les tarifs préférentiels de transport lorsqu'ils annulent, et au-delà, le handicap de l'éloignement.

• Les dispositions fiscales tendant à alléger indirectement le prix de revient des marchandises destinées à l'exportation (*amortissement accéléré par exemple).

• Les régimes privilégiés d'*assurance-crédit (un certain nombre ne sont que des moyens détournés de subventionner les exportateurs) ; certains régimes d'assurance-prospection, de risque économique ou de change.

• Les conditions de crédits préférentielles pour les opérations d'exportation (taux d'escompte préférentiel pour les effets représentatifs d'exportations, réescompte hors plafond de ces effets ; *voir* BFCE).

• Enfin et surtout, les primes ou subventions pures et simples accordées par l'État aux entreprises exportatrices. Cette dernière forme de dumping avoué a d'ailleurs été progressivement abandonnée par suite des représailles exercées par des pays concurrents et de la vigilance internationale, au profit des formes plus détournées et plus subtiles mentionnées ci-avant.

Formes dérivées de dumping

Le nom de dumping est également donné quelquefois — avec quelque abus de langage — à un ensemble de conditions qui *expliquent* le bas niveau des prix offerts à l'exportation par un pays donné. Mais ces conditions diffèrent du véritable dumping pour deux raisons : elles n'entraînent pas une disparité entre le prix intérieur et le prix offert à l'exportation ; la réunion de ces conditions n'est pas toujours volontaire et le bénéfice qu'en tire le prix à l'exportation est moins l'objectif que la conséquence de cet ensemble de conditions.

L'expression « dumping social » : Elle a été employée pour désigner les avantages de prix qu'un pays exportateur retire de ses coûts de production anormalement bas en raison de son moindre degré d'évolution sociale ou de son moindre niveau de vie. Ce « dumping social » peut tenir soit à la modicité des charges sociales, soit au niveau élevé de la durée du travail, soit au bas niveau des salaires (exemple : Japon).

Le terme de « dumping de change » : Il est employé pour désigner l'avantage qui résulte pour les exportations d'un pays d'une dépréciation de la monnaie de ce pays. On constate en effet généralement qu'une monnaie qui se déprécie sur le marché du change international entraîne une hausse des prix intérieurs moins rapide que cette dépréciation internationale, car les prix des facteurs de production n'ont pas de rapport direct avec les prix étrangers. Cette disparité revient donc à constituer une sorte de prime à l'exportation et un frein aux importations. En réalité, cet avantage est passager pour le pays à monnaie dépréciée, car il lui faut exporter davantage pour obtenir une unité de produit à importer (dont le prix s'est élevé). Ce phénomène est particulièrement grave si la production du pays est tributaire de matières premières importées et qu'il ne dispose pas de stocks importants. De même, et dans la mesure où son économie augmente aussi ses contacts avec l'extérieur, il y a de fortes chances pour que ses agents économiques alignent la hausse des prix intérieurs sur le taux de *dépréciation constaté sur le marché international.
Le « dumping de change » peut donc apporter des troubles temporaires sur le marché international, mais ses conséquences à terme sont au moins aussi graves pour le pays qui en tire le bénéfice apparent. La technique des taux de change multiples (*voir* Change) est une variante de ce « dumping de change ».

Portée des pratiques de dumping

Le dumping a des effets néfastes :

- sur les échanges internationaux dans lesquels il introduit des éléments artificiels et une atmosphère de guerre commerciale qui désorganise le marché ;
- sur le consommateur ou le contribuable qui supportent la charge de la prime à l'exportation ;
- à terme, sur la productivité nationale qui n'est pas réellement confrontée à la concurrence internationale puisque le prix qui la traduit n'est pas sincère ; le danger est que *l'expédient* du dumping donne dans

un premier temps l'illusion du succès grâce à l'accroissement des exportations.
On s'explique aisément qu'en considération de tous ces effets les pratiques du dumping aient été condamnées lors des efforts qui ont été faits pour une réorganisation et un assainissement du commerce international. La *charte de La Havane le définit et le condamne par son article 34. L'Accord général sur les tarifs et le commerce (*GATT) dispose que, à partir du 1er janvier 1958, les pays signataires doivent cesser d'accorder des subventions directes ou indirectes aux exportations. Le traité instituant la *Communauté économique européenne condamne également cette pratique par son article 91.

Duopole

a : *Duopoly* – **d** : *Duopol* – **e** : *Duopolio*

---

*Situation d'un marché sur lequel la *concurrence est imparfaite du côté de l'offre du fait de la présence de deux vendeurs seulement.*

Terme employé seulement dans la théorie économique qui met en évidence l'importance des problèmes de stratégie dans le comportement des entreprises placées dans la situation de duopole (deux vendeurs) ou d'*oligopole (petit nombre de vendeurs).
En effet, la courbe de la demande étant déterminée, chacun des vendeurs ne peut améliorer sa situation en pratiquant une politique de prix plus bas sans provoquer de la part de son concurrent une réaction se traduisant par un rabais égal, qui rétablira leur position relative mais à un niveau de profit moindre ; Joseph Bertrand en a donné la démonstration en 1883. Les vendeurs sont ainsi conduits à mener une politique de quantité en s'efforçant de choisir chacun le niveau d'activité qui leur assure le maximum de bénéfice, compte tenu de la position dans laquelle le concurrent se trouve placé. Ils peuvent l'un et l'autre choisir entre une position de maîtrise ou une position de dépendance : dans cette dernière, le satellite fixe sa production en fonction de celle de l'autre entreprise au niveau lui assurant le profit le plus élevé ; si les deux entreprises se comportent ainsi (duopole dit de Cournot), leurs réactions successives conduiront à une position d'équilibre. Mais il est plus probable que chacun d'eux, aspirant au profit maximum, recherche une situation de maîtrise où il essaiera de déterminer la réaction de son concurrent (duopole dit de Bowley) : les solutions seront nécessairement instables et, si l'élimination de l'un d'eux à cause d'une différence de puissance n'est pas obtenue, c'est à une entente effective ou tacite que doit mener cette situation qui, à terme, se résoudra donc par un *monopole.
Les relations ainsi analysées supposent non seulement une parfaite homogénéité de l'offre et une demande concurrentielle, mais encore une

connaissance complète des conditions d'activité de l'adversaire. Les théories du duopole et de l'oligopole ont cependant le mérite d'attirer l'attention sur des réactions et des comportements que l'on retrouve non seulement sur un marché national déterminé, mais au niveau des relations internationales où les rapports économiques entre États comportent les mêmes tentatives de maîtrise que les situations d'oligopole.

Duopsone

a : *Duopsony* – **d** : *Duopson* – **e** : *Duopsonio*

---

*Situation d'un marché sur lequel la *concurrence est imparfaite du côté de la demande du fait de la présence de deux acheteurs seulement.*

Terme employé seulement dans la théorie économique qui analyse les situations de duopsone et d'*oligopsone (nombre d'acheteurs limité) et démontre par une construction symétrique de celle du *duopole que :

– chacun des deux acheteurs d'un produit homogène ne peut agir par une politique de prix pour accaparer l'offre ;

– chacun d'eux a le choix entre une position de dépendance où il fixera le montant de sa demande en fonction de celle de son concurrent, ou une position de maîtrise où il s'efforcera de faire prendre par son rival la position qui lui est le plus favorable (*voir* Monopsone).

Durabilité

a : *Life span* – **d** : *Lebensdauer* – **e** : *Durabilidad*

---

*Durée de l'aptitude d'un *bien économique à satisfaire le besoin auquel il correspond.*

Ce terme employé par un certain nombre d'économistes correspond en fait à la notion de durée couramment employée, à cela près que la durée est effective et que la durabilité est une faculté de durer. La notion de durabilité (ou de durée) constitue une caractéristique importante pour un bien de production ou de consommation et entre dans les calculs économiques des agents qui ont à l'utiliser.

• C'est ainsi par exemple que, pour les *biens de production,* la durabilité sert de fondement au calcul de l'*amortissement.

– son terme est marqué par la décrépitude ou le caractère inutilisable de ce bien ; très généralement, la durabilité des équipements de base ou des immeubles est évaluée à vingt ans, celle des machines à cinq ou dix ans selon les cas ;

– mais la notion de durabilité des biens de production (notamment industriels) peut être raccourcie par la prise en considération de l'*obsolescence, qui ôte à la machine sa valeur compétitive sans que son usure soit complète.

● Les *biens de production et de consommation* sont traditionnellement subdivisés en biens d'usage instantané (qui disparaissent en même temps qu'ils procurent la satisfaction : pain, denrées alimentaires périssables, tabac ou électricité, carburant...) et biens d'usage durable dont l'utilisation s'échelonne dans le temps (maisons, vêtements, automobiles... ou machines, outils).

● Les *biens de consommation* sont parfois subdivisés en catégories :

– les biens durables dont l'utilisation est égale ou supérieure à trois ans ;

– les biens semi-durables dont l'utilisation est comprise entre six mois et trois ans ;

– les biens périssables dont l'utilisation est inférieure à six mois. Certains économistes intègrent en outre, par convention, les services dans une quatrième catégorie. Mais cette intégration des services dans une rubrique de biens est sujette à controverses.

Durée du travail

a : *Working time* – **d** : *Arbeitsdauer/Arbeitszeit* – **e** : *Jornada de trabajo*

Nombre d'heures de travail calculé sur une base journalière, hebdomadaire, mensuelle ou annuelle.

On distingue généralement trois concepts de durée du travail.

La durée offerte par un établissement : Elle résulte de l'horaire de travail pratiqué par celui-ci et proposé à ses salariés. Elle comprend les heures supplémentaires lorsqu'elles ne sont pas un fait purement individuel mais concernent l'ensemble des salariés, ou une forte proportion de ceux-ci, au sein de l'établissement.

La durée effective : C'est le nombre d'heures effectivement travaillé par un salarié. Elle diffère de la durée « offerte » en lui étant soit supérieure (un salarié peut effectuer davantage d'heures supplémentaires que la majorité des autres salariés de l'établissement), soit, plus généralement, inférieure (absences pour congés, maladie, grève, etc.). En outre, le concept de durée effective peut être appliqué aux non-salariés (artisans, commerçants, agriculteurs, etc.).

Pour les salariés, la durée effective du travail fait l'objet d'une législation spéciale : les heures effectuées au-delà de 39 heures par semaine (« durée légale ») constituent les heures supplémentaires et doivent être rémunérées à des taux majorés.
La « durée maximale par semaine », fixée en 1946 à 60 heures, a été ramenée progressivement à 50 heures (1979). Des dérogations peuvent toutefois être autorisées dans la limite de 60 heures.
En outre, la « durée maximale moyenne sur douze semaines », fixée en 1966 à 54 heures, a été réduite en plusieurs étapes à 46 heures (1980).

La durée rémunérée : En général fixée par les *conventions collectives, elle sert à déterminer la rémunération du salarié. Elle diffère de la durée effective lorsque des heures non travaillées sont néanmoins rémunérées (jours fériés, absences pour maladie, autres absences).

Dynamique

a : *Dynamics* – **d** : *Dynamik* – **e** : *Dinámica*

---

*Ensemble des processus suivant lesquels les *phénomènes économiques s'enchaînent les uns aux autres.*

La dynamique a trait ainsi aux principes fondamentaux des *mécanismes économiques. Elle fait à la fois intervenir les relations causales entre les phénomènes et le temps, qui rend compte des délais de réaction dans leur enchaînement.
La dynamique de l'économie n'est ainsi que le développement logique de son évolution, à travers les déséquilibres qui en sont le moteur.
C'est à analyser cette dynamique que visent les *théories économiques et les *doctrines qui en constituent le substrat philosophique.

Économie politique : L'analyse dynamique, par opposition aux représentations statiques de l'économie, vise à expliciter les relations existant entre les phénomènes économiques décalés dans le temps. La théorie marxiste est fondée ainsi sur une analyse dynamique puisque l'application à l'économie des principes de la causalité dialectique implique la prise en considération des décalages temporels. Du côté des théoriciens libéraux, l'analyse dynamique s'est développée à partir des thèses de l'école suédoise Myrdal (1930), et surtout de la théorie *keynésienne, à l'occasion des recherches sur les mécanismes des *fluctuations.
L'*économétrie s'attache à décrire le fonctionnement de l'économie dans des *modèles qui, de plus en plus, sont fondés sur la prise en compte de relations dynamiques entre les phénomènes. Ainsi, par exemple, dans

les modèles de prévision français, la consommation des ménages pour une année donnée est fonction de leur consommation de l'année antérieure ; de même les investissements annuels des entreprises sont liés à un comportement tendanciel d'autofinancement qui est fonction d'objectifs ou d'*anticipations qui dépassent ce cadre annuel.

Voir Ex ante, ex post.

Écart

a : *Gap* – **d** : *Lücke* – **e** : *Gap*

Différence de grandeur ou de niveau généralement considérée comme un manque ou un retard.

Le langage économique emploie le terme d'écart pour constater un désajustement, généralement regretté. Ce mot français est d'ailleurs le correspondant du mot anglais *gap* qui signifie « trou, brèche, lacune ». *Voir notamment* Dollar gap.
Les deux applications les plus connues du terme sont les suivantes.

L'écart technologique (ou gap technologique)

Dans la confrontation de deux espaces économiques, il mesure le retard constaté de l'un sur l'autre dans l'avancement, la maîtrise et l'application des techniques à la vie économique.

La nation qui bénéficie de l'écart dispose d'un niveau plus avancé dans la recherche et la mise au point des techniques. Celles-ci sont suffisamment maîtrisées pour contribuer dans de bonnes conditions d'efficacité, de fiabilité et de rentabilité à la production de biens et services et à la création de richesses de toutes sortes (produits, outillages, procédés, etc.), les qualités ainsi obtenues permettent une application généralisée de ces techniques qui confèrent à l'économie un avantage de rythme et de rendement. *Voir* Innovation.
Par image, on peut dire qu'un écart technologique considérable a pu séparer des espaces contemporains dont l'un aurait été à l'âge de bronze et l'autre à l'âge de la pierre polie. De même, l'application généralisée des nouvelles techniques de filature et de tissage en Grande-Bretagne au XVIIIe siècle l'a fait bénéficier d'un écart technologique. Aujourd'hui, un écart analogue sépare la France des États-Unis où des techniques de pointe sont très employées (notamment dans l'informatique, l'électronique, la chimie, l'électricité nucléaire, les méthodes de gestion...).

L'écart inflationniste (ou gap inflationniste)

Excédent du volume global de la dépense nationale sur le volume global des disponibilités nationales en biens et services, tel qu'il ressort de prévisions exprimées en valeur.

Compte tenu de la définition traditionnelle et de la nature de l'*inflation (un excédent des *flux monétaires sur les flux réels, ou, en d'autres termes, de la demande globale sur l'offre globale), cet excédent revêt un caractère inflationniste (lorsque le déséquilibre est inverse, on parle en revanche d'un « écart déflationniste »).

Application : La période d'inflation dominante enregistrée en Europe, après 1945, a naturellement poussé les autorités économiques à rechercher les probabilités d'un écart inflationniste et à le mesurer afin de fonder leur politique de traitement de l'inflation et, si possible, de mettre en œuvre une politique préventive. Les efforts ont porté sur la détermination prévisionnelle des deux quantités globales suivantes.
Les *ressources nationales en biens et services,* composées de la valeur des productions intérieures augmentées des importations nettes (ou diminuées des exportations nettes) et de la valeur des services dus à l'État ou au secteur privé.
Les *emplois probables de moyens de paiement,* comprenant la consommation projetée (des ménages et des administrations) et les investissements publics et privés.
L'excédent des emplois projetés probables sur les ressources prévisionnelles est considéré comme *écart* inflationniste.

Incertitude de la mesure et de son utilité pratique :

• A vrai dire, l'évaluation d'un tel écart se heurte à des difficultés presque insurmontables qui tiennent à l'incertitude de prévisions à la fois aussi précises et aussi globales : impossibilité de prévoir la production agricole avec une approximation assez bonne, sujétion des échanges extérieurs à des décisions étrangères concernant le taux de *change, méconnaissance des déséquilibres propres à certains secteurs de l'économie notamment.

• Même si l'on croit être parvenu à l'évaluer, on ne peut en tirer une appréciation ferme sur la force de la tension inflationniste qu'il engendrera ou même une indication sur la probabilité de cette tension. L'effet de l'écart peut être en réalité modifié ou annulé par la propension des ménages à épargner ou à consommer, par les réactions des syndicats, par l'adaptabilité de certains secteurs à des fluctuations de production, par les possibilités d'importer ou d'exporter, par les dispositions boursières, etc.

• La notion d'« écart inflationniste » est donc plus un concept commode et imagé qu'une quantité mesurable. Le serait-elle qu'elle ne pourrait être vraie que de façon instantanée. Elle permet cependant de nommer une tendance dont il est bon de connaître l'existence dans l'économie à un moment donné. Elle peut être invoquée lors d'études sectorielles dans le domaine de la monnaie ou dans celui de la production et des services et, dans cette mesure, peut servir à fonder des politiques dirigées contre certains goulots d'étranglement. Elle est aussi un des moyens — à combiner avec d'autres — d'apprécier la *conjoncture.

Écarts (analyse des)

a : *Analysis of deviation* – **d** : *Abweichungsanalyse* – **e** : *Análisis de desviaciones*

Méthode de gestion consistant à rapprocher systématiquement les résultats constatés d'une part, et les prévisions (budget) ou performances considérées, par convention, comme normales d'autre part.

Les différences, ou écarts, fondent l'appréciation de la gestion générale. Cette méthode est appliquée notamment pour le contrôle de gestion et, notamment, le contrôle des *coûts et des *prix de revient.

Écart type

a : *Standard deviation* – **d** : *Standardabweichung* – **e** : *Desviación estándar*

---

*Indicateur de dispersion égal à la *moyenne quadratique de la série des écarts des valeurs d'un *caractère quantitatif attaché à des individus d'une certaine population statistique par rapport à la moyenne de ce caractère.*

Si x_i désigne la valeur de la $i^{\text{ième}}$ *modalité du caractère étudié et si la *fréquence de ce caractère est f_i, l'écart type des observations vaut :

$$\sigma = \sqrt{\sum_i f_i (x_i - \bar{x})^2},$$

$\bar{x}$ désignant la moyenne arithmétique des observations.

Échantillon

a : *Sample* – **d** : *Stichprobe* – **e** : *Muestra*

Liste d'unités statistiques tirées au hasard dans une certaine population statistique.

La théorie de l'*estimation indique comment déduire des caractéristiques de l'échantillon les caractéristiques de la *population tout entière. La théorie des *sondages permet de déterminer les procédés pratiques de *tirage d'un échantillon permettant de réduire autant que faire se peut à la fois le coût du tirage et de l'enquête, et la *variance des estimations faites à partir de l'échantillon.

La proportion des individus de la population qui appartiennent à l'échantillon s'appelle *taux de sondage.*

Échelle mobile

a : *Sliding wage scale* – **d** : *Gleitende Lohnskala* – **e** : *Escala móvil*

Mécanisme de réglementation des salaires prévoyant leur ajustement automatique au mouvement des prix.

On distingue trois types principaux d'indexation :

- ajustement automatique des salaires à *chaque variation* de l'indice choisi ;
- ajustement des salaires à *périodes fixes* en fonction des variations enregistrées par l'indice choisi ;
- ajustement des salaires dès que l'indice choisi dépasse un *certain seuil,* avec ou sans adjonction d'un rattrapage du retard accusé par les salaires.

L'indice choisi est soit l'indice d'ensemble des prix à la consommation, soit une moyenne de plusieurs indices.
Cette indexation a pour but de préserver le *pouvoir d'achat des salaires. D'aucuns estiment que l'échelle mobile peut constituer également un facteur d'*inflation en alimentant un mécanisme de « spirale » entre les salaires et les prix. Utilisée de façon permanente dans certains pays (Italie, Belgique), à titre exceptionnel dans d'autres (dans le cadre d'expériences de politique des revenus, par exemple), le système de l'échelle mobile a été proscrit en France en 1958 par une ordonnance interdisant l'indexation sur le niveau général des prix. Depuis, le développement de certaines tentatives de concertation en matière salariale a conduit en fait à réintroduire des pratiques d'indexation, notamment dans le cadre des contrats de progrès conclus dans le secteur nationalisé, dans la programmation des rémunérations de la fonction publique, voire dans les conventions salariales du secteur privé sous la forme notamment d'une garantie de croissance du pouvoir d'achat.

Écologie

a : *Ecology* – **d** : *Ökologie* – **e** : *Ecología*

Science des rapports des êtres vivants avec leur milieu ambiant.

On parle souvent d'écologie pour désigner ce qui n'est que l'écologie humaine, c'est-à-dire l'application de cette science aux seuls êtres humains. Longtemps considérée comme une discipline mineure à la rencontre de la biologie et de la *démographie, l'écologie a pris une importance toute particulière à partir de 1970, en raison, d'une part, de la prise de conscience du problème planétaire posé par la croissance *exponentielle de la population mondiale et de la consommation de certaines ressources naturelles, et, d'autre part, sur un plan plus local, de l'attention toute nouvelle portée aux problèmes d'*environnement et de pollution de toute nature. C'est cette dernière raison qui l'emporte d'ailleurs dans l'esprit du grand public pour qui le mot « écologie » est devenu synonyme de protection de la nature et de défense de l'environnement. Les mouvements écologiques nés aux États-Unis vers 1970 et beaucoup plus récemment en France sont ainsi amenés à prendre la défense d'une conception de la vie fondée sur une certaine qualité de celle-ci plus qu'à faire une analyse véritablement écologique des problèmes de la croissance.

Économétrie

a : *Econometrics* – **d** : *Ökonometrie* – **e** : *Econometría*

Application des techniques mathématiques à l'analyse des mécanismes économiques.

Le développement de l'économétrie, à l'époque contemporaine, est directement lié à celui de la *prévision et de la *planification.

S'appuyant sur l'information statistique, coulée dans des cadres conceptuels qui sont souvent ceux de la *comptabilité nationale, l'économétrie a pour objet de mettre en lumière les relations entre les phénomènes économiques : ceux-ci, appréhendés dans leur valeur numérique, constituent des variables. En recherchant des corrélations entre ces variables, l'économétrie vise à décrire des mécanismes formalisés dans des équations. De ce fait, elle est à la base de la construction des *modèles.

Économie concertée

a : *Concerted economic action* – **d** : *Konzertierte Aktion* – **e** : *Economía concertada*

Principe d'organisation des décisions économiques suivant lequel une collaboration permanente entre les représentants de l'État et des entreprises est organisée pour assurer une confrontation des informations et des prévisions et réaliser une prise des décisions en commun.

Cette notion, développée par F. Bloch-Lainé, correspond à un effort pour généraliser dans le régime *capitaliste une pratique de consultations systématiques entre l'État et les entreprises, et lui donner une base doctrinale. Elle viserait à surmonter les contradictions entre les implications logiques du *libéralisme et les nécessités par ailleurs ressenties d'un *dirigisme économique ; elle permettrait de donner une réalité à la *planification souple dans un régime où l'entreprise reste un centre de décision autonome.

En France, la concertation est apparue dans les procédures d'élaboration du Plan, dès l'origine ; elle a été obtenue au sein de commissions groupant représentants des administrations, des entreprises publiques ou privées, des syndicats ; le système des contrats de programme inauguré en 1966 a permis le développement des engagements obtenus des entreprises, notamment sur les *prix ; l'échange d'engagements réciproques s'est aussi concrétisé dans des plans professionnels tels que le plan de la sidérurgie qui a fait l'objet d'une convention signée en juillet 1966.

La pratique de la concertation suppose d'abord un échange d'*informations* sur la situation et les intentions des uns et des autres : elle exige la renonciation au secret des affaires, mais aussi de la part de l'administration plus de clarté dans les objectifs, de compréhension devant les problèmes, moins d'hésitation dans l'emploi des contraintes et des refus, moins d'hétérogénéité dans les positions des divers services. Elle conduit à une concertation des *décisions* elles-mêmes, les pouvoirs publics s'efforçant d'obtenir l'adhésion préalable des entreprises et celles-ci recherchant un accord préalable des pouvoirs publics sur leurs intentions afin qu'un accord s'établisse sur les programmes et les moyens de leur réalisation. Cet accord aboutit à des *quasi-contrats* comportant *incitations générales, mais aussi engagements précis de la part de l'État.

La concertation ne doit pas se limiter aux objectifs de production et d'investissements qui ont été la matière des premiers plans ; elle devrait s'étendre à la définition d'une politique de revenus et comporter participation des représentants des salariés ; elle apparaît ainsi liée à une réforme des relations au sein de l'entreprise, et de ce fait un doute est exprimé par certains sur la possibilité d'en appliquer avec cohérence les principes dans une économie capitaliste, où la propriété entraîne exercice du pouvoir de décision, et où la majeure partie des moyens de production relève de la propriété privée.

L'économie concertée est l'ébauche incertaine et imparfaite d'une économie contractuelle. Elle permet de donner une définition commune à des expériences variées que l'on retrouve aujourd'hui dans tous les pays qui s'affirment attachés aux principes du libéralisme, mais connaissent le même développement d'une collaboration entre l'État et les entreprises. Elle peut fournir la base d'une politique commune à moyen terme, c'est-à-dire d'une planification, dans la Communauté européenne, par

développement des procédures de concertation dans l'harmonisation des politiques nationales, par dépassement des oppositions doctrinales qui portent sur l'aspect contraignant et autoritaire de la planification.
La notion d'économie concertée, utilisée dans les pays libéraux, a une portée générale qui en fait également un thème d'actualité dans les pays à régime collectiviste : dans ceux-ci, en effet, le rétablissement des fonctions du marché et de la responsabilité dans la gestion des entreprises exige l'organisation d'un système de relations avec l'État où les techniques de l'économie concertée doivent permettre une décentralisation effective de la décision dans le respect du *Plan.

Économie de l'offre (théorie de l') ou Supply Economy

a : *Supply-side economics* – **d** : *Angebotsorientierte Wirtschaftstheorie* – **e** : *Teoría económica orientada hacía la oferta*

---

*Théorie qui, par opposition à la théorie *keynésienne, privilégie l'*offre en tant que facteur de croissance.*

Cette théorie s'inscrit dans les courants de pensée du *libéralisme. Elle donne la priorité, dans la recherche de la régulation, au jeu de l'économie de marché, en marquant sa défiance à l'égard de l'*interventionnisme et du *dirigisme.

Économie politique

Voir Science économique.

Écu

a : *European Currency Unit (ECU)* – **d** : *Europäische Währungseinheit (EWE/ECU)* – **e** : *Unidad Monetaria Europea (ECU)*

Unité monétaire européenne.

• L'écu est le nom d'une ancienne monnaie d'or (ou d'argent) employée, en France et dans plusieurs autres pays, à l'époque de la circulation métallique ; il est resté celui des monnaies portugaise et chilienne, l'« escudo ». Son utilisation pour désigner l'unité placée au centre du *SME quand celui-ci a été créé a résulté d'un jeu de mots ; s'il s'agit en français d'un nom commun, il peut en anglais apparaître comme un sigle dérivé de European Currency Unit (Unité monétaire européenne).

Jusqu'au jour où sera accomplie l'* Union économique et monétaire (UEM), l'écu est défini comme un panier de monnaies. Lors de sa création, en mars 1979, sa composition a été déterminée de façon à coïncider avec celle de l'* UCE : elle a été révisée à deux reprises conformément aux accords instituant le SME. Depuis le 21 septembre 1989, un écu est égal à la somme des quantités de chacune des monnaies communautaires reprise dans la première colonne du tableau ci-dessous. A partir des taux de change constatés sur les marchés, il est possible d'en déduire le poids dans l'écu de chacune des monnaies qui le composent ; la deuxième colonne du tableau présente la pondération depuis 1993.

Devise	**Quantité d'unité nationale dans un écu** [1]	**Poids dans l'écu** [2]
Mark allemand	0,6242	32,02
Franc français	1,332	20,37
Livre Sterling	0,08784	11,16
Florin (Pays-Bas)	0,2198	10,01
Franc belge/Luxembourg	3,431	8,53
Lire italienne	151,8	8,47
Peseta espagnole	6,885	4,46
Couronne danoise	0,1976	2,66
Livre irlandaise	0,008552	1,06
Escudo portugais	1,393	0,72
Drachme grecque	1,440	0,54

1. Depuis le 21.09.89
2. Au 15.05.93

Comme la valeur d'une monnaie ne peut s'exprimer que par rapport à une autre monnaie (or, ou devise), cela veut dire que si, par exemple, l'on prend la référence au dollar US, un écu = 0,6242 mark en dollars, + 0,08784 livre sterling en dollars, + 1,332 franc français en dollars, +... au terme de laquelle addition on trouvera pour un jour donné la valeur de l'écu en dollars.

Le Traité de Maastricht prévoit que la composition de l'écu sera maintenue inchangée à compter du 1er janvier 1994, date fixée pour le début de la deuxième phase de réalisation de l'Union économique et monétaire, et que les taux pivots en écus des monnaies participantes seront fixés définitivement le jour où entrera en plein effet l'union monétaire elle-même.

Quand l'* UEM sera réalisée, l'écu cessera d'être un panier de devises nationales : il deviendra une monnaie à part entière directement émise par la Banque centrale européenne mais il sera désormais l'* Euro. Expressément destiné à remplir des fonctions monétaires intégrales, l'écu joue pour l'instant un rôle qui, pour être plus limité, n'en est pas moins essentiel.

• C'est en écus que sont fixés les taux pivots des monnaies des pays membres ; et l'indicateur de divergence est mesuré par l'évolution du cours de chaque monnaie par rapport à l'écu.

• Les opérations de soutien et de crédit entrant dans le cadre des mécanismes du SME sont comptabilisées en écus.

• La création d'écus par le * Fonds européen de coopération monétaire permet leur utilisation dans les règlements entre banques centrales des pays membres. Ces dernières sont en effet tenues d'apporter au Fonds, sous forme de * swaps, 20 % de leurs réserves d'or et de dollars ; les écus qu'elles reçoivent en contrepartie peuvent être utilisés pour le règlement de leurs interventions sur le marché des changes destinées à défendre la grille des parités.

• Les institutions communautaires utilisent l'écu comme unité de compte pour l'ensemble de leurs opérations (budget, prix agricoles...) et dans une moindre mesure comme moyen de règlement pour leurs dépenses.

• A côté de l'écu officiel, ainsi utilisé par les banques centrales et les institutions de la Communauté, l'écu privé s'est développé sur les marchés internationaux de capitaux. La création par les banques d'un système de compensation, qui fonctionne depuis 1982, puis la reconnaissance juridique par les États membres de la Communauté ont contribué à cet essor. Coté sur les principaux marchés des changes, l'écu est largement utilisé comme instrument financier, tant pour les crédits bancaires que pour les émissions de titres de dette. Pour encourager ce mouvement, suivant l'exemple des institutions communautaires elles-mêmes, plusieurs gouvernements ont lancé des programmes d'émissions régulières d'emprunts en écus. L'absence jusqu'à l'accomplissement de l'UEM d'un institut d'émission et les limites qui subsistent à son utilisation comme moyen de paiement restreignent cependant le rôle de l'écu dans les opérations commerciales, même si certains grands * groupes dont les établissements sont répartis dans plusieurs pays de la Communauté s'en servent pour leur facturation interne.

Voir Euro.

EFAC (comptes)

Sigle correspondant à l'expression : Exportations-frais accessoires. Compte en devises ou en francs convertibles auquel les exportateurs ont le droit de conserver, avant cession du produit de leurs exportations sur le marché des changes, un certain pourcentage du montant de leurs recettes en devises.

En régime de contrôle des changes et de rapatriement obligatoire du produit des exportations, le régime des comptes EFAC est un des instruments de l'aide à l'*exportation.
En France, créé en avril 1948 par l'avis n° 318 de l'Office des changes, il avait pour but d'encourager les producteurs et négociants français à exporter et d'accroître ainsi les avoirs nationaux en devises, notamment en dollars. *Voir* Dollar gap.

Principe et mécanisme : Un exportateur qui a livré sa marchandise à l'étranger en reçoit à sa banque le règlement en devises émanant de l'acheteur étranger. Il doit alors normalement convertir cette recette en francs par une opération de change. La procédure EFAC lui permet de précompter un pourcentage de ces recettes qu'il affecte à un compte EFAC ouvert chez son banquier et de conserver ces *devises sans avoir à les convertir en francs : ces « devises EFAC » lui permettront de payer des frais accessoires à ses opérations commerciales (commission, frais de publicité, voyages d'affaires...) ou d'effectuer des importations de matières premières ou d'outillage, ou encore d'investir à l'étranger. Il a ainsi à sa disposition des devises qu'il peut utiliser avec une certaine liberté, et d'autant plus qu'il a exporté davantage.
La procédure des comptes EFAC a été supprimée par l'avis n° 788 de l'Office des changes du 8 janvier 1966. Les comptes, qui n'étaient plus alimentés après cette date, ont été successivement clos, les derniers au 1er avril 1967.

Effet de commerce

a : *Commercial paper* – **d** : *Handelspapier* – **e** : *Efecto de comercio*

Écrit négociable constatant une créance d'un montant déterminé et payable immédiatement ou à court terme.

L'effet de commerce répond au besoin, pour les agents économiques, de transférer de manière rapide et sûre des créances et des dettes sans manipulation matérielle de fonds. L'engagement de payer inclus dans l'effet étant sanctionné par la loi, il rend le paiement très probable et l'effet peut être considéré comme un instrument de paiement. Dans la mesure où l'effet matérialise une créance, il peut être accepté comme garantie par un tiers et constitue donc pour son détenteur une possibilité d'obtenir du crédit, pour le prêteur un moyen de mobiliser sa créance.

Caractères

L'effet est un *titre* matérialisant une créance par un billet écrit (on l'appelle aussi « papier » dans le langage commercial et bancaire).
Il est *négociable,* c'est-à-dire transmissible par des procédés simples (*endossement) de son détenteur à des tiers.
Constatant une créance, il ouvre à son détenteur le droit à être payé par le souscripteur.
Il porte sur un *montant déterminé* exprimé en monnaie courante et sa valeur est donc précise.
Le montant de la créance est payable *immédiatement ou à court terme :* le détenteur d'effet peut convertir son papier en argent immédiatement (chèque) ou dans un délai qui excède rarement l'année et est généralement de 3 mois (« papier » à 90 jours).

Formes

Les effets de commerce qui répondent strictement à la définition ci-dessus sont la **lettre de change,* le **billet à ordre,* le **chèque* et le **warrant.*
D'autres « papiers » sont parfois compris dans les effets de commerce, mais n'en sont pas en fait. Ils ne portent en effet pas toujours sur une valeur certaine en monnaie : le *connaissement, les récépissés de magasins généraux ou de voituriers, les valeurs mobilières.
L'importance des effets de commerce dans les opérations de crédit et notamment d'**escompte* conduit les banques à en distinguer un certain nombre de catégories selon les opérations auxquelles ils sont liés et les garanties qu'ils présentent. Ces **papiers* sont généralement rangés sous les rubriques suivantes.

Le papier commercial pur : Il a trait à une opération de livraison de marchandises ou de fournitures. Il est tiré au moment de la livraison. Son échéance coïncide avec l'échéance du crédit consenti par le fournisseur. Son montant est tel qu'il puisse être payé sur les ressources ordinaires de l'entreprise. Le papier qui ne satisfait que partiellement à ces conditions est parfois appelé « paracommercial » ou « quasi commercial ».

Le papier financier ou de crédit : Il n'est pas la contrepartie d'une opération sur marchandise, mais représente simplement un crédit consenti temporairement par un banquier à son client. Le banquier fait alors signer au client un effet du montant du *découvert qu'il lui a consenti (*mobilisation du découvert).

Le papier de consommation : Il est tiré par un commerçant sur un consommateur (effets des ventes à *tempérament, par exemple).

Le papier de *filiale (ou de famille) : Il lie deux entreprises d'un même groupe et n'offre donc parfois qu'une division des risques illusoire.

Les papiers douteux : Ils sont de plusieurs types. 1) Papier de complaisance (ou « creux ») qui ne repose pas sur une opération effective et n'a pour but que de procurer des crédits. 2) Papier de relais d'escompte, fruit d'une multiplication volontaire des effets recouvrant une seule opération. 3) « Papier de cavalerie » qui se présente sous l'aspect d'un effet de commerce, mais dont le tiré est imaginaire...

Utilité de l'effet de commerce

Si l'on définit la *monnaie de manière très générale comme un bien d'échange généralement accepté et dont les fonctions essentielles sont la mesure des valeurs et la fonction de réserve de valeur (la monnaie contient un potentiel convertible en divers biens réels), les effets de commerce ont des *caractères communs avec la monnaie.* En effet, leur caractère *fiduciaire* ne les distingue pas de la monnaie moderne. Et, par leur montant déterminé, ils mesurent les biens qu'ils peuvent servir à acquérir. Ils représentent enfin un pouvoir d'achat ou de crédit qui est une réserve de valeur. Cela conduit certains commentateurs à assimiler les effets à la monnaie... En fait, ils sont principalement des *moyens de règlement, de crédit et de mobilisation* et, à ces titres :

• Instruments de règlement, ils doivent être néanmoins acceptés par un *groupe d'agents économiques déterminé :* commerçants et banquiers (donc avec un moindre degré de généralité que la monnaie) ; leur valeur dépend essentiellement du crédit que l'on accorde à celui qui l'a signé.

• Les effets *mesurent la valeur,* comme la monnaie, mais *de façon médiate,* puisqu'ils sont exprimés en unités monétaires, seuls instruments de mesure directe de la valeur.

• Ils sont transmissibles sous deux conditions : 1) d'être acceptés (sauf certaines dispositions légales pour le *chèque ; 2) de désigner le bénéficiaire (sauf pour le chèque au porteur) ; l'effet est donc un *mode de règlement conditionnel* (*acceptation, provision) et à échéance. Le fait que son détenteur puisse le négocier néanmoins immédiatement, sous réserve d'un paiement de l'*escompte, en fait un instrument de *mobilisation.*

• Enfin, et surtout, toute la valeur de l'effet, représentatif de *créance, repose sur la confiance (le crédit) que ses utilisateurs se font les uns aux autres. Dans cette mesure, il est essentiellement un instrument de **crédit.*

Effets de première, de deuxième catégorie

Dans l'application de la procédure d'*adjudication d'effets par la Banque de France pour le *refinancement du système bancaire, cette distinction d'effets par « catégories » s'analyse comme suit :

Les effets de première catégorie : Ce sont les *bons du Trésor gérés en compte courant ; les bons ou *obligations à moyen terme du Crédit national, du Crédit foncier, de la BFCE ; les effets de mobilisation de prêts à moyen terme ; les effets représentatifs de crédits à court terme ayant reçu l'*accord préalable de réescompte de la Banque de France (trésorerie mobilisable, *crédits de campagne garantis par l'*Office national interprofessionnel des céréales, crédits de stockage par *warrant).

Les effets de deuxième catégorie : Ce sont les effets commerciaux mobilisables liés à l'*escompte commercial ; les effets de *crédit de mobilisation de créances commerciales ; les effets de mobilisation correspondant au financement des ventes à *tempérament.

Élasticité

a : *Elasticity* – **d** : *Elastizität* – **e** : *Elasticidad*

---

*Rapport du pourcentage de la variation d'une *variable y par rapport au pourcentage de la variation d'une variable x.*

Si l'on énonce, par exemple, que l'élasticité des importations par rapport à la production est de 2, cela signifie qu'à une augmentation de la production de 5 % correspond un accroissement des importations de 10 %. Mathématiquement, si on appelle dy la variation algébrique de la grandeur y, et dx la variation algébrique de la grandeur x, le coefficient d'élasticité est donné par la formule :

$$e = \frac{\frac{dy}{y}}{\frac{dx}{x}} = \frac{dy}{y} \times \frac{x}{dx} \text{ ou } \frac{dy}{dx} : \frac{y}{x}.$$

Cette dernière expression montre que si $y = f(x)$, l'élasticité est le rapport de la valeur marginale d'une fonction à sa valeur moyenne.
L'analyse économique, et plus précisément l'économétrie, font naturellement une grande place à la notion d'élasticité, utilisée notamment pour caractériser les comportements par rapport aux prix et aux revenus. Les projections économiques (*prévisions à court terme, *programmation à moyen terme) sont fondées sur l'utilisation d'élasticités variables selon l'*horizon considéré.
Les élasticités les plus couramment utilisées sont celles de l'offre par rapport à la demande, du commerce extérieur par rapport aux prix, des importations par rapport à la production, de la consommation par rapport au revenu.

Émission

a : *Issue* – **d** : *Emission* – **e** : *Emisión*

Fait de créer et de mettre en circulation, notamment, de la monnaie.

En économie, le terme d'émission est pratiquement réservé à la création et à la mise en circulation de moyens de paiement ou de documents représentatifs de financement, que ce soit par un particulier (émission de *chèques, d'*effets) ou par un organisme économique ou financier (émission de *titres par une entreprise, émission de *monnaie par les banques ou la banque centrale, etc.). Plus spécialement, l'émission désigne la création de monnaie par le système bancaire et les institutions financières, principalement la *banque centrale,* le *Trésor public* et les *banques.*

L'émission par la *banque centrale

L'émission de billets, *privilège* traditionnel de la banque centrale (« privilège d'émission »), est soumise à des règles ou à des principes qui ont évolué avec le temps.

Au XIXe siècle et jusqu'au milieu du XXe : L'émission de papier-monnaie par la banque centrale a été soumise à certaines règles automatiques ayant donné lieu elles-mêmes à de retentissantes controverses.
La plus connue est celle qui a opposé, au XIXe siècle, la *banking school et la *currency school en Angleterre. Selon la première, les banques ont pour mission de répondre à la demande de moyens de paiement, laquelle est déterminée par une loi automatique (autorégulation). Selon la seconde, la capacité d'émission de la banque centrale est modulée sur le montant de métal-étalon détenu dans le pays, mais est appréciée par l'État. Ces deux écoles, l'une mécaniste, l'autre plus volontariste, s'inscrivaient dans un régime d'étalon métallique qui, de toute manière, réduisait l'émission de papier-monnaie à trois opérations principales : 1) la remise de billets contre du métal-étalon ; 2) le *réescompte d'effets détenus par les banques ; 3) les opérations d'*open market.
Les régimes établis ensuite ont donné lieu à des variantes rapportant la capacité globale de création de monnaie de l'institut d'émission soit à un *découvert* maximum des billets par rapport à l'encaisse métallique (*voir* Currency and Bank Notes Act), soit à un système de *plafond* d'émission fixé par l'État (système français, *voir* Franc), soit à la *proportion de réserve métallique* détenue par le pays (France après 1928).

Depuis l'abandon de la *convertibilité en or des monnaies : L'émission s'est trouvée désolidarisée de l'encaisse métallique, considérée maintenant comme une réserve de monnaie internationale.
L'émission de monnaie obéit en effet à d'autres critères : la confrontation entre la *masse monétaire et les *flux réels dans l'économie, ou la capacité

de production de celle-ci ; le niveau désiré de l'*emploi et l'appréciation de la *conjoncture par les autorités économiques et financières ; les besoins financiers de l'État.
D'une manière générale, la **banque centrale* a pour rôle principal de répondre à la demande de monnaie des agents économiques, notamment en tenant la place d'élément central de transfert et d'échange entre les principaux circuits financiers : celui des porteurs de billets, celui du Trésor public, celui des banques de dépôts et celui des transactions internationales. *Voir* Banque de France *et* Banque d'Angleterre (leurs activités).
La banque centrale répond aux demandes de monnaie provenant de divers agents : les *particuliers* ou les *institutions* à qui elle achète des devises étrangères, ou à qui elle consent des concours directs ; certains *organismes financiers* ne pouvant créer eux-mêmes de la monnaie (financement des ventes à *tempérament, *réescompte spécifique de certains prêts mobilisables seulement auprès d'elle) ; l'*État* et le *Trésor public,* sous forme d'avances (*voir* Banque de France).

L'émission par le *Trésor public

Le Trésor public, qui est le gestionnaire financier de l'ensemble des dépenses, recettes et opérations financières publiques, ne borne pas son activité à ces tâches de fonctionnement. Il *émet* de la monnaie dans deux cas principaux :
– en frappant des *monnaies divisionnaires* (pièces de monnaie) fabriquées par l'administration des monnaies et médailles et prises en compte à l'actif du bilan de la Banque de France ;
– en créant de la *monnaie scripturale* à partir des dépôts qu'il gère au moyen de ses établissements (comptables du Trésor, comptes chèques postaux, établissements publics). Il se conduit alors comme une banque de dépôts.

L'émission par les *banques de dépôts

• La somme des *dépôts à vue consignés dans les banques constitue un potentiel de création de *monnaie scripturale.* Celle-ci est créée lorsque les dépôts sont *mobilisés* par l'émission de chèques ou par l'octroi de *prêts par la banque. Le schéma de cette création est le suivant : sur un dépôt de 100 F, et sous condition d'une réserve obligatoire de 20 F par la banque (pour faire face à des éventualités de retrait), les 80 F restants peuvent être mobilisés en prêts (par la banque) ou en chèques (par les déposants). La masse de monnaie en circulation est alors de 100 + 80 = 180 F, soit une création de monnaie de 80 F. Cette monnaie ainsi créée peut donner lieu à son tour à la création d'autres dépôts, eux-mêmes producteurs de nouvelle émission de monnaie (au total, théoriquement 500 d'émission pour un dépôt initial de 100).
• Le jeu combiné de ces diverses facultés conduit les banques à observer des **ratios* de trésorerie (rapport entre le montant des dépôts

créés et le montant de monnaie légale détenu) et de *liquidité (rapport entre les dépôts et les créances figurant à l'actif du bilan). Aussi la création de monnaie par la banque de dépôts est-elle fonction de la marge de sécurité qui résulte, dans le rapport entre ses exigibilités et ses créances, de la moyenne statistique des retraits par les particuliers et des habitudes de paiements et de crédit des agents économiques. Elle est également fonction des capacités de *compensation des créances et dettes — sans création de monnaie — avec les autres banques, et des facultés de *refinancement qu'elle trouve auprès de la banque centrale (réescompte, *open market...).

• La prise en compte de l'ensemble de ces facteurs (de même que le retour d'une partie de la monnaie scripturale créée à la forme monnaie-billets) réduit naturellement le montant du « multiplicateur de dépôts » tel qu'il ressort de la présentation schématique ci-avant (où il est égal à 5). C'est, en fait, l'évolution de la *masse monétaire, confrontée à celle des indicateurs économiques, qui caractérise la situation conjoncturelle et structurelle de l'espace monétaire considéré.

Emploi

a : *Employment* – **d** : *Beschäftigung* – **e** : *Empleo*

---

1. Exercice d'une activité économique.
2. Corollairement : Poste de travail.
3. Par extension : Situation globale de l'activité dans un territoire et pour une période donnée.

Si les deux premières acceptions n'appellent pas de commentaire particulier, la troisième, qui correspond à l'usage du terme au plan *macro-économique, justifie quelques développements. L'emploi, en ce sens, désigne l'activité globale, qui est la composante des effectifs occupés et de la durée du travail effective.
Dans toutes les économies modernes, qu'elles soient développées ou non, la situation et l'évolution de l'emploi constituent des préoccupations fondamentales.

• Au plan des *individus,* les problèmes de l'emploi sont principalement les suivants :

Le droit au travail d'abord : Reconnu dans de nombreuses constitutions, sa concrétisation dépend en fait de la mise en œuvre de procédures diverses : organisation de l'enseignement, de l'orientation et de la formation professionnelles, aménagement du marché du travail (rapprochement des offres et des demandes d'emploi).

La sécurité de l'emploi : Celle-ci est assurée de façon diverse et plus ou moins étendue selon les pays. Y contribuent notamment la réglementation du licenciement, légale ou conventionnelle, les accords de garantie contenus dans les conventions collectives (dans les pays anglo-saxons, par exemple) ; lorsque la sécurité de l'emploi n'est pas effectivement garantie, des compensations sont recherchées dans les procédures de reconversion ou de formation professionnelle accélérée, ainsi que les mécanismes de *Sécurité sociale (allocations de chômage, garanties de revenus) ;

La *durée du travail : Sous le double aspect de la durée hebdomadaire et de l'âge de la retraite ; problèmes généralement traités de façon légale ou dans le cadre des conventions collectives ;

Les conditions de travail : En général, en dehors de la rémunération, elles s'étendent à des éléments aussi divers et importants que le régime des cadences, les compléments sociaux au salaire, les conditions de sécurité..., toutes questions qui, comme les autres, font l'objet de prescriptions légales, ou sont plus souvent le résultat de conventions conclues dans le cadre des négociations, fréquemment à l'occasion de conflits, eux-mêmes objet de réglementation.

• Au plan de la *collectivité,* et au niveau des autorités politiques investies des responsabilités du pouvoir, s'ajoute à ces préoccupations particulières celle, plus générale, du niveau de l'emploi. Le plein emploi est à cet égard l'ambition affirmée, au moins en principe, de tous les *systèmes et régimes dont la confrontation porte précisément sur leur capacité effective de le réaliser. Il est de fait que, *dans les pays socialistes,* la *planification centralisée a pu conduire généralement à le réaliser, parfois au détriment de la *productivité. L'évolution vers une planification plus souple et à caractère indicatif, avec déconcentration ou décentralisation des pouvoirs, ne va pas sans poser à cet égard des problèmes du côté de l'emploi, dans les pays à forte démographie. *Dans les sociétés capitalistes,* l'intervention de l'État dans l'économie, par la régulation conjoncturelle et de plus en plus par une certaine planification, s'efforce d'empêcher de fortes fluctuations et tend à développer le niveau de l'activité ; cependant le plein emploi est rarement assuré, sauf conditions démographiques particulières. Si le problème est souvent dramatique dans les pays sous-développés, il est loin d'être secondaire dans les États industrialisés. Dans certains même, comme aux États-Unis, la substitution à l'objectif de plein emploi de celui, plus modeste, de « haut emploi », correspondant en fait à un niveau de chômage encore élevé (4 % de la population active), semble indiquer comme une sorte de renoncement.
En dehors des diverses procédures destinées à favoriser une meilleure adaptation de l'offre et de la demande de travail (formation et mobilité professionnelles, aménagement du territoire...), la recherche du plein emploi ou, à défaut, du développement de l'emploi passe toujours par celle de la *croissance. Celle-ci doit être d'autant plus forte que

l'évolution des structures économiques (concentration) ou du progrès technique (automatisation) est génératrice d'une rationalisation qui peut être, au moins à court terme, préjudiciable à l'emploi. A défaut d'une accélération de la croissance, on est alors conduit à envisager le développement des mécanismes de redistribution des revenus pour garantir aux victimes du *chômage « structurel » un minimum de ressources. C'est là un des dilemmes principaux auxquels sont confrontés les États capitalistes développés.

Emplois

a : *Employment* – **d** : *Verwendung* – **e** : *Empleos*

---

*Comptabilité nationale : Utilisation des *ressources en biens et services.*

La comptabilité nationale distingue deux catégories d'emplois : les emplois *intermédiaires* (ou *consommation intermédiaire) qui concernent les biens et services qui disparaissent au cours du processus de production ; les *emplois finals,* qui correspondent aux diverses affectations de la demande finale : *consommation finale, formation brute de *capital fixe, variation de *stocks, *exportations de biens et services.

Emprunt

a : *Loan* – **d** : *Anleihe/Darlehen* – **e** : *Empréstito/Préstamo*

Contrat par lequel une personne obtient, à titre temporaire, l'usage d'une chose ou la disposition d'une somme d'argent.

C'est la contrepartie d'un *prêt, vue par celui qui en est le bénéficiaire ; s'il s'agit d'une somme d'argent, il résulte de l'octroi d'un *crédit ; l'engagement de restituer ou de rembourser constitue une *dette ; les emprunts non remboursés s'inscrivent au passif des bilans, selon un classement correspondant à la durée du crédit obtenu. Appliqué à l'objet du contrat et à la créance qui en résulte pour le prêteur, le terme d'emprunt est généralement réservé aux *obligations émises par les collectivités publiques. Si la dégradation du pouvoir d'achat de la monnaie allège pour l'emprunteur la charge réelle de la dette constante en valeur nominale et le fait bénéficier d'une rente d'inflation, l'*indexation des emprunts est devenue pour le prêteur un moyen d'échapper aux conséquences pour lui défavorables de cette évolution.
Le recours à l'emprunt constitue *un mode de financement :* c'est sur l'ampleur de son utilisation plus que sur sa légitimité que l'on s'interroge aujourd'hui.

• Pour l'État, la controverse est traditionnelle : hormis les situations de crise — telles les guerres —, le financement des dépenses publiques par l'emprunt n'apparaît normal que s'il s'agit d'étaler sur plusieurs années la charge imposée aux contribuables, c'est-à-dire dans le cas d'équipements susceptibles de produire des revenus ou de fournir des services durant la période de temps correspondant à l'*amortissement des emprunts contractés pour leur réalisation. Mais l'État emprunte aujourd'hui au profit d'autres agents auxquels il prête à son tour, utilisant ainsi à leur profit son propre crédit et les possibilités que lui donne son statut de transformer dans les meilleures conditions de sécurité pour les prêteurs des ressources à court terme en financement à long terme. La distinction du *déficit budgétaire et du *découvert de la loi de finances (ou *impasse) rend mieux compte de la place de l'emprunt.

• Pour le financement des investissements des **entreprises,* le problème a été étudié plus récemment en raison des charges fixes que le recours à l'emprunt fait apparaître dans le compte d'*exploitation et des rigidités que cela peut introduire dans un régime d'investissement continu. Aussi dans le financement des *investissements est-il souvent estimé nécessaire de limiter le recours à l'emprunt et de faire appel aux ressources propres provenant soit de l'*autofinancement, soit de l'augmentation du capital par apport d'argent frais : la limitation pratique des marges d'autofinancement est fréquemment estimée par les entreprises françaises comme de nature à les placer dans une position défavorable par rapport aux entreprises étrangères ; la limitation des tarifs des services publics joue plus sévèrement encore à l'égard des entreprises nationales où les dotations de l'État tiennent lieu d'augmentation du capital.

• L'ampleur des programmes d'investissement mis à la charge des *collectivités locales* pose aujourd'hui à celles-ci des problèmes du même ordre : si le recours à l'emprunt n'est pas contesté, l'accumulation des charges annuelles résultant du service de l'emprunt risque de peser lourdement sur les budgets ultérieurs et les calculs faits en ce sens à l'occasion de la préparation des Plans français conduisent à préconiser une part d'autofinancement réalisée par la voie de la fiscalité locale.

• L'emprunt en tant que moyen de financement de leur développement présente pour les « *pays en voie de développement* » les mêmes conséquences du point de vue de leur *balance des paiements.

• Enfin, le recours croissant des *particuliers* à l'emprunt pour le financement de leurs investissements (logement), l'achat de biens semi-durables et même la consommation courante est caractéristique de la civilisation moderne : la réglementation de la marge d'autofinancement exigée lors de l'octroi de crédits à la consommation et la fixation des conditions de ce crédit constituent pour les autorités monétaires un moyen d'agir sur la demande globale ou sur celle de certains biens.

Voir Tempérament.

Encadrement (du crédit)

a : *Credit restrictions* – **d** : *Kreditrestriktionen* – **e** : *Restricciones de crédito*

---

*Ensemble des mesures limitatives imposées par la *Banque de France à l'ensemble des banques et des établissements financiers pour maîtriser la progression des crédits que ceux-ci accordent.*

Deux types d'encadrement du crédit sont utilisés, successivement et concurremment : le premier consiste à imposer aux banques de constituer des réserves obligatoires non rémunérées auprès de la Banque de France (ou banque centrale) chaque fois qu'elles accordent un crédit supplémentaire ; le second consiste à fixer des limites quantitatives précises aux *encours de crédits accordés par les banques, au-delà desquelles elles sont passibles de pénalités (notamment réserves obligatoires auprès de la Banque de France non productives d'intérêt).

Encaisse

a : *Cash in hand* – **d** : *Kassenbestand* – **e** : *Encaje*

---

*Quantité de monnaie détenue « en *caisse », c'est-à-dire sous forme de *liquidités prêtes à être utilisées, mais momentanément inemployées.*

Un agent économique (individu, entreprise ou institution) a besoin de conserver une certaine partie de ses actifs en liquidités pour assurer au moins le règlement des opérations courantes qu'il effectue, sans préjudice d'autres considérations de précaution ou de spéculation, variables avec la conjoncture et les anticipations des agents. Ces encaisses, à l'origine uniquement constituées d'espèces (pièces et billets) et de métaux précieux, incluent aujourd'hui également les valeurs immédiatement disponibles telles que les *dépôts bancaires.

La notion d'*encaisse désirée* a été mise en évidence pour la première fois par l'économiste suisse Walras (à la fin du XIXe siècle) et définie ainsi par lui : « Le montant de tout ou partie des produits consommables et du revenu net perpétuel que les échangeurs veulent acheter et dont ils désirent avoir par-devers eux la représentation en monnaie de circulation et d'épargne. »

• Traditionnellement, les économistes distinguent, sous l'angle de la finalité des encaisses :

– les *encaisses de transaction* (ou encaisses de *trésorerie) destinées à permettre la réalisation des opérations courantes réglées en monnaie ;

– les *encaisses de précaution,* pour faire face aux risques imprévus de dépenses ou de pertes ;

– les *encaisses de *spéculation,* liées à l'opinion du sujet économique sur la valeur (jugée par lui avantageuse à l'avenir) des encaisses qu'il détient. (Les encaisses de précaution et de spéculation traduisent le phénomène de *thésaurisation.)

Parmi ces diverses catégories, *les encaisses sont dites « oisives »* lorsque leur utilisation effective est très tardive ou douteuse, compte tenu des conditions auxquelles elle est subordonnée (précaution, spéculation). Ce n'est pas le cas des encaisses de transaction ou trésorerie, dans la mesure où leur montant n'excède pas de façon permanente les besoins de règlement. Sont également oisives les *encaisses d'inertie* dues au défaut de dynamisme monétaire de certains agents économiques et les *encaisses forcées ou non désirées,* qui proviennent d'un blocage momentané des circuits économiques rendant impossibles certaines dépenses (période de guerre, de grande pénurie de biens de consommation, etc.).

• Pour une banque, la notion d'encaisse recouvre la trésorerie et les dépôts obligatoires conservés par elle auprès de la banque centrale (*réserves).

Pour la banque centrale, l'encaisse peut également être analysée à la fois comme une encaisse de transaction et une encaisse de précaution. En effet, les « transactions » entre l'économie nationale et les économies des partenaires sont particulièrement importantes et sujettes à des fluctuations considérables et largement imprévisibles (crises de confiance dans la monnaie, retournements de conjoncture, crises économiques...). Dans cette mesure, le terme d'« encaisse » est souvent employé pour désigner l'ensemble des « avoirs en or et en devises » qui constitue la première rubrique de l'actif du bilan de la *Banque de France.

En France, le montant des encaisses « nécessaires aux règlements » (encaisses de transaction) peut être évalué dans les années 80 à 70-75 % de la *masse monétaire globale, les encaisses thésaurisées étant de l'ordre de 25 à 30 %.

Encours

Voir Monnaie.

Encours (de crédit)

a : *Outstanding credits* – **d** : *Beanspruchtes Kreditvolumen* – **e** : *En curso crédito*

Montant global, à un moment donné, des crédits de toute nature enregistrés par une personne déterminée.

Lorsqu'il s'agit d'une entreprise ou d'une personne emprunteuse, l'encours est le montant des crédits de toute nature en cours d'utilisation par elle, auprès de son banquier, à un moment donné. Lorsqu'il s'agit d'une banque, l'encours est le montant global, à un moment donné, des crédits qu'elle consent à sa clientèle.

Endettement (coefficients ou ratios d')

a : *Debt equity ratio* – **d** : *Anspannungskoeffizient* – **e** : *Coeficiente de endeudamiento*

**Ratios mettant en évidence, au *passif du *bilan d'une entreprise, la part des *capitaux propres et celle des capitaux d'emprunt.*

Au passif d'un bilan figurent les capitaux propres et les dettes de toute nature : l'addition des capitaux propres et des dettes à long et moyen terme constitue les ressources stables ou *capitaux permanents dont dispose l'entreprise.
Deux types de rapports peuvent être étudiés, pour mettre en évidence la part des capitaux propres qui caractérise l'autonomie financière de l'entreprise, c'est-à-dire son indépendance vis-à-vis des prêteurs.

• *La place des capitaux propres (A) peut être rapprochée des dettes à long et moyen terme (B) dans l'ensemble formant les capitaux permanents (C).*
La mesure relève de rapports divers :

capitaux propres/ensemble des capitaux permanents A/C
ou capitaux propres/endettement à long et moyen terme A/B
ou capitaux permanents/endettement à long et moyen terme C/B

Il est souvent admis que les emprunts à long et moyen terme doivent être au plus égaux aux capitaux propres, c'est-à-dire que :

le rapport A/C doit être supérieur à 0,5
le rapport A/B doit être supérieur à 1
le rapport C/B doit être supérieur à 2

Toutefois, un rapport trop élevé traduisant un endettement faible n'est pas nécessairement le signe d'une bonne gestion : il témoigne parfois d'une insuffisante utilisation des possibilités de financement qu'offre le marché des obligations, notamment lorsque le supplément de rentabilité qu'un investissement peut assurer dépasse les intérêts que l'emprunt mettrait à la charge de l'entreprise.

• *Les capitaux propres peuvent être rapprochés, d'autre part, de l'endettement total* comprenant aussi le passif exigible à court terme.

La ratio d'autonomie financière ou d'endettement total se présente avec au numérateur les capitaux propres et au dénominateur l'ensemble des dettes de toute nature, ou bien sous la forme inverse.
Elle peut également prendre la forme de la ratio de *solvabilité, en rapprochant l'actif total (égal au passif) de l'endettement total, la différence entre les deux éléments étant constituée par les fonds propres.

Endossement, endos

a : *Endorsement* – **d** : *Indossament* – **e** : *Endoso*

Apposition, par le porteur d'un effet de commerce à son ordre, de sa signature au dos de l'effet pour transmettre à un tiers la créance qu'il représente.

L'endossement est le mode normal de transmission d'un *effet de commerce à ordre (les titres au porteur peuvent en effet circuler par simple tradition manuelle). Il s'opère par l'apposition *au dos* de l'effet (d'où son nom) de la signature de l'endosseur (accompagnée ou non de mentions) et éventuellement de l'indication du nom du bénéficiaire appelé *endossataire.*
D'une manière générale, l'endossement est employé pour transférer la propriété d'un effet (endossement dit « translatif »). Deux variantes existent cependant, qui ont pour objet de faire circuler l'effet sans modifier définitivement son propriétaire : l'endossement pour gage et l'endossement de procuration.

L'endossement translatif de propriété

L'endossement peut être matérialisé par diverses mentions :
– La simple signature de l'endosseur au dos de l'effet en transfère la propriété au porteur de celui-ci. C'est « l'endossement en blanc ». Cette signature, avec la mention *payez au porteur,* a le même résultat.
– Plus généralement, la signature est accompagnée de la mention *payez à X... ou à son ordre* et a pour effet de modifier le bénéficiaire du titre.

L'endossataire peut à son tour endosser l'effet en blanc ou à ordre. Une « chaîne d'endosseurs » peut ainsi se former.

– L'endossement est inconditionnel et total (une condition annexée à l'endossement est considérée comme nulle).

Effets de l'endossement : L'endossement transmet tous les droits attachés au titre endossé et même, dans une certaine mesure, les renforce pour conférer une meilleure sécurité à la circulation de l'effet.
Les droits de l'endosseur sont transférés à l'endossataire. Tous les droits du tireur lui échoient, et notamment le droit à la provision (*voir* Effet de commerce).
L'endosseur est lié par son endossement. Ayant transmis une créance, il est normal que l'endosseur soit garant de son existence vis-à-vis de l'endossataire. Mais son engagement s'étend également à la *solvabilité du débiteur original (le tiré). L'endosseur est donc tenu solidairement au paiement de l'effet avec tous les autres signataires de l'effet. Sa garantie s'ajoute ainsi pour l'endossataire à l'engagement du tiré.
La moindre opposabilité des exceptions : l'endossataire peut se voir opposer moins d'exceptions au paiement de l'effet qu'on en peut opposer à l'endosseur. C'est ainsi, par exemple, que l'endossataire devra être payé par le tiré même s'il n'y a pas de provision, ou si la cause de la dette est immorale, ou si la création de l'effet est entachée de vices de consentement (violence, vol, etc.).

Les autres formes d'endossement

Elles ne transfèrent pas définitivement la propriété de l'effet mais ne servent qu'à en modifier l'identité du détenteur.

L'endossement pour gage, ou endossement « pignoratif » : Du latin *pignus,* *gage. La signature de l'endosseur y est accompagnée de la mention « valeur en garantie » ou « valeur en gage » ou d'une autre mention analogue. En pratique, l'effet est généralement endossé en blanc par le constituant du gage et le contrat de gage est rédigé à part.

L'endossement pour procuration : Une mention le signale : *valeur en recouvrement, pour encaissement, par procuration* ou toute autre mention impliquant que l'endossataire est un mandataire de l'endosseur. Cet endossement ne transfère pas la propriété de l'effet, mais confère seulement à l'endossataire le mandat d'encaisser l'effet pour le compte de l'endosseur. L'endossataire est dès lors tenu aux obligations normales du mandataire, il est reponsable de la gestion de l'effet. La propriété n'ayant pas été transférée, le tiré pourra lui opposer les exceptions qu'il peut faire valoir contre l'endosseur ; l'endossataire ne pourra pas non plus transférer l'effet qu'il ne possède pas, sauf à l'endosser à son tour pour procuration.

Enfer

*En France, situation dans laquelle se mettent les banques, après avoir utilisé en totalité le *plafond de *réescompte fixé à chacune d'elles, lorsqu'elles font appel à la possibilité supplémentaire offerte par la banque centrale de réescompter à un taux de pénalisation.*

Pour donner plus de souplesse au système du plafond, qui depuis 1948 comportait pour chaque banque une limite quantitative aux possibilités de recourir au réescompte, la Banque de France a accepté depuis 1951 de prendre « à l'escompte en pension » des effets réescomptables, au-delà du plafond d'escompte assigné, mais à un taux fixe entraînant pénalisation par rapport à son taux d'escompte. A partir de 1957, on a introduit une distinction supplémentaire : « l'escompte en pension A » comportait lui-même un plafond (égal à 10 % du plafond de réescompte au taux normal), au-delà duquel s'appliquait le taux plus onéreux encore de « l'escompte en pension B » ; on passait alors de « l'enfer » au « superenfer ». Il s'agissait d'un taux de dissuasion à l'égard des banques pour les amener à restreindre le volume des crédits consentis, alors que le maniement du taux de l'escompte, répercuté sur le coût du crédit, est en France plus souvent utilisé à l'égard des utilisateurs du crédit. Lorsque la lutte contre la hausse des prix comportait des restrictions de crédit renforcées, les taux de pénalisation ont été très sévères ; ainsi, en avril 1958, 8 % pour l'enfer et 12 % pour le superenfer, soit 7 points au-dessus du taux de l'escompte. Lorsque le taux d'escompte était abaissé, la pénalisation était généralement plus faible : 0,5 point pour l'enfer (4 %) et 2,5 points (6 %) pour le superenfer entre 1960 et 1963 et de 1965 à 1967.
Dans ce système, le réescompte ne se réalisait qu'à un taux marginal croissant ; c'est le taux marginal qui était le véritable taux d'escompte, le taux officiel n'étant plus qu'un taux de faveur. Dans les périodes fréquentes où les trésoreries bancaires étaient serrées et où le coefficient de *trésorerie faisait obstacle à la mobilisation des catégories d'effets mises hors plafond, les possibilités de l'enfer ont été utilisées en totalité tant que le taux du *marché monétaire demeurait supérieur à celui de l'enfer ; mais tant qu'il demeurait des possibilités de mobilisation moins coûteuses que le superenfer (recours au marché monétaire, *open market de la Banque de France), le superenfer n'a sanctionné que les excès individuels de certains établissements bancaires.
Un désir de simplification, lié à la volonté de favoriser le développement du marché monétaire et l'efficacité de la politique d'open market, a conduit en décembre 1967 à supprimer l'escompte en pension A sous sa forme de droit automatique et à laisser à la discrétion de la Banque de France dans chaque cas l'octroi de concours supplémentaires au taux du superenfer. Le nouveau pas accompli en 1971 dans le développement de la politique d'open market, par la fixation d'un taux d'escompte

supérieur au taux du marché monétaire, a fait perdre de son actualité au recours à l'enfer. Désormais, la majeure partie des refinancements bancaires s'effectue sur le marché monétaire, où la banque intervient selon l'opportunité.

Engagement

a : *Liability* – **d** : *Verbindlichkeit* – **e** : *Obligación*

Acte qui fait naître une obligation à l'égard des tiers. Au pluriel : Somme des obligations contractées et non encore exécutées.

• Les engagements sont constitués de l'ensemble des obligations contractées : ils sont représentés dans le bilan d'une **entreprise* par le *passif à l'égard des tiers. Toutefois, dans le langage bancaire, les engagements sont aussi des éléments d'actif constitués des prêts et crédits accordés qui engendrent une immobilisation des ressources (*voir* Banque).

• *Dans la comptabilité publique,* l'engagement est la phase préliminaire d'exécution d'une dépense qui donnera lieu ultérieurement à un *paiement ; il résulte d'un *acte précis « par lequel un organisme administratif crée ou constate à son encontre une obligation de laquelle résultera une charge »* (art. 29 du décret du 29 décembre 1962). Cet acte peut être :

– un contrat : en matière de fournitures ou de travaux, c'est la commande, l'approbation d'un devis et surtout la passation d'un marché ;
– une décision juridictionnelle, en cas d'expropriation ou d'allocation de dommages et intérêts ;
– une décision unilatérale, telle la promesse de subvention ;
– ou bien l'engagement résulte de l'application d'un règlement ou d'un statut : c'est le cas pour les traitements, salaires, indemnités et prestations sociales.

Certaines dépenses, relatives au service de la dette et au paiement des traitements, donnent lieu à engagement permanent.

• Progressivement s'est imposée l'idée que l'engagement constituait l'*acte décisif* dans l'emploi des *crédits, les phases ultérieures conduisant au paiement s'imposant aux gestionnaires des crédits et aux responsables des paiements dès lors que sont remplies les conditions prévues et notamment qu'il y a eu exécution du service. Aussi est-ce au stade de l'engagement qu'il convient d'organiser le contrôle de l'emploi des crédits et du respect des dotations limitatives pour éviter de se trouver ultérieurement en présence d'obligations qui ne pourront être exécutées

qu'au prix de dépassement des crédits ou obligeront à report des paiements sur l'exercice suivant.
L'ouverture des crédits a pris clairement la signification d'autorisation d'engagement qu'elle revêt, traditionnellement, dans le système budgétaire américain.
En matière de dépenses d'**investissement,* une distinction a été réalisée dans le budget de l'État entre les autorisations d'engager ou autorisations de *programme et les autorisations de paiement ouvertes pour le même exercice.

• Cette conception de la place de l'acte d'engagement entraîne les conséquences suivantes :

– définition de l'*autorité qualifiée pour engager ;* c'est l'autorité à laquelle les crédits ont été ouverts : ministre pour l'État, préfet ou maire pour les collectivités locales, directeur pour les établissements publics ; en tant qu'*ordonnateur elle aura ultérieurement à assurer l'exécution de la dépense. La *délégation des crédits permet aux ordonnateurs secondaires de procéder aux engagements dans la limite des crédits qui leur sont délégués ;

– *comptabilisation des engagements* de manière à s'assurer en permanence qu'ils demeurent dans la limite des crédits ou autorisations de *programme ouverts ou délégués : un engagement financier, opération comptable, doit intervenir en même temps que naît l'engagement juridique ;

– *contrôle externe sur les engagements* comportant visa préalable par un agent représentant le ministre des Finances : depuis la loi du 10 août 1922, un contrôleur des dépenses engagées, devenu contrôleur financier aujourd'hui, exerce ce contrôle auprès de chaque ministère ou établissement public national ; il tient la comptabilité des engagements, donne son visa préalable à toute mesure susceptible d'entraîner des dépenses, exerce un contrôle de régularité au stade des engagements, vise aussi les ordonnancements pour s'assurer qu'ils sont conformes à un engagement préalable visé et comptabilisé par ses soins.
La déconcentration et la décentralisation en limitent la portée toutefois. Auprès des ordonnateurs secondaires, donc à l'échelon départemental comme auprès des collectivités décentralisées, il n'a pas été possible jusqu'ici de placer un agent de même statut : le trésorier-payeur général a été chargé de ces fonctions en 1939 ; mais les mesures partielles permettant aux comptables publics de suivre pratiquement les engagements n'ont qu'une portée réduite, hors de l'intérêt statistique du recensement des investissements. Un contrôle des engagements a été organisé vis-à-vis des entreprises nationales : le Conseil de direction du *FDES (Fonds de développement économique et social) fixe annuellement les plafonds d'engagement, en même temps qu'il évalue les paiements et les moyens de couverture de ceux-ci ; les contrôleurs d'État et les missions de contrôle veillent au respect de ces plafonds.

Entente

a : *Cartel agreement* – **d** : *Kartellabsprache* – **e** : *Entente*

---

*Accord implicite ou explicite, limité ou global entre deux ou plusieurs *entreprises ou *groupes d'entreprises pour répartir entre elles les tâches, coordonner leurs décisions ou harmoniser leurs politiques en faisant exception à la concurrence.*

L'entente entre entreprises, comme celle entre individus, est normalement ce qu'on peut attendre de mieux de la vie économique et sociale. Elle traduit en effet une harmonie et un accord qui, dans le domaine économique, permettent de bonnes relations et une distribution satisfaisante des tâches, des profits et des devoirs. Il arrive toutefois qu'une entente entre deux personnes présente des dangers pour une troisième, ou même qu'elle ne soit conclue que dans ce but. C'est un exemple fréquent dans le fonctionnement d'une économie de *marché dont la moralité dépend largement de la sauvegarde d'une *concurrence et d'un équilibre des forces suffisant entre les partenaires économiques et sociaux. L'expérience montre que les *ententes économiques* confirment cette analyse, aux dépens d'entreprises tierces et — en définitive — du citoyen-consommateur. D'où les efforts des pouvoirs publics pour en interdire la conclusion, en enrayer les effets ou en moraliser l'exercice.

Formes et mécanismes des ententes

Les ententes les plus élaborées se constituent naturellement au *niveau national.* Une classification assez commode distingue les ententes « horizontales » et les ententes « verticales ».

Ententes horizontales : Ce sont celles entre professionnels exerçant *au même niveau* de la structure générale de l'activité économique (accords au niveau de la *production, au niveau de la *distribution...).

– On conçoit que ces ententes permettent une meilleure *spécialisation* des agents économiques et une meilleure répartition des tâches entre eux. Elles peuvent constituer dans cette mesure au niveau du secteur ce qui est l'organisation au niveau de l'entreprise. Elles sont même, pour cette raison, rendues obligatoires en période de **crise* et de **pénurie,* par les pouvoirs publics eux-mêmes pour éviter le gaspillage des efforts et aboutir à un *optimum de l'appareil productif. Elles peuvent aussi être encouragées pour servir à une meilleure *organisation de l'économie.* C'est l'objectif que se donnent, dans des contextes et des circonstances différents, la *planification, le dirigisme, l'*économie concertée. C'était le but recherché par Roosevelt avec les codes industriels (*voir* Dirigisme). C'est toujours le cas en période de nécessité de *contingents.

– Malheureusement, il arrive que ces pratiques soient employées par les professionnels pour créer *artificiellement* la pénurie (*voir* Accaparement), ou pour obtenir des baisses de prix de revient à la production qu'ils ne répercutent pas sur le consommateur, avec ou sans la complicité de l'appareil de distribution.

– D'une manière générale, en effet, les ententes visent à contrôler le système des **prix* pour assurer aux professionnels une situation de *rente économique. La démarche est celle suivie pour atteindre au *monopole ; les techniques sont variées. Exemples : réduction de la quantité produite ou commercialisée d'un produit pour faire monter les prix (restriction de l'*offre) ; accord préalable entre soumissionnaires pour éviter la pression sur les prix visée par une adjudication publique ou la mise en concurrence de plusieurs fournisseurs par un client ; « péréquation » entre plusieurs entreprises des frais de transport de leurs produits pour éviter l'implantation d'une nouvelle unité plus proche des clients (et livrant ainsi des produits incluant un moindre coût de transport) ; « gel » concerté de *brevets et d'*innovations potentielles pour conserver un marché protégé (exemples : retards mis à commercialiser l'automobile électrique pour protéger l'industrie automobile classique et les pétroliers), etc.

Ententes verticales : Elles visent à limiter la souplesse du marché, principalement son *atomicité et sa *fluidité, pour éviter que l'acheteur ne bénéficie trop complètement du jeu de la concurrence entre les offreurs de produits et par intégration de deux ou plusieurs stades du processus économique.
Là encore, l'objectif essentiel est de maintenir les prix de vente. Exemples :

– les pratiques de *barèmes d'écart :* des prix préférentiels sont pratiqués normalement aux distributeurs qui achètent au producteur ou au grossiste par grandes quantités. Mais il arrive que l'écart ainsi pratiqué soit supérieur à l'économie réalisée. Il y a alors discrimination de prix au profit du distributeur partie à l'entente, sans que le prix de vente final soit allégé ;

– la pratique des *prix imposés,* qui consiste pour un producteur à fixer le prix annuel auquel le produit sera vendu en fin de circuit, exclut toute négociation ;

– elle conduit au *refus de vente* si le client détaillant refuse lui-même d'appliquer le prix imposé (et se propose de vendre moins cher). Cette pratique est condamnée par la législation car elle entrave la liberté des contractants, malgré les arguments des producteurs qui prétextent le maintien du prestige de la *marque ;

– les *contrats d'exclusivité* sont une autre technique de restriction : le producteur ou le grossiste réserve sa marchandise à un nombre limité de revendeurs, qu'il tient ainsi en main (ils sont cependant concevables pour des produits de qualité pour lesquels le revendeur joue également le rôle de conseiller spécialisé) ;

– des *pratiques discriminatoires* de formes très variées (retards volontaires dans les délais de livraison, résistances prolongées à la vente, défauts de qualité dans les produits livrés) peuvent également servir à protéger une entente contre des distributeurs indépendants, à plus forte raison lorsqu'ils menacent de pratiquer la « vente agressive » (*discount, *gâchage de prix...).

Au niveau international : Des ententes discrètes mais particulièrement efficaces ont pu être constituées entre importants groupes nationaux ou internationaux. Elles ont inspiré les principales dispositions de défense adoptées dans la *charte de La Havane en 1948 et dans les textes constitutifs de la CECA, notamment. Les *cartels internationaux, notamment dans l'entre-deux-guerres, ont ainsi procédé à des marchés géographiques entre groupes et entreprises, avec une répartition corrélative des circuits d'approvisionnement (acier, industries chimiques, matériel électrique...) ; à des « gels » de brevets (pétrole synthétique) pour protéger des circuits établis ; à des échanges d'exclusivité ; à des complicités pour maintenir la *colonisation économique de territoires producteurs de matières premières, etc.

Politique à l'égard des ententes

Tous les grands pays industriels ont cherché à contrôler, orienter ou discipliner les ententes industrielles ou commerciales. Cependant, beaucoup de ces politiques sont restées ambiguës en raison de l'incertitude des effets du phénomène, dont certains sont neutres, voire bénéfiques pour l'économie (organisation) d'où la *difficile distinction entre « bonnes » et « mauvaises » ententes.* En outre, l'extrême variété des pratiques et leur caractère souvent occulte et complexe rendent difficile la constatation indiscutable du fait répréhensible par les « tribunaux des ententes ». Enfin, la puissance des forces économiques qui y sont impliquées rend la tâche difficile aux gouvernements (liens de fait entre les forces politiques et les forces économiques).

Aux États-Unis : Toute une réglementation antitrust a été constituée, avec des fortunes diverses. Le Sherman Act de 1890 est le premier à viser les délits de coalition et de monopole dans les échanges et le commerce entre États américains et avec l'étranger. Le Clayton Act, en 1914, qualifie de nouveaux délits d'ententes : discrimination de prix, contrats d'exclusivité, *holdings, *participations et *fusions visant à réduire la concurrence... La même année, une commission spécialisée, la Federal Trade Commission, est chargée de juger ces ententes, notamment les « verticales », introduites par le Clayton Act. Les politiques successives des gouvernements ont varié, jusqu'à Roosevelt, qui, avec ses codes industriels, dans le cadre du *New Deal, tenta de renverser la tendance aux fins de direction de l'économie. Ce fut un échec sur ce plan.
Actuellement, la politique antitrust américaine résulte de la jurisprudence de la Federal Trade Commission. Ses principaux éléments sont les suivants :

– surveillance des fusions d'entreprises qui n'ont pour objet que de constituer un monopole ;
– tarifications discriminatoires de prix ;
– conditions discriminatoires de vente et contrats d'exclusivité ;
– *publicités mensongères ou frauduleuses.

En Grande-Bretagne : La lutte contre les ententes repose sur deux textes principaux : la loi de 1948 (gouvernement travailliste) sur les monopoles et pratiques restrictives, la loi de 1956 (gouvernement conservateur) sur les pratiques commerciales restrictives.
La *Commission des monopoles,* créée en 1948, a un pouvoir d'enquête approfondi sur saisine du Board of Trade (ministère du Commerce) mais reste purement consultative. Depuis 1956, relèvent d'une *Haute Cour judiciaire,* à qui ils sont soumis, tous les accords risquant d'être restrictifs et portés sur un « registre des accords de pratiques restrictives » tenu par le Board of Trade. Relèvent de ce registre tous les accords comportant des limitations quant aux prix, aux conditions de fourniture, aux quantités, aux procédés, aux personnes et aux lieux d'exercice du commerce et de l'industrie.
La Cour accepte ceux d'entre eux dont, cas par cas, les avantages l'emportent sur les inconvénients, pour des raisons diverses : protection physique des usagers, protection économique des usagers, mesures de rétorsion légitimes pour lutter contre des concurrences agressives, entente utile pour contrebalancer un *monopole ou un partenaire *dominant, entente utile au maintien du niveau d'*emploi ou des *exportations, restriction admissible pour garantir d'autres mesures économiques légitimes.
L'activité de la Cour a pu jusqu'ici maintenir une raisonnable moralité des ententes britanniques.

En Allemagne : La politique vis-à-vis des ententes est traditionnellement moins défavorable. Une ordonnance de 1923 sur les cartels ne visait qu'à en empêcher les abus, le régime hitlérien les encouragea sous couleur de *dirigisme. La base du régime allemand réside aujourd'hui en RFA dans une *loi de juillet 1957,* qui vise à l'information économique et industrielle au moins autant qu'à la normalisation des pratiques restrictives :
– doivent être *enregistrés* au « registre des ententes » auprès du ministre de l'Économie les accords tendant à uniformiser les conditions d'exercice des affaires (livraisons, paiements...), ceux concernant les rabais (barèmes d'écarts), les standardisations et les mesures d'encouragement aux exportations ;
– sont soumis à *autorisation :* les accords de « crise » (contingentement), de spécialisation interentreprises, d'harmonisation de prix et de politiques d'achats ou de ventes, d'organisation pour l'exportation ou l'importation ;
– sont considérés comme nuls les accords restrictifs de liberté commerciale ou de prix (les prix imposés sont admis mais *déclarés*) et les contrats d'exclusivité qui ont des résultats analogues ;

– lorsque apparaît une « position dominante » ou une « concentration d'entreprises » (20 % du marché ou 25 % de *participation au capital d'une autre entreprise), elle fait l'objet d'une simple enquête de l'autorité de contrôle.
Le *Bundeskartellamt,* office fédéral des ententes, exerce le contrôle de ces pratiques avec le ministre de l'Économie, étudie avec soin le milieu des affaires et peut édicter des interdictions et condamnations. Il le fait principalement en matière de prix imposés ou « conseillés », de refus de vente et de discriminations de prix.

En France : Les corporations, formes anciennes de l'entente, ont été supprimées en 1791, et notamment par la fameuse loi Le Chapelier qui établissait le délit de coalition. Celui-ci fut supprimé en 1864 (et rendit possible la constitution de *syndicats — 1884) mais, grâce à 2 articles du Code pénal (419 et 420), les délits d'entente et de coalition peuvent être déférés aux juridictions de droit commun depuis le début du XIXe siècle. Sont passibles d'amende ou de prison :
– ceux qui opèrent ou tentent d'opérer « la hausse ou la baisse artificielle des prix » des denrées, marchandises ou *effets... en exerçant, individuellement ou par réunion ou coalition, « une action sur le marché dans le but de se procurer un gain qui ne serait pas le résultat du jeu naturel de l'offre et de la demande » (art. 419) ;
– des peines d'amendes ou d'emprisonnement plus lourdes sont prévues pour ceux qui auront ainsi opéré sur des grains, farines, denrées alimentaires, combustibles ou engrais (première nécessité) ou sur des produits qui ne font pas l'objet de leur profession habituelle (art. 420).
Cette législation a été appliquée avec plus ou moins de sévérité jusqu'en 1939, mais dans un climat devenu en fait plus favorable aux ententes depuis 1935 (projet Flandin-Marchandeau, 1935, sur l'organisation du textile, projet sur la rationalisation industrielle par les ententes 1936, tous deux avortés). *Voir* Dirigisme.
Jusqu'en 1977, toute la réglementation française sur les ententes a reposé, outre ces 2 articles du Code, sur des textes de 1952 à 1953, et principalement sur le décret du 9 août 1953 :
– étaient prohibées toutes les actions concertées, ententes ou coalitions qui visaient à entraver le plein exercice de la concurrence, en empêchant les baisses ou en favorisant les hausses de prix, sauf preuve que ces mesures amélioraient les conditions de la production ou ses débouchés ;
– une Commission technique des ententes (8 magistrats, 8 personnes compétentes en matière professionnelle ou économique) donnait son avis motivé au ministre de l'Économie et des Finances qui la saisissait. Le ministre était maître des suites (réforme des ententes, saisine de la juridiction répressive...).
L'analyse de la réglementation et de l'activité de la Commission a montré :

– qu'un grand soin était généralement mis à distinguer les « bonnes » des « mauvaises » ententes, après des monographies approfondies de la Commission ;

– que les ententes n'étaient pas soumises à déclaration obligatoire et la réglementation ne concernait ni des monopoles, ni des fusions et concentrations, ni des entreprises dominantes ;

– que la procédure spécifique aux ententes ne comportait aucune juridiction spécialisée et demeurait essentiellement administrative (sauf application des art. 419-420 CP) ;

– que la Commission s'était jusqu'ici intéressée plus particulièrement aux problèmes de *quotas de production et de distribution, aux situations de *rente et à l'usage de la *publicité.

Le décret de 1953, complété par un décret de 1958, visait la plupart des pratiques ayant un effet direct sur les *prix : discrimination de prix avec refus de vente, prix imposés, concession exclusive à objectif de prix, ventes discriminatoires par barèmes d'écarts de prix... Or, les pratiques directement liées aux prix ne constituent qu'une partie des stratégies économiques de restriction de la concurrence.

C'est précisément ces lacunes qu'a entendu combler la nouvelle loi sur la concurrence adoptée le 19 juillet 1977. Celle-ci met en place une Commission de la concurrence recrutée sur la base du critère de l'expérience, disposant de rapporteurs permanents et apte à s'organiser en sections. La Commission dispose d'une compétence consultative générale sur les problèmes de concurrence : ententes illicites, abus de position dominante et, innovation, contrôle des *concentrations qui font l'objet d'une notification obligatoire.

La Commission dont les facultés de saisine sont élargies, et qui peut d'ailleurs se saisir elle-même, rend des avis motivés. Les ministres concernés sont tenus d'arrêter leur décision dans la limite de ces avis.

Le traité de Communauté économique européenne (traité de Rome du 25 mars 1957) : Après celui de la *CECA, il affirme le principe de libre concurrence (art. 3) et, dans ses articles 85-90, aborde le problème des ententes :

– il condamne toutes les pratiques concertées pouvant fausser la concurrence (élévation de prix, limitation de productions, répartitions de marchés, discriminations), sauf preuve que ces mesures peuvent avoir un effet heureux pour l'économie et les utilisateurs. Il y ajoute la condamnation de l'exploitation abusive des positions dominantes (par des procédés analogues et par le *dumping) ;

– l'application de ces principes est assurée par la *Commission* de la CE et les tribunaux nationaux des membres. Toutes les ententes internationales ou ayant des incidences sur l'économie de la CE doivent être *notifiées* à la Commission aux termes d'un règlement du Conseil des ministres de la CE de 1962 (n° 17). La Commission peut infliger des amendes allant jusqu'à 1 million d'*unités de compte ou 10 % du chiffre d'affaires de l'entreprise condamnée et elle informe les États membres. En fait, son action est encore assez limitée pour des raisons tant techniques (complexité des affaires) que politiques (positions dominantes).

Entrepôt (de douane)

a : *Customs warehouse* – **d** : *Zollager* – **e** : *Almacén aduanero*

Local où peuvent être déposées temporairement des marchandises provenant de l'étranger sans acquitter les droits et les taxes d'entrée. Par extension : le régime douanier suspensif de droits correspondant.

Principe

L'entrepôt est le correspondant moderne des anciens ports francs qui jouissaient de l'exterritorialité douanière. Le local où sont entreposées les marchandises est considéré en effet comme extérieur au territoire douanier sur lequel il est situé, et échappe aux réglementations du commerce extérieur et des changes.
Le *régime des marchandises en entrepôt* est le suivant :
– elles sont admises après déclaration sur une formule spéciale ;
– durant leur séjour en entrepôt, elles sont placées sous la surveillance du service des *douanes qui procède à des vérifications périodiques. Elles peuvent néanmoins être manipulées, vendues ou transportées vers un autre entrepôt ;
– leur sortie de l'entrepôt peut correspondre à une réexportation (mais il s'agit généralement d'une entrée définitive dans le territoire douanier qui est assimilée à une importation pure et simple). Les marchandises acquittent alors les droits au tarif en vigueur le jour de leur sortie de l'entrepôt.
Ce régime permet d'instituer de véritables marchés internationaux de denrées qui sont à la disposition des acheteurs éventuels et que leur caractère temporairement « apatride » affranchit des réglementations nationales. Elles sont donc rapidement réexpédiables vers n'importe quelle destination.

Formes

Trois principales formes d'entrepôts correspondent aux divers caractères des marchandises soumises à ce régime.

L'entrepôt public (art. 144-146 du Code des douanes) : Il a le caractère d'un service public concédé à un port autonome, une chambre de commerce ou une commune. L'entrepôt est un local entièrement clos fermé par deux clés dont l'une est détenue par la douane, l'autre par

le concessionnaire. Les marchandises peuvent y être conservées pendant *cinq ans*.
Durant leur séjour en entrepôt, les marchandises peuvent être partiellement traitées ou manipulées, donner lieu à des expositions ou à des prélèvements d'échantillons, après autorisation du Service des douanes et sous sa surveillance.
La sortie des marchandises s'accompagne d'un contrôle quantitatif. Les « manquants » éventuels font l'objet d'une amende.

L'entrepôt privé (art. 147-148 CD) : Comme l'indique son nom, c'est un régime qui permet le dépôt des marchandises, non dans un entrepôt de douane, mais dans des enceintes privées en raison de leur caractère encombrant ou pondéreux (matières premières notamment). Leur entrée est soumise à la souscription d'un acquit ; les marchandises sont l'objet de contrôles du Service des douanes et les entrepôts privés doivent être situés dans un port ou dans une commune où se trouve un bureau de douane de plein exercice. La durée de l'entrepôt ne peut y excéder *deux ans*.

L'entrepôt spécial (art. 149-150 CD) : Variante de l'entrepôt public, il reçoit les marchandises qui doivent être isolées soit parce que leur présence risque d'en altérer d'autres, soit parce qu'elles réclament des procédés spéciaux de conservation. Leur séjour en entrepôt est limité à *trois ans*.
En outre, deux régimes spécifiques constituent des applications particulières de la notion d'entrepôt.

L'entrepôt de douane ou entrepôt industriel : C'est un établissement, placé sous le contrôle des douanes, où les entreprises qui travaillent en partie ou en totalité pour l'exportation sont autorisées à utiliser des marchandises en suspension des droits et taxes dont elles sont passibles à raison de leur importation (*voir* Admission temporaire). Le régime est accordé pour un délai convenu, au terme duquel les marchandises incluses dans les produits fabriqués sont soit exportées, soit livrées au marché intérieur et frappées des droits et taxes afférents.

Les « usines exercées par la douane » : Ce sont des établissements ou installations qui permettent l'extraction, la fabrication ou l'utilisation de produits qui ont un régime douanier particulier ou dont le régime fiscal est placé sous la responsabilité de l'administration des douanes. Les produits admis dans ces usines le sont en suspension de droits et taxes jusqu'à leur introduction sur le marché. Ce régime concerne principalement les usines pétrolières (extraction et raffinage) et pétroléochimiques (raffineries, usines « exercées »).

Exemples étrangers

En Grande-Bretagne : Les entrepôts ou *bonded warehouses* appartiennent à des sociétés privées mais aussi aux autorités portuaires.

Aux États-Unis : Le système des *warehouses* est placé sous l'autorité du secrétaire de la Trésorerie. Les entrepôts peuvent être : 1) des entrepôts d'État ; 2) des entrepôts privés appartenant à des importateurs ; 3) des entrepôts appartenant à des sociétés privées spécialisées (entrepositaires) ; 4) des entrepôts-manufactures où les marchandises peuvent être traitées avant la réexportation du produit fini sans acquitter de droits.

Entrepreneur individuel

a : *Self-employed* – **d** : *Selbständiger* – **e** : *Empresario individual*

Personne physique exerçant une activité d'entreprise pour son propre compte.

Comptabilité nationale : La comptabilité nationale considère pratiquement comme entrepreneurs individuels les personnes régies par les statuts 1 et 2 du Code des catégories socioprofessionnelles (administrateurs de sociétés exclus). Mais c'est en fait l'entreprise individuelle qui y est définie : c'est une unité de production de biens et services marchands ne possédant pas de personnalité juridique distincte de la personnalité physique de son exploitant. Cette définition exclut par ailleurs une activité se réduisant à la production de services de logement ou à celle des *jardins familiaux.

La distinction entre l'entrepreneur individuel et le salarié repose sur le fait que le premier vend un bien ou un service alors que le second, en apportant son travail, ne fournit qu'un *facteur de production.

La comptabilisation des opérations économiques ou financières des entrepreneurs individuels pose des problèmes particuliers, dans la mesure où il convient de distinguer celles qui intéressent l'entreprise proprement dite (et à ce titre imputées aux agents « entreprises individuelles ») et celles qui concernent le particulier (imputées à l'agent « ménages »).

Dans le système de comptabilité nationale française traditionnelle, les opérations des entrepreneurs individuels liées à leur activité étaient traitées au titre de l'agent « entreprises ». Dans le *système élargi de comptabilité nationale, appliqué à partir de 1976, les opérations des entrepreneurs individuels sont pour l'essentiel traitées au titre de l'agent « ménages ».

En effet, la séparation des activités des entrepreneurs individuels entre celle du producteur entrepreneur et celle du chef de famille consommateur est apparue artificielle à l'usage, et il a semblé préférable, dans le nouveau système, de privilégier l'unité de gestion des agents élémentaires.

Pour autant, le système actuel n'entraîne pas de perte d'information dans la double mesure où les analyses par *branches (de la production notamment) intègrent les entreprises individuelles et où leurs opérations spécifiques sont isolées dans les comptes du *secteur institutionnel « ménages ».

Fiscalité : Alors que la législation fiscale française prévoit une imposition spéciale des bénéfices des sociétés, les revenus des entrepreneurs individuels sont taxés dans le cadre général du régime d'imposition des personnes physiques. Selon l'origine de ces revenus, on distingue notamment les *bénéfices industriels et commerciaux, les *bénéfices non commerciaux et les *bénéfices agricoles.
L'imposition de ces revenus fait une large place au forfait. Certaines catégories d'entrepreneurs individuels, tels les artisans, bénéficient de dispositions particulières.

Entreprise

a : *Business enterprise/Company* – **d** : *Unternehmen* – **e** : *Empresa*

---

*Unité économique autonome organisée pour la mise en œuvre d'un ensemble de *facteurs de production, en vue de produire des *biens ou services pour le *marché.*

Ainsi conçue, l'entreprise doit être distinguée :
– de l'établissement, qui représente une unité de production techniquement individualisée, mais juridiquement dépendante. Une entreprise peut comprendre plusieurs établissements ;
– mais aussi des *trusts, *combinats, *konzern, *holdings... qui constituent des structures de groupes d'entreprises.

• On a coutume de distinguer plusieurs *sortes d'entreprises,* en fonction de divers critères de spécificité.

Selon leur mode d'organisation économique : A ce titre, on différenciera les entreprises privées, les entreprises coopératives et les entreprises publiques.

Selon le régime juridique qui leur est appliqué : Ce critère conduit à opérer la même distinction que celle précédemment indiquée, mais en différenciant les entreprises privées, selon qu'elles revêtent la forme sociétaire (avec des sous-distinctions : *sociétés de personnes, sociétés de capitaux...) ou qu'elles sont des entreprises individuelles (elles-mêmes différenciées en entreprises *artisanales, agricoles...).

Selon leur fonction économique : Ce critère oppose les entreprises productrices de biens (entreprises minières, agricoles, individuelles) aux entreprises de *services.

Selon leur importance : Appréciée en fonction de leur chiffre d'affaires, ou encore des effectifs employés. On distinguera ainsi les petites, moyennes et grandes entreprises, ces catégories comportant des frontières floues et variables selon le domaine d'activité.

Selon leur champ d'action territorial : Ainsi parlera-t-on d'entreprises locales, régionales, nationales et multinationales.

• Quel que soit le classement d'une entreprise dans les différentes typologies considérées, celle-ci constitue une *structure d'organisation* réunissant et combinant, en vue de la production, un certain nombre de facteurs : on a coutume de les réduire à deux groupes, le travail et le *capital ; le second correspond pour l'essentiel aux moyens de production. Quant au premier, il vaut mieux, peut-être, parler des agents de la production, dans la mesure où le facteur travail intervient dans le processus de production de façon différenciée par fonction. Il y a des tâches de conception, de commandement et d'exécution. Plus l'entreprise est importante, plus s'opère une spécialisation des fonctions : on pourra ainsi distinguer dans les grandes entreprises plusieurs types de fonctions : administration (avec comptabilité et budget), production, sécurité, gestion financière, opérations commerciales... Cette différenciation a non seulement une portée technique (car elle définit un certain type d'organisation et de structure qui doit être adapté à l'objet et à la finalité de l'entreprise), mais aussi une portée socio-économique, car les rapports entre les agents de la production caractérisent la nature de l'entreprise et, pour une société donnée, son système et son régime économiques, dès lors que prévaut une certaine conception des rapports de production. Ainsi le *système capitaliste,* dans les principes de la doctrine libérale, distingue l'entrepreneur, possesseur du capital, des non-entrepreneurs, salariés, loueurs de leur force de travail. La propriété privée des moyens de production fonde le pouvoir de décision. Sans doute l'évolution des sociétés capitalistes a-t-elle introduit des modifications par rapport au schéma simple originel. A côté des capitalistes entrepreneurs s'est développée, à la faveur du développement des sociétés anonymes, de la concentration économique et de la complexité croissante des problèmes de gestion, une catégorie de « managers », distincte des propriétaires et à laquelle revient, hors le cas des entreprises familiales, le pouvoir de décision. Mais ces managers interviennent comme des mandataires des propriétaires du capital.
Par opposition, le *système socialiste* vise à détruire les privilèges du capital dans le fonctionnement des entreprises. Sa variante *collectiviste* a recouru à l'appropriation publique, sans dissocier toutefois le pouvoir de décision de la propriété : la direction de l'entreprise procède d'une désignation du pouvoir étatique, censé représenter l'émanation de la collectivité. La variante *coopérative* vise à supprimer la distinction entrepreneurs-salariés en ne réunissant que des entrepreneurs, et introduit parfois une dissociation entre la propriété et le pouvoir de décision (cas des *kolkhoz par exemple). Cette dissociation est poussée à son terme dans la variante de l'**autogestion* où les moyens de production sont appropriés par la collectivité tout entière, mais où la gestion de l'entreprise est confiée aux usagers de ces moyens de production, avec une procédure

de répartition des pouvoirs de décision qui se fonde en principe sur des méthodes démocratiques.

• C'est bien en ces termes que se pose, d'une façon générale, le *problème de l'entreprise*. Quelle que soit sa finalité (profit dans les économies capitalistes libérales, exécution du plan associée de plus en plus à la recherche de la rentabilité dans les économies socialistes), l'objet de son activité et sa dimension justifient, certes, dans chaque cas une différenciation particulière des tâches et des fonctions. Cette différenciation se matérialise par une certaine structure d'organisation (structure hiérarchique verticale, structure fonctionnelle où un même agent peut recevoir des instructions de plusieurs échelons supérieurs, structure mixte). Mais dans la mesure où, par son essence, cette structure d'organisation réalise une certaine répartition des pouvoirs, les procédures selon lesquelles se détermine cette répartition revêtent une importance capitale, sinon pour la santé de l'entreprise, du moins pour le climat qui y règne.

Dans les pays « socialistes » : La collectivisation n'a pas résolu en elle-même ce problème. Le souci de réaliser les normes de production, dans les régimes à planification centralisée impérative, avait conduit à maintenir jusqu'aux années 80 des procédures administratives de dévolution du pouvoir, d'ailleurs largement concentré. L'assouplissement de la planification et la recherche d'une productivité accrue sont allés de pair, dans certains pays, avec une évolution des procédures de répartition des pouvoirs de décision qui s'est faite dans le sens de la déconcentration des décisions avec participation plus ou moins étendue de conseils ouvriers (en Hongrie, par exemple), et autogestion en Yougoslavie. Ces expériences n'ont pas survécu à la disparition des régimes « communistes » à partir de 1990.

Dans les pays capitalistes : Des indices d'évolution se manifestent également, mais ils butent sur l'antagonisme fondamental qui oppose les intérêts du « capital » et du « travail ». D'aucuns, visant à le surmonter, prônent des systèmes divers d'association capital-travail dont le principe fondamental consiste à associer les salariés à la propriété du capital : cette tentative, qui se heurte à l'indifférence des travailleurs et à l'opposition plus ou moins accusée des syndicats, n'a pas connu de succès notoire. Aussi bien la dissémination d'une petite fraction du capital entre les salariés apparaît-elle plus comme un mode d'intégration du personnel que comme l'amorce d'une redistribution du pouvoir. En dehors de la participation au capital, une autre approche consiste à développer des procédures d'intéressement associant les salariés aux résultats de l'entreprise : améliorant les conditions de rémunération des travailleurs, ces procédures ne touchent pas au pouvoir de décision. Les procédures de *participation à l'exercice de ce pouvoir restent, enfin, partielles et embryonnaires. En dehors des cas où les structures de l'entreprise comportent une certaine déconcentration, limitée généralement aux cadres, on ne peut relever, au plan général, que des expériences de portée limitée. L'institution de comités d'entreprise, en France par exemple, ne réalise pas une procédure de participation : les salariés aux conseils d'administration des entreprises publiques constituent une expérience plus intéressante, mais elle n'a pas triomphé de l'antagonisme entre « l'État patron » et les salariés, dans la mesure où la marge d'autonomie de ces entreprises est limitée, dans le cadre d'un capitalisme d'État resté centralisateur. Les expériences de *cogestion ont reçu dans d'autres pays, comme la RFA, une extension plus grande, mais la portée réelle de la participation accordée aux *salariés, à travers leur représentation syndicale, reste controversée.

Entreprise (comptabilité nationale)

a : *Business sector (social accounting, R.-U.) (national accounting, É.-U.)* – **d** : *Unternehmen (volkswirtschaftliche Gesamtrechnung)* – **e** : *Empresa (contabilidad nacional)*

---

*Unité économique dont la fonction principale est la création de biens ou *de services marchands.*

La référence à des biens ou à des services marchands est essentielle dans la définition de l'entreprise. Un agent économique qui fournit des biens ou des services non marchands, c'est-à-dire sans les proposer sur un *marché moyennant le paiement d'un prix, n'est pas une entreprise. C'est le cas, par exemple, des administrations qui assurent un service public (enseignement, police, justice...).

• Dans l'ancien système de comptabilité nationale, l'agrégat « entreprises » regroupait en fait deux catégories d'agents distinctes :

– les **entreprises non financières,* dont la fonction principale est de produire des biens et des services marchands. Elles sont regroupées en *branches ou *secteurs ;

– les *entreprises financières* (*voir* Institutions financières) rendant des services marchands d'une nature particulière, qui se matérialisent par des *opérations financières, c'est-à-dire des opérations portant sur des créances et des dettes. Les entreprises financières n'étaient pas considérées, dans l'ancien système de comptabilité nationale français, comme productrices, en raison de la nature particulière de leurs prestations.

Il en va différemment dans le système international de comptabilité nationale, dit « SNC révisé », ainsi que dans le système européen de comptabilité nationale (SEC) et sa variante française.

• Dans le *système élargi de comptabilité nationale, on distingue en fait quatre sortes d'entreprises classées dans des *secteurs institutionnels différents :

– les *sociétés et quasi-sociétés* dont la fonction économique principale est de produire des biens et services marchands non financiers sont définies à partir d'un critère juridique, la personnalité morale. On distingue les sociétés privées et les sociétés publiques. Dans les quasi-sociétés, on devrait ranger certaines entreprises individuelles importantes : s'agissant des quasi-sociétés privées, elles ne comprennent en fait dans la comptabilité nationale française, pour l'essentiel, que des succursales d'entreprises étrangères ; les quasi-sociétés publiques sont des grandes unités de production gérées par les pouvoirs publics disposant d'une relative autonomie de gestion (Postes et Télécommunications, Régie commerciale des alcools...) ;

– les **entreprises individuelles* dont la fonction est identique à celle des sociétés, où il y a confusion entre le patrimoine de l'entreprise et celui de l'entrepreneur, qui sont pour cette raison rattachées au secteur institutionnel « ménages » ;

– les *institutions de crédit* dont la fonction principale est de « financer, c'est-à-dire de collecter, de transformer et de répartir des disponibilités financières » (volume des méthodes sur le SECN, INSEE) ;

– les *entreprises d'assurance* dont la fonction principale est d'« assurer, c'est-à-dire de garantir un paiement en cas de réalisation d'un risque ».

Voir Production.

Entreprise multinationale

Voir Société multinationale.

Entreprise nationalisée

Voir Nationalisation.

Entreprises non financières

a : *Manufacturing entity* – **d** : *Produktionsunternehmen* – **e** : *Empresa no financiera*

*Comptabilité nationale : Ensemble des *unités économiques produisant des biens et des services marchands non financiers.*

A la vérité, la notion d'entreprises non financières, fondamentale dans l'ancien système de comptabilité nationale, où elle désignait les agents économiques produisant des biens et des services destinés à la vente, n'est pas définie en tant que telle dans le nouveau système (SECN). En effet, dans l'ancien cadre conceptuel, la définition impliquait une distinction avec les institutions financières fondée sur leur qualité de non-producteurs et la nature spécifique de leur activité. Dans le nouveau système, les institutions financières sont considérées comme productrices de services marchands financiers, et on distingue en fait deux *secteurs, celui des entreprises d'assurance et celui des établissements de crédit.

Les entreprises non financières sont, dans le nouveau système, distinguées en deux catégories :

– les sociétés et quasi-sociétés non financières qui constituent un *secteur institutionnel se décomposant en deux sous-secteurs : sociétés et quasi-sociétés privées, sociétés et quasi-sociétés publiques ;

– les *entreprises individuelles dont les activités sont rattachées au secteur des ménages.

Les comptes des entreprises peuvent être établis par *branches, en fonction du critère du produit, ou par *secteur en fonction du critère de l'activité principale.

Entreprises publiques

a : *Government-owned enterprises* – **d** : *Öffentliche Unternehmen* – **e** : *Empresas públicas*

Organismes placés sous la tutelle ou l'autorité des pouvoirs publics qui en ont la propriété partielle ou entière, et dont l'activité est orientée vers la production des biens et services destinés à la vente à un prix qui tend à couvrir au moins leur prix de revient.

Parmi les entreprises publiques, on distingue les services publics industriels et commerciaux, et les entreprises nationalisées et sociétés d'économie mixte dont la gestion s'apparente à celle des autres entreprises. Les entreprises publiques font partie, en comptabilité nationale, du sous-secteur sociétés et quasi-sociétés publiques. Dans les quasi-sociétés, on range des organismes dotés d'une comptabilité complète, mais non de personnalité juridique, qui disposent d'une autonomie relative de gestion par rapport à l'administration qui les gère. Cette autonomie s'apprécie par référence à leur grande taille et au fait qu'ils écoulent auprès du public la majeure partie de leur production. On trouvera ainsi dans les quasi-sociétés publiques les Postes et Télécommunications et la Régie commerciale des alcools. En revanche, l'Administration des monnaies et médailles et l'Imprimerie nationale sont rangées dans les *administrations publiques.

Environnement

a : *Environment* – **d** : *Umwelt* – **e** : *Entorno*

Ensemble des éléments constitutifs du milieu où vit l'homme.

La création de ce néologisme coïncide avec l'apparition d'une inquiétude liée aux conséquences du développement de la société industrielle sur le milieu ambiant. Ce développement, dans les formes qu'il revêt actuellement, entraîne la multiplication de *nuisances qui se traduisent pratiquement par une altération des conditions de vie. Les atteintes à l'environnement revêtent des formes multiples : pollution des eaux et de l'air ; altération, voire destruction, de l'équilibre du milieu naturel ; développement du bruit provoqué par la circulation routière et aérienne ou par certains établissements industriels... A la limite, d'aucuns voient dans la prolifération des nuisances une menace pour l'équilibre écologique du milieu naturel, que l'homme doit exploiter sans le détruire, s'il ne veut pas lui-même s'exposer à altérer gravement les conditions de son équilibre psychologique et physiologique. A l'origine du développement des nuisances, lié essentiellement à l'industrialisation, se trouvent soit l'ignorance ou la sous-estimation des effets néfastes d'un processus technologique ou d'une atteinte irréversible au milieu, soit la recherche de la rentabilité, qui les fait négliger délibérément.
Les *États* se préoccupent depuis quelques années d'intervenir pour prévenir ou corriger les atteintes à l'environnement. Certes, il existe depuis longtemps dans ce domaine des dispositions institutionnelles telles que, par exemple, la législation française sur les établissements dangereux et insalubres (loi du 19 décembre 1917). Mais le problème a pris depuis une décennie une autre dimension. Des services spécialisés se créent qui, à partir d'une réglementation précise, ont pour mission d'assurer en quelque sorte une police des rapports avec le milieu naturel. Cette réglementation comporte aussi bien la définition de *zones protégées* (parcs, zones de protection des sites, zones inconstructibles ou interdites à l'implantation d'usines dans le cadre d'un aménagement du territoire rénové), que des *prescriptions* relatives aux conditions de fabrication des produits et à leur spécification (exemples : industries automobile, aéronautique ; construction...), aux conditions de transports (pour les hydrocarbures)... Des programmes d'actions concrètes complètent cette intervention réglementaire pour assainir les cours d'eau, lutter contre le bruit, aménager le milieu urbain, particulièrement exposé.
La *défense de l'environnement* est devenue maintenant un thème à la mode, mais elle n'en est qu'à ses débuts par rapport à l'ampleur des dommages à corriger, et des facteurs de nuisance à combattre. La dégradation de l'environnement conduit notamment à corriger la signification des indicateurs globaux et chiffrés de la production ou de l'enrichissement nationaux, par exemple le *PNB, dont les modes de

calcul ne prennent pas en compte la « valeur négative » de cette dégradation, mais incorporent souvent la valeur ajoutée par la correction des nuisances (exemple : on a calculé en 1971 aux États-Unis ce qu'il en coûterait pour ramener l'eau du pays à son degré de pureté d'avant l'arrivée de Christophe Colomb — « norme de l'année 1491 » ; le coût approximatif de cette purification a pu être évalué à 350 milliards de dollars, le tiers du PNB annuel américain). Si d'aucuns voient dans la défense de l'environnement une voie nouvelle pour stimuler la croissance, d'autres sont avant tout sensibles aux coûts supplémentaires qu'elle entraîne pour l'économie. D'une certaine manière, la protection de l'environnement entre désormais en concurrence avec le développement de la *consommation individuelle dans les pays développés.

Épargne

a : *Savings* – **d** : *Sparen* – **e** : *Ahorro*

---

*Affectation du revenu à la *thésaurisation, à un *placement, à un *prêt ou à l'*investissement direct.*

Aucun terme économique n'est peut-être aussi familier au langage courant et en même temps aussi irréductible, apparemment, à une définition claire et précise, et qui fasse sur elle l'accord général.

• Que l'on aborde le problème *du point de vue de la motivation de l'acte d'épargne,* ou de celui de sa *nature économique,* on se heurte à la difficulté de définir le phénomène en lui-même et on est enclin à le caractériser négativement, par rapport à d'autres phénomènes, ou à l'assimiler à l'un d'entre eux.
Ainsi certains ont cherché à définir l'épargne à partir d'un comportement d'« économie », d'abstinence, de mise en réserve comme une absence de consommation, ou une consommation différée.
D'autres, plus attentifs aux virtualités d'emploi actif de l'épargne, l'ont assimilée à son affectation capitalistique au point de l'identifier à l'*investissement.
Cette optique, chère à certains classiques ainsi qu'aux keynésiens, est sous-jacente au schéma conceptuel des systèmes occidentaux de comptabilité nationale (*voir ci-après* Épargne CN) qui réconcilient d'ailleurs les deux approches en égalant épargne et investissement et en définissant l'épargne par la différence entre *revenu et *consommation.
La définition proposée ne contredit pas cette identité économique. Mais elle met l'accent sur le *comportement de l'agent* pour lequel l'épargne n'est pas nécessairement un résidu, mais peut résulter d'un choix délibéré, et qui s'incarne dans une mise en réserve (thésaurisation sous forme de biens ou d'encaisses monétaires), dans un achat de *créance (placement

ou prêt) ou dans l'acquisition d'un moyen de production, ou d'un bien foncier ou immobilier.
On notera que si l'épargne globale et l'investissement global sont égaux **ex post*, il n'y a pas d'identité nécessaire entre épargnant et investisseur. Dans les économies monétaires modernes, il revient au *marché financier et aux *institutions financières de rapprocher épargnants et investisseurs pour permettre aux capitaux des uns de s'employer à satisfaire les besoins de financement des autres.

● Du point de vue de la *politique économique,* s'il n'est pas nié que la consommation est la finalité de la *croissance, l'investissement en est souvent tenu pour le moteur principal. Ce principe conduit à encourager l'épargne volontaire soit des particuliers, soit des entreprises (*autofinancement) ou à développer des formes d'épargne collective (épargne des administrations, par exemple) et, dans le cadre de la régulation à court terme de la croissance, à rechercher une action modératrice sur la consommation pour préserver l'effort d'investissement. En fait, quel que soit le système économique, dans une économie monétaire, l'équilibre symétrique du partage du revenu entre ses deux affectations (consommation et épargne) et de la répartition de la production entre biens de consommation et biens de production, ne peut se réaliser que de *trois façons :* ou bien par une heureuse convergence des comportements (qui peut être favorisée par le maniement des instruments de la politique économique, dans le cadre notamment de la *planification et de la politique des revenus) ; ou bien par une prédétermination autoritaire par la taxation rigoureuse des prix, l'introduction de mécanismes d'épargne forcée, voire le rationnement ; ou encore, dans une économie de marché, par le glissement des prix (généralement dans le sens de la hausse) qui se combine toujours avec une modification des comportements. Mais l'*inflation, outre ses effets sociaux, entretient en elle-même des facteurs de déséquilibre dans la mesure où elle stimule la consommation (par l'anticipation de nouvelles hausses) et tend à décourager certaines formes d'épargne, sans pour autant affecter nécessairement les intentions d'investir. Son développement conduit alors obligatoirement à l'intervention de politiques correctrices destinées à enrayer un processus qui peut devenir cumulatif.

Épargne (comptabilité nationale)

a : *Savings (social accounting, R.-U.) (national accounting, É.-U.)* – **d** : *Ersparnis (volkswirtschaftliche Gesamtrechnung)* – **e** : *Ahorro (contabilidad nacional)*

---

*Comptabilité nationale : *Épargne brute : variation, aux *amortissements près, subie par la valeur du *patrimoine des *unités économiques au cours de la période considérée.*

Dans cette variation ne sont toutefois pas comprises les plus- ou moins-values comptables ou les pertes de nature accidentelle.

*Épargne nette : Épargne brute, diminuée de l'amortissement du *capital fixe.*

Équilibre

a : *Equilibrium* – **d** : *Gleichgewicht* – **e** : *Equilibrio*

Situation d'une économie dans laquelle les proportions des quantités globales permettent l'ajustement harmonieux des flux, la stabilité des prix et le fonctionnement satisfaisant de l'appareil économique.

La notion d'équilibre, comme celle de la stabilité, n'est pas réductible à une définition exhaustive et exacte. Elle est en effet *relative,* car l'équilibre se définit par référence à une situation antérieure et à un contexte international (comme, par exemple, l'*inflation) ; elle est *globale,* car l'équilibre est celui de l'économie tout entière, incluant une certaine harmonie dans l'ensemble des secteurs, notamment sociaux ; pour ces raisons, la notion est *complexe*, car elle est liée à la réalisation de plusieurs équilibres principaux qui contribuent à l'entretien de l'équilibre global. On notera que l'équilibre n'est pas l'égalité ou l'équation mathématique d'une ou plusieurs grandeurs. Cette égalité ne peut en effet jamais être réalisée dans un organisme vivant, comme une économie. Même en physique, on sait que le « couple de forces » parfait est la définition même de l'immobilité (jeu de forces à résultante nulle). L'équilibre peut donc être considéré comme une harmonie entre les valeurs et forces économiques (ou une absence de disproportion entre elles) telle que l'ensemble socio-économique fonctionne à la satisfaction raisonnable de ses agents et soit armé contre la *crise.

Composantes de l'équilibre

– La stabilité des *prix est le symptôme le plus apparent et le plus connu de l'équilibre. Cette stabilité s'apprécie elle-même en termes relatifs, puisqu'on considère aujourd'hui comme pratiquement stables des prix dont la dérive n'est pas supérieure à 2 ou 3 % (phénomène largement lié à la *croissance généralisée).

– Le fait que l'*offre et la *demande soient du même ordre de grandeur — et dotés d'un potentiel analogue d'adaptation — constitue un élément très important de l'équilibre (lié d'ailleurs au précédent).

– L'harmonie de la *balance des paiements traduit une équipuissance entre l'espace économique national et son environnement international.

– L'ajustement des offres et demandes d'*emploi révèle un bon fonctionnement du marché du travail et un niveau satisfaisant des salaires.

– Des proportions équilibrées entre l'*épargne et l'*investissement au sein de l'équilibre théorique *dépense + épargne = *consommation + investissement, maintiennent à l'économie son rendement optimal. *Voir* Optimum.

– Corrélativement, la *masse monétaire doit être équivalente à la valeur des *flux réels en circulation à partir de l'appareil productif. *Voir* Monnaie, Théorie quantitative, Fisher (équation de), Cambridge (équation de).

– Enfin, un certain équilibre géographique dans l'implantation et le rythme des activités économiques peut ne pas être indifférent à la réalisation de l'équilibre global. *Voir* Aménagement du territoire.

Relativité et fragilité de l'équilibre

L'équilibre économique, on le voit, est le résultat quasi qualitatif d'un ensemble de « sous-équilibres » ou de « sous-harmonies ». Relatif à ces rubriques, il l'est également à l'espace et au temps : dans l'Europe d'aujourd'hui, une dérive des prix de 3 % est un symptôme d'équilibre relatif dans un contexte d'inflation rampante. Dans les mêmes temps et lieu, une proportion de chômeurs de plus de 3 % de la population active est considérée comme un déséquilibre ; ce n'était pas le cas au début du XXe siècle et encore en 1930. D'une manière générale, les valeurs retenues par exemple pour les *indicateurs d'alerte ou clignotants traduisent largement la conception, à un moment donné, de l'équilibre désiré dans une économie donnée. De même, la persistance des doutes que l'on a sur la compatibilité de l'équilibre avec la *croissance n'a d'égale que la fréquence avec laquelle on annonce des politiques d'« équilibre de croissance » ou de croissance équilibrée.

Les opinions divergent : pour les uns, une légère dépréciation monétaire est *inséparable* de la croissance, et même la favorise ; pour d'autres, la dérive des prix est le prix qu'il faut payer pour une *croissance soutenue ;* pour d'autres encore, une politique économique correcte doit pouvoir assurer la croissance sans *rupture de l'équilibre des prix.*

En fait, les exceptions à l'équilibre sont le prix de l'imperfection naturelle des ajustements économiques : *anticipations, problèmes politiques, *goulots d'étranglement localisés, etc. On en vient à penser qu'une croissance minimale, nécessairement désirée, fait inévitablement courir quelques risques à l'équilibre, et que d'ailleurs son absence lui en fait courir de plus grands encore (*emploi, *récession). Une politique économique, même réduite à la *conjoncture, s'analyse donc, en définitive, comme la recherche de la combinaison optimale entre les taux de croissance désirables et les déséquilibres tolérables. Dans cette recherche, l'équité socio-économique n'est pas le moindre facteur.

Quant à l'équilibre lui-même il n'est, littéralement, pas concevable en économie de développement, car c'est du déséquilibre que naît le mouvement. Dans une économie qui est en même temps une société, le double problème des responsables est de conserver la vertu dynamique des déséquilibres et d'éviter que leur ampleur ne conduise à des enchaînements cumulatifs graves (*inflation, *crise).

Escompte

a : *Discounting* – **d** : *Diskontierung* – **e** : *Descuento*

Opération par laquelle une banque verse au porteur d'un effet de commerce le montant de celui-ci avant son échéance et sous certaines déductions.

L'escompte permet au détenteur d'un *effet de commerce de mobiliser sa créance, c'est-à-dire d'obtenir immédiatement des fonds en échange de celle-ci. Il la transforme ainsi en argent ou en crédit. Pour le banquier, il constitue une forme de *remploi de ses *dépôts qui lui offre des garanties. Le banquier peut en outre mobiliser à son tour les effets par voie du *réescompte.

Principes et formes

Le détenteur des effets (ou « cédant ») remet ceux-ci au banquier *endossés et accompagnés d'un bordereau sur lequel ils sont énumérés. Ce bordereau fait ressortir le montant brut de la *remise* (valeur nominale des effets) et son montant net, c'est-à-dire la somme promise en contrepartie par le banquier au cédant. La différence entre ces deux montants constitue la *rémunération* du banquier pour l'avance immédiate de fonds qu'il consent, et pour le risque qu'il court de ne pas être remboursé à l'échéance. Les principales *formes* de l'escompte sont les suivantes.

Escompte simple : Le client remet au banquier les effets endossés en blanc ou endossés à titre de propriété. Le montant net des fonds lui est réglé immédiatement en espèces (« négociation sur place ») ou est porté à son compte.

Escompte en compte : Le client désire s'assurer un crédit, mais ne sait pas à quel moment précis il l'utilisera. Il n'a donc pas intérêt à retirer le montant net de ses effets immédiatement, car le crédit lui coûtera avant qu'il ne l'utilise. Il endosse alors les effets à titre de propriété au profit du banquier. S'il n'effectue pas de dépenses qui entraînent l'utilisation du montant net des effets qu'il a remis (s'il ne « tire pas sur sa remise »), il n'a rien à payer. S'il tire sur sa remise avant l'échéance des effets, il supporte les intérêts d'un *découvert plus élevés que ceux de l'escompte.

Escompte à forfait : Dans cette forme d'escompte, le banquier renonce à poursuivre le tireur en cas de non-paiement des effets à l'échéance par le tiré. Cette opération s'analyse comme une opération de *ducroire.

Escompte indirect : L'opération s'effectue à la demande du tiré et non du tireur.

Escompte d'effets sur l'étranger : Le client remet des effets sur l'étranger qui sont libellés soit en francs, soit dans la monnaie du pays où ils doivent être payés, soit parfois en *devise tierce. Les risques supplémentaires que comporte une telle opération pour le banquier tiennent aux fluctuations du change et aux réglementations étrangères. Cet escompte peut porter soit sur des traites ordinaires (ou « libres ») tirées par le vendeur sur son acheteur, soit sur des « traites documentaires », ainsi appelées parce qu'elles sont accompagnées de documents prouvant la réalité de l'opération. *Voir* Crédit documentaire. Dans ce système, le vendeur expédie la marchandise, tire un effet sur son acheteur et y joint les documents d'expédition (connaissement, récépissé d'expédition, lettre de voiture). L'acheteur n'entrera en possession des marchandises livrées que contre paiement ou acceptation de la traite présentée par le banquier qui a pris l'effet à l'escompte. (En cas de refus par l'acheteur d'accepter ou de payer, celui-ci ne peut obtenir les documents et donc les marchandises. Le banquier possède alors un droit sur la créance, un recours contre le tireur et un droit de gage sur les marchandises qui restent en souffrance.)

Régime de l'escompte

L'escompte comporte des risques pour le banquier, qui dépendent à la fois de la solvabilité des signataires de l'effet et de l'éloignement plus ou moins grand de l'échéance. La *rémunération du banquier* est la contrepartie de ces risques. Elle est constituée par différents éléments.

L'escompte proprement dit : C'est-à-dire l'intérêt de la somme calculé d'après le temps à courir jusqu'à l'échéance ; ce taux de l'escompte, éminemment variable, dépend du taux central d'escompte (ou taux de réescompte) fixé par la *banque centrale.

Un droit de commission proportionnel et de taux peu élevé.

Un droit de change : Si l'effet est payable à l'étranger, et qui fait référence au cours du change.

Un droit fixé à forfait par le tarif des banques : Si l'effet est payable sur une autre place du territoire national, et qui est moins élevé pour les effets *bancables que pour les effets *déplacés.

Politique d'escompte des banques

Les banques ont le plus grand intérêt à limiter les risques que constituent les opérations d'escompte. Elles doivent obéir à certains principes d'action pour parvenir à cet objectif.

Rechercher de préférence le papier commercial : C'est celui qui est tiré en contrepartie de livraisons ou de fournitures de marchandises ou de travaux et qui est donc lié à une opération de production de biens ou de services. Plus le *papier est « commercialement pur », plus il offre de garanties pour le banquier (tirage de l'effet contemporain de la livraison, coïncidence de l'échéance de l'effet et de l'échéance du crédit consenti par le fournisseur, certitude que l'effet pourra être gagé sur les ressources ordinaires de l'entreprise...). Ce n'est pas le cas des « papiers financiers », des « papiers de consommation » (*voir* Effet de commerce), des *billets à ordre ou des *chèques, par exemple. (Ces derniers ne comportent aucun délai de paiement et ne peuvent servir qu'à des achats « au comptant ».) Le banquier doit, de même, prendre garde au « papier de filiale » (émis entre les entreprises d'un même groupe) et, à plus forte raison, au « relais d'escompte » (multipliant les effets sur une même marchandise) et au « papier de cavalerie » (tiré sur une personne inexistante, qui est un instrument de pure escroquerie).

Proportionner les engagements au crédit du cédant : C'est-à-dire à l'opération pour laquelle le crédit est demandé et à la *solvabilité des tirés.

Présenter le papier à l'*acceptation des tirés : Ceci afin d'éviter le papier de cavalerie notamment.

Tenir un compte précis des crédits déjà consentis et des incidents qui ont pu survenir (impayés, refus d'acceptation par les tirés...). Des *états de risques* permettent aux banques d'avoir connaissance des escomptes consentis à un même cédant (risques directs) et des escomptes consentis sur des effets concernant un même tiré (risques indirects).

Tenir compte de la longueur du papier escompté : C'est-à-dire du délai qui sépare de son échéance. Les banques qui escomptent un papier ayant plus de 90 jours à courir ne peuvent le réescompter à la Banque de France. Il arrive cependant qu'elles l'acceptent en attendant que ces conditions soient remplies sous réserve que le délai d'attente ne soit pas trop long et que les autres conditions soient réunies pour que le papier devienne « bancable ».

Rôle monétaire et économique de l'escompte

• L'escompte est un des principaux moyens de **mobilisation* des effets de commerce. A ce titre il constitue l'un des moyens de paiement. Dans la mesure où le taux auquel il est consenti (taux de l'escompte) représente le prix auquel les banques vendent de la *liquidité aux détenteurs d'effets, il est normal que les autorités monétaires le surveillent et agissent périodiquement sur son montant.

• C'est pourquoi les **banques centrales* fixent le taux d'escompte central en fonction des *impulsions* qu'elles désirent donner au marché monétaire. On attend généralement d'une *élévation* du taux de l'escompte un ralentissement de la distribution du crédit, et de son abaissement un desserrement du crédit et une augmentation des moyens de paiement à la disposition de l'économie (objectif de relance ou de reprise de l'économie). La politique économique, telle qu'elle était conçue au XIXᵉ siècle et au début du XXᵉ, donnait au maniement du taux de l'escompte une place primordiale, au point qu'on a pu considérer qu'à cette époque la politique économique se réduisait à la politique monétaire et cette dernière, elle-même, à celle du taux de l'escompte.

Il n'en est, naturellement, plus de même aujourd'hui. La meilleure connaissance de la *conjoncture et la nouvelle définition de l'*équilibre ont élargi l'objectif. Quant aux moyens de lutte contre l'*inflation, l'usage des autres instruments de la *politique monétaire et du crédit, ainsi que des politiques du *budget, des *prix et de l'*emploi, ne laissent à celle du taux de l'escompte qu'une place réduite.

Espace économique européen

a : *European Economic Space* – **d** : *Europäischer wirtschaftlicher Raum* – **e** : *Europea Espacio Económico*

Zone de libre échange constituée par un accord entre l'Union européenne et l'Association européenne de libre-échange (voir ce mot).

On notera que la Suisse a refusé d'en faire partie.

Espérance de vie

a : *Life expectancy* – **d** : *Lebenserwartung* – **e** : *Esperanza de vida*

Nombre moyen d'années restant à vivre pour un individu d'une génération donnée ayant atteint un âge donné.

● On parle fréquemment d'*espérance de vie à la naissance* qui est le nombre moyen d'années que vivront les nouveau-nés d'une même génération ou, ce qui revient au même, l'âge moyen au décès des personnes de cette génération. On ne peut évidemment calculer l'espérance de vie pour une génération qu'après le décès de toutes les personnes de cette génération, ce qui n'a plus alors qu'un intérêt historique. Aussi, pour remédier à cet inconvénient, définit-on souvent *l'espérance de vie pour une année donnée (espérance de vie du moment)* qui est l'espérance de vie qu'auraient les individus d'une génération fictive qui serait soumise tout au long de sa vie aux quotients de *mortalité par âge observés pendant cette année pour les diverses générations. On dit alors qu'on a procédé à une *analyse transversale* par opposition à la première méthode qualifiée d'*analyse longitudinale.* L'analyse transversale est possible dès qu'on dispose des statistiques de l'année étudiée. L'espérance de vie du moment a une portée conjoncturelle, mais n'a pas forcément de signification longitudinale. L'espérance de vie peut augmenter au cours d'une année donnée, en raison, par exemple, de circonstances climatologiques exceptionnelles, sans pour autant que les espérances de vie des générations concernées augmentent de la même façon s'il y a « récupération » ultérieure des décès qui n'ont pas eu lieu au cours de l'année étudiée.

• Il ne faut pas confondre l'espérance de vie à la naissance avec la *durée de vie probable* qui est l'âge qu'un nouveau-né a une chance sur deux de ne pas dépasser (on peut calculer une durée de vie probable pour une génération donnée ou pour une année donnée). La durée de vie probable est la **médiane* de la distribution des âges au décès pour une génération donnée alors que l'espérance de vie à la naissance est la **moyenne* de cette distribution. Cette quantité se prêtant plus facilement que la précédente au calcul algébrique, elle est retenue d'habitude par les compagnies d'assurances sur la vie pour effectuer tous les travaux d'*actuariat, bien que sa signification soit moins immédiate.

• L'espérance de vie à la naissance était en France, au début des années 60, de 67,5 ans pour les hommes et 74,4 ans pour les femmes (espérance de vie du moment), alors que la durée de vie probable était de 71,7 ans pour les hommes et 78,7 ans pour les femmes. Au cours de ces dernières années, l'espérance de vie à la naissance a plafonné à 70,5 ans pour les hommes et 78,5 ans pour les femmes. Aux environs de 1860 elle n'était en France que d'environ 40 ans ; à la veille de la Seconde Guerre mondiale, elle n'était encore que de 55,9 ans pour les hommes et 61,6 ans pour les femmes. Cette augmentation spectaculaire de l'espérance de vie à la naissance est due en grande partie à la réduction de la mortalité infantile : en effet, l'espérance de vie à 60 ans n'est passée que de 14 années aux environs de 1860 à 16,2 années pour les hommes et à 20,8 années pour les femmes vers 1970.
Parmi tous les pays occidentaux, c'est en Suède et aux Pays-Bas que l'on trouve les espérances de vie les plus longues : 74 ans pour les hommes et 76 ans pour les femmes aux environs de 1970. Il convient de noter que la mortalité masculine, qui existe dans tous les pays, est beaucoup plus importante en France qu'ailleurs, du fait, notamment, des décès dus à l'alcoolisme. Ces dernières années, la surmortalité masculine a tendance à augmenter dans tous les pays : en France, elle est passée de 5,5 ans vers 1945 à 8 ans aujourd'hui.

Espérance mathématique

a : *Expected value* – **d** : *Erwartungswert* – **e** : *Esperanza matemática*

Indicateur de tendance centrale d'une variable aléatoire.

L'expression « espérance mathématique » est synonyme de l'expression « *moyenne arithmétique ». Elle est cependant employée de préférence à celle-ci en calcul des *probabilités, l'expression « moyenne arithmétique » étant surtout utilisée pour les *variables statistiques rencontrées en *statistique descriptive.

Estimateur

a : *Estimator* – **d** : *Schätzfunktion* – **e** : *Estimador*

---

*Fonction des valeurs d'un *échantillon permettant d'effectuer l'*estimation d'un paramètre non spécifié du modèle duquel est supposé tiré l'échantillon.*

Estimation (théorie de l')

a : *Estimation theory* – **d** : *Schätztheorie* – **e** : *Teoría de la estimación*

---

*Ensemble des méthodes permettant de déduire, à partir des caractéristiques d'un *échantillon d'unités statistiques tirées au hasard dans une certaine *population statistique, les caractéristiques de la population tout entière.*

La théorie de l'estimation est une branche de la statistique mathématique. Le plus souvent, on essaiera de préciser, grâce à l'échantillon dont on dispose, les véritables valeurs de paramètres inconnus non spécifiés par le *modèle duquel est supposé tiré l'échantillon (estimation ponctuelle) ou des intervalles dans lesquels les paramètres inconnus ont de bonnes chances de se trouver (estimation par intervalle de confiance). Dire qu'on a pu déterminer un intervalle de confiance à 95 % (ou à 99 %, etc.) pour tel paramètre signifie qu'on a trouvé un intervalle qui contiendra 95 fois sur 100 (ou 99 fois sur 100, etc.), en moyenne, la valeur vraie du paramètre. Journalistes et spécialistes de *sondages d'opinion parlent souvent de « *fourchettes » pour désigner un intervalle de confiance.

Établissement

Voir Entreprise.

Établissement de crédit

a : *Bank or financial company* – **d** : *Bank oder Finanzgesellschaft* – **e** : *Banco o sociedad financiera*

Entreprise financière pratiquant, à titre habituel, une ou plusieurs opérations de banque.

La Loi de 1984 distingue six catégories d'établissements de crédit :
– les banques (par exemple « inscrites » de la loi de 1941) ;
– les banques mutualistes ou coopératives ;
– les caisses d'épargne et de prévoyance ;
– les caisses de crédit municipal ;
– les sociétés financières ;
– les institutions financières spécialisées (Crédit national, Crédit foncier de France...).

Étalon de change-or

Voir Gold exchange standard.

Étalon monétaire

a : *Monetary standard* – **d** : *Währungsstandard/Münzfuss* – **e** : *Patrón monetario*

Valeur, ou matière, adoptée conventionnellement comme base du système monétaire d'un ou de plusieurs pays et par référence à laquelle sont définis les autres types de monnaies, et notamment les unités monétaires.

L'adoption d'un étalon monétaire répond au désir de mesurer la valeur de la monnaie par rapport à une unité fixe (de la même façon que l'on exprime une longueur par référence à l'étalon-mètre ou un poids par référence à l'étalon-gramme, par exemple). La difficulté de parvenir à une pure convention observée par tous, la nécessité de traduire une notion de *valeur* et l'importance politique et économique de la monnaie ont cependant conduit à indexer traditionnellement sa valeur sur une denrée homogène (« commodity standard »). Mais la valeur d'une monnaie étant fonction directe de la prospérité économique et de la gestion financière du pays auquel elle appartient, la monnaie pouvant revêtir l'aspect d'un instrument de politique économique ou financière (politiques ou manipulations monétaires) et prenant des formes très diverses (billets, monnaie scripturale, etc.), l'étalon-marchandise a perdu une grande partie de son intérêt (régime du papier-monnaie : « non-commodity » ou « paper standard »).

Histoire

La monnaie marchandise : A l'origine, divers biens servaient d'intermédiaires aux échanges : troupeaux (*pecunia* vient de *pecus*), blé, etc. Rapidement, les métaux vont prendre une place privilégiée à cause de leur homogénéité, de leur utilité généralisée, de leur solidité et de leur constance dans le temps.

L'étalon métallique : Ce régime a été progressivement adopté depuis le XIIIe siècle. Les métaux précieux s'imposent. En effet « l'or et l'argent seuls sont de petit volume, d'égale bonté, faciles à transporter, à subdiviser sans déchets, commodes à garder, beaux et brillants dans les ouvrages qu'on en fait et durables jusqu'à l'éternité » (Cantillon).
Dans le régime de **bimétallisme,* les étalons monétaires sont constitués par deux métaux, l'or et l'argent. Ce régime a été très largement répandu jusqu'à la fin du XIXe siècle.
Dans le régime de **monométallisme,* un seul métal constitue l'étalon monétaire (monométallisme argent, monométallisme or). Ce régime a pris la succession du précédent au début du XXe siècle, sous la forme du régime de l'étalon-or (*voir également* Gold specie standard).
Divers régimes *symmétallistes* ont été proposés à diverses reprises. Ils consistaient en l'adoption de plusieurs étalons métalliques interchangeables à des taux fixes. Ces systèmes, qui avaient pour but d'assurer à la monnaie une combinaison d'étalons moins sujette aux fluctuations, n'ont pas connu le succès escompté.
Par suite de l'évolution économique, les systèmes d'étalons monétaires ont peu à peu dégénéré. La convertibilité des billets en métal a subi diverses limitations au lendemain de la guerre de 1914-1918 (*gold bullion standard, *gold exchange standard) pour disparaître pratiquement et aboutir au cours forcé du papier-monnaie.

Affaiblissement de la notion d'étalon monétaire

A l'heure actuelle, il n'existe plus de monnaie convertible à taux fixe en un métal ou en quelque autre marchandise-étalon. Le cours forcé du papier-monnaie inconvertible règne en Grande-Bretagne depuis 1931, aux

États-Unis depuis 1933, en France depuis 1936. L'abandon progressif de l'étalon métallique a été principalement dû :

– à la difficulté pour les États de remplir les conditions de son fonctionnement, notamment d'accepter les conséquences des afflux ou des pénuries de métal-étalon sur le marché (baisses ou hausses des prix et des salaires) ;

– à l'importance grandissante prise par les considérations d'*équilibre économique ou de plein *emploi qui ont relégué au second plan la référence purement conventionnelle de l'étalon monétaire classique ;

– à ce que le problème de convertibilité se pose plus, dans l'économie moderne, par rapport aux autres monnaies que par rapport à l'or.

Les véritables garanties d'une monnaie résident aujourd'hui dans la prospérité économique de chaque pays et la solidité de sa société politique. C'est pourquoi ceux qui ont connu ou connaissent une longue période de prospérité et de stabilité voient leur propre monnaie s'ériger en véritable étalon monétaire international (monnaie dirigeante ou dominante). On a ainsi pu connaître des périodes de véritable « étalon sterling » entre les deux guerres mondiales, d'« étalon dollar » entre 1945 et 1970, et la constitution de zones monétaires dont l'étalon est constitué par la monnaie du pays dominant de la zone.

Dans la mesure où les transactions internationales sont le fait d'agents économiques, cet « étalon » de prospérité et de stabilité est fondé sur l'opinion et la confiance en la monnaie. L'aspect *fiduciaire* de celle-ci prend ainsi le pas sur son rattachement à un étalon monétaire matériel.

Étalon-or

Voir Gold standard.

État

a : *Public sector* – **d** : *Staat* – **e** : *Estado*

Comptabilité nationale : Administration publique nationale à compétence générale.

Le compte de l'État regroupe en fait le budget général, les comptes spéciaux du *Trésor (sauf s'ils sont rattachés aux entreprises comme le compte de fabrications d'armement), la Caisse autonome de reconstruction et les établissements administratifs d'État (administrations publiques dotées de l'autonomie financière telles que les établissements d'enseignement, les organismes de recherche scientifique...).

Étranger

a : *Abroad/Rest of the world* – **d** : *Ausland/Übrige Welt* – **e** : *Exterior*

---

*Ancien système de comptabilité nationale : Partie de l'agent « *extérieur ».*

Elle regroupe l'ensemble des pays étrangers, à l'exception de ceux qui, faisant partie de la *zone franc, sont classés parmi les pays d'outre-mer.

Voir Balance des paiements.

Euro

a : *Euro* – **d** : *Euro* – **e** : *Euro*

Unité monétaire de l' Union monétaire européenne.*

Le sommet européen de Madrid, en décembre 1995, a arrêté le nom de la monnaie européenne créée en 1999 : l'Euro.
Cette monnaie succède à l'* écu.

* *Voir* Union européenne, Traité de Maastricht.

Eurobons

a : *Eurobonds* – **d** : *Euroscheine (ou Euroobligationen)* – **e** : *Eurobonos*

---

*Bons obligataires émis en *eurodevises ou en *écus.*

Eurodevises

a : *Eurocurrencies* – **d** : *Eurowährung* – **e** : *Eurodivisas*

---

*Avoirs en une *monnaie déposés dans des *banques non résidentes qui en assurent l'emploi.*

Contrairement à ce que suggère l'expression, le phénomène des eurodevises est loin d'être limité à l'Europe. Les monnaies européennes ne sont pas seules concernées (les trois quarts des avoirs sont même constitués d'*eurodollars). Les déposants ne sont pas exclusivement européens ; les *sociétés multinationales américaines et les pays producteurs de pétrole sont parmi les principaux détenteurs. Les emprunteurs sont pour une part non négligeable des pays du *Tiers Monde. Parmi les institutions financières qui les gèrent (eurobanques), les banques non européennes sont très actives — et notamment les filiales, hors des États-Unis, des banques américaines. Enfin, les centres financiers extérieurs à l'Europe se sont développés. En principe, le terme de *xéno-devises* eût donc paru mieux adapté, mais, s'il a parfois été employé, son usage ne s'est pas imposé. Il est vrai qu'historiquement le phénomène s'est d'abord manifesté en Europe occidentale, avec les eurodollars ; aujourd'hui encore, les pays industrialisés d'Europe sont les plus gros détenteurs d'eurodevises, et les places financières européennes les principaux centres de l'euromarché.

Origine

• En l'absence de monnaie véritablement internationale, les transactions internationales ne peuvent se régler que par le détour de règlements en monnaies nationales. Dès lors, les agents économiques engagés dans les échanges extérieurs sont amenés à se constituer des encaisses en *devises. Plutôt que de déposer ces avoirs auprès du système bancaire du pays d'émission — constituant ainsi des balances-dollars, *balances-sterling... —, ils peuvent les confier à des banques de leur propre pays ou de pays tiers. Ils y sont poussés par les soucis de commodité et de prudence qui les incitent à traiter avec leur banquier habituel. Les préoccupations politiques peuvent également déterminer le choix de banquiers d'une nationalité donnée — et la méfiance des pays de l'Est européen à l'égard des États-Unis, à l'époque de la guerre froide, a effectivement joué un rôle lors de l'apparition des eurodollars.

• Mais l'élément décisif vient des réglementations du crédit et des *changes. En réponse à la grande *crise des années 30, des contrôles des changes ont été mis en place, assez draconiens dans leur phase initiale, pour faire disparaître l'usage, jusqu'alors courant, des dépôts (et des prêts) en devises. Après la guerre, le desserrement progressif de ces contraintes, avec la libération croissante des échanges et le retour à la *convertibilité des monnaies, n'en a pas moins laissé subsister des dispositifs restrictifs. Paradoxalement, ces limites imposées à la liberté des changes ont favorisé le développement des opérations en eurodevises ; au-delà des particularités propres à chaque pays, toutes se caractérisent en effet par la *discrimination qu'elles opèrent entre *résidents et non-résidents, soumis à des contraintes inégales, moins sévères souvent pour ceux-ci que pour ceux-là. Les réglementations bancaires et des politiques du crédit introduisent aussi des disparités entre les banques, dont les interventions dans la monnaie de leur lieu de résidence sont cantonnées dans le cadre étroit fixé par les autorités monétaires tandis que leurs activités en devises sont

généralement plus libres, surtout dans leurs relations avec les non-résidents.
Au total, le jeu combiné des politiques de crédit et de change favorise, dans chaque pays, les opérations en devises étrangères des non-résidents à travers les banques résidentes.

• De même que le marché des eurodollars s'est développé du fait que, pour des dépôts et prêts en dollars, les banques aux États-Unis, subissant la législation américaine, offraient à leur clientèle non résidente des conditions moins favorables que celles proposées par les banques situées à l'extérieur — et notamment en Europe —, les eurosterling, les euromarks, les eurofrancs suisses... ont proliféré du fait que les banques situées respectivement hors du Royaume-Uni, de RFA, de Suisse mettent à la disposition des non-résidents du pays d'émission des services plus attrayants que les banques locales, handicapées par les contrôles auxquels elles sont soumises.

Eurodevises et eurobanques

• L'extrême souplesse et l'efficacité des marchés d'eurodevises leur a permis de s'adapter aux besoins liés à l'internationalisation accrue de la production et des échanges, comme à l'aggravation des déséquilibres de paiements courants qui appellent en contrepartie des mouvements de capitaux considérables. Bien que le dollar continue d'y occuper une position dominante, celle-ci a tendance à se réduire au fur et à mesure que la monnaie américaine s'affaiblit, et, en 1979, elle ne dépassait plus les deux tiers du total des dépôts. Le nombre des autres devises traitées s'est progressivement élargi à toutes les principales monnaies occidentales ; le *mark allemand, avec le cinquième des dépôts, et le franc suisse (1/20) devancent nettement la livre sterling, le franc français, le florin néerlandais.

• En somme, le marché des eurodevises constitue le véritable marché international des capitaux, mettant en présence prêteurs et emprunteurs de toutes nationalités, traitant en toutes devises, par l'intermédiaire d'un système bancaire spécialisé, les *eurobanques.* Si rien ne s'oppose en principe à ce que des banques de toutes tailles participent au marché des eurodevises, ce sont les plus grandes banques du monde, avec leurs succursales, qui concentrent la plus grande part de l'activité. A leurs côtés, les banques consortiales, souvent créées à leur initiative et avec leur concours, constituent un deuxième groupe d'intermédiaires actifs sur les euromarchés. Associant plusieurs banques de nationalités et de caractéristiques diverses, elles mettent en commun la technique des unes, le renom auprès des prêteurs ou la connaissance des emprunteurs des autres ; les banques euro-arabes se sont ainsi multipliées au début des années 70, où les institutions financières de pays producteurs de pétrole apportaient l'accès aux ressources constituées par les *pétrodollars, tandis que les partenaires européens apportaient, avec leur compétence technique, leurs relations avec les demandeurs de capitaux. Enfin, les banques d'affaires, et notamment les *merchant banks* anglo-saxonnes, sont un troisième groupe d'institutions très actives sur les euromarchés où elles utilisent leur expertise financière pour monter et diriger les syndicats d'émission des eurocrédits.

• La communication entre les eurobanques est permanente, par télex, téléphone ou télégramme, et le marché n'a donc pas de réalité géographique. Les banques domiciliées en Europe, parmi lesquelles, à côté des banques européennes, les filiales de banques extérieures, notamment américaines, traitent la plus grande partie des opérations, à partir des principaux centres financiers traditionnels (Londres, Paris, Zurich...). Mais une particularité du marché des eurodevises est le développement des activités des places financières extérieures de création récente, qualifiées de *places off shore.* Pour certaines, il ne s'agit que de paradis fiscaux où les eurobanques comptabilisent dans des filiales des opérations décidées ailleurs. D'autres, en revanche, se sont constituées pour se rapprocher des prêteurs et emprunteurs potentiels ; ainsi Beyrouth, puis Bahreïn bénéficient du voisinage des détenteurs de pétrodollars, tandis que Singapour et Hong Kong assurent la circulation des capitaux en Asie du Sud-Est où le *développement économique crée d'importants besoins d'intermédiation financière (compte tenu du caractère régional très marqué des opérations de ces deux derniers centres, elles sont souvent présentées comme constituant un marché de l'« *asian-dollar* », mais la perméabilité avec le marché mondial des eurodevises est totale).

• Le volume considérable des dépôts collectés sur le marché des eurodevises donne lieu à une intense activité *interbancaire* qui, par des opérations à court terme entre elles, permet aux eurobanques d'adapter à leurs disponibilités leurs besoins de *liquidités en telle ou telle devise. Si les ressources à court terme constituées par les dépôts de la clientèle et dont la circulation est ainsi assurée sont bien adaptées au financement du commerce extérieur, l'originalité de l'euromarché réside surtout dans son aptitude à en effectuer la transformation pour offrir des concours à moyen terme. Les *eurocrédits* sont consentis pour des périodes pouvant aller jusqu'à cinq ans, à des taux d'intérêt variables, fixés généralement pour six mois. Cette technique de crédits renouvelables (« roll-over ») crée un lien étroit avec le marché monétaire, dont les taux (et le plus souvent, le taux voté à Londres ou LIBOR — London Interbank Offered Rate, taux d'intérêt offert entre banques à Londres) sont directeurs. La banque se rémunère en y ajoutant une marge, déterminée en fonction de la qualité de l'emprunteur et du risque qu'il présente. Pour des débiteurs de notoriété suffisante, grandes entreprises ou gouvernements, le compartiment des *euro-émissions* permet l'accès, à travers les eurobanques qui se rassemblent en syndicats d'émission, à des souscripteurs prêts à immobiliser des ressources à plus long terme (5 ans pour les bons, 7 à 12 ans pour les *obligations).

Problèmes

Le développement très rapide du marché des eurodevises (les dépôts étaient de l'ordre de 1 000 milliards de dollars à la fin 1979) a suscité l'inquiétude des gouvernements.

• Celle-ci s'attache d'abord à l'influence inflationniste des euromarchés. Il est vrai que les eurobanques créent de la monnaie par le jeu des *crédits qu'elles consentent, dans la mesure où elles acceptent de prendre un risque de liquidité. Le *multiplicateur qui, à l'intérieur d'un système monétaire national, s'applique à la monnaie centrale, joue ici à partir de la base que constituent les dépôts par les banques non résidentes dans les banques résidentes ; mais les possibilités de *conversion des avoirs de la clientèle sont beaucoup plus grandes que dans un système national et incitent sans doute les eurobanques à une prudence qui se répercute sur le multiplicateur dont la valeur est sans doute faible. D'ailleurs, quelle que soit l'ampleur de la création monétaire par les eurobanques, le pouvoir d'achat disponible en eurodevises doit, pour s'exprimer en demande finale, être utilisé sur des marchés de biens et services nationaux où s'exerce l'influence des politiques de lutte contre l'*inflation.

• Quoiqu'elle soit gênée par les contrôles des changes, la liaison entre le marché international d'une monnaie (entre non-résidents) et le marché interne est permanente par les transferts de capitaux ; de même, les *arbitrages entre devises assurent la communication entre les marchés des diverses monnaies. Les mouvements internationaux de capitaux, souvent assimilés, quels qu'en soient les motifs, à des déplacements de *capitaux fébriles, sont grandement facilités par l'efficacité des eurobanques qui en paraissent alors responsables.

• Les liens qui unissent ainsi les marchés d'eurodevises et les marchés monétaires internes, et par conséquent les taux d'intérêt pratiqués, limitent l'autonomie des politiques monétaires nationales et rendent malaisée la définition de politiques du crédit et du change cohérentes et praticables.

• Dès lors, le souci de contrôler le marché international des capitaux a souvent effleuré les autorités monétaires ; la question a été examinée au sein de la *CE et du *groupe des Dix notamment. A la vérité, outre l'inconvénient qui résulterait de la disparition d'un marché dont l'efficacité a permis le financement des déficits de *balances des paiements et le développement des échanges internationaux, la mise en place de dispositifs de contrôle pourrait provoquer un déplacement des opérations en eurodevises vers l'extérieur de la zone où s'exerceraient les contrôles. Rapide depuis 1973, la croissance relative des opérations domiciliées dans les centres financiers situés hors des principaux pays industriels montre que cette menace n'est pas théorique. Pour y échapper, un système de contrainte mondialement accepté serait seul adapté et les chances d'aboutir à un accord aussi large sont négligeables.

• Enfin, compte tenu de la part prise par les eurobanques dans le recyclage des pétrodollars, notamment vers les pays en développement non producteurs de pétrole, le problème de l'endettement de ces pays s'est posé de façon nouvelle à partir du milieu des années 70. L'intermédiation spontanée assurée par les euromarchés s'est traduite par un coût plus élevé de la dette, mais surtout elle a permis aux gouvernements du *Tiers Monde de trouver des fonds au-delà de ce qu'auraient pu fournir les organisations internationales (*FMI et *BIRD) et sans avoir à souscrire aux obligations que celles-ci imposent en contrepartie de leurs concours. Pourtant, malgré les inquiétudes exprimées de divers côtés, du fait de l'endettement très considérable de certains pays en voie de développement vis-à-vis des banques privées, chacun, emprunteurs comme prêteurs, semble trouver des avantages à une pratique qui évite de limiter aux relations inter-gouvernementales et aux mécanismes d'*aide les transferts de capitaux vers les pays du Tiers Monde.

• Au total, l'ambiguïté du phénomène des eurodevises ne peut qu'être soulignée et explique l'attitude embarrassée des pouvoirs publics. Mécanisme de distribution, voire de création des liquidités internationales, il contribue au développement des échanges internationaux et facilite les mouvements de capitaux qui assurent le nécessaire équilibre des balances des paiements courants. Mais la liberté dont il jouit, si elle lui permet de s'adapter rapidement aux évolutions les plus contrastées, conduit aussi à un développement anarchique qui constitue un facteur de perturbation dans la phase d'instabilité du *système monétaire international qui a débuté au milieu des années 60 avec l'ébranlement du *Gold exchange standard.

Eurodollars

a : *Eurodollars* – **d** : *Eurodollars* – **e** : *Eurodólares*

---

*Avoirs en *dollars déposés dans les banques hors des États-Unis et gérés par elles.*

La naissance, puis le développement très rapide du marché des eurodollars, est un des phénomènes les plus marquants de l'histoire des relations monétaires internationales depuis la fin de la Seconde Guerre mondiale.

• Dans les années 50, à l'époque de la guerre froide, l'Union soviétique et les pays socialistes d'Europe de l'Est étaient peu enclins à conserver leurs *réserves officielles en dollars dans des banques situées aux États-Unis sous le contrôle direct des autorités monétaires et politiques américaines. Ils préféraient les déposer dans des banques de Londres ou de Paris. Cette pratique serait à l'origine des eurodollars d'où leur nom serait issu (il se serait formé à partir de l'adresse télégraphique,

« Eurobank », de la Banque commerciale pour l'Europe du Nord, établie à Paris, qui entretient d'étroites relations avec les pays de l'Est).
Au cours des années 60, après le retour à la *convertibilité externe des principales *monnaies européennes en 1959, allaient s'ajouter à ces dépôts de dollars dans les banques européennes les avoirs qui s'accumulaient du fait des déficits croissants de la *balance des paiements des États-Unis. Les *banques centrales européennes, peu désireuses de gonfler leurs créances en dollars, qu'elles jugeaient excessives et qu'elles n'estimaient pas pouvoir convertir en *or pour ne pas compromettre la confiance dans la monnaie américaine que la pratique du *Gold exchange standard plaçait au centre du *système monétaire international, encouragèrent les banques ordinaires à utiliser les dollars reçus de la clientèle plutôt que d'en demander la conversion en monnaie nationale. Certaines participèrent même directement à l'accroissement du montant des eurodollars en déposant une partie de leurs réserves dans des banques commerciales ou en les échangeant avec elles par un *crédit croisé.
A ces ressources en dollars, les banques européennes n'eurent aucune difficulté à trouver des emplois hors des États-Unis, soit pour le financement du commerce international — où le dollar est largement utilisé même entre partenaires non américains —, soit pour faire face à la demande d'emprunteurs trouvant là des possibilités de crédits plus abondantes ou plus favorables que celles qui leur sont offertes dans leur monnaie nationale.

• Pourtant, le marché de l'eurodollar n'aurait pas eu un démarrage aussi rapide sans l'intervention de facteurs spécifiques.

– La réglementation bancaire des États-Unis limite les possibilités de rémunération des dépôts reçus par les banques américaines. Les banques étrangères, en revanche, échappent à cette réglementation, comme aussi à celle de leur propre banque centrale généralement limitée aux opérations en monnaie nationale ; elles peuvent donc attirer les capitaux en offrant des taux d'intérêt créditeurs avantageux.

– Alors que la tradition des banques américaines les portait peu vers des opérations extérieures aux États-Unis, les banques européennes (britanniques, suisses, à un moindre degré françaises, hollandaises et allemandes...) entretenaient de longue date un réseau de relations internationales. Les politiques monétaires n'ont fait que renforcer cette infériorité de départ du système bancaire américain face à ses concurrents européens. Celle des États-Unis a limité, notamment dans le but de contenir le déficit de la balance des paiements, l'accès des emprunteurs non *résidents au marché américain. Celle de la Grande-Bretagne, qui pour protéger la *livre a interdit les prêts en sterling à des non-résidents, a amené les banques anglaises à reporter sur le dollar leurs opérations avec leurs clients étrangers. Le dynamisme des banquiers de la City s'est ainsi trouvé détourné vers le marché de l'eurodollar où ils ont joué un rôle de pionniers, assurant à la place de Londres une position dominante qu'elle conserve toujours, même si aujourd'hui elle la doit pour une part à l'activité des filiales de banques américaines qui s'y sont créées depuis quinze ans pour participer à ces opérations.

• Ainsi constitué, le marché international du dollar ne pouvait que se développer en même temps que s'internationalisaient les échanges et la production. Il favorise la circulation des capitaux entre les prêteurs et les emprunteurs de tous les pays du monde à travers un réseau d'intermédiaires en liaison permanente par télécommunications. Affranchi des contraintes qu'imposent aux systèmes de crédit nationaux les politiques nationales du crédit et des *changes, il s'adapte avec beaucoup de souplesse à l'évolution des besoins. Son efficacité est d'autant plus grande, qu'il s'agit d'un marché de gros, hautement spécialisé, où les transactions portent sur des sommes importantes et où n'accèdent que des clients sélectionnés. Limité à l'origine à quelques banques de quelques places financières européennes, il s'est étendu aujourd'hui jusqu'à se fondre dans le cadre, plus large, du marché des *eurodevises dont il n'est qu'un cas particulier et le compartiment principal.

Euromarché

a : *Euromarket* – **d** : *Euromarket* – **e** : *Euromercado*

*Marché des émissions en *eurodevises ou en *écus.*

Euromonnaies

Voir Eurodevises.

Évaluation

a : *Rating* – **d** : *Beurteilung* – **e** : *Evaluación*

Procédure américaine de cotation de sociétés.

Cette procédure — assurée souvent par les deux grandes firmes spécialisées, Moody's ou Standard and Poors — s'applique notamment, sous l'ordre de la « Securities and Exchange Commission », à l'occasion de l'émission d'actions ou d'obligations. Les entreprises sont soumises à une série de questions très précises sur la gestion et leurs perspectives de développement.

Évaluation des tâches

a : *Job evaluation* – **d** : *Arbeitsplatzbewertung* – **e** : *Evaluación de tareas*

Technique d'analyse du travail visant à exprimer celui-ci en termes de quantité.

Les techniques d'évaluation des tâches (ou *job evaluation*) ont pour objet d'appliquer au travail humain un système d'analyse comparable à celui qu'on peut utiliser dans le domaine physique. La réduction du travail ou des tâches en éléments simples ou « points » — sortes d'unités de travail — permet en effet un certain nombre d'opérations utiles, pour l'analyse et la gestion : appréciation de la charge réelle de travail, comparaison de tâches ou de postes de travail, organisation de la production, politique du personnel et des rémunérations, etc.
Cet effort d'analyse, de caractère exagérément mécaniste et pointilliste à l'origine (*voir* Bedaux, Fayolisme), s'oriente aujourd'hui vers une certaine « recomposition », à partir des éléments analytiques du travail. Cette méthode est en effet plus en rapport avec la nécessité, reconnue maintenant, de mieux faire correspondre les évaluations de tâches avec des processus cohérents de production et avec le besoin légitime de personnalité et de responsabilité des travailleurs.

Évasion

a : *Tax avoidance* – **d** : *Steuerausweichung* – **e** : *Evasión fiscal*

Action du contribuable dont le but exclusif est de se placer dans les conditions les plus avantageuses au regard de la loi fiscale.

Surtout quand il s'agit de grandes entreprises, mais aussi en ce qui concerne les impôts personnels, la fiscalité constitue l'un des éléments que les agents économiques prennent en considération pour rationaliser leurs décisions. La complexité croissante des dispositifs fiscaux tend à multiplier les occasions d'évasion, tandis que le niveau de la pression fiscale rend fréquemment l'évasion très avantageuse. La fiscalité exerce ainsi une influence certaine sur les comportements.
De son côté, il est vrai, le législateur joue de cette influence pour promouvoir des dispositions fiscales incitatrices. Dès lors, l'évasion qui apparaissait comme une utilisation de la lettre de la loi pour en tourner l'esprit tend à perdre cette caractéristique.
Les régimes spéciaux dont bénéficient les revenus de l'épargne en matière d'impôt sur le revenu donnent notamment lieu à une importante évasion fiscale. Certains petits pays trouvent avantage à pratiquer de faibles taux

d'imposition qui suscitent la création de sièges sociaux par des non-résidents et provoquent dans les autres pays une évasion fiscale internationale particulièrement difficile à contrarier.

Voir Fraude.

Ex ante, ex post

a : *Ex ante, ex post* – **d** : *Ex ante, ex post* – **e** : *Ex ante, ex post*

Locution composée de mots latins et pouvant se traduire par : « sur la base des éléments connus avant (un phénomène) ou après (le phénomène) ».

Dans le langage des économistes, l'expression sert à distinguer les grandeurs découlant des projets et prévisions des agents économiques *(ex ante)* des mêmes grandeurs telles qu'elles sont effectivement réalisées dans la vie économique *(ex post)*.
Ces concepts *ex ante* et *ex post* ont été introduits par l'école suédoise (principalement par l'économiste Myrdal) et ne constituent qu'une formulation différente des notions bien connues d'*a priori* et d'*a posteriori.*
Exemple : à un moment donné, des producteurs peuvent, sur la base des *anticipations qu'ils font concernant l'évolution du marché, faire des plans d'investissements. La valeur de ces investissements sera décidée *ex ante.* Mais l'évolution réelle du marché peut modifier le montant d'investissements effectivement réalisés par ces agents économiques *(ex post)*.
D'une manière générale, les grandeurs *ex ante* relèvent de l'anticipation, les grandeurs *ex post* de la mesure statistique.
L'utilisation systématique de ces deux concepts permet d'estimer la marge d'erreur des agents économiques et d'en mesurer les conséquences. En outre et surtout, les grandeurs *ex ante* sont à considérer comme des facteurs économiques réels dans la mesure où les opinions et les intentions qu'elles traduisent constituent des éléments parfois déterminants de la *conjoncture économique.
Le rapprochement des deux concepts permet ainsi de rendre compte de deux notions fondamentales : le facteur de temps et le facteur de conscience.
L'un des objets principaux de l'analyse économique est d'apprécier les conditions dans lesquelles les grandeurs *ex ante* prennent les valeurs constatées *ex post,* et, plus précisément, d'établir le partage d'influence entre les trois éléments explicatifs suivants : les erreurs affectant la prévision *ex ante,* les modifications de comportement par rapport aux intentions affirmées et les mouvements de *prix qui règlent, en économie de marché, l'ajustement de comportements contradictoires.

Excédent

a : *Surplus* – **d** : *Überschuss* – **e** : *Excedente*

Solde comptable ou différence entre les produits et les charges, entre les avoirs et les dettes, ou bien enfin entre les ressources et les débouchés.

Généralement l'excédent, qu'il soit un résultat comptable ou la constatation statistique d'un fait économique, traduit la mesure dans laquelle les ressources ou les produits l'emportent sur les charges, la situation contraire étant qualifiée de *déficit ou de *pénurie.
Cependant, en raison du sens défavorable que l'expression de déficit revêt généralement, qu'il s'agisse de la gestion d'une entreprise, de celle des affaires de l'État ou de la collectivité nationale, il peut se faire qu'au mot excédent soit attribuée la signification générale de solde algébrique qui peut être positif ou négatif : on parle parfois d'« excédent négatif ».
En son sens traditionnel, l'excédent passe pour un signe d'aisance et pour le résultat d'une bonne gestion : l'excédent de la *balance des paiements courants, l'excédent budgétaire d'une collectivité, quels que soient son mode de calcul, ses raisons d'être et ses conséquences, sont considérés dans l'opinion publique comme un signe de la santé du pays.
Lorsqu'il s'agit d'exprimer la situation d'un *marché déterminé, l'excédent pose des problèmes aussi graves que la *pénurie bien que de nature différente : les excédents de matières premières sur les marchés mondiaux, dus aux variations de la demande liées à la conjoncture, les excédents de produits agricoles sur les marchés mondiaux et sur les marchés nationaux plus souvent engendrés par les conditions de l'offre, les incertitudes de la production et la lenteur des réactions des producteurs, entraînent de fortes variations des cours sans déterminer un accroissement des débouchés. Leurs conséquences sur la situation économique des pays producteurs ou sur le revenu des agriculteurs appellent des mesures internationales ou nationales, gouvernementales ou professionnelles pour la *stabilisation des cours : elles comportent, notamment, organisation de la réduction des productions, élimination définitive (par destruction, exportation sur d'autres marchés, utilisation à d'autres fins) ou report des surplus (par le stockage).

Excédent brut d'exploitation

a : *Brut operating surplus* – **d** : *Bruttobetriebsergebnisüberschuss* – **e** : *Excedente bruto de explotación*

---

*Comptabilité nationale : Solde du compte d'exploitation d'un *secteur institutionnel.*

L'excédent brut d'exploitation (EBE) est égal à la différence entre la *valeur ajoutée par le secteur augmentée des *subventions d'exploitation et l'ensemble constitué par la rémunération des salariés (salaires, *cotisations sociales effectives et fictives) et les impôts liés à la production. L'EBE diffère pour l'essentiel du *résultat brut d'exploitation de l'ancien système par les différences introduites dans la nomenclature des agents et par l'exclusion de la TVA déductible.
L'excédent net (ENE) s'obtient par déduction des dotations aux amortissements. Le passage de l'excédent net au résultat d'exploitation au sens comptable s'opère par addition à l'ENE du solde algébrique des frais et produits financiers et soustraction des travaux et charges non imputables à l'exploitation de l'exercice, si on raisonne en exercice.

Exercée (raffinerie, usine)

Voir Entrepôt (de douane).

Exercice

a : *Fiscal year* – **d** : *Rechnungsjahr/Geschäftsjahr* – **e** : *Ejercicio*

Période de temps pour laquelle sont établies des prévisions financières ou dégagés des résultats financiers, dans une unité de gestion, une entreprise ou un organisme public.

Sauf exceptions, l'exercice a une durée de douze mois ; mais cette période ne correspond pas toujours à l'année civile : les entreprises ayant une activité saisonnière ont intérêt à dégager leurs résultats sur un cycle d'activité complet.
Dans une *entreprise,* l'exercice couvre la période dont les résultats d'exploitation sont arrêtés : ils sont soumis à l'assemblée générale des actionnaires, si l'entreprise a forme sociétaire ; les bénéfices dégagés font l'objet d'une affectation, d'un prélèvement fiscal, d'une distribution.
Si le *budget* national français s'exécute à partir du 1er janvier, il n'en est pas de même dans tous les pays étrangers : la période d'exécution commence le 1er avril en Grande-Bretagne, le 1er juillet aux États-Unis.
L'exercice budgétaire a une double signification : c'est à la fois la période à laquelle s'appliquent les autorisations de dépenses et de recettes qui constituent le budget d'un organisme public, et la période pour laquelle seront établis les résultats d'exécution de ce budget, tels qu'ils doivent être soumis à l'autorité qualifiée pour les approuver (projet de loi de

règlement pour l'État, compte administratif pour les autres collectivités publiques).

Le *système de l'exercice* est un système de comptabilisation des opérations d'exécution du budget ; tandis que dans le système de la *gestion les opérations sont simplement rattachées à la comptabilité de l'année qui a vu leur complète exécution, c'est-à-dire le paiement ou l'encaissement, le système de l'exercice prévoit le rattachement à l'année au titre de laquelle l'opération a été autorisée : ainsi les dépenses payées seront-elles comptabilisées au titre de l'année de l'ouverture des crédits jusqu'à emploi intégral ou annulation de ceux-ci.

Ce système, logique dans son principe, répond à des préoccupations juridiques : les actes d'exécution doivent être rattachés à l'autorisation parlementaire qui est à leur origine. Les paiements sont la conséquence des décisions d'*engagement ; en rattachant les paiements à l'année d'engagement, on s'assure que les engagements sont restés dans la limite des crédits, et l'on évite de faire peser des arriérés sur les exercices ultérieurs.

Mais il conduit à des difficultés d'ordre comptable : il oblige en particulier à tenir simultanément la comptabilité d'exécution de plusieurs exercices, il retarde l'arrêté des résultats de l'un d'eux. Et l'organisation d'un contrôle préalable des engagements le rend moins utile.

Aussi l'application de ce système a-t-elle été limitée progressivement : la clôture d'un exercice intervient à l'achèvement d'une *période complémentaire d'une durée de plus en plus courte, à l'issue de laquelle des résultats seront présentés ; à cette date limite qui concerne les paiements, correspondent des limites antérieures pour les opérations d'engagement et pour les opérations d'ordonnancement imputables sur les crédits d'un exercice (*voir* Ordonnateur).

En France, le raccourcissement de la période complémentaire se caractérise par l'évolution suivante des dates limites de paiement : 31 décembre de la deuxième année sous la Restauration, 28 février en 1934, 31 janvier en 1955, puis de nouveau 28 février ; depuis on considère que l'on est ainsi passé pour les dépenses de l'État du régime de l'« exercice limité » à celui de la « gestion prolongée ». En ce qui concerne les recettes de l'État, le système de l'exercice a été abandonné dès 1934.

Ce système de l'exercice limité, utilisé en Italie, en Suisse et aux États-Unis notamment, est encore appliqué en France pour les collectivités locales et les établissements publics.

Exigibilités (passif)

Voir Exigible (passif).

Exigible (passif)

a : *Liabilities due* – **d** : *Fällige Verbindlichkeiten* – **e** : *Exigibilidades*

---

*Fraction du *passif représentant les dettes.*

Le passif exigible est l'ensemble des dettes (à court, moyen ou long terme) contractées par l'entreprise, c'est-à-dire les sommes dont les créanciers *exigeront* le remboursement. Ne font donc pas partie de l'exigible les autres rubriques du passif : capitaux propres, réserves, report à nouveau, subventions d'équipement reçues (sauf si l'entreprise venait à ne pas satisfaire aux conditions auxquelles elles sont subordonnées). En revanche, la part du *bénéfice (inscrit au passif) destinée à être distribuée aux actionnaires en fait partie.

EXIM

Voir IMEX.

Expansion

a : *Expansion* – **d** : *Aufschwung* – **e** : *Expansión*

État d'une économie dans laquelle la production et la demande croissent en volume.

Ainsi définie l'expansion s'oppose à la *récession ou à la *stagnation. Elle apparaît comme l'objectif affirmé de la politique économique. Celle-ci en effet tend à atténuer, sinon à supprimer, les *fluctuations cycliques de l'économie pour assurer une croissance régulière et si possible maximale par rapport aux possibilités objectives de développement.
L'expansion est généralement mesurée par le *taux de *croissance* en volume de la production nationale, mesure qui dépend du contenu du concept de production retenu (*voir* Produit national brut, Produit intérieur brut) et de la qualité du réseau d'informations statistiques.
Un des problèmes actuels des économies développées est que l'expansion, ainsi définie et mesurée, s'accompagne de la multiplication et de l'extension des phénomènes de *nuisances qui en altèrent la signification réelle, du point de vue du niveau de vie.
Par ailleurs, la recherche d'une expansion régulière et rapide confronte les responsables de la politique économique à la difficulté d'éviter que

celle-ci ne soit atteinte à travers un processus inflationniste qui en menace à terme la poursuite (*voir* Inflation). L'expansion dans la stabilité ou dans l'*équilibre est ainsi un leitmotiv des gouvernements.
De plus en plus, enfin, le processus d'expansion s'accompagne d'un développement de la lutte sociale pour le partage des fruits de cette croissance.

Exploitation agricole

Voir Faire-valoir.

Exploitation générale (compte d')

a : *Operating statement* – **d** : *Betriebsergebnisrechnung* – **e** : *Explotación general*

*Compte retraçant, dans le cadre d'un *exercice, les charges et les produits afférents à l'activité courante d'une entreprise.*

Dans le plan comptable de 1957, le compte d'exploitation d'une entreprise constitue le document de base permettant d'apprécier son activité industrielle ou commerciale. Il est le reflet de son *exploitation,* c'est-à-dire du processus de transformation en biens et services cédés par elle (sources de produits) des divers *facteurs qu'elle met en œuvre pour les fournir (sources de charges).
L'activité prise en compte est l'activité courante de l'entreprise, c'est-à-dire son activité principale mais aussi éventuellement des activités accessoires à celle-ci (gestions d'immeubles, de portefeuilles, redevances reçues pour divers *brevets, etc.). Seuls sont exclus les produits et charges afférents à des événements ou activités exceptionnels ou accidentels (qui sont repris à *pertes et profits). Le compte d'exploitation sert de base au calcul du *bénéfice imposable (appelé également « bénéfice d'exploitation »).
Dans le *plan comptable révisé* de 1982, les mouvements figurant antérieurement au compte d'exploitation générale sont regroupés, avec ceux de l'ancien compte de *pertes et profits, dans le compte de *résultat. Pour mémoire, voir ci-contre la présentation du compte d'exploitation générale, selon les termes du décret du 28 octobre 1965.

COMPTE D'EXPLOITATION GÉNÉRALE (SIMPLIFIÉ) (Plan comptable de 1957)

Débit (charges)	MONTANT BRUT	PROVISIONS POUR DÉPRÉCIATION	MONTANT NET	Crédits (produits)	MONTANT BRUT	PROVISIONS POUR DÉPRÉCIATION	MONTANT NET
Stock au début de l'exercice				Stock à la fin de l'exercice			
Marchandises				Marchandises			
Matières ou fournitures				Matières ou fournitures			
Produits semi-ouvrés				Produits semi-ouvrés			
Produits finis				Produits finis			
Produits ou travaux en cours				Produits ou travaux en cours			
Emballages commerciaux non récupérables				Emballages commerciaux non récupérables			
Achat de matières et de marchandises				Travaux ou ventes de marchandises et produits finis			
Frais de personnel				Prestations de services			
Salaires, appointements, indemnités				Subventions d'exploitation reçues			
Rémunérations des administrateurs, gérants et associés				Ventes de déchets			
Charges connexes				Ristournes, remises et rabais obtenus			
Charges sociales				Produits accessoires			
Impôts et taxes				Produits financiers			
Travaux, fournitures et services extérieurs				Travaux faits par l'entreprise pour elle-même			
Transports et déplacements				Travaux et charges non imputables à l'exploitation de l'exercice			
Frais divers de gestion				Perte d'exploitation (solde débiteur)			
Frais financiers							
Dotations de l'exercice aux comptes d'amortissements							
Dotations de l'exercice aux comptes de provisions							
Bénéfice d'exploitation (solde créditeur)							
TOTAL DU DÉBIT DU COMPTE D'EXPLOITATION GÉNÉRALE				TOTAL DU CRÉDIT DU COMPTE D'EXPLOITATION GÉNÉRALE			

Exponentiel

a : *Exponential* – **d** : *Exponentiell* – **e** : *Exponencial*

Caractère d'une quantité qui varie d'un pourcentage constant au cours d'un intervalle de temps donné.

La *variation exponentielle d'une quantité se distingue notamment de la variation linéaire. L'exemple le plus classique de croissance exponentielle est celui d'un placement d'argent à *intérêts composés : si on place un capital initial de 100 F à 10 % sans toucher aux revenus annuels, le capital cumulé obtenu au bout de 40 ans atteint 4 526 F ; il n'atteindrait évidemment que 500 F avec une simple croissance linéaire.

Le caractère le plus remarquable d'une croissance exponentielle est qu'elle entraîne rapidement, pour peu que le pourcentage annuel d'augmentation ne soit pas trop faible, des valeurs absolues considérables : une population qui croît de 25 ‰ par an — ce qui est environ le taux de croissance actuel de la population mondiale — double tous les 35 ans, ce qui explique que la population mondiale, qui n'était que de 750 millions au XVIIIe siècle et qui n'était encore que d'un peu plus d'un milliard et demi au début du XXe, ait atteint 3 milliards vers 1960, soit actuellement de l'ordre de 4,5 milliards et dépassera certainement 6 milliards aux environs de l'an 2000. Il faut noter que, dans ce cas, l'allongement de l'*espérance de vie à la naissance vient augmenter régulièrement le taux de croissance annuel et rend doublement exponentielle l'évolution de la population mondiale.

La vieille légende, persane pour les uns, chinoise pour les autres, illustre fort bien ce phénomène : un roi à qui on avait offert un magnifique échiquier voulut récompenser l'artisan qui l'avait fabriqué. Celui-ci « se contenta » de demander au roi un grain de riz sur la première case, deux sur la seconde, quatre sur la troisième et ainsi de suite. Le roi accepta sans réfléchir et donna des ordres en conséquence : on dut décompter plus d'un milliard de grains dès la 40e case et tous les stocks de riz de la terre furent épuisés bien avant la 64e case.

Beaucoup de phénomènes économiques et sociaux sont en fait de nature exponentielle : la population, mais aussi la production industrielle, le développement des centres urbains, l'utilisation des ressources naturelles ainsi que la pollution liée aux activités humaines. Mais alors que jusqu'à une époque récente les taux de *croissance étaient relativement limités, ce qui assurait que les phénomènes de croissance étaient assez lents bien qu'exponentiels, ils se sont brusquement accrus depuis quelques décennies : la production industrielle mondiale a connu, par exemple, depuis la fin de la Seconde Guerre mondiale, une évolution encore plus rapide que la population.

Devant cette évolution, un certain nombre de personnalités du monde politique et économique, rassemblées dans ce qu'on a appelé le club de Rome, ont voulu attirer l'attention sur le problème de la croissance exponentielle dans un univers dont les ressources alimentaires et énergétiques sont, par nature, limitées. Dans ce but, ils ont dressé, avec le concours d'une équipe de spécialistes du Massachusetts Institute of Technology (MIT), un tableau de l'avenir de notre planète, qui, bien qu'apocalyptique — le XXIe siècle verrait pratiquement, selon ce tableau, la disparition de notre civilisation si rien n'est changé à la politique actuelle de croissance —, a pu paraître assez vraisemblable à certains responsables de la politique économique des pays développés (parmi lesquels M. Mansholt). D'autres pensent que le modèle du MIT, dont les conclusions rappellent, sous certains aspects, la doctrine *malthusienne prônée il y a deux siècles, mais qui apporte à cette doctrine la rigueur d'une analyse scientifique, n'est pas sans présenter de graves imperfections : les interactions qu'il suppose ne sauraient rester immuables pendant le siècle à venir, et des événements scientifiques non pris en compte tels que l'apparition de sources d'énergie non polluantes et illimitées (énergie solaire) ou la synthèse de protéines et d'autres principes vitaux à partir de l'eau de mer pourraient modifier radicalement les conclusions présentées.

A vrai dire, il s'agit là en grande partie d'une fausse querelle. Le modèle du MIT, comme tout *modèle global, n'a pas pour prétention de prévoir l'avenir : il dresse simplement un tableau cohérent de ce qui se passera si les tendances actuelles ne sont modifiées en aucune façon, et aide en conséquence à la prise de décision. Les décisions ainsi prises auront probablement pour effet de modifier ces tendances actuelles. Si cela était, le modèle du MIT aurait eu au moins le mérite d'attirer l'attention des dirigeants des principales nations sur l'urgence de certaines décisions telles que, précisément, la réorientation de la recherche scientifique dans les voies qui ont été citées et, de façon générale, sur les problèmes cruciaux que pose une croissance exponentielle dans un *environnement donné et dans un monde fini.

Export Credits Guarantee Department

(assurance-crédit d'État à l'exportation britannique)

a : *Export Credits Guarantee Department (R.-U.)* – **d** : *Export Credits Guarantee Department (R.-U.)* – **e** : *Export Credits Guarantee Department (R.-U.)*

---

*Organisme public britannique dont l'activité est consacrée à l'*assurance-crédit à l'exportation.*

L'ECGD a été créée en 1919 comme sous-section du Board of Trade (ministère du Commerce) et érigée en 1930 en département distinct placé sous l'autorité du secrétaire pour le Commerce extérieur. Il est géré selon les principes de commerce mais est un service administratif (à la différence de la *COFACE). Il a pour but d'assurer les exportateurs britanniques contre les risques du commerce extérieur non couverts par les compagnies privées.

Risques couverts

Les risques qu'il couvre sont en principe tous les risques commerciaux, politiques ou catastrophiques échappant au contrôle du vendeur ou de l'acheteur, notamment : l'insolvabilité de l'acheteur ou le défaut prolongé de paiement ; les éventuelles restrictions de change qui entraveraient les transferts de devises ; la guerre ou la révolution dans le pays de l'acheteur (ou son entrée en guerre contre la Grande-Bretagne) ; l'annulation ou le non-renouvellement d'une licence d'exportation ou l'apparition de restrictions nouvelles à l'exportation.

En revanche, il ne couvre pas les risques résultant d'événements britanniques intérieurs (normalement assurés par des compagnies privées) ; les pertes résultant d'une dépréciation de la monnaie de l'acheteur (le gouvernement tient en effet à ce que les paiements soient stipulés en sterling).

Régime d'assurance

Pour les biens de consommation, l'ECGD utilise deux types de police comportant une garantie d'un an. Pour les biens d'équipement, diverses polices à plus long terme sont applicables. L'assurance couvre de 85 % à 90 % du montant de l'exportation. Le taux des primes varie selon les produits, les pays, les risques couverts, les conditions de paiement, mais il est généralement compris entre 2 et 10 % du montant de l'opération assurée.

L'assurance-crédit d'État permet aux exportateurs britanniques d'aborder les marchés internationaux avec des risques diminués, mais leur ouvre également une possibilité très intéressante de crédit auprès des banquiers qui escomptent facilement les effets revêtus de la garantie de l'ECGD.

Le gouvernement britannique a également utilisé l'ECGD comme moyen de sa politique de *dollar-drive* destinée à accroître ses exportations en direction de la zone dollar. A la fin de 1949, il a décidé d'assurer une partie des risques de perte courus par les candidats exportateurs britanniques dans leurs efforts de prospection des marchés des États-Unis et du Canada notamment. Ce régime a servi de modèle à divers pays, en particulier à la France (assurance-prospection).

Les exportateurs ont à leur disposition un certain nombre de formules d'assurances dont les principales couvrent : les pertes occasionnées par des études de marchés préalables, celles qui peuvent avoir trait aux dépenses de publicité, d'exposition, d'installation de magasins ; les dépenses correspondant à la constitution et à l'entretien de stocks sur les marchés en dollars ; l'ensemble des efforts de l'exportateur pour promouvoir les ventes d'un produit britannique. Cette *joint venture policy,* assurance globale, constitue un encouragement à un effort important et soutenu. La part de risques couverts est généralement de 50 % du montant total des pertes éventuelles. Dans le cas de *joint venture,* la perte éventuelle est supportée conjointement par l'exportateur de l'ECGD. En cas de succès, l'exportateur conserve tous les bénéfices de l'opération, l'ECGD se contentant des primes encaissées pour l'assurance.

Comparaison entre l'ECGD et le système français

Les deux systèmes d'assurance-crédit d'État sont assez voisins dans leurs objectifs généraux mais on peut relever notamment entre eux les différences suivantes :

• au plan du rôle de l'État, l'ECGD est une sorte de prolongement du Board of Trade, tandis que le système français est fondé sur une société (*COFACE) qui complète le banquier ordinaire ;

• les comités consultatifs de l'ECGD font en revanche plus largement appel à des personnalités privées que le système français de composition essentiellement administrative ;

• au plan des risques couverts, l'ECGD couvre tous les « risques échappant au contrôle de l'exportateur », alors que les risques sont limitativement définis en France ; il couvre notamment les opérations de commission réalisées par une firme britannique entre deux pays étrangers non assurées en France ;

• en revanche, le système français couvre les risques de change (couverts en Grande-Bretagne par l'Office des changes) et s'est orienté, plus que l'ECGD, vers le financement à moyen terme ;

• enfin, le mécanisme de règlement du sinistre est plus souple dans le régime de l'ECGD que dans celui de la COFACE en cas d'insolvabilité du débiteur étranger. Alors que l'ECGD couvre automatiquement son assuré lorsque le débiteur de celui-ci ne s'est pas acquitté de sa dette au bout d'un certain délai (généralement 6 mois), la COFACE exige pour régler le sinistre que l'insolvabilité du débiteur ait été reconnue par un tribunal.

Exportation

a : *Export* – **d** : *Ausfuhr/Export* – **e** : *Exportación*

Vente de produits originaires du territoire national à des agents situés hors de ce territoire.

Alors que longtemps elle a pu être considérée comme une activité secondaire, l'exportation est ressentie aujourd'hui par tous comme une nécessité absolue. Certes, les motivations traditionnelles n'ont pas disparu.

Elles restent même essentielles pour les pays en voie d'industrialisation. Des *débouchés continuent à être recherchés au-dehors pour assurer l'écoulement des surplus permanents ou accidentels, tandis qu'une contrepartie doit être trouvée aux *importations indispensables.

• Beaucoup plus que de simples préoccupations d'équilibre de la *balance commerciale, dans les économies développées, c'est le rôle privilégié de l'*exportation comme facteur de *croissance* qui explique la place importante qu'elle occupe dans les préoccupations des gouvernements et des entreprises. Les techniques modernes, qui mettent en œuvre des équipements coûteux et supposent des frais de recherche élevés, ne peuvent être rentables qu'à condition de produire des quantités très importantes ; dès lors les marchés nationaux se révèlent souvent trop étroits et leur élargissement s'impose. Si tous les secteurs ne sont pas touchés au même degré par cette évolution, elle apparaît inévitable, et les gouvernements se montrent particulièrement soucieux de favoriser le dynamisme de leurs industriels, voire de le susciter quand il tarde à se manifester spontanément. Les progrès de la libération des échanges et l'abaissement des tarifs douaniers obtenus depuis la Seconde Guerre mondiale s'inscrivent dans cette perspective. Mais l'une de leurs conséquences est d'avoir considérablement réduit les moyens d'action spécifiques des pouvoirs publics en matière d'aide à l'exportation, en même temps que, pour certains, elle rendait plus urgente la définition d'une politique cohérente dans ce domaine. En effet, même si des différences importantes subsistent d'un pays à l'autre, dans toutes les économies industrielles du monde occidental, les marchés extérieurs absorbent une part importante de la production nationale : dans les années 70, les exportations exprimées en pourcentage du PNB représentent :

6 % aux États-Unis,
11 % au Japon,
21 % en Grande-Bretagne,
22 % pour l'ensemble des membres de la CE,
23 % en République fédérale d'Allemagne,
46 % aux Pays-Bas,
15 % en France.

• Pourtant, si l'on exclut certains types d'*intervention* limitée sectoriellement (produits agricoles ou matériel militaire, par exemple) et les courants commerciaux vers les marchés fermés (pays de l'Est, ou pays sous-développés) sur lesquels peut s'exercer l'influence des gouvernements — négociation d'accords commerciaux ou octroi d'une aide liée —, les responsables de la politique économique ont dû renoncer, dans le cadre du *GATT ou de l'*OCDE, aux procédés directs d'aide à l'exportation (*subventions et *dumping, notamment). Deux instruments restent cependant d'usage courant : la politique du crédit et la politique de l'information.
– Tous les États ont implanté des délégations commerciales officielles

à l'étranger dont le rôle est de conseiller les industriels, de les informer et de leur faciliter l'accès aux marchés extérieurs, leur action étant généralement prolongée par les efforts de promotion et d'information confiés, en métropole même, à des organismes publics ou parapublics — tel le *CFCE en France.

– Quant à la politique du crédit qui fait largement appel au secteur public, et notamment, en France, à la *BFCE et à la *COFACE, elle vise surtout à favoriser les exportations de biens d'équipement en permettant un allongement des délais de paiement consentis aux acheteurs étrangers, et, par les mécanismes de *l'assurance-crédit, à protéger les exportateurs contre les risques de non-paiement qu'ils peuvent encourir (*voir pour la Grande-Bretagne* Export Credits Guarantee Department). Pour indispensables qu'ils soient, ces mécanismes ne suffisent pas à assurer le développement des exportations quand la structure industrielle des secteurs engagés dans la compétition internationale est défectueuse ou lorsque l'évolution économique intérieure entraîne des hausses de prix supérieures à celles qu'enregistrent les concurrents. Dès lors, seule une véritable politique de croissance renforçant la compétitivité des entreprises nationales est aujourd'hui adaptée à la solution du problème ; l'exportation en est un moyen, en même temps qu'elle permet d'en mesurer le succès.

Ex post

Voir Ex ante.

Extérieur

a : *Abroad/Rest of the world* – **d** : *Ausland/Übrige Welt* – **e** : *Exterior*

Comptabilité nationale : Ensemble du monde, en dehors du territoire métropolitain.

Le compte de l'extérieur se subdivise principalement en « *étranger » et « pays d'outre-mer ». Il retrace les opérations intéressant concomitamment un agent intérieur du territoire métropolitain et un agent extérieur.

Extrapolation

a : *Extrapolation* – **d** : *Extrapolation* – **e** : *Extrapolación*

Prolongation hypothétique d'une loi, d'une fonction ou d'une grandeur au-delà des limites temporelles où elles sont objectivement constatées ou observées.

Utilisée en statistique pour prolonger au-delà de la période connue une série d'observations, à partir de la *loi de cette série, l'extrapolation sert ainsi en prévision économique à supputer le sens et l'ampleur de la variation de certains phénomènes dont on ne peut estimer directement l'évolution à partir d'un enchaînement causal. Méthode pauvre fondée donc sur la prolongation des *tendances, elle n'est utilisée en définitive qu'à défaut de technique plus assurée.

FAB (franco à bord)

a : *Free on board (FOB)* – **d** : *Free on board (FOB)* – **e** : *Franco al costado del barco (FCB)*

Abréviation utilisée dans les contrats de commerce maritime international et stipulant que le prix « FAB » couvre tous les frais de transport jusqu'au port d'embarquement ainsi que tous les droits et taxes que la marchandise doit supporter pour pouvoir être mise à bord.

Dans les contrats FAB, la responsabilité de l'exportateur s'étend jusqu'au moment où la marchandise est embarquée.

Voir CAF.

Fabianisme

a : *Fabian society* – **d** : *Fabianismus* – **e** : *Fabianismo*

Mouvement socialiste et égalitariste britannique consacré à l'étude et à la recherche en matière politique et socio-économique (mouvement fabien, société fabienne).

La Société fabienne a été fondée en 1883 à Londres pour « reconstruire la société sur les bases de la plus haute moralité ». Ses fondateurs les plus connus sont George Bernard Shaw et Sydney Webb, qui en assurèrent la direction pendant plusieurs années.

Son nom même montre que la Société fabienne n'est pas un mouvement révolutionnaire. Il est dérivé de celui de *Fabius Cunctator,* général romain dont la tactique de temporisation et d'évitement du contact avec l'ennemi permit une victoire sur des troupes plus nombreuses. La doctrine fabienne est notamment exposée dans *Fabian Essays in Socialism* de G.B. Shaw (1889) et *New Fabian Essays* de R.H.S. Crossman (1952). De nombreux autres ouvrages ont été publiés par des fabiens sur des sujets politiques, économiques et sociaux sans qu'ils soient liés par une « ligne » contraignante de doctrine.

Le fabianiste considère que le but de l'État doit être d'assurer un mieux-être au plus grand nombre de citoyens essentiellement par des interventions économiques. Le programme général comporte l'égalité des

chances de chacun, l'abolition des privilèges politiques et économiques, l'appropriation collective des biens de production, le contrôle démocratique des ressources et des décisions économiques. Durant les vingt premières années de son existence, la Société fabienne a essentiellement cherché à propager les idées socialistes par des conférences ou des meetings et en critiquant sévèrement les défauts du *capitalisme. Elle mettait alors l'accent sur l'importance des collectivités locales ou des provinces dans l'évolution vers une appropriation collective. Elle suivit ensuite une double évolution. Elle élargit d'une part son champ d'étude en abordant notamment les problèmes coloniaux, les *nationalisations, la sécurité sociale, la *planification économique, l'organisation des consommateurs, la politique monétaire et celle du logement. Elle s'orienta d'autre part vers des études plus techniques et plus approfondies des problèmes en donnant le pas à l'utilitarisme et au réalisme sur les considérations purement morales, théoriques ou idéologiques. Elle procéda dans cette optique à des enquêtes d'opinion (désir d'égalité chez les citoyens, attrait de la société sans classes...) et à des recherches sociologiques.
Sa doctrine souple et la qualité de ses travaux en font un mouvement d'intelligentsia qui recrute surtout parmi les fonctionnaires, les hommes politiques (travaillistes), les universitaires et certains cadres privés. Après avoir cherché à propager les idées socialistes au sein des partis libéral et conservateur, la Société fabienne participa à la création du parti travailliste *(Labour Party)* qui fut fondé en 1906 et auquel elle est toujours affiliée.

FAC

Voir Fonds d'aide et de coopération.

Façade

a : *Fronting* – **d** : *Fronting* – **e** : *Fachada/Frente*

En matière d'assurance : Opération suivant laquelle une société garantit juridiquement un risque dont elle cède tout ou partie à une autre société qui n'apparaît pas dans le contrat, et qui est le plus souvent inconnue de l'assuré.

Voir Assurance.

Face à face

a : *Direct loan* – **d** : *Direktkredit* – **e** : *Crédito directo*

Mise en présence d'un prêteur et d'un emprunteur aux fins de conclusion entre eux d'un contrat de prêt direct.

Cette opération s'effectue avec ou sans intervention, et avec ou sans *caution bancaire. Aux États-Unis, la pratique est particulièrement répandue dans les milieux bancaires. En France, elle est considérée par certains comme contraire à l'esprit des usages de la profession bancaire. Elle se développe cependant durant les périodes d'*encadrement du crédit, car elle permet aux établissements de maintenir un niveau élevé de relations de crédit, même indirectes, avec la clientèle, sans peser lourdement sur les *encours pris en compte par la Banque de France et les autorités de contrôle.
Les opérations de face à face sont courantes entre les sociétés d'un même *groupe ou appartenant à des groupes alliés, et se réalisent alors directement, sans intervention bancaire.

Voir Billet de trésorerie.

Facilité à options multiples

a : *Multi-option facility* – **d** : *Wertpapier mit manchen Optionen* – **e** : *Valor con muchas opciones*

Ligne de crédit confirmée ouverte pour une durée déterminée à un emprunteur par un groupe de banques.

La technique de la facilité à options multiples (*multi-option facility* ou *MOF* en anglais) est née aux États-Unis. Elle s'est développée en France à partir de 1985. Le fonctionnement en est le suivant : un pool bancaire, mené par un chef de file, s'engage par contrat et pour une durée déterminée à répondre favorablement à toute demande de crédit de l'emprunteur, dans la limite d'un montant convenu à l'avance. La durée du contrat est en général de 5 à 7 ans. La ligne de crédit est dite « confirmée » puisque l'emprunteur a la certitude de pouvoir disposer des fonds à tout moment jusqu'à l'échéance. La confirmation donne lieu à une rémunération perçue par les banques et appelée « commission d'engagement ».
En outre, l'emprunteur dispose à l'occasion de chaque utilisation (ou « tirage ») de plusieurs options : tirage en francs ou devises, choix du taux d'intérêt de référence servant de base à la rémunération des banques

(taux du marché monétaire au jour le jour, *PIBOR, *LIBOR...), choix de la durée du tirage (15 jours, 1 mois, 3 mois...)
A côté de la ligne confirmée pour laquelle les tirages sont réalisés avec un taux d'intérêt additionnant une marge fixe prévue par le contrat au taux de référence choisi, il existe une ligne non confirmée. Lorsque l'emprunteur a recours à cette dernière, les banques sont constituées en syndicat d'enchère, appelé *tender panel*, et mise en concurrence. A la file, seules les offres des banques les mieux disantes en terme de marge par rapport au taux de référence sont retenues.
Enfin, il est également prévu en général une option de financement par émission directe de titres financiers sur le marché français (billets de trésorerie) ou international.
La facilité à options multiples constitue donc un outil sophistiqué. Elle allie à la technique du crédit bancaire classique les procédures organisées d'allocations par adjudications utilisées depuis longtemps sur les marchés financiers. Pour les emprunteurs (essentiellement des grandes entreprises et des établissements publics), la mise en place d'une facilité de ce type assure de pouvoir disposer à tout moment d'un montant important de liquidités à des conditions techniquement souples et financièrement attractives. Cette possibilité offre en particulier un avantage précieux aux entreprises désirant se développer par croissance externe, c'est-à-dire par acquisition.

Facilité de caisse

a : *Uncovered* – **d** : *Ungedeckt* – **e** : *Descubierto*

Tolérance, par un banquier, d'un solde débiteur au compte courant de son client pour des raisons circonstancielles.

La facilité de caisse est consentie, soit tacitement, soit par une autorisation explicite, pour une courte période et pour des raisons précises : échéances particulièrement lourdes, attente de mise en place de crédits...
L'utilisation permanente, ou pour des périodes au moins égales à un mois, de la facilité de caisse est un *découvert.
La facilité de caisse n'est pas un moyen de financement mais une commodité. Elle donne au client la possibilité de faire face aux décalages inévitables entre sorties et entrées de *trésorerie. Elle évite donc à l'entreprise de maintenir une *encaisse de précaution, la plupart du temps inactive.
L'utilisation du crédit par caisse donne lieu à prélèvement, par le banquier, d'intérêts débiteurs et d'une commission de plus fort découvert.

Voir Découvert.

Facob

a : *Open cover* – **d** : *Offene Rückversicherungspolice* – **e** : *Facob (acuerdo facultativo obligatorio)*

Traité de réassurance par lequel le réassureur s'engage à accepter les risques que l'assureur peut, à sa discrétion, lui céder dans le cadre dudit traité. (Abréviation de : fa*cultatif* ob*ligatoire.)*

L'opération est donc facultative pour l'assureur et obligatoire pour le réassureur.

Voir Assurance.

Facteurs

a : *Factors* – **d** : *Faktoren* – **e** : *Factores*

---

*Éléments déterminants dans l'apparition d'un *phénomène ou l'enchaînement d'un *mécanisme.*

Cette définition générale rend compte de l'emploi très répandu du terme dans l'analyse économique, au point que l'usage courant le rend synonyme de « cause » et plus précisément de cause structurelle ou permanente. On parlera ainsi des facteurs de l'inflation, d'une récession, d'une reprise, d'un mouvement de concentration industrielle...

Deux domaines d'utilisation du terme « facteurs » doivent retenir toutefois l'attention en raison de leur importance pour l'analyse économique et de leur acception particulière.

Facteurs de *production

Éléments dont la combinaison permet la production. A la distinction originelle entre les facteurs primaires de la production, le travail et la terre (sol et sous-sol), et un facteur dérivé, le *capital, résultant lui-même de l'application du travail aux ressources naturelles, l'analyse économique moderne tend à substituer la distinction du travail et du capital auquel on intègre désormais les ressources naturelles, dans la mesure où celles-ci sont aménagées en vue de leur utilisation à des fins productives.

La production résulte ainsi de la combinaison variable du travail et du capital, et l'*entreprise est le cadre de cette combinaison. La rareté et le coût relatif des facteurs rendent compte de leur dosage. L'analyse *marginaliste tend à montrer que le dosage optimal est réalisé lorsque les productivités marginales pondérées des facteurs de production sont égales entre elles et égales à l'unité (productivité marginale : rapport entre la productivité et le coût de la dernière dose de facteur utilisée).

En toute hypothèse, la nécessaire combinaison des facteurs de production ne doit pas faire perdre de vue que le capital s'analyse en définitive et essentiellement comme du travail incorporé.

Facteurs de la *croissance

Éléments fondamentaux du processus de croissance économique.
On distingue généralement comme facteurs principaux de la croissance : la *population, l'*investissement, l'*innovation et les échanges extérieurs.

Voir Exportation, Importation, Balance des paiements.

Factoring

a : *Factoring* – **d** : *Factoring* – **e** : *Factoring*

Ensemble des opérations et des responsabilités de comptabilité, de recouvrement des créances et de contentieux avec les clients, effectuées et assumées pour le compte d'une entreprise industrielle et commerciale par une firme spécialisée (le « factor »).

Le service de factoring, apparu sous ce nom aux États-Unis il y a environ un siècle, offre la possibilité à une entreprise de se décharger de ses problèmes de facturation, de comptabilité, de recouvrement et de contentieux, qui exigent généralement un personnel administratif nombreux. A l'échelle des affaires moyennes, le *factor* joue en fait le rôle assuré fréquemment par l'expert comptable dans le petit commerce : conseiller technique en comptabilité et teneur de livres, il est également à l'occasion conseiller juridique et financier et assure le contentieux de l'établissement. L'un comme l'autre permettent à l'entrepreneur de se consacrer quasi exclusivement aux activités de production et de vente. Dans les affaires plus importantes, le *factor* remplit également une fonction d'*assurance-crédit. Pour désigner cette fonction, on emploie aujourd'hui en France le terme d'*affacturage* (voir ce mot).

Facture

a : *Invoice* – **d** : *Rechnung/Faktura* – **e** : *Factura*

Document daté délivré par le vendeur à l'acheteur et portant les noms du vendeur et de l'acheteur, la quantité, le prix et la désignation des marchandises vendues.

La facture est le document le plus répandu dans le domaine du commerce. Adressée par le vendeur à l'acheteur de marchandises, elle récapitule les éléments essentiels de la vente, notamment le prix des marchandises. Elle suppose que le contrat de vente est conclu.
La facture intervient généralement (mais non obligatoirement) après la livraison des marchandises à l'acheteur. Selon la pratique communément admise, la facture est utilisée par le vendeur à la fois pour liquider la vente (c'est-à-dire en fixer le montant définitif), pour en avertir l'acheteur et pour lui signifier qu'il a à en acquitter le montant. Une fois le paiement effectué, un exemplaire de la facture est renvoyé à l'acheteur revêtu de la mention *payé* accompagnée de la date et du mode de paiement (chèque, numéraire, etc.). Elle fait alors la preuve que l'acheteur a payé et vaut *acquit.* (La facture est dite *acquittée.*)
D'autres mentions peuvent être portées sur une facture telles que : conditions de paiement, conditions de livraison, référence à un marché global, garantie de qualité, etc.

Types particuliers de factures

La facture pro forma (facture « pour la forme ») : Elle s'analyse comme un devis établi par le vendeur pour informer l'acheteur des montants exacts de la commande, sans que le contrat ait encore été conclu. Sa production peut être nécessaire pour l'obtention d'autorisations d'importation ou d'exportation (*voir* Crédit documentaire).

La facture douanière : Elle n'est autre chose qu'une facture commerciale ordinaire, à condition qu'elle soit présentée dans la forme exigée par l'administration des douanes des pays importateurs (mention des conditions de livraison : *FAB, *CAF, etc.).

La facture consulaire : C'est une facture visée par l'autorité diplomatique ou consulaire dans le lieu d'exportation de la marchandise. Cette facture n'est pratiquement plus exigée en France pour les importations. Mais un certain nombre de pays étrangers requièrent sa production. Elle doit alors être établie sur des formules officielles, souvent par la banque, et visée par les autorités consulaires du pays d'exportation.

La facture protestable : Elle a été instituée par l'ordonnance du 28 septembre 1967 en vue de faire de celle-ci non seulement un procédé de signification mais aussi un instrument de recouvrement des créances. C'est un moyen de réduire l'usage de la *traite comme instrument de recouvrement, tandis que le système nouveau de *crédit de mobilisation des créances commerciales (CMCC) tend à réduire pour sa part le rôle de la traite comme support de la *mobilisation des créances.
Une facture protestable établie entre deux commerçants, si elle précise les délais et modalités de règlement et si elle ne fait pas l'objet d'un refus ou de réserves de la part du débiteur dans les quinze jours de sa notification par voie de lettre recommandée, est considérée comme

tacitement acceptée et possède la même vertu coercitive qu'une traite acceptée (*voir* Acceptation) : les voies exécutives du *protêt* sont ouvertes. Pour garantir un crédit de mobilisation des créances, la facture protestable peut (sous la forme d'un deuxième exemplaire) être transmise à une banque et par celle-ci à une autre banque ou à la Banque de France. Le banquier peut exercer un recours direct contre le débiteur sans qu'il puisse lui être opposé une exception personnelle à l'encontre du fournisseur. Si notification lui en est faite sur le premier exemplaire remis au débiteur par la banque qui détenait la facture (et qui avise le débiteur de cette transmission), le débiteur ne peut se libérer qu'auprès de la banque bénéficiaire de la transmission.
La simplification du recouvrement de factures multiples, concernant le même débiteur et un même terme de paiement, peut être obtenue par l'établissement d'un bordereau de factures lui-même transmissible et protestable, qui les regroupe. Le bordereau peut être remis à un banquier mandataire pour recouvrement et servir de garantie à un crédit de mobilisation.
Les avantages complémentaires de ces formules de recouvrement résident encore dans la possibilité de *domiciliation et de règlement en chambre de compensation tant pour les factures que pour les bordereaux. Ces facilités sont analogues à celles qui ont fait le succès de l'*effet de commerce.

Facture et finances publiques

Du point de vue fiscal et dans la mesure où la facture constitue une pièce justificative aux écritures comptables, elle présente un double intérêt : d'abord, elle apporte la preuve d'une recette chez le commerçant vendeur et permet des vérifications de comptabilité. Ensuite et surtout, le fait que la facture se trouve à la fois chez le vendeur comme pièce de recette et chez l'acheteur comme pièce de dépense permet au vérificateur de se livrer à des recoupements entre les comptabilités de plusieurs établissements.
C'est pourquoi la législation fiscale fait obligation, assortie de sanctions :
– aux commerçants (et industriels) de délivrer facture pour toute vente faite à un autre commerçant (ou industriel) et pour les services qui lui sont fournis ;
– aux acheteurs commerciaux de conserver trois ans les factures d'achat (même pour les entreprises assujetties au forfait) ;
– aux vendeurs de mentionner l'identité et l'adresse des clients sur les copies de factures (sauf pour les ventes au détail et les ventes inférieures à 50 F) et de faire apparaître distinctement le prix net de la taxe à la valeur ajoutée (*TVA) susceptible d'être récupérée.
Aussi la facture est-elle évitée par les fraudeurs sauf si l'organisation et l'importance de l'établissement rendent cette pratique impossible et peu rentable (établissements industriels ou commerciaux de grande envergure

disposant d'une véritable organisation administrative). Les fraudeurs utilisent donc soit la vente sans facture (et en *numéraire, le chèque constituant une trace), soit la vente partiellement facturée (le montant dissimulé échappant à la comptabilité).
*Dans les règles de *comptabilité publique,* la facture constitue une *pièce justificative des dépenses au vu de laquelle le comptable payeur est autorisé à payer le fournisseur. Ces mêmes règles n'admettent les achats sur factures que pour les montants de moins de 20 000 F concernant, au cours d'un même *exercice, un même produit auprès d'un même fournisseur et de la part d'un même acheteur (collectivité locale ou service de l'État). Au-dessus de ce montant, le service acheteur est tenu de conclure des marchés après avoir mis les principaux fournisseurs possibles en concurrence.

Faillite

a : *Bankruptcy* – **d** : *Konkurs* – **e** : *Quiebra*

Situation juridique résultant d'un jugement des tribunaux en vue de sanctionner les fautes commises par les commerçants ou les dirigeants de sociétés, dont l'entreprise est en état de cessation de paiements.

Notion et évolution historique

Un débiteur qui ne paie pas ses dettes est traditionnellement exposé aux actions diverses de ses créanciers, et notamment à celles que la loi leur garantit à chacun pris individuellement. En matière commerciale et économique, la défaillance a une portée plus grande, car elle désorganise localement les conditions d'exercice de l'activité en raison des réseaux d'obligations qui s'y développent, et elle rend donc nécessaire un assainissement de la situation. D'où l'importance des législations sur la faillite et le caractère généralement collectif de leurs procédures de règlement.
La faillite et les procédures connexes sont consécutives à la constatation judiciaire de l'échec d'un entrepreneur. Ces procédures n'ont pas forcément pour but d'éliminer définitivement le failli, mais peuvent tendre à permettre à son entreprise d'être renflouée, à ses créanciers d'être payés et à lui-même d'être éventuellement réhabilité.

• En France, *cette évolution est assez nette.* A la condamnation très sévère et systématique du commerçant en état de cessation de paiement incluse dans le Code Napoléon de 1807 (travaux forcés, déchéance, etc.), conservée dans une certaine mesure dans la révision de 1838, s'ajoute en 1889 une deuxième procédure, celle de la *liquidation judiciaire,* applicable aux débiteurs malheureux, mais de bonne foi. Cet aspect du

« sinistre commercial » se confirme dans un décret-loi de 1937 sur le « règlement amiable homologué » destiné aux victimes de la crise économique de 1929-1930. En 1955, un décret-loi a refondu la réglementation de la faillite et créé à côté d'elle le *règlement judiciaire* qui remplace l'ancienne liquidation. Enfin, la loi du 13 juillet et l'ordonnance du 23 septembre 1967 ont complété l'ensemble des dispositions existantes pour permettre une meilleure adaptation des procédures à chaque situation et une meilleure organisation de la période précédant la cessation des paiements. C'est ainsi que, à la différence du Code de 1807, ces textes de 1967 posent en *principe essentiel* la *distinction de l'homme* et de *l'entreprise,* la dissociation du mode d'apurement des dettes et le sort réservé au débiteur.

Sanction personnelle de l'individu responsable d'une gestion condamnable, *la faillite doit être distinguée du règlement judiciaire et de la liquidation des biens,* procédures visant à assurer, dans l'intérêt des créanciers, l'apurement aussi complet que possible des dettes de l'entreprise, qu'elles résultent d'une gestion condamnable, ou seulement de difficultés économiques, financières, techniques, sans relation avec l'honnêteté de l'entrepreneur. Devant une situation de cessation de paiements et selon la nature des faits constatés, le tribunal peut donc prononcer soit le **règlement judiciaire* qui doit aboutir à un *concordat, soit la **liquidation des biens* qui remplace l'ancienne faillite et se termine normalement par la liquidation de l'entreprise. Ces deux jugements concernent essentiellement l'entreprise.

Le tribunal peut aussi sanctionner la situation de la *personne* (commerçant ou dirigeant de société) par la « faillite personnelle » ou la *banqueroute.

Régime de la faillite personnelle

• Le régime de la faillite est applicable aux *commerçants* ou aux *dirigeants d'entreprises commerciales* (ainsi qu'aux personnes qui les représentent de façon permanente) qui ont eu l'un des comportements suivants : dissimulation de comptabilité ou d'une partie de l'actif de l'entreprise ; confusion dans l'usage des biens sociaux et des biens propres ; infractions graves aux règles du commerce, actes de mauvaise foi ou imprudences... Sont présumés actes de mauvaise foi, imprudences inexcusables ou infractions graves aux règles et usages du commerce, notamment : l'exercice d'une activité commerciale contrairement à une interdiction légale, l'absence de comptabilité conforme aux usages de la profession, les ventes à perte ou la recherche ruineuse de fonds pour retarder la cessation de paiements, la poursuite abusive d'une exploitation déficitaire...

• Le *jugement* prononçant la faillite personnelle ou l'interdiction de diriger, gérer, administrer ou contrôler une entreprise commerciale a les conséquences suivantes pour la personne frappée : privation du droit de vote dans les assemblées des sociétés en règlement judiciaire, cession obligatoire (sur injonction éventuelle du tribunal) des *actions ou *parts que la personne détient dans la société considérée. La faillite et le règlement judiciaire comportent en outre incapacité d'exercer une fonction élective.

• Lorsque le **passif* de l'entreprise a été « éteint », c'est-à-dire que les dettes ont été remboursées, le failli peut être réhabilité, sauf s'il a été condamné pour crime ou délit et tant que cette condamnation lui interdit l'exercice d'une profession (commerciale, industrielle ou artisanale).

Voir Banqueroute, Règlement judiciaire.

Évolution statistique des faillites et des défaillances d'entreprises

L'évolution de la législation française a progressivement précisé — et restreint — la portée du terme juridique de faillite, réservé désormais à la sanction personnelle du débiteur en cessation de paiements. En *matière économique* et dans le *langage courant,* cependant, le terme de « faillite » est souvent employé pour désigner toute *défaillance* d'entreprise (individuelle ou sociétaire), c'est-à-dire toute cessation d'activité.

L'évolution de ces cessations d'activité, par type de solutions juridiques et par groupes d'activités, donne d'utiles indications sur la situation de l'industrie et du commerce. Sur près de vingt ans (1953-1971), cette évolution se caractérise par les traits suivants :

• les rythmes globaux d'évolution des défaillances sont variables selon la conjoncture et traduisent les ajustements structurels qui s'opèrent dans l'ensemble des secteurs : + 1 % par an entre 1955 et 1964, + 9 % entre 1964 et 1970, + 25 % en 1967. Le caractère extrême de la situation traduite par la « défaillance » enregistrée et la panoplie de moyens disponibles pour la différer rendent cependant tardive l'indication de la statistique :

• dans l'ensemble des défaillances, les faillites (ancienne définition large) représentaient 65 % en début de période, 50 % à la veille de la mise en vigueur de la *nouvelle législation.* L'intervention de celle-ci réduit naturellement le nombre des faillites proprement dites (4 % en 1970), mais les disparitions d'entreprises par liquidation des biens ont remplacé les rubriques antérieures (60 % du total des défaillances en 1970) ;

• par *groupes d'activités,* l'évolution des défaillances globales montre :

– une augmentation des défaillances dans le secteur du bâtiment et des TP (23 % de l'ensemble en 1970 contre 15 % en 1955) ;

– une diminution relative des défaillances dans le secteur de l'industrie (15 % contre 27 %), celles-ci se concentrant toutefois dans les secteurs de l'édition, de l'ameublement, de la construction électrique et électronique ;

– des variations moins sensibles dans les autres secteurs avec, cependant, une fragilité relative plus grande des entreprises de « *services », de commerce alimentaire, de transports routiers.

Au total, les taux d'instabilité (ou de renouvellement) de l'industrie et du commerce français, tels qu'ils ressortent de l'évolution des défaillances, demeurent faibles et traduisent assez fidèlement le maintien des structures françaises.

Faire-valoir (modes de)

a : *Farming* – **d** : *Bodennutzungsrecht* – **e** : *Explotación agraria (modos de)*

Régimes juridiques d'exploitation des propriétés agricoles.

Le « faire-valoir » ou mise en valeur des propriétés agricoles est assuré par l'exploitant de la terre. Selon les liens qui existent entre la personne qui possède la terre et celle qui l'exploite, on distingue généralement trois modes de faire-valoir.

Le faire-valoir direct : Dans lequel le propriétaire de la terre est en même temps l'exploitant. 1) Ce mode d'exploitation est en général celui des propriétés familiales où le chef de famille, propriétaire du terrain, est assisté par les membres de sa famille et éventuellement par quelques employés (garçons de fermes, ouvriers ou journaliers agricoles...). 2) Il est également appliqué dans les très grandes propriétés des régions où la main-d'œuvre est bon marché : plantations des pays tropicaux, grands domaines de la vallée de l'Indus, latifundia de l'Europe méditerranéenne ou d'Argentine. 3) On peut assimiler à ce mode de faire-valoir l'exploitation coopérative par un groupe de propriétaires fonciers. 4) L'exploitation par un régisseur rétribué par le propriétaire est également considérée comme un faire-valoir direct.

Le *métayage : Dans lequel le propriétaire de l'exploitation cède le droit de la cultiver à un métayer (ou colon partiaire). Le métayer a la jouissance des terres, du bétail (cheptel mort ou vif) et du matériel nécessaire à l'exploitation. Le produit en est annuellement réparti entre le propriétaire et le métayer selon des conditions et dans des proportions variables.

Le *fermage : Dans lequel le propriétaire cède au fermier l'usage de sa terre et de ses droits sur son produit moyennant le versement d'une redevance fixe et forfaitaire en monnaie ou en nature. Dans ce régime, le propriétaire fournit généralement le capital foncier, le fermier le capital d'exploitation (matériel, cheptel, etc.). Une forme particulière du fermage est la *ferme générale* où un fermier de plusieurs exploitations les donne à son tour en métayage.
En économie **collectiviste,* la terre est propriété de l'État. Les différences de faire-valoir proviennent donc seulement de la qualité des liens qui existent entre celui-ci et les exploitants.

Le **kolkhoz* est une exploitation collective qui groupe un certain nombre de familles travaillant sur une terre dont elles ont la jouissance.
Le **sovkhoz* est une ferme d'État gérée par un directeur-fonctionnaire employant des salariés.
En France, sur une période de trente ans (1930-1960), l'ensemble des exploitations agricoles a diminué de moitié. Sur le total de ces exploitations, la méthode de *faire-valoir direct* est passée de 75 à 65 % environ, le *métayage* de 5,5 à 3 %, le *fermage* de 20 à 33 % environ.

Voir Kolkhoz, Sovkhoz, Agrograd.

Fait générateur

a : *Taxable event* – **d** : *Steuergrund* – **e** : *Hecho imponible*

Fiscalité : Situation ou événement qui entraîne l'exigibilité de l'impôt.

Exemple : le fait générateur de la TVA est généralement la livraison de la marchandise ou l'encaissement du prix.

Famille

a : *Family* – **d** : *Familie* – **e** : *Familia*

**Démographie : Groupe d'au moins deux personnes constitué, soit d'un couple avec, le cas échéant, ses enfants célibataires de moins de 25 ans, soit d'une personne célibataire, veuve, divorcée ou séparée, et de ses enfants célibataires de moins de 25 ans.*

La famille est le cadre dans lequel est assuré le renouvellement des générations ; c'est aussi la cellule de base de la vie sociale. On peut donc s'intéresser à la famille d'un double point de vue, démographique ou sociologique.

• Plusieurs problèmes *démographiques* ont d'étroites relations avec l'étude des familles : citons le comportement des individus face au mariage, mesuré, par exemple, par le nombre des mariages et le taux de *nuptialité, et le comportement des couples devant la fécondité et la régulation des naissances, mesuré, par exemple, par les indicateurs de *fécondité et la taille des familles. Pour modifier ces comportements, les responsables de la politique familiale disposent de plusieurs moyens :
– une aide directe à la famille, soit sous forme d'allocations (allocations prénatales et de maternité, allocations familiales, allocations-logement),

soit sous forme d'une réduction de la fiscalité directe, par exemple par le jeu du *quotient familial (dont il n'est pas sûr d'ailleurs que soit pleinement ressenti son caractère d'aide à la famille par ceux qui en bénéficient) ;

– une aide indirecte à la famille consistant en la construction de crèches et d'établissements d'enseignement préscolaire ou de classes maternelles.

• Du point de vue *sociologique,* les deux éléments les plus importants sont la stabilité de la famille (mesurée, par exemple, par le nombre des divorces) et l'intensité de la vie familiale. Ce dernier facteur est primordial à une époque où la société occupe une place de plus en plus importante dans la vie de l'individu au détriment de celle occupée par la famille ; en particulier, la tâche d'éducation des enfants qui était, il y a encore un ou deux siècles, presque entièrement confiée à la famille, lui échappe désormais en grande partie. Les problèmes du logement et des équipements offerts aux familles dans le domaine des loisirs préoccupent donc au premier chef les responsables de la politique familiale.

• On voit donc que la famille est le *cadre d'étude* de la plupart des problèmes démographiques et de ceux des problèmes sociaux qui leur sont liés. Il importe de bien la distinguer du **ménage,* ensemble des personnes habitant un même logement, dont la définition est beaucoup moins restrictive : par exemple, une personne qui vit seule constitue à elle seule un ménage, mais pas une famille ; des parents âgés vivant dans le logement de leur fils appartiennent au ménage de celui-ci, mais pas à sa famille ; un étudiant logé dans une chambre non indépendante appartient au ménage de son propriétaire, mais pas à sa famille, etc. Le ménage est l'unité statistique qu'il faut retenir lorsque les problèmes qu'on étudie revêtent d'abord un aspect économique (étude de la consommation, politique du logement, etc.). C'est pourquoi la *comptabilité nationale retient le ménage de préférence à la famille. Il convient également de noter que les données statistiques concernant un ménage sont souvent beaucoup plus faciles à recueillir que celles relatives à une famille.

De même que, dans chaque ménage, il y a un *chef de ménage* et un seul (il s'agit de la personne qui se déclare telle aux *recensements ou aux enquêtes : ce sera le mari dans le cas le plus fréquent d'un ménage formé d'un couple — 70 % des ménages — et, le cas échéant, de ses enfants), il y a dans chaque famille un *chef de famille* et un seul. Ce sera le mari si la famille est constituée d'un couple, la personne adulte sinon.

Quand le chef de famille est aussi chef de ménage, sa famille est dite *famille principale.* Les autres familles existant éventuellement dans le ménage sont dites *familles secondaires.* Quant aux personnes qui ne font partie d'aucune famille (principale ou secondaire), elles sont dénommées *isolées.* Un ménage peut très bien ne pas comprendre de famille principale ni même de famille.

Il y avait en France, lors du recensement général de la population de 1975, 17 745 000 ménages et 13 175 000 familles. Parmi ces dernières, 335 000 étaient des familles secondaires, 4 805 000 personnes étaient des personnes « isolées ». Le nombre des familles secondaires décroît régulièrement depuis une vingtaine d'années (il y en avait 900 000 en 1954, 650 000 en 1962, 500 000 en 1968 et 335 000 en 1975) ; ce phénomène est lié à la réduction du niveau de la cohabitation.

Fascicule budgétaire

*Fascicule annexé à la *loi de finances, retraçant de manière détaillée les crédits d'un ministère.*

Voir Bleus, Vert (budgétaire).

Favorisée

Voir Clause de la nation la plus favorisée.

Fayolisme

a : *Theory of Fayol* – **d** : *Fayolsche Theorie* – **e** : *Fayolismo*

Ensemble de principes et de règles d'organisation et d'administration des entreprises exposés par Henri Fayol.

Le « fayolisme » s'inscrit dans le courant de doctrines et de réflexions sur la gestion des entreprises (notamment industrielles) qui a marqué la première moitié du XXe siècle et dont les exemples les plus connus sont, avec le fayolisme lui-même, le fordisme, le taylorisme. Henri Fayol (1861-1925), ingénieur des Mines français, a exposé l'essentiel de ses conceptions dans une série d'articles publiés en 1916. L'originalité de la doctrine de Fayol par rapport aux travaux américains de l'époque tient aux principaux éléments suivants : comme eux, il part de l'étude sur l'organisation administrative générale et sur le rôle des bureaux ; l'organisation qu'il propose est plus hiérarchisée et moins uniquement fonctionnelle que celles proposées par l'école américaine ; l'exposé de sa doctrine est très marqué par la logique, mais se singularise également par l'importance donnée aux facteurs humains (comportement, capacités, psychologie, sociologie de l'entreprise). Sa doctrine ne s'applique qu'aux grandes entreprises industrielles aussi bien publiques que privées.

• Fayol constate que, dans toute *entreprise importante,* les diverses fonctions peuvent généralement se ramener à six rubriques essentielles : 1) la fonction technique, 2) la fonction commerciale, 3) la fonction financière, 4) la fonction de sécurité, 5) la fonction de comptabilité, 6) la fonction d'administration.
A chacune de ces grandes fonctions doivent correspondre, pour ceux qui les exercent, des capacités adaptées d'ordre physique, intellectuel, moral, etc. Selon un schéma analytique et quelque peu mécaniste, Fayol affecte à chaque agent de l'entreprise une certaine dose souhaitable de chacune de ces capacités calculées en pourcentage. Exemple : chez le directeur général, la capacité technique doit occuper 10 % de l'ensemble de ses capacités, mais 85 % chez l'ouvrier.
L'exposé de Fayol développe donc les *principes* et les *procédés* à employer pour réaliser une *bonne administration.* Selon lui, celle-ci a en effet ses lois, au même titre que la physique, la chimie ou les sciences biologiques. L'administration convenable d'une entreprise suppose la stricte observance de ces lois et l'application de quatorze principes généraux parmi lesquels on peut citer, en les regroupant : l'unité du commandement ; la permanence du commandement ; l'autorité du chef ; le principe d'ordre ; le principe d'une hiérarchie claire ; la centralisation des résultats et le contrôle ; le principe de discipline ; le principe d'équité ; le principe de la stabilité du personnel ; le principe de l'initiative et de la responsabilité, etc.

• On peut considérer Henri Fayol comme le principal fondateur de l'*école française d'organisation des entreprises.* La clarté et la logique interne de ses analyses ont rendu son œuvre particulièrement utilisable. En fait, la majeure partie des principes qu'il a énoncés ont été tant de fois repris sous de multiples formes qu'ils ont pris aujourd'hui pour beaucoup le caractère d'évidences ou de truismes. Pourtant, dans une large mesure, Fayol a été le précurseur des efforts modernes pour considérer l'entreprise comme un groupe social et pour redonner à l'individu, à ses aspirations et à son comportement une importance que le taylorisme ne lui reconnaissait pas.
La doctrine de Fayol porte cependant la marque de sa date. Elle pèche souvent par excès d'analyse (exemple : le dosage des qualités individuelles) et édicte des règles trop hiérarchiques pour être appliquées telles quelles. Elle suppose que le chef de l'entreprise, conçu comme un dirigeant unique, réunisse un tel éventail de qualités qu'elle limite du même coup son champ d'application possible. Enfin, elle ne correspond plus, à l'évidence, aux besoins aujourd'hui très affirmés de *participation du personnel à la vie de l'entreprise.

FDES

Voir Fonds de développement économique et social.

Feasibility/Faisabilité

a : *Feasibility study* – **d** : *Durchführbarkeitsanalyse* – **e** : *Estudio de factibilidad*

Le mot se rencontre en français dans l'expression études de feasibility, *c'est-à-dire : études portant à la fois sur les possibilités techniques d'exécution et sur la rentabilité d'un projet.*

Dans ce sens précis, on recourt aujourd'hui au mot « faisabilité ». Dans un sens plus général, le mot « possibilité » peut lui être substitué.

FECOM

Voir Fonds européen de coopération monétaire.

Fécondité (indicateurs de)

a : *Fertility ratios* – **d** : *Fertilitätsmasse* – **e** : *Indicadores de fecundidad*

Rapports permettant de comparer la fréquence des naissances parmi deux populations distinctes et, en particulier, dans la population d'un même pays au cours du temps.

La donnée des taux bruts de *natalité ne suffit pas pour effectuer cette comparaison. En effet, le nombre de naissances dans une population féminine dépend beaucoup de sa structure par âge et état matrimonial. On étudie généralement la fécondité féminine, mais on peut aussi, le cas échéant, s'intéresser à la fécondité masculine. La fécondité au cours d'une période (généralement une année) peut se mesurer par le rapport du nombre de naissances, imputables à des mères appartenant à une catégorie donnée d'âge et d'état matrimonial, à l'effectif total des femmes de cette catégorie ; un tel rapport est appelé *quotient de fécondité* pour la catégorie étudiée. Il peut s'interpréter comme la probabilité d'avoir un enfant au cours de la période étudiée pour une femme de cette catégorie. On obtient des *quotients de fécondité par âge* si on classe les femmes seulement selon l'âge, et des *quotients de fécondité par âge et état matrimonial* si on les distingue à la fois selon l'âge et l'état matrimonial.
Pour synthétiser l'ensemble des quotients de fécondité relatifs à une même année, on peut calculer un *taux comparatif* en appliquant les quotients de fécondité observés à une population type dont la structure selon l'âge et, le cas échéant, l'état matrimonial est invariable. Selon que l'on désire synthétiser les quotients de fécondité par âge et par état matrimonial ou par âge seulement, on obtient des taux comparatifs par âge et par

état matrimonial ou par âge seulement. Le taux comparatif de fécondité par âge est passé de 2,91 enfants par femme (âgée de 15 à 49 ans) en 1964, à 1,89 seulement en 1975 ; il est remonté aux environs de 2,0 vers 1980 et semble se stabiliser à ce niveau. Le taux calculé par âge et par état matrimonial a suivi une évolution analogue (2,96 en 1964 ; 2,45 en 1972 ; 1,92 en 1975 et même 1,65 en 1995). La chute de la fécondité a donc été extraordinairement forte durant les quinze dernières années. En particulier, si la loi de fécondité observée en 1975 se poursuivait, elle entraînerait pour la France une situation démographique analogue à celle de l'entre-deux-guerres, période pendant laquelle les générations n'étaient plus renouvelées.

On peut constater que le même phénomène s'est produit dans tous les pays d'Europe de l'Ouest, avec une ampleur souvent plus importante. L'Allemagne fédérale, où le taux comparatif de fécondité n'est actuellement que de 1,4, a enregistré ce phénomène de façon particulièrement spectaculaire puisqu'il s'y est traduit par un *mouvement naturel (excédent des décès sur les naissances) négatif. Aux États-Unis, au Canada et en URSS où le niveau de la natalité était, il est vrai, élevé, c'est dès 1960 que s'est produite cette baisse. Ni les démographes ni les sociologues n'ont pu expliquer jusqu'à présent ce phénomène qui s'est produit simultanément de façon aussi nette dans tous les pays d'Europe occidentale dans lesquels, par ailleurs, la diffusion des techniques contraceptives et la législation sur l'avortement se trouvaient dans des états très différents. Les quotients de fécondité ont tous, en fait, accusé une baisse très marquée, quel que soit l'âge de la mère. Si l'on analyse l'évolution de la fécondité selon la durée du mariage au lieu de le faire selon l'âge de la mère, on constate également qu'elle a diminué quelle que soit la durée du mariage, y compris, depuis 1973, en ce qui concerne les naissances provenant de mariages célébrés durant la même année que celle d'observation (les conceptions prénuptiales s'inscrivent en baisse alors qu'elles augmentaient précédemment).

FED

Voir Fonds européen de développement.

Federal Reserve System

a : *Federal Reserve System (FRS)* – **d** : *Federal Reserve System (FRS)* – **e** : *Federal Reserve System (FRS)*

*Ensemble des institutions assumant aux États-Unis les fonctions de *banque centrale.*

Le FRS a été créé en 1913 à la suite de la crise de 1907 marquée par des faillites de banques, afin de pourvoir en liquidités le système bancaire. L'émission de monnaie fiduciaire, jusque-là assurée par la Trésorerie et par de nombreuses banques privées dans des conditions de concurrence mal contrôlées, a été centralisée et confiée au système.

Voir Dollar.

Les institutions

Le système : Par son organisation, il tendait à réaliser un équilibre entre les intérêts publics et les besoins de l'économie d'une part, entre les préoccupations régionales et les intérêts communs de la Fédération, d'autre part. Cette intention se traduit par l'existence de *deux degrés d'institutions.*

• Douze banques fédérales de réserve (FRB : Franco Reserve Bank) assument, chacune dans un district, les fonctions de *banque centrale (émission, escompte et avances). Elles sont l'émanation des 6 000 banques affiliées qui souscrivent leur capital et qui, groupées en collèges suivant leur importance, élisent six des neuf administrateurs, qui représentent les banques et les affaires de la région. Le Conseil, complété par les trois administrateurs représentant l'intérêt général qui sont nommés par l'échelon fédéral du système, désigne la direction (dont le « président », c'est-à-dire le directeur général).

• Pour unifier la politique de la monnaie et du crédit, le Conseil des gouverneurs du système (Board of Governors ou Federal Reserve Board), siégeant à Washington, est constitué de sept membres nommés pour quatorze ans par le président des États-Unis avec l'accord du Sénat. Sous cette réserve, le système, contrôlé par le Congrès, est indépendant de l'administration.

L'évolution : L'évolution subie depuis leur origine par le fonctionnement de ces institutions a été marquée :

• par une *centralisation* accrue au niveau du Conseil des gouverneurs : les douze banques ont conservé les fonctions d'information et d'exécution (*compensation, *avances, *escompte) mais la politique du crédit et les décisions relatives à l'emploi de ses instruments ont été unifiées ; il en est ainsi des taux, du niveau des réserves, des opérations d'*open market. De ce fait la prééminence de la FRB de New York dans l'élaboration de la politique monétaire par l'open market s'est atténuée, tandis que prenait une place essentielle le Comité de l'open market créé en 1935. Il réunit, toutes les trois semaines environ, les sept membres du Conseil des gouverneurs et cinq membres élus par l'ensemble des banques fédérales de réserve, en présence des douze directeurs généraux de ces banques ;

• par un *développement des relations* entre l'autorité monétaire et l'administration, qui permet de corriger la relative indépendance des gouverneurs (il faut en effet deux mandats du président des États-Unis

pour en renouveler la majorité) et harmoniser la gestion de monnaie avec la politique économique générale. Des contacts réguliers entre la Trésorerie et le système ont été organisés ; depuis 1951 fonctionne une procédure de consultation préalable réciproque sur toute modification intéressant d'un côté la politique du crédit, de l'autre la gestion de la dette fédérale.
Au sein du FRS, la promotion des économistes a facilité la compréhension de la politique économique et réduit l'influence des banques.

Les fonctions et les instruments

Outre le contrôle de l'*émission des billets de banque, le Federal Reserve System assure la régulation des *liquidités, donc du crédit ; ses principaux moyens d'action sont :

– la modification du taux des *réserves obligatoires des banques affiliées ;

– le taux des opérations d'*escompte ou d'avances du FRB, portant sur le papier commercial ou les titres de la dette fédérale : contrairement à ce qu'il en est en France, la modification de ce taux n'a pas d'effet mécanique sur le prix des crédits bancaires ; elle sert cependant à annoncer les orientations nouvelles de la politique monétaire ;

– la politique d'*open market par achat et vente sur le marché de titres de la dette publique et, depuis 1960, d'acceptations bancaires ;

– la limitation des taux d'intérêt accordés aux dépôts à terme ou d'épargne reçus par les banques (règlement Q) ;

– la limitation du crédit qui peut être consenti aux particuliers pour l'achat de valeurs mobilières : la variation de la part du prix d'achat qui ne peut être financée par le crédit *(margin requirement)* figure depuis 1934 parmi les instruments de la politique du crédit.

Depuis 1962, le FRS intervient pour son propre compte sur le marché des changes.
Accessoirement, le FRS remplit diverses fonctions pour le compte de l'administration :

– il participe à la mise en œuvre de mesures de contrôle pour le rétablissement de la balance des paiements ;

– il intervient dans l'exécution des dépenses fédérales qui sont réglées par chèques tirés sur les comptes entretenus par le Trésor dans les FRB ;

– la FRB de New York est le principal agent d'exécution du Trésor pour la gestion de la dette publique ; elle réalise les achats et ventes de titres de la dette fédérale pour le compte du « Fonds d'investissement et de fiducie » que gère le Trésor.

Contrairement à la *Banque de France, le FRS ne joue aucun rôle dans le contrôle de la discipline de la profession bancaire, dispersé entre les États et diverses agences fédérales parmi lesquelles le Federal Deposit Insurance Corporation joue le rôle principal.

FEOGA

Voir Fonds européen d'orientation et de garantie agricole.

Fermage

a : *Lease* – **d** : *Pacht* – **e** : *Arrendamiento*

Contrat par lequel le propriétaire cède l'usage du sol à un locataire (le fermier), moyennant l'engagement par celui-ci de payer chaque année au propriétaire un loyer fixe établi à l'avance et indépendant des résultats de la gestion.

Cette formule de *bail est très généralement employée dans des exploitations importantes et rentables, dans les régions fertiles et de grandes cultures. Le fermage, qui était en 1929 appliqué à 20 % des exploitations couvrant 30 % des terres, concerne actuellement 30 % des exploitations et 35 % des terres. A la suite d'une réforme juridique d'ensemble (statut du fermage), intervenue en 1945 et 1946 (loi du 13 avril, art. 790 du Code rural), les grandes lignes de ce régime sont les suivantes.

• La *conclusion du bail* se fait par un écrit enregistré avec état des lieux. Une « commission consultative des baux ruraux » (par département) adapte la loi aux conditions locales et établit un contrat type départemental. Les litiges sont soumis au tribunal paritaire des baux ruraux.

• Le bail doit avoir une *durée* supérieure à neuf ans et comporte interdiction de sous-location et de cession. Le montant du fermage est fondé sur une quantité de denrées arrêtée d'un commun accord et comprise entre un maximum et un minimum fixés par arrêté préfectoral après avis de la Commission consultative (loi du 23 mars 1953).

• Au bout de chaque période de trois ans sont ouvertes au propriétaire une possibilité de *résiliation* (en cas de retards réitérés dans le paiement du fermage, d'agissements du fermier contraires à la bonne exploitation, ou de refus par lui d'appliquer les mesures d'amélioration préconisées par la Commission consultative), ou une possibilité de *reprise* s'il compte installer dans l'exploitation un enfant majeur sous réserve qu'il réponde aux trois conditions de reprise personnelle en fin de bail (voir ci-après). En revanche, le fermier bénéficie d'un droit de *préemption* qui lui permet de se substituer à tout acquéreur éventuel, d'un droit au maintien du bail dans ce cas et d'un droit au *renouvellement automatique* en fin de bail pour une durée de neuf ans.

• A l'expiration du bail, ce renouvellement automatique n'est écarté que s'il y a raison de résiliation ou de reprise avec, dans ce cas, congé signifié sous délai de dix-huit mois et indemnité.

La reprise personnelle par le bailleur peut s'exercer en fin de bail sous trois conditions ; qu'il s'engage à exploiter personnellement le bien de manière effective et permanente pendant au moins neuf ans, qu'il habite les lieux, qu'il ne soit pas propriétaire ou usufruitier d'un autre domaine qu'il exploite personnellement.

Ferme (adjectif)

a : *Firm (Adjective)* – **d** : *Fest (Adjektiv)* – **e** : *Firme (Adjetivo)*

Se dit d'une opération dont la réalisation n'est subordonnée qu'à des conditions déjà connues et convenues.

Ferme s'oppose à conditionnel, hypothétique, éventuel, tant en ce qui concerne le principe de l'opération que les quantités, les valeurs ou les modalités qui la caractérisent. Deux exemples illustrent cette notion, dans les domaines de la finance et de la bourse.

Finance : En matière d'*emprunt, la prise *ferme* par une banque ou un *syndicat financier consiste pour ceux-ci à souscrire immédiatement, pour un montant déterminé (généralement la totalité), l'emprunt proposé en faisant leur affaire de son replacement ultérieur auprès de leur clientèle (dans le cas contraire, les banques prennent à condition les titres représentatifs de l'emprunt, généralement des *obligations, et restituent à l'emprunteur les titres qu'elles n'ont pu placer) (*Voir aussi* Underwriters.) En matière fiscale, le terme de *ferme générale* désignait, sous l'Ancien Régime, le contrat par lequel l'État « vendait » (affermait) à un fermier général les cotes représentatives d'impôts à recouvrer (moyennant un prix négocié). Le fermier général poursuivait ensuite pour son propre compte le recouvrement de ces cotes auprès des assujettis.

Bourse : Les opérations à terme ferme sont des opérations qui seront à coup sûr dénouées au jour de la *liquidation pour laquelle elles ont été conclues. Elles s'opposent aux opérations conditionnelles (*voir* Terme).

Pour « bourse ferme », *voir* Cours.

Fermière (société)

Voir Gestion (société de).

Fiduciaire

Voir Monnaie.

Fiducie

a : *Trustee* – **d** : *Treuhand* – **e** : *Fiducia*

Du latin, fides, *confiance. Mode de transmission du patrimoine permettant à son propriétaire d'en confier, de son vivant ou à son décès, tout ou partie à un tiers, à charge pour celui-ci de l'administrer dans l'intérêt de bénéficiaires et de le transmettre à ces bénéficiaires au terme de l'opération.*

La fiducie, par un transfert de propriété effectué dans le but de sauvegarder les intérêts du bénéficiaire, assure ainsi au propriétaire qui y a recours la pérennité de son patrimoine et, notamment, de son entreprise.

Par assimilation : prise en charge de titres en vue de leur placement (portage).

Voir Trust.

Filiale

a : *Subsidiary* – **d** : *Tochtergesellschaft* – **e** : *Filial*

Société dont plus de la moitié du capital social est détenu par une autre, dite « société mère ».

Le *capital social d'une société est normalement réparti entre plusieurs détenteurs dont les parts sont représentées par des *actions auxquelles est attaché un droit de vote. Les sociétés elles-mêmes peuvent acquérir des actions ou des paquets d'actions d'autres sociétés en y prenant des *participations.

Lorsque la *participation* d'une société A est supérieure à la moitié du capital d'une société B, la première *prend le contrôle* de la seconde, qui devient sa *filiale* (définition fiscale et économique ; 10 % dans la définition juridique stricte). La majorité du capital entraînant la majorité des voix à l'assemblée générale des actionnaires, la société détentrice de ces deux majorités exerce en effet naturellement un rôle prépondérant dans la définition de la politique de la société B.

Dans le cas de prise de contrôle :

- mention obligatoire doit en être faite, dès l'exercice où la prise de contrôle a eu lieu, dans le rapport annuel aux associés des deux sociétés ;
- d'une manière générale, le rapport annuel des sociétés doit contenir un compte rendu de l'activité et des résultats de leurs filiales ;
- la publication des comptes des filiales des sociétés dont les titres sont cotés en bourse est soumise à une réglementation particulière.

Le régime financier et fiscal des sociétés filiales : Il a fait l'objet de dispositions spéciales qui peuvent se résumer comme suit :

• les *dettes de la filiale n'obligent pas la société mère et inversement (de même la *faillite). Cependant, la création frauduleuse d'une filiale (pour soustraire une partie du capital aux poursuites des créanciers) est sanctionnée ainsi que toute manœuvre tendant à exploiter cette dissociation de responsabilités ;

• les sociétés détenant des titres de participation pour lesquels elles entendent se prévaloir du *régime des sociétés mères* doivent prendre l'engagement de conserver pendant au moins deux ans la pleine propriété de ces titres. Lorsque ces titres n'ont pas été souscrits à l'émission, lorsqu'ils ne sont pas nominatifs mais au porteur, elles doivent les déposer à la Banque de France, à la Caisse des dépôts, au Crédit national ou dans tout autre établissement agréé à cet effet. Ces titres doivent représenter *au minimum* 10 % du capital de la société émettrice, sauf cas particuliers (*apports partiels d'actif, fusions, etc.) ;

• les produits nets des participations de la mère dans les filiales sont retranchés du *bénéfice net total de celle-ci, sous réserve d'un abattement pour frais et charges (de l'ordre de 5 % du produit total des participations) ;

• d'une manière plus générale, les mères et les filiales — lorsque la participation est supérieure à 50 % — peuvent prétendre à l'application du régime du *bénéfice consolidé,* qui est constitué par les bénéfices français et étrangers (bénéfice mondial) et les parts dans les bénéfices des filiales françaises et étrangères. Ce régime, adopté avec l'agrément de l'administration, a les principaux caractères suivants : l'impôt français correspondant qui frapperait le bénéfice ; chaque filiale est personnellement redevable de l'impôt sur les sociétés, mais la quote-part d'impôt sur le bénéfice inclus dans le résultat consolidé est imputée sur l'impôt de la « mère » ; en cas de déficit, l'impôt étranger est reportable sur les impôts étrangers ; les pertes et profits des filiales étrangères sont compensables entre eux ; diverses dispositions évitant les surchages fiscales ou financières sont applicables (suppression de doubles impositions des *dividendes, faculté de limiter les risques de fluctuation des monnaies étrangères en convertissant les comptabilités en francs français...).

Filière

Titre à ordre émis par le vendeur et par lequel le porteur est invité à prendre livraison de la marchandise vendue à un terme fixé et à un prix donné.

Moyen de liquidation des *marchés à terme, notamment dans les *bourses de commerce, la filière ne nécessite pas le passage par une caisse de *compensation.

Mécanisme

L'émetteur de la filière (qui est le vendeur de la marchandise) confie le titre à un liquidateur filiériste qui le présente à l'acheteur. Si celui-ci a revendu entre-temps la marchandise à un tiers, il le désigne au liquidateur qui présente le titre à ce tiers, etc. Le transfert du titre de l'un à l'autre se nomme le renvoi. A chacun de ces renvois, le liquidateur s'assure de l'*endossement de la filière et des différences constatées entre chaque prix de vente.
Exemple : A vend à B une marchandise pour le prix de 100. A émet la filière et la confie au filiériste avec une facture correspondante. Le filiériste présente ces documents à B. B désigne C à qui il a revendu pour le même terme la marchandise pour 105. B endosse alors la filière au nom de C, B remet au filiériste une facture au prix de 105 (sur C) et reçoit en échange la facture de 100 établie par A sur lui. Le filiériste remet à B les 5 qui constituent la différence entre 105 et 100. Le mécanisme peut se poursuivre avec C, D, E... selon la même procédure, les paiements se faisant du filiériste au profit de l'acheteur-revendeur si celui-ci a revendu plus cher qu'il n'a acheté (cas de B) ou en sens inverse s'il a revendu moins cher.
Un acheteur « arrêtera » la filière lorsqu'il remettra au filiériste le prix total de la marchandise à son stade, prix que le filiériste remettra lui-même au premier vendeur (A). Alors la marchandise est soit livrée au prix de la facture (dans l'exemple ci-dessus, 105 à C si C arrête la filière) soit n'est pas livrée mais donne lieu à une liquidation au cours du jour (exemple : si la marchandise vaut 90 au cours du jour, C remettra 105 – 90 = 15 au filiériste).
Dans ce cas, l'opération est bénéficiaire pour A qui a vendu 100 ce qui vaut 90 au terme.

Effets juridiques

Le système de la filière a donné lieu à de nombreuses interprétations juridiques, notamment par comparaison avec le *billet à ordre. La différence d'avec celui-ci réside cependant en ce que le porteur du billet à ordre est titulaire d'une créance dont le montant est connu, tandis que le porteur d'une filière est titulaire d'un contrat dont le caractère bénéficiaire ou déficitaire pour lui dépend du cours de la marchandise au terme. Aussi peut-on craindre d'éventuelles défaillances, et a-t-on multiplié les garanties : tous les endosseurs sont garants du porteur, et tous les endossataires sont garants de l'émetteur. En cas de défaillance du porteur, l'émetteur s'adresse au dernier acquéreur (endosseur) (« déliquidation par en bas »). En cas de défaillance de l'émetteur, le porteur s'adresse au premier endossataire (« déliquidation par en haut »).

Finance

a : *Finance* – **d** : *Finanz* – **e** : *Finanza*

Au singulier : Art, fonction, profession qui traite de la monnaie ou de l'argent.

L'étymologie retenue lui donnerait une signification simple : finance vient de l'ancien mot *finer* qui veut dire « payer ». Ce mot même proviendrait, pour Littré, du latin *finis* qui signifie « terme » ; le paiement d'une somme d'argent rendrait parfaite la transaction en raison du pouvoir libératoire de la monnaie.

Mais traitant d'un bien progressivement dématérialisé, le terme comporte des contours incertains de telle sorte que sont plus couramment employés :

– le pluriel : les finances d'un agent définissent son état de fortune ; les finances publiques concernent la gestion des ressources dont disposent l'État et les autres collectivités publiques ; les conditions dans lesquelles sont réunis et utilisés les résultats de ces opérations ;

– l'adjectif « financier » : dans des acceptions différentes et plus ou moins larges, il peut qualifier les affaires et les institutions qui traitent principalement de l'argent ;

– le verbe « financer » : il vise le fait de pourvoir au besoin de payer en réunissant les moyens nécessaires et, pour celui qui assure cette réunion, celui de les fournir à un tiers ;

– le substantif lié « financement » : s'agissant d'un projet, le terme s'applique à l'opération qui consiste, après en avoir évalué les éléments en termes de moyens et de coût monétaire, à prévoir l'origine des ressources nécessaires à la réunion des moyens ; les projets d'investissements au sens large comportent toujours cet aspect. Ils font appel aux ressources propres de celui qui les entreprend (*autofinancement) ou comportent un *besoin de financement extérieur qui sera satisfait grâce à la *capacité de financement dégagée par d'autres agents en excédent de leurs besoins propres.

Les opérations financières

Leur matière c'est l'argent, enseignent les dictionnaires. La finance naît avec la *monnaie : elle comporte le pouvoir de la transmettre (le *change), de la transformer (la *banque), de la créer.

La monnaie a permis de briser l'opération de troc et a fait de l'échange un ensemble de deux opérations de sens contraire : livraison de biens et de services dans un sens, remise de créance dans l'autre. Sous quelque forme qu'elle intervienne, cette remise de créance constitue l'opération financière qui permet de solder l'opération économique d'achat ou de vente. La plupart des opérations économiques se doublent ainsi d'une opération financière qui constitue leur règlement.

Mais il est aussi des opérations financières indépendantes des opérations économiques au sens précédent parce qu'il existe des services de nature financière faisant l'objet eux-mêmes de transactions. Cela tient à la nature de la monnaie qui peut être instrument de réserve et se trouver mise à la disposition d'autres agents, ce qui donne naissance à des créances. Les *opérations financières affectent les avoirs des agents en monnaie et créances ; en comptabilité nationale, un *tableau des opérations financières les décrit et synthétise l'ensemble des comptes financiers des agents. Les opérations mettent en relation des systèmes économiques différents : les finances extérieures concernent les conditions de règlement entre systèmes comportant des monnaies différentes et la gestion des avoirs et des dettes définis dans d'autres monnaies.

De ces opérations naissent des relations qu'analyse la science économique, étudiant les facteurs qui font naître les créances, déterminent leur volume en circulation, permettent leur échange, modifient leur valeur par rapport à celles des biens et services ou par rapport à d'autres titres de créances. Les phénomènes financiers sont-ils autonomes ? Pour les Classiques, la monnaie était neutre : sa valeur déterminée conformément aux principes dégagés par la *théorie quantitative de la monnaie, évolue et commande le niveau général des prix, mais la monnaie n'a pas plus d'effet sur le niveau de l'activité économique, de la production et de l'emploi que dans une économie de troc. Cette indépendance ne résiste pas à l'examen des faits : la valeur de la monnaie ne peut être indifférente dans la constitution de l'épargne : le prix de l'argent, c'est-à-dire le taux d'intérêt, est un facteur déterminant du volume des investissements : le volume des moyens de paiement, les conditions de leur utilisation et leurs rapports de valeur commandent le volume des échanges de biens et de services entre les nations. La théorie *keynésienne a montré comment la monnaie agit sur la demande effective.

Les fonctions financières et les agents financiers

De la spécificité des opérations financières parmi les opérations économiques est née une spécialisation des fonctions. Elle apparaît à l'intérieur des unités économiques importantes ; elle entraîne l'existence d'agents distincts.

A l'intérieur d'une entreprise industrielle et commerciale, existe une fonction financière assurée par un ou plusieurs services distincts ; ils ont la charge de traduire en termes financiers l'équilibre des opérations sur biens et services et d'en fournir les moyens. La gestion des créances et des dettes correspond à la fonction de trésorerie.

Il n'en est pas autrement à l'intérieur de l'ensemble des administrations de l'État où ces deux niveaux de fonctions se retrouvent : les directions du budget et des impôts sont responsables de l'application des règles concernant les ressources et les dépenses qui permettent le fonctionnement des services : le *Trésor est chargé d'assurer l'ajustement instantané des recettes et des dépenses.

Parmi les agents économiques, des entreprises spécialisées fournissent d'autre part des services de nature financière et assument principalement une fonction financière : ce sont les *institutions financières, dont le rôle est de collecter et de redistribuer les capitaux, et donc d'animer les circuits financiers.

Bien qu'il ne soit pas une institution distincte dotée de la personnalité morale, le Trésor, par le développement de ses opérations étrangères au fonctionnement des services de l'État, constitue la plus importante des institutions financières.

Le crédit constitue le procédé principal de redistribution des capitaux par la création de monnaie qu'il réalise. Aussi les *banques sont-elles les institutions financières les plus originales par leurs fonctions.

Mais le domaine du financier est plus large que celui du crédit. Et le terme « financer » est utilisé dans de nombreux cas pour décrire des opérations qui n'ont pas toutes les caractères d'opérations de crédit ou pour parler d'organismes qui ne constituent pas des institutions bancaires.

Ainsi les établissements financiers, dans la terminologie du Conseil national du crédit, constituent une catégorie d'institutions exécutant certaines des opérations pratiquées par les banques, mais auxquelles est refusée l'activité qui caractérise la fonction bancaire, c'est-à-dire la réception des dépôts du public.

A l'intérieur des banques, le département financier rassemble souvent les opérations qui ne relèvent pas des formes courantes de prêt, telles les émissions de valeurs mobilières. La gestion bancaire comprendrait les trois fonctions de crédit, de trésorerie et d'opérations financières.

Le marché financier est enfin le *marché des capitaux demandés, offerts ou échangés sous forme de souscriptions ou de négociations de valeurs mobilières ; il se distingue du marché du crédit où les banques sont l'un des partenaires naturels de l'opération et du *marché monétaire au sens strict, dont les partenaires sont presque exclusivement les banques, et qui est spécialisé dans les opérations de refinancement à court terme.

La dialectique de l'économique et du financier

La distinction des fonctions et des agents fait perdre de vue le lien étroit des phénomènes financiers et des autres phénomènes économiques. Et l'opinion courante en vient à opposer deux domaines qui se caractériseraient non seulement par des opérations et des techniques différentes, mais aussi par des comportements et des objectifs contraires.

Le financier placerait avant tout la réalisation ou le maintien de l'équilibre ; l'économiste s'attacherait à mettre en œuvre le progrès. Au sein des administrations de l'État, le ministère des Finances sacrifierait à la stabilité monétaire les objectifs de croissance qu'un ministère de l'Économie nationale aurait pour fonction de réaliser par priorité. En

bref, au financier la prudence et à l'économiste l'audace. De même, au sein d'une entreprise, un tel antagonisme apparaît souvent, opposant les financiers et les ingénieurs, ou les financiers et les commerciaux...
Cependant, au financier l'opinion reproche tantôt la prudence excessive qui brise les projets, tantôt l'imprudence qui compromet le progrès : à lui le domaine de l'aventure ; de son activité naissent les scandales. Individuelle ou collective, la *spéculation est son fait ; les opérations qu'il initie se traduisent par des profits injustifiés quand elles ne s'effondrent pas tels des châteaux de sable. Leur développement est à l'origine des crises économiques ; les « gnomes de Zurich » portent la responsabilité des désordres monétaires.
De ces jugements sommaires et contradictoires, il ressort que la finance est la mesure dû possible ; le financier tient compte des limites que l'interférence des phénomènes financiers introduit dans les opérations économiques, il les respecte et les maîtrise.
Aux autres parties, le financier marque les limites qu'il convient de respecter, en se plaçant dans le cadre le plus large d'appréciation de la situation. L'analyse globale ne peut être faite qu'en termes financiers, parce que ceux-ci seuls fournissent le plus grand dénominateur commun. Confondues ou distinctes, les fonctions de ministre de l'Économie et de ministre des Finances (ou du Budget) créent problème. Leur réunion fait courir le risque de créer un État dans l'État. Leur distinction aboutit ou à conférer au ministre du Budget détenteur des « cordons de la bourse » un poids trop fort, sans vision économique, ou le rôle d'un pur exécutant, l'arbitrage étant dans ce cas rendu par le Premier ministre. Le financier s'attache à réaliser les équilibres nécessaires, il contribue à en déterminer le niveau. Or, son art lui permet de reculer les limites pratiques : avec la monnaie, d'échapper aux limites du troc dans les relations individuelles et les relations internationales ; avec le crédit, d'élargir la demande solvable. Apportant dans la vie économique le lubrifiant indispensable, il en régularise le cours et permet d'en porter le rythme au meilleur niveau.
On plaisante le financier qui s'appuie sur la comptabilité ; mais, pour Proudhon, la « révolution commence par la comptabilité ».

Financement

a : *Financing* – **d** : *Finanzierung* – **e** : *Financiación*

Ensemble des méthodes et des moyens de règlement mis en œuvre pour la réalisation d'un projet économique.

L'étymologie permet de circonscrire le sens véritable des termes de finance et de financement, tous deux étroitement liés à la notion de « bonne fin » d'une initiative, d'une opération ou d'une entreprise : le latin *finis*

(frontière, extrémité, fin) et le verbe d'ancien français « finer » (mener à bien, payer). Financer, c'est donc réunir les moyens de mener à bonne fin, de dénouer une opération, c'est-à-dire de faire en sorte que soient couverts en fin de période les besoins de ressources en argent, en moyens de paiement ou en valeurs qu'elle comporte. Un projet, une activité ou une opération sont, par nature, *économiques,* dès lors qu'ils visent à création ou combinaison d'utilités, de biens ou de services. Ils impliquent *financement* dès lors que leur réalisation entraîne la mise en œuvre de signes représentatifs de valeur ou de *monnaie.
De là découlent les principaux caractères constitutifs du financement. Composé de valeurs constituées ou d'*avoirs* (*monnaie, *numéraire, *liquidités, *capitaux, recettes...), le financement est une *affectation* de celles-ci. La bonne fin du projet ou de l'opération pouvant n'intervenir qu'au terme d'une longue période, le financement implique des techniques faisant *intervenir le temps* (*épargne, *emprunt, *crédit, *investissement).

En économie globale : Le financement est essentiellement retracé par les mouvements des *ressources tels qu'ils apparaissent au compte des opérations financières, qui traduisent les variations des avoirs des agents en monnaies et créances (*voir* Opération).
Le financement public des actions de l'État, des collectivités locales et de la Sécurité sociale relève principalement de *prélèvements obligatoires (*impôts et *cotisations sociales). Mais l'État, du fait de sa responsabilité centrale sur l'*équilibre général, est conduit à prévoir, dans le cadre de son budget, des moyens de financement complémentaires à ces recettes définitives et inscrits *au-dessous de la ligne dans les documents budgétaires. Dans ces méthodes spécifiques de financement public, le *Trésor joue un rôle spécialement important du fait de sa capacité de création monétaire et de *transformation de ressources à court terme en emplois à long terme. De son côté, l'ensemble formé par les *institutions financières (système bancaire et autres intermédiaires financiers) a pour fonction principale de gérer et de favoriser les échanges entre les *capacités et les *besoins de financement présentés par les divers agents économiques. Il assure en outre la fonction devenue essentielle de *refinancement au sein de sa propre structure.

A l'échelon de l'entreprise : L'acte initial de financement est naturellement la réunion d'un ensemble de sommes mises à la disposition d'une société de façon permanente par les propriétaires ou associés, qui est la constitution d'un *capital social. Le *passif du bilan regroupe l'ensemble des ressources de l'entreprise (l'actif retraçant leurs emplois). D'une manière générale, les sources de financement de l'entreprise peuvent être regroupées en deux grandes catégories :

- *L'*autofinancement,* qui provient des capacités financières constituées par l'entreprise elle-même grâce à ses *profits, ses *provisions ou ses *réserves (*voir* Capitaux propres).
- *Le financement externe,* constitué de l'ensemble des apports

définitifs ou provisoires, faits à l'entreprise par des personnes ou institutions étrangères à elle, et principalement :

– les augmentations de capital (*voir* Capital social),
– les emprunts à long terme,
– les emprunts à court terme (*voir* Emprunt, Endettement, Crédit).

Une autre classification est couramment fondée sur les *durées* différentes des sources de financement à la disposition de l'entreprise, qui correspondent à une approche pratique liée aux différences de contraintes du financement sur la gestion. A ce titre, on distingue :

– les *capitaux permanents, ou fonds à la disposition de l'entreprise de façon permanente ou durable (capitaux propres + emprunts à long et moyen terme) ;

– les *dettes à court terme, soit bancaires, soit induites par l'exploitation (*voir* Bilan, Capitaux circulants).

Fiscalité

a : *Tax law* – **d** : *Steuerrecht* – **e** : *Fiscalidad*

---

*Ensemble des lois, règlements et pratiques relatifs à l'*impôt.*

Le législateur dispose seul du pouvoir d'instituer un impôt, d'en établir le dispositif et d'en autoriser la perception. Le gouvernement est néanmoins amené, dans le cadre de la loi, à en préciser l'application par voie réglementaire. Mais le système fiscal est aussi déterminé par les pratiques de l'administration fiscale dans la marge de liberté que lui donnent les lois et les règlements.
On distingue en droit fiscal trois opérations.

La détermination de la matière imposable : Elle obéit aux règles d'*assiette ; les impôts spécifiques sont assis sur des quantités physiques (par exemple, l'hectolitre d'alcool pur pour les droits de consommation sur les alcools), tandis que les taxes sur le chiffre d'affaires assises sur des montants de transactions sont dites impôts « *ad valorem ».

La liquidation : Cela consiste dans la constatation de l'impôt dû par l'application du tarif à la *base d'imposition ; lorsque la liquidation est le fait de l'administration, elle donne lieu à établissement d'un titre de recouvrement (qui est, par exemple, en matière d'impôts directs l'émission d'un *rôle) ; la fiscalité moderne tend à confier au débiteur de l'impôt (*contribuable ou redevable) la liquidation de sa propre dette : la liquidation se trouve alors confondue avec la déclaration (c'est le cas notamment en matière de *TVA).

Le paiement de l'impôt : Il s'effectue en fonction des règles de *recouvrement. Dans le cas de liquidation par l'administration, le

contribuable reçoit un *avertissement, mais peut être tenu à un versement d'acomptes provisionnels. Le paiement des impôts indirects peut, sous certaines conditions, faire l'objet d'un *crédit. Aux fins de contrôle, le paiement de certains impôts donne lieu à l'établissement d'une attestation, tel le *congé en matière de droits de circulation.
Dans le cadre de la Communauté économique européenne, les différences entre fiscalités des pays membres risquent d'entraver la libre circulation des marchandises, des capitaux et des personnes et de fausser le jeu normal de la concurrence. Le traité de Rome permet l'élaboration par la Commission de directives s'imposant aux gouvernements des États membres pour tendre à l'harmonisation des fiscalités. Plusieurs directives ont déjà vu le jour, notamment sur l'adoption de la TVA.
Des conventions bilatérales entre États facilitent en outre les relations économiques internationales ; elles tendent principalement à éviter la double imposition des revenus de capitaux.

Fisher (équation de)

a : *Fisher equation* – **d** : *Fishersche Gleichung* – **e** : *Ecuación de Fisher*

Formulation mathématique d'une égalité nécessaire, dans une économie, entre la quantité de monnaie affectée de sa vitesse, d'une part, et le niveau des prix affecté du volume des transactions, d'autre part.

Cette équation, appelée également « équation des échanges ou de l'échange », tire son nom de l'économiste américain Irwin Fisher (1867-1947) qui l'a formulée pour la première fois. Elle s'insère dans un courant de pensée inauguré par Ricardo et qu'on désigne généralement sous le nom de « *théorie quantitative de la *monnaie ».

Formulation

L'équation se présente sous la forme $MV = PT$ dans laquelle : M est la quantité de monnaie en circulation dans l'économie ; V est sa vitesse de circulation ; P est le niveau des *prix ; T est le volume des transactions, c'est-à-dire la quantité de biens échangés contre de la monnaie durant la période considérée. Cette équation a été perfectionnée pour tenir compte des diverses formes de monnaie et de leur vitesse de circulation propre. Si l'on désigne par M le papier-monnaie et par M' la monnaie scripturale, on aura la formule $MV + M'V' = PT$.

Interprétations et critiques

Cette formule n'affirme en fait rien d'autre qu'une évidence : dans une économie, il y a nécessairement égalité entre l'ensemble des moyens de paiement utilisés et l'ensemble des transactions, exprimés en valeur, qui ont donné lieu à l'utilisation de ces moyens de paiement. Lorsque, en effet, on affecte la quantité de monnaie M de sa vitesse de circulation V, on tient compte dans cette vitesse moyenne V de la monnaie *thésaurisée (ou même détruite) ce qui fait simplement baisser la moyenne.

Cette formule est devenue un instrument de la théorie quantitative de la monnaie dans la mesure où Fisher, en l'interprétant, a donné le pas au premier membre de l'équation sur le second. Pour lui, l'égalité signifie qu'une variation de MV entraîne une variation identique et de même sens pour PT. On pourrait ainsi ajouter à la formule statique une formule du genre $PT \times f(MV)$ où f serait égal à 1. Une telle interprétation pouvait paraître justifiée par les fluctuations de la production d'or dans la seconde moitié du XIXe siècle, qui précédaient de peu des fluctuations de prix dans le même sens et de volume analogue, mais les observations ultérieures ont montré qu'on ne pouvait assimiler cette postériorité à une causalité.

Cet aspect de causalité de la monnaie par rapport aux prix a été sévèrement critiqué par de nombreux économistes, Nogaro et Aftalion notamment. Son caractère partiel a également été discuté. Elle ne tient pas compte, entre autres, des variations du change, des variations de revenus, des facteurs psychologiques de l'économie, des modifications techniques et institutionnelles, du niveau de l'emploi, etc.

Valeur

La formule de Fisher est une expression claire et commode de l'équilibre global qui existe entre les moyens de paiement utilisés et les échanges de marchandises réalisés. Elle présente, en outre, l'avantage de faire apparaître la vitesse de circulation de la monnaie, longtemps négligée, et qui est un facteur fondamental du volume des moyens de paiement. Mais elle ne conserve sa valeur *que si l'on en conçoit les limites* et qu'on la débarrasse de ses interprétations diverses, notamment sur les points suivants :

– chaque terme de l'équation peut agir sur l'autre, et même chaque élément de chaque terme ;

– le terme qui concerne les biens réels ne couvre pas l'ensemble des *biens à la disposition de l'économie, mais seulement les biens échangés (*stocks exclus) ;

– la valeur V est la moins aisément connue. Dans la mesure où les autres éléments sont disponibles, elle peut être utilement maniée sous la forme

$$V = \frac{PT}{M};$$

– elle peut avoir une application féconde si l'on distingue des valeurs PT par **secteurs* de l'économie, en cherchant ensuite à évaluer V et M ;

– enfin et surtout, son utilité est fonction d'une *comptabilité nationale élaborée et d'une intégration dans un ensemble dont les éléments principaux sont le taux de change, le niveau des salaires et de l'emploi, la distribution des revenus, les investissements publics...
Une forme plus moderne d'expression de la théorie quantitative peut être trouvée dans l'équation de *Cambridge exprimée par Keynes.

Fixing

a : *Fixing* – **d** : *Fixing* – **e** : *Fixing*

Bourse : Cotation de base de la barre d'or sur le marché.

Depuis que la barre d'or est cotée à Paris, l'expression anglaise *fixing,* qui s'applique à la cotation de la barre sur le marché de Londres, tend à se répandre pour cette même cotation à Paris.

Voir Cotation, Cours.

Fixité du capital (principe de la)

a : *Principle of constant equity* – **d** : *Prinzip der Unveränderlichkeit des Kapitals* – **e** : *Principio de la invariabilidad del capital*

---

*Principe juridique selon lequel les modifications de *capital social sont subordonnées à des conditions strictes de forme et de publicité.*

Ce principe est applicable aux *sociétés et non aux entreprises personnelles. En sont cependant affranchies celles des sociétés ayant un capital variable par nature (coopératives, *SICAV...).

Flexible, flottant

Voir Taux.

Fluctuation

a : *Fluctuation* – **d** : *Variation* – **e** : *Fluctuación*

---

*Statistique : Carré de l'*écart type d'une série de données statistiques.*

La fluctuation d'un ensemble de données mesure ainsi leur amplitude de dispersion autour de la moyenne. Dans cette acception, le terme est tombé aujourd'hui en désuétude et on lui préfère celui de *variance. En revanche, son usage, dans une acception dérivée, s'est étendu à l'économie proprement dite.

Économie : Variation alternative d'un phénomène économique.

La notion de fluctuation, dans le domaine économique, reste entachée de quelque ambiguïté. Selon les cas, la fluctuation sera appréciée par rapport à un niveau (par exemple, fluctuation du taux d'épargne, ou du taux de consommation par rapport au taux constaté sur moyenne période) ou par rapport à un *trend de croissance (par exemple, fluctuation du taux de croissance annuel sur moyenne ou longue période). Par ailleurs, la notion de fluctuation est appliquée soit à un phénomène particulier (cf. exemple précédent), soit à un ensemble de phénomènes. On parlera ainsi des fluctuations de la croissance économique en général.
La notion de fluctuation joue précisément un rôle central dans l'étude des mécanismes de la croissance, de ses *cycles et des enchaînements catastrophiques qui peuvent affecter le déroulement de ces cycles (*crises). Les fluctuations des moteurs de la croissance (c'est-à-dire des éléments de la demande) peuvent obéir elles-mêmes à des cycles (cycles d'investissement, de consommation de biens durables) ou être provoquées par l'évolution des *anticipations sous l'influence de la conjoncture, ou d'événements accidentels (effets de contagion d'une crise extérieure, événements politiques...).
Un des objectifs de la politique économique à court terme est de contrôler les fluctuations de l'économie (du côté de la demande, et du côté de l'offre), pour éviter tout dérapage cumulatif (*inflation, ou *récession) susceptible de compromettre la croissance sur la moyenne et longue période. Son intervention consiste alors à déclencher en quelque sorte des fluctuations correctrices au niveau des flux et sur lesquels la puissance publique peut exercer un contrôle (dépense publique, fiscalité, crédits à l'économie).

Fluidité

a : *Fluid market* – **d** : *Flüssiger Markt* – **e** : *Fluidez*

Caractère d'un marché où l'offre et la demande s'adaptent l'une à l'autre sans difficulté.

Selon les économistes modernes, et notamment l'économiste français Marchal, la fluidité d'un marché suppose la réalisation de quatre conditions :
– que les acheteurs et les vendeurs puissent fixer leurs prix d'achat ou de vente en toute liberté. Cette « liberté » implique notamment

l'absence de prix imposés soit par l'État, soit par des *ententes ou *cartels ;

– que les acheteurs et les vendeurs puissent entrer en rapport les uns avec les autres. Ce caractère multilatéral et ouvert des relations entre les agents du marché peut être limité soit par des partages exclusifs de zones de marchés (ententes, par exemple) qui restreignent le champ d'action des vendeurs, soit par le manque d'information, la routine ou les contraintes diverses des acheteurs (temps disponible pour la prospection, mode, snobisme, déséquilibre des efforts de publicité...) ;

– que les acheteurs et les vendeurs puissent déterminer en toute liberté les quantités qu'ils demanderont ou offriront, ce qui suppose l'absence de répartitions quantitatives édictées par les cartels, ou de rationnement par les pouvoirs publics, ou de *dirigisme fondé sur des *contingents ;

– que le produit mis en vente par les divers vendeurs soit homogène, de manière que le choix des acheteurs soit ouvert et qu'ils aient la possibilité de comparer les conditions offertes pour des produits de même définition. La notion de fluidité s'oppose à celle de **viscosité* du *marché, par référence aux termes de l'hydraulique. Elle caractérise l'ensemble d'un marché tandis que la notion d'**élasticité* s'applique à l'un de ses composants (offre ou demande) et traduit l'aptitude à des modifications de quantités. Elle constitue, avec l'*atomicité, une condition essentielle de la réalisation de la *concurrence parfaite.

Il est évident que *la vie économique n'offre que des exemples de fluidité relative,* soit pour des raisons conjoncturelles, soit surtout pour des raisons structurelles :

– tous les efforts que sont amenés à faire les gouvernements pour lutter périodiquement contre l'*inflation entraînent fréquemment, par exemple, des *taxations* de *prix ;

– les structures des pays industriels évolués sont génératrices de *concurrence imparfaite* et, notamment, de limitation de la fluidité. Exemples : la pratique des prix imposés par les groupes de producteurs reste vivace, et la concurrence que les groupes peuvent se faire porte fréquemment sur l'effort de publicité dont l'objectif est de convaincre les acheteurs que le produit offert ne ressemble à nul autre (hétérogénéité du produit) et dont le résultat, au moins sur les produits de large consommation, est de susciter et d'orienter les besoins des consommateurs par la création d'automatismes, d'habitudes ou d'engouements. De même, la fluidité des marchés est très variable suivant les produits et les régions :

– la fluidité des marchés de biens d'équipement est limitée par les ententes qui peuvent se conclure entre les vendeurs peu nombreux (manque d'*atomicité), celle des marchés des biens de consommation est limitée par l'effet de la publicité ;

– pour les biens de consommation, la fluidité des marchés est plus grande dans les grandes villes, où les vendeurs se juxtaposent, que dans les régions non peuplées où les magasins à succursales multiples, par exemple, pratiquent une politique de zones d'influence.

Flux

a : *Flow* – **d** : *Strom* – **e** : *Flujo*

Mouvement d'un ensemble d'objets ou de valeurs déterminé par un ensemble d'opérations et de décisions de même sens.

• Le terme de flux est employé dans le *domaine économique* par analogie avec les concepts employés en physique ou en biologie (flux d'un liquide, flux et reflux des marées, écoulement d'une humeur dans l'organisme, etc.). En *comptabilité commerciale,* on peut opposer aux comptes de bilan ou de stocks, qui traduisent l'état du *patrimoine, les comptes d'*exploitation et de *pertes et profits, qui retracent les *flux* dans l'entreprise.
Mais *la notion de flux s'applique essentiellement à la *comptabilité nationale* qui cherche à rendre compte des quantités globales caractérisant le fonctionnement d'une économie : à la différence des comptabilités en termes de stocks, qui permettent de connaître, à un moment donné, le capital national, constitué par un certain nombre d'objets et de valeurs constatés, les comptabilités en termes de flux rendent compte des mouvements de l'économie. Ces mouvements, ou flux, représentent l'ensemble des transferts, échanges, livraisons ou transactions, qui se produisent entre les *secteurs eux-mêmes représentés par des *comptes (y compris le secteur du reste du monde) ; l'ensemble de ces phénomènes ne peut précisément être mieux comparé qu'à l'ensemble des mouvements de *fluides* à l'intérieur d'un circuit hydraulique complexe. La méthode des flux permet de dégager les *agrégats significatifs de l'activité économique.

• *Les flux sont caractérisés* par l'objet des diverses opérations qu'ils retracent.
On distingue généralement :
– les *flux réels* (ou flux physiques) qui retracent les quantités de biens et services échangés entre les divers agents de l'économie ;
– les *flux monétaires* (ou financiers) qui traduisent la valeur des biens et services échangés et retracent les mouvements de créances, qui sont des échanges de monnaie purs et simples.

• *La notion de flux est extrêmement utile* pour l'observation de la vie économique et pour la recherche et la mise au point des interventions qu'on peut effectuer sur l'économie ;
– elle rend compte de l'ensemble des relations économiques ;
– elle complète les notions d'*offre et de *demande, car elle traduit également la vitesse des échanges et ne se limite pas à l'observation des transactions potentielles ou réelles (c'est ainsi qu'une tension inflationniste est beaucoup mieux définie par une « distorsion entre flux monétaires

et flux réels » que comme « un déséquilibre entre offre et demande de biens et services ») ;

– elle permet de substituer une notion biologique à une notion anatomique d'un ensemble économique et suit donc plus fidèlement son évolution.

Applications

Les flux réels ou monétaires sont analysés dans les principaux systèmes de comptabilité économique moderne, au nombre desquels on peut citer notamment :

• Le **tableau des relations interindustrielles* (input, output) élaboré par Leontiev qui retrace les flux internes de chaque secteur productif.

• Les *tableaux de la comptabilité nationale française* qui font apparaître les ressources et les emplois des divers agents de l'économie : le **tableau des échanges interindustriels* regroupe les comptes de production qui décrivent chacun les liaisons entre la production d'une *branche et la consommation de biens et services nécessaires à cette production. Les **tableaux d'opérations financières* regroupent les comptes financiers qui décrivent les opérations de créances et de dettes par nature et par agent. Le **tableau économique d'ensemble* reprend sous une forme synthétique l'ensemble des comptes simplifiés (comptes d'agents et comptes d'opérations résumés).

• Aux États-Unis, le *Federal Reserve System publie une *comptabilité des flux financiers* (flow of funds) qui retrace les achats et ventes de biens et services, les entrées et sorties de capitaux et de crédits, et les variations des *encaisses monétaires de l'ensemble des secteurs de l'économie américaine regroupé en dix rubriques. Les opérations sont elles-mêmes subdivisées en « opérations non financières » (salaires, intérêts, impôts, biens et services...) et « opérations financières » (billets et dépôts, or et titres, prêts bancaires...).

Voir Tableau d'opérations financières.

FMI

Voir Fonds monétaire international.

FOB

Voir FAB.

FOM

Voir Facilité à options multiples.

Fonction

a : *Function* – **d** : *Funktion* – **e** : *Función*

Lien entre une variable et une ou plusieurs autres variables.

Une fonction permet de calculer l'évolution d'une variable dite « expliquée » lorsque varient une ou plusieurs autres variables dites « explicatives ».

Voir Statistique, Modèle.

Fonds commun de placement

a : *Investment fund* – **d** : *Anlagefonds/Investmentfonds* – **e** : *Fondo de inversión*

Ensemble des sommes affectées à un placement collectif en valeurs mobilières constituant une indivision.

L'absence de personnalité morale les différencie des sociétés d'investissement à capital variable qui ont le même objet et posent des problèmes analogues.
Ce système s'est développé dans les pays anglo-saxons où il repose sur la fonction de « *trustee » souvent exercée par une banque, ayant tous pouvoirs pour la gestion d'un patrimoine dont la propriété appartient à une ou plusieurs personnes physiques ou morales (en Grande-Bretagne : « unit trusts »). Ils se sont développés en Europe plus récemment (« fonds de placement » en Suisse, « dépôts collectifs » en Belgique).

En France : Le décret-loi du 28 décembre 1957 (n° 57-1342) en a prévu la création. Il leur assure la transparence fiscale en confirmant l'imposition du produit des avoirs au nom des propriétaires et en supprimant les droits d'enregistrement. Il comporte les mesures indispensables à la protection des épargnants en ce qui concerne :

• la *nature des placements :* pour assurer la mobilisation des actifs et la division des risques, et pour prévenir la transformation des *placements en *participations, 90 % des avoirs doivent être constitués en *valeurs mobilières cotées en France, en bons du Trésor ou dépôts ;

les titres d'une collectivité ne peuvent représenter plus de 5 % des avoirs ; le fonds ne peut détenir plus de 5 % des titres émis par une collectivité ;

• la *répartition des bénéfices :* elle doit chaque année être intégralement réalisée, sous réserve des frais de gestion auxquels la *Commission des opérations de bourse peut fixer des limites ;

• la *gestion :* elle est confiée à une société gérante ayant statut de société anonyme et pour unique objet la gestion de fonds communs de placement dans le respect du règlement propre à chacun d'eux ; l'exécution des opérations de gestion est assurée par un dépositaire relevant d'une catégorie déterminée (banques, agents de change, sociétés d'assurance-vie, établissements financiers autorisés à effectuer des opérations de gestion de portefeuille).

Dans l'attente des dispositions d'application annoncées, le décret de 1957 n'a pas eu d'effet jusqu'aux ordonnances du 17 août 1967 instituant l'intéressement des salariés et les plans d'épargne d'entreprises : les fonds communs de placement constituent l'une des formules de gestion des fonds bloqués pendant cinq ans au titre de l'un ou l'autre de ces régimes. Lorsque cette formule est utilisée, les parts des fonds constituées à cet effet sont réservées aux salariés des entreprises dans lesquelles fonctionne ce régime. Le règlement du fonds prévoit l'institution d'un conseil de surveillance, composé au moins pour moitié de représentants des salariés participants, qui se réunit pour l'examen du rapport annuel : le fonds peut être dans certains cas géré par l'entreprise elle-même ou par une société coopérative constituée entre salariés adhérant au plan d'épargne : des règles d'emploi particulières permettent notamment l'utilisation des sommes provenant des plans d'épargne en valeurs émises par l'entreprise elle-même, ses filiales ou la société mère dont elle dépend.

Fonds d'aide et de coopération (FAC)

**Compte spécial du Trésor, qui a succédé en 1959 à l'ancien FIDES (Fonds d'investissement et de développement économique et social) pour retracer les opérations bilatérales d'aide de la France aux pays en voie de développement faisant partie de la zone franc.*

Les modalités d'intervention du Fonds sont très diverses : financement d'opérations d'assistance technique ; subventions pour l'équipement administratif, économique ou social ; subventions d'équilibre pour les budgets nationaux ; avances de trésorerie aux trésors nationaux ; exceptionnellement, prise de *participation dans des sociétés dont l'activité présente un intérêt général ; octroi de prêts à long terme et à faible taux d'intérêt *(soft loans)* pour des investissements économiques ou sociaux. Le Fonds par lequel transite l'essentiel des crédits de l'ancien ministère de la Coopération est géré par la *CCCE. Le FIDES ne subsiste que pour l'aide aux territoires d'outre-mer.

Fonds de commerce

a : *Business assets* – **d** : *Geschäftswert* – **e** : *Fondo de comercio*

Ensemble d'éléments mobiliers corporels ou incorporels mis en œuvre par un commerçant ou un industriel dans l'établissement qu'il exploite.

Notion

La notion de « fonds de commerce » en tant que telle a été consacrée, en France, pour la première fois par une loi de 1872 sur les droits de mutation. Avant cette date, le fonds de commerce ne constituait pas un bien particulier et ne tirait sa valeur que des éléments qui le composaient. La nécessité a cependant été vite ressentie de rendre compte de l'ensemble des éléments qui confèrent une valeur à un établissement commercial, au-delà de ceux qui peuvent être comptabilisés au *bilan (immobilisations, stocks, créances et dettes). La notion s'étant développée à une époque où les entreprises commerciales étaient généralement des entreprises personnelles, le fonds de commerce pouvait être considéré comme incorporant la « valeur ajoutée » aux éléments primitifs de l'établissement par le talent ou la bonne gestion du chef d'entreprise. Il convient en outre de distinguer nettement la notion de fonds de commerce, qui est l'ensemble *des biens mobiliers et du contexte* lié à l'entreprise, et celle d'« *entreprise » elle-même, qui est une unité groupant les personnes collaborant à son exploitation (entrepreneur, apporteurs de capitaux, cadres et employés, avec, à sa périphérie, les fournisseurs et les clients). (*Voir* le Goodwill utilisé dans les pays anglo-saxons.)
On retiendra la conception du fonds de commerce généralement acceptée par les tribunaux français en notant que :
– le fonds de commerce constitue une « universalité » distincte des éléments qui la composent et qui doit être considérée dans son ensemble ;
– un fonds de commerce peut exister alors qu'un certain nombre des éléments constitutifs énumérés ci-après font défaut. Mais l'existence d'une **clientèle* est indispensable à l'existence du fonds lui-même ;
– l'importance de chacun des éléments par rapport à la valeur d'ensemble du fonds est très variable selon la nature de l'activité. L'élément prépondérant peut être la valeur personnelle du commerçant (coiffeur, tailleur), l'emplacement du fonds (emplacement d'un magasin de journaux et périodiques, d'un commerce de luxe...) ou le matériel (laverie automatique...).

Éléments constitutifs du fonds de commerce

Le fonds de commerce est généralement constitué d'*éléments mobiliers* incorporels et corporels. Les éléments immobiliers en sont exclus.

Éléments incorporels :

• La **clientèle* et l'**achalandage :* ces éléments sont essentiellement mouvants et dépendent de l'exploitation et de la conjoncture, mais sont les éléments essentiels du fonds de commerce. La jurisprudence n'admet cependant l'existence de la clientèle que lorsque le fonds a fait l'objet d'un commencement d'exploitation.
On distingue en principe la *clientèle constituée par l'ensemble des personnes qui ont *l'habitude* de se fournir chez un commerçant en raison des services qu'il rend, de l'*achalandage constitué par les acheteurs qui entrent occasionnellement dans un magasin, généralement à cause de sa situation. En fait, le terme de clientèle désigne généralement l'ensemble des personnes qui se fournissent auprès de l'entreprise commerciale.

• Le *nom commercial :* c'est l'appellation sous laquelle une personne exerce un commerce. Ce peut être le nom patronymique du commerçant, un pseudonyme, un nom composé (« Ateliers de... »), etc. Quand il s'agit de société, seules les sociétés de personnes ont une « raison sociale » composée du nom des associés solidairement responsables du passif social, mais toutes les sociétés peuvent avoir une « dénomination sociale ». Le nom commercial est cessible, mais le successeur qui utilise le nom patronymique de son vendeur doit éviter toute confusion dans l'esprit de la clientèle (solutions : « ancienne maison X », « X et successeur », ou « successeur de X », etc.).
La protection du nom commercial est organisée par la jurisprudence pour éviter la concurrence déloyale.

• L'*enseigne :* c'est la « dénomination ou l'emblème choisis par un commerçant et servant à distinguer l'établissement et à rallier la clientèle ». L'enseigne peut se confondre avec le nom commercial mais elle est généralement forgée de toutes pièces (« le Lion d'Or », « le Café du Globe », etc.). A part quelques exceptions concernant des magasins à succursales, la protection de l'enseigne ne s'exerce généralement que dans un périmètre restreint et suppose qu'il y ait un risque de détournement de clientèle.

• Le *droit au *bail* (ou « pas-de-porte » ou « droit au renouvellement ») : institué par la loi du 30 juin 1926 et renforcé par de nombreux textes postérieurs, c'est « le droit pour le locataire à la jouissance des lieux loués où s'exerce le commerce ».
Le droit au bail porte sur les locaux principaux où s'exerce le fonds, les locaux accessoires s'ils sont nécessaires à l'exploitation, les terrains nus sur lesquels ont été édifiées des constructions avec le consentement du propriétaire et qui sont nécessaires à l'exploitation. Généralement, le commerçant est locataire des lieux dans lesquels il exploite le fonds. Le droit au bail est alors un des éléments principaux du fonds de commerce, surtout dans les commerces de détail où la clientèle est attachée à la boutique et où le droit au bail constitue souvent la seule valeur du fonds lui-même. Mais il peut être également propriétaire de l'immeuble (« les murs »). Dans ce cas, la valeur de son fonds réside

dans les autres éléments constitutifs. En cas de vente du fonds seul, le propriétaire consent généralement un bail distinct à son acheteur.

• Les *licences et autorisations administratives* qui sont attachées au fonds et n'ont pas un caractère personnel, telles les licences de débit de boissons, les cartes de transporteur public...

• Les *droits de propriété* industrielle, commerciale, artistique ou littéraire dont les principaux sont, en dehors du nom commercial et de l'enseigne :

– les *brevets d'invention qui confèrent un monopole d'exploitation à leur détenteur ;

– les dessins et modèles, protégés par une loi du 14 juillet 1909 et une loi de 1952. Ces dessins et modèles (de tissus, de carrosseries, d'emballages...) doivent être déposés au secrétariat du conseil des prud'hommes ;

– les *marques de fabrique ou de commerce, qui sont des signes apposés sur les marchandises et servent à les distinguer (nom patronymique, emblème, vignette, etc.), protégées par deux lois de 1857 et de 1920, à condition qu'elles soient déposées au greffe du tribunal de commerce ou à l'Institut national de la propriété industrielle.

D'autres signes distinctifs des marchandises sont protégés : *labels de qualité, indications d'origine, récompenses industrielles obtenues dans des expositions.

• Les *droits de propriété littéraire ou artistique,* notamment les « droits d'auteur » (loi du 11 mars 1957) entrent également dans les éléments incorporels du fonds.

• *Divers autres éléments* sont souvent considérés comme transmis avec le fonds, par exemple divers contrats (de travail, d'assurances, de fournitures générales) souscrits par le vendeur du fonds de commerce.

Éléments corporels :

• Ce sont essentiellement les *matériels, outillages et agencements* qui n'ont pas le caractère d'immeubles par destination, mais qui ont une certaine stabilité, et qui servent à l'exploitation de l'entreprise (outillage industriel, matériel roulant, machines à écrire, meubles de présentation...).

• Les *marchandises en *stock* ne sont pas parties intégrantes du fonds de commerce. Elles sont en effet destinées à la vente et n'ont pas de « stabilité » comme le matériel ou les outillages. Cependant elles sont généralement cédées en même temps que le fonds et ont une incidence sur la valeur propre de celui-ci selon leur qualité et leur bonne ou mauvaise adaptation à l'exploitation du fonds.

Opérations susceptibles d'affecter le fonds de commerce

Bien meuble incorporel, mais d'une grande stabilité en raison de son lien avec l'immeuble où il est exploité, le fonds de commerce peut être non seulement vendu, mais aussi nanti.

Vente du fonds : Les conditions de vente d'un fonds de commerce sont celles de tous les contrats en général, mais pour que la vente soit régulière il faut, d'une part, que les parties énumèrent nettement les éléments qui font l'objet de la vente, d'autre part, que parmi ces éléments figurent au moins la clientèle et un certain nombre d'éléments incorporels ou corporels liés à celle-ci. La propriété du fonds est transférée par le contrat de vente lui-même, mais le transfert de chacun de ses éléments suit les règles propres à ceux-ci (meubles corporels, droits de créance, brevets...). Lorsque le fonds est vendu à crédit, ce qui est très fréquemment le cas, il peut donner lieu à des « billets de fonds » mobilisables par le vendeur-créancier.

Apport d'un fonds en société : Un fonds de commerce peut faire l'objet d'un *apport en société. Il est alors soumis aux mêmes conditions de publicité que la vente.

Nantissement du fonds : Depuis la loi de 1909, le fonds de commerce peut faire l'objet d'un *nantissement, selon des modalités particulières qui tiennent à la fois du *gage et de l'*hypothèque mobilière. Le nantissement porte obligatoirement sur les éléments incorporels des fonds, il peut porter sur le matériel mais non sur les marchandises. Constaté par acte écrit, le nantissement doit être inscrit dans un registre spécial au greffe du tribunal de commerce du lieu d'exploitation.

Gestion du fonds de commerce : propriété et exploitation du fonds

De même que la propriété des locaux et la propriété du fonds de commerce peuvent être dissociées, de même la propriété du fonds peut être dissociée de son exploitation. Généralement, le fonds de commerce est géré par son propriétaire qui a alors la qualité de commerçant. Mais l'exploitation et la propriété du fonds peuvent être séparées dans deux cas principaux :

– le propriétaire peut en confier la gestion à un gérant salarié. Il conserve alors la qualité de commerçant et la responsabilité juridique de la gestion ;

– il peut également donner le fonds en location-gérance à un gérant libre qui assume la responsabilité de la gestion et a la qualité de commerçant. La location-gérance ayant donné lieu à des spéculations diverses, des dispositions légales ont été prises (notamment loi du 20 mars 1956) qui obligent le loueur de fonds à avoir exercé dans le commerce pendant sept ans et à avoir exploité pendant deux ans au moins le fonds mis en gérance.

Évaluation du fonds de commerce

Le caractère complexe du fonds de commerce rend délicate son évaluation ; aussi utilise-t-on des barèmes empiriques pour fonder l'évaluation (utile pour la vente, la location, le crédit, l'imposition...). Ces procédés tendent à appliquer un coefficient déterminé à l'un ou l'autre des éléments de l'exploitation. Ces éléments peuvent être :

• le *bénéfice annuel* (exemple : un fonds de tabac vaut environ 8 fois le bénéfice net annuel ; pour les commerces de gros : 1,5 à 3 fois le bénéfice annuel + la valeur du matériel ; pour les entreprises : 1 à 1,5 fois le bénéfice annuel + la valeur du matériel...) ;

• le *chiffre d'affaires* (journalier, hebdomadaire, annuel). On considère que l'année commerciale comprend cinquante recettes hebdomadaires ou trois cents jours ouvrables. Antiquaire : 100 à 150 % du chiffre d'affaires annuel, boucher : 30 à 40 %, coiffeur : 100 %, pharmacien : 100 %, hôtelier : 2,5 à 4 fois le chiffre d'affaires moyen annuel, restaurateur : 70 à 100 % du chiffre annuel, épicier : 40 à 80 fois la recette journalière (lait exclu), café : 400 à 600 fois la recette journalière... ;

• un *élément représentatif* du chiffre d'affaires (exemple : pour les boulangeries, nombre de quintaux de blé panifié par mois, affecté d'une valeur conventionnelle en francs) ;

• un *élément permettant d'apprécier* le potentiel de l'entreprise (exemple : nombre de chambres dans un hôtel).

L'application pure et simple d'un barème ne menant qu'à une évaluation assez grossière, des *correctifs* sont généralement utilisés : l'application des possibilités d'extension ou des risques de baisse de la clientèle compte tenu de l'emplacement, la référence à la valeur du droit au bail, à la qualité du stock, à l'état des agencements et du matériel, etc., la référence quasi systématique au chiffre d'affaires plutôt qu'aux bénéfices, qui sont étroitement fonction des méthodes d'exploitation, la prise en considération des chiffres d'affaires des dernières années. D'une manière générale, on s'efforce de combiner les références à plusieurs des éléments ci-avant pour vérifier la concordance des résultats des divers types d'évaluation. Les administrations fiscales s'assurent en outre que la valeur vénale du fonds n'est pas inférieure au montant du pas-de-porte en effectuant des contrôles portant sur la comptabilité, l'évolution des bilans, le volume des commandes, la quantité de force motrice utilisée, etc.

Fonds de concours

Participation à des dépenses d'intérêt public versée par des personnes publiques ou privées.

Ces participations à des dépenses de fonctionnement ou d'équipement des collectivités publiques sont facultatives ou obligatoires (elles peuvent être, en effet, la condition même de l'exécution de certains services ou de certains travaux). Leur raison d'être donne aux recettes encaissées à ce titre le caractère de recettes affectées, car l'emploi des fonds doit

être conforme aux intentions de la partie versante, ou aux termes de la convention qui en a prévu le versement.
Les fonds de concours sont portés en recettes au *budget de l'État ; un crédit d'égal montant est ouvert au budget du ministre intéressé par arrêté du ministre des Finances en vue de permettre leur emploi conforme à leur affectation.
Les fonds de concours constituent environ 1 % des recettes budgétaires de l'État (*voir* Affectation).
Les fonds de concours apportés aux collectivités locales sont généralement qualifiés de participations.

Fonds de développement économique et social
(FDES)

**Compte spécial de prêts ouvert dans les écritures du Trésor, géré par le ministre de l'Économie et des Finances et enregistrant les opérations relatives à des prêts de caractéristiques spéciales consentis par l'État à des entreprises publiques ou privées, directement ou par l'intermédiaire d'institutions bancaires spécialisées.*

• *Institué par le décret* nº 55-875 du 30 juin 1955, ce compte a pris le relais du « fonds de modernisation et d'équipement », créé par la loi du 7 janvier 1948 à l'occasion de l'emploi de la contre-valeur des ressources reçues au titre du *plan Marshall.
Demeurent cependant hors de ce fonds diverses catégories de prêts de l'État : prêts aux HLM, prêts du titre VIII du budget, prêts sur comptes d'affectation spéciale, prêts aux gouvernements étrangers.
Les dotations annuelles accordées par les lois de finances ont été en diminution du fait de la débudgétisation qui transfère la charge du financement au marché financier et aux institutions spécialisées ; de l'ordre de 3 milliards en 1963, elles étaient ramenées à 1,8 milliard dans la loi de finances pour 1967. Toutefois, le FDES s'est vu doté d'une fonction nouvelle, à partir de 1965 lorsqu'en cours d'année le produit d'emprunts de l'État en faveur d'investissements a été pour partie (1 milliard environ) ajouté à ses ressources pour être redistribué par son canal : en 1966 et 1967 ses moyens ont été ainsi relevés aux environs de 2,8 milliards. La débudgétisation ou « désengagement du Trésor » avait tendu à transférer du Trésor aux établissements de crédit le rôle de *transformation des ressources à court terme en crédits à long terme ; puis à partir de 1965, l'État s'est présenté lui-même sur le marché financier au profit d'entreprises nationales ou privées. En 1968, les prêts du FDES ont été portés jusqu'à près de 4 milliards dont les entreprises nationales ont reçu moins de la moitié. Depuis 1968, les concours du

FDES sont à nouveau retombés, autour de 3 milliards jusqu'en 1972, et même de 2 en 1974. La débudgétisation a affecté particulièrement :

• les entreprises nationales des secteurs de l'énergie et des transports ; le FDES ne couvre plus qu'une très faible part du financement de leurs investissements contre près de la moitié en 1959 ;

• l'agriculture, qui a vu ses dotations diminuer de moitié.

Les autres secteurs intéressés sont principalement : l'équipement touristique ; les ports et voies navigables ; les actions de conversion, de décentralisation et de productivité des entreprises industrielles ; la *Caisse centrale de coopération économique pour des prêts outre-mer. On notera cependant qu'à partir de 1975 les dotations inscrites au FDES ont repris une nouvelle importance, tout en restant irrégulières. Variant entre 4 et 7 milliards de 1976 à 1979, elles ont atteint près de 12 milliards en 1981, pour retomber à 2 milliards en 1983.

• *Le FDES est géré par un Conseil de direction* qui réunit, deux fois par an en général, sous la présidence du ministre des Finances, les ministres et les représentants des établissements de crédit du secteur public intéressés, ainsi que quelques hauts fonctionnaires responsables de directions de synthèse. Il a pris la suite de la Commission des investissements instituée en 1948.

Ses attributions, comme celles des comités spécialisés, qui agissent par délégation du Conseil dans l'examen des dossiers particuliers, débordent très largement la répartition des ressources du compte spécial. Aussi le langage courant affecte-t-il au FDES l'ensemble des moyens d'intervention financière de l'État qui sont gérés par les organes dirigeants du Fonds, et qui comprennent :

• l'approbation des programmes d'investissement des entreprises nationales, de leurs crédits de paiement et des moyens de financement (comité 4 : secteur énergétique, et comité 8 : transports) : le compte spécial y contribue à titre résiduel et pour certaines entreprises seulement ;

• l'approbation des programmes d'aménagement urbain (comité 2 et sous-comités pour les investissements des collectivités locales) : le compte spécial n'intervient pas ;

• l'octroi à des entreprises privées (relevant du comité 1 et de ses sous-comités) de subventions (primes de développement industriel et de décentralisation), d'agréments fiscaux et d'exonérations fiscales (décentralisation, recherche scientifique, augmentation de capital), de la garantie de l'État (dividende minimal des sociétés de développement régional, financement d'opérations outre-mer soumises au comité 5) : les prêts du FDES interviennent éventuellement à titre de moyen complémentaire en faveur d'opérations encouragées par ces diverses procédures ;

• l'affectation de certains crédits budgétaires (investissements agricoles par le comité 6, crédits pour la réadaptation professionnelle inscrits au budget des Affaires sociales).

Fonds de placement fermé

a : *Investment fund, closed-end* – **d** : *Geschlossener Anlagefonds/Geschlossener Investmentfonds* – **e** : *Fondo de inversión, closed-end*

Organisme de collecte de l'épargne et de placement à capital fixe, et dont la valeur de cession des parts, cotées ou non cotées, n'est pas définie par celle de l'actif net mais par la confrontation de l'offre et de la demande.

Voir Fonds commun de placement, Investissement (société d').

Fonds de placement ouvert

a : *Investment fund, open-end/Unit trust (R.-U.)/Mutual fund (É.-U.)* – **d** : *Offener Anlagefonds/Offener Investmentfonds* – **e** : *Fondo de inversión, open-end*

Organisme de collecte de l'épargne et de placement dont le capital variable est ouvert au public et dont la valeur des parts possédées par chaque épargnant est déterminée par le rapport entre le total de l'actif et le nombre des parts.

En France, les SICAV entrent dans cette catégorie d'organismes ; aux États-Unis, on parle de *Mutual fund,* en Grande-Bretagne d'*Unit trust* et, plus rarement, d'*Open trust.*

Voir Fonds commun de placement, Investissement (société d').

Fonds de roulement

a : *Operating fund* – **d** : *Betriebsfonds* – **e** : *Fondos de circulación*

---

*Partie des *capitaux permanents utilisée pour le financement des actifs circulants de l'entreprise et assurant une marge de sécurité dans le financement de l'exploitation.*

La définition ci-dessus constitue la définition stricte du fonds de roulement parfois appelé « net », ou fonds de roulement financier. Par extension, certains appellent « fonds de roulement » l'ensemble des capitaux finançant les actifs circulants (ou fonds de roulement brut, ou total, ou économique). La définition stricte diffère de cette dernière en ce qu'elle ne correspond qu'à la partie des actifs circulants financés par les capitaux permanents (*voir* Capitaux circulants, Capitaux permanents).

A côté des *valeurs immobilisées, l'actif d'une entreprise comprend des actifs circulants (ou valeurs de roulement) qui connaissent une rotation plus ou moins rapide et qui sont liés à l'exploitation (*stock, *valeurs réalisables et disponibles...). Pour que le « roulement » de cette exploitation soit assuré sans risque, il faut que ces actifs circulants soient couverts. D'une manière générale, on constate qu'ils sont couverts par des *dettes à court terme.* En réalité, cette couverture s'avère le plus souvent insuffisante, car certains actifs circulants peuvent connaître une vitesse de rotation moindre ou des accidents divers ralentissant leur capacité à être transformés en disponibilités aussi rapidement que les dettes à court terme correspondantes. *Ce risque de moindre liquidité des actifs* par rapport aux éléments de passif qui les financent doit être couvert à son tour. Une partie des actifs circulants est alors financée par une partie des capitaux permanents, de liquidité par définition moindre : cette fraction constitue le fonds de roulement net.

Fonds d'investissement et de développement économique et social (FIDES)

Voir Fonds d'aide et de coopération.

Fonds d'orientation et de régularisation des marchés agricoles (FORMA)

Établissement public chargé de préparer et d'exécuter les interventions financières de l'État sur les marchés des produits agricoles.

• Né de la *fusion de trois *comptes spéciaux du Trésor* créés en 1953-1955, les Fonds d'assainissement du marché de la viande et du marché du lait et des produits laitiers et le Fonds de garantie mutuelle et d'orientation de la production agricole, le FORMA a été créé par la loi du 21 juillet 1960 sous la forme d'un budget annexe : il a été transformé en établissement public à caractère industriel et commercial par le décret du 29 juillet 1961. En fait, les fonctions commerciales qu'il pourrait exercer sont déléguées à d'autres organismes spécialisés ; le FORMA a une fonction qui participe étroitement de l'action gouvernementale, il est organisé comme un établissement à caractère administratif, avec un directeur nommé par décret, et apparaît comme un démembrement de l'administration du ministère de l'Agriculture. Son conseil de direction, composé paritairement de représentants des organisations agricoles et des représentants des ministères de l'Agriculture et des Finances, donne aux deux ministres des avis sur les mesures à prendre qui engagent financièrement les ressources du Fonds ; il doit être consulté d'autre part obligatoirement sur toutes mesures concernant la réglementation des prix et des marchés et les échanges extérieurs de produits agricoles. Pour chaque marché, un comité spécialisé, dont la composition respecte les mêmes principes, reçoit une délégation en ce qui concerne les décisions d'application.

Ainsi est organisée une *procédure de concertation* avec la profession dans la définition des interventions économiques ; mais les espoirs placés dans cette structure unitaire pour assurer un arbitrage entre les productions ont été déçus.

● *En dépit de son objet très général,* le FORMA n'intervient pas en effet sur tous les marchés : les céréales, la betterave à sucre, les corps gras, les vins de table et l'alcool relèvent d'organismes de financement ou d'intervention différents (*ONIC, FIRS, SIDO, ONIBEV, ONIVIT, Service des alcools).

Les actions qu'il finance portent principalement sur le soutien direct des cours des produits agricoles faisant l'objet d'une réglementation des prix : financement en trésorerie du stockage assuré par des organismes d'intervention (Interlait — SIBEV pour la viande) ; prise en charge du coût du stockage ; subventions ou *restitutions à l'exportation ; autres subventions de nature à élargir les débouchés. La nature et les limites de ces interventions sont désormais conditionnées dans une large mesure par les réglementations communautaires relatives à l'organisation des marchés agricoles dans la CE, qui déterminent les prix et les conditions d'intervention, prohibent sans exception les subventions faussant la concurrence sur le marché unique, harmonisent les restitutions à l'exportation vers les pays tiers. D'autre part, les dépenses « éligibles » au regard des règlements communautaires et, notamment, les restitutions sont mises à la charge du *Fonds européen d'orientation et de garantie agricole (FEOGA) qui verse les subventions aux bénéficiaires par l'intermédiaire des organismes nationaux.

Plus indépendantes, dans la mesure où elles ne faussent pas indirectement la concurrence dans la Communauté, sont les actions d'orientation qui entrent aussi dans la mission du Fonds et qui peuvent notamment favoriser des productions nouvelles, encourager des structures de commercialisation permettant de valoriser les prix à la production (groupements de producteurs), réaliser enfin une propagande générale ou spécialisée en faveur des produits agricoles sur les marchés extérieurs ou sur le marché français (par l'intermédiaire de la SOPEXA notamment).

Pour financer ces interventions, qui prennent la forme de subventions, d'avances ou de garantie, le FORMA reçoit une subvention du budget de l'État de l'ordre de 1 à 2 milliards. Il dispose aussi du remboursement des avances qu'il consent et en particulier du produit de la vente des stocks constitués à l'aide des ressources du Fonds.

Fonds européen de coopération monétaire (FECOM)

a : *European Monetary Cooperation Fund (EMCF)* – **d** : *Europäischer Fonds für Währungspolitische Zusammenarbeit (EFWZ)* – **e** : *Fondo Europeo de Cooperación Monetaria (FECOM)*

---

*Compte où sont retracés les règlements entre *banques centrales et les opérations de crédits effectués dans le cadre du *système monétaire européen.*

Créé en 1973 pour permettre l'enregistrement et la compensation des opérations effectuées entre les pays membres de la *CE, dans le cadre du *serpent et du soutien monétaire à court terme, le FECOM n'a pas d'administration propre ; il est géré pour la Communauté européenne par la *Banque des règlements internationaux. La mise en vigueur du SME et la création de l'*écu ont élargi son rôle.

– Les pays membres du SME sont en effet convenus de mettre à la disposition du Fonds 20 % de leurs *réserves brutes en *or et en *dollars des États-Unis. Des *crédits croisés à trois mois, renouvelables, seront consentis au FECOM par les banques centrales participantes qui recevront en échange des écus. Lors de chaque renouvellement, les ajustements seront pratiqués en fonction des changements intervenus dans le montant des réserves des pays membres, notamment du fait des variations des *cours de l'or et du dollar.

– Les opérations entre banques centrales participantes qui utiliseront les facilités de crédit à très court terme qu'elles se sont mutuellement consenties pour les interventions en monnaie du SME seront enregistrées par le FECOM après conversion en écus, au cours du jour. De même, les crédits en cas d'appel au soutien monétaire à court terme ou au concours financier à moyen terme seront gérés par le Fonds.

L'instauration d'un système définitif prévue comme prolongement du SME actuel entraînera vraisemblablement la disparition du FECOM qui se fondra alors dans le Fonds monétaire européen dont il n'est que l'embryon.

Fonds européen de développement (FED)

a : *European Development Fund (EDF)* – **d** : *Europäischer Entwicklungsfonds (EEF)* – **e** : *Fondo Europeo de Desarrollo (FED)*

Fonds alimenté par les membres de la Communauté économique européenne et destiné à promouvoir le développement économique et social des pays associés et des territoires d'outre-mer.

L'intervention du Fonds a été prévue sous des *formes multiples :* prêts à long terme pour la réalisation d'investissements économiques et sociaux ; financement d'opérations d'assistance technique ; octroi de subventions et d'avances pour favoriser les actions entreprises dans le domaine de la régularisation des cours des produits tropicaux, la diversification des productions, la rationalisation des techniques de production et des méthodes commerciales... Le Fonds a été doté de 581 millions de dollars pour cinq années (1958-1962) dans la convention d'application signée en même temps que le traité de Rome ; pour la seconde période quinquennale dont le point de départ a été reporté au 1er janvier 1964, la dotation du Fonds a été arrêtée à 800 millions de dollars dont 70 millions pour les territoires d'outre-mer des États membres.
La *convention de Yaoundé* (1963), conclue entre la Communauté et les dix-huit pays associés d'Afrique, contient les principes de répartition des 730 millions de dollars revenant à ces derniers : 230 millions de dollars doivent aller à l'aide à la productivité et à la diversification des cultures pour faciliter la disparition des « surprix » pratiqués dans la *zone franc, tandis que 500 millions sont affectés aux investissements d'infrastructure de caractère économique et social et à la coopération technique. 85 % de l'aide totale est consentie sous forme non rémunérable et 15 % sous forme de prêts par l'intermédiaire de la Banque européenne d'investissements. Une *deuxième convention de Yaoundé,* signée en 1969, a prorogé le Fonds jusqu'au 31 janvier 1975 et porté le total de ses ressources à 900 millions d'*unités de compte (ayant valeur du dollar avant la dévaluation de 1971). Des négociations engagées alors ont permis de définir les orientations de la nouvelle association qui a pris le relais de la deuxième convention.
Le Fonds est géré par la Commission de la CE qui instruit les demandes de financement présentées par les autorités responsables des pays associés en vue de compléter l'effort propre qu'elles consentent pour la réalisation de ces projets.

Fonds européen d'investissement

a : *European Investment Fund (EIF)* – **d** : *Europäischer Investitionsfonds (EIF)* – **e** : *Fondo Europeo de Inversión (FEI)*

---

*Fonds créé en 1994 qui regroupe la * Banque européenne d'investissement (BEI), l'* Union européenne (30 %) et les institutions financières des pays membres de l'Union.*

Sa présidence est assurée par le représentant de la BEI. Le Fonds est une institution financière indépendante de droit international dont la fonction est d'accorder des garanties à long terme afin de soutenir la formation de capital dans les domaines des réseaux transeuropéens de transport, télécommunications et transferts d'énergie, ainsi que dans des petites et moyennes entreprises.

Fonds européen d'orientation et de garantie agricole (FEOGA)

a : *European Agricultural Guidance and Guarantee Fund (EAGGF)* – **d** : *Europäischer Ausrichtungs- und Garantiefonds für die Landwirtschaft (EAGFL)* – **e** : *Fondo Europeo de Orientación y Garantía Agrícola (FEOGA)*

Individualisation comptable, au sein du budget de la Communauté économique européenne, des ressources et dépenses relatives aux interventions communautaires en matière agricole.

En même temps que les principes généraux de l'organisation commune des principaux marchés agricoles, la création de ce Fonds a été décidée dans le règlement financier n° 25 adopté le 14 janvier 1962. Chaque progrès dans la définition d'une politique agricole commune étend sa compétence à de nouveaux marchés et appelle des précisions nouvelles et des modifications de ses règles de fonctionnement qui n'avaient été définies à l'origine que pour les trois premières années. Après règlement de la crise qui avait éclaté le 30 juin 1965 à la suite des propositions de la Commission sur le financement de la politique agricole commune, l'accord du 11 mai 1966 sur la réalisation de l'union douanière comprend les *éléments permanents* du règlement financier.
Le Fonds établit un lien financier entre les diverses organisations de marchés, mais surtout une solidarité financière entre les États membres qui acceptent de prendre en charge collectivement les dépenses d'intervention permettant la résorption des excédents et la défense du niveau des prix agricoles à la production, et d'entreprendre des actions communes en matière de structures.

• En ce qui concerne les *charges,* le Fonds est divisé en deux sections :

Une section de garantie : Elle prend en charge les dépenses communautaires relatives à l'équilibre du marché : ces dépenses portent sur les *restitutions à l'exportation vers les pays tiers, et celles d'intervention sur le marché intérieur qui contribuent à en assurer l'équilibre par retrait du marché ou accroissement des débouchés.
Durant la période transitoire préparant la réalisation du marché unique, la prise en charge communautaire des dépenses d'intervention reconnues éligibles devait être partielle et progressive (chaque année, s'ajoutait un

nouveau sixième). A partir du 1er juillet 1967, elle est devenue totale pour tous les produits faisant l'objet d'une organisation de marché, ce qui est le cas des céréales, des produits laitiers, de la viande de bœuf et de porc, des œufs et volailles, des fruits et légumes, du sucre et des matières grasses végétales. De ce fait, les dépenses de cette section sont passées de 30 millions de dollars pour l'année 1962-1963 à 3 milliards d'*unités de compte en 1973.

Une section d'orientation : Elle finance, par voie de subvention en capital et, en principe, dans la limite du quart du coût de l'investissement, des actions communes relatives à l'adaptation et à l'amélioration des conditions de production et des conditions de commercialisation, à l'orientation de la production et au développement des débouchés intérieurs ; elles doivent être présentées par les États membres et comporter la participation financière de ceux-ci. A la demande des États qui risquaient de supporter une charge nette au titre des dépenses de la section garantie et notamment de l'Italie, il avait été arrêté que la section d'orientation serait dotée du tiers des crédits exigés par le fonctionnement de la première section. L'accord du 11 mai 1966 a plafonné les dépenses de la section d'orientation, qui oscillent en fait autour de 350 millions d'unités de compte par an.

• La *couverture de ces charges* devrait être assurée par des ressources communautaires : le principe de l'affectation intégrale des prélèvements perçus par les États lors des importations en provenance des pays tiers a été arrêté dès 1962 ; il fait disparaître l'intérêt que les budgets nationaux peuvent retirer des importations en provenance des pays tiers et assure une compensation normale aux charges d'écoulement à l'extérieur de quantités qui, en vertu du principe de la préférence, eussent dû trouver un débouché sur le marché communautaire au prix unique intérieur. Provisoirement, une part, progressivement croissante, des prélèvements avait été attribuée à la Communauté : depuis le 1er juillet 1967, les États sont tenus de verser 90 % du produit des prélèvements qu'ils perçoivent. Après affectation de certaines ressources, cotisation sur les huiles végétales (margarine) et cotisation à la charge des producteurs de sucre, le complément nécessaire pour couvrir l'ensemble des charges du Fonds est fourni par des contributions budgétaires des États, réparties entre eux selon une clé différente de celle qui est appliquée en matière de dépenses générales de la Communauté : 32 % sont à la charge de la France et 31,2 % à celle de l'Allemagne. En 1974, les trois cinquièmes des ressources du Fonds sont fournies par des recettes propres, les deux cinquièmes par des contributions budgétaires.
Dépourvu d'autonomie, ce Fonds n'est qu'*un titre du budget de la Communauté ;* ses dépenses sont calculées en fonction du coût des opérations d'interventions sur les marchés, comptabilisées au cours de l'année financière précédente. Sa gestion est assurée par la Commission,

assistée d'un comité consultatif composé de représentants des États membres ; un comité des structures agricoles, constitué dans les mêmes conditions, intervient par voie d'avis sur les projets susceptibles de bénéficier du concours de la section orientation.

Fonds monétaire international (FMI)

a : *International Monetary Fund (IMF)* – **d** : *Internationaler Währungsfonds (IWF)* – **e** : *Fondo Monetario Internacional (FMI)*

---

*Organisation internationale spécialisée comprenant la plupart des États membres des Nations unies, chargée de veiller au bon fonctionnement du *système monétaire international.*

Pour exécuter cette mission, le Fonds monétaire international assume trois fonctions : définir et préserver un régime ordonné des relations monétaires internationales ; offrir aux États membres un cadre d'étude et de négociation ; dispenser des crédits aux pays rencontrant des difficultés de balance des paiements.

Origine et principes du FMI

Bien que l'institution ait considérablement évolué, surtout depuis 1960, certains de ses buts originels subsistent. La création du FMI répondait au désir d'établir un nouvel ordre monétaire, capable de faire face aux tensions prévisibles de la période de reconstruction et d'assurer ultérieurement le développement des échanges internationaux.

L'initiative d'une réforme revint à la Grande-Bretagne qui proposa dès 1943 un Livre Blanc, rebaptisé « plan Keynes » du nom de son principal auteur. Les suggestions étaient inspirées par deux analyses : le danger de voir se perpétuer les systèmes d'accords bilatéraux qui empêchent le développement du commerce international (*voir* Bilatéralisme), la tendance à la *déflation que Keynes jugeait inhérente à l'*étalon-or. Ce dernier ferait reposer exclusivement sur les pays en déficit les contraintes du retour à l'équilibre, alors que les États en excédent auraient licence d'annihiler artificiellement les conséquences normalement expansionnistes des surplus de *balance des paiements. Présenté comme une simple base de discussion, le plan Keynes consistait essentiellement en un mécanisme de *compensation intégrale (*voir aussi* Convertibilité) des dettes et créances des États et en un système de financement quasi automatique des déficits. Ce plan fut écarté au profit d'un schéma nettement moins ambitieux proposé par la délégation américaine conduite par Harry White. Le texte, légèrement amendé, fut soumis à une conférence convoquée en juillet 1944 à Bretton Woods qui réunissait quarante-quatre États, membres des Nations unies ou associés. Il fut accepté sans grands changements. La ratification des accords, qui suscitèrent des critiques sévères en Grande-Bretagne, était acquise en 1945, et le FMI commença ses opérations en 1946 *sur les principes suivants.*

Le régime des relations monétaires internationales :

– *Pour la fixation des taux de change,* les statuts du FMI posaient trois règles : définition initiale de la valeur de l'unité monétaire nationale par rapport à l'*or ; unité du taux de change pour toutes les catégories de transactions ; stabilité des taux de change, cette dernière règle comportant deux conséquences : les autorités monétaires des divers pays s'engageaient à ne laisser fluctuer la valeur de leur monnaie que de 1 % autour de la *parité officielle ; elles perdaient le pouvoir de modifier unilatéralement cette dernière. Les ajustements de parité devaient être approuvés par l'assemblée des gouverneurs.

– *Sur la liberté des changes,* l'objectif assigné était la *convertibilité des monnaies, mais les statuts admettaient deux séries de limitations : les unes, de caractère en principe temporaire, pour tenir compte de l'état du système monétaire, autorisaient les pratiques restrictives et discriminatoires (art. 14) pendant une période transitoire ; les autres, de caractère durable, pouvaient être pratiquées même par les pays qui se seraient placés sous le régime de la convertibilité. En effet, le bénéfice de la convertibilité n'était attaché qu'aux avoirs détenus par les *non-résidents, constitués après la proclamation du retour à la convertibilité (ce qui excluait notamment les avoirs accumulés pendant la guerre par les fournisseurs des belligérants), et provenant de transactions courantes, ce qui exceptait les recettes provenant de mouvements de capitaux.

Les mécanismes de crédit : Ils sont un reflet affaibli des suggestions du plan Keynes.

Chaque pays se voyait définir un *quota calculé en principe d'après divers paramètres (importance du commerce extérieur, etc.) et, en fait, au terme de négociations difficiles entre les délégations. Il devait verser au FMI un quart de son quota en or, et le solde en monnaie nationale. Le FMI disposait donc, d'une part, d'une réserve d'or, d'autre part, d'avoirs dans les monnaies des pays membres. Les ressources de cette espèce de coopérative de crédit étaient, sous certaines conditions, à la disposition des membres éprouvant des difficultés de balance des paiements.

Des particularités de terminologie compliquent la description des concours accordés par le FMI. Le pays emprunteur doit mettre à la disposition du Fonds un montant en sa propre monnaie égal à celui des diverses devises qu'il désire se procurer. La procédure de remboursement est inverse, le débiteur cédant au FMI des montants de *devises convertibles égaux à ceux initialement tirés, l'institution annulant la créance dans la monnaie de son débiteur constituée du fait de l'opération initiale. En droit, l'opération s'analyse comme un « achat à réméré », en fait, il s'agit bien d'un prêt.

A l'opposé des propositions du plan Keynes qui prévoyait une couverture quasi automatique des déficits extérieurs, les statuts du FMI fixaient des limites assez étroites aux facultés d'emprunt des États. Chaque pays pouvait obtenir, pratiquement sans conditions ni examen, un crédit à concurrence de 25 % de son quota. Au-delà, l'octroi de concours était subordonné à un examen de la situation du demandeur. Si les avoirs du FMI dans la monnaie d'un pays venaient à dépasser le double du quota, toute possibilité de concours était suspendue.

Les organes du FMI : Il importe de noter que, dès l'origine, la vocation du FMI était mondiale, à l'image de celle des Nations unies, mais à la différence d'autres institutions monétaires, comme l'*UEP ou le *groupe des Dix.
L'organe suprême est l'assemblée des gouverneurs (un par pays) qui se réunit une fois par an et où les droits de vote de chaque pays sont proportionnés à son quota. (On notera que le FMI et la *BIRD sont les seules organisations internationales mondiales n'appliquant pas la règle : un pays = une voix.) Dans l'intervalle des sessions, les pouvoirs sont exercés par le conseil d'administration composé aujourd'hui de 22 membres.

Évolution du FMI

Les insuffisances initiales : Dans sa forme primitive, le FMI présentait *trois séries de lacunes.*
Les premières tenaient au *caractère strictement monétaire* de son analyse des conditions d'un retour à la liberté des échanges. Un pays satisfaisait aux obligations du régime de convertibilité, dès lors que les non-résidents pouvaient échanger librement leurs avoirs contre n'importe quelle autre devise. Il lui était en revanche loisible de continuer à contingenter les importations de toute provenance et même de discriminer ouvertement à l'encontre ou en faveur de certains pays fournisseurs.
Les deuxièmes résultaient du fait que, à la différence du *clearing, projeté par Keynes, et de l'Union européenne des paiements, le FMI n'offrait pas de cadre pour la *compensation* des dettes et créances résultant des échanges bilatéraux. Bien plus, ses statuts prévoyaient que les devises empruntées auprès de lui devaient être remboursées en devises convertibles (c'est-à-dire, à l'époque, en dollars seulement), ou en or. Il n'était pas possible à ses débiteurs de rembourser l'emprunt en cédant des créances qu'il pouvait détenir, à la suite de transactions bilatérales, sur des États à monnaie inconvertible.
Enfin, les engagements envers le FMI des *pays en excédent de balance des paiements,* c'est-à-dire les sommes en monnaie nationale mises à sa disposition pour le financement des prêts, étaient limités au montant de leur quota. Le total de ces derniers s'élevait à l'origine à 8,5 milliards de dollars-unités de compte, mais le montant des dollars et de l'or,

effectivement détenus par le Fonds et qui constituaient ses seules ressources vraies, ne s'élevait qu'à 3,7 milliards de dollars. Or, la reconstruction du monde devait entraîner des déficits considérables du commerce avec les États-Unis (près de 12 milliards de dollars en 1947) (*voir* Dollar gap) qui se révélèrent très largement supérieurs aux possibilités de prêts du Fonds. Les besoins correspondants furent, pour l'essentiel, satisfaits en dehors des procédures du FMI, par l'aide directe des États-Unis d'Amérique (plan Marshall).

L'histoire du FMI, qu'on envisage le Fonds comme garant de l'ordre monétaire ou comme prêteur, est passée par des phases contrastées.

• Après avoir constaté, sans les remettre en cause, les parités officielles qui lui furent notifiées par les États membres, le Fonds s'efforça de *développer son action dans deux directions :* stabilisation des taux de change, lutte contre les pratiques restrictives et discriminatoires. Au départ, la force de l'*inflation sévissant en Europe après la guerre, l'exemple de la forte *dévaluation de la livre en 1949 décidée par le gouvernement anglais sans que le FMI ait été en mesure d'en juger vraiment, compliquèrent l'exercice de ce magistère. La lutte contre les pratiques discriminatoires fut rendue malaisée par l'article 14 des statuts qui en autorisait le maintien pendant une période transitoire s'achevant théoriquement en 1952, mais prorogée *de facto* jusqu'au début de 1959, date où les grandes monnaies européennes redevinrent officiellement convertibles. Depuis lors, le FMI a continué ses interventions en faveur de la liberté des échanges, en incitant ses membres en difficulté à recourir à des mesures de contrôle de la demande intérieure plutôt qu'à des restrictions directes des importations. L'effondrement du système de taux de change fixes instauré après la guerre a rendu nécessaire une modification des statuts du Fonds. La permanence du déficit de la balance des paiements américaine conduisit à la fin des années 60 à des tensions sur les marchés des *changes qu'aggravaient les déplacements massifs de *capitaux fébriles. Plus violente que les précédentes, la crise spéculative de 1971 conduisit le gouvernement américain à suspendre, le 15 août, la convertibilité du dollar en or (elle avait été en principe maintenue jusqu'alors vis-à-vis des banques centrales). En décembre, après quelques mois de flottement généralisé, les accords de Washington tentèrent de restaurer la fixité des changes au prix d'une *dévaluation du dollar vis-à-vis de l'or, de la définition d'une nouvelle grille de parités entre pays membres du *groupe des Dix et d'un élargissement à 2,25 % des marges de fluctuation autour du pair. La précarité de ce replâtrage n'échappait pourtant pas aux responsables et, dès 1972, l'étude d'une réforme plus fondamentale fut entreprise au sein du FMI. Elle devait déboucher sur les *accords de la Jamaïque* de janvier 1976, définissant le *second amendement* aux statuts du Fonds, entré en vigueur en avril 1978. Ce texte reconnaît les taux de change flottants dont la pratique s'était instaurée après qu'en mars 1973 une nouvelle poussée spéculative eut conduit les pays membres de la *CE à ne plus soutenir le *cours de leurs monnaies vis-à-vis du dollar. Chaque pays membre est désormais libre de déclarer une parité (en fonction d'une monnaie, du DTS ou de tout autre panier de monnaies) ou de n'en pas déclarer. L'or est écarté du système — le *DTS le remplace comme unité de compte ; le FMI n'en recevra plus de ses membres, ne l'utilisera plus pour ses règlements ; un tiers du stock d'or qu'il détient sera mis en vente pour moitié sur le marché, pour moitié il sera offert aux banques centrales membres à l'ancien prix officiel de 35 dollars l'once.

● L'abandon du régime des changes fixes — dont le rétablissement reste souhaité, mais ne pourra être décidé qu'à une majorité de 85 % des voix — n'a pas éliminé la *responsabilité du FMI en matière de taux de change.* Les pays membres se sont en effet engagés à respecter certaines règles pour préserver la stabilité du système. Les interventions sur le marché des changes sont proscrites, qui auraient pour effet de gêner l'ajustement des balances des paiements et, notamment, celles qui viseraient à renforcer la capacité concurrentielle des produits nationaux par une baisse exagérée du cours de la monnaie. Le Fonds est tenu d'assurer une « ferme surveillance » sur les politiques de change, ce qui suppose un examen attentif des politiques économiques dans leur ensemble. Les consultations, annuelles en principe, avec chaque pays membre permettent l'exercice de cette responsabilité.

● L'*activité de prêt* du FMI est intimement liée à la précédente. L'influence du Fonds sur les pays membres s'accroît, en effet, à la mesure du soutien qu'il est à même de leur apporter.

Les *ressources* proviennent pour l'essentiel des *souscriptions* des membres, et ont été régulièrement augmentées lors des révisions de *quotas dont le rythme s'est accéléré. A la fin de 1983, quand entrera en vigueur la huitième révision générale décidée en mars, le total des quotes-parts s'élèvera à 90 milliards de DTS.

Les *emprunts* contractés à l'égard des pays membres apportent un complément à ces ressources ordinaires. Dès 1962, les *Accords généraux d'emprunt* (AGE) ont été conclus avec les pays industriels du groupe des Dix. Ils ont été régulièrement renouvelés depuis lors et ont été utilisés à plusieurs reprises pour faire face à des tirages massifs. Début 1984, quand ont été ratifiés les nouveaux accords modifiés en janvier 1983, ils permettaient de mobiliser 17 milliards de DTS auxquels s'ajoutaient 1,5 milliard de DTS obtenus de l'Arabie Saoudite aux termes d'un accord d'emprunt « associé » aux AGE.

Plus récemment, les pays les plus riches — industrialisés et producteurs de pétrole — ont consenti des prêts à plusieurs reprises : en 1974-1975 pour financer le mécanisme pétrolier (7 milliards de DTS) ; en 1977-1978 pour le système de financement supplémentaire (près de 8 milliards de

DTS) et en 1981 pour la politique d'accès élargi (9,3 milliards de DTS, dont 8 prêtés à moyen terme par l'Arabie Saoudite).

• Disposant de moyens accrus, le FMI a pu étendre ses concours aux pays membres en difficulté. Outre les accords de *stand-by ordinaires, bien adaptés pour faire face à des déséquilibres conjoncturels, les accords élargis, créés en 1974, permettent un appui financier sur une période plus longue (pendant 3 ans, remboursables en 10 ans et non 5) à un programme pluriannuel de correction des distorsions structurelles. Les tirages qu'un pays membre peut effectuer au titre d'un prêt ordinaire et d'un prêt élargi peuvent se cumuler, mais, au total, les crédits qu'il peut obtenir à partir des ressources ordinaires sont limités à 1,65 fois son quota.
En août 1977, un mécanisme de financement supplémentaire (facilité Witteeven du nom du directeur général d'alors) a été créé pour compléter les accords de confirmation lorsque l'ampleur du déficit des paiements d'un pays membre est très considérable par rapport à sa quote-part. Quand les ressources empruntées pour le financement de ce mécanisme ont été intégralement engagées, en 1981, le relais a été assuré par la politique d'accès élargi. Dans le cadre de cette politique, dont le financement est également assuré par l'emprunt, l'aide financière apportée à un pays membre peut atteindre au maximum 150 % de sa quote-part par an, soit 450 % s'il s'agit d'un accord de trois ans ; à aucun moment toutefois l'encours d'un pays ne peut dépasser 6 fois son quota.
Des mécanismes plus spécifiques ont par ailleurs été créés pour venir en aide aux pays, le plus souvent du *Tiers Monde, affectés par les fluctuations des cours mondiaux des produits primaires. Le *financement compensatoire* est destiné (depuis 1963) à venir en aide aux pays exportateurs qui subissent une baisse temporaire de leurs recettes d'importation résultant d'une chute des cours mondiaux des matières premières exportées. Il a été complété en 1981 pour prendre aussi en compte les effets, défavorables sur la balance des paiements des pays importateurs, des hausses de coût des importations de céréales résultant de facteurs qui échappent à leur contrôle. Pour favoriser une régularisation des prix dans le cadre d'accords internationaux sur les produits de base, le Fonds accepte depuis 1969 de participer au *financement des stocks régulateurs.* Comme la précédente, cette facilité de crédit s'ajoute à celles qui résultent des systèmes généraux ; elle a jusqu'à présent été utilisée par les pays producteurs d'étain, de caoutchouc, de sucre et de cacao. Les concours accordés au titre de ces mécanismes (jusqu'à 125 % du quota pour le financement compensatoire et jusqu'à 50 % pour le financement des stocks) ne sont pas pris en compte pour le calcul des limites de l'endettement au titre des tirages ordinaires ou de l'accès élargi.
En 1974-1975, le *mécanisme pétrolier,* dont 55 pays membres ont bénéficié, a contribué à recycler les *pétrodollars et à atténuer les effets de la hausse brutale des prix de l'énergie importée. Un *compte de*

subvention, alimenté par des contributions volontaires, a servi à alléger la charge des intérêts dus au titre de cette facilité pétrolière par les pays les plus gravement touchés par ce bouleversement des prix relatifs. Les bénéfices réalisés sur les ventes d'or effectuées sur le marché ont permis d'alimenter un *Fonds fiduciaire* qui a pu apporter, à des conditions exceptionnelles (0,5 % de taux d'intérêt, 11 ans avec un délai de grâce de 6 ans), une *aide aux pays membres en voie de *développement, pour un montant voisin de 3 milliards de DTS entre 1976 et 1981, années de ses derniers versements. Enfin, en décembre 1980 un *compte de bonification* du mécanisme de financement supplémentaire a été créé. Alimenté pour l'essentiel (750 millions de DTS) par l'affectation des remboursements, principal et intérêts, des prêts du Fonds fiduciaire, il est destiné à réduire le coût d'utilisation du mécanisme de financement supplémentaire pour les pays en développement à revenu faible qui doivent y recourir. Les contributions volontaires des États membres, dons ou prêts, complètent les ressources de ce compte.

• Ainsi, s'il n'est pas parvenu à sauvegarder le système monétaire constitué à la fin de la Seconde Guerre mondiale, le Fonds monétaire international a su s'adapter et poursuivre sa mission au service de la coopération et de la stabilité monétaire internationales.
La création de DTS, qui lui incombe depuis la mise en vigueur du premier amendement aux statuts de 1969, est pour certains un premier pas vers les fonctions d'institut d'*émission international qui pourraient lui être confiées dans le cadre d'un système rénové. Mais il s'agit sans doute d'un avenir éloigné, et, pour l'instant, les DTS ne représentent que des montants faibles par rapport au total des *réserves officielles ; en 1981, au terme de la deuxième allocation, 21 milliards de DTS seulement avaient été ainsi distribués. A l'automne 1983, lors de l'assemblée annuelle des gouverneurs il s'est une fois encore confirmé que l'opposition des États-Unis empêchait tout consensus pour une troisième allocation.
L'accroissement régulier du nombre de membres, devenus 146 en mai 1982 avec l'admission de la Hongrie, témoigne de l'utilité de l'institution. Seuls ont encore choisi de ne pas y participer la Suisse, la plupart des pays d'Europe orientale, l'Union soviétique ; mais, après que déjà la Roumanie et la Hongrie eurent adhéré, la Pologne a déposé une demande d'admission en cours d'examen. Le nombre des pays membres bénéficiant des concours du Fonds n'a cessé de s'accroître ; ils étaient plus de 90 fin 1982 à être en cours de tirage, et l'encours des crédits atteignait, en juin 1983, 25 milliards de DTS, près du double du record précédent enregistré fin 1977.
Les difficultés graves de paiement extérieurs auxquelles se sont trouvés confrontés plusieurs grands pays d'Amérique latine au second semestre 1982, au point de n'être plus en mesure d'assurer le service de leur dette, ont toutefois souligné les contraintes qui s'exercent sur le FMI. D'un côté, pour importantes qu'elles soient, les ressources du Fonds ne lui suffisent pas à faire face à de telles situations sans la mobilisation parallèle

d'importants concours publics et privés, crédits-relais de la BRI garantis par les banques centrales, rééchelonnement des dettes, apports de nouveaux crédits par les banques commerciales. De l'autre, c'est au Fonds seul qu'incombe la charge de négocier avec les gouvernements emprunteurs les programmes d'ajustement, souvent sévères, qu'ils doivent mettre en œuvre pour rétablir leur situation financière. Portant seul la responsabilité de cette conditionnalité, le Fonds est soumis à de vives critiques dans les pays emprunteurs, où de nombreux secteurs de l'opinion publique lui reprochent les sacrifices que les plans de redressement imposent à la population. C'est oublier que, sans les concours propres du Fonds et sans les moyens de financement que son soutien permet d'obtenir de la part des autres prêteurs, le processus d'ajustement, en tout état de cause inévitable, serait encore plus douloureux.

Fonds propres

Voir Capitaux propres.

Fonds social européen

a : *European Social Fund (ESF)* – **d** : *Europäischer Sozialfonds (ESF)* – **e** : *Fondo Social Europeo (FSE)*

*Fonds de la *Communauté européenne (CE) qui contribue au financement des politiques de l'emploi.*

• Créé par le traité de Rome, le Fonds social est le principal instrument d'intervention communautaire en matière d'emploi. Une réforme très complète décidée en 1971, puis une seconde de moindre envergure en 1977, ont amélioré les procédures d'intervention du Fonds et adapté ses priorités aux besoins que le ralentissement de la croissance économique a rendus plus pressants.

• Les ressources allouées au Fonds dans le budget communautaire augmentent rapidement ; au cours des deux premières années de mise en œuvre le « second » Fonds social, issu de la réforme de 1971, a reçu 440 milliards d'unités de compte, plus que le premier en douze ans d'existence ; en 1982, plus de 1,5 milliard d'écus ont été engagés. Le Fonds accorde des subventions qui couvrent normalement 50 % du coût des opérations qu'il approuve, et qui pour l'essentiel (90 % du volume total des interventions agréées) sont des actions de formation professionnelle.

• Les régions les plus défavorisées bénéficient d'une priorité constamment renforcée. En 1982, près de 90 % des concours du Fonds allaient vers les zones d'intervention du Fonds européen de développement régional (FEDER), et 40 % vers les seules régions de priorité absolue. Cette préoccupation de l'équilibre régional influence fortement la distribution géographique des montants engagés : Italie et Royaume-Uni 30 % chacun ; France, 17 % ; Irlande 10 % ; mais RFA 6 % seulement (1982).

• La répartition par catégories de bénéficiaires des interventions agréées par le Fonds tient compte de l'attention accordée aux groupes de population dont la situation est particulièrement difficile : travailleurs des secteurs en déclin (agriculture, sidérurgie, textiles), immigrés, femmes à la recherche d'un premier emploi ou souhaitant reprendre un emploi après une longue interruption, handicapés. La lutte contre le chômage des jeunes est l'objet d'efforts accrus, par la formation professionnelle surtout, mais aussi par une subvention à la création d'emplois pour les moins de 25 ans. Le Conseil des ministres, en autorisant cette méthode d'intervention depuis 1979, a pour la première fois ouvert la possibilité d'un financement direct par le Fonds social de la création d'emplois.

Fongibilité

a : *Fungibility* – **d** : *Fungibilität/Vertretbarkeit* – **e** : *Fungibilidad*

Caractère des biens et des valeurs qui, répondant à des spécifications uniformes et n'ayant pas d'identité individuelle, peuvent être substitués les uns aux autres.

Peuvent avoir ce caractère, lorsque l'accord est réalisé sur les spécifications qui définissent le produit : les matières premières et les produits de leur première transformation, certains produits agricoles de base (blé, laine, par exemple), certaines productions industrielles de série (des automobiles aux boîtes de conserve).
Sont fongibles par nature les *valeurs mobilières dont les titres représentent des droits identiques au remboursement et au paiement d'un intérêt pour les obligations, à la propriété de l'entreprise pour les actions ; la *monnaie est aussi fongible à un degré supérieur qui se définit par la *liquidité, puisqu'elle représente un droit de créance universel à l'intérieur d'une communauté de paiement et n'a d'autre raison d'être que la possibilité qu'elle assure d'être échangée contre tout autre bien.

La fongibilité est la *condition de l'existence d'un véritable *marché.* Elle permet seule la sommation des offres d'une part, des demandes d'autre part, qui portent sur un type de biens identiques : la confrontation des offres et des demandes détermine un prix unique pour toutes les transactions, le vendeur pouvant livrer indifféremment l'un ou l'autre lot, rendant exactement le même service ou possédant la même valeur. Le prix sur un tel marché prend généralement le nom de « *cours ». Le développement de véritables marchés favorisant l'apparition de cours représentatifs du prix des transactions réelles suppose la réalisation de la fongibilité des produits qui y sont présentés. A titre d'exemple, la *normalisation des fruits et légumes, la définition des spécifications des viandes et leur marquage permettent de dégager le prix effectif des transactions sur un marché, d'en unifier le niveau, d'établir des relations normales avec les prix des autres marchés du même produit, de développer la vente sur échantillons...
La fongibilité simplifie encore l'exécution des transactions : pour les valeurs, elle permet d'organiser leur détention sous la forme scripturale d'avoirs en comptes courants, entre lesquels les transferts s'opèrent par virement (comptes courants de bons du Trésor, valeurs mobilières déposées en SICOVAM). Enfin, l'élargissement du marché en fonction de la fongibilité des produits favorise les opérations de stockage fondées sur les *anticipations des agents économiques.

Forfait

a : *Lump-sum tax* – **d** : *Steuerpauschale* – **e** : *Impuesto global*

Fiscalité : Régime d'imposition qui s'applique aux petites et moyennes entreprises, en matière de bénéfices industriels et commerciaux, de TVA et de bénéfices agricoles, qui ne sont pas en mesure de tenir une comptabilité détaillée de leurs opérations.

Forfaiting

Affacturage à forfait. (*Voir* Affacturage.)

FORMA

Voir Fonds d'orientation et de régularisation des marchés agricoles.

Formation brute de capital

a : *Gross capital formation* – **d** : *Bruttoinvestitionen* – **e** : *Formación bruta de capital fijo*

---

*Comptabilité nationale : Ensemble des opérations sur biens et services affectant le compte capital d'un *secteur économique institutionnel, c'est-à-dire, pour l'essentiel, formation brute de *capital fixe et variations de *stocks.*

Formation brute de capital fixe (FBCF) : *Variation positive (avant déduction des *amortissements) du *patrimoine d'un *secteur économique institutionnel en biens d'équipement réalisée au cours d'une période donnée (l'année par exemple). (Synonyme : investissement brut.)*
Cette définition doit en fait être précisée, car la notion commode de biens d'équipement a un contenu variable et en partie conventionnel selon les secteurs. S'agissant des unités productrices, la FBCF concerne les biens durables acquis pour être utilisés au moins un an dans le processus de production, et les biens et services incorporés au capital acquis, aux terrains et aux actifs incorporels. Cependant, les biens durables acquis par l'armée sont traités comme une *consommation intermédiaire des administrations publiques, hormis les logements. La FBCF des ménages, pour ce qui intéresse leur activité domestique, ne concerne que les acquisitions de logement, les achats d'autres biens durables étant traités en consommation finale.

Formation nette de capital fixe (FNCF) : *Différence entre la formation brute de capital fixe et les *amortissements.*

Fourchette

Voir Estimation (théorie de l').

Frais d'établissement

a : *Formation expenses/Organization costs* – **d** : *Gründungskosten* – **e** : *Gastos de fundación*

Frais engagés par l'entreprise pour se constituer ou pour acquérir ses moyens permanents d'exploitation.

Les frais d'établissement constituent le premier poste inscrit à l'*actif du bilan d'une entreprise. Ils comprennent :

– les frais de constitution de la société ;

– les « frais de premier établissement », c'est-à-dire les dépenses nécessaires à la bonne mise en route de l'entreprise : études, publicité, prospection, enquêtes, etc. ;

– les frais d'augmentation du *capital social ;

– les frais d'émission d'*obligations ;

– les primes de remboursement d'obligations ;

– certains frais d'acquisition d'immobilisation, tels que frais d'actes, honoraires ou commissions et frais fiscaux (droits de mutation pour les meubles).

Compte tenu de leur nature, les frais d'établissement doivent normalement être amortis aussitôt que possible, et de préférence la première année de fonctionnement de l'entreprise. De même, une étude de la situation de l'entreprise doit raisonnablement exclure ces frais de ses valeurs d'actif, sauf circonstances particulières (exemple : étude de la valeur d'une entreprise à absorber et dont l'activité est grandement favorisée par un ensemble de conditions créées à grands « frais d'établissement »). En effet et d'une manière générale, les frais d'établissement n'ont pas de valeur en eux-mêmes hors du fonctionnement de la société à laquelle ils sont liés, et donc en cas de liquidation de celle-ci.

Frais fixes, frais variables

a : *Fixed costs/proportional costs* – **d** : *Fixe Kosten/variable Kosten* – **e** : *Gastos fijos/gastos variables*

Charges supportées par l'entreprise, et dont le montant est lié soit à la taille et à la structure de l'entreprise (frais fixes), soit au niveau et au rythme de son activité (frais variables).

La distinction entre frais fixes et frais variables permet d'affiner la comptabilité des *prix de revient et de mieux procéder à l'analyse des *coûts.

Les frais fixes sont également appelés parfois « charges de structure », les frais variables « coûts proportionnels ».

Frais fixes

C'est la part des charges de l'entreprise qui est liée à son existence et à la mise en place de son appareil industriel et commercial. Ces frais ne sont « fixes » que relativement, car ils ne sont pas totalement indépendants de son niveau d'activité. En cas de mutation importante

dans la taille de l'entreprise, en effet, les frais fixes varieront à cause de ce changement de structure (d'où le nom de charges de structure), mais ces modifications ne sont ni nécessaires (en deçà de certains seuils) ni proportionnelles.
Ces « frais fixes » sont notamment les loyers, *amortissements, primes d'assurance, frais de fonctionnement du siège et des services administratifs et financiers...

Frais variables

Les frais variables sont étroitement liés au niveau et à l'évolution des opérations de production et de commercialisation de l'entreprise. Lorsque certaines opérations sont arrêtées, les frais variables correspondants disparaissent ; lorsqu'elles évoluent, ils évoluent dans le même sens. Bien qu'on les nomme également « coûts proportionnels », ils ne sont pas exactement proportionnels à l'évolution des activités en raison des modifications qui peuvent être enregistrées dans le *rendement des facteurs d'activité selon le niveau auquel celle-ci se situe (*voir* Coût), selon l'évolution des techniques employées et le rythme adopté pour les opérations de production.
Ces « frais variables » sont notamment constitués par les charges de matières premières, de main-d'œuvre employée à la production, d'énergie (utilisée également à la production) ainsi que des charges de commercialisation variables (frais de livraison, courtages, commissions, indemnités, actions commerciales...).

Franc

a : *Franc* – **d** : *Franc (Allemagne)/Franken (Suisse)* – **e** : *Franco*

Unité monétaire de la France depuis la loi des 17 et 24 germinal an XI (7 et 14 avril 1803).
Unité monétaire d'un certain nombre de pays européens et africains.

Les unités monétaires de la Belgique et de la Suisse sont également dénommées « franc ». Alignées à l'origine sur le franc français, elles s'en sont par la suite désolidarisées. Les francs *CFA et *CFP obéissent à un régime particulier de rattachement au franc français.

Monnaies françaises antérieures au « franc germinal »

A la fin de la période proprement romaine, aux Ve et VIe siècles, la seule monnaie subsistante était le « solidus » d'or (4,48 g d'or fin) qui prit le nom de *« sol »* ou *« sou »*. Au VIIe siècle, le sou représente 3,80 g. En 743 est créée la *livre*, qui vaut vingt sous. Sous les Carolingiens

réapparaît l'ancien *denier* romain défini comme 1/12e de sou. Charlemagne en émettra au titre de 1,7 g. La dégradation du pouvoir royal entraîne ensuite une multiplication des émissions de la part de grands féodaux de la noblesse et du clergé.
Après les remises en ordre de Louis VI puis de Louis IX qui introduit le cours obligatoire de la monnaie du roi et crée un *écu* d'or (dix sous), monnaie de prestige, ainsi qu'un *gros* tournois (parce que frappé à Tours) en argent (à 4,2 g) valant un sol, diverses manipulations dégradent la valeur du sou et de l'écu, notamment sous Philippe le Bel.
L'ordonnance de Paris du 5 décembre 1360 (Jean le Bon) définit pour la première fois le *franc* comme « un bon denier d'or fin » (vingt sous, 3,88 g d'or pur). Ce « franc » destiné à payer la rançon du roi prisonnier correspond à la livre dite tournois. Sa teneur est réduite à 3,82 g sous Charles V, puis à 3,06 g sous Charles VII. A partir du XVIe siècle s'installe un temps un * bimétallisme de fait. Henri III représente le franc par une *pièce d'argent* (11,79 g d'argent fin). Cette monnaie ayant subi diverses altérations, Louis XIII frappe un *louis* d'or (dix livres) et décide que la « livre-franc » n'aura plus cours que par sa valeur en poids, et en fait comme unité de compte. Louis XIV, Louis XV et Louis XVI font les premières expériences de papier-monnaie (*voir* Agiotage). Le * cours forcé est décrété en 1783. Et la Révolution crée les * assignats.

Le franc germinal

Dans le cadre de l'adoption du système métrique (18 germinal an III), la Convention, le 15 août 1795, établit comme monnaie de référence le franc, correspondant à l'ancienne livre tournois, le divise en décimes et en *centimes*. Ce franc contient 4,50 g d'argent fin (valeur équivalente à celle de la livre de Louis XV définie en 1726).
Mais c'est la loi consulaire du 17 germinal an XI (7 avril 1803) qui stabilise le nouveau système en consacrant légalement le bimétallisme. Elle précise que le franc contient 5 g d'argent fin aux 900/1 000 (soit 4,5 g d'argent fin). Les pièces d'or frappées contiennent 290,33 mg d'or fin par franc, le rapport or-argent est fixé à 15,5. Le privilège d'émission de billets représentatifs est conféré pour une durée de quinze ans par la loi du 24 germinal (14 avril 1803) à la * Banque de France. Ces billets sont convertibles en métal. Le franc germinal résiste à des crises passagères en 1804-1805, 1814 et 1848-1850. Par une convention de décembre 1865, la France, la Belgique, l'Italie et la Suisse fondent l'*Union latine* et conviennent de frapper des monnaies identiques d'argent et d'or (*voir* Bimétallisme). Le franc titre alors 4,75 g d'argent fin.

Évolution du franc de 1870 à 1944

La crise et le cours forcé, 1870-1878 : Le cours forcé est institué le 12 avril 1870 et, malgré les avances de la Banque de France à l'État, l'encaisse de celle-ci est rétablie en trois ans, la convertibilité est retrouvée en 1878.

La crise de l'argent et le franc-or, 1878-1914 : Les découvertes de mines d'argent et l'adoption de l'étalon-or par l'Allemagne font passer le rapport or-argent à 30. L'Union latine passe implicitement au régime d'étalon monétaire-or.

La dégradation du franc germinal, 1914-1928 : La loi du 5 août 1914 rétablit le cours forcé du billet, le plafond d'émission de la Banque de France est porté à 12 milliards en 1914, à 18 en 1916, à 36 en 1919. La faillite du mark en 1923 réduit à néant la dette de guerre allemande et contribue à accélérer la chute de la monnaie. La livre et le dollar, qui étaient respectivement à 42 et 11 francs en 1919, passent à 130 et 27 francs en 1925 et à 240 et 50 francs en 1926.
La stabilisation de Poincaré (1926-1928) est réalisée grâce à une série de mesures : élévation du taux d'escompte (7,5 %), limitation des dépenses publiques, libération du cours de l'or, etc. La loi du 25 juin 1928 définit le « franc Poincaré » par 65,5 mg d'or aux 900/1 000 (58,95 mg d'or. *Voir* Monométallisme). La livre est revenue à 124 francs, le dollar à 25,2 francs.

De la crise à la guerre, 1929-1939 : La crise de 1929 fait affluer les capitaux vers la France, centre du « bloc-or ». Mais la dévaluation de la livre en 1931 (90 francs) et du dollar en 1934 (15 francs) font refluer l'or de France. La politique de déflation menée en 1934-1935 confirme la stagnation économique en même temps que des mesures protectionnistes. Le Front populaire, par la loi du 1er octobre 1936, définit le franc par 43/49 mg d'or aux 900/1 000 (dévaluation de 25 à 35 %). Le cours forcé est rétabli, l'économie encadrée.
Mais la hausse des prix conduit en 1937 à prévoir un franc flottant dont la teneur minimale est de 43 mg d'or aux 900/1 000 (la livre est à 132 francs). En 1938, le franc est défini par rapport à la livre sterling (livre à 179 francs). Le « franc sterling » contient 27 mg d'or aux 900/1 000. La Banque de France est autorisée à pratiquer l'*open market et ses avances sont ramenées de 52 à 21 milliards. Le plan « Reynaud » constitue un effort cohérent pour libérer l'économie et permettre ainsi un meilleur gage de la monnaie mais l'instabilité sociale entrave son application.

La guerre et l'Occupation, 1939-1944 : A la veille de la défaite de 1940, le franc représente environ 35,5 % de la valeur du franc Poincaré. L'occupation allemande fait coexister un franc « libre » (défini par rapport à la livre et au dollar et dévalué de près de 50 %) et un franc « occupé » rattaché au mark avec un même taux de dévaluation (20 francs pour un mark) mais l'économie devenant largement extra-monétaire, le cours clandestin de l'or à la fin de l'Occupation a décuplé par rapport à 1939 et le franc est au quart de sa valeur de cette époque.

TENEUR DU FRANC EN OR FIN
(ou équivalence)

Ancêtres du franc

	Livre romaine	327 700	mg (327,70 g)
IXe siècle	Livre carolingienne	436 000	mg (436 g)
XIIe siècle	Livre de Louis VI	489 000	mg (489 g)
XIIIe siècle	Livre de Saint Louis	84 000	mg (84 g)
XIVe siècle	Livre de Philippe le Bel	42 000	mg (42 g)

Évolution du franc

XIVe siècle	Jean le Bon (1360)	3 887	mg (3,89 g)
XIVe siècle	Charles V	3 820	mg (3,82 g)
XVe siècle	Charles VII	3 060	mg (3,06 g)
XVIe siècle	Henri III	915	mg
XVIIe siècle	Henri IV (1602)	848	mg
XVIIe siècle	Louis XIII	784	mg
XVIIe siècle	Louis XIV (1655)	552	mg
1726	Louis XV	360	mg
		300	mg
1785	Louis XVI	271	mg
1795	Convention	300	mg
1803	Franc germinal	290,33	mg
1928	Franc Poincaré	58,95	mg
1936	Franc Auriol	44	mg
1937	Franc « flottant »	38,7	mg
1938	Franc « sterling »	24,5	mg
1940	Franc Reynaud	21	mg
1945	Franc Pleven	7,461	mg
1948	Franc Schuman/Mayer	4,148	mg
1949		3,226	mg
sept. 1949		2,545	mg
1957	Franc Gaillard	2,120	mg
1958	Franc Pinay/Rueff	1,8	mg
1960	Nouveau franc puis franc	180	mg
1969	Après la dévaluation d'août	160	mg
1987	environ	40	mg
1993		16,9	mg

De la Libération au nouveau franc : 1945-1958

La liquidation de la guerre : Elle s'accompagne de l'échange des billets en juin 1945, du lancement de deux importants emprunts nationaux, du *dirigisme et du contrôle des prix, de l'organisation du *crédit (Conseil national du crédit), de la nationalisation de la *Banque de France et des quatre principales banques, du maintien du contrôle des changes. La loi du 25 décembre 1945 fixe la teneur du franc en or fin à 7,461 mg (livre : 480 francs, dollar : 119 francs).
Les années 1946-1947 sont caractérisées par une **inflation dominante* due à la vigueur de la reconstruction. Malgré les efforts des gouvernements, l'encaisse-or de la Banque diminue de moitié, et le 25 janvier 1948 est annoncée une dévaluation qui n'a pas reçu l'accord du Fonds monétaire international. Les devises étrangères sont cotées à de multiples cours parallèles et, le 20 septembre 1949, le franc est défini par un taux d'or fin de 2,545 mg (dollar : 350 francs, livre : 980 francs).

L'inflation coréenne et la pause, 1950-1955 : L'éclatement de la guerre de Corée en juin 1950 déclenche une ruée temporaire des consommateurs sur les produits alimentaires et ouvre, en revanche, des perspectives de débouchés aux matières premières et aux industries lourdes (réarmement). Ce contexte se traduit en France par une inflation caractérisée qu'une aggravation des impôts ne parvient pas à enrayer.
En 1952-1953, la limitation du conflit coréen et le climat de confiance inspiré par M. Pinay permettent une stabilisation obtenue par une série de mesures dont : refus d'impôts nouveaux, de hausse des prix et des salaires, de la dévaluation ; tentative de restauration de l'épargne ; emprunt de 3,5 % en 1952 indexé sur l'or ; campagne de baisse des prix ; limitation des crédits d'investissement public. Mais cette stabilisation ne va pas sans une certaine stagnation accompagnée d'un déficit de la balance extérieure et d'une impasse budgétaire qui demeure élevée (660 milliards en 1952). Les avances de la Banque de France passent de 15 milliards en 1952 à 228 en 1953. Les années 1954-1955 sont marquées par un effort de remise en ordre de l'économie (mise en place de la TVA) et de libération des transferts monétaires. L'*Union européenne des paiements (l'UEP) est liquidée en avril 1955. L'impasse budgétaire demeure cependant élevée (662 milliards en 1955).

Les crises extérieures et la dévaluation Gaillard, 1956-1957 : L'année 1956 est marquée par l'aggravation du conflit algérien (importantes dépenses militaires) et la crise de Suez (insécurité internationale), ainsi que par la fin de l'aide américaine à la France. L'impasse atteint 1 004 milliards en 1956 et 1 041 en 1957. Le déficit de la balance des paiements s'aggrave et les avances de la Banque de France sont relevées en trois étapes jusqu'à 350 milliards. Devant la situation créée en 1956 et 1957, F. Gaillard annonce en août 1957 une « opération 20 % » qui s'analyse comme une dévaluation partielle pour les produits qui ne pèsent pas sur les importations. Le 26 octobre 1957, cette opération est régularisée sous forme de dévaluation officielle : le franc contient 2,120 mg d'or fin, le dollar est à 420 francs, la livre à 1 176 francs. Le redressement de la balance des paiements se confirme.

La dévaluation du 28 décembre 1958 et le nouveau franc

Le mouvement d'amélioration des exportations s'essouffle au cours de l'été 1958, mais l'arrivée au pouvoir du général de Gaulle et le rétablissement d'un climat de stabilité politique auraient pu permettre de maintenir la valeur du « franc Gaillard ». Cependant, une nouvelle dévaluation n'est qu'un élément de l'ensemble de mesures proposées par le *comité Rueff-Armand* visant à une remise en ordre plus profonde de l'économie : effort de réduction des dépenses publiques, suppression de nombreuses subventions, élévations du SMIG et des traitements de fonctionnaires, libération des échanges à 90 %, libération des frontières des capitaux. Le 28 décembre 1958, le franc est dévalué de 17,55 %, il contient 1,8 mg d'or fin. Le dollar vaut 493,70 francs, la livre 1 382,20 francs. Le franc est dans un *rapport de 1 à 11 avec celui de 1940 et de 1 à 160 avec celui de 1910.*
Pour situer la monnaie à un niveau nominal plus proche des monnaies fortes, une ordonnance de fin 1959 crée, à partir du 1er janvier 1960, une nouvelle unité monétaire égale au centuple de l'ancienne, le *nouveau franc.* Le 11 novembre 1962, le nouveau franc prend la dénomination de franc. Il contient 180 mg d'or fin et se situe entre le franc Poincaré (58 mg) et le franc germinal (290 mg).

Depuis 1962 : Les conséquences économiques de la fin du conflit algérien (rapatriements), l'incapacité à réformer les structures économiques et sociales, face à une concurrence étrangère vive et quelques erreurs de stratégie industrielle financées par l'État (politiques nucléaire, pétrolière, militaire...) recommencent de peser sur la valeur du franc. Malgré le plan de *stabilisation de 1963, la hausse des prix continue de dévaloriser la monnaie. Les gouvernements successifs tentent d'y remédier par une politique de priorités industrielles en différant diverses mesures sociales nécessaires. Les événements de mai 1968 sanctionnent cette politique dont les conséquences financières sont tirées un an plus tard, avec *la dévaluation d'août 1969 :* le franc perd 11,60 % de sa valeur. Il est défini par 160 mg d'or fin ; la livre est à 13,3 francs et le dollar à 5,55 francs. Après le redressement consécutif à cette opération, des facteurs extérieurs introduisent de nouvelles vicissitudes : la désagrégation du *système monétaire international conduit, à la suite de la déclaration d'inconvertibilité du *dollar, à instaurer, en août 1971, un double marché du franc (franc commercial « fixe », franc financier « libre ») ; la crise pétrolière, survenue à la fin de 1973, conduit à faire sortir le franc du « serpent » européen et à instaurer son flottement le 19 janvier 1974. La politique de rigueur

COEFFICIENT DE TRANSFORMATION DES FRANCS COURANTS

	en francs 1914	en francs 1938	en francs 1971
1914	1	6,4	3,12
1920	0,23	1,5	0,72
1930	0,18	1,16	0,56
1938	0,155	1	0,48
1940	0,117	0,76	0,37
1945	0,040	0,26	0,126
1950	0,0082	0,053	0,0254
1955	0,0064	0,041	0,0200
1960[1]	0,48	3,08	1,49
1965	0,41	2,65	1,28
1970	0,33	2,15	1,04
1975	0,219	1,409	0,682
1981[2]	0,110	0,735	0,370
1987	0,074	0,497	0,250
1992	0,064	0,431	0,217

1. Nouveau franc.
2. A partir de 81 déflateur : série parisienne des prix de détail.

monétaire du gouvernement (« plan Barre ») et les efforts pour un *système monétaire européen concourent à normaliser et à consolider le cours du franc, qui se réapprécie, notamment par rapport au dollar, qui est à 5,40 francs à la veille des présidentielles de 1981.

A partir de 1981, le jeu combiné de la « prime au dollar » et des politiques mises en œuvre par la nouvelle majorité conduit à trois ajustements en baisse du franc au sein du SME. A plus de 8 F en 1983, le dollar monte à 10 F en 1985.

Deux nouveaux ajustements en baisse sont intervenus en 1986 et 1987. Depuis, en dépit de quelques attaques spéculatives liées au différentiel de taux d'intérêt entre les pays européens et les États-Unis, le franc n'a cessé de se consolider comme monnaie stable et de s'affirmer progressivement monnaie forte. Au début de 1996, le dollar s'établissait à 5,15 francs et le mark allemand à 3,40 francs.

Franc CFA

a : *Franc CFA* – **d** : *Franc CFA* – **e** : *Franco CFA*

Unité monétaire africaine.

Cette monnaie a son origine dans le franc des colonies françaises d'Afrique (CFA) institué lors de la dévaluation du franc intervenue le 20 décembre 1945.

La dévaluation n'a été faite que dans la proportion de 50 % pour les colonies et mandats d'Afrique occidentale, d'Afrique équatoriale et de Madagascar, ce qui s'est traduit par une parité de 3 francs CFA pour 1,70 franc métropolitain. Depuis la dévaluation du 17 octobre 1948 qui n'a pas été étendue au franc CFA, sa parité est demeurée fixée à 0,02 franc jusqu'en 1993. Il est devenu franc de la communauté financière africaine, constituée dans le cadre de l'* Union monétaire ouest-africaine (UMOA) établie le 12 mai 1962 entre la Mauritanie, le Sénégal, la Côte-d'Ivoire, le Burkina Faso, le Bénin et le Niger. Le Togo a adhéré à cette union le 27 novembre 1963. Le franc CFA de l'UMOA est émis par la * Banque centrale des états d'Afrique de l'Ouest (* BCEAO). En 1994, une dévaluation du franc CFA de 50 % (ce qui fait qu'il vaut désormais 0,01 franc) est intervenue sous la pression des autorités monétaires et bancaires internationales.
La détérioration depuis plusieurs années des termes de l'échange, qui a entraîné un alourdissement de la dette extérieure, aggravée par des sorties de capitaux provenant pour partie des fruits de la corruption ou du clientélisme, la difficulté croissante pour la France d'entretenir une surévaluation du franc CFA se traduisant pour elle par des subventions budgétaires dont certaines afin de boucler les fins de mois et assurer le paiement des salaires de la fonction publique, enfin la volonté du * FMI et de la BIRD de subordonner leurs concours à un assainissement de la situation au demeurant marquée par la crise des années quatre-vingt-dix, ont conduit à une révision substantielle de la parité.
Par ailleurs, il subsiste aussi un franc émis par la * Banque des États d'Afrique centrale (* BEAC), de même valeur, qui est l'unité monétaire circulant dans les pays de l'ancienne AEF.

Franc CFP

a : *Franc CFP* – **d** : *Franc CFP* – **e** : *Franco CFP*

Unité monétaire en usage dans les territoires d'outre-mer du Pacifique.

Créé par le décret du 27 décembre 1945 à la suite de la dévaluation du franc du 20 décembre 1945, le « franc des comptoirs français du Pacifique » est lié au franc métropolitain par une parité fixe qui, depuis 1948, est de 5,5 anciens francs (soit aujourd'hui 0,055 franc). Il a cours en Polynésie française et en Nouvelle-Calédonie.

Franchisage, franchise

a : *Franchising* – **d** : *Franchising* – **e** : *Franquicia*

---

*Contrat par lequel une entreprise concède à des entreprises indépendantes, en contrepartie d'une redevance, le droit de se présenter sous sa raison sociale et sa *marque pour vendre des produits ou services.*

Ce contrat s'accompagne généralement d'une assistance technique.
Ce type de relation commerciale, apparu avec le développement des *marques et images de marque, a commencé d'être pratiqué dès les années 30 par quelques producteurs réputés (en France, la lainière de Roubaix avec « Pingouin », aux États-Unis, la General Motors). Dans les années 60, la franchise se développe vigoureusement aux États-Unis, surtout dans les services (restauration rapide, hôtellerie). En France, dans les années 70-80, principalement dans la distribution (y compris à destination de « franchisés » étrangers), en conférant au pays la première place européenne dans ce domaine, et en assurant à la formule de franchise environ 6 % du commerce de détail.

Franchise

---

*Fiscalité : Abandon de la TVA, accordé aux petits contribuables placés sous le régime du *forfait ou, par option, sous le régime simplifié d'imposition et dont le montant annuel de la TVA n'excède pas une certaine limite.*

Franco long du bord (FLB)

a : *Free alongside ship (FAS)* – **d** : *Free alongside ship (FAS)* – **e** : *Franco al costado del barco (FCB)*

Assurance maritime : Clause de contrat de vente des marchandises, aux termes de laquelle le transfert de propriété est réalisé lorsque les marchandises sont livrées le long du bateau.

Les périls de chargement ne sont dès lors plus supportés par le vendeur.

Frappe

a : *Coinage* – **d** : *Münzprägung* – **e** : *Acuñación*

Fabrication de pièces de monnaie métallique, comportant impression d'un sceau qui leur confère une valeur déterminée.

La frappe de pièces facilite le maniement de la monnaie-métal par sa division en unités adaptées aux besoins pratiques des échanges, mais surtout par la détermination de la valeur résultant du sceau apposé et, maintenant, de la valeur faciale qui y est gravée : le poinçon de l'autorité qui l'assure authentifie cette valeur. Aussi est-on passé de la « monnaie pesée » à la « monnaie comptée ». Ce passage peut être daté du VIIe siècle avant l'ère chrétienne en Lydie ; en 594, à Athènes, Solon fixe en pièces le montant des amendes jusque-là défini en têtes de bétail.

La frappe de la monnaie est devenue un *privilège régalien :* le souverain est seul en mesure d'authentifier la valeur faciale des pièces et de leur assurer un cours légal, alors que c'est de l'assentiment général que les pièces tiraient jusque-là leur valeur. A mesure que son pouvoir s'accroît, le souverain se réserve le monopole de l'émission de pièces et prohibe la circulation de pièces frappées d'un autre sceau ; mais ainsi il acquiert la possibilité d'en faire varier la valeur en modifiant à son profit la teneur en métal, et les manipulations monétaires naissent.

Dans le système monétaire métallique tel qu'il a fonctionné au XIXe siècle, la frappe était libre, c'est-à-dire que tout porteur du métal (ou des métaux) reconnu pour étalon monétaire pouvait obtenir de l'hôtel des Monnaies des pièces en échange de lingots, pour un poids égal déduction faite des frais de frappe. (*Voir* Monométallisme, Bimétallisme.) Ce système conforme aux principes de la monnaie-marchandise excluait toute limitation autoritaire de la quantité de monnaie métallique en circulation, supprimait aussi toute possibilité de fixation arbitraire de la valeur de la monnaie et assurait une *convertibilité externe automatique ; il a disparu avec la fin de la convertibilité interne parfaite à partir de 1914.

Dans les systèmes monétaires qui ne reposent plus sur l'étalon métallique, la frappe subsiste pour la *monnaie divisionnaire* dont la valeur faciale est sans rapport avec la valeur intrinsèque du métal et dont le pouvoir libératoire est limité (*voir* Billon) : elle reste assurée par l'État qui est ainsi, pour un montant modeste, créateur de monnaie détenue par le système bancaire et les autres agents. Bien que l'or et l'argent ne circulent pas, la demande de pièces pour la *thésaurisation et la surcote de ces pièces par rapport au cours du lingot ont entraîné la frappe de nouvelles pièces d'or (pièces « au coq » en France, à l'effigie de la reine Elizabeth II en Grande-Bretagne...) ; l'offre accrue de pièces doit réduire l'écart de prix ; les bénéfices de la frappe vont au Trésor.

En France, l'administration des monnaies et médailles relevant du ministère des Finances dispose d'un budget annexe. Un *compte spécial du Trésor (compte d'opérations monétaires) intitulé « compte d'émission des monnaies métalliques » enregistre éventuellement l'excédent temporaire des charges ; les bénéfices résultant de la frappe des monnaies sont enregistrés dans le budget général parmi les produits des exploitations industrielles.

Fraude

a : *Tax fraud* – **d** : *Steuerhinterziehung* – **e** : *Defraudación*

Déclaration mensongère au préjudice du fisc.

La plupart des impôts reposant sur une déclaration, les principales formes de fraude fiscale consistent en une déclaration mensongère ou en l'absence de déclaration. L'erreur de bonne foi dans l'application de dispositions souvent complexes n'entre pas plus dans le champ de la fraude que l'utilisation de la fiscalité dans le but de réduire la dette fiscale tout en respectant les dispositions en vigueur, qu'on désigne sous le terme d'*évasion, et parfois, à tort, de « fraude légale ». Cependant, la frontière entre fraude et évasion est parfois difficile à établir dans la pratique.

La fraude en matière d'impôt sur le revenu et d'impôt sur le *bénéfice des sociétés passe par la dissimulation de ressources et notamment d'une partie du *chiffre d'affaires, par la comptabilisation de dépenses personnelles en frais généraux de l'entreprise et par l'imputation de fausses dépenses. Les ventes sans *factures et les factures sans ventes sont utilisées pour frauder la TVA en réduisant la base de l'imposition (vente sans facture) ou en augmentant la base des déductions ou des remboursements (facture sans vente).

Par définition, l'importance de la fraude ne peut être chiffrée avec précision. La répression dont elle fait l'objet a permis d'établir avec certitude qu'elle avait pu, dans quelques cas, fausser les règles de la *concurrence.

Dans certains pays, elle fait l'objet d'évaluation à partir du résultat des contrôles effectués sur des échantillons représentatifs de chaque catégorie de contribuables.

Fréquence

a : *Frequency* – **d** : *Häufigkeit* – **e** : *Frecuencia*

---

*Proportion des individus d'une certaine *population statistique possédant une modalité donnée du caractère étudié.*

Par exemple, si, en étudiant la distribution des salaires des 3 000 employés de la firme N..., on constate que 150 d'entre eux gagnent entre 150 000 et 160 000 F par an, on dira que la fréquence de la tranche de salaire allant de 150 000 à 160 000 F est $\frac{150}{3\,000} = 5\,\%$.

La représentation graphique des fréquences attachées aux différentes modalités d'un caractère se fait à l'aide d'un diagramme en bâtons s'il s'agit d'une *variable statistique discrète (la hauteur de chaque bâton est proportionnelle à la fréquence de la modalité), d'un *histogramme s'il s'agit d'une variable continue.

Fronting

Voir Façade.

Fusion

a : *Merger* – **d** : *Fusion/Unternehmensverschmelzung* – **e** : *Fusión*

Mise en commun de tous les biens ou activités de plusieurs sociétés en vue de la création d'une société nouvelle ou de l'absorption par l'une d'entre elles de toutes les autres.

Dans le cas de *création* d'une société nouvelle, toutes les sociétés anciennes disparaissent. Dans le cas d'*absorption,* seule la société absorbante subsiste. Les *apports des sociétés fusionnées sont rémunérés par l'attribution d'*actions et éventuellement de parts bénéficiaires. Dans le premier cas, le capital de la société nouvelle est égal à la somme des valeurs des sociétés qui fusionnent et les actions de la nouvelle société remplacent les anciennes. Dans le deuxième cas, la société absorbante procède à une augmentation de son *capital social avec émission correspondante d'actions nouvelles attribuées aux actionnaires des sociétés dissoutes et, éventuellement, « prime de fusion » provenant de la plus-value dégagée par l'opération sur la valeur des actions anciennes.

Futures

a : *Futures* – **d** : *Futures* – **e** : *Futures*

Voir Marché à terme international de France (MATIF).

Gâchage, gâchage de prix

a : *Selling at give-away prices* – **d** : *Schleuderverkauf* – **e** : *Venta ruinosa*

Pratique commerciale consistant à vendre un produit à vil prix.

Technique de « vente agressive », le gâchage des prix a d'abord été pratiqué par les « *discount », qui consentaient à leurs clients des prix particulièrement bas du fait du caractère peu onéreux de leurs installations et du petit nombre de personnel employé (« self-service »). Il est à vrai dire très difficile aujourd'hui de faire une distinction entre une baisse due à une amélioration des méthodes et des coûts de distribution et une politique de « gâchage » considérée par beaucoup comme un moyen de concurrence déloyale : les concurrents malheureux sont en effet prompts à appeler « gâchage » les prix qui menacent leurs positions acquises.

• La *technique du gâchage* ne repose pas sur une vente à perte systématique qui condamnerait son auteur. Elle provient généralement des économies effectuées sur les frais généraux et sur les circuits de distribution et notamment de la diminution des services fournis à la clientèle (emballage, transport, dialogue, livraison) ; de la limitation des ventes aux articles de grande consommation dont le prix est peu élevé ; de la réduction des frais d'installation et de publicité ; de la vente éventuelle à perte d'un produit, contrebalancée par les profits faits dans d'autres rayons (technique du « rayon-appât »).

• Les critiques faites au gâchage portent essentiellement sur les points suivants : il ne comporte pas de service après vente, ce qui est grave dans le cas d'appareils électroménagers, photographiques ou radio-électriques, par exemple ; le conseil éclairé du spécialiste fait défaut à l'acheteur ; le gâchage, s'appuyant souvent sur des produits de grande consommation, risque de décourager la production d'articles moins courants, mais cependant utiles à certains consommateurs : un gâchage réussi a pour effet de faire disparaître un certain nombre de commerces ou d'industries traditionnelles qu'il ne remplace pas.
Dans le domaine des relations commerciales internationales, la pratique du *dumping peut être considérée comme une forme de politique de gâchage.

Gage

a : *Pledge* – **d** : *Pfand* – **e** : *Prenda*

Objet mobilier appartenant à un débiteur et déposé par lui entre les mains de son créancier pour sûreté de sa dette.

La constitution d'un gage porte sur un bien mobilier aux termes du Code civil (art. 2071), l'« antichrèse » portant sur un bien immobilier (hypothèque). Par ce moyen, le débiteur (appelé « constituant » du gage) garantit à son créancier la sécurité de ses engagements *en se dépossédant* à son profit de valeurs ou de marchandises jusqu'à ce qu'il ait effectivement payé sa dette et ainsi dégagé ses dépôts. Le créancier-gagiste, de son côté, est en possession de la chose, mais n'en a pas pour autant la propriété. Il a un droit de préférence sur le bien mis en gage, ce qui signifie qu'en cas de défaillance du débiteur le produit de la vente lui reviendra à concurrence du montant de sa créance, s'il n'est pas primé par des privilèges tels que ceux du Trésor, de la Sécurité sociale ou des salariés du débiteur.

Formes

La dépossession : En principe, la constitution d'un gage *entraîne le dessaisissement du bien* par le propriétaire qui le remise ou l'entrepose en un lieu déterminé et sans l'utiliser. Mais plusieurs raisons font que cette règle a subi des aménagements, notamment :
– certains biens ont une valeur très importante qui peut excéder le montant de la créance ;
– ces biens servent à la production (outillages, stocks), et la dépossession risquerait d'entraîner des pertes importantes pour leur propriétaire sans augmenter les garanties du créancier, au contraire ;
– certains biens sont très volumineux et il est aisé de surveiller qu'il n'en est pas fait un usage clandestin ;
– le gagiste pourrait éprouver des difficultés à loger ces biens dans de bonnes conditions (« quasi-immeubles » : navires, avions, automobiles, films cinématographiques...).
C'est pourquoi a été mise au point une série de « gages sans dépossession » ou de « warrantages à domicile ».

Les gages sans dépossession : Ils ont pour objet de substituer la publicité du gage à la dépossession effective, autrement dit le contrôle du public au contrôle matériel. Pour les navires, on constitue des *hypothèques qui sont publiées. Pour les automobiles, le gage est inscrit à la préfecture par le Service des cartes grises (loi Malingre de 1934). Pour les films, il est inscrit au registre public de la cinématographie (loi de 1944). Les biens d'équipement constitués en gages suivent un régime particulier déterminé par une loi de 1951.

Les warrantages à domicile : Ils connaissent une application étendue dans les domaines industriels, pétrolier et hôtelier notamment (*voir* Warrant).

Le gage comme garantie de crédit bancaire

Afin d'augmenter la sécurité de son prêt, le banquier subordonne souvent l'octroi de son crédit à la constitution d'un gage à son profit qui lui donnera, en cas de faillite du débiteur, une situation privilégiée par rapport à la masse des créanciers. Aussi le banquier n'admet-il généralement la constitution d'un gage qu'après s'être assuré que son client est en règle avec l'administration fiscale et la Sécurité sociale et que sa trésorerie lui permet de faire face aux échéances de salaires du personnel.
Cette opération de garantie d'un crédit par un gage est parfois dénommée contrat de gage, mais plus généralement *nantissement.

Gantt (graphiques et système de)

a : *Gantt chart* – **d** : *Gantt (Gantt-Chart)* – **e** : *Gráfico y sistema de Gantt*

Graphiques de Gantt : Méthode de représentation graphique linéaire de l'évolution des diverses grandeurs caractéristiques du fonctionnement d'une entreprise mise au point par l'ingénieur américain Gantt.

Les graphiques de Gantt sont très employés dans les entreprises industrielles. Ils permettent de figurer de manière simple et lisible la comparaison entre les prévisions et les réalisations. Dans les graphiques de Gantt, un segment de droite représente à la fois une unité de temps et la quantité de travail (de production) qui doit être réalisée pendant ce temps. Ces graphiques peuvent être enrichis de signes spéciaux et de divers accessoires (couleurs, graphiques, repères, cavaliers, etc.).

Trois types principaux d'application :
– Le *graphique du travail* des ouvriers ou des machines : le graphique est simple. Chaque division de l'espace correspond à une unité de temps. Les segments de droite représentent les réalisations (nombre d'heures de travail des ouvriers ou des machines). Dans de tels graphiques, on peut indiquer d'un signe les raisons des retards ou de l'arrêt des machines, cumuler le travail d'une section, d'un atelier, etc.
– Le *graphique de répartition du travail :* ce graphique rend compte de la répartition du travail entre des ouvriers d'un atelier ou des employés d'un bureau et permet de distribuer les tâches entre eux en assurant l'optimum d'emploi. Il peut également être utilisé pour évaluer la quantité de travail qui reste à réaliser dans une entreprise compte tenu des carnets

de commandes et permet de fixer les dates de livraison des nouvelles commandes proposées.

– Le *graphique de l'avance du travail :* conforme au schéma de principe développé ci-dessus, il permet de comparer les prévisions et les réalisations et d'apprécier la justesse d'un programme ou d'un « planning » ainsi que le fonctionnement de l'entreprise.

Système de Gantt : Système de salaire fondé sur des primes au rendement et destiné à intéresser les cadres de maîtrise à l'accroissement de celui-ci.

Le système de salaires imaginé par Gantt combine l'intéressement des travailleurs et ceux des contremaîtres : l'ouvrier perçoit un salaire fixe augmenté d'une prime fixe lorsqu'il réalise la norme de production fixée par la direction. Le contremaître perçoit une prime proportionnelle au nombre de primes obtenues par les ouvriers de son atelier. Si tous les ouvriers de l'atelier ont obtenu la prime, la prime du contremaître est doublée. Ce système encourage les cadres de maîtrise à veiller à l'accroissement du rendement de l'ensemble des ouvriers de leurs ateliers.

Gap (inflationniste, technologique...)

a : *Gap* – **d** : *Gap* – **e** : *Gap*

---

*Mot anglais qui signifie trou ; se traduit selon les cas par *écart (inflationniste), *déficit (commercial), *pénurie (*dollar gap), retard (technologique).*

Garantie

a : *Guarantee* – **d** : *Garantie* – **e** : *Garantía*

Voir Gage, Assurance, Crédit.

Garanties de paiement (comptabilité publique)

Moyens accordés aux comptables des impôts et du Trésor pour assurer le recouvrement des créances du Trésor (privilège, hypothèque légale du Trésor...).

Un contribuable qui présente une *réclamation contre un impôt peut demander le sursis de paiement des droits contestés, à condition de constituer des garanties de paiement telles que consignation à un compte d'attente du Trésor, *obligations cautionnées...

GATT

Voir General Agreement on Tariffs and Trade.

Gendarme

*Surnom donné aux investisseurs institutionnels qui, par leurs interventions en bourse, contribuent à la *régularisation des cours.*

Le « gendarme » le plus connu est la *Caisse des dépôts et consignations.

General Agreement on Tariffs and Trade (GATT)

a : *General Agreement on Tariffs and Trade (GATT)* – **d :** *General Agreement on Tariffs and Trade (GATT)/Allgemeines Zoll- und Handelsabkommen* – **e :** *Acuerdo General sobre Aranceles y Comercio (GATT)*

Accord général sur les tarifs et le commerce : Accord multilatéral conclu à Genève en 1947 sur des principes concernant les tarifs douaniers et les politiques commerciales des pays signataires.

Origines et caractères de l'accord

Pendant l'élaboration de la *charte de La Havane, vingt-trois pays avaient entamé à Genève des *négociations tarifaires bilatérales.* L'ensemble de ces accords bilatéraux, dont les dispositions s'appliquaient à tous les participants, fut repris dans un acte final comportant en outre des principes généraux de politique commerciale auxquels souscrivaient les pays signataires. Signé à Genève les 30 octobre et 14 novembre 1947, cet accord n'instituait qu'un régime transitoire destiné à être repris dans le cadre général de la charte du commerce international. Mais lorsqu'il apparut que la charte de La Havane ne serait pas ratifiée (surtout en 1950 à la suite du refus américain) et que l'organisation internationale du commerce ne verrait pas le jour, l'*Accord général sur les tarifs et le commerce* ou *GATT* revêtit une importance particulière aux yeux de ses signataires. Il est depuis considéré comme une sorte de code du commerce international.

Au sens strict du terme, le GATT *n'est qu'un accord.* Il dispose cependant d'un secrétariat permanent à Genève dont le rôle consiste à préparer les conférences que tiennent les pays membres sur les divers aspects de leurs politiques commerciales. Le GATT est fondé sur quelques principes d'inspiration libérale dont l'énoncé importe moins que l'application effective qu'en font les pays membres (une quarantaine de pays développés, quelques pays de l'Est (Tchécoslovaquie, Pologne, Yougoslavie) et certains pays sous-développés dont notamment la Birmanie, Ceylan, Cuba, l'Inde, l'Indonésie et le Nicaragua). Cette modification des habitudes était rendue nécessaire par le raidissement des politiques commerciales dans les années troublées qui avaient précédé et suivi la guerre. Or l'existence du GATT a pour effet essentiel moins d'appliquer des règles que d'inspirer des comportements commerciaux.

Principes fondamentaux du GATT

Ils sont largement inspirés par la philosophie anglo-saxonne et les intérêts américains de l'époque où ils furent élaborés. On peut les regrouper sous trois rubriques.

Le principe de non-discrimination : L'article 2 de l'accord fait obligation à toute partie contractante d'étendre, immédiatement et sans conditions, à toutes les autres parties contractantes, tous avantages, faveurs, privilèges ou immunités qu'elle accorde à tout autre pays. Tout pays est donc tenu de traiter ses partenaires sur la base de la *clause de la nation la plus favorisée en matière de tarifs douaniers.
En matière de restrictions quantitatives, les pays sont tenus de faire un traitement équitable à leurs diverses sources d'importations.
Les exceptions à ces principes sont limitées et nettement définies ; elles concernent : les *préférences douanières en vigueur au moment de la signature de l'accord (*zone franc, *Commonwealth britannique) ; celles résultant de l'existence d'une *union douanière (*Benelux, par exemple) ou d'une *zone de libre-échange. Lorsque les six pays de la *Communauté économique européenne décidèrent de se lier par des concessions douanières, ils durent ainsi en demander l'autorisation au GATT.
A la suite d'une révision du GATT intervenue en 1954-1955, les pays signataires doivent également depuis le 1er janvier 1958 cesser d'accorder des subventions directes ou indirectes aux exportations. Cette obligation est à mettre en parallèle avec le principe du « traitement national » adopté en matière d'importations (art. 4) qui vise à éviter que les pays n'appliquent aux produits importés des traitements fiscaux discriminatoires et d'une manière générale ne les défavorisent par rapport aux produits nationaux. (*Voir* Protectionnisme, Drawback, Discrimination.)

Le principe de consolidation : En vertu de ce principe, les pays signataires s'engagent à ne pas augmenter les droits de douane, taxes et restrictions analogues au-dessus du niveau constaté en 1947. Dans une

certaine mesure, les principes concernant le « traitement national » et le régime des exportations (ci-dessus) entrent dans ce domaine. L'idée générale est qu'il faut ne pas aggraver les restrictions apportées au commerce, et si possible les diminuer.
Des exceptions ont été prévues notamment en 1955 (art. 18) en faveur des pays sous-développés. Ceux-ci, pour protéger leur agriculture ou leur industrie, peuvent déroger au principe de consolidation lorsque celle-ci mettrait en danger leur balance des paiements, que ce soit dans le domaine des restrictions quantitatives ou de la protection douanière. Mais ces dérogations ne peuvent être que temporaires et, en cas d'abus, des mesures de *rétorsion sont permises à leurs partenaires.
Depuis 1958, des consultations annuelles ont lieu au sujet des restrictions quantitatives que les pays membres maintiennent pour des raisons d'équilibre de leur balance des paiements. Le principe de consolidation est assorti ici d'un « principe de négociation ».

Le principe de négociation : Le GATT engage les pays à instituer ou à poursuivre des négociations systématiques sur des problèmes concrets. L'article 19 de l'accord stipule que la réduction des tarifs doit être obtenue par des concessions réciproques : les demandes de concession sont présentées aux pays importateurs par le *principal fournisseur;* les concessions obtenues sont ensuite étendues à tous les participants. Cette procédure simplifie les négociations car, une fois déterminé le niveau des concessions susceptibles d'être accordées au fournisseur le plus important, l'extension de ces avantages à des fournisseurs secondaires peut être envisagée sans risques graves. Les résultats obtenus sont consolidés pour une période de trois ans.
De fait, le cadre du GATT a servi à une série de négociations tarifaires dont notamment :
– la *conférence de Genève* en 1947 qui vit la conclusion du GATT lui-même et qui aboutit à la consolidation de 45 000 positions tarifaires concernant la moitié des échanges internationaux ;
– les *conférences d'Annecy* en 1949, *de Torquay* en 1950-1951 et *de Genève* en 1956 et en 1960-1962 qui portèrent le nombre des consolidations ou réductions à 60 000, mais dont les résultats furent de moins en moins spectaculaires. (Ce phénomène illustre les limites des procédures instituées.)

Portée et limites du GATT

Le GATT a joué un rôle fondamental dans la **libération des échanges* et dans la normalisation des politiques et des pratiques du commerce international au lendemain de la guerre de 1939-1945. Il a habitué les nations à un comportement plus ouvert à la discussion et à la négociation et fourni le cadre à des accords multilatéraux féconds.
Cependant, la levée progressive des restrictions quantitatives a rendu leur importance aux droits de *douane qui, eux-mêmes abaissés en partie,

atteignent souvent leur seuil critique. Pour relancer les négociations, un « plan Pflimlin » de 1953-1954 cherchait à provoquer des abaissements forfaitaires de 10 % annuels, pendant trois ans. Un « plan Randall » de 1954-1955 visait un abaissement des tarifs américains de 5 % par an pendant trois ans également. Ces projets n'eurent pas de suite.
En 1958 une « proposition Dillon » (abaissement de 20 %) fut discutée et donna lieu à une deuxième conférence de Genève (1960-1962) qui n'eut pas de résultats très importants. A partir de 1964 s'ouvre la « négociation Kennedy » ou « Kennedy Round », sur proposition du président des États-Unis contenue dans le « Trade Expansion Act » de fin 1962. Elle traduisait le désir américain de répondre à la construction du Marché commun et elle a abouti à la décision de réduire de 50 % pour l'ensemble des produits les droits de douane par paliers annuels de 10 % de 1968 à 1972. Pour les Six, les réductions de 1968 et 1969 ont été bloquées avec la mise en vigueur du tarif extérieur commun le 1er juillet 1968. La création de la Communauté économique européenne a donné lieu à de vives discussions au sein du GATT. Si l'accord prévoit en effet les unions douanières, l'existence d'un tarif extérieur commun (TEC) est en revanche en contradiction avec une ligne générale largement inspirée du libre-échange. Ce tarif extérieur commun étant défini par la moyenne arithmétique de tarifs antérieurement élevés, conduit en effet, parfois, à augmenter les tarifs antérieurement bas. Diverses concessions et consolidations ont été consenties par la CE, en partie d'ailleurs, dans le cadre d'accords préférentiels avec les pays du *Tiers Monde anciennement dépendants des États membres ; mais un tel exemple de régionalisation économique et douanière, surtout lorsqu'elle forme un ensemble aussi puissant, marque la limite d'action du GATT. L'élargissement de la Communauté à neuf membres en 1973, dans un contexte marqué par la désagrégation du *système monétaire international, la persistance d'un déséquilibre de la balance commerciale américaine et la modification progressive de la division internationale du travail ont relancé le débat, dans le cadre du GATT, et conduit aux négociations commerciales multilatérales — NCM (connues aussi sous le nom de « Nixon Round », du nom de leur initiateur alors président des États-Unis, ou « Tokyo Round » car elles avaient commencé par une conférence ministérielle réunie dans la capitale japonaise) — menées de 1974 à 1979. Particulièrement malaisées, elles ont notamment révélé la difficulté du dialogue entre pays industrialisés et pays du Tiers Monde. Ces derniers, dont la méfiance à l'égard du GATT avait déjà conduit à la création de la CNUCED (Conférence des Nations unies pour le commerce et le développement) qui devait en compléter l'action, ont été déçus du peu de résultats qu'ils ont obtenus. De leur point de vue, l'élément le plus positif de l'accord final reste la légalisation des *préférences en faveur des pays en voie de développement — qui jusque-là n'étaient tolérées qu'à titre de dérogation — et la définition de la non-réciprocité dans les relations entre pays industriels et pays en

développement. Pour le commerce entre pays industriels, les baisses de tarif restant limitées, le principal apport des NCM aura été la mise au point de codes réglementant les mesures de protection non tarifaires. Le code anti-*dumping de 1967 a été révisé, la détermination de la *valeur en douane a été réglementée, et à cette occasion les États-Unis se sont à nouveau engagés à supprimer l'*American selling price.
Le « *Tokyo round » (1974-1979) qui, outre la poursuite des actions de diminution de droits de douane, concernait des mesures non tarifaires (subventions, obstacles techniques, marchés publics...), s'est accompagné effectivement de l'abandon par les États-Unis de l'* American selling price.
Depuis 1987, de nouvelles négociations ont été engagées dans le cadre de l'« *Uruguay round ». Elles ont porté notamment sur les produits agricoles, le textile, l'inclusion dans l'accord des services, y compris la culture et le droit de propriété intellectuelle. Les négociations, qui ont connu des péripéties particulières compte tenu des enjeux (dans les domaines de l'agriculture et de la culture), ont abouti positivement le 15 décembre 1993. L'Union européenne a finalement obtenu que la culture soit placée hors de l'accord.
Au total, dans le contexte de *crise qui a prévalu depuis le milieu des années 70, la résistance aux pressions en faveur du protectionnisme, qui se sont naturellement intensifiées, peut être portée au crédit du GATT. Et le nombre des pays membres n'a cessé de s'accroître : en 1980, l'accord rassemblait 85 signataires représentant les quatre cinquièmes du commerce mondial. En 1994, il impliquait 112 membres, acteurs, globalement, de plus de 90 % du commerce mondial.

Georgisme

a : *Georgism* – **d** : *Georgism* – **e** : *Georgismo*

Doctrine présentée par l'économiste américain Henry George et concluant à l'instauration d'un impôt unique sur le sol (« single tax »).

• Henry George (1839-1897) expose l'essentiel de sa doctrine dans son principal ouvrage paru en 1879, *Progress and Poverty.* Celle-ci prend pour point de départ la notion de *rente développée par les économistes classiques et l'applique exclusivement au sol en la vulgarisant. Selon George, le progrès économique entraîne la raréfaction des terrains et assure donc au propriétaire foncier une rente qui s'accroît sans qu'il y ait aucun effort de sa part. Il propose donc de socialiser ce profit au moyen d'un impôt foncier unique dont le rendement, selon lui, serait tel qu'il rendrait inutiles tous les autres impôts.

Cette position valut à George une grande popularité aux États-Unis et dans un certain nombre de pays d'Europe où des opinions analogues étaient professées à la même époque. Il présida en 1889 un « Congrès international pour la réforme agraire et sociale » tenu à Paris à l'occasion du centenaire de la Révolution française.

• Le georgisme a connu un regain de succès à partir de 1925 avec la « Ligue pour la réforme foncière et le libre-échange » dont l'un des animateurs était Charles Gide. Il correspond à l'un des courants de pensée économico-politiques qui resurgit de temps à autre dans la vie publique et dont l'origine profonde doit être recherchée dans la doctrine des physiocrates. Malgré ce que son aspect systématique peut lui donner d'excessif, le georgisme repose toutefois sur une notion saine, qui est l'imposition des *plus-values foncières les moins justifiées.
Certains régimes fiscaux de collectivités locales sont inspirés du georgisme, notamment en Australie, en Nouvelle-Zélande et au Canada, où des municipalités ont la liberté d'instaurer un impôt unique ou quasi unique sur la valeur foncière. Au Danemark, l'idée de l'impôt georgiste joue un rôle non négligeable au sein du « parti de la justice ».

Gestion

a : *Gestion* – **d** : *Verwaltung* – **e** : *Gestión*

Comptabilité publique : Période de temps pour laquelle un comptable public justifie des opérations qu'il a exécutées.

La gestion embrasse l'ensemble des actes des comptables, qu'il s'agisse d'opérations d'exécution d'un budget, ou d'opérations de trésorerie, soit pendant l'année financière à laquelle s'applique le budget de la collectivité dont il est chargé de manier les deniers, soit pendant la durée de ses fonctions si celle-ci ne correspond pas à une année entière.
Des *comptes de gestion* accompagnés des pièces justificatives sont produits chaque année au juge des comptes ; par les comptables supérieurs (trésoriers-payeurs généraux) qui centralisent et contrôlent les opérations de leurs subordonnés, par les comptables spéciaux, enfin par les comptables subordonnés en ce qui concerne les seules opérations qu'ils exécutent en tant que comptables des communes et des établissements publics communaux.
Mais le fait d'agir par gestion n'empêche pas les comptables de respecter le principe de la **spécialité par exercice,* dans l'imputation des opérations qu'ils exécutent : leurs comptes distinguent, dans les opérations d'une gestion, celles qui sont exécutées au titre de la période complémentaire de l'exercice précédent, et font apparaître, d'autre part, les opérations complémentaires de l'exercice qui ont été exécutées après la fin de la

gestion considérée. Ainsi peut-on faire apparaître simultanément les résultats de la gestion du comptable et les résultats des actes des ordonnateurs relatifs à un exercice. Ces difficultés disparaissent avec l'application intégrale du système de la gestion.
Le *système de la gestion* dans la comptabilité publique s'oppose au système de l'*exercice en tant que mode d'établissement comptable des résultats d'exécution d'un budget. L'article 9 du décret organique du 19 juin 1956 l'a défini ainsi : « Les recettes sont prises en compte au titre du budget de l'année au cours de laquelle les ordonnances ou les mandats sont visés par les comptables assignataires. » Ce système, où l'imputation des opérations à une année se fait en fonction de la gestion comptable durant laquelle elles ont été réalisées effectivement, et non en fonction de l'autorisation budgétaire à laquelle elles se rattachent ou de l'acte qui leur a donné naissance, est appliqué au budget de l'État depuis le décret du 14 novembre 1955, sous réserve d'exceptions limitées en matière de dépenses (*voir* Période complémentaire). En Grande-Bretagne et en RFA, le système de la gestion est traditionnellement utilisé.
Une gestion occulte ou gestion de fait résulte des actes de toute personne qui, sans avoir la qualité de comptable public, procède à des opérations sur fonds ou valeurs que les comptables publics sont exclusivement chargés d'exécuter, et notamment s'ingère dans le recouvrement des recettes destinées à un organisme public (constituant, par exemple, une « caisse noire ») ou maniant des fonds irrégulièrement extraits d'une caisse publique (par l'utilisation de « mandats fictifs »). L'auteur de ces actes, déclaré comptable de fait par la *Cour des comptes, est soumis aux obligations et responsabilités des comptables publics, et rend compte au juge financier de l'emploi des fonds et valeurs irrégulièrement maniés.

Gestion (société de)

a : *Management company* – **d** : *Verwaltungsgesellschaft* – **e** : *Sociedad de gestión*

Société créée pour diriger une autre entreprise.

La formule de société de gestion (ou société d'exploitation), qui prend souvent la forme d'une *société anonyme, est utilisée lorsque les créanciers d'une entreprise en difficulté n'acceptent de continuer à financer celle-ci par leurs créances qu'à condition que l'entreprise soit mise en tutelle (par exemple, à la suite d'un *règlement judiciaire).
Plus généralement, la société de gestion gère pour le compte des personnes financièrement intéressées à des entreprises ou à des biens. Exemple : les détenteurs du *capital social de plusieurs sociétés peuvent confier

la gestion de l'ensemble du groupe à une société de gestion à laquelle elle est ainsi affermée (société fermière). Le propriétaire d'un bien, de même, peut en confier la gestion à une société financière.

Voir également Trust, trustee.

GIE

Voir Groupement d'intérêt économique.

Giffen (effet de, ou cas de)

a : *Giffen effect* – **d** : *Giffen-Effekt* – **e** : *Efecto de Giffen*

Phénomène exceptionnel d'accroissement de la demande d'un produit entraîné par l'augmentation du prix de ce produit.

Ce phénomène tire son nom de celui du statisticien et économiste britannique Giffen (1837-1910) qui l'a observé et formulé pour la première fois en Angleterre au XIXe siècle.
Ce phénomène est apparemment paradoxal puisque, malgré toutes les atténuations qu'on peut apporter à cette loi, il est reconnu que la *demande d'un produit est généralement accrue ou du moins se maintient lorsque le prix de ce produit diminue. Une baisse des prix entraîne en effet un accroissement du pouvoir d'achat du consommateur (effet de revenu). Celui-ci a généralement tendance à substituer la marchandise dont le prix a diminué à celle dont le prix s'est maintenu (effet de substitution). Or Giffen a remarqué qu'en Angleterre, au XIXe siècle, « plus le pain était cher, plus on en consommait ».
Le paradoxe n'est qu'apparent car *l'effet de Giffen a été observé dans des circonstances bien particulières.* Exemple : en Angleterre, au XIXe siècle, les classes laborieuses disposaient d'un revenu très faible et vivaient dans la misère. Une hausse du prix du pain, denrée nécessaire, portait un coup très grave à leur pouvoir d'achat global au point que les familles ouvrières étaient contraintes d'abandonner les achats de viande ou de fruits, toujours relativement plus onéreux que le pain, même enchéri. Elles en achetaient donc de plus grandes quantités pour s'en nourrir quasi exclusivement. Lorsque le prix du pain baissait, les consommateurs s'intéressaient à nouveau aux autres produits et la demande de pain diminuait.
On voit que l'apparition de l'effet de Giffen est soumise à plusieurs conditions, notamment : que le produit dont le prix augmente soit un

produit indispensable ; que le montant du revenu des acheteurs soit très faible, au point qu'une variation du prix de cette denrée ait un effet plus que proportionnel sur leur pouvoir d'achat ; que ces classes misérables vivent cependant en économie monétaire et sans ressources d'appoint tirées de la nature (cueillette, chapardage, etc.).
A ces caractères on reconnaît bien que l'effet de Giffen est caractéristique de la paupérisation ouvrière et urbaine propre au XIXe siècle industriel. Des applications peuvent cependant en être observées aujourd'hui en milieu sous-développé, notamment dans les immenses agglomérations de certains pays qui connaissent un phénomène de prolétarisation urbaine (Inde, Brésil, par exemple).

Glissement

a : *Slide* – **d** : *Werschiebung* – **e** : *Deslizamiento*

**Variation du niveau d'une grandeur économique ayant le caractère d'un *agrégat, due uniquement aux modifications de la structure de cet agrégat.*

Quand une quantité complexe, telle que le niveau moyen des salaires, varie, cette évolution peut en général se décomposer en deux facteurs :
– une variation à structure constante : le niveau moyen des salaires de chaque catégorie socioprofessionnelle augmente ;
– une variation due aux modifications de structure, « toutes choses étant égales par ailleurs » : une certaine fraction des salariés d'une catégorie socioprofessionnelle à salaire bas a changé de catégorie pour appartenir désormais à une autre catégorie à salaire plus élevé.
Supposons, par exemple, qu'il n'y ait que deux catégories de salariés — 1 000 personnes dans la catégorie A gagnent 1 000 F par mois et 1 000 dans la catégorie B gagnent 1 500 F par mois —, que le salaire moyen de chaque catégorie augmente de 10 %, mais que 100 salariés passent de la catégorie A à la catégorie B ; bien que le salaire moyen de chaque catégorie n'ait augmenté que de 10 %, le salaire moyen de l'ensemble des salariés a augmenté de 12,2 %. On dit qu'il y a eu glissement des salaires, et plus précisément, dans l'exemple cité, glissement catégoriel.
Ce phénomène est évidemment très général et se produit chaque fois que l'on doit résumer l'évolution d'une quantité complexe à l'aide d'un indicateur synthétique tel que, par exemple, un *indice. Il peut y avoir glissement des prix quand la structure des consommations évolue, des produits plus onéreux étant proposés ou recherchés à la place de produits auparavant consommés, ou encore glissement de la *mortalité quand la *pyramide des âges d'une population se déforme.

Par une extension quelque peu abusive, mais entérinée par l'usage : Variation du niveau d'une grandeur économique entre deux dates.

On parlera ainsi du glissement des prix du 31 décembre de l'année *n* – 1 au 31 décembre de l'année *n*, valeur qui sera distinguée de la variation moyenne des prix de l'année *n* par rapport à l'année *n* – 1.

Glissement catégoriel

Voir Glissement, Salaire.

Gold bullion standard

a : *Gold bullion standard* – **d** : *Goldbarrenwährung* – **e** : *Patrón lingote oro*

*Étalon-or lingot : Régime d'*étalon-or dans lequel la circulation monétaire se compose de billets de banque convertibles en lingots d'or.*

Dans un tel régime, l'or disparaît de la circulation monétaire afin d'économiser le métal. Les banques centrales ne remettent plus des pièces au public (*gold specie standard), mais seulement des billets convertibles en lingots d'or de prix unitaire élevé, afin de conserver le plus d'or possible comme *réserve de change.
Le gold bullion standard a été institué, en France et en Grande-Bretagne notamment, au lendemain de la Première Guerre mondiale. En Grande-Bretagne, l'acte de 1925 limitait la convertibilité aux sommes supérieures à £ 1 500. En France, la loi Poincaré de 1928 ne l'autorisait qu'en lingots de 225 000 francs. Le principe de la convertibilité des monnaies en or était sauvegardé. Sur le plan externe, le règlement des soldes des *balances des paiements des pays placés sous le régime de l'étalon-or se faisait par transfert de métal. Ce transfert était provoqué lorsque les cours du change de la monnaie considérée atteignaient des seuils dénommés *point d'or. Dans la pratique toutefois, le gold bullion standard était un premier pas vers l'inconvertibilité des billets et l'abandon de l'étalon-or sur le plan interne. Cet abandon a été décidé par la Grande-Bretagne en 1931, par les États-Unis en 1935 et par la France en 1936.

Voir Étalon monétaire.

Gold exchange standard

a : *Gold exchange standard* – **d** : *Golddevisenwährung* – **e** : *Patrón de cambio oro*

---

*Étalon de change-or : Système monétaire fondé sur l'*or, comme le *gold standard dont il est dérivé, mais où la *convertibilité interne en or n'est plus assurée tandis que les *devises peuvent être conservées par les autorités monétaires pour constituer les *réserves de change.*

L'étalon de change-or — c'est l'appellation consacrée par l'usage, malgré l'avis, pertinent, de certains auteurs qui notent qu'étalon devise-or serait mieux adapté à la réalité du système nommé gold exchange standard par les Anglo-Saxons — a été officiellement adopté par l'ensemble des pays du monde, à l'exception des pays à l'économie planifiée restés adeptes du *bilatéralisme — lors de la conférence de Bretton Woods (*voir* FMI).

Avant la Seconde Guerre mondiale

Il était cependant apparu bien avant la fin de la Seconde Guerre mondiale, soit que certains pays y aient recouru, soit surtout que les aménagements apportés au fonctionnement de l'étalon-or se soient traduits par l'introduction dans les paiements internationaux de certaines pratiques caractéristiques du nouveau système. Dès la fin du XIXe siècle, alors que l'étalon-or était universellement répandu, après l'abandon du *bimétallisme, certains pays, à l'époque d'importance relativement secondaire il est vrai (Inde, Argentine notamment), vivaient en régime d'étalon sterling-or ; d'autres, beaucoup plus nombreux et pour certains d'un poids beaucoup plus considérable (Russie, Autriche-Hongrie, pays scandinaves), détenaient une fraction de leurs réserves de change en devises (il est généralement admis que de 10 à 12 % des réserves mondiales en 1914 étaient constituées de devises, de livres sterling notamment). Détenir des devises offrait aux *banques centrales la possibilité d'obtenir une rémunération de ces *actifs qui, sous forme métallique, seraient restés stériles. Les conséquences de la Première Guerre mondiale devaient entraîner une extension considérable de ces pratiques. Lors du retour de la paix, le niveau général des prix était environ deux fois plus élevé qu'en 1914 : dans le même temps, les avoirs en or disponibles s'étaient à peine accrus (la production de métal avait baissé d'un tiers), faute d'une **réévaluation* importante de l'or que les principaux pays refusèrent pour diverses raisons, tenant notamment à des considérations de prestige (dévaluer la *monnaie nationale eût été accepter le déshonneur), et faute d'une baisse de l'ensemble des prix nominaux dans des proportions suffisantes (il eût fallu une baisse de 50 % au moins, ce qui était évidemment hors de portée, d'autant que l'*inflation, loin de se ralentir avec la fin des hostilités, ne faisait que s'accélérer). L'attention se porta sur les moyens propres à éviter une pénurie d'or qui eût compromis le développement des échanges. Déjà, les nécessités de la guerre avaient amené les États à instituer le cours forcé des billets, ce qui permettait de supprimer la **convertibilité* interne de la monnaie (elle ne fut pratiquement jamais rétablie durablement, et dès lors un élément essentiel de l'étalon-or avait disparu), éliminant ainsi l'or de la circulation monétaire nationale. La détention et l'échange d'or par les particuliers étaient de plus généralement réglementés de façon plus ou moins restrictive. Bien que réservé aux règlements internationaux, l'or monétaire n'en devait pas moins être économisé. Aussi, lors de la conférence de Gênes, en 1922, les États furent-ils « conviés à détenir leurs réserves sous forme de *balances* à l'étranger ». Aucun accord international ne fut signé pour accepter cette recommandation ; pourtant, la plupart des pays, y compris les plus importants, décidèrent d'autoriser les banques centrales à détenir des monnaies étrangères à titre de réserve ; certains fixèrent cependant des limites à cet usage en imposant une fraction minimale d'or dans le total des réserves. Très vite, les devises constituèrent une part considérable des avoirs officiels de *change. La *crise économique devait conduire à l'éclatement du système monétaire et au cloisonnement des relations économiques internationales. L'ébauche de compromis qui s'était amorcée au cours des années 20 entre l'étalon-or et l'étalon devise-or tournait court. La France n'avait accepté d'acquérir des devises que de 1926 à 1928 ; en 1931, elle entreprit la conversion en or des livres sterling détenues au cours de ces deux années, aggravant le déséquilibre déjà inquiétant de la balance des paiements britannique, et précipitant l'abandon de la convertibilité de la livre. Inconvertible, la monnaie anglaise ne pouvait plus être un instrument de réserve pour de nombreux pays qui avaient voté des lois autorisant l'*institut d'émission à détenir des devises sous réserve de leur convertibilité. Autour de la Grande-Bretagne un groupe se formait cependant ; rattaché à la livre, il débordait à peine les limites, larges déjà, du *Commonwealth pour former le bloc sterling qui, au début de la Seconde Guerre, devait évoluer en *zone sterling. A l'extérieur, les pays se rassemblaient en blocs plus ou moins concurrents sinon rivaux. Dès avant la guerre, la division du monde et le désordre des relations économiques internationales étaient manifestes.

Le système de Bretton Woods

L'expérience de cette période troublée des années 30 devait servir, lors de l'établissement, en 1944, du *nouveau système monétaire international.* Le premier souci était de revenir à un régime multilatéral à taux de change fixes ; à tort ou à raison les multiples changements de *parité qui avaient accompagné la crise, tout comme les exemples de changes flottants observés alors avaient découragé. Le retour à l'étalon-or était en revanche exclu, la convertibilité interne en or n'était plus praticable.

Même limité aux échanges internationaux, l'usage de l'or devait être réduit, sauf à prendre le risque de voir le système manquer de *liquidité. Par ailleurs, les plans ambitieux préconisant la création d'une monnaie conventionnelle avaient échoué devant l'hostilité de nombreux États, et notamment des États-Unis, peu soucieux de se soumettre à une instance internationale ; le maintien du rôle de l'or comme *numéraire s'imposait donc, mais il fallait que d'autres *liquidités internationales soient créées. L'étalon devise-or apparaissait donc comme la solution nécessaire : encore fallait-il que la fragilité d'un tel système amplement démontrée par son effondrement entre les deux guerres fût évitée pour y parvenir. Les Anglo-Saxons comptaient sur la coopération internationale organisée : pour partie ils attribuaient les mésaventures de la livre, monnaie clé des années 20-30, à l'attitude de la France qui, après s'être engagée unilatéralement dans la voie de l'étalon de change-or, l'avait abandonnée ; il importait donc de fonder le système sur un traité formel entre les participants et de prévoir une instance de concertation — ce fut le **Fonds monétaire international* — chargée tout à la fois de faire respecter une certaine discipline par les membres et d'apporter aux pays en difficulté certains concours — cette aide potentielle constituant d'ailleurs un moyen de pression à la disposition du Fonds pour appuyer son action de surveillance.

Outre l'institutionnalisation de la coopération internationale, *le système mis en place à Bretton Woods présente toutes les caractéristiques de l'étalon devise-or.* L'or y tient une place essentielle ; les monnaies sont définies par un poids de métal, et de la confrontation de leur pair se déduisent les taux de change croisés dont la fixité est assurée, sauf à modifier officiellement la valeur-or d'une monnaie. En revanche, la frappe libre de l'or et la circulation monétaire interne ont disparu. Il en résulte deux conséquences fondamentales.

Quant au change d'abord : Seule la convertibilité en devises de la monnaie nationale est assurée, sa conversion en or n'est possible que dans des cas limités — le plus souvent seuls les avoirs officiels étrangers sont convertibles en or : dès lors, la banque centrale à laquelle incombe généralement la charge de garantir le cours de la monnaie nationale doit conserver des devises dans ses réserves monétaires afin de pouvoir intervenir sur le marché des changes ; les devises ainsi utilisées par les banques centrales comme monnaies de réserve et monnaies d'intervention sont en nombre restreint : des conditions de leur choix dépend dans une très large mesure le fonctionnement du système.

Quant à l'émission de monnaie fiduciaire nationale ensuite : Le lien existant entre l'encaisse-or de la Banque centrale et ses engagements à vue n'existe plus. La politique monétaire et celle du crédit de façon plus générale se trouvent dès lors moins dépendantes des résultats de la *balance des paiements. En tout cas, le lien rigide supposé, dans le système théorique de l'étalon-or, entre circulation monétaire et situation des paiements extérieurs, est sensiblement relâché : le processus d'ajustement qui reposait sur cette liaison ne peut donc plus fonctionner aussi mécaniquement que le voulait le modèle classique.

Le rôle de l'or

En pratique, dès le départ, il fut évident que le système serait celui de l'étalon-or. L'Europe ravagée par la guerre, les États-Unis apparaissaient non seulement comme la première, mais comme la seule véritable puissance économique, que ce soit en termes de capacité de production, de revenu national, de commerce extérieur ou de réserves d'or. Toutes les conditions étaient donc réunies pour que le dollar s'impose comme la monnaie de réserve par excellence — la livre sterling et le franc, à l'intérieur de *zones monétaires restreintes ont survécu cependant comme monnaies de réserve de deuxième rang. Il ne pouvait y avoir de doute, au début des années 50, le stock d'or américain (les deux tiers du total mondial) garantissait l'engagement unilatéral des États-Unis de convertir les dollars en or à la parité fixée en 1934 ; aussi sûr que l'or — *as good as gold* —, le dollar était par ailleurs considérablement plus recherché ; monnaie de règlement dans les échanges internationaux, monnaie d'intervention adoptée par la quasi-totalité des banques centrales, il présentait l'avantage, comme instrument de réserve, de rapporter un intérêt tandis que l'or restait un placement stérile. Dès lors, le dollar installé dans une position dominante, l'évolution du système devait suivre celle de la monnaie clé et se ressentir des difficultés qui apparurent rapidement.

Les difficultés du gold exchange standard

Tout au long des années 50, le fonctionnement de l'étalon-dollar permit un développement remarquable des relations internationales dans des conditions satisfaisantes. *Trois événements importants* devaient cependant intervenir au cours de cette période qui devaient peser lourdement dans l'évolution qui suivit. En 1954, d'abord, les autorités britanniques décidèrent malgré les pressions des États-Unis d'autoriser la réouverture du marché libre de l'or de Londres. A la fin de 1958, attestant la réussite de la reconstruction des économies européennes obtenue notamment grâce à l'aide américaine, le retour à la convertibilité des principales monnaies d'Europe occidentale put être décidé. En 1960 enfin, pour la première fois, les dettes à court terme des États-Unis (*balances dollar) atteignaient un montant supérieur au stock d'or officiel détenu par les autorités monétaires américaines. C'était la fin du fonctionnement harmonieux du système. La décennie suivante devait alors être marquée par une *succession de crises révélatrices* du dilemme où se trouvaient enfermés les partenaires : le développement nécessaire des liquidités internationales devait être assuré, comme il l'avait été pendant les années

50, essentiellement par l'accroissement des réserves en dollars ; chaque nouveau *déficit de la balance des paiements américaine, s'il alimentait le système en liquidités, compromettait la confiance dans le dollar dont la convertibilité en or n'était plus aussi solidement fondée. C'est sur le marché libre de l'or, où le maintien des cours au prix officiel de 35 dollars l'once a été obtenu de 1961 à 1968 par une intervention concertée des principaux États du monde occidental rassemblés au sein du *pool de l'or, et sur les marchés des changes européens où les mouvements du **hot money* ont provoqué des perturbations de plus en plus nombreuses et de plus en plus violentes, que s'est manifestée la spéculation provoquée par la défiance croissante à l'égard du dollar. Outre les efforts pour maintenir les cours de l'or, les autorités monétaires ont tenté de préserver la stabilité du système en développant leur coopération en vue du soutien aux monnaies menacées, à travers les accords de **swaps* qui ont atteint des montants élevés, notamment entre les membres du *groupe des Dix, et ont même entrepris de rechercher une solution au problème posé par la création nécessaire de liquidités internationales en instituant non sans ambiguïté les droits de tirage spéciaux (DTS). L'affaiblissement relatif de l'économie américaine face aux économies européenne et japonaise dont l'expansion est restée depuis la guerre très rapide, après la période de reconstruction, la persistance et l'accroissement même du déficit des paiements des États-Unis, tandis que les avoirs en or du Federal Reserve Board s'étaient très sensiblement réduits, la dévaluation, en 1967, de la livre sterling qui, par sa faiblesse chronique, avait été au cours des années précédentes la première victime de la spéculation ainsi provisoirement détournée des attaques directes contre le dollar devaient emporter le système. La convertibilité du dollar en or a disparu de fait avec la dissolution du pool de l'or en mars 1968, avant d'être officiellement suspendue par les décisions américaines de l'été 1971 ; depuis 1969, chaque année a connu un ou plusieurs changements dans les parités des principaux pays ; le dollar lui-même a subi deux dévaluations officielles ; les conférences internationales se sont multipliées en même temps que les fermetures des marchés des changes, dont la durée s'accroissait avec chaque nouvelle crise. Pourtant, elles ne purent éviter l'abandon de fait des parités fixes : la livre en 1972, puis la lire italienne, le yen et le dollar enfin en 1973 sont devenus flottants, l'Allemagne, le *Benelux et la France essayant à grand-peine de préserver un îlot de stabilité en maintenant entre leurs monnaies des taux de change fixes. La France, elle-même, a dû adopter le régime de taux de change flottant en 1974.

Après le gold exchange standard ?

Le dollar inconvertible, l'or ne circulant plus, les taux de change flottants, que le régime des paiements internationaux depuis 1971 soit encore celui du GES importe peu : les opinions des experts sur ce point divergent ; en revanche l'accord est général sur le caractère transitoire de la situation actuelle. Le système mis en place à Bretton Woods a disparu, il n'a pas encore été durablement remplacé, mais déjà il est possible de faire le point de cette expérience et de souligner les principaux défauts de l'étalon de change-or sur lequel depuis de nombreuses années les commentaires ont été nombreux.

L'intérêt du GES : Surtout comparé au gold standard, il est évident ; il permet effectivement d'utiliser au maximum les ressources limitées en or dont il réduit l'usage au strict nécessaire, il offre aux détenteurs de réserves une rémunération qui apparaît d'autant plus normale que la constitution d'avoirs de change par un pays s'analyse effectivement comme un prêt à court terme de sa part au reste du monde.

Les faiblesses du système : Elles sont non moins connues. Elles découlent assez logiquement des caractéristiques principales du GES et font ressortir les problèmes essentiels qu'il faudra résoudre pour fonder un nouveau régime des paiements internationaux.

● Reposant sur l'or mais aussi sur une ou plusieurs monnaies de réserve pour la création de liquidités, *l'étalon devise-or est asymétrique et instable.*

– *Asymétrique,* puisqu'il confère aux pays émetteurs de monnaies clés des privilèges incontestables. Chargés d'alimenter le monde en liquidités internationales, ces pays peuvent accepter un déséquilibre durable de leur balance des paiements ; dès lors qu'ils ont accepté le statut de monnaie de réserve — car ils peuvent le refuser (l'exemple de la Suisse le prouve qui a refusé d'ouvrir des comptes aux banques centrales étrangères en leur interdisant la constitution de réserves officielles en francs suisses) —, il leur est possible de « vivre au-dessus de leurs moyens » sans qu'une sanction véritable puisse leur être opposée, pendant un temps au moins.

– *Instable,* car précisément il repose dans la confiance dans la (ou les) monnaie(s) centre(s), l'arbitrage restant toujours possible entre celles-ci et d'autres devises et aussi entre celles-ci et l'or. L'accumulation de réserves en monnaies clés, le déficit permanent des paiements de l'émetteur qu'elle suppose ne peuvent, à terme, que compromettre la convertibilité en or ou en devises de ces avoirs et donc les fondements mêmes du système. Il y a là un vice majeur, que les faits ont indiscutablement prouvé, même si les analyses théoriques le prévoyant n'ont pas toujours été acceptées.

● Ayant rompu le lien entre la situation de la balance des paiements et la création monétaire, le système de l'étalon de change-or se trouve *dépourvu de mécanisme régulateur,* et devient donc générateur de déséquilibres.

– Outre le déficit quasi obligatoire de la balance des paiements des pays à monnaie clé, les déséquilibres des paiements extérieurs ont tendance à se multiplier. Leur élimination, qui suppose des sacrifices pour les pays touchés, ne peut être obtenue, avec des taux de change fixes, que de la politique délibérée des pouvoirs publics. La souplesse du système dégénère volontiers en laxisme.

– Pour autant, la facilité de création des liquidités monétaires internationales n'a pas manqué d'avoir des effets sur l'équilibre des économies occidentales. En l'absence de tout mécanisme permettant d'assurer que les liquidités nouvellement créées correspondent effectivement au besoin des relations économiques internationales et, de fait, cela est devenu particulièrement net depuis la fin des années 60, le développement rapide des *balances dollar, accentué par le jeu du marché de l'*euro-dollar, a fortement contribué à la généralisation d'une poussée inflationniste que, malgré leurs efforts officiellement annoncés, les gouvernements se révèlent incapables de maîtriser.
Disparu en pratique, condamné par la *théorie, comme par l'expérience, le gold exchange standard, à l'issue de plus de vingt années de fonctionnement (sous la forme particulière d'étalon dollar-or), n'est plus aujourd'hui qu'une étape historique dans l'évolution du **système monétaire international.* Quel que soit le nouveau régime sur lequel, après un temps plus ou moins long et des difficultés plus ou moins graves, les gouvernements parviendront à se mettre d'accord, quels que soient les emprunts qu'il fera au GES dont certains des aspects seront conservés, une seule certitude paraît raisonnable : il n'y aura pas de retour à l'orthodoxie de Bretton Woods, pas plus que de restauration de l'étalon-or.

Gold points

Voir Points d'or.

Gold specie standard

a : *Gold specie standard* – **d** : *Goldumlaufwährung* – **e** : *Patrón oro en efectivo*

Étalon-or espèces : Régime d'étalon-or (gold standard) dans lequel la circulation monétaire se compose de pièces d'or et de billets de banque convertibles en or. (De l'anglais specie, *espèces, numéraire.)*

Le régime de l'étalon-or a pris successivement deux formes : celle du gold specie standard jusqu'en 1914 et celle du *gold bullion standard pendant quelques années après 1920.
Dans le gold specie standard, les hôtels des Monnaies, chargés de la frappe métallique, sont autorisés à transformer les lingots d'or en pieces, la frappe est libre et elle est assurée presque gratuitement ; les pièces constituent la part la plus importante de la masse monétaire. Les billets

de banque, qui circulent au même titre que les pièces, sont intégralement convertibles en or et leur émission est limitée afin que cette convertibilité soit toujours assurée.

Voir Étalon monétaire.

Gold standard

a : *Gold standard* – **d** : *Gold standard/Goldwährung* – **e** : *Patrón oro*

Système monétaire à étalon-or.

Ce terme était à l'origine réservé au système dans lequel l'or, qui y joue le rôle d'étalon monétaire, est convertible sans limitation. Les vicissitudes des régimes monétaires ont progressivement conduit à l'employer pour désigner l'ensemble des systèmes faisant référence à l'étalon-or, même à travers des convertibilités partielles.

Voir Gold bullion standard, Gold exchange standard, Gold specie standard.

Golden share

Voir Action spécifique.

Goodwill

Voir Survaleur.

Gosbank

a : *Gosbank* – **d** : *Gosbank* – **e** : *Gosbank*

Banque d'État soviétique, puis russe. (Contraction du russe : gossourdarstvienny bank.)

Fondée à la fin de la guerre civile, elle assumait jusqu'en 1932 des fonctions polyvalentes, puisqu'elle ajoutait à son rôle d'institut d'émission la distribution des crédits à court et à long terme à l'économie. Depuis cette date, le financement des investissements a été transféré à des établissements de crédits particuliers. Longtemps rattachée au ministère des Finances, elle en a été séparée en 1954, son directeur prenant rang de ministre.

Actuellement, la Gosbank conserve des *fonctions très diverses* qui en font un des organes fondamentaux dans la régulation de l'économie soviétique : elle exerce les fonctions habituelles d'une **banque centrale* (émission fiduciaire, gestion des réserves d'or et de *devises, règlements monétaires avec l'*extérieur) ; elle reste une *banque de crédit* dans la mesure où elle est habilitée à consentir des prêts à court terme et où elle intervient encore pour partie dans le financement des investissements (crédits dits de « mécanisation », crédits aux coopératives, à certaines entreprises locales) ; elle joue aussi le rôle dévolu ailleurs au **Trésor* dans la mesure où elle centralise la perception des recettes fiscales et assure le paiement des dépenses courantes de l'État ; enfin, elle exerce un *contrôle financier sur les entreprises publiques*, en dehors même de l'instruction des demandes de crédits, grâce à l'obligation qui est faite à celles-ci d'avoir un compte auprès d'elle et d'y imputer la plupart de leurs dépenses (et notamment le versement des salaires).

La Gosbank a ainsi les moyens d'exercer un contrôle sur la conformité de la gestion des entreprises avec les objectifs publics. Le système, qui comportait jusqu'au droit, pour la banque, de déposer le bilan d'une entreprise mal gérée et insolvable et de disposer de son avoir, connaît aujourd'hui naturellement des assouplissements sensibles depuis l'abandon du régime soviétique.

Les ressources de la banque sont constituées par les dépôts des entreprises, des subventions budgétaires, les excédents budgétaires eux-mêmes, qui lui sont transférés, et ses propres profits. Dans la phase de transition que connaît l'économie russe, le rôle de la Banque centrale d'État, dans ses relations avec les banques commerciales, se rapproche du modèle occidental.

Gosplan

a : *Gosplan* – **d** : *Gosplan* – **e** : *Gosplan*

Organe central de la planification indicative russe. (Du russe : gossourdarstvienny planovy komitet, comité gouvernemental pour la planification.)

Créé en 1921, le Gosplan a vu son rôle et sa place dans les rouages du système de planification soviétique plusieurs fois modifiés, en fonction de l'évolution des problèmes de planification, liée elle-même au processus de développement économique, et des alternances de centralisation et de décentralisation qui caractérisent les orientations successives prises par les autorités politiques pour répondre aux problèmes d'organisation de l'économie.

Conçu au départ comme un organisme d'élaboration de plans à long terme, le Gosplan avait peu de prise sur la planification pratique confiée alors à une section du Conseil supérieur de l'économie nationale. A partir du lancement du premier plan quinquennal, en 1928, et à la suite de la suppression du Conseil supérieur de l'économie nationale, le Gosplan se vit confier un rôle essentiel de coordination au sein du gouvernement. Ayant absorbé le Bureau central de la statistique, il a été désormais responsable des plans à court, moyen et long terme, notamment sous l'aspect des *balances matières, destinées à fonder les plans d'investissement à long terme et à orienter les directions générales du gouvernement aux ministères pour la planification courante de la production. En partie démantelé en 1948-1949, il a repris l'intégralité de ses compétences en 1953. En 1955, il se vit retirer la planification courante, confiée à une Commission économique d'État *(gosekonomkommissia)*.
Sous l'impulsion de N. Khrouchtchev, une réforme d'envergure a été adoptée en 1957, qui supprimait la Commission économique d'État, ainsi que la plupart des ministères économiques, décentralisait le système de planification par l'organisation d'une centaine de sovnarkhoz (régions économiques), coiffées en 1961 par de grandes régions, puis réduites en nombre en 1962, dotées naturellement de sections de planification, et confiait au Gosplan un rôle central de coordination et une responsabilité propre dans l'organisation des approvisionnements et des livraisons.
Des réorganisations successives sont intervenues en 1961, puis en 1963, aux termes desquelles le Gosplan, de nouveau placé sous l'autorité d'un Conseil suprême de l'économie nationale, gardait la haute main sur la planification à court et à moyen terme. Cette compétence s'entendait plus de l'élaboration des plans sous leurs aspects globaux que des directives d'application et du contrôle de l'exécution qui incombaient aux ministères.
Depuis le passage à l'économie de marché, le Gosplan anime une planification indicative.

Goulot

a : *Supply gap* – **d** : *Angebotslücke* – **e** : *Laguna de oferta*

Insuffisance d'un facteur de production, par rapport à la demande.

Terme familier du vocabulaire économique, le goulot ou encore goulet d'étranglement désigne une inadaptation momentanée ou durable de l'offre d'un facteur de production à la demande qui s'exprime sur le marché : on parlera ainsi de goulots aussi bien pour les *consommations intermédiaires (matières premières, énergie, demi-produits...) que pour les biens d'équipement ou encore la main-d'œuvre.

Fréquents à court terme, en raison des décalages et des distorsions qui affectent, dans le cadre des *fluctuations conjoncturelles, les *anticipations des agents économiques et les mouvements objectifs de la *demande, les goulots jouent un rôle important dans le déclenchement et le développement des processus inflationnistes (*voir* Inflation). C'est une des fonctions de la politique de régulation conjoncturelle que de prévenir ou de résorber les goulots d'étranglement. Dans certains cas, l'inadaptation de l'offre d'un facteur à la demande peut revêtir un caractère structurel et sa correction implique alors la mise en œuvre de mesures à longue portée. Il en va ainsi, en France, par exemple, pour le volume et la structure de la main-d'œuvre qualifiée, dont l'adaptation aux besoins de l'économie implique tout à la fois un développement de la formation professionnelle, l'intervention de mesures tendant à favoriser la mobilité des travailleurs, une politique adéquate d'*aménagement du territoire, et une évolution de l'éventail et de la structure relative des rémunérations.

Grand magasin « junior »

*Magasin de grande taille (3 500 à 12 000 m²) couvrant une gamme étendue de produits et de services, implanté généralement à la périphérie des centres urbains, et mettant en œuvre une politique de *marketing appliquée au point de vente lui-même, traité comme l'objet de promotion.*

Héritiers des grands magasins du XIXe siècle, les grands magasins juniors sont le plus souvent rattachés à des groupes financiers. Comme les magasins populaires, ils ont une fonction de desserte de proximité, mais exercent également leur attraction sur une clientèle éloignée. Ceci est dû à la gamme de leurs activités comme à leur politique de promotion de l'enseigne.

A côté de produits alimentaires, ils distribuent en effet les produits traditionnels de bazar, les textiles, les articles de mode, mais aussi, et c'est leur originalité, les biens d'équipement ménager, l'ameublement, les produits de luxe mettant en œuvre une technique avancée (radio, télévision, haute-fidélité, photo) et les matériels de jardin, de bricolage, les accessoires auto. Ils comportent le plus souvent des services de restaurant, des agences de voyage, des salons de beauté, des bureaux de banques et d'assurances. Leur technique commerciale vise à attirer la clientèle vers le lieu de vente et à rester en relation avec l'acheteur : outre un effort de décoration qui les différencie des *supermarchés, ils développent les services après vente, les livraisons à domicile, les ventes à crédit, la publication en grande diffusion de catalogues attirant l'attention du public sur les thèmes de vente particuliers liés aux événements traditionnels (fêtes diverses) ou fortuits (rencontres internationales, sportives, politiques ou culturelles).

Les grands magasins juniors se sont particulièrement développés à l'étranger (exemples : Sears aux États-Unis ou Kaufhaus en Allemagne fédérale). En France, s'il existe des exemples de chaînes indépendantes, plus nombreux sont les grands magasins juniors liés aux grands magasins parisiens dont ils conservent le plus souvent l'enseigne (Dames de France, Galeries Lafayette, Magasins Réunis, Nouvelles Galeries, Printemps).

Voir Distribution.

Grands nombres (loi des)

Voir Probabilités (calcul des).

Grange (la)

a : *National Grange* – **d** : *National Grange* – **e** : *La Grange*

Association fraternelle américaine ayant pour but le développement de l'éducation et de la formation des agriculteurs, la défense de leurs intérêts et la promotion de l'activité et de l'idéologie politico-sociale dont elle se réclame.

Caractères : La Grange est une société qui s'apparente à la maçonnerie par certains de ses rites et par l'importance qu'elle attache à l'idéologie. Elle prend appui cependant sur un groupe socioprofessionnel déterminé, celui des agriculteurs, dont elle recherche la défense et l'illustration.
Dans une déclaration de 1938, la Grange se définit elle-même comme : « Une grande fraternité agricole tendant à : former le caractère de ses membres ; développer leurs aptitudes à la direction de leurs exploitations ; encourager leur instruction ; promouvoir l'amélioration des conditions de vie et de travail de la communauté ; inspirer le goût des idéaux élevés ; enseigner dans le travail et les loisirs la valeur de la coopération dans la recherche du bonheur. »
L'organisation est divisée en sept degrés qui portent, comme les rites du mouvement, des noms ayant trait à l'agriculture. Peuvent être membres de la Grange tous les membres de familles d'agriculteurs âgés de plus de 14 ans. Les Granges locales de comté ont des activités communautaires (groupes de travail ou activités récréatives), les Granges d'États poursuivent la politique déterminée par les granges de base. Chaque Grange d'État envoie deux délégués (en général un couple) au

congrès annuel de la Grange nationale : ces délégués déterminent les grandes options de la politique générale et élisent les dirigeants de la Grange nationale.

Évolution et rôle : La « National Grange of the Patrons of Husbandry » (Grange nationale des patrons de l'agriculture) a été fondée en 1867 à Washington par Oliver Hudson Kelley. Elle connut un succès considérable aux environs de 1870 en prenant la tête du « Granger movement » créé à l'occasion des difficultés que connaissait le monde agricole. Son action fut particulièrement importante dans le Middle West. Le mouvement connut un déclin de 1875 à 1880 mais reconquit un rôle important après cette date, notamment dans l'Ohio, l'État de New York, la Pennsylvanie, l'État de Washington, la Californie et l'Oregon.
Au cours des années 30, la Grange soutint vigoureusement l'Agricultural Adjustment Act. Ses efforts pour l'amélioration de la législation aboutirent notamment aux mesures concernant les prix de parité et autres mesures de soutien des prix agricoles prises entre 1940 et 1950. La Grange eut également un rôle déterminant dans l'amélioration du crédit agricole coopératif et dans l'accroissement de son autonomie à l'égard du gouvernement. Dans son action politique et économique, elle jouit d'une large audience, qui en fait un gouvernement parmi les plus représentatifs des agriculteurs avec le Farm Bureau et la National Farmers Union ; moins exclusivement technique que le premier, elle est plus orientée que la seconde vers la défense de la petite entreprise. Elle fait campagne en faveur d'une méthode de solution des problèmes agricoles produit par produit à la différence des autres organisations.

Greenbacks

a : *Greenbacks* – **d** : *Greenbacks* – **e** : *Greenbacks*

Billets du Trésor émis pour la première fois aux États-Unis en 1862. Ils devinrent le symbole du papier-monnaie et divisèrent un moment le pays.

Les greenbacks (c'est-à-dire « dos vert » : le dos était imprimé en vert) furent mis en circulation par le gouvernement du Nord le 25 février 1862 pour financer les dépenses de la guerre civile. En 1863, à la suite de deux émissions supplémentaires, le montant des greenbacks en circulation était de 450 millions de dollars. Inconvertibles, ils perdirent rapidement de leur valeur dès la fin de 1862 (– 34 %) et en 1864 celle-ci était tombée de 65 % par rapport à la valeur initiale. Malgré des retraits partiels de greenbacks opérés par le Trésor, la dépréciation des greenbacks restait importante en 1866 (de 25 % à 67 %).
Alors s'organisa autour des greenbacks un conflit entre l'Ouest et l'Est.

Les gens de l'Ouest, généralement débiteurs, soutenaient les greenbacks et le papier-monnaie alors que les capitalistes du Nord-Est réclamaient le retour à une « monnaie saine » (étalon-or). Les deux clans s'opposaient également sur le mode de remboursement de la dette publique : les milieux de l'Ouest soutenaient que les bons du Trésor devaient être remboursés en greenbacks, les créanciers du Nord-Est exigeaient le remboursement en or. Les greenbacks furent mêlés à la « conspiration de l'or » montée par Gould en 1869, le fameux « *Black Friday ». La prospérité des années ultérieures et le redressement du crédit de l'État lié au retour à l'étalon-or et à l'abandon du *bimétallisme permit aux greenbacks de reprendre de leur valeur. En 1879, leur retour à la parité or était assuré.
Le *greenback party :* par ailleurs, un « parti national indépendant », dénommé également parti greenback, vit le jour en 1874. Recruté surtout parmi les fermiers du Nord-Ouest, il était dirigé par un magnat de l'acier, Cooper. Son programme reposait sur le soutien du greenback, « la meilleure monnaie qui ait jamais circulé » ; le parti recueillit quelques votes populaires en 1876. Deux ans plus tard, il fusionnait avec des syndicats et devenait le « parti ouvrier greenback ». Aux élections de 1878, il obtint 1 million de voix et 14 sièges au Congrès. Dès lors, les greenbackers mirent au point un vaste programme qui comportait notamment la suppression du système bancaire fédéral et un ensemble d'autres mesures mi-démocratiques, mi-démagogiques. Les élections présidentielles de 1882 et 1884 consacraient son déclin et sa disparition. La plupart de ses membres rejoignirent alors le parti populiste.

Gresham (loi de)

a : *Gresham's law* – **d** : *Greshamsches Gesetz* – **e** : *Ley de Gresham*

Loi monétaire selon laquelle la « mauvaise monnaie chasse la bonne ».

Attribuée à tort à Sir Thomas Gresham (1519-1579), conseiller du roi d'Angleterre Édouard VI, cette loi traduit la constatation suivante : lorsque deux sortes de monnaies circulent concurremment, celle à laquelle on attribue le plus de valeur est progressivement retirée du circuit pour ne plus laisser subsister que la « mauvaise ».
Les conditions d'apparition du phénomène peuvent tenir à :
– la circulation de deux monnaies d'un même métal, mais dont l'une est suspecte (moins riche en métal, moins appréciée...) ;
– la circulation de deux monnaies de deux métaux différents d'inégale réputation ;
– la circulation d'un papier-monnaie inconvertible et d'une monnaie métallique.

Selon les cas, la bonne monnaie sera soit *thésaurisée, soit fondue pour être transformée en « mauvaise monnaie » d'un montant nominal plus important, soit livrée aux créanciers extérieurs qui réclament de bonnes espèces.
Cette loi a été particulièrement illustrée dans le fonctionnement du système *bimétalliste. Une forme plus récente — et plus anodine — de la loi de Gresham s'est manifestée en France lors de la mise en circulation des nouvelles pièces de 5 francs dont beaucoup furent, au début, conservées dans les ménages, puis plus récemment lors de l'introduction des pièces de 10 francs.

Grève

a : *Strike* – **d** : *Streik* – **e** : *Huelga*

Arrêt concerté du travail opéré par des salariés pour atteindre un objet revendicatif à caractère professionnel ou économique.

Cet arrêt ne rompt pas le contrat de louage de services entre les salariés et les employeurs.
On distingue différentes sortes de grèves : le *débrayage* qui est un arrêt de durée limitée ; la grève avec occupation des lieux de travail ; les grèves *tournantes* où les salariés d'une entreprise ou d'un ensemble d'entreprises font grève à tour de rôle.
Bien que ne constituant pas un arrêt du travail, il est d'usage également de parler des *grèves du rendement* (où les salariés diminuent leur cadence de travail) et des *grèves du zèle* (qui consistent à appliquer strictement un règlement, ce qui peut paralyser une administration).
Le droit de grève est reconnu, en France, depuis 1864 ; il s'exerce cependant dans le cadre de la règlementation : celle-ci, en fait, l'interdit dans certains cas (fonctionnaires de police, armée) ou assortit son exercice du respect de certaines contraintes (par exemple, dépôt obligatoire d'un *préavis* dans les entreprises nationalisées et la fonction publique).

Groupe (d'entreprises)

a : *Group of companies* – **d** : *Unternehmensgruppe* – **e** : *Grupo de empresas*

Ensemble de sociétés ou d'entreprises dont les décisions sont solidarisées ou interdépendantes et généralement orientées par une société dominante.

En l'absence de définition légale de la notion de groupe, son existence relève de l'analyse et de l'appréciation. Au sens strict, il y a groupe lorsqu'une *société mère détient la majorité du capital de plusieurs autres, ou *filiales. En fait, la multiplication des *participations, même minoritaires, et de divers autres liens industriels ou commerciaux peut constituer un groupe dès lors qu'il y a effet de *contrôle.
Lorsque le groupe n'est fondé que sur des participations financières détenues par une société qui n'exerce pas elle-même d'activité économique, l'ensemble est appelé *holding.
La *consolidation des comptes et des bilans des sociétés constituantes permet de synthétiser la gestion du groupe et d'en apprécier l'étendue, la nature et les résultats.

Groupe des Dix

a : *Club of Ten* – **d** : *Zehnerclub/Zehnergruppe* – **e** : *Grupo de los Diez/Club de los Diez*

Formation rassemblant les principaux pays industrialisés du monde occidental pour l'étude et la réforme du système monétaire international.

• Dès le début des années 60, avec les premières difficultés monétaires internationales, la nécessité s'est imposée d'une *collaboration étroite* entre les autorités des principaux pays occidentaux qui, depuis le retour à la *convertibilité des monnaies européennes, assumaient des responsabilités particulières. Le *FMI débordait largement le petit nombre de ces pays, l'*Accord monétaire européen et la *BRI étaient limités aux seuls européens, l'*OCDE même, mieux adaptée, comptait de trop nombreux membres. La création du * pool de l'or dès le printemps 1961 avait déjà montré les possibilités – comme la nécessité – d'une coopération entre les pays à monnaies convertibles. C'est un peu plus tard, au cours de la même année, que les Dix prirent leur première initiative commune en signant avec le FMI les accords généraux d'emprunt. Il a fallu attendre deux ans encore, pour qu'ils se constituent officiellement en groupe des Dix, fixant pour objet à leurs travaux l'étude du système monétaire international et la préparation des réformes nécessaires.
L'apparition de déplacements de capitaux à court terme (*hot money) portant sur des masses importantes et provoquant ou accentuant les déséquilibres des balances des paiements des pays touchés avait, au cours des premières crises des années 60, souligné l'insuffisance des ressources du Fonds monétaire international. Une nouvelle augmentation des *quotas avait alors été envisagée. Comme il s'agissait en fait de venir en aide à la Grande-Bretagne et aux États-Unis, principales victimes de

ces attaques spéculatives, les pays européens, soucieux de renforcer leur pouvoir de négocier vis-à-vis de leurs partenaires anglo-saxons qui exercent une domination à peu près sans conteste sur le Fonds, ont préféré recourir à la solution, imaginée par la France, des accords généraux d'emprunt (décembre 1961). En les signant, les Dix (qui bien entendu sont onze : RFA, Belgique, Pays-Bas, Italie, France, Grande-Bretagne, Suède, Canada, Japon, États-Unis auxquels s'ajoute la Suisse, non membre du FMI, qui conclut un accord spécial) s'engageaient à mettre à la disposition du Fonds, en cas de besoin, 6 milliards de dollars (dont 3 venant des États-Unis et de la Grande-Bretagne). Cette somme est destinée à accroître les possibilités de prêts du FMI lorsque ses ressources ordinaires ne lui permettent pas de financer un tirage et qu'il s'agit de faire face à une situation menaçant l'équilibre du système monétaire international. Outre certaines différences de détail entre cette contribution exceptionnelle et les habituels quotas, le procédé retenu offrait l'avantage d'instituer pour les partenaires des États-Unis un véritable contrôle sur l'utilisation de ces ressources, puisqu'un vote à la majorité des 2/3 est nécessaire pour que l'activation des accords soit décidée.

• Les *difficultés persistantes du système monétaire international* ont amené les participants à ces accords généraux d'emprunt à se constituer en groupe des Dix pour étudier la situation des paiements internationaux, déterminer les besoins futurs de réserves internationales et préparer à l'intention du FMI des propositions de réforme. Dès lors, malgré l'absence de structure permanente, et son statut purement consultatif en apparence, le groupe des Dix (redevenus onze dès 1964 quand la Suisse fut admise à y participer comme « observateur ») n'a cessé de jouer un rôle essentiel. Bénéficiant du concours des organismes existants, BRI, FMI, OCDE, qui lui communiquent études et informations et assurent le secrétariat de ses réunions, le groupe s'est d'abord heurté pendant les premières années de son existence au problème posé par la création de nouveaux instruments de réserves. Rapports, réunions, communiqués se succédèrent pendant plus de trois ans qui permirent d'atteindre à un compromis entre les points de vue opposés des participants (France et États-Unis notamment) et de proposer au FMI, qui l'accepta lors de son assemblée générale de 1967, l'institution des droits de tirage spéciaux (DTS). Mais c'est lors de la crise de l'été 1971 que la puissance du groupe des Dix est apparue le plus clairement. Il ne fallut pas moins de trois réunions du groupe à la suite des décisions américaines du 15 août pour préparer l'accord final qui entérina, en décembre, la *dévaluation du dollar. Encore convient-il de rappeler que l'accord de Washington sur les nouvelles parités a été conclu dans le cadre du groupe des Dix ; le FMI n'eut pour sa part qu'à enregistrer les nouveaux taux de change et par un règlement provisoire à autoriser l'élargissement des marges de fluctuations.

Ayant une fois de plus prouvé son importance, le groupe des Dix avait aussi suscité l'irritation des États-Unis, créant ainsi une menace sur son avenir. L'élimination choquante des pays sous-développés, lors de la préparation des décisions modifiant l'équilibre monétaire international auquel ils participent, fut le prétexte invoqué par les Américains pour réclamer, puis obtenir, en juillet 1972, malgré les réticences de certains — la France notamment —, la constitution au sein du FMI d'un « groupe des Vingt », composé de la même façon que le conseil d'administration du Fonds, et chargé de l'étude des réformes nécessaires du système monétaire. L'institution d'un organisme concurrent ne suffit pas cependant à éliminer la réalité du pouvoir dont dispose le groupe des Dix (qui d'ailleurs subsiste), fondé sur la puissance économique et financière de ses membres ; en revanche, elle permet un élargissement des points de vue en autorisant les pays non industrialisés à exprimer leurs préoccupations.

Groupement d'intérêt économique (GIE)

a : *Community of interests* – **d** : *Interessengemeinschaft (IG)* –
e : *Agrupación de interés económico*

Entité juridique dotée de la personnalité morale et de la capacité juridique, constituée par contrat entre deux ou plusieurs personnes physiques ou morales en vue de mettre en œuvre tous les moyens propres à faciliter ou à développer l'activité économique de ses membres, à améliorer ou à accroître les résultats de cette activité.

• Les restrictions imposées par les nécessités juridiques ou économiques aux procédures traditionnelles de regroupement des activités industrielles ou commerciales ont incité les pouvoirs publics à créer un cadre nouveau, intermédiaire entre la société et l'association, qui par sa légèreté et la souplesse de son utilisation devrait favoriser les rapprochements d'entreprises. Cette création a été réalisée par l'ordonnance du 23 septembre 1967.

Statut juridique : Le groupement d'intérêt économique n'est pas commercial en la forme. Il ne vise pas expressément à la réalisation de bénéfices. Il se distingue ainsi des sociétés, et le droit des sociétés ne lui est pas applicable.
A la différence de la société en participation, également appelée association en participation, il possède la personnalité morale. Il est également doté, à la différence de l'association régie par la loi de 1901, d'une pleine capacité juridique.
Constitué par contrat écrit et publié, il doit faire l'objet d'une immatriculation au registre du commerce (décret du 2 février 1968). Son objet n'est pas défini avec précision : il peut donc intéresser l'industrie,

le commerce, l'artisanat ou l'exercice de professions non commerciales et exercer son activité en France ou à l'étranger. Son activité, son organisation, ses obligations sont ainsi déterminées au contrat selon la seule volonté de ses membres.
La création du groupement d'intérêt économique ne nécessite ni constitution d'un capital, ni apports des membres. Dans l'hypothèse où ceux-ci souhaiteraient néanmoins doter le groupement d'un capital, d'opération ne pourrait donner lieu à remise de titres négociables. Les membres du groupement sont solidairement tenus des dettes.

Fonctionnement : L'organisation et le contrôle du groupement font l'objet d'un nombre réduit de règles de droit commun. La plus grande liberté est laissée aux membres dans ce domaine, les termes du contrat constitutif définissant seuls les modalités de fonctionnement les mieux adaptées à l'objectif recherché.
La loi du 13 juin 1989 (sur le groupe d'intérêt économique français et sur le *groupe européen d'intérêt économique) a rénové de façon significative le statut du GIE français en spécifiant notamment que le groupement dont l'objet est commercial peut effectuer tous actes de commerce pour son propre compte.

Régime fiscal : Les groupements d'intérêt économique sont normalement soumis aux divers impôts et taxes, sous réserve de modalités particulières de nature à inciter les chefs d'entreprises à faire usage de ce nouveau cadre juridique.
Soumis au régime général de la TVA, les groupements d'intérêt économique ont cependant la possibilité de transférer à leurs membres les droits à déduction ayant grevé leurs immobilisations, ce qui permet une utilisation plus complète de ces droits. Dans le même esprit, et à la différence du régime fiscal applicable aux sociétés filiales, la réglementation autorise l'intégration des résultats des groupements d'intérêt économique dans ceux des entreprises associées.
Les groupements d'intérêt économique bénéficient d'avantages fiscaux en matière d'exportation, d'installation à l'étranger, de formalités d'enregistrement.

Intérêt pratique : Par sa très grande souplesse, le groupement d'intérêt économique est une formule particulièrement adaptée pour promouvoir la coopération entre des organismes de nature très diverse : il peut être le cadre de relations entre entreprises et universités, il peut être le moyen d'organiser une période de « fiançailles » avant mariage entre entreprises de dimensions variables, soucieuses de leur autonomie, rebelles aux opérations trop ambitieuses et trop raides ; il peut enfin offrir la structure d'accueil de relations entre firmes de nationalités différentes et permettre notamment de surmonter les difficultés inhérentes à la coexistence de droits nationaux qui font obstacle au développement de la coopération internationale.

Groupement européen d'intérêt économique (GEIE)

a : *European communauty of interests* – **d** : *Europäische Interessengemeinschaft (EIG)* – **e** : *Europea agrupación de interés económico*

Entité juridique européenne dotée de la personnalité morale et de la capacité juridique, constituée par contrat entre deux ou plusieurs personnes physiques ou morales en vue de mettre en œuvre tous les moyens propres à faciliter ou à développer l'activité économique de ses membres.

Le GEIE a été institué par le règlement du Conseil des ministres des communautés européennes du 25 juillet 1985.
La loi du 13 juin 1989, prise en application du règlement communautaire, a complété ce dispositif, largement inspiré du droit français.
Ainsi, depuis le 1er juillet 1989, les entreprises disposent, pour la première fois dans l'Union, d'un instrument juridique de coopération transnationale procédant directement du droit communautaire.
Les deux premiers GEIE immatriculés ont été un groupement de cabinets d'avocats aux Pays-Bas et, à Bruxelles, une association de télévisions européennes réunissant cinq sociétés de télévision privées.
En 1995, environ 400 GEIE avaient été enregistrés.

Haussier

a : *Bull* – **d** : *Haussier* – **e** : *Alcista*

Bourse : Opérateur spéculant à la hausse.

Le haussier se porte en général acheteur sur le marché à *terme. Sur les bases anglo-saxonnes, c'est le *bull* (taureau) par opposition au *bear* (ours, *baissier).

Havane (charte de La)

Voir Charte de La Havane.

Histogramme

a : *Histogram* – **d** : *Histogramm* – **e** : *Histograma*

Représentation graphique des fréquences attachées aux différentes modalités d'une variable statistique continue.

Pour construire un histogramme, on découpe en classes l'intervalle de variation de la *variable statistique. Les limites de chaque classe étant indiquées en abscisse, on trace un « tuyau d'orgue » dont la surface est proportionnelle à la fréquence de la classe. Si les classes choisies ont toutes la même amplitude, c'est donc la hauteur du « tuyau d'orgue » qui est proportionnelle à la fréquence de la classe. (*Voir* Courbe.)
Un exemple traditionnel d'histogramme est fourni par la *pyramide des âges d'une population.

Historique (école)

a : *Historic theory* – **d** : *Historische Schule* – **e** : *Escuela histórica*

École de pensée économique en réaction contre l'abstraction des théories classiques et cherchant à expliquer les phénomènes économiques en les replaçant dans leur contexte et en les intégrant dans l'évolution historique générale.

Origine et représentants

L'école historique a été fondée par un certain nombre d'économistes allemands pour réagir contre le degré d'abstraction atteint par l'économie politique à la suite des travaux de Say et de Ricardo notamment. La théorie classique née en Angleterre et en France ne rendait déjà plus compte au milieu du XIXe siècle des réalités économiques, surtout en Allemagne où le capitalisme industriel avait pris des caractères spécifiques.

L'école historique allemande a connu deux courants successifs : fondée et diffusée d'abord par Roscher, Hildebrand et Knies au moyen d'ouvrages parus entre 1843 et 1853, elle connaît à partir de 1870 une période de renouveau avec les travaux de Schmoller, Wagner, Brentano, Bücher, Knapp, Weber et Sombart.

Caractères et portée

Les « historicistes » se sont particulièrement illustrés par les critiques qu'ils ont formulées contre l'école classique et ses excès, notamment sur les points suivants : ils contestent le bien-fondé des considérations de base de l'école classique, l'« *Homo œconomicus » et l'importance donnée à l'intérêt dans ses mobiles d'action ; ils substituent à un concept universel et absolu des lois économiques un concept relatif de ces phénomènes dans le temps, dans l'espace et selon le milieu où ils se produisent ; ils font largement appel à l'observation et préfèrent une méthode inductive à la méthode déductive employée par les classiques.

L'école historique s'est efforcée de substituer une méthode d'étude des phénomènes économiques qui tienne largement compte de leur spécificité en relation avec les circonstances dans lesquelles ils se sont produits ; ils sont « antimécaniques » ou « antigéométriques » ; ils mettent également l'accent sur les structures sociales, économiques ou politiques et sur leur évolution.

L'école historique s'est malheureusement quelque peu perdue dans la monographie et l'accumulation de faits et d'observations sans parvenir à tirer de véritables enseignements durables de ses études. Son effort pour réintégrer l'économie dans l'histoire a également conduit à faire finalement de l'histoire plus que de l'économie. Elle a cependant déterminé une réaction salutaire contre le conceptualisme et préparé la méthode et les travaux des *institutionnalistes. Dans la mesure où elle a contribué à jeter le doute sur la valeur des théories classiques, l'école historique n'est pas non plus étrangère au succès des théories *marxistes diffusées à partir de 1867 (*Le Capital*).

Holding

a : *Holding company* – **d** : *Holdinggesellschaft* – **e** : *Sociedad holding*

---

*Société dont l'objet consiste à prendre et détenir des *participations dans d'autres entreprises en vue d'en contrôler ou d'en diriger l'activité.*

Une société holding apparaît comme une *société de portefeuille* parce que ses actifs sont presque exclusivement financiers (titres de participation, créances), mais elle se distingue des sociétés de *placement et des sociétés d'*investissement par son objet : ces dernières cherchent par des placements à obtenir des revenus ou à réaliser des plus-values, sans intervenir dans l'activité des sociétés dont elles sont actionnaires ; elles cherchent à diviser leur portefeuille pour répartir leurs risques. La société holding ayant pour objectif de contrôler d'autres entreprises doit prendre et conserver une part suffisante du capital pour imposer ses vues dans la gestion. Ses participations qui sont sa raison d'être sont immobilisées en comptabilité.

La société holding est une des formes employées pour la constitution d'un *trust : les entreprises groupées conservent leur individualité juridique, mais perdent tout ou partie de leur autonomie, suivant le contrôle que le holding veut ou peut exercer sur leur activité industrielle ou commerciale. Ce contrôle s'exerce par l'usage des droits que le holding tient des actions possédées par lui-même ou par d'autres sociétés qu'il contrôle également ; ses représentants tiennent une place déterminante au sein du conseil d'administration, pour y faire prévaloir une politique de groupe notamment sous l'angle financier : directement ou indirectement, c'est-à-dire par l'intermédiaire d'autres sociétés liées au groupe, le holding commande ou exécute les opérations financières, fournit les moyens de financement, gère les ressources de trésorerie ; il fait bénéficier ses filiales de son crédit, mais aussi de ses services techniques, de ses services d'études et de contrôle de gestion, de ses débouchés...

Le droit français les ignore : les holdings bénéficient cependant du statut fiscal des sociétés mères, lorsque les conditions d'application de ce régime sont réunies.

Un holding peut être créé à cette seule fin par apport d'un portefeuille d'actions, ou bien résulter d'une évolution au cours de laquelle les éléments de l'exploitation sont transférés à des filiales, peu à peu ou en une seule fois, de telle sorte que la société mère se trouve réduite à la fonction de holding. Il développe le groupe qu'il dirige en créant des sociétés nouvelles, mais plus souvent en prenant le contrôle de sociétés existantes à la suite de l'acquisition d'un paquet d'actions ; l'*offre publique d'achat peut servir à cette fin. Le régime fiscal des fusions et celui des plus-values jouent un rôle déterminant dans l'ampleur des opérations de structures des groupes et le choix des solutions juridiques.

Un holding peut *contrôler d'autres holdings* dont le portefeuille est plus spécialisé ; cette hiérarchisation dans les groupes permet de concilier contrôle et décentralisation dans la gestion. Elle permet aussi à l'élément central de contrôler les éléments périphériques avec un faible capital ; s'il suffit de 25 % du capital pour contrôler une autre société, avec un capital de 100 millions, un holding pourra contrôler quatre sous-holdings ayant chacun un capital de 100 millions qui, eux-mêmes, en contrôleront chacun quatre autres de la même importance ; avec un capital de 100 millions, on pourrait donc contrôler seize sociétés réunissant un capital de 1 600 millions ; mais la participation de contrôle est d'un quantum très variable et le nombre de degrés dans la structure d'un groupe peut être bien supérieur à deux.

Enfin, le holding est une institution qui peut être utilisée dans le secteur public : ainsi dans le groupe pétrolier français ERAP, un établissement public contrôle le groupe ELF. En Italie, l'IRI (Institut de reconstruction industrielle) contrôle un grand nombre de sociétés par l'intermédiaire de sous-holdings spécialisés par branche d'activité.

Voir Entente, Concentration.

Homo œconomicus (« homme économique »)

a : *Homo œconomicus (economic man)* – **d** : *Homo œconomicus (ökonomischer Mensch)* – **e** : *Homo economicus (hombre económico)*

**Modèle abstrait de l'homme construit par la théorie classique à partir d'éléments rationnels et pris comme unité élémentaire de décision économique.*

Origines

L'élaboration d'un système général rendant compte de l'ensemble des lois économiques nécessitait la référence à un sujet homogène étudié dans ses relations avec les problèmes, les décisions et les structures économiques. De même que la philosophie s'était attachée à l'exploration de l'« Homo sapiens », l'économie politique créa l'« Homo œconomicus ». Sa date de naissance ne peut être fixée avec certitude mais les physiocrates, Adam Smith et les classiques anglais, peuvent être tenus pour ses créateurs. Le concept schématique d'« Homo œconomicus » correspond d'ailleurs remarquablement au caractère, universel, abstrait et mécanique, de leur méthode de pensée.

Caractères et valeur de l'« Homo œconomicus » classique

Tel qu'il ressort des théories : L'« Homo œconomicus » est un être intéressé, rationnel, universel, intemporel, qui se meut dans un milieu aseptique.

- Son mobile essentiel est son propre intérêt, auquel il subordonne systématiquement ses actions.
- Il calcule et pèse ses décisions grâce à une rationalité parfaite qui déduit mécaniquement de chaque situation l'option à prendre pour atteindre le plus grand profit, sans intervention de sentiment, de complexion ou de faiblesses.
- Il est un modèle universel en ce qu'il est soustrait aux données géographiques ou institutionnelles locales ou nationales.
- De même, il est indifférent aux éléments historiques qui l'environnent et peut être transporté, par la pensée, d'une époque à une autre.
- Il se meut dans un marché de *concurrence parfaite et libre et dans un milieu dépourvu des éléments qui ne découlent pas directement du modèle économique rationnel.

Les critiques élevées contre l'« Homo œconomicus » : Elles ont été nombreuses, et ont porté sur son caractère désincarné et schématique : « c'est un calculateur général de plaisirs et de peines qui, comme une espèce de globule homogène..., oscille sous l'impulsion de stimuli qui le transportent partout sans le déformer » (Veblen). « Rien de plus faux que l'"Homo œconomicus" » (J.B. Clark). A vrai dire, l'école classique a volontairement dépouillé son modèle de tous ses éléments contingents pour le rendre utilisable dans un cadre rationnel et général. Si donc l'on peut critiquer l'utilisation exclusive et excessive de l'« Homo œconomicus » pour rendre compte de toutes les situations, on ne peut accuser ses auteurs d'avoir réellement méconnu la complexité de l'homme réel.

Valeur actuelle du concept

La théorie économique moderne s'est efforcée de faire référence à des modèles d'individus plus réalistes tout en cherchant à ne pas sacrifier le potentiel de généralisation que contenait l'« Homo œconomicus » classique. Le souci de réalisme a conduit à l'adoption de distinctions et de différenciations inévitables dont on peut citer trois exemples.

• L'école néo-marginaliste autrichienne utilise un modèle théorique d'individu dans son *emploi des moyens et non dans sa détermination des fins.* Elle néglige volontairement les désirs ou les buts supposés de l'agent (le seul *intérêt* dans l'école classique) pour s'attacher à définir l'emploi « correct » des moyens, compte tenu d'une dose déterminée d'erreurs et d'imperfections dans le jugement et le comportement.

• Certains économistes (André Marchal) établissent entre les agents *une hiérarchie des rationalités :*

– les individus « ultra-rationnels » possèdent la connaissance des lois économiques, une solide expérience et une remarquable intuition ;

– les individus « infra-rationnels » sont déterminés ou « conditionnés » par leur environnement : tradition, mentalité, *publicité, propagande ;

– les « Homines œconomici » sont guidés par l'intérêt personnel et le calcul rationnel.

• La distinction entre individus s'opère également en *dimension* sous un double aspect :

– dimension de leur « horizon économique » qui est la période, l'espace et le volume qui qualifient les plans d'un agent économique (période d'anticipation, champ d'action projetée, importance des éléments considérés). L'« horizon » diffère évidemment selon les pays, les époques et les individus (terme dû à l'économiste néerlandais Tinbergen) ;

– dimension de leur puissance et de leur influence par rapport au milieu : qualités intrinsèques, puissance financière, pouvoir de négociation, nature de l'activité, situation de concurrence relative ou de monopole, situation de *dominant ou de dominé, etc.

Hors cote

Voir Cote.

Hors-lieu (banque)

a : *Offshore bank* – **d** : *Offshorebank* – **e** : *Offshorebank*

Banque qui, pour l'exercice de ses activités internationales, s'établit dans un territoire — généralement insulaire ou portuaire — où elle trouve des privilèges particuliers.

Hot money

a : *Hot money* – **d** : *Hot money/Heisses Geld* – **e** : *Dinero caliente*

*Synonyme de *capitaux fébriles. (En anglais, littéralement : « argent chaud ».)*

Cette expression anglaise est parfois traduite par « capitaux flottants », mais le terme « capitaux fébriles » rend mieux compte de l'état de crise auquel sont généralement liés les déplacements d'une *devise à l'autre des capitaux à court terme.

Hyperinflation

Voir Inflation.

Hypermarché

Point de vente non spécialisé, de grande superficie (plus de 3 000 m²), largement organisé en libre-service très développé, disposant de vastes assortiments, et pratiquant une politique de bas prix.

Les hypermarchés occupent des surfaces qui tendent à s'accroître, jusqu'à 10 000 et même 20 000 m². Les plus réduits se rapprochent de la formule du *supermarché ; ils s'en écartent cependant par leur non-spécialisation. (*Voir* Distribution.)
Tous ont en effet en commun les deux traits suivants :

- un assortiment étendu, ouvert à quelques marques connues, dont les produits ont une rotation très rapide, appartiennent à des domaines courants et se situent dans des zones de prix modestes ;
- une politique de prix agressive, recourant même au « *gâchage » des prix courants, et appuyée sur quelques images frappantes et durables (vente d'essence à prix réduit).

En France, le cap des 500 hypermarchés installés a été franchi en 1983.

Hypothèque

Voir Gage, Marché hypothécaire.

Idéologie

a : *Ideology* – **d** : *Ideologie* – **e** : *Ideología*

*Système d'opinions, de principes et d'idées caractérisant une *doctrine.*

L'acception courante de ce terme le rend synonyme de doctrine, mais les deux notions mettent l'accent sur des aspects différents de la même réalité. La doctrine se rapporte aux bases philosophiques d'une logique de raisonnement et de comportement. La notion d'idéologie fait plutôt référence à l'*ensemble des attitudes mentales* qui sont liées à cette base doctrinale (qui peut être implicite, ou explicite). Elles peuvent d'ailleurs elles-mêmes soit déterminer cette base doctrinale, soit en découler.

Dans la *terminologie marxiste,* le terme est utilisé dans une optique particulière : l'idéologie est l'ensemble des attitudes mentales (logique, morale) qui constituent la « superstructure » de la société liée à l'organisation des rapports de production : on identifiera ainsi une idéologie dominante, qui est celle de la classe dirigeante, qu'elle tend à imposer à l'ensemble du corps social, mais aussi des idéologies contestataires propres aux classes subordonnées à la première.

L'idéologie n'est évidemment pas indifférente à la vie économique, car elle est à la base des *systèmes et des régimes économiques, dont elle tend à justifier (si elle est dominante), ou à condamner (si elle est contestataire) les principes comme éléments fondamentaux du mode d'organisation de l'économie : ainsi l'idéologie capitaliste justifie le * profit comme moteur de l'initiative créatrice tandis que l'idéologie marxiste le condamne comme porteur d'aliénation et source d'exploitation.

Voir Doctrine, Marxisme.

IDI

Voir Institut de développement industriel.

IMEX-EXIM

Procédure d'encouragement de l'État à l'exportation permettant à l'exportateur de lier ses dépenses d'importations et ses recettes d'exportations en devises. (Abréviations de : im*portation*-ex*portation,* ex*portation*-im*portation.)*

Mécanisme

Cette procédure a été créée en 1946 en France pour encourager les industries nationales à exporter, notamment vers la zone dollar (*voir* Dollar gap).
Certaines industries pouvaient en effet trouver des débouchés étrangers pour leurs produits fabriqués, mais leur fabrication nécessitait une importation préalable de matières premières qui entraînait une sortie de devises. L'État a donc accepté de mettre des devises à leur disposition sous réserve de l'engagement par l'industriel de réexporter des produits fabriqués pour un montant de devises au moins égal, et généralement supérieur.
L'exportateur était lié avec l'État par un contrat qui portait notamment sur l'engagement de réexporter dans un certain délai (de l'ordre de neuf mois) ; sur celui de rapatrier un montant de devises au moins égal à celui dont il avait disposé ; sur celui d'apurer son engagement par cession de devises d'une qualité comparable à celles qui avaient été mises à sa disposition. La procédure IMEX s'appliquait à une importation suivie de réexportation. La procédure EXIM (où l'exportation précédait l'importation) était destinée à permettre la reconstitution du stock.

Évolution

Les procédures IMEX et EXIM ont été largement utilisées après 1945 pour pallier la pénurie de devises dont souffrait l'économie française, avec l'aide des banques et de la *Banque française du commerce extérieur. Elles perdirent quelque peu de leur importance à partir de 1948 lorsque les opérations entrant dans le cadre du *plan Marshall monopolisèrent presque les importations françaises des États-Unis. Par la suite, elles perdirent considérablement de leur intérêt, car les mesures de *libération des échanges portèrent sur de nombreuses matières premières, et la France passa d'une situation de pénurie à une situation d'aisance en matière de devises fortes.
Cette procédure applique, en matière de contrôle des changes, une technique comparable à celle de l'*admission temporaire en matière de droits de douane.

Immobilisations

a : *Invested capital* – **d** : *Anlagevermögen* – **e** : *Inmovilizados*

**Ensemble des biens de toute nature acquis ou créés par l'entreprise pour être utilisés durablement par elle pour l'exercice de son activité.*

Inscrites à l'*actif, les immobilisations comprennent notamment les terrains, les constructions, le matériel et l'outillage, le matériel de transport, le mobilier, les agencements, les installations (dites *immobilisations corporelles*) ainsi que les *immobilisations incorporelles* (brevets, fonds de commerce, etc.). Elles excluent les biens acquis ou créés par l'entreprise pour être vendus ou transformés (matières premières, produits finis, etc.). Les *immobilisations financières* comprennent principalement les *participations et les prêts consentis (poste « autres *valeurs immobilisées » dans le plan comptable de 1957).

Certaines de ces immobilisations pouvant se déprécier avec le temps, elles font l'objet d'*amortissements dont la cadence est variable selon la nature du bien immobilisé et adaptée au rythme réel de sa dépréciation. Les terrains ne font pas l'objet d'un amortissement (leur valeur tendant plutôt à s'accroître qu'à se restreindre), sauf s'il s'agit de terrains d'exploitation constituant une matière première (mines, carrières...).

Les immobilisations en cours ne sont plus comptabilisées en une seule rubrique selon le plan comptable de 1982, à la différence du précédent. Les versements effectués pour des immobilisations non achevées sont inscrits, selon leur nature, aux deux postes d'immobilisations corporelles (« immobilisations corporelles en cours ») et incorporelles (« avances et acomptes »). Celles-ci ne s'amortissent naturellement pas.

Montant des immobilisations

Les immobilisations sont inscrites à l'actif (classe 2) soit pour leur valeur *d'origine* (prix d'achat plus frais, ou coût de production si l'entreprise les a créées elle-même), soit pour leur valeur *réévaluée,* lorsque ce procédé a été admis en raison d'une dépréciation monétaire. Ces valeurs figurent au bilan, déduction faite des amortissements.

La valeur des immobilisations acquises ou créées *au cours d'une année* diffère du montant global des amortissements correspondants de ladite année. En effet, diverses considérations interviennent pour que cette égalité comptable ne soit jamais respectée : rythme variable de la politique d'immobilisations, renchérissement du coût des immobilisations pour cause d'expansion ou de modernisation des outillages, renchérissement des terrains, stratégie industrielle cyclique, etc.

Régime fiscal des immobilisations

L'incidence des immobilisations sur la structure et les résultats financiers de l'entreprise explique la place qu'elles tiennent dans la législation fiscale. En particulier, la détermination du *bénéfice net fait intervenir la notion d'actif net au début et à la fin de l'exercice. Or cet actif net est l'excédent des valeurs d'actif (dont essentiellement les immobilisations) sur le total formé au passif par les créances de tiers, les amortissements et les provisions justifiées.

D'une manière générale, le régime fiscal des immobilisations est agencé de manière à encourager les *investissements, en allégeant le coût de leur emploi et en aidant au financement de leur réalisation.

Les régimes de taxes sur le chiffre d'affaires : Ils favorisent les investissements (qui sont pris en comptabilité à l'actif au poste « immobilisations ») : exonération de taxes frappant les investissements dans les régimes des taxes uniques, déduction des taxes ayant frappé les investissements dans le schéma fiscal de type *TVA.

Les amortissements : Ils sont la constatation de la dépréciation des immobilisations et viennent en déduction des résultats financiers de l'entreprise et donc de l'assiette de l'impôt sur les bénéfices. De nombreux régimes spéciaux (restrictifs ou incitatifs) traduisent d'ailleurs une volonté de politique économique et mettent ainsi le régime fiscal en deçà ou plus souvent au-delà de la réalité économique de l'*amortissement.

Les plus-values : Éventuellement tirées de la cession des immobilisations (ou les moins-values subies de ce fait), elles font l'objet de dispositions particulières dont beaucoup visent à favoriser le renouvellement des immobilisations et les *fusions d'entreprises.
La législation fiscale actuelle distingue, dans ce domaine : les plus-values réalisées à court terme (immobilisations de moins de deux ans) ou à long terme (autres immobilisations) ainsi que les moins-values à court terme (cession de biens non amortissables détenus depuis moins de deux ans, cession de biens amortissables quels qu'ils soient) ou à long terme (les autres).
Les *plus-values à court terme* peuvent être réparties par parts égales sur l'année de leur réalisation et sur les quatre années suivantes (la plus-value étant l'excédent de l'ensemble des plus-values sur l'ensemble des moins-values).
Le montant net des *plus-values à long terme* est imposé séparément au taux de 10 %, mais n'est pas imposable lorsqu'il est utilisé à compenser le déficit d'exploitation de l'exercice.
Quant aux plus-values résultant de la *cession en cours d'exploitation* des éléments immobilisés, elles ne sont pas comprises dans le bénéfice imposable si l'entreprise s'engage à réinvestir en immobilisations, dans un délai de trois ans, le montant de celles-ci ajouté à leur prix de revient.
La *valeur des immobilisations* telle qu'elle apparaît en comptabilité peut donner lieu à des révisions compte tenu de l'évolution des conditions économiques et monétaires. Lorsqu'elles interviennent, ces « révisions de bilan » s'opèrent à l'initiative de l'administration et sont soumises à des règles très strictes concernant le contenu et les modes de réévaluation des immobilisations. Exemple : lors de la révision effectuée en France en 1963, les valeurs inscrites comme immobilisations devaient correspondre à la valeur obtenue par la réévaluation du prix d'achat ou de revient en fonction d'indices fixés par décret et fondés sur l'évolution, jusqu'au 30 juin 1959, « des valeurs essentielles concernant l'activité industrielle, commerciale et financière et notamment celles de l'outillage, des bâtiments et du portefeuille » (art. 46 CGI).

Les avantages : Conférés par les *agréments fiscaux aux entreprises ou groupements qui contribuent à une évolution souhaitée par les pouvoirs publics, ils concernent principalement les immobilisations. Exemples : les entreprises réalisant des opérations de nature à favoriser la décentralisation économique (*voir* Aménagement du territoire) bénéficient d'un amortissement exceptionnel de 25 % du prix de revient des bâtiments industriels dès leur achèvement. La dissolution des sociétés peu compétitives est favorisée, dans le cadre de l'agrément, par une taxation forfaitaire de 15 % sur les plus-values de liquidation, et les *réserves distribuées. Les sociétés passant une convention avec l'État pour assumer une activité souhaitée par les autorités économiques (sociétés conventionnées) bénéficient d'une exonération des plus-values résultant de la cession des parts ou actions couvertes par la convention (sous certaines conditions de remploi). Les *scissions et les *apports partiels d'actif agréés entraînent le bénéfice d'une exonération des plus-values dégagées sur l'ensemble de l'actif immobilisé compris dans l'accord.

Financement des immobilisations

Le financement des immobilisations peut s'opérer en tout ou partie par les ressources propres de l'entreprise (*autofinancement), par l'appel aux actionnaires (*actions, *apports), par l'*emprunt à long terme ou à moyen terme. Quelles que soient la proportion et la variété des sources retenues, une saine gestion exige que les immobilisations nettes soient couvertes au bilan par les *capitaux permanents de l'entreprise (*voir aussi* Ratio).

Impasse

a : *Budget deficit* – **d** : *Budgetdefizit* – **e** : *Déficit presupuestario*

---

*Insuffisance des recettes définitives par rapport à l'ensemble des dépenses de toute nature qui sont recensées dans la *loi de finances.*

L'impasse pourrait représenter tout besoin de financement ou de refinancement par le crédit, prévu ou constaté par un agent économique. Le terme, emprunté au vocabulaire du bridge, a cependant reçu un contenu moins objectif lorsqu'il a été introduit dans le langage budgétaire français vers 1950 par M. Petsche : il symbolise un pari qui sera perdu si le recours aux avances de la Banque de France s'avère nécessaire, c'est-à-dire si les ressources de trésorerie, supposées non inflationnistes par l'opinion publique (qui proviennent de l'emprunt à long terme, des bons du Trésor et des dépôts des correspondants), ne suffisent pas à couvrir le *déficit budgétaire effectif et les autres charges de la trésorerie

(*voir* Trésor). L'impasse est l'expression d'un choix volontaire fait lors de l'élaboration du budget, alors qu'au déficit s'attache l'impression d'une situation subie.
Le terme d'impasse s'est encore imposé, pour éviter celui de déficit, à cause de l'extension des opérations prises en considération au fur et à mesure que les interventions financières de l'État se diversifiaient puis réintégraient progressivement le cadre élargi de la loi de finances. Un déficit est le résultat des seules opérations définitives imputées à un exercice ; le budget traditionnel n'en comportait guère d'autres. Elles devraient être aujourd'hui seules à figurer dans la partie de la loi de finances qui est intitulée « budget général ». Mais les opérations temporaires de prêts, d'avances ou de découverts constituent une source de charges considérables dont le montant doit être autorisé et la couverture recherchée comme celle d'un déficit du budget : c'est l'ensemble de ces charges qui constitue l'impasse.
Si le terme reste couramment employé aujourd'hui, le vocabulaire officiel lui a substitué depuis 1959 la notion de « *découvert de la loi de finances ».

Impérialisme

a : *Imperialism* – **d** : *Imperialismus* – **e** : *Imperialismo*

Politique de domination économique.

Le terme d'impérialisme, au sens originel, désigne la tendance à la constitution d'empires, et les supports doctrinaux qui tendent à légitimer l'entreprise ou à justifier le phénomène. Le terme, au sens économique, désigne plutôt une manifestation particulière de l'*expansion, et dans ses motivations et dans ses conséquences. Paradoxalement, à l'époque moderne, le terme s'applique à des comportements de *domination qui n'utilisent pas forcément les cadres traditionnels de l'aventure impériale.

• Si l'impérialisme a toujours présenté un aspect économique, c'est à partir de la *généralisation du phénomène colonial* et de la systématisation du *colonialisme au XIXe siècle, que l'impérialisme économique est devenu et a été reconnu comme la composante essentielle des nouvelles formes d'expansionnisme.
Les théoriciens marxistes, depuis Lénine, ont même vu dans l'impérialisme « le stade suprême du capitalisme ». Par lui, la concentration monopolistique dans les pays capitalistes débouchait, à travers la conquête des marchés de matières premières et la recherche de débouchés protégés, sur une exacerbation des contradictions de l'économie capitaliste, génératrices de conflits mondiaux. Cette analyse rendait compte de

l'évolution des empires coloniaux au XIXe siècle, et à certains égards des conditions de déclenchement de la Première Guerre mondiale.
Si les théories justifiant l'impérialisme ont subi depuis une éclipse, et si l'analyse marxiste tend à s'adapter à l'évolution d'un phénomène qui n'a pas conduit l'ensemble des pays capitalistes à une conflagration débouchant sur une révolution socialiste à l'échelle mondiale, le phénomène est toujours bien actuel, même s'il revêt des formes et des manifestations plus diffuses et plus discrètes.

• L'impérialisme manifeste la *tendance à la domination des communautés politiques* et s'incarne notamment dans les entreprises des économies dominantes. Le monde capitaliste connaît l'affirmation d'une surpuissance, les *États-Unis,* et les réactions plus ou moins efficaces de puissances de seconde zone qui n'ont pas elles-mêmes renoncé à toute tentation impérialiste, sinon impériale. Le monde socialiste se défend de comporter de telles manifestations, mais les débats idéologiques et politiques qui lui sont propres, sans parler des accusations venant des pays occidentaux, font référence, souvent, à l'impérialisme de l'URSS ou de la Chine. S'agissant de l'*URSS,* le fait que l'union des soviets se soit installée dans les murs de l'empire tsariste, et lui ait succédé, les récupérations territoriales au cours du second conflit mondial, les conditions dans lesquelles à l'issue de la guerre certains États occupés ont connu le passage au socialisme, les relations économiques qui ont prévalu avec ces États jusque vers les années 1955-1960, et le renouvellement d'interventions lorsque la stabilité du régime y paraît compromise, constituent les principaux éléments qui accréditent la conviction d'un impérialisme de puissance socialiste. Du côté de la *Chine,* l'accusation fait plutôt référence à un impérialisme messianique, véhicule d'une idéologie révolutionnaire qui se veut plus adaptée à l'attente d'un Tiers Monde animé d'une soif d'affranchissement, et travaillé par la résistance passionnelle, voire xénophobe, aux manifestations de l'impérialisme occidental. Le différend « russo-chinois », enfin, surajoute à cela l'accusation réciproque d'un impérialisme classique fondé sur l'expansionnisme territorial.

Importation

a : *Import* – **d** : *Einfuhr/Import* – **e** : *Importación*

Achat de produits originaires de l'étranger à des agents extérieurs au territoire national.

Vitales lorsqu'elles permettent d'assurer un approvisionnement suffisant de la population en produits alimentaires que le sol national ne peut assurer, indispensables lorsqu'il s'agit de se procurer des matières premières inexistantes sur le territoire, souhaitables encore pour bénéficier des progrès de la technique étrangère ou des conditions de production — et donc de prix — satisfaisantes qui peuvent exister dans les pays partenaires, les importations restent souvent utiles dans les secteurs où les produits nationaux suffisent à faire face à la demande tout à la fois en nombre, en qualité et en prix. Elles assurent en effet le maintien de la pression de la *concurrence, favorisant le dynamisme des entreprises. Dès lors, à considérer les avantages que la collectivité nationale retire des importations, la méfiance des gouvernements à leur égard peut paraître paradoxale. Pourtant, les risques que comporte le recours aux produits étrangers pour satisfaire les besoins de la *demande nationale ne peuvent être négligés. Ils expliquent les politiques adoptées.

• Tout d'abord, la concurrence que font peser sur les producteurs nationaux les importations de marchandises se substituant à des biens que l'industrie locale est en mesure de fabriquer peut *menacer leur expansion et donc l'*emploi.* La conception ancienne, mais encore vivace, du marché national réservé par lequel est assurée la croissance harmonieuse de l'économie nationale est à l'origine du développement des méthodes diverses qui constituent l'arsenal classique du *protectionnisme que pratiquent à des degrés divers tous les États du monde. Malgré les progrès accomplis vers le *libre-échange, grâce notamment à l'action de diverses organisations internationales (*GATT, *OCDE...), de nombreux exemples récents suffisent à montrer la permanence de tels réflexes.
Les pressions exercées par les sidérurgistes américains pour obtenir que leurs concurrents japonais et européens acceptent de contenir dans la limite de *contingents volontaires leurs ventes sur les marchés de l'Amérique du Nord, les réticences marquées des milieux professionnels des pays développés à l'égard des importations de produits manufacturés en provenance du Tiers Monde, qui contribuent à expliquer la timidité des efforts faits sur la voie de *préférences généralisées en faveur des pays en voie de développement, prouvent que même les économies les plus solides n'y échappent pas toujours.

• Lorsqu'il s'agit de denrées qui ne peuvent être obtenues à l'intérieur des frontières, c'est la *dépendance à l'égard de l'étranger,* et ses conséquences politiques éventuelles, qui inquiète, notamment lorsqu'il s'agit de matières premières ou d'outillages indispensables à la survie de la population ou au fonctionnement de l'économie. L'importance des hydrocarbures comme source d'énergie pour les pays industriels modernes, qui n'en produisent pas ou peu, illustre bien cette difficulté. En Europe, les risques encourus furent l'un des éléments pris en compte par les gouvernements dans la définition d'une politique de l'énergie permettant de faire face à la crise de surproduction charbonnière. Aux États-Unis, une solution originale a été retenue : des importations de pétrole, préventives en quelque sorte, permettent en temps normal

d'économiser les réserves nationales qui restent ainsi disponibles pour le cas où, du fait de la guerre notamment, les apports de l'extérieur seraient limités ou supprimés.
De façon plus générale, *deux types d'attitudes* ont été adoptés pour faire face à l'insécurité des approvisionnements. L'une consiste, faute de pouvoir limiter les importations, à en assurer la permanence par un contrôle plus ou moins strict des sources. Cela a contribué au développement de l'*impérialisme sous toutes ses formes et, aujourd'hui encore, joue un rôle important dans les relations entre pays industriels et Tiers Monde. L'autre au contraire vise, par le développement de productions nationales de remplacement, à supprimer la nécessité des importations, ce qui à la limite conduit à l'*autarcie. Les succès rencontrés par certaines tentatives (exemples : le sucre de betterave qui a permis à la France impériale de se passer des importations en provenance des Antilles, rendues impossibles par la flotte britannique ; les nombreux ersatz fabriqués par l'Allemagne entre les deux guerres, dont en particulier le caoutchouc synthétique) ne doivent pas faire oublier qu'il s'agit là de politiques dont le coût est souvent élevé, et dont l'emploi ne peut donc être qu'exceptionnel.

• Mais la volonté quasi générale des gouvernements de contrôler, voire de limiter, le développement des importations trouve souvent son origine dans la nécessité où se trouve chaque pays de *dégager les moyens de paiements internationaux qui en permettent le financement.* Faute d'arriver à l'équilibre de la *balance commerciale — sous réserve de cas particuliers et rares où les recettes procurées par le solde des échanges de services y pourvoient —, il n'est que trois types de ressources utilisables pour obtenir des *devises : l'*aide* publique étrangère, l'*apport du capital privé* étranger, ou, lorsqu'elles existent, les **réserves* constituées antérieurement à l'occasion d'excédent de la *balance des paiements. Seule cette dernière solution peut être considérée comme satisfaisante, encore convient-il de remarquer qu'elle n'est que provisoire. Quelque important qu'il puisse être, le montant des réserves ne suffit jamais à assurer le financement d'un déficit commercial que pendant une période limitée. Supposer que les excédents d'une période puissent combler le déficit d'une autre, c'est admettre une situation sous-jacente d'équilibre de la balance commerciale où les soldes de sens contraire se succèdent à intervalles rapprochés et se compensent. En revanche, lorsque la couverture d'un déficit durable des échanges commerciaux doit être assurée par l'assistance ou le crédit étrangers ou par la vente du patrimoine national à des agents non *résidents, la perte d'indépendance qui en résulte vis-à-vis de l'étranger ne peut manquer d'inquiéter les gouvernements dès lors que la nation reste une réalité politique.

• Outre les inconvénients propres aux importations, ceux qui peuvent résulter du déséquilibre de la balance commerciale expliquent donc les

réticences des autorités politiques et sont à l'origine du *protectionnisme général. La dissymétrie qui existe entre les deux mouvements (importations et *exportations) qui constituent les échanges commerciaux avec l'extérieur, du point de vue du rôle que l'État peut y jouer, contribue à renforcer cette tendance. Il est en effet toujours plus facile, et plus conforme à la nature de l'État, dans les économies non centralisées, d'empêcher que de faire, d'agir sur les nationaux que sur les étrangers. C'est dire que la limitation des importations est plus à la portée des moyens d'action du gouvernement que le développement des exportations. Dès lors, il est naturel que le réflexe politique conduise à une réglementation défavorable aux importations, dont la limite se trouve d'ailleurs dans la nécessité de ne pas compromettre les exportations, en poussant les partenaires à des mesures de *rétorsion. Cette dernière considération est souvent déterminante. C'est elle qui a permis le recul du protectionnisme depuis 1945, aboutissant dans les pays développés du monde occidental à une réduction considérable de la liberté d'action des gouvernements en ce domaine.
En définitive, ce n'est pas pour leurs avantages que les importations sont tolérées, mais parce qu'elles sont la contrepartie que chacun doit concéder pour bénéficier des possibilités d'accès au marché international.

Impôt

a : *Tax* – **d** : *Steuer* – **e** : *Contribución/Impuesto*

Prélèvement obligatoire et sans contrepartie directe effectué par l'État ou les collectivités locales afin de subvenir aux dépenses publiques.

L'impôt n'est pas la seule source du financement des dépenses publiques : certaines ventes de services, les intérêts des prêts, le produit des amendes y concourent également mais pour une part infime. L'*emprunt ainsi que diverses ressources de trésorerie jouent, en outre, un rôle non négligeable dans le compte de l'État, les collectivités locales recourant fréquemment, quant à elles, à l'emprunt pour financer une part de leurs investissements.
Les ressources fiscales obéissent aux *principes* d'unité budgétaire, d'universalité budgétaire et de non-affectation des recettes aux dépenses ; toutefois, ces principes souffrent quelques exceptions, telle l'affectation d'une part du produit de la TVA au budget annexe des prestations sociales agricoles (BAPSA), tel encore l'ensemble des taxes parafiscales. L'introduction de la *rationalisation des choix budgétaires (RCB) dans le domaine fiscal est de nature à tempérer la portée de ces principes : une fiscalité rationnelle tendrait en effet à rapprocher les contributions versées de la valeur des services rendus par l'administration ; la taxe à l'essieu, la taxe de transport en région parisienne s'inspirent de cette

doctrine. Les agents économiques supportent d'autres prélèvements obligatoires que les impôts ; il s'agit pour l'essentiel des *cotisations sociales.

Voir également Parafiscalité.

● Selon ses caractéristiques *et du point de vue technique,* l'impôt se prête à plusieurs distinctions :

– il est dit *personnel* lorsque il est établi en fonction de la capacité contributive de l'agent qui le paie ; l'impôt réel frappe l'achat ou la détention des biens ou des marchandises ;

– la plupart des impôts actuels sont des *impôts de *quotité,* dont le montant s'obtient par le produit de la base imposable et d'un tarif ; la forme archaïque des impôts de **répartition* est encore représentée dans la fiscalité française par les *anciennes contributions : elles sont calculées en appliquant à chaque base un coefficient qui est lui-même le rapport du produit désiré à l'ensemble des *bases ;

– l'impôt peut être *progressif, proportionnel* ou *fixe.*

● *Du point de vue économique,* plusieurs classifications sont proposées :

– la plus traditionnelle distingue les *impôts directs* des *impôts indirects :* les premiers seraient définitivement supportés par les agents qui les paient, les seconds seraient répercutés (*voir* Répercussion) ; les impôts sur le *revenu entreraient dans la première catégorie, les droits de *consommation dans la seconde. Cette distinction, en ce qu'elle préjuge l'incidence qui est, dans un certain nombre de cas, difficile à déterminer, ne permet pas de classer sûrement l'ensemble des impôts et notamment la taxe sur les salaires, la *patente, voire l'impôt sur le *bénéfice des sociétés ;

– si la comptabilité nationale utilise cette distinction, elle la croise néanmoins utilement avec celle des agents payeurs (entreprises, ménages, institutions financières), mais elle tend, avec le système européen de comptes nationaux, à lui substituer une ventilation en trois rubriques (impôts liés à la *production,* impôts sur le *revenu,* impôts en *capital*) qui s'inspire d'un critère d'assiette déjà couramment utilisé avec les notions d'impôt sur la dépense, sur le revenu et sur la fortune ;

– en fait les économistes sont amenés à adapter l'analyse des impôts selon la nature de leurs préoccupations : du point de vue des relations avec l'extérieur, il apparaît, par exemple, que la structure des fiscalités européennes présente moins de différences — les impôts de consommation frappant comme l'impôt sur le revenu les seuls résidents — que ne le laissait penser la répartition entre impôts directs et indirects dans chaque pays respectivement.

Les impôts servent d'instrument à la politique économique : l'incitation à l'épargne, par exemple, se traduit ainsi par divers avantages en matière d'impôt sur le revenu ; la déduction fiscale pour investissement figure parmi les moyens de relance conjoncturelle.

Les principaux impôts sont la *TVA, l'impôt sur le *revenu, l'impôt sur le bénéfice des sociétés, la taxe intérieure sur les produits pétroliers, le versement préciputaire du SEITA, les droits sur les alcools et boissons alcoolisées, les *anciennes contributions directes, les droits de mutation. Dans le cadre de la Communauté économique européenne, une harmonisation fiscale s'instaure progressivement ; plusieurs directives contraignantes sont d'ores et déjà entrées en application.

Imprévision (théorie de l')

a : *Imprevision (theory of)* – **d** : *Unprognosetheorie* – **e** : *Imprevisión (teoría de la)*

Principe de droit administratif suivant lequel les difficultés d'exécution d'un contrat résultant de l'apparition de faits nouveaux et imprévisibles peuvent justifier une remise en cause des termes de ce contrat.

Cette théorie jurisprudentielle a été élaborée en France par la juridiction administrative à l'occasion des litiges relatifs à l'exécution des contrats de service public (concessions, notamment).
Elle fonde le contractant défaillant, à condition naturellement que les faits invoqués soient réellement imprévisibles et opposent un obstacle dirimant à l'observation de ses obligations contractuelles, à solliciter, soit la résiliation du contrat, soit son aménagement, soit (le cas le plus fréquent) l'octroi d'indemnités compensatrices. Il en est ainsi, par exemple, lorsqu'un concessionnaire tenu de pratiquer certains tarifs s'expose à voir l'équilibre de sa gestion financière menacé par l'apparition de charges imprévisibles.
On observera que les cahiers des charges des contrats tendent de plus en plus à comporter des clauses organisant l'adaptation des obligations des parties prenantes aux modifications des conditions objectives prévalant au moment de la signature (clauses de révision de prix, par exemple).

Imputation

a : *Imputation* – **d** : *Aufrechnung* – **e** : *Imputación*

Affectation d'une écriture ou d'une opération au compte, au service ou à la fonction dont elles relèvent.

L'imputation, acte de gestion comptable ou financière, est synonyme de classement, lié — comme l'opération elle-même — à un acte financier.

Les deux applications les plus connues concernent les domaines comptable et budgétaire.

Comptabilité : L'imputation consiste à affecter l'écriture (c'est-à-dire un montant en valeur) exprimant une opération au compte correspondant à la catégorie d'opérations concernées. L'imputation permet donc l'identification de l'opération imputée.
On appelle parfois « comptes d'imputation » les comptes de classement ou de patrimoine (*voir* Comptabilité) par opposition aux « comptes de règlement » qui regroupent les opérations par catégorie de technique employée à sa réalisation (caisse, banque, CCP...). Exemple : un achat de 1 000 F de matières premières réglé par virement bancaire donne lieu à *crédit au compte « banque » de l'entreprise. Corrélativement, l'opération est *imputée* au compte « matières premières » par un *débit d'égal montant.

Budget : L'imputation consiste, de même, à affecter à une rubrique d'identification la recette ou la dépense réalisée. Exemple : 100 000 F de crédits sont ouverts au chapitre « personnel ». Une dépense de 10 000 F utilisée à la paie des ouvriers est *imputée* au crédit correspondant de 100 000 F qui est ainsi consommé à concurrence de 10 000 F. Les crédits disponibles à la suite de l'imputation sont donc de 90 000 F.

Incitation

a : *Incentive* – **d** : *Anreiz* – **e** : *Incentivo*

Moyen de provoquer chez des agents de l'économie un comportement jugé souhaitable par les responsables de la politique économique.

L'évolution économique d'un pays ne peut plus, à l'évidence, être abandonnée aux prétendus mécanismes spontanés de la *concurrence ou du *libéralisme classique, respectés par un *laissez-faire des autorités responsables de l'économie et de la monnaie. Au nombre des *interventions qu'elles sont amenées à effectuer, on peut qualifier d'incitations celles qui ont pour objet de *persuader* les agents économiques d'adopter des attitudes, d'effectuer des *anticipations ou de prendre des décisions considérées comme conformes à la politique économique générale souhaitée. Elles peuvent avoir pour objet de localiser l'économie, de la convertir, de lui faire adopter un rythme différent, de modifier ses équilibres, etc.

Formes et points d'application

Les incitations, destinées à rectifier le jeu « spontané » de l'économie ou du marché, agissent sur les *conditions* des décisions et tendent à modifier la balance des avantages et inconvénients de ces décisions telle qu'elle résulterait de l'état des forces économiques en l'absence de toute intervention.

• Certaines de ces incitations sont *purement psychologiques* ou politiques et sont d'ailleurs loin d'être négligeables : discours des responsables nationaux, déclarations, conférences de presse, campagnes, etc. Toutes ces techniques, apparentées à la propagande et aux relations publiques, relèvent des disciplines de la *publicité. L'art de diffuser des informations, notamment sur la *conjoncture, en exploitant l'autorité naturelle du gouvernement, est devenu un moyen d'incitation très important, dans les limites de sobriété et de crédibilité permises.

• La plupart des incitations, notamment en France, sont d'ordre *financier* et constituent un attirail particulièrement complexe et assez hétérogène. Parmi elles, on peut citer principalement :

– Les *dispositions fiscales,* dérogatoires au droit commun : exemptions d'impôts ou de taxes (exemple : exonération de patente pour l'*aménagement du territoire, exonération de plus-values en cas de *fusions...), dispositions favorables à certaines opérations (*amortissements accélérés, aides fiscales à l'*innovation), etc. Ces dispositions sont très nombreuses et très variées ;

– les aides et **subventions :* transferts purs et simples de fonds au profit d'une entreprise ou d'un agent qui réunit certaines conditions ;

– les *primes* sont une forme particulière de subvention allouée à un agent ou à une entreprise qui se conforme à un comportement souhaité par les autorités économiques et qui engage une action ou une dépense désirée par elles : prime d'équipement en matière d'aménagement du territoire, primes à l'arrachage des vignes à certaines époques, primes accordées aux acheteurs de logements répondant à certaines conditions... ;

– des *garanties* peuvent être données, notamment aux emprunteurs, pour le financement de certaines activités : garantie de l'État aux emprunts des entreprises publiques, *avals de la Caisse nationale des marchés pour les titulaires de marchés publics, de la Banque française du commerce extérieur pour des opérations d'exportation, régime de l'assurance-crédit à l'exportation ;

– les *emprunts contractés pour financer des opérations souhaitées peuvent également être assortis de **bonifications d'intérêt* qui allègent la charge du financement ainsi collecté ;

– enfin, il ne faut pas négliger l'ensemble des *facilités administratives* ménagées à certaines entreprises ou pour certaines activités, qui se traduisent par des gains de temps, donc, finalement, d'argent. Dans le maquis actuel des réglementations bureaucratiques, le fait qu'une procédure puisse être normalement poursuivie constitue un réel avantage — à plus forte raison si elle est accélérée.

Ces incitations ont pour principaux points d'application : des **secteurs* tels que l'agriculture, l'industrie et le logement ; des *activités* telles que l'*investissement, l'*exportation, l'*innovation ; des *comportements* liés à l'aménagement du territoire, à l'association et la coopération (*groupements d'intérêt économique, par exemple), à la *concentration ou l'organisation interentreprises (*participations, *ententes...).

Rôle et usage de l'incitation

L'incitation persuasive est un moyen d'actions moins autoritaire et moins rigide que le *dirigisme ou la *nationalisation, plus concret et plus matériel que l'*économie concertée dont elle peut d'ailleurs constituer un des moyens. C'est cependant une technique dont le rôle et les conséquences peuvent être importants à la fois sur l'évolution économique et sur les finances publiques (incitations financières). C'est pourquoi elle doit être employée avec un grand discernement et un grand courage. Concrètement, en effet :

• Les *risques de déviation ou de perversion* des décisions économiques qu'elle comporte sont nombreux et importants : d'abord, la limite est souvent floue entre l'incitation et l'autoritarisme économique ou le dirigisme, source fréquente d'erreurs grossières. Ensuite, la multiplication inconsidérée des incitations — tendance naturelle des techniciens du pouvoir économique — risque d'aboutir à des gaspillages, des situations de *rente et des scléroses. Enfin, un paysage économique encombré d'incitations fait perdre les systèmes de références naturels et, par les effets induits, peut pervertir en définitive toutes les réactions.

• Le discernement dans l'emploi des incitations consiste *à en mesurer les résultats,* aussi exactement et aussi fréquemment que possible. Dans l'appréciation de ces résultats, il faut faire intervenir, d'une part, la capacité opératoire de l'incitation (*élasticité de la décision à l'incitation, *seuil* au-delà duquel l'incitation est inutile, notion d'*optimum), d'autre part, l'utilité collective réelle du résultat recherché.

Cela permet de payer le *juste prix* du comportement que l'on veut provoquer. Sinon, les agents économiques font la chasse à l'incitation plutôt qu'à leurs propres objectifs industriels ou économiques, réclament sans cesse de nouvelles subventions ou incitations et glissent progressivement vers une mentalité d'assisté. C'est un des dangers de l'*interventionnisme lorsqu'il s'appuie sur des transferts financiers.

• Une bonne politique d'incitation exige du courage politique. *La valeur d'une incitation réside en effet essentiellement dans sa précarité.* Le fait qu'une incitation soit révocable, qu'elle puisse être supprimée à tout moment, est un facteur d'efficacité et de bon usage de la technique. En effet, cela traduit qu'un examen permanent en est effectué et que l'optimum est poursuivi avec soin (les incitations ne peuvent toutes être valables toujours). Cette précarité interdit aux agents économiques de spéculer sur le maintien indéfini des incitations et restaure leur responsabilité ; elle évite la revendication généralisée (bien connue en France) ; elle permet d'éviter la constitution de faux comportements et, finalement, de faux *équilibres.

Formule adaptable, souvent liée à une *planification souple, l'incitation est un moyen de concilier la poursuite nécessaire d'objectifs généraux avec le respect d'une part raisonnable de spontanéité dans l'économie. Mais, comme tous les instruments de politique économique, elle suppose, pour être bien utilisée, une vision claire des véritables objectifs, une connaissance exacte des effets de l'outil et une suffisante indépendance des pouvoirs publics à l'égard des groupes de pression et des puissances économiques et sociales diverses.

Incorporation (de réserves et de bénéfices)

a : *Capital increase out of retained earnings* – **d** : *Kapitalerhöhung aus Gesellschaftsmitteln* – **e** : *Incorporación de reservas y de beneficios*

---

*Opération consistant à augmenter le *capital social d'une entreprise en y affectant tout ou partie des *réserves antérieurement constituées et des bénéfices non encore affectés.*

Cette opération revient à affecter à l'augmentation du capital tout ou partie du poste réserves (et « *report à nouveau » pour le dernier exercice). Elle doit être approuvée par une assemblée générale extraordinaire. Concrètement, l'incorporation s'effectue selon les modalités suivantes.

• Par élévation du montant nominal des *actions : leur nombre n'est pas modifié, mais le montant du *dividende statutaire auquel elles donnent droit est majoré du fait de l'élévation de leur montant nominal.

• Par distribution gratuite d'actions nouvelles : cette opération a pour effet de faire diminuer proportionnellement la part de chaque action dans la *situation nette de la société ; à chaque action ancienne est accordé un droit d'attribution négociable en bourse au même titre que le droit de souscription et possédant une valeur théorique qui peut être calculée de façon analogue à celle employée pour le droit de souscription.

• Par combinaison de ces deux systèmes.

• Cette procédure d'incorporation peut enfin être combinée, lors d'une augmentation de capital, avec une émission en numéraire. L'actionnaire reçoit alors à la fois une ou plusieurs actions gratuites et une ou plusieurs actions à payer en espèces.

L'incorporation, parce qu'elle accroît le montant du capital, permet, d'une part, d'améliorer le portefeuille des propriétaires et de les faire ainsi bénéficier en capital de la croissance de l'entreprise (avec des conséquences favorables sur la tenue des actions), d'autre part, d'augmenter la « surface de la société », dont l'importance du capital est prise en considération pour apprécier ses capacités d'engagements et d'*emprunts.

Incoterms

a : *Incoterms* – **d** : *Incoterms* – **e** : *Incoterms*

Règles internationales pour l'interprétation des termes commerciaux.

Les opérations de commerce international sont susceptibles d'un grand nombre de types de contrats désignés chacun par un terme particulier (*CAF, *FAB, « fret ou port payé jusqu'à », « ex ship », « à quai », ...). La variété et la technicité de ces termes, liés à des structures juridiques elles-mêmes très diverses, risquent de constituer une source de complexité et d'incertitudes pour les agents opérant sur les marchés internationaux. Aussi la Chambre de commerce internationale a-t-elle dès 1920 entrepris un effort de recensement, d'explication et d'interprétation de ce vocabulaire. Depuis la première édition du *Recueil international des termes commerciaux,* en 1923, plusieurs mises à jour ont été opérées et, en 1936, un recueil de *Règles pour l'interprétation des termes commerciaux* a pris le nom d'Incoterms 36 (remanié en 1953). Ce recueil constitue un instrument de référence et un moyen d'unification du langage commercial et international.

Indexation

a : *Indexation/Index-linking* – **d** : *Indexierung* – **e** : *Indexación (Indización)*

Action consistant à lier la valeur d'un capital ou d'un revenu à l'évolution d'une variable de référence (prix, production, productivité, par exemple).

Originellement, les techniques d'indexation ont été liées à la nécessité de protéger les titulaires d'un capital ou d'un revenu contre la *dépréciation résultant de l'érosion monétaire, à travers le mécanisme de l'*inflation.

Accessoirement, elles peuvent aussi répondre au souci de lier la valeur d'un capital ou d'un revenu à la contribution que les facteurs de production auxquels on les rattache apportent à la croissance (investissements pour le capital, travail pour les revenus salariaux).

● *Les pratiques d'indexation* concernent essentiellement :

• les *contrats de fournitures et de travaux* qui comportent généralement des clauses de révision de prix en fonction de l'évolution du coût des consommations intermédiaires (énergie, ciment pour les marchés de travaux publics, par exemple) et de la main-d'œuvre ;

• les **emprunts,* en liant capital ou intérêt à des variables de référence telles que le prix (parts d'Électricité de France en 1952 dont le capital et les intérêts sont libellés en kilowatts-heure et payables sur la base du prix moyen du kWh) ou la production (bons d'équipement émis par l'État en 1955, dont les revenus sont reliés à l'indice de la production industrielle) ;

• les *salaires et revenus assimilés,* en liant leur progression à l'évolution des prix, ou de la *productivité, ou des deux.

• En France, le *recours à l'indexation* a connu ainsi un grand développement entre 1952 et 1958, dans le cadre de l'institution d'une « *échelle mobile » des salaires. Les inconvénients et les effets pervers liés à sa généralisation (automatisme de la spirale prix-salaires alimentant l'inflation, tentation du gouvernement de manipuler l'indice du coût de la vie pour enrayer le processus...) ont conduit le premier gouvernement de la Ve République à interdire le principe des clauses d'indexation. Une exception était toutefois admise pour le *salaire minimum interprofessionnel garanti (devenu depuis le salaire minimum interprofessionnel de croissance — SMIC) indexé sur les prix et certaines prestations indexées elles-mêmes sur le SMIG.
Dans le domaine des salaires, cependant, l'apparition des « contrats de progrès » à partir de 1968 manifeste le retour à la pratique de l'indexation, en introduisant dans l'évolution des revenus nominaux une garantie minimale de progression du pouvoir d'achat, liée à l'évolution des prix et parfois également de la productivité.

Indexée (obligation)

Voir Obligation.

Indicateur avancé

Voir Avertisseur.

Indicateur d'alerte

a : *Indicator* – **d** : *Indikator* – **e** : *Indicador de alarma*

Indice simple ou composé traduisant l'évolution d'une grandeur économique ou financière, et affecté d'un seuil de variation dont le franchissement indique que la réalisation de certains objectifs peut être compromise.

Les *avertisseurs et les différents *indices de l'activité économique contribuent à constituer un *baromètre (ou « tableau de bord ») dont l'examen permet aux autorités responsables de surveiller l'évolution de la *conjoncture et d'apprécier à travers elle les résultats de leur politique et les besoins d'actions nouvelles. Les indicateurs d'alerte ont été compris *en France* comme un *dispositif permettant d'apprécier l'évolution de l'économie par référence au *Plan.*

Signification et caractéristiques

Sous le nom de « clignotants », les indicateurs d'alerte ont été en effet organiquement intégrés dans la planification française pour la première fois à l'occasion de l'élaboration du Ve Plan (1966-1970).

• L'objectif recherché était de disposer d'*indices prédéterminés, officiels* et *irréfutables,* permettant d'apprécier l'évolution des principales données de l'économie nationale considérées comme les plus significatives par rapport aux objectifs inscrits dans le Plan et aux évolutions correspondant à leur réalisation. Les valeurs affichées par ces indicateurs fournissant la base de l'information de l'opinion publique et des instances parlementaires, il était nécessaire que l'accord général soit réalisé sur leur contenu et qu'ils soient suffisamment « parlants ». Leur fonction d'*alerte* comportait, par ailleurs, la détermination d'un *seuil* dont le gouvernement reconnaissait qu'il traduisait un défaut de fonctionnement de l'économie et qu'il nécessitait, selon les possibilités offertes, soit des mesures de redressement, soit une modification de l'objectif du Plan dans un sens moins ambitieux. Ces indicateurs faisaient l'objet de communication officielle à la Commission des comptes et des budgets économiques de la nation, ainsi que d'une publication. Les indicateurs d'alerte auraient ainsi pour fonction, par leur franchissement du seuil, d'engager un « processus d'examen » de leurs responsabilités par les autorités économiques. On conçoit donc qu'ils ne devaient pas être trop précoces pour éviter le déclenchement d'une succession d'examens, voire de mesures prématurées. Sous cette forme, ils devaient constituer *a priori* un effort important pour apporter une base scientifique et objective aux débats de politique économique et à l'appréciation de son cheminement comme de ses résultats.

• Aussi le choix d'indicateurs d'alerte répondant à ces objectifs devait-il satisfaire à des *conditions précises :*

– il devait porter sur une grandeur économique dont l'évolution soit particulièrement importante dans le contexte de l'économie considérée ;

– l'ampleur des variations tolérables de cette grandeur devait être déterminée avec précision. Le seuil ne doit être ni assez lâche pour perdre toute signification pratique, ni assez étroit pour déclencher des « clignotements » abusifs ;

– le contenu de l'indicateur statique de chaque grandeur économique devait être analysé avec une extrême précision et exclure les contestations éventuelles ;

– les seuils de variation de l'indicateur devaient correspondre aux limites de variation de la grandeur elle-même et donc être significatifs.

La fiabilité de l'indicateur supposait donc exclus des facteurs exogènes de variation et réduites les incertitudes du rapport grandeur/indice.

Contenu et mécanisme

Cinq indicateurs d'alerte ont été définis, et liés à cinq objectifs distincts : sur les prix, les échanges extérieurs, la production, l'investissement productif et l'emploi.

• Les **prix* : l'indicateur « s'allume » lorsque le rythme annuel de croissance des prix à la consommation, mesuré à partir des douze derniers mois observés, est supérieur de plus de 1 % à celui de nos principaux partenaires commerciaux, et ce, pendant trois mois consécutifs (l'indice des « partenaires » est le résultat pondéré des indices des prix des États-Unis, de la Grande-Bretagne, de l'Allemagne, de l'Italie, des Pays-Bas et de la Belgique).

• Les *échanges extérieurs :* taux de couverture des *importations par les exportations, mis en moyenne mobile sur douze mois, inférieur à 90 % pendant trois mois consécutifs (le taux étant calculé à partir des statistiques douanières dans lesquelles la valeur des importations (*FOB) est minorée par rapport à celle des exportations (*CAF) ; l'équilibre des imports par les exports correspond, dans ce mode de calcul, au taux de 93 % environ).

• La *production :* taux de croissance de la *production intérieure brute (PIB), égal ou inférieur à 2 % par an ; taux de croissance de la production industrielle (mesuré par l'indice, bâtiment exclu), égal — ou inférieur — pendant trois mois consécutifs à 2 % (cette variation étant calculée à partir des indices corrigés des variations saisonnières pour les douze derniers mois écoulés).

• L'**investissement productif :* croissance égale ou inférieure au taux de 2,5 % par an.

• L'**emploi :* nombre de personnes à la recherche d'un emploi dans la définition du recensement et compte tenu des structures de l'emploi à l'époque de l'élaboration du Ve Plan (1966), égal ou supérieur à 2,5 % de la population active pendant trois mois consécutifs. L'indicateur de ce sous-emploi est calculé à partir du nombre de demandes d'emploi non satisfaites déposées dans les services locaux de main-d'œuvre, affecté d'un coefficient de passage (1,6).

On voit que « l'allumage des clignotants » correspondait *a priori* à une situation généralement grave.

Résultats

En fait, leurs conditions d'utilisation au cours du Ve Plan ont été plutôt *décevantes.* Bien entendu, il s'agissait d'une première expérience et l'on

ne disposait pas de précédents pour apprécier *a priori* la pertinence des indicateurs et surtout des seuils d'allumage par référence aux objectifs du Plan. Le système mis en place, à l'usage, est apparu assez fruste et marqué à la fois par une sensibilité inadéquate et une trop grande inertie. Par ailleurs, et compte tenu de sa fiabilité incertaine, il a été vite considéré comme trop contraignant par les responsables de la politique économique, d'autant plus tenus de réagir que la publication des indicateurs pouvait exercer un *effet de dramatisation.*
Avec le VIe Plan, une *réforme profonde* a été apportée au système. Si la panoplie des indicateurs assortis au Plan a été considérablement élargie, étudiée et définie de façon plus précise et en quelque sorte sophistiquée, leur portée juridique et pratique a été délibérément limitée. S'ils continuent à être diffusés dans une publication particulière à l'INSEE, ils ne font plus l'objet de commentaires officiels et le gouvernement n'est plus tenu de réagir au déclenchement des seuils d'alerte.

Il existe aussi des *indicateurs à portée conjoncturelle* dont la fonction est de renseigner sur l'évolution présente et à court terme de l'économie et de permettre de déceler les inflexions ou retournements de tendance. Des « indicateurs avancés » ont été mis au point à ce titre dans certains pays, notamment aux États-Unis, qu'on appelle plus communément des *avertisseurs. Un système d'indicateurs de ce type est également utilisé dans le cadre de la Communauté économique européenne.

Voir Avertisseur, Conjoncture, Planification.

Indice

a : *Index* – **d** : *Index/Kennzahl* – **e** : *Indice*

Quantité mesurant de façon synthétique l'évolution d'une grandeur (ou d'un ensemble de grandeurs) dans le temps ou dans l'espace.

Quand il s'agit de mesurer l'évolution d'une grandeur simple, s'exprimant par conséquent par un nombre unique, l'indice est le rapport de la valeur prise par cette grandeur à une autre valeur qui est, soit celle prise lors d'une époque antérieure (dite « époque de base de l'indice »), soit celle prise en un autre lieu géographique choisi comme référence. Le résultat de ce calcul est en général multiplié par 100, de telle sorte qu'il soit supérieur à 100 si la valeur de la grandeur étudiée a augmenté, et inférieur à 100, si elle a diminué. On dit qu'il s'agit d'un indice à base 100 à telle époque (ou en tel lieu). Par exemple, si un litre de lait, dont le prix était de 0,80 F en 1965, valait 1,25 F en 1975, l'indice du prix du litre de lait en 1971, base 100 en 1965, est $100 \times \frac{1,25}{0,80} = 156,25$.

Mais la plupart du temps, on cherche à représenter l'*évolution d'un ensemble de grandeurs* et non d'une grandeur simple : par exemple, on souhaite mesurer l'évolution des prix d'un ensemble de produits ou de services, de la production industrielle d'un pays, etc. On retient alors comme indice une *moyenne pondérée des indices élémentaires mesurant l'évolution des différentes grandeurs simples composant la grandeur complexe. Les coefficients de *pondération sont destinés à donner à chaque indice élémentaire une importance relative proportionnée à l'importance de la grandeur simple correspondante à l'intérieur de la grandeur complexe et sont donc choisis en fonction de la composition de la grandeur complexe étudiée. Cette composition peut être celle de l'époque (ou du lieu) de base. Dans ce cas, si on retient la formule de la moyenne arithmétique, on dit qu'il s'agit d'un *indice de Laspeyres.* Cette composition peut aussi être celle de l'époque (ou du lieu) d'observation ; dans ce cas, si on retient la formule de la moyenne harmonique, on dit qu'il s'agit d'un *indice de Paasche.*

L'indice le plus connu et le plus utilisé est, sans nul doute, celui des **prix de détail* qui, outre son intérêt comme indicateur *conjoncturel des hausses de prix et de l'*inflation et son utilisation par les comptables nationaux et, plus généralement, par les techniciens du calcul économique, joue aussi un rôle essentiel de caractère juridique (*indexation de certains contrats), et est au premier plan des conversations sociales entre l'État ou le patronat et les *syndicats de travailleurs (clauses de sauvegarde, indexation du *SMIC, conventions collectives...). Pour le calcul des indices de prix de détail, les coefficients de pondération sont égaux à la part, dans l'ensemble des dépenses des ménages visés par l'indice, de la dépense consacrée à une époque donnée par l'ensemble des ménages à l'achat du produit ou du service correspondant. C'est ainsi que si p_{it} et q_{it} (resp. p_{io} et q_{io}) désignent le prix et la quantité consommée du produit ou du service i à l'époque t (à l'époque de base désignée o), on choisira comme coefficient de pondération le produit ($p_{io}q_{io}$) ou (p_{it} et q_{it}) selon que l'on veut construire un indice de Laspeyres ou un indice de Paasche.

L'indice de Laspeyres sera alors :

$$\frac{\sum p_{io}q_{io}\dfrac{p_{it}}{p_{io}}}{\sum p_{io}q_{io}} = \frac{\sum p_{it}q_{io}}{\sum p_{io}q_{io}}$$

tandis que celui de Paasche sera :

$$\frac{\sum p_{it}q_{it}}{\sum p_{it}q_{it}\dfrac{p_{io}}{p_{it}}} = \frac{\sum p_{it}q_{it}}{\sum p_{io}q_{it}}$$

En général, l'indice de Laspeyres croît plus vite que l'indice de Paasche. Depuis le début de 1971, est calculé un nouvel indice mensuel, dit indice national des prix à la consommation (base 100 en 1970, remplacée par une base 100 en 1980 depuis la mi-1983), selon une formule plus complexe : la formule retenue est celle de Laspeyres, mais les coefficients de pondération sont renouvelés chaque année en fonction de l'information la plus récente disponible (par exemple, pour 1972, on utilisera les quantités consommées au cours de l'année 1970 et les prix de décembre 1971) ; au cours d'une année donnée, les indices élémentaires sont calculés sur la base du mois de décembre précédent (par exemple, décembre 1971 pour 1972). Enfin, pour permettre une comparaison avec l'année de base 1970, l'indice ainsi calculé est multiplié par la valeur qu'il avait pour ce mois de décembre précédant l'année d'observation (procédé dit de « l'indice-chaîne »). Ainsi, si l'indice vaut 110 pour un mois de décembre, et que sa valeur en janvier suivant par rapport à ce mois de décembre est 101, la valeur de l'indice, base 100 en 1970, sera 110 × 101/100 = 111,1. Ce procédé, plus compliqué que ceux habituellement utilisés, permet de remédier au vieillissement de l'indice (la structure de la consommation évolue alors que les coefficients de pondération restaient ceux de l'époque de base). Il a été rendu possible par l'existence d'enquêtes permanentes sur la consommation des ménages qui n'existaient pas auparavant. Cet indice a remplacé l'indice des prix à la consommation des familles de condition modeste (dit « indice des 259 articles »), base 100 en 1962. Cet indice, utilisé de 1963 jusqu'au début de 1971, était un pur indice de Laspeyres.
L'évolution de l'indice mensuel des prix de détail est résumée dans le tableau ci-après. On peut remarquer que la légère tendance à l'accélération constatée jusqu'en 1975 est surtout imputable aux produits alimentaires et que l'augmentation beaucoup plus rapide à laquelle on a assisté ensuite a concerné tous les postes, en particulier le secteur des services dans lequel on n'a observé aucun ralentissement en 1975-1976, comme ce fut le cas dans les autres secteurs. En revanche, on constate une tendance certaine au ralentissement depuis 1982. Il est normal qu'en période d'*inflation marquée s'instaure une certaine polémique sur la signification et le calcul d'un indice des prix de détail. Cette polémique fait souvent oublier un certain nombre de caractères essentiels d'un indice de prix qui le distinguent notablement d'un indice de dépenses ou d'un indice du coût de la vie (comme on a parfois abusivement désigné l'indice des prix à la consommation). Ces derniers font en effet intervenir non seulement des variations de prix, mais aussi des variations des volumes consommés. En revanche, vouloir limiter l'évolution des rémunérations salariales à la seule prise en compte de l'évolution de l'indice des prix est sans doute critiquable : en effet, l'évolution de l'indice des prix ne prétend mesurer que les variations de prix, alors qu'il pourrait être aussi tenu compte de l'évolution des volumes consommés et des modifications de qualité des produits, dans la mesure où elles sont souvent imposées

Base 100 moyenne 1970	Ensemble	Alimentation	Produits manufacturés	Services
1970 janvier	97,9	97,2	98,6	97,5
décembre	101,9	102,1	101,4	102,3
1975 juin	151,7	155,3	147,9	152,8
décembre	158,2	162,8	152,8	161,1
1978 décembre	207,8	219,0	194,6	217,6
1981 décembre	301,0	307,0	286,7	316,6
1982 décembre	330,1	335,4	315,9	346,1

Évolution moyenne annuelle en %	Ensemble	Alimentation	Produits industriels du secteur privé	Services du secteur privé
1987	3,1	1,8	3,3	7,8
1988	2,7	1,6	2,0	5,5
1989	3,6	4,3	2,2	4,9
1990	3,4	4,1	1,9	5,2
1991	3,2	3,0	2,7	5,1

Source : INSEE.

aux consommateurs par la pression sociale, le changement des mœurs ou l'orientation donnée par les producteurs. Mais il s'agit là d'un problème politique et non d'un problème statistique de mesure de la variation des prix.

En 1993, l'INSEE a substitué à l'indice existant deux nouveaux indices des prix mensuels, fondés sur 265 postes :

– l'un qui permet aux pouvoirs publics de suivre l'évolution du pouvoir d'achat du SMIC* concernant les ménages urbains ouvriers et employés,

– le second qui est l'indice officiel de l'INSEE, référence nationale et base de comparaison internationale, porte sur l'ensemble de la population.

Les deux indices couvrent un champ plus large qu'antérieurement, en incluant les transports aériens et maritimes, les locations automobiles, les services funéraires, les prestations des vétérinaires. Le premier exclut toutefois le tabac.

De même, la recherche d'une plus grande véracité a conduit à prendre en compte les rabais, les soldes et à retenir les prix bruts des produits frais, sans lissage, ce qui peut conduire à une évolution plus heurtée à court terme, sans incidence sur la tendance à moyen ou long terme.
Un autre indice très utilisé est l'*indice de la production industrielle* (base 100 en 1962) qui est un indice de Laspeyres, moyenne arithmétique des indices de production des différentes *branches pondérés par les *valeurs ajoutées par ces branches en 1962. L'année de base déjà ancienne utilisée pour le calcul de cet indice et les difficultés rencontrées pour la collecte des informations nécessaires à son calcul rendent délicate son interprétation conjoncturelle.
On calcule de nombreux autres indices, comme l'indice des prix à la production (connu sous le nom d'indice des prix de gros), l'indice du coût de la construction, l'indice mensuel du chiffre d'affaires dans l'industrie, etc.

Inflation

a : *Inflation* – **d** : *Inflation* – **e** : *Inflación*

**Phénomène général d'ajustement, par voie monétaire, des tensions s'exerçant dans un ensemble socio-économique et caractérisé par la hausse du niveau général des prix et la dépréciation de la monnaie.*

Cette définition fait référence directe aux symptômes du phénomène d'inflation, et non au processus lui-même. Elle reste assez large, à dessein. Nul processus économique n'a fait l'objet, en effet, d'autant de prises de position et de controverses.

Les symptômes et la notion

Le symptôme le plus apparent et le plus connu de l'inflation est la hausse généralisée des *prix. Le prix mesurant le rapport entre la valeur intrinsèque du bien ou service et la valeur de l'unité monétaire de fait, cette hausse traduit une dépréciation monétaire de fait. Cette dépréciation, qui est un premier désajustement, traduit une tension entre la valeur officielle de la monnaie et sa valeur réelle.
Corrélativement, le phénomène inflationniste s'accompagne de diverses tensions parallèles : la *demande est souvent supérieure à l'*offre ; les vendeurs anticipent sur la capacité des acheteurs à accepter des prix plus élevés et les augmentent spontanément ; les salariés, pour qui le coût de la vie augmente, exigent des hausses de salaires ; ces hausses aggravent les coûts des entreprises qui les répercutent sur les prix (ce jeu prix-salaires est appelé spirale inflationniste) ; l'euphorie des entrepreneurs anticipant

sur la continuité de la demande et de la croissance, la constatation de la dépréciation monétaire et la perspective éventuelle d'une *dévaluation ou d'une dépréciation du taux de change encouragent à emprunter même à un taux nominal élevé. Ainsi se propage le phénomène inflationniste qui se caractérise par le gonflement des prix et des revenus nominaux, par l'accélération et la confusion des décisions économiques, par la recherche généralisée de la *répercussion ou de la récupération des pertes encourues, par la désorganisation de l'économie et la dépréciation de la monnaie. Le phénomène inflationniste peut revêtir des degrés et des formes incomparablement plus variés que cette description schématique ne le laisse supposer mais l'inflation est inséparable de ses symptômes et de ses causes immédiates. On a souvent dit que « l'inflation n'est pas la hausse des prix ». Ce qu'on peut retenir, en tout cas, du processus, c'est que :

– il s'accompagne toujours de la hausse des prix et des coûts ;

– il est généralement lié à (et s'entretient par) une distorsion entre les *flux monétaires (*masse monétaire disponible) et les flux réels (biens et services disponibles) ;

– il est souvent lié à un désajustement entre la demande et l'offre.

Les principales formes d'inflation

Le phénomène inflationniste peut revêtir des caractères variés selon le rythme auquel il se développe, selon le contexte dans lequel il prend naissance, selon les modalités principales qu'il emprunte.

• *Selon les rythmes* (ou degrés), on parle :

– d'inflation rampante (« creeping inflation ») : lorsque la dérive des prix, tout en étant réelle, ne dépasse pas le rythme de 3 à 4 % par an. Elle ne s'accompagne d'aucun bouleversement économique, mais traduit une lente et progressive dépréciation monétaire. A vrai dire, elle a été si répandue au cours des dernières décennies qu'elle n'est pas loin d'être considérée comme inévitable. On est même prêt à appeler « stabilité » une situation où la dérive des prix n'est pas supérieure à 2 % ;

– d'inflation ouverte (« open inflation ») : elle est révélée par un taux de hausse des prix de l'ordre de 5 à 10 % (pouvant même aller, circonstanciellement, jusqu'à 20 %). C'est un phénomène inflationniste déclaré, avec tous les symptômes correspondants et l'apparition de conséquences sur les structures économiques ;

– d'inflation galopante ou hyperinflation : elle s'accompagne d'un taux élevé de hausse des prix (plus de 20 %). Les équilibres sont menacés, les décisions brouillées, les structures attaquées ; la *crise peut survenir.

• *Selon le contexte :*

On distingue parfois l'inflation de prospérité et l'inflation de pénurie : la première se déclare dans une économie de croissance, essentiellement à cause des anticipations optimistes des agents économiques qui sont en avance sur la réalisation des résultats escomptés. Elle peut rester modérée et, en tout cas, se développe de façon progressive. L'inflation de pénurie, au contraire, est causée par l'insuffisance de l'appareil productif qui ne parvient pas à fournir une offre de biens et services à la hauteur de la demande. Cette rigidité est d'autant plus inflationniste que, parallèlement, les revenus nominaux s'accroissent (hausse des prix due à la rareté des biens et services — *voir* Accaparement —, succès des revendications salariales). Cela a été le cas en France, par exemple, dès l'occupation allemande, et dans tous les pays européens dont l'appareil productif avait été endommagé ou détruit par la guerre, durant les années 1945-1950.

• *Selon les modalités* qu'elle semble revêtir. On distingue communément à cet égard, selon la causalité qui paraît dominante, l'inflation par la demande ou l'inflation par les coûts ainsi qu'on va le voir ci-après. En fait, ces distinctions, si elles éclairent certains des aspects du processus inflationniste, manifestent également la difficulté d'en localiser l'origine et d'en présenter une explication unique.

Causes d'inflation et processus inflationniste

Les controverses relatives à l'inflation sont liées, en effet, à la tentation de faire procéder le phénomène d'une cause unique en faisant référence à un mécanisme particulier d'inflation. Dans un processus qui s'auto-alimente, divers facteurs contribuent en fait à l'entretenir, qui ne sont que la manifestation diversifiée d'un *processus* se rattachant à des causes plus fondamentales. D'où l'intérêt de distinguer les mécanismes élémentaires de l'inflation d'une théorie générale du processus.

Mécanismes élémentaires internes

Deux théories principales ont été formulées à cet égard :

• celle de l'inflation par la *demande.* L'analyse classique donne un rôle essentiel à ce mécanisme. Le désajustement peut tenir à une rupture ou à une rigidité de l'offre (compte tenu des capacités de production), ou simplement à un accroissement de la demande plus que proportionnel à l'évolution d'une offre elle-même croissante (période de reconstruction, phase de *boom). La hausse des prix résulte du comportement des entreprises qui peuvent les augmenter sans craindre de voir diminuer leur chiffre de ventes en volume ;

• celle de l'inflation par les *coûts :* celle-ci peut procéder des diverses composantes des coûts : la théorie fait une place particulière à l'influence de la hausse des charges salariales, conséquence des revendications sociales motivées elles-mêmes par une volonté de reclassement catégoriel, l'augmentation des besoins, ou simplement les hausses du coût de la vie. Les entreprises tendront à répercuter ces hausses dans les prix, et d'autant plus qu'une évolution relativement uniforme des charges salariales dans les différents secteurs ne leur fera pas craindre une altération des conditions de concurrence.

Dans les deux cas, la hausse des prix est inséparable du comportement des entreprises (qui tendent à préserver ou à développer leur profit et à se ménager des ressources d'autofinancement) et des partenaires sociaux en général (qui visent à déplacer la ligne de partage à leur profit). Les mécanismes d'inflation par la demande et d'inflation par les coûts sont en fait très souvent imbriqués : un accroissement des salaires réagit en effet sur la demande, et réciproquement ; le développement des profits influence lui-même la demande en ménageant des possibilités d'investissement qui l'alimenteront. Le mouvement des prix diffuse les hausses de coût et influence la demande ; l'évolution de celle-ci peut favoriser elle-même des hausses de prix qui constitueront des facteurs d'alourdissement des coûts.

– *On présente* parfois comme un mécanisme spécifique d'inflation celui qui résulte de la croissance de la *monnaie* (et de ses contreparties) en évoquant une influence directe sur le niveau général des prix. A y regarder de plus près, on observe que l'offre de monnaie se réalise à travers des phénomènes économiques en entraînant ou en favorisant, par exemple : l'augmentation des investissements (par les crédits à moyen et long terme), de la consommation (par les crédits à court terme), des salaires (par le relâchement des contraintes de trésorerie, l'élargissement de la production que les crédits autorisent), mais aussi des charges financières (intérêts et remboursement en capital). Autrement dit, l'influence de l'offre de monnaie sur les prix transite en fait par l'évolution de la demande et des coûts.

– *De même,* certains imputent un rôle particulier, dans les mécanismes inflationnistes, à l'importance des *dépenses publiques ;* celles-ci sont parfois considérées comme inflationnistes pour une série de raisons : elles concernent pour la plupart des secteurs de base qui réclament beaucoup de capitaux, mais sont de faible productivité ou de productivité nulle (dépenses militaires) ; elles alimentent des services sans prix de marché, mais non sans coût (santé, éducation) ; elles comportent des transferts sociaux qui ont pour résultat un accroissement de la propension globale à la *consommation (les impôts prélèvent plus sur les « riches » pour redistribuer aux « pauvres » un argent qui aurait été épargné mais qu'eux consomment). En fait, l'effet des dépenses publiques dépend surtout de leur montant, de leurs points d'application et de leur mode de financement, et s'opère également à travers son impact sur la demande et les coûts.

Mécanismes tenant aux relations extérieures

Aux facteurs internes d'inflation peuvent naturellement s'ajouter des phénomènes d'inflation importée. Ils s'exercent également à travers l'évolution de la demande ou des coûts :

– des coûts : une hausse des prix à l'étranger accroît le coût des importations et diminue sur le plan interne les effets de concurrence ; les hausses de salaires, à l'étranger, peuvent exercer des effets de contagion ;

– de la demande : un accroissement de la demande extérieure peut entraîner des effets induits sur la demande interne par l'action d'entraînement que les exportations exercent, par exemple sur les investissements, et par les tensions qui peuvent en résulter sur l'offre. Comme dans les mécanismes élémentaires internes, les mouvements de capitaux exercent leurs effets à travers l'évolution de la demande et des coûts. Dans le pays qui en bénéficie, ils entraînent un accroissement des *liquidités propre à favoriser, à travers les phénomènes déjà décrits, une hausse induite des prix.

Bien entendu, ces mécanismes élémentaires jouent plus ou moins facilement selon les structures économiques, sociales et psychologiques qui ont, en définitive, un rapport direct avec le phénomène inflationniste, principalement ;

– la part prise, dans l'activité nationale, par les secteurs des *services et de la construction : le premier n'enregistre que de très faibles progrès de productivité et crée, dans nos sociétés de consommation, une flambée de besoins ; le second comporte lui-même une part élevée de services et traduit la hausse du prix des terrains, liée par la confrontation d'une demande croissante avec un patrimoine par définition inchangé. Les deux secteurs sont en outre, par nature, protégés de la concurrence internationale et, dans cette mesure, soustraits à l'effet modérateur qu'elle peut exercer sur les prix ;

– les inégalités socio-économiques : la pression sur les coûts procède souvent du désir de reclassement des salariés — causé par des inégalités criantes —, aboutissant à des concessions immédiatement récupérées sur les prix ou sur l'État par les entreprises ;

– le fait que les agents économiques ont tendance à anticiper sur les résultats escomptés et utilisent des « gains » non encore gagés ;

– la « résistance à la perte » : les agents momentanément perdants s'efforcent de combler la perte par tous les moyens offerts par l'économie moderne (*crédit, *subventions, prix, revendications salariales).

Nature et portée du processus inflationniste

Il apparaît d'abord que le processus inflationniste requiert des niveaux d'explication différents selon l'étendue des périodes soumises à examen : les causes pourront être différenciées, selon que l'on considère par exemple une évolution couvrant plusieurs décennies ou une fluctuation intéressant un couple d'années. Mais ces niveaux explicatifs ne seront pas nécessairement incompatibles, certains facteurs propres à la courte période se surajoutant à des causes plus fondamentales.

– En toute hypothèse, le processus inflationniste semble lié à l'apparition et au développement de positions de monopole ou de groupe (groupes de pression d'entreprises, d'associations professionnelles... par exemple) permettant d'exercer une influence directe ou indirecte sur les prix, dont l'objectif implicite est en définitive une déformation du partage du produit social en termes réels.

– Ce schéma fondamental peut aussi bien rendre compte des phases d'inflation observées dans le passé (cas de pénurie agricole, au Moyen Age, situation de tension où le pouvoir politique utilise de manière inflationniste son monopole d'émission monétaire) que des évolutions contemporaines.

– Par ailleurs et enfin, la multiplication de positions de groupe aux intérêts antagonistes apparaît naturellement comme un facteur d'accélération du processus inflationniste.

Une application de ces trois principes d'interprétation peut être réalisée sur la période postérieure à la Première Guerre mondiale, notamment en France.

La tendance continue à l'inflation depuis 1914 paraît liée à la disparition du *capitalisme atomistique concurrentiel du XIXe siècle, et à l'émergence du pouvoir de groupes oligopolistiques. Sur cette toile de fond, l'accélération du rythme de hausse des prix à partir des années 1968-1969 semble résulter de la convergence entre, d'une part, les contraintes de valorisation du capital dans une période de tendance à la baisse de son efficacité (mécanisme où se lient une obsolescence accrue dans un contexte de forte concentration, les forts besoins d'investissement qui en découlent et, corrélativement, la politique d'autofinancement des firmes) et l'organisation croissante des salariés pour faire valoir un autre partage salaires-profit. Plus récemment, à partir de 1973, un nouveau palier d'accélération est franchi, où la hausse des matières premières et singulièrement des produits énergétiques témoigne, au-delà de la conjoncture, d'une remise en cause du rapport de force entre les pays industrialisés et certains pays pourvoyeurs de ressources. La désorganisation du système monétaire international, jointe aux facultés de mobilisation spéculative d'une masse de liquidités croissante, aux mains notamment des firmes multinationales, crée naturellement, en outre, les conditions les plus favorables à la transmission des facteurs d'inflation.

Le développement et les conséquences du phénomène inflationniste

On peut les regrouper principalement sous trois rubriques.

• *Les effets directs de la hausse des prix :* maintien ou accroissement des revenus des bénéficiaires de prix et des détenteurs de capitaux ; possibilités corrélatives de gaspillages ; dégradation relative de la situation des titulaires de revenus fixes (salariés, rentiers, titulaires d'*obligations, retraités et pensionnés) ; transferts patrimoniaux liés au fait que l'effet corrosif de l'inflation varie selon les éléments et l'importance du patrimoine. Cela se traduit par une aggravation des injustices et inégalités sociales, des drames individuels, des revendications contradictoires.

• *Les pressions et tensions intérieures :* tensions sur les salaires (revendications) ; demande de crédit accrue et risque de gaspillage de crédit (la *dette étant allégée par l'inflation, la situation d'emprunteur est favorable) ; maintien artificiel de structures périmées, grosses consommatrices de capital (le poids du capital est allégé artificiellement par l'inflation, on dit qu'il y a « rente d'inflation ») ; effet d'exemple, encourageant tous les secteurs à exiger la parité nominale des revenus ou des profits.

• *Les conséquences extérieures :* freinage des exportations (dont les prix sont trop élevés) ; renchérissement des services intérieurs (tourisme, transports) ; surrémunération de fait de la main-d'œuvre étrangère (qui exporte des fonds) ; prime aux produits importés (la monnaie nationale est surévaluée : *décote de la monnaie nationale dans les pays tiers) ; tendance des capitaux à sortir du pays : la *dévaluation ou la dépréciation sont, selon le cas, le constat normal d'une inflation prolongée.

Remarque : Pris dans son sens strict, qui est d'expression monétaire, le phénomène nommé « inflation » se rencontre naturellement dans les pays à économie de marché, où la monnaie et les prix jouent un rôle central. *Dans les pays à économie collectiviste* (exemple : ex-URSS), les tensions ne trouvaient pas leur expression sur le même terrain, compte tenu du caractère administratif et conventionnel de la formation des *prix. Les causes principales (désajustement entre l'offre et la demande, reclassements nominaux de rémunérations, affaiblissement de compétitivité internationale...) y produisaient en revanche des effets dont les points d'application sont différents, et notamment : files d'attente dans les magasins (rigidité de l'offre), apparition de « marchés noirs », accumulation d'encaisses oisives dans les caisses d'épargne (excès de liquidités sans emploi pour les ménages), aggravation de l'endettement international de l'économie.

Le traitement de l'inflation

La richesse et la variété des causes élémentaires, des symptômes et des développements de l'inflation déterminent naturellement une assez grande diversité dans les mesures constitutives des politiques anti-inflationnistes. On se bornera donc à indiquer les grands traits de tactiques ou stratégies anti-inflationnistes et à citer quelques exemples concrets.

• Les tactiques anti-inflationnistes consistent généralement à agir à la fois sur les effets et sur les causes.

Le contrôle des prix est actuellement la première mesure d'urgence généralement prise pour en enrayer les effets. Au même chapitre des mesures conservatoires, on peut citer les ponctions fiscales sévères, l'encadrement autoritaire du crédit, les blocages de salaires.

Au-delà, les politiques anti-inflationnistes ambitionnent de rétablir les ajustements économiques pervertis par le phénomène, c'est-à-dire principalement à :

– desserrer les *goulots d'étranglement en redonnant ainsi de la souplesse à l'offre ;

– opérer des importations « de choc » qui augmentent l'offre et font pression sur les prix intérieurs, etc. ;

– harmoniser les revenus pour apaiser les revendications ;

– freiner la demande (restriction du crédit à la consommation, limitation des dépenses publiques, aggravation sélective de la fiscalité, émission d'*emprunt public...) ;

– réduire les possibilités de crédit (par l'action sur les taux et l'encadrement du crédit).

• En fait, la réduction durable ou la prévention de l'inflation passent par la réunion d'un certain nombre de conditions qui relèvent largement d'une politique de structure :

– une capacité d'adaptation de l'appareil productif lui permettant un potentiel de production supplémentaire (aptitude à la mobilisation de main-d'œuvre et d'équipements, potentiel d'accroissement de productivité et d'*innovation, capacité de mobilisation de l'épargne) ;

– un contexte international non défavorable : absence d'inflation voisine, bon niveau de demande extérieure, compétitivité satisfaisante de l'économie nationale vis-à-vis de l'étranger ;

– un suffisant équilibre politique et social : la stabilité politique est un facteur de stabilité monétaire, car elle évite les gaspillages et les spéculations diverses, mais elle doit être assise sur des structures sociales suffisamment équitables pour modérer les tensions et les insatisfactions. L'inflation aggrave les inégalités, mais elle provient souvent des inégalités.

• A titre d'exemples d'expériences de politique anti-inflationniste, on peut citer :

– la réponse à l'inflation galopante en Allemagne en 1923-1924 : 1923 a été appelée dans ce pays « l'année inhumaine » : l'instabilité politique règne, l'économie est aux mains d'une oligarchie industrielle et financière, les nombreux emprunts internationaux contractés par l'Allemagne après 1914-1918 ont déterminé une considérable création de monnaie, d'où hausse des prix, prolétarisation des ouvriers, ruine des classes moyennes. En 1923, l'occupation de la Ruhr par les troupes françaises arrête la production : l'inflation galope.
Les remèdes : création du « Rentenmark » indexé sur l'or, accompagnée d'une *banqueroute presque complète des dettes ; refus de tout crédit nouveau ; restructuration d'une industrie à potentiel élevé (*cartels).

– Quelques cas de politiques de stabilisation tels que :
1) Les mesures Poincaré (France, 1926) : l'inflation provient de la spéculation sur les dettes dont le paiement est attendu de l'Allemagne, de la générosité des dommages de guerre et des pensions militaires, du déficit permanent de la balance des paiements et de la chute du mark qui entraîne une crise de confiance.
Les remèdes : relèvement du taux de l'escompte, assainissement des dépenses publiques, mise en excédent du budget général par accroissement

de l'impôt sur le revenu et par suppression d'emplois publics, nouvelle définition du *franc.
2) La stabilisation Pinay (France, 1952) : le réarmement et le renchérissement des matières premières consécutifs à la guerre de Corée, des mesures favorables en matière de salaires et de logement ont déclenché l'inflation. Le déficit de la balance des paiements s'aggrave.
Les remèdes : arrêt ou diminution des investissements publics, baisse des tarifs publics, blocage des prix, contingentement des importations. La dévaluation étant écartée, la croissance sera freinée et l'économie prendra du retard.
3) Dans les années 1960, les expériences de stabilisation ont évité de recourir à la déflation radicale et s'en sont tenues à une régulation désinflationniste (*stabilisation Giscard d'Estaing, 1963-1965) à laquelle se sont mêlés parfois des éléments de *politique des revenus (stabilisation allemande de 1975-1976 dans une phase de sortie de *récession). Dans les années 1970, en revanche, le développement des tendances inflationnistes à la suite de la désorganisation du système monétaire international et du renchérissement de l'énergie a conduit à la mise en œuvre, dans la plupart des pays occidentaux, de politiques déflationnistes inspirées du néo-monétarisme (*voir* Monétarisme).
En France, si la thérapeutique utilisée a été moins brutale, on notera qu'elle a dû être renouvelée sous des gouvernements très différents (plan « Barre » en 1976-1981 — plan « Delors », à partir de 1982).

Ingénierie

a : *Engineering* – **d** : *Engineering* – **e** : *Ingeniería*

Activité de conception, d'étude et de coordination portant sur les diverses disciplines exercées par des ingénieurs et techniciens pour la réalisation, la modification ou la mise en service d'un ouvrage ou d'un ensemble d'ouvrages.

L'ingénierie est généralement exercée par des équipes intégrées et s'applique à des machines, bâtiments, usines ou parties d'usine, équipements ou complexes industriels, aménagements urbains ou ruraux, systèmes de gestion et d'organisation. L'apport d'ingénierie se fait, soit par une équipe spécialisée travaillant dans le sein de l'entreprise, soit par disjonction des problèmes d'ingénierie qui sont alors traités tout entiers au sein d'une entreprise spécialisée, exemple moderne d'unité de *services (ingénieurs-conseils, bureaux d'études, nécessités d'ingénierie). Ce terme désigne donc à la fois une *fonction* et un *métier.*
L'ingénierie s'applique essentiellement à des *complexes* de niveau *technique* élevé et diversifié dont il convient d'assurer la *conception,* de

préparer et de coordonner la *réalisation* et le *fonctionnement* dans de bonnes conditions de fiabilité et de rentabilité (notion analogue à celle d'« architecte » ou d'« ensemblier »). Dans une certaine mesure, on peut également dire que le rôle de l'apporteur d'ingénierie consiste à réduire la complexité des technologies avancées mises en œuvre à des éléments connus, *i. e.* prêts à être exploités selon des méthodes et à un rythme industriels. C'est notamment l'ingénierie qui permet d'offrir, à partir de schémas scientifiques élaborés, des usines dites *clés en main.* Actuellement, l'activité d'ingénierie s'exerce principalement dans trois secteurs : 1) le *génie civil* (bâtiment, travaux publics, ouvrages d'art, infrastructures, voies et réseaux divers), pour le compte, le plus souvent, de collectivités publiques ; 2) l'*industrie,* pour laquelle on distingue parfois l'« ingénierie de procédé » (process engineering) et l'« ingénierie de construction » (design engineering), et dont les principaux secteurs concernés sont les mines, la sidérurgie, la métallurgie, le pétrole, la chimie, la mécanique lourde ; 3) l'*organisation* (conseils de gestion, formation, information, informatique, recherche opérationnelle).

Innovation

a : *Innovation* – **d** : *Innovation* – **e** : *Innovación*

Nouveauté appliquée dans la technique de production ou de gestion d'une unité économique.

La notion d'innovation a été pour la première fois mise en lumière par l'économiste Schumpeter dans ses ouvrages *Théorie de l'évolution économique* (1912) et *Capitalisme, Socialisme et Démocratie* (1942).

Caractères spécifiques

Cette notion s'oppose aux notions antérieures de « découverte » ou d'« invention » qui constituaient les seuls moteurs de l'avancement technique de l'industrie et de l'économie. Elle s'en distingue principalement par les éléments suivants : 1) l'invention ou la découverte sont généralement d'ordre fondamental (machine à vapeur, électricité...), l'innovation d'ordre technologique, c'est-à-dire au niveau de l'application (transistors, matières plastiques...) ; 2) la découverte peut être le fait d'un chercheur isolé et artisanal, l'innovation est sécrétée par des laboratoires industriels intégrés ; 3) la découverte est en soi « désintéressée », l'innovation vise une meilleure productivité par son application au processus de production ou de gestion ; 4) la découverte est aléatoire, l'innovation est déterminée par l'ensemble des éléments mis en œuvre pour l'obtenir (explorations systématiques de techniques, programmes exhaustifs de recherches...).

La notion d'innovation s'est elle-même élargie à mesure de l'évolution économique moderne. Les *investissements industriels comportent une part de plus en plus importante d'innovation, même lorsqu'ils constituent des investissements « de maintien » (en principe financés par les *amortissements). En outre, si cette notion est encore principalement évoquée à propos des techniques de production, elle s'étend de plus en plus aux méthodes d'organisation et de mise en œuvre des divers éléments qui concourent au fonctionnement d'une entreprise. On peut ainsi parler maintenant d'innovation pour la gestion du personnel, celle de la trésorerie, la mise en place des structures fonctionnelles, la politique commerciale, etc. Pour Schumpeter, l'innovation constitue la source essentielle du *profit : « Le profit est par essence le résultat de l'exécution de combinaisons nouvelles. » Il oppose, en effet, un monde économique stationnaire, où l'exploitant ne fait ni bénéfice ni perte et dont le revenu équivaut à un salaire de direction, au monde économique en évolution grâce à l'innovation et dont la dynamique est génératrice de profit : « Sans évolution pas de profit ; sans profit pas d'évolution. » Le profit naît donc de l'innovation ; à son tour, il engage l'entrepreneur à répéter l'innovation et lui en donne les moyens. On notera, enfin, que l'innovation et le profit peuvent encourager l'apparition d'entreprises dominantes et de *monopoles eux-mêmes générateurs de « gains monopolistiques ».
D'une manière générale, le rôle de l'innovation est devenu particulièrement important dans l'économie contemporaine, soit parce que celle-ci est intimement liée aux progrès de la *productivité, soit parce que, dans une économie de marché, elle constitue une arme de *concurrence de plus en plus prépondérante (amélioration des *coûts et des *prix par l'innovation, création et couverture simultanées des besoins nouveaux, image plus dynamique du produit et de l'entreprise, ouverture de marchés extérieurs, etc.). En 1970, on pouvait considérer qu'aux États-Unis 40 % de l'ensemble des revenus industriels provenaient de biens qui n'existaient pas encore dix ans auparavant et savoir qu'en 1985 60 % de ces revenus proviendraient de biens n'existant pas à l'époque.

Recherche-développement et innovation

Dans le domaine technique, l'innovation est le fruit de la « recherche-développement » (en abrégé R-D) qui consiste à explorer de façon permanente les possibilités de création de techniques ou produits nouveaux, et à préciser les méthodes et les moyens de leur mise en œuvre ou de leur fabrication.

• *Globalement, les ressources* affectées à cette fonction représentent environ 3,5 % du *produit national brut aux États-Unis, 3 % en Grande-Bretagne et de l'ordre de 2,5 % en République fédérale d'Allemagne et en France. Mais le volume des ressources affectées ne suffit pas à qualifier l'efficacité de l'effort de recherche-développement. Celle-ci s'apprécie surtout dans la capacité à en utiliser les résultats.

• Concrètement, *les étapes de cette fonction* peuvent être schématisées de la manière suivante :

1. Recherche de base
→ 2. Recherche technique et technologique
→ 3. Prototype (définitions, spécifications, essais)
→ 4. Développement (technologie, méthodes et procédés)
→ 5. Production et commercialisation (lancement, investissements, outillage, rendement)
→ 6. Ventes, exploitation
→ 7. Ventes de licences et de brevets, assistance technique.

Les échanges réciproques entre ces divers stades sont naturellement très nombreux. Exemples : un élément créé par la recherche de base et qui se révèle peu utilisable en l'état au niveau de la recherche technique est renvoyé au premier stade qui effectue alors une « recherche orientée » ; de même, un « prototype » peut être renvoyé au stade de la recherche technique pour une remise au point de ses spécifications, etc.

• De même, l'évolution de l'économie industrielle montre que le *temps de passage* du 1er au 6e stade (selon le schéma) est en nette accélération, ce qui caractérise bien les liens de plus en plus étroits entre invention et innovation, ou entre recherche et développement. Exemples : les télécommunications électriques, « inventées » en 1820, ont mis cinquante-six ans à être appliquées de manière industrielle ; la télévision électronique (1923) est passée à l'application économique en douze ans, l'énergie nucléaire (fission, 1939) en six ans, les transistors (1943) en cinq ans.

• Le *financement* de la recherche-développement peut provenir de deux sources principales qui se complètent généralement : l'autofinancement par l'entreprise, la participation de l'État.

– Les ressources proviennent d'abord, au sein de l'entreprise, de l'**autofinancement*. Il est vérifié, aux États-Unis notamment, que les entreprises au taux d'autofinancement élevé sont celles qui assurent le plus régulièrement une activité de recherche-développement. Les risques impliqués par la recherche sont en effet trop considérables pour que le financement en soit recherché auprès de l'emprunt. En outre, le profit attendu de l'innovation (voir plus bas) doit permettre de reconstituer, et au-delà, les ressources à la disposition de l'entreprise. Ce profit peut lui-même provenir de l'innovation de trois manières : 1) grâce à la vente des produits ou systèmes nouveaux eux-mêmes ; 2) grâce (et cela est de plus en plus nécessaire) à la vente des produits dérivés, facilitée dans les unités économiques importantes et diversifiées ; 3) grâce à la vente ou à la cession de *brevets, de licences, d'*ingénierie à d'autres entreprises nationales ou étrangères. Au sein de la *balance des paiements, la rubrique « revenus de la propriété intellectuelle » enregistre ces produits. La balance des entrées et sorties de l'espèce mesure la puissance d'innovation d'un espace économique : pour les États-Unis, le solde *positif* des échanges était de l'ordre de 300 millions de dollars en 1956 et de 3 000 millions de dollars en 1973. Pour la France, le solde *négatif* est de l'ordre de 200 millions de dollars la même année (1 000 millions de francs). Les soldes négatifs de la RFA et du Japon sont supérieurs.

– La *participation de l'État* aux recherches et aux études est généralement très notable : aux États-Unis, l'État intervient pour environ 70 % dans le financement global (17 sur 24 milliards de dollars en 1968) ; en France pour environ 75 % (9 sur 12 milliards de francs en 1968) par des institutions spécialisées (Centre national de la recherche scientifique, Centre national d'étude des télécommunications, Commissariat à l'énergie atomique, Institut français du pétrole...) et les contributions financières à divers organismes privés ou mixtes.

• *En France,* l'ensemble des mécanismes d'aide au financement de la recherche peut se regrouper en quatre grandes catégories : l'aide par la fiscalité ; l'aide financière directe ; l'aide par les marchés publics ; l'aide par les conditions de crédit :

– L'*aide par la fiscalité* découle d'un ensemble de textes et principalement de l'ordonnance du 25 septembre 1958. Elle se traduit essentiellement par les mesures qui suivent.

Les entreprises participant à la création de sociétés de recherche agréées ou à l'augmentation de leur capital peuvent pratiquer un amortissement exceptionnel de 50 % du montant de ces opérations dès les versements de la souscription. De même, les actes et cessions concernant ces sociétés bénéficient de droits d'enregistrement ou de mutation réduits.

Les dépenses de fonctionnement exposées pour des opérations de recherche sont déductibles des bénéfices imposables pour l'exercice considéré. Les immeubles, matériels et outillages peuvent faire l'objet d'un amortissement de 50 % la première année.

Les entreprises versant des dons à des sociétés agréées peuvent déduire ceux-ci de leur bénéfice imposable à concurrence de 2 pour 1 000 de leur chiffre d'affaires.

Les *Centres techniques professionnels,* effectuant des recherches dans l'intérêt d'une branche, peuvent percevoir des cotisations obligatoires auprès des entreprises exerçant totalement ou partiellement leur activité dans la branche considérée (ordonnance du 2 janvier 1959).

Diverses autres dispositions permettent de répercuter sur les sociétés mères les pertes des filiales de recherche et les droits à déduction de TVA obtenus par les sociétés de recherche fondées par plusieurs entreprises.

Depuis la loi du 12 juillet 1965, les produits de cession de brevets, de procédés ou de techniques et les profits tirés de concessions de licences sont soumis au régime d'imposition des plus-values à long terme et taxés à 10 %.

– L'*aide financière directe* revêt deux formes principales : les « actions concertées » et l'« aide au développement ».
Les actions concertées réunissent des organismes publics ou privés et l'État par l'intermédiaire du « Fonds de la recherche scientifique et technique » créé en 1960. Un « contrat de participation » étant conclu, l'aide de l'État peut couvrir jusqu'à 50 % du coût total de l'opération (75 % pour les centres techniques professionnels) pendant une durée de cinq ans, avec possibilité de renouvellement pour deux ans.
L'aide au développement organisée en 1965 est destinée à favoriser les applications industrielles des résultats de la recherche fondamentale et appliquée. La participation de l'État au programme de développement, qui peut atteindre 50 % de son coût total, est remboursée en cas de succès de la recherche majorée d'une prime de l'ordre de 20 % de l'avance consentie et selon un rythme ajusté au chiffre d'affaires du produit ou aux cessions de licences.

– L'*aide par les marchés publics* n'est pas négligeable. Les marchés de recherche de l'État portaient sur environ 1,5 milliard de francs. Des décrets de 1956 et de 1962 définissent des « marchés d'études » et des « marchés de définition » (qui précisent « les buts et performances à atteindre, les techniques de base à utiliser, les moyens en personnel et en matériel à mettre en œuvre pour la réalisation des études, les éléments du prix, les différentes phases des études »).

– L'*aide par les conditions de crédit :* le caractère foncièrement aléatoire de l'activité de recherche-développement rend son financement par le crédit généralement inopportun, et en tout cas impossible par les voies traditionnelles. Cependant, une procédure particulière, celle de la *lettre d'*agrément, a été mise en place en 1940 pour encourager la fabrication de produits répondant à des besoins certains. Ce document, joint à l'*aval de la Caisse nationale des marchés de l'État, permettait à l'industriel d'obtenir plus facilement un crédit de son banquier car il comportait garantie de l'État. Cette procédure est aujourd'hui peu abandonnée.

Innovation (société de financement de l')

a : *Innovation financing company* – **d** : *Innovationfinanzierungsgesellschaft* – **e** : *Sociedad de innovación*

Société de statut spécial ayant pour objet le financement de la mise en œuvre industrielle de l'innovation technologique.

Instituées en France par la loi du 11 juillet 1972, à l'image des sociétés américaines de « venture-capital », les sociétés de financement de l'*innovation sont soumises à un statut spécial et bénéficient d'avantages fiscaux. Le financement de l'innovation se heurtant principalement à

l'insuffisance de capitaux propres ou de *capitaux permanents, les SFI interviennent par prises de *participation dans les sociétés innovantes. (*Voir* Capital risque.)
Cette participation reste *minoritaire :* de 10 à 50 % du capital de l'entreprise, généralement de l'ordre de 35 %. Elle est, en général, *temporaire :* de trois à cinq ans selon les cas (elle ne peut excéder statutairement neuf ans), et l'objectif des sociétés de financement de l'innovation est de revendre, avec plus-value, cette participation à un groupe industriel ou financier. En outre, elles peuvent assister l'entreprise dans le domaine de la gestion et la faire bénéficier de leurs relations : *banques, *établissements financiers, *groupes industriels et organismes spécialisés : *IDI, *SDR, ANVAR (Agence nationale pour la valorisation de la recherche).
L'essentiel des ressources de ces sociétés est constitué par leurs fonds propres. Pour les trois principales sociétés de financement (SED, Sofinnova, Soginnove), le capital est détenu par des banques, des compagnies d'assurances et de grandes sociétés industrielles.

Input, output

Voir Tableau d'échanges interindustriels.

Inspection générale des finances

a : *Supervisory Office of Public Finance* – **d** : *Oberste Finanzaufsichtsbehörde* – **e** : *Inspección General de Finanzas*

Corps de fonctionnaires placé auprès du ministre de l'Économie et des Finances et ayant pour mission l'enquête et le contrôle sur la gestion des services extérieurs du ministère et la gestion financière des collectivités ou organismes bénéficiant de concours financiers de l'État.

Historique

Le Consulat institue en 1801 un contrôle sur place des comptables publics. Il confie cette mission à des vérificateurs généraux du Trésor, dénommés par la suite inspecteurs généraux du Trésor public, puis, à partir de 1816, inspecteurs des Finances. Parallèlement à ces mesures, un corps d'inspecteurs généraux est créé dans chaque régie, puis leur nombre est progressivement diminué. En 1831, les inspections générales des régies qui subsistent encore (soit celles des douanes et de l'enregistrement) disparaissent à leur tour, leurs attributions sont dévolues à l'Inspection générale des finances. Depuis cette époque, l'Inspection générale des finances constitue le principal corps de contrôle de l'administration française, plus spécialement chargé des questions financières.

Attributions de l'Inspection

L'Inspection générale des finances, composée d'inspecteurs généraux et d'inspecteurs des Finances, exerce un contrôle sur les comptables publics et sur la plupart des services financiers.

• Ce corps contrôle tout d'abord l'ensemble des services extérieurs relevant du ministère de l'Économie et des Finances, son action s'étendant non seulement aux caisses et à la comptabilité, mais également au fonctionnement des services (impôts, douanes, enregistrement, service des prix). Il s'agit le plus souvent d'un contrôle au deuxième degré, les divers services ayant en général leurs inspections particulières. Outre les opérations des comptables directs du Trésor, l'Inspection générale des finances a pouvoir de vérifier la gestion financière de la plupart des comptables publics : les receveurs des communes, des établissements d'assistance, de bienfaisance, d'enseignement ou des autres établissements publics, ainsi que tous les agents comptables spécialement soumis par les lois et règlements à sa surveillance.

• Par ailleurs, l'Inspection générale des finances exerce le contrôle, d'une part, des comptabilités administratives tenues par les *ordonnateurs secondaires des divers ministères, d'autre part, de celles des départements et communes.

• Elle possède également un pouvoir de contrôle sur les services des P et T, les sociétés de crédit immobilier, les organismes d'habitations à loyer modéré, les caisses de Sécurité sociale, les banques populaires, les caisses de crédit agricole, les caisses d'épargne et, d'une façon générale, sur les sociétés, syndicats, associations ou entreprises de toute nature ayant fait appel au concours de l'État, sous forme d'apports en capital, de prêts, d'avances ou de garanties d'intérêt. En 1958, cette compétence a été étendue aux organismes ayant sollicité, dans les conditions précitées, le concours financier des collectivités locales ou des établissements publics.

• Enfin, l'Inspection générale des finances peut être chargée, à la demande du ministre, d'études diverses ou de missions spéciales.

Méthodes et structures de l'Inspection

L'organisation pratique des travaux revêt essentiellement deux formes : les « divisions » territoriales ou spéciales pour les inspecteurs généraux, les missions ou *brigades* pour les inspecteurs. Les inspecteurs des Finances travaillent soit isolément à des enquêtes particulières, soit, pour la plupart d'entre eux et notamment les plus jeunes, dans le cadre de « brigades » dirigées par des « chefs de brigade ».

Les méthodes de l'Inspection générale des finances se caractérisent par la règle du « contrôle à l'improviste » (commune à toutes les inspections comptables), l'importance donnée au travail personnel de chaque inspecteur et l'entière responsabilité qu'il a de ses conclusions. Chaque rapport est signé par son auteur et établi sous une forme contradictoire, le service contrôlé étant invité à présenter ses observations. Cette responsabilité sans partage et sans concession aguerrit vite le jeune inspecteur et donne à son travail le poids de la nécessité (l'observation erronée, appelée « claquage » lorsqu'elle est relevée par l'agent vérifié, est en effet malencontreuse pour l'Inspection, et plus encore pour l'inspecteur).

Le service de l'Inspection générale des finances est placé sous l'autorité d'un inspecteur général des Finances, chef du service. Organisant les travaux de l'Inspection, il définit les programmes d'activité, dirige la préparation des missions de vérification ou d'enquête, contrôle les suites données aux rapports établis et entretient des relations suivies avec le cabinet du ministre, les administrations centrales du ministère de l'Économie et des Finances et les autres départements ministériels.

Nature de l'Inspection

Le problème mérite d'être posé, car les développements qui précèdent épuisent les définitions officielles, mais non l'Inspection.

En effet, elle se définit au moins autant en dehors qu'à l'intérieur d'elle-même : sur trois cents personnes environ en activité, une centaine seulement exerce, dans les cadres, les attributions définies ci-avant. Une autre centaine occupe des postes de direction ou de responsabilité dans les administrations centrales et les organismes ou entreprises du secteur public. La troisième centaine se partage entre des activités très diverses, dont principalement les secteurs de la finance et de l'industrie.

De même, et à s'en tenir aux catégories formelles de la logique, l'Inspection constitue moins une institution qu'un phénomène : elle n'est, administrativement, qu'un *service* du ministère des Finances et ses représentants n'ont aucun rang protocolaire, par exemple à l'Élysée. Mais les élèves de l'ENA, dont seuls les tout premiers classés peuvent prétendre y entrer, la rangent au nombre des « grands corps » ; les dirigeants et fonctionnaires étrangers la connaissent et l'estiment, surtout les Européens qui ont pu fréquemment profiter — ou souffrir — de l'efficacité de ses membres.

Cette Inspection — qui inspecte finalement peu — est réputée composée de spécialistes — qui se mêlent de tout. Même en brigade, on reconnaît qu'elle demeure fort civile. Prestigieuse, elle ne refuse pas les tâches considérées comme salissantes (les vérifications sur place réservent parfois des travaux pénibles). Discrète, elle ne passe pas inaperçue.

Les inspecteurs des Finances sont réputés impitoyables entre eux, mais ils obéissent à un code non écrit qui est plus respectueux des autres que beaucoup d'amabilités trompeuses.
A l'extérieur, l'irritation provoquée par leur esprit de corps confirme sa valeur. A l'intérieur, les camaraderies et les amitiés acquises dans les brigades et la tournée (assimilables aux campagnes dans l'armée) sont souvent solides.
Autrefois l'expression quasi exclusive d'une grande bourgeoisie parisienne cooptée par un concours spécial, elle s'alimente aujourd'hui, à raison de cinq individus par an en moyenne, au concours de l'ENA, et accessoirement, depuis 1972, à un « tour extérieur », particulièrement sélectif. Mais la démocratisation — réelle — de la procédure n'a pas démocratisé le recrutement à proportion. Autrefois puissante grâce à ses liens sociologiques, elle le reste grâce aussi aux structures technocratiques de l'État.
Tout cela fait de l'Inspection la plus intégrée mais la moins cartésienne des structures administratives françaises.
L'unité de ce corps se constate et ne se prouve pas. Elle réside sans doute dans une parenté de méthode (rigueur, synthèse), de destin (carrières de responsabilités), d'aptitudes et d'ambitions. Elle ne se trouve pas dans le recrutement (qui reste assez varié), ni dans la formation de base (diverse avant l'ENA) et encore moins dans une doctrine unique, applicable à la gestion de l'État : il suffira de rappeler que des inspecteurs des Finances militent dans presque tous les partis politiques et qu'ainsi ils contribuent au débat sur les affaires publiques.

Institut de développement industriel (IDI)

a : *Institute for Industrial Development* – **d** : *Institut für industrielle Entwicklung* – **e** : *Instituto de Desarrollo Industrial*

Établissement financier chargé de conseiller les entreprises dont l'activité présente un intérêt du point de vue national et de les aider à financer leur développement.

Créé en 1970 pour constituer l'un des instruments de la politique industrielle de l'État, l'IDI est un organisme semi-public comportant, parmi ses actionnaires, outre l'État, le *Crédit national, le Crédit agricole, le *Crédit populaire et les banques nationalisées.
Les interventions de l'IDI consistent en prises de *participations temporaires, en *prêts et en *cautions, financés par ses ressources propres. Dans cette mesure, il remplit un rôle analogue et complémentaire à celui des *sociétés de développement régional, mais plus spécialement orienté vers les grandes entreprises. Ces interventions visent généralement à favoriser des restructurations industrielles, éventuellement au moyen de *fusions.

Institut monétaire européen

a : *Monetary European Institute* – **d** : *Monetarisches Europäisches Institut* – **e** : *Instituto Monetario Europeo*

---

*Organisme destiné à la mise en place du dispositif monétaire prévu dans le * traité de Maastricht.*

C'est un organe transitoire accompagnant la phase II de l'*Union économique et monétaire. Il constitue la préface de la * Banque centrale européenne.

Institution

a : *Institution* – **d** : *Institution* – **e** : *Institución*

Science économique : Règle de comportement ou organisme établis au sein d'un groupe social, reconnus par lui et ayant vocation à la généralité et à la permanence.

La notion d'institution donne lieu à de multiples interprétations, notamment en droit public. La vie économique et financière s'inscrit naturellement dans le cadre des institutions nationales ou internationales (constitution, lois, appareils de gouvernement, de la justice, etc.) et, plus particulièrement, dans celui de certaines institutions telles que les lois civiles et commerciales, le régime de propriété et le régime économique de l'État, les banques, les organisations professionnelles, les syndicats, etc. La notion d'institution dans ses rapports avec la vie économique a été placée au centre de sa théorie par l'*institutionnalisme.

Institutionnalisme

a : *Institutionalism* – **d** : *Institutionalismus* – **e** : *Institucionalismo*

Doctrine économique qui met l'accent sur le rôle joué par les institutions dans le champ et l'orientation des décisions économiques, dans leurs effets et dans l'activité économique en général.

La méthode de l'école institutionnaliste est en réaction contre celle des classiques et néo-classiques, jugée trop exclusivement déductive et abstraite.

Deux économistes français, François Simiand (1873-1935) et Lucien Brocard (1870-1936), se rattachent à ce mode de pensée, le premier par son appartenance à l'école sociologique de Durkheim, le second par son souci d'étudier l'homme « non isolément mais en fonction de son milieu ». Mais l'école institutionnaliste a connu son développement le plus remarquable aux États-Unis.

Les institutionnalistes ont développé des thèses très proches de celles des historicistes en ce qu'elles replacent les faits économiques dans les structures du milieu où ils se déroulent. Ce milieu est essentiellement constitué par les institutions au sens le plus large du terme, c'est-à-dire l'ensemble des règles législatives ou de comportement, écrites ou non écrites, qu'observent les agents économiques d'une collectivité, et l'ensemble des organismes, établissements, groupes sociologiques ou administratifs qui concourent à former la structure du milieu. Leur méthode s'appuie donc sur une observation des données concrètes, *hic et nunc,* dont la synthèse et la signification sont obtenues par induction. La méthode tient compte à la fois de l'évolution des institutions en ce qu'elle modifie les données de la vie économique et des retentissements de la vie économique sur les institutions elles-mêmes.

Au point de départ des classiques représentés par l'« *Homo œconomicus » (reconstitué à partir d'éléments psychologiques atomisés et réduits à leur concept), ils substituent l'homme « sociologique » au centre d'un faisceau de relations ou, si l'on veut, l'« homme en situation ». La méthode fait un large appel à la *statistique qui permet de déceler les véritables causes déterminantes de certains phénomènes collectifs, grâce aux coefficients de *corrélation qu'elles font apparaître (notamment Moore) ou aux correspondances des observations effectuées. La méthode institutionnaliste est dans une certaine mesure à l'origine d'une série de méthodes modernes pratiques appliquées à l'observation et à la politique économiques (*indices, *baromètres, etc.). Elle peut encourir le reproche d'empirisme en ce qu'elle ne permet pas d'accéder à des lois générales et durables ; mais le courant institutionnaliste a eu le mérite de ramener la science économique au concret. Elle a permis ainsi de réagir contre les excès d'une abstraction dont les conquêtes étaient essentiellement intellectuelles et dont la séduction même était dangereuse pour ceux qui ont à élaborer et à appliquer une politique économique.

Institutions de crédit

a : *Credit institutions* – **d** : *Kreditinstitute* – **e** : *Instituciones de crédito*

Comptabilité nationale : Ensemble des unités économiques dont la fonction principale est de financer, c'est-à-dire collecter, transformer et répartir des disponibilités financières.

Le *secteur institutionnel des institutions de crédit comprend trois sous-secteurs : la Banque de France ; les autres institutions monétaires, c'est-à-dire l'ensemble constitué par les banques inscrites auprès du Conseil national du crédit, les organismes de crédit populaire et ceux de crédit coopératif et mutuel ; les autres institutions de crédit telles que les établissements spécialisés du type *Crédit national, *Crédit foncier, *Caisse des dépôts et consignations, et les établissements financiers comme les sociétés d'investissement, de développement régional, de financement des ventes à *tempérament.

Institutions financières

a : *Financial institutions* – **d** : *Finanzunternehmen* – **e** : *Instituciones financieras*

---

*Ancien système de comptabilité nationale : Agents dont la fonction principale est d'effectuer des *opérations financières par opposition avec les agents dont la fonction principale est de produire ou de consommer.*

Sont cependant exclus de cette catégorie des organismes qui effectuent des opérations financières pour un groupe limité d'agents leur ayant délégué cette fonction (holdings, par exemple) ou certains intermédiaires dont l'activité est en fait analysée comme une production de services (notaires, agents de change).

Dans une économie monétaire, l'existence d'institutions financières et, plus précisément, des *institutions de crédit est liée au fait qu'un certain nombre d'agents ont une *capacité de financement (c'est-à-dire une épargne nette) et que d'autres ont au contraire un *besoin de financement. En régime *capitaliste, les épargnants peuvent rencontrer les demandeurs de capitaux sur des marchés sans intermédiaires : c'est le cas quand une entreprise, par exemple, procède à une augmentation de capital ou à l'émission d'un emprunt obligataire. Mais ce marché financier au sens strict n'occupe qu'une place limitée dans les circuits de financement dans la mesure où les agents qui épargnent ne sont pas toujours disposés à effectuer des *placements dans les formes et selon les modalités où ceux qui empruntent sont disposés à contracter des dettes. Ainsi les ménages marquent une préférence pour les placements liquides alors que les entreprises sont grosses demanderesses de capitaux à long terme.

Il revient aux institutions financières de résoudre cette contradiction, en jouant le rôle d'un écran permettant aux épargnants d'acquérir les créances correspondant aux emplois souhaités de leur épargne ou de leurs disponibilités, et aux demandeurs de capitaux de disposer des fonds selon les modalités qui leur conviennent.

On notera que le rôle des institutions financières est encore plus déterminant en régime socialiste, dans la mesure où celui-ci exclut en principe l'existence d'un marché financier direct.
Ainsi le rôle des institutions financières apparaît-il inséparable de leur activité de *transformation.
En France, les institutions financières sont constituées par le *système bancaire et les autres *intermédiaires financiers (ces derniers rassemblent la *Caisse des dépôts et consignations et les caisses d'épargne ; les établissements de crédit à statut légal spécial tels que le Crédit national ou le Crédit Foncier de France ; les établissements financiers tels que les sociétés d'investissement, de développement régional, de financement des ventes à *tempérament... ; enfin les compagnies d'assurances).
Le nouveau système de comptabilité nationale français (SECN) distingue nettement les institutions de crédit et les organismes d'*assurance.

Institut national de la statistique et des études économiques (INSEE)

Service du ministère de l'Économie et des Finances.

Officiellement créé en 1946 comme successeur du Service de la statistique générale, né avant la Première Guerre mondiale et devenu en 1945 le Service national de statistiques, ainsi que de l'Institut de conjoncture fondé en 1938, l'INSEE a élargi progressivement ses compétences, en liaison avec le développement des études macro-économiques (*voir* Macro-économie).
Au-delà de la production des statistiques de base et de l'observation conjoncturelle, l'INSEE participe activement aux travaux de comptabilité nationale et assure, depuis 1962, la synthèse des comptes du passé. Sous l'autorité du Commissariat général au plan, il préside à l'élaboration des projections à moyen terme. Pour toutes ces tâches dont il assume la responsabilité technique, l'INSEE travaille en collaboration avec la direction de la Prévision du ministère de l'Économie. Inversement, il participe à l'établissement des projections à court et à court-moyen terme dont cette direction assure la responsabilité.
L'INSEE dispose, en dehors de ses services centraux, de services extérieurs implantés dans chaque région (directions régionales et *observatoires économiques régionaux).

Intégration

Voir Concentration.

Intéressement

a : *Participation of employees/Copartnership* – **d** : *Mitbeteiligung* – **e** : *Copartnership/Interesar*

Régime de participation financière des salariés aux résultats d'une entreprise.

Voir Participation.

Intérêt

a : *Interest* – **d** : *Zins* – **e** : *Interés*

Prix du service rendu par le prêteur à l'emprunteur, et payé par ce dernier pour acquérir l'usage d'une somme d'argent pendant une période déterminée.

L'intérêt est une *charge* pour celui qui le verse, c'est un *revenu* pour celui qui le reçoit. Et, sous son aspect économique, c'est un **prix.*
L'intérêt peut se définir par un *taux, c'est-à-dire le rapport entre le montant de l'intérêt dû pour une année et le montant du *capital prêté, l'un et l'autre exprimés en unités monétaires courantes ; c'est l'intérêt simple tel qu'il est stipulé dans la convention de prêt, ou intérêt apparent. Il se distingue de l'*intérêt composé,* qui comporte application du taux d'intérêt non seulement au moment du capital initial mais à la *somme capitalisée des intérêts déjà perçus.* Le calcul montre que la somme des intérêts perçus au taux de 5 % l'an est égale au montant du capital initial au bout de vingt ans selon la méthode des intérêts simples, au bout de treize ans selon la méthode des intérêts composés.

Régimes de l'intérêt

Sur les divers marchés de capitaux coexistent une grande variété de taux d'intérêt dont chacun est fonction de la *durée* des *prêts et des *possibilités* quantitatives et qualitatives de *crédit dans chacune des catégories de marchés considérés.

• Dans le domaine du *crédit à court terme,* les taux d'intérêt pratiqués par les *banques (ou « conditions de banque ») sont fonction de plusieurs éléments.

Les taux d'intérêt *créditeurs* (rémunérant les fonds que les banques collectent) sont encadrés dans des directives générales du Conseil national du crédit (libre rémunération des dépôts à plus d'un an et de plus de 100 000 F, mais fixation des taux pour les dépôts inférieurs en

montant et en durée et interdiction d'intérêt pour les *dépôts à vue).
Les taux d'intérêts *débiteurs* (rémunérant les prêts des banques) sont fonction du prix de revient des dépôts des banques, et des conditions générales auxquelles est soumis le crédit :

– plafond de taux d'intérêt à ne pas dépasser sous peine de tomber sous le coup des dispositions sur l'**usure ;*

– taux d'**escompte* de la *banque centrale, grâce auquel celle-ci peut aggraver ou alléger le prix de l'argent pour le système bancaire ;

– taux du **marché monétaire* qui traduit la proportion relative d'offre et de demande de *liquidités sur ce marché.

• Dans le domaine du *crédit à long terme,* les taux d'intérêt ne suivent pas des références officielles aussi explicites. Ils sont déterminés par le « loyer de l'argent », c'est-à-dire par le rendement financier moyen qui se dégage du *marché des principaux titres représentatifs d'emprunts à long terme : taux de rendement des actions et des obligations en bourse compte tenu de leurs *cours, de l'intérêt nominal des obligations et des conditions qui caractérisent le régime du titre (primes d'émission et de remboursement, avantages fiscaux, etc.).
Ces exemples montrent que, au sens strict, *il n'existe pas un véritable taux de l'intérêt, référence unique et normative.* Le taux d'intérêt *se constate* plus qu'il ne se démontre, dans chaque cas et pour chaque catégorie de capitaux. Les essais de synthèse, d'explication et de théorie générale de l'intérêt ne manquent cependant pas d'utilité. Ils contribuent à éclairer le fondement et le rôle de l'intérêt dans la vie économique et financière.

Théories de l'intérêt

Depuis que la *philosophie* a renoncé à s'interroger sur la légitimité de l'intérêt, condamné par Aristote et saint Thomas comme un profit injustifié (assimilé à l'*usure*), la théorie économique s'est efforcée d'en trouver l'explication.

Au XIXe siècle : L'explication a été recherchée par les auteurs dans deux directions.
Du côté de l'*offre de capitaux :* le prix, constitué par le versement de monnaie, serait la rémunération de l'effort d'épargne qu'il détermine. Mais l'explication est insuffisante si l'on considère qu'une partie de l'épargne est thésaurisée et que la *thésaurisation exclut l'intérêt.
Du côté de la *demande :* le prix correspond à la productivité du capital que l'emprunteur met en œuvre dans son entreprise et qui lui permet de financer la rémunération d'un capital supplémentaire qu'il emprunte. Parmi ces théories : celle de Böhm-Bawerk, motivant l'intérêt par la « dépréciation du futur » ; celle de Marshall l'expliquant par l'abstention ou « l'attente » des consommateurs ; celle de Wicksell le rattachant principalement à l'excès ou à la rareté de monnaie.

Les théories modernes : Elles tentent de rendre compte à la fois du comportement de l'offre et de celui de la demande. Constatant l'existence d'une préférence pour la liquidité, c'est-à-dire la disposition immédiate d'un capital en monnaie, Keynes voit dans l'intérêt « la récompense de la renonciation à la liquidité pour une période déterminée » et simultanément le prix que l'emprunteur consent pour acquérir la liquidité. Robertson prolonge l'analyse en mettant l'accent sur les mouvements du « marché des fonds prêtables », dont le taux d'intérêt représente pour lui le prix de l'usage à un moment donné.
Comme tout autre prix, l'intérêt se fixe sur un marché qui, du fait de la nature du bien, devrait être un marché parfait. En réalité, *ce marché est compartimenté.*
Cela tient à ce que le taux d'intérêt effectif d'une opération n'est pas seulement la rémunération de la renonciation à la liquidité, mais inclut une prime de **risque* relatif à l'insolvabilité du débiteur. Variable selon la qualité de l'emprunteur, elle conduit à individualiser l'opération de prêt. D'autre part, la symétrie n'est pas toujours parfaite dans la position des deux parties au regard de la liquidité : la durée pendant laquelle l'emprunteur est assuré de disposer des capitaux peut être supérieure à celle pendant laquelle le prêteur est effectivement privé de la liquidité de son capital. Le prêteur peut en effet mobiliser sa créance s'il trouve un autre détenteur de liquidités disposé à se substituer à lui ; cette qualité dont sont assortis certains types de créances, quelle que soit leur durée, leur confère un caractère de liquidité potentielle.

Portée de l'intérêt

Au total, l'ensemble de ces théories facilite la réunion d'*éléments d'explication du taux de l'intérêt,* principalement sur deux points : sa formation et son évolution.

• Sur sa *formation,* on peut réduire à trois grandes catégories les éléments qui la déterminent :

– la *préférence pour l'immédiat,* qui s'exprime de deux manières : la préférence dans le temps (une satisfaction immédiate est préférée à une satisfaction future) ; la préférence pour la liquidité (la monnaie conservée par-devers soi permet de faire face immédiatement à un besoin éventuel) ;

– la *productivité* marginale du capital, c'est-à-dire le rendement escompté d'une part de capital additionnelle au capital déjà détenu et attendue d'un tiers ;

– les *conditions déterminées par le marché* de l'argent à court et à long terme — elles-mêmes liées à la politique d'*émission de monnaie du système bancaire.

• Sur l'*évolution* de l'intérêt, on est parvenu à isoler assez clairement les principaux facteurs de baisse et de hausse de l'intérêt sur la longue période économique moderne.

– Parmi les *facteurs de baisse :* l'accroissement général de l'*épargne dans les économies développées ; l'abaissement relatif de la productivité des capitaux lorsque les *innovations s'étendent à des portions moins rentables du marché (généralisation) ; l'amélioration générale de la sécurité des transactions (diminuant le facteur de risque) ; les précautions prises par les gouvernements pour éviter l'*inflation des prix par le renchérissement de l'argent ; le développement de l'*autofinancement des entreprises transférant la pression de la demande de ressources du domaine de l'intérêt vers celui des prix.

– Parmi les *facteurs de hausse :* l'élévation du prix de revient des *services — dont le service bancaire — incluant les hausses de prix et, surtout, de salaires ; les mesures des gouvernements pour éviter l'émigration des capitaux flottants et du *hot money (*voir notamment* Eurodollars) ; les innovations technologiques réclamant un financement élevé et faisant escompter une productivité favorable ; d'une manière générale la propension généralisée à l'*investissement, à la conquête de marchés et à la création de *besoins, qui sont autant de consommateurs directs ou indirects de capitaux. Le fait même que l'épargne se diffuse (accroissement de l'offre) est lié à des taux d'intérêt nécessairement attractifs (pour la provoquer ou la maintenir).

Ces facteurs se combinent et se contredisent à chaque instant et rendent la prévision très délicate.

On constate néanmoins ceci : les facteurs de baisse ont des explications techniques et rationnelles tenant aux structures de la production ou du marché intérieur de l'argent.

Les facteurs de hausse sont davantage sécrétés par le contexte général de l'économie nationale et internationale, la sociologie, les *anticipations et les revendications.

La force logique des facteurs de baisse s'inscrit ainsi contre la vigueur « biologique » des facteurs de hausse. L'expérience actuelle montre cependant que les premiers ne contrebalancent pas les seconds. Ils viennent, tout au plus, en atténuation de leurs effets. Ce qui rend peu probable une situation d'« argent bon marché ».

Intérieur

a : *Domestic* – **d** : *Inland* – **e** : *Interior*

**Comptabilité nationale : Synonyme de territorial.*

Un agent économique intérieur est un agent économique présent sur le territoire métropolitain.

Voir Résidents.

Interindustriels (échanges)

Voir Tableau d'échanges interindustriels.

Intermédiaires financiers

*Ancien système de comptabilité nationale : Dans l'étude des *opérations financières, ensemble constitué par les *institutions financières et le *Trésor, qui ont en commun leur double qualité d'agent prêteur et emprunteur.*

Interpolation

a : *Interpolation* – **d** : *Interpolation* – **e** : *Interpolación*

Méthode de détermination approchée de la valeur d'une grandeur en un point d'une série continue à partir de deux valeurs voisines situées de part et d'autre de celle-ci.

Connaissant la valeur d'une variable en deux points A et B, la valeur en C, situé entre A et B, peut être induite, si l'on admet que la variable est déterminée par une fonction. Il suffit de construire la courbe ou la droite (interpolation linéaire) pour trouver la valeur recherchée.
L'interpolation est utilisée pour combler certaines lacunes de l'information statistique, soit dans une série temporelle (évolution de la consommation électrique, par exemple), soit dans une série logique (rapport consommation/revenu, par rapport au revenu).
Exemple : c'est par interpolation que fut repérée la date approximative de naissance du cinquante millionième Français.
Les précautions à prendre concernent la régularité du phénomène décrit autour de la valeur recherchée et la validité de sa formalisation.

Intervention, interventionnisme

a : *Intervention, interventionism* – **d** : *Intervention, Interventionismus* – **e** : *Intervención, intervencionismo*

L'intervention est une action volontaire des pouvoirs publics, directe ou indirecte, exercée sur l'économie pour orienter celle-ci dans un sens conforme à la politique économique menée.

En politique économique : L'interventionnisme est l'attitude des pouvoirs publics qui consiste à compter principalement sur des interventions pour obtenir les principaux résultats visés et, de ce fait, à multiplier ces interventions dans la vie économique.

Notion et justifications

D'une manière générale, il y a intervention toutes les fois qu'une action volontaire est exercée sur un organisme vivant pour en modifier les tendances spontanées (« intervention » médicale et chirurgicale). La vie économique, à vrai dire, est faite d'interventions — même à son état « naturel » — puisqu'elle est constituée de décisions et d'*anticipations des agents économiques. On réserve toutefois ce terme à celles qui sont particulièrement significatives par leur importance et par le fait qu'elles modifient sensiblement le sens de l'évolution constatée avant leur exercice. Ces interventions peuvent être le fait de puissances économiques ou financières privées dans des domaines très variés (*ententes, *open market, *accaparement, *monopole, *corner, etc.). Mais la double condition de taille de l'intervenant et d'importance de l'action a conduit à réserver ce terme à l'action des pouvoirs publics. En outre, leurs interventions sont les seules à être assez constantes (pérennité des pouvoirs publics), et à avoir des objectifs suffisamment généraux et avoués pour mériter ce nom.
L'importance croissante des interventions publiques dans l'économie coïncide avec le développement des *besoins économiques et politiques de l'époque moderne : le désir permanent de *croissance exige que celle-ci soit accompagnée, orientée ou disciplinée. Le fait que les sociétés modernes ne supportent plus la prétendue fatalité de *crises (de structure ou de conjoncture) rend nécessaires des corrections permanentes aux tendances parfois anarchiques du marché. La nécessité de conserver un minimum d'*équilibre économique et social implique des actions diverses, aujourd'hui très répandues : pour amortir l'évolution de secteurs fragiles ou en déclin (agriculture, charbonnages...), pour régulariser les *fluctuations ou les *cycles, pour encourager des comportements économiques (*investissements, *innovation, ou *aménagement du territoire), pour diriger des secteurs considérés comme stratégiques (industries de base, énergie, armement...) et, généralement, pour orienter l'évolution de l'appareil et de la société économique vers un modèle considéré comme souhaitable par les pouvoirs publics.

Principales formes d'interventions

Toute action volontaire des pouvoirs publics, à commencer par l'annonce de programmes de politique économique ou les interventions orales des responsables, constitue une forme d'intervention. Plus concrètement, les systèmes d'interventions peuvent être de plusieurs degrés et les interventions de plusieurs formes, les uns et les autres pouvant d'ailleurs parfois se combiner.

La *planification : Elle vise à prévoir et à orienter l'ensemble des phénomènes des décisions économiques au sein d'un cadre cohérent et volontaire. Elle est elle-même susceptible de plusieurs degrés : planification centralisée et autoritaire de type soviétique, qui revient à généraliser l'intervention étatique ; planification « souple » qui laisse une part d'autonomie aux agents (France avant 1965, certaines économies socialistes) ; planification « indicative » qui est une prévision approfondie. Sauf dans sa forme centralisée, la planification n'implique pas forcément le *collectivisme.

Le *dirigisme : Il confère à l'État un rôle prééminent dans les décisions et se traduit par des obligations et des interdictions économiques. Son intervention est quasi générale, mais s'exerce surtout dans le domaine de l'organisation de l'économie ou de secteurs de l'économie.

L'interventionnisme : C'est l'attitude des pouvoirs publics qui consiste à multiplier des interventions dont les formes, les techniques et les moyens peuvent être variés, sans que la politique soit pour autant explicitement dirigiste.

Quant aux interventions elles-mêmes : Leurs principales formes concrètes peuvent se regrouper sous quatre rubriques principales :

– les **nationalisations,* interventions importantes et autoritaires, mais qui peuvent être ponctuelles, et qui transfèrent à la collectivité la propriété et la direction d'entreprises tout entières ;

– les **incitations,* interventions de caractère persuasif, mais dont les formes sont très nombreuses et l'utilisation très répandue : propagande, directives, dispositions fiscales, *subventions, primes, garanties, bonification d'intérêt, etc. ;

– les mesures de *défense,* de *police* ou de *précaution,* au nombre desquelles on peut ranger certaines subventions (d'équilibre par exemple) ainsi que des mesures non financières d'organisation ou de déontologie économique : réglementation des *ententes, répression des *fraudes, contrôle des *prix ;

– les *interventions d'ordre contractuel* par lesquelles l'État coopère en tant que tel avec des agents privés pour la conduite d'une politique ou la gestion d'une entreprise ou d'un secteur (pratiques d'*économie concertée, formules d'économie mixte dans des sociétés, prises de *participations, etc.).

Rôle et valeur de l'intervention

A son sens strict, l'intervention est, de toute évidence, indispensable pour éviter les dérèglements, crises et agressions qui découlent nécessairement de la *concurrence anarchique et du « laissez-faire » des autorités, au nom d'un *libéralisme théorique.

Cependant, l'intervention peut présenter des dangers graves pour l'équilibre et le dynamisme de l'économie (à plus forte raison l'interventionnisme), d'où les *conditions* dont elle doit être assortie.

• Toute intervention traduit une exception aux réactions spontanées de l'économie. Elle est souvent nécessaire pour la normaliser et la moraliser, mais elle modifie le terrain d'expérience. Il faut en tenir compte.

• L'intervention (surtout financière) a un coût pour les finances publiques et la collectivité. Elle doit donc être soigneusement proportionnée à son objet et faire l'objet d'un réexamen fréquent destiné à en confirmer la justification et la dimension.

• De même, l'adaptation du type d'intervention à l'objectif recherché doit être un souci permanent. Il n'est pas indifférent pour l'économie et pour le budget que les pouvoirs publics interviennent par réglementations, incitations financières ou prises de participations. Les effets induits de ces divers types d'actions, notamment, peuvent être de portée et de qualité différentes, et l'intervention, **ex post,* peut donc avoir des résultats variables.

• Les mobiles profonds des interventions publiques doivent naturellement être conformes à la meilleure définition de l'intérêt général. Cela implique d'abord que l'intervention soit décidée et choisie dans des conditions de compétence technique suffisante, mais aussi que les autorités — et principalement le gouvernement — soient suffisamment indépendantes des intérêts privés ou partisans pour que la puissance publique et les deniers publics impliqués dans l'intervention ne soient pas détournés de leur objet légitime.

• Enfin, la tendance à l'interventionnisme peut aisément dégénérer en bureaucratie et en technocratie, qui sont des maux économiques et politiques profonds. C'est pourquoi il est nécessaire de mettre en question aussi souvent que possible la « dose générale d'intervention » (principalement financière) de l'État dans l'économie. De même, il convient d'être vigilant à l'égard de la propension des bureaux à réglementer, régir ou assister sans autre résultat que d'alimenter une accusation de dirigisme.

L'expérience montre que ces dangers sont évités et que les avantages collectifs de l'intervention sont obtenus lorsque le système est suffisamment soumis à la critique, l'action assez exactement proportionnée à la nécessité, les transferts financiers considérés comme devant être exceptionnels. Et lorsque les pouvoirs publics ont suffisamment d'autorité et d'indépendance vis-à-vis de leurs propres bureaux et de leurs partenaires économiques et politiques.

Intraconsommation

a : *Purchased materials and services* – **d** : *Intermediärer Verbrauch/ Vorleistungen (Volkswirtschaft)* – **e** : *Intraconsumo*

---

*Comptabilité nationale : L'intraconsommation d'une *branche correspond à sa propre consommation de biens et services classés au même poste de la nomenclature que son propre produit, que ces biens ou services soient importés ou d'origine nationale.*

Investissement

a : *Investment* – **d** : *Investition* – **e** : *Inversión*

---

*Acquisition de *moyens de production. Par extension : Acquisition d'un *capital en vue de l'obtention d'un revenu. Dans une acception familière : *Placement en valeurs mobilières.*

Au sens strict du terme, c'est un emploi du revenu se traduisant par une addition au patrimoine de biens d'équipement. Déterminant la formation de capital et son affectation à la production, il s'oppose à la *consommation qui vise la satisfaction de besoins par destruction de biens et services.

En fait, la frontière est à certains égards floue, comme peut l'être elle-même la distinction entre biens de production et biens de consommation. Le critère de *durabilité ne permet pas, en lui-même, d'opérer un partage net. Pour disposer d'une distinction conventionnelle, mais claire, il faut combiner ce critère avec ceux de l'identité de l'agent économique et de l'affectation du bien. Ainsi, un véhicule sera objet de consommation pour un ménage, objet d'investissement pour une entreprise.

Formes

Dans la typologie de l'investissement, on a coutume de distinguer :

• l'investissement *brut* et l'investissement *net,* déduit du premier par la prise en compte des charges d'*amortissement ;

• l'investissement *productif* et l'investissement *improductif.* Le premier concerne l'acquisition de biens de production qui servent eux-mêmes à produire des biens de production ou des biens et services de consommation individualisables (exemple : machines-outils pour la construction automobile) ; le second vise l'affectation du revenu à la mise en place d'équipements destinés à produire les services répondant à la satisfaction de besoins collectifs (exemple : construction d'un hôpital ou d'un établissement scolaire — cf. investissement en termes de comptabilité nationale, ci-après).

Rôle économique

L'investissement joue un rôle fondamental dans les mécanismes économiques que la théorie essaie de révéler et d'expliquer, et que la politique économique vise à utiliser.

• La distinction de l'*investissement* et de l'**épargne,* longtemps ignorée, est à la base des développements de l'analyse économique. On peut être à la fois épargnant et investisseur, mais les deux opérations peuvent être dissociées et être le fait d'agents différents. L'épargne est la part du revenu qui n'est pas affectée à des dépenses de consommation. Cette épargne peut être effectivement investie (exemples : entreprise affectant une partie de ses bénéfices à l'achat de biens de production ou ménage utilisant ses « économies » à l'acquisition d'un logement) ou thésaurisée (*voir* Thésaurisation) ou encore placée, c'est-à-dire mise explicitement ou implicitement à la disposition d'un autre agent qui a besoin de ressources financières pour investir (exemple : souscription à un emprunt obligataire émis par une entreprise qui cherche à renouveler ou à développer son équipement). Et l'investisseur peut donc utiliser soit son épargne, soit celle des autres, ou les deux. Déterminants de l'épargne et de l'investissement peuvent être ainsi différents.

• L'analyse *micro-économique fait naturellement une place particulière à l'investissement dans l'étude des *comportements d'entreprise.* Les développements les plus récents de la théorie, dans ce domaine, traduisent l'influence des conceptions *marginalistes. La combinaison des facteurs de production — capital et travail — au sein de l'entreprise serait ainsi fondée sur le critère de l'égalité de leur productivité marginale ; en même temps l'entrepreneur tendrait à investir jusqu'au moment où coût marginal et productivité marginale du capital s'égalisent. Au-delà des schémas théoriques, s'il est bien clair que la décision d'investir est toujours liée, au moins implicitement, à l'appréciation de la rentabilité de l'opération, la mise en œuvre de ce principe se révèle délicate. En fait le choix ne porte pas seulement sur l'investissement, mais sur ses modalités pratiques qui peuvent s'envisager sous forme de solutions alternatives. Le développement des études sur les critères de choix en la matière tant dans les pays capitalistes que dans les pays socialistes a conduit à proposer diverses méthodes d'appréciation, applicables aux investissements des entreprises et à l'investissement global. On peut citer à cet égard : la méthode du *temps de récupération* (temps nécessaire pour que les recettes nettes successives compensent la dépense initiale), ou celle du *bilan actualisé* (fondée sur la prise en compte des chroniques de dépenses et de recettes pondérées par l'application d'un taux d'*actualisation permettant d'apprécier les résultats en valeur actuelle).

• La *théorisation de l'investissement,* fondamentale mais partielle dans l'analyse classique, axée sur le comportement individuel type dans l'économie capitaliste, a reçu une extension considérable avec le développement des théories *macro-économiques.
L'analyse marxiste, précisant la distinction entre moyens de production et biens de consommation, a mis en relief le rôle que joue l'accumulation du capital dans le fonctionnement de l'économie capitaliste et le développement de ses « contradictions ».
La théorie *keynésienne s'est efforcée de préciser la nature des inter-relations de l'investissement et de la consommation. Elle a en particulier contribué à révéler l'importance du *multiplicateur d'investissement, mécanisme par lequel un investissement additionnel provoque un surcroît de consommation, à partir des revenus supplémentaires que sa réalisation conduit à distribuer. Corrélativement, un accroissement de la consommation, sous certaines conditions, relatives notamment au degré d'utilisation des capacités de production, peut entraîner une augmentation plus que proportionnelle de l'investissement, selon un « principe d'*accélération ». Les notions de multiplicateur d'investissement et de principe d'accélération sont au centre des réflexions sur les mécanismes de la *croissance économique et les conditions de sa régulation. Le rôle moteur de l'investissement dans la croissance est une évidence unanimement admise.

• La *régulation à moyen terme* de l'investissement obéit à des principes différents selon les systèmes et les régimes, dans un cadre d'ailleurs évolutif.
Dans les pays socialistes, la *planification centralisée a pendant longtemps fixé de façon impérative le partage dans l'affectation des revenus entre la consommation et l'investissement, en privilégiant d'ailleurs délibérément celui-ci. Le passage à un stade de développement avancé, la pression des consommateurs, liés à l'élévation du niveau de vie et à l'effet de démonstration de l'Occident, et les défaillances d'un système trop rigide de planification conduisent progressivement à en assouplir la conception ; cette évolution se traduit dans certains pays par une déconcentration, voire une décentralisation des décisions d'investir, qui font une place nouvelle à des critères de rentabilité empruntés à l'économie de marché.
Dans les pays occidentaux, le jeu des comportements individuels tend à être plus ou moins encadré par une planification indicative qui se dote de moyens d'incitation ou de dissuasion (touchant généralement aux conditions de financement : fiscalité, crédit, subvention) pour orienter, en fonction des objets retenus, l'orientation et le volume des investissements, et à réaliser un certain équilibre entre investissements productifs et équipements collectifs. La *rationalisation des choix tend par ailleurs à s'étendre à l'ensemble des investissements.

• Ces actions à long terme doivent se combiner avec les exigences de la *régulation à court terme.* Celle-ci, assez développée dans les pays capitalistes, tend parfois, dans une perspective keynésienne, à stimuler l'investissement pour combattre la récession et améliorer l'emploi, parfois à en modérer le rythme (souvent accru par le processus de *concentration et le phénomène d'*obsolescence) pour enrayer les tensions *inflationnistes liées à une demande excessive. La réintroduction de mécanismes de l'économie de marché, dans certains pays socialistes, les conduit, dans la période récente, à se préoccuper d'une régulation conjoncturelle de l'investissement pour éviter ou limiter des fluctuations préjudiciables à la réalisation des objectifs inscrits dans la planification à moyen terme.

Voir Capital, Formation brute de capital, Marxisme, Keynésiennes (théories), Multiplicateur d'investissement.

Investissement (comptabilité nationale)

a : *Investment (national accounting)* – **d** : *Investition (volkswirtschaftliche Gesamtrechnung)* – **e** : *Inversión (contabilidad nacional)*

---

*Addition de biens d'équipement apportée au cours d'une période donnée (l'année par exemple) au *patrimoine d'une *unité économique.*

En comptabilité nationale, les investissements sont dénommés *formation brute de capital fixe. Les investissements nets sont obtenus en déduisant de la formation brute de capital fixe (FBCF) les *amortissements économiques.

On distingue, dans les investissements : les investissements productifs qui sont constitués par des biens d'équipement servant d'instrument de travail aux entreprises ; les investissements en logement, y compris le gros entretien ; les investissements administratifs, qui concernent la création, l'acquisition et le gros entretien, par les *administrations, de biens d'équipement collectif susceptibles d'être utilisés pendant plus d'une année (bâtiments administratifs, établissements scolaires, infrastructure routière...). Les *équipements militaires* ne sont pas considérés comme des investissements, mais comme une consommation des administrations.

Voir Formation brute de capital.

Investissement (société d')

a : *Capital investment company* – **d** : *Kapitalanlagegesellschaft* – **e** : *Sociedad de inversiones*

Institution financière exclusivement destinée à la gestion collective des placements de ses actionnaires soit en valeurs mobilières, soit en biens immobiliers.

Lorsque de tels organismes n'ont pas le caractère de personne morale, ils sont dénommés « *fonds communs de placement ».
Qu'elles aient ou non forme de sociétés, l'appellation de sociétés de *placement convient mieux à ces institutions lorsque leur actif est constitué uniquement de *valeurs mobilières : les sociétés mobilières ne réalisent pas directement des investissements ; des sociétés dites « de placement » ou « de portefeuille » existaient auparavant et peuvent encore exister, avec la même activité, sans bénéficier d'un régime juridique et fiscal spécial. Mais en créant celui-ci, les pouvoirs publics ont voulu marquer le rôle assigné à ces nouvelles institutions dans le financement des investissements à travers un marché financier adapté aux goûts actuels de l'épargne.

Nature

Les sociétés d'investissement s'inspirent directement des « investment trusts » qui se sont développés en Grande-Bretagne dès la fin du XIXe siècle, aux États-Unis après 1920, et plus récemment dans divers pays du continent. On trouve dans les pays anglo-saxons les formes les plus variées ; outre les différences relatives à leur nature juridique, il existe comme en France une distinction tenant aux conditions d'entrée et de sortie qui oppose les organismes « ouverts » et les organismes « fermés » ; une grande diversité de règles gouverne le choix des placements : les statuts peuvent laisser aux gestionnaires une large marge de liberté ou bien déterminer de manière invariable la composition du portefeuille *(fixed trusts).*
Les sociétés d'investissement assurent à leurs actionnaires une division des risques et leur enlèvent tout souci de gestion ; elles sont de nature à faciliter l'accession de nouvelles couches d'épargnants aux placements mobiliers et immobiliers. En conséquence, leur développement a été poursuivi en France depuis 1945 en les dotant d'un régime qui présente deux aspects :

– les dispositions destinées à protéger l'épargne : définition rigoureuse de l'objet social, réglementation des emplois et capital minimum en vue de réaliser la division des risques ;

– le statut fiscal qui doit assurer à ces sociétés la transparence fiscale et placer les actionnaires dans une position analogue à celle qui serait la leur s'ils bénéficiaient directement d'une part des produits courants ou exceptionnels des actifs de la société sans redistribution par le canal de celle-ci.

Formes

La formule mise au point pour les sociétés mobilières d'investissement à capital fixe a été adaptée aux sociétés à capital variable et ultérieurement transposée au cas des sociétés immobilières.

• Les *sociétés mobilières d'investissement à capital fixe ou sociétés « fermées »* ont été prévues dès l'ordonnance du 2 novembre 1945 : celle-ci a donné aussitôt naissance à la *Société nationale d'investissement* qui a reçu le portefeuille de titres acquis à l'État en règlement de l'impôt national de solidarité. Ce n'est qu'après le décret du 30 juin 1952 fixant leur statut fiscal que les sociétés privées ont pu se créer ou se placer sous ce régime.
Leurs règles caractéristiques portent sur leurs ressources (exclusivement constituées de leur capital), leurs emplois (exclusivement réalisés en valeurs mobilières sans pouvoir prendre le caractère de *participations ni se placer sur les titres d'une seule collectivité à raison de plus de 5 % du capital) et l'utilisation des produits (limitation des frais de gestion, des *tantièmes, de la distribution des plus-values réalisées).

• Les *sociétés mobilières d'investissement à capital variable* (SICAV) sont dites aussi sociétés « ouvertes » parce que leur capital peut varier constamment en fonction des entrées et sorties des actionnaires ; elles ne peuvent donc être cotées en bourse et la valeur des actions est automatiquement déterminée chaque jour en fonction de la valeur de l'actif net, calculée d'après la valeur boursière du portefeuille qu'elles détiennent (c'est-à-dire la somme des valeurs constituant ce portefeuille estimées à leur cours du jour).
Prévues par le législateur dès 1957, de telles sociétés n'ont pu être créées qu'après publication du décret d'application du 20 septembre 1963. Les règles d'emploi sont plus sévères encore que pour les sociétés fermées : 30 % de l'actif doivent être constitués de liquidités, de *bons du Trésor ou de titres obligataires ; les actions des sociétés non cotées ne peuvent représenter plus de 10 % de l'actif. Les bénéfices distribuables au titre de chaque exercice doivent être intégralement répartis pour qu'il y ait application du régime fiscal privilégié. Les frais et commissions appliqués à la valeur liquidative des actions, lors de l'entrée et de la sortie, sont fixés par les statuts, soumis à contrôle ou à limitation réglementaire.

• Les *sociétés immobilières d'investissement* instituées par l'article 33 de la loi du 15 mars 1963 sont destinées à attirer l'épargne dans la construction de logements à usage locatif, de manière à relayer l'intervention de l'État en faveur de la construction.
Ces sociétés ont pour objet exclusif l'exploitation d'immeubles locatifs affectés à concurrence des trois quarts à l'habitation et pour lesquels il n'a pas été demandé l'aide de l'État consentie sous forme de prêts spéciaux. Un capital minimal est exigé ; l'agrément préalable des acquisitions, des apports en nature et des programmes de construction contribue à la protection des actionnaires ; la transparence fiscale est assurée par l'exonération d'impôt sur les sociétés, l'exonération au niveau de leurs actionnaires d'une part des produits qu'elles distribuent (primes à la construction et part des loyers encaissés), un régime spécial des droits

de mutation. Au titre du régime des sociétés immobilières conventionnées, créées pour le même objet par l'ordonnance du 24 septembre 1958, elles peuvent, d'autre part, bénéficier d'une garantie de revenus provenant des loyers.

• Un régime analogue a été institué par l'ordonnance du 28 septembre 1967 en faveur des sociétés ayant pour unique objet la location d'immeubles à usage professionnel notamment dans le cadre de contrats de *crédit-bail ; elles portent le nom de *sociétés immobilières pour le commerce et l'industrie* (SICOMI).

Investissements (club ou cercle d')

a : *Investment club* – **d** : *Investmentclub* – **e** : *Club o círculo de inversiones*

Groupe d'épargnants mettant en commun des ressources gérées dans l'indivision et investies principalement en valeurs mobilières.

Investisseurs institutionnels

a : *Institutional investors* – **d** : *Institutionelle Investoren* – **e** : *Inversores institucionales*

Organismes financiers collectant des ressources d'épargne et tenus par leur nature ou leur statut d'en employer une part notable en placements sous forme de valeurs mobilières.

Investissement s'emploie dans ce terme au sens du mot anglais, c'est-à-dire au sens d'emploi financier couvrant notamment les opérations de *placement.

Les investisseurs institutionnels, parfois appelés aussi épargnants institutionnels, se définissent par opposition à la clientèle privée réalisant directement des placements sur le *marché financier : ce sont des organismes gérant, sous une forme collective, des épargnes facultatives ou obligatoires et susceptibles, comme des particuliers, d'acquérir des valeurs par souscription ou par achat en bourse et de réaliser des arbitrages dans la gestion de leur portefeuille. Les compagnies d'assurances, les fonds de pension et les institutions d'épargne correspondent à cette définition.

Dans la mesure où leurs règles leur permettent d'acquérir des valeurs mobilières, on peut y ranger aussi des organismes dépositaires d'épargnes liquides ; c'est le cas, aux États-Unis, en Grande-Bretagne, en République fédérale d'Allemagne des banques commerciales ou des caisses d'épargne pour une partie de leur activité : l'achat de valeurs mobilières est pour elles l'un des procédés de *transformation de ressources à court terme en emplois à long terme.

• Si les règles de gestion des banques de dépôts sont plus restrictives et si la vocation des banques d'affaires est autre, on trouve en France dans cette catégorie les organismes suivants :

La *Caisse des dépôts et consignations : Pour les divers fonds qu'elle gère ou pour le compte des divers organismes satellites.

Les organismes d'*assurances, et surtout les organismes d'assurance-vie ou de capitalisation, tenus de conserver des *réserves mathématiques en vue de faire face aux obligations contractées vis-à-vis des assurés ; des règles de sécurité commandent l'emploi de ces réserves dont plus de 80 % sont représentés par des valeurs mobilières.

Les organismes de retraite : L'importance de leurs placements dépend de la mesure dans laquelle ils sont tenus de fonctionner sous le régime de la *capitalisation.

Les *sociétés d'investissement, qu'elles soient à capital fixe ou à capital variable (SICAV), et les *fonds communs de placement : leur objet même est la gestion collective d'un portefeuille de valeurs mobilières.
Dans tous les pays occidentaux, la même évolution est relevée qui comporte accroissement de la place prise par les « investisseurs institutionnels » relayant les « investisseurs privés ».

• Si l'épargne des ménages se développe, elle tend à *s'employer de manière différente* pour des raisons qui tiennent aux souvenirs des pertes dues à l'*inflation, aux résultats des placements antérieurs, à la fiscalité, au blocage des loyers, au développement de la sécurité collective : cela se traduit par une préférence pour la *liquidité, le développement des contrats d'assurance-vie, les investissements directs pour le logement. Mais les *formes nouvelles de l'épargne* et de l'organisation collective de la sécurité mettent entre les mains des institutions précédemment citées des ressources accrues qu'elles doivent employer en fonction de règles variables selon les pays et les catégories d'institutions : en valeurs mobilières remplissant certaines conditions, en prêts aux entreprises, en prêts hypothécaires, en placements immobiliers, enfin en emplois relativement liquides. Aux États-Unis, plus de 80 % des émissions obligataires réalisées dans une année sont placées auprès des investisseurs institutionnels.
Les *règles de sécurité* applicables aux emplois et l'existence de la liquidité qu'assure la négociation en bourse donnent en France une place particulière aux valeurs à revenu fixe, et notamment à celles du secteur

public, pour les trois premières catégories d'institutions énumérées : une large part des obligations en circulation aboutit dans leur portefeuille. Les investisseurs institutionnels assurent *une certaine unification du marché,* groupant dans leur portefeuille valeurs à revenu fixe et à revenu variable, et arbitrant en fonction du rendement ; d'autre part, ils exercent sur le marché une action régulatrice, leur souci étant de réaliser des placements à long terme et d'éviter les brusques écarts. Mais pour les *obligations, ils contribuent insuffisamment à la réalisation des émissions, préférant acheter aux souscripteurs d'origine sur le marché secondaire et bénéficier ainsi de la *décote que les titres subissent à leur introduction en bourse.

Les autorités financières ont à tenir compte de *la place qu'ils ont prise :*

• pour améliorer les techniques et les pratiques du marché en les adaptant à la présence de ces nouveaux acteurs et en utilisant ceux-ci plus activement, notamment dans les méthodes de placement des émissions ;

• pour encourager les particuliers, notamment par la voie fiscale (exonération des primes d'assurance-vie, régime des sociétés d'investissement « transparentes », engagements d'épargne), à renforcer les moyens d'action de ces organismes : les exemples étrangers montrent en effet que les placements individuels ne retrouveront jamais la place qu'ils tenaient jadis.

Jachère

a : *Fallow land* – **d** : *Brache/Brachliegendes Land* – **e** : *Barbecho*

État d'une terre arable laissée temporairement sans culture. Par extension : Cette terre elle-même. (Étymologie : du bas latin gascaria.)

Le système de la jachère permet une régénérescence de la terre. Pendant la jachère, la terre est travaillée (labours, hersages...) de façon à éliminer les mauvaises herbes et à favoriser l'aération, l'hydratation et la perméabilité à l'action microbienne du sol. En principe, la jachère dure de six mois (courte) à un an. Dans certaines économies agricoles, où l'assolement ne comporte que quelques années de culture séparées par de longs intervalles, la jachère peut se prolonger durant une ou plusieurs décennies (Afrique subtropicale et tropicale notamment). Si la jachère sans travail paraît peu dispendieuse, la jachère travaillée est très coûteuse, ce qui la fait abandonner de plus en plus pour un système de cultures sarclées dans les économies agricoles modernes. Dans les régions semi-arides, le *dryfarming* consiste cependant à retenir l'eau dans les terres grâce à un travail continu (labours légers, binages, hersages...). Il est largement pratiqué dans l'Ouest américain pour la culture des céréales.

Jardins familiaux

*Parcelles de terres dont les exploitants destinent le produit à l'*autoconsommation, à l'exclusion de tout usage commercial.*

La loi (26 juillet 1952) leur reconnaît la possibilité d'être exploités dans le cadre d'associations (exemple : sociétés de jardins ouvriers organisées par la loi du 1er juillet 1901), voire dans celui de sociétés (loi du 5 novembre 1922 relative aux habitations à bon marché et à la petite propriété).
Les associations de jardins familiaux sont régies par les articles 610 et 613 du Code rural. L'article 1394 (6°) du Code général des impôts comporte l'exemption des contributions foncières pour tous terrains répartis en jardins familiaux dans les communes de plus de 5 000 habitants. La loi du 10 novembre 1976 complète la couverture juridique des jardins familiaux (préemption possible des SAFER pour leur création,

expropriations...). La Charte de la qualité de la vie, adoptée par le gouvernement en février 1978, s'est donné entre autres objectifs celui d'encourager la création de jardins familiaux (article 10 de la Charte). Les associations de jardins familiaux groupent environ 1 500 000 adhérents.

Comptabilité nationale : La production des jardins familiaux correspond aux produits alimentaires tirés des jardins et élevages familiaux appartenant à des *ménages dont le chef n'est pas un exploitant agricole. La valeur de cette production est incluse dans l'*autoconsommation des ménages. La *valeur ajoutée au cours de cette production fait partie de la *production intérieure brute des ménages.

Jeton

a : *Counter* – **d** : *Marke* – **e** : *Marca*

Pièce de métal ou d'autre matière, représentation d'une valeur exprimable en monnaie, mais non garantie par l'État.

L'utilisation de jetons comme *numéraire a un caractère historique (exemple : les chambres de commerce en France ont émis au début du XXe siècle des jetons acceptés comme monnaie par le public).

*Jeton de présence : Rémunération fixe annuelle allouée aux membres du conseil d'administration d'une société commerciale par *actions pour rétribuer leur participation au conseil.*

Le montant en est fixé par l'assemblée générale. Il constitue une charge de la société, comptabilisée dans les frais généraux.

Jobber

Voir Broker.

Jouissance (droit de)

a : *Start of interest entitlement* – **d** : *Nutzungsrecht* – **e** : *Disfrute de los intereses*

---

*Le fait d'être titulaire d'un droit sur le *revenu d'un *capital. Par extension : Date à partir de laquelle peut s'exercer ce droit.*

Exemple : jouissance divise, date marquant le partage de biens indivis.

Action de jouissance : Elle est sans valeur nominale, comportant pour son détenteur le droit à percevoir une part déterminée de *dividendes. Les actions de jouissance sont le plus souvent les titres donnés à des porteurs d'actions dont le capital a été remboursé. Elles peuvent aussi être créées à titre exceptionnel pour associer à la gestion et aux bénéfices d'une entreprise une personne qui ne participe pas à la constitution du capital.
En France, les actions de jouissance sont régies par la loi de 1967 qui a rajeuni les dispositions légales applicables à la constitution et au fonctionnement des *sociétés.

Journal

a : *Journal* – **d** : *Journal* – **e** : *Diario*

Livre comptable où l'on enregistre dans l'ordre chronologique les mouvements de valeurs liés aux opérations d'une entité économique (entreprise) ou administrative (services du Trésor, par exemple).

La tenue d'un livre-journal est prescrite à tout commerçant par l'article 8 du Code du commerce. Dans la pratique et suivant l'importance de l'entreprise, on distingue :

Les journaux auxiliaires : Ils enregistrent suivant un mode unigraphique (ou simple) les opérations se rapportant à une catégorie homogène. Exemples : journal des achats, des ventes, des effets à recevoir, de caisse...

Le journal général ou centralisateur : Il regroupe les mentions portées sur les journaux auxiliaires pendant une période déterminée. Ce journal général est parfois tenu de façon à servir en même temps de grand-livre. Les journaux doivent être servis, aux termes de la loi, sans blancs, ratures, grattages ni surcharges.

Voir Comptabilité.

Journal d'annonces légales

a : *Official Journal* – **d** : *Amtsblatt* – **e** : *Boletín oficial*

Journal habilité à insérer dans ses colonnes la mention d'actes publics ou privés.

Droit commercial : l'insertion dans un journal d'annonces légales est obligatoire pour les actes constitutifs de sociétés commerciales et ceux qui modifient leurs statuts, sous peine de nullité.

Journée-travail

Système de rémunération des travailleurs kolkhoziens.

Voir Kolkhoz.

Junior

Voir Grand magasin « junior ».

Kennedy Round

a : *Kennedy Round* – **d** : *Kennedy Runde* – **e** : *Kennedy Round*

Voir General Agreement on Tariffs and Trade (GATT).

Khammes

a : *Khammes* – **d** : *Khammes* – **e** : *Khammes*

Métayer recevant le cinquième de la récolte pour prix de son labeur. (De l'arabe : khammas, *issu de* khamsa : *cinq.)*

Le système du *khammsat* est très répandu en Afrique du Nord, où les gouvernements s'emploient à le supprimer progressivement.

Voir Métayage.

Keynésiennes (théories)

a : *Keynesian theory* – **d** : *Keynessche Theorie* – **e** : *Teoría Keynesiana*

Théories explicatives des mécanismes économiques procédant de l'analyse keynésienne.

• L'*interprétation keynésienne* des phénomènes économiques, telle qu'elle est présentée dans les ouvrages de son auteur, John Maynard Keynes, et notamment dans sa *Théorie générale de l'emploi, de l'intérêt et de la monnaie,* parue en 1936, apparaît moins comme une critique systématique des théories antérieures que comme une synthèse novatrice d'un certain nombre de leurs éléments d'analyse. A ce titre, la pensée de Keynes se rattache aussi bien à l'influence de la théorie marxiste qu'à la filiation plus directe qu'on lui reconnaît avec les thèses classiques (Smith, Ricardo) ou néo-classiques (écoles *marginalistes).

Impressionné par la situation de la Grande-Bretagne dans l'entre-deux-guerres, caractérisée par un chômage chronique important, Keynes se place dans une perspective d'analyse dynamique et montre que l'équilibre vers lequel tend à conduire le jeu des mécanismes économiques ne correspond pas nécessairement au plein emploi des facteurs de production.

• *L'essentiel de la démonstration keynésienne,* qui se situe dans une optique *macro-économique, peut être schématisé ainsi :

– le niveau de l'emploi est déterminé par le volume de production décidé par les entrepreneurs. Si Keynes se rallie à la thèse classique selon laquelle le salaire s'assimile à la productivité marginale du travail, il refuse ainsi d'admettre que ce sont les variations de salaires qui commandent celles de l'emploi. L'observation montre en effet qu'il existe des situations de chômage involontaire chronique, où les travailleurs ne trouvent pas d'emploi, quand bien même ils acceptent d'être sous-rémunérés ;

– s'opposant de même au postulat classique de la loi des débouchés, selon lequel l'offre crée sa propre demande puisque les produits ne s'échangent que contre des produits, Keynes montre, à partir d'une analyse des phénomènes de *thésaurisation monétaire, que la demande globale ne s'établit pas nécessairement au niveau correspondant au volume des moyens de paiement distribués à l'occasion du processus de production. Le volume de la production est en fait déterminé par les *anticipations des entrepreneurs sur le niveau de la demande effective au cours de la période de prévision ;

– par voie de conséquence, ces anticipations concourent à commander le volume des *investissements. S'il y a bien égalité **ex post* entre l'investissement et l'*épargne, Keynes met en lumière que l'acte d'investir et l'acte d'épargner sont indépendants et s'écarte ainsi de la thèse classique selon laquelle l'ajustement de l'épargne et de l'investissement s'effectue par le jeu du taux d'*intérêt, égalisant l'offre et la demande effective de capitaux. En fait, en raison du phénomène de préférence pour les liquidités, le taux d'intérêt égalise simplement l'offre et la demande de monnaie liquide. La décision d'investir, dans le cadre des anticipations sur la demande, est déterminée par la comparaison entre le taux d'intérêt (coût de la monnaie liquide nécessaire pour le financement de l'investissement) et l'efficacité marginale du capital, telle qu'elle est appréciée par l'entrepreneur. L'égalisation de ces deux taux détermine le volume de l'investissement. Quant à l'épargne, c'est un solde obtenu après affectation d'une partie du revenu aux dépenses de consommation. La fonction de consommation s'exprime par la *propension à consommer, que l'observation révèle généralement inférieure à l'unité, et stable dans le temps. La part du revenu affectée à la consommation étant donc sensiblement constante, ce sont les variations du revenu qui commandent celles de l'épargne. Mais les variations du revenu étant elles-mêmes commandées par celles de l'investissement, à travers le jeu du *multiplicateur, un processus d'égalisation progressive de l'investissement et de l'épargne se trouve ainsi déclenché. Encore faut-il que cet ajustement corresponde au niveau optimal de l'emploi.

Or l'évolution du *capitalisme contemporain révèle la conjonction de plusieurs facteurs conduisant à des équilibres de sous-emploi : déficience de la demande effective liée à l'inégale répartition des revenus qui affecte le volume des dépenses de consommation ; baisse progressive de l'efficacité marginale du capital, liée au phénomène précédent et au rendement décroissant du capital, qui, jointe au maintien à un niveau élevé du taux d'intérêt, affaiblit l'incitation à investir.
Keynes est donc ainsi conduit à préconiser, outre une action sur la consommation (limitée par la stabilité de la propension à consommer), une stimulation de l'investissement public appelée à jouer un rôle régulateur pour l'équilibre du plein emploi, et moteur pour la croissance économique.

• *L'influence* des analyses de Keynes a été telle que l'on a pu parler de « révolution keynésienne ». Elle peut être envisagée en fait à un double niveau :

– celui de la *science économique :* les théoriciens et économistes modernes sont presque nécessairement amenés à se situer par rapport à Keynes. Parmi eux, nombreux sont ceux qui, sans adopter toutes les conclusions du maître, ont prolongé et affiné ses recherches sur les voies qu'il avait tracées. L'*école keynésienne* rassemble en fait des émules d'obédiences diverses parmi lesquels on peut déceler un courant libéral (avec Samuelson, Harrod, Hansen...) et un courant socialisant (Lerner, Kalecki) ;

– facteur de progrès de la science économique, la théorie keynésienne a en plus exercé une influence déterminante sur la *politique économique* des États fidèles au régime de l'économie de marché dans le cadre du système capitaliste ;

– dans tous ces États, depuis Keynes, la *puissance publique* s'est vu reconnaître une responsabilité éminente dans la recherche du plein emploi et d'une croissance équilibrée ;

– la pensée de Keynes a inspiré en particulier la mise au point des politiques contracycliques (*voir* Cycle) fondées notamment sur un rôle nouveau dévolu au budget de l'État. A la conception classique du budget équilibré s'est substituée celle d'une modulation du budget en fonction de la conjoncture : un déficit budgétaire peut être licite s'il s'agit de relancer la demande ; à l'inverse, la stérilisation d'excédents budgétaires est utilisée pour infléchir une conjoncture inflationniste. Il va de soi qu'un tel mouvement des finances publiques implique, avant même la résolution de difficultés pratiques d'application, une connaissance précise de l'ensemble des flux économiques ;

– c'est pourquoi l'approche macro-économique de Keynes est à l'origine, à un autre niveau, de la mise au point de systèmes de *comptabilité nationale permettant de retracer l'évolution des principales grandeurs significatives de la vie économique, et de former le cadre d'analyse et d'élaboration de la politique économique à court ou à moyen terme ;

– la portée des analyses keynésiennes a en effet conduit certains États à dépasser le cadre de la régulation conjoncturelle pour inscrire l'action de la puissance publique dans une programmation à moyen terme. C'est à ce titre qu'on peut reconnaître, par exemple, à la *planification française un fondement théorique keynésien.
Les efforts entrepris à ces divers niveaux pour « rationaliser » la vie économique connaissent en fait des succès inégaux. Ils ne portent pas atteinte, en effet, aux mécanismes fondamentaux du système capitaliste, dont ils se proposent seulement d'aménager le fonctionnement. Ils se heurtent, par ailleurs, aux réticences, voire à l'opposition active des tenants d'un retour à une conception classique du rôle de l'État. Enfin, leur mise en œuvre devient plus aléatoire et plus délicate dans la mesure où l'ouverture des frontières développe les phénomènes d'interdépendance et d'intégration entre les économies.

Khozrastchiot

a : *Khozrastchiot* – **d** : *Khozrastchiot* – **e** : *Khozrastchiot*

Statut comptable des entreprises soviétiques dotées de l'autonomie financière. (Du russe : khoziaïstvenny rastchiot, *littéralement : comptabilité économique.)*

Avant 1929, la plupart des entreprises soviétiques, à l'exception de très grandes, n'avaient pas de statut leur reconnaissant une individualité autonome, une personnalité morale. Durant la période du « communisme de guerre », leurs dépenses allaient jusqu'à être réglées par le budget de l'État. Puis, pendant la Nouvelle Politique économique (*NEP), revenus et dépenses des entreprises étaient comptabilisés au niveau des *trusts. A partir de 1929, la plupart des entreprises industrielles ont été soumises au régime du « khozrastchiot » ; défini comme une « méthode de gestion planifiée des entreprises socialistes », ce système est fondé sur la reconnaissance de l'entreprise comme entité financière autonome, susceptible de disposer de fonds propres. Concrètement il se traduit par la mise en place d'une comptabilité d'entreprise de *pertes et profits. Compte tenu des modalités de fixation des prix des produits finis et des consommations intermédiaires, des règles déterminant le montant des autres charges d'exploitation et des normes fixées au niveau du volume de la production, un profit planifié est calculé *a priori,* dont une part alimente le fonds de l'entreprise (utilisé aux fins de distribution de revenus supplémentaires au personnel ou d'autofinancement). Il dépend de la direction de l'entreprise de réaliser, par une gestion plus efficace, des profits hors plan dont une part beaucoup plus importante est laissée à la disposition de l'entreprise. C'est la comptabilité autonome tenue dans

le cadre du « khozrastchiot » qui permet de calculer ces résultats et, à travers eux, d'apprécier la rentabilité de l'entreprise.
Sous réserve des différences dans les modalités d'application, le principe du « khozrastchiot » n'est pas différent de celui qui fonde, dans les États capitalistes, la comptabilité commerciale des entreprises.
En URSS, comme dans les États capitalistes, une comptabilité distincte pouvait être tenue par établissement ou « section » d'entreprise, sans que cette individualisation comptable implique une quelconque autonomie financière.

Kibboutz (ou kibbouts)

a : *Kibbutz* – **d** : *Kibbuz* – **e** : *Kibboutz*

Exploitation agricole coopérative de l'État d'Israël. (Pluriel : kibboutzim ou kibboutsim. En hébreu : réunion, collectivité.)

Le kibboutz s'apparente économiquement au *kolkhoz soviétique. Il groupe, sur un terroir délimité, un certain nombre de familles associées pour exploiter en commun le sol constitué en propriété commune, suivant un plan de travail établi par un comité élu. Il s'en distingue par son caractère plus étroitement communautaire. Le kibboutz groupe en principe des familles suivant leurs affinités idéologiques (il y a des kibboutzim marxistes, religieux...). Il sert de cadre à des institutions sociales collectives qui vont de l'éducation des enfants à l'organisation des loisirs communs. Par là il se rapproche dans une certaine mesure de la « commune chinoise ». En outre, la situation politique de l'État d'Israël confère aux kibboutzim, surtout dans les zones frontalières, une vocation militaire particulière : le kibboutz apparaît à la fois comme une unité de production, un foyer d'implantation et un centre d'autodéfense.

King (effet)

a : *King's principle* – **d** : *Kingsche Regel* – **e** : *Efecto King*

Phénomène observé dans les économies de marché suivant lequel les variations de prix sont en proportion plus accusées que les variations de production qui les ont engendrées.

Ce phénomène avait été mis en lumière, au XVIIe siècle, par le Britannique Gregory King à propos des fluctuations relatives des prix et des récoltes de blé.

Cet effet peut être observé pour les matières premières qui font l'objet d'un marché international, et surtout, et plus généralement, dans le domaine agricole.
Le phénomène est lié, en effet, à l'existence concomitante de plusieurs conditions, dont les principales sont l'existence d'un marché, fermé ou isolé (quelle que soit sa dimension, mondiale, nationale ou régionale) ; la rigidité à court terme de l'offre (c'est-à-dire du volume de la production, soit que celui-ci dépende des conditions naturelles aléatoires, soit qu'il procède d'une utilisation non modulée de la capacité de production) ; une demande inélastique (produits agricoles) ou dont les fluctuations sont commandées par des motivations étrangères à la considération des prix (matières premières stratégiques).
L'effet King, qui peut jouer, selon les cas, dans un sens ou dans l'autre, peut être mesuré par le coefficient d'expansibilité, qui exprime le rapport entre la variation relative de prix et la variation relative de la production offerte sur le marché.
L'effet King, d'abord relevé à propos du fonctionnement des marchés agricoles, semble bien traduire en fait un phénomène économique caractéristique des économies de marché suivant lequel les effets d'un facteur causal ne lui sont pas directement proportionnels.
Le phénomène s'expliquant notamment par les réactions psychologiques des agents économiques, on a pu parler d'effet King à propos des *krachs ou des *booms boursiers.

Kolkhoz

a : *Kolkhoz* – **d** : *Kolchose* – **e** : *Kolkhoz*

Forme coopérative de l'exploitation agricole en URSS. En pratique : Groupement de familles rurales, disposant collectivement et pour une période indéfinie d'une terre qui reste propriété de l'État. (*Contraction du russe :* kollektivnoïe khoziaïstvo : *exploitation collective.*)

Évolution

Successeur soviétique du *mir de l'ancien régime, le kolkhoz (dénommé *artel agricole jusqu'en 1930) est apparu en URSS en 1922. La politique de collectivisation systématique entreprise après la période de la *NEP fut fondée sur la multiplication des kolkhoz, tandis que le développement des fermes d'État, les *sovkhoz, gardait un caractère plus modeste. La législation initiale, modifiée en 1918 lors du démarrage de la campagne de collectivisation, fut remaniée en 1935, année de l'établissement du statut kolkhozien. La multiplication de ces entreprises s'est prolongée jusqu'en 1950 environ, où l'on en dénombrait 254 000, exploitant globalement près de 400 millions d'ha. Les difficultés nées de sacrifices imposés à l'agriculture pour permettre l'industrialisation, puis assurer la reconstruction, et des disparités entre les niveaux de prospérité des divers kolkhoz, ont imposé depuis une série de mesures de réorganisation de l'économie kolkhozienne : regroupement progressif des kolkhoz à partir de 1950, conjugué avec une tentative d'urbanisation des campagnes dans le cadre des « *agrograds » ; suppression de la tutelle des stations de machines et tracteurs et transfert de leur matériel aux kolkhoz, réforme des conditions d'écoulement de la production (1958). On comptait, en 1975, 33 000 kolkhoz, exploitant globalement plus de 80 % de la surface cultivée.

Organisation

Rapports de production. Propriété :

– La terre appartient à l'État, le kolkhoz en a la jouissance.

– Le kolkhoz possède collectivement tous les moyens de production. Depuis la loi du 31 mars 1958, les kolkhoz ont pu racheter les engins détenus par les stations de machines et tracteurs.

– Le kolkhozien possède privativement sa maison, un cheptel familial (1 à 5 vaches, 1 à 3 truies, 10 à 40 brebis, un nombre illimité d'animaux de basse-cour et d'essaims), ainsi que la jouissance en usufruit personnel d'un lopin pouvant atteindre 1 ha.

– Le kolkhoz peut s'adjoindre des ateliers industriels pour fabriquer les matériaux de construction, des petits instruments de travail et des produits alimentaires.

Gestion : Le kolkhoz est en principe « ouvert » : l'adhésion est libre ; de même est prévue la liberté de quitter la communauté. Pratiquement, la mobilité des kolkhoziens reste limitée.
L'entreprise est gérée par un conseil d'administration élu pour deux ans par l'assemblée générale des kolkhoziens. Le président du conseil d'administration, élu lui-même, est responsable devant elle. Le conseil est assisté d'une commission de contrôle élue pour quatre ans.
Les tâches arrêtées par le conseil sur proposition du président sont distribuées à des brigades (de 50 à 100 membres), elles-mêmes subdivisées en équipes, désignées au moins pour la durée d'un assolement. Le travail est mesuré en journées de travail correspondant à certaines normes, un barème affectant aux différentes tâches une valeur spécifique en « journées ».

Économie financière du kolkhoz. Affectation de la production : Avant 1958, la production était répartie de la façon suivante :

– livraison obligatoire à l'État à un prix fixe, inférieur au prix de revient ; paiement en nature aux stations de machines et tracteurs ;

– alimentation des réserves (fonds de semence et de fourrage, fonds de subsistance) ;

– vente aux organismes d'État, aux coopératives, et au marché libre ;

– paiement en nature des kolkhoziens (sur la base des journées de travail).
Depuis 1958 des modifications importantes sont intervenues. Les livraisons obligatoires ont été supprimées et remplacées par des achats de l'État à des « prix économiquement fondés », variables selon les régions, se rapprochant progressivement des conditions faites aux sovkhoz. Les paiements en nature aux stations de machines et tracteurs sont supprimés, avec la disparition de ces organismes.
La production des lopins individuels est vendue à l'État ou au marché kolkhozien.

Affectation du revenu monétaire du kolkhoz : Il est affecté :
– au paiement des charges (semences, engrais, charges d'emprunts, rémunérations des services de stations techniques d'entretien...) ;
– à l'alimentation du fonds impartageable qui sert aux dépenses d'investissements économiques et sociaux ;
– pour le surplus, à la rémunération des kolkhoziens, sur la base des journées de travail.

Problèmes de l'économie kolkhozienne

Le système kolkhozien, conçu comme une institution typique de la phase socialiste de la révolution communiste, est aujourd'hui remis partiellement en cause, compte tenu des contradictions qu'il n'a cessé de recéler et d'entretenir.

Du point de vue de la production :
– Le système a favorisé l'intégration de l'agriculture dans l'économie planifiée ; il a permis une organisation plus rationnelle de la production sur le plan technique ; il a facilité le transfert progressif d'une partie de la main-d'œuvre à l'industrie ; il a subordonné les tendances individualistes du paysannat aux principes de l'économie socialiste.
– Mais, en même temps, il a entretenu les oppositions d'intérêts entre la campagne et la ville. Le système des livraisons obligatoires, dans la phase d'industrialisation intensive, a été poussé à la limite extrême et, de ce fait, a imposé à l'agriculture une contribution plus que proportionnelle à la formation de capital brut. Et l'agriculture a été sacrifiée à la « construction du socialisme ».

Du point de vue de la répartition des revenus : Si la répartition intrakolkhozienne paraît ménagée de façon équitable, et d'ailleurs perfectible, la redistribution des revenus entre les kolkhoz n'est pas réellement assurée. Mis à part les cas de gestion désordonnée, les dimensions différentes, les servitudes géophysiques variables, l'inégale accumulation du capital font coexister des entreprises riches et des entreprises pauvres. Le regroupement des kolkhoz a apporté un remède partiel à cette situation. Une organisation intégrée des kolkhoz, avec, à chaque échelon (régional, fédéral...), la constitution de fonds communs d'investissement, voire de fonds de compensation, a été recommandée, dans le même ordre de préoccupation, par certains économistes (Stroumiline), il y a quelques années, mais aujourd'hui le problème de fond est posé.

Du point de vue de l'approvisionnement des centres urbains : En effet, malgré le développement de la production des lopins individuels et corrélativement des marchés libres kolkhoziens, complétant les fournitures des magasins d'État alimentés par les livraisons obligatoires, l'approvisionnement des centres de consommation n'a pas fait de progrès décisifs.
A partir de 1988 une nouvelle politique économique, engagée sous l'impulsion de Mikhaïl Gorbatchev, a visé à réduire en fait l'importance de l'économie kolkhozienne « classique » en autorisant la location de terres à bas prix pour des durées pouvant atteindre 50 ans.
Avec le changement de régime et l'éclatement de l'ancienne fédération en 1991, la diversification des formes d'exploitation engagée dans les républiques de l'ex-URSS devrait conduire progressivement à la diminution des kolkhoz, sinon à leur disparition, par transformation en coopératives de type occidental, ou en exploitations privées, individuelles ou sociétaires.
Ce retour à une économie privée (ou coopérative sur une base volontaire), favorisé par la réorganisation du système bancaire, devrait accroître la productivité de l'agriculture et contribuer à améliorer les conditions de la vie quotidienne soumise encore à de nombreuses difficultés de ravitaillement, tout en facilitant le retour à une certaine « vérité » des prix.
Voir Collectivisation.

Konzern

a : *Group (of affiliated companies)* – **d** : *Konzern* – **e** : *Consorcio*

Groupe d'entreprises liées par des participations financières. (Mot allemand.)

Le konzern se distingue du *trust, du fait que les entreprises groupées restent juridiquement indépendantes ; et aussi du *cartel, du fait que les participations financières introduisent une intégration réelle et non une simple alliance fondée sur un contrat.
Le konzern, né en Allemagne où il s'était particulièrement développé dans la période qui a suivi la Première Guerre mondiale (1919-1923 : Konzern Thyssens Wolff, Krupp, Stinnes), groupait au départ des entreprises participant à un même processus de production. Le concept

et la réalité se sont ensuite élargis pour désigner des entreprises aux activités les plus diverses, liées entre elles par des rapports personnels fondés essentiellement sur un contrôle financier.

Voir Entente, Concentration.

Koulaks

Paysans riches (URSS).

La suppression du système du *mir en 1917, puis la nouvelle politique économique inaugurée en 1921, ont favorisé la naissance et le développement en URSS, dans les premières années du régime socialiste, d'une véritable classe de paysans enrichis. C'est contre cette classe que la collectivisation de l'exploitation agricole fut entreprise à partir de 1929.

Krach

a : *Crash* – **d** : *Börsenkrach* – **e** : *Krach*

Débâcle boursière. Par extension : Débâcle financière. (De l'allemand : effondrement.)

Historiquement le terme est entré dans le langage courant depuis le 9 mai 1873, le « vendredi noir » où les cours de la bourse de Vienne connurent une baisse spectaculaire. Il a été depuis employé lors de chaque *crise et notamment au XXe siècle à l'occasion de la débâcle boursière d'octobre 1929, à New York, qui marqua le début de la grande crise.
Par extension, on parle de krach d'une entreprise lorsque celle-ci est acculée à la *faillite.

Label

a : *Seal of quality* – **d** : *Qualitätssiegel* – **e** : *Sello de calidad*

Marque distinctive créée par un syndicat professionnel ou un organisme parapublic et apposée sur un produit commercialisé pour en garantir la qualité, voire la conformité avec des normes de fabrication.

Initialement, le label était une étiquette apposée par les syndicats ouvriers pour indiquer que l'entreprise productrice observait la réglementation du travail ou les accords conclus entre les employeurs et les travailleurs (label des cigares institué en 1874 dans l'Illinois ; label des syndicats du Livre en France). Le développement même de la législation du travail et surtout du contrôle exercé par les pouvoirs publics sur son respect ont diminué la valeur de ce type de label.
En revanche, les organisations professionnelles patronales ont institué et multiplié des labels corporatifs destinés à rendre apparente, particulièrement pour les importateurs étrangers, la qualité des produits proposés à la vente par la corporation. Le label est ainsi une marque, propriété du syndicat professionnel, qui en organise et contrôle l'emploi, sous la surveillance des pouvoirs publics, appelés de plus en plus à en préciser la réglementation. C'est le cas notamment en France où, par exemple, l'octroi des labels agricoles a fait l'objet d'une véritable codification.

Voir Normalisation, Marque.

Labour turnover

a : *Labour turnover* – **d** : *Labour turnover* – **e** : *Labour turnover*

Instabilité d'emploi de la main-d'œuvre.

Cette expression anglo-saxonne, employée chez certains économistes d'expression française, désigne non pas la mobilité de la main-d'œuvre, mais la tendance à la *rotation* assez rapide d'une partie des effectifs enregistrée dans les industries. En fait, cette tendance n'est pas une constante naturelle. Sa manifestation dépend essentiellement du niveau de qualification de la main-d'œuvre et des conditions générales de vie qui lui sont faites. De nos jours, l'instabilité de la main-d'œuvre affecte surtout les entreprises qui recourent à du personnel peu qualifié. Elle est moins le fait des ouvriers eux-mêmes que des fluctuations économiques (notamment pour la main-d'œuvre étrangère) ou de la politique de personnel des directions d'entreprise dans certaines branches de l'industrie ou des services (rotation rapide d'un personnel dont la jeunesse et l'inexpérience autorisent la pratique de bas salaires).

Laissez-passer

Fiscalité : Titre de mouvement établi lors de l'enlèvement de certaines marchandises exonérées ou libérées de droits.

Des formules de laissez-passer, qui ne donnent pas lieu à contrôle à l'arrivée, accompagnent certaines marchandises soumises à des droits indirects ou susceptibles d'y être soumises après transformation : ainsi les vendanges transportées jusqu'au chai, les vins et cidres déplacés par les récoltants, les vins et alcools vendus en petites quantités par les détaillants après paiement des droits, les céréales livrées aux organismes stockeurs.
Pour éviter des déplacements trop fréquents à la recette buraliste, les registres de formules avec souches peuvent être délivrés aux agriculteurs, aux vendeurs ou aux acheteurs qui détachent les formules après les avoir remplies.

Laplace-Gauss (loi de)

a : *Gaussian distribution* – **d** : *Gauss-Verteilung* – **e** : *Ley de Laplace-Gauss*

*En statistique : Autre nom donné à la loi *normale.*

Laplace et Gauss, mathématiciens du XVIIIe siècle, peuvent en effet revendiquer tous les deux la paternité de la loi normale. On a d'ailleurs tiré du nom de Gauss l'adjectif « gaussien » : « variable gaussienne » est ainsi souvent employée au lieu de « variable normale ».

Laspeyres (indice de)

Voir Indice.

Lay-away

a : *Lay-away* – **d** : *Lay-away* – **e** : *Lay-away*

Pratique de vente fondée sur le versement anticipé de tout ou partie du prix convenu. (De l'anglais : débourser à l'avance.)

Voir Acompte, Avance, Arrhes.

Leads and lags

a : *Leads and lags* – **d** : *Leads and lags* – **e** : *Leads and lags*

(En anglais, littéralement : avances et retards.)

Voir Termaillage.

Leasing

Voir Crédit-bail.

Léninisme

a : *Leninism* – **d** : *Leninismus* – **e** : *Leninismo*

*Ensemble des théories de Lénine qui ont prolongé et complété la théorie *marxiste ; doctrine dont se réclament les États socialistes organisés par les partis communistes qui se déclarent « marxistes-léninistes ».*

L'apport léniniste à la pensée marxiste, tel qu'il est présenté dans l'œuvre de l'homme politique (notamment : *L'Impérialisme, stade suprême du capitalisme,* 1916 ; *Le Gauchisme, maladie infantile du communisme,* 1920 ; *L'État et la Révolution,* 1917 ; *Matérialisme et Empiriocriticisme,* 1909), et synthétisé dans l'ouvrage de Staline, *Des principes du léninisme* (1924), peut être à la fois analysé comme un effort d'approfondissement et de mise à jour, compte tenu de l'évolution des sociétés capitalistes. Liant toujours et étroitement l'analyse théorique et l'organisation de l'action révolutionnaire, le léninisme se caractérise essentiellement par les traits suivants.

• Un *approfondissement de l'analyse* des contradictions de la société capitaliste, envisagée dans son développement évolutif : la phase pacifique du développement du capitalisme fait place à l'« impérialisme », opposant les groupes monopolistes ou oligopolistes dans leur effort pour élargir leur sphère d'influence et leur zone d'action, à partir du support national.

• Une extension de la doctrine marxiste, qui conduit Lénine à préconiser une politique d'alliance de la classe ouvrière avec les masses paysannes.

• Une analyse critique du *terrorisme individuel* qui procède, selon Lénine, d'une déviation anarchiste ; une critique du *réformisme parlementaire* des partis socialistes ; en revanche, l'affirmation du rôle prééminent de l'avant-garde comme « fer de lance » de la révolution prolétarienne, qui doit permettre l'instauration de la dictature du prolétariat.

• La conviction que la révolution socialiste, à la faveur des guerres impérialistes, *peut partir d'un seul pays,* d'où elle rayonnera ensuite, par le soutien qu'il pourra apporter aux partis ouvriers et aux peuples colonisés dans leur lutte solidaire contre l'impérialisme.

Le léninisme apparaît ainsi à la fois comme l'énoncé des principes d'analyse et d'action qui ont présidé à la révolution bolchevique de 1917 et comme la formalisation, en termes doctrinaux, de l'expérience concrète qui a caractérisé la conquête du pouvoir, en Russie, par les Soviets.

Lettre d'agrément

a : *Notice of approval* – **d** : *Genehmigungsbescheid* – **e** : *Aviso de autorisación*

Document administratif par lequel se trouve agréée par les pouvoirs publics une demande de fabrication présentée par une entreprise.

Née d'une loi du 12 septembre 1940, cette procédure, inspirée par les nécessités du temps de guerre, visait à orienter et stimuler certaines fabrications par l'octroi d'avantages divers, dosés de façon variable, tels que : garanties d'écoulement, de prix, financement des stocks d'approvisionnement, de la fabrication, garantie d'approvisionnement, ou encore garantie contre les risques de guerre.

Cette procédure a survécu aux circonstances qui l'ont fait naître, mais elle ne comporte plus nécessairement les mêmes avantages : en particulier, les crédits obtenus par l'entreprise ne peuvent être garantis par le Trésor qu'après autorisation donnée par décret.

Les autres lettres d'agrément, sans garantie du Trésor, sont dites « désincarnées ». Traduisant l'intérêt porté par les pouvoirs publics à telle ou telle fabrication, elles offrent pour le prêteur (banquier ou Caisse nationale des marchés de l'État qui assure le secrétariat général du comité des lettres d'agrément) la possibilité de prendre un *gage réel (*warrant industriel).

La lettre d'agrément peut être appelée à jouer un rôle notable dans le cadre des « quasi-contrats ». Mais son utilisation trouve ses limites dans l'absence de liens automatiques entre son attribution et l'obtention de crédits bancaires.

Voir Intervention.

Lettre de change

a : *Bill of exchange* – **d** : *Wechsel* – **e** : *Letra de cambio*

Effet de commerce par lequel un créancier, dit tireur, ordonne à son débiteur, ou tiré, de verser, à une échéance indiquée, une somme précise à une personne désignée, le bénéficiaire.

Évolution

Née du souci d'éviter des transports d'espèces à une époque où les communications étaient peu sûres et les monnaies uniquement métalliques, la lettre de change a connu plusieurs stades d'évolution.
Elle a d'abord été un *mode de *virement.* Il s'agissait en effet d'une lettre missive, remise par un banquier à son client en échange d'un versement d'espèces, par laquelle ce banquier invitait son correspondant d'une autre place à verser la somme en question, soit au client, soit à une autre personne nommément désignée. C'est en raison de cette fonction originelle qu'en France, jusqu'en 1794, une lettre de change devait toujours être libellée payable dans un autre lieu que celui de son émission.
Au cours du XVIIe siècle, la traite est devenue un *instrument de crédit à court terme* par la mention d'une échéance différée pour le paiement par le tiré qui, de ce fait, pouvait disposer d'un délai pour vendre, par exemple, les marchandises qu'il avait acquises du tireur. Parallèlement, la lettre de change devenait un instrument de transfert, par la pratique de l'*endos, cependant que l'*acceptation par le tiré garantissait son paiement à l'échéance.
Au XVIIIe siècle, la lettre de change devient un *effet négociable,* c'est-à-dire un instrument de *mobilisation du crédit commercial consenti par le vendeur à l'acheteur, et par emploi de la cause à ordre, de mobilisation du crédit consenti par le banquier au vendeur.
Dissociée du crédit commercial, c'est-à-dire sur marchandises, la lettre de change peut être utilisée comme instrument de mobilisation de crédits de toute nature (et notamment de financement des opérations d'investissement). La mobilisation des crédits à moyen terme utilise cependant plus souvent le support du *billet à ordre (où n'entrent en jeu que deux parties).

Caractères

Trois conventions internationales signées à Genève en 1930 règlent le droit de la lettre de change, cependant qu'en France un décret-loi de

1935, peu remanié depuis, codifie et précise, pour l'usage intérieur, les dispositions communes aux 26 États signataires (les États-Unis et la Grande-Bretagne n'y sont pas parties).

• La lettre de change est un *acte sous seing privé,* soumise à des conditions de forme précises, comportant notamment sept mentions obligatoires (dénomination, ordre de payer une somme donnée, nom du tiré, lieu du paiement, échéance, bénéficiaire, date et lieu d'émission). Les délits et litiges relatifs à l'émission et à la circulation de la lettre de change relèvent de la compétence du tribunal de commerce.

• La lettre de change est une **créance assortie de garanties.* Tiré, tireur et endosseurs sont solidairement responsables du paiement au porteur à l'échéance. (*Voir* Traite.)

• Acte permettant de *mobiliser une créance,* la lettre de change suppose l'existence d'une cause à la dette du tiré envers le tireur. L'absence de cause (transaction commerciale, ou ouverture de crédit) est un cas de nullité. La mobilisation implique l'acceptation par le tiré, rendue d'ailleurs obligatoire pour les fournitures de marchandises entre commerçants par un décret-loi de 1948. La mobilisation se réalise par l'endos : « translatif » s'il y a transfert de la propriété de la lettre, « pignoratif » s'il y a simple mise en gage, « de procuration » s'il comporte un simple mandat pour percevoir le paiement au profit du tireur.

Voir Effet, Papier.

Lettre de crédit

a : *Letter of credit* – **d** : *Kreditbrief* – **e** : *Carta de crédito*

Lettre missive par laquelle un banquier accrédite un client pour lui permettre de se procurer des espèces auprès d'une succursale ou d'un correspondant.

La lettre de crédit circulaire autorise le porteur à toucher des fonds sur plusieurs *places. La lettre de crédit confirmée, ou avisée, est une lettre de crédit assortie d'un avis adressé directement par le banquier au correspondant ou à la succursale de la place où le bénéficiaire a la faculté de se présenter.

Lettre de fusion

---

*Convention par laquelle deux agents économiques, liés pour leurs relations financières par deux ou plusieurs *comptes courants, décident de les souder les uns aux autres tout en laissant à chaque compte son individualité.*

Cette procédure permet de conserver aux opérations leur imputation comptable propre, tout en accroissant la garantie qui s'attache au règlement de leur solde global.

Voir Dépôts.

Lettre de gage

a : *Mortgage bond* – **d** : *Pfandbrief* – **e** : *Cédula hipotecaria*

---

*Document par lequel le *tireur d'une *traite donne au porteur des instructions susceptibles de faciliter le dénouement de l'opération avec le tiré.*

Lettre de transport

a : *Freight bill/Bill of lading* – **d** : *Frachtbrief* – **e** : *Carta de porte*

Document constatant l'expédition d'une marchandise, utilisé pour les relations commerciales.

On le désigne sous le nom de lettre de transport aérien lorsque l'envoi s'effectue par la voie aérienne, et sous celui de lettre de voiture quand l'expédition se fait par chemin de fer, fleuve ou route.

Lettre rectificative

a : *Adjustment of the draft budget* – **d** : *Korrektur des Haushaltsentwurfs* – **e** : *Rectificación del proyecto de presupuesto*

Acte administratif par lequel le gouvernement modifie le montant des crédits inscrits à un ou plusieurs chapitres du projet de loi de finances après sa présentation à l'Assemblée nationale et avant son vote définitif.

Cette pratique, très répandue en France, notamment sous la IVe République, est une conséquence des dispositions constitutionnelles, législatives et réglementaires limitant ou supprimant le droit d'initiative parlementaire en matière de dépenses (*voir* Amendement). Faute de pouvoir accroître les crédits d'un ou de plusieurs chapitres, les parlementaires peuvent être tentés, pour obtenir satisfaction, de refuser partiellement, ou en totalité, le vote du projet budgétaire. Dans cette hypothèse, la lettre rectificative, qui majore les crédits initialement prévus et qui donne gain de cause, de ce fait, aux parlementaires, aboutit à rétablir très indirectement l'initiative du pouvoir législatif.

Levier (effet de)

a : *Leverage effect* – **d** : *Hebeleffekt* – **e** : *Efecto de leverage*

*Expression désignant l'effet d'amélioration exercé par l'endettement sur la *rentabilité des capitaux propres de l'entreprise.*

Cet « effet » ne se produit que lorsque la rentabilité d'une opération est supérieure au coût des capitaux d'emprunt qui la financent.
Exemple : soit une entreprise ayant un bénéfice potentiel, après amortissements et provisions, de 100 F.
Premier cas : les *capitaux permanents (500 F) sont exclusivement constitués de capitaux propres.
Deuxième cas : l'endettement à moyen et long terme représente 50 % des capitaux propres, soit 250 F, et son coût moyen sera de 12 % l'an.
Du fait de l'endettement, la rentabilité des capitaux propres passe ainsi de 10 % à 14 %. L'« effet de levier » a augmenté la rentabilité des capitaux propres de 40 %.

	Sans endettement	**Avec endettement**
Capitaux propres	500	250
Dettes à moyen et long terme	—	250
Coût annuel de l'emprunt	—	30
Bénéfice avant frais financiers et impôts	100	100
Frais financiers		30
Bénéfice avant impôt	100	70
Bénéfice après impôt	50	35
→ Rentabilité des capitaux propres (bénéf. après impôt/capitaux propres)	10 %	14 %

Ce schéma, théorique, n'a qu'un intérêt pédagogique en analyse financière. En fait, la probabilité du jeu de l'effet de levier est liée à une multitude de conditions : taux d'intérêt, capacité d'endettement supplémentaire de l'entreprise, réussite de l'opération industrielle ou commerciale ainsi financée, retournement de conjoncture, etc. On signalera notamment que l'effet de levier peut aussi jouer à la baisse de rentabilité des capitaux propres, par exemple si les bénéfices sont inférieurs aux prévisions.

Si, dans l'exemple ci-dessus, les réalisations de bénéfice se révèlent être de 20 % inférieures aux prévisions :

	Premier cas	Deuxième cas
Capitaux propres	500	250
Bénéfice avant frais financiers et impôts	80	80
Frais financiers	—	30
Bénéfice avant impôt	80	50
Bénéfice après impôt	40	25
→ Rentabilité des capitaux propres	8 %	10 %

Alors que, dans le premier cas, la baisse de rentabilité des capitaux propres n'est que de 20 %, dans le second cas l'effet de levier a également joué à la baisse, et la rentabilité des capitaux propres diminue de 28,6 % $\left(\frac{14 - 10}{14}\right)$.

Levier (ratio de)

a : *Leverage ratio* – **d** : *Hebelwirkung* – **e** : *Ratio de leverage*

*Rapport des capitaux empruntés aux moyens de financement de l'entreprise et exprimant l'intensité de l'effet de *levier.*

La « ratio » de levier n'est, en fait, qu'une interprétation des ratios de solvabilité-endettement, et notamment des ratios d'autonomie financière (*voir* Ratio). On en propose diverses expressions :

$$\frac{\text{capitaux empruntés}}{\text{actif total}} \text{ ou } \frac{\text{capitaux empruntés}}{\text{capitaux propres}}.$$

En fait, le choix de la ratio de levier adoptée est fonction des structures de financement du secteur auquel appartient l'entreprise. On peut aussi prendre en compte soit l'endettement, soit seulement les capitaux empruntés à moyen et long terme, cette dernière option étant la plus répandue. Généralement, on estime que la ratio :

$$\frac{\text{capitaux empruntés à long terme}}{\text{capitaux propres}}$$

doit être inférieure à 1.

Dans certains secteurs à forte *capacité de remboursement, on admet exceptionnellement des valeurs de l'ordre de 1,5.

Libéralisation

a : *Liberalization* – **d** : *Liberalisierung* – **e** : *Liberalización*

---

*Mesure ou ensemble de mesures visant à favoriser les échanges commerciaux par la réduction des *tarifs douaniers et l'élargissement ou la suppression du contingentement.*

Le terme se distingue de la *libération qui ne s'applique en principe qu'à la limitation ou à la suppression des restrictions quantitatives au commerce extérieur (*voir* Contingent). L'emploi du mot « libéralisation », pour usuel qu'il soit, reste assez largement contesté.

Libéralisme

a : *Liberalism* – **d** : *Liberalismus* – **e** : *Liberalismo*

Doctrine économique qui affirme que le meilleur — ou le moins mauvais — système économique est celui qui garantit le libre jeu des initiatives individuelles des agents économiques.

Cette définition schématique ne rend pas compte des diverses « écoles » libérales que l'histoire des doctrines économiques mentionne ; elle souligne simplement leur fondement commun : la conviction qu'il existe, dans le domaine économique, un ordre naturel réalisé par le libre jeu des initiatives de l'individu « *Homo œconomicus » dont le comportement naturel est d'obtenir le maximum de satisfaction pour le minimum de peine.

Éléments de la doctrine

Les intérêts individuels et l'intérêt général de la société coïncident. En effet, le jeu libre des initiatives individuelles s'inscrit dans les « lois économiques » naturelles, c'est-à-dire les mécanismes économiques d'ajustement (des prix, de la production, des revenus...) qui assurent nécessairement l'*équilibre économique (ou le retour à cet équilibre lorsqu'il est momentanément rompu). Le cadre de la vie économique doit être la libre *concurrence qui s'oppose tant à la constitution de groupes privés qu'à l'intervention de l'État.

Évolution

Lié initialement au libéralisme politique, le libéralisme économique, né au XVIIIe siècle (A. Smith, Malthus, Ricardo), s'est épanoui au XIXe siècle (J. Stuart Mill, Jean-Baptiste Say, F. Bastiat), à la faveur de la révolution industrielle, au point de constituer la doctrine officielle des États entrés dans le processus du développement industriel. La naissance et l'essor des doctrines socialistes, comme l'évolution même du capitalisme (développement des groupes privés), ont conduit les écoles libérales à se diversifier, mais en même temps à renforcer l'expression didactique de leur doctrine. Cependant, la concentration croissante des entreprises et les *crises économiques ont apporté le démenti des faits à l'affirmation que la simple mise en présence des agents économiques suffisait à la réalisation d'un ordre naturel générateur d'équilibre. De là est né, à partir de 1930 (sous l'influence de la crise de 1929), un « néo-libéralisme » (W. Lippmann) qui, tout en affirmant la valeur permanente de la libre concurrence et de la propriété individuelle, estime que le libre comportement des agents économiques ne conduit pas automatiquement à un ordre naturel. C'est à l'État qu'il revient d'instituer un ordre légal garantissant l'exercice de l'initiative individuelle dans le cadre d'une libre concurrence défendue par une législation appropriée (réglementation contre les *ententes notamment). Cependant, dans la pratique, l'évolution des économies de marché montre que l'État ne s'est pas contenté d'être un arbitre et qu'il s'est fait lui-même entrepreneur. L'approfondissement de l'analyse économique des économies capitalistes, la vigueur des revendications des classes salariées, les nécessités de l'économie de guerre et de la reconstruction, ont conduit à reconnaître à l'État la vocation d'un moteur et d'un régulateur de l'activité économique. Témoin, puis garant du jeu économique, l'État est devenu le principal responsable de l'expansion. Devant cette évolution, le libéralisme, même dans sa forme révisée, n'apparaît plus que comme une profession de foi. Il reste cependant la « référence affective » des économistes et des politiques défenseurs de l'économie de marché.

Influence sur la politique économique

Si le contenu de la doctrine s'est en effet modifié et si sa formulation s'est nuancée, son influence sur la politique économique des pays à économie de marché reste déterminante. Par opposition au *dirigisme ou au *collectivisme, le libéralisme proclame trois principes : la valeur de la *propriété privée* comme fondement juridique de la vie économique ; celle de la *libre entreprise* comme génératrice d'innovation technique et de progrès économique ; celle de la *libre concurrence* comme mécanisme régulateur des relations économiques. L'importance du rôle et des moyens de l'État n'est plus méconnue, ni méprisée. Mais ce rôle doit être cantonné dans des limites précises : à l'État la responsabilité de surveiller, voire d'assurer l'équilibre général de l'économie, d'édicter et de faire respecter une législation conforme aux principes ci-dessus exposés et, à la limite, de prendre en charge les activités que leur nature ou leur absence de rentabilité érigent en services publics. L'État ne doit pas être un instrument de révolution des structures, mais un élément de régulation et de promotion des initiatives privées. Les exemples des mesures économiques prises au nom de ces principes abondent : c'est au nom et dans le cadre du libéralisme que les États-Unis ont édicté une législation antitrust, que le gouvernement conservateur britannique, en 1951, a procédé à la dénationalisation de l'industrie du fer et de l'acier, que le gouvernement démocrate-chrétien allemand a limité au maximum le rôle de l'État dans la restauration de l'économie de la République fédérale d'Allemagne (absence de *nationalisation, soutien des investissements privés), que les gouvernements français des vingt-cinq dernières années poursuivent une politique de débudgétisation des investissements et d'animation du marché financier.

Libération (du capital, d'une action)

a : *Payment in (of capital, of stock)* – **d** : *Liberierung (des Kapitals, einer Aktie)* – **e** : *Liberación (del capital, de una acción)*

---

*Paiement, par l'ensemble des actionnaires, de tout ou partie de l'*apport qu'ils se sont engagés à réaliser lors de la souscription ou de l'augmentation du *capital social.*

Le capital est dit partiellement libéré (à 25 % par exemple) lorsque 25 % du prix de souscription a été effectivement versé à la *société émettrice. Il appartient alors à la société d'appeler le paiement de tout ou partie du capital non encore libéré (appel de fonds).
Dans les sociétés anonymes, un quart seulement du capital doit être obligatoirement libéré dès la constitution. Les trois autres quarts devront l'être en une ou plusieurs fois, dans les cinq années suivant la constitution, sur simple décision du conseil d'administration.
Le bilan doit distinguer, dans ce cas, le montant du capital appelé et le montant du capital non appelé.
De même, une *action libérée (intégralement ou partiellement) est une action ayant donné lieu à paiement (intégral ou partiel).

Libération des échanges

a : *Liberalization (of trade and change)* – **d** : *Liberalisierung (von Handel und Wechsel)* – **e** : *Liberalización (del comercio y de los intercambios)*

Assouplissement ou suppression des restrictions quantitatives à l'importation (et le cas échéant à l'exportation).

• La libération des échanges a été, *après la Seconde Guerre mondiale,* l'un des principaux problèmes auxquels les pays occidentaux se sont trouvés confrontés dans leur souci de rétablir les relations économiques internationales. Tous les pays avaient hérité de la crise de 1929, puis de la guerre, un système de *prohibition (avec dérogations) ou de contingentement des échanges extérieurs. Alors que les pays collectivistes organisaient leurs échanges réciproques et leurs relations avec les autres États sur la base d'accords bilatéraux (*troc, puis *accords de paiements), les pays occidentaux ont entrepris de libérer progressivement, mais systématiquement, leurs échanges entre eux. Cette politique s'inscrivait dans la perspective d'un retour — au moins partiel — au *libéralisme et plus particulièrement au libre-échange. Le principal instrument de cette politique a été la création de l'**Organisation européenne de coopération économique* (OECE). Un Code de libération a été mis au point (dernière édition : *1957*), et complété par des révisions périodiques relevant la part des échanges qui devaient être libérés. Les pourcentages de libération étaient calculés sur la base de la valeur des échanges en 1948. Il était admis que chaque pays établissait ses tableaux de libération sur sa propre initiative, selon un rythme choisi par lui, et dans le cadre de ses propres définitions. En outre, chaque membre pouvait se prévaloir de clauses de *sauvegarde pour ralentir son processus de libération, voire même pour rétablir momentanément des contingents supprimés. En dépit de la modération de ces principes et de l'absence pratique de sanction à l'inobservation des décisions prises à l'unanimité, l'action de l'OECE s'est soldée par un succès relatif. En 1958, près de 90 % des échanges commerciaux entre les pays membres étaient libérés ; ce pourcentage moyen recouvrait des écarts assez considérables entre les pays : il était presque nul pour la Turquie, n'atteignait que 30 % pour l'Islande, voisinait 100 % pour l'Irlande et le Benelux. En revanche, le pourcentage de libération des échanges avec les pays de la zone dollar (États-Unis et Canada) n'atteignait pas 65 % en moyenne (nul pour la France, 15 % pour l'Irlande, 99 % pour la Grèce et la Suisse). Ces résultats qui ont été rendus possibles par l'institution d'un mécanisme de règlements multilatéraux (*voir* Union européenne des paiements) reposaient en définitive sur le rétablissement progressif des balances des paiements. La fragilité et la lenteur de ce redressement n'ont pas permis d'étendre aussi vite la libération aux transactions invisibles et aux mouvements de capitaux. Toutefois, à partir de 1958-1959, le retour à la convertibilité des principales monnaies européennes a constitué une étape décisive dans cette voie. L'**Organisation de coopération et de développement économique* (OCDE), qui a succédé à l'OECE en 1959, a poursuivi son œuvre.

• Si la libération des échanges entre les pays européens à économie de marché, les États-Unis et le Canada est pratiquement accomplie, elle reste très *limitée sur le plan international* dans les relations avec les autres pays. La *charte de La Havane de 1948, adoptée dans le cadre de l'ONU, prévoyait bien dans son article 20 la suppression et l'interdiction des prohibitions ou des restrictions en matière d'importation. Mais il s'en faut de beaucoup qu'elle ait été observée par ses promoteurs : les États-Unis, en particulier, ne l'ont pas fait. Au surplus, ces principes s'accommodent mal, tant des nécessités inhérentes au développement des pays en voie d'industrialisation que des conditions particulières dans lesquelles les pays à planification socialiste envisagent leurs relations économiques extérieures. La libération, de ce fait, est limitée, l'élargissement des *contingents se faisant dans le cadre d'accords bilatéraux, sujets à révision en fonction de la situation des *balances des paiements en cause. Quelques efforts régionaux d'élargissement substantiel, voire de suppression, méritent cependant de retenir l'attention : accords passés dans le cadre de l'Organisation des États américains (OEA), élargissement des échanges dans le cadre du *Comecon en fonction d'une division du travail entre les pays socialistes membres ; suppression totale des restrictions dans le cadre de la *Communauté économique européenne, avec extension aux pays africains associés (convention de 1958 — convention de Yaoundé de 1963, renouvelée en 1968, puis convention de Lomé après l'élargissement à 9 de la CE).

• Le *processus de libération des échanges,* dont le développement est irrégulier et parfois sujet à des interruptions, paraît en fait *irréversible dans son principe.* En effet, la diffusion du progrès technique ne peut prendre appui que sur des échanges accrus et tous les États, quels que soient leur système et leur régime économiques, trouvent finalement plus d'avantages que d'inconvénients à une ouverture progressive sur l'extérieur. Le mouvement de libération quantitative des échanges se double des efforts poursuivis au sein du *GATT, du *FMI et de l'OCDE, pour favoriser la réduction des barrières douanières et l'extension de la libéralisation aux opérations autres que commerciales.

Liberté

a : *Liberty* – **d** : *Freiheit* – **e** : *Libertad*

Absence de contrainte.

La liberté économique est le fondement philosophique du *libéralisme. Son expression juridique essentielle réside dans la liberté des contrats telle que les codes, par exemple le Code civil français, l'ont définie en posant que les conventions légalement formées tiennent lieu de loi à ceux qui les ont passées.

Historiquement, l'instauration de la liberté économique est liée à la naissance et à l'essor du *capitalisme qui a rompu progressivement les entraves que le système féodal dressait à l'encontre de l'initiative individuelle. En dépit des affirmations ou des espoirs de certains théoriciens, la liberté économique dans les faits n'a jamais eu d'autre contenu qu'un certain nombre de droits définis plus ou moins restrictivement par la législation. C'est ainsi que pendant toute une partie du XIXe siècle, en France, la liberté économique signifiait le droit de conclure des conventions individuelles et de posséder privativement des moyens de production, mais également l'interdiction des * coalitions tant d'employeurs que de salariés.

La liberté économique est ainsi une *notion relative,* variable selon le point de vue d'où on l'envisage et le contenu qu'on est de ce fait conduit à lui donner. Dans la mesure où l'acception la plus commodément admise se réfère aux possibilités qui s'offrent à l'initiative individuelle, le domaine de la liberté économique, au XXe siècle, s'est en fait rétréci. Le développement des systèmes * collectivistes, l'organisation des économies de guerre, l'évolution socialisante des économies de * marché font tous, encore que de façon variable, plus de place aux droits (et aux obligations) de la collectivité qu'à ceux de l'individu. Dans la mesure où la liberté des individus s'identifie à la liberté des forts, elle subit des atteintes continuelles. Mais ce que les agents économiques perdent en liberté individuelle, ils tendent à le regagner en sécurité.

LIBOR (London Interbank Offered Rate)

a : *LIBOR (London Interbank Offered Rate)* – **d** : *LIBOR (London Interbank Offered Rate)* – **e** : *LIBOR (London Interbank Offered Rate)*

Taux pratiqué sur le marché de Londres par les banques de premier rang pour rémunérer leurs dépôts réciproques.

Ce * taux de base (ou *prime rate*) sert habituellement de référence pour déterminer ceux à appliquer aux prêts ou avances en devises sur le marché de Londres et sur les principales places européennes, pour les opérations en * eurodevises.

Cette formule d'abréviation est aussi utilisée pour désigner les conditions pratiquées sur d'autres places. Exemple : FIBOR, taux du marché de Francfort.

Libre-échange

a : *Free trade/Liberal trade* – **d** : *Freihandel* – **e** : *Librecambio*

Voir Libération des échanges, Zone de libre-échange.

Libre pratique

a : *Free movement of goods* – **d** : *Freier Warenverkehr* – **e** : *Libre entrada*

---

*Situation des produits admis à l'intérieur du *Marché commun au bénéfice du *régime douanier intracommunautaire.*

Outre les marchandises fabriquées dans les États membres, sont considérés comme en libre pratique à l'intérieur de la CE les produits en provenance d'un pays tiers dès lors que la première importation dans un État membre a donné lieu à la perception intégrale — sans ristourne totale, ni partielle — des droits de douane et taxes équivalentes exigibles (art. 10 du traité de Rome). Un certificat de libre pratique est délivré, qui, lors de la circulation ultérieure de la marchandise à l'intérieur de la Communauté, lui assure le bénéfice du régime intracommunautaire.

Le recours à cette notion s'impose pour éviter que les avantages de la *libération des échanges ne soient étendus aux pays tiers qui n'assument pas les obligations communautaires dont ils sont la contrepartie. Il en est cependant résulté des difficultés caractéristiques des problèmes créés par la constitution d'*unions douanières. Les formalités douanières se sont trouvées alourdies par l'apparition d'un document nouveau — le certificat de libre pratique — tandis que la détermination de l'origine des marchandises était rendue plus difficile. Par ailleurs, au cours de la période transitoire, alors que le tarif extérieur commun ne s'appliquait pas intégralement, des détournements de trafic pouvaient être provoqués lorsque la différence entre les montants de droits applicables à l'égard d'un pays tiers dans deux pays membres était supérieure au montant des droits intracommunautaires augmenté des frais de transport supplémentaire entre les deux pays membres. Enfin, pour les produits d'origine extra-communautaire admis dans un pays membre dans le cadre d'un régime douanier suspensif, avant d'être transformés, un prélèvement spécial a dû être institué, qui était perçu lors de la réexportation vers un autre pays membre ; son calcul était compliqué et sa perception psychologiquement délicate, car il apparaissait au redevable comme une taxe à l'exportation.

Le passage à la phase définitive du Marché commun a fait disparaître pour l'essentiel ces inconvénients, puisque le tarif extérieur commun s'applique uniformément ; il convient toutefois de signaler qu'en l'absence de politique commerciale commune les risques de détournement de trafic subsistent, qui permettraient d'éviter les restrictions quantitatives maintenues par chacun des pays membres dans ses relations avec certains pays tiers. Dès lors, l'origine des marchandises franchissant les frontières intracommunautaires continue à être l'objet de contrôles attentifs de la part des services douaniers nationaux.

Licence

a : *Licence/Permit* – **d** : *Bewilligung/Lizenz* – **e** : *Licencia*

Autorisation administrative de se livrer à certaines activités ou opérations.

Licence administrative : Autorisation par laquelle les pouvoirs publics habilitent une personne ou une société à exercer une activité déterminée. Parmi les principales professions ou activités dont l'exercice est subordonné en France à l'octroi d'une licence, on peut citer : les établissements dangereux et insalubres, les débits de boissons, les magasins généraux, les ateliers de fabrication d'armes de guerre, les abattoirs privés, les entreprises de spectacles, les pharmacies, les agences de voyage, de recherches, les transports publics et activités auxiliaires... Le fondement de ce régime procède, soit du souci de vérifier l'observation des conditions imposées par la loi pour l'exercice des activités en cause, soit de la volonté d'exercer un contrôle d'opportunité dans le cadre du dirigisme économique.
La licence est en principe personnelle et ne peut être cédée avec le fonds social. Parmi les exceptions apportées à cette règle de principe, on peut citer les licences de débit de boissons ou les cartes de transporteurs publics.

Licence d'importation ou d'exportation

a : *Import or export licence* – **d** : *Einfuhr- oder Ausfuhrgenehmigung* – **e** : *Licencia de importación o de exportación*

Autorisation d'importer ou d'exporter des marchandises délivrée par l'administration.

Licence d'*importation : Elle permet l'entrée dans le pays qui la délivre de biens faisant l'objet d'une importation contrôlée. Elle vaut pièce d'entrée pour les services de la douane et permet à l'importateur de se procurer les devises nécessaires à la transaction.

Licence d'*exportation : Elle autorise la vente à l'étranger de biens dont l'exportation est réglementée.
La restauration de l'économie nationale, la participation aux organismes internationaux travaillant à la *libération des échanges (*OCDE, *GATT, *FMI), le redressement de la *balance des paiements qui s'en est suivi, notamment à partir de 1958, ont permis un relâchement progressif des contrôles quantitatifs : en France aujourd'hui, s'agissant des importations, les transactions sont libres avec les pays membres de l'OCDE ; la libération reste partielle pour les marchandises provenant

des autres pays membres du GATT. Dans les zones à échanges libérés, la licence est remplacée par une « déclaration d'importation ». Pour les exportations, les licences ne subsistent plus que pour certaines marchandises prohibées.

Linéarité (coefficient de, indice de)

a : *Linear coefficient* – **d** : *Linearitätskoeffizient* – **e** : *Coeficiente o índice de linealidad*

Statistique : Expression utilisée pour définir une relation de proportionnalité entre n phénomènes, dans le temps, s'exprimant sous la forme d'une fonction dont les variables sont du premier degré du type $y = ax + b$ *ou* $z = ax + by + c$.

Liquidateur

a : *Liquidator* – **d** : *Abwickler/Liquidator* – **e** : *Liquidador*

Commerce : Personne chargée de pourvoir à la liquidation d'une société.

Le liquidateur est désigné d'avance dans l'acte constitutif (ou dans une adjonction aux statuts) ou choisi à l'unanimité des associés, ou à défaut d'unanimité désigné par le tribunal de commerce du siège social ; agent de la liquidation, le liquidateur est à la fois le mandataire des associés et le représentant des créanciers. Généralement les statuts, ou les décisions de justice le désignant, confèrent au liquidateur les pouvoirs les plus étendus pour assurer l'exécution de sa mission. Il peut réaliser l'actif de la société, poursuivre ses débiteurs — et notamment requérir les compléments d'apports des associés —, mais doit être assuré de l'accord unanime ou s'appuyer sur une décision de justice pour tous les actes qui ne se rattachent pas directement, par leur nature, à la liquidation proprement dite : décision de poursuivre provisoirement l'exploitation, transactions financières, par exemple ; le liquidateur, mandataire généralement salarié, répond de toutes les fautes commises dans sa gestion. Vis-à-vis des créanciers sociaux, il n'est toutefois responsable que de ses délits et quasi-délits. Il peut être révoqué, soit par une décision unanime ou majoritaire de la société (selon les statuts), soit par un jugement du tribunal saisi par un ou plusieurs associés.

Voir Règlement judiciaire.

Liquidation

a : *Liquidation* – **d** : *Liquidation* – **e** : *Liquidación*

Dénouement d'une opération financière.

Bourse

*Dénouement des opérations à *terme, effectué à une date convenue à l'avance. Par extension : Date (échéance) de ces exécutions.*

A la Bourse de Paris, la liquidation a lieu une fois par mois. A cette date, ou dans les jours immédiatement consécutifs, s'effectuent le règlement et la livraison des titres.
Dans les rapports de l'opérateur à terme et de son donneur d'ordres, quatre modes de liquidation peuvent se rencontrer.

L'exécution en nature : Rare, car, en général, les opérateurs sont des spéculateurs que les titres n'intéressent pas en tant que tels.

Le *report à la liquidation suivante : Il s'analyse en fait comme un dénouement de l'opération engagée lié à une nouvelle transaction, avec un autre partenaire, comportant une opération au *comptant annulée par une opération à terme.

L'ordre de contre-opérer : L'acheteur fait revendre le titre acheté, le vendeur le fait racheter. L'opération se résout ainsi — cas le plus fréquent — par le paiement de différences entre le cours du contrat et le cours de compensation, à la liquidation, par l'intermédiaire des comptes tenus chez les agents de change.

L'exécution en bourse : Elle permet à l'intermédiaire d'obliger son client à s'exécuter, en faisant l'opération inverse de cette fin qui a été ordonnée : si un vendeur à terme ne fournit pas les titres à l'échéance, et que le cours de compensation est supérieur au cours des contrats, l'agent de change achète les titres pour les livrer et impute la différence au débit du compte de son client (plus les frais et commissions).

Commerce

Opération par laquelle se réalise l'apurement de la situation financière d'une société dissoute.

La liquidation implique le paiement des dettes sociales, le remboursement des apports effectués par les associés et la répartition du *boni éventuel. La société conserve la personnalité morale pendant le déroulement des opérations, assurées par un liquidateur. A leur terme, il ne reste plus rien de la société dissoute. Si la réalisation de l'*actif s'est révélée insuffisante, les créanciers de la société seront désormais ceux des anciens associés (sous réserve des règles particulières qui limitent leur responsabilité selon la forme juridique des sociétés).

Voir Règlement judiciaire.

Comptabilité publique

Opération consistant à déterminer le montant d'une dette.

S'il s'agit de recettes, l'opération a pour objet de déterminer le montant de la dette du redevable ; s'il s'agit d'une dépense, la liquidation vise à vérifier la réalité de la dette de la collectivité publique et à en arrêter le montant. Dans le premier cas, la liquidation donne lieu à l'établissement d'un *ordre de recette ; dans le second, elle est suivie de l'*ordonnancement.

Liquidation des biens

a : *Bankruptcy proceedings* – **d** : *Konkursverfahren* – **e** : *Juicio de quiebra*

Procédure d'exécution du patrimoine d'un commerçant ou d'une personne morale de droit privé en état de cessation de paiement, visant à l'apurement des dettes par la vente de l'actif de l'entreprise, au bénéfice de créanciers constitués en « état d'union ».

Comme le *règlement judiciaire, la liquidation des biens est un mode d'apurement des dettes de l'entreprise. Comme lui, elle se distingue de la sanction personnelle qui peut être infligée par les tribunaux aux dirigeants de l'entreprise, la *faillite.
La liquidation des biens est prononcée par le tribunal lorsque le débiteur n'est pas en mesure de proposer aux créanciers un *concordat sérieux, lorsque le rétablissement de son entreprise ne se justifie pas, ou lorsque la tentative de règlement judiciaire a échoué (le tribunal prononce en ce cas la « conversion du règlement judiciaire en liquidation des biens »).
Dès que la liquidation des biens est prononcée, les créanciers sont constitués « en état d'union ». Ils abandonnent ainsi les poursuites individuelles, et c'est au syndic désigné par le tribunal qu'incombe la charge de procéder aux opérations de liquidation de l'actif et d'établir l'état des créances.
Le syndic doit en principe interrompre l'exploitation du fonds, et vendre les éléments d'actif (fonds de commerce, marchandises, valeurs mobilières, meubles et immeubles). Il dépose à la *Caisse des dépôts et consignations les produits de la réalisation de l'actif, qui sont ensuite répartis entre les créanciers par le juge. En cas d'insuffisance d'actif, le juge peut prononcer la clôture de la procédure, ce qui entraîne dissolution de l'« union » et possibilité pour les créanciers de reprendre les

poursuites individuelles. Toutefois, l'état de liquidation subsiste, et, avec lui, la possibilité pour le syndic de faire jouer une clause de sauvegarde des intérêts de la masse des créanciers : si le débiteur revient à quelque fortune, le principe d'égalité des créanciers peut ainsi être garanti.
Au point de vue purement économique, la liquidation des biens entraîne donc cessation d'activité, disparition de l'entreprise. Aussi n'est-elle prononcée que lorsque le règlement judiciaire, dont le « coût social global » peut être moins élevé, n'est pas réalisable.

Voir Règlement judiciaire.

Liquidité

a : *Liquidity* – **d** : *Liquidität* – **e** : *Liquidez*

Capacité d'honorer rapidement des engagements financiers. Par extension : Avoir immédiatement disponible permettant d'honorer un engagement financier.

La notion de liquidité s'applique à n'importe quelle entreprise. La preuve en est que dans la comptabilité commerciale les éléments d'*actif sont classés suivant leur ordre croissant de liquidité, c'est-à-dire, en fait, suivant leur plus ou moins grande faculté de **mobilisation* (d'une créance) ou de *réalisation* (d'un avoir). Les frontières de la liquidité sont en pratique très variables et dépendent de l'échéance des engagements financiers auxquels elle doit permettre de faire face. C'est ainsi qu'on a coutume de distinguer, dans les éléments d'actif, les *valeurs disponibles, les valeurs réalisables à court terme... Généralement, la liquidité implique toutefois la faculté de mobilisation ou de réalisation à vue. (*Voir* Liquidité générale.)

Banque

C'est dans l'activité de banque que la notion de liquidité apparaît dans toute son importance. Une banque doit pouvoir à tout instant faire face aux retraits de fonds décidés par ses clients. De ce fait, elle doit concilier la recherche du profit, qui l'incite aux emplois les plus rémunérateurs (le plus souvent en actifs immobilisés à moyen ou long terme) et la sécurité qui l'oblige à maintenir une *ratio de liquidité convenable.

• La liquidité au sens strict s'entend de l'actif disponible, c'est-à-dire des encaisses détenues (dans l'établissement ou dans ses comptes au Trésor, chèques postaux ou à la banque centrale) : c'est le « cash » anglo-saxon. Au sens large, elle comprend aussi les actifs susceptibles d'être *rendus disponibles à très bref délai* sans perte appréciable, par voie de *mobilisation (dans la terminologie anglo-saxonne : le « neat cash »).

La ratio de liquidité fait l'objet, selon les pays, soit d'une détermination individuelle, soit d'une recommandation corporative, soit d'une réglementation publique : en Grande-Bretagne, par exemple, la Banque d'Angleterre prescrit aux clearing banks l'observation d'un coefficient de cash (8 %) — en fait peu surveillé — et surtout d'un coefficient de liquidité : 28 % des dépôts doivent être détenus sous forme d'encaisses ou d'avances au jour le jour aux maisons d'escompte (*discount houses) ; en France, jusqu'en 1967, les banques de dépôts devaient observer un coefficient de trésorerie réglementaire fixant un rapport obligatoire entre les actifs liquides et les exigibilités à court terme ; les actifs considérés comme liquides à ce titre comprenaient l'encaisse, les bons du Trésor et les avances au jour le jour.

• Mais la liquidité ainsi définie, au sens strict comme au sens large, reste une notion théorique pour les banques. Ce qui compte en fait pour elles, c'est la *liquidité réelle* dont elles disposent, c'est-à-dire les ressources qu'elles peuvent effectivement utiliser, quelles que soient les ratios réglementaires, pour faire face aux retraits. Il en va notamment ainsi lorsqu'une part des actifs liquides se trouve en fait rendue indisponible, par l'effet d'une réglementation : ce qui est le cas des pays où existe un système de « dépôts spéciaux » (Grande-Bretagne à certaines périodes) ou de *réserves obligatoires auprès de la banque centrale (États-Unis, France depuis 1967), qui aboutissent à figer un certain pourcentage de liquidités qui se trouvent en fait immobilisées. Seul le *surplus d'actifs liquides,* réellement disponibles, constitue alors la liquidité réelle des banques.

En France, les facteurs qui affectent la liquidité des banques sont au nombre de quatre.

– La circulation des billets : l'augmentation de la circulation réduit la liquidité, sa diminution l'accroît.

– La variation des réserves d'or et de devises : les rentrées de devises augmentent la liquidité bancaire, les sorties la réduisent.

– La variation des créances de l'institut d'émission sur le Trésor : un accroissement des concours de la banque augmente la liquidité bancaire, une diminution la restreint.

– Enfin, la liquidité des banques est naturellement affectée par l'action de l'institut d'émission qui peut, soit compenser l'action des facteurs spontanés, soit s'exercer dans le même sens (*voir* Émission).

• C'est en effet l'action sur la liquidité réelle qui constitue le *point d'application principal de la politique monétaire,* dans la mesure où celle-ci vise à contrôler la distribution du crédit : ainsi une action restrictive sur la liquidité diminue les possibilités de distribution du crédit.

Cette action sur la liquidité s'exerce par des procédés multiples, que l'on peut regrouper en deux grandes catégories :

– *action réglementaire* sur les liaisons de trésorerie avec la *banque centrale : modification des taux des réserves obligatoires (et en général de tous les coefficients de liquidité) ; modulation des dépôts spéciaux ;

modification des règles d'admission au *réescompte (nature et qualité des effets, taux, plafonds) ;

– *intervention sur le marché monétaire* (*open market) visant à en restreindre ou à en favoriser l'alimentation, à renchérir ou à détendre les taux pratiqués.

On notera que le contrôle du crédit par la seule action sur la liquidité n'est efficace qu'en l'absence de tensions trop vives dans l'économie. Dans les cas de surchauffe caractérisée, une intervention directe sur la distribution du crédit se révèle souvent nécessaire (encadrement du crédit).

Marché monétaire

La liquidité du *marché monétaire au sens strict (c'est-à-dire du marché de l'argent à court terme entre banques et organismes assimilés) peut se définir par les marges de recours dont disposent les banques auprès de l'institut d'émission, c'est-à-dire par le montant effectif des *effets qui sont susceptibles d'être mobilisés auprès de ce dernier.

Économie

Par liquidités de l'économie, on entend généralement l'ensemble constitué par les *disponibilités monétaires et l'*épargne liquide et à court terme, c'est-à-dire l'ensemble des placements à vue et à court terme.

Liquidité générale (coefficient ou ratio de)

a : *Working capital ratio* – **d** : *Liquiditätskoeffizient* – **e** : *Coeficiente de liquidez general*

**Ratio mettant en évidence, à partir du *bilan d'une entreprise, la relation existant à un moment donné entre les dettes à court terme inscrites au passif, et le total des *capitaux circulants figurant à l'actif.*

Elle permet de mesurer la capacité de l'entreprise à faire face à ses engagements à court terme grâce à l'ensemble de ses actifs, exception faite des actifs immobilisés : c'est donc une couverture plus large que celle qu'expriment les ratios de *trésorerie (ou de liquidité) immédiate et relative qui ne prennent en considération que les *valeurs disponibles et les *valeurs réalisables à court terme mais non les *stocks.

• La ratio de liquidité générale ou de « *fonds de roulement net » *retient :*

– au numérateur l'ensemble des capitaux circulants (valeurs disponibles, valeurs réalisables à court terme et valeurs d'exploitation, c'est-à-dire stocks de matières premières, produits en cours et produits finis) : classes 3, 4 et 5 à l'actif du bilan ;

– au dénominateur, les dettes à court terme quelle que soit leur nature : classes 4 et 5 du bilan.

Lorsque ce rapport est inférieur à 1, l'entreprise a immobilisé une partie des fonds provenant d'emprunts à court terme ce qui, sauf exception, est dangereux : le fonds de roulement est négatif.

Lorsqu'il est supérieur à 1, l'entreprise dispose d'un supplément de ressources permanentes ou *fonds de roulement,* qui lui permet de faire face à des incidents dans la rotation des capitaux permanents, ralentissement ou détérioration de leur valeur.

• Comme toute ratio, celle-ci n'a qu'une signification relative et *sa valeur doit être appréciée :*

– en fonction de la structure particulière d'exploitation de l'entreprise (branche de production) : le rapprochement avec la ratio type ou la ratio moyenne de la profession donne à cet égard une orientation pour une analyse plus fine ;

– en fonction des éléments qui la composent et particulièrement des délais de transformation pratique des valeurs réalisables et des valeurs d'exploitation en liquidités permettant de faire face aux dettes à leur échéance ; à cet égard, un complément sera apporté par l'étude d'autres ratios : rythme de rotation des stocks, délais de règlement des clients (poste clients, effets à recevoir, et, hors bilan, poste des effets escomptés non échus) ;

– enfin par la tendance que son évolution traduit à partir d'une succession de rapports homogènes.

Liquidités internationales

a : *International liquidity* – **d** : *Internationale Liquidität* – **e** : *Liquidez internacional*

Moyens de règlement dont disposent les États pour régler le solde des opérations commerciales et financières intervenues entre eux.

Contenu : La plupart des États s'accordent pour admettre que les liquidités internationales comprennent au moins trois éléments : les **réserves* des banques centrales en or et en devises ; ces devises « internationales » sont le *dollar et la *livre sterling ; les *crédits internationaux,* tels que ceux que le *Fonds monétaire international est habilité à accorder, y compris les *droits de tirage spéciaux, de création récente ; les *facilités temporaires* que les banques centrales peuvent se consentir réciproquement (exemples : accords de *swaps, système des bons Roosa, *bons du Trésor américains destinés à l'usage international).

Signification : La notion de liquidités internationales, pour être d'un usage fréquent, est délicate à cerner. Les transactions financières et commerciales peuvent se régler dans la monnaie des partenaires. Si les *balances des paiements étaient toutes en équilibre, les liquidités internationales ne seraient pas nécessaires. Ce n'est que pour le règlement d'un solde, si solde il y a, qu'il convient de détenir des réserves de change ou de faire appel au crédit. Les liquidités internationales sont liées à l'existence de déficits ou d'excédents des balances des paiements, et au rôle privilégié que jouent alors certains moyens de paiement (or, devises) ou titres de créances (crédits internationaux pour l'ajustement de ces soldes). Il n'y a évidemment pas de formule simple pour exprimer les besoins en liquidités « internationales » par rapport au développement du commerce mondial et, plus généralement, des opérations financières entre les différents États.

Problèmes : Les problèmes de liquidité internationale sont en effet essentiellement liés aux opérations financières et plus précisément aux mouvements de capitaux dont le redressement des économies occidentales a permis la libération progressive à partir de 1955. Le *système monétaire international a reposé jusqu'en 1971 sur le principe du *gold exchange standard, qui consacrait déjà le rôle de monnaie internationale joué par le dollar, et dans une moindre mesure par la livre sterling à côté de l'or, dont la production est relativement indépendante des besoins des échanges internationaux. *Ce système pouvait fonctionner quand les balances des paiements des États émetteurs des monnaies clés étaient excédentaires,* situation qui garantissait la valeur de ces monnaies par rapport à l'or. Après la Seconde Guerre mondiale, la situation de l'économie britannique a très vite conduit la Grande-Bretagne à une première dévaluation de la livre (en 1949). Depuis, la valeur de la monnaie n'a été défendue qu'au prix des sacrifices imposés à l'expansion intérieure, sans que l'on puisse éviter une nouvelle dévaluation (1967), mais le problème des liquidités internationales n'est apparu dans toute son ampleur qu'à partir de 1960, devant le déficit persistant de la balance des paiements des États-Unis, consécutif pour une large part au redressement des économies des pays industrialisés (Europe et Japon essentiellement). Le problème des liquidités naît moins de leur insuffisance que de leur distribution : *pénurie de liquidités dans les pays sous-développés* (sauf ceux qui sont créditeurs de balances sterling), développement considérable des liquidités des pays d'Europe continentale, né du déficit de la balance des paiements des États-Unis. Le problème tenait essentiellement au risque, pour les États-Unis, de devoir répondre à des demandes de paiement en or de la part des pays européens qui ont accumulé des créances en dollars dans l'hypothèse où la faiblesse persistante de cette monnaie provoquerait de leur part des mesures de sauvegarde.
En dehors des nécessaires mesures de redressement durable de la balance des paiements américaine, sur lesquelles toutes les autorités monétaires

s'accordent, en principe les avis sont restés partagés sur la nature et l'ampleur des réformes à apporter au système monétaire international. Trois courants s'affrontent :

– les partisans du retour à l'*étalon-or (exemple : J. Rueff en France) ;

– les réformateurs du gold exchange standard, école plus disparate, dont la plupart souhaitent la substitution aux monnaies nationales clés d'une monnaie internationale de réserve reliée ou non à l'or et destinée à lui servir d'appoint ou de substitut ;

– les défenseurs du gold exchange standard, simplement partisans d'aménager le système actuel en accroissant les réserves de change internationales.

Jusqu'en 1971, ce sont les thèses modérées des partisans d'un aménagement du système traditionnel qui ont prévalu : c'est dans cette orientation que se sont inscrites en 1962 la mise à la disposition du FMI de 6 milliards de dollars par le *club des Dix, les augmentations des quotas du même FMI et plus récemment l'institution de droits de tirage spéciaux auprès du Fonds en 1969. Cette dernière innovation constitue un compromis empruntant moins au départ aux thèses des réformateurs qu'aux propositions de ceux qui entendaient simplement aménager le système.

Elle n'a pas apporté une véritable solution à la crise du système monétaire international, où la puissance américaine s'efforce de tirer de la faiblesse même du dollar les moyens de maintenir sa prééminence, en travaillant à la substitution de l'étalon-dollar à l'étalon de change-or (démonétisation partielle de l'or par la décision d'embargo en 1968, pressions exercées pour favoriser la réévaluation des monnaies fortes ou faire admettre le recours à un système de changes flexibles ou flottants, suspension de la convertibilité en 1971, puis flottement du dollar à partir de 1973). Dans la phase actuelle, le problème de l'alimentation des liquidités internationales est devenu secondaire par rapport à celui de leur régulation dans le cadre d'un système conciliant l'adaptation de leur volume aux besoins avec la garantie d'une valeur relativement stable dans le temps.

Voir Gold exchange standard, Étalon monétaire, CRU, Système monétaire international.

Livre

a : *Pound* – **d** : *Pfund* – **e** : *Libra*

Unité de mesure.
Métrologie : Unité de poids valant 500 grammes.
Monnaie : Unité de compte de nombreux pays.
(Du latin libra : *ancienne unité de poids valant environ 327 grammes.)*

A l'origine, la livre-monnaie correspondait à une livre-poids de métal. Sous l'effet des dévaluations le rapport entre les deux unités s'est rapidement modifié.

Monnaies citées pour mémoire : La *livre carolienne :* 491,179 g ; la *livre Parisis* introduite sous Louis VI de France (489,506 g) et divisée en 20 sous, le sou valant 12 deniers tournois ; la *livre tournois* (de Tours) de 455 g (dont l'usage généralisé sous Saint Louis s'étend jusqu'à la Révolution) divisée en 20 sous, chaque sou valant 12 deniers. (*Voir* Franc.)

Monnaies ayant actuellement cours : La *livre sterling* (ou pound, pound sterling ; symbole : £). Unité monétaire de l'Angleterre, puis de l'Écosse (1707) et de l'Irlande (1804, jusqu'en 1921 pour l'Irlande libre), dont la division jusqu'en 1971 en 20 shillings, chaque shilling valant 12 pence (figurés par 12 d.), atteste la communauté d'origine avec la livre tournois. Depuis 1971, la livre est divisée en 100 pence.
Plusieurs pays ayant appartenu à la *zone sterling ou ayant subi l'influence britannique ont conservé l'intitulé « livre » pour leur monnaie nationale : livres égyptienne, turque, soudanaise...

Monnaies dont l'origine est la « livre » : *Lev* (pluriel : *leva*) de Bulgarie, *leu* (pluriel : *lei*) de Roumanie, *lira* (pluriel : *lire*) de l'Italie et du Vatican.

La livre sterling

La seule énumération des monnaies qui sont rattachées à la livre sterling suffit à témoigner sinon de son rôle présent, du moins de son lustre passé. La livre sterling a été en effet le véhicule de l'expansionnisme commercial et financier de la Grande-Bretagne.

Dans le cadre de l'étalon-or : La valeur de la livre a été définie en 1816 par 7,98805 g d'or à 22 carats, soit 7,33072 g d'or fin. Cette valeur est restée inchangée pendant plus d'un siècle, qui a correspondu au moment de la prépondérance britannique, fondée sur la première économie industrielle du monde, sur une omniprésence commerciale et financière, et sur la mise en valeur et l'exploitation d'un empire s'étendant sur les cinq continents.

La Première Guerre mondiale et ses conséquences : Elles ont provoqué un premier ébranlement de cette puissance. Dès la fin du conflit, la suprématie britannique commençait de s'effacer devant l'affirmation de la prédominance américaine. Il a fallu cependant la grande crise de 1929 pour sanctionner ce déclin relatif, dont l'abandon de l'étalon-or et la dévaluation de 1931 constituaient un symbole éclatant. Cependant le développement de la puissance américaine n'empêchait pas Londres de rester la première place financière et commerciale du monde et la livre de s'affirmer de ce fait comme une monnaie d'échange international. La Seconde Guerre mondiale, qui plaçait le Royaume-Uni dans l'obligation de s'appuyer au maximum sur les richesses du *Commonwealth, renforçait paradoxalement ce rôle, en sanctionnant dans les faits le rôle de monnaie de réserve de la livre, par le développement des *balances sterling, lié au déséquilibre des relations commerciales entre la Grande-Bretagne et ses partenaires du Commonwealth ou d'ailleurs.

Après la Seconde Guerre mondiale : L'affirmation de la suprématie du *dollar comme monnaie de réserve n'a pas supprimé le rôle de la livre, mais celle-ci s'est trouvée à la fois ramenée à un rôle second et placée comme avant-garde du *gold exchange standard. Le renouvellement des balances sterling (où les fournisseurs du Commonwealth de la période de guerre étaient relayés par la « clientèle » des producteurs de pétrole du Moyen-Orient) en accroissait la vulnérabilité au moment où la Grande-Bretagne était confrontée aux impératifs de la reconstruction. Après la dévaluation de 1949, qui visait à sanctionner les séquelles monétaires de la guerre, les contradictions entre les contraintes imposées par la situation de monnaie de réserve de la livre, et le maintien de l'expansion n'ont cessé de s'affirmer. La dévaluation de 1967 (au terme de laquelle la livre vaut 2,13281 g d'or fin) en marquait la conséquence inéluctable. Depuis les gouvernements britanniques n'ont cessé de faire de la défense de la livre et donc de l'équilibre de la *balance des paiements courants l'objectif prioritaire de leur préoccupation, au point d'être obligés de sacrifier la croissance de l'économie, pourtant inséparable à terme de la solidité de la livre. La stagnation de l'économie britannique, précisément, a fini par constituer une nouvelle menace pour la livre. L'exigence d'une amélioration du niveau de vie dans une économie en très faible croissance débouche en effet sur une inflation par les coûts particulièrement pernicieuse. La constitution d'un syndicat international de garantie des balances sterling, en 1968, a certes permis à la Grande-Bretagne de « consolider » ses créances, et les accès chroniques de faiblesse du dollar contribuent à détourner d'elle les menaces spéculatives, mais l'avenir du sterling comme monnaie de réserve reste rien moins que certain. L'entrée de la Grande-Bretagne dans le *Marché commun est finalement apparue aux responsables britanniques comme le seul moyen de garantir le rôle de la livre tout en ménageant au pays les chances de retrouver les chemins de la croissance.

Livre d'ordres

a : *Book building* – **d** : *Book building* – **e** : *Book building*

Méthode de placement d'actions hors marché au profit d'entreprises financières voire industrielles.

Importée des pays anglo-saxons, cette technique consiste simplement à ouvrir un appel d'offres vis-à-vis d'investisseurs potentiels qui indiquent

leurs intentions sur les quantités d'actions désirées et sur le prix qu'ils sont prêts à payer.
L'entité qui propose cette méthode, entreprise ou État dans le cas d'une *privatisation, en faisant la somme des offres, arrête un prix d'équilibre et répartit les cessions entre les offreurs.

Livres de commerce

a : *Books of account* – **d** : *Geschäftsbücher* – **e** : *Libros de comercio*

Livres comptables dont la tenue est rendue obligatoire par le Code de commerce.

France : le Code ne fait obligation que de tenir deux livres servis chronologiquement, sans blancs, ratures ni grattages et conservés dix ans : le *livre-journal qui enregistre quotidiennement les opérations de l'entreprise et ménage une récapitulation mensuelle ; le livre d'inventaire, servi annuellement, qui présente la physionomie du *bilan et du compte de *pertes et profits. En pratique, presque toutes les entreprises sont amenées à tenir des journaux complémentaires (journaux centralisateurs, livre brouillard...).

Livret

Petit livre destiné à enregistrer les opérations d'un compte.

Exemples : *livret d'épargne :* livret remis par les caisses d'épargne ou les banques aux déposants pour retracer chacun des *dépôts et remboursements et y indiquer les intérêts rapportés ; *livret d'ordinaire :* registre propre à chaque unité militaire constituant un « ordinaire » où sont portées les recettes et les dépenses correspondantes ; *livret de solde,* livret remis aux officiers qui enregistrent les soldes et indemnités qui leur sont versées.
Par extension, *livret de travail :* registre sur lequel sont mentionnés les différents emplois, avec l'identité de l'employeur, occupés par un travailleur. Les livrets de travail, nés avec le développement du capitalisme industriel, ont disparu, sous la pression syndicale, de la plupart des pays. Le système du « passeport de travail » a été toutefois réintroduit en URSS en 1934.

LMBO

Leverage Management Buy Out.

Voir Reprise de l'entreprise par les salariés.

Lock-out

a : *Lockout* – **d** : *Aussperrung* – **e** : *Lock-out*

Fermeture d'une ou plusieurs unités de production, par le patronat, pour obliger les ouvriers et employés à accepter les décisions qu'il entend leur imposer. (Mot anglais signifiant « porte close » — pour ceux qui sont au-dehors.)

Le lock-out s'oppose à la *grève par plusieurs traits : c'est une initiative, ou une riposte du patron ; il n'implique pas la coalition : il peut en effet intervenir dans une seule entreprise du fait d'un seul patron.
On distingue plusieurs types de lock-out selon :
– *leur motivation :* lock-out-représailles pour répondre à une grève ou à des mouvements revendicatifs (type le plus fréquent), lock-out préventif, d'intimidation, pour prévenir une grève ou pour exclure du personnel des éléments estimés indésirables ;
– *leur extension et leurs modalités :* lock-out isolé, partiel, lock-out de solidarité, lock-out collectif.

Régime juridique : En France, le lock-out est licite depuis que la loi du 25 mai 1864 a abrogé l'article 414 du Code pénal qui interdisait la « coalition patronale ». En fait, la jurisprudence, tout en continuant à admettre la légitimité du procédé, subordonne sa licéité à certaines conditions : non-prohibition par une convention collective, validité du but (un lock-out visant à porter atteinte à la liberté syndicale est illicite), recours préalable aux procédures de conciliation (sur ce point, la jurisprudence est moins homogène). Le lock-out suspend mais ne rompt pas le contrat de travail, sauf lorsqu'il s'accompagne — cas fréquent — de licenciement. Dans ce cas, sauf faute lourde du congédié, il entraîne l'ouverture du droit aux indemnités prévues en cas de rupture abusive.

Loi de finances

a : *Budget law* – **d** : *Budgetgesetz/Haushaltsgesetz* – **e** : *Presupuestos (ley de)*

Loi prévoyant et autorisant, pour chaque année civile, l'ensemble des ressources et des charges de l'État.

La loi de finances initiale : Elle comprend deux parties distinctes :
– *Dans la première partie,* elle autorise la perception des ressources publiques et comporte les *voies et moyens qui assurent l'équilibre financier ; elle évalue le montant des ressources d'emprunts et de trésorerie ; elle autorise la perception des impôts affectés aux collectivités et aux établissements publics ; elle fixe les plafonds des grandes catégories de dépenses et arrête les données générales de l'équilibre financier ; elle comporte les dispositions nécessaires à la réalisation, conformément aux lois en vigueur, des opérations d'emprunts destinées à couvrir l'ensemble des charges de la trésorerie.
– *Dans la seconde partie,* elle fixe pour le budget général le montant global des crédits applicables aux *services votés et arrête les dépenses applicables aux autorisations nouvelles par titre et par ministère ; elle autorise, en distinguant les services votés des opérations nouvelles, les opérations des *budgets annexes et les opérations des *comptes spéciaux du Trésor par catégorie de comptes spéciaux et éventuellement par titre ; elle regroupe l'ensemble des *autorisations de programme assorties de leur échéancier ; elle énonce enfin les dispositions d'ordre législatif ou réglementaire qui doivent entraîner des charges nouvelles, en distinguant celles de ces dispositions qui ont un caractère annuel de celles qui ont un caractère permanent.

La loi de finances rectificative (appelée aussi « collectif ») : Elle modifie en cours d'exercice les dispositions de la loi de finances initiale de l'année (*voir* Collectif).

Voir Budget, Découvert, Loi de règlement.

Loi de programme

a : *Program law* – **d** : *Programmgesetz* – **e** : *Ley de programa*

---

*Loi groupant des « *autorisations de programme » dont l'utilisation doit s'échelonner sur plusieurs années (ordonnance du 2 janvier 1959).*

Les dépenses d'investissement supposent une continuité qui s'accommode mal de l'*annualité budgétaire ; la technique des autorisations de programme ouvre la possibilité d'un échelonnement des paiements sans permettre un calendrier des *engagements dépassant l'exercice. Aussi les exigences du *plan conduisent-elles à prévoir des possibilités d'engagements échelonnées sur la durée pluriannuelle de son application.

Avant la planification : Des projets de lois ont été présentés au Parlement par le gouvernement en vue d'arrêter un programme d'équipements dont les engagements se réaliseraient par tranches : les premiers programmes pluriannuels ne comportaient qu'un accord du Parlement dépourvu d'effet juridique ; à partir de 1923, ils ont comporté une autorisation d'engager, éventuellement répartie sur plusieurs années, qui annonçait surtout la procédure ultérieure des autorisations de programme et leur dissociation des crédits de paiement.

La planification : Elle a donné un certain développement aux lois de programme qui apparaissent comme la traduction du plan dans les principaux secteurs où sa réalisation financière dépend directement de l'État. Ainsi, une série de décrets-lois, pris en vertu des pouvoirs spéciaux le 20 mai 1955, a traduit en programmes certaines des prévisions du IIe Plan ; il en a été de même pour le IIIe Plan (1958-1961) avec quatre lois de programme votées en 1959 ou 1960 ; une doctrine incertaine à l'époque a permis l'inscription de programmes définis en montant de travaux et non limités à la seule participation du budget ; certains programmes, ceux des entreprises nationales, ne supposaient même aucune participation du budget.

La signification des lois de programme : Elle reste ambiguë en fait, et leur portée technique limitée, d'autant qu'une réaction à leur égard s'est manifestée depuis 1959 en vue d'éviter que leur développement ne se traduise par une rigidité excessive des masses budgétaires : si les lois de programme sont plus contraignantes que le plan, elles doivent l'être moins que ne l'est le budget, a-t-on dit, afin de ne pas réduire la liberté de celui-ci. L'ordonnance du 2 janvier 1959 prévoit que « des autorisations de programme peuvent être groupées dans des lois dites de programme » (art. 1), mais ces « lois de programme ne peuvent permettre d'engager l'État à l'égard des tiers que dans la limite des autorisations de programme contenues dans la loi de finances de l'année » (art. 2, alinéa 5) : l'engagement ne peut être assuré qu'à la suite de l'ouverture des autorisations de programme dans le budget de l'année considérée ; il n'est pas même garanti que ces autorisations seront effectivement utilisables au cours de chacune des années de réalisation du programme, comme le laissaient espérer les décrets-lois de 1955. D'autre part, les lois de programme prévoient des *crédits* et non des travaux définis, de sorte que les modifications de prix intervenant en cours d'exécution réduisent la possibilité de réaliser physiquement le programme arrêté, même si les crédits sont effectivement ouverts conformément au calendrier.

Encore utilisées soit de manière régulière dans certains secteurs (lois comportant programme d'équipement militaire 1960-1964 et 1965-1970, loi approuvant un programme d'équipement sportif et socio-éducatif 1962-1965 et 1966-1970), soit accessoirement à l'élaboration d'un ensemble de réformes pour leur donner une assise financière (loi d'orientation foncière 1967), les lois de programme ont pu faciliter la prévision en donnant aux entreprises des indications sur les programmes et en amenant les ministères à concevoir une politique à long terme, permettre l'étude préalable des projets ou leur classement, corriger la tendance à leur fractionnement, accélérer l'emploi des crédits. Mais le Plan lui-même et sa décomposition en tranches opératoires sont de nature à fournir aux administrations un cadre d'action présentant les mêmes avantages s'il est bien utilisé.
D'autre part, les lois de programme pouvaient constituer une déclaration d'intention commune du Parlement et du gouvernement sur la politique d'*investissement et revêtir de ce fait une signification politique. Mais l'engagement moral ainsi demandé au Parlement de voter les crédits lorsque demande lui en sera présentée n'a guère d'utilité pratique, et la participation accrue du Parlement à l'élaboration et à l'approbation du Plan est de nature à réduire l'apport politique propre du vote des lois de programme.

Loi de règlement

a : *Budget audit* – **d** : *Haushaltsrechnung* – **e** : *Presupuesto*

Loi constatant les résultats financiers de l'année civile et approuvant les écarts qu'ils présentent avec la loi de finances corrigée des collectifs éventuels.

Lombard (taux)

a : *Rate for advances against collateral* – **d** : *Lombardsatz* – **e** : *Tipo de pignoración*

Taux d'intérêt de base par référence auquel sont pratiquées les avances sur titres.

Ce terme est principalement employé en République fédérale d'Allemagne pour désigner le taux de base des avances sur titres de la Banque fédérale. Par extension, on l'emploie pour désigner ce type de taux en général. Celui des avances sur titres de la Banque de France, différent de son taux d'*escompte, est toujours supérieur à ce dernier.

Voir Avance, Gage, Taux de base.

Loro, nostro

a : *Loro, nostro* – **d** : *Loro, nostro* – **e** : *Loro, nostro*

Noms donnés, par une société ou une banque, aux comptes ou positions concernant dans ses livres un partenaire (loro) ou la concernant elle-même dans les livres du partenaire (nostro).

Loterie nationale

a : *National Lottery* – **d** : *Staatslotterie* – **e** : *Lotería nacional*

Loterie instituée en France par la loi du 31 mai 1933.

Née de circonstances conjoncturelles (difficultés budgétaires et évasions de capitaux vers les loteries étrangères), la Loterie nationale, créée sous l'égide du ministère des Finances, après un début prometteur mais passager, ne s'est ancrée dans les goûts du public qu'à partir du fractionnement des billets, d'abord officieux, puis réglementé. Cette évolution a permis, à partir de 1935, d'introduire un rythme d'émission mensuel, et à partir de 1943, hebdomadaire, ces émissions ordinaires étant complétées depuis 1949 par des « tranches spéciales ».
Constituées en compte spécial du Trésor depuis cette date, les opérations de la Loterie n'ont plus à être expressément autorisées annuellement.
La Loterie nationale est une loterie simple, à tranches, dont les billets sont au porteur. Si les lots sont exemptés d'impôt, leur volume global s'établit à 60 % du montant des billets émis (encore que cette règle ne constitue qu'un minimum), la différence est versée aux ressources ordinaires du budget général, sauf cas d'affectation spéciale, rares dans les récentes années. Depuis 1941, on distingue deux catégories de billets : les billets entiers ou indivisibles et les billets divisibles servant de couverture à l'émission de dixièmes. Cette seconde catégorie représente environ 80 % des billets.
Sur le plan administratif, la Loterie nationale, placée sous l'autorité directe du ministre des Finances, est gérée par un secrétaire général assisté d'un conseil de direction. Le service financier est assuré par l'agent comptable de la dette publique, tandis que les fonctions de contrôleur financier sont exercées par l'inspecteur général des Finances chargé du contrôle des dépenses engagées du ministère des Finances. Compte spécial du Trésor, la Loterie nationale est soumise pour ses opérations à la juridiction de la *Cour des comptes. Sur le plan commercial, à côté des comptables du Trésor qui ne vendent qu'un peu plus de 3 % des billets

émis, existe tout un réseau privé comprenant les émetteurs de dixièmes (une cinquantaine), les courtiers ou intermédiaires préposés des premiers (750) et quelque 20 000 vendeurs détaillants.
Au total, la rémunération de l'ensemble des intermédiaires n'atteint pas 14 % de l'ensemble des sommes versées par le public tandis que les dépenses de gestion imputées aux charges du compte spécial représentent environ 7 % du placement net.

Lotka (taux de)

Voir Mouvement naturel.

Louage

a : *Rental/Lease* – **d** : *Vermietung* – **e** : *Arrendamiento*

Contrat par lequel une personne s'engage, moyennant un prix déterminé, à fournir à une autre certaines prestations.

Celles-ci peuvent être soit la disposition d'un bien (louage de choses), soit l'accomplissement d'un ouvrage (louage d'ouvrage et d'industrie), soit l'usage de sa force de travail (louage de services). Dans les économies capitalistes, le prix qui constitue la compensation du sacrifice consenti par le loueur est en principe déterminé par le jeu de l'offre et de la demande, c'est-à-dire par les rapports de force qui s'établissent entre ceux qui ont quelque chose à louer et ceux qui en recherchent la disposition. En pratique, cependant, nombreux sont les cas où l'État impose à la formation des *prix des contraintes réglementaires qui peuvent aller de la fixation d'un minimum (exemple : le *SMIG) ou d'un maximum (cas des loyers soumis à la loi du 1er septembre 1948, des services en période de blocage) à la taxation pure et simple (transports par taxis, par exemple).
Dans les économies collectivistes, le prix est généralement prédéterminé, par voie réglementaire, et le contrat se rapproche, de ce fait, du contrat d'adhésion.

Lourd, lourde (bourse)

Voir Cours.

Lutte des classes

a : *Class warfare* – **d** : *Klassenkampf* – **e** : *Lucha de clases*

---

*Expression désignant l'opposition, historiquement constatée, entre les différentes *classes des sociétés humaines.*

Cette opposition peut prendre des formes diverses selon l'évolution des conditions commandant les rapports de force entre la (ou les) classes dominante(s) et la (ou les) classe(s) dominée(s).

Dans la doctrine marxiste : Les classes, dans leur différenciation, ont procédé historiquement de la division du travail et de l'apparition de la propriété privée des moyens de production. La lutte des classes est dès lors liée à la distorsion que l'évolution du progrès technique et des facteurs de production introduit entre le système de production et le système de propriété. Dès lors que ce dernier, calqué au départ sur une certaine structure des rapports de production, n'est plus en exacte relation avec lui, la lutte des classes qui en découle vise à une transformation de la société. La lutte qui oppose depuis le XIXe siècle les classes prolétariennes aux classes bourgeoises devrait être la dernière dans la mesure où le triomphe des premières permettrait une transformation *socialiste de la société débouchant sur le *communisme, c'est-à-dire, en fait, la société sans classes.

Voir Classe, Marxisme.

Macro-économie

a : *Macroeconomics* – **d** : *Makroökonomie* – **e** : *Macroeconomía*

---

*Terme de la littérature économique moderne caractérisant une approche de l'analyse économique fondée sur l'appréhension de quantités globales ou d'*agrégats.*

Ainsi, la *production nationale, le *revenu national, la *dépense nationale, l'*épargne, l'*investissement... sont des grandeurs qui relèvent de l'étude macro-économique.
Bien que le terme soit moderne, l'analyse macro-économique est presque aussi vieille que la science économique elle-même. Le tableau économique de Quesnay constituerait déjà une formalisation macro-économique de la vie économique.
Bien que les classiques n'aient pas été exempts de considérations macro-économiques, il faut cependant attendre l'œuvre de Karl Marx pour rencontrer une théorie fondée sur une vision macro-économique globale. Au XXe siècle, Keynes (*voir* Keynésiennes — théories) a donné un élan considérable à la macro-économie, dont les techniques de comptabilité nationale procèdent directement.
La macro-économie, qui consiste à envisager les phénomènes économiques collectivement, s'appuie essentiellement sur les mesures scientifiques et sur la construction de *modèles pouvant rendre compte des relations fonctionnelles entre les agrégats ainsi mesurés. En cela elle se distingue de la *micro-économie fondée sur une analyse de l'unité élémentaire de la vie économique (l'entreprise productrice, le consommateur...).

Magasin « junior »

Voir Grand magasin « junior ».

Magasin populaire

Magasin de taille moyenne (environ 1 000 m²), destiné à la vente de produits courants, alimentaires et non alimentaires, et pratiquant une politique de bas prix.

La non-spécialisation distingue le magasin populaire du *supermarché et de la *superette : plus de la moitié du chiffre d'affaires est réalisée en produits non alimentaires. Sa taille le différencie de l'*hypermarché. La recherche du bas prix est enfin sa troisième caractéristique : elle implique une rotation rapide des stocks, un assortiment limité de marques permettant une diffusion massive à des « prix chocs ».
Depuis quelques années, le développement des magasins populaires revêt trois aspects nouveaux :

- leur implantation vise à assurer la desserte de petites agglomérations auxquelles ils apportent une gamme appropriée d'articles ;
- on assiste également à la création de magasins de plus grande taille dotés de parkings, à l'extérieur des périmètres des grandes villes ;
- leur politique commerciale met plus qu'autrefois l'accent sur le triptyque style-qualité-prix et recourt aux techniques de promotion de la mode (collection, publicité des magasins féminins).

Il existe en France principalement deux chaînes traditionnelles de magasins populaires dont les caractéristiques bien connues illustrent la définition qui précède : Monoprix, Prisunic.

Magasins généraux

Entrepôts habilités à recevoir en dépôt des biens matériels faisant l'objet de transactions commerciales (matières premières, produits finis...).

Exploités généralement par des entreprises privées, mais aussi parfois par des villes ou des chambres de commerce, ces magasins doivent être agréés par l'État : leur création est subordonnée à une autorisation spéciale accordée par le préfet chargé de vérifier si l'organisation et les règles de fonctionnement du magasin se révèlent conformes aux prescriptions du règlement type prévu par la législation (ordonnance du 6 août 1945). La cession du magasin est de même soumise à agrément. Enfin, le fonctionnement même de l'entreprise est soumis au contrôle de l'État.
Les magasins sont soit polyvalents, soit spécialisés dans l'entrepôt de telle ou telle catégorie de denrées ou de biens (exemple : magasins généraux frigorifiques). Le déposant reçoit un bulletin d'entrée valant simple reçu ou plus souvent un *récépissé-warrant qui va lui permettre d'effectuer des opérations commerciales sans déplacer la marchandise.
L'utilité d'un magasin général s'apprécie à plusieurs titres : il évite au producteur ou au commerçant d'avoir à construire un entrepôt personnel. Pour un prix modéré, le déposant est assuré d'avoir son bien gardé, entretenu et garanti (par une assurance) ; le caractère d'entrepôt du magasin permet d'ajourner, pendant la durée du dépôt, le paiement des droits de douane et de régie dus sur les biens déposés ; mis en sûreté,

les biens peuvent faire l'objet de transactions successives par transmission du récépissé ; le déposant peut « mobiliser » la valeur du bien en obtenant grâce au warrant un crédit gagé sur le bien déposé.

Maisonnerie

Commerce ou ensemble de commerces spécialisés dans la vente au détail d'articles d'équipement pour la maison. (En anglais : home center.)

Malthusianisme

a : *Malthusianism* – **d** : *Malthusianismus* – **e** : *Malthusianismo*

Le terme a deux sens.

• *Originellement, et à titre principal : Politique visant la restriction volontaire de la procréation.*

Le mathusianisme primitif, inspiré à son défenseur (Thomas Robert Malthus, 1766-1834 ; cf. son *Essai sur le principe de population,* 1798) par la situation économique de la Grande-Bretagne du XVIIIe siècle, imputait la pauvreté des classes laborieuses à un état de surpopulation endémique. Il visait à en réduire la gravité par la pratique de la continence volontaire et individuelle. La vanité pratique de cette recommandation a conduit par la suite les « néo-malthusiens » à substituer la contraception à la simple continence. Le développement des pratiques contraceptives, de fait, a été rapide et généralisé dans les pays anglo-saxons et scandinaves, d'obédience réformée. En revanche, il s'est heurté à une opposition farouche dans les pays à majorité catholique. De même, la doctrine *marxiste, et par voie de conséquence la politique des États socialistes, a été au départ caractérisée par une réaction antimalthusienne. L'explosion démographique du XXe siècle, cependant, fait évoluer les attitudes. La « régulation des naissances » est à l'ordre du jour dans la plupart des pays à forte natalité. Les États où se maintient une législation inspirée par la doctrine catholique envisagent de la modifier, et trouvent un encouragement dans certains courants novateurs du clergé, sinon de la hiérarchie officielle de l'Église romaine. De la même façon, les États socialistes reviennent progressivement sur une attitude doctrinale ne correspondant plus aux conditions objectives de leur développement (Chine notamment).

• *Par extension : Les comportements ou les politiques visant au ralentissement de la production.*

Est malthusienne, dès lors qu'elle apparaît systématique et durable (ou répétée), la réduction volontaire de l'offre sur un marché. Le malthusianisme économique peut être le fait des seuls producteurs (cas, par exemple, des productions agricoles) ou de la politique de certains oligopoles (ou *monopoles) ou bien correspondre à une politique délibérément choisie par les pouvoirs publics (exemples en France : distillation obligatoire du vin, dans certaines périodes ; arrachage des vignes ; réduction obligatoire des emblavures de betteraves...). On peut distinguer à cet égard un malthusianisme « curatif », qui repose généralement sur la destruction, et un malthusianisme « préventif », qui vise à limiter la production. La difficulté pratique de réaliser ce dernier objectif, notamment dans le domaine agricole, et les inconvénients (économiques, sociaux, politiques et moraux) d'en arriver à la destruction, conduisent la plupart des États à organiser, soit à l'intérieur des frontières nationales, soit en accord avec d'autres pays, une régulation des marchés fondée sur des mécanismes de soutien des cours et de stockage des productions. Dans la pratique, toutefois, ces apports n'excluent pas le recours à des pratiques malthusiennes (destruction, dénaturation), tentation inhérente au fonctionnement des économies de marché capitaliste.
Le malthusianisme apparaît ainsi, au plan général, comme un état d'esprit procédant d'une optique restrictive dont les domaines d'application peuvent être très variés : les restrictions organisées d'accès à la culture, la stérilisation des brevets par les grandes firmes... sont autant d'exemples de comportements ou de politiques malthusiennes.

Mandat de paiement

a : *Payment order* – **d** : *Zahlungsbefehl* – **e** : *Orden de pago*

---

*Document donnant ordre de payer la dette d'un organisme public lorsqu'il est émis par un *ordonnateur secondaire du budget de l'État, ou l'ordonnateur du budget d'une collectivité locale.*

Les mandats visés et payés par le comptable sont présentés à l'appui des comptes des dépenses qu'il a exécutées, accompagnés de leurs *pièces justificatives.

Mandat territorial

Voir Assignat.

Mandatement

*Acte administratif donnant ordre de payer la dette d'un organisme public, lorsqu'il se réalise par l'émission d'un *mandat.*

Le terme se substitue à celui d'*ordonnancement lorsque cette phase administrative de la dépense publique est le fait d'un ordonnateur secondaire du budget de l'État agissant dans la limite des crédits qui lui ont été délégués à cette fin par l'ordonnateur principal, ou bien lorsqu'il s'agit des dépenses des autres collectivités publiques.

Manifeste

a : *Cargo manifest* – **d** : *Ladungsmanifest* – **e** : *Manifiesto*

Liste des marchandises composant la cargaison d'un navire (ou d'un aéronef).

Établi par le commandant, ce document est indispensable pour toutes les formalités imposées aux marchandises faisant l'objet de commerce extérieur. Avec le *connaissement, il doit pouvoir être représenté à toute réquisition, dès que le navire a franchi les limites du rayon douanier (20 km des côtes, en France). A l'arrivée au port, il tient lieu de déclaration sommaire, préalable au déchargement.
Au manifeste de la cargaison s'ajoutent, le cas échéant, des manifestes spéciaux pour les provisions de bord et les marchandises appartenant aux membres de l'équipage (dites « marchandises de pacotille »).
Des règles très strictes sont imposées pour la présentation du manifeste, alors que la feuille de route qui le remplace en cas de transport terrestre n'est assujettie à aucune règle de forme particulière.

Marchandisage

a : *Merchandising* – **d** : *Vermarktung* – **e** : *Mercadeo*

Ajustement des caractéristiques d'un produit aux fins de commercialisation.

Au sein de la fonction de *distribution, la commercialisation et la promotion de la vente d'un produit impliquent la prise en compte d'une série de contraintes — agissant d'ailleurs les unes sur les autres — qui tiennent principalement à la capacité qualitative de fabrication du produit par l'appareil productif de l'entreprise ; à la structure des besoins et des goûts (spontanés ou provoqués) des consommateurs ou utilisateurs du produit ; aux exigences matérielles ou commerciales de l'approvisionnement, de la mise en place, de la distribution et de la vente du produit. Le marchandisage tient compte de cet ensemble de contraintes à partir du produit et cherche à l'ajuster au mieux aux besoins et aux goûts. Il détermine les moyens à employer pour aider à la revente du produit par les détaillants, avec lesquels il doit mettre en œuvre une coopération très étroite. Il complète la fonction de *marchéage (en anglais : *marketing*) dont il fait largement partie.

Marché

a : *Market* – **d** : *Markt* – **e** : *Mercado*

Contrat comportant vente et achat, ou louage de biens, de services ou de capitaux.

Exemples : un marché de travaux publics, un marché d'exportation. A cette définition d'origine s'ajoute la suivante :

*Lieu de rencontre entre l'*offre et la *demande de biens, de services ou de capitaux.*

Ensuite, et par extension :

• *Ensemble des opérations intéressant un domaine ou un lieu d'échanges particulier.*

On parlera ainsi du marché de la viande, du marché du travail, du marché monétaire, ou encore du marché de Londres.

• *État et évolution de l'offre et de la demande dans un domaine donné.*

Ainsi dira-t-on que le marché de l'étain est, par exemple, à la baisse, ou que le marché du travail est tendu. Dans une acception voisine :

• *Ensemble des conditions qui commandent la production et la commercialisation d'un produit.*

Ainsi parlera-t-on du marché des produits pétroliers en France pour évoquer les structures d'approvisionnement en brut, de raffinage, de transformation et de distribution des produits issus du pétrole.

• *Pays zone de production.* Exemple : le marché argentin de la viande.

Ou, systématiquement :

• *Débouché virtuel pour des producteurs.*

Ainsi évoquera-t-on pour les exportateurs français le potentiel du marché américain, ou le marché du Tiers Monde.

Entendu comme un lieu de rencontre, le marché peut être matériellement localisé (exemple : le marché de Rungis) ou, au contraire, revêtir le caractère d'une entité abstraite, bien que réelle (par exemple : le marché des *eurodollars), ou même d'un concept théorique (le « marché » où se confrontent offre et demande dans la théorie économique classique). Lieu de rencontre physique ou abstrait, le marché est l'institution fondamentale de toute économie d'échanges. Mais ses fonctions peuvent varier selon le système ou le régime économique : dans l'économie de marché libérale, il est un lieu d'échanges et le lieu où se forme le *prix qui permet les échanges ; dans une économie à système de prix planifié, le marché ne sera plus, éventuellement, que le lieu effectif des échanges. Beaucoup estiment d'ailleurs qu'il n'y a véritablement marché que lorsque le lieu de rencontre entre l'offre et la demande est celui où se déterminent les prix. Il s'en faut de beaucoup cependant que dans les économies de marché capitalistes les plus libérales, le marché remplisse cette fonction de façon autonome. La réglementation des marchés peut être variable, elle existe toujours. Dans certains cas, elle se borne à édicter des règles de police tendant à favoriser la concurrence ou à interdire les pratiques qui y font obstacle (règles de publicité, d'affichage, de contrôle sanitaire, réglementation des ententes...). Dans d'autres, elle va jusqu'à organiser en détail le fonctionnement du marché (exemples : les *bourses de commerce, les marchés d'intérêt national...). Dans d'autres, enfin, elle va jusqu'à prévoir des interventions tendant à inscrire le fonctionnement du marché dans un cadre bien précis et en quelque sorte à le maîtriser (on peut citer à cet égard les interventions réglementaires ou directes sur le marché des changes, sur les marchés des capitaux, ou encore l'organisation et la régulation des marchés agricoles).

Marchéage

a : *Marketing* – **d** : *Marketing* – **e** : *Mercadeo/Marketing*

Étude du marché visant à circonscrire les débouchés possibles de la production dans un avenir immédiat ou éloigné (prospective), compte tenu des besoins existants ou possibles, et des perspectives de recherche et d'adaptation de l'entreprise.

Les termes de marchéage, ou mercatique, sont désormais recommandés à l'usage, à la place du mot anglais *marketing* employé d'ailleurs souvent sans référence exacte à la fonction qu'il représente. La notion de marchéage ne doit pas être confondue, en effet, avec celles de *publicité ou de promotion des ventes, de *marchandisage (qui en est une partie), de démarchage ou autres fonctions commerciales distinctes.

• Les *techniques mises en œuvre* par le marchéage sont très nombreuses, très élaborées et, à vrai dire, font l'objet d'une littérature exagérément ésotérique à prétentions souvent scientistes. On se bornera à noter que :

– le marchéage suppose une connaissance très approfondie de la production de l'entreprise, de sa capacité d'extension ou de modification, assortie de l'appréciation des coûts correspondant à ces mutations (recherche de l'*optimum, connaissance précise des *frais fixes et des *frais variables, etc.) ; un bon marchéage doit en effet aboutir à la conciliation optimale entre les besoins potentiels du marché et la capacité d'offre de l'entreprise, en opérant une double adaptation (de l'appareil productif et de la part du marché visée) ;

– le marchéage se fonde sur une information aussi complète et aussi fidèle que possible de ce *marché potentiel qui implique elle-même l'étude des budgets familiaux, de l'évolution de la *consommation, des structures sociologiques et psychologiques des consommateurs par des techniques de *sondages et d'enquêtes. Le marchéage met en œuvre la *statistique, la sociologie, la psychologie (recours aux techniques de créativité) et, dans une certaine mesure, la *comptabilité nationale elle-même.
Concrètement, une fonction de marchéage doit fournir au minimum des informations précises sur : les possibilités de vulgarisation d'un produit ou d'un service ; la hiérarchie des caractères du produit ou du service qui conditionnent son succès ; la typologie et les motivations de la clientèle existante et potentielle ; les séries de prix à pratiquer avec indication de leurs conséquences sur la commercialisation ; les modalités les plus opportunes de *distribution du produit ou du service (rythmes d'approvisionnement, canaux et circuits, distribution territoriale, etc.).

• Au total, *les activités de marchéage revêtent ainsi trois aspects :*

– gestion du réseau commercial : cette activité intéresse à la fois la recherche de la clientèle, son information, la conservation des liens qui ont été établis avec elle (service après vente, distribution de catalogues, etc.) et l'information de la firme sur le marché, son évolution, les désirs des clients, leurs réactions aux produits proposés, etc. ;

– gestion d'un service économique chargé de l'étude scientifique du marché, de l'évolution du risque commercial, de l'étude du prix de vente optimal ;

– gestion d'un service technique exécutant des recherches en laboratoire afin de définir les caractéristiques du produit dont la fourniture sera éventuellement demandée au secteur production.

Marché à terme international de France (MATIF)

a : *Financial futures (France)* – **d** : *Terminmarket von Frankreich* – **e** : *Mercado a plaza de Francia*

Marché de contrat à terme sur des titres financiers ou des marchandises.

Limitée en France initialement au seul « marché à terme d'instruments financiers » (MATIF), cette appellation de MATIF a été étendue en 1988 aux contrats à terme de marchandises (café, cacao, sucre...)

cotées à la Bourse de commerce. Bien que ces contrats soient de création très ancienne, le nombre des transactions quotidiennes qui les concernent est sans commune mesure avec celui du marché à terme de titres financiers. De ce fait, on utilisera le terme MATIF dans sa signification première, celle du domaine financier. Ses principes de fonctionnement sont transposables directement aux contrats de marchandises, qui relèvent de la même philosophie.

La création du MATIF financier en 1986 marquait la volonté de moderniser la place de Paris. En effet, la France devait se doter d'un marché de ce type afin d'offrir aux investisseurs des produits aussi sophistiqués que ceux existant sur les grands marchés à terme de Londres ou de Chicago. L'importance des transactions sur le MATIF, dès son ouverture, a confirmé qu'il répondait effectivement à un besoin.

Fonctionnement

Les produits échangés sur le MATIF sont des contrats financiers à terme *(financial futures)*. Les contrats actuellement négociés à Paris sont de plusieurs types, on peut en citer quatre : contrat sur emprunt notionnel, contrat sur *bons du Trésor, contrat *PIBOR 3 mois, contrat sur indice boursier. Un contrat à terme correspondant généralement à l'engagement de livrer ou de recevoir une quantité standardisée de produits financiers, à un prix et une échéance fixés à l'avance.

Par exemple, l'acheteur en janvier d'un contrat échéance mars sur *emprunt notionnel* s'engage à acquérir à la fin du mois de mars une certaine quantité d'emprunts d'État à un prix calculé en fonction du cours auquel il a acheté le contrat. Au contraire, le vendeur d'un contrat au même prix s'engage à livrer à terme une même quantité de titres d'État. Dans les deux cas cités ici, pour lesquels la position acheteuse ou vendeuse est maintenue jusqu'à son terme, l'opération se transforme donc à l'échéance en une opération classique de bourse qui se traduit par l'achat ou la vente des titres financiers sous-jacents. On parle alors de dénouement sur le marché « physique ». La transaction à l'échéance n'est pas effectuée directement entre l'acheteur et le vendeur du contrat, mais par l'intermédiaire de la Chambre de compensation des instruments financiers de Paris (CCIFP) qui alloue les titres entre les parties. On peut comprendre grâce à cet exemple le mécanisme de formation du cours d'un contrat. Celui-ci évolue en fonction des anticipations du marché quant au prix effectif qu'afficheront les titres sous-jacents à l'échéance. Cependant, dans la plupart des cas, l'agent en position acheteuse ou vendeuse dénoue celle-ci avant le terme. Les contrats sont en effet négociables. Dans cet exemple, l'acheteur initial du contrat à échéance vendra un contrat de même échéance avant la fin du mois de mars, et inversement pour le vendeur initial. L'opération se solde alors simplement par un gain ou une perte résultant de la différence entre le prix d'achat et le prix de vente du contrat.

Le recours au MATIF permet au donneur d'ordre de bénéficier d'un très important effet de levier. En effet, lors de l'ouverture d'une position, il n'est tenu qu'au versement d'un dépôt de garantie (le *deposit*) de montant très inférieur au montant nominal du contrat.
Plus précisément, les caractéristiques des quatre types de contrats cités sont les suivantes :

Contrat sur emprunt notionnel : Il s'agit d'un contrat sur des titres d'un emprunt d'État à long terme assorti d'un taux d'intérêt de 10 %. Cet emprunt est dit « notionnel » car il n'existe pas en réalité. Les agents n'ayant pas dénoué leur position acheteuse ou vendeuse avant le terme doivent acquérir ou céder des titres réels appartenant à un groupe d'emprunts d'État sélectionnés à l'avance, et constituant le « gisement » de l'emprunt notionnel. La valeur nominale du contrat est de 500 000 F. On notera qu'il existe également des *options négociables sur le contrat à terme de l'emprunt notionnel.

Contrat sur *bons du Trésor : Contrat d'un montant nominal de 5 MF portant sur des bons du Trésor à 90 jours à intérêts payés d'avance.

Contrat PIBOR 3 mois : Contrat sur la valeur du taux PIBOR 3 mois à l'échéance de 90 jours (nominal 5 MF). Si la position n'est pas dénouée avant l'échéance, elle ne donne pas lieu à une livraison de titres mais au règlement d'un différentiel d'intérêt. Dans ce cas particulier de *financial future* (appelé contrat de type FRA ou *future rate agreement*), l'engagement est pris directement sur un taux d'intérêt, sans s'appuyer sur des titres supports réels (bons du Trésor par exemple).

Contrat sur indice boursier : Contrat portant sur l'indice boursier CAC 40, composé de 40 valeurs cotées au marché à règlement mensuel des bourses françaises. Le montant nominal est ici variable. Il se calcule suivant la formule : valeur de l'indice CAC 40 (base 1 000 au 31-XII-87) × 200.

Les trois types d'intervenants

Le MATIF est utilisé par trois types d'intervenants :
Les *opérateurs en couverture* (ou *hedgers*), qui utilisent cet instrument pour protéger un portefeuille contre les variations erratiques susceptibles d'affecter sa valeur. Le rôle essentiel du MATIF est en effet de permettre une couverture efficace contre les aléas du marché. Exemple : le cas du gérant d'une *SICAV composée d'*obligations à taux fixes. La valeur de ce type d'obligation évolue en sens inverse des taux d'intérêt pratiqués sur le marché postérieurement à leur émission. Le gérant craignant une hausse future des taux pourra annuler son effet défavorable sur la valeur des obligations détenues en prenant une position vendeuse sur le MATIF. Il utilisera ici le contrat sur emprunt notionnel, puisqu'il s'agit d'obligations (les cours des emprunts d'État et des obligations à taux

fixe ont une évolution bien corrélée). Si ses anticipations se sont révélées exactes, il achètera avant l'échéance des contrats vendus des contrats de même terme afin de dénouer sa position. Le prix d'achat sera bien entendu inférieur au prix de vente initial puisque le marché aura tenu compte entre-temps de la hausse effective des taux d'intérêt. Ainsi, le profit réalisé sur le MATIF annulera la perte subie sur le portefeuille obligataire de la SICAV. Le mécanisme joue aussi en sens inverse en cas d'anticipation erronée du gérant. Une baisse des taux d'intérêt se traduira par une hausse de la valeur du portefeuille contrebalancée par une perte sur le MATIF. Grâce à cette technique, le gérant rend ainsi son portefeuille insensible aux variations des taux d'intérêt obligataires (taux à long terme).

Les contrats sur *bons du Trésor et sur PIBOR 3 mois sont utilisés quant à eux pour réaliser des couvertures sur les taux à court terme, et le contrat sur indice pour se protéger contre les variations affectant le marché boursier.

Les *spéculateurs,* qui interviennent sur le marché sans recherche de couverture, mais dans l'optique de générer un bénéfice grâce à cette seule activité. L'effet de levier leur permet de réaliser des gains (ou des pertes) importants relativement à leur mise initiale. Leur rôle est indispensable puisqu'ils contribuent largement à la liquidité du marché.

Les *arbitragistes,* qui tirent profit, en prenant les positions appropriées, des écarts anormaux pouvant apparaître sur une courte durée entre les cours des contrats et ceux des titres sous-jacents (opérations dites de *cash and carry*) ou entre les cours de contrats d'échéances différentes. Les arbitragistes contribuent à l'efficience du marché en permettant l'harmonisation des cours du comptant et du terme.

La sécurité du marché

Elle est assurée par plusieurs institutions :

Le *Conseil du marché à terme* édicte notamment les règles générales de fonctionnement du marché et les conditions à remplir pour être adhérent au MATIF.

La *Chambre de compensation des instruments financiers de Paris* enregistre chaque opération sur le MATIF et en garantit la bonne fin. Elle assure la surveillance des positions et du respect des règles du marché, et contrôle les dépôts de garantie. Enfin, elle procède aux appels de marge quotidiens. Chaque jour, le compte des opérateurs est crédité ou débité par la CCIFP du montant de la différence, pour chaque position détenue par eux, entre le cours du jour et celui de la veille. Toute défaillance dans l'ajustement de sa couverture par un opérateur entraîne la liquidation d'office de son compte.

La *Commission des opérations de bourse* a vu ses compétences de contrôle et d'enquête étendues au MATIF par la loi du 22 janvier 1988.

Marché commun

Voir Communauté européenne.

Marché d'options négociables de Paris (MONEP)

a : *Options exchange of Paris* – **d** : *Optionenbörse von Paris* – **e** : *Mercado de opciones de Paris*

Marché organisé d'options sur actions de Paris.

Créé en 1987, ce marché porte sur des contrats standardisés d'*options sur actions. Chaque contrat (option d'achat ou option de vente) porte sur 100 actions, les dates d'échéance correspondant à la fin des trimestres civils. Les transactions sont enregistrées par la Chambre de compensation du marché.

Marché gris

a : *Grey market* – **d** : *Grauer Markt* – **e** : *Mercado gris*

Lieu fictif de cotation et d'échange anticipé d'une valeur avant son admission officielle à la cote.

Exemple : Lors de la privatisation de 1986, l'action de Paribas, proposée à 405 F (prix officiel), cotait jusqu'à 485 F sur le marché gris avant la distribution des titres.

Marché hypothécaire

a : *Mortgage market* – **d** : *Hypothekenmarkt* – **e** : *Mercado hipotecario*

*Marché sur lequel se négocient exclusivement des créances assorties de garantie hypothécaire en vue de permettre le *refinancement des *prêts accordés avec constitution de cette sûreté.*

Formes traditionnelles

L'organisation d'un marché hypothécaire en France ne date réellement que de 1966 ; cependant, les prêts garantis par une sûreté immobilière ont un développement ancien et important ; mais aucun problème de refinancement lié à l'existence de cette sûreté ne se posait lorsque ces prêts relevaient des formes suivantes.

• Les établissements spécialisés (*Crédit foncier et *Crédit national) consentent respectivement aux ménages et aux entreprises des prêts à long terme assortis d'une prise d'hypothèque de premier rang ; ils mettent en œuvre des ressources provenant d'*emprunts dont la durée correspond à celle de leurs emplois.

• Les *crédits à court terme et à moyen terme de toutes natures ouverts par les banques peuvent comporter prise de sûreté hypothécaire ; ils sont mobilisables ou non sur le marché monétaire en fonction de leur forme, de leur objet, de leur durée, sans que soit prise en considération l'existence d'une garantie immobilière demandée par le banquier.

• Les particuliers, enfin, consentent des prêts hypothécaires aux fins les plus diverses, et le plus souvent par l'intermédiaire des notaires. On ne peut parler véritablement de marché à propos de ces prêts, dont la durée est généralement limitée, et qui ne sont pas mobilisés.

Organisation récente

Le souci de diversifier les ressources contribuant au financement du logement, d'allonger la durée et de réduire le coût des crédits que peuvent consentir les banques a conduit à organiser dans le cadre d'un marché le refinancement des crédits hypothécaires à long terme ayant pour objet le logement ; en effet, le développement des concours bancaires est fonction de la *liquidité assurée à leurs créances. Après diverses mesures élargissant les possibilités de cession par les établissements spécialisés des effets représentatifs de créances hypothécaires, le cadre d'un marché a été dessiné en septembre 1966, sa tutelle et sa régularisation étant confiées au Crédit foncier de France.
Les principaux éléments suivants conditionnent le fonctionnement de ce marché.
Le schéma défini en 1966 a été complété par le législateur en 1969, par la mise en place d'un mécanisme spécifique de garantie au profit des investisseurs, et a fait l'objet d'une réforme significative en 1985.

La nature des créances négociables : Elles doivent satisfaire à des règles portant sur l'objet des prêts (le logement des particuliers, même s'il s'agit de logements anciens ou de résidences secondaires), leur durée (au minimum de 10 ans), leur taux notamment en ce qui concerne les modalités de révisabilité admises, et la garantie hypothécaire.

Les participants : Depuis 1986, l'accès au marché hypothécaire est réservé aux établissements habilités à intervenir sur le marché interbancaire. Les investisseurs institutionnels pouvaient, auparavant, acquérir des billets de mobilisation.

Le mécanisme de *mobilisation : Il comporte émission de billets de mobilisation représentatifs d'un volume de créances hypothécaires qui restent détenues par les prêteurs d'origine : ces billets normalisés sont endossés « sans garantie » à l'ordre des prêteurs successifs de telle sorte que les prêteurs d'origine demeurent responsables de la bonne fin des crédits ; ce mécanisme répond aux difficultés qui résultent de la législation française en matière de transmission et de réalisation du gage hypothécaire. La mobilisation se réalise par voie d'achat ferme pour une durée correspondant à celle du billet ou par voie de mise en *pension pour une durée plus courte, au gré des opérateurs et aux conditions d'intérêt dont ils conviennent librement.
Le porteur du billet peut demander la mise à disposition, à son profit, d'un volume de créances éligibles égal au montant de ce billet. Cette mise à disposition, qui s'opère par l'établissement d'une liste, tenue à jour, des prêts « sous dossier » au bénéfice du porteur, entraîne sans autre formalité constitution de gage sur ses créances.
La réforme du marché hypothécaire, intervenue en 1985, avait pour objet de créer un nouveau mode de refinancement long des prêts hypothécaires. Des organismes, spécialisés, agréés par le ministre des Finances, peuvent acquérir des billets hypothécaires et émettre, en contrepartie, des obligations, étant précisé qu'il doit y avoir adéquation des caractéristiques de ces obligations à celles des billets.
Un seul organisme, la Caisse de refinancement hypothécaire, a été agréé jusqu'à présent.

Les interventions du Crédit foncier : Le Crédit foncier assure la surveillance du marché et fait connaître aux opérateurs, par voie d'avis, les conditions de leurs interventions.

Marché hypothécaire et marché monétaire

Par la nature des participants et les techniques mises en œuvre, le marché hypothécaire tel qu'il a été institué en 1966 est un compartiment spécialisé du marché monétaire : comme celui-ci, c'est un marché *secondaire* et un marché *fermé* dont le fonctionnement favorise la *transformation d'épargnes liquides en emplois à long terme au profit du logement. La réforme de 1985 l'a doté d'un compartiment « obligataire ».
Il diffère du marché ouvert dont certaines études proposaient la création et qui aurait attiré l'épargne et suscité sa formation : outre le risque de voir les particuliers offrant des capitaux sur ce marché se détourner du marché financier, il est apparu que la négociation d'effets entre non-spécialistes supposait la création d'institutions et de procédures lourdes et sans doute onéreuses dont les établissements spécialisés n'ont pas besoin : organisation de l'expertise pour certifier la réalité et la valeur du gage, organisation de la négociation et de la conservation des créances.
Il est évident que le marché hypothécaire ne peut que favoriser

l'orientation de ressources existantes vers le logement, mais que l'institution ne peut par elle-même produire des ressources nouvelles. Si, dans les pays étrangers, de nombreux établissements publics ou privés, spécialisés ou non, assurent largement le financement de la construction par des prêts hypothécaires, il n'est nulle part de marché directement ouvert aux particuliers : les établissements prêteurs soit émettent des obligations hypothécaires comparables aux émissions traditionnelles du Crédit foncier de France (RFA), soit réalisent la transformation de dépôts d'épargne abondants et stables (« building societies » anglaises, « savings and loans associations » et « mutual savings banks » aux États-Unis, caisses d'épargne allemandes), soit cèdent les créances hypothécaires à des organismes d'assurances (États-Unis). Le problème de refinancement, d'ailleurs limité du fait de l'origine des ressources principales, peut être résolu soit à l'intérieur d'un système d'établissements (Federal Home Loan Banks aux États-Unis) soit par un organisme central (Federal National Mortgage Association aux États-Unis, office central de crédit hypothécaire en Belgique, centrales de refinancement en Suisse) ; il peut être facilité par le jeu d'un système d'assurances tel qu'il est assuré aux États-Unis par la « Federal Housing Administration ».

Marché monétaire

a : *Money market* – **d** : *Geldmarkt* – **e** : *Mercado monetario*

Marché des fonds prêtables à court terme entre institutions financières.

Un « marché des *liquidités »

Il est souvent donné au marché monétaire une définition plus large : celle d'un marché des capitaux à court terme, pendant du marché financier sur lequel se négocient les capitaux à long terme ; le marché monétaire réunirait alors toutes les disponibilités et serait représenté par l'ensemble des opérations de *crédit ; on ne peut alors parler de véritable marché, car la matière des opérations ne présente pas le caractère de fongibilité : la durée, la nature des crédits et les garanties inégales par les emprunteurs rendent les opérations trop hétérogènes.
Le marché monétaire au sens étroit qui sera retenu ici porte pour sa part sur une matière bien déterminée, qui est représentée par les *liquidités dont disposent, ou dont ont besoin, les banques, c'est la monnaie « banque centrale », le « cash » dans la terminologie anglaise. Le marché de ces liquidités correspond à la nécessité pour une banque de disposer à son compte à la banque centrale d'un avoir suffisant pour faire face aux retraits de billets de ses correspondants ; mais cet avoir ne lui rapportant rien, la banque s'efforcera de le maintenir constamment

au niveau technique minimal, compte tenu des règles qui peuvent lui prescrire d'entretenir à la banque centrale une certaine proportion de *réserves obligatoires.
Aussi est-ce tout d'abord un marché de surplus de trésorerie entre banques sur lequel sont confrontés et compensés les besoins et les excédents de liquidités dont chacune dispose suivant sa situation de trésorerie. Elles se prêtent mutuellement des liquidités soit sous forme de prêts purs et simples, soit sous forme de prêts garantis par des titres publics ou privés, ceux-ci pouvant être cédés en échange de liquidités ou constituer simplement un gage. De ce fait, le marché monétaire présente trois caractères :

– *c'est un marché national ;*

– *c'est un marché sans existence physique :* il fonctionne par le moyen d'un réseau de communications téléphoniques reliant les agents à des intermédiaires spécialisés qui réalisent cette confrontation ;

– *c'est un marché* qui pour une large part porte *sur des opérations de prêts de très courte durée* (la journée nécessaire à l'ajustement quotidien des trésoreries des participants).

Rôle de la banque centrale

Mais les compensations entre banques ne pouvant suffire à satisfaire les besoins et éponger les excédents, d'autres participants peuvent intervenir et, en premier lieu, la *banque centrale, dont le rôle est de fournir le supplément de liquidités nécessaire et d'en régler le volume.
Le fonctionnement quotidien du marché monétaire dégage un taux qui est le prix qu'il faut payer pour obtenir les liquidités.
Ainsi le réglage du volume des liquidités, qui est un des éléments essentiels de la politique de régulation conjoncturelle, se fait principalement sur le marché monétaire, par l'intervention de la banque centrale. On notera cependant que, dans la mesure où cette action utilise le levier des taux et où les marchés monétaires nationaux peuvent communiquer, la politique monétaire peut voir sa marge d'efficacité singulièrement réduite en cas de liberté des changes : une hausse des taux internes destinée à contribuer à la stabilisation de l'économie ; dans une phase de tensions inflationnistes, elle peut favoriser un afflux de capitaux flottants générateurs d'un surplus de liquidités ; inversement, une politique d'« *argent à bon marché », visant à une relance de l'économie, peut déboucher sur une hémorragie de capitaux, détériorant l'évolution de la balance des paiements.

Les marchés monétaires étrangers

Les marchés monétaires anglais et américain présentent des caractères différents.

A Londres : La spécialisation des établissements bancaires donne un volume d'activité plus considérable au marché : les banques de dépôts sont dans une position permanente d'excédents de liquidités à employer sur le marché tandis que les maisons d'escompte *(discount houses)* seules traitent avec la Banque d'Angleterre. En Grande-Bretagne, l'intervention de la Banque d'Angleterre sur l'*open market est pratiquée depuis le XIXe siècle.

Aux États-Unis : Les banques fédérales de réserve ont reçu dès leur création (1913) le droit d'acheter ou de vendre sur le marché libre des titres de la dette fédérale ; depuis 1935 l'intervention du système fédéral est unifiée entre les mains du comité de l'open market qui élabore et exécute la politique.

Le marché monétaire français

Il présente deux caractéristiques : c'est un marché relativement restreint assurant l'ajustement des trésoreries des banques ; c'est un marché constamment « en banque », où les interventions de la *Banque de France fournissent le complément de liquidités nécessaire aux banques constamment endettées à son égard.

Le *caractère restreint du marché* ressort d'abord de la limitation des agents habilités à intervenir ; ce sont essentiellement les banques (banques inscrites, établissements financiers, établissements du secteur public ou à statut spécial) qui disposent de liquidités excédentaires en monnaie Banque de France à employer ou cherchent à se procurer de telles liquidités ; l'offre de liquidités est renforcée par l'admission de « créditeurs structurels » cherchant des emplois liquides, tels que la Caisse des dépôts, les organismes d'assurances et de retraite et les sociétés d'investissement.

L'organisation de ce marché fait encore intervenir, pour la confrontation de l'offre et de la demande, des *intermédiaires :* les courtiers de banque et surtout les maisons de réescompte, qui interviennent pour leur propre compte avec leurs ressources propres et des capitaux d'emprunt pour la régulation du marché. La Banque de France complète l'offre insuffisante de disponibilités ou opère une ponction sur les liquidités excédentaires.

La matière essentielle de ces transactions est la monnaie Banque de France qui fait l'objet d'emprunts ou de prêts à court ou très court terme, mais les transactions portant sur celle-ci ont toujours pour support les instruments assurant la sécurité des opérations de prêt auxquelles ils servent de garantie : de ce fait, la technique la plus employée sur le marché monétaire est celle de la *pension de titres de créance.

Les titres de créance mis en pension sont soit des effets publics (bons du Trésor), soit des effets privés de qualité assurée et en premier lieu ceux que les règles de la Banque de France lui permettent d'admettre dans le cadre de ses opérations d'*open market.

Le système bancaire est en permanence endetté à l'égard de la Banque de France ; parmi les causes de cette situation, la demande de billets constitue un élément permanent : la part des billets diminue régulièrement dans l'ensemble des disponibilités monétaires (elle est tombée à environ 20 % de l'ensemble des disponibilités monétaires et quasi monétaires gérées par les banques et le Trésor en 1971 contre 36 % en 1962), mais le volume des billets en circulation croît en moyenne de 6 % chaque année. (La proportion de la circulation fiduciaire est seulement de 12 % aux États-Unis, de 20 % en Allemagne et en Grande-Bretagne.)
L'insuffisance des ressources collectées par le système bancaire ne lui permet pas de nourrir la totalité des crédits qu'il consent : la Banque de France fournit en permanence un complément de volume variable selon les besoins du marché et la politique des autorités monétaires, soit par la voie du *réescompte et des formules complémentaires de concours à taux fixe mais de volume limité, soit par la voie de ses interventions directes sur le marché *open market.
En France, la politique d'open market a été rendue possible par le décret-loi du 17 juin 1938 qui permet à la Banque de France d'acheter ou de revendre sur le marché libre (aux conditions et dans les limites fixées par le conseil général, lequel consent au gouverneur une délégation permanente très large) des effets publics à court terme et des effets privés éligibles au réescompte ; compte tenu des conditions d'équilibre du marché monétaire et de l'insuffisance permanente de liquidité du système bancaire, la Banque de France, jusqu'en 1966, n'est intervenue que dans un seul sens, en achetant sur le marché pour l'approvisionner en liquidités ; les effets achetés à ce titre figurent à l'actif de son bilan sous la rubrique « effets disponibles achetés en France ». Du fait du système des planchers de bons du Trésor, ses interventions ont porté essentiellement sur des effets privés et, notamment, sur les catégories d'effets qu'elle veut avantager (effets éligibles à l'open market). Les taux qu'elle applique dans ses concours à taux variable déterminent le taux de l'argent au jour le jour sur le marché.
En 1967, la politique d'open market a pris une extension particulière avec la suppression des planchers de bons du Trésor, le placement des bons du Trésor auprès des banques aux conditions du marché, la création des réserves obligatoires et la libération des changes.
Exemples d'intervention :
– retraits de liquidités ;
– fournitures de liquidités pour atténuer les conséquences brusques d'un relèvement du coefficient des réserves ;
– achats de bons du Trésor ;
– tentatives pour ajouter par le contingentement de ses concours un effet de quantité à l'action qu'elle exerce sur les taux.
Une étape supplémentaire a été franchie quand, en 1971, les rôles respectifs du réescompte et de l'open market ont été inversés ; au contraire de la pratique antérieure, le taux de l'escompte est maintenu plus élevé

que celui du marché monétaire « open » qui constitue ainsi le marché normal des liquidités et le lieu d'intervention premier de la Banque de France, le réescompte n'intervenant désormais qu'au second rang pour la fourniture des liquidités.

Marché noir

a : *Black market* – **d** : *Schwarzmarkt* – **e** : *Mercado negro*

---

*Commerce clandestin et illicite pratiqué en période de *rationnement et de contrôle des *prix.*

La notion de marché noir suppose en fait un simple rationnement (mais celui-ci est toujours, en pratique, complété par un contrôle des prix) ; elle concernera, par exemple, la vente à un prix illicite, et en dehors des droits reconnus à l'acheteur, de marchandises soumises à répartition réglementaire. Une vente à un prix supérieur à celui qui ressort de la réglementation n'est pas une opération de marché noir, lorsque la distribution n'est pas rationnée. Elle n'est alors qu'une pratique de hausse illicite.

Marge

a : *Trade margin/Price margin* – **d** : *Handelsspanne/Marge/Verkaufsspanne* – **e** : *Margen*

---

*Différence entre un prix de vente et un *coût correspondant, autre que le *prix de revient.*

Cette définition est celle du *plan comptable général. On distingue généralement :

– la *marge sur coût d'achat,* égale à : prix de vente – prix d'achat ;

– la *marge sur coût de production,* égale à : prix de vente – coût de production ;

– la *marge sur coût variable,* égale à : prix de vente – (coût de production + coût de commercialisation).

Les marges considérées peuvent être globales ou par produits, comme dans le calcul des coûts.

Dans la pratique, le terme de marge est aussi employé dans d'autres acceptions :

• *La marge brute* des commerçants est *la différence entre le prix de vente et le coût d'achat.* (Selon le plan comptable, c'est une marge sur coût d'achat.) Le *taux de marge brute* (ou « taux de marque ») est le rapport entre la marge brute et le prix de vente.

Dans l'industrie, on emploie parfois le terme de marge brute pour désigner la *différence entre le prix de vente et la partie variable du coût de production.*

• *La marge nette* est la *différence entre le prix de vente et l'ensemble des charges, fixes et variables, relatives à un produit ou un service.* (*Voir* Frais fixes, frais variables.)

Marge brute d'autofinancement

a : *Cash flow* – **d** : *Cash flow* – **e** : *Cash flow/Margen bruto de autofinanciación*

Différence entre les recettes courantes et les dépenses courantes de l'entreprise.

La marge brute d'autofinancement comprend le *bénéfice net, l'*amortissement, les *provisions non exigibles.
Elle ne constitue donc pas un élément d'appréciation du résultat de l'entreprise, mais plutôt de l'évolution de ses flux de trésorerie interne.
Le rapport de la marge brute d'autofinancement aux grandeurs mesurant l'activité de l'entreprise, et notamment au *chiffre d'affaires, est souvent utilisé comme indicateur de sa rentabilité à court terme.

Marge brute d'autofinancement actualisé (MBA actualisé)

a : *Net present value* – **d** : *Kapitalwert* – **e** : *Margen bruto de autofinanciación actualizado (MBA actualizado)*

Différence entre la somme des recettes actualisées et des dépenses actualisées afférentes à la mise en œuvre d'un investissement éventuel.

Ce concept est utilisé dans le calcul micro-économique pour évaluer la rentabilité financière prévisionnelle et, de ce point de vue, déterminer l'opportunité des investissements.

Marge nette d'autofinancement

a : *Cash flow (net)* – **d** : *Cash flow (netto)* – **e** : *Margen neto de autofinanciación*

Ensemble constitué par le bénéfice net après impôts et les provisions non exigibles.

Notion financière, la marge nette d'autofinancement sert à définir les ressources utilisables pour l'*autofinancement dont elle indique en quelque sorte la limite maximale.

Marginal

a : *Marginal* – **d** : *Marginal* – **e** : *Marginal*

Bien ou agent économique se trouvant à la limite d'un ensemble généralement homogène.

• *Au sens général,* le terme est employé communément pour qualifier une situation précaire, à la frange d'un groupe. (*Voir* Subvention.)
Un travailleur marginal sera ainsi une personne active hors d'état, compte tenu de sa qualification ou des conditions économiques, de trouver un emploi permanent et durable, ou occupant un emploi menacé, ou encore non rentable.
Une entreprise marginale sera celle dont les conditions d'activité sont assez précaires pour rendre sa disparition possible, sinon probable, ou dont le maintien réclame des aides artificielles extérieures.

• *Au sens de la science économique,* qualificatif appliqué à la dernière unité additionnelle ajoutée à un ensemble homogène.
Son usage scientifique est lié à la théorie à laquelle il a donné d'ailleurs son nom, le *marginalisme. Celle-ci rend compte des décisions économiques par la notion d'utilité marginale : l'utilité marginale d'un bien est l'utilité attachée à une quantité limite de ce bien, compte tenu des possibilités de substitution de ce bien avec les autres.
Par extension, on parlera aussi de *coût marginal (coût de la dernière unité d'une fabrication, par exemple), de *revenu marginal (revenu tiré de la dernière unité additionnelle produite), de *productivité marginale et de *tarification marginale...

Voir Marginalisme.

Marginalisme

a : *Marginal utility theory* – **d** : *Grenznutzenschule* – **e** : *Marginalismo*

Théorie économique née dans les années 1870, fondée sur l'idée que la valeur d'échange d'un bien est fonction de l'utilité de la dernière unité disponible de ce bien, appelée utilité « marginale ».

Si l'on peut distinguer plusieurs écoles marginalistes (école de Vienne avec K. Menger puis Mayer, Mises, Hayek, Schumpeter ; école de

Lausanne avec Walras et Pareto ; école de Cambridge, avec A. Marshall), l'unité de ces différents courants tient à la méthode d'analyse, qui est « par essence l'analyse élémentaire de tous les actes de l'économie à partir des échelles individuelles de préférence ». Pour les marginalistes, la valeur des biens ne dépend pas de la quantité de travail incorporée, comme le soutient la théorie classique, mais de l'utilité de la dernière unité de ces biens qui est en fait la moins élevée possible, la satisfaction croissante des besoins entraînant en effet la décroissance des utilités. Ainsi, par exemple, les sujets économiques arrêtent leur plan de consommation en égalisant dans le cadre de leur revenu et en fonction des prix l'utilité marginale des biens désirés.

De même, le producteur retiendra comme combinaison optimale des facteurs de *production dont il a besoin dans son activité celle qui égalise le rapport de leur produit marginal à leur prix. Il stabilisera sa production au niveau égalisant le prix payé pour la combinaison marginale de facteurs avec la recette marginale correspondante.

De la même façon, enfin, l'investisseur déterminera la nature et le volume de ses opérations en égalisant leur coût marginal et leur rentabilité marginale.

Cette théorie subjective de la valeur a incontestablement enrichi la connaissance du fonctionnement des économies de marché. La portée de l'explication qu'elle fournit doit cependant être appréciée avec circonspection. Elle vaut pour les décisions des sujets individuels envisagés en tant que tels, et hors de l'influence des groupes ; elle ne concerne d'ailleurs que les décisions impliquant une confrontation entre un rendement et un *coût. Surtout, elle propose plutôt une règle de comportement optimal qu'elle ne rend compte des décisions réellement observées.

C'est précisément sous cet aspect normatif que l'approche marginaliste est souvent utilisée pour des mesures « objectives » de rendement, de coût et de prix ; exemple : plan d'investissement étalé en fonction de l'efficacité marginale du *capital, essais de tarification au *coût marginal...

Mark

a : *Mark* – **d** : *Mark* – **e** : *Marco*

Unité monétaire de la République fédérale d'Allemagne, de la République démocratique allemande et de la Finlande.

Le *Deutsche Mark,* unité monétaire de la République fédérale d'Allemagne, est l'une des monnaies les plus fortes du monde occidental. Créé par la réforme du 18 juin 1948 pour remplacer l'ancien Reichsmark, très

MODIFICATIONS DU TAUX DE CHANGE DU DM VIS-A-VIS DU $ DES ÉTATS-UNIS ET DU FF

Événements monétaires	Parité pour 100 DM		Ampleur de la réévaluation du DM[2]			
			PAR RAPPORT A LA PARITÉ PRÉCÉDENTE (EN %)		INDICE EN BASE 100 EN 1949[1]	
	EN $	EN FF (NF)	VIS-A-VIS DU $	VIS-A-VIS DU FF	VIS-A-VIS DU $	VIS-A-VIS DU FF
Réforme monétaire juin 1944 (création du DM)	30,33	79,27	—	—	—	—
Réajustement général des monnaies sept. 1949 (réouverture du marché des changes)	23,81	83,33	—	—	100,0	100,0
Dévaluation du FF octobre 1957	23,81	100,00	—	+ 20,0	100,0	120,0
Dévaluation du FF décembre 1958	23,81	117,54	—	+ 17,5	100,0	141,0
Réévaluation du DM mars 1961	25,00	123,43	+ 5,0	+ 5,0	105,0	148,1
Dévaluation du FF août 1969	25,00	138,85	—	+ 12,5	105,0	166,6
Réévaluation du DM octobre 1969	27,32	151,75	+ 9,2	+ 9,2	114,7	182,2
Réajustement général des monnaies décembre 1971 (accord de Washington)	31,01	158,75	+ 13,5	+ 4,6	130,2	190,5
Dévaluation du dollar des États-Unis février 1973	34,48	158,75	+ 11,1	—	144,8	190,5
Réévaluation du DM et flottement généralisé mars 1973	35,45	163,51	+ 2,8	+ 3,0	148,9	196,2
mars 1975[3]	43,14	180,9	+ 3,6	+ 4,8	181,2	217,1
octobre 1977[3]	43,80	213,1	+ 1,5	+ 17,8	183,9	255,7
mars 1978[3]	49,05	230,7	+ 12,0	+ 8,3	206,–	276,8
octobre 1978[3]	54,35	228,5	+ 10,8	– 1,0	228,3	274,2
9 mars 1979 (veille mise en vigueur du SME)	53,95	230,9	– 0,74	+ 1,1	226,6	277,1
Compte tenu des ajustements successifs du taux pivot au sein du SME, valeur en décembre 1988	56,37	341,5				

1. La base retenue est celle de septembre 1949, car auparavant les cours du change n'avaient guère de signification monétaire, puisque les marchés des changes ne fonctionnaient pratiquement plus depuis les hostilités.
2. Depuis mars 1973, le dollar flotte vis-à-vis des monnaies européennes. Les chiffres indiquent donc, à partir des cours constatés sur le marché des changes, l'appréciation ou la dépréciation du DM.
3. Moyenne mensuelle.

dévalué, le DM a été rapidement le symbole du redressement de l'économie ouest-allemande, que l'abondance des disponibilités en main-d'œuvre a permis d'assurer sans tensions inflationnistes particulières. Si l'évolution des données démographiques, à partir des années 1965 (stabilisation progressive de la population active virtuelle), ainsi que des comportements des agents économiques (arbitrage plus difficile entre l'investissement et la consommation qui oppose salariés et entreprises notamment dans le partage du produit social) a engagé l'économie allemande dans une phase de fluctuations, accompagnée de poussées inflationnistes, le dynamisme des exportations n'a cessé de s'affirmer, et a fortement contribué à désigner le DM comme une monnaie forte. Les mouvements de capitaux, liés notamment à la spéculation contre d'autres monnaies plus vulnérables, et en particulier contre le dollar, ont suivi et exercé en quelque sorte une surenchère à la réappréciation du DM. Celui-ci, titré à 0,222 168 g d'or fin après une première *réévaluation en 1961, a été une deuxième fois réévalué en novembre 1969 (0,242 806 g d'or fin). Le développement de la crise monétaire internationale, en 1971, a conduit le gouvernement fédéral à faire flotter le DM en mai. Les accords de Washington, à la suite de la rencontre des Açores, à la fin de 1971, ont entraîné une nouvelle réévaluation (par rapport au dollar et sans déclaration d'une définition or de la monnaie ; la parité était de 3,225 DM pour 1 dollar contre 3,66 auparavant) : celle-ci n'a affecté ni la balance commerciale de la RFA, ni les comportements de la spéculation qui ont continué à jouer le DM contre d'autres monnaies. Une deuxième réévaluation est intervenue en mars 1973, associée à la mise en place d'un régime de flottement concerté des monnaies européennes (appliqué en fait à six des neuf États membres actuels). Le développement de la crise monétaire internationale a conduit à une troisième réévaluation en juin 1973 ; depuis 1979, la parité du mark est fixée par rapport à l'*Écu.

Voir Système monétaire international.

Marketing

Voir Marchéage.

Marque

a : *Trademark* – **d** : *Marke (eingetragene)/Handelsmarke* – **e** : *Marca*

Élément distinctif de la désignation d'un produit faisant l'objet de propriété commerciale.

Notion et champ d'application

• On distingue généralement deux catégories principales de marques selon l'*entreprise* qui les traite ou la *famille* spécifique à laquelle elles appartiennent.

Marques d'« entreprise » : Les marques de *fabricant* (même origine industrielle du produit), de *distributeur* (les produits désignés sont exclusivement vendus dans les magasins du distributeur : produits alimentaires « Forza » à Prisunic), de *fournisseurs* (produits partant de la même matière première : Nylon, Nylfrance, ou correspondant à certaines normes de fabrication).

Marques de « famille » : Les marques *spécifiques* (produit précis : « Banania ») ou de *gammes* (gamme de produits appartenant au même marché : « Mennen », provenant d'un même fabricant : « Singer », ou ayant comme lien un style : « Dior »).
Le marquage des produits, ou leur « baptême », utilise soit le nom du produit lui-même (qui correspond le plus souvent à une réglementation juridique précise. Exemple : chocolat = cacao + sucre), soit des noms ayant trait à l'origine du produit contenu dans l'emballage (riz de Madagascar, café de Colombie, produits normands, vins de Bordeaux...), soit des normes et des *labels, soit des noms de personnes (fabricant, importateur, distributeur du produit...).

• La notion de marque est aussi utilisée dans des cas particuliers.

La marque de service : C'est un signe permettant de distinguer les services d'une entreprise. Cette marque est soumise à la même réglementation que les marques de fabrique et de commerce (loi du 31-XII-1964).

La « marque exclusive » : Elle est liée à la vente par certains magasins de marchandises d'une marque sans grande notoriété ou appartenant au commerçant. La concurrence ne peut ainsi se manifester puisque la marque n'existe pas dans les autres magasins.

• *Critères de la marque.* On peut parler de marque lorsque :
– le produit désigné a un caractère original (composants des produits, procédés de fabrication, présentation extérieure, performances) ;
– ce caractère original se retrouve avec constance (sous des emballages identiques, un produit identique) ;
– la marque est suffisamment notoire ;
– les produits de la marque atteignent une certaine diffusion matérielle.
Cette notion de marque revêt sa principale importance dans trois domaines :
– les produits destinés au grand public (produits de grande consommation, biens d'investissements ménagers, produits agricoles, services : chaînes d'hôtels, transport, distribution, clubs de vacances) ;

– les marchés sectoriels (produits de luxe, produits diététiques, loisirs, construction, préfabrication) ;

– le secteur industriel (marques d'engins ou d'équipements spécifiques).

Évolution de la notion de marque

L'apparition de la marque date du Moyen Age où, dans le régime des corporations, la marque de fabrication était obligatoire.

Au début de la révolution industrielle du XIXe siècle, l'absence de techniques de *marketing faisait que certaines fabrications excédaient parfois largement les possibilités de vente. D'où l'idée de « forcer » l'écoulement du produit fabriqué par la marque et la publicité (1815, briquet le Phénix ; 1831, bougie de l'Étoile...), le rôle de la marque se limite alors essentiellement à une signature.

Depuis la fin du XIXe siècle, l'expansion des marques est allée de pair avec le développement des techniques publicitaires, l'élargissement général des marchés et l'épanouissement d'une civilisation de *consommation, alimentée par des industries de fabrication de plus en plus nombreuses et travaillant à une échelle de plus en plus importante.

Rôle de la marque

La stratégie de la marque s'appuie sur la *publicité et constitue comme elle un moyen de séduire et de convaincre. (Les économies socialistes en utilisent elles-mêmes pour les produits de consommation.)

– La marque est d'abord une *sécurité :* elle ne garantit pas seulement quelque chose (une qualité), elle garantit aussi contre quelque chose (la crainte de l'inconnu) : la bonne marque évite l'incertitude devant la multiplicité des produits concurrents, la difficulté de les juger tous par soi-même.

– Elle est source de *satisfaction* pour l'acheteur : synonyme de la qualité recherchée, elle inspire la confiance dans la marque qui caractérise l'achat du type « rationnel », même si cette confiance, à la limite, peut devenir aveugle.

– Elle est un *langage :* « grande marque », « marque ancienne », « marque nouvelle », « petite marque », « marque inconnue »...

– Elle est une *image de soi* pour le consommateur qui, d'une certaine manière, y trouve une identification et une reconnaissance partielles. Dans cette mesure, elle influence la demande par son exploitation des besoins psychologiques et par la valeur de signes qu'elle confère aux produits : prestige (voiture), formes du don (« dites-le avec des fleurs »), rites attachés à tel lien affectif (jouets à Noël...).

Pour ces diverses raisons techniques, commerciales et psychologiques, la marque fait l'objet d'une législation spécifique.

Législation

Aux termes de la loi du 31 décembre 1961, « sont considérés comme marques de fabrique, de commerce ou de service, les noms patronymiques, les pseudonymes, les noms géographiques, les dénominations arbitraires ou de fantaisie, la forme caractéristique du produit ou de son conditionnement, les étiquettes, enveloppes, emblèmes, empreintes, timbres, cachets, vignettes, lisières, lisérés, combinaisons ou dispositions de couleur, dessins, reliefs, lettres, chiffres et, en général, tous signes matériels servant à distinguer les produits, objets ou services d'une entreprise quelconque » (art. 1).

La *propriété de la marque* s'acquiert par le premier dépôt, l'antériorité est donc un élément constitutif fondamental des droits qui y sont attachés (« marque déposée »).

La délivrance de tout *certificat de qualité* afférent à un produit fabriqué ou à un service rendu en France est subordonnée à l'agrément, dans les six mois de la demande, par le ministre chargé du commerce et le ou les autres ministres intéressés, d'un règlement technique précisant notamment les spécifications exigées ainsi que les conditions de contrôle et les conditions de remboursement en cas de non-conformité aux spécifications du produit acheté ou du service rendu (loi du 2 juillet 1963). On considère comme certificat de qualité, quelle que soit la dénomination qui lui est donnée, toute marque ou inscription, qui, à des fins commerciales, affirme qu'un produit ou un service présente certaines qualités spécifiques ayant fait l'objet d'un contrôle technique.

La *cession de marque,* par laquelle on en transfère la propriété, doit faire l'objet d'une publicité au moyen d'une inscription sur le *registre spécial des marques* tenu à l'Institut national de la propriété industrielle. Cette cession peut être réalisée soit isolément, soit en même temps que celle du *fonds de commerce.

La *contrefaçon de marque* est la reproduction d'une marque appartenant à autrui. Lorsque les marques ne sont pas déposées, elles sont seulement protégées contre les usurpateurs par l'action en *concurrence déloyale. Lorsque la marque a été déposée, le contrefacteur est passible de poursuites correctionnelles sur plainte du titulaire de la marque. Ce dernier peut également intenter une action civile devant le tribunal de grande instance en vue d'obtenir des dommages-intérêts.

Voir Label.

Marxisme

a : *Marxism* – **d** : *Marxismus* – **e** : *Marxismo*

Doctrine, théorie et méthode d'analyse et d'action élaborées par K. Marx et F. Engels et développées par leurs disciples.

Les éléments constitutifs du marxisme ne sont ni réductibles à une définition simple, ni séparables les uns des autres.

Base doctrinale

La base doctrinale du marxisme, si tant est qu'on puisse utiliser ce qualificatif pour une démarche qui se veut avant tout une méthode scientifique d'analyse de la réalité, réside dans le *matérialisme dialectique.* Matérialiste, par opposition au spiritualisme ou à l'idéalisme, le marxisme l'est en considérant qu'il n'y a pas dichotomie essentielle dans la réalité entre la nature et l'esprit. La pensée est une mutation qualitative engendrée par une succession de modifications quantitatives dans le processus d'évolution naturelle. Dialectique, il l'est, par opposition au matérialisme mécaniste qui fait de la pensée un simple phénomène matériel, comme les autres, et explique l'enchaînement des phénomènes par des relations causales linéaires (A engendre B qui engendre C...) en lui opposant une autre analyse des lois du devenir, fondée sur une interaction des phénomènes, dans le cadre d'un processus dynamique de contradiction (A engendre B qui réagit sur A pour engendrer A′ qui se combine à B pour entraîner C qui réagit sur B pour engendrer B′...). Le *matérialisme historique* n'est que l'illustration pratique de cette approche appliquée à l'analyse de l'évolution des sociétés humaines, qui apparaît commandée, dans le cadre d'une interaction générale entre infrastructure économique et superstructures sociales, psychologiques et idéologiques, par le mûrissement des contradictions entre le développement des forces productives et l'inertie des rapports de production, contradictions qui se concrétisent par la lutte des classes, moteur de l'histoire.

« Dans la production sociale de leur existence, les hommes nouent des rapports déterminés, nécessaires, indépendants de leur volonté ; ces rapports de production correspondent à un degré donné du développement de leurs forces productives matérielles. L'ensemble de ces rapports forme la structure économique de la société, la fondation réelle sur laquelle s'élève un édifice juridique et politique, et à quoi répondent des formes déterminées de la conscience sociale. Le mode de production de la vie matérielle domine en général le développement de la vie sociale, politique et intellectuelle. Ce n'est pas la conscience des hommes qui détermine leur existence, c'est au contraire leur existence sociale qui détermine leur conscience. A un certain degré de leur développement, les forces productives matérielles de la société entrent en collision avec les rapports de production existants, ou avec les rapports de propriété au sein desquels elles s'étaient mues jusqu'alors, et qui n'en sont que l'expression juridique. Hier encore formes de développement des forces productives, ces conditions se changent en de lourdes entraves. Alors commence une ère de révolution sociale. Le changement dans les fondations économiques s'accompagne d'un bouleversement plus ou moins rapide dans tout cet énorme édifice » (Avant-propos à la *Critique de l'économie politique,* 1859, *Œuvres,* « Bibliothèque de la Pléiade », t. I, p. 273).

Théorie économique

La théorie économique marxiste constitue en quelque sorte l'axe central de cette science historique, le noyau d'une logique explicative que Marx et Engels ont en particulier appliquée aux *systèmes économiques pour en analyser la genèse, le développement et les conditions de transformation et de dépassement.
Si les phénomènes économiques jouent un rôle primordial dans l'enchaînement dialectique qui rend compte du mécanisme d'évolution des sociétés, les « lois » économiques n'ont rien d'immuable : elles ne sont que la formulation d'un processus dynamique de développement des contradictions entre forces productives et rapports de production, développement qui, à partir d'un certain seuil, engendre une mutation des structures de la société, et partant la genèse d'autres lois.
La théorie économique, pour un marxiste, n'est pas de ce fait séparable de la théorie sociologique. Son application à l'analyse du système capitaliste en est une illustration frappante.
L'utilité intrinsèque d'un bien s'abstrait et « s'aliène » dès lors que celui-ci fait l'objet d'un échange. La transformation du bien en marchandise entraîne celle de l'utilité en valeur.
Se réclamant d'une lignée qui par A. Smith remonte jusqu'à Aristote, Marx montre que la seule mesure de la valeur réside dans le travail. Plus précisément, la valeur d'un bien peut s'exprimer quantitativement par le temps de travail socialement nécessaire à sa production.
Cette valeur ne définit pas le *prix, qui s'exprime par référence à la *monnaie. L'introduction de cet écran monétaire, jointe à l'évolution des rapports de production, explique la genèse et le fonctionnement du système capitaliste. Ce système naît quand l'homme achète pour vendre et réalise un circuit argent-marchandise-argent. Cette circulation ne saurait entraîner un *profit si l'on admet que la marchandise ne réalise normalement que sa valeur. Le profit prend naissance dans le processus de production.
En effet, le travail humain n'est pas rémunéré à la valeur de son résultat, mais, comme une marchandise, selon le temps de travail nécessaire à la reproduction de la force de travail. C'est la caractéristique de cette force de travail que de produire une valeur supérieure à celle nécessaire à son entretien. Cette notion de *plus-value ne fournit pas en soi le critère du système capitaliste. Aussi bien l'existence d'une différence entre la valeur globale créée dans une communauté humaine et la valeur consommée par elle est la condition d'un développement élargi de la production. Voici ce qui fonde en réalité le système capitaliste : ce sont les détenteurs des moyens de production qui s'approprient la plus-value, fruit du travail. La légalité de la propriété privée des moyens de production, dans une société comportant par ailleurs une classe d'hommes ne disposant que de leur force de travail, suffit à assurer, par le seul jeu de la loi de la valeur, l'accaparement de la plus-value par la classe des

détenteurs du « capital », et cela dans un système ayant l'apparence de la liberté et de l'égalité. En fait, ce détournement de la plus-value fonde des rapports antagonistes entre capitalistes et travailleurs, et cela d'autant plus que la loi de la valeur s'applique dans le cadre d'un processus dynamique, où le moteur du profit va être la clé de l'accumulation capitaliste.

A partir de l'accumulation primitive réalisée dès la fin du Moyen Age par voie de guerre, de constitution de monopoles commerciaux, d'expropriations, le capitalisme, d'abord mercantile, s'est développé progressivement dans le cadre de la révolution industrielle, par un processus de « reproduction élargie », dans lequel on peut déceler des lois « tendancielles » qui rendent compte de l'évolution du système ; ces lois ne sont d'ailleurs que la résultante, au plan social ou macro-économique, des comportements individuels liés au moteur du profit : c'est ainsi la tendance à l'égalisation du profit moyen entre branches et entreprises, liée à la concurrence des capitaux à la recherche d'une rentabilité. Les capitalistes tentent de contrarier cette évolution par la concentration du capital pour accroître la plus-value par des gains de productivité. Mais, en même temps, ils alimentent aussi une baisse tendancielle du taux de profit général (au niveau de la société) dans un processus où l'exploitation de la force de travail est contrariée par le développement de l'action des travailleurs dont la masse croissante et l'organisation sont elles-mêmes liées à l'essor industriel et à la concentration.

Ce processus se déroule à travers des *crises périodiques provoquées par les déséquilibres dans la répartition du capital entre les activités productrices, générateurs, dans le cadre de la baisse tendancielle du taux de profit, de brusques chutes de rentabilité qui s'étendent dans l'économie, dans la mesure où le ralentissement de l'activité entraîne une aggravation de la sous-consommation. Aggravation, car la tendance à la sous-consommation est, dans le système, permanente, dans la mesure où le développement des capacités de production ne s'accompagne pas d'une augmentation proportionnelle de la *demande solvable. Parallèlement la contradiction se développe entre la concentration de la propriété privée des moyens de production et la socialisation croissante de l'organisation de la production. De déséquilibre en déséquilibre, l'évolution du système capitaliste réunit ainsi progressivement les conditions d'une crise générale créant les conditions objectives de la révolution.

Théorie sociologique

A ce point, la théorie économique rejoint la théorie sociologique dans une *analyse tournée vers l'action.* C'est par rapport à celle-ci que s'est développée et précisée la pensée marxiste dans les milieux révolutionnaires héritiers de l'enseignement de Marx et Engels. Elle a été stimulée dans cette voie par la nécessité de réagir aux propositions théoriques des écoles économiques néo-capitalistes (néo-classique, marginaliste...) ainsi qu'aux déviations « révisionnistes » de certains courants sociaux-démocrates, puis des idéologues fascistes, et par le besoin de donner un sens au développement des mouvements révolutionnaires à la fin du XIXe siècle et au cours du XXe. Dans cette démarche, le marxisme mêle dans un processus dialectique méthode d'analyse des faits, théorie explicative et doctrine révolutionnaire.

Ce développement « intégré » du marxisme, relativement homogène lorsqu'il s'agit d'approfondir l'étude des mécanismes d'évolution de la société capitaliste, n'est pas exempt d'une certaine différenciation quand il en tire les leçons pour la pratique révolutionnaire et la construction d'une société socialiste.

• Sur le premier thème, l'enrichissement de la pensée marxiste doit beaucoup à l'apport de Lénine (cf. notamment *L'Impérialisme, stade suprême du capitalisme,* 1916 ; *voir* Léninisme) qui éclaire les mécanismes de l'expansion impérialiste, du processus colonial et du développement différencié de la société capitaliste selon les pays ; puis des générations de disciples formées notamment dans les pays socialistes qui appliquent la méthode d'analyse dialectique à l'évolution d'un monde occidental, caractérisée par l'adaptation de l'impérialisme à l'émancipation du Tiers Monde, sous la forme du « néo-colonialisme », et par le fondement de rapports antagonistes au sein de la sphère capitaliste développée, entre l'économie dominante des États-Unis et les pôles capitalistes secondaires.

• L'analyse des conditions de la révolution socialiste a reçu une nouvelle dimension avec le léninisme dans la mesure où celui-ci tend à montrer que le sous-développement peut faciliter le passage de la révolution démocratique bourgeoise à la révolution socialiste, à expliciter les bases de la solidarité paysans-ouvriers dans les pays arriérés et à justifier l'avènement de la révolution dans un seul pays. Sur ce dernier point toutefois, la praxis révolutionnaire a opposé les « stalinistes » (le recours à ce terme se justifiant dans la mesure où Staline a été un ardent défenseur de la théorie de la révolution dans un seul pays) et les trotskistes, attachés à la stratégie de la « révolution permanente ».

• Les principes de la construction de la société postcapitaliste ont été précisés par Lénine, puis par Staline, confrontés avec les problèmes de la première révolution marxiste triomphante, et amenés ainsi à distinguer la phase de la période de transition, caractérisée par le démantèlement plus ou moins progressif de l'appareil de domination bourgeois et l'implantation de structures socialistes dans le cadre de la dictature du prolétariat, puis la phase de construction du socialisme, marquée à la fois par le développement de la planification et la persistance de séquelles du système antérieur (socialisation non intégrale des moyens de production, application de la loi de la valeur, répartition du produit social selon le principe « à chacun selon son travail »...), et enfin le passage à la société communiste, lié au développement des forces productives et caractérisé par la suppression de la propriété non sociale, la disparition des différences de nature entre les formes de travail, l'effacement de la valeur d'échange devant la valeur d'usage comme critère de la production, et la répartition du produit social selon les besoins.

Diversité des doctrines et des pratiques

Mais, sur ce terrain aussi, une certaine différenciation s'est introduite dans la pensée des théoriciens et la pratique des révolutionnaires.

• Les communistes occidentaux au pouvoir dans la plupart des États « socialistes » européens ont été conduits à essayer de rationaliser le fonctionnement d'un socialisme d'État par le maintien, voire la réintroduction, des mécanismes de l'*économie de marché* conjugués avec un assouplissement et une déconcentration de la *planification. Le système s'est disloqué à la fin des années 80.

• Certains ont été même au-delà de la déconcentration, tels que les Yougoslaves qui ont recherché la démocratisation de la société socialiste dans le développement de l'**autogestion,* et constitué un exemple pour les socialistes marxistes soucieux et inquiets des signes de déviation bureaucratique du socialisme d'État de type soviétique. La contagion des révolutions intervenues dans l'ex-URSS et dans l'est européen à la fin des années 80 a conduit à la réforme du régime, voire à son abandon (et à l'éclatement du pays sous l'effet des tensions nationalistes internes).

• Les risques de bureaucratisme ont été également dénoncés par les trotskistes qui restent cependant, selon toutes apparences, encore attachés à une conception centralisatrice de la « dictature du prolétariat ».

• Les communistes chinois et leurs adeptes marxistes-léninistes ont souligné longtemps, eux, tout à la fois la *déviation bureaucratique* du « modèle » soviétique et son *révisionnisme,* conduisant à la réintroduction de mécanismes économiques ouvrant la voie au risque d'une restauration du capitalisme. Dans le cadre d'une révolution qui a pris appui sur des secteurs caractérisés par la prédominance écrasante d'un prolétariat agricole, ils ont paru un temps soucieux de précipiter les étapes du passage à une société communiste, en conjuguant une certaine dégénérescence de l'économie de marché monétaire (élargissement de la sphère de l'économie non marchande par le développement de la répartition sociale gratuite des biens et services produits collectivement pour la satisfaction des besoins), avec une décentralisation assez poussée du processus de production et de répartition (expérience des communes populaires), et une rupture de la spécialisation de l'activité humaine (passages entre les activités à dominante manuelle et celles à dominante intellectuelle).
Ce processus est accompagné d'une évolution spécifique des luttes idéologiques, destinées à extirper les « séquelles » de l'idéologie bourgeoise, à annihiler ses risques de résurgence et à favoriser l'instauration et l'épanouissement d'une mentalité nouvelle (révolution culturelle de 1969). Un revirement s'est manifesté après 1976, entraînant la dénonciation des excès pervers de la « révolution culturelle » et la restauration d'un certain « économisme », réintroduisant des mécanismes libéraux de

marché et des structures faisant appel, progressivement, puis plus rapidement à partir des années 80, à la propriété et au capital privés sans que le régime politique se libéralise ou se démocratise pour autant.

Masse (des créanciers)

Voir Règlement judiciaire, Obligation.

Masse monétaire

a : *Money supply* – **d** : *Geldmenge* – **e** : *Masa monetaria*

Ensemble des créances constituées des disponibilités monétaires et quasi monétaires.

Telle est la nouvelle définition retenue par le Conseil national du crédit (CNC).

Les *disponibilités monétaires (ou monnaie) : Elles comprennent la monnaie métallique, la monnaie fiduciaire (les billets), la partie la plus liquide de la monnaie scripturale (dépôts à vue).

Les *disponibilités quasi monétaires (ou quasi-monnaie) : Elles correspondent aux créances liquides et à court terme sur le système bancaire (entendu au sens du CNC) et sur le Trésor, soit les dépôts à terme auprès des banques, des caisses de crédit agricole ou du Trésor, les bons de caisse, les comptes sur livrets et comptes d'épargne-logement ouverts dans les banques et les caisses de crédit agricole et les bons de la CNCA.
On notera que les bons du Trésor détenus par le public et les dépôts dans les caisses d'épargne ne font pas partie en France de la quasi-monnaie, mais constituent avec elle un élément de l'*épargne liquide et à court terme.

Voir Disponibilités monétaires, Monnaie, Épargne, Liquidité.

Masse salariale

a : *Payroll/Wage bill* – **d** : *Lohnsumme* – **e** : *Masa salarial*

Ensemble des salaires et des cotisations sociales des employeurs versés par les agents économiques.

En France, la masse salariale représentait en 1973 52 % de la *production intérieure brute (= somme des valeurs ajoutées).

Matières premières

Voir Marché.

MATIF

Voir Marché à terme international de France.

Maxima (loi des)

Disposition de procédure budgétaire introduite en France de 1948 à 1956, pour assurer une autolimitation aux initiatives de dépenses par le vote préalable de plafonds globaux.

La loi du 21 décembre 1948 disposait que pour l'exercice 1949 une loi spéciale indiquerait le montant des recettes attendues et fixerait des plafonds de crédits pour les trois grandes catégories de dépenses ; ces plafonds ou maxima ne pourraient être dépassés au cours de la discussion budgétaire. Cette obligation a été satisfaite par la loi du 31 décembre 1948, qui a été suivie de « lois de développement » détaillant par chapitre les crédits ouverts à chaque ministère.
La distinction entre la loi de finances et les lois de développement a été maintenue au cours des années suivantes, mais a perdu progressivement sa signification, les lois de développement étant adoptées par les Assemblées avant la loi de finances. Il n'en demeurait qu'un article de principe interdisant au cours de l'exercice toute mesure législative ou réglementaire susceptible d'entraîner sans contrepartie une dépense nouvelle ou une perte de recettes. Aussi l'ordonnance 59.2 du 2 janvier 1959, reprenant les dispositions générales du décret organique du 19 juin 1956, a rétabli l'unité de la loi de finances : mais la première partie de celle-ci, traitant des conditions générales de l'équilibre financier, correspond en fait au champ couvert par la loi des maxima et doit être votée avant la deuxième partie où sont fixés les moyens des services.

Mécanisme économique

a : *Economic mechanism* – **d** : *Wirtschaftsmechanismus* – **e** : *Mecanismo económico*

Mode de relation des phénomènes économiques les uns par rapport aux autres.

• Les mécanismes économiques sont des *rapports entre des phénomènes d'ordre différent.* Exemple : le mécanisme de la répartition qui lie les phénomènes de production et de consommation. Comme tels ils relèvent de l'observation expérimentale, mais se prêtent également à l'analyse et au calcul ; les mécanismes économiques ne sont pas indépendants du cadre législatif et réglementaire dans lequel ils fonctionnent. Leur nature et leurs modalités diffèrent selon le régime économique : le mécanisme des *prix comporte un processus différent selon qu'il se place dans un régime d'économie libérale, dirigée, ou collectiviste — rapports entre les phénomènes, spontanés ou institués, les mécanismes économiques apparaissent comme des modes de réalisation des divers équilibres économiques.

• Il y a autant de mécanismes économiques que de combinaisons possibles de rapports ou d'équilibres entre les phénomènes économiques pris deux à deux. Cependant, on peut distinguer *trois types* principaux de mécanismes : celui des *changes qui règle les rapports entre deux économies nationales ; celui de la répartition qui, à l'intérieur d'une économie nationale, règle les rapports entre la *production et la *consommation ; celui de l'affectation des revenus qui règle la répartition entre l'*investissement et la consommation. Chaque grande catégorie se subdivise en fait en plusieurs mécanismes, selon le régime économique et le volume des phénomènes considérés. Exemple : la répartition d'un bien déterminé peut se faire selon le régime par le mécanisme du rationnement, ou celui de l'offre et de la demande ; la répartition des biens dans le cadre d'une économie nationale fait intervenir le mécanisme du plan, ou celui des prix, selon les cas.

Médiane

a : *Median* – **d** : *Median (Zentralwert)* – **e** : *Mediana*

Nombre tel que la proportion des individus d'une certaine population statistique, dont le caractère quantitatif étudié a une valeur inférieure à ce nombre, égale celle des individus dont le caractère a une valeur supérieure.

Par exemple, dire que le salaire médian des employés de la firme N... est 35 000 F signifie qu'il y a dans cette firme autant d'employés gagnant moins de 35 000 F que d'employés gagnant plus.
La médiane est ainsi un indicateur de *tendance centrale d'une *variable statistique (ou aléatoire). Elle fait partie d'un ensemble d'indicateurs réunis sous le même vocable de *quantiles.* Le quantile d'ordre α est un nombre tel que la proportion des individus d'une certaine population statistique, dont le *caractère quantitatif étudié a une valeur inférieure

à ce nombre, est égale à α. Par exemple, dire que le quantile à 30 % de la * distribution des salaires des employés de la firme N... est 25 000 F signifie que 30 % des employés de cette firme gagnent moins de 25 000 F. La médiane est ainsi le quantile à 50 %.
En dehors de la médiane, les quantiles les plus utilisés sont ceux à 25 % et à 75 % (encore appelés *quartiles*).

Ménages

a : *Consumer sector/Household sector* – **d** : *Private Haushalte* – **e** : *Economías domésticas*

Comptabilité nationale : Catégorie d'agents économiques représentant l'ensemble des personnes présentes sur le territoire métropolitain en tant qu'elles effectuent des opérations économiques liées à leur vie domestique.

Les comptes des ménages distinguent :
– les *résidents,* classés eux-mêmes en *ménages ordinaires* (ensemble des personnes généralement liées par le sang ou par le mariage, et vivant dans un même logement) et en *population des institutions* (ensemble des agents vivant ordinairement en collectivité) ;
– les *non-résidents* présents sur le territoire métropolitain (touristes étrangers, travailleurs saisonniers...).

Mensualisation (de l'impôt)

a : *Monthly tax payment system* – **d** : *System monatlicher Steuerzahlung* – **e** : *Sistema fiscal de cargo mensual*

Paiement de l'impôt en une année par prélèvements mensuels automatiques sur un compte de dépôt, égaux au dixième de l'impôt total payé l'année précédente.

Le complément éventuel est payé dans les deux derniers mois de l'année. Si l'impôt de l'année en cours est inférieur à celui de l'année précédente, les prélèvements sont arrêtés automatiquement lorsque la dette est réglée.

Mercantilisme

a : *Mercantilism* – **d** : *Merkantilismus* – **e** : *Mercantilismo*

Doctrine économique fondant la prospérité nationale sur l'accumulation de réserves monétaires métalliques.

Le nom générique a été donné à un ensemble de préceptes de politique économique recommandés aux XVIe et XVIIe siècles par ceux qui, à la suite de la découverte des mines américaines, voyaient dans l'accumulation de métaux précieux le fondement de la richesse des États. A la vérité, le terme, d'usage d'ailleurs récent, recouvre moins une doctrine qu'une tendance nationaliste et protectionniste des auteurs de l'époque, dont les recettes divergeaient d'ailleurs sensiblement selon la situation et la vocation du pays considéré.
Le *bullionisme, en honneur en Espagne et au Portugal, qui s'approvisionnaient directement aux sources américaines, recommandait l'interdiction des sorties d'or et la prohibition de l'entrée des marchandises étrangères. En France, le *colbertisme fondait plutôt l'accumulation des réserves d'or et d'argent sur un excédent de la *balance commerciale, obtenu par le développement des manufactures travaillant pour l'exportation. En Angleterre, la recette consistait enfin à fonder la richesse sur les profits tirés de la navigation et du commerce par une application stricte du système de la « balance des contrats », par lequel aucun contrat entre nationaux et étrangers ne devait entraîner de sortie nette de métal précieux. Ces politiques pratiquées avec plus ou moins de rigueur ont toutes échoué à terme, dans la mesure où l'accumulation de moyens de paiement, sans contrepartie suffisante au niveau de la production nationale, débouchait rapidement sur l'*inflation.

Mercatique

Voir Marchéage.

Merchandising

Voir Marchandisage.

Mercosur

a : *Mercosur* – **d** : *Mercosur* – **e** : *Mercosur*

Accord d'union douanière conclu vers 1991 par le traité d'Asunción entre l'Argentine, le Brésil, le Paraguay et l'Uruguay.

Mesure nouvelle

*Budget de l'État : Modification proposée dans le projet de *budget par rapport au montant des services votés.*

Métayage

a : *Sharecropping* – **d** : *Verfachtung* – **e** : *Aparcería*

**Bail par lequel le propriétaire foncier cède l'usage de sa terre à un locataire ou métayer moyennant une rétribution représentant un certain pourcentage des produits obtenus dans l'exploitation.*

Ce type de contrat, qui concernait 50 % des terres au début du XXe siècle en France, n'en touchait plus en 1967 que 3 % représentant 4 % des exploitations. En effet, le métayage est mieux adapté aux catégories traditionnelles de polyculture familiale (en régression) et comporte, dans les régions de culture spécialisée, un certain nombre de risques dont : le développement de récoltes secondaires (non soumises au partage), la dissuasion d'efforts d'améliorations foncières (le prélèvement proportionnel à la production n'encourage pas la productivité), la consolidation des structures traditionnelles d'exploitations de subsistance.

Le métayage est conclu pour 9 ans au moins, sauf *reprise* triennale ou *résiliation* due à des fautes graves du métayer (dispositions analogues à celles du *fermage).

Le *partage des récoltes* doit être ménagé de telle sorte que la part du bailleur n'excède en aucun cas le tiers de tous les produits de l'exploitation (art. 22 *bis* du statut des baux ruraux).

Le bailleur comme le métayer peuvent demander la *conversion* du métayage en fermage. Cette conversion s'impose alors de droit à l'autre partie.

Méthode Delphi

a : *Delphi method* – **d** : *Delphi Methode* – **e** : *Método Delphi*

Procédure de consultation d'experts.

Pour recueillir l'avis d'experts sur la probabilité qu'une variable prenne une valeur donnée à une date donnée (généralement future), la méthode Delphi évite le « face-à-face » entre experts tel qu'il apparaît dans les réunions en respectant leur anonymat et vise à obtenir un consensus en recourant à un processus itératif d'interrogations :

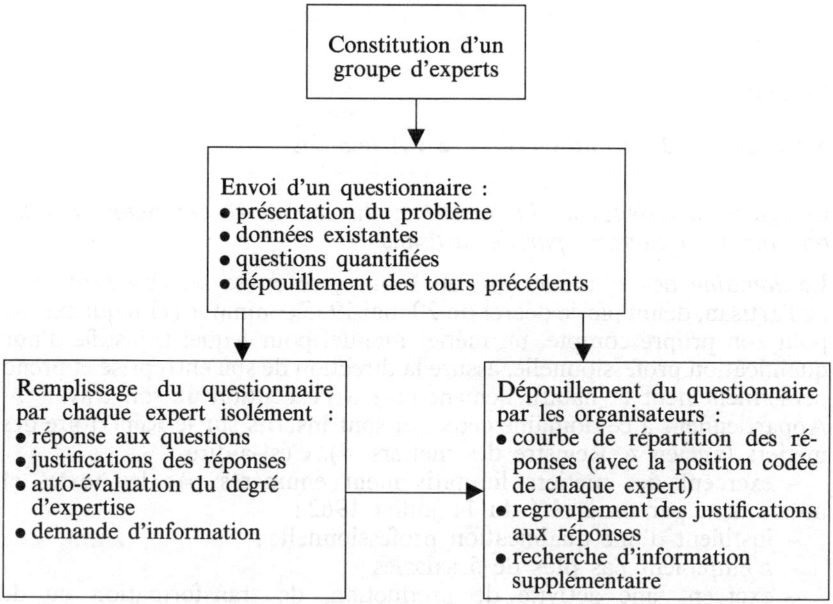

La courbe de répartition des réponses évolue généralement de deux façons à partir d'une distribution initiale (I) :

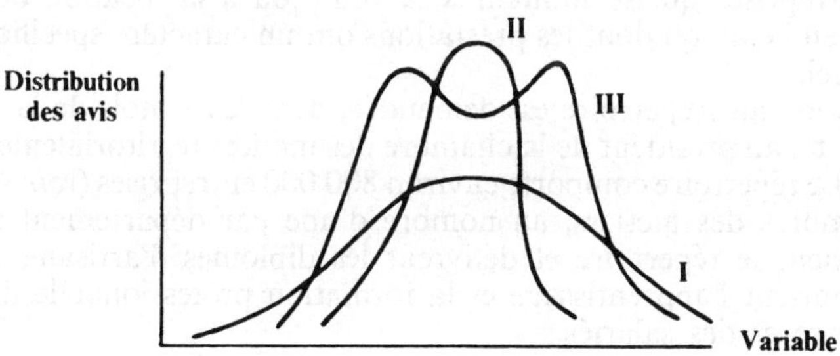

- apparition d'un consensus (II), la courbe de distribution se rétrécissant ;
- apparition d'un clivage (III) correspondant à des avis contrastés, souvent dus à des hypothèses différentes sur l'évolution de l'environnement du problème.

L'itération est généralement arrêtée lorsqu'un ou plusieurs pics apparaissent nettement sans évoluer entre deux tours successifs.

En pratique, cette méthode, si elle permet une exploitation assez poussée des informations et avis disponibles, ne redresse que partiellement les « biais » psychologiques constatés lors de « tables rondes », dans la mesure où l'on observe encore l'apparition non d'individus-leaders, mais d'opinions-leaders exerçant un effet d'entraînement.

Métiers

a : *Crafts* – **d** : *Handwerker* – **e** : *Artesanías*

Catégories d'activités de l'industrie et du commerce énumérées par les règlements et exercées par des artisans.

Le *domaine* des « métiers », en France, recouvre sensiblement celui de l'artisan, défini par le décret du 20 mai 1955 comme « celui qui exerce, pour son propre compte, un métier manuel pour lequel il justifie d'une qualification professionnelle, assure la direction de son entreprise et prend personnellement et habituellement part à l'exécution de son travail ».
Appartiennent à ce domaine ceux qui sont inscrits sur le Répertoire des métiers (ancien « Registre des métiers »), c'est-à-dire :

– exercent des métiers limitativement énumérés par les textes et notamment par un arrêté du 11 juillet 1962 ;
– justifient d'une qualification professionnelle ;
– n'emploient pas plus de 5 salariés ;
– exercent une activité de production, de transformation ou de prestations de services.

Sont exclus notamment de cet ensemble : les exploitations agricoles, les entreprises de pêche, d'agence, de commissions, les bureaux d'affaires et les entreprises qui se limitent à la vente ou à la location de choses achetées en l'état, ou dont les prestations ont un caractère spécifiquement intellectuel.

L'inscription au Répertoire est demandée, dans les 2 mois de la création de l'activité, au président de la chambre des métiers territorialement compétente. Le répertoire comporte environ 800 000 entreprises (*voir* Artisan).

Les chambres des métiers, au nombre d'une par département :

– tiennent le répertoire et délivrent les diplômes d'artisan ;
– organisent l'apprentissage et la formation professionnelle des chefs d'entreprise et des salariés ;

– aident, par les moyens à leur disposition, à l'expansion du secteur des métiers et à l'amélioration de ses débouchés ;
– étudient les problèmes techniques, économiques et sociaux de la profession, aident à l'amélioration de sa rentabilité, de la qualité de ses produits et de ses méthodes ;
– créent et font fonctionner des œuvres d'entraide.

Chaque chambre des métiers se compose de 40 membres élus divisés en trois collèges ; 24 chefs d'entreprise relevant également de 6 professions : alimentation, bâtiment, bois et ameublement, métaux-mécanique-électricité, cuirs-textiles-vêtements, hygiène et soins ; 6 compagnons élus par leurs pairs ; 10 chefs d'entreprise élus par les organisations syndicales du secteur des métiers.

Microdécision

a : *Microeconomic decision* – **d** : *Mikroökonomische Entscheidung* – **e** : *Microdecisión*

Décision prise par un agent économique individuel affectant des grandeurs économiques le concernant personnellement (l'acquisition de son revenu, son emploi...).

Les microdécisions constituent l'objet même de l'analyse *micro-économique.

Micro-économie

a : *Microeconomics* – **d** : *Mikroökonomie* – **e** : *Microeconomía*

Terme de la littérature économique caractérisant une approche de l'analyse économique fondée sur l'étude du comportement des unités individuelles (l'entreprise, le consommateur, l'entrepreneur individuel...).

Elle conduit à envisager les phénomènes économiques (production, consommation, investissement, épargne) à partir des « lois » régissant l'activité économique de la cellule élémentaire, considérée comme libre et isolée.

Cette approche a naturellement connu la faveur particulière des économistes classiques qui, fondant leur analyse sur la réalité objective et la vertu technique de l'état de *concurrence parfaite, étaient logiquement conduits à considérer que l'étude du comportement individuel suffisait à caractériser le fonctionnement de l'ensemble de l'économie, chaque agent élémentaire

étant placé dans les mêmes conditions (grandeurs économiques considérées comme données : prix notamment ; et absence d'effet des seules initiatives d'un agent sur ces données).
L'analyse micro-économique a connu un regain de faveur avec les travaux des écoles *marginaliste et néo-marginaliste, fondés sur l'étude des *microdécisions.
Les efforts actuels des économistes tendent à concilier les deux approches micro- et *macro-économique, voire à les réconcilier dans la mesure où elles apparaissent, dans certains de leurs résultats, plus concurrentes que complémentaires.

Migration

a : *Migration* – **d** : *Bevölkerungswanderung* – **e** : *Migración*

Déplacement d'une personne entre un lieu d'origine (ou lieu de départ) et un lieu de destination (ou lieu d'arrivée). Les personnes qui se déplacent sont appelées des migrants.

On distingue les *migrations définitives* qui entraînent un changement de résidence et les *migrations temporaires* qui sont des déplacements momentanés, d'une durée plus ou moins longue, occasionnés par le travail, le tourisme ou des raisons personnelles, mais qui n'entraînent pas de changement définitif de résidence.

Migrations définitives : Elles sont encore appelées *migrations intérieures* ou *migrations extérieures* selon que les lieux d'origine et de destination de la migration se situent tous les deux à l'intérieur du territoire national ou non. Les migrants extérieurs sont appelés *émigrants* ou *immigrants* selon qu'ils quittent le territoire national ou qu'ils y arrivent.
La connaissance précise des mouvements migratoires est la condition nécessaire de la résolution de nombreux problèmes économiques ou sociaux : l'évolution des migrations extérieures est une donnée essentielle pour l'élaboration de projections démographiques régionales et, par conséquent, pour l'élaboration d'une politique d'aménagement du territoire ; les migrations extérieures sont étroitement liées au niveau de la *population active et sont souvent la condition d'une politique dynamique de l'*emploi. Les phénomènes migratoires ont encore d'autres conséquences, dans le domaine du logement notamment.
Du point de vue statistique, la connaissance de ces phénomènes est de qualité assez variable d'un pays à l'autre, car elle dépend beaucoup des législations en vigueur dans les pays considérés (existence d'un fichier de population, déclaration obligatoire de changement de résidence, compétences des offices d'immigration, comptages aux frontières, etc.). Les statistiques de migrations extérieures sont assez imprécises ; il

n'est, par ailleurs, pas possible, en l'absence de déclaration obligatoire de changement de résidence, d'avoir de bonnes évaluations des mouvements migratoires intérieurs. Les *recensements généraux de la population permettent de faire périodiquement le point sur les mouvements migratoires qui se sont produits entre deux recensements.

La partie de la variation d'une population due à l'excédent (algébrique) du nombre des immigrants sur le nombre des émigrants s'appelle *solde migratoire*. La somme algébrique du solde migratoire et de l'excédent naturel (*voir* Mouvement naturel) est égale à la variation totale de cette population. En France, la structure des migrations extérieures s'est beaucoup modifiée ces dernières années, du fait, d'une part, de la modification du cadre réglementaire (suspension de l'émigration vers la France par les autorités algériennes en 1973, limitation de l'immigration par les autorités françaises depuis 1974, garantie de libre circulation entre les pays signataires du traité de Rome) et, d'autre part, de la crise économique qui s'est traduite par un accroissement du *chômage et, peut-être, par des bouleversements dans la division internationale du travail. Le solde migratoire qui s'établissait entre 90 000 et 180 000 personnes par an dans les années 1965-1970 (représentant de un tiers à la moitié du *mouvement naturel) n'était plus que de 55 000 en 1974 et de 25 000 en 1975. Il est resté très faible, quoique encore positif, entre 1975 et 1982, s'établissant en moyenne à 35 000 avec, toutefois, une très légère tendance à la réaugmentation dans la seconde moitié de cette période.

Migrations temporaires : Parmi les migrations temporaires, la catégorie la plus importante est celle des migrations de travail à caractère périodique : *migrations saisonnières* à périodicité annuelle ; *migrations alternantes* à périodicité quotidienne ou, plus rarement, hebdomadaire. Les migrations alternantes sont au cœur de tous les problèmes d'aménagement de l'espace urbain.

A l'heure actuelle, les recensements de population sont le meilleur moyen d'étude des migrations alternantes. En revanche, on a rarement établi, que ce soit à l'occasion des recensements ou à d'autres occasions, des statistiques de migrations saisonnières. De plus, ces dernières sont souvent difficiles, dans la pratique, à bien distinguer des migrations définitives, surtout en ce qui concerne les travailleurs étrangers (qui fournisssent une bonne part des travailleurs saisonniers).

Minimarge (magasin)

Magasin de vente au détail pratiquant une politique systématique et généralisée de vente avec marges réduites.

Minorité de blocage

a : *Blocking minority* – **d** : *Sperrminorität* – **e** : *Minoría de bloqueo*

---

*Participation minoritaire dans le capital d'une *société par actions dont le montant est tel qu'il confère à ses détenteurs le pouvoir de s'opposer à certaines décisions exigeant une majorité qualifiée.*

Les votes dans les sociétés par *actions étant proportionnels au capital détenu, la participation au capital mesure l'influence. Or, certaines décisions ne se prennent pas à la majorité simple (plus de 50 %), mais à la majorité qualifiée des deux tiers aux termes de la loi. Il en est ainsi, par exemple, des modifications statutaires proposées par le conseil d'administration, et notamment celles relatives au *capital social ou à l'objet social. En détenant au moins le tiers du capital, un actionnaire ou un groupe d'actionnaires dispose, en fait, d'un pouvoir de blocage des modifications statutaires.

Voir Participation.

Mir

a : *Mir* – **d** : *Mir* – **e** : *Mir*

Communauté rurale russe.

Ce système d'organisation de la production agricole, fondé sur la propriété collective du sol (combinée ultérieurement avec le partage périodique des terres affectées à l'exploitation), semble avoir été général à tous les peuples de l'Europe orientale slavisée : le maintien du servage en Russie, qui empêchait les paysans de quitter la terre, en a favorisé la persistance dans ce pays pendant tout le XIXe siècle, au point que même l'abolition du servage, en 1861, ne porta pas atteinte à un système qui favorisait la pérennité des cadres sociaux traditionnels. Facteur de conditionnement des masses paysannes, il contribua sans doute à retarder le rayonnement des idées révolutionnaires dans les milieux paysans, en même temps qu'il créait paradoxalement les bases objectives d'une alliance du prolétariat agricole avec le prolétariat ouvrier des villes. Aboli en 1917, il a sans doute partiellement inspiré l'organisation du système *kolkhozien lorsque la lutte contre les *koulaks a débouché sur la *collectivisation des terres.

Mise en recouvrement

a : *Collection* – **d** : *Einziehung* – **e** : *Cobro*

Opération par laquelle la créance du Trésor devient certaine à une date déterminée.

Cette date fixe le délai dont dispose effectivement le contribuable pour payer l'impôt ou pour réclamer contre l'impôt mis à sa charge.

Mobilisation

a : *Mobilization* – **d** : *Mobilisierung* – **e** : *Movilización*

---

*Action de retrouver la disposition de ressources jusque-là engagées, réalisée par la cession des biens ou des créances dont le produit peut recevoir un nouvel emploi ; éventuellement par leur simple mise en *gage.*

Si le terme peut avoir une large utilisation dans toute gestion de patrimoine ou d'entreprises (cession d'éléments d'*actif qui ne servent pas à l'exploitation), il prend un sens plus défini lorsqu'il s'agit, pour les entreprises non bancaires comme pour les établissements bancaires, de retrouver la disposition des sommes immobilisées dans les crédits consentis.
La mobilisation des *créances qu'une entreprise détient sur les clients du fait des crédits qu'elle leur a consentis se réalise par la remise à l'*escompte des effets tirés sur les clients, la technique du *crédit de mobilisation des créances commerciales, les diverses formules de financement des créances nées à l'occasion d'opérations d'exportation ou de l'exécution de marchés publics.
La mobilisation des crédits consentis par les banques, en vue de reconstituer le potentiel de crédits dont celles-ci disposent, est réalisée par la cession définitive ou temporaire des effets escomptés (*réescompte, ou *pension), des effets financiers, des titres de mobilisation de contrats de prêts à moyen terme ; elle est obtenue auprès de la banque centrale, auprès d'établissements de crédit du secteur public ou sur le marché monétaire. On parle aujourd'hui de *refinancement des crédits.
Aussi distingue-t-on dans les crédits bancaires ceux qui sont susceptibles de mobilisation — ou crédits mobilisables — et ceux qui ne le sont pas en raison de leur objet ou de leur forme, tels les *découverts et autres crédits en compte courant ainsi que les prêts à moyen et long terme qui ne donnent pas lieu à création d'un titre négociable. Les crédits mobilisables sont toujours consentis à un taux plus avantageux parce qu'une banque peut employer de cette manière ses ressources les moins coûteuses, les dépôts à vue, sans mettre en péril sa liquidité.

L'*encouragement apporté par les pouvoirs publics* à certains types de crédit, dans une politique de crédit sélectif, se traduit notamment par les facilités de mobilisation qui leur sont accordées auprès de l'institut d'émission ou d'autres établissements du secteur public : des taux de mobilisation plus avantageux sont répercutés sur les clients par les banques ; une faculté de mobilisation de certains crédits hors de tout plafond, lorsqu'il existe un plafond de réescompte, ou bien dans le cadre d'un plafond spécial, ou bien encore par la mise en œuvre d'un système souple (admission à l'*open market), tous systèmes utilisés souvent simultanément en France encouragent la distribution des types de crédit ainsi privilégiés. Les facilités ainsi apportées dans la gestion des trésoreries bancaires permettent aux banques de réserver un accueil plus favorable et d'assurer de meilleures conditions aux demandes de crédit correspondantes. La politique sélective en faveur du financement des exportations comporte ainsi, au profit des crédits de mobilisation des créances nées sur l'étranger, un taux de réescompte privilégié et une mobilisation hors plafond.

Instrument de politique qualitative, la définition des conditions de mobilisation à taux fixe auprès de la banque centrale, ou politique de réescompte, est aussi un des instruments d'une politique quantitative qui joue sur les taux, le niveau et l'application des plafonds.

La possibilité de mobilisation traditionnellement réservée aux crédits commerciaux à court terme consentis par les banques a été étendue aux prêts mobilisables par création d'effets financiers puis aux crédits à moyen terme. Il a été avancé que la mobilisation de ces derniers, avec exemption du plafond, présentait un caractère *inflationniste parce qu'elle ne correspondait pas à la production de biens venant sur le marché fournir la contrepartie des liquidités mises en circulation ; mais le volume des liquidités dans l'économie se présente sous un aspect global, et la nature des opérations qui sont à l'origine de leur création ne suffit pas à déterminer leurs effets. Cependant, des limitations ont été apportées depuis 1959 soit à la distribution des crédits à moyen terme (plafond de l'encours des prêts spéciaux à la construction dans leur forme initiale de prêts à moyen terme, et de l'encours des crédits aux entreprises nationales), soit à l'exercice du droit de mobilisation : coefficient de *trésorerie incluant le portefeuille d'effets à moyen terme de 1960 à 1967 ; coefficient « de retenue » des seuls effets à moyen terme depuis lors ; suppression de la mobilisation de la part des crédits dont l'échéance est supérieure à trois ans.

Mobilité

Voir Aménagement du territoire.

Modalité (statistique)

Voir Caractère.

Mode

a : *Mode* – **d** : *Modus* – **e** : *Moda*

*Caractère le plus fréquent dans une certaine *population statistique.*

Voir Caractère, Fréquence.

Modèle

a : *Model* – **d** : *Modell* – **e** : *Modelo*

Représentation formalisée dans un système d'équations formant un ensemble cohérent de relations entre les phénomènes économiques.

Dès lors que les phénomènes peuvent être quantifiés et donc chiffrés, l'établissement d'un modèle consiste à traduire sous une forme mathématique les relations qui peuvent lier entre elles ces grandeurs dénommées variables. Le chiffrement de ces relations se fait, bien entendu, à partir des données observées dans le passé. L'intérêt d'un modèle est que, à partir de la connaissance ou du choix d'une valeur pour un certain nombre de variables d'hypothèses ou de données (dites exogènes), la résolution du système d'équations fournit la valeur des autres variables (dites endogènes).

Diversité des modèles

Bien entendu, la définition générale de la notion recouvre *une réalité très diversifiée.*

Selon le champ de compréhension des phénomènes retenus : Il y aura ainsi des modèles micro-économiques, intéressant un sous-ensemble économétrique, et à la limite une entreprise (modèle EDF, par exemple, en France), et des modèles macro-économiques, eux-mêmes de portée variable selon qu'ils embrassent l'ensemble agrégé de l'évolution de l'économie — il s'agit alors de modèles globaux (exemples en France : modèles FIFI, DECA, STAR) —, ou seulement certains de ses secteurs, ou de ses aspects — il s'agit alors de modèles partiels ou sous-modèles (exemple en France : modèle « Macbeth » concernant les opérations des administrations).

Selon la finalité des modèles : On distinguera des modèles de prévision, des modèles de simulation (permettant d'apprécier les effets d'une action, par exemple) et des modèles d'optimisation (tendant à prévoir la combinaison la meilleure susceptible de permettre la réalisation d'un ou plusieurs objectifs).

Selon l'horizon des modèles : On rencontre ainsi des modèles trimestriels, annuels et pluriannuels.

Selon la nature des variables prises en compte : Il y a ainsi des modèles dits de « *comptabilité nationale », parce que les variables utilisées sont celles des comptes nationaux, d'autres qui ne le sont pas (par exemple, les modèles d'entreprises, ou les modèles conjoncturels reliant des *indicateurs).

La modélisation

Si le développement des techniques économétriques justifie l'utilisation des modèles au plan micro-économique, leur essor le plus spectaculaire concerne le domaine macro-économique, où ils sont devenus un des instruments essentiels de la prévision et de l'étude de la politique économique. L'évolution des techniques de projection, à moyen comme à court terme, s'est faite en effet sous le signe de la *modélisation.* Celle-ci a consisté à formaliser mathématiquement le processus de projection pour pouvoir utiliser les avantages pratiques de la programmation sur ordinateur. Un modèle macro-économique est ainsi un système de représentation simplifié de l'évolution économique au cours d'une période donnée, fondé sur un ensemble de relations entre variables économiques et financières. Tout modèle de ce genre privilégie une certaine représentation de la réalité, en fonction :

- du nombre et de la nature des variables qu'il prend en compte ; c'est ainsi qu'on peut opposer notamment des modèles intégrés, formalisant des relations entre variables économiques au sens strict et variables financières, et des modèles non intégrés ;
- des contraintes de résolution qui lui sont inhérentes : c'est le rapport du nombre total de variables et du nombre de relations (c'est-à-dire d'équations) qui déterminera le nombre minimal de variables exogènes ;
- du schéma explicatif qui va présider à la répartition entre variables exogènes et variables endogènes (exemples : modèle keynésien de demande, modèle monétariste...) ;
- de la finalité du modèle (optique explicative, ou décisionnelle, horizon temporel) liée au schéma précédent.

Cette représentation de la réalité macro-économique se traduit donc par un système de relations formalisant, par des équations, des mécanismes liant dans un processus causal les phénomènes pris en compte.
Ces relations sont elles-mêmes de plusieurs types. On peut ainsi distinguer :

• les relations de définition (exemple : revenus = salaires + revenus non salariaux) ;

• les relations d'identité comptable (exemple : P + I = E + C + FBCF + stocks : relation illustrant l'égalité des ressources et des emplois de l'économie) ;

• les relations tendancielles, liant l'évolution d'une variable à un trend temporel ;

• les relations de comportement (à l'intérieur desquelles on peut aussi distinguer les comportements réglementaires, les comportements économétriques et les comportements proprement économiques).

Naturellement, la « richesse » d'un modèle sera fonction de l'importance des relations de comportement.

Modèles utilisés en France

Afin d'illustrer ces remarques théoriques, on citera l'*exemple des modèles utilisés actuellement* pour le *Plan et les *budgets économiques. Ils présentent essentiellement quatre traits communs.

– Ce sont des modèles de *comptabilité nationale ;* ils intègrent les variables de la comptabilité nationale (évidemment, à un certain niveau d'agrégation), et leur système de résolution utilise les cadres de la comptabilité nationale.

– Ce sont des modèles *économiques,* non intégrés. Ils ne projettent que les opérations économiques ; un système de projection des opérations financières peut leur être associé, mais de façon indépendante. Ainsi le système de projection introduit une dichotomie entre les deux catégories d'opérations.

– Ce ne sont pas des modèles d'optimisation, mais des modèles d'*explication* et de *simulation*.

– Ce sont des modèles de *demande,* reposant sur un schéma explicatif de type keynésien.

Mais la portée de ce schéma explicatif n'est pas la même pour la programmation à moyen terme et pour la prévision à court terme.

Programmation à moyen terme : C'est avec la préparation du VIe Plan qu'a été introduit le recours à un modèle, le modèle *FIFI,* mis au point en 1967-1968.

Modèle de projection économique à moyen terme tendant à la fois à expliciter le comportement des agents et à permettre l'étude de l'impact de la politique économique à portée structurelle, il privilégie naturellement la mise en relief des évolutions spécifiques à moyen terme, par-delà les fluctuations conjoncturelles. Cette finalité rend compte des principales relations retenues en matière de comportement (comportement tendanciel d'autofinancement des entreprises, mise en œuvre des facteurs de production, détermination des prix et des salaires...).

Le modèle FIFI n'est que partiellement un modèle de demande. Prenant comme point de départ l'ouverture de l'économie sur l'extérieur, sa structure est fondée en effet sur la distinction fondamentale de trois catégories de secteurs avec une typologie différente des relations offre-demande-prix.

• Les secteurs abrités de la concurrence étrangère (industries agricoles et alimentaires, bâtiment, services, commerce) où le schéma keynésien s'applique normalement.
Demande → production → investissements nécessaires → autofinancement désiré → prix d'offre.

• Les secteurs dont les prix sont administrés (agriculture, énergie, transports, télécommunications, services du logement), où la demande joue un rôle subsidiaire.

• Les secteurs exposés à la concurrence internationale où les interdépendances entre variables obéissent à un schéma plus complexe.
Prix → autofinancement disponible → investissements possibles → capacité de production → demande → production → import.
D'un certain point de vue, le modèle est statique. A partir d'une base de référence (l'année 1970 pour le VIIe Plan), il permet de projeter l'année terminale du Plan, mais ne fournit pas de cheminement à la programmation.
Les *limites d'utilisation du modèle* procèdent de ses caractéristiques techniques.

– Il ne dégage aucun lien explicite entre l'évolution conjoncturelle et la perspective à moyen terme et il ne prolonge pas cette perspective par une analyse de ses conséquences à long terme.

– Son caractère strictement économique en limite la fiabilité, en termes de cohérence. La dichotomie entre projections économiques et projections financières retarde en fait l'analyse des problèmes de financement et restreint la portée effective de leur prise en compte dans leur répercussion sur les équilibres économiques.

– Le modèle ne saisit que partiellement, et très imparfaitement, les relations d'interdépendance entre les phénomènes de l'économie marchande et ceux qui relèvent de l'économie non marchande (exemple : *biens collectifs, traités seulement comme éléments de la demande finale).

– Il n'engendre pas lui-même les modifications de structure (exemples : concentration, partage secteur public - secteur privé ; partage secteurs primaire, secondaire et tertiaire). Tout au plus peut-il expliciter les conséquences attachées à des modifications de structure introduites de façon exogène dans la projection.
Un bon usage de ce modèle passe donc par une appréciation lucide de ses propriétés, aussi éloignée de la critique systématique que d'une confiance mythique.
Aussi bien, c'est de l'utilisation intelligente d'un modèle que procèdent les progrès dans la modélisation des mécanismes économiques.
De la pratique du modèle FIFI sont précisément issus les travaux qui ont conduit à la construction d'un nouveau *modèle à moyen terme, DMS* (modèle « dynamique multisectoriel »), opérationnel depuis 1977.

Modèle dynamique de comptabilité nationale, DMS comporte 1 100 équations, dont 220 de comportement.
Le cœur du modèle privilégie une double dynamique de l'accumulation du capital : une dynamique en valeur prenant en compte le taux de rentabilité influant à moyen terme la chronique des investissements et

La double dynamique de l'accumulation :

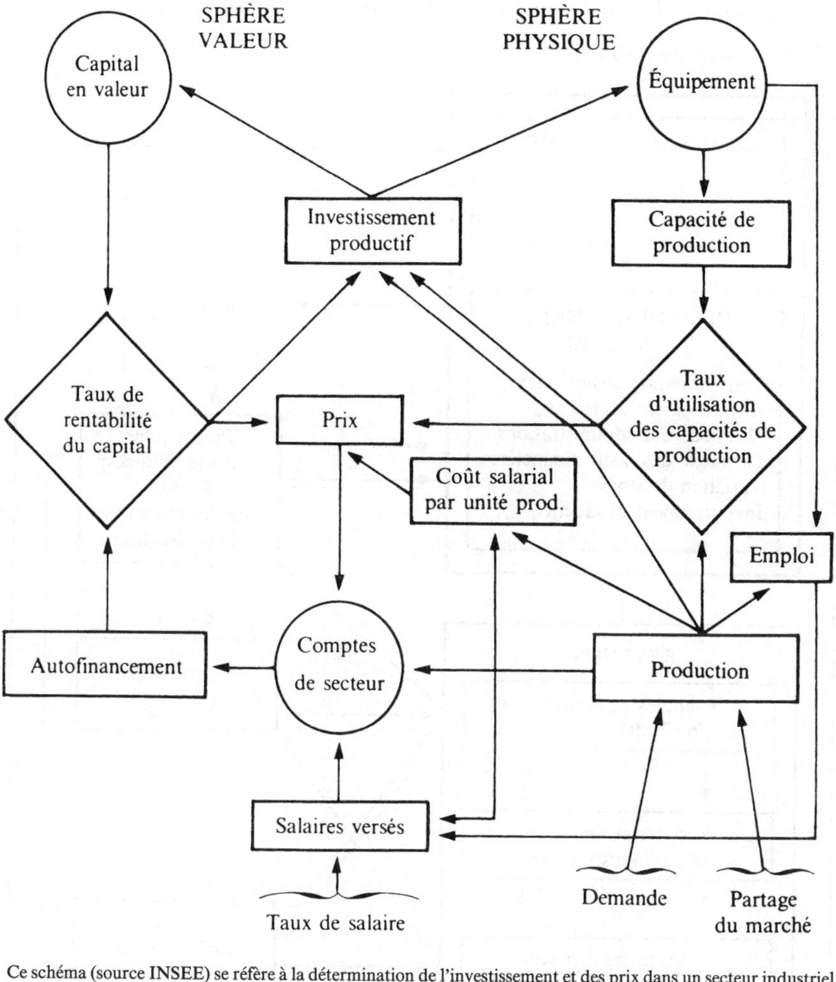

Ce schéma (source INSEE) se réfère à la détermination de l'investissement et des prix dans un secteur industriel particulier. Les variables non encadrées représentent les principales influences du reste du modèle sur la partie représentée. Au niveau de l'ensemble de l'économie, ce schéma resterait correct, à condition de lui rajouter un certain nombre d'interactions telles que : influence des prix sur les taux de salaire, des salaires versés sur la demande des prix sur le partage du marché, etc.

à court terme l'évolution des prix ; une dynamique en volume fondée sur le taux d'utilisation des capacités installées qui joue sur l'investissement et sur les prix (voir schéma page précédente).
Bien entendu, le jeu de ces relations est influencé par la pression de la demande, tandis que la formation des prix et des revenus dépend également du cycle de productivité.
Les qualités du modèle tiennent à sa désagrégation sectorielle (11 branches et 10 produits), à ses propriétés dynamiques et à la synthèse dialectique qu'il réalise au niveau des relations offre-demande.

Structure générale du modèle DMS :

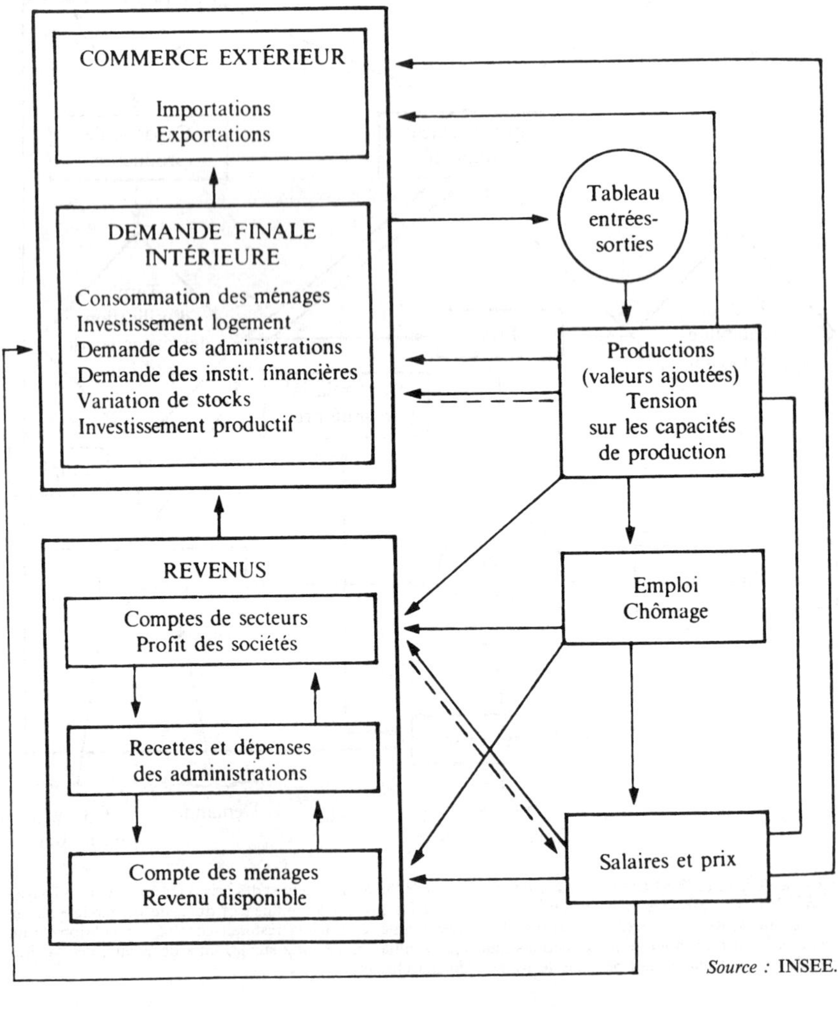

Source : INSEE.

Ses lacunes tiennent encore à l'insuffisance de l'intégration financière et monétaire, à l'absence d'endogénéisation du taux de change, ainsi qu'à la difficulté de mettre en relief certains effets et résultats de la politique économique (notamment en ce qui concerne les comptes des administrations). En outre, l'adaptation du modèle au nouveau système de comptabilité nationale s'est révélée assez délicate.
Menée à bien en 1979, elle permet désormais d'appliquer l'instrument, sur la base des nouveaux concepts, aux projections qui sous-tendent les travaux de planification.

La modélisation, en matière de court terme, est plus ancienne : Elle remonte à 1966, avec la sortie du modèle *ZOGOL* et ses perfectionnements ultérieurs. Après ZOGOL I qui traitait à un niveau très global de l'évolution à court terme de l'économie, ZOGOL II, puis ZOGOL III ont introduit progressivement des éléments de désagrégation supplémentaires, tant au niveau des agents (par exemple, administrations) que des opérations (par exemple, opérations de répartition).

• Un nouveau modèle a été mis au point et utilisé à partir de 1969, le modèle *DECA* (« demande et comportement d'autofinancement »). Comme ceux de la génération des ZOGOL, le modèle DECA était un modèle :

– de comptabilité nationale ;

– de demande de type keynésien ;

– d'explication et de simulation appliquées à l'horizon du court terme.

Il se distinguait en revanche des modèles ZOGOL :

– par le fait que certaines variables stratégiques, traitées de façon exogène dans la première génération, étaient désormais endogènes (le taux de salaire et, dans une certaine mesure, les prix, par exemple) ;

– par sa plus grande richesse en relations de comportement ; en particulier en ce qui concerne les entreprises, il prenait en compte un comportement macro-économique d'autofinancement (d'où sa dénomination) du secteur privé non agricole : « Dans la dynamique de sa croissance [ce secteur productif] tend à ce que le rapport qui s'établit chaque année entre son épargne brute et ses investissements fixes bruts ne s'écarte pas durablement d'un taux tendanciel (lui-même fonction du taux effectif). » « Pour ce faire, il agit à la fois sur ses investissements et sur les facteurs qui concourent à modifier son épargne brute » — salaires et prix notamment — (ministère de l'Économie et des Finances) ;

– par son caractère nettement dynamique ; l'intégration dans la structure du modèle de relations faisant intervenir des variables décalées dans le temps (pour le comportement des entreprises et des ménages notamment) permettait de construire des projections enchaînées.

L'originalité de ce modèle, à partir de ses propriétés dynamiques, tenait, en outre, à sa finalité polyvalente. Il pouvait être en effet utilisé à différentes fins :

– comme modèle exploratoire, pour explorer l'avenir à partir d'un certain nombre de relations relativement sûres ;

– comme modèle prévisionnel, pour intégrer le projet de loi de finances dans un budget économique cohérent, à partir d'un cadre comptable formalisé, incluant un nombre limité de relations entre grandeurs d'une même année, et pour actualiser cette prévision, par prise en compte progressive des nouvelles informations disponibles ;

– comme modèle de variantes, pour étudier les effets différentiels de telle ou telle mesure sur une période de deux ou trois années ;

– voire comme modèle de cheminement, pour analyser les conditions dans lesquelles le Plan est susceptible d'être réalisé (par exemple, mise en relief des seuils critiques portant sur des variables stratégiques, dont le franchissement est susceptible d'affecter les équilibres à moyen terme, dotation des mesures de politique économique prévues au Plan, étude en cours de plan des moyens d'en assurer la réalisation, compte tenu de l'« acquis »...).

• Cette possibilité d'utilisation polyvalente, qui comportait de multiples avantages par rapport à la disposition de plusieurs modèles spécifiques (simplicité, sécurité au niveau de la cohérence, gages de comparabilité...), était liée à l'introduction dans les équations du modèle de variables particulières dites *variables d'écart* qui sont des paramètres permettant tout à la fois :

– de rendre exogène une variable endogène, donc de substituer une donnée à un élément projeté, ou de transformer une variable résultat en variable d'action ;

– de modifier les relations du modèle.

Exemple de relation : $C = 0{,}984\ S + 0{,}420\ (RD - S - FFCEI) + W$

C	consommation en valeur
S	salaires
RD	revenu disponible des ménages
FFCEI	financement de la formation brute de capital fixe par les entrepreneurs individuels.

La variable d'écart W permet :

– de transformer la projection en résultat (quand on intègre, par exemple, comme base de référence, pour une prévision de l'année *n,* le compte provisoire de l'année $n - 1$) ;

– d'infléchir la relation de comportement pour obtenir l'évolution prévisible, si l'on a des raisons de penser qu'elle s'écarte de la projection résultant de l'équation du modèle, et, en particulier, tenir compte d'éléments non formalisés dans le modèle pouvant affecter le comportement en cause (confiance ou défiance dans la monnaie, stimulation particulière de l'épargne...).

• Bien entendu, cette utilisation polyvalente impliquait des *précautions particulières,* et le recours permanent à un maniement critique du modèle ou au moins à un travail d'interprétation.

Dans le domaine du court terme, d'ailleurs, l'utilisation du modèle s'est adaptée naturellement à la nature des budgets économiques. On doit ici distinguer :

– les budgets exploratoires, qui font appel à une procédure de projection assez globale, relativement centralisée, et où le recours au modèle peut jouer un rôle prépondérant (rapidité des projections, possibilité d'étudier plusieurs variantes) ;

– les budgets prévisionnels, qui requièrent une procédure de projection plus détaillée, décentralisée et où, par conséquent, l'utilisation du modèle sera plus limitée : elle intéressera surtout la phase initiale (compte central d'orientation) et, pour les phases ultérieures de présynthèse et de synthèse, elle jouera plutôt comme test de cohérence (raisonnement sur les variables d'écart introduites par les prévisions partielles décentralisées par rapport à la prévision centrale).

Dans le domaine du court-moyen terme, et notamment pour l'étude des cheminements, l'utilisation du modèle DECA n'a revêtu qu'un caractère expérimental. Il a moins été question, dans le cadre de la préparation du VIe Plan, de définir véritablement des cheminements opérationnels que d'étudier à cette occasion les propriétés respectives de FIFI et de DECA, de prendre la mesure des limites de l'un et de l'autre, et d'apprécier dans quelle direction on devrait chercher à améliorer l'outil existant, voire à le dépasser pour disposer d'un instrument fiable pour les projections à court-moyen terme.

• Les *limites d'utilisation* du modèle étaient en effet nombreuses : comme FIFI, il ne prenait en compte, pour l'essentiel, que les phénomènes de l'économie marchande, et il était, d'autre part, un modèle purement économique, laissant de côté les opérations financières qui font l'objet de projections indépendantes.

Son utilisation sur l'horizon à court terme, en outre, posait de délicats problèmes de raccordement à l'observation et à la prévision strictement conjoncturelle, dans la mesure où il projetait des variables annuelles sans référence à un profil infra-annuel.

Et enfin, comme on l'a déjà noté, son utilisation au-delà de l'horizon du court terme, notamment pour les cheminements, était restée mal assurée.

C'est dans ces conditions que la Direction de la prévision du ministère de l'Économie et des Finances a mis au point un modèle à court-moyen terme dit *STAR* (« schéma théorique d'accumulation et de répartition »).

• La logique économique de STAR consiste à dépasser le système keynésien élémentaire qui, dans l'optique du court terme, centre l'analyse de la demande sur la fonction de consommation des ménages en traitant l'investissement comme exogène et en posant l'hypothèse d'une certaine stabilité dans la répartition des revenus.

De ce point de vue, le modèle STAR introduit une double modification :

– Il repose sur une représentation de l'économie dans laquelle le profit, moteur de la croissance, et l'accumulation du capital, condition de cette croissance, entretiennent une double correspondance.

« Selon un premier sens de causalité, un rythme d'accumulation et un partage des revenus étant donnés, il en résulte un niveau de la consommation, de la production et donc du profit qui est ainsi obtenu par solde.

C'est là le schéma keynésien bien connu ; il peut être compliqué si l'on remarque que l'accumulation a pour effet de modifier les conditions du partage du revenu entre salaires et profits.
En sens inverse, la constatation d'un taux de profit, présent ou anticipé, associé à certaines conditions financières, appelle de la part des entreprises la fixation à la fois d'une offre en volume et d'une extension du stock de capital » (*Statistiques et Études financières,* série orange, n° 74/15).

– S'agissant de la formation des revenus primaires et de ses répercussions sur l'offre et le niveau des prix, le modèle dépasse la double détermination traditionnelle qui considère la formation du taux de salaire nominal sur le marché du travail et les facteurs affectant le rôle des entreprises dans la fixation des prix, notamment l'évolution des coûts salariaux. Il recourt à une caractérisation différente du couple salaires-prix s'appuyant directement sur les facteurs de la répartition entre revenus salariaux et non salariaux.

– L'accumulation du capital, mesurée par le rapport de l'investissement en valeur au stock de capital en valeur, joue un rôle central dans le modèle. Le taux d'investissement en valeur y est fonction à la fois du taux de profit considéré comme indicateur de la rentabilité des investissements et des possibilités de financement interne et de crédit appréciées à travers le niveau d'endettement qu'autorisent les relations entre le système financier et les entreprises non agricoles. Le taux de profit est ici défini comme le rapport entre l'autofinancement et le stock de capital en valeur.

$$\Delta pi/\mathrm{K} = 1{,}67\ (\Delta \mathrm{Aut}/_{K\text{-}1}) + 1{,}41\ \Delta^2\ (\mathrm{Aut}/_{K}) + 1{,}64\ (\mathrm{PAS}/\mathrm{Aut})$$

pi FBCF en valeur des entreprises non agricoles
K stock de capital au 1er janvier de l'année *t* valorisé au prix de *t* – 1
Aut autofinancement brut (au sens de la comptabilité nationale : épargne brute + indemnités pour remboursement de sinistres en capital)
PAS encours de passif au 31 décembre

– Le second pôle du modèle réside dans l'explication de la répartition des revenus appréciée par le rapport de l'autofinancement au stock de capital.
La formation du taux de profit du capital en valeur fait intervenir à la fois la réalisation de la valeur de la production et l'évolution de la structure financière des entreprises (à travers le taux d'endettement).

$$\Delta(\mathrm{Aut}/_{K}) = 0{,}24\Delta\ (_{p\text{-}1} - 1\mathrm{Y}/_{K}) + 1{,}10\ (\mathrm{PAS}/\mathrm{Aut})_{-1} - 600$$

avec les mêmes conventions
et Y : valeur ajoutée en volume des entreprises non agricoles.

La combinaison des relations définissant le taux d'investissement et le taux de profit montre qu'un taux de profit donné associé à des possibilités d'endettement autorise un certain investissement.
Inversement, un montant donné d'investissement entraîne, à travers la

partie keynésienne du modèle, la création d'une demande globale, la production qui la satisfait, et un certain niveau du profit.

– La part des salaires dans la valeur ajoutée est commandée par deux déterminants : le taux d'investissement, traduisant la tendance à la substitution du capital au travail, et la situation revendicative des salariés, appréciée à travers la variable « congrès » qui est un indicateur de correction de l'activité pour faits de grève et allongement des congés annuels.

– La détermination de l'emploi repose, dans la formalisation actuelle, sur un jeu d'équations à résolution simultanée faisant intervenir, à côté de l'évolution de la durée du travail, le calcul intermédiaire de la productivité. La confrontation des entreprises et des salariés détermine ainsi de façon simultanée le partage profits-salaires et l'évolution respective de l'investissement et de l'emploi.

– Le noyau du modèle est complété par une analyse de la fonction du système financier qui explicite les facteurs déterminant le financement externe des entreprises, compte tenu des revenus distribués.

Ainsi, très schématiquement décrit dans sa logique essentielle, le modèle STAR présente les caractéristiques suivantes :

– c'est un modèle de comptabilité nationale global, de dimension relativement modeste dans sa version actuelle (170 variables — 120 équations) ;

– c'est un modèle de cheminement qui, écartant la détermination de trends à moyen terme, vise délibérément à décrire l'enchaînement cyclique des déséquilibres de l'économie générateurs de la croissance ;

– c'est un modèle intégré dans la mesure où il y a un véritable « retour financier » sur l'équilibre économique, le système financier assurant la comptabilité de la répartition des revenus et du partage « accumulation des entreprises-dépenses des ménages » ;

– schéma explicatif, c'est un modèle de simulation dont le perfectionnement doit permettre d'analyser l'effet régulateur des variables instrumentales de la politique économique (notamment sous ses aspects budgétaire et monétaire).

Le modèle a commencé d'être opérationnel quand est intervenue, à la fin de 1973, la première hausse du pétrole. Appliqué à la prévision des conséquences de cet événement, il s'est révélé pertinent pour projeter dans leur principe les développements de la crise. Pour autant, sa logique tendait à minorer les phénomènes d'inertie et à contracter les enchaînements. Son utilisation sur le moyen terme était donc aléatoire. Fondé sur l'ancienne base de comptabilité nationale, le modèle STAR a fait l'objet d'une adaptation au nouveau système de comptabilité nationale qui s'est d'ailleurs révélée délicate.

Entre-temps, des travaux conjoints étaient effectués à la direction de la Prévision et à l'INSEE.

Ils ont conduit à la mise au point d'un nouveau modèle, *METRIC* (« modèle économétrique trimestriel de la conjoncture »), conçu

par une équipe commune, expérimenté à partir de 1976 et utilisé depuis 1977.
L'originalité du modèle METRIC tient moins à sa structure générale, qui reste d'inspiration néokeynésienne, qu'à la tentative qu'il concrétise d'intégrer dans un même instrument un certain nombre de progrès significatifs dans la ligne des efforts poursuivis depuis plusieurs années.
Le souci de mieux analyser les fluctuations infra-annuelles a conduit à bâtir le modèle sur une structure trimestrielle et à introduire comme variables traduisant des tensions les résultats des enquêtes conjoncturelles d'opinion.
Modèle délibérément dynamique, METRIC incorpore de nombreuses variables retardées.
En outre, pour éviter les inconvénients attachés à des projections non globales, le modèle comporte une désagrégation en six branches reliées dans un *tableau d'échanges interindustriels.
Les progrès réalisés dans la voie de l'intégration sont notables dans la mesure où une place importante est faite aux variables financières et monétaires, taux d'intérêt, taux de change, liquidités, crédits.
S'agissant enfin des mécanismes fondamentaux du modèle, on note qu'ils ne s'organisent pas autour d'un comportement central prédominant. Si la structure keynésienne du système fait jouer un rôle important à la demande, le modèle incorpore des comportements d'offre fondés sur les anticipations.
Établi à partir des anciennes séries statistiques, METRIC a été adapté en 1979 à la nouvelle *base de comptabilité nationale. Il sert désormais d'instrument principal aux prévisions à court et à court-moyen terme.
L'intérêt de disposer en fait d'une pluralité de modèles aux caractéristiques différentes a conduit à mettre au point un nouveau modèle-COPAIN (modèle à COmportements PAtrimoniaux INtégrés), utilisé concurremment avec METRIC depuis 1981. COPAIN se distingue par les traits suivants :

– c'est un modèle annuel, peu sectorisé ;

– il retient une détermination implicite du niveau général des prix, liée à l'introduction d'une norme d'endettement ; l'inflation y apparaît comme le moyen d'assurer la conciliation de comportements contradictoires par un processus de valorisation-dévalorisation des patrimoines ;

– norme d'endettement des entreprises, prix implicites et comportements patrimoniaux déterminent une structure réalisant l'intégration des sphères réelles et financières par le double canal des prix et des variables financières.

Dans les années récentes, d'autres modèles intéressant les projections à moyen terme ont été mis au point, dont l'utilisation concourt aux études de planification.
On peut citer à cet égard :

– *MOÏSE* (« multinational avec opérations intégrées, pour la simulation économique »), qui est un modèle de projection de l'économie mondiale traitant notamment des courants d'échange ;

– *RÉGINA* (« régional-national »), qui a pour vocation de fournir des projections intégrant l'analyse des problèmes nationaux et régionaux.

MOF (multi-option facility)

Voir Facilité à options multiples.

Moindres carrés (méthode des)

a : *Method of least squares* – **d** : *Methode der kleinsten Quadrate* – **e** : *Método de los mínimos cuadrados*

*Statistique : Méthode de calcul permettant d'exprimer la liaison linéaire entre deux ou plusieurs *variables.*

La méthode des moindres carrés, imaginée par Legendre, puis par Gauss, doit son nom au fait que l'ajustement linéaire auquel il est procédé minimise la somme des carrés des écarts entre les valeurs des variables observées et la droite dont l'équation mathématique exprime la relation. La méthode des moindres carrés est utilisée, par exemple, pour estimer sur *échantillon la droite de régression établissant la corrélation linéaire d'une variable par rapport à une autre. Elle sert de même pour estimer les paramètres des relations linéaires entre variables (qu'il s'agisse d'une liaison fonctionnelle réelle altérée par une erreur aléatoire, ou d'un ajustement linéaire soit d'une courbe de points trop irrégulière, soit d'un nuage de points relativement filiforme).

Voir Corrélation.

Moment

a : *Moment* – **d** : *Moment* – **e** : *Momento*

*Moyenne arithmétique de la série des puissances (d'ordre quelconque) des écarts des valeurs d'un *caractère quantitatif attaché à des individus d'une certaine population statistique par rapport à une quantité constante quelconque.*

Un moment peut être considéré comme un indicateur de *dispersion. L'ordre du moment est l'ordre de la puissance à laquelle sont élevés les écarts.

La quantité constante par rapport à laquelle on calcule les écarts sera

souvent zéro (on parle alors de moments non centrés) ou la *moyenne du caractère étudié (on parle alors de moments centrés).
Si x_i désigne la valeur de la *i-ième* *modalité du caractère étudié et si la *fréquence de ce caractère est f_i, le moment d'ordre r par rapport à a est :

$$a^m r = \sum_i f_i (x_i - a)^r.$$

La moyenne est le moment non centré d'ordre 1. La variance est le moment centré d'ordre 2.

MONEP

Voir Marché à options négociables de Paris.

Monétarisme

a : *Monetarism* – **d** : *Monetarismus* – **e** : *Monetarismo*

*Courant théorique faisant jouer à la monnaie un rôle déterminant dans les *fluctuations économiques.*

Le monétarisme est indissolublement lié aux efforts qui ont été entrepris par certains économistes néo-classiques pour intégrer les phénomènes monétaires dans leur représentation théorique de l'ensemble des *mécanismes économiques.
Des premières tentatives avaient été antérieurement effectuées, notamment par l'école classique britannique d'où était née la première formulation de la *théorie quantitative.
L'égalité fondamentale établie par les quantitatives, soit

$$PY = EV + DV'$$

(avec P = niveau général des prix ; Y = volume de la production ; E = espèces ; D = dépôts et V et V′ les vitesses de circulation respectives des espèces et des dépôts), ne préjugeait pas en soi du lien central existant entre la monnaie et les prix. Les quantitativistes considéraient, quant à eux, que la monnaie exerçait une action déterminante sur les prix, compte tenu de l'inertie de la production.
L'analyse des phénomènes inflationnistes observables n'a pas, à la vérité, établi de lien automatique entre la *masse monétaire et le niveau général des *prix.
Aussi bien, à partir de la grande crise de 1929, le quantitativisme a paru tomber en déshérence dans la mesure où la théorie *keynésienne et surtout les développements et l'interprétation qu'elle a reçus chez les

disciples du maître paraissaient privilégier les phénomènes réels dans des mécanismes économiques qu'il s'agissait désormais de maîtriser en fonction de la préoccupation dominante du plein emploi.

Dans les deux dernières décennies, le développement des phénomènes inflationnistes a conduit à un renouveau du monétarisme, sous l'impulsion des économistes anglo-saxons et notamment américains (tel Milton Friedmann). Raffinant la formulation des équations classiques, en tenant compte de la distinction entre biens de production et biens de consommation, du mécanisme institutionnel des *réserves obligatoires, et de la dualité d'une offre de monnaie (en termes nominaux) et d'une demande de monnaie (en termes réels), le monétarisme contemporain tend à établir un lien d'influence entre l'évolution de la masse monétaire et le niveau du volume de la production. Cependant, compte tenu des décalages qui peuvent s'établir entre les délais nécessaires à l'efficacité des mesures de régulation monétaire et l'évolution des anticipations, de nombreux monétaristes, à commencer par Milton Friedmann, en sont venus à recommander une politique monétaire « neutre » (ou plus exactement un taux de croissance modéré et régulier de la masse monétaire) pour éviter que les impulsions successives de la régulation monétaire n'exercent en fait leurs effets à contre-courant.

Ces conclusions en définitive plutôt pessimistes n'empêchent pas que la politique monétaire reste dans la plupart des pays capitalistes un des instruments privilégiés de la régulation économique conjoncturelle bien que sa mise en œuvre pratique apparaisse souvent problématique et que son efficacité soit contestée et difficilement vérifiable.

Depuis les années soixante-dix, le développement des tensions inflationnistes, lié notamment à la désagrégation du système monétaire international et au renchérissement de l'énergie, a conduit à un regain de faveur du monétarisme, dénommé aussi « néo-monétarisme ». Devant la « crise » du keynésianisme, la primauté de la lutte contre l'inflation affirmée dans de nombreux pays occidentaux, a en effet inspiré des politiques monétaires très restrictives. Si celles-ci ont effectivement été suivies d'une maîtrise de l'inflation dans plusieurs pays, elles se sont accompagnées d'un fort développement du chômage.

Voir Monnaie, Marché monétaire, Inflation, Conjoncture.

Monnaie

a : *Money* – **d** : *Geld* – **e** : *Moneda*

Originellement : Pièce de métal servant d'instrument de règlement des échanges ; puis instrument de règlement en général.
Corollairement : Unité servant de mesure des valeurs d'échange.
Par extension : Ensemble des moyens de règlement.

La monnaie, en tant qu'instrument de règlement, présente trois caractères :

– la *liquidité, qui est le caractère propre de la monnaie, mais que d'autres *actifs peuvent également revêtir en fonction de leur aptitude à être rapidement et aisément transformés en monnaie : la monnaie est, sans transformation ni limitation, directement utilisable à l'extinction de toutes obligations par simple remise matérielle de signes monétaires ou par jeu d'écritures ;

– la *fongibilité ;

– l'universalité dans la limite d'une société déterminée : c'est une créance sur tous les membres d'une communauté de paiement ; son exécution peut être poursuivie auprès de l'ensemble des agents qui offrent sur le marché des biens et des services.

Les trois fonctions de la monnaie

La monnaie est un instrument d'échange : L'emploi d'un bien intermédiaire, dont la valeur est reconnue par tous et qui peut être utilisé par tous, permet de dépasser le troc ; le besoin de monnaie est apparu avec l'échange, lui-même né de la division du travail ; la monnaie, « intermédiaire de valeur », permet d'acquérir tous les autres biens. Susceptible de servir immédiatement pour obtenir la satisfaction de tout besoin, la monnaie présente, au plus haut degré, le caractère appelé *liquidité.

Mais une monnaie ne peut jouer ce rôle qu'à l'intérieur de la communauté de paiement où elle est universellement acceptée ; le régime d'*étalon-or, avec l'usage de l'or lui-même, a permis d'élargir les dimensions de cette communauté de paiement aux dimensions de l'univers au XIXe siècle. Normalement, lorsque l'échange se réalise entre partenaires appartenant à des communautés de paiement différentes, le règlement comporte un problème de *change d'une monnaie dans une autre : le règlement est stipulé dans la monnaie de l'une des parties et il appartient à l'autre partie de se procurer la monnaie du partenaire ou d'échanger la monnaie du partenaire reçue. Mais la sécurité et les facilités associées de ce fait conduisent souvent à prévoir le règlement dans une monnaie tierce : la livre sterling a joué au XIXe siècle et joue encore, même en dehors de la zone sterling, le rôle de monnaie de règlement. De même, le dollar, au XXe siècle, s'est établi en monnaie de règlement mondiale.

Enfin, le règlement des soldes résultant des échanges de monnaie entre deux ou plusieurs pays exige l'utilisation d'une monnaie commune lorsque l'on se trouve dans un régime de change fixe ; l'or, les devises, et aujourd'hui les droits de tirage spéciaux (DTS) servent à cette fin.

La monnaie sert d'instrument de mesure des valeurs :

– Parce qu'elle est échangeable contre tout autre bien, sa valeur d'échange contre chaque bien sert à mesurer la valeur relative des biens les uns par rapport aux autres, c'est-à-dire les prix.

– Parce que les opérations comptabilisées et les engagements naissent pour la plupart des transactions réalisées en monnaie, la monnaie de compte utilisée est généralement une unité de valeur identique à celle qui est utilisée naturellement dans les règlements. Cependant, dans les périodes d'instabilité monétaire et de manipulation de la valeur intrinsèque des monnaies métalliques, la nécessité de monnaies de compte particulières est apparue : la monnaie de règlement, qui seule existe matériellement, n'est plus utilisée que dans l'exécution des règlements tandis que la monnaie de compte sert d'étalon de valeur stable.
Par exemple, la guinée anglaise était jusqu'à la dernière réforme monétaire britannique une monnaie de compte valant 1,05 livre sterling (21 shillings) ; il n'y avait pas de pièce ou billet portant une valeur en guinée ; il en va de même, encore, pour l'*unité de compte européenne.
Dans les relations internationales, la nécessité d'une monnaie de compte se fait sentir pour la détermination des obligations et des créances en raison des risques de variations des parités liant les monnaies nationales les unes aux autres. La monnaie de compte utilisée peut être définie par rapport à une monnaie nationale retenue en raison de la sécurité particulière dont elle est dotée (le dollar a pu l'assurer grâce à la puissance de l'économie américaine et à la libre convertibilité, pendant longtemps, en or à taux fixe), ou par rapport à l'or (cas des DTS jusqu'en 1974), ou par rapport à un « panier » de monnaies (DTS depuis le 1er juillet 1974).
L'utilisation d'une monnaie de compte peut apparaître dans les transactions privées : les *euro-obligations sont des obligations libellées dans une monnaie de compte qui peut être une monnaie nationale, mais aussi parfois une unité complexe mêlant plusieurs unités nationales ou une unité abstraite. Le système Interflora permettant des commandes télégraphiques à travers les frontières d'envois de fleurs utilise pour le règlement réciproque une unité de compte, le fleurin, liée au franc suisse.
Mais ce sont surtout les organisations internationales qui doivent déterminer ou enregistrer les obligations, les créances et les soldes par référence à une unité monétaire commune :

– dans le cercle du *Fonds monétaire international, les créances et les dettes ont été longtemps définies en valeur-or, ce qui les mettait à l'abri de toute dévaluation nationale ; elles le sont aujourd'hui en DTS ;

– dans l'*Union européenne des paiements, si le règlement effectif des soldes de compensation entre pays membres se faisait en or ou en monnaie convertible, les comptes destinés à la compensation entre banques centrales étaient tenus en unités de compte (équivalant au dollar) ;

– dans la *Communauté économique européenne, une *unité de compte est nécessaire pour arrêter le budget des institutions communes et en suivre l'exécution, pour fixer les contributions nationales aux diverses actions communes, pour déterminer les prix communs dans le domaine agricole. Définie d'abord par un poids d'or fin de 0,88867088 gramme (ce qui était la définition du dollar jusqu'à la dévaluation de 1971), sa valeur est fondée aujourd'hui sur un panier de monnaies européennes. (*Voir* Écu.)

La monnaie est un instrument de réserve. Cette dissociation entre les deux éléments du troc peut faire intervenir le facteur temps ; cette liberté que la possession de monnaie n'est pleinement assurée que si elle se conserve. La fonction d'instrument de réserve n'est pleinement remplie que si la monnaie garde la même valeur dans le temps, c'est-à-dire le même pouvoir d'achat : or sa valeur comme celle de tout autre bien peut être affectée, notamment par son abondance.
Lorsqu'il existe deux monnaies d'inégale valeur circulant concurremment, celle de plus grande valeur a tendance à être thésaurisée.
Dans les relations internationales, la nécessité d'un instrument de réserve communément accepté apparaît : c'est le problème des liquidités internationales.

Les formes de la monnaie

Dans les sociétés modernes, trois formes de la monnaie sont successivement apparues ; elles peuvent être simultanément utilisées pour remplir les fonctions d'instrument de règlement et de réserve.

La monnaie métallique : C'est la forme finale qu'a prise dans une économie déjà évoluée la monnaie marchandise utilisée dès l'apparition de l'échange dans les sociétés les plus anciennes ; les marchandises employées comme monnaie tiraient alors leur valeur de leur utilité ; ainsi les monnaies-outils (armes, instruments aratoires, esclaves) et les monnaies-denrées telles que le sel (dont viendrait le mot salaire au règlement duquel le sel a été utilisé) et le bétail (de son nom latin *pecus* vient l'adjectif pécuniaire ; de son nom vient aussi la roupie indienne).
Avec l'emploi des monnaies métalliques apparaît la dissociation entre la valeur d'usage du bien et son emploi comme monnaie : l'homogénéité, la division aisée en pièces adaptées aux exigences pratiques des transactions, la conservation de sa valeur dans le temps font des métaux les instruments monétaires les mieux adaptés au rôle qui leur est assigné dans les règlements et à leur fonction de réserve. Et parmi les métaux, la valeur intrinsèque élevée de certains d'entre eux, l'or et l'argent, en raison du prix qu'on accorde à leurs emplois non monétaires et de leur rareté, a conduit à les retenir.

La monnaie fiduciaire : Le billet de banque n'a d'abord été qu'une amélioration pratique du système de monnaie métallique : l'*émission du billet, par la banque qui en avait reçu le droit ou privilège du souverain qui a l'exercice du pouvoir monétaire, était la contrepartie d'un dépôt de métal fait dans ses caisses ; la circulation de billets était donc gagée par une valeur égale de métal pour faire face à toute demande de conversion.

Mais on s'est aperçu que cette contrepartie ou couverture totale n'était pas indispensable au maintien de la *confiance* (du latin, *fides*) des porteurs de billets ; le développement des besoins de monnaie avec celui des changes, suivi avec retard par la progression des stocks de métaux monétaires, a conduit à permettre une émission supérieure au stock de métal de couverture, sans que le lien avec le métal fût rompu au départ. La monnaie métallique a régressé progressivement dans les règlements internes en vertu du principe évoqué ci-dessus, qui règle les rapports de deux monnaies permettant un degré de sécurité différent ; l'or est peu à peu affecté à la fonction d'instrument de réserve, c'est-à-dire à la *thésaurisation.
Le lien avec le métal a été rompu dans la pratique, lorsque l'importance du volume de la monnaie de papier par rapport au stock de couverture a crû au point de conduire à décréter le cours forcé, puis parfois l'inconvertibilité de la monnaie de règlement en métal.

La monnaie scripturale : Le processus de dématérialisation de la monnaie arrive à son point d'achèvement avec le développement des dépôts et des crédits bancaires, liés à l'usage du *chèque.
Aujourd'hui, le système monétaire est un système dualiste où deux monnaies, également fiduciaires, c'est-à-dire reposant sur la confiance, coexistent, servent également dans les règlements ; entre elles se répartissent les réserves liquides des agents.
Les *disponibilités monétaires comprennent ainsi, outre la monnaie de billon (pièces), les billets de banque circulant hors de la banque d'émission et les dépôts à vue.
La frontière entre la monnaie et les créances tend par ailleurs à s'atténuer par le développement de la quasi-monnaie (dépôts à terme) et de l'épargne liquide (dépôts d'épargne, bons du Trésor...) dont la disponibilité est plus ou moins réduite, qui ne peut être directement utilisée à un règlement (il faut transformer les créances en monnaie de banque ou monnaie fiduciaire) et qui sert donc surtout d'instrument de réserve.
Monnaie et quasi-monnaie constituent la *masse monétaire tandis que la monnaie, augmentée de l'épargne liquide et à court terme, forme les *liquidités.

Monométallisme

a : *Monometallism* – **d** : *Monometallismus* – **e** : *Monometalismo*

---

*Régime dans lequel un seul métal joue le rôle d'*étalon monétaire.*

Le système monométalliste est caractérisé par le fait qu'un seul métal étalon jouit de la *frappe libre et d'un pouvoir libératoire illimité, à la différence du *bimétallisme où deux métaux jouissent concurremment de ce privilège.

L'histoire monétaire montre que les premiers systèmes monétaires organisés étaient de préférence bimétallistes (argent et or) pour des raisons de commodité (XVIIIe siècle).
Les premiers monométallismes étaient de préférence des monométallismes-argent, en raison de la plus grande disponibilité de ce métal, et la plupart des pays l'adoptèrent au cours du XIXe siècle. Mais les découvertes importantes d'or aux alentours de 1850 renversèrent une première fois les rapports établis, puis l'accroissement de la production d'argent aux États-Unis les rétablit à nouveau si bien qu'à la fin du XIXe tous les pays monométallistes-argent étaient devenus monométallistes-or (gold standard) : la Grande-Bretagne depuis 1819, l'Allemagne depuis 1871, les Pays-Bas depuis 1875, l'Autriche depuis 1892, les Indes (1893), le Japon (1897), l'Espagne et la Russie (1898) et la plupart des États américains. Seules l'Indochine et la Chine conserveront l'étalon-argent jusqu'en 1930 et 1935 respectivement. La France, antérieurement bimétalliste, se convertit à un monométallisme-or de fait, en 1878, avec ses partenaires de l'« Union latine » (Italie, Belgique, Suisse).
Après diverses vicissitudes du monométallisme-or (*voir* Gold bullion standard, Gold specie standard), la plupart des pays se convertirent au *gold exchange standard au cours de la période 1920-1936.

Monopole

a : *Monopoly* – **d** : *Monopol/Nachfragemonopol* – **e** : *Monopolio*

---

*Situation d'un marché sur lequel la *concurrence n'existe pas du côté de l'offre : il ne se présente qu'un seul vendeur. (En grec* πωλεῖν [pôlein] : *vendre.)*

Lorsqu'il n'existe qu'un seul acheteur, la théorie économique emploie aujourd'hui le terme de *monopsone.

L'origine du monopole : Il peut être créé par la loi au profit de l'État, d'une entreprise publique ou d'une personne privée (monopole du tabac, de l'alcool, des poudres, de l'*ONIC) ou protégé par la loi (brevet d'invention). Il peut être naturel lorsqu'une entreprise dispose de la totalité d'un produit naturel.
Il peut être le stade ultime d'un processus de concentration ; il peut enfin résulter seulement de la subjectivité des acheteurs lorsque la publicité parvient à faire croire qu'une marque correspond à un produit distinct.
Un monopole peut être exercé collectivement : tel est le cas des *ententes constituées volontairement ou non entre entreprises indépendantes, ou des règles réservant à une catégorie de personnes déterminées l'exercice de certaines activités, lorsqu'il y a tarification de leurs services (officiers ministériels).

Certains monopoles limitent la concurrence sans la faire disparaître : ainsi le monopole du pavillon réservant aux transporteurs nationaux certaines relations maritimes et notamment les transports de marchandises ou de passagers entre deux points placés sous sa juridiction (métropole et Corse, par exemple).

Effets du monopole : Les conditions de formation des prix et de détermination du volume de production sont différentes selon les objectifs poursuivis dans la gestion du monopole.

Dans un régime *capitaliste, où la gestion des entreprises s'oriente librement vers la recherche du profit maximal, le monopole peut conduire à des situations moins favorables aux consommateurs que la concurrence.

Le prix de vente assurant le bénéfice maximal, pour une production déterminée par voie de conséquence en fonction de la courbe de la demande, se fixera au niveau correspondant au point où la recette marginale est égale au *coût marginal : pour une unité supplémentaire de production, le bénéfice supplémentaire serait négatif. Le prix de vente, qui se trouve supérieur tant au coût marginal qu'au coût moyen, assure à l'entreprise une rente de monopole.

Des prix multiples peuvent être appliqués à un même produit ou service si la demande n'est pas parfaitement fluide : en différenciant les prix dans des quartiers différents ou pour des utilisations différentes en fonction de courbes de la demande présentant une élasticité inégale, le monopoleur peut accroître le montant de sa rente globale.

Les conséquences des positions monopolistiques peuvent être sévères pour les consommateurs :

– à coût égal, le prix s'établira au-dessus du niveau auquel il se fixerait s'il y avait concurrence ; la rente est prélevée sur le consommateur en fin de compte ;

– le prix pourra être d'autant plus relevé, en laissant une rente plus importante, que la courbe de la demande est plus inélastique : aussi l'élévation des prix est-elle d'autant plus aisée qu'il s'agit de produits de première nécessité ;

– le volume de la production est restreint puisque, pour une courbe de demande déterminée, le prix est plus élevé : il faudrait une forte diminution des coûts moyens à la suite de la création du monopole pour éviter qu'il n'ait pour effet une baisse des quantités produites.

Le monopole a donc des effets malthusiens (*voir* Malthusianisme) ; il tend à priver les consommateurs d'une partie des avantages de la concentration, ce d'autant plus que les réformes de structure qui réduiraient les coûts sont retardées : c'est ce qui se produit dans une simple *entente.

Les monopoles fiscaux (tabac en France et Italie, alcool en France et en République fédérale d'Allemagne, sel en Italie) peuvent conduire aux mêmes résultats puisqu'ils visent à assurer à l'État un volume de recettes nettes maximal, correspondant au profit de leur exploitation.

Les effets du monopole peuvent se trouver contrariés par l'absence de concurrence du côté des acheteurs : il en est ainsi dans le cas de monopole bilatéral où sur un marché un monopole se trouve en face d'un *monopsone : c'est ce que peuvent réaliser deux ententes sous forme d'un comptoir de vente et d'un cartel d'achat pour des matières premières ou des produits semi-transformés ; l'opposition d'un syndicat ouvrier et d'un syndicat patronal crée la même situation sur le marché du travail. Le partage entre les deux parties d'un bénéfice global déterminé par la situation du marché en aval de l'acheteur se réalisera en fonction des rapports de force entre les parties.

La lutte contre les positions de monopole et les abus qui peuvent en résulter lorsqu'ils sont animés par la seule recherche du profit fait appel aux moyens suivants :

• *en économie libérale :*

– la législation qui proscrit ou permet de contrôler les concentrations et les *ententes (législation antitrust aux États-Unis, réglementation des ententes en France et dans le *Marché commun) ;

– l'ouverture du marché national à la concurrence étrangère : mais les ententes peuvent déborder les frontières ;

• *en économie dirigée :*

– la fixation autoritaire des prix ou tarifs qui peut supprimer la *rente de monopole, mais n'assure pas toujours un volume de production égal à celui qui résulterait de la concurrence ;

– la transformation des monopoles privés en monopoles publics par leur nationalisation qui permet leur gestion dans l'intérêt des consommateurs : la *nationalisation constitue un moyen de s'assurer des avantages de la concentration sans créer les possibilités d'abus résultant des positions monopolistiques ; elle s'est imposée là où le monopole était inévitable (communications, distribution de gaz et d'électricité).

Voir Prix.

Monopole des tabacs

a : *Tobacco monopoly* – **d** : *Tabakmonopol* – **e** : *Monopolio de tabacos*

Monopole fiscal intéressant la fabrication et la vente des produits transformés du tabac et des allumettes.

France : Héritier du régime de la ferme générale, après l'intermède de liberté de la période révolutionnaire, le monopole du tabac, organisé progressivement par Napoléon, de 1808 à 1811, reste fondamentalement un monopole fiscal. Son contenu économique recouvre directement la transformation et la commercialisation, indirectement la production, par le contrôle que l'administration des tabacs exerce sur la plantation.

Associé au monopole des allumettes depuis 1889, son organisation a évolué sensiblement depuis l'origine : au départ, on trouve une direction générale des manufactures qui gère les entreprises de production, tandis que l'administration des contributions indirectes régit la commercialisation. La transition vers le service industriel et commercial est assurée par la loi du 7 avril 1926 qui confie, pour des raisons circonstancielles, la gestion du monopole à la Caisse autonome d'amortissement, assurant ainsi l'affectation des recettes au service de la dette publique. En décembre 1958, le Service d'exploitation industrielle des tabacs et allumettes (SEITA), avec la liquidation de la caisse, devient un établissement public à caractère industriel et commercial. Sa fonction fiscale reste entière puisque le décret du 17 avril 1961, complétant les dispositions antérieures, prévoit que l'impôt spécial sur les tabacs est constitué par un prélèvement préciputaire et forfaitaire, mensuel, sur le montant des ventes et par le versement complémentaire du solde des produits nets de la gestion. L'impôt est ainsi confondu avec le résultat d'exploitation. Avec ses 26 établissements et des effectifs de 13 000 agents (ouvriers et employés), le SEITA se présente comme la quatrième entreprise sur le plan national, assurant au Trésor un rapport représentant environ 3,5 % des recettes fiscales de l'État. Après avoir perdu son monopole de production en 1970 dans le cadre de la réglementation européenne, le SEITA a été transformé en société anonyme en 1980, devenant la SEITA. La société a été privatisée en 1995.

Monopsone

a : *Monopsony* – **d** : *Monopson/Angebotsmonopol* – **e** : *Monopsonio*

---

*Terme maintenant utilisé dans la théorie économique pour désigner la situation d'un *marché sur lequel la *concurrence est imparfaite du côté de la demande du fait de la présence d'un seul acheteur. Dans le langage courant: Monopole d'achat ou de la demande. (En grec* ώνεἱσθαι [ôneïsthaï] : *acheter.)*

S'il s'y ajoute une limitation du nombre des vendeurs, il y a monopole bilatéral ou monopsone contrarié, selon que l'acheteur unique se trouve en présence d'un seul ou de quelques vendeurs.

Le monopsone peut être institué par la loi (« monopole d'achat » des tabacs, des alcools, de l'ONIC) ; il peut être l'effet d'une entente, ou résulter des circonstances géographiques (présence dans une zone donnée d'un seul collecteur de produits agricoles, d'un seul employeur industriel), ou naître des caractères techniques du bien ou du service concerné qui ne peut intéresser qu'un acheteur (matériels militaires ou équipement spécialisé par les entreprises publiques).

Si les décisions de l'acheteur sont exclusivement commandées par la recherche du profit maximal, l'analyse théorique démontre que son intérêt le conduit à fixer le prix en fonction de la courbe de l'offre, au niveau qui assure l'égalité du coût marginal et de la recette marginale du « monopsoneur ».
Si l'offre « atomisée » se présente dans une forme « visqueuse », c'est-à-dire s'il est possible à l'acheteur de tenir compte de la personnalité des vendeurs sans substitution possible entre ceux-ci, l'acheteur pourra différencier ses prix selon les catégories de vendeurs et son intérêt sera de le faire en tenant compte des réactions différentes des divers vendeurs exprimées dans plusieurs courbes d'offre d'élasticité inégale. Pour un profit maximal, un prix très bas sera proposé à ceux qui sont le plus mal armés pour le refuser, quitte à ce que les quantités achetées au prix le plus élevé soient légèrement accrues. Des exemples concrets en sont donnés par certains compartiments du marché du travail : des salaires plus bas sont imposés aux femmes, aux étrangers, aux Noirs des États-Unis, sous la pression d'un sous-emploi permanent qu'il est de l'intérêt du monopsoneur de maintenir.
Si le monopsone est d'origine publique, la différenciation des prix pourra être inspirée de considérations sociales ou d'incitation économique : avantager des livraisons des petits producteurs (blé), provenant d'une source particulière (alcool), par exemple.

Voir Prix.

Montant compensatoire monétaire (MCM)

a : *Monetary compensatory amount* – **d** : *Grenzausgleichszahlung* – **e** : *Pago compensatorio fronteriso*

---

*Taxe (ou subvention) prélevée (ou versée) sur les échanges extérieurs de produits agricoles des pays membres de la *CE de façon à assurer aux frontières l'unicité des prix.*

La politique agricole commune, mise en place dès 1962 par les pays membres de la CE, repose sur la détermination par le Conseil des ministres de prix uniques européens. Fixés en unités de compte à la veille de chaque campagne de production, ces prix uniques permettent à chacun, et notamment aux agriculteurs dont le revenu en découle, de connaître les prix internes à chaque pays, exprimés en monnaie nationale à partir des *taux de change en vigueur. Ce système a fonctionné sans difficulté tant que les *parités sont restées fixes.

● Lors de la dévaluation du *franc, en août 1969, les prix agricoles français auraient dû, en application de cette règle, monter d'un pourcentage égal au taux de dévaluation. L'égalité des prix en francs et en unités de compte, dès lors que ceux-ci restaient inchangés, ne pouvait être satisfaite que si la baisse du taux de change du franc vis-à-vis de l'unité de compte était compensée, à due concurrence, par une hausse du prix en francs. Toutefois, pour contenir l'*inflation qu'aurait renforcée la hausse brutale des prix alimentaires, le gouvernement décida de maintenir à leur niveau antérieur les prix agricoles internes. Cela revenait à conserver, à côté de la nouvelle parité issue de la dévaluation, un *taux de change vert* — dont le rapport à l'unité de compte était celui du taux de change précédent —, dont l'utilisation était limitée au calcul des prix agricoles. Restait alors à assurer que les conditions de concurrence entre agriculteurs européens n'en seraient pas modifiées. Pour ce faire, le prix des exportations françaises était, aux frontières, relevé par une taxe (appelée « montant compensatoire monétaire ») corrigeant l'écart entre le taux de change courant et la parité verte. Symétriquement, une subvention à l'importation était accordée pour ne pas fermer l'accès du marché français aux agriculteurs européens.

Quelques mois plus tard, la *réévaluation du *mark posait le même problème, en sens contraire. Pour éviter les effets, sur le revenu des agriculteurs, d'une baisse des prix intérieurs, le gouvernement allemand décida de maintenir ceux-ci à leur niveau précédent. Le « mark vert » se trouvait ainsi déprécié par rapport au nouveau taux de change, et des montants compensatoires monétaires furent prélevés à l'importation et restitués à l'exportation pour préserver la capacité concurrentielle de l'économie allemande.

Les MCM français, corrigeant une dévaluation du franc par rapport à la parité verte, furent qualifiés de « positifs » (puisqu'ils avaient pour objet de relever au niveau européen les prix agricoles maintenus en France plus bas qu'ils n'eussent été si le taux de change courant avait été utilisé pour leur calcul à partir des prix communautaires en unité de compte) ; les montants compensatoires allemands, effaçant une réévaluation par rapport à la parité verte, étaient, eux, des MCM « négatifs » (et de fait, ils rabaissaient au niveau communautaire les prix allemands devenus supérieurs).

Lors de leur apparition, en 1969, les MCM et les « parités vertes » étaient conçus comme des instruments provisoires. L'alignement par étapes des parités vertes sur les taux de change courants devait les faire progressivement disparaître. Il ne s'agissait que d'éviter les modifications trop brutales des prix agro-alimentaires intérieurs qui eussent résulté des modifications des taux de change courants. La rapidité des fluctuations monétaires qui se sont accélérées après 1970 a transformé ces expédients temporaires en mécanisme permanent. Sauf à faire varier les prix agricoles intérieurs avec les cours de change, il fallait imposer une rigidité aux parités vertes dont les ajustements étaient non seulement moins fréquents, mais moins importants que ceux des taux de change courants. Pour les pays qui, à l'intérieur du *serpent, conservaient des rapports de

change fixes, les MCM, corrigeant l'écart entre deux taux de change connus, étaient *fixes;* en revanche, pour les pays qui ne participaient pas à cet accord de flottement concerté, des MCM *variables* étaient calculés chaque semaine par confrontation des parités vertes fixées avec les cours constatés sur les marchés des changes.
A la fin de 1978, compte tenu des écarts accumulés entre parités vertes et taux de change courants, les MCM en vigueur dans les différents pays de la Communauté atteignaient des proportions élevées. Seul, le Danemark, qui avait constamment utilisé le taux de change courant de la couronne pour convertir les prix communautaires, n'appliquait aucun MCM. Les pays du serpent, dont la monnaie s'était sensiblement réévaluée en moyenne, imposaient des MCM négatifs allant de 3 % pour les pays du Benelux à 10 % pour la RFA ; à l'inverse, la dépréciation de leur monnaie respective avait imposé aux autres pays membres des MCM positifs de 10 % pour la France, 16 % pour l'Italie, 27 % pour le Royaume-Uni.

● La permanence de la distinction entre parité verte et taux de change courants, et donc des MCM qui les réconcilient, a eu des conséquences particulièrement graves pour la politique agricole commune.
Paradoxalement, ce mécanisme qui avait initialement pour objet de préserver le principe fondamental d'unicité des prix agro-alimentaires a conduit à le vider de son contenu. Il est clair que le prix unique européen n'est plus qu'une fiction ; dans chaque pays les prix agricoles sont déterminés autant par le taux de change vert retenu que par le prix communautaire. La politique des prix, des revenus et donc de la production agricole est redevenue, de fait, une responsabilité nationale. Certes, les décisions communautaires continuent à déterminer les prix européens en unité de compte et les parités vertes sont fixées par accord entre les partenaires. Mais, en réalité, les négociations n'ont jamais pu qu'atténuer les divergences des politiques nationales. Les pays à monnaie forte ont ainsi poursuivi, par une sous-évaluation systématique de leur parité verte, une politique de revenus agricoles élevés, favorable au développement de leur production. En revanche, les pays à monnaie faible pratiquent une politique de bas prix agricoles, privilégiant les consommateurs au détriment des producteurs. En quelques années, la RFA, pourtant relativement peu favorisée par les conditions naturelles, a pu gagner d'importantes parts de marché sur les produits agricoles. A l'inverse, le Royaume-Uni, importateur net, a pu, malgré son adhésion au Marché commun, persister dans sa politique de bas prix agricoles, et même bénéficier dans ce cadre d'un apport de ressources communautaires. Les montants compensatoires étant perçus (et versés) par le *FEOGA, celui-ci a pu verser aux importateurs britanniques des subventions au total supérieures aux prélèvements de MCM qu'il a effectués sur les exportations de produits anglais. La France, pays à monnaie faible sur cette période, a acquitté, au titre des MCM, des taxes à l'exportation supérieures aux subventions à l'importation dont elle a bénéficié, tandis

que, par ailleurs, son agriculture se heurtait à une concurrence accrue des pays à monnaie forte. Elle était donc amenée à rechercher la suppression du système de montants compensatoires contraire au principe de la politique agricole commune comme à ses intérêts.

• L'institution du *SME ouvrait la perspective d'une plus grande fixité des taux de change ; elle s'est accompagnée de la décision de démanteler les MCM par le rapprochement progressif des parités vertes et des taux pivots, à l'occasion de la fixation annuelle des prix de campagne communautaires. Bien qu'il ait effectivement assuré une plus grande stabilité des taux de change, le SME n'a pas supprimé la nécessité des ajustements de parités : sept réalignements de la grille des taux pivots étaient intervenus à la mi-1983. Par ailleurs, le Royaume-Uni ne participe pas au mécanisme d'intervention et de change, et donc sa monnaie continue à flotter librement ; la nécessité de MCM variables, dans son cas, subsiste. Aussi, malgré les efforts entrepris pour en réduire le montant et en poursuivre l'élimination, les MCM n'avaient toujours pas disparu après quatre ans de SME. En mai 1983, le Conseil des ministres, fixant les prix de campagne pour 1983-1984, parvenait à réduire les MCM élevés résultant du réalignement monétaire de mars ; hors le Royaume-Uni, trois pays seulement continuaient à appliquer des MCM positifs, la RFA (9,8 %), les Pays-Bas (5,8 %) et le Danemark (1 %), et les MCM négatifs ne concernaient plus que la France (– 3,4 %).

Moratoire

a : *Moratorium* – **d** : *Moratorium* – **e** : *Moratoria*

Disposition suspendant l'application d'un délai fixé par la loi ou par les contrats.

Venant du mot latin qui signifie « retarder », le moratoire est une mesure qui suspend la déchéance d'un droit ou l'échéance d'un engagement.

Des prolongations des délais relatifs au droit d'agir en justice peuvent être accordées aux plaideurs à la suite d'événements imprévisibles et irrésistibles : soit par la loi (pour cause d'émeutes, de cataclysmes...), soit par le juge qui peut relever le plaideur de la forclusion en cas de force majeure.

En ce qui concerne l'exécution des obligations, le moratoire peut s'appliquer au paiement des loyers, aux engagements commerciaux et, plus souvent, au remboursement des prêts ; il tient compte des circonstances de caractère général qui peuvent empêcher les débiteurs, ou une catégorie de débiteurs, de tenir leurs engagements. Il peut résulter :

– soit d'une mesure législative prise par les pouvoirs publics dans une situation de crise (ainsi lors de la déclaration de guerre de 1914) ou à la suite d'une crise (ainsi loi de 1969 accordant un moratoire pour les dettes contractées par les rapatriés) ;

– soit d'un accord entre les parties : il en est ainsi pour les dettes internationales à la charge d'un pays subissant une crise grave de la balance des paiements. Le plus célèbre est le moratoire Hoover (1931) du nom du président des États-Unis qui proposa, au début de la crise mondiale, une suspension générale du règlement des dettes nées pendant la guerre de 1914 : dettes de réparations dues par l'Allemagne et dettes des Alliés entre eux ; il a mis fin à l'exécution du plan Young.

Le moratoire perturbe les prévisions financières du créancier, et d'autant plus que son application sera plus longue. Des mesures de *refinancement et de *consolidation peuvent s'avérer nécessaires et appeler l'intervention du budget, du Trésor ou des autorités monétaires.

Mortalité (indicateurs de)

a : *Mortality ratio* – **d** : *Sterbeziffer* – **e** : *Indicadores de mortalidad*

Rapports servant à mesurer la fréquence des décès dans une population.

L'indicateur le plus utilisé et le plus simple à calculer est le *taux brut de mortalité,* rapport du nombre des décès au cours d'une période (généralement une année) à l'effectif moyen de la population au cours de cette période. Il est généralement exprimé en ‰. En France, depuis dix ans, on observe en moyenne 550 000 décès par an pour une population qui, en 1983, était légèrement inférieure à 55 millions d'habitants ; le taux de mortalité s'établit donc à 10 ‰ ; c'est le taux le plus faible jamais enregistré en France, et c'est l'un des plus faibles du monde. Il ne diminue plus que très lentement ; il était légèrement supérieur à 13 ‰ à la fin de la dernière guerre.

Le taux brut de mortalité ne suffit pas à caractériser la mortalité d'une population et à en étudier l'évolution : en effet, les variations intervenant dans la structure de la population et, en particulier, dans sa structure par âge, engendrent des perturbations qui peuvent masquer l'évolution profonde des phénomènes. On est donc amené à calculer des *taux de mortalité par âge* ou, plutôt, des *quotients de mortalité par âge* : par exemple, le quotient de mortalité masculine à soixante-dix ans est le rapport des hommes décédés à soixante-dix ans au cours d'une période (généralement une année) à l'effectif total d'hommes de soixante-dix ans en début de période : il peut s'interpréter comme la probabilité qu'a un homme de soixante-dix ans en début de période de mourir au cours de la période. Deux populations ayant des quotients de mortalité par âge égaux peuvent avoir des taux bruts de mortalité différents si elles ont des structures par âge dissemblables.

Il convient d'étudier de façon particulière la *mortalité infantile* qui est un bon indicateur de l'état sanitaire d'une population : le *taux de mortalité infantile* est la proportion des enfants nés vivants décédés avant d'avoir atteint l'âge d'un an. Il y a lieu généralement de tenir compte de ce que les enfants nés vivants mais morts avant la déclaration de leur naissance à l'officier d'état civil sont comptés parmi les mort-nés alors qu'ils devraient faire partie des nés vivants morts avant l'âge d'un an (faux mort-nés). On calcule donc un *taux rectifié de mortalité infantile* à l'aide de la formule :

$$\frac{\text{décès de moins d'un an} + \text{faux mort-nés}}{\text{naissances vivantes} + \text{faux mort-nés}}$$

Ces taux sont généralement exprimés en ‰. Le taux rectifié a décru, en France, de 63,4 ‰ au lendemain de la dernière guerre à 20 ‰ en 1969, puis à 9,6 ‰ en 1982. Une telle décroissance très rapide a été observée dans tous les pays développés, sauf aux États-Unis où elle a été beaucoup plus lente. Mais elle a été plus rapide en France que partout ailleurs, la France ayant pratiquement rattrapé en vingt-cinq ans les bas niveaux atteints aux Pays-Bas ou en Scandinavie.

Mouvement de longue durée

a : *Long-term development* – **d** : *Langfristige Entwicklung* – **e** : *Movimiento de larga duración*

Voir Tendance, Trend, Chronologique (série), Cycle.

Mouvement naturel (de la population)

a : *Natural development of population* – **d** : *Natürliche Bevölkerungsentwicklung* – **e** : *Movimiento natural de la población*

---

*Partie de la variation d'une *population due uniquement aux naissances et aux décès.*

Le mouvement naturel d'une population se mesure par la différence (algébrique) des naissances et des décès, encore appelée *excédent naturel :* il est égal à la variation absolue qu'aurait la population étudiée en l'absence de *migrations extérieures.

On définit encore le *taux d'accroissement naturel* qui est le rapport de l'excédent naturel au cours d'une période donnée (généralement une année) à l'effectif moyen de la population étudiée au cours de cette période : c'est le résultat algébrique de la différence du taux brut de *natalité et du taux brut de *mortalité. Par exemple, on a observé en

France, en 1969, 835 000 naissances et 545 000 décès pour une population moyenne de 50 325 000 habitants ; il y a donc eu un excédent naturel de 290 000 personnes, ce qui correspond à un taux d'accroissement naturel de 5,8 ‰. En 1976, pour une population moyenne de 52 900 000 habitants, on a observé 720 000 naissances et 555 000 décès, soit un excédent naturel qui n'était plus que de 165 000 personnes, ce qui correspond à un taux d'accroissement naturel de 3,1 ‰. Mais, en 1982, pour une population moyenne de 54 400 000 habitants, on a observé 795 000 naissances et 545 000 décès, soit un excédent naturel revenu à 250 000 personnes et un taux d'accroissement naturel remonté à 4,6 ‰.
En France, comme dans beaucoup d'autres pays, le taux d'accroissement naturel, qui avait diminué rapidement de 1950 à 1970, a diminué beaucoup plus vite ensuite du fait de la baisse de la *natalité liée elle-même à la chute de la *fécondité. Cette tendance semble toutefois s'être arrêtée en France alors qu'elle se poursuit dans d'autres pays, comme en Allemagne fédérale où, la plupart des années, le taux d'accroissement naturel a été négatif.
On peut démontrer que, si une population (ne connaissant aucun échange migratoire avec l'extérieur) se trouvait indéfiniment soumise aux mêmes lois de mortalité et de *fécondité selon l'âge, elle tendrait à croître avec un taux d'accroissement naturel constant et à acquérir une structure par âge invariable et indépendante de la structure d'âge de départ. Cette population est alors dite *population stable.* Le taux d'accroissement naturel limite porte le nom de *taux de Lotka* (du nom du démographe qui l'a introduit). Le taux de Lotka est donc un résumé synthétique des conditions de mortalité et de fécondité d'une population. Il est lié au taux net de *reproduction par la relation approximative : $r = \sqrt[T]{R} - 1$ où r est le taux de Lotka, R le taux net de reproduction et T l'âge moyen des mères. Le taux de Lotka était négatif en France avant la Seconde Guerre mondiale (en 1929 et à partir de 1935, le nombre de décès était supérieur au nombre de naissances). Il a été positif de 1946 à 1973 ; il s'est maintenu aux environs de 1 ‰ jusqu'en 1967, puis a diminué régulièrement et est de nouveau négatif depuis 1974.
Les démographes utilisent aussi une population dite *population stationnaire :* c'est une population stable dont le taux de Lotka est nul. Dans une telle population, les effectifs par âge demeurent constants.

Moyenne

a : *Mean* – **d** : *Mittel* – **e** : *Media*

Indicateur de tendance centrale permettant de résumer une série de mesures d'un caractère quantitatif faites sur des individus appartenant à une certaine population statistique.

Cet indicateur de *tendance centrale se calcule en pondérant les mesures de *caractère quantitatif étudié faites sur des individus appartenant à la population statistique concernée par des coefficients de *pondération judicieusement choisis et dont la somme est égale à un (on choisit en général comme coefficient de pondération la *fréquence de chaque *modalité du caractère).
Diverses formules peuvent être utilisées pour le calcul de la moyenne. La plus simple est celle de la *moyenne arithmétique* qui se calcule de la façon suivante :
si x_i est la valeur de la i-ième modalité du caractère étudié et si la fréquence de ce caractère est f_i, la moyenne arithmétique des observations est $\sum f_i x_i$ (moyenne des quantités x_i pondérées par les fréquences f_i).
On calcule aussi quelquefois les moyennes suivantes :

– *moyenne géométrique* $\prod x_i f_i$ (le symbole $\prod$ désigne le produit de même que le symbole $\sum$ désigne la somme).

– *moyenne harmonique* $\dfrac{1}{\sum f_i \dfrac{1}{x_i}}$

– *moyenne quadratique* $\sqrt{f_i x_i^2}$

et plus généralement,

– *moyenne d'ordre r* $\left(\sum f_i x_i^r\right)\dfrac{1}{r}$

Les moyennes harmonique, géométrique, arithmétique et quadratique sont des moyennes particulières d'ordre *r*, *r* étant alors respectivement égal à – 1, 0, 1 et 2. La moyenne d'ordre *r* croît avec *r*.
Il convient de remarquer que la « moyenne », au sens intuitif de ce terme, n'est pas toujours la moyenne arithmétique. Par exemple, la vitesse « moyenne » d'un véhicule qui roule pendant 600 km à 100 km/h, puis pendant 300 km à 75 km/h, est

$$\frac{900}{600 x \dfrac{1}{100} + 300 x \dfrac{1}{75}}$$

soit 90 km/h, moyenne harmonique de 100 et de 75 pondérés par 600 et 300 (alors que la moyenne arithmétique de ces deux nombres avec les mêmes coefficients de pondération vaut 91,666).

Voir Variance, Moment.

MTS

Stations de machines et tracteurs agricoles en URSS.

Ces stations, gérées par l'État, mettaient leur matériel à la disposition des *kolkhoz et des *sovkhoz, contre rétribution de leurs services. Supprimées en 1958, ce matériel a fait l'objet d'une appropriation par les kolkhoz.

Multilatéralisme

a : *Multilateralism* – **d** : *Multilateralismus* – **e** : *Multilateralismo*

Organisation des relations internationales fondée sur des mécanismes permettant de privilégier les rapports de chacun des pays avec l'ensemble de ses partenaires.

(Au contraire des systèmes bilatéraux, où ce sont les échanges particuliers aux pays pris deux à deux qui font l'objet de la préoccupation dominante.)

Voir Bilatéralisme.

Multiplicateur (de crédit)

a : *Money creation multiplier* – **d** : *Geldschöpfungsmultiplikator* – **e** : *Multiplicador del crédito*

*Rapport entre la *masse monétaire et la base monétaire ou monnaie centrale figurant au passif de l'institut d'émission.*

Si l'on appelle : E = espèces de billets, D = *dépôts, R = *réserves obligatoires, M = masse monétaire = E + D, B = base monétaire = E + R, r = taux des réserves obligatoires sur les dépôts, e = pourcentage de l'encaisse des agents économiques détenue sous forme de billets et d'espèces = $\frac{E}{M}$, le multiplicateur définira le rapport

$$m = \frac{M}{B} = \frac{E + D}{E + R}.$$

Exprimé par rapport au taux des réserves et au pourcentage d'encaisse sous forme métallique ou fiduciaire, le multiplicateur sera

$$m = \frac{1}{r + e - re}.$$

On voit que le multiplicateur « de crédit » peut être considéré, aussi bien, comme un multiplicateur de « monnaie centrale ». La notion de multiplicateur de crédit est au centre des réflexions théoriques relatives au contrôle de la masse monétaire et à la politique monétaire en général. D'aucuns considèrent qu'en étant maître de la base, l'institut d'émission est à même de contrôler la masse monétaire. Mais la maîtrise de la base ne concerne en fait que le taux des réserves ; le pourcentage d'encaisse détenue sous forme de billets et d'espèces dépend, lui, du comportement des agents économiques : il est vrai qu'il peut être prévu. D'autres considèrent que l'institut d'émission ne pouvant refuser, quelles qu'en soient les modalités, de fournir au système bancaire les moyens de trésorerie en monnaie centrale, c'est l'évolution de la masse monétaire qui commande en fait celle de la base. A la vérité, la formulation du multiplicateur n'implique aucun sens de causalité privilégiée entre la masse monétaire et la base monétaire. Il dépend de facteurs institutionnels (structure de l'ensemble du système bancaire et nature de ses relations avec l'institut d'émission) et d'éléments circonstanciels que la causalité s'exerce de façon prédominante dans un sens ou dans l'autre.

Voir Monnaie, Masse monétaire, Marché monétaire.

Multiplicateur (d'investissement)

a : *Income multiplier* – **d** : *Einkommensmultiplikator* – **e** : *Multiplicador de renta*

Principe d'analyse explicitant l'effet de l'investissement sur la croissance du revenu ; en même temps, coefficient d'accroissement du revenu global par rapport à un volume d'investissement additionnel.

D'abord présenté par R. F. Kahn comme un multiplicateur d'emploi (1931), à partir de l'observation qu'un volume d'emploi additionnel primaire entraîne des créations d'emploi secondaires par l'enchaînement des revenus distribués et des dépenses auxquelles ils sont affectés, le principe a été systématisé par *Keynes sous forme de coefficient multiplicateur d'investissement : il exprime qu'une dépense additionnelle d'investissement crée des ondes successives de revenus dont l'importance dépend de la *propension à consommer des bénéficiaires : le coefficient multiplicateur peut être ainsi mesuré, soit par :

$$k = \frac{1}{1 - \text{propension marginale à consommer}}$$

$$\text{ou : } \frac{1}{\text{propension marginale à épargner}}.$$

Dans les pays industrialisés, ce coefficient varie entre 2 et 3,5 dans la mesure où la propension à consommer y est généralement inférieure à l'unité. Il peut être peu élevé dans les pays en voie de développement où la propension à épargner est faible.
Le principe souligne un phénomène très important, à savoir qu'un investissement initial a tendance à accroître le revenu global d'un montant supérieur à la distribution de revenu liée à sa réalisation.
Dans la pratique, sa maîtrise s'avère toutefois délicate, car elle suppose connues les propensions marginales à consommer et à épargner et une appréciation de la durée de la période de propagation des revenus.

Voir Accélération (principe d').

Multiplicateur (du commerce international)

a : *Export multiplier* – **d** : *Exportmultiplikator* – **e** : *Multiplicador del comercio internacional*

Coefficient d'accroissement du revenu national par rapport à un accroissement initial des exportations.

Une augmentation additionnelle des exportations, provoquée par un développement de la demande étrangère, entraîne, toutes choses égales d'ailleurs, un accroissement de la production générateur de revenus qui à travers les dépenses de consommation et d'investissement exerceront un effet induit sur la croissance de la production, etc., suivant un processus d'enchaînement itératif.
Ce multiplicateur du commerce international n'est qu'une extension du *multiplicateur d'investissement au fonctionnement d'une économie ouverte. L'analyse du principe, due à Colin Clark, met en lumière les effets indirects du développement des exportations sur la croissance du revenu national. Dans cette acception, toutefois, l'effet multiplicateur est plus communément appelé effet d'*accélération.

Mutualité

a : *Mutuality* – **d** : *Gegenseitigkeit* – **e** : *Mutualidad*

---

*Techniquement : Ensemble de personnes ou de biens qui présentent, du point de vue de l'*assurance, des risques homogènes, en nombre suffisant et suffisamment dispersés pour que la compensation en soit possible suivant les lois de la statistique. L'existence d'une mutualité est la condition nécessaire de l'assurance.*

Économiquement et socialement : Ensemble des institutions actuellement régies par le Code de la mutualité (décret du 5 août 1955) qui poursuivent, au profit de leurs membres et au moyen de cotisations versées par ces derniers, une action de prévoyance, de solidarité et d'entraide.

L'origine de ces institutions remonte aux sociétés de secours mutuels qui ont longtemps été le moyen essentiel utilisé par les travailleurs pour se garantir contre les risques sociaux. Longtemps interdites (en particulier par la loi Le Chapelier de 1791) puis tolérées avec suspicion, elles n'ont reçu qu'en 1898 l'autorisation de se constituer librement. Elles ont joué un grand rôle dans l'histoire du mouvement ouvrier européen, car elles constituaient l'organe de la solidarité sociale et aussi politique (elles ont longtemps servi de substitut aux syndicats interdits) de la classe ouvrière.
Actuellement, les sociétés mutualistes sont en France au nombre de 14 000 environ et elles regroupent plus de treize millions d'adhérents. Elles sont organisées suivant une structure pyramidale. Les sociétés de base, à compétence locale ou professionnelle, recueillent les adhésions individuelles. Les unions départementales et les unions nationales fédèrent les échelons inférieurs et l'ensemble est rassemblé dans la Fédération nationale de la mutualité française. Les services techniques que sont les caisses d'assurance et de réassurance, ainsi que les œuvres sociales de distribution des prestations en nature (cliniques chirurgicales, maisons de cure et de retraite, pharmacies, etc.), sont gérés aux divers échelons locaux, départementaux ou nationaux suivant leur importance et l'étendue de leur compétence. C'est la Fédération qui assure la représentation générale du mouvement mutualiste, notamment devant les pouvoirs publics.
L'importance des effectifs des sociétés est très variable et va de quelques dizaines de membres à plusieurs centaines de milliers. Leur activité, bien que très diverse, consiste essentiellement en l'attribution de prestations en cas de maladie.
Lors de la création de la *Sécurité sociale, en 1945, les institutions mutualistes ont été écartées de la gestion du régime général. Les groupements mutualistes interviennent seulement au niveau de la distribution des prestations en qualité de sections ou de correspondants des caisses de Sécurité sociale. Mais la mutualité intervient dans le cadre d'autres régimes obligatoires, dont celui des exploitants agricoles.
Le principe général de leur fonctionnement est celui de la liberté dans les adhésions, dans l'étendue des compétences des sociétés, dans la détermination du niveau des cotisations et des prestations. Mais le Code de la mutualité détermine un certain nombre de principes généraux relatifs aux statuts des sociétés, à leur administration et au placement de leurs fonds, et les sociétés sont placées sous la tutelle du ministre du Travail et de la Sécurité sociale.

Nantissement

a : *Pledge* – **d** : *Verpfändung* – **e** : *Pignoración/Endoso*

Dépôt, fait par un débiteur, d'un objet mobilier lui appartenant entre les mains de son créancier pour sûreté de sa dette.

Le banquier qui consent un prêt recherche naturellement une garantie de nature à couvrir les risques que lui fait courir l'éventuelle défaillance de son débiteur. Cette garantie peut être, selon les cas, constituée par l'*aval ou la *caution apportée par une personne au débiteur, mais également par la mise à sa disposition d'une chose appartenant au débiteur. Par voie d'hypothèque s'il s'agit d'un bien immobilier, ce transfert conditionnel de possession prend le nom de *nantissement* lorsqu'il s'agit d'un bien mobilier ; le bien est dit constitué en *gage*. Les diverses formes de nantissement sont liées aux types de gages constitués pour garantir le crédit.

Marchandises : Un commerçant propose fréquemment une telle garantie pour obtenir une avance (avance sur marchandises). L'extrême diversité des marchandises amène le banquier à apprécier l'intérêt et la garantie qu'elles offrent. Il s'efforce en général :

– d'éviter les marchandises périssables ou dont la conservation est coûteuse ou aléatoire ;

– de n'accepter comme gage que des marchandises à larges débouchés qui seront réalisées sans difficulté ;

– de se prémunir contre l'éventuelle fluctuation des *cours en prenant une *marge de garantie* sur la valeur des marchandises et d'exiger du débiteur, en cas de baisse des cours, qu'il fournisse une garantie supplémentaire ou un versement en espèces (« clause d'*arrosage* ») ;

– de traiter, s'il le peut, sur des marchandises cotées à *terme* dont la réalisation est plus aisée dans le temps.

Pour éviter d'avoir à loger lui-même des marchandises parfois encombrantes, il les fait déposer chez un tiers, de préférence dans des *magasins généraux, ou accepte que le débiteur les conserve (warrantage à domicile).

Titres représentatifs de marchandises : Lorsque les marchandises sont entreposées dans des magasins généraux, elles font l'objet de documents attestant leur dépôt. Il est intéressant pour le banquier d'avoir à sa disposition un titre de gage à ordre, représentant un droit de créance et pouvant être négociable. Ce **warrant* permet au banquier de mobiliser sa créance et de combiner ainsi une avance sur marchandises avec une opération d'*escompte qui le mettra en mesure de rentrer dans ses fonds avant l'échéance du crédit par caisse qu'il a consenti.

***Valeurs mobilières** : Il peut s'agir de titres au porteur (ou de titres en *SICOVAM) qu'il suffit de déposer chez le banquier, ou de titres nominatifs pour lesquels il faut alors que le client signe en blanc un bordereau de transfert qu'il remet au banquier. Celui-ci préfère généralement des titres qui bénéficient d'un large marché et prend une marge de garantie (de 20 à 40 %), assortie d'une clause d'arrosage comme pour les marchandises. Ce crédit est dénommé *avance sur titres.*

***Effets de commerce** : Les effets de commerce déposés en gage sont dits *mis en *pension.* D'une façon générale, il s'agit de *bons du Trésor que les banques acceptent plus volontiers en raison de l'évidente solvabilité du débiteur.
Pour les autres effets de commerce, l'emprunteur peut garantir au banquier leur paiement à échéance par un *endossement. Il y a alors *aval en pension.*

Disponibilités ou liquidités : Il peut paraître surprenant que l'on mette en gage des liquidités pour en obtenir d'autres. En réalité, il s'agit moins là d'un nantissement que d'un procédé technique de crédit. Lorsqu'un client est titulaire de plusieurs comptes, notamment dans plusieurs agences d'une banque, il se peut que les découverts des uns soient garantis (et couverts) par les soldes créditeurs des autres. Il y aura alors affectation de liquidités à un découvert de caisse. Le client obtiendra pour ce faire une *lettre d'unité de compte* (*voir aussi* Lettre de fusion).

Créances sur personne dénommée : Ce sont des *créances que le débiteur possède sur un tiers. Le client dépose sa créance chez son banquier et signifie au débiteur la cession de créance. On relèvera dans cette catégorie :
– la police d'*assurance sur la vie, dont la mise en gage entraîne la rédaction d'un avenant. Si la police prévoit le versement d'un capital dès le décès, le banquier sera payé. Si elle ne prévoit le versement qu'à un certain âge de l'assuré, le banquier pourra réaliser sa valeur de rachat ;
– les titres de dommages de guerre représentent des créances sur la Caisse autonome de la reconstruction (CAREC) et sont nominatifs.

Exemplaires de marchés publics : Chaque marché passé par l'administration avec un adjudicataire donne lieu à un exemplaire unique qui est le titre représentatif du marché. Ce marché constitue pour l'entrepreneur un titre de créance sur l'État, car ce dernier devra le payer pour les travaux ou fournitures qu'il s'est engagé à exécuter ou à livrer.
Un crédit sur ce marché présente un grand intérêt pour l'entrepreneur qui ne peut pas toujours financer sur sa trésorerie l'ensemble des travaux ou fournitures en attendant le paiement par l'État. Mais il constitue un

risque pour le banquier dans la mesure où le marché peut être mal exécuté et donc son règlement retardé ou diminué de diverses pénalités. En acceptant comme gage un exemplaire du marché (déposé chez un comptable public qui en a la garde pendant le nantissement), le banquier examine donc la qualité des garanties qu'il présente, notamment :

– les moyens techniques, industriels et en personnel dont l'entrepreneur dispose pour mener à bien sa tâche ;

– les clauses administratives et financières du marché, notamment les clauses restrictives (résiliations, pénalités, rythme des paiements, etc.) ;

– l'économie financière du marché pour l'entrepreneur (cycles des travaux, moyens en trésorerie, perspectives d'avance, d'assurances contre les imprévus du travail, etc.).

Natalité (indicateurs de)

a : *Birth rate* – **d** : *Geburtenziffer* – **e** : *Indicadores de natalidad*

Rapports servant à mesurer la fréquence des naissances dans une population.

L'indicateur le plus utilisé et le plus simple à calculer est le *taux brut de natalité,* ou rapport du nombre des naissances au cours d'une période (généralement une année) à l'effectif moyen de la population au cours de cette période. Il est généralement exprimé en ‰. Ainsi, en France, alors qu'en 1969 on avait relevé 835 000 naissances pour une population moyenne de 50 325 000 habitants, soit un taux brut de natalité de 16,6 ‰, on ne relevait, en 1976, que 720 000 naissances pour une population moyenne de 52 900 000 habitants, soit un taux brut de natalité de 13,6 ‰. Toutefois, cette tendance à l'accélération de la baisse des taux bruts de natalité qu'on constatait dans tous les pays développés semble s'être quelque peu ralentie en France où, par exemple, en 1982, on a relevé 795 000 naissances pour une population moyenne de 54 400 000 habitants, soit un taux brut de natalité de 14,6 ‰ et 729 000 naissances en 1995 pour 58,3 millions d'habitants soit un taux brut de natalité de 12,5 ‰. Ce taux ne suffit pas à caractériser la fécondité d'une population et à étudier l'évolution profonde des phénomènes. Il en est en particulier ainsi des variations dans la structure par âge. Cette difficulté, qui n'est d'ailleurs pas propre à l'étude des problèmes démographiques, est en général surmontée par une analyse détaillée suivie d'une synthèse statistique. On mesure alors l'intensité du phénomène étudié auprès de catégories fines et homogènes de la population totale et on calcule le nombre total d'événements qu'on aurait observés dans une population de référence qui se répartirait entre les différentes catégories retenues d'une façon déterminée *a priori* et pour laquelle l'intensité du phénomène serait par catégorie la même que celle observée dans la population étudiée. Les indicateurs utilisés pour mesurer l'intensité du phénomène par catégorie sont les *quotients de *fécondité par âge.*

Nationalisation

a : *Nationalization* – **d** : *Verstaatlichung* – **e** : *Nacionalización*

Transfert à la collectivité nationale de la propriété de certains moyens de production, ou de certaines entreprises, ou de l'exercice de certaines activités.

La nationalisation est naturellement décrétée par les autorités publiques. En France, elle relève de la compétence du législateur.
La nationalisation peut s'étendre à la prise en charge par l'État de certaines activités non commerciales jusque-là assurées à l'initiative des personnes privées ou des collectivités secondaires (exemples : nationalisation du service de santé, des établissements d'enseignement municipaux).
Opposée au capitalisme privé, la nationalisation est un élément traditionnel du programme économique des socialistes qui voient dans l'appropriation privée des moyens de production l'origine et l'aliment de la lutte des classes. Si certains partis sociaux-démocrates ne font plus figurer les nationalisations dans leur programme (ex. RFA), la référence à l'appropriation collective des moyens de production reste essentielle dans la plupart des partis socialistes ou communistes, car elle apparaît comme le fondement de l'instauration d'un régime socialiste. Cependant, dans de nombreux partis, compte tenu de l'appréciation portée sur le fonctionnement des régimes socialistes de l'Est européen, on a cessé d'envisager une nationalisation systématique pour s'en tenir à celle des entreprises et groupes dominants. Ainsi en a-t-il été par exemple du programme engagé en France à la suite de l'arrivée d'une majorité de gauche au pouvoir en 1981. En dehors des pays d'économie socialiste de l'Est et des pays en développement, des nationalisations ont été réalisées depuis la guerre dans plusieurs pays occidentaux : la France en 1944-1946 ; la Grande-Bretagne par le gouvernement travailliste de 1946 à 1949 (Banque d'Angleterre, charbonnages, électricité, gaz, transports, sidérurgie, ensuite dénationalisée par le gouvernement conservateur et renationalisée en 1967) ; l'Italie (la plus récente est celle de l'électricité) ; la France en 1981 (cinq groupes industriels — trente-neuf banques — deux groupes financiers).

Objectifs

En dehors de la confiscation pure et simple des biens appartenant à un individu ou à un groupe social (la nationalisation des biens du clergé pendant la Révolution française), la nationalisation des secteurs déterminés peut correspondre à divers *objectifs :*

- appropriation collective des *profits,* qui résultent du travail ; que ces profits soient jugés mal employés, mal répartis, ou transférés abusivement à l'étranger ;
- protection des *consommateurs* contre les abus pouvant naître de l'existence de monopoles privés ;
- contrôle de l'*emploi des ressources financières* dont disposent certaines entreprises (justification de la nationalisation des banques de dépôts et des sociétés d'assurance-vie en France) ;
- réalisation de *réformes de structure* dans certaines branches d'activité (justification de la nationalisation des houillères de Grande-Bretagne en particulier ; nationalisations françaises de 1981-1982) ;
- réalisation des *perspectives définies par la planification* en ce qui concerne la production et les investissements, notamment dans les secteurs clés : les secteurs de base programmés dans le Ier Plan français étaient généralement des activités nationalisées ;
- enfin, s'il s'agit de la nationalisation d'entreprises à *capitaux étrangers* en vue d'éviter la sortie des bénéfices, l'opération relève plus du nationalisme que du socialisme (exemples : canal de Suez en 1956, pétrole iranien en 1957) ;
- à travers ces différents objectifs, introduction d'un processus de transformation du régime économique et social.

Nationalisation. Étatisation et socialisation

La nationalisation réalise un transfert de propriété à la collectivité. Mais les conséquences qu'elle entraîne peuvent varier selon le contexte (importance même des nationalisations, caractéristiques du régime dominant), selon le rôle qu'on fait jouer au secteur public et les conditions dans lesquelles s'y organise le pouvoir de décision.
Ainsi, certaines nationalisations déjà opérées dans les pays occidentaux peuvent apparaître comme une simple étatisation comportant un transfert du pouvoir de décision du secteur privé à l'appareil d'État. Dans d'autres cas, on évoque à peine la référence à la nationalisation, lorsqu'il s'agit d'entreprises du secteur concurrentiel invitées à se comporter comme des firmes privées (cas des banques nationalisées en France par exemple). Par opposition à ces formules, la socialisation implique en effet une gestion orientée en fonction des objectifs de la collectivité nationale, en même temps qu'une participation effective des travailleurs et des usagers à cette gestion.

Les nationalisations en France

En France, la nationalisation de secteurs d'activités ou d'entreprises s'est réalisée en trois phases.

1936-1937 : A la suite d'élections donnant la majorité au Front populaire : fabrications de guerre (loi du 11 août 1936), chemins de fer (décret-loi du 31 août 1937).

1944-1946 : En exécution du programme du Conseil national de la résistance :

– nationalisation d'entreprises à titre de sanction : usine Renault (ordonnance du 16 janvier 1945) et usines Gnome et Rhône (ordonnance du 29 mai 1945) ;

– nationalisation de certaines entreprises d'une branche déterminée : la Banque de France et les quatre principales banques de dépôts (loi du 2 décembre 1945) ; 34 compagnies d'assurances (loi du 25 avril 1946) ;

– nationalisation couvrant la totalité d'une activité, mais ne portant pas sur la totalité des biens des entreprises intéressées : charbonnages (loi du 17 mai 1946 faisant suite aux ordonnances des 13 décembre 1944 et 12 octobre 1945 relatives aux seules houillères du Nord et du Pas-de-Calais) ; électricité et gaz (loi du 8 avril 1946) ; transports aériens (loi du 26 juin 1945).

La nationalisation s'est traduite : par le maintien des entreprises existantes (*banques de dépôts) ; par leur regroupement (charbonnages, électricité, gaz) ; par des modifications de structure progressives (*assurances).

1981-1982 : A la suite des élections présidentielles et législatives portant au pouvoir une majorité de gauche :

– nationalisation de cinq *holdings industrielles : Compagnie générale d'électricité, Compagnie de Saint-Gobain, Péchiney-Ugine-Kuhlmann, Rhône-Poulenc SA, Thomson-Brandt ;

– nationalisation des *banques inscrites sur la liste du *Conseil national du crédit ayant leur siège social en France et détenant au 2 janvier 1981 un milliard de francs ou plus de dépôts à vue, placements liquides ou à court terme (soit 39 banques). Sont exclues de la loi de nationalisation les banques ayant le statut de sociétés immobilières pour le commerce et l'industrie et les banques dont la majorité du capital social appartient à des personnes physiques non résidentes ou à des personnes morales dont le siège social n'est pas en France ;

– nationalisation de la Compagnie financière de Paris et des Pays-Bas et de la Compagnie financière de Suez.

Le changement de majorité en 1986 a conduit à privatiser un certain nombre de banques et d'entreprises industrielles (Paribas, Suez, Société générale, Saint-Gobain, CGE...).

1989-1993 : Le retour à une majorité socialiste s'est accompagné d'une évolution doctrinale qui a conduit à ouvrir le capital d'un certain nombre d'entreprises du secteur public à l'actionnariat privé. Une nouvelle alternance politique en 1993 s'est traduite par la reprise des privatisations.

Statut des entreprises nationalisées

Elles sont placées sous des *régimes statutaires* divers. Elles ont :

• soit le statut des sociétés d'économie mixte avec une participation majoritaire prise par l'État et une part variable laissée au capital privé (Air-France) ;

• soit le statut ancien d'une société privée dont l'État détient la totalité du capital (banques) ;

• soit le statut nouveau d'entreprise nationale (énergie en France, Public Corporations en Grande-Bretagne).

Les anciens propriétaires ont été indemnisés (sauf lorsqu'il s'agissait de confiscation) par attribution d'obligations, qui peuvent comporter droit à une part de bénéfices (parts bénéficiaires) pour les banques et les compagnies d'assurances : l'estimation de la valeur des actions d'après la période retenue dans la référence aux cours de bourse, le taux d'intérêt et la durée d'amortissement des titres remis en échange déterminent les conditions d'indemnisation des anciens actionnaires.

Gestion des entreprises nationalisées

Elle pose des problèmes de statut, de finalité et de financement.

• La gestion des entreprises nationalisées a été confiée en France à des *institutions tripartites* où sont représentés l'État, les usagers et le personnel : dans la pratique, la représentation des usagers est malaisément assurée, le conflit des intérêts souvent paralysant ; la tutelle tend théoriquement à assurer la conformité des actions aux objectifs de la politique économique et financière du gouvernement, mais, trop détaillée, cette tutelle peut compromettre la souplesse d'une gestion qui conserve les méthodes de l'entreprise privée et aboutit à faire de la nationalisation une étatisation. En Grande-Bretagne, les trade-unions refusent d'être associés à la gestion, les conseils des « corporations » sont désignés par le gouvernement ; mais l'indépendance et la souplesse de la gestion sont préservées.

• La *finalité* n'étant plus exclusivement la recherche du *profit, quelle part faut-il lui laisser, compte tenu des conditions dans lesquelles celui-ci peut être réparti entre le financement des nouveaux investissements, l'État propriétaire et les salariés de l'entreprise, ainsi qu'éventuellement les anciens actionnaires ? Le souci d'équilibre de la gestion doit être concilié avec l'intérêt général qui pousse à fournir aux utilisateurs biens et services au plus bas prix, et à utiliser les entreprises nationales comme instrument de transferts sociaux indirects. La nationalisation se distingue ainsi de la socialisation faite au bénéfice principal des salariés de l'entreprise.

• Le *financement* des entreprises nationales se heurte à deux sortes de difficultés tenant à l'impossibilité de faire appel au marché financier pour financer les investissements par voie d'augmentation de capital et aux objectifs publics d'une gestion qui ne privilégie pas la recherche du profit. Il peut comporter cependant le concours de l'État propriétaire sous forme de dotations en capital ou de *prêts participatifs. Depuis 1982, les entreprises nationales françaises peuvent émettre elles-mêmes des emprunts participatifs.

La dénationalisation

Ce n'est pas le retour aux anciens propriétaires des biens dévolus à la collectivité, mais le transfert à la propriété privée d'une entreprise publique, que celle-ci ait été directement créée sous cette forme (Volkswagen en Allemagne) ou ait pris ce caractère à la suite d'une nationalisation antérieure (Grande-Bretagne et France).
Aussi se réalise-t-elle par cession sur le marché financier des *titres représentant le capital des entreprises ; cependant, des cessions directes d'entreprises (sidérurgie) ou de matériel (transports routiers) ont été négociées en Grande-Bretagne, avec priorité aux anciens propriétaires.

NEP

a : *New Economic Policy* – **d** : *Neue Wirtschaftspolitik* – **e** : *Nueva Política Económica*

Nom donné à la politique économique pratiquée en URSS de 1921 à 1928. (*Du russe :* novaïa ékonomitcheskaïa politika, *littéralement :* nouvelle politique économique.)

La NEP a introduit une pause entre la période du « communisme de guerre » (1918-1921) et l'orientation systématique, à partir de 1929, de l'économie soviétique dans la voie de la *collectivisation et de la *planification centralisée.

• L'organisation de l'économie pendant la période précédente était à la fois liée à des choix idéologiques (introduction de réformes de structures révolutionnaires) et à des contraintes de fait (répartition autoritaire des ressources, dans un cadre de pénurie généralisée ; sacrifices imposés à la population agricole pour alimenter les villes et assurer le financement de l'effort de guerre).
La *fin de la guerre civile* qui laissait le pays exsangue et coïncidait fâcheusement avec une période de sécheresse anormale rendait moins supportables les contraintes qui n'apparaissaient plus liées à une période exceptionnelle, mais à des orientations doctrinales qu'une grande partie de la population, notamment dans les campagnes, se révélait mal préparée à accepter (telles, par exemple, l'appartenance à l'État des produits de la terre, les procédures de réquisition forcée à bas prix des denrées agricoles...).
Les dirigeants soviétiques s'engagèrent alors dans la NEP, qui marquait à certains égards un retour en arrière, dans la mesure où la réorganisation

de l'économie faisait une large place à la *stimulation de l'intérêt privé :* le droit d'héritage était rétabli, ainsi que la liberté des échanges intérieurs ; dans l'agriculture, les réquisitions forcées étaient abolies et remplacées par une sorte d'impôt alimentaire ; dans l'industrie, les entreprises réorganisées selon un mode de gestion proche à certains égards du régime capitaliste (caractère licite de la propriété privée des moyens de production, dans le cadre d'une réglementation assez restrictive, rétablissement de la hiérarchisation des salaires...).

• Si la NEP a pu effectivement contribuer à rétablir en URSS les *bases d'une économie dynamique,* elle sécrétait naturellement les germes d'une restauration effective du système capitaliste, tant dans les campagnes (développement d'une classe de gros propriétaires, les « *koulaks »), que dans les zones industrielles (essor d'une nouvelle bourgeoisie industrielle et commerçante, dite des « nepmen »), évolution qui ne laissait pas d'inquiéter une fraction croissante des militants du parti communiste, et notamment de ceux qui étaient sensibles à la propagande de Trotski. A la suite de la disparition de Lénine, Staline, son successeur, conscient des risques objectifs d'une telle évolution et soucieux de devancer les critiques de l'opposition de gauche, entreprenait de mettre un terme à cette expérience transitoire en lançant la *collectivisation* et en introduisant la *planification centralisée.* La résistance à la nouvelle orientation, violente dans les campagnes, décidait le parti à engager une campagne systématique de lutte contre les koulaks qui, à partir de la fin de 1929, marquait définitivement la fin de la NEP.

Netting

a : *Netting* – **d** : *Netting* – **e** : *Netting*

Technique de gestion qui consiste à compenser les soldes bancaires des filiales d'un groupe.

Cette opération permet de réaliser des économies en matière de commissions bancaires et réduit les risques de change.

New Deal

a : *New Deal* – **d** : *New Deal* – **e** : *New Deal*

Titre donné par le président Roosevelt à la politique économique proposée à la convention démocrate le 2 juillet 1932 et appliquée après son élection à partir de mars 1933 pour conjurer la crise économique qui sévissait aux États-Unis depuis 1929. (En anglais : nouvelle donne ou nouvelle répartition des cartes.)

Elle se caractérise par la volonté de corriger les défauts de la distribution naturelle et des mécanismes automatiques par des mesures d'organisation et d'*intervention en réaction contre les principes traditionnels du laissez-faire, de la libre concurrence et du *libéralisme. Essentiellement pragmatique bien que conçue par les professeurs qui constituent le « brain trust » du président, elle n'en reste pas moins attachée à une philosophie libérale et, loin de mettre en cause le capitalisme, veut assurer sa survie en le rendant acceptable aux masses.

• *Face à la crise* dont l'ampleur se mesure aux quatorze millions de chômeurs et à la chute de 25 % du niveau moyen des prix agricoles, la relance de la demande doit être assurée par l'augmentation du pouvoir d'achat des consommateurs, sans danger du fait de l'abondance des moyens de production inemployés : le pouvoir d'achat supplémentaire sera distribué principalement par le canal des salaires, des allocations à caractère social et des revenus agricoles.
Des *mesures de circonstances,* semblables à celles qui dans le même temps sont prises par les autres pays touchés par la crise, y contribuent : régimes d'assistance en faveur des chômeurs, programmes de grands travaux qui d'ailleurs vont dans leur point d'application au-delà d'une action conjoncturelle (la création de la Tennessee Valley Authority passe pour le premier exemple d'une politique volontaire d'aménagement du territoire). Mais les éléments les plus originaux de la politique du pouvoir d'achat comportaient la mise en œuvre d'une action concertée dans les domaines agricole et industriel.
L'*Agricultural Adjustment Act* du 12 mai 1933, afin d'assurer le relèvement des prix agricoles sur le marché, prévoit une réduction volontaire des emblavures contre octroi de subventions ; dès 1934, cette réduction est rendue obligatoire pour certains produits de base dès lors qu'une majorité déterminée des agriculteurs s'est prononcée en sa faveur ; d'abord financées par des taxes sur la première transformation, les dépenses correspondantes seront couvertes par des ressources budgétaires lorsque le « Soil Conservation Act » remplacera la première législation invalidée en 1936. L'organisation coopérative des marchés, celle du crédit compléteront la politique menée en faveur du pouvoir d'achat des agriculteurs.
Le *National Recovery Act* du 6 juin 1933 entend assurer, par le développement des accords professionnels, les hausses de salaires et les réductions d'horaires susceptibles de relancer la demande des consommateurs et d'augmenter l'emploi. Pour que ces accords ou codes soient efficaces, leur caractère obligatoire doit être établi, la concurrence déloyale doit être condamnée, les salariés doivent pouvoir s'organiser en syndicats libres pour la négociation de ces contrats.

• Après l'*invalidation de cette législation* prononcée en 1935 par la Cour suprême, et la renaissance de la crise, la politique de l'administration Roosevelt comportera jusqu'à la guerre des infléchissements et des

développements nouveaux qui se manifestent surtout dans le domaine social et la politique financière.
On a pu parler d'un *second New Deal* marqué par une nouvelle reconnaissance de la liberté syndicale (Wagner Act ou National Labor Relations Act du 3 juillet 1935), l'institution de régimes de protection sociale dans le domaine de la vieillesse et du chômage (Social Security Act du 14 août 1935), les diverses institutions permettant le développement d'un crédit social, l'amélioration des salaires minimaux et des conditions de travail (Fair Labor Standard Act du 25 juin 1938).
La *politique financière et monétaire* s'est plus difficilement évadée du cadre de l'orthodoxie traditionnelle ; sans doute a-t-elle été mise au service de la politique du pouvoir d'achat avec la dévaluation du dollar (en 1934 dévaluation de 40 % pour relancer les exportations et redresser les cours des matières premières) avec le bimétallisme pour relancer l'activité des mines d'argent ; mais c'est à partir de 1935 que la politique fiscale devient plus active, s'adapte à la conjoncture, prend un caractère plus social, et c'est en 1938 que le président Roosevelt se résout à considérer le déficit budgétaire comme un instrument de lutte contre la crise renaissante.

• Malgré certains efforts de coopération commerciale et monétaire dans le domaine international, le New Deal reste encore très marqué par l'isolationnisme. Les effets de cette politique sur les institutions américaines ont été durables ; l'intervention de l'État dans l'économie, le rôle accru de l'échelon fédéral, la force des syndicats tirent leur origine de cette période. Le prestige que le New Deal conserve a conduit les administrations démocrates ultérieures à revêtir leur programme d'un titre qui rappelle celui de Roosevelt : Fair Deal du président Truman, New Frontier du président Kennedy.

Niveau de vie

a : *Standard of living* – **d** : *Lebensstandard* – **e** : *Nivel de vida*

Ensemble des biens et services à la disposition d'un individu, d'un ménage ou d'un groupe social.

Le niveau de vie s'apprécie au moyen du *revenu qui permet l'acquisition de biens ou services en vue d'une satisfaction personnelle.
Il dépend également de la jouissance d'investissements personnels (possession du logement, d'une automobile, d'équipements ménagers, etc.) ou collectifs (routes, hôpitaux, enseignement, etc.).
Bien que ses éléments puissent être exprimés en termes monétaires (le coût d'investissement et d'exploitation des équipements collectifs étant, par exemple, réparti entre catégories d'utilisateurs), le niveau de vie n'est pas mesurable par un chiffre unique, les économistes s'orientant vers la définition d'indicateurs multiples.

Nomenclature

a : *Nomenclature* – **d** : *Nomenklatur/Schema* – **e** : *Nomenclatura*

Liste méthodique des éléments constitutifs d'un recensement servant de fondement au dépouillement statistique.

Il existe en fait de multiples nomenclatures, selon l'objet du recensement et selon l'usage que l'on entend faire des dépouillements statistiques. C'est ainsi qu'on peut citer les nomenclatures de la *comptabilité nationale, de la *comptabilité commerciale, de la *comptabilité publique, la nomenclature budgétaire, celle de la *balance des paiements...
Un des principaux problèmes des économistes et des praticiens de la politique économique, et notamment des organismes de planification, est d'établir des clés de passage entre les nomenclatures de la comptabilité nationale et les autres, première étape d'une intégration harmonisée des nomenclatures permettant à la fois une amélioration des informations statistiques et une économie de temps et de peine pour les services chargés de procéder aux dépouillements et ventilations statistiques.

Nomenclature douanière

a : *Customs nomenclature* – **d** : *Zolltarifschema* – **e** : *Nomenclatura aduanera*

Classification méthodique des marchandises par catégories conçue pour suivre les mouvements commerciaux avec l'extérieur.

Nomenclature tarifaire

Jusqu'à la fin du XIXe siècle, les *tarifs douaniers étaient établis à partir de listes, le plus souvent alphabétiques, de toutes les marchandises susceptibles de franchir la frontière. La diversification des productions et des échanges interdisait que soient poursuivies ces tentatives d'énumération exhaustive et il fallut regrouper systématiquement les produits voisins au sein d'une même rubrique, dès lors qu'ils étaient soumis au même régime tarifaire. Pour faciliter la lecture du tarif, ces rubriques étaient elles-mêmes rassemblées en chapitres et présentées dans un ordre logique.
Par ailleurs, la généralisation de la pratique des négociations tarifaires a fait apparaître les inconvénients qui résultaient de la diversité des nomenclatures nationales construites sur des modèles tout à fait différents en fonction de la structure du commerce extérieur de chacun. Aussi des efforts ont-ils été entrepris dès l'entre-deux-guerres qui ont abouti à la

signature en 1950, à Bruxelles, d'une convention créant une nomenclature tarifaire unique. Adoptée par quelques pays européens seulement à l'origine, la *Nomenclature douanière de Bruxelles* (NDB) est aujourd'hui utilisée par plus d'une centaine de pays et territoires et par plusieurs organisations régionales, notamment la *CE, l'AELE, l'*OCAM, l'ALALE (Association latino-américaine de libre-échange) ; seuls parmi les partenaires de quelque importance dans le commerce mondial les États-Unis et l'Union soviétique ne l'ont pas acceptée.

La nomenclature de Bruxelles, profondément remaniée en 1955 pour tenir compte des imperfections de la première version, comprend 1 096 positions ; à chacune d'entre elles a été affecté un numéro à quatre chiffres ; des notes explicatives sont jointes qui doivent assurer une interprétation uniforme des libellés : l'adoption de la nomenclature par un pays suppose qu'il s'engage à respecter non seulement le libellé des positions mais aussi les notes.

Cependant, afin de maintenir la souplesse nécessaire et de satisfaire les exigences de chacun des États, ceux-ci peuvent, à l'intérieur de chaque position, introduire des **spécialisations tarifaires* qui leur sont propres. Ces sous-positions nationales varient d'un pays à l'autre, la seule condition étant que les produits individualisés dans une sous-position soient bien repris dans les positions à quatre chiffres.

La *France,* pour sa part, a été l'un des signataires d'origine de la convention de Bruxelles et elle fut également la première, dès 1956, à mettre en vigueur un tarif fondé sur la nomenclature modifiée de 1955. Quant au tarif extérieur commun de la CE, il est lui aussi construit sur la nomenclature douanière de Bruxelles, mais, à la différence des tarifs nationaux auxquels il se substitue, il inclut un nombre beaucoup plus restreint de sous-positions.

Si l'adoption de classifications méthodiques rend plus facile l'élaboration des tarifs, elle est en revanche une *source de difficultés* lorsque, à l'occasion du passage d'une marchandise à la frontière, il convient d'en déterminer la nature (« espèce »), dont dépend le régime tarifaire qui lui est applicable. Les règles générales d'interprétation et les notes explicatives élaborées par le Comité du conseil de coopération douanière de Bruxelles, les notes complémentaires du tarif extérieur commun pour les pays membres de la CE, celles que chaque pays membre ajoute enfin, servent de référence aux services des douanes chargés de la décision. En cas de contestation, des procédures de conciliation et de recours contentieux sont organisées qui, en France, ont fait l'objet récemment de modifications législatives profondes.

Nomenclature statistique

En plus de ses préoccupations fiscales, la douane a une fonction statistique à remplir ; or la nomenclature tarifaire n'est pas forcément adaptée aux besoins de ceux qui s'attachent à connaître le commerce extérieur. Aussi la création d'une nomenclature statistique particulière s'est-elle révélée nécessaire. Les producteurs nationaux sont soucieux d'être informés dans le plus grand détail possible de l'évolution des mouvements de marchandises à travers la frontière, afin de mesurer la pression de la concurrence étrangère et, le cas échéant, de disposer des arguments propres à leur permettre d'obtenir un renforcement de la protection. Aussi les nomenclatures statistiques se composent-elles d'un nombre beaucoup plus grand de rubriques que les nomenclatures tarifaires qui ne distinguent entre produits qu'à partir du moment où les droits à percevoir sont différents.

La nomenclature nationale une fois constituée, le plus souvent par décomposition en sous-positions *ad hoc* des rubriques de la nomenclature tarifaire (la nomenclature générale des produits, NGP, utilisée par la Direction générale des douanes pour établir les statistiques du commerce extérieur de la France, dénombre plus de sept mille produits, à chacun étant affecté un numéro à six chiffres dont les quatre premiers sont ceux de la nomenclature de Bruxelles), *deux problèmes* restent à résoudre :

- la *confrontation des statistiques* du commerce extérieur des différents pays exige une nomenclature commune. A cette fin, l'Office statistique des Nations unies a, en 1948, élaboré la « classification type pour le commerce international » (CTCI, ou en anglais SITC, « standard international trade classification ») que chaque pays se devait d'utiliser pour la présentation de ses statistiques condensées. La généralisation de l'emploi de la nomenclature de Bruxelles dans la préparation des tarifs a amené une révision profonde de la CTCI pour permettre d'établir des correspondances faciles entre les deux nomenclatures.

La CTCI révisée de 1960 comprend un nombre de sous-positions un peu plus élevé que la NDB, mais toutes peuvent être aisément reconstituées à partir des notes explicatives de la NDB. La principale qualité de la CTCI du point de vue de l'analyse économique est son additivité, les positions (au nombre de 1 338 à cinq chiffres) se regroupant aisément en rubriques (626 à quatre chiffres), groupes, divisions et sections (10 à un chiffre) ;

- par ailleurs, l'*intégration des données relatives au commerce extérieur* dans les travaux sur l'activité économique nationale exige qu'un passage existe entre la nomenclature statistique douanière et celles qui peuvent être employées pour la collecte et l'exploitation des renseignements intérieurs. A cet effet, un décret de 1948 a imposé, en France, la « nomenclature générale des produits » comme base de toutes les nomenclatures utilisées par les administrations. Bien que ce texte n'ait jamais été abrogé, il ne semble pas qu'il ait toujours été appliqué avec rigueur. D'autre part, les modifications fréquentes de la NGP, même si elles ne touchent qu'un nombre de positions limité et n'affectent pas son armature, sont une source de difficultés puisqu'elles obligent à revoir en permanence les correspondances établies avec les nomenclatures dérivées. Il n'y a là d'ailleurs qu'un aspect particulier du problème plus général posé par la définition de nomenclatures de produits et la recherche qu'elle suppose de qualités contradictoires : stabilité suffisante pour que les études puissent être menées sur des périodes longues, souplesse nécessaire pour pouvoir s'adapter à une réalité en changement continu.

Non-affectation des recettes

a : *Non-appropriation of revenues* – **d** : *Nicht-Zweckgebundenheit der Einnahmen* – **e** : *No-afectación de los ingresos*

Règle budgétaire publique selon laquelle, sauf exceptions expressément prévues (budgets annexes, comptes spéciaux du Trésor, rétablissements de crédits, fonds de concours), une recette particulière ne peut être affectée à une dépense particulière, mais fait partie de la masse des recettes permettant l'exécution de l'ensemble des dépenses de l'État.

Voir Affectation.

Normale (loi)

a : *Normal distribution* – **d** : *Normalverteilung/Gauss-Verteilung* – **e** : *Ley normal*

---

*Mode de répartition d'une grandeur statistique obtenu lorsque cette grandeur résulte de l'addition d'un très grand nombre de causes indépendantes dont la *variance est faible devant la variance totale.*

L'*histogramme d'une variable statistique distribuée selon une loi normale est une courbe en cloche. On rencontre souvent la loi normale dans des applications industrielles (grandeurs attachées à des objets fabriqués en série), économiques (écarts accidentels entre une réalisation et une estimation fournie par un *modèle), agronomiques, biométriques, etc. De plus, la loi *binomiale, lorsque le nombre total d'observations devient de plus en plus grand, se comporte comme une loi normale.

Normalisation

a : *Standardization* – **d** : *Normung* – **e** : *Normalización*

Ensemble de techniques collectives permettant de déterminer les définitions, caractéristiques, dimensions, qualités, méthodes d'essais, règles d'emploi d'objets ou de produits, et d'appliquer les normes ainsi élaborées.

La production et les échanges de produits doivent pouvoir s'appuyer sur des références homogènes. C'est la condition de la clarté et de la bonne utilisation des instruments de production. Les références communes les plus connues et les plus indiscutables sont les *unités de mesure* (mètre, kilogramme, litre...). Mais la complexité croissante des matières et des produits exige qu'on aille au-delà et qu'on mette au point des références composites, « nouvelles mesures » donnant naissance à des « normes ».

• Ces « *nouvelles mesures* » sont la combinaison de plusieurs éléments caractéristiques du produit ou de la matière : résistance au cm^2, format et poids, proportion de matière pure à l'unité, catégories de tests permettant l'étalonnage, etc. Ce travail de définition et d'homogénéisation implique une coordination intersectorielle et internationale. La première se fait en France sous l'égide du *Commissariat à la normalisation* (ministères de l'Industrie et de l'Agriculture) et principalement par l'*Association française de normalisation* (AFNOR) qui coordonne l'ensemble des études et travaux et soumet leurs résultats aux procédures d'homologation et d'enregistrement. La coopération internationale se fait au sein de l'*Organisation internationale de normalisation* (ISO). Ces nouvelles références donnent lieu à l'établissement de *normes ou règles à observer* dans la fabrication, l'identification et la spécification des objets ou produits.
En France, cette action de normalisation est régie par divers textes intervenus depuis 1918 et principalement par la loi et le décret du 24 mai 1941. Des *bureaux de normalisation,* constitués dans chaque branche d'activité industrielle, agricole ou commerciale, sont chargés d'effectuer les travaux préparatoires à l'établissement des normes. L'AFNOR les vérifie et les présente aux pouvoirs publics pour *homologation* (« norme homologuée », qui s'impose) ou *enregistrement* (« norme enregistrée », dont l'État ne prend pas la responsabilité). Le Commissariat définit lequel de ces deux statuts s'applique à chaque norme et détermine ses conditions d'application. Certains avantages juridiques ou financiers, attachés à l'observation de ces normes, encouragent leur utilisation et permettent ainsi une plus grande homogénéité — donc une meilleure rentabilité — des équipements de production, de traitement et de conditionnement des produits.

Nostro

Voir Loro.

Notionnel (emprunt)

Voir Marché à terme international de France (MATIF).

Nourrir (du papier, des créances)

a : *Financing* – **d** : *Innenfinanzieren* – **e** : *Nutrir*

Autofinancer le crédit que l'on a consenti.

Une *entreprise* nourrit son *papier ou ses créances commerciaux lorsqu'elle les garde en portefeuille sans recours au système bancaire, c'est-à-dire sans faire appel à la *mobilisation.
Une *banque* nourrit les *crédits qu'elle consent lorsqu'elle les finance à partir des *dépôts reçus de ses clients, sans faire appel au *refinancement.

Nuisances

a : *Environmental pollution* – **d** : *Umweltbelastungen* – **e** : *Polución*

Effets indésirables, qui peuvent résulter notamment de la présence d'une activité industrielle, d'un équipement collectif ou d'une concentration urbaine.

Les nuisances apparaissent comme les agressions de la vie moderne : elles compromettent la sécurité, la salubrité ou la tranquillité au voisinage des équipements qui sont à leur origine. Leur développement est lié à celui de l'urbanisme, de la circulation, de l'industrie : la pollution de l'eau par les industries, celle de l'air par les usines, par le chauffage et la circulation automobile, le bruit résultant de la circulation des voitures et du passage des avions, l'encombrement provoqué par la concentration de véhicules sur certains points sont des phénomènes dont l'ampleur nouvelle est à l'origine de la prise en considération d'un phénomène plus général.
Les nuisances se traduisent par des désagréments, des dangers, mais aussi des charges pour les collectivités publiques, les entreprises et les particuliers qui en sont les victimes.
Leur *ampleur* et leur *diversité* obligent à dépasser les vieilles notions de police administrative, dont l'aspect le plus caractéristique était le contrôle de la localisation des « établissements classés » insalubres ou dangereux (loi de 1917 en France).
L'interdiction n'est plus une arme suffisante devant la diffusion des nuisances. De ce que l'on ne peut interdire, il convient d'obtenir *réparation :* la réparation peut être directement demandée à celui qui en est la cause, sous forme d'obligation de traiter les effluents ou de réaliser des parcs de stationnement ; la réparation peut être organisée par la collectivité publique qui perçoit à cet effet des redevances auprès de ceux qui sont responsables des nuisances.

Mais le développement des nuisances inévitables conduit même à mettre en cause le principe de réparation : certaines d'entre elles apparaissent inséparables des activités et des avantages de la vie moderne et doivent être comme telles acceptées : la collectivité accepte de les « socialiser », tout au moins pour le niveau minimal au-dessous duquel on ne peut descendre sans renoncer à l'activité considérée ou à des conditions d'exploitation économiquement acceptables.
Dans le calcul de rentabilité d'un investissement, du point de vue de l'entreprise comme de celui de la collectivité, la prise en considération des nuisances et de leurs conséquences, financières ou non, s'impose aujourd'hui.
Il en va de même sur le plan *macro-économique pour la mesure et l'analyse de la *croissance. L'intégration des nuisances et de l'évolution de l'*environnement au domaine de la comptabilité nationale est ainsi à l'ordre du jour des travaux entrepris dans de nombreux pays pour élargir le champ des phénomènes pris en compte dans le *calcul économique.

Numéraire

a : *Cash* – **d** : *Bargeld* – **e** : *Numerario*

Moyens de paiement constitués de pièces et de billets.

Le numéraire est la partie de monnaie qui peut être *énumérée* par succession d'unités monétaires (latin *numerarius*), c'est-à-dire, au sens strict, l'ensemble des pièces de monnaie ou « monnaie divisionnaire » enregistré au passif de l'institut d'émission.
Par extension, on appelle numéraire l'ensemble des espèces *monnayées* (pièces et billets) par opposition à la monnaie *scripturale* et notamment au *chèque, qui en est le prototype pour l'échange entre les particuliers.
Dans la vie économique moderne, les paiements en numéraire occupent une place relative décroissante : en France, la circulation du numéraire est passée en dix-sept ans, entre 1959 et 1976, de 44 à 25 % de la *masse monétaire. Par rapport au même total, le pourcentage de numéraire était en 1976 de l'ordre de 27 % en Grande-Bretagne, de 34 % en Allemagne, de 17 % en Italie, de 26 % aux États-Unis.
Pour des raisons de commodité ou de sécurité, les paiements en numéraire peuvent être néanmoins de règle dans certains cas limités tels la paie des ouvriers (notamment horaires) ou les petits achats auprès des détaillants. Par ailleurs, le développement de certains paiements automatiques (distributeurs divers, péages autoroutiers, parcmètres...) confère une nouvelle utilité à la monnaie divisionnaire utilisée comme *jeton.
En *comptabilité, le numéraire est enregistré au compte « caisse » (compte financier de la classe 5 du plan comptable général).

Le numéraire d'un système monétaire est l'unité de compte sur lequel il est fondé : ainsi le franc, en France, l'*écu au sein du *SME...

Nuptialité (indicateurs de)

a : *Nuptiality* – **d** : *Heiratsziffer* – **e** : *Indicadores de nupcialidad*

Rapports servant à mesurer la fréquence des mariages dans une population.

L'indicateur le plus utilisé et le plus simple à calculer est le *taux brut de nuptialité,* rapport du nombre des mariages, au cours d'une période (généralement une année), à l'effectif moyen de la population au cours de cette période. Il est généralement exprimé en ‰. Ainsi en France, en 1982, on a relevé 312 000 mariages pour une population moyenne de 54 400 000 habitants : le taux brut de nuptialité a donc été de 5,7 ‰. Ce taux s'était maintenu aux environs de 7 ‰ de 1950 à 1978 (sauf entre 1968 et 1973 où il a été compris entre 7,5 ‰ et 8 ‰), mais il a brutalement diminué depuis lors.
On étudie souvent séparément la *nuptialité masculine* et la *nuptialité féminine.* On calcule aussi des *taux de nuptialité des célibataires* en rapportant le nombre des premiers mariages au nombre des célibataires. Comme lorsqu'on étudie la *fécondité d'une population, ces taux ne suffisent pas à caractériser la nuptialité et à étudier son évolution : en effet, les variations intervenant dans la structure de la population et, en particulier, dans sa structure par âge, engendrent des perturbations qui peuvent masquer l'évolution profonde des phénomènes. On est donc amené à calculer des *taux de nuptialité par âge* ou, plutôt, des *quotients de nuptialité par âge ;* par exemple, le quotient de nuptialité des hommes célibataires à vingt-cinq ans est le rapport du nombre des mariages d'hommes célibataires de vingt-cinq ans au cours d'une période (généralement une année) à l'effectif total d'hommes célibataires de vingt-cinq ans en début de période : il peut s'interpréter comme la probabilité qu'a un homme célibataire de vingt-cinq ans en début de période de se marier au cours de la période. Deux populations ayant des quotients de nuptialité par âge égaux peuvent avoir des taux bruts de nuptialité différents si elles ont des structures par âge dissemblables.
On calcule aussi des *quotients de nuptialité par âge et l'état matrimonial.*
En France, les quotients de nuptialité s'inscrivent en baisse régulière depuis 1965 — avec une remontée entre 1968 et 1973. Les effectifs en âge de se marier (population mariable) ayant augmenté régulièrement pendant la même période, en raison de l'arrivée à l'âge de la nuptialité des générations nombreuses de l'après-guerre, le nombre de mariages — et donc le taux brut de nuptialité — a néanmoins continué à augmenter de 350 000 vers 1965 à plus de 400 000 en 1972. A partir de 1973, la baisse

du nombre des mariages traduit une accélération de la chute de la nuptialité en même temps d'ailleurs que celle de la *fécondité. On peut se demander s'il s'agit d'un même phénomène, c'est-à-dire si ces deux inflexions concomitantes procèdent des mêmes causes.
Il y a peut-être bien une légère baisse de la propension au mariage qu'on peut attribuer à deux effets : la crise économique a pu retarder certains projets matrimoniaux, comme on l'avait déjà constaté entre 1933 et 1937, et l'évolution des mœurs conduit à une augmentation difficilement mesurable des unions libres non sanctionnées par un mariage légal. En tout état de cause, aucun de ces deux effets ne paraît vraiment important.

Obligation

a : *Bond* – **d** : *Obligation/Schuldverschreibung* – **e** : *Obligación*

Titre représentatif d'un emprunt contracté par une personne morale (État, société...) pour un montant et une durée déterminés, auprès d'une personne qui l'a souscrit.

Caractère de l'obligation

Le *régime général* de l'obligation est fixé par un décret-loi de 1935, complété par des textes ultérieurs, aux termes desquels, notamment :

- l'émission d'obligations est interdite aux particuliers et réservée aux sociétés ayant déjà établi au moins un bilan et dont le capital est entièrement libéré ;
- le titre doit comporter de nombreuses indications : numéro d'ordre, valeur du titre, taux et échéances de paiement des intérêts, conditions de remboursement, garanties, forme de la société émettrice, raison sociale, capital, siège... ;
- la valeur du titre doit être égale à 100 F ou à un multiple de 100 F (décret de 1954).

Modalités d'emploi de l'emprunt obligataire

La société trouve dans l'emprunt obligataire un *moyen de financement stable* et qui n'entraîne aucune intervention dans sa gestion (à la différence de l'*action qui représente une participation au capital). En revanche, les obligations contribuent à alourdir son endettement et pèsent plus directement sur la structure de son bilan. Enfin, et surtout, il faut noter que seules les sociétés importantes et réputées solides peuvent trouver auprès des épargnants un crédit assez grand pour placer des obligations. Compte tenu de ces caractères et notamment de la stabilité du financement qu'il fournit, l'emprunt obligataire est largement utilisé par l'*État* pour ses *emprunts dans le public.

Pour les mêmes raisons, et parce que la créance de l'obligataire (montant et revenu fixes, sauf exception, voir ci-après) risque d'être érodée par la dépréciation monétaire, des *avantages fiscaux* sont consentis aux revenus des obligations (exonération totale pour certains emprunts d'État, taxation forfaitaire des intérêts, etc.). Ces avantages majorent fréquemment le taux réel de rendement pour l'obligataire de 1 à 2 %.

Le *taux d'intérêt* de l'emprunt obligataire peut être diversement défini.

• Le *taux nominal* est soit invariable, soit progressif dans le temps, soit indexé, à condition que ce soit sur une valeur directement liée à l'objet de l'emprunt (exemple : prix du kWh pour un emprunt EDF, *indexation sur le volume de la production pour une entreprise...).

• Il est fréquemment assorti d'*une prime de souscription,* qui est la différence entre le montant nominal du titre et son prix de souscription (exemple : obligation d'une valeur nominale de 100 F émise à 95 F) ou d'une *prime de remboursement* (différence entre le montant remboursé et la valeur nominale ; exemple : obligation de 100 F, remboursée 105 F).

• Le titre peut donner lieu au tirage de *lots* (régime devant être autorisé par une loi).

Cet ensemble d'éléments détermine le *taux réel* pour le créancier (ou taux de rendement) qui représente concrètement la rémunération du prêt qu'il a consenti.

Les droits des obligataires : Ils sont principalement, vis-à-vis de la société : le droit au remboursement, le droit à encaisser les intérêts promis, d'une manière générale, l'égalité des droits des obligataires ayant souscrit à une même émission.

Les règlements ont pourvu à l'organisation des obligataires en une « masse » jouissant de la personnalité civile et pouvant, sous certaines conditions, prendre des décisions qui s'imposent à l'ensemble d'entre eux. Réunis en *assemblée,* ils ont vocation à assurer la défense des intérêts des obligataires et la bonne exécution du contrat d'emprunt. Par leurs représentants, ils peuvent éventuellement agir en justice dans la limite de leurs intérêts. Dans cette mesure, il peut arriver que l'assemblée des obligataires ait à donner son avis sur une modification de statut, une fusion, etc., projetées par la société, car de tels projets peuvent modifier substantiellement la garantie de leur créance.

Des *garanties* peuvent être données au souscripteur (ou obligataire) pour assurer la réussite de l'emprunt. Ces garanties peuvent être données par la société émettrice elle-même, par un tiers ou par l'État (emprunts d'entreprises publiques notamment). Par la clause *pari passu,* la société émettrice s'engage généralement à ne pas consentir ultérieurement, au profit de nouveaux créanciers, certains avantages sans en faire bénéficier également les obligataires de l'émission en cours (régime comparable à celui de la « *clause de la nation la plus favorisée » dans les échanges internationaux).

La *durée* de l'emprunt, mentionnée sur le titre, est celle qui est comprise entre la date de jouissance de l'obligation (date à laquelle elle commence à rapporter intérêt) et sa date de remboursement. Les obligations correspondent à des emprunts à long terme, d'une durée généralement comprise entre dix et trente ans.

Le *coût pour l'emprunteur* d'un emprunt obligataire ne se résume ni au taux nominal ni au taux de rendement pour l'obligataire. Il faut y ajouter : les frais d'impression des notices, des titres, les frais de publicité et d'information, les commissions versées aux banques qui gèrent matériellement les titres (opérations de remboursement et service des *coupons) ou qui les placent en se constituant ou non en *syndicat (commissions de guichet, de garantie...). Tous ces frais complémentaires ont généralement pour effet de majorer de 2 à 3 % le taux nominal de l'emprunt (exemple en 1965-1966 en France, les obligations étaient émises au taux nominal de 6 à 6,5 %, mais le coût pour l'emprunteur était de l'ordre de 8 % ou davantage).

***Amortissement de l'emprunt** : Les contrats d'émissions d'obligations ne prévoient généralement pas un remboursement de la totalité de l'emprunt en fin de période, mais une succession de remboursements partiels. Le service de l'emprunt est donc constitué par la société à la fois par le paiement des intérêts et le remboursement des obligations. L'amortissement se fait soit par « *annuités constantes* » (la somme versée par la société est égale chaque année et les remboursements sont de plus en plus nombreux avec le temps puisque les intérêts s'amenuisent à mesure des remboursements) ; soit par « *annuités dégressives* » (remboursements constants et intérêts, par nature, diminuant). Ces dispositions figurent au « tableau d'amortissement » tenu par la société et communiqué aux obligataires, les titres à rembourser étant généralement désignés par le sort. La société peut également procéder au *rachat en bourse* des obligations qu'elle doit amortir, opération fructueuse en cas de dépréciation monétaire rapide (la valeur réelle de la dette est érodée). Pour cette raison, il est d'ailleurs fréquent que les banques demandent aux sociétés qui se réservent ce droit de s'engager à affecter les bénéfices qui peuvent résulter du rachat à un amortissement supplémentaire d'obligations, l'extinction des créances étant ainsi accélérée à proportion de leur dépréciation. Le *remboursement anticipé* des obligations peut être réalisé par la société à condition qu'elle l'ait prévu lors de l'émission. Sinon, divers arrangements sont possibles, mais doivent être débattus (remboursement facultatif au pair à certaines dates, etc.). La *conversion des obligations en actions,* pour être effectuée, doit avoir été prévue par le contrat d'emprunt. Si ce n'est pas le cas, la société peut formuler une « offre de conversion », mais l'acceptation relève individuellement de chaque obligataire pour ce qui le concerne.

Types d'obligations et formes d'emprunts obligataires

La diversification des types d'obligations répond au nécessaire besoin d'assouplir la technique de l'emprunt obligataire. Les principaux sont :
– les *obligations indexées,
– les *obligations participantes,
– les *obligations convertibles en actions,
– les *obligations à bon de souscription.

Les emprunts obligataires groupés (ou collectifs) : Ils répondent essentiellement au besoin de faire accéder au marché financier

des entreprises dont la taille ne leur permettrait pas de le faire isolément.
Les groupements emprunteurs sont constitués sous forme de sociétés anonymes dont les actionnaires sont membres d'une même profession ou d'une même branche. Des quotes-parts sont calculées permettant de répartir les charges et produits entre les participants. Chacun assure une part du service d'emprunt proportionnelle aux capitaux dont il a bénéficié.
L'émission d'emprunts groupés est soumise aux mêmes règles que l'émission obligataire classique. A la fin de la souscription, les fonds sont répartis entre les membres au prorata de leur quote-part sous déduction des frais d'admission, des frais de sûretés qui peuvent être pris par le groupement et d'une retenue de garantie égale généralement à 10 % de la part de chaque bénéficiaire. Cette retenue renchérit légèrement l'intérêt réel versé par le membre du groupement mais est, semble-t-il, compensée par la souplesse du système et le succès qu'il remporte.
Ce système permet de faire accéder les *entreprises moyennes* au marché financier en même temps qu'il accroît les opportunités d'emprunt des plus importantes. Parmi les groupements les plus connus, on peut citer : le GIS (groupement des industries sidérurgiques), le GICEL (industries de la construction électrique), le GICS (industries chimiques et de synthèse), le GIMECA (industries mécaniques), etc. Les emprunts des SDR (sociétés de développement régional) font appel à une technique d'inspiration comparable.

Obligation à bon de souscription d'action(s) (OBSA)

a : *Obligation with share option* – **d** : *Obligation mit Aktienoptionen* – **e** : *Obligación con bono de suscripción a una acción*

*Obligation assortie d'un bon de souscription, chacun de ces éléments donnant lieu à une *cotation distincte.*

Ce type d'obligation, très répandu sur les marchés financiers américains, s'est étendu à divers marchés européens. Le titre (encore appelé « obligation warrantée ») est émis à un taux inférieur à celui du marché.
En contrepartie, l'obligation est assortie d'un bon de souscription, à un prix fixé, à des obligations ou des actions (obligation à bon de souscription d'action ou « OBSA ») à émettre ultérieurement par la société.
Le bon de souscription est détaché peu après l'émission de l'obligation et donne lieu à une *cotation distincte, cette opération laissant intacts les droits attachés à l'obligation elle-même.

Obligation convertible en action

a : *Convertible bond* – **d** : *Wandelanleihe/Wandelobligation* –
e : *Obligación convertible en acción*

---

*Obligation que le souscripteur peut, au terme d'un certain délai ou à une date déterminée, transformer en *action.*

En effectuant cette opération, l'obligataire passe ainsi de la situation de créancier à celle d'associé.
Cette formule est employée en France depuis 1953 à l'exemple de nombreux pays étrangers. Comme la conversion suppose un abandon par les actionnaires de leur droit préférentiel à souscrire des actions, sa réalisation suppose un accord explicite de l'assemblée générale.
L'obligataire peut y trouver une garantie contre la dépréciation monétaire ; la valeur fixe de sa créance est transformée en valeur variable selon les cours de la bourse.
La société emprunteuse bénéficie du fait que les intérêts des obligations convertibles sont, avant la conversion, généralement inférieurs à ceux des obligations normales et considérés du point de vue fiscal comme des charges pour elle. Elle profite également du fait que la conversion s'opère moyennant une soulte directe ou indirecte à verser par le souscripteur lors de l'opération.
En année moyenne, en France, sur le total des émissions d'obligations par les sociétés du secteur concurrentiel, les obligations convertibles représentent entre 10 et 25 %.

Obligation échangeable contre action

a : *Convertible bond* – **d** : *Wandelanleihe/Wandelobligation* –
e : *Obligación convertible en acción*

---

*Obligation susceptible d'être échangée à tout moment, entre son émission et son échéance, contre des *actions émises simultanément à cet effet.*

Les actions créées en même temps que les obligations sont souscrites par un *tiers souscripteur,* généralement une banque, qui s'engage à les échanger sur demande des porteurs des obligations. Au cas d'échange, le tiers souscripteur se fait rembourser à leur échéance les obligations échangées ; il reçoit alors une *commission pour le service rendu.
L'émission d'obligations échangeables permet à l'entreprise émettrice de recevoir immédiatement le montant des souscriptions des obligations et des souscriptions des actions destinées à l'échange. Le rythme de l'échange dépend notamment de la différence existant, au moment de

l'émission, entre le prix d'émission de l'obligation et le cours de l'action, ou *prime de conversion.*
Créées par la loi du 24 juillet 1966, les obligations échangeables ont pour principal objectif de faire échapper la société à la règle de *fixité du capital social (de même que, depuis la loi du 6 janvier 1969, les *obligations convertibles), cela afin de donner plus de souplesse aux modifications de capital. Cependant, la procédure des obligations échangeables est elle-même assez lourde et oblige la société émettrice à rémunérer les tiers souscripteurs, à la fois pour le service rendu et pour le risque de non-échange éventuel des obligations (ce dernier apparaît si le statut de l'obligataire s'avère plus favorable que celui de l'actionnaire). Aussi l'émission d'obligations échangeables est en fait réservée aux sociétés dont les titres sont inscrits à la *cote officielle de la bourse des valeurs, ce qui permet aux tiers souscripteurs de se dégager, le cas échéant.

Obligation indexée

a : *Index-linked bond* – **d** : *Indexanleihe/Indexierte Schuldverschreibung* – **e** : *Obligación indizada*

Obligation dont l'intérêt ou (et) le prix de remboursement varient suivant un indice déterminé.

Les obligations indexées ont été créées essentiellement pour garantir les prêteurs contre les conséquences de la dépréciation monétaire. Les obligations classiques sont en effet des titres à revenu fixe, matérialisant une créance à long terme et faisant courir ainsi à leur détenteur le risque de voir la valeur réelle de sa créance se détériorer par rapport à une valeur nominale inchangée.
Selon les éléments affectés par l'indexation, l'obligation est dite à *intérêt,* à *prime,* ou à *capital* indexés.

• L'indexation revenant à substituer un nouvel étalon à la valeur de la monnaie courante, elle a été restreinte pour les nouvelles émissions en France par des textes de 1958 et de 1959 lorsqu'elle porte sur le niveau général des prix ou des salaires, ou sur un prix n'ayant pas de relation directe avec l'objet de l'emprunt ou l'activité du prêteur ou de l'emprunteur.

• Pour l'emprunteur, l'indexation peut annuler le bénéfice de la dépréciation monétaire, mais elle est souvent la condition *sine qua non* pour qu'il trouve des souscripteurs. Il lui faut prendre garde cependant à ne pas indexer son emprunt sur des éléments qui ne soient pas trop éloignés de la proportionnalité avec son bénéfice (*voir* Obligation participante). Aussi diverses techniques consistent-elles en des indexations partielles ou limitées (*voir* Indexation).

Obligation participante

a : *Participating bond/Income bond* – **d** : *Gewinnschuldverschreibung* – **e** : *Obligación participante*

Obligation comportant une part d'intérêt liée aux bénéfices de la société emprunteuse.

L'obligation participante comporte une part de rémunération variable et proportionnelle à certains résultats de l'entreprise. Ce trait tendrait à la rapprocher de l'*action, sous réserve que :

– cette relation avec les bénéfices n'est que partielle ;

– l'obligataire n'est pas pour autant associé à l'entreprise. Il est créancier et bénéficie d'un intérêt fixe dans tous les cas ;

– si les bénéfices augmentent par suite d'augmentation de capital, cette augmentation (à vrai dire difficilement évaluable) n'est pas répercutée sur les obligations participantes ;

– dans cette mesure, elle est radicalement différente de l'*obligation convertible en action qui, avant sa conversion, est une obligation non participante et après elle, une action véritable. Elle est en revanche très proche de l'obligation indexée, dont elle constitue, d'une certaine manière, l'une des applications.

Obligation warrantée

a : *Warrant issue* – **d** : *Optionsanleihe* – **e** : *Obligación warrant*

Obligation à bon de souscription. Voir ce mot.

OBSA

Voir Obligation à bon de souscription d'actions.

Observation économique

a : *Economic observation* – **d** : *Wirtschaftsbeobachtungen* – **e** : *Observación económica*

Analyse et mesure des phénomènes économiques. Par extension, et plus généralement : Ensemble des techniques d'analyse et de mesure des phénomènes économiques.

Toute science vise à dégager des lois régissant les relations entre phénomènes par l'observation et l'expérimentation. La science économique obéit à ce principe fondamental.
L'observation économique tire sa particularité de la nature des phénomènes sur lesquels elle porte. Ceux-ci peuvent être appréhendés à différents niveaux d'agrégation (de la consommation d'un individu à celle de la collectivité nationale tout entière, par exemple), et ils se prêtent mal la plupart du temps à l'expérimentation, en raison des conséquences qui leur sont attachées sur les plans social et humain.
De ce fait, l'observation économique porte principalement sur le passé et le présent, et s'appuie, de façon privilégiée, sur la *statistique qui lui fournit l'essentiel de ses instruments de mesure et d'analyse.

Observatoire économique régional

a : *Regional economic observatory* – **d** : *Regionaler Wirtschaftsbeobachtungsamt* – **e** : *Observatorio económico regional*

Organisme chargé d'assurer le rassemblement et la diffusion de l'information économique et sociale dans le cadre de la région.

L'institution d'observatoires économiques régionaux, décidée en France au début de 1966, est entrée progressivement dans les faits. En 1976, on en comptait vingt-deux, implantés dans les chefs-lieux de région. Établissements multirégionaux dépendant de l'INSEE, les observatoires économiques régionaux s'assignent en fait trois objectifs : constituer des centres relais entre les producteurs et les utilisateurs d'informations pour en faciliter la circulation ; repérer les lacunes du système d'information, compte tenu des besoins qui s'expriment ; exercer une fonction coordinatrice dans l'adaptation du système d'information.
Sur le plan technique, l'orientation de l'observatoire économique régional vers le rassemblement et la diffusion de l'information synthétique le fait échapper au risque d'être un concurrent des « banques » ou services d'informations spécialisés. En revanche, au moins dans la phase transitoire actuelle, le champ géographique des informations drainées par l'observatoire économique régional s'étend aux régions voisines, à la collectivité nationale, voire aux régions étrangères limitrophes.
Pour répondre aux besoins, l'observatoire économique régional doit naturellement être capable de compléter l'information brute par des indications relatives à sa valeur et à son interprétation. Il lui faut, aussi, dans un certain nombre de cas, traiter l'information de base pour la rendre apte à la satisfaction d'une demande précise.
Ces exigences expliquent que les observatoires économiques régionaux soient appelés à s'appuyer de plus en plus sur le support d'un système

informatique (actuellement celui de l'INSEE) comportant des banques de données et des programmes de traitement.
La diffusion de l'information prend la forme de réponses à des demandes spécifiques, mais aussi de la mise à la disposition des utilisateurs virtuels d'un certain nombre de renseignements par le truchement de publications spéciales (cahier mensuel de graphiques conjoncturels, revue bimensuelle d'études) et d'interventions dans le cadre de mass médias, accompagnées d'une action de sensibilisation.
La vocation polyvalente des observatoires économiques régionaux doit en faire un centre stratégique de rapprochement entre pourvoyeurs et utilisateurs d'informations économiques et sociales.

Obsolescence

a : *Obsolescence* – **d** : *Obsoleszenz* – **e** : *Obsolescencia*

Fait, pour un bien, d'être progressivement périmé. Par extension : Dépréciation liée au phénomène.

L'obsolescence doit être nettement distinguée de l'usure qui implique une dégradation matérielle du bien. Dans le cas de l'obsolescence, la dégradation de la valeur d'usage provient de l'opinion du consommateur ou de l'utilisateur qui compare le bien considéré avec ceux qu'on lui propose en substitution. L'obsolescence peut donc refléter des facteurs objectifs (progrès technique, évolution des genres de vie), mais aussi bien des facteurs purement subjectifs (effet de la mode, de la publicité...).
La prise en compte des phénomènes d'obsolescence n'est pas étrangère à l'aménagement de la fiscalité des entreprises, notamment dans le domaine des *amortissements.
De même, on peut admettre qu'elle est à l'origine du développement, dans de nombreux pays, de la pratique des *crédits à moyen terme, accordés pour favoriser les investissements en équipements dont l'usage est limité dans le temps. L'obsolescence des matériels, outillages et techniques est en effet directement accélérée par le flux permanent de l'*innovation.

OCAM

Voir Organisation commune africaine et malgache.

OCDE

Voir Organisation de coopération et de développement économique.

OECE

Voir Organisation européenne de coopération économique.

Office national interprofessionnel des céréales (ONIC)

Établissement public administratif chargé de la préparation et de l'exécution des mesures relatives à l'organisation du marché des céréales.

Créé par la loi du 15 août 1936 sous le nom d'Office national interprofessionnel du blé (ONIB), ultérieurement transformé en 1940 lorsque le rôle de l'Office a été étendu aux marchés des céréales secondaires, cet établissement public a été institué pour l'exécution des mesures d'intervention destinées à assurer le respect du prix garanti des céréales : en l'absence de telles mesures, le prix minimal du blé institué en 1934 n'avait pas été respecté. L'Office est administré, d'une part, par un Conseil central composé de représentants des producteurs, des commerces et industries de transformation et des consommateurs, et, d'autre part, par un directeur général nommé par décret.

En matière de fixation du prix garanti du blé, le Conseil central s'était vu attribuer en 1936 un pouvoir effectif ; le prix de campagne fixé à partir d'un cadre de calcul indiciaire pouvait être arrêté par le Conseil central si une majorité qualifiée se dégageait au sein de celui-ci ; depuis 1940 le Conseil central n'a qu'un rôle consultatif et la décision appartient au gouvernement.

Les moyens d'exécution confiés à l'ONIC, pour garantir le prix et l'écoulement de la récolte, comprenaient jusqu'en 1962 :

– l'agrément et le contrôle des organismes stockeurs (coopératives et commerçants agréés) par l'intermédiaire desquels doivent passer toutes les livraisons des producteurs ;

– le financement du stockage qui met les organismes stockeurs en mesure d'acheter au prix garanti : l'aval de l'ONIC permet depuis 1936 aux organismes stockeurs d'obtenir les crédits nécessaires, et aux banques qui les leur accordent d'en obtenir le réescompte auprès de la Banque de France ;

– les interventions financières qui permettent au cours de la campagne le respect des prix garantis grâce à des prélèvements parafiscaux (taxes pour financer la résorption des excédents, des frais de stockage) et à l'emploi des subventions budgétaires qui représentent la participation de l'État ;

– le monopole du commerce extérieur des céréales, qui se traduisait par un régime d'autorisation préalable à toutes les importations et exportations.

De 1940 à 1960, le rôle de l'ONIC a été étendu à l'organisation de l'ensemble du circuit blé-farine-pain, avec répartition autoritaire des mouvements de blé et de farine complétée par la péréquation financière des frais de transports.
Après les mesures de libération de ce circuit, l'organisation commune du marché des céréales dans la Communauté européenne entraîne *depuis 1962 des mutations dans le rôle de l'ONIC,* la France n'ayant pas obtenu que les mécanismes administrés par cet établissement soient étendus au niveau communautaire : la fixation des prix lui échappe ; les mécanismes d'intervention sont assouplis et définis au niveau communautaire ; le passage obligatoire par les organismes stockeurs risque de disparaître. L'ONIC tend à devenir un organisme spécialisé et décentralisé de l'administration de la CE et un relais financier du *FEOGA.

Offre

a : *Supply* – **d** : *Angebot* – **e** : *Oferta*

---

*Mise à la disposition du marché de biens ou de services. Par extension : Volume des biens et services ainsi mis à la disposition de la *demande.*

● L'offre est, par définition, une des *composantes fondamentales* de l'activité économique, qu'elle provienne de décisions planifiées ou d'initiatives décentralisées ; elle est la résultante du processus de production s'il s'agit de biens et services finaux, ou un chaînon de ce processus s'il s'agit de facteurs de production ou de biens et services relatifs à la *consommation intermédiaire.
Dans le système d'économie planifiée impérative, l'offre est prédéterminée dans le cadre du Plan qui fixe pour une période donnée la structure et le volume de la production et qui organise sa répartition. Dans un système d'économie planifiée indicative, ou d'économie de marché libérale, l'offre est fonction des anticipations des agents producteurs.
C'est pourquoi, d'ailleurs, dans la théorie libérale classique, la notion d'offre est au centre des analyses sur les mécanismes de l'économie. Le schéma idéal du processus de développement de l'activité économique est fondé sur le jeu de la loi de « l'offre et de la demande », par le truchement du mécanisme des *prix.
Dans cette perspective, on peut considérer que l'offre est une fonction indirecte de la demande, et une fonction directe croissante du prix : plus celui-ci est élevé, plus l'offre tendra à augmenter. En fait, les économistes classiques ou néo-classiques ont longtemps débattu pour établir s'il existait ou non une fonction d'offre. La distinction de l'offre **ex ante* et de l'offre **ex post* a introduit en la matière un élément de clarification.

Ex post, l'offre, au sens d'approvisionnement du marché, apparaît, sous réserve du jeu des stocks, comme une donnée. Au contraire, si l'on considère l'offre *ex ante,* c'est-à-dire la mise en œuvre du processus de production qui va conduire à une mise à la disposition du marché, on peut alors évoquer l'existence d'une fonction d'offre : celle-ci va dépendre des *anticipations des agents économiques sur la demande, c'est-à-dire des possibilités d'écoulement à différents niveaux de prix qui vont être confrontés avec les perspectives de coût et de profit qui sont attachés à la mise en œuvre, dans une proportion et pour un résultat donnés, des facteurs de production. La référence implicite à un schéma idéal a permis aux tenants du *marginalisme d'établir que le volume de l'offre s'établissait au niveau où le coût marginal de la dernière quantité produite égalait le prix (il ne peut s'agir, *ex ante,* que du prix anticipé de la confrontation d'une certaine offre et d'un certain niveau de demande).

● L'*observation des faits* conduit non à nier, dans l'économie de marché libérale, l'existence d'une fonction de l'offre, mais à en relativiser la portée.

• La fonction d'offre, quand elle est constatée, *n'est pas toujours une fonction croissante du prix.* Ainsi peut-on observer une relation inverse en matière de production agricole, lorsque la baisse relative de prix incite le producteur à accroître l'offre pour maintenir son revenu, ou encore dans le domaine du travail, lorsque la hausse des rémunérations incline les salariés à rechercher une baisse de la durée de travail, ou induit plus généralement une diminution des taux d'activité de la population active.

• Si la fonction d'offre joue un rôle *ex ante,* au moins dans certains cas, la fluidité de l'économie n'est pas telle qu'elle se manifeste encore lorsqu'elle rencontre effectivement la demande. Dans de nombreux cas, l'offre de facteurs de production, ou de biens et services finals, se révèle *inélastique :* impossibilité de l'accroître rapidement, alors que le prix résultant de la demande est particulièrement attrayant, à cause des délais nécessaires à la production ; difficulté de la réduire si le prix n'est pas jugé rémunérateur, le vendeur n'ayant pas de réserve lui permettant d'attendre une meilleure conjoncture (cas de producteurs agricoles, des salariés loueurs de leur force de travail).

C'est bien parce qu'il n'y a pas de mécanisme d'adaptation automatique et instantané dans le processus économique, que l'on observe :

– des situations de distorsions, plus ou moins localisées dans certains marchés (exemple : alternance de pléthore ou de pénurie de l'offre de produits agricoles) ou même générales (phénomène de l'*inflation par la demande) ;

– le développement, dans les économies de marché, de mécanismes d'intervention tendant à favoriser *ex ante* une meilleure adaptation de l'offre à la demande (rôle de la planification, par exemple), et à régulariser le fonctionnement des marchés (organisation des marchés agricoles, contrôle des *ententes, garantie de revenu minimal pour les travailleurs salariés).

Offre (économie de l')

Voir Économie de l'offre.

Offre publique d'achat (OPA)

a : *Takeover bid* – **d** : *(öffentliches) Übernahmeangebot/Aufkaufangebot* – **e** : *Oferta pública de cambio/Oferta pública de compra*

*Opération de *bourse consistant, pour une personne physique ou morale, à faire connaître publiquement aux actionnaires d'une société cotée qu'elle est disposée à acquérir leurs titres à un prix supérieur au *cours de bourse, en vue de prendre ou de renforcer son contrôle sur cette société.*

L'offre publique d'*achat,* au sens strict, désigne l'opération dans laquelle la société règle en espèces les titres qui lui sont présentés. Si le règlement s'effectue par remise de titres (actions ou obligations), on parle alors d'offre publique d'*échange*.
Cette procédure, comparable à une enchère et assortie, comme elle, de garanties de publicité, a été introduite en France en 1966, puis précisée et codifiée en 1970.
Elle s'inspire des méthodes utilisées dans les bourses de valeurs britanniques et américaines sous les noms de « take over bids » et « tenders ».

Modèles : procédures anglo-saxonnes

En Grande-Bretagne : Les « take over bids » ou « bids » constituent un moyen habituel de concentration des sociétés et des groupes, principalement dans le domaine industriel. Les statistiques montrent qu'une fusion sur cinq s'opère au moyen de TOB (les quatre autres s'effectuent par acquisition amiable). Mais la part des TOB est beaucoup plus élevée dans les *fusions importantes :* près de la moitié des *capitaux* impliqués dans ces fusions sont traités par TOB. Ce rôle des TOB est facilité par la possibilité qu'offre la législation britannique à la société acheteuse de payer les titres de la société qu'elle désire acquérir en actions à émettre par elle-même.
Les *caractéristiques du « take over bid »* britannique sont par ailleurs les suivantes :
L'initiateur du TOB offre généralement d'acheter 90 % du capital de la société visée, l'objectif étant le contrôle à 100 %. L'offre, qui reste conditionnelle en deçà des 90 %, devient inconditionnelle au-delà. Ce seuil une fois atteint, la société acheteuse obtient légalement la vente

forcée des 10 % de titres restants (corrélativement, l'actionnaire minoritaire peut requérir l'achat de ses actions restantes au même prix).
Les *35 « règles de bonne conduite » du TOB,* regroupées et codifiées en 1959, 1963 et 1968, peuvent se résumer comme suit :
L'*approche,* c'est-à-dire la première offre d'achat, doit être effectuée auprès de la société visée. L'*information* des actionnaires doit être aussi complète que possible (presse et documents). Avant l'annonce publique, le *secret* doit être observé. La société concernée ne peut *refuser une offre* reconnue avantageuse. Cette même société ne peut, pendant le cours de l'offre, *modifier sa situation,* sauf autorisation de l'assemblée générale des actionnaires.

Aux États-Unis : Le « tender » se caractérise par des modalités plus souples encore et s'applique aussi bien dans le domaine purement financier. En effet, aucun pourcentage d'achat minimum n'étant exigé dans le capital de la société visée, le tender est une forme usuelle de placement. Les auteurs du tender constituent généralement au préalable une provision des titres de la société visée pour se prémunir contre l'échec. Et, au cas où un autre tender vient à être proposé à un prix plus élevé, les acheteurs deviennent vendeurs, cette spéculation n'étant pas considérée comme illégitime dans la mesure où l'intérêt de l'actionnaire n'est pas lésé. Les *principales modalités du tender* sont les suivantes :
L'auteur du tender est dispensé de l'*approche* préalable obligatoire à l'égard de la société visée. L'*information* se fait au moyen de prospectus indiquant le nombre minimum de titres à acheter, le cours proposé, la date limite de l'offre, les modalités de règlement et de commissions. La *publicité* est effectuée dans la presse lorsque le consentement de la société visée n'est pas recherché.
Les dangers que peut présenter l'extrême souplesse de cette procédure sont équilibrés par diverses dispositions protégeant l'*ordre public,* grâce à l'intervention de la législation antitrust (*voir* Entente) et la possibilité ouverte à tout actionnaire de saisir la Commission des opérations de bourse (Securities and Exchange Commission). Les *actionnaires* sont protégés en outre par la possibilité de « super-tender » citée ci-avant, qui leur garantit l'accession toujours ouverte à une offre supérieure, véritable enchère boursière.

Régime français

La procédure de l'OPA, inspirée des modèles anglo-saxons, a été introduite en France pour trois raisons principales : elle contribue à animer le marché financier et à mettre en lumière, le cas échéant, la sous-évaluation de certains titres. L'« hypothèque » toujours ouverte d'une OPA contraint les entreprises à une gestion plus stricte. Enfin, l'OPA peut constituer un moyen de réaliser ou d'accélérer des concentrations ou des regroupements utiles.

L'expérience faite en France depuis 1966-1967 a montré que la procédure comportait bien de tels avantages, mais que sa réglementation devait assurer plus de garanties, notamment dans les domaines de l'*information* et de la *régularité des opérations.*
D'où l'adoption de *règles plus précises* depuis 1970, parmi lesquelles principalement :

Des obligations plus strictes à l'égard des sociétés qui prennent l'initiative d'une OPA :
– elle doit avoir pour but de prendre ou de renforcer effectivement le contrôle de la société visée. Ce critère est apprécié par la Chambre syndicale des agents de change (nombre de titres de la société visée, répartition de son capital, participation déjà détenue par l'auteur de l'OPA) ;
– elle doit être présentée par l'intermédiaire d'un établissement bancaire « de premier crédit », c'est-à-dire de premier ordre et capable de garantir sa bonne fin ;
– toute OPA, avant publication à la *cote officielle de l'avis la concernant, doit être communiquée par la Chambre syndicale des agents de change au ministère des Finances (qui peut éventuellement s'y opposer dans un délai de trois jours francs) ;
– la société initiatrice a le droit de relever une fois, de 5 % au moins, le prix offert, et dix jours au moins avant l'expiration de la durée de l'offre. Des offres concurrentes peuvent également être admises, à la double condition qu'elles comportent une surenchère d'au moins 5 % par rapport à l'offre antérieure et qu'elles portent sur autant de titres que celle-ci.

Des dispositions générales : Elles sont destinées à moraliser la procédure.
La *Société des bourses françaises est chargée d'assurer la régularité, la bonne fin et la compatibilité des opérations avec le fonctionnement normal du marché.
La Commission des opérations de bourse est investie d'un rôle très important de vigilance et de contrôle :
– sur l'*information des actionnaires,* qu'elle garantit en visant tous les documents qui leur sont destinés et en veillant à ce que soient rendus publics (communiqués officiels à la presse) tous les éléments nouveaux concernant les sociétés en cause ;
– sur la *gestion des sociétés concernées* et sur les *transactions* opérées pendant le cours des OPA, sur lesquelles la COB doit exercer un contrôle très attentif.
Ces mesures visent à permettre à l'OPA de faciliter les prises de contrôle et d'en constituer, en fait, l'instrument privilégié comme en Grande-Bretagne. Elles cherchent en même temps à assurer une meilleure protection des actionnaires et à éviter que l'OPA ne soit, comme cela est admis aux États-Unis, un moyen de spéculations et de stratégies purement financières.

Le défaut traditionnel de dynamisme du marché financier français et la lenteur de ses réactions n'autorisent qu'à moyen terme une appréciation vraiment fondée sur les effets de ces nouvelles procédures.

Offre publique d'échange (OPE)

a : *Public offer of exchange* – **d** : *(Öffentliches) Aktientauschangebot* – **e** : *Oferta pública de trueque*

Opération de bourse consistant pour une société cotée à proposer aux actionnaires d'une autre société d'échanger leurs titres contre les siens.

Cette opération se pratique quand une société veut absorber une autre société (généralement déjà liée à elle) ou prendre le contrôle total d'une filiale.

Voir aussi Offre publique d'achat, ci-dessus.

Offre publique de retrait

a : *Public offer of withdraw* – **d** : *(Öffentliches) Einziehungsangebot* – **e** : *Oferta pública de retirada*

Opération par laquelle une société rachète les titres d'une filiale détenus par des actionnaires minoritaires.

Introduite en France en 1989, cette procédure qui est pratiquée en prévision d'un retrait de la cotation s'applique principalement aux sociétés contrôlées à plus de 90 % par un actionnaire. Suscitée en général par l'actionnaire principal, elle peut l'être aussi par un minoritaire. Quand c'est l'actionnaire qui s'engage, c'est le plus souvent pour changer d'activité, se séparer d'actifs ou encore pour transformer le statut de la société anonyme filiale.

Offre publique de vente

a : *Public offer of sale* – **d** : *(Öffentliches) Aktienerkaufangebot* – **e** : *Oferta pública de venta*

Procédure par laquelle une société cotée ou un actionnaire de cette société offre de placer dans le public une certaine quantité de titres à un prix déterminé comportant une prime par rapport au cours de bourse.

Inspirée des pratiques anglo-saxonnes, cette procédure est utilisée par les sociétés privées mais aussi lors de * privatisations partielles ou totales d'entreprises publiques ou mixtes.

Offshore

a : *Offshore* – **d** : *Offshore* – **e** : *Offshore*

Qualificatif donné aux achats effectués par le gouvernement américain à l'étranger dans le cadre de sa politique d'aide internationale. (En anglais, littéralement : au large, outre-mer.)

Le recours à cette technique d'aide particulière, expérimentée à l'époque du **plan Marshall,* s'est développé, la phase de reconstitution achevée, lorsque les États-Unis ont entrepris de participer au réarmement de leurs alliés européens. S'adressant à des pays qui connaissaient de graves difficultés de *balance des paiements et dont l'économie restait affaiblie, les limites d'une aide purement militaire sont vite apparues.
En passant des commandes à l'industrie européenne, le gouvernement américain procurait des dollars à ses partenaires, mais en plus, et selon la destination des produits ainsi acquis, il apportait, en complément de cette aide financière, une aide économique ou budgétaire aux pays bénéficiaires.

• Quand les commandes étaient destinées à être *livrées à l'armée américaine,* ou à un allié autre que le pays producteur, il s'agissait pour ce dernier d'une *exportation avec les conséquences favorables qu'elle comporte sur le niveau de l'activité économique. Par ailleurs, comme les industries d'armement étaient les principaux fournisseurs sollicités, il y avait là un intérêt stratégique évident pour les États-Unis qui recherchaient le renforcement du potentiel militaire de l'Europe, et aussi indirectement une aide budgétaire aux pays bénéficiaires qui achetaient sur leur propre budget une partie des matériels fabriqués dans la mesure où l'accroissement des séries — souvent limitées dans ces secteurs — permettait d'en faire baisser le coût unitaire.

• Lorsque ces équipements étaient donnés à l'*armée du pays* où avait lieu la fabrication, la portée économique de l'aide qui lui était ainsi consentie variait. Si leur acquisition était prévue en tout état de cause dans le programme militaire national en cours, c'était une aide budgétaire directe ; au contraire, dans le cas où les commandes américaines venaient s'ajouter à celles qu'envisageait le gouvernement, elles ne se distinguaient plus de celles qui étaient destinées à l'armée américaine ou aux pays voisins.
Des sommes importantes furent ainsi dépensées en Europe — et notamment en France — par les États-Unis au cours des années 50.

Les inconvénients que présente ce type de solution d'un point de vue politique sont évidents. Ils tiennent plus pourtant au contexte militaire et diplomatique dans lequel s'inscrivait cette politique, qu'à la formule retenue qui correspondait assez bien aux objectifs visés. Ses avantages, par rapport à des modalités plus classiques d'assistance militaire, étaient d'ailleurs certains.

Par extension : Indépendamment du recours à cette expression pour désigner les installations d'hydrocarbures en zone maritime, le terme est appliqué aux sociétés (dites offshore) lorsque celles-ci sont implantées à l'extérieur du (ou des) pays dont leurs dirigeants sont ressortissants.

Oligopole

a : *Oligopoly* – **d** : *Oligopol* – **e** : *Oligopolio*

Situation d'un marché sur lequel la concurrence est imparfaite du côté de l'offre du fait d'un nombre très limité de vendeurs.

Terme employé dans la théorie économique.
Il est dit bilatéral lorsqu'un nombre limité de vendeurs sont en face d'un nombre également limité d'acheteurs, c'est-à-dire qu'il y a à la fois oligopole et oligopsone.
L'étude des conditions de formation des prix des biens, du travail ou de l'argent en oligopole dérive de celle du *duopole où le nombre des vendeurs est limité à deux.
Voir Concurrence, Monopole.

Oligopsone

a : *Oligopsony* – **d** : *Oligopson* – **e** : *Oligopsonio*

Situation d'un marché sur lequel la concurrence est imparfaite du côté de la demande du fait de la présence d'un nombre très limité d'acheteurs.

Terme employé aujourd'hui dans la théorie économique.
Inverse de l'*oligopole caractérisé par le défaut de concurrence du côté de l'offre.
L'étude des conditions de formation des prix sur un tel marché dérive de celle du *duopsone où le nombre des acheteurs est réduit à deux.

Voir Monopsone.

ONIC

Voir Office national interprofessionnel des céréales.

OPA

Voir Offre publique d'achat.

Open market

a : *Open market* – **d** : *Offenmarktoperationen* – **e** : *Open market*

*Technique d'intervention de la *banque centrale sur le marché monétaire par achat et vente de titres.*

Le *marché monétaire, selon les offres et demandes de *liquidités du système bancaire, est affecté de fluctuations qui peuvent être importantes. La politique d'open market (marché ouvert) est un moyen d'intervention souple de la banque centrale pour régulariser ces fluctuations, influer sur la tenue du marché et des titres et agir sur la liquidité du système bancaire.

● Cette technique d'intervention consiste à vendre ou à acheter sur le marché des *titres — publics ou privés — dont la contrepartie en monnaie réduit ou accroît la liquidité disponible. La banque *fournit* des liquidités en *achetant* des titres ou en consentant des avances à court terme garanties par des titres. Ces interventions s'effectuent à des taux indépendants de ceux du marché monétaire et que la banque centrale fixe en fonction de la tendance du marché. La banque *prélève* des liquidités, selon un processus analogue, en *vendant* des titres ; elle opère ainsi une ponction sur le marché et réduit d'autant la capacité du système bancaire à fournir du crédit (effet inverse dans l'achat). Elle oblige alors le système bancaire à avoir davantage recours au *réescompte et à « rentrer en banque », c'est-à-dire à recourir directement, par cette voie, au financement par la banque centrale en se pliant à ses conditions (et à l'incitation qu'elle peut exercer par son maniement du taux de l'escompte).
L'open market est ainsi une technique complémentaire d'intervention, qui s'ajoute au réescompte, aux règles des réserves obligatoires et aux diverses directives imprimées au *crédit par la banque centrale.

• D'une manière générale, on constate que la technique d'open market est plus efficace — et mieux utilisable — dans la *politique de réduction* (vente de titres) des liquidités du marché monétaire que dans celle de leur accroissement. Les interventions des banques centrales se multiplient depuis quelques années pour *résorber* les excès de liquidités dus à l'inflation internationale et réussissent effectivement à maintenir les taux du marché monétaire à un niveau relativement élevé pour éviter les sorties de capitaux (les taux sont en effet élevés sur le marché des *eurodollars). On constate, par ailleurs, qu'en cas de *récession il est plus difficile d'obtenir par l'open market un résultat économique et financier de stimulation et de reprise : l'achat de titres et la fourniture de monnaie par la banque centrale déterminent bien un accroissement des disponibilités sur le marché et donc une faculté pour les banques d'augmenter leur offre de crédits à l'économie, mais encore faut-il que les agents économiques expriment une *demande* correspondante de ces crédits. Or le ralentissement ou l'atonie économique se caractérisent par des *anticipations peu dynamiques, des comportements d'attente ou de précaution sur lesquels l'action ne peut s'opérer par des techniques purement financières.

• La méthode de l'open market a été utilisée depuis la fin du XIXe siècle en *Angleterre* en liaison avec la politique du taux de l'escompte. La *Banque d'Angleterre utilise cette méthode pour agir indirectement sur les taux d'intérêt en faisant entrer « en banque » le marché monétaire, dont les taux sont inférieurs à celui de l'escompte par la banque centrale. Aux *États-Unis,* le *Federal Reserve System régularise, par l'open market, le montant et l'évolution des réserves des banques. Les interventions sous forme d'achat ou de vente sont opérées par la Banque fédérale de New York sur directives du Comité fédéral de l'open market. Le recours à l'open market est aujourd'hui usuel dans les interventions des banques centrales.

Opération

a : *Transaction* – **d** : *Transaktion* – **e** : *Operación*

---

*Tout acte par lequel une *unité économique manifeste sa participation à la vie économique.*

Le système français de *comptabilité nationale classe les opérations en trois groupes homogènes.

Les opérations sur *biens et services : Elles consistent dans la création, l'échange et l'utilisation de biens et services par les unités institutionnelles. Les principales de ces opérations concernent la *production, la *consommation, la *formation brute de capital fixe, la formation de *stocks, les *importations, les *exportations.

Les opérations de *répartition : Elles sont de deux types, les unes concernent la répartition du revenu issu de la production et le cas échéant reçu du reste du monde : elles intéressent principalement les salaires, les cotisations et prestations sociales, les intérêts et les dividendes, les impôts et taxes ; les autres sont des transferts en capital.

Les opérations financières : Elles traduisent les variations des avoirs des agents en monnaies et créances. Elles concernent notamment la monnaie et les dépôts, les titres à court terme, les obligations et actions, les crédits à court, moyen ou long terme, les avoirs en or et en devises, les dépôts, bons et avances entre intermédiaires.
Cette classification fonde également le *système de comptabilité nationale des Nations unies et le *système européen de comptes économiques intégrés.

Opérations budgétaires

a : *Budget transactions* – **d** : *Haushaltsvorgänge* – **e** : *Operaciones presupuestarias*

Opération à caractère définitif : Opération effectuée sans espoir de récupération des sommes en jeu (ex. : paiement de traitement ou de pension, investissement routier...).

Opération à caractère temporaire : Prêt, avance et toute opération analogue dans laquelle la dépense devra être récupérée au bout d'un certain temps.

Voir Au-dessous de la ligne.

Opérations de trésorerie

a : *Cash management* – **d** : *Tresorerie/Kassenführung* – **e** : *Operaciones de tesorería*

---

*Opérations financières portant sur le numéraire, les valeurs mobilisables, les comptes de *dépôts et *comptes courants et, d'une façon générale, les comptes de *créances et de *dettes, effectuées par un agent pour se procurer des ressources monétaires.*

En ce qui concerne l'État, les opérations de trésorerie comprennent : l'approvisionnement des caisses publiques en fonds, l'escompte et l'encaissement des *traites et *obligations émises au profit de l'État, la gestion des fonds déposés par les *correspondants et les opérations effectuées pour leur compte, l'émission, la conversion, la gestion et le remboursement des emprunts et des autres dettes de l'État.

Ophélimité

a : *Ophelimity* – **d** : *Ophelimität* – **e** : *Ofelimidad*

Néologisme utilisé par certains économistes (Pareto notamment) pour désigner la satisfaction retirée par un individu de la jouissance d'un bien.

L'ophélimité d'une quantité unitaire d'un bien est dite « ophélimité élémentaire ».

Opposition (bourse)

Voir Cotation.

Optimum

a : *Optimum* – **d** : *Optimum* – **e** : *Optimo*

Valeur d'une grandeur, ou d'un ensemble de grandeurs, jugée comme la plus adaptée à la réalisation d'un ou plusieurs objectifs.

• Un *exemple simple* de l'application de la notion peut être fourni par le cas d'une entreprise qui détermine, en fonction d'un objectif maximal de *profit, la quantité optimale de biens à produire.
Mathématiquement, dans ce cas, l'optimum correspondra à la valeur de la variable « production » correspondant à une valeur maximale de la fonction « *profit », déterminée sur la courbe par le point où la dérivée de la fonction, passant d'une valeur positive à une valeur négative, s'annule. Bien entendu, il peut y avoir des cas où l'optimum de la *variable indépendante pourra être associé à un minimum de la variable-objectif. Dans ce cas la dérivée de la fonction doit s'annuler au passage d'une valeur négative à une valeur positive.

• La réalité économique offre la plupart du temps des *schémas plus complexes* pour la recherche d'un optimum, que l'on se place au plan micro-économique des comportements d'individus ou d'entreprises, ou au plan macro-économique des décisions des autorités responsables de la politique économique.
En effet, la satisfaction d'un objectif peut dépendre de plusieurs conditions (la fonction se définit à partir de plusieurs variables). Ainsi la recherche du revenu optimal pour un salarié rémunéré à l'heure dépendra non seulement du taux de salaire horaire, mais de la durée du travail. Par ailleurs, la marge de variation des variables dont dépend la réalisation d'un objectif n'est pas toujours libre : autrement dit, il s'agira souvent d'*optimiser* un résultat en fonction de conditions soumises à contrainte : dans l'exemple précité le salarié donnera une limite maximale à la durée qu'il peut accepter pour son travail. C'est que, en fait, les conditions de la réalisation d'un objectif peuvent avoir elles-mêmes valeur d'objectif et qu'il y a à la fois interdépendance et interchangeabilité entre objectif et conditions. Ceci revient à dire que dans de nombreux cas on poursuit la recherche d'une « satisfaction » qui correspond à un ensemble d'objectifs dont il s'agit d'harmoniser et donc de doser la réalisation en fonction de leurs relations d'interdépendance inhérentes aux rapports qui lient résultats et conditions. On notera que moins les objectifs sont comparables et plus il sera difficile de définir des critères rationnels à leur conciliation. Ainsi en est-il, par exemple, de l'équilibre entre la consommation et l'investissement dans une communauté donnée. La recherche du développement futur commande de mettre l'accent sur l'investissement. La satisfaction du présent ne donne pas de limite à la consommation. On conçoit, par cet exemple, que l'optimum traduisant un arbitrage entre le présent et le futur dépendra en fait d'un choix politique, irréductible à la définition de critères techniques.

• C'est la raison pour laquelle *la notion d'optimum apparaît toujours, dans la pratique, affectée de relativité.* C'est pourquoi aussi, s'il est relativement aisé de définir rationnellement un optimum lorsqu'on privilégie un objectif (et c'est souvent le cas au niveau micro-économique), il est plus malaisé de le faire dès lors que des objectifs concurrents s'imposent à l'action. Ceci est notamment vrai, au plan macro-économique, pour les responsables de la politique économique.
De ce point de vue, si les progrès à la recherche théorique et de l'économétrie permettent de disposer de modèles permettant de prévoir et de simuler (en cherchant à apprécier les conséquences et les conditions de réalisation de certains choix), ils n'autorisent pas, par définition, à proposer *a priori* des recettes objectives d'optimisation. La technique ne peut pas définir un dosage optimal d'objectifs. Elle peut tout au plus, si le décideur a implicitement ou explicitement défini par les marges de liberté ou de contraintes qu'il retient une hiérarchie relative d'objectifs, proposer à son attention les conditions de réalisation de cet optimum

relatif. C'est en cela que la politique, à quelque plan que l'on se place, transcende nécessairement la technique.

Option du double (bourse)

a : *Call of more* – **d** : *Calloption* – **e** : *Call of more*

Opération de bourse consistant à assortir un achat ferme d'une option sur un montant généralement égal de titres. Littéralement : « appel de supplément ».

Cette opération, connue également sous le nom d'*option du double à la hausse,* se composait de deux éléments : 1) un ordre d'achat ferme pour un nombre donné de titres ; 2) un ordre conditionnel pour un nombre généralement équivalent des mêmes titres au même cours. Au moment de l'échéance, le donneur d'ordre pouvait lever l'option et acquérir ainsi au total un volume de titres *double* de son achat initial. S'il abandonnait la partie conditionnelle de son opération, ses titres achetés ferme lui étaient comptés à un cours majoré.
Cette opération n'est pratiquement plus utilisée depuis l'apparition du *marché à option.

Option négociable

a : *Option* – **d** : *Option* – **e** : *Opción (negociable)*

Contrat négocié sur un marché financier et donnant le droit, moyennant le paiement immédiat d'une prime, d'acheter ou de vendre à terme des actifs financiers.

Fonctionnement

Une option permet à son détenteur de réaliser à tout moment, dans le laps de temps qui le sépare d'une échéance connue d'avance (option dite « à l'américaine »), ou à cette échéance uniquement (option dite « à l'européenne »), une opération au comptant sur des actifs financiers déterminés. L'option d'achat (appelée *call* en anglais) confère le droit (et non l'obligation) d'acheter des actifs à un prix fixé (« prix d'exercice » ou *strike price*), l'option de vente *(put)* donnant le droit d'en vendre. Exemple concret, cas des options sur devises : un exportateur français obtient un contrat d'un million de dollars à l'étranger, avec règlement en dollars dans six mois. En considérant que le cours du dollar est de

6,40 F au moment de la signature du contrat, l'exportateur pourra se prémunir contre une éventuelle dépréciation du dollar vis-à-vis du franc d'ici à l'échéance de la façon suivante : achat immédiat par l'exportateur d'une option d'achat francs contre dollars au prix d'exercice de 1 dollar = 6,40 F pour un montant d'un million de dollars à échéance 6 mois (option « à l'européenne »). L'exportateur acquiert ainsi le droit d'acheter dans 6 mois la contrevaleur en francs d'un million de dollars, au cours garanti de 6,40 F. Bien entendu, l'achat de ce droit est réalisé moyennant le paiement immédiat d'une « prime » *(premium)* par l'acheteur au vendeur de l'option, afin de rémunérer ce dernier pour le risque qu'il accepte de prendre. Supposons qu'à l'issue de leur négociation l'acheteur et le vendeur s'entendent sur le paiement d'une prime de 2,5 % soit 25 000 dollars (1 000 000 dollars × 2,5 %) ou 160 000 francs (25 000 dollars × 6,40).

Soient : A = prix d'exercice – prime (pour 1 dollar)
= 6,40 F – 0,16 F = 6,24 F

B = cours effectif du dollar contre franc au comptant dans 6 mois.

Au terme des six mois, trois cas peuvent se présenter :

• *Premier cas :* A > B : L'exportateur a intérêt à exercer son option d'achat de francs contre dollars. Le gain est alors pour lui égal à (B – A) pour chaque unité monétaire convertie, par rapport à une situation dans laquelle il n'aurait pas couvert son risque de change grâce à l'option. Si B vaut par exemple 6 F, le gain total s'élèvera à 240 000 F (0,24 F × 1 000 000). De même, la perte pour le vendeur de l'option s'élève à (B – A). On conçoit ici que tout vendeur d'option accepte, s'il n'a pas lui-même mis en place de couverture adéquate par ailleurs, de prendre un risque important. En effet, la perte peut être pour lui très lourde si B s'établit à un niveau très supérieur à A à l'échéance.

• *Deuxième cas :* A = B : Situation indifférente pour les deux intervenants.

• *Troisième cas :* A < B : L'exportateur n'a pas intérêt à exercer son droit. On dit alors qu'il « abandonne » l'option, et il perd le montant de la prime versée au départ. Par rapport à une situation dans laquelle il n'aurait pas couvert son risque de change, son gain est réduit du montant de la prime.

Intérêt des options

Cet exemple met en lumière la souplesse des options comme instruments de couverture. Elles permettent en effet à un agent sachant devoir se porter acheteur ou vendeur d'un actif financier à une échéance connue de se fixer dès à présent un prix maximal d'achat ou minimal de vente tout en conservant intact, au montant de la prime près, le gain qu'entraînerait pour lui une évolution favorable du cours au comptant de l'actif considéré. Les marchés d'options sont également utilisés par des intervenants agissant, non pas en recherche de couverture relative à une opération réelle, mais afin de tirer un bénéfice de cette seule activité.

Comme sur tous les marchés financiers, leur présence est fondamentale pour assurer la liquidité des transactions, c'est-à-dire pour permettre à un acheteur ou vendeur potentiel de trouver facilement une *contrepartie acceptant de prendre une position inverse.

Les différents marchés d'options

Apparues sous leur forme primitive dès 1970 aux États-Unis, les options ont connu un large développement à partir de 1979 dans ce pays pour s'étendre ensuite à l'ensemble des marchés financiers mondiaux. Les actifs financiers servant de base aux options sont aujourd'hui très diversifiés : contrats MATIF, contrats sur devises, actions, taux d'intérêt, indices boursiers...
Des marchés organisés d'options côtoient aujourd'hui les marchés de gré à gré (ou marchés OTC, *over the counter*) qui seuls existaient avant 1973.
Sur les marchés organisés (par exemple, le *MONEP), les options échangées sont cotées en bourse et portent sur des quantités standardisées de titres financiers à des échéances et des prix d'exercice eux aussi standards. Ainsi, un acheteur ou vendeur initial d'option peut facilement dénouer sa position avant l'échéance en prenant une position inverse.
Sur les marchés de gré à gré, les intervenants sont libres de créer entre eux autant de types d'options qu'ils souhaitent. Plus souples, ils sont en revanche moins liquides puisque les caractéristiques particulières des options échangées les rendent plus difficilement négociables auprès de tiers. La sécurité de ces marchés est aussi moins grande puisqu'ils ne sont pas régulés et contrôlés par des autorités boursières instituées à cet effet.

Options (marché à)

a : *Options exchange* – **d** : *Optionenbörse* – **e** : *Mercado de opciones*

---

*Marché sur lequel, à la *bourse des valeurs, sont négociées des options d'achat ou de vente de valeurs mobilières.*

A la fin de 1965, la chambre syndicale des *agents de change a décidé d'instituer pour un certain nombre de valeurs négociées à terme un « marché à options » qui donne lieu à la conclusion de contrats, ayant pour objet une option d'achat ou une option de vente, cédée par le vendeur à l'acheteur moyennant un prix faisant l'objet d'une *cotation.
Les négociations peuvent se traiter à neuf échéances différentes qui coïncident avec les dates fixées pour les réponses des *primes des *liquidations suivantes.
Le contrat se décompose en deux éléments :

• l'un, définitif, porte sur la faculté d'option cédée à l'acheteur par le vendeur, en contrepartie de quoi ce dernier reçoit immédiatement une prime ou « prix de l'option » qui lui restera irrévocablement acquis ;

• l'autre, éventuel, entraîne en cas de confirmation de la transaction par l'acheteur, ce qui est son privilège, la liquidation de la négociation. L'acheteur de l'option peut user de son droit, non seulement à l'échéance prévue, mais encore à tout moment pendant toute la durée de son option d'achat ou de vente pour la totalité ou seulement une partie de la quantité de titres engagés.

Vendeur de l'option	**Acheteur de l'option**
Perçoit le « prix de l'option d'achat ». Doit livrer ses titres sur appel de l'acheteur, qui est à la fois acheteur des titres et acheteur de l'option.	Détient le privilège d'acquérir ou non les titres au cours fixé le jour de la conclusion du contrat.

Vendeur de l'option	**Acheteur de l'option**
Perçoit le « prix de l'option de vente ». Doit acquérir les titres au prix convenu sur décision du vendeur des titres, c'est-à-dire de l'acheteur de l'option de vente.	Détient le privilège de se porter ou non vendeur des titres au cours convenu.

Or

a : *Gold* – **d** : *Gold* – **e** : *Oro*

Métal précieux utilisé à un certain nombre de fonctions monétaires.

• Bien que l'usage de l'or comme instrument monétaire soit très ancien, c'est *au XIXe siècle qu'il connut son apogée.* Le *bimétallisme apparaissait comme un facteur d'instabilité, les découvertes de mines d'or importantes en Amérique du Nord et en Afrique du Sud assuraient un approvisionnement suffisant, le régime de l'étalon-or (gold standard) était devenu presque universel, l'émission de *monnaies fiduciaires nationales par les banques centrales était étroitement liée à la quantité d'or qu'elles détenaient, les paiements internationaux s'effectuaient sans difficultés particulières. Avec la *guerre de 1914-1918,* l'édifice devait s'écrouler : la *convertibilité interne de l'or était supprimée et, malgré les efforts ultérieurs, ne put jamais être rétablie tandis que l'inflation générale remettait en cause le prix de l'or. Sans que la stabilité ait pu être retrouvée, la *Seconde Guerre mondiale* interrompit à nouveau le fonctionnement normal de l'économie ; à l'issue de celle-ci, par les accords de Bretton Woods créant la *BIRD et le *FMI et organisant les mécanismes des règlements internationaux, l'or, exclu de la circulation monétaire interne, fut placé au centre du système monétaire international. Le fonctionnement de l'étalon de change-or (*gold exchange standard), qui fut alors institutionnalisé, a depuis lors suscité un certain nombre de difficultés qui ont sensiblement réduit le rôle de l'or et contribué à le remettre en question.

• D'un maniement malaisé, l'or a dès les premières années de l'*après-guerre cédé la place au *dollar* comme instrument principal des règlements internationaux. L'importance des réserves métalliques des États-Unis garantissait la convertibilité du dollar, au taux fixé en 1933, tandis que la puissance de l'économie américaine, face à une Europe désorganisée par les destructions dues au récent conflit, entretenait la demande de produits américains et donc de dollars. Le redressement des économies européenne et japonaise, conduisant dès 1958 à un retour à la convertibilité externe des principales monnaies occidentales, devait sensiblement modifier la situation. Les *réserves en or des partenaires des États-Unis se reconstituaient grâce au déficit de la balance des paiements américains au détriment du stock de métal précieux qui fondait la confiance dans le dollar, et dans le même temps les balances dollars se développaient. Les transactions privées sur l'or, pour les besoins de l'industrie et de la joaillerie, mais surtout aux fins de *thésaurisation, notamment sur la place de Londres où elles étaient à nouveau autorisées depuis 1954, avaient dès la fin des années 50 le plus grand mal à s'équilibrer aux taux officiels. L'aptitude des pays occidentaux, et notamment celle des États-Unis à maintenir durablement le prix de l'or, alors que partout l'inflation avait entraîné des hausses sensibles du niveau général des prix, était mise en doute. La constitution du *pool de l'or entre les principales banques centrales affirmait cependant la volonté des gouvernements de maintenir ce prix. Une telle coopération permettait effectivement de contrôler le marché, elle ne supprimait pas les tendances profondes qui l'animaient. L'or était d'autant plus recherché que les dettes à court terme des États-Unis vis-à-vis de l'extérieur continuaient à croître, alors même que les réserves d'or américaines diminuaient. Compromise dès 1960 (l'or détenu par le Federal Reserve Board couvrant à peine le total des dollars circulant hors des États-Unis), la convertibilité de la monnaie américaine n'était plus après 1965 qu'une fiction, la *couverture en or des balances dollars* n'étant plus assurée. Le dilemme souligné par les controverses théoriques qui se multipliaient depuis le début des années 60 paraissait insoluble : entre le retour à un système véritablement fondé sur l'or qui exigeait une hausse substantielle de son prix pour que le volume des liquidités internationales fût adapté aux nécessités du développement des transactions extérieures, et l'abandon de l'or auquel serait substitué un instrument monétaire créé par une institution internationale — supranationale même —, les économistes ne parvenaient pas à faire un choix, justifiant ainsi l'attitude des gouvernements qui, de conférences en groupes de travail, feignaient de rechercher une voie moyenne.

• La *fréquence accrue des crises* du système monétaire international que provoquaient les mouvements de *capitaux fébriles, reflétant la défiance des opérateurs à son égard, devait progressivement conduire à une situation où l'or a perdu l'essentiel de ses fonctions monétaires. La dissolution du pool de l'or en 1968, après que la France l'eut quitté en

I. PRODUCTION ANNUELLE D'OR*

moyenne 1980-1982

en tonnes

Totale			**975**
dont :	Afrique du Sud		665
	Canada		55
	États-Unis		40
	Brésil		35
	Australie, Philippines[1]		20 à 25[2]
	Chili, Papouasie / Nouvelle-Guinée, Colombie[1]		15 à 20[2]
	Zimbabwe, Rép. Dominicaine, Ghana[1]		10 à 13[2]
Ventes de l'Europe de l'Est, y compris		**1980**	90
URSS, Chine, et Corée du Nord[3]		**1981**	300
		1982	200

* D'après BRI, Rapport annuel 1983.

1. Chacun.
2. Ordres de grandeur.
3. Les données de la production de ces pays ne sont pas disponibles ; seules les ventes sur le marché international sont estimées par la BRI.

II. COURS DE L'OR FIN A PARIS[1,2]

1950	505[3]	**1970**	6,47
1955	429	**1975**	24,80
1960	5,63	**1980**	90,48
1965	5,56	**1983**	101,50
		1988	88,05[4]

1. En francs par gramme, d'après le cours du lingot d'un kilogramme, au 31 décembre.
2. La * prohibition des importations et exportations d'or fait du marché de Paris un marché fermé. Il en résulte généralement un prix plus élevé de l'or sur ce marché que celui qui résulterait de la conversion du cours international au taux de change du jour. Ce surprix, ou prime de l'or, est encore accru pour les pièces d'or (pièce de 20 F, etc.), dont le cours est généralement très supérieur à celui que justifierait leur poids de métal.
3. « Anciens » francs avant 1960 ; francs depuis 1960.
4. Environ ; à mi-août 1988.

III. COURS INTERNATIONAL DE L'OR A LONDRES *[1]

1955	35[2]	**1975**	140
1960	35[2]	**1980**	140
1965	35[2]	**1983**	415
1970	37	**1988**	430[3]

* D'après FMI, *Statistiques financières internationales.*

1. En dollar par once ; au 31 décembre.
2. Les interventions des banques centrales sur le marché de Londres après sa réouverture officielle en 1954 ont permis de maintenir le cours de l'or aux environs de la parité officielle. Les fluctuations de faible amplitude autour de cette parité n'ont pas été retracées ici. Après 1968, la dissolution du pool de l'or a ouvert une ère de variations importantes du prix de l'or sur le marché libre.
3. Mi-août.

IV. STOCKS D'OR*
fin juin 1983

milliers tonnes
(ordres de grandeur)

Tous pays[1]			**29,3**
dont :	États-Unis	8,2	
	Allemagne fédérale[2]	2,9	
	Suisse	2,6	
	France[2]	2,5	
	Italie[2]	2,1	
	Pays-Bas[2]	1,4	
	Belgique[2]	1,1	
	Japon	0,7	
	Portugal	0,7	
	Autriche	0,7	
	Canada	0,6	
	Royaume-Uni[2]	0,6	
FMI		3,2	
FECOM[2]		2,7	
BRI[3]		0,2	
Total monde[1]			**35,4**

* D'après FMI, *Statistiques financières internationales.*
1. Union soviétique et pays d'Europe de l'Est non membres du FMI exclus.
2. L'or déposé par les pays européens au FECOM en échange d'écus (20 % de leurs avoirs totaux) ne figure plus depuis 1979 dans les avoirs de ces pays mais dans ceux du Fonds.
3. Les avoirs en or de la BRI sont nets des dépôts en or qu'elle reçoit des pays membres qui continuent à figurer dans les avoirs officiels de ceux-ci.

1967, permettait la hausse très sensible du prix de l'or sur le marché libre, soulignant le caractère fictif de son cours officiel. *En août 1971,* les États-Unis renonçaient d'ailleurs officiellement à la convertibilité en or du dollar, confirmant cette élimination de l'or comme instrument d'échange. Par ailleurs, les nombreuses modifications de taux de change qui ont marqué les années 1967-1973, et notamment les changements de parité concertés de la fin de 1971, montraient que, pour les responsables politiques, le rééquilibre des *balances de paiements passait par la définition d'une nouvelle structure des taux de change et notamment de nouvelles parités entre le dollar et les monnaies européennes et japonaise, quel que soit le prix fixé pour l'or. Pour ceux qui depuis longtemps réclamaient la suppression du rôle monétaire de l'or, ces événements, venant après la création des droits de tirage spéciaux (DTS) dans le cadre du FMI, laissaient présager l'abandon prochain de cette « relique barbare », pour reprendre le qualificatif que dès la fin de la guerre lord Keynes attribuait à l'or.

• Après plusieurs années de négociation et de pressions américaines, *l'élimination officielle de l'or* a été décidée par les accords de la Jamaïque (janvier 1976). Toute référence à l'or a disparu des statuts du FMI qui, depuis l'entrée en vigueur du 2e amendement (en 1978), utilise le *DTS comme unité de compte et a entrepris de réduire son stock d'or. Pour autant, les autorités monétaires et politiques du monde occidental n'ont pas cessé de confirmer, par leur comportement sinon par leurs déclarations, la vocation monétaire de l'or. Les réticences des pays déficitaires à accepter le paiement en or de leur dette extérieure montrent que l'avenir du métal ne leur paraît pas condamné. Prudence ou réflexe ? Loin de suivre l'exemple qu'a voulu créer le Trésor américain en procédant à des ventes publiques d'une partie de son important stock d'or, les banques centrales n'en continuent pas moins à considérer l'or comme un instrument de réserve particulièrement recherché, allant même jusqu'à se porter acquéreur, directement ou par l'intermédiaire de la *BRI, lors des adjudications du FMI.

• Quant aux agents économiques, leur *attachement à l'or* n'est plus à démontrer. Certes, il est difficile de récuser les analyses qui en soulignent le caractère irrationnel ; l'inaltérabilité propre à ce métal, voire sa couleur, ne constituent certainement pas des éléments objectifs suffisants pour justifier qu'il reste encore synonyme de richesse. Pourtant, la demande excède largement les besoins de l'industrie et de la bijouterie. La thésaurisation privée, certes traditionnellement forte dans certains pays, en France et aux Indes notamment, est à peu près universellement répandue, les réglementations qui tentent de la limiter n'ayant souvent pour effet que de favoriser la fraude. La libération totale du commerce de l'or aux États-Unis en 1975 a suscité, avec un certain décalage, d'importantes acquisitions d'or par les *résidents américains auxquels elles avaient été interdites pendant quarante ans. Avec la méfiance à l'égard du dollar, cette demande nouvelle, à laquelle s'ajoutait celle des détenteurs de *pétrodollars, a provoqué une flambée spectaculaire des cours de l'or en 1978-1979. Les gouvernements n'ont pas su, ou pas voulu, intervenir contre cette vague de spéculation dont l'une des conséquences indirectes était la revalorisation des avoirs officiels en or. Depuis 1979 et malgré le recul du prix de l'or, amorcé en 1980-1981 et poursuivi jusqu'à la mi-1982, l'or détenu par les banques centrales, dont le volume reste stable autour de 30 000 tonnes, constitue, en valeur, au prix du marché, plus de la moitié des réserves officielles des pays membres du FMI.

• Quelle que soit la place de l'or dans un *système monétaire international rénové, qui ne sera ni le régime de l'étalon-or, ni celui du gold exchange standard, cette réalité du rôle du métal comme actif de réserve devra être prise en compte. C'est ce qu'a fait le *SME qui organise la création d'*écus par le *FECOM en contrepartie d'une fraction des avoirs en or et en dollars des banques centrales participantes et redonne ainsi une place au métal. Pour sa part, le gouvernement des États-Unis a confié à une commission l'étude du rôle qu'il conviendrait d'assigner à l'or dans le système monétaire. Après neuf mois de travaux, cette commission de l'or a remis son rapport en mars 1982. Les divergences d'opinion étaient trop fortes pour permettre des recommandations unanimes. Une minorité s'est prononcée en faveur d'un retour intégral à l'étalon-or, seul moyen selon elle de rétablir la stabilité des prix ; la majorité en revanche a jugé que pour l'instant il n'y avait pas lieu de modifier le rôle de l'or, mais s'est refusée à exclure la possibilité qu'à une date ultérieure le métal ne voie s'élargir à nouveau sa fonction monétaire.

Ordonnancement

*Acte administratif par lequel ordre est donné de payer une dette contractée par un organisme public, après *engagement et *liquidation.*

L'ordonnancement, prescrit par les ordonnateurs principaux ou les ordonnateurs secondaires, commande en principe le paiement de la dette par le comptable. Cependant, certaines dépenses, dont la liste limitative est dressée par le ministère des Finances, peuvent être payées sans ordonnancement (notamment dépenses de personnel) ou faire l'objet d'un ordonnancement de régularisation après paiement.

Ordonnateur

Administrateur ayant qualité pour prescrire l'exécution des recettes et des dépenses publiques.

L'ordonnateur, à cet effet, constate les droits des organismes publics et *liquide les recettes, *engage et liquide les dépenses. On distingue les ordonnateurs principaux et les ordonnateurs secondaires. *Ordonnateurs principaux :* ministres pour l'État, préfets pour départements, maires pour communes ; *ordonnateurs secondaires :* pour l'État par exemple, les préfets et certains chefs de service départementaux des administrations financières et techniques ; pour les établissements publics, le directeur. L'ordonnateur secondaire engage et ordonnance dans la limite des crédits qui lui sont délégués par un ordonnateur primaire sur les crédits ouverts à celui-ci.

La fonction d'ordonnateur est, en principe, *incompatible avec celle de comptable :* l'ordonnateur qui accomplit des opérations matérielles de recettes et de dépenses en se substituant au comptable est constitué comptable de fait. L'ordonnateur, comme ses délégués ou suppléants éventuels, doit être *accrédité* auprès du comptable assignataire des recettes et des dépenses dont il prescrit l'exécution. Le comptable est en effet désigné à l'avance pour permettre le contrôle de l'utilisation des crédits. L'ordonnateur peut, en cas de refus de paiement de l'utilisation des crédits, *requérir* celui-ci de s'exécuter dans certaines conditions. L'exercice des fonctions d'ordonnateur est retracé dans une *comptabilité spéciale* d'emplois des crédits. La gestion des ordonnateurs est contrôlée, selon les règles propres à chaque organisme public, par le Parlement, les organes délibérants qualifiés, les corps et commissions de contrôle compétents et le ministre des Finances. Parmi les organismes habilités à exercer cette fonction de surveillance, on peut citer, sur le plan administratif, l'*Inspection générale des finances et le contrôle des dépenses *engagées, sur le plan juridictionnel la *Cour de discipline budgétaire.

Ordre de recette

a : *Collection order* – **d** : *Einziehungsbefehl* – **e** : *Orden de ingreso*

---

*Comptabilité publique : Document par lequel se matérialise la *liquidation d'une créance, en vue de son *recouvrement.*

L'ordre de recette, obligatoirement établi par un *ordonnateur, peut être constitué par un acte formant titre (contrat, acte enregistré, extrait de décision de justice, soumission...) ou par un titre de perception spécialement émis à cet effet. Certaines recettes peuvent être réalisées sur versements spontanés des redevables, avant établissement de l'ordre de recette (exemples : en matière fiscale, impôt sur les sociétés, acomptes provisionnels...). Dans ce cas, le titre de perception est établi périodiquement, pour régularisation.

Organicisme

a : *Organistic theory* – **d** : *Organlehre* – **e** : *Organicismo*

Doctrine élaborée par Schaeffle et Rodbertus qui assimile le système économique à un corps vivant.

Les réseaux de transport figurent le système circulatoire, la monnaie y constitue le sang, les pouvoirs publics le cerveau... et la bourse le cœur. Cette doctrine qui, dans l'esprit de ses partisans, voulait tirer toutes les conséquences logiques de cette assimilation n'a eu en fait d'autre intérêt que de contribuer à mettre en relief certaines similitudes entre le corps social et les corps vivants.

Organisation commune africaine et malgache (OCAM)

Organisation internationale qui a succédé le 1er février 1965 à l'Union africaine et malgache de coopération économique, qui résultait elle-même de la transformation, en 1964, de l'Union africaine et malgache créée en 1961.

Cette organisation de coopération régionale a compris à l'origine les États de l'ancienne AOF (à l'exception de la Guinée, du Mali et de la Mauritanie), ceux de l'ancienne AEF, le Cameroun, le Togo, le Zaïre, le Ruanda et Madagascar. La République malgache en est sortie, l'île Maurice y est entrée.
Sur le plan politique, elle se propose de favoriser des consultations en matière de politique extérieure. Sur le plan économique, elle vise à la constitution progressive d'une communauté économique par la coordination du développement, le rapprochement des politiques économiques et l'organisation de services communs : compagnie multinationale d'assurances, compagnie commune de navigation mixte, union africaine des paiements, fonds d'entraide et de garantie des emprunts... C'est dans le cadre de cette organisation qu'a été conclu en juin 1966 un accord sur le Marché commun africain et malgache du sucre, comportant la fixation d'un prix garanti, et des conditions de circulation des produits sucriers, ainsi que les niveaux de production. Une caisse de péréquation favorise l'application concrète des dispositions prises dans cet accord, premier du genre en Afrique.

Organisation de coopération et de développement économique (OCDE)

a : *Organization for Economic Cooperation and Development (OECD)* – **d** : *Organisation für wirtschaftliche Zusammenarbeit und Entwicklung (OECD)* – **e** : *Organización de Cooperación y Desarrollo Económico (OCDE)*

Organisation internationale de coopération économique instituée par la convention du 14 décembre 1960.

Entrée en activité le 1er octobre 1961, elle a succédé à l'Organisation européenne de coopération économique (*OECE). Par rapport à l'institution précédente, l'OCDE se caractérise à la fois par une composition élargie (extension à des pays non européens et aux pays d'Europe centrale et orientale : États-Unis, Canada, Japon, Australie, Nouvelle-Zélande, Mexique en 1994, Tchéquie en 1995, Hongrie en 1996) et par une modification des tâches, envisagées dans une perspective moins gestionnaire.

Rôle

Le rôle de l'OCDE est multiple et correspond essentiellement à trois objectifs :
– assurer la plus forte croissance possible de l'économie et de l'emploi et une progression du niveau de vie dans les pays membres tout en maintenant la stabilité financière ;
– contribuer au développement économique des pays du *Tiers Monde ;
– contribuer à l'expansion du commerce mondial sur une base multilatérale et non discriminatoire.

Les tâches qui découlent de ses objectifs peuvent être résumées ainsi :
– fonctions héritées de l'OECE : mise en œuvre de l'*accord monétaire européen, examen des situations économiques des pays membres, activités opérationnelles dans le domaine de la recherche scientifique et technique, développement de l'énergie nucléaire ;
– poursuite de la *libération des échanges ;
– coordination des politiques de *croissance économique ;
– aide au développement.

Organisation

L'OCDE comprenait en 1996 vingt-six membres de plein exercice (Australie, Autriche, Belgique, Canada, Danemark, Espagne, États-Unis, France, Grèce, Hongrie, Irlande, Islande, Italie, Luxembourg, Mexique, Norvège, Nouvelle-Zélande, Pays-Bas, Portugal, République fédérale d'Allemagne, Royaume-Uni, Suède, Suisse, Tchéquie, Turquie et Japon) et un membre associé, à statut spécial (Finlande).
L'organe suprême de l'organisation est constitué par le conseil : celui-ci, formé de représentants de tous les pays membres, se réunit de temps à autre au rang des ministres et régulièrement au niveau des représentants permanents. C'est lui qui détient l'autorité définitive pour les décisions de politique générale et d'administration. L'organisation reste régie par la règle de l'unanimité.
Le comité exécutif, nommé par le conseil et formé des représentants de dix pays membres désignés pour un an, étudie les questions à soumettre à l'instance supérieure et, sur son invitation, se livre à des tâches particulières, comme la coordination d'études d'ampleur et de durée importantes.
Le secrétaire général prépare les sessions du conseil et du comité exécutif, leur soumet d'éventuelles propositions et veille à l'exécution des décisions. Il dispose pour cela de services administratifs placés sous son autorité directe.
En outre, des comités spécialisés réunissant des experts nationaux mandatés sont chargés d'étudier et de suivre des problèmes spécifiques entrant dans les attributions de l'organisation : parmi les comités les plus

importants, on peut citer ceux qui s'occupent de la politique économique (CPE), de l'examen des situations économiques des pays membres, de l'aide au développement (CAD), de la coopération technique, des paiements, des échanges, des transactions invisibles...

Activité

L'OCDE fonctionne avant tout comme une « conférence économique internationale en session permanente » permettant de confronter l'appréhension des problèmes et les solutions qui leur sont données. Elle établit des prévisions (notamment des *budgets économiques) confrontées avec celles des experts nationaux. Elle procède périodiquement à l'examen détaillé de la situation des pays membres. Par le biais de ces consultations, elle tend à organiser l'harmonisation des politiques économiques, en fonction de diagnostics auxquels participent tous les États membres. Dans les domaines plus particuliers, elle vise à coordonner les actions entreprises, par exemple en matière d'aide au développement, de coopération technique, de recherche scientifique.
De façon plus précise, l'organisation s'emploie à faire adopter par les États membres des réglementations propres à élargir la liberté des échanges : ainsi, par exemple, a été établi un Code de libération des opérations invisibles courantes, qui énumère une cinquantaine de catégories de transactions que les pays membres se sont engagés à libérer progressivement.
Dans un domaine spécifique, celui de l'énergie nucléaire, une organisation filiale a été créée, l'Agence européenne pour l'énergie nucléaire (ENEA) (à laquelle les États-Unis et le Canada sont simplement associés) pour favoriser les recherches des pays membres, promouvoir des entreprises communes et créer un régime juridique et administratif européen de l'énergie nucléaire.
Les publications de l'institution, notamment sur les données statistiques des pays membres, fournissent d'utiles bases de comparaisons internationales.

Organisation européenne de coopération économique (OECE)

a : *Organization for European Economic Cooperation (OEEC)* – **d** : *Organisation für europäische wirtschaftliche Zusammenarbeit (OEEC)* – **e** : *Organización Europea de Cooperación Económica (OECE)*

Organisation internationale de coopération économique ayant fonctionné de 1948 à 1960.

Créée le 16 avril 1948, l'OECE a réuni jusqu'à dix-huit pays européens (Autriche, Belgique, Danemark, Espagne, France, Grèce, Irlande, Islande, Italie, Luxembourg, Norvège, Pays-Bas, Portugal, République fédérale d'Allemagne, Royaume-Uni, Suède, Suisse, Turquie), plus deux membres associés (États-Unis et Canada) et un observateur (Yougoslavie).

• Elle avait essentiellement à remplir *deux tâches :*

– initialement, établir un *programme économique commun* pour définir la répartition de l'aide accordée par les États-Unis dans le cadre du plan Marshall ;

– parallèlement, et à partir de 1949, favoriser et promouvoir la *libération des échanges et des paiements* afin de mettre un terme au système des échanges bilatéraux généralisé à la suite de la Seconde Guerre mondiale.

Dirigée par une instance suprême, le conseil, assisté d'un comité exécutif et servi par un secrétariat général chargé de l'exécution des décisions, l'organisation, où la règle de l'unanimité a toujours prévalu, a pu, sur ces deux plans, obtenir des *résultats substantiels.*

• Elle a effectivement servi de cadre à la distribution des fonds du *plan Marshall.

• Sur le plan de la *libéralisation des échanges,* l'OECE a favorisé la *multilatéralisation des paiements* intereuropéens en provoquant la création en 1950 de l'*Union européenne des paiements qui a heureusement fonctionné jusqu'en 1958. Elle a encouragé la *libéralisation des échanges* intraeuropéens : la mise en œuvre d'un Code de libération a permis d'atteindre progressivement un niveau de libération des importations atteignant 90 % du volume correspondant de 1948 ; en outre, des codes particuliers ont été mis au point concernant les transactions invisibles et les mouvements de capitaux pour susciter et coordonner les efforts des pays membres dans la voie de la libéralisation de ces opérations.

• Le rétablissement de la *convertibilité externe,* en 1958, dans les principaux pays européens, qui entraînait la disparition de l'Union européenne des paiements (à laquelle se substituait l'*Accord monétaire européen) et les difficultés rencontrées pour réaliser l'unanimité sur la nécessité de dépasser le problème de la libération des échanges *stricto sensu* en s'attaquant aux questions tarifaires, a suscité une crise dans la vie de l'organisation. L'OECE a alors laissé la place à un nouvel organisme, plus large, mais d'une nature plus consultative, l'*OCDE.

Organisation mondiale du commerce (OMC)

a : *World Trade Organization* – **d** : *Weltliche Handelsorganisation* – **e** : *Organización Mundial del Comercio*

Organisation dépendant de l'ONU créée en décembre 1993 pour gérer les accords commerciaux internationaux.

Cette nouvelle organisation est chargée de gérer les accords conclus dans le cadre du * GATT. Les États-Unis, traditionnellement opposés à la création d'une nouvelle institution internationale susceptible de jouer les gendarmes du commerce international, ont fini par l'accepter, dans le cadre de l'* Uruguay round, conclu en décembre 1993 dont les dispositions ont été paraphées en avril 1994. A ce qui était un simple accord renouvelable et améliorable est ajoutée une organisation internationale investie d'une fonction de contrôle, à portée juridictionnelle. La mise en place en a été réalisée en 1995.

Ouverture de crédit

a : *Credit opening* – **d** : *Kreditöffnung* – **e** : *Apertura de crédito*

Convention par laquelle un banquier s'engage à mettre à la disposition de son client, dans des conditions déterminées, une somme fixée que ce dernier pourra utiliser en fonction de ses besoins.

L'engagement de la part du banquier, qu'il soit verbal ou constaté dans un écrit, a un caractère ferme, tandis que le client ne s'engage que sur les conditions du crédit (délai de remboursement, garanties, mode de réalisation, taux d'intérêt et commissions) et garde en revanche la liberté d'utiliser ou non la possibilité de crédit qui lui est ouverte. L'ouverture de crédit, qui mobilise des possibilités de prêt chez le banquier sans lui garantir la perception des produits correspondants, comporte, en revanche, au profit du banquier perception d'une commission d'engagement, de confirmation ou d'immobilisation indépendante des utilisations effectives qui servent de base aux intérêts et autres commissions convenus. La perception de cette commission est la contrepartie de l'engagement pris par le banquier. Elle distingue l'ouverture de crédit (qui est une convention) de la simple « facilité de caisse » ou des autorisations de crédit toujours révocables (qui sont des tolérances, *voir* Découvert).
L'ouverture de crédit peut donner lieu à réalisation sous les diverses formes que peuvent prendre les crédits en fonction des conditions arrêtées lors de l'ouverture. Elle peut aussi être à l'origine de * découvert, d'* escompte, de * prêt, d'* acceptation, d'ouverture de * crédit documentaire.

Paasche (indice de)

Voir Indice.

Paiement

a : *Payment* – **d** : *Zahlung* – **e** : *Pago*

Acte par lequel un agent économique se libère d'une dette.
Comptabilité publique : Opération qui réalise la dépense publique.

Celle-ci, après *engagement, *liquidation et *ordonnancement, se conclut par le paiement des sommes dues, à la diligence d'un comptable public.

Pair

a : *Par* – **d** : *Pari* – **e** : *Par*

*Rapport de définition entre une *monnaie et l'*étalon ou numéraire sur lequel elle est fondée.*

Voir Parité.

Papier

a : *Paper* – **d** : *Papier* – **e** : *Papel*

Tout titre constituant le support d'une créance ou d'un droit de propriété qui peut faire l'objet d'une large négociation sur les marchés des capitaux.

Ce mot est employé dans le langage courant des professionnels pour désigner les instruments d'échange sur le *marché financier (les valeurs mobilières), sur le *marché monétaire (les effets de commerce et les bons

du Trésor), sur le *marché hypothécaire (effets créés pour la mobilisation des créances hypothécaires).
On distingue le papier suivant ses *caractères juridiques,* sa *durée* (long terme, court terme, très court terme...), sa *cause* (papier commercial émis en représentation de créances commerciales, papier financier émis en représentation de crédits bancaires), son *marché* (papier *bancable, non bancable, hors banque).
Pour remplir sa fonction d'instrument d'échange sur les marchés des capitaux, le papier doit être :

– transmissible selon des procédures simplifiées utilisant l'incorporation d'une créance dans un titre : c'est le cas des titres au porteur transmissibles par tradition et des titres à ordre dont la propriété est transmise par *endossement ;

– d'une valeur bien déterminée, soit parce qu'il appartient à une catégorie de créances *fongibles (les valeurs mobilières), soit parce qu'une certaine sécurité s'attache à la valeur nominale portée sur le titre en raison de la qualité des signatures qui la garantissent (signature de l'État sur les bons du Trésor, signature d'une banque sur les effets qu'elle a acceptés, avalisés ou endossés).

Voir Effet de commerce, Escompte, Valeurs mobilières.

Paradis bancaire

a : *Tax shelter* – **d** : *Steuerparadis* – **e** : *Paradiso bancario (fiscal)*

Zone économique où la réglementation fiscale et monétaire concernant les activités bancaires est souple, voire inexistante (ex. : Suisse, Panamá, Luxembourg...).

Parafiscalité

a : *Social security contribution* – **d** *: Sozialversicherungsbeitrag* – **e** : *Parafiscalidad*

Prélèvements obligatoires, institués par voie d'autorité et affectés à des organismes distincts de l'État ou à des collectivités locales, dans un but économique ou social.

La parafiscalité est la fiscalité qui n'alimente pas le budget de l'État ou de ses démembrements territoriaux.
D'une façon illogique, les dispositions légales, en France, excluent du domaine de la parafiscalité les caisses de la Sécurité sociale et des

allocations familiales — pour ces dernières l'usage parle cependant de « parafiscalité sociale » —, les organismes qui perçoivent des cotisations en vertu d'une convention collective du travail ou d'un statut réglementaire, les organismes des professions libérales, les chambres d'agriculture, de métiers, de commerce et d'industrie.
En dehors de quelques précédents historiques (chambres de commerce, associations syndicales de propriétaires), le développement de la parafiscalité est lié à l'interventionnisme croissant de l'État, à la faveur notamment de l'extension de la notion de service public.

Caractères

La taxe parafiscale s'apparente à l'impôt par son mode d'institution — la loi —, par son caractère de prélèvement obligatoire pour ceux que la loi rend redevables de son versement.
Elle s'en distingue par le fait que, bien que prévue et confirmée chaque année par la loi de finances, elle n'est pas comptabilisée dans les recettes budgétaires ; par son caractère intrinsèque de recette affectée (alors que l'impôt ne l'est, lui, que par exception).

Extension

La parafiscalité, contenue dans des limites modestes au début du siècle, s'est développée en France à partir de la crise de 1929. De technique interventionniste, elle est devenue, au moins dans certains cas, un expédient fiscal. La loi du 25 juillet 1953 lui a donné un statut légal. L'autorisation de percevoir les taxes parafiscales doit, en particulier, être donnée chaque année par le Parlement dans le cadre du vote de la loi de finances.
Actuellement, on compte en France plus de cent taxes parafiscales représentant environ 2,20 % des recettes fiscales du budget de l'État dont la moitié pour l'ORTF. Les taxes parafiscales alimentent des fonds sans personnalité juridique (exemples : Fonds national de garantie des calamités agricoles, Fonds national d'amélioration de l'habitat) ; des entreprises publiques (ONIC, ORTF) ; des organismes semi-publics d'action économique (Office national de la navigation) ; des établissements administratifs d'État ou locaux (Centre national de la cinématographie) ; des administrations privées (centres techniques professionnels).
Dans leur objet ces taxes sont destinées :

– soit à alimenter des mécanismes de péréquation : péréquation sociale (caisse de Sécurité sociale) ; péréquation économique (redevance de compensation prévue par les arrêtés de prix) ;

– soit à assurer la couverture des frais de gestion d'organismes professionnels (chambres de commerce, offices économiques...) ;

– soit à favoriser la recherche scientifique et technique (centres techniques professionnels).

Valeur

La technique de la parafiscalité présente un certain nombre d'attraits : elle permet de faire bénéficier des organismes à caractère privé de certains attributs inhérents à la puissance publique ; elle assure à l'organisme bénéficiaire l'indépendance, alors que la subvention le place dans la subordination ; elle permet d'instituer des impositions « indolores ». En revanche, le caractère « parallèle » de cette fiscalité lui vaut de nombreuses critiques : elle favorise et traduit un démantèlement, ou au moins une dissémination des prérogatives de la puissance publique. En accordant aux recouvrements d'organisations professionnelles le caractère de perceptions légales, on confère à leur existence une pérennité officielle et on crée à leur profit des droits acquis qui risquent d'entraver l'action de l'État. Dès lors qu'une imposition est justifiée par son caractère d'intérêt public, il n'y a pas de raison logique à ce que son produit ne soit pas comptabilisé dans les recettes budgétaires. C'est au nom d'un formalisme juridique étroit (parce que le droit budgétaire français « interdit » l'affectation des recettes) qu'on établit alors une taxe parafiscale. En fait, d'ailleurs, ce droit n'ignore pas totalement les ressources affectées. Et, en bonne logique, ce qui est à proscrire, c'est le caractère systématique de l'affectation des ressources, plus que son principe.
Le recours à la parafiscalité ne peut être qu'une technique réservée à des fins spécifiques, admissible lorsque l'assiette et le recouvrement des taxes restent soumis à un contrôle étroit de l'État.

Pari passu (clause)

a : *Pari passu (clause)* – **d** : *Pari passu/Negativklausel* – **e** : *Pari passu (cláusula)*

Clause par laquelle l'émetteur d'un emprunt obligataire s'engage à ne pas consentir ultérieurement au profit de nouveaux créanciers certaines garanties ou conditions sans en faire bénéficier également les obligataires de l'émission en cours.

Des considérations semblables inspirent, dans le domaine du commerce international, la « *clause de la nation la plus favorisée ».

Voir Obligation.

Parité

a : *Parity* – **d** : *Parität* – **e** : *Paridad*

Taux de change.

A la précision du langage cambiaire qui attribue une signification particulière aux termes taux de change, pair, ou parité, la pratique courante a substitué un vocabulaire où parité et taux de change sont devenus synonymes.

• L'existence de marchés des *changes dispersés géographiquement, où se négocient contre monnaie nationale certaines *devises, peut amener des différences entre les taux de change pratiqués entre deux monnaies au même instant sur des places distinctes. Le jeu des cambistes consiste précisément à profiter de ces distorsions entre places pour obtenir le meilleur taux ; les arbitrages qu'ils pratiquent tant que les écarts restent rémunérateurs sont un élément important de leur activité. Les lois de l'offre et de la demande s'appliquant à peu près sans contrainte amènent cependant à travers ces arbitrages l'élimination des différences initiales entre places : c'est alors, lorsque sur deux marchés distincts deux monnaies s'échangent à des taux identiques, que le langage cambiaire qualifie de parité la situation des taux stabilisés atteints. L'intervention de plusieurs devises complique encore le mécanisme de ces arbitrages en faisant apparaître les taux de change croisés — c'est-à-dire ceux qui résultent pour les échanges de deux monnaies entre elles des taux pratiqués pour chacune d'elles contre une même monnaie tierce ; mais, le principe subsiste qui doit ramener les taux à la parité, le taux croisé se rapprochant du taux direct.
Ainsi, les mécanismes du change tendent en permanence à ramener les taux effectivement pratiqués vers la parité ; c'est ce qu'a retenu la langue courante des économistes. Oublieuse des imperfections de la réalité, elle assimile cette situation théorique de référence à une norme, au point de ne plus marquer de différence entre taux de change et parité.

• L'abus de langage s'est d'ailleurs étendu au cours des années d'après-guerre jusqu'à faire pratiquement disparaître le « pair » remplacé, lui aussi, par la parité, parfois qualifiée en la circonstance d'« officielle ». Le pair est, au sens strict, le rapport établi entre une monnaie et l'étalon métallique qu'elle représente : dans le système mis en place en 1944, toutes les monnaies devaient être définies par rapport à l'*or, directement ou indirectement à travers le *dollar. Dans un tel cadre, lorsque le change entre deux monnaies sur les deux places d'origine s'effectue à des taux résultant du pair de chacune d'entre elles par rapport à l'or, ces taux à la parité sont dits au « pair réciproque ». Les marges de fluctuation autour du pair étant, suivant les règles d'origine du *FMI, pour les transactions au comptant, extrêmement réduites, l'usage s'est établi d'assimiler change au pair réciproque et change à la parité. Une traduction défectueuse de l'anglais n'a pu que faciliter cette confusion, « par value », qui dans les accords de Bretton Woods désignait la valeur officielle d'une monnaie (pair), étant devenu dans la terminologie habituelle « parité officielle ».

• Dans un régime de taux de change fixes, les mécanismes de change ne jouent qu'un rôle secondaire, voire négligeable. Le développement des relations internationales, et avec elles celui des mouvements de capitaux et des marchés à *terme, puis plus récemment la réapparition de monnaies flottantes, ou au moins l'élargissement des marges de fluctuation autour de taux pivots, leur ont redonné une importance certaine : après les accords de Washington en décembre 1971, la majorité des États ont cessé de définir le pair de leurs monnaies ; ils ont seulement déclaré des taux de change centraux autour desquels sont déterminées les bornes fixées aux variations de cours dont le franchissement détermine l'intervention des instituts d'émission.
Aujourd'hui, les taux centraux eux-mêmes ne constituent plus qu'une référence théorique ; certains pays ont même renoncé à la définir. Les autorités monétaires interviennent sur les marchés, pour exercer une action régulatrice, écrêter les variations erratiques des cours et orienter l'équilibre de l'offre et de la demande vers les taux de change souhaités, compte tenu des objectifs de la politique économique ; mais ces interventions se font sans qu'on se préoccupe des taux de référence. En quelques années de fonctionnement, les taux de change flottants n'ont pas justifié les craintes de ceux — dont le gouvernement français — qui s'y étaient opposés, ni prouvé les vertus supposées par leurs défenseurs. La contrainte extérieure sur les politiques économiques nationales n'a pas disparu, les mouvements de capitaux fébriles non plus, qui provoquent de temps à autre de véritables paniques sur les marchés des changes. L'adaptation automatique des parités aux niveaux requis par l'évolution des situations économiques ne se vérifie pas ; les variations de taux de change, pour être permanentes et moins directement contrôlées par les États, n'en sont pas plus régulières, et il semble qu'amplifiées par les déplacements des *capitaux fébriles elles exercent une influence déstabilisatrice sur les économies, contribuant notamment au développement de l'*inflation. Pour autant, dans une période de tensions très fortes et de modifications rapides des prix relatifs — liées notamment à la hausse des prix du pétrole —, le flottement des monnaies n'a pas nui au maintien des échanges internationaux.

• Pourtant, l'accord est large sur le caractère souhaitable du rétablissement d'un *système monétaire international ordonné où les taux de change seraient à nouveau fixés, quitte à définir des modalités souples d'ajustement. Mais le jour semble lointain où seront réunies les conditions de cette restauration. La mise en vigueur du *système monétaire européen, en 1979, constitue à cet égard une tentative dont le succès pourrait se révéler exemplaire.

Parité de pouvoir d'achat

a : *Purchasing power parity* – **d** : *Kaufkraftparität* – **e** : *Paridad adquisitiva*

Taux de conversion monétaire à appliquer au PIB (ou PNB) par habitant pour mieux estimer le niveau de vie d'une population.

La parité de pouvoir d'achat concerne l'appréciation du nombre de biens ou de services que l'habitant d'un pays donné peut acquérir : par exemple, combien de kilos de riz, ou de bananes, ou encore de coupes de cheveux peuvent acheter le citoyen moyen indonésien et le citoyen moyen français ? La méthode de la parité de pouvoir d'achat permet d'estimer un PIB (ou PNB) par habitant moyen ajusté au niveau de vie.
L'* OCDE calcule les parités pour les États membres de l'organisation. L'estimation est effectuée en trois étapes :
« Les prix collectés sont d'abord utilisés pour calculer des rapports de prix pour chacun des biens et services. Puis on calcule des moyennes de ces rapports de prix pour obtenir des parités non pondérées au niveau de la rubrique élémentaire. Enfin, les parités des rubriques élémentaires sont agrégées en utilisant comme pondération la ventilation des dépenses nationales pour obtenir des parités pondérées ou PPA pour tous les niveaux d'agrégation, jusqu'au PIB. » (Rapport OCDE : Parités du pouvoir d'achat et dépenses réelles – 1990.)
Le * FMI, de son côté, a établi les parités pour l'ensemble des grandes zones de la planète. Dans ce dernier cas, les coefficients correcteurs à appliquer en 1993 étaient les suivants :

Pays industrialisés de l'Ouest	0,73
Ancienne URSS	1,10
Ancienne Europe de l'Est	1,86
Pays en développement d'Asie	2,42
Pays en développement d'Afrique	2,35
Pays en développement d'Amérique du Sud	1,86

Ainsi, pour mieux apprécier le niveau de vie moyen en Indonésie, faut-il multiplier le PNB par habitant par 2,42.

Même très approximatives, ces parités permettent de corriger dans le bon sens ce que la seule considération des PIB (ou PNB) bruts par habitant pourrait donner à croire.

Parquet

a : *Floor* – **d** : *Parkett* – **e** : *Parquet*

---

*A l'origine : Emplacement légèrement surélevé dans une *bourse de valeurs permettant aux *agents des sociétés de bourse de demeurer groupés et séparés du public. Par extension : Groupement des sociétés de bourse exerçant leur activité dans cette place et ensemble des valeurs cotées sous le contrôle de la Société des bourses françaises.*

Jusqu'à la fin de 1961 (décret n° 61-1168 du 30 octobre 1961, article 1er qui supprime les courtiers en valeurs mobilières), cette appellation était synonyme de « marché officiel » sous contrôle de la Compagnie des agents de change, par opposition au marché des courtiers en valeurs mobilières. Cette terminologie est restée en vigueur et désigne, aussi bien pour la Bourse de Paris que pour les bourses de province, l'ensemble des valeurs cotées, sous le contrôle des sociétés de bourse, par opposition au « hors cote ».
Il existe en France sept bourses à parquet : Paris, Lyon, Marseille, Bordeaux, Lille, Nantes et Nancy. A Paris, on trouve deux marchés distincts, le comptant et le terme, tandis qu'en province les opérations s'effectuent exclusivement au comptant. (Jusqu'en 1961, les agents de change de Lyon pouvaient traiter à terme les valeurs inscrites au marché à terme à Paris. L'article 15 du décret n° 61-1168 du 30 octobre 1961 qui stipule qu'« une même valeur ne peut être inscrite à la cote de plusieurs bourses » a mis fin à cette possibilité.)
A la Bourse de Paris, les différents groupes de cotation sont les suivants :
– *la corbeille :* valeurs cotées à terme et conditionnel (seuls les agents des Sociétés de bourse y pénètrent) ;
– *la criée :* valeurs du terme et conditionnel ;
– *les oppositions :* actions au comptant ;
– *les casiers :* valeurs du terme sans conditionnel et obligations.

Partage (d'un titre)

Prise de participation minoritaire et provisoire d'une banque, généralement par l'intermédiaire d'une filiale, pour permettre à une société par actions de poursuivre sa croissance.

Une entreprise en expansion peut avoir à faire face à un problème de *capitaux propres lorsque sa capacité d'emprunt est saturée et que ses actionnaires ne peuvent par eux-mêmes procéder à une *augmentation de capital. Son banquier peut alors l'assister par partage de titres : le banquier se porte acquéreur des titres nouveaux sans chercher à devenir définitivement actionnaire ; l'opération doit se dénouer soit par un rachat des titres par les actionnaires majoritaires une fois passée la période difficile, soit par une vente ultérieure de ces titres à un tiers avec l'accord des actionnaires majoritaires, soit par une introduction en *bourse. La période d'attente ainsi assurée est la période de *partage*. Cette technique, compte tenu des risques qu'elle comporte pour la banque, n'est naturellement utilisée qu'après étude et négociation approfondies, et s'il est bien établi que l'avenir et l'expansion de l'entreprise sont quasi certains.

Part de fondateur, part bénéficiaire

a : *Founder's share* – **d** : *Gründeranteilschein* – **e** : *Parte de fundador/Parte beneficiaria*

Titre sans valeur nominale donnant droit à une participation aux bénéfices sociaux ou éventuellement au boni de liquidation d'une société et attribué généralement par elle en échange d'un apport non évaluable.

Les parts de fondateur sont généralement octroyées lors de la constitution d'une société en reconnaissance des efforts déployés par les fondateurs pour faciliter sa création (démarches et liaisons, études...) ; le nom de part « bénéficiaire » est préféré lorsqu'il s'agit de rémunérer des services ou apports en industrie à une société déjà existante. Ce procédé est également employé pour matérialiser certains apports en nature dont l'évaluation serait incertaine.

Les parts de fondateur n'ont pas de *valeur* nominale. Leur intérêt leur confère cependant une valeur vénale qui est fondée essentiellement sur trois critères : le droit des parts dans la situation nette de la société, le rendement de la société, la valeur boursière de l'action de la société.

Depuis la loi du 24 juillet 1966, l'émission de cette catégorie de titres est interdite aux sociétés anonymes et aux sociétés en commandite par actions (art. 264 de la loi).

A leur détenteur, ces parts ne confèrent aucun droit sur le *capital social de la société, mais une participation aux bénéfices sociaux et éventuellement au *boni de *liquidation. Elles ne sont cessibles que suivant les règles du Code civil.

Les porteurs de parts sont représentés collectivement par une assemblée générale ou « masse » qui exerce pour eux trois catégories de droits : un droit de surveillance sur la vie de la société par l'intermédiaire de

mandataires ; un droit d'intervention en cas de modification des statuts ; un droit de consentir des modifications au régime des parts. En cas de dissolution, l'opposition des porteurs de parts à cette opération ne constitue pas un veto mais leur ouvre droit à une action en dommages-intérêts.
Compte tenu de la rigidité du régime des parts, il est fréquent que les sociétés cherchent à racheter ou à convertir les parts existantes :
– par le rachat, qui s'effectue en bourse, généralement au moyen de réserves, à la valeur des parts ;
– par la conversion en *actions (incorporation de réserves au capital, échange des parts contre un *droit de souscription à une augmentation de capital) ou contre des *obligations.

Part d'intérêt, part sociale

a : *Participating share* – **d** : *Gesellschaftsanteil/Stammeinlage (SARL)* – **e** : *Participación social*

---

*Titre représentatif d'une partie du capital social d'une *société et remis personnellement aux associés en échange de leurs *apports.*

Les parts d'intérêt ou parts sociales sont remises *intuitu personae* aux associés d'une société de personnes. Aussi les parts sociales n'existent-elles pas dans les sociétés anonymes et suivent-elles un régime sensiblement différent de celui des *actions.

Champ d'application

Les parts d'intérêt (ou parts sociales) d'une *société peuvent être détenues par :
– les associés en nom collectif ;
– les commanditaires ou commandités des *sociétés en commandite simple ;
– les commandités d'une société en commandite par actions ;
– les associés d'une société à responsabilité limitée (SARL).

Régime juridique

• La dénomination de part d'intérêt ou de part sociale est liée à l'existence d'un choix de l'associé *intuitu personae.*
A la différence de l'action, la part doit être généralement entièrement libérée dès sa souscription.
• Sur le plan de la responsabilité de son détenteur, le régime est différent — bien que le nom du titre soit le même — selon le type de société dont il s'agit :

– l'associé, *quel que soit le montant de son apport* au capital social, est personnellement, indéfiniment et solidairement responsable sur l'ensemble de son patrimoine personnel de toutes les dettes sociales : dans la société en nom collectif ; lorsqu'il est « commandité » (associé en nom) d'une société en commandite simple ; lorsqu'il est commandité d'une société en commandite par actions ;
– sa responsabilité est en revanche limitée au montant de ses apports lorsqu'il est commanditaire d'une société en commandite simple ; associé dans une SARL.
(*N.B. :* le commanditaire d'une société en commandite par actions détient des actions et non des parts. Il n'est pas choisi *intuitu personae.*)

• Les parts ne sont cessibles ou transmissibles que dans certains cas :
– dans la société en nom collectif, les parts sociales ne peuvent être représentées par des titres négociables. Elles ne peuvent être cédées éventuellement qu'avec le consentement unanime des associés (art. 19 de la loi du 24 juillet 1966) ;
– dans la société en commandite simple, la règle de l'unanimité est également requise en principe. Toutefois, les statuts peuvent stipuler que les parts des commanditaires sont librement cessibles entre associés ou qu'elles sont cessibles à des tiers avec le consentement de la majorité (en nombre) des commandités et (en nombre et en capital) des commanditaires, et que les parts d'un commandité peuvent être cédées en partie à un commanditaire à ces mêmes conditions de majorité ;
– dans la SARL, les parts ne peuvent être cédées à des tiers qu'avec le consentement de la majorité des associés représentant au moins les trois quarts du capital social (art. 45 de la loi du 24 juillet 1966). Entre associés, elles sont librement cessibles (art. 47).
Dans tous les cas, la cession des parts est constatée par écrit.

Régime fiscal

Le régime fiscal applicable est celui des sociétés de personnes et assimilées. Les membres de ces sociétés sont personnellement soumis à l'impôt sur le revenu des personnes physiques ou à l'impôt sur les sociétés suivant le cas, pour la part qui leur revient dans les bénéfices sociaux.
Si ces sociétés encaissent des *dividendes ouvrant droit à l'avoir fiscal, ceux de leurs associés qui ont leur domicile réel ou leur siège en France peuvent donc utiliser, dans les conditions définies ci-dessus, l'*avoir fiscal attaché à la fraction des dividendes qui se trouve comprise dans les bénéfices imposés à leur nom. Cet avoir fait l'objet d'un certificat distinct délivré par la société qui est réputée agir, en l'espèce, en qualité d'établissement payeur. Les certificats reçus par la société elle-même lors de l'encaissement des revenus lui servent à justifier l'émission de ceux qu'elle délivre à ses membres, les sommes portées sur ces derniers documents ne coïncidant pas nécessairement avec celles figurant sur les premiers, notamment en cas d'existence d'associés domiciliés à l'étranger.

S'il s'agit d'une *société en commandite simple,* celle-ci est personnellement soumise à l'impôt sur les sociétés pour la part des bénéfices revenant aux commanditaires. Elle peut alors utiliser elle-même la fraction de l'avoir fiscal qui correspond aux « dividendes » compris dans ces bénéfices.

Participante (obligation)

Voir Obligation.

Participation

a : *Participation* – **d** : *Beteiligung* – **e** : *Participación*

Le fait de prendre part au capital, aux bénéfices ou à la gestion d'une société ou d'une entreprise.

Ce terme est employé pour désigner toutes les situations où un agent est présent au sein d'une unité économique et où cette présence lui vaut un rôle partiel.

Les salariés : Outre la participation fondamentale qu'en tant que tels ils ont au fonctionnement de l'entreprise, ils peuvent :
– participer à sa gestion et à sa politique (*voir* Cogestion) ;
– participer à ses résultats en leur qualité de salariés (voir ci-après).

Les détenteurs de capitaux (individus ou entreprises) participent :
– à ses *bénéfices en tant qu'actionnaires (*voir* Action) ou titulaires de parts ou d'obligations participantes ;
– à sa gestion à mesure de leur droit de vote ou de leur présence au conseil d'administration (*voir* Société). Ce rôle est étroitement lié à la part, ou « participation » que ces actionnaires ont au capital de la société dont ils sont membres.

La participation financière

Dans le domaine financier des affaires, ce terme est généralement employé pour désigner les *liens de capitaux que des sociétés peuvent établir entre elles.* La participation est *la détention par une société d'une partie du capital d'une autre société (comprise en France entre 10 et 50 %).*

Une société peut posséder des parts sociales qui constituent le *capital social d'une autre. Ces liens entre sociétés sont devenus un phénomène répandu de l'économie moderne et s'enchevêtrent d'ailleurs fréquemment. La participation d'une société à un *groupe peut lui procurer des appuis

financiers, des approvisionnements plus aisés et moins onéreux, un marché plus large, un réseau d'action plus étendu. Le contrôle commun permet de développer une stratégie coordonnée des participants et de développer la spécialisation et la productivité de l'ensemble. Le fractionnement du patrimoine et des bénéfices du groupe entre plusieurs sociétés distinctes peut avoir aussi un intérêt fiscal.
Des manœuvres tendant à avantager l'une des sociétés par rapport aux autres ou au détriment des créanciers et des actionnaires de ces dernières peuvent également être facilitées par l'existence du groupe. Dans ce cas, les administrateurs communs peuvent cumuler des avantages que les actionnaires des différentes sociétés sont incapables d'apprécier et de contrôler ; aussi la technique de la participation est-elle encadrée par une réglementation générale.

Principales règles légales :

• *En France,* lorsqu'une société possède dans une autre une fraction du capital comprise entre 10 et 50 %, la première est considérée comme ayant une *participation* dans la seconde. Cela entraîne :
– mention obligatoire dans le rapport annuel des sociétés en cause ;
– distinction dans la présentation du bilan des titres de participation et des titres de *placement ;
– prise en considération pour les *sociétés anonymes de l'enchevêtrement des intérêts entre les sociétés d'un même groupe pour assurer l'indépendance des organes de contrôle.

• *En RFA,* lorsqu'une entreprise, quelle que soit sa forme juridique, possède plus de 25 % du capital d'une société par actions, elle doit en informer celle-ci qui doit à son tour publier sans délai l'existence de cette participation.

Les participations réciproques ou croisées entre sociétés : Elles créent entre celles-ci des liens de solidarité conduisant à une certaine coordination de la politique. Cependant, elles peuvent aussi rendre le capital des sociétés assez artificiel (exemple : cas d'augmentation de capital où chaque société participe à sa propre augmentation) et offrir la possibilité de combinaisons financières discutables. Aussi la loi a-t-elle réglementé ce procédé (*en France,* lois de 1943 et de 1966).
Une société par actions dont une fraction du capital supérieure à 10 % est la propriété d'une autre société par actions ne peut posséder d'actions de cette dernière.
Toute société qui détient une fraction supérieure à 10 % du capital d'une autre société doit aviser cette dernière dans le délai d'un mois. Si les sociétés ne peuvent parvenir à un accord pour régulariser la situation, celle qui détient la fraction la plus faible du capital de l'autre doit aliéner sa participation. Si les participations réciproques sont de même importance, chacune des sociétés doit réduire la sienne à 10 % au plus du capital de l'autre. Lorsqu'une aliénation doit intervenir par application de ces dispositions, elle est effectuée dans le délai d'un an.

Toutes ces opérations sont portées à la connaissance des actionnaires. *En RFA,* les prises de participation requièrent l'agrément de l'assemblée générale et doivent être inscrites au registre du commerce. Des mesures sont prévues pour protéger la société, ses créanciers et les actionnaires demeurés étrangers à l'accord. En particulier, ceux-ci doivent obtenir une compensation équitable et l'accord doit contenir une offre de rachat de leurs actions. Les pouvoirs qui appartiennent aux dirigeants de la société dominante sont précisés par la loi ainsi que les responsabilités correspondantes. Il doit être établi un bilan et un compte de pertes et profits du *konzern, suivant des règles déterminées, ainsi qu'un rapport social du konzern.

Conséquences des prises de participation : La technique de la participation constitue, en système capitaliste, l'un des principaux points d'application de rapports de puissance entre sociétés. Elle permet la constitution de groupes obéissant à une politique industrielle, commerciale ou financière commune. Au sens strict, la participation permet un droit de regard et, naturellement, une *participation* aux bénéfices. Lorsqu'une participation a un montant tel qu'elle peut, par sa pondération dans les votes, interdire l'obtention d'une majorité qualifiée (certaines décisions doivent être, par exemple, approuvées par les deux tiers du capital), elle est dite *minorité de blocage.* Lorsqu'elle excède 50 % du capital total, elle est une prise de contrôle. La société contrôlée devient alors *filiale de la société dominante.

Dans l'économie collectiviste, la notion de participation était bien entendu absente (l'État détient 100 % du capital productif).

Dans de nombreuses économies modernes, la technique des prises de participation a été largement utilisée pour assurer à l'État ou à ses alliés une présence et un rôle d'orientation dans les sociétés dont l'activité peut avoir des répercussions directes sur la politique économique ou sur l'intérêt général. Cette formule, plus souple que la *nationalisation complète, a été employée notamment en Italie (groupe de l'IRI, Istituto per la ricostruzione industriale, et ministère des Participations publiques), ainsi qu'en Grande-Bretagne (IRC, Industrial Reconstruction Corporation), en Suède (Sverige Investering-Banken) et en France après 1970 (IDI, Institut de développement industriel).

La participation des salariés

C'est, dans une autre acception, l'*association des salariés à la vie de l'entreprise.*

Il n'est pas possible de donner à cet emploi du terme une autre définition qu'ambiguë. Car si le terme est de plus en plus évoqué, il est utilisé en fait dans des acceptions assez distinctes. La notion d'association à la vie de l'entreprise, sous sa forme générale, recouvre en fait des réalités différentes selon son contenu.

On peut, semble-t-il, distinguer *deux types généraux* de participation :

– si, par vie de l'entreprise, on fait référence à sa gestion, la participation concerne alors l'association des travailleurs salariés à cette gestion. Elle peut revêtir une forme consultative comme dans le *comité d'entreprise, ou comporter un caractère délibératif et une portée décisionnelle comme dans la *cogestion et, *a fortiori,* dans l'*autogestion qui peut en apparaître comme la forme limite ;

– mais, plus souvent encore, par vie de l'entreprise, on entend évoquer les résultats de son activité, et la participation, alors envisagée dans son sens plus restrictif, se ramène à l'idée d'intéressement. Elle consiste à associer les travailleurs salariés au développement de l'entreprise, en les faisant bénéficier plus directement de cette expansion. De plus en plus répandues dans les pays capitalistes et dans les pays socialistes, les formules d'intéressement sont assez variées. Elles se différencient pour l'essentiel par la base sur laquelle s'effectue la participation aux performances de l'entreprise et par la portée réelle de cette participation.

L'expérience française : Elle donne une idée assez précise par son évolution même de cette diversité. Deux ordonnances, datant de 1959 et 1967, lui ont fixé un cadre législatif.

Celle de 1959, sur « l'association ou l'intéressement des travailleurs à l'entreprise » instituait trois types de contrats facultatifs :

– l'intéressement à la *productivité de l'entreprise (productivité globale, productivité de la main-d'œuvre, etc.) ;

– l'intéressement aux résultats (résultat d'exploitation, bénéfice net, etc.) ;

– la participation au capital ou à l'*autofinancement (sous forme de distribution d'actions, par exemple).

L'ordonnance de 1967 sur « la participation des salariés aux fruits de l'expansion » a étendu le système, en le rendant obligatoire pour les entreprises du secteur privé occupant au moins cent salariés. Les droits des salariés sont déterminés en fonction du bénéfice de l'entreprise, après paiement de l'impôt et déduction de la rémunération des capitaux propres de celle-ci : le montant de la participation est alors égal à la moitié du chiffre ainsi obtenu en lui appliquant toutefois le rapport des salaires à la valeur ajoutée, c'est-à-dire de la part du travail rémunéré dans l'activité de l'entreprise.

La participation peut revêtir, selon l'accord des parties, la forme d'une attribution d'actions, ou celle d'une attribution d'un droit de créance sur l'entreprise, ou encore le placement des fonds correspondants dans un organisme étranger à l'entreprise ou dans un « plan d'épargne d'entreprise ». Des textes subséquents (1969) ont précisé les conditions d'application de cette législation aux coopératives ouvrières de production ainsi qu'aux entreprises publiques, où tend à se développer une politique d'actionnariat (1970 à Renault, 1973 dans les banques et entreprises nationales d'assurance), encouragée également dans le secteur privé (loi de décembre 1973).

Voir Prêt participatif.

Passavant (fiscalité)

*Titre accompagnant les produits circulant en *franchise de *droits.*

Dans la législation *fiscale* relative aux contributions indirectes, le passavant joue le même rôle que le *laissez-passer ; mais contrairement à celui-ci, il ne peut être établi que par les bureaux des contributions indirectes ; il sert de titre de mouvement lors de l'enlèvement de boissons circulant en franchise, ou pour lesquelles est fournie justification du paiement antérieur des droits (déménagement de la cave d'un particulier).
Dans la législation *douanière,* le passavant descriptif sert de titre d'exportation temporaire en vue de permettre la réimportation en franchise de droits et taxes : pour des marchandises exportées avec réserve de retour ; pour des objets personnels appartenant aux voyageurs. Dans ce dernier cas, et pour les automobiles en particulier, les associations de tourisme accréditées sont habilitées à délivrer ces documents à leurs adhérents.
Le passavant est aussi le document délivré, sur déclaration, par le bureau des douanes, qui doit accompagner les marchandises circulant dans la zone terrestre du rayon des douanes : cette zone s'étend en général sur une profondeur de vingt kilomètres le long de la limite du territoire douanier.

Passif

a : *Liabilities* – **d** : *Passiva/Passiven* – **e** : *Pasivo*

*Contrepartie de l'*actif dans le *bilan d'un sujet économique.*

En généralisant, on peut dire que le passif représente l'ensemble des dettes et des engagements d'une société (mais ce n'est pas le cas pour une entreprise individuelle).
Au bilan d'une entreprise, le passif retrace l'origine de l'ensemble des capitaux utilisés par elle. Il se compose des postes suivants, selon le *plan comptable révisé* de 1982 :
– *capitaux propres (capital, *réserves, *report à nouveau (créditeur ou débiteur), résultat net de l'exercice (bénéfice ou perte) ;
– *provisions pour risques et charges ;
– dettes (emprunts et dettes financières, autres dettes) ;
– comptes de régularisation (produits constatés d'avance).
Cette présentation a remplacé celle du plan comptable de 1957 qui était :
– *capitaux propres et *réserves ;
– *report à nouveau (lorsqu'il est bénéficiaire) ;
– *provisions pour pertes et charges ;
– subventions d'équipements reçues ;
– emprunts et dettes (dettes à long et moyen terme, dettes à court terme).

Aux termes du plan comptable de 1982, c'est toujours au passif que s'inscrit la ligne *résultat net de l'exercice*, facteur d'ajustement entre l'actif et le passif, égaux par définition (dans l'ancienne comptabilité, le résultat était inscrit à l'actif ou au passif selon qu'il y avait perte ou bénéfice). Dans la nouvelle comptabilité, si le passif excède l'actif, la différence ou perte vient s'inscrire *en moins* à la ligne *résultat.* Dans le cas contraire (bénéfice augmentant le passif), la supériorité initiale de l'actif sur le passif illustre le fait que l'ensemble des postes représentant l'emploi des fonds (actif) a été supérieur aux ressources à la disposition de l'entreprise, donc qu'une partie a été sécrétée par l'entreprise elle-même.

Patente

Voir Taxe professionnelle.

Patrimoine

a : *Assets/Wealth* – **d** : *Vermögen* – **e** : *Patrimonio*

Ensemble des biens et des créances nettes d'une personne (physique ou morale), ou d'un groupe de personnes (famille, société...).

Cette définition générale recouvre en fait des acceptions particulières selon les cas.

Économie-sociologie : La notion de patrimoine implique souvent l'idée d'un héritage : ainsi le patrimoine naturel d'un pays correspond-il aux richesses naturelles dont il est doté. Son patrimoine culturel sera constitué par l'ensemble des valeurs de civilisation dont il a hérité.

Droit : Principe de la « séparation des patrimoines » privilège accordant aux créanciers d'un défunt le droit d'être désintéressés avant les créanciers du ou des héritiers.

Comptabilité nationale : Le système élargi de comptabilité nationale, variante française du système européen de comptabilité nationale, définit les cadres conceptuels d'une comptabilité patrimoniale.
Le patrimoine d'une unité, ou d'un regroupement d'unités, ou de la nation, est défini comme l'ensemble constitué par ses *avoirs (biens corporels, avoirs incorporels, créances) et ses *dettes à un moment donné. La valeur nette du patrimoine est donnée par la différence entre les avoirs et les dettes. Les *comptes de patrimoine décrivent les relations entre les évaluations successives du patrimoine des unités économiques.

Comptabilité publique : L'évolution récente de la comptabilité publique est marquée par l'importance croissante reconnue à la mesure des patrimoines. C'est ainsi qu'en France les collectivités locales (départements, communes) et certains établissements publics sont tenus, depuis quelques années, d'avoir une comptabilité fondée sur une base patrimoniale, à l'instar de celle en usage dans les entreprises.

Applications

• *Dans une entreprise,* le *bilan constitue l'état du patrimoine, regroupant l'actif et le passif. Ce patrimoine *social* est le patrimoine propre de la société, distinct des patrimoines personnels de ses membres, et constitue le *gage pour un créancier de la société.

• *Le patrimoine d'une personne physique* est, *mutatis mutandis,* composé des mêmes éléments : actifs fonciers et immobiliers (terrains, logements), actifs mobiliers (*titres et valeurs, compte en banque, *créances), actifs financiers (argent liquide, biens durables ou de production (mobilier, outillage, divers objets ou denrées) et passifs divers (*dettes, engagements).

• *A l'échelon des économies nationales,* les évaluations globales du patrimoine sont très malaisées du fait de leur complexité et n'ont, pendant longtemps, donné lieu qu'à des approches partielles. En France, la première évaluation systématique, effectuée par l'INSEE, a été présentée à la fin de 1979. Elle est résumée dans le tableau suivant (estimation valeur 1978) :

Logements	**3 060 milliards**
Ménages	82 %
Sociétés	15 %
Administrations	2 %
Sociétés d'assurance	1 %
Capital productif	**2 900 milliards**
Ménages	19 %
Sociétés	62 %
Administrations	15 %
Institutions de crédit	4 %
Terrains non bâtis	**870 milliards**
Ménages	77 %
Sociétés	21 %
Administrations	2 %
→ TOTAL DU PATRIMOINE FRANÇAIS	**6 830 milliards**
Ménages	65 %
Sociétés	24 %
Institutions de crédit	2 %
Administrations	8 %

Pays en émergence

a : *Emergent country* – **d** : *Anftauchendes Land* – **e** : *Pais en emergencia*

*Pays en processus de * décollage économique.*

Cette expression relativement récente désigne les * pays en voie de développement où un seuil de croissance dynamique a été franchi, comme certains États du sud-est asiatique par exemple (Taïwan, Singapour, Corée du Sud, Malaisie, Taïlande).

Pénalités

a : *Fine/Penalty* – **d** : *Verwaltungsstrafe* – **e** : *Penalización*

Sanctions pécuniaires appliquées par l'administration en vertu de la loi et sous le contrôle des tribunaux.

Elles sont principalement constituées par des majorations de droits, des *intérêts ou indemnités de retard et des *amendes fiscales.

Pension

a : *Security pension transaction* – **d** : *Pensionsgeschäft* – **e** : *Pensión*

*Technique de *mobilisation sur le *marché monétaire comportant cession temporaire de titres négociables pour obtenir des liquidités.*

C'est une vente d'effets suivie d'un rachat à terme fixé dès le début de l'opération : la durée de la mobilisation peut aller d'un jour à trois mois en principe.
La mise en pension se distingue du *réescompte parce que le terme du *refinancement obtenu est plus court que l'échéance du titre qui lui sert de support. Un banquier peut recourir soit à l'escompte, soit à la mise en pension, soit aux avances sur effets, bons ou titres, en fonction de la composition de son portefeuille, de la durée de ses besoins (qui ne correspond pas toujours à l'échéance des effets qu'il veut mobiliser), des taux d'intérêt différents et des plafonds de mobilisation applicables aux diverses catégories d'opérations.
Il s'adressera, selon la nature des effets mis en pension, soit aux organismes réescompteurs, soit aux autres participants du marché monétaire, soit à la Banque de France.
La prise en pension est en effet une technique de la Banque de France pour intervenir dans le cadre de la politique d'*open market : la Banque

est autorisée depuis 1938 à acheter sur le marché libre des effets publics, ainsi que des effets privés parmi ceux qui sont éligibles au réescompte et, dans le sens inverse, à revendre les effets préalablement acquis, mais sans *endos ; la prise en pension permet de satisfaire à ces conditions et s'applique notamment aux effets de préfinancement à l'exportation. Elle peut être également employée dans le cadre de la politique de réescompte : à l'époque où cette politique constituait une activité importante de la Banque de France, on appelait « escompte en pension » des prises en pension d'effets à court terme, au-delà du plafond normal de réescompte et à un taux fixe pouvant comporter une pénalisation.

Voir Enfer.

Pénultième (année)

Voir Crédits budgétaires.

Pénurie

a : *Shortage* – **d** : *Mangelsituation* – **e** : *Penuria/Escasez*

*Situation de rareté particulière par rapport à l'approvisionnement du *marché.*

La *rareté affecte la plupart des biens et services. C'est elle qui, dans une large mesure, fonde leur valeur d'échange, et leur prix, quelles qu'en soient d'ailleurs les modalités de détermination.
La pénurie est une caractéristique relative qui s'apprécie par rapport à la norme de rareté habituellement constatée. Elle constitue un état de rareté particulièrement caractérisé, propre à altérer les conditions de répartition des biens et services concernés. Les situations de pénurie, qui peuvent naturellement être générales, ou limitées à certains biens et services selon les cas, posent naturellement un problème de répartition. Celle-ci, en fait, peut s'effectuer par l'argent, c'est-à-dire par le prix si celui-ci se fixe librement sur le marché, ou par la voie d'une intervention autoritaire (rationnement) : on observera d'ailleurs que, même dans ce cas, la fraude peut contribuer à maintenir un mécanisme de répartition par le prix, caractéristique d'un *marché noir.
La pénurie peut affecter aussi bien des facteurs de production (main-d'œuvre, capacités de production), voire des moyens de paiements (pénurie de *devises, par exemple), que des produits ou des prestations de services.

Voir Rareté, Goulot.

PER (price earning ratio)

Voir Coefficient de capitalisation des résultats.

Péréquation des soldes bancaires de filiales à l'intérieur d'un groupe

Voir Netting.

Période complémentaire

*Période de temps au-delà de la durée naturelle d'un *exercice pendant laquelle peuvent être poursuivis l'exécution et l'enregistrement d'opérations qui seront comptabilisées au titre de l'exercice achevé d'après le calendrier.*

Dans la comptabilité publique, le souci de rattacher les opérations à la comptabilité d'exécution du budget qui les a autorisées conduit à admettre que pendant une période (ou journée complémentaire du 31 décembre) l'année se prolonge fictivement. Durant cette période, ordonnateurs et comptables retiennent une double comptabilité : d'une part, les opérations courantes sont enregistrées au titre de l'exercice où elles sont réellement effectuées ; d'autre part, sont rattachées à l'exercice précédent, de manière à en déterminer plus exactement les résultats, les opérations qui ont pris naissance au cours de cet exercice.
Le passage du système de l'« *exercice limité » au système de la « *gestion prolongée » s'est traduit en France par une réduction de la période complémentaire : pour l'exécution du budget de l'État, elle n'intéresse plus que les dépenses et s'achève normalement chez le comptable chargé du paiement le 31 janvier de l'année suivante (le 28 février pour certaines opérations de régularisation). Dans la comptabilité administrative des ordonnateurs, l'émission des ordonnances et mandats se poursuit jusqu'au 20 janvier en ce qui concerne les droits constatés au cours de la gestion précédente, et pour les seules dépenses ordinaires. Pour les collectivités locales et établissements publics, le régime de l'exercice limité a été maintenu et la période complémentaire est fixée à deux mois.

Pertes et profits (compte de)

a : *Income statement/Profit and loss account* – **d** : *Gewinn- und Verlustrechnung/Erfolgsrechnung* – **e** : *Cuenta de pérdidas y ganancias*

---

*Compte regroupant les résultats du compte d'*exploitation générale et ceux d'autres opérations étrangères à l'activité courante de l'entreprise au cours de l'exercice. (Plan comptable de 1957.)*

Le compte de pertes et profits enregistre :

– les résultats du compte d'exploitation de l'exercice ;

– les résultats d'opérations exceptionnelles ou non liées à l'activité courante de l'entreprise. Exemples : plus-values et moins-values provenant de cessions d'actif immobilisé, profits ou pertes provenant de différences de changes, de créances irrecouvrables, etc. ;

– les reliquats d'opérations constatés au cours de l'exercice mais afférents à des exercices antérieurs.

Le « bénéfice net » ou la « perte nette » apparaissant à « pertes et profits » sont repris comme résultats de l'exercice à la dernière ligne du bilan, soit au *passif (bénéfice), soit à l'*actif (perte).

COMPTE DE PERTES ET PROFITS			
Débit	**Montant**	**Crédit**	**Montant**
Perte d'exploitation de l'exercice (solde débiteur du compte d'exploitation générale)	—	Bénéfice d'exploitation de l'exercice (solde créditeur du compte d'exploitation générale)	—
Pertes sur exercices antérieurs	—	Profits sur exercices antérieurs	—
Subventions exceptionnelles accordées	—	Profits exceptionnels	—
Pertes exceptionnelles	—	Profits résultant de subventions d'équipement	—
Dotations de l'exercice aux comptes de provisions hors exploitation ou exceptionnelles	—	Subventions d'équilibre reçues	—
Impôts sur les bénéfices	—	Pertes sur exercices antérieurs et pertes exceptionnelles couvertes par des provisions	—
Bénéfice net comptable (solde créditeur)	—	Perte nette comptable (solde débiteur)	—
Total	—	**Total**	—

Dans le *plan comptable révisé* de 1982, les mouvements figurant antérieurement au compte pertes et profits sont regroupés, avec ceux de l'ancien compte d'exploitation générale, dans le compte de *résultat.

Pétrodollars/Dollars pétroliers

a : *Petrodollars* – **d** : *Petrodollars* – **e** : *Petrodólares*

**Dollars détenus par les bénéficiaires non américains de revenus pétroliers.*

• Les hausses spectaculaires des prix du pétrole, quadruplés au cours de l'automne 1973, ont provoqué un gonflement des revenus des pays producteurs et exportateurs. Ce soudain afflux de ressources supplémentaires a entraîné un fort accroissement de leurs placements, dont la majorité s'est effectuée en dollars, d'où le nom de « pétrodollars » qui recouvre en fait les fonds détenus en toutes *devises.

• Pour la plupart des pays producteurs dont le pétrole est presque la seule exportation, l'augmentation brutale des recettes en devises, consécutive à l'amélioration de leurs *termes de l'échange, a conduit à d'importants excédents de la *balance des paiements. A court terme, il n'était pas possible d'utiliser les sommes disponibles à un accroissement des *importations avant qu'aient été déterminés les projets auxquels elles seraient consacrées. Plus durablement, les gouvernements bénéficiaires ont profité de leur aisance financière relative pour se constituer un volume raisonnable de *réserves de change. Surtout, la situation particulière de certains États du Moyen-Orient, produisant d'importantes quantités de pétrole tandis que leur population est extrêmement réduite, les amène à épargner, chaque année, une fraction non négligeable de leurs revenus (les seules ventes de pétrole assurent, depuis la hausse de 1973, à quelques pays arabes riverains du Golfe arabo-persique un revenu par tête supérieur de 30 à 40 % à celui dont disposent les plus prospères des pays industriels occidentaux). Pour éviter ces excédents, il leur eût fallu réduire considérablement le volume de leur production de pétrole, mais, en l'absence d'énergie de remplacement, c'eût été infliger aux consommateurs une grave pénurie physique aux conséquences catastrophiques, notamment pour les pays industriels.

• La contrepartie de ces surplus se retrouve naturellement dans les déficits du reste du monde. La balance des paiements des pays industriels, gros consommateurs de pétrole importé, s'est dégradée dans des proportions qui ont varié de l'un à l'autre en fonction du poids des achats de pétrole dans le total des importations et de l'aptitude à profiter du supplément de demande d'exportations en provenance des pays pétroliers. Les pays du *Tiers Monde non producteurs de pétrole et les pays socialistes de l'Europe de l'Est ont souffert du renchérissement de leurs importations de pétrole, mais aussi du ralentissement des rentrées de devises liées à la baisse de leurs exportations vers les économies occidentales où la demande était affaiblie.

• En même temps que ces effets sur les balances des paiements courants, la hausse des prix du pétrole exerçait une pression déflationniste sur l'ensemble de l'économie internationale. Puisque le prélèvement sur le revenu disponible des pays consommateurs n'était pas compensé intégralement par un supplément d'achat des pays producteurs, il en résultait une amputation de la demande sur les marchés de biens et services. A l'échelle mondiale, l'accumulation de pétrodollars s'assimile à un excès de l'*épargne **ex ante*. Seule une redistribution des fonds disponibles vers les utilisateurs potentiels, écartant le risque de *thésaurisation, peut en atténuer l'effet dépressif sur l'activité.

• Ainsi était posé le problème du *recyclage* des pétrodollars. Pour les pays producteurs, il s'agissait de trouver des *placements leur assurant sécurité, *liquidité (au moins dans le cas où il s'agissait d'excédents provisoires ou de réserves) et rendement. De leur côté, les pays consommateurs recherchaient des ressources d'emprunt pour le financement de leurs déficits de paiements courants. Pour l'ensemble de la communauté internationale, il convenait, par un emploi judicieux des capitaux, de soutenir la demande déprimée par le prélèvement pétrolier, et de prévenir ainsi l'aggravation de la *crise.
Conscients de l'interdépendance de leurs situations, les principaux gouvernements concernés ont donc recherché des solutions qui, par-delà leurs divergences d'intérêt, préservent la solidarité nécessaire. Dans un cadre multilatéral, le *FMI a ouvert une possibilité de tirage spéciale (dite *facilité pétrolière*), alimentée par des prêts de pays pétroliers ou de pays industriels dont la balance des paiements était prospère. En 1974 et 1975, près de soixante pays importateurs ont ainsi pu bénéficier de concours exceptionnels (au total près de 7 milliards de *DTS). De son côté, la *BIRD a émis des emprunts supplémentaires auprès des pays producteurs. Dans un cadre régional, les pays arabes ont créé une Banque islamique, un Fonds (pour des aides à la balance des paiements) et une Banque arabe pour le développement économique en Afrique (BADEA, pour le financement des projets) et ont accru les moyens mis à la disposition du Fonds arabe de développement économique et social (FADES). L'*aide bilatérale des pays arabes producteurs de pétrole aux pays du Tiers Monde non producteurs a également été très fortement augmentée (certains pays du Moyen-Orient consacrent près de 10 % de leur PNB à l'aide au *développement), tandis que des prêts ou des dépôts ont été consentis à certains pays industrialisés avec lesquels les pays producteurs entretiennent des relations économiques ou politiques privilégiées.
Pourtant, la part la plus importante des pétrodollars a transité par le marché des *eurodevises, à l'expansion duquel cette masse supplémentaire de ressources a beaucoup contribué ; et même, passé la phase de brusque croissance des flux de pétrodollars en 1974-1975, le marché

international des capitaux a assumé à lui seul la quasi-totalité de leur recyclage (en dehors des sommes consacrées à l'aide aux autres pays du Tiers Monde). L'efficacité démontrée par les circuits bancaires à cette occasion a été telle qu'en 1979, à la veille d'un nouveau gonflement des pétrodollars (les prix du pétrole ont encore fait un bond, doublant du début à la fin de l'année), gouvernements et institutions internationales ont compté sur eux pour faire face aux besoins accrus d'intermédiation financière qui apparaissaient.

PIB

Voir Production intérieure, Produit intérieur.

PIBOR (Paris Interbank Offered Rate)

Voir Taux interbancaire offert à Paris (TIOP).

Pièces justificatives

a : *Vouchers* – **d** : *Belege* – **e** : *Justificantes*

Comptabilité publique : Pièces par lesquelles les comptables du Trésor ou des établissements publics justifient de la régularité de leurs opérations.

La liste de ces pièces justificatives est dressée dans des nomenclatures générales arrêtées par le ministre des Finances. Ces justifications sont produites par les comptables secondaires aux comptables principaux, et par les comptables principaux au juge des comptes (Cour des comptes).

Pignoratif (endossement)

Voir Endossement.

Place

a : *Financial or trade centre* – **d** : *Finanzplatz/Wirtschaftsplatz* – **e** : *Centro financiero o comercial*

Localité où peuvent s'effectuer des opérations financières ou économiques.

Les opérations financières peuvent se décider en tous lieux, mais leur réalisation matérielle ne peut s'effectuer que dans certaines villes. Généralement, le nom de place est donné aux localités qui, par l'existence d'équipements ou d'un *marché organisé et important, permettent la réalisation aisée d'opérations et d'arbitrages économiques et financiers. Une place est dite *bancable* en France lorsqu'il y existe un guichet bancaire permanent (à partir duquel peuvent se nouer les opérations) ; les localités qui en sont dépourvues sont appelées « écarts ». (Le terme bancable appliqué à un effet a un sens légèrement différent. *Voir* Banque.) Une place *cambiste* est celle où l'on peut traiter des opérations de *change. Dans les *arbitrages internationaux de change, il est fréquent que le dénouement d'opérations entre deux places se fasse par l'intermédiaire d'une troisième, dénommée alors « place médiate » ou tierce place. On parle également de *place boursière* pour les localités disposant d'une *bourse des valeurs constituant un marché important (New York, Londres, Francfort, Milan, Paris...) ; de *place commerciale* lorsque la ville est le siège d'actives et nombreuses confrontations de vendeurs et d'acheteurs (généralement des métropoles économiques pourvues de ports).

Placement

a : *Investment* – **d** : *Anlage* – **e** : *Inversión*

Opération de détenteurs de capitaux qui affectent ceux-ci à des emplois étrangers à leur activité professionnelle ou à leur compétence dans l'espoir d'en tirer profit.

Le placement peut se distinguer de l'*investissement en ce que, dans la motivation comme dans la personnalité de l'agent qui l'effectue, il est dissocié du processus de production. Le profit escompté ou le risque encouru dépendent du talent d'appréciation du placeur mais non de ses capacités de producteur. Le détenteur du capital cherche généralement à trouver à celui-ci une « place » lucrative et prend principalement en considération le taux de rendement proposé et la sécurité qu'offre cet *emploi, ainsi que l'augmentation éventuelle des capitaux réels qu'il peut escompter (*spéculation).

C'est ainsi que le placement recouvre notamment : les prêts à des notaires (qui utilisent ces fonds pour des *prêts sur gages et servent un intérêt au créancier), les souscriptions de *rentes ou valeurs d'État, la souscription d'*obligations, l'achat de biens (terrains, immeubles, bijoux, métaux précieux, tableaux, timbres-poste) avec l'espoir d'en voir augmenter la valeur. La souscription d'*actions peut être considérée comme un placement, car elle n'aboutit qu'indirectement et sans intervention personnelle du détenteur de capitaux à augmenter le potentiel productif. Dans de nombreux cas, la souscription d'actions relève en effet plutôt de la motivation de placement que de celle de l'investissement. Il en est autrement dans les cas de prises de *participations, qui traduisent une intention de participer à la gestion de l'entreprise.

Les frontières entre *thésaurisation, placement et investissement comportent une frange d'incertitude (on notera à ce propos qu'en langue anglaise « investment » signifie à la fois investissement et placement). La mentalité, le comportement et les anticipations de l'agent y ont leur importance. *L'argent thésaurisé dort. Le « bien » placé rapporte. Les capitaux investis travaillent.*

En *comptabilité nationale,* le terme de placement s'applique par convention à certaines catégories d'opérations financières. Parmi les emplois financiers des agents, on distingue en effet les prêts, consentis principalement en fonction de la personnalité de l'agent bénéficiaire, qui couvrent diverses catégories de crédits à court, à moyen et à long terme, et les placements, constitués de créances dont l'achat et la vente se réalisent sur des marchés plus ou moins organisés, où le débiteur est toujours défini, mais non le créancier.

Les catégories de placements recensés dans le tableau des *opérations financières à la rubrique « emplois » sont : la monnaie, les autres dépôts, les titres à court terme, les obligations, les actions. Leur contrepartie à la rubrique « ressources » prend le nom d'opérations d'*émission.

Plafond

a : *Ceiling* – **d** : *Plafond* – **e** : *Límite*

Limite supérieure portant soit sur une quantité, soit sur un prix.

Un plafond apparaît à la constatation des faits (quantité maximale produite ou quantité stockée, ou niveau de prix qui n'a pas été dépassé) ou bien résulte de mesures réglementaires ou techniques qui déterminent des limites aux quantités ou aux prix.

Dans ce dernier sens, on peut retenir par exemple :

• En ce qui concerne la limitation *applicable à des quantités :*

– les plafonds résultant de l'existence de *contingents (exemple : quantum de production pouvant bénéficier d'un prix garanti) ;

– les plafonds relatifs au volume des crédits ou avances, qui peuvent être de *caractère global* — plafond des crédits accordés défini dans une politique d'« encadrement » des crédits (en 1958, en 1963, en 1968, en 1974) ; plafond des crédits en cours susceptibles d'être présentés au réescompte (en France depuis 1948), complété par des plafonds spéciaux et des plafonds supplémentaires (*voir* Enfer), et non applicables à certaines catégories d'effets dits « hors plafond » — ou bien de *caractère individuel* (plafond des avances ou crédits de nature déterminée qui peuvent être accordés avec ou sans autorisation à un client ; plafond légal des avances que la banque centrale peut accorder à l'État) ;

– les plafonds de dépenses résultant des règles budgétaires (*voir* Maxima — loi des, Crédits budgétaires) ;

– les plafonds des salaires pris en considération dans l'assiette des cotisations de la Sécurité sociale : la suppression de cette limite ou « déplafonnement » des cotisations améliorerait les ressources du régime général, mais mettrait en péril le développement des régimes complémentaires de retraites des cadres.

• En ce qui concerne la limitation qui peut être apportée à une *variation des cours* par rapport à un niveau de base dans le sens de la hausse (la variation de sens inverse étant limitée au niveau du *plancher), on mentionnera les dispositions prévoyant des mesures d'intervention pour éviter que les cours sur un marché de matières premières ou de produits agricoles ne dépassent un niveau préalablement fixé : lorsque les cours constatés atteignent ce niveau, ou un niveau légèrement plus faible, des actions doivent être engagées pour accroître l'offre sur le marché afin de compenser la tendance à la hausse, actions telles que déblocage des stocks, ouverture des frontières.

Sur le marché des changes, on peut citer le cours plafond des devises défini dans les dispositions de l'accord créant le *Fonds monétaire international : à l'origine, les cours ne pouvaient s'écarter de la parité déclarée de plus de 1 % et le pays intéressé était tenu d'acheter sa propre monnaie, c'est-à-dire de vendre des devises étrangères pour empêcher que le mouvement naturel ne mène les cours des devises étrangères à « crever le plafond ». La marge de fluctuation, élargie à 2,25 % en 1971, ne joue évidemment que pour les pays dont la monnaie ne flotte pas. De même l'*Accord monétaire européen prévoit un cours plafond pour les monnaies des États membres (la marge a été fixée d'abord à 0,75 % puis à 2,25 %).

Plan

a : *Plan* – **d** : *Plan* – **e** : *Plan*

Ensemble de prévisions et d'objectifs économiques à la réalisation desquels sont associés, dans une structure cohérente, des moyens définis.

Avec cette définition générale, la notion de plan s'applique aussi bien au niveau *micro-économique qu'au niveau *macro-économique. On pourra ainsi parler de plan d'investissement pour une entreprise, de plan d'aménagement pour une collectivité locale ou une zone donnée. Mais le vocable, tout court, s'appliquera de façon préférentielle à la programmation macro-économique, au niveau national, dont il constitue en fait l'expression concrète.

Objet de la *planification, le plan constitue un guide et une référence pour l'action. Bien évidemment il y a autant de types de plans qu'il y a de systèmes de planification. On peut distinguer à cet égard :

- selon le caractère plus ou moins contraignant qui s'attache à leur exécution : les plans impératifs — en usage notamment dans certains pays socialistes ; les plans indicatifs, qui après avoir été la marque de la planification des pays capitalistes tendent également à s'imposer dans les économies collectivistes ;
- selon leur horizon : des plans à court terme (à un an ou dix-huit mois en général) ; des plans à moyen terme (de trois à sept ans selon les pays) ; des plans à long terme (de dix à vingt-cinq ans — dans ce cas on parle souvent de « perspectives »). On notera que certains pays connaissent ou ont connu en fait une véritable structure de plans : ainsi, en ex-URSS, trouvait-on des perspectives à long terme, un plan à moyen terme, à portée indicative, et un plan annuel auquel s'attachait en principe un caractère impératif ;
- selon leur technique d'élaboration et d'exécution : les plans fixes qui valent pour une période donnée et qui ne font l'objet d'une révision que si la réalisation de leurs objectifs apparaît, en cours d'exécution, manifestement hors de portée ; les plans glissants qui, dans le cadre de la programmation à moyen terme, sont actualisés chaque année avec la prolongation d'un an de la période couverte par la projection : ainsi on aura un plan 1970-1975 qui deviendra l'année suivante un plan 1971-1976... ;
- selon leur champ d'application géographique : en deçà des plans nationaux, on peut trouver des plans régionaux (ou des programmes d'aménagement régional lorsque objectifs et moyens sont quantifiés de façon moins précise) ; au-delà des plans nationaux, on a commencé de voir apparaître dans la décennie des années 60 les premières ébauches d'une planification supranationale : ainsi, dans la Communauté européenne, une programmation à moyen terme indicative s'efforce-t-elle de proposer pour quelques grandeurs stratégiques (production, prix, emploi, commerce extérieur) des objectifs qui pour être définis encore pour

chaque État membre doivent être néanmoins compatibles. Ainsi, également, au sein du *Comecon les États « socialistes » s'étaient-ils engagés dans un processus de coordination des plans nationaux, débouchant à l'échelon communautaire sur une programmation indicative des investissements et des échanges entre les États membres, inspirée du souci de favoriser une intégration rationnelle des économies socialistes.

Voir Planification.

Plancher

a : *Floor* – **d** : *Untergrenze* – **e** : *Suelo*

Limite inférieure concernant soit une quantité soit un prix.

Comme le *plafond, mais dans le sens inverse, un plancher est soit la constatation d'un niveau minimal atteint, soit le résultat de mesures réglementaires qui déterminent des quantités ou des prix minimaux. Dans ce dernier sens, on peut retenir :

• en ce qui concerne la détermination d'une quantité minimale, le niveau résultant des ratios réglementaires qui peuvent être imposées, dans la gestion d'une entreprise et, en particulier, d'un établissement bancaire : ainsi un plancher d'emploi en *bons du Trésor a été imposé aux banques de 1948 à 1957 : son application comportait obligation d'employer en bons du Trésor une partie déterminée des dépôts (qui fut au maximum de 25 %) : cette disposition réduisait les possibilités pour les banques de consentir des crédits aux entreprises et assurait au Trésor un renouvellement régulier des bons souscrits par le système bancaire et parvenus à échéance ;

• en ce qui concerne la détermination d'un plancher en matière de prix : le niveau minimal qui peut résulter des règles d'organisation d'un marché de produits agricoles ou de matières premières ou bien du marché des devises. Lorsque le prix plancher est atteint ou près d'être atteint par suite d'un mouvement de baisse des cours, des interventions de l'organisme régulateur pour défendre ce niveau doivent être mises en œuvre automatiquement : ainsi de l'achat pour stockage qui augmente la demande immédiate.

Plan comptable général

a : *Chart of accounts* – **d** : *Allgemeiner Kontenplan* – **e** : *Plan general de contabilidad*

Document méthodologique regroupant les principes et règles recommandés ou imposés par les pouvoirs publics en matière de comptabilité des entreprises.

Le Plan comptable général, édité en France par l'Imprimerie nationale, contient notamment une liste de classement des comptes à utiliser, ainsi que des modèles de présentation des comptes de synthèse (bilan, exploitation générale, pertes et profits). (*Voir* Comptabilité.)
Son application a été rendue progressivement obligatoire pour l'ensemble des entreprises industrielles et commerciales. Sous l'égide du *Conseil national de la comptabilité,* des *comités professionnels de normalisation* ont élaboré des plans et guides comptables par profession adaptant les règles générales du plan comptable aux spécificités de chaque branche.
Cette mesure de *normalisation, mise en place en France à partir de 1947, a donné lieu à l'adoption la même année du plan comptable, modifié ensuite en 1957. Dans le même esprit, et en application de la « IVe directive » des communautés européennes (*voir* Comptabilité), un *plan comptable révisé* a été adopté en 1982, dont l'application est obligatoire depuis le 1er janvier 1984.
Cette harmonisation progressive, qui s'est transformée en obligation, est particulièrement précieuse pour assurer l'homogénéité et la clarté des informations et statistiques concernant la structure financière de l'ensemble des entreprises.

Plan d'épargne

a : *Savings plan* – **d** : *Sparplan* – **e** : *Plan de ahorro*

Formule d'épargne proposée au public par des institutions financières et visant à la constitution d'un capital au moyen de versements périodiques.

Ce mode d'épargne, très répandu, se retrouve selon des modalités diverses dans la plupart des pays.

Plan d'option sur actions

a : *Stock option* – **d** : *Stock Option* – **e** : *Stock opción*

Offre faite aux cadres d'une entreprise d'acquérir, à un prix préférentiel fixé d'avance, des actions de la société à une échéance déterminée.

Planification

a : *Planning* – **d** : *Planung* – **e** : *Planificación*

Fait d'organiser le développement économique à partir d'une structure cohérente et si possible optimale d'objectifs et de moyens correspondants.

Ainsi définie, la planification, qui applique à la recherche de résultats économiques les techniques de *prévision et de programmation, peut se rapporter aussi bien à l'activité d'une entreprise, voire d'un individu, qu'à l'action d'une collectivité publique. En fait, le terme est avant tout employé pour définir l'organisation délibérée du développement économique au niveau de la communauté nationale. Et dans cette acception particulière qui sera envisagée ici, la planification suppose naturellement des connaissances étendues et précises sur l'économie qui en est l'objet, donc un appareil statistique développé. Elle implique également une volonté explicite d'organiser le développement des activités économiques au niveau de la communauté et donc la dévolution aux organes investis de la puissance publique d'une compétence éminente en la matière.

Historique : Pour ces deux raisons, la planification est en fait récente. Inconnue des économies capitalistes du XIXe siècle, dans la mesure où le *libéralisme faisait confiance aux mécanismes naturels résultant de la confrontation des initiatives individuelles et refusait, de ce fait, à la puissance publique tout autre intervention que celle d'un gardien des règles du jeu, la planification est née historiquement avec la révolution socialiste d'octobre, en Russie. Sans lui être étrangère, elle n'a pas procédé cependant directement d'une inspiration doctrinale, dans la mesure où les théoriciens marxistes avaient davantage fait porter leur analyse sur les conditions d'évolution du capitalisme que sur les processus de construction d'une économie socialiste. La destruction des structures féodales et capitalistes, la collectivisation des moyens de production essentiels, l'état de guerre et de pénurie, la situation objective de sous-développement, tout concourait, dans la Russie soviétique, à la mise en place de mécanismes nouveaux impulsés par la volonté délibérée des organes investis du pouvoir politique.
Née autoritaire et centralisée, la planification s'est développée en ex-URSS puis dans les autres pays socialistes ; puis elle a gagné certains pays capitalistes sous l'influence convergente des nécessités de la reconstruction, après la Seconde Guerre mondiale, des responsabilités nouvelles reconnues à l'État dans la régulation de la croissance, à partir notamment des théories *keynésiennes, et du défi lancé par les pays socialistes eux-mêmes au niveau du développement économique. Par un retour à peine paradoxal des choses, l'évolution des économies socialistes les conduit aujourd'hui à corriger plus ou moins progressivement ce qu'une

planification trop étroitement centralisée et autoritaire peut désormais présenter d'inadapté au stade de développement où elles sont parvenues.

La planification « socialiste » (jusqu'en 1990)

On présentera d'abord la planification classique en ex-URSS avant d'en analyser l'évolution récente et de caractériser les expériences plus diversifiées des autres pays socialistes. S'il semble que l'idée d'une planification en ex-URSS date du VIIIe Congrès panrusse des soviets, qui lança en 1919 l'objectif d'électrifier le pays, c'est en 1921 que cette idée se fait institution, quand Lénine crée une Commission du plan d'État (*Gosplan) ; on n'en verra la réalité économique qu'en 1927, année de naissance du plan quinquennal. Depuis, la planification n'a cessé de constituer le système central de développement économique de l'union.

• La planification soviétique distingue *plusieurs horizons temporels :* le *long terme*, qui relève de la « perspective générale », définit les axes prioritaires du développement par républiques et régions d'une part, par branches d'autre part ; le *moyen terme*, en principe de cinq ans, fixe de façon non impérative les objectifs de production à atteindre pour l'année terminale et les années intermédiaires, toujours par branches et par régions ; depuis 1963, le plan à moyen terme perspectif est complété par une projection quinquennale continue qui actualise les objectifs de l'année terminale ; le *plan annuel*, enfin, constitue en fait le plan opérationnel. Établi dans la perspective du plan quinquennal, dont il constitue en quelque sorte la branche opératoire, il détermine le cadre de l'ensemble des opérations de production et de répartition. Depuis 1968, il se prolonge par un plan annuel indicatif concernant l'année suivante. C'est sur la base du plan annuel, complet et en principe impératif, qu'il convient d'envisager la présentation rapide des méthodes de la planification soviétique.

• *Sur le plan institutionnel,* la responsabilité conceptuelle et coordinatrice de la planification incombe à un organisme spécialisé le *Gosplan, qui a son correspondant à l'échelon de chaque république fédérée, correspondant lui-même fédérateur des commissions de planification existant au niveau des républiques autonomes, des régions, territoires et districts. A chaque échelon le rattachement hiérarchique est double, horizontal avec l'instance « gouvernementale », vertical avec l'instance territoriale supérieure du Gosplan.

• La *procédure de planification* s'articule en trois grandes phases : à partir d'une analyse de la situation économique initiale, on détermine en les articulant les taux de croissance et les ratios de proportion et d'équilibre entre les grandeurs projetées, puis dans le cadre d'une itération avec les échelons subordonnés et les unités de production, les normes correspondant à la désagrégation des orientations globales, qui doit conférer au plan sa portée opératoire, dans le respect d'une cohérence générale.

• La *structure du plan* comporte un triple aspect :

– géographique, lié à l'articulation des organes de planification ;

– sectoriel, dans la mesure où l'affectation des ressources est commandée par la définition d'une hiérarchie des priorités fondée sur la distinction entre branches (institutionnalisée au niveau de la hiérarchie des ministères techniques, comportant eux-mêmes une stratification géographique) ;

– et enfin fonctionnel, le plan définissant progression et équilibre par « domaine » : soit production, investissements, approvisionnement des unités de production, développement des activités de la sphère improductive (éducation, santé...), commerce intérieur et services, commerce extérieur, niveau de vie (allocation et affectation des ressources).

Ces plans globaux sont complétés par des plans spécifiques (finances publiques, crédit, ajustement des prix...).

La recherche de la cohérence est principalement assurée par la méthode des *balances mettant en rapport pour les facteurs de production, comme pour les opérations de répartition, ressources d'une part, besoins ou emplois d'autre part. On a continué de distinguer à cet égard : les *balances matières, généralement établies en quantités physiques (réelles ou conventionnelles), pour les productions industrielles et agricoles, à un niveau fin de désagrégation mais variable dans le temps, l'évolution tendant plutôt à réduire le nombre des balances (actuellement de l'ordre de 2 000) ; les balances de travail qui programment l'affectation et la répartition de la main-d'œuvre ; les balances synthétiques, en unités monétaires, qui, sur la base de la comptabilité nationale soviétique, agrègent les flux économiques et financiers pour dégager, par exemple, la formation et la répartition du produit social global (synthèse des balances matières), la formation et la répartition du revenu (produit social global diminué des consommations intermédiaires et des amortissements), les flux économiques et financiers des grands groupes d'agents, dans les balances « financières », et enfin, au niveau le plus grand de compréhension, l'ensemble des opérations dans la balance synthétique générale. On doit aussi signaler, dans le cadre de l'évolution générale de la planification soviétique, le développement à partir de 1959 des balances interbranches qui analysent pour chaque branche productive la contribution qu'elle apporte à l'économie et le concours qu'elle en reçoit.

• *La planification soviétique a en effet évolué,* en fonction même de l'expérience acquise, c'est-à-dire des succès enregistrés, mais aussi des erreurs commises, du niveau de développement atteint et des modifications qu'il entraîne dans le fonctionnement du régime économique.

Cette évolution tend à répondre à deux problèmes distincts, mais liés :

– adapter la production et la répartition des ressources à une réorientation progressive de la finalité de la croissance, qui fondée au départ sur l'impératif d'industrialisation tend à faire une place plus grande à la demande des consommateurs ;

– mettre fin au divorce latent entre les services de planification, aux vues technocratiques, et les unités de production, qu'on souhaite orienter vers la recherche et l'efficacité, sous toutes ses formes.

L'évolution de la conception et du contenu des plans à moyen terme illustre notamment la portée du premier problème. Après le plan perspectif des années 20 (dit « plan Goelro » en raison du poids accordé au secteur énergétique), le premier plan quinquennal (1928-1932) privilégiait le développement de l'industrie lourde ; le deuxième (1933-1937) accordait une priorité particulière à la sidérurgie ; le troisième (1938-1942) qui traduisait déjà une inflexion vers l'aval en mettant l'accent sur les industries mécaniques est affecté par la guerre ; le plan de 1946-1950 organise la reconstruction ; celui de la période 1951-1955 privilégie toujours la production des moyens de production ; le sixième plan (1956-1960) a été interrompu en cours d'exécution et, signe des temps, on lui a substitué un plan septennal (1959-1965) modifiant les priorités relatives en accordant une place plus importante au développement de la production des biens de consommation. Les derniers plans (1966-1970 et 1971-1975) ont maintenu cette réorientation.

Comme on l'a déjà noté, si la programmation à moyen terme garde une importance politique considérable, en terme d'orientation et de référence, c'est au plan annuel que revient en définitive la fonction d'organiser le processus opératoire de développement économique. L'évolution en ce qui le concerne a été directement liée à la réforme progressive des modes de gestion des entreprises.

Dans la conception traditionnelle, le plan annuel était à la fois serré, dans la mesure où il prévoyait l'affectation des ressources de manière exhaustive, et, en même temps, minimal, dans la mesure où les unités de production étaient invitées à dépasser les normes. Cette contradiction apparente était jusqu'à une époque récente résolue soit dans l'inobservation du plan, soit dans la sous-estimation délibérée des normes qu'un système d'incitation tendait pourtant à faire dépasser. La réforme économique, introduite à partir de 1965, comme les recherches sur l'optimisation ont tendu à situer au niveau de l'entreprise la définition des normes mieux ajustées et les incitations nécessaires pour les atteindre. Les excès et les erreurs d'une planification centrale autoritaire ont conduit progressivement à assouplir le système de programmation qui a fait plus appel à des concours décentralisés. D'une façon générale, au niveau de l'exécution, le plan a vu son caractère strictement impératif s'estomper au profit d'une conception plus souple autorisant un comportement autonome des unités de production ; la conciliation entre cet assouplissement du fonctionnement pratique de l'économie et le respect des objectifs retenus a été recherchée parallèlement dans le développement de l'application des techniques mathématiques à la planification, notamment dans la construction de *modèles de projection. Des efforts se sont poursuivis pour dégager et mettre en œuvre les principes d'une planification optimale, fondée sur l'utilisation de modèles de prévision optimisant, en fonction de critères prédéfinis, l'allocation des ressources ; au niveau de l'exécution ils se sont complétés par la mise en place d'une structure rénovée des mécanismes économiques (et principalement du mécanisme des *prix) permettant d'orienter le comportement des agents et, en particulier, des entreprises, appelées ainsi à tendre spontanément vers la réalisation des objectifs planifiés dans le cadre d'une autonomie élargie.

Dans les autres pays « socialistes » : Une évolution parallèle, parfois plus lente, mais dans certains cas aussi beaucoup plus rapide, a caractérisé la planification des autres pays socialistes. Les premiers plans pluriannuels étaient marqués par une conception autoritaire de l'affectation des ressources à l'objectif d'industrialisation dans des conditions où les contraintes de la reconstruction prenaient les relais des séquelles de l'économie de guerre. L'évolution a consisté à conférer à la programmation pluriannuelle un caractère plus indicatif et à envisager le développement d'une façon plus équilibrée en répondant davantage aux besoins de consommation des générations présentes. Dans certains pays, en outre, tels que la RDA, la Tchécoslovaquie et la Pologne, la planification à moyen terme s'est inscrite dans une perspective à long terme relativement élaborée.
Quant à la planification annuelle, elle a tendu à se diversifier. Encore autoritaire et centralisée dans certains pays comme la Bulgarie et la Roumanie, elle a tendu à s'assouplir, voire à revêtir un caractère indicatif dans d'autres pays tels que la Pologne, la Hongrie, et plus encore la Yougoslavie. Cette évolution a été directement liée à celle des mécanismes économiques, et notamment au régime des prix, et aux modes de fonctionnement des unités de production. La déconcentration des pouvoirs de décision, comme en Hongrie, ou l'*autogestion, comme en Yougoslavie, ont conduit même à réintroduire au niveau du pouvoir central des mécanismes régulateurs d'incitation ou de dissuasion pour assurer, indirectement, la réalisation des objectifs planifiés.

Économies capitalistes

La planification dans les États capitalistes : Elle s'est introduite progressivement et inégalement après la Seconde Guerre mondiale, autant sinon plus sous l'empire de nécessités de fait (reconstruction succédant à l'économie de guerre, puis intérêt reconnu d'éviter, compte tenu du défi jeté par les régimes socialistes, la résurgence de crises, et donc de régulariser et de garantir la *croissance), que sous l'influence des courants socialisants qui dans certains pays, telle la France, ont imprimé leur marque aux premières années de l'après-guerre. Si tous ou presque tous les pays occidentaux encadrent l'orientation de la politique économique à court terme par l'élaboration de *budgets économiques, c'est-à-dire de prévisions à court terme, il s'en faut, par ailleurs, de beaucoup que la planification proprement dite ait reçu partout un droit de cité officiel.

Certains États, tels les États-Unis, la rejettent *a priori* catégoriquement, sans s'interdire cependant d'adopter dans certains domaines d'intervention de la puissance publique des programmes pluriannuels (défense, espace...), d'introduire des pratiques qui s'en inspirent (PPBS) et, au niveau global, d'esquisser des prévisions à plus ou moins long terme. D'autres, comme la République fédérale d'Allemagne, en répudient théoriquement les termes, mais ne répugnent pas à développer pratiquement une programmation à moyen terme. D'autres enfin, telle la France, se sont engagés systématiquement et officiellement dans une expérience de planification à moyen terme, tout en en marquant délibérément les limites dans une économie qui entend demeurer libérale.

L'exemple de la France : C'est sans doute le plus accompli et le plus intéressant, dans la mesure où il concerne une expérience déjà vieille de près de trente ans, où il témoigne d'une évolution riche d'enseignements et où il illustre les difficultés de concilier, dans l'efficacité, planification et économie de marché libérale.
Sur le plan de la conception et de l'élaboration, la planification française peut inscrire à son actif des progrès techniques incontestables. En revanche, sur le plan de l'application effective, elle a tendu progressivement à se réduire à une prévision indicative.

• *Les progrès techniques ont surtout porté sur l'extension du champ de la planification et sur les méthodes de programmation.* Le Ier Plan, dit « plan Monnet » (1947-1952), lié à l'affectation de l'aide du *plan Marshall à la reconstruction du pays, et inspiré par les tendances socialisantes du pouvoir politique, prescrivait des objectifs impératifs à la production, mais les limitait à six secteurs clés de l'économie (charbon, électricité, sidérurgie, ciment, machines agricoles, transports intérieurs). La réalisation du Plan permettait d'atteindre pour l'essentiel les résultats escomptés mais au prix de tensions (déséquilibre des échanges, hausse des prix...) dont la correction ou la prévention justifiaient que la planification s'étende à l'ensemble de l'économie. Le IIe Plan, dit « plan Hirsch » (1954-1957), témoignait d'une évolution dans ce sens en réglant la croissance de la production, de la consommation et des investissements. Avec le IIIe Plan, dit « plan Massé » (1958-1961), relayé par le plan intérimaire de 1960-1961, la programmation prend appui directement sur la *comptabilité nationale, incorpore désormais des objectifs sociaux, et se prolonge par des programmes d'action régionale. Le IVe Plan (1962-1965) s'inscrit techniquement dans la même ligne, mais améliore la programmation des investissements, et notamment des équipements collectifs, en définissant un échéancier matérialisé par des « tranches opératoires » qui fixent des enveloppes financières et individualisent certaines opérations par région de programme et par département. Avec le Ve Plan (1965-1970), la planification s'exprime explicitement par des projections dans les cadres de la comptabilité nationale qui fixent un objectif de croissance et décrivent une « image » de l'année terminale

du plan ; elle s'enrichit d'une programmation en valeur qui prévoit une croissance différenciée des revenus (salaires, revenu des exploitants agricoles, autofinancement des entreprises sociétaires, prestations sociales) ; elle définit des « *clignotants », indicateurs spécifiques à base d'indices conjoncturels, dont l'allumage doit alerter sur les tendances dont la poursuite peut mettre en cause la réalisation de certains objectifs (production industrielle, prix, balance des paiements...). Le VIe Plan (1970-1975) met en sourdine officielle la programmation en valeur, mais s'appuie sur l'utilisation d'un modèle de projection à moyen terme (le *modèle « FIFI ») qui permet d'esquisser, pour la période terminale du plan, une projection globale cohérente du développement économique. Le VIIIe Plan (mort-né, compte tenu du changement de majorité) consacre le recours privilégié au modèle DMS dans un contexte particulier : si les projections techniques font l'objet d'une certaine publicité, la préparation officielle du Plan ne leur fait plus référence explicite. Cette tendance n'a pas été réellement inversée avec le IXe Plan (1984-1989), le Xe Plan (1989-1992), le XIe Plan (1993-1997).
L'enrichissement progressif des méthodes ne s'est pas traduit paradoxalement par un progrès réel du rôle de la planification dans le développement de l'économie. Ce n'est pas que la planification soit restée uniquement affaire de techniciens. Dès le départ, sous l'égide du Commissariat général au plan, état-major léger rattaché au Premier ministre, les travaux techniques menés principalement par l'INSEE et la Direction de la prévision (qui dépendent du ministère de l'Économie et des Finances) ont été soumis à l'examen de commissions de modernisation (verticales par branche, horizontales au niveau des grands équilibres et des problèmes généraux : financement, emploi...) dans le cadre d'un processus de concertation associant représentants des organisations professionnelles, syndicales et sociales, des administrations, et des compétences individuelles reconnues. Très vite, de même, le plan a été soumis au vote du Parlement. A partir du Ve Plan, la distinction entre deux étapes — un schéma de grandes options, puis le plan proprement dit — entend démocratiser la procédure d'élaboration qui fait intervenir successivement, à chaque phase, le Conseil économique et social puis les Assemblées. Encore convient-il de noter que la portée des délibérations de ces instances reste limitée par le fait que le gouvernement ne livre à l'examen, dans son chiffrement, que l'esquisse centrale qu'il a retenue, et que la présentation de variantes reste globale et très générale. Néanmoins, la participation des partenaires sociaux, la consultation des instances régionales et locales, la sanction d'un vote par la représentation nationale confèrent au moins théoriquement un caractère solennel à une programmation dont la réalisation a pu même être présentée comme « l'ardente obligation » des citoyens. Par ailleurs, si le plan situe ses objectifs dans le cadre d'une vision générale du développement à moyen terme qui participe de l'étude de marché, la puissance publique n'est pas dépourvue de moyens pour donner une portée pratique au volontarisme qui

caractérise *a priori* toute programmation. Le poids des finances publiques (les opérations des administrations représentent 50 % du PIB), l'importance en général du secteur public et parapublic, la maîtrise, au moins théorique, des principaux circuits de financement, l'étendue du pouvoir réglementaire reconnue en matière économique à l'État, bref l'importance et le nombre des leviers sur lesquels il est possible d'agir pour orienter les comportements (marchés publics, fiscalité, crédit, régime des prix...), tout concourt à doter *a priori* la puissance publique de moyens puissants.

• *Pourtant, l'évolution de la pratique du plan, notamment dans les années récentes, a pu faire parler de « déplanification ».* Que le terme soit considéré comme trop fort ou, au contraire, comme fidèle à la réalité, il reste que les limites de l'expérience ont pris ces dernières années un relief particulier.

Deux facteurs principaux rendent compte de cette évolution. Le premier est plutôt d'ordre technique : il a trait à la prédominance des contraintes imposées par la régulation *conjoncturelle. Dans la mesure même où le plan, élargi à tous les aspects de la vie économique, essaie d'équilibrer des objectifs parfois difficilement conciliables, sinon contradictoires, il est par essence « tendu », et le respect de la ligne de croissance suppose un pilotage très serré. A la vision normative du plan, la réalité économique oppose les fluctuations et le développement fréquent de tensions. Par ailleurs, le progrès des techniques de programmation est en partie compensé par l'importance croissante de certains aléas, et en particulier par celui constitué par la conjoncture internationale, pour une économie qui a choisi délibérément de s'ouvrir sur l'extérieur. La croissance nationale devient plus dépendante de celle des autres nations, en même temps que la défense de la compétitivité crée une obligation supplémentaire de corriger les tensions internes lorsqu'elles se développent, notamment sous la forme d'un dérapage inflationniste. De là ces plans de « *stabilisation » (en 1963, en 1969, en 1974, par exemple) qui, pour avoir l'ambition affirmée de restaurer les conditions d'un développement plus équilibré à terme, n'en conduisent pas moins à retrancher sur les objectifs du plan, notamment dans les domaines où l'action restrictive est le moins difficile à mettre en œuvre (investissements publics). L'objectif général de la politique économique tend de plus en plus à régulariser les fluctuations, à éviter les enchaînements cumulatifs, à limiter l'amplitude du « stop and go » tout en se gardant de la « *stagflation ». Dans cet effort permanent, la référence au plan s'estompe.

Elle peut d'autant plus s'affaiblir, et c'est là qu'intervient le deuxième facteur, d'ordre plutôt politique, que la volonté planificatrice du gouvernement n'est pas en rapport exact avec le caractère ambitieux des objectifs retenus. « Réducteur d'incertitudes », le plan ne l'est vraiment que si la réalisation peut compter sur la détermination des autorités publiques. Or, même dans les domaines où l'État est le plus directement concerné comme agent économique, notamment en matière d'investissements et d'équipements collectifs, la programmation des opérations, sur la période quinquennale, reste partielle, et conserve en fait un caractère indicatif. De ce point de vue, les *programmes d'action prioritaire introduits dans le VIIe Plan (après les programmes finalisés du VIe Plan) n'introduisent guère de progrès. L'engagement de l'État, non assorti d'un échéancier, ne porte que sur 15 % (et moins de 8 % hors P et T) des dépenses budgétaires d'équipement et de fonctionnement et encore ne porte-t-il pas sur des mesures entièrement nouvelles. Les PAP survivent dans le VIIIe Plan mais s'inscrivent seulement dans des orientations générales, sans référence à des projections globales permettant de situer l'intervention des collectivités publiques. Sans doute une certaine souplesse est-elle nécessaire dans l'action gouvernementale. Mais la référence au plan ne paraît pas toujours guider l'utilisation des moyens considérables dont disposent les pouvoirs publics. Il n'y a pas de réelle mobilisation de ces moyens, parce que la « crédibilité » du plan ou la foi en la planification demeurent très relatives chez les protagonistes.

• *De fait, l'apport de la planification française reste riche,* par les techniques qu'elle met en œuvre, les recherches qu'elle suscite, les études qu'elle alimente (et la réputation qu'elle a acquise par ses méthodes auprès des planificateurs étrangers en porte témoignage). Il est certain également qu'elle contribue à favoriser une prise de conscience des problèmes du développement économique et social, à clarifier certains choix et à orienter l'action. Elle reste en deçà d'une véritable programmation, mais le progrès lent et continu des méthodes devrait la placer bien au-delà d'une prévision indicative.

Au demeurant, l'évolution n'est pas close. Et le fait que l'expérience française n'est pas isolée peut à cet égard exercer une influence. La CE a admis pour l'ensemble de ses membres la nécessité et l'opportunité d'une programmation à moyen terme.

Pour l'instant, l'effort s'est borné à établir des esquisses à moyen terme par État membre, retenant des objectifs globaux pour les grandeurs stratégiques (production, prix, emploi, balance des paiements courants) qui ne présentent pas d'incompatibilités.

Conçue de manière très indicative, cette programmation devrait en principe progressivement servir de cadre de référence à des plans nationaux mieux articulés.

Planisme

a : *Planning tendency* – **d** : *Planungstendenz* – **e** : *Planismo*

Tendance doctrinale à planifier les activités humaines.

Le terme, d'un emploi assez rare aujourd'hui, caractérise une propension *a priori* pour l'organisation planifiée des activités humaines, notamment des activités économiques. Il se réfère à la conviction idéologique ou doctrinale que la planification est un instrument de rationalisation. De ce point de vue, par exemple, les équipes socialistes au pouvoir dans les pays collectivistes peuvent être considérées comme planistes. On notera que le planisme ne préjuge pas la nature de la planification et notamment les degrés de contrainte qu'elle peut introduire, selon ses modalités de conception et d'application, dans l'exercice des activités des individus et des groupes.

Voir Planification.

Plan Marshall

a : *Marshall plan* – **d** : *Marshallplan* – **e** : *Plan Marshall*

Programme d'aide des États-Unis à l'Europe appliqué de 1948 à 1952. (Du nom du secrétaire d'État des États-Unis qui l'a lancé.)

Le « programme de relèvement européen », dont Marshall avait lancé l'idée en 1947, était destiné à lutter contre les risques de « dislocation économique sociale et politique » que courait l'Europe du fait notamment de son inaptitude à se procurer les produits importés nécessaires à son activité économique. Compte tenu des objectifs qu'il s'était fixés, le gouvernement américain assortit l'aide ainsi accordée, pour la quasi-totalité sous forme de dons (un dixième seulement en prêts), de conditions que les accords bilatéraux avec les bénéficiaires permirent de préciser. Il s'agissait tout d'abord de favoriser la reprise d'un fonctionnement normal des échanges internationaux. A cette fin, l'*OECE fut chargée de la distribution de l'aide, la coopération entre Européens ainsi encouragée devait être prolongée et orientée vers la recherche d'une libération des échanges accélérée. Chaque bénéficiaire s'engageait d'ailleurs à faire des efforts dans ce sens, tandis que l'utilisation de l'aide et les programmes établis à cette occasion devaient assurer l'équilibre des *balances des paiements indispensable à la stabilité d'un système multilatéral d'échanges. Mais la prospérité du commerce mondial suppose que le développement économique interne des participants soit satisfaisant, aussi les Européens durent-ils notamment accepter de rechercher l'équilibre budgétaire nécessaire à la stabilité interne. Quant aux recettes en monnaies nationales que les gouvernements bénéficiaires obtenaient en échange des dollars reçus, ils devaient les affecter à des dépenses d'équipement qui favoriseraient la croissance ultérieure. Enfin, certaines conditions étaient stipulées qui prenaient en compte les intérêts directs des États-Unis. Le choix des produits à importer ne fut pas toujours conforme aux demandes des Européens : non seulement certains biens rares étaient refusés, mais d'autres, bien qu'ils n'aient pas été recherchés, étaient imposés. La majeure partie de ces achats devait bien sûr être faite aux États-Unis, lesquels obtenaient par ailleurs certaines facilités d'accès aux sources de matières premières.

Fondé sur la convergence des intérêts à long terme des partenaires, liés au développement de la production et des échanges, le programme peut être considéré comme exemplaire. La solidarité internationale, qui s'est ainsi exprimée, a fait preuve de son efficacité : en aidant les pays européens à passer le cap des années de reconstruction, elle a permis de fonder leur expansion ultérieure ; en favorisant les débuts de l'unification européenne, elle a préparé la constitution de l'espace économique puissant, qui, paradoxal retour des choses, devait devenir dès les années 60 le principal rival des États-Unis.

Plan mensuel de placement

Engagement de versements mensuels affectés par l'organisme collecteur à la souscription de parts de fonds de placement ou d'autres valeurs mobilières. (En anglais : monthly investment plan.)

Cette formule de placement vise particulièrement la clientèle des salariés en raison du rythme mensuel de perception de leur revenu.

Planning programming budgeting system (PPBS)

Voir Rationalisation des choix budgétaires.

Plus-value

a : *Increase in value* – **d** : *Wertsteigerung* – **e** : *Plusvalía*

Augmentation de valeur.

Le terme est utilisé dans des acceptions assez diverses.

Économie et théorie *marxistes

L'analyse marxiste dénomme plus-value le profit qui s'ajoute au coût de production et qui correspond à l'augmentation de valeur résultant du travail. Le travail est la source de la plus-value : en effet, la force de travail est rémunérée, sur le marché, à son coût d'entretien (ou de reconstitution). Mais comme cette force de travail est utilisée au-delà de son coût, soit de façon directe (augmentation de la durée du travail), soit de façon indirecte (accroissement des normes de rendement), elle dégage une plus-value qui correspond donc à la valeur nette du travail humain.

Si, par exemple, l'entretien de la force de travail d'un agent économique coûte la valeur du produit de six heures de travail, et si en fait l'agent est employé dix heures, la plus-value obtenue est égale à la valeur du produit de quatre heures de travail.

Application à l'analyse économique : La notion de plus-value a constitué l'un des points de départ essentiels de l'analyse marxiste des faits économiques. Marx établissait qu'à son époque le rapport des forces entre le patronat et les ouvriers aboutissait à assurer au premier le bénéfice de cette plus-value. A partir de là, le développement du processus d'accumulation du capital (résultant de l'affectation à l'investissement d'une part croissante de la plus-value) et de concentration des entreprises lui suggérait l'hypothèse d'une paupérisation progressive des travailleurs. En fait, cette conclusion n'a été vérifiée qu'un temps. Car le développement du capitalisme s'est accompagné d'une prise de conscience croissante de son rôle et de sa force par la *classe ouvrière. Dans les pays européens, cette évolution a abouti, soit à la révolution (URSS), soit à une situation où la classe ouvrière dispute au patronat le partage de la plus-value (pays occidentaux).

Affectation de la plus-value : La diversité des régimes économiques dans le monde a présenté à cet égard, schématiquement, trois types de situation.

• *Pays socialistes :* la plus-value était répartie de façon variable selon les entreprises, l'époque et le pays, entre les salariés et la collectivité (entreprises pour les investissements de leur ressorts ; État pour les investissements nationaux, l'aide extérieure, le financement des charges improductives, et celui des mécanismes de péréquation des revenus : Sécurité sociale, enseignement...).

• *Pays libéraux industrialisés :* l'analyse marxiste, bien qu'évidemment contestée par les libéraux, n'a pas été sans exercer une influence profonde sur les rapports entre les salariés de l'industrie et le patronat : le régime des heures supplémentaires, les systèmes de primes de rendement ou de productivité, la réglementation des congés payés et plus récemment les tentatives pour instituer les mécanismes d'intéressement aux résultats de l'entreprise (*voir* Participation) peuvent être considérés comme autant d'éléments visant à organiser la récupération, au moins partielle, de la plus-value par les travailleurs salariés.

Dans ces pays, les théoriciens néo-libéraux concilient cette évolution avec la fidélité aux théories classiques en analysant la plus-value — assimilée à la *valeur ajoutée nette au coût des facteurs — en trois éléments : la plus-value résultant du travail qui justifie, par exemple, les systèmes d'intéressement ; la plus-value résultant du capital, qui légitime sa rémunération ; la plus-value résultant de l'exercice avisé des responsabilités du chef d'entreprise, fondant la participation au profit des managers (sous forme de hauts salaires et rémunérations accessoires, s'ils sont distincts des propriétaires du capital).

Dans la pratique, une part importante de la plus-value est en fait conservée dans l'entreprise et réinvestie en vue d'accroître le capital (qui est approprié privativement, sauf dans le secteur nationalisé, et sous réserve de l'application des dispositions relatives à l'intéressement lorsqu'elles impliquent l'attribution aux travailleurs salariés de la propriété d'une partie des fonds d'autofinancement).

• *Pays sous-développés, territoires soumis à la colonisation :* la plus-value ne bénéficie que partiellement aux salariés, la plus grande part étant, soit affectée à l'investissement, soit plus souvent transférée par les sociétés étrangères ou accaparée par le patronat local.

Économie et théorie *libérales

La plus-value désigne l'augmentation de la valeur d'un bien (ou d'un revenu) liée à une cause étrangère à toute transformation intrinsèque de ce bien (ou de ce revenu).

Caractères : Cette plus-value est réelle ; en cela elle se distingue de l'accroissement nominal de valeur lié à une dépréciation monétaire. Du point de vue de l'agent économique bénéficiaire, la plus-value apparaît comme « gratuite » ; en ce sens elle se distingue de la « valeur ajoutée » par l'agent. Elle ne trouve pas sa source dans une modification objective de l'utilité du bien auquel elle s'applique, mais dans une variation de cette utilité telle qu'elle s'apprécie, en termes monétaires, sur le marché.

Objet : La plus-value peut s'appliquer à n'importe quel bien. Elle peut affecter notamment la valeur des immeubles (bâtis ou non bâtis), des titres, et des biens meubles.

Économie d'entreprise

La plus-value peut être définie comme *la différence entre la valeur vénale d'un bien et sa valeur comptable nette,* c'est-à-dire après déduction des *amortissements ou *provisions, lorsque la première est supérieure à la seconde (sinon, on parle de moins-value).

Aux termes de la loi du 12 juillet 1965, on distingue en France les plus-values à court terme et les plus-values à long terme.

• Les *plus-values à court terme* sont celles réalisées sur la cession de biens (amortissables ou non) acquis ou créés depuis moins de deux ans, ou sur des biens de plus de deux ans si elles correspondent à des amortissements déduits pour l'assiette de l'impôt.

• Les *plus-values à long terme* sont constituées par les amortissements réévalués ou par ceux correspondant à des plus-values dégagées.

Après compensation des plus-values par les éventuelles moins-values, on obtient les plus-values nettes (à court ou à long terme).

• La *plus-value nette à court terme* est rattachée aux résultats de l'exercice, donc soumise à l'impôt sur les sociétés de 50 %, sauf cas d'échelonnement sur cinq ans si l'entreprise le demande.

• La *plus-value nette à long terme* peut être employée à compenser le déficit de l'exercice ou ceux des exercices antérieurs. A défaut, elle est taxée à proportion de 15 %, les 85 % restants étant affectés à un compte de *réserve spéciale.
Les modalités de *réévaluation des bilans, qui aboutissent à taxer assez lourdement les plus-values purement comptables, conduisent les entreprises à conserver de nombreuses plus-values latentes dans leur structure financière (*voir* Réserves latentes).

Fiscalité : La notion fiscale de plus-value s'appuie sur la constatation d'un gain réel ou comptable lors d'opérations de cession ou de *réévaluation d'un élément de patrimoine.
La taxation des plus-values diffère selon la nature des biens et le régime d'imposition du redevable.

• Des régimes particuliers ont été définis pour les plus-values résultant de *la cession ou de la réévaluation des immobilisations amortissables* et pour les plus-values réalisées lors de la *cession de valeurs mobilières.*

• Une taxe forfaitaire assise sur la valeur de la vente libère en outre de toute imposition les plus-values réalisées lors de *la transaction de métaux précieux, bijoux, objets d'art, de collection et d'antiquité.*

• La taxation généralisée des plus-values, définie par la loi du 19 juillet 1976, ne concerne ainsi que les plus-values réalisées par des particuliers à l'occasion de *la cession d'immeubles* et *de certains biens meubles* tels que navires de plaisance ou chevaux de course. La plus-value taxable est alors définie comme la différence entre la valeur de cession et la valeur d'acquisition, augmentée de certaines dépenses engagées durant la période de détention, et revalorisée en fonction de la dépréciation monétaire. La plus-value est soumise à l'impôt sur le revenu ; mais, pour atténuer l'incidence de la progressivité de cet impôt, un système de « quotient », analogue dans son principe au *quotient familial, est utilisé dans le calcul de la cotisation fiscale supplémentaire qu'elle entraîne.

Point mort

a : *Break-even point* – **d** : *Gewinnschwelle/Nutzschwelle* – **e** : *Punto muerto*

**Seuil d'activité d'une entreprise à partir duquel, toutes ses *charges étant couvertes, celle-ci commence à produire du *bénéfice.*

La détermination du point mort (ou seuil de *rentabilité) s'opère schématiquement comme suit par le calcul :
Le résultat d'exploitation R est par nature égal à la différence entre le prix de vente (p) d'une unité produite et son *coût variable (v), en fonction

du nombre d'unités vendues ou niveau d'activité (Q), déduction faite des *charges fixes globales (F). Cette relation s'écrit :

$$R = (p - v)\,Q - F.$$

Exprimé en unités physiques (point mort en volume), le point mort est le seuil d'activité Q_0 tel que $(p - v)\,Q_0 - F = 0$. Au-delà de ce seuil, le résultat entre dans une zone positive, donc génératrice de bénéfice. On constate que $Q_0 = \frac{F}{p - v}$ et correspond au rapport entre les charges fixes globales (F) et la marge unitaire sur coûts variables $(p - v)$. Exprimé en unités monétaires (point mort en valeur ou chiffre d'affaires critique), le calcul intègre le prix de vente unitaire p'. On a alors $Q_0 \times p = V_0$ ou chiffre d'affaires. Dans ce cas, $V_0 = \frac{F}{(p - v)\,p'}$.

La valeur $(p - v)\,p'$ représente le *coefficient de *marge sur coûts variables* (ou *coefficient d'absorption* des charges fixes). Selon ce schéma, il est clair que le point mort en valeur correspond au rapport entre les charges fixes globales et le coefficient de marge sur coûts variables.

Points d'or

a : *Gold points* – **d** : *Goldpunkte* – **e** : *Puntos de oro*

Dans un régime international d'étalon-or, taux de change limite d'une monnaie en deçà duquel sont encouragées les importations d'or (point d'entrée de l'or) ou au-delà duquel sont déclenchées les exportations (point de sortie de l'or) comme moyens de règlement.

Dans un régime international d'*étalon-or (*voir* Gold bullion standard) tel que celui qui régna au début du XXe siècle, les diverses monnaies sont définies chacune par une parité avec l'or, c'est-à-dire par un poids d'or déterminé. L'autorité monétaire de chaque pays (banque centrale) est tenue d'acheter et de vendre de l'or à un prix fixé, sans limitation de montant ; les particuliers peuvent obtenir de l'or en échange de billets de banque ; l'importation et l'exportation de l'or sont entièrement libres (*voir* Monométallisme).

Compte tenu de cette situation, il est à tout moment possible à un résident d'un pays à étalon-or de se procurer de la monnaie d'un autre pays à étalon-or à un taux déterminé en fait par deux éléments : le rapport en poids d'or des deux monnaies ; les frais de transfert de l'or d'un pays à l'autre (emballage, transport, assurances, immobilisation temporaire). Or, les règlements internationaux peuvent s'effectuer soit par des expéditions d'or, soit par des *lettres de change libellées en devises. Toutes les fois que le prix des lettres de change est tel, sur le marché des devises, que leur

utilisation est plus onéreuse que l'envoi d'or, le débiteur choisit de régler son créancier extérieur en or, qu'il aura obtenu de sa banque centrale. Le *point de sortie de l'or* sera donc celui où les paiements en or apparaîtront moins chers que les autres formes de paiements. Ce point de sortie est égal au **pair* de la monnaie nationale augmenté des frais de transport de la monnaie d'or. Inversement, le *point d'entrée de l'or* sera atteint lorsque le prix des lettres de change s'abaissera jusqu'à n'offrir aux créanciers payés par ce moyen qu'un profit inférieur à celui qu'ils obtiendront en exigeant de leurs débiteurs extérieurs des paiements en or dont ils supporteraient eux-mêmes les frais d'expédition. Ce point d'entrée est donc égal au pair diminué des frais de transfert de la monnaie. Exemple : dans un courant d'échanges entre la France et les États-Unis, le prix du dollar en francs ne devrait pas dépasser le point où il serait plus rentable pour un débiteur français d'expédier de l'or à ses frais (point de sortie), ni descendre en dessous de celui où il serait plus rentable pour les créanciers français de changer leurs créances-dollars en or aux États-Unis et d'importer ce dernier en France à leurs frais (point d'entrée).
La politique monétaire des États placés sous le régime de l'étalon-or consistait à maintenir le cours du change de leur monnaie à l'intérieur de la zone comprise entre les points d'or. En France, avant 1914, le pair de la livre sterling par rapport au franc était de 25,24 F ; le point de sortie était de 25,29 F environ et le point d'entrée de 25,19 F. C'est donc entre ces limites que pouvait varier le cours de la livre sterling à Paris. Le système, on le voit, assurait une remarquable stabilité des changes au jour le jour, en même temps que l'équilibre automatique de la *balance des paiements.

Poisson (loi de)

a : *Poisson distribution* – **d** : *Poisson-Verteilung* – **e** : *Ley de Poisson*

Mode de répartition d'une grandeur statistique obtenu lorsque, sur un nombre total d'observations très élevé, on cherche à compter le nombre d'apparitions d'un événement très peu fréquent.

La loi de Poisson apparaît ainsi comme un cas particulier limite d'une loi *binomiale.
On rencontre, par exemple, la loi de Poisson dans les cas suivants :
– nombre de pièces défectueuses contenues dans un *échantillon très important prélevé dans un lot où la proportion de pièces défectueuses est très faible ;
– nombre de jumeaux ou de triplés parmi un grand nombre donné d'accouchements ;
– nombre d'erreurs commises dans une longue suite d'opérations ;

– nombre d'apparitions d'événements se produisant au hasard et indépendamment les uns des autres, lorsque le rythme d'arrivée de ces événements est constant et qu'il est pratiquement impossible que deux événements se produisent simultanément (formation de files d'attente).

Politique monétaire

Voir Monnaie, Masse monétaire, Crédit, Réescompte.

POM (pays d'outre-mer)

*Ancien système de comptabilité nationale : Pays qui font partie de la *zone franc, autres que la France métropolitaine et la principauté de Monaco, en principe.*

Cet ensemble regroupait en 1974 les départements et territoires d'outre-mer et les États africains et malgache anciennement dépendants, à l'exception de la Guinée. N'en faisaient plus partie les États d'Afrique du Nord et de l'ancienne Indochine.
Le nouveau système de comptabilité nationale n'opère pas de distinction particulière, et les POM sont donc intégrés dans le *secteur « reste du monde ».

Pondération (coefficients de)

a : *Weighting coefficients* – **d** : *Gewichtungsfaktoren* – **e** : *Coeficientes de ponderación*

*Coefficients permettant de donner à chaque grandeur intervenant dans le calcul d'une *moyenne une importance relative proportionnée à l'importance de cette grandeur.*

Pour la description des procédés pratiques de calcul, *voir le mot* Moyenne.

Pool

a : *Pool* – **d** : *Pool* – **e** : *Pool*

Association d'États pour la gestion commune d'une partie de leurs ressources. (Mot anglais, dérivé du mot français poule.)

Cet anglicisme a été introduit dans le vocabulaire économique français pour caractériser certaines formes de la coopération internationale. Synonyme de communauté, il a été appliqué à divers efforts en vue de l'unité européenne (le « pool charbon-acier » ou CECA ; le « pool vert », qui était un projet de marché commun agricole) ; toutefois, dans le domaine des relations monétaires internationales, il est employé avec plus de précision, qu'il s'agisse de pool de *devises ou du pool de l'*or.

Pool de devises : La caractéristique essentielle d'une *zone monétaire (*zone sterling ou *zone franc notamment) est l'utilisation d'une monnaie unique, celle du pays autour duquel l'ensemble est formé, pour le règlement des échanges entre pays membres. Vis-à-vis du reste du monde, la solidarité de la zone s'exprime généralement par la mise en commun des avoirs en or et devises de tous les États membres. Le fonds de *réserves, ou pool de devises, ainsi constitué est en général géré par la banque d'émission du pays centre. Instituée par un accord qui peut n'être que tacite, cette coopération suppose que chacun apporte au pool les devises gagnées dans les relations avec l'extérieur, et reçoit en échange des créances en monnaie de la zone (*balances sterling, balances franc) avec lesquelles il se constitue des réserves de change. Les avoirs officiels en monnaies clés sont en effet convertibles à tout moment en or ou devises pour faire face aux besoins de règlements de leurs détenteurs. C'est l'ensemble des fonds disponibles au pool qui assure cette *convertibilité de la monnaie dominante. Le bon fonctionnement du système — comme de la zone monétaire, dont il est l'un des éléments — suppose donc qu'il n'y ait pas de déséquilibre grave des paiements entre la zone et le reste du monde. Surtout il repose sur la confiance de tous les participants à l'égard de la monnaie clé, faute de quoi, l'exemple de la zone sterling est à cet égard significatif, il est une source permanente d'insécurité et de difficultés.

Pool de l'or : Dans le système monétaire international reconstitué après la guerre, l'*or conservait un rôle central, l'existence de marchés libres, et notamment, après 1954, la réouverture du marché de Londres, de loin le plus important, imposaient donc, au moins pour les principales monnaies, une surveillance des cours afin d'éviter que ceux-ci s'éloignent trop du *pair. Directement ou par l'intermédiaire de la *Banque d'Angleterre, les banques centrales intervenaient donc régulièrement sur le marché de Londres. Avec le retour à la *convertibilité externe des monnaies européennes qui facilitait les mouvements de capitaux à court terme, puis, au début des années 60, avec les premiers signes de défiance vis-à-vis du dollar, les tensions sur les cours de l'or exigèrent des actions énergiques de la part des autorités monétaires. L'échec des pressions qu'exercèrent les États-Unis sur la Banque d'Angleterre afin d'obtenir la fermeture du marché de Londres imposa que soit recherchée une coopération des principaux pays occidentaux pour régulariser les cours et faire échec à la spéculation. Cette coopération prit la forme d'un accord

officieux, décidé en octobre 1961, entre les États-Unis, la Grande-Bretagne, la Suisse et les cinq partenaires de la CE par lequel un consortium d'achat et de vente d'or était formé entre les banques centrales des Huit. La Banque d'Angleterre gérait le pool, dont la charge était répartie entre les différents membres en fonction de *quotas (celui des États-Unis était de 50 %). Le système fonctionna un temps à la satisfaction générale, les menaces sur le marché de Londres avaient disparu, la spéculation était réprimée.
Pourtant les crises répétées qui devaient par la suite, à travers les attaques contre la livre et le dollar, ébranler l'équilibre monétaire international entraînèrent la disparition du pool de l'or. Dès 1967, la France, dont l'hostilité au système monétaire en vigueur s'accentuait, décidait de cesser sa participation. Moins d'un an plus tard, après la dévaluation de la livre, une nouvelle pression contre le dollar amena la dissolution du pool (mars 1968). Dès lors, seules les banques centrales conservaient la possibilité de négocier entre elles l'or au cours officiel ; pour les autres transactions le prix du métal s'établit librement sur le marché. En fait c'était pratiquement accepter un régime d'étalon-dollar. Certes, la *parité officielle de la monnaie américaine et sa *convertibilité en or étaient maintenues. Mais la masse des avoirs en *dollars détenus par les autorités monétaires du monde occidental dépassait si largement les avoirs en or des États-Unis que cette convertibilité était évidemment théorique. Elle n'a d'ailleurs pas survécu à la crise qui, une fois de plus, a secoué le système monétaire international en 1971. Le 15 août 1971, les États-Unis ont mis fin à la fiction qui subsistait et renoncé à la convertibilité en or du dollar qui ne semble pas devoir être rétablie avant longtemps. Il faudrait pour y revenir qu'un nouvel équilibre soit négocié qui suppose notamment que soit trouvée une solution au problème des *balances-dollars officielles.

Voir Système monétaire international, Gold exchange standard.

Population

a : *Population* – **d** : *Bevölkerung* – **e** : *Población*

Ensemble des personnes dont la résidence habituelle se trouve dans une zone géographique donnée.

La population ainsi définie (appelée aussi « population résidente ») peut différer assez sensiblement de l'ensemble des personnes présentes à un instant donné dans cette zone géographique (« population présente »). On préfère privilégier la notion de « population résidente » qui présente un caractère de stabilité beaucoup plus important et qui, de ce fait, participe de façon plus active à la vie économique de la zone étudiée.

Sauf dans quelques cas particuliers (stations balnéaires ou de sports d'hiver, villes d'eaux, etc.), la notion de « population présente » n'offre pas un très grand intérêt. Il convient cependant de noter que les données statistiques relatives à la population présente seraient beaucoup plus simples à recueillir que celles relatives à la population résidente.

La connaissance précise de l'effectif et des structures d'une population est essentielle pour l'étude de nombreux problèmes économiques ou sociaux. Celle-ci n'est possible qu'à l'occasion des *recensements de population que peuvent, le cas échéant venir compléter des enquêtes périodiques par sondage ; entre deux recensements, l'effectif d'une population peut être évalué à l'aide des statistiques du *mouvement naturel (qui permettent également de calculer les indicateurs dont se sert couramment la *démographie) et des estimations du nombre des *migrations extérieures. Dans le cas de la France, on définit la population comme l'ensemble des personnes dont la résidence habituelle se trouve sur le territoire métropolitain et des militaires de carrière ou du contingent originaires de la métropole et stationnés hors métropole. Les personnes de nationalité française établies à l'étranger ne font pas partie de la population totale de la France ; en revanche, en font partie les étrangers établis en France (en 1983, ils étaient près de 4 millions). Conformément à la définition donnée ci-dessus, les personnes qui ne sont que temporairement présentes en métropole, qu'elles soient de nationalité française ou étrangère, ne font pas partie de la population totale.

De 1946 à 1975, la population française s'est accrue en moyenne de 500 000 personnes par an (soit 1 %), les rapatriés d'Algérie mis à part. Les deux tiers de cet accroissement étaient dus à l'excédent des naissances sur les décès, le reste au solde migratoire extérieur. Depuis lors, l'accroissement annuel a été beaucoup plus faible, de l'ordre de 245 000, du fait de la diminution très forte de l'excédent naturel et de l'inversion du signe du solde annuel des migrations extérieures.

Au niveau communal, on distingue la *population comptée à part* et *la population municipale.* Font partie de la population comptée à part d'une commune les personnes qui résident habituellement sur le territoire de cette commune en appartenant à l'une des six catégories particulières de population suivantes :

– militaires logés dans une caserne ou un camp ;

– élèves internes d'un établissement d'enseignement public ou privé ;

– personnes en traitement dans un sanatorium, un préventorium ou un aérium ;

– ouvriers logés dans un baraquement d'un chantier temporaire de travaux publics ;

– personnes en traitement dans un hôpital psychiatrique ;

– détenus dans une maison d'arrêt ; mineurs confiés à un établissement d'éducation surveillée ; personnes recueillies dans un centre d'hébergement ou un asile de nuit.

Les personnes appartenant à la population comptée à part d'une commune au titre d'une des quatre premières de ces catégories et qui disposent par ailleurs d'une résidence personnelle dans une autre commune de la métropole font également partie de la population municipale de la commune où se trouve leur résidence personnelle.
Le total de la population comptée à part et de la population municipale ainsi complétée s'appelle *population légale.*
On définit enfin une *population sans doubles comptes* (ou **population statistique*) en retranchant à la population légale les personnes comptées au titre de la population comptée à part qui disposent d'une résidence personnelle dans une autre commune de la métropole. Cette définition offre deux avantages :

– on retrouve la population de la France en additionnant les populations « sans doubles comptes » de toutes les communes ;
– du point de vue des études qu'on peut avoir à faire sur une commune déterminée et, en particulier, pour effectuer des projections de population, il s'agit bien de celle à retenir (d'où son nom de population statistique).

En revanche, c'est la population légale qui est prise en compte pour l'application des textes législatifs et réglementaires qui font référence à la population, notamment dans les domaines suivants :

– crédits aux départements et aux communes, subventions de l'État aux collectivités locales ;
– règles d'adjudication des marchés ;
– législation des loyers ;
– hygiène, nombre d'officines de pharmacie ;
– traitements et indemnités des fonctionnaires des collectivités locales ;
– élections municipales, fixation du nombre des emplois communaux ;
– impôts et taxes de caractère local ;
– plans et travaux d'urbanisme, etc.

Il faut enfin remarquer que si, par population, on entend d'habitude, comme on l'a fait ci-dessus, une population humaine, le mot est utilisé dans un sens beaucoup plus large en *statistique où il désigne toute collection d'objets suffisamment nombreuse pour pouvoir être étudiée à l'aide des méthodes décrites par cette science. C'est ainsi qu'on pourra parler, par exemple, de la population des véhicules automobiles pour désigner le parc automobile (voir ci-après).

Population active

a : *Working population* – **d :** *Erwerbsbevölkerung* – **e :** *Población activa*

Comptabilité nationale : Personnes exerçant habituellement une activité professionnelle, y compris celles qui se trouvent momentanément sans travail pour une cause indépendante de leur volonté.

La population active disponible exclut les militaires du contingent.

Comptabilité économique internationale : La population active comprend, outre celle définie comme ci-dessus, les frontaliers et saisonniers étrangers, les diplomates français à l'étranger et le contingent.

Comptabilité nationale française : La population active *résidente comprend les personnes physiques résidentes disposant d'un emploi, ou en état de chômage.

Population agglomérée

Voir Agglomération.

Population des institutions

Comptabilité nationale : Ensemble des personnes résidant sur le territoire métropolitain et vivant habituellement en collectivité.

La population des institutions comprend deux grandes catégories.

• La population des « ménages collectifs », c'est-à-dire les groupements de personnes vivant en communauté (personnel des établissements hospitaliers, des internats, des grands hôtels ; membres d'une communauté religieuse ; personnes vivant dans une maison de retraite ou un hospice ; étudiants logés dans une cité universitaire...).

• La population « comptée à part », c'est-à-dire les personnes amenées par une circonstance occasionnelle à vivre en communauté, en principe pour un temps déterminé, soit, par exemple, les militaires, les détenus, les mineurs confiés à un établissement d'éducation surveillée, les personnes recueillies dans les asiles...

Population (statistique)

a : *Population (statistical)* – **d** : *Gesamtheit/Grundgesamtheit (statistisch)* – **e** : *Población (estadística)*

Ensemble des éléments, ou unités statistiques, examinés.

La population statistique peut être un ensemble de personnes humaines : personnel d'une entreprise, population de la France au 1er janvier, etc., mais tout aussi bien un groupe d'objets : factures d'un

mois donné, pièces produites par un atelier... ou un ensemble plus abstrait : taux d'intérêt dans le monde, accidents survenus en France en telle année, etc.
Le terme lui-même de « population » a été transmis à la statistique par la démographie, premier champ d'application.
Une définition précise, même si elle est conventionnelle, de l'ensemble étudié est essentielle à la rigueur des travaux statistiques.

Population légale

a : *Legal population* – **d** : *Gesetzliche Bevölkerung* – **e** : *Población legal*

Au sens du recensement : Ensemble constitué par les personnes résidant habituellement en France, y compris les étrangers (sauf les travailleurs saisonniers) disposant d'un titre de séjour d'une validité d'au moins trois mois.

On passe de la population légale des départements métropolitains à la population totale en ajoutant les diplomates et militaires français et leurs familles qui ne résident pas habituellement sur le territoire métropolitain, et en retranchant les diplomates et militaires étrangers ayant précisément une résidence habituelle sur le territoire métropolitain.

Population totale

a : *Total population* – **d** : *Gesamtbevölkerung* – **e** : *Población total*

Au sens des recensements de population effectués en France : Ensemble constitué par les personnes résidant habituellement en France, les militaires français hors métropole et les étrangers (sauf les travailleurs saisonniers) disposant d'un titre de séjour d'une validité d'au moins trois mois.

En 1996, la population totale française était de 58 millions d'habitants, ce qui plaçait la France après le Royaume-Uni et l'Italie.
La population totale de la France n'a augmenté que de 0,5 % en moyenne depuis 1975 alors que les taux d'accroissement annuels se sont situés entre 0,7 % et 1 % de 1946 à 1974. Cette évolution est due à la conjonction de deux facteurs : baisse du nombre des naissances liée à la chute de la *fécondité, annulation du solde annuel des *migrations.

Portage

Voir Fiducie.

Position

a : *Balance of an account* – **d** : *Kontostand* – **e** : *Posición*

Montant du solde débiteur ou créditeur d'un compte en banque, à un moment donné.

Dans une banque, le service de la position a pour rôle de tenir la position de chaque client et de fournir l'information aux divers services de la banque et au client. Dans une entreprise, le service chargé des relations avec les banques tient souvent la position des comptes ouverts dans les livres de chacune des banques de l'entreprise, afin d'assurer une distribution des mouvements et des crédits entre elles, au moindre coût pour l'entreprise.

Position de place

a : *Position* – **d** : *Kontostand* – **e** : *Posición de plaza*

En bourse : Rapport, à un moment donné, entre les engagements à la hausse et les engagements à la baisse.

La *position acheteur* correspond à l'ensemble des achats à *terme en cours, soit pour une valeur, soit pour le marché. Le jour de la *liquidation, la position acheteur correspond au montant total des achats à terme reportés, la *position vendeur* au montant total des ventes à terme reportées. La position peut s'évaluer en nombre de titres reportés ; lorsqu'elle est évaluée en francs, la position de chaque valeur est égale au produit du nombre de titres reportés par le cours de *compensation de chaque titre.

Pouvoir d'achat

a : *Purchasing power* – **d** : *Kaufkraft* – **e** : *Poder de compra*

Quantité de biens ou services qu'une somme d'argent permet d'acheter.

Le pouvoir d'achat s'applique à une somme d'argent, un revenu ou un élément du revenu (salaire, etc.). Le pouvoir d'achat du salaire d'un

ouvrier, par exemple, peut être mesuré par le nombre d'heures qu'il doit travailler pour acheter un kilo de pain ou un manteau.
L'évolution du pouvoir d'achat dépend à la fois de l'évolution du revenu et de celle des prix des biens et services ; elle s'apprécie donc par référence à un indice de *prix.

PPBS

Voir Rationalisation des choix budgétaires.

Précompte

Impôt payé par une société lorsqu'elle distribue des dividendes provenant de bénéfices n'ayant pas supporté l'impôt sur les sociétés.

Le précompte est égal au tiers des sommes mises en paiement à titre de *dividendes. Il est applicable lorsqu'une société distribue un dividende par prélèvement sur des bénéfices n'ayant pas supporté l'*impôt sur les sociétés au taux plein, ou sur des bénéfices réalisés au cours d'exercices clos depuis plus de cinq ans, ou, en toute hypothèse, sur des exercices clos avant le 1er janvier 1965.

Préférence

a : *Preference* – **d** : *Präferenzen* – **e** : *Preferencia*

Réglementation du commerce extérieur plus favorable que le droit commun accordée par un pays aux produits en provenance de certains États ou groupes d'États.

Évolution et développement

Se traduisant le plus souvent par l'application d'un tarif douanier inférieur au tarif général, les préférences expriment les relations privilégiées d'une nation avec ses partenaires qui en bénéficient. Du point de vue des pays tiers qui ne jouissent pas de cet avantage, il s'agit à l'évidence d'exceptions à la règle de non-*discrimination qui s'applique aux échanges internationaux, au moins dans le cadre de l'Accord général sur les tarifs et le commerce (*GATT). En fait, dans cette convention internationale elle-même des possibilités de dérogation avaient été prévues à la *clause de la nation la plus favorisée qui devait assurer la disparition des discriminations. Cependant, en même temps que se développait le *libre-échange, les accords préférentiels se sont multipliés et il n'est plus possible de les considérer véritablement comme une exception, ni même de négliger leur utilité incontestable.

Lors de la conclusion de l'Accord général, il avait paru utile de prendre en considération les solidarités issues des empires coloniaux qui unissaient les territoires encore inclus dans ces ensembles, mais aussi ceux qui, ayant recouvré leur indépendance politique, avaient conservé avec eux des liens étroits, notamment dans le domaine économique. Le *Commonwealth britannique, au sein duquel la préférence impériale avait été établie avant la guerre lors de la conférence d'Ottawa, la *zone franc, qui était l'aspect économique de l'Union française, étaient les deux groupements principaux de ce type. Mais la quasi-totalité des pays avaient hérité de leur histoire des relations privilégiées analogues et il eût été vain de méconnaître leur réalité. Dès lors qu'il s'agissait d'assurer la libération des échanges, il était inutile de remettre en cause les progrès déjà réalisés même si ceux-ci étaient limités à des groupes restreints de bénéficiaires. Pourtant les participants à l'accord s'engageaient à ne pas accroître la marge de préférence et, à terme, en acceptaient la disparition.

A ces préférences issues du passé, le traité avait prévu que d'autres pourraient être ajoutées ultérieurement pourvu qu'elles ne soient consenties que dans le cadre de groupements organisés d'États, *zone de libre-échange, *union douanière, ou *Marché commun. Cette possibilité a été effectivement largement utilisée, plusieurs ensembles régionaux se sont constitués parmi lesquels notamment la Communauté européenne. L'histoire, brève pourtant, de cette dernière illustre les difficultés que ne manque pas de provoquer l'institution de préférences nouvelles, et les détournements de commerce qu'elle entraîne ou risque d'entraîner. Pour les pays tiers, certains aspects de la CE peuvent en effet constituer des menaces. Il s'agit tout d'abord de la politique agricole commune et du système de compensations aux frontières, indispensables pour assurer le maintien, à l'intérieur de la Communauté, de prix nécessaires à la rémunération des producteurs européens et donc supérieurs aux prix mondiaux. La préférence communautaire telle que les *prélèvements et les *restitutions la garantissent n'a pas seulement provoqué l'hostilité des États-Unis qui ne cessent d'exercer des pressions pour la faire disparaître, elle a été longtemps une source de désaccord entre les Six et la Grande-Bretagne. Cette dernière, lors des négociations préalables à son adhésion au traité de Rome, s'est trouvée en effet dans l'obligation de choisir entre ses relations traditionnelles avec les pays producteurs du Commonwealth, où elle s'approvisionne, et l'engagement à souscrire au sein de la Communauté européenne. Renoncer à la préférence impériale ne pouvait manquer d'avoir des conséquences graves pour le Royaume-Uni comme pour ses associés de l'ensemble britannique. L'économie de certains dominions, la Nouvelle-

Zélande particulièrement, repose sur l'agriculture et celle-ci est fondée sur les débouchés qu'offre la Grande-Bretagne. Pour le Royaume-Uni, accepter le système agricole européen c'était, au bout du compte, substituer, à des produits payés au prix mondial, les produits offerts par les producteurs européens à des prix garantis, sensiblement plus élevés. Des obstacles qu'il a fallu surmonter avant d'aboutir en 1971 à l'accord sur l'entrée de la Grande-Bretagne dans le Marché commun, cette opposition des deux réseaux de préférence fut l'un des plus tenaces. Pour y parvenir, il a fallu prévoir une période de transition qui ménage aux divers intéressés le temps nécessaire pour s'adapter aux conditions nouvelles.

Par ailleurs, l'essor économique de l'Europe des Six, qu'il soit ou non imputable au Marché commun, a incité de nombreux pays tiers à rechercher la conclusion d'accords préférentiels avec la Communauté. Il s'agissait dans un premier temps d'associer au bénéfice de la création européenne les anciens territoires coloniaux, essentiellement africains. Ce fut la convention de Yaoundé en 1963, renouvelée en 1969, qui organisait l'*aide communautaire à l'Afrique francophone et stipulait des concessions tarifaires réciproques. Ce furent ensuite les accords avec la Grèce, puis la Turquie, conformes à la lettre du GATT puisqu'ils envisageaient une association à terme même s'ils revêtaient surtout, dans l'immédiat, la forme d'accords de commerce. Une fois l'exemple donné, le phénomène s'étendit, les références à une association ultérieure devenant de plus en plus formelles, au profit de certains pays africains et de pays riverains de la Méditerranée, européens ou non. Le développement des relations préférentielles des Six ne pouvait manquer d'inquiéter les États-Unis, qui y voient le signe de la force d'attraction croissante exercée par la puissance économique européenne, et aussi certains pays sous-développés ne bénéficiant pas des facilités ainsi accordées pour l'accès au marché européen. Force est de reconnaître que ces prolongements de la construction européenne, même s'ils ont été jugés conformes aux règles du GATT, portent atteinte à l'esprit de *libre-échange universel qui était celui des origines.

Fondements

Pourtant, les détracteurs eux-mêmes du système des accords préférentiels où l'Europe s'est engagée allaient apporter des justifications à cette pratique en soulignant la nécessité de prendre en compte l'inégalité des situations des participants au commerce mondial.

Par rapport à la période de l'après-guerre où furent élaborés les principes fondamentaux de l'Accord général sur les tarifs et le commerce, le problème majeur de l'économie internationale s'est en effet déplacé. Il s'agissait alors de réorganiser les relations économiques internationales à la suite de la grande crise des années 30 et de la guerre, et de démanteler les appareils protectionnistes mis en place par les divers pays.

Dès les années 60, c'est le sous-développement et la recherche des moyens propres à y remédier qui devinrent les préoccupations dominantes. A cet égard, il apparaît assez clairement que le libre-échange, relativement adapté à la situation de pays industrialisés, ne pouvait s'appliquer sans nuances aux pays en voie de développement. Le *protectionnisme du Tiers Monde fut toléré, une aide essentiellement financière lui fut consentie, sans que toutefois le résultat apparût satisfaisant. C'est alors que dans le cadre de la Conférence des Nations unies pour le commerce et le développement (CNUCED) furent réclamées par les pays en voie d'industrialisation des préférences tarifaires qui, en élargissant les débouchés de leurs produits manufacturés vers les pays riches, favoriseraient la croissance de leurs industries naissantes. Au cours de la réunion de cette Conférence à New Delhi en 1964, le projet fit l'objet d'une décision de principe. De longues discussions s'ensuivirent entre pays industrialisés notamment au sein de l'OCDE afin d'aboutir à des propositions communes. Dès 1971, et sans qu'un accord général ait été obtenu, les grandes lignes du système étaient connues et un certain nombre de pays développés, parmi lesquels les membres de la CE, décidaient de l'appliquer immédiatement. Ces préférences dites généralisées, et non discriminatoires — ce qui ne manque pas d'être paradoxal —, se traduisent concrètement par l'ouverture de *contingents tarifaires, à droits nuls ou réduits, en faveur de certains produits industriels fabriqués dans les pays sous-développés ; la liste des produits et des pays bénéficiaires en détermine l'ampleur. Appliquées unilatéralement, par dérogation au principe de réciprocité du GATT, ce qui marque bien leur caractère d'aide au développement, elles sont assorties de contrôles stricts et aussi de clauses de *sauvegarde destinées à éviter que la concurrence des pays à bas salaires ne provoque des dommages trop brutaux aux industries des pays les plus favorisés qui les accordent. Préférence impériale, préférence communautaire, accords d'association, zones de libre-échange, préférences généralisées, la règle de non-discrimination semble appartenir au passé. C'est oublier qu'elle a joué un rôle primordial tant qu'il s'agissait de réduire à un seuil tolérable les barrières protectionnistes qui entravaient le commerce mondial.
Ce résultat atteint, sans remettre en cause les progrès ainsi réalisés, il est apparu que de nouveaux abaissements des tarifs douaniers ne pouvaient aisément être obtenus dans un monde trop hétérogène. La découverte d'intérêts communs au sein d'ensembles plus restreints a alors permis de poursuivre la marche vers le libre-échange. Le développement du commerce international s'en est trouvé favorisé. Un risque toutefois est apparu, l'exclusion des États-Unis de l'espace européen qui s'organise. Les difficultés récentes de ce pays ont créé une certaine rivalité entre les deux pôles économiques du monde développé non socialiste qui pourrait, si la situation se dégradait, mener à une guerre commerciale qui compromettrait les succès de l'effort de libéralisation du commerce mondial entrepris depuis la guerre.

Résultats

Quant aux résultats qu'ont permis d'atteindre ces faveurs tarifaires, ils sont difficiles à apprécier et en tout cas variables, suivant le contexte dans lequel ils s'inscrivent. Marché commun, union douanière et zone de libre-échange n'ont pas les mêmes effets ; l'efficacité très grande de la préférence communautaire en matière agricole n'a rien de comparable avec l'influence, aujourd'hui résiduelle, de la préférence impériale au sein du Commonwealth. La diversité des situations, l'instabilité des réseaux préférentiels qui se chevauchent et se neutralisent, comme l'érosion progressive de la marge de préférence (différence entre le tarif général et le tarif préférentiel) du fait des progrès de la libération des échanges, l'impossibilité d'isoler l'aspect tarifaire des autres caractéristiques, historiques et culturelles notamment, qui l'accompagnent expliquent d'ailleurs que les conclusions des études faites pour apprécier la portée de ces avantages soient restreintes. En ce qui concerne le nouveau système de préférences généralisées, les limites qui lui ont été assignées permettent d'assurer qu'il n'apportera pas de modifications considérables.
Son principal mérite est sans doute de marquer une date dans l'histoire des relations entre pays développés et pays sous-développés. Satisfaction est ainsi donnée à ceux de ces derniers qui, en voie d'industrialisation, peuvent espérer gagner une partie des ressources extérieures nécessaires à la poursuite de leur développement. C'est aussi la reconnaissance officielle de l'impasse où conduit une politique visant à rechercher une solution au problème du Tiers Monde reposant exclusivement sur l'aide étrangère. C'est enfin le premier pas des gouvernements des pays riches vers l'acceptation complète des conséquences du *libre-échange qu'ils professent ; elles supposent une redistribution du potentiel productif mondial, telle qu'une véritable division internationale s'en dégage qui seule permettra une répartition équitable des bénéfices du commerce mondial. Il reste qu'il ne peut s'agir que d'un point de départ ; les efforts devront se poursuivre, le cas des pays, nombreux, qui ne retireront aucun avantage de ce système faute de disposer d'une industrie leur permettant d'y accéder, est d'ailleurs apparu clairement au cours des discussions préliminaires. Il appelle le prolongement et l'approfondissement de ce qui n'est qu'une première tentative.

Préfinancement

a : *Advance financing* – **d** : *Vorfinanzierung* – **e** : *Prefinanciación*

Affectation de ressources à titre provisoire pour le financement d'une opération économique en attendant le moyen de financement durable.

• Comme *technique financière,* le préfinancement est une pratique par laquelle les établissements bancaires consentent des crédits à court terme, en attendant que puisse être accordé le mode de financement normal qui suppose l'exécution de formalités préalables, la réunion de conditions diverses.
Parmi ces crédits de relais, souvent attribués par simple avance en compte, le préfinancement désigne plus particulièrement le recours à des procédures spécifiques lorsqu'il prend place dans le cadre d'un plan de financement général articulé en plusieurs phases.
Les modes de financement traditionnel étant organisés autour d'une opération commerciale portant sur un bien existant, le préfinancement concerne plus particulièrement les techniques de crédit facilitant l'opération de production qui donnera naissance à ce bien.
Diverses techniques de préfinancement adaptées aux besoins de telle production ou activité ont été mises au point avec le concours des établissements publics de crédit : les quatre exemples suivants sont les plus caractéristiques.

Préfinancement des marchés publics : Des crédits peuvent être fournis par les banques pour couvrir partie des dépenses de main-d'œuvre ou d'achats engagées en vue de l'exécution d'un marché nanti ; leur remboursement est attendu soit du règlement immédiat des prestations fournies, soit des avances bancaires qui seront ultérieurement accordées sur la base des droits à paiement reconnus.
La Caisse nationale des marchés intervient par voie d'*aval pour des crédits de 9 à 12 mois au plus : donnant l'aval sous forme inconditionnelle pour la moitié du crédit environ, elle décharge la banque du risque de premier rang ; son intervention qui se traduit par une troisième signature permet à la banque la mobilisation des effets, soit par voie de *réescompte normal, soit dans la limite de l'*open market pour l'aval inconditionnel.

Préfinancement des exportations : Des crédits de préfinancement sont accordés aux entreprises exportant vers l'étranger pour financer les dépenses courantes qu'engendre l'activité exportatrice et notamment l'exécution de certains marchés importants. Ils trouvent leur dénouement soit dans le règlement immédiat des biens et services livrés, soit dans l'octroi de crédits de mobilisation de créances nées. Ces crédits d'une durée de deux ans sont mobilisables auprès de la Banque de France, font intervenir souvent l'aval de la *Banque française de commerce extérieur et la garantie de la *COFACE, bénéficient de conditions de mobilisation avantageuses, tout particulièrement pour les « grands ensembles ». Lorsqu'un courant continu d'exportations vers une clientèle divisée l'exige, ces crédits prennent une forme « revolving » : l'avance étant accordée pour une durée inférieure à douze mois et dans une proportion par rapport au volume des commandes qui dépend de la durée du cycle de production.

Préfinancement de la construction : Le crédit foncier étant fondé sur la sûreté hypothécaire qui n'existe qu'à partir de l'achèvement de la construction, des techniques ont permis de financer l'opération de construction en attendant un crédit à long terme qui sera ouvert dès la prise de sûreté hypothécaire par le Crédit foncier : le Comptoir des entrepreneurs accorde le préfinancement sous la forme de crédits à moyen terme, mobilisables auprès de la Banque de France, qui feront à leur expiration l'objet ou non d'une consolidation par un prêt du Crédit foncier ; cette technique s'est développée depuis 1950 dans le cadre du système des prêts spéciaux comportant le bénéfice des primes à la construction.

Préfinancement des opérations d'aménagement foncier entreprises par les collectivités locales et leurs concessionnaires (zones d'habitation, zones industrielles, rénovation urbaine). Il est assuré grâce à l'intervention du Fonds national d'aménagement foncier et d'urbanisme (FNAFU) : des avances pour une durée de deux ans renouvelables une ou deux fois sont consenties pour couvrir les dépenses d'acquisition et d'équipement et dans la limite des ressources à provenir de la rétrocession ultérieure des terrains aux utilisateurs. Directement accordées sur les dotations inscrites à ce compte de commerce jusqu'en 1964, ces avances sont maintenant réalisées par la Caisse des dépôts et consignations, le FNAFU intervenant par voie de bonifications d'intérêt pour en ramener le taux à 2,5 %.

• En tant que *technique de relance économique,* le préfinancement *(Vorfinanzierung)* a été utilisé en RFA à partir de juin 1932 à l'initiative du Dr. Schacht pour combattre la crise à laquelle la politique de déflation du gouvernement Brüning n'avait pu porter remède ; la relance de la demande par des dépenses d'investissement a été assurée en anticipant sur la création de l'épargne par le mécanisme suivant : des commandes étant passées à l'industrie privée par l'État et les collectivités locales, les fournisseurs pouvaient tirer des « traites de création de travail » sur les collectivités afin de faire face aux dépenses de fabrication ; acceptées par un organisme public, ces traites étaient mobilisées auprès des banques ; des crédits à trois mois renouvelables assuraient en fait des avances de plusieurs années. La reprise de la production a été assurée en même temps que le retour à l'équilibre budgétaire, sans hausse des prix et sans création de monnaie. En deux ans, le chômage était réduit de moitié, la production relevée de 30 %, les revenus majorés de telle sorte que les plus-values de recettes fiscales pouvaient réduire le déficit budgétaire. Cette distribution de nouveaux revenus a été assurée sans hausse de prix, grâce à l'emploi des réserves de facteurs de production inutilisés (6 millions de chômeurs, marge de 40 % dans l'emploi des outillages disponibles). L'utilisation de la contre-valeur des crédits étrangers, rendus intransférables, à leur remboursement et bloqués à la Reichsbank, a permis à l'Institut d'émission de mobiliser les traites de travail sans création de nouveaux billets. Lorsque les techniques de préfinancement sont mises en œuvre alors que le plein emploi est réalisé, l'équilibre ne peut être assuré que dans la mesure où une partie du pouvoir d'achat est stérilisée ; la technique du « *circuit » s'efforce d'y parvenir : c'est la politique nouvelle que le IIIe Reich a mise en œuvre lorsque le réarmement a remplacé l'objectif de plein emploi.

Prélèvement

a : *Fiscal charges* – **d** : *Abgaben* – **e** : *Exacciones*

Fiscalité : Synonyme d'impôt ou de contribution parafiscale.

Les prélèvements obligatoires comprennent l'ensemble des *impôts et des *cotisations sociales (*voir* Pression fiscale *et* Prélèvement conjoncturel).

Commerce extérieur : Perception sur les importations de produits agricoles calculée pour en amener le prix après dédouanement au niveau du prix du marché intérieur.

Généralement perçus par les services des douanes lors de l'importation, les prélèvements diffèrent cependant des droits de *douane parce que ce sont des droits *spécifiques, de montant variable en fonction de deux éléments : le prix qu'il importe de défendre sur le marché intérieur pour protéger la production nationale et le prix de l'offre extérieure souvent artificiellement abaissé du fait des conditions propres au marché mondial. La protection ainsi assurée est automatiquement ajustée aux variations du prix du marché mondial ; elle est générale et non discriminatoire. Mais ce mécanisme ne présente ces qualités que pour des produits homogènes dont les prix sont définis : c'est pourquoi il s'applique particulièrement bien aux produits agricoles, et aux produits de leur première transformation qui font l'objet d'une organisation de marché. Le régime des prélèvements *(Abschöpfungen)* était largement utilisé en RFA lors de l'instauration du Marché commun, et suffisait à assurer la protection de la production agricole intérieure tout en permettant l'approvisionnement complémentaire du marché ; il s'opposait au système adopté par un autre pays déficitaire aussi pour la plupart des produits agricoles, la Grande-Bretagne, qui accepte l'alignement des prix du marché intérieur sur les cours mondiaux mais soutient artificiellement le revenu de ses producteurs nationaux par des subventions compensant la différence entre le prix garanti et le prix du marché *(deficiency payments)*.

Bien que les problèmes fussent de nature différente du fait de la situation excédentaire de certaines productions nationales et de la nécessité de modifier les courants d'échange antérieurs pour réaliser l'intégration effective du marché, dès 1960 le principe d'un mécanisme de prélèvements a été retenu dans la Communauté européenne pour servir d'élément commun à l'organisation de la plupart des marchés auxquels doit s'appliquer une politique agricole commune : l'objectif est de rester dans un mécanisme libéral des échanges et de laisser largement jouer le prix du marché, tout en mettant le revenu agricole à l'abri des conséquences du *dumping qui caractérise le marché mondial.

Depuis 1967 ou 1968, au fur et à mesure de l'unification des marchés, des prélèvements uniformes servent à protéger le marché unifié vis-à-vis de l'extérieur ; pour les céréales et le riz, le sucre, le lait et les produits laitiers, les produits animaux provenant de la transformation des céréales (porc, volailles et œufs) et l'huile d'olive ; pour la viande de bœuf seule, le prélèvement se combine avec un droit de douane.

Le mécanisme de calcul varie selon les caractères du produit. Pour les céréales, un prix de seuil dans le port d'importation est déduit du prix indicatif de base fixé pour le centre de consommation le plus déficitaire de la Communauté, compte tenu des frais de transport jusqu'à ce centre ; le prélèvement se calcule par différence entre ce prix de seuil et le prix *CAF dans le port d'importation déterminé dans les conditions de l'offre la plus favorable sur le marché mondial. Des formules d'équivalence permettent d'en déduire le prélèvement applicable aux produits dérivés. Le montant unitaire des prélèvements est très fréquemment modifié du fait de l'évolution de chaque élément du calcul ; il fait l'objet d'une publication, sous forme d'avis inséré dans le *Journal officiel.*

Dès avant l'unification des marchés, des systèmes d'organisation communs avaient été mis en place durant la période transitoire à partir de 1962, systèmes dans lesquels les prélèvements remplaçaient les mesures de protection antérieures (monopoles d'importation, *contingents, droits de douane...), tant à l'égard des pays tiers que des pays membres ; à l'égard des premiers, les prélèvements calculés dans chaque pays selon des principes uniformes variaient en fonction des différences existant entre les prix nationaux ; ce sont ces différences qui justifiaient transitoirement le maintien de prélèvements dans les échanges entre pays membres tout en favorisant leur développement par suppression des entraves et des mesures dirigistes caractérisant les régimes de protection antérieurs ; le calcul des prélèvements comportait un élément préférentiel au profit des importations d'origine communautaire.

Le produit des prélèvements perçus aux frontières extérieures de la Communauté est depuis 1967 affecté au *Fonds européen d'orientation et de garantie agricole (FEOGA) à raison des neuf dixièmes du produit. Cette affectation communautaire correspond au souci de supprimer pour les budgets nationaux tout intérêt à rechercher un complément d'approvisionnement sur les marchés extérieurs au lieu du marché communautaire.

Les prélèvements servent ainsi à financer en particulier les *restitutions à la charge du FEOGA qui constituent l'inverse des prélèvements et permettent aux produits communautaires d'affronter le marché mondial, malgré la différence de prix.
Ces prélèvements explicitement prévus dans le traité sont à distinguer des **montants compensatoires monétaires* (MCM) appliqués pour corriger les effets mécaniques des changements ou fluctuations de parité sur le fonctionnement du Marché commun agricole.

Prélèvement conjoncturel

a : *Tax on cyclical increase* – **d** : *Konjunkturabgabe* – **e** : *Encuesta sobre la coyuntura*

---

*Prélèvement opéré sur la partie purement nominale de l'accroissement de la *valeur ajoutée des entreprises et visant à prévenir les comportements inflationnistes de celles-ci.*

Mis au point dans les derniers mois de 1974, ce dispositif est étroitement lié, comme l'indique son nom, à un certain type de *conjoncture, la conjoncture inflationniste. Les comportements d'*inflation se traduisent en effet à tous les stades de l'économie — et notamment dans les entreprises — par une hausse générale des valeurs ajoutées dont une partie est purement nominale et provient d'*anticipations, non d'accroissements de la valeur réelle des *facteurs de production (ou des résultats de l'activité). C'est cette « surhausse » que frappe le prélèvement.
Lié ainsi à la conjoncture, ce prélèvement a lui-même un caractère temporaire. En outre, les sommes versées à ce titre doivent normalement être *remboursées* au moment de la suppression du prélèvement. Et cette suppression doit intervenir aux premiers signes sérieux de détente de l'inflation.
Le dispositif du prélèvement consiste à taxer fortement (taux de 33,33 %) mais temporairement l'excédent d'accroissement nominal, à moyens de production constants, de la valeur ajoutée au cours d'un exercice au-delà d'une norme d'augmentation nationale tenant compte d'un objectif d'évolution du niveau général des prix et de gains moyens de productivité.
L'originalité du prélèvement conjoncturel réside dans le fait qu'il vise non un type d'activité ou d'enrichissement, mais un *type de comportement* dont les effets se reflètent dans certaines grandeurs significatives de l'exploitation.
Entré en vigueur le 1er janvier 1975, le prélèvement conjoncturel a été reconduit, dans son principe, jusqu'en 1977. Il n'a cependant jamais été

effectivement appliqué pour des raisons tenant tout autant à la complexité comptable du calcul de son assiette, aux difficultés de contrôle et à l'opportunité de soumettre les entreprises à une charge nouvelle au moment où leur situation financière connaissait dans l'ensemble une forte détérioration.
Le prélèvement conjoncturel a été abandonné au début de 1978.

Prélèvement d'impôt

a : *Tax at source* – **d** : *Steuervorabzug* – **e** : *Deducción de impuestos anticipados*

Somme forfaitaire retranchée de certains revenus au moment de leur encaissement pour être versée au Trésor, soit par la personne qui a payé le revenu, soit par celle qui l'a encaissé.

Ce prélèvement constitue, en général, une avance sur l'impôt total à payer sur l'ensemble des revenus de l'année au cours de laquelle a été effectué le prélèvement.
Le *prélèvement libératoire* constitue un cas particulier de prélèvement : celui où le prélèvement est le montant définitif de l'impôt à payer pour le revenu soumis au prélèvement. Ce revenu n'a plus alors à être déclaré avec les autres revenus dans la déclaration d'ensemble déposée chaque année.

Prélèvement libératoire

Voir Prélèvement d'impôt.

Prélèvements obligatoires

a : *Compulsory charges* – **d** : *Zwangsabgaben* – **e** : *Derechos forzados*

Ensemble constitué par les impôts et la parafiscalité.

Voir Pression fiscale.

Prescription

a : *Statutory limitation* – **d** : *Verjährung* – **e** : *Prescripción*

Fiscalité : Temps au bout duquel une imposition ne peut plus être établie, une somme perçue, une restitution de droits accordée, des poursuites ou une instance engagées.

Pression fiscale

a : *Tax burden* – **d** : *Steuerdruck* – **e** : *Presión fiscal*

Mesure économique de la contrainte exercée par un impôt ou un ensemble d'impôts.

Le seul produit des impôts ne suffit pas à mesurer leur poids dans une économie. Pour mesurer la pression fiscale, on utilise couramment le quotient du montant des recouvrements par telle ou telle grandeur représentant les ressources économiques : il s'agit généralement du *produit national brut, du *produit intérieur brut ou du *revenu national ; il peut être parfois utile de rapporter aussi l'impôt à l'effectif de la population totale ou de la population active.

1. FRANCE
PRÉLÈVEMENTS OBLIGATOIRES RAPPORTÉS AU PRODUIT INTÉRIEUR BRUT TOTAL (COTISATIONS SOCIALES ET IMPÔTS)

En pourcentage	**1970**	**1975**	**1987**
Total prélèvements obligatoires	**35,6**	**37,4**	**44,7**
Pression des cotisations sociales en % du PIB	12,9	15,3	19,1
Pression fiscale en % du PIB	22,7	22,1	25,6
dont :			
– État	18,9	16,7	17,8
– Collectivités locales	3,6	4,2	5,9
– Divers	0,2	1,2	1,9

2. COMPOSITION EN POURCENTAGE DES PRÉLÈVEMENTS OBLIGATOIRES EN 1981

	1 Impôt sur les salaires	**2 Impôt sur le revenu et les bénéfices**	**3 Impôt sur le patrimoine**	**4 Impôt sur les biens et services**	**5 Autres**	**6 Sécurité sociale**
France	**2,16**	**18,39**	**3,74**	**29,73**	**3,27**	**42,70**
Belgique	6,44	40,34	1,99	26,73	0,07	30,87
Royaume-Uni	3,83	38,58	12,88	28,43	—	16,21
Italie	0,10	35,39	4,09	24,67	0,09	35,85
Pays-Bas	0,64	31,63	3,73	24,37	0,28	39,99
RFA	2,16	34,09	2,61	27,14	0,63	35,54
États-Unis	3,83	46,26	9,63	17,64	0,07	26,47
Japon	0,10	40,66	8,64	15,93	4,74	30,03
Moyenne non pondérée :						
Ensemble CE	0,69	35,23	4,89	30,46	0,62	28,10
Ensemble OCDE	1,04	40,10	5,14	29,01	0,70	24,02

Total 1 à 6 = 100.
Total 1 à 5 = pression fiscale au sens strict (impôts).
Source : OCDE.

Quelle que soit l'unité de mesure retenue, elle permet notamment d'apprécier l'évolution dans le temps de la pression fiscale d'un pays, de comparer la pression fiscale de différents pays. A cet égard, il n'apparaît pas de relation nécessaire entre le taux de pression fiscale et le niveau de développement.

La pression fiscale ainsi définie dans son sens le plus strict ne rend pas compte du poids de l'ensemble des *prélèvements obligatoires. Aussi, utilise-t-on parfois la notion de pression fiscale au sens large qui, outre les impôts, inclut les cotisations sociales (tableaux 1 et 2). *Voir* Parafiscalité. En France, la pression fiscale a connu un très fort accroissement pendant les années qui ont suivi la Seconde Guerre mondiale ; le mouvement s'est ensuite ralenti, et, de 1965 à 1974, la pression fiscale a même régressé légèrement, pour s'alourdir à nouveau avec la crise. A l'intérieur de la Communauté européenne les taux de pression des prélèvements obligatoires ont en effet augmenté plus du fait des cotisations sociales que de la pression fiscale au sens strict (tableaux 1 et 3).

Dans les principaux pays développés, le total des prélèvements obligatoires (impôts et sécurité sociale), en pourcentage du produit intérieur brut, a évolué comme suit au cours de la décennie 70 (tableau 3).

3. PRÉLÈVEMENTS OBLIGATOIRES (OCDE)			
	1970	**1975**	**1981**
Belgique	35,3	41,8	45,4
Canada	32,0	32,9	34,7
Danemark	40,3	41,4	45,3
France	**35,6**	**37,4**	**42,9**
Allemagne	32,8	35,9	37,3
Italie	30,3	29,0	33,7
Japon	19,6	21,0	26,9
Pays-Bas	39,9	45,8	45,5
Espagne	17,2	19,6	25,2
Suède	40,5	43,9	51,3
Royaume-Uni	37,8	36,9	37,3
États-Unis	30,1	30,2	31,2
Ensemble CE	35,1	36,1	38,9
Ensemble OCDE	30,7	33,1	36,2

Prestation

a : *Charge* – **d** : *Leistung* – **e** : *Prestación*

Charge ou redevance pouvant être acquittée en nature ou en argent.

Fiscalité : En France les prestations instituées sous l'Ancien Régime étaient des « corvées ». Deux fois abolies et rétablies, elles ont été prélevées en nature jusqu'en 1903. La loi du 31 mars 1903 a autorisé les conseils municipaux à remplacer par une taxe vicinale le produit des prestations qu'ils sont tenus de voter pour l'entretien de la voirie communale.
Ce type d'impôt est encore répandu dans les pays sous-développés.

Commerce : En matière de location, on appelle prestations les charges (eau, éclairage...) dont le propriétaire peut se faire rembourser le montant par les locataires.

Sécurité sociale : Les prestations recouvrent les versements, services et soins effectués au profit des assurés sociaux. L'idée de prestation implique en principe celle de *cotisation (se distinguant par là de la notion d'assistance). Selon leur mode de réalisation, on distingue les prestations en nature (par exemple : soins hospitaliers) et les prestations en espèces (par exemple : retraite des vieux travailleurs) ; voir ci-après.

Prestations sociales

a : *Social security benefits* – **d** : *Sozialleistungen* – **e** : *Prestaciones sociales*

Comptabilité nationale : Versements en espèces ou en nature à but social effectués en faveur des ménages par les administrations ou les entreprises et qui, en règle générale, sont liés à l'acquittement préalable d'une cotisation.

Les prestations sociales versées par les administrations comprennent :
– les prestations de maladie, maternité, décès ; elles sont dites « en espèces » lorsqu'elles consistent en indemnités journalières, « en nature » lorsqu'il s'agit de remboursements de frais pharmaceutiques ou de frais d'hospitalisation, etc. ;
– les indemnisations d'accidents du travail ;
– les prestations familiales liées à la situation de famille du bénéficiaire (allocations familiales proprement dites, allocation de salaire unique ou de la mère au foyer, allocation-logement, supplément familial des fonctionnaires, etc.) ;
– les retraites, c'est-à-dire les prestations liées à la qualité d'ancien travailleur, salarié ou non ;
– les prestations de chômage versées par le régime conventionnel d'assurance-chômage.
Les prestations sociales versées par les entreprises consistent en prestations fournies directement à leurs salariés sans passer par les circuits de la *Sécurité sociale (suppléments de prestations familiales, autres suppléments exceptionnels à caractère d'aide, primes d'assurance-vie, etc.).
Financées par des cotisations ou par des ressources budgétaires, les prestations sociales constituent une des formes de la *redistribution des revenus.

Prêt

a : *Loan* – **d** : *Leihe* – **e** : *Préstamo*

Contrat par lequel une personne transmet à une autre l'usage d'un bien pendant un certain temps.

En droit français, le prêt de choses est gratuit, au contraire du louage. Le prêt d'argent comporte en principe le service d'un *intérêt.

Prêt participatif

a : *Participating loan* – **d** : *Partizipationsdarlehen* – **e** : *Préstamo participante*

---

*Prêt à régime spécial permettant à l'entreprise d'en assimiler le montant à des *fonds propres et dont l'intérêt est partiellement indexé sur le bénéfice de celle-ci.*

En France, les prêts participatifs ont été créés par la loi du 13 juillet 1978, et leur régime complété par des dispositions prises en 1981-1982. L'objectif est de suppléer, par un système *ad hoc,* à l'insuffisance des *fonds propres des entreprises, et notamment des PME. D'où les caractères des prêts participatifs.
Distribués par des établissements spécialisés (*Crédit national, *SDR, Crédit d'équipement aux petites et moyennes entreprises), les banques ou l'État lui-même, les prêts sont consentis à *long terme* (12 à 17 ans). Inscrits à une ligne spéciale du *bilan* et assimilés à des *fonds propres,* ils permettent aux entreprises (ayant adhéré à une société de *Caution mutuelle) d'améliorer leur structure financière sans avoir à augmenter leur capital. Constituant des créances de *dernier rang,* ils ne sont remboursables qu'après désintéressement de tous les autres créanciers. La *rémunération* du prêteur se compose de deux éléments : un *intérêt fixe* inférieur de deux points à celui des prêts ordinaires du Crédit national, et une *participation* au bénéfice de l'entreprise. Depuis 1982, les entreprises, publiques notamment, peuvent émettre des emprunts participatifs.
Aux termes de ce régime, le prêteur n'acquiert aucun droit de contrôle sur la gestion de l'entreprise et, en principe, aucune garantie (*voir* Gage) n'est prise sur l'actif de l'emprunteur. Il arrive cependant que les banques exigent des garanties sur les biens propres de l'entreprise à concurrence d'une partie du risque.

Prévision

a : *Forecast* – **d** : *Prognose* – **e** : *Previsión*

Action tendant à donner une idée de ce que sera l'avenir. Par extension : Résultat de cette action.

La prévision se définit aussi bien par l'acte de prévoir que par son objet et son contenu propres.
La prévision peut se situer soit au niveau *micro-économique, c'est-à-dire concerner les phénomènes propres à un agent individuel (entreprise, par

exemple), ou à un petit groupe d'agents (secteurs, par exemple), soit au niveau *macro-économique, c'est-à-dire embrasser l'ensemble des phénomènes intéressant, pour une période donnée, l'ensemble des agents exerçant leur fonction sur un territoire délimité.
Considérée par rapport à son horizon, la prévision peut s'appliquer aussi bien au long terme, au moyen terme qu'au court terme. Cependant une pratique répandue tend à réserver plutôt le vocable à la projection à court terme ; la prévision à moyen terme étant alors dénommée programmation et la prévision à long terme qualifiée de prospective.
L'évolution des économies modernes se caractérise par le développement, à tous les niveaux, des techniques de prévision.
Au plan micro-économique la croissance de la dimension des entreprises, qui accroît leur puissance, mais aggrave aussi les conséquences des erreurs de gestion, l'accélération du progrès technique, qui engage les entreprises dans un processus d'investissement permanent, le renforcement de la concurrence internationale, enfin, subordonnent de plus en plus la validité des prises de décisions à l'exploration de l'avenir. La prévision, à ce niveau, recourt aux techniques les plus variées, allant de la classique étude de marché jusqu'au recours à la théorie des jeux ou à l'analyse des choix en avenir incertain.
Au plan macro-économique, les responsabilités croissantes reconnues à l'État, même dans les pays capitalistes libéraux, en matière de croissance et de régulation économique ont entraîné les mêmes conséquences. En France, par exemple, la prévision à court terme s'effectue actuellement dans un double cadre : celui des analyses conjoncturelles (assurées par l'INSEE), fondées sur l'interprétation des indicateurs statistiques et les enquêtes de *conjoncture ; celui des *budgets économiques, à l'horizon de un à trois ans, établis par la Direction de la prévision du ministère de l'Économie et des Finances.

Voir Conjoncture, Planification.

Price earning ratio

Voir Coefficient de capitalisation des résultats.

Prime (bourse)

a : *Premium (Stock exchange)* – **d** : *Prämie (Börse)* – **e** : *Prima (bolsa)*

*Dédit convenu d'avance, que l'acheteur à *terme d'une valeur en bourse paie au vendeur lorsque, au jour de la *liquidation, il renonce à l'opération engagée.*

La prime caractérise une catégorie d'opérations de bourse conditionnelles à terme (dites « opérations à prime »).

Mécanisme : L'acheteur peut exécuter son contrat au jour de la liquidation (il lève la prime). Il peut également y renoncer (il abandonne la prime) : dans ce cas, il le fait savoir la veille de la liquidation, dénommée pour cette raison « *réponse des primes* ».
L'initiative appartient dans tous les cas à l'acheteur. En contrepartie, le vendeur traite à un cours légèrement plus élevé dans ce marché que s'il vendait ferme et cette différence est appelée « *écart* ».
Exemple : l'action A cote le 1er avril, en liquidation de juin, « 100 dont 5 » (c'est-à-dire 100 F incluant une *prime* de 5 F). A la liquidation, l'acheteur à terme de 10 actions A peut :
– soit exécuter le contrat et lever les 10 actions en payant 100 × 10 = 1 000 F ;
– soit résilier en abandonnant la prime de 5 × 10 = 50 F. (A la même bourse du 1er avril, si l'action A cotait au plus haut 97 ferme, l'écart pour une prime de 5 F en juin est donc de 100 – 97 = 3 F.)
Au moment de la réponse des primes, l'acheteur choisit naturellement la solution la plus profitable en fonction des cours et de la prime. Notamment, il est clair que si, au jour de la liquidation, le cours des valeurs, même peu intéressant, est supérieur au cours d'achat diminué de la prime, l'acheteur lèvera les valeurs. (Dans l'exemple ci-avant, tout cours coté supérieur à 95 F (100 F – 5 F) déclenchera ce choix.) Ce cours s'appelle « *pied de la prime* ».

Prime (d'assurance)

a : *Insurance premium* – **d :** *Versicherungsprämie* – **e :** *Prima de seguro*

*Prix de l'*assurance. La prime est la rémunération que l'assuré doit à l'assureur, en contrepartie du risque pris en charge.*

Elle comprend la couverture du risque proprement dit ou « prime pure » et les « chargements » correspondant aux frais de fonctionnement des sociétés.
La détermination du niveau des primes reposant sur l'utilisation d'une statistique dont il est préférable qu'elle soit aussi générale que possible, des organismes professionnels spécialisés par branche rassemblent les résultats communiqués par les entreprises. Ces organismes établissent des « tarifs » ou tableaux de primes qui, suivant les branches, et suivant les périodes, soit sont des tarifs de référence ayant valeur indicative, soit font l'objet d'une entente entre les entreprises. Certaines entreprises, dites « sauvages » (en Grande-Bretagne « non-tariff »), qui, en France, font

en général partie du groupe des sociétés mutuelles ou à forme mutuelle, n'utilisent pas les tarifs professionnels (*voir* Mutualité).
Les primes d'assurances ne sont pas soumises à la législation générale des prix, mais les tarifs pratiqués par les entreprises doivent être communiqués au ministre de l'Économie et des Finances, et celui-ci peut déterminer des maxima et minima.
En assurance sur la vie, les primes doivent être établies en tenant compte de tables de *mortalité et de taux d'*intérêt fixés par arrêté. Le montant du « chargement » est, par contre, arrêté par l'entreprise en fonction de situation propre.
En assurance dommages, le ministre de l'Économie et des Finances a longtemps utilisé les pouvoirs qu'il tient de l'ordonnance de 1945 pour fixer un maximum aux primes d'assurance automobile. Le régime actuel est celui de la liberté, liberté surveillée dans un premier temps par un plafonnement de la hausse globale autorisée par société, et complète après le 1er avril 1971.

Prime (de l'État)

Voir Incitation, Intervention, Aménagement du territoire, Subvention.

Prime (valeurs mobilières)

a : *Premium* – **d** : *Prämie* – **e** : *Prima*

Écart de prix ou de cours d'actions ou d'obligations lié aux actes de transfert qui les affectent.

Prime d'émission : Différence entre le prix d'émission d'une *action et sa valeur nominale.
Dans le cas de l'*action,* la prime est un sur-prix payé par le souscripteur. La société émettrice bénéficiaire en prévoit généralement l'affectation. Le choix de la prime est étroitement fonction de la réputation et des perspectives de la société et du cours de son action à la date de l'émission. Dans le cas de l'*obligation,* la prime est au contraire un abattement de prix consenti au souscripteur à titre d'avantage. La société, qui en supporte le coût, comptabilise celui-ci à ses *frais d'établissement.

Prime de conversion : Différence entre le prix d'émission d'une *obligation échangeable ou le cours d'une *obligation convertible d'une part, et le cours de l'action d'autre part.

Prime de remboursement : Prime ajoutée à la valeur nominale d'une obligation au moment de son remboursement.

Cette pratique s'est développée pendant les périodes de dépréciation monétaire, de même que celle des primes d'émission. Leur but est de conserver un certain attrait aux obligations dont la fixité de la valeur souffre de la dépréciation. Le jeu de ces diverses primes s'analyse, en fait, comme une majoration du taux réel de ces emprunts obligataires.

Prime rate

Voir Taux de base.

Privatisation

a : *Denationalization* – **d** : *Privatisierung* – **e** : *Privatización*

Pratique consistant à céder au secteur privé (entreprises et particuliers) des entreprises étatiques – dans ce cas synonyme de dénationalisation – ou d'économie mixte (à majorité publique).

Des raisons idéologiques et alimentaires (pour le budget de l'État) ont conduit certains pays occidentaux dans les années 80 et 90, et les anciens pays de l'Est dans les années 90, à multiplier les privatisations. Elles peuvent être totales ou partielles.

Celles-ci se réalisent généralement par des * offres publiques de vente (OPV) mais aussi, à titre complémentaire, par d'autres techniques telles que le marché de gré à gré dans le cadre de la technique du * livre d'offres : elles s'accompagnent souvent de la création au profit de la puissance publique d'une * action spécifique, censée lui conserver l'assurance temporaire ou définitive d'un droit de regard sur la gestion, d'un droit d'autorisation sur certains franchissements de seuil, voire d'un droit au contrôle sur la cession de certains actifs.

Prix

a : *Price* – **d** : *Preis* – **e** : *Precio*

Valeur marchande d'un bien ou d'un service.

Indépendamment de sa valeur d'usage objective et de sa valeur subjective de satisfaction, le prix d'un bien ou d'un service n'existe que dans la mesure où l'on se situe dans une relation d'échange, c'est-à-dire dans la mesure où producteur et utilisateur peuvent être différents.

Le prix d'un bien ou d'un service apparaît ainsi comme l'intermédiaire fondamental qui permet le passage de l'économie domestique de subsistance à l'économie de groupe.
Théoriquement, la notion de prix n'implique pas automatiquement l'usage d'une mesure homogène, telle que la *monnaie. Historiquement d'ailleurs, avant l'apparition de cette dernière, et dans les communautés qui ont connu une intense activité économique fondée sur l'échange (l'Égypte pharaonique, par exemple), le prix n'était que l'expression réciproque d'un échange de biens ou de services fondé sur le troc : un boisseau de froment valant tant de longueur d'un tissu de texture et de qualité donnée. L'introduction d'un support spécifique au prix, par le recours à la monnaie, a évidemment simplifié les procédures d'échange et surtout élargi leur développement (il n'était plus nécessaire de solliciter du partenaire l'offre d'un bien précis pour lui céder sa propre marchandise). La notion de prix est donc devenue inséparable des mécanismes de fonctionnement de l'économie monétaire. Fondement des échanges, la notion de prix a joué un rôle essentiel dans le développement et l'évolution de l'économie et dans la transformation des systèmes économiques. C'est autour d'un certain processus de formation des prix que le système capitaliste s'est formé et progressivement affirmé. C'est en réaction contre ce processus que la contestation socialiste a posé les bases objectives, à partir de Marx, d'une critique d'un système dont la dislocation dans les pays socialistes s'est appuyée, au moins au départ, sur une modification radicale du mécanisme des prix, auquel un rôle différent était attribué. Pourtant, cette opposition des systèmes et des régimes économiques, à propos du mécanisme des prix, n'est plus aussi nette qu'il pourrait paraître. Ou plutôt elle s'est modifiée, sans que les systèmes et les régimes cessent de se distinguer, et les prix de jouer dans l'économie un rôle prépondérant dans les processus de développement et d'équilibre.

Économie capitaliste

• Ce n'est pas abuser des mots que de dire que dans l'économie capitaliste libérale le *mécanisme* des prix est considéré comme le régulateur central de l'activité. Les prix qui se forment librement par la confrontation de l'*offre et de la *demande orientent en effet l'affectation des ressources vers une production (rentable) capable de satisfaire des besoins (solvables). Pour les économistes libéraux classiques, les prix, résultante des rapports individuels sur les *marchés, assurent par leur mouvement spontané un ajustement automatique entre l'offre et la demande dans des conditions conformes à l'*optimum. En effet la *concurrence tend à éliminer les productions non rentables, et à égaliser le prix au *coût de production (coût marginal et coût moyen) selon un processus qui concilie l'intérêt des firmes et celui des consommateurs.

En fait, ce schéma théorique implique que le fonctionnement des marchés se réalise dans un cadre de concurrence parfaite, caractérisé par une offre et une demande capables d'adaptation rapide et, en même temps, formées d'éléments d'importance assez limitée pour qu'aucun d'eux ne puisse exercer une influence déterminante sur l'ensemble.
Or l'expérience montre d'une part que l'offre et la demande ne se prêtent pas toujours sur un marché donné à une adaptation rapide et que celle-ci ne dépend pas toujours du prix. Offre et demande peuvent être plus ou moins « élastiques », plus ou moins « visqueuses » : l'offre parce que sa variation en baisse, et plus encore en hausse, exigera certains délais ; ou butera sur une incapacité absolue (cas des productions agricoles, par exemple) ; la demande parce qu'elle comportera parfois un minimum absolu tendant à se satisfaire à « n'importe quel prix » (cas de la consommation alimentaire en période de pénurie, par exemple) ou au contraire butera contre un effet de saturation. D'autre part, le développement même des économies capitalistes, où le moteur du profit conduisait à rechercher sans cesse des gains de productivité, a été marqué par un processus continu de concentration des entreprises qui a entraîné la constitution sinon des *monopoles, du moins d'*oligopoles qui peuvent exercer une influence prépondérante sur un marché où la demande reste, elle, plus ou moins atomisée. Dans cette évolution les prix sont restés naturellement un mécanisme fondamental du système dans la mesure où ils continuent de présider à l'affectation des ressources, à la distribution des revenus et au partage entre la consommation et l'investissement. Mais le mécanisme n'a jamais assuré automatiquement un équilibre dynamique satisfaisant. Et, de fait, il tend de plus en plus à être contrôlé et manipulé délibérément par les interventions de la puissance publique.

• Certaines de ces *interventions* tendent précisément à renforcer, maintenir, ou restaurer des facteurs de *concurrence, notamment du côté de l'offre : la libération des échanges, par la suppression des *contingents ou l'abaissement des barrières douanières, vise, par exemple, à favoriser les importations et à permettre ainsi au marché de bénéficier de la concurrence étrangère ; le contrôle des *ententes d'autre part tend à empêcher ou à limiter les tendances monopolistiques ou oligopolistiques qui altèrent la libre formation des prix. Si la première forme d'intervention peut conjoncturellement exercer de réels effets, la seconde, en général, est conduite avec une timidité telle que son incidence est réduite. Au reste, si la concentration officielle des entreprises peut être en principe contrôlée, la pratique d'ententes occultes est plus difficile à réprimer. Aussi bien la concurrence, dans les cas où elle subsiste, ne s'exerce-t-elle pas toujours par les prix, mais au niveau du partage de la production et du chiffre d'affaires, par le truchement de la *publicité (jouant sur la qualité des avantages annexes, la présentation ou le conditionnement...).
Par ailleurs, dans la mesure même où le mécanisme des prix commande la formation des revenus, l'État intervient parfois non plus pour préserver

le jeu de la concurrence mais pour empêcher que la confrontation de l'offre et de la demande s'exerce « normalement ». Ainsi, par exemple, les prix de certaines sources d'énergie sont maintenus autoritairement à un certain niveau pour assurer des conditions de rentabilité minimales à d'autres sources d'énergie (ralentissement de la régression du charbon par une politique de prix élevés pour les produits pétroliers). Ainsi d'autre part certains États protègent le revenu des agriculteurs en soutenant les prix des produits agricoles soit par une fixation autoritaire, soit par un mécanisme de régulation fonctionnant au seuil d'un « prix d'intervention ». Dans la mesure où les prix commandent le niveau de la consommation, l'État peut être conduit, en troisième lieu, notamment lorsque la demande d'un produit est inélastique ou simplement pour assurer un certain niveau de satisfaction de besoins reconnus comme essentiels, à réglementer le cours de certains biens ou services (cas, par exemple, de certains produits alimentaires tels que le pain, le sucre...).

Ces interventions sectorielles peuvent être généralisées quand des déséquilibres globaux affectent l'ajustement de l'offre et de la demande : la pénurie liée à l'état de guerre a conduit ainsi la plupart des pays à introduire une taxation autoritaire des prix, liée à un rationnement de la consommation.

D'une façon plus générale, le développement de tensions inflationnistes qui revêtent parfois un aspect endémique amène les gouvernements à avoir une politique des prix plus ou moins complexe et articulée, fondée sur une réglementation différenciée selon les biens et services, susceptible elle-même d'une modulation dans le temps : l'arsenal français est ainsi particulièrement riche, qui distingue le régime de liberté, celui de la liberté surveillée (déclaration), celui de la liberté contrôlée (dépôt de barèmes dont l'application est soumise à une approbation tacite, ou expresse), les régimes de convention, les systèmes d'intervention dans un cadre de prix plancher/prix plafond, enfin la taxation ou le blocage, qui sont les modes d'intervention les plus dirigistes. De fait cependant la France, depuis le début des années 80, s'est engagée dans un processus délibéré de libéralisation des prix qui s'est déroulé avec succès puisque associé à une désinflation profonde.

Bien entendu, l'action directe sur les prix se double toujours plus ou moins d'une intervention sur les facteurs de l'offre et de la demande. Celle-ci peut se limiter à des mesures spécifiques, mais s'étendre aussi à des actions plus globales fondées sur l'utilisation de la dépense publique, de la fiscalité, du crédit... pour influencer le volume de l'offre, et plus souvent encore moduler la demande.

Prix libres, prix surveillés, prix contrôlés, prix administrés caractérisent en fait ainsi un système où la valeur d'échange des biens et services ne résulte plus toujours d'un ajustement spontané de l'offre et de la demande, mais de processus complexes où entrent en jeu non seulement la concurrence, mais son antithèse l'entente, non seulement la confrontation des groupes sociaux, mais aussi son antidote au moins théorique, l'arbitrage des pouvoirs publics. Les prix, de ce fait, restent bien un régulateur de l'économie de marché capitaliste, mais un régulateur qui peut être lui-même « régulé » dans un processus où les « forces du marché » tendent à être canalisées par les groupes, sinon maîtrisées par la collectivité.

Économie collectiviste

La signification et la formation des prix ont tendu à connaître dans les États « socialistes » une évolution à certains égards inverse de celle enregistrée dans les pays capitalistes : on est passé en effet progressivement d'un régime de prédétermination des prix lié à la planification centralisée à un système plus souple pouvant aller jusqu'à une réintroduction des mécanismes de l'économie de marché.
Depuis les révolutions de 1989-1990, les pays de l'Europe centrale, de la Baltique et de la CEI évoluent progressivement vers un système mixte, faisant une large part à une libéralisation. C'est pourquoi les développements ci-après ont seulement, du moins pour les pays européens, un caractère historique, voire théorique.

• *Dans une première période qui va jusqu'en 1960* environ, les États « socialistes » ont connu, sauf cas particuliers, un régime volontariste des prix. Ce régime se fondait à la fois sur une justification théorique et une opportunité pratique : en effet, on considérait que la « loi de la valeur » établie par Marx ne s'appliquait en principe que dans l'économie capitaliste. Selon cette loi, le prix moyen de production d'un bien tend à être égal à $C + V + \frac{a}{k}$, C étant la part de la valeur du *capital constant dépensé pour cette production (consommations intermédiaires et amortissement du capital technique), V le *capital variable, c'est-à-dire les salaires, $\frac{a}{k}$ un taux moyen de profit par rapport au capital investi.
Elle ne pouvait jouer dans une économie socialiste que de façon partielle, subsidiaire et temporaire dans la mesure où subsistait un marché pour les biens de consommation et à l'intérieur de la sphère productive des secteurs non socialisés (agriculture, par exemple). On admettait, par ailleurs, que, dans la mesure où l'on conservait, dans la société socialiste, l'usage de la monnaie, le système des prix pouvait contribuer utilement à une organisation planifiée de l'économie. Dans cette optique, le système des prix revêt alors des caractéristiques particulières :

– il n'est plus un mécanisme automatique de coordination entre les décisions d'échange prises par les agents économiques (*offre et *demande), mais un moyen d'action utilisé par les organismes de *planification pour atteindre les objectifs fixés dans le plan ;

– les prix ne sont plus, en principe, le résultat d'un marchandage, mais procèdent d'un acte d'autorité ;

– les prix ne constituent plus un système de liaison entre la production et la consommation ; ils restent cependant un instrument d'orientation de la demande.

En fait, passé la période de reconstruction, les défectuosités de ce système ont été peu à peu mises en évidence :

– il sécrétait plutôt, dans la sphère productive, des ferments de sclérose et d'inefficacité. En effet, la pratique de la formation des prix revenant à maintenir bas les prix de gros des biens d'équipement et des matières premières, le système conduisait les entreprises « déficitaires », notamment dans les industries de base, à ne pas s'émouvoir de leurs « résultats » et à compter sur les subventions. Par ailleurs, il favorisait dans l'ensemble de l'industrie une certaine tendance au gaspillage ;

– il ne permettait pas d'assurer avec assez de souplesse l'ajustement de l'offre et de la demande de biens de consommation.

Certains ont considéré que ces défectuosités étaient le fait d'une mauvaise *planification ; d'autres sont allés plus loin et ont remis en cause les fondements mêmes du système, en partant généralement du principe qu'on pouvait appliquer à l'économie socialiste la loi marxiste de la valeur. Parmi ces derniers, les uns ont proposé de fixer les prix de manière rigoureusement proportionnelle aux coûts des biens en travail, d'autres ont suggéré que le prix soit déterminé par le coût de production augmenté d'un taux de profit proportionnel au montant des capitaux investis, d'autres même ont été jusqu'à proposer de rendre les prix des moyens de production proportionnels à leur *productivité « marginale ».

• Ces thèses ont influencé inégalement l'*évolution enregistrée à partir des années 60.* Sans que soient répudiés totalement les anciens fondements du système, deux orientations nouvelles se sont dessinées :

– dans les pays où la planification reste centralisée et impérative, une tendance à introduire une certaine rationalité intrinsèque dans la fixation des prix, en considérant qu'au niveau du secteur productif ceux-ci devaient être un instrument d'appréciation de la rentabilité et qu'ils devaient donc incorporer un certain **profit socialisé* (ce que les économistes marxistes dénomment « une norme moyenne de produit additionnel net ») ;

– dans les pays où la planification s'est assouplie, une tendance à admettre une diversité du système des prix, allant parfois et pour certains biens jusqu'à la réintroduction de prix de marché libres, contractuels ou contrôlés.

– L'abandon de l'ancien régime d'économie collectiviste par les pays de l'Est européen, de la Baltique et de la CEI, en 1989-1990 a conduit ces pays à s'orienter plus ou moins rapidement vers une libéralisation des prix.

Probabilités (calcul des)

a : *Calculation of probability* – **d** : *Wahrscheinlichkeitsrechnung* – **e** : *Cálculo de probabilidades*

Partie des mathématiques ayant pour objet l'étude des mécanismes aléatoires et des propriétés que possèdent les produits de ces mécanismes.

Le calcul des probabilités qu'il faut se garder de confondre avec la *statistique descriptive, bien que le vocabulaire utilisé soit souvent analogue, a un caractère essentiellement abstrait et développe, à partir d'un ensemble d'axiomes portant sur un être mathématique particulier, la probabilité, une construction mathématique, rigoureuse, hors de toute préoccupation concrète. Cependant, les notions abstraites à la base de cette théorie ainsi que les conséquences qu'on peut tirer de l'application des axiomes peuvent servir à l'étude de *populations statistiques concrètes grâce, en particulier, au résultat fondamental connu sous le nom de *loi des grands nombres.* D'après ce résultat, lorsqu'on tire avec remise (*voir* Tirage) des individus ayant la probabilité d'être porteurs d'un certain caractère (par exemple, lorsqu'ils appartiennent à une population finie et qu'une proportion p d'entre eux est porteuse de ce caractère), la *fréquence f des individus porteurs du caractère dans l'*échantillon présente la propriété suivante :
« La probabilité que f ne diffère de p que d'une quantité ε arbitrairement petite et aussi proche de un que l'on veut », propriété qu'on peut résumer de la façon suivante : « Il est quasi certain que f est quasi égal à p. »
Ce résultat entraîne que les méthodes de calcul utilisées en statistique descriptive ressemblent beaucoup à celles utilisées en calcul des probabilités.

Production

a : *Production* – **d** : *Produktion* – **e** : *Producción*

---

*Création d'un *bien ou d'un *service propre à la satisfaction d'un *besoin.*

La production s'analyse dans un processus de création d'*utilité.
Sous l'angle technique, elle implique un mode de combinaison des *facteurs de production (ressources naturelles, travail, biens de production) approprié à sa finalité.
Sous l'angle économique, la notion de production a un contenu variable selon les pays. Celui-ci est lié à la nature et aux caractéristiques des biens ou services créés par la combinaison des facteurs techniques, ainsi qu'aux conditions dans lesquelles ils sont proposés à la satisfaction des

besoins. Les utilités créées peuvent en effet avoir une base plus ou moins matérielle ; elles peuvent, d'autre part, s'échanger ou non sur un *marché. Ces distinctions apparaissent clairement dans les définitions de la production retenues par les systèmes de comptabilité nationale.

Comptabilité nationale : Les systèmes de comptabilité nationale diffèrent en effet précisément selon le champ d'extension qu'ils confèrent à la notion de production, c'est-à-dire selon la nature et les caractéristiques des biens et services qu'ils intègrent à ce concept. Mais on observera que, dans chaque type de systèmes, les critères de principe peuvent souffrir quelques exceptions dans leur application pratique.
Les systèmes de comptabilité nationale des pays socialistes reposent sur une conception de la production en principe restrictive, puisqu'elle ne retient que la création de biens matériels (notion de produit matériel). Ce critère s'est, en fait, progressivement assoupli par intégration au concept de production de services liés à l'activité proprement productrice (par exemple, les transports). Ce processus d'élargissement du concept de production ne paraît pas d'ailleurs épuisé.
Le *système de comptabilité nationale de l'ONU retient au contraire une définition large de la notion de production : fondé en principe sur le critère de l'activité créatrice de biens et services, il intègre, outre l'autoconsommation, les services non marchands (services rendus par les administrations, par les institutions de crédit) dans la mesure où ceux-ci peuvent être mesurés en valeur.
Le système français en vigueur jusqu'à 1976 était fondé sur une conception intermédiaire. Il définissait la production par la création de biens ou services marchands, c'est-à-dire susceptibles d'être échangés sur un marché. Ainsi les services non marchands rendus par les administrations en étaient exclus. Le principe souffrait cependant des exceptions : les services des entreprises financières, bien que marchands, ne faisaient pas partie de la production, en raison de leur caractère spécifique (*voir* Entreprise) : inversement, la production agricole autoconsommée, dans la mesure où elle concerne des biens équivalents à ceux qui sont effectivement échangés, faisait partie de la production.
La mise en vigueur, à partir de 1976, d'un nouveau système, le *système élargi de comptabilité nationale, variante française du SEC européen, a consacré sur ce point un alignement sur les concepts du système de l'ONU.
Quel que soit le critère retenu, la production, dans les systèmes occidentaux, couvre l'ensemble des opérations jusqu'à la mise à la disposition de l'utilisateur final : ainsi le transport et le commerce, par exemple, sont considérés comme des activités productrices.
Voir Produit matériel, Produit intérieur, Produit national, Production intérieure, Comptabilité nationale, SCN, SEC, SECN.

Production intérieure

a : *Domestic production* – **d** : *Inlandsproduktion* – **e** : *Producción interior*

Ancienne comptabilité nationale française : Ensemble des biens et services produits par l'économie nationale, sur le territoire national, quelle que soit la nationalité des producteurs.

Définie par un critère territorial, la production intérieure s'oppose à la *production nationale, qui regroupe l'ensemble des biens et services produits par les nationaux, qu'ils soient ou non résidents.
Comme cette dernière, toutefois, et à la différence de la notion de *produit, elle exclut les services des administrations publiques.
Elle est qualifiée de *brute* (PIB) ou de *nette* selon que sa mesure exclut ou non les *amortissements économiques.

Voir Produit intérieur, Produit national.

Production nationale

a : *National production* – **d** : *Inlandsproduktion* – **e** : *Producción nacional*

Ensemble des biens et services produits par l'économie nationale pendant une durée déterminée (un an, par exemple), à l'exclusion des services des administrations publiques nationales.

S'oppose à la notion de *production intérieure.

Voir Produit national.

Productivité

a : *Productivity* – **d** : *Produktivität* – **e** : *Productividad*

Rapport quantitatif entre une production et un ou plusieurs facteurs de cette production.

Le rapport se présente sous forme de quotient entre ces deux catégories de grandeurs, exprimées en unités homogènes. La productivité indique généralement combien d'unités de la production considérée sont obtenues à partir d'une unité de facteur.

Origine et développement de la notion

L'apparition et le développement de l'étude *économique,* qui vise à apprécier l'organisation, la mise en œuvre et les résultats des moyens ou facteurs pour produire des *biens et services, ont naturellement rendu nécessaire une mesure de l'efficacité. L'économie étant principalement agricole jusqu'au XIXe siècle, la première application de cette notion a concerné la productivité de l'agriculture, sous le terme de *rendement (rendement à l'hectare, rendement à l'arbre fruitier, etc.).
La notion s'est étendue et raffinée depuis le début du XXe siècle en prenant successivement en compte :

• les liens de la productivité avec les progrès techniques, l'organisation du travail et divers facteurs d'ordre financier (*capital, *investissement) ;

• l'intérêt d'une utilisation à la fois plus large et plus différenciée de la notion de productivité : calculs de productivité globale, qui permettent une appréciation des résultats économiques d'ensemble (*voir également* Surplus) ; mais aussi nécessité de différencier les calculs de productivité par *secteurs ou *branches et même par catégories homogènes d'industries, pour éviter des généralisations abusives, sources d'inexactitudes ou d'erreurs ;

• les liens étroits, mais complexes, entre le niveau et l'évolution de la productivité d'une part, ceux des *salaires, des *prix, de l'*emploi et des *équilibres économiques d'autre part.

Principales applications de la productivité

La productivité du travail : C'est l'application la plus générale de la notion de productivité. C'est le quotient de la production par la durée du travail, exprimées l'une et l'autre en quantités physiques. On notera que cette productivité ne mesure pas tant l'effort humain (c'était le cas pour le rendement du XIXe siècle) que l'effet multiplicateur résultant, pour l'heure de travail, de l'heureuse combinaison d'un ensemble d'autres facteurs : équipement, progrès techniques, qualification professionnelle, gestion, etc. Au niveau de l'entreprise ou de l'industrie, elle permet d'estimer combien d'heures de travail sont nécessaires pour fournir une unité de produit et, plus encore, d'apprécier l'évolution de ce rapport.
Exemples : une paire de chaussures représente en France, selon les ateliers de fabrication, entre 100 et 250 minutes de travail ; une tonne de ciment environ 3 heures. Entre 1900 et 1960, la production par heure de travail (donc la productivité) a été multipliée par 2 pour le bâtiment et les travaux publics, par 3 pour le *commerce, par 4 pour le verre et les cuirs et peaux, par 8 pour l'habillement et le travail des étoffes, par 14 à 15 pour le caoutchouc et l'électricité.
Les mesures de la productivité du travail peuvent elles-mêmes être différenciées selon les objectifs recherchés et les connaissances désirées.

• La formule la plus simple est celle de la *productivité rapportée au travail visible,* c'est-à-dire effectué au stade fournissant le produit (exemples ci-dessus). Elle s'obtient par le rapport :

$$\frac{\text{production}}{\text{travail visible}}$$

• *La productivité intégrale du travail* prend en compte toutes les quantités de travail incorporé (intégré) dans les facteurs extérieurs en amont du travail de transformation en produit. Cette expression est dite « inverse » car elle révèle ce que coûte *l'unité de produit* en travail humain (et non la production de produit par unité de travail). La formule est très difficile à mettre en œuvre à cause de sa complexité, mais peut permettre d'approcher le *prix salarial* d'une unité de produit en affectant les heures de travail d'une valeur unitaire moyenne en monnaie (ce que coûte en travail une unité de produit). Elle s'exprime par le rapport :

$$\frac{\text{travail intégré}}{\text{production}}$$

• *La productivité nette du travail* évalue la part de *produit net* (de l'entreprise ou de la branche) par unité de travail visible. Ce produit net est lui-même égal à la production brute (totale) diminuée des autres facteurs qui sont entrés dans l'entreprise (ou la branche) pour contribuer à la production, c'est-à-dire l'*output diminué de l'*input ou la *valeur ajoutée. Pour réduire tous ces éléments à des unités homogènes, on est contraint de les exprimer en valeur, en prenant garde d'éviter d'y intégrer les fluctuations de prix. Elle s'obtient par le rapport :

$$\frac{\text{produit net}}{\text{travail visible}}$$

La productivité par facteurs autres que le travail : C'est le quotient de la production par l'un des facteurs de production : capital, investissement, matières premières :

$$\frac{\text{production}}{\text{quantité de facteur}}$$

Ce rapport permet d'apprécier l'évolution de la consommation de chacun de ces facteurs pour assurer le processus productif et de conduire la politique de l'entreprise, de la branche ou de l'économie. Il est important de savoir, en effet, si l'on consomme de plus en plus ou de moins en moins de matière première pour fabriquer un produit afin d'apprécier les progrès de la technologie et de l'organisation des ateliers mises en œuvre ; de voir si l'on utilise plus ou moins d'investissement ou de capital pour une production analogue (*voir* Coefficient de capital) pour fonder la gestion financière et technique. De même, la *productivité marginale des facteurs éclaire la stratégie de l'entreprise ou de la branche.
La *productivité du capital* constitue une notion importante pour l'analyse de l'évolution de l'appareil productif et, au niveau de l'entreprise, une référence pour l'appréciation de la politique à suivre. Cette productivité

apparente du capital peut être définie comme le *rapport entre la *valeur ajoutée et le volume du capital fixe* (généralement les immobilisations brutes), évalués l'une et l'autre à prix constants. Elle est dite « apparente », car elle ne tient pas compte des éventuelles évolutions divergentes de prix, par exemple le prix de vente des produits de l'entreprise et le prix des biens et équipements (que celle-ci acquiert). Elle doit donc être corrigée de l'évolution de ces prix relatifs pour fonder l'estimation de la *rentabilité économique.

En France, par exemple, on a constaté successivement un accroissement de la productivité du capital jusque vers 1954, puis une tendance continue à la décroissance depuis. Cette dernière tendance a été compensée, d'une part, par une évolution favorable des prix relatifs ; d'autre part, par une augmentation de la part de rémunération du capital dans la valeur ajoutée. La productivité du capital varie selon la taille des entreprises et leur secteur d'activité. Cette productivité décroît notablement avec la *taille* des entreprises. Par *secteurs,* les fortes productivités de capital se rencontrent principalement dans les industries de biens d'équipement et de consommation (mécanique, construction électrique, automobile, aéronautique, habillement...) ; les faibles productivités dans les secteurs très concentrés et à coefficient de capital très élevé tels que l'électricité, le gaz, l'eau, les sucreries, les transports maritimes.

La productivité globale des facteurs : Elle exprime le rapport entre la production et l'ensemble des facteurs mis en œuvre. Cette expression se fonde sur des quantités ou des volumes, mais elle doit passer par des estimations en valeur (comme la productivité nette du travail) en raison de la multiplicité et de la diversité des éléments pris en compte. Ces valeurs, normalisées pour éliminer les variations de prix, permettent d'aboutir à un résultat qui représente en fait la moyenne pondérée de la productivité des différents facteurs mis en œuvre.

Le calcul de ce type de productivité implique des techniques très minutieuses et très élaborées, mais fournit une indication particulièrement précieuse sur la conduite de l'entreprise ou de la collectivité. Il en exprime, en fait, l'*économie.* Au niveau de l'entreprise, il permet d'identifier, mieux que par le *bénéfice ou même par l'évolution de l'*autofinancement, les performances réelles de l'unité de production et de fonder l'appréciation du *surplus de productivité dégagé par l'ensemble. Il éclaire les statistiques possibles de salaires et de prix. Au niveau de la collectivité, il permet d'estimer les véritables fruits de la *croissance et de fonder une politique des *revenus et de la répartition des résultats nationaux.

Actions sur la productivité

La productivité et son évolution sont au cœur des conditions d'amélioration de la production, de l'amélioration du niveau de vie et, en définitive, de la compétitivité collective au sein de la *concurrence internationale et face aux économies dominantes (*voir* Domination). C'est

ce qui explique que de nombreux efforts soient faits pour en accroître le niveau.
Les actions d'accroissement de la productivité doivent en fait tenir compte d'un ensemble d'éléments qui rendent leur mise en œuvre relativement complexe.

• En premier lieu, l'accroissement de la productivité n'est pas forcément lié à celui de la production, en raison de la loi des *rendements décroissants qui peut limiter dans certains cas le jeu technico-économique. En outre, les problèmes de débouchés doivent être pris en considération.

• Au sein d'un appareil de production, l'effort sur la productivité doit s'accompagner d'une étude et d'une action approfondies sur les *coûts et prix de revient dont l'évolution et les lois peuvent « sophistiquer » le problème.

• Les considérations de socio-psychologie et de mentalité ne sont pas à négliger. La productivité exige l'adaptabilité, l'imagination, l'ouverture aux solutions nouvelles (*innovation) et, dans une large mesure, la capacité à accepter des résultats différés. L'absence de cette capacité (*anticipations excessives sur les résultats) peut contribuer à déclencher des tensions inflationnistes.

• Au niveau opératoire, l'accroissement de la productivité s'appuie sur des techniques de connaissance et d'organisation du travail (*voir* Évaluation des tâches, Bedaux — système, Fayolisme, Stakhanovisme), qui permettent d'identifier les meilleurs points d'application de l'effort d'amélioration. Au niveau général, ces efforts reposent sur deux catégories principales de techniques : les techniques de connaissance, notamment la *statistique, la *comptabilité et la *comptabilité nationale qui permettent de préciser l'information ; les techniques de *prévision et de *planification qui permettent d'organiser l'action à mener.

Produit domestique

a : *Domestic product* – **d** : *Nettoinlandsprodukt* – **e** : *Producto doméstico*

*Comptabilité nationale : *Produit national diminué du montant net des revenus de facteurs reçus du reste du monde.*

Le produit domestique inclut donc la rémunération des facteurs de *production versée à des non-résidents (par exemple, versements de dividendes, de redevances sur brevets...), mais ne comprend pas celle des facteurs de production versée par le reste du monde à des résidents.

Produit intérieur brut (PIB)

a : *Gross domestic product (GDP)* – **d** : *Bruttoinlandsprodukt (BIP)* – **e** : *Producto interior bruto (PIB)*

---

*Comptabilité nationale : Valeur ajoutée au cours d'une période donnée (l'année par exemple) par l'ensemble des *secteurs institutionnels, augmentée de la TVA et des droits de douane grevant les produits, et diminuée des services bancaires imputés non répartis entre les services utilisateurs.*

Cette définition technique illustre le caractère relativement complexe du concept de produit intérieur. Les corrections apportées à la somme des valeurs ajoutées se justifient par la nécessité de réaliser un équilibre avec la somme des emplois finals.

Le produit intérieur est égal à la *production diminuée de la *consommation intermédiaire. Celle-ci comprend en principe la fraction de la valeur des biens d'équipement normalement amortie au cours de la période ; cependant, la difficulté d'évaluer précisément cette grandeur conduit à l'exclure de l'évaluation de la consommation intermédiaire : le produit intérieur calculé est donc le *produit intérieur brut. A contrario,* le produit intérieur net tiendrait compte de cette dépréciation du capital technique (sous forme d'amortissements par exemple).

Le PIB est ventilé entre un PIB marchand et un PIB non marchand.

Produit intérieur

Voir Produit intérieur brut (PIB).

Produit matériel (ou produit social matériel)

a : *Material product* – **d** : *Materialprodukt* – **e** : *Producto material/Producto social material*

Ensemble des biens matériels et des services annexes à la production livrés par l'économie nationale.

Cet agrégat est à la base du système de comptabilité nationale des pays socialistes.

Produit national (ou social)

a : *National (or social) product* – **d** : *Sozialprodukt* – **e** : *Producto nacional (o social)*

**Agrégat regroupant l'ensemble des produits des diverses branches de l'économie nationale pendant une durée déterminée (un an, par exemple).*

Il se distingue ainsi du *produit intérieur, du produit territorial, de la *production nationale et de la *production intérieure.

Caractères généraux : Le produit national est un agrégat, c'est-à-dire un compte global de la comptabilité nationale. Il fournit une mesure exprimée en valeur monétaire de l'activité économique de l'ensemble des agents économiques rattachés à l'économie nationale.

Formes : Le produit national peut être calculé brut, c'est-à-dire avant *amortissement économique, ou net, c'est-à-dire après amortissement. Il peut être évalué — au prix du marché — ou bien au coût des *facteurs ; dans ce dernier cas, on élimine du prix des produits la part imputable à la fiscalité, prise au sens économique : on enlève les droits ou taxes indirects et on ajoute les subventions d'exploitation (sorte de fiscalité négative).

Comptabilité nationale française : Dans le système en vigueur jusqu'à présent, le produit national peut être calculé à partir des éléments suivants :

– la *production nationale, ou valeur ajoutée par les entreprises nationales, assimilée en fait à la *production intérieure ;

– les services rendus par les salariés des administrations publiques nationales appréciés d'après les salaires et prestations qui leur sont versés et les cotisations sociales payées pour eux ;

– les services rendus par les salariés des ménages, des administrations privées et des institutions financières nationales, évalués de la même façon ;

– les salaires, intérêts et dividendes versés par des agents non nationaux à des agents nationaux diminués des salaires, dividendes et intérêts versés par des agents nationaux à des agents non nationaux ;

– les loyers fictifs des administrations.

Le passage comptable aux autres agrégats se fait de la façon suivante :

1. Produit national brut (PNB) = produit national net (PNN) + impôts indirects – subventions.
2. PNN (au coût des facteurs) = revenu national (RN).
3. PNN = RN = consommation + épargne = dépense nationale.

Produits dérivés

a : *Derivatives* – **d** : *Umgeleitene Produkte* – **e** : *Productos derivados*

Produits financiers créés en principe pour permettre aux entreprises de se couvrir contre les risques de change, de variation de taux d'intérêt ou d'évolution du prix des matières premières.

Pratiquement ce sont des options sur des taux ou des indices.
Lancés dans les pays anglo-saxons, ils se sont étendus aux autres places financières.

Profit

a : *Profit* – **d** : *Gewinn* – **e** : *Beneficio*

Différence entre l'ensemble des recettes d'une entreprise et l'ensemble de ses charges liées à la production et à la vente de ses biens et services.

Schématiquement, on peut considérer le profit comme « ce qui reste » à l'entreprise une fois payés par elle le prix de ses *facteurs de production et, généralement, l'ensemble de ses charges. L'existence d'un profit suppose naturellement que l'ensemble de ses recettes (mesurées approximativement par son *chiffre d'affaires) soit supérieur à l'ensemble de ses charges.
En comptabilité, le compte « *pertes et profits » enregistre éventuellement les différences exceptionnelles dont l'entreprise peut bénéficier (profit) ou souffrir (perte).
La notion de profit est donc *résiduelle* (ce qui reste après les recettes et les charges), *globale* (toutes les recettes, toutes les dépenses, tout ce qui reste) et *simple* (différence), du moins en apparence. Mais la théorie économique et la pensée politique se sont emparées de la notion et ont alimenté, à son propos, des analyses et des controverses, principalement sur deux points : la *composition* exacte du profit et sa *légitimité*. Le premier point ne pose que des problèmes comptables, mais il introduit rapidement le second.

Composition du profit

Les mesures prises récemment pour faire participer les salariés au *profit* des entreprises ont conduit à préciser le contenu de celui-ci.
Or dans la plupart des cas, on constate qu'il est, en fait, assimilé au **bénéfice*.

- C'est le cas pour les « profit sharing plans » aux États-Unis qui aboutissent à un partage des bénéfices comptables dégagés par l'entreprise.

• C'est le cas en France avec l'ordonnance de 1967 sur la *participation qui prévoit qu'y seront affectées des sommes (inscrites à la « réserve de participation ») représentant le *bénéfice net* (après impôt) diminué d'une rémunération des actionnaires égale à 5 % des capitaux propres de l'entreprise. Une correction faisant intervenir la part plus ou moins grande des salaires dans la valeur ajoutée de l'entreprise (*voir* Surplus) permet de tenir compte des conditions d'activité de l'entreprise. Au total, la participation ne concerne donc qu'une partie du bénéfice d'exploitation, après fiscalité et rémunération du capital, et ne touche pas à l'*enrichissement* de l'entreprise, notion plus proche de celle de profit et envisagée à l'origine par le promoteur de l'intéressement (Louis Vallon, qui visait également, quant à lui, l'accroissement des actifs).

Ces exemples montrent combien il est difficile de faire admettre, dans les faits, une définition comptable claire du profit. Cette difficulté est, à l'évidence, liée aux problèmes que pose son attribution aux diverses parties prenantes et c'est pourquoi, dans ce domaine, le problème comptable est indissociable du problème politique.

Aussi est-ce à partir de la *dévolution* ou de l'*affectation* possible du profit que l'on peut le mieux cerner la notion. En additionnant ainsi les *emplois* possibles du profit, on peut en reconnaître l'étendue. Ces emplois peuvent être les *dividendes versés aux actionnaires en rémunération du capital apporté ; la constitution de *réserves additionnelles ; la part d'investissements supplémentaires couverts par l'*autofinancement (l'accroissement des *actifs). Mais cela peut être aussi des hausses particulières de salaires, l'octroi de primes exceptionnelles ou l'engagement de dépenses supplémentaires traduisant une « élévation du niveau de vie de l'entreprise ».

Les *économistes classiques* (notamment Jean-Baptiste Say) faisaient déjà une distinction élémentaire entre le *profit brut* (différence brute) et le *profit pur,* obtenu en déduisant du précédent :

• le montant correspondant à l'*intérêt que l'entrepreneur aurait pu obtenir en plaçant son capital ailleurs que dans son entreprise ; le montant du loyer qu'il aurait pu obtenir pour son immeuble ;

• un montant équivalant au *salaire* que l'entrepreneur aurait pu obtenir en s'employant dans une autre entreprise.

On constate que ces déductions, opérées, font apparaître en quelque sorte une « prime d'entreprise » rémunérant l'initiative et le risque assumés par l'individu qui a décidé de fonder son entreprise. Cette analyse s'applique bien à la plupart des petites entreprises personnelles qui font intervenir l'individu de façon prépondérante. Elle rend moins bien compte du phénomène de profit dans les grandes entreprises. Elle continue cependant d'avoir une valeur de référence pour apprécier les chances de création ou de cessation d'entreprises petites et moyennes. Et elle contribue à montrer la *spécificité* du profit, qui est un *revenu mais qui se distingue du salaire, de la rente ou de l'intérêt.

Si l'on peut, dans une certaine mesure, comparer le profit de l'actionnaire à un intérêt, celui du petit entrepreneur et celui de la grande entreprise (profit institutionnel et non personnel) correspondent, malgré leurs différences, à un élément analogue : la contrepartie d'une initiative, d'un maintien ou d'une politique concernant une unité de production (*voir* Entreprise).

Justifications du profit

C'est ainsi qu'on passe insensiblement du contenu du profit à son affectation et donc, dans une certaine mesure, à l'explication de la légitimité de celui-ci. Sur cette explication, de nombreuses théories et analyses ont été développées. Elles aboutissent du même coup, et selon les cas, à approuver ou à contester sa légitimité.

• *Pour les économistes libéraux,* le profit rémunère divers éléments positifs indissociables de l'esprit d'entreprise. Par exemple, pour Schumpeter, dont le nom est attaché à la mise en lumière de la fonction d'*innovation, le profit est la récompense de celle-ci, par laquelle l'agent économique crée de l'entreprise, des marchés et du progrès. Pour la plupart des économistes classiques, il est surtout la récompense du risque, ou de la capacité d'affronter l'incertitude du marché. Les analystes plus modernes ont cependant mis l'accent d'une autre manière sur le lien entre l'existence d'un profit et les *opportunités offertes à la situation d'entrepreneur : opportunités conjoncturelles,* lorsque l'entreprise peut bénéficier d'une hausse subite de matières qu'elle détient (*stock) ou d'une baisse de matières qu'elle achète, ou encore d'une disjonction possible — à son profit — de l'évolution des prix et des salaires. *Opportunités structurelles* qui viennent précisément de la position de l'entreprise dans la vie économique : c'est cette position qui lui permet de « profiter » des circonstances de la conjoncture, et elle qui peut lui donner la faculté de se dégager une « prime » par la négociation, la pression (notamment auprès des pouvoirs publics) ou plus simplement la réduction de la *concurrence.

Le profit s'explique ainsi par des éléments tous liés au fait d'entreprise, mais d'une légitimité variable selon qu'ils se rapportent à la *fonction de création* qu'elle implique (initiative, innovation, risque) ou à la *situation acquise* dont elle permet la défense (*monopole, *entente, situation de *rente).

• *Dans l'analyse marxiste traditionnelle,* le profit provient de la **plus-value* dégagée par l'entreprise par la différence entre les salaires payés aux travailleurs (dont elle modère le montant) et les prix auxquels elle vend les produits (qu'elle tend à maximiser). Dans cette mesure, Marx constatait que ce phénomène de profit était indissociable de la logique capitaliste et qu'il devait être condamné avec elle.

L'analyse de Marx a donc permis de mettre en lumière le bénéfice excessif et illégitime tiré par les entreprises de leur situation au sein de la vie économique. Elle doit cependant être aujourd'hui éclairée par les expériences des pays socialistes. Ces expériences montrent que l'évolution des planifications socialistes (hongroise, puis soviétique notamment) a conduit à admettre la libre disposition d'un profit partiel aux entreprises socialistes. Cela montre du même coup que sans perspective d'un gain, même limité, la fonction d'entreprise éprouve des difficultés à se dégager et à affirmer un minimum de dynamisme.

• Ces analyses et ces expériences permettent de circonscrire au moins un *noyau d'explication* du profit, explication qui peut être considérée en même temps comme sa légitimité pratique, en deçà des convictions idéologiques ou politiques :

– un minimum de profit est inséparable de la *fonction d'entreprise ;*

– cette fonction comprend au moins : une *capacité* de s'organiser et de fonctionner, au niveau de l'unité de production ; une *volonté* de le faire. Cette volonté, qui s'applique par une certaine autorité, est liée à la *possibilité,* donnée par les structures générales à l'unité-entreprise, de *formuler des anticipations favorables à elle-même.* Le profit est le signe du succès de ces anticipations ; son espérance les stimule ;

– le montant, l'affectation et la légitimité du profit peuvent être très différents selon les entreprises, les situations et les régimes économiques. Mais quel que soit le nom qu'on lui donne, une *récompense escomptable* est nécessaire pour que l'entreprise soit créée ou développée. En l'absence d'autres motivations actuellement concevables ou d'autres formules applicables, cette récompense est constituée, au niveau de l'entreprise, par une catégorie de gain financier qu'on appelle profit ;

– au niveau global, et même en l'absence d'économie de marché ou capitaliste, le profit peut être considéré encore comme un signe de l'unité de production. C'est la part d'enrichissement global que la collectivité accepte de voir affectée directement à l'échelon de l'unité qui l'a produite. Ou encore la reconnaissance du droit d'un échelon décentralisé à bénéficier de cet enrichissement et du pouvoir d'affectation et de décision qu'il comporte. C'est, une fois de plus, le signe, la récompense et le stimulant de l'unité de production, ou *entreprise.

Profitabilité

a : *Profitability* – **d** : *Profitabilität* – **e** : *Profitabilidad*

---

*Capacité d'une entreprise à générer un profit. Synonyme de *rentabilité.*

Programmation linéaire

a : *Linear programming* – **d** : *Lineare Programmierung* – **e** : *Programación lineal*

Méthode mathématique consistant à rechercher la solution d'un problème en la formulant comme l'optimisation (maximation ou minimisation) d'une fonction linéaire de plusieurs variables, soumises à diverses contraintes exprimées elles-mêmes sous forme d'équations ou d'inéquations linéaires.

La programmation est dite linéaire dans la mesure où toutes les variables sont du premier degré.
Exemple concret de programmation linéaire :
Un industriel dispose de trois ressources i_1, i_2, i_3 pour produire, en les combinant, deux biens j_1 et j_2. Il sait combien il lui faut employer en unités de chaque ressource pour produire une unité de chaque bien. Il connaît également le bénéfice unitaire réalisé pour chaque bien produit (soit B_1 et B_2). La recherche du profit maximal peut être étudiée en présentant le problème sous la forme suivante : si on désigne par a_{ij} la quantité d'unité de ressource i pour produire une unité du bien j, xj la quantité de bien j produite, et b_i le volume de ressources i disponible :

$$\text{maximum } F = B_1x_1 + B_2x_2$$

avec comme contraintes : (1) $x_1 \geqslant 0$; (2) $x_2 \geqslant 0$; (3) $a_{11}x_1 + a_{12}x_2 \leqslant b_1$
(4) $a_{21}x_1 + a_{22}x_2 \leqslant b_2$; (5) $a_{31}x_1 + a_{32}x_2 \leqslant b_3$

Initialement mise au point pour résoudre des problèmes d'ordre purement mathématique, la méthode a été progressivement utilisée avec succès dans le domaine économique pour résoudre des problèmes de choix et de décision aux niveaux *micro-économique comme *macro-économique (problèmes de transport, d'allocation optimale de ressources...).
La programmation linéaire ne consiste pas dans la simple formation sous forme de programme linéaire d'un problème donné. Elle comporte aussi, évidemment, la mise au point des techniques de résolution de ces programmes.
Ces techniques sont diverses : parmi elles, on peut citer la méthode du *siplexe*, pour les problèmes simples comportant peu de variables ; dans le cadre de problèmes plus complexes, on a recours au calcul matriciel pour résoudre les programmes linéaires. La programmation linéaire a évidemment joué un grand rôle dans le développement de l'usage des calculatrices électroniques.
Il convient de noter que tout programme linéaire peut être présenté sous deux formes :
- une forme primale (exemple du problème ci-dessus),
- une forme duale associée.

Au cas particulier, la forme duale du problème cité en exemple serait, en associant les variables duales l_1, l_2, l_3 aux contraintes (3), (4) et (5) :

$$\text{minimum } G = l_1b_1 + l_2b_2 + l_3b_3$$

avec comme nouvelles contraintes :

$$a_{11}l_1 + a_{21}l_2 + a_{31}l_3 \geqslant B_1 \,;\; a_{12}l_1 + a_{22}l_2 + a_{32}l_3 \geqslant B_2$$

On peut montrer que, si un programme linéaire de type primal est la formulation mathématique d'un problème économique d'allocation optimale de ressources, son programme dual associé est la formulation mathématique du problème de la détermination des « prix » optimaux de ces ressources, compte tenu de leur volume limité.

N. B. : L'écriture matricielle d'un problème de programmation, dans l'exemple précédent, se formule ainsi :

– *pour la forme primale :* maximum $F = Bx'$

(x' étant le vecteur colonne transposé du vecteur ligne x)

avec les contraintes $A_{x'} \leqslant b\,;\; x \geqslant 0$

$$(\text{où } B = [B_1\ B_2])$$

$$b = \begin{bmatrix} b_1 \\ b_2 \\ b_3 \end{bmatrix}$$

$$\text{et } A = \begin{bmatrix} a_{11} & a_{12} \\ a_{21} & a_{22} \\ a_{31} & a_{32} \end{bmatrix}$$

– *pour la forme duale :* minimum $G = bl'$

avec les contraintes $lA \geqslant B : l \geqslant 0$.

Programme

a : *Program* – **d** : *Programm* – **e** : *Programa*

Ensemble des modalités d'action permettant d'atteindre un objectif.

Le programme, dans son acception générale, est une notion voisine de celle du *plan. Mais elle met en principe davantage l'accent sur les moyens de réalisation.

Calcul électronique : Un programme est constitué par l'ensemble des instructions codifiées, assimilables par une calculatrice, propres à lui permettre de résoudre un problème donné.

Planification financière : Le système de « *rationalisation des choix budgétaires » (RCB), variante française du « planning programming budgeting system » (PPBS) américain définit le programme comme un échéancier d'étapes permettant d'atteindre les objectifs (planning), et servant de cadre à la mise au point du budget de réalisation (budgeting).

Aménagement du territoire : Programmes d'action régionale, ainsi dénommés depuis 1960.
Compléments du plan national établis au niveau des régions de programme (22) pour déterminer les orientations de leur développement économique, ces programmes, établis à partir de 1955 au niveau de la région (par l'entremise des comités d'action ou de développement économique départementaux et régionaux sous la responsabilité des préfets tant départementaux que régionaux, et approuvés par décret), se distinguent du plan national de plusieurs manières : leur horizon ne coïncide pas avec celui du plan et le dépasse ; ils définissent plus ou moins explicitement les objectifs concernant une période de dix à vingt années ; par voie de conséquence, ils proposent plutôt des orientations que des objectifs explicitement quantifiés ; de la même façon, les moyens propres à les atteindre sont esquissés dans leurs grandes lignes plutôt que déterminés avec précision. Aussi ces plans sont-ils tenus pour des cadres généraux de référence à l'action économique régionale et non comme un dispositif de planification s'imposant à la politique d'aménagement du territoire et de développement régional.

Programme d'action prioritaire (PAP)

*Programme individualisé défini dans le *plan.*

Introduits dans la planification française à l'occasion du VIIe Plan, les PAP bénéficient d'un engagement ferme de l'État en ce qui concerne sa contribution budgétaire. On distingue des PAP nationaux et des PAP d'importance régionale (PAPIR). Le IXe Plan leur a substitué des *programmes d'exécution prioritaire.

Programme d'exécution prioritaire

a : *Execution program for priority operations* – **d** : *Vorrangiges Durchführungsprogramm* – **e** : *Programa de ejecución prioritaria*

*Programme d'action traduisant une priorité du *plan.*

La notion de PEP, voisine de celle des PAP, s'en distingue en ce qu'elle associe à un objectif donné une pluralité d'acteurs (État, régions, entreprises publiques) et une diversité de moyens. Parmi ceux-ci figure naturellement une programmation budgétaire pluriannuelle faisant explicitement référence à des *autorisations de programme. En France, cette procédure, appliquée au IXe Plan n'a pas été reconduite pour le Xe.

Progressivité

a : *Progression* – **d** : *Progression* – **e** : *Progresividad*

Caractère de l'impôt dont le rapport au revenu croît avec celui-ci.

Pour tenir compte des besoins incompressibles de chacun et de la plus grande futilité des besoins que permettent de satisfaire les revenus les plus élevés, la doctrine préconise la progressivité du prélèvement fiscal. L'impôt sur le revenu qui comporte une exonération à la base et un système de taux croissants est un impôt progressif ; l'impôt sur les successions comporte également un dispositif progressif.
Les impôts indirects exercent dans l'ensemble un effet régressif, même la TVA, en dépit de ce que pourrait laisser présumer la pluralité de ses taux.

Prohibition

a : *Import or export prohibition* – **d** : *Einfuhr- oder Ausfuhrverbot* – **e** : *Prohibición*

Interdiction d'importer ou d'exporter un produit.

Interdites, sous réserve de dérogations possibles, temporaires et limitées, par l'Accord général sur les tarifs douaniers et le commerce (*GATT), les prohibitions subsistent encore, quoique de façon résiduelle, dans les réglementations économiques modernes.
Édictées le plus souvent, non pour être vraiment appliquées *stricto sensu,* mais pour permettre l'exercice d'un contrôle étroit du commerce extérieur par la puissance publique, les prohibitions générales, à l'importation ou à l'exportation, ne conservent plus, dans l'ensemble constitué par les pays développés du monde occidental, qu'un intérêt historique. Certes, de nombreux pays n'ont pas rapporté les décisions anciennes instituant un tel régime, c'est le cas de la France notamment, puisque le décret du 30 novembre 1944 qui interdisait tout commerce extérieur n'a jamais été abrogé, la libération des échanges s'étant faite de façon progressive et systématique par la multiplication des dérogations. Il reste, bien sûr,

que dans les pays moins développés, quand il n'existe pas de monopole étatique du commerce extérieur, la nécessité d'assurer une protection efficace de l'économie nationale passe par la prohibition, les échanges n'étant alors possibles que dans le cadre de contingents fixés par les pouvoirs publics et après délivrance de licences individuelles.
En revanche, les prohibitions spéciales continuent à jouer un rôle dans la pratique. Elles répondent à des considérations diverses et se retrouvent sous des formes voisines à peu près partout. Parmi les principaux motifs de ces interdictions il convient de signaler :

• les préoccupations stratégiques : interdiction d'exporter certaines matières premières notamment vers certains pays ; interdiction des échanges portant sur des matériels militaires ;

• les préoccupations fiscales : protection des monopoles d'État ; dans le cadre de la CE, afin d'éliminer toute discrimination entre les ressortissants des États membres, l'existence de tels monopoles a été remise en question ;

• les préoccupations de police : interdictions d'importer les produits pouvant nuire à la santé morale ou physique des habitants, ou risquant d'introduire dans le territoire des épizooties ou épiphyties ;

• les préoccupations diverses : protection du patrimoine artistique amenant l'interdiction d'exporter les œuvres d'art ou les vestiges du passé historique de la nation ; lutte contre les fausses marques de fabrique ou d'origine ; défense de la législation en vigueur en matière de propriété intellectuelle ou artistique.

Le recours exceptionnel à des prohibitions d'entrée ou de sortie peut enfin se concevoir dans les cas de pénuries aiguës de certains produits ou au contraire lorsque de profonds bouleversements sont provoqués par l'afflux exagéré de marchandises étrangères, mais c'est un instrument peu maniable de la politique douanière, l'instauration de taxes spéciales étant sans doute, quand cela est possible, préférable.

Projet

a : *Project* – **d** : *Projekt* – **e** : *Proyecto*

Opération que l'on se propose ou qu'on envisage de réaliser.

Ce sens très général recouvre des acceptions variables selon les cas. Dans le domaine de la politique économique et financière, le terme s'emploie le plus couramment dans deux sens particuliers : dispositif de mesures réglementaires ou législatives envisagé pour résoudre un problème donné ; au niveau *micro-économique, dispositif prévu pour réaliser une opération d'investissement.
Dans les deux cas le projet peut constituer l'élément unitaire d'un *programme.

Prolétaire

a : *Proletary* – **d** : *Proletär* – **e** : *Proletario*

Qualité de celui qui ne dispose que de sa force de travail.

Dans l'Antiquité romaine, le prolétaire était le citoyen de la dernière classe déterminée par le cens ; exempt d'impôt, n'ayant d'autre bien que sa personne, il tenait cette dénomination du fait que son seul espoir de richesse était dans les enfants qu'il pouvait procréer (*proles :* lignée) et peut-être aussi de la propension de sa classe à être spécialement prolifique.
La signification du terme s'est modifiée et précisée peu à peu et son acception moderne doit beaucoup aux analyses des théoriciens socialistes, et de Marx en particulier : le prolétaire désigne celui dont le seul revenu est celui qu'il peut tirer de la location ou de la vente de sa force de travail.
Mais cette définition reste encore trop large pour désigner ceux que l'on qualifie communément de prolétaires : la notion de prolétaire implique une dépendance de fait ou de droit à l'égard de celui qui utilise, voire exploite, la force de travail d'autrui. Elle recouvre aussi l'idée que cette exploitation se traduit par une rémunération sans rapport avec la valeur ajoutée par la force de travail.
Si donc, en théorie, les notions de salariat et de prolétariat se recouvrent, dans la pratique le prolétariat désigne une partie des salariés, celle qui bénéfice des revenus les plus faibles. Mais le problème est d'établir une frontière.
Les doctrines socialistes entendent généralement par prolétariat la classe ouvrière et le salariat agricole.

Prolétariat

a : *Proletary population* – **d** : *Proletariat* – **e** : *Proletariado*

---

*État de *prolétaire ; ensemble des prolétaires.*

Propagande (commerciale)

Voir Publicité.

Propension

a : *Tendency* – **d** : *Neigung* – **e** : *Propensión*

Tendance.

Appliqué à la vie économique, ce terme désigne certains comportements des agents. On peut ainsi distinguer :
– la propension à consommer, ou à épargner, qui caractérise la tendance des *ménages à partager leur revenu entre la consommation et l'épargne. On peut ainsi calculer des propensions moyennes (par exemple, part du revenu affectée à la consommation) et des propensions marginales (par exemple, part du revenu additionnel affectée à la consommation additionnelle) ;
– la propension à investir qui caractérise la tendance des entrepreneurs à investir.
Les notions de propension sont importantes pour la compréhension des phénomènes et des mécanismes économiques. *Keynes, par ses travaux, en a en particulier souligné l'intérêt, en considérant la propension à consommer comme l'une des trois variables déterminantes de l'équilibre économique.

Propriété

a : *Ownership/Property* – **d** : *Eigentum* – **e** : *Propriedad*

Droit par lequel une chose est possédée en propre par une personne (morale ou physique).

Sur le plan juridique et si l'on se réfère à l'analyse donnée par les jurisconsultes romains, ce droit comporte, dans son acception pleine et entière, l'*usus,* ou droit d'usage, le *fructus* ou droit de jouir des fruits procurés par le bien objet de propriété, et l'*abusus,* droit d'user de ce bien et d'en disposer à volonté.
Pour les économistes la propriété est un fait social, universellement répandu, mais diversement réglementé, et dont précisément la réglementation est un des éléments fondamentaux du *régime économique.
Cette réglementation peut porter sur : les modalités d'acquisition du droit (effet des obligations, succession, donation, testament, accession, prescription) ou de sa transmission (les mêmes sauf l'accession et la prescription) ; la protection et l'organisation de ce droit, variable selon son objet : propriété industrielle ; les limites de ce droit (contrôles, par exemple sur les productions, servitudes privées ou publiques, réquisition, expropriation, *nationalisation, *collectivisation...).

L'évolution de ce droit, dans les économies de marché, se caractérise par un élargissement et une différenciation de la notion, selon son objet (voir ci-après les différentes sortes de propriété), en même temps que par une réglementation restrictive tendant à protéger, voire à privilégier l'intérêt général aux dépens d'un exercice absolu du droit individuel. Dans les économies soumises aux règles du régime socialiste, la *propriété privée* est strictement limitée dans son objet. Ainsi l'ex-URSS ne la reconnaissait-elle que pour les biens acquis par le travail, par héritage ou par donation dès lors qu'ils ne constituent pas des *capitaux, au sens marxiste du terme : les instruments de production ne pouvaient en effet en principe faire l'objet que d'une appropriation collective (propriété coopérative, ou propriété d'État).

Propriété artistique et littéraire : Droit exclusif d'exploitation, de durée temporaire, reconnu à l'artiste ou à l'écrivain (et à leurs descendants) sur son œuvre.

Propriété commerciale : Droit du commerçant locataire, à l'issue de son bail, de conserver l'usage du local loué ou d'être à défaut indemnisé (*voir* Fonds de commerce).

Propriété industrielle : Droit exclusif d'utiliser une *marque, un *brevet, un dessin, un nom commercial... et, d'une façon générale, tout signe permettant d'être identifié par la clientèle.

Protectionnisme

a : *Protectionism* – **d** : *Protektionismus* – **e** : *Proteccionismo*

**Doctrine, *théorie ou politique économique préconisant — ou mettant en pratique — un ensemble de mesures favorisant les activités nationales en pénalisant la concurrence étrangère.*

Malgré la rigueur apparente des arguments théoriques qui démontrent les avantages, pour tous les participants, du *libre-échange, malgré les mauvais souvenirs laissés par la période de l'entre-deux-guerres qui, avec la *crise, fut marquée par un protectionnisme sévère, à peine atténué par les concessions bilatérales, malgré les efforts menés avec patience depuis la Seconde Guerre pour réduire les obstacles au développement des échanges extérieurs de marchandises, le protectionnisme reste un aspect essentiel de la réalité internationale contemporaine. Plus qu'une doctrine, qui ne fut que rarement affirmée et dont le caractère circonstanciel est toujours apparent, le protectionnisme est d'abord un réflexe, une pratique. Cela explique qu'il se maintienne sans avoir à se justifier par le recours à des fondements théoriques élaborés. L'évolution récente des relations économiques internationales semble même révéler une tendance à un renouvellement des motivations et des conditions d'application des dispositifs protectionnistes.

Origine et fondements

La tradition protectionniste : Elle est très ancienne. Pour une part, elle remonte à la période antérieure à la révolution industrielle. Dans un monde dominé par les rivalités de puissance, politique et militaire, entre souverains comme était l'Europe du XVIIe siècle, le développement économique était conçu comme devant servir d'abord au renforcement de la richesse des sujets : de celle-ci dépendaient les possibilités de prélèvement par l'État des ressources — de l'*or notamment dont le stock détenu sur le territoire ne pouvait s'accroître que dans la mesure où les *exportations de marchandises restaient supérieures aux *importations — nécessaires à l'entretien des armées. Dans cette conception mercantiliste, l'excédent de la *balance commerciale est un bien en soi. Quoique les circonstances et donc les motivations d'une telle attitude aient changé, la recherche d'un solde favorable du commerce extérieur continue à déterminer l'orientation des politiques économiques et à encourager les tendances au protectionnisme. Pourtant, les objections à ce type de choix ne manquent pas ; il faut d'abord dénoncer l'illogisme d'une politique qui, pour atteindre un excédent commercial, freine les importations et compromet donc les exportations par les mesures de *rétorsion qu'elle provoque de la part des partenaires éventuels. Surtout, le développement de la *comptabilité nationale a permis beaucoup plus récemment de mieux cerner la signification de la balance commerciale, soulignant notamment qu'un excédent s'assimilait à un détournement vers l'étranger d'une partie des ressources en biens et services disponibles et ce, évidemment, au détriment des utilisations intérieures. Mais c'est au XIXe siècle, en réponse à la propagande exercée par les tenants du libre-échange, que s'affirmèrent les fondements du protectionnisme. La critique, par les penseurs allemands tout particulièrement, des conséquences concrètes d'une libre circulation des marchandises entre des pays aux potentiels économique et surtout industriel inégaux, a montré que loin de se traduire par des bénéfices accrus pour tous les pays le libre-échange assurait la domination des plus avancés, interdisant la constitution d'une industrie nationale chez les plus faibles. C'est effectivement à l'abri des barrières douanières établies que l'industrie allemande comme l'industrie américaine ont pu se développer à l'époque. D'ailleurs, bien au-delà des constructions théoriques qui le fondent rationnellement, le protectionnisme, expression économique du fait national, s'est constamment affirmé comme répondant souvent à des préoccupations sociales, qu'il s'agisse de sauvegarder certaines catégories socioprofessionnelles, de faciliter la reconversion d'activités condamnées en ménageant les transitions, ou plus généralement de maintenir le plein-emploi de la main-d'œuvre nationale ; de plus, au cours des périodes de tensions internationales, il reflète le souci d'assurer la sécurité du pays dont la subsistance se trouverait menacée en cas de conflit dans la mesure où tous les biens indispensables ne sont pas produits sur le territoire.

Inconvénients : Les inconvénients d'une telle politique sont pourtant bien connus : isolant l'industrie de la concurrence étrangère, elle atténue la pression nécessaire pour que se développe l'esprit d'entreprise ; la volonté d'innovation cède la place à des comportements routiniers, à la défense des rentes de situation et des privilèges acquis. La protection, supposant l'existence d'une rivalité d'intérêts entre nations, l'entretient : le langage militaire reparaît au début des années 1970, dans les discours de principaux responsables et les analyses des commentateurs sur la situation du commerce international et les négociations à entreprendre, et ce n'est pas là un hasard. Enfin, elle fait payer au consommateur, et donc au citoyen, des prix plus élevés — que les produits soient importés et renchéris par les droits de douane ou fabriqués à l'intérieur mais vendus plus cher que ne le seraient les marchandises étrangères similaires si elles pouvaient être librement acquises —, tout en favorisant le développement en longue période de structures de production mal adaptées, puisque ne reposant pas sur l'allocation optimale des facteurs que permet le libre-échange à travers la spécialisation internationale. Aussi est-il généralement admis que le protectionnisme qui ne serait qu'un pis-aller doit rester provisoire, voire exceptionnel.

Techniques

Cela n'empêche pas de constater qu'il a toujours prévalu — sauf en de rares périodes, mais même alors il s'est toujours trouvé des États pour s'y cantonner — et que, malgré les efforts entrepris depuis 1950 pour libérer le commerce international, de nombreux obstacles subsistent. Les **tarifs douaniers* sont les plus traditionnels et leur réduction par rapport aux niveaux très élevés qu'ils avaient atteints ne les a pas fait disparaître. Certes, leur importance dans les relations entre pays industrialisés a décru, mais ils continuent à être utilisés pour limiter les achats à l'étranger de produits superflus et encourager la création d'entreprises sur leur territoire. Les obstacles non tarifaires jouent également un rôle essentiel dans les dispositifs protectionnistes. Même lorsqu'il n'a pas pour objectif d'atteindre à l'*autarcie, cas extrême et rare, le contrôle du commerce extérieur, facilité souvent par une *prohibition générale, auquel est le plus souvent associé un strict contrôle des changes, conduit à des restrictions quantitatives aux importations — les **contingents*. L'établissement d'un monopole public du commerce extérieur, adopté par les pays socialistes comme par certains pays en voie de développement, est la forme la plus rigoureuse de ce contrôle. Enfin, dans les relations entre économies industrialisées, les progrès de la libération des échanges et l'abaissement des droits de douane ont fait apparaître l'ampleur du protectionnisme administratif. Sous ce terme sont regroupés l'ensemble des éléments qui dans la réglementation douanière ou dans ses conditions d'application contribuent à freiner les importations. Les règles d'*assiette des droits de douane peuvent être ainsi utilisées de façon à relever les perceptions qui doivent être acquittées lors de l'entrée de certains produits : profitant des ambiguïtés ou des lacunes de la *nomenclature douanière, le classement d'une marchandise dans l'une des rubriques du tarif plutôt que dans une autre modifie le taux du droit auquel elle sera soumise ; la détermination de la *valeur peut également donner lieu à des manipulations qui conduisent à relever le montant des droits exigibles, l'*american selling price en est l'exemple. Enfin, les réglementations sanitaires ou techniques peuvent être détournées de leur objectif propre et servir à empêcher les importations de produits concurrents. Par ailleurs, le recours à des mesures exceptionnelles et provisoires de limitation des importations est fréquent pour faire face à des difficultés spécifiques : surtaxes, dépôts préalables à l'importation, rétablissement des contingents sont ainsi décidés dans le cadre d'une politique d'ensemble visant à rétablir l'équilibre de la *balance des paiements, ou au titre des mesures de *sauvegarde, pour soutenir un secteur de l'activité nationale traversant une période de crise. Le renforcement du dispositif de protection est aussi, le cas échéant, un moyen de pression pour obtenir la levée des obstacles que certains pays clients opposent aux importations et qui nuisent aux débouchés extérieurs des produits nationaux.

Évolution

Même lorsqu'il n'est pas directement justifié par des considérations économiques ou politiques sur la situation interne, le protectionnisme s'impose pour répondre à celui qu'ont adopté les pays partenaires ; plus qu'à limiter les importations, il vise alors à procurer des instruments pour des négociations qui permettront, par des concessions réciproques, l'élargissement des possibilités d'accès aux marchés étrangers.
Dans le cadre du *GATT, ou de l'*OECE, ou par des accords réunissant un nombre de pays plus limité mais conduisant à des reculs plus marqués de la protection, le *multilatéralisme s'est progressivement développé, favorisant une réduction sensible des barrières tarifaires et contingentaires. Ces progrès réalisés, depuis la dernière guerre, vers le libre-échange ont cependant révélé que, par-delà leurs aspects habituels, les obstacles au développement harmonieux du commerce international pouvaient revêtir des formes multiples.

• Le *protectionnisme administratif,* déjà évoqué, apparaît plus difficile à combattre que les tarifs ou les restrictions quantitatives parce qu'il est aussi plus malaisé à détecter. Il dépasse en effet les problèmes liés à l'application de la réglementation douanière, dont certains ont d'ailleurs trouvé une solution au moins partielle à travers l'action des pays participants aux travaux du Conseil de coopération douanière et signataires des conventions instaurant la nomenclature de Bruxelles ou fixant les conditions de détermination de la valeur en douane. L'adoption, pour des raisons de sécurité notamment, mais aussi de qualité, de normes techniques nationales, même si elle ne correspond à aucun souci de défavoriser les échanges internationaux, est une source de difficultés beaucoup plus considérables. Les travaux entrepris au sein de l'*OCDE afin d'étudier les conséquences possibles sur le commerce international de la généralisation, dans les pays développés, de politiques de défense de l'environnement sont particulièrement significatifs. Sans harmonisation préalable, les législations nationales dont l'extension est probable seront difficiles à rapprocher ; pourtant, des caractéristiques techniques imposées aux produits, si elles doivent varier d'un pays à l'autre, conduiront inévitablement à un cloisonnement des marchés à l'intérieur des frontières. Au-delà même, les conditions dans lesquelles les entreprises devront contribuer à la lutte antipollution risquent d'introduire une disparité dans les charges qu'elles devront subir d'un pays à l'autre et, par conséquent, de fausser la concurrence. Et ce problème particulier n'est que l'illustration d'une réalité plus profonde : toute activité de l'État est susceptible d'avoir des incidences protectionnistes. La *discrimination en faveur des producteurs nationaux lors des achats publics, les aides sectorielles ou géographiques, la politique agricole — qu'elle s'accompagne ou non d'un système de taxation aux frontières comme les *prélèvements européens —, voire la fiscalité ou la *Sécurité sociale, sortent des cadres habituels du protectionnisme et leurs objectifs ont souvent des finalités, sociales notamment, propres, où la limitation des importations ne joue qu'un rôle secondaire ; pourtant, à des degrés divers, elles contribuent à entraver la circulation internationale des marchandises ou à modifier les courants d'échanges. Il n'y a là rien qui doive étonner. Quel que soit l'attachement déclaré au *libéralisme, qu'affichent surtout certains pays industrialisés du monde occidental, partout l'intervention de l'État s'est affirmée. Partout, les gouvernements qui se succèdent cherchent à soustraire les réalités économiques au jeu arbitraire et total du *marché ; il faut en corriger les conséquences sociales et politiques défavorables. Il faut d'abord préserver et accroître l'emploi, il faut répartir plus justement la richesse et les revenus, entre les individus et aussi entre les régions, il faut enfin favoriser la *concurrence que les mécanismes « naturels » n'assurent pas, et suppléer les insuffisances de l'initiative privée pour satisfaire les fonctions collectives. L'action de l'État oriente, modèle ou combat le fonctionnement du marché national ; on voit mal dans ces conditions comment un marché international pourrait se développer qui n'en subisse pas les effets.

• C'est ce qui a conduit à dépasser les notions traditionnelles de *zone de libre-échange ou même de simple *union douanière dans les tentatives de *création d'unités régionales.* Le *Marché commun européen en est un exemple qui, au-delà du libre-échange, prévoit et tente de promouvoir l'harmonisation des politiques économiques et sociales des États membres. Les implications à terme de ce type de constructions ne peuvent pas être éludées, elles imposeront un jour l'unité des politiques, et donc l'unité politique, condition nécessaire de l'unité du marché. Paradoxalement, l'approfondissement de la notion de protectionnisme et l'intensification des efforts en faveur de la libre circulation des marchandises ont fait apparaître les risques d'un nouveau renforcement de la protection douanière. La coopération internationale très poussée qu'exige l'organisation d'un ensemble où auraient disparu les obstacles aux échanges n'a pu être entreprise que dans un cadre géographique limité. Seule l'association d'un nombre restreint de pays voisins aux intérêts communs suffisamment puissants a des chances raisonnables de succès. Dès lors, les relations de ces groupes — il s'agit essentiellement du groupe des pays européens rassemblés dans la CE — avec des partenaires extérieurs sont devenues difficiles. L'intégration progressive des économies favorise leur expansion, développe la puissance de l'ensemble qui se crée et, même lorsqu'il n'y a pas de relèvement de la protection douanière à l'égard des tiers — c'est un abaissement qui a été constaté dans la période de constitution de l'union douanière entre les membres de la Communauté européenne —, le maintien d'un tarif extérieur commun, voire de certaines restrictions quantitatives isolant les pays membres, entraîne une *préférence communautaire qui provoque sûrement des détournements de commerce en favorisant les relations internes au détriment des relations avec les pays extérieurs. Malgré les effets favorables sur le développement du commerce mondial dérivés de l'accélération de la croissance que permet le libre-échange régional, certains pays peuvent se sentir lésés ou menacés. C'est notamment le cas des États-Unis qui, longtemps favorables à l'unification européenne, s'opposent depuis plusieurs années à la politique agricole commune ainsi qu'aux accords commerciaux, dont le nombre s'accroît, qui lient la Communauté aux pays voisins ainsi qu'à certains pays en voie de développement. Le déficit permanent de leur balance des paiements, aggravé après 1971 par la disparition de l'excédent commercial traditionnel, a amené les responsables américains à une attitude plus combative. Dans le domaine des échanges de produits industriels, c'est vers le Japon surtout, mais aussi vers la CE, qu'est dirigée cette offensive : malgré le développement récent des restrictions volontaires des ventes sur le marché américain auxquelles se soumettent les producteurs japonais et européens, les États-Unis accentuent leur pression pour obtenir des concessions de ces deux partenaires, menaçant de plus en plus nettement de renforcer systématiquement la protection tarifaire et contingentaire à leurs frontières.

Dans le contexte actuel de crise du *système monétaire international, aggravée par la fragilité de l'ensemble à des spéculations transfrontières, la formation de blocs commerciaux rivaux établissant entre eux des relations fondées sur un protectionnisme accru et allant même jusqu'à la renaissance des accords de *clearing ne peut être exclue, quand bien même il ne devrait s'agir que d'une situation transitoire.

• Une telle évolution, malgré les risques qu'elle comporte, ne devrait pas conduire à un blocage des échanges commerciaux ; le développement des entreprises multinationales au cours des vingt dernières années a en effet conduit à une *internationalisation de la production* qui paraît irréversible. Certes, la perméabilité plus grande des frontières a permis l'apparition de cette réalité nouvelle du *capitalisme contemporain qu'est la firme mondiale. L'extension de ce phénomène sera sans doute ralentie par un dirigisme accru du commerce international. Mais ces sociétés puissantes sont habituées à considérer le marché mondial dans son ensemble et à décider du choix de leurs implantations et de leur politique commerciale en fonction des possibilités de main-d'œuvre, de l'importance des ressources naturelles disponibles, de l'ampleur des débouchés potentiels, mais aussi en tenant compte du régime des changes, de la protection douanière ou des accords de commerce. A défaut d'une autorité et d'une volonté politique internationales — inconcevables dans un avenir proche — susceptibles d'orienter et de contrôler l'action de ces corporations géantes, on peut même admettre que la véritable justification du protectionnisme se trouve aujourd'hui dans la nécessité où sont les États de faire prévaloir leurs objectifs politiques et sociaux contre la domination que pourraient exercer ce petit nombre d'entreprises mondiales. Paraissant résulter de la rivalité de quelques grandes zones ou pays développés, le renforcement du protectionnisme — et son extension aux mouvements de capitaux par le contrôle des changes — servirait en fait à préserver une certaine autonomie des politiques économiques — fût-ce à l'intérieur d'ensembles plus larges que les nations actuelles — contre des centres de décision privés dont l'influence s'accroît.

Protêt

a : *Protest* – **d** : *Protest* – **e** : *Protesto*

Acte d'huissier de justice constatant le non-paiement d'un chèque, d'un billet à ordre ou d'une lettre de change.

Publié au greffe du tribunal de commerce, le protêt constitue le point de départ d'un état de cessation de paiement. Un moyen de paiement pouvant donner lieu à protêt est dit *protestable.* Le protêt peut être décidé par le bénéficiaire du moyen de paiement ou par son porteur (détenteur du titre), si le moyen de paiement a été *endossé à son nom. Une banque peut, par exemple, faire protester les *effets impayés qui lui ont été remis à l'escompte par un tireur.

Provision

a : *Provision/Reserve* – **d** : *Rückstellung* – **e** : *Provisión*

Somme affectée par l'entreprise à la couverture d'une charge ou d'une perte virtuelle, future ou éventuelle.

Le terme de provision s'applique généralement à une somme épargnée, « mise de côté » par l'entreprise (ou l'agent économique) pour faire face à une charge que l'on « voit venir » *(providere)* mais qui ne donne pas encore lieu à dépense. Elle implique donc également la notion de prévision et revêt un caractère *provisoire* (mêmes étymologies) puisque la provision sera absorbée lorsque la charge sera effectivement née et qu'il faudra la couvrir par une dépense.
La provision est ainsi une dépense virtuelle : dépense en ce qu'elle exclut l'utilisation des mêmes ressources pour une autre dépense. Virtuelle en ce qu'elle n'entraîne pas une sortie immédiate de fonds et que la trésorerie correspondante reste provisoirement à la disposition de l'entreprise, alimentant ainsi son *cash flow et son *autofinancement (c'est la distinction entre charge et dépense).
Toutefois, la technique de la provision est également appliquée à la couverture des charges réelles et *constatées* en comptabilité, mais qu'on peut appeler « virtuelles », car elles affectent des éléments appartenant à l'entreprise par diminution de l'*actif plus que par apparition directe de charges. Les difficultés d'évaluation de ces charges, comme le fait que les provisions viennent en déduction des résultats de l'entreprise, font que leur utilisation est strictement réglementée, notamment pour des raisons fiscales.

Classification

On peut donc distinguer, parmi le grand nombre de provisions pratiquées, les provisions pour charges constatées et les provisions pour charges futures ou éventuelles.

Les provisions pour charges constatées :

• Les *provisions pour dépréciation* en sont le prototype. Elles correspondent à des moins-values constatées (ou envisageables) sur des éléments d'actif qui ne donnent pas lieu à *amortissement. Ces provisions peuvent concerner les matières ou marchandises en cours de transformation, les *stocks, les créances, les titres de participation ou de placement, les terrains, les *fonds de commerce.
Ces provisions sont déduites de l'élément de l'actif auquel elles correspondent (et figurent donc à l'actif affectées du signe « moins »).
La provision pour dépréciation peut devenir totalement ou partiellement sans objet : la partie non employée est alors réintégrée aux bénéfices de

l'exercice en cours. (Si la provision se révèle au contraire insuffisante, l'insuffisance se traduit à due concurrence par une perte supplémentaire de cet exercice.)

• Les *provisions pour fluctuation des cours* concernent certaines matières premières acquises sur le marché international et dont les cours sont soumis à des fluctuations souvent importantes (cuivre, plomb, étain, jute, coton..., décret du 28 mai 1949), et d'autres qui, bien qu'acquises sur le territoire national, ont des cours particulièrement sensibles aux mouvements internationaux (ferrailles, grumes, pâtes de bois, peaux brutes..., décret du 6 août 1960). Le montant de la provision est calculé, à la clôture de chaque exercice, par référence à un stock de base et en fonction des variations constatées dans le cours des matières qui le composent.

• Les *provisions pour hausse des prix* tiennent compte du fait que les prix de certains produits, non justiciables de la provision précédente, peuvent également subir des variations importantes. Cette provision, instituée pour remplacer la décote sur stocks, est calculée d'après les stocks réellement détenus par l'entreprise et lorsque la variation constatée sur les prix d'un produit donné est supérieure à 10 % dans une période inférieure ou égale à la durée de deux exercices successifs.

Enfin, deux types de provisions réglementaires sont autorisés pour des activités particulières dont on reconnaît qu'elles comportent des charges réelles mais qu'on évalue par convention :

• La *provision pour reconstitution de gisement* est admise au bénéfice des entreprises minières, notamment celles de recherche d'hydrocarbures liquides ou gazeux (CGI, art. 39 *ter*). Les gisements constituent en effet une immobilisation très lourde (et d'ailleurs non reprise à l'actif) et leur exploitation revient à une dépréciation qu'il convient de couvrir pour permettre la poursuite des activités de recherche.

• La *provision spéciale aux entreprises de presse* en vue de couvrir les achats de matériels (très onéreux) et autres éléments d'actifs nécessaires à l'exploitation des journaux (CGI, art. 39 *bis*). Ces provisions figurent au *passif.

Les provisions pour pertes et charges futures ou éventuelles : Elles sont destinées à couvrir une perte ou une charge prévisibles mais qui ne peuvent être constatées immédiatement. Ces provisions grèvent l'exploitation dès leur apparition et réduisent de ce fait les bénéfices. Elles sont inscrites au passif car financièrement elles sont assimilables à des *dettes (cependant leur échéance n'est pas certaine non plus que leur montant définitif **ex post*). Voici les principales :

• Les *provisions pour risques,* couvrant des pertes ou charges dont la nature est connue, mais non exactement le montant et la date de réalisation. Elles excluent naturellement les risques déjà couverts par des *assurances et ne concernent que ceux pesant sur l'entreprise elle-même, notamment :

– les litiges (risque de voir se dénouer le litige à ses dépens) ;

– les garanties données aux clients sur des objets vendus (provision non admise par le fisc) ;

– la provision de « propre assureur » (incendie, vol) lorsque l'entreprise préfère ne pas faire appel à une assurance pour les risques (non admise par le fisc) ;

– les provisions pour pertes de *change ou liées à des *marchés à terme en cours (*voir* Assurance-crédit) non admises par le fisc, sauf sous conditions ;

– les provisions pour amendes, doubles droits, pénalités (non admises par le fisc).

• Les *provisions pour renouvellement des immobilisations des entreprises concessionnaires* qui sont tenues, en vertu des contrats de *concession, de renouveler leurs immobilisations dans des conditions qui peuvent entraîner une perte (abandon prématuré d'immobilisation non encore amortie sur ordre de l'autorité concédante...).

• Les *provisions pour charges à répartir sur plusieurs exercices :* ces charges sont réparties en raison de leur masse (exemple : très grosse réparation) et la provision est faite légèrement à l'avance pour en faciliter l'étalement.

• Les *provisions pour retraites obligatoires du personnel :* elles sont motivées par les charges liées aux droits du personnel à la retraite en vertu d'obligations légales ou contractuelles. Ces provisions constituent des éléments non négligeables de l'*autofinancement des entreprises dans certains pays étrangers, notamment en RFA et en Italie.

• La *provision prévue dans le cadre de l'intéressement* des salariés aux fruits de l'expansion en France a une fonction à la fois d'incitation et de compensation aux charges imposées aux entreprises par la participation. C'est une provision que l'entreprise peut constituer en franchise d'impôt, à la clôture de chaque exercice, d'un montant égal à celui des sommes portées à la réserve spéciale de *participation au cours du même exercice. Elle est rapportée au bénéfice imposable si elle n'est pas utilisée dans le délai d'un an à l'acquisition ou à la création d'immobilisations amortissables.

Conditions d'utilisation des provisions

Une entreprise est libre, en principe, de constituer autant de provisions qu'elle le juge utile pour couvrir l'ensemble de ses risques et de ses charges, qui peuvent être très variés et qui dépendent de son domaine d'activité et de sa politique de gestion (exemples : provision pour extension d'atelier, pour aléas...). Il est clair cependant qu'une politique de provisions opulentes traduit une richesse de l'entreprise et que ces provisions sont alors assimilables à des *réserves. Dès lors, on comprend que le souci de l'administration fiscale soit de n'admettre en provisions véritables (déductibles) que celles qui satisfont à des conditions bien précises.

Conditions de fond : L'objet doit être précisé ; la charge doit être probable et non aléatoire (exemple : provision pour propre assureur) ; son origine doit se situer dans l'exercice ; enfin, la charge objet de la provision doit être elle-même déductible du bénéfice (cela exclut, par exemple, l'impôt lui-même).

Conditions de forme : Les provisions doivent être constatées dans les écritures de l'exercice et faire l'objet d'un tableau spécial récapitulatif qui peut toujours être ratifié par l'administration fiscale par référence aux considérations ci-avant.
D'une manière générale, on peut donc distinguer, dans l'ensemble des charges d'une entreprise, par degré de certitude décroissante :

• celles qui donnent immédiatement lieu à dépenses (et ne donnent pas lieu à provisions) ;

• celles dont le montant et l'échéance sont certains et qui constituent des dettes (à court, à moyen et à long terme) ;

• celles qui donnent lieu à provisions pour dépréciation ou charges constatées, fiscalement déductibles des bénéfices ;

• les charges futures ou éventuelles (estimées mais non encore réalisées) qui donnent lieu à *provisions* déductibles ;

• enfin, les charges aléatoires (ou parfois sans objet réel) qui peuvent donner lieu à constitution de *provisions,* mais sans droit correspondant à déduction fiscale et qui sont assimilables à des réserves.

Provisions techniques

a : *Technical reserves (insurance)* – **d** : *Versicherungstechnische Rücklagen* – **e** : *Provisiones técnicas (seguro)*

---

*Montant des engagements des sociétés d'*assurances envers le public.*

• **Les provisions techniques représentent le poste le plus important du passif des sociétés d'assurances : 85 % environ** : Leur variation au cours d'un exercice mesure pour l'essentiel la capacité de financement des sociétés d'assurances. De 1980 à 1985, elles sont passées, en France, de 238 à 527 milliards de francs, soit une progression annuelle moyenne de 17 à 18 %. Le développement rapide de l'assurance-vie au cours de ces exercices a soutenu cette croissance. Alors que la part de sociétés d'assurance-vie et de capitalisation n'atteignait pas, au début des années 70, 40 % du total, elle en représente maintenant plus de 55 %. La répartition est la suivante en 1985 :

sociétés d'assurance-vie et de capitalisation	287,6 milliards
sociétés d'assurance-dommages	239,4 milliards.

• **L'évaluation des provisions techniques est un élément essentiel de la solvabilité des sociétés d'assurances** : En assurance sur la vie (où elles prennent le nom de provisions mathématiques), la réglementation définit de façon très stricte les éléments du calcul à prendre en considération. Les sociétés doivent, en effet, pour calculer la différence entre les valeurs actuelles des engagements respectivement pris par l'assureur et par les assurés utiliser les tables de mortalité générales, un taux d'intérêt qui est en règle générale de 4,5 % et des chargements minimaux.
Pour les assurances-dommages, le calcul de la provision pour risques en cours, qui reçoit la part des primes (presque toujours payées d'avance) afférentes aux contrats dont l'échéance est postérieure à l'inventaire, ne soulève pas de problèmes trop difficiles. En revanche, l'évaluation des provisions pour sinistres restant à payer est plus délicate, surtout dans les branches dites à développement lent, où la charge définitive des sinistres n'est connue qu'après plusieurs années, parfois après des décisions de justice. Les règles de calcul de la provision combinent des méthodes forfaitaires (coût moyen des sinistres, cadence des règlements) et des évaluations directes.
Au cours des dernières années s'est développée une tendance consistant à actualiser le montant des provisions techniques des sociétés d'assurance-dommages. Il est possible en effet de calculer le délai moyen de règlement des sinistres. La valeur actuelle est plus faible que leur valeur finale et le montant des provisions à constituer dans l'exercice est moins élevé. Cette tendance a été consacrée par la nouvelle loi fiscale américaine qui rend l'actualisation obligatoire. Elle ne s'est pas généralisée en Europe.

Voir Zillmérisation.

Publicité

a : *Advertising* – **d** : *Werbung* – **e** : *Publicidad*

Ensemble des actions visant, aux fins de promouvoir les ventes d'une entreprise, à épanouir ou à créer les besoins de ses produits et à maintenir ou à améliorer l'image de l'entreprise dans l'esprit du consommateur.

Notion

La publicité assure le contact de l'entreprise avec le consommateur ou l'utilisateur en attirant l'attention de ce dernier sur les qualités ou les améliorations apportées au produit. La publicité moderne se distingue de l'ancienne « réclame », naturellement par l'accroissement de ses moyens et le raffinement de ses techniques, mais aussi par le fait qu'elle a souvent davantage de contenu d'information. La « réclame », en effet, se bornait à l'origine à *réclamer,* c'est-à-dire répéter, au particulier, d'acheter le produit (« achetez X...), au besoin en ajoutant une explication rudimentaire (« c'est le meilleur »). Les formes modernes de publicité (et les disciplines voisines) attaquent de manière plus rigoureuse ou plus insidieuse les tendances profondes du consommateur dont elles cherchent à exploiter les désirs inassouvis, lacunes ou tensions aux fins de *suggestion.* Les disciplines voisines sont essentiellement les suivantes.

La communication et les relations publiques : Elles visent à créer ou à développer un contexte de sympathie et d'intérêt autour d'une entreprise ; elles ont pour but d'en améliorer l'image auprès de l'ensemble de ses partenaires, et pas seulement sa clientèle (*voir* Goodwill).

La propagande : De portée plus générale, elle vise à obtenir l'adhésion à un système proposé (idéologie, programme politique, options religieuses, nationales, professionnelles, philosophiques, etc.) aux fins d'inspirer des actes et un comportement conformes à l'objectif recherché.

Toutes ces disciplines publicitaires ont en commun *quatre caractères principaux* :

- elles incluent une information,
- elles y ajoutent la suggestion d'adhérer en exaltant l'information proposée,
- elles utilisent des moyens similaires ou « médias » (affiches, conférences, télévision, cinéma, radio, presse...),
- elles cherchent à imposer à la conscience individuelle des notions qu'elle ne sollicite pas spontanément.

La publicité, d'essence expérimentale, se fonde sur une bonne connaissance du marché que le *marketing lui fournit et sur une appréciation aussi précise que possible du produit à lancer (*voir* Merchandising). Elle joue sur un certain nombre de tendances qui sont, chez l'individu, autant de points vulnérables à son attaque :

– *la curiosité :* l'individu est souvent à l'affût de nouvelles et d'événements qui le distraient et le divertissent de sa monotonie quotidienne ; le besoin de « nouveau » est largement exploité ;

– *le besoin de la certitude :* placé devant le choix, générateur d'hésitation, le consommateur a besoin d'être *assuré* de faire le meilleur choix (attestation de personnalités vantant tel produit...) ;

– *la paresse :* le consommateur, sollicité par mille nécessités et préoccupations, est souvent réduit à attendre ses certitudes d'autre chose que de son effort personnel ;

– *le besoin d'acquisition :* l'individu a besoin d'acquérir, de satisfaire des convoitises ; cela lui donne un sentiment de réalisation et de possession (objet à sa portée, capacité d'action) ;

– *les besoins de confort, de bien-être et de plaisir,* formes vulgaires du bonheur ;

– *le besoin de performance économique :* il peut s'exprimer soit par l'économie de l'effort (« X... sans effort »), soit par l'économie d'argent pour un article intéressant (la « bonne affaire ») ;

– *le besoin d'avancement social :* émulation, ambition mais aussi envie, jalousie, vanité, snobisme (l'objet qui flatte, qui classe, qui pose ; le besoin de *se différencier*) ;

– *la sentimentalité :* l'exploitation des enfants est de plus en plus importante dans les techniques publicitaires modernes ; la publicité peut également jouer sur l'émotion et la pitié ;

– *la sexualité :* lieu géométrique de toutes les insuffisances et de tous les désirs de revanche, la sexualité directe ou sublimée est un ressort publicitaire particulièrement utilisé.

Formes et moyens

Dans le vocabulaire de la publicité, le terme de « moyen » désigne les procédés de transmission du message, celui de « support » l'élément matériel (localisé) qui permet la transmission (exemples : un journal, un écran, un emplacement d'affichage). Parmi les principaux moyens ou médias :

– ceux qui agissent au niveau des points de vente : enseignes, panonceaux, calicots, tableaux réclames, étalages ;

– ceux qui agissent hors des points de vente : panneaux, affiches, enseignes lumineuses, expositions... ;

– les moyens de presse : publicité rédactionnelle, annonces ;

– la diffusion par imprimés : catalogues, circulaires, opuscules, prospectus, dépliants, catalogues ;

– les moyens audiovisuels : diapositives, projections, cinéma, radio, télévision ;

– les objets réclames et cadeaux réclames (agendas, timbres, vignettes...) ;

– les concours, démonstrations et enquêtes publicitaires.

Économie

La fonction publicitaire : Elle représente maintenant un compartiment économique des *services d'une grande importance par les dépenses et moyens qu'elle met en œuvre et par ses effets sur le *marché.

• Dans les années 70, l'ensemble des dépenses annuelles de publicité était en *France* de l'ordre de 4 milliards de francs, de l'ordre de 7 milliards en Grande-Bretagne et au Japon, de plus de 10 milliards en RFA pour près de 100 milliards aux États-Unis.

Par rapport au *revenu national, les dépenses de publicité sont de l'ordre de 3 % aux États-Unis, de l'ordre de 2 à 2,5 % en Grande-Bretagne et en RFA, environ 1 % en *France* et en Belgique, environ 0,85 % en Italie.

• En France, la répartition *par supports* est la suivante : 42 % des dépenses sont consacrées à la presse, 18 % à la publicité sur les lieux de vente (+ édition de prospectus), 10 % environ à la promotion des ventes (action directe) et autant à la radio, 7 % à l'affichage. Les 13 % restants se partagent entre — par ordre d'importance décroissante — les expositions et démonstrations, la télévision, le cinéma, la recherche publicitaire et divers frais accessoires.

Les produits : Ceux faisant l'objet de dépenses publicitaires sont, dans l'ordre décroissant : l'alimentation et le textile ; les articles et produits ménagers ; divers produits ou services faisant l'objet de campagnes plus localisées dans le temps : carburants, automobiles, banques, assurances, transports aériens, etc.

• La *part des charges* de publicité dans le prix de vente des produits ne peut faire l'objet que d'estimations approximatives. Dans le seul pays pour lequel on dispose d'évaluations relativement précises, les États-Unis, on constate que cette part est rarement supérieure à 7 ou 8 %, mais naturellement très variable selon les produits et selon les *marques : 7,5 % pour des réfrigérateurs, 5 à 6 % pour des cigarettes et tabacs, 2 à 4 % pour des automobiles, des vêtements, des produits de beauté. Des indications correspondantes pour la Grande-Bretagne montrent que cette part y est plus élevée dans le prix de vente des produits (jusqu'à 13 %).

• Dans les pays d'économie socialiste, le rôle de la publicité est en accroissement constant depuis quelques années. Ce phénomène est lié à la part grandissante reconnue à la satisfaction des besoins de consommation, aux possibilités offertes par la publicité de régulariser le marché et au souci d'améliorer l'information de l'acheteur sur la disponibilité des produits. Cette publicité s'exprime essentiellement dans l'étalage et dans l'édition, accessoirement dans la presse et à la radio par l'intermédiaire d'agences centrales d'État.

La fonction publicitaire, son utilité et ses dangers : Elle fait l'objet d'une grande variété d'éloges ou de condamnations dont beaucoup sont excessifs. Parmi eux, ceux qui font référence à la morale économique et sociale et auxquels on peut répondre que la publicité, moyen d'expression — comme la langue d'Ésope —, peut naturellement véhiculer le meilleur et le pire. Si l'on s'en tient aux caractères et effets économiques de la fonction publicitaire, on résumera comme suit les principaux arguments.

• L'*utilité de la publicité* tient essentiellement :

– à son rôle d'animation et à son rôle régulateur de la vente, qui permet une meilleure harmonisation de la production et de l'écoulement ; cet avantage est important au niveau de l'entreprise (l'amélioration du débouché compense en général largement le coût de la publicité dans le prix de revient) ; il peut l'être au niveau de la collectivité lorsqu'il permet d'encourager la consommation de productions excédentaires ;

– à son rôle d'orientation des *consommations, qui peut servir une politique générale et contribuer à l'optimum collectif ;

– à son rôle d'information et de formation du consommateur : élargissement de son horizon et de sa connaissance des produits, incitation à se préoccuper davantage de certains besoins dignes d'intérêt (hygiène corporelle, diète alimentaire, alimentation infantile, confort...).

• Ses *dangers* doivent cependant être reconnus et circonscrits :

– d'abord, tous ceux qui tiennent à une utilisation malhonnête ou tendancieuse des procédés publicitaires et qui relèvent de la déontologie commerciale ;

– ensuite, des risques de gaspillages : batailles publicitaires prodigues de moyens, maintien artificiel du marché de produits inutiles ou médiocres, risque de création d'une boulimie publicitaire dangereuse pour certaines entreprises, etc. ;

– enfin, des risques économiques collectifs : par sa création continue de besoins, la publicité peut incontestablement accentuer les tensions *inflationnistes : entretien d'une insatisfaction qui peut emballer la consommation, création de besoins pour des produits importés (*balance des paiements), de motivations irrationnelles dans la mentalité de l'acheteur (*voir* Homo œconomicus) affaiblissant sa sévérité sur les *prix, alimentation de la pression sur les *revenus et les salaires...

Le bon usage de la publicité dépend en définitive de la vigilance des professionnels et des pouvoirs publics sur son caractère véridique et sur sa contribution réelle à l'utilité collective.

PUT

Voir Option négociable.

Pyramide des âges

a : *Pyramid of ages* – **d** : *Alterspyramide* – **e** : *Pirámide de edades*

*Ensemble des deux *histogrammes de la distribution des âges dans une *population pour chacun des deux sexes.*

On a l'habitude de représenter ces deux histogrammes (voir page suivante) sous la forme d'une « pyramide » en portant l'échelle des âges sur l'axe vertical et les effectifs masculins et féminins sur l'axe horizontal, les premiers à gauche de l'origine, les seconds à droite de l'origine. La surface totale de la « pyramide » est proportionnelle à l'effectif total de la population.

La structure par âge de la population d'un pays à un instant donné est fonction du nombre des naissances et des décès au cours de la centaine d'années précédant la date d'observation ainsi que des *migrations au

Répartition de la population totale au 1er janvier 1975, par sexe et par âge

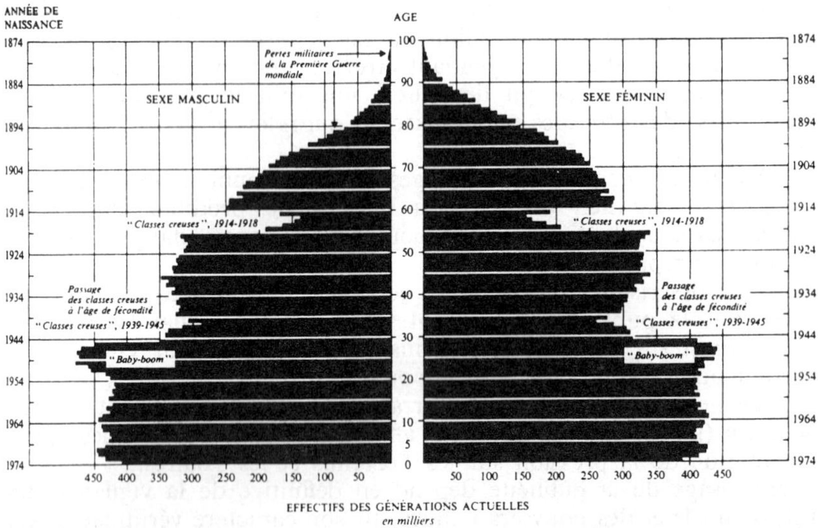

cours de cette période. Comme ces nombres dépendent eux-mêmes d'événements démographiques antérieurs, *la pyramide des âges reflète l'histoire démographique d'un pays au cours d'une très longue période.* Il en résulte que les pyramides des âges de plusieurs pays peuvent être de formes assez différentes ; elles présentent néanmoins des caractères communs :

• la réduction progressive des générations par la *mortalité fixe la forme générale de la pyramide qui lui a valu son nom (large à la base, mince au sommet) ; mais la rapidité de la décroissance des effectifs lorsque l'âge s'élève dépend de l'intensité de la mortalité et surtout de la *fécondité, ainsi que des migrations ;

• les pyramides sont dissymétriques en raison, d'une part, du taux de masculinité à la naissance qui est toujours supérieur à 0,5 (0,515 en France) et, d'autre part, de la surmortalité masculine plus ou moins élevée : ainsi, les classes masculines, plus nombreuses à la naissance, deviennent progressivement moins nombreuses que les classes féminines de même âge.

La baisse de la mortalité entraîne un élargissement des parties centrales et supérieures de la pyramide des âges. La baisse de la natalité entraîne un rétrécissement de la base de la pyramide. Aux évolutions à long terme se superposent les effets des variations accidentelles : épidémies ou conditions climatiques très défavorables (étés caniculaires ou hivers très rigoureux) et surtout guerres. Les guerres ont des conséquences durables sur la structure par âge : les pertes militaires se traduisent par une échancrure de la pyramide pour les classes d'hommes mobilisables ; par ailleurs, la dissociation des couples entraîne une baisse importante de la natalité qui se traduit par un brusque étranglement de la pyramide (« classes creuses »). Lorsque ces « classes creuses » atteignent à leur tour l'âge adulte, la natalité se trouve de nouveau réduite et il en résulte une deuxième vague de « classes creuses », mais étalée sur une plus grande période en raison de la dispersion des âges au mariage des personnes des premières « classes creuses ».

Les migrations déforment les pyramides de façon variable. Dans les régions d'intense émigration, les classes d'adultes jeunes et, par suite, les classes d'enfants, diminuent d'importance relative : la pyramide s'élargit par le sommet, la population « vieillit ». Au contraire, dans les zones de forte immigration, les classes d'adultes jeunes deviennent de plus en plus nombreuses, la pyramide « prend du ventre ».

La figure représente la pyramide des âges pour la France au 1er janvier 1975. Cette pyramide a la forme générale des pyramides des âges des pays qui ont à la fois une faible mortalité et une faible natalité ; de plus, on y retrouve toutes les variations accidentelles qui ont marqué l'évolution de la population française :

- pertes militaires de la période 1914-1918 ;
- « classes creuses » de la guerre de 1914-1918 ;
- passage de ces « classes creuses » à l'âge de la fécondité ;
- déficit des naissances dû à la guerre de 1939-1945 ;
- élargissement brusque de la base de la pyramide à partir de 1946 (forte expansion démographique d'après-guerre) ;
- effets récents de la chute de la *fécondité (rétrécissement de la base de la pyramide).

Quelques perturbations moins importantes sont encore visibles (forte mortalité infantile de l'année 1911 due à un été particulièrement chaud ayant suivi un hiver très rigoureux).

Quantile

Voir Médiane.

Quantitatif

Voir Théorie quantitative de la monnaie.

Quartile

Voir Médiane.

Quatre vieilles

Voir Anciennes contributions, Taxes directes locales.

Quitus

Acte par lequel l'autorité qualifiée atteste qu'un gestionnaire financier cessant ses fonctions est dégagé de responsabilité au titre de celles-ci.

Par le quitus, l'autorité responsable du contrôle de la gestion « tient quitte » le gestionnaire. Cela signifie que sa gestion a été reconnue régulière et que rien n'y a été relevé qui soit de nature à engager sa responsabilité.
Dans une *société, quitus est donné à un administrateur qui cesse ses fonctions, ou collectivement au conseil d'administration par l'assemblée générale qui approuve les comptes présentés par ce dernier. Le comptable qui cesse ses fonctions reçoit également quitus pour sa gestion au sein de l'entreprise.
En *comptabilité publique, ce quitus est conféré au comptable par l'organisme juridictionnel juge des comptes.

Voir Cour des comptes.

Quota

a : *Quota* – **d** : *Quote* – **e** : *Quota/Cuota*

---

*Terme anglais, synonyme de *contingent ou de quote-part.*

Quotient familial

a : *Family quotient* – **d** : *Familienquotient* – **e** : *Cociente familiar*

Résultat de la division du montant du revenu imposable (à l'impôt sur le revenu) par le nombre de parts.

L'objectif du législateur est d'imposer proportionnellement à leur revenu global les familles de dimensions différentes qui disposent d'un niveau de vie équivalent et de réserver la progressivité du barème aux différences de niveau de vie. A cette fin, chaque contribuable se voit affecter un nombre de parts.

Les taux du barème de l'impôt sur le revenu s'appliquent au quotient du revenu imposable par ce nombre. Le montant de l'impôt dû s'obtient — sous réserve d'opérations annexes — en multipliant le résultat obtenu par le nombre de parts.

Le contribuable célibataire, veuf ou divorcé, compte pour une part ; le couple a droit à deux parts ; chaque enfant apporte une demi-part ; dans certaines circonstances, le contribuable bénéficie de demi-parts supplémentaires.

Le système du quotient familial, particulièrement favorable aux plus riches des familles les plus nombreuses, est propre à la France et à quelques autres pays francophones. A l'étranger, la prise en compte des charges de famille s'effectue généralement par un abattement forfaitaire sur le revenu.

Quotité (impôt de)

Impôt dont le taux est fixé par l'autorité qui lève l'impôt, en sorte que son produit dépend des variations de la matière imposable.

L'impôt de quotité remplace dans les systèmes fiscaux modernes l'impôt de *répartition. Ce dernier avait pour avantage, en théorie, de mieux garantir le montant de ressources désiré. Mais il est générateur d'inégalités. Le développement des techniques statistiques et économétriques dans l'administration permet de nos jours d'associer à la plus grande justice des impôts de quotité de bonnes prévisions de recouvrements.

Raider

a : *Raider* – **d** : *Raider* – **e** : *Raider*

---

*Personne physique ou morale qui se porte acquéreur de sociétés sans l'accord de leur conseil d'administration, en utilisant la technique de l'*offre publique d'achat.*

Ramassage (en bourse)

a : *Buy up* – **d** : *Spekulativer Aufkauf* – **e** : *Acaparamiento*

---

*Acquisition progressive, et si possible discrète, aux fins de *participation, des titres d'une société cotée en bourse.*

Le « ramassage » s'apparente aux techniques d'infiltration ou de noyautage. Elle est utilisée par des *groupes ou des sociétés désirant s'assurer une place au conseil d'administration et surveiller ainsi la gestion de la société. Si le ramassage aboutit à la prise de *contrôle de la société, la société intervenante est tenue, par la réglementation de la *Commission des opérations de bourse, de lancer une *offre publique d'achat (OPA) ou une *offre publique d'échange (OPE) sur tout ou partie du capital qui n'est pas en sa possession. Et toute acquisition d'au moins 5 % des titres est obligatoirement déclarée.
Dans ce cas, l'appréciation du contrôle incombe à la Société des bourses françaises. Elle peut considérer qu'il y a contrôle dès que la participation dépasse 20 % du capital de la société visée, et que l'OPA (ou l'OPE) devra porter sur 15 % au moins du même capital.
Pour prévenir les ramassages, les sociétés surveillent attentivement le marché de leurs titres, ou concluent des participations croisées permettant d'enchevêtrer les dépendances et solidarités.

Rareté

a : *Scarcity* – **d** : *Knappheit* – **e** : *Rareza*

Insuffisance d'une ressource par rapport à un besoin.

Dans le domaine économique, la rareté *n'existe que par rapport au *besoin* objectif, consenti ou exprimé (dans ce dernier cas, il s'assimile à la *demande). Conçue sous cet angle, la rareté est un des phénomènes fondamentaux de la vie économique ; au point qu'on a pu définir celle-ci comme la lutte contre la rareté. En économie de marché libérale, elle est le fondement de la théorie des *prix.
Notion relative, la rareté est à distinguer de la *pénurie qui reflète une situation de manque particulier par rapport à la norme habituelle.
L'évolution de la vie économique, et notamment l'apparition d'une société de *consommation, a conduit certains analystes — par exemple, Galbraith — à remettre en cause la définition classique de l'économie assimilée à une lutte contre la rareté. On remarquera qu'en fait cette évolution accroît les *besoins* au moins autant que les éléments de *satisfaction.* Dans cette mesure, on peut constater que subsiste bien une rareté relative.

Rating

Voir Évaluation.

Ratio

a : *Index* – **d** : *Kennzahl* – **e** : *Indice*

*Rapport établi entre deux éléments ou deux ensembles d'éléments quantitatifs tirés du *bilan, des comptes ou de grandeurs caractéristiques d'une entreprise pour en apprécier la structure et l'évolution. (Mot latin formé sur* ratus, *participe passé de* reor, *compter, calculer, estimer.)*

A noter que, contrairement à un usage apparemment imité de l'anglais, le mot *ratio* est logiquement du *genre féminin* (le mot latin *ratio* est lui-même féminin, de même que ses dérivés *ration* et *raison*).
L'utilisation des ratios est devenue tout à fait générale pour fonder le jugement porté sur une entreprise ou un groupe d'entreprises. Rendue possible par l'universalité et la normalisation des comptabilités, elle s'est étendue grâce au perfectionnement des techniques de traitement de l'information.

Origine

Historiquement, les premières études systématiques de ratios peuvent être datées de la crise économique qui suivit la Première Guerre mondiale

(1920-1930). Cette époque, marquée par l'avènement du grand capitalisme industriel et le rôle accru des banques, fut également caractérisée par une sensibilité aux crises qui engagèrent les établissements de crédit à élargir leurs méthodes d'appréciation jusque-là essentiellement fondées sur les *garanties offertes par leurs clients. Le *Federal Reserve Board est le premier à utiliser et à recommander cette méthode en 1919, puis 1929. En 1925 se crée l'entreprise de renseignements commerciaux *Dun and Bradstreet* dont les méthodes d'appréciation se fondent sur cette technique. Après la Seconde Guerrre mondiale, en 1947, la « Securities Exchange Commission » et la « Federal Trade Commission » entreprennent la publication périodique de ratios caractéristiques d'une trentaine d'activités industrielles.
La Centrale des bilans de la Banque de France, les banques et les sociétés d'analyse financière ont mis au point des batteries de ratios qui servent à apprécier les risques bancaires ou à orienter les *placements.

Caractères de la méthode

Dans une large mesure, la méthode des ratios n'est que le perfectionnement technique d'un ensemble de méthodes d'analyse préexistantes, parmi lesquelles trois principales.

• La méthode de l'*évaluation simplifiée* consiste à examiner les documents comptables (de 3 à 5 années consécutives) en dégageant, par appréciation globale, une physionomie significative de l'entreprise. Cette méthode est naturellement réservée à des analystes particulièrement expérimentés. (Elle est ce que la partition est à l'amateur de musique.)

• La méthode des *comparaisons en pourcentage* substitue aux chiffres bruts les pourcentages de chaque poste dans l'ensemble du bilan ou des comptes. Elle fait apparaître ainsi clairement les valeurs relatives et les évolutions.

• La méthode des *débits et crédits comptables (where-got, wheregone)* analyse les mouvements (*débits-*crédits), leur origine et leur destination au sein de la comptabilité de l'entreprise. Elle permet ainsi de déceler les interdépendances des éléments de la gestion.

La méthode des ratios constitue une systématisation de ces procédés d'analyse. Bien entendu, le nombre de ratios possibles est théoriquement très important, mais un grand nombre sont sans valeur réelle. Seules des « batteries » de ratios sont appliquées et combinées selon l'utilisation qu'on en fait (utilisation par la direction générale, une banque, un concurrent...) et les priorités qu'on se donne (solvabilité, dynamisme, adaptabilité...).

Principales catégories de ratios

Traditionnellement, les ratios utilisées par les banques sont classées en trois catégories, selon leur objectif : *ratios de liquidité, ratios de solvabilité* (ou d'endettement), *ratios caractéristiques de l'efficacité de la gestion* de l'entreprise. On a également proposé des classements par méthode (ratios causales, analytiques, indicatives). En fait, on peut distinguer quatre types principaux de ratios : trois sont tirés du *bilan* (toujours disponible), du *compte d'exploitation ou de résultat* ou sont *composites.* Il faut y ajouter les *ratios d'appréciation boursière,* qui constituent un type particulier.

Ratios tirées du bilan : Ce sont des ratios (ou coefficients) de liquidité ou de solvabilité-endettement.

• *Ratios de liquidité,* principalement :

– la *ratio de liquidité générale* exprime le rapport : *valeurs d'exploitation + valeurs réalisables + valeurs disponibles/dettes à court terme. On peut exprimer plus simplement ce rapport par la formule : « disponible/exigible » (*voir* Liquidité générale — coefficient de).

– L'*« acid-test ratio »* ou *« ratio de *trésorerie réduite » :* réalisable + disponible/dettes à court terme. Cette ratio diffère de la précédente en ce qu'elle ne prend pas en compte les stocks.

• *Ratios de solvabilité-endettement,* principalement :

– la *ratio de *solvabilité :* total des dettes/total de l'actif;

– la *ratio d'autonomie financière :* dette à long terme obligataire (« funded debt »)/capitaux propres ou : capitaux propres/ensemble des dettes ;

– la *ratio d'endettement à long terme :* *immobilisations/dettes à long terme.

Ratios tirées du compte de résultat : Elles visent à analyser la rentabilité de la gestion de l'entreprise en se fondant sur ses *flux caractéristiques. Les trois principales sont :

• La *ratio d'analyse des charges :* c'est le rapport, en pourcentage, du total des charges d'exploitation (sauf impôts et charges financières) aux ventes nettes (ventes brutes moins rabais, ristournes, reprises...) ; il mesure l'efficacité opérationnelle de l'activité industrielle et commerciale.

• Les *ratios de marge nette :* bénéfice net après impôt/ventes nettes, ou *brute :* bénéfice brut/ventes nettes.

• La *ratio des intérêts obligataires :* bénéfice net + impôts sur les bénéfices + intérêts reçus/intérêts à verser. Cette ratio est principalement utiie pour les banquiers garants ou des souscripteurs d'emprunts obligataires.

Ratios composites : Ces ratios rapprochent des éléments tirés à la fois du bilan et du compte de résultat, à des dates contemporaines. Les plus utilisées sont les suivantes :

• La *ratio de rotation des crédits* rapproche le montant des ventes réalisées autrement qu'au comptant et la moyenne des créances à recouvrer. Cette ratio permet d'apprécier à la fois la politique commerciale de l'entreprise et ses moyens de se refournir en liquidités par le jeu des crédits acheteurs et fournisseurs.

• La *ratio de rotation des *stocks :* sorties de stocks (en prix de revient hors taxes)/stock moyen de la période. Cette ratio permet d'apprécier la vitesse de rotation des stocks.

• La *ratio du *fonds de roulement :* fonds de roulement net moyen/chiffre d'affaires. Elle peut compléter la ratio de rotation des stocks.

• La *ratio de rendement des investissements :* bénéfices avant paiement des intérêts et des impôts/total des *actifs immobilisés.

• La *ratio de rendement des *fonds propres ;* qui les rapproche du *cash flow, du *bénéfice ou, d'une manière générale, des résultats.

Ratios d'appréciation boursière : Une série d'autres ratios sont également utilisées, notamment par les services bancaires qui suivent l'évolution boursière et qui apprécient les entreprises en fonction de leurs *valeurs mobilières pouvant constituer des placements : ratios de « solvabilité à long terme », « de rotation du capital à long terme », « de profitabilité », de « rendement »...
La plupart des ratios boursières rapprochent de la *capitalisation boursière les éléments suivants : *cash flow net, *bénéfice net, bénéfice distribué, *autofinancement, fonds propres (*voir* Capitaux propres), *chiffre d'affaires...

Ratio de solvabilité bancaire : Ratio *Cooke.

Utilisation et valeur des ratios

Les principales ratios ci-dessus sont parfois regroupées — chacune affectée d'une pondération — en tableaux synthétiques qui dégagent une « note globale » pour l'entreprise. Ce procédé, évidemment arbitraire, ne peut permettre qu'une sélection grossière (et parfois fausse), mais il peut présenter quelque utilité pour des services d'analyse surchargés. D'une manière générale, la méthode des ratios s'applique dans les domaines où le rapprochement de deux éléments permet d'éclairer le jugement (*voir* Productivité, Rendement). Dans ce domaine financier comme dans d'autres, elle n'échappe pas à un certain arbitraire dû aux tentations de systématisation et de généralisation qu'elle implique. Elle peut alors, parfois, donner lieu à un faux scientisme. En fait, la méthode ne constitue qu'un élément peu important de la décision, et seulement un éventuel *indicateur d'alerte sur des points particuliers. Elle permet cependant d'utiles références lorsque, employée avec modération et discernement, elle est interrogée sur les *tendances* (évolution des ratios dans le temps) ou sur les *performances relatives* (comparaison d'une entreprise d'une *branche avec la moyenne des autres de la même branche).

Rationalisation des choix budgétaires (RCB)

*Ensemble de procédures par lesquelles on cherche à améliorer l'efficacité des dépenses publiques en les rattachant aux principaux objectifs visés (analyse en termes de « programmes » avec détermination des moyens affectés à chacun d'eux) et en appliquant dans les choix les méthodes du calcul économique (*actualisation, *analyse coûts-avantages ou coûts-efficacité).*

Inspirée du PPBS américain (Planning programming budgeting system), la rationalisation des choix budgétaires (RCB) a été introduite en France progressivement dans l'administration à partir de 1967, après des expériences pilotes dans des ministères (ministère des Armées, ministère de l'Équipement). Elle vise à modifier à terme la procédure budgétaire, fondée sur des moyens affectés aux différents services de l'administration et non pas sur des objectifs fixés à l'action administrative ou des résultats à atteindre. En raison des délais inhérents à toute action publique, la RCB se situe nécessairement dans une perspective pluriannuelle et donc apparaît en contradiction avec le principe de l'annualité budgétaire. Mais contrairement à la situation américaine, où il n'existe pas de planification officielle, la France dispose d'une planification à moyen terme et la RCB apparaît ainsi comme le moyen d'assurer la cohérence entre le budget et la programmation économique pluriannuelle du plan.

Les principes de la RCB

La RCB consiste à introduire, *dans le domaine de la dépense publique,* un processus de rationalisation des décisions et de l'action, dans un *cadre pluriannuel,* en intégrant à la pratique budgétaire le recours aux techniques de *l'analyse de système.*
Elle tend à faire adopter, au sein de l'administration, « une démarche cohérente de préparation, d'exécution et de contrôle des décisions à chaque niveau de responsabilité » (*Bulletin RCB,* nº 1, janvier 1971). Cette démarche, qui s'applique à des « problèmes », peut s'analyser en plusieurs phases.

– *Phase préparatoire* d'inventaire de la situation : elle vise à rendre un diagnostic pour parvenir à une première formulation du problème : par exemple, état de la sécurité routière, de la mortalité infantile.

– *Phase d'analyse* proprement dite : il s'agit à ce stade d'étudier les actions existantes et leurs résultats, de définir un système d'objectifs et de sous-objectifs, d'apprécier les contraintes et les options possibles. On recourt pour ce faire aux techniques de description et de modernisation (analyse morphologique, graphes, système analogique...). On aboutira à l'établissement d'un schéma opérationnel dénommé « structure d'objectifs-programmes ».

– *Phase de mise au point,* par itérations successives : en fonction des contraintes et des marges de choix disponibles, on élabore un certain nombre de solutions alternatives dont on va apprécier les résultats par rapport aux objectifs, en utilisant des techniques diverses d'évaluation (*bilan actualisé — analyse coût-avantage — multi-critères — méthodes delphi fondées sur des séries d'interviews...). On pourra ainsi proposer aux responsables une batterie de programmes alternatifs associés à une structure d'objectifs et de sous-objectifs.

– Après ces trois phases d'études (que l'on regroupe dans la notion « d'analyse de système »), on aborde alors une *quatrième étape, directement opératoire,* qui va consister à organiser le passage de la décision à l'exécution. Elle va se matérialiser dans la mise au point d'un dispositif articulé : plan stratégique, programmes pluriannuels, budgets annuels, projets.

– *Une cinquième phase accompagne l'exécution,* par l'appréciation du déroulement du dispositif (grâce à des indicateurs de résultats et d'objectifs) qui peut conduire à une révision en cours de route et des objectifs et des programmes.

Du point de vue budgétaire, la RCB débouche ainsi sur une affectation des crédits sur une base fonctionnelle, impliquant au stade de l'exécution une modification des procédures de gestion et de contrôle.

L'application de la RCB

Comme toute entreprise de réforme administrative, la RCB, après une période d'initiatives spectaculaires et de foisonnement intellectuel, connaît des lenteurs et des difficultés dans son implantation au sein des ministères. Outre les obstacles liés à l'inadéquation de la formation des personnels administratifs ou à la tiédeur du soutien politique, la mise en œuvre de la RCB se heurte à la très grande complexité et à la très grande hétérogénéité de l'action administrative.

L'application du système a été engagée en France :

– *au plan institutionnel :* par la mise en place de moyens spécifiques (crédits RCB), la constitution d'équipes spécifiques dans les administrations (cellules RCB des ministères), la création d'une commission interministérielle. Les ministères de l'Économie (direction de la Prévision) et du Budget (direction du Budget) sont conjointement chargés d'une mission d'animation et de coordination, respectivement dans les domaines de la méthodologie, de l'information et de la formation, et dans les domaines de l'élaboration des documents budgétaires et de l'adaptation de la nomenclature budgétaire ;

– *au plan des procédures :* par la généralisation, après quelques expériences pilotes (ministères des Armées, de l'Équipement), du budget de programmes dans les ministères intervenue en 1978 et par l'adoption d'une procédure d'études prioritaires interministérielles de RCB (vingt études réalisées ou engagées à la date du 31 décembre 1979).

Parallèlement aux préoccupations liées à la préparation de la décision, la réalisation et le suivi de l'exécution budgétaire ont fait l'objet d'une attention soutenue. Après diverses expériences de modernisation de la gestion initiées dans des ministères ou des services, la décision a été prise de mettre en œuvre un système de *comptabilité de programme.*
Il faut enfin signaler, bien qu'elle ne se soit pas inscrite véritablement dans l'opération RCB, la procédure des *Programmes d'actions prioritaires (PAP) du VIIe Plan, au nombre de 25, faisant suite aux Programmes finalisés du VIe Plan (au nombre de 6), ainsi que celle des *Programmes d'exécution prioritaire (PEP) du IXe Plan (12).

Rationnement

Voir Pénurie.

RCB

Voir Rationalisation des choix budgétaires.

Réassurance

a : *Reinsurance* – **d** : *Reversicherung* – **e** : *Reaseguro*

Opération par laquelle un assureur s'assure lui-même contre les risques qu'il accepte de couvrir.

La réassurance a pour objet de réaliser la dispersion des risques souscrits par les assureurs directs. Ceux-ci restent responsables envers l'assuré, mais ils « cèdent » à des réassureurs qui les « acceptent » une partie de leurs risques, moyennant une *prime de réassurance.

• **A la différence de la coassurance** qui fait intervenir de façon simultanée plusieurs assureurs sur un même risque, la réassurance réalise un partage successif du risque. En droit, l'assureur reste seul responsable vis-à-vis de l'assuré. Il n'existe pratiquement pas d'assurance sans réassurance et celle-ci s'appuie elle-même sur la rétrocession, c'est-à-dire sur une réassurance au second degré.
Suivant qu'elles ont privilégié le critère juridique ou le critère économique, les autorités de contrôle ont effectué des choix différents. Les pays anglo-saxons soumettent en général la réassurance au même contrôle que

l'*assurance. Les sociétés d'assurance directe y sont jugées « au net » de leurs opérations, réassurance déduite. En France, où l'*assurance seule est contrôlée, les sociétés d'assurances sont jugées sur leurs opérations « au brut » de réassurance. Ceci entraîne d'importantes différences dans les relations économiques entre les assureurs et les réassureurs. Les réglementations d'inspiration française entraînent notamment presque automatiquement l'obligation pour les réassureurs de déposer auprès des sociétés d'assurance directe le montant de leurs engagements et limitent de ce fait l'autonomie de leur gestion financière.

• **La réassurance n'est en général « facultative »**, c'est-à-dire négociée affaire par affaire, que pour les très grands risques qui nécessitent un examen et une tarification individuelle. Pour les autres, assureurs et réassureurs sont liés par des « traités » dont les conditions sont négociées une fois par an et dont l'alimentation est ensuite automatique. Tant pour les traités que pour les facultatives, un réassureur joue le plus souvent le rôle d'apériteur, les autres participant ensuite à la couverture aux conditions acceptées par lui, ou à des conditions très voisines.

• **La réassurance est proportionnelle** quand elle repose sur le principe du partage du risque. Les règles du partage s'appliquent alors dans les mêmes conditions à la prime reçue de l'assuré et à la charge du sinistre dont il est indemnisé. La réassurance proportionnelle, en « quote-part » ou en « excédent de capitaux », donne lieu à des échanges financiers importants, dans les deux sens. Le sort du réassureur y dépend largement de l'adéquation des tarifs pratiqués dans l'assurance directe.
La réassurance est non proportionnelle quand elle repose sur le principe de la protection. Le réassureur n'intervient que lorsque les sinistres pris soit individuellement dans le cas d'un excédent de sinistre (ou *excess loss*), soit collectivement dans le cas d'un excédent de perte (ou *stop loss*), dépassent un certain montant. Les « couvertures » non proportionnelles font l'objet d'une tarification particulière, détachée de la tarification pratiquée dans l'assurance directe. Les formes non proportionnelles de la réassurance se développent plus rapidement.

• **La réassurance est pratiquée** par les sociétés d'assurances qui représentent 40 % environ du chiffre d'affaires total, et par les réassureurs spécialisés. Ceux-ci sont peu nombreux : moins de 400 dans le monde, pour un peu plus de 11 000 sociétés d'assurance directe.
L'Europe de l'Ouest, berceau de la réassurance au XIXe siècle, est toujours le centre régional le plus important. 58 % du chiffre d'affaires mondial y est réalisé contre 26 % seulement aux États-Unis. La part du « reste du monde », actuellement de 16 %, a tendance à croître, avec le développement des sociétés japonaises, mais aussi avec la création de sociétés étatiques dans les pays en voie de développement. Cette prééminence de l'Europe mérite d'être soulignée car la répartition de l'assurance directe est presque exactement inverse : les États-Unis représentent 56 % du volume, l'Europe 27 % et le reste du monde 17 %.

Le premier groupe mondial est allemand, le second suisse. Le marché de Londres, caractérisé par la structure originale des Lloyd's et par un très puissant courtage international, a vu son influence diminuer au cours des dernières années.

• **Le marché mondial** de la réassurance a crû pendant les 20 dernières années à un rythme légèrement supérieur à celui de l'assurance directe (11,5 % en moyenne annuelle contre 11,1 %). Un sixième environ des primes perçues en assurance directe est cédé en réassurance. Le marché a connu récemment des évolutions brutales. De 1974 à 1983 le développement a été rapide et la concurrence forte. Ceci s'est traduit par l'accroissement du nombre des sociétés d'assurances pratiquant la réassurance et par la création d'un grand nombre de sociétés spécialisées, surtout aux États-Unis ; ces sociétés étaient souvent de petite taille. Les très mauvais résultats enregistrés notamment en 1983 ont conduit à un renversement de la tendance. Un grand nombre de sociétés ont quitté le marché, certaines après des faillites. Les autres entreprises ont fortement augmenté leurs fonds propres, notamment par des appels au marché financier. En même temps elles relevaient leurs tarifs.

• **Le marché français** a longtemps été essentiellement un marché d'assurance directe. La réassurance s'y est développée à partir de 1970 avec le renforcement de sociétés existantes et la création de nouvelles sociétés. Alors que le chiffre d'affaires en réassurance des assureurs directs est de 18,5 milliards, celui des réassureurs professionnels est de 20,1 milliards de francs. Il est réalisé essentiellement à l'étranger et le marché français est maintenant exportateur net de réassurance. Deux groupes français figurent parmi les vingt premiers réassureurs mondiaux.

Recensement

a : *Census/Inquiry/Survey* – **d** : *Erhebung* – **e** : *Encuesta*

Opération de nature statistique consistant à dénombrer l'ensemble des unités statistiques concernées et à recueillir sur elles un certain nombre de renseignements d'ordre démographique, économique ou social.

Le plus souvent, on recense simultanément l'ensemble des unités statistiques d'un pays : on dit alors qu'on procède à un *recensement général.* Mais il arrive que les opérations de recensement soient limitées à une catégorie particulière d'unités statistiques ou à une fraction seulement du territoire national : on dit alors qu'il s'agit d'un *recensement partiel.* En tout état de cause, le mot « recensement » implique des opérations exhaustives, c'est-à-dire que l'on recueille des renseignements auprès de chacune des unités statistiques constituant la population ou la catégorie étudiées : les recensements, même partiels, sont donc bien

distincts des *enquêtes par *sondage.* Cependant, on conserve, par extension, le nom de recensement à des opérations qui mêlent à la fois les techniques des recensements et celles des enquêtes par sondage, par exemple, en dénombrant l'ensemble de la population mais en n'interrogeant de façon détaillée que les unités statistiques appartenant à un échantillon seulement de la population.
On distingue plusieurs sortes de recensements d'après la nature des unités statistiques étudiées. Les recensements les plus connus et les plus anciens sont les *recensements de la population* (il y a eu 31 recensements généraux de la population en France, ceux d'après-guerre ayant eu lieu en 1946, 1954, 1962, 1968, 1975 et 1982). *Les recensements des habitations* sont très souvent jumelés avec les recensements de population (c'est le cas en France).
On effectue encore d'autres grands recensements :
– *recensements de l'agriculture* (effectués en France en 1955, 1970 et 1980) ;
– *recensements de l'industrie* (le premier effectué en France le fut en 1840 ; avant la Seconde Guerre mondiale, ils ont été jumelés avec les recensements généraux de la population ; depuis, un recensement général de l'industrie a eu lieu en 1963 ; depuis 1970, l'extension et la généralisation des enquêtes annuelles auprès des entreprises et la tenue de fichiers industriels et commerciaux — fichier SIREN — ont évité la répétition de cette opération lourde et coûteuse) ;
– *recensements des transports* (le premier à être réalisé en France le fut en 1963) ;
– *recensements de la distribution,* c'est-à-dire du commerce (gros, détail ou intermédiaires) et des services : en France, le premier a été effectué en 1967.

Récépissé-warrant

Voir Warrant.

Récession

a : *Recession* – **d** : *Rezession* – **e** : *Recesión*

Ralentissement de l'activité économique.

Dans les différentes phases des *cycles qui caractérisent l'enchaînement des fluctuations économiques, la récession désigne celles qui sont marquées par une décélération prononcée de la *croissance, voire par une véritable stagnation pouvant comporter une diminution du niveau de la production globale. Si le processus de ralentissement prend un caractère cumulatif et n'est pas enrayé, la récession peut déboucher sur une véritable *dépression présentant alors tous les aspects d'une *crise. Depuis la dernière grande crise de 1929, les pays capitalistes n'ont plus connu de dépression caractérisée. En revanche, les progrès accomplis dans la régulation de la croissance ne vont pas jusqu'à supprimer les fluctuations de l'activité économique, et des récessions temporaires peuvent se manifester ici et là (exemples : récessions américaines, récession allemande de 1967). Il arrive même qu'une récession soit plus ou moins délibérément recherchée par les autorités responsables de la politique économique lorsqu'il apparaît nécessaire de mettre fin à une phase de « surchauffe » inflationniste. Provoqué par une politique de *stabilisation, le ralentissement de l'activité économique peut aller alors jusqu'à la récession (États-Unis en 1969-1970, 1974 — RFA en 1971 et 1974). Le problème est naturellement d'en proportionner l'ampleur à l'effet recherché (stabilisation de l'évolution des prix et des revenus nominaux) et d'en maîtriser l'évolution pour prévenir tout enchaînement cumulatif susceptible de dégénérer. On notera que la période récente, caractérisée par la généralisation des tensions inflationnistes dans la sphère occidentale, illustre la difficulté soit de réussir la stabilisation, soit de limiter le prolongement des phases de récession, et le risque des économies de connaître des situations de « stagflation » conjuguant un ralentissement de l'activité et la poursuite du processus inflationniste.

Voir Crise, Cycle, Fluctuation.

Réclamation

a : *Appeal against tax assessment* – **d** : *Einspruch (Steuer)* –
e : *Reclamación (impuesto)*

Fiscalité : Demande contentieuse adressée par un contribuable aux services des impôts pour obtenir la réparation d'une erreur ou le bénéfice d'un droit.

Elle constitue un préalable nécessaire à tout recours contentieux ultérieur éventuel devant les tribunaux. (S'oppose à la demande gracieuse.)

Recouvrement

a : *Collection* – **d** : *Inkasso/Einziehung* – **e** : *Cobro*

---

*Apurement d'une *dette envisagé du point de vue du créancier.*

Fiscalité : Le recouvrement désigne l'ensemble des opérations permettant de percevoir l'impôt, à partir du moment où celui-ci a été liquidé. Dans le système français, fondé sur la distinction des *ordonnateurs et des comptables, le recouvrement est l'apanage de ces derniers.

Sécurité sociale : Ici le terme se rapporte aux opérations relatives à l'encaissement des *cotisations.

Redevable

a : *Payer of tax liability* – **d** : *Steuerzahler* – **e** : *Deudor*

---

*Personne légalement tenue au paiement d'un *impôt, d'un *droit, d'une *taxe ou de tout autre versement ou redevance, même si la charge doit en être finalement assumée par un tiers.*

Dans la terminologie fiscale, les personnes assujetties à un impôt direct sont qualifiées de *contribuables, parce qu'il s'agit d'impôts personnels, tandis que les assujettis au paiement des taxes sur le chiffre d'affaires, des contributions indirectes, des droits de douane et taxes assimilées sont qualifiés de redevables : ces droits frappent des produits ou des services et doivent être supportés par les personnes qui les consomment ou les utilisent. En adoptant le terme de « redevable », le législateur laisse de côté les problèmes d'incidence ou de *répercussion ; il ne connaît que des « collecteurs d'impôt », auxquels il impose des obligations et qu'il frappe de sanctions en cas de manquement à celles-ci.

Redevance

a : *Levy* – **d** : *Abgabe* – **e** : *Derecho/Tasa*

Prix à payer en contrepartie de la concession d'un droit.

Exemple : redevance pour occupation temporaire du domaine public.

Redistribution

a : *Redistribution* – **d** : *Umverteilung* – **e** : *Redistribución*

Différence entre ce qu'un individu, un ménage ou un groupe social paie sur les ressources tirées de son travail et de son patrimoine aux administrations publiques ou parapubliques, et ce qu'il en reçoit.

*Les prélèvements sont opérés sous forme monétaire par la *fiscalité directe et indirecte, les *cotisations sociales et les primes d'assurance.*
*Leurs réaffectations sont faites sous forme monétaire (*prestations sociales en nature ou en espèces, *transferts) ou, plus généralement, sous forme de services collectifs gratuits alloués soit à des parties définies de la population (éducation), soit à l'ensemble de la société (équipements routiers, justice, contrôle sanitaire des produits agricoles, etc.).*
La redistribution a pour effet :

• un partage collectif des risques : assurance-maladie, aide médicale, assurance-chômage, assurance-automobile, etc. ;

• une correction de la distribution des revenus et de l'allocation des ressources, soit directement par la modification des revenus au moyen de la fiscalité et des transferts, soit par l'obligation d'utiliser certains services telle la scolarité obligatoire jusqu'à un âge minimal ;

• des incitations, positives ou négatives, à l'obtention de certains biens ou services : prime d'épargne-logement, réduction de tarifs de la SNCF pour les congés payés ou, en sens inverse, taxation élevée des biens de luxe.

Redressement fiscal

a : *Tax adjustment* – **d** : *Berichtigungsveranlagung* – **e** : *Rectificación de tasación fiscal*

Rectification d'une déclaration fiscale par le service des impôts lorsqu'il constate des insuffisances, omissions ou erreurs dans les éléments déclarés.

Réduction de capital

a : *Capital reduction* – **d** : *Kapitalherabsetzung* – **e** : *Reducción de capital*

---

*Opération consistant à réduire le *capital social d'une société.*

La réduction du capital peut intervenir essentiellement dans deux circonstances :

– la société estime son capital trop important et rembourse ses actionnaires ;

– la société a subi des pertes telles qu'il est peu probable qu'elles soient couvertes par des bénéfices futurs ; elle les déduit donc de son capital social pour assainir sa situation financière. Les deux formes de réduction de capital sont :

• la *réduction par remboursement,* en payant directement aux actionnaires le nominal de leurs actions ou par rachat de celles-ci en bourse ;

• la *réduction par déduction de pertes,* qui peut être pratiquée selon deux procédés : la réduction du nominal des actions (qui ne peut toutefois descendre au-dessous du minimum légal) ; la réduction du nombre des actions ; la combinaison des deux procédés précédents. Généralement, le premier procédé est adopté, car il permet de respecter plus aisément le principe de l'égalité entre actionnaires.
La réduction par déduction de pertes est obligatoire si, malgré des pertes équivalentes ou supérieures aux trois quarts du capital, les actionnaires décident de poursuivre l'activité sociale (elle est alors égale au montant des pertes constatées).
Souvent, une réduction du capital opérée pour apurer des pertes est suivie d'une *augmentation de capital destinée à permettre à la société de repartir sur d'autres bases.

Voir Capital social.

Réduction de droits (fiscaux)

a : *Tax reduction* – **d** : *Steuerermässigung* – **e** : *Reducción de derechos fiscales*

Atténuation d'impôts prononcée par l'administration pour réparer une erreur d'imposition.

Réescompte

a : *Rediscounting* – **d** : *Rediskontierung* – **e** : *Redescuento*

Opération par laquelle une banque centrale escompte des effets présentés par une banque et déjà escomptés par celle-ci.

Le mécanisme du réescompte reproduit à peu près exactement, entre la *banque centrale et une *banque, le schéma de l'**escompte* mettant en relation une banque et son client.
Le réescompte est utilisé par les banques pour se refournir en liquidités auprès de la banque centrale et pourvoir, ainsi, à leur *refinancement. Ce *procédé de *mobilisation,* revenant à une *création de monnaie* par la banque centrale, constitue l'un des moyens d'intervention de celle-ci sur le volume et l'évolution de la monnaie et du crédit.

Régime du réescompte

A ce double titre, le réescompte est soumis à un *certain nombre de conditions strictes concernant principalement :*

Le *taux auquel ce réescompte est consenti : C'est le taux de l'escompte, taux directeur sur le marché des liquidités (*voir* Intérêt). Avec un taux allégé pour les financements à l'exportation et, éventuellement, des taux majorés (voir ci-après).

Les *effets qui sont susceptibles d'être admis au réescompte : On appelle bancables ces effets admissibles, dont la nature et les catégories peuvent varier en fonction de la politique monétaire. Sont normalement bancables, c'est-à-dire réescomptables : les effets de commerce à trois mois ; les effets représentatifs de crédits plus longs (crédits de campagne à neuf mois, divers crédits de plus longue durée) lorsqu'ils sont garantis par l'État ou par un *nantissement ; les effets représentatifs de crédits d'investissements revêtus des *avals d'établissements financiers publics (Caisse nationale des marchés de l'État, Crédit national, Banque française du commerce extérieur) s'ajoutant aux signatures du banquier et de son client (règle des 3 signatures remplaçant depuis 1971 la règle antérieure des 4 signatures) ; les valeurs d'État.
La liste des effets réescomptables peut être modifiée par la banque centrale pour orienter la politique du crédit et selon la place qu'elle juge bon d'accorder au réescompte dans sa politique générale (voir ci-après).

Les quantités d'effets réescomptables et le montant des *liquidités consenties par le réescompte : Ils font l'objet de plafonds au-delà desquels soit le réescompte est refusé, soit il n'est opéré qu'à des taux majorés. Ces plafonds font référence au réescompte déjà accordé à chaque banque compte tenu du montant de ses *risques, soit par disposition générale et automatique (sous forme de *ratio), soit par « plafond individuel » (déterminé par exercice), soit — comme c'est le cas depuis 1972 en France — par appréciation particulière cas par cas.

Évolution de la politique de réescompte

• Depuis le XIXe siècle, le réescompte était le *principal moyen de distribution de monnaie* de l'institut d'émission au système bancaire. Obéissant à des règles assez générales et automatiques, cette politique donnait du même coup au *taux de l'escompte* — qui régit ces opérations — un rôle primordial dans la politique monétaire. La solennité des modifications de celui-ci et l'effet psychologique qui en découlait excluaient en fait qu'elles fussent très fréquentes et renvoyait aux *contrôles quantitatifs* la tâche de régulation conjoncturelle de la masse monétaire. Cette situation ne laissait, par conséquent, qu'un rôle secondaire au marché monétaire et à la politique de l'*open market elle-même (dont les taux ne descendaient naturellement jamais au-dessous du taux d'escompte). L'importance du réescompte s'accompagnait donc d'une *certaine rigidité* des mécanismes de refinancement, peu compatible avec l'extrême mobilité de la conjoncture moderne, et notamment l'extrême sensibilité des mouvements de capitaux aux évolutions du loyer de l'argent sur les diverses places internationales. Toutefois, et dès après la Première Guerre mondiale, la politique de réescompte jouait un rôle secondaire dans les pays anglo-saxons — où le rôle des marchés monétaires et celui de l'open market sont importants.

• En France, où le réescompte était demeuré très important, diverses mesures adoptées en 1971 et 1972 ont abouti à un *relatif effacement de son rôle :*

– réduction par la Banque de France de toutes les opérations s'effectuant au taux ordinaire, soit sous plafond (effets commerciaux et papier à court terme), soit hors plafond (court terme à l'exportation et moyen terme à la construction ou à l'équipement) à l'exception des créances à moyen terme à l'exportation (la réduction des encours totaux a été de 60 % entre 1970 et 1971) ;

– suppression (en janvier 1972) des plafonds d'escompte individuels des banques et établissements financiers et remplacement de ces critères par un examen particulièrement attentif de chaque présentation au réescompte tenant compte de la capacité de l'établissement à accéder au marché monétaire.

C'est en effet aujourd'hui le **marché monétaire* qui est devenu le principal outil de refinancement des banques. Le taux de l'escompte demeure un taux directeur du prix de l'argent, mais ne constitue plus la référence essentielle. Pour orienter leur politique et déterminer les conditions de crédit à leur clientèle, les banques tiennent principalement compte du taux du marché monétaire et de ses variations. La Banque de France, elle-même, modifie avec plus de souplesse le taux effectif de ses concours aux banques en utilisant plus largement le système de mise en *pension (dont le coût est variable ainsi que la durée — du jour au semestre) et en intervenant sur le marché des *titres.

Cette réduction relative, en France, de la place du réescompte dans l'arsenal des moyens d'intervention sur la monnaie et le crédit confirme la préférence accordée, dans la période contemporaine, aux méthodes d'interventions souples, fluides et discrètes sur les règles institutionnelles et de caractère semi-automatique.

Voir Accord préalable de réescompte.

Réévaluation

a : *Reevaluation* – **d** : *Neubewertung* – **e** : *Reevaluación*

**Opération consistant à évaluer à nouveau une grandeur.*

Si cette définition générale recouvre toutes les acceptions particulières du terme, elle demande à être précisée pour certaines de ses applications spécifiques.

Employé sans complément, le terme concerne en particulier la modification en hausse de la *parité d'une monnaie (définie elle-même par rapport à l'or ou à une devise). La réévaluation se distingue de l'*appréciation de fait d'une monnaie sur le marché des changes en ce qu'elle implique un acte juridique officiel définissant le nouveau *pair et éventuellement les marges de fluctuation admises autour de la valeur centrale. De ce point de vue, elle est l'inverse de la *dévaluation, dans la mesure où elle correspond à un changement de parité positive.

La réévaluation de l'*encaisse : Elle désigne la rectification de la valeur en monnaie nationale du montant de l'or et des devises porté au bilan de la *banque centrale, lors d'une opération de dévaluation.

La réévaluation des bilans : Elle se réfère à la réappréciation des différents postes du *bilan d'une entreprise, notamment des immobilisations et des stocks, pour corriger l'incidence de la dépréciation de la monnaie, en période d'*inflation.
*La réévaluation est ici une technique de prise en compte de la dépréciation monétaire pour l'évaluation des biens constituant l'*actif d'une entreprise.*
Du fait de la dépréciation monétaire, les biens qui composent le patrimoine de l'entreprise et qui n'ont pas été acquis aux mêmes dates ne sont pas évalués en effet sur la base d'unités monétaires identiques. En particulier, les annuités d'amortissement — calculées sur la valeur nominale d'acquisition — ne permettent pas le remplacement des biens de l'actif. De ce fait, le résultat de l'entreprise après amortissement se trouve surévalué (la charge d'amortissement étant sous-évaluée) et le prélèvement fiscal est, en définitive, plus lourd par rapport à la capacité bénéficiaire réelle de l'entreprise.
Pour faire face à ces distorsions, diverses dispositions législatives et réglementaires ont été prises, fixant les coefficients de réévaluation applicables selon les actifs concernés et leurs dates d'entrée dans le patrimoine : ordonnance du 15 août 1945 ; loi du 28 décembre 1959 (s'appliquant aux entreprises ayant réalisé au cours des trois exercices précédents un chiffre d'affaires annuel de 5 millions de francs). Au terme de cette dernière loi, pouvaient être réévalués les immobilisations, les portefeuilles de valeurs mobilières, les créances et dettes en monnaies étrangères.
A titre d'exemple et sur la base 1 en 1959, les immobilisations étaient affectées des coefficients 243 (pour celles acquises en 1914), 44,6 (1930), 1,6 (1950)... Selon cette méthode :
– le prix de revient porté au bilan, multiplié par le coefficient, donne le montant brut de l'immobilisation réévaluée ;
– chaque annuité d'amortissement est affectée du coefficient correspondant à son année ;
– la différence entre le montant brut réévalué et la somme des annuités d'amortissement réévaluées donne la *valeur nette comptable* du bien après réévaluation ;

– l'écart entre cette valeur et la valeur avant réévaluation est porté au passif, au poste *réserve de réévaluation.
Bien qu'il soit toujours possible pour une entreprise de procéder spontanément à une réévaluation, elle ne le fait pas volontiers car elle dégagerait ainsi — en l'absence de disposition législative particulière — une plus-value comptable qui serait lourdement imposée. D'où les mesures générales adoptées périodiquement par les pouvoirs publics. En 1977 et 1978, par exemple, les lois de finances ont institué un système, d'application limitée dans le temps, autorisant la réévaluation de biens non amortissables (terrains, fonds de commerce, titres de participation) et amortissables. La méthode appliquée ici est celle du *coût de remplacement* (prix auquel on achèterait actuellement le même bien). Cette réévaluation s'est opérée sans incidence fiscale, le supplément d'amortissement étant alors une charge non déductible.

Refinancement

a : *Refinancing* – **d** : *Refinanzierung* – **e** : *Refinanciación*

Remplacement des ressources jusque-là utilisées par des ressources présentant d'autres caractères en vue de poursuivre la distribution des crédits lorsque toutes les ressources sont engagées ou d'assurer le remboursement des dettes précédemment contractées.

Ce mot n'est entré que récemment dans le vocabulaire financier usuel afin de couvrir l'ensemble des opérations de *mobilisation intervenant à l'intérieur du système bancaire quelles que soient leurs modalités et de mettre en évidence leur incidence commune sur les conditions de l'exploitation bancaire et sur le système bancaire tout entier. A côté de leurs ressources propres, des *dépôts de la clientèle et des emprunts obligatoires, le refinancement constitue une ressource complémentaire des banques assurant l'ajustement de la trésorerie : il permet la reconstitution des disponibilités amputées par des opérations de prêt en transférant à d'autres établissements le soin de nourrir les créances.

• Le refinancement peut *constituer la couverture principale* des crédits consentis par des établissements, et notamment les établissements financiers, qui ont peu ou pas de dépôts et ne disposent que de ressources propres limitées eu égard au volume de leurs opérations de prêts ; mais tous les établissements bancaires peuvent y recourir pour trouver les *liquidités indispensables dans la gestion quotidienne de leur trésorerie. Il est accordé à titre d'emploi de trésorerie par d'autres établissements bancaires. Certains, tels les établissements spécialisés du secteur public, peuvent n'intervenir, dans les crédits bancaires à court et moyen terme,

qu'au titre de leur refinancement ; mais ils participent ainsi à la distribution du crédit, dans la mesure où leur accord préalable pour un refinancement éventuel à la demande du banquier peut être la condition pratique de l'octroi du prêt. La *banque centrale tient une place particulière parce qu'elle constitue l'organe ultime de refinancement en fournissant à l'ensemble du système les liquidités additionnelles qui lui font défaut : le refinancement peut alors aboutir à la création de monnaie.
En RFA, la *Refinanzierung* est employée en un sens étroit pour définir les concours que la banque centrale accorde aux établissements bancaires sous la forme d'escompte ou d'avances sur titres à un taux fixe.
Le développement du refinancement est une conséquence tant de l'insuffisance des dépôts par rapport au volume du crédit, que de la spécialisation des établissements bancaires ; pour cette dernière raison, il a traditionnellement une place importante en *Grande-Bretagne.*
Par ses techniques, le refinancement systématique traduit en effet une dissociation entre la fourniture des fonds et la prise du risque dans une opération de crédit. Celui qui obtient le refinancement conserve à l'égard de celui qui l'accorde une responsabilité en cas de non-exécution des engagements du débiteur ; de ce fait, le refinancement crée des situations analogues à l'octroi de crédits par signature où cette dissociation intervient dès l'origine du crédit : l'acceptation de banque est un refinancement instantané.

● *En France, le recours au refinancement est général et permanent :* les banques et les établissements financiers dans leur ensemble nourrissent moins de 85 % des crédits qu'ils ont initiés. Les techniques utilisées sont variées ; les principales sont les suivantes.

Le *réescompte : Étant cession de créances, il correspond nécessairement à un refinancement définitif ; le refinancement obtenu à ce titre apparaît dans la situation d'une banque en compte « hors bilan » sous la rubrique « effets endossés circulant sous notre endos ».

La prise en *pension : C'est un refinancement pour une durée inférieure à l'échéance du titre qui lui sert de support : les « effets donnés en pension à recevoir » figurent également « hors bilan » dans la situation des établissements qui mettent en pension des effets ou des bons du Trésor.

Le refinancement des exportations : Il est d'une autre nature : c'est une forme particulière de « crédit-acheteurs » intéressant les acomptes à verser par l'importateur étranger lors de la commande ; des crédits bancaires lui sont accordés par le banquier de l'exportateur pour lui faciliter l'exécution de cette obligation.

Des moyens plus souples : Certaines techniques où l'instrument du refinancement n'est plus directement le document créé lors du crédit d'origine évitent la manipulation matérielle des effets souvent de faible valeur unitaire. Ainsi le Crédit national ouvre des droits de tirage correspondant aux effets à moyen terme déposés par les banques et dans cette limite accepte ou escompte des effets de mobilisation permettant à ces banques un refinancement global. En matière de *crédit à la consommation, des effets de mobilisation sont aussi créés pour servir de support aux opérations de refinancement. La dernière technique introduite en France est celle de la *titrisation, visant à faciliter la mobilisation des créances bancaires.

• Enfin, le terme de refinancement peut être éventuellement appliqué à toute opération où l'emprunteur obtient le *remplacement d'un de ses engagements par une autre dette* présentant des caractéristiques différentes, un terme plus éloigné. La gestion de la dette publique comporte un problème permanent de refinancement, dont la *consolidation est un aspect, lorsque son amortissement ne peut être assuré sur les ressources courantes. Le Trésor américain poursuit une politique de refinancement avant l'échéance ou refinancement anticipé *(advance refunding)* en profitant de la situation favorable du marché des capitaux et des taux d'intérêt modérés des titres proches de leur échéance.

Reflation

a : *Reflation policy* – **d** : *Reflationspolitik* – **e** : *Reflación*

Ensemble des actions aboutissant à un accroissement de la demande et à une reprise de l'activité économique et de l'emploi.

La reflation a pour objet essentiel de « regonfler » la valeur relative de la demande dans une économie anémiée par une *récession ou ayant subi une trop forte *déflation.
Ces situations sont en effet caractérisées principalement par le fléchissement de la demande, la stagnation de la production ou son recul, le sous-emploi. Le problème est alors de reconstituer les *équilibres, d'assurer la *relance* de l'économie et de restaurer les conditions de la confiance et de la *croissance.
Les stratégies de reflation peuvent revêtir trois formes principales, d'ailleurs souvent combinées.

• *La remise en ordre des circuits par diverses mesures techniques :*
– devant une récession accompagnée de hausse des prix, les mesures habituelles de contrôle des prix, qui restent souvent formelles et inefficaces ;
– une politique de déficits budgétaires finançant des investissements distributeurs d'activité ;
– une politique d'emprunts publics destinés à mobiliser l'épargne et à dégeler la *thésaurisation...

• *La réduction de l'offre instantanée :* cette politique tend à rétablir l'équilibre *offre-*demande en réduisant la première au niveau de la seconde par :

– le contingentement des importations ;

– des limitations autoritaires de production ;

– la réduction de divers facteurs de production : limitation du temps de travail (qui résorbe le chômage), fermeture de certains établissements...

Cette politique est très dangereuse, car il est difficile de réduire l'offre sans réduire en même temps la demande. Une réduction de la demande risque d'entraîner en fait, au-delà d'une limitation instantanée de l'offre, un processus cumulatif de *dépression. En même temps et paradoxalement, elle risque d'alimenter une *inflation ultérieure, si la relance de la demande bute sur une rigidité prolongée de l'offre. Enfin, elle est socialement condamnable.

• *La politique d'accroissement de la demande* constitue l'outil de reflation le plus généralement utilisé. Elle vise les « équilibres hauts » (remonter la demande au niveau de l'offre), notamment par une augmentation de la demande directe :

– accroissement des dépenses publiques (voir notamment les dépenses d'armement aux États-Unis qui ont pu être considérées comme un outil de politique conjoncturelle) ;

– politique d'*open market consistant pour l'État en émissions massives finançant des travaux et épongeant les disponibilités ;

– politique d'égalisation des revenus : secours aux chômeurs, allégement de la fiscalité pour les faibles revenus, retraites anticipées aux travailleurs...

A ce phénomène est liée une *augmentation de la demande induite* qui peut être encouragée par divers autres moyens :

– la *dévaluation qui relance les exportations et par là même l'activité ;

– une politique sélective du crédit, l'*investissement allant de préférence aux secteurs lourds qui ne sont productifs (offre) qu'à terme, mais dont les dépenses d'investissement distribuent instantanément des revenus ;

– une politique de restriction généralisée des coûts par amélioration de la productivité qui permet de meilleurs salaires (alimentant la demande) sans augmentation des prix. Cette politique peut s'appuyer notamment sur la mise en œuvre d'*innovations.

• Parmi les politiques de reflation (ou de relance) les plus connues, on notera le **New Deal* aux États-Unis en 1933-1934, la politique du Front populaire en France en 1936 après la **déflation* Laval.

Le danger principal des politiques de reflation provient de la difficulté à *doser* exactement le remède, en volume et en durée. Il est extrêmement malaisé de moduler exactement les mesures techniques et sociales, liées d'ailleurs au contexte politique (temps de travail, politique fiscale, dévaluation...) ; il est difficile d'agir sur l'appareil productif — globalement et par secteurs — sans déclencher des modifications de structures dont on prévoit mal la portée. D'une manière générale, les risques de dérapage proviennent de la difficulté à prévoir et à maîtriser tous les *effets induits* de ces politiques.

Régime douanier

a : *Customs regulations* – **d** : *Zollvorschriften* – **e** : *Régimen aduanero*

Réglementation applicable aux marchandises traversant la frontière d'un État.

Généralement, c'est la destination de la marchandise qui permet de déterminer son régime douanier.
Dans la grande majorité des cas, en l'absence de *prohibition, tous les produits qui vont être versés sur le marché intérieur sont soumis au régime de la mise à la consommation dès qu'ils ont pénétré dans le territoire. Ce régime se caractérise par l'obligation de remplir un certain nombre de formalités et d'acquitter les droits et taxes en vigueur. Le régime de l'exportation, qui n'impose que des formalités simplifiées et ne donne que rarement lieu à la perception de droits, s'applique à tous les biens quittant le territoire.

● Sans remettre en cause le protectionnisme, pour favoriser le développement des échanges, encourager les exportations et aider leurs ressortissants à bénéficier des gains qu'ils peuvent réaliser en participant à des opérations de commerce ou de transport international, les États ont été amenés à développer les *régimes douaniers économiques.* Le bénéfice peut en être demandé par le propriétaire des marchandises ; celles-ci sont alors placées sous le contrôle de la douane tant que n'ont pas été réalisées les conditions résolutoires dont l'existence caractérise l'ensemble de ces régimes.
Souvent appelés suspensifs, les régimes économiques permettent d'introduire des biens à l'intérieur du territoire en attendant que leur destination finale soit décidée (*entrepôt) ou qu'ils repartent vers l'extérieur (*transit) ; pour les marchandises originaires du territoire douanier et appelées à être exportées, ils offrent la possibilité de récupérer par anticipation les taxes dont le remboursement est prévu en cas de sortie définitive (entrepôt). Lorsque le passage à l'étranger n'est que provisoire, ils visent à faciliter la réimportation en franchise de droit (exportation temporaire, pour les matériels destinés à être exposés dans les foires industrielles et commerciales, par exemple). Enfin, certaines réglementations sont conçues pour faciliter la transformation de produits d'origine

étrangère qui, une fois travaillés, seront réexpédiés à l'extérieur (*admission temporaire, entrepôt industriel, zones franches fluviales et maritimes).

• La *diversité* des solutions nationales — seuls les régimes les plus importants ont été évoqués ci-dessus, mais il en existe un grand nombre d'autres conçus à des fins identiques — a suscité de nombreux efforts d'harmonisation au sein du *Conseil de coopération douanière* où plusieurs conventions ont été préparées, quelques-unes signées et des études menées pour mieux connaître les méthodes de chacun des États. L'*OCDE examine également certaines pratiques afin de lutter contre les risques d'aide indirecte à l'exportation qu'elles peuvent comporter. Mais c'est dans le cadre du *Marché commun que le rapprochement des législations nationales paraît avoir le plus de chance de se réaliser. Le caractère encore partiel des résultats acquis suffit à montrer combien les difficultés à surmonter restent grandes.

• Les *régimes particuliers,* qui, par exception, sont consentis à certains types d'opération ou à certaines fractions du territoire pour des raisons politiques ou historiques le plus souvent, ne créent pas en revanche de tels problèmes. Leur incidence économique est en effet bien moindre, et souvent des considérations pratiques interviennent qui suffisent à les justifier. Par dérogation au principe de l'égalité de traitement des marchandises quels que soient les destinataires ou les expéditeurs, des franchises sont accordées aux mouvements des produits couverts par les privilèges diplomatiques, aux importations de matériels à caractère scientifique et culturel destinés à l'enseignement, aux livraisons pour l'avitaillement des navires et aéronefs..., de même des dispositions particulières sont prises en faveur du tourisme et pour le contrôle des envois par poste. Enfin, certaines parties du territoire peuvent être assujetties à des régimes spéciaux, c'est le cas en France, par exemple, des zones franches du pays de Gex et de la Haute-Savoie héritées des traités de 1815, de la Corse ou des départements d'outre-mer.

Régime économique

a : *Economic regime* – **d** : *Wirtschaftsorganisation* – **e** : *Régimen económico*

---

*Caractéristiques institutionnelles fondant dans le cadre d'un *système économique les conditions d'organisation pratique du fonctionnement de l'économie.*

Ainsi, dans le système capitaliste, pourra-t-on distinguer le régime libéral, le régime dirigiste social-démocrate, le régime fasciste.

De même assista-t-on à une différenciation des régimes au sein du système « socialiste » : du régime soviétique se sont ainsi distingués le régime yougoslave, le régime hongrois, le régime chinois.

Registre du commerce

a : *Commercial Register/Register of Business Names* – **d** : *Handelsregister* – **e** : *Registro mercantil*

Système d'immatriculation, de publicité et d'information relatif aux entreprises.

Mis en place en France par la loi du 18 mars 1919, il comporte trois éléments principaux :

– les *registres locaux,* où s'inscrivent les assujettis, sont tenus au greffe de chaque tribunal de commerce (ou de chaque tribunal de grande instance statuant commercialement). Le registre local comprend : un registre d'arrivée où sont mentionnées, par ordre chronologique, les déclarations ; des dossiers individuels ouverts au nom de chaque commerçant ; un fichier alphabétique ;

– le *registre national,* qui est le double de tous les registres locaux, est tenu par l'Institut national de la propriété industrielle (INPI) ;

– le *Bulletin officiel des annonces commerciales* (BODAC) publie, sous forme d'avis, le résumé des pièces déposées aux registres locaux.

Doivent se faire immatriculer au registre du commerce les entreprises privées (commerçants et sociétés commerciales), les entreprises publiques et les *groupements d'intérêt économique. L'entreprise reçoit un matricule qu'elle doit rappeler dans tous ses documents d'affaires.

Le registre du commerce est publié, et les informations qu'il contient sont accessibles à tous.

Règlement judiciaire

a : *Composition proceedings* – **d** : *Vergleichsverfahren* – **e** : *Procedimiento de convenio*

---

*Procédure judiciaire visant à satisfaire les droits des créanciers sur le patrimoine d'une personne ou d'une entreprise en état de *cessation de paiements.*

Comme la *faillite, le règlement judiciaire constate l'échec d'un entrepreneur et le non-paiement de ses dettes. L'ensemble de ses dispositions a pour but de sauvegarder les intérêts des créanciers et de

résoudre la situation créée dans les meilleures conditions financières possibles pour ceux-ci et pour l'entreprise. A la différence de la nouvelle procédure de « faillite personnelle », le règlement judiciaire cherche à régler la situation de l'*entreprise* et non principalement à sanctionner la *personne.*
Lorsque la situation ne peut être dénouée que par l'aliénation du patrimoine du débiteur (personne physique ou morale), la procédure de **liquidation des biens* est employée pour désintéresser les créanciers.

Régime du règlement judiciaire et de la liquidation de biens

Le point de départ du règlement judiciaire est la *cessation de paiement.* Toute personne commerçante ou exerçant une activité économique qui cesse ses paiements doit en faire la déclaration dans les 15 jours. La procédure peut également être ouverte sur l'assignation d'un créancier ou sur saisine d'office du tribunal (tribunal de commerce si le débiteur est commerçant, tribunal d'instance dans les autres cas). Le tribunal prononce le règlement judiciaire s'il lui apparaît que le débiteur est en mesure de proposer un *concordat sérieux. Il prononce la liquidation de biens dans le cas contraire. A toute époque de la procédure, d'ailleurs, le tribunal peut convertir le règlement judiciaire en liquidation de biens s'il constate que le débiteur n'a pas ou n'a plus la possibilité de proposer un concordat sérieux.

• La cessation des paiements constatée, *le tribunal prononce le règlement judiciaire* du patrimoine du débiteur ou la *liquidation de biens* de ce dernier. Il désigne les personnes chargées de contrôler et de suivre les opérations.
Le contrôle des opérations est en effet assuré sur l'initiative et sous la surveillance du tribunal : un juge commissaire chargé de surveiller et d'accélérer les opérations est désigné par le tribunal. Celui-ci nomme également un, deux ou trois syndics du règlement judiciaire pris sur une liste dressée chaque année par la cour d'appel. Surveillés par le juge commissaire, ce sont des mandataires de justice rémunérés. Le juge commissaire peut éventuellement nommer un ou deux contrôleurs pris parmi les créanciers et chargés de l'assister, notamment dans la vérification de la comptabilité.

• Les procédures engagées ont un *caractère collectif.* Le principe est que les créanciers forment une « masse » qui est collectivement représentée par le syndic.
Les créanciers sont « dans la masse » lorsque leur titre de créance est antérieur au jugement déclaratif et bénéficient collectivement d'une *hypothèque inscrite au nom de la masse sur les immeubles du débiteur. Ils « produisent » leurs créances, qui servent au juge commissaire à dresser « l'état des créances », déposé au greffe et fixant le passif du règlement judiciaire.

La constitution de la masse a pour effet de suspendre les actions individuelles des créanciers dans la masse que la masse entreprend à titre collectif, mais n'empêche pas d'autres actions, notamment celles qui n'ont pas de conséquence sur le patrimoine du débiteur ou celles qui, en ayant une, émanent de créanciers *hors de la masse.*

• L'*administration provisoire des biens et des affaires du débiteur* peut être poursuivie lorsqu'elle est conforme aux intérêts des créanciers, ou que l'entreprise peut être redressée.

Le règlement judiciaire une fois prononcé, les biens et les affaires du débiteur vont être provisoirement gérés jusqu'à la solution définitive de la procédure : le régime est différent selon qu'il s'agit de règlement judiciaire ou de liquidation de biens.

– En cas de *règlement judiciaire,* le juge commissaire décide si le débiteur participera à la gestion des biens et à la poursuite du commerce, sous une sorte de tutelle du tribunal et du représentant de ses créanciers, le syndic. Dans ce cas, l'autorisation ne peut être donnée que pour des périodes de 3 mois éventuellement renouvelables. Le syndic rend compte, tous les 3 mois, des résultats de cette exploitation.

– En cas de *liquidation des biens,* la continuation de l'exploitation ou de l'activité ne peut être autorisée par le tribunal que pour les besoins de la liquidation et seulement si l'intérêt des créanciers (ou l'intérêt public) l'exige impérieusement. Elle prend fin normalement un an après le « prononcé » de la liquidation des biens.

• *Solutions de la procédure :* on appelle « solutions » de la procédure les arrangements définitifs auxquels elle aboutit. Ces solutions peuvent être différentes dans le règlement judiciaire et dans la liquidation de biens.

– Le *règlement judiciaire* peut s'achever de deux manières :

1) par le *concordat qui est une convention conclue entre le débiteur et ses créanciers ;

2) par sa conversion en liquidation des biens lorsque le concordat est résolu ou annulé (infractions caractérisées, apparition de vol ou fraudes). Le tribunal peut en outre prononcer la conversion dans un certain nombre de cas : impossibilité de concordat, banqueroute simple...

– La *liquidation des biens* une fois prononcée (ou la conversion du règlement judiciaire), les créanciers sont constitués en « état d'union ». La liquidation de l'actif du débiteur est alors réalisée par l'*union des créanciers* afin de se partager le produit de la vente des biens (l'union a pour effet de dessaisir le débiteur de ses biens).

Une assemblée des créanciers est réunie, qui se prononce sur la nomination du *syndic.* La liquidation des biens est assurée par le syndic qui vend les biens selon diverses modalités prescrites par la loi (le *fonds de commerce est généralement vendu aux enchères publiques). Les fonds recueillis de ces ventes sont versés par lui à la Caisse des dépôts et consignations, puis répartis, déductions faites des créances opposables

à la masse, à chacun des créanciers dans la masse. Lorsque les opérations sont terminées, l'union est dissoute et chacun des créanciers retrouve, le cas échéant, la possibilité de ses actions individuelles.
Lorsqu'il n'existe plus de *passif exigible ou lorsque le syndic dispose de moyens financiers suffisants pour satisfaire à l'ensemble des créances, le tribunal prononce la clôture de la procédure.
A noter que la liquidation des biens peut être arrêtée pour insuffisance d'*actif. Le tribunal prononce alors la clôture des opérations qui fait recouvrer à chaque créancier l'exercice individuel de ses droits.

Évolution économique

Les règlements judiciaires et liquidations de biens représentent, en France, près des deux tiers des *défaillances* d'entreprises telles qu'elles apparaissent à travers les statistiques (*voir* Faillite).

Régularisation (comptes de)

a : *Accruals and deferrals* – **d** : *Abgrenzungskonten* – **e** : *Cuentas de regularización*

---

*Comptes affectant à un exercice donné celles des dettes et des *créances d'une entreprise qui concernent cet exercice.*

Les *comptes de régularisation de passif* comprennent les « produits constatés d'avance » qui sont assimilés à une dette de l'entreprise vis-à-vis d'elle-même, d'un exercice à l'autre.
Les *comptes de régulation d'actif* comprennent les « charges constatées d'avance » qui sont assimilées à des créances de l'entreprise sur elle-même, et les « produits à percevoir » qui correspondent à des sommes à encaisser, mais qui n'ont pas encore les caractères juridiques d'une créance (ristourne à encaisser, intérêts courus sur prêts consentis, loyer à percevoir et dont le terme n'est pas encore échu).
Les gonflements anormaux des comptes de régularisation dans une entreprise doivent faire l'objet d'une analyse attentive. Ceux du passif peuvent en effet receler une dissimulation du bénéfice, ceux de l'actif la volonté de faire apparaître un bénéfice artificiel au titre de cet exercice.

Régularisation (d'un cours)

a : *Price support* – **d** : *Kurspflege* – **e** : *Regularización de una cotización*

---

*Bourse : Ensemble des actions tendant à limiter les variations du *cours d'un titre en bourse.*

Ces *actions de régularisation* peuvent être menées par un actionnaire ou par la banque qui assure le service financier d'une société cotée. Les organismes de placement institutionnels (Caisse des dépôts, compagnies d'assurances, *SICAV) jouent un rôle de régularisation en se portant acquéreurs des titres sous-cotés et vendeurs des titres dont les cours sont élevés (d'où le surnom de « gendarmes » qu'on donne à ces investisseurs institutionnels). Ces techniques de régularisation par action modulée sur l'offre et la demande sont aussi appliquées dans l'*open market.

Régularisation (d'un titre)

a : *Regularisation* – **d** : *Regularisation* – **e** : *Regularización*

---

*Ensemble des opérations requises pour le remplacement d'un *titre ancien par un titre nouveau.*

Lorsque après l'émission d'un *titre par une société (par exemple une action) il s'est écoulé une certaine période au cours de laquelle ce titre n'a pas été négocié, il peut arriver que diverses opérations de gestion de ce titre aient été omises. Pour le rendre à nouveau négociable, la société doit alors faire procéder à sa régularisation. Celle-ci tient compte des faits intervenus dans la vie de la société, entre le moment où le titre a été émis (ou a cessé d'être suivi) et le moment où il est présenté à un établissement financier dans le but de le rendre de nouveau négociable. L'établissement financier assurant le service financier de celle-ci procède alors aux opérations d'échange, de regroupement, de recouponnement (*voir* Coupon), de versement des *dividendes ou *intérêts non prescrits... nécessaires.

Rehaussement

Relèvement (d'une imposition, d'un taux...).

Voir Redressement fiscal.

Relance

a : *Boost* – **d** : *Ankurbelung* – **e** : *Relanzamiento*

Impulsion donnée à l'économie pour réanimer ou accélérer son expansion.

La relance est très généralement motivée par la dégradation de l'emploi suscitée par une *crise, une *récession ou un simple ralentissement, que

ce dernier soit subi, dans le cadre d'une fluctuation conjoncturelle, ou délibéré par l'effet d'une politique déflationniste.
La politique de relance s'inscrit dans la régulation conjoncturelle. Elle emprunte généralement la voie d'une stimulation de la demande portant principalement sur l'investissement ou (et) la consommation.
Ses moyens sont naturellement divers : allégement de la fiscalité pesant sur les ménages ou sur les entreprises, aménagement des conditions de crédit (à la consommation, à l'équipement), accroissement des dépenses publiques, au sens large (par exemple, subventions aux entreprises, prestations sociales, équipements collectifs...).
La politique de relance se matérialise le plus souvent par une série de mesures s'inscrivant dans un plan d'ensemble.
L'action de relance pose des problèmes propres à toute politique économique (disposition d'*indicateurs assez précoces pour permettre la définition et la mise en œuvre dans les délais convenables des mesures adéquates, réalisation des conditions techniques et politiques d'une intervention rapide...), mais soulève aussi des difficultés spécifiques : elle doit être à la fois substantielle pour provoquer la *reprise, et prudente pour éviter la résurgence de tensions (inflationnistes notamment).

Voir Expansion, Reprise.

Relations publiques

Voir Publicité.

Rembours

a : *Drawback* – **d** : *Rückerstattung* – **e** : *Reembolso*

Remboursement à un exportateur des taxes ou droits précédemment payés par lui sur une marchandise nationale qu'il exporte ou sur une marchandise étrangère qu'il réexporte.

Moyen d'encouragement à l'exportation, le rembours s'analyse comme une « remise » de droits ou taxes à l'exportateur pour permettre à la marchandise d'aborder le marché étranger dans de meilleures conditions de prix.
Le rembours peut concerner deux sortes de redevances :

Les droits de douane : Une marchandise ayant été importée a acquitté des droits. Le gouvernement qui veut encourager sa réexportation peut consentir à rembourser les droits à l'exportateur qui l'a incorporée dans un produit. Il a alors un effet comparable à celui de l'*admission temporaire.

Des taxes intérieures : Certains pays ont utilisé le rembours pour mettre le produit national exporté dans les mêmes conditions de prix qu'un produit analogue provenant de pays à taxation inférieure ou nulle. C'est alors une sorte de remise fiscale compensatrice.
Le rembours a servi (et sert encore, sous diverses dénominations) à dissimuler des primes à l'exportation. Si théoriquement, en effet, il doit se limiter au remboursement des droits antérieurement perçus sur des marchandises importées, il est parfois difficile de déceler la quantité précise de marchandise incorporée dans un produit réexporté. Sous son aspect fiscal, l'établissement des « tables de rembours » tient souvent compte du prix à atteindre pour exporter plus que de l'égalisation internationale des taxations.
Si, en principe, le rembours se différencie de la prime en ce qu'il n'a pas pour effet d'abaisser le prix d'exportation au-dessous du prix de revient du produit, il a servi en fait d'instrument aux luttes commerciales internationales et a été condamné par le *GATT. Aussi son nom n'est-il plus prononcé, avec celui de *dumping, que par ceux qui s'en estiment victimes.

Remboursement de la dette sociale (RDS)

a : *Drawback of the social debt* – **d** : *Rückerstattung der sozialen Schuld* – **e** : *Reembolso de la deuda social*

Taxe sociale instituée en 1996, en France, frappant les revenus.

Cette cotisation a été créée pour apurer les comptes de la Sécurité sociale. Elle sera appliquée en principe jusqu'en 2009. Son taux a été fixé à 0,5 %. Elle frappe tous les revenus, à l'exception des intérêts des livrets d'épargne populaire et les indemnités reçues en réparation d'un préjudice.

Réméré

a : *Repurchase agreement* – **d** : *Pensionsgeschäft (Börse)* – **e** : *Pensión (bolsa)*

Du latin emere, *acheter. Opération de placement de trésorerie à court terme gagée par des titres.*

Le placement à réméré s'analyse comme une opération en deux temps. L'agent disposant d'une trésorerie excédentaire acquiert tout d'abord des titres auprès d'un tiers. A l'échéance du réméré, les deux

intervenants procèdent à l'opération inverse (rachat des titres par la *contrepartie).
Le réméré constitue une technique de placement sans risque puisque le capital est gagé par des titres. De plus, la contrepartie au réméré s'engage par contrat à les racheter à une échéance déterminée, et à un prix calculé de façon à assurer une rémunération elle aussi convenue à l'avance. L'agent prêteur de liquidités doit bien entendu s'assurer de la qualité des titres remis en gage (obligations de première catégorie) et de celle de la contrepartie signataire du contrat (respect de l'engagement de rachat) qui est en général une banque ou une compagnie d'assurances.
Cette technique est très largement utilisée par les SICAV monétaires (encore appelées « SICAV de réméré ») pour le placement de leurs avoirs.

Remise

Voir Compte courant, Escompte.

Remisier

a : *Trustee* – **d** : *Treuhänder* – **e** : *Trustee/Fiador*

Gestionnaire de titres ou de portefeuilles de bourse pour le compte de leurs propriétaires.

Le remisier décharge son client des tâches matérielles de gestion de ces titres et agit à cet égard comme simple mandataire de celui-ci en transmettant ses ordres à la société de bourse chargée de les exécuter. Généralement, il joue également le rôle de conseiller de son client en raison de sa bonne connaissance du marché et peut être autorisé à modifier de lui-même la composition du portefeuille.
Il est rémunéré par une *remise* (d'où son nom) consentie par les sociétés de bourse sur les tarifs officiels de courtages et fixée par la Société des bourses françaises de ces derniers (cette remise est généralement de l'ordre de 30 %).
Les remisiers sont eux-mêmes groupés en chambre syndicale dont seuls les membres sont reconnus par la Société des bourses françaises. La profession de remisier est fermée à qui est frappé de l'interdiction d'exercer la profession de banquier ; aux *sociétés par actions et aux SARL ; aux *faillis non réhabilités ; aux entreprises et personnes de

nationalité étrangère non bénéficiaires de conventions diplomatiques (sauf dérogations). Les remisiers prennent à la bourse de New York le nom de « customer's men » et à la bourse de Londres celui de « half commission men ».
Les *banquiers* peuvent être considérés comme des remisiers (banquiers remisiers) pour les activités de portefeuille qu'ils assurent au profit de leurs clients. Certains réalisent une véritable gestion de ces portefeuilles, mais les grandes banques limitent dans ce domaine leurs services à l'information de leurs clients, à l'exécution de leurs ordres et des opérations matérielles de gestion des titres (encaissement de *coupons, échange, remboursement de *titres, etc.).

Remploi

Utilisation donnée aux ressources disponibles d'un particulier, d'une entreprise non financière ou d'une institution financière.

Le terme est utilisé au lieu d'emploi lorsqu'il s'agit d'une nouvelle affectation ou pour marquer qu'il s'agit d'un courant continu d'opérations d'emploi.

• Les problèmes de remploi se posent dans *toute gestion de *patrimoine,* notamment à la suite de la réalisation d'éléments d'actif immobilisé dont le produit doit être « réemployé » en d'autres éléments d'actif. Des règles de remploi peuvent être déterminées par le législateur :

– soit pour assurer la protection des incapables ou celle des tiers : des règles déterminent les remplois possibles des biens des mineurs, des femmes mariées, des associations de la loi de 1901, de certaines sociétés (sociétés d'investissement), en vue d'assurer la sécurité du patrimoine dont la gestion est confiée à un tiers. Permettre le remploi en telle sorte de biens ou de valeurs est pour le législateur un moyen d'en élargir le marché ;

– soit pour l'octroi d'un régime fiscal plus avantageux : ainsi les *plus-values de cession réalisées par les entreprises peuvent être exclues du bénéfice fiscal ou soumises à un régime de taxation plus avantageux si certaines conditions de remploi sont observées (délai de remploi, nature des actifs dans lesquels ces remplois peuvent être réalisés).

• Dans le cadre de l'*activité bancaire* où les ressources mises en œuvre proviennent pour l'essentiel des emprunts et des dépôts, le remploi tend à se confondre avec l'emploi : les remplois sont la contrepartie des ressources et sont représentés par les diverses catégories de postes figurant à l'actif. Le terme employé marque le rôle propre aux banques qui donnent aux dépôts un emploi différent de celui que peuvent accepter leurs détenteurs : elles transforment les liquidités et semi-liquidités du public en engagements à court, moyen ou même long terme.

Des remplois normaux constitués des crédits consentis à la clientèle, on distingue cependant les remplois de trésorerie, de moindre ampleur et de plus courte durée, qui sont recherchés pour éviter l'improductivité d'une part des ressources momentanément disponibles ; c'est sur le marché monétaire au sens étroit que les remplois de trésorerie sont réalisés par voie d'achats de titres négociables, d'avances ou de prises en pension pour de courtes durées.
Les remplois des banques sont déterminés par les soucis de sécurité, de liquidité et de rentabilité.
Le contrôle des banques et de la distribution du *crédit comporte application de règles de remploi obligatoire : stérilisation sous forme de dépôt sans intérêt (système des réserves) ; coefficient de *trésorerie ; plancher de bons du Trésor ; placement en valeurs d'État ; coefficient de *liquidité.

Rendement

a : *Economic efficiency/Operational efficiency* – **d** : *Wirtschaftlichkeit* – **e** : *Rentabilidad*

Rapport entre un élément concourant à la production et le volume ou la valeur de la production correspondante.

Le rendement exprime la capacité d'une unité de facteur de production à contribuer à la production d'ensemble. Exemples : un moteur électrique a un rendement de 95 % lorsqu'il produit, à partir de 100 d'énergie électrique, 95 d'énergie motrice ; un hectare de terre à blé duquel on tire 40 quintaux qualifie le rendement de la terre : 40 quintaux à l'hectare. Le terme a été, au cours du XIXe siècle, étendu à l'appréciation des résultats du travail humain (rendement d'un mineur de fond, rendement par tête d'ouvrier dans un atelier...).

• Pour exprimer ces rapports d'ordre économique, on préfère aujourd'hui le terme de **productivité*, plus conforme à la réalité moderne puisqu'il remplace la notion de restitution (l'appareil, la terre « rendent » ce qu'on leur a donné) par celle de production et de création.

• Le terme de rendement est cependant resté attaché aux lois dites des *rendements croissants* ou *décroissants* exprimées pour la première fois au XIXe siècle.

– Selon la *loi des rendements croissants,* une entreprise, qui a des *coûts fixes et des coûts variables, peut être en position d'augmenter sa production au prix d'un accroissement des seconds sans évolution des premiers, au moins à un certain stade. Le coût moyen de chaque objet produit diminue alors. Elle est dite dans la zone des rendements croissants. Elle en sort lorsque, à partir d'un certain niveau de production, elle est contrainte d'augmenter l'ensemble de ses frais.

– La *loi des rendements décroissants* joue pour toutes les exploitations de produits naturels (activités extractives et agricoles, secteur primaire). Dans une mine comme dans une terre, les premières exploitations sont installées aux endroits reconnus les mieux situés et les plus productifs (accès aisé, bonne desserte, richesse de la terre ou du filon, etc.). Sous la double réserve que la production ne soit pas améliorée par des innovations technologiques, ni la connaissance par de nouvelles découvertes, le rendement est normalement décroissant au fur et à mesure de l'exploitation.

• *Dans le domaine financier,* la notion de rendement fait place à celle de productivité du capital, ou de *rente et de *rentabilité. Les unes et les autres mesurent la proportion entre les produits financiers d'un capital, d'un *investissement ou d'un *placement (ce peut être simplement l'*intérêt) avec leur montant originel.

• Au sein de la notion générale de rentabilité (aux niveaux de l'entreprise, du secteur, ou de l'économie), le terme de *rendement économique du capital productif* est réservé au rapport entre le **profit annuel brut et le capital fixe ou immobilisé.* Cette notion est généralement le mieux approchée par la relation qu'on peut établir entre l'*excédent brut d'exploitation et les *immobilisations brutes $\left(\frac{\text{EBE}}{\text{IB}}\right)$. On peut affiner la signification de ce rapport en prenant en compte les différentes durées de vie des immobilisations (dont la charge et la valeur varient à due concurrence), en ajoutant aux immobilisations (capital fixe) les avances de consommation intermédiaire et de salaires consenties pour l'exploitation (*capital circulant) et en intégrant les vitesses de *rotation de ces diverses composantes. Cette méthode permet naturellement d'épouser plus fidèlement la structure de chaque entreprise (notamment les industries « légères » et les services), mais ne peut être systématisée à cause des difficultés d'identification comptable qu'elle comporte. On notera en fait que, plus on intègre d'éléments financiers dans la méthode d'appréciation, plus on se rapproche de la notion de *rentabilité globale de l'entreprise.

L'étude du *rendement économique des immobilisations brutes* et de son évolution en France a montré notamment que :

– ce rendement économique est très variable selon les secteurs d'activité : 7 à 8 % pour les transports, les télécommunications ou l'énergie, contre 18 à 20 % pour le bâtiment-travaux publics, ou les commerces. Il décroît faiblement avec la taille des entreprises, mais plus sensiblement dans les très grandes unités ;

– dans le temps, le taux de rendement économique, dans les entreprises françaises, est passé par un maximun en 1969 et tend à se stabiliser ou à décroître depuis. Ce phénomène, combiné avec la baisse — aussi constatée — de la *productivité du capital, est compensé par l'accroissement relatif de la rémunération du capital, de telle sorte que la *rentabilité (résultante) est à peu près stabilisée.

Renouvelable (crédit)

a : *Revolving credit* – **d** : *Revolvierender Kredit* – **e** : *Crédito renovable*

Crédit accordé à un client pour un montant déterminé et renouvelé à mesure des remboursements par celui-ci.

Ce type de crédit s'est surtout développé dans le domaine du crédit à la *consommation des ménages, aux États-Unis, puis en Europe. Plus souple que le crédit d'équipement ménager traditionnel, il permet au bénéficiaire d'avoir à sa disposition un certain volume de crédit constant, qui l'encourage à anticiper sur une partie de ses revenus.
Les *cartes de crédit comportent, en fait, une part de crédit renouvelable dans la mesure où leurs détenteurs, en réglant leurs achats sur relevé fin de mois, disposent d'un volant de crédit, éventuellement complété par une autorisation de *découvert.
Certains crédits de préfinancement à l'exportation, qui ont pour objet de financer les besoins courants d'entreprises exportatrices, sont également dits *revolving* ou renouvelables.

Rentabilité

a : *Profitability* – **d** : *Rentabilität* – **e** : *Rentabilidad*

Capacité d'un capital placé ou investi de produire un revenu, exprimée en termes financiers.

La comparaison entre le capital et son revenu relève de la même notion générale que celles de *rendement ou de *productivité, qui confrontent également un résultat — ici le revenu — avec le moyen mis en œuvre pour l'obtenir — ici le capital.
Au sens strict, cependant, la rentabilité comporte trois caractéristiques spécifiques.

– C'est une *capacité,* un potentiel de rendement. A ce titre, la notion de rentabilité est surtout utilisée comme critère au moment d'une décision **ex ante,* engageant un capital.

– La notion est *essentiellement financière.* L'optique de la rentabilité correspond à la perspective d'un revenu exprimé en monnaie, non à celle de la production d'une *utilité économique (*voir* Optimum, Rationalisation des choix budgétaires).
Dans cette mesure, on appelle généralement *rentable* un investissement dont on escompte un rendement au moins égal au taux d'*intérêt.

– Littéralement, le résultat escompté comporte normalement une partie de **rente économique,* c'est-à-dire un « sur-revenu » lié au moins partiellement à un défaut d'élasticité de l'environnement. Ce défaut d'*élasticité est, par hypothèse, de nature à conférer une prime au capital. C'est pourquoi la notion de rentabilité, très employée et très répandue, s'applique aussi bien à l'optique du *placement qu'à celle de l'*investissement.

La rentabilité dans l'entreprise

La rentabilité des capitaux investis est une des références très importantes qui déterminent le comportement des entreprises et un des critères essentiels d'action des institutions financières.

• L'identification et l'évaluation de la rentabilité (d'une entreprise, d'un secteur de l'économie) relèvent en fait de divers indicateurs, de signification et de portée différentes selon les notions de *capital* et de *résultats* financiers qu'ils retiennent. Au nombre de ceux-ci figurent, principalement :

– le taux de **productivité du capital,* qui est le rapport entre la valeur ajoutée de l'entreprise et son capital fixe, et qui est étroitement fonction de la modernisation de son parc d'équipement ;

– le taux de **rendement économique du capital fixe* (ou immobilisations) mesuré par le rapport entre l'excédent brut d'exploitation et les immobilisations brutes.

• Mais la *rentabilité globale de l'entreprise,* approchée par ces divers indicateurs, ne se réduit pas à ceux-ci. Si on l'exprime par le rapport général $\frac{\text{profit}}{\text{capital}}$, elle résulte, en fait, de la combinaison :

$$\frac{\text{profit}}{\text{valeur ajoutée}} \times \frac{\text{valeur ajoutée}}{\text{capital}}.$$

En d'autres termes, on voit que la première composante est fonction de la politique suivie en ce qui concerne le partage de la valeur ajoutée entre la rémunération du travail (salaires) et celle du capital (profits) ; la seconde est fonction du caractère plus ou moins « capitalistique » de l'entreprise ou du secteur étudié (part plus ou moins prépondérante du capital dans la structure).

• Le contenu et l'évolution des termes **profit et capital* complètent le sens de la notion de rentabilité :

– les entreprises peuvent chercher à améliorer leur taux de *profit* (au numérateur) en agissant sur les facteurs qui le déterminent, et notamment : accroissement de la part du profit dans la valeur ajoutée (compression de frais de personnel, amélioration de la productivité du travail) ; amélioration de la productivité apparente du capital (modernisation de l'équipement...) ; amélioration des prix relatifs de la valeur ajoutée par rapport au capital (hausse des prix de vente de l'entreprise...) ;

– quant au capital (dénominateur), il peut être, par convention, constitué soit par les immobilisations brutes (capital fixe), soit par les fonds propres engagés par les actionnaires (voir ci-après), soit par l'ensemble des capitaux avancés et concourant à la production (équipements productifs + consommations intermédiaires + salaires). La vitesse de rotation des premiers (*voir* Amortissement) et le cycle d'exploitation des deux autres éléments ont des conséquences sur l'évolution de la rentabilité.

• *Dans l'analyse financière et bancaire,* on retient généralement le rapport entre les bénéfices nets et les **capitaux propres,* engagés par les actionnaires, pour apprécier la rentabilité de l'entreprise. On note d'ailleurs dans ce cas qu'un accroissement de la rentabilité des capitaux propres ou « rentabilité différentielle » peut être dû à la part, dans l'entreprise, des *capitaux empruntés* (*voir* Capitaux tournants), cette part de capital étant normalement rémunérée à un taux (le taux d'intérêt) inférieur à la rentabilité moyenne des capitaux engagés dans l'entreprise, la rentabilité globale s'en trouve améliorée. Ce phénomène est dénommé « effet de *levier ».

• *Évolution de la rentabilité des entreprises :* L'évolution des taux de rentabilité des entreprises en France, depuis une vingtaine d'années, permet de mieux comprendre l'interaction de chaque composante sur les résultats généraux.

Entre 1965 et 1969, les entreprises ont accru considérablement leur rentabilité grâce à une hausse des prix de vente plus rapide que celle du prix du capital. La baisse relative de la productivité du capital était, par ailleurs, compensée par un déplacement du partage salaires-profit, favorable au profit. D'où un point de rentabilité maximale en 1969.

Après 1969, le maintien du partage salaires-profit favorable au profit est plus difficile (rapports salariés-employeurs) ; l'augmentation des prix des biens d'équipement limite par ailleurs la récupération nette par les prix de vente, et la productivité du capital continue de baisser. Mais la rentabilité financière, après une légère décroissance, se stabilise puis s'améliore lentement, à nouveau, sous l'effet de plusieurs facteurs : rééquilibre progressif du partage salaires-profit, accélération de la rotation du capital sous l'effet d'une demande élevée, « effet de levier » dû à un accroissement de l'endettement lié à une activité soutenue.

Toute appréciation de la rentabilité d'une entreprise, d'un secteur, ou de l'économie productive doit, on le voit, être attentive à l'évolution d'ensemble du contexte économique et social, dont elle est finalement une des composantes.

Voir Rendement, Productivité, Profit.

Rentabilité (seuil de)

Voir Point mort.

Rente

a : *Economic rent* – **d** : *Rente* – **e** : *Renta*

Sur-revenu d'un facteur de production.

Cette définition qui rend compte, dans une certaine mesure, de l'extension maximale du terme doit être replacée dans le contexte d'une évolution assez profonde, dans l'analyse de la notion de rente, liée à la succession des théories économiques.

• Le terme a été appliqué en France dans le langage économique du XVIIIe siècle sous l'influence britannique, comme synonyme de *fermage, puis de façon plus restrictive, comme le terme anglais *rent,* pour désigner le profit tiré d'un fonds de terre, au-delà du remboursement des frais de culture et de l'intérêt du capital.

Une théorie de la *rente foncière,* introduite par A. Smith puis développée par Malthus et Ricardo, a dégagé progressivement l'idée d'une surrémunération : compte tenu de l'inégale fertilité des terres et de l'incidence de la loi des *rendements décroissants, une augmentation de la demande entraîne un alignement des prix sur le coût de production des terres les moins rentables, générateur d'un profit supplémentaire pour les fonds les plus fertiles.

• Le raisonnement appliqué à la rente du sol a été peu à peu *généralisé à l'ensemble des facteurs de production.* La rente apparaît alors comme un surplus lié au caractère imparfaitement *élastique (ou inélastique) de l'*offre par rapport au *prix.

Cette inélasticité peut être structurelle si elle tient à la rareté objective ou au caractère faiblement reproductible du facteur qui fait ou non l'objet d'une rémunération (terre, capital technique, travail même s'il s'agit, par exemple, d'une qualification particulière).

Elle peut être aussi d'ordre conjoncturel si elle a un caractère momentané, en cas de désajustement temporaire entre l'offre et la demande. Dans ce cas, on parle d'ailleurs plutôt de quasi-rente et le terme sera employé pour désigner les surplus liés à une position avantageuse pour le vendeur ou pour l'acheteur sur un marché quelconque de biens ou de services (*voir* Concurrence). On emploie également le terme de quasi-rente pour désigner les surplus liés à une situation de rareté artificielle organisée par un *monopole ou par une *entente oligopolistique.

On notera enfin qu'il n'est pas toujours besoin d'entente expresse pour favoriser l'apparition de rentes, si le fonctionnement défectueux des règles de concurrence, compte tenu de l'inertie des acheteurs, permet aux producteurs et aux vendeurs, dans un secteur caractérisé par l'hétérogénéité des niveaux de productivité, d'aligner leurs prix sur ceux d'entre eux qui sont dans une position marginale. Ce comportement joue un rôle fondamental dans les phénomènes d'inflation observés dans les économies de marché.

Sens particuliers :

– *Revenu tiré d'un capital aliéné.* On parlera ainsi de rente viagère pour un revenu qui est versé jusqu'au décès de la personne qui a cédé son capital. Le terme de rente sur l'État désignera les revenus tirés d'un capital aliéné au profit du Trésor (rente viagère) ou simplement prêté à l'État (rente amortissable pour les emprunts obligataires faisant l'objet d'un remboursement par fractions annuelles avec tirage au sort des titres considérés). Une troisième catégorie de rentes sur l'État, intermédiaire, est constituée par les rentes perpétuelles où le prêteur peut céder son titre mais non en exiger le remboursement, auquel l'État peut procéder, s'il le juge opportun.

– *Revenus tirés de *placements,* en général.

Répartition (assurance)

a : *Pay-as-you-go basis (insurance)* – **d :** *Umlageverfahren* – **e :** *Reparto (seguro)*

---

*Technique utilisée dans les opérations d'assurance, où la masse des *primes ou des *cotisations recueillies au cours de la période est utilisée au règlement des sinistres survenus pendant cette période.*

Cette technique est utilisée dans les opérations d'assurance à court terme, mais aussi dans les opérations faisant intervenir des engagements à long terme, et notamment dans les régimes de retraite.

Le montant des retraites servies est directement relié au montant des cotisations payées par les personnes actives. Le montant des cotisations versées par le retraité (ou par l'employeur pour son compte) n'intervient que dans le décompte de la quotité des droits acquis (le nombre de « points de retraite »).

Pour un bénéficiaire quelconque, le « rendement » du régime, c'est-à-dire le rapport entre les cotisations versées et les prestations servies, est fonction de trois éléments : la mortalité, comme en *capitalisation (les bénéficiaires étant toujours moins nombreux que les cotisants), l'évolution du taux moyen des salaires (les cotisations des actifs étant liées au niveau des salaires), l'évolution démographique du groupe dont il fait partie (il bénéficie de l'expansion du groupe et souffre de sa contraction).

Du point de vue strict des équilibres financiers, le *débat capitalisation-répartition* se ramène, toutes choses étant égales d'ailleurs, à la comparaison des avantages tirés de la capitalisation de l'argent, d'une part, et de ceux tirés de l'évolution des salaires et de la population active, d'autre part. En particulier, dans le cas théorique d'un groupe stable bénéficiant de revenus stables en valeur nominale, la répartition a le même rendement que la capitalisation au taux d'intérêt zéro.

En fait, le débat ne se situe pas sur ce plan théorique. La répartition réalise une solidarité des générations qui se manifeste de deux façons : elle permet seule l'attribution de « droits gratuits », c'est-à-dire de retraites aux personnes n'ayant jamais cotisé parce qu'elles sont arrivées à l'âge de la retraite avant la création du régime. Elle associe d'autre part le sort des générations retraitées à celui des générations actives. Inutilisable dans le cas des opérations individuelles, puisqu'elle suppose l'existence d'un groupe, la répartition n'est pas avantageuse dans le cas des groupes en contraction (professions en voie de disparition), et elle est dangereuse dans le cas des groupes instables, c'est-à-dire de ceux dans lesquels l'affiliation des actifs n'est pas légalement ou contractuellement obligatoire. Mais elle *doit être utilisée avec prudence* même dans le cas des groupes en expansion où l'affiliation est obligatoire. Les régimes constitués au bénéfice de ces groupes connaissent toujours une période de démarrage extrêmement favorable due au fait que le recrutement est rapide et les charges réduites parce que tous les retraités ne se sont pas fait connaître et que l'attribution des droits gratuits est limitée. Le « rendement » du régime, d'abord brillant, est destiné à se dégrader.

Les phénomènes démographiques, réels ou apparents, ont donc une importance fondamentale. Ceci explique la tendance irréversible à la compensation qui accompagne l'emploi de cette technique.

En France, presque tous les régimes de retraite qui se sont créés après la guerre l'ont adoptée. Elle est toujours utilisée par les régimes où l'affiliation résulte d'une convention collective ou du contrat de travail et notamment les régimes des salariés (UNIRS) et des cadres (AGIRC). Au contraire, l'ordonnance du 7 janvier 1959 et ses textes d'application ont prévu, dans tous les régimes dans lesquels l'affiliation est facultative et pour prévenir les effets de l'instabilité des groupes ainsi constitués, un emploi concurrent des techniques de la répartition et de la capitalisation.

Répartition (comptabilité nationale)

a : *Distribution (social accounting, R.-U.) (national accounting, É.-U.)* – **d** : *Verteilung (volkswirtschaftliche Gesamtrechnung)* – **e** : *Distribución (contabilidad nacional)*

---

*Opérations concourant à la formation des *revenus.*

On distingue :

– les opérations de *répartition primaire,* liées à l'activité productrice : salaires et cotisations sociales, impôts indirects... ;

– les opérations de *répartition secondaire,* liées aux mécanismes de *redistribution des revenus primaires entre les agents économiques : par exemple, impôts directs, dividendes, subventions, prestations sociales... Les opérations de répartition correspondent à la distribution des droits au partage de la *valeur ajoutée.

Répartition (impôt de)

a : *Pay-as-you-go basis (tax)* – **d** : *Umlageverfahren (Steuer)* – **e** : *Impuesto de reparto*

Impôt dont le produit total est fixé à l'avance par l'autorité qui lève l'impôt, puis réparti entre les assujettis proportionnellement aux bases d'imposition.

La technique de la répartition permet de garantir le montant de la recette attendue quand l'administration connaît mal la valeur des bases d'imposition. C'est pourquoi elle était très utilisée sous l'Ancien Régime.
Ce procédé d'imposition aboutissait à des résultats injustes, car la répartition du produit à fournir entre circonscriptions d'abord, entre contribuables ensuite, procédait d'un arbitraire inévitable et ne reposait que sur des critères très grossiers.
Dans les systèmes fiscaux modernes, les impôts de répartition ont presque totalement disparu au profit des impôts de *quotité.
Pourtant, les *anciennes contributions françaises, perçues au profit des collectivités locales, sont calculées encore par répartition entre les contribuables du montant des recettes fiscales voté par le conseil municipal et le conseil général pour équilibrer les budgets locaux. Le produit attendu est divisé par la somme des bases d'imposition de chaque circonscription. D'où un coefficient, le « centime le franc », pour chaque commune et pour le département.
La cotisation de chaque contribuable est obtenue en multipliant par ce coefficient le total de ses *bases d'imposition au titre des diverses contributions.
La réforme des anciennes contributions transformées en taxes locales n'a pas rompu avec le principe de répartition.

Répercussion

a : *Repercussion* – **d** : *Sekundärwirkung* – **e** : *Repercusión*

Transmission d'un effet économique dans un autre secteur de la vie économique, sur une autre personne, à un autre niveau, dans un autre marché, dans une autre économie.

Ce terme est employé dès qu'il s'agit de définir les conséquences indirectes ou secondaires d'un événement ou d'une décision et d'autant plus souvent que l'interdépendance des économies et des marchés s'accroît. La théorie économique analyse les phénomènes de répercussion.
Le terme est plus précisément utilisé pour caractériser la possibilité de transmettre à autrui, à travers les prix, les salaires ou les taux d'intérêt, l'augmentation ou la diminution des charges subies par une personne ou une entreprise, et notamment celles des charges fiscales.

Répercussion sur les prix de vente des variations des éléments du prix de revient :

• *En régime de liberté,* les entreprises sont tentées d'obtenir cette répercussion, mais cette dernière est limitée par les conditions du marché et la courbe de la demande ; la répercussion sera d'autant plus aisée que la demande sera moins élastique, la conjoncture plus favorable.

• *En régime de contrôle des *prix,* cette répercussion doit être interdite ou limitée ; pour prévenir et arrêter l'*inflation, on utilisera la pression de la demande sur l'offre pour obtenir que le refus des hausses vienne des acheteurs qui se voient interdire la possibilité de répercuter sur leur propre prix de vente les majorations de leur prix de revient (ainsi les entreprises ne sont plus aussi disposées à accorder les hausses de salaires) ; mais les hausses non répercutées viennent amputer les marges et limiter les possibilités d'*autofinancement.
Les facteurs de hausse peuvent être répercutés sur les prix de vente en pourcentage (avec hausse des marges) ou en valeur absolue ; dans ce dernier cas, le contrôle des prix peut se limiter au blocage des marges notamment au niveau de la distribution.

• *Dans les marchés publics,* les formules d'actualisation et de révision des prix organisent la répercussion des éléments de hausse de prix de revient par emploi de formules d'indexation ; par la présence d'une « partie fixe » dans ces formules, par des seuils en deçà desquels la hausse n'est pas prise en considération, on s'efforce de limiter plus ou moins la répercussion.
Les conditions des *crédits bancaires* sont définies de manière à assurer la répercussion des modifications dans le taux des ressources principales utilisées au *refinancement : elles sont calculées en points ajoutés au taux d'escompte de la Banque de France. Pour limiter la répercussion des variations du taux d'escompte sur le coût du crédit, celui-ci s'ordonne maintenant à partir d'un taux de base dont les variations ne reproduisent que partiellement celles du taux de l'escompte.

Répercussion de l'impôt : C'est la mesure dans laquelle il est possible au *redevable légal d'un impôt d'en transférer la charge à un tiers à travers les prix, les salaires ou les taux d'intérêt. La répercussion peut se propager d'un stade à l'autre d'un circuit d'échanges jusqu'à celui qui en supportera finalement l'incidence, le consommateur dans le cas le plus fréquent. Il y a diffusion de l'impôt lorsque le contribuable légal ou les parties suivantes en gardent à leur charge une fraction.

La distinction traditionnelle entre *impôts directs* et *impôts indirects* correspond à l'intention du législateur d'en voir ou non répercuter la charge ; celle des impôts directs, souvent personnalisés, doit être conservée par le redevable, celle des impôts indirects, perçus à l'occasion des transactions sur les vendeurs ou à l'importation, doit être répercutée sur les consommateurs à travers les diverses phases du cycle de production et de commercialisation.

En fait, la répercussion échappe à la volonté du législateur car, autorisée ou non prévue, elle sera obtenue ou non selon que l'état du marché et la conjoncture la permettront ou lui feront obstacle. Si la demande est très élastique, les entreprises sont obligées de conserver au moins une partie de la hausse pour éviter une baisse des quantités qui amputerait plus fortement le bénéfice ; il en est de même en période de *dépression générale. La répercussion des impôts mis à la charge des salariés dépend des rapports de force sur le marché du travail. Celle de l'impôt sur les plus-values de cession des terrains à bâtir institué en 1964 dépend de l'état de la demande et donc du marché du logement.

La répercussion est aussi fonction des *caractères techniques de l'impôt ;* c'est pour les impôts à taux proportionnel qu'elle est la plus facile à calculer ; elle est plus malaisée pour les impôts à taux progressif ou personnalisés, et nécessairement très incertaine pour les impôts forfaitaires. Les impôts perçus en relation directe avec une opération de production ou de vente, qu'il s'agisse de droits spécifiques ou de droits *ad valorem,* sont d'autre part aisément répercutables car la charge à transférer peut être facilement calculée lors de cette opération. La répercussion des baisses d'impôt est plus incertaine encore car sa réalisation dépend des réactions des acheteurs, c'est-à-dire au dernier stade des consommateurs dont le comportement est moins rationnel que celui des producteurs.

Report (bourse)

Voir Bourse.

Report (budget)

Voir Budget, Crédits budgétaires.

Report à nouveau

a : *Balance carried forward* – **d** : *Vortrag auf neue Rechnung* – **e** : *Transporte a cuenta nueva*

Excédent de résultats non affectés (positifs ou négatifs) d'un exercice et maintenus provisoirement tels par l'entreprise par transport en l'état dans les comptes de l'exercice suivant.

Le report à nouveau constitue un terme d'ajustement des résultats de l'entreprise tels qu'ils apparaissent au *bilan, en prenant en compte leur part non affectée à ses postes, et un moyen de faire communiquer d'un bilan à un autre cette part maintenue en l'état dans l'attente d'une solution jugée meilleure se traduisant par une affectation. L'utilisation du « report à nouveau » présente des caractères différents selon qu'il est bénéficiaire ou déficitaire.

Report à nouveau bénéficiaire : Après affectation, au terme d'un exercice bénéficiaire, des bénéfices aux *actionnaires, associés ou porteurs de *parts bénéficiaires, administrateurs, à la *réserve légale ou aux autres réserves ainsi qu'à l'intéressement des salariés de l'entreprise, il peut subsister un reliquat de bénéfice sans affectation. Ce bénéfice est provisoirement conservé par l'entreprise et *reporté* sur l'exercice suivant d'où son nom de report à nouveau. Ce report peut être utilisé ultérieurement en tout ou partie au profit des diverses parties prenantes, il peut être épongé par une perte ultérieure, il peut également être successivement reporté au cours de plusieurs exercices.
La comptabilisation du report à nouveau est représentée comme suit :

Report à nouveau des exercices antérieurs	*ra*
Résultat de l'exercice	*re*
	R

Affectation de R :

Tantièmes	*t*
Dividendes et superdividendes	*d*
Bénéfices distribués aux porteurs de parts	*p*
Réserves	*r*
Utilisation du report à nouveau	U

Report à nouveau pour l'exercice suivant : R – U.

Report à nouveau déficitaire : Lorsque l'exercice dégage une insuffisance de bénéfice, il est clair que l'entreprise ne peut procéder à distribution. Compte tenu du caractère « reportable » de ces résultats, plusieurs cas peuvent cependant se présenter selon l'évolution des reports à nouveau successifs et de sens éventuellement contraire. Les bénéfices peuvent éponger les pertes, et les pertes résiduelles peuvent être partiellement couvertes par réduction du *capital social ou des *réserves (constituées par des bénéfices ayant supporté l'impôt).

Sur le plan fiscal, le régime de ce report est le suivant : le déficit subi au cours d'un exercice quelconque par une entreprise passible de l'impôt sur les sociétés est considéré comme une charge de l'exercice suivant et déduit des bénéfices de cet exercice (R est positif). Si, en revanche, R est négatif, l'excédent de la perte peut être reporté sur les exercices suivants jusqu'au cinquième exclusivement. Pour les entreprises soumises à l'impôt sur le revenu des personnes physiques, des règles analogues sont appliquées, mais elles portent sur le revenu global de chaque exploitant ou associé.

Report de crédits

a : *Carryover funds* – **d** : *Budgetübertragung* – **e** : *Transferencia de crédito*

Opération s'effectuant par arrêté du ministre du Budget, aux termes de laquelle un crédit accordé pour une année donnée et non utilisé peut venir s'ajouter à la dotation correspondante du budget suivant.

Voir Budget, Crédits budgétaires.

Reprise

a : *Economic recovery* – **d** : *Wiederbelebung/Wiederaufschwung* – **e** : *Relanzamiento*

Retour de l'économie à l'expansion.

La reprise peut être, après une phase de ralentissement ou de récession, spontanée, ou au contraire procéder d'une réactivation volontaire, dans le cadre d'une politique de *relance.
L'observation conjoncturelle la discerne à travers les indicateurs de l'offre (*indices de la production industrielle, des importations...) et de la demande (carnets de commande, mouvement des stocks, consommation de produits industriels, exportations...).

Reprise de l'entreprise par les salariés (RES)

a : *Leverage Management Buy Out* – **d** : *Aufkauf des Unternehmens bei Arbeitern* – **e** : *Compra de una empresa por sus empleados*

Procédure de rachat d'une entreprise par tout ou partie du personnel salarié de cette entreprise.

Reproduction (taux de)

a : *Reproduction ratio* – **d** : *Reproduktionsziffer* – **e** : *Tasa de reproducción*

Rapport permettant de mesurer le remplacement d'une génération par la suivante.

On distingue le *taux brut de reproduction* du *taux net de reproduction.* Le taux net de reproduction d'une génération est le nombre total de filles qui sont mises au monde par une génération de 100 nouveau-nés du sexe féminin. Lorsqu'on recherche le taux brut de reproduction, on calcule ce qu'aurait été ce même nombre en l'absence de mortalité pour la génération mère.

On ne peut évidemment calculer les taux de reproduction d'une génération que lorsque toutes les femmes de cette génération ont dépassé l'âge au-delà duquel elles ne peuvent plus avoir d'enfants, ce qui n'a plus alors qu'un intérêt historique. Aussi, pour remédier à cet inconvénient, définit-on des taux de reproduction pour une année donnée (taux de reproduction du moment) ; par exemple : le taux net de reproduction pour une année donnée est le taux net de reproduction d'une génération fictive de femmes qui serait soumise tout au long de sa vie aux quotients de *mortalité et de *fécondité observés pendant cette année pour les diverses générations. On dit alors qu'on a procédé à une *analyse transversale* par opposition à la première méthode qualifiée d'*analyse longitudinale.* L'analyse transversale est possible dès qu'on dispose des statistiques de l'année étudiée.

Les résumés statistiques transversaux ont une portée conjoncturelle, mais n'ont pas forcément de signification structurelle. Ainsi, le « taux net de reproduction transversal », c'est-à-dire le taux net de reproduction pour une année donnée, peut fort bien baisser passagèrement si un certain nombre de naissances sont retardées sans que cela signifie obligatoirement que les taux nets de reproduction des générations concernées (« taux net de reproduction longitudinal ») soient modifiés s'il y a récupération ultérieure. C'est là l'explication avancée par certains démographes pour rendre compte de la baisse des taux de reproduction observée en France depuis 1965.

Ainsi qu'on l'a dit plus haut, les taux de reproduction mesurent le remplacement d'une génération par la suivante : une population dont le taux net de reproduction serait égal à 100 tendrait vers une population stationnaire. Compte tenu de la loi actuelle de mortalité des femmes de moins de cinquante ans en France, le taux net de reproduction qui correspondrait à un taux brut de 100 serait 103. Depuis 1975, ils sont redescendus en dessous de 100.

RES

Voir Reprise de l'entreprise par les salariés.

Réserves

a : *Reserves* – **d** : *Rücklagen/Reserven* – **e** : *Reservas*

Ensemble des fonds ou valeurs conservés par le sujet économique en prévision de besoins éventuels ou pour des raisons légales ou contractuelles.

Dans son acception générale, le terme de réserves caractérise les biens ou moyens de paiement inutilisés dans un but de prévoyance (*voir* Épargne, Encaisse, Thésaurisation) et sans affectation particulière (elles se distinguent en cela des *provisions, qui sont par ailleurs soumises au même régime fiscal).
Sur le plan comptable : le *plan comptable révisé* de 1982 classe les réserves en quatre grandes catégories : *réserve légale, réserves statutaires et contractuelles, réserves réglementées, autres réserves* (facultatives). L'analyse qui suit se réfère à la classification du plan comptable de 1957, plus détaillée.

La réserve légale : C'est une réserve qui est obligatoirement constituée dans les *sociétés anonymes ou les sociétés à responsabilité limitée par dotation annuelle égale au vingtième au moins des bénéfices annuels avant distribution. La dotation à la réserve légale cesse d'être obligatoire lorsque la réserve légale elle-même atteint le dixième du capital social. Elle n'est pas distribuable.

Les réserves statutaires et contractuelles : Elles suivent un régime analogue mais dont les modalités, au lieu d'être déterminées par la loi, sont fixées par les statuts de l'entreprise ou par des chartes contractuelles. Ces réserves ne peuvent être distribuées, sauf modification des statuts par une assemblée générale extraordinaire pour les réserves statutaires.

Les réserves facultatives : Comme l'indique leur dénomination, ces réserves sont librement décidées par l'entreprise.

La réserve provenant de subventions d'équipement : C'est une réserve d'un montant égal à une subvention de l'État et dont celui-ci peut exiger la constitution lorsqu'il accorde la *subvention. Le même régime est suivi en cas de participation de l'État à la couverture de dommages de guerre.

Les réserves de renouvellement des immobilisations : Ce sont des réserves constituées librement en supplément des *amortissements normalement pratiqués. Elles constituent une mesure de prévoyance supplémentaire de l'entreprise (et sont soumises à l'impôt sur les bénéfices à la différence des amortissements).

Les *plus-values de cession à réinvestir : Lorsqu'elles bénéficient d'une exonération fiscale à certaines conditions et dans l'attente de leur réinvestissement.

Les réserves de renouvellement des stocks : Du fait de la dépréciation monétaire, le bénéfice résultant de la vente d'un stock ancien peut être illusoire, surtout lorsqu'il faut renouveler le stock aux prix en vigueur dans une période postérieure. Les bénéfices apparaissant ainsi dans les comptes des entreprises sont purement nominaux.
Pour remédier à ce phénomène, le législateur a pris un ensemble de mesures destinées à permettre à l'entreprise de reconstituer ou de maintenir un stock normal nécessaire à son fonctionnement (*voir* Stock-outil), notamment en autorisant l'entreprise à déduire de ses bénéfices le montant mesurant l'effet de la dépréciation monétaire sur son stock (*voir* Décote). Ce dernier système (qui revenait à minorer le montant des stocks à l'actif) a été remplacé par une dotation analogue au passif au poste « réserves de renouvellement des stocks », qui permet d'atténuer les charges effectives de renouvellement au moment où celui-ci est réalisé (*voir également* Capitaux propres *et* Incorporation).

La réserve spéciale de réévaluation : Elle répond également au souci d'atténuer les effets de la *dépréciation monétaire sur les frais de renouvellement des actifs.
Les entreprises ont été ainsi autorisées à réévaluer leurs bilans en appliquant à chacun de leurs postes des coefficients de variations de prix. La différence entre la valeur réévaluée et la valeur ancienne des immobilisations ou titres est imputée à la réserve spéciale de réévaluation.

La « réserve spéciale de *participation des travailleurs » : Instituée pour les entreprises de plus de 100 salariés par l'ordonnance du 17 août 1967 (modifiée en 1970) sur la participation des travailleurs aux fruits de l'expansion dans les entreprises, elle reçoit les sommes affectées à cet objet après chaque exercice.
Les modalités d'utilisation de cette réserve sont régies par le décret du 19 décembre 1967 : répartition des fonds, attribution aux salariés de titres de l'entreprise, de *sociétés d'investissement, de sociétés d'assurances, de *fonds communs de placement, etc.
Dans la pratique de l'analyse financière de l'entreprise, on distingue en outre :

Les réserves latentes : Ce sont des *plus-values potentielles ne figurant pas au bilan comptable.* Elles peuvent provenir d'une surestimation des amortissements, des provisions pour dépréciation ou d'autres éléments des prix, ou/et d'une sous-estimation de certains actifs (cas des patrimoines immobiliers ou de certains patrimoines mobiliers).

Les réserves occultes : Ce sont des *réserves latentes procédant d'une volonté de dissimulation.*

Réserves de change

a : *Monetary reserves* – **d** : *Währungsreserven* – **e** : *Reservas de cambio*

*Moyens de règlement dont les autorités monétaires d'un pays peuvent disposer pour solder les déficits de leurs *balances des paiements envers l'étranger.*

A l'heure actuelle, les divers instruments de réserve peuvent être rangés en trois grandes catégories selon la forme qu'ils revêtent : or, avoirs en devises ou créances sur le Fonds monétaire international. On peut également les reclasser différemment en deux groupes, selon que leur usage est laissé à la discrétion des pays détenteurs ou subordonné à certaines conditions.

Les divers types d'instruments de réserves

Trois grandes catégories peuvent être distinguées.

L'or : L'*or détenu par les instituts d'émission reste le noyau central des réserves officielles. Une partie du stock d'une banque centrale peut d'ailleurs être remise en dépôt auprès d'une autre pour des motifs de sécurité, sans cesser d'être comptée dans les réserves officielles.

Les avoirs en devises : Depuis la mise en vigueur du *gold exchange standard, les banques centrales autres que celles des États-Unis et de la Grande-Bretagne comptent dans leurs réserves officielles leurs avoirs en livres et en dollars. Ces derniers trouvent principalement leur origine dans les déficits de la balance des paiements des deux pays, les États étrangers ayant enregistré des surplus de leurs recettes sur leurs dépenses en monnaies de réserve acceptant de ne pas les convertir en or. Cette qualité de devises de réserve s'est en fait étendue à d'autres monnaies, mark, franc suisse, yen, et franc français, dans la mesure où elles sont détenues par des non-résidents.
Ces pratiques sont à l'origine d'une augmentation *globale* des réserves mondiales (et pas seulement de celles du pays qui les détient) en raison du « principe de comptabilisation en brut ». Les avoirs correspondants sont inclus dans les réserves du pays qui les détient, sans être déduits de celles du pays qui les doit. Les réserves en *devises peuvent être :

- des avoirs (en livres ou en dollars) représentés par les soldes créditeurs de comptes auprès des banques centrales ou des banques commerciales des pays émetteurs, ou encore par des placements à court terme sur les marchés monétaires. Leur liquidité n'est donc pas totale, mais ils sont productifs d'intérêts ;
- des « bons Roosa », obligations à court ou moyen terme, émis par la Trésorerie des États-Unis. Ces effets bénéficient d'une certaine garantie de *change et peuvent généralement être mobilisés avant l'échéance ;
- des avoirs résultant d'accords de « *swaps ».

Les créances sur le *Fonds monétaire international : Les *quotas des pays membres du FMI comprennent : une tranche-or de 25 %, correspondant à la valeur du dépôt en or auprès de l'institution ; une tranche constituée par la mise à la disposition du FMI d'un avoir quasi automatique des devises étrangères à concurrence du montant de sa tranche-or. En outre, si sa propre devise a été précédemment tirée par d'autres pays, il acquiert la possibilité d'obtenir un crédit à concurrence des sommes utilisées précédemment par des tiers.
Des règles assez semblables sont appliquées aux concours consentis au FMI au titre des accords généraux d'emprunt, ou de ce que l'on appelle maintenant l'« accès élargi ». Les sommes ainsi mises à la disposition de l'organisation peuvent faire l'objet d'une demande de remboursement anticipé.
Compte tenu du fait que ces créances sont mobilisables aisément et qu'elles sont pratiquement assorties d'une garantie en valeur-or, la pratique s'est instaurée de les compter dans les réserves, au même titre que les stocks d'or, ou les avoirs en devises. Ainsi les réserves sont dépouillées peu à peu de tout contenu concret. Un nouveau pas dans la voie de l'abstraction a été franchi par la création de « *droits de tirage spéciaux » qui peuvent être utilisés concurremment avec les autres éléments de réserves pour solder les déficits de balance des paiements.

Réserves possédées, réserves conditionnelles

Pour dépasser ces distinctions de forme, on a proposé le concept de réserves « possédées » par un pays, en désignant par là l'or et les avoirs en devises, dégagés par ses excédents réels dans les transactions internationales. L'emploi de ces avoirs est à la discrétion du pays qui les détient. Par là, elles s'opposent aux réserves « conditionnelles » (créances résultant de « swaps », d'opérations avec le FMI) qui n'apparaissent qu'au terme d'un accord avec un autre pays ou avec une organisation internationale.
La gestion des réserves de change pose un double problème aux responsables de la politique monétaire d'un pays : celui de leur montant total, celui de leur composition.
Un montant trop faible de réserves oblige en effet à prendre des mesures restrictives sévères dès l'apparition de déficits extérieurs qui auraient pu sans cela être traités par des thérapeutiques moins rigoureuses. Le niveau optimal des réserves doit être fixé en fonction de l'importance des transactions avec l'étranger et de l'ampleur probable des déficits. Si le montant réel est inférieur à l'objectif fixé, le pays doit s'efforcer de réaliser un excédent de balance des paiements par une politique conjoncturelle appropriée. Si, au contraire, le niveau est jugé excessif, le pays peut s'efforcer de développer ses importations de marchandises ou ses exportations de capitaux.

La composition des réserves, c'est-à-dire les parts respectives de l'or, des devises (essentiellement des dollars) et des autres instruments, est dictée en partie par des considérations techniques, mais elle procède surtout d'un jugement politique sur le *système monétaire international.

Réserves obligatoires (banque)

Voir Crédit, Dépôts, Monnaie.

Résidents

a : *Residents* – **d** : *Inländer* – **e** : *Residentes*

Ensemble des agents (personnes publiques ou privées) constituant une nation ou un territoire, au sens économique du terme.

L'établissement de documents retraçant l'ensemble des relations économiques entre un pays et le reste du monde, c'est-à-dire de *balances des paiements, suppose que soient définis clairement les cas dans lesquels un agent économique intervenant dans une transaction est considéré comme appartenant au pays considéré ou au contraire comme lui étant extérieur. De la même manière, pour l'édification d'une *comptabilité nationale il faut que puissent être distingués sans ambiguïté les agents nationaux des agents étrangers.

La règle fixée par les organisations internationales, tant pour la confection des balances de paiements (par le *FMI) que pour celle des comptes nationaux (par l'ONU), est que les nationaux (ou résidents) ressortissants d'un pays ou d'un territoire donné sont *toutes les personnes physiques ou morales rattachées durablement à l'économie considérée.*

Cette définition montre assez le caractère tout à fait impropre du terme résident — et justifie qu'on lui préfère souvent celui de *national,* synonyme mieux adapté. En effet, la présence physique (c'est-à-dire la résidence) d'une personne sur un territoire ne suffit pas à lui donner la qualité de résident, même si, le plus souvent, c'est ce critère qui est déterminant ; il faut en plus que cette présence dure un temps suffisant et que cette durée soit le signe d'un lien dominant avec le pays. Dès lors, sont considérés comme *non-résidents,* bien qu'étant physiquement présents sur le territoire :

– les personnes qui ne sont que de passage sur le territoire : touristes étrangers, travailleurs étrangers frontaliers ou saisonniers (à l'inverse, les travailleurs étrangers permanents sont résidents) ;

– les personnes physiques ou morales dont la présence durable n'indique pas que leur centre d'intérêt économique dominant est concentré sur le territoire : notamment, représentants diplomatiques, militaires étrangers en service sur le territoire, et les organisations internationales qui y sont installées.

S'agissant de la comptabilité nationale française, on notera qu'elle a ignoré jusqu'au changement de système la distinction « résident/non-résident ». L'ancien système constituait en effet une comptabilité territoriale fondée sur les notions d'agent *intérieur et d'agent *extérieur, c'est-à-dire sur le critère de la présence, ou de l'absence, du territoire métropolitain. Ceci explique que l'agrégat représentatif de l'activité économique était la *production intérieure, alors que, pour les pays ayant adopté le système normalisé, c'est au *produit national qu'il est fait référence. Il ne faut cependant pas surestimer la différence qui séparait les concepts « intérieur » et « résidents ». Pour l'essentiel ces deux notions se recoupaient, les divergences n'apparaissant que dans les cas particuliers évoqués ci-dessus ; en effet, était intérieur tout agent présent sur le territoire, quelle que fût la durée de cette présence, quel que fût le lien véritable entre présence et intérêts économiques. Dès lors, pour le temps de leur séjour, les touristes et travailleurs frontaliers ou saisonniers, les diplomates et militaires étrangers étaient « intérieurs », bien que « non-résidents ». Au contraire, les touristes, diplomates et travailleurs occasionnels à l'étranger, bien que résidents, étaient, pour le temps de leur absence hors du territoire, extérieurs.

Le nouveau système de comptabilité nationale en vigueur depuis 1976, variante française du système européen, est fondé sur la notion d'économie nationale définie par l'activité des *unités résidentes, c'est-à-dire celles qui ont un centre d'intérêt sur le *territoire économique de la France. La notion de centre d'intérêt implique l'exercice d'opérations économiques pendant un an ou plus sur le territoire. S'agissant des entreprises, on a été amené à introduire la notion d'unité résidente fictive pour les activités durables exercées sur le territoire par une société ayant son siège à l'extérieur (activités pratiquées par le biais d'une succursale, d'un bureau commercial, d'un chantier de longue durée...).

S'agissant des personnes physiques, l'application du critère de résidence conduit notamment à considérer comme *unités institutionnelles les travailleurs frontaliers français, les saisonniers français à l'étranger, les touristes, les hommes d'affaires... se rendant occasionnellement à l'étranger, les agents locaux des administrations publiques étrangères opérant dans les enclaves extra-territoriales, les agents des administrations publiques françaises (et leurs familles) opérant dans les enclaves territoriales. Inversement, des ménages présents sur le territoire économique peuvent être non-résidents : il s'agira notamment des touristes étrangers, des travailleurs saisonniers ou frontaliers étrangers...

Voir Change.

Ressources

a : *Resources* – **d** : *Ressourcen* – **e** : *Recursos*

Comptabilité nationale : Biens, services ou capitaux dont on peut disposer.

Le terme de ressources a un sens légèrement différent suivant la nature des comptes et leur niveau d'agrégation.

Compte global des ressources et emplois de biens et services de la nation : Les ressources constituent l'ensemble des biens et services dont a disposé la nation au cours d'une année ; elles comprennent la *production intérieure brute et les importations.

Compte des opérations de *répartition : Les ressources désignent les revenus ou les transferts — au sens large — dont les agents économiques ont bénéficié au cours d'une année.

Compte des *opérations financières : Les ressources des agents correspondent à leur capacité de financement augmentée des variations de leurs dettes à court, moyen et long terme. On notera qu'au niveau des opérations financières, traitées en variations d'actif ou de passif, les recouvrements sur créances sont comptabilisés en diminution d'actif et les remboursements sur dettes en diminution de passif.

Restitution (agricole)

a : *Subsidy (agricultural)* – **d** : *Subvention (für die Landwirtschaft)* – **e** : *Subvención (agrícola)*

Subvention à l'exportation des produits agricoles, accordée dans le cadre de l'organisation communautaire des marchés agricoles.

Pour le maintien du niveau de prix que l'on veut assurer au producteur sur le marché communautaire, l'organisation des marchés des principaux produits agricoles (notamment céréales, produits animaux) comporte aux frontières extérieures de la Communauté des compensations financières équivalentes aux différences existant entre le niveau des prix que l'on entend défendre et le niveau des prix des offres sur le marché mondial, prix qu'une concurrence sévère ramène souvent à un niveau artificiel très bas.
A l'importation, ces compensations sont les *prélèvements, égaux à la différence entre le « prix de seuil » et le prix *CAF ; à l'exportation vers les pays tiers, ce sont les restitutions en principe égales au prélèvement qui serait effectué sur une importation faite au même moment.
Les restitutions sont consenties par les États européens exportateurs dans les limites fixées par la réglementation communautaire ; leur prise en

charge par la Communauté dans le cadre du *Fonds européen d'orientation et de garantie agricole (FEOGA) devrait réaliser la solidarité des États membres devant l'écoulement des excédents et assurer une préférence pour l'utilisation des productions communautaires ; les dispositions transitoires adoptées ont prévu une prise en charge progressive, croissante en pourcentage avec les années, par le FEOGA. Durant la période transitoire précédant l'uniformisation des prix et l'unification des marchés, restitutions et prélèvements ont été admis à l'occasion des échanges entre pays membres pour tenir compte des différences entre prix intérieurs qui ne devaient que progressivement se rapprocher.

Voir également Drawback, Dumping.

Résultat

a : *Balance* – **d** : *Saldo* – **e** : *Saldo/Resultado*

Comptabilité nationale : Solde d'un compte enregistrant les opérations d'un ou de plusieurs secteurs institutionnels.

Résultat (compte de)

a : *Profit and loss statement* – **d** : *Erfolgsrechnung* – **e** : *Cuenta de resultados*

---

*Compte retraçant, dans le cadre d'un *exercice, les charges et les produits afférents à l'ensemble des activités d'une entreprise.*

Aux termes du plan comptable révisé de 1982 (*voir* Comptabilité), le compte de résultat se substitue aux anciens comptes d'*exploitation générale et de *pertes et profits, avec un contenu plus expressif de l'activité de l'entreprise. Document de base permettant d'apprécier une activité industrielle et commerciale, il décrit comment l'entreprise est parvenue à obtenir son *résultat net* figurant au bilan (le solde de ce compte est identique à celui du bilan). Ce compte expose des *charges et produits,* et pas seulement des recettes et des dépenses (exemple : sont inscrites à son débit les dotations aux comptes d'*amortissements et de *provisions).
Afin de permettre une étude suffisamment fine du résultat, le plan comptable de 1982 considère *trois niveaux d'analyse* pour les charges et pour les produits : *l'exploitation, le financier, l'exceptionnel.*
Les charges et produits *financiers* consistent principalement en charges ou produits d'intérêts (emprunts ou créances), produits de *participation, bénéfices ou pertes de *change...

La partie inférieure du compte de résultat est consacrée aux charges et produits *exceptionnels* de l'entreprise au cours de l'exercice. Exemples : *plus-values ou moins-values de cessions d'actif immobilisé, profits ou pertes liés à des subventions reçues ou à des créances irrecouvrables, reliquats d'opérations constatés au cours de l'exercice mais afférant à des exercices antérieurs...

Le compte de résultat sert de base au calcul du *bénéfice imposable. Aux termes de la loi, il doit être présenté aux associés ou actionnaires de la société.

Les renseignements qui servent à établir le compte de résultat peuvent également être utilisés à constituer une *comptabilité analytique* qui permet d'apprécier la structure de l'activité de l'entreprise en termes de *coûts, d'analyser l'évolution des charges de l'entreprise, et notamment la pondération des *frais fixes et des frais variables qui caractérisent son activité, de manière à mieux orienter la politique d'organisation et d'orientation de la production de l'entreprise.

De même, le compte de résultat sert de base à la comptabilité économique (*voir* Entreprise — comptabilité nationale) qui regroupe les chiffres significatifs de l'exploitation des entreprises aussi bien agricoles qu'industrielles et commerciales. L'*annexe fournit, depuis la révision comptable de 1982, de très utiles renseignements complémentaires.

La présentation du compte de résultat s'établit selon le modèle page suivante (plan comptable révisé de 1982).

Résultat d'exploitation

Ancien système de comptabilité nationale : Solde du compte d'exploitation d'une entreprise.

On distingue le résultat brut du résultat net, selon que le résultat tient compte ou non des amortissements.

Voir ci-dessous.

Résultat brut d'exploitation

Ancien système de comptabilité nationale : Solde du compte d'exploitation des entreprises ou des ménages.

Ce solde est égal à la différence entre les ressources (essentiellement la valeur ajoutée brute) et le total des charges liées directement à la production (salaires, cotisations sociales, intérêts, impôts indirects, assurances...).

COMPTE DE RÉSULTAT DE L'EXERCICE (SIMPLIFIÉ)	
Charges (hors taxes)	**Produits (hors taxes)**
Charges d'exploitation (autres que financières) Achats de marchandises Variation des stocks (en + ou en –) Impôts, taxes et versements assimilés Salaires et traitements Charges sociales Dotations aux amortissements et provisions Autres charges	Produits d'exploitation (autres que financiers) Ventes de marchandises Production vendue Production stockée (variation en + ou en –) Production immobilisée Subventions d'exploitation Reprises sur amortissements et provisions Autres produits
Charges financières (dotations aux amortissements et provisions, intérêts et autres charges assimilées...)	Produits financiers (produits de participations, intérêts et autres produits assimilés, reprises sur provisions...)
Charges exceptionnelles Sur opérations de gestion Sur opérations en capital Dotations aux amortissements et provisions	Produits exceptionnels Sur opérations de gestion Sur opérations en capital Sur provisions
Participation des salariés aux fruits de l'expansion	
Impôts sur les bénéfices	
Solde créditeur (bénéfice) ______	Solde débiteur (perte) ______
TOTAL DU DÉBIT DU COMPTE DE RÉSULTAT	TOTAL DU CRÉDIT DU COMPTE DE RÉSULTAT

En ce qui concerne les entreprises, cette notion se distingue clairement du résultat fiscal : celui-ci peut être reconstitué à partir du RBE en y ajoutant les *dividendes et en retranchant les dotations aux *amortissements.
Le nouveau système de comptabilité nationale substitue à l'ancienne notion celle d'*excédent brut d'exploitation (EBE). Pour un *secteur institutionnel, l'EBE représente la différence entre la valeur ajoutée brute augmentée des subventions d'exploitation reçues et l'ensemble constitué par la rémunération des salariés et les impôts liés à la production (sauf TVA).

Résultat net

a : *Net result* – **d** : *Nettoergebnis* – **e** : *Resultado neto*

---

*Solde du compte de * résultat d'un exercice d'une entreprise.*

Ce résultat peut être un * bénéfice ou une * perte. Il est dit net parce qu'il est obtenu à partir de la * marge brute d'autofinancement (solde des opérations courantes de l'entreprise), après prise en compte des amortissements, des impôts, des charges et produits financiers, des charges et produits exceptionnels, et des provisions.
C'est un résultat financier, à la différence du * résultat opérationnel qui vise à refléter plutôt la rentabilité économique de l'entreprise.

Résultat opérationnel

a : *Operational result* – **d** : *Wirtschaftliches Ergebnis* – **e** : *Resultado económico*

Solde des opérations d'un exercice d'une entreprise hors prise en compte des impôts et des charges et produits financiers.

Cette notion née aux États-Unis, et utilisée dans nombre d'entreprises, vise à refléter essentiellement les performances économiques de l'entreprise.

Retenue à la source

a : *Tax at source* – **d** : *Quellensteuer* – **e** : *Retención en origen*

Paiement d'un impôt, ou d'une fraction d'un impôt, par le débiteur d'un revenu et pour le compte du bénéficiaire du revenu.

La retenue à la source présente plusieurs avantages :

– budgétaire : l'impôt est payé dès le versement du revenu ;

– psychologique : l'impôt payé par un tiers est plus indolore ;

– technique : le débiteur du revenu est plus facile à contrôler ; le risque de fraude est diminué.

Elle peut être pratiquée dans deux domaines :

– *traitements et salaires :* les fiscalités étrangères comportent généralement en matière d'impôt sur le revenu un dispositif de retenue à la source sur les salaires ;

– *revenus de capitaux mobiliers :* une retenue à la source est pratiquée sur les intérêts obligataires ; le prélèvement libératoire de 25 % présente, du point de vue du mode de paiement, les caractéristiques d'une retenue à la source.

Rétorsion

a : *Retaliation* – **d** : *Vergeltung* – **e** : *Retorsión*

Action entreprise par un État à l'encontre des intérêts d'un autre État afin d'en obtenir l'annulation de mesures antérieures nuisibles à ses propres activités.

Il n'y a, en fait, aucune distinction possible entre représailles (réponse illicite à une action illicite) et rétorsion, maintenue dans des normes juridiquement acceptables. L'une et l'autre ne sont que l'application, dans des cas limites, du principe de réciprocité, caractéristique des relations internationales au point que l'*Accord général sur les tarifs douaniers et le commerce (*GATT) l'a inscrit au nombre de ses règles essentielles. Instrument souvent utilisé de la politique commerciale, les mesures de rétorsion se distinguent du *protectionnisme traditionnel non par les moyens mis en œuvre, qui sont inchangés (taxation ou réglementation des *importations), mais par les *objectifs*. Il ne s'agit plus de limiter, sur le marché intérieur, la concurrence étrangère subie par les producteurs nationaux. En infligeant un dommage aux entreprises relevant d'un État partenaire dont ils pénalisent les ventes sur leur marché national, les pouvoirs publics exercent une pression afin de faire lever les obstacles qui freinent le développement des *exportations de leurs propres ressortissants. La logique des mesures de rétorsion, manifestation de protectionnisme offensif, se comprend aisément et en explique l'extension mais aussi les dangers.

● L'un des soucis premiers des gouvernements en matière économique est l'excédent de la *balance commerciale. C'est le *mercantilisme d'abord qui imposa longtemps, avec l'idée que l'*or constituait la seule véritable richesse, cette recherche qu'aujourd'hui les préoccupations d'emploi justifient. Pour atteindre ce but, les États doivent tout à la fois *limiter les importations* et *développer les exportations.* Compte tenu des moyens d'action dont ils disposent, ces deux objectifs sont contradictoires. Interdire ou pénaliser les importations est en effet chose relativement aisée : *tarifs, *contingents, voire *prohibitions permettent d'y parvenir. En revanche, l'ouverture des débouchés étrangers aux producteurs nationaux dépend au premier chef des États dont relève chacun des marchés. Il n'est donc d'autre moyen de l'obtenir que la négociation et les concessions réciproques, les avantages consentis par un pays à ses partenaires étant exactement contrebalancés par ceux qu'il en a obtenus. L'équilibre qui résulte de ces accords — exprès ou tacites, bilatéraux ou multilatéraux — est relativement précaire. Que, pour des raisons quelconques, un pays soit amené, définitivement ou à titre provisoire, à aggraver le régime qu'il applique aux importations, et l'*équilibre est rompu* au détriment de celui ou de ceux des pays exportateurs dont les ventes sont réduites par cette restriction des débouchés. Certes, lorsque les mesures de protection ont pour effet de défavoriser les importations en rehaussant leur prix relatif, le pays exportateur pourrait répliquer par des subventions ou détaxations qui rétabliraient la capacité concurrentielle de ses produits. Le coût de cette opération serait cependant élevé, ce qui en interdit l'usage. En supposant son succès — c'est-à-dire le maintien des flux commerciaux au niveau qui aurait été le leur en l'absence de ce jeu de taxe et détaxe —, elle s'analyse en effet comme un transfert des recettes publiques d'un État (celui qui perd au profit de ses exportateurs le montant des détaxes ou subventions consenties) à l'autre (celui qui reçoit les droits de douane résultant de la soumission des importations à un tarif relevé). Faute de recours direct et de possibilité réelle d'appel à une autorité supranationale, le gouvernement dont les ressortissants sont lésés n'a d'autre issue que de *tenter une pression sur les autorités du partenaire ;* cette riposte prendra la forme d'une surtaxe à l'encontre des importations en provenance de ce pays. Dans le meilleur des cas, cette mesure de rétorsion aura atteint son objectif quand elle aura assuré le retour au *statu quo ante,* c'est-à-dire lorsqu'elle aura conduit à la suppression de la réglementation qui l'a provoquée et donc à sa propre disparition.

● Les *risques de telles représailles* sont cependant loin d'être négligeables. Leur *efficacité* n'est nullement garantie. Lorsqu'elles répondent à une action de *sauvegarde entreprise par un partenaire commercial et, plus généralement, lorsqu'elles cherchent à obtenir la levée d'un dispositif considéré comme essentiel, elles ont peu de chances d'aboutir. C'est ainsi que les surtaxes instaurées par les États-Unis contre certains produits européens — français et allemands — pour protester contre les mécanismes de la politique agricole commune, qui, à travers les *restitutions, favorisent les exportations de poulets communautaires vers les pays tiers, au détriment des productions avicoles américaines, sont restées sans effet. De plus, la persistance de ces comportements agressifs dans les relations internationales fait constamment peser une *menace sur les échanges commerciaux* qui peuvent se voir pénalisés à la suite de différends entre États d'une tout autre nature. Sans aller jusqu'aux représailles d'origine politique qui dépassent évidemment le champ ouvert à l'exercice du raisonnement économique, certains exemples récents de recours à des mesures frappant le commerce international pour défendre des intérêts économiques nationaux ne manquent pas d'être inquiétants — ainsi la « guerre de la langouste » qui opposa, vers la fin des années 60, la France au Brésil à propos de la définition des eaux territoriales, et donc des droits de pêche, le long des côtes brésiliennes. Plus généralement, c'est l'*escalade des mesures de rétorsion* qui est à craindre, l'extension des obstacles à la circulation des marchandises qui peut en résulter est toujours redoutée.

● Dès lors que, dans leur grande majorité, les États modernes, tout au moins les plus développés d'entre eux, ont choisi depuis la guerre de rechercher le *libre-échange, il est évident que de tels retours en arrière sont à éviter. C'est pour y parvenir que, faute de moyens de coercition, les organisations internationales spécialisées dans les problèmes de commerce international (*OCDE, *GATT) ont fait des efforts importants pour promouvoir l'information réciproque et les confrontations sur les modifications qui interviennent à tout moment dans la politique commerciale des pays membres. Seul le dialogue entre les intéressés et les accords auxquels il permet d'aboutir peuvent en effet éviter l'engrenage des représailles mutuelles.
L'aspect quelque peu primitif des relations interétatiques, sorte de loi du talion exprimée dans les mesures de rétorsion, ne fait que rappeler la réalité de la situation actuelle où la souveraineté de chacun est presque absolue. Les progrès de la libération des échanges réalisés au cours des vingt dernières années, et malgré des périodes difficiles, l'absence de crise grave montrent cependant que lorsqu'une volonté commune existe, et que les intérêts des uns et des autres ne sont pas trop contradictoires, un équilibre peut être trouvé qui, sans supprimer toutes les menaces, en atténue pourtant les effets.

Revenu

a : *Income* – **d** : *Einkommen* – **e** : *Renta/Ingreso*

Ce qui est perçu par un individu ou une collectivité comme fruit du capital ou rémunération du travail.

Selon qu'on mesure ce revenu par son expression monétaire aux prix courants ou par sa valeur en nature, en fonction du pouvoir d'achat qu'il réalise, on parle de *revenu nominal* ou de *revenu réel.*

Les économistes classiques : Ils distinguent les types de revenu en fonction des *facteurs de production, soit : la *rente ou revenu du sol, le *salaire ou revenu du travail, le *profit ou revenu du capital.

L'analyse marxiste classique : Dans la mesure où elle considère que seul le travail est « productif », elle distingue, dans le revenu des facteurs de production, la rémunération nécessaire à la reconstitution de la force de travail et le surplus qui constitue la *plus-value.

Le droit fiscal : Il retient une définition du revenu très proche de celle présentée ci-dessus.
En ce qui concerne les revenus d'entreprise, cependant, la notion de *bénéfice est appréciée en principe à partir des variations de l'actif net. Ce critère conduit ainsi à considérer comme un « revenu », au sens fiscal du terme, certains mouvements de valeur tels que les *plus-values de cession, par exemple.

Revenu disponible brut des ménages

a : *Disposable income of households* – **d** : *Verfügbares Haushaltseinkommen* – **e** : *Renta disponible de las familias y hogares*

---

*Comptabilité nationale : Différence entre le total des ressources du compte de *revenu des ménages et les emplois de ces ressources au titre des opérations de *répartition.*

Il correspond donc globalement au total de la consommation et de l'épargne brute des ménages.

Revenu fiscal

a : *Declared income* – **d** : *Steuerlich deklariertes Einkommen* – **e** : *Renta fiscal*

Revenu déclaré à l'administration fiscale.

Le revenu fiscal est par définition destiné à servir d'*assiette à l'impôt. Il exclut par conséquent tous les revenus faisant l'objet d'une exemption ou d'une exonération. Il ne vaut, en outre, que ce que vaut son mode de détermination qui peut être forfaitaire ou laisser place à diverses formes

d'*évasion. Enfin, il peut être affecté par la *fraude du contribuable. Pour toutes ces raisons, le revenu fiscal ne saurait refléter le revenu réel de tous les contribuables.
La comparaison des revenus fiscaux avec les revenus économiques des différentes catégories socioprofessionnelles permet de constater une assez bonne approximation pour les revenus des salariés et des différences très considérables en matière de revenus non salariaux (bénéfices des exploitations agricoles, industrielles et commerciales et des professions non commerciales).

Revenu national

a : *National income* – **d** : *Volkseinkommen* – **e** : *Renta nacional*

**Agrégat représentatif du flux des ressources nationales en biens et services créés au cours d'une période donnée.*

Paradoxalement, cette notion fondamentale ne comporte pas de définition nette. L'acception du terme a en effet évolué dans le temps, et les systèmes de *comptabilité nationale utilisent aujourd'hui le vocable pour désigner des réalités différentes, encore que voisines.

Historique

Le terme est né des recherches entreprises à partir de la fin du XVIIe siècle pour mesurer la richesse des nations. Les physiocrates, au XVIIIe siècle, établissent les premiers le lien entre ce concept et la théorie économique. Le libéralisme triomphant du XIXe conduit cependant à négliger l'analyse de cette notion, dont l'importance est en fait révélée par les travaux de Keynes et l'instauration d'une économie planifiée en URSS. Outil des statisticiens, puis des économistes, le revenu national est devenu au XXe siècle une donnée des responsables de la politique économique dans la mesure où il peut être considéré comme l'expression monétaire de « l'ensemble des biens et services économiques nets obtenus par une économie nationale pendant une période donnée » (F. Perroux). On notera cependant que cette notion, dans la mesure où elle retient une conception extensive de l'activité productrice (services), s'écarte sensiblement des critères adoptés dans les pays socialistes, voire dans certains pays capitalistes (telle la France), pour apprécier l'expansion de l'économie.

Contenu

Cette définition recouvre en fait des réalités différentes.

Selon l'optique qui préside à l'appréciation du revenu national :

• Optique de la production des biens et services : c'est le *produit national.

• Optique des revenus touchés par les agents économiques : c'est le revenu national proprement dit.

• Optique des emplois faits de ces revenus : c'est la *dépense nationale.

Selon la méthode d'appréciation du revenu national :

• Le revenu national est dit *net* ou *brut* selon que l'on tient compte ou non de l'*amortissement économique (correspondant à l'entretien du potentiel productif).

• Le revenu national peut être évalué au *coût des facteurs* (incorporant les subventions, mais non les impôts indirects) ou au *prix du marché* (incorporant les impôts indirects, déduction faite des subventions).
En pratique, à chaque optique correspond aujourd'hui une définition conventionnelle.

• *Optique de la production :* le produit national brut au prix du marché, notion qui mesure le potentiel économique de la nation.

• *Optique de l'emploi :* la dépense nationale brute au prix du marché qui ventile les affectations du produit national entre la consommation, l'investissement, les stocks et les exportations.

• *Optique du revenu :* le revenu national net au coût des facteurs, correspond à l'ensemble des revenus touchés par les agents économiques après amortissement du capital productif, grandeur qui permet d'apprécier en quelque sorte la capacité normale de production de la nation.
Du revenu national net on peut également tirer le « revenu privé avant taxation », donnée susceptible de guider l'application d'une politique fiscale.
Ces différents agrégats correspondent désormais à des concepts définis par le système de comptabilité nationale de l'ONU.

Valeur et caractères

Le revenu national n'est pas une notion théorique. C'est un *agrégat, c'est-à-dire un compte statistique. Ce caractère statistique lui donne la valeur d'une donnée de fait expérimentale.

• Mais c'est *une grandeur incertaine* en raison des difficultés d'évaluation. L'incertitude porte notamment sur les points suivants :

– les *services* que l'agent économique se rend à lui-même ; les services ménagers internes au cadre familial ne peuvent être mesurés et, de ce fait, ne sont pas comptabilisés ;
Les *services nets* rendus par l'État peuvent difficilement être évalués (pratiquement on les apprécie par référence au coût de la gestion des services). Cette procédure soulève d'ailleurs un problème théorique, non encore tranché (n'y a-t-il pas double emploi à incorporer les traitements

des fonctionnaires dans le revenu national comme prix des services de l'État, alors que ceux-ci sont déjà imputés dans le coût des biens et services produits par les autres agents, par le biais des impôts ?) ;

– l'*amortissement,* en outre, est difficile à apprécier pour les entreprises, impossible à calculer pour l'État ; toutes les évaluations reposent sur des statistiques qui, même dans les pays les plus évolués, sont incomplètes ; l'extrapolation des sondages et l'interprétation des données fiscales restent la base empirique des calculs ; le caractère de grandeur monétaire du revenu national implique une référence constante aux *prix. Or le système de prix est hétérogène (prix de monopole, de concurrence, fixés par l'État)...

• En dépit de ces imperfections, la notion de *revenu national reste utilisable,* car elle fournit un ordre de grandeur suffisant pour orienter une action économique ; en outre, les comparaisons dans le temps, pour autant que les méthodes d'évaluation restent identiques, peuvent permettre de mesurer avec précision les variations relatives des éléments constitutifs du revenu, à condition toutefois d'apprécier corrélativement les variations de valeur de la monnaie.

Comptabilité française

La comptabilité nationale française a été jusqu'en 1976 fondée sur l'utilisation de concepts différents (*production intérieure brute), n'interdisant d'ailleurs pas l'estimation par des clés de passage du revenu national. La mise en vigueur du *système élargi de comptabilité nationale, variante du *système européen de comptabilité nationale, représente de ce point de vue un alignement sur les concepts internationaux. Le revenu national aux prix du marché correspond au produit national net, c'est-à-dire au produit intérieur brut augmenté des revenus nets du reste du monde, diminué de la consommation de capital fixe.

Revenu salarial

Voir Salaire.

Revolving (crédit)

Voir Renouvelable (crédit).

Risque

a : *Risk* – **d** : *Risiko* – **e** : *Riesgo*

Élément d'incertitude qui peut affecter l'activité d'un agent ou le déroulement d'une opération économique.

Toute activité quelle qu'elle soit et la vie elle-même comportent une part de risques et d'aléas de nature variée. Toute activité économique est soumise à des incertitudes liées à l'évolution des marchés, c'est-à-dire dans une large mesure au comportement des autres agents économiques, à leurs *anticipations et à leurs décisions.

L'activité d'entreprise, commerciale ou industrielle, comporte une part de risques qu'il est du rôle du chef d'entreprise d'assumer, après les avoir appréciés ; en économie capitaliste théorique, c'est la justification du *profit. La part de risque est plus élevée encore dans les opérations spéculatives, avec pour contrepartie l'espérance de profits supérieurs.

Le progrès des connaissances et l'avancement des techniques ont rendu *les risques, dans une certaine mesure, prévisibles et, la plupart du temps, mesurables même approximativement.* L'étude de la vie économique concrète montre d'ailleurs que ces risques peuvent être réduits et leurs conséquences atténuées ou supprimées, suivant les cas, par diverses techniques dont principalement :

– la prévision, qui encadre les probabilités et réduit l'incertitude ;
– la marge ou la *provision pour une part des risques, qui en ménage à l'avance la couverture, au moins partielle ;
– la division des risques, qui fait que la matérialisation de l'un d'entre eux n'engendre que des pertes limitées au regard du chiffre d'affaires total ;
– l'assurance, qui transfère le risque à un tiers ;
– la prise de garanties, qui réduit la part de pertes risquées ;
– les opérations à *terme en ce qui concerne les risques de *change.

Le risque, son analyse et son « traitement » ont ainsi donné lieu à la constitution de disciplines très complètes et très élaborées au sein de la vie économique. Le risque constitue même un élément central dans deux domaines de l'activité économique et financière : l'assurance et le crédit.

Le risque dans l'assurance

Le risque définit l'objet même de l'*assurance : c'est un contrat par lequel, moyennant *prime, le risque est transféré à un tiers qui, en cas de matérialisation du risque ou sinistre, assure sa réparation. L'activité d'assurance consiste à fournir aux assurés la couverture de risques déterminés en utilisant la loi des grands nombres.

• Le risque est défini comme l'événement aléatoire dont la réalisation constitue le sinistre. A la base du fonctionnement de l'assurance se situe la notion de *risque assurable.* Un risque est assurable si deux conditions sont réunies : le risque peut faire l'objet d'une étude statistique permettant de mesurer sa fréquence de réalisation ; il est possible de grouper un nombre suffisant de risques mesurables pour permettre aux gérants des risques de les compenser entre eux compte tenu de la survenance des sinistres.

• Les risques assurables font l'objet de l'*étude statistique* qui fonde la gestion de l'assurance. Ces statistiques ne dégagent pas une certitude, mais une probabilité d'autant plus grande que le nombre des risques groupés est plus grand et que chacun d'eux est relativement moins important. C'est pourquoi l'assureur s'efforce de rassembler un grand nombre de risques et de ne conserver à sa charge qu'une partie de chacun d'eux, l'autre étant cédée à un ou plusieurs réassureurs. La gestion de l'assurance implique donc, pour assurer son équilibre financier, qu'on tienne compte dans la prime de l'écart qui peut exister entre la prévision statistique de probabilité des risques et la réalité de leur matérialisation. Pour se prémunir contre un écart défavorable, la société d'assurances ajoute un *chargement* (majoration à la prime pure, telle qu'elle résulte du calcul). La gestion implique également la division des risques, c'est-à-dire le plus grand nombre possible de risques de la même catégorie.

• On emploie le terme de « risque » pour désigner les principales *catégories de points d'application de l'assurance,* chacune obéissant à des règles analogues. Il y a ainsi le risque-vie, le risque-accident (dont l'assurance-automobile constitue la plus grande partie depuis le rattachement des accidents du travail à la Sécurité sociale), le risque-incendie (au sein duquel la gestion de gros risques industriels est en général assurée par des syndicats collectifs d'assureurs, en raison de leur importance), les risques maritimes, enfin les « petites branches » (assurance contre la maladie, peu pratiquée en raison de la Sécurité sociale, assurance individuelle contre les accidents, les dégâts des eaux, le vol, assurances agricoles particulières).

• Les régimes d'assurances obligatoires inclus dans la **Sécurité sociale* ont le même objet : aussi chacune des branches de la Sécurité sociale se définit-elle par le risque couvert : risque-maladie et risque-vieillesse pour les assurances sociales, risque-accidents du travail ; c'est par assimilation que l'on use du terme de « risque familial » pour les allocations familiales, alors qu'il s'agit de compensations entre des situations et des charges inégales et non de la réparation éventuelle des conséquences d'un événement aléatoire ; ce n'est que dans l'optique d'une politique nataliste que l'on peut considérer les prestations familiales comme la réparation d'un « risque » que l'on encourage les familles à réaliser.

La question se pose de savoir si cette distinction des risques doit entraîner *séparation financière des régimes* au sein d'un régime de sécurité sociale. Une certaine école recommande de confier la gestion de chacun d'entre eux à des institutions distinctes et de proscrire la compensation des déficits des uns par les excédents des autres (accidents du travail, chômage, retraite). Le concept de solidarité nationale ou « d'assurance générale » implique au contraire l'intégration la plus large possible. Techniquement, on constate néanmoins que les couvertures de risques ont une portée différente, selon qu'elles concernent l'activité des assurés et le maintien de leur revenu, ou qu'elles visent l'allégement de charges (assurance-maladie). Celle-ci peut notamment comporter la suppression des remboursements des « petits risques », c'est-à-dire la suppression des prestations en nature ou en espèces pour toute dépense ou partie de revenu ne dépassant pas un certain montant. L'exclusion du petit risque se distingue d'ailleurs de la « franchise », qui est le plafond des remboursements non pratiqués pendant une période donnée.

Le risque du crédit

Le risque est la caractéristique des opérations de *crédit, et son appréciation est le problème majeur que posent leur distribution et leur gestion. Il tient aux aléas qui peuvent survenir avant l'échéance à laquelle le bénéficiaire d'un délai de paiement ou d'un prêt d'argent s'engage à rembourser.

• Le risque couru par celui qui consent un crédit est de *deux ordres :*

– risque d'insolvabilité du débiteur, qui peut entraîner une perte définitive ;

– risque d'immobilisation si la trésorerie du débiteur ne lui permet pas d'exécuter son engagement à l'échéance. La réalisation de ce risque affecte la trésorerie du créancier et le degré de *liquidité effective de sa créance. C'est pourquoi le prix du crédit comporte, en sus du loyer de l'argent, de la couverture des frais administratifs ou accessoires, la rémunération du risque couru du fait même de l'opération de crédit.

• *Le risque est fonction de divers éléments :*

– la qualité du bénéficiaire du crédit, sa *solvabilité et l'ensemble de sa situation financière ;

– la durée du crédit, qui comporte d'autant plus d'éléments d'incertitude qu'il est plus long ;

– l'objet du crédit, dont l'utilisation doit faire naître les recettes ou les revenus qui permettront son remboursement ;

– la forme du crédit ;

– les garanties complémentaires, qui réduisent les risques tenant à la solvabilité du débiteur ; elles sont constituées d'un droit de *gage sur un élément d'actif ou de l'engagement d'un tiers mettant sa propre solvabilité au service du bénéficiaire du crédit vis-à-vis de celui qui l'accorde ; ce tiers peut être lui-même un établissement bancaire et, plus exceptionnellement, l'État.

• L'évolution des techniques bancaires a abouti à une *dissociation accrue entre le risque du crédit et son financement.* Les crédits par signature tels que les *cautions, *avals et *acceptations ne comportent

pas, de la part de celui qui consent le crédit, l'immobilisation d'un financement, mais seulement la prise du risque de défaillance du débiteur. Du fait de la spécialisation grandissante des tâches, certains établissements n'interviennent même que par voie de *signature* et notamment les établissements semi-publics (Caisse nationale des marchés de l'État).
D'autres établissements spécialisés dans le financement des ventes à *tempérament et des crédits immobiliers prennent en charge l'ensemble des risques, mais s'assurent auprès d'autres banques des possibilités de **refinancement* pour la majeure partie des crédits qu'ils consentent.
Les risques inhérents aux opérations de commerce extérieur sont traités et couverts par des crédits complétés par l'**assurance-crédit,* en raison des aléas particuliers à ce domaine d'activité.
Dans les opérations d'**escompte* commercial, les risques font l'objet d'une surveillance particulière du fait de leur caractère. Une double garantie résulte pour la banque de l'*acceptation du tiré et de la signature du tireur. Aussi le banquier suit-il l'évolution des risques (montant des risques en cours, c'est-à-dire des *effets en portefeuille ou réescomptés ; incidents de paiement) non seulement au nom de chaque client (tireur ou cédant), mais aussi au nom du tiré qui est le client de son client. Il s'assure que l'acceptation du tiré est recueillie et demande à ses correspondants des renseignements sur sa solvabilité.

• L'ensemble des risques assumés par les organismes de crédit fait lui-même l'objet d'une centralisation permettant d'en évaluer la portée. C'est le rôle de la *Centrale des risques,* service créé en 1946 et géré par la Banque de France. La Centrale reçoit des banques communication mensuelle du montant des crédits ouverts à chaque entreprise et des crédits utilisés lorsqu'ils dépassent un certain chiffre, avec ventilation par grandes catégories de crédits. La centralisation des risques, c'est-à-dire la somme des crédits accordés par diverses banques à une même entreprise, présente une double utilité du point de vue de l'information :

– pour les banques, qui sont informées ainsi du total des crédits accordés par le système bancaire à chacun de leurs clients ;

– pour les autorités chargées de mettre en œuvre une politique de crédit sélective. Le Conseil national du crédit est ainsi en mesure de suivre l'évolution du total des crédits distribués au niveau d'une centaine de branches distinctes.

Ristourne

a : *Discount/Rebate* – **d** : *Rabatt* – **e** : *Rebaja*

Réduction de prix calculée sur les achats d'un client au cours d'une période déterminée et habituellement proportionnelle au montant de ces achats.

Rôle

a : *List of tax assessments* – **d** : *Steuerliste* – **e** : *Registro de contribuyentes*

---

*Liste nominative des *contribuables imposés, avec indication des *bases d'imposition et du montant de l'*impôt réclamé à chacun.*

Le recouvrement par voie de rôles caractérise dans le régime fiscal français les contributions directes : il s'applique aux *anciennes contributions (centimes additionels perçus au profit des collectivités locales et de certains établissements publics) et à l'impôt sur le revenu. Il s'oppose au système selon lequel il appartient au redevable lui-même de déterminer le montant de l'impôt et d'en effectuer spontanément le versement, en fournissant les éléments qui serviront aux services fiscaux pour exercer un contrôle *a posteriori :* tel est le régime des taxes sur le chiffre d'affaires, mais aussi de certains impôts directs, l'impôt sur les sociétés, et le versement forfaitaire sur les salaires effectué par les employeurs jusqu'en 1968.
Les rôles sont traditionnellement constitués de registres remplaçant les anciens rouleaux (ou rôles), distincts selon les catégories d'impôts (rôles généraux des anciennes contributions et rôles d'impôt sur le revenu), établis par les services chargés de l'*assiette de l'impôt : services des contributions directes. C'est à l'échelon départemental que sont confectionnés les rôles, c'est-à-dire calculés les impôts, à partir des matrices sur lesquelles les services locaux ont reporté les bases d'imposition retenues pour chaque contribuable.
Ils sont confiés pour leur recouvrement aux services extérieurs du Trésor (trésoriers-payeurs généraux, receveurs et percepteurs) qui les prennent en charge, après l'homologation par le préfet qui les rend exécutoires, les impôts sont exigibles après un certain délai suivant la mise en recouvrement des rôles et l'envoi des *avertissements. Les rôles servaient d'instrument de surveillance du recouvrement, étaient émargés des paiements reçus et des dégrèvements accordés, jusqu'à la mise en œuvre de nouvelles techniques (fiches-comptes).

Roll over (crédit)

a : *Rollover credit* – **d** : *Rollover-Kredit* – **e** : *Crédito rollover*

---

*Crédit bancaire en *eurodevises, à moyen terme et taux variable. (Peut être traduit en français par « crédit par roulement ».)*

Cette formule consiste, pour une ou plusieurs banques, à ouvrir à une entreprise une ligne de crédit à moyen terme (d'une durée de deux à sept ans), financé par des ressources à court terme renouvelables (à trois

ou six mois). Le taux de prêt est révisé à chaque opération de *refinancement par la banque : le taux de base est celui de la devise utilisée sur un marché international déterminé (Londres, New York...), auquel s'ajoute la marge bancaire (appelée *spread*).
Dans le cas d'un crédit libellé en plusieurs devises, la devise utilisée lors de chaque renouvellement (trimestriel ou semestriel) est choisie en fonction des taux d'intérêt pratiqués et des possibilités de refinancement dans l'une ou l'autre des devises prévues au contrat.
Les crédits importants ont souvent le caractère de crédits cartellaires, assurés par des banques de différents pays. Cette formule permet de diviser les risques et facilite le financement.
Le *chef de file bénéficie d'une commission spéciale dite *commission de direction,* qui s'ajoute à la *commission de participation* rémunérant chaque banque du pool.

Rompu

a : *Fractional rights* – **d** : *Spitze* – **e** : *Fracción de derechos*

Fraction de capital inférieure à la valeur nominale unitaire d'un titre.

Il y a *rompu de souscription ou d'attribution* lorsqu'un détenteur de titres qui achète ou vend des *droits possède un nombre d'actions anciennes (donc des droits d'attribution ou de souscription qui leur sont attachés) ne correspondant pas à un *nombre entier* d'actions nouvelles qu'il peut acquérir ou se faire attribuer.
Il y a *rompu de regroupement* lorsque, en cas de regroupement d'actions (diminution du capital), le nombre d'actions anciennes d'un détenteur n'est pas un multiple du nombre de celles à échanger contre une action regroupée. De la même manière, il peut y avoir des rompus lors d'opérations d'*échange* de titres.

Roosa (bons)

Voir Liquidités internationales.

Rotation (de la main-d'œuvre)

Voir Labour turnover.

Rotation (des stocks)

Voir Stock.

Rouble

a : *Rouble* – **d** : *Rubel* – **e** : *Rublo*

Unité monétaire de la Russie tsariste, puis de l'URSS.

Défini en 1921 comme le « rouble d'avant-guerre », le rouble a été doublé, à partir de 1922, par le « tchernoviets » (ayant valeur de 10 roubles-or à 7 742,342 6 mg d'or fin), utilisé exclusivement pour le règlement des opérations avec l'extérieur. En 1924, une fusion intervient, le nouveau rouble devenant un dixième de « tchernoviets » (d'une valeur égale à 50 000 anciens roubles), équivalant à 774,23 mg d'or fin. Après avoir un moment été défini par rapport au franc (en 1935), la parité du rouble sera fixée de nouveau, à la suite de la dévaluation de 1936, par rapport au dollar. Après la guerre, un remaniement monétaire crée le rouble actuel, avec valeur de 10 anciens roubles, en 1947, et le fonde en 1950 sur une définition-or (222,168 mg d'or fin). Plusieurs fois ajustée, la valeur du rouble s'est définie finalement par un poids d'or fin de 987,412 mg.

Ce rattachement à l'or reste sans portée pratique, puisque le rouble est une monnaie inconvertible. Cependant, la création du *Comecon, en 1949, et le développement subséquent des échanges avec les pays socialistes avait conduit l'URSS à créer un rouble « transférable » pour les échanges internes à la sphère « communiste ». La pression des autres pays socialistes, souvent créditeurs vis-à-vis de l'URSS (et donc détenteurs de roubles) et débiteurs vis-à-vis des économies occidentales, s'exerçait en faveur de l'institution d'un rouble convertible, au moins au niveau des opérations intervenant entre banques centrales. L'URSS avait franchi un premier pas vers la convertibilité, en 1973, en prévoyant l'extension négociée du rouble transférable à des pays non membres du Comecon. Le cours du change officiel du rouble était fixé par la banque centrale. Depuis la suspension de la convertibilité du *dollar, et son flottement, le taux de change du rouble en dollar était ajusté mensuellement.

Depuis la libéralisation de l'économie, à partir de 1989, plusieurs cours ont d'abord coexisté et la valeur pratique de la monnaie s'est effondrée dans le cadre d'un régime de « rouble flottant » sur le * marché parallèle. Par ailleurs, certaines des républiques de l'ex-URSS se sont engagées dans un processus de création de leur propre monnaie. En Russie, la création d'un rouble convertible avec unification des taux de change a été engagée en 1992.

Ce rouble flottant s'est continûment déprécié et il n'était pas encore vraiment stabilisé en 1995. Il n'est utilisé que dans certains pays de l'ex-URSS. Les États baltes et certains États de la CEI, telle l'Ukraine, par exemple, ont créé une monnaie propre.

Rurale (commune)

Voir Urbaine (unité).

Saisonnier (mouvement)

a : *Seasonal variation* – **d** : *Saisonale Schwankung* – **e** : *Variación de temporada*

Fluctuation d'une grandeur statistique liée à la « saison », c'est-à-dire se reproduisant à l'identique dans le temps lors de la même « saison ».

Dans cette définition, le mot « saison » peut avoir son sens habituel, c'est-à-dire désigner la saison (printemps, été, automne, hiver) dans l'année, mais ce mot peut aussi désigner le jour dans la semaine, l'heure dans le jour, etc.
De nombreuses séries temporelles présentent ainsi des mouvements saisonniers : la production industrielle présente tous les ans un creux au mois d'août, le nombre de demandes d'emploi non satisfaites fléchit également tous les ans en été, etc. Pour effectuer une analyse économique correcte de ces séries, il importe de distinguer le mouvement saisonnier de la tendance de la série corrigée des variations saisonnières. Les statisticiens ont mis au point des modèles de *désaisonnalisation* dans lesquels le mouvement saisonnier peut se conjuguer avec la tendance, soit de façon additive, soit de façon multiplicative.

Salaire

a : *Wage/Salary* – **d** : *Lohn/Gehalt* – **e** : *Salario*

Rémunération proportionnelle au temps ou à la tâche, allouée au travailleur lié à un employeur par un contrat de louage de services.

Ce contrat peut être explicitement formulé ou bien résulter d'un lien de subordination ou de dépendance économique.
Suivant la qualité du bénéficiaire ou la nature du service qu'il rétribue, le salaire est, dans le langage usuel, susceptible d'appellations diverses : traitement (des fonctionnaires civils), solde (des militaires), appointements (des cadres supérieurs), gages (des personnels domestiques), etc.
Le salaire est calculé, soit proportionnellement au rendement (on parle alors de salaire à la pièce ou de salaire à la tâche), soit proportionnellement au temps, c'est-à-dire au mois ou à l'heure ; dans ce

dernier cas, il dépend de la *durée du travail par l'intermédiaire des heures dites « normales » et des majorations pour heures supplémentaires.
Au salaire proprement dit doivent être assimilés certains compléments et certains substituts.

Les compléments du salaire : Ils comprennent essentiellement :
– les primes et gratifications (prime de bilan, 13e mois, primes de vacances, etc.) ;
– les versements pour congés payés ;
– les avantages en nature tels que la fourniture par l'employeur des repas, du logement, etc., et qui ne revêtent donc pas l'aspect d'un versement en espèces.

Les substituts du salaire : Ils résultent le plus souvent de *conventions collectives et comprennent :
– le versement de prestations en cas de maladie ou d'incapacité ;
– les suppléments familiaux ;
– les indemnités de chômage ;
– les indemnités de préavis.

Le *salaire minimum : C'est un salaire correspondant à une heure de travail effectif, compte tenu des avantages en nature et des majorations diverses ayant le caractère d'un complément de salaire, fixé par les pouvoirs publics, et au-dessous duquel aucun employeur ne peut rémunérer un salarié. Les clauses de salaire minimum se sont développées dans la plupart des économies au XXe siècle dans le cadre, soit de contrats privés, soit d'une réglementation publique. En France, la politique du salaire minimum a été imposée par la législation. Créés en 1950 et indexés sur l'indice des prix, le SMIG (salaire minimum interprofessionnel garanti, pour les activités non agricoles) et le SMAG (salaire minimum agricole garanti) ont été unifiés en 1970 et remplacés par le SMIC (salaire minimum interprofessionnel de croissance) qui, prenant en compte l'augmentation générale des salaires et la croissance de la production, tend à augmenter plus vite que l'indice général des prix et garantit ainsi une progression du pouvoir d'achat.

Comptabilité nationale : Les salaires *bruts* sont les rémunérations en espèces ou en nature versées aux ménages au titre de la rémunération normale du travail, même lorsqu'ils ne sont pas la contrepartie directe d'un travail fourni. En revanche, ils ne comprennent ni les suppléments familiaux, ni les indemnités de chômage, classés parmi les prestations sociales. Les salaires *nets* s'obtiennent après déduction de la part salariale des cotisations sociales.
Dans toutes les économies contemporaines, les salaires représentent une part importante de la *valeur ajoutée et des *revenus des *ménages. En France, les rapports respectifs étaient en 1976 de 39,4 % et de 48,2 % (pour les salaires nets).

Salaire minimum

a : *Minimum wage* – **d** : *Mindestlohn* – **e** : *Salario mínimo*

**Salaire minimum fixé par voie réglementaire pour garantir aux salariés des catégories les plus défavorisées un revenu correspondant au minimum vital défini par rapport à un milieu social déterminé.*

Un salaire minimum garanti peut être assuré par la voie des *conventions collectives mais, pour remplir son objectif social, il doit pouvoir être assuré aux catégories de salariés les plus mal défendues et, notamment, à celles qui ne peuvent par l'action syndicale obtenir des garanties conventionnelles. La puissance publique intervient en leur faveur par voie réglementaire en fixant une obligation d'ordre public.
L'expérience française illustre bien les problèmes que pose l'institution d'un salaire minimum réglementaire et présente une évolution intéressante.

Le SMIG

L'institution du SMIG (salaire minimum interprofessionnel garanti) est née en France de la loi du 11 février 1950 qui rétablissait la liberté des salaires et le rôle des conventions collectives dans leur fixation. En vigueur jusqu'en 1969, le régime du SMIG peut être caractérisé comme suit.

• C'était un salaire minimum horaire ; pour le calcul des rémunérations mensuelles, il était multiplié par 170 ; les majorations pour heures supplémentaires n'étaient pas prises en considération, et la garantie ne couvrait pas la perte de revenu résultant du chômage partiel.

• Il pouvait être différencié selon les régions en considération des différences de coût des dépenses devant satisfaire au minimum vital, compte tenu des prix et de l'appréciation subjective des besoins. Des abattements en pourcentage sur le SMIG applicable dans la région parisienne étaient fixés selon les zones de salaires ; ces différences ont été supprimées à compter du 1er juin 1968 alors que le nombre des zones depuis l'origine avait été déjà progressivement ramené de 8 à 2 et que l'écart entre les zones extrêmes avait été réduit de 1 % à 2 %.

• Il s'appliquait uniformément dans toutes les professions, à la seule exception des salariés agricoles pour lesquels le même régime de protection avait été établi par le décret du 9 octobre 1950 instituant le salaire minimum agricole garanti (SMAG), assorti lui-même d'abattements par zones de salaires. Il s'établissait à 13,5 % en dessous du SMIG lorsque la distinction a été supprimée le 1er juin 1968.

• Il constituait une garantie réelle parce que indexé sur l'évolution du coût de la vie depuis la loi du 18 juillet 1952 : les discussions sur le budget type du manœuvre célibataire, que devait arrêter la commission supérieure des conventions collectives en vue de la fixation du SMIG, ont de ce fait été privées de leur intérêt essentiel.

Les conditions d'application de ce mécanisme d'*indexation, maintenu par dérogation à la prohibition générale des indexations intervenue en 1959, ont été modifiées par la loi du 26 juin 1957 qui a substitué, au seuil de déclenchement de l'indexation constitué par une hausse de 5 % de l'indice, un seuil plus faible de 2 %, mais dont le dépassement devait être constaté pendant deux mois consécutifs pour éliminer l'effet des variations accidentelles.

L'indice utilisé a d'autre part changé : indice des prix à la consommation dans la région parisienne (des 213 articles) en 1952, indice des 170 articles en 1957, indice des prix à la consommation des familles de condition modeste comportant 259 articles à partir de février 1966 : la base offerte par ce nouvel indice était meilleure parce que les éléments constitutifs se référaient aux besoins d'un ménage et non à ceux du manœuvre célibataire, et parce que les relevés de prix étaient faits tant en province qu'à Paris.

Toutefois, le gouvernement pouvait décider de faire profiter les plus défavorisés de l'augmentation réelle du revenu national et de majorer le SMIG plus que ne l'exigeait l'indexation ou hors des périodes de jeu de l'indexation : il l'a fait plusieurs fois, et particulièrement en juin 1968 par un relèvement considérable qui a porté le SMIG à 3 F (+ 35 % à Paris).

Ce rattrapage est resté cependant partiel et, sur la période 1957-1969, le niveau moyen des salaires a augmenté plus vite que le SMIG.

Le SMIC

A la suite des accords de Grenelle, consécutifs aux mouvements sociaux de mai-juin 1968, une loi du 19 décembre 1969 a apporté au régime du salaire minimum une réforme notable. SMIG et SMAG ont été remplacés par un salaire minimum de croissance (SMIC) dont le régime est conçu pour éviter, précisément, l'apparition et le développement d'un décalage par rapport au salaire horaire moyen des ouvriers.

Alors que l'ancien régime ne conférait aux travailleurs les moins rémunérés qu'une garantie de maintien du pouvoir d'achat, le nouveau système entend leur ménager une participation aux fruits de l'expansion générale et donc assurer désormais une réelle progression du salaire réel.

La garantie d'un pouvoir d'achat est améliorée : si le seuil de déclenchement d'un ajustement du salaire minimum n'est pas modifié, celui-ci intervient désormais le premier jour du mois qui suit la publication de l'indice. L'indice national a par ailleurs été, depuis la réforme, rajeuni à nouveau : un indice des 295 articles s'est substitué en 1971 à l'ancien indice des 259 articles.

Les modalités de la participation aux fruits de la croissance sont définies de manière assez souple. S'il n'y a pas d'indexation automatique sur une grandeur représentative de l'expansion et si le gouvernement garde donc une assez grande latitude à cet égard, il est tenu cependant par une garantie minimale : la progression du pouvoir d'achat du SMIC ne peut être inférieure à 50 % de celle des salaires moyens.

C'est à partir de la référence explicite aux comptes économiques de la nation que le SMIC doit être ainsi annuellement révisé. Des « acomptes » imputables sur la participation à la croissance peuvent être alloués en cours d'année, indépendamment du jeu de la clause d'ajustement à l'évolution du coût de la vie.

Le mécanisme automatique du salaire minimum présente une justification économique et sociale évidente. Il peut cependant entraîner *certaines rigidités* qui tiennent aux effets de sa modification.

• Sur les salaires eux-mêmes : sont naturellement directement bénéficiaires d'un relèvement de rémunération les salariés qui étaient rémunérés au niveau du salaire minimum (environ 800 000 en 1970) ; mais ceux qui étaient rémunérés au-dessus de l'ancien minimum, mais au-dessous du nouveau minimum, doivent également bénéficier du relèvement, au moins dans la mesure nécessaire pour respecter le nouveau niveau. Malgré le caractère obligatoire du SMIC, certaines entreprises obtiennent parfois « l'adhésion tacite » de leur personnel à des conditions de rémunération plus faibles qui sont la condition du maintien des emplois. Cependant, à l'inverse, la majoration du salaire minimum peut se répercuter en partie au moins sur la hiérarchie des salaires, et ceci d'autant plus que ces majorations sont entourées d'une large publicité.

• Sur certaines prestations dont le niveau est fixé en fonction du SMIC (indemnités du Fonds national de l'emploi ; formation professionnelle des adultes...) ou qui sont octroyées en fonction des ressources du bénéficiaire plafonnées en rapport avec le SMIC (ainsi des prestations d'aide sociale, des allocations de chômage partiel). En matière de Sécurité sociale, la liaison automatique avec le SMIC n'existe que pour certaines prestations du régime agricole, pour les cotisations d'assurances sociales agricoles et pour le calcul des avantages en nature. Enfin, les plafonds de ressources concernant les bénéficiaires de la législation des HLM et du régime des primes convertibles en prêts spéciaux à la construction peuvent être définis par un multiple du SMIC et liés à ses variations.

Voir Indexation.

Sauvegarde

a : *Safeguard measures* – **d** : *Schutzmassnahmen* – **e** : *Salvaguardia*

Rétablissement provisoire de barrières protectionnistes précédemment abolies afin de limiter les dommages causés par la libération des échanges.

Parmi les nombreux facteurs du *protectionnisme, la crainte de voir l'ouverture des frontières provoquer des perturbations graves dans la vie économique nationale joue un rôle important. Quels que soient les efforts consentis, l'imprécision des méthodes de *prévisions, dans le domaine des échanges extérieurs tout particulièrement, reste très grande ; aussi, lorsqu'ils s'engagent dans un processus de libération des échanges, les gouvernements, malgré les études préalables, ne peuvent-ils être assurés que la menace d'accidents graves est exclue. Dès lors, pour limiter les risques qu'ils font courir à l'économie nationale en réduisant la protection dont elle bénéficie, les pouvoirs publics recherchent l'introduction de clauses de sauvegarde dans les accords de *libération des échanges.

L'*objet des clauses de sauvegarde* est d'autoriser *a priori* les parties contractantes à ne pas respecter les dispositions de l'accord dont l'application, compte tenu des circonstances, compromettrait des intérêts essentiels. Qu'il s'agisse de conventions multilatérales ou de traités bilatéraux, de telles clauses se retrouvent à peu près toujours, ainsi que les efforts pour définir les conditions de leur application et, notamment, les types de dommage qui justifient leur mise en œuvre. L'Accord général sur les tarifs douaniers et le commerce (*GATT), par exemple, prévoit des possibilités de dérogation aux obligations incombant à ses adhérents dans le cas où leur position financière extérieure et l'équilibre de leur *balance des paiements sont menacés, et tente de préciser les situations ainsi visées par diverses indications sur l'évolution des *réserves. Le traité de Rome, instituant le *Marché commun, comportait toute une série de clauses de sauvegarde spécifiques, pouvant être appliquées à certaines règles particulières ou permettant de faire face à divers types de situations — difficultés de balance des paiements, *dumping... — tandis qu'une clause de sauvegarde générale, qui ne pouvait être invoquée qu'au cours de la période de transition, visait les cas où l'équilibre économique de certains secteurs d'activité ou de certaines régions était gravement et durablement ébranlé. Les accords de commerce bilatéraux font généralement référence à des risques sectoriels, mais le Code de libération des échanges de l'*OECE envisageait simplement « une raison suffisante d'intérêt national ou d'équité ».

L'*avantage de telles dispositions* insérées dans le cadre contractuel est de faciliter l'acceptation de mesures de libération relativement audacieuses puisque, en tout état de cause, leur application ne comporte plus de risques graves. Pour autant, leur utilisation ne manque pas de créer quelques difficultés. Malgré les efforts de précision des contractants, les situations qui justifient le recours à des mesures de sauvegarde sont assez mal définies ; l'interprétation dans chaque cas particulier peut être à l'origine de nombreuses divergences. S'agissant, dans le principe même, des intérêts essentiels de l'un des partenaires, il est naturel qu'un pouvoir d'appréciation lui soit consenti. Toutefois, des procédures de concertation, voire de contrôle ou d'autorisation préalable, sont souvent instituées afin d'éviter les abus du recours à ces clauses d'exception. Dans le cadre de l'*OCDE, par exemple, si des mesures de sauvegarde peuvent être prises unilatéralement, leur notification et leur examen collectif sont imposés. Allant plus loin, la CE n'autorise l'action unilatérale de l'un des États membres qu'en cas d'urgence, le contrôle par les institutions communautaires s'exerçant alors *a posteriori.* Il reste certain que l'efficacité de ces limitations repose sur les possibilités de *rétorsion détenues par les partenaires. Ces mêmes pressions potentielles doivent aussi assurer que les mesures de sauvegarde, une fois décidées, conserveront le caractère provisoire qui doit être le leur ; car pas plus qu'il n'y a de critère indiscutable pour déterminer qu'un surcroît de *protectionnisme est nécessaire, il n'est possible de fixer une limite dans le temps à cette nécessité. L'existence de clauses de sauvegarde dans les accords de libération introduit donc une certaine précarité : l'équilibre des concessions qui fonde toutes ces conventions risque à tout instant d'être rompu par le recours à des mesures de sauvegarde, ce qui peut aller, par le jeu de représailles réciproques, jusqu'à la disparition totale des progrès réalisés. Aussi n'est-il pas rare, dans les négociations commerciales, que les mécanismes de sauvegarde fassent l'objet de discussions attentives ; le choix existe souvent, en effet, entre l'acceptation de concessions extrêmement limitées — dans le cadre de *contingents fixés de façon très prudente, comme c'est le cas, par exemple, pour les *préférences généralisées que la CE a offertes aux pays en voie de développement — ou celle de clauses de sauvegarde assez larges qui soumettent l'exécution de l'accord à la menace constante d'une utilisation abusive de cette garantie.

Science économique

a : *Economics* – **d** : *Wirtschaftswissenschaft* – **e** : *Economía*

Ensemble des connaissances objectives se rapportant aux activités de l'homme ayant pour finalité la satisfaction de ses besoins.

La première originalité de la science économique, par rapport aux autres disciplines scientifiques, est que sa définition n'a jamais cessé d'alimenter des controverses, qui ont pu aller jusqu'à lui contester le caractère d'une véritable science. Le terme tend cependant à s'imposer, dans un domaine où l'on a parlé d'abord d'« économie politique », puis d'« économique ». La difficulté d'appliquer le caractère d'une science à l'« économique » tient à toute une série de raisons, liées d'ailleurs étroitement les unes aux autres : l'objet de l'économique est l'homme, dans ses rapports dialectiques avec la nature, en tant qu'agent appliquant son activité (travail) à celle-ci pour en tirer les biens et services nécessaires à la satisfaction de ses besoins. Or ces rapports se sont développés selon un processus social qui implique des relations entre les individus, relations de fait institutionnalisées dans des règles juridiques qui, dans la mesure où elles commandent les comportements, sont partie intégrante des *mécanismes économiques ; par voie de conséquence, la réflexion sur ces mécanismes a souvent confondu l'analyse objective de ces rapports avec leur justification éthique. L'influence normale de l'idéologie jointe à la difficulté, voire à l'impossibilité d'expérimenter en la matière, a conduit à une floraison de théories, dont les supports doctrinaux, implicites ou explicites, étaient assez contradictoires pour incliner au doute sur la nature scientifique des recherches entreprises.

En fait, ce doute n'a jamais été le seul apanage de l'« économique ». Il s'est étendu à l'ensemble des « sciences humaines », qui ont amorcé leur développement à partir du XIXe siècle. Toute science naissante se voit contester son caractère de science, d'autant plus facilement que son objet sort du champ des seuls phénomènes naturels, pour concerner l'homme, envisagé non seulement dans sa dimension individuelle, mais aussi et surtout dans son insertion sociale.

De nos jours, le caractère scientifique de l'« économique » peut être appréhendé à deux niveaux :

– la recherche et l'analyse des *mécanismes (c'est-à-dire des enchaînements de phénomènes) inhérents au fonctionnement d'un système économique. Dans ce cadre, la science économique s'appuie sur ce que d'aucuns appellent les sciences économiques, qui regroupent les disciplines fournissant les bases ou les moyens de vérification des *théories économiques : droit économique et commercial, *statistiques, économétrie. Le développement des techniques économétriques, en particulier, fournit désormais le moyen de suppléer aux difficultés de l'expérimentation par le recours à des exercices de simulation (permettant d'appliquer au passé des *modèles explicatifs et d'en vérifier la validité par la confrontation des résultats avec les données statistiques observées). Sur ce point, la valeur des résultats dépend non seulement de la fiabilité des modèles, mais encore sinon plus de la qualité des sources statistiques utilisées ;

– la recherche des principes explicatifs qui rendent compte de l'évolution des systèmes économiques. A ce niveau d'investigation, la science économique est étroitement imbriquée à la sociologie historique, et la démarche adoptée procède directement des bases doctrinales. Se distinguent notamment sur ce plan les tenants d'un humanisme individualiste réfractaire au déterminisme historique et les matérialistes marxistes qui proposent à l'attention une théorie globale du devenir historique des sociétés humaines.

Voir Capitalisme, Libéralisme, Marxisme, Socialisme.

Scission

a : *Split of a company* – **d** : *Unternehmensspaltung* – **e** : *Escisión de empresa*

Opération par laquelle une société fait apport de tous ses biens (ou activités) à deux ou plusieurs sociétés préexistantes ou nouvelles.

Cette opération peut s'analyser en fait comme un cas particulier de *fusion dans lequel l'apport est fait non à une mais à deux ou plusieurs sociétés et où la société apporteuse est toujours dissoute. Les sociétés bénéficiaires des apports attribuent des titres correspondants aux actionnaires de la société scindée au prorata de leurs participations dans celle-ci.

SDR

Voir Société de développement régional.

SEC

Voir Système européen de comptes économiques intégrés.

Secteur

a : *Sector* – **d** : *Sektor* – **e** : *Sector*

Comptabilité nationale : Ensemble d'entreprises exerçant la même activité principale.

Exemple : secteur de l'automobile. Une entreprise peut avoir des activités multiples. Mais, en général, ces activités se hiérarchisent par rapport à une fonction principale. C'est le type de produit correspondant à cette fonction principale qui commande le rattachement de l'entreprise à un secteur donné. La notion de secteur est à opposer à celle de la *branche qui regroupera les entreprises ou les parties d'entreprise produisant un bien ou service de la nomenclature.
Ainsi, par exemple, une sucrerie qui fabrique ses emballages est-elle rattachée pour l'ensemble de ses activités au secteur industries alimentaires. En revanche, ses opérations seront ventilées en deux branches : industries alimentaires et papier-carton.

Secteur institutionnel

a : *Institutional sector* – **d** : *Institutioneller Sektor* – **e** : *Sector institucional*

*Comptabilité nationale : Ensemble des *unités institutionnelles exerçant une même fonction principale.*

Les secteurs institutionnels sont les homologues des « agents » de l'ancien système de comptabilité nationale.
Ils regroupent selon une fonction principale les agents économiques élémentaires — *unités institutionnelles — ayant une autonomie de décision dans l'exercice de cette fonction et exerçant de façon durable leur activité sur le territoire économique français.
Les fonctions retenues sont les suivantes : production de biens et services marchands non financiers ; production de services non marchands au profit de la collectivité et réalisation d'opérations de redistribution des revenus et des richesses ; production de services non marchands au profit des ménages, collecte, transformation et répartition des disponibilités financières ; consommation.
Le classement des unités élémentaires s'effectue notamment à partir de l'examen de la nature et de l'origine des ressources principales qui facilite l'identification de la fonction principale exercée.
La comptabilité nationale française distingue six secteurs institutionnels et le reste du monde (voir les tableaux, p. 1248-1249).

Section (comptable)

a : *Category of costs/Cost unit* – **d** : *Kostenarten/Kostenträger* – **e** : *Sección contable/Portador de costes*

Comptabilité analytique : Compartiment comptable correspondant à un coût exprimé en unités homogènes.

La division d'un *centre de travail en sections s'impose lorsque les *charges afférant à ce centre ne peuvent s'exprimer en unités homogènes. Chaque section est alors créée pour regrouper des frais exprimés en une unité commune, ce qui permet de les qualifier de *sections homogènes.* Pour chaque section l'unité commune, dite *unité d'œuvre* (exemple : heure de main-d'œuvre, heure-machine...) doit permettre de mesurer la part des frais de section qui incombe effectivement à chacun des coûts et prix de revient intéressés.
Une section ouverte en dehors des centres de travail pour de simples raisons de commodité de calcul est dite « fictive » ou de « calcul ».

Sécurité sociale

a : *Social security* – **d** : *Soziale Sicherung* – **e** : *Seguridad social*

Ensemble des organismes ou des opérations ayant pour objet de garantir la sécurité économique des individus.

Historique

L'institution de la Sécurité sociale apparaît progressivement au cours du XIXe siècle en substituant aux notions antérieures d'assistance ou de responsabilité (telle la responsabilité de l'employeur en cas d'accident du travail) le concept de « prestations », obligatoires et institutionnalisées, destinées à compenser la perte ou la diminution de revenu des travailleurs. Les premiers systèmes d'assurances sociales furent promulgués en Allemagne en 1883 pour l'assurance-maladie, en 1884 pour l'assurance-accidents du travail, en 1889 pour l'assurance-invalidité et vieillesse.
En France, le premier système couvrant les accidents du travail date de 1898 ; les assurances sociales couvrant les risques de maladie, maternité, invalidité, vieillesse et décès furent créées en 1928-1930 ; le premier système d'indemnisation des charges de famille fut institué en 1932.
La tendance générale actuelle est à l'extension des personnes protégées (extension aux non-salariés), des risques couverts (chômage, inadaptation), des politiques de prévention.
Enfin, par l'importance des sommes mises en jeu, pour les modalités de financement (cotisations) et celles des *prestations, les systèmes de Sécurité sociale constituent un des mécanismes fondamentaux de la *redistribution. La part des cotisations sociales dans l'ensemble des *prélèvements obligatoires est en effet, notamment en France, devenue plus importante que les recettes fiscales prélevées par l'État lui-même pour financer le budget général (*voir* Pression fiscale).

Comptabilité nationale

La Sécurité sociale est un ensemble d'administrations dont l'objet principal est le versement de prestations sociales.
Elle comprend les groupes suivants.

Le régime général : C'est le régime de droit commun, couvrant les salariés qui ne bénéficient pas d'un régime particulier, les assurés volontaires et, pour les seules prestations familiales, les non-salariés des professions non agricoles.

Le régime agricole : Il couvre les non-salariés et les salariés agricoles ; ses opérations figurent dans le BAPSA (budget annexe des prestations sociales agricoles).

Les régimes spéciaux : Ils assurent aux salariés de certaines entreprises ou membres de certaines professions la couverture de tout ou partie des risques qu'assure le régime général.

Les régimes autonomes : Ils couvrent les risques maladie et vieillesse des membres des professions libérales, artisanales, industrielles et commerciales.

Les régimes de retraites complémentaires : Ils versent des suppléments de retraites ; les principaux sont affiliés à l'AGIRC (Association générale

LES SECTEURS INSTITUTIONNELS

Secteur institutionnel	Fonctions principales	Ressources principales
Sociétés et quasi-sociétés non financières[1]	Produire des biens et des services marchands non financiers	Résultat de la vente
Institutions de crédit	Financer, c'est-à-dire collecter, transformer et répartir des disponibilités financières	Fonds provenant des engagements financiers contractés
Entreprises d'assurance	Assurer, c'est-à-dire garantir un paiement en cas de réalisation d'un risque	Primes contractuelles ou cotisations sociales volontaires
Administrations publiques	Produire des services non marchands destinés à la collectivité et effectuer des opérations de redistribution du revenu et des richesses nationales	Versements obligatoires effectués par les autres secteurs et reçus directement ou indirectement
Administrations privées	Produire des services non marchands et, dans certains cas, produire, sans but lucratif, des services marchands destinés aux ménages	Contributions volontaires effectuées par les ménages ; éventuellement[2] achats des ménages
Ménages y compris entreprises individuelles	Consommer et, en tant qu'entrepreneurs individuels, produire des biens et des services marchands non financiers	Rémunération des facteurs de la production ; transferts effectués par les autres secteurs ; produits de la vente
Reste du monde	Sous l'appellation « reste du monde », on regroupe dans un même ensemble de comptes les opérations entre unités résidentes et unités non résidentes	

1. Certaines grandes unités de production gérées par les pouvoirs publics disposent en fait d'une autonomie de décision qui les fait considérer comme des « quasi-sociétés publiques » (PTT, Régie commerciale des alcools). Par ailleurs, lorsqu'une unité non résidente exerce une partie de son activité pendant plus d'un an sur le territoire économique français, cette partie de son activité est attribuée à une unité résidente appelée « quasi-société ».
2. Il s'agit essentiellement des cantines gérées par les comités d'entreprise.
Source : *Économie et statistique,* n° 75, février 1976.

COMPARAISON SOMMAIRE DES CLASSEMENTS INSTITUTIONNELS DANS L'ANCIEN ET LE NOUVEAU SYSTÈME					
Nouveau système	**Ancien système**				
	Entreprises non financières	**Ménages**	**Institutions financières**	**Administrations**	**Extérieur**
Sociétés et quasi-sociétés	Sociétés et quasi-sociétés			Administr. privées au service des entreprises	
Ménages	Opérations effectuées en tant qu'entreprises individuelles	Opérations des ménages résidents se trouvant à l'intérieur			Opérations des ménages résidents se trouvant à l'extérieur
Institutions de crédit			Institutions de crédit		
Entreprises d'assurance			Sociétés d'assurance	Mutuelles, caisses de retraite dont les clauses de fonctionnement sont de nature contractuelle	
Administr. publiques[1]	CEA ONERA ONIC FORMA DTAT			Administr. publiques françaises, à l'intérieur Administr. privées financées par les administr. publiques	Administr. françaises à l'extérieur
Administr. privées				Administr. privées au service des ménages et financées par eux	
Reste du monde		Opérations des ménages non résidents se trouvant à l'intérieur		Administr. étrangères et internationales situées sur le territoire	Unités non résidentes se trouvant à l'extérieur

1. CEA : Commissariat à l'énergie atomique ; ONERA : Office national d'études et de recherches aérospatiales ; ONIC : Office national interprofessionnel des céréales ; FORMA : Fonds d'orientation et de régularisation des marchés agricoles ; DTAT : Direction technique des armements terrestres.

des institutions de retraite des cadres) et à l'ARRCO (Associations des régimes de retraites complémentaires pour les salariés non cadres).

Le régime conventionnel d'assurance-chômage : Il est constitué essentiellement par l'UNEDIC (Union nationale pour l'emploi dans l'industrie et le commerce).

Les sociétés *mutualistes : Elles servent à leurs adhérents des prestations complémentaires.

Des fonds : Ce sont soit des comptes de passage (tel le Fonds national de solidarité), soit des comptes de compensation.

Voir Prestations sociales, Cotisations sociales, Parafiscalité.

Seigneuriage

Initialement : *profit prélevé par le prince sur le métal à monnayer, lors de l'attribution du droit de frappe.*
Par extension aujourd'hui : *caractère d'un pays dont la monnaie est utilisée dans les échanges internationaux.*

Série

Voir Chronologique (série).

Serpent monétaire

a : *Currency snake* – **d** : *Währungsschlange* – **e** : *Serpiente monetaria*

*Accord sur les *taux de change entre pays européens.*

Conclu à l'origine, en 1972, entre tous les pays membres de la *CE, le serpent ne rassemblait plus, en 1978, que les pays du Benelux et le Danemark autour de la RFA. Les autres pays membres de la CE avaient été amenés à renoncer au flottement concerté qu'il instaurait, faute de pouvoir suivre la politique de *change vis-à-vis du dollar imposée par l'Allemagne en l'absence de mécanisme propre à assurer la convergence et la concertation. Aussi, dans le *SME qui l'a remplacé à partir de 1979, le rôle de l'*écu et de l'indicateur de divergence ont-ils été particulièrement étudiés de façon à mieux assurer la cohésion de l'ensemble et la coopération monétaire, prolongement nécessaire du Marché commun.

Service du logement

Comptabilité nationale : Service rendu à l'occasion de la location, réelle ou fictive, d'un logement.

Sa valeur est appréciée par celle du loyer, réel ou fictif (pour les ménages propriétaires de leur logement ou logés gratuitement par l'employeur).

Services

a : *Services* – **d** : *Dienstleistungen* – **e** : *Servicios*

Prestations contribuant à la satisfaction de besoins individuels ou collectifs autrement que par le transfert de la propriété d'un bien matériel.

En assurant la satisfaction des besoins, les biens fournissent des services à leur propriétaire par leur consommation ou leur usage. Mais il existe une large catégorie d'échanges comportant vente de services sans cession de biens déterminés : la fourniture de services est une fonction économique au même titre que la production et la vente de biens matériels, elle contribue de la même manière à la formation du produit national.
Les services fournis comprennent selon les cas : un travail plus ou moins spécialisé, l'utilisation non privative ou temporaire d'un bien, l'usage combiné d'un bien durable et du produit d'un travail (services mixtes), le prêt de capitaux.
La diversification des besoins et celle des fonctions, conformément au principe de la division du travail, ont entraîné la multiplication des activités de services. Leur définition autre que négative en est rendue malaisée : ils constituent une catégorie résiduelle très hétérogène où se mêle tout ce qui ne comporte pas livraison d'un bien ; c'est la nature juridique du lien existant entre le prestataire et le bénéficiaire qui distingue, d'autre part, les activités de services du travail salarié.

Les catégories de services

On y trouve selon les besoins auxquels ils correspondent ou les moyens mis en œuvre :

- les services personnels qui, sous la forme des services domestiques, sont les plus anciens, mais se sont eux-mêmes diversifiés (coiffeurs) ;
- les services intellectuels à base de travail exigeant des compétences particulières (activités d'études, d'intermédiaires, publicité) ;
- les services relatifs à la santé, à l'éducation, aux loisirs (spectacles) ;
- la fourniture de logement à laquelle peuvent être jointes les activités hôtelières ;

• les moyens de communication (infrastructure et exécution des transports, postes et télécommunications) ;

• les services financiers (le *crédit et les autres services proposés par les banques, les *assurances) ;

• les services généraux qui assurent la protection de la collectivité et l'ordre dans les relations entre ses membres (défense nationale, police, justice, administration générale à l'échelon national et local) ; c'est le noyau des « services publics » ainsi nommés parce qu'il est du rôle de la puissance publique de les organiser, de les gérer ou d'en faire assurer le fonctionnement.

Les services pour une large part sont destinés à satisfaire directement les besoins des individus : ils sont « consommés par les ménages » ; mais ils sont également demandés par les entreprises qui ont le choix entre l'organisation des activités de services qui leur sont nécessaires dans le cadre de l'entreprise avec mise en œuvre du travail de salariés et de biens qui sont leur propriété, ou bien le recours aux services extérieurs (exemples : transports routiers pour compte propre, ou transports pour compte d'autrui). Les administrations et l'étranger sont également acheteurs de services.

En dehors des services domestiques proprement dits (salariés des ménages), les services sont produits et fournis par les entreprises privées ou publiques (y compris les professions libérales) intérieures ou étrangères, mais aussi par les collectivités publiques (État, collectivités locales) dont la fonction administrative, économique et sociale est principalement d'offrir des services comportant une part de plus en plus grande d'équipements mis à la disposition des usagers sous forme de « services mixtes ».

Parmi les services, on doit distinguer les activités satisfaisant privativement les besoins d'un individu (services individuels) et les activités mettant des services à la disposition de tous (services collectifs) : pour un besoin identique, la voiture particulière et l'autobus offrent l'exemple de ces deux catégories de services.

Les problèmes communs

Les activités de services, notamment lorsqu'elles sont assurées par les collectivités publiques, posent des problèmes particuliers de prix et de choix.

• Les services fournis peuvent être gratuits, auquel cas ils sont finalement à la charge des contribuables, ou payés par l'usager ; leur tarification dans le cas le plus général où la concurrence ne joue pas comporte un arbitrage entre les préoccupations financières et les considérations sociales. Le prix des services privés prend selon leur nature la forme de gages, de salaires, d'honoraires, de commissions, d'*intérêt.

• Les services fournis impliquent de plus en plus la réalisation préalable d'investissements onéreux (routes, écoles, hôpitaux, etc.).

L'importance des besoins et la limitation des moyens exigent des choix entre les catégories de projets d'investissements, choix que le calcul économique s'efforce d'éclairer sans parvenir à classer les uns par rapport aux autres des besoins de nature différente. Qu'ils soient gratuits ou payants, il n'en est pas moins certain que l'amélioration des conditions de vie se traduit en fonction de l'élasticité variable des besoins par un développement considérable de la demande de services publics.

Les services se confondent dans une large mesure avec les activités du secteur *tertiaire* qu'isole aujourd'hui l'analyse économique : toutefois, la distribution des biens qui est une fonction tertiaire assurée par les entreprises purement commerçantes n'est pas comprise dans les services.

Le développement des services intervient largement dans l'expansion du secteur tertiaire qui, aujourd'hui, contribue pour plus de la moitié à la formation du produit national dans les pays occidentaux les plus avancés.

L'importance prise par les services, dans l'emploi des revenus comme dans la formation des coûts de production, a conduit à une meilleure appréciation de leur rôle et à l'abandon d'un préjugé de même nature que celui qui réservait les faveurs des physiocrates aux activités primaires alors jugées seules créatrices de richesses.

La différenciation apparaissait notamment dans le *traitement fiscal* particulier qui était appliqué aux opérations de prestations de services dans le régime des taxes sur le chiffre d'affaires : une taxe sur les prestations de services frappait les opérations autres que les ventes à un taux plus faible (8,5 %) que la taxe sur les opérations de production mais sans possibilité de déduction d'une taxe sur l'autre en amont comme en aval. Une évolution achevée à partir du 1er janvier 1968 a fait entrer les prestations de services dans le champ d'application de la *taxe à la valeur ajoutée en France : ainsi est encouragé le recours des entreprises aux services extérieurs grâce à la possibilité de déduire les taxes ayant grevé les prestations reçues ; de leur côté, les fournisseurs de services trouvent un encouragement à l'investissement et à la mise en œuvre de techniques nouvelles dans la possibilité de déduire les taxes incorporées dans leurs achats.

Traitement comptable

La comptabilité nationale : Elle ne sépare pas « *biens et services » ; ils sont globalement appréhendés dans l'évaluation du produit national ou du produit intérieur, la ventilation en étant faite au niveau des branches dans le *tableau des entrées-sorties. On notera que le système français en vigueur jusqu'en 1976 ne retenait que les services fournis contre le paiement d'un prix, tandis que le nouveau système (*voir* SECN), en cela accordé au système de l'ONU, comporte une évaluation des services non marchands (services administratifs notamment). Le système russe, demeuré fidèle à une conception industrielle de l'activité économique, ne retient que les services liés à l'activité de production matérielle (transports). En définitive, les différences de méthode ne sont que le reflet des différences de conception ayant trait à l'étendue des types de services auxquels est reconnu le caractère productif.

La *balance des paiements courants avec l'extérieur : Elle comporte les échanges de biens et services mais isole ces derniers traditionnellement, du fait qu'ils ne peuvent être appréhendés en général par les statistiques douanières lors du passage des frontières : on parle d'exportations et d'importations « invisibles » qui sont connues par les règlements financiers auxquels elles donnent lieu — les principales rubriques recensées sont les transports, les voyages (tourisme), les assurances, les revenus du capital, les revenus du travail, les produits de la propriété industrielle, les frais accessoires (bancaires, publicité), les dépenses gouvernementales à l'étranger.

Services votés

a : *Appropriation* – **d** : *Verabschiedete Mittel* – **e** : *Servicios votados*

Dotations budgétaires inscrites dans le projet de loi de finances et nécessaires à l'exécution des mesures déjà approuvées par le Parlement lors du vote du budget précédent, ou depuis celui-ci.

La distinction dans la procédure d'élaboration et de vote du budget entre les services votés et les mesures nouvelles est née de la pratique utilisée dans la préparation du budget de 1956 ; elle a été systématisée dans le décret organique du 19 juin 1956 et maintenue par l'ordonnance organique 59.2 du 2 janvier 1959.
Cette distinction se manifeste par une discussion distincte des dotations traduisant les mesures acquises et des dotations résultant de mesures nouvelles, entre le ministère des Finances et les ministères dépensiers, par une présentation distincte des unes et des autres dans les documents budgétaires (*bleus), par des votes distincts : les services votés font l'objet d'un vote unique, tandis que les mesures nouvelles sont votées ultérieurement par titre et par ministère ; ils peuvent être ouverts par décrets de répartition, si la discussion budgétaire n'est pas terminée au début de l'exercice, dès lors que le Parlement a donné autorisation de continuer à percevoir les impôts. La distinction disparaît dans l'exécution du budget voté.
Dits « votés » parce qu'ils correspondent à un vote antérieur du Parlement sur la destination qui sera donnée à ces crédits, les services votés « représentent le minimum de dotations que le gouvernement juge indispensable pour poursuivre l'exécution des services publics dans les conditions qui ont été approuvées l'année précédente par le Parlement » (ordonnance 59.2, art. 33). Ce n'est pas la simple reconduction du budget

voté de l'année précédente : les *crédits ouverts dans celui-ci font l'objet de modifications résultant de transferts et de virements, traduisant l'application de textes intervenus dans l'intervalle, l'application en année pleine de dispositions n'ayant eu qu'une incidence financière partielle au cours de l'exercice précédent, l'évolution effective des charges couvertes par des crédits provisionnels ou évaluatifs ; les crédits sont diminués, d'autre part, des inscriptions non renouvelables ; l'ensemble constitue les « mesures acquises » qui, ajoutées aux crédits votés pour le budget précédent, forment les services votés. Ceux-ci constituent plus de 85 % de l'ensemble des crédits ouverts et environ 90 % des crédits ouverts pour les dépenses ordinaires des services civils et militaires.
Doivent par contre figurer comme mesures nouvelles les modifications des dotations liées à la modification de l'activité ou de l'organisation des services, celles qui intéressent la situation des personnels, les actions nouvelles en matière d'interventions publiques, les autres catégories d'ajustements aux besoins, enfin les dispositions d'économie.
En matière d'opérations en capital, la distinction est moins claire : sont considérées cependant comme mesures acquises, les autorisations de programme prévues dans une loi de *programme et les crédits de paiement figurant dans un échéancier correspondant aux *autorisations de programme.
La procédure budgétaire s'en trouve simplifiée et accélérée, la discussion gouvernementale et parlementaire pouvant être concentrée sur les mesures nouvelles qui traduisent la politique proposée par le gouvernement.
Cependant, les services votés sont de ce fait mis hors de la discussion principale : ils s'apparentent à des crédits consolidés, les actions ou les moyens correspondants n'étant pas remis en cause. Cette situation introduit une rigidité dans le budget, à laquelle on souhaite échapper par une procédure extra-législative de réexamen périodique et systématique de l'emploi des services votés, procédure dont les conséquences pourront être présentées en mesures nouvelles.

SFI

Voir Banque mondiale (Société financière internationale).

SICAF

Voir Société d'investissement à capital fixe.

SICAV

Voir Investissement (sociétés d').

SICOMI

Voir Crédit-bail, Investissement (sociétés d').

SICOVAM

Voir Société interprofessionnelle pour la compensation des valeurs mobilières.

Simulation

a : *Simulation* – **d** : *Simulation* – **d** : *Simulación*

Réalisation d'expériences fictives permettant d'étudier l'évolution de phénomènes complexes dans lesquels interviennent un grand nombre de facteurs explicatifs ainsi qu'éventuellement un certain nombre d'événements aléatoires.

La mise au point de techniques de simulation provient de ce que la réalisation d'expériences est aussi nécessaire dans le domaine économique et social que dans d'autres domaines tels que ceux de la physique, de la botanique ou de la médecine. Mais la complexité des systèmes mis en jeu, le grand nombre d'interactions entre les différents facteurs qui interviennent dans les phénomènes étudiés, l'impossibilité de réaliser des expériences en ne faisant varier qu'un nombre limité de facteurs contrôlés « toutes choses étant égales par ailleurs », les longs délais qui séparent souvent l'effet de la cause qui l'a produit, sont autant de difficultés, théoriques ou pratiques, à la conduite de telles expériences que la nécessité absolue de la *prévision dans le domaine économique et social rend pourtant indispensables. Ces difficultés ne sont d'ailleurs pas propres à ce domaine, même si elles en sont une des caractéristiques permanentes. C'est ainsi que, par exemple, le calcul de la trajectoire d'un vaisseau spatial est fonction d'un si grand nombre de paramètres que seul le recours à une simulation permet de le mener à bien.

Les techniques de simulation qui ont été étudiées pour résoudre de telles difficultés consistent à remplacer les expériences réelles qui seraient trop complexes et trop longues à conduire par des expériences fictives, après avoir établi un *modèle aussi complet que possible du phénomène étudié. L'intérêt majeur d'une simulation est donc qu'elle fait intervenir un grand nombre de détails concrets, ce qui permet d'engager le dialogue, non seulement avec les responsables des décisions au niveau le plus général, mais aussi avec les responsables des décisions élémentaires. Elle permet de mesurer l'influence de différentes règles de décision sur un grand nombre d'éléments du problème posé et, par conséquent, de choisir, dans un ensemble de variantes définies à l'avance, la règle de décision offrant, par rapport à l'objectif fixé, les meilleurs résultats. Enfin, le cheminement et le résultat de la simulation sont aisément compris et admis par les utilisateurs du modèle qui y retrouvent l'image de la réalité.

Le succès des techniques de simulation est lié aux progrès de l'informatique, car le nombre d'équations qui composent les modèles est souvent trop élevé pour permettre une résolution sans le concours d'un ordinateur. Mais le principal apport de l'informatique a surtout été de permettre la répétition très fréquente de nombreuses expériences fictives ne différant les unes des autres que par les valeurs attribuées à quelques variables explicatives, ce qui apporte une aide appréciable à la prise de décisions.

Les techniques de simulation ont tout d'abord été appliquées à la solution de problèmes de gestion (gestion de stocks, problèmes d'écoulement de trafic, files d'attente, dimensionnement de standards téléphoniques, problèmes d'usure et de remplacement d'un parc de machines...) ; elles ont fait, depuis une dizaine d'années, leur entrée dans le domaine de la *macro-économie où elles permettent, entre autres, de mieux prévoir les conséquences de telle ou telle politique sur les caractéristiques fondamentales de l'économie.

Situation nette

a : *Net assets* – **d** : *Reinvermögen* – **e** : *Situación neta*

---

*Patrimoine net de l'entreprise, représenté par la différence entre son *actif et les engagements de son *passif.*

La notion de situation nette permet d'apprécier, par comparaison de plusieurs bilans successifs, l'évolution du patrimoine de l'entreprise et, pour cette raison, fait généralement l'objet d'une présentation et d'un commentaire devant l'assemblée générale des actionnaires.

	ACTIF[1]	PASSIF	
A	Frais d'établissement Immobilisations	Capital social Réserves + Report à nouveau	B SITUATION NETTE
	Autres valeurs immobilisées Valeurs d'exploitation Valeurs réalisables et disponibles	Subventions Provisions pour pertes et charges Dettes à long et moyen terme Dettes à court terme	C ENGAGEMENTS
	RÉSULTATS		RÉSULTATS

1. Déduction faite des amortissements et des provisions pour dépréciation.

Schématiquement et sans tenir compte des résultats de l'exercice, la situation nette correspond à la somme du *capital social, des *réserves et du *report à nouveau (positif ou négatif) ou, en d'autres termes, à la somme des *capitaux propres (au sens strict) et du report à nouveau. Elle est égale à A – C dans le tableau ci-dessus (établi d'après la nomenclature du plan comptable de 1957).

Après répartition et affectation des résultats, la situation nette est soit diminuée de la perte de l'exercice, soit augmentée de la partie non distribuée des bénéfices (qui vont aux réserves, la partie à distribuer allant aux « dettes à court terme »).

Cette situation nette (appelée également *situation nette comptable* ou actif net), pour être fidèle, suppose naturellement que chaque poste soit évalué aussi précisément que possible, notamment en ce qui concerne les *stocks ou *valeurs d'exploitation, les *provisions et les *amortissements.

Dans la mesure où la situation nette permet d'estimer la « valeur de l'entreprise », on peut également considérer que la situation nette comptable mérite, pour être pleinement significative, d'être affinée pour tenir compte d'un certain nombre de facteurs non comptabilisés mais contribuant à cette valeur réelle. Cette *situation nette rectifiée* (appelée parfois « situation nette réelle » ou « intrinsèque ») peut différer de la précédente notamment par la prise en compte des éléments suivants :

- valeur (non comptabilisée) de la « *marque », de l'image de marque, du *goodwill de l'entreprise, valeur actuelle du *fonds de commerce... ;
- outillages amortis en comptabilité mais non *obsolescents et encore pleinement productifs ;
- réévaluation du portefeuille de *titres lorsque ceux-ci ont une valeur actuelle supérieure à celle déjà rectifiée au bilan, mais dans les limites légales, etc.

La situation nette sert de base au calcul de la *valeur mathématique de l'*action* d'une société. Cette valeur résulte du rapport suivant :

$$\frac{\text{situation nette}}{\text{nombre d'actions}}$$

Cette valeur demeure théorique en raison de son mode de calcul (et éventuellement de celui de la situation nette), mais constitue une référence utile pour l'appréciation du titre et de son évolution. Exemple : le produit de la valeur nominale des actions par leur nombre, soustrait de la situation nette à un moment donné, permet de déterminer la valeur acquise par l'action, c'est-à-dire celle de l'action de *jouissance.

SME

Voir Système monétaire européen.

SMIC, SMIG

Voir Salaire minimum.

SNC

Voir Système de comptabilité nationale des Nations unies.

Socialisme

a : *Socialism* – **d** : *Sozialismus* – **e** : *Socialismo*

Doctrine prônant l'organisation d'une société égalitaire, libérée des rapports d'exploitation entre les classes sociales et assurant la primauté de l'intérêt collectif sur les intérêts particuliers. Par extension : Système et régime répondant dans ses principes à cet objectif.

La paternité du terme a été controversée (il est suffisant de noter qu'il a été créé dans les années 1830) ; sa portée et son contenu exacts ont fait plus encore l'objet de polémiques. Certaines, inspirées par les tenants de l'économie libérale « classique », tendaient même à nier au concept toute valeur concrète. Ainsi Pareto considère le vocable comme « un des termes vagues, qui appartiennent au langage vulgaire » et estime qu'« on ne définit pas rigoureusement ce qu'on entend par une organisation socialiste et qu'on ne peut la définir ». En fait, ce jugement péremptoire pouvait trouver un alibi dans les divergences entre les partisans du socialisme eux-mêmes.

• En effet, la *notion* fait référence à une aspiration commune de tous ses adeptes à une société plus juste, correctrice des inégalités, au contraire de la société capitaliste, considérée comme fondée essentiellement sur l'exploitation de l'homme par l'homme. Mais la définition des moyens de réaliser cette aspiration distingue, voire oppose, les tenants de la doctrine : il en va ainsi de l'élaboration d'un modèle de société socialiste, de la mise au point d'une stratégie d'action pour sa réalisation et de la mise en œuvre du processus de transformation de la société.
Dans la floraison des tendances apparues au XIXe siècle, on a coutume de distinguer, historiquement :

• le *socialisme utopiste* (Thomas More, Fourier, Saint-Simon et ses adeptes, Louis Blanc, Proudhon) : plus prolixe dans la définition généreuse d'un schéma de société idéale que dans l'étude des moyens d'y parvenir, il privilégie le recours à la bonté naturelle de l'homme et ne propose pas de stratégie sociale d'action ;

• le *socialisme scientifique* de Marx, Engels et de leurs disciples ; partant d'une analyse de l'évolution des sociétés appuyée sur le matérialisme historique (*voir* Marxisme), il fonde sur la collectivisation des moyens de production le point de rupture avec la société capitaliste, et sur le débouché révolutionnaire de la lutte des classes la stratégie pratique de renversement de l'ordre établi, qui doit conduire à la construction progressive d'une société communiste vouant l'État au dépérissement ;

• le *socialisme étatique* (Lassalle, Rodbertus, Sismondi...), d'inspiration réformiste : soucieux du maintien de la propriété et méfiant à l'égard de la révolution, il voit dans l'État le garde-fou contre les excès de la société industrielle ;

• le *socialisme chrétien* (Lamennais) : préoccupé comme le précédent de protéger l'individu, fin dernière de la société, contre la déviation collectiviste, il s'efforce de marier un renouveau de la tradition évangélique avec la prise en compte des aspirations égalitaires du monde du travail.

Ces distinctions n'ont pas aujourd'hui perdu de leur valeur, ni vraiment de leur actualité, mais l'évolution des idées et des faits a à la fois simplifié et compliqué la ramification des courants socialistes.
On a été amené à distinguer deux courants fondamentaux : une *école réformiste,* d'une part, pour qui la société socialiste doit libérer l'individu et non l'asservir aux contraintes collectives, qui reste fidèle de fait aux valeurs des procédures démocratiques, même si la réalité de la société

capitaliste leur confère souvent un caractère formel ; soucieuse de subordonner les moyens aux fins, elle prône l'utilisation des voies légales pour transformer la société ; l'ensemble des *courants communistes,* d'autre part, qui, à partir d'une référence à l'analyse marxiste, ont affirmé le primat du groupe sur l'individu et conféré un rôle moteur à la « classe ouvrière ». Ils ont vu dans la socialisation des moyens de production la condition fondamentale du passage au socialisme et prôné le renversement, y compris par la violence, de l'ordre capitaliste.

• En fait, une analyse spectrale des *réalités contemporaines* montre que les choses ne sont pas si simples. La pratique politique des sociaux-démocrates a souvent été opportuniste et leur participation au pouvoir, parfois aux côtés des tenants du système établi, a contribué, certes, à inspirer, voire à imposer des réformes souvent importantes, tendant notamment à améliorer les conditions des travailleurs salariés, à organiser des systèmes de redistribution des revenus et de protection sociale, et à développer, dans l'économie, un secteur public nationalisé. Elle n'a pas, en revanche, débouché sur une transformation radicale des structures économiques et sociales des communautés intéressées. Chez certains partis socialistes ou syndicats ne répudiant pas la référence à la doctrine marxiste, parfois rejoints par des courants chrétiens, on a assisté, en revanche, dans les années 60 et 70, à une certaine radicalisation motivée par l'âpreté des luttes politiques ou sociales. Les développements de la crise, après 1974, ont cependant modifié ces clivages. Si la fin du miracle de la croissance ininterrompue, en Occident, a remis en cause la pérennité du modèle social-démocrate fondé sur le « welfare state », la radicalisation de certains autres courants socialistes s'est tempérée de réalisme, surtout lorsqu'ils ont été amenés à assumer les charges du pouvoir, les effets de la crise et les incidences de la construction européenne, en sauvegardant la concrétisation de certains principes (par exemple en France).
Du côté communiste, si l'opposition « classique » entre le courant orthodoxe fidèle à l'exemple soviétique et les partis trotskistes s'est maintenue, d'autres clivages sont apparus. Dans les partis installés au pouvoir, la construction du socialisme s'était au départ essentiellement appuyée sur la collectivisation des moyens de production, variable selon les secteurs, et sur une planification centralisée rompant avec les mécanismes de l'économie de marché libérale. Dans les années 60 cependant, le souci de corriger ou de prévenir des déviations bureaucratiques, la volonté d'adapter le socialisme, considéré comme une étape, aux données propres de chaque pays et l'ambition de préparer les voies de la société communiste avaient conduit à des différences, voire à des divergences et des oppositions dans les positions idéologiques et la pratique politique, tant à l'Est qu'à l'Ouest, qui préludaient à des évolutions plus décisives.

La fin des années 80 a vu des bouleversements dans les pays qui, à l'Est, se réclamaient du socialisme. La politique introduite en 1985 par Mikhaïl Gorbatchev comme secrétaire général du PCUS, puis comme président de l'URSS, a relâché l'emprise soviétique sur les pays de l'Est européen et le régime communiste y a été renversé de manière généralement pacifique, sauf en Roumanie. L'Allemagne a été réunifiée, tandis que les pays de l'Est européen ont établi des régimes politiques pluralistes, reposant progressivement sur des bases démocratiques et s'orientant vers l'instauration d'une économie de marché à l'occidentale, en rencontrant, au moins au départ, des problèmes de chômage, de l'inflation et de la privatisation d'une partie de l'économie. L'URSS n'est plus, et la politique de transparence (glasnost) et de reconstruction (pérestroïka) a conduit à la restauration des libertés, au multipartisme, à l'émancipation des républiques anciennement fédérées, et à la résurgence de conflits interethniques. Les États baltes ont recouvré leur indépendance, les autres républiques, à l'exception de la Géorgie, tentent de bâtir une « Communauté des États indépendants » (CEI).
La « pérestroïka » visait à constituer une sorte de socialisme de marché. En fait, la dislocation de l'ancien système n'avait pas, en 1995, dans les pays de l'ex-URSS, débouché sur la constitution d'un nouveau régime économique encore vraiment stabilisé. Le chômage est apparu, les pénuries se conjuguent avec l'inflation et la spéculation (accaparement, marché noir...) et, si les économies de l'ex-URSS s'ouvrent aux investisseurs étrangers, la privatisation partielle de l'économie se révèle délicate et lente.
Par un effet de contagion, l'ancienne fédération yougoslave a éclaté : l'expérience de socialisme autogestionnaire est interrompue, la Slovénie, la Croatie et la Bosnie-Herzégovine ont proclamé leur indépendance et les conflits entre Croatie et Serbie ont du mal à être maîtrisés.
Tout s'est passé comme si l'épanouissement de réelles libertés, en conduisant à la dislocation des régimes « communistes », avait entraîné, au moins pour un temps, le développement d'un processus où l'instauration laborieuse d'une économie de marché remettait en cause certains acquis ou avantages sociaux de l'ancien régime.
Dans ce contexte, la Chine fait encore exception. Les revendications démocratiques du printemps 89 ont été réprimées, tandis que l'ouverture sur l'économie de marché continue de connaître une impulsion très nette (création de zones franches de développement et d'entreprises mixtes, dont beaucoup ouvertes au capital étranger ; libération du petit commerce et de l'artisanat...).
Amorcés après la fin du « maoïsme », ces événements ont eu des répercussions dans les pays occidentaux, où les partis communistes ont vu leur audience régresser et souvent éprouvé le besoin de se remettre en question, jusqu'à changer de dénomination (Italie).
L'échec des expériences de l'Est, marquées par des déviances totalitaires et le centralisme bureaucratique, sous la bannière du « socialisme », a nui naturellement sinon aux idéaux dont il se réclame, du moins à l'idée

qu'on puisse les réaliser. Mêlant naturellement des fins sociales à un mode d'organisation économique, le « socialisme » était pour les uns une réalité inscrite dans les faits, pour d'autres il restait un projet, ou un principe d'orientation politique. En fait, recherches, expériences, échecs et succès ont attesté les vigueurs de la doctrine. Dans ses manifestations diverses et contradictoires, elle a polarisé l'aspiration des uns, l'opposition farouche des autres et a marqué l'évolution des sociétés au XXe siècle. Si les régimes bureaucratiques de l'« Est » ont échoué, les conquêtes social-démocrates ont montré que certains acquis étaient irréversibles. En cela, et malgré leurs limites, les expériences « social-démocrates » demeurent celles qui ont été porteuses d'un progrès social souvent déterminant, au nom de l'aspiration socialiste.

Voir Marxisme, Communisme, Collectivisme.

Société

a : *Company/Partnership* – **d** : *Gesellschaft* – **e** : *Sociedad*

Personne collective instituée par un contrat réunissant plusieurs personnes qui conviennent de mettre en commun des valeurs, des biens ou de l'industrie dans un but lucratif.

D'après la stricte définition de l'article 1832 du Code civil français, la société est « un contrat par lequel deux ou plusieurs personnes conviennent de mettre quelque chose en commun en vue de se partager le bénéfice qui pourra en résulter ». Les biens apportés par chaque associé sont réunis pour former un patrimoine séparé de celui de chacun d'eux. Le patrimoine, affecté à l'exploitation commune, appartient à la société elle-même, qui est ainsi une *personne morale*, distincte des personnes physiques qui la composent, et sujet de droits et d'obligations.

Origine et formation de la notion

Historiquement, la notion de société tire son origine de la notion d'*indivision* du droit romain. Entre ceux qui ont hérité du *pater familias* existait un *consortium* (sort commun — voir également ce mot dans son acception moderne) qui s'est progressivement transformé en *societas* quand les cohéritiers ont pris l'habitude d'exploiter en commun les biens de l'héritage. Au Moyen Age, on a peu à peu admis que des associés pouvaient ne pas être copropriétaires indivis mais des personnes n'ayant entre elles à l'origine aucun lien particulier d'ordre patrimonial. C'est alors que les apports des associés ont pu constituer ensemble un patrimoine véritablement distinct du patrimoine personnel de chacun. Les premières formes de *commandite sont apparues à cette époque.

Le stade suivant a été franchi lorsqu'on a considéré que la « société » était elle-même indifférente à la personnalité des associés, mais ne constituait qu'une mise en commun de biens ou de valeurs, c'est-à-dire de *capital. Cette notion de société de capitaux a conduit tout naturellement à reconnaître, puis à confirmer la « personnification » de la société qui devient ainsi personne distincte de ceux qui la composent. C'est la notion anglaise d'*incorporation* et la notion française de « compagnies », constituées sous l'Ancien Régime par charte royale. Le développement postérieur des activités économiques et l'évolution corrélative du droit ont fourni à la notion de société, à partir du XIXe siècle, ses occasions d'épanouissement et de diversification.

Nature et formes de société

● Les formes de société sont devenues extrêmement diverses et chacune se caractérise par une économie spécifique de relations entre ses membres et à l'égard de ses partenaires. *Toutes ont en commun les principaux éléments suivants.*

• La personnalité morale de la société en tant que telle, distincte de celle de ses membres. La société a un nom (raison *sociale*), un domicile (le siège *social*), des biens ou un patrimoine (l'*actif ou le *capital *social*). Elle est donc sujet de droits et d'obligations, mais doit être naturellement représentée par des personnes physiques qui agiront pour elle, signeront ses actes, seront responsables en son nom. En raison de son caractère, on ne conçoit contre elle que deux ordres de peines : les peines pécuniaires (amendes, confiscation) et la « peine de mort » (dissolution forcée, par exemple à la suite de *faillite).

• Sa personnalité est le résultat d'une *convention* entre ses membres ou associés. C'est en effet le contrat de société qui manifeste leur décision de se réunir pour exercer ensemble une activité. Cette adhésion collective, nommée par les juristes *affectio societatis*, doit être conservée pour que la société subsiste.

• Cette personnalité conventionnelle ne peut exister concrètement que si elle *dispose d'un patrimoine*, si limité soit-il, qui en constitue la base matérielle. Ce patrimoine est normalement constitué à l'origine par les **apports* des associés, qui la dotent pour la faire naître. Ce patrimoine enregistre et traduit ensuite les résultats spécifiques de la gestion de la société elle-même.

• *La société a un objet,* pour lequel les associés l'ont précisément fondée. Il est convenu que cet objet est la recherche du *bénéfice par l'exploitation en commun du fonds social. Ce critère distingue les sociétés des associations, dont l'objet peut être très différent (associations amicales, philanthropiques, associations de défense ou de représentation d'intérêts...).

• L'*organisation* et le *fonctionnement de la société* obéissent à des règles générales communes, principalement les trois suivantes : tout associé, à quelque type de société qu'il appartienne, est un membre d'un groupement constitué par le pacte social : à ce titre il doit jouir d'un minimum de droits et d'obligations qui manifestent qu'il n'est pas seulement un créancier (*voir* Obligation *par opposition à* Action). La société ne peut exprimer sa volonté juridique que par l'organe de ses représentants qualifiés ; elle doit procéder à leur désignation et à leur investiture ; enfin, le fonctionnement de la société doit respecter la règle générale de l'intangibilité du capital social. Cela signifie que les associés n'ont pas à se redistribuer entre eux sous forme de bénéfice des biens affectés en propre à la société et sur lesquels des créanciers de la société peuvent avoir des droits (*voir* Créance). Aussi procède-t-on dans le *bilan à un blocage de valeurs d'*actifs à concurrence du montant du capital inscrit au *passif.

● Sous réserve de ces caractères généraux, la notion de société donne lieu à une grande *variété de formules d'application,* encore en voie de diversification sous l'effet de la multiplication des catégories d'activités, notamment dans les secteurs de services financiers (*banques, *assurances ou *capitalisation) et dans les domaines d'association du secteur public et du secteur privé.
Les divers types de sociétés peuvent se regrouper en fait en deux grandes catégories : les sociétés civiles ou sociétés non commerciales, les sociétés commerciales.
Leurs régimes divergent sur les points énumérés ci-dessous.

• A la différence des sociétés civiles, les sociétés commerciales sont assujetties aux obligations professionnelles et aux charges fiscales des commerçants et du *commerce.

• La constitution des sociétés commerciales doit faire l'objet des publications prévues pour les entreprises commerciales.

• Les contestations entre associés de sociétés civiles relèvent du tribunal civil du siège de la société ; celles entre associés commerciaux relèvent du tribunal de commerce du même lieu.

Sociétés non commerciales (ou civiles)

La société coopérative : Elle est d'une nature controversée par les juristes. On juge finalement qu'elle est civile ou commerciale selon l'objet de son activité (commerciale lorsque l'opération qu'elle réalise n'est plus le prolongement direct de l'activité principale de ses membres — coopératives de commercialisation agricole). Très généralement, l'association dite « société » coopérative n'est pas commerciale puisqu'elle ne recherche pas de bénéfices, qu'elle redistribue ses plus-values à ses membres, que ses services leur sont exclusivement réservés et que l'organisation interne obéit à des règles démocratiques d'inspiration sociale (c'est le cas notamment pour les coopératives de *distribution). Ces sociétés sont d'ailleurs soumises au statut particulier de la coopération établi par la loi du 10 septembre 1947.

La société civile immobilière (SCI) : Elle a pour objet de construire, au nom des copropriétaires, les immeubles où ils détiennent des logements. Ces logements sont représentés par des *parts de société civile qui confèrent un droit de vote proportionnel à leurs détenteurs. Lorsque l'immeuble est construit, la SCI est généralement dissoute et chacun des logements est affecté à son titulaire comme une propriété immobilière. Tant qu'elle existe, le copropriétaire a le statut d'associé. Sa participation est représentée par un titre mobilier non susceptible d'*hypothèque, mais de *nantissement.

Les sociétés civiles foncières : Elles sont destinées à favoriser les opérations d'urbanisation et la conclusion de « baux à la construction » (*voir* Bail). Les propriétaires apportent à ces sociétés les terrains qui doivent être cédés aux collectivités publiques ou donnés à bail à la construction. La société se charge de toutes ces opérations, ce qui permet d'en décharger les propriétaires et d'accélérer les procédures.

Les sociétés civiles professionnelles : La loi du 29 novembre 1966 a autorisé les membres des professions libérales (notaires, avocats, médecins) ou soumises à un statut (architectes, experts comptables) à constituer des sociétés civiles pour exercer leur profession. Ces sociétés doivent permettre une spécialisation coordonnée des associés, une meilleure répartition des charges entre eux et, finalement, un meilleur service rendu aux clients.
Les associés de ces sociétés civiles professionnelles constituées pour l'exercice en commun de leur profession reçoivent une part des bénéfices sociaux de la société au prorata des parts détenues. Ils sont imposables à ce titre à l'*impôt sur le revenu.

Sociétés commerciales

Elles se composent elles-mêmes de deux grandes catégories : sociétés de personnes ou sociétés de capitaux. Dans les premières, les parts ne sont pas librement cessibles et les associés en nom sont indéfiniment et solidairement tenus du passif social (ils sont responsables sur la totalité de leur patrimoine). Dans les secondes, les mises sociales sont représentées par des **actions* librement cessibles. La personnalité de l'associé, cette fois, s'efface derrière son apport au *capital social représenté par cette action, sauf dans la commandite par actions (voir plus bas).
Il existe à vrai dire une troisième catégorie hybride, la société à responsabilité limitée (SARL) qui participe à la fois de la société de personnes et de la société de capitaux.

Les sociétés de personnes :

• La *société en nom collectif* est constituée par deux ou plusieurs associés, dits « associés en nom », qui engagent dans l'affaire sociale l'intégralité de leur *patrimoine et sont responsables du passif sur tous leurs biens. Ils ont eux-mêmes la qualité de commerçants et sont mis en faillite avec la société. Cette société est administrée par un ou plusieurs gérants, qui engagent la société. Les bénéfices sont répartis selon les règles déterminées par le pacte social. La société est normalement dissoute par le seul fait de la mort d'un des associés, à cause de son caractère très personnalisé. Pour remédier à cette disposition de principe, il est fréquemment stipulé dans le pacte que « la société continuera avec son héritier ou seulement entre les associés survivants ». C'est le type de la société d'inspiration familiale.

• La **commandite simple* est constituée par un ou plusieurs commandités et commanditaires. Les premiers sont dans la même situation que les associés en nom. Les commanditaires, en revanche, ne sont tenus des dettes sociales qu'à concurrence de leurs apports et n'ont pas la qualité de commerçant.

Les sociétés de capitaux :

• La *société en *commandite par actions,* constituée entre un ou plusieurs commandités et plusieurs actionnaires (ou commanditaires). Les commandités ont le même régime que dans la commandite simple. Les actionnaires ne sont tenus des dettes sociales qu'à concurrence de leurs apports représentés par leurs actions. Ils ne peuvent pas gérer la société.

• La *société anonyme,* dans laquelle tous les associés ou actionnaires ne sont tenus qu'à concurrence de leur mise, représentée par leurs actions. Seule la société exerce l'activité commerciale.

Le fonctionnement de la société anonyme, en France, peut obéir à deux types de régimes.

– Le *régime traditionnel,* institué par la loi du 24 juillet 1867, réformé en 1940, 1966 et 1994, comporte, selon les statuts, un *conseil d'administration* de 3 à 25 membres, nommé par l'*assemblée générale* ordinaire qui y détiennent des droits de vote proportionnels à leurs apports. Les *administrateurs* sont nommés pour 6 ans au plus et sont révocables par l'assemblée générale, car celle-ci représente le *capital social (cette primauté peut être considérée comme une illustration du fondement du système *capitaliste traditionnel). Les administrateurs agissent pour le compte de la société et ne s'engagent pas personnellement par leurs actes. Ils peuvent recevoir, à titre de rémunération, des *jetons de présence* d'un montant fixe annuel fixé par le conseil. Ils peuvent en outre se voir allouer des *tantièmes* (fractions) des bénéfices nets de l'exercice dans certaines limites.

Le président du conseil d'administration, qui dirige la société (président-directeur général ou PDG), est choisi par le conseil en son sein.

Pour améliorer le contrôle des actionnaires sur la gestion de la société, l'assemblée générale désigne des *commissaires aux comptes* (pour 6 exercices) qui doivent présenter des garanties de moralité indiscutable et qui ne peuvent devenir administrateurs de la société dans un délai de 5 ans à dater de la cessation de leurs fonctions. Ils élaborent le rapport

qui doit éclairer le vote de l'assemblée générale arrêtant les comptes, à partir du *bilan, de l'inventaire et du compte de *profits et pertes ainsi que de toutes les vérifications qu'ils jugent utiles.
Pour les compétences de l'assemblée générale, *voir* Action *et* Capital social.
La vie de la société, en tant que telle, est caractérisée par tous les événements qui peuvent affecter son capital social, ses *réserves et plus généralement son bilan. La société peut faire ou recevoir des *apports partiels d'actif, participer à une *fusion, subir une *scission, émettre des *obligations représentatives de créances sur elle-même, introduire en *bourse ses actions pour augmenter son capital (*voir* Capitalisation boursière).

– *Un régime optionnel nouveau* a été institué par les articles 118 *sq.* de la loi du 24 juillet 1966. Il repose sur une distinction plus précise entre la fonction de gestion et la fonction de contrôle.
Cette structure de pouvoirs est directement inspirée de la formule allemande du *Vorstand* (directoire) et de l'*Aufsichtsrat* (conseil de surveillance), avec cependant un rôle moins important du conseil de surveillance.
La direction de la société est assurée soit par un *directeur général unique,* soit par un *directoire* qui réunissent les pouvoirs exercés par le conseil d'administration et son président dans la structure traditionnelle. Les membres du directoire (généralement de 3 à 5) sont nommés pour 4 ans par le conseil de surveillance, qui confère à l'un d'eux la qualité de président (de même pour le directeur général le cas échéant). Les membres du directoire ou le directeur général sont révocables par l'assemblée générale sur proposition du conseil de surveillance. Le directoire (ou le directeur général) agit au nom de la société dans la limite de son objet social.
Le *conseil de surveillance* est nommé par l'assemblée générale des actionnaires parmi eux, pour une durée de 3 à 6 ans selon les dispositions statutaires, ou à défaut pour 4 ans, et chacun de ses membres est révocable par elle. Composé de 3 membres au moins et de 12 au plus, il exerce le contrôle permanent de la gestion de la société par le directoire et a à se prononcer sur les comptes (trimestriels, annuels de clôture d'exercice).
Cependant et du fait des pouvoirs traditionnels de l'assemblée, ce conseil a des pouvoirs moins étendus que ceux de son modèle allemand l'*Aufsichtsrat.* En particulier : il ne peut révoquer lui-même les membres du directoire (il propose la révocation à l'assemblée) ; l'*Aufsichtsrat* peut décider que certains actes qu'il détermine devront être approuvés par lui, tandis que les actes du directoire soumis à l'autorisation du conseil de surveillance sont énumérés limitativement par la loi et les statuts.

• *Divers types nouveaux de sociétés de capitaux* sont apparus, qui obéissent à des règles spécifiques à l'activité de *placement ou d'*investissement qu'elles se donnent pour objet. Ces formules, inspirées du *trust anglo-saxon, ont le nom de sociétés d'*investissement, dotées de la personnalité morale (les *fonds communs de placement, en revanche, n'ont pas le caractère de sociétés).

• La *Société anonyme simplifiée (SAS)* : En vue de favoriser la coopération interentreprises, la loi du 3 janvier 1994 a introduit dans le droit français une nouvelle forme de société anonyme par actions, la société anonyme simplifiée (SAS).
Elle se caractérise par la liberté contractuelle des associés telle qu'elle s'exprime dans les statuts, et par la force de l'*intuitus personae* qui les lie (la loi n'utilise pas le terme d'actionnaire).
Principales caractéristiques de la SAS :

– Elle ne peut être constituée qu'entre des *sociétés* dotées de la personnalité morale, françaises ou étrangères. Le capital social minimal de ces sociétés associées doit être de 1 500 000 F (ou sa contre-valeur en FF), entièrement libéré. La SAS peut valablement ne comprendre que *deux associés*.

– Le capital minimal de la SAS est de 250 000 F et doit être entièrement libéré dès la souscription des actions. La SAS ne peut faire appel public à l'épargne.

– Son régime fiscal est celui de la société anonyme et elle est soumise aux mêmes règles et obligations comptables.

– Si la SAS doit être obligatoirement représentée à l'égard des tiers par un Président, personne physique ou personne morale, les statuts déterminent pour le reste librement les modalités de son organisation et de son fonctionnement.

– Par ailleurs, les attributions dévolues aux assemblées extraordinaires et ordinaires (opérations portant sur le capital social, opérations d'apport, de fusion, dissolution... nomination des commissaires aux comptes, décisions relatives aux comptes annuels et aux bénéfices) sont exercées collectivement par les associés.

– Ainsi ce nouveau régime devrait simplifier de manière significative l'organisation des groupes de sociétés et diminuer leur coût de gestion.

La société à responsabilité limitée ou SARL : C'est une société commerciale groupant des associés dont aucun n'est responsable au-delà de son apport. Ce dernier point les rapproche de la société de capitaux, mais les associés s'y engagent *intuitu personae* comme dans les sociétés de personnes et ne peuvent pas céder leurs *parts* aussi librement que les actionnaires leurs actions (approbation de la majorité absolue des associés représentant les trois quarts du capital social lorsque la cession est envisagée au profit d'un tiers. Elle reste libre entre associés).
Ce type de société a été créé en France par la loi du 7 mars 1925 à l'inspiration d'une formule allemande existant depuis 1892. Son succès considérable est dû à plusieurs éléments : la modicité du capital minimal requis (50 000 F), la possibilité d'apports en nature, la possibilité de constituer une SARL à partir de deux personnes seulement et même entre époux, le fait que la capacité commerciale n'est pas requise pour en faire partie (des mineurs peuvent y participer). Tous ces caractères, en fait, donnent la possibilité à un entrepreneur de mener une affaire dont il est gérant majoritaire sans en courir tous les

risques. Le gérant a en effet tous pouvoirs pour agir au nom de la société dans les limites de l'objet social, mais il ne s'identifie pas avec la société et ne s'engage pas personnellement. Même lorsqu'il détient lui-même en outre la majorité des parts (gérant majoritaire), il n'est responsable qu'à concurrence de ses apports (la responsabilité est limitée). La SARL est nécessairement de taille moyenne puisque limitée à 50 associés ; au-delà elle doit se transformer.

La loi de 1966 a autorisé la constitution d'une SARL simplifiée sous la forme de l'*entreprise unipersonnelle à responsabilité limitée (EURL)*, créée et dirigée par une seule personne, qui en est alors le gérant.

La répartition des sociétés commerciales entre ces diverses formes montre que les sociétés en commandite sont pratiquement en voie d'extinction, que les sociétés en nom collectif, en faible nombre, correspondent à des situations particulières et que les créations de sociétés nouvelles se font principalement sous la forme de sociétés anonymes (pour les affaires de quelque importance) et de SARL (pour une multitude de petites entreprises d'envergure limitée).

Dans les années 90, sur un total de l'ordre de 800 000 sociétés, 5 % environ étaient des sociétés de personnes dont la quasi-totalité en nom collectif (3,8 %) et une très faible partie en commandite simple (1 %), 95 % environ étaient des sociétés de capitaux, dont 18 % sous forme de SA et 3 % sous forme de commandite par actions, 74 % environ étaient des SARL.

Sur 10 000 sociétés environ créées en une année en France, 6 000 sont des SARL, 3 000 des SA, les 1 000 restantes étant essentiellement des sociétés en nom collectif.

Les perspectives de « société européenne »

L'évolution et le développement du *Marché commun, ainsi que les perspectives ouvertes pour l'intercommunication des économies européennes et la liberté d'établissement d'entreprises ont amené les experts des six pays à se pencher sur un projet de statut européen de société commune et compatible avec les législations des pays membres. L'article 54 du traité de Rome prévoyait d'ailleurs la « coordination du droit des sociétés ».

Ces études, commencées en 1965, ont donné lieu en 1966 au projet Sanders (du nom de son président, doyen de la faculté de Droit de Rotterdam), présentant un schéma de société anonyme européenne. Ce statut serait ouvert à toute société préexistante faisant la preuve d'une « activité européenne », ayant un capital suffisant et se constituant par fusion, transformation, naissance d'un *holding. Cette formule permettrait de constituer plus facilement des groupes européens et communiquerait à l'ensemble de la vie des sociétés une plus grande fluidité.

Malheureusement, les pays membres ont constaté leur désaccord sur un certain nombre d'éléments caractéristiques du projet en discussion :

– le capital minimal pourrait être de 500 000 F pour les Français et les Belges, mais ne doit pas être inférieur à 5 millions pour les Allemands et les Italiens ;

– la *participation des salariés à la gestion de l'entreprise, même motivée, est refusée par le Benelux et l'Italie ;

– le caractère non nominatif des actions de cette société se heurte à l'Italie, dont le droit ne reconnaît de titres que nominatifs ;

– les problèmes fiscaux sont particulièrement ardus compte tenu des divergences des régimes fiscaux européens ;

– en fait, les obstacles à cette création sont essentiellement d'ordre politique.

Les sociétés d'économie mixte

Ce terme désigne les sociétés dans lesquelles l'État ou une collectivité publique sont associés à des capitaux privés, pour des raisons très diverses : dévolution accidentelle à une collectivité publique d'une part de capital d'une société privée, prise de participation publique dans une société privée exerçant une activité d'intérêt public soit pour en poursuivre l'exercice (société privée en difficulté), soit pour en contrôler et en orienter la politique générale, appel d'une collectivité à des apports privés parce qu'elle ne peut fournir seule les capitaux, etc.

Les types, de même, en sont très variés : à l'origine, le régime était celui de 1867 avec simplement une participation publique : énergie hydraulique (1919), transport de l'énergie électrique (1920), Compagnie générale de navigation du Rhin (1924), sociétés de fabrication du matériel de guerre (1936). Puis chaque société s'est créée avec un régime particulier (Air France, 1932 ; Compagnie générale transatlantique, 1933; SNCF, 1938...). L'État a parfois dans ces sociétés un droit de vote plural (*voir* Action). En France, la loi du 25 juillet 1949 accorde en principe à l'État un minimum de deux administrateurs et un maximum de deux tiers des administrateurs du conseil dans toute société dont il détient au moins 10 % du capital.

Cette formule, en défaveur après la Libération, a connu un regain de succès depuis 1953, notamment dans les secteurs des hydrocarbures, de la construction et des autoroutes. D'une manière générale, l'État cherche moins dans ces formules à participer aux bénéfices qu'à inspirer la politique de l'entreprise. C'est ce qui fait parfois l'ambiguïté du système. Il arrive en effet que les administrateurs d'État contribuent à affaiblir la responsabilité industrielle et financière de l'entreprise en prétendant lui imposer des vues administratives peu compatibles avec son succès. En outre, ces contraintes peuvent servir de prétexte aux demandes d'aides et de *subventions ou, à tout le moins, à des revendications de privilèges de la part des entreprises en cause. Cet inconvénient est supprimé lorsque les représentants publics consentent à jouer le jeu économique et revendiquent, au profit de la collectivité, des résultats financiers tangibles.

Société de bourse

a : *Exchange company* – **d** : *Börsegesellschaft* – **e** : *Sociedad de bolsa*

Sociétés exerçant le courtage des opérations de bourse dans le cadre d'un monopole régi par la loi.

La loi du 22 janvier 1988 a mis en place de nouvelles structures au sein des bourses françaises. Le monopole de négociation des valeurs mobilières, précédemment dévolu à des personnes physiques (les agents de change), a été attribué aux sociétés de bourse nouvellement créées. Outre leur rôle d'intermédiaire, elles peuvent se porter contrepartie pour leur propre compte, négocier des contrats à terme et des options portant sur les valeurs mobilières, et gérer des portefeuilles. Les sociétés de bourse sont responsables à l'égard de leurs donneurs d'ordres de la livraison et du paiement de ce qu'ils vendent et achètent sur le marché.
Elles doivent présenter des garanties suffisantes, notamment en ce qui concerne la composition et le montant de leur capital, et l'honorabilité de leurs dirigeants. Les sociétés de bourse ne peuvent exercer leur activité qu'après agrément du *Conseil des bourses de valeurs,* composé de 10 membres élus par elles, d'un représentant des sociétés émettrices de valeurs mobilières admises à la négociation, et d'un représentant du personnel des sociétés de bourse. Un commissaire du gouvernement est nommé auprès du Conseil par le ministre chargé de l'Économie. Les fonctions du Conseil des bourses de valeurs sont les suivantes :

– il établit le règlement général du marché (qui indique notamment les règles relatives à l'agrément des sociétés de bourse),

– il décide de l'admission des valeurs mobilières aux négociations et leur radiation,

– il dispose d'un pouvoir disciplinaire vis-à-vis des sociétés de bourse et de leurs salariés.

La *Société des bourses françaises,* institution financière spécialisée dont le capital est détenu par les sociétés de bourse, assure l'enregistrement et la publicité des opérations. Elle gère également le fonds de garantie de la profession.

Société de caution mutuelle

Voir Caution.

Société de développement régional

a : *Company for Regional Development* – **d** : *Gesellschaft für Regionale Entwicklung* – **e** : *Sociedad de Desarrollo Regional*

**Société financière de droit privé ayant pour objet de stimuler la mise en valeur des régions souffrant de sous-emploi ou d'un développement économique insuffisant.*

Instituées par le décret du 30 juin 1955 et réglementées par l'arrêté du 7 octobre 1955, les SDR ont pour mission de procurer des moyens de financement aux entreprises régionales qui peuvent difficilement accéder au marché financier. Chaque SDR ne peut intervenir qu'en faveur d'entreprises ressortissant de son champ d'action géographique.

Les SDR sont des sociétés par actions, dont le capital est souscrit par des banques, des collectivités, des chambres de commerce, de grandes sociétés industrielles, etc. L'État est représenté à leur conseil d'administration par un commissaire du gouvernement. Aux termes d'une convention passée avec le ministère des Finances, elles bénéficient de certains avantages fiscaux ; leurs emprunts sont garantis par l'État (*Fonds de développement économique et social).

Dans l'accomplissement de leur mission, les SDR ont quatre principales formes d'intervention :

– des prises de *participation minoritaires (moins de 35 % du capital de l'entreprise) et temporaires (huit ans maximum) ; la prise de participation d'une SDR dans une même entreprise ne peut excéder 25 % du capital de la SDR ;

– des prêts sur leurs fonds propres ; ces prêts ont en général une durée de cinq à dix ans ;

– des prêts à long terme sur le produit d'emprunts groupés (Groupement d'emprunt) ;

– des *cautions pour les emprunts à moyen et long terme des entreprises auprès d'organismes spécialisés (*Crédit national, Caisse nationale des marchés de l'État) ; elles remplissent le rôle de sociétés interprofessionnelles de caution mutuelle.

Par ailleurs, les SDR participent au capital de l'*Institut de développement industriel et ont participé à la création d'organismes spécialisés comme la SOFINNOVA (financement de l'innovation) ou l'ANVAR (financement de la recherche).

Il existe seize sociétés de développement régional dont les activités recouvrent l'ensemble du territoire français.

Société de placement collectif

a : *Investment fund (R.-U.)/Mutual fund (É.-U.)* – **d** : *Anlagefonds* – **e** : *Fondo de inversión colectivo*

Organisme de gestion collective de valeurs mobilières ou de biens immobiliers.

Il existe une grande variété de types de tels organismes variant par leur nature juridique, la forme de leur capital (variable ou fixe) et le caractère de leurs emplois.

Voir Société d'investissement.

Société des bourses françaises

a : *French Stock Exchange Company* – **d** : *Gesellschaft der französischen Börsen* – **e** : *Sociedad de las Bolsas francesas*

Voir Société de bourse.

Société d'investissement à capital fixe (SICAF)

a : *Investment company with constant equity* – **d** : *Kapitalanlagegesellschaft* – **e** : *Sociedad de inversión con capital fijo*

Voir Investissement (société d').

Société fermière

Voir Gestion (société de).

Société interprofessionnelle pour la compensation des valeurs mobilières (SICOVAM)

---

*Organisme spécialisé recevant des titres en dépôt de ses adhérents professionnels et procédant par *compensation à l'exécution des opérations entre eux.*

Dans le but de s'assurer le contrôle, en période de guerre, de la fortune mobilière française, dès 1941, les porteurs d'actions étaient tenus de déposer leurs titres à la Caisse centrale de dépôts et de virements de titres (CCDVT). Les hostilités terminées, à cet organisme a été substituée une caisse purement professionnelle, la Société interprofessionnelle pour la compensation des valeurs mobilières (SICOVAM).

La SICOVAM reçoit des titres en dépôt pour le compte de tiers ou « adhérents » et ouvre en contrepartie au nom de chacun d'eux un compte courant-titres fonctionnant comme un compte bancaire. Les adhérents ne peuvent être que des professionnels (agent de change, banque, établissement financier).

La circulation des titres se trouve facilitée par ce système qui permet des mouvements de compte à compte, au moyen d'ordres de virements, sans manipulation des titres, à la condition expresse que ces titres soient fongibles, c'est-à-dire possèdent des caractéristiques en tous points identiques.

Ce principe de *fongibilité, s'il ne soulève pas de difficultés en ce qui concerne les valeurs à revenu variable, se concilie difficilement avec les caractéristiques des obligations dont l'égalité des droits est rompue par le jeu des amortissements.

Cependant, le décret nº 64-670 du 14 septembre 1964 donne la possibilité d'admettre aux opérations de la SICOVAM les obligations représentatives d'emprunts qui, pour être acceptées, devront répondre à l'une des règles ci-dessous :

- l'amortissement aura lieu en une seule fois en fin de contrat ;
- l'emprunt sera émis en un nombre limité de séries identifiables par une lettre ou un chiffre, chacune étant appelée au remboursement par tirage au sort à une date déterminée ;
- l'amortissement sera effectué par fractions égales sur tous les titres émis ;
- il sera réglé aux porteurs une somme annuelle constante représentant l'intérêt et une fraction de la valeur nominale.

La SICOVAM gère également les titres inscrits dans ses livres en ouvrant des comptes de *droits de souscription ou d'attribution ou en établissant des certificats de *coupons lors de la mise en paiement des produits.

Société mère

a : *Parent company* – **d** : *Muttergesellschaft* – **e** : *Sociedad matriz*

---

*Société détenant plus de la moitié du capital d'une autre appelée *filiale.*

Cette définition stricte découle des termes de la loi du 24 juillet 1966 sur les sociétés. Toutefois, des participations de 20 à 30 % (et parfois moins) du capital d'une société permettent souvent de s'en assurer le

*contrôle. Ainsi, le plan comptable général définit comme société mère celle qui a une société filiale sous sa dépendance ou sa direction.
Sur le plan fiscal, le bénéfice du régime des sociétés mères et filiales (évitant la double imposition des dividendes) est ouvert dès que le pourcentage de participation au capital de la filiale atteint 10 %.

Voir Groupe, Participation.

Société multinationale

a : *Multinational company* – **d** : *Multinationale Gesellschaft/Multinationales Unternehmen* – **e** : *Sociedad multinacional/Empresa multinacional*

Groupe d'entreprises installées dans plusieurs territoires nationaux mais relevant d'une direction unique.

L'apparition de la firme multinationale est un trait marquant de l'évolution du *capitalisme depuis la Seconde Guerre mondiale.

● *D'un point de vue juridique,* la société multinationale peut être considérée comme un groupe rassemblant des filiales établies dans plusieurs pays. Mais la nature des liens par lesquels une société peut s'assurer le contrôle d'une entreprise sans en partager la propriété est très variée : les contrats de façonnage ou de sous-traitance, les accords de commercialisation ou de *franchisage, la cession de brevets constituent des procédés habituels par lesquels les sociétés multinationales étendent leur emprise bien au-delà du champ de leurs filiales.
Aussi faut-il recourir à une *analyse en termes de pouvoir* pour caractériser la firme multinationale qui se signale par son poids économique et, partant, politique. Ce dernier résulte d'abord de la taille ; une entreprise petite ou moyenne disposant d'installations réparties sur plusieurs territoires nationaux ne constitue pas une multinationale ; en sont en revanche certaines grandes entreprises industrielles qui réalisent des *chiffres d'affaires considérables (vis-à-vis desquels les *budgets, voire les *PNB de nombre d'États apparaissent faibles, sinon dérisoires), même si leur potentiel de production est principalement concentré dans un seul pays, à partir duquel leurs *exportations approvisionnent le reste du monde. La maîtrise de techniques essentielles contribue évidemment à fonder la puissance d'une firme multinationale, mais celle-ci n'existe que dans la mesure où, partant d'une vision globale du marché mondial, elle utilise l'ensemble des moyens disponibles (communications, télécommunications, traitement informatique des données...) pour définir et mettre en œuvre une stratégie à cette échelle. Centre de décision et d'action véritablement transnational, elle exerce un pouvoir considérable sur l'économie internationale.

• Par leurs décisions en matière d'investissements, et le choix des lieux de production, les firmes multinationales jouent un rôle essentiel dans la *répartition du potentiel productif mondial :* leur influence sur les échanges commerciaux est à la mesure de la part qu'elles y prennent — selon certaines estimations, le commerce qui s'effectue entre divers établissements d'un même groupe multinational représente près de la moitié des importations mondiales. L'importance de leurs opérations financières internationales, qu'il s'agisse du financement de leurs investissements ou de la gestion de leur trésorerie, leur confère une place privilégiée, comme emprunteur ou déposant, sur le marché des *eurodevises. Favorisant la circulation des capitaux, des hommes et des techniques, elles ont grandement contribué à la *croissance et au *développement. Pourtant, leur puissance économique considérable est une source de conflit latent avec les États où s'exerce leur activité. L'autorité des pouvoirs publics ne dépassant pas les limites du territoire national, ceux-ci sont mal armés pour imposer leur volonté aux firmes multinationales. Les pays industriels, soucieux d'abord d'éviter les abus qu'un groupe multinational pourrait être tenté de faire de sa position dominante, comme les pays du *Tiers Monde préoccupés d'accéder au savoir technologique détenu par les entreprises multinationales, s'efforcent de parvenir à des accords inter-étatiques imposant aux sociétés multinationales des codes de conduite. Mais les progrès sont difficiles et lents ; et à ce jour, le principal acquis de ces tentatives est celui qui résulte des règles de comportement que les firmes multinationales se sont elles-mêmes fixées.

Socioprofessionnel

a : *Socioprofessional* – **d** : *Socioprofessionell* – **e** : *Socioprofesional*

Caractérisé par des éléments relevant tant de l'activité professionnelle exercée que du comportement économique et social défini par un mode de vie et des relations sociales.

Une catégorie socioprofessionnelle (CSP) correspond à un groupe d'individus ou de familles présentant une certaine homogénéité ; ou dont le comportement moyen revêt une signification, du point de vue de l'emploi des revenus ou de la réaction à des éléments extérieurs nouveaux, par exemple ; cette notion est employée soit pour l'étude monographique du comportement d'un groupe, soit pour l'établissement d'un échantillon représentatif.
L'agriculture apparaît comme une catégorie socioprofessionnelle assez bien définie parce que le mode de vie dépend très étroitement de la nature de l'activité professionnelle.

Selon l'objectif poursuivi, on retiendra l'activité dont relèvent les intéressés ou leur situation hiérarchique en ce qui concerne les éléments professionnels ; aux éléments objectifs on pourra être amené à ajouter des éléments subjectifs (conscience d'appartenir à une catégorie, ou point de vue des tiers qui les considèrent comme appartenant à une catégorie déterminée).
L'INSEE a défini des catégories socioprofessionnelles pour classer la population en un nombre limité de groupes en vue de l'exploitation des résultats des recensements.
La comptabilité nationale répartit les ménages, en fonction de la catégorie socioprofessionnelle de leur chef, en huit groupes principaux (exploitants agricoles, salariés agricoles, exploitants non agricoles, quatre groupes de salariés non agricoles en fonction de leur niveau hiérarchique, inactifs enfin).

Solde

a : *Balance/Account balance* – **d** : *Saldo* – **e** : *Saldo*

Somme algébrique d'éléments affectés du signe plus et d'éléments affectés du signe moins.

En comptabilité, le solde est normalement la somme algébrique des *débits et des *crédits, affectée du signe des éléments exposant la plus forte valeur absolue. La notion de solde s'oppose à celle de *masse(s)* (des débits, d'une part, des crédits, d'autre part).
Dans le tableau ci-dessous, le solde est *créditeur* dans le premier cas, *nul* dans le second, *débiteur* dans le troisième.

D	C	D	C	D	C
– 100	+ 200	– 100	+ 120	– 120	+ 150
– 150	+ 160	– 50	+ 60	– 70	+ 40
– 20	+ 30	– 80	+ 50	– 150	+ 110
– 270	+ 390	– 230	+ 230	– 340	+ 300
SOLDE : + 120		SOLDE : 0		SOLDE : – 40	

Lorsque, comme c'est généralement le cas, les comptes sont présentés sous forme de *balance (qui est une récapitulation de soldes et est par définition en équilibre), le solde est inscrit au bas de la colonne de signe contraire au sien propre, de manière à égaliser les résultats globaux comptables (sauf dans le cas du résultat net, toujours inscrit au *passif, avec les signes *plus ou moins*) depuis le plan comptable révisé de 1982.

La notion de solde est la véritable révélatrice des *résultats* comptables (dans le premier exemple du tableau, les « masses » sont 270 et 390) ; aussi joue-t-elle un rôle particulièrement important dans l'appréciation des phénomènes retracés par des comptes spécialisés.

- Le solde du compte de *résultat d'une entreprise traduit les résultats de son exploitation. Ce solde (bénéfice ou perte) correspond à celui dégagé, au passif du bilan, à la ligne *résultat net de l'exercice.*
- De même, la *balance des paiements d'un pays et ses composantes exposent autant de soldes (avec tel ou tel partenaire ou selon les rubriques) qui traduisent les résultats économiques et financiers obtenus par l'économie face à la concurrence internationale, la balance générale étant elle-même équilibrée par définition.
- Le solde (débiteur ou créditeur) du *compte courant d'un client chez son banquier mesure, à un moment donné, le *découvert dont bénéficie le client ou le *dépôt dont il fait bénéficier le banquier.
- Les calculs de *coûts marginaux sont fondés sur la comparaison des soldes caractéristiques de plusieurs options de production.
- La comparaison des soldes caractéristiques de plusieurs options d'investissements possibles (par exemple, dans un *bilan actualisé) permet de fonder la décision économique.

D'une manière générale, on peut dire que la notion de solde, qui traduit les différences, est implicite à toute attitude d'appréciation et de choix.

Solde des créances et dettes

a : *Balance of receivable accounts and debts* – **d** : *Saldo der Forderungen und Schulde* – **e** : *Saldo de créditos y deudas*

---

*Comptabilité nationale : Pour un *secteur institutionnel, différence entre les variations nettes d'actif (augmentation ou diminution des créances) et les variations nettes de passif (augmentation ou diminution des dettes) enregistrées à son compte financier.*

Ce solde peut être différent du *besoin ou de la *capacité de financement. En effet, le solde des créances et dettes est dégagé par les tableaux d'*opérations financières qui sont établis à partir de statistiques spécifiquement financières (bilans différentiels des institutions financières, balance des paiements, comptabilité publique). Les besoins ou capacités de financement sont, en revanche, dégagés des comptes économiques, établis à partir de statistiques économiques (production, consommation, investissements, opérations de répartition : salaires, impôts...). Les différences constatées sur les séries passées entre les soldes de créances et dettes et les besoins et capacités de financement s'expliquent essentiellement par les lacunes de l'information statistique, qui affectent notamment la répartition de certains flux financiers (mouvements de capitaux avec le reste du monde). La correspondance entre les deux types de soldes est assurée par un *ajustement qui fournit ainsi une idée de l'ampleur des opérations non individualisées.

Solvabilité

a : *Solvency/Debt paying ability* – **d** : *Zahlungsfähigkeit* – **e** : *Solvencia*

---

*Aptitude à tenir ses engagements sur l'ensemble des ressources constituant son *patrimoine ou son *actif.*

La solvabilité d'une *entreprise* est prise en considération par celui qui contracte avec elle et tout particulièrement lorsqu'il s'agit de lui accorder un *crédit. C'est le critère principal dans l'octroi des crédits en blanc qui n'ont d'autre garantie que la solvabilité générale de l'entreprise. En raison des incertitudes d'autant plus fortes qu'il s'agit d'extrapoler pour connaître la solvabilité à l'époque du remboursement, le banquier tend à demander des garanties réelles ou personnelles.
La solvabilité s'apprécie par un examen critique du *bilan permettant de déterminer l'excédent des actifs, évalués en fonction de leur valeur de réalisation effective, sur les dettes de toute nature : en déterminant la part de patrimoine qui est libre d'engagements, le banquier peut mesurer le risque de non-remboursement définitif qu'il court ; mais cet examen ne peut suffire ; l'étude de l'immobilisation de l'entreprise (détermination du *fonds de roulement) et les prévisions de trésorerie éventuellement prolongées jusqu'à la dernière échéance du crédit doivent permettre d'apprécier les chances d'un remboursement normal sur les produits courants de l'exploitation.
En matière de crédit aux *particuliers,* généralement remboursables par annuités ou mensualités, la solvabilité s'apprécie, tant en fonction du patrimoine qu'en fonction du revenu et des autres engagements qu'il a contractés en raison d'autres emprunts. C'est en effet sur les revenus de l'activité professionnelle et les prestations sociales qui le complètent que doivent être prélevées les sommes nécessaires au remboursement du capital et des intérêts généralement organisé sur le même rythme par échéances mensuelles, trimestrielles ou annuelles.
Dans les *établissements bancaires,* la solvabilité, qui est l'aptitude à supporter des pertes sur les crédits consentis sans mettre en cause le remboursement des dépôts, diffère de la *liquidité qui est l'aptitude à faire face à ses engagements à tout moment. Elle se calcule en rapprochant les ressources propres des engagements pondérés suivant leur nature. Ainsi les *banques* calculaient-elles un *coefficient de solvabilité ou de sécurité* comportant :

– au numérateur les ressources propres, après déduction de la part couvrant les immobilisations nettes ;

– au dénominateur les engagements des tiers figurant à l'actif, les comptes débiteurs et les crédits non mobilisables étant retenus pour leur totalité, les crédits par signature et les effets réescomptables étant retenus à concurrence de 10 % de leur montant.

Les banques sont tenues d'avoir une ratio de fonds propres de 8 % par rapport à leurs ressources (ratio *Cooke).

Dans la République fédérale d'Allemagne, le coefficient de solvabilité que les banques doivent respecter limite le montant des crédits et participations qu'elles peuvent accorder à dix-huit fois le montant de leurs fonds propres.

La marge de solvabilité est un des critères importants de l'appréciation de la situation *des sociétés d'*assurance. En Europe,* la directive du 24 juillet 1973 sur la liberté d'établissement en a donné une définition commune qui a été introduite dans les différentes législations nationales.

La marge de solvabilité est constituée par le patrimoine propre de l'entreprise et comporte non seulement les capitaux propres et les réserves libres, mais aussi les plus-values latentes mobilières et immobilières quand il en existe. En assurance-dommages, elle doit être égale soit à 16 % des primes nettes annuelles, soit à 23 % de la charge moyenne des sinistres des trois derniers exercices. Le premier critère est généralement plus exigeant et c'est celui qui est le plus souvent retenu. En assurance-vie, elle est égale à 4 % des provisions mathématiques, mais peut se calculer aussi en fonction de la sinistralité.

Des dispositions comparables existent dans la plupart des *autres régions du monde* et le montant de la marge de solvabilité, très généralement évaluée en fonction du chiffre d'affaires, est un des critères essentiels utilisés par les sociétés de « rating » américaines.

Les difficultés rencontrées au cours de la période 1982-1986 ont conduit les sociétés à accroître leurs fonds propres par des appels nombreux au marché financier.

Sondage

a : *Sampling method* – **d** : *Stichprobenverfahren* – **e** : *Sondeo*

---

*Choix d'un certain nombre d'unités dans une *population, destiné à permettre l'étude des caractéristiques de cette population en se fondant uniquement sur les caractéristiques des unités choisies.*

Les enquêtes par sondage s'opposent ainsi aux *recensements. Quand on recense une population, on interroge l'ensemble des unités composant cette population. Au contraire, lorsqu'on réalise une enquête par sondage, on interroge seulement un petit nombre d'unités qui constituent un

*échantillon de la population. La théorie des sondages permet d'obtenir des échantillons dits « représentatifs » (c'est-à-dire représentatifs de la population dans son ensemble) : on peut alors extrapoler les caractéristiques statistiques de l'échantillon (*moyenne, *écart type...) pour obtenir celles de la population complète.
Le fait de n'étudier qu'un échantillon introduit une source de variabilité dans les *estimations ainsi faites des caractéristiques de la population : le calcul des *probabilités permet de calculer cette variabilité qui dépend notamment de la taille de l'échantillon. Plus précisément, si l'on cherche à estimer, à l'aide d'une enquête par sondage, la proportion p des individus d'une population qui possèdent un certain caractère (par exemple, si on cherche à estimer un taux d'activité, un taux de chômage, ou, ce qui est en général le cas pour les sondages d'opinion publique, la proportion des individus qui sont d'accord avec une certaine opinion), l'écart type de l'estimation de p est $\sqrt{p(1-p)/n}$, n étant la taille de l'échantillon ; c'est-à-dire si l'échantillon comprend 1 000 personnes et si la proportion à estimer n'est pas trop éloignée de 50 %, il y a 95 chances sur 100 pour que cette proportion diffère de l'estimation qui sera faite de moins de 2,5 % ; si l'échantillon est de 2 500 personnes, la différence entre proportion et estimation sera au plus de 2 % (avec 95 chances sur 100 de ne pas se tromper) ; s'il est de 10 000 personnes, elle sera de 1 %, etc. On voit donc qu'il est très coûteux d'augmenter la précision d'un sondage puisqu'il faut quadrupler la taille de l'échantillon pour doubler sa précision. De même, si l'on veut effectuer un sondage dans deux zones géographiques très inégalement peuplées avec la même précision, la taille de l'échantillon devra être la même dans les deux zones, ce qui fait que le sondage sera, toutes proportions gardées, plus coûteux dans la zone la moins peuplée.
Les échantillons sont souvent tirés au hasard sur une liste des unités composant la population. Quand une telle liste n'est pas disponible, on doit fabriquer un échantillon par une méthode de choix raisonné. La méthode des quotas, utilisée, par exemple, pour l'obtention des échantillons nécessaires à la réalisation des sondages d'opinion, consiste à fabriquer un échantillon qui, pour deux ou trois critères retenus (sexe, âge, catégorie *socioprofessionnelle...), a les mêmes caractéristiques que la population dans son ensemble : s'il y a, par exemple, 30 % d'ouvriers de 20 à 49 ans dans la population, on fera en sorte qu'il en soit de même dans l'échantillon. La méthode est très efficace si la quantité à estimer est assez liée aux critères retenus pour définir les quotas.
Les avantages des méthodes de sondage sont nombreux ; les enquêtes par sondage sont relativement peu coûteuses et conduisent rapidement à des résultats en raison du petit nombre d'unités interrogées ; on peut consacrer de grands efforts à la réduction des erreurs d'observation et on peut recueillir auprès de chaque unité des renseignements beaucoup plus nombreux que par d'autres voies. En revanche, ces méthodes ont des limites : elles ne permettent pas d'obtenir des résultats trop détaillés

en raison de la variabilité qui entache les résultats et seules les populations suffisamment bien définies et bien localisées peuvent être étudiées.

Soulte

a : *Compensation* – **d** : *Kompensation* – **e** : *Compensación*

Somme d'argent qui, dans un échange ou un partage, doit être versée par l'une à l'autre (ou aux autres) partie(s) pour rétablir l'égalité des biens ou lots faisant l'objet de l'opération.

Sous-consommation

a : *Underconsumption* – **d** : *Unterkonsumption* – **e** : *Subconsumo*

---

*Niveau de consommation inférieur aux possibilités résultant de l'*offre.*

La notion de sous-consommation est par essence relative, puisqu'elle se définit par rapport à l'état de l'offre et non par rapport à un niveau de *besoins objectif. Elle peut affecter un, plusieurs ou même la plupart des biens et services dont l'usage concourt à la réalisation d'un mode de vie. Son appréciation dépend enfin de l'étendue de la collectivité dont le comportement sert de base à la mesure du phénomène.

Si l'on raisonne à l'échelle humaine tout entière, il est clair, en tout cas, qu'il n'y a pas, à l'heure actuelle, de phénomène de surproduction par rapport aux besoins normaux de consommation. Il n'y a que des situations de sous-consommation, liées à l'inégale répartition du pouvoir d'achat, qui limite la demande *solvable. De là les tentatives, plus ou moins couronnées de succès, effectuées à l'échelle internationale pour organiser des processus de redistribution de revenus, ou des ressources. Il faut bien admettre que l'aide aux pays en voie de développement, sur ce point, compense mal et partiellement l'effet de mécanismes économiques qui, dans le cadre du système capitaliste et compte tenu du facteur démographique, tendent plutôt à accroître l'écart de niveau de vie entre les nations riches et les autres.

On observera qu'il peut y avoir pour un produit donné sous-consommation à l'échelle mondiale et saturation de la consommation au niveau de la collectivité productrice. (Cas de certains excédents agricoles dans les pays européens, par exemple.)

Indépendamment des cas de sous-consommation structurelle, précédemment évoqués, les *fluctuations économiques peuvent conduire, dans le cadre d'un *cycle conjoncturel, à des situations de sous-consommation globale auxquelles la politique économique tend à porter remède, par des mesures de soutien, voire de relance.

Voir Surproduction, Reflation, Crise.

Sous-développement

a : *Underdevelopment* – **d** : *Unterentwicklung* – **e** : *Subdesarrollo*

*État des sociétés dont l'économie n'a pas encore dépassé le stade du *décollage.*

De même que la *croissance et le *développement sont des processus complexes, le sous-développement ne se résume pas simplement à la faiblesse du revenu par tête. Pourtant, le *PNB par habitant est un indicateur dont la mesure est possible et qui offre l'avantage de refléter quelques-unes des caractéristiques essentielles des pays sous-développés : production, revenu et consommation faibles. Malgré ses insuffisances, cet indicateur permet aussi d'établir, à partir de comparaisons internationales, un classement des pays par grandes catégories et de faire notamment apparaître un groupe dont le revenu est particulièrement faible (inférieur à 300 $ par habitant) et qui, à ce titre, a un besoin particulier d'*aide étrangère. La hausse des prix du pétrole a cependant souligné les limites du revenu par habitant comme critère de développement : grâce à la *rente pétrolière, certains États du Moyen-Orient atteignent des niveaux de revenu par tête comparables, voire supérieurs à ceux des pays industrialisés, et pourtant cela ne suffit pas à faire disparaître la réalité d'un sous-développement particulièrement aigu : faible taux d'alphabétisation, croissance démographique rapide, absence de potentiel industriel, productivité agricole dérisoire... Mais, hors de ces cas extrêmes, toutes les études montrent qu'il existe une corrélation étroite entre le niveau du revenu par habitant et les autres critères permettant de caractériser le sous-développement.
A la vérité, les difficultés pour rendre compte du phénomène complexe qu'est le sous-développement n'auraient qu'un intérêt d'école si elles ne révélaient l'impuissance de la science économique à proposer une explication acceptée par tous de ses causes et donc de moyens propres à le faire cesser. Car le problème fondamental est bien de soustraire à la misère, voire à la famine, les deux tiers de l'humanité qui la subissent. Il est considérablement aggravé par le rythme très rapide de la croissance démographique dans le *Tiers Monde, qui rend nécessaire un taux de croissance économique minimum, ne serait-ce que pour éviter la dégradation de la situation. Poussés par l'urgence, privés de certitudes

scientifiques sur lesquelles fonder leur stratégie, les gouvernements s'attachent à définir des politiques dont les résultats apparaissent en général décevants, car le développement est un processus de longue période qui s'accompagne, notamment dans la phase du décollage, de bouleversements et de déséquilibres dont les conséquences douloureuses dans l'immédiat paraissent difficiles à tolérer.
Pourtant, malgré la médiocrité relative des progrès réalisés, ressentie d'autant plus que la *crise contemporaine a touché sévèrement les pays en voie de développement, certains éléments favorables méritent d'être soulignés. Plusieurs pays ont déjà pu parvenir à accroître leur potentiel industriel au point qu'ils menacent, dans quelques secteurs, la domination des pays les plus développés. La nécessité d'une coopération internationale qui dépasse le seul domaine de l'aide a été reconnue — sans que pour autant il faille renoncer à en accroître le volume et l'efficacité. Toutefois, le Tiers Monde et les pays développés continuent à s'opposer pour en définir le contenu. Enfin, la volonté du développement, qui en est la condition première, s'est affermie, en même temps que la prise de conscience de ce qu'il signifie d'effort de de ténacité. Cela justifie sans doute l'usage qui a substitué au terme de pays « sous-développés » celui de pays « en développement ». Encore qu'il ne s'agisse, dans de nombreux cas, que d'un euphémisme.

Sovkhoz

a : *Sovkhoz* – **d** : *Sowchose* – **e** : *Sovjoz*

Forme étatique de l'exploitation agricole en URSS. (Contraction du russe sovietskoïé khosiaïstvo : *exploitation soviétique.)*

Le sovkhoz est une ferme d'État, administrée par un directeur nommé, qui dispose d'un personnel salarié. Il s'agit en général d'une exploitation étendue, dont la superficie, souvent supérieure à 5 000 ha, peut même dépasser 15 000 ha, organisée pour une production généralement extensive grâce à une mécanisation poussée.
Créés par un décret de 1918, les sovkhoz n'étaient au départ que des exploitations nationalisées. La politique de collectivisation systématique entreprise à partir de février 1930 a entraîné leur multiplication : de 1 400 environ en 1928, ils passaient bientôt à 4 000. En même temps, leur vocation de fermes pilotes ou de stations expérimentales s'affirmait progressivement. En 1940, ces exploitations couvraient 13 millions d'ha. Depuis la fin de la Seconde Guerre mondiale leur nombre a moins augmenté que le domaine agricole exploité ne s'est accru et la taille des sovkhoz a grandi. En 1976, les 14 000 sovkhoz existants couvraient environ 89 millions d'ha, soit 47 % des superficies exploitées. La diversification des formes d'exploitation engagée dans les républiques de

l'ex-URSS devrait conduire progressivement à leur diminution, sinon à leur disparition, par transformation en coopératives de type occidental, ou en exploitations privées, individuelles ou sociétaires.

Voir Collectivisation.

Spécialisation tarifaire

a : *Customs classification* – **d** : *Zolltarifierung* – **e** : *Especialización arancelaria*

---

*Individualisation d'un produit dans la *nomenclature douanière.*

Par dérogation au principe de groupement sur lequel est fondée la nomenclature tarifaire, il peut être nécessaire d'isoler certains produits et de leur appliquer un régime tarifaire propre, soit que leur marché se développe rapidement ou qu'il s'agisse de produits nouveaux auxquels les règles de classement ne s'appliquent qu'avec difficulté.
D'autre part, la création de sous-positions définies avec un détail suffisant peut permettre d'échapper à la *clause de la nation la plus favorisée si les précisions techniques du libellé sont choisies de façon à ne pouvoir s'appliquer qu'à des marchandises d'une provenance géographique donnée.
Enfin, dans la perspective de négociations internationales, les gouvernements peuvent être amenés à donner une place à part à des marchandises qui sont d'un intérêt particulier pour certains des partenaires, se ménageant ainsi des atouts pour la discussion. Quand elle conduit à favoriser un produit, la spécialisation tarifaire est préférentielle, en revanche, quand il s'agit de rehausser le taux de droit perçu, elle est différentielle.
Une taxation parfaitement adaptée aux réalités économiques supposerait la multiplication des spécifications tarifaires, encouragée par les demandes réitérées des industriels nationaux soucieux de se protéger de la concurrence étrangère. Les progrès de la libération des échanges et l'intérêt qu'il y a à préserver la simplicité et la concision du tarif amènent au contraire à rechercher leur limitation. Cela explique que le nombre de sous-positions retenues dans le tarif extérieur commun de la CE (3 700) soit très inférieur à celui des tarifs nationaux qu'il remplace (le dernier tarif français comptait 5 000 rubriques).

Spécialiste

Voir Bourse, Broker.

Spécialité

a : *Budget specialization* – **d** : *Budgetspezialität* – **e** : *Especialidad presupuestaria*

---

*Principe de droit budgétaire en vertu duquel le volume des dépenses prévues et autorisées dans un budget est réparti en *crédits limitatifs correspondant à un objet déterminé.*

Le contrôle parlementaire est né du droit de consentir l'impôt ; les moyens accordés au souverain lui étaient globalement attribués, à charge pour lui de pourvoir aux besoins des divers services : c'est le système de l'abonnement en vigueur sous le premier Empire.

Progressivement, le contrôle parlementaire s'est développé sur l'activité gouvernementale : ce développement s'est réalisé par la spécialisation des crédits ouverts en vue d'utilisations déterminées : les besoins sont détaillés dans le projet soumis au Parlement ; les crédits votés correspondant à chacun de ces besoins sont limitatifs, sauf exceptions, et ne peuvent être affectés à un autre usage.

La spécialité des crédits date en France de la Restauration : la loi du 25 mars 1817 dispose que les crédits sont consentis par ministère, règle à laquelle le second Empire était revenu ; c'est de la loi du 29 janvier 1831 que date la spécialité par chapitres créés à l'intérieur du budget de chaque ministère et ne contenant « que des services corrélatifs de même nature » ; depuis la loi du 16 septembre 1871, ce principe a été conservé et l'ordonnance du 2 janvier 1959 l'a repris.

L'application de ce principe pose trois problèmes principaux.

• Celui du *développement* de la spécialité : ce n'est pas seulement la diversification des activités de l'État, mais aussi la volonté de contrôle parlementaire, qui ont entraîné la multiplication du nombre de chapitres budgétaires passés de quelques centaines à 5 000 environ au lendemain de la guerre : un effort de regroupement et de rationalisation de la nomenclature en a ramené le nombre à moins de 2 000, y compris les chapitres des comptes d'affectation spéciale et des budgets annexes. La spécialisation reste plus poussée que dans les grands pays anglo-saxons où le nombre de chapitres ne dépasse pas le millier.

• Celui de la *ridigité* de la spécialité par chapitre telle qu'elle résulte des décisions du Parlement : au XIXe siècle, aucun virement de crédit d'un chapitre à l'autre n'était possible ; toutefois, les prévisions détaillées qui étaient présentées par article (subdivision de chapitres) n'ont jamais eu qu'une valeur indicative. Depuis le décret du 19 juin 1956, les crédits sont votés par titre et ministère, et non plus par chapitre, et des virements ou transferts de chapitre à chapitre dans un même titre peuvent être autorisés par arrêté du ministre des Finances, ou par décret sous certaines conditions.

• Celui de la *nature* de la spécialité : s'agit-il de déterminer des crédits correspondant aux objectifs, ou par rapport aux moyens à mettre en œuvre ? La spécialité par services et moyens est en France traditionnelle ; elle entraîne notamment interdiction de confondre dans un chapitre des dépenses de personnel et des dépenses de matériel.
Toutefois, un assouplissement a été apporté dans l'ordonnance de 1959 qui permet de présenter les dépenses « selon leur nature ou selon leur destination », tandis que la rationalisation de la nomenclature des chapitres permet une présentation de nature à dégager le coût de chaque fonction.

Spécifique

a : *Specific* – **d** : *Spezifisch* – **e** : *Específico*

Qualifie les impôts et droits calculés d'après le nombre d'unités du bien taxé.

Les droits spécifiques s'opposent aux droits **ad valorem* calculés d'après la valeur du bien. Ils sont assis sur des grandeurs physiques caractéristiques de chaque produit : le poids de viande pour la taxe de circulation, la longueur d'un film pour les droits de douane, la teneur en alcool pur pour les droits sur les boissons, le titre de métal précieux pour les droits de garantie, par exemple. Le montant total dû au Trésor est le produit du droit unitaire par la garantie physique en cause.
Les droits spécifiques sont indépendants du prix du bien taxé ; ils sont donc faciles à asseoir : la matière imposable est mesurable ; il n'est pas nécessaire d'estimer sa qualité ou sa valeur. Cependant, le montant de ces droits ne peut s'accroître qu'avec le volume de la consommation des produits taxés ; leur rendement ne suit pas le mouvement des prix ni l'érosion monétaire, aussi sont-ils à peu près supprimés. L'adoption de la convention de Bruxelles qui a défini la valeur en *douane en 1947 a favorisé la substitution des droits *ad valorem* aux droits spécifiques qui étaient jusqu'alors la règle en cette matière. La loi du 6 janvier 1966 réformant les taxes sur le chiffre d'affaires a, d'autre part, fait disparaître du système fiscal français les taxes uniques sur les vins, cidres, jus de raisin, cafés et thés, viandes, toutes taxes spécifiques.

Spéculation

a : *Speculation* – **d** : *Spekulation* – **e** : *Especulación*

Technique d'achat et de revente de biens ou valeurs en vue de tirer profit des fluctuations de leurs cours.

Au sens strict, la spéculation est une technique d'observation et de prévision (latin *speculari,* observer) visant à tirer profit, par des anticipations heureuses, des variations de *cours ou de valeurs. Dans cette mesure, elle participe de l'optique du *placement et n'a aucun caractère péjoratif.

Elle en a pris progressivement un dans le langage courant pour deux raisons principales : le fait que l'attitude spéculative, qui se borne à « jouer » sur des différences de valeurs, n'est pas perçue comme productive et s'analyse comme une recherche systématique de la *rente de situation économique et financière (*voir* Agio, Capitaux fébriles) ; l'attitude de nombreux spéculateurs, qui en sont venus à considérer que le meilleur moyen de confirmer leurs prévisions de variations de cours était de les provoquer artificiellement (*voir* Agiotage, Accaparement, Corner).

Spot (crédit)

Voir Crédit ponctuel.

Spread

a : *Spread* – **d** : *Spread* – **e** : *Spread*

*Marge bancaire qui s'ajoute au taux applicable à un crédit *roll over en *eurodevises.*

Stabex

Mécanisme de stabilisation des exportations des matières premières des pays associés à la CE.

Ce mécanisme concerne les 63 pays d'Afrique, des Caraïbes et du Pacifique (ACP), signataires de la convention de Lomé (1975). Couvrant 47 produits, il s'analyse dans un transfert financier compensant au moins partiellement les différences entre les cours du marché et des prix minimaux garantis. Ce mécanisme, qui a bien fonctionné jusqu'en 1980, n'a pu empêcher cependant, depuis, la plupart des pays intéressés de connaître de graves problèmes de balance des paiements.

Stabilisation

a : *Stabilization* – **d** : *Stabilisierung* – **e** : *Estabilización*

Interruption d'un mouvement de hausse ou de baisse arrêté à un niveau déterminé ou « palier ». Elle affecte un marché ou l'ensemble de l'activité d'une collectivité. Elle peut être naturelle et spontanée, mais elle est plus souvent provoquée par une intervention extérieure au marché.

Les politiques de stabilisation d'un prix ou d'un cours tendent à réaliser cette interruption en mettant un terme aux crises qui ont déterminé ce mouvement : elles se caractérisent par l'adaptation des moyens employés aux causes reconnues ; elles diffèrent de ce fait des politiques de régularisation qui tendent à prévenir les mouvements qui pourraient se produire dans un sens ou dans l'autre, ou à en limiter l'ampleur.
La *stabilisation des *cours* sur un marché déterminé peut comporter des mesures relatives à l'offre, notamment par le jeu des *stocks (prélèvement sur le marché pour leur constitution ; offre supplémentaire par leur réduction), l'action sur les importations (limitation ou taxation des importations, mais aussi ouverture des frontières plus large pour accroître l'offre et développer la concurrence) et, enfin, des mesures tendant à développer la demande (publicité, aide à l'exportation, allégements fiscaux ou subventions pour favoriser de nouveaux emplois ou de nouveaux débouchés).
Les *fonds de stabilisation* (des changes, des cours de matières premières, des produits agricoles) sont en fait des fonds de régularisation ; mais leur nom rappelle la situation de déséquilibre qui est à l'origine de leur création et la volonté d'y mettre fin ; plutôt qu'une stabilité absolue des cours, ils s'efforcent par des interventions sur le marché de maintenir leurs mouvements entre des limites plus ou moins étroites (prix plafond et prix plancher). Les pays en voie de développement exportateurs de matières premières qui constatent une détérioriation des « *termes de l'échange » à leur détriment demandent le développement des mécanismes internationaux de stabilisation, à l'exemple de ceux dont certains de ces pays pouvaient bénéficier dans le cadre de l'Union française. Les accords internationaux actuels sont limités à quelques produits (étain, café) ou comportent des mécanismes peu contraignants et peu efficaces (blé).
Les *politiques* (plans ou programmes) de stabilisation reposent sur l'emploi d'un certain nombre de moyens d'action conjonturelle par les pouvoirs publics, pour mettre fin à un processus *inflationniste et stabiliser le niveau des prix à un palier nouveau ; elles font appel à :

- des moyens budgétaires : ponction sur le pouvoir d'achat excédentaire par la fiscalité, limitation de la dépense publique ;
- des moyens monétaires : réduction des crédits dont le volume excessif facilite les affaires, encourage la consommation, favorise l'investissement et la constitution des stocks ;

• des mesures autoritaires de blocage des prix et des salaires ;

• l'ouverture plus large des frontières pour utiliser la concurrence des produits étrangers à la pression exercée sur les prix.

La stabilisation du franc par R. Poincaré en 1926 reposait essentiellement sur l'emploi de mesures budgétaires pour mettre fin à la dégradation de la situation des finances publiques qui était à l'origine de la perte de confiance à l'égard de la monnaie.

Après les politiques appliquées par A. Pinay en 1952 et 1958, le plan de stabilisation de 1963 offre un exemple d'emploi combiné de tous les moyens d'une action sur la conjoncture économique.

Plan de stabilisation de 1963 : Ensemble de mesures décidées à partir du 12 septembre 1963 par le gouvernement de G. Pompidou (V. Giscard d'Estaing étant ministre des Finances) pour freiner la hausse des prix qui atteignait un rythme supérieur à 5 % par an. Cette hausse était due à l'excès de la demande favorisée par l'arrivée des rapatriés d'Algérie et les augmentations de salaires résultant des tensions sur le marché du travail. Elle était de nature à compromettre les possibilités d'exportation et la capacité de l'économie française à se développer dans le cadre du Marché commun.

Le plan comportait un ensemble d'actions indirectes ou directes sur les prix et sur la demande faisant appel aux techniques du contrôle des prix, de la politique du crédit et du budget.

• L'action directe sur les *prix* a comporté l'application à tous les produits industriels du régime de la « liberté contrôlée », la stabilisation et quelques baisses des tarifs publics : la baisse conjoncturelle de certains droits de douane, la suspension des hausses semestrielles de loyers des immeubles anciens.

• Le projet de loi de finances pour 1964 comportait réduction de l'impasse dont le projet de *budget* de 1965 a pu réaliser la disparition complète ; limitation à 8,8 % de l'augmentation des dépenses ; engagement de ne pas présenter de dépenses nouvelles par voie de collectif en cours d'année ; recours à l'emprunt à long terme pour financer les dépenses temporaires. Il a été complété par la mise en œuvre d'une politique de régulation de la dépense publique pour prévenir les tensions qui pouvaient résulter localement ou dans certaines industries de l'excès momentané de la demande.

• En matière de *crédit :* réduction à 10 % au lieu de 12 % de l'accroissement annuel des concours bancaires, et restrictions apportées aux crédits à la consommation, suivies en novembre 1963 d'un relèvement de 3,5 % à 4 % du taux de l'escompte (répercuté sur les conditions de banque dans la limite de 0,25 %).

En ce qui concerne les prix de détail, l'exécution du plan a freiné la hausse, limitée à 2,25 % dans les douze mois suivant son lancement ; la hausse annuelle des salaires a été réduite de 8 % en 1963 à 5,9 % en 1965 ;

la balance des paiements courants, dont l'excédent s'était réduit en 1963 jusqu'à disparaître en 1964, s'est rétablie en 1965 avec un excédent de trois milliards de francs.
Mais, dès 1965, on relevait une tendance persistante au ralentissement de la production industrielle et des investissements et un développement du chômage. Les réformes de structure qui ont accompagné ou suivi l'application du plan de stabilisation ont été insuffisantes pour faire disparaître les scléroses des structures économiques que toute stabilisation met en évidence.
L'évolution des économies occidentales offre maints exemples de programmes de stabilisation, dans le cadre d'une régulation de la croissance qui vise à enrayer les processus d'inflation autant que de récession. Dans certains pays, un dispositif législatif particulier dote en la matière le gouvernement de pouvoirs d'intervention précis (par exemple, la loi de stabilité de 1967, en République fédérale d'Allemagne).

Voir Fluctuation, Cycle.

Stagflation (ou staflation)

a : *Stagflation* – **d** : *Stagflation* – **e** : *Stagflación*

---

*Situation économique caractérisée par la conjonction d'une tendance à la *stagnation ou à la *récession et la poursuite de *l'inflation.*

Stagnation

a : *Stagnation* – **d** : *Stagnation* – **e** : *Paralización/Estancamiento*

---

*Phase d'arrêt de la *croissance.*

La stagnation peut s'entendre d'un facteur de la demande en particulier (l'investissement, l'exportation, la consommation...), ou de l'activité économique en général, et donc de la production.
Sous ce dernier aspect notamment, la stagnation peut correspondre à une phase d'ajustement provoquée et, par exemple, à une *stabilisation délibérée de l'économie après une période de « surchauffe » génératrice de tensions inflationnistes, ou à une période de transition vers une *récession prononcée.
C'est un des objectifs fondamentaux de la politique économique de régulation conjoncturelle que d'éviter précisément qu'un ajustement de

l'offre et de la demande, dans le cadre d'une situation de stagnation provoquée ou spontanée, ne dégénère en processus de *récession.
Un des phénomènes caractéristiques des économies occidentales contemporaines, dans la récente période, est que les phases de stagnation ne s'accompagnent plus toujours d'une résorption des tensions sur le plan de la répartition des revenus et plus précisément sur le terrain des prix et des salaires. Le barbarisme de « stagflation » a été précisément introduit pour caractériser une phase où le ralentissement de l'expansion, voire son arrêt, n'entraîne pas pour autant une modération de l'évolution des prix et des rémunérations nominales. Le phénomène s'explique par la résistance des salariés à la détérioration du « rapport de force » consécutif à l'incidence d'un ralentissement sur l'emploi ; l'hétérogénéité du marché du travail et la crainte de troubles sociaux favorisent le maintien d'une progression des salaires nominaux, que le patronat compense par la réduction des effectifs et de la durée, et, dans la mesure où la stagnation, en ralentissant les progrès de productivité, accroît ainsi les coûts unitaires, par la poursuite des hausses de prix. Le processus peut se poursuivre un certain temps, stocks et investissements constituant alors une variable d'ajustement. Il peut dégénérer si une baisse de la consommation intervient, consécutive au ralentissement de la masse des salaires et à une modification du comportement des ménages, lié à l'inquiétude ambiante ; la crainte d'un tel engrenage explique que les gouvernements ne laissent pas volontiers se prolonger une stagnation dans l'attente de ses hypothétiques effets de stabilisation ; ils engagent donc des actions de relance ou de *reflation pour éviter de payer le coût d'une stabilisation par une récession caractérisée, lourde de risques plus grands pour le pouvoir politique que la poursuite de l'inflation dans un contexte de reprise.

Stakhanovisme

a : *Stakhanovism* – **d** : *Stakhanovismus* – **e** : *Stakhanovismo*

Méthode soviétique d'émulation du travail tendant à l'augmentation du rendement. Du nom Stakhanov, *ouvrier mineur soviétique, né en 1906.*

L'« initiative » du mineur Stakhanov, en 1935, qui, par une rationalisation méthodique de ses gestes, parvint à établir des records remarquables d'extraction du charbon, a été à l'origine d'un vaste mouvement tendant à accroître le rendement industriel dans les entreprises soviétiques.
Le stakhanovisme s'est alors défini autant comme un mouvement d'émulation socialiste que comme une entreprise de rationalisation des

tâches productives. Si, sous ce dernier aspect, en effet, le stakhanovisme a contribué à favoriser l'utilisation de techniques nouvelles, dans la perspective d'un rendement accru, et à faire évoluer en conséquence les normes de *productivité, il est toujours resté, en même temps, un thème de propagande tendant à susciter des dépassements exemplaires de ces normes. Moteur de la rationalisation du travail, le stakhanovisme a ainsi gardé en définitive le caractère de motivation individualiste au profit de l'intérêt collectif que son initiateur lui avait conféré. Aujourd'hui, les conditions des prouesses de Stakhanov sont remises en cause dans l'ex-URSS.

Voir Fordisme.

Stand by

a : *Standby Agreement* – **d** : *Standby Agreement* – **e** : *Standby Agreement*

---

*Accord entre le *FMI et un pays membre autorisant ce dernier à effectuer pendant une durée et pour un montant déterminés des tirages en devises sur le Fonds. (Expression anglaise :* stand by agreement, *ou accord de confirmation.)*

L'une des activités principales du FMI dans le cadre de sa mission générale de protection de l'ordre monétaire international est de venir en aide à ses membres qui éprouvent des difficultés passagères. Le seul mécanisme de soutien prévu par les statuts du Fonds, celui des tirages, s'est vite révélé insuffisant. Pour être efficace, l'aide doit en effet être mise en place rapidement, ce qui ne laisse que peu de temps pour examiner la demande et décider raisonnablement de son acceptation. Pourtant, même réduit à quelques jours, ce délai d'examen peut souvent être une gêne considérable pour le pays membre en difficulté, surtout lorsqu'une crise de spéculation brutale et imprévue se déclenche qui exigerait une intervention massive et instantanée sur le marché des changes. Aussi, dès 1952, et pour la première fois en faveur de la Belgique, la technique plus souple des accords de confirmation a été élaborée. Par ce système, l'assistance du Fonds est assurée à un membre qui, compte tenu de la situation de ses réserves, s'apprête à traverser une période difficile, tandis que l'opportunité d'une action internationale et sa conformité aux principes de Bretton Woods sont garanties.
L'*accord de stand by,* malgré son nom, n'est pas juridiquement un accord international, mais une décision du Fonds monétaire ouvrant à l'un des pays membres, et sur sa demande, une ligne de crédit qui, pendant la durée de validité de l'accord, peut être utilisée à tout

moment sans autre formalité préalable. Il n'y a donc pas modification des principes du droit de tirage, mais simplement aménagement de ses conditions d'exercice. En contrepartie des facilités qui lui sont consenties, le bénéficiaire adresse au Fonds un mémorandum — ou lettre d'intention — signé du gouverneur de la banque centrale ou du ministre des Finances qui retrace l'ensemble des mesures économiques et financières qu'il s'est engagé à prendre au cours des négociations préalables à l'accord et qui doivent lui permettre de redresser sa situation. Ces deux documents ne sont pas publiés à moins que l'emprunteur n'en prenne l'initiative.

L'ouverture du crédit par les administrateurs du Fonds comporte un certain nombre de clauses communes à tous les stand by : montant maximum des tirages éventuels, durée de l'accord — de six mois à un an, en général —, commissions à payer et obligations, rachat en cas de tirages, enfin, organisation de consultations périodiques avec le Fonds pendant toute la durée de l'accord. Mais, dans le cas où les possibilités de tirage attribuées dépassent la première tranche de crédit (125 % du *quota) s'y ajoutent des clauses particulières ; les unes fixent l'échelonnement des tirages éventuels ; les autres déterminent les obligations qui incombent au bénéficiaire en matière de politique économique, et dont l'exécution est contrôlée par des missions périodiques du Fonds.

Ainsi, un État membre du FMI peut s'assurer d'un concours immédiat de l'organisation internationale pendant une période donnée. Mais il ne faut pas sous-estimer l'importance des contraintes qui pèsent sur lui dans ce cas ; le plan de stabilisation qu'il s'engage à mettre en œuvre a été discuté, son application sera surveillée et, au cas où il ne serait pas respecté, les droits de tirage qui lui ont été attribués peuvent être suspendus.

La multiplication des accords de stand by depuis la fin des années 50 — certains pays ont obtenu le renouvellement quasi permanent des lignes de crédit dont ils bénéficiaient pendant plusieurs années — témoigne de l'efficacité de cette technique et de son utilité pour les membres du FMI. En contrepartie, l'influence du Fonds s'est renforcée : il a su faire pénétrer dans les faits les principes de coopération internationale qu'il a charge de défendre, et, grâce aux limitations de souveraineté qu'il impose aux États « sous stand by », a pu garantir, au moins pour un temps, le respect assez large de certaines règles de bonne conduite nécessaires à la protection de l'ordre monétaire international. Cela n'a toutefois pas suffi à cet égard, les facteurs de désagrégation du système monétaire international, liés à la crise du dollar américain, l'ayant emporté à partir de 1968.

Statistique

a : *Statistics* – **d** : *Statistik* – **e** : *Estadística*

Ensemble des méthodes permettant d'analyser et de synthétiser l'information contenue dans une collection nombreuse de données chiffrées.

On distingue deux étapes dans l'étude des méthodes statistiques.

• La *statistique descriptive* vise à résumer quantitativement l'information recueillie dans une *population statistique, dont les individus sont classés selon certains *caractères qualitatifs ou quantitatifs, telles, par exemple, l'information sur la population d'un pays collectée à l'occasion d'un *recensement général ou encore l'information relative aux bénéfices industriels et commerciaux recueillie grâce à une exploitation spéciale des documents fiscaux (dans ce dernier cas, la population étudiée est celle des entreprises réalisant de tels bénéfices).
On rattache traditionnellement à cette partie de la statistique l'étude des méthodes d'élaboration des *indices ou des méthodes d'analyse des séries chronologiques (correction des mouvements *saisonniers).

• La *statistique mathématique* permet, grâce à la connaissance préalable du calcul des *probabilités, d'analyser l'information obtenue grâce à un mécanisme *aléatoire : *estimation des valeurs des paramètres de modèles aléatoires ; *tests de signification de ces paramètres, de comparaison des paramètres de plusieurs modèles ou d'adéquation d'une *distribution observée à un modèle aléatoire ; analyse de la *variance qui permet de déterminer et de comparer les effets d'un ou de plusieurs facteurs sur les propriétés d'un matériel de base doué de variabilité propre (ne serait-ce qu'en raison d'erreurs d'expérimentation).
On peut rattacher à cette partie de la statistique l'économétrie et surtout la théorie des *sondages, fondement théorique des méthodes permettant d'appréhender les propriétés d'une population statistique à l'aide d'une enquête effectuée uniquement sur un *échantillon tiré dans cette population.
Signalons qu'à l'heure actuelle, en raison notamment de l'extension de l'usage des ordinateurs, certaines méthodes de statistique descriptive connaissent un véritable renouveau, comme, par exemple, les méthodes d'analyse multidimensionnelle qui permettent de représenter un nuage de points situé dans un espace ayant un grand nombre de dimensions de façon beaucoup plus simple, grâce à des projections sur des plans, effectuées de manière à perdre le moins d'information possible.
Les méthodes statistiques ont des applications dans des domaines divers et très variés : *démographie qui a été historiquement une des premières branches dans lesquelles ont été appliquées ces méthodes (le langage utilisé en statistique en est une preuve), *économie, mais aussi biologie (biométrie, génétique, médecine), psychologie expérimentale (méthodes de sélection par tests psychotechniques, par exemple),

agriculture (sélection des semences, étude des meilleures méthodes de culture), études météorologiques, contrôle des fabrications, gestion, études de marché, *actuariat, etc. Il faut enfin remarquer que si le mot « statistique » (au singulier) désigne l'ensemble des méthodes décrites ci-dessus, le même mot, utilisé alors généralement, mais pas obligatoirement, au pluriel, sert souvent à désigner les résultats numériques obtenus par l'application de ces méthodes. C'est ainsi qu'on parle des statistiques de l'emploi pour désigner l'ensemble de la documentation chiffrée disponible nécessaire pour effectuer les études relatives à l'emploi. C'est avec cette dernière acception que ce mot figure dans le sigle INSEE qui désigne l'Institut national de la statistique et des études économiques.

Stellage

a : *Straddle/Put and call option* – **d** : *Stellage-Geschäft* – **e** : *Operaciones de doble opción/Estelaje*

---

*Opération de bourse à *terme et conditionnelle portant sur une quantité de titres convenue (appelée également le stellage) que l'opérateur peut soit acheter, soit vendre à l'échéance à un cours également convenu.*

Le stellage comporte un double prix qui conditionne le choix de l'opérateur. Exemple : l'acquéreur d'un stellage à 450/500 peut se porter à l'échéance soit acheteur des titres (en nombre déterminé) à 500, soit vendeur à 450. Il espère une variation importante de cours.
Le vendeur de stellage parie, quant à lui, que les variations de cours seront inférieures à l'écart qui est indiqué dans le stellage. En effet, si, dans le cas particulier, les cours restent compris entre 450 et 500, soit son partenaire achète à 500 (donc plus cher que le cours), soit il vend à 450 (donc moins cher que le cours) ; dans les deux cas le vendeur aura fait un bénéfice.
Si, au contraire, les cours excèdent ces limites, c'est l'acquéreur de stellage qui réalisera un bénéfice automatique dans l'opération.
Cette opération est très peu usitée aujourd'hui en raison des multiples combinaisons offertes aux spéculateurs par les différents marchés de la bourse (*comptant, *terme ferme, *options).

Stochastique

Voir le synonyme de ce mot Aléatoire.

Stock

a : *Stock/Inventory* – **d** : *Lager* – **e** : *Stock*

Ensemble des matières et produits mis en œuvre dans l'activité de l'entreprise et entreposés par elle dans l'attente de leur emploi ou de leur vente.

Les stocks sont composés : dans les entreprises de production, de produits ou matières devant entrer dans la fabrication des objets vendus, de matières consommables (exemple : combustibles), de fabrications encours et de produits finis ; dans les entreprises de distribution, de produits ou objets finis provisoirement entreposés en attendant leur mise en vente ainsi que de diverses matières consommables. Les stocks posent principalement deux catégories de problèmes : des problèmes de gestion, des problèmes de financement.

Gestion des stocks

L'approvisionnement des stocks : Il se fait par les *achats (ou approvisionnements) ; le déclenchement de la commande nouvelle (ou réapprovisionnement) est lié, d'une part, aux besoins des services utilisateurs (production ou vente), d'autre part, à la conception que se fait la direction générale du niveau optimal des stocks dont l'entreprise doit disposer en période normale, et du niveau minimal en dessous duquel il serait dangereux de descendre (*voir* Stock-outil).

• Les besoins des services utilisateurs sont déterminés par le programme de fabrication (ou d'utilisation), lié lui-même au rythme des commandes, à la durée du processus d'utilisation, aux délais de préparation des matières « déstockées » avant emploi, aux modifications de techniques d'utilisation, etc.

• La politique de gestion des stocks doit tenir compte des impératifs suivants :

– utiliser au mieux les aptitudes de stockage (importance des magasins, mais aussi problèmes posés par les marchandises périssables, dangereuses, disparates, fragiles, sujettes à la mode, etc.) ;

– être vigilante aux fluctuations des *cours de certaines marchandises dont la date d'achat n'est pas indifférente (exemple : métaux non ferreux et notamment cuivre, plomb, zinc...) ;

– passer autant que possible des commandes par « séries économiques », c'est-à-dire en quantités suffisantes pour obtenir de meilleurs prix ; et éviter le « vieillissement » des stocks, c'est-à-dire l'accroissement insensible d'une partie « morte » des produits stockés, qui risquent de se révéler dégradés ou périmés au jour de leur utilisation...

Toutes ces précautions se ramènent à deux préoccupations fondamentales pour la gestion des stocks : 1) s'adapter à la vitesse de leur *consommation ;*

2) leur assurer *un niveau et une rotation* satisfaisants.

La rotation des stocks : Elle doit faire l'objet d'une attention particulière. Elle est naturellement d'abord conditionnée par la tenue d'un inventaire précis et constamment à jour (facilité par les moyens informatiques). Elle est mesurée par le rapport entre la valeur au prix de revient des objets ou produits « consommés » au cours de l'exercice, d'une part, et la valeur des produits ou objets stockés, d'autre part, également évalués au *prix de revient, en fin d'exercice (des périodes de temps plus brèves peuvent être considérées pour des activités saisonnières). Dans une entreprise industrielle (à cycle complexe), des calculs analogues sont opérés pour chaque catégorie de produits ou marchandises et notamment : matières premières, produits en cours de fabrication, produits finis... D'une manière générale, la *vitesse de rotation* des stocks est très variable selon les catégories d'activités : elle peut être très rapide dans les entreprises de distribution (exemple : *magasins populaires), elle est plus lente dans les entreprises industrielles, et d'autant plus que le cycle de fabrication est plus long (industries lourdes, travaux publics...).

Financement des stocks

Ces impératifs de gestion des stocks sont liés au fait qu'ils représentent des *valeurs d'exploitation momentanément inemployées qui immobilisent autant de capacités de financement de l'entreprise.
Certains d'entre eux peuvent éventuellement servir de *gages à des emprunts contractés par l'entreprise, mais les stocks globaux doivent être couverts par le fonds de roulement, sauf pour une partie qui peut être rapidement et à coup sûr convertie en *liquidités (produits ou matières particulièrement marchands dont la demande est permanente). D'une manière générale et selon les circonstances, les stocks peuvent être couverts par les *capitaux propres, les crédits bancaires, les crédits fournisseurs et éventuellement les avances des clients. Par ailleurs, des stocks importants et diversifiés, outre leurs charges de gestion (magasinage, manutention), accroissent d'autant les *provisions qu'il est prudent de constituer pour couvrir les risques qu'ils courent, et notamment la dépréciation (*voir également* Décote).
La détention de stocks est donc toujours onéreuse, mais il arrive qu'ils soient utilisés à des fins spéculatives, notamment lorsqu'ils portent sur des matières de certaine valeur et dont les cours sont soumis à fluctuations (métaux précieux, cuivre, plomb, étain, denrées agricoles à cours mondiaux, etc.). Dans ce cas, il revient au banquier éventuellement sollicité d'octroyer un crédit de veiller à la sélectivité de celui-ci pour éviter de financer une telle spéculation.
Enfin, l'entreprise peut constituer une *réserve de renouvellement des stocks, dont une partie (qui concerne le stock minimal ou *stock-outil)

reçoit des sommes exonérées de l'impôt sur les bénéfices, l'autre — facultative — relève de la politique des *réserves de l'entreprise et ne bénéficie d'aucun privilège fiscal.
Les mouvements de stocks, étant intimement liés au fonctionnement de l'entreprise, doivent être pris en considération pour apprécier les résultats du compte d'*exploitation (additions des stocks d'entrée aux charges, des stocks de sortie aux produits de l'exercice).

Stock exchange

Voir Bourse.

Stock option

Voir Plan d'option sur actions.

Stock-outil

a : *Inventory reserve/Inventory safety stock* – **d** : *Mindestbestand/Mindesteindeckung* – **e** : *Stock útil*

Stock minimum indispensable pour permettre à une entreprise d'assurer normalement son exploitation.

Compte tenu de son caractère indispensable, ce *stock doit avoir un certain caractère de permanence. Il suppose donc une immobilisation de capitaux, de la même manière qu'un *outil* de l'entreprise, d'où son nom. Le montant de son stock-outil résulte de calculs tenant compte de la structure technique de l'entreprise, de l'économie prévisionnelle de sa gestion et de l'ensemble des éléments qui la caractérisent ou qui peuvent influer sur elle. En fait, il est variable en fonction des conditions d'approvisionnement de l'entreprise, des perspectives d'évolution de sa production et des cours des matières (*anticipations) mais sur le plan strictement technique, le stock-outil (minimal) est lié à la structure de son processus de fabrication. Exemple : si le processus de fabrication d'une entreprise a un cycle de deux mois, celle-ci doit au minimum disposer de deux mois de stocks de matières premières et produits en cours de fabrication.

Le stock-outil, faisant partie des *capitaux circulants, est normalement financé par des dettes à court terme et une partie des *capitaux permanents (*fonds de roulement) qui est par priorité la source de financement de cette charge. Une stricte prudence financière devrait conduire en *principe* une entreprise à constituer un fonds de roulement propre à couvrir la valeur du stock-outil, sans préjudice de l'évaluation des aléas pouvant affecter l'ensemble des capitaux circulants.
Les documents comptables ne distinguent pas le stock-outil de l'ensemble des stocks mais cette notion est toujours identifiée pour la conduite et la gestion de l'entreprise. La fiscalité lui accorde d'ailleurs fréquemment un traitement attentif, sinon privilégié (provisions, *décote).

Structure économique

a : *Economic structure* – **d** : *Wirtschaftsstruktur* – **e** : *Estructura económica*

Système de proportions, rapports et relations inhérents à une entité économique.
La notion de structure correspond à la description de la combinaison des divers éléments constitutifs de l'entité considérée : géophysiques, démographiques, sociaux, institutionnels, techniques et proprement économiques (exemples : répartition des activités entre les secteurs primaire, secondaire et tertiaire, rapport entre consommation et épargne...).
Elle s'applique aux ensembles économiques les plus divers : ménages, entreprise, secteur, branche, région, nation, ensemble supranational ou international.
De fait, la structure économique définit les caractéristiques spécifiques et durables de l'entité considérée. En cela elle constitue une notion intermédiaire entre le *système économique et le régime économique.
Le système économique, qui englobe l'ensemble des conditions juridiques et techniques présidant à l'organisation de l'activité économique, apparaît ainsi comme un ensemble de structures dont il fournit le cadre de cohérence.
Le régime économique qui définit les règles légales applicables aux activités économiques n'apparaît en revanche que comme un des éléments caractéristiques de la structure d'une unité économique donnée.

Subvention

a : *Subsidy* – **d** : *Subvention* – **e** : *Subvención*

Dépense consentie à titre définitif au profit d'une personne publique ou privée en vue d'alléger ou de compenser une charge ou pour encourager une action déterminée. Terme réservé plus particulièrement aux transferts effectués par une collectivité publique au profit d'autres collectivités publiques, d'institutions sociales ou d'entreprises.

Les subventions constituent une part importante des dépenses de *transfert. Mais les transferts peuvent revêtir une forme indirecte (avantages fiscaux, tarifications avantageuses) ou être mis à la charge d'autres agents (péréquations...) : on les qualifie alors de « subventions indirectes » ; les décisions qui les instituent n'en peuvent déterminer le montant exact.
Il convient de distinguer deux sortes de subventions.

Les subventions de fonctionnement ou d'exploitation : Elles sont destinées à alléger les charges d'exploitation ou à compenser une insuffisance de recettes tenant à un tarif trop bas ou à un niveau des changes artificiel, ou bien consenties pour obtenir un service déterminé. Elles peuvent être qualifiées de remboursements, restitutions ou participations selon leur objet. Dans le budget de l'État, elles figurent normalement au titre IV, « interventions publiques », qui absorbe plus de 40 % des dépenses civiles de fonctionnement.
En comptabilité nationale, elles sont inscrites au compte d'*exploitation de l'agent bénéficiaire, au compte d'*affectation de la collectivité qui les attribue.
Parmi elles, on doit isoler les subventions d'équilibre, telles celles qui sont destinées à combler le déficit d'entreprises publiques ou privées dont les recettes ne peuvent couvrir les dépenses en raison des obligations de services ou de tarifs qui leur sont fixées par la puissance publique.

Les subventions d'équipement : Elles correspondent à une participation aux dépenses d'immobilisations de collectivités publiques, d'entreprises ou de particuliers. Allégeant la charge du financement des immobilisations, elles se traduisent par un allégement ultérieur des charges annuelles en réduisant l'endettement. Dans le budget de l'État, elles constituent le titre VI où s'inscrivent près de 62 % des dépenses civiles d'équipement. En comptabilité nationale, elles sont inscrites au compte d'affectation de l'agent qui les reçoit.
L'engagement des *autorisations de programme ouvertes au titre des subventions d'équipement est réalisé par l'octroi de « promesses de subvention » ; celles-ci sont caduques lorsqu'il n'y a pas dans le délai de deux ans commencement d'exécution. Le paiement des subventions

se fait au fur et à mesure et sur justification du règlement de la dépense subventionnable.
Un expédient largement employé jusqu'en 1959 a consisté à accorder des subventions en annuités ; elles n'imposent aucun décaissement immédiat à celui qui l'accorde, le bénéficiaire lui-même se chargeant de trouver par l'emprunt la couverture des dépenses au niveau de la subvention ; mais les annuités de cet emprunt sont remboursées au titre de la subvention ; la charge est ainsi reportée dans l'avenir et régulièrement étalée sur la durée de l'emprunt. Ses effets peuvent s'apparenter à ceux des *bonifications d'intérêt qui sont des subventions sur plusieurs années allégeant la charge d'intérêt.
La légitimité des subventions est contestée, surtout lorsque leur objet est économique : abaissement du prix des produits de consommation courante, des matières premières, de l'énergie, des services... L'attribution des subventions fausse le mécanisme des prix et pervertit le calcul économique : en vue de la réalisation de l'optimum économique, la vérité des prix et celle des coûts doivent être le guide des choix des consommateurs comme de ceux des entreprises : ainsi des subventions réalisant l'abaissement des prix des transports qui faussent le choix des utilisateurs, des subventions à l'improductivité, maintenant artificiellement des productions excessives (alcool). Protégeant le producteur plus souvent que l'utilisateur et le dispensant de rechercher l'équilibre de sa gestion, les subventions d'exploitation et les subventions d'équilibre réduisent la responsabilité du chef d'entreprise et les moyens pratiques de la mettre en cause.
Cependant, les subventions sont un moyen d'action efficace de la politique économique : utilisées de manière sélective, elles favorisent l'exécution du *plan ; elles peuvent alimenter la reprise conjoncturelle, par la demande comme par l'investissement ; elles servent enfin à compenser d'autres sources de distorsion, en particulier dans la compétitivité internationale (subventions à l'exportation des produits agricoles sur des marchés où prévaut le *dumping).
Faussant la *concurrence, les subventions économiques consenties dans un pays doivent être éliminées ou harmonisées en vue de l'établissement d'un marché unique : après l'*OECE, la Communauté économique européenne a entrepris l'examen systématique des « aides » accordées sous toutes les formes aux producteurs d'un pays membre.
Les subventions à objectif purement social (allocations individuelles, ou subventions à des organismes redistributeurs) n'encourent pas les mêmes reproches, encore que leur volume puisse atteindre un niveau qui réduit les possibilités de rémunération directe du travail et que, joint aux subventions économiques, il représente dans le budget une masse malaisément compressible, qui tend à croître naturellement. Les unes comme les autres doivent faire l'objet d'une remise en cause générale de temps à autre (comité Rueff, fin 1958).
Les subventions administratives ou politiques ont des effets autres : elles

sont indifférentes lorsqu'elles naissent simplement d'un démembrement périodique de l'État et sont accordées à des établissements publics administratifs. Attribuées à des collectivités politiques, telles les collectivités locales, les subventions sont un instrument de péréquation tenant compte de l'inégalité de leurs ressources propres ou de leurs charges, mais, dans une mesure qui dépend de leurs conditions d'attribution, elles réduisent l'autonomie de ces collectivités. Il n'en va pas autrement pour les subventions consenties à d'autres États.

Succursale (succursaliste)

Voir Distribution.

Superdividende

Voir Dividende.

Supérette

Unité de vente alimentaire en libre-service, de surface moyenne (120 à 400 m²), destinée principalement à la satisfaction des besoins courants d'une clientèle de voisinage.

Les supérettes importantes sont généralement incluses dans un magasin non spécialisé (type *magasin populaire). Mais la formule recouvre principalement des magasins isolés, gérés par des commerçants indépendants. Son développement rapide est aujourd'hui orienté vers la desserte des zones rurales. Il se heurte ailleurs à la puissance des unités de grande surface (*supermarchés) dont les assortiments sont plus complets, la souplesse de fonctionnement supérieure et les moyens de promotion commerciale plus puissants.

Supermarché

a : *Supermarket* – **d** : *Supermarkt* – **e** : *Supermercado*

Magasin, ou département de magasin non spécialisé, d'une surface de 400 à 2 500 m², vendant à titre principal des produits alimentaires, fonctionnant en libre-service, le paiement des achats s'effectuant en une seule fois.

La formule des supermarchés a connu aux États-Unis, où elle est née, comme en Europe, un développement extrêmement rapide. Sous l'influence de la concurrence croissante de nouvelles formes de distribution (*supérette, *hypermarché) liées à l'urbanisation et à la motorisation, elle connaît actuellement une évolution qui conduit à distinguer deux catégories de supermarchés :

- le « supermarché de proximité », de surface réduite (environ 450 m²), situé au centre des villes, dépourvu de parking, destiné à la satisfaction des besoins courants d'une clientèle de voisinage ;
- le « supermarché de grande taille », situé en dehors des centres urbains, possédant une surface importante (1 200 à 2 500 m²), un parking, offrant un éventail très complet de produits alimentaires, et développant les ventes non alimentaires (parfumerie).

La réussite commerciale des supermarchés est fondée sur la propriété et la clarté du cadre, l'abondance des produits et l'animation qui y règne. Ces éléments favorisent une rotation rapide des produits qui autorise la fixation de prix de vente réduits.

Sûreté

Voir Gage.

Surplus

a : *Gain (or surplus)* – **d** : *Überschuss* – **e** : *Aumento (o excedente)*

Dans une unité de production, supplément de l'accroissement de la valeur des produits sur l'accroissement de la valeur des facteurs, calculé à prix constants sur une période donnée.

Principe

Une unité de production de *biens et services, par exemple une entreprise, utilise un certain nombre de *facteurs de production (capital, travail) et fournit un certain nombre de produits. A un instant donné, le rapport volume des produits/volume des facteurs mesure la productivité globale de l'entreprise, c'est-à-dire son aptitude à créer un supplément de richesse. La comparaison dans le temps de deux ou plusieurs de ces rapports exprime l'évolution de cette productivité globale.

Si, le volume des facteurs restant le même, le volume des produits a varié d'une année sur l'autre, il y a surplus de productivité globale. Si, le volume des facteurs ayant évolué, le volume des produits a évolué plus que proportionnellement, il y a également surplus. Le surplus traduit donc *une différence constatée entre l'évolution des facteurs et l'évolution des produits.* Lorsque cette différence est positive, on peut parler également de « gain de productivité », ou plus généralement de « fruits de l'expansion », mais le terme de « surplus » lui-même est neutre : il peut recouvrir aussi bien une différence positive qu'une différence négative. Le surplus constitue la marge au sein de laquelle peuvent s'effectuer les *jeux* entre les divers éléments impliqués dans l'activité de l'entreprise. Exemple : en cas de surplus positif, celui-ci peut être *alloué* (partiellement ou totalement) soit aux facteurs de production (augmentation de salaires, meilleure rémunération du capital...), soit aux partenaires économiques (baisse du prix de vente aux clients, hausse du prix d'achat par les fournisseurs...). Ce fait illustre que : 1) le surplus est une constatation de la marge et de sa répartition (ou allocation), mais n'implique pas forcément une action délibérée de l'entreprise ; 2) il est intimement lié à la gestion de celle-ci et n'en est dissociable que par le calcul.

Application : les comptes de surplus

Valeurs prises en compte : Pour pouvoir comparer les éléments impliqués dans le calcul (tonnes, heures de travail, francs...), il convient de les ramener à des unités de mesure homogènes. La plus commode est l'unité de valeur (exprimée en francs). Mais l'objectif étant de prendre en compte des volumes exprimés en valeur et non des valeurs elles-mêmes au *prix* du marché, on exclura du calcul les variations de prix qui ont pu affecter ces éléments entre les deux dates considérées dans l'exercice. On opérera donc le calcul à prix constants (c'est-à-dire en prenant comme base les prix constatés l'année de référence et en supposant qu'ils ne varient pas). Ainsi les variations de valeurs constatées ne traduisent que des variations de quantités.

Évaluation du surplus :

• A partir des comptes d'exploitation de deux années significatives, 1 et 2, on tire les augmentations de chacun des éléments de l'activité de l'entreprise. Le tableau ci-contre en donne un exemple.

• Le rapprochement des variations affectant les produits d'une part, les facteurs, d'autre part, permet de dégager le surplus :

variation des produits	+ 10
variation des facteurs utilisés	+ 5,7.

Le surplus de productivité globale est égal à 10 – 5,7 = 4,3 millions de francs. Ce surplus peut être traduit également sous forme de taux qui prend le nom de « taux de surplus de productivité globale ». Il est obtenu en rapprochant la valeur du surplus constaté (4,3 MF) de la valeur de la production de l'année 1 (100 MF). De l'année 1 à l'année 2, la gestion de l'entreprise expose donc un taux de surplus de 4,3 %.

	Année 1	Année 2 (au prix de l'année 1)	Variations
Produits	100 MF	110 MF	+ 10 MF
Facteurs (ou charges)			
Matières premières (achats)	25	27	+ 2
Personnel (salaires + charges)	40	42,5	+ 2,5
Taxes et impôts	5	5,6	+ 0,6
Emprunts (charges financières)	10	10,6	+ 0,6
Équipements (amortissements)	13	13	0
	93	98,7	5,7

On peut aussi tirer de ces éléments un « taux de croissance de la productivité » par la fraction :

$$\frac{\text{surplus,}}{\text{facteurs année finale}} \quad \frac{\text{soit}}{\text{soit}} \quad \frac{4,3}{98,7}.$$

Les facteurs incluent donc un taux de croissance de la productivité de 4,35 %.

Allocation (ou répartition, ou affectation) du surplus : Ce surplus constaté est, par définition, réparti entre les divers éléments entrant en jeu dans l'activité de l'entreprise ou dans son environnement. En reprenant l'exemple ci-dessus et en supposant que, de l'année *n* à l'année *n* + 1, le bénéfice de l'entreprise a augmenté de 0,5 MF, on établira le compte de surplus par les opérations suivantes.

• Expression, en pourcentage, des variations de prix ou de taux enregistrés entre l'année 1 et l'année 2 pour chacun des facteurs de production, et pour les produits issus de l'entreprise. Exemple : produits : – 2 %, matières premières : – 10 %, personnel : + 6 % (hausse de salaires), taxes : + 15 %, taux d'intérêt : + 4 %. Si le bénéfice de l'année 2 *(dans les conditions de prix de l'année 2)* est de 7,5 MF, le taux d'augmentation du bénéfice est de 7 % environ.

• Multiplication de chaque variation de prix ou de taux par la quantité à laquelle elle se rapporte (à l'année 2). Le résultat donne dans chaque cas le supplément de rémunération dont ont bénéficié (ou qu'ont perdu) les diverses parties prenantes. Exemples : le personnel bénéficie d'une rémunération supplémentaire qui est le produit des heures travaillées à l'année 2 par la hausse de salaire horaire de 6 % exprimée en F/heure. La clientèle bénéficie d'un supplément égal au produit des quantités vendues à l'année 2 par l'expression en F/unité de la baisse de prix de 2 %. Les apporteurs de capitaux voient leur rémunération augmenter de 0,5 MF (accroissement du bénéfice) ; les fournisseurs subissent un « désavantage » ou surplus négatif égal au produit de la quantité de matière première achetée par l'expression de la baisse de 10 % de prix qu'ils ont consentie (on dit alors qu'il y a héritage au profit de l'entreprise considérée), etc.

Éléments concernés par le surplus : Les comptes étant naturellement plus complexes que le tableau page précédente, ces principaux éléments sont :

• Au titre des *facteurs de production* (entraînant des charges de rémunération) :

– les fournitures (matières premières, énergie, etc.) ; un surplus positif correspond à un allégement des charges de fournitures, un surplus négatif à un alourdissement (hausses de prix ou éventuellement baisse de productivité...) ;

– le travail (des salariés et des non-salariés) dont le surplus affecté correspond à des hausses (ou baisse) de salaires ;

– le « capital matériel », qui est un « stock » de richesse d'où émanent des *flux de facteurs ; c'est le cas des *stocks proprement dits et des équipements, dont l'amortissement mesure la rémunération ;

– les charges financières, qui couvrent l'ensemble des rémunérations des capitaux apportés ou prêtés (intérêts versés aux prêteurs, bénéfice versé aux actionnaires...) ;

– les impôts et taxes, qui rémunèrent les services rendus par l'État à l'entreprise (police, justice, politique économique, etc.).

• Au titre des *agents,* on peut distinguer six catégories principales de parties concernées par le jeu du surplus. Les partenaires sont :

– la clientèle (concernée par le canal des prix de vente),
– les fournisseurs (prix d'achat des fournitures),
– les travailleurs (salaires),
– les apporteurs de capitaux (bénéfice net et amortissements),
– les prêteurs (*intérêt),
– l'État et les collectivités publiques (impôts, taxes et redevances).

Portée et limites de la méthode des comptes de surplus

La notion de surplus et son application par la méthode des comptes permettent d'apprécier de manière précise l'évolution des performances d'une unité de production et fournissent ainsi un utile complément de nature économique aux méthodes d'étude des *coûts ou d'analyse des *ratios (cette dernière de portée moindre). L'apport essentiel de la méthode est cependant la mise en évidence des interactions ou jeux économiques entre les divers partenaires de la production au sein (facteurs) ou à l'extérieur de l'entreprise et, dans ce cas, à son « amont » (fournisseurs, prêteurs, État) ou à son « aval » (clientèle). De même, elle permet de fonder des appréciations comparatives entre entreprises ou *branches.

Dans cette mesure, elle peut constituer un moyen d'information utile à la politique économique générale, notamment pour ce qui touche à la politique de productivité et à celle des revenus (*voir également* Intéressement).

Les résultats de travaux de ce genre doivent toutefois être considérés comme des indications plus que comme des constatations indiscutables.

En effet, la complexité et le raffinement de la méthode impliquent un grand nombre de conventions, de choix comptables ou de « redressements » de valeurs.
Exemples : les éléments de calcul peuvent être tirés de la comptabilité analytique ou de la comptabilité générale ; les références peuvent être faites aux prix réels ou à des prix fictifs (considérés comme plus « normaux », par exemple en ce qui concerne la rémunération des apports ou des prêts) ; la détermination de l'amortissement économique souhaitable implique une part importante d'appréciation.

Surtaxe

Voir Impôt, Protectionnisme, Rétorsion.

Survaleur

a : *Goodwill* – **d** : *Goodwill/Firmenwert* – **e** : *Goodwill*

Ensemble des éléments non matériels qui contribuent à la valeur d'une maison de commerce établie.

Traditionnellement, le « goodwill » était traduit par le mot *clientèle ou *achalandage d'une maison de commerce (les clients s'adressent « volontiers » à cette maison en raison de la qualité du service rendu et de la réputation de l'établissement). En fait, ce terme a revêtu une signification plus large. Il peut être défini comme ce qui différencie une affaire établie et ayant fait sa place d'un établissement qui s'installe et à qui il reste à s'imposer (environnement et localisation, clientèle, réseau de relations et de correspondants de toute sorte, réputation, compétence, climat social...). A la faveur des clients, on ajoute aujourd'hui l'attachement ou la confiance des fournisseurs, des employés et de l'ensemble des partenaires. La « survaleur » n'est pas comptabilisée, mais des efforts sont faits pour en faire apparaître les fluctuations dans des documents annexes. Lors de la vente, la survaleur est évaluée par le vendeur, à la manière de ce qui est fait en France pour les éléments incorporels du *fonds de commerce.

Par extension : *différence entre la valeur effective d'acquisition d'une entreprise et sa valeur comptable ressortant de son bilan avant absorption.* Une survaleur positive peut faire l'objet d'un amortissement (en général sur vingt ans, voire sur quarante).

Swap

a : *Swap* – **d** : *Swap* – **e** : *Swap*

Échange portant sur des produits financiers ou matériels.

Voir aussi Crédit croisé.

SWIFT (Society for worldwide interbank financial telecommunication)

Société coopérative de droit belge à but non lucratif, créée en 1976 et regroupant des banques de différents pays afin de permettre des échanges d'informations concernant les opérations monétaires internationales.

En France, 50 banques sont connectées à ce réseau.

Symmétallisme

Voir Étalon monétaire, Bimétallisme.

Syndic

a : *Bankruptcy trustee* – **d** : *Konkursverwalter/Liquidator* – **e** : *Síndico*

*Personne désignée par le tribunal pour représenter la masse des créanciers d'une entreprise mise en *règlement judiciaire ou en *liquidation de biens.*

La profession de syndic est réglementée : pour être nommé par un tribunal, il faut être inscrit, sur proposition de ce tribunal, sur une liste dressée chaque année par la cour d'appel. Le tribunal peut désigner jusqu'à trois syndics pour la même affaire.

Le syndic accomplit tous les actes nécessaires à la sauvegarde des droits et intérêts de l'entreprise défaillante et de ceux de ses créanciers ; en cas de règlement judiciaire, il assiste les dirigeants de l'entreprise ; en cas de liquidation de biens, il agit seul. Il doit informer régulièrement de la situation le juge-commissaire et le parquet.

Syndicat

a : *Association/Trade union, R.-U./Labor union, É.-U.* – **d** : *Berufsverband/Gewerkschaft/Fachverband* – **e** : *Sindicato*

Association professionnelle ayant exclusivement pour objet l'étude et la défense des intérêts professionnels et économiques de ses ressortissants.

Autorisé pour la première fois, en France, en 1884, cet organisme peut être intitulé explicitement syndicat ou bien encore association, conseil, amicale, etc.

Les syndicats ne peuvent grouper que des personnes exerçant la même profession ou des métiers similaires concourant à la production de produits déterminés. Les syndicats sont dits « représentatifs » s'ils satisfont à certaines exigences quant aux effectifs, à l'indépendance, l'ancienneté, l'importance des cotisations.

En France, on distingue les syndicats d'employeurs tels que le CNPF (Conseil national du patronat), le CNC (Conseil national du commerce), la FNSEA (Fédération nationale des syndicats d'exploitants agricoles) et les centrales de salariés (fédérant des syndicats) telles que la CGT (Confédération générale du travail), la CFDT (Confédération française démocratique du travail), FO (Force ouvrière), la CFTC (Confédération française des travailleurs chrétiens), la CGC (Confédération générale des cadres), etc.

Syndicat financier

a : *Syndicate/Consortium* – **d** : *Syndikat/Konsortium* – **e** : *Sindicato financiero*

---

*Groupement constitué par des banques pour assurer tout ou partie du placement de *titres lors de leur *émission. Par extension : Groupement d'organismes de placement (banquiers, investisseurs institutionnels) pour toute action concertée sur le marché financier.*

Ces syndicats financiers sont généralement créés à l'occasion du placement de titres nouveaux : émissions d'*actions liées à la création d'une société nouvelle ou à l'augmentation de capital d'une société existante, émission d'*obligations ou d'emprunts publics, conversion d'obligations en actions.

Ces syndicats financiers revêtent l'une des trois formes suivantes.

Le syndicat de placement : Il se borne à mettre ses moyens de diffusion au service de l'émetteur pour faciliter le placement des titres. Il ne contracte aucun engagement sur le montant des titres à placer. Il est rémunéré par une « commission de placement ».

Le syndicat de prise ferme : Comme l'indique son nom, ce syndicat prend ferme l'ensemble des titres émis, qu'il souscrit généralement au *pair. Il les diffusera ensuite dans le public à un cours supérieur, la différence ou prime constituant sa rémunération.

Le syndicat de garantie : Il se porte garant de la bonne fin de l'émission en prenant l'engagement de souscrire au terme de celle-ci tous les titres qui n'auront pas été placés dans le public. Il est rémunéré par une « commission de garantie » versée par l'émetteur. Un délai ayant été fixé, chaque membre du syndicat s'engage à placer dans le public un certain nombre de titres avant l'expiration de celui-ci. Il conserve ceux qu'il n'a pu placer. Les titres non placés sont répartis entre les adhérents selon deux méthodes.

- Dans le syndicat « à la lyonnaise », chaque adhérent ne conserve que la différence entre le total des titres qu'il s'est engagé à placer et ceux qu'il a placés effectivement.
- Dans le syndicat « à la parisienne », les titres restants sont répartis entre les adhérents au prorata de leurs engagements globaux initiaux (sans considération des titres placés par chacun).

On parle également de syndicat (ou de groupement) financier lorsque plusieurs banquiers, assureurs ou investisseurs institutionnels décident de coordonner leurs actions pour des interventions déterminées, notamment à la bourse des valeurs (aide à l'introduction d'une valeur, soutien des cours, assistance défensive ou offensive à un groupe industriel en cas d'*offre publique d'achat, etc.).

Système bancaire

a : *Bank system* – **d** : *Bankwesen* – **e** : *Sistema bancario*

Ensemble des banques.

Cette définition générale recouvre en fait un contenu variable selon les pays et selon les critères statistiques retenus. Ainsi en France, par exemple, peut-on relever au moins deux acceptions différentes de l'expression.

Pour les autorités monétaires : (*Banque de France, *Conseil national du crédit) : Le système bancaire comprend : les banques inscrites (sur la liste tenue à jour par la *Commission bancaire), les banques populaires, la Banque française du commerce extérieur et les caisses de crédit agricole. Entre autres textes, le système bancaire est régi par la loi bancaire du 24 janvier 1984.

Comptabilité nationale : Le nouveau système de comptabilité nationale (SECN) ne définit pas en tant que tel le système bancaire. En fait, il fait référence au *secteur des institutions de crédit, qui se partagent en deux sous-secteurs : les institutions de crédit monétaires (Banque de France, banques inscrites, Crédit populaire, Crédit coopératif et mutuel, y compris le Crédit agricole) ; les autres institutions de crédit (établissements spécialisés, tels le Crédit foncier ou le Crédit national, sociétés financières et d'investissement...).

Système de comptabilité nationale des Nations unies (SNC)

a : *System of National Accounts of the United Nations (SNA)* – **d** : *Volkswirtschaftliches Gesamtrechnungssystem der Vereinten Nationen (SNA)* – **e** : *Sistema de Contabilidad de las Naciones Unidas (SNC)*

Système international de comptabilité nationale en vigueur dans les organisations économiques internationales (Commissions de l'ONU, du FMI, de la BIRD, de l'OCDE).

Le système actuel résulte d'une révision qui a été menée à son terme en 1968.

Dans sa structure présente, il combine le respect du concept classique de la *production nationale (envisagée à partir du critère de résidence et, dans une acception large, englobant une partie de l'activité non marchande, tels les services rendus par les administrations et les institutions financières) avec une articulation en comptes emboîtés distinguant et reliant les différentes opérations des divers agents.

Voir Comptabilité nationale.

Système économique

a : *Economic system* – **d** : *Wirtschaftssystem/Wirtschaftsordnung* – **e** : *Sistema económico*

Ensemble cohérent d'institutions juridiques et sociales, au sein desquelles sont mis en œuvre pour assurer la réalisation de l'équilibre économique certains moyens techniques organisés en fonction de certains mobiles dominants.

Les divers systèmes économiques recensés dans l'histoire peuvent se ranger en catégories différentes, suivant le critère de classement qui est adopté.

Celui qui part de la constatation qu'un système économique s'organise autour d'une certaine conception de l'équilibre économique, qu'il vise précisément à atteindre, conduit à distinguer :

- les systèmes d'économie fermée, où l'équilibre, correspondant à une économie de besoin, est recherché au sein d'un groupe fermé, et généralement étroit : économie domestique (pastorale généralement), économie domaniale, agricole, économie bourgeoise, artisanale, économie autarcique ;
- les systèmes d'économie d'échange, où l'équilibre, correspondant à une économie de productivité, est recherché dans le cadre de la société tout entière (considérée dans sa sphère nationale ou internationale) ; selon le mode de réalisation de l'équilibre, c'est-à-dire le régime économique, on peut à cet égard distinguer l'économie de marché capitaliste, l'économie collectiviste centralisée (URSS dans les premières décennies) et l'économie de marché collectiviste (ex-Yougoslavie, par exemple).

Système élargi de comptabilité nationale

a : *French social accounting* – **d** : *Französisches volkswirtschaftliches Gesamtrechnungssystem* – **e** : *Sistema francés de contabilidad nacional*

---

*Nouveau système français de *comptabilité nationale, qui s'est substitué définitivement au système traditionnel en 1976.*

La mise au point d'un nouveau système a procédé à la fois du désir d'adapter la *comptabilité nationale au développement des besoins d'information et au progrès des réseaux de connaissances statistiques, et du souci de mieux répondre aux exigences de comparabilité internationale. Le système est dit élargi, car il se compose, d'une part, d'un système central qui constitue en fait la variante française du *système européen de comptes économiques intégrés (SEC) et, d'autre part, de deux nouveaux outils, les systèmes intermédiaires et les comptes satellites destinés à matérialiser l'articulation du système central avec les comptabilités particulières de certains agents économiques, ainsi qu'avec les systèmes d'information propres à des domaines spécifiques.

Le système central : Il n'introduit pas de révolution par rapport aux cadres conceptuels traditionnels, dans la mesure même où la mise au point du système européen, dont il est l'application à la France, a été largement inspirée par les conceptions prévalant dans la comptabilité nationale française.
Pour autant, il marque cependant des novations substantielles, liées au double souci de corriger certaines insuffisances des systèmes antérieurs, et d'assurer une meilleure harmonisation avec les concepts du *système de comptabilité nationale des Nations unies (SNC), révisé en 1968.

Les novations les plus importantes portent sur :

• le concept de *production, étendu à l'activité non marchande des administrations ainsi qu'aux services rendus par les institutions financières ;

• un aménagement du concept d'*agent qui se transforme en *secteur institutionnel* regroupant des unités institutionnelles ayant un comportement économique analogue ;

• le rattachement des entreprises individuelles au secteur institutionnel des ménages ;

• une extension de l'analyse fonctionnelle des dépenses, qui ne portait antérieurement que sur la consommation des ménages, aux opérations des administrations puis, ultérieurement, à celles des entreprises ;

• un éclatement du *compte d'affectation en deux comptes, un compte de revenu (dégageant le revenu disponible brut) et un compte d'utilisation du revenu (ventilant son affectation entre la consommation finale et l'épargne brute) ;

• une modification de la conception des *tableaux d'opérations financières, mettant en relief l'aspect distribution (pour les crédits) et non plus seulement celui du financement, et comportant une nouvelle ventilation des opérations ;

• la substitution de la notion de résidence à celle de territoire géographique pour la délimitation de l'économie nationale, changement à la vérité d'une incidence secondaire (*voir* Résidents).

Les *systèmes intermédiaires : Ils doivent présenter un passage clair et explicite entre les informations enregistrées dans les comptabilités particulières et les données inscrites dans le système central. Ils constituent des « présentations économiques des comptabilités d'agents » (volume provisoire des méthodes du système élargi INSEE — janvier 1973). Ils seront établis pour les entreprises, les sociétés d'assurances, les banques, les collectivités locales...

Les *comptes satellites : Ils répondent à l'intérêt de compléter les grandeurs monétaires inscrites dans le système central par d'autres données quantitatives utiles, relatives aux individus ou d'ordre écologique, pour les domaines dont l'analyse requiert le rassemblement d'un ensemble complet d'informations ; des comptes satellites seront établis pour les domaines de la santé, de l'éducation, de la recherche, du logement... Les travaux de mise au point du système élargi, commencés dès 1969-1970, sont en cours. La codification des méthodes, leur diffusion, l'exécution des enquêtes et travaux nécessaires à l'établissement des comptes d'une nouvelle année de *base, la reconstitution de séries homogènes dans le nouveau système, l'expérimentation progressive du système central à des fins rétrospectives puis prévisionnelles, constituent un ensemble de tâches qui justifient une période transitoire assez longue. Le système élargi a été progressivement introduit entre 1973 et 1976, date à laquelle il s'est substitué définitivement à l'ancien système.

Système européen de comptes économiques intégrés (SEC)

a : *European System of National Accounts (ESNA)* – **d** : *Europäisches System Volkswirtschaftlicher Gesamtrechnungen (ESVG)* – **e** : *Sistema Europeo de Cuentas Económicas Integradas (SEC)*

---

*Système de *comptabilité nationale mis au point en 1970 dans le cadre de la Communauté économique européenne pour servir de cadre à l'établissement des comptes de la Communauté et des États membres.*

Ce système a été élaboré sous les auspices de l'Office statistique des communautés européennes et avec la participation active des représentants des États membres.
Il a vu sa genèse marquée par trois facteurs :

- les enseignements tirés de l'expérience des systèmes existants et notamment du système français traditionnel dont l'analyse critique a fortement inspiré la mise au point du SEC ;
- la volonté d'aboutir à une structure assez rigide pour favoriser une réelle homogénéité des comptabilités des États membres, et assez souple pour autoriser des adaptations secondaires ;
- le souci de permettre un passage aisé dans les concepts du *système international (SNC), dont le SEC est en réalité une version d'application pour la Communauté.

Il se présente comme un système de comptes intégrés, c'est-à-dire emboîtés dans une structure d'ensemble (comme le système français traditionnel).
Du côté des agents, constitués par les *unités institutionnelles regroupées en « *secteurs institutionnels », l'originalité principale réside dans le rattachement des quasi-sociétés aux entreprises sociétaires et le regroupement des ménages et des entrepreneurs individuels.
Du côté des opérations, on relève que celles-ci sont classées en six comptes : production, exploitation, revenu, utilisation du revenu, capital, financier. La comptabilisation des opérations est fondée sur la notion de *résidence conformément au système international.
De même, le concept de *production est élargi à l'économie non marchande et plus précisément aux services rendus par les administrations et les institutions financières évalués aux coûts des facteurs.
Appliqué d'abord expérimentalement, le SEC est désormais utilisé à l'échelon de la Communauté et il a été progressivement mis en vigueur dans les différents États membres.

Voir Comptabilité nationale, Marché commun.

Système intermédiaire

*Comptabilité nationale : Présentation économique des comptabilités des *unités institutionnelles.*

La création de systèmes intermédiaires, dans le cadre du *système élargi de comptabilité nationale, vise à la fois à permettre une meilleure compréhension de la signification des concepts du système central et à donner une dimension macro-économique à la comptabilité des unités. Le système central, essentiellement conçu pour l'analyse économique globale, est fondé sur des concepts propres, différents de ceux qui peuvent servir de base aux comptabilités particulières et élémentaires des unités, et l'évaluation des grandeurs qu'il comporte, puisant à différentes sources dont certaines très agrégées, implique des corrections et des traitements spéciaux. Il en résulte deux conséquences : d'une part, il est malaisé de désagréger les comptes des *secteurs institutionnels pour permettre une analyse détaillée du comportement des agents ; d'autre part, ceux-ci ont quelque peine à appréhender la description faite de leur activité et à comparer leur situation propre aux données globales, compte tenu des différences de concepts et des transformations appliquées à l'information de base.
On a donc établi pour certains groupes d'unités institutionnelles, et notamment les entreprises non financières et les entreprises d'assurance, un système d'analyse composite s'inspirant des cadres de la comptabilité nationale et, du côté du contenu, des données chiffrées propres aux comptabilités particulières de ces secteurs.

A titre d'exemple, on trouvera la description simplifiée des comptes du système intermédiaire « entreprises » dans le tableau page suivante.

Système monétaire européen (SME)

a : *European Monetary System (EMS)* – **d** : *Europäisches Währungssystem (EWS)* – **e** : *Sistema Monetario Europeo (SME)*

Système d'accords conclus par les pays membres de la Communauté européenne *pour créer entre eux une zone de *taux de change stables.*

Entré en vigueur en mars 1979, en application de décisions prises l'année précédente par le Conseil européen, le SME a démontré depuis lors sa capacité à assurer entre les pays membres plus de stabilité des changes et plus de convergence des politiques économiques. En revanche, malgré les dispositions qui y avaient été introduites pour pallier les carences révélées par l'expérience du *serpent monétaire, l'asymétrie de son fonctionnement a subsisté dans la pratique.

COMPTE DE PRODUCTION	
(Achats – variations des stocks de matières et de marchandises + autres consommations) = consommations Valeur ajoutée brute (SI)[1]	(Ventes + travaux faits par l'entreprise pour elle-même + variation des stocks de produits) = production

COMPTE D'EXPLOITATION	
(Salaires bruts + charges sociales) = frais de personnel Impôts et taxes (hors TVA) Excédent brut d'exploitation (SI)[1]	Valeur ajoutée brute (SI)[1] Subventions d'exploitation

COMPTE DE RÉSULTATS

Excédent brut d'exploitation (SI)[1]

– Frais financiers
+ Produits financiers
= Profit brut courant avant impôt
+ Profits hors exploitation
– Pertes hors exploitation
– Impôts sur les bénéfices
= Capacité d'autofinancement
– Participation des salariés
– Dividendes et tantièmes
= Autofinancement brut

TABLEAU DE FINANCEMENT

Emplois	Ressources
Frais d'établissement Investissements en immobilisations Investissements et autres valeurs immobilisées Remboursements des dettes à long et moyen terme Total des emplois fixes Variation du fonds de roulement (+) ou (–)	Autofinancement brut Ressources exceptionnelles Ressources de fonds propres Ressources d'emprunts à long et moyen terme Encaissements sur prêts et dépôts à plus d'un an Total des ressources de financement
Stocks Titres de placement et bons Caisse, banques, chèques postaux Autres valeurs réalisables et disponibles	Variation du fonds de roulement Dettes à court terme

1. SI : au sens du Système intermédiaire.
Source : *Économie et Statistique*, n° 75, février 1976.

A l'origine, il avait été prévu que le système serait consolidé et rendu définitif après deux ans d'existence. Cela n'a pu être fait. Par le * Traité de Maastricht, en 1992, les États membres de la Communauté ont finalement décidé de se fixer comme but la réalisation d'une union monétaire qui prolongera le SME en s'y substituant. Le Traité organise, avant la dernière étape de l'* Union économique et monétaire (UEM), une période de transition pendant laquelle continuent à être appliquées les règles du SME, et retient, parmi les critères auxquels devra satisfaire un pays membre pour pouvoir entrer dans l'Union monétaire, le respect des marges de fluctuations du SME pendant deux ans au moins.

Le mécanisme de change

Comme le serpent, auquel ont participé de 1971 à 1979 un nombre restreint de pays membres, le SME est d'abord un accord sur des taux de change réciproques. L'originalité du nouveau système tient au rôle de l'*écu, qui en est le *numéraire. Dans la définition originelle :

• Chaque monnaie a un *taux pivot* rattaché à l'écu ; à partir de là est définie une grille de taux de change bilatéraux.

Jusqu'en 1993, les fluctuations autour de ces taux bilatéraux ne pouvaient pas dépasser 2,25 % ; des possibilités de marges élargies ont été toutefois consenties pour la lire italienne jusqu'en 1990, puis, à leur entrée dans le mécanisme de change, pour la livre sterling, la peseta et l'escudo. Les modifications soudaines des anticipations sur les taux de change ont entraîné en 1992 et 1993 des mouvements spéculatifs particulièrement violents : à l'automne 92, la livre sterling et la livre sont sorties du mécanisme de change du système ; la peseta, l'escudo, la livre irlandaise ont été dévaluées. Au cours de l'été 1993, les attaques se sont portées sur le franc et le 2 août 1993, un accord est intervenu entre les États membres de la Communauté pour faire passer les marges de fluctuation de + ou – 2,25 % à + ou – 15 %.

La modification des taux pivots peut être en effet décidée par accord mutuel dans le cadre d'une procédure associant les pays participants et la Commission. Les pays membres de la Communauté qui n'adhèrent pas au mécanisme de change (la drachme n'en a jamais fait partie ; la livre, la peseta et l'escudo sont restés longtemps à l'écart ; la livre puis la lire l'ont quitté en 1992) sont toutefois associés aux consultations réciproques auxquelles donnent lieu les décisions importantes en matière de taux de change.

• Les *cours limites,* à partir desquels les interventions sur les marchés des changes sont obligatoires, résultent de la combinaison des taux bilatéraux et des marges de fluctuations. En principe, les interventions se font en monnaies des pays membres (mais les *devises de pays tiers peuvent être utilisées) et aucune borne n'est fixée *a priori* à leur volume.

• L'expérience du serpent avait montré qu'il est particulièrement difficile, lorsque deux monnaies s'écartent l'une de l'autre et atteignent les bornes extrêmes du flottement autorisé, de déterminer celle des deux qui est responsable de cette divergence et doit faire l'objet d'interventions correctrices. Aussi un *indicateur de divergence* a-t-il été introduit dans le SME. Il devait permettre de déceler celle des monnaies qui, évoluant à l'écart de la moyenne, serait présumée responsable des corrections à mettre en œuvre : interventions sur le marché des changes, mesure de politique économique et monétaire intérieure, voire changement des taux pivots. Ce mécanisme complexe n'a en réalité pas fonctionné et la pratique a persisté qui fait reposer sur les monnaies faibles le poids des interventions devenues nécessaires.

Les mécanismes d'intervention et de crédit

Créés dès le début des années 70, les mécanismes de crédit en vigueur au sein de la CE ont été maintenus et renforcés.

• Pour permettre les interventions en monnaies communautaires, les banques centrales participantes se consentent mutuellement des lignes de crédit d'un volume illimité. Ces facilités de crédit à très court terme créées dès 1972 ont été réaménagées par les accords de Nyborg-Bâle en 1987, qui en ont étendu la durée et autorisé l'utilisation pour le financement des *interventions intramarginales* (entreprises sans attendre que les cours de changes aient atteint les limites des marges de fluctuation autorisées). Ce *financement à très court terme (FTCT)* permet de mobiliser des ressources pour une période de trois mois, qui peut être reconduite à deux reprises. Les crédits ainsi consentis sont gérés par le * FECOM et les écus émis par ce dernier peuvent être utilisés pour leur règlement.

• Le *soutien monétaire à court terme* permet à un État de faire face à un déficit temporaire de la * balance des paiements provoqué par des difficultés accidentelles ou un décalage entre les évolutions conjoncturelles interne et externe. Les crédits demandés par la banque centrale bénéficiaire lui sont consentis par les autres banques centrales pour une durée de trois mois renouvelable deux fois ; leur montant est déterminé en fonction des quotes-parts débitrices et créditrices attribuées à chaque participant par une décision des gouverneurs qui les examinent et éventuellement les révisent, tous les cinq ans.

• Créé en 1971, le *concours financier à moyen terme* est accordé par le Conseil à un pays membre confronté à des difficultés sérieuses de balance des paiements. Sous forme de crédits d'une durée de deux à cinq ans, ce soutien est assorti de conditions de politique économique fixées par le Conseil.

Pour faire face aux déficits extérieurs provoqués par la crise pétrolière, un mécanisme d'emprunts communautaires a été mis en place en 1975. Reposant sur la collecte par la Communauté des fonds d'emprunts nécessaires aux prêts qu'elle consent aux États membres en difficulté de balance des paiements, il a été en 1988 fusionné avec le concours financier à moyen terme. Dans le *mécanisme unique de soutien financier à moyen terme* qui en est résulté, le rôle principal de l'emprunt communautaire est reconnu ; la possibilité du recours au concours financier direct des États membres n'est maintenue que pour les cas où les conditions du marché des capitaux ne permettraient pas de faire appel à l'emprunt.

Bilan et perspectives

Le succès du SME apparaît incomplet : il a contribué à faire progresser la stabilité des prix et des changes au sein de la communauté ; ce qui est évidemment favorable au marché unique ; en revanche, il n'a pas permis d'avancer, comme l'avaient espéré ses fondateurs, vers une politique monétaire vraiment communautaire.

Du fait du poids de l'économie allemande – la première de la Communauté –, mais surtout des résultats atteints en longue période par l'Allemagne fédérale dans le domaine de la stabilité des prix, le mark allemand a acquis sur les marchés des changes une confiance qui l'a imposé, dans la pratique, comme le pivot du système. Les autres pays membres ont été conduits à mener des politiques économiques et monétaires visant à égaler les performances allemandes en termes d'inflation, condition nécessaire pour convaincre les marchés des changes que le maintien de la parité de leur monnaie avec le mark est possible. Il en est résulté, dans la zone mark qui s'est ainsi constituée de facto, une convergence croissante autour de taux d'inflation modérés, et, fondée sur ce rapprochement, une relative stabilité des changes, malgré un environnement monétaire international perturbé.

Cette asymétrie du système le rend fragile. La contrainte qu'elle fait peser sur les pays participants ne peut être durablement acceptée. Ceux-ci perdent en effet le contrôle de leur politique monétaire qu'ils doivent aligner sur celle de la Banque fédérale d'Allemagne, seule à conserver une certaine maîtrise de ses taux d'intérêts. L'* Union économique et monétaire décidée par le traité de Maastricht a principalement pour objet de corriger ce dysfonctionnement. Elle mettra un terme à la coopération inégale entre autorités monétaires nationales et lui substituera une politique monétaire communautaire unique dont la responsabilité sera confiée à la * Banque centrale européenne.

Depuis que s'est engagée la marche vers l'union monétaire, avec la préparation du traité de Maastricht, puis son adoption et sa ratification, le sort du SME et celui de l'UEM sont étroitement liés. Étape sur la voie de l'union monétaire, le SME est consolidé par l'affirmation de son caractère transitoire ; tandis que sa réussite est une condition préalable nécessaire à l'entrée en vigueur de l'UEM.

L'étroitesse de ce lien s'est manifestée de façon spectaculaire au cours de la crise qui a secoué l'Europe monétaire pendant près d'un an en

1992-1993, crise qui a illustré en fait la nécessité d'aller de l'avant dans la voie de l'UEM, et ce faisant de stériliser à la base la tentation spéculative de jouer les monnaies européennes les unes contre les autres. Le SME, maintenu pour l'instant, liait en 1995 les monnaies suivantes : Deutsche Mark, Franc français, Franc belge et luxembourgeois, Florin, Livre irlandaise, Couronne danoise, Peseta, Escudo, Schilling.

Système monétaire international

a : *International monetary system* – **d** : *Internationales Währungssystem* – **e** : *Sistema monetario internacional*

Ensemble des institutions, conventions et règles de comportement présidant aux règlements des échanges internationaux.

Il n'y a système monétaire international que lorsque l'on passe d'une reprise de relations purement bilatérales à une structure de relations multilatérales, impliquant un consensus des divers participants. *Avant la Première Guerre mondiale* les relations financières et monétaires internationales étaient en principe fondées sur le système de l'étalon-or (*voir* Gold bullion standard) affectant à ce métal la double fonction de *monnaie de réserve et d'instrument de règlement des soldes des *balances des paiements.

Son fonctionnement, interrompu par la guerre, a été momentanément rétabli ensuite. L'appauvrissement relatif des pays européens et l'émergence de la puissance américaine conduisaient cependant en 1922 à lui substituer officiellement un système d'étalon de change-or, faisant jouer un rôle important à des *devises consacrées comme instruments de réserve internationaux (livre et dollar). Cette première expérience de gold exchange standard ne résistait pas à la grande crise, génératrice des dévaluations de la *livre (1931), puis du *dollar (1933), d'un retour au protectionnisme et du développement de réflexes autarciques (contrôle des changes, accords de *clearing bilatéraux).

A l'issue du second conflit mondial, la conférence de Bretton Woods jetait les bases d'un nouvel ordre monétaire international, étayant le retour au régime de l'étalon de change-or sur la création d'institutions internationales (le *FMI) et sur la puissance du dollar, principale monnaie de réserve.

Le système a fonctionné relativement bien pendant la période de reconstruction de l'Europe, qui coïncidait avec le maintien d'un large excédent de la balance commerciale américaine. Des premiers signes de faiblesse apparaissaient à la fin du *dollar gap.

Le renouveau de la puissance économique et financière des pays européens, le déficit persistant et croissant de la balance des paiements américaine, le retour à la liberté des mouvements de capitaux et consécutivement le développement anarchique des *euro-dollars, véhicule de la spéculation, devaient progressivement altérer les conditions de fonctionnement du système.

En dépit des palliatifs mis en œuvre pour le stabiliser, *la désagrégation s'est précipitée à partir de 1965.* La dévaluation de la livre de 1967, l'embargo sur l'*or décidé par les États-Unis en 1968 et l'institution d'un double marché du métal, les changements de parité en Europe de 1969 jalonnaient le déclenchement d'une crise monétaire internationale et la dislocation du système qui s'est trouvée consacrée par la suspension de la convertibilité du dollar décrété en 1971. Depuis, le désordre s'est installé dans les relations monétaires internationales, fondées sur « le dollar sans étalon » ; et les changements de parité, l'institution de doubles marchés des changes, l'adoption de changes flottants marquent davantage des réactions dispersées de défense, qu'ils n'annoncent une adaptation durable aux nouvelles conditions des échanges.

La *restauration* d'un système monétaire international viable est à l'ordre du jour. La plupart des protagonistes sont d'accord pour admettre que les relations monétaires internationales doivent être fondées sur un régime de parités fixes ajustables, sur une régulation faisant jouer un rôle prédominant à un organisme international (FMI), sur le développement du rôle d'une monnaie véritablement internationale, distincte des devises nationales, sur l'équilibre entre les droits et les obligations des États parties au système.

De grandes divergences subsistent en revanche sur le rôle de l'*or, sur les conditions et les mécanismes d'ajustement des parités et sur l'opportunité et les modalités d'une régulation des mouvements de capitaux à court terme.

Les efforts pour surmonter ces difficultés et établir un nouveau système cohérent n'ont pas abouti. Seules des mesures de transition ont pu être adoptées. Les accords de la Jamaïque (janvier 1976) légalisent la pratique des changes flottants ; en contrepartie, ils accroissent les *quotas au FMI, et donc la capacité d'intervention du Fonds. Toute référence à l'or est supprimée et le stock d'or du FMI sera progressivement liquidé ; dans un premier temps, il est décidé d'en restituer aux pays membres un sixième, proportionnellement à leurs contributions ; un autre sixième sera mis en vente pour alimenter un fonds fiduciaire d'aide aux pays en voie de développement.

En attendant que se rétablissent les conditions propres à la définition d'un nouveau système ordonné, la crise monétaire évolue de pauses en rebondissements, lourde de risques pour les échanges internationaux et pour la croissance économique.

Tableau de bord

Tableau synoptique regroupant les principales informations relatives au fonctionnement d'une unité économique et destiné à en éclairer la surveillance et la conduite.

La notion générale de tableau de bord, qui fait image, s'applique à toute unité économique, quelle qu'en soit la taille.
A l'échelon national, ou *macro-économique, on peut considérer qu'un tableau de bord est constitué de l'ensemble des grandeurs significatives de la marche de l'économie : *agrégats en *comptabilité nationale, *indices, *indicateurs d'alerte, *avertisseurs ou *clignotants.
Mais c'est à l'échelon de l'entreprise (ou *micro-économique) qu'on emploie plus volontiers cette dénomination. Le tableau de bord regroupe alors les informations les plus significatives de l'entreprise, notamment : technico-économiques (temps d'occupation des machines ou du personnel, *productivité) ; commerciales (remplissage des carnets de commandes, évolution de la part de l'entreprise dans le *marché) ; financières (besoins prévisibles en trésorerie, évolution des engagements financiers).
Ces renseignements sont tirés à la fois de la *comptabilité et de l'observation systématique des facteurs de l'exploitation. Les *ratios économiques ou financières en constituent une part importante.

Tableau d'échanges interindustriels

a : *Input-output table* – **d** : *Input-output Tabelle* – **e** : *Tabla de intercambios interindustriales*

Ancien système de comptabilité nationale : Tableau synthétique donnant les comptes de ressources et emplois des biens et services et les comptes de production des branches.

Remplacé dans le nouveau système de comptabilité nationale par le tableau des entrées-sorties. *Voir* ce mot.

Tableau des entrées-sorties

a : *Input-output table* – **d** : *Input-output Tabelle* – **e** : *Tabla de intercambios interindustriales*

Comptabilité nationale : Tableau synthétique décrivant les équilibres ressources-emplois de biens et services et les éléments principaux des comptes de production et d'exploitation des branches.

Ce tableau se substitue au tableau d'échanges interindustriels de l'ancien système. Comme lui, il est fondé sur un découpage de l'appareil productif par branches. Les lignes retracent les entrées intermédiaires et les emplois finals relatifs à un produit. Les colonnes enregistrent, par branches, les consommations intermédiaires et indiquent le passage entre leur production et les ressources totales de chaque produit.

Par rapport au tableau d'échanges interindustriels, le tableau des entrées-sorties introduit les novations suivantes :

– la nomenclature des branches et des produits comporte désormais les services marchands ou non marchands des institutions de crédit, des sociétés d'assurances et des administrations ;

– le tableau des entrées-sorties fournit les indications essentielles non seulement sur le compte de production mais aussi sur le compte d'exploitation des branches (mention de la rémunération des salariés, des impôts liés à la production, de l'excédent brut d'exploitation de la consommation) ;

– certaines règles d'évaluation sont modifiées, en particulier le traitement de la TVA. La production est chiffrée hors TVA facturée, les emplois hors TVA déductible : il en va ainsi pour la consommation intermédiaire et la formation brute de capital fixe, tandis que les importations sont évaluées *CAF hors TVA facturée, les exportations *FAB hors TVA et que la consommation est, elle, calculée toutes taxes comprises.

Tableau des opérations financières

a : *Statement of national flows of funds* – **d** : *Finanzierungsrechnung* – **e** : *Cuenta de financiamiento*

---

*Comptabilité nationale : Tableau où sont décrites les *opérations financières recensées pour les différents *secteurs institutionnels.*

Établi sous une forme résumée, ou détaillée, il synthétise l'ensemble des comptes financiers des agents, en retraçant leurs variations de créances et de dettes au cours de la période envisagée (en principe annuelle).

Le cadre du tableau d'opérations financières est utilisé à la fois pour enregistrer et analyser les opérations du passé et pour servir à des projections intéressant aussi bien l'horizon à court terme (*budget économique) que l'horizon à moyen terme (*plan).
Des travaux ont été conduits pour établir à côté des tableaux d'opérations financières en flux d'autres tableaux enregistrant les encours, c'est-à-dire le stock de créances et dettes à la fin de chaque année. Ces tableaux en encours sont destinés à faciliter l'analyse des comportements économiques et financiers, naturellement influencés par des considérations patrimoniales.
Les tableaux d'opérations financières sont utilisés également dans les autres comptabilités nationales. Dans les pays anglo-saxons, on les dénomme généralement tableaux de « flux de fonds » *(flows of funds).*

Tableau économique d'ensemble

a : *National accounting* – **d :** *Nationale Buchführung* – **e :** *Contabilidad nacional (Cuenta global)*

Comptabilité nationale : Tableau synthétique regroupant l'ensemble des comptes simplifiés des agents et des opérations.

Distinguant les emplois (partie gauche) et les ressources (partie droite), il juxtapose en colonnes les *comptes d'agents en distinguant le cas échéant les comptes d'*exploitation, d'*affectation, de *capital, et également, depuis 1964, le compte financier (de façon très agrégée).
Ce tableau sert de cadre à la prévision, comme à l'enregistrement des données du passé.

Take over bid (ou bid)

Voir Offre publique d'achat.

Tantième

a : *Director's bonus* – **d :** *Tantieme* – **e :** *Participación sobre beneficios*

---

*Fraction des bénéfices distribuables d'une société, au-delà de la part revenant au premier *dividende (et éventuellement à l'*intéressement), qui est affectée au conseil d'administration (ou au conseil de surveillance) à titre de rémunération complémentaire.*

Les fonctions de membre de conseil d'administration ne sont pas exercées à titre gratuit. Elles comportent normalement une double rémunération :

- des jetons de présence dont le montant est déterminé par l'assemblée générale et porté aux charges d'exploitation ;
- des *tantièmes* sur les *bénéfices, dont le montant est fixé par les statuts dans les limites légales et que le conseil répartit librement entre ses membres sauf dispositions statutaires contraires.

Mode de calcul des tantièmes : La loi du 4 mars 1943 a imposé aux sociétés des règles obligatoires pour le calcul et l'attribution des tantièmes. Elles ont été renforcées par un décret du 30 septembre 1953 destiné à associer les administrateurs aux sacrifices consentis par les actionnaires en vue de l'autofinancement dans les entreprises. La loi 1966 a accru leur caractère restrictif (art. 351-353).
Les tantièmes sont calculés à partir du *bénéfice distribuable.* On déduit de celui-ci :

- une somme forfaitaire représentant 5 % du montant libéré et non remboursé du *capital social (ou du premier *dividende prévu aux statuts si son taux excède 5 % dudit montant) ;
- les *réserves constituées en exécution d'une délibération de l'assemblée générale ;
- les sommes reportées à nouveau (*voir* Report).

Le résultat ainsi obtenu peut être augmenté, à titre facultatif, des sommes dont l'assemblée générale décide la distribution par prélèvement sur les réserves dont elle a la disposition, mais non des sommes incorporées au capital ou prélevées sur les primes d'émission (art. 352, al. 2).
Les tantièmes ne peuvent dépasser 10 % du total résultant de ces diverses opérations.

Mise en paiement des tantièmes : Le législateur subordonne le versement des tantièmes à la mise en paiement des dividendes aux actionnaires. Les actionnaires doivent avoir reçu, non seulement la rémunération minimale du capital telle qu'elle est déterminée par la loi ou les statuts, mais l'intégralité de leur part dans le bénéfice distribuable. La règle doit être appliquée, d'autre part, non seulement aux tantièmes calculés sur les bénéfices de l'exercice, mais encore aux tantièmes calculés sur les réserves distribuées aux actionnaires.

Tarif douanier

a : *Customs tariff* – **d** : *Zolltarif* – **e** : *Arancel aduanero*

Liste des marchandises soumises aux droits de douane fixant les quotités de droits à percevoir pour chacune d'elles.

Notion : Le droit de *douane, après avoir été une source appréciable de recettes pour les finances publiques, est devenu l'instrument le plus traditionnel du *protectionnisme. Certes, les préoccupations fiscales n'ont pas totalement disparu, notamment dans les pays en voie de développement, où subsistent souvent des droits à l'*exportation, supprimés dans la quasi-totalité des pays industriels, mais c'est surtout à un souci économique que répond le droit de douane destiné à relever le prix du produit importé. Celui-ci est taxé le plus souvent en proportion de sa valeur (il s'agit alors de droit **ad valorem*, le taux de droit étant exprimé en pourcentage) ou, plus rarement de nos jours, en fonction de la quantité — droit « *spécifique » —, le tarif établissant le montant à percevoir pour une unité dans le système de mesure choisi, volume ou nombre de pièces. Comme toutes les autorisations de percevoir l'*impôt, le tarif douanier doit être voté par le Parlement. En fait, si formellement, dans les démocraties traditionnelles, le principe constitutionnel est respecté, l'habitude s'est répandue de consentir, en cette matière comme plus généralement dès qu'il s'agit de politique étrangère, une grande liberté de manœuvre aux gouvernements. En effet, si rien ne s'oppose à ce que le tarif douanier soit élaboré unilatéralement par chaque pays et modifié à tout moment de façon discrétionnaire (le tarif sera dit alors « autonome »), la concertation internationale, et les accords nombreux auxquels elle a permis de parvenir, ont donné aux tarifs douaniers un caractère largement conventionnel. Dès lors, les prérogatives du pouvoir exécutif sont nécessaires, afin de lui permettre de mener les négociations inévitables.

Évolution : Les progrès de la coopération internationale et du *libre-échange ont d'ailleurs été depuis la dernière guerre très sensibles. Outre l'adoption d'une *nomenclature tarifaire internationale qui facilite les discussions, les consolidations et abaissements de droits obtenus dans le cadre du *GATT, notamment, sont importants.

Pour autant cette réduction de la protection n'a pas simplifié les systèmes tarifaires. Au contraire, et l'exemple français est à cet égard révélateur, le désarmement se faisant à des rythmes différents suivant les groupes de partenaires concernés, le nombre des taux de droits applicables à un même produit, et fonction de l'origine géographique de l'importation, s'est très sensiblement accru. Avant le traité de Rome, le tarif minimal, résultant des nombreuses concessions contractuelles, s'appliquait à la plupart des pays auxquels il avait été automatiquement étendu par le jeu de la *clause de la nation la plus favorisée ; le tarif général, trois fois supérieur au tarif minimal, était devenu une exception, très limitée d'ailleurs — les importations venant du Japon, toutefois, y étaient soumises. A cette situation relativement claire, une grille complexe s'est substituée progressivement. Le régime communautaire, qui comporte la franchise des droits, s'applique aux pays membres de la CE dont les marchandises circulent en libre pratique, tandis que le tarif extérieur commun, unique et fixé par les instances communautaires, frappe les importations en provenance des pays tiers. (Il est en vigueur depuis le 1er juillet 1968.) S'y ajoutent encore, pendant la phase de transition, un tarif qui se réduit par étapes pour les produits des nouveaux adhérents à la Communauté et les régimes consentis aux pays ou groupes de pays ayant conclu des accords avec la CE, qu'il s'agisse de l'association des anciens pays d'outre-mer, de celles de la Grèce et de la Turquie, des consultations particulières conclues avec les membres de l'AELE n'ayant pas rejoint la Communauté ou de celles qui se sont développées avec les pays méditerranéens ; plus récemment enfin l'octroi de *préférences aux exportations de produits industriels des pays en voie de développement a encore compliqué le système.

Les difficultés de gestion croissante du tarif, en même temps que sa réduction très sensible — le tarif extérieur commun, calculé comme la moyenne arithmétique des droits pratiqués par chacun des pays membres avant la constitution du Marché commun, puis diminué à la suite des négociations multilatérales, n'assure plus qu'un taux de protection faible —, amènent à s'interroger sur les raisons de son maintien. Certes, les *prélèvements qui s'appliquent aux échanges de produits agricoles sont un élément essentiel de la politique agricole commune puisqu'ils assurent la *préférence communautaire, mais de façon constante les Européens ont affirmé qu'il ne s'agissait pas de droit de douane, ce qui est d'ailleurs exact quoique, à l'évidence, il s'agisse d'une technique très voisine. Le tarif, applicable donc aux seuls produits industriels et aux quelques produits agricoles qui ne font pas l'objet d'une organisation de marché, semble donc condamné à disparaître.

En fait, il conserve deux justifications essentielles. La première réside dans son efficacité du point de vue de la protection dans certains secteurs limités ; sans que les effets des droits de douane soient bien connus — ils ont fait l'objet de nombreuses études théoriques dont les résultats ne sont pas très convaincants, surtout du fait des hypothèses restrictives qui ont été nécessaires pour les mener à bien —, il semble que dans certains cas particuliers ils constituent une aide indispensable à la survivance d'une production nationale. Par ailleurs, la nécessité d'un tarif, et donc de concessions potentielles à offrir aux partenaires étrangers, s'impose pour permettre des négociations avec les pays tiers afin d'en obtenir la réduction des droits opposables aux exportations communautaires. A cet égard, et vis-à-vis notamment des États-Unis, la situation de la Communauté européenne reste cependant peu favorable, les disparités existant entre les niveaux de protection des deux parties et dans la structure de chacun de leurs tarifs sont telles que la suppression totale de la protection tarifaire de la Communauté représenterait une concession insuffisante pour obtenir en contrepartie la disparition du tarif américain.

Cas particuliers : On peut noter enfin que, à côté du tarif des droits à l'importation, peuvent exister des surtaxes particulières imposées aux achats à l'étranger, ou en revanche des taxes à l'exportation. Les surtaxes de *sauvegarde, notamment dans le cadre des mesures anti-*dumping — et dans ce cas elles peuvent n'être appliquées qu'à une firme particulière —, les surtaxes de représailles (ou de révision) qui sont destinées à sanctionner les obstacles aux exportations, les surtaxes exceptionnelles dans le cadre des politiques de *stabilisation — quand il faut par une action énergique rétablir l'équilibre de la balance commerciale — sont d'usage assez courant ; il s'agit le plus souvent de dispositions provisoires pour faire face à des difficultés spécifiques. Quant aux droits à l'exportation, s'ils ont généralement un objectif fiscal — procurer des recettes à l'État —, ils peuvent aussi être utilisés à des fins économiques, soit pour subventionner indirectement la consommation intérieure, soit pour ne pas aggraver une insuffisance de l'offre : certains pays de l'Est ont instauré à cette fin des taxes à l'exportation.

Taux

a : *Rate* – **d** : *Kennzahl* – **e** : *Tasa*

Expression arithmétique de la variation dans le temps d'un élément quantifié ou de la relation existant à un moment donné entre deux éléments quantifiés.

Elle est généralement donnée en pourcentage par rapport à un des éléments ou par rapport à la période de base.

• La variation d'un flux (production exprimée en termes physiques ; chiffre d'affaires, revenu ou éléments du compte d'exploitation exprimés en unités monétaires...) au cours d'une période comparée à une autre, comme celle des stocks ou des masses entre deux moments différents (pour l'ensemble ou pour tel poste du bilan), peut être exprimée par un taux : ainsi le taux de croissance est le supplément de flux ou de stock pendant la période B ou au moment t_1 par rapport au flux ou au stock de la période A ou du moment t^o qui sert de base d'appréciation. Il se calcule ainsi :

$$\frac{T}{100} = \frac{B - A}{B}.$$

A partir d'une série chronologique de valeurs s'étendant sur plusieurs années, le taux moyen de variation d'une année à l'autre, au cours de la période, se détermine par application de la règle de calcul des *intérêts composés : si B est la valeur atteinte au bout de (n) années par un élément de valeur A à l'origine, le taux moyen de variation T est donné dans la formule suivante $B = A\ (1 + T)^n$.

• L'analyse économique use des taux, d'autre part, pour exprimer la relation constatée entre deux éléments, comme en use la pratique pour déduire d'une quantité une autre quantité liée à la première par un rapport constant résultant de la loi, de la convention, ou de l'usage. Ainsi :

– le taux d'**intérêt* exprime le rapport entre l'intérêt annuel stipulé et la somme empruntée : il représente le prix unitaire du service rendu ;

– le taux d'*actualisation est le taux d'intérêt conventionnel utilisé pour le calcul du bilan actualisé d'une opération, en vue de rapprocher les dépenses à réaliser pendant une période de temps et les recettes ou avantages attendus pendant une période plus longue ;

– le taux de **rendement* exprime le rapport entre le revenu annuel que procure un placement et la valeur immédiate de ce placement : le taux de rendement à l'émission d'une obligation diffère du taux d'intérêt stipulé parce qu'il tient compte de la date à laquelle l'intérêt est payé, de la prime d'émission, de la prime de remboursement, éventuellement (taux net) de l'imposition qui frappera le revenu. Le taux de rendement en bourse d'une obligation comme celui d'une action prend en considération au dénominateur son cours en bourse au moment considéré et non pas la valeur nominale du titre ;

– le taux de **change* exprime le rapport entre l'unité monétaire d'un pays et celle d'un autre pays contre laquelle elle peut être échangée. Lorsque le taux indique combien d'unités de la *monnaie nationale sont nécessaires pour acquérir une unité d'une *devise étrangère (*n* francs pour 1 dollar), il y a cotation de l'incertain ; dans le cas contraire (1 franc pour 1/*n* dollars), on cote le certain. Cette dernière pratique est peu courante, la seule exception notable étant celle du marché britannique où la *livre sterling est exprimée en devises (dollars, marks, francs...). Le taux de change d'une monnaie peut être fixé par la *banque centrale du pays d'émission, par référence à un *étalon monétaire. Il peut aussi résulter du jeu de l'offre et de la demande sur les marchés des changes. Dans ce cas, il s'agit d'un *cours. (*Voir* Parité.)

– le taux de l'**impôt *ad valorem* est la proportion appliquée à une *assiette donnée pour la détermination de l'impôt à payer. Pour les taxes sur le chiffre d'affaires, il peut être fixé « en dehors » ou « en dedans », c'est-à-dire s'appliquer au prix avant impôt ou après impôt ;

– le taux de **marque* est la marge commerciale brute appliquée par le distributeur au prix de revient ;

– les taux résultant des rapports calculés entre divers postes du bilan d'une entreprise portent souvent le nom de coefficients ou *ratios parce qu'ils doivent être rapprochés d'une norme plus ou moins précise. Exemples : coefficient d'*endettement, des *disponibilités...

Dans la gestion des banques, certaines proportions réglementaires doivent être observées entre un ensemble d'éléments de l'actif et un ensemble d'éléments du passif : coefficients de *liquidité, de *trésorerie, de *solvabilité ;

– le taux de *couverture* exprime le rapport entre les ressources disponibles pour un emploi et l'engagement total correspondant (exemple, dans les opérations de bourse) ou encore le rapport entre les exportations et les importations. (*Voir* Balance commerciale.)

Lorsqu'on parle du taux des salaires, du taux de certains prix..., le mot taux n'a plus de sens relatif : c'est le montant ou le niveau de cette grandeur. En l'employant, on se reporte à l'origine étymologique du taux qui vient du verbe latin *taxare :* évaluer.

Taux actuariel

Voir Actuariel (taux).

Taux de base bancaire (TBB)

a : *Prime rate* – **d** : *Richtzinssatz/Basiszinssatz* – **e** : *Interés básico*

Taux d'intérêt annuel fixé par une banque et servant de référence au calcul des différentes conditions qu'elle consent.

C'est à partir de ce taux que se détermine l'échelle des taux d'intérêt débiteurs pratiqués.
Aux États-Unis, le « *prime rate* » est le taux appliqué par les banques aux crédits à court terme accordés à leurs clients de premier rang.

Voir Intérêt, Libor, Lombard.

Taux interbancaire offert à Paris (TIOP)

a : *Paris interbank offered rate* – **d** : *Zinssatz zwischen Banken in Paris* – **e** : *Interés básico intrabancario en París*

Indicateur quotidien des taux d'intérêt pratiqués entre banques sur le marché monétaire.

Le taux interbancaire offert à Paris (encore appelé TIOP ou PIBOR, Paris Interbank Offered Rate) est établi quotidiennement à onze heures sous l'égide de l'Association française des banques (AFB). Pour chaque échéance mensuelle de un à douze mois, le taux résulte de la moyenne arithmétique des taux communiqués par huit établissements représentatifs de la place de Paris, après élimination des quatre extrêmes.

Taxe

a : *Fee* – **d** : *Gebühr* – **e** : *Tasa*

Perception obligatoire par une collectivité correspondant au coût d'un service rendu (ex. : taxe d'enlèvement des ordures ménagères).

Le caractère restrictif de cette définition n'est plus guère respecté. Dans la pratique, le terme taxe est devenu synonyme d'impôt.

Voir Impôt, Fiscalité, Prélèvement, Redevance.

Taxe d'habitation

a : *Residence tax* – **d** : *Wohnraumsteuer* – **e** : *Imposición residencial*

---

*Impôt direct de *répartition perçu au profit des collectivités locales, assis sur la valeur locative des immeubles d'habitation et personnalisé par la prise en compte des charges de famille.*

Prévu par l'ordonnance du 7 janvier 1959, cet impôt appliqué à partir de 1974, en remplacement de la contribution mobilière, revient pour l'essentiel à en moderniser les modalités d'assiette et à en accentuer la personnalisation.

La taxe d'habitation est due par les personnes qui ont la disposition ou la jouissance à titre privatif de locaux d'habitation. Les personnes reconnues indigentes par la commission communale des impôts directs sont exonérées.

L'assiette de la taxe est constituée par la valeur locative cadastrale sur laquelle est également assise la *taxe foncière sur les propriétés bâties, diminuée d'un abattement obligatoire pour charges de famille et d'un abattement facultatif dont l'institution est laissée à l'initiative du conseil municipal. Le premier abattement est égal à 10 % de la valeur locative moyenne des habitations de la commune pour chacune des deux premières personnes à charge, et de 15 % pour chacune des personnes suivantes ; les conseils municipaux peuvent porter la quotité de ces deux abattements respectivement à 15 ou 20 %, et 20 ou 25 %. L'abattement facultatif est égal à 15 % de la même valeur locative moyenne.

En raison des transferts de charges qui devaient résulter de la substitution des valeurs locatives aux loyers matriciels sur lesquels était assise l'ancienne contribution mobilière, le passage aux nouvelles bases a été étalé sur une période de cinq ans.

En dehors des modifications de portée générale (*voir* Taxes directes locales), la nouvelle réforme de la fiscalité locale n'apporte aucun changement significatif à la taxe d'habitation. En 1978, la taxe d'habitation a rapporté 13 milliards de francs, dont les deux tiers aux communes et le tiers aux départements.

Taxe foncière des propriétés bâties

*Impôt direct de *répartition perçu au profit des collectivités locales, assis sur le revenu évalué forfaitairement des immeubles bâtis.*

Cet impôt créé par l'ordonnance du 7 janvier 1959, en remplacement de la contribution foncière et appliqué à partir de 1974, revient pour partie à en rajeunir les modalités d'assiette.

La taxe foncière des propriétés bâties est due par le propriétaire, ou éventuellement l'usufruitier, de bâtiments, d'installations commerciales et industrielles ou d'outillage à perpétuelle demeure. Toutefois, les bâtiments et ouvrages d'art de l'État, des collectivités publiques, les immeubles destinés au culte ou à la représentation diplomatique et surtout les bâtiments affectés à l'exploitation agricole ne sont pas imposés.

Pour les établissements industriels appartenant à des entreprises ne relevant pas du régime du forfait, la taxe est assise sur la valeur locative selon la méthode dite « générale » ou « comptable » : celle-ci consiste à appliquer un taux d'intérêt au prix de revient du bien à évaluer. Dans les autres cas, la taxe est assise sur le revenu cadastral égal à 50 % de la valeur locative de l'immeuble. Pratiquement, la valeur des immeubles est fixée par comparaison avec celle des bâtiments de même catégorie, telle qu'elle a été retenue lors de la dernière révision générale des évaluations qui retient comme date de référence le 1er janvier 1970.

Une nouvelle actualisation de ces évaluations a été opérée en 1980 et, à l'avenir, des actualisations périodiques devraient intervenir tous les trois ans.

Pour les immeubles postérieurs à la dernière révision, l'agent du cadastre fixe ainsi leur valeur locative sous le contrôle d'une commission d'élus locaux par rapprochement avec celle des immeubles de catégorie analogue.

Les constructions neuves bénéficient d'une exonération de deux ans. Les bâtiments neufs à usage d'habitation principale peuvent être exonérés pendant une durée de quinze ans lorsqu'ils répondent aux règles prévues pour les habitations à loyer modéré.

En dehors des modifications de portée générale (*voir* Taxes directes locales), la nouvelle réforme de la fiscalité directe locale n'apporte aucun changement significatif à la taxe foncière des propriétés bâties.

Le produit de la taxe foncière des propriétés bâties va pour les deux tiers aux communes et pour le tiers aux départements.

Taxe foncière des propriétés non bâties

*Impôt direct de *répartition perçu au profit des collectivités locales, assis sur le revenu évalué forfaitairement des immeubles non bâtis.*

Cet impôt créé par l'ordonnance du 7 janvier 1959 en remplacement de la contribution foncière et appliqué à partir de 1974 revient pour l'essentiel à en rajeunir les modalités d'assiette.
La taxe foncière des propriétés non bâties est due par le propriétaire — ou le cas échéant, par l'usufruitier — de tous les terrains non bâtis à l'exception de ceux qui sont consacrés à la voirie publique, aux chantiers et dépôts.
La valeur d'assiette est le revenu cadastral, égal à 80 % de la valeur locative cadastrale des propriétés.
La dernière révision des évaluations cadastrales retient pour référence le 1er janvier 1970. Une actualisation de ces évaluations a été opérée en 1980 et des actualisations périodiques interviennent en principe tous les trois ans.
La valeur locative est fixée d'après un tarif, arrêté pour chaque commune, qui tient compte de la richesse du sol et de la nature des cultures.
La valeur locative reste inchangée entre deux révisions successives des évaluations, sauf dépréciation notable du sol ou choix d'une autre culture.
Pour encourager la mise en valeur des sols délaissés, des exonérations de taxe foncière ont été prévues pendant trente ans pour les propriétés reboisées, pendant vingt ans pour les marais asséchés et pendant dix ans pour les terres en friche plantées en arbres fruitiers.
En dehors des modifications de portée générale (*voir* Taxes directes locales), la nouvelle réforme de la fiscalité directe locale n'apporte aucun changement significatif à la taxe foncière des propriétés non bâties.
Le produit de la taxe foncière des propriétés non bâties va pour les deux tiers aux communes et pour le tiers restant aux départements.

Taxe professionnelle

a : *Trade tax* – **d** : *Gewerbesteuer/Patentgebühren* – **e** : *Impuesto industrial*

Impôt perçu au profit des collectivités locales à raison de l'exercice d'une activité professionnelle lucrative.

Prévue par l'ordonnance du 7 janvier 1959, la taxe professionnelle a été instituée par la loi du 29 juillet 1975 et appliquée à partir du 1er janvier 1976 en remplacement de la contribution des patentes.
La taxe professionnelle est un impôt de répartition destiné à faire supporter par ceux qui exercent une activité lucrative les charges qui

incombent du fait de celle-ci aux collectivités locales. D'où les caractères de cette taxe.

La taxe professionnelle est due par toute personne exerçant pour son propre compte une activité industrielle ou commerciale, ou une profession libérale à titre habituel et dans un but lucratif. N'y sont donc pas assujettis les salariés, non plus que les personnes ne tirant de telles activités qu'un revenu accessoire comme les loueurs occasionnels en garni. La loi exempte en outre de la taxe professionnelle, pour des raisons sociales ou économiques, les artisans travaillant seuls, les artistes, les agriculteurs, les exploitants de mines et les organismes coopératifs ou mutualistes notamment.

La taxe professionnelle est actuellement assise sur une base composée de deux éléments : la valeur locative des immobilisations corporelles et le montant des salaires pris seulement pour le cinquième de leur masse ; toutefois, pour les titulaires de bénéfices non commerciaux dont l'effectif salariés est inférieur à cinq, le second élément est constitué par la huitième partie des recettes totales. En outre, le montant de la taxe due ne doit pas représenter plus de 6 % de la valeur ajoutée par l'entreprise.

Les artisans, les coopératives agricoles peuvent bénéficier de réductions. En outre, les collectivités locales qui le souhaitent peuvent faire bénéficier d'une exonération totale ou partielle de taxe professionnelle, pendant cinq ans au maximum, les entreprises qui s'installent ou qui s'agrandissent dans les régions où le développement industriel est aidé par l'État.

En raison des transferts de charges qui devaient résulter du passage de la patente à la taxe professionnelle, un dispositif d'écrêtement tend à en étaler la réalisation. Il joue en faveur des contribuables dont les bases de taxe professionnelle ont augmenté par rapport à celle de la patente du seul fait du changement de régime.

Dans l'ensemble, un déplacement de charges s'est effectué des petits patentés vers les établissements industriels importants.

Outre les modifications de portée générale (*voir* Taxes directes locales), la nouvelle réforme de la fiscalité directe locale apporte plusieurs aménagements au régime de la taxe professionnelle.

Les dispositions appliquées à partir de 1981 plafonnent l'évolution du taux de la taxe professionnelle de chaque commune à l'évolution moyenne des taux des trois autres taxes. Elles instituent, par ailleurs, deux fonds de péréquation, l'un départemental et l'autre national, alimentés, le premier par un versement des communes dont la base d'imposition par habitant excède deux fois la moyenne nationale, et le second par une fraction de la cotisation nationale acquittée par tous les redevables de la taxe professionnelle. Enfin, la nouvelle loi sur la fiscalité directe locale pose le principe, pour les prochaines années, d'une modification des bases de la taxe professionnelle pour retenir la valeur ajoutée des entreprises.

La taxe professionnelle rapporte plus de la moitié du produit total des taxes directes locales (les deux tiers du produit au bénéfice des communes, un tiers aux départements).

Taxes directes locales

a : *Municipal tax/Local tax* – **d** : *Direkte Kommunalsteuern* – **e** : *Impuestos directos locales*

Impôts perçus au profit des collectivités locales : taxe foncière des propriétés bâties et des propriétés non bâties, taxe d'habitation, taxe professionnelle.

Les régimes successifs issus de la Révolution française de 1789 avaient créé quatre contributions principales connues sous l'appellation traditionnelle des « quatre vieilles ».

– la contribution foncière héritée des impôts fonciers de l'Ancien Régime a été créée par la Constituante sous forme d'une imposition des revenus tirés de la terre et des immeubles ;

– la contribution mobilière, impôt sur le revenu créé par la Constituante, a été transformée par la loi du 3 nivôse an VII en impôt réel sur les loyers ;

– la contribution des patentes s'est substituée en 1791 aux droits anciens de maîtrise et de jurande, abolis en 1789 ;

– l'impôt sur les portes et fenêtres a été créé par le Directoire en 1798. Cette quatrième contribution a été supprimée en 1917.

Les autres ont cessé d'être perçues au profit de l'État depuis 1914 pour la contribution mobilière, 1917 pour la patente et 1948 pour la contribution foncière. Les contributions foncières et la contribution mobilière ont continué d'être recouvrées au profit des communes et des départements jusqu'en 1974 : elles ont été remplacées alors par la *taxe foncière des propriétés bâties, la *taxe foncière des propriétés non bâties, et la *taxe d'habitation ; la *taxe professionnelle a remplacé en 1976 la contribution des patentes.

Une *nouvelle réforme* de la fiscalité directe locale, adoptée dans le cadre des mesures destinées à développer l'autonomie et les responsabilités des collectivités locales, est entrée *en application en 1981.* Les nouvelles dispositions visent un triple objectif :

– L'*harmonisation progressive des charges fiscales* porte, en premier lieu, sur la taxe professionnelle, dans le but de limiter les distorsions de coûts de production selon la localisation des entreprises — cette harmonisation doit s'effectuer par l'intermédiaire d'un fonds de péréquation. Une disposition générale plafonne, en second lieu, les taux de chacune des quatre taxes directes locales à deux fois et demie ceux constatés en moyenne au niveau national.

– L'*évolution plus équilibrée des taux* respectifs des différentes taxes est assurée par un dispositif liant, pour chaque commune, la progression du taux de la taxe professionnelle à celles des trois autres taxes.

– La prise de conscience, par les responsables locaux, de la pression fiscale locale est enfin accrue par une *modification de la procédure du vote* des impôts locaux. Au lieu du vote du produit de l'impôt, les conseils

généraux et les conseils municipaux se prononcent désormais directement sur le taux de l'impôt. Cette modification entraîne théoriquement l'abandon du principe de *répartition pour ces impôts. En réalité, la connaissance *exacte* des bases d'imposition au moment du vote des taux permet d'éviter toute incertitude sur le produit attendu.
Les impôts directs locaux représentent le tiers environ des ressources définitives des collectivités locales.

Taxe sur la valeur ajoutée (TVA)

a : *Value added tax (VAT)* – **d** : *Mehrwertsteuer (MWSt)* – **e** : *Tasa sobre el valor añadido (TVA)*

Impôt général de consommation que concourent à payer l'ensemble des entreprises participant au processus de production et de commercialisation.

Presque toutes les activités économiques entrent dans le champ de la TVA. Restent cependant encore exonérées certaines professions libérales (médecins, avocats), les banques et établissements financiers, l'enseignement, la location de logements ; dans certains secteurs comme l'agriculture, l'assujettissement est soumis à option. Le taux normal (18,6 %) frappe les produits qui ne sont pas désignés dans les listes qui se rapportent aux autres taux. Un taux dit majoré (33,3 %) frappe les produits de luxe ; un taux dit réduit (7 %) concerne essentiellement les services courants (transports, hôtellerie moyenne, presse). Depuis 1988, s'y ajoutent : un taux intermédiaire de 28 % (automobiles) et un taux « super-réduit » de 5,5 % affectant les produits antérieurement taxés à 7 % (produits alimentaires, médicaments).
Pour calculer l'impôt, le redevable applique à ses ventes le taux correspondant et déduit du produit l'impôt qu'il a supporté sur ses propres achats et qui est attesté par mention sur les factures de ces fournisseurs. Ainsi la TVA procède-t-elle à la fois du principe de la taxe sur le chiffre d'affaires et de celui de la taxe unique : c'est une taxe unique à paiement fractionné. Instituée en France en 1954, elle s'inscrit dans l'évolution de l'impôt sur le chiffre d'affaires créé en 1920 et qui se transforma lui-même d'abord en un système de taxes uniques, puis en 1936 en une taxe à la production dans le dispositif de laquelle fut introduit, dès 1948, le fractionnement des paiements. Elle a été étendue aux commerces et aux services à compter du 1er janvier 1968 ; en raison du grand nombre de petites entreprises dans ces secteurs et dans l'agriculture, un système de forfait, auquel est associée une franchise pour les redevables les plus modestes, évite d'exiger de la part de ceux qui en bénéficient la tenue d'une comptabilité détaillée.
Du point de vue économique, la TVA généralisée présente un avantage de neutralité au regard du pays d'origine, du circuit de production et des techniques de production :

• par l'imposition des importations et l'exonération des exportations, la TVA ne fausse pas la concurrence entre produits nationaux et étrangers ;

• par le mécanisme des déductions, l'impôt est toujours proportionnel à la valeur du produit et indépendant du nombre des entreprises qui ont concouru à sa fabrication ; il évite les effets de cascade ;

• par la déduction de la TVA grevant les immobilisations, la TVA ne sanctionne pas l'accumulation du capital productif.

Les États membres de la *Communauté européenne se sont engagés à adopter cet impôt en raison de ces avantages et surtout du premier. L'harmonisation de l'*assiette a été réalisée dans tous les pays membres en 1979. L'existence d'une assiette commune a permis la création d'une ressource propre nouvelle communautaire fondée sur un taux de TVA fixé annuellement dans la limite de 1 %.

Taxe sur le chiffre d'affaires

Voir Taxe sur la valeur ajoutée.

Taxe sur les activités financières (TAF)

a : *Tax on financial transactions* – **d** : *Steuer auf Finanztransaktionen* – **e** : *Impuesto sobre las operaciones financieras*

*Impôt frappant les rémunérations de toutes les activités bancaires et financières à l'exclusion des *intérêts proprement dits.*

Créée par la loi du 6 janvier 1966 et entrée en application le 1er janvier 1968, la taxe sur les activités financières, contrairement à la TVA, ne pouvait être récupérée par les entreprises ou les commerçants soumis à la TVA auxquels elle était facturée par les banques et les autres organismes financiers. Le taux de la TAF de 17,6 % appliqué au montant hors taxes correspondait à un taux de 15 % du montant facturé taxes comprises. La TAF a été remplacée par la TVA le 1er janvier 1979.

Tempérament (crédit pour achats à)

a : *Installment credit* – **d** : *Teilzahlungskredit* – **e** : *Crédito para financiar compras a plazos*

Crédit consenti par un établissement spécialisé à un acquéreur de biens d'équipement professionnel, de biens d'équipement ménager ou de biens de consommation pour lui permettre de régler au vendeur les prix de ces biens au comptant.

Mécanisme et rôle

L'ensemble des « crédits à tempérament » englobe le crédit à l'achat de matières d'équipement (professionnel ou ménager) et ce qu'on appelle le *crédit à la *consommation,* pour l'achat de biens d'usage suffisamment durables (*voir* Durabilité) pour pouvoir faire l'objet d'un échelonnement des paiements.

La formule du tempérament : Son objet est de *tempérer,* en les échelonnant, les sorties de fonds de l'acheteur ; elle peut s'analyser comme suit : l'acquéreur-emprunteur effectue au comptant un versement plus ou moins important ; le solde du prix d'achat est versé au vendeur par un établissement spécialisé, qui consent à due concurrence un *crédit à l'acheteur. Celui-ci s'acquitte ensuite de la dette ainsi contractée à l'égard de l'établissement par des versements régulièrement échelonnés, généralement mensuels, incluant un *intérêt.
Les établissements spécialisés reconstituent leur *trésorerie en mobilisant leurs crédits auprès des banques qui, elles-mêmes, peuvent avoir recours à la Banque de France dans des conditions déterminées. Ce *refinancement est donc, en définitive, assuré essentiellement par les banques de dépôts ou par la Banque de France, c'est-à-dire par des ressources monétaires. D'où l'importance que revêtent ces conditions de crédit et celles de leur financement au sein de la politique monétaire générale. Et la politique spécifique dont font l'objet leur maniement et leur modulation.

Les raisons du développement de la formule : L'élévation du niveau de vie général de la population et les besoins grandissants concernant les équipements et leur renouvellement ont fait une *pratique courante* du recours au crédit. On n'emprunte plus aujourd'hui parce qu'on est dépourvu de moyens financiers, pour vivre, mais parce que le désir de vivre mieux (équipement ménager et consommation) et de travailler mieux (équipement professionnel) entraîne une *anticipation sur la capacité de financer le bien qu'on décide d'avoir immédiatement à sa disposition.
Ce recours généralisé au crédit, l'expansion de la consommation et la spécialisation croissante des *banques et établissements financiers expliquent ensemble le développement et les caractères du crédit à tempérament.

La nature des biens, dont l'achat est financé, est double :

- Les *biens à usage professionnel,* principalement les matériels d'équipement et les véhicules utilitaires (camions, tracteurs, cars) ;
- les *biens à usage domestique ou particulier,* avec une sensibilité plus grande à la conjoncture.

Ces biens sont traditionnellement subdivisés, par les rapports annuels du Conseil national du crédit, en voitures de tourisme (neuf et occasion) qui représentent près des deux tiers des encours totaux ; en véhicules à deux roues ; appareils ménagers ; en appareils de radio et de télévision ; en meubles ; en divers ménagers ; en autres biens.

Le développement des crédits finançant les achats à tempérament : Il est inscrit dans l'évolution de leurs encours. Cette évolution, par exemple en France, durant les dix années 1961-1971, montre que :

• les fluctuations sont sensibles, en raison à la fois de la *conjoncture et de la politique monétaire, qui se traduit dans la modulation des conditions d'accès au crédit. Sur les 10 années considérées, 2 enregistrent une stagnation ou un recul (1969-1970), 4 une progression de l'ordre de 20 à 30 % (1961-1963, 1971). Cette sensibilité est particulièrement vive pour les biens domestiques. L'irrégularité de cette évolution est plus apparente encore sur une période plus longue. C'est ainsi que, de fin 1954 à fin 1956, la progression est de 92 % ; de fin 1956 à fin 1958 elle est à peine de 4 % ; de fin 1958 à fin 1963 (5 ans) elle est de près de 400 % ;

• la tendance générale est naturellement à l'augmentation, compte tenu des phénomènes économiques et sociologiques évoqués ci-avant ;

• l'importance relative de ce type de crédit est cependant, *en France,* plus limitée que celle qu'on enregistre dans les pays anglo-saxons, notamment pour le crédit à la consommation (particuliers), puisque l'encours des achats à tempérament par les particuliers est, par rapport au PNB (*produit national brut), trois fois moins important qu'en Grande-Bretagne et 10 à 12 fois moins qu'aux États-Unis. L'endettement par tête, au titre des mêmes achats, est deux fois inférieur au premier pays et dix fois inférieur au second. Toutefois, le développement récent de la pratique de prêts personnels non affectés constitue de la part des banques une forme nouvelle de l'essor du crédit à la consommation qui, sous ses différents aspects, tend à acquérir l'importance qu'il revêt dans les autres pays industrialisés.

La distribution et le financement de ces crédits : Ils sont assurés par le système bancaire et une série d'établissements financiers *ad hoc,* spécialisés chacun dans une catégorie de biens achetés et même, parfois, rattachés à une marque particulière de produits (c'est ainsi que chaque marque d'automobile a fondé son propre organisme de financement).

La *distribution* des crédits est assurée par ces établissements financiers à raison de 75 à 80 %, précisément à cause de leur spécialisation. En fait, ils sont essentiellement distributeurs.

Le *financement* de ces crédits, en effet, est, à *l'inverse,* assuré à 80 ou 90 % — selon les années — par les banques et la Banque de France.

La sensibilité de ce type de crédit, son lien avec le système bancaire et avec l'évolution de la consommation et de l'investissement expliquent que les autorités monétaires agissent fréquemment sur ses conditions, inscrites dans la réglementation.

Conditions et réglementation du crédit

L'évolution du droit : Dès 1934, le crédit automobile était organisé en France à la suite du vote de la loi Malingre instituant en la matière le *gage sans dépossession. Les opérations de crédit (pour les professionnels et les particuliers) se firent ensuite dans le cadre des procédures générales et d'arrangements particuliers jusqu'à ce qu'une *réglementation spécifique* ait été adoptée en *1954* par le Conseil national du crédit pour organiser et clarifier ce type d'activité, en encourager le développement et se donner les moyens d'en orienter l'évolution.
Cette *réglementation de 1954* constitue le *schéma de base* de la réglementation française.
Elle concerne :

• la *quotité* du crédit (c'est-à-dire la part du prix à payer non acquittée au comptant) : fixée à 80 % au maximum (20 % au comptant) ;

• la *durée* du crédit : 18 mois au maximum, sans distinction selon la nature des biens achetés ;

• la *capacité* des établissements intervenants : capital minimum de 50 millions d'anciens francs), le montant des crédits consentis ne pouvant excéder un montant égal à 10 fois le montant des *capitaux propres ;

• la *publicité* requise pour les opérations : communication des statistiques à la Commission de contrôle des banques et publicité des tarifs pratiqués, pour une meilleure information du public.

Ces quatre points sont ceux sur lesquels, depuis, ont porté les modifications et les modulations décidées par les autorités responsables du crédit et de la monnaie pour effectuer les redressements de conjoncture nécessaires.

L'évolution des modalités d'application de cette réglementation de base : Elle illustre ses variations selon la conjoncture et suivant les biens achetés, autour de certains points de référence.

• Dans le domaine des *tarifs,* une décision de novembre 1961 a édicté des normes particulières selon lesquelles les frais et *agios perçus ne pouvaient excéder la somme obtenue en appliquant au montant du crédit consenti une majoration de 0,75 % par mois. Depuis, ce type de crédit a été reconnu justiciable des règles générales édictées en décembre 1966 et concernant l'*usure.

• La *quotité* du crédit a été fréquemment modifiée (restriction pour lutter contre l'*inflation, assouplissement dans les périodes plus normales). Exemples : 75 et 65 % en 1958, respectivement pour les appareils ménagers, de radio-télévision et les véhicules à 2 roues neufs d'une part, pour tous les autres biens d'autre part. Taux portés à 80 et 75 % en 1959 ramenés à 70 % (autos) et 75 % (radio, télévision) en 1963 (plan de *stabilisation) puis variant, selon les biens, entre 75 et 85 %... (d'une manière générale, les véhicules utilitaires bénéficient des quotités les plus élevées et les biens d'équipement professionnel peuvent obtenir des dérogations).

• De même pour la *durée* du crédit. Exemples : avant 1956, la durée a été successivement plafonnée à 18, 15 et 12 mois, puis a varié de 15 mois (1957) à 24 mois (1959) pour les automobiles neuves, de 12 (1957) à 21 mois (1959) pour les appareils ménagers ; elle a été réduite en 1963 à 21 mois pour les autos, élargie ensuite à 24 mois, etc.

• Le *potentiel de crédit* des établissements, égal à 10 fois les fonds propres en 1954, a été ramené à 8 en 1956, redressé à 9 en 1959, puis à 10 en 1960, pour être réduit à nouveau à 9 en 1963, rétabli à 10 en 1967... (*Voir* Encadrement du crédit.)

L'ensemble de ces mesures conjoncturelles en jouant sur la qualité, la durée, le potentiel et en se différenciant selon les biens constitue un éventail particulièrement fin d'*intervention sur le volume des crédits et de la consommation.* Le fait, toutefois, que ces modulations et ces variations s'inscrivent en fait dans des « plages » assez bien circonscrites autour de valeurs de référence font douter qu'elles puissent constituer autre chose que des « coups de pouce » limités, d'impact principalement psychologique.

Temporelle (série)

Voir Chronologique (série).

Tendance

a : *Tendency* – **d** : *Tendenz/Langfristige Entwicklung* – **e** : *Tendencia*

Mouvement de longue durée affectant l'évolution d'un phénomène.

On dira ainsi, par exemple, que l'évolution de la population active agricole est marquée par une tendance à la baisse. De même évoquera-t-on une tendance à la hausse de la part des services dans l'ensemble de la population active occupée.

• La *notion de tendance :* Elle se réfère ainsi, en principe, à l'orientation de l'évolution d'un phénomène *sur une longue période.* Ce n'est que par extension que l'on parle de tendance à court terme : ainsi, par exemple, « les tendances de la conjoncture sont expansionnistes ». C'est l'objet de l'observation économique que de dégager derrière les variations occasionnelles des phénomènes le sens et le rythme de leur évolution tendancielle. Elle utilise pour cela les techniques de mesure statistique qui permettent de donner une expression quantitative à ces évolutions (exemple : techniques de correction des variations saisonnières). L'analyse économique vise notamment à déceler les facteurs

explicatifs qui rendent compte des évolutions tendancielles. L'économétrie permet de donner une formulation mathématique aux mécanismes qui rendent compte des tendances observées.
La connaissance des tendances est évidemment essentielle à la politique économique dès lors que celle-ci tend de plus en plus à s'appuyer sur des prévisions. On peut même dire qu'un des objets fondamentaux de la politique économique consiste, lorsqu'elle s'applique au moyen ou long terme, à encourager ou au contraire à contrarier les tendances spontanément observées dans l'économie.

**Statistique : Tendance centrale : quantité permettant de résumer une série de mesures d'un caractère quantitatif faites sur des individus appartenant à une certaine population statistique.*

Les principaux indicateurs de tendance centrale sont :
- la *moyenne ou *espérance mathématique,
- la *médiane,
- le *mode.

Les écarts à la tendance centrale sont caractéristiques, eux, de la *dispersion des variables autour de cette tendance.
Les deux éléments synthétiques permettent des comparaisons entre séries : ainsi, si l'on rapproche la distribution des salaires des ouvriers de celle des employés, en France, on observera que les premiers ont en général des revenus inférieurs aux seconds (tendance centrale inférieure), mais plus homogènes entre eux (dispersion inférieure).

Voir Chronologique (série).

Tender

Voir Offre publique d'achat.

Termaillage

a : *Leads and lags* – **d** : *Leads and lags* – **e** : *Leads and lags*

Modification dans le rythme des règlements internationaux marquée par un décalage entre le recouvrement des créances et le paiement des dettes, l'un des deux étant accéléré et l'autre, en sens inverse, retardé.

Tout règlement d'une transaction internationale se traduit par un transfert de fonds, en général accompagné d'une opération de *change (le débiteur acquérant par cession de sa *monnaie nationale les sommes dont il a besoin dans la monnaie de règlement).

Le délai qui sépare la transaction de son paiement variable suivant la nature de l'opération est fixé par les pratiques commerciales. Une modification de ces délais équivaut à une variation du volume des crédits commerciaux consentis ou reçus et provoque d'importantes fluctuations du montant des *devises offertes ou demandées sur les marchés des changes. Dans les *balances des paiements établies sur la base des transactions, les mouvements de capitaux à court terme qui résultent de ces avances et retards dans les règlements sont effectivement enregistrés aux rubriques de la *balance des opérations en capital.

Le termaillage est l'une des formes les plus courantes du déplacement des *capitaux fébriles. Quand les anticipations de taux de change sont défavorables à une monnaie, il suffit que les exportateurs retardent, de quelques jours, la *conversion de leurs recettes tandis que les importateurs accélèrent les achats de devises nécessaires à leurs paiements pour que des masses importantes de capitaux passent de cette monnaie vers les autres (et symétriquement en cas d'anticipations favorables). *Pour l'entreprise,* la modification volontaire des rythmes de recouvrement de ses créances et de paiement de ces dettes peut être un élément de gestion de sa *trésorerie. Cette technique permet non seulement de moduler les entrées et sorties, mais aussi et surtout de tirer profit des variations de parité entre les devises. Elle est systématiquement employée au sein des *sociétés multinationales, qui disposent à la fois, et par nature, de grandes facilités pour passer d'une devise à une autre et de masses de manœuvre importantes. Il s'agit là d'une technique de gestion s'analysant comme une *spéculation en termes stricts.

Terme (opérations à)

a : *Forward transaction* – **d :** *Termingeschäft* – **e :** *Operación a término*

Opérations pour lesquelles le règlement et la livraison des valeurs négociées ont lieu à une date postérieure à la négociation.

Les opérations à terme, qui s'opposent à celles au comptant, peuvent porter sur une grande diversité de valeurs négociées sur des marchés spécialisés (marchandises, valeurs mobilières, devises...) ; les deux principales applications de cette méthode concernent les opérations de bourse et de change.

Opérations de bourse

Les opérations à terme sont des opérations pour lesquelles le règlement et la livraison des titres ont lieu à une date postérieure à la négociation et fixée d'avance, appelée liquidation.

Caractères généraux du marché à terme : Le règlement et la livraison des titres étant dissociés de leur négociation, il est nécessaire que les intermédiaires disposent de garanties de la part des opérateurs. Ces garanties ou couvertures peuvent être constituées de *titres, de valeurs d'État ou d'espèces. Les titres sont évalués à 100 % de leur valeur effective, mais la proportion de couverture exigée par rapport au montant de l'opération couverte (dite « position ») est variable suivant les périodes et l'état du marché. En règle générale, cette proportion varie entre 50 et 80 % environ.
La situation de l'acheteur et celle du vendeur de titres sont les suivantes, au jour de la *liquidation :

• L'acheteur peut dénouer son opération. Exemple : il a acheté le 5 du mois 10 titres *x* à 200 F. A la liquidation ces titres cotent 250. En les vendant, il encaissera (250 – 200) × 10 = 500 F (sans les courtages et les impôts) ; il peut (si les cours ne répondent pas à son attente) : soit *lever* les titres (il verse 200 × 10 = 2 000 F plus courtages et impôts) ; soit se faire *reporter* (*voir* Report).

• Le vendeur peut bénéficier du dénouement. Exemple : ayant vendu 10 titres à 200 F de la société Y, ces titres sont descendus à 170 F. Il les rachète et verse 1 700 F. Différence 300 F. Si l'opération n'a pas été dénouée, il peut soit livrer les titres au prix de 200 F, soit se faire reporter.
Compte tenu de ces principes de fonctionnement, le marché à terme peut donner lieu à deux grandes catégories d'opérations : les opérations à terme fermes et les opérations conditionnelles.

Les opérations fermes : Ce sont des opérations que l'opérateur a l'obligation de dénouer le jour de la liquidation suivante, en utilisant le cas échéant la technique du *report. Les ordres de bourse à terme fermes désignent *la valeur à négocier* avec précision (*voir* Comptant — ordres au) ; mais ne peuvent naturellement porter que sur des valeurs admises au marché à terme. Ils précisent la quantité des titres à négocier, en observant les seuils de quantités fixés par les *cotes officielles : celles-ci indiquent pour chaque valeur le nombre minimum de titres sur lesquels ou sur les multiples desquels doivent porter les ordres ; ceux-ci indiquent les *cours auxquels doit avoir lieu la négociation au moyen d'un ensemble de *mentions particulières* (comparables à celles utilisées pour le comptant). Toutefois, et en outre, la mention *au dernier cours* entraîne une exécution de l'ordre au cours de clôture de la bourse pour laquelle il a été donné. Le jour de la liquidation, les ordres peuvent être exécutés en *liquidation courante* ou en *liquidation prochaine* (ou « là-bas »), c'est-à-dire celle du mois suivant.
Les ordres sont généralement valables jusqu'à la date de la liquidation courante. Cependant, l'opérateur peut limiter la durée de validité de son ordre à un délai inférieur ; les ordres au premier et au dernier cours ne sont valables que pour une bourse ; les ordres transmis à partir de la 3e bourse précédant la liquidation courante et qui n'y ont pas été exécutés peuvent, sur demande de l'opérateur, courir jusqu'à la liquidation suivante.

Les opérations conditionnelles : Elles sont de trois types.

• Les *opérations à prime.* Ce sont des opérations d'achat qui permettent à l'acheteur soit d'exécuter son contrat le jour de la liquidation, soit de le résilier en payant au vendeur un dédit (la *prime) convenu à l'avance. Le choix entre ces deux options doit être effectué à la veille de la liquidation, appelée pour cela « jour de réponse des primes ». Selon que l'acheteur exécute ou résilie son contrat, il *lève* ou *abandonne* la prime, l'initiative du choix incombant à lui seul. Le vendeur, en contrepartie, vend sur le marché à prime à un cours supérieur à celui du marché ferme et bénéficie de la différence ou écart (qui augmente lorsque l'échéance s'éloigne).
Les opérations à prime sont conclues pour une des trois liquidations qui suivent la réception de l'ordre (alors que les opérations fermes ne sont généralement traitées que pour la liquidation courante).
Le « pied de la prime » est le cours qui marque, pour l'acheteur, la perte maximale possible et détermine sa décision. En effet, celui-ci lève la prime lorsque la différence de cours à son détriment est inférieure à la prime qu'il abandonnerait s'il ne traitait pas (cours supérieur aux cours d'achat diminués de la prime). Dans le premier cas, le cours est supérieur, dans le second cas, inférieur au « pied de la prime ».
Les mentions particulières des ordres à prime sont, à part les mentions valables également pour les ordres à terme fermes :

– les mentions d'échéance ; les ordres à prime peuvent être donnés soit pour le lendemain (cas exceptionnel), soit pour la liquidation courante, soit pour une des deux liquidations suivantes, les ordres parvenant le jour de la réponse des primes pouvant être pris pour l'une des trois liquidations qui suivent la liquidation du lendemain ;

– les mentions « ferme ou prime » ; les ordres considérés peuvent être exécutés sur le marché ferme ou sur le marché à prime.

Les ordres à prime sont valables jusqu'à la date de la liquidation qu'ils visent, sauf exceptions particulières : ceux à l'échéance de la liquidation courante ne sont valables que jusqu'à la veille de cette liquidation (réponse des primes). Ceux à l'échéance d'une liquidation postérieure restent en revanche valables le jour de cette liquidation.

• Les opérations sur *marchés à *options.* Introduits à la Bourse de Paris en 1965, ce sont des marchés dans lesquels l'une des parties (l'acheteur d'option) se réserve le droit de conclure ou d'abandonner le contrat moyennant le paiement d'une somme qui est le prix de l'option (en jargon boursier : « avec »).

• Certaines opérations particulières qui sont peu usitées : l'option du double ou *call of more, le *stellage.

Opérations de change

*Les opérations de *change à terme sont des transactions de change dans lesquelles les parties conviennent d'un délai pour la livraison des avoirs échangés.*

Leur objet est de garantir l'acheteur ou le vendeur de devises contre une fluctuation défavorable ultérieure des cours du change. Elles répondent alors à une nécessité des relations internationales. Mais elles peuvent être purement spéculatives et sont dès lors interdites en période de contrôle des changes.
Le coût de l'opération à terme s'appelle *déport ou *report. Les opérations de change à terme sont faites par l'intermédiaire des banques. Mais celles-ci ne peuvent prendre à leur compte les risques de change de leur clientèle. Aussi, après avoir traité à terme avec leur client, cherchent-elles aussitôt à « se couvrir » elles-mêmes par une « contre-opération » qui peut être soit une opération « à terme sec » de sens inverse, soit un ensemble « d'opérations liées ».

Termes de l'échange

a : *Terms of trade* – **d** : *Terms of trade/Realaustauschverhältnis* – **e** : *Términos del intercambio*

**Indicateur permettant d'apprécier l'avantage qu'une économie donnée retire de ses relations commerciales avec l'extérieur.*

Pour porter un jugement sur le caractère favorable, ou non, des échanges, il ne suffit pas d'examiner le solde de la *balance commerciale, il faut aussi s'assurer qu'il n'aurait pas été préférable de produire sur place ce qui a été acheté à l'étranger. L'analyse des termes de l'échange a pour objet de calculer le prix payé par la nation pour se procurer à l'extérieur ce qu'elle ne fabrique pas.

● D'un point de vue théorique les termes de l'échange peuvent être définis de multiples façons : rapports des quantités exportées aux quantités importées, rapports des prix des produits échangés, ou des facteurs de production mis en jeu pour l'élaboration de ces produits pondérés le cas échéant par tel taux de change ou tel indice des prix.
Ces diverses définitions cherchent à répondre à des questions différentes : quelle est la quantité de vin que la France doit vendre aux États-Unis pour compenser l'achat d'un nombre donné de machines-outils ? Combien d'heures de travail et quel matériel pour obtenir le vin en France et une valeur équivalente en machines-outils aux États-Unis ?

● En pratique, les termes de l'échange qui sont calculés à partir des données statistiques disponibles sont les rapports (exprimés en pourcentage) entre indices de valeurs unitaires à l'exportation et à l'importation, soit pour le commerce extérieur total d'un pays soit pour les échanges avec tel ou tel partenaire ou groupe de partenaires. Dès lors, il n'est pas possible d'en déduire des conclusions très précises sur les conditions de l'échange dans l'absolu, mais les comparaisons temporelles qu'ils permettent et les indications qu'ils donnent sur l'évolution de la situation d'un pays face au commerce mondial sont intéressantes. Leur interprétation doit cependant rester prudente. Les effets immédiats sur la balance commerciale sont faciles à déterminer : la hausse des termes de l'échange est favorable à l'équilibre, voire au surplus de la balance, que leur baisse rend plus malaisé. Mais les causes qui provoquent ces variations doivent être prises en compte par les conséquences qu'elles peuvent avoir ultérieurement. Ainsi, une hausse du prix relatif des biens produits dans un pays peut porter en germe une détérioration future de la balance commerciale par le jeu des *élasticités — prix du commerce extérieur. A l'inverse, une baisse des prix relatifs, résultant d'une productivité accrue, conduira, à travers la variation induite des volumes échangés, à une amélioration de la balance commerciale. Toute conclusion tirée d'une observation hâtive des fluctuations des termes de l'échange doit donc être évitée.

● L'évolution des prix relatifs des matières premières et des produits industriels est un élément essentiel des relations entre les pays développés (importateurs des premières et exportateurs des seconds) et les pays du *Tiers Monde. Ceux-ci ne disposent souvent d'autres possibilités d'exportations que la vente des produits primaires de leur sol ou de leur sous-sol. La détérioration de leurs termes de l'échange a été une caractéristique préoccupante de l'économie internationale du milieu des années 50 au milieu des années 70. L'année 1973, avec les hausses spectaculaires des prix du pétrole, et celles de moindre ampleur des principales matières premières, semble à cet égard avoir été un point d'inflexion. Les conséquences déplaisantes, à court terme, de ce renversement de tendance — d'ailleurs plus précaire semble-t-il pour les produits autres que le pétrole — ne doivent pas en masquer les aspects positifs. Certes, le prélèvement pétrolier a entraîné l'économie occidentale dans la *récession, en 1974-1975, et conduit à l'accumulation des *pétro-dollars. Pour autant, par-delà sa contribution à la *crise actuelle, la hausse du prix relatif des matières premières, par l'amélioration des termes de l'échange des pays du Tiers Monde qu'elle permet, apparaît comme l'une des voies les plus assurées pour leur procurer les moyens nécessaires à leur *développement.

Tests (théorie des)

a : *Theory of tests* – **d** : *Testverfahren* – **e** : *Teoría de los tests*

---

*Ensemble des méthodes permettant de déterminer, à partir d'un *échantillon d'unités statistiques tirées au hasard dans une certaine *population statistique, si la *variable aléatoire étudiée appartient à telle classe C_0 de lois de probabilités ou à telle autre classe C_1.*

La théorie des tests est une branche de la statistique mathématique. En fait, on n'est jamais sûr d'avoir répondu exactement à la question posée : on peut répondre que la variable appartient à la classe C_1 (décision) alors qu'en fait elle appartient à la classe C_0 (état de nature) et on court un certain risque, dit « risque de première espèce », de se tromper ainsi ; de même, on court un certain risque (de deuxième espèce) de répondre que la variable appartient à la classe C_0 alors qu'en fait elle appartient à la classe C_1. La solution classique à un problème de test consiste à rechercher une solution qui, pour un risque de première espèce donné, minimise le risque de seconde espèce.
Le contrôle de fabrication et le contrôle de réception sont deux des applications les plus connues de la théorie des tests.
Parmi les tests les plus usités en économétrie, on peut citer ceux de Student-Fisher et de Durbin-Watson.

Théorie quantitative (de la monnaie)

a : *Quantity theory of money* – **d** : *Quantitätstheorie* – **e** : *Teoría cuantitativa del dinero*

---

*Théorie selon laquelle, dans une économie donnée, le niveau des *prix est fonction directe de la quantité de *monnaie en circulation.*

Origines

L'optique quantitative, appliquée à la monnaie, caractérise les premières explications proposées aux phénomènes monétaires, notamment par les *mercantilistes. Jean Bodin, Nicolas Oresme, puis Cantillon, Adam Smith et Montesquieu adhèrent à cette conception, en la raffinant parfois par la prise en considération de la vitesse de circulation de la monnaie (Cantillon). Mais c'est avec les classiques anglais du XIXe siècle (Ricardo, Stuart Mill) que la théorie connut ses premières formulations systématiques, suivies d'autres depuis.

Formulations de la théorie quantitative

La formulation de Ricardo (*Sur le haut prix des lingots,* 1811) : Une production de *biens et services étant donnée, elle entraîne un certain nombre de transactions (T) à un certain prix moyen (P) compte tenu de la quantité de monnaie dont on dispose. On a : P = M/T ou PT = M. Si la quantité M de monnaie augmente (par exemple, par émission de papier-monnaie), le niveau moyen des prix P augmentera en fonction de cette circulation monétaire M.

John Stuart Mill : Il introduit explicitement la vitesse de circulation des moyens de paiement, qui multiplie leurs possibilités d'usage (V). Chez lui la masse monétaire M devient donc MV et s'affine, mais sans modification du cadre de principe. Il écrit : « La valeur de la monnaie est en raison inverse de son montant multiplié par ce qu'on appelle sa vitesse de circulation » *(Principes).*

La formule de *Fisher : Elle constitue la présentation la plus élaborée de cette école de pensée grâce à l'introduction dans l'équation de la masse de monnaie scripturale (M′) et de sa vitesse de circulation (V′). Enfin la formulation de *Keynes* ou « *équation de *Cambridge* » fait accomplir à la théorie classique une mutation profonde en l'intégrant davantage à la théorie générale du revenu global, notamment en prenant en compte la demande effective, l'élasticité de l'offre des biens et services (entre autres des biens de consommation), le niveau d'emploi constaté dans l'économie et les distorsions sectorielles qu'on peut y relever.

Appréciation et valeur de la théorie

La théorie quantitative constitue le premier essai cohérent d'explication des mouvements de prix. Quels que soient ses formulations et leurs perfectionnements, elle fait de la *masse monétaire la cause centrale des mouvements de prix. C'est ainsi que les fluctuations de prix de la seconde moitié du XIXe siècle furent expliquées par les variations des disponibilités de métal *étalon : hausses de prix entre 1851 et 1871 liées aux découvertes d'or de Californie et d'Australie. Baisses de 1873 et 1895 liées au ralentissement de la production d'or et à l'abandon de l'argent comme étalon (*voir* Bimétallisme). Nouvelles hausses au début du XXe siècle liées à la reprise de la production d'or d'Afrique du Sud.

• Les *principales critiques* à la théorie quantitative ont été formulées par deux économistes français avant la Seconde Guerre mondiale. Elles sont fondées sur l'observation détaillée des phénomènes et portent sur la causalité monétaire des mouvements de prix.

– *Nogaro* met l'accent sur le rôle joué, dans ces phénomènes, par la *thésaurisation (de la monnaie) et le stockage (des marchandises) qui désolidarisent les quantités disponibles des quantités effectivement utilisées. Il observe en outre que les interactions complexes entre la monnaie et les marchandises sont trahies par la causalité simple avancée par la théorie.

– *Aftalion* constate que les signes monétaires apparaissent comme « les servants des prix et non comme leurs maîtres souverains » et que le niveau du *change est parmi les causes principales du phénomène (« hégémonie du change ») à côté des variations de revenus, des facteurs psychologiques (*anticipations, opinions...).

• La *formulation de Keynes* fait échapper la théorie quantitative à une bonne part de ces critiques, mais son caractère global, exprimé en termes de *flux (*voir également* Gap inflationniste), ne suffit pas à rendre compte de l'extrême diversité des phénomènes de prix et notamment du caractère localisé des tensions qui les accompagnent. D'une manière générale, on constate que le fractionnement de la formulation de la théorie, qui lui permet d'être plus proche de la diversité de la réalité, lui fait perdre dans une certaine mesure de sa vigueur explicative ; que la maîtrise — ou au moins la bonne connaissance — de ces phénomènes repose sur des analyses très précises et très détaillées des structures et circuits dans lesquels ils se développent, analyses permises aujourd'hui notamment par les progrès de la *comptabilité nationale. De même, une théorie ne peut traduire la variété des éléments impliqués par ces réalités économiques (*cours des matières premières, distorsions de productivité, aspects sectoriels, évolution du change, politique de crédit, épargne de thésaurisation, revendications de salaires, anticipations des agents, structures des revenus, etc.). On observe cependant que la référence aux principes de base de la théorie quantitative est implicite à la plupart des politiques économiques et monétaires (*stabilisation, politique du *crédit...) qui comportent une action sur l'importance relative des *flux en présence. On notera d'ailleurs un renouveau de la théorie dans le cadre du *monétarisme.

Thésaurisation

a : *Hoarding* – **d** : *Thesaurierung/Hortung* – **e** : *Atesoramiento*

Détention improductive de valeurs ou de créances par un agent économique.

Les encaisses ou valeurs constitutives de l'épargne sont utilisées en principe en *placements rémunérateurs ou *investissements. Ces affectations de l'épargne conduisent à réintroduire celle-ci dans le circuit économique ou monétaire. La thésaurisation s'en distingue par deux caractères fondamentaux : elle tend à stériliser les valeurs ainsi constituées ; elle les « met de côté », c'est-à-dire les soustrait aux circuits économiques et monétaires. L'origine étymologique de son nom traduit d'ailleurs ce double caractère. La constitution d'un « trésor » (*thesaurus*) est un gel et une dissimulation.

L'analyse économique classique distingue trois motifs principaux de thésaurisation :

• Dans une certaine mesure, le motif de *spéculation* est commun à l'épargne et à la thésaurisation. La thésaurisation est alors provisoire, dans l'attente d'un gain en capital réalisé à la faveur d'une modification favorable et ultérieure de la conjoncture et des prix.

• Des *facteurs individuels,* tenant au tempérament du sujet économique et à son horizon, peuvent intervenir : thésaurisation ou « magot » dans les milieux ruraux et dans la petite bourgeoisie, « économies » sous forme monétaire ou de bijoux dans les classes moyennes, etc.

• Les *facteurs conjoncturels* influent également sur la thésaurisation. Les périodes de grande instabilité économique et monétaire, les crises de structure mettant en danger les statuts individuels et collectifs, les menaces de troubles sociaux ou de conflits mondiaux peuvent créer autant de motifs de thésauriser.

D'une manière générale, on peut convenir d'appeler thésaurisées toutes les valeurs affectées à des placements sans revenu, maintenues dans ces affectations sans échéance prévisible de remploi, et donc retirées du circuit de circulation des créances.

La thésaurisation peut porter sur la détention de plusieurs éléments :

• Encaisses monétaires sous forme de numéraire (billets, pièces de monnaie), conservées matériellement par l'agent économique et dont l'utilisation est suspendue.

• Pierres précieuses, bijoux, timbres-poste, œuvres d'art.

• Or métal. Ce dernier constitue, en fait, la part la plus importante de la thésaurisation mondiale. Des études internationales ont permis d'évaluer la part de l'or mondial thésaurisé par des individus ou des organismes. Sur une production annuelle d'or du monde occidental d'environ 1 300 tonnes, un tiers environ est employé par les utilisateurs industriels (y compris la bijouterie) ; même en tenant compte des quantités modestes d'or achetées, bon an mal an, par la Chine communiste, on constate que les *deux tiers* de l'or produit en une année sont absorbés par la thésaurisation privée, soit 800 tonnes environ, 1,5 à 2 milliards de dollars selon le cours de l'or.

Les études internationales dans ce domaine ne permettent d'aboutir qu'à des approximations. Les renseignements convergent cependant pour faire penser que :

• 20 % environ des quantités d'or prélevées se situent dans l'Europe continentale de l'Ouest, principalement en France, en Espagne et en Suisse ;

• 40 % environ sont achetés et thésaurisés par des ressortissants des pays du Proche-Orient qui placent ainsi une grande partie des profits tirés de l'exploitation pétrolière ;

• les 40 % restants sont achetés pour compte de résidents des pays en voie de développement, surtout en Asie et principalement en Inde.

La thésaurisation d'or, de loin la plus importante, confirme donc bien, sur le plan mondial, les caractères du phénomène général de thésaurisation : c'est une utilisation refuge, qui cherche à soustraire les valeurs au jeu économique, soit par peur de la confiscation ou de la fiscalité, soit par méfiance à l'égard de la conjoncture et des risques politiques, militaires ou économiques. Réflexe de peur, la thésaurisation est également un réflexe de pays peu engagés dans la vie économique moderne. A cet égard, la thésaurisation mesure la méfiance de l'agent économique vis-à-vis du jeu social. Cette « mise hors jeu » des capacités de dépense ou d'investissement peut avoir un effet *déflationniste au moment où elle se produit, mais l'importance des valeurs thésaurisées mesure du même coup le danger qu'elles font peser sur l'*équilibre économique et la gestion de la *monnaie. En effet, les dégels de thésaurisation, lorsqu'ils se produisent, déterminent une injection soudaine de moyens de paiement dans le circuit économique et monétaire. En outre, la masse des valeurs thésaurisées correspond à une réserve de pouvoir financier incontrôlable et imprévisible par les responsables de la politique économique.

Tiers Monde

a : *Third world* – **d** : *Dritte Welt* – **e** : *Tercer mundo*

Ensemble des pays sous-développés.

Bien que le *sous-développement ne soit pas le seul critère d'appartenance au Tiers Monde, il est une caractéristique commune à tous les pays qui le constituent et qui tentent d'organiser leur solidarité avec, comme objectif essentiel, l'accélération de leur *croissance économique.

• C'est après la dernière guerre mondiale que le terme de Tiers Monde est apparu pour désigner les pays — dont le nombre s'accroissait à mesure que s'accélérait le démantèlement des empires coloniaux — qui *refusaient de s'inféoder aux deux blocs* affrontés, occidental et socialiste. Les préoccupations politiques, liées notamment à la volonté de parvenir à une décolonisation complète et universelle d'un monde presque exclusivement assujetti jusqu'en 1945 aux pays industriels de l'hémisphère Nord, ont fortement marqué les premiers essais d'organisation du Tiers Monde — de la conférence de Bandoeng en 1955 à celle de La Havane dix ans plus tard. La difficulté de donner une interprétation commune et un contenu précis à la volonté d'indépendance nationale et de non-alignement que tous ressentent, ainsi que la prise de conscience de l'ampleur du défi auquel le sous-développement les confronte conduisirent toutefois à détourner vers le domaine économique l'élan initial.

• Malgré la diversité et l'inégalité des situations individuelles, tous les pays du Tiers Monde placent le *développement en tête de leurs priorités. La complexité des problèmes à résoudre, l'incertitude des analyses et, par conséquent, la variété des voies possibles limitent le champ des actions communes qui continuent cependant à être recherchées, malgré les lenteurs et les échecs, notamment à travers les nombreux organismes régionaux qui se sont créés. Mais c'est surtout comme groupe de pression vis-à-vis des pays industrialisés que le Tiers Monde exprime sa solidarité.

Les *thèmes de revendications* évoluent en même temps que s'affirment et se diversifient les connaissances sur les mécanismes de l'économie internationale :

– L'**aide* internationale au développement doit être accrue. La contribution financière globale attendue des pays industriels a été fixée à 1 % de leur PNB en 1960, mais en 1970, il a été précisé, dans le cadre de la Stratégie internationale du développement votée par les Nations unies, que le montant minimum de l'aide officielle devait atteindre à lui seul 0,7 % du PNB des donneurs. Si le premier seuil a pu être respecté en moyenne par les pays occidentaux, le second n'est atteint que par quelques pays scandinaves (en moyenne pour les pays de l'*OCDE participant au CAD — Comité d'aide au développement —, le total des ressources financières nettes mises à la disposition du Tiers Monde représentait 1,1 % du PNB en 1979, mais l'apport net d'aide publique n'atteignait que 0,35 %). Les répercussions sur les pays du Tiers Monde de la *crise que traverse depuis 1974 l'économie occidentale ont renforcé les pressions pour que les normes soient respectées et que la nécessité d'un transfert massif de ressources soit reconnue par les pays industriels, en faveur notamment de la trentaine de pays les moins avancés.

– La remise en cause des *règles des échanges internationaux* est également une constante. Pour les produits manufacturés, des *préférences généralisées en faveur des pays du Tiers Monde ont été consenties par les pays industriels ; à l'issue du Tokyo Round, les règles du *GATT ont été modifiées, et les principes de non-*discrimination et de réciprocité ont été redéfinis pour prendre en compte la situation des pays en cours d'industrialisation et la nécessité pour eux de recourir au *protectionnisme. La volonté de contrôler les marchés internationaux de matières premières et de produits agricoles et de les soustraire au libre jeu de l'offre et de la demande, considéré comme responsable de la baisse des *termes de l'échange, n'a pas pour l'instant abouti. Un accord de principe a été obtenu dès 1976 pour la création d'un Fonds commun de stabilisation des cours qui n'a pu être mis en place. Le *FMI a toutefois créé un dispositif spécial de financement et la *CE, pour sa part, offre aux cinquante-huit pays associés un système de stabilisation des recettes d'exportation.

– L'aspiration à un *nouvel ordre économique international* est de plus en plus nettement affirmée par les pays du Tiers Monde, notamment au sein du système des Nations unies où ils expriment une position commune à travers le « groupe des 77 » (qui rassemble en fait 19 pays en voie de développement). Posant en termes de pouvoir le problème des inégalités de richesse entre nations, elle vise à l'adoption d'un ensemble de règles et d'institutions qui, reflétant l'interdépendance de la communauté mondiale, imposeraient aux pays industriels de tenir compte des intérêts du Tiers Monde. La nouvelle division du travail et la réorientation des échanges, nécessaires pour venir à bout du sous-développement, en résulteraient. A ce jour, les résultats enregistrés sont faibles. Une Charte des droits et devoirs économiques des États a été adoptée en 1974 par l'Assemblée générale des Nations unies, mais les pays industriels ont refusé de la voter ; des codes de conduite à appliquer aux transferts de technologie et aux *sociétés multinationales sont depuis plusieurs années en discussion.

• L'ambition de développement et l'opposition aux pays industriels assurent l'unité du Tiers Monde et masquent l'ambiguïté qui l'affecte. Tendus vers un même objectif, face à un adversaire commun, les pays sous-développés préservent une solidarité sans cesse menacée par les divergences d'intérêts ; mais ils risquent d'en oublier ce qui fut à l'origine de leur prise de conscience, l'exigence d'un modèle propre de développement. Privilégiant les relations, fussent-elles conflictuelles, avec les pays industriels, ils renforcent les tendances qui les poussent à l'imitation des sociétés industrielles avancées. Le recours aux acquis de la révolution scientifique et technique occidentale semble reléguer au deuxième plan leur volonté de retrouver une identité par la réhabilitation de leurs traditions culturelles. Il est vrai que face à la misère présente, à la famine qui menace, l'urgence commande.

Tiers provisionnel

Voir Acompte.

TIOP

Voir Taux interbancaire offert à Paris.

Tirage (statistique)

a : *Sampling* – **d** : *Ziehung (Statistik)* – **e** : *Sorteo*

*Constitution d'un *échantillon à partir d'une *population statistique.*

Le tirage statistique vise à obtenir une représentation non biaisée des diverses caractéristiques de l'ensemble examiné. Les procédés les plus courants sont le prélèvement systématique à une période donnée, pour les éléments séquentiels (pièces dans une ligne de production, par exemple) ; la désignation « au hasard » après attribution d'une numérotation arbitraire aux éléments (sondages de population).

Tirage (droits de tirage spéciaux)

Voir Fonds monétaire international, Stand by, Liquidités internationales, Réserves de change, Droits de tirage spéciaux.

Tireur, tiré

Voir Effet, Lettre de change.

Titre

a : *Deed* – **d** : *Urkunde* – **e** : *Título*

Document représentatif d'un droit.

Les droits que peut détenir un agent sont d'une grande variété : droit de propriété sur une chose (terrain, immeuble, marchandise, objet) ; droit de propriété sur un *capital représenté par des choses, des fonds ou des valeurs (participation dans une entreprise, dans un patrimoine mobilier) ; *créance sur une personne physique ou morale, droit de bénéficier d'un service ou d'une production dont on a acquitté préalablement le prix (droit à la livraison, à la mise en possession, à la jouissance...).
Ces droits sont matérialisés par des documents ou titres qui permettent d'en identifier le *titulaire* (même racine) et qui donnent à celui-ci la possibilité soit de requérir la réalisation du droit (remboursement d'une créance, livraison de l'objet), soit de transmettre (sous certaines conditions) ce droit à un partenaire, soit d'en opérer la *mobilisation.

Catégories de titres : Du point de vue de leur *présentation matérielle et de leur lien avec leur titulaire,* les titres se classent en trois catégories.

• *Titres au porteur :* ils font automatiquement de leur détenteur le détenteur du droit, le titre étant considéré juridiquement comme un meuble (art. 2279 du Code civil : « En fait de meuble, possession vaut titre ») ; exemples : billet de banque, *chèque au porteur, *bon du Trésor, *valeur mobilière au porteur. Ces droits se transmettent par « simple tradition », c'est-à-dire par transfert matériel du titre d'une personne à une autre sans aucune formalité.

• *Titres à ordre :* ils sont établis au nom (à l'ordre) d'une personne dénommée, qui peut les transmettre par *endossement (c'est-à-dire par la désignation au dos du titre du nouveau titulaire). Ce peut être le cas des *effets de commerce, des chèques à ordre, des *connaissements, des *warrants...

• *Titres nominatifs :* ils ne confèrent également de droit qu'à personne dénommée, le droit étant en outre fondé sur l'inscription du titulaire sur les livres de l'organisme émetteur du titre : certains bons du Trésor, certaines valeurs mobilières, les titres de pension civile ou militaire (*voir* Dette). Ils ne sont normalement cessibles qu'à des conditions généralement strictes, et sont parfois inaliénables.
Du point de vue de leur *capacité à être négociés sur un marché,* une distinction doit être faite entre les *valeurs mobilières,* qui sont inscrites à la *cote et sont négociables à la *bourse des valeurs, *marché organisé à cet effet (actions, obligations, titres de rente, valeurs d'État), et les titres autres que les valeurs mobilières (chèques, effets de commerce, titres de propriété) qui n'ont pas accès à ce marché. Le langage courant tend à assimiler la notion de titre et celle de valeur mobilière. En réalité, la seconde est englobée par la première, mais ne l'épuise pas.

Acceptions particulières :

• *Titre d'une monnaie : rapport entre le poids de métal fin qu'elle contient et le poids total de l'alliage utilisé pour la frapper.*
Une monnaie métallique est constituée de jetons frappés dans un alliage qui peut contenir une part de métal précieux très variable ou nulle (*voir* Billon). Les pièces dites d'argent ou d'or sont en réalité constituées d'un alliage, pour des raisons pratiques de solidité du jeton. Généralement, cet alliage *« titre »* 900/1 000 de métal précieux pur, c'est-à-dire que 1 gramme d'alliage contient 900 milligrammes de métal pur (ou fin) ; par exemple, le « franc germinal » contient 5 grammes d'argent aux 900/1 000 (soit 4,5 grammes d'argent fin). Le « franc Poincaré » contient 65,5 milligrammes d'or aux 900/1 000 (soit 58,95 milligrammes d'or fin).

• *Titre d'une matière : rapport entre la quantité de produit pur (pris comme référence) contenu dans une matière et la quantité globale de la matière considérée.*
Il sert à indexer le « degré de pureté » de la matière (qui « titre » x ou y...). C'est le cas de l'or de bijouterie ou de dentisterie (le titre est exprimé en carats : 12, 18, 24 carats ou 1 000/1 000), des lingots et des barres d'or (qui titrent 995/1 000), de l'or industriel (pour lequel la législation interdit de descendre en dessous de 750/1 000). Le titre permet de préciser l'*assiette des impôts et taxes frappant ces produits.
On utilise également la notion de titre pour classer les alcools, vins et spiritueux et asseoir les taxes afférentes ou fonder l'application des règlements. Le titre traduit là la proportion d'alcool pur contenue dans les liquides considérés.

Titre (budgétaire)

a : *Budgetary item* – **d** : *Haushaltstitel* – **e** : *Título presupuestario*

Rubrique principale existant à l'intérieur du budget général et repris dans le budget de chaque ministère.

Les *mesures nouvelles de la *loi de finances sont votées par ministère et par titre.

Titre participatif série A (TPSA)

Titre émis par une société française du secteur public donnant droit à une rémunération annuelle, non remboursable.

Ce titre ne comporte pas de droit de vote. La rémunération comporte une partie fixe et une partie variable liées au dividende et au résultat net. Ce titre auquel peuvent être attachés des warrants donnant droit à en souscrire de nouveaux est négociable, comme ces *warrants.

Titre subordonné à durée indéterminée (TSDI)

Titre émis par une société française du secteur public donnant droit à une rémunération annuelle, non remboursable (sauf redressement judiciaire ou liquidation). La rémunération prend la forme classique d'un intérêt à un taux privilégié.

Titre subordonné à durée indéterminée remboursable en actions (TSDIRA)

Variante du titre subordonné à durée indéterminée comportant la possibilité d'un remboursement en actions à la diligence de l'émetteur.

Titrisation (ou titrification)

a : *Titrisation* – **d** : *Notierung* – **e** : *Titrisación*

Émission, par un établissement prêteur, de titres négociables représentatifs de créances qu'il détient, et dont la propriété est ainsi transférée à l'acquéreur des titres.

Cette pratique est apparue aux États-Unis au début des années 70. Elle a concerné essentiellement le domaine des créances garanties par une * hypothèque.
Dans le système américain, les institutions distribuant des crédits hypothécaires (caisses d'épargne, banques commerciales) peuvent vendre les créances correspondantes à des agences fédérales (Government National Mortgage Association, par exemple). Celles-ci, après avoir opéré une sélection, réunissent les créances présentant un faible risque final dans des ensembles (pools) homogènes, en fonction notamment de leur maturité et du taux des coupons qui y sont attachés. Afin d'assurer leur refinancement, les agences fédérales émettent des titres négociables, appelés *pass-through.* L'acheteur des titres acquiert en même temps directement les actifs supports (les créances hypothécaires). En effet, alors que la gestion administrative des prêts reste dévolue à l'agence émettrice, les flux de remboursement en intérêt et capital se font entre l'emprunteur final et l'acquéreur des titres par l'intermédiaire d'un compte spécial *(custodial account)*. Afin d'accroître l'intérêt des investisseurs pour cette catégorie de titres, les agences fédérales apportent leur garantie aux créances concernées.
Permettant de faire sortir les créances concernées du bilan de l'établissement prêteur, la technique de la titrisation a connu un large succès aux États-Unis. Elle est pratiquée en Grande-Bretagne depuis 1987, et en France depuis 1989.

Tokyo round

*Négociations qui se sont tenues dans le cadre du * GATT, de 1973 à 1979.*

Elles ont entraîné une réduction des tarifs douaniers industriels de l'ordre de 34 %, comporté des accords spéciaux sur les aéronefs civils, ainsi que divers arrangements agricoles tendant à libéraliser les échanges (produits laitiers, viande).
Et dans le cadre des accords conclus, les États-Unis ont supprimé le système pénalisant de l'* American selling price.

Tontine

Groupe d'épargnants d'âges différents au sein duquel les parts des associés qui meurent sont réparties entre les survivants, soit qu'ils se partagent le capital accumulé, soit qu'ils bénéficient d'une rente viagère constituée à partir de ce capital. (De Lorenzo Tonti, banquier italien du XVIIe siècle.)

Tournage

a : *Refinancing of lendings* – **d** : *Refinanzierung des Aktivgeschäfts* – **e** : *Refinanciamiento de actividades*

Opération qui permet aux banques d'obtenir auprès de l'Institut d'émission des liquidités qu'elles pourront reprêter sur le marché monétaire.

L'éventuel différentiel d'intérêt constitue le bénéfice de tournage.
En France, cette pratique a été encouragée par l'existence de créances à l'exportation dont le réescompte était assuré à un taux très inférieur au taux appliqué sur le marché monétaire.

Traite

a : *Draft* – **d** : *Tratte* – **e** : *Letra de cambio*

---

*Synonyme de *lettre de change dans le langage courant.*

Traite signifie tirage (du latin *trahere,* tirer) ; aussi ce terme peut-il être employé dans tous les cas à la place de lettre de change, mais il remplace cette dernière formule lorsqu'il s'agit de tirages de nature particulière et notamment lorsque l'État est en cause : ainsi de titres de créances au bénéfice de l'État (traites de coupes de bois), et de titres correspondant à des créances sur l'État, telles les traites de dépenses publiques.
Les traites de dépenses publiques, créées en 1940 et supprimées en 1955, représentaient les droits à paiement des titulaires de marchés dont le règlement était différé de six mois ou un an pour une part s'élevant, selon les époques, à la moitié ou aux trois quarts des créances nées. Un effet portant intérêt établissait le droit à paiement à date déterminée ; avec l'*acceptation du *Crédit national qui substituait sa signature à celle de l'État, un tel effet pouvait être mobilisé par le titulaire du marché auprès de son banquier dans le portefeuille duquel les « acceptations du Crédit national » étaient assimilées à des bons du Trésor du point de vue des règles du *plancher.
Les traites de la Marine sont des chèques de voyage émis par un comptable public spécialisé pour permettre à un officier chargé de l'administration d'un navire de guerre de toucher des fonds dans un port d'escale : la technique de la lettre de change retrouve ici sa signification ancienne de procédé de transfert de fonds.
Dans un sens plus ancien, la traite correspondait à une activité commerciale comportant transport de marchandises d'un État à un autre ou d'une province à une autre ; le même mot s'appliquait à des droits perçus sur ces opérations (« payer la traite »). C'est pour le trafic des

bâtiments de commerce sur les côtes d'Afrique que le terme de traite a été le plus longtemps employé : la traite de l'ivoire, la traite des Noirs ; et par assimilation avec cette conséquence de l'esclavage, il est encore utilisé aujourd'hui dans l'expression « traite des blanches ».
Enfin, la traite peut définir une forme primitive de rapports commerciaux fondée sur la collecte de ressources naturelles des pays d'outre-mer par l'intermédiaire de comptoirs installés sur les côtes.

Traité de Maastricht

a : *Maastricht treaty* – **d** : *Maastrichtsvertrag* – **e** : *Acuerdo de Maastricht*

---

*Traité par lequel les 12 États membres des * Communautés européennes instituent l'* Union européenne. Signé le 7 février 1992, il est entré en vigueur le 1er novembre 1993.*

Le traité de Maastricht achève, par la mise en route de l'Union économique et monétaire, le processus d'unification économique de l'Europe occidentale. Il constitue aussi la première étape institutionnelle sur la voie de l'unification politique ; la coopération intergouvernementale devient partie intégrante de l'Union européenne ; elle s'étend à la politique étrangère et de sécurité commune qui est instituée, et aux domaines de la justice et des affaires intérieures (immigration, lutte contre la fraude, la criminalité...).
Les institutions sont renforcées. Au Conseil européen, qui réunit les chefs d'États ou de gouvernement des États membres et le président de la Commission, il revient de donner les impulsions et de définir les orientations politiques générales. Le Parlement européen, le Conseil (communément appelé Conseil des ministres), la Commission et la Cour de justice deviennent les organes de l'Union, dont ils assurent la cohérence, même si leurs attributions et les conditions dans lesquelles celles-ci sont exercées varient, conformément aux dispositions du traité, selon qu'ils agissent dans le cadre des Communautés européennes ou des nouvelles procédures de coopération intergouvernementale.
Les Communautés européennes sont le fondement de l'Union. La *Communauté économique européenne devient *Communauté européenne et sa mission est élargie du Marché commun à l'Union économique et monétaire. Ses compétences sont étendues à de nouveaux domaines (industrie, protection du consommateur, santé, éducation, culture...). En contrepartie, le principe de subsidiarité est affirmé solennellement. Il limite étroitement l'action de la Communauté aux compétences et aux objectifs fixés par le Traité, et commande qu'elle n'intervienne que là où les États membres, agissant seuls, ne sont pas

à même d'obtenir des résultats suffisants. Son mode de fonctionnement est amélioré, rendu plus efficace et plus démocratique. Le Parlement européen se voit notamment reconnaître le droit d'investir la Commission.

Les textes des traités de Paris, créant la *Communauté européenne du charbon et de l'acier (CECA), et de Rome, créant la Communauté européenne de l'énergie atomique (EURATOM), sont adaptés aux nouvelles règles institutionnelles.

Au total, le traité de Maastricht marque une étape importante dans le processus de construction européenne entamé le 9 mai 1950 par la déclaration Schuman qui conduisait à la création de la Communauté européenne du charbon et de l'acier. L'ambition, politique dès l'origine, est clairement réaffirmée, même si le débat a été évité sur la nature exacte de l'objectif final d'une *« union sans cesse plus étroite entre les peuples de l'Europe »* mais qui *« respecte l'identité nationale de ses États membres ».*

Le chemin qui reste à accomplir n'en est pas moins considérable. Déjà la ratification du Traité a été plus longue que prévue, retardant son entrée en vigueur de près d'un an, mais surtout faisant apparaître une désaffection croissante des citoyens des pays membres à l'égard d'une entreprise dont l'architecture est complexe et novatrice par rapport aux schémas qui fondent les raisonnements habituels dans un cadre national (les électeurs danois consultés par référendum ont dû s'y reprendre à deux fois pour approuver la ratification du traité ; et la Cour constitutionnelle allemande a délibéré plus de six mois avant de déclarer, dans un avis de 85 pages, le texte du Traité conforme à la constitution de la République fédérale). La mise en œuvre, qui s'étalera sur plusieurs années, exigera de la part des institutions communautaires comme des États membres volonté politique et persévérance ; d'autant plus qu'elle devra être menée de front avec les élargissements et l'approfondissement pour lesquels les rendez-vous ont déjà été pris. Les négociations ouvertes avec l'Autriche, la Finlande, la Suède et la Norvège ont conduit à l'adhésion des trois premiers dès 1995. Plusieurs pays méditerranéens, dont la Turquie, déjà associés à la Communauté, ont déclaré leur candidature. Les pays d'Europe centrale et orientale qui ont retrouvé leur liberté d'action avec l'effondrement de l'Empire soviétique souhaitent reprendre leur place dans le concert européen et donc être le plus rapidement possible intégrés à l'Union. L'accroissement du nombre des États membres demandera une adaptation des règles institutionnelles sans laquelle le fonctionnement de l'Union sera compromis. Déjà, dans le Traité de Maastricht lui-même, est inscrit le principe de sa révision dans le but d'assurer « l'efficacité des mécanismes et institutions communautaires » dans le cadre d'une conférence des États membres, tenue en 1996, pour procéder à cette mise à jour.

Voir Union européenne.

Transférabilité

Voir Clearing, Convertibilité, COMECON.

Transfert (opérations de)

a : *Transfer payments* – **d** : *Transferzahlugen* – **e** : *Operaciones de transferencia*

*Comptabilité nationale : Opérations de *répartition, prenant la forme d'un versement effectué par un agent économique à un autre agent économique, sans contrepartie apparente et directe, et dans un but social ou économique.*

Sont ainsi classés parmi les transferts les prestations d'assistance, les subventions, les dommages de guerre et les dépenses de coopération internationale. Les transferts apparaissent comme des opérations de redistribution des revenus.

Finances publiques :

• *Opérations de transfert : Ensemble constitué pour l'essentiel par les allocations ou subventions accordées par l'État et les intérêts de la dette.* Ces opérations représentaient en France, en 1973, près de 71 milliards, soit 33 % des charges budgétaires. L'action sociale (assistance et solidarité, prestations sociales agricoles, prévoyance sociale) concerne 48 % du total des opérations de transfert ; les subventions en représentent 31 %. Le solde se ventile entre le service de la dette (7 %), les transferts internationaux (9 %), l'aide aux collectivités et des opérations diverses.

• *Transfert de crédit : Modification apportée à l'affectation d'un crédit budgétaire impliquant un changement du service bénéficiaire, et donc généralement de la nature de la dépense.*

Voir Virement.

Transformation

a : *Maturity transformation* – **d** : *Fristentransformation* – **e** : *Transformación*

*Crédit : Opérations de *remploi à moyen et long terme par des intermédiaires financiers collectant des épargnes liquides ou des dépôts à vue.*

Notion : Ce terme n'est pas sans évoquer l'alchimie qui devait transformer le plomb en or ; la transformation de la nature des capitaux par les banques est cependant leur fonction naturelle : les fonds déposés à vue, compte tenu de leur répartition et de leur stabilité moyenne, sont utilisés en crédits à court terme. Mais l'immobilisation des capitaux déposés à vue dans des emplois à long terme met en péril la *liquidité des banques, c'est-à-dire leur aptitude à faire face à des retraits importants de la part des déposants. Aussi les règles traditionnelles dans la gestion des banques de dépôts en France depuis la fin du XIXe siècle font-elles obstacle à des opérations de placement en valeurs mobilières à revenu fixe et de crédit à long terme ; et c'est seulement la stimulation tenant à la possibilité nouvelle de mobiliser les prêts à moyen terme qui depuis 1944 a conduit les banques à développer les concours pouvant atteindre cinq ans.

Un financement à long terme restait à assurer ; or, ceux qui ont une épargne nette à placer désirent souvent acheter des créances qui ne correspondent pas à la forme et à la durée des *titres que les agents ayant un besoin de financement sont disposés à leur vendre : ainsi les ménages ont une préférence accrue pour les emplois liquides, mais les entreprises, pour investir, recherchent des capitaux à long terme. Cette situation est à l'origine d'un développement de la transformation qui, en France, depuis vingt ans a été largement assurée par deux *intermédiaires financiers pour lesquels les risques étaient moindres :

– la *Caisse des dépôts et consignations, utilisant en particulier les ressources des caisses d'épargne en placements, en prêt aux collectivités locales, en prêts à la construction de logements sociaux ;

– le *Trésor, utilisant les ressources de trésorerie à court terme, fournies par les bons du Trésor et les dépôts, aux chèques postaux notamment, pour les opérations de prêt non couvertes par un excédent des ressources budgétaires et par les emprunts à long terme.

La nature des ressources utilisées (stabilité des dépôts des caisses d'épargne) ou de l'organisme transformateur (le Trésor avec le recours ultime à l'institut d'émission) a éliminé les risques qui pèsent sur les banques de dépôts, mais l'insuffisance permanente de l'épargne à long terme et le désir de réduire le rôle bancaire du Trésor ont conduit à souhaiter voir ce dernier relayé par les banques.

C'est dans ces conditions que le phénomène de la transformation, jusque-là mal identifié, a été défini, analysé et mesuré en France lors des travaux préparatoires au Ve Plan : il est apparu que la transformation tenait une place considérable à l'étranger dans le financement des investissements ; cette place est d'ailleurs difficile à mesurer lorsque les avances et découverts accordés par les banques sont en fait immobilisés durablement.

En moyenne, la transformation aurait satisfait pendant les années 60 les besoins de capitaux à long terme dans la proportion de 50 % aux États-Unis, moins de 30 % en République fédérale d'Allemagne, 20 %

en Grande-Bretagne mais plus de 60 % en France malgré la réserve des banques : compte tenu de l'*autofinancement, la part de la transformation dans le financement de la *formation brute de capital fixe comporte le même ordre de classement : 18 % aux États-Unis, 8,2 % en RFA, 6,5 % en Grande-Bretagne mais 22 % en France.

Modalités : La transformation, telle qu'elle peut être mesurée dans ces pays, est le fait :

– des institutions d'épargne qui collectent des ressources d'épargne liquide assez stables, qu'elles soient à vue, à terme ou à préavis : leur vocation même, en fonction de la rentabilité qu'elles doivent tirer de leurs emplois, les conduit à « transformer » plus de 80 % de leurs ressources. Elles fournissent en permanence plus de la moitié de la transformation totale (70 % en RFA).

Suivant les règles propres à chaque catégorie d'institutions, la transformation se traduit par octroi de prêts hypothécaires au logement (activité principale de « building societies » anglaises et des « savings and loans associations » américaines, mais aussi des caisses d'épargne allemandes) ; de prêts aux entreprises (qui forment le quart de l'actif des caisses d'épargne allemandes) ; d'achat d'obligations (départements spéciaux des « trustee savings banks » anglaises) ; de prêts aux collectivités locales :

– des banques commerciales, qui tirent plus de la moitié de leurs ressources des dépôts à terme et des dépôts d'épargne à vue en RFA comme aux États-Unis. Aussi peuvent-elles faire des prêts à moyen et long terme aux entreprises, voire aux collectivités locales en RFA ; les banques commerciales américaines emploient aussi le quart de leurs ressources en obligations. Dans ces deux pays, plus de la moitié des emplois est réalisée en prêts ou valeurs à moyen et long terme ; c'est en période d'expansion que les banques américaines développent la transformation. La mesure du phénomène ferait apparaître en Grande-Bretagne une réduction du volume de la transformation sans doute due au caractère imprécis de la comptabilisation des crédits, les avances à court terme y étant largement immobilisées dans la pratique ;

– du Trésor qui, dans les pays anglo-saxons, est un transformateur occasionnel dont l'intervention est fonction de la conjoncture, de la politique monétaire, de l'action des banques commerciales. Il collecte des dépôts, par les postes ou par les caisses d'épargne (en Grande-Bretagne), ou émet des bons du Trésor dans le public et surtout auprès du système bancaire. Il prête à long terme : en Grande-Bretagne aux collectivités locales et aux entreprises publiques principalement ; aux États-Unis à des institutions de crédit social aidant l'agriculture et aux petites entreprises, ainsi qu'à l'étranger. Lorsque ces prêts à long terme ne sont pas couverts par les excédents des opérations budgétaires et les emprunts à long terme du Trésor, il y a transformation par le Trésor : elle était nulle en RFA pendant la période considérée, forte en Grande-Bretagne pendant les périodes de reprise (dépassant la moitié du financement des prêts publics à long terme), très importantes aux États-Unis (jusqu'à couvrir la totalité de l'accroissement des prêts à long terme en 1960 et en 1961), durant les périodes où les banques transforment peu et où le Trésor s'efforce de limiter son appel aux ressources du marché financier pour ne pas exercer une pression vers la hausse des taux.

En France :

• L'activité de transformation des banques paraît devoir être liée :

– à l'accroissement de leurs ressources constituées d'épargne liquide à l'exemple des banques étrangères de telle sorte que le souci de liquidité devient moins impérieux mais que la recherche d'emplois plus rentables s'impose ;

– à la possibilité de mobiliser leurs créances à moyen et long terme sur le marché sans risque de perte en capital (risque qui existe sur le marché financier), ce qui conduit à envisager des méthodes de mobilisation des prêts, de négociation, de *refinancement ultime à la *banque centrale et d'assurance des crédits.

• Les premières mesures prises en vue de développer la transformation à partir du Ve Plan ont comporté :

– un allongement à sept ans de la durée des crédits à moyen terme réescomptables (avec faculté de mobilisation auprès de la Banque de France réduite à la part de ces crédits arrivée à moins de trois ans de leur échéance) ;

– l'encouragement à l'allongement des prêts non réescomptables pour le logement par l'organisation d'une possibilité de mobilisation sur le *marché hypothécaire ;

– une réforme des taux d'intérêt créditeurs avec égalisation des conditions de la concurrence entre les banques et les autres collecteurs d'épargne pour permettre aux banques d'accroître la part de leurs ressources constituée d'épargne liquide ;

– un assouplissement de la distinction des banques de dépôts et des banques d'affaires, celles-ci étant plus naturellement portées aux emplois longs.

Il restait à faire la preuve que l'activité transformatrice des banques se développerait à proportion de leur part accrue dans la collecte des ressources stables, sans que la concurrence ainsi faite au circuit caisses d'épargne-Caisse des dépôts et consignations affecte la capacité de cette dernière à jouer son rôle de transformateur : la « débudgétisation » poursuivie depuis plusieurs années, qui s'est traduite par la réduction du rôle de transformateur du Trésor, impose en effet à la Caisse des dépôts la charge d'un volume de prêts croissant. Ce résultat a été progressivement atteint. Mais le bien-fondé du retrait relatif du Trésor reste controversé.

Transit

a : *Transit* – **d** : *Transit* – **e** : *Tránsito*

---

*Circulation, entre deux bureaux de douane d'un même territoire, d'une marchandise qui n'a pas satisfait à l'ensemble des obligations qui lui incombent au regard de la loi douanière. Par extension : *Régime douanier applicable à cette situation.*

L'existence de frontières et les obstacles qu'elles dressent sur les voies de communication ont contraint de longue date les gouvernements à rechercher des solutions qui permettent la circulation des marchandises étrangères, à travers leur territoire, d'une frontière à l'autre. Outre l'intérêt évident qui en résulte pour la communauté internationale, ces opérations apportent des avantages au pays traversé, par les recettes de transports et autres services qu'elles procurent.
D'autre part, les réglementations favorisant les *entrepôts supposent la possibilité d'un transfert des marchandises d'un entrepôt à un autre ou d'un entrepôt vers l'étranger, sans que le bénéfice du régime douanier particulier qui leur est consenti soit remis en cause et requière par conséquent une réglementation spéciale.
Enfin, le caractère contraignant des frontières physiques est de moins en moins supportable face au développement du commerce extérieur ; la multiplication des bureaux de douanes intérieurs destinés à repousser les opérations de dédouanement des marchandises importées le plus près possible de leur destination définitive, ou au contraire à permettre l'exécution des formalités d'exportation à proximité des lieux de production, a donc été rendue nécessaire. Dès lors, il fallait que des régimes douaniers spéciaux soient conçus, applicables aux marchandises circulant entre la frontière et les bureaux de douane où sont effectuées les formalités douanières.
Les régimes douaniers créés pour satisfaire ces trois catégories de besoins (transit international, transfert d'entrepôt, transit intérieur) présentent des caractéristiques communes, bien que les différences subsistent suivant le mode de transport, la situation des marchandises et les points extrêmes du trajet. Le souci premier de l'administration est en effet de prévenir toute tentative d'utilisation frauduleuse des facilités accordées — les marchandises circulant en suspension de droits et taxes ne doivent pas être mises à la consommation directement —, tout en évitant que des procédures trop lourdes en limitent le bénéfice.
Les risques de fraude inhérents à ces systèmes sont considérablement réduits par les mesures de contrôle prévues par la législation et les garanties imposées pour que les régimes puissent être accordés. Les marchandises circulent sous le couvert de documents ; les wagons, camions ou containers sont plombés ; une caution est versée par les expéditeurs et transporteurs. Dans le cas d'un transport par chemin de

fer, le transporteur ayant, en Europe au moins, un caractère officiel est dispensé de tout dépôt de garantie. Pour les transports par route, une convention internationale a été signée en 1949 à Genève, par les principaux pays européens, qui permet la circulation des marchandises sous couvert de carnets TIR (transit international routier) délivrés dans chaque pays membre par des associations accréditées qui s'engagent solidairement avec les associations des pays voisins.
Au sein de la Communauté européenne, de nouveaux progrès ont pu être réalisés, grâce à la procédure du *transit communautaire*, entrée en vigueur le 1er janvier 1970. Depuis cette date, ce régime, qui comporte des formalités simplifiées et la suppression des contrôles aux frontières, s'est appliqué de plein droit aux transports par fer d'un point à un autre de la Communauté européenne et à titre facultatif aux transports par route (pendant une période transitoire dont le terme était fixé au 31 décembre 1973, date à laquelle il s'est appliqué à tous les transports intérieurs à la Communauté) et aux transports qui se terminent à l'extérieur de la Communauté.

Transparence fiscale

a : *Taxation transparency* – **d** : *Steuerliche Transparenz* – **e** : *Transparencia fiscal*

Situation dans laquelle, du point de vue fiscal, une personne morale ne fait pas écran entre l'État et ses membres.

Dans un régime de ce type, la personne morale échappe à l'impôt sur les sociétés, les membres étant soumis directement à l'impôt sur le revenu issu de l'appartenance à cette personne morale. Sont notamment concernés, en France, les groupements d'intérêt économique, les sociétés d'investissement et certaines sociétés de construction immobilière.

Trend

a : *Trend* – **d** : *Trend/Langfristige Entwicklung* – **e** : *Trend/Tendencia fundamental*

Statistique : Tendance fondamentale (traduction française proposée).

Le terme anglo-saxon *trend* est d'un usage international dans le domaine statistique.
Il désigne les mouvements de longue durée que l'on peut observer et mesurer dans l'évolution d'un phénomène économique, indépendamment

des fluctuations occasionnelles qui l'affectent sur la courte période, du fait d'événements particuliers (accidents, mouvements saisonniers...).
Le terme est synonyme de *tendance. Cependant, alors que la notion de *trend* désigne exclusivement le mouvement de longue durée, celle de tendance peut être également employée pour caractériser une évolution conjoncturelle.

Voir Chronologique (série).

Trésor

a : *Treasury* – **d** : *Staatskasse* – **e** : *Tesorería*

A la fois le service financier qui assume la fonction de trésorier des services de l'État, et l'État en tant qu'agent exécutant des opérations financières.

Les difficultés rencontrées pour définir le rôle et les limites du Trésor tiennent à ce que le mot recouvre une fonction tout en désignant un organe administratif : comme toute institution, il présente donc des caractères très différents selon l'organisation administrative et financière du pays. En tant que service, il remplit une des fonctions qui sont celles du ministère des Finances au sein de l'ensemble des services de l'État ; mais les limites de sa fonction peuvent être étendues jusqu'à l'ensemble du ministère (la « Treasury » des pays anglo-saxons s'apparente au ministère des Finances français tout entier).

Le Trésor est chargé de l'exécution des opérations financières de l'État :
C'est-à-dire de tous les paiements et de toutes les recettes d'une personne morale ; son rôle n'est pas différent en ce sens de celui de tout service chargé de la même fonction dans une collectivité publique ou privée.
Son origine se trouve d'ailleurs dans la gestion du trésor du souverain à l'époque où la confusion existait entre le patrimoine personnel du titulaire du pouvoir et celui de l'État. Mais il ne s'est affirmé qu'au XIXe siècle, lorsque l'unité de la caisse a été réalisée dans l'ensemble des administrations de l'État.
Cette fonction s'est cependant étendue, compliquée, diversifiée sur le plan administratif ; elle se traduit par la division et la déconcentration des services qui en sont chargés (dans le ministère de l'Économie et des Finances en France, la Direction du Trésor héritière de la Direction du mouvement général des fonds, la Direction de la comptabilité publique qui centralise les opérations du réseau des comptables publics, la Direction de la dette publique qui gère matériellement celle-ci et en assure la comptabilité, la Direction générale des impôts qui perçoit certaines recettes). La fonction comporte :

• l'exécution des opérations du budget : réalisation des recettes et des paiements correspondants, comptabilité de l'exécution, gestion des disponibilités ;

• la recherche des moyens d'ajuster constamment dans le temps et dans l'espace les recettes et les dépenses ; cette fonction est la gestion de la trésorerie au sens étroit.

Le Trésor est un banquier :

• Il est au centre du réseau financier comprenant un grand nombre de satellites et de correspondants. Cela est vrai notamment dans le système français, fondé sur une centralisation qui ne se retrouve pas à l'étranger ; notamment, dans les États fédéraux, les opérations des collectivités locales sont exécutées par les comptables du Trésor et leur trésorerie est mise au service de la trésorerie de l'État, qui lui apporte éventuellement des concours. Il en est de même pour les budgets annexes et les établissements publics à caractère administratif.
C'est à la fois pour l'exécution de la loi de finances un apport de ressources permanentes par les dépôts de ces organismes, et un circuit autonome de règlement par virements du fait de l'importance des opérations entre l'État et ces organismes.

• Le Trésor reçoit aussi des dépôts du public (particuliers et entreprises), entrant ainsi en concurrence avec le système bancaire, en vue d'obtenir plus aisément la couverture de ses besoins propres. Les dépôts en *liquidités sont recueillis par le service des chèques postaux et les comptables du Trésor (fonds particuliers) : le réseau des règlements par le circuit du Trésor s'en trouve élargi aux opérations propres du Trésor et de ses correspondants dont la contrepartie s'inscrit à ces comptes (dépenses publiques, règlement d'impôts...) et aux opérations faisant jouer entre eux ces divers comptes de dépôts. La part du Trésor dans la collecte de l'épargne liquide apparaît aussi considérable : *bons du Trésor, dépôts à terme au service des fonds particuliers, et même dans le système français dépôts à vue en compte d'épargne dans les caisses d'épargne.

• Le Trésor est prêteur : comme en Grande-Bretagne, le Trésor français met son crédit à la disposition des emprunteurs soit en leur proposant sa garantie (crédit par signature), soit même en empruntant sur le marché des capitaux qu'il leur offre ensuite en leur faisant bénéficier des conditions meilleures qu'il obtient, mais aussi d'avantages supplémentaires par des bonifications d'intérêt à la charge du budget. Il peut, dans des conditions de sécurité supérieures à celles des banques et dans un contexte moins dépendant de la conjoncture, réaliser la *transformation de ressources à court terme en emplois à long terme.

• Le Trésor joue le rôle de banque d'affaires : il gère les participations de l'État dans les sociétés d'économie mixte.

• Parce qu'il gère des dépôts, le Trésor participe à la création monétaire : entre les divers comptes circule une « monnaie » distincte de la monnaie de banque. La conversion de l'une dans l'autre par

l'intermédiaire de leurs comptes courants à la *banque centrale est un élément déterminant de la liquidité des banques, réduite dans les périodes où les recettes du Trésor et de ses satellites l'emportent sur les dépenses, accrue quand les règlements entre les deux réseaux laissent un solde positif au profit du compte courant des banques.
Cette activité du Trésor se trouve reconnue par la place particulière qui lui est faite dans la comptabilité nationale : dans le *tableau des opérations financières, sa situation est isolée de celle des autres administrations ; l'État est, de ce point de vue, rapproché des institutions financières avec lesquelles il constitue la catégorie des intermédiaires financiers.

Trésorerie (coefficients ou ratios de)

a : *Liquidity ratios* – **d** : *Liquiditätsgrade* – **e** : *Coeficientes de tesorería*

Ratios mettant en évidence, à partir du *bilan d'une entreprise, la relation existant entre les engagements à court terme et les actifs réalisables et disponibles qui permettent d'y faire face.

Les engagements à court terme recensés au passif à un moment donné doivent être couverts par les *valeurs disponibles complétées par les valeurs réalisables à court terme figurant les unes et les autres à l'*actif. La capacité de faire face aux dettes à court terme, sans recourir à la liquidation des immobilisations ou des stocks qui sont nécessaires à la vie de l'entreprise, peut être envisagée de deux manières.

En retenant les seules valeurs disponibles : C'est la *ratio de trésorerie immédiate* ou *de *liquidité immédiate,* ou ratio des disponibilités. Le rapport se calcule ainsi :

- au numérateur : les valeurs disponibles (en caisse, en banque, aux chèques postaux ; ainsi que les chèques et coupons à encaisser et certains titres de placement immédiatement réalisables) ;
- au dénominateur : les dettes à court terme, diminuées des avances et acomptes reçus des clients sur travaux ou produits en cours, c'est-à-dire des dettes dont l'extinction sera réalisée par une prestation et non par appel à la trésorerie de l'entreprise.

Il ne devrait jamais être supérieur à 1 : au-delà, il traduit une mauvaise affectation des ressources, c'est-à-dire des capitaux disponibles peu ou pas rémunérés en excédent des besoins prévisibles. Les dettes à court terme ne sont pas toutes exigibles : aussi leur contrepartie peut-elle être partiellement attendue de la réalisation de certaines valeurs.

En ajoutant aux valeurs disponibles les valeurs réalisables à court terme, c'est-à-dire les créances à court terme : On obtient la *ratio de trésorerie* ou *de liquidité relative.* Le rapport se calcule ainsi :

• au numérateur : les valeurs disponibles, et les valeurs réalisables à court terme ; non compris les valeurs engagées dans l'exploitation, c'est-à-dire les stocks et, par similitude, les avances et acomptes versés aux fournisseurs en anticipation sur la livraison des marchandises destinées à s'inscrire parmi les stocks ;

• au dénominateur : les dettes à court terme diminuées comme dans le rapport précédent des avances et acomptes reçus des clients.

Un rapport égal à 1 indique une capacité théorique de faire face aux échéances sans vendre les stocks ; mais l'utilisation des stocks et les ventes constituent l'objet de l'activité de l'entreprise et engendrent un flux de recettes plus ou moins régulier : c'est donc l'évolution de cette ratio, et non son niveau, qui donnera une indication valable sur la situation de trésorerie. Elle devra être interprétée par l'analyse des postes « clients » (clients et effets à recevoir) parmi les valeurs réalisables pour voir quels sont les risques qui peuvent affecter leur réalisation, par l'examen de la politique de financement des crédits accordés à la clientèle (utilisation de l'escompte qui extrait du bilan les créances cédées, et recours au *crédit de mobilisation des créances commerciales), enfin par l'examen du financement bancaire à court terme et de son emploi.

Troc

a : *Barter* – **d** : *Tauschhandel* – **e** : *Trueque*

Échange direct d'un bien contre un autre bien.

Si le détour monétaire est à peu près universel, le troc, technique la plus ancienne du négoce, conserve une place non négligeable dans les relations économiques internationales.

La grande crise, puis la guerre ont contraint les gouvernements, dominés par des préoccupations politiques et militaires, à renoncer à la *convertibilité des monnaies et à contrôler étroitement le commerce extérieur. Dans ces conditions, pour pallier les insuffisances des arrangements bilatéraux classiques — accords commerciaux et accords de *clearing —, de véritables accords de troc ont dû être signés. Sous la tutelle des États, la compensation des importations par les exportations était organisée, opération par opération ou pour un ensemble de transactions dont l'équilibre était imposé au cours d'une période donnée. Les plus élaborées de ces conventions établissaient des plans d'échanges entre deux pays fondés sur des prévisions d'achats et de ventes. Dès les années 50, ces expédients étaient peu à peu abandonnés et ils ne conservent plus aujourd'hui qu'un intérêt historique.

Le recours à de telles pratiques ne disparaissait pas pour autant. Au sein du *Comecon, les obstacles résultant, pour le commerce extérieur, de planifications nationales rigides et de systèmes de prix conçus uniquement en fonction des besoins du marché intérieur n'ont pu être surmontés que par des accords bilatéraux dont le caractère de troc s'est atténué sans être totalement éliminé. Les efforts entrepris depuis 1955 pour promouvoir l'intégration des économies socialistes par le rapprochement des divers plans nationaux, et depuis 1965 pour atteindre à un certain *multilatéralisme des paiements, se heurtent encore à de profondes résistances. Par ailleurs, les relations des pays industriels avec les pays en voie de développement ou les pays de l'Est sont organisées dans un cadre bilatéral, ce qui conduit à la conclusion d'arrangements commerciaux souvent difficiles à distinguer du troc. Quant au commerce entre pays du Tiers Monde, il ne dépasse que rarement le stade du troc des excédents.

Mais le plus étonnant est de constater que des mécanismes privés de troc se sont développés, auxquels participent des groupes industriels importants. La situation paradoxale de nombreux pays producteurs de matières premières explique ce phénomène. Disposant de surplus de matières premières (notamment de produits agricoles dont les quantités exportables varient considérablement d'une année à l'autre en fonction des conditions climatiques), ils recherchent des débouchés que ne peuvent assurer les circuits commerciaux traditionnels. La mauvaise adaptation des accords bilatéraux aggrave encore la difficulté, les *contingents qui sont ouverts par les partenaires ne coïncidant pas avec la demande ne peuvent être utilisés ou au contraire sont rapidement épuisés. Parallèlement, le manque de devises freine leurs possibilités d'achat des produits industriels dont ils ont grand besoin. Pour sortir de cette impasse, un intermédiaire — banquier ou courtier — recherche un vendeur de produits industriels qui, afin d'élargir son marché, est prêt à accepter des matières premières en règlement d'une fraction au moins de ses livraisons. Comme personne ne songerait à échanger brutalement des tracteurs contre du cacao, deux contrats sont signés, l'un pour la vente des produits manufacturés, l'autre pour celle des produits bruts ; juridiquement, ils sont dépourvus de liens, mais ils sont simultanés. Généralement, l'industriel ne se porte pas lui-même acquéreur des matières premières, mais il garantit le courtier contre le risque de perte lors de la revente. Ces opérations mettent en jeu des sommes importantes, même s'il est rare qu'elles portent sur la totalité d'un marché. Difficiles à mener à bien, d'autant qu'elles peuvent être compliquées par l'intervention de partenaires supplémentaires, elles exigent, pour être montées, l'intervention de spécialistes rémunérés à la commission.

En l'absence d'une réforme profonde du *système monétaire international et d'une réorganisation des marchés mondiaux de produits primaires qui tiendraient compte des besoins des pays producteurs, il est peu probable que l'expansion de ce type de transactions comportant une part plus ou moins grande de troc puisse être évitée. Malgré les inconvénients qu'elles présentent, notamment par leur rigidité, ces méthodes offrent l'avantage irremplaçable de permettre des échanges qui ne pourraient se faire autrement.

Voir Bilatéralisme.

Trust

a : *Trust* – **d** : *Trust* – **e** : *Trust*

Forme de concentration conduisant à la constitution d'un groupe d'entreprises soumis à une unité de direction. (Mot anglais signifiant entente.*)*

Si le langage courant assimile souvent l'*entente et le trust, celui-ci n'apparaît en fait que dès lors que l'entente débouche sur une structure intégrée d'entreprises. Sa forme parfaite est celle d'un groupe disposant d'un *état-major qui, par le jeu des détentions d'actions personnelles ou par le truchement d'une maison mère, contrôle l'ensemble des unités de production concernées. Les trusts, en économie capitaliste, se constituent par *fusion, absorption, prise de contrôle. On parle de trust *horizontal* lorsqu'il regroupe des firmes ayant le même objet, de trust *vertical* lorsque les activités réunies ont un caractère complémentaire (exemples, sidérurgie et métallurgie). Pour essayer d'enrayer le développement du gigantisme industriel et de combattre les comportements de *monopole, certains États capitalistes ont adopté une législation antitrust (*voir* Entente). Généralement timide et vague, elle n'oppose qu'un faible obstacle à la concentration, dont l'essor des firmes multinationales illustre les nouveaux développements.
Les trusts existent également dans les pays socialistes où le terme désigne un groupe d'entreprises soumis à une même direction. L'évolution des récentes années, marquée par la tendance à la déconcentration du pouvoir de décision, tend cependant à limiter la constitution d'ensembles trop vastes et trop intégrés.

Voir Concentration, Entente, Holding, Cartel.

Trust, trustee

a : *Trust/Trustee* – **d** : *Treuhand/Treuhänder* – **e** : *Trust/Trustee*

Relation légale ou contractuelle par laquelle une personne (le trustee) est investie de la propriété d'une chose sous condition de la gérer au bénéfice d'une autre personne (le bénéficiaire).

Principes et origines

Le trust tire son origine d'une institution légale appelée « use », apparue en Angleterre au XIe siècle. Celle-ci permettait de confier à une personne le titre et la gestion d'une propriété, à charge pour elle de faire bénéficier d'autres personnes des résultats de cette gestion. Cette formule permettait notamment de garantir les créanciers d'un propriétaire prodigue, de moraliser le comportement économique et financier des landlords (grands propriétaires fonciers) et de faire bénéficier les institutions religieuses des fruits de la gestion de propriétés qu'il leur était interdit de posséder directement. Un « Statute of Uses » codifie ces usages en 1535, et la terminologie de « trust » apparaît peu après. Cette formule, qui n'a *aucun équivalent exact en droit romain et en droit français,* prend ensuite une grande extension en Grande-Bretagne et aux États-Unis et fait l'objet de textes divers, dont notamment le « Charitable Trust Act » de 1853 en Grande-Bretagne et le « Trustee Act » de 1925 aux États-Unis. Les textes américains sont regroupés dans un document d'ensemble, le *Restatement of Trust* (1935-1957), publié par l'« American Law Institute ». Il n'a pas de valeur légale directe, mais exerce une grande influence sur la coutume et la jurisprudence.

Formes

Les trusts sont traditionnellement classés selon deux critères.

Quant à leur mode de création :

• Le trust est dit *exprès* lorsque son fondateur a explicitement traduit son intention d'en créer un (c'est notamment le cas pour le « living trust » fondé par une personne vivante).

• Il est dit *résultant* (ou « de fait ») lorsque l'intention est inexprimée, mais présumée telle par les tribunaux (cas d'un défunt).

• Il est dit *constructif* lorsqu'il est créé par les tribunaux pour faire face à une situation créée par un accident, un délit ou un crime (exemple d'un fils héritier par parricide, privé des fruits de la propriété au profit d'autres héritiers...).

Quant à leur objet :

On distingue le *trust privé,* dont les bénéficiaires sont des personnes dénommées. Cette catégorie peut se subdiviser elle-même en « trust individuel » *(personal)* et « collectif » *(corporate)* ; cette dernière forme connaissant un développement très important grâce à la forme doublement sociétaire des bénéficiaires et du trustee (voir ci-après Trust company) ;

• et le *trust charitable,* à objectif d'intérêt général (lutte contre la pauvreté, promotion de l'éducation, de la morale, etc.).

Structure et fonctionnement

• Quelle que soit sa catégorie, un trust comporte toujours les éléments caractéristiques suivants.

Le settlor (constituant, fondateur) : C'est la personne qui détient la propriété d'un patrimoine et qui a l'initiative de création du trust.

La trust property (propriété, patrimoine mis en trust) : Il ne peut y avoir de trust sans propriété identifiée, quelle qu'en soit la consistance (marchandises, stocks, *titres, hypothèques, *créances, police d'assurance, crédit en banque, etc.).

Le trustee (administrateur, curateur) : C'est l'élément principal du trust. A défaut de désignation par le fondateur, il peut être choisi par un tribunal parmi les personnes « dignes de la confiance du settlor » (*to trust :* se fier à). La fonction de trustee peut être assumée par une ou plusieurs personnes ; elle l'est de plus en plus par des organismes de trustee spécialisés. Le ou les trustees déposent *caution pour garantie de leur responsabilité.

Le beneficiary (bénéficiaire) ou les bénéficiaires : Personnes physiques ou morales identifiées au profit de qui le trust est géré. (Dans certains cas, les droits et privilèges attachés à ce revenu, ou « bénéfice », l'emportent sur les droits des créanciers du trust eux-mêmes : « spendthrift trust » aux États-Unis, « protective trust » en Grande-Bretagne.)
Les trusts charitables n'ont bien entendu pas de bénéficiaires dénommés, mais leur conformité à leur objet est contrôlée.

• La situation et le rôle du trustee.

Obligations : Aux termes de la coutume anglo-saxonne, il a pour obligations principales de présenter moralité, compétence juridique et capacité à gérer le trust, loyauté, désintéressement, adhésion complète à l'intérêt des bénéficiaires ; de jouir d'une investiture explicite et claire (settlor ou tribunal) ; d'appliquer sa diligence à protéger et à faire fructifier le trust dans le cadre des lois et des obligations du contrat ; de tenir comptabilité, inventaire et situations du trust, de les communiquer aux bénéficiaires et aux tribunaux ; de payer régulièrement les revenus aux bénéficiaires et les taxes à la collectivité publique.

Responsabilités : Le trustee est investi de très larges responsabilités pour la gestion du trust : pouvoir de vendre, d'investir, de collecter et de distribuer le revenu, d'administrer l'ensemble du patrimoine, sous sa responsabilité (qui peut être mise en jeu en cas d'erreur ou de faute). En *contrepartie,* il reçoit une rémunération généralement indexée sur les résultats de sa gestion (aux États-Unis, les corporate trusts proposent des tarifs préétablis).

Le choix des investissements : Opérés pour le compte du trust, ils peuvent être soumis cependant à certaines règles : certains trusts à but conservatoire ne peuvent investir que dans les valeurs d'État ou des hypothèques de premier rang ; d'autres doivent conformer leurs choix à une liste d'investissements prédéterminée par le contrat ; mais d'une manière générale, les investissements suivent de plus en plus la règle dite de « l'homme avisé », consacrée par la coutume, la jurisprudence et les contrats (les investissements sont ceux que choisirait normalement un « administrateur avisé »), ce qui confère une grande souplesse à leur gestion. C'est notamment le cas des « Common Trust Funds » aux États-Unis, qui répartissent sur un éventail de valeurs les investissements opérés grâce au groupement des fonds de plusieurs trusts (*voir* Fonds commun de placement, Investissement — société d').

Trust company

La trust company illustre précisément cette version sociétaire de la formule du trust et du trustee : c'est « une société administrant des trusts et assurant la gestion de patrimoines et d'investissements pour le compte d'individus, de collectivités, de sociétés ou d'institutions sous le contrôle de la loi ». Elle peut également (c'est le cas général) exercer des activités bancaires et d'épargne ou de prévoyance (*savings,* ou sociétés d'épargne collective). Elle agit comme mandataire de ses clients, c'est-à-dire dans l'intérêt d'une autre personne qu'elle-même.

Origine et développement : Au début du XIXe siècle, aux États-Unis, les fonctions de prévoyance étaient essentiellement le fait de cinq compagnies d'*assurances ; mais avec l'enrichissement général, la fonction de gestion de patrimoine est devenue progressivement prépondérante. Les « trust companies », au nombre d'une cinquantaine en 1850, connaissent un développement rapide, surtout après le « National Banking Act » de 1863 (qui affaiblit les banques des États). Ces compagnies étendent leurs activités à des opérations bancaires et financières. Les plaintes des banquiers (inégalités de taxation, utilisation des services de *compensation des banques, contrôle insuffisant) aboutissent à une réglementation spécifique en 1906, puis à une réglementation *commune* avec celle des banques en 1908. Le Federal Reserve Act de 1913 permet aux banques de faire toute opération de trust, et aux trust companies d'adhérer au *Federal Reserve System. Aujourd'hui, 30 à 40 % de la fortune nationale américaine sont détenus ou gérés par des trust companies. *En France,* les institutions dont la structure et l'objet sont le moins éloignés des trust companies sont les *fonds communs de placement et les sociétés d'*investissement. Le développement de ce type de formule est lié à l'extension de l'*épargne et à la nécessité actuelle, pour la gestion satisfaisante d'un portefeuille de valeurs, d'opérer une assez large répartition des risques (assortiment de valeurs) même pour un placement d'un montant limité. Or ces conditions ne peuvent être réunies que par la mise en commun de patrimoines, gérés eux-mêmes comme un ensemble indivis par un spécialiste avisé (l'équivalent du trustee).

Fonctionnement :

• La *création* d'une trust company est subordonnée à autorisation de l'État fédéré ou du gouvernement fédéral (selon son domaine géographique d'activité) et à l'obtention d'une licence d'exercer délivrée, pour les banques fédérales, par le « Board of Governors » du Federal Reserve System ; la trust company doit posséder un capital minimal, des *réserves obligatoires ou effectuer un dépôt de garantie.

• Les *services rendus* sont de trois ordres : distribution de patrimoine ou de revenus ; sauvegarde et administration de patrimoine ; gestion financière complexe de patrimoines collectifs. Dans les formes de trust properties dites « personal trusts », ou trusts individuels, les deux premières catégories de fonctions sont principalement exercées (gardiennage, administration de biens, gestion au bénéfice d'un incapable, administration d'héritage). Dans les formes dites « corporate trusts » ou trusts collectifs, c'est la troisième catégorie (gestion financière) qui l'emporte de loin : la trust company y intervient comme trustee pour la gestion de *titres, ou de *valeurs mobilières, qu'elle détient et arbitre au bénéfice de ses clients, à la manière d'un *agent de change qui aurait la propriété des valeurs. Les trust companies interviennent également comme agents financiers d'associations, clubs et diverses institutions publiques.

TVA

Voir Taxe sur la valeur ajoutée.

Twist

a : *Twist* – **d** : *Twist* – **e** : *Twist*

*Politique pratiquée par les autorités monétaires américaines et comportant des actions de sens contraire sur les taux d'*intérêt à court terme et à long terme.*

Durant les années 60, les autorités monétaires américaines ont eu à satisfaire deux objectifs contradictoires : le retour à l'équilibre de la balance des paiements, ce qui supposait des conditions d'intérêt attrayantes pour les capitaux étrangers ou nationaux placés sur le marché américain et le maintien d'un taux de croissance élevé grâce aux investissements qu'un taux d'intérêt modéré encourage. Ne voulant pas utiliser au début des moyens d'action quantitatifs, elles se sont efforcées d'atteindre ces objectifs par deux actions de sens contraire sur les taux d'intérêts.

Le taux de l'argent à court terme : Il s'est fortement relevé à partir de 1962, de manière à réduire l'écart entre les rendements des placements à court terme aux États-Unis et sur les marchés étrangers ; les instruments de cette action ont été la hausse du taux de l'escompte, l'augmentation des rémunérations des *dépôts à terme et des dépôts d'épargne, et la politique de couverture du déficit menée par la Trésorerie qui, malgré l'aisance du marché financier, préférait faire largement appel à l'émission de bons à court terme et donc accroître la demande sur le marché monétaire, l'emploi dans le même sens de la politique d'*open market qui comportait une large demande de titres à plus d'un an en échange des liquidités fournies au marché.

Le taux d'intérêt à long terme : Il a été stabilisé pendant la même période grâce à la politique de la Trésorerie qui évitait de peser sur le marché à long terme lors des opérations de couverture du déficit et de *refinancement de la dette et faisait intervenir les fonds dont elle a la gestion sur le marché secondaire pour contribuer par des achats à la baisse de rendement des valeurs.
Ainsi une distorsion *(twist)* apparaissait entre les taux des deux marchés : schématiquement sur le marché à court terme, une hausse de plus d'un point entre 1962 et 1965 portait les taux de l'argent à trois mois à un quart de point en dessous du taux de rendement des valeurs d'État à long terme qui n'avait pas augmenté pour sa part d'un demi-point pendant le même temps.
Jusqu'à l'instauration du contrôle des mouvements de capitaux, cette politique a eu des résultats décevants du point de vue de la balance des paiements : le taux modéré des emprunts à long terme attire les emprunteurs étrangers jusqu'à la création de la taxe d'égalisation des taux (1963), tandis que les banques disposant de liquidités abondantes sont amenées à rechercher à l'étranger des emplois assez rémunérateurs pour couvrir le coût élevé des dépôts à court terme.

UDEAC

Voir Union douanière et économique de l'Afrique centrale.

UDEAO

Voir Union douanière des États de l'Afrique de l'Ouest.

UEP

Voir Union européenne des paiements.

Underwriters

a : *Underwriters* – **d** : *Underwriters* – **e** : *Underwriters*

Mot américain désignant les intermédiaires financiers qui assurent la « prise ferme » des obligations émises par un emprunteur, les revendent à des négociants en titres ou en assurent eux-mêmes le placement auprès des investisseurs.

La caractéristique essentielle du marché américain des * obligations réside dans la distinction très nette qui est faite entre les différents intermédiaires, selon qu'ils jouent le rôle financier ou celui de « placeur ». Une entreprise qui veut procéder à une émission d'obligations s'adresse à un intermédiaire qui étudie pour elles les conditions de l'opération, en établit le dossier, organise un * syndicat d'émission *(underwriting)* et un syndicat de placement *(selling)* regroupant plusieurs intermédiaires spécialisés. Cet intermédiaire joue le rôle de financier chef de file.

Il achète pour le syndicat d'émission composé de banques d'investissement *(investment banks)*, appelées en l'espèce *underwriters*, la totalité des titres émis. Cette « prise ferme » assure pour l'emprunteur la simplicité de l'opération et la rapidité de mise à disposition des fonds.

Dans un second temps, le chef de file confie aux négociants de titres composant le syndicat de placement le soin de placer auprès des investisseurs (investisseurs institutionnels et particuliers) les titres pris ferme par les « underwriters » et revendus aux négociants au « prix de gros ». Dans certains cas, cependant, les banques d'investissement assurent elles-mêmes une partie du placement (*voir* Syndicat financier).
Cette organisation a pour origine le « Banking Act » de 1933, qui interdit aux banques commerciales de pratiquer l'underwriting (prise ferme) comme le selling (placement), afin d'éviter le renouvellement des abus qui étaient à l'origine de la crise financière de 1929, en supprimant tout risque d'interférence entre les engagements assumés par les banques en matière de placement, les crédits qu'elles consentent à leur clientèle et l'emploi de leurs dépôts. Les « investment banks », spécialisées dans les émissions de valeurs mobilières, sont nées de cette situation particulière aux États-Unis. N'ayant aucune activité commerciale, elles assurent le financement des prises fermes au moyen de leurs capitaux propres et de crédits bancaires, et dénouent les opérations par le placement auprès des négociants ou des investisseurs, qu'elles ont donc intérêt à réaliser aussi rapidement que possible.
Il existe actuellement une centaine d'investment banks dont une vingtaine sont importantes, et environ 3 600 « négociants détaillants » (sellers).

Union douanière

a : *Customs union* – **d** : *Zollunion* – **e** : *Unión aduanera*

Groupement d'États constituant de leurs territoires nationaux un espace douanier unique.

Contrairement à la *zone de libre-échange, l'union douanière ne se limite pas à la libre circulation entre les pays membres des marchandises d'origine interne, elle suppose en plus une réglementation et un *tarif douanier uniques à l'égard des produits d'origine extérieure. Il s'agit donc d'une *forme très avancée de la coopération internationale.*
Les exemples historiques, d'ailleurs peu nombreux, montrent même que, le plus souvent, elle n'est que la première étape vers une union économique générale, que celle-ci s'accompagne de l'unification politique — ce fut le cas pour les unions douanières, constituées au XIXe siècle, entre les États allemands (« Zollverein ») qui formèrent finalement l'empire allemand, ou entre les divers territoires de l'Afrique du Sud anglo-hollandaise qui constituèrent ultérieurement une fédération — ou qu'au contraire elle laisse subsister les États qui la composent — comme pour l'Union économique belgo-luxembourgeoise décidée en 1922. Dans le cas particulier du *Marché commun européen, l'union douanière est l'un des aspects de l'union économique que les adhérents se sont fixée comme objectif.

• Considérée comme un pis-aller par les tenants les plus orthodoxes du *libre-échange, *la technique de l'union douanière s'est développée au cours de la seconde moitié du* XXe *siècle.* Le principal obstacle à la mise en place d'un tel ensemble préférentiel est l'opposition plus ou moins agressive des pays tiers. Pour eux, ce progrès limité de la libération des échanges s'analyse comme une *discrimination dont ils sont victimes. Aussi les tentatives de pression ne sont-elles pas rares : en 1932, un premier projet de *Benelux fut abandonné du fait de l'hostilité des partenaires invoquant la *clause de la nation la plus favorisée. Après la guerre, quand se multiplièrent les tentatives européennes restreintes (Benelux à nouveau établi en 1944 et achevé aujourd'hui ; union franco-italienne de 1948 qui ne fut jamais ratifiée après avoir été signée) ou plus larges (CECA, pool vert, puis CE), les théoriciens, analysant les effets à attendre des groupements régionaux de libre-échange, fournirent des arguments à ceux qui rejetaient ce type d'organisations. On démontre en effet que, pour les participants, l'union douanière, ou la zone de libre-échange, ne peuvent en tout état de cause jamais être plus favorables que le libre-échange généralisé, tandis que, pour les tiers, le détournement de commerce qui en résulte est un inconvénient évident. L'Accord général sur les tarifs douaniers et le commerce (*GATT) cependant admet les préférences consenties dans le cadre des unions douanières en dérogation au principe de non-discrimination, à condition toutefois que celles-ci conduisent à une libre circulation interne totale et qu'elles ne s'accompagnent pas vis-à-vis des tiers d'un *protectionnisme renforcé par rapport à la situation antérieure — condition dont il est d'ailleurs difficile de mesurer la réalisation en pratique. Cette tolérance fut largement utilisée par les Européens d'abord, mais aussi par plusieurs États d'autres continents, en Afrique et en Amérique latine notamment (encore que parfois l'appellation « marché commun » ou « union douanière » soit utilisée à tort pour désigner de simples zones de libre-échange).

• *Du point de vue strictement technique,* l'union douanière n'est pas complètement terminée au sein de la CE ; les *régimes douaniers spéciaux restent nationaux, à l'exception toutefois d'un régime de *transit communautaire entré en vigueur le 1er janvier 1970 ; l'harmonisation des procédures douanières marque peu de progrès par rapport à ceux que permet la concertation dans le cadre plus large du Conseil de coopération douanière. Pourtant, c'est incontestablement le *Marché commun européen* qui est aujourd'hui le modèle de ces groupements régionaux. Malgré les pressions subies de la part des Britanniques d'abord, puis plus récemment des Américains, *tarifs et *contingents ont disparu à l'intérieur, tandis que s'élaborait un tarif extérieur commun. Après plus de quinze ans d'expérience, un premier bilan qualitatif peut être tenté. Il permet de mieux situer la réalité d'une union douanière face aux objections théoriques qui lui ont été opposées. Pour les participants, il n'est pas sûr que les avantages soient inférieurs à ceux qui résulteraient du libre-échange généralisé. D'abord parce que les mobiles qui déterminent la création de tels groupements ne sont pas étroitement économiques ; les objectifs politiques, plus ou moins précis, plus ou moins lointains, jouent un rôle important. D'autre part, l'intervention des pouvoirs publics dans la vie économique des nations modernes est une réalité ; souvent elle perturbe les mécanismes classiques du libre-échange qui postulent un *libéralisme interne absolu. La concertation, voire l'harmonisation des politiques fiscales, sectorielles, sociales, est donc une nécessité, c'est l'objet de l'union économique et il est clair qu'elle ne saurait se concevoir dans un vaste espace multinational de libre-échange. Quant aux pays tiers, si leurs inquiétudes semblent plus fondées *a priori,* elles se sont révélées exagérées. La CE en effet, loin de constituer un ensemble fermé, a largement contribué au renforcement du mouvement de libération des échanges amorcé après la guerre. Il y a là, bien sûr, un phénomène historique qui n'est peut-être pas susceptible de généralisation. Il reste cependant que l'attitude des partenaires de la Communauté, s'attachant par la négociation — générale dans le cadre de l'Accord général sur les tarifs douaniers et le commerce, ou plus limitée notamment avec les pays voisins de la Méditerranée — à obtenir des concessions qui limitent les inconvénients pour eux de la création d'un espace préférentiel, apparaît comme une réaction naturelle face à la constitution de groupements régionaux. Surtout, et bien que les relations causales strictes soient difficiles à mettre en évidence, il semble que le développement du processus d'intégration au sein de la CE a entraîné une croissance particulièrement forte dans les pays membres. Dès lors, les importations de la Communauté se sont très sensiblement accrues, limitant ainsi la perte de débouchés qui aurait pu résulter pour les tiers de la substitution de produits d'origine communautaire à des produits acquis antérieurement à l'extérieur.

La réussite de la CE et son élargissement à la Grande-Bretagne et à certains membres de l'AELE ne doivent cependant pas faire oublier les risques qui subsistent. Chaque jour plus difficiles, la rupture et le retour en arrière restent néanmoins possibles. Surtout, les rivalités croissantes avec les tiers, et plus particulièrement la querelle CE/États-Unis, peuvent faire craindre un renouveau du protectionnisme qui, par l'accumulation des mesures de *rétorsion réciproques, marquerait l'engagement de l'économie internationale dans une voie où s'épanouirait l'*autarcie au sein de groupes puissants et fermés.

Union douanière des États de l'Afrique de l'Ouest (UDEAO)

a : *Economic Community of the West Africa* – **d** : *Wirtschaftsgemeinschaft von Westafrika* – **e** : *Comunidad económica de Africa del Oeste* (nouvelles appellations)

Organisation internationale qui a succédé en 1966 à l'ancienne « Union douanière de l'Afrique occidentale » (UDAO) créée par une convention de juin 1959. Devenue aujourd'hui la Communauté économique de l'Afrique de l'Ouest.

Cette Union douanière qui rassemble les États de l'ancienne Afrique occidentale française (à l'exception de la Guinée et de la Mauritanie) est fondée sur les principes suivants : liberté de circulation des produits des États membres à l'intérieur de la zone ; simplification de la taxation de ces produits : application d'un tarif extérieur commun : harmonisation de la législation et de la réglementation douanières.

Union douanière et économique de l'Afrique centrale (UDEAC)

a : *Customs and Economy Union of the Central Africa* – **d** : *Zoll- und Wirtschaftsverein von Zentralafrika* – **e** : *Unión aduanera y económica de Africa central*

Organisation internationale qui a succédé le 1er janvier 1966 à l'ancienne « Union douanière équatoriale » instituée en 1959.

Cette union qui rassemble le Congo-Brazzaville, le Gabon, la République centrafricaine, le Tchad, le Cameroun et la République de Guinée équatoriale fait de l'ensemble de ces pays un seul territoire douanier à l'intérieur duquel la circulation des personnes, marchandises, biens, services et capitaux est libre. Elle se traduit par l'existence d'un *tarif douanier et fiscal d'entrée commun dans les relations avec les pays tiers. Sur le plan économique, l'Union se propose d'harmoniser les plans de développement, les politiques industrielles et d'aménagement des infrastructures, de favoriser la libre circulation des personnes et d'appliquer une taxe unique aux productions nationales dont le marché s'étend à plusieurs États membres. Un fonds de solidarité a été institué entre les États membres : il est alimenté par les recettes douanières communes. L'Union dont le siège est à Bangui est dirigée par le Conseil des chefs d'États, organe suprême assisté d'un comité de direction réunissant deux représentants par État, et d'un secrétariat général chargé des tâches d'exécution.

Union économique (CEI)

a : *Economic Union (CIS)* – **d** : *Wirtschaftsunion (GUS)* – **e** : *Unión económica (CEI)*

---

*Sorte de marché commun créé entre les pays de la *CEI en 1993.*

La mise en œuvre plus active de cette zone de libre-échange et de coopération a justifié l'institution en 1994 d'un comité intergouvernemental d'union économique (le Turkménistan et l'Azerbaïdjan ont réservé leur accord) chargé de promouvoir l'abaissement des barrières douanières, le développement des échanges, notamment de matières premières et la définition d'intérêts stratégiques communs, induisant des politiques coordonnées.

Union économique et monétaire

a : *Economic and monetary Union* – **d** : *Wirtschaftliche und monetarische Union* – **e** : *Unión económica y monetaria*

Dans le cadre de l' Union européenne, parachèvement du marché unique européen par l'élargissement des facteurs d'harmonisation et des politiques communes associé à la mise en place d'une monnaie unique.*

Au-delà de l'approfondissement de l'union douanière doublé de l'uniformisation des législations et du renforcement des politiques communes dans le respect du principe de subsidiarité, l'apport majeur du *Traité de Maastricht est de définir la procédure de réalisation de l'Union monétaire.

• *Le traité subordonne l'accès au système d'une monnaie unique européenne* à la satisfaction de critères de convergences économiques et financiers très spécifiques qu'il convient d'observer concomitamment :

– un degré élevé de stabilité des prix traduite par un taux d'inflation n'excédant pas de 1,5 % le taux de trois États membres présentant les meilleurs résultats en termes de stabilité ;

– une situation budgétaire n'accusant pas de déficit excessif, critère qui est défini ainsi :

→ 3 % pour le rapport entre les déficits publics prévus ou effectifs et le produit intérieur brut aux prix du marché ;

→ 60 % pour le rapport maximal entre la dette publique et le produit intérieur brut aux prix du marché ;

– le respect des marges normales de fluctuation prévues par le mécanisme de change du * Système monétaire européen pendant deux ans au moins, sans dévaluation de la monnaie par rapport à celle d'un autre État membre ;

– le caractère durable de la convergence par l'État membre et de sa participation au mécanisme de change du Système monétaire européen, qui se reflète dans le fait que cet État a, au cours d'une période d'un an précédant l'examen d'accès, un taux d'intérêt nominal moyen à long terme (la référence étant des obligations d'État à long terme, ou des titres comparables) n'excédant pas de plus de 2 % celui des trois États membres présentant les meilleurs résultats en termes de stabilité des prix.

• *Le traité fonde et établit des institutions.* Depuis le 1er janvier 1994, on est entré dans ce qu'il est convenu d'appeler la deuxième phase de la mise en place de l'Union monétaire. Le Fonds européen de coopération monétaire, qui est dissous, fait place à un Institut monétaire européen (IME), doté de la personnalité juridique, composé des gouverneurs des banques centrales des États membres et d'un président nommé d'un commun accord par les gouvernements des États membres.

L'IME est chargé de gérer les personnes conduisant à l'instauration du « Système européen de banques centrales » et corrélativement à l'institution d'une Banque centrale européenne, la Banque centrale de l'union.

Il est effectivement prévu que l'IME se dissoudra pour laisser la place à une Banque centrale européenne (BCE), dirigée par un Conseil des gouverneurs (composé d'un directoire de quatre membres nommés par les gouvernements, et des gouverneurs des banques centrales nationales). Cette institution, constituée sur le modèle de la Bundesbank, est placée en position de relative indépendance par rapport aux autres institutions communautaires.

La BCE, avec une position de prééminence, sera chargée de définir et d'appliquer une politique monétaire à l'échelle de la Communauté, avec pouvoir d'émission et de régulation.

• *Ces fins étant définies, il reste que le Traité fixe avant tout une procédure inscrite dans un schéma temporel.* Dans la deuxième phase coexistent des monnaies nationales et un écu qui ne voit pas son rôle modifié.

Au plus tard le 31 décembre 1996, le Conseil, réuni au niveau des chefs d'État ou de Gouvernement, décide si une majorité des États membres remplit les conditions nécessaires pour l'adoption d'une monnaie unique et s'il convient d'entrer dans la troisième phase en fixant la date de mise en œuvre.

Il est prévu que si à la fin de 1997 la date du début de la troisième phase n'avait pas été fixée, celle-ci commencerait le 1er janvier 1999.

Les pays qui ne satisfont pas aux critères ci-dessus rappelés peuvent faire l'objet d'un régime dérogatoire, révisable.

Dès que la date à laquelle commence la troisième phase a été arrêtée, le Conseil organise le Système européen de banques centrales (SEBC) et installe la Banque centrale européenne (BCE), qui se substitue à l'Institut monétaire européen (IME) ; fixe les taux de conversion auxquels les monnaies des États membres sont fixées et le taux auquel l'*écu, ou plutôt l'*Euro, remplace les monnaies.

Ainsi le Traité fixe des buts et un processus, comme une procédure, qui semblent impliquer :

- qu'une majorité des États membres satisfont à la critérologie définie,
- que c'est là un élément décisif,

– que les dates butoirs déclenchent en toute hypothèse des décisions de mise en place de la monnaie unique.
Il reste que le Conseil demeure souverain et que dans le futur, on pourra naturellement envisager d'éventuelles amodiations.

Voir Union européenne.

Union économique et monétaire des États de l'Ouest africain (UEMOA)

a : *Economic and Monetary Union of West Africa* – **d** : *Wirtschafts- und Währungsunion von Westafrika* – **e** : *Unión económica y monetaria de Africa del Oeste*

Union économique et monétaire réunissant les États suivants : Bénin, Burkina Faso, Côte d'Ivoire, Mali, Niger, Sénégal et Togo.

Cette Union, créée par le traité de 1994, se substitue à l'* Union monétaire de l'Ouest africain. Sa monnaie demeure le franc *CFA.
Elle se fixe cinq objectifs :
– renforcer la compétitivité des activités économiques et financières dans le cadre d'un marché ouvert et concurrentiel,
– assurer la convergence des performances et des politiques économiques par l'institution d'une procédure de surveillance multilatérale,
– créer un marché commun, un tarif extérieur commun, et une politique extérieure commune,
– instituer une coordination des politiques sectorielles nationales,
– harmoniser les législations nationales, en particulier les régimes de la fiscalité.

Union européenne

a : *European Union* – **d** : *Europäische Union* – **e** : *Unión Europea*

---

*Union confédérale succédant à la * Communauté économique européenne le 1er novembre 1993, en application du *Traité de Maastricht.*

Même si le terme a été contesté, il est patent que ce traité comporte un processus qui marque une série d'étapes vers une confédération. Si l'Union n'est pas encore réalisée, en dehors du nom, le processus s'engage. Et le changement de dénomination est plus qu'un symbole. L'entrée en vigueur du *Traité de Maastricht, dénommé désormais

Traité sur l'Union européenne, le 1er novembre 1993, engage les États membres à réaliser les objectifs suivants :

1. **Renforcement de la Communauté européenne par le parachèvement de l'Union économique et monétaire (UEM),** dans des délais et selon des critères prévus, compte tenu de la position particulière du Danemark et de la Grande-Bretagne quant à leur participation à la dernière phase de l'UEM.
La deuxième phase de l'UEM a commencé le 1er janvier 1994. L'Institut monétaire européen (IME) a été créé, et installé à Francfort. Son activité doit renforcer de façon substantielle les mécanismes de coordination des politiques monétaires des États membres. Parallèlement, les mécanismes de coordination des politiques économiques prévus dans le Traité doivent garantir la maîtrise du processus de convergence dans le but d'une croissance retrouvée et d'une diminution du chômage. A partir de 1997 et au plus tard en 1999 on s'engage à instituer une monnaie unique. L'IME fait place à une Banque centrale européenne dotée des pouvoirs de régulation monétaire.

2. **Mise en place d'une politique étrangère et de sécurité commune** : Le but de la politique étrangère et de sécurité commune est de rendre l'Union capable de faire entendre une voix unique et d'agir efficacement au service de ses intérêts et de ceux de la Communauté internationale en général. La politique étrangère et de sécurité couvre tous les aspects de la sécurité : garantie de l'intégrité territoriale et de l'indépendance politique de l'Union et de ses États membres, de leur caractère démocratique, de leur stabilité économique ainsi que de la stabilité des régions voisines. L'Union de l'Europe occidentale doit mettre en œuvre l'ensemble des dispositions prévues à cet effet.

3. **Coopération pour la justice et les affaires intérieures** : Le Traité sur l'Union européenne a posé le principe d'une coopération renforcée en matière de justice et d'affaires intérieures. Le but à atteindre est que la politique de l'Union sur ces questions sensibles donne l'assurance au citoyen, non seulement que la création d'un espace sans frontières ne se fera pas au détriment de sa sécurité, mais que cette dernière sera mieux garantie à l'avenir.
Cet objectif concerne notamment :
- la mise en place d'EUROPOL,
- des mesures efficaces de lutte contre la drogue,
- une action commune dans le domaine du droit d'asile,
- l'établissement de la liste des pays tiers dont les ressortissants doivent être munis d'un visa,
- le renforcement de la coopération judiciaire.

4. **Application des dispositifs donnant une dimension sociale à l'UEM.**

5. **Renforcement de la démocratie et de la transparence** : Le parlement européen doit être plus étroitement associé à l'élaboration de la législation

communautaire et voit accrus ses pouvoirs de contrôle politique et administratif sur l'exécutif.
Le Traité prévoit un dialogue régulier entre les parlements nationaux et le parlement européen et un nouveau Comité doit faire entendre *la voix des régions.*
Le Traité jette les base d'une *citoyenneté de l'Union* qui s'ajoute à la citoyenneté nationale.

Voir Communauté européenne.

Union européenne des paiements (UEP)

a : *European Payments Union (EPU)* – **d** : *Europäische Zahlungsunion (EZU)* – **e** : *Unión Europea de Pagos (UEP)*

---

*Système de compensation multilatérale et de crédits mutuels entre pays membres de l'*OECE. Entré en vigueur en 1950, il a cessé de fonctionner en 1958.*

Dans les premières années de l'après-guerre, la conclusion d'accords de *clearing permit au commerce entre pays européens de renaître, mais son essor fut assez rapidement enrayé en raison des inconvénients inhérents au *bilatéralisme des paiements qui postule en définitive l'équilibre des transactions pays par pays et non plus seulement sur l'ensemble.

Principes directeurs de l'Union européenne des paiements

Les promoteurs de l'accord, signé en *septembre 1950,* s'étaient fixé comme objectif un retour à la liberté des échanges internationaux.
Trois tâches concrètes étaient assignées ; l'adresse fut de les lier :

- créer un système multilatéral de règlement entre pays européens ;
- diminuer les restrictions relatives aux échanges de marchandises ;
- abolir progressivement les restrictions de change.

Le système d'accords de paiement bilatéraux avait eu pour conséquence d'aggraver encore le contrôle du commerce extérieur et la *discrimination : les pays créditeurs avaient tendance à détourner leurs achats vers leurs débiteurs pour tirer parti des créances antérieurement constituées. Les débiteurs, au contraire, étaient conduits à rapporter les mesures libérales qu'ils avaient pu prendre, afin de limiter leur endettement.
En contraste total avec ces pratiques, l'UEP institua une compensation intégrale et automatique des soldes mensuels des transactions intervenues entre ses membres (pays de l'OECE et, par le truchement

de la participation du Royaume-Uni, toute la *zone sterling). Les opérations étaient bien enregistrées pays par pays, mais il en était fait masse en fin de mois pour dégager un solde unique vis-à-vis de l'organisation.
Ces soldes devaient être réglés partie en *or, partie par un crédit accordé automatiquement par l'UEP dans la limite d'un maximum prédéterminé. Enfin, les pays adhérents s'engagèrent à supprimer progressivement les restrictions aux échanges (licences d'importation principalement), en se réservant la possiblité de les rétablir en cas de difficulté de balance des paiements.

Rôle de l'Union européenne des paiements

L'UEP eut à faire face à des crises monétaires graves consécutives à la guerre de Corée et aux difficultés de balance des paiements éprouvées successivement par ses principaux membres. La résistance du système tendrait à prouver que le choix des objectifs était judicieux, les méthodes souples, ce que confirment certains résultats.
On se tromperait en voyant principalement dans l'UEP une forme de crédit mutuel (l'encours de ses crédits était de l'ordre d'un milliard de dollars) : c'était avant tout un organisme de *compensation des dettes et créances intra-européennes. Ce rôle fut décisif, car il ôtait tout intérêt aux discriminations commerciales en faveur ou à l'encontre d'un pays membre. Il permit donc, progressivement, le desserrement des entraves au commerce.
L'UEP n'eut pas d'administration propre. Ses opérations étaient exécutées par la *Banque des règlements internationaux, ses « services » étaient ceux de l'OECE.

Union monétaire ouest-africaine (UMOA)

a : *Monetary Union of West Africa* – **d** : *Währungsunion von Westafrika* – **e** : *Unión monetaria de Africa del Oeste*

Union monétaire réunissant les États suivants : Bénin, Burkina Faso, Côte-d'Ivoire, Mali, Mauritanie, Niger, Sénégal et Togo.

La monnaie en est le *franc CFA (franc de la Communauté financière africaine émis par la *BCEAO).
Cette union s'est muée en 1994 en une * Union économique et monétaire de l'Ouest africain.

Unité de compte européenne (UCE)

a : *European Unit of Account (EUA)* – **d** : *Europäische Rechnungseinheit (ERE)* – **e** : *Unidad de Cuenta Europea (UCE)*

Unité de compte utilisée par la Communauté économique européenne.

• Définie à l'origine par un poids d'*or fin de 0,88867088 mg, elle avait jusqu'en 1971 la même définition que le *dollar des États-Unis.

• A partir de 1975, une nouvelle unité de compte a progressivement été adoptée. Définie comme un panier des monnaies des pays membres, où le poids de chacune était fixé en fonction du PNB du pays et de sa place dans le commerce européen, sa valeur initiale, calculée sur la base des cours de change au 28 juin 1974, était égale au *DTS. Variant chaque jour en fonction des cours observés sur le marché des changes, l'UCE a divergé du DTS au rythme de la dépréciation du dollar vis-à-vis des principales monnaies européennes. Début mars 1979, à la veille de l'entrée en vigueur du SME, elle valait 1,05 DTS environ (soit, 1,35 dollar à cette date).
L'UCE a été peu à peu remplacée par l'*écu auquel ont été données initialement la même valeur et la même définition, soit un écu égal à une UCE, égale à la somme de fractions des monnaies nationales européennes (déterminées par un « poids » lui-même fonction des *PIB), soit en 1979 :

0,828	mark allemand
0,0885	livre sterling
1,15	franc français
109	lire italienne
0,286	florin
3,8	franc belge et luxembourgeois
0,217	couronne danoise
0,00759	livre irlandaise

Cette pondération a été modifiée ultérieurement pour tenir compte des ajustements et des élargissements intervenus.

Voir Écu, Système monétaire européen.

Unité de consommation

a : *Economic unit of consumption* – **d** : *Wirtschaftseinheit von Konsum* – **e** : *Unidad económica de consumo*

Comptabilité nationale : Grandeur conventionnelle de consommation pondérée d'un ménage, servant à caractériser son importance en tant que cellule de consommation disposant d'un certain revenu.

Elle s'obtient en répartissant les différents membres du ménage par catégorie, d'après le sexe, l'âge, le rang dans le ménage, et en attribuant aux individus de chaque catégorie un poids différent suivant une échelle définie, et en effectuant la somme de ces poids.
(Exemple, d'après l'échelle de Cambridge : premier adulte : 1 ; autres adultes : 0,7 ; enfants de moins de quatorze ans : 0,5...)

Unité économique

a : *Economic unit* – **d** : *Wirtschaftseinheit/Wirtschaftssubjekt/Wirtschaftsteilnehmer* – **e** : *Unidad económica*

Comptabilité nationale : Centre élémentaire de décision et d'activité économique.

Le nouveau système de comptabilité nationale en vigueur depuis 1976 substitue la notion d'unité économique à celle traditionnelle, et d'ailleurs voisine, d'*agent.
Apparemment simple, la définition générale proposée ci-dessus est d'application délicate dans la mesure où il s'agit, au niveau de la spécification des unités, de tenir compte à la fois des contraintes inhérentes aux services statistiques et des besoins d'analyse qu'on vise à satisfaire à travers la comptabilité nationale.
Le système français retient deux types d'unités : les *unités de production homogène (voir ci-dessous) pour l'analyse des *flux caractérisant le processus de production ; les *unités institutionnelles (voir ci-après) pour celle des *flux et des éléments patrimoniaux intéressant la formation et la répartition du revenu ou du capital, ainsi que les opérations financières.

Unité de production homogène

a : *Homogene unit of production* – **d** : *Produktionswirtschaftseinheit* – **e** : *Unidad de producción homogénea*

---

*Comptabilité nationale : Unité abstraite correspondant à un démembrement d'une *unité institutionnelle.*

Un exemple éclairera cette définition technique : une entreprise — unité institutionnelle — produisant deux biens différents de la nomenclature constituera deux unités de production homogène.
Cette notion participe donc d'une optique de comptabilité analytique et privilégie le produit.

Le regroupement de toutes les unités de production homogène, fournissant une même catégorie de produits de la nomenclature, constitue une branche.

Unité institutionnelle

a : *Institutional unit* – **d** : *Institutionnelle Einheit* – **e** : *Unidad institucional*

Comptabilité nationale : Agent économique élémentaire.

L'agent économique élémentaire se caractérise par une autonomie de décision de l'exercice de sa *fonction principale (par exemple, produire des biens et services marchands ; consommer...).
La comptabilité nationale française enregistre les opérations des unités institutionnelles *résidentes, c'est-à-dire qui exercent de façon durable leur activité sur le territoire économique français.
Les unités institutionnelles sont regroupées, selon leur fonction principale, en *secteurs institutionnels.

Universalité (budgétaire)

Règle selon laquelle le budget doit rassembler en une seule masse l'ensemble des recettes publiques et doit imputer sur cette masse l'ensemble des dépenses publiques.

Les ressources et les dépenses doivent de surcroît être inscrites pour leur montant brut sans qu'il y ait compensation entre dépenses et recettes.

Voir Non-affectation.

Urbaine (unité)

a : *Agglomeration* – **d** : *Siedlung* – **e** : *Urbana (unidad)*

---

*Ensemble des habitants des villes isolées et des *agglomérations urbaines et multicommunales.*

Une *ville isolée* est une commune sur le territoire de laquelle se trouve une *agglomération de population dépassant 2 000 habitants et ne s'étendant pas sur le territoire de communes voisines. Il s'agit

généralement de l'agglomération du chef-lieu de la commune, mais il peut aussi s'agir, le cas échéant, d'agglomérations secondaires.
Une *agglomération urbaine multicommunale* est une agglomération multicommunale de plus de 2 000 habitants.
Les villes isolées et les communes sur le territoire desquelles se trouve une agglomération urbaine multicommunale sont dites *communes urbaines ;* les autres sont dites *communes rurales.* Il y a en France un peu plus de 4 000 communes urbaines sur un total de près de 38 000 communes ; ces 4 000 communes représentent à elles seules près de 70 % de la population française.
Cette définition n'est pas tout à fait équivalente à la définition administrative traditionnelle plus que centenaire qui retient comme communes urbaines celles et seulement celles dont la population agglomérée au chef-lieu dépasse 2 000 habitants. C'est cette dernière définition qui est retenue pour l'application des textes législatifs et réglementaires prenant en compte le caractère urbain ou rural des communes, notamment en ce qui concerne les subventions pour adductions d'eau.
On peut remarquer que les communes urbaines (au sens général défini plus haut) ont, en général, un solde migratoire (*voir* Migration) positif alors que les communes rurales ont, en général, un solde migratoire négatif.
La délimitation des agglomérations urbaines multicommunales est effectuée avant chaque *recensement général de la population par les soins de l'Institut national de la statistique et des études économiques (INSEE). Quant aux villes isolées, elles sont connues grâce aux recensements.
Le tableau ci-dessous donne la population des dix principales unités urbaines au recensement de 1982, ainsi que celle de la commune principale de ces unités urbaines :

Unité urbaine	**Population de l'unité urbaine**	**Population de la ville-centre**
Paris	8 706 963	2 176 243
Lyon	1 220 844	413 095
Marseille	1 110 511	874 436
Lille	936 295	168 424
Bordeaux	640 012	208 159
Toulouse	541 271	347 995
Nantes	464 857	240 539
Nice	449 496	337 085
Toulon	410 393	179 423
Grenoble	392 021	156 637

Zones de peuplement industriel ou urbain (ZPIU) : Pour certaines études, on est amené à définir des zones plus vastes que les agglomérations multicommunales dans lesquelles :

– il y a une certaine homogénéité de peuplement et, en particulier, une faible proportion de population agricole ;

– il y a d'importants échanges de main-d'œuvre ;

– l'activité industrielle s'est créée ou développée en raison de la proximité d'une grande ville, des richesses du sous-sol ou encore de la présence d'un grand axe de communication.

Toutes les villes isolées et les agglomérations urbaines multicommunales sont donc incluses dans ces zones qui comprennent en outre les communes dites « dortoirs » ainsi que d'autres communes satellites peu agricoles.

Uruguay round

*Nouvelles négociations engagées depuis 1987 dans le cadre du * GATT.*

Les négociations de libre-échange portent notamment sur les droits de douane subsistants, l'agriculture (réduction de subventions à l'exportation), les textiles et vêtements, les services (y compris les services culturels : cinéma, télévision, vidéo-cassettes...), les droits de propriété intellectuelle touchant au commerce. Elles ont abouti positivement le 15 décembre 1993. L'* Union européenne a finalement obtenu que la culture soit hors de l'accord. En outre, ces négociations ont fini par aboutir à l'institution d'une nouvelle organisation internationale, dans le cadre de l'ONU, l'* Organisation mondiale du commerce.

Usance(s)

a : *Practices* – **d** : *Usanzen* – **e** : *Prácticas*

Condition(s) particulière(s) d'échéance auxquelles la Banque de France admet certains effets de commerce au réescompte.

La règle générale est de n'admettre que les *effets dont l'échéance n'excède pas 90 jours (de la date de création à la date d'échéance).

Selon les branches d'activité et la nature de certaines opérations, ce seuil peut cependant être soit inférieur à 90 jours, soit supérieur à ce délai dans certains cas exceptionnels.

Ces exceptions à la règle des 90 jours constituent les *règles d'usances,* correspondant dans chaque cas à des opérations de nature spécifique.

Exemples : échéances de 15 jours pour les laiteries, de 60 jours pour les fromageries et les entreprises de transport. En revanche, échéances de 180 jours (6 mois) pour les activités de pelleterie, sous d'autres conditions particulières.

Ces règles peuvent être modifiées par la Banque de France en fonction de la conjoncture et des évolutions économiques ou technologiques.

Usufruit (d'un titre)

a : *Usufructuary right* – **d** : *Niessbrauch* – **e** : *Usufructo (de un título)*

En cas de démembrement d'un titre, ensemble des droits non liés à la nue-propriété de ce titre.

Il peut arriver que les droits attachés à des *actions soient démembrés en usufruit, d'une part, et en nue-propriété, d'autre part. Dans ce cas, l'usufruitier est titulaire de droits de vote dans les assemblées générales ordinaires et perçoit le *dividende. En revanche, le droit d'aliéner les actions est réservé au nu-propriétaire.

Usure

a : *Usury* – **d** : *Wucher* – **e** : *Usura*

*Fait, pour un prêteur d'argent, de demander un taux d'*intérêt supérieur à la coutume ou à la loi.*

Il a toujours été difficile d'appliquer une définition précise et objective de l'usure, celle-ci ne pouvant être appréciée que par rapport à un *taux d'intérêt de référence considéré comme « normal ».
En revanche, les pouvoirs publics ont toujours éprouvé le besoin de disposer d'une telle référence pour pouvoir réprimer les abus d'une telle pratique.

Effets économiques et sociaux de l'usure

Elle accélère le processus de renchérissement de l'argent ; elle perpétue ou aggrave les inégalités sociales traditionnelles. Ce phénomène est particulièrement aigu dans les pays sous-développés dont l'usure est un des fléaux. Les détenteurs de capitaux (propriétaires fonciers ou commerçants) profitent fréquemment des besoins vitaux des artisans ou petits agriculteurs pour demander des taux tels (jusqu'à 100 ou 300 % l'an) que l'issue inéluctable est la confiscation du patrimoine de l'emprunteur au profit du créancier.
Elle neutralise du même coup (et dans une mesure variable) le progrès social et économique.
D'une manière générale, elle contredit la « morale économique » en donnant une prime excessive au possédant (même inactif) aux dépens de l'emprunteur (même actif).
Ces effets économiques et sociaux expliquent les efforts des législations et des États pour réprimer l'usure.

Historique

A l'origine des temps modernes, en Europe occidentale, les prêts d'argent à intérêt étaient interdits aux chrétiens ; l'usure était alors, pour un chrétien, le fait de pratiquer le prêt à intérêt ; pour un juif, le fait de demander un intérêt supérieur à l'intérêt autorisé. En France, trois textes successifs ont cherché à définir l'usure (et en même temps à la réprimer).

– La *loi du 3 septembre 1807* fixait comme limite légale à l'intérêt le taux de 5 % en matière civile, celui de 6 % en matière commerciale. L'usure était le fait de stipuler au-delà de ces taux de référence (qui ont été abrogés, le premier en 1866, le second en 1918).

– Le *décret-loi du 8 août 1935,* plutôt que de fixer des taux minimaux, définissait le taux usuraire comme « le taux effectif dépassant de plus de moitié le taux moyen pratiqué dans les mêmes conditions par des prêteurs de bonne foi pour des opérations de crédit comportant les mêmes risques que le prêt dont il s'agit ». Cette définition, qui faisait une large place à l'appréciation de cas d'espèce, s'est révélée d'une application malaisée.

– La *loi du 28 décembre 1966* a rénové la réglementation du crédit à la consommation (notamment les ventes à *tempérament) et des prêts personnels, domaines où l'usure risque le plus de se faire sentir. Elle comportait une nouvelle définition de l'usure, avec des critères d'appréciation objectifs applicables par les tribunaux.

Aux termes de l'article 1 de la loi, constitue un prêt usuraire :

• tout « prêt conventionnel » consenti à un taux effectif global (c'est-à-dire toutes rémunérations incluses, y compris frais, taxes, assurances et rémunérations d'intermédiaires) qui excède, au moment où il est consenti, de *plus du quart* le *taux effectif moyen* pratiqué au cours du trimestre précédent par les banques ou les établissements financiers enregistrés par le *Conseil national du crédit pour des opérations de même nature comportant des risques analogues ; le taux de référence faisant l'objet d'une publication au *Journal officiel ;*

• s'il existe une décision du Conseil national du crédit limitant la rémunération exigée des emprunteurs, tout prêt qui excède le taux effectif admis par cet organisme ;

• en tout état de cause, tout prêt dont le taux effectif global excède *le double* du taux moyen de rendement effectif des *obligations émises au cours du semestre précédent (le taux plafond peut d'ailleurs être majoré, pour certaines opérations particulières à frais fixes élevés, de perceptions forfaitaires fixées par le ministre de l'Économie et des Finances après avis du Conseil national du crédit).

Diverses dispositions sont intervenues depuis, toujours dans le même esprit et en fondant le seuil d'usure sur des critères faisant référence à un taux considéré comme normal, compte tenu du coût des ressources et de la composition des marges bancaires.

La pluralité des taux de référence ainsi fixés laisse une certaine latitude à l'appréciation, mais d'une manière générale, le taux qualifié d'usuraire est de l'ordre du double du meilleur taux pratiqué (*voir* Taux de base bancaire).
Obligation est faite, par ailleurs, aux prêteurs de faire ressortir dans leurs documents publiés le *taux effectif global* (TEG) qu'ils proposent.

Sanctions

Elles sont pénales et civiles.

Pénales : Les peines prévues (aggravées par rapport à la législation antérieure) sont principalement l'amende et la prison. Le tribunal peut en outre ordonner la fermeture provisoire ou définitive de l'entreprise sanctionnée.

Civiles : « Les perceptions excessives sont imputées de plein droit sur le capital de la créance. » En d'autres termes, le prêteur doit restituer la part des intérêts et rémunérations qu'il a perçus et qui excèdent les taux maximaux fixés par la loi.

Utilité

a : *Utility* – **d** : *Nützlichkeit/Nutzen* – **e** : *Utilidad*

Qualité de ce dont l'usage est apprécié par l'agent économique.

La notion d'utilité est une des notions élémentaires de l'économie, comme celle de valeur, mais son contenu a été diversement analysé par les théories successives, et son lien avec la valeur diversement apprécié.
A la fin du XVIIIe siècle et au début du XIXe siècle, les Français Turgot et Condillac, notamment, ont expliqué la valeur par l'utilité objective (a de la valeur ce qui est utile, c'est-à-dire ce qui permet de satisfaire des besoins) : les exemples de l'eau et du diamant, développés par Adam Smith, ont ébranlé ce point de vue (l'eau est très utile et de peu de valeur, le diamant à l'inverse).
L'intervention de la notion d'*utilité * marginale* (fin du XIXe siècle) permet de triompher de l'objection (le besoin d'eau peut être satisfait jusqu'à extinction, le besoin de diamant non, car il est rare : dans le premier cas, on atteint l'utilité marginale nulle, dans le second cas, l'utilité marginale possible demeure élevée). Ce point de vue est notamment développé par Marshall, Jevons, Menger, Walras, Keynes... ; l'ensemble de la théorie * marginaliste est fondé sur cette notion.
Cependant, l'économiste français Marchal corrige justement cette position par la prise en compte de la « *subjectivité* » *de l'utilité,*

c'est-à-dire de la représentation que l'agent économique se fait de celle-ci ainsi que du contexte institutionnel dans lequel il se trouve :

Au niveau de la * demande : L'utilité est fonction de l'échelle individuelle des préférences de l'agent et des conditions auxquelles est soumise l'obtention du bien ou service (crédit, conditions de paiement, disponibilité du bien...). En outre la demande ne se fonde pas sur la seule utilité (même subjective) mais aussi sur la mode, l'entraînement, l'exemple ou d'autres considérations (demande du secteur public).

Au niveau de l'offre : De même, les mouvements ne sont pas déterminés par des réactions quasi automatiques à la notion d'utilité. S'y ajoutent notamment : la disponibilité des * biens ou services, naturelle ou artificielle (*voir* Accaparement, Entente). En ce qui concerne l'offre de * capital, celle-ci dépend également de la politique des * intermédiaires financiers. Enfin, l'offre de travail n'est pas non plus réductible à des considérations d'utilité chez l'offreur de travail, mais dépend largement aussi de la politique des syndicats ouvriers.
D'une manière générale, il paraît donc exagéré de fonder la notion de valeur sur celle, exclusive, d'utilité au niveau individuel comme l'ont fait de nombreux économistes.
Une tendance naturelle à l'analyse et à la réduction des phénomènes économiques à des phénomènes « purs » inspire l'« utilité » (étude de l'agent économique isolé ou « * Homo œconomicus », analyse de l'entrepreneur individuel et de ses motivations, hypothèse de * concurrence parfaite, etc.).
Les fluctuations de la valeur reposent sans doute en partie sur l'utilité ou la représentation de l'utilité pour l'agent économique, mais aussi et de plus en plus sur les représentations individuelles ou collectives des services qu'on peut attendre d'un bien économique. Ces représentations sont le fait de collectivités d'entreprises ou d'institutions diverses (ententes, syndicats, banques, groupes de pression, État) et liées à des objectifs qui peuvent être très variés (puissance, profit, conceptions politiques), dont le lien avec l'utilité est souvent lâche.

Valeur ajoutée

a : *Value added* – **d** : *Wertschöpfung* – **e** : *Valor añadido*

*Comptabilité nationale : Différence, pour un producteur, entre la valeur de la production évaluée aux prix du marché et celle de sa *consommation intermédiaire.*

La notion de valeur ajoutée est donc étroitement dépendante de celle de *production. Les différents systèmes de *comptabilité nationale se distinguent ainsi par l'extension plus ou moins grande qu'ils donnent au concept de production et, par voie de conséquence, par le champ des activités qui donnent naissance à une valeur ajoutée. En France, par exemple, l'ancien système de comptabilité nationale, comme le système en vigueur dans les pays socialistes, ne reconnaissait pas la qualité de créateurs de valeur ajoutée aux services non marchands (Services des administrations, par exemple), exclus de la sphère productive. Il en va différemment avec le *système élargi de comptabilité nationale, entré en vigueur en 1976.
La valeur ajoutée constitue donc le solde du compte de production de l'agent producteur. Elle peut être également obtenue à partir de son *compte d'exploitation (solde algébrique des emplois et des autres ressources de ce compte).
Dans les *tableaux des entrées-sorties utilisés dans la comptabilité nationale française, la valeur ajoutée est décomposée par *branches (correspondant à un « produit » de la nomenclature). La valeur ajoutée globale ne varie pas, quel que soit le niveau d'agrégation des branches. La somme des valeurs ajoutées des unités productrices constitue le *produit intérieur représentatif de la valeur créée par l'ensemble de l'économie.
Le calcul de la valeur ajoutée brute dans les comptes nationaux français était établi jusqu'en 1968 à partir des comptes de branches fondés sur les statistiques professionnelles de production. Les comptes de secteurs (regroupant les entreprises en fonction de leur activité principale), établis à partir de statistiques fiscales, faisaient ressortir des chiffres de valeur ajoutée assez différents. Les travaux statistiques menés dans le cadre de la confection de la base 1962 de l'ancien système ont permis d'établir des règles de raccordement entre les deux méthodes d'évaluation. Aux changements de concepts et de nomenclature près, on utilise également les deux méthodes dans le cadre du nouveau système de comptabilité nationale.

A partir de cette valeur ajoutée brute, on peut également calculer une valeur ajoutée nette, en tenant compte de l'amortissement du capital (moyens de production).

Voir Taxe sur la valeur ajoutée.

Valeur boursière

Voir Capitalisation boursière, Situation nette.

Valeur de père de famille

a : *Trustee securities* – **d** : *Mündelsichere Wertpapiere* – **e** : *Valores seguros/Papeles de viudas*

Catégorie d'actions émises par de grandes entreprises, de réputation établie, largement diffusées dans le public, et dont les cours ne connaissent pas, en règle générale, de fortes variations spéculatives.

A ce titre, elles figurent habituellement dans les portefeuilles gérés avec prudence.

Voir Valeurs mobilières, Placement.

Valeurs d'exploitation

a : *Inventory* – **d** : *Betriebliche Vorräte* – **e** : *Valores de explotación*

Ensemble des stocks de matières, de produits ou d'emballages appartenant à l'entreprise et relatifs à son exploitation.

Ces valeurs, inscrites à l'*actif du bilan, se distinguent des *Immobilisations en ce qu'elles ne sont pas l'instrument mais l'objet de son exploitation et qu'elles sont destinées à être consommées ou vendues en l'état ou après transformation. Elles comprennent, selon la présentation du plan comptable de 1957 : *les matières ou fournitures,* elles-mêmes constituées par les matières premières, destinées à être incorporées aux produits fabriqués ; les matières consommables qui concourent indirectement à l'exploitation (exemple : combustibles) ; les déchets et rebuts, produits ouvrés ou semi-ouvrés, qui sont impropres à la vente mais ont néanmoins une certaine valeur intrinsèque ; les *produits ou travaux en cours,* travaux non achevés ou produits n'ayant pas atteint un stade d'élaboration les rendant aptes à une nouvelle phase de fabrication ; les *produits semi-ouvrés,* produits en cours de fabrication mais ayant déjà franchi un stade complet (exemple : organe complet d'un ensemble mécanique) ; les *produits finis,* fabriqués par l'entreprise et destinés à être écoulés ; les *marchandises,* matières ou objets acquis par l'entreprise et destinés à être revendus en l'état (exemple : accessoires pour une fabrique d'automobiles) ; les *emballages commerciaux* destinés à contenir les produits livrés à la clientèle.

Dans le plan comptable révisé de 1982, la notion correspondante est représentée par le poste **stocks et encours* qui comprend : *les matières premières et consommables, les encours de production (biens et services), les produits intermédiaires et finis, les marchandises (à revendre en l'état).* L'importance plus ou moins grande de ces postes traduit la politique de fabrication de l'entreprise industrielle ou commerciale et l'économie générale de sa gestion. Elle est liée, de même, à sa politique de *stocks (*voir également* Stock-outil).

Valeurs disponibles

a : *Liquid funds* – **d** : *Flüssige Mittel* – **e** : *Valores disponibles*

Ensemble des liquidités ou des titres de créances de l'entreprise pouvant être convertis rapidement en liquidités.

Ce poste, inscrit à l'*actif du bilan de l'entreprise (nomenclature du plan comptable de 1957), regroupe l'ensemble des moyens de paiement ou des créances dont l'entreprise peut avoir la disposition quasi immédiate. Les postes suivants constituent le poste valeurs disponibles :

• « *effets à recevoir* », y compris « *warrants et autres effets gages à recevoir », *effets de commerce détenus par l'entreprise et qui sont bancables, c'est-à-dire qui peuvent être présentés immédiatement à l'escompte en banque et être ainsi transformés en moyens de paiement ;

• « **chèques et *coupons à encaisser* », immédiatement convertibles en espèces ;

• « *bons du Trésor et titres de placement immédiatement réalisables* », *titres, actions et obligations acquis par l'entreprise afin d'en retirer un revenu ou une plus-value. La valeur normalement inscrite pour les titres est le prix d'achat pour les titres entièrement libérés, la partie déjà payée pour les titres non encore entièrement libérés (l'autre partie étant inscrite à *valeurs réalisables) ;

• « *banque et chèques postaux* », représentant les sommes immédiatement disponibles pour l'entreprise à son CCP et à son compte en banque (à l'exception des *découverts que son banquier a pu lui consentir en compte courant et qui constituent des dettes de l'entreprise) ;

• « *caisse* » représentant l'ensemble des espèces existantes dans les caisses de l'entreprise.

Dans le plan comptable révisé de 1982, les valeurs correspondantes sont inscrites au poste **disponibilités.*

Valeurs immobilisées

a : *Non-current assets* – **d** : *Anlagevermögen* – **e** : *Inmovilizados*

Ensemble des titres et valeurs constituant pour l'entreprise des créances non réalisables dans l'année.

Selon la nomenclature du plan comptable de 1957, les valeurs immobilisées se distinguent des *immobilisations proprement dites en ce qu'elles sont des *créances et non des biens et qu'elles ne constituent pas directement des instruments de travail pour l'entreprise. Elles se distinguent des *valeurs « réalisables à court terme » (et à plus forte raison des *valeurs disponibles) en ce qu'elles ne sont pas réalisables (c'est-à-dire convertibles en monnaie) dans un bref délai.

Les valeurs immobilisées comprennent :

• Les *prêts à plus d'un an* d'échéance consentis par l'entreprise à des tiers ;

• les *dépôts et *cautionnements,* versés en garantie et indisponibles jusqu'à la réalisation d'une condition suspensive ;

• les titres de **participation :* actions ou *parts sociales d'autres sociétés que l'entreprise possède pour s'y assurer une influence et prolonger son activité ; dans cette mesure, il ne s'agit pas en effet de « placements » financiers négociables rapidement et inscrits alors au poste « valeurs réalisables ».

Dans le plan comptable révisé de 1982, cette notion correspond principalement au poste *immobilisations financières* de l'actif du bilan, qui comprend les lignes : *participations, créances rattachées à des participations, autres titres immobilisés, prêts, autres créances immobilisées.*

Valeurs mobilières

a : *Securities* – **d** : *Wertpapiere* – **e** : *Valores mobiliarios*

---

*Documents ou titres représentatifs d'une valeur (participation ou créance) et négociables à la *bourse des valeurs.*

Les valeurs mobilières sont en principe matérialisées par des documents ou *titres, qui attestent que leur possesseur est titulaire d'un droit représentant une certaine *valeur*. Elles sont dites *mobilières* car elles sont représentatives de droits mobiliers, c'est-à-dire de *créances ou de participations qui peuvent être transmises aisément. Cette faculté est assurée par le fait qu'elles sont négociables sur un *marché organisé à cet effet, la bourse des valeurs.

Types de valeurs mobilières

Le terme générique de valeurs mobilières recouvre des titres de caractéristiques différentes quant à la nature des droits qu'ils représentent, à leur présentation matérielle et à leur mode de circulation.

Nature des droits sociaux représentés : Une distinction traditionnelle et commode oppose les « valeurs à revenu variable » (dont le revenu évolue en fonction des résultats et de la politique des entreprises auxquelles elles sont liées) et les « valeurs à revenu fixe » (dont le revenu fait référence à une valeur de créance déterminée une fois pour toutes). Cette distinction a tendance à s'atténuer dans les faits, compte tenu des variantes affectant ces titres, qui, en nombre croissant, ont rapproché ces deux catégories traditionnelles dont les prototypes sont respectivement l'action et l'obligation.

• L'**action* est un titre représentatif d'une prise de participation dans une *société de capitaux. Elle confère à son propriétaire la qualité d'associé et le fait participer, proportionnellement à son apport, aux bénéfices (*dividendes) ou aux pertes de l'entreprise et aux variations de son *actif social. Corrélativement, l'actionnaire bénéficie d'un droit de vote dans l'assemblée générale de la société qui lui permet d'exprimer son avis sur la gestion de celle-ci.

• La **part de fondateur* (ou part sociale) est représentative d'un *apport qui est difficilement évaluable en argent. Le porteur de parts n'a droit qu'à l'éventuel *superdividende de la société et ne détient pas de droit de vote à l'assemblée générale des actionnaires, mais peut s'exprimer au sein d'une assemblée spéciale des porteurs de parts. Cette catégorie de valeurs mobilières est peu répandue en raison des difficultés de gestion qu'elle peut entraîner pour la société. La loi du 24 juillet 1966 en a interdit la création pour l'avenir.

• L'**obligation* est un titre représentatif d'une créance née d'un *prêt à long terme consenti par le titulaire de l'obligation à la société émettrice. L'obligataire détient une créance sur la société, rémunérée par un taux d'intérêt habituellement fixe, mais ne participe ni à ses résultats, ni à sa gestion, sauf exceptions (*voir* Obligation indexée, Obligation participante).

Présentation matérielle :

• Les *titres au porteur* sont ceux qui incorporent en eux-mêmes le droit mobilier qu'ils représentent. Leur détenteur est automatiquement

titulaire du droit (art. 2279 du Code civil : « En fait de meuble, possession vaut titre »).
Ils sont de loin les plus répandus en France. Ils présentent les avantages d'assurer l'anonymat à leur détenteur, de lui permettre de gérer lui-même ses titres et de les transmettre par « simple tradition » (c'est-à-dire sans formalité). Ils ont en revanche les inconvénients d'être exposés au vol, à la destruction ou à la falsification ; pour les porteurs, de ne pas leur garantir une information systématique (les porteurs sont inconnus des sociétés) ; pour les sociétés, de les isoler de leurs créanciers.

• Les *titres nominatifs* ne confèrent le droit mobilier qu'à la personne dénommée pour laquelle ils ont été établis. Le droit de propriété est fondé sur l'inscription du titulaire sur les livres de la société mais, pour faciliter la gestion du titre, un *certificat nominatif peut être délivré au titulaire. Les avantages et inconvénients de ce type de valeurs mobilières sont inverses de ceux du titre au porteur. Les opérations portant sur des titres nominatifs sont soumises à un formalisme très strict.
La nominativité des titres peut être rendue obligatoire par les statuts de la société (actions dites « essentiellement nominatives »), ou par la loi dans certains cas : titres partiellement libérés, titres appartenant à des personnes à protéger, associations, collectivités publiques (personnes morales) ; mineurs, incapables et interdits (personnes physiques).

Mode de circulation : Les titres sont dits *vifs* lorsqu'ils sont matériellement détenus par leurs propriétaires anonymes qui peuvent les acquérir ou les céder dans l'anonymat (les titres nominatifs ne peuvent être « vifs »).

• Les titres *en compte courant* sont déposés auprès d'un établissement agréé (banque ou agent de change) qui ouvre à leur titulaire un *compte courant retraçant ses opérations, qui donnent lieu à des *virements d'établissement à établissement (comptes courants entre établissements dépositaires).

• Bien entendu, les titres (nominatifs ou anonymes) peuvent également être matériellement détenus par leurs propriétaires qui les négocient.
En France, un effort particulier a été mené à partir de 1941 pour encourager ou provoquer l'ouverture de comptes courants, afin d'assurer aux autorités financières une meilleure connaissance du portefeuille français et des mouvements qui l'affectaient : création de la Caisse centrale des dépôts et virements de titres (CCDVT, 1941) et mesures contraignant pratiquement les détenteurs de titres à utiliser cet organisme pour y déposer leurs valeurs et les transmettre (1943). La CCDVT, libéralisée, devenait la *SICOVAM en 1949.

Rôle et place des valeurs mobilières

Les valeurs cotées en bourse sont naturellement le reflet de la structure d'activité du pays et de son dynamisme, dans le cadre d'une économie capitaliste. Une bourse peut inscrire à sa *cote diverses catégories de titres, nationaux ou étrangers. (En France, depuis le 1er janvier 1962, une valeur ne peut cependant faire l'objet d'une double inscription à la Bourse de Paris et dans une bourse de province.)

Les catégories de valeurs mobilières : A la Bourse de Paris, les catégories recensées à la cote sont les suivantes.

• Les *fonds d'État français :* ce sont des titres de créance sur l'État qui peuvent se subdiviser eux-mêmes en trois catégories essentielles : 1) les « *rentes », dont les quatre principales sont : la rente 3,5 % 1952-1958 amortissable à capital garanti (le prix de remboursement est indexé sur le cours de la pièce de 20 F en or tel qu'il résulte du marché libre de Paris) devenue le 4,5 % 1973 ; l'emprunt 4,5 %-4,75 % 1963 amortissable (1re et 2e tranches) ; l'emprunt national 5 % 1956 à capital indexé (le prix de remboursement varie selon l'indice des valeurs françaises à revenu variable et à revenu fixe) ; l'emprunt 7 % 1973 (amorti) ;
2) les obligations du Trésor ;
3) les bons d'équipement industriel et agricole 5 % 1956.

• Les *titres des secteurs public et semi-public français,* qui comprennent les fonds garantis par le gouvernement français ; les emprunts de reconstruction émis par des groupements de sinistrés de la guerre 1939-1945 et dont les intérêts et l'amortissement sont garantis par l'État (loi du 30 mars 1947) ; divers emprunts émis par l'État, par des collectivités ou des établissements publics chargés de missions particulières : PTT, ville de Paris, département de la Seine, divers départements ou communes, emprunts unifiés des collectivités locales, emprunts du Crédit foncier, du Crédit national, de la Caisse nationale de crédit agricole, de la Caisse nationale des autoroutes, de la Caisse d'équipement pour le développement de l'Algérie ; les obligations et *parts bénéficiaires remises aux actionnaires des banques et compagnies d'assurances nationalisées, les obligations indemnitaires de la Caisse nationale de l'énergie remises aux actionnaires des houillères et des sociétés de production d'électricité nationalisées : SNCF, réseaux de chemin de fer, Électricité de France, Gaz de France, houillères nationales (Charbonnages de France) ; diverses émissions du secteur semi-public, notamment celles de la régie Renault.

• Les *titres émis des sociétés privées françaises,* parmi lesquelles : des actions ou parts qui traduisent une participation à leur capital ; des obligations et des bons, qui traduisent une créance de leur détenteur sur la société.

• *Diverses valeurs émises dans la* *zone franc.

• Diverses valeurs étrangères parmi lesquelles notamment : les emprunts des organismes internationaux tels que la *Banque internationale pour la reconstruction et le développement, la *Banque européenne d'investissement ; les fonds d'État : rentes ou obligations émises par divers pays étrangers ; les actions, parts et obligations de sociétés étrangères.

Le volume annuel des émissions de valeurs mobilières : Il mesure le rôle joué par ce canal dans le financement de l'*investissement national ou *formation brute de capital fixe. En année moyenne, la part des valeurs mobilières dans ce financement global est comprise entre 13 et 15 %. On note en outre que :

– parmi ces valeurs mobilières la part des obligations varie entre 9 et 12 %, celle des actions entre 3 et 5 % environ ;

– les émissions du secteur public et semi-public occupent une place prépondérante (environ les 2/3 du total des émissions) mais la moitié environ de ces émissions est le fait d'organismes spécialisés qui redistribuent les fonds sous forme de prêts à des entreprises ou à des particuliers (*Crédit national, *Crédit foncier, Crédit agricole, Crédit hôtelier...) ;

– corrélativement, une part croissante des prélèvements sur le *marché financier sont le fait d'intermédiaires qui servent de relais entre l'épargne et ses utilisateurs finals. (De 1959 à 1970, la part de ces « financements indirects » dans les émissions de valeurs mobilières est passée de 18 à 60 % environ.)

La répartition de la capitalisation boursière des valeurs à revenu variable : Elle mesure l'apport relatif de celles-ci aux *divers secteurs* de l'activité économique. Sur l'ensemble de la capitalisation boursière les secteurs économiques se répartissent approximativement comme suit, par ordre décroissant de leur part en pourcentage du total.

• Sept secteurs pour lesquels la capitalisation est supérieure à 5 % du total :

– les industries alimentaires : environ 12,5 ;
– les banques et sociétés financières : environ 12 ;
– les produits chimiques, l'électro-métallurgie et les verreries : environ 8,5 ;
– les pétroles et carburants : environ 7,5 ;
– les sociétés d'investissement et de portefeuille : environ 7 ;
– le matériel électrique : environ 6 ;
– les sociétés foncières et immobilières : environ 5,5.

• Neuf secteurs pour lesquels la capitalisation est comprise entre 1 et 5 % du total :

– la métallurgie et son commerce : environ 4 ;
– le bâtiment, les machines de construction, les travaux publics et les industries du bois : environ 4 ;
– les magasins et comptoirs d'exportation : environ 4 ;
– les constructions mécaniques : environ 4 ;
– les industries d'automobiles et de cycles : environ 2,5 ;
– le caoutchouc (industrie et commerce) : environ 2,5 ;
– les services publics : environ 2 ;
– les imprimeries et industries des papiers, cartons, journaux et périodiques : environ 2 ;
– les assurances : environ 1,5.

• Dix autres secteurs pour lesquels la capitalisation est inférieure à 1 % soit, par ordre d'importance décroissante : les hôtels, les casinos, les établissements thermaux ; les industries et commerces textiles ; les mines et commerces de minerais ; les transports terrestres et fluviaux, les transports maritimes et aériens ; les carrières, salines et mines de charbon ou de phosphate ; l'agriculture ; les docks ; les ports et canaux ; les cinémas et établissements de musique et d'attractions ; les constructions navales.

• Divers autres secteurs dont la capitalisation est relativement peu importante (exemple : mines d'argent et d'or)...

Valeurs réalisables à court terme

a : *Short-term realizable assets* – **d** : *Kurzfristig realisierbare Aktiva* – **e** : *Valores realizables a corto plazo*

Ensemble des créances et titres détenus par une entreprise et pouvant être convertibles en monnaie généralement à moins d'un an.

Inscrites à l'*actif du bilan, ces valeurs ont un degré de liquidité supérieur à celui des *valeurs immobilisées, inférieur à celui des *valeurs disponibles.

Le poste « valeurs réalisables à court terme » comprend (selon la nomenclature du plan comptable de 1957) :

• Les *avances et acomptes versés aux fournisseurs* sur commandes de marchandises ou de fournitures passées par l'entreprise. Lorsque ces biens seront livrés, ils se tranformeront en « *valeurs d'exploitation » (à noter que, s'il s'agit d'avances sur *immobilisations, elles sont inscrites à « immobilisations en cours »).

• Les *créances sur « autres débiteurs »* et *les prêts à moins d'un an,* qui peuvent concerner, par exemple, les sommes restant dues par les actionnaires ayant souscrit à la constitution ou à l'augmentation du capital social, les comptes courants débiteurs des sociétés filiales chez la société mère, etc.

• Les *créances sur les « clients ».* Ce poste regroupe l'ensemble des sommes dues par les clients ayant reçu livraison de marchandises ou de produits, mais n'ayant pas payé comptant et ayant bénéficié de crédits commerciaux.

Lorsque ces créances sont matérialisées par des *effets, elles sont cependant imputées au poste « effets à recevoir » de la rubrique *valeurs disponibles.

Ces trois postes constituent le noyau de la rubrique « valeurs réalisables à court terme » dont l'estimation doit tenir compte de la validité des créances (litiges, désaccords d'interprétation) et de la solvabilité des débiteurs. Si des doutes subsistent sur ces divers points, il est loisible de constituer des provisions pour dépréciation ou caractère douteux de ces créances.

Le plan comptable révisé de 1982, qui ne distingue plus les créances ou les dettes selon leurs dates d'exigibilité, regroupe ces valeurs dans les postes *créances, avances et acomptes versés sur commandes d'exploitation, valeurs mobilières de placement principalement.

Variable

a : *Variable* – **d** : *Variable* – **e** : *Variable*

---

*Grandeur susceptible de varier de façon propre ou en fonction d'autres variables. En *statistique descriptive : *Caractère quantitatif discret ou continu.*

Une variable statistique peut ainsi présenter plusieurs modalités quantitatives formant, soit un ensemble discret de valeurs (ensemble de valeurs distinctes), soit un ensemble continu découpé en classes d'amplitudes égales ou non.
En calcul des probabilités, l'expression « variable aléatoire » désigne une grandeur qui peut prendre un certain nombre de valeurs formant un ensemble discret ou continu, chacune de ces valeurs (ou chaque intervalle de valeurs) ayant une certaine probabilité d'être prise.
Du point de vue mathématique, variable statistique et variable *aléatoire se traitent de façon tout à fait analogue.

Variance

a : *Variance* – **d** : *Varianz* – **e** : *Varianza*

Indicateur de dispersion égal au carré de l'écart type.

Voir Écart type.

Variation

a : *Variation* – **d** : *Variation* – **e** : *Variación*

---

*Modification de la valeur d'une *variable.*

Il faut se garder de confondre variation absolue, différence entre les valeurs de la variable avant et après modification, et variation relative,

rapport de la variation absolue à la valeur avant modification. Les variations relatives s'expriment en général en « pour cent » ou en « pour mille ». Quand on parle de variation sans donner d'autres précisions, il s'agit toujours de la variation absolue.
En économie, on s'intéresse à des grandeurs souvent représentées par des variables quantitatives et à l'évolution dans le temps de ces variables. Il est alors utile de comparer entre elles les variations des différentes variables, notamment quand il s'agit de variables liées par une *fonction, la variable explicative étant d'ailleurs très souvent le temps : on est ainsi amené à faire le rapport de la variation de la fonction à celle de la variable, quantité qui, par définition, tend vers la *dérivée* de la fonction quand la variation de la variable tend vers zéro. La fonction linéaire est la seule à dérivée toujours constante, c'est-à-dire qu'elle varie toujours de la même façon quand la variable varie d'une certaine quantité, quelle que soit la valeur prise par cette variable.
On forme également très souvent le rapport de la variation relative de la fonction à la variation absolue de la variable (taux d'accroissement relatif), ou encore le rapport des variations relatives de la fonction et de la variable, connu sous le nom d'*élasticité. La fonction exponentielle est la seule fonction pour laquelle le taux d'accroissement relatif reste toujours constant, c'est-à-dire qu'elle varie d'autant plus fortement que son niveau est plus élevé, quand la variable varie d'une certaine quantité.

Variations nettes

a : *Net variations* – **d** : *Netto Variationen (Wertveränderungen)* – **e** : *Variaciónes netas*

• *D'actif. Comptabilité nationale : Variation nette des créances, dans le compte financier, c'est-à-dire différence entre les *placements et les *prêts d'une part, et les *recouvrements, d'autre part.*

• *De passif. Comptabilité nationale : Variation nette des dettes, dans le compte financier, c'est-à-dire différence entre les *émissions et les *emprunts d'une part, et les remboursements d'autre part.*

Vendredi noir

a : *Black Friday* – **d** : *Schwarzer Freitag* – **e** : *Viernes negro*

Jour de crise boursière ou bancaire.

Cette locution fait référence au fait que les premières crises boursières ont commencé un vendredi : le vendredi 11 mai 1866 à Londres, à la

suite de la faillite de la banque Overend et Guzney ; le vendredi 24 septembre 1869 aux États-Unis, à la suite d'une vague de spéculation sur l'or.
Le plus célèbre « vendredi noir », en fait un jeudi, est celui du 24 octobre 1929, qui a enregistré un effondrement des cours de Wall Street (É.-U.) à la suite d'une période de spéculation boursière.
Le plus récent « vendredi noir » est intervenu un lundi, le 19 octobre 1987, où la chute brutale des cours de Wall Street, à la suite d'une longue période de hausse, a gagné l'ensemble des places boursières.

Vente

Voir Chiffre d'affaires.

Venture capital

Voir Capital risque.

Versement représentatif de la taxe sur les salaires (VRTS)

Prélèvement effectué au profit des collectivités locales sur le montant des recettes de l'État pour compenser la suppression partielle, en 1968, de la taxe sur les salaires.

Vert (budgétaire)

*Fascicule publié après le vote de la *loi de finances, contenant une analyse détaillée des moyens affectés à un ministère.*

Virement

a : *Reclassification/Transfer* – **d** : *Umbuchung/Übertragung* –
e : *Transferencia/Reclasificación/Transferencia de crédito*

*Opération consistant à transporter une somme d'un compte à un autre, sans que ce changement affecte le total du *budget ou du *bilan, ou bien sans que jouent certains comptes de disponibilités, en particulier le compte de caisse. Cette opération peut servir de moyen de règlement.*

Le virement est une opération comptable simple susceptible d'applications très diverses, soit au stade de la prévision, soit au stade de la constatation, soit au stade de l'exécution. Il accroît le solde d'un compte par réduction du solde d'un autre compte de nature voisine.

Le virement de crédit : C'est l'opération consistant à modifier le budget sans en changer le total, en transférant un *crédit de montant déterminé d'une affectation à une autre : c'est une entorse au principe de *spécialité des crédits selon lequel l'autorité qualifiée pour les ouvrir les accorde pour un objet donné. Aussi, depuis 1871, le principe était posé d'une interdiction de virement entre chapitres dont chacun correspond à des services corrélatifs et de même nature.
La nécessité de maintenir certains assouplissements dans la gestion d'un budget toujours plus complexe a conduit à admettre les virements de crédits dans certaines limites : l'ordonnance organique du 2 janvier 1959 distingue, parmi les mesures pouvant modifier la répartition des dotations entre les chapitres, les transferts qui ne modifient pas la nature de la dépense mais seulement le service responsable de son exécution, et les virements qui modifient la nature de la dépense prévue : les virements peuvent être autorisés par décret, sous réserve d'intervenir à l'intérieur du même titre du budget d'un même ministère et de ne pas dépasser le dixième de la dotation de chacun des chapitres intéressés.

Le virement de comptes : En comptabilité, c'est une opération comportant transport d'un crédit au crédit d'un autre compte, ou d'un *débit au débit d'un autre compte, en portant l'écriture de sens inverse au compte dans lequel l'opération était précédemment enregistrée : de telles opérations ne doivent pas faire jouer les comptes de disponibilité (caisse et banques), c'est-à-dire comporter une sortie ou une entrée de fonds. Il s'agit pour une part d'opérations d'ordre : rectification d'erreurs, *imputation définitive d'écriture portée à un compte d'attente, écritures de fin d'exercice, mais aussi de règlements internes.
Lorsque le virement affecte deux comptes de tiers, il correspond en général à une opération de règlement.

Le virement bancaire, moyen de règlement : C'est l'opération par laquelle, sur ordre d'un client, le banquier débite le compte du client pour créditer un autre compte. Il constitue un moyen de règlement comme le *chèque et la *lettre de change : ceux-ci font l'objet d'un règlement par virement, lorsqu'il n'y a pas mouvement d'espèces lors de leur présentation.
Le virement est d'abord un moyen de *compenser entre eux les engagements des titulaires* de comptes courants ouverts dans une même banque ; il n'en est pas différemment lorsque les comptes sont ouverts dans les sièges différents d'une même banque ; le système fonctionne largement à l'intérieur du système des chèques postaux. Le virement interne est la simple application de la technique comptable précédemment décrite : il ne modifie pas la situation de la banque qui exécute l'opération.

Le virement peut avoir le même emploi, même si le compte destinataire est tenu dans un autre organisme bancaire, banque ou chèques postaux. L'exécution du virement interbancaire, faisant intervenir deux organismes bancaires, s'opère, comme le règlement des effets et des chèques, par l'intermédiaire de la Chambre de *compensation. Le virement externe modifie la situation des banques qui participent à son exécution puisqu'il fait intervenir le compte par lequel elles se transmettent des liquidités ; mais il ne comporte qu'utilisation de monnaie scripturale et par suite n'affecte pas la situation d'ensemble du système bancaire.
Les règlements entre banques, à la suite des opérations de compensation, s'opèrent par virements réalisés dans les écritures d'une banque tierce, généralement la *banque centrale qui tient des comptes au nom des diverses banques intéressées. La Banque de France offre aux titulaires de comptes ouverts chez elle la possibilité d'opérer des virements en utilisant des formules de couleur rose, lorsque le virement doit être exécuté entre deux comptes tenus dans le même comptoir, de couleur bleue si les deux comptes sont tenus dans des comptoirs différents.
Le virement est aussi le procédé le plus utilisé pour les *règlements avec l'étranger :* il fait intervenir alors deux banques au moins, celle du donneur d'ordre et le correspondant étranger de celle-ci dont les relations se traduisent dans le jeu des comptes « loro » et « nostro ».
Le virement est un *moyen de paiement des dépenses publiques ;* les comptables publics exécutent celles-ci par des virements soit aux comptes bancaires des bénéficiaires (en donnant ordre de virement à la Banque de France qui fait jouer le compte courant du Trésor), soit à leurs comptes postaux (l'ordre de virement est alors envoyé au centre de chèques postaux qui tient le compte postal du comptable) ; des ordres de virement collectifs auxquels est jointe la liste des bénéficiaires simplifient l'exécution des paiements. Le règlement par virement est obligatoire pour les paiements excédant 1 000 F.
La technique du virement permet enfin de transférer d'une personne à une autre ou d'une banque à une autre, non seulement des fonds mais des valeurs de nature déterminée : des *bons du Trésor en comptes courants, des valeurs mobilières en *SICOVAM.

Visa, chèque visé

Voir Chèque.

Viscosité

a : *Viscous market* – **d** : *Zähflüssiger Markt* – **e** : *Viscosidad*

Caractère d'un marché où l'offre et la demande s'adaptent malaisément l'une à l'autre.

Cette notion, utilisée, comme celle de *fluidité, par les économistes, par référence aux termes de l'hydraulique, caractérise la difficulté ou la lenteur d'adaptation des phénomènes économiques les uns aux autres et notamment celle de l'*offre à la *demande et vice versa. La vie économique présente une série de cas intermédiaires entre la *rigidité* (adaptabilité nulle) et la *fluidité* (adaptabilité théoriquement parfaite) qui sont en réalité autant d'exemples de viscosité de degrés divers. Cette viscosité est un des éléments qui caractérisent la *concurrence imparfaite. La viscosité peut tenir à une série d'éléments. En voilà quelques exemples.

Viscosité de la demande :

• Limitation de la liberté des acheteurs par les prix (niveau de *revenu ou de capacité de financement, appréciation du besoin, structure des *coûts dans lesquels entrent les produits achetés, solvabilité, etc.).

• Limitation des possibilités d'accès des vendeurs aux acheteurs (marchés réservés, *protectionnisme international, contrats d'exclusivité, éloignement géographique, défaut d'information, défaut d'*atomicité des acheteurs).

• Contraintes ou aliénations diverses du « choix rationnel » des acheteurs (habitudes de consommation, routine, différences d'efforts de *publicité, mode, snobisme, etc.).

Viscosité de l'offre :

• Limitation de la liberté de détermination des prix par les producteurs (*prix imposés, *ententes, *cartels, taxation des prix par l'État...).

• Limitation des accès aux vendeurs (partages de zones d'influence, cartels, ententes, contrats d'exclusivité, éloignement géographique, défaut d'information, défaut d'atomicité des producteurs).

• Contraintes physiques ou techniques de la production (viscosité de la production agricole due aux conditions naturelles, lenteurs d'adaptation de productions industrielles au rythme et aux modifications des besoins, répartition autoritaire, *contingentement de production, *dirigisme...).

• Hétérogénéité des produits mis en vente par les fournisseurs (limitant les facultés de comparaison à l'identique pour déterminer les choix de l'acheteur).

Voies et moyens

a : *Ways and means* – **d** : *Haushaltsbestimmungen* – **e** : *Reglamento de presupuesto*

Dispositions de la loi de finances déterminant les conditions dans lesquelles seront couvertes les dépenses.

La couverture normale des charges du *budget est assurée par l'impôt : aussi la loi de finances comporte-t-elle renouvellement de l'autorisation de percevoir les impôts conformément aux dispositions fiscales antérieures, intervention de mesures fiscales nouvelles modifiant le niveau et la répartition des charges fiscales, enfin, estimation du volume des recettes attendues de l'ensemble de ces dispositions pour l'exercice considéré.
Les voies et moyens comprennent encore les emprunts et les ressources de trésorerie pour lesquelles le ministre des Finances dispose d'une autorisation générale renouvelée chaque année.
L'ordonnance organique 59-2 de 1959 stipule que ces dispositions sont réunies dans la première partie de la loi de finances : celle-ci comprend encore un tableau des voies et moyens donnant les prévisions de recettes du budget général (impôts, monopoles, produits domaniaux et divers...) que vient compléter un fascicule « évaluation des voies et moyens » qui détaille les prévisions de recettes budgétaires et fournit les hypothèses qui ont servi à leur calcul.
En Grande-Bretagne, le terme correspondant *(ways and means)* s'applique plus limitativement aux ressources à très court terme que l'Échiquier peut obtenir de l'institut d'émission pour l'ajustement quotidien de sa trésorerie.

Volatilité (degré de)

a : *Price volatility* – **d** : *Kursvolatilität* – **e** : *Grado de volatilidad*

Sensibilité du cours d'une action ou d'un portefeuille aux variations globales des cours de la bourse.

Ce degré de sensibilité ou de volatilité correspond, en fait, au degré de risque attaché au titre ou au portefeuille. Il est symbolisé par un coefficient appelé « bêta ». Une action dont le β est inférieur à 1 est dite peu volatile, et volatile s'il est supérieur à 1. (Exemple : avec un β de 0,5, une action variera de 5 % lorsque les *cours varient en général de 10 %). Le choix d'actions plus ou moins volatiles est lié à l'objectif de gestion du portefeuille aux fins de *spéculation ou de sécurité (ce dernier souci est celui des *SICAV). Comme pour tous les indices ou *ratios, un tel instrument ne peut constituer que l'une des références de la gestion. Sa valeur dépend en effet des périodes de calcul choisies, et peut elle-même varier suivant les périodes.

VRTS

Voir Versement représentatif de la taxe sur les salaires.

Warrant

a : *Warrant* – **d** : *Lagerschein* – **e** : *Warrant*

Droit commercial : Forme particulière donnée au titre instrumentaire d'un gage commercial.

Le terme de warrant ou de warrantage ne s'applique pas en effet à une variété particulière de sûreté, mais s'attache à la forme que revêt le titre de créance. On peut en distinguer deux.

Le récépissé-warrant des *magasins généraux : Comme son nom l'indique, c'est un titre double délivré au déposant par le magasin. L'originalité de la procédure résulte dans la possibilité de dissocier les deux parties du titre : le récépissé qui constitue le titre de propriété des biens déposés, et le warrant qui, par voie d'*endos, peut devenir un bulletin de *gage. Les deux documents confèrent ainsi au déposant la possibilité, par simple endos, soit de vendre le bien déposé, soit de l'affecter en gage. Le warrant circule comme un effet de commerce et confère à son détenteur, à l'échéance, les droits attachés à ce titre, avec comme garantie la valeur du bien déposé. Le warrant des magasins généraux réalise la dépossession du débiteur, par entiercement.

Les warrants sans dépossession : Ils sont eux-mêmes de deux sortes.

• Les *warrants agricoles, hôteliers et pétroliers,* qui ne comportent pas dépossession, et dont le titre, mobile, est établi par le greffe du tribunal de commerce. La garantie du créancier repose ici davantage sur la confiance personnelle, et sur l'existence de sanctions pénales en cas de divertissement des biens warrantés.

• Le *warrant industriel,* lié d'abord à l'économie de guerre, et réorganisé sous une nouvelle forme par la loi du 11 janvier 1951 modifiée par une ordonnance du 23 septembre 1958 : la possibilité de warrantage est organisée au profit des vendeurs d'outillage ou de matériel d'équipement ou des prêteurs qui consentent aux acheteurs des crédits nécessaires à l'achat de ces matériels. L'exercice du droit de suite par le créancier nanti est subordonné à l'apposition d'une plaque « stigmatisant » l'assiette du gage. La garantie du créancier est renforcée par une inscription au greffe du tribunal de commerce et l'existence de sanctions en cas d'aliénation ou de distraction du matériel. Cette procédure, destinée à favoriser la modernisation de l'équipement industriel, est en pratique assez peu utilisée.

Marché financier : Titre attaché ou non à un titre principal, visant à conférer à son détenteur un avantage de souscription.

Synonyme de bon de souscription (*voir* ABSA, OBSA).

York (système d')

a : *York (system of)* – **d** : *York (System von)* – **e** : *York (sistema de)*

Mode de rémunération du travail aux pièces.

Un tiers du salaire théorique prévu est assuré à l'ouvrier quels que soient l'application et le temps mis au travail ; les deux autres tiers sont répartis sur les heures prévues dans la norme, et versés dans la mesure où elles sont accomplies. Les heures de travail effectuées au-delà de la norme ne sont pas rémunérées.

ZAD (zone d'aménagement différé)

Zone d'urbanisation mise en réserve, où les collectivités publiques disposent, pour préparer leur aménagement, d'un droit de préemption sur les mutations.

Ce droit s'étend à quatorze ans.

Voir ZUP.

Zillmérisation

Mode de calcul des provisions mathématiques des entreprises d'assurances (de Zillmer, auteur de la réforme).

En assurance sur la vie et en capitalisation, les provisions mathématiques doivent permettre à l'entreprise d'assurances de remplir ses engagements envers les assurés ; dans les contrats générateurs d'épargne, ces engagements étaient surestimés.
En effet, bien que les contrats soient prévus pour une longue durée (10 à 20 ans), l'intermédiaire perçoit généralement par avance la totalité de sa rémunération au cours des deux premières années. Cette rémunération de l'intermédiaire est immédiatement comptabilisée en charge par la compagnie d'assurances. Elle est également incluse dans les provisions mathématiques car l'entreprise, dans l'évaluation de ses engagements, ne tient pas compte du fait qu'elle a une créance sur l'assuré ; en effet, si celui-ci entend récupérer son épargne, elle lui retient la part de la rémunération avancée à l'intermédiaire, qu'elle aurait récupérée sur les primes restant à payer, si le contrat n'avait pas été interrompu.
En conséquence, la provision constituée en cours de contrat est excédentaire, car ce n'est qu'au terme du contrat que la provision correspondra réellement à l'engagement de l'assureur. C'est cet excédent de dotation aux provisions mathématiques qui, à compter du 1er janvier 1983, est inclus dans le calcul du bénéfice imposable, en vue de mettre fin à ce qui s'apparente à un avantage de trésorerie au profit des entreprises d'assurance-vie.
Cette mesure ne concerne que les contrats générateurs d'épargne à primes périodiques ; en effet, lorsqu'il y a prime unique, le souscripteur s'est

libéré en une seule fois de tous ses engagements envers l'assureur et il n'y a pas créance de l'assureur sur l'assuré.
La zillmérisation a eu pour effet une diminution des provisions mathématiques d'environ 10 %, ce qui a produit un bénéfice exceptionnel libéré de l'impôt sur les sociétés à 50 % par une taxe exceptionnelle égale à 1,8 % du montant de la provision source du bénéfice. Le reliquat de cet excédent a été obligatoirement affecté à hauteur d'au moins 75 % aux assurés.

Voir Provisions techniques.

Zone de libre-échange

a : *Free trade area* – **d** : *Freihandelszone* – **e** : *Zona de librecambio*

Ensemble formé par des pays ayant organisé entre eux la libre circulation des marchandises produites sur leur territoire.

Des différentes formes d'associations entre États destinées à favoriser les échanges internationaux, la zone de libre-échange est parmi les moins contraignantes.

Les principes : Abolissant toute restriction quantitative et tout obstacle tarifaire aux mouvements de marchandises provenant des pays membres de la zone, les États conservent cependant toute liberté pour déterminer les règles relatives aux échanges avec les pays extérieurs à la zone. Les transactions entre membres et non-membres de la zone ne sont donc soumises à aucune réglementation commune, au contraire de la situation qui est celle à l'intérieur d'une *union douanière où s'impose une réglementation unique.

La comparaison avec un marché commun : Elle fait encore mieux ressortir le caractère faiblement contraignant de la zone de libre-échange. L'intégration économique, élément central d'un *marché commun, se fonde non seulement sur une union douanière mais aussi sur l'harmonisation des règles en vigueur à l'intérieur des marchés des États membres ; n'allant même pas jusqu'à l'union douanière, la zone de libre-échange laisse donc subsister la liberté des gouvernements en matière de législation fiscale, économique et sociale. Cette possibilité de bénéficier des avantages issus de la libération des échanges, tout en conservant au maximum son indépendance en matière de politique économique nationale, et internationale, a été saisie en 1959 par le Royaume-Uni et ses partenaires de l'Association européenne de libre-échange (AELE) qui ne voulaient pas accepter de participer à la CE alors en cours de création et ne pouvaient rester confinés dans un isolement total.

Les difficultés concrètes de fonctionnement d'une zone de libre-échange : Elles ne doivent cependant pas être sous-estimées. Qu'il suffise de rappeler, pour se limiter à un exemple, que loin de simplifier la tâche des services de *douane, comme le permet dans une certaine mesure une union douanière, la disparition de tous droits de douane à l'intérieur de l'association oblige à renforcer les contrôles dès lors que les tarifs applicables dans chaque pays aux produits d'origine extérieure à l'ensemble restent distincts. Le régime de la *libre pratique possible dans un marché commun ne saurait se concevoir ici sans entraîner des détournements de trafics destinés à battre en brèche la protection maintenue par chaque État membre à l'égard de pays tiers.

Par ailleurs, et cela a eu des conséquences plus graves, le choix qu'ils avaient effectué en faveur de la zone de libre-échange n'a pas donné satisfaction aux pays membres de l'AELE.

Le développement rapide du commerce intracommunautaire et les progrès économiques également importants enregistrés par les pays membres de la CE, alors que les pays de l'AELE avaient des rythmes de croissance inférieurs et que les courants commerciaux entre eux ne s'intensifiaient que modérément, ont semblé prouver au cours des années 60 qu'il était illusoire de vouloir jouir des bénéfices procurés par l'intégration économique, condition nécessaire d'un fonctionnement satisfaisant du *libre-échange, sans en accepter les règles et les contraintes. La médiocrité des résultats, les difficultés concrètes de fonctionnement d'une zone de libre-échange ont contribué à mettre en difficulté le parti initialement retenu par la Grande-Bretagne et ses associés.

Si la conclusion logique de ce désenchantement a effectivement amené la Grande-Bretagne et certains de ses partenaires de l'AELE à demander leur adhésion à la CE, l'échec des premières négociations entamées à deux reprises en 1963 et 1967, les refus de certains membres de l'AELE de participer aux négociations, notamment ceux de l'Autriche et de la Suisse, soucieuses toutes deux de maintenir leur neutralité politique, ont clairement montré que, par-delà les concessions et harmonisations dans les domaines économique et social, les unions économiques et douanières telles que la CE avaient un contenu et un devenir politiques essentiels. Dès lors, la formule de la zone de libre-échange, dont les implications strictement politiques sont sinon nulles, du moins négligeables, conserve des avantages et peut sans doute dans certains cas être encore utilisée.

Ainsi le débat reste ouvert entre zone de libre-échange et marché commun : Encore faut-il se garder de concevoir la zone de libre-échange avec des arrière-pensées politiques, comme un moyen détourné de faire obstacle à une union économique. Le projet britannique de grande zone européenne de libre-échange en 1958 a échoué et n'a pu déboucher que sur un succédané limité, l'AELE, laquelle a fini par se dissoudre dans le cadre d'un accord avec la Communauté européenne donnant naissance à * l'Espace économique européen. Depuis des États membres ont rejoint l'Union européenne ; le grand dessein américain de zone atlantique, lancé en 1963 par le président Kennedy, après plusieurs années de discussions, n'a conduit qu'à un accord limité de réductions tarifaires dans le cadre du *GATT. Ces échecs sont la preuve du caractère insuffisamment mobilisateur de la zone de libre-échange face à une solidarité ressentie et voulue entre États voisins. On notera cependant la création en 1994 de l'*Association de libre-échange nord-américaine.

Zone dollar

a : *Dollar zone* – **d** : *Dollarzone* – **e** : *Zona del dólar*

**Zone monétaire constituée avant le retour des principales monnaies à la *convertibilité par les pays utilisant sans restriction le dollar dans leurs transactions avec l'étranger.*

Il est possible de donner un contenu positif et assez précis à la notion de *zone sterling ou de *zone franc. Leur existence, sinon leur création, leur réglementation, leurs objectifs résultent de décisions délibérées et convergentes d'un certain nombre d'États.

La zone dollar au contraire s'est constituée d'une manière en quelque sorte résiduelle comme le groupe des pays n'ayant pas adhéré à l'un des systèmes régionaux en vigueur (zones sterling, franc, *UEP, puis SME). Elle englobait pour l'essentiel toute l'Amérique du Nord (le Canada, bien que membre du Commonwealth, faisait partie de la zone dollar) et certains des États d'Amérique du Sud. Les membres de ce groupement de fait eurent dans l'immédiat après-guerre une balance des paiements courants largement excédentaire et purent continuer à pratiquer le *libéralisme — au moins théorique — en matière de commerce extérieur et de changes. En revanche, ils étaient l'objet de discriminations diverses (*contingentements, *tarifs douaniers plus élevés) de la part du reste du monde.

La personnalité du groupe était en partie créée par les réactions du reste du monde. Elle résultait aussi de l'intensité des échanges avec les États-Unis, principal partenaire commercial des autres membres et source de capitaux.

Le retour à la convertibilité en 1958 et la suppression des discriminations à l'encontre des produits venant de la zone dollar ont abouti à la fusionner dans le vaste ensemble des pays à monnaie convertible.

Zone franc

a : *Franc zone* – **d** : *Franc-Zone* – **e** : *Zona del franco*

Zone de solidarité monétaire formée autour de la France.

Histoire

Constituée au moment où la France administrait un empire colonial, la zone franc, conçue à l'origine de façon très centralisée, a évolué progressivement sous l'effet de plusieurs facteurs : l'avènement des pays africains à l'indépendance ; le processus mondial de *libéralisation des échanges et de retour à la *convertibilité externe des *monnaies européennes ; le développement du *Marché commun ; l'association des pays africains au marché commun ; le processus de développement de la coopération régionale intra-africaine.
Formée, au départ, de la France, de ses dépendances directes et d'un certain nombre d'États indépendants ayant relevé à un moment donné de la souveraineté française, la zone franc forme un ensemble évolutif. La Guinée s'en est exclue, dès 1958, suivie par le Mali, qui a récemment réintégré la zone. Les trois États d'Afrique du Nord n'en font plus partie au sens strict, même s'ils conservent certains liens particuliers avec la France. Plus récemment, la République malgache et la Mauritanie en sont également sorties.
Le « noyau dur » de la zone franc comprend donc la France, les départements et territoires d'Outre-Mer, Monaco, les collectivités territoriales de Saint-Pierre et Miquelon et Mayotte, et quatorze États africains : Bénin, Côte-d'Ivoire, Burkina Faso, Mali, Niger, Sénégal, Togo, Cameroun, Congo, Gabon, République centrafricaine, Tchad, République de Guinée équatoriale (1985), République fédérale islamique des Comores. La zone est ainsi devenue une zone monétaire souple, où les rapports entre les partenaires se sont diversifiés.

Aspects internes

Régime de l'émission monétaire : Deux traits caractérisent de ce point de vue l'appartenance à la zone franc : les monnaies des pays membres s'échangent à des taux fixes (*voir* Franc CFA, Franc CFP) ; leur parité est définie par rapport au franc français, soit dans le cadre d'accords internationaux, soit par l'effet d'un régime de fait reconnu par la France. Les banques centrales de ces pays conservent tout ou partie de leurs avoirs extérieurs en francs français.
L'observation de ces principes n'empêche pas l'existence de plusieurs types de rapports monétaires entre la France métropolitaine et les pays membres de la zone. On peut distinguer à cet égard :

• Les DOM et les TOM : ils relèvent de la souveraineté française, et ne disposent pas de ce fait d'un *Trésor indépendant. Leurs opérations monétaires sont cependant retracées dans un *compte d'opérations (voir ci-après) ouvert dans les écritures du Trésor, dans la mesure où ils disposent d'une émission distincte (Institut d'émission des DOM, émettant du franc métropolitain pour la Martinique, la Guadeloupe, la Guyane, Mayotte, la Réunion et Saint-Pierre et Miquelon ; Institut d'émission d'outre-mer, émettant du franc CFP en Nouvelle-Calédonie à Wallis et Futuna, et en Polynésie française). On notera à cet égard que le franc de Djibouti, avant l'indépendance, rattaché au dollar et entièrement convertible, était bien émis par le Trésor français, mais que le territoire ne faisait pas partie de la zone franc.

• Monaco (qui dispose d'une émission métallique propre et où le franc français a cours).

• Les États africains déjà cités : ceux-ci disposent d'une émission monétaire propre, assurée par la *Banque centrale des États de l'Afrique de l'Ouest et la *Banque centrale des États de l'Afrique centrale. Dans ces pays les billets libellés en francs CFA (ou francs maliens pour le Mali) sont différenciés par zone d'émission et parfois à l'intérieur d'une même zone d'émission. La Banque centrale des Comores émet un franc comorien de même valeur que le franc CFA.
Lorsque la différenciation n'est pas apparente, l'individualisation des billets est assurée par une numération distinctive.
Tous ces États conservent leurs réserves, sous forme de francs français dans des comptes d'opérations ouverts dans les écritures du Trésor français. En contrepartie, ils disposent le cas échéant de facilités de crédit non plafonnées qui assurent une convertibilité intégrale en francs français et à parité fixe des monnaies qu'ils émettent. Les Trésors publics de ces États sont, en règle générale, entièrement distincts du Trésor public français.

• Les États d'Afrique du Nord : ils possèdent des instituts d'émission propres et gèrent leur monnaie de façon totalement indépendante ; cependant, ils conservent une partie de leurs réserves, sous forme de francs français, dans un compte ouvert dans les écritures de la Banque de France : en contrepartie, ils ont la possibilité de disposer de sa part, le cas échéant, de facilités limitées dans leur montant et leur durée (sous forme d'avances). Leur Trésor public est entièrement indépendant du Trésor français.

Régime des transferts à l'intérieur de la zone : Les transferts s'effectuent sur la base de la *parité fixe. Ils s'effectuent de façon totalement libre dans les relations de la France vers les autres pays membres. Ce régime de *convertibilité interne illimitée implique que les résidents d'un pays quelconque de la zone bénéficient en France de « comptes intérieurs », dont les opérations sont entièrement libres, au crédit et au débit, pour l'exécution d'un règlement à l'intérieur de la zone. Le caractère « préférentiel » de ce régime apparaît cependant aujourd'hui très atténué

avec le retour à la convertibilité externe du franc pour toutes les transactions courantes avec l'étranger et pour la plus grande partie des mouvements de capitaux.
Pour les relations des pays membres entre eux ou vers la France, les rapports sont plus complexes : la convertibilité interne est totale pour les États ou territoires bénéficiant d'un compte d'opérations ; au contraire, ceux qui assurent intégralement la charge de leur monnaie et ne disposent pas de compte d'opérations ont établi une réglementation des changes plus ou moins restrictive. On peut cependant observer qu'en règle générale cette réglementation prévoit des conditions plus favorables pour les transferts à destination des autres pays de la zone franc.

Aspects externes

Réglementation des changes : Elle n'est pas uniforme dans la zone franc. Les États qui ne bénéficient pas d'un compte d'opérations ont institué vis-à-vis de l'étranger un contrôle des changes national, généralement très strict.
Les autres pays membres appliquent une réglementation harmonisée avec celle de la France, dans le cas d'aménagements arrêtés en commission mixte, qui comporte en général des dispositions assez restrictives en matière de mouvements de capitaux.

« Pool » des devises étrangères : La même distinction doit être effectuée à ce sujet. Si tous les pays de la zone franc disposent pour leurs opérations du marché central des changes de Paris et des avantages que peut leur procurer leur compte « droits de tirage » ouvert à la Banque de France, la centralisation des opérations et le jeu de ces comptes sont différents dans les deux cas.

- Pour les États dont l'Institut d'émission est lié au Trésor français par une convention de compte d'opérations, toutes les recettes des résidents de ces pays sont obligatoirement cédées sur le marché central des changes, et toutes les devises nécessaires aux paiements extérieurs achetées sur ce marché. Il n'y a pas à proprement parler de pool, car la centralisation est assurée directement par le marché des changes. Le Fonds de stabilisation des changes se borne à faire la contrepartie des soldes nets qui se manifestent à un moment quelconque sur la place de Paris. Le compte « droits de tirage » des pays membres tenu à la Banque de France enregistre toutes les recettes et toutes les dépenses sur l'étranger ; il est crédité des cessions et débité des achats effectués sur le marché. Son solde peut être débiteur, sans autorisation préalable. Ce système assure donc l'intégrale convertibilité externe des avoirs francs des banques d'émission des États de la zone.
- Les États qui assument la charge intégrale de leur monnaie peuvent indifféremment utiliser, pour leurs opérations, le marché des changes de Paris ou toute autre place étrangère. Dans la pratique, une grande part

de leurs opérations courantes se traite sur le marché central français. Les cessions et achats de devises auxquels elles donnent lieu sont comptabilisés dans un compte droits de tirage. Mais, à la différence du régime appliqué à la première catégorie de pays, ces comptes ne peuvent être débiteurs, sauf accord préalable négocié sur l'octroi d'une avance en devises.

A l'intérieur de la zone franc, les rapports monétaires particuliers se doublent de relations commerciales particulièrement étroites. Ces relations ont toutefois progressivement cessé d'être préférentielles dans la mesure où les pays membres ont contingenté certaines de leurs importations, et où l'association de certains d'entre eux au Marché commun conduit à supprimer les accords spécifiques passés avec la France, notamment dans le domaine des surprix, qui ont disparu depuis 1969.

Cependant, les courants commerciaux avec l'ancienne métropole restent importants, tandis qu'une aide de la France concourt à l'équilibre des finances publiques de ces États, comme à la réalisation de leurs programmes d'investissements.

Zone monétaire

a : *Currency zone* – **d** : *Währungsgebiet* – **e** : *Zona monetaria*

Ensemble constitué, à la suite d'un accord formel ou en conséquence d'un état de fait, par un groupe d'États ou de territoires observant des règles particulières dans leurs relations monétaires et confiant à la monnaie du principal d'entre eux un rôle essentiel dans les règlements internes à la zone et avec le reste du monde.

Les pays constitués en zone monétaire sont généralement convenus de suivre de façon plus ou moins complète les pratiques suivantes :

- la monnaie « directrice » — celle qui donne son nom à la zone — est utilisée comme instrument de règlement des transactions bilatérales à l'intérieur de la zone et comme *réserve de change ;
- les membres de la zone cèdent au pays émettant la monnaie pilote tout ou partie des *devises gagnées à l'extérieur, et attendent en contrepartie qu'il règle leurs transactions externes ;
- une large, voire totale liberté, est laissée aux mouvements de marchandises et de capitaux internes à la zone ;
- les règles de contrôle des échanges avec le reste du monde suivies par les membres, sont, sinon identiques, du moins très proches.

Il semble qu'on ne puisse pas donner une définition générale, précise, et valable pour toutes les époques, de la notion de zone monétaire. A la différence des institutions monétaires comme le *FMI, ou *l'UEP,

fondées après la Seconde Guerre mondiale par des pactes solennels et dotées de statuts précis, les zones monétaires sont des créations anciennes et empiriques (*voir en particulier* Zone sterling). Leur contenu a considérablement évolué et continue de le faire au gré des changements de la situation monétaire du monde et de celles des partenaires du groupe.
Les quatre caractéristiques retenues dans la définition demeurent dans l'ensemble pertinentes, à condition d'y voir plutôt l'expression des objectifs généraux à viser que la description rigoureuse toujours valable des pratiques suivies.
On peut soutenir à la limite qu'une zone monétaire résulte moins de dispositions concrètes que d'une certaine volonté de « vouloir vivre en commun » les relations monétaires et économiques internationales.

Zone sterling

a : *Sterling zone* – **d** : *Sterlingzone* – **e** : *Zona de la esterlina*

---

*Zone monétaire constituée par les pays qui, pour la plupart, ayant fait ou faisant partie du *Commonwealth, utilisent la livre sterling comme monnaie de réserve.*

Évolution jusqu'en 1958

Formation de la zone : La *livre sterling est à la fois une monnaie largement utilisée dans les transactions commerciales entre un grand nombre de pays et la monnaie de réserve de ceux constituant la zone. Ces réserves prennent la forme de dépôts au Royaume-Uni (« *balances sterling ») qui détient les réserves centrales et joue le rôle de banquier. Cette fonction bancaire est née progressivement au XIXe siècle des liens commerciaux et financiers avec les pays de l'Empire. La monnaie de certains d'entre eux était fondée sur la livre, leurs avoirs en cette monnaie constituant la couverture de leur circulation fiduciaire interne. Pour tous, le développement des échanges reposait sur les crédits des banques du Royaume-Uni. La livre était la monnaie naturelle de règlement et les avoirs en livres la forme de réserve internationale la plus commode, préférable à l'or.
Lors de la suspension de la *convertibilité de la livre en or (septembre 1931), les pays utilisant le sterling durent choisir entre le rattachement de leur monnaie à l'or ou à la livre.
Dans le premier cas, sa valeur-or était maintenue au niveau précédent, mais sa contre-valeur en livres augmentée ; les conséquences étaient évidemment inverses dans le second.

Les nombreux pays qui adoptèrent le second parti constituèrent la « zone sterling » : ils demeurèrent néanmoins libres de conserver en or une partie de leurs réserves (en achetant le métal sur le marché de Londres contre remise d'avoirs en livres) et ne furent astreints à aucune réglementation. La *zone monétaire résultait d'une simple entente tacite. Un contenu plus explicite et plus contraignant dut progressivement être donné à la zone du fait des hostilités.
Ses contours furent précisés par la loi sur le contrôle des changes de 1947 énumérant les « scheduled territories ». Des règles quasi identiques de contrôle furent promulguées. Une discrimination certaine fut instaurée au bénéfice des transactions internes qui furent laissées pratiquement libres, les relations avec le reste du monde étant, au contraire, sujettes à diverses restrictions (licences d'importation, contrôle des règlements, etc.).
Les membres de la zone pouvaient tirer librement sur leurs avoirs pour faire des règlements en sterling. Comme ils commerçaient principalement les uns avec les autres, le système économisait l'usage de l'or ou de *devises (dollar surtout) et permettait de préserver à l'intérieur de ce très vaste espace économique le multilatéralisme des transactions. Ce n'est qu'en cas de déficit global de la zone avec le reste du monde que des règlements en or ou en autres devises demeuraient nécessaires.

Les difficultés de l'après-guerre : Alors qu'avant la Seconde Guerre mondiale les dettes à court terme du Royaume-Uni restaient approximativement égales à ses propres réserves de *change, les déficits de balance des paiements encourus pendant la guerre par le Royaume-Uni portèrent ses engagements à un montant quadruple de ses avoirs à la fin du conflit. L'évolution des engagements de 1945 à 1958 fut la suivante (en millions de £) :

Détenteurs	1945	1958	Variations
Pays de la zone sterling	2 397	2 617	+ 220
Pays extérieurs à la zone	1 170	732	- 448
	3 567	3 349	- 228

La relative constance de l'endettement global de la Grande-Bretagne ne doit pas masquer trois évolutions fondamentales.
La répartition des avoirs par type de détenteurs s'est modifiée. Les créances de l'Inde et de l'Égypte furent considérablement réduites, tandis que s'accroissaient celles des colonies et des pays producteurs de pétrole.
La croissance importante du volume du commerce mondial et l'inflation augmentèrent en valeur nominale les besoins de réserves. Les pays membres ont besoin d'une part croissante de leurs dépôts en livres, théoriquement exigibles en totalité, pour assurer un courant normal de transactions extérieures.

Le rôle de la livre comme monnaie de réserve de pays extérieurs à la zone a décru en valeur relative par rapport à celui du dollar. Si, en 1945, leurs réserves officielles en livres étaient équivalentes à celles constituées en dollars, la proportion en 1957 s'établissait à trois en faveur de ce dernier. La politique monétaire du Royaume-Uni pendant cette période s'était proposé deux objectifs.

Il a paru conforme à son rôle de banquier d'accroître ses propres réserves en s'efforçant d'obtenir un excédent de balance des paiements et de stabiliser ses engagements extérieurs en inspirant confiance à leurs détenteurs par une politique économique interne souvent rigoureuse. Simultanément, les autorités monétaires ont cherché à rétablir la *convertibilité intégrale de la livre. Une étape importante fut la création en 1954 de la livre transférable, c'est-à-dire utilisable par des détenteurs ne résidant pas dans la zone pour des règlements avec des pays n'appartenant pas à la *zone dollar. Des *discriminations commerciales à l'encontre de produits payables en dollars étaient en revanche maintenues.

Le retour à la convertibilité et ses problèmes

Le retour officiel à la convertibilité au profit des non-résidents à la fin de 1958 a été accompagné par diverses mesures libérales, visant à supprimer les discriminations commerciales ou financières.

Des marchés libres pour la négociation des grandes matières premières ont été ouverts. Les contingents d'importation de marchandises américaines ont été progressivement abolis, l'accès des étrangers aux marchés financiers anglais rendu plus aisé.

Ces progrès n'ont pas pour autant fait disparaître les tensions, que deux phénomènes ont contribué à aggraver. Le relâchement des liens politiques entre le Royaume-Uni et les pays membres de la zone s'est poursuivi, tandis qu'une part croissante du commerce extérieur de ses membres (celui de l'Australie, par exemple) se faisait avec le reste du monde. Simultanément, au cours de la décennie, le *système monétaire international a fonctionné dans des conditions plus difficiles. Les transferts brutaux d'importants capitaux flottants d'une devise sur une autre devaient nécessairement éprouver le Royaume-Uni en raison de l'importance de sa dette externe et de la faiblesse relative de ses réserves. La défense de la livre a imposé à plusieurs reprises des freinages, voire des arrêts de la croissance économique du Royaume-Uni, en vue de redresser la balance des paiements et de rétablir la confiance des détenteurs étrangers. Le coût pour la Grande-Bretagne du rôle de la livre comme monnaie de réserve en termes de chômage et de moindre croissance de la production, semble incontestable. Les pays de la *CE, à laquelle le Royaume-Uni souhaitait adhérer, étaient sensibles au risque que présentait pour la cohésion de leur groupe un partenaire ayant d'importantes dettes extérieures exigibles.

Le changement nécessaire d'orientation s'est imposé par étapes. La dévaluation de la livre en 1967 ne fut pas suivie par de nombreux pays membres de la zone. En signant les accords de Bâle sur les *balances sterling, le Royaume-Uni se reconnaissait incapable d'assumer son rôle monétaire international sans soutien extérieur. Les troubles monétaires accentués après 1971 ont achevé de démanteler ce qui restait de la zone. La Grande-Bretagne a dû étendre aux pays d'outre-mer de la zone son contrôle des changes ; l'utilisation de la livre comme monnaie de règlement a subi un nouveau recul quand les pays pétroliers du Moyen-Orient ont renoncé à accepter les paiements en sterling pour leur pétrole. Dès avant la crise de la livre qui avait conduit à un nouvel effort de soutien international en 1976, la zone sterling n'était plus qu'un souvenir.
La *place financière internationale de Londres* n'en reste pas moins l'une des toutes premières du monde. La célèbre « City » tire des bénéfices substantiels d'une activité internationale développée grâce à la compétence technique acquise et au réseau diversifié de ses relations.

ZUP (zone à urbaniser par priorité)

Zone d'urbanisation où les collectivités publiques disposent, pour appliquer le plan d'aménagement, d'un droit de préemption sur les mutations.

Les ZUP ont été instituées pour enrayer la spéculation foncière dans les périmètres d'extension des agglomérations. La durée de validité des ZUP, pour l'exercice du droit de préemption, échoit après huit ans. Son application débouche selon le cas sur un accord amiable ou sur l'expropriation.

Voir ZAD.

Lexiques

Lexique

anglais – français

Above and below the line
Au-dessous de la ligne, au-dessus de la ligne

Abroad/Rest of the world
Étranger, Extérieur

Absenteeism
Absentéisme

Abstinence
Abstinence

Abundance
Abondance

Acceleration principle
Principe d'accélération

Accelerator
Accélérateur

Acceptance
Acceptation (bancaire)

Account
Account, Compte

Account balance
Solde

Account receivable
Créance

Accounting
Comptabilité

Accruals and deferrals
Comptes de régularisation

Accumulation
Accumulation

ACP
ACP

Acquisition
Acquisition

Activation
Activation

Actuarial theory/Insurance mathematics
Actuariat

Adjustment
Ajustement

Adjustment of the draft budget
Lettre rectificative

Adult (population)
Adulte (population)

Ad valorem
Ad valorem

Advance
Avance

Advance financing
Préfinancement

Advance in foreign exchange
Avance en devises

Advance on receivables
Crédit de mobilisation de créances commerciales (CMCC)

Advanced capital
Capital avancé

Advertising
Publicité

Affidavit
Affidavit

African Economic Community (AEC)
Communauté économique africaine (CEA)

Age
Age

Agglomeration
Agglomération, Urbaine (unité)

Aggregate
Agrégat

Agio
Agio

Agiotage
Agiotage

Agreement
Agrément

Agrograd
Agrograd

Aleatory
Aléatoire

Allotment
Allotissement

American selling price
Prix de vente américain

American deposit receipt
American deposit receipt

American deposit share
American deposit share

Analysis of deviation
Analyse des écarts

Anarchism
Anarchisme

Annuality
Annualité

Annuity
Annuité, Arrérages

Anticipation
Anticipation

Appeal against tax assesment
Réclamation

Apport
Apport partiel d'actif

Appreciation
Appréciation

Appropriated budget funds
Crédits budgétaires

Appropriation
Appropriation, Crédit budgétaire, Services votés

Approval
Accord préalable, Agrément

Arbitrage
Arbitrage

Argumentation
Argumentaire

Artel
Artel

Assets
Actif, Patrimoine

Assignat
Assignat

Association/Trade union, R.-U./ Labor union, É.-U.
Syndicat

Atomistic
Atomicité

Auditor/Chartered accountant/ Certified Public Accountant (CPA)
Commissaire aux comptes

Autarky/Self-sufficiency
Autarcie

Automatisms
Automatismes

Automation
Automation

Aval
Aval

Babyshark
Boutique-choc

Balance
Résultat, Solde

Balance carried forward
Report à nouveau

Balance of an account
Position

Balance of capital transactions/Capital account
Balance des opérations en capital

Balance of goods and services
Balance des biens et services

Balance of payments
Balance des paiements

Balance of receivable accounts and debts
Solde des créances et dettes

Balance sheet
Bilan

Balance sheets surveillance
Centrale de bilans

Bank
Banque

Bank Charter Act
Bank Charter Act

Bank deposits
Dépôts

Bank for International Settlements (BIS)
Banque des règlements internationaux (BRI)

Bank issued medium-term note
Bon de caisse

Bank of England
Banque d'Angleterre

Bank of France
Banque de France

Bank or financial company
Établissement de crédit

Bank system
Système bancaire

Banking committee
Commission bancaire

« Banking school »
Banking school, banking principle, (école de banque)

Bankruptcy
Banqueroute, Dépôt de bilan, Faillite

Bankruptcy proceedings
Liquidation des biens

Bankruptcy trustee
Administrateur judiciaire, Syndic

Barter
Troc

Base
Base

Basis of taxation
Assiette, Base d'imposition

Bear
Baissier

Bearer of tax liability
Contribuable

Bedaux system
Système Bedaux

Behaviourism
Béhaviourisme

Benelux
Benelux

Bernoulli distribution
Loi binomiale

Bias
Biais

Bilateralism
Bilatéralisme

Bill of exchange
Lettre de change

Bill of lading
Connaissement, Lettre de transport

Bill of supply
Collectif

Bimetallism
Bimétallisme

Binomial distribution
Loi binomiale

Birth rate
Natalité (indicateurs de)

Black Friday
Vendredi noir

Black market
Marché noir

Bland Allison Act
Bland Allison Act

Blocking minority
Minorité de blocage

Blue chip
« Blue chip »

Bond
Obligation

Bond note
Acquit-à-caution

Book building
Livre d'ordres

Books of account
Livres de commerce

Boom
Boom

Boost
Relance

Boycott
Boycott

Branch of business/Sector of industry
Branche

Break-even point
Point mort, seuil de rentabilité

Bridging loan
Crédit ponctuel – Crédit spot

Broker
Broker, Courtier

Brokerage
Courtage

Brut operating surplus
Excédent brut d'exploitation

Budget
Budget

Budgetary item
Titre budgétaire

Budget audit
Loi de règlement

Budget deficit
Découvert budgétaire, Impasse budgétaire

Budget law
Loi de finances

Budget transactions
Opérations budgétaires

Bull
Haussier

Bullionism
Bullionisme

Business assets
Fonds de commerce

Business enterprise / Company
Entreprise

Business sector (social accounting, R.-U./national accounting É.-U.)
Entreprise (comptabilité nationale)

Buy up
Accaparement, Ramassage (en bourse)

Calculation of probability
Calcul des probabilités

Call of more
Option du double (bourse)

Cambridge equation
Cambridge (équation de)

Capital / Principal
Capital

Capital coefficient
Coefficient de capital

Capital lease
Crédit-bail

Capital increase out of retained earnings
Incorporation de réserves et de bénéfices

Capital investment company
Société d'investissement

Capital reduction
Réduction de capital

Capital stock / Share capital
Capital social

Capitalism
Capitalisme

Capitalist
Capitaliste

Capitalization (insurance)
Capitalisation (assurance)

Capitalization company
Société de capitalisation

Cargo manifest
Manifeste

Carryover funds
Report de crédits

Cartel
Cartel

Cartel agreement
Entente

Cartogram
Cartogramme

Cash
Numéraire

Cash-box
Caisse

Cash flow
Marge brute d'autofinancement

Cash flow (net)
Marge nette d'autofinancement

Cash in hand
Encaisse

Cash management
Opérations de trésorerie

Category of budget
Chapitre

Category of costs / Cost unit
Section (comptable)

Catering
Avitaillement

Ceiling
Plafond

Census / Inquiry / Survey
Recensement

Center/Centre
Centre

Central bank
Banque centrale

Central Bank of the Central Africa States
Banque centrale des États de l'Afrique centrale (BEAC)

Central Bank of the Westafrica States
Banque centrale des États de l'Afrique de l'Ouest (BCEAO)

Central European Bank
Banque centrale européenne (BCF)

Certificate of origin
Certificat d'origine

Characteristic
Caractère

Charge
Prestation

Chart of accounts
Plan comptable général

Check (R.-U.) / Crossed check (É.-U.)
Chèque

Checking account
Compte courant, Compte chèque, Compte de dépôts, Compte en banque

Cheque
Barrement, Chèque barré

Chronogram
Chronogramme

Chrysohedonism
Chrysohédonisme

CIF (cost, insurance, freight)
CAF (coût, assurance, fret)

Class warfare
Lutte des classes

Classical / Classic
Classique

Clearing
Compensation

Clearing price
Cours de compensation

Club of Ten
Groupe des dix, Club des Dix

Codetermination
Cogestion

Coinage
Frappe

Colbertism
Colbertisme

Collateral
Couverture

Collateral loan
Avance sur marchandises, avance sur titre

Collection
Mise en recouvrement, Recouvrement

Collection order
Ordre de recette

Collective agreement
Convention collective

Collective reserve unit (CRU)
Collective reserve unit (CRU)

Collective good
Bien collectif

Collectivism
Collectivisme

Collectivization
Collectivisation

Colonialism
Colonialisme

Colonization
Colonisation

Combinat
Combinat

Commercial credit
Crédit commercial

Commercial letter of Credit (L/C)
Accréditif

Commercial paper
Effet de commerce

Commercial register / Register of Business Names
Registre du commerce

Commonwealth
Commonwealth

Communism
Communisme

Communist
Communiste

Community of interests
Groupement d'intérêt économique (GIE)

Community of the Independent States
Communauté des États indépendants

Company / Partnership
Société

Company for Regional Development
Société de développement régional (SDR)

Compensation
Soulte

Competition
Concurrence

Composition
Concordat

Composition proceedings
Règlement judiciaire

Compulsory charges
Prélèvements obligatoires

Concentration
Concentration

Concerted economic action
Économie concertée

Conglomerate
Conglomérat

Conjoncture
Conjoncture

Consignation
Consignation de marchandises

Consolidated account
Compte consolidé

Consolidation
Consolidation

Consortium
Consortium bancaire (crédit consortial)

Constant (or non variable) capital
Capital constant

Consumer
Consommateur

Consumer credit
Crédit à la consommation

Consumer research
Consommatique

Consumer sector / Household sector
Ménages

Consumerism
Consommaction

Consumption
Consommation

Contingency
Contingence

Contra entries of money supply
Contreparties (de la masse monétaire)

Contribution
Apport

Controlling block
Bloc de contrôle

Conversion
Conversion

Convertibility
Convertibilité d'une monnaie

Convertible bond
Obligation convertible en action,
Obligation échangeable contre action

Cooke ratio
Cooke (ratio)

Cooperative
Coopérative

Copartnership
Copartnership

Corner
Corner, Accaparement

Corporatism
Corporatisme

Correlation
Corrélation

Cost center
Centre de travail

Cost-benefit analysis
Analyse « coûts-avantages »

Cost
Coût

Council for Mutual Economic Aid (COMECON)
Conseil d'aide économique mutuelle
(CAEM ou COMECON)

Counter
Jeton

Counter demand / Counter offer
Contrepartie

Coupon
Coupon

Covariance
Covariance

Crafts
Métiers

Craftsman
Artisan

Crash
Krach

Crawling peg
Parité à crémaillère

Credit
Crédit

Credit (accounting)
Crédit (comptabilité commerciale)

Credit balance
Avoir

Credit bureau
Centrale des risques

Credit card
Carte de crédit

Credit cooperative / Credit union
Crédit populaire

Credit institutions
Institutions de crédit

Credit insurance
Assurance-crédit

Credit opening
Ouverture de crédit

Credit restrictions
Encadrement du crédit

Cumulative
Cumulatif

Cumulative distribution function
Fréquence cumulée

Currency and Bank Notes Acts
Currency and Bank Notes Acts

Currency school
Currency principle, currency school

Currency snake
Serpent monétaire

Currency zone
Zone monétaire

Current account
Balance des opérations courantes, Compte chèques, Compte de dépôts, Compte en banque, Compte courant

Current assets
Capital circulant, Actif circulant, Actif disponible

Curve
Courbe

Customs
Douane

Customs and Economy Union of the Central Africa
Union douanière et économique de l'Afrique centrale (UDEAC)
Entrepôt de douane, Entrepôt douanier

Customs classification
Spécialisation tarifaire

Customs nomenclature
Nomenclature douanière

Customs regulations
Régime douanier

Customs tariff
Tarif douanier

Customs union
Union douanière

Customs warehouse
Entrepôt de douane, Entrepôt douanier

Cycle
Cycle

Data analysis
Analyse des données

Database system
Banque de données, Base de données

Debasement
Affaiblissement

Debit
Doit

Debit (accounting)
Débit (comptabilité)

Debit advice
Avis de prélèvement

Debt
Dette

Debt equity ratio
Coefficients d'endettement, Ratios d'endettement

Decentralization
Décentralisation

Declared income
Revenu fiscal

Deed
Titre

Defeasance
Cantonnement

Deferred credit
Crédit différé, Crédit reporté

Deficit
Déficit

Deflation policy
Déflation

Delivering slip
Bon matière

Delphi method
Méthode Delphi

Demand
Demande

Demography
Démographie

Denationalization
Privatisation

Denier
Denier

Deposit and Consignation Institute
Caisse des dépôts et consignations

Depreciation
Amortissement, Dépréciation

Depression
Dépression

Derivatives
Produits dérivés

Devaluation
Dévaluation

Developed accounts
Comptes développés

Development
Développement

Development aid
Aide internationale au développement

Deviation
Indicateur de dispersion

Diagram
Diagramme

Direct loan
Face à face

Director
Administrateur

Director's bonus
Tantième

Discount
Décote, Discount, Ristourne

Discount/Backwardation
Déport

Discountable
Bancable

Discounting
Escompte

Discrimination
Discrimination

Disposable income of households
Revenu disponible brut des ménages

Dissaving
Désépargne

Distortion
Distorsion

Distribution
Distribution

Distribution (social accounting R.-U.) (national accounting É.-U.)
Distribution (statistique), Répartition (comptabilité nationale)

Distribution function
Fréquence cumulée

Dividend
Dividende

Documentary credit
Crédit documentaire

Dollar
Dollar

Dollar gap
Dollar gap

Dollar zone
Zone dollar

Domestic
Intérieur

Domestic demand
Dépense nationale

Domestic product
Produit domestique

Domestic production
Production intérieure

Domicile clause
Domiciliation

Domination/Control
Domination

Dormant partner/Sleeping partner
Associé passif

Down payment
Acompte

Draft
Traite

Drawback
Rembours

Drawback of the social debt
Remboursement de la dette sociale (RDS)

Drugstore
Drugstore

Dumping
Dumping

Duopoly
Duopole

Duopsony
Duopsone

Dynamics
Dynamique

Earmarking
Affectation

Earnest money
Arrhes

Earning capacity/Earning power
Capacité bénéficiaire

Ecology
Écologie

Econometrics
Économétrie

Economic activity
Activité économique

Economic analysis
Analyse économique

Economic and monetary Union
Union économique et monétaire

Economic and Monetary Union of West Africa
Union économique et monétaire des États de l'Ouest africain (UEMOA)

Economic barometer
Baromètre

Economic Community of the West Africa
Union douanière des États de l'Afrique de l'Ouest (UDEAO)

Economic crisis
Crise économique

Economic doctrine
Doctrine économique

Economic efficiency/Operational efficiency
Rendement

Economic forecast
Budget économique

Economic mathematics
Calcul économique, économétrie

Economic mechanism
Mécanisme économique

Economic observation
Observation économique

Economic recovery
Reprise

Economic regime
Régime économique

Economic rent
Rente

Economic system
Système économique

Economic Union (CIS)
Union économique (CEI)

Economic unit
Agent économique, Unité économique

Economic unit of consumption
Unité de consommation

Economics
Science économique, Économie politique

Elasticity
Élasticité

Emergent country
Pays en émergence

Employment
Emploi, Emplois

Endorsement
Endos, Endossement

Endowment insurance
Assurance à capital différé

Engineering
Ingénierie

Environment
Environnement

Environmental pollution
Nuisances

Equilibrium
Équilibre

Estimation theory
Théorie de l'estimation

Estimator
Estimateur

Euro
Euro

Eurocurrencies
Eurodevises, Euromonnaies

Eurodollars
Eurodollars

Euromarket
Euromarché

European Agricultural Guidance and Guarantee Fund (EAGGF)
Fonds européen d'orientation et de garantie agricole (FEOGA)

European Bank for Reconstruction and Development
Banque européenne pour la reconstruction et le développement (BERD)

European Communities
Communautés européennes

European Community (EC)
Communauté européenne (CE)

European Communauty of interests
Groupement européen d'intérêt économique (GEIE)

European Currency Unit (ECU)
Écu

European Development Fund (EDF)
Fonds européen de développement (FED)

European Economic Space
Espace économique européen

European Free Trade Association (EFTA)
Association européenne de libre-échange (AELE)

European Investment Bank (EIB)
Banque européenne d'investissements (BEI)

European Investment Fund (EIF)
Fonds européen d'investissement

European Monetary Agreement (EMA)
Accord monétaire européen (AME)

European Monetary Cooperation Fund (EMCF)
Fonds européen de coopération monétaire (FECOM)

European Monetary System (EMS)
Système monétaire européen (SME)

European Payments Union (EPU)
Union européenne des paiements (UEP)

European Social Fund (ESF)
Fonds social européen (FSE)

European System of National Accounts (ESNA)
Système européen de comptes économiques intégrés (SEC)

European Union
Union européenne

European Unit of Account (EUA)
Unité de compte européenne (UCE)

Ex ante, ex post
Ex ante, ex post

Exchange
Change

Exchange company
Société de bourse

Exchange risk
Risque de change

Excise tax
Accise

Execution program for priority operations
Programme d'exécution prioritaire

Expansion
Expansion

Expected value
Espérance mathématique

Expenses
Charges

Exponential
Exponentiel

Export
Exportation

Export Credits Guarantee Department (R.-U.)
Export Credits Guarantee Department (assurance-crédit d'État à l'exportation britannique)

Export customer credit
Crédit acheteur

Export multiplier
Multiplicateur du commerce international

Extrapolation
Extrapolation

Fabian society
Fabianisme

Family
Famille

Family quotient
Quotien familial

Forfaiting
Affacturage

Factoring
Factoring

Fallow land
Jachère

Farming
Faire-valoir (modes de)

Feasibility study
Feasibility/Faisabilité

Federal Reserve System (FRS)
Federal Reserve System

Fee
Taxe

Fertility ratios
Fécondité (indicateurs de)

Final demand
Demande finale

Finance
Finance

Financial assets
Capital financier

Financial autonomy
Autonomie financière

Financial futures (France)
Marché à terme international de France (MATIF)

Financial institutions
Institutions financières

Financial list
Barème financier

Financial or trade center
Place financière

Financing
Financement, Nourrir (du papier, des créances)

Financing deficit
Besoin de financement

Financing surplus
Capacité de financement

Fine/Penalty
Pénalités

Fineness
Aloi

Firm (Adjective)
Ferme (adjectif)

Fiscal charges
Prélèvement

Fiscal year
Exercice

Fisher equation
équation de Fisher

Fixed costs – proportional costs
Frais fixes, frais variables

Fixing
Fixage (fixing)

Floor
Parquet, Plancher

Flow
Flux

Fluctuation
Fluctuation

Fluid market
Fluidité

Forced currency
Cours forcé

Forecast
Prévision

Foreign exchange position
Position de change

Forex dealer
Cambiste

Forgiveness of tax
Dégrèvement

Formation expenses/Organization costs
Frais d'établissement

Forward transaction
Terme (opérations à)

Founder's share
Part de fondateur, part bénéficiaire

Fractional rights
Rompu

Franc
Franc

Franc CFA
Franc CFA

Franc CFP
Franc CFP

Franc zone
Zone franc

Franchising
Franchisage, franchise

Free alongside ship (FAS)
Franco long du bord (FLB)

Free movement of goods
Libre circulation des marchandises, Libre pratique

Free on board (FOB)
FAB (franco à bord)

Free trade/Liberal trade
Libre-échange

Free trade area
Zone de libre-échange

Freight bill
Lettre de transport

French Association of Banks (AFB)
Association française des banques (AFB)

French Association of Banks and Financial Companies (AFEC)
Association française des établissements de crédit (AFEC)

French Association of the financial companies
Association française des sociétés financières

French Bank for Development
Caisse française de développement (CFD)

French Bank of Foreign Commerce
Banque française du commerce extérieur (BFCE)

French Foreign Trade Center
Centre français du commerce extérieur (CFCE)

French Foreign Trade Insurance Company (COFACE)
Compagnie française d'assurance pour le commerce extérieur (COFACE)

French social accounting
Système élargi de comptabilité nationale

French Stock Exchange Company
Société des bourses françaises

Frequency
Fréquence

Fronting
Façade

Function
Fonction

Fungibility
Fongibilité

Future contract on interest rate
Contrat à terme de taux d'intérêt

Futures
Futures

Gain (or surplus)
Surplus

Gantt chart
Graphiques et système de Gantt

Gap
Gap (inflationniste, technologique...), Écart

Gaussian distribution
Loi de Laplace-Gauss

General Agreement on Tariffs and Trade (GATT)
Accord général sur les tarifs douaniers et le commerce (GATT)

Generalized social security contribution
Cotisation sociale généralisée (CSG)

Georgism
Georgisme

Gestion
Gestion

Giffen effect
Effet de Giffen (ou cas de Giffen)

Gold
Or

Gold bullion standard
Gold bullion standard

Gold clause
Clause-or

Gold exchange standard
Gold exchange standard

Gold specie standard
Gold specie standard

Gold standard
Gold standard

Golden share
Action spécifique

Good
Bien

Goods and services
Biens et services

Goodwill
Survaleur

Gosbank
Gosbank

Gosplan
Gosplan

Government-controlled economy
Dirigisme

Government-owned enterprises
Entreprises publiques

Greenbacks
Greenbacks

Gresham's law
Loi de Gresham

Grey market
Marché gris

Gross capital formation
Formation brute de capital

Gross domestic product (GDP)
Produit intérieur brut (PIB)

Group (of affiliated companies)
Konzern

Group of companies
Groupe d'entreprises

Growth
Croissance

Guarantee
Caution, Cautionnement, Ducroire, Garantie

Guidelines
Directives

Havana charter
Charte de La Havane

Histogram
Histogramme

Historic theory
École historique

Hoarding
Thésaurisation

Holding company
Holding

Homogene unit of production
Unité de production homogène

Homo œconomicus (economic man)
Homo œconomicus (« homme économique »)

Hot money
Hot money, Capitaux fébriles

Ideology
Idéologie

Imitation effect
Effet de démonstration

Imperialism
Impérialisme

Import
Importation

Import or export license
Licence d'importation ou d'exportation

Import or export prohibition
Prohibition

Imprevision (theory of)
Théorie de l'imprévision

Imputation
Imputation

Incentive
Incitation

Income
Revenu

Income from agriculture and forestry
Bénéfice de l'exploitation agricole

Income from trade or business
Bénéfices industriels et commerciaux (BIC)

Income from independent personal services
Bénéfices des professions non commerciales (BNC)

Income multiplier
Multiplicateur d'investissement

Income statement / Profit and loss account
Compte de pertes et profits, Compte de résultat

Incoterms
Incoterms

Increase in value
Plus-value

Index
Indice, Ratio

Indexation / Index-linking
Indexation

Index-linked bond
Obligation indexée

Indicator
Avertisseur, Clignotant, Indicateur d'alerte

Inflation
Inflation

In-house consumption
Autoconsommation

Innovation
Innovation

Innovation financing company
Société de financement de l'innovation

Input-output coefficient
Coefficient de distribution

Input-output table
Tableau d'échanges interindustriels, Tableau des entrées-sorties

Installment credit
Tempérament (crédit pour achats à)

Institute for Industrial Development
Institut de développement industriel (IDI)

Institution
Institution

Institutionalism
Institutionnalisme

Institutional investors
Investisseurs institutionnels

Institutional sector
Secteur institutionnel

Institutional unit
Unité institutionnelle

Insurance
Assurance

Insurance premium
Prime d'assurance

Intercompany transfer price/Internal transfer price
Prix de cession interne

Interest
Intérêt

Internal financing
Autofinancement

International Bank for Economic Cooperation (IBEC)
Banque internationale de coopération économique (BICE)

International Bank for Reconstruction and Development (IBRD)
Banque internationale pour la reconstruction et le développement (BIRD)

International Investment Bank (IIB)
Banque internationale d'investissements (BII)

International liquidity
Liquidités internationales

International Monetary Fund (IMF)
Fonds monétaire international (FMI)

International monetary system
Système monétaire international

Interpolation
Interpolation

Intervention, interventionism
Intervention, interventionnisme

Inventory
Valeurs d'exploitation

Inventory
Stock

Inventory reserve/Inventory safety stock
Stock-outil

Invested capital
Capital engagé, Capital investi, Immobilisations

Investment
Investissement, Placement

Investment (national accounting)
Investissement (comptabilité nationale)

Investement club
Club ou cercle d'investissements

Investment company with constant equity
Société d'investissement à capital fixe (SICAF)

Investment fund (R.-U.)
Fonds commun de placement, Société de placement collectif

Investment fund, closed-end
Fonds de placement fermé

Investment fund, open-end
Fonds de placement ouvert

Investment security
Valeur classée

Invoice
Facture

Issue
Émission

Job evaluation
Évaluation des tâches

Journal
Journal

Kennedy Round
Kennedy Round

Keynesian theory
Théories keynésiennes

Khammes
Khammes

Khozrastchiot
Khozrastchiot

Kibbutz
Kibboutz

King's principle
Effet King

Kolkhoz
Kolkhoz

Labour turnover
Labour turnover

Land mortgage bank/Real estate credit institution
Crédit foncier

Lay-away
Lay-away

Lead manager
Banquier chef de file

Leads and lags
Leads and lags, Termaillage

Lease
Fermage

Legal capital
Capital appelé

Legal population
Population légale

Leninism
Léninisme

Letter of credit
Lettre de crédit

Leverage effect
Effet de levier

Leveraged Management Buy Out
Reprise de l'entreprise par les salariés (RES)

Levy
Redevance

Liabilities
Passif

Liabilities due
Passif exigible

Liability
Engagement, Responsabilité

Liberalism
Libéralisme

Liberalization
Libéralisation

Liberalization (of trade and change)
Libéralisation des échanges

Liberty
Liberté

LIBOR (London Interbank Offered Rate)
LIBOR (London Interbank Offered Rate)

License/Permit
Licence

Life expectancy
Espérance de vie

Lifespan
Durabilité

Limited partnership
Commandite

Line of credit
Ligne de crédit

Linear coefficient
Coefficient de linéarité, Ratio de linéarité

Linear programming
Programmation linéaire

Liquid assets
Disponibilités

Liquid funds
Valeurs disponibles

Liquidation
Liquidation

Liquidator
Liquidateur

Liquidity
Liquidité

List of balances
Balance

Liquidity squeeze
Coup de bélier

List of tax assesments
Rôle

Loan
Prêt, Emprunt

Loan against pledged bill
Aval en pension

Loan ratio
Capacité d'emprunt

Lockout
Lock-out

Lombard loan
Avance sur marchandises, avances sur titres

Loro, nostro
Loro, nostro

Low-value coin
Billon

Lump-sum gain
Bénéfice forfaitaire

Lump-sum tax
Forfait

Lump-sum taxation
Abonnement

Maastricht treaty
Traité de Maastricht

Macroeconomics
Macro-économie

Main budgetary item
Article

Majority interest/Controlling interest
Contrôle, Intérêt majoritaire

Malthusianism
Malthusianisme

Management
Directoire

Management company
Société de gestion

Managing director
Administrateur délégué

Manufacturing entity
Entreprises non financières

Marginal
Marginal

Marginal utility theory
Marginalisme

Mark
Mark

Market
Marché

Market capitalization
Capitalisation boursière, Valeur boursière

Marketing
Marchéage, Marketing, Mercatique

Marrying
Application

Marshall Plan
Plan Marshall

Marxism
Marxisme

Matching
Alignement

Material product
Produit matériel (ou produit social matériel)

Materials input-output statement
Balances matières

Maturity transformation
Transformation

Mean
Moyenne

Median
Médiane

Mercantile exchange
Bourse de commerce

Mercantilism
Mercantilisme

Merchandising
Marchandisage

Mercosur
Mercosur

Merger
Fusion

Merger/takeover
Absorption, Fusion

Method of least squares
Méthode des moindres carrés

Microeconomic decision
Microdécision

Microeconomics
Micro-économie

Migration
Migration

Minimum wage
Salaire minimum (SMIC)

Mir
Mir

Mobilization
Mobilisation

Mode
Mode

Model
Modèle

Moment
Moment

Monetarism
Monétarisme

Monetary capital
Capital monétaire

Monetary compensatory amount
Montant compensatoire monétaire (MCM)

Monetary European Institute
Institut monétaire européen

Monetary reserves
Réserves de change

Monetary standard
Étalon monétaire

Monetary Union of West Africa
Union monétaire ouest-africaine (UMOA)

Money
Monnaie

Money creation multiplier
Multiplicateur de crédit

Money market
Marché monétaire

Money supply
Disponibilités monétaires, Masse monétaire

Monometallism
Monométallisme

Monopoly
Monopole

Monopsony
Monopsone

Monthly tax payment system
Mensualisation de l'impôt

Moratorium
Moratoire

Mortality ratio
Mortalité (indicateurs de)

Mortgage bond
Lettre de gage

Mortgage market
Marché hypothécaire

Most-favoured nation clause
Clause de la nation la plus favorisée

Movable assets/Movable property
Capitaux mobiliers

Multilateralism
Multilatéralisme

Multinational company
Entreprise multinationale, Société multinationale

Multi-option facility
Facilité à options multiples

Municipal tax/Local tax
Taxes directes locales

Mutual Banks
Banques populaires

Mutuality
Mutualité

Mutual fund (É.-U.)
Fonds de placement ouvert, Société de placement collectif

National accounting
Comptabilité nationale, Tableau économique d'ensemble

National accounts
Comptes de la nation

National audit office
Cour des comptes

National Commission for Credit and Bank Supervision
Conseil national du crédit

National Grange
La Grange

National income
Revenu national

National Lottery
Loterie nationale

National (or social) product
Produit national (ou social)

National production
Production nationale

National wealth
Capital national, Patrimoine national

Nationalization
Nationalisation

Natural development of population
Mouvement naturel de la population

Necessary operating capital
Capitaux permanents

Need
Besoin

Need of operating fund
Besoin en fonds de roulement

Negociable depositbond
Certificat de dépôt négociable

Net assets
Situation nette

Net present value method
Actualisation, Bilan actualisé

Net present value
Marge brute d'autofinancement actualisé (MBA actualisé)

Net result
Résultat net

Net variations
Variations nettes

Netting
Netting, Péréquation des soldes bancaires de filiales à l'intérieur d'un groupe

New Deal
New Deal

New Economic Policy
NEP

Nomenclature
Nomenclature

Non-appropriation of revenues
Non-affectation des recettes

Non-current assets
Valeurs immobilisées, Immobilisations, Capital fixe

Non-financial assets
Capital technique

Nonfulfilment
Défaillance

Non-metallic standard
Système amétallique

Non-voting share
Certificat d'investissement

Normal distribution
Loi normale

North American Free Trade Agreement (NAFTA)
Accord de libre-échange nord-américain (ALENA)

Notice of approval
Lettre d'agrément

Notice of tax assessment
Avertissement, Avis d'imposition

Nuptiality
Nuptialité (indicateurs de)

Obligation with share option
Obligation à bon de souscription d'action (OBSA)

Obsolescence
Obsolescence, désuétude

Occasional customers
Achalandage

Office
Administration

Official Journal
Journal d'annonces légales

Official list of quotations (Stock Exchange)
Cote (bourse)

Official quotation (Stock exchange)
Cotation (bourse)

Offsetting agreements
Accords de clearing

Offshore
Offshore

Oil certificate
Certificat pétrolier

Oligopoly
Oligopole

Oligopsony
Oligopsone

Open cover
Facob

Open market
Open market

Operating capital
Capital d'exploitation

Operating fund
Fonds de roulement

Operating statement
Compte d'exploitation générale

Operational result
Résultat opérationnel

Ophelimity
Ophélimité

Optimum
Optimum

Option
Option négociable

Options exchange
Marché à options

Options exchange of Paris
Marché d'options négociables de Paris (MONEP)

Organistic theory
Organicisme

Organization for Economic Cooperation and Development (OECD)
Organisation de coopération et de développement économique (OCDE)

Organization for European Economic Cooperation (OEEC)
Organisation européenne de coopération économique (OECE)

Out-of-town bill
Effet déplacé

Outstanding credits
Encours de crédit

Overdraft/Current account credit
Avance en compte courant

Ownership / Property
Propriété

Paper
Papier

Par
Pair

Parent company
Société mère

Pari passu (clause)
Clause pari passu

Paris interbank offered rate
Taux interbancaire offert à Paris (TIOP)

Parity
Parité

Participation
Participation

Participating bond / Income bond
Obligation participante

Participating loan
Prêt participatif

Participating share
Part d'intérêt, part sociale

Participation of employees
Intéressement

Partnership
Commandite, Société, Société de personnes, Société en commandite

Patent
Brevet

Pay-as-you-go basis (insurance)
Répartition (assurance)

Pay-as-you-go basis (tax)
Répartition (impôt de)

Payer of tax liability
Redevable

Payment
Paiement

Payment in (of capital, of stock)
Libération (du capital, d'une action)

Payment order
Mandat de paiement

Payroll / Wage bill
Masse salariale

Period for assessment reconciliation
Délai de reprise (fiscalité)

Petrodollars
Dollars pétroliers, Pétrodollars

Plan
Plan

Planning
Planification

Planning tendency
Planisme

Pledge
Gage, Nantissement

Poisson distribution
Loi de Poisson

Pool
Pool

Population
Population

Population growth
Accroissement

Population (statistical)
Population (statistique)

Position
Position de place

Pound
Livre

Practices
Usance(s)

Preference
Préférence

Preferential creditor
Chirographaire (créancier)

Preferred non voting share
Certificat d'investissement privilégié (CIP)

Premium
Prime (valeurs mobilières)

Premium (Stock exchange)
Agio, Prime (bourse)

Price
Prix

Price support
Régularisation d'un cours

Price volatility
Degré de volatilité

Price-earnings ratio (PER)
Coefficient de capitalisation des résultats (CCR)

Prime rate
Taux de base bancaire (TBB)

Principle of constant equity
Principe de la fixité du capital

Production
Production

Production for own use
Autoproduction

Productivity
Productivité

Profit
Bénéfice, Profit

Profitability
Profitabilité, Rentabilité

Program
Programme

Program approval
Autorisation de programme

Program budget
Budget de programmes

Program law
Loi de programme

Progression
Progressivité

Project
Projet

Proletariat
Prolétariat

Proletary
Prolétaire

Promissory note
Billet à ordre

Protectionism
Protectionnisme

Protest
Protêt

Provision/Reserve
Provision

Public accounting
Comptabilité publique

Public offer of exchange
Offre publique d'échange

Public offer of sale
Offre publique de vente

Public offer of withdraw
Offre publique de retrait

Public sector
État

Purchase
Achat

Purchased materials and services
Intraconsommation

Purchasing power
Pouvoir d'achat

Purchasing power parity
Parité du pouvoir d'achat

Pyramid of ages
Pyramide des âges

Quantity theory of money
Théorie quantitative de la monnaie

Quota
Quota, Contingent

Quotation
Cours

Raider
Raider, attaquant

Random
Aléatoire

Random event
Aléa

Rate
Taux, Cours

Rate for advances against collateral
Taux Lombard

Rating
Évaluation

Rebate
Ristourne

Receipt
Acquit

Receivable
Créance

Recession
Récession

Reclassification/Transfer
Virement

Rediscounting
Réescompte

Redistribution
Redistribution

Reevaluation
Réévaluation

Refinancing
Refinancement

Refinancing of lendings
Tournage

Reflation policy
Reflation

Refund credit
Avoir

Regional chamber of accounts
Chambre régionale des comptes

Regional economic observatory
Observatoire économique régional

Registered security
Certificat nominatif

Regular customers
Clientèle

Regularisation
Régularisation d'un titre

Reinsurance
Réassurance

Rental/Lease
Louage

Repayment ratio
Capacité de remboursement

Repercussion
Répercussion

Reproduction ratio
Reproduction (taux de)

Repurchase agreement
Réméré

Request for exemption
Demande gracieuse (fiscalité)

Reserves
Réserves

Residence tax
Taxe d'habitation

Residents
Résidents

Resources
Ressources

Retaliation
Rétorsion

Retirement pension
Arrérages

Revolving credit
Crédit renouvelable

Right (stock exchange)
Droit (bourse)

Right of amendment
Droit d'amendement

Right of provisional expenditure
Douzièmes provisoires

Ring
Corbeille

Risk
Risque

Rollover credit
Roll over (crédit)

Rouble
Rouble

Safeguard measures
Sauvegarde

Sample
Échantillon

Sampling
Tirage (statistique)

Sampling method
Sondage

Savings plan
Plan d'épargne

Savings
Épargne

Savings (social accounting, R.-U./national accounting, É.-U.)
Épargne (comptabilité nationale)

Scarcity
Rareté

SDR (Special drawing rights)
DTS (Droits de tirage spéciaux)

Seal of quality
Label

Seasonal credit
Crédit de campagne

Seasonal variation
Saisonnier (mouvement)

Securities
Valeurs mobilières

Securities and investment board
Conseil des bourses de valeurs

Security pension transaction
Pension

Self-employed
Entrepreneur individuel

Self-management
Autogestion

Selling at give-away prices
Gâchage, gâchage des prix

Services
Services

Services rendered for own account
Auto-équipement

Share
Action

Shareholder
Actionnaire

Share with share warrant
Action avec bon de souscription d'action (ABSA)

Sharecropping
Métayage

Shareholder's equity/Stockholder's equity
Capitaux propres

Shopping center
Centre commercial

Short term banking list
Barème (de crédits)

Short term realizable assets
Valeurs réalisables à court terme

Shortage
Pénurie

Simplified accounts
Comptes simplifiés

Simulation
Simulation

Single European Act
Acte unique européen

Slide
Glissement

Sliding wage scale
Échelle mobile

Snowball sales system
Vente à la boule de neige

Social accounts
Comptes de la nation

Social budget
Budget social

Social class
Classe sociale

Social insurance
Assurance sociale

Social security
Sécurité sociale

Social security benefits
Prestations sociales

Social security contribution
Cotisation sociale, Parafiscalité

Social welfare expenditure
Charges sociales

Socialism
Socialisme

Socioprofessional
Socioprofessionnel

Socioprofessional group
Catégorie socioprofessionnelle

Solvency/Debt paying ability
Solvabilité

Sovkhoz
Sovkhoz

Special auditor for company formation
Commissaire aux apports

Special budget
Budget annexe

Specific
Spécifique

Special Treasury accounts
Comptes spéciaux du Trésor

Speculation
Spéculation

Split of a company
Cession d'actions, Scission

Spot transaction
Opération au comptant

Spread
Marge, Écart, Spread

Stabilization
Stabilisation

Stagflation
Stagflation

Stagnation
Stagnation

Stakhanovism
Stakhanovisme

Standard deviation
Écart type

Standard of living
Niveau de vie

Standardization
Normalisation

Standby Agreement
Stand by

Start of interest entitlement
Droit de jouissance

Statement of national flows of funds
Tableau des opérations financières

State supervision
Contrôle d'État

Statistics
Statistique

Staturory limitation
Prescription

Sterling balances
Balances sterling

Sterling zone
Zone sterling

Stock
Actions, Stock

Stock Clearing Corporation (SICOVAM)
Société interprofessionnelle pour la compensation des valeurs mobilières (SICOVAM)

Stock exchange
Bourse des valeurs

Stock exchange committee
Comité des bourses de valeurs, Comité des opérations de bourse

Stock option
Plan d'option sur actions

Stockbroker
Agent de change

Straddle/Put and call option
Stellage

Strike
Grève

Subsidiary
Filiale

Subsidy
Subvention

Subsidy (agricultural)
Restitution (agricole)

Subsistence theory of labor supply
Loi d'airain

Supermarket
Supermarché

Supervisory board
Conseil de surveillance

Supervisory Office of Public Finance
Inspection générale des finances

Supplementary credit
Décret d'avances

Supplier credit
Crédit commercial, Crédit fournisseur, Crédit ponctuel

Supply
Offre

Supply-side economics
Économie de l'offre

Surplus
Excédent, Surplus

Suspension of payments
Cessation de paiement

Swap
Crédit croisé, Swap

Syndicate/Consortium
Syndicat financier

Syndicated loan
Crédit cartellaire

System of National Accounts of the United Nations (SNA)
Système de comptabilité nationale des Nations unies (SNC)

Tobacco monopoly
Monopole des tabacs

Takeoff
Décollage

Takeover bid
Offre publique d'achat (OPA)

Tax
Contribution, Impôt

Tax adjustment
Redressement fiscal

Tax allowance
Abattement

Tax at source
Prélèvement d'impôt, Retenue à la source

Tax avoidance
Évasion

Tax benefit
Agrément fiscal

Tax burden
Pression fiscale

Tax credit
Avoir fiscal, Crédit d'impôt

Tax deduction
Déduction (fiscalité)

Tax deferral
Crédit (fiscalité)

Tax fraud
Fraude fiscale

Tax law
Fiscalité

Tax on cyclical increase
Prélèvement conjoncturel

Tax on financial transactions
Taxe sur les activités financières (TAF)

Tax reduction
Réduction de droits fiscaux

Tax shelter
Paradis bancaire

Taxable event
Fait générateur

Taxation transparency
Transparence fiscale

Technical coefficient
Coefficient technique

Technical reserves (insurance)
Provisions techniques

Temporary admission
Admission temporaire

Tenancy agreement/Rental contract
Bail

Tendency
Propension, Tendance

Terms of trade
Termes de l'échange

Theory of antagonism
Théorie des antagonismes

Theory of Fayol
Fayolisme

Theory of tests
Théorie des tests

Third World
Tiers Monde

Time series
Série chronologique

Titrisation
Titrification, Titrisation

Total population
Population totale

Trade, trader
Commerce, commerçant

Trade balance
Balance commerciale

Trade margin/Price margin
Marge

Trade tax
Patente, Taxe professionnelle

Transaction
Opération

Transfer payments
Transfert (opérations de)

Transit
Transit

Treasury
Trésor, Disponibilités

Treasury bill/Treasury note
Bon du Trésor

Trust
Portage, Trust, Trustee

Trust company
Fiduciaire

Trustee
Besoin (droit commercial)

Trustee securities
Valeur de père de famille

Turnover
Chiffre d'affaires

Twist
Twist

Uncovered
Découvert, Facilité de caisse

Underconsumption
Sous-consommation

Underdevelopment
Sous-développement

Underwriter
Société de capitalisation

Unemployment
Chômage

Unit trust
Fonds de placement ouvert

Urban and regional policy
Aménagement du territoire

Usufructuary right
Usufruit d'un titre

Usury
Usure

Utility
Utilité

Value added
Valeur ajoutée

Value Added Tax (VAT)
Taxe sur la valeur ajoutée (TVA)

Variable
Variable

Variable capital
Capital variable

Variance
Variance

Variation
Variation

Venture capital financing company
Société de capital risque

Viscous market
Viscosité

Voluntary retail buying chain
Chaîne volontaire

Vouchers
Pièces justificatives

Wage/Salary
Salaire

Warrant
Bon de souscription d'action, Warrant

Warrant issue
Obligation warrantée

Ways and means
Voies et moyens

Wealth
Patrimoine

Weighting coefficients
Coefficients de pondération

Winding-up profit
Boni de liquidation

Withholding
Retenue à la source

Workers' council/Employee' s council
Comité d'entreprise

Working capital ratio
Coefficient ou ratio de liquidité générale

Working population
Population active

Working time
Durée du travail

World Bank
Banque mondiale

World Trade Organization
Organisation mondiale du commerce (OMC)

Yield
Taux actuariel

York (system of)
York (système d')

Lexique

allemand – français

Abänderungsrecht
Droit d'amendement

Abgabe
Redevance

Abgaben
Prélèvement, Retenue à la source

Abgrenzungskonten
Comptes de régularisation

Abschlag / Disagio
Décote, Discount

Abschreibung
Amortissement, Épuisement

Absentismus
Absentéisme

Abstinenz
Abstinence

Abweichungsanalyse
Analyse des écarts

Abwertung
Dévaluation

Abwickler / Liquidator
Liquidateur

Adjustierung
Ajustement

Ad valorem
Ad valorem

Affidavit
Affidavit

Afrikanische Wirtschaftsgemeinschaft (AWG)
Communauté économique africaine

Agio
Agio

Agiotage
Agiotage

Agrograd
Agrograd

Akkreditiv
Accréditif

Akkumulation
Accumulation

Aktie
Action

Aktie mit Aktienoptionen
Action avec bon de souscription d'action (ABSA)

Aktionär
Actionnaire

Aktiva / Aktiven
Actif

Aktivierung
Activation

Aktualisierte Bilanz
Bilan actualisé

Akzelerationsprinzip/Akzelerator
Principe d'accélération

Akzelerator
Accélérateur

Akzept
Acceptation

Akzise / Verbrauchssteuer
Accise

Allgemeiner Kontenplan
Plan comptable général

Allgemeiner Sozialversicherungsbeitrag
Cotisation sociale généralisée (CSG)

Allgemeines Zoll- und Handelsabkommen
Accord général sur les tarifs douaniers et le commerce (GATT)

Alter
Age

Alterspyramide
Pyramide des âges

American deposit receipt
American deposit receipt

American deposit share
American deposit share

American American selling price
Prix de vente américain

Amtlicher Kurszettel
Cote (bourse)

Amtsblatt
Journal d'annonces légales

Anarchismus
Anarchisme

Aneignung
Appropriation

Anftauchendes Land
Pays en émergence

Angebot
Offre

Angebotslücke
Goulot

Angebotsorientierte Wirtschaftstheorie
Théorie de l'économie de l'offre

Angeld
Arrhes

Angelegenes Kapital
Capital engagé

Angleichung
Alignement

Ankurbelung
Relance

Anlage
Placement

Anlagefonds / Investment fonds
Fonds commun de placement, SICAF, Société de placement collectif

Anlagevermögen
Capital fixe, Valeurs immobilisées, Immobilisations

Anlagewertpapier
Valeur classée

Anleihe / Darlehen
Emprunt

Anrecht / Bezugsrecht
Droit (bourse)

Anreiz
Incitation

Anspannungskoeffizient
Ratio d'endettement

Antagonismustheorie
Théorie des antagonismes

Antizipation
Anticipation

Anzahlung
Acompte

Applikation
Application

Arbeitsdauer / Arbeitszeit
Durée du travail

Arbeitslosigkeit
Chômage

Arbeitsplatzbewertung
Évaluation des tâches

Arbitrage
Arbitrage

Argumentarium
Argumentaire

Artel
Artel

Assignat
Assignat

Assortierung
Allotissement

Atomistisch
Atomicité

Aufgeschobener Kredit
Crédit différé

Aufkauf des Unternehmens bei Arbeitern
Reprise de l'entreprise par les salariés (RES)

Aufrechnung / Clearing / Verrechnung
Compensation

Aufrechnungskurs
Cours de compensation

Aufschlag
Agio

Aufschwung
Expansion

Aufsichtsrat
Conseil de surveillance

Aufwendungen
Charges, Dépense

Aulagevermögen
Capital investi

Ausfuhr / Export
Exportation

Ausland / Übrige Welt
Étranger, Extérieur

Ausserstreitiger Antrag (Steuerwesen)
Demande gracieuse (fiscalité)

Aussperrung
Lock-out

Autarkie
Autarcie

Automation
Automation

Automatismus
Automatismes

Aval / Wechselbürgschaft
Aval

Babyshark
Boutique-choc

Baissier
Baissier

Bank
Banque

Bank Charter Act
Bank Charter Act

Bank der Staaten von Zentralafrica
Banque des États de l'Afrique centrale (BEAC)

Bank für Internationalen Zahlungsausgleich (BIZ)
Banque des règlements internationaux (BRI)

Bank von England
Banque d'Angleterre

Bank von Frankreich
Banque de France

Bankeinlagen
Dépôts

Bankenauschuss
Commission bancaire

Bankenkonsortium / Syndikat
Consortium bancaire (crédit consortial)

Bankenliste
Barème (de crédits)

« Banking school » (Bankschule)
Banking school, banking principle (école de banque)

Bank oder Finanzgesellschaft
Établissement de crédit

Bankrott
Banqueroute

Bankwesen
Système bancaire

Bargeld
Numéraire

Basis
Base, Base de données

Beanspruchtes Kreditvolumen
Encours de crédit

Bedauxsystem
Système Bedaux

Bedürfnis
Besoin

Behaviorismus
Béhaviourisme

Beherrschung
Domination

Belege
Pièces justificatives

Bemessungsgrundlage
Assiette

Benelux
Benelux

Bereinigung / Berichtigung
Ajustement

Berichtigungsfrist (Steuern)
Délai de reprise (fiscalité)

Berichtigungsveranlagung
Redressement fiscal

Bernoulli-Verteilung
Loi binomiale

Berufsverband / Gewerkschaft / Fachverband
Syndicat

Beschäftigung
Emploi

Besteuerungsgrundlage
Base d'imposition

Betriebliche Vorräte
Valeurs d'exploitation

Betriebsergebniskapital
Capital d'exploitation

Betriebsergebnisrechnung
Compte d'exploitation générale

Betriebsfonds
Fonds de roulement

Betriebsfondsbedürfnis
Besoin en fonds de roulement

Betriebsnotwendiges Kapital
Capitaux permanents

Betriebsrat
Comité d'entreprise

Beurteilung
Évaluation

Bevölkerung
Population

Bevölkerungswachstum
Accroissement

Bevölkerungswanderung
Migration

Bevorrechtete Investitionzertificat
Certificat d'investissement privilégié (CIP)

Bevorrechtigter Konkursgläubiger
Chirographaire (créancier)

Bewegliche Vermögenswerte
Capitaux mobiliers

Bewilligung / Lizenz
Licence

Bias
Biais

Bilanz
Bilan

Bilanzenzentrale
Centrale de bilans

Bilateralismus
Bilatéralisme

Bimetallismus
Bimétallisme

Binomialverteilung
Loi binomiale

Bland Allison Gesetz
Bland Allison Act

Blue chip
« Blue chip »

Bodenkreditbanken
Crédit foncier

Bodennützungsrecht
Faire-valoir (modes de)

Book building
Livre d'ordres

Boom
Boom

Börsegesellschaft
Société de bourse

Börsenagent / Börsenmakler
Agent de change

Börsenausschuss
Comité des bourses de valeur,
Commission des opérations de bourse

Börsenkapitalisierung
Capitalisation boursière,
Valeur boursière

Börsenkrach
Krach

Börsenring
Corbeille

Boykott (boykottieren)
Boycott

Brache / Brachliegendes Land
Jachère

Branche
Branche

Broker
Broker

Bruttobetriebsergebnisüberschuss
Excédent brut d'exploitation

Bruttoinlandsprodukt (BIP)
Produit intérieur brut (PIB)

Bruttoinvestitionen
Formation brute de capital

Buchführung / Buchhaltung
Comptabilité

Budget (Haushalt)
Budget

Budgetdefizit
Impasse

Budgetgesetz / Haushaltsgesetz
Loi de finances

Budgetspezialität
Spécialité

Budgetübertragung
Report de crédits

Bullionismus
Bullionisme

Bürge
Besoin (droit commercial)

Bürgschaft
Cautionnement

Bürgschaftsschein
Acquit-à-caution

Calloption
Option du double (bourse)

Cambridge-Gleichung
Cambridge (équation de)

Cash flow
Marge brute d'autofinancement

Cash-flow (netto)
Marge nette d'autofinancement

Catering
Avitaillement

Chronogramm
Chronogramme

Chrysohedonismus
Chrysohédonisme

CIF (cost, insurance, freight)
CAF (coût, assurance, fret)

Colbertismus
Colbertisme

Commonwealth
Commonwealth

Cooke ratio
Cooke (ratio)

Corner
Accaparement, Corner

Courtage/Maklergebühr
Courtage

Crawling Peg-System
Parité à crémaillère

Currency and Bank Notes Acts
Currency and Bank Notes Acts

Currency school (Geldumlaufschule)
Currency principle, currency school

Darlehensfaktor
Capacité d'emprunt

Datenanalyse
Analyse des données

Datenbanksystem
Banque de données

Defeasance
Cantonnement

Deckung
Couverture

Defizit
Déficit

Deflationspolitik
Déflation

Delegierter des Verwaltungsrates/Geschäftsführendes Verwaltungsratsmitglied
Administrateur délégué

Delphi Methode
Méthode Delphi

Demographie
Démographie

Denier
Denier

Deport
Déport

Depositen
Dépôts

Depression
Dépression

Devise
Devise

Devisenhändler
Cambiste

Devisenposition
Position de change

Devisenvorschuss
Avance en devises

Dezentralisation
Décentralisation

Diagram
Diagramme

Dienstleistungen
Services

Direkte Kommunalsteuern
Taxes directes locales

Direktkredit
Face à face

Dirigismus/Gelenkte Wirtschaft
Dirigisme

Diskontfähig
Bancable

Diskontierung
Escompte

Diskriminierung
Discrimination

Distanzwechsel
Effet déplacé

Dividende
Dividende

Dokumentenakkreditiv
Crédit documentaire

Dollar
Dollar

Dollar gap
Dollar gap

Dollarzone
Zone dollar

Domizilierung/Domizilvermerk
Domiciliation

Dritte Welt
Tiers Monde

Drugstore
Drugstore

Dumping
Dumping

Duopol
Duopole

Duopson
Duopsone

Durchführbarkeitsanalyse
Feasibility/Faisabilité

Dynamik
Dynamique

Effektive Rendite
Taux actuariel

Ehernes Lohngesetz
Loi d'airain

Eigenkapital/Eigene Mittel
Capitaux propres

Eigenleistungen
Auto-équipement

Eigentum
Propriété

Eigenverbrauch
Autoconsommation

Eigenvertigung
Autoproduction

Einfachen Konten
Comptes simplifiés

Einfuhr/Import
Importation

Einfuhr- oder Ausfuhrgenehmigung
Licence d'importation ou d'exportation

Einfuhr- oder Ausfuhrverbot
Prohibition

Einheitliche Europäische Akte
Acte unique européen

Einkaufszentrum
Centre commercial

Einkommen
Revenu

Einkommensmultiplikator
Multiplicateur d'investissement

Einkünfte aus Gewerbebetrieb
Bénéfices industriels et commerciaux (BIC)

Einkünfte aus Land- und Forstwirtschaft
Bénéfice de l'exploitation agricole

Einkünfte aus selbständiger Arbeit
Bénéfices des professions non commerciales (BNC)

Einlage
Apport

Einspruch (Steuer)
Réclamation

Einziehung
Mise en recouvrement, Recouvrement

Einziehungsbefehl
Ordre de recette

Elastizität
Élasticité

Emission
Émission

Endnachfrage/Gesamtnachfrage
Demande finale

Engineering
Ingénierie

Entsparen
Désépargne

Entwickelten Konten
Comptes développés

Entwicklung
Développement

Entwicklungshilfe
Aide (internationale au développement)

Entwicklungsschwelle
Décollage

Erdölzertifikat
Certificat pétrolier

Erhebung
Recensement

Erlaubnis
Agrément, Accord préalable

Ersparnis (volkswirtschaftliche Gesamtrechnung)
Épargne (comptabilité nationale)

Ertragsbilanz/Leistungsbilanz
Balance des opérations courantes

Ertragskraft
Capacité bénéficiaire

Erwachsene (Bevölkerung)
Adulte (population)

Erwartungswert
Espérance mathématique

Erwerb
Acquisition

Erwerbsbevölkerung
Population active

Euro
Euro

Eurodollars
Eurodollars

Euromarket
Euromarché

Europäische Bank für Wiederaufbau und Entwicklung
Banque européenne pour la reconstruction et le développement (BERD)

Europäische Freihandelszone (EFTA)
Association européenne de libre-échange (AELE)

Europäische Gemeinschaft (EG)
Communauté européenne (CE)

Europäische Gemeinschaften
Communautés européennes

Europäische Interessengemeinschaft (EIG)
Groupement européen d'intérêt économique (GEIE)

Europäische Investitionsbank (EIB)
Banque européenne d'investissements (BEI)

Europäische Rechnungseinheit (ERE)
Unité de compte européenne (UCE)

Europäische Union
Union européenne

Europaïsche Währungseinheit (EWE/ECU)
Écu

Europaïsche Zahlungsunion (EZU)
Union européenne des paiements (UEP)

Europäische Zentralbank
Banque centrale européenne(BCF)

Europäischer Ausrichtungs- und Garantiefonds für die Landwirtschaft (EAGFL)
Fonds européen d'orientation et de garantie agricole (FEOGA)

Europäischer Entwicklungsfonds (EEF)
Fonds européen de développement (FED)

Europäischer Fonds für währungspolitische Zusammenarbeit (EFWZ)
Fonds européen de coopération monétaire (FECOM)

Europäischer Investitionsfonds (EIF)
Fonds européen d'investissement

Europäischer Sozialfonds (ESF)
Fonds social européen (FSE)

Europäischer wirtschaftlicher Raum
Espace économique européen

Europäisches System Volkswirtschaftlicher Gesamtrechnungen (ESVG)
Système européen de comptes économiques intégrés (SEC)

Europäisches Währungsabkommen (EWA)
Accord monétaire européen (AME)

Europäisches Währungssystem (EWS)
Système monétaire européen (SME)

Euroscheine
Eurobons

Eurowährung
Eurodevises

Ex ante, ex post
Ex ante, ex post

Exponentiell
Exponentiel

Export Credits Guarantee Department (R.-U.)
Export Credits Guarantee Department (assurance-crédit d'État à l'exportation britannique)

Exportkundenkredit
Crédit acheteur

Exportmultiplikator
Multiplicateur du commerce international

Extrapolation
Extrapolation

Fabianismus
Fabianisme

Factoring
Factoring

Fällige Verbindlichkeiten
Dettes fournisseurs, Dette à court terme, Effets à payer, Exigibilités, Passif à court terme, Passif exigible

Familie
Famille

Familienquotient
Quotient familial

Fayolsche Theorie
Fayolisme

Federal Reserve System (FRS)
Federal Reserve System

Federführende Bank
Banquier chef de file

Fehlbetrag
Découvert budgétaire

Fehler
Biais

Feingehalt
Aloi

Fertilitätsmasse
Fécondité (indicateurs de)

Fest (Adjektiv)
Ferme (adjectif)

Finanz
Finance

Finanzielle Unabhängigkeit
Autonomie financière

Finanzierung
Financement

Finanzierungsdefizit
Besoin de financement

Finanzierungsrechnung
Tableau des opérations financières

Finanzierungsüberschuss
Capacité de financement

Finanzliste
Barème financier

Finanzmathematik/Versicherungsmathematik
Actuariat

Finanzplatz/Wirtschaftsplatz
Place

Finanzunternehmen
Institutions financières

Finanzvermögen
Capital financier

Fishersche Gleichung
Équation de Fisher

Fixe Kosten – Variable Kosten
Frais fixes, frais variables

Fixing
Fixage (fixing)

Flüssige Mittel
Disponibilités, Valeurs disponibles

Flüssiger Markt
Fluidité

Free on board (FOB)
FAB (franco à bord)

Forderung
Créance

Forderungen
Comptes clients, Effets à recevoir

Forderungsbevorschussung
Crédit de mobilisation de créances commerciales (CMCC)

Forfaitierung
Affacturage

Frachtbrief
Lettre de transport

Franc (Allemagne), Franken (Suisse)
Franc

Franc CFA
Franc CFA

Franc CFP
Franc CFP

Franc-Zone
Zone franc

Franchising
Franchisage, franchise

Französische Aussenhandelsbank
Banque française du commerce extérieur (BFCE)

Französische Aussenhandelsversicherung (COFACE)
Compagnie française d'assurance pour le commerce extérieur (COFACE)

Französische Bankenvereinigung (AFB)
Association française des banques (AFB)

Französische Kasse für Entwicklung
Caisse française de développement (CFD)

Französische Vereinigung der Banken und Finanzgesellschaften (AFEC)
Association française des établissements de crédit (AFEC)

Französische Vereinigung der finanziellen Gesellschaften
Association française des sociétés financières

Französischer Wirtschafts- und Sozialentwicklungsfond
Fonds de développement économique et social (FDES)

Französisches Aussenhandelszentrum
Centre français du commerce extérieur (CFCE)

Französisches volkswirtschaftliches Gesamtrechnungssystem
Système élargi de comptabilité nationale

Free alongside ship (FAS)
Franco long du bord (FLB)

Free on Board (FOB)
FAB (franco à bord)

Freier Warenverkehr
Libre circulation des marchandises, Libre pratique

Freihandel
Libre-échange

Freihandelszone
Zone de libre-échange

Freiheit
Liberté

Freiwillige Ketten
Chaîne volontaire

Fristentransformation
Transformation

Fronting
Façade

Fungibilität/Vertretbarkeit
Fongibilité

Funktion
Fonction

Fusion/Unternehmensverschmelzung
Fusion

Futures
Futures

Gantt (Gantt-Chart)
Graphiques et système de Gantt

Gap
Gap (inflationniste, technologique…), Écart

Garantie
Caution, Garantie, Ducroire,

Gauss-Verteilung
Loi de Laplace-Gauss

Gebühr
Taxe

Geburtenziffer
Natalité (indicateurs de)

Gegenangebot
Adhérent mainteneur de marché (AMM), Contrepartie

Gegenposten
Contreparties

Gegenseitigkeit
Mutualité

Gekreuzter Scheck
Barrement, Chèque barré

Geld
Monnaie

Geldkapital
Capital monétaire

Geldmarkt
Marché monétaire

Geldmenge
Disponibilités monétaires, Masse monétaire

Geldschöpfungsmultiplikator
Multiplicateur de crédit

Geldumtausch/Geldwechsel
Change

Gemeinschaft
Immobilisations

Gemeinschaft der Unabhängigen Staaten
Communauté des États indépendants

Genehmigungsbescheid
Lettre d'agrément

General Agreement on Tariffs and Trade (GATT)
Accord général sur les tarifs douaniers et le commerce (GATT)

Genossenschaft
Coopérative

Georgism
Georgisme

Gesamtbevölkerung
Population totale

Gesamtheit/Grundgesamtheit
Population (statistique)

Geschäftsbücher
Livres de commerce

Geschäftswert
Fonds de commerce

GeschlossenerAnlagefonds / Geschlossener Investmentfonds
Fonds de placement fermé

Gesellschaft
Société

Gesellschaft der französischen Börsen
Société des bourses françaises

Gesellschaft für Regionale Entwicklung
Société de développement régional (SDR)

Gesellschaftsanteil / Stammeinlage (SARL)
Part d'intérêt, part sociale

Gesellschaftsschicht
Classe sociale

Gesetzliche Bevölkerung
Population légale

Gewerbesteuer / Patentgebühren
Patente, Taxe professionnelle

Gewichtungsfaktoren
Coefficients de pondération

Gewinn
Bénéfice, Profit

Gewinnschuldverschreibung
Obligation participante

Gewinnschwelle / Nutzschwelle
Point mort, seuil de rentabilité

Gewinn- und Verlustrechnung / Erfolgsrechnung
Compte de pertes et profits, Compte de résultat

Gezwungene Währung
Cours forcé

Giffen-Effekt
Effet de Giffen (ou cas de Giffen)

Gleichgewicht
Équilibre

Gleitende Lohnskala
Étchelle mobile

Gold
Or

Goldbarrenwährung
Gold bullion standard

Golddevisenwährung
Gold exchange standard

Golden share
Action spécifique

Goldklausel / Goldwertklausel
Clause-or

Goldpunkte
Points d'or

Goldstandard / Goldwährung
Gold standard

Goldumlaufwährung
Gold specie standard

Goodwill / Firmenwert
Survaleur

Gosbank
Gosbank

Gosplan
Gosplan

Grauer Markt
Marché gris

Greenbacks
Greenbacks

Grenzausgleichszahlung
Montant compensatoire monétaire (MCM)

Grenznutzenschule
Marginalisme

Greshamsches Gesetz
Loi de Gresham

Gründeranteilschein
Part de fondateur, part bénéficiaire

Grundkapital
Capital social

Gründungskosten
Frais d'établissement

Gründungsprüfer
Commissaire aux apports

Gut
Bien

Güter und Dienstleistungen
Biens et services

Guthaben
Avoir

Gutschrift / Haben
Avoir

Haben (Buchführung)
Crédit (comptabilité commerciale)

Handel, Händler
Commerce, commerçant

Handelsbilanz
Balance commerciale

Handelsbörse
Bourse de commerce

Handelspapier
Effet de commerce

Handelsregister
Registre du commerce

Handelsspanne/Marge/Verkaufsspanne
Marge

Handwerker
Métiers

Handwerker
Artisan

Häufigkeit
Fréquence

Haushaltsbestimmungen
Voies et moyens

Haushalts-defizit
Découvert budgétaire

Haushaltshaupttitel
Article

Haushaltskapital
Chapitre

Haushaltsmittel
Collectif, Mesure nouvelle

Haushaltsrechnung
Loi de règlement

Haushaltstitel
Titre budgétaire

Haushaltsvorgänge
Opérations budgétaires

Haussier
Haussier

Havanacharta
Charte de La Havane

Hebeleffekt
Effet de levier

Heiratsziffer
Nuptialité (indicateurs de)

Hinterlegungs- und Konsignationkasse
Caisse des dépôts et consignations

Histogramm
Histogramme

Historische Schule
École historique

Holdinggesellschaft
Holding

Homo œconomicus (ökonomischer Mensch)
Homo œconomicus (« homme économique »)

Hot money/Heisses Geld
Hot money, Capitaux fébriles

Hypothekenmarkt
Marché hypothécaire

Ideologie
Idéologie

Imitationseffekt
Effet de démonstration

Imperialismus
Impérialisme

Incoterms
Incoterms

Index/Kennzahl
Indice

Indexanleihe/Indexierte Schuldverschreibung
Obligation indexée

Indexierung
Indexation

Indikator
Avertisseur, Clignotant, Indicateur d'alerte

Indossament
Endos, Endossement

Inflation
Inflation

Inkasso
Recouvrement

Inland
Intérieur

Inländer
Résidents

Inlandsnachfrage
Dépense nationale

Inlandsproduktion
Production intérieure, Production nationale

Innenfinanzieren
Nourrir (du papier, des créances)

Innenfinanzierung
Autofinancement

Innerbetrieblicher Verrechnungspreis
Prix de cession interne

Innovation
Innovation

Innovationsfinanzierungsgesellschaft
Société de financement de l'innovation

Input-output Tabelle
Tableau d'échanges interindustriels, Tableau des entrées-sorties

Institut für industrielle Entwicklung
Institut de développement industriel (IDI)

Institution
Institution

Institutionalismus
Institutionnalisme

Institutionnelle Einheit
Unité institutionnelle

Institutionnelle Investoren
Investisseurs institutionnels

Institutioneller Sektor
Secteur institutionnel

Interessen
Groupement d'intérêt économique (GIE)

Interessengemeinschaft (IG)
Coentreprise, Groupement d'intérêt économique (GIE)

Intermediärer Verbrauch
Intraconsommation

Internationale Bank für Wiederaufbau und Entwicklung (IBWE)
Banque internationale pour la reconstruction et le développement (BIRD)

Internationale Bank für Wirtschaftliche Zusammenarbeit (IBWZ)
Banque internationale de coopération économique (BICE)

Internationale Investitionsbank (IIB)
Banque internationale d'investissements (BII)

Internationale Liquidität
Liquidités internationales

Internationaler Währungsfonds (IWF)
Fonds monétaire international (FMI)

Internationales Währungssystem
Système monétaire international

Interpolation
Interpolation

Intervention, Interventionismus
Intervention, interventionnisme

Investition
Investissement, Placement

Investition (volkswirtschaftliche Gesamtrechnung)
Investissement (comptabilité nationale)

Investitionszertifikat
Certificat d'investissement

Investmentclub
Cercle d'investissements, Club d'investissements

Jährlichkeit
Annualité

Journal
Journal

Kapital
Capital

Kapitalanlagegesellschaft
Société d'investissement, Société d'investissement à capital fixe (SICAF)

Kapitalerhöhung aus Gesellshaftsmitteln
Incorporation de réserves et de bénéfices

Kapitalherabsetzung
Réduction de capital

Kapitalisierung (Versicherung)
Capitalisation (assurance)

Kapitalisierungsgesellschaft
Société de capitalisation

Kapitalismus
Capitalisme

Kapitalist
Capitaliste

Kapitalistisch
Capitalistique

Kapitalskoeffizient
Coefficient de capital

Kapitalverkehrsbilanz
Balance des opérations en capital

Kapitalversicherung auf den Erlebensfall
Capital différé

Kapitalwert
Marge brute d'autofinancement actualisé (MBA actualisé)

KapitalKapitalwertmethode
Actualisation

Kartell
Cartel

Kartellabsprache
Collusion, Entente

Kartogramm
Cartogramme

Kassageschäft/Komptantgeschäft
Opération au comptant

Kasse
Caisse

Kassenbestand
Encaisse

Kassenobligation/Kassenschein
Bon de caisse

Kauf
Achat

Kaufkraft
Pouvoir d'achat

Kaufkraftparität
Parité du pouvoir d'achat

Kennedy Runde
Kennedy Round

Kennzahl
Ratio, Taux

Keynessche Theorie
Théories keynésiennes

Khammes
Khammes

Khozrastchiot
Khozrastchiot

Kibbuz
Kibboutz

Kingsche Regel
Effet King

Klassenkampf
Lutte des classes

Klassisch/Klassiker
Classique

Knappheit
Rareté

Kolchose
Kolkhoz

Kollektivierung
Collectivisation

Kollektivismus
Collectivisme

Kolonialismus
Colonialisme

Kolonisierung
Colonisation

Kombinat
Combinat

Kommanditgesellschaft
Société de personnes,
Société en commandite

Kommunismus
Communisme

Kommunist
Communiste

Kompensation
Soulte

Kompensationsabkommen
Accords de clearing

Konjunktur
Conjoncture

Konjunkturabgabe
Prélèvement conjoncturel

Konjunkturbarometer
Baromètre

Konkurrenz/Wettbewerb
Concurrence

Konkurs
Dépôt de bilan, Faillite, Banqueroute

Konkursverfahren
Liquidation des biens

Konkursverwalter/Liquidator
Administrateur judiciaire, Syndic

Konnossement
Connaissement

Konsignation
Consignation de marchandises

Konsolidiertes Konto
Compte consolidé

Konsolidierung
Consolidation

Konsortialkredit
Crédit cartellaire

Konstantkapital
Capital constant

Konsum
Consommation

Konsument/Verbraucher
Consommateur

Konsumerismus
Consommaction

Konsumforschung
Consommatique

Konsumkredit
Crédit à la consommation

Kontoüberziechung
Découvert

Kontingent
Contingent

Kontingenz
Contingence

Konto
Compte

Kontokorrent
Compte courant

Kontokorrentkredit
Avance en compte courant

Kontostand
Position, Position de place

Konversion
Conversion

Konvertabilität/Konvertierbarkeit
Convertibilité d'une monnaie

Konzentration
Concentration

Konzern
Konzern

Konzertierte Aktion
Économie concertée

Korrektur des Haushaltsentwurfs
Lettre rectificative

Korrelation
Corrélation

Kosten
Coût

Kostenarten/Kostenträger
Section (comptable)

Kostenstelle
Centre de travail

Kovarianz
Covariance

Kredit
Crédit

Kreditbrief
Lettre de crédit

Kreditgenossenschaft
Crédit populaire

Kreditinstitute
Institutions de crédit

Kreditkarte
Carte de crédit

Kreditöffnung
Ouverture de crédit

Kreditrestriktionen
Encadrement du crédit

Kreditüberwachungszentrale
Centrale des risques

Kredit- und Banküberwachungsausschuss
Conseil national du crédit

Kreditversicherung
Assurance-crédit

Kumulativ
Cumulatif

Kupon
Coupon

Kurs
Cours

Kurs-Gewinn-Verhältnis (KGV)
Coefficient de capitalisation des résultats (CCR)

Kursavance
Appréciation

Kurspflege
Régularisation d'un cours

Kursvolatilität
Volatilité (degré de)

Kurve
Courbe

Kurzfristig realisierbare Aktiva
Actif circulant, Valeurs réalisables à court terme

Labour turnover
Labour turnover

Ladungsmanifest
Manifeste

Lager
Stock

Lagerschein
Bon de souscription d'action, Warrant

Langfristige Entwicklung
Mouvement de longue durée, Tendance, Trend

Lastschriftanzeige
Avis de prélèvement

Laufende Rechnung
Account

Laufkundschaft
Achalandage

Lay-away
Lay-away

Leads and lags
Leads and lags, Termaillage

Leasing
Crédit-bail

Lebensdauer
Durabilité

Lebenserwartung
Espérance de vie

Lebensstandard
Niveau de vie

Leihe
Prêt

Leistung
Prestation

Leninismus
Léninisme

Liberalisierung
Libéralisation

Liberalismus
Libéralisme

Liberierung (des Kapitals, einer Aktie)
Capital libéré, Libération (du capital, d'une action)

Liberalisierung (von Handel and Wechsel)
Libération des échanges

LIBOR (London Interbank Offered Rate)
LIBOR (London Interbank Offered Rate)

Lieferantenkredit
Crédit commercial

Lineare Programmierung
Programmation linéaire

Linearitätskoeffizient
Linéarité (coefficient de, indice de)

Liquidation
Liquidation

Liquidationsgewinn
Boni de liquidation

Liquidität
Liquidité

Liquiditäten
Disponibilités

Liquiditätseigenwechsel
Billet de trésorerie

Liquiditätsengpass
Coup de bélier

Liquiditätskoeffizient
Liquidité générale (coefficient ou ratio de)

Lohn / Gehalt
Salaire

Lohnsumme
Masse salariale

Lombardkredit
Avance sur titre, Avance sur marchandises

Lombardsatz
Taux Lombard

Loro, nostro
Loro, nostro

Lücke
Écart, écart inflationniste

Maastrichtsvertrag
Traité de Maastricht

Macroökonomie
Macro-économie

Makler
Courtier

Malthusianismus
Malthusianisme

Mangelsituation
Pénurie

Marginal
Marginal

Mark
Mark

Marke
Jeton

Marke (eingetragene) / Handelsmarke
Marque

Marketing
Marchéage

Markt
Marché

Marshallplan
Plan Marshall

Marxismus
Marxisme

Materialbezugsschein
Bon matière

Materialbilanz
Balances matières

Materialprodukt
Produit matériel (ou produit social matériel)

Median (Zentralwert)
Médiane

Mehrheit
Bloc de contrôle

Mehrheitsbeteiligung
Contrôle, Intérêt majoritaire

Mehrwertsteuer (MWSt)
Taxe sur la valeur ajoutée (TVA)

Meistbegünstigungsklausel
Clause de la nation la plus favorisée

Mercosur
Mercosur

Merkantilismus
Mercantilisme

Merkmal
Caractère

Methode der kleinsten Quadrate
Méthode des moindres carrés

Mietvertrag
Bail

Mikroökonomie
Micro-économie

Mikroökonomische Entscheidung
Microdécision

Mindestbestand / Mindesteindeckung
Stock-outil

Mindestlohn
Salaire minimum (SMIC)

Mir
Mir

Mischkonzern
Conglomérat

Mitbestimmung
Cogestion

Mitbeteiligung
Copartnership, Intéressement

Mittel
Moyenne

Mobilisierung
Mobilisation

Modell
Modèle

Modus
Mode

Moment
Moment

Monetarisches Europäisches Institut
Institut monétaire européen

Monetarismus
Monétarisme

Monometallismus
Monométallisme

Monopol / Nachfragemonopol
Monopole

Monopson / Angebotsmonopol
Monopsone

Moratorium
Moratoire

Multilateralismus
Multilatéralisme

Multinationale Gesellschaft
Entreprise multinationale, Société multinationale

Multinationales Unternehmen
Société multinationale

Mündelsichere Wertpapiere
Valeur de père de famille

Münzprägung
Frappe

Münzverschlechterung
Affaiblissement

Muttergesellschaft
Société mère

Nachfrage
Demande

Nachtragskredit
Décret d'avances

Namenszertifikat
Certificat nominatif

National Grange
La Grange

Nationale Buchführung
Tableau économique d'ensemble

Nationales Institut für Statistik und wirtschaftliche Studien
Institut national de la statistique et des études économiques (INSEE)

Natürliche Bevölkerungsentwicklung
Mouvement naturel de la population

Neigung
Propension

Netting
Netting

Netto Ergebnis
Résultat net

Nettoinlandsprodukt
Produit domestique

Netto Variationen (Wertveränderungen)
Variations nettes

Neubewertung
Réévaluation

Neue Wirtschaftspolitik
NEP

New Deal
New Deal

Nichterfüllung
Défaillance

Nichtmetallwährung
Système amétallique

Nicht-Zweckgebundenheit der Einnahmen
Non-affectation des recettes

Niessbrauch
Usufruit d'un titre

Nomenklatur / Schema
Nomenclature

Nordamerikanisches Freihandelsabkommen
Accord de libre-échange nord-américain (ALENA)

Normalverteilung
Loi normale

Normung
Normalisation

Notierung
Titrisation

Notierung (Börse)
Cotation (bourse)

Nutzen / Nützlichkeit
Utilité

Nutzungsrecht
Droit de jouissance

Oberste Finanzaufsichtsbehörde
Inspection générale des finances

Obligation / Schuldverschreibung
Obligation

Obligation mit Aktienoptionen
Obligation à bon de souscription d'action (OBSA)

Obsoleszenz
Obsolescence, désuétude

Offene Rückversicherungspolice
Facob

Offener Anlagefonds / Offener Investmentfonds
Fonds de placement ouvert

Öffentliche Buchführung
Comptabilité publique

Öffentliche Unternehmen
Entreprises publiques

Öffentliches Aktientauschangebot
Offre publique d'échange

Öffentliches Aktienerkaufangebot
Offre publique de vente

Öffentliches Aktientauschangebot
Offre publique d'échange

Öffentliches Einziehungsangobot
Offre publique de retrait

Öffentliches Gut
Bien collectif

Öffentliches Übernahmeangebot / Aufkaufangebot
Offre publique d'achat (OPA)

Offshore
Offshore

Offshorebank
Banque hors-lieu

Ökologie
Écologie

Ökonometrie
Économétrie

Oligopol
Oligopole

Oligopson
Oligopsone

Ophelimität
Ophélimité

Optimum
Optimum

Option
Option négociable

Optionenbörse
Marché à options

Optionsanleihe
Obligation warrantée

Ordentlicher und ausserordentlicher Haushalt
Au-dessous de la ligne, au-dessus de la ligne

Organisation für europäische wirtschaftliche Zusammenarbeit (OEEC)
Organisation européenne de coopération économique (OECE)

Organisation für wirtschaftliche Zusammenarbeit und Entwicklung (OECD)
Organisation de coopération et de développement économique (OCDE)

Organlehre
Organicisme

Pacht
Fermage

Papier
Papier

Pari
Pair

Pari passu/Negativklausel
Clause pari passu

Parität
Parité

Parkett
Parquet

Partizipationsdarlehen
Prêt participatif

Passiva/Passiven
Passif

Patent
Brevet

Pauschalbesteuerung
Abonnement

Pauschalgewinn
Bénéfice forfaitaire

Pensionen
Arrérages

Pensiongeschäft
Pension

Pensiongeschäft (Börse)
Réméré

Petrodollars
Dollars pétroliers, Pétrodollars

Pfand
Gage

Pfandbrief
Lettre de gage

Pfund
Livre

PIBOR
PIBOR

Plafond
Plafond

Plan
Plan

Planung
Planification

Planungstendenz
Planisme

Poisson-Verteilung
Loi de Poisson

Pool
Pool

Präferenzen
Préférence

Prämie
Prime (valeurs mobilières)

Prämie (Börse)
Prime (bourse)

Preis
Prix

Price-Earnings ratio
Coefficient de capitalisation des résultats (CCR)

Prinzip der Unveränderlichkeit des Kapitals
Principe de la fixité du capital

Private Haushalte
Ménages

Privatisierung
Privatisation

Produktion
Production

Produktionsunternehmen
Entreprises non financières

Produktionswirtschaftseinheit
Unité de production homogène

Produktivität
Productivité

Profitabilität
Profitabilité

Prognose
Prévision

Programm
Programme

Programmbudget
Budget de programmes

Programmgesetz
Loi de programme

Programmerlaubnis
Autorisation de programme

Progression
Progressivité

Projekt
Projet

Proletär
Prolétaire

Proletariat
Prolétariat

Protektionismus
Protectionnisme

Protest
Protêt

Provisorische Ausgabenermächtigung
Douzièmes provisoires

Qualitätssiegel
Label

Quantitätstheorie
Théorie quantitative de la monnaie

Quellensteuer
Retenue à la source

Quote
Quota

Rabatt
Ristourne

Raider
Raider, attaquant

Rat für die Wertpapierbörsen
Conseil des bourses de valeurs

Rat für gegenseitige Wirtschaftshilfe (COMECON/RGW)
Conseil d'aide économique mutuelle (CAEM ou COMECON)

Ratsmitglied
Administrateur

Raumordnungspolitik
Aménagement du territoire

Rechnung/Faktura
Facture

Rechnungsführung mit im voraus festgestellten Werten
Comptabilité d'exercice sur la base des droits constatés

Rechnungshof
Cour des comptes

Rechnungsjahr/Geschäftsjahr
Exercice

Rechnungsprüfer/Wirtschaftsprüfer
Commissaire aux comptes

Rediskontierung
Réescompte

Refinanzierung
Refinancement

Refinanzierung des Aktivgeschäfts
Tournage

Reflationspolitik
Reflation

Regionale Kammer der Konten
Chambre régionale des comptes

Regionaler Wirtschaftsbeobachtungsamt
Observatoire économique régional

Regularisation
Régularisation d'un titre

Reinvermögen
Situation nette

Rentabilität
Rentabilité

Renten
Rentes, Arrérages

Reproduktionsziffer
Reproduction (taux de)

Ressourcen
Ressources

Reversicherung
Réassurance

Revolvierender Kredit
Crédit renouvelable

Rezession
Récession

Richtlinien
Directives

Richtzinssatz/Basiszinssatz
Taux de base bancaire (TBB)

Ring
Corbeille

Risiko
Risque

Rollover-Kredit
Roll over (crédit)

Rubel
Rouble

Rückerstattung
Rembours

Rückerstattung der sozialen Schuld
Remboursement de la dette sociale (RDS)

Rücklagen / Reserven
Réserves

Rückstellung
Provision

Rückzahlungsfaktor
Capacité de remboursement

Sacheinlagen
Apport partiel d'actif

Sachvermögen
Capital technique

Saisonale Schwankung
Saisonnier (mouvement)

Saisonkredit
Crédit de campagne

Saldenlisten
Balance

Saldo
Solde, Résultat

Saldo der Forderungen und Schulde
Solde des créances et dettes

Sale-leaseback
Cession-bail

Schatzanweisung / Schatzschein / Schatzwechsel
Bon du Trésor, Bon du Trésor en compte courant

Schätzfunktion
Estimateur

Schätztheorie
Théorie de l'estimation, Intervalle de confiance

Scheck / Check
Chèque

Schekkonto
Compte courant, Compte chèque, Compte de dépôts, Compte en banque

Schleuderverkauf
Gâchage, gâchage de prix

Schneeballsystem
Vente à la boule de neige

Schuld
Dette

Schutzmassnahmen
Sauvegarde

Schwarzer Freitag
Vendredi noir

Schwarzmarkt
Marché noir

Sekundärwirkung
Répercussion

Selbständiger
Entrepreneur individuel

Selbstverwaltung
Autogestion

Siedlung
Agglomération, Urbaine (unité)

Simulation
Simulation

Socioprofessionell
Socioprofessionnel

Solawechsel / Eigenwechsel
Billet à ordre

Soll
Doit

Soll (Buchführung)
Débit (comptabilité)

Sonderkonten der Staatskasse
Comptes spéciaux du Trésor

Sowchose
Sovkhoz

Soziale Sicherung
Sécurité sociale

Sozialhaushalt
Budget social

Sozialismus
Socialisme

Sozialkosten
Charges sociales

Sozialleistungen
Prestations sociales

Sozialprodukt
Produit national (ou social)

Sozial und Berufsgruppe
Catégorie socioprofessionnelle

Sozialversicherung
Assurance sociale

Sozialversicherungsbeitrag
Cotisation sociale, Parafiscalité

Sparen
Épargne

Sparplan
Plan d'épargne

Spekulation
Spéculation

Spekulativer Aufkauf
Accaparement, Ramassage (en bourse)

Sperrminorität
Minorité de blocage

Spezifisch
Spécifique

Spitze
Rompu

Spread
Marge, Écart, Spread

Staat
État

Staatsaufsicht
Contrôle d'État

Staatskasse
Trésor

Staatslotterie
Loterie nationale

Stabilisierung
Stabilisation

Stagflation
Stagflation

Stagnation
Stagnation

Stakhanovismus
Stakhanovisme

Stammkunden
Clientèle

Standardabweichung
Écart type

Standby Agreement
Stand by

Ständestaat
Corporatisme

Statistik
Statistique

Statutarisches Grundkapital
Capital appelé

Stellage-Geschäft
Stellage

Sterbeziffer
Mortalité (indicateurs de)

Sterlingbilanzen
Balances sterling

Sterlingzone
Zone sterling

Steuer
Contribution, Impôt

Steuer auf Finanztransaktionen
Taxe sur les activités financières (TAF)

Steuerabzug
Déduction (fiscalité)

Steuerausweichung
Évasion

Steuerbescheid
Avertissement, Avis d'imposition

Steuerdruck
Pression fiscale

Steuererlass
Dégrèvement

Steuererleichterung
Agrément fiscal

Steuerfreibetrag
Abattement

Steuergrund
Fait générateur

Steuerguthaben
Avoir fiscal, Crédit d'impôt

Steuerhinterziehung
Fraude fiscale

Steuerlich deklariertes Einkommen
Revenu fiscal

Steuerliche Transparenz
Transparence fiscale

Steuerliste
Rôle

Steuermässigung
Réduction de droits fiscaux

Steuerparadis
Paradis bancaire

Steuerpauschale
Forfait

Steuerpflichtiger
Contribuable

Steuerrecht
Fiscalité

Steuervorabzug
Prélèvement d'impôt

Steuerzahler
Redevable

Stichprobe
Échantillon

Stichprobenverfahren
Sondage

Stiller Gesellschafter / Stiller Teilhaber
Associé passif

Stock Option
Plan d'option sur actions

Streik
Grève

Streuungsindikator
Indicateur de dispersion

Strom
Flux

Subvention
Subvention

Subvention (für die Landwirtschaft)
Restitution (agricole)

Supermarkt
Supermarché

Swap
Crédit croisé, Swap

Syndikat / Konsortium
Syndicat financier

Systematischer Bias
Biais

System monatlicher Steuerzahlung
Mensualisation de l'impôt

Tabakmonopol
Monopole des tabacs

Tantieme
Tantième

Tarifvertrag
Convention collective

Tauschhandel
Troc

Technischer Koeffizient
Coefficient technique

Teilzahlungskredit
Crédit pour achats à tempérament

Tendenz
Tendance

Terminabkommen über Zinssatz
Contrat à terme de taux d'intérêt

Termingeschäft
Opérations à terme

Terminmarket von Frankreich
Marché à terme international de France (MATIF)

Terms of trade / Realaustauschverhältnis
Termes de l'échange

Testverfahren
Théorie des tests

Thesaurierung / Hortung
Thésaurisation

Tochtergesellschaft
Filiale

Transaktion
Opération

Transferzahlungen
Opérations de transfert

Transit
Transit

Tratte
Traite

Trend
Trend

Tresorerie / Kassenführung
Opérations de trésorerie

Treuhande
Fiducie, Portage

Treuhänder
Remisier, Trust, trustee

Trust
Trust

Twist
Twist

Überbrückungskredit
Crédit ponctuel – Crédit spot

Überfluss
Abondance

Übernahme
Absorption

Überschuss
Excédent, Surplus

Übertragung / Umbuchung
Virement

Umgeleitene Produkte
Produits dérivés

Umlageverfahren
Répartition (assurance)

Umlageverfahren (Steuer)
Impôt de répartition

Umlaufvermögen
Capital circulant, Actif disponible

Umsatz
Chiffre d'affaires

Umverteilung
Redistribution

Umwelt
Environnement

Umweltsbelastungen
Nuisances

Underwriters
Underwriters

Ungedeckt
Facilité de caisse

Unprognosetheorie
Théorie de l'imprévision

Unterentwicklung
Sous-développement

Untergrenze
Plancher

Unterkonsumption
Sous-consommation

Unternehmen
Entreprise

Unternehmen (volkswirtschaftliche Gesamtrechnung)
Entreprise (comptabilité nationale)

Unternehmensgruppe
Groupe d'entreprises

Unternehmensspaltung
Cession d'actions, Scission

Urkunde
Titre

Ursprungszeugnis
Certificat d'origine

Usanzen
Usance(s)

Variable
Variable

Variables Kapital
Capital variable

Varianz
Variance

Variation
Variation, Fluctuation

Verabschiedete Mittel
Crédit budgétaire, Services votés

Verbindlichkeit
Engagement, Responsabilité

Verfachtung
Métayage

Verfügbares Haushaltseinkommen
Revenu disponible brut des ménages

Vergeltung
Rétorsion

Vergleich
Concordat

Vergleichsverfahren
Règlement judiciaire

Verjährung
Prescription

Verkaufbares Depositenzertifikat
Certificat de dépôt négociable

Verkaüfermerkblatt
Argumentaire

Verkaufsoption
Option de vente

Vermarktung
Marchandisage

Vermietung
Louage

Vermögen
Patrimoine

Verpfändung
Nantissement

Verringerund des Werts
Dépréciation

Versicherung
Assurance

Versicherungsprämie
Prime d'assurance

Versicherungstechnische Rücklagen
Provisions techniques

Verstaatlichung
Nationalisation

Verteilung (volkswirtschaftliche Gesamtrechnung)
Distribution (statistique),
Répartition (comptabilité nationale)

Verteilungsfunktion
Fréquence cumulée

Verteilungskoeffizient
Coefficient de distribution

Vertrieb / Absatz
Distribution

Verwaltung
Administration, Gestion

Verwaltungsgesellschaft
Société de gestion

Verwaltungsstrafe
Pénalités

Verwendung
Emplois

Verzerrung
Distorsion

Volksbanken
Banques populaires

Volkseinkommen
Revenu national

Volksvermögen
Capital national, Patrimoine national

Volkswirtschaftliche Gesamtrechnung
Comptabilité nationale

Volkswirtschaftliches Aggregat
Agrégat

Volkswirtschaftliches Gesamtrechnungssystem der Vereinten Nationen (SNA)
Système de comptabilité nationale des Nations unies (SNC)

Volkswirtschaftskonten
Comptes de la nation

Vorfinanzierung
Préfinancement

Vorrangiges Durchführungsprogramm
Programme d'exécution prioritaire

Vorschiessenes Kapital
Capital avancé

Vorschuss
Avance

Vorstand
Directoire

Vortrag auf neue Rechnung
Report à nouveau

Vorübergehende Einfuhr
Admission temporaire

Wachstum
Croissance

Wagniskapitalgesellschaft
Société de capital à risque

Wahrscheinlichkeitsrechnung
Calcul des probabilités

Währungsgebiet
Zone monétaire

Währungsreserven
Réserves de change

Währungsschlange
Serpent monétaire

Währungsstandard / Münzfuss
Étalon monétaire

Währungsunion von Westafrika
Union monétaire ouest-africaine (UMOA)

Wandelanleihe / Wandelobligation
Obligation convertible en action, Obligation échangeable contre action

Warenkredit
Crédit fournisseur

Waren- und Dienstleistungsbilanz
Balance des biens et services

Wechsel
Lettre de change

Wechselkursrisiko
Risque de change

Wechselpension
Aval en pension

Weltbank
Banque mondiale

Weltliche Handelsorganisation
Organisation mondiale du commerce (OMC)

Werbung
Publicité

Werschiebung
Glissement

Wertpapier mit manchen Optionen
Facilité à options multiples

Wertpapierbörse
Bourse des valeurs

Wertpapiere
Valeurs mobilières

Wertschöpfung
Valeur ajoutée

Wertsteigerung
Plus-value

Wiederaufschwung / Wiederbelebung
Reprise

Wirtschaftliche und monetarische Union
Union économique et monétaire

Wirtschaftliches Ergebnis
Résultat opérationnel

Wirtschaftlichkeit
Rendement

Wirtschaftsanalyse
Analyse économique

Wirtschaftsbeobachtungen
Observation économique

Wirtschaftseinheit / Wirtschaftssubjekt / Wirtschaftsteilnehmer
Agent économique,
Unité économique

Wirtschaftseinheit von Konsum
Unité de consommation

Wirtschaftsgemeinschaft von Westafrika
Union douanière des États de l'Afrique de l'Ouest (UDEAO)

Wirtschaftskrise
Crise économique

Wirtschaftslehre
Doctrine économique

Wirtschaftsmathematik
Calcul économique, Économétrie

Wirtschaftsmechanismus
Mécanisme économique

Wirtschaftsorganisation
Régime économique

Wirtschaftsprognose
Budget économique

Wirtschaftsstruktur
Structure économique

Wirtschaftssystem / Wirtschaftsordnung
Système économique

Wirtschaftstätigkeit
Activité économique

Wirtschafts- und Währungsunion von Westafrika
Union économique et monétaire des États de l'Ouest africain (UEMOA)

Wirtschaftsunion (GUS)
Union économique (CEI)

Wirtschaftswissenschaft
Science économique

Wohnraumstauer
Taxe d'habitation

Wucher
Usure

York (System von)
York (système d')

Zählflüssiger Markt
Viscosité

Zahlung
Paiement

Zahlungsbefehl
Mandat de paiement

Zahlungsbestätigung
Acquit

Zahlungsbilanz
Balance des paiements

Zahlungsbilanzdefizit
Déficit extérieur

Zahlungseinstellung
Cessation de paiement

Zahlungsfähigkeit
Solvabilité

Zehnerclub / Zehnergruppe
Groupe des Dix, Club des Dix

Zeitreihe
Série chronologique

Zentralbank
Banque centrale

Zentralbank der Staaten von Westafrica
Banque centrale des États de l'Afrique de l'Ouest (BCEAO)

Zentrum
Centre

Ziehung (Statistik)
Tirage (statistique)

Zins
Intérêt

Zinssatz zwischen Banken in Paris
Taux interbancaire offert à Paris (TIOP)

Zinszuschuss
Bonification d'intérêt

Zollager
Entrepôt de douane, Entrepôt douanier

Zollbegleitschein
Acquit-à-caution

Zollbehörden
Douane

Zolltarif
Tarif douanier

Zolltarifierung
Spécialisation tarifaire

Zolltarifschema
Nomenclature douanière

Zoll- und Wirtschaftsverein von Zentralafrika
Union douanière et économique de l'Afrique centrale (UDEAC)

Zollunion
Union douanière

Zollvorschriften
Régime douanier

Zufall
Aléa

Zufällig
Aléatoire

Zugeteilte Hauhaltsmittel
Crédits budgétaires

Zusatzbudget / Sonderhaushalt
Budget annexe

Zwangsabgaben
Prélèvements obligatoires

Zweckbindung
Affectation

Zyklus
Cycle

Lexique

espagnol – français

Absentismo
Absentéisme

Absorción
Absorption

Abstinencia
Abstinence

Abundancia
Abondance

Acaparamiento
Accaparement, Corner, Ramassage (en bourse)

Acción
Action

Acción con derecho de subscripción sobre una acción
Action avec bon de souscription d'action (ABSA)

Accionista
Actionnaire

Acelerador
Accélérateur

Aceptación
Acceptation

Acreditativo
Accréditif

Acreedor privilegiado
Chirographaire (créancier)

Actividad económica
Activité économique

Activo
Actif

Acto único europeo
Acte unique européen

Actualización
Actualisation

Actuarial
Actuariat

Acuerdo de Maastricht
Traité de Maastricht

Acuerdo General sobre Aranceles y Comercio (GATT)
Accord général sur les tarifs douaniers et le commerce (GATT)

Acuerdo Monetario Europeo (AME)
Accord monétaire européen (AME)

Acuerdo Norteaméricano de Librecambio
Accord de libre-échange nord-américain

Acuerdo previo
Accord préalable

Acuerdos de clearing
Accords de clearing

Acumulación
Accumulation

Acumulativo
Cumulatif

Acuñación
Frappe

Administración
Administration

Administrador
Administrateur

Administrador delegado
Administrateur délégué

Admisión temporal
Admission temporaire

Adquisición
Acquisition

Aduana
Douane

Adulta (población)
Adulte (population)

Ad valorem
Ad valorem

Afectación
Affectation

Affidavit
Affidavit

Agente de bolsa
Broker

Agente de cambio y bolsa
Agent de change

Agio
Agio

Agiotaje
Agiotage

Aglomeración
Agglomération

Agregado
Agrégat

Agrograd
Agrograd

Agrupación de interés económico
Coentreprise, Groupement d'intérêt économique (GIE)

Ahorro
Épargne

Ahorro (contabilidad nacional)
Épargne (comptabilité nationale)

Ajuste
Ajustement, Alignement

Alcista
Haussier

Almacén aduanero
Entrepôt de douane, Entrepôt douanier

American deposit receipt
American deposit receipt

American deposit share
American deposit share

American selling price
Prix de vente américain

Amortización
Amortissement

Análisis « coste-beneficios »
Analyse « coûts-avantages »

Análisis de datos
Analyse des données

Análisis de desviaciones
Analyse des écarts

Análisis económico
Analyse économique

Anarquismo
Anarchisme

Anticipación
Anticipation

Anticipo
Avance, Avance sur titre

Anticipo en divisas
Avance en devises

Anualidad
Annualité, Annuité

Aparcería
Métayage

Apertura de crédito
Ligne de crédit, Ouverture de crédit

Aplicación
Application

Apreciación
Appréciation

Apropiación
Appropriation

Arancel aduanero
Tarif douanier

Arbitraje
Arbitrage

Argumentario
Argumentaire

Arra
Arrhes

Arrendamiento
Fermage, Louage

Arrendatario
Bail

Artel
Artel

Artesanías
Métiers

Artesano
Artisan

Artículo (presupuestario)
Article

Asignado
Assignat

Asociación Europea de Librecambio (AELC)
Association européenne de libre-échange (AELE)

Asociación Francesa de Banca (AFB)
Association française des banques (AFB)

Asociación Francesa de Bancos y Sociedades Financieras (AFEC)
Association française des établissements de crédit (AFEC)

Asociación Francesa de las sociedades financieras
Association française des sociétés financières

Atesoramiento
Thésaurisation

Atomización
Atomicité

Aumento excedente (o excedente)
Surplus

Autarquía
Autarcie

Autoconsumo
Autoconsommation

Autoequipamiento
Auto-équipement

Autofinanciación
Autofinancement

Autogestión
Autogestion

Automación
Automation

Automatismos
Automatismes

Autonomía financiera
Autonomie financière

Autoproducción
Autoproduction

Autorización
Agrément

Autorización de programa
Autorisation de programme

Autorización provisional de gastos
Douzièmes provisoires

Aval
Aval

Aviso de adeúdo
Avis de prélèvement

Aviso de autorización
Lettre d'agrément

Aval en prenda
Aval en pension

Avituallamiento
Avitaillement

Ayuda internacional al desarrollo
Aide internationale au développement

Babyshark
Boutique-choc

Bajista
Baissier

Balance
Bilan

Balance actualizada
Bilan actualisé

Balanza
Balance

Balanza comercial
Balance commerciale

Balanza de bienes y servicios
Balance des biens et services

Balanza de materiales
Balances matières

Balanza de operaciones corrientes
Balance des opérations courantes

Balanza de operaciones de capital
Balance des opérations en capital

Balanza de pagos
Balance des paiements

Balanzas en esterlinas
Balances sterling

Bancable
Bancable

Bancarrota
Banqueroute, Dépôt de bilan

Banco
Banque

Banco central
Banque centrale

Banco Central de los Estados de Africa del Oeste
Banque centrale des États de l'Afrique de l'Ouest (BCEAO)

Banco Central Europeo
Banque centrale européenne (BCF)

Banco de depositos
Banque de dépôts

Banco de Francia
Banque de France

Banco de Inglaterra
Banque d'Angleterre

Banco de los estados de Africa central
Banque des États de l'Afrique centrale (BEAC)

Banco de Pagos Internacionales (BPI)
Banque des règlements internationaux (BRI)

Banco directivo de créditos sindicados
Banquier chef de file

Banco Europeo de Inversiones (BEI)
Banque européenne d'investissements (BEI)

Banco Europeo de Reconstrucción y Desarrollo
Banque européenne pour la reconstruction et le développement (BERD)

Banco Francés del Comercio Exterior
Banque française du commerce extérieur (BFCE)

Banco Internacional de Cooperación Económica (BICE)
Banque internationale de coopération économique (BICE)

Banco Internacional de Inversiones (BII)
Banque internationale d'investissements (BII)

Banco Internacional de Reconstrucción y Desarollo (BIRF)
Banque internationale pour la reconstruction et le développement (BIRD)

Banco Mundial
Banque mondiale

Banco o sociedad financeria
Établissement de crédit

Bancos populares
Banques populaires

Bank Charter Act
Bank Charter Act

Barbecho
Jachère

Baremo de créditos
Barème (de crédits)

Baremo financiero
Barème financier

Barómetro coyuntural
Baromètre

Base
Base

Base imponible
Assiette, Base d'imposition

Behaviorismo
Béhaviourisme

Beneficio
Bénéfice, Profit

Beneficio de la explotación agrícola
Bénéfice de l'exploitation agricole

Beneficio global
Bénéfice forfaitaire des professions

Beneficios de profesiones no comerciales
Bénéfices des professions non commerciales (BNC)

Beneficios industriales y comerciales
Bénéfices industriels et commerciaux (BIC)

Benelux
Benelux

Bien
Bien

Bien colectivo
Bien collectif

Bienes y servicios
Biens et services

Bilateralismo
Bilatéralisme

Bimetalismo
Bimétallisme

Bloque de control
Bloc de contrôle

Blue chip
« Blue chip »

Boicot (boicotear)
Boycott

Boletín oficial
Journal d'annonces légales

Bolsa
Corbeille

Bolsa de comercio
Bourse de commerce

Bolsa de valores
Bourse des valeurs

Bonificación de interés
Bonification d'intérêt

Bono de caja
Bon de caisse, Bon d'épargne

Bono del tesoro
Bon du Trésor

Book building
Livre d'ordres

Boom
Boom

Bullionismo
Bullionisme

Cadena voluntaria
Chaîne volontaire

Caja
Caisse

Caja de Depósitos y Consignaciones
Caisse des dépôts et consignations

Caja francesa por el desarrolo
Caisse française de développement (CFD)

Caja General de Cooperación Económica
Caisse centrale de coopération économique (CCCE)

Cálculo de probabilidades
Calcul des probabilités

Cálculo económico
Calcul économique

Call of more
Call of more

Cámara regional de cuentas
Chambre régionale des comptes

Cambio
Change

Cambista
Cambiste

Capacidad de beneficio
Capacité bénéficiaire

Capacidad de empréstito
Capacité d'emprunt

Capacidad de financiación
Capacité de financement

Capacidad de reembolso
Capacité de remboursement

Capital
Capital

Capital anticipado
Capital avancé

Capital circulante
Capital circulant, Actif circulant

Capital constante
Capital constant

Capital de explotación
Capital d'exploitation

Capital designado
Capital appelé

Capital financiero
Capital financier

Capital invertido
Capital engagé, Capital investi

Capital monetario
Capital monétaire

Capital nacional
Capital national, Patrimoine national

Capital permanente
Capitaux permanents

Capital social
Capital social

Capital técnico
Capital technique

Capital variable
Capital variable

Capitales mobiliarios
Capitaux mobiliers

Capitales propios/Fondos propios
Capitaux propres

Capitalismo
Capitalisme

Capitalista
Capitaliste

Capitalistico
Capitalistique

Capitalización (seguro)
Capitalisation (assurance)

Capitalización bursátil
Capitalisation boursière, Valeur boursière

Capítulo presupuestario
Chapitre

Carácter
Caractère

Cargas sociales
Charges sociales

Carta de crédito
Lettre de crédit

Carta de la Habana
Charte de La Havane

Carta de porte
Lettre de transport

Cártel
Cartel

Cartograma
Cartogramme

Cash flow
Marge brute d'autofinancement

Casual
Aléatoire

Casualidad
Aléa

Categoría socioprofesional
Catégorie socioprofessionnelle

Caución
Caution

Cédula hipotecaria
Lettre de gage

Central de balances
Centrale de bilans

Central de riesgos
Centrale des risques

Centro
Centre

Centro comercial
Centre commercial

Centro de costes
Centre de travail

Centro financiero o comercial
Place

Centro Francés del Comercio Exterior
Centre français du commerce extérieur (CFCE)

Certificado de depósitos negociabile
Certificat de dépôt négociable

Certificado de inversión
Certificat d'investissement

Certificado de inversión con derecho preferente
Certificat d'investissement privilégié (CIP)

Certificado de origen
Certificat d'origine

Certificado nominativo
Certificat nominatif

Certificado petrolero
Certificat pétrolier

Cesión-arrendamiento
Cession-bail

Cheque
Chèque

Cheque cruzado
Barrement, Chèque barré

Ciclo
Cycle

Cifra de negocios
Chiffre d'affaires

Circulación forzada (de la moneda)
Cours forcé

Clase social
Classe sociale

Clásica
Classique

Cláusula de nación más favorecida
Clause de la nation la plus favorisée

Cláusula oro
Clause-or

Clientes habituales/Clientela
Clientèle

Clientes ocasionales/Parroquia
Achalandage

Club o círculo de inversiones
Cercle d'investissements, Club d'investissements

Cobertura
Couverture

Cobro
Mise en recouvrement, Recouvrement

Cociente familiar
Quotient familial

Coeficiente de capital
Coefficient de capital

Coeficiente de capitalización de los resultados (CCR)
Coefficient de capitalisation des résultats (CCR)

Coeficiente de distribución
Coefficient de distribution

Coeficiente de endeudamiento
Endettement (ratio de)

Coeficiente de liquidez
Liquidité (ratio de)

Coeficiente de liquidez general
Liquidité générale (coefficient ou ratio de)

Coeficiente o índice de linealidad
Linéarité (ratio de)

Coeficiente técnico
Coefficient technique

Coeficientes de ponderación
Coefficients de pondération

Cogestión
Cogestion

Colbertismo
Colbertisme

Colectivismo
Collectivisme

Colectivización
Collectivisation

Colectivo
Collectif

Colonialismo
Colonialisme

Colonización
Colonisation

Comandita
Commandite

Combinat
Combinat

Comercio, comerciante
Commerce, commerçant

Comisario de aportaciones
Commissaire aux apports

Comisario de cuentas
Commissaire aux comptes

Comisión bancaria
Commission bancaire

Comisión de actividades de bolsa
Comité des bourses de valeur, Commission des opérations de bourse

Comité de empresa
Comité d'entreprise

Commonwealth
Commonwealth

Compensación
Compensation, Soulte

Competencia / Concurrencia
Concurrence

Compra
Achat

Compra de letras de cambio sin recurso (Negocios « à forfait »)
Affacturage

Compra de una empresa por sus empleados
Reprise de l'entreprise par les salariés (RES)

Comunidad de los Estados Independientes
Communauté des États indépendants

Comunidad Económica Africana
Communauté économique africaine (CEA)

Comunidad económica de Africa del Oeste
Union douanière des États de l'Afrique de l'Ouest (UDEAO)

Comunidad Europea (CE)
Communauté européenne (CE)

Comunidades Europeas
Communautés européennes

Comunismo
Communisme

Comunista
Communiste

Concentración
Concentration

Conglomerado
Conglomérat

Conocimiento de embarque
Connaissement

Consejo de Ayuda Económica Mutual (CAEM)
Conseil d'aide économique mutuelle (CAEM ou COMECON)

Consejo de vigilancia
Conseil de surveillance

Consejo Nacional del Crédito
Conseil national du crédit

Consignación (de mercancías)
Consignation de marchandises

Consolidación
Consolidation

Consorcio
Konzern

Consorcio bancario
Consortium bancaire (crédit consortial)

Consumática
Consommatique

Consumerismo
Consommaction

Consumidor
Consommateur

Consumo
Consommation

Contabilidad
Comptabilité

Contabilidad nacional
Comptabilité nationale

Contabilidad pública
Comptabilité publique

Contingencia
Contingence

Contracción de liquidez
Coup de bélier

Contrapartida
Contrepartie

Contrapartidas de la masa monetaria
Contreparties (de la masse monétaire)

Contrato a plazo en tipo de interés
Contrat à terme de taux d'intérêt

Contribución/Impuesto
Contribution, Impôt

Contribuyente
Contribuable

Control
Contrôle, Intérêt majoritaire

Control de Estado
Contrôle d'État

Convenio
Concordat

Convenio colectivo
Convention collective

Conversión
Conversion

Convertibilidad
Convertibilité d'une monnaie

Cooperativa
Coopérative

Copartnership
Copartnership, Intéressement

Corporativismo
Corporatisme

Corredor
Courtier

Correlación
Corrélation

Corretaje
Courtage

Cost
Coût

Cotización/Curso
Cours

Cotización (bolsa)
Cotation (bourse)

Cotización social
Cotisation sociale

Cotización social generalizada
Cotisation sociale généralisée (CSG)

Covarianza
Covariance

Coyuntura
Conjoncture

Crecimiento
Croissance

Crédito
Créance, Crédit

Crédito (contabilidad)
Crédit (comptabilité commerciale)

Crédito adicional
Décret d'avances

Crédito al comprador
Crédit acheteur

Crédito al consumo
Crédit à la consommation

Crédito-Arrendamiento
Crédit-bail

Crédito cartelario
Crédit cartellaire

Crédito commercial
Crédit commercial

Crédito cruzado
Crédit croisé, Swap

Crédito de campaña
Crédit de campagne

Crédito de proveedor
Crédit fournisseur

Crédito diferido
Crédit différé

Crédito directo
Face à face

Crédito documentario
Crédit documentaire

Crédito en cuenta corriente
Avance en compte courant

Crédito hipotecario
Crédit foncier

Crédito para financiar compras a plazos
Tempérament (crédit pour achats à)

Crédito para la movilización de saldos comerciales
Crédit de mobilisation de créances commerciales (CMCC)

Crédito para superar dificultades transitorias
Crédit relais

Crédito para superar dificultades transitorias spot
Crédit ponctuel – Crédit spot

Crédito pignoraticio
Avance sur marchandises

Crédito popular
Crédit populaire

Crédito renovable
Crédit renouvelable

Crédito rollover
Roll over (crédit)

Crisis económica
Crise économique

Crisohedonismo
Chrysohédonisme

Cronograma
Chronogramme

CSF (coste, seguro, flete)
CAF (coût, assurance, fret)

Cuenta
Compte

Cuenta consolidada
Compte consolidé

Cuenta corriente
Account, Compte courant

Cuenta de cheque
Compte courant, Compte chèque, Compte de dépôts, Compte en banque

Cuenta de financiamiento
Tableau des opérations financières

Cuenta de pérdidas y ganancias
Compte de pertes et profits

Cuenta global / Contabilidad
Tableau économique d'ensemble

Cuentas de orden y especiales
Comptes spéciaux du Trésor

Cuentas de regularización
Comptes de régularisation

Cuentas desarrolladas
Comptes développés

Cuentas nacionales
Comptes de la nation

Cuentas simplificadas
Comptes simplifiés

Cupón
Coupon

Currency and Bank Notes Acts
Currency and Bank Notes Acts

Currency school (Escuela de circulación monetaria)
Currency principle, currency school

Curso de compensación
Cours de compensation

Curva
Courbe

Debe
Débit (comptabilité)

Débito
Débit, Doit

Decentralización
Décentralisation

Deducción de impuestos anticipados
Prélèvement d'impôt

Deducción fiscal
Déduction (fiscalité)

Defeasance
Cantonnement

Déficit
Déficit

Déficit presupuestario
Impasse budgétaire, Découvert budgétaire

Deflación
Déflation

Defraudación
Fraude fiscale

DEG (Derechos especiales de giro)
DTS (Droits de tirage spéciaux)

Demanda
Demande

Demanda final
Demande finale

Demanda nacional
Dépense nationale

Demografía
Démographie

Denario
Denier

Depósitos
Dépôts

Depreciación
Dépréciation

Depresión
Dépression

Derecho
Droit, Redevance

Derecho de modificación
Droit d'amendement

Derecho de suscripción (bolsa)
Droit (bourse)

Derechos forzados
Prélèvements obligatoires

Desahorro
Désépargne

Desarrollo
Développement

Descubierto
Découvert, Facilité de caisse

Descuento
Escompte

Descuento sobre el valor a la par
Décote

Desgravación (de gracia)
Demande gracieuse (fiscalité), Dégrèvement

Deslizamiento
Glissement

Despegue
Décollage

Desviación estándar
Écart type

Deterioración de las monedas
Affaiblissement

Deuda
Dette

Deudor
Débiteur, Redevable

Devaluación
Dévaluation

Diagrama
Diagramme

Diario
Journal

Dinámica
Dynamique

Dinero caliente/Capitales febriles
Hot money, Capitaux fébriles

Directorio
Directoire

Directrices
Directives

Dirigismo
Dirigisme

Discriminación
Discrimination

Disfrute de los intereses
Droit de jouissance

Distorsión
Distorsion

Distribución
Distribution

Distribución (contabilidad nacional)
Distribution (statistique), Répartition (comptabilité nationale)

Frecuencia
Fréquence

Dividendo
Dividende

Divisa
Devise

Doctrina económica
Doctrine économique

Dólar
Dollar

Dollar gap
Dollar gap

Domiciliación
Domiciliation

Dominio
Domination

Drugstore
Drugstore

Dumping
Dumping

Duopolio
Duopole

Duopsonio
Duopsone

Durabilidad
Durabilité

Ecología
Écologie

Econometría
Économétrie

Economía
Science économique, économie politique

Economía concertada
Économie concertée

Economías domésticas
Ménages

Ecuación de Cambridge
Cambridge (équation de)

Ecuación de Fisher
Équation de Fisher

Edad
Age

Efecto de comercio
Effet de commerce

Efecto de demostración
Effet de démonstration

Efecto de Giffen
Effet de Giffen (ou cas de Giffen)

Efecto de leverage
Effet de levier

Efecto desplazado
Effet déplacé

Efecto King
Effet King

Efectos por pagar
Effets à payer

Ejercicio
Exercice

Elasticidad
Élasticité

Emisión
Émission

Empleo
Emploi

Empleos
Emplois

Empresa
Entreprise

Empresa (contabilidad nacional)
Entreprise (comptabilité nationale)

Empresa multinacional
Entreprise multinationale,
Société multinationale

Empresa no financiera
Entreprises non financières

Empresario individual
Entrepreneur individuel

Empresas públicas
Entreprises publiques

Empréstito
Emprunt

En curso crédito
Encours de crédit

Encaje
Encaisse

Encuesta
Recensement

Encuesta sobre la coyuntura
Prélèvement conjoncturel

Endoso
Endossement

Entente
Entente

Entorno
Environnement

Equilibrio
Équilibre

Error sistemático
Biais

Escisión de empresa
Cession d'actions, Scission

« Escuela de banco »
Banking school, banking principle
(école de banque)

Escuela histórica
École historique

Especialidad presupuestaria
Spécialité

Especialización arancelaria
Spécialisation tarifaire

Específico
Spécifique

Especulación
Spéculation

Esperanza de vida
Espérance de vie

Esperanza matemática
Espérance mathématique

Estabilización
Stabilisation

Estadística
Statistique

Estado
État

Estimador
Estimateur

Estudio de factibilidad
Feasibility/Faisabilité

Euro
Euro

Eurobonos
Eurobons

Eurodivisas
Eurodevises, Euromonnaies

Eurodólares
Eurodollars

Euromercado
Euromarché

Europea agrupación de interés económico
Groupement européen d'intérêt économique (GEIE)

Europea espacio Económico
Espace économique européen

Evaluación
Évaluation

Evaluación de tareas
Évaluation des tâches

Evasión fiscal
Évasion

Ex ante, ex post
Ex ante, ex post

Excedente
Excédent, Surplus

Excedente bruto de explotación
Excédent brut d'exploitation

Exigibilidades
Dette à court terme, Exigibilités, Passif à court terme, Passif exigible

Expansión
Expansion

Explotación agraria (modos de)
Faire-valoir (modes de)

Explotación general
Compte d'exploitation générale

Exponencial
Exponentiel

Export Credits Guarantee Department (R.-U.)
Export Credits Guarantee Department (assurance-crédit d'État à l'exportation britannique)

Exportación
Exportation

Exterior
Étranger, Extérieur

Extrapolación
Extrapolation

Fabianismo
Fabianisme

Fachada
Façade

Facob (acuerdo facultativo obligatorio)
Facob

Factura
Facture

Familia
Famille

Fayolismo
Fayolisme

Federal Reserve System (FRS)
Federal Reserve System

Fiador
Besoin (droit commercial), Portage, Remisier

Fiducia
Fiducie

Fiduciario
Fiduciaire

Filial
Filiale

Financiación
Financement

Finanza
Finance

Firme (adjetivo)
Ferme (adjectif)

Fiscalidad
Fiscalité

Fixing
Fixage (fixing)

Fluctuación
Fluctuation

Fluidez
Fluidité

Flujo
Flux

Fondo de comercio
Fonds de commerce

Fondo de inversión
Fonds commun de placement

Fondo de inversión, closed-end
Fonds de placement fermé

Fondo de inversión colectivo
Société de placement collectif

Fondo de inversión, open-end
Fonds de placement ouvert

Fondo Europeo de Cooperación Monetaria (FECOM)
Fonds européen de coopération monétaire (FECOM)

Fondo Europeo de Desarrollo (FED)
Fonds européen de développement (FED)

Fondo Europeo de Inversion (FEI)
Fonds européen d'investissement

Fondo Europeo de Orientación y Garantía Agrícola (FEOGA)
Fonds européen d'orientation et de garantie agricole (FEOGA)

Fondo Monetario Internacional (FMI)
Fonds monétaire international (FMI)

Fondo Social Europeo (FSE)
Fonds social européen (FSE)

Fondos de circulación
Fonds de roulement

Fondos propios
Fonds propres, Capitaux propres

Formación bruta de capital fijo
Formation brute de capital

Fracción de derechos
Rompu

Franco
Franc

Franco CFA
Franc CFA

Franco CFP
Franc CFP

Franco al costado del barco (FCB)
FAB (Franco à bord), Franco long du bord (FLB)

Franquicia
Franchisage, franchise

Función
Fonction

Función de distribución
Fréquence cumulée

Fungibilidad
Fongibilité

Fusión
Fusion

Futures
Futures

Gap
Gap (inflationniste, technologique…), Écart

Garantía
Caution, Cautionnement, Ducroire, Garantie

Gastos
Dépenses, Charges

Gastos de fundación
Frais d'établissement

Gastos fijos – gastos variables
Frais fixes, frais variables

Georgismo
Georgisme

Gestión
Gestion

Golden share
Action spécifique

Goodwill
Survaleur

Gosbank
Gosbank

Gosplan
Gosplan

Grado de volatilidad
Degré de volatilité

Gráfico y sistema de Gantt
Graphiques et système de Gantt

Greenbacks
Greenbacks

Grupo de empresas
Groupe d'entreprises

Grupo de los Diez/Club de los Diez
Groupe des Dix, Club des Dix

Guía de tránsito
Acquit-à-caution

Haber
Avoir

Haber fiscal
Avoir fiscal, Crédit d'impôt

Hecho imponible
Fait générateur

Histograma
Histogramme

Homo œconomicus (hombre económico)
Homo œconomicus (« homme économique »)

Huelga
Grève

Ideología
Idéologie

Immovilizados
Capital fixe, Immobilisations, Valeurs immobilisées

Imperialismo
Impérialisme

Importación
Importation

Importe exento
Abattement

Imposición
Apport partiel d'actif

Imposición global
Abonnement

Imposición residencial
Taxe d'habitation

Imprevisión (teoría de la)
Théorie de l'imprévision

Impuesto de reparto
Répartition (impôt de)

Impuesto global
Forfait

Impuesto industrial
Patente, Taxe professionnelle

Impuesto sobre las operaciones financieras
Taxe sur les activités financières (TAF)

Impuesto sobre el consumo
Accise

Impuestos directos locales
Taxes directes locales

Imputación
Imputation

Incentivo
Incitation

Incoterms
Incoterms

Incorporación de reservas y de beneficios
Incorporation de réserves et de bénéfices

Incumplimiento
Défaillance

Indexación/Indización
Indexation

Indicador
Avertisseur, Clignotant

Indicador de alarma
Indicateur d'alarme

Indicador de dispersión
Indicateur de dispersion

Indicadores de fecundidad
Fécondité (indicateurs de)

Indicadores de mortalidad
Mortalité (indicateurs de)

Indicadores de natalidad
Natalité (indicateurs de)

Indicadores de nupcialidad
Nuptialité (indicateurs de)

Indice
Indice, Ratio

Inflación
Inflation

Ingenería
Ingénierie

Ingreso
Revenu

Innovación
Innovation

Inspección General de Finanzas
Inspection générale des finances

Institución
Institution

Institucionalismo
Institutionnalisme

Instituciones de crédito
Institutions de crédit

Instituciones financieras
Institutions financières

Instituto de Desarrollo Industrial
Institut de développement industriel (IDI)

Interés
Intérêt

Interés básico
Taux de base bancaire (TBB)

Interés básico intrabancario en París
Taux interbancaire offert à Paris (TIOP)

Interesar/ Copartnership
Copartnership, Intéressement

Interpolación
Interpolation

Intervención, intervencionismo
Intervention, interventionnisme

Intraconsumo
Intraconsommation

Inversión
Investissement, Placement

Inversión (contabilidad nacional)
Investissement (comptabilité nationale)

Inversores institucionales
Investisseurs institutionnels

Instituto Monetario Europeo
Institut monétaire européen

Jornada de trabajo
Durée du travail

Juicio de quiebra
Liquidation des biens

Justificantes
Pièces justificatives

Kennedy Round
Kennedy Round

Khammes
Khammes

Kibboutz
Kibboutz

Kolkhoz
Kolkhoz

Krach
Krach

Labour turnover
Labour turnover

La Grange
La Grange

Laguna de oferta
Goulot

Lay-away
Lay-away

Leads and lags
Leads and lags, Termaillage

Leninismo
Léninisme

Letra de cambio
Lettre de change, Traite

Ley
Aloi

Ley binomial
Loi binomiale

Ley de Bland Allison
Bland Allison Act

Ley de bronce de salarios
Loi d'airain

Ley de Gresham
Loi de Gresham

Ley de Laplace-Gauss
Loi de Laplace-Gauss

Ley de Poisson
Loi de Poisson

Ley de presupuestos
Loi de finances

Ley de programa
Loi de programme

Ley normal
Loi normale

Liberación (del capital, de una acción)
Libération (du capital, d'une action)

Liberalismo
Libéralisme

Liberalización
Libéralisation

Liberalización (del comercio y de los intercambios)
Libéralisation des échanges

Libertad
Liberté

LIBOR (London Interbank Offered Rate)
LIBOR (London Interbank Offered Rate)

Libra
Livre

Librador
Tireur

Librecambio
Libre-échange

Libre entrada
Libre circulation des marchandises, Libre pratique

Libros de comercio
Livres de commerce

Licencia
Licence

Licencia de importación o de exportación
Licence d'importation ou d'exportation

Límite
Plafond

Liquidación
Liquidation

Liquidador
Liquidateur

Liquidez
Liquidité

Liquidez internacional
Liquidités internationales

Listín de bolsa
Cote (bourse)

Lock-out
Lock-out

Loro, nostro
Loro, nostro

Lotería nacional
Loterie nationale

Lucha de clases
Lutte des classes

Macroeconomía
Macro-économie

Maltusianismo
Malthusianisme

Manifiesto
Manifeste

Marca
Jeton, Marque

Marco
Mark

Margen
Marge, Écart, Spread

Margen bruto de autofinanciación
Marge brute d'autofinancement

Margen bruto de autofinanciación actualizado (MBA actualizado)
Marge brute d'autofinancement actualisé (MBA actualisé)

Margen neto de autofinanciación
Marge nette d'autofinancement

Marginal
Marginal

Marginalismo
Marginalisme

Marketing
Marketing, Mercatique

Marxismo
Marxisme

Masa monetaria
Masse monétaire, Disponibilités monétaires

Masa salarial
Masse salariale

Mecanismo económico
Mécanisme économique

Media
Moyenne

Mediana
Médiane

Mercadeo/ Marketing
Marchéage

Mercado
Marché

Mercado a plaza de Francia
Marché à terme international de France (MATIF)

Mercado de opciones
Marché à options

Mercado de Opciones de Paris
Marché d'options négociables de Paris (MONEP)

Mercado gris
Marché gris

Mercado hipotecario
Marché hypothécaire

Mercado monetario
Marché monétaire

Mercado negro
Marché noir

Mercantilismo
Mercantilisme

Mercosur
Mercosur

Método Delphi
Méthode Delphi

Método de los mínimos cuadrados
Méthode des moindres carrés

Microdecisión
Microdécision

Microeconomía
Micro-économie

Migración
Migration

Minoría de bloqueo
Minorité de blocage

Mir
Mir

Moda
Mode

Modelo
Modèle

Momento
Moment

Moneda
Monnaie

Moneda divisionaria
Billon

Monetarismo
Monétarisme

Monometalismo
Monométallisme

Monopolio
Monopole

Monopolio de tabacos
Monopole des tabacs

Monopsonio
Monopsone

Moratoria
Moratoire

Moratoria fiscal
Crédit (fiscalité), Crédit d'impôt

Movilisación
Mobilisation

Movimiento de larga duración
Mouvement de longue durée

Movimiento natural de la población
Mouvement naturel de la population

Muestra
Échantillon

Multilateralismo
Multilatéralisme

Multiplicador del comercio internacional
Multiplicateur du commerce international

Multiplicador de renta
Multiplicateur d'investissement

Multiplicador del crédito
Multiplicateur de crédit

Mutualidad
Mutualité

Nacionalización
Nationalisation

Necesidad
Besoin

Necesidad de financiación
Besoin de financement

Necesidad de fondos de circulación
Besoin en fonds de roulement

Netting
Netting, Péréquation des soldes bancaires de filiales à l'intérieur d'un groupe

New Deal
New Deal

Nivel de vida
Niveau de vie

No-afectatión de los ingresos
Non-affectation des recettes

Nomenclatura
Nomenclature

Nomenclatura aduanera
Nomenclature douanière

Normalización
Normalisation

Notificación fiscal
Avertissement, Avis d'imposition

Nueva Política Económica
NEP

Numerario
Numéraire

Nutrir
Nourrir (du papier, des créances)

Obligación
Obligation, Engagement

Obligación con bono de suscripción a una acción
Obligation à bon de souscription d'action (OBSA)

Obligación convertible en acción
Obligation convertible en action, Obligation échangeable contre action

Obligación indizada
Obligation indexée

Obligación participante
Obligation participante

Obligación warrant
Obligation warrantée

Observación económica
Observation économique

Observatorio económico regional
Observatoire économique régional

Obsolescencia
Obsolescence, désuétude

Ofelimidad
Ophélimité

Oferta
Offre

Oferta pública de cambio/Oferta pública de compra
Offre publique d'achat (OPA)

Oferta pública de retirada
Offre publique de retrait

Oferta pública de trueque
Offre publique d'échange

Oferta pública de venta
Offre publique de vente

Offshore
Offshore

Offshorebank
Banque hors-lieu

Oligopolio
Oligopole

Oligopsonio
Oligopsone

Opción (negociable)
Option négociable

Open market
Open market

Operación
Opération

Operación al contado
Opération au comptant

Operación a término
Terme (opérations à)

Operaciones de doble opción/Estelaje
Stellage

Operaciones de tesorería
Opérations de trésorerie

Operaciones de transferencia
Transfert (opérations de)

Operaciones presupuestarias
Opérations budgétaires

Optimo
Optimum

Orden de ingreso
Ordre de recette

Orden de pago
Mandat de paiement

Organicismo
Organicisme

Organización de Cooperación y Desarrollo Económico (OCDE)
Organisation de coopération et de développement économique (OCDE)

Organización Europea de Cooperación Económica (OECE)
Organisation européenne de coopération économique (OECE)

Organización Mundial del Comercio
Organisation mondiale du commerce (OMC)

Oro
Or

Pagaré
Billet à ordre

Pagaré de tesorería
Billet de trésorerie

Pago
Paiement

Pago compensatorio fronteriso
Montant compensatoire monétaire (MCM)

País en desarrollo, País en vías de desarrollo
Pays en voie de développement

País en emergencia
Pays en émergence

Papel
Papier

Papeles de viudas/Valores seguros
Valeur de père de famille

Par
Pair

Paradiso bancario (fiscal)
Paradis bancaire

Parafiscalidad
Parafiscalité

Paralización / Estancamiento
Stagnation

Paridad
Parité

Paridad adquisitiva
Parité du pouvoir d'achat

Paridad de cremallera
Parité à crémaillère

Pari passu (cláusula)
Clause pari passu

Paro
Chômage

Parquet
Parquet

Parte de fundador / Parte beneficiaria
Part de fondateur, part bénéficiaire

Participación
Participation

Participación sobre beneficios
Tantième

Participación social
Part d'intérêt, part sociale

Pasivo
Passif

Patente
Brevet

Patrimonio
Patrimoine

Patrón de cambio oro
Gold exchange standard

Patrón lingote oro
Gold bullion standard

Patrón monetario
Étalon monétaire

Patrón oro
Gold standard

Patrón oro en efectivo
Gold specie standard

Penalización
Pénalités

Pensión
Arrérages, Pension

Pensión (bolsa)
Réméré

Penuria / Escasez
Pénurie

Petrodólares
Dollars pétroliers, Pétrodollars

Pignoración / Endoso
Nantissement

Pirámide de edades
Pyramide des âges

Plan
Plan

Plan de ahorro
Plan d'épargne

Plan general de contabilidad
Plan comptable général

Plan Marshall
Plan Marshall

Planificación
Planification

Planismo
Planisme

Plusvalía
Plus-value

Población
Population

Población (estadística)
Population (statistique)

Población activa
Population active

Población legal
Population légale

Población total
Population totale

Poder de compra
Pouvoir d'achat

Política reglamenria de zonas
Aménagement du territoire

Polución
Nuisances

Pool
Pool

Posición
Position

Posición de divisas
Position de change

Posición de plaza
Position de place

Prácticas
Usance(s)

Precio
Prix

Precio de cesión interna
Prix de cession interne

Preferencia
Préférence

Prefinanciación
Préfinancement

Prenda
Gage

Prescripción
Prescription

Presión fiscal
Pression fiscale

Prestación
Prestation

Prestaciones sociales
Prestations sociales

Préstamo
Prêt, Emprunt

Préstamo participante
Prêt participatif

Presupuesto
Budget, Loi de règlement

Presupuesto anejo
Budget annexe

Presupuesto atribuido
Crédits budgétaires

Presupuesto de programa
Budget de programmes

Presupuesto económico
Budget économique

Presupuesto ordinario y extraordinario
Au-dessous de la ligne, au-dessus de la ligne

Presupuesto social
Budget social

Previsión
Prévision

Prima
Prime (valeurs mobilières)

Prima (bolsa)
Prime (bourse)

Prima de seguro
Prime d'assurance

Principio de aceleración
Principe d'accélération

Principio de la invariabilidad del capital
Principe de la fixité du capital

Privatización
Privatisation

Privilegio fiscal
Agrément fiscal

Procedimiento de convenio
Règlement judiciaire

Producción
Production

Producción interior
Production intérieure

Producción nacional
Production nationale

Productividad
Productivité

Producto doméstico
Produit domestique

Producto interior bruto (PIB)
Produit intérieur brut (PIB)

Producto material/Producto social material
Produit matériel (ou produit social matériel)

Producto nacional (o social)
Produit national (ou social)

Productos derivados
Produits dérivés

Profitabilidad
Profitabilité

Programa
Programme

Programa de ejecución prioritaria
Programme d'exécution prioritaire

Programación lineal
Programmation linéaire

Progresividad
Progressivité

Prohibición
Prohibition

Proletariado
Prolétariat

Proletario
Prolétaire

Propensión
Propension

Propiedad
Propriété

Prórroga de rectificación
Délai de reprise (fiscalité)

Proteccionismo
Protectionnisme

Protesto
Protêt

Provisión
Provision

Provisiones técnicas (seguro)
Provisions techniques

Proyecto
Projet

Publicidad
Publicité

Punto muerto
Point mort, seuil de rentabilité

Puntos de oro
Points d'or

Quiebra
Faillite

Quota/cuota
Quota

Raider
Raider, attaquant

Rama de actividad
Branche

Rareza
Rareté

Reaseguro
Réassurance

Rebaja
Ristourne, Déport

Recesión
Récession

Recibo
Acquit

Reclamación (impuesto)
Réclamation

Rectificación del proyecto de presupuesto
Lettre rectificative

Rectificación de tasación fiscal
Redressement fiscal

Recursos
Ressources

Redescuento
Réescompte

Redistribución
Redistribution

Reducción
Discount, Escompte, Déport, Prime d'émission, Prime

Reducción de capital
Réduction de capital

Reducción de derechos fiscales
Réduction de droits fiscaux

Reembolso
Rembours

Reembolso de la deuda social
Remboursement de la dette sociale (RDS)

Reevaluación
Réévaluation

Refinanciación
Refinancement

Refinanciamiento de actividades
Tournage

Reflación
Reflation

Régimen aduanero
Régime douanier

Régimen económico
Régime économique

Registro de contribuyentes
Rôle

Registro mercantil
Registre du commerce

Reglamento de presupuesto
Voies et moyens

Regularización
Régularisation d'un titre

Regularización de una cotización
Régularisation d'un cours

Relación de Cooke
Cooke (ratio)

Relanzamiento
Relance, Reprise

Renta
Rente, Revenu

Renta disponible de las familias y hogares
Revenu disponible brut des ménages

Renta fiscal
Revenu fiscal

Renta nacional
Revenu national

Rentabilidad
Rendement, Rentabilité

Reparto (seguro)
Allotissement, Répartition (assurance)

Repercusión
Répercussion

Reservas
Réserves

Reservas de cambio
Réserves de change

Residentes
Résidents

Restricciones de crédito
Encadrement du crédit

Resultado
Résultat

Resultado económico
Résultat opérationnel

Resultado neto
Résultat net

Retención en origen
Retenue à la source

Retorsión
Rétorsion

Riesgo
Risque

Riesgo de cambio
Risque de change

Rublo
Rouble

Salario
Salaire

Salario mínimo
Salaire minimum (SMIC)

Saldo
Résultat, Solde

Saldo de créditos y deudas
Solde des créances et dettes

Salvaguardia
Sauvegarde

Sección contable/Portador de costes
Section (comptable)

Sector institucional
Secteur institutionnel

Seguridad social
Assurance sociale, Sécurité sociale

Seguro
Assurance

Seguro de crédito
Assurance-crédit

Seguro de capital diferido
Capital différé

Sello de calidad
Label

Señal
Arrhes

Serie cronológica
Série chronologique

Serpiente monetaria
Serpent monétaire

Servicios
Services

Servicios votados
Services votés

Simulación
Simulation

Sindicato
Syndicat

Sindicato fianciero
Syndicat financier

Síndico
Administrateur judiciaire, Syndic

Sistema ametálico
Système amétallique

Sistema bancario
Système bancaire

Sistema banco de información
Banque de données

Sistema Bedaux
Système Bedaux

Sistema de Contabilidad de las Naciones Unidas (SCN)
Système de comptabilité nationale des Nations unies (SNC)

Sistema económico
Système économique

Sistema Europeo de Cuentas Económicas Integradas (SEC)
Système européen de comptes économiques intégrés (SEC)

Sistema fiscal de cargo mensual
Mensualisation de l'impôt

Sistema francés de contabilidad nacional
Système élargi de comptabilité nationale

Sistema Monetario Europeo (SME)
Système monétaire européen (SME)

Sistema monetario internacional
Système monétaire international

Situación neta
Situation nette

Socialismo
Socialisme

Sociedad
Société

Sociedad de bolsa
Société de bourse

Sociedad de capital riesgo
Société de capital à risque

Sociedad de capitalización
Société de capitalisation

Sociedad de Desarrollo Regional
Société de développement régional (SDR)

Sociedad de gestión
Société de gestion

Sociedad de innovación
Société de financement de l'innovation

Sociedad de inversión con capital fijo
Société d'investissement à capital fixe (SICAF)

Sociedad de inversiones
Société d'investissement

Sociedad de las Bolsas francesas
Société des bourses françaises

Sociedad holding
Holding

Sociedad matriz
Société mère

Sociedad multinacional
Société multinationale

Socio pasivo/Socio no activo
Associé passif

Socioprofesional
Socioprofessionnel

Solvencia
Solvabilité

Sondeo
Sondage

Sorteo
Tirage (statistique)

Sovjoz
Sovkhoz

Spread
Marge, Écart, Spread

Stagflación
Stagflation

Stakhanovismo
Stakhanovisme

Standby Agreement
Stand by

Stock
Stock

Stock opción
Plan d'option sur actions

Stock útil
Stock-outil

Subconsumo
Sous-consommation

Subdesarrollo
Sous-développement

Subvención
Subvention

Subvención (agrícola)
Restitution (agricole)

Suelo
Plancher

Superávit de liquidación
Boni de liquidation

Superintendencia de Bolsas
Conseil des bourses de valeurs

Supermercado
Supermarché

Suspensión de pagos
Cessation de paiement

Swap
Swap

Tabla de intercambios interindustriales
Tableau d'échanges interindustriels, Tableau des entrées-sorties

Tarjeta de crédito
Carte de crédit

Tasa
Taxe, Taux, Redevance

Tasa actuarial
Taux actuariel

Tasa de reproducción
Reproduction (taux de)

Tasa sobre el valor añadido (TVA)
Taxe sur la valeur ajoutée (TVA)

Tendencia
Tendance

Tendencia fundamental
Trend

Teoría cuantitativa del dinero
Théorie quantitative de la monnaie

Teoría de la estimación
Intervalle de confiance, Théorie de l'estimation

Teoría de los antagonismos
Théorie des antagonismes

Teoría de los tests
Théorie des tests

Teoría económica orientada hacía la oferta
Économie de l'offre

Teoría Keynesiana
Théories keynésiennes

Tercer mundo
Tiers Monde

Términos del intercambio
Termes de l'échange

Tesorería
Disponibilités, Trésor

Tipo de pignoración
Taux Lombard

Titrisación
Titrification, Titrisation

Título
Titre

Título presupuestario
Titre budgétaire

Transferencia/Reclasificación
Virement

Transferencia de crédito
Virement bancaire, Report de crédits

Transformación
Transformation

Tránsito
Transit

Transparencia fiscal
Transparence fiscale

Transporte a cuenta nueva
Report à nouveau

Trend
Trend

Tribunal de cuentas
Cour des comptes

Trueque
Troc

Trust
Trust, Trustee

Trustee
Remisier, Trust, trustee

Twist
Twist

Underwriters
Underwriters

Unidad de Cuenta Europea (UCE)
Unité de compte européenne (UCE)

Unidad económica
Agent économique, Unité économique

Unidad económica de consumo
Unité de consommation

Unidad institucional
Unité institutionnelle

Unidad Monetaria Europea (ECU)
Écu

Unión aduanera
Union douanière

Unión aduanera y económica del Africa central
Union douanière et économique de l'Afrique centrale (UDEAC)

Unidad de producción homogénea
Unité de production homogène

Unión económica (CEI)
Union économique (CEI)

Unión económica y monetaria
Union économique et monétaire

Unión económica y monetaria de Africa del Oeste
Union économique et monétaire des États de l'Ouest africain (UEMOA)

Unión Europea
Union européenne

Unión Europea de Pagos (UEP)
Union européenne des paiements (UEP)

Unión monetaria de Africa del Oeste
Union monétaire ouest-africaine (UMOA)

Urbana (unidad)
Urbaine (unité)

Usufructo (de un título)
Usufruit d'un titre

Usura
Usure

Utilidad
Utilité

Vale de material
Bon matière

Valor añadido
Valeur ajoutée

Valor clasificado
Valeur classée

Valor con muchas opciones
Facilité à options multiples

Valores de explotación
Valeurs d'exploitation

Valores disponibiles
Valeurs disponibles

Valores mobiliarios
Valeurs mobilières

Valores realizables a corto plazo
Actif disponible, Valeurs réalisables à court terme

Variable
Variable

Variación
Variation

Variación de temporada
Saisonnier (mouvement)

Variaciónes netas
Variations nettes

Varianza
Variance

Vellón
Billon

Venta en forma de bola de nieve
Vente à la boule de neige

Venta ruinosa
Gâchage, gâchage de prix

Viernes negro
Vendredi noir, Black Friday

Viscosidad
Viscosité

Warrant
Bon de souscription d'action, Warrant

York (sistema de)
York (système d')

Zona de la esterlina
Zone sterling

Zona del dólar
Zone dollar

Zona del franco
Zone franc

Zona de librecambio
Zone de libre-échange

Zona monetaria
Zone monétaire

Table

Ouvrages de
Yves Bernard

OUVRAGE COLLECTIF

Pour nationaliser l'État
Éditions du Seuil, 1968

EN COLLABORATION

La Politique économique
des principaux pays industriels de l'Occident
Sirey, 1973

EN COLLABORATION

L'État et la Prévision macro-économique
Berger-Levrault, 1974

La France vers le socialisme
Flammarion, 1977

Ouvrages de
Jean-Claude Colli

La France et sa réforme
Denoël, 1972

L'Inégalité par l'argent
Gallimard, 1975

La liberté a des idées
Albin Michel, 1978

Les Énergies nouvelles
Fayard, 1979

COMPOSITION : MAURY-EUROLIVRES S.A. (MALESHERBES)
IMPRESSION : NORMANDIE ROTO IMPRESSION S.A. (LONRAI)
RELIURE : IMPRIMERIE MAME (TOURS)
DÉPÔT LÉGAL : SEPTEMBRE 1996. N° 30086 (961422)